# 행정법총론

김백유

도서출판 한성

본교재는 교내연구비 지원과제임.

# 머 리 말

저자가 이번 전면개정판을 내면서 주안하였던 점은 종전의 한자를 전부한글로 바꾸어서 한글세대인 독자들에게 주안점을 맞추되, 필요하다고 생각되는 부분에는 한자를 병기하도록 하였다. 한자는 학문용어로서 중요한 가치를 지니고 있으며, 한글이 지니고 있지 못하는 여러 가지 장점을 지니고 있다는 점에서 그리고 경제적으로도 일본 및 중국의 세계적 가치, 그리고 우리나라에 미치고 있는 정치·경제·사회·문화적 영향을 고려할 때 한자공부를 게을리해서는 결국 무식한 후진국민을 자초하는 결과가 됨을 명심해야 할 것이다.

행정구제법 분야는 종전과 같이 이 책과는 별도의 독자적인 책으로 출판하였다. 이는 단권(행정법총론+행정구제법)으로서 지니는 문제점(방대한 분량)인 책의 분량을 줄이기 위함이기도 하지만, 오히려 독자들의 학문적 깊이를 더하도록 하기위하여 행정법총론 부분과 행정구제법부분을 각각 따로이 그리고 내용을 더욱 확대하였기 때문이기도 하다. 이로 인하여 행정법총론과 행정구제법의 분량은 크게 증대되었다. 이미 저자의 구서에서 밝힌바와 같이 본서는 저자의 강의를 듣는 학생들뿐만 아니라, 국가공무원 시험을 준비하는 수험생, 기타 실무에 종사하는 행정공무원, 법조실무자 및 박사과정 연구원 그리고 Law School 등에서 행정법학을 연구하는 독자들을 대상으로 하여 집필한 것이므로 그 내용이 단순한 공무원 준비학원에서 강의하는 수험서와는 차원이 완전히 다른 연구서로서의 성격을 강하게 지니고 있다. 판례 및 학설의 내용을 풍부하게 게재하였으며, 판례는 과거의 판례 및 최근의 판례를 함께 게재하여 판례변천의 흐름을 알수 있도록 하였다. 그리고 법령의 경우에는 당연히 가장 최근의 것을 수록하였다. 각주부분에 참고문헌의 출판사명과 연도표기를 생략하고(예컨대, 김남진, 행정법(I), 100면), 이를 참고문헌에만 표기하되, 필요하다고 생각되는 부분에서는 각주부분에 출판사 및 년도표기를 함께하였다. 본서의 특징은 각 단락의 맨 앞부분에 [……] 등의 표기를 하였는데, 이는 방주(方柱)의 의미로 이해하면 될 것이다. 단락의 핵심적인 내용은 방주의 형식을 빌어서 표기하기도 하는데, 이 경우에는 본문의 세로의 폭을 줄여야 하는 데, 이 경우에는 결과적으로 책의 분량(전체 페이지)이 지나치게 늘어나게 되므로 부득이 [……] 방식을 채택하여, 가급적 책의 분량이 늘어나는 것을 방지하고자 하였다. 우리나라 법학서적 중에서는 저자가 처음 시도하는 것이어서 새롭기는 할 것이지만, 단락의 맨앞 부분에 [……]을 표기함으로써 그 단락전체의 핵심적 내용을 이해할 수 있도록 하였다.

# 머 리 말

저자가 이번 개정판을 내면서 주안하였던 점은 종전의 한자를 전부한글로 바꾸어서 독자들이 한글세대라는 점에 주안점을 맞추었다는 점일 것이다. 그리고 종전의 본서의 2부였던 행정구제법을 이제 독자적인 책으로 출판하였다는 점이다. 이는 책의 분량을 줄이기 위함이다. 다만 이미 저자의 구서에서 밝힌바와 같이 본서는 저자의 강의를 듣는 학생들뿐만 아니라, 국가공무원 시험을 준비하는 수험생, 기타 실무에 종사하는 실무자 및 박사과정 연구원 그리고 Law School 등에서 행정법학을 연구하는 독자들을 대상으로 하여 집필한 것이므로 그 내용이 단순한 수험서의 차원이 아닌 연구서로서의 성격을 지니고 있다는 점에 그 특징이 있다. 판례 및 학설은 가능한 한 가장 최근의 것을, 그리고 법령의 경우 최근의 것을 수록하였다. 종전에는 각주부분에 출판사명과 연도를 표시하였으나 가급적 이를 간략히 하기 위하여 이를 참고문헌으로 두고 본문 각주에서는 출판사명과 출판년도는 삭제 하였다.

이 책을 출판하는데 흔쾌히 허락하여주신 동방문화사 조형근 대표이사 및 편집부 여러분께 감사드린다.

2011년 11월 낙산기슭에서

# 머 리 말

저자가 이번 제3판을 발행하면서 우선 책의 크기에 있어서 종전의 행정법치론(1)의 4·6 배판을 크라운판으로 조정하였다는 점이다. 책의 크기를 약간 작게 함으로써 독자들의 편의를 도모하기 위함이었다. 그러다 보니 부피에 있어서는 종전의 것보다 상당한 분량이 늘어났다는 점이다. 책의 내용은 2009년도 판에 대하여 전반적으로 약간씩의 수정을 가하였다.

다만 이미 저자의 구서에서 밝힌바와 같이 본서는 저자의 강의를 듣는 학생들뿐만 아니라, 국가공무원 시험을 준비하는 수험생, 기타 실무에 종사하는 실무자 및 박사과정 연구원 그리고 Law School 등에서 행정법학을 연구하는 독자들을 대상으로 하여 집필한 것이므로 그 내용이 단순한 수험서의 차원이 아닌 연구서로서의 성격을 지니고 있다는 점에서 학부생에게는 그 내용이 다소나마 어려울 수 있다. 따라서 대학교 학부생들이 이해하기 쉽도록 하기위하여 각 문단의 아래 부분에 계속하여 작은활자(8.5 포인트) 크기로 간단한 요약설명을 해두고 있다.

이번 제3판의 수정·보완작업에서는 특히 제2판에서의 부족한 부분에 대한 보충적 설명을 추가하되 판례 및 학설은 가능한 한 가장 최근의 것을, 그리고 법령의 경우 금년 2월까지의 내용을 수록하였다.

이 책을 출판하는데 흔쾌히 허락하여주신 동방문화사 조형근 대표이사 및 편집부 여러분께 감사드린다.

2010년 2월 낙산기슭에서

## 개정 1판을 내며

저자의 강의를 듣는 학생들뿐만 아니라, 국가공무원 시험을 준비하는 수험생, 기타 실무에 종사하는 실무자 및 박사과정 연구원 그리고 Law School 등에서 행정법학을 연구하는 독자들을 대상으로 하여, 행정법치론(I)을 출판한 바 있다.

이제 행정법치론(I) 제2판(개정 1판)을 출간한다. 이판에서는 제1판 이후에 나타난 학설이나 새로운 판례 또는 실정법 개정 등을 반영하여 구판의 거의 모든 부분에 대하여 그 수정·보완작업을 행하였다. 그러나 본 저서의 구성면에 있어서의 체계와 흐름에는 커다란 변경은 없다.

수정·보완작업에서는 특히 제1판에서의 부족한 부분에 대한 보충적 설명을 추가하되 판례 및 학설은 가능한 한 가장최근의 것을, 그리고 법령의 경우 금년 2월까지의 내용을 수록하였다.

특히 본서는 제1판에서도 밝힌바와 같이 행정법의 기본적인 법리에 관하여 단순히 관념적·추상적으로 이론을 나열한 것이 아니고, 가능한 한 그 내용을 분석적으로 설명함으로써, 독자들의 행정법 이론에 관한 체계적 이해를 돕고자 하였다. 왜냐하면 행정현실을 무시하는 관념적·추상적 법이론의 전개는 법치국가적 행정법이론의 체계적 구성에 미흡하며, 결국은 법치행정의 원리를 실현하는데 있어서의 주춧돌을 마련할 수 없기 때문이다.

대학에서의 법률과목 가운데 가장 이해하기 힘들고 무미건조하다는 학생들의 주장도 결국은 행정법 이론의 전개에 있어서 관념적·추상적 법이론의 문제점을 의미하는 것이기도 하다. 따라서 본서에서는 다양한 내용의 판례와 사례연습 그리고 도표 등을 작성하여 체계적인 이해를 돕고자 하였다. 그리고 행정법상의 법이론이나 제도의 설명에 있어서도 가급적이면 객관적인 입장에서 기술하도록 노력하였다.

저자의 이러한 의도가 독자들에게 어느 정도 반영이 될까 하는데 있어서는 항상 걱정이 앞선다. 마지막으로 본서에 있어서의 수정작업도 제1판에서와 마찬가지로 행정학과 4학년 학생인 문지영 양이 바쁜시간을 틈내어서 도맡아서 해주었고, 또한 한성대출판부의 임연지 조교, 이책의 교정 및 색인 작업에 힘써주신 다락방에게도 감사드린다.

2009년 2월 낙산기슭에서

# 머 리 말

　　대학에서 헌법 및 행정법을 중심으로 한 공법학 강의를 시작한지 많은 세월이 흘렀다. 본 저서는 그동안 학생들에게 강의교재로 사용했던 내용을 중심으로 출판한 것인데, 그 이유는 세월이 흐름에 따라 강의교재의 분량이 방대해져 이제는 하나의 책(저서)으로 출판하지 않으면 안될 지경에 이르렀기 때문이다.
　　이와 같이 본 저서는 학생들에게 수업시간에 강의하던 내용을 정리한 것이므로 저자의 독특한 사상과 철학이 결집된 내용이라기 보다는 은사 및 선배교수님 들 그리고 동료교수들의 학설 및 교재내용 등을 정리하여 소개하고 있는 體系書의 수준에 머무르고 말았다는 데서 먼저 부끄러움이 앞선다.
　　현대 복리국가에 있어서의 행정작용은 그 기능이 고도로 다양화·기술화·전문화되어 가고 있으며, 현실적으로도 무수한 실정법이 제정되어, 행정법이론도 양적으로나 질적으로 커다란 변화를 겪고 있다. 이에 따라 행정법이론에 관련한 교재 역시 점차 방대해가고 있는 실정이다.
　　이러한 추세를 감안하여 본 교재는 저자의 강의를 듣는 학생 들 뿐만 아니라, 국가공무원 시험을 준비하는 수험생, 기타 행정실무에 종사하는 실무자 및 연구원 그리고 Law School 등에서 행정법학을 연구하는 독자들을 대상으로 하여 집필한 것이다.
　　특히 독자들에게 행정법학의 내용이 단순한 교과서적 내용으로서 관념적·형식적으로 이해되기 보다는 행정법 이론을 종합적·체계적으로 이해할 수 있는, 소위 '살아있는 행정법학'의 내용을 전달하고자하여, 실생활에서 발생하는 문제점의 해결 및 행정법이론을 실무에 적용할 수 있도록 하였고, 旣刊의 다른 교재에서 설명이 불충분하거나 다루지 않는 부분, 특히 추상적·관념적으로 설명하고 있는 부분은 좀더 구체적·실용적으로 이해하기 쉽도록 설명하고자 노력하였다.
　　이를 위하여 저자는 인터넷법률신문(lawtimes.co.kr) 및 대한법률구조공단 등에서 제공한 소송실무자료 및 법원의 판례를 비롯하여, 여러 가지 행정사례들을 적절히 소개하고 이를 분석하여 독자들의 행정법에 대한 체계적인 이해를 돕고자 하였다. 이는 행정법학에 대한 이해 뿐만 아니라, 현실사회에서 발생하고 있는 행정법문제의 구체적 해결에도 일조를 기하리라고 생각한다.
　　그러나 淺學非才한 저자로서는 본서의 이러한 의도와 기대가 얼마나 실현되었는지 의문이지만, 앞으로 先輩諸賢의 가르침과 독자여러분의 조언과 비판을 받아 부족한 부분과 새로운 행정법이론을 계속하여 수정·보완해 나갈 예정이다.

이 책을 출간함에 있어서 저자의 은사이시며 학계의 원로이신, 문홍주 교수님을 비롯하여, 행정법 분야의 연구에 새로운 눈을 뜨게 해 주신 한창규 교수님, 그리고 저자에게 학문에의 길을 밟도록 도와주신 김영수 교수님에게 감사를 드린다. 그리고 독일 유학시절 학문적 어려움과 시련을 극복하는데 도움을 주신 지도교수님이신 라이너 발(Rainer Wahl)교수님에게 감사를 드린다. 발(Wahl)교수님께서는 저자가 재직하는 한성대학교까지 몸소 오셔서 특강까지 해주셨다. 책을 쓴다는 것은 얼마나 힘든일인가는 역시 직접 경험해보지 않고서는 알기 어려운 일이다. 이러한 점에서 이미 교재를 출간한 여러 교재들의 저자에게 경의를 표하는 바이며, 이 책이 이들로부터 많은 도움을 받았다는 점에 특히 감사를 드린다. 마지막으로 이 책의 출판에 있어서 교정작업에 참가해준 한성대학교 행정학과 정시내 양 및 노우영, 문지영 양 등에게 감사드리며, 동시에 출판부의 박새암 조교, 출판사 다락방에도 심심한 사의를 표한다.

2008년 초봄 낙산기슭에서

# 참고문헌

강현호, 행정법총론, 박영사, 2007
김남진, 행정법(I), 법문사, 2002
김남진·김연태, 법문사, 2011
김동희, 행정법(I), 박영사, 2009
김철용, 행정법 I, 박영사, 2009
김철용, 행정법 II, 박영사 2009
류지태, 행정법신론, 신영사, 2005
박균성, 행정법론(상), 박영사, 2009
박균성, 행정법강의, 박영사, 2009
박윤흔, 행정법강의(상), 박영사, 2004
석종현, 일반행정법(상), 삼영사, 2005
성낙인, 프랑스 헌법학, 법문사, 1995
이명구, 신고행정법원론, 대명출판사, 1987
이상규, 신행정법론(상), 법문사, 1997
정하중, 행정법총론, 법문사, 2006
홍정선, 행정법강의(상), 박영사, 2011
홍정선, 신행정법입문, 박영사, 2009
홍준형, 행정구제법, 한울아카데미, 2001

# 차 례

## 제1부 행정법 총론

## 제1편 행정법 서론

### 제1장 행정

#### 제1절 행정법학
 I. 행정법학의 의의 ·················································································5
 II. 행정과학에 있어서의 행정법학(행정법학의 위치) ·······························5
  1. 행정과학의 종류 / 5  2. 내용 / 5
 III. 행정법학의 성립과 발달 ·····································································6
  1. 경찰국가, 근대법치국가 초기 / 6  2. 19C후반 / 6
 IV. 행정법학의 대상 및 방법 ···································································7
 V. 우리나라 행정법학의 발전과정 ·····························································7
  1. 해방전 / 7  2. 해방후 / 8  3. 80년대 후반 / 8
 VI. 행정법학의 체계구성 ···········································································8
  1. 삼부문구성론 / 8  2. 이원적 구성론 / 11

#### 제2절 행정
##### 제1항 행정의 의의 ··················································································15
 I. 개설 ····································································································15
 II. 행정관념의 분류 ················································································16
  1. 실질적 의미의 행정 / 16  2. 형식적 의미의 행정 / 30
 III. 현행 헌법과 행정 ·············································································31
  1. 헌법규정 / 31  2. 행정법이론의 발전과정 / 32
##### 제2항 권력분립(權力分立)과 행정 ·······················································33
 I. 개관 ···································································································33
 II. 고전적·조직적(정태적) 권력분립이론 ···············································34
  1. 서론 / 34  2. 의의 / 34  3. 특성 / 35
  4. 록크(Locke)와 몽테스키외(Montesquieu)의 권력분립이론 / 35
  5. 양견해의 공통점과 차이점 / 36
 III. 현대적·기능적(동태적) 권력분립이론 ··············································37
##### 제3항 행정과 통치행위(統治行爲) ······················································42
 I. 통치행위의 개념 ·················································································42

1. 개관 / 42   2. 실체법적 개념 / 42
3. 소송법적 개념 / 42
Ⅱ. 각국의 통치행위 ·································································43
1. 프랑스 / 43   2. 영국 / 47   3. 미국 / 49   4. 독일 / 54
5. 일본 / 55   6. 한국 / 59
Ⅲ. 통치행위 인정근거에 관한 제학설 ·······································63
1. 사법(부)자제설 / 63   2. 내재적 한계설(권력분립설·사법한계설) / 66
3. (자유)재량행위설 / 69   4. 법해석론적(이론적) 입장·법정책론적(사실적) 입장 / 72
Ⅳ. 통치행위의 종류 ·································································72
1. 개관 / 72   2. 절대적(絶對的) 통치행위 / 72
3. 상대적(相對的) 통치행위 / 73
Ⅴ. 통치행위의 한계(범위) ·······················································74
Ⅵ. 통치행위의 효과 ·································································77
1. 통치행위의 적법성통제 / 77   2. 통치행위와 손해배상 / 79
제4항  행정의 분류 ··········································································79

# 제2장  행정법(行政法)

## 제1절  행정법 일반론
Ⅰ. 행정법의 개념 ·····································································80
1. 개관 / 80   2. 헌법과 행정법의 관계(행정법의 헌법종속성 여부) / 82
Ⅱ. 행정법의 특질 ·····································································84
1. 개관 / 84   2. 행정법규의 규정형식의 특수성 / 84
3. 행정법규의 성질상의 특수성 / 85
4. 행정법규범의 내용상의 특수성 / 87
Ⅲ. 행정법의 이념 ·····································································90
1. 권리보호이념 / 90   2. 행정능률의 실현이념 / 90

## 제2절  행정법의 법원(法源)
### 제1항  개관 ················································································92
Ⅰ. 서설 ····················································································92
1. 의의 / 92   2. 학설 / 93
Ⅱ. 행정법의 성문법주의 ···························································93
1. 서론 / 93   2. 행정법의 법원이 성문법주의를 채택하는 이유 / 94
Ⅲ. 한계(성문법의 결여와 불문법에 의한 보충) ························95
### 제2항  행정법의 법원(法源)의 종류 ··············································96
#### 제1목  성문법원(成文法源) ··························································96
Ⅰ. 헌법 ····················································································96
Ⅱ. 법률 ····················································································97

1. 개관 / 97  2. 내용 / 99
 III. 국제조약·일반적으로 승인된 국제법규 ····················································100
  1. 개관 / 100  2. 조약 및 국제법규의 행정법의 법원성 / 101
  3. 효력(국내법과 조약이 충돌되는 경우) / 102
 IV. 법규명령(法規命令) ··············································································104
  1. 개관 / 104  2. 종류 / 105
  3. 감사원규칙의 법규명령성 인정여부 / 106  4. 효력 / 107
 V. 행정규칙(行政規則) ···············································································108
 VI. 자치법규(自治法規) ··············································································108
  1. 개관 / 108  2. 자치법규의 종류(조례·규칙) / 109
  3. 조례제정권의 한계 / 110
제2목  불문법원(不文法源) ·············································································111
 I. (행정)관습법 ·························································································111
  1. 의의 / 111  2. 행정관습법의 행정법원(行政法源)으로서의 인정여부 / 113
  3. 성립(효력의 근거) / 115  4. 행정관습법의 종류 / 116
 II. 판례법(判例法) ·····················································································120
  1. 의의 / 120  2. 법원성(法源性)의 인정문제 / 121
 III. 조리(행정법의 일반법원칙; 행정법의 일반원리) ······································124
  1. 개관 / 124  2. 종류 / 125
제3목  평등의 원칙 ··························································································125
 I. 의의 ·····································································································125
 II. 평등원칙의 근거 및 성질 ·····································································127
 III. 효과 ···································································································127
 IV. 평등의 원칙을 근거로 한 행정의 자기구속의 법리 ·······························128
  1. 의의 / 128  2. 근거 / 128  3. 적용영역(자기구속과 행정규칙) / 129
  4. 위법한 행정규칙과 자기구속 / 130
  5. 행정의 자기구속의 기능 / 130  6. 행정의 자기구속의 내포 / 131
  7. 관련문제 / 131
제4목  과잉금지(過剩禁止)의 원칙(비례의 원칙) ·············································132
 I. 의의 ·····································································································132
 II. 과잉금지의 원칙의 구성원칙 ································································145
  1. 적합성의 원칙: 최대화 명령 / 145
  2. 필요성의 원칙: 최소침해의 원칙(최소화 명령) / 148
  3. 상당성의 원칙: 협의의 비례의 원칙: 비례성의 원칙/수인기대가능성(최적화 명령)
     / 153
  4. 과잉금지의 원칙에 대한 헌법재판소 판례의 경향 / 156
 III. 과잉금지의 원칙(비례의 원칙)의 근거 ·················································166
  1. 헌법적 근거 / 166  2. 법률적 근거 / 166
 IV. 과잉금지의 원칙(비례원칙)의 실제적 적용 ···········································166

    1. 자유재량행위의 한계(재량행위의 남용여부의 심사)로서의 비례원칙 / 166
    2. 행정강제의 한계에 있어서의 비례원칙 / 169
    3. 수익적 행정행위의 철회권 및 취소권의 한계로서의 비례원칙 / 169
    4. 행정행위의 부관의 한계로서의 비례원칙 / 170
    5. 사정판결·사정재결에 있어서의 비례원칙 / 170
    6. 질서(경찰)비례원칙 / 170
    7. 과잉급부금지의 원칙(급부행정상의 비례원칙) / 171
    8. 행정지도의 한계로서의 비례의 원칙의 적용 / 172
    9. 특별권력관계에 있어서의 비례원칙 / 172
    10. 행정계획과 비례원칙 / 172
    11. 부당결부금지의 원칙 / 173
  V. 결론 ································································································173
제4-2목  부당결부(不當結付)금지의 원칙 ································································176
  I. 개관 ································································································176
    1. 의의 / 176         2. 부당결부금지원칙의 법적 근거 / 176
  II. 부당결부금지원칙의 성립요건 ································································178
    1. 일반적 요건 / 178    2. 원인적 관련성과 목적적 관련성의 요청 / 179
  III. 부당결부금지의 원칙의 적용 ································································179
    1. 행정청의 재량처분이 부당결부금지의 원칙을 위반하고 있는 경우 / 179
    2. 행정행위의 부관의 한계로서의 부당결부금지의 원칙을 위반한 경우 / 180
    3. 부당결부금지원칙 위반의 구체적인 예 / 180
  IV. 부당결부금지의 원칙-사례 ································································181
제5목  신뢰보호(信賴保護)의 원칙 ································································187
  I. 개관 ································································································187
  II. 신뢰보호원칙의 연혁(독일·영미법) ································································192
    1. 독일에서의 신뢰보호사상의 전개 및 제도화 과정 / 192
    2. 영미법상 금반언의 법리 / 193
  III. 신뢰보호의 관념 ································································194
    1. 의의 / 194
    2. 영·미행정법상의 '금반언(Estoppel)의 법리(Estoppel-Prinzip)'·독일의 학설·판례 및 우리나라의 경우 / 197
  IV. 신뢰보호의 근거 ································································202
    1. 신의성실의 원칙설(신의칙설) / 202
    2. 법치국가원칙 및 법적 안정성설 / 205
    3. 사회국가원리설 / 208    4. 기본권설 / 209
    5. 기타의 학설 / 210
  V. 신뢰보호원칙 적용의 일반적 요건 ································································211
    1. 행정기관의 선행조치의 존재(공적인 견해표명) 및 신뢰의 토대형성 (Vertrauensgrundlage) ································································211

2. 선행조치의 존속에 대한 신뢰일것 ·················································218
  3. 신뢰의 보호가치성의 존재 ···························································218
  4. 관계자의 신뢰에 기인한 처리의 존재 ··········································222
  5. 상당인과관계 – 상당인과관계설(Adäquanztheorie) ························222
  6. 선행조치에 위반한 후행조치(행정작용)의 존재 ···························225
  7. 보충성의 원리 ·············································································225
 Ⅵ. 신뢰보호원칙의 문제점 ·······································································225
  1. 개관 / 225                2. 문제점 / 226
 Ⅶ. 신뢰보호원칙의 적용영역 ···································································230
  1. 개관 / 230         2. 위법한 수익적 행정행위의 취소제한 / 231
  3. 적법한 수익적 행정행위의 철회제한 / 239
  4. 사후적 부담(負擔)의 가중제한(加重制限) / 242
  5. 계획보장 및 공공시설보장(행정계획의 변경) / 242
  6. 소급효 – 법규명령 및 행정규칙의 소급적 변경의 금지(행정입법의 변경금지) /
    246
  7. 실권(취소권의 저지)의 법리 / 253
  8. 확약(確約)의 법리 – 행정법상 확약 / 256
  9. 공법상 계약 / 257        10. 불법(不法)에 있어서의 평등대우 / 257
  11. 급부행정의 경우 / 258
 Ⅷ. 신뢰보호원칙의 위반의 효과 ·······························································258
  1. 학설 / 258   2. 신뢰보호원칙 위반의 효과에 관련한 우리나라 판례 /261
 Ⅸ. 신뢰보호의 원칙과 행정상 착오 – 단순한 행정상 착오의 경우에도 신뢰보호의
  원칙이 적용되는가? ············································································262
 Ⅹ. 행정영역별 신뢰보호의 원칙 ·······························································262
  1. 국세행정 / 262           2. 교육행정(학칙개정) / 263
  3. 교통행정(운전면허철회) / 263    4. 건축행정(건축허가) / 263
 Ⅺ. 신뢰보호의 원칙과 입증책임 ·······························································265
 Ⅻ. 신뢰보호의 한계(신뢰보호의 기속력 배제) ··········································265

# 제2편 행정법 통칙

## 제1장  행정상 법률관계

### 제1절  총설
 Ⅰ. 행정상 법률관계 ··················································································271
 Ⅱ. 행정상 법률관계의 의의 ······································································271
  1. 광의 / 271   2. 협의 / 272
### 제2절  행정법관계(공법관계)와 사법관계

I. 개설 ········································································································· 273
　　II. 공법과 사법의 구별 인정여부 ········································································ 274
　　　1. 구별부인설(공법·사법일원론) / 274
　　　2. 구별긍정설(공법·사법이원론적 입장) / 275
　　III. 공법과 사법의 구별 방법론 ·········································································· 277
　　　1. 공법과 사법의 이론적 구별 / 278　　2. 공법과 사법의 제도적 구별 / 281
　　IV. 실정법에서의 공법과 사법의 관련의 교착 ··················································· 285
　　　1. 공·사법혼합관계 / 285
　　　2. 공법적 행위에 의하여 사법적 효과를 발생시키는 경우 / 285
　　　3. 사법관계에 대한 공법의 개입 / 286
　　　4. 공법과 사법의 융화 / 286

### 제3절　행정상 법률관계의 종류
　　I. 행정조직법 관계(대내적 관계·내부관계) ························································ 287
　　　1. 법률관계의 당사자를 기준으로 한 분류 / 287
　　　2. 내용에 의한 분류 / 287
　　II. 행정작용법 관계(대외관계·외부관계) ··························································· 288
　　　1. 법률관계의 당사자를 기준으로 한 분류 / 288
　　　2. 법률관계의 내용·성질에 의한 분류 / 288

### 제4절　행정법관계의 특질(특수성)
　　I. 일반권력관계의 특질 ······················································································ 300
　　　1. 행정의사(행정행위)의 법 및 법률적합성(법적 기속) / 300
　　　2. 행정의사(행정행위)의 구속력(Bindungswirkung) / 300
　　　3. 행정의사(행정행위)의 공정력(예선적 효력[Die präjudizielle Wirkung]) / 300
　　　4. 행정의사(행정행위)의 확정력(존속력) / 320
　　　5. 행정의사(행정행위)의 강제력 / 331
　　II. 공법상 특별권력관계의 특질 ········································································· 334
　　III. 관리관계의 특질 ··························································································· 335
　　IV. 행정법관계(권력관계·관리관계)에 공통된 특질 ············································ 335
　　　1. 공권·공의무의 특수성 / 335　　2. 권리구제수단의 특수성 / 335

### 제5절　행정법관계의 당사자(當事者)
　　I. 행정주체 ········································································································ 337
　　　1. 개관 / 337　　2. 행정주체의 종류 / 338
　　II. 행정객체 ······································································································· 348
　　　1. 일반사인 / 348　　2. 공공단체 / 348
　　　3. 국가 / 349

### 제6절 행정법관계(공법관계)의 내용 — 공권·공의무·공법상의 반사적 이익 —
　제1항　공권(公權) ·································································································· 350
　　I. 공권의 관념 ···································································································· 350

## II. 공권의 종류 ·········354
1. 국가적 공권 / 354
2. 개인적 공권 / 355
3. 공권의 특수성 / 375
4. 공권과 사권의 구별실익 / 381
5. 공권의 한계 / 383

### 제2항  공의무(公義務) ·········385
#### I. 국가적 공의무 ·········385
#### II. 개인적 공의무 ·········385
1. 의의 / 385
2. 분류 / 385
3. 발생 / 385
4. 자력강제 / 386
5. 특수성 / 386

### 제3항  공권·공의무의 승계(承繼) ·········386
#### I. 행정주체간의 승계 ·········386
#### II. 사인간의 권리·의무의 승계 ·········387
#### III. 제재처분 효과의 승계 ·········388
1. 의의 / 388
2. 판례 / 389

### 제4항  반사적 이익(反射的 利益) ·········389
#### I. 반사적 이익의 개념 ·········389
#### II. 개인적 공권과 반사적 이익 ·········390
1. 개인적 공권과 반사적 이익의 차이 / 390
2. 개인적 공권과 반사적 이익의 구별실익 / 393
3. 개인적 공권과 반사적 이익의 구별표준 / 394
4. 반사적 이익의 일반적 범위·내용 / 394
5. 반사적 이익의 보호법익화(반사적 이익의 공권화)·반사적 이익의 상대화 / 397

## 제7절  행정법관계에서의 사인(私人)의 지위

### 제1항  행정과정에 있어서의 사인의 권리보호의 확장 ·········423
#### 제1목  개관 ·········423
#### 제2목  실체법(實體法)상의 권리확장 ·········424
##### I. 공권과 반사적 이익과의 구별의 상대성 ·········424
##### II. 반사적 이익론의 연혁 ·········424
1. 반사적 이익론의 전개 / 425
2. 19세기 옐리네크(G. Jellinek)의 고전적 이론 / 425
3. 제2차 세계대전 이후의 이론전개 / 426
##### III. 법적 이익과 반사적 이익 ·········426
1. 반사적 이익의 공권화 / 426
2. 공권의 개념 / 427
##### IV. 반사적 이익의 법적 이익화(공권화) ·········427
1. 개관 / 427
2. 내용 / 430

#### 제3목  절차법(節次法)상의 권리확장 ·········431
##### I. 무하자재량행사청구권(일반적 고찰) ·········431
1. 개관 / 431
2. 연혁 / 433
3. 무하자재량행사청구권의 특징 / 433

4. 무하자재량행사청구권의 대상이 되는 행정행위 / 436
　　　5. 인정여부 / 436　　　　　　6. 법개념 구성의 필요성 / 438
　　　7. 무하자재량행사청구권의 인정근거 / 439
　　　8. 무하자재량행사청구권의 성립요건 / 439
　　　9. 쟁송수단 / 442　　　　10. 무하자재량행사청구권을 긍정한 판례 / 449
　Ⅱ. 행정행위발급청구권(行政行爲發給請求權) ································450
　　　1. 서론 / 450　　　　　2. 행정행위발급청구권의 연혁 및 기능 / 451
　　　3. 행정행위발급청구권의 성립요건 / 451
　　　4. 소송제도와의 관계 / 453
　Ⅲ. 행정개입청구권(行政介入請求權): 일반적 고찰 ························453
　　　1. 개관 / 453　　　　2. 독일에서의 행정개입청구권의 법리의 전개 / 456
　　　3. 무하자재량행사청구권과의 구별 / 457
　　　4. 인정여부 / 457　　　　5. 행정개입청구권의 성립요건 / 459
　　　6. 행정개입청구권의 적용영역 / 460　7. 행정개입청구권과 구제수단 / 461
　Ⅳ. 시민소송(市民訴訟:citizen suit) ·············································463
　　　1. 서론 / 463　　2. 의의 / 463　　　3. 현행법과의 관계 / 465
　Ⅴ. 행정과정(절차)참여권 ·······························································465
　　　1. 개관 / 465　　　2. 한국 헌법 / 466　　3. 구체적인 예 / 467
　Ⅵ. 주민참가(住民參加) ····································································467
　Ⅶ. 정보공개청구권(情報公開請求權) ·············································468
　　　1. 의의 / 468　　2. 판례 / 468　　3. 정보공개청구불응에 대한 구제 / 469

## 제4목　무하자재량행사청구권의 재조명(再照明) − 개별적 고찰 ············471
　Ⅰ. 서론 ······························································································471
　Ⅱ. 무하자재량행사청구권(일반론) ··················································476
　　　1. 개념 / 476　　　　2. 무하자재량행사청구권의 재량 / 477
　Ⅲ. 무하자재량행사청구권의 성립요건 ···········································478
　　　1. 재량행위(裁量行爲) / 478　　2. 처분의무의 존재 / 479
　　　3. 사익보호성(법률상 이익의 존재) / 480
　　　4. 무하자재량행사청구권의 기타 적용영역 / 481
　　　5. 무하자재량행사청구권의 구체적 내용 / 486
　Ⅳ. 결론 ······························································································490

## 제5목　행정재량의 한계와 사법심사 ··············································492
　− 공권으로서의 무하자재량행사청구권과 사법심사를 중심으로− ············492
　Ⅰ. 서론 ······························································································492
　Ⅱ. 무하자재량행사청구권(일반론) ··················································496
　　　1. 개념 / 496　　　2. 무하자재량행사청구권의 재량 / 498
　Ⅲ. 주관적 공권과 무하자재량행사청구권 ·····································499

1. 공권의 관념 / 499  2. 공권의 성립요소 / 499
3. 무하자재량행사청구권의 공권성립요소 / 501
4. 무하자재량행사청구권의 절차적 공권성 / 502
Ⅳ. 무하자재량행사청구권의 성립요건 ·················································502
1. 재량행위 / 502  2. 처분의무의 존재 / 504
3. 사익보호성(법률상 이익의 존재) / 504
4. 무하자재량행사청구권의 기타 적용영역 / 505
5. 무하자재량행사청구권의 내용 / 510
Ⅴ. 사법심사: 행정상 쟁송과 권리구제 ·················································518
1. 취소소송(取消訴訟) / 518  2. 부작위위법확인소송 / 519
3. 의무이행심판 / 521  4. 의무이행소송 / 522
Ⅵ. 결론 ························································································525

## 제6목　행정개입청구권과 사법적 권리구제(權利救濟) ······················526
Ⅰ. 서론 ························································································526
Ⅱ. 행정개입청구권(行政介入請求權) ·······················································527
1. 개념 / 527  2. 행정개입청구권의 성립배경 / 530
3. 행정개입청구권의 법적 성질 / 532  4. 행정개입청구권의 성립요건 / 534
5. 행정개입청구권의 적용영역(행정의 모든 영역) / 538
Ⅲ. 사법적 권리구제 ··········································································540
1. 개관 / 540  2. 쟁송수단 / 540
Ⅳ. 결론 ························································································550

## 제8절　특별권력관계(特別權力關係)
### 제1항　특별권력관계론 ······································································552
Ⅰ. 서설 ························································································552
1. 행정법관계의 분류 / 552  2. 일반권력관계 / 552
3. 특별권력관계 / 553  4. 특별권력관계의 특징(전통적 특별권력관계이론) / 555
5. 특별권력관계이론의 구성이유·이론적 근거·동향 / 556
Ⅱ. 성질(일반권력관계와의 구별) ··························································556
1. 특별권력관계긍정설 / 556  2. 특별권력관계 부정설(否定說) / 563
Ⅲ. 특별권력관계의 성립과 소멸 ···························································564
1. 성립 / 564  2. 소멸 / 566
Ⅳ. 특별권력관계의 종류 ····································································567
1. 공법상 근무관계 / 567
2. 공법상의 영조물(공공시설)이용관계 : 영조물권력 / 568
3. 공법상 특별감독관계 : 감독권력 / 568
4. 공법상의 사단관계 : 사단권력 / 569
Ⅴ. 특별권력관계에 있어서의 특별권력 ··················································569
1. 의의 / 569  2. 종류 / 569
3. 내용 / 569  4. 한계 / 572

VI. 특별권력관계와 법치주의(法治主義) ·················································572
　　　　1. 법률유보와의 관계 / 572
　　　　2. 헌법상 보장되는 기본권과의 관계: 특별권력관계에서 특별권력의 복종자에 대하
　　　　　여 헌법상 보장된 기본권을 법률의 근거없이 제한할 수 있는가? / 573
　　　　3. 특별권력관계와 사법심사(행정소송; 사법적 구제) / 576
　제2항　공법상 '소위' 특별권력관계이론 ···················································579
　　I. 서론 ·····································································································579
　　II. 공법상 '소위' 특별권력관계이론 ·····················································581
　　　　1. 특별권력관계의 의의 / 581
　　　　2. 특별권력관계이론의 구성이유·이론적 근거·동향 / 582
　　　　3. 특별권력관계이론의 성질(일반권력관계와의 구별) / 582
　　III. 특별권력관계와 법치주의(기본권제한) ···········································591
　　　　1. 특별권력관계에 있어서의 특별권력의 내용 및 한계 / 591
　　　　2. 특별권력관계에 의한 기본권제한의 허용여부 / 593
　　　　3. 특별권력관계에 의한 기본권제한의 형식 및 한계 / 596
　　IV. 특별권력관계와 사법심사(행정소송; 사법적 구제) ······················599
　　　　1. (사법심사) 전면적 부정설(절대적 구별설·불침투의 입장) / 599
　　　　2. (사법심사) 제한적 긍정설(상대적 구별설·수정설의 입장) / 599
　　　　3. (사법심사) 전면적 긍정설(특별권력관계부정설의 입장) / 600
　　　　4. 소결 / 602
　　V. 결론 ································································································604

# 제2장　행정상 법률관계의 원인

## 제1절　총설
　제1항　행정법상의 법률사실과 법률요건의 의의·종류 ·······················609
　　I. 의의 ···································································································609
　　II. 공법상 법률사실의 종류 ·································································611
　　　　1. 공법상의 용태(사람의 정신작용을 요소로 하는 공법상의 법률사실) ···········611
　　　　2. 공법상의 사건(사람의 정신작용을 요소로 하지 않는 공법상의 법률사실) ··612
　제2항　시간의 경과 ···················································································612
　　I. 기간(期間) ························································································612
　　　　1. 서설 / 612　　　　　　　　　　2. 기간의 기산점 / 612
　　　　3. 기간의 역산(逆算) / 613　　　　4. 기간의 만료점(滿了點) / 613
　　II. 공법상 시효(時效) ··········································································614
　　　　1. 시효제도의 의의 / 614　　　　　2. 시효제도의 종류 / 615
　　　　3. 공법상 금전채권의 소멸시효 / 615　4. 공물의 시효취득(Ersitzung) / 618
　　III. 제척기간(除斥期間) ········································································625
　　　　1. 의의 / 625　　　　　　　　　　2. 내용 / 625
　　IV. 제척기간과 소멸시효의 구분(도표) ···············································626

## 제3항 행정상의 사실행위(Verwaltungsrealakt) ·················· 627
### I. 개관 ······················································· 627
### II. 종류 ······················································ 628
1. 주체에 의한 분류 / 628　　2. 권력성 유무에 따른 분류 / 629
3. 법적 규율에 의한 분류 / 632　　4. 독립성 유무(有無)에 따른 분류 / 633
5. 의식표시의 유무(有無)에 따른 분류 / 633
### III. 사실행위의 근거와 한계 ······································ 634
1. 사실행위의 근거 / 634　　2. 사실행위의 한계 / 634
### IV. 행정상 사실행위에 대한 권리구제(Rechtsmittel) ················ 635
1. 손해배상(損害賠償) / 635　　2. 손실보상(損失補償) / 635
### V. 행정상 사실행위와 행정쟁송 ··································· 639
1. 개관 / 639　　2. 학설 / 640　　3. 행정소송법 제2조 제1항 / 640
4. 구체적 적용 / 641　　5. 판례 / 643

## 제4항 주소(住所)와 거소(居所) ····································· 644
### I. 법적 의의 ··················································· 644
### II. 주소 ····················································· 644
1. 자연인의 주소 / 644　　2. 법인의 공·사법상의 주소 / 644
### III. 거소·가주소 ·············································· 645

## 제5항 공법상의 사무관리(事務管理)·부당이득(不當利得) ············· 645
### I. 공법상의 사무관리 ·········································· 645
### II. 공법상의 부당이득 ········································· 645
1. 의의 / 645
2. 공법상 부당이득반환청구권(不當利得返還請求權)의 성질 / 646
3. 행정주체의 부당이득(不當利得) / 649
4. 사인(私人)의 부당이득 / 650

## 제6항 공법행위(公法行爲) ········································· 651
### I. 공법행위의 개념 ············································ 651
### II. 공법행위의 종류 ··········································· 651
1. 행정상 입법행위·행정계획·집행행위 / 651
2. 행정주체의 공법행위와 사인의 공법행위 / 651
3. 권력행위와 비권력행위 / 651
4. 적법행위·위법행위·부당행위·타당성·적합성 / 652
5. 외부적 행위·내부적 행위 / 652
6. 실체법적 행위·절차법적 행위 / 652
7. 단독행위·쌍방행위(당사자의 수를 기준) / 653

## 제7항 사인(私人)의 공법행위(公法行爲) ····························· 653
### I. 사인의 공법행위의 관념 ····································· 653
### II. 사인의 공법행위의 종류 ···································· 654
1. 사인의 지위에 의한 분류 / 654　　2. 성질에 의한 분류 / 654

3. 의사표시의 수에 의한 분류 / 656    4. 구성요소에 의한 분류 / 656
5. 효과에 의한 분류 / 657
III. 사인의 공법행위의 특색 ·················································659
　1. 행정행위에 대한 특색 / 659　2. 사법행위(私法行爲)에 대한 특색 / 659
IV. 사인의 공법행위에 대한 적용법원리(적용법규) ···············660
　1. 개설(사인의 공법행위와 제정법) / 661
　2. 의사능력(意思能力)·행위능력(行爲能力) / 661
　3. 사인의 공법행위의 대리(代理) / 663
　4. 사인의 공법행위의 효력발생 시기 / 664
　5. 사인의 공법행위의 요식(要式)여부 / 665
　6. 의사의 흠결·흠(하자)있는 의사표시의 효과 / 665
　7. 사인의 공법행위의 부관(附款) / 667
　8. 사인의 공법행위의 철회·보정의 제한 / 667
V. 사인의 공법행위의 효과 ·················································668
　1. 의의 / 668　　2. 처리의무의 내용 / 668
VI. 사인(私人)의 공법행위의 결함이 미치는 효과 ················671
　1. 종래의 견해 / 671　2. 원칙·예외의 체계론 / 671

# 제3장　행정입법(行政立法)

## 제1절　개설
I. 행정입법의 의의 ·····························································673
　1. 개관 / 673　　　　2. 위임입법에 대한 헌법재판소의 견해 / 675
II. 행정국가와 위임입법의 필요성 ·······································676
　1. 19세기적 위임입법금지 이론(19세기:위임입법금지의 원칙) / 676
　2. 행정국가적 경향 / 676　　3. 위임입법의 필요성 / 678
　4. 국회중심입법주의의 채택– 국회전속입법주의의 포기 / 679
III. 행정입법의 성질 및 문제점 ···········································680
　1. 행정입법의 성질 / 680　　2. 문제점 / 681
IV. 행정입법의 종류 ·····························································683
　1. 주체를 표준으로 하는 경우 / 683
　2. 효력이 미치는 범위를 표준으로 하는 경우 / 683

## 제2절　법규명령(法規命令)
I. 의의 ···················································································684
　1. 법규·법규범 / 684　　2. 법규명령 / 684
II. 법규명령의 성질 ·····························································687
III. 법규명령의 종류(분류) ···················································688
　1. 수권의 근거·범위(내용)를 기준으로 한 분류 / 688
　2. 법형식(권한의 소재·발령기관·제정권자)에 따른 분류 / 700

## IV. 법규명령의 근거(根據) ··················································································711
1. 대통령의 긴급재정경제명령과 긴급명령의 근거 / 711
2. 위임명령의 근거 / 711    3. 집행명령의 근거 / 711

## V. 법규명령의 성립요건·발효요건 및 하자(瑕疵) ·····················································713
1. 성립요건 / 713    2. 효력발생요건(시행) / 716
3. 법규명령의 성립·발효요건의 불비(하자) / 716

## VI. 법규명령의 한계 ································································································717
1. 긴급재정경제명령과 긴급명령의 한계 / 717    2. 위임명령의 한계 / 718
3. 집행명령의 한계 / 736

## VII. 법규명령(행정입법)에 대한 통제 ······································································737
1. 의의 / 737    2. 법규명령에 대한 통제 / 738
3. 독일에서의 의회를 통한 입법통제 - 의원내각제 정부에서의 행정입법통제 / 753
4. 미국의 행정입법통제 - 대통령제 정부형태에서의 행정입법통제 / 763
5. 정부형태에 따른 의회의 행정입법에 대한 통제정도- 의원내각제(독일)인가, 대통령제(미국)인가에 따른 의회의 행정입법에 대한 통제의 강도(强度)에 있어서의 상관관계 / 767

## VIII. 하자(瑕疵)있는 법규명령에 대한 구제 ·····························································769
1. 위법명령심사 - 구체적 규범통제 / 769
2. 법규명령에 대한 헌법소원(憲法訴願)의 가부(可否) / 770

## IX. 법규명령의 소멸(消滅) ·······················································································775
1. 법규명령의 폐지 / 775
2. 종기(終期)의 도래 또는 해제조건의 성취(법정부관의 성취) / 776
3. 근거법령의 소멸 / 776    4. 국회의 불승인(不承認) / 777

## X. 행정입법부작위와 행정소송 ···············································································777
1. 행정입법부작위에 대한 항고소송의 대상적격 / 776
2. 행정입법부작위에 대한 부작위위법확인소송·의무이행소송의 대상적격 / 776

## 제3절  행정규칙(行政規則)

### I. 개관 ·······················································································································780
1. 의의 / 780    2. 행정규칙의 필요성 / 782

### II. 행정규칙의 성질 ·································································································783
1. 권력적 기초 / 783    2. 행정규칙의 법규성 시비(是非) / 783
3. 특수한 행정규칙 / 798

### III. 행정규칙의 종류 ·································································································818
1. 내용상의 분류(내용을 기준으로 한 분류) / 818
2. 특별권력관계의 종류에 의한 분류(야코비 : Jacobi) / 821
3. 규정형식에 의한 분류-행정업무의효율적운영에관한규정(舊사무관리규정) 제4조 / 821

### IV. 행정규칙의 근거와 한계 ····················································································823
1. 행정규칙의 근거 / 823    2. 행정규칙의 한계 / 823

V. 행정규칙의 성립요건·발효요건·하자(흠) ································································824
  1. 행정규칙의 성립요건 / 824    2. 행정규칙의 발효요건 / 825
VI. 행정규칙의 효력 ····························································································826
  1. 내부적 효력(대내적 효력) / 826    2. 외부적 효력(대외적 효력) / 826
VII. 행정규칙의 흠(하자)·소멸 ··············································································829
VIII. 행정규칙에 대한 통제 ···················································································830
  1. 행정적 통제 / 830    2. 국회에 의한 통제(입법적 통제) / 830
  3. 사법적 통제 / 831
IX. 법규명령과 행정규칙의 관계 ············································································841
X. 법규명령과 행정규칙의 차이(도표) ·····································································853

## 제4절 자치입법(自治立法)
I. 개관 ················································································································858
II. 자치입법의 종류 ·····························································································858
  1. 조례 / 858    2. 지방자치단체 규칙 / 877
  3. 조례·규칙의 효력발생 시기 / 879    4. 조례와 규칙의 효력 / 880
  5. 교육규칙 / 881

## 제5절 행정계획(行政計劃)
I. 행정계획의 개념 ·······························································································882
  1. 개관 / 882    2. 우리 나라에서의 행정계획의 헌법상 근거 / 882
  3. 학설 / 885    4. 행정계획의 개념에 관한 대법원 판례 / 887
  5. 대법원이 행정계획에 속하는 것으로 본 개별작용들 / 889
II. 행정계획의 기능 ·······························································································891
  1. 복지국가의 기능적 요소로서의 행정계획 / 891
  2. 기능의 구체적인 내용 / 891
III. 행정계획의 법적 성격 ······················································································892
  1. 의의 / 892    2. 학설 / 893
IV. 행정계획의 법적 효력 ······················································································903
  1. 일반론 / 903    2. 행정계획의 집중효 및 인·허가 의제(擬制)제도 / 903
V. 행정계획의 종류 ·······························································································905
  1. 대상(내용)에 따른 분류 / 905
  2. 계획대상의 종합성·개별성에 따른 분류(종합계획과 부문별 계획) / 905
  3. 상하관계에 따른 분류(상위계획과 하위계획) / 905
  4. 지역(공간)계획과 비지역(비공간)계획 / 905
  5. 계획의 대상이 되는 지역의 범위에 따른 구분(전국계획·지방계획·지역계획) / 905
  6. 계획의 구체화의 정도에 따른 구분(기본계획과 시행계획[실시계획]) / 906
  7. 계획기간에 따른 분류(장기계획(6년 이상)·중기계획(2~5년)·년도별 계획) / 906
  8. 법적 구속력의 유무에 따른 분류(구속적 계획과 비구속적 계획) / 906

VI. 행정계획과 법치행정의 원리 ·············································································908
   1. 법률유보의 문제 / 908    2. 계획재량(계획상의 형성의 자유) / 912
   3. 「계획에 의한 행정」의 문제점 / 928
VII. 행정계획의 확정절차 ························································································929
   1. 절차적 통제의 필요성 / 929    2. 행정계획 확정 절차상 고려할 점 / 929
   3. 계획확정절차 / 929    4. 계획확정절차의 하자(瑕疵)의 효과 / 929
VIII. 행정계획의 한계 ·······························································································930
IX. 행정계획에 대한 권리구제(權利救濟) ·······························································931
   1. 사법심사 / 931
   2. 손해전보(塡補)- 손해배상청구권·손실보상청구권 / 932
   3. 계획보장청구권(국민의 국가에 대한 소극적 권리)- 행정계획과 신뢰보호 / 935
   4. 취소소송 / 948    5. 헌법소원 / 950

## 제4장   행정행위(行政行爲)

### 제1절   총설

I. 의의 ························································································································952
II. 학설 ·······················································································································954
   1. 실체법적 개념설 / 954    2. 쟁송법적 개념설 / 955
   3. 일반적 견해 / 955
III. 행정행위의 개념유형 ··························································································957
   1. 최광의설 / 957    2. 광의설 / 957    3. 협의설 / 957
   4. 최협의설 / 958    5. 정리(도표) / 959
IV. 행정행위의 개념요소 ··························································································960
   1. 행정주체의 행위 / 960    2. 입법행위·통치행위·사법행위와의 구별 / 960
   3. 법적 행위 / 960    4. 외부관계에 있어서의 행위 / 960
   5. 행정주체의 공법행위 / 960    6. 권력적 단독행위 / 960
V. 행정행위와 법규범·일반처분의 구별 ·······························································961
   1. 행정행위와 법규범의 구별(개별적·구체적 규율:일반적·추상적 규률) / 961
   2. 일반처분(일반적·구체적 규율) / 961

### 제2절   행정행위의 특질(特質)

I. 법적합성(法適合性) ······························································································962
II. 공정성(公正性) ······································································································962
III. 실효성(實效性) ·····································································································962
   1. 자력집행력 + 제재력 / 962    2. 취소할 수 있는 행위 / 963
IV. 확정성(존속성) ····································································································963
V. 행정행위에 대한 구제제도의 특수성 ·································································963
   1. 행정상의 손해전보제도의 특수성 / 963    2. 행정쟁송절차의 특수성 / 963

## 제3절 행정행위의 종류

### I. 개관 ································································································965
1. 주체에 따른 분류 / 965
2. 구성요소와 법률효과·발생원인을 표준으로 한 분류 / 965
3. 기초가 되는 권력관계를 기준으로 한 분류 / 966
4. 법규에 의한 기속의 정도를 기준으로 한 분류 / 966
5. 상대방의 협력요부를 기준으로 한 분류 / 968
6. 수령요부(要否)에 따른 분류 / 969
7. 형식에 의한 분류 / 970
8. 법률상태의 변동여부를 기준으로 한 분류 / 970
9. 행정행위의 대상에 따른 분류 / 971
10. 법률효과의 성질(상대방에 대한 효력)에 따른 분류 / 971
11. 상대방에 따른 분류 / 971
12. 권력성 유무에 따른 분류 / 972
13. 행정행위의 결정단계에 따른 분류 / 972

### II. 기속행위(羈束行爲)와 재량행위(裁量行爲) ·········································973
1. 서설 / 973  2. 기속행위와 재량행위의 구체적 내용 / 976
3. 기속재량행위(법규재량행위)와 자유재량행위(공익재량행위·편의재량·목적재량) / 982  4. 재량권의 한계(재량하자) / 1006
5. 재량통제 / 1016

### III. 부담적 행정행위 ··········································································1020
1. 부담적 행정행위(부과적·간섭적·침해적 행정행위)의 의의 / 1020
2. 부담적 행정행위의 내용 / 1020  3. 부담적 행정행위의 특색 / 1020

### IV. 수익적(收益的) 행정행위 ······························································1022
1. 수익적 행정행위의 의의 / 1022  2. 수익적 행정행위의 내용 / 1022
3. 수익적 행정행위의 특색 / 1022

### V. 복효적(複效的) 행정행위 ································································1027
1. 개념 / 1027  2. 문제점 / 1029  3. 유형(類型) / 1031
4. 구체적 사례 / 1031  5 복효적 행정행위의 특색 / 1033
6. 복효적 행정행위의 철회·직권취소 / 1039

## 제4절 행정행위의 내용

### 제1항 법률행위적(法律行爲的) 행정행위 ···············································1043

#### 제1목 명령적 행정행위 ····································································1043

##### I. 의의 ···························································································1043

##### II. 하명(Befehl) ···············································································1044
1. 개념 / 1044  2. 성질 / 1044
3. 하명의 형식 / 1044  4. 하명의 종류 / 1045
5. 하명의 대상 / 1046  6. 하명의 상대방 / 1046

7. 하명의 효과 / 1046　　　8. 하명위반에 대한 제재 / 1046
　　9. 하명위반의 효과 / 1047　　10. 하명에 대한 구제 / 1047
　Ⅲ. 허가(Erlaubnis) ·································································1048
　　1. 의의 / 1048　　2. 예외적 허가(Ausnahmebewilligung) – 재량행위/ 1052
　　3. 신고와의 구별 / 1056　　　　4. 허가의 형식 / 1063
　　5. 허가의 종류 / 1063　　　　　6. 허가의 대상 / 1064
　　7. 허가의 상대방 / 1065　　　　8. 허가와 특허의 구별 / 1066
　　9. 허가와 인가의 구별 / 1068　　10. 허가의 효과 / 1068
　　11. 허가의 승계(承繼) / 1071
　　12. 허가의 타당범위 – 지역적 효과 / 1074
　　13. 허가를 필요로 하는 행위를 무허가로 행한 경우 / 1074
　　14. 허가의 거부·취소 / 1075　　15. 허가의 갱신(更新) – 갱신허가 / 1075
　　16. 허가의 소멸(消滅) / 1079
　Ⅳ. 면제(Erlassung; Dispens) ···············································1080
　　1. 의의 / 1080　　2. 성질 / 1080　　3. 종류 / 1081

### 제2목　형성적 행정행위(形成的 行政行爲) ··············································1081
　Ⅰ. 의의 ······································································1081
　Ⅱ. 특허 – 직접 상대방을 위한 행위 ·······················1082
　　1. 설권행위(광의의 특허) / 1082　　　2. 변경행위 / 1087
　　3. 권리박탈행위 – 박권(剝權)행위 / 1087
　Ⅲ. 인가(認可) – 타자(他者)를 위한 행위 ···············1087
　　1. 인가의 의의 / 1087　　　2. 인가의 법적 성질 / 1088
　　3. 인가의 대상 / 1090　　　4. 인가의 형식 / 1091
　　5. 인가의 신청 – 출원 / 1091
　　6. 기본적 법률행위(기본행위)와 인가의 효력관계 / 1091
　　7. 인가의 효과 / 1094　　　8. 대법원판례 / 1095
　Ⅳ. 대리(공법상의 대리행위) – 타자(他者)를 위한 행위 ··············1097
　　1. 의의 / 1096　　2. 종류(유형) / 1096　　3. 효과 / 1096

### 제2항　준법률행위적(準法律行爲的) 행정행위 ·····································1100
### – 확인·공증·통지·수리 – ························································1100
　Ⅰ. 의의 ······································································1100
　Ⅱ. 법률행위적 행정행위와 준법률행위적 행정행위의 비교 ·······1101
　Ⅲ. 확인(Feststellung) ·····················································1101
　　1. 의의 / 1101　　2. 성질 / 1102　　3. 종류 / 1103
　　4. 형식 / 1104　　5. 효과 / 1104
　Ⅳ. 공증(Beurkundung) ····················································1105
　　1. 의의 / 1105　　2. 성질 / 1105　　3. 공증의 종류 / 1105
　　4. 공증의 법적 효과 / 1107
　　5. 공증의 처분성 문제 – 공부(公簿)에의 등재행위의 처분성 / 1108

V. 통지(通知: Mitteilung) ··················································································1110
   1. 의의 / 1110      2. 종류 / 1111      3. 상대방의 형식 / 1111
   4. 효과 / 1112      5. 통지의 처분성 / 1112

VI. 수리(Annahme) ··························································································1114
   1. 의의 / 1114      2. 성질 / 1115    3. 수리거절(각하: Zurückweisung) / 1117
   4. 수리의 효과 / 1117      5. 수리의 처분성 / 1117

## 제5절 　행정행위의 부관(附款)

I. 서설 ············································································································1119
   1. 의의 / 1119      2. 법정부관(法定附款)과의 구별 / 1123
   3. 부관의 부종성(附從性: Akzessorität: 종속성) / 1124

II. 부관의 종류 – 부관의 외연(外延)과 관련하여 ···········································1124
   1. 조건(Bedingung) / 1124      2. 기한(Befristung) / 1127
   3. 부담(Auflage) / 1132
   4. 수정부담(modifizierte Auflage; modifizierende Auflage) – 변경부담 /1146
   5. 법률효과의 일부배제(일부제한) / 1150
   6. 철회권(취소권)의 유보 – 해제부관(auflöende Nebenbestimmungen) / 1152
   7. 행정행위의 사후변경의 유보 – 부담유보 / 1158

III. 행정청의 부관부과(附款附加) 의무 – 행정청에 부관부가 의무가 존재하는
   가? ············································································································1160
   1. 의무에 합당한 재량 및 법적으로 구속 받는 재량 : 공익·제3자 이익의 보호를 위
      한 경우 / 1160      2. 법률요건충족부관인 경우 / 1160

IV. 행정행위의 부관의 허용성(Zulässigkeit :가능성)과 한계 – 어떠한 행정행위에 부
   관을 붙일 수 있는가 / 1161
   1. 개관 / 1161
   2. 부관의 허용성(가능성) – 부관을 붙일 수 있는 행정행위 / 1161
   3. 행정행위에 부관을 붙임에 있어서의 내용상 한계 / 1180
   4. 행정행위 부관의 시간적 한계(부관을 붙일 수 있는 시간상의 한계): 사후 부관의
      가능성 / 1186

V. 하자(瑕疵)있는 부관(위법한 부관)이 본래의 행정행위(本行政行爲)의 효력에 미
   치는 영향 ·································································································1192
   1. 개관 / 1192
   2. 무효인 부관과 본래의 행정행위(本行政行爲)의 효력 / 1192
   3. 취소할 수 있는 부관과 본래의 행정행위(本行政行爲)의 효력 / 1196

VI. 위법·부당한 부관에 대한 행정상 쟁송 – 부관만을 대상으로 한 행정쟁송의
   가능성 여부 ·····························································································1196
   1. 개관 – 부관의 소송상의 문제점 / 1196
   2. 부관에 대한 독립쟁송(처분성/소송요건) 및 독립취소(본안판단)의 제기 가능성 /
      1199

    3. 행정쟁송의 본안판단(本案判斷)에 있어서 부관에 대한 독립취소가능성(부관만을 대상으로한 취소소송의 제기가 가능하다고 보는 경우) / 1208
  Ⅶ. 행정행위 부관론의 재구성 – 독일 라우빙어(H.-W. Laubinger)의 견해 (제한체계이론) ································································································1214

## 제6절　행정법상의 확약(確約)

  Ⅰ. 개념 ························································································································1216
    1. 의의 / 1216　　　　　　　2. 독일연방행정절차법 제38조(확약) / 1219
    3. 확약의 특징 / 1220
  Ⅱ. 확약의 대상 / 1221
  Ⅲ. 확약의 법적 성질 / 1222
    1. 행정행위성 여부 / 1222　　2. 사견 / 1224
  Ⅳ. 확약의 허용성 ······································································································1224
    1. 확약의 허용근거(학설) / 1224　　2. 확약의 허용한계 / 1225
    3. 확약의 신청 / 1227
  Ⅴ. 확약의 유효요건 ··································································································1227
    1. 정당한 권한의 소재에 속할 것 / 1227　2. 법령에 적합할 것 /1228
    3. 서면으로 할 것 – 문서주의 / 1228
    4. 본행정행위(本行政爲)가 적법할 것 / 1229
    5. 소정의 절차의 이행 / 1229　6. 상대방에게 표시 – 표시주의 / 1229
    7. 상대방의 신뢰 / 1230
  Ⅵ. 확약의 효과(구속성) ····························································································1230
    1. 확약의 자기구속력(Verbindlichkeit) / 1230
    2. 확약의 무효사유 / 1231　　3. 확약의 취소·철회 / 1231
    4. 확약의 실효(구속력의 상실) / 1232　5. 행정쟁송가부(可否) / 1233
    6. 손해전보 / 1233

## 제7절　행정행위의 성립요건과 효력발생요건

  Ⅰ. 행정행위의 성립요건 ····························································································1235
    1. 내부적 성립요건 / 1235　　2. 외부적 성립요건 / 1237
    3. 행정행위의 내부적 성립시기 / 1237
  Ⅱ. 행정행위의 효력발생요건 ···················································································1237
    1. 개관 / 1237　　　　　　　2. 내용 / 1238
    3. 부관부(附款附)행정행위 / 1240　4. 법정효력발생요건 / 1241
    5. 요건불비(要件不備) – 흠(하자)의 효과 / 1241

## 제8절　행정행위의 효력

  Ⅰ. 구속력(기속력:Verbindlichkeit) ··········································································1242
    1. 의의 / 1242　　2. 특징 / 1242　　3. 효력범위 / 1242
  Ⅱ. 공정력(예선적 효력) ····························································································1243
    1. 의의 / 1243　　　　　　　2. 공정력과 구속력의 관계 / 1245

3. 본질 / 1246    4. 공정력의 근거 / 1246
5. 공정력의 효과 / 1252    6. 공정력의 한계 / 1253
 III. 존속력(확정력) ································································1260
  1. 개관 / 1260    2. 종류 / 1261
 IV. 집행력(강제력) ································································1266
  1. 제재력 / 1267    2. 자력집행력(selbständige Vollstreckbarkeit) / 1268

## 제9절  행정행위의 하자(瑕疵)
### 제1항  개관 ································································1270
 I. 행정행위의 하자의 의의 ································································1270
 II. 행정행위 하자의 유형(도표) ································································1272
 III. 행정행위의 하자(瑕疵)의 효과 ································································1272
 IV. 무효·취소구별의 인부(認否) 및 그 이론적 근거 ································································1274
  1. 무효만을 인정하는 견해 / 1274    2. 목적론적 견해 / 1275
 V. 무효원인인 하자와 취소원인인 하자의 구별표준 ································································1277
  1. 학설 / 1277
  2. 무효원인인 하자와 취소원인인 하자의 구별의 요건 및 판단기준(중대·명백설) / 1281
 VI. 무효와 취소의 구별실익 ································································1284
  1. 공정력 기타 효력의 유효 / 1285    2. 쟁송절차와 관련된 구별실익 / 1285
  3. 하자의 주장방법 / 1286    4. 민사상 선결문제(先決問題)와의 관계 / 1286
  5. 사정재결(事情裁決)·사정판결(事情判決)의 가부(可否) / 1287
  6. 하자의 승계와의 관계 / 1287
  7. 하자의 치유(治癒)와 전환(轉換)과의 관계 / 1287
  8. 공무집행방해죄(公務執行妨害罪)의 성부(成否) / 1287
  9. 신뢰의 보호여부 / 1287
 VII. 행정행위의 하자의 승계(위법성의 승계) ································································1288
  1. 개관 / 1288    2. 행정행위 하자의 승계여부 / 1292
 VIII. 행정행위의 하자의 치유(治癒)와 전환(轉換) ································································1301
  1. 개관 / 1301    2. 취소원인인 하자의 치유(治癒) / 1302
  3. 무효인 행정행위의 전환 / 1305

### 제2항  행정행위의 무효(無效) ································································1309
 I. 행정행위의 무효원인 ································································1309
  1. 의의 / 1309    2. 행정행위의 부존재(不存在)와의 구별 / 1312
 II. 무효원인인 하자의 유형(주체·내용·절차·형식) ································································1315
  1. 주체에 관한 하자 / 1315    2. 내용에 관한 하자(瑕疵) / 1331
  3. 절차에 관한 하자 / 1333    4. 형식에 관한 하자 / 1335
 III. 무효의 효과와 그 주장방법 ································································1337

1. 무효의 효과 / 1337    2. 행정행위의 무효를 주장하는 방법 / 1337
IV. 무효인 행정행위에 대한 구제 ·······················································1339
  1. 행정상 구제 / 1339    2. 민사상 구제 / 1339
  3. 형사상 구제 / 1339

**제3항  행정행위의 취소(取消)** ·······················································1340
  I. 「행정행위의 취소」와 「취소할 수 있는 행정행위」 ·······················1340
    1. 행정행위의 취소 / 1340    2. 취소할 수 있는 행정행위 / 1341
    3. 행정행위의 취소와 철회의 차이 / 1342
  II. 취소의 종류 ································································1342
    1. 행정청에 의한 취소와 법원에 의한 취소 / 1342
    2. 부담적 행정행위의 취소와 수익적 행정행위의 취소 / 1343
    3. 형식적 의미의 취소와 실질적 의미의 취소 / 1343
    4. 쟁송취소와 직권취소의 구별(도표) / 1344
  III. 취소권자 - 취소주체 ······················································1347
    1. 개관 / 1347    2. 직권취소의 경우 - 취소권자 / 1348
    3. 쟁송취소의 경우 / 1349
  IV. 취소권과 법적 근거 ························································1350
    1. 취소권자가 처분청인 경우 / 1350
    2. 취소권자가 감독청인 경우(감독청이 법적 근거없이 직접 취소권을 행사할 수 있는가) / 1351
  V. 행정행위의 취소원인 - 취소사유 ·····································1353
    1. 개관 / 1353    2. 개별적 고찰 - 포괄적 취소사유 / 1354
  VI. 취소의 절차 - 취소권의 행사방법 ·································1360
    1. 개관 / 1360    2. 쟁송취소의 경우 / 1361
    3. 직권취소의 경우 / 1362
  VII. 취소권 행사의 제한 ························································1362
    1. 취소자유의 원칙으로부터 취소제한의 원칙(이익형량의 원칙)으로 / 1362
    2. 쟁송취소의 경우 / 1363    3. 직권취소의 경우 / 1366
  VIII. 취소의 효과 ································································1394
    1. 개관 / 1394    2. 쟁송취소의 불가변력·형성력 / 1395
    3. 취소효과의 소급가능성 여부 - 취소의 소급효 / 1396
    4. 행정행위의 공정력(구성요건적 효력)과 취소판결의 소급효와의 충돌시의 문제점 / 1400
    5. 신뢰보호 및 위법한(혹은 적법한) 수익적 행정행위를 취소한 경우 손실보상의 여부 1401
    6. 하자있는 행정행위의 취소와 금전(金錢), 이자부과 등 기타 반환청구권(Rückerstattungsanspruch) / 1403
  IX. 행정행위 취소의 취소 - 취소에 하자(瑕疵)가 있을 때, 이를 다시 취소하는 경우 ······································································1405

1. 문제의 제기 / 1405　　　2. 쟁송취소의 경우 / 1405
　　　3. 직권취소의 경우 / 1406

## 제10절　행정행위의 철회(撤回)

Ⅰ. 의의 ································································································································1409
Ⅱ. 유사개념과의 구별 ·······································································································1411
　　　1. 행정행위의 무효 / 1411　　　2. 행정행위의 취소 / 1412
　　　3. 무효인 행정행위와 취소할 수 있는 행정행위의 구별실익 / 1413
　　　4. 무효인 행정행위와 취소할 수 있는 행정행위의 구별기준 / 1414
　　　5. 무효인 행정행위와 취소할 수 있는 행정행위의 구별기준(학설도표) / 1416
Ⅲ. 철회권자 ·······················································································································1417
　　　1. 처분청 / 1417　　2. 수임행정청 / 1417　　3. 상급감독청 / 1417
Ⅳ. 철회사유(원인) ··············································································································1417
　　　1. 개관 / 1417　　2. 법률에 명문규정이 있는 경우 / 1417
　　　3. 부관(附款)으로서 철회권이 유보(留保)되어 있는 경우 / 1418
　　　4. 사정변경: 사실관계의 변경 – 근거법령의 개폐 / 1419
　　　5. 의무불이행 / 1419　6. 공익목적 – 우월한 공익상의 필요 / 1420
　　　7. 행정행위의 철회사유(도표) – 판례 / 1422
Ⅴ. 철회권의 제한 ···············································································································1423
　　　1. 개관 / 1423　　2. 법률상의 제한 / 1424　　3. 조리상의 제한 / 1429
Ⅵ. 철회의 절차 ··················································································································1436
Ⅶ. 철회의 효과 ··················································································································1436
　　　1. 장래적 효과 / 1435　　2. 부수적 효과 / 1435　　3. 손실보상 /1436
Ⅷ. 철회의 취소 ··················································································································1440
　　　1. 무효인 철회처분인 경우 / 1440　　2. 단순 위법인 철회처분인 경우 / 1440

## 제11절　행정행위의 효력의 소멸(消滅)

Ⅰ. 서설 ·······························································································································1441
　　　1. 행정행위의 효력소멸의 의의 / 1441
　　　2. 행정행위의 효력의 소멸사유 / 1441
　　　3. 결효(缺效)와의 관계 / 1441
Ⅱ. 하자로 인한 효력의 소멸(消滅) ····················································································1442
　　　1. 행정행위의 무효(넓은 의미의 효력의 소멸) / 1442
　　　2. 행정행위의 취소 / 1442
Ⅲ. 행정행위의 철회(Widerruf) ··························································································1443
Ⅳ. 행정행위의 실효(종료) ··································································································1443
　　　1. 행정행위의 실효(종료)의 의의 / 1443　　2. 행정행위의 실효사유 / 1443
　　　3. 실효의 효과 / 1444
Ⅴ. 행정행위의 효력의 정지 ·······························································································1445
Ⅵ. 행정행위의 결효의 시정(是正) ·····················································································1445

## 제5장  비권력적 행정작용(비권력행위 : 관리행위): 기타의 행정작용

### 제1절  공법상 계약(公法上 契約): Öffentlich-rechtlicher Vertrag

I. 서설 ·················································································································1449
II. 공법상 계약의 연혁 및 실례 ······································································1467
   1. 독일에서의 공법상 계약의 연혁 및 실례 / 1467
   2. 우리나라에서의 공법상 계약 이론의 전개 및 실례 / 1480
III. 공법상 계약의 개념요소 ··············································································1483
   1. 공법상 계약의 목적 / 1483
   2. 복수당사자의 의사(표시의)합치로 성립하는 공법행위 - 쌍방적 행정행위와 구별 / 1483
   3. 반대방향의 의사(표시의)합치로 성립하는 법적 행위 - 공법상 합동행위와 구별 / 1484
IV. 공법상 계약의 법적 기능 - 유용성(장점) 및 위험성(단점) ·····················1485
   1. 개관 / 1485   2. 유용성(장점) / 1485   3. 위험성(단점) / 1489
V. 공법상 계약의 성립가능성과 자유성 ·························································1491
   1. 공법상 계약의 성립 가능성 / 1491  2. 공법상 계약의 성립 자유성 / 1492
VI. 공법상 계약의 각국에서의 행위유형 ·························································1503
   1. 개관(독일·프랑스·영미) / 1503  2. 독일에서의 공법상 계약의 유형 / 1504
VII. 공법상 계약의 종류 ·····················································································1511
   1. 행정주체(국가·공공단체) 상호간의 공법상 계약 / 1511
   2. 행정주체(국가·공공단체)와 사인간의 공법상 계약 / 1512
   3. 사인상호간의 공법상 계약 / 1522
VIII. 공법상 계약의 공법적 특질(공법상 계약의 특수성) ·······························1525
   1. 실체법적 특질(특수성) / 1525       2. 절차법적 특질 / 1529
IX. 공법상 계약의 적용범위 ··············································································1530
   1. 개관 / 1530
   2. 급부의무의 이행이나 실행에 있어서의 특정한 방식에 있어서의 계약 / 1530
   3. 계약의 대상(Gegenstand des Vertrages)이 공법적 규율의 대상이 되는 경우 / 1530
   4. 독일연방행정절차법 제54조 - 공법상 계약의 허용성(Zulässigkeit des öffentlich-rechtlichen Vertrags) / 1531
   5. 공법상 계약과 계약내용 형성의 자유(Gestaltungsfreiheit) / 1535
   6. 공법상 계약의 허용한계 / 1539
X. 공법상 계약의 하자(瑕疵)와 효력 ······························································1542
   1. 위법한 공법상 계약의 법적 효과 / 1542
   2. 독일연방행정절차법 제59조 - 공법상 계약의 무효사유 / 1543
   3. 공법상 계약의 무효의 효과 / 1561
XI. 독일연방행정절차법 제59조(공법상 계약의 무효)의 위헌논쟁 ················1564

    1. 위헌설을 주장하는 입장 / 1564
    2. 합헌설(일반적 견해)을 주장하는 입장 / 1571
  XII. 공법상 계약의 분쟁 및 쟁송법적 해결 ·················································1585
    1. 이행청구소송 및 급부반환청구소송 / 1585
    2. 채무불이행에 따른 손해배상 청구 / 1588
    3. 공법상 계약의 실현을 위한 강제집행 / 1589

## 제2절　공법상 합동행위(공법상 협정)
  I. 의의 ··································································································1592
  II. 공법상 계약과의 구별 ········································································1592
  III. 특색 ································································································1592

## 제3절　행정지도(行政指導)
  I. 서설 ··································································································1593
    1. 행정지도의 개념 / 1593　　2. 행정지도의 필요성 및 효과적 기능 / 1603
  II. 행정지도의 종류 ················································································1605
    1. 법적 근거의 유무(有無)에 의한 분류 / 1605
    2. 목적에 의한 분류 / 1607　　3. 기능에 의한 분류 / 1608
    4. 상대방에 따른 분류 / 1610
  III. 행정지도와 구별되는 행정작용 ····························································1610
  IV. 행정지도의 법적 근거의 요부(要否)와 법적 한계 ··································1612
    1. 행정지도의 법적 근거요부(要否): 有無 / 1612
    2. 행정지도의 법적 한계 / 1620
    3. 행정지도의 절차(행정지도와 행정절차법) / 1629
  V. 행정지도의 특성 및 문제점 ································································1632
    1. 행정지도의 사실상의 강제성 / 1632
    2. 행정지도 한계의 불명확성 / 1633
    3. 행정구제수단의 불완전성 / 1633
    4. 행정지도의 자유성과 그에 따른 문제점 / 1634
  VI. 행정지도와 행정구제(권리·권익구제) ···················································1634
    1. 행정쟁송에 의한 구제 / 1634
    2. 행정지도와 당사자소송(當事者訴訟) / 1649
    3. 행정상 손해전보에 의한 구제 / 1650
  VII. 결론 ·······························································································1681

## 제4절　행정사법(行政私法)
  I. 개관 ··································································································1686
    1. 의의 / 1686　　2. 행정사법이론의 등장배경 및 연혁 / 1687
    3. 행정사법의 개념을 부정하거나 소극적으로 평가하는 견해 / 1691

4. 정리 및 사견 / 1692
　II. 사법적 공행정의 유형(類型):볼프(Hans J. Wolff)의 견해 ·················1695
　　1. 개관 / 1695
　　2. 사법적 공행정(광의의 국고작용)의 유형(類型): '영역의 구별'을 기준으로 하는 견해 / 1695
　　3. '특별한 국가적 힘의 작용'을 기준으로하는 견해(실질적 기준설[개별적 기준설]) / 1700
　III. 행정사법의 특징 및 법적 성질 ···························································1701
　　1. 일반적 특징 / 1701　　2. 공법상 계약과 행정사법과의 관계 / 1702
　　3. 행정사법・행정사법관계의 법적 성질 / 1704
　IV. 행정사법의 종류 ·················································································1705
　　1. 행정사법의 적용영역 / 1705　　2. 행정사법의 적용범위 / 1706
　V. 행정사법의 공법적 기속(羈束) ····························································1708
　　1. 개관 / 1708　　2. 헌법 및 헌법원칙에 의한 기속 / 1710
　　3. 법률적 규제(법률우위의 원칙) / 1711
　　4. 공법적 기속위반의 효과 / 1711
VI. 결론 ·········································································································1713

## 제6장　행정정보공개제도(行政情報公開制度)

### 제1절　총설
　I. 서설 ········································································································1714
　II. 필요성 ···································································································1714

### 제2절　국민의「알 권리」와 행정정보공개(行政情報公開)
　I.「알 권리」의 성질 ················································································1715
　II. 정보공개입법례 ····················································································1715
　　1. 미국의 정보자유법 / 1715
　　2. 프랑스의「행정과 공중의 관계개선에 관한 법률」/ 1715
　　3. 영국 / 1715　　　　　　　4. 스웨덴 / 1716
　III. 비공개문서의 범위 ·············································································1716

### 제3절　행정절차에 있어서의 정보공개(情報公開)
　I. 행정의 절차적 공정성 보장과 정보개시 ············································1717
　　1. 입법례 / 1717　　2. 행정절차에 있어서의 정보공개의 한정성 / 1717
　　3. 정보공개청구 불응에 대한 구제 / 1717
　II. 정보공개입법과 행정절차법의 상호보완성 ·······································1718
　III. 행정정보의 사전공개를 담보하는 행정절차법상의 제도 ···············1718
　　1. 행정처분기준(재량기준)의 설정의무 및 그 공개제 / 1718
　　2. 행정결정 근거자료의 사전개시제 / 1718
　　3. 행정처분의 이유부기(이유제시)의무의 일반화 / 1719

## 제4절 개인정보의 보호(保護)
   I. 서론 ································································································1720
   II. 입법례 및 판례 ················································································1720
      1. 입법례 / 1720          2. 판례 / 1720
      3. 우리나라의 경우 / 1720

# 제3편 행정상의 의무이행확보수단

# 제1장 서설

# 제2장 행정강제제도(行政强制制度)

## 제1절 행정강제
   I. 의의 ································································································1724
   II. 행정강제의 종류 ··············································································1724
   III. 행정강제의 근거 ··············································································1725
   IV. 우리나라 행정강제수단의 문제점 ··················································1725
      1. 현황 / 1725
      2. 새로운 행정상 의무이행확보수단과 행정집행법의 제정 필요성 / 1725

## 제2절 행정상 강제집행(强制執行)
   I. 행정상 강제집행의 의의 ··································································1727
   II. 성질 ································································································1727
      1. 행정상 즉시강제와의 구별 / 1727    2. 행정벌과의 구별 / 1728
      3. 민사상 강제집행과의 구별 / 1728
   III. 행정상 강제집행의 근거 ··································································1729
      1. 개관 / 1729
      2. 법적 근거의 요부(要否) / 1729
      3. 근거 실정법 / 1730
   IV. 행정상 강제집행의 수단(방법·종류) ··············································1730
      1. 대집행(代執行) / 1730      2. 집행벌(이행강제금) / 1746
      3. 직접강제(直接强制) / 1751    4. 행정상 강제징수(强制徵收) / 1755

## 제3절 행정상 즉시강제(卽時强制)
   I. 개관 ································································································1764
      1. 개념 / 1764
      2. 행정상 즉시강제와 행정상 강제집행과의 차이 / 1765
      3. 행정상 즉시강제와 간접강제의 구별 / 1765
      4. 행정상 즉시강제와 행정조사와의 구별 / 1766

　　　　5. 사인(私人)에 대한 행정상 즉시강제 권한의 허용성문제 / 1766
　Ⅱ. 행정상 즉시강제의 근거 ·················································································1768
　　　　1. 이론적 근거 / 1768　　　　2. 실정법적 근거 / 1785
　Ⅲ. 행정상 즉시강제의 법적 성질 ·········································································1789
　　　　1. 합성행위설(사실행위와 법적 행위의 결합설) / 1789
　　　　2. 단순한 사실행위설(사실행위설) / 1790
　　　　3. 권력적 사실행위설 / 1790
　Ⅳ. 행정상 즉시강제의 한계 ·················································································1791
　　　　1. 법규상의 한계 / 1791　　　　2. 조리상의 한계 / 1795
　　　　3. 행정상 즉시강제의 절차법적 한계(행정상 즉시강제와 영장제도) / 18009
　Ⅴ. 행정상 즉시강제의 수단 ·················································································1810
　　　　1. 대인적(對人的) 강제 / 1810　　　2. 대물적(對物的) 강제 / 1812
　　　　3. 대가택(對家宅) 강제 / 1816
　Ⅵ. 행정상 즉시강제와 강제력의 행사 ·································································1818
　　　　1. 신체에 대한 강제력행사 / 1818　2. 가택 등의 출입시 강제력 행사 / 1819
　Ⅶ. 행정상 즉시강제에 대한 구제수단 ·································································1819
　　　　1. 개관 / 1819　　　2. 적법한 행정상 즉시강제에 대한 구제 / 1820
　　　　3. 위법한 행정상 즉시강제에 대한 구제 / 1824

## 제4절　행정조사(行政調査)

　Ⅰ. 서설 ····················································································································1834
　　　　1. 행정조사의 개념 / 1834　　2. 행정조사와 행정상 즉시강제의 구별 / 1836
　　　　3. 행정조사와 형사소송법상 수사와의 구별 / 1837
　Ⅱ. 행정조사의 (법적) 근거 ··················································································1837
　　　　1. 법적 근거가 필요한 경우 / 1837　2. 법적 근거가 불필요한 경우 / 1838
　Ⅲ. 행정조사의 종류(유형) ····················································································1838
　　　　1. 조사수단에 의한 구분 / 1838　　2. 조사방법에 의한 구분 / 1839
　　　　3. 조사대상에 의한 구분 / 1839　　4. 기타 분류 / 1839
　Ⅳ. 행정조사의 한계 ······························································································1840
　　　　1. 실체법상 한계(실체적 한계) / 1840
　　　　2. 절차법상 한계(절차적 한계) / 1841
　Ⅴ. 위법한 행정조사와 행정행위 ··········································································1844
　Ⅵ. 행정조사에 대한 구제 ·····················································································1845
　　　　1. 개관 / 1845　　　　　2. 권리구제의 방법 / 1845
　Ⅶ. 행정조사의 문제점과 대응책 ··········································································1847
　　　　1. 행정조사의 문제점 / 1847　　　2. 대응책 / 1847

## 제3장　행정벌(行政罰)

I. 개설 ····································································································1850
　　　1. 의의 / 1849　　　2. 위치 / 1849　　　3. 양면성 / 1849
　　II. 성질 ····································································································1850
　　　1. 행정벌과 징계벌의 구별 / 1849
　　　2. 행정벌과 행정상 강제집행 특히 집행벌과의 구별 / 1850
　　　3. 행정형벌(行政刑罰)과 형사벌(刑事罰)의 구별 / 1851
　　III. 행정벌의 근거 ··················································································1853
　　　1. 법률 / 1853　　　2. 법규명령 / 1853　　　3. 조례 / 1853
　　IV. 행정벌의 종류 ··················································································1854
　　　1. 처벌내용에 의한 분류 / 1854　　2. 처벌대상에 의한 분류 / 1856
　　V. 행정벌의 특수성 ················································································1856
　　　1. 행정형벌의 특수성 / 1856　　2. 행정질서벌의 특수성 / 1859

## 제4장　행정상 의무이행확보를 위한 신종수단

　　I. 총설 ····································································································1863
　　II. 종류 ····································································································1863
　　　1. 금전적 제재 / 1863　　　　2. 공표제도(公表制度) / 1867
　　　3. 관허사업의 제한 / 1868　　　4. 공급거부 / 1870
　　　5. 차량 등의 사용금지 / 1871　　6. 수익적 행정행위의 취소·철회 / 1871
　　　7. 국외여행의 제한(고액의 조세체납자·병역미필자[25세이상의 병역의무자]) /
　　　　1871　　　　　　　　　　　8. 취업제한 / 1872
　　　9. 세무조사 / 1872　　　　　　10. 행정권한의 부당결부금지의 원칙 / 1873

　찾아보기 ···································································································· 1875

# 제1부 행정법 총론

제1편 행정법 서론
제2편 행정법 통칙
제3편 행정상의 의무이행확보수단

# 제1편 行政法 序論

제 1 장 행정
제 2 장 행정법

# 제 1 장  행 정

## 제 1 절  행정법학

### I. 행정법학의 의의

행정법학은 행정법에 관한 여러 현상을 연구대상으로 하는 법률학의 한 분과이다. 즉 행정에 관한 법규범에 내재되어 있는 공통원리를 탐구하고, 그 성립의 기반이나 사회적 타당성 등을 연구하는 학문이다.

### II. 행정과학에 있어서의 행정법학(행정법학의 위치)

#### 1. 행정과학의 종류

행정에 관련한 과학을 총체적으로 행정과학(Verwaltunswissenschaft)이라고 부른다. 일반적으로 행정과학은 행정학(Verwaltungslehre)·행정법학(Verwaltungsrecht)·행정정책학(Verwaltungspolitik)·행정경제학(Verwaltungswirtschaft)등과 같은 4개의 지분학으로 나누고 있다.

#### 2. 내용
#### 2.1. 행정학(협의)

행정학은 행정의 사실(행정현상)을 연구대상으로 하는 학문이다. 행정사실에 관하여, 그것이 과거에 어떻게 되어 있었던가, 현재 어떻게 되어 있는가, 그리고 장래에 어떻게 될 것인가를 고찰한다. 행정을 있는 그대로 실명하고, 이를 외국 또는 과거의 그것과 비교하며, 제도의 원인과 결과를 탐구하여 복잡한 행정현상 속에서 통계의 힘을 빌어 일반적인 사회학적 법칙을 발견함을 목적으로 하는 학문이다. 광의의 정치학의 一分科에 속한다.

## 2.2. 행정학과 행정법학의 관계

두 학문은 연구대상·연구목적·학문체계를 완전히 달리한다. 두 학문은 모두 행정을 연구대상으로 하고, 연구방법에 있어서 행정학이 그 대상을 결정하려면 먼저 행정법규범의 의미·내용을 분석하지 않으면 안 된다는 의미에서 행정법학이 행정학의 전제(선행)가 된다(행정학에 대한 행정법학의 우위성).

## 2.3. 행정정책학

행정정책학은 행정정책을 대상으로 하며, 행정의 제도와 운영을 비판하고, 그 합목적적인 이상적 표준을 정립하여 현 제도의 개선을 요구함을 목적으로 하는 학문이다. 광의의 행정학의 一分科이다.

## 2.4. 비교

행정법학 · 행정학 · 행정정책학의 비교

| 구분 | 행정법학 | 행정학 | 행정정책학 |
|---|---|---|---|
| 연구대상 | 행정에 관한 법규범 | 사실로서의 행정 | 행정정책 |
| 인식대상 | 당위(Sollen) | 존재(Sein) | 이상적 개선(so sollte es sein) |
| 학문체계 | 규범과학 | 존재과학 | 가치과학 |
| 소속범주 | 법률학 | 정치학의 一分科 | 행정학의 일부분 |

<김세웅, 최신행정법, 박문각, 1994, 46면>

# III. 행정법학의 성립과 발달

## 1. 경찰국가, 근대법치국가 초기

행정학과는 미분화 상태에 있었기 때문에 행정법 전반에 걸친 통일성 있는 일반이론이 체계화되지 못하였다.

## 2. 19C 후반

행정법체계와 행정재판제도의 발달을 계기로 행정학으로부터 독립하였다. 종래 독일, 일본 및 한국에서의 행정법이론은 독일의 오토 마이어(Otto Mayer)의 행정법이론을 그 기초로 하였는데, 오토 마이어(O. Mayer)가 전제로 한 국가는 '국가의 권한'과 '개인의 자유'

라는 대립적 관계를 전제로 하는 시민적·자유주의적 법치국가였고, 그의 행정법 이론도 이를 전제로 한 것이었다. 여기서 국가는 야경국가·소극국가적 경향을 띠어 국가의 임무는 국가의 안녕·사회질서의 유지에 국한되었고, 그에 봉사하는 행정의 임무 역시 안녕·질서에 대한 위험의 방지에 한정되었다. 따라서 이에는 명령과 강제가 그 주된 수단이 되었다. 오토 마이어(O. Mayer) 행정법이론에서의 행정작용의 모형은 침해행정(또는 간섭행정) 영역에서의 고권적 법률집행에 해당하였다.[1] 오토 마이어(O. Mayer)의 행정법이론에 입각한 국가 및 행정의 이념상이 자유주의적 법치국가이고 그에 봉사하기 위한 수단은 침해행정이므로, 그러한 행정법이 오늘의 적극국가로서의 사회적 법치국가(sozialer Rechtsstaat) 내지는 헌법국가(Verfassungsstaat) 현실에 적합하지 않으며 그 임무를 올바로 수행할 수 없음은 자명하다. 독일의 국가체제가 더 이상 자유주의적·형식적 법치국가에 머물지 않는다는 것은 "독일연방공화국은 민주적·사회적 법치국가이다"라고 하여, 민주주의원리와 함께 사회적 법치국가원리를 천명한 Bonn 기본법(독일연방헌법) 제20조 제1항 및 제28조 제1항 등에 나타나 있다.

## IV. 행정법학의 대상 및 방법

實定 행정법의 해석뿐만 아니라 행정법이 성립된 사회관계, 행정법에 대한 국민·공무원의 의식 및 학설, 행정법의 집행상황 및 그 실효성 등의 분석도 아울러 그 대상으로 하여야 한다.

## V. 우리나라 행정법학의 발전과정

### 1. 해방전

「유럽」대륙식 행정법(특히 독일의 입헌군주정적 행정법) 체계를 계수한 일본의 군국주의적 식민통치하에서 칙령이니 총령이니 하는 이름의 법이 있었다. 이때에는 국민의 권익구제제도는 공백상태에 있었다.

---

1) 김남진, 행정법총론 개혁의 과제, 법학논집 제31집(1995), 고려대학교 법학연구소, 142-143면.

## 2. 해방후

1948년 건국헌법이 제정되면서, 행정소송에 관하여 어느 정도 영·미식 사법제도가 도입되기는 하였으나, 독일식 권력국가적 공법제도의 틀을 벗어나지 못하였다. 그 후 1950년대 후반부터 1960년대에 걸쳐 행정법학에 대한 이론체계가 정립되기 시작하였고, 1970년대에는 급부행정 및 규제행정법(경제·환경행정법) 등 행정기능의 확대에 따른 이론상의 일대전환과 행정판례의 체계적 종합정리가 행하여졌다.

우리나라의 국가이념도 과거 자유주의적·형식적 법치국가에서 벗어나 사회적·실질적 법치국가(정의로운 국가)를 지향하며, 우리 헌법도 제34조 제1항에서 "모든 국민은 인간다운 생활을 할 권리를 가진다"라고 하여 국민의 생존권적(생활권적)·사회적 기본권을 보장하고 있다. 그 뿐만 아니라, 제119조 제2항에서 "국가는 균형있는 국민경제의 성장 및 안정과 적정한 소득의 분배를 유지하고, 시장의 지배와 경제력의 남용을 방지하며, 경제주체간의 조화를 통한 경제의 민주화를 위하여 경제에 관한 규제와 조정을 할 수 있다"라고 하여 사회국가원리를 헌법의 기본원리로 삼고 있다.[1]

## 3. 80년대 후반

전전·전후세대의 융합으로 하나의 독자적인 한국공법의 학문체계를 창출하는 문제가 현안의 문제이고, 왕성한 연구와 이론구성이 진행되고 있다.

## VI. 행정법학의 체계구성

### 1. 삼부문구성론

행정법의 연구대상을 기준으로 하여 행정법을 행정조직법, 행정작용법, 행정구제법으로 분류하는 방법이다(대륙법학자의 통설).

#### 1.1. 행정조직법

행정작용을 담당하는 행정주체를 형성하는 행정기관의 설치·폐지·명칭·구성·권한에 관한 법이다. 국가행정의 주체와 지방행정의 주체의 두 계열로 나누는 것이 보통이나 그들로부터 부분적으로 그 권한을 위임받는 공법인까지 포함된다. 공법인은 특정한 공공목적을 위하여 특별한 법적 근거에 의하여 설립된 법인이다. 광의로는 국가와 공공단체를 모두 포함하는 의미로 사용되고, 협의로는 공공단체와 같은 뜻으로 사용된다. 공법인에는 그

---

[1] 김남진, 행정법총론 개혁의 과제, 법학논집 제31집, 고려대학교 법학연구소, 1995, 143면.

목적에 부합되는 한도내에서 국가가 행정권을 부여할 수 있다. 권한이라 함은 원래 타인을 위하여 그 자에 대하여 일정한 법률효과를 발생케 하는 행위를 할 수 있는 법률상의 자격을 말한다. 예컨대, 대리인의 대리권, 법인의 이사의 대표권 등이다. 행정법상에서 권한이라 함은 행정조직법상의 개념으로, 행정기관의 권한을 일컫는 경우가 많다. **행정기관의 권한이란 행정기관이 자신의 행정권을 발동할수 있는 사항적 · 인적 · 시간적 범위를 말한다.** 행정기관의 종류는 권한에 따라 나누면, (ㄱ) 행정청, (ㄴ) 보조기관, (ㄷ) 자문기관, (ㄹ) 집행기관, (ㅁ) 의결기관, (ㅂ) 감사기관, (ㅅ) 공기업기관 · 영조물기관, (ㅇ) 부속기관 등이 있다.

[행정주체 · 행정기관 · 행정청] 개념을 구별해야 하는 이유는 행정소송을 제기할 때 '누구를 피고로 지정해야 하는가'가 문제되기 때문인데, **행정소송법 제13조에서는 행정소송은 행정청을 피고(소송의 상대방)로 하여 제기하도록 하고 있기 때문이다.**

[행정주체] 행정주체는 가장 넓은 개념으로 행정권을 행사하고 그 법적 효과를 받게 되는 법인격체를 말한다. 즉 국가, 지방자치단체(시 · 도, 군 · 구) 등을 의미한다.

[행정기관] 행정기관이란 이런 행정주체의 사무를 처리하는 지위에 있는 담당자를 의미한다. 행정기관은 의사를 결정하고 외부에 표시할 수 있는 권한을 가진 담당자뿐만 아니라, 그를 보좌하는 기관이나 의결기관 등을 총칭하는 개념이다. 예컨대 서울특별시는 국가의 한 조직이 아니라 행정법적으로는 지방자치단체로서 국가와는 별개의 행정주체이다. 서울특별시장이 행정청이 된다. 부시장 등은 행정기관이기는 하나 행정청은 아니다. 그리고 서울시의회도 행정기관이기는 하나 단지 의결기관일 뿐이고 이를 집행하는 것은 시장이기 때문에 서울시의회는 행정청은 아니다(인터넷 법률신문). (행정기관의 종류) : (ㄱ) 행정청(행정관청) : 행정청(Verwaltungsbehörde)이란 행정에 관한 의사를 결정하고 이를 외부에 표시할 수 있는 권한을 가진 행정기관을 말한다. 영업허가나 건축허가(Baugenehmigung) 등 행정처분을 하며, 국민이나 주민의 권리 · 의무에 깊은 관계를 가진다.[1][2] 행정청은 국가의 행정청(각부장관, 경찰청, 공정거래위원회 등)과 지방자치단체의 행정청(특별시장, 광역시장, 도지사 및 시장, 군수, 구청장)으로 구분되며, 단독관청(각부장관, 경찰청, 시장 등)과 합의제관청(중앙토지수용위원회, 공정거래위원회 등)으로 구분된다.[3] 이와같이 행정주체(국가나 지방자치단체)를 위해 의사를 결정하고 국민에 대해 그 의사를 표시할 수 있는 권한을 가진 행정기관이다. 보통 행정안전부, 보건복지부처럼 행정관서의 의미로도 사용되나 행정법상 행정청은

---

1) 천병태 · 김명길, 행정법총론, 삼영사, 2007, 139면.
2) 예를 들면, 행정안전부, 외교통상부, 보건복지가족부같은 행정관서가 행정청을 의미하는 말로도 쓰이지만 행정법에서의 행정청은 행정안전부장관처럼 권한을 가진 사람을 의미한다. 그렇다고 장관처럼 최고의 직책만을 뜻하는 것이 아니라 행정안전부내의 경찰청의 경우 경찰청장이 행정청이 된다. <인터넷 법률신문>
3) 천병태 · 김명길, 행정법총론, 삼영사, 2007, 139면.

행정각부의 장관, 지방자치단체의 장이 된다. 행정처분 등에 대한 취소소송 등의 행정소송은 이런 행정청을 피고로 하여 제기하는 것이 원칙이다(행정소송법 제13조). 행정청은 기능적 의미의 행정청 개념으로써, 널리 행정사무를 처리하는 권한을 가진 모든 기관을 의미한다. 따라서 여기에는 처분청이외에도 권한의 위임을 받은 수임, 수탁청 및 공무수탁사인 등도 포함한다. (ㄴ) **보조기관**: 행정조직의 내부기관으로서 행정청의 권한행사를 보조하는 것을 임무로 하는 행정기관을 의미(행정각부의 차관·차관보, 국장·과장·계장이나 지방자치단체의 부지사·부시장·과장 등). (ㄷ) **자문기관**: 행정청에 대해 의견을 제시하는 것을 임무로 하는 행정기관('~ 위원회·심의회·조사회'). (ㄹ) **집행기관**: 행정청의 결정의사를 실력으로써 구체적으로 집행하는 행정기관(경찰공무원·세무공무원 등). (ㅁ) **의결기관**: 의결기관이란 행정주체의 의사를 결정함에 그치고 이를 외부에 표시할 권한은 없는 행정기관을 의미한다. 의결기관은 행정의사의 공정하고 신중한 결정을 위해 설치된 것으로 행정청이 아니기에 취소소송 등의 피고가 될 수 없다. 예를 들면 행정심판위원회, 지방자치단체(Gemeinde)의 교육위원회, 징계위원회 등을 들 수 있다. (ㅂ) **감사기관**: 감사기관은 행정의 적법·타당성의 확보를 위해 다른 행정기관의 사무처리·회계처리를 감시·검사하는 권한을 가진 행정기관을 뜻하며, 감사원이 그 예가 된다. (ㅅ) **공기업기관·영조물기관**: 공기업기관·영조물기관이란 공기업이나 영조물의 관리·운영을 담당하는 행정기관을 말한다. 철도관서, 체신관서 등이 공기업기관에 해당하고 국립병원, 국립도서관, 국립대학 등이 영조물기관에 해당된다. (ㅇ) **부속기관**: 부속기관이란 행정기관에 부속하여 이를 지원하는 행정기관을 의미한다. 예를 들면 국토계획심의위원회, 국립과학수사연구소, 국립보건연구원, 중앙공무원교육원 등을 들 수 있다. <인터넷 법률신문>

[독임제(獨任制)와 합의제(合議制)]
▶ **독임제**: 행정각부장관이나 특별시·광역시장, 도지사, 시장, 군수, 구청장 등 주요 행정청은 모두 독임제이다. 이는 행정의 기민성을 확보하고 행정수요에 신속하게 대응할 수 있는 체제를 정비함과 동시에 행정책임의 소재를 명확하게 하기 위한 것이다.[1]
▶ **합의제**: 정치적으로 중립적이고 공정한 행정을 수행할 필요가 있는 영역, 전문기술적인 지식에 의거한 판단을 필요로 하는 행정분야에서는 각계의 전문가나 이해관계집단의 대표자 등을 모아 합의체를 만들고, 정부의 정치적 영향을 배제하며, 공정하고 신중한 행정이 필요한 분야에는 합의제 행정청이 설치된다(공정거래위원회 등 행정위원회).[2]

[행정위원회] 행정위원회는 직무상 독립하여 행정작용을 행하는 외에 당해 분야에서의 규칙제정과 같은 준입법작용이나, 심결(審決)과 같은 준사법작용까지 행한다. 행정위원회는 합의제 행정기관이지만 그 법적 성격은 행정청인 경우(예: 공정거래위원회, 중앙토지수용위원회, 소

---

1) 천병태·김명길, 행정법총론, 삼영사, 2007, 139면.
2) 천병태·김명길, 행정법총론, 삼영사, 2007, 139면.

청심사위원회 등), 의결기관인 경우(예:행정심판위원회, 징계위원회 등)와 자문기관(예:각종 위원회 및 심의회 등)이 있다.[1]

### 1.2. 행정작용법

행정주체에 의한 행정작용에 관한 법이다. 행정법내용이 가장 풍부한 부문이다. 전통적 법형식에 의하면 행정입법, 행정행위, 공법상 계약, 행정강제·행정벌 이외에 4종류로 분류하고(이를 일반행정작용법 또는 행정작용법 I로 분류하기도 한다), 전통적인 법내용면으로는 경찰법, 공물·공기업법, 공용부담법, 재정법, 군정법 등으로 나누어진다(이를 특별행정작용법 또는 행정작용법 II로 분류하기도 한다).

### 1.3. 행정구제법

행정주체의 행정작용에 의한 국민의 권익침해에 대한 (사후적) 행정구제(손해배상·손실보상·행정심판·행정소송 등)에 관한 법이다. 법치국가에 있어서 법률에 의한 행정, 법치행정의 원리, 행정의 법률적합성의 원칙을 관철하기 위하여는 행정구제는 행정법 체계에 있어서 필요불가결한 중요부문을 형성한다. 행정절차의 경우도 사전적 권리구제라는 측면에서 행정구제법의 한 내용에 포함시키기도 하며, 본서에서도 행정절차법에 대한 내용설명을 행정구제법편에서 하고 있다.

## 2. 이원적 구성론

원리의 일반적 추상성·개별적 구체성을 기준으로 하여 행정법을 총론·각론으로 구성하는 방법이다. 행정법총론 내지 행정법통칙에서는 행정작용 전반에 걸치는 일반적 이론을 연구·고찰하고, 행정법각론에서는 행정작용의 유형을 목적 내지는 기능에 따라 경찰법, 공기업법, 공용부담법, 재정법 등으로 나누어 각 작용유형에 공통된 일반원칙을 고찰하는 체계이다(O. Mayer적 방법).

---

1) 천병태·김명길, 행정법총론, 삼영사, 2007, 140면.

## 행정법학의 체계

1. 행정법서론
    - 행정법학
    - 행정
    - 행정법

2. 행정법통칙(일반행정작용법 · 행정작용법 I)
    - 행정상 법률관계
    - 행정상 법률관계의 원인
        · 행정상 입법
        · 행정계획
        · 행정행위
        · 행정절차
        · 비권력적 행정작용
    - 행정상 의무이행확보수단
        · 행정강제제도
        · 행정벌
        · 기타(신종수단)

3. 행정구제법
    - 사전적 구제
        · 행정절차
        · 청원
        · 옴부즈만제도 등
    - 사후적 구제
        · 손해전보(손해배상 · 손실보상)
        · 행정쟁송(행정심판 · 행정소송)

4. 행정조직법[1]
    - 국가행정조직법
    - 자치행정조직법
    - 공무원법

---

1) 조직법 · 조직규범 : 조직법이라 함은 조직을 정하는 법을 말한다. 행정조직법은 행정권을 행사하는 행정주체의 조직을 정하는 법을 말한다. 원래 법이라 함은 국민의 권리 · 의무에 영향을 미치는 규범을 말하는데, 이런 전통적인 법 개념에 의할 경우에는 조직법의 법규성이 설명이 곤란하게 된다. 따라서 조직법의 출현에 따라 전통적인 법 개념이 수정되는 결과를 초래하였다.

5. 행정작용법(특별행정작용법 또는 행정작용법 II)
    - 경찰행정법(질서행정법)
    - 급부행정법
        · 공급행정(공기업법 · 공물법)
        · 사회보장행정
        · 조성행정[1]
    - 규제(整序)행정법 : 환경법
    - 공용부담법
        · 공용제한
        · 공용수용
        · 公用換地 · 公用換權
    - 재무행정법
    - 군사행정법

---

[1] 조성행정이란 행정주체가 공공의 복리를 증진시키기 위하여 적극적으로 개인의 활동을 조성하는 자금·정보 등의 수단을 제공하는 비권력적 행정작용을 말한다. 예컨대, 열악한 예술계를 지원하기 위하여 문화예술진흥기금을 마련하여 자금을 지원하는 경우 등이다.

## 행정법 개요

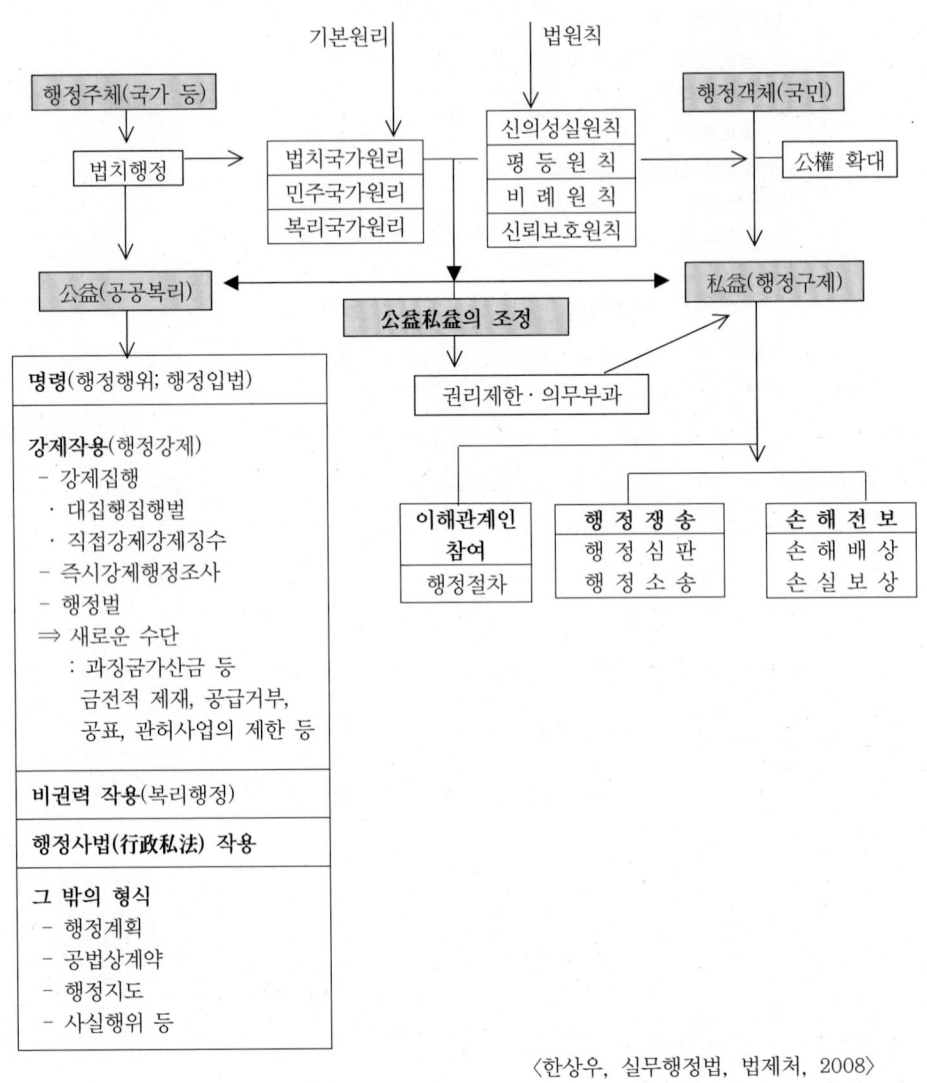

〈한상우, 실무행정법, 법제처, 2008〉

## 제 2 절  행 정

### 제 1 항  행정의 의의

## I. 개설

[개관] 행정법은 행정(administration ; Verwaltung)에 관한 사항을 규율하는 법을 의미하는 것으로서, 행정의 조직(행정조직법) 및 그 작용(행정작용법)을 규율대상으로 하기 때문에 행정과 행정법의 상호관계를 이해하기 위해서는 먼저 행정법의 규율대상인 행정의 관념, 즉 행정이란 무엇인가하는 점을 이해할 필요가 있다. 행정은 역사적으로 볼 때 국가작용(Staatshandlung : 입법작용 · 행정작용 · 사법작용)의 한 부문으로서 입법 · 사법과 대비되는 관념으로서, 이는 근대국가의 성립이라고 하는 '역사적 발전과정' 속에서 하나의 '역사적 잔존물(殘存物)'[1]로서 제도적으로 형성 · 발전하여 온 개념이다. 따라서 입법은 법규를 제정하는 작용(입법작용), 사법은 법률상 쟁송을 재판하는 작용(사법작용)이라 하여 정의를 비교적 쉽게 내릴 수 있지만, 역사적 잔존물인 행정에 대하여 이를 행정작용이라는 용어를 사용할 수 있으나, 이에 대한 구체적이고 명확한 답변을 도출해 내기는 쉽지않다. 이와 같은 행정개념의 역사적 구속성은 현대 행정국가에서 특징적으로 나타나는 행정권의 강화현상을 통해서 여실히 증명되고 있으며, 또한 현대행정의 복잡 다기한 속성을 감안하여 볼 때, 우리는 "행정의 개념을 정의할 수는 없고 다만 기술할 수 있을 따름이다"라고 정의한 포르스트호프(E. Forsthoff)의 주장을 이해할 수 있다. 근대의 절대군주국가에서는 모든 국가작용은 전제군주의 통치작용으로서 행하여졌기 때문에 행정의 관념은 아직 성립되지 않았다. 행정의 관념은 근대국가의 탄생과 함께 자유주의(Liberalismus) 정치이념을 바탕으로 하는 '권력분립의 원리(Gewaltenteilungsprinzip)'가 확립되어 국가 작용이 입법 · 행정 · 사법으로 구분된 후에야 비로소 성립되게 된 개념이다. 다시 말해서 이는 연혁적으로 군주의 통치권으로부터 입법권과 사법권이 분리되어 나간 결과 그 나머지를(행정) 총칭하는 개념을 의미한다는 것이다.

[행정의 관념] 근대국가의 탄생과 함께 자유주의적(Liberalismus) 정치이념을 바탕으로 하는 '권력분립의 원리(Gewaltenteilungsprinzip)'이 확립되어 국가 작용이 입법 · 행정 · 사

---

[1] E. Forsthoff, Lehrbuch des Verwaltungsrechts, 10 Aufl., 1973, S. 1.

법으로 구분된 후에 성립되게 된 개념이다.

[자유주의(Liberalismus)] 자유주의는 경제적 측면에서의 자유주의·사회적 측면에서의 자유주의 등과 같이 다양한 의미를 내포하고 있지만, 정치적 측면에서의 자유주의는「개인의 자유를 옹호·존중할 것을 근본원리로 삼는 정치원리」이다. 자유주의가 정치원리로 주장되기까지는 오랜 기간이 경과하였고, 영국·독일·프랑스의 정치철학자들이 이 근본원리를 발전시켰다. 인간이 조합(Zunft; guild), 승려계급, 귀족계급이라는 좁은 계급의 테두리 안에서 구속되었다가, 자유주의 사상이 싹트게 되었는데, 자유주의(Liberalismus)는 개인주의사상의 근저가 되었고, 로크(Locke)에서 몽테스키외(Montesquieu)를 통하여 칸트(Kant)에 이르러서는 자유주의(Liberalismus)는 법치국가·권력분립의 사상을 형성하게 되었다. 자유주의 사상은 미국의 독립선언(Declaration of Independence : 1776), 프랑스혁명(1789)등에서 구체적으로 표현되었다.

▶ 미국 독립선언(Declaration of Independence : 1776) : 1776년 영국(조오지 3세)에 대항하고 있던, 미국의 13개州의 식민지 대표가 필라델피아에서 모여 결의한 선언 → 자유주의국가관(평등·천부인권·계약설·국민주권·혁명권 등)을 표명(表明)

▶ 프랑스혁명(1789) → 自由(Freiheit)·平等(Gleichheit)·博愛(Brüderlichkeit).

[권력분립의 소산] 결국 행정은 군주의 포괄적인 통치권으로부터 인민의 자유를 확보하기 위한 자유주의적 정치이념에 따라 국가권력(통치권)의 견제와 그 남용을 방지함으로써 '소극적으로' 개인의 자유와 권리를 보장하고자 하였던 권력분립의 소산이다. 권력분립의 원리에 따라 국가권력을 입법(Legislative)·사법(Judikative)·행정(Exekutive)으로 구분하고 각각 별개의 기관에 권력이 분장되게 된 결과, 비로소 근대적 의미의 행정이란 관념이 성립되게 된 것이다. 이러한 점에서 행정의 관념을 이해하기 위해서는 권력분립의 이론과 그 현실적 적용에 대한 이해가 필수적으로 요망된다.

## II. 행정관념의 분류

### 1. 실질적 의미의 행정

#### 1.1. 의의

[의의] 실질적 의미의 행정은 행정법학의 대상이 되는 행정(입법·사법 제외)을 의미하는 것으로서, 특히 국가작용의 성질을 표준으로 행정을 입법·사법과 구별하여 그 의의를 정립하는 경우에 이를 실질적 의미의 행정이라 한다. 행정을 실질적 의미로 이해하는 입장(실질적 의미의 행정개념·실질설)은 행정을 그 실질적 성질을 기준으로 하여 입법·사법과 구별하고, 이로써 행정의 독자적 개념을 정의하려고 한다. 이러한 입장에는 다시「국가작용 중에서 입법과 사법을 제외한 나머지」를 행정으로 보려는 소극설(공제설)과 행정

을 입법・사법과 구별하는 것이 이론적으로 가능하다고 보고 행정의 실질적 특성을 적극적으로 규정하려는 적극설이 있다.[1]

[소극설] 소극설에 의하면, 국가작용 중 독자적 개념규정은 입법과 사법의 경우에만 가능하고 행정에 관해서는 이것이 불가능하므로, 전체 국가작용 중에서 독자적 개념규정이 가능한 입법과 사법에 해당하는 작용을 공제하고 남은 것이 모두 행정이라고 한다(J. Hatschek; W. Jellinek 등). 행정 그 자체에 관한 적극적인 개념규정을 포기하고, 다만 그 밖의 국가작용인 입법과 사법의 개념 규정 여하에 행정개념을 의존시키고 있다는 점에서 이러한 견해를 공제설 또는 소극설이라 한다.[2]

[적극설] 적극설도 식별기준의 여하에 따라 목적설과 양태설로 나누인다. 목적설은 행정과 사법은 양자가 입법의 하위단계에 위치하는 집행적 작용이지만, 그 중에서 행정은 「국가목적 내지 공익의 실현을 목적으로 하는 작용」이라고 한다.[3] 그러나 양태설은 행정이란 「법에 따라 구체적으로 국가목적이나 공익의 실현을 위하여 행해지는 능동적이고 적극적인 형성적 국가작용」이라고 한다(v. Sarway, F. Fleiner 등). 양태설은 현대적 행정작용이 가지는 능동적・형성적 기능을 염두에 두면서 행정의 개념을 적극적으로 규정하려는 입장으로서 오늘날의 지배적인 견해라 할 수 있다.[4]

[양태설] 오늘날의 지배적인 견해라고 할 수 있는 양태설에 따라 행정(집행)의 개념적 징표를 정리하여 보면 다음과 같다. (ㄱ) 행정은 국가적 공동체에 있어서 사회형성적 국가작용이다. (ㄴ) 행정은 공공복리 내지 공익의 실현을 목적으로 하는 국가작용이다. (ㄷ) 행정은 적극적이고 미래지향적인 국가작용이다. (ㄹ) 행정은 개별적 사안에 대하여 구체적 조치를 취하는 국가작용이다. (ㅁ) 행정은 법규적 통제를 받으면서도 폭넓은 자유활동영역이 인정되는 국가작용이다.[5][6]

[소결] 입법과 사법의 경우, 입법은 법규를 제정하는 작용(법정립작용), 司法은 법률상 쟁송을 재판하는 작용(법선언작용)이라 하여 어느 정도 간명한 정의를 내릴 수 있으나, 이른바 역사적 잔존물인 행정에 대하여는 정의를 내리는 것이 어렵기는 하지만, 대체로 행정의 관념은 일반적으로 다음과 같이 설명할 수 있다.

---

1) 권영성, 헌법학원론, 법문사, 2009, 810면.
2) 권영성, 헌법학원론, 법문사, 2009, 810면 각주 1.
3) O. Mayer, Deutsches Verwaltungsrecht, Bd. 1, S. 13; G. Meyer, Deutsches Verwaltungsrecht, S. 1 참조.
4) 권영성, 헌법학원론, 법문사, 2009, 810면.
5) 권영성, 헌법학원론, 법문사, 2009, 812면.
6) 김남진, 행정법 I, 법문사, 1993, 37-40면 참조.

## 1.2. 내용
### 1.2.1. 법아래서 법의 규제를 받는 작용(법률유보·법규유보)
#### a) 개관

행정은 법아래서 법의 규제를 받는 작용을 의미한다. 이는 행정은 법을 실현하는 행위라고 할 수 있다. 그러나 이 경우 모든 행정이 법을 그대로 실시한다는 의미가 아니고 행정이 반드시 법에 의하거나(법률유보: Gesetzesvorbahalt) 법에 근거(법규유보: Vorbehalt des Gesetzes)하여 실행되어야 한다는 것을 의미한다.[1][2] 「법률에 의하거나」의 의미는 '형식적 의미의 법률 그 자체'를 말하며, 「법률에 근거를 두어야 한다」는 말은 의회에서 제정한 형식적 의미의 법률(Parlamentsgesetz: 의회법률) 및 법률로부터 위임을 받은 법규명령(대통령령·총리령·부령), 내지는 자치단체에서 정립하는 자치법규(실질적 의미의 법률)에 의한다는 것을 말한다. 이러한 점에서 현재 우리나라의 교과서에서는 일반적으로 '법률에 의하거나'와 '법률에 근거하여야 한다'는 용어를 – 양자의 차이점을 구분하지 않고 – 획일적으로 법률유보의 원칙이라는 용어로 획일적으로 설명하고 있으나, 법률유보(Gesetzesvorbehalt)와 법규유보(Vorbehalt des Gesetzes)의 의미를 명확히 구분하여 사용하는 것이 정확한 표현이다. 헌법재판소는 법률유보와 법규유보를 구분하여 판시하고 있다.[3]

#### b) 내용
##### aa) 법률유보와 법률의 유보와의 구별(독일)

법률유보와 법률의 유보는 정확한 의미에서 같은 개념은 아니다.[4] 즉 법률유보(Gesetzesvorbehalt)와 법규유보를 의미하는 법률의 유보(Vorbehalt des Gesetzes)는 정확하게는 이를 구별하여 사용하여야 한다. 즉 독일연방헌법에서 기본권제한에 있어서, (ㄱ) '법률에 의하여(durch Gesetz)' 제한하는 경우와, (ㄴ) '법률에 근거하여(auf Grund eines Gesetzes)' 제한하는 경우가 있다. 양자간에는 그 의미에 있어서 차이가 있다. 법률유보에 의한 기본권제한의 유형에는 (ㄱ) 단순법률유보, (ㄴ) 가중(加重)법률유보가 있다. 이하 분설하면 다음과 같다.

---

1) 박윤흔, 행정법강의(상), 7면.
2) 김향기, 법률의 유보이론의 전개와 과제, 김영훈박사 화갑기념논문, 법문사, 1995, 373면 참조; 천병태·김명길 교수는 법률의 근거를 법률의 수권이라는 표현을 사용하며, 법률유보의 원칙이 법률의 근거 내지 수권이 필요하다는 하는 경우의 '근거'나 '수권'의 의미와 그 '범위'를 둘러싸고 어려운 문제가 제기되고 있다고 한다(천병태·김명길, 행정법총론, 삼영사, 2007, 165면).
3) 헌재결 2005. 3. 31, 2003헌마87【한중국제결혼절차 위헌확인】
4) 김향기, 법률의 유보이론의 전개와 과제, 김영훈박사 화갑기념, 공법학의 제문제, 법문사, 1995, 373면이하 참조.

bb) 단순법률유보(einfacher Gesetzesvorbehalt)에 의한 기본권제한

[독일] 독일연방헌법(기본법) 제2조 제2항 제3문의 경우, "누구든지 생명권과 신체적 훼손을 받지 않을 권리를 가진다. 신체의 자유는 침해되면 아니 된다. 이 권리는 오직 법률에 근거하여 침해될 수 있다(In diese Rechte darf nur auf Grund eines Gesetzes eingegriffen werden[Art. 2 Abs. 2 Satz 3 GG]). 독일연방헌법 제8조 제1항은 "모든 독일인은 신고나 허가를 받지 않고 무기를 소지하지 않고 평화로이 집회할 권리를 가진다." 제2항은 "이 권리는 옥외 집회의 경우 법률에 의하여 또는 법률에 근거하여 제한될 수 있다(Für Versammlungen unter freiem Himmel kann dieses Recht durch Gesetz oder auf Grund eines Gesetzes beschränkt werden[Art. 8 Abs. 2 GG])."고 규정하고 있다. 독일연방헌법 제14조 제1항 제2문은 "재산권과 상속권은 보장된다. 그 내용과 한계는 법률로 정한다(Inhalt und Schranken werden durch die Gesetze bestimmt[Art. 14 Abs. 1 Satz 2 GG])."고 규정하고 있다. 이 경우 단순법률유보조항(einfacher Gesetzesvorbehalt)이라고 한다.

[단순법률유보의 유형] '법률에 의하여' 제한하거나 '법률에 근거'하여 제한하는 것을 단순법률유보라고 하는데, 구체적으로 설명하면 단순법률유보는 '… 법률에 의하여(durch Gesetz),'즉 형식적 의미의 법률(Gesetz im formalen Sinn)인 의회법률(Parlamentsgesetz)만을 의미하며,[1] '… 법률에 근거를 둔(auf Grund eines Gsetzes)'이라는 표현은 형식적 의미의 법률(Gesetz im formalen Sinn)인 의회법률(Parlamentsgesetz)이외에 법규유보, 즉 '… 법률에 근거를 둔 시행령·시행규칙 및 자치법규를 포함한다.[2] 즉 의회에서 제정한 형식적 의미의 법률(의회법률)뿐만 아니라 행정입법(시행령·시행규칙[untergesetzliche Rechtsnorm]) 및 자치법규(조례·규칙)에 의해서도 기본권제한이 가능하다. ☞ **이것을 단순법률유보(einfacher Gesetzesvorbehalt)라고 한다.**

[침해의 법률적합성의 원칙] 제한의 경우 '침해의 법률적합성(Rechtmäßigkeit des Eingriffs)'의 원칙이 요구되며, 침해의 법률적합성에는 (ㄱ) 형식적 합헌성(formelle Verfassungsmäßigkeit)과, (ㄴ) 실질적 합헌성(materielle Verfassungsmäßigkeit)이 있다. 이와같이 법규유보(Rechtssatzvorbehalt)와 의회유보(Parlamentsvorbehalt)를 구별하는데, 법률유보는 일반적인 유보의 원칙을 의미하며, 다른 유보들은 특수한 형태의 유보의 원칙으로 본다. 즉, 법률유보는 헌법에 규정된 특별한 유보(기본권제한·형성), 즉 헌법체계상

---

1) 의회유보(Parlamentsvorbehalt) 내지 의회입법원칙은 행정입법으로의 위임금지를 의미하는 개념으로서 의회유보는 형식적 의미의 법률(Gesetz im formalen Sinn), 즉 의회법률(Parlamentsgesetz)을 의미한다. 이는 단순법률유보(einfacher Gesetzesvorbehalt)을 의미한다.

2) http://www.jura-schemata.de/gesetzesvorbehalt.htm(검색일: 2015.5.5); durch Gesetz: Gesetz im formalen Sinn - Parlamentsgesetz; aufgrund eines Gesetzes: Parlamentsgesetz od. untergesetzliche Rechtsnorm

의 의미로 사용한다. 또 법규유보는 실질적 의미의 법률의 유보를 의미하며, 의회유보는 형식적 의미의 법률(의회법률; 의회유보)의 유보를 의미한다. 법규유보는 의회법률(형식적 의미의 법률)에 의한 규율 뿐만 아니라 행정입법(법규명령·자치법규)에 의한 규율도 허용한다. 따라서 의회유보가 법률에 의한(durch Gesetz) 규율을 요구하는데 반하여 법규유보는 법률에 근거한(auf Grund eines Gesetzes)규율로 충분하다.[1] ☞ **기본권제한·보장에 관한 행정입법(법규명령[시행령·시행규칙]·자치법규[조례·규칙])은 (형식적 의미의) 법률은 아니지만 "법률에 근거하고 있다"는 의미(실질적 의미의 법률)**

cc) 가중법률유보(qualifizierter Gesetzesvorbehalt)에 의한 기본권제한

[독일연방헌법 제11조 거주이전의 자유] 독일연방헌법 11조는 거주이전의 자유에 대하여, "① 모든 독일인은 전체 연방영역에서 거주이전의 자유를 갖는다. ② 이 권리는 오직 법률에 의하거나 법률에 근거하여(durch Gesetz oder auf Grund eines Gesetzes) 그리고 오직 충분한 생활기반이 없기 때문에 일반에게 특별한 부담이 발생할 수 있는 경우나 연방이나 주의 존립이나 또는 자유민주적 기본질서의 절박한 위험(drohende Gefahr)의 방지나 또는 전염병 위험, 자연재해, 또는 특히 심각한 재난의 극복, 청소년을 방임으로부터 보호 또는 범죄행위를 예방하기 위하여 필요한 경우에만 제한될 수 있다."[2]고 규정하고 있는데, 거주이전의 자유에 대한 제한은 단순법률유보에 의한 기본권제한은 불가하고 위에 예시한 가중적 요건하에서만(가중법률유보), 즉 절박한 위험(drohende Gefahr)이 있는 경우에만 거주이전의 자유에 대한 제한이 가능하다. ☞ **법률에 의하거나, 법률에 근거하여야할 뿐만 아니라, 이에 더하여 일반인에게 특별한 부담이 발생할 경우, 자유민주적 기본질서에 위험을 줄 염려 등이 있어야**

dd) 법률유보와 법률의 유보와의 구별문제(한국)

[의회유보의 원칙] 헌법재판소는 "헌법은 법치주의를 그 기본원리의 하나로 하고 있으며, 법치주의는 행정작용에 국회가 제정한 형식적 법률의 근거가 요청된다는 법률유보를 그 핵심적 내용의 하나로 하고 있다. 그런데 오늘날 법률유보원칙은 단순히 행정작용이 법

---

1) 기타 법률유보에 관한 논문으로는 Vgl. R. Wahl, Der Vorrang der Verfassung, in: Der Staat, Bd. 20 (1981), S. 485 ff.; ders., Der Vorrang der Verfassung und die Selbständigkeit des Gesetzesrechts, NVwZ 1984, S. 401 ff.

2) 독일연방헌법 제11조(거주이전의 자유) „Dieses Recht darf nur durch Gesetz oder auf Grund eines Gesetzes und nur für die Fälle eingeschränkt werden, in denen eine ausreichende Lebensgrundlage nicht vorhanden ist und der Allgemeinheit daraus besondere Lasten entstehen würden oder in denen es zur Abwehr einer drohenden Gefahr für den Bestand oder die freiheitliche demokratische Grundordnung des Bundes oder eines Landes, zur Bekämpfung von Seuchengefahr, Naturkatastrophen oder besonders schweren Unglücksfällen, zum Schutze der Jugend vor Verwahrlosung oder um strafbaren Handlungen vorzubeugen, erforderlich ist." (Art. 11 Abs. 2 GG)

률에 근거를 두기만 하면 충분한 것이 아니라, 국가공동체와 그 구성원에게 기본적이고도 중요한 의미를 갖는 영역, 특히 국민의 기본권실현에 관련된 영역에 있어서는 행정에 맡길 것이 아니라 국민의 대표자인 입법자 스스로 그 본질적 사항에 대하여 결정하여야 한다는 요구까지 내포하는 것으로 이해하여야 한다(이른바 의회유보원칙). 그리고 행정작용이 미치는 범위가 광범위하게 확산되고 있으며, 그 내용도 복잡·다양하게 전개되는 것이 현대행정의 양상임을 고려할 때, 형식상 법률상의 근거를 갖출 것을 요구하는 것만으로는 국가작용과 국민생활의 기본적이고도 중요한 요소마저 행정에 의하여 결정되는 결과를 초래하게 될 것인바, 이러한 결과는 국가의사의 근본적 결정권한이 국민의 대표기관인 의회에 있다고 하는 의회민주주의의 원리에 배치되는 것이라 할 것이다. … 적어도 헌법상 보장된 국민의 자유나 권리를 제한할 때에는 그 제한의 본질적인 사항에 관한 한 입법자가 법률로써 스스로 규율하여야 할 것이다. 헌법 제37조 제2항은 '국민의 모든 자유와 권리는 국가안전보장·질서유지 또는 공공복리를 위하여 필요한 경우에 한하여 법률로써 제한할 수 있다'고 규정하고 있는바, 여기서 '법률로써'라고 한 것은 국민의 자유나 권리를 제한하는 행정작용의 경우 적어도 그 제한의 본질적인 사항에 관한 한 국회가 제정하는 **법률에 근거를 두는 것만으로 충분한 것이 아니라 국회가 직접 결정함으로써 실질에 있어서도 법률에 의한 규율**이 되도록 요구하고 있는 것으로 이해하여야 한다."[1]고 판시하였다.

[헌재판례평석] 헌법재판소의 판례를 보면 법률유보와 법률의 유보(법규유보)를 정확하게 구분하여 언급하는 경우도 있고,[2] "법률에 의하여"라는 표현대신 "법률에 근거하여"라고 표현하는 경우도 있다. 우리나라의 국어사용법(일상적 용어사용례)은 "법률에 의한다"와 "법률에 근거한다"는 용어를 같은 의미로 혼용하고 있다.

[사견] 생각건대 법률유보는 '… 법률에 의하여(durch Gesetz),' 즉 형식적 의미의 법률(Gesetz im formalen Sinn)인 의회법률(Parlamentsgesetz)만을 의미하며, '… 에 근거를 둔(auf Grund eines Gsetzes)'이라는 표현은 형식적 의미의 법률(Gesetz im formalen Sinn)인 의회법률(Parlamentsgesetz)이외에 법규유보, 즉 '… 법률에 근거를 둔 시행령·시행규칙 및 자치법규를 포함한다.[3] 즉 의회에서 제정한 형식적 의미의 법률(의회법률)뿐만 아니

---

1) 헌재 1999. 5. 27. 98헌바70, 판례집 11-1, 633, 643-644
2) 헌재 1999. 5. 27. 98헌바70, 판례집 11-1, 633, 643-644 : 국민의 자유나 권리를 제한하는 행정작용의 경우 적어도 그 제한의 본질적인 사항에 관한 한 국회가 제정하는 **법률에 근거를 두는 것만으로 충분한 것이 아니라 국회가 직접 결정함으로써 실질에 있어서도 법률에 의한 규율**이 되도록 요구하고 있는 것이다.
3) http://www.jura-schemata.de/gesetzesvorbehalt.htm(검색일 : 2015.5.5); 법률에 의하여(durch Gesetz[형식적 의미의 법률 : Gesetz im formalen Sinn - Parlamentsgesetz[의회법률]); 법률에 근거하여 (auf Grund eines Gesetzes[의회법률 : Parlamentsgesetz 혹은(od.) 하위법규범(untergesetzliche

라 행정입법(시행령·시행규칙[untergesetzliche Rechtsnorm]) 및 자치법규(조례·규칙)에 의해서도 기본권제한이 가능하다. 이것을 단순법률유보(einfacher Gesetzesvorbehalt)라고 하며, 제한의 경우 '침해의 법률적합성(Rechtmäßigkeit des Eingriffs)'의 원칙이 요구되며, 침해의 법률적합성에는 (ㄱ) 형식적 합헌성(formelle Verfassungsmäßigkeit)과, (ㄴ) 실질적 합헌성(materielle Verfassungsmäßigkeit)을 포섭하고 있다. 이와같이 법규유보(Rechtssatzvorbehalt)와 의회유보(Parlamentsvorbehalt)를 구별하는데, 법률의 유보는 일반적인 유보의 원칙을 의미하며, 다른 유보들은 특수한 형태의 유보의 원칙으로 본다. 즉, 법률유보는 헌법에 규정된 특별한 유보(기본권제한·형성), 즉 헌법체계상의 의미로 사용한다. 또 법규유보는 실질적 의미의 법률의 유보를 의미하며, 의회유보는 형식적 의미의 법률(의회법률; 의회유보)의 유보를 의미한다. 법규유보는 의회법률(형식적 의미의 법률)에 의한 규율 뿐만 아니라 행정입법(법규명령·자치법규)에 의한 규율도 허용한다. 따라서 의회유보가 법률에 의한(durch Gesetz) 규율을 요구하는데 반하여 법규유보는 법률에 근거한(auf Grund eines Gesetzes)규율로 충분하다.1) ☞ **기본권제한·보장에 관한 행정입법(법규명령·자치법규)은 (형식적 의미의) 법률은 아니지만 "법률에 근거하고 있다"는 의미(실질적 의미의 법률)**

[소결] 법률유보는 '… 법률에 의하여(durch Gesetz),'즉 형식적 의미의 법률(Gesetz im formalen Sinn)인 의회법률(Parlamentsgesetz)만을 의미하며,2) '… 에 근거를 둔(auf Grund eines Gsetzes)'이라는 표현은 형식적 의미의 법률(Gesetz im formalen Sinn)인 의회법률(Parlamentsgesetz)이외에 법규유보, 즉 '… 법률에 근거를 둔 시행령·시행규칙을 포함한다.3) 즉 의회에서 제정한 형식적 의미의 법률(의회법률)뿐만 아니라 행정입법(시행령·시행규칙)에 의해서도 기본권제한이 가능하다는 의미이다. ☞ **법률에 의하여 혹은 법률에 근거하여 기본권제한이 가능하다는 의미이며, 이것을 단순법률유보라고 칭한다.**

【**법률유보(Gesetzesvorbehalt)와 법률의 유보(Vorbehalt des Gesetzes)**】

▶ **법률에 의하여**(durch Gesetz) : 법률유보 ☞ **형식적 의미의 법률유보.** 특히 반드시 의회에서

---

Rechtsnorm)

1) 기타 법률유보에 관한 논문으로는 Vgl. R. Wahl, Der Vorrang der Verfassung, in: Der Staat, Bd. 20 (1981), S. 485 ff.; ders., Der Vorrang der Verfassung und die Selbständigkeit des Gesetzesrechts, NVwZ 1984, S. 401 ff.

2) 의회유보(Parlamentsvorbehalt)·의회입법원칙 = 행정입법으로의 위임금지를 의미; 의회유보는 형식적 의미의 법률(Gesetz im formalen Sinn), 즉 의회법률(Parlamentsgesetz)을 의미(단순법률유보[einfacher Gesetzesvorbehalt]).

3) http://www.jura-schemata.de/gesetzesvorbehalt.htm(검색일 : 2015.5.5); 법률에 의하여(durch Gesetz[형식적 의미의 법률 : Gesetz im formalen Sinn - Parlamentsgesetz[의회법률]); 법률에 근거하여 (auf Grund eines Gesetzes[의회법률 : Parlamentsgesetz 혹은(od.) 하위법규범(untergesetzliche Rechtsnorm)

제정한 법률에 의해야 하는 경우 의회유보(Parlamentsvorbehalt)라고 한다(의회법률[Parlamentsgesetz].

　　▶ 법률에 근거하여(auf Grund eines Gesetzes) : 법규유보(Vorbehalt des Gesetzes) 포함 ☞ **형식적 의미의 법률외에 (혹은), 실질적 의미의 법률의 유보**(행정입법[시행령 · 시행규칙], 자치법규[조례 · 규칙]) 포함

　　▶ [의회유보] 의회유보란 국민의 기본권과 관련되는 내용과 같이 중요하고도 본질적인 입법사항은 형식적 의미의 입법자가 직접 제정한 법률로 하여야 한다는 원칙이다. 의회유보(Parlamentsvorbehalt) 내지 의회입법원칙은 행정입법으로의 위임금지를 뜻하는 개념이다(법규유보의 금지). 이러한 의회유보의 원칙은 국회가 입법의무를 등한시하고 자신이 담당해야 할 입법사항을 행정부로 지나치게 넘기는 경우에, 이를 방지하고 그럼으로써 행정입법(Rechtserzeugung der Verwaltung)의 남용으로부터 국민의 기본권을 보호하고자 하는 데 그 취지가 있다고 할 수 있다.[1] 의회유보(Parlamentsvorbehalt) 내지 의회입법원칙은 행정입법으로의 위임금지를 의미하는 개념으로서 의회유보는 형식적 의미의 법률(Gesetz im formalen Sinn), 즉 의회법률(Parlamentsgesetz)을 의미한다. 이를 단순법률유보(einfacher Gesetzesvorbehalt)을 의미한다.

[TV방송수신료의 금액을 한국방송공사로 하여금 결정하도록 한 경우(헌재판례)] "한국방송공사법 제36조 제1항은 "수신료의 금액은 이사회가 심의 · 결정하고, 공사가 공보처 장관의 승인을 얻어 이를 부과 · 징수한다"고 규정하고 있는바, 수신료는 특별부담금으로서 국민에게 금전납부의무를 부과하는 것이므로, 공사가 수신료를 부과 · 징수하는 것은 국민의 재산권에 대한 제한을 가하는 행정작용임에 분명하고, 이 법은 수신료를 공사의 원칙적인 재원으로 삼고 있으므로 수신료에 관한 사항은 공사가 방송의 자유를 실현함에 있어서 본질적이고도 중요한 사항이라고 할 것이므로 의회 자신에게 그 규율이 유보된 사항이라 할 것이다. "공사가 전적으로 수신료금액을 결정할 수 있게 되면 공영방송사업에 필요한 정도를 넘는 금액으로 정할 수 있고, 또 일방적 수신자의 처지에 놓여 있는 국민의 경제적 이해관계가 무시당할 수도 있다. 이 조항은 공사의 수신료금액 결정에 관하여 공보처장관의 승인을 얻도록 규정하고 있으나, 이는 행정기관에 의한 방송통제 내지 영향력 행사를 초래할 위험을 내포하는 것이어서 위와 같은 문제점에 대한 하등의 보완책이 되지 못한다. 따라서 이 조항은 **법률유보원칙(의회유보원칙)**에 어긋나는 것이어서, 헌법 제37조 제2항과 법치주의원리 및 민주주의원리에 위반된다 아니할 수 없다."[2]고 판시하였다. (판례평석) : 헌법재판소가 수신료에 관한 사항은 공사가 방송의 자유를 실현함에 있어서 본질적이고도 중요한 사항이라고 할 것이므로 의회 자신에게 그 규율이 유보된 사항이라고 하여, 수신료는 반드시 국민대표기관이 의회가 제정한 법률(의회유보; 의회법률; 형식적 의미의 법률)에 의하여서만 징수할 수 있다는 것이지, 한국방송

---

1) 방승주, 헌법 제117조, 헌법주석서(IV), 법제처(2010.2), 411면.
2) 헌재 1999. 5. 27. 98헌바70, 판례집 11-1, 633, 644-646

공사가 스스로 수신료를 획정하여 장관의 승인을 얻어 징수하는 것은 법률유보의 원칙에 위반된다고 하였다. 의회유보(Parlamentsvorbehalt) 내지 의회입법원칙은 행정입법으로의 위임금지를 의미하는 개념으로서 의회유보는 형식적 의미의 법률(Gesetz im formalen Sinn), 즉 의회법률(Parlamentsgesetz)을 의미한다.

【법률유보와 법규유보의 구별】
▶ 법률에 의하거나(durch Gesetz) : ☞ **법률유보**(Gesetzesvorbehalt)**를 의미**, (ㄱ) 헌법에 규정된 특별한 유보(기본권 제한) : '… 법률이 정한바에 의하여', '… 법률에 의하지 아니하고는,' (ㄴ) 형식적 의미의 법률을 의미

▶ 법률에 근거를 두어야 하며(auf Grund eines Gesetzes) : 법률유보 혹은 법규유보(Vorbehalt des Gesetzes) ☞ **법률의 유보를 의미**하며, **위임에 친숙하여 위임유보**라고도 한다. (ㄱ) 형식적 의미의 법률 및 실질적 의미의 법률(법규명령·자치법규)을 의미

「문제」 법률의 우위(Vorrang des Gesetzes)와 법률유보(Gesetzesvorbehalt)의 차이점을 설명하고 각각의 적용범위(Geltungsbereich)를 언급하라.

[사례] 한국인과 결혼한 중국인 배우자가 한국에 입국하기 위하여 결혼동거목적거주(F-2) 사증발급을 신청함에 있어 중국인 배우자와의 교제과정, 결혼하게 된 경위, 소개인과의 관계, 교제경비내역 등을 당해 한국인이 직접 기재한 서류를 제출할 것을 요구하는 주중국 대한민국대사(피청구인)의 조치가 법률유보원칙이나 과잉금지원칙, 또는 평등원칙에 위배되는 것으로서 청구인의 헌법상 보장된 기본권을 침해하는지 여부를 판단하라.

[해설] 헌재결 2005. 3. 31, 2003헌마87【한중국제결혼절차 위헌확인】 1. 헌법 제37조 제2항은 기본권제한에 관한 일반적 법률유보조항이라고 할 수 있는데, 법률유보의 원칙은 '법률에 의한 규율'만을 요청하는 것이 아니라 '법률에 근거한 규율'을 요청하는 것이기 때문에 기본권의 제한에는 법률의 근거가 필요할 뿐이고 기본권제한의 형식이 반드시 법률의 형식일 필요는 없다. 그런데, 피청구인의 이 사건 결혼경위 등 기재요구행위는 합헌적인 법령인 출입국관리법 제8조 제2항(법률유보), 동법시행령 제11조 제2항(법규유보), 동법시행규칙 제9조 제4호, 제76조 제1항(법규유보) 등의 근거에 따라 이루어진 것이고 따라서 법률유보의 원칙에 위배되지 않는다. ☞ **법률에 의한 규율(법률유보의 원칙)·법률에 근거한 규율(법률의 유보의 원칙; 법규유보의 원칙)** 2. 피청구인이 이 사건 결혼경위 등을 기재하도록 요구하는 것은, 첫째 국제결혼이 한국입국 및 취업을 위한 편법으로 악용되고 있고 …, 둘째 위장 국제결혼을 방지하여 선의의 한국인들이 중국인 배우자와 국내에서 건전한 혼인관계를 유지할 수 있도록 보호하기 위한 것이다. 이것은 주권국가가 합리적인 출입국관리를 위하여 추구할 수 있는 **정당한 목적(목적의 정당성**)이며, 이 사건 결혼경위 등 기재요구 조치를 통하여 위와 같은 목적을 달성하는데 이바지할 것임은 분명하므로 그 수단의 **적정성(방법의 적정성**)도 인정할 수 있다. 또한 결혼동거목적거주 사증의 심사는 다른 목적의 사증심사와는 달리 위장 및 사기 결혼의 여부를 확인하는 것이 주 목적인데, 중국 관공서 명의로 발급되는 각종 공문서가 위조 또는 변조되는 경우가 많기 때문

에… 이 사건 결혼경위 등 요구행위는 사증심사의 목적을 달성하는데 필요한 최소한의 조치(피해의 최소성)라고 보아야 할 것이다.　☞ **과잉금지의 원칙(비례의 원칙)**

3. 중국인 불법체류자의 비율이 다른 나라보다 압도적으로 많은 점, 그리고 중국의 관공서에서 위 사증신청을 위하여 발급하는 각종 공문서가 위조 또는 변조되는 사례가 많아 중국이 발행하는 공문서의 신뢰성이 높지 않아 … 피청구인이 다른 나라의 경우와는 달리 중국인 배우자에 의한 위 사증신청시 이 사건 결혼경위 등의 기재를 요구하는 행위는 그 차별에 합리성을 인정할 수 있다.　☞ **합리적 차별 가능 : 평등의 원칙에 위반되지 아니한다.**

c) 학설
aa) 침해유보설
침해유보설은 종래의 통설적인 입장으로서 행정작용 가운데 국민의 권익을 침해·제한하거나 의무를 부과하게 되는 불이익적·권력적 작용을 하는 경우에는 법률의 수권을 필요로 하지만, 국민에게 권리나 이익을 부여하거나 의무를 면제하는 수익적인 행정작용에는 법률의 근거를 필요로 하지 않는다는 견해이다. 그러나 침해유보설은 과거의 시민계급과 구세력적 행정권과의 이해타협의 산물인 전대의 입헌군주제의 유물이라는 점과 의회민주주의의 발전에 따라 모든 국가작용의 영역에 헌법효력이 미치며, 또한 급부행정의 비중이 점차 증대되어 가는 현대와 같은 민주적·법치적 헌법구조하에서는 법률유보의 범위가 점차 확대되어야 한다는 점에서「낡은 이론」으로 평가되어 비판의 대상이 되고 있다.[1]

bb) 신침해유보설
신침해유보설은 특별행정법관계에 법률유보의 적용을 긍정하고 있으나, 급부행정의 영역에 있어서는 법률의 유보가 필수적인 것은 아니라고 보는 등 원칙적으로 침해유보설의 입장을 취하면서도 새로운 시각에 의한 변화를 시도하는 견해이다. 즉, 침해유보설에서 법률을 의회에서 제정한 형식적 법률을 의미하지만, 신침해유보설에서는 법률의 범위를 형식적 법률에 한정하지 않고 조직법이나 예산을 포함시키고 있다. 따라서 급부행정의 영역에서 급부가 반대급부와 결부되어 있거나 부관이 붙여지는 등 그 상대방에 어떠한 부담이나 권리제한을 과하는 것이 아닌 한 반드시 법률에 의한 수권을 요하는 것으로 보지 않는다. 다만 금전적 급부의 경우 예산에 근거가 없을 때에는 법률에 의한 수권을 요하는 것으로 본다.

cc) 전부유보설
전부유보설은 행정의 모든 영역에 법률에 의한 수권을 필요로 한다고 한다. 그러므로 행정이 권력행위·비권력 행위·부담적 행정행위·수익적 행정행위를 불문하게 된다. 이 설

---

[1] 이상규, 신행정법론(상), 118면.

은 현대의 민주적·법치적 헌법구조를 배경으로 하여, 이른바 「법으로부터 자유로운 행정영역(gesetzesfreier Raum)」의 관념을 원칙으로 부정하여 모든 공행정은 행정권의 자율에 맡길 것이 아니라 의회의 민주적 통제의 대상이 되어야 한다는 이론이다.[1] 전부유보설은 법치주의의 실현이라는 관점에서 보면 가장 이상적인 견해라고 할 수 있으나, 현대국가는 복리기능의 수행을 위한 책무가 중대하고, 복잡하고 유동적인 행정실현에 임기응변적으로 대처하여야 하기 때문에 행정의 탄력적인 대응을 필요로 한다. 그런데 모든 행정작용에 대하여 전부 법률의 수권을 요구하게 되면 행정은 가변적인 행정실현에 탄력적으로 대응하지 못하게 되어 행정목적을 실현시킬 수 없게 되므로 전부유보설은 행정현실을 도외시한 견해라는 비판을 받는다. 이밖에도 행정권은 행정권 고유의 행정상 규율권이 있을 수 없으며 또한 민주적 정당성을 지닌 활동영역(법으로부터 자유로운 영역)이 있을 수 있다는 점이 주장[2]되고 있다.

dd) 급부유보설(사회유보설)

급부유보설(사회유보설)은 전부유보설에 대한 비판적 견해로 등장한 학설로서 침해유보설과 전부유보설의 중간영역에 해당된다. 이 견해는 현대국가에서는 공권력으로부터 국민의 자유와 재산만을 지키는 것이 아니라 국민의 생존권(사회적 기본권)을 확보하는 것도 중요하므로 침해행정 뿐만 아니라 급부행정의 영역(생활배려행정)에 까지 법률유보의 원칙이 적용된다는 견해이다.[3]

ee) 권력행정유보설

권력행정유보설은 침익적 행정작용 혹은 수익적 행정작용여부를 불문하고 당해 행정이 권력작용에 해당되는 경우에는 모두 법률유보의 원칙이 적용된다는 견해이다.

ff) 중요사항유보설(본질유보설)

[중요사항유보설] 중요사항유보설(본질유보설)이란 독일연방헌법재판소에 의하여 정립된 견해로서 국민의 기본적 인권에 관련되는 중요한 행정작용을 행함에 있어서 그 본질적 사항은 반드시 법률로써 정해져야 한다는 이론이다. 여기서 그 본질적 사항이 무엇인가 하는 점이 문제되나, 국가공동체와 그 구성원에게 기본적이고 중요한 영역, 특히 기본권 실현에 관련된 영역은 국민대표기관인 입법자(국회)가 그 본질적 사항을 결정할 것이 요구된다(의회유보의 원칙)는 이론이다. 중요사항유보설에 의하면 중요사항은 법률유보사항이므로 이를 행정입법 등(대통령령·총리령·부령)으로 위임(입법)을 할 수 없고, 오직 국회 단독으로(국회전속입법주의) 정하여야 한다는 것이고 이를 의회유보(Parlamentsvorbehalt)라고 한다. 결국 의회유보는 위임입법금지를 통하여 강화된 법률유보를 말한다. 특히 국적취득

---

[1] 천병태·김명길, 행정법총론, 삼영사, 2007, 166면.
[2] 예컨대 천병태·김명길, 행정법총론, 삼영사, 2007, 168면.
[3] 천병태·김명길, 행정법총론, 삼영사, 2007, 167면.

의 요건, 재산권의 수용·사용·제한 및 보상 교육제도 등과 같이 헌법상의 법률유보사항은 전속적 의회유보에 속한다.[1)]

▶헌재결 1999. 5. 27, 98헌바70【한국방송공사법 제35조 등 위헌소원】【판시사항】 1. 텔레비전방송수신료의 금액에 대하여 국회가 스스로 결정하거나 결정에 관여함이 없이 한국방송공사로 하여금 결정하도록 한 한국방송공사법 제36조 제1항이 법률유보원칙에 위반되는지 여부(적극) 2. 헌법불합치결정을 하고 잠정적으로 그 효력을 지속시키는 이유【결정요지】1. 오늘날 법률유보원칙은 단순히 행정작용이 법률에 근거를 두기만 하면 충분한 것이 아니라, 국가공동체와 그 구성원에게 기본적이고도 중요한 의미를 갖는 영역, 특히 국민의 기본권실현과 관련된 영역에 있어서는 국민의 대표자인 입법자가 그 본질적 사항에 대해서 스스로 결정하여야 한다는 요구까지 내포하고 있다(의회유보원칙). 그런데 텔레비전방송수신료는 대다수 국민의 재산권 보장의 측면이나 한국방송공사에게 보장된 방송자유의 측면에서 국민의 기본권실현에 관련된 영역에 속하고, 수신료금액의 결정은 납부의무자의 범위 등과 함께 수신료에 관한 본질적인 중요한 사항이므로 국회가 스스로 행하여야 하는 사항에 속하는 것임에도 불구하고 한국방송공사법 제36조 제1항에서 국회의 결정이나 관여를 배제한 채 한국방송공사로 하여금 수신료금액을 결정해서 문화관광부상관의 승인을 얻도록 한 것은 법률유보원칙에 위반된다. 2. 수신료 수입이 끊어지면 한국방송공사의 방송사업은 당장 존폐의 위기에 처하게 될 것이고 이는 우리 사회에 엄청난 파장을 미치게 됨은 물론 방송의 자유와 국민의 알 권리에 심각한 훼손을 입히게 되는 반면, 수신료부과 자체는 위헌성이 있는 것이 아니어서 위 조항의 잠정적용으로 인한 기본권침해의 정도는 상대적으로 크지 않다고 할 것이므로 단순위헌결정을 하여 바로 그 효력을 상실시키는 대신 빠른 시일내에 헌법위반상태의 제거를 위한 입법촉구를 하되 그 때까지는 위 조항의 효력이 지속되도록 한다.[2)]

---

1) 천병태·김명길, 행정법총론, 삼영사, 2007, 168면.
2) 재판관 조승형의 반대의견(다수의견이 취하는 헌법불합치결정은 헌법 제111조 제1항 제1호 및 제5호, 헌법재판소법 제45조, 제47조 제2항의 명문규정에 반하며, 헌법재판소 결정의 소급효를 원칙적으로 인정하고 있는 독일의 법제와 원칙적으로 장래효를 인정하고 있는 우리 법제를 혼동하여 독일의 판례를 무비판적으로 잘못 수용한 것이므로 반대하고, 이 사건의 경우는 단순위헌결정을 하여야 한다).【심판대상조문】한국방송공사법(1990. 8. 1. 법률 제4264호로 개정된 것) 제35조(텔레비전수상기의 등록과 수신료 납부의무) 텔레비전방송을 수신하기 위하여 텔레비전수상기(이하 "수상기"라 한다)를 소지한 자는 대통령령이 정하는 바에 따라 공사에 그 수상기를 등록하고 텔레비전방송수신료(이하 "수신료"라 한다)를 납부하여야 한다. 다만, 대통령령이 정하는 수상기에 대하여는 그 등록을 면제하거나 수신료의 전부 또는 일부를 감면할 수 있다. 한국방송공사법(1990. 8. 1. 법률 제4264호로 개정된 것) 제36조(수신료의 결정) ① 수신료의 금액은 이사회가 심의·결정하고, 공사가 공보처장관의 승인을 얻어 이를 부과·징수한다.

## 1.2.2. 국가목적의 실현

행정은 입법·사법이외의 국가목적(Staatszweck)을 실현하기 위하여 행하는 구체적 작용이다.[1] 이는 실질적 의미의 행정이 국가작용의 성질상의 차이에 입각하여 구성되는 행정의 개념, 즉 행정을 입법·사법과 구별하여 그 의의를 정의하는 것을 의미하며 이는 행정법학의 대상이 되는 행정이다. 행정상 입법(행정입법)·행정소송·행정벌 등은 실질적 의미의 행정은 아니지만 행정법학의 대상으로 하며, 국회행정 및 사법행정은 실질적 의미의 행정이지만 고찰대상에서 제외된다.

▶ 국가목적(Staatszweck)이란? 국가의 존재 의의 및 근거는 어디에 있는가?

☞ 국가목적(Staatszweck)·국가목표(Staatsziel)·국가목표규정(Staatszielbestimmung)·국가의무(Staatsaufgabe)

[국가목적(Staatszweck)·국가목표(Staatsziel)·국가목표규정(Staatszielbestimmung)·국가의무(Staatsaufgabe)] 국가목적·국가목표·국가목표규정·국가의무란 무엇인가에 대한 정의를 내리는데 있어서, 독일에서도 국가목표를 국가목적이라고 하는 등 서로 혼용하여 사용하고 있다. 그러나 이들은 아래에서 보는바와 같이 그 의미와 내용이 약간씩 다르다.

[국가목적(Staatszweck)] 국가목적은 추상적·철학적 개념으로서 국가의 존립근거(국가의 존재의의) 및 이를 위한 활동의 정당성을 나타내는 것으로서,[2] 국가존립의 근거는 이들의 실현을 위하여 활동할 경우에 한하여 존재한다. 오늘날 국가가 존재하는 목적(국가목적)은 과거처럼 국민을 신하(Untertan)로 보고, 이를 지배하고 다스리기 위해서 존재하는 것이 아니고, 오늘날의 민주국가는 국민생활의 안녕과 행복을 위하는 것이 국가목적이다.

[국가목표(Staatsziel)] 국가목표는 국민생활의 안녕과 행복이라는 국가목적을 구체적으로 달성하기 위한 여러가지 제도적인 장치들을 의미한다. 즉 국가목표는 국가목적을 추구·실행하는(완성시키는) 과정·방법이다. 국가목표는 국가목적의 달성을 위한 여러가지 제도적 원리를 의미하는 것으로서, 예를 들면 국민생활의 안녕과 행복이라는 국가목적의 달성을 위해서 공동체내에서 민주주의·법치국가·사회국가원리·공화국원리 등이 실현될 때 비로소 완성되며, 이러한 것들이 국가목표가 된다. 이러한 국가목표(민주주의·법치국가·사회국가)를 헌법조항에 규정해두었을 때 이러한 헌법조항들을 국가목표규정 혹은 국가목표조항이라고 부른다.

[국가목표규정(국가목표조항 : Staatszielbestimmung)] 국가목표규정(국가목표조항)은 국가목적(Staatszweck)을 실현하기 위하여 부분적으로 헌법상 규정되어 있는 내용들을 의미한다

---

1) 박윤흔, 행정법강의(상), 7면.
2) Christoph Link, Staatszwecke im Verfassungsstaat nach 40 Jahren Grundgesetz, in: VVdStRL Bd. 48, S. 17.

(기본권규정이 아니라 국가목표규정). 예컨대 독일연방헌법 제20조 제1항에서 규정하고 있는 "독일연방공화국은 민주적·사회적 연방국가이다(Artikel 20 (1) Die Bundesrepublik Deutschland ist ein demokratischer und sozialer Bundesstaat)"라고 규정한 것은 민주주의원리·사회국가원리·법치국가원리 등을 국가목표로 한다는 것을 헌법조항에 규정해둔 헌법상의 국가목표규정(Staatszielbestimmung)이다. 독일기본법(연방헌법)의 환경규정도 국가목표규정이다. 예컨대 독일 기본법 제20a조에서, "국가는 장래의 세대들에 대한 책임하에, 합헌적 질서의 테두리 내에서 입법을 통해, 그리고 법률과 법에 정해진바와 관련해서는 집행권 및 사법을 통해 자연적 생활기반과 동물을 보호한다.[1]"고 규정한 것은 독일연방헌법상의 환경관련규정을 헌법상의 기본권(Grundrecht)으로서 규정한 것이 아니고 국가목표규정(Staatszielbestimmung)으로 둔 것이다(우리나라가 환경권을 헌법 제35조에서 기본권으로 보장하고 있는 것과는 다르다). 기본권규정은 권리(추상적 권리·구체적 권리)로서 국민에 대한 기본권보장의 성격이 강하게 나타나지만, 국가목표규정은 국가의 나아갈 방향정도를 규정한 것에 불과한것으로서 기본권보장 보다 보호법익이 약하다. 이는 독일기본법(연방헌법)이 사회적 기본권(soziales Grundrecht)을 보장하지 않고 사회국가원리(Sozialstaatsprinzip)만을 선언하고 있는 것과 그 맥을 같이한다(독일 헌정사 참조). ☞ **사회적 기본권의 법적 성격 참조**

[국가의무(Staatsaufgabe)] 국가의무는 추상적 의미의 국가목표를 구체적으로 달성시키고자 하는 방법이다. 따라서 하나의 국가목표는 여러 가지 형태의 국가의무들의 수행에 의하여 이루어진다. 예컨대 사회국가에서의 국가목표(Staatsziel)는 생존배려(Daseinsvorsorge)·교육 기타 사회원조(Sozialhilfe)등에 의하여 이루어지며,[2] 예컨대 환경보호는 국가목적을 달성하기 위한 수행목표(Handlungsziel)에 해당한다.[3][4]

---

1) Artikel 20a Der Staat schützt auch in Verantwortung für die künftigen Generationen(장래의 세대들에 대한 책임하에) die natürlichen Lebensgrundlagen und die Tiere(자연적 생활기반과 동물) im Rahmen der verfassungsmäßigen Ordnung(합헌적 질서의 테두리 안에서) durch die Gesetzgebung(입법을 통해) und nach Maßgabe von Gesetz und Recht(법률과 법에 정해진바와 관련해서) durch die vollziehende Gewalt(집행권) und die Rechtsprechung(사법). 행정과 집행: Die vollziehende Gewalt : Exekutive(집행권/집행부) : 행정부라는 용어 대신에 집행부라고 부르는 경우가 있다(권영성, 김철수, 허영). 그 이유는 (ㄱ) 엄격한 의미에서 「행정은 집행의 일부」에 지나지 아니하며, 「좁은 의미의 행정작용」+「통치작용」=집행」이기 때문이며, (ㄴ) 외국헌법의 경우에도 the Executive 또는 die Vollziehung(die vollziehende Gewalt[집행권])은 집행을 의미하며, 행정은 Administration 혹은 Verwaltung으로 표현하고 있기 때문이라고 한다. 그러나 법률용어의 관습적 사용도 무시할 수 없으므로 집행 및 행정을 같은 의미로 사용해도 된다(집행부/집행권: 행정부/행정권).

2) J. Isensee/P. Kirchhoff, Handbuch des Stzztsrechts, Bd. III, Heidelberg 1988, § 57 Rn. 115.

### 1.2.3. 계속적·형성적 국가활동

행정은 전체로서 통일성을 지닌 계속적·형성적 국가활동이다.[1] 행정작용은 개별적으로는 개개의 국가행위로 이루어지지만, 전체적으로 보면 횡적(橫的) 계속성을 갖는 형성적 국가활동이다.[2]

## 2. 형식적 의미의 행정

행정을 형식적 의미로 이해하는 입장(형식적 의미의 행정개념·형식설)은 행정을 그 실질적 성질에 따라 이해하지 아니하고 그 형식적 특징, 즉 행정을 담당하는 국가기관을 기준으로 하여 정의한다.[3] 바꾸어 말하면 형식적 의미의 행정은 행정의 실질적 성질 여하를 기준으로 한 이론적 개념이 아니라 행정의 실질을 도외시하고 제도적인 입장에서 행정을 담당하고 있는 현실적인 국가기관의 권한을 기준으로 하여 정립된 형식적 개념이다.[4] 형식설에 따르면, 행정은 행정부(집행부)에 속하는 기관에 의하여 행해지는 모든 작용(입법·사법포함)을 행정이라 한다. 이러한 형식적 의미의 행정개념에 따른다면, 행정부(집행부)에 의하여 행해지는 국가작용이면 그것이 성질상 입법에 속하는 것(행정입법)이든 사법에 속하는 것(사면·재결 등)이든 그 모두를 행정으로 본다.[5] 이와같이 형식적 의미의 행정(주관적 의미의 행정)[6]은 행정주체가 담당하는 모든 행정을 의미하는 것으로서 행정기관의 권한에 속하는 일체의 작용(입법·사법포함)을 의미한다. 즉 행정의 실질을 도외시하고 제도적인 입장에서 현실적인 국가기관의 권한을 기준으로 하여 정립된 개념이다. 이러한 형식적 의미의 행정에 의하면 행정기관(행정부/집행부)의 권한에 속하는 작용이면, 실질적 의미의 행정은 물론이고, 성질상 실질적 의미의 입법(법규명령의 제정)이거나 실질적 의미의 사법(행정심판)이거나를 가리지 않고 모두 행정이라고 보게 된다.[7]

형식적 의미의 행정 → · 행정주체가 담당하는 모든 행정(입법·사법 포함)
· 행정기관의 권한에 속하는 일체의 작용

---

3) D. Murswiek, Staatszwecke, Staatsziele, Staatsaufgaben : Begriffe Abgrenzung und Funktion, in: Prof. Dr. D. Murswiek Seminar über Staatszwecke, Staatsziele, Staatsaufgaben WS 92-93, Uni. Freiburg 참조.
4) 정종섭, 헌법학원론, 단락번호 [122] 참조.
1) 박윤흔, 행정법강의(상), 7면 참조.
2) 박윤흔, 행정법강의(상), 7면.
3) 권영성, 헌법학원론, 법문사, 2009, 811면.
4) 김백유, 행정법치론(1), 한성대출판부, 2009, 20면.
5) 권영성, 헌법학원론, 법문사, 2009, 811면.
6) 박윤흔, 행정법강의(상), 10면.
7) 김철용, 행정법(I), 6면.

과거의 통설은 형식적 의미의 행정이 행정법학의 대상이 되는 것으로 보았으나, 형식적 의미의 행정 속에는 실질적 의미의 입법·사법도 포함되어 있어, 행정을 독자적인 국가작용으로 파악할 수 없기 때문에 오늘날의 통설은 실질적 의미의 행정이 행정법학의 대상이 되는 것으로 본다. 이와 같이 실질적 의미의 행정이 행정법학의 대상이 되므로 통치행위가 헌법학의 연구영역이 아닌, 행정법학의 연구대상에도 포함되는가 히는 것이 문제된다. 「문제」: (ㄱ) 통치행위는 행정법학의 대상에 포함되는가? (ㄴ) 헌법영역에서만 다루어지는 문제인가(예컨대 대통령·국회의 통치행위)?

## III. 현행 헌법과 행정

### 1. 헌법규정

현행 헌법 제66조 제4항은 「행정권은 대통령을 수반으로 하는 정부에 속한다」고 규정하고 있다. 이는 헌법 제40조·제101조 제1항과 함께 우리 헌법이 권력분립의 원칙을 선언하는 동시에 입법·사법을 제외한 모든 실질적 의미의 행정(Verwaltung im materiellen Sinne)이 행정부의 수반이 대통령을 정점으로 하는 행정부에 속한다는 것을 의미한다. 그러나 권력분립과 이 원칙에 대하여는 실제적·기술적 이유로 헌법 자체가 많은 예외를 인정하고 있다. 즉, 입법권은 국회에 속하는 것이 원칙이나, 행정부에 실질적 의미의 입법권을 부여하는 경우가 있다. 예를 들면 행정입법 등과 같은 헌법상의 규정인 헌법 제75조(대통령령)·제76조(긴급재정경제명령권)·제95조(총리령·부령)와, 사법권(사면권 등 헌법 제79조)을 부여하는 경우가 이에 해당한다. 따라서 국회가 가지는 입법권은 모든 법률사항을 국회가 독점적으로 제정한다는 의미가 아니고, 다만 국가의 입법작용은 국회가 중심이 되어 이를 행한다는 국회중심입법주의를 의미하는 것이다. 또한 행정권은 정부에 속하는 개념이나, 실질적 의미의 행정권을 행정부 이외의 기관에 부여하기도 한다. 예를 들면 선거관리에 관하여는 선거관리위원회에서 담당하도록 하고(헌법 제114조 내지 제116조), 지방자치에 관하여는 지방자치단체(헌법 제117조·제118조)에 두고 있다.[1]

▶ 행정부에 실질적 의미의 입법권을 부여하는 경우: 행정입법 등과 같은 헌법상의 규정인 헌법 제75조(대통령령)·제76조(긴급재정경제명령권)·제95조(총리령·부령)와, 사법권(사면권 등 헌법 제79조)

▶ 실질적 의미의 행정권을 행정부 이외의 기관에 부여하는 경우: (ㄱ) 선거관리에 관한 사항 → 선거관리위원회(헌법 제114조 내지 제116조), (ㄴ) 지방자치에 관한 사항 → 지방자치

---

1) 박윤흔, 행정법강의(상), 11면.

단체(헌법 제117조 · 제118조)

## 2. 행정법이론의 발전과정
### 2.1. 과거의 행정법이론

행정법이론이 성립하기 시작한 19세기초의 外見的 입헌주의헌법 아래서는 국민은 군주의 신민(臣民)으로서의 지위를 가질 뿐이어서 행정법 체계에서도 국민은 국가고권 행사의 대상이 되는 행정권의 객체(행정객체)에 불과하였다. 행정활동은 국가가 공익을 실현하기 위한 목적으로 공권력을 발동하여 국민에게 명령·강제하는 권력적인 국민지배의 작용이며, 그 실현을 담당하는 공무원은 군주를 대리하여 국민을 지배하는 특권계급에 속하였다. 종래의 행정법이론은 이와 같은 外見的 입헌군주제 헌법 아래서의 사상 및 가치관에 의거하여 구성된 것이 대부분이었기 때문에 사인(Privatperson)의 행정법상의 지위는 대단히 취약한 것이었다.

### 2.2. 현대적 행정법이론

국민적·국가적 가치관이 과거와는 획기적으로 달라진 20세기에 들어와서는 과거의 입헌주의 시대의 행정법이론은 대폭적으로 수정되어 행정법상 사인의 지위는 크게 향상되었다. 예를 들면 종래의 행정청의 사실행위(Realakt)에 불과하다고 보아 국민의 사법적 권리구제에서 배제되었던 것도 권력적 사실행위·법률상 보호이익 내지는 법률상 이익으로 보고, 무하자재량행사청구권의 법리, 행정개입청구권의 법리 등과 같은 이론 들이 개발되어 행정법관계에 있어서의 사인의 지위가 점진적으로 향상되어 가고 있다.[1] ☞ **행정법관계에 있어서의 사인의 지위**

우리나라의 경우에도 헌법 제1조 제2항에서는 국민주권의 원리를 선언하여, 국민은 국가의사결정의 주체가 되는 것이며, 국가권력(통치권력 : 입법·행정·사법)은 국민의 위임에 의하여 탄생한 것이므로, 국가는 국민의 자유를 보장하고 복지를 증진함을 국가목적으로 하는 수행기관에 불과한 것으로 보고 있다. 따라서 통치권(입법권·행정권·사법권)이 창설되는 과정에서 민주적 정통성/민주적 정당성이 필요하며, 이의 행사에도 적법절차의 원리를 준수(통치권행사의 절차적 정당성)할 것을 요구하고 있고, 통치권의 행사는 기본권을 침해해서는 안된다는 통치권의 기본권 종속성(통치권의 기본권 예속성)이론이 등장하게 되었다. 그리하여 우리 헌법 아래에서의 모든 국가작용 특히 행정작용은 국민 개개인의 이익을 증진하기 위하여 공공적 역무를 제공하는 작용을 의미하는 것으로 인식되게 되었고, 그 구체적 실현을 담당하는 공무원은 국민위에 군림하는 지배자가 아닌 국민에 대한

---

[1] 박윤흔, 행정법강의(상), 11면.

봉사자(헌법 제7조)1)로서 역할을 담당하게된다. ☞ **통치권의 민주적 정당성·절차적 정당성·기본권예속성**

## 제 2 항  권력분립(權力分立)과 행정

### I. 개관

[행정국가; 행정법치국가의 등장] 행정의 관념은 이미 언급한 바와 같이 근대국가의 탄생과 함께 자유주의적 정치이념을 바탕으로 하는 권력분립의 원칙이 확립되어 국가작용이 입법·사법·행정으로 구분된 이후에 성립된 것이다. 따라서 권력분립 이론을 먼저 이해하는 것은 행정법의 성립과 관련하여 매우 중요한 의미를 지니고 있다. 권력분립 이론은 17~18세기에 로크와 몽테스키외에 의하여 이론적으로 확립되어 각 국가가 그 이론을 적용하여 왔다. 그러나 이러한 고전적·정태적 이론은 20세기에 와서는 각국의 정치적 상황에 맞게 변용되어 왔고, 정당국가화의 경향은 입법부와 행정부의 실질적인 일원화·통합화현상(Verfassungsmonismus)을 가져왔다. 또한 과거의 야경국가2) 내지는 소극국가사상으로부터 적극국가 또는 사회적 법치국가의 체계가 확립되어 감에 따라 국가기능이 점진적으로 확대·강화되어 행정부에 권력을 집중시키는 현상(행정권의 강화와 행정국가화 경향)이 나타나게 되었다. 뿐만 아니라 법원에 의한 위헌법령심사제도 및 헌법재판소의 위헌법률심사(심판)제도는 법원이 의회의 입법권에 대하여 사후 억제작용을 하는 계기를 마련하였다.3)

[뢰벤슈타인의 기능통제이론] 여기에서 고전적 권력분립이론에 대한 비판 내지는 수정이론이 등장하게 되었다. 이러한 수정이론으로서 특히 가장 주목할 만한 이론으로는 현대적

---

1) 박윤흔, 행정법강의(상), 11면.
2) 영국의 아담 스미스는 그의 저서 「국부론(1776): 국부의 본질과 원인에 관한 연구[An Inquiry into the Nature and Causes of the Wealth of Nations])」에서 국가활동은 그 자체가 악(惡)이므로 외적의 침입을 방어하는 외교 및 군사작용, 국내치안을 유지하기 위한 경찰 및 사법작용, 도로 항만 등을 유지·관리하는 관리작용 등 필요최소한의 활동에 그쳐야 한다고 하였다. 이것이 야경국가의 사상이다. 이러한 사상적 경향은 국가와 사회의 구별을 전제로 하여 국가의 시민생활에의 개입을 원칙적으로 배제하려는 야경국가와 자유방임주의를 이상으로 하였다(권영성, 헌법학원론, 법문사, 2009, 814면).
3) 미국에서는 1803년 Marbury v. Madison사건에서 법원의 위헌법률심사권은 헌법해석상 당연한 내재적 원리로 인정된 이래 헌법상의 관행으로 확립되었다.

· 동태적 의미에서의 권력분립이론이라고도 불리우는 뢰벤슈타인(Karl Löwenstein)의 권력분립이론(기능통제론)이 대표적인 이론이다.

## II. 고전적 · 조직적(정태적) 권력분립이론

### 1. 서론

권력분립이론은 근대 법치국가에 있어서의 통치기구의 조직원리로서 가장 중요한 근대 시민적 민주정치의 기본원리라고 할 수 있다. 권력분립 이론으로는 일반적으로 크게 나누어 영국의 존 록크(John Locke : 1632~1704)가 그의 저서 시민정부에 관한 두 논문(Two Treatises on Civil Government : 1690년) - 市民政府二論[1] - 에서 주장한 2권분립이론[2]과 프랑스의 몽테스키외(Montesquieu : 1689~1755)가 그의 저서「법의 정신(De l'esprit des lois : 1748년)」에서 주장한 3권분립이론이 가장 대표적인 (고전적) 권력분립이론의 예로 꼽히고 있다.

▶ John Locke(1632~1704)」: 영국 → 2권분립 이론 : 시민정부이론(市民政府二論; 1690년)
▶ Montesquieu(1689~1755)」: 프랑스 → 3권분립이론 : 법의 정신(De l'esprit des lois : 1748년)

### 2. 의의

권력분립의 원칙이라 함은 국가권력을 그 성질에 따라 각기 다른 구조를 지닌 독립기관에 분산시켜, 국가기관 상호간의 '견제와 균형(check and balance)'을 유지하도록 함으로서 국가권력의 집중과 남용을 방지하고, 이로 인하여 국민의 자유와 권리를 보호하기 위한 자유주의적인 정치원리이다. 권력분립의 원칙은 국가권력을 그 성질에 따라 각기 다른 구조를 지닌 독립시킨후에는 서로 간섭을 하지 않는다는 의미가 아니고, 서로 견제를 하고 이를 통하여 국가권력 상호간에 권력균형(Gewaltenbalancierung)을 이룬다는 의미이다.

권력균형(Gewaltenbalancierung) 없는 권력분립(Gewaltenteilung)은 형식적인 것이요, 국가기관 상호간에 견제가 없는 것은 내용없는 공허한 것이다. 다만 다른 국가기관 업무의 본질적인 내용(Wesensgehalt)을 침해하는 것은 금지된다(권력분립의 한계). 예를 들면 국회는 법원의 사법행정에 관한 통제는 인정되나, 법관의 재판에 간섭하는 것은 사법권의 본질적 내용을 침해하는 것이므로 권력분립의 한계를 일탈하는 것이다.

---

[1] 市民政府理論이 아니고 **시민정부에 관한 두 논문**이라는 의미의 市民政府二論 임을 주의할 것.
[2] 록크(Locke)는 사법권에 관하여는 언급을 하고 있지 않다.

## 3. 특성

고전적·조직적(정태적) 권력분립이론은 소극국가원리·야경국가원리 및 자유주의 원리에 그 이념적 기반을 둔 것으로서, 권력분립의 원칙은 국가권력이 모든 국가작용에 적극적으로 개입함으로써(적극국가) 국가권력의 능률을 증진시키기 위한 제도가 아니라 소극적으로 국가권력을 그들의 기능에 맞게 분배(Gewaltenverteilung)시키고, 이들 기관 상호간의 불가피한 마찰(견제와 균형 : check and balance)에 의하여 국가권력의 남용을 막기 위한 제도라고 이해한다. 고전적·조직적(정태적) 권력분립이론 → 소극적 제도

## 4. 록크(Locke)와 몽테스키외(Montesquieu)의 권력분립이론

### 4.1. 록크(Locke)의 권력분립이론

록크(Locke)는 입법권은 국가권력이 사회 및 사회 구성원의 유지를 위하여 어떻게 행사되어 질 것인가를 일반적·추상적 규범, 즉 일반법률로써 정하는 권력으로서 직접적으로 民意에 기초하고 있는 것이기 때문에 다른 권력에 우월하는 국가최고의 권력이라고 하였다. 그는 「행정권은 국내에 있어서의 법률의 부단한 집행을 확보하는 권력이다. 동맹권은 선전·강화·조약의 체결 등 외교관계를 처리하는 권력이다. 이것은 변화하는 국제정치정세에 의하여 좌우되는 것이므로 입법권이 정하는 일반규범에 구속되지 않는 것이며, 이러한 의미에서 행정권과 구분된다. 여기에서 내정과 외교가 다른 방침 하에서 행해지면 국정은 무질서와 파멸을 가져올 것이기 때문에 동맹권을 행정권을 담당하는자 이외의 자에게 맡길 수는 없다.[1] 그러나 입법권과 행정권이 통합되면 권력자는 자기가 제정한 법률에 복종하지 않게 되며, 입법·집행의 양면에 있어서 자기의 이익을 공익에 우선시켜 사회 및 정치의 목적을 위반하게 된다」고 하여 입법·행정의 양권력을 동일기관에 귀속시켜서는 아니된다고 주장하고 있다. 록크(Locke)는 이와 같이 동맹권을 행정권에 귀속되는 것으로 하여, 국가권력을 입법권과 행정권의 2권으로 분리하여 수행할 것(2권분립론)을 주장하였다. 「록크의 2권분립이론」: 국가권력 → 입법권 : 행정권(동맹권 포함)

### 4.2. 몽테스키외(Montesquieu)의 권력분립이론

몽테스키외(Montesquieu)는 모든 국가에는 입법권, 행정권과 사법권이라는 3종의 권력이 존재한다고 주장하면서, 「입법권은 일시적 혹은 항구적인 법률을 제정·개폐하는 권력이고 행정권은 선전·강화를 하고 대사를 파견·접수하며 치안을 유지하고 침략을 방어하는 권력이며, 사법권은 범죄인을 처벌하고 개인의 소송을 재판하는 권력이며 단순히 재

---

[1] 따라서 동맹권은 집행권의 개념에 포함된다.

판권이라고 부를 수 있다. 이들 3권은 각각의 독립된 기관에 소속되어 있어야 한다」고 하였다. 이와 같은 3권분립이론은 국가작용을 입법·행정·사법의 3개의 다른 작용으로 나누어, 각 작용을 각기 다른 구조를 지닌 독립기관이 담당함으로써, 기관 상호간의 '견제와 균형'을 유지하도록 함으로서 국가권력의 집중과 남용을 방지하고 국민의 자유를 보호하기 위한 통치기관의 구성원리이다.

### 5. 양견해의 공통점과 차이점
#### 5.1. 공통점
양자는 권력을 분리시켜 시민적 자유의 침해를 방지하려고 하였고, 이는 자유주의적인 목표와 근거를 갖는다.

#### 5.2. 차이점
록크(Locke)는 2권분립이론에 입각하여 행정권에 대한 입법권의 우위를 강조하였다. 이에 반하여 몽테스키외(Montesquieu)는 엄격한 3권분립이론에 입각하여 각기관의 상호견제와 균형의 관계를 확립하려고 하였다. 그는 사법권의 개념을 설명하지 않으며, 그의 입법권우위사상이 보여 주듯이 몽테스키외(Montesquieu)의 경우처럼 권력균형(Gewaltenbalancierung)의 관점이 뚜렷이 나타나지 않는다.

▶ 록크(Locke) → 영국의 憲政에 영향을 미쳐 의원내각제의 발전을 확립
▶ 몽테스키외(Montesquieu) → (ㄱ) 1787년의 미국연방헌법제정에 영향을 미쳐 3권분립이론에 입각한 대통령제의 확립. (ㄴ) 1789년 프랑스혁명당시 국민회의가 제정한 인권선언 제16조에는 몽테스키의 영향을 받아 '인권보장과 권력분립이 확립되지 아니한 나라는 헌법을 갖지 않는 것'이라고 하였다. 1791년의 프랑스 헌법이 엄격한 권력분립을 그 기본골격으로 하고 있다.

「참고」
프랑스 혁명당시에 국민주권론을 주장한 루소(Rousseau)는 주권의 단일·불가분성을 내세워 권력분립론을 비판하였는데, 그 이유는 국민주권주의와 권력분립주의는 양립될 수 없는 것이라고 생각했기 때문이다. 즉 '전체로서의 국민'이 주권을 보유하고 있는 것이며, 국민 개개인은 그들이 가지고 있지도 않은 주권을 양도·분할할 수 없는 것이라하였다. 그는 입법권의 우위에 입각한 「권력집중제」를 주장하였고, 루소(Rousseau)의 입법권 우월주의적인 권력통합이론은 「舊소련헌법」 등에서 구체화되었다.

권력분립의 원칙(Prinzip der Gewaltenteilung)
- 고전적·조직적 (정태적) 권력분립이론 -

1. 의의

권력분립의 원칙이라 함은 국가권력을 그 성질에 따라 각기 다른 구조를 지닌 독립기관에 분산시켜, 국가기관 상호간의 '견제와 균형(check and balance)'을 유지하도록 함으로서 국가권력의 집중과 남용을 방지하고, 이로 인하여 국민의 자유와 권리를 보호하기 위한 자유주의적인 정치원리이다. 따라서 권력분립이론은 근대법치국가에 있어서의 통치기구의 조직원리로서 가장 중요한 근대 시민적 민주정치의 기본원리이다.

2. 고전적·조직적(정태적) 권력분립이론

- 영국의 John Locke(1632~1704):「시민정부에 관한 두 논문(Two Treatises on Civil Government : 1690년), 즉「시민정부이론」→ 2권분립이론

- 프랑스의 Montesquieu(1689~1755) : 법의 정신(De l'esprit des lois : 1748년)」→ 3권분립이론

3. 양견해의 차이점

첫째: Locke → 2권분립이론에 입각하여 행정권에 대한「입법권의 우위」를 강조 (따라서 권력균형(Gewaltenbalancierung)의 관점이 뚜렷이 나타나지 않는다.

Montesquieu → 엄격한 3권분립이론에 입각하여 각「기관간 견제와 균형」.

둘째: Locke는 사법권의 개념을 설명하지 않음.

4. 권력분립의 목적

고전적·조직적(정태적) 권력분립이론에 의하면, 권력분립의 원칙은 적극적으로 국가권력의 능률을 증진시키기 위한 제도가 아니라 소극적으로 국가권력의 배분(Gewaltenverteilung)에서 나오는 불가피한 마찰에 의하여 국가권력의 남용을 막기 위한 제도라고 이해한다.

## III. 현대적·기능적(동태적) 권력분립이론

### 1. 뢰벤슈타인(Löwenstein/Loewenstein)의 권력분립이론(기능통제이론) : 수직적·수평적 권력통제

1.1. 개관

[권력통제 메커니즘] 현대의 자유민주국가에서는 단순한 초국가적 자유의 보호수단으로서의 단순하고도 기계적인 권력분립의 기술보다는 자유민주적 통치구조의 근본이념과 기본원리를 (구체적으로) 실현시키기 위한 통치기구의 조직원리를 모색한다는 관점에서 국

가권력행사의 「절차적 정당성」을 보장할 수 있는 권력통제의 메커니즘을 찾게 되었다(허영). 이와 같은 점에 입각하여 문제점을 제기한 사람은 「정치동태적(政治動態的) 헌법학」을 대표하는 뢰벤슈타인[K. Loewenstein(미국식 표기)/Löwenstein(독일식 표기)][1]이다. 그는 고전적 3권분립이론(입법·행정·사법)은 현대국가에서 흔히 나타나는 국가권력의 「기능수행기관의 다원화」현상과 이러한 국가기능을 수행하는데 있어서 불가피하게 나타나는 「기능수행기관의 협동화 현상」으로 인하여, 그 타당성의 한계를 지닌다고 한다. 예컨대 일반적 정부형태인 의원내각제에서는 입법부와 행정부는 인적(人的)으로도 기능적으로도 분립되어 있지 않고 서로 공화·협조관계를 유지하는 통치구조이기 때문에, 고전적 권력분립이론과 같이 권력분립을 권력 그 자체의 정적인 분립으로 파악하는 것은 무의미하며, 통일적인 국가권력의 기능(Funktion)의 분립으로 파악하여야 한다고 주장한다. 그는 국가기능을 정책결정·정책집행·정책통제로 나누고, 이들 기능에 입법·행정·사법이 어떻게 관여하는가에 따라 정치형태를 구분하고 있다.[2][3]

　　　[권력통제의 기본도구로서의 헌법] 뢰벤슈타인(Loewenstein)은 헌법 그 자체를 권력통제의 기본도구라고 이해하면서 헌법의 목적은 상이한 국가기능을 여러 국가기관에 분산시킴으로써 특정한 기관에 절대적인 권력이 형성되는 것을 막기 위한 것이라고 한다. 그는 「헌법 전체」가 정치권력에 대한 통제의 메커니즘을 의미한다고 하며, 그는 국가권력을 그 기능별로 분류하여, 정책결정권과 정책집행권, 정책통제권으로 구분하면서, 이 세 가지 국가기능들이 서로 권력통제를 한다는 의미가 아니고, 이러한 기능이 각기 다른 권력주체에 의하여 독자적·협동적으로 행해지는 경우에 수직적(vertikale Gewaltenteilung)·수평적 권력통제(기관내통제 및 기관간통제)가 이루어 진다는 것이다(허영).

　　　　　이러한 기능(정책결정권·정책집행권·정책통제권)이 각기 다른 권력주체에 의하여 독자적·협동적으로 행해지는 경우 → 수직적·수평적 권력통제가 이루어진다.
　　　　　▶ 수직적 권력통제[4]
　　　　　　　- 연방국가제도(연방정부와 支邦政府와의 관계)
　　　　　　　- 다원적 사회구조
　　　　　　　- 이익단체의 조직
　　　　　▶ 수평적 권력통제

---

1) 학자에 따라서 뢰벤슈타인의 표기를 Loewenstein 혹은 Löwenstein으로 하는 경우가 있는데, 두 가지 모두 옳다. 뢰벤슈타인은 원래 독일인(유태인)이었으며, 미국으로 이주하였기 때문에 원래의 독일표기인 Löwenstein 대신, 미국식 표현인 Loewenstein을 사용한 것이다. 독일에서는 Löwenstein으로 표기하고 있다.
2) K. Lowenstein, Political Power and Governmental Process, p. 40
3) 이하 뢰벤슈타인의 이론은 허영교수의 '헌법 및 헌법 이론', 박영사 참조.
4) K. Löwenstein, Verfassungslehre, S. 296 ff.

- 기관내 통제(Intra-Organ-Kontrolle)[1]
  · 양원제의회제도에서의 양원의 관계
  · 행정부내의 부서(副署)제도
- 기관간 통제(Inter-Organ-Kontrolle)
  · 국회와 정부의 견제 · 균형
  · 대통령의 법률안거부권
  · 정부(내각)의 의회해산권
  · 법원의 위헌법률심사권
  · 국회의 내각불신임권
  · 국회의 법관에 대한 탄핵소추권

### 1.2. 내용

#### 1.2.1. 정책결정권(policy determination)

정책결정권이란 정치적인 기본결단을 내리거나 정책을 결정하는 권한을 말한다. 예컨대 어떠한 정치형태 · 정부형태를 취할 것인가, 경제질서에 관한 국유화 · 사회화 문제, 군사동맹 등 중요한 외교문제에 관한 결정 등과 같이 가장 중요한 정책을 결정하는 권한이다. 이러한 정책결정의 권한은 비교적 소수에게 위임되고 있으며, 대부분의 경우 국회 · 정부 등의 합동작업을 요청하고 있으며 경우에 따라서는 국민의 참여도 필요하다.

#### 1.2.2. 정책집행권(policy execution)

정책집행권이란 이미 결정된 정책을 현실화 시켜 집행하는 권한을 말하며, 따라서 모든 국가작용영역에 관련된다고 뢰벤슈타인은 보고 있다. 주로 시행법률의 형식으로 입법화되고[2] 이 법에 따라 집행된다. 정책집행은 국민의 의사표현이라기 보다는 이미 결정된 정책을 집행하기 위한 수단에 불과하다. 정책집행의 본질은 행정인데, 행정은 법률의 일반적인 규범을 개별적인 사건에 적용하여 집행하며(정책집행), 사법(司法)도 이미 시행되고 있는 법률을 개별적인 구체적 사건에 적용한다. 따라서 행정과 사법의 본질적인 구분도 그 필요성이 없어지게 된다.

#### 1.2.3. 정책통제권(policy control)

뢰벤슈타인이 주장하는 기능통제이론의 핵심은 제3의 기능인 「정책통제」에 있다. 입헌주의의 역사는 정치적 권력에 대한 견제와 제한을 위한 모색의 역사였고, 권력통제에 있

---

1) K. Löwenstein, Verfassungslehre, S. 168.
2) 입법부는 결정된 정책을 입법화하는 기능을 가지고 있다.

어서 가장 효과적인 수단으로서 국가권력을 각 국가기관에 분산(Gewaltenverteilung) 시키고, 이들 사이의 대립을 통한 국가권력의 견제와 균형을 취하는 것이었다. 오늘날의 권력통제는 정책의 결정과 정책집행을 국가기관 사이에서 상호통제를 하는 것이기 때문에 정책통제의 형태로 나타나게 되며, 이는 또한 정부형태가 대통령제인가 의원내각제인가의 여하에 따라서 각각 다르게 나타난다. 위에서 언급한 바와 같이 뢰벤슈타인은 국가기능 중에서도 정책통제기능을 가장 핵심적인 기능으로 본다(허영).

[정태적 · 동태적 권력분립이론] 록크(Locke)와 몽테스키외(Montesquieu)의 권력분립이론이 고전적 · 조직적(정태적) 권력분립이론이라 한다면 뢰벤슈타인(Löwenstein)이 주장하는 이론은 현대적 · 기능적(동태적) 권력분립이론 이라고 한다. 다만 뢰벤슈타인(Löwenstein)의 정치동태적인 기능분류이론은 기능분류 그 자체에 의미가 있다기 보다는 기능분류를 바탕으로 한 「기능의 분산」[1]과 「기능의 통제」를 실현시켜 정치권력을 효과적으로 통제할 수 있는 정치형태의 모델을 찾아 내려고 노력하였다는 점에서 그 의의가 있다(허영).

### 뢰벤슈타인(Löwenstein/Loewenstein)의 권력3분설
– 현대적 · 기능적(동태적) 권력분립이론 –

1. 개관

현대의 자유민주국가에서는 자유민주적 통치구조의 근본이념을 구체적으로 실현 시키기 위한 통치기구의 조직원리를 모색 → 국가권력행사의 「절차적 정당성」을 보장할 수 있는 권력통제의 메커니즘의 모색. 국가권력을 민주적 정통성에 따라 창설하고 그 권력행사의 절차적 정당성을 보장하기 위한 적극적 원리로서의 성격을 갖는 것이라고 이해

&lt;뢰벤슈타인(Loewenstein)의 고전적 3권분립이론(입법 · 행정 · 사법)비판&gt;

① 현대국가에서는 기능수행기관이 多元化 ┐
　　　　　　　　　　　　　　　　　　　　├→ 고전적 권력분립비판
② 기능수행기관의 협동화 현상 ┘

※ 뢰벤슈타인(Löwenstein)은 헌법 그 자체를 권력통제의 기본도구라고 이해.
　헌법의 목적 → 상이한 국가기능을 여러 국가기관에 분산시킴으로써 특정한 기관에 절대적인 권력이 형성되는 것을 막기위한 것
　　　　　　→ Löwenstein : 「헌법 전체」가 정치권력에 대한 통제의 메카니즘
　Löwenstein은 국가권력의 기능을 정책결정권 · 정책집행권 · 정책통제권으로 구분

　　　수직적 권력통제 ┐
　　　　　　　　　　　├─ 가 이루어진다.

---

1) 다음과 같은 것들이 있다. i) 상 · 하 양원에 의한 법률제정 ii) 미국대통령에 의하여 임명된 공무원에 대한 상원의 임명동의 iii) 대통령의 국정행위에 대한 국무위원의 부서.

                    수평적 권력통제 ┘
        ─ 이러한 기능이 각기 다른 권력주체에 의하여 독자적·협동적으로 행해지는 경우 ─
   1) 수직적(vertikale Gewaltenteilung) 권력통제
            ① 연방국가제도(聯邦政府와 支邦政府와의 관계)
            ② 다원적 사회구조
            ③ 이익단체의 조직
   2) 수평적 권력통제 : 조직적 권력분립(organisatorische Gewaltenteilung)
            ① 기관내 통제(Intra-Organ-Kontrolle)
                ㉠ 양원제 의회제도에서의 양원의 관계
                ㉡ 행정부내의 부서(副署)제도
            ② 기관간 통제(Inter-Organ-Kontrolle)
                ㉠ 대통령의 법률안거부권
                ㉡ 정부(내각)의 의회해산권
                ㉢ 법원의 위헌법률심사권
                ㉣ 국회와 정부의 견제·균형
                ㉤ 국회의 내각불신임권
                ㉥ 국회의 법관에 대한 탄핵소추권
2. 국가기능의 내용
 2.1) 정책결정권(policy determination)
     정치적인 기본결단을 내리거나 정책을 결정하는 권한
     → 어떠한 정치형태 및 정부형태의 종류를 취할 것인가, 경제질서에 관한 국유화(사회화) 여부, 군사동맹, 중요한 외교문제
     → 비교적 少數에게 위임 → 대부분의 경우 국회·정부 등의 합동작업을 요청(간혹 국민의 참여도 필요

 2.2) 정책집행권(policy execution)
     결정된 정책을 현실화 시켜 집행하는 권한. 따라서 모든 국가작용영역에 관련된다고 뢰벤슈타인은 주장. 이것은 국민의 의사표현이라기 보다는 이미 결정된 정책을 집행하기 위한 수단에 불과 → 시행법률의 형식으로 입법화되고 이 법에 따라 집행
        ① 입법부 → 결정된 정책을 입법화하는 기능
        ② 행정부 → 정책결정을 집행하고 법률의 일반적인 규범을 개별적인 사건에 적용
        ③ 사법부 → 사법도 시행법률을 개별석인 사건에 석용하여 집행.
            → 따라서 행정과 사법의 본질적인 구분은 할 필요가 없어진다.
 2.3) 정책통제권(policy control)
     뢰벤슈타인은 국가기능 중에서도 정책통제기능을 가장 핵심적인 기능으로 이해
     → 정책통제권은 정책의 결정과 집행을 상호간 통제하는 권력으로써 정부형태에 따라서 각기 다르게 나타난다.

## 제 3 항  행정과 통치행위(統治行爲)

### I. 통치행위의 개념

#### 1. 개관

[의의] 통치행위[1]라 함은 단순한 법 집행작용이 아니라 국정의 기본방향을 제시하거나 국가적 이해를 직접 그 대상으로 하는 고도의 정치성을 지닌 행정기관의 행위(정치적 행위성)로서, 사법심사의 대상으로 삼기에는 부적당하고(사법적 심사부적합성), 비록 사법심사적 판결이 존재한다고 할지라도 그 집행이 곤란한 성질의 행위(판결의 집행곤란성)를 말한다. 따라서 이를 '제4의 국가작용(eine Vierte Staatstätigkeit)'이라고 한다. 행정이 법아래서, 법에 따라 행하여지며(rechtliche Gebundenheit), 원칙적으로 사법심사의 대상이 되는데(Justizabilität) 반하여, 통치행위는 그가 지니는 고도(高度)의 정치성으로 인하여 이러한 제약을 받지 않는 특수한 국가작용이다. 법치주의가 확립된 선진국에서도 일정한 범위에서 정치성이 강한 국가행위(예컨대 국회해산·조약체결)를 사법심사대상에서 제외하고 있는데, 영국의 act of state, 프랑스의 acte de gouvernement, 미국의 political questions, 독일의 Regierungsakt 등이 이에 해당하는 개념이다. 통치행위에 대해서 세계 각국은 이 인정여부에 대해서 많은 논의를 하고 있다.

#### 2. 실체법적 개념

국가 최고기관의 정치지도에 관한 행위로서 특히 정치성이 강한 것을 의미한다.

#### 3. 소송법적 개념

##### 3.1. 사법심사의 대상에서 제외

그 행위가 법률적 측면을 가지며, 따라서 법률적 판단이 가능함에도 불구하고, 「고도의 정치성」으로 말미암아 사법심사의 대상에서 제외되는 국가행위를 말한다. ☞ **고도의 정치성 → 사법심사의 대상에서 제외**

---

[1] 통치행위에 관한 상세한 내용은 김백유, 헌정 및 행정법치연구, 한성대학교 출판부, 2006, 743면 이하 참조.

## 3.2. 법치행정의 예외

협의의 행정은 법 아래서 법에 따라 행해지며, 원칙적으로 사법심사의 대상이 되는데 대하여, 통치행위는 그가 지니는 고도의 정치적 성격 때문에 법적 불구속성과 사법심사의 배제를 그 특징(헌법재판 및 행정재판의 재판권의 한계)으로 한다. 즉 법치행정(Gesetzmäßigkeit der Verwaltung)의 예외이다. 법적 불구속성과 사법심사의 배제 → (헌법재판 및 행정재판의 재판권의 한계)

## 3.3. 법치주의·개괄주의의 확립

사법심사에서 제외되는 절차법적 개념으로서의 통치행위는 우선 법치주의가 보장되고, 공권력의 행사에 대한 사법통제 제도가 보장되어 행정소송사항에 관하여 개괄주의를 채택하고 있는 국가에서 통치행위가 문제된다. 왜냐하면 개괄주의를 채택하는 나라에서 모든 행정행위가 사법심사의 대상이 된다고 보지만, 다만 통치행위라고 생각되는 부분에 대하여는 그 예외를 인정하자는 의미이기 때문이다. 반면 열기주의(列記主義)를 취하는 국가에서는 통치행위라고 생각되는 행정행위에 대하여는 당연히 행정소송의 대상에서 제외할 것이기 때문에 통치행위의 관념자체가 문제되지 아니한다.

▶ **개괄주의(概括主義)** 행정쟁송사항을 정하는 입법주의로, 법률상 특히 예외가 인정되는 사항을 제외하고는 일반적으로 모든 사항에 대하여 행정심판을 인정하는 제도를 말한다. 이에 반하여 법률상 특히 열기한 사항에 한하여 행정쟁송을 인정하는 제도를 열기주의라 한다. 현행 행정쟁송(행정심판·행정소송)법은 개괄주의를 채택하여 행정청의 모든 처분 또는 부작위에 대하여 행정심판을 청구할 수 있다.

▶ **열기주의(列記主義)** 열기주의란 쟁송을 허용하는 사항을 개별화하여 열기하고, 그 특정된 사항만을 행정쟁송의 대상으로 하는 제도를 말한다. 이러한 열기주의는 그 대상을 제한없이 일반적으로 인정하는 개괄주의에 비하여 남소(濫訴/소송의 남용)나 행정쟁송의 한계의 불명이라는 단점을 제거할 수 있다. 그러나 국민의 권리구제에 불충실하다는 비판을 면할 수 없는 것이 사실이다.

# II. 각국의 통치행위

## 1. 프랑스

### 1.1. 인정근거

[의의] 법치주의가 고도로 발달한 프랑스에서 법치주의를 제약하는 2개의 행위가 있는데 하나는 의회행위이고 다른 하나는 정부행위(통치행위)이다. 의회행위(Acte

Parlementaire)는 그 법률적 내용의 합법성과 적법성 여부를 불문하고 의회나 그 기관 또는 구성원에 의해서 그 권능의 행사로서 행해지는 모든 행위를 말한다. 여기에는 다음과 같은 행위가 포함된다. (ㄱ) 정부에 대한 정치적 의결 내지 투표, (ㄴ) 의회구성에 한 관한 결의, (ㄷ) 내부조직이나 의사의 진행에 관한 행위, (ㄹ) 내부행정에 관한 행위 등이다. 이러한 의회행위는 사법적 재판통제의 대상밖에 있으며, 그러한 의미에서 의회행위는 통치행위와 같다. 이와 같이 사법적 통제의 밖에 있는 의회행위가 인정되는 이유는 권력분립에 있어서 의회중심적 사상 내지 의회의 우월적 지위에서 찾을 수 있다.

[프랑스 국참사원] 통치행위 관념은 프랑스에서 최초로 대두된 개념으로서 행정재판에 대한 한계의 문제로서 19세기 초부터 최고 행정재판소인 '국참사원(國參事院[Counseil d'Etat])'의 「정치적 문제에 관하여는 재판권이 관여할 수 없다」는 사법자제설에 입각한 판례를 통하여 성립·발전하여 온 개념이다. 즉 판례를 통하여 형성된 통치행위의 관념은 1799년의 제2제국시대에 이르러 최고행정재판소인 국참사원(Conseil d'Etat)이 "보류된 사법(justice retenve)"에 대하여 "위임된 사법(justice delequee)"을 행하게 됨에 따라서 행정재판제도가 확립되게 되었고, 정치적 합목적성의 고려에서 통치행위를 행정작용의 대상에서 제외하면서 형성되기 시작하였다.[1]

[통치행위의 이론적 근거] 통치행위의 이론적 근거에 관하여, 초기에는 통치행위란 정치적 동기에서 행하여진 행위이며 그 동기는 정부 자신이 정할 수 있다고 하는 동기설이 주장되었다. 그러나 이러한 논거는 정치적 동기로 행해지는 모든 행위가 통치행위로 포장될 가능성이 있다는 논리에 의하여 1875년의 판례에 의하여 포기되기에 이르렀다. 즉 프랑스에서 통치행위가 보통의 행정행위와 달리 취급되어야 하는 그 근거에 대하여 1872년까지는 행위의 정치적 동기(mobile politique)가 결정적인 것으로 되어 왔으며 제3공화국 이후

---

[1] 프랑스에서 국참사원이 처음 통치행위로서 그 심사를 거부한 사건은 1832년의 Borghes 부인 사건(이강국, 통치행위 연구, 서울대학교 대학원(1969), 23면)이지만, 통치행위와 관련된 이정표가 된 판례는 1875년 나폴레옹공 판결(C. E., 1875년 2월 19일)이다. 그 이외에도 l'affaire, C. E., 1882년 5월 1일; Prince d'Orléans, C. E., 1852년 6월 18일 등이 있다. 특히 나폴레옹공 판결(1853년 제2제정 당시 나폴레옹 3세에 의해 그의 사촌인 Napoléon - Joseph Bonaparte는 장군에 임명되었으나, 제2제정 몰락후 발간된 1873년의 군인연감의 장군명부에 그의 이름이 등재되지 않았고, 나폴레옹공은 이에 대하여 국방장관의 장군직위부여거부처분에 대하여 소송을 제기한 사건이다. 상세한 내용은 성낙인, 프랑스 헌법학, 742면 참조)에서는 종전의 정치적 동기설(mobile politique)이 포기되었다(성낙인, 헌법학, 법문사, 2004, 933면, 同 프랑스 헌법학, 742면) ; 이상규, 신행정법론(상), 법문사, 1996, 64면 각주 15) 참조; 정하중, 행정법총론, 9면; 이광윤, 통치행위부정론 - 미국의 위헌심사와 프랑스의 행정소송을 중심으로 -, 고시연구(1998.6), 71면; 윤세창, 통치행위론, 사법행정(1964.3), 40면.

법치국가의 발전과 더불어 행위의 성질 가운데서 본질을 구하려 하였으나 현재까지 국참사원 및 권한법원에 의해서 구하려 하고 있다. 이러한 판례의 경향을 정리하여 통치행위의 동기를 정치적 동기(mobile politique)에서 구하는 정치적 동기설,[1] 통치행위의 근거를 통치행위의 본질로부터 구하는 통치행위 성질설, 행정재판소의 판례목록(통치행위표)[2]에 의하여 종래 통치행위로서 인정되어 사법통제에서 제외되었던 행위가 통치행위라는 통치행위 경험설 등으로 나누어 설명하고 있다.

　　[학설] 정치적 동기설의 경우 통치행위란 정치적 동기(mobile politique)에서 행해진 행위이며, 그 동기는 정부 자신이 정할 수 있다고 하므로, 어떠한 행위라도 이유를 붙여서 통치행위가 될 수 있었고, 그러한 통치행위는 國是(reason d'Etat)의 관념으로 신성시 하게 되어,[3] 결국 통치행위의 범위가 넓고 부당히 확대되었으나 자유주의적 법치국가가 발전함에 따라 배척되었다.[4] 행위성질설은 정치적 동기설이 포기된 후 통치행위의 성질로부터 그의 본질을 해명하려는 주장이다. 이는 행위의 성질에 의하여 통치행위와 행정행위를 구별하려고 한 것이다. 그러나 오늘날에는 통치행위의 성질을 사실영역을 열거함으로써만 인식될 수 있으므로 결국 행정재판소의 판례목적에 의하여 종래 통치행위로서 인정되어 사법통제에서 제외되었던 행위가 통치행위라 하고 있다. 즉, 통치행위를 판례를 통하여 경험적으로 규정하는 방법(경험설적 입장)에 의하고 있다(정치적 동기설 → 통치행위 성질설 → 통치행위 경험설).[5]

---

[1] 김종구, 통치행위에 관한 역사적 고찰, 연세대학교 행정대학원(1977.7), 15면 ; 이재삼, 통치행위에 관한 연구, 경원전문대학 논문집(1997), 제19집 제2호, 676면.

[2] 판례상 정립된 통치행위 목록의 상세한 내용은 성낙인, 프랑스 헌법학, 743면 이하 참조; 양승업, 통치행위의 법리에 관한 연구, 동국대학교 대학원(1989.12), 26면 ; 이상철, 계엄의 통치행위여부와 사법심사가능성, Zu- u. Absage der Anerkennung des Regierungsaktes auf dem Belagerungszustand und die Möglichkeit der gerichtlichen Kontrolle, 육사논문집(1993.12), 13면 참조.

[3] 이재삼, 통치행위에 관한 연구, 경원전문대학 논문집(1997), 제19집 제2호, 676면.

[4] 1875. 2. 19 나폴레옹공(prince Napoléon) 사건에서 정부위원 David는 "어떤 행위가 재판적 통제의 밖에 있다는 예외적 성격을 보유하기 위해서는 정부 혹은 그 대리인에 의해서 행해진 행위가 내각에서 결정되거나 또는 정치적 이해에 의해 명령된 것만으로 충분하지 못하다" 하여 법률상 잘못된 동기를 배제함으로써 동기설을 확인하였다. 그러나 Conseil d'Etat는 어떠한 처분이 정치적 동기에 기인하였다는 단순한 이유만으로 재판권이 배제될 수 없다고 하여 당해 소송을 수리하였다. 이 이후 종래의 정치적 동기설은 포기되고 성질설로 이행하게 되었다. 김종구, 통치행위에 관한 역사적 고찰, 연세대학교 행정대학원(1977.7), 16면; 양승업, 통치행위의 법리에 관한 연구, 동국대학교 대학원(1989.12), 27면.

[5] 임종열, 통치행위에 관한 고찰, 원광대학교 교육대학원(1987.6), 14면; 김도창, 일반행정법론, 청운사, 1990, 78면.

### 1.2. 인정범위

프랑스에서는 통치행위를 정치적 행위라고 하나 국참사원은 구체적으로 어떠한 행위가 정치행위이기 때문에 소(訴)를 각하 혹은 기각한다고 판결하지 않고, 일반적으로 기간의 도과 등의 이유를 들어 각하하기 때문에 통치행위의 인정범위가 명확하게 확정지어지지 않고 있다. 그리하여 학자들마다 통치행위의 범위에 있어서도 의회와의 관계에 있어서의 정부의 행위, 전쟁행위를 포함한 외교행위를 제외하고는 견해가 일치하지 않는다. 국참사원은 (ㄱ) 정부와 의회와의 관계에 관한 행위로서, ① 입법작용에 행정부가 참여함에 있어서 행정부에 의해 결정된 행위, ② 의회의 결정의 예비적 성격만을 가진 정부의 결정, ③ 헌법상 권한과 입법기능의 행사의 관계에 영향을 미치는 대통령의 결정 등을 통치행위로 보아 사법심사의 대상에서 제외시키고 있다.[1] 즉 판례에 의하여 통치행위로 인정된 것은 의회의 내부행위(개회·폐회·의원의 징계 등)와 행정부와의 관계(정부불신임결의·의회해산 등), 1958년 헌법 제16조에 의한 대통령의 비상대권 발동결정[2]·계엄선포, 외교, 군사, 영전수여·법률안제출·공포·법률안을 국민투표(referendum)에 회부하는 대통령령·헌법위원회에의 제소·법률안의 철회·국제재판소에의 제소거부·국제조약의 해석에 대한 정부행위 등이 있다.[3] (ㄴ) 외국이나 국제기구와 정부와의 관계를 야기하는 행위 셋째, 전쟁행위 등은 사법심사에서 제외하고 있다.[4] 그러나 위에서 언급한 바와 같이 법치주의의 발달과 함께 통치행위의 범위를 축소하여 국가적 공안조치 및 계엄의 선포에서의 집행처분은 사법심사의 대상이 되는 통상의 행정행위로 보고 있으며,[5] 그밖에 범죄인 인도명령, 사면 혹은 사면의 거부 등은 사법심사의 대상으로 삼고 있다.[6] 다만 국제관계사항과 의회의

---

1) 성낙인, 프랑스 헌법학, 744면 이하 참조.
2) 이는 1962년 알제리 반란과 관련한 드골 대통령의 비상대권 발동이며, 이는 1958년 헌법 제16조의 규정에 의한 것이었다. 성낙인, 프랑스 헌법학, 745면 참조; 김용각, 통치행위론에 관한 비판 소고, - 한국의 통치행위론을 중심으로 -, 연세대학교 행정대학원(1980.7), 37면; 양승업, 통치행위의 법리에 관한 연구, 동국대학교 대학원(1989.12), 32면; 이재삼, 통치행위에 관한 연구, 경원전문대학 논문집(1997), 제19집 제2호, 677면.
3) 박윤흔, 행정법강의(상), 13면; 성낙인, 헌법학, 법문사, 2004, 933면-934면 참조; 김종구, 통치행위에 관한 역사적 고찰, 연세대학교 행정대학원(1977.7), 19-20면; 주용진, 통치행위에 관한 비교법적 고찰, 연세대학교 행정대학원(1978), 42-43면; 김용각, 통치행위론에 관한 비판 소고, - 한국의 통치행위론을 중심으로 -, 연세대학교 행정대학원(1980.7), 38면; 김영문, 통치행위에 관한 일고찰, 원광대학교 대학원(1984.12), 7면; 김치영, 통치행위에 관한 사법심사의 한계, 동아대학교 대학원(1986.12), 23면.
4) 성낙인, 프랑스 헌법학, 745-749면 이하.
5) 성낙인, 헌법학, 법문사, 2004, 934면; 同, 프랑스 헌법학, 724면 참조; 이광윤, 통치행위부정론 - 미국의 위헌심사와 프랑스의 행정소송을 중심으로 -, 고시연구(1998.6), 73-74면.

의사행위만을 국참사원의 심리대상에서 제외하고 있다.1) 그러나 통치행위 부정론의 입장도 강하여 Michoud, Brémond, Berthélemy, Célier, Jéze, Virally, Duguit, Gros, Laun 등은 통치행위의 법적·정치적 기초의 결여 등을 이유로 이러한 통치행위론을 포기하고 통치행위를 자유재량의 범위를 가진 행정행위와 동일하게 취급하여야 한다고 한다.2)

【통치행위】
- 대통령의 비상대권 결정
- 정부의 법률안 제출행위
- 법률안 공포행위
- 국회의 소집 및 폐회
- 헌법위원회에 대한 제소행위
- 국민의회 해산행위
- 법률안의 국민투표회부 결정
- 국제조약의 협상 및 체결행위
- 전쟁수행 행위 및 국토방위 행위

## 2. 영국

### 2.1. 인정근거

#### 2.1.1. 의회주의 사상 : 의회행위

영국은 보통법 지배의 전통 때문에 원칙적으로 통치행위를 인정하지 않는다. 그러나 정부행위(act of state), 대권행위(Royal Prerogative) 등의 이름으로 법원의 심사에서 제외되는 경우가 있다. 영국의 법치주의(Rule of Law)의 원칙 아래서도 의회행위와 대권, 정부행위에 대해서는 합법성과 적법성에 대한 사법심사의 예외가 인정되고 있다. 영국에서는 전통적인 의회주의의 결과 "각원(各院)은 의회특권에 대한 유일한 재판관이다(Each House is the sole judge of its own privileges)"라는 원칙이 확립되어 의회의 특권에 관한 행위는 법원의 심

---

6) 이광윤, 통치행위부정론 - 미국의 위헌심사와 프랑스의 행정소송을 중심으로 -, 고시연구 (1998.6), 77면.

1) Brown and Garnner, French Administrative law, 1967, p. 79; 박윤흔, 행정법강의(상), 13면, 20면; 김동희, 프랑스 행정법상의 통치행위에 관한 고찰, 서울대학교 법학, 제25권 제4호(1984.12) 참조; 홍정선, 공법학상의 문제로서 통치행위의 개념에 관한 연구, 한국정신문화연구원논총 제49집(1986.12), 385면.

2) 홍성방, 헌법상 통치행위의 법리에 관한 연구, 고려대학교 대학원(1976.11), 18면; 김종구, 통치행위에 관한 역사적 고찰, 연세대학교 행정대학원(1977.7), 16면; 김용각, 통치행위론에 관한 비판소고, - 한국의 통치행위론을 중심으로 -, 연세대학교 행정대학원(1980.7), 32면; 신재현, 통치행위론, 고시계(1974.8), 15면; 성낙인, 프랑스 헌법학, 734면 이하 참조.

사를 받지 아니한다. 따라서 의회는 물리적 가능성의 제한 내에서 의회지상주의를 확립하고 있기 때문에 영국의 재판소가 법률의 위헌심사권을 가지지 못한다.

### 2.1.2. 대권행위 사상

☞ The king can do no wrong(주권무오류사상)
The king is immune from suit(왕은 제소될 수 없다)

[개관] 영국에서는 통치행위를 국사행위(act of state)·순수정치문제(decision of pure policy), 또는 대권행위(prerogative power)라하여 고도의 정치성을 지닌 행위를 사법심사에서 제외하고 있다. 영국에서는 전통적인 군주주권사상하에서 '주권무오류사상(The king can do no wrong)' 및 '王은 제소될 수 없다(The king is immune from suit)'라는 원칙이 일찍부터 확립되어 있었다. 국왕의 대권적(大權的) 행위는 의회 또는 국민의 정치적 비판의 대상은 될지라도, 법원의 재판대상은 될 수 없다(대권행위설)는 판례가 1460년 「요크」公 사건 이래 보통법(common law)에 의하여 형성되었다.

[1947년 국왕소추법] 1947년의 국왕소추법(국왕제소절차법 : The Crown Proceedings Act)이 제정됨에 따라 이 원칙이 크게 수정되었으나, 왕에 대하여는 금지영장(injunction), 직무집행명령(mandamus)을 발할 수 없다는 보통법(common law)의 원칙은 아직도 유효하다. 다만 구체적 사안과 관련하여 과연 국왕의 대권이 인정될 수 있는 지의 여부와, 그 대권이 적정한 범위내의 것인가는 선결문제(先決問題)로서 심리하는 것이 보통이다.[1] 대권의 행사는 단지 왕의 이름으로 행사되고 있을 뿐, 실제로는 관습상 내각에 의해서 행사되고 있다. 대권에 관한 행위는 국민의 정치적 비판의 대상은 될지언정 법원이 심사할 수 없으며, 다만 그 존재, 범위, 행사방법 등이 의회에서 문제될 수 있을 뿐이다. 1947년의 국왕제소절차법(The Crown Proceedings Act)도 Prerogative에 관해서는 유보조항을 두고 있었다(제40조 제1항 : 국왕의 사적 자격에 있어서 국왕에 의해 여기에 대하여 제기된 소송절차에 적용되지 아니하고 또 이 법률은 국왕의 인격에 대한 불법행위상에는 허용될 수 없고 국왕의 동의에 의해서만 제기될 수 있다.  ☞ 여기서 왕은 국가를 의미

### 2.2. 인정범위
국가의 승인·합병, 선전포고·강화, 외교대표의 접수 등이 있다.

---

1) 이상규, 신행정법론(상), 법문사, 1996, 65면; 박윤흔, 행정법강의(상), 15면; Burmah Oil Co. Lord Advocate, [1965] A.C. 75; Case of Proclamations [1611] 12 Co. Rep. 74 등.

## 3. 미국

### 3.1. 인정근거

#### 3.1.1. 정치문제(political questions)

[개관] 미국에 있어서 통치행위는 정치적 문제(정치문제 : political questions) 또는 정치적 행위로 표현되고 있다. 행정부나 의회 등이 정치적 부문과 관련된 사항을 내용으로 하는 결정은 행정부나 의회가 내린 결정 그 자체를 최종적인 것으로 삼고, 이들의 결정에 대한 법원의 심사권을 부인하는 것이다. 이와같이 미국에서는 통치행위를 정치문제라 하여 이에 대한 사법심사여부를 판단하고 있다. 미국에서 정치적 문제란 법원이 재판과정에서 사법판단의 부적절성을 이유로 사법부의 판단을 거부하는 것을 의미하며, 이는 모든 정치적 문제에는 정치부문의 행위가 개재되어 있기 때문에 정치적 문제는 법원의 사법심사가 배제된다고 보는 것이다. 미국에서는 통치행위라고 보는 정치문제를 Luther v. Borden사건을 계기로 인정하였다. 그러나 Baker v. Carr사건을 계기로 과거보다 대외적인 문제를 제외하고는 정치문제의 영역이 많이 축소되었다. 사법부의 심사 자제를 정당화할 만한 뚜렷한 근거가 없으며 사법부의 심사 자제가 법률문제를 해결하는 것에 많은 도움이 되지 않고 또한 이러한 방법이 국민의 인권보장에 바람직하지 않다는 점에서 정치문제의 영역이 축소되고 있다.

[미국판례] 미국의 연방대법원의 판결을 통해 **정치문제라고 제시된 사항**은 일반적으로 (ㄱ) 州정부의 합법성 문제, (ㄴ) 헌법개정절차 및 입법절차의 합법성 문제, (ㄷ) 정당전국대의원자격심사문제, (ㄹ) 州사이의 도망법인(범죄인)의 인도, (ㅁ) 전쟁의 개시·종료, (ㅂ) 州의 병력에 대한 문제, (ㅅ) 긴급사태 발생의 인정문제, (ㅇ) 국제관계에서 조약의 해석 (ㅈ) 영토·국가 및 정부의 승인문제, (ㅊ) 교전단체의 승인, (ㅋ) 우호국 공공선박면책, (ㅌ) 외교관의 지위(외국주재대사·공사의 권한), (ㅍ) 국제 항공노선의 인가, (ㅎ) 탄핵문제 등이다. 이러한 판례의 **법리적 근거**로서는, (ㄱ) 법원의 전문적 능력의 결여 및 권한의 한계, (ㄴ) 법원이 사법심사를 했을 경우에 일어날 결과에 대한 파장 및 이에 대한 배려 등에서 연유한다.

[학설] 학설도 (ㄱ) 법원이 당해문제를 판단할 능력에 한계가 있거나(사법한계설; 내재적 한계설; 권력분립설), (ㄴ) 법원이 심판한 경우에 초래될 결과에 대한 법원 자체의 사전적·정책적 배려(사법자제설)라고 하는 것을 근거로 들고 있다. 실제로는 개별적·구체적인 사안에 따라서 달리 판단하고 있다. 정치문제라고 하는 말이 내포하는 기준도 '정치성(politischen)'과 '정치(Politik)'의 구분문제, 즉 '정치성' 또는 '정치'라고 하는 말 자체가 모호하다는데 문제점이 있다. 미국에서의 통치행위개념에 관하여는 권력분립이론으로 부터 통치행위의 인정근거로 삼고 있으며, 판례도 이 입장에서 통치행위를 인정한다(권력분립

설).1)   ☞ **권력분립의 원칙(권력분립설)**

### 3.1.2. 판례
a) 의의

[개관] 미국에서도 판례법상 정치문제라는 관념이 성립되어 있는바, 1803년의 마버리 대 메디슨(Marbury vs. Madison)사건(세계 최초의 위헌법률심사)에서 마샬(Marshall)판사가, "어떤 정치적 성격의 문제에 대해서는 헌법이 대통령의 자율적 재량에 위임하였기 때문에 대통령이나 행정부의 결정이 최종적인 구속력을 가진다"고 선언함으로써 정치적 문제의 존재 가능성이 있음을 시사하였다. 특히 미국에서 정치적 문제로 다루어졌던 주요판례들을 보면 다음과 같이 크게 4가지로 구분할 수 있다. 보장조항에 관한 문제, 헌법수정에 관한 문제, 선거구획정에 관한 문제, 그리고 대외적 문제에 관한 것이다.

b) 주요판례
aa) 보장조항에 관한 문제

대법원이 정치적 문제로 결정했던 많은 대내 문제 중에서 비교적 일관성을 유지했던 문제가 보장조항[2])에 관련된 문제들이다. 이중 가장 대표적인 예라고 할 수 있는 것이 Luther v. Borden과 Pacific state Tel. & Oregon이다. 앞에서 언급했듯이 Luther v. Borden사건은 최초로 명백히 정치문제에 관해서 언급했다는 점에서 의미가 있다고 할 수 있다.

[Luther v. Borden 사건] 이 사건[3])은 Rhode Island 州에서 발생한 Dorr 반란사건에 관련한 것이다. Rhode Island 州 에서는 영국으로부터 독립할 때 새로운 헌법을 채택하지 않고 영국왕 찰스2세의 1663년의 칙허정부라 칭하고 있었다. 이 정부하에서는 선거권이 상당히 제한되어 있었기 때문에, 여기에 불만을 느낀 사람들은 1841년 독자적으로 보통선거를 실시하여 대의원을 선출하고 그들로 하여금 인민집회를 열고 새로운 헌법을 작성하도록 하였다. Dorr가 지사에 선출되고 선거로 뽑힌 부지사, 상원과 하원의 의원 등이 새로운 정부를 조직하고 공무원을 임명하고 법률을 제정했다. 그러나 칙허정부는 Dorr정부를 합법정부로 인정하지 않았다. Dorr 지사는 무력으로서 자기의 정부가 합법적이라 주장하였고 다수

---

1) MacDougall vs. Green, 335 U.S. 281, 1948 등.
2) 미연방헌법 제4조 4절이 보장조항이다. 이 규정내용을 보면 다음과 같다. 미연방은 연방의 각주에 대하여 공화정체를 보장하며, 각주를 침략으로부터 보호하며, 또 각주의 주의회 또는 행정부의 요구가 있을 때에는 주내의 폭동으로부터 각주를 보호한다.
3) 이 사건은 Martin Luther v. Luther M. Borden과 Rachel Luther M. Bordend의 두 개의 사건이다. 사건의 내용은 같고 연방대법원은 함께 심리하고 하나의 판결로 결정했다.

의 주민이 여기에 동조했다. 이에 대하여 칙허정부는 계엄령을 선포하고 민병을 모집했다. 본 건의 피고인(칙허정부의 군대에 속하고 있었던 Borden)은 상고인(원고)인 Luther가 신정부 (Dorr 정부)를 지지하고 있었으므로 Borden은 Luther의 가택에 침입하여 그 사실을 통보하였다. Luther는 Borden이 그의 가택에 불법으로 침입하였다하여 소송을 제기했다. 그 근거로서 Dorr정부가 설립된 1842년 5월부터 칙허정부는 배제되고 합법적인 권능을 상실한 것이라 하였다. 그리고 Dorr정부는 실제로는 정부로서의 기능을 발휘하지 못하였지만, 州의 성년 남자의 다수에 의해 지지되었기 때문에 州의 합법적 정부였다고 주장했다. 그러나 법원은 이 주장을 배척하고 칙허정부와 그 법률이 유효하다고 하고 그것에 기초하여 행동한 Borden의 행위는 합법적이라고 했다. 이와같이 정치문제를 최초로 명백하게 이론화한 판례는 1849년의 Luther v. Borden 사건이다. Rhode Island州에서 반란으로 수립된 정부와 종래의 정부가 서로 합법정부임을 주장한데 대하여, 연방대법원은 "어느 정부가 합법인가의 판단은 정치적 문제이므로 법원이 판단할 사항이 아니라, 연방의회와 연방정부가 결정할 사항이다"라고 하였다.[1]

[Pacific state Tel. & Oregon 사건] 이 사건은 Oregon주의 국민발의 그리고 국민투표제가 공화정체에 위반하였음을 근거로 이 제도를 통해 입법화된 법률이 무효임을 주장하며 제기된 사건이다. White대법원장은 정치문제원칙을 배제함으로써 필연적으로 야기될 순수한 정치문제로까지의 사법권의 광범위한 팽창과 그리고 의회권위(議會權威)의 파괴를 지적하면서 보장조항을 근거하여 이런 문제에 까지 사법권을 인정하는 것은 사법부와 의회의 권력의 분립을 무색케 할 정도로 사법부의 권력을 과도하게 인정하는 것이 된다고 하였다.

bb) 헌법 수정문제

이 문제에 대해서는 Coleman v. Miller사건을 계기로 전후로 나뉘어질 수 있다. Coleman사건이전에는 헌법수정과정의 전 단계는 법원의 사법심사의 대상이 된다는 것이 대법원의 일반적인 태도였다. 대표적인 판례로는 Hollingsworth v. Virginia[2]가 있다. 그러나 Coleman v. Miller에서 헌법수정안이 발의된 후 비준까지의 기간과 비준을 거부했던 州가 비준의 유효기간 내에 헌법수정안에 대해 비준을 다시 한 경우의 효력에 대해서는 연방의회가 궁극적으로 판단해야 할 정치문제라고 하였다.

cc) 선거구 획정문제(정치문제가 아니므로 통치행위 부정)

이는 Baker v. Carr사건 이전·이후로 대법원의 견해에 차이가 있다. 1962년의 Baker v. Carr(396 U.S 186) 사건에서 Brenann대법관은 통치행위의 여부를 판가름하는 정치문제인가의 여부를 판단하는 기준으로서 다음과 같은 것을 제시하고 있다. 그는 (ㄱ) 헌법 자체

---

1) Luther v. Borden, 7 How, 1(1849); 김광섭, 통치행위에 관한 연구(한양대학교, 석사학위논문), 1989.
2) 이 사건에서 대법원은 헌법수정안의 비준에 대통령의 승인은 불필요하다고 하면서 헌법수정안에 대한 사법권의 심사를 인정하였다.

가 문제 해결을 정치적 기관인 입법부와 행정부에 위임하고 있는 경우, (ㄴ) 사법부가 해결하기에 적정한 기준이 없는 경우, (ㄷ) 정책적으로 결정하지 않으면 적정한 기준이 없는 경우, (ㄹ) 법원의 결정이 사법부와 다를 부와의 적절한 협조관계를 침해하게 될 경우, (ㅁ) 이미 행하여진 정치적 문제에 무조건 따라야 할 경우, (ㅂ) 동일한 문제에 대하여 입법, 행정, 사법부가 제각기 의견을 발표해서 혼란을 야기하게 될 경우 등을 정치문제(political question)로 규정하고 있다. 그에 의하면 위에 제시된 정치문제에 해당되지 않은 사건은 법원의 사법심사에서 제외되지 않는다고 하면서, Baker사건은 이들 6가지의 기준 중 그 어느 것에도 해당하지 않으므로 사법부의 판단이 인정된다고 하였다. 결국 선거법의 위헌여부는 정치적 문제에 해당되지 않는다고 하였다. Baker사건을 계기로 Warren대법원의 사법적극주의는 다른 정치문제에도 직접적으로 영향을 미치게 되었다. 즉 선거구 획정문제 뿐만 아니라 연방의회의 의원자격심사에 관한 문제 등 많은 정치적 사건들이 대법원에 의해 심사되었다. 이로써 Warren대법원 시대에는 정치문제의 영역이 대폭 축소되어 사법적 통제를 받게 되었다. 따라서 Baker사건은 Warren대법원 시대의 상징적 판결로써 받아들여지고 있다.

[Baker v. Carr[1])의 내용(평등선거침해)] (사건의 개요) : Tennesse주의 일반의회는 상원의원 33명과 하원의원 99명으로 구성되어 있다. Tennesse주 헌법은 주 의회의 대표는 각 군에 거주하는 선거권자의 수에 기초하고 선거구획정은 연방인구센서스에 기초하여 10년마다 조정한다고 규정하고 있다. 1901년 Tennesse주 의회는 1900년 연방센서스에 기초하여 선거구를 다시 재획정하였으나 그 이후에는 이러한 재획정이 행해지지 않았다. 그 사이에 인구는 75% 증가하였고 많은 사람들이 시골에서 도시로 이주하였다. 이로인하여 선거구마다 선거인수의 심한 불균형 현상이 발생하였다. 예를 들면 2,340명의 선거인을 가진 Moore군은 한 명의 하원의원을 선출하는 반면 312,245명의 선거인수를 가진 Shelby군은 불과 7명의 하원의원밖에는 선출할 수 없었다. 어떤 상원선거구에는 3만 명의 선거인 밖에 없는 반면 어떤 다른 선거구에는 선거인이 13만 명이나 되었다. 이러한 선거구 인구의 불평등을 시정하기 위한 노력들이 있기는 하였으나 모두 실패로 돌아갔다. 1959년 테네시(Tennesse)주의 선거권자인 Baker와 몇 명의 사람들이 현존의 Tennesse주의 선거구획정은 헌법상의 평등보호권을 침해하였다고 주장하면서 Tennesse주의 지사인 Carr를 상대로 소를 제기하였다. 이 소송에서 원고들은 현존의 선거구하에서의 선거실시를 금지시킬 것을 명하거나, 선거구 재획정을 인구수에 맞춰 시행할 것을 명하는 판결을 요구하였다. (판결의 요지) : 이 사건의 판결은 Wittaker판사가 불참한 가운데 6 : 2로 이루어졌는데 다수의견은 Tennesse주 선거법을 위헌이라고 판시하였다.[2] (판결의 의미) : 이 사건의 주요문제는 선거법의 위헌여부를 사법부가 판단할 수 있겠

---

1) 369 U.S. 186(1962).

는가 하는 정치적 문제에 관한 것이었다. 다수의견은 정치문제(political Question)가 아니라고 하였다. 소수의견을 제시한 것은 Frankfurter[1]와 Harlan 판사였으며, 이들은 정치문제에 해당한다고 보았다.

dd) 대외문제

미국에 있어 정치적 문제 판결은 대외문제와 관련된 사건에서 주로 이루어졌다. 앞에서 본 바와 같이 미국의 국내문제에 있어서 정치문제로 인정된 것은 몇 개에 불과하며 더욱이 점차 그 영역이 축소되고 있다. 반면에 대외적 문제에 대해서는 일정한 영역이 아직도 정치문제로 인정되어 사법심사의 밖에서 머무르고 있다. 정치문제로 인정되었던 예들은 다양하며, 일반적으로 조약에 관한 문제[2], 전쟁권에 대한 문제[3], 국경에 관한 문제[4], 외국의 정부 혹은 정치 통일체에 대한 승인문제, 외국인의 추방 등에 관한 문제들이 정치문제로 인정되었다.

### 3.1.3. 소결

미국 헌법상 정치문제의 법리는 연방대법원의 판례에 의하여 일관되게 인정되고 있으며 그 범위는 특정한 범위의 국가행위에 제한되어 있음을 알 수 있다. 이 정치적 문제의 논리는 처음부터 법이론에 의해 성립된 것이 아니라 「위헌심사권자의 정치적 안목과 판단」에 의해 형성되어 온 것이 특징이다. 그러나 정치문제의 논리를 판단함에 있어서 그 범위에 관하여는 개개의 사건에 따라 상이하게 나타나고 있음을 볼 수 있다. 즉 미국에서의 정치문제는 위헌심사의 범위 밖에 있는 것으로 인정되고 있으나, 다만 그것이 본질적인 헌법질서의 태두리 안에서 생겨나는 법률문제이기도 하다는 이유에서 그에 대한 위헌심사의 범위에는 신축성이 있다는 점을 지적할 수 있다.

---

2) 김광섭, 통치행위에 관한 연구(한양대학교, 석사학위논문), 1989, 38면.
1) 다수의견에 대해서 Frankfurter 판사는 주의 정치조직에 법원이 개입해서는 안되며, 평등보호조항과 보장조항 같은 성질의 것들은 둘 다 법원의 사법심사의 지침이 되지 못하는 것이므로 원고의 청구는 정치문제를 내포한 것이라는 소수의견을 발표하였다.
2) Charlton v. Kelly 사건으로 이는 미국과 이탈리아간의 범죄인 인도조약의 효력이 문제됐던 사건이다.
3) 전쟁의 종료에 관한 문제들에 대해서도 대법원은 정치부문이 결정할 문제로서 최종적인 것이 되어 법원을 구속한다고 하여 정치문제 원칙을 인용하였다.
4) 이는 미국의 국경을 정하는 것은 어디서 행하며, 그 행위는 법원이 심사할 수 없는 최종적인 것인가 하는 문제였는데 대법원은 일관되게 정치문제의 원칙을 인용하였다. 대표적인 판례로는 William v. Suffolk Ins. co 사건이 있다.

## 3.2. 인정범위

헌법이 명시적으로 인정하고 있는 경우(예 : 탄핵문제), 헌법개정절차, 외교문제, 외국주재대사·공사의 권한, 전쟁의 개시·종료, 국가의 승인, 조약의 해석 등이다.

- 헌법이 명시적으로 인정하고 있는 경우(예 : 탄핵문제)
- 헌법개정절차
- 외교문제
- 외국주재대사·공사의 권한
- 전쟁의 개시·종료
- 국가의 승인
- 조약의 해석

## 4. 독일

### 4.1. 인정근거

[열기주의에서 개괄주의로] 독일에서는 제2차 세계대전까지는 행정소송에 관하여 열기주의를 채택하였기 때문에 통치행위의 관념은 이론상으로만 논의되었고 실제문제로는 대두되지 않았다. 왜냐하면 통치행위에 해당된다고 생각되는 것은 행정소송의 열기주의 방식에 의하여 사법심사의 대상이 될만한 것은 미리서 제외시켜 버렸기 때문이다. 그러나 제2차 세계대전 이후 행정소송의 대상이 개괄주의로 바뀜에 따라 모든 행정행위는 사법심사의 대상이 되는지의 여부가 고찰의 대상이 되게 되었고, 이에 따라 통치행위도 논쟁의 대상이 되기에 이르렀다. 특히 제2차 대전 후 독일에서는 나치즘 독재의 경험에 비추어 헌법소송(Verfassungsprozeß)이라는 특별한 소송형태가 제도적으로 확립됨으로써 사법통제는 헌법상의 국가기관의 법적 행위를 모두 포함하게 되었고, 그리하여 사법권의 한계 문제는 공법 이론상 중요한 과제로 등장하게 되었다. 통일되기 이전의 서독의 본(Bonn) 기본법(현행 독일연방공화국헌법)은 행정소송에 있어서의 개괄주의를 취하면서 헌법재판소를 설치하고 있었기 때문에 통치행위는 헌법재판소의 재판권의 한계 문제로서 "재판에서 자유로운 고권행위" 또는 "통치행위(Verwaltungsakt)" 이론으로 논하여 졌다.

[정치적 합목적성·사법심사로부터 자유로운 행위] 독일의 다수설은 일정한 정치상의 중요 문제는 신분이 보장되고 누구에게도 정치적 책임을 지지 않는 소수의 재판관에 의하여 결정될 것이 아니라, 국민의 의사를 대표하고 국민 또는 국회에 대하여 책임을 지는 국가기관에 의하여 결정되어야 한다고 하는 **정치적 합목적성**의 고려에서 통치행위의 관념을 인정하며, 사법의 자기통제에 근거하여 법원이 정치적 결정을 내림으로서 발생할 위험을 방지하기 위한 필요에 의하여 비례의 원칙을 적용하여 사법심사를 제외하는 것이 통치행위라고 한다. 즉, 독일에서는 통치행위에 대한 개념을 '사법심사로부터 자유로운 행위'로 이해하

고 있다. 이러한 통치행위의 인정근거로서 1) 통치행위는 행정행위가 아니라는 이유도 있고, 2) 통치행위는 자유재량행위이기 때문이라는 이유, 그리고 3) 권력분립의 견지에서 법원의 심사가 어렵다는 등의 이유를 들고 있다.

### 4.2. 인정범위

독일 학설이 인정했던 통치행위는 선거 또는 국회에 의한 선거심사 등 헌법보조활동과 전쟁행위 등의 제4종 국가작용, 국가긴급권 등이 있다. 그리고 오늘날 실무적으로 인정되고 있는 통치행위로는 수상의 선거, 국회의 해산, 조약의 비준 등이 있다.

## 5. 일본

### 5.1. 인정근거

[열기주의에서 개괄주의로] 일본에서는 제2차 세계대전 까지는 행정소송에 관하여 독일의 예를 따라서 열기주의를 채택하였기 때문에 고도의 정치성을 띤 문제는 열기주의에서 미리 제외되었으므로 통치행위의 관념은 이론상으로만 논의되었고 실제적 문제로는 대두되지 않았다. 그러나 제2차 세계대전 이후 행정소송의 대상이 개괄주의로 바뀜에 따라 학설상(사법자제설, 권력분립설, 재량행위설) 통치행위의 관념을 인정하고 있다.

[스나가와사건·도마베지사건] 일본은 제2차세계대전 이후 신헌법아래서 미일(米日)안보조약의 체결과 관련된 「스나가와(砂川)」사건과 국회의 해산과 관련한 「도마베지(苦米地)」사건 등에서 통치행위에 관한 관념을 인정하고 있다. 학설은 긍정설과 부정설의 대립이 있다. 1949년 최고재판소는 "… 이 법률은 의원내부의 소속에 관한 것이고 의원내부의 것은 의원의 자치문제이고 …"[1]라고 하였으며, 1962년 최고재판소는 "… 법률이 국회에서 의결을 거쳐 공포된 이상 국회의 자주성을 존중할 수 있고, 의사절차에 관하여 심리할 수 없는 것이다 …"[2]라고 하였다.

### 5.2. 인정범위

안보조약의 위헌성여부 심사, 중의원해산 등이 있다.

### 5.3. 판례

#### 5.3.1. 砂川判決(昭和 34, 1959. 12. 16 最高裁判決) : 안부조약의 위헌성여부 심사

사법심사에 있어서 통치행위 문제가 일본에서 크게 문제된 것은 이른바 안보투쟁으로

---

1) 昭和, 24. 6. 1. 大法廷判決.
2) 昭和, 37. 3. 7. 大法廷判決.

널리 알려진 스나가와(砂川)사건이다. 스나가와 판결(砂川判決)은 米·日 안전보장조약 제3조에 의거한 형사특별법 위반사건으로서,1) 최고재판소 판결은 「… 본건안전보장조약은 고도의 정치성을 띤 것이라고 하여야 할 것이며 그 내용이 위법인가 아닌가의 법적 판단은 그 조약을 체결한 내각 및 그것을 승인한 국회의 고도의 정치적 내지 자유재량적 판단과 표리를 이루는 점이 적지 않다 …」, … 「… 방위력의 규모 및 충실의 정도 그리고 여하한 방책을 선택하여야 하는 가의 판단은 그때 그때의 세계정세와 그외 사정을 고려하여 정부의 재량에 관계되는 순전한 정치적 성질의 문제이다」, … 「… 위헌인가 아닌가의 법적 판단은 순수한 사법적 기능을 그 사명으로 하는 사법재판소의 심사에는 원칙적으로 융합할 수 없는 성질의 것이며, … 그것은 제1차적으로는 위 조약의 체결권을 가지는 내각 및 이에 대하여 승인권을 가지는 국회의 판단에 따라야 할 것이며, 종국적으로는 국민의 정치적 비판에 맡겨야 할 것이다」2) 라고 함으로써 재판관 전원의 일치에 의한 통치행위의 개념을 인정하였다.3)

[판례평석] 이 판결은 (ㄱ) 정치문제에 대하여 「국가존립의 기초가 되는 고도의 정치성을 가진 것」이라고 하고, (ㄴ) 정치문제는 정치부문의 판단에 일임되어 있어서 국회의 고도의 정치적 내지 자유재량적 판단에 있다고 한다. (ㄷ) 정치문제는 사법부의 권한외에 있다고 하며, (ㄹ) 일견 극히 명백한 당연무효가 인정되지 않는 한 사법심사권 범위의 밖에 있으며, 다만 정치문제라 하더라도 극히 명백히 헌법에 위반하는 경우는 사법 심사권의 범위내에 있고

---

1) 사건의 내용 : 미국공군이 사용하는 立川비행장의 확장 필요성 때문에 조달국은 이를 위해 1958년 7월 8일에 東京都 北多摩郡 砂川町에 있는 立川비행장내의 민유지에 대한 측량을 개시했다. 그러나 비행장의 확장을 반대하기 위해 시민단체인 砂川町基地擴張反對同盟가 결성되었다. 이를 지지하는 노동조합원, 학생으로 형성된 1,000여명의 대모대는 비행장의 경계밖에서 반대 시위를 하였다. 그 가운데 일부는 경계를 파괴하고 출입이 금지된 비행장내에 침입했다. 정당한 이유 없이 출입이 금지된 장소에 침입한 행위는 미일안전보장조약에 따라 형사특별법에 의해 처벌하게 되어 있었고, 이는 일반 경범죄처벌법에 비하여 중죄로 처벌하도록 되어 있었다. 피고인들은 위의 형사특별법 위반으로 기소되었다(이상철, 계엄의 통치행위여부와 사법심사가능성, Zu- u. Absage der Anerkennung des Regierungsaktes auf dem Belagerungszustand und die Möglichkeit der gerichtlichen Kontrolle, 육사논문집(1993.12), 302면 각주 34) 참조). 제1심 판결은 피고인들에게 무죄를 선고 한바 있다. 이 사건에서 논쟁이 되었던 것은 피고인 등에 대하여 미일안전보장조약에 근거한 형사특별법 제2조에 의하여 처벌할 것인가, 그리고 그 전제로서 미일안전보장조약 그 자체가 헌법 제9조에 위반되지 않는가에 대한 내용이었다(박윤흔, 행정법강의(상), 15면 참조) ; 권영성, 헌법학원론, 법문사, 2009, 840면.
2) 昭和, 34, 1959. 12. 16 最高裁判決; 刑事判例集 15券 13號, p. 3239; 양승업, 통치행위의 법리에 관한 연구, 동국대학교 대학원(1989.12), 54면.
3) 刑事判例集 15券 13號, p. 3225; 日本國法務訟務編, 行政判例集成, 行政爭訟法編, 2券, p. 211; 진상화, 통치행위의 법리에 관한 연구, 중앙대학교 대학원(1985.11), 37면.

재판소에 의해 위헌무효로 판단되고 결정된다고 한다. (ㅁ) 정치문제가 사법심사에서 제외되는 이유로서 삼권분립의 원리, 사법권의 본질을 거론하고 있다.

### 5.3.2. 苫米地義三 판결(昭和 35, 1960. 6. 8 최고재판결) : 중의원 해산
#### a) 사건의 내용

도마베지(苫米地)사건은 苫米地義三 중의원의원(衆議院議員)이 내각(吉田 제3차 內閣)에 의하여 기습적으로 행해진 중의원 해산처분에 불응하여 중의원 해산처분을 무효라고 주장하면서 중의원 자격확인 및 중의원 세비를 청구한 사건이다.[1] 1952년 8월 28일에 중의원이 해산되었다. 상고인(원고)인 苫米地義三은 해산당시 중의원 의원이었고, 이 해산은 위헌무효이며 해산으로 의원의 신분을 잃지 않았다고 하여 중의원의원의 자격을 가졌다는 확인과 함께 세비를 청구하는 소송을 제기했다. 해산을 위헌무효라 주장한 이유로서

---

[1] 사건의 내용 : 제3차 吉田內閣은 1952년(昭和 27年) 8월 28일에 중의원을 해산하였다. 해산 당시 중의원 의원이었던 상고인(원고)인 苫米地義三은 이 해산은 위헌무효이며, 그 근거는 중의원해산은 일본헌법 제69조의 경우에 한정되는 것임에도 동헌법 제7조에 의해 행해졌다는 점, 해산의 절차로서 내각의 조언과 승인을 필요로 하는 것임에도 그것이 없었다는 것 등을 이유로 주장하였다. 이에 대하여 피상고인(피고)인 국가는 다음과 같이 주장했다. 첫째, 국회의 해산 그외 특히 고도의 정치성을 갖는 행위는 통치행위, 혹은 정치문제등으로 불리어지고 재판소의 심리의 대상으로부터 제외되는 것이고, 재판소는 중의원해산의 합헌성에 대해서 판단할 권능을 가지고 있지 않다. 둘째, 재판소가 이 권한을 가지고 있다고 하여도 중의원 해산은 내각의 조언과 승인아래 행사된 것이기 때문에 헌법에 위반하지 않는다고 주장하였다. 제1심 판결은 본건의 해산을 「… 위헌무효라고 판단하고 국가가 세비로서 285,000 엔을 지불할 것을 명했다. 그 이유는 … 중의원의 해산은 법률적 판단이 가능하고 그 유효·무효의 법적 분쟁은 사법적 심사에 복종하는 것이고, … 중의원 해산은 헌법 제69조의 경우에 한하지 않지만 본건의 해산에 대해서는 내각의 조언과 승인이 있었다고 말할 수 없기 때문에(그 이유는 1952년 8월 26일에 당시의 각료 13인 가운데 4, 5인의 찬성서명을 한 것만으로는 적법한 각의결정이 있었다고 할 수 없다) 헌법 제7조에 위반한다」고 했다. 그러나 제2심판결은 제1심판결을 취소하고 피고소인 (원고)의 청구를 기각했다. 그 이유로서 우선 중의원의 해산이 유효인가 무효인가에 대해서는 피고소인의 권리에 직접 영향을 미치기 때문에 재판소가 당연히 심판할 권한을 갖고 중의원의 해산은 헌법 제69조에 한하지 않고 본건의 해산에 대해서는 내각의 조언과 승인이 있었기 때문에(1952년 8월 22일에 천황에게 조언하는 취지의 각의결정이 행해졌고, 26일에 4, 5인의 각료의 서명을 얻고, 타 각료의 서명은 28일에 이루어 졌으므로 이는 내각이 사후에 승인한 것으로 볼 수 있다) 헌법 제7조에 위반하지 않는다고 하였다(民事判例集 14券 7號, 1206); 김종구, 통치행위에 관한 역사적 고찰, 연세대학교 행정대학원(1977.7), 68면; 주용진, 통치행위에 관한 비교법적 고찰, 연세대학교 행정대학원(1978), 87면 이하; 박주용, 통치행위에 관한 연구, 성균관대학교 대학원(1987.12), 44면 참조; 양승업, 통치행위의 법리에 관한 연구, 동국대학교 대학원(1989.12), 52면.

는 해산을 행하는 경우가 헌법 제69조의 경우에 한정되는 것임에도 헌법 제7조에 의해 행해졌다는 것, 해산의 절차로서 내각의 조언과 승인을 필요로 하는 것임에도 그것이 없었다는 것을 열거했다. 이것에 대하여 피상고인(피고)인 국가는 다음과 같이 주장했다. 첫째, 국회의 해산 그 외 특히 강도의 정치성을 갖는 행위는 통치행위, 혹은 정치문제 등으로 불리어지고 재판소의 심리의 대상으로부터 제외되는 것이고 재판소는 중의원해산의 합헌성에 대해서 판단할 권능을 가지고 있지 않다. 둘째, 설사 이 권한을 가지고 있다고 하여도 해산은 내각의 조언과 승인아래 행사된 것이기 때문에 헌법에 위반하지 않는다.[1]

b) 제1심 판결

제1심 판결은 본건의 해산을 위헌무효라고 판단하고 국가가 세비로서 285,000 엔을 지불할 것을 명했다. 그 이유로서, 우선 중의원의 해산은 법률적 판단이 가능하고 그 유효, 무효의 분쟁은 사법적 심사에 복종하는 것이라고 했다. 다음에 중의원은 해산은 헌법 제69조의 경우에 한하지 않지만 본건의 해산에 대해서는 내각의 조언과 승인이 있었다고 말할 수 없기 때문에 헌법 제7조에 위반한다고 했다. 제2심 판결은 제1심 판결은 취소하고 피고소인 (원고)의 청구를 기각했다. 그 이유로서 우선 중의원의 해산이 유효인가 무효인가에 대해서는 피고소인의 권리에 직접 영향을 미치기 때문에 재판소가 당연히 심판할 권한을 갖고 중의원의 해산은 헌법 제69조에 한하지 않고 본건의 해산에 대해서는 내각의 조언과 승인이 있었기 때문에 헌법 제7조에 위반하지 않는다고 하였다.

c) 최고재판소 판결

일본의 최고재판소는 의회해산의 합헌성 여부에 대한 심사권을 거부하면서 「… 중의원의 해산은 극히 정치성이 높은 국가통치의 기본에 관한 행위인바, 설혹 법률상의 쟁점이 되고 이에 대한 유효무효의 판단이 법률상 가능한 경우라고 할지라도 그러한 국가행위는 재판소의 심사권 밖에 있으며 그 판단은 주권인 국민에 대하여 정치적 책임을 지는 정부, 국회 등의 정치부문에 의해 행해질 것이요, 최종적으로는 국민의 정치적 판단에 맡겨진다. … 이 사법권에 대한 제약은 결국 삼권분립의 원리에 유래하고 당해 국가행위의 고도의 정치성, 재판소의 사법기관으로서의 성격, 재판에 필연적으로 수반하는 절차상의 제약 등에 비추어 특정한 명문의 규정은 없지만 사법권의 헌법상의 본질에 내재하는 제약이라고 이해할 것이다」라고 판시하였다.[2][3]

---

1) 1960년 6월 8일 대법정판결, 민사판례집 14, 7. 1206頁.
2) 民事判例集 14券 7號, p. 1206; 行政判例集成, 行政爭訟法編 2券 2218號; 김용각, 통치행위론에 관한 비판 소고, - 한국의 통치행위론을 중심으로 -, 연세대학교 행정대학원(1980.7), 51면; 진상

### 5.3.3. 기타

이외에도 1949년 국회에서의 위증사건에서 최고재판소는 「… 이 법률은 의원내부의 수속에 관한 자치문제 …」라 하여 의원내부의 문제를 사법심사에서 제외하였고,[1] 1953년 현의회(縣議會) 의원의 제명처분에 관한 사건,[2] 1960년 동경도구(東京都區) 의회의원의 제명처분에 관한 사건,[3] 1960년 촌의회(村議會) 의원의 출석정지사건,[4] 1962년의 경찰예산의 지출에 관한 사건[5] 등이 있다.[6]

## 6. 한국
### 6.1. 개관

우리나라에서는 통치행위의 관념을 부정하는 입장과 긍정하는 입장으로 대립되고 있다. 부정하는 입장(부정설)에서는 헌법 제107조 제2항의 행정소송의 개괄주의와 기본권보

---

화, 통치행위의 법리에 관한 연구, 중앙대학교 대학원(1985.11), 37면; 고문현, 통치행위론, 경북대 대학원(1985.12), 29면.

3) 【판결요지】 최고재판소의 판결은 중의원의 해산이 무효인가 아닌가와 같은 문제는 재판소의 심사권에 복종하지 않는다고 하여 상고를 기각했다. 그 이유는 다음과 같다. 「… 우리 헌법의 삼권분립 제도하에 있어서도 사법권의 행사에 대해서 스스로 어떤 제도의 제약은 일탈하지 않는 것이고, 모든 국가행위가 무제한으로 사법심사의 대상으로 되는 것이라고 단정해서는 안 된다. 직접 국가통치의 기본에 관한 고도로 정치성있는 국가행위는 설령 그것이 법률상의 쟁송으로 되고 이것에 대한 유효, 무효의 판단이 법률상 가능하여도 이러한 국가행위는 재판소의 심사권 밖에 있고 그 판단은 주권자인 국민에 대하여 정치적 책임을 지는 정부, 국회등의 정치부문에 있다고 하여야 한다. … 중의원의 해산은 중의원 의원을 그 뜻에 반하여 자격을 상실시키고, 국가최고기관인 중의원의 기능을 일시적으로 폐지하는 것이고, 나아가 총선거를 통하여 새로운 중의원, 더 나아가 새로운 내각성립의 기회를 이루는 것이고 그 국법상 의의는 중대할 뿐 아니라 해산은 대개 내각이 그 중요한 정책 더 나아가서는 자기의 존속에 관하여 국민의 총의를 묻는다고 하는 경우에 행사되는 것이고, 그 정치상의 의의도 극히 중요하다. 즉 중의원의 해산은 극히 정치성이 높은 국가통치의 기본에 관한 행위이고 이러한 행위에 대해서 그 법률상의 유효 무효를 심사하는 것은 사법재판소의 권한 밖에 있다고 해석하여야 함은 이미 설시한 것에 의해 명백하다(전판례집, p. 1208-1210).」 이 판결은 4인의 재판관의 의견이 있었다. 이 의견은 중의원의 해산이 무효인가 유효인가는 재판단의 심리에 복종한다고 하고 해산은 헌법 제69조의 경우에 한하지 않으며 본건 외 해산은 헌법 제7조의 조언과 승인에 의해 적법한 것이라고 했다.

1) 昭和 24. 6. 1. 最高裁判決, 刑事判例集, 3券, 7號, 901頁.
2) 昭和 28. 6. 1. 最高裁判決, 民事判例集.
3) 昭和 35. 3. 9. 最高裁判決, 民事判例集, 14券, 3355頁.
4) 昭和 35. 10. 9. 最高裁判決, 民事判例集, 14券, 12號, 2633頁.
5) 昭和 37. 3. 7. 最高裁判決, 民事判例集, 16券, 3號, 445頁.
6) 신호양, 통치행위에 관한 연구, 숭전대학교 대학원(1983.7), 21면 참조.

호 문제를 근거로 하여 이를 부정한다. 즉 법치주의가 완전히 실시되고 행정소송에 있어서 개괄주의가 철저히 인정되는 이상 모든 행정작용은 사법심사의 대상이 된다는 견해이다.[1] 그러나 개괄주의가 바로 통치행위를 부정하는 의미는 아니며, 또한 법정책학적 측면에서 법률문제가 내포되어 있다고 하여 모든 정치문제를 사법심사의 대상으로 하는 경우 야기될 수 있는 현실적인 문제(법정책론적 측면에서의 문제)를 간과하고 있다고 부정설은 비판된다. 다수설과 판례는 이를 인정한다.

   부정설 → 헌법 제107조 제2항의 행정소송의 개괄주의와 기본권보호 문제
   법치주의가 완전히 실시되고 행정소송에 있어서 개괄주의가 철저히 인정되는 이상 모든 행정작용은 사법심사의 대상이 된다.
   긍정설 → 다수설과 판례

### 6.2. 인정근거

[내재적 한계설] 법치주의는 모든 국가행위가 그 합법성(Legalität)에 관하여 법원의 심사를 따를 것을 요청하는 바이지만, 헌법체제는 법치주의 이외에도 국민주권·권력분립·의회주의·대통령책임제 등의 여러 복합원리 위에 존립하는 것이기 때문에, 어느 하나의 원리만에 치중함으로써 다른 원리를 무시하는 일이 없도록 하기 위하여는 통치행위를 사법심사의 대상에서 제외시키는 것이 타당하며, 결국 통치행위는 이들 원리와 관련시켜 판단할 때, 재판제도에는 그에 「내재하는 한계」(내재적 한계설)가 있다는 것이다. 따라서 정치문제에 관한 최종적 판단은 정치기관인 행정부나 입법부의 권한으로 유보해 둠으로써 국민의 비판이나, 감시하에 해결하는 것이 바람직하다고 주장하며, 이는 정치적으로 책임을 지지 아니하는 법원이 심판하는 것은 바람직하지 않다는 데에 연유한다.

  ▶헌법체제 → 법치주의 이외에도 국민주권·권력분립·의회주의·대통령책임제 등의 여러 복합원리 위에 존립
   (따라서) 재판제도에는 그에 「내재하는 한계」(내재적 한계설)가 있다. ☞ **정치적으로 책임을 지지 아니하는 법원이 심판하는 것은 바람직하지 않다고 주장.**

### 6.3. 인정범위

[계엄선포] 계엄선포(대통령의 계엄선포에 관한 서울고법 결정(1964. 7. 16, 64로159)
[비상계엄선포] 비상계엄선포 : (ㄱ) 1964년의 6·3사태를 수습하기 위한 비상계엄선포에 관한 판례(서울고법 1964. 7. 21, 79 초70); (ㄴ) 1979년의 김재규에 의한 박정희대통령 시해(살해) 사건을 계기로 선포된 10·27 비상계엄선포에 관한 판례(대판 1979. 12 .7)[2]

---

1) 부정설에 관한 상세한 내용은 김철용, 행정법 I, 9면-10면 참조; 同人, 우리헌법과 통치행위, 법정(1974.6), 52면 이하; 김철수, 헌법학개론, 박영사, 2006, 1392면.

[대통령의 긴급조치] 대통령의 긴급조치를 통치행위로 본 판례(대판 1978. 5. 23, 78도813)

[군사시설·보호구역의 설정·변경·해제] 군사시설·보호구역의 설정·변경·해제를 통치행위로 본 판례(대판 1983. 6. 14, 83누43)[1]

[국회에서의 법률통과 행위] 국회에서의 법률통과 행위를 통치행위로 본 판례(대판 1972. 1. 18, 71도1845【국민투표법위반】【판시사항】국회의 자율권(自律權)과 저촉되는 범위 내에서 법원의 법률 위헌 여부 심사권이 인정되지 않는다.【판결요지】국회가 적법하게 통과하였다 하여 정부에 이송하고 국방회의가 의결하고 대통령이 승인 공포했으면 실질상 입법의 전과정에 걸쳐 적법히 통과하였다고 인정되므로 삼권분립의 원칙으로 보아 법원이 헌법상 동 위인 입법부의 자율권에 개입해서는 안된다. 즉 구 헌법(62.12.26. 개정헌법) 제102조가 정한 법원의 법령조사권으로써는 입법부 스스로가 국회를 통과하였다고 결정한 여정부에 이송, 국무회의의 의결, 대통령의 공포가 있으면 국회통과의 과정에 흥이 있더라도 법원이 이를 뒤엎을 수 없다.

[국회의 자율권] 국회의 내부적 자율권에 해당하는 행위(의결정족수의 결정·회기의 연장·의원의 징계 및 자격심사·국회의사규칙의 제정)

헌재결 1998. 7. 14, 98헌라3【국회의장과국회의원간의권한쟁의】 … 헌법 제64조는 국회가 법률에 저촉되지 아니하는 범위안에서 의사와 내부규율에 관한 규칙을 제정할 수 있고, 의원의 자격심사·징계·제명에 관하여 자율적 결정을 할 수 있음을 규정하여 국회의 자율권을 보장하고 있는바, 국회는 국민의 대표기관이자 입법기관으로서 의사(議事)와 내부규율 등 국회운영에 관하여 폭넓은 자율권을 가지므로 국회의 의사절차나 입법절차에 헌법이나 법률의 규정을 명백히 위반한 흠이 있는 경우가 아닌 한 그 자율권은 권

---

2) 대법원 1979. 12. 7, 79초70 재정【재판권쟁의에관한재정신청】대통령의 계엄선포행위는 고도의 정치적, 군사적 성격을 띠는 행위라고 할 것이어서 그 선포의 당·부당을 판단할 권한은 헌법상 계엄의 해제요구권이 있는 국회만이 가지고 있다고 할 것이고 그 선포가 당연 무효의 경우라면 모르되 사법기관인 법원이 계엄선포의 요건구비나 선포의 당·부당을 심사하는 것은 사법권의 내재적, 본질적인 한계를 넘어서는 것이 되어 적절한 바가 못 된다."

1) 군사시설보호법에 의한 군사시설 보호구역의 설정·변경 또는 해제와 같은 행위는 행정청에 의한 공법행위라는 점에서는 광의의 행정행위라고 할 것이나, 이는 행정입법행위 또는 통치행위라는 점에서 협의의 행정행위와 구별되며 따라서 이와 같은 행위는 그 종류에 따라 관보에 게재하여 공포하거나 또는 대외적인 공고·고시 등에 의하여 유효하게 성립하고 개별적 통지를 요하지 않는다(대판 1983. 6. 14, 83누43) ☞ [1] **공고**: 행정기관이 결정한 사항 등을 널리 국민 일반에게 알리는 행위를 말한다. 주로 중앙행정기관은 관보, 지방자치단체는 공보를 이용하게 된다. [2] **고시** : 행정기관이 결정한 사항 등을 널리 국민 일반에게 알리기 위하여 공고하는 일종의 공고형식이다. 법규적 내용을 담으면 법적 효력이 있고, 그렇지 않은 경우에는 법적 효력이 없다.

력분립의 원칙이나 국회의 위상과 기능에 비추어 존중되어야 한다(헌재 1997.7.16. 96헌라2, 판례집 9-2, 154). 따라서 그 자율권의 범위내에 속하는 사항에 관한 국회의 판단에 대하여 다른 국가기관이 개입하여 그 정당성을 가리는 것은 바람직하지 않고, 헌법재판소도 그 예외는 아니다. 이 사건의 경우를 보건대, 임명동의안에 대한 투표절차의 적법여부 등에 관하여 국회법에 분명한 규정이 없어 논란의 여지가 많으므로 그 투표절차를 둘러싼 여러 문제를 어떻게 처리할 것인지는 국회의 자율권의 범위내에 속하는 문제라 할 것이고, 따라서 대립당사자인 여·야의 타협과 절충을 통하여 자율적으로 해결할 수 있었다. 그러나 이를 위하여 열린 3당 총무회담마저 위에서 본 바와 같이 결렬되고 말았다. 이러한 사정하에서라면 이 사건 투표절차에 관한 최종적 판단권은 결국 국회의 대표자로서 의사진행에 관한 전반적이고 포괄적인 권한과 책임이 부여된 국회의장, 즉 피청구인에게 유보되어 있다고 하여야 한다(국회법 제76조 제2항 참조).

[정부와 국회와의 관계에 관한 행위] 정부와 국회와의 관계에 관한 행위(국무총리·국무위원의 해임건의, 임시회의의 소집요구, 법률안거부권의 행사)

[국무총리·국무위원의 임면(任免) 등] 국무총리·국무위원의 임면(任免)(헌법 제86·제87조)·고급장성의 퇴역결정 등 대통령의 정치적 판단이나 자유재량에 의한 행위

[외교행위] 외교행위(조약체결·비준, 국가나 정부의 교섭단체의 승인, 외교사절의 접수) **행정권의 수반으로서의 역할이 아닌 국가원수로서의 자격으로 행함**

[국가원수의 자격으로 행하는 대통령의 행위] 행정권의 수반으로서가 아니라 국가원수의 자격으로 행하는 대통령의 행위(긴급재정경제처분·긴급재정경제명령[1])·긴급명령권의 행사(헌법 제76조), 선전포고, 사면권의 행사, 영전수여(헌법 제80조), 국민투표회부(헌법 제72조)

[국군통수권의 행사, 국군의 해외파병][2]

---

1) 헌법재판소는 긴급재정경제명령의 발령행위에도 국민의 기본권침해와 직접 관련되는 경우에는 헌법재판소의 심판대상이 된다고 한다.
2) 대한민국 국군은 2014년 3월 기준으로 17개 지역에 1,195명을 파병하고 있는데, 이중 국제 연합 평화유지군으로는 640명, 다국적군으로는 555명을 파병하고 있다. 그리고 국제 안보 지원군에 참가중인 인원은 총 130,930명이고, 그중에 대한민국은 총 246명을 파견하고 있다. https://ko.wikipedia.org/wiki/(검색어 : 국군의 해외파병; 검색일 : 2015.7.9)

## III. 통치행위 인정근거에 관한 제학설

### 1. 사법(부)자제설
#### 1.1. 내용

　　법 이론상으로는 통치행위라 하더라도 그 속에 내포되어 있는 법률문제는 사법심사의 대상이 되는 것이 당연하지만, 법원이 이를 심사하지 않는 것은 사법의 정치화의 배제라는 「정책적 고려」를 이유로 법원이 스스로 이를 자제하기 때문이라고 한다. 프랑스 최고행정재판소인 '국참사원(國參事院 : Counseil d'Etat)'의 입장이다. ☞ **사법자제설 → "할 수 있다. 그러나 하지 않겠다"**

　　[사법부자제설과 권력분립설의 구별] 사법부자제설과 권력분립설은 다음의 점에서 구별된다. 사법부자제설은 사법적 심사를 할 수 있지만 법원이 자의적으로 자제하는 경우이고, 권력분립설은 법원의 자의가 아니라 제도적으로 사법심사를 할 수도 없고 해서도 안된다고 이해해야 할 것이다(한견우). 통치행위는 고도의 정치성을 띤 행위이기 때문에 사법부가 스스로 자제하여 - 법적으로 심사할 수 있음에도 불구하고 - 법원의 자발적 의사에 의하여 심사하지 않는다는 견해이다. 이와 같이 사법(부)자제설의 입장은 '현실적 합리성'[1])에 토대를 둔 법정책적 고려 하에서 사법권의 자율적 자제를 주장하는 학설이다.[2]) 사법(부)자제설은 대표적으로 미국의 Post 판사, 일본의 山田準次郎 교수[3]) 및 독일의 슈타인(Stein),

---

1) 이러한 현실적 합리성으로부터 비례의 원칙이나 위험부담회피의 원칙은 구체적 사안에 따라 개별적으로 판단해야 할 것이며, 이러한 측면에서 이중기준의 원칙(The Doctrine of Double Standard)은 중요한 의미를 지닌다. 특히 U.S. v. Carolene Produchts Co., 304 U.S.144, 1938 에서 Stone 판사는 경제규제입법은 최대한으로 존중하되, 정신적 기본권을 제약하는 법률은 엄격히 다룬다는 내용의 이중기준의 원칙을 확립한바 있다(김경범, 통치행위에 관한 연구, - 사법적 통제를 중심으로 -, 한양대학교 대학원, 1990, 66면 각주 31) 참조).
2) 김철용, 우리 헌법과 통치행위, 법정(1964.6), 51면; 허영, 통치행위에 대한 법이론적 고찰, 새법정(1972.9), 9면 참조; 홍성방, 헌법상 통치행위의 법리에 관한 연구, 고려대학교 대학원(1976.11), 68면; 김영문, 통치행위에 관한 일고찰, 원광대학교 대학원(1984.12), 35면; 김치영, 통치행위에 관한 사법심사의 한계, 동아대학교 대학원(1986.12), 71면; 홍봉규, 통치행위에 관한 연구 - 사법적 심사를 중심으로 -, 경기대 대학원(1987.6), 71면; 양승업, 통치행위의 법리에 관한 연구, 동국대학교 대학원(1989.12), 106면; 이재삼, 통치행위에 관한 연구, 경원전문대학 논문집(1997), 제19집 제2호, 671면; 김경범, 통치행위에 관한 연구, - 사법적 통제를 중심으로 -, 한양대학교 대학원, 1990, 62면.
3) 山田準次郎 교수는 「… 통치행위가 사법심사에서 제외되는 근거는 법이론상이 아닌 법정책적인 측면에서 구해야 하므로, 국가행위의 합법성과 적법성에 대한 사법심사를 하는 것은 부적당하며, 설령 필요한 경우에는 사법심사를 할 수 있다고 하더라도 법원은 스스로 자제할 수 있다. 이러한

포르스트호프(Forsthoff), 슈나이더(Schneider)[1] 등이 주장하는 학설로서, 통치행위는 고도의 정치성을 띤 행위이기 때문에 사법부가 스스로 자제(judicial self-restraint; judicial self-limitation)하여, 법적으로는 (당연히) 심사할 수 있음에도 불구하고 법원의 자유로운 의사에 의하여 심사하지 않는다는 것이다.[2] 이 견해는 정치문제에 대해서도 이론상으로는 사법권이 미치지만(따라서 법이론적으로는 통치행위의 관념이 부정되지만),[3] 법정책적인 측면에서[4] 사법부 스스로의 자제에 의하여 법원이 정치분야의 문제에 대한 판단에 개입하는 것을 회피함으로써,[5] 그 정치분야를 담당하는 각 기관(국회·정부)의 결정을 존중하는 것이라고 한다.[6] 그리고 여기서 특히 강조되는 점은 이와 같은 법원 스스로의 자발적 자제

---

위법을 법원 스스로가 용인하는 것은 결국 비례의 원칙을 그 이유로 삼고 있다. 즉 정치상의 중대한 행위가 무효 혹은 취소되어 사회적 혼란, 대외적 국가의사의 분열, 법원의 政爭化 등 국가가 커다란 혼란(大害)에 빠지는 것을 피하기 위하여는 비록 위법한 것이라고 할지라도 이를 용인할 필요성(필요성이 인정되는 경우: 1. 통치행위는 커다란 피해가 발생하는 것을 방지하기 위하여 작은 위법을 감수하는 것이 요구되는 제도이다. 2. 통치행위는 외교상의 문제에 있어서 국가의사의 통일이 요구된다. 3. 통치행위는 사법권 독립, 기타 재판소의 이익을 보장한다(신호양, 통치행위에 관한 연구, 숭전대학교 대학원(1983.7), 23면 각주 11) 참조); 진상화, 통치행위의 법리에 관한 연구, 중앙대학교 대학원(1985.11), 32면 각주 27) 참조; 양승업, 통치행위의 법리에 관한 연구, 동국대학교 대학원(1989.12), 45면 각주 97) 참조)이 있고, 중대한 정치문제에 수반되는 법률문제는 부득이 하게 작은 위법(小害)이 용인되어야 하며, 사법적 심사로부터 제외되어야 한다.」고 한다(山田準次郞, 統治行爲論, 弘文堂, 1960, p. 58; 김종구, 통치행위에 관한 역사적 고찰, 연세대학교 행정대학원(1977.7), 64면; 주용진, 통치행위에 관한 비교법적 고찰, 연세대학교 행정대학원(1978), 82면; 김용각, 통치행위론에 관한 비판 소고, - 한국의 통치행위론을 중심으로 -, 연세대학교 행정대학원(1980.7), 47면; 신호양, 통치행위에 관한 연구, 숭전대학교 대학원(1983.7), 23면; 진상화, 통치행위의 법리에 관한 연구, 중앙대학교 대학원(1985.11), 32면 이하 참조; 김영문, 통치행위에 관한 일고찰, 원광대학교 대학원(1984.12), 25면; 홍봉규, 통치행위에 관한 연구 - 사법적 심사를 중심으로 -, 경기대 대학원(1987.6), 71면).

1) H. Schneider, Gerichtsfreie Hoheitsakte, 1952, S. 70.
2) 이상규, 신행정법론(상), 법문사, 1996, 68면; 김철수, 헌법학개론, 박영사, 2004, 1359면; 박윤흔, 행정법강의(상), 16면; 김남진 · 김연태, 행정법 I, 9면; 홍성방, 헌법상 통치행위의 법리에 관한 연구, 고려대학교 대학원(1976.11), 68면; 김철수, 미국에 있어서의 행정행위에 대한 사법심사제도에 관한 연구, 연세대학교 행정대학원(1981.12), 108면.
3) 이와 같이 사법부자제설이 법이론적 측면에서는 통치행위를 부정하고 있다는 점에서 타학설과의 차이가 있고 동시에 이 학설의 장점이기도 하다.
4) 서원우, 통치행위론, 법정(1976.5), 16면; 임종열, 통치행위에 관한 고찰, 원광대학교 교육대학원(1987.6), 6면.
5) 성낙인, 통치행위론, 고시연구(1993.10), 65면.
6) 진상화, 통치행위의 법리에 관한 연구, 중앙대학교 대학원(1985.11), 69면; 성낙인, 통치행위론, 고시연구(1993.10), 65면.

는 단순한 자의적인 권리의 포기가 아니라, 법의 근본정신 및 정치적 합목적성에 입각하여 사법부의 한계성을 인정하려는 태도라고 한다.[1] 이러한 사법부 자제가 정당화되는 것은 다음과 같은 이유에서이다. (ㄱ) 통치행위에 대한 사법적 심사로 말미암아 막대한 국가적 손실이 발생 한다든지, (ㄴ) 사법부가 정치문제에 개입함으로써 사법부가 정치화될 우려가 있고 그로 말미암아 법원의 독립을 위협당할 염려가 있기 때문이다. 따라서 이러한 경우를 위해서 사법부가 통치문제에 관한 사법적 심사를 자제 혹은 포기라는 '조그마한 해악'을 감수하겠다는 것이다. 사법부자제설은 법의 정치적 고려로서 이해된다.

### 1.2. 비판

법원의 심사권의 포기는 헌법원리(Verfassungsprinzip)에 반하는 것이며, 그 자체가 정치적 입장을 변호하는 것이라고 비판한다.[2] 즉 사법부자제설에 대한 비판은 첫째, 소위 비례의 원칙과 관련한 문제인데, 특히 비례의 개념에 대한 구체적 내용을 어떻게 설정할 것인가 하는 점이다. 비례의 원칙은 '경미한 위법'과 '중대한 위험'을 비교형량하여 중대한 위험을 피하기 위하여 부득이하게 경미한 위법을 감수하는 것을 그 주된 내용으로 삼고 있다.[3] 따라서 여기서는 중대한 위험의 크기와 위법성의 크기를 비교형량하여 심사하게 될 것이지만, 그러나 이에 대한 결과는 체계적이고 구체적인 사법심사를 실제로 행사했을 경우에 한하여 (행사해 보아야만) 비로소 양자간의 법익의 크기를 비교형량할 수 있는 것이며,[4] 따라서 통치행위라는 것을 이유로 하여 처음부터 사법심사를 제외하면 결과적으로 통치행위의 내용을 명백히 할 수 없는 것이 되어버리고 만다는 문제점이 있다. 둘째, 사법부에서 취하는 위법성의 용인이 과연 법적 근거 없이도 가능한가 하는 것이 문제이며, 또한 통치행위에 내포되어진 정치문제와 법률문제와를 비교하여, 중대한 정치문제, 즉 「중대한 위험」을 피하기 위하여 과연 「경미한 위법」을 용인할 수 있다고 볼 수 있을지도 문제가 된다.[5]

---

1) 역사적으로 보아도 프랑스에서 통치행위이론이 등장하게 된 것은 국참사원의 판례정책에서 나온 것으로, 그 판례정책의 기초로 되어 있는 것이 실제적·합목적적 고찰이었음이 이를 반영한다. Carl J. Friedrich, Constitutional Goverment and Democracy, London, 1968, p. 114; Coleman v. Miller, 307 U.S. 433(1939); Pacific States Tel. & Tel. Co. v. Oregon, 223 U.S. 118(1912); 금동익, 통치행위의 사법적 통제, 서울대학교 대학원(1984), 42면; 김원주, 실질적 법치국가와 통치행위, 경북대 교육대학원 논문집(제5집), 1974, 174면 이하 참조; 고문현, 통치행위론, 경북대학교 대학원(1985.12), 50면.
2) 김백유, 헌정 및 행정법치연구, 한성대출판부, 2006, 765면 이하 참조.
3) 김철수, 통치행위론, 영남대 학술논총, 10집(1979.2), 97면.
4) 신재현, 통치행위론, 고시계(1974.8), 22면; 홍성방, 헌법상 통치행위의 법리에 관한 연구, 고려대학교 대학원(1976.11), 71면; 김철수, 통치행위론, 영남대 학술논총, 10집(1979.2), 97면.
5) 홍성방, 헌법상 통치행위의 법리에 관한 연구, 고려대학교 대학원(1976.11), 72면; 주용진, 통치

[사견] 생각건대 법원의 지나친 자제와 정치문제의 회피에 의하여 사법권에 위임된 책임과 그에게 부여된 의무를 회피하는 경향은, 결국 헌법과 기본권을 수호해야할 법원의 의무를 태만히 하는 것이 아닐 수 없다.[1] 사실 정치적 성격을 띤 행정부의 행위라 하여 법원이 판단하지 않는 것이 바람직하다면 그것은 헌법이 법원에 부여한 행정처분심사권과 헌법재판소의 헌법재판권 등을 부당하게 (스스로) 제한하는 것이 될 것이며,[2] 이는 결국 법원의 자의적 판단을 용인하는 결과가 되어, 고의적인 심사포기 내지는 심사회피로 연결될 수 있어서, 이는 그 자체가 결과적으로 어느 한쪽(대립하는 당사자)의 정치적 입장을 옹호해주는 결과가 되어버리고 말 것이다.[3] 더욱이 사법권의 독립과 법치주의가 확립되지 못한 비민주국가에서는 이 견해가 사법부 스스로의 자율적 자제가 아닌 정치적 독재권력에 대한 두려움 내지는 여론의 정치적 압박 등으로 인한 타율적 회피로 전화될 가능성이 크다는 점도 부인할 수 없다.[4]

## 2. 내재적 한계설(권력분립설 · 사법한계설)

### 2.1. 내용

법치주의는 모든 국가행위가 그 합법성에 관하여 법원의 심사에 따를 것을 요청하는

---

행위에 관한 비교법적 고찰, 연세대학교 행정대학원(1978), 25면; 김철수, 통치행위론, 영남대 학술논총, 10집(1979.2), 97면; 김영문, 통치행위에 관한 일고찰, 원광대학교 대학원(1984.12), 41면; 진상화, 통치행위의 법리에 관한 연구, 중앙대학교 대학원(1985.11), 71면.

[1] Louis Henkin, Is there a political-Question Doctrine? The Yale law journal, vol. 85(1976), p. 597; 김철용, 우리 헌법과 통치행위, 법정(1964.6), 54면; 진상화, 통치행위의 법리에 관한 연구, 중앙대학교 대학원(1985.11), 72면; 김철수, 통치행위론, 영남대 학술논총, 10집(1979.2), 97면; 同, 헌법학개론, 박영사, 2004, 1363면.; 이광윤, 통치행위부정론 - 미국의 위헌심사와 프랑스의 행정소송을 중심으로 -, 고시연구(1998.6), 75면; 곽종영, 통치행위와 사법심사, 사회과학연구(제7집), 1995, 36면.

[2] 권영성, 헌법학원론, 법문사, 2008, 842면 참조; 이상철, 계엄의 통치행위여부와 사법심사가능성, Zu- u. Absage der Anerkennung des Regierungsaktes auf dem Belagerungszustand und die Möglichkeit der gerichtlichen Kontrolle, 육사논문집(1993.12), 305면.

[3] 김철용, 우리 헌법과 통치행위, 법정(1964.6), 54면; 박윤흔, 행정법강의(상), 17면; 권영성, 헌법학원론, 법문사, 2009, 842면; 김남진 · 김연태, 행정법 I, 9면; 주용진, 통치행위에 관한 비교법적 고찰, 연세대학교 행정대학원(1978), 25면; 곽종영, 통치행위와 사법심사, 사회과학연구(제7집), 1995, 36면; 백윤철 · 이광진, 헌법상 통치행위에 관한 연구, 동양대학교 논문집(1999.6), 424면.

[4] 우리 나라의 경우도 과거 유신시대의 법관 재임용 탈락, 기타 법관에 대한 정치적 협박이 비일비재하게 일어났던 점 등과 같은 일련의 사건 등을 상기하면 이러한 문제점을 실감할 수 있을 것이다. 금동익, 통치행위의 사법적 통제, 서울대학교 대학원(1984), 45면; 고문현, 통치행위론, 경북대대학원(1985.12), 56면.

바이지만, 헌법체제는 법치주의 이외에도 국민주권·권력분립·의회주의·대통령책임제 등의 여러가지 복합적인 요소 위에 존재하는 것도 있기 때문에, 이러한 관점에서 재판제도에는 그 스스로 내재하는 한계(내재적 한계설)[1])가 존재한다고 보는 입장이다. 따라서 정치문제에 관한 최종적 판단은 정치기관인 행정부나 입법부의 권한으로 유보해 둠으로써 국민의 비판이나 감시하에 해결하는 것이 적당하고, 정치적으로 책임을 지지 않는 법원이 심판하는 것은 바람직하지 않다는 것이다.[2]) 내재적 한계설은 사법자제설과 함께 미국판례의 지배적 견해이며(내재적 한계설과 권력분립설을 같은 의미로 보는 경우), 우리나라의 판례와 다수설의 입장이기도 하다.[3])

### 2.2. 비판

생각건대 이 견해는 정치적으로 중요한 의미를 갖는 행위의 적법성 여부를 정치적으

---

1) 학자에 따라서 내재적 한계설과 권력분립설은 구분해서 설명하는 학자(한견우, 행정법(1), 홍문사, 1997, 76면; 성낙인, 통치행위론, 고시연구(1993.10), 64-65면; 백윤철·이광진, 헌법상 통치행위에 관한 연구, 동양대학교 논문집(1999.6), 422면; 김용섭, 통치행위에 대한 사법적 통제, 고시연구(2000.10), 96면; 박윤흔, 행정법강의(상), 16면; 권영성, 헌법학원론, 법문사, 2009, 840-841면; 석종현, 일반행정법(상), 14면)도 있고 동일한 의미로 사용하는 학자(김남진·김연태, 행정법(I), 9면; 구병삭, 통치행위와 사법심사, 월간고시(1975.10), 22면; 서원우, 통치행위론, 법정(76.5), 16면; 김동희, 행정법(I), 10면; 변재옥; 홍정선, 행정법원론(상), 단락번호 27; 김철수, 헌법학개론, 박영사, 2004, 1359면; 同人, 통치행위의 이론과 실제(상), 법조(1968.6), 22-23면; 정하중, 행정법총론, 11면; 허영 교수는 「권력분립론에 입각한 내재적 한계설」이라 한다(허영, 통치행위에 대한 법이론적 고찰, 새법정(1972.9), 9면))도 있다. 특히 한견우 교수는 내재적 한계설은 사법권 내부의 문제를 중심으로 파악하는 것인데 반하여 권력분립설은 사법권과 행정권 및 입법권과의 관계에 중점을 둔 이론이라고 강조하면서 이의 구별을 강조한다(한견우, 행정법(1), 홍문사, 1997, 76면 각주 20) 참조). 생각건대 내재적 한계의 의미와 권력분립의 의미는 '한계'의 의미와 '제한'의 의미가 다른 것이라면(예컨대 기본권의 제한(Begrenzung)과 기본권의 내재적 한계(immanente Schranken)), 제한의 의미를 지니는 권력분립과 내재적 한계는 서로 다른 뜻을 함축하고 있다고 볼 수 있다. 즉 내재적 한계설은 사법권의 내부에 그리고 권력분립설은 사법부의 외부권력과의 관계에 초점을 맞춘 것이며(同旨 김용섭, 통치행위에 대한 사법적 통제, 고시연구(2000.10), 96면), 이는 오히려 법의 근본정신 및 '정치적 합목적성'(김동희, 행정법(I), 9면)에 입각하여 사법부의 한계성(사법부 스스로의 자율적 통제)을 인정하는 학설인 사법부자제설(자율적 통제, 내재적 한계)과 밀접한 관계가 있다고 보여진다. 다만 저자는 편의상 권력분립설과 내재적 한계설을 동일한 의미로 사용하고자 한다.
2) 박윤흔, 행정법강의(상), 16면.
3) 문홍주, 김도창, (상), 74면; 박윤흔, 행정법강의(상), 16면(다만 박윤흔 교수는 내재적 한계설과 권력분립설을 구분하는 입장이다); 이상규, 신행정법론(상), 법문사, 1996, 67면; 석종현교수도 내재적 한계설과 권력분립설을 다르게 설명한다(석종현, 일반행정법(상), 14면).

로 책임을 지지 않는 법관이 재판절차에 의하여 사법적으로 판단하는 것은 타당하지 않다고 하지만,[1] 기능적 측면에서의 법원의 판단범위는 원칙적으로 통치행위의 정치적 當좀를 판단하는 것이 아니고 통치행위 속에 내포되어 있는 법적 측면만을 심사하는데 그치는 것이며, 따라서 이는 오히려 법원의 책임을 명백히 하는 것이 된다.[2] 왜냐하면 타기관에 의하여 행해진 법적 행위를 법적인 문제로서 심사하고 그 위법성을 판단하는 것이기 때문이다.[3] 결국 국민주권주의에 입각한 권력분립상의 내재적 한계나 제약을 근거로 하여 통치행위에 법률적인 가치판단이 있음에도 불구하고 통치행위는 법원의 관할 내에 속하지 않는다는 주장은 무엇이 법인가? 즉 정의(법)를 선언하는 작용이 사법권의 본질적 기능이라는 점에 착안하여 볼 때, 그 스스로 논리적 모순을 내포하고 있다.[4] 특히 사법심사에서 제외되는 통치행위의 근거를 권력분립의 내재적 한계에서 구하려는 논거 자체가, 오히려 권력분립의 기본원리를 부정하는 결과를 가져온다는 비판을 면할 수 없으며,[5] 이 권력분립이론은 특히 기본권문제와 결부될 경우에는 더욱더 그 설득력을 상실하게 된다. 왜냐하면 권력분립이론 그 자체가 국민의 기본권 보장을 위하여 두고 있는 제도이며,[6] 사법부의 본질적 기능은 국가작용이 헌법과 법률에 위반하여 개인의 자유와 권리를 침해하였을 경우

---

1) 금동익, 통치행위의 사법적 통제, 서울대학교 대학원(1984), 38면; 고문현, 통치행위론, 경북대학원(1985.12), 52면.
2) 김철수, 통치행위의 이론과 실제(하), 법조(1968.6), 35-36면; 同人, 통치행위론, 영남대 학술논총, 10집(79.2), 98면; 신재현, 통치행위론, 고시계(1974.8), 22면; 홍성방, 헌법상 통치행위의 법리에 관한 연구, 고려대학교 대학원(1976.11), 53면; 주용진, 통치행위에 관한 비교법적 고찰, 연세대학교 행정대학원(1978), 17면; 김용각, 통치행위론에 관한 비판 소고, - 한국의 통치행위론을 중심으로 -, 연세대학교 행정대학원(1980.7), 56면; 고문현, 통치행위론, 경북대학원(1985.12), 52면; 김치영, 통치행위에 관한 사법심사의 한계, 동아대학교 대학원(1986.12), 62면; 홍봉규, 통치행위에 관한 연구 - 사법적 심사를 중심으로 -, 경기대 대학원(1987.6), 68면; 김경범, 통치행위에 관한 연구, - 사법적 통제를 중심으로 -, 한양대학교 대학원, 1990, 58면.
3) 김철수, 통치행위론, 영남대 학술논총, 10집(79.2), 98면; 김용각, 통치행위론에 관한 비판 소고, - 한국의 통치행위론을 중심으로 -, 연세대학교 행정대학원(1980.7), 55면; 금동익, 통치행위의 사법적 통제, 서울대학교 대학원(1984), 38면; 김경범, 통치행위에 관한 연구, - 사법적 통제를 중심으로 -, 한양대학교 대학원, 1990, 58면.
4) 한상범, 사법권의 한계와 통치행위론, 사법행정(1988.4), 29면 참조.
5) 서원우, 통치행위론, 법정(1976.5), 17면; 금동익, 통치행위의 사법적 통제, 서울대학교 대학원(1984), 38면; 고문현, 통치행위론, 경북대학원(1985.12), 53면; 박주용, 통치행위에 관한 연구, 성균관대학교 대학원(1987.12), 48면; 홍봉규, 통치행위에 관한 연구 - 사법적 심사를 중심으로 -, 경기대 대학원(1987.6), 68면; 이재삼, 통치행위에 관한 연구, 경원전문대학 논문집(1997), 제19집 제2호, 670면; 곽종영, 통치행위와 사법심사, 사회과학연구(제7집), 1995, 35면.
6) 서원우, 통치행위론, 법정(76.5), 17면.

에는 바로 그것을 억제하는 것을 본질로 삼고 있기 때문이다.[1] 특히 권력분립설에 대하여 미국의 Post판사는 다음과 같이 비판하고 있다. 「… 첫째 헌법은 사법권이 무엇을 의미하는가를 구체적으로 규정하고 있지 않다. 따라서 헌법상의 규정에 의거하여 법원은 의회가 제정한 법률만을 적용하는 것만이 그의 권한이라고 해석할 수 없다. 다이시(A. V. Dicey)가 말한 바와 같이 "판례법이 진실한 법이다"라는 이론이 미국에서도 적용될 수 있다는 점, 둘째, 권력분립이론의 목적은 독재를 방지하기 위한 것이니 그러한 우려가 없는 경우에는 그 타당성의 한계가 있다. 셋째, 지금까지의 판례를 검토해 보면, 법원이 정치문제의 이론을 인용한 참된 동기는 권력분립이론에 있는 것이 아니었다」고 말한다.[2]

[소결] 결론적으로 권력분립의 원칙을 소극적으로 파악하지 않고 적극적으로 파악하면, 오히려 국가기관 상호간은(예컨대 사법부는 행정부 및 입법부에 대하여) 적극적으로 개입함으로서 이들 사이에 견제와 균형(check and balance)을 취하는 것이 오히려 권력분립의 이념에 타당하다고 볼 수 있다.

### 3. (자유)재량행위설
#### 3.1. 내용

통치행위는 정치행위이며, 정치행위는 일반적으로 헌법규정(Verfassungsregelung)에 의하여 행하는 집권자의 자유재량행위이므로, 처음부터 사법심사의 대상이 되지 않는다는 학설이다. 자유재량행위설은 통치행위는 정치문제이고 정치문제는 행정부의 자유재량에 속하는 행위이므로 사법심사의 대상에서 제외된다는 것이다. 그러나 행정행위 중 자유재량행위가 처음부터 사법심사의 대상에서 제외된다는 이론은 과거 행정소송사항에 관하여 열기주의를 채택한 독일이나 일본의 경우에 통용된 고전적 이론이다. 오늘날은 자유재량행위도 사법심사의 대상이 되며, 재량을 단순히 그르친 때에는 「부당」에 그쳐 소송은 기각되지만, 재량을 일탈·남용한 때에는 「위법」이 되어 인용판결을 받게 된다. 그리하여 오늘날은 자유재량행위는 사법심사의 대상의 문제가 아니고 사법심사의 범위(한계)의 문제로 다루어진다. 그런데 통치행위는 그 자체를 사법심사에서 제외한다는 데 의미가 있으며, 일단 통치행위로 인정되면 비록 남용하거나 일탈되더라도 사법심사에서 제외되는 것이다. 따라서 이 견해에서는 통치행위는 사법심사의 대상에 관한 문제인 데도 불구하고 사법심사의 범위의 문제인 자유재량행위로 설명하려는데 한계가 있다고 하겠다.

---

1) 금동익, 통치행위의 사법적 통제, 서울대학교 대학원(1984), 38면; 한상범, 사법권의 한계와 통치행위론, 사법행정(1988.4), 29면; 고문현, 통치행위론, 경북대학원(1985.12), 53면.
2) Post, The Supreme Court and Political Question, The Johnes Hopkins UnIV. Press, 1936; 김철수, 현대헌법론, 박영사, 1979. 905-906면.

### 3.2. 비판

자유재량행위설은 사법심사의 대상문제(reviewability ; 통치행위)와 사법심사의 범위문제(scope of review ; 자유재량행위)를 혼동하고 있다는 단점이 있고, 또한 통치행위를 사법심사의 대상에서 제외하는 타당성의 근거를 충분하게 제시하지 못하고 있다.[1] 왜냐하면 자유재량행위는 재량권의 한계를 넘어서 행사되지 않는 한, (애초부터) 위법성의 문제를 발생하지 않아 사법심사의 대상이 되지 않는 것이지만, 통치행위는 이미 위법성을 내포하고 있으나, 그 위법성에 대한 판단을 법원이 행하지 않는 경우에 발생하는 문제[2]를 다루는 것이기 때문에 자유재량행위설을 통치행위의 사법심사의 한계의 타당성의 근거로 삼는 것은 논리적 모순이 있다. 즉 통치행위는 사법심사의 대상(reviewabilty)에 관한 문제임에도 사법심사의 범위(scope of review)에 관한 문제인 재량행위로 설명하려는데 이 설의 문제점이 있다.[3] 실제로는 통치행위의 성질을 갖는 국가행위는 대부분이 자유재량행위일 것이나, 양자는 개념의 형성방법이, 또 자유재량행위에 있어서는, 재량권의 한계나 절차의 위법의 문제가 생길 수 있으나 통치행위는 그러한 법리가 일반적으로 통용되지 않는다.[4] 따라서 자유재량행위와 통치행위는 명백히 구별되어야만 할 것이다. 그리고 이 설은 자유재량행위와 통치행위를 구별하지 않고 있으나 양자는 애초부터 개념의 구성방법이 다르며, 또 자유재량행위에 있어서는 재판권의 한계나 절차의 위법의 문제가 생길 수 있으나 통치행위에는 그러한 법리는 일반적으로 적용하지 않는다.[5] 즉 자유재량행위에 대하여 사법심사를 하지 않는 것은 자유재량행위가 당연히 사법심사의 대상에서 제외되는 것이 아니라 재량권의 한계 내에서 이루어진 자유재량행위인한 설령 재량을 그르친 경우라고 하더라도 부당의 문제가 되는데 그치고, 위법성의 문제는 생기지 아니하기 때문에 행정소송의 대상이 되지 않는다는 의미이며,[6] 따라서 재량행위도 재량권의 남용・일탈이 있는 경우에는 사

---

[1] 김백유, 헌정 및 행정법치연구, 한성대학교 출판부, 2006, 756면 이하 참조.
[2] 성낙인, 통치행위론, 고시연구(1993.10), 65면; 김철수, 통치행위론, 영남대 학술논총, 10집(79.2), 96면; 同, 헌법학개론, 박영사, 2004, 1363면.
[3] 구병삭, 통치행위와 사법심사, 월간고시(1975.10), 22면; 이상규, 신행정법론(상), 법문사, 1996, 67면; 박윤흔, 행정법강의(상), 16면; 김영문, 통치행위에 관한 일고찰, 원광대학교 대학원(1984.12), 39면; 홍봉규, 통치행위에 관한 연구 - 사법적 심사를 중심으로 -, 경기대 대학원(1987.6), 70면.
[4] 한동섭, 헌법, 박영사, 1983, 362면.
[5] 주용진, 통치행위에 관한 비교법적 고찰, 연세대학교 행정대학원(1978), 21면; 박주용, 통치행위에 관한 연구, 성균관대학교 대학원(1987.12), 50면; 김철수, 헌법학개론, 박영사, 2004, 1363면.
[6] 금동익, 통치행위의 사법적 통제, 서울대학교 대학원(1984), 41면; 김영문, 통치행위에 관한 일고찰, 원광대학교 대학원(1984.12), 39면; 홍봉규, 통치행위에 관한 연구 - 사법적 심사를 중심으로 -, 경기대 대학원(1987.6), 70면.

법심사의 대상이 됨은 물론이요, 이는 위법이 되어 인용판결(취소판결)이 내려지게 된다.[1] 그러나 통치행위는 그 자체를 사법심사의 대상에서 제외한다는 의미인바, 일단 통치행위가 인정되면 비록 그것이 남용·일탈(유월)이 있다 할지라도 사법심사의 대상에서 제외시킨다는 점에서 자유재량행위와 통치행위는 근본적인 차이가 있다.[2] 이와 같이 자유재량행위설은 통제의 한계가 될 기준과 범위가 모호[3]하기 때문에 통치행위의 법이론적 근거로 삼기에는 부족하다는 문제가 있다.[4]

윌로우비(Willoughby)의 견해에 대해서는 자유재량권의 초과가 존재하는 경우에 그것을 통제할 수 있다는 일반원칙이 왜 정치문제에는 적용되지 않는가를 명백히 설명할 수 없다는 비판,[5] 하트(Hart)의 견해에 대해서도 재량은 법의 규범 내에서 인정되고, 따라서 법에 위반하는 재량은 인정될 수 없는 것인 바, 정치문제는 법의 규범 내에서 사법심사를 받아야만 되는 것으로 됨에도 불구하고 그 문제에 관한 한, 적법, 위법의 심사를 받지 않는 정치문제를 설명하고 있지 않다는 비판이 있다.[6] 독일의 스멘트(R. Smend)는 자유재량행위설의 입장은 통제의 한계가 될 재량행위의 기준 및 그 범위가 명확하지 않기 때문에 통치행위를 사법심사의 대상에서 제외하는 것을 설명하는데 불충분하다고 비판한다.[7]

---

1) 이상규, 신행정법론(상), 법문사, 1996, 67면; 김동희, 행정법(I), 11면; 박윤흔, 행정법강의(상), 16면; 김용각, 통치행위론에 관한 비판 소고, - 한국의 통치행위론을 중심으로 -, 연세대학교 행정대학원(1980.7), 58면.
2) 김철수, 통치행위의 이론과 실제(하), 법조(1968.7), 34면; 同人, 헌법학개론, 박영사, 2004, 1363면; 성낙인, 통치행위론, 고시연구(1993.10), 65면; 이상규, 신행정법론(상), 법문사, 1996, 67면; 정하중, 행정법총론, 11면; 김남진·김연태, 행정법 I, 9면; 김용각, 통치행위론에 관한 비판 소고, - 한국의 통치행위론을 중심으로 -, 연세대학교 행정대학원(1980.7), 58면; 금동익, 통치행위의 사법적 통제, 서울대학교 대학원(1984), 41면; 홍봉규, 통치행위에 관한 연구 - 사법적 심사를 중심으로 -, 경기대 대학원(1987.6), 70면; 곽종영, 통치행위와 사법심사, 사회과학연구(제7집), 1995, 36면; 백윤철·이광진, 헌법상 통치행위에 관한 연구, 동양대학교 논문집(1999.6), 423면.
3) R. Smend, Die politische Gewalt in Verfassungsstaat und das Problem der Staatsform, in: Staatsrechtliche Abhandlungen, 2. Aufl., 1968, S. 78 f.
4) 허영, 통치행위에 대한 법이론적 고찰, 새법정(1972.9), 9면.
5) 김철수, 통치행위의 이론과 실제(상), 법조(68.6), 25면; 同人, 통치행위론, 영남대 학술논총, 10집(79.2), 92면; 김경범, 통치행위에 관한 연구, - 사법적 통제를 중심으로 -, 한양대학교 대학원, 1990, 54면.
6) 김철수, 통치행위의 이론과 실제(하), 법조(1968.7), 34면; 김경범, 통치행위에 관한 연구, - 사법적 통제를 중심으로 -, 한양대학교 대학원, 1990, 55면.
7) 허영, 통치행위에 대한 법이론적 고찰, 새법정(1972.9), 9면; 김경범, 통치행위에 관한 연구, - 사법적 통제를 중심으로 -, 한양대학교 대학원, 1990, 55면.

## 4. 법해석론적(이론적) 입장·법정책론적(사실적) 입장

### 4.1. 법해석론적(이론적) 입장 : 통치행위 부정

통치행위에 대해서 법해석론이라는 이론적 입장과 법정책론이라는 사실적 입장에 따라 결론이 달라진다. 법해석론적 입장에서 보면 다음과 같은 이유에서 통치행위 부인론이 논리적이다. 1) 법원은 행정처분에 대한 위헌·위법심사권을 가지고 있다(헌법 제107조 제2항 법원조직법 제7조 제1항). 2) 헌법은 국민에게 재판청구권을 보장하고 있다(헌법 제27조 제1항). 3) 사법적 심사의 대상에서 제외되어야 할 국가적 행위는 헌법 자체가 명문으로 규정하는 경우(예, 헌법 제64조 제4항의 국회의원에 대한 국회의 자격심사와 징계처분 등)를 제외하고는 인정할 수 없다. 4) 헌법재판소는 국민의 기본권을 침해하는 공권력의 행사·불행사에 대한 헌법소원의 심판권이 인정된다(헌법 제111조 제1항 제5호).

### 4.2. 법정책론적(사실적) 입장 : 통치행위 긍정

법정책론적 입장에서 보면, 통치행위 긍정설이 합목적적이다. 즉 통치행위가 가지고 있는 고도의 정치성을 고려한다면, 그것을 사법적 심사의 대상으로 하는 것보다 정치적 비판의 대상으로 남겨두는 것이 더욱 합목적적이라는 것이다. 여기서 합목적적이라는 의미는 결국 내재적한계설과 권력분립설을 함께 내포한 사법부자제설로 이해된다. 따라서 사법부자제란 자의적 자제를 의미하는 것이 아니라 내재적 한계와 권력분립에 따라 통치행위를 사법심사에서 제외하게 된다. 따라서 사법부가 통치행위를 사법심사에서 제외하려 할 때는 그 근거로써 내재적 한계를 드는 경우도 있고 권력분립을 드는 경우도 있을 수 있다.

## IV. 통치행위의 종류

### 1. 개관

현행법상 통치행위에 해당한다고 인정되는 경우는 주로 대통령의 행위로서 절대적 통치행위와 상대적 통치행위로 나누어 볼 수 있다. 이러한 구별의 실익은 원래 통치행위를 법치주의 원리의 적용을 받지 않는 국가작용으로 이해하였지만, 경우에 따라서는 부분적이나마 법치주의 원리의 적용을 받게 된다는 데 있다.

### 2. 절대적(絶對的) 통치행위

[자유재량행위] 절대적 통치행위란 그 성질상 절대적으로 사법적 심사의 대상이 될 수 없는 통치행위를 말한다. 이러한 행위로는, (ㄱ) 국가안위에 관한 중요정책을 국민투표에

붙이는 행위(헌법 제72조), (ㄴ) 법률안에 대한 재의의 요구(헌법 제53조 제2항), (ㄷ) 외교에 관한 행위(헌법 제73조), 예컨대 외국의 승인, 외교사절의 신임과 접수, 그리고 헌법(제60조 제1항)에 규정하지 아니한 조약의 체결 등 일반외교에 관한 것들이 이에 해당한다. 이러한 행위들에 대해서는 헌법도 법률도 그 내용이나 절차를 규정하고 있지 않기 때문에, 대통령이 그야말로 재량에 의해 자유로이 행사할 수 있다. 따라서 그러한 대통령의 행위에 대해서는 사법적 통제가 허용되지 않는다.

   [절대적 통치행위] : 국회의 승인·동의를 구하지 않는 경우
    - 국가안위에 관한 중요정책을 국민투표에 부치는 행위(헌법 제72조),
    - 법률안에 대한 재의의 요구(헌법 제53조 제2항)
    - 외교에 관한 행위(헌법 제73조) : 예컨대 외국의 승인, 외교사절의 신임과 접수, 헌법(제60조 제1항)에 규정하지 아니한 조약의 체결 등 일반외교에 관한 것

    ▶ 판례〉 이 사건 법률의 위헌여부를 판단하기 위한 선결문제로서 신행정수도건설이나 수도이전의 문제를 국민투표에 붙일지 여부에 관한 대통령의 의사결정이 사법심사의 대상이 될 경우 위 의사결정은 고도의 정치적 결단을 요하는 문제여서 사법심사를 자제함이 람직하다고는 할 수 있고, 이에 따라 그 의사결정에 관련된 흠을 들어 위헌성이 주장되는 법률에 대한 사법심사 또한 자제함이 바람직하다고는 할 수 있다(헌재결 2004. 10. 21, 2004헌마554). ※신행정수도건설이나 수도이전의 문제를 국민투표에 붙일지 여부에 관한 대통령의 의사결정 → 통치행위 인정

### 3. 상대적(相對的) 통치행위

  [국회의 승인이나 동의·헌법과 법률에 구속] 상대적 통치행위라 함은 비록 고도의 정치적 성격을 띤 행정부의 행위이기는 하지만, 법에 의하여 일정한 제약을 받고 있는 통치행위를 말한다. 이렇게 법에 의해서 일정한 제약을 가하고 있는 이유는 결국 통치행위가 국민의 기본권 보장에 중대한 영향을 미치기 때문이다. 이러한 상대적 통치행위로서 헌법이 국회의 승인 또는 동의를 얻도록 하고 있는 경우도 있고, 헌법이나 법률에 그 내용과 절차 등 요건을 구체적으로 규정하는 경우도 있다. 따라서 이러한 상대적 통치행위는 헌법과 법률에 기속되고, 헌법과 법률의 규정에 위반될 경우는 각각 헌법상의 책임이나 법률상의 책임을 지게 된다. (ㄱ) 국회의 승인이나 동의를 요건으로 한다는 의미에서의 상대적 통치행위로서는 선전포고와 강화의 체결(헌법 제60조), 국무총리의 임명(헌법 제86조 제1항) 등을 들 수 있다. (ㄴ) 헌법과 법률에 구속된다는 의미에서의 상대적 통치행위는 다음과 같은 것들이 있다. 사면·감형·복권의 행사(헌법 제79조), 영전수여권의 행사(헌법 제80조), 계엄의 선포(헌법 제77조 제1항), 긴급재정·경제처분이나 명령 또는 긴급명령권(헌법 제76조 제1항·제2항), 국군의 통수(헌법 제74조) 등을 들 수 있다.

▶ 상대적 통치행위 : 국회의 승인 · 동의
  − 선전포고와 강화의 체결(헌법 제60조)
  − 국무총리의 임명(헌법 제86조 제1항)
▶ 상대적 통치행위 : 헌법 · 법률에 구속
  − 사면 · 감형 · 복권의 행사(헌법 제79조)
  − 영전수여권의 행사(헌법 제80조)
  − 계엄의 선포(헌법 제77조 제1항)
  − 긴급재정 · 경제처분이나 명령 또는 긴급명령권(헌법 제76조 제1항 · 제2항)
  − 국군의 통수(헌법 제74조)

## V. 통치행위의 한계(범위)

[통치행위의 한계 : 헌법원리에 의한 구속, 법익의 형량, 합목적성판단] 통치행위의 문제는 법률적 측면과 동시에 정치적 측면이 서로 밀접하게 결부되어 있고, 또한 그것이 고도의 정치성을 띠고 있다는 데 통치행위의 출발점이 있다. 따라서 이러한 통치행위에 대한 한계문제는 통치행위를 인정하는 입장에서 그 범위를 지나치게 확대하지 않는다는 통치행위 범위의 문제로 이야기된다. 통치행위는 일반적으로 사법적 통제를 따르지 않는 것이 더욱 합목적적이라고 인정할 때, 그 사법적 통제를 배제하는 한계를 구체적으로 잡아 둘 필요가 있다. 왜냐하면 고도의 정치적 성질을 띤 행위라고 해서 전적으로 면책행위가 된다든지, 무제한의 자유를 인정해서는 안 될 것이기 때문이다. 따라서 통치행위를 합리적으로 인정하기 위한 보다 객관적인 일정한 기준을 찾는 노력이 있어야 할 것이다. 이러한 시각에서, (ㄱ) 헌법원리에 의한 구속, (ㄴ) 법익의 형량, (ㄷ) 합목적성판단 등 세 가지 한계가 제시되고 있다. 이는 아무리 통치행위라고 해도, 헌법상 원리 · 원칙(국민주권의 원리, 민주주의의 원리, 법치국가 원리, 형평의 원칙, 비례의 원칙(적합성 · 필요성 · 상당성의 원칙), 명확성의 원칙 또는 헌법적 가치(사법권 독립, 법치주의, 조국의 평화적 통일 등)에 위배되어서는 안된다. 이런 의미에서 통치행위는 '법률과 명령'으로부터 자유로운 행위일 따름이지, 결코 '헌법'으로부터 자유로운 행위가 아니다.[1] 또한 통치행위는 결국 합목적적 판단에 의하여 객관적 설득력을 가질 수 있는 행위이어야 한다. 그리고 비록 합목적성을 가지는 경우로써 통치행위로 인정된다 할지라도, 그 행위에 법적 근거와 절차 등이 헌법이나 법령에 명문으로 규정

---

1) 이러한 점에서 통치행위는 법원에 의한 사법심사의 대상에서는 제외되지만, 국회나 국민여론에 의한 정치적 통제까지 면할 수는 없을 것이다.

된 경우에는 합목적성을 이유로 사법적 통제를 면할 수 없다. 「**통치행위의 한계**」: (ㄱ) 헌법원리·원칙의 존중, (ㄴ) 헌법질서를 침해하지 않는 범위내에서, (ㄷ) 헌법가치의 존중

[**통치행위의 범위**] 통치행위의 범위와 관련하여 오늘날은 과거에 비해 축소되고 있다. 프랑스에서는 그 범위가 좁아져 원칙적으로 국제관계와 의회의 의사행위에만 한정되고 있다. 영국에서는 원칙적으로 대외관계의 행위에 한정되고 국민의 자유와 재산에 관한 행위에는 미치지 아니하며, 미국에 있어서도 정치생활 분야의 문제에 국한된다. 또한 독일의 경우도 헌법생활(정치기관 상호간 또는 정치적 세력의 대립과 항쟁과정)의 영역에 속하는 국가 지도적 행위에 한정하고 있다. 생각건대 통치행위의 관념은 사법절차에 의한 개인의 권리구제를 부정할 뿐만 아니라 법원의 행정사건에 대한 심사권을 부정하는 것이므로, 통치행위의 범위는 극히 제한적으로 해석하여야 한다. 특히 헌법이 국민에게 재판청구권을 보장하고(헌법 제27조), 국회의원의 자격심사·징계·제명처분을 사법심사의 대상에서 제외한(헌법 제64조 제4항) 이외에는 개괄주의를 취하여 법원에 모든 법률적 쟁송에 대한 재판권을 부여한 것을 보아 국민의 기본권 보장을 유명무실하게 하거나 적어도 실정법에 명문의 규정이 있고 그에 관한 심사를 통하여 구체적 분쟁의 해결이 가능한 한 사법심사를 배제할 수 없고, 이러한 원칙에 벗어나지 않는 범위내에서만 극히 한정적으로 인정하여야 할 것이다. 이러한 입장에서 헌법상의 작용으로 대통령의 국민투표회부권(헌법 제72조), 외교에 관한 행위(동 제73조), 군사에 관한 행위(동 제74조), 긴급재정경제처분이나 명령 또는 긴급명령권의 행사(동 제76조. 단 국민의 기본권침해와 직접 관련되는 경우에는 제외), 계엄의 선포(동 제77조), 사면권의 행사(동 제79조), 영전수여권의 행사(동 제80조), 국무위원 등의 임면(동 제86·87조), 법률안에 대한 거부권행사(동 제53조 제2항)와 국회의 의사 및 국회의원자격심사·징계·제명처분(동 제64조) 등을 통치행위에 해당한다고 보아도 무방할 것이다.

▶ 헌재결 1996. 2. 29, 93헌마186【긴급재정명령 등 위헌확인】헌법재판소는 금융실명제실시를 위한 긴급재정명령등 위헌사건[1]에서 긴급재정경제명령은 **기본권제한의 한계**로서 과잉금지원칙을 준수하여 필수불가결한 최소한도 내에서 헌법이 정한 절차에 따라 행사되어야 한다고 하였다.

【판시사항】

가. 통치행위(대통령긴급재정경제명령)의 헌법재판 대상성(對象性)

나. 국회의 탄핵소추의결 부작위에 대한 위헌확인소원이 적법한 것인지 여부

다. 긴급재정경제명령(緊急財政經濟命令)의 발동요건

【결정요지】

---

[1] 헌재결 1996. 2. 29, 93헌마186【긴급재정명령 등 위헌확인】

가. 대통령의 긴급재정경제명령은 국가긴급권의 일종으로서 고도의 정치적 결단에 의하여 발동되는 행위이고 그 결단을 존중하여야 할 필요성이 있는 행위라는 의미에서 이른바 통치행위에 속한다고 할 수 있으나, 통치행위를 포함하여 모든 국가작용은 국민의 기본권적 가치를 실현하기 위한 수단이라는 한계를 반드시 지켜야 하는 것이고, 헌법재판소는 헌법의 수호와 국민의 기본권 보장을 사명으로 하는 국가기관이므로 비록 고도의 정치적 결단에 의하여 행해지는 국가작용이라고 할지라도 그것이 국민의 기본권 침해와 직접 관련되는 경우에는 당연히 헌법재판소의 심판대상이 된다.

나. 부작위위헌확인소원은 기본권보장을 위하여 헌법상 명문으로 또는 헌법의 해석상 특별히 공권력 주체에게 작위의무가 규정되어 있어 청구인에게 그와 같은 작위를 청구할 헌법상 기본권이 인정되는 경우에 한하여 인정되는 것인바, 헌법 제65조 제1항은 국회의 탄핵소추의결이 국회의 재량행위임을 명문으로 밝히고 있고 헌법해석상으로도 국정통제를 위하여 헌법상 국회에게 인정된 다양한 권한 중 어떠한 것을 행사하는 것이 적절한 것인가에 대한 판단권은 오로지 국회에 있다고 보아야 할 것이며, 나아가 청구인에게 국회의 탄핵소추의결을 청구할 권리에 관하여도 아무런 규정이 없고 헌법해석상으로도 그와 같은 권리를 인정할 수 없으므로, 국회에게 대통령의 헌법 등 위배행위가 있을 경우에 탄핵소추의결을 하여야 할 헌법상 작위의무가 있다 할 수 없어 국회의 탄핵소추의결 부작위에 대한 위헌확인소원(違憲確認訴願)은 부적법하다.

다. 긴급재정경제명령은 정상적인 재정운용·경제운용이 불가능한 중대한 재정·경제상의 위기가 현실적으로 발생하여(그러므로 위기가 발생할 우려가 있다는 이유로 사전적·예방적으로 발할 수는 없다) 긴급한 조치가 필요함에도 국회의 폐회 등으로 국회가 현실적으로 집회될 수 없고 국회의 집회를 기다려서는 그 목적을 달할 수 없는 경우에 이를 사후적으로 수습함으로써 기존질서를 유지·회복하기 위하여(그러므로 공공복지의 증진과 같은 적극적 목적을 위하여는 발할 수 없다) 위기의 직접적 원인의 제거에 필수불가결한 최소의 한도 내에서 헌법이 정한 절차에 따라 행사되어야 한다.[1]

【주문】 이 사건 심판청구 중 국회의 탄핵소추의결 부작위에 대한 부분을 각하하고, 금융실명거래및비밀보장에관한긴급재정경제명령(대통령 긴급재정경제명령 제16호)에 대한 부분을 기각한다.

[판례평석] 헌법재판소는 1993년 8월 12일에 발한 「금융실명거래 및 비밀보장에 관한 긴급재정경제명령」에 관하여 「고도의 정치적 결단에 의한 행위로서 그 결단을 존중하여야 할 필요성이 있는 행위라는 의미에서 이른바 통치행위의 개념을 인정할 수 있고, 대통령의 긴급재정경제명령은 일종의 국가긴급권으로서 대통령의 고도의 정치적 결단을 요하고 가급적 그 결단이 존중되어야 할 것임은 법무장관의 의견과 같다」고 하여 사법심

---

1) 헌재결 1996. 2. 29, 93헌마186【긴급재정명령 등 위헌확인】

사의 대상에서 제외되는 통치행위의 관념을 인정하고 있다. 「그러나 이른바 통치행위를 포함하여 모든 국가작용은 국민의 기본권적 가치를 실현하기 위한 수단이라는 한계를 반드시 지켜야 하는 것이고, 헌법재판소는 헌법의 수호와 국민의 기본권보장을 사명으로 하는 국가기관이므로 비록 고도의 정치적 결단에 의하여 행해지는 국가작용이라 할지라도 그것이 국민의 기본권침해와 직접 관련되는 경우에는 당연히 헌법재판소의 심판대상이 될 수 있는 것일 뿐만 아니라, 긴급재정경제명령은 법률의 효력을 갖는 것이므로 마땅히 헌법에 기속되어야 할 것이다. 따라서 이 사건 긴급명령이 통치행위이므로 헌법재판의 대상이 될 수 없다는 법무장관의 주장은 받아들일 수 없다」고 하여, 비록 통치행위에 해당하는 국가작용일지라도 국민의 기본권 침해와 관련되는 경우에는 헌법재판의 대상이 된다는 입장을 취하고 있다.[1]

[소결] 이와 같이 통치행위가 인정된다고 할 지라도 그것이 완전히 면책행위가 된다거나 무제한의 자유행위는 아니다. 통치행위가 헌법이나 법률에 위반되는 경우에는 탄핵소추의 대상이 되며, 따라서 통치행위는 극히 한정적으로 인정되어야 한다. 왜냐 하면 헌법상 보장되는 국민의 재판청구권(헌법 제27조 제1항)과 법원의 처분명령심사권(헌법 제107조 제2항)을 유명무실하게 만들 염려가 있다. 헌법 제27조 제1항은 "모든 국민은 헌법과 법률이 정한 법관에 의하여 법률에 의한 재판을 받을 권리를 가진다." 헌법 제107조 제2항은 "명령·규칙·처분이 헌법이나 법률에 위반되는 여부가 재판의 전제가 된 경우에는 대법원은 이를 최종적으로 심사할 권한을 가진다."고 규정하고 있다. 결국 통치행위는 법치주의적 요소와 민주주의적 요소의 타협과 조화의 관념으로서 종국적으로는 법원이 구체적 사안의 법률적 측면과 정치적 측면을 고려하여 개별적으로 판단하여야 할 것이다. 바로 여기서 인권보장의 보루(堡壘)로서의 역할을 법원이 담당하고 있음을 간과할 수 없는 이유이기도 하다.

▶판례〉 대통령의 의사결정이 국민의 기본권침해와 직접 관련되는 경우에는 헌법재판소의 심판대상이 될 수 있고, 이에 따라 의사결정과 관련된 법률도 헌법재판소의 심판대상이 될 수 있다(헌재결 2004. 10. 21, 2004헌마554).

## VI. 통치행위의 효과

### 1. 통치행위의 적법성통제

통치행위는 사법적 통제를 받지 않는 행위이다. 따라서, 통치행위는 행정소송 및 일반소송의 대상도 되지 않는다. 통치행위에 대해 행정소송(취소소송)을 제기할 수 없다는 것

---

[1] 헌재결 1996. 2. 29, 93헌마186 【긴급재정명령 등 위헌확인】

은 그에 의한 적법성 통제를 받지 않는다는 뜻이다. 따라서 위법성에 관한 판단을 법적으로 할 수 있는 방법은 없다. 또한 통치행위의 적법성 여부를 선결문제의 형식으로 다툴 수도 없다. 통치행위라는 이유로 헌법재판소에 의한 헌법소원의 대상에서 제외할 수 있는가 하는 점이 문제된다. 헌법재판은 유동적인 정치생활을 헌법규범적으로 해결하려는 것이기 때문에, 정치적 성질을 띤 통치행위를 헌법재판의 대상에서 포함시킬 수 있다.

우리 헌법재판소는 지방자치단체의長 선거불공정위헌사건에서 「… 대통령의 법률안 제출행위는 국가기관간의 내부적 행위에 불과하므로 국민에 대하여 직접적인 법률효과를 발생시키는 행위가 아니므로 헌법재판소법 제68조에서 말하는 공권력의 행사에 해당하지 않으며,[1] 헌법소원 이후 법률이 개정되어 구법에 따른 피청구인의 작위의무가 소멸됨으로써 권리보호이익이 없다」[2][3]고 하여 각하하였다. 그러나 앞에서 살펴본바와 같이 금융실명거래및비밀보장에관한긴급재정경제명령위헌사건[4]에서는 통치행위의 심판대상성을 인정하였으나, 긴급재정명령이 헌법 제76조의 요건과 한계에 부합한다고 보았다.

▶ 헌재결 1996. 2. 29, 93헌마186【긴급재정명령 등 위헌확인】대통령의 긴급재정경제명령은 국가긴급권의 일종으로서 고도의 정치적 결단에 의하여 발동되는 행위이고 그 결단을 존중하여야 할 필요성이 있는 행위라는 의미에서 이른바 통치행위에 속한다고 할 수 있으나, 통치행위를 포함하여 모든 국가작용은 국민의 기본권적 가치를 실현하기 위

---

1) 헌재결 1994. 8. 31, 92헌마174【지방자치단체의장선거일불공고 위헌확인 등】공권력의 행사에 대하여 헌법소원심판을 청구하기 위하여는, 공권력의 주체에 의한 공권력의 발동으로서 국민의 권리의무에 대하여 직접적인 법률효과를 발생시키는 행위가 있어야 한다. 그런데 대통령의 법률안 제출행위는 국가기관간의 내부적 행위에 불과하고 국민에 대하여 직접적인 법률효과를 발생시키는 행위가 아니므로 헌법재판소법 제68조에서 말하는 공권력의 행사에 해당되지 않는다.
2) 헌재결 1994. 8. 31, 92헌마174【지방자치단체의장선거일불공고 위헌확인 등】헌법소원심판청구 당시 권리보호의 이익이 인정되더라도, 심판계속중에 생긴 사정변경 즉 사실관계 또는 법령제도의 변동으로 말미암아 권리보호의 이익이 소멸 또는 제거된 경우에는, 원칙적으로 심판청구는 부적법하게 된다.
3) 헌재결 1994. 8. 31, 92헌마174【지방자치단체의장선거일불공고 위헌확인 등】이 사건 헌법소원심판 계속중에 공포된 공직선거및선거부정방지법에 의하여 선거일은 법정화되고 선거일공고제도가 폐지되었으며, 예외적인 보궐선거 등에서는 관할 선거관리위원회에서 선거일을 공고하도록 되어, 피청구인은 선거에 관한 관리사무에 일체 관여할 수 없게 되었으므로, 비록 이 사건에서 피청구인이 위 법에 의하여 폐지된 구(舊) 지방자치법 부칙과 구(舊) 지방자치단체의장선거법 부칙상 명시된 기일 이전에 지방자치단체장 선거일 공고를 하지 않은 데 대한 위헌확인이 선고되더라도 청구인들의 주관적 권리구제에 아무런 도움이 되지 않을 뿐만 아니라 동종행위의 반복위험이 없음은 물론 불분명한 헌법문제의 해명이 중대한 의미를 지니고 있는 경우에도 해당하지 아니하여 예외적인 심판청구의 이익이 있는 경우에도 해당하지 않는다.
4) 헌재결 1996. 2. 29, 93헌마186【긴급재정명령 등 위헌확인】

한 수단이라는 한계를 반드시 지켜야 하는 것이고, 헌법재판소는 헌법의 수호와 국민의 기본권 보장을 사명으로 하는 국가기관이므로 비록 고도의 정치적 결단에 의하여 행해지는 국가작용이라고 할지라도 그것이 국민의 기본권 침해와 직접 관련되는 경우에는 당연히 헌법재판소의 심판대상이 된다.

### 2. 통치행위와 손해배상

통치행위와 관련해서 개인에게 손해가 발생한 경우, 피해자는 그 손해의 배상을 법원에 청구할 수 없다. 그런데, 손해배상청구소송에 있어서 관련작용의 과실 내지 위법성을 전제로 하지 않는 위험책임 또는 무과실책임의 법리를 따를 경우, 특정인에게 발생한 특별한 손해에 대한 구제가 가능할 것인가가 문제된다. 우리나라 현행법해석상 이에 대해서 긍정적으로 검토된 경우는 없다. 그밖에 통치행위를 공공의 필요에 의한 공권력의 행사로 이해하는 경우에 행정상 손실보상을 인정할 수 있을 것이다.

## 제 4 항   행정의 분류

| 표 준 | 분 류 ||
|---|---|---|
| 성질에 의한 분류 | · 형식적 의미의 행정을 그 성질에 의하여 분류하면<br>　- 입법행위<br>　- 집행행위<br>　- 사법행위로 구분할 수 있다. ||
| 주체에 의한 분류 | 국가행정 | 국가가 직접 그 기관에 의하여 행하는 행정(관치행정) |
| | 자치행정 | 공공단체가 행하는 행정(공공단체 행정) |
| | 위임행정 | 국가 또는 공공단체가 다른 공공단체 또는 사인에게 위임하여 행하는 행성 |
| 목적에 의한 분류 | 국가목적적 행정 | - 재무행정<br>- 군사행정<br>- 외무행정<br>- 사법행정 |
| | 사회목적적 행정 | - 경찰행정(질서행정)<br>- 급부행정 |

# 제 2 장   행정법(行政法)

## 제 1 절   행정법 일반론

### I. 행정법의 개념

#### 1. 개관
##### 1.1. 의의
　행정법은 행정에 관한 여러 현상을 연구대상으로 하는 국내공법이다. 행정법의 개념을 파악하기 위해서는 행정을 먼저 이해하는 것이 요구된다. 행정법(Verwaltungsrecht, administrative law)이란 행정의 조직과 작용 및 구제에 관한 국내공법을 말한다. 즉, 국가·공공단체 등 행정주체에게 존립의 근거를 부여하고 행정주체의 기관의 설치·권한 및 기관상호간의 관계 등에 관한 법 및 국가 공공단체 등 행정주체상호간의 관계에 관한 법(이들을 행정조직법이라 할 수 있다)과, 행정주체와 사인간의 공법상 법률관계에 관한 법(이를 행정작용법이라 할 수 있다), 그리고 행정 작용에 대한 개인의 권리구제에 관한 법(이를 행정구제법이라 한다)을 총칭한다.[1] 행정법이라 칭하는 통일법전이나 통칙적 규정이 있는 것은 아니며, 행정의 조직과 작용에 관한 무수한 개별법으로 존재하나, 전체로서 공통의 지도원리를 가진 통일적 법체계를 이루고 있음에 착안하여 행정법이라고 부른다.[2]

##### 1.2. 「행정」에 관한 법
　행정법은 「행정권」을 중심관념으로 하여 행정권의 조직과 작용 및 구제에 관한 법이다. 이 점에서 국가를 중심관념으로 하는 국가의 근본조직과 근본작용에 관한 법인 헌법, 입법권을 중심관념으로 하는 입법법(국회법·국회사무처법), 사법권을 중심관념으로 하는 사법법(법원조직법 등 사법조직법, 민법·상법·형법 등 사법실체법, 민사소송법·형사소송

---

　1) 박윤흔, 행정법강의(상), 26면.
　2) 박윤흔, 행정법강의(상), 26면.

법·행정소송법 등 사법절차법)과 구별된다. 다만 이들 법은 여러 면에서 상호관련성을 갖는다. 예컨대 헌법은 국가 전체의 입장에서 행정의 조직·작용 등에 대하여도 정하고 있으며 행정형벌법 및 행정소송법은 사법법에 속하나 행정법상의 의무위반에 대한 형벌을 정하고 행정소송의 절차를 정한 점에서 특수성이 인정되며, 따라서 행정법의 일부로 행정법학의 연구대상이 되고, 그 범위에서는 행정법과 사법법은 서로 중복된다고 할 수 있다.1)

[행정조직법·행정작용법·행정구제법] 행정법은 위와 같이 행정조직법(형식적 행정법)과 행정작용법(실질적 행정법) 및 행정구제법으로 나눌 수 있는바, 행정작용법은 오늘날의 복리국가에서는 복리행정분야에서 현저히 발전을 보이고 있다.2) 행정에 관한 법, 즉 행정법규는 어느 국가에서나 아직 헌법·민법·형법과 같이 그 중심이 되는 단일법전이나 통칙적 규정을 두지 못하고, 행정의 조직과 작용 및 구제에 관한 무수한 법으로 되어 있다. 우리나라의 경우 이러한 법 중 비교적 일반법적인 것으로는 정부조직법·지방자치법·국가공무원법·지방공무원법(이상 행정조직법), 행정대집행법·경찰관직무집행법·국토이용관리법·독점규제및공정거래에관한법률·환경정책기본법·공익사업을위한토지등의취득및보상에관한법률(舊토지수용법+공공용지의취득및손실보상에관한특례법)3)·국가재정법(舊예산회계법:2007년 1월 1일부터 폐지)·지방재정법(이상 행정절차법 및 정보공개)·국가배상법·행정심판법·행정소송법(이상 행정구제법) 등을 들 수 있다. 이들 법률은 상호간에 전혀 공통성이 없는 법규같이 보이나, 결코 그러한 것은 아니다. 행정에 관한 법은 전체로서 공통의 지도원리를 가진 통일적 법체계를 구성한다.4)5)

### 1.3. 행정에 관한「공법」

행정에 관한 법이 모두 행정법인 것은 아니다. 넓게 행정이라 할 때에는 공행정권(공권력작용 및 관리작용)의 주체로서의 작용뿐만 아니라 재산권(국고)의 주체로서의 작용도 포함한다. 그런데 공권력 작용 및 관리작용에 대하여도 *私法*이 적용되는 경우가 있으며, 재

---

1) 이상규, 행정법(상), 108면.
2) 박윤흔, 행정법강의(상), 27면.
3) 공익사업을 위한 토지등의 취득과 이에 따른 손실보상제도를 합리적으로 개선하기 위하여 종전에 이원화되어 있던 토지수용법과 공공용지의취득및손실보상에관한특례법을 통합하여 공익사업을위한토지등의취득및보상에관한법률(2002. 2. 4, 법률 제6656호)이 제정됨에 따라 종전의 토지수용법은 폐지되었다.
4) 그리하여 오늘날은 각 분야별로 관계법규가 방대하여지고 내용도 전문화되어 분화·독립되는 경향을 보이고 있다. 사회보장법·토지법·환경법·경제법·조세법 등이 그 예이다. 그러나 이들은 분화·독립되더라도 행정법의 하나의 분야임에는 변함이 없다.
5) 박윤흔, 행정법강의(상), 27면.

산권(국고)의 주체로서의 작용은 원칙적으로 私法의 적용을 받는다. 그리하여 행정법은 행정에 관한 모든 법을 의미하는 것이 아니고, 행정에 관한 사법을 제외한 오직 행정에 고유한 법, 즉 공법만을 의미한다. 이와 같이 행정법이 행정에 특수고유한 법, 즉 공법이라는 것은 공법과 사법의 구별을 전제로 하는 것이다. 그런데 공법과 사법의 구별에 대하여는 독일의 오토 마이어(O. Mayer) 이래 양자를 절대적으로 구별하는 견해가 지배적이었다(절대적 이원론). 그러나 제2차세계대전을 전후하여 공법·사법의 상대화이론 내지는 혼합관계이론(상대적 이원론)이 등장하여 과거와 같은 오토 마이어적인 절대적 구별론을 극복하게 되었다. 상대적 이원론은 공법과 사법의 구별은 실정제도상의 구별로 보며, 행정활동에 관한 법관계라고 하여 당연히 사법규정의 적용이 배제되는 것이 아니고, 실정법상 특수한 규율을 하고 있거나 법해석상 특수한 법원리가 인정되는 범위 안에서만 사법규정의 적용이 배제된다고 한다.

우리의 경우도, 현행 실정제도상 행정작용을 규율하는 법 중에는 대등한 사인간의 이해조정을 목적으로 하는 사법과는 다른 특수고유한 법이 있고, 또한 행정작용에 대하여는 법해석상 특수한 법원리가 인정되며, 대체로 이 구별에 따라 재판상 민사사건과 행정사건의 구별이 인정되고 있다. 따라서 구체적으로 공법과 사법의 구별한계를 명확히 하는 것은, 단순히 이론상으로 뿐만 아니라 실정법의 해석·운용상으로도 필요하다고 본다.

### 1.4. 행정에 관한「국내공법」

행정에 관한 모든 공법이 모두 행정법이 아니고, 그 중에서 국내행정에 관한 공법만이 행정법이다. 국제조약이나 일반적으로 승인된 국제법규 등 국제적 규율은 그 자체로서는 국제법을 구성하는 것으로 국제법학의 연구대상이다. 그러나 국제적 규율도 우리나라에서는 헌법 제6조에 의하여「국내법과 같은 효력」을 가지므로(국내법령과 같은 효력), 국제적 규율 중 국내행정에 관계가 있는 것은 행정법의 일부를 구성하며(예: 조세·교통·통신·공업소유권·위생·노동 등에 관한 조약 등), 행정법학의 연구대상으로도 된다.

## 2. 헌법과 행정법의 관계(행정법의 헌법종속성 여부)

헌법과 행정법은 한 나라의 국법질서 속에서 상위법과 하위법, 전체법과 부분법, 기본법과 분과법의 관계에 있다. 독일 행정법학의 아버지라고 불리우는 오토 마이어(Otto Mayer)는 헌법은 변해도 행정법은 변하지 않는다(Verfassungsrecht vergeht, Verwaltungsrecht besteht)[1]고 하여 헌법과 행정법을 대립적 측면에서 이해하고, 헌법이 정치성을 가지는데 대하여 행정법은 정치적 면역성·불변성을 가진다고 하였다. 이에 대하

---

1) O. Mayer, Deutsches Verwaltungsrecht I, 3. Aufl., 1924, im Vorwort.

여 독일 연방행정재판소장이었던 프리츠 베르너(Fritz Werner)는 '행정법은 헌법의 구체화 (Verwaltungsrecht als konkretisiertes Verfassungsrecht)',[1]라고 하여, 헌법이 변하면 행정법도 변하게 된다는 행정법의 가변성을 긍정하며,[2] 이와 동시에 행정법을 '헌법구체화법'으로 보아 헌법과 행정법의 관계를 긴밀한 관계로 보고 있다. ☞ **헌법구체화법으로서의 행정법**

▶ 오토 마이어(Otto Mayer) → 헌법과 행정법을 대립적 측면에서 이해
　　　　　　　　　　　・헌법 → 정치성
　　　　　　　　　　　・행정법 → 비정치성·불변성
▶ 프리츠 베르너(Fritz Werner) → 헌법과 행정법의 긴밀성　☞ **헌법구체화법으로서 행정법**

　이와 관련하여 노버트 아흐터베르크(N. Achterberg)교수는 상기 두가지의 명제는 서로 모순되는 것이 아니라고 한다. 왜냐 하면 오토 마이어(O. Mayer)의 명제는 헌법의 변화가 실제로는 행정법의 전범위에 영향을 미치지 않는다는 점, 즉 행정법의 기술성의 측면을 강조한 것으로 판단되기 때문이라는 것이다.[3] 아무튼 행정법은 독일의 베르너(Fritz Werner)가 적절히 표현한바와 같이 헌법을 구체화하는 법으로서의 기능을 한다. 즉 헌법규범(Verfassungsnorm)은 추상적인 성격을 갖는데 비해 행정법은 추상적으로 규정된 헌법을 구체화하여 헌법이 추구하는 헌법이념을 실현하는 기능을 가진다.

▶ 프리츠 베르너(Fritz Werner) → 행정법은 헌법의 구체화
▶ 헌법규범 → 추상적 성격
▶ 행정법규범 → 헌법이념의 실현

　[행정법과 헌법의 관계] 결론적으로 행정법과 헌법과의 관계는 '행정법에 대한 헌법의 우위' 내지는 '행정법의 헌법에의 종속'[4]으로 표현할 수 있다. 따라서 행정법의 내용과 구성은 헌법의 정신과 내용에 따라 이루어져야 하는 것을 의미한다.[5]

---

1) F. Werner, Verwaltungsrecht als konkretisiertes Verwaltungsrecht, DVBl. 1959, S. 527 -33.
2) 홍정선, 행정법원론(상), 단락번호 179.
3) N. Achterberg, Allgemeines Verwaltungsrecht, Heidelberg 1982, S. 63.
4) H. Maurer, Allgemeines Verwaltungsrecht, S. 12.
5) 홍정선, 행정법원론(상), 단락번호 180.

## II. 행정법의 특질

### 1. 개관

행정법은 행정의 조직과 작용 및 구제에 관한 잡다한 많은 법으로 성립되나 전체로서 공통의 지도원리(Leitprinzip)를 가진 통일적인 법체계를 구성한다. 그리하여 그 공통의 지도원리, 즉 행정법을 특색지우는 지도원리가 무엇인가를 명백히 하는 것은 행정법을 전체로서 통일적으로 이해하는 데 있어서 필요하며, 또한 법규상 결함이 많은 행정법의 해석·운용에 정당한 지침을 부여한다는 점에서도 중요한 의의를 가진다. 물론 그러한 특성은 다른 법의 분야에서도 찾아볼 수 있으나 행정법에서 더욱 강하게 나타나며, 또한 그러한 특성을 전체로서 지니고 있다는 점에 다른 법으로부터 구별될 수 있는 행정법의 특수성이 있다. 다만, 행정법의 공통의 지도원리는 명문화된 법규범에 의하여 인정된 것이 아니고, 행정법질서 전체의 구조에서 나오는 것이므로 학자들의 견해도 일률적인 것은 아니다.

- 성문법을 원칙으로 하고 예외적·보충적으로 불문법의 형식을 취한다.
- 부과된 의무의 강제적 실현을 위한 강제성(강행성)·획일성을 그 특징으로 한다.
- 행정법규정의 내용에 있어서는 행정주체의 우월성이 강조되는 권력관계가 원칙
- 성문법(원칙) : 예외적·보충적으로 불문법의 형식
- 강제성(강행성)·획일성
- 행정주체의 우월성

### 2. 행정법규의 규정형식의 특수성

#### 2.1. 성문성

행정법은 획일성·강행성을 갖기 때문에 그 내용을 명확히 하여 장래의 예측을 가능하게 하고(예측가능성), 법률생활의 안정(법적 안정성)을 도모하기 위하여 원칙적으로 성문법으로 되어 있다.

#### 2.2. 형식의 다양성

행정법을 구성하는 성문법은 의회입법의 원칙에 의하여 법률임을 원칙으로 하면서도, 행정부의 위임명령·집행명령(헌법 제75조, 제95조, 제114조 제6항, 감사원법 제52조 등) 또는 지방자치단체의 조례·규칙(헌법 제117조)도 중요한 기능을 수행하며, 공고·고시 등으로도 법령의 구체적 세목 또는 해석상의 기준을 정하는 경우도 많다. 형식의 다양성은 행정작용의 규율대상이 복잡다기하고 유동성이 강하므로 그 발동형태가 극히 다양하고 고도의 기술성과 능률성을 요하는데서 나온 것이다. 조례는 지방자치단체가 자신의 사무를 규율하기

위하여 자율적으로 제정하는 규범을 말하며, 그 내용에는 자치사무의 수행과 관련된 모든 분야뿐 아니라 위임사무도 포함하게 된다. 그러나 위임사무의 경우에는 통상적으로 법규가 상세히 규정하게 되므로 조례가 차지하는 비중은 적다. 실정법적으로는 지방자치법 제9조와 제15조에 의하면 조례를 제정할 수 있는 사무의 범위는 자치사무와 단체위임사무에 한정된다. 판례도 같은 입장이다.[1]

▶ 공고 : 행정기관이 결정한 사항 등을 널리 국민 일반에게 알리는 행위를 말한다. 주로 중앙행정기관은 관보, 지방자치단체는 공보(서울특별시는 시보)를 이용하게 된다.

▶ 고시 : 행정기관이 결정한 사항 등을 널리 국민 일반에게 알리기 위하여 공고하는 일종의 공고형식이며, 법규적 내용을 담으면 법적 효력이 있고, 그렇지 않은 경우에는 법적 효력이 없다.

## 3. 행정법규의 성질상의 특수성

### 3.1. 자유재량성의 문제

장래에 향하여 구체적인 국가목적을 실현함을 목적으로 하는 행정은 필연적으로 그 법규적 기속의 정도에 있어서, 과거의 특정사건에 대한 법인식을 목적으로 하는 사법에 비하여 완화되고 있는 경우가 많다. 그리하여 종래 행정법은 자유재량성을 갖는다고 보아 왔다. 그러나 이는 정도의 차이에 불과하며 법규적 기간이 엄격한가, 완화되고 있는가는 행정법과 사법법을 본질적으로 구별하는 표지가 될 수 없다.

### 3.2. 획일성·강행성

행정법은 보통 다수의 국민에 대하여 획일·평등하게, 개개 당사자의 의사에 관계없이 강제적으로 규율한다. 사법이 사적 자치(Privatautonomie)의 원칙을 인정하는데 대하여, 행정법규는 보통 다수의 국민을 그 규율대상으로 하여 행정권에 의한 일방적 획일·평등한 규율을 행하는 점에서 현저하게 그 성질을 달리한다. 행정법은 강행법의 성질을 가진다. 이는 국가공공적 견지에서 당사자의 의사에 불구하고 획일·균능하게 규율하는 것을 필요로 하기 때문이다. 행정법은 보다 효율적으로 공익목적을 실현한다는 견지에서 때때로 행정권의 자유재량을 인정하기는 하나, 그것은 법의 범위 안에서의 자유재량을 인정하는 데 그치며, 결코 법적용을 배제하는 의미에서의 자유재량을 인정한 것은 아니다. 예컨대 법률에 근거없이 자유재량으로 조세를 감면하는 것과 같은 것은 허용되지 않는다. 따라서, 소세무과에 대한 항고소송이 제기된 후 소송상 화해에 의하여 실질상 감면을 행하는 것과 같은 것은 허용되지 않는다. 행정법은 강행성을 가지나, 그것은 법의 범위 안에서 당사자의 합의에

---

[1] 대판 1996. 5. 10, 95추87 참조.

의하여 법률관계를 정하는 것(공법상 계약)을 부정하는 것은 아니다.

### 3.3. 객관성 · 외관성 · 형식성

행정법은 보통 다수의 국민을 상대방으로 하여 획일적이고, 균등하게 규율하므로 규율대상의 주관적·실질적·내면적인 관계를 일일이 고려하지 않고 그 객관적·형식적·외관적 상태에 따라 규율한다(객관성·외관성·형식성). 예컨대, 토지소유자가 사실상 누구인가에 관계없이 토지대장(등기부)상의 토지소유자를 상대방으로 하여 수용절차를 허용하는 것과 같다. 왜냐하면 다수의 대상을 집단적으로 처리하는 행정사무의 성질상 이를 부득이한 것으로 인정할 수 밖에 없으며, 이 경우 사무처리에 막대한 경비를 요하게 하여 행정목적에 반하고 때로는 현실적으로도 불가능한 것을 강요하는 것이 될 수 있기 때문이다. 다만, 정당한 권리자가 일정한 절차에 따라 그의 정당한 권리를 주장하는 경우에는 이를 무시하는 것은 허용되지 않는다. 또한 조세법에서 실질과세를 취하는 것같이 실질주의에 입각한 때도 있다.[1]

### 3.4. 기술성

행정법은 국가공공이익을 실현함을 목적으로 하며, 이 목적에 봉사할 수 있는 기술적·수단적 성질을 가진다. 예컨대 공익사업을위한토지등의취득및보상에관한법률(舊토지수용법)은 공공사업을 위한 토지 등의 취득을 목적으로 하여 토지소유자 기타 이해관계인의 이해관계를 어떻게 하여 공정하게 조정할 것인가 하는 견지에서 제정된 기술적 절차법이며, 국세징수법은 다른 법질서와의 조정을 도모하면서 조세수입을 확보하기 위한 기술적 절차법이다. 따라서, 그 목적을 달성하기 위한 편의·능률·공정과 같은 합리성을 추구하는 점에 특색이 인정된다. 개개의 법규에 따라 구체적 목적은 다르지만, 어느 경우에도 한편으로는 국가공공적 견지에서 능률적·효과적으로 어떤 결과의 실현을 도모하고, 다른 한편으로는 민주적으로 마찰과 저항을 적게 하여 국민과의 관계에서 이해의 공정한 조정을 기도하는 것이라 하겠다. 그리하여 기술성을 가진 행정법의 해석·운용에 있어서는, 그러한 견지에서 합목적적으로 해석·운용할 필요가 있는 것이다.[2]

### 3.5. 명령성

법규범을 그것이 의무를 명하는 것인가, 법률상 능력(권리 등)에 관한 것인가에 따라서, 명령규정(단속규정)과 능력규정(효력규정)으로 나누는 것이 보통인 바, 행정법은 명령

---

1) 박윤흔, 행정법강의(상), 53면.
2) 박윤흔, 행정법강의(상), 54면.

규정을 주로 하고 사법은 능력규정을 주로 한다. 명령규정의 위반에 대한 제재는 징계·처벌이고, 능력규정에 위반한 행위는 효력(법률효과)이 부인되는 것이 일반적이다.[1]

### 3.6. 행위규범성

사적 자치(Privatautonomie)의 원칙을 전제로 하는 사법(私法)은 행위규범으로서보다는 재판규범으로서의 성격이 강하나, 행정법은 법치주의의 원칙에 따라 행정권의 활동의 기준이 되고 국가와 국민간의 권리의무를 설정하여 주는 행정상 법률관계를 형성하는 측면이 강하므로 재판규범으로서보다는 행위규범으로서의 성격과 기능이 두드러지게 나타난다.[2]

## 4. 행정법규범의 내용상의 특수성

### 4.1. 행정주체의 우월성

[행정주체에게 우월적 지위를 인정하는 이유] 행정법은 지배권자로서의 국가 등 행정주체와 이에 복종하는 국민간의 법률관계를 정함을 원칙으로 한다. 조세를 부과·징수하며, 토지·물건을 수용·사용하고, 경찰상의 명령강제를 행하는 관계와 같다. 그 관계는 법에 의하여 규율되는 권리의무관계인 점에서는 사인상호간의 권리의무관계와 본질적인 차이는 없으나, 행정법은 일반적으로 행정주체의 의사(지배권의 발동)를 법률로 엄격하게 기속하는 반면에, 실정법상 행정주체에게 우월적 지위를 인정하여 행정주체의 의사에 우월적 효력을 인정하는 등 특별한 취급을 행한다는 공통점이 있다. 행정법상의 여러 이론 및 제도의 대부분은 행정주체의 우월성을 인정하는 것을 전제로 하여 출발하고 있다. 그러나 최근에는 행정주체의 우월성의 원리에 대한 비판이 가하여지고, 따라서 종래의 행정법이론에 대한 반성이 있다.[3] 행정주체에 우월적 지위를 인정하는 것은 과거 절대군주시대 처럼 국가가 국민(신민)을 통치한다거나, 국가(국가기관)가 국민보다 우월한 지위에 있어서, 혹은 행정주체가 그 상대방보다 우월해서가 아니라, 행정주체는 국민행복이라는 국가목적을 달성하기 위한 조직체라는 점에서, 그리고 국민공익과 공공복리를 추구하는데 보다 효율적인 활동을 하라는 의미에서 법(法)이 행정주체에게 우월적 지위를 인정한 것에 불과하다.

[공정력·자력집행력] 행정주체는 실정법상 상대방인 국민개인의 의사여하에 관계없이 일방적으로 명령하고 또는 법률관계를 형성·변경하는 권력을 가진다(일방적으로 조세를 부과하는 것 등). 물론 법률에 의하거나, 법률에 근거하여 행사되기는 하나, 법률 그 자체가

---

1) 박윤흔, 행정법강의(상), 54면.
2) 박윤흔, 행정법강의(상), 54면.
3) 渡邊洋三, 公法과 私法, 民商法雜誌, 等38卷 第1號 이하 참조.

이러한 우월적 권력을 승인하고 있는 점에 행정법의 특색을 엿볼 수 있다. 행정주체의 권력발동은 법률에 의하거나(durch Gesetz), 법률에 근거하여(auf Grund eines Gesetzs) 행하여 지지만 만약 그것이 법률에 위반된 경우에도 중대하고 명백하여 당연무효인 경우를 제외하고는 공정력(통용력 : 通用力)[1]이 인정된다. 따라서 행정처분은 하자가 있는 경우에도 일응(일응 추정의 법리) 상대방을 구속하고(상대방 뿐만 아니라 법원·행정청 기타의 제3자도 행정처분의 효력을 무시하고 그 존재를 부정하는 것은 허용되지 않는다.), 상대방은 이에 복종할 의무를 진다. 행정주체는 법률이 정하는 바에 따라 상대방이 행정법상의 의무를 불이행하는 경우에 스스로 자기의 권력으로 그 의무를 실현시키며, 또는 행정상 필요한 상태를 즉시 실현할 수 있는 것이 통례이다(자력강제 또는 자력집행력).

[권리구제] 행정권발동으로 인하여 발생한 손해의 전보에 대하여는 사법상의 그것에 대한 특례가 인정된다. 불법행위로인한 손해의 발생에 있어서는 국가배상법을 통하여 민법보다 특별한 취급을 인정하고(손해배상청구권), 또한 적법행위에 의한 손실에 대하여 손실보상을 인정하는 것 등이다(손실보상청구권). 행정작용으로 위법 또는 부당하게 권익을 침해당하였다고 주장하는 자에 대한 구제제도로 행정심판·행정소송 등의 제도가 인정되는 바, 행정심판제도는 물론 행정소송에 대하여도 그 특수성에 비추어 민사소송과는 다른 여러가지 특별한 규정을 두고 있다는 점에 그 특색이 있다.[2]

### 4.2. 공익우선성(공공복리와 사익과의 합리적인 조화)

행정법이 행정주체의 우월성을 인정하고 있지 아니한 경우, 즉 행정주체가 사인과 대등한 입장에서 활동하도록 되어 있는 경우에도, 행정법은 공익목적의 달성을 위하여 사적 자치(Privatautonomie)를 원칙으로 하여(사적 자치의 원칙), 당사자간의 사익의 조정을 도모하고 있는 일반사법과는 달리 특별한 법적 취급을 인정하고 있는 것이 많다. 또한 법령의 해석상 특별한 취급을 인정하는 경우도 적지 않다. 다만, 그것은 공익을 위하여 사익을 무시한다는 것은 아니고 공공복리와 사익과의 합리적인 조화를 도모하여, 전체로서 공익목적의 실현을 기하고 있는 점에 행정법의 특수성이 있다. 공익우선성의 원리는 예컨대 공물의 관리·사용관계에 대하여 공익목적의 견지에서 특별한 규정을 두고 있는 것이다.[3]

### 4.3. 집단성과 평등성

행정법은 보통 다수인을 그 규율대상으로 하며, 따라서 이들 다수인간에 평등이 보장

---

1) 박윤흔, 행정법강의(상), 55면.
2) 박윤흔, 행정법강의(상), 56면.
3) 박윤흔, 행정법강의(상), 56면.

되도록 한다. 물론 평등성은 행정법에만 특유한 것이 아니고 모든 법에서 일반적으로 인정되는 기본원칙(일반 법원칙)이라 하겠으나, 행정법은 보통 다수인을 동시에 또는 단일의 규율대상으로 삼는다는 점에서 더욱 두드러지게 나타난다.

### 4.4. 도표(정리)

| 대구분 | 소구분 | 내 용 |
|---|---|---|
| 행정법 규정의 형식적 특수성 | 성문성 | 행정법은 행정주체의 일방적인 명령·강제를 내용 → 예측가능성과 법적 안정성을 위하여 **성문법주의**를 채택한다. |
| | 다양성 | 행정법은 적용대상이 다양하고 유동적이다.<br>법률·명령·자치법규 등 다양한 형식으로 존재. |
| 행정법 규정의 성질상의 특수성 | 자유재량성 | 행정법은 다른 법에 비하여 집행기관인 행정주체에게 많은 **재량권**을 인정하고 있다. |
| | 획일성·강행성 | 사법은 사적 자치의 원칙에 입각하므로 임의규정[1]이 많으나 행정법은 공익을 주된 목적으로 하므로 당사자의 의사와 관계없이 **획일적·강행적**으로 적용된다. |
| | 객관성·외관성·형식성 | 행정법은 획일적으로 적용·집행되어야 하므로 주관적·내면적·사실적인 면보다 객관적·외관적·형식적인 면에 중점을 둔다(객관주의·외관주의·형식주의). |
| | 기술성·수단성 | 사법은 윤리적 성격이 강한 데 반해, 행정법은 **기술적·수단적** 성격이 강하다. |
| | 강령규정성 | 행정법 중에는 구체적인 법률 혹은 예산상의 뒷받침이 있어야 실현될 수 있는 규정(강령·선언적 규정)들이 많다. |
| | 명령성 | 사법이 능력규정인데 비하여 행정법은 **명령규정(단속규정)**성이 강하다. |
| 행정법 규정내용의 특수성 | 행정주체의 우월성 | 사인상호간의 관계를 규율하는 私法은 당사자에게 대등한 지위를 인정하지만, 행정주체와 국민간의 관계를 규율하는 행정법은 **행정주체의 의사에 법률상 우월한 힘**을 부여한다(지배권·공정성·강제성·확정성·권리구제수단의 특수성 등) |
| | 公益우선성 | 행정법의 규정내용들은 대부분 **공익목적의 달성**을 우선적으로 고려하여 규정된 법이다(공물의 관리·사용관계). |
| | 집단성·평등성 | 행정법은 불특정 다수인을 동시에 또는 단일의 집단적 규율대상으로 삼는다는 점에서 **집단성·평등성**이 강하다(定型化의 경향) |

<김세웅, 최신행정법, 박문각, 1994, 129면>

## III. 행정법의 이념

행정법이 기초로 하는 이념은 권리보호이념과 행정능률의 효율성을 추구하는 이념으로 크게 나눌 수 있다. 이러한 양이념은 그것이 독자적으로 기능하는 것이 아니라 서로 조화와 균형을 이루는 것이 필요하다.

---

| 권리보호이념 | ← 조화·균형 → | 행정능률의 효율성추구 |

---

### 1. 권리보호이념

행정법도 그것이 하나의 법으로서의 성격을 지니는 이상 국민의 권리보호를 위한다는 이념을 지닌다. 즉 행정법은 행정기관의 행정작용(Verwaltungshandlung)의 근거를 부여하며 이를 또한 규제한다.

  행정법 → 국민의 권리보호
　　(따라서) 행정법은 행정기관의
　　　　　→ 행정작용(Verwaltungshandlung)의 근거부여
　　　　　→ 행정작용을 규제

### 2. 행정능률의 실현이념

행정법은 그 규율대상인 행정작용의 특성상 요구되는, 행정작용의 신속하고도 능률적

---

1) 임의규정 : 임의규정이라 함은 당사자가 법의 규정과 다른 의사를 가지고 있는 경우에는 적용되지 아니하는 법규정을 말한다. 예컨대, "변제비용은 다른 의사표시가 없으면 채무자의 부담으로 한다(민법 제473조)"라는 규정이 그것으로, 당사자가 이 규정에 반하여 채권자가 변제비용을 부담하는 것으로 하더라도 상관이 없다는 것이다. 이렇듯 사법은 당사자의 의사를 존중하여 임의규정의 원칙을 취한다. 행정법에서 임의규정이라 함은 특히, 법규가 행정청에게 복수의 행위를 행정청 자신의 판단으로 하게 허용하는 규정, 즉 행정청에게 재량권 또는 재량행위를 하는 권한을 부여하는 규정을 말한다. 임의규범(ius dispositivum)과의 구별은 로마법에 그 기원을 두고 있다. 임의규범은 법적 구속력이 없다는 뜻이 아니라 당사자간 별도의 다른 합의에 의해 배제·수정할 수 있는 법규라는 뜻이다. 국내법과 달리 국제법에서는 강행규범을 알지 못하였으며 국제법은 본질상 임의법규라고 관념하여 왔다. 즉, 조약과 국제관습법의 절대다수는 임의규범이다. 그러나, 국제법에서 전통적인 의사주의가 후퇴하고 보편주의가 강조되는 추세 속에서, 점차 강행법규가 늘어나고 있다. 강행법규(ius cogens, zwingedes Recht)와 반대개념이다. 당사자의 의사와는 관계가 없으며 선량한 풍속 기타 사회질서에 관계있는 규정을 말한다. 대한민국 민법에 따르면 강행법규위반의 법률행위는 공공의 질서에 반하여 무효이다.

인 수행도 추구하여야 한다.

# 제 2 절   행정법의 법원(法源)

## 제 1 항   개관

## I. 서설

### 1. 의의

　일반적으로 *法源*(source of law; Rechtsquelle)[1]이라 함은 법의 연원(淵源)을 의미하며, 인식근거(Erkentnissgrund)[2] 내지는 법의 존재형식을 말한다. 여기서 인식근거라 함은 「어떤 것을 법으로 인식할 수 있는 근거(Erkenntnisgrund für etwas als Recht)」를 말한다.[3] 행정법의 법원(法源)은 행정기관의 조직, 행정작용 및 행정상의 권리구제(Rechtsmittel)에 관한 법체계의 인식근거나 존재형식을 의미한다. 법원(法源)이 존재형식을 의미한다고 보는 경우에는 행정법의 법원은 일반적으로 성문법원과 불문법원으로 나누어서 설명하는 것이 일반적이다(다수설). 다수설의 견해에 의하면 행정법의 법원은 행정법의 존재형식을 의미한다.

　　　　　「法源(Rechtsquelle)」　☞ 독일어의 쿠벨레(quelle)는 샘, 우물, 솟아나는 물을 의미
　　　　　－ 법의 연원(淵源)·법의 존재형식

　행정법은 행정에 관한 국내공법으로서 권력에 관한 법을 요소로 하여 획일성·강행성을 특징으로 하고 있다. 그러므로 행정법은 국민의 자유와 권리를 보호하기 위해 성문법주의를 원칙으로 하고 있으며, 행정의 복잡다양성으로 불문법의 보충적 효력을 인정하고 있다. 따라서 행정법의 법원(法源)은 성문법·불문법의 형식으로 존재한다.

---

1) *法源*에 관하여는 박정훈, 판례의 법원성, 법실천의 제문제, 김인섭변호사화갑기념논문집, 박영사, 1996, 2면 이하.
2) 우리나라에서는 행정법의 법원을 행정법의 존재형식으로 파악하나 행정법의 법원을 존재형식으로 파악하는 것보다는 법의 인식근거, 즉 어떤 것을 법으로서 인식하는 근거(Erkenntnisgrund für etwas als Recht)로 파악하는 것이 타당하다는 견해가 있다(김남진·김연태, 행정법(I), 58면).
3) 김철용, 행정법 I, 40면.

## 2. 학설
### 2.1. 법규설

 법규설은 법규(Rechtssatz)만을 행정법의 법원(法源)으로 보는 견해이다. 독일 및 일본의 다수설이다. 법규설은 직접 행정주체와 국민 사이에서 구속력(Bindungswirkung)을 가지는 일반적·추상적 법규범(Rechtsnorm)인 법규(Rechtssatz) 즉 외부법규만을 법원(法源)으로 보려는 견해 (협의설)이다.[1]

> [법규·법규범] 법규(Rechtssatz)와 법규범(Rechtsnorm)의 개념을 학자에 따라서는 법규는 「국민과 행정권을 구속하고 재판규범이 되는 성문의 법규범」이라 하여 법규와 법규범을 동일한 개념으로 파악하는 견해가 있고,[2] 이를 구별하는 입장의 견해도 있다. 구별하는 입장은 다음과 같이 구별하여 설명한다. (법규): 고권적(高權的)인 일반적·추상적인 규율로서, 국가(행정기관)와 시민간의 관계규율 뿐만 아니라, 국가(행정기관) 내부영역에서의 규율도 포함하는 개념이다(형식적 의미의 법률). (법규범): 일반적·추상적 규율로서, 시민이나 그 밖의 독자적인 법인에 대한 권리 또는 의무의 창설·변경·소멸에 관한 사항을 그 내용으로 하는 것을 말한다. 이는 실질적 의미의 **법률**(법규명령·자치법규)과 동일한 개념으로 이해한다. ☞ **법규(형식적 의미의 법률: 의회입법), 법규범(실질적 의미의 법률: 정부입법)**

### 2.2. 법규범설(행정기준설)

 법규뿐만이 아니라 더 넓게 행정의 기준이 되는 모든 법규범이 행정법의 법원이 될 수 있다는 견해이다. 우리나라의 다수설이다. 법규범설(행정기준설)은 외부법규만이 아니라 행정규칙 등 행정조직내부에서만 구속력(Bindungswirkung)을 가지는 내부법규를 포함하여, 행정사무처리기준이 되는 모든 법규범을 법원으로 이해하려는 견해(광의설)이다.[3]


## II. 행정법의 성문법주의

### 1. 서론

 행정법의 법원은 성문법주의를 채택함을 원칙으로 한다. 이는 즉 법치행정의 원리를 구현하고자 하는 것이다. 일반적으로 실정법질서의 존재형식으로서, 대륙법계국가에서는

---

1) 박윤흔, 행정법강의(상), 58면.
2) 김동희, 행정법(I), 134면..
3) 박윤흔, 행정법강의(상), 58면.

성문법을 원칙으로 하며, 영미법계국가에서는 불문법을 원칙으로 하고 있다. 그러나 행정법의 경우는 어느 국가를 막론하고 성문법주의를 취하고 있다(다만 프랑스의 경우는 주로 판례법으로 되어 있으며, 그것이 프랑스 행정법의 특징이면서 장점이기도 하다). 그러나 행정법의 성문법주의는 죄형법정주의와 같이 엄격하게 적용되지는 않는다. 그것은 규율대상이 지극히 복잡하여 아직 성문법이 정비되지 않은 행정영역도 존재하며, 이런 행정영역에서는 관습법·판례법·조리가 법원이 된다. 또한 행정법의 규율대상은 끊임없이 변천되기 때문에 이에 관한 법규도 수시로 빈번하게 개정되어야 하며, 그 결과 법 상호간에 모순·불통일이 생기는 경우가 적지 않다. 이 경우에는 모순없는 합리적인 해석을 위하여 조리(법)가 작용하게 된다.[1]

## 2. 행정법의 법원이 성문법주의를 채택하는 이유

### 2.1. 이론적 근거

#### 2.1.1. 예측가능성·법적 안정성의 보장(법치국가원리)

[법치국가원리 구현] 행정법의 법원이 성문법주의를 취하는 이유는 행정법은 일반적으로 국민의 권리·의무에 관한 것을 주된 규율대상으로 하고, 이것도 행정주체가 일반적으로 결정하는 획일성·강행성·기술성을 가지므로 일반시민으로 하여금 행정작용을 예측가능하게 하여(예측가능성), 법적 생활의 안정성(법적 안정성)을 확보하도록 하기 위해서는 명문화된 성문법의 존재가 요구되게 된다(법치국가원리 구현). 행정작용에 관한 법 중 경찰법·공용부담법·조세법 등의 경우는 국민의 권리·자유를 보장하고, 장래의 예측을 가능하게 하여 법률생활의 안정을 기하기 위하여 행정권 발동의 근거와 한계를 명시할 필요가 있다.

#### 2.1.2. 공정한 행정작용의 보장

행정권 발동근거의 소재와 한계를 명확히 하여 행정작용의 공정성을 보장하고, 국가적 지도와 보호의 수단·목적을 명백히 하도록 하는데는 성문법의 존재가 요구된다. 특히 행정구제절차를 명백히 함으로써 국민의 권익을 보장하고, 행정사무의 공정을 기한다는 것 등에 있다.

### 2.2. 실정법적 근거

국민의 기본권 제한에 대한 법률유보의 원칙(헌법 제37조 제2항), 중요한 행정작용의

---

1) 대판 1954. 6. 19, 4285행상20: 행정법의 法源은 헌법·법률·명령 등의 성문법 외에, 불문법으로 재판례, 행정선례, 조리 등을 들 수 있다.

법률유보(헌법 제23조 제3항, 헌법 제59조, 헌법 제79조 제3항), 국세기본법, 공익사업을위한토지등의취득및보상에관한법률(舊토지수용법 등), 행정기관의 설치 및 조직은 원칙적으로 법률에 의하도록 함(헌법 제96조, 헌법 제100조, 정부조직법, 감사원법 등), 일정한 범위 안에서 위임입법(헌법 제75조, 제95조, 제114조 제6항), 행정구제의 법률주의(헌법 제107조 제3항, 행정심판법, 행정소송법) 등이 있다.

### 2.3. 행정법의 단일법전화 문제

행정법은 행정조직과 행정작용의 영역 내에서, 그 규율대상의 다양성·전문성 등으로 인하여 통일된 단일법전이나 통칙규정을 결여하고 무수한 개별법령들의 집합적인 형식으로 존재하고 있다. 다시말해서 헌법전, 민법전, 상법전, 형법전 등과 같은 것들은 존재하나 행정법전이라는 것은 없다는 말이다. ☞ **헌법 제1조, 민법 제1조는 들어봤어도 행정법 제1조라는 말은 못들어 봤지요?**

행정법이 통일법전을 가지지 못한 이유(무수히 산재하는 개별법[대기환경보전법, 수질및수생태계보전에관한법률, 공익사업을위한토지등의취득및보상에관한법률 등]만이 존재한다는 말임)는 행정법이 기초원리가 확립되지 아니한 후진성을 가진 법이며(**독일행정법의 아버지인 오토 마이어[Otto Mayer]가 언제 활동하던 학자지요?**), 현대 복리국가의 발전으로 국가 기능이 확대됨으로서 전문적·기술적인 행정법이 요청되고 행정의 다양성·유동성으로 통일법전의 규율대상으로 함이 곤란하기 때문이다. 따라서 행정법 전체에 대한 공동원칙의 파악은 학문적 연구성과에 기대할 수밖에 없는 실정이다. 다만 행정절차나 행정구제의 영역은 기술적 성격이 강하기 때문에 통일된 법전화의 노력이 행해지고 있다. 우리나라도 1996년 12월 31일자로 행정절차법이 공포되고, 1년이 지난 1998년 1월 1일부터 시행되었다.

행정절차 → 미국·독일·우리나라의 행정절차법
행정구제 → 행정심판법·행정소송법


## III. 한계(성문법의 결여와 불문법에 의한 보충)

행정법의 규율대상은 광범위하고 복잡하며, 전문기술적 성격을 많이 가지고 있으며, 현대 행정국가에 있어서의 행정의 영역은 양적 확대·분화·가변성(유동성)을 지니며, 따라서 행정의 모든 영역에 걸쳐 적당한 시기에 성문법으로서 규율하기는 어렵다. 이러한 법의 흠결(틈[Lücke])을 보충하기 위하여는 다음과 같은 불문법들이 보충적으로 적용되어야 한다. - 관습법, - 판례법, - 조리(법)

## 제 2 항  행정법의 법원(法源)의 종류

## 제 1 목  성문법원(成文法源)

### I. 헌법

헌법은 행정조직에 관한 사항과 행정작용을 규정하며, 그밖에 행정구제의 내용에 관한 기본적인 사항을 규정하고 있어서 행정법의 중요한 법원이 되고 있다.[1] 헌법규정 이외에 헌법원칙(평등의 원칙에 관한 헌법 제11조, 비례의 원칙에 관한 헌법 제37조 제2항) 등도 행정법의 적용에 주요한 역할을 한다.

▶행정조직에 관한 사항 → 대통령, 국무총리, 행정각부, 감사원 등
▶행정작용 → 기본권의 제한작용, 정부의 권한, 선거관리, 경제규제 등
▶행정구제 → 행정상손해배상·손실보상·행정심판·행정소송규정

헌법은 행정의 조직과 작용에 대하여는 거의 대부분 일반적·추상적 규정을 두고 있다. 따라서 헌법은 직접적으로 행정작용을 규율하는 것이 아니고 행정의 조직과 작용에 관하여 정할 법률 등의 지침(기속적)이 되며 행정법의 간접적인 법원(法源)이 되는 데 그친다. 그러나 헌법이 직접적으로 행정작용의 법원이 되는 경우도 있는바, 예컨대 불이익처분에 대한 절차참가권은 헌법이 채택한 법치국가원리에서 직접 요청되는 것으로 보는 견해가 많다. 그리고 행정법의 일반원칙 중에는 헌법의 해석을 통하여 나온 것도 있다(평등의 원칙, 비례의 원칙 등). 헌법과 행정법과의 관계에 관하여는 스위스(주로 독일에서 활동)의 프리츠 베르너(Fritz Werner)가 말한 「구체화된 헌법으로서의 행정법(Verwaltungsrecht als konkretisiertes Verfassungsrecht)」란 주장이 자주 인용된다.[2] 이는 헌법구조가 1871년 비스마르크의 입헌군주정에서(독일제국헌법; 비스마르크헌법), 1919년의 「바이마르」민주정(바이마르공화국)[3]으로 변화되었어도 행정법은 큰 변화없이 존속한다는 행정법의 헌

---

[1] 김남진·김연태, 행정법(I), 60면.
[2] F. Werner, Verwaltungsrecht als konkretisierte Verfassungsrecht, DVBI 1959, S, 527-533.
[3] 독일 통일은 1871년 프로이센(Preußen; 프러시아라고 번역)이라고 하는 가장 큰 지방(수상: 비스마르크; 왕: 빌헬름)이 독일전체를 통일하였다. 1871년 헌법을 독일제국헌법 혹은 비스마르크헌법이라고 한다. 1914년 독일은 제1차 세계대전에 참가하였으나, 1918년에는 독일이 망하게 된다. 독일의 마지막황제 빌헬름 2세는 1918년 11월 홀란드(네델란드)로 망명하였고, 이에 따라

법구조의 변화에 대한 무감각성을 표현하기 위하여 잘 인용되는, 오토 마이어(Otto Mayer)의 「헌법은 변하여도, 행정법은 존속한다」(Verfassungsrecht vergeht, Verwaltungsrecht besteht)와 대비된다.1) 이와 같이 오늘날의 사회적 법치국가에서는 헌법제도는 단순한 방침(Programm[독일어]/program[영어])만을 정한 것이 아니고 직접적인 기속력을 가지며, 행정법은 헌법이 담고 있는 국가이념을 구체화하여 실현 하는 법이라 할 것이다. 그리하여 행정법은 「구체화된 헌법」이며, 행정법은 헌법집행법(김남진)이기도 하다. 행정은 「활동하는 헌법」이라고 할 것이고 「행정에 관한 법률」과 이러한 「법률에 준거한 행정」은 헌법조항에 나타나 있는 국가이념을 구체화하여 실현하는 것이어야 한다.2) ☞ **행정법 → 헌법구체화법, 헌법집행법(김남진)**

## II. 법률

### 1. 개관

법률은 국회의 심의절차를 거쳐서 제정된 법형식이다.3) 국회가 국민대표기관인 점에서 국회에서 제정한 법률은 특별한 의미를 지니며, 행정법의 가장 일반적인 法源에 해당하는 것으로서, 개별적인 실정법의 형식(성문법원)으로 존재한다.4) 그러나 법률의 개념은 다의적으로 표현되고 있으며, 독일의 법실증주의자인 파울 라반트(Paul Laband) 이래로 내용과 형식에 따라 실질적 의미의 법률과 형식적 의미의 법률로 나누이고 있다. 또한 법률은 '본래적 法源(ursprüngliche Rechtsquelle)'이라고 할 수 있으며, '전래적 法源(abgeleitete Rechtsquelle)'이라고 할 수 있는 명령보다 상위에 속하는 개념으로서 우월적 지위를 가진다.5) 즉, 법률은 명령(행정입법), 조례·규칙(자치입법)에 대하여 우월한 형식적 효력을 가

---

1919년 8월 11일 바이마르공화국 헌법이 탄생한다(세계에서 가장 민주적인 헌법이라고 극찬을 받았다). 바이마르공화국은 1919-1933까지 존재했다. 히틀러의 정권장악(1933년 1월 30일)과 함께 바이마르공화국은 붕괴(Scheitern)되었다. 바이마르 헌법 및 바이마르공화국의 헌정사(정부위기)는 히틀러가 합법적으로 정권을 장악하게 되는 배경이 헌법이기도 하였다. 바이마르공화국의 헌정사가 제2차 세계대전 이후의 독일에서 <u>자유민주적 기본질서(freiheitliche demokratische Grundordnung)</u>의 확립 및 방어적·투쟁적 민주주의의 이론적 배경이 되기도 하였다.

1) O. Mayer, Deutsches Verwaltungsrecht, Bd. I., 3. Aufl., 1924 Vorwort.
2) 박윤흔, 행정법강의(상), 61면.
3) 김남진·김연태, 행정법(I), 60면.
4) 김남진·김연태, 행정법(I), 60면.
5) 박윤흔, 행정법강의(상), 62면.

지며, 그것들이 법률에 저촉될 경우에는 효력을 유지할 수 없다(헌법 제107조 제2항). 그러나 우리의 경우 국회입법의 원칙에 대한 예외인 법률의 효력을 가지는 대통령의 긴급명령, 긴급재정·경제명령제도의 인정(헌법 제76조) 법률제정과정에서의 행정부의 역할증대, 그리고 위임입법의 증가현상으로 本來的 法源으로서의 법률의 지위가 흔들리고 있다는 우려도 나오고 있다.1)

▶ '본래적 法源(ursprüngliche Rechtsquelle)' → 법률
▶ '전래적 法源(abgeleitete Rechtsquelle)' → 명령

[보충설명] 환경정책기본법, 농업·농촌기본법, 국세기본법 등 기본법(Framework Act)이라는 명칭을 가진 법률이 제정되고 있는데, 이는 해당분야에 대한 **국가정책**이나 **시책의 방침**을 명시한 것이다. 이러한 기본법도 그 형식이 법률이므로 형식적 효력에 있어서는 법률과 동일하다. 다만 일정한 방침이 설정된 후에는 그것과 모순되는 법률(後法)을 제정하는 것은 사실적으로 곤란하다.2) 예컨대 환경정책기본법은 '기본법'의 형식을 취하고 있다. 이는 "환경보전에 관한 국민의 권리·의무와 국가의 책무를 명확히 하고 환경보전시책의 기본이 되는 사항을 정함으로써 환경오염으로 인한 위해를 예방하고 자연환경 및 생활환경을 적정하게 관리·보전"한다는 법제정의 취지 또는 법목적에 따른 것이다. 그러나 기본법을 '超法律(Supergesetz) 또는 "동등한 효력을 갖는 동위의 법률이면서 다른 법률의 상위에 위치하는 법"3)으로 인정할 수는 없다. 왜냐하면 형식적으로 동등한 효력을 갖는 법률 상호간에는 특별법우선의 원칙(lex-specialis-Regel), 신법우선의 원칙(lex-posterior-Regel)에 의해 그 적용상의 우월(Anwendungsvorrang)을 결정하지만 그 효력상의 우월(Geltungsvorrang)에 관하여는 이렇다할 법원칙이 존재하지 않기 때문이다. 따라서 특별법의 일반법에 대한 우선의 원칙(특별법우선의 원칙)이라는 것도, 그 적용상의 우월을 의미할 뿐 효력상의 우월을 의미하지는 않는 것이다.

[특별법우선의 원칙] 일반법 또는 보통법이라 함은 같은 단계의 법이지만 특별법에 비하여 넓은 범위의 사람·장소 또는 사항에 적용되는 법을 말한다. 특별법은 일반법보다 좁은 범위의 사람·장소 또는 사항에 적용되는 법을 말한다. 예컨대, 민법은 일반의 시민간의 법률관계를 다루고, 상법은 원칙적으로 상인간의 법률관계에 적용되므로 민법은 일반법, 상법은 특별법이라 할수 있다. 행정법에는 국가배상법(일반법) 이외에 일반법이라 할수 있는 법이 드물다(개별법과 일반법을 구분할 것). <u>일반법과 특별법이 충돌하는 경우에는 특별법이 우선적으로 적용되고, 일반법은 보충적으로 적용될 뿐이다.</u> 이를 **특별법우선의 원칙**이라 한다. 또 어떤 법률에 기본법이란 명칭을 부여할 것인지에 관하여 확립된 기준도 없고 또 입법의 실제상으로도 그때 그때 기본시책이나 계획, 프로그램, 대강, 기본

---

1) 박윤흔, 행정법강의(상), 62면.
2) 박윤흔, 행정법강의(상), 62면.
3) 김철용, 행정규제와 민원고충처리, 고시계(1994.5), 89면.

조직 등을 규정하는 법률에 '기본법'이란 명칭을 붙여 왔을 뿐 이렇다할 통일적인 기준이
나 근거가 존재하지 않는 이상, 이 기본법이란 법률유형에 일반적으로 특수한 법적 효력
을 부여하는 것은 사실상 곤란하다. 환경정책기본법은 그것이 기본법으로 제정되었다고
해서 그것을 구체화하기 위한 세부법(細部法), 즉 환경관련 개별법률에 대해 형식적으로
우월한 효력을 갖는다고는 할 수 없고, 다만 그 세부법의 해석상의 지침 혹은 입법정책적
방향제시 정도의 기능을 갖는데 불과한 것이다.[1]

[헌법과 법률의 관계] 헌법과 법률의 관계에 있어서도 효력의 우위(Geltungsvorrang)와
적용우위(Anwendungsvorrang)를 구별하여야 한다. 즉 헌법이 법률보다 효력우위를 가지나 적
용우위를 가지는 것은 아니다. 행정기관은 법률에 관계되는 규정이 있는 경우에는 법률을 적
용해야 하며, 헌법을 직접적용해서는 안된다. 관계되는 규정이 없거나 불충한 경우에 행정
기관은 헌법을 직접적용하거나 유추적용할 수 있다.[2]

## 2. 내용

### 2.1. 실질적 의미의 법률

실질적 의미의 법률은 법규(Rechtssatz), 법규범(Rechtsnorm)의 동의어(同義語)로서
모든 실정적·추상적·일반적인 법규를 의미한다고 보는 것이 독일의 일반적 견해이다.[3]
법규명령(시행령·시행규칙), 관습법, 자치법규(조례·규칙)는 실질적 의미의 법률에 해당
한다.

### 2.2. 형식적 의미의 법률

형식적 의미의 법률은 국회가 헌법상의 입법절차에 따라 제정하는 법률을 의미한다. 형식
적 의미의 법률이 행정법의 법원(法源)에 해당한다.[4] 그 이유는 행정법의 성문법주의·국
회입법의 원칙 및 법치행정의 원칙에 따른 당연한 논리의 귀결이다. 형식적 의미의 법률은
동시에 실질적 의미의 법률에 해당하나, 실질적 의미의 법률이 동시에 형식적 의미의 법률
에 해당하지는 않는다.[5] ☞ 「형식적 의미의 법률의 예」: 경찰관직무집행법·도로교통법·건축법

법률은 법규명령(행정입법)이나, 조례·규칙(자치입법)에 대하여 상위의 효력을 가지

---

1) 홍준형, 환경법의 기본원리로서 지속가능한 개발의 원칙, 한국공법학회, 공법연구 제25집 제2호
   (1997.4), 148면.
2) 김남진·김연태, 행정법(Ⅰ), 60면.
3) Franz Mayer, Allgemeines Verwaltungsrecht, Stuttgart 1977, S. 22; Wolff/Bachof,
   Verwaltungsrecht, I(1974), S. 115; 홍정선, 행정법원론(상), 단락번호 271.
4) 김동희, 행정법(Ⅰ), 44면.
5) 홍정선, 행정법원론(상), 단락번호 273.

기 때문에, 법률에 위반되는 명령이나 규칙은 무효이다(헌법 제107조 제2항 참조). 그러나 대통령의 긴급명령·긴급재정경제명령(헌법 제76조) 등은 형식적으로는 행정입법이지만, 내용적으로 법률과 동일한 효력을 가진다. 이는 헌법에서 법률과 동일한 효력을 갖는다고 규정하고 있기 때문이다.

## III. 국제조약·일반적으로 승인된 국제법규

### 1. 개관

[의의] 국제조약은 협약(convention), 협정(agreement), 약정(arrangement) 등 그 명칭의 여하에 불문하고 국가와 국가간 또는 국가와 국제기관간에 문서에 의한 합의로서 국제법상의 효력을 가진것이며,[1] 국제법규란 우리나라가 체약국이 아닌 조약으로서 국제사회에서 일반적으로 그 규범성이 승인된 것[2](예: 우리나라가 회원국이 아닌 때의 국제연합헌장 등) 및 국제관습법(예: 외교관의 특권과 면책에 관한 관습법)을 말한다. 국제법규는 국제사회에서 구속력을 가진 법규범이다.

[헌법 제6조 제1항] 우리 헌법 제6조 제1항에서 '헌법에 의해서 체결·공포된 조약과 일반적으로 승인된 국제법규는 국내법과 동일한 효력을 가진다'(일원설의 입장)고 규정하고 있으므로 우리나라가 당사국인 국제조약이나 일반적으로 승인되는 국제법규도, 그 내용이 국내행정에 관한 사항을 포함하고 있는 한, 행정법의 법원이 된다.[3] 그 효력은 입법사항에 관련되는 경우는 국내법과 동일한 효력을 가지며(신법우선의 원칙 적용), 그 밖의 경우에는 법규명령과 같은 효력을 가진다. 따라서 이러한 한도내에서는 국제조약이나 국제법규도 법원으로서 재판규범으로 인정되게 된다. ☞ **국제법·국내법 일원설의 입장**

[조약의 재판규범성] 대법원은 초·중·고등학교 급식에 있어서 국산농산물의 이용을 강제하는 전라북도의회의 학교급식에 관한 조례안이 WTO규범의 일부를 구성하는 '1994년 관세및무역에관한일반협정(General Agreement Tariffs and Trade 1994)에 위반된다는 이유로 해당조례의 무효를 선언한바 있다.[4]

[국제법·국내법일원설] 조약 및 국제법규가 국내행정에 관한 사항을 정하고 있는 경우에, 그것이 국내법규로서 효력이 인정되어 행정법의 법원이 되는지에 대하여는 국제법과

---

1) 김남진·김연태, 행정법(I), 61면.
2) 이때 별도의 승인절차를 필요로 하지 않는다는 것이 통설이다(김철용, 행정법 I, 43면).
3) 석종현, 일반행정법(상), 69면; 김철용, 행정법 I, 42면.
4) 대판 2005. 9. 7, 2004추10.

국내법을 단일의 법질서로 보아 국제법은 당연히 국내질서에 적용된다고 보는 입장(일원설)과, 국제법을 국내질서에 적용하려면, 이에 대한 수용절차를 거쳐 국내법으로 그 본질을 바꾸어야 한다는 입장(이원설)이 있다.[1]

▶ 국제조약(헌법에 의해 체결·공포된 조약)[2]
(ㄱ) 상호원조, (ㄴ) 안전보장, (ㄷ) 통상(通商), (ㄹ) 어업, (ㅁ) 우편, (ㅂ) 보건조약

▶ 국제법규(일반적으로 승인된 국제법규)
(ㄱ) UN 헌장, (ㄴ) 국제사법재판소 규정

## 2. 조약 및 국제법규의 행정법의 법원성

[개관] 조약과 국제법규는 원래 국제법의 법원이다. 그런데 이들 중에는 국내행정에 관한 사항을 정하고 있는 것이 있으면, 그것이 국내법규로서 효력이 인정되어 행정법의 법원이 된다고 할 때, 그 근거가 무엇인지가 다투어지고 있다. 국제법·국내법 이원설에서는 양자는 전혀 별개의 법질서이므로 국제법은 국내질서에서 직접 적용될 수 없고 국제법을 국내질서에 적용하려면 수용(reception)절차를 거쳐 국내법으로 그 본질을 바꾸어야 한다고 한다. 이에 대하여 일원설은 양자는 단일의 법질서이기 때문에 국제법은 당연히 국내질서에 적용된다고 한다.[3] 그러나 조약과 국제법규가 그대로 행정법의 법원이 될 수 있는가는 각국의 실정법의 태도에 달려 있다고 할 것이다. 오늘날은 많은 나라가 이를 「일반적으로」 국내법으로 수용하고 있으며(이태리헌법 제19조, 독일기본법 제25조), 우리 헌법도 이 헌법에 의하여 체결·공포된 조약[4]과 일반적으로 승인된 국제법규는 국내법[5]과 동일한 효력을 갖는다고 하고 있으므로(헌법 제6조 제1항 참조), 국내행정에 관한 사항을 정하고 있는 것은 당연히 행정법의 법원이 된다(조약·국내법 일원설의 입장). 그러나 나라에 따라서는 일반적으로 수용하지 아니하고 조약을 국내적으로 시행하기 위하여서는 조약마다 국내법을 제정하여 개별적으로 수용(조약·국내법 이원설의 입장)하는 나라도 있다(예 : 영국 등). 우리나라에 있어서도 조약을 국내적으로 시행하기 의하여 개별법률을 제정하는 경우도 있으나(예 : 한·미 상호방위조약 제4조에 의한 시설과 구역 및 한국에 있어서의 합중국군대의 지위에 관한 협정의 시행에 따른 관세법 등의 임시특례에 관한 법률) 그것은 그러한 법률에 의하여 비로

---

1) 석종현, 일반행정법(상), 69면.
2) 조약·협정·협약·약정·의정서 기타 명칭의 여하를 불문한다. 김철용, 행정법(I), 42면.
3) 석종현, 일반행정법(상), 69면.
4) 위헌적인 조약은 국내법적 효력을 갖지못하며, 조약은 헌법보다는 하위의 효력을 가진다(동지 석종현, 일반행정법(상), 69면).
5) 여기서 국내법과 동일한 효력을 갖는다는 의미는 국내법률 또는 명령을 의미한다.

소 조약이 국내적으로 시행되는 것이 아니고 그러한 법률은 오직 시행상의 편의를 위하여 제정하는 것이라 할 것이다.

[일원설의 세분화] 국제법·국내법 일원설도 또다시 (ㄱ) 국제법우위설, (ㄴ) 국내법우위설, (ㄷ) 국제법·국내법우위설로 나누인다.[1] 석종현 교수는 국제법과 국내법간의 효력관계는 국제법이 국내법으로 수용되어 국내법관계의 일부를 이루게 된 경우이므로 국법체계의 유지를 위하여, 신법우선의 원칙·특별법우선의 원칙 등과 같은 '일반원칙'이 적용되어야 하며, 개별적으로 판단하여 해결해야 한다고 한다.[2]

▶ 대판 1999. 7. 23, 98두14525 【북한주민접촉신청불허처분취소】 남북 사이의 화해와 불가침 및 교류협력에 관한 합의서는 남북관계가 '나라와 나라 사이의 관계가 아닌 통일을 지향하는 과정에서 잠정적으로 형성되는 특수관계'임을 전제로, 조국의 평화적 통일을 이룩해야 할 공동의 정치적 책무를 지는 남북한 당국이 특수관계인 남북관계에 관하여 채택한 합의문서로서, 남북한 당국이 각기 정치적인 책임을 지고 상호간에 그 성의 있는 이행을 약속한 것이기는 하나 법적 구속력이 있는 것은 아니어서 이를 국가 간의 조약 또는 이에 준하는 것으로 볼 수 없고, 따라서 국내법과 동일한 효력이 인정되는 것도 아니다.

## 3. 효력(국내법과 조약이 충돌되는 경우)

### 3.1. 국제법·국내법동위설

국내법과 조약 등의 내용이 충돌되는 경우에 양자의 효력관계가 문제된다. 이에 대하여는 두 개의 법을 전혀 별개의 법체계로 보아, 각각 별도로 효력을 갖는다는 이원론과 하나의 법체계로 보는 일원론이 대립되고, 일원론은 다시 국제법우위설, 국내법우위설 및 국제법·국내법동위설[3]로 나누어진다. 우리 학설은 일원론의 입장에 서지만, 국제조약 등은 헌법보다는 하위에 있으며, 그 규율사항에 따라 법률[4] 또는 명령(행정입법)[5]과 동일한 효력이 있다고 보는 국제법·국내법동위설(다만 헌법은 국제법보다 우위로 본다)이 다수설이다.[6]

---

1) 석종현, 일반행정법(상), 69면.
2) 석종현, 일반행정법(상), 69면.
3) 김동희, 행정법(I), 45면; 석종현, 일반행정법(상), 69면.
4) 입법사항에 관한 조약·국제법규는 법률과 동등한 효력을 가진다(김남진·김연태, 행정법(I), 62면).
5) 입법사항과 관계없는 조약·국제법규는 원칙적으로 명령(행정입법)과 동등한 효력을 갖는다(김남진·김연태, 행정법(I), 62면).
6) 김도창; 이상규; 김남진·김연태, 행정법(I), 62면; 석종현, 일반행정법(상), 69면.

### 3.2. 개별적 판단설

김철용교수는 「… 관계법령에서 형식적 효력에 관하여 명문의 규정이 없는 한, 개별적으로 판단해야할 문제이다. 따라서 반드시 법률·명령동위설에 한정할 필요는 없다고 본다. 오히려 국제조약·일반적으로 승인된 국제법규의 성격상 그 형식적 효력이 법률보다 상위에 있다고 이해해야 할 경우도 있을 것이다. 법률중에는 이를 명시하고 있는 경우도 있다(구특허법 제26조)」고 한다.[1]

▶ 구(舊)특허법 제26조 (조약의 효력) 특허에 관하여 조약에 이 법에서 규정한 것과 다른 규정이 있는 경우에는 그 규정에 따른다. ☞ **현행 특허법에서는 삭제됨**

### 3.3. 사견

생각건대 대통령의 조약체결권은 헌법에 의하여 인정된 권한이며, 헌법 제6조 제1항은 유효하게 성립한 조약의 국내법적 효력을 인정한 것이지 위헌인 조약까지 국내법적 효력을 인정한 것이라고는 볼 수 없기 때문에, 다수설이 주장하는 바와 같이 조약은 헌법 보다는 하위의 효력을 가진다고 보아야 한다.[2] 또한 헌법 제6조의 국내법은 국내법령으로 볼 것이다. 따라서 그 규율사항에 따라 **법률 또는 명령과 같은 효력을 갖는다**고 할 것이며, 다만 조약·국제법규가 동위의 효력을 갖는 법률 또는 명령과 내용이 충돌될 때에는 「신법우선의 원칙(lex posterior derogat legi priori)」·「특별법우선의 원칙」 등이 적용될 것이다[3] 다만 명문으로 조약을 우선시키고 있는 경우도 있다. 예컨대 우편법 제11조 제1항에 의하면 '우편에 관하여 조약에 다른 규정이 있는 경우에는 그 규정에 의한다'고 규정한 것이 그것이다.[4] 이와 같이 대통령이 체결권을 갖는 조약이 법률(혹은 법규명령)과 동일한 효력이 인정되지만, 그것은 국회입법의 원칙(헌법 제40조)과 관련하여 충돌문제가 생길 수 있으므로, 헌법은 입법사항에 관한 조약은 체결·비준 전에 국회의 동의를 받도록 하여 이를 조정하도록 하였다(헌법 제60조). 그리고 조약이 헌법에 위반된 때에는 국내법으로서는 효력을 가질 수 없으나, 대외적으로는 효력을 가지며 따라서 위헌을 이유로 국내적으로 시행하지 못하는 때에는 국제적 책임을 면할 수는 없다. 이러한 이유 등에서 국제법학자는 조약이 헌법보다도 우선한다고 본다.[5] 그러나 현실적으로는 조약을 체결하는 경우 외교통상부(조

---

1) 김철용, 행정법 I, 46면.
2) 同旨 김남진·김연태, 행정법(I), 62면.
3) 同旨 석종현, 일반행정법(상), 69면; 김남진·김연태, 행정법(I), 62면.
4) 대판 1986. 7. 22, 82다카1372: 국제항공운송에 관한 법률관계에 대하여는 일반적인 민법에 대한 특별법으로서 위 헤이그의정서에 의하여 개정된 바르샤바협약이 우선 적용된다. 김남진·김연태, 행정법(I), 62면.
5) 국내법상의 헌법·법률·명령 및 규칙이 있다는 것은 어디까지나 국내법질서상의 문제다. 국제

약국)1) 및 정부의 법제업무 총괄기관인 법제처의 심사를 받도록 하여(정부조직법 제23조),2) 헌법에의 저촉여부와 시행에 따르는 법률문제를 검토하고 있어 위헌문제 등이 발생될 여지는 거의 없다.

[정부해석] (국제조약이 특별법으로서 국내법에 우선한다는 해석) 한미우호통상항해조약은 그 인적 규율대상이 체약국 국민에 국한되어 있는데, 신문·통신등의등록에관한법률은 외국인을 일반적으로 규율하고 있음에 비추어, 전자는 후자에 대한 특별법관계에 있다. 따라서 위 조약 제7조 및 제8조는 위 법 제5조 및 제7조에 우선한다(1966. 2. 18 외무부에 대한 법제처 질의회신).3)

▶ 대판 1986. 7. 22. 82다카1372 【구상금】 국제항공운송에 관한 법률관계에 대하여는 일반법인 민법에 대한 특별법으로서 우리정부도 가입한 1955년 헤이그에서 개정된 바르샤바협약(이하 개정된 바르샤바협약이라 한다)이 우선 적용되어야 한다.

## IV. 법규명령(法規命令)

### 1. 개관

[의의] 법규명령(Rechtsverordnung)이란 행정권이 정립하는 일반적·추상적 규범 중 법규의 성질을 가진 것을 말한다. 여기서 '법규'란 국민과 행정권을 모두 구속하며, 재판규범이 되는 법규범을 총칭(조약과 자치입법은 제외)하는 개념이다. 따라서 법규명령에 위반한 행정권의 행위는 위법하여 무효 또는 취소사유가 되고, 이로 인하여 권익이 침해된 국민은 행정쟁송으로 무효확인·취소를 구하거나 손해배상을 청구할 수 있다. 법규명령은 헌법이나 법률의 위임에 의하여(위임명령) 혹은 법률을 집행하기 위하여(집행명령) 행정기관에

---

법질서 입장에서는 헌법·법률·규칙이 모두 동일한 국내법이며, 헌법이 법률보다 상위라는 규범도 국내 헌법상에 근거한 국내규범인 것이다. 따라서 국제법이 국내 헌법보다 상위이고 법률보다는 上位라는 식의 논리전개는 국제법 개념을 잘못 이해한 것이며 국내법과 국제법을 혼동한 것이라고 한다. 유병화, 국제법총론, 1981, 40면.

1) 제31조 (외교통상부) ① 외교통상부장관은 외교, 외국과의 통상교섭 및 통상교섭에 관한 총괄·조정, 조약 기타 국제협정, 재외국민의 보호·지원, 국제사정조사 및 이민에 관한 사무를 관장한다. <개정 2004. 12.30>
2) 정부조직법 제23조(법제처) ① 국무회의에 상정될 법령안·조약안과 총리령안 및 부령안의 심사와 그 밖에 법제에 관한 사무를 전문적으로 관장하기 위하여 국무총리 소속으로 법제처를 둔다. ② 법제처에 처장 1명과 차장 1명을 두되, 처장은 정무직으로 하고, 차장은 고위공무원단에 속하는 일반직공무원으로 보한다. <개정 2013.12.24.>
3) 박윤흔, 행정법강의(상), 65면.

의하여 정립되는 법규범(행정입법)이며,[1] 이는 실질적 의미의 법률에 해당하고 동시에 행정법의 법원이 된다.[2] 명령에는 헌법에서 인정한 대통령의 긴급명령과 긴급재정·경제명령, 대통령령, 총리령과 부령, 중앙선거관리위원회규칙이 있고, 법률에서 인정한 감사원규칙(감사원법 제52조),[3] 노동위원회규칙(노동위원회법 제25조)[4]이 있다. 또한 국회규칙(헌법 제64조)·대법원규칙(헌법 제108조)과 헌법재판소규칙(헌법 제113조 제2항)도 공무원인사·행정소송 등과 관계되는 범위 안에서는 행정법의 법원이 된다 할 것이다.

[독일] 법규범은 의회가 직접 관여하지 않았더라도 행정부 또는 장관에 의하여 제정될 수 있다고 기본법은 정하고 있다. 이러한 법규명령의 제정을 위해서는 형식적 법률에서 그 수권의 사실이 정해져야하고 또한 수권의 내용, 목적, 범위 등이 규정되어 있어야한다(기본법 제80조). 수권법률은 의회에서 의결되어야 하므로 이러한 점에서 의회는 법규명령을 제정함에 있어서 간접적으로 관여하고 있는 것이다. 예컨대 도로교통법(StVG)에는 공공도로와 장소에서 자동차의 운행에 관하여 규정하는데 보다 상세한 규정은 연방의회의 동의를 받아 교통부장관이 제정한 도로교통법시행령(StVO : Straßenverkehrsordnung)에 존재한다. 도로교통법 제6조 제1항은 이러한 수권에 관하여 규정하고 있다. 법규명령은 그 효력에 있어서는 의회가 제정한 법률과 다르지 않다. 따라서 법규범을 내용으로한 법규명령은 실질적 의미의 법률이고 형식적 의미의 법률이 아니다.[5]

### 2. 종류

이들 명령은 상위법령에서 위임받은 사항을 정하는 위임명령과, 상위법령을 집행하기 위한 집행명령으로 나누어진다(헌법 제75조).[6]

「대통령령(헌법 제75조)」: (ㄱ)위임명령 → 법률의 위임(구체적·개별적)을 받은 경우;
(ㄴ) 집행명령 → 법률의 집행을 위해서 ☞ **대통령령은 시행령이라고 함**
「총리령·부령(헌법 제95조)」: (ㄱ) 법률의 위임, (ㄴ) 대통령령의 위임, (ㄷ) 직권 ☞ **총리령·부령은 시행규칙이라고 함**

---

1) 정하중, 행정법총론, 136면.
2) 홍정선, 행정법원론(상), 단락번호 276.
3) 감사원법 제52조 (감사원규칙) 감사원은 감사에 관한 절차, 감사원의 내부규율과 감사사무처리에 관한 규칙을 제정할 수 있다.
4) 노동위원회법 제25조 (중앙노동위원회의 규칙제정권) 중앙노동위원회는 중앙노동위원회·지방노동위원회 또는 특별노동위원회의 운영 기타 필요한 사항에 관한 규칙을 제정할 수 있다.
5) Hans Brox, Allgemeiner Teil des BGB, 29 Aufl., Carl Heymanns Verlag; http://blog.daum.net/ichwaringo1977/7106946(검색어 : 독일민법전; 검색일 : 2015.8.10).
6) 박윤흔, 행정법강의(상), 62면.

## 3. 감사원규칙의 법규명령성 인정여부
### 3.1. 학설

[감사원규칙이 법규명령으로서의 성격을 지니는가] 감사원규칙이 법규명령으로서의 성격을 지니는가에 대하여는 학설의 대립이 있다. 긍정설(적극설)의 입장은 헌법에 규정되어 있는 행정입법형식은 열거적인 것이 아니고 다만 예시적인 것에 불과하다고 보아 그 법규명령성을 인정한다.[1] 이에 반하여 부정설(소극설)의 입장은 국회입법의 원칙에 대한 예외로서의 행정입법(Rechtserzeugung der Verwaltung)은 헌법에 명시된 경우에 한하여만 인정될 수 있다고 보아 감사원규칙의 법규명령성을 부정한다.[2] 즉 헌법은 국회 및 기타 헌법기관에 규칙제정권을 인정하고 있음에 반하여, 감사원에 대하여는 헌법에서 규칙제정권을 부여하고 있지않고, 다만 감사원법에서만 규칙제정권을 인정하고 있기 때문이다. 법규명령인가 아닌가를 구별하는 실익은 법규명령인 경우에만 국민의 자유와 권리를 제한할 수 있기 때문이다(권영성).

[헌법이 인정하고 있는 예] (헌법 제64조 제1항) : 국회는 법률에 저촉되지 아니하는 범위안에서 의사와 내부규율에 관한 규칙을 제정할 수 있다. (헌법 제108조) : 대법원은 법률에서 저촉되지 아니하는 범위안에서 소송에 관한 절차, 법원의 내부규율과 사무처리에 관한 규칙을 제정할 수 있다. (헌법 제113조 제2항) : 헌법재판소는 법률에 저촉되지 아니하는 범위안에서 심판에 관한 절차, 내부규율과 사무처리에 관한 규칙을 제정할 수 있다. (헌법 제114조 제6항) : 중앙선거관리위원회는 법령의 범위안에서 선거관리 · 국민투표관리 또는 정당사무에 관한 규칙을 제정할 수 있으며, 법률에 저촉되지 아니하는 범위안에서 내부규율에 관한 규칙을 제정할 수 있다.

---

1) 박윤흔, 행정법강의(상), 63면(감사원규칙 등은 헌법에 의하여 인정된 법형식이 아니고 법률에 근거한 법형식이기 때문에 법규명령의 하나로 볼 수 있는지에 대하여 다툼이 있으나, 헌법에서 인정한 법형식은 예시적이며 열거적이라고 볼 것이 아니기 때문에 법규명령의 일종으로 볼 것이다). 김동희, 행정법(I), 130면(법령에 기하여 그 내용을 보완하거나 그 구체적 사항에 관하여 규정하는 법규범이 정립되어도 그것이 국회입법원칙에 대한 실질적 침해가 될 수 없다는 점에서는 그 실질적 내용에 비추어 당해 규칙을 법규명령으로 보아도 문제는 없다고 본다).

2) 김도창 행정법(상), 청운사, 1993, 311면; 석종현, 일반행정법(상), 163면; 김남진 · 김연태, 행정법(I), 154면. ☞ **다만, 김남진 교수는**「헌법이 인정하고 있는 행정입법의 법형식을 반드시 제한적인 것으로 볼 필요는 없으며, 법률이 위임한 범위 내의 사항을 정하는 것은 국회입법의 원칙에 반하는 것이 아니다.」라고 한바 있다(김남진, 행정법(I), 162면; 김남진, 행정입법의 현황과 문제점, 고시계(1996.12), 19면. 행정입법으로서의 명령 · 자치법규 등은 법규범인 동시에 행정이 그의 목적을 달성하기 위한 주요한 형성적 수단으로서의 성격을 가진다(김남진, 행정입법의 현황과 문제점, 고시계(1996.12), 20면).

### 3.2. 헌법재판소 판례

헌법재판소는 헌법이 인정하고 있는 위임입법의 형식은 예시적이며, 입법자가 규율의 형식도 선택할 수 있다고 하였다. 이와 같은 헌법재판소의 견해에 의하면 감사원 규칙은 위임입법의 한 형식으로서 법규명령으로서의 성격을 갖는다고 할 것이다.[1]

▶ 헌재결 2004. 10. 28. 99헌바91【금융산업의구조개선에관한법률제2조제3호가목등위헌소원】국회입법에 의한 수권이 입법기관이 아닌 행정기관에게 법률 등으로 구체적인 범위를 정하여 위임한 사항에 관하여는 당해 행정기관에게 법정립의 권한을 갖게 되고, 입법자가 규율의 형식도 선택할 수도 있다 할 것이므로, 헌법이 인정하고 있는 위임입법의 형식은 예시적인 것으로 보아야 할 것이고, 그것은 법률이 행정규칙에 위임하더라도 그 행정규칙은 위임된 사항만을 규율할 수 있으므로, 국회입법의 원칙과 상치되지도 않는다. 다만, 형식의 선택에 있어서 규율의 밀도와 규율영역의 특성이 개별적으로 고찰되어야 할 것이고, 그에 따라 입법자에게 상세한 규율이 불가능한 것으로 보이는 영역이라면 행정부에게 필요한 보충을 할 책임이 인정되고 극히 전문적인 식견에 좌우되는 영역에서는 행정기관에 의한 구체화의 우위가 불가피하게 있을 수 있다. 그러한 영역에서 행정규칙에 대한 위임입법이 제한적으로 인정될 수 있다.

## 4. 효력

대통령의 긴급명령과 긴급재정·경제명령은 엄격한 요건 아래서 예외적으로 발하여지는 명령의 일종이지만, 그 효력에 있어서는 법률과 같으며 따라서 모든 명령에 우선한다(헌법 제95조) 국회규칙·대법원규칙·헌법재판소규칙·중앙선거관리위원회규칙은 보통의 명령과 계통을 달리하기 때문에 우열을 비교하기가 어려우나, 대통령령과 같은 효력을 갖는 것도 있다고 할 것이다(국가공무원법 제4조 등 참조). 대통령령은 총리령과 부령에 우선한다(헌법 제95조). 그런데 총리령과 부령의 형식적 효력의 우열에 대하여는 명문규정이 없어 다툼이 있다. 국무총리소속기관(예컨대 국민안전처; 국민권익위원회)은 비록 그 장이 국무위원(장관)으로 보하여지더라도 행정각부가 아니므로, 부령에 해당하는 명령(예컨대 국민안전처령; 국민권익위원회령)을 발할 수는 없다. 이들 기관의 업무에 관한 사항은 총리령으로 정하여진다(정부의 관례).[2]

---

1) 정하중, 행정법총론, 140면.
2) 박윤흔, 행정법강의(상), 63면.

## V. 행정규칙(行政規則)

행정규칙(Verwaltungsvorschrift)이라 함은 행정조직의 내부활동을 규율대상으로 하여, 상위법령의 위임없이 행정기관이 정립하는 일반적·추상적 규정이다. 행정규칙은 행정입법이며, 행정명령(Verwaltungsverordnung)·행정규정(規程) 혹은 행정내규라고도 한다.[1] 행정규칙의 법원성을 부인하는 견해[2]도 있으나 행정규칙도 넓은 의미에서 하나의 법이며 행정사무처리기준이 된다는 점에서 법원(法源)으로 인정된다.[3] 행정규칙은 상위법령의 위임없이 행정기관이 내부규정으로서 정립하는 것이며, 예를 들면 훈령이 있다. 훈령(訓令)은 상급관청이 하급관청에 대하여 훈령을 발하는데 대한 특별한 법령의 규정이 있는 경우도 있지만, 그와 같은 법령의 규정이 없는 경우에도 상급관청은 그의 감독권의 작용으로 훈령을 발할 수 있다. 훈령은 행정기관의 내부관계에서 하급관청에 대하여 발하여지는 것이기 때문에, 대외적으로 법규로서의 성질을 가지지 않는 것(대외적 구속력 없음)으로 인정하는 것이 보통이다.[4]

▶ 대판 1983. 6. 14, 83누54 【자동차감차처분취소】 훈령이란 행정조직내부에 있어서 그 권한의 행사를 지휘감독하기 위하여 발하는 행정명령으로서 훈령, 예규, 통첩, 지시, 고시, 각서 등 그 사용명칭 여하에 불구하고 공법상의 법률관계내부에서 준거할 준칙 등을 정하는데 그치고 대외적으로는 아무런 구속력도 가지는 것이 아니다.

## VI. 자치법규(自治法規)

### 1. 개관

국가가 아닌 기관 역시 법규범을 제정할 수 있다. 법규를 제정할 수 있는 권한(소위

---

1) 권영성, 헌법학원론, 법문사, 2009, 1004면.
2) 김도창(상), 152면.
3) 홍정선, 행정법원론(상), 단락번호 277.
4) 훈령의 예: 경찰공무원 근속승진 운영규칙 〔2000. 4. 20 경찰청훈령 제303호〕 개정 2001. 5. 24 훈령 제360호 전부개정 2006. 3. 30 훈령 제483호; 2006. 8. 18 훈령 제487호; 2007. 10. 2 훈령 제511호; 제1조(목적) 이 규칙은 「경찰공무원법」 제11조의2의 규정에 의하여 경장·경사·경위로 각각 근속승진임용 하는데 필요한 요건 및 방법을 정함을 목적으로 한다. 제2조(승진소요기간) ① 경장·경사 근속승진 임용대상자는 매년 3월 1일·6월 1일·9월 1일 및 12월 1일을 기준으로, 경위 근속승진 임용대상자는 매년 3월 1일 및 9월 1일을 기준으로 다음 각 호의 기간 이상 근속하여야 한다. 1. 경장 근속승진임용: 순경 6년; 2. 경사 근속승진임용: 경장 7년; 3. 경위 근속승진임용: 경사 8년

자율권, 법규제정권)은 국가가 법률로써 부여한다. 어떤 기관이 그에게 주어진 자율권을 이용하여 법을 만들면 자율적 법규범이 존재하게 된다. 기관이 그에게 법률로써 부여된 권한에 근거하여 제정한 법규범이 여기에 속한다. 지방자치단체가 이와같은 기관에 속한다. 그러나 단체(에컨대 환경보호단체; 경실련)는 개인과 마찬가지로 법규를 제정할 권한이 부여되어있지 아니하므로 단체가 제정한 규정은 법규범에 해당하지 않는다. 자율적 법규범 역시 비록 그 적용범위는 좁을지라도(예컨대 해당 지방자치단체), 효력의 면에 있어서는 일반법률과 다르지 않다. 이는 실질적 의미의 법률에 해당하고 형식적의미의 법률에만 해당하지 않을 뿐이다.[1]

## 2. 자치법규의 종류(조례·규칙)

### 2.1. 제정권자

자치법규는 지방자치단체 또는 그 기관이「법령의 범위 안에서」제정하는 자치에 관한 규정」(헌법 제117조 제1항)을 말하며(직접 헌법의 개괄적 수권에 의하여), 지방의회가 제정하는 조례(Satzung)와 집행기관(지방자치단체의 長)이 제정하는 규칙이 있다. 지방자치단체는 법령의 범위안에서 그 사무에 관하여 조례를 제정할 수 있다. 따라서 법규명령의 위임과 같이 법에서 구체적으로 범위를 정하여 위임받을 필요는 없다(포괄적 위임입법금지의 원칙, 개별적·구체적 위임입법의 원칙). 다만 **주민의 권리제한, 의무부과에 관한 사항이나 벌칙을 정할 때에는 법률의 위임이 있어야 한다**(지방자치법 제15조). 지방자치단체의 長은 법령 또는 조례가 위임한 범위안에서 그 권한에 속하는 사무에 관하여 규칙을 제정할 수 있다(지방자치법 제16조). ☞ **조례 → 지방의회가 제정, 규칙 → 지방자치단체의 長이 제정**

지방자치법은 조례의 실효성을 보장하기 위하여 상한을 정하여 일정한 범위 안에서 과태료를 정할 수 있는 일반적 위임을 하였다(지방자치법 제20조·제130조). 조례 중에는 법률의 개별적 위임에 의하여 제정되는 위임입법의 일종인 것도 있으며(건축법 제53조 등 참조), 이러한 조례는 형식은 조례이나 실질에 있어서는 국가의 법률의 내용을 보완하는 종속입법으로서 보통의 위임입법과 차이가 없다.[2]

### 2.2. 집행기관

집행기관에는 일반사무의 집행기관(서울특별시장·광역시장·도지사·시장·군수·자치구청장)과 교육·체육·과학에 관한 사무의 집행기관(서울특별시·광역시·도의 교육

---

1) Hans Brox, Allgemeiner Teil des BGB, 29. neu bearbeitete Aufl., Carl Heymanns Verlag; http://blog.daum.net/ichwaringo1977/7106946(검색어 : 독일민법전; 검색일 : 2015.8.10).
2) 박윤흔, 행정법강의(상), 66면.

감) 두 종류가 있으므로, 규칙에도 (일반)규칙(지방자치법 제8조)과 교육규칙(지교자 제35조)의 두 가지가 있다. 조례로는 자치사무와 단체위임사무에 관하여 정할 수 있고, 규칙으로는 이들 사무뿐만 아니라 기관위임사무에 대하여도 정할 수 있다. 그러나 국가의 법령이나 광역자치단체치의 조례나 규칙에 위반되어서는 안되며(지방자치법 제17조), 주민의 권리제한 또는 의무부과나 벌칙을 규정함에는 법률의 위임이 있어야 한다(지방자치법 제15항 단서).

### 3. 조례제정권의 한계

[조례제정권의 한계] 조례는 원칙적으로 자율적인 규범이지만, 무제한적인 내용의 규범은 아니며, 일정한 한계를 갖는다. (1) **법률우위의 원칙** : 조례는 법령에 위배되어서는 안된다. 이는 성문법규로서의 조례가 갖는 기본적인 한계로서 실정법상의 명문규정에 관계없이 인정되는 것이다. 헌법 제117조 제1항과 지방자치법 제15조 본문의 "법령의 범위 안에서"의 의미는 이를 확인하는 성격을 갖는다. (2) **법률유보의 원칙** : 이는 조례제정작용에서 법치행정의 원칙인 법률유보가 어느 정도로 적용되는가의 하는 것이다. 이와 관련하여서는 우선 지방자치법 제15조 단서의 문제로서 주민의 권리제한 또는 의무부과에 관한 사항이거나 벌칙을 정할 때에는 법률의 위임이 있도록 규정하고 있다. 이 조항의 해석과 관련하여 위헌론과 합헌론이 제기되나, 합헌이라고 봄이 타당하며, 판례도 합헌으로 보고 있다(지방자치법 제15조의 위헌여부).[1]

[조례에 의한 벌칙제정권의 문제] 조례에 의한 벌칙제정권의 문제와 관련하여서는, 지방자치법 제20조는 조례로서 과태료를 부과할 수 있도록 하고 있으며, 과태료 이외의 벌칙 제정권은 지방자치법 제15조 단서와의 관계에서 볼 때 벌칙 제정권을 갖는다. 조례의 한계로서 또한 검토되어야 하는 것은 조례제정작용에 있어서 법치행정의 원칙인 법률유보원칙이 어느정도로 적용되는가 하는 것이다. 이 문제는 특히 지방자치법 제15조 단서의 해석과 관련하여 논란이 되고 있다. 즉 지방자치법은 지방의회의 조례제정과 관련하여 제15조 본문에서는 지방자치단체가 「법령의 범위 안에서」 그 사무에 관하여 조례를 제정할 수 있도록 하고 있으나, 그 대상이 주민의 권리제한 또는 의무부과에 관한 사항이거나 **벌칙을 정할 때에는 법률의 위임**이 있도록 규정하고 있다. 제15조 단서조항의 해석과 관련하여서는 학자들의 견해가 대립하고 있는바, 크게 볼 때에 위헌론과 합헌론의 견해로 대립되고 있다. 위헌론의 입장은 헌법 제117조 제1항과 지방자치법 제15조 단서의 관계, 지방자치단체의 포괄적인 자치권과 전권한성의 원칙, 조례가 갖는 민주적

---

[1] 대판 1995. 5. 12, 94추28【전라북도공동주택입주자보호를위한조례안무효확인】지방자치법 제15조는 원칙적으로 헌법 제117조 제1항의 규정과 같이 지방자치단체의 자치입법권을 보장하면서, 그 단서에서 국민의 권리제한·의무부과에 관한 사항을 규정하는 조례의 중대성에 비추어 입법정책적 고려에서 법률의 위임을 요구한다고 규정하고 있는바, 이는 기본권 제한에 대하여 법률유보원칙을 선언한 헌법 제37조 제2항의 취지에 부합하므로 조례제정에 있어서 위와 같은 경우에 법률의 위임근거를 요구하는 것이 위헌성이 있다고 할 수 없다.

정당성 등을 이유로 하여 조례제정작용에 대해서는 법률유보원칙이 적용될 수 없다고 한다. 이에 따라 지방자치법 제15조 단서는 헌법상 보장된 지방자치의 제도적 보장에 반하는 위헌규정이라고 평가한다. 그러나 지방자치법 제15조 단서규정은 주민의 법적 지위를 불이익하게 하는 것을 내용으로 하는 조례제정작용으로부터 주민의 권리를 보호하기 위해 법률의 위임을 요구하는 것이므로, 전통적인 침해유보원칙 적용의 한 경우로서 보거나 또는 헌법 제37조 제2항의 내용을 다시 확인하고 선언한 것으로서, 당해 단서조항은 합헌으로 평가하는 것이 타당하다. 따라서 조례제정 작용에도 법률유보원칙이 적용되며, 이러한 점에서 한계가 인정되어야 할 것이다.

## 제 2 목   불문법원(不文法源)

### I. (행정)관습법

#### 1. 의의

(행정)관습법이라 함은 행정의 영역에서 국민의 전부 또는 일부사이에 다년간 계속하여 동일한 사실이 관행으로서 반복되고(사실인 관습), 이 관행이 국민일반 또는 관계자의 '법적 확신'을 얻음으로써 법적 규범으로 승인되고, 법적 효력을 갖는 것(법규범)을 말한다.[1] 이점에서 국민의 법적 확신에 의해 법적 규범으로 승인될 정도에 이르지 않은 사실인 관습과는 구별된다.[2] ☞ **관습법 = 사실인 관습 + 법적 확신**

[관습법과 사실인 관습의 차이] 관습법이란 사회의 거듭된 관행으로 생성한 사회생활규범이 사회의 법적 확신과 인식에 의하여 법적 규범으로 승인·강행되기에 이른 것을 말하고, 사실인 관습은 사회의 관행에 의하여 발생한 사회생활규범인 점에서 관습법과 같으나 사회의 법적 확신이나 인식에 의하여 법적 규범으로서 승인된 정도에 이르지 않은 것을 말하는 바, 관습법은 바로 법원으로서 법령과 같은 효력을 갖는 관습으로서 법령에 저촉되지 않는 한 법칙으로서의 효력이 있는 것이며, 이에 반하여 사실인 관습은 법령으로서의 효력이 없는 단순한 관행으로서 법률행위의 당사자의 의사를 보충함에 그치는 것이다.[3]

[법적 확신] 관습법은 사회구성원들의 **법적 확신**(opinio juris)[4] 내지는 법적 인식을 통하

---

1) 김남진·김연태, 행정법(I), 64면.
2) 김남진·김연태, 행정법(I), 64면.
3) 대판 1983. 6. 14, 80다3231 【분묘이장】
4) http://ko.wikipedia.org/wiki/…(검색일 : 2015.4.7.); 정경수, 현대 국제관습법의 형성에 관한 연구, 고려대학교 법학박사 학위논문, 2002, 133면 "특히 20세기 중반에 이르러 구겐하임

여 국가내의 최고법으로서의 규범성을 획득하여 **일반법과 동일한 효력**을 갖는 것을 말한다.[1]
법적 확신(opinio juris)이란 프랑스의 법학자 프랑수아 제니(F. Gény)가 1919년에 주장한 것
(법적 확신설)으로서, 관습법의 성립에 법적 확신이 필요하다는 학설이다. 법적 확신이란
"관행을 지키는 것은 의무"라는 신념을 말하며, "관행을 지키지 않아도 될 자유"가 수범자들
에게 인정되고 있다면 법적 확신이 결여되었다고 본다. 법적 확신이 없는 관행은 사실인
관습이라고 부른다. 즉, 관습법이 성립하려면 **일반관행**(general practice)과 법적확신이 있어야
한다고 주장한다. 일반관행이란 사실인 관습을 말하는데, 사실인 관습(일반관행)이 법률인 관
습(관습법)이 되려면 법적확신이 필요하다는 설이 법적 확신설이며, 국제법에서의 통설·판례이며,
대한민국 국내법에서의 통설·판례이다.[2]

[관습법] 관습법이란 사회의 거듭된 관행으로 생성한 사회생활규범이 사회의 법적
확신과 인식에 의하여 법적 규범으로 승인·강행되기에 이른 것을 말하고, 그러한 관습법
은 법원으로서 법령에 저촉되지 아니하는 한 법칙으로서의 효력이 있는 것이고, 또 사회
의 거듭된 관행으로 생성한 어떤 사회생활규범이 법적 규범으로 승인되기에 이르렀다고
하기 위하여는 헌법을 최상위 규범으로 하는 전체 법질서에 반하지 아니하는 것으로서
정당성과 합리성이 있다고 인정될 수 있는 것이어야 하고, 그렇지 아니한 사회생활규범
은 비록 그것이 사회의 거듭된 관행으로 생성된 것이라고 할지라도 이를 법적 규범으로
삼아 관습법으로서의 효력을 인정할 수 없다.[3] 대법원은 일반관행과 법적확신이 존재해
야만 관습법이 성립한다고 판시하여, F. Gény의 법적확신이론을 지지하고 있다. 민법학
계의 통설이다.

[법·관습·도덕의 구별] 인간간의 모든 관계가 법에 의하여 규율되지는 않는다. 법
은 관습·도덕과 구분된다. (법과 관습) : 관습이란 관행과 습관을 말한다. 관습은 특정한
집단, 지역(예컨대 가족, 마을, 상인)마다 고유하다. 법과 관습은 위반행우에 대한 제재에
있어서 차이가 난다. 법적 명령과 금지의 강제는 국가의 강제력에 의하여 이루어진다. 반

---

(Guggenheim)은 국제관습법에서 다루어지는 opinio juris가 독일의 역사법학파에 그 기원을 두
고 있다고 말한다. K. Skubiszewski, supra note 1, p. 839. 구겐하임(Guggenheim)의 역할에 대
해서는, R. Walden, "The Subjective Element in the Formation of Customary International
Law", 12 Isr. L. Rev. (1977), p. 358 참조."; 정경수, 현대 국제관습법의 형성에 관한 연구, 고려
대학교 법학박사 학위논문, 2002, 134면 "opinio juris 개념이 19세기 독일의 역사법학에서 출발하
였을지라도 현대 국제관습법 이론의 발전과정에서 자연법적 요소로부터 벗어나 실정법적 가치
를 지니게 되었으며, 그 결과 opinio juris의 개념은 기본적으로 '법적 신념' 즉, '일정한 관행이 법
으로서 의무적이라는 신념'이라고 이해되고 있다."

1) 정종섭, 헌법학원론, 단락번호 [6] ▭ **단락번호(방주**:方柱)
2) http://ko.wikipedia.org/wiki/%EB%B2%95%EC%A0%81%ED%99%95%EC%8B%A0(검색일 : 2015.4.7.).
3) 대판 2005. 7. 21, 2002다1178 【종회회원확인】 [공2005. 8. 15.(232), 1326])

면 관습의 준수를 국가가 강제할 수 없다. 관습 불준수는 예절에 어긋났으므로 사회적으로 멸시하는 것이 전부이다. 법과 관습이 서로 구분됨에도 불구하고 관습은 법에있어 중요한 의의를 갖는다. 예컨대 약혼은 사회적으로 관습일 뿐만 아니라 법적으로도 중요한 의의를 갖는다. 관습과 관행은 관습법으로 고양되거나 입법자가 법률로 제정하는 순간에 법규범이 될 수 있다. (법과 도덕) : 도덕에 있어서도 당위규범이 문제된다. 도덕적 의무는 개인의 양심에 근거할 수 있다. 이 경우에는 자기의 양심의 소리에 따라 행동하는 것이 도덕적으로 선한 것이 된다. 법과 도덕은 그들이 추구하는 목적에 있어 구별된다. 법은 어느 정도 공동체 삶을 지탱하는 것이 목적이라면, 도덕에 있어서는 그 이념에 따라 선을 실행하는 것이 목적이다. 이리하여 법적으로 허용되는 것이 도덕적으로는 허용되지 않기도 한다. 예컨대 거짓말은 도덕적으로 나쁘다. 그러나 형사소송에서 피고인은 법적으로 불이익을 당할 염려없이 거짓말을 할 수 있다. 거짓말은 특별한 사정이 있는 경우에만 형법적으로 의미가 있다(예컨대 위증; 사기). 또한 제재의 면에 있어서도 법과 도덕은 구분된다. 법은 국가의 강제력에 의해 관철되나 도덕의 경우에는 그러한 제재가 따르지 않는다. 양심이 요구하는 행동규범을 위반하였다면 그 결과는 죄책감이다. 법과 도덕의 이러한 차이점에도 불구하고 여러 관련성이 존재한다. 대부분의 법규범은 도덕에 기초한다(법은 도덕의 최소한).[1]

## 2. 행정관습법의 행정법원(行政法源)으로서의 인정여부

### 2.1. 개관

민법 제1조에서「民事에 관하여 법률에 규정이 없으면 관습법에 의하고 관습법이 없으면 조리에 의한다」는 규정에서 엿볼 수 있는 바와 같이 민법 등 私的 자치의 원칙이 널리 인정되는 사법의 영역에서는 중요한 법원이 되고 있으나 행정관습법이 행정법의 法源으로 인정될 수 있는가에 대해서는 학설이 대립된다. 특히 법규가 인정하고 있는 경우에는 행정관습법이 법원성을 지닌다는 점에는 의문이 없으나 법규가 인정하지 않은 경우에는 이를 부정하는 학설과 긍정하는 학설로 대립된다.

### 2.2. 학설

#### 2.2.1. 부정설

성문법규에 관습법을 허용하는 명문의 규정을 두고 있지 않는한 행정관습법이 성립될 수 없다(Otto Mayer, Fritz Fleiner, Hans Nawiasky)고 한다. 부정설에 의하면 행정은 사법과 달라서, 행정은 법규가 없는 경우에도 존립할 수 있기 때문에 관습법이 필요하지 않다

---

[1] Hans Brox, Allgemeiner Teil des BGB, 29. neu bearbeitete Aufl., Carl Heymanns Verlag; http://blog.daum.net/ichwaringo1977/7106946(검색어 : 독일민법전; 검색일 : 2015.8.10).

고 하고(O. Mayer) 혹은 행정의 법률적합성의 원칙 때문에 인정될 수 없으며, (ㄱ) 성문법규에서 관습법을 허용하는 명문규정을 둔 경우, (ㄴ) 협소한 공통이해관계자의 내부관계에 관한 관례(Observanz)로서 예외적으로 존재한다고 한다(프리츠 플라이너[F. Fleiner],[1] 한스 나비아스키[H. Nawiasky]).

### 2.2.2. 긍정설

[의의] 긍정설은 행정은 복잡 다양하여 모든 영역에 성문법규가 완비될 수 없기 때문에 성문법규 자신이 행정관습법을 인정하고 있지 않는 경우에도 실제로는 행정관습법의 성립을 인정할 수 밖에 없다고 한다(발터 옐리네크[Walter Jellinek];[2] 에른스트 포르스트호프[Ernst Forsthoff]; 우리나라 통설). 긍정설은 행정법에서는 사법분야와는 달리「법률에 의한 행정의 원리」가 지배하고 있는 것은 사실이나, 행정은 복잡다기하여 모든 영역에 성문법규가 완비될 수는 없고, 따라서 성문법주의는 행정법의 영역에서는 형벌법의 경우와 같이 엄격할 수 없다는 것을 근거로 한다(W. Jellinek, E. Forsthoff).

[사견] 긍정설이 주장하는 바와 같이 모든 영역에 성문법규가 완비 될 수는 없다고 할 것이며, 행정법의 영역에 있어서는 사법분야에 비하여 성문법규는 오히려 더 불완전하다고 할 것이다. 따라서 행정법에 있어서는 관습법의 성립을 인정하는 것이 보다 현실적이라 할 것이며, 오늘날의 복리행정의 요청에도 부응하는 것이다. 긍정설이 우리 학자들의 일치된 견해이다. 그러나 주로 현실적인 이유로 관습법의 성립 내지 존속이 매우 어렵다는 지적이 있다. 그것은 현대사회란 유동이 심한 다원화사회이기 때문에 일반인의 법적 확신과 같은 관습법 성립의 요건을 충족하기가 매우 어렵고, 또한 모든 것이 합리화를 향하여 달리고 있는 현대사회에서 단순히 '우리는 항상 그렇게 하여 왔다(Das haben wir immer so gemacht)'는 식의 주장이 관철되기 어렵다고 보아야 할 것이기 때문이라고 한다.[3]

[법적 확신에 의하여 관습법이 성립한다는 판례] 관습법이란 사회의 거듭된 관행으로 생성한 사회생활규범이 사회의 법적 확신과 인식에 의하여 법적 규범으로 승인 강행되기에 이른 것을 말하고, 사실인 관습은 사회의 관행에 의하여 발생한 사회생활규범인 점에서는 관습법과 같으나 다만 사실인 관습은 사회의 법적 확신이나 인식에 의하여 법적 규범으로서 승인될 정도에 이르지 않은 것을 말한다.[4]

---

1) 프리츠 플라이너(1867-1937)는 스위스 태생으로 스위스 바젤법과대학, 취리히법과대학, 독일 튀빙겐, 하이델베르크 대학교수였다.
2) 옐리네크(Jellinek)는 Georg Jellinek(아버지 : 1851-1911)와 Walter Jellinek(아들 : 1885-1955)가 있으므로 주의할 것. ☞ G. Jellinek, W. Jellinek **로 표기해야**
3) 김남진·김연태, 행정법(I), 66면.
4) 대판 1983. 6. 14, 80다3231.

▶ 관습법 → 사회의 거듭된 관행으로 생성한 사회생활규범이 사회의 법적 확신과 인식에 의하여 법적 규범으로 승인·강행되기에 이른 것

▶ 사실인 관습 → 사회의 관행에 의하여 발생한 사회생활규범인 점에서는 관습법과 같으나 다만 사실인 관습은 사회의 법적 확신이나 인식에 의하여 법적 규범으로서 승인될 정도에 이르지 않은 것

## 3. 성립(효력의 근거)

### 3.1. 개관

관습법은 법률의 제정으로서 성립하지 않고 일정기간 지속된 관행으로 인하여 사회구성원이 인반적 법으로서 효력을 승인하는데 근거를 두고 있다. (독일) : 예컨대 변호사는 법정에서는 법복을 입어야 한다는 점은 그에 관한 규정이 없는 주(州)에서는 관습법에 의존하고 있다. 즉 연방의 모든 주에서는 모든 법원의 판사가 승인하고 변호사단체에서도 전체적으로 공감하는 내용으로서 어떤 통일적으로 지배하는 법적 확신이 존재하는 것이다(BVerfGE 28, 28).[1] 관습법이 성립하기 위해서는 (ㄱ) 관행의 존재와, (ㄴ) 법적 확신이 존재할 것이 필요한데, 이러한 요소 이외에도 국가의 승인을 필요로 하는가(긍정설 ; 국가승인설), 아니면 이를 필요로 하지 않는가(부정설 ; 법적 확신설) 하는 입장으로 대별 된다. 분설하면 다음과 같다.

### 3.2. 학설

#### 3.2.1. 긍정설(국가승인설 : Anerkennungstheorie)

관습법이 법으로서의 구속력(Bindungswirkung)을 가지기 위해서는 관행과 법적 확신 이외에 국가의 승인이 필요하다고 주장하는 학설이다. 이는 법의 본질을 국가의 명령으로 보는 이른바 명령설에서 출발하여 제정법 우위사상에 입각한 견해로서, 관습법이 법으로서의 효력을 갖는 것은 국가가 법으로서 승인하기 때문이라고 한 국가승인설은 국가의 승인이 더 필요하다고 한다(P. Laband[라반트], H. Nawiasky[나비아스키]). 소수설이다(김도창).[2]

#### 3.2.2. 부정설(법적 확신설 : Rechtsbezeugungstheorie)

관습법이 법으로서의 구속력을 가지기 위해서는 관행과 법적 확신이 있으면 족하며,

---

[1] Hans Brox, Allgemeiner Teil des BGB, 29. neu bearbeitete Aufl., Carl Heymanns Verlag; http://blog.daum.net/ichwaringo1977/7106946(검색어 : 독일민법전 ; 검색일 : 2015.8.10).

[2] P. Laband, Das Staatsrecht des Deutschenreiches, S. 69.

그 이외에 국가의 승인은 필요없다고 주장하는 학설이다. 법력(法力)내재설이라고도 한다. 법의 본질을 정의의 관념인 법적 확신으로 보고, 관습법은 관행에 의하여 표현된 법적 확신이므로 법으로서의 효력을 갖는다고 본다(E. Forsthoff[포르스트호프] 등).[1][2] 관습법은 관행에 의하여 표현된 법적 확신이므로 그 자체에 내재하는 힘에 의하여 법으로서의 효력을 가지며 국가의 승인은 필요없다는 것이다(사회구성원의 승인만 있으면 가능). 통설·판례[3]의 입장이다.

### 3.2.3. 사견

법적 확신설은 국가적 법질서와의 관계를 고려하지 않는 듯한 느낌을 주지만 관습법의 의의는 오히려 실정법(국가의 승인)과 무관하게 성립될 수 있다는 점에 있음을 생각할 때, 법적 확신설이 타당하다. 국가승인설에 의하면 결국 관습법을 부인하는 결과를 가져오며, 이 견해가 말하는 승인은 승인이 아니라 집행 내지 적용이라고 할 것이다. 다만 법적 확신설에 의할 때 관습법의 성립여부가 불분명한 경우가 많다고 할 것인바, 관습법의 성립여부는 결국 사회통념에 따라 판단할 것이며, 최종적으로는 법원에 의하여 결정될 것이다(이상규).[4] 그러고 보면 국가승인설과 법적 확신설은 실질적으로 큰 차이가 있는 것은 아니라고 하겠다.[5]

## 4. 행정관습법의 종류

### 4.1. 행정선례법

[의의] 행정선례법이라 함은 행정청이 취급한 선례(先例)가 반복됨으로써 성립되는 행정관습법을 말한다.[6] 즉 성문법이 없거나 불충분한 경우에, 행정청이 동일한 작용의 훈령·고시·통첩 등을 장기적으로 반복 시행함으로써 국민사이에 법적 확신이 생기게 됨으로써 성립되는 관습법을 말한다. 특히 상급행정청의 훈령·또는 예규 등이 발하여진 경우에는 하급행정청은 그것을 기준으로 사무를 처리하게 되는바, 그것이 반복적으로 시행되면 행정선례법으로서의 의의를 지니게 된다. 특히 행정부내에서 법령의 유권해석권을 가진 법제처(민사법·형사법·소송법·국가배상관계법은 법무부)[7]의 법규에 대한 해석은 행정기

---

1) E. Forsthoff, Lehrbuch des Verwaltungsrechts, 1 Bd., Allgemeiner Teil, 7. Aufl., 1958, S. 121.
2) 박윤흔, 행정법강의(상), 67면.
3) 헌재결 2004. 9. 23, 2000헌라2; 대판 1968. 6. 25, 68누9; 대판 1983. 6. 14, 80다3231 등.
4) 김남진·김연태, 행정법(I), 65면 참조.
5) 김남진·김연태, 행정법(I), 66면.
6) 김남진·김연태, 행정법(I), 65면; 대판 1954. 6. 19, 4285행상20.
7) 행정부에 의한 법령유권해석제도에 관한 내용은 이성환, 법제처 법령유권해석제도의 현황과 평

관이 이를 반복하여 적용하면 행정선례법으로 인정 될 수 있을 것이다.[1] 행정선례라 함은 행정기관에 있어서 실제로 처리한 사건 이 선례로서 존중되어 법규로서의 효력을 가지게 된 것으로서, 재판례의 경우와 동일하게 처리되는 것이다.[2]

국세기본법(제18조 제3항) 및 행정절차법(제4조)는 행정선례법의 존재를 명문(明文)으로 인정하고 있다.

▶국세기본법 제18조(세법 해석의 기준 및 소급과세의 금지) ③ 세법의 해석이나 국세행정의 관행이 일반적으로 납세자에게 받아들여진 후에는 그 해석이나 관행에 의한 행위 또는 계산은 정당한 것으로 보며, 새로운 해석이나 관행에 의하여 소급하여 과세되지 아니한다. <개정 2010.1.1.>

▶행정절차법 제4조(신의성실 및 신뢰보호) ① 행정청은 직무를 수행할 때 신의(信義)에 따라 성실히 하여야 한다. ② 행정청은 법령등의 해석 또는 행정청의 관행이 일반적으로 국민들에게 받아들여졌을 때에는 공익 또는 제3자의 정당한 이익을 현저히 해칠 우려가 있는 경우를 제외하고는 새로운 해석 또는 관행에 따라 소급하여 불리하게 처리하여서는 아니 된다. [전문개정 2012.10.22.]

[행정에 대한 신뢰보호] 비과세의 사실상태가 장기간에 걸쳐 계속된 경우에, 그것이 그 사항에 대하여 과세의 대상으로 삼지 아니하는 뜻의 과세관청의 묵시적인 의사표시로 볼 수 있는 경우에는 이를 국세행정의 관행이라고 인정할 수 있으며,[3] 행정선례법의 인정은 행정에 대한 신뢰보호의 관념에 밑받침된 것이라고 할 수 있다.

[판례] 행정처분은 그 근거 법령이 개정된 경우에도 경과규정에서 달리 정함이 없는 한 처분 당시 시행되는 개정법령과 그에서 정한 기준에 의하는 것이 원칙이지만, 그러한 개정 법률의 적용과 관련하여 개정전 법령의 존속에 대한 국민의 신뢰가 개정 법령의 적용에 관한 공익상의 요구보다 더 보호가치가 있다고 인정되는 경우에는 그러한 국민의 신뢰를 보호하기 위하여 개정 법령의 적용이 제한될 수도 있다. 전통사찰보존법 제6조 제1항 단서가 사찰재산의 양도에 있어 소속대표단체 대표자의 승인서를 첨부하도록 요구하고 있는 취지는, 해당

---

가, 한국입법학회, 행정부에 의한 법령유권해석제도의 입법학적 검토, 2009. 4. 24(성균관대학교) 참조; 김웅규, 미국 OLC(Office of Legal Counsel : 법률자문국)의 법령유권해석, 한국입법학회, 행정부에 의한 법령유권해석제도의 입법학적 검토, 2009. 4. 24(성균관대학교) 참조; 변무웅, 독일과 유럽연합의 행정부에 의한 유권해석, 한국입법학회, 행정부에 의한 법령유권해석제도의 입법학적 검토, 2009. 4. 24(성균관대학교) 참조; 정준현, 법령해석요청주체 및 법령해석대상 확대가능성에 관한 검토, 한국입법학회, 행정부에 의한 법령유권해석제도의 입법학적 검토, 2009. 4. 24(성균관대학교) 참조.

1) 대판 1954. 6. 19, 4285行上20
2) 박윤흔, 행정법강의(상), 69면.
3) 대판 1987. 2. 24, 86누571

사찰의 재산양도가 사찰 고유의 목적에 기여하고 그 존립 자체를 위태롭게 하는 것은 아닌지 등을 판단할 수 있는 근거 자료를 확보함으로써, 관할 행정청으로 하여금 양도허가신청에 대한 가부를 보다 용이하게 판단할 수 있도록 하려는 데에 있는 것에 불과하다. 제반 사정에 비추어 개정된 전통사찰보존법의 예외 없는 적용에 관한 공익상의 요구보다 개정 전 전통사찰보존법의 존속에 대한 신뢰를 보호하여야 할 필요성이 우월하다고 인정하여 전통사찰의 경내지 일부로 사용되고 있는 토지의 양도허가신청에 대하여 개정된 전통사찰보존법을 적용하여 "소속대표단체 대표자의 승인서가 누락되어 있다."는 이유로 이를 거부할 수 없다.[1]

[사례] A도지사는 세법에 따라 특정 무역에 종사하는 B에게 부가세를 부과할 수 있는 권한행정청이다. 그런데 A도지사는 부가세의 부과처분은 원가상승을 가져오고 원가상승은 수출경쟁력의 약화를 가져온다고 판단하여 4년 6개월동안 부가세를 부과하지 아니하였다. 이에 따라 B도 물품의 가격책정에 부가세를 고려하지 아니하였다. 그런데 최근에 도세가 잘 거두어지지 아니하자 A도지사는 세법에 따라 B에게 지난 4년분의 부과세를 소급하여 부과하였다. A도지사의 부가세의 부과처분은 내용상 적법한가?

[참고조문]

▶행정절차법 제4조(신의성실 및 신뢰보호) ② 행정청은 법령 등의 해석 또는 행정청의 관행이 일반적으로 국민들에게 받아들여졌을 때에는 공익 또는 제3자의 정당한 이익을 현저히 해칠 우려가 있는 경우를 제외하고는 <u>새로운 해석 또는 관행에 따라 소급하여 불리하게 처리하여서는 아니된다.</u> ☞ 신뢰보호의 원칙

▶국세기본법 제18조(세법해석의 기준, 소급과세의 금지) ③ <u>세법의 해석 또는 국세행정의 관행이 일반적으로 납세자에게 받아들여진 후에는 그 해석 또는 관행에 의한 행위 또는 계산은 정당한 것으로 보며, 새로운 해석 또는 관행에 의하여 소급하여 과세되지 아니한다.</u> ☞ 신뢰보호의 원칙

[해설] 과세처분이 법령에서 예정된 시기 이후 상당한 기간이 경과한 후에 이루어진 경우에도 적법한가, 즉 상당한 기간이 경과하여서 과세처분이 없을 것이라 믿은 사인은 보호받을 수 없는가 하는 문제가 발생한다. 이는 행정의 법률적합성의 원칙(법치행정의 원리)과의 관계에서 신뢰보호의 원칙의 적용문제이다. 국세기본법 제18조 제3항의 경우 신뢰보호의 원칙과 관련하여 그 적용요건인 '국세행정의 관행' 개념의 해석과 관련하여 문제 된다. 즉 과세관청이 과세여부에 대한 명확한 의사표시(Erklärung) 없이 상당한 기간 동안이나 과세하지 않고 있다가 새로운 해석을 내려 소급하여 과세하였을 경우에, 이전에 과세하지 않은 것이 단순한 과세누락인가 또는 비과세의 관행인가 하는 점이 문제

---

[1] 서울행법 2000. 12. 5. 선고 2000구16448 판결 : 항소 【전통사찰의부동산양도허가신청서반려처분취소】

된다. 이 경우 신뢰보호원칙이 적용되기 위한 요건으로서는, (ㄱ) 과세관청이 과세할 수 있는 사정을 알고 있으면서도 과세하지 않았다는 요건이 충족되어야 한다. 왜냐하면 과세관청이 과세요건의 충족사실을 알지 못했기 때문에 과세하지 않았다면 이러한 사정은 과세누락으로 평가하여야 하며, 이때에는 신뢰보호의 원칙을 주장할 수 있는 비과세관행이라고 볼 수 없을 것이기 때문이다. (ㄴ) 비과세의 관행을 인정하기 위하여 과세관청의 '과세하지 않겠다는 명시적인 언동이 필요한가' 하는 점이다. 1984년 대법원 판결부터 비과세의 관행이 성립하기 위하여 과세관청의 비과세를 시사하는 언동이 있어야 하지만 과세관청의 언동은 반드시 명시적인 것이어야만 하는 것은 아니고 묵시적인 의향표시가 있는 것으로 볼 수 있는 것이면 충분한 것이라고 하였다. 다만 묵시적 표시가 있다고 하기 위해서는, 단순한 과세누락과는 달리 과세관청이 상당기간의 비과세상태에 대하여 과세하지 않겠다는 의사표시를 한 것으로 볼 수 있는 사정이 있어야 한다고 하였다.[1]

### 4.2. 지방적·민중적 관습법

공법관계에 관한 일정한 관행이 민중 사이에 다년간 계속됨으로써 이 관행이 일반적으로 인식·존중되었을 때 성립되는 것을 지방적·민중적 관습법이라 한다.[2] 주로 公物·公水 등의 사용관계 등에 관하여 존재한다. 예를 들면 入漁權(구수산업법 제40조)·관습상의 유수사용권(관개용수리권·유수권·음용용수권 등)[3] 참조)을 들 수 있다.[4] 온산(溫山)·시화(始華) 등 대규모 공업단지 건설을 위한 공유수면매립과 관련하여 바닷가에서 조개 등을 잡아 생계를 꾸려온 어민들에게 입어권(入漁權)을 인정할 것인지에 대하여 사업자는 인정할 수 없다고 하고, 어민들은 입어권을 주장하여 보상을 요구하고 있다.[5]

▶구(舊)수산업법 제40조(入漁權) 공동어업의 어업권자는 2조 7호(입어자라 함은 공동어업권이 설정되기 전부터 당해 수면에서 계속적으로 수산동식물을 포획·채취하여 온 사실이 대다수 사람들에게 인정되는자)의 입어자에 대하여는 당해 어장에 입어(入漁)하는 것을 허용 하여야 한다.

▶구(舊)공유수면매립법 제6조 제4항(공유수면 인수·배수권) 공유수면에 관하여 권리

---

1) 대판 1984. 12. 26, 81누266; 대판 1995. 10. 12, 95누9815; 대판 1995. 4. 21, 94누6574; 대판 1995. 2. 14, 94누12951; 대판 1995. 2. 3, 94누11750 등).
2) 김남진·김연태, 행정법(I), 65면.
3) 대판 1964. 11. 24, 64다790.
4) 박윤흔, 행정법강의(상), 69면 ; 김남진·김연태, 행정법(I), 65면.
5) 舊공공용지의취득및손실보상에관한특례법시행규칙 제23조 참조 ☞ **토지수용법과 공공용지의취득및손실보상에관한특례법을 통합하여 공익사업을위한토지등의취득및보상에관한법률(2002. 2. 4, 법률 제6656호)이 제정됨에 따라 종전의 토지수용법 및 공공용지의취득및손실보상에관한특례법은 폐지되었다**[폐지 2002. 2. 4 법률 제6656호]).

를 가진자는 관습에 의하여 공유수면으로부터 引水하거나 공유수면에 배수(排水)하는 자
▶ 관습상의 유수사용권(灌漑用水利權·음용용수권·온천사용권)

[판례] 하천(河川)으로부터의 인수권(引水權)에 관습법을 인정한 판례: 대판 1967. 7. 6, 65다425【손해배상】【사실개요】원고 등이 그들의 소유농지에 관개수를 공급하기 위해 보를 설치하여 물을 이끌어 오고 있었는데, 피고 토지개량조합이 행정관청의 인가를 얻어 새로운 보를 설치하였다. 그리하여 피고조합원 소유농지에 물을 인수(引水)함으로써 재래의 보는 폐쇄되기에 이르렀다(민법 제231조·제232조·제750조).【판결요지】피고인 토지개량조합은 피고의 새로운 보설치(洑設置)에 관하여 행정관청의 인가가 있으므로 적법한 것이라고 주장하나 그러한 행정관청의 인가유무는 본건 불법행위 성립에 아무런 영향도 없는 것이다.

## II. 판례법(判例法)

### 1. 의의

행정소송사건에 대한 법원의 판결은 그 본질이 비록 특정한 사건(case)에 대하여 행정법규를 해석·적용하여 당해 사건의 적법성 여부를 판단하는 것만을 목적으로 하는 것이기는 하지만, 그 판단과정에서 일반적·추상적인 행정법규의 내용을 명확히하고 그 해석의 기준을 제시하는 것이기 때문에 관계 행정청과 국민은 이를 법으로서 인식하게 되며, 이를 이른바 판례법이라 한다. 판례는 민법·상법 등 분야에서도 중요한 법원이 되지만 행정법의 경우는 더한층 중요성을 가진다. 그것은 행정법의 경우는 통칙적 규정이 없어 행정법 전체에 걸친 기본적 법원칙이 이론에 의하여 확립되어야 하는바, 이러한 이론의 확립에 있어서 판례는 학설과 함께 커다란 역할을 담당하기 때문이다. 현재 우리는 근대적 법원제도를 가진 역사가 짧기 때문에 행정법 통칙의 모든 문제에 관한 판례는 형성되어 있지 않으나, 중요 문제에 관하여는 점차로 형성되어 가고 있다.[1] 행정사건에 관한 법원의 판결례는 구체적 사건을 해결함에 있어서 성문법원의 결함을 보충하는 경우가 있는바, 그것이 하나의 법적 규범으로 승인되고 장래의 같은 종류의 사건에 관한 재판의 근거가 될 경우에 판례법의 성립을 인정할 수 있고, 그러한 범위내에서 행정법의 법원(法源)이 될 수 있다. ☞
**법원의 판결례 → 구체적 사건을 해결함에 있어서 성문법원의 결함을 보충**

[판례법·관습법의 차이] 판례법과 관습법의 중요한 차이는, (ㄱ) 관습법의 경우는 동일한 행위가 관행적으로 장기간 계속되어야 하는데, 판례법의 경우는 관습법과는 달리 관행적

---

1) 박윤흔, 행정법강의(상), 71면.

으로 장기간 계속될 필요가 없고, (ㄴ) 관습법의 경우는 관행에 대한 사회의 법적 확신을 요하는데, 판례법의 경우는 국가기관인 법원의 행위 자체에 내포된 강제력의 소산이라는 데 있다.[1]

## 2. 법원성(法源性)의 인정문제

### 2.1. 외국

#### 2.1.1. 영미법계 국가(인정)

영미법계국가에서는 '선례구속성의 원리(doctrine of stare decisis)'에 의하여 판례법(case law)은 법적 구속력(Bindungswirkung; legal binding force)을 갖기 때문에, 판례는 행정법의 *法源*으로서의 중요성이 크다.[2] 다만 최근에 와서는 환경·사회복지·경제규제 등 각 분야에서의 국가의 적극적 개입이 성문법을 통해서 이루어지고 있기 때문에 상대적으로 판례법의 비중은 감소되고 있는 실정이다.

#### 2.1.2 대륙법계의 성문법국가(불인정)

대륙법계에서는 성문법 규정의 흠결이나 추상성을 보충하는 작용을 판례법이 수행하고 있지만, 대륙법계의 성문법국가에서는 최고법원은 자기 판례를 변경할 수 있음은 물론 **상급법원의 판례는 하급법원에 대하여 '법적 구속력'이 아닌 '사실상의 구속력'을 가질 뿐이므로 법원(法源)으로서의 지위가 인정되지 않는다고 본다.** 즉 대륙법계국가에서는 상급법원의 판결은 당해 사건 이외에는 하급법원을 법적으로 구속하는 효력을 가지지 않으므로 판례에 의하여 법적 구속력을 가진다는 의미로서의 법원성을 인정하기는 어려울 것이다. 우리나라도 법률상으로는 상급법원의 법률적·사실적 판단은 '당해사건'에 한하여 하급심을 기속하는 효력을 가진다(법원조직법 제8조, 민사소송법 제436조 제2항 단서 참조).[3]

▶ 대판 1996. 10. 25, 96다31307 【소유권이전등기】 대법원의 판례가 법률해석의 일반적인 기준을 제시한 경우에 유사한 사건을 재판하는 하급심법원의 법관은 판례의 견해를 존중하여 재판하여야 하는 것이나, 판례가 사안이 서로 다른 사건을 재판하는 하급심법원을 직접 기속하는 효력이 있는 것은 아니다.

---

1) 박윤흔, 행정법강의(상), 70면.
2) 김남진·김연태, 행정법(I), 65면 참조.
3) 김남진·김연태, 행정법(I), 65면.

## 2.2. 우리나라
### 2.2.1. 긍정설

긍정설의 입장은 대법원의 판례변경은 대법관 전원의 3분의 2 이상의 합의체(법원조직법 제7조 제1항 제3호: "종전에 대법원에서 판시(判示)한 헌법·법률·명령 또는 규칙의 해석 적용에 관한 의견을 변경할 필요가 있다고 인정하는 경우")에서 과반수로 결정해야 하며(법원조직법 제66조 제1항; 판례변경의 신중성), 하급법원이 다른 사건에서 대법원판례와 상이한 판결을 하면 상고이유가 된다(소액사건심판법 제3조 제2호)는 점을 들어서 판례의 추정적 구속력(präsumtive Verbindlichkeit)이 인정된다고 한다.[1]

> ▶ 소액사건심판법 제3조 (상고 및 재항고) 소액사건에 대한 지방법원 본원 합의부의 제2심판결이나 결정·명령에 대하여는 다음 각호의 1에 해당하는 경우에 한하여 대법원에 상고 또는 재항고를 할 수 있다.
> 1. 법률·명령·규칙 또는 처분의 헌법위반여부와 명령·규칙 또는 처분의 법률위반여부에 대한 판단이 부당한 때
> 2. 대법원의 판례에 상반되는 판단을 한 때

즉「같은 사건」이 아니라도 만일 하급법원이 '같은 성질의 사건'에서 대법원의 판결과 배치되는 판결을 할 경우에는 당연히 대법원에 상고가 이루어질 것이고, 이 결과 파기될 가능성이 크므로 하급심에서는 사실상 대법원의 판례를 존중하여 판결하는 것이 일반적이다. 또한 행정청의 행정처분이나 행정입법은 행정소송의 대상이 되며, 결국 대법원의 최종적인 심판 대상이 되기 때문에(헌법 제105조 제2항 행정소송법 제1조), 대법원의 판례를 존중하지 않을 수 없다. 따라서 대법원의 판례는 하급법원이나 행정청에 대하여 사실상의 구속력(Bindungswirkung)을 가진다. 더욱이 현행법은 대법원의 심판에 있어, 다른 사건은 대법관 전원의 합의체나 대법관 3인 이상으로 구성된 부에서 과반수 찬성으로 판결하고, 종전의 판례변경은 항상 대법관 전원의 합의체에서 과반수 찬성으로 하도록하여 판례의 안정성(경직성)을 부여하고 있고, 이는 결국 대법원의 판례에 법원성(法源性)을 어느 정도 보장하고 있다(법원조직법 제7조 제1항 제3호, 제66조 제1항).[2] 우리나라에서 판례법의 (행정법)법원성을 부인하는 견해는 거의없다.[3]

---

[1] 정하중, 행정법총론, 57면; 특정사건에 관한 대법원 판결은 법적으로는 그 사건에 한하여 기속력을 가지는 것이지만, 그 판례법의 (행정법)법원성는 '사실상' 장차의 분쟁에 있어서 법관은 물론 기타의 모든 사람에 있어서 판단의 기준, 즉 추정적 구속력(präsumtive Verbindlichkeit)을 갖는다(김남진·김연태, 행정법(I), 67면).

[2] 박윤흔, 행정법강의(상), 71면.

[3] 김철용, 행정법 I, 51면; 판례를 판례법이라는 법원의 하나로 인정될 수 있는 가에 대하여는 박정훈, 행정법의 체계와 방법론, 박영사, 2005, 127면 이하 참조; 訴의 이익에 관하여는 판례가 기

## 2.2.2. 부정설

부정설의 입장은 「상급법원의 재판에 있어서의 판단은 당해 사건에 관하여 하급심을 기속한다」는 법원조직법 제8조의 규정과 민사소송법 제406조 제2항의 규정은 '같은 사건'에서만 하급심이 기속당한다는 것이고 '동종의 다른 사건'까지를 기속하는 것은 아니므로, 법적·제도적으로는 판례의 법원성(法源性)을 인정할 수 없다고 한다. ☞ **'같은 사건'에서만 하급심이 기속당한다는 것 → '동종의 다른 사건'까지를 기속하는 것은 아님**

뿐만 아니라 전술한 대법원의 판례변경을 전원합의체에서 하도록 하고 있는 것과, 소액사건심판법 제3조 제2호의 판례위반을 상고 또는 재항고사유로 하고 있는 것은 다만 판례변경을 신중하게 하려는 정책적 배려이지 법원성(法源性)의 인정여부와는 상관이 없다는 견해가 있다.[1]

## 2.2.3. 판례의 입장

### a) 내용

대법원판례에 의하면 행정법의 법원(法源)은 헌법·법률·명령 등의 성문법 외에, 불문법으로 재판례, 행정선례, 조리 등을 들 수 있다고 한다.[2] 이에 반하여 아래의 판례를 예로 들면서, 판례는 부정설을 취하고 있다는 견해도 있다.[3]

▶ 대판 1996. 10. 25, 96다31307【소유권이전등기】【판시사항】하급심법원이 유사사건의 대법원 판례와 다른 견해를 취하여 재판한 경우, 민사소송법 제422조 제1항 제1호 소정의 재심사유에 해당하는지 여부(소극)【판결요지】대법원의 판례가 법률해석의 일반적인 기준을 제시한 경우에 유사한 사건을 재판하는 하급심법원의 법관은 판례의 견해를 존중하여 재판하여야 하는 것이나, 판례가 사안이 서로 다른 사건을 재판하는 하급심법원을 직접 기속하는 효력이 있는 것은 아니므로, 하급심법원이 판례와 다른 견해를 취하여 재판한 경우에 상고를 제기하여 구제받을 수 있음을 별론으로 하고 민사소송법 제422조 제1항 제1호 소정의 재심사유인 법률에 의하여 판결법원을 구성하지 아니한 때에 해당한다고 할 수 없다.

---

본적이 법원이 되다(조해현, 항고소송에서의 소의 이익, 특별법연구(특별소송실무회), 제18권, 48면 참조.

[1] 대법원의 판례변경은 전원합의체에서, 그리고 소액사건심판법 제3조 2호의 판례위반을 상고 또는 재항고사유로 하고 있는 것 → 판례변경을 신중하게 하려는 정책적 배려; 류지태, 행정법신론, 신영사, 2007, 36면; 장태주, 행정법개론, 법문사, 2009, 42면.
[2] 대판 1954. 6. 19, 4285행상20.
[3] 장태주, 행정법개론, 법문사, 2009, 42면.

### b) 헌법재판소 결정

헌법재판소의 위헌법률결정은 당해 법률이나 법률조항의 효력을 일반적으로 상실하게 하고(헌재법 제47조 제1항), 법원 기타 국가기관이나 지방자치단체(Gemeinde)를 기속하게 하고 있으므로, 법원(法源)으로서의 성격을 지닌다고 보아야 할 것이다.

## III. 조리(행정법의 일반법원칙; 행정법의 일반원리)

### 1. 개관

조리(Natur der Sache), 혹은 행정법의 일반법원칙(법의 일반원칙)이라 함은 사물의 본질적 법칙 또는 일반사회의 정의감에 비추어 반드시 그렇게 되어야만 할 것이라고 인정되는 것을 말한다. 조리는 법해석의 기본원리(Grundprinzip)로서 작용할 뿐만 아니라 성문법·관습법·판례법이 모두 존재하지 않을 경우에 최후의 보충적 법원으로서 매우 중요한 의의를 지닌다. 사법에서는 조리의 법원성을 명문으로 규정하고 있는바(민법 제1조), 특히 행정법에는 통칙적 규정이 없고, 그 규율대상인 행정 자체가 복잡하여 법규가 예상하지 못한 사태가 발생하는 일이 많으며, 행정법규에는 모순·결함이 많으며 법규 상호간에 횡적 통일이 없는 경우가 많기 때문에, 조리는 다른 분야에서보다도 법원으로서 중요성을 가지고 있다.[1][2] 조리의 내용은 영구불변의 것이 아니라 시대와 사회에 따라 변화 할 수 있는 것이다.

> [학자들의 견해] 박윤흔 교수는 행정법의 일반원리라는 표현을,[3] 김동희 교수는 행정법의 제3의 불문법원으로서 조리라는 표현보다는 독일 행정법에서와 같이 포괄적 관념으로서의 행정법의 일반원리(Allgemeine Grundsätze des Verwaltungsrechts)라는 표현이 바람직하나, 조리라는 개념을 광의로 보아 '사물의 본질적 법칙 또는 법의 일반원칙'으로 정의하기로 한다면서, 교과서에서는 조리라는 표현을 사용하기로 한다고 한다.[4] 석종현교수는 행정법이 헌법의 구체화법으로서 성격이 강조됨으로서 종래 조리라고 지칭되던 것을 헌법상의 원칙으로 재인식하면서, 행정법의 일반원칙으로 파악하는 것이 일반적 경향이라고 한다.[5] 김남진·김연태교수는 법의 일반원칙이라 부른다.[6]

---

1) 박윤흔, 행정법강의(상), 72면.
2) 박윤흔, 행정법강의(상), 72면.
3) 박윤흔, 행정법강의 (상), 72면.
4) 김동희, 행정법(I), 52면.
5) 석종현, 일반행정법(상), 77면.
6) 김남진·김연태, 행정법(I), 67면.

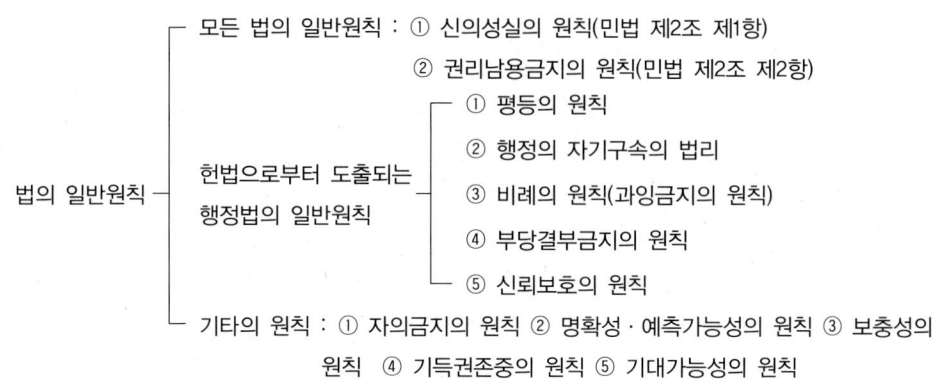

## 2. 종류

[조리의 종류] 조리의 종류로는 종래부터 헌법에서 유래되는 평등의 원칙(헌법 제11조)·비례의 원칙(과잉금지의 원칙: 헌법 제37조 2항) 그리고 민법 제2조 제1항에서 유래하는 신의성실의 원칙(Prinzip von Treu und Glaube) 및 신뢰보호의 원칙·부당결부금지의 원칙 등이 있다. 이외에도 기득권존중의 원칙·자의(恣意)의 금지의 원칙·기대가능성의 원칙 등도 제시되고 있다. 이하 조리(행정법의 일반법원칙 내지는 행정법의 일반원리)를 목으로 분류하여 설명하고자 한다(제3목-5목).

# 제 3 목  평등의 원칙

## I. 의의

평등의 원칙(Gleichheitssatz; Prinzip der Gleichheit)은, 행정작용에 있어서 특별한 합리적인 사유가 없는 한, 상대방인 국민을 공평하게 처우하여야 한다는 것이나, 비례원칙과 함께 재량권행사를 한계지우는 중요한 기능을 가지고 있다. 법앞에 평등의 원칙(Gleichheitssatz)은 '법의 불평등한 적용(법적용의 평등)'을 금지할 뿐만 아니라, '불평등한 처우를 내용으로하는 입법(법내용의 평등)'도 금지하는 취지를 포함한다.[1] 평등원칙은 헌법원칙이기 때문에 그에 위반된 행정작용은 위헌·위법이 된다.[2]

```
        ┌── 법적용의 평등(사법작용)
   평등 ─┼── 법집행의 평등(행정작용)
        └── 법내용의 평등(입법작용)
```

▶ 헌재결 1989. 5. 24, 89헌가37 · 96(병합)【금융기관의연체대출금에관한특별조치법 제5조의2의 위헌심판】헌법 제11조 제1항의 법 앞에 평등의 원칙은 법을 적용함에 있어서 뿐만 아니라 입법을 함에 있어서도 불합리한 차별대우를 하여서는 아니된다는 것을 뜻한다. 즉 사리에 맞는 합리적인 근거없이 법을 차별하여 적용하여서는 아니됨은 물론 그러한 내용의 입법을 하여도 아니된다는 것이다.[1]

▶ 헌재결 1992. 4. 28, 90헌마24【헌법 제29조 제2항 등 위헌소원】「우리 헌법이 선언하고 있는 '인간의 존엄성'과 '법앞에 평등'은 행정부나 사법부에 의한 법적용상의 평등만을 의미하는 것이 아니고, 입법권자에게 '정의와 형평의 원칙'에 합당하게 합헌적으로 법률을 제정하도록 하는 것을 명하는 '법내용상의 평등'을 의미하고 있기 때문에 그 입법내용이 정의와 형평에 반하거나 자의적으로 이루어진 경우에는 평등권 등의 기본권을 본질적으로 침해한 입법권의 행사로서 위헌성을 면하기 어렵기 때문」이라고 하여, 법내용 평등설을 지지한다.

[법앞의 평등을 의미하는 법] 법앞의 평등을 의미하는 법은 국회에 의해서 제정된 형식적 의미의 법률뿐만 아니라 모든 일국의 법체계를 형성하는 법규범이다. 따라서 헌법 및 형식적 의미의 법률뿐만 아니라 실질적 의미의 법률(명령 · 규칙)도 포함한다.[2] 그리고 성문법과 불문법을 막론하고 국내법과 국제법을 가리지 아니하며, 또한 자연법을 포함한다.

자연법 : 실정법에 대응되는 의미이다. 자연법이란, 모든 시대 · 모든 장소에 적용되는 영구불변의 법을 말한다. 고금부터 신의 섭리나, 영구불변의 가치를 주장하는 견해가 있었고, 자연법의 역사는 매우 오래된 것이나, 근대 자연법 사상은 18세기에 제창된 자연법론에 기반을 두고 있다. 당시의 로크나 루소 등의 자연법론자들은 인간의 자유, 평등, 권리를 자연법에 의한 권리로 설명하였다. 전통적으로 대륙법계가 실정법 중심이었다면, 영미법계는 자연법 중심이었다고 할수 있다. 영국의 자연법론에 의하면, **자연법은 보통법**으로서 실정법상으로 존재하는 것이 아니라 자연의 본질, 즉 자연적 정의에 해당하므로 이는 필연적으로 **법관의 머리속에 존재**하게 되며(즉, 불문법의 본질), 따라서 자연법은 곧 판례법이 된다. * **자연법 = 불문법 = 판례법**

---

1) 석종현, 일반행정법(상), 52면.
2) 박윤흔, 행정법강의(상), 77면.
1) 同旨 헌재결 1989. 1. 25, 88헌가7; 1989. 9. 8, 88헌가6.
2) 석종현, 일반행정법(상), 52면.

## II. 평등원칙의 근거 및 성질

평등원칙은 근대입헌주의헌법에 있어서의 기본적인 법원칙이며, 우리 헌법에 있어서도 직접 헌법에 明示된 헌법원칙(헌법 제11조·제31조·제32조 제4항·제36조 제1항·제41조·제67조)이다. 따라서 평등원칙은 헌법 자체에 근거를 둔 원칙으로 재량권의 한계를 긋는 주요한 기능을 가지고 있으며, 평등의 원칙을 근거로 '행정의 자기구속의 법리'가 성립된다.[1] 행정에서의 평등의 원칙의 성질에 대하여는 헌법 제11조가 행정에도 직접적으로 적용된다고 보아 헌법 제11조 그 자체를 성문법원(成文法源)으로 보는 견해와,[2] 헌법 제11조는 단지 법 앞의 평등만을 규정하고 있을 뿐 행정작용에 대하여 직접적으로 적용되는 것은 아니라하면서, 평등원칙의 내용을 이루는 대부분의 원리는 헌법 제11조에 직접규정되어 있는 것은 아니고, 헌법 제11조의 기본이념으로부터 해석상 도출되는 불문법상의 원리로 보는 견해[3]가 있다. 후자가 통설적 견해이며 타당하다고 본다. 다만 그 경우에도 평등의 원칙은 헌법적 효력을 갖는다고 할 것이며, 따라서 전자의 견해와 실질적으로 차이가 없게 된다.[4]

## III. 효과

행정법상의 평등의 원칙의 위반은 위헌·위법이 된다. 위헌이 되는 이유는 평등의 원칙 그 자체가 헌법상의 기본원리(헌법원칙)에 해당되기 때문이다. 그 구제수단은 구체적인 경우에 따라서 다르지만, 위법한 행정권행사의 경우에 인정되는 구제수단 모두가 허용된다.

---

1) 행정의 자기구속의 법리는 종전에는 신뢰보호의 원칙 또는 신의성실의 원칙(Prinzip von Treu und Glaube)이 언급되기도 하였으나, 평등의 원칙에서 구하는 것이 타당하다. 헌법의 평등조항은 행정청이 재량권을 평등하게 행사하는 것을 요구하기 때문이다(홍정선, 행정법원론(상), 단락번호 232); Ossenbühl, in: Erichsen(Hg.), Allgemeines Verwaltungsrecht, § 6 Rn. 49, § 1 Rn. 20; Wallerath, Die Selbstbindung, der Verwaltung, 1968, S. 19.
2) 홍정선, 행정법원론(상), 단락번호 232.
3) 김동희, 행정법(I), 55면.
4) 박윤흔, 행정법강의(상), 78면.

## IV. 평등의 원칙을 근거로 한 행정의 자기구속의 법리

### 1. 의의

행정의 자기구속(Selbstbindung der Verwaltung)이란, 행정청이 상대방에 대하여, 동종사안에 있어서 제3자에게 행한 결정과 동일한 결정을 하도록 스스로 구속당하는 것을 말한다. 이 법리는 아무리 재량영역에서의 행정활동이라도 헌법상의 평등원칙의 적용을 받으며, 따라서 동종사안에 있어서는 모든 사람에게 동일한 판단을 하여야 한다는 것이다.[1] 행정의 자기구속의 법리는 행정은 자의적(恣意的)이어서는 아니되며, 동일한 사정 아래서는 일관성있게 동일한 판단을 하여야 한다는 내용을 내포하는 법관념이다.

### 2. 근거

#### 2.1. 개관

행정의 자기구속의 근거는 신뢰보호의 원칙에서 구하는 견해도 있고(이상규), 평등원칙에서 구하는 견해[2]도 있다. 양쪽에서 다같이 근거를 찾을 수 있다고 할 것이나, 평등원칙에서 구하는 것이 보다 직접적이라 하겠다. 즉 행정의 재량권행사도 평등원칙에 따라 동일하게 행하여야 하며, 따라서 상대방은 제3자에게 적용한 재량준칙에 의한 수익을 주장할 수 있다고 할 것이다.

#### 2.2. 학설

##### 2.2.1. 신뢰보호 내지 신의칙설

평등원칙에 근거한 행정의 자기구속은 법률에 위반되는 행정실무의 경우까지도 이후의 모든 사안에 있어서 영속적인 구속력을 인정하게 되는 불합리한 점이 있어(불법에 있어서의 평등) 법질서의 위험성을 초래하게 되므로, 그 근거는 신뢰보호에서 찾아야 한다고 주장한다 (Randelzhofer[란델츠호퍼], Klaus Stern[클라우스 슈턴]).

##### 2.2.2. 평등원칙설

평등원칙에 따라서 행정의 재량권 행사는 동일하게 행사되어야 하기 때문에 구체적 사안에 있어서, 종전의 제3자와 현재의 상대방을 비교하여 동등성이 인정되는 경우에는, 전후의 양자를 평등하게 취급할 구속을 받는 것이 행정의 자기구속이라 한다. 우리나라 학

---

1) 박윤흔, 행정법강의(상), 78면.
2) 석종현, 일반행정법(상), 52면.

자 다수(서원우, 김남진, 이명구)가 이 설을 따르고 있다.

### 3. 적용영역(자기구속과 행정규칙)

행정의 자기구속은 재량이 인정되는 모든 행정작용에 적용된다. 그런데 행정의 자기구속은 특히 행정규칙과 관련하여 중요한 의미를 갖는다. 전통적인 견해에 의하면 행정규칙은 행정조직 내부 또는 특별권력관계 내부의 조직·활동을 규율하는 것으로 법규가 아니며, 따라서 국민에 대하여는 직접적으로 구속력을 가지지 않고, 행정작용이 행정규칙에 위반하여도 위법이 되지 아니한다. 그러나 행정청이 재량영역에서 재량권행사의 준칙(재량준칙)인 행정규칙을 정립하여 시행하는 경우에는, 행정청은 평등원칙에 의하여 국민에 대한 관계에서 동일한 종류의 사안에 대하여는 당해 행정규칙이 정하는 바에 따라 동일하게 행정활동을 하여야 할 자기구속을 당하게 된다. 그리고 상대방 국민도 행정청에 대하여 제3자에게 적용한 재량준칙인 행정규칙에 따라 동일한 수익을 주장하고 이에 위반하여 처분을 할 때에는 위법을 이유로 취소를 구하는 행정쟁송(취소소송)을 제기할 수 있다. 이리하여 평등원칙은 행정조직내부규범인 행정규칙을 국가와 국민간의 관계를 규율하는 법규로 전환시키는 전환규범(Umschaltnorm)으로서의 기능을 가진다.[1][2]

[비례원칙, 행정의 자기구속의 법리, 대중음식점 영업정지] (사례) : 대중음식점 영업허가를 받은 사람이 가라오케를 설치하였고 종업원이 주인의 지시를 어기고 자정이 지나 시간외 영업을 하여 2개월의 영업정지처분을 받은 경우 취소소송으로 구제 받을 수 있는가?

[해설] 행정기관의 영업정지처분이 위법하면 구제 받을 수 있다. 식품위생법과 식품위생법시행규칙[3]에 의하면 휴게음식점영업허가나 일반음식점영업허가를 받은 사람은 음향시설을 갖추어 손님이 노래 부르도록 할 수 없고, 시·도지사 등이 영업시간을 제한하면 이를 준수해야 한다. 일반음식점영업허가를 받은 사람이 이런 의무를 위반한 경우 시·도지사 등은 영업허가를 취소하거나 6월이내의 기간을 정하여 영업을 정지할 수 있다(식품위생법 58조). 이처럼 행정기관에게 취소나 정지, 정지할 때도 그 기간을 선택할 수 있는 권한이 부여된 행위를 재량행위라고 한다. 그러나 행정청의 재량권의 행사의 기준을 시행규칙 등에 구체적으로 제시하는 것이 일반적이며 이를 재량준칙이라 한다. 식품위생법시행규칙 제53조에서는 행정처분의 기준을 별표15로 구체적으로 정하고 있으며, 허가받은 업종이 아닌 다른 업종의 영업을 하는 경우로 1차 위반시 1월의 영업정지에 처하고 시간외 영업의 경우도 1월의 영업정지에 처하도록 규정하고 있다(행정의 자기구속의 법리). 위의

---

1) 헌재결 1990. 9. 3, 90헌마13.
2) 박윤흔, 행정법강의(상), 79면.
3) 법률에 대해 해당 장관이 제정하는 행정입법으로 부령을 뜻하며, 대통령이 정하는 대통령령은 시행령이다.

경우 행정청은 가라오케설치와 시간 외 영업을 이유로 2월의 영업정지에 처한 것이다. 이 경우 별표15를 법규명령으로 본다면 법규명령은 국민과 법원에 대해 구속력을 갖기 때문에 이에 따른 행정청의 처분은 적법하게 된다. 그러나 행정규칙[1]으로 보면 행정청이 별표15대로 처분을 내렸다고 반드시 적법한 것만은 아니다. 행정청에게 재량권이 부여된 재량행위라도 법령이나 행정법의 일반원리(일반법원칙)를 위반하면 재량권을 일탈 또는 남용한 것으로 위법한 처분이 된다(행정소송법 제27조). 대법원 판례는 유사 판례에서 별표15는 행정규칙에 불과하여 구속력이 없고, 가라오케를 설치한 것만으로는 유흥접객행위로 볼 수 없다고 판시한 바 있다. 이에 따른다면 2월의 영업정지는 그를 통해 달성하려는 공익보다 상대방의 사익이 과도하게 침해되어 비례원칙에 위반하는 위법한 처분이 되므로 취소소송을 제기하여 구제될 수 있다. 법원의 판결에 의하여 영업정지처분이 취소되더라도 행정청은 다시 비례원칙에 적합한 영업정지처분(예를 들어 1월의 영업정지)을 내릴 수 있다. <인터넷 법률신문>

### 4. 위법한 행정규칙과 자기구속

행정규칙이 위법한 경우, 다시 말하면 행정규칙에 따른 종전의 관행이 위법한 경우에는 행정기관은 자기구속을 당하지 아니하며, 상대방은 평등취급을 요구할 수 없다. 요컨대 위법의 평등적용청구권(불법에 있어서의 평등)은 인정될 수 없다.[2]

### 5. 행정의 자기구속의 기능

#### 5.1. 국민의 권리보호기능(행정재량행사에 대한 법원의 사후적 통제확대)

행정의 자기구속의 법리는, 행정의 필연적 속성인 '재량'의 존재를 전제로 하고서, 국민의 권리보호를 기하기 위하여 행정의 재량권 행사에 대한 사후적 사법통제를 확대시키고자 하는데 그 의의가 있다. ☞ 재량권 축소 기능

#### 5.2. 행정규칙의 법규성화의 계기

헌법상의 평등원칙은 행정이 그의 재량권을 행사함에 있어서도 평등하게 행하여질 것을 요구한다. 그러므로 재량준칙을 벗어난 불이익처분을 받은 개인은 "왜 나는 선례와는 달리 제3자보다 불이익한 대우를 받아야 하는가"라는 이의를 통해 본인도 그와 동종사안에 해당하는 제3자에게 적용한 재량원칙에 의한 수익을 주장할 수 있을 것이다. 따라서 행정규칙에 위반하는 행정처분은 곧 헌법상의 평등원칙에 위반된다는 평가를 면할 수 없게 된

---

[1] 행정조직내부를 규율하기 위해 제정하는 행정입법으로 국민과 법원에 대해 구속력을 갖지 못한다.
[2] 홍정선, 행정법원론(상), 단락번호 234; M. Wallerath, Allgemeines Verwaltung- srecht, 1985, S 81 ff.

다. 이러한 논리적 구성하에 전환규범(umschaltnorm)으로서의 「평등원칙을 매개점」으로 하여 비법규인 「행정규칙을 법규화 시키는 계기」로서 기능하는 것이 독일의 판례·학설을 통하여 발전된 행정의 자기구속의 법리이다.

### 5.3. 행정의 통일성 유지 및 행정법관계의 안정화기능
동종사안에 대한 동등취급을 통하여 행정의 통일성을 기하고, 동시에 행정에 대한 예측가능성을 부여함으로써 행정법관계의 안정을 도모할 수 있다. 특히 재량영역에서 평등원칙과 신뢰보호원칙의 실현에 이바지한다.

## 6. 행정의 자기구속의 내포
### 6.1. 인정영역(재량영역)
행정의 자기구속은 원칙적으로 「재량기준적 행정규칙」에만 인정된다. 그것은 일의적인 규범을 해석하는 행정규칙(규범해석적 행정규칙)에 있어서는 법률에 엄격히 기속되어 같은 사실에 있어서는 항상 동일한 행위를 할 것이 요구되는바, 이것은 '법률에 의한 구속성의 효과'로 보는 것이 타당하기 때문이다.

### 6.2. 행정규칙·행정선례·행정관행의 존재
행정의 자기구속이란 행정청이 상대방에 대하여 이전에 동종사안에서 제3자에게 행한 결정의 기준에 구속된다는 의미이다. 따라서 자기구속의 법리가 적용되기 위하여는, 비교의 대상이 되는 「행정선례」가 존재하여야 하는데, 그 선례는 반드시 행정규칙에 의거한 선례일 것을 요구하는 것은 아니며, 단 1회만의 행정선례가 있음으로써 족한 것이요, 반드시 그것이 되풀이되어 '행정관행'으로까지 되어야 하는 것도 아니다.

## 7. 관련문제
### 7.1. 행정의 자기구속의 비교대상
행정관행설(다수설)과 행정규칙설(소수설)이 나누어진다.

### 7.2. 행정규칙의 적법성 필요 여부
적법성 필요설과 불필요설이 대립된다. 행정규칙이 위법한 경우에는 신뢰보호원칙에 의하여 해결하면 될 것이므로 자기구속의 원리는 행정규칙이 적법한 경우에만 적용된다고 보는 것이 타당하다. 왜냐하면 불법에 있어서의 평등대우는 인정되지 않기 때문이다.

▶ 행정규칙이 적법한 경우 : 자기구속의 원리가 적용된다.

▶ 행정규칙이 위법한 경우 : 신뢰보호의 원리가 적용된다.

### 7.3. 행정규칙의 자기구속의 정도

법률에 의한 타자구속(他者拘束) 정도의 강한 구속이 아니고 새로운 관행의 형성이 가능한 탄력적 구속, 유연한 구속이다.

### 7.4. 행정객체가 가지는 권리

행정의 자기구속의 원리가 타당하는 경우 상대방인 국민에게는 절차적 권리인 무하자재량행사청구권만 인정된다고 볼 것인가, 아니면 비교의 대상이 되는 제3자에게 행한 처분과 동일 내용의 행정권의 발동을 청구할 수 있는 행정행위발급청구권이나, 불평등배제청구권이 인정된다고 볼 것인가 하는 것이 문제된다.

### 7.5. 적용영역의 확대

최근에는 행정규칙뿐만 아니라 행정행위, 공법상 계약에도 확대 적용하려는 경향이 있다.

## 제 4 목　과잉금지(過剩禁止)의 원칙 (비례의 원칙)

- 광의의 비례의 원칙(Grundsatz der Verhältnismäßigkeit im weiteren Sinne) -

### I. 의의

[연혁] 행정법상의 (광의의) 비례의 원칙,[1] 혹은 과잉금지의 원칙(Übermaßverbot)이라 함은 행정주체가 구체적인 행정목적을 실현함에 있어서, 달성하고자 하는 공익목적 실현과 이로 인해 제한·침해되는 개인의 권리 사이에는 일정한 비례관계가 유지되어야 한다는 원칙이다. (광의의) 비례의 원칙을 우리의 헌법재판소는 '과잉금지의 원칙(Übermaßverbot)'이라고도 한다. 이 원칙은 흔히 경찰은 '참새를 잡기위하여 대포를 쏘지 말라(Die Polizei soll nicht mit dem Kanonen auf Spatzen schießen),' 그것이 비록 유일한 수단이라고 할 지라도라는 예문으로 표현되고 있다.[2]

---

1) 비례의 원칙을 비례성의 원칙이라는 표현하는 경우도 있다(김남진·김연태, 행정법(I), 40면).

[독일에서의 비례의 원칙의 탄생·발전과정] 독일에서의 비례의 원칙은 연방헌법재판소의 용어사용례에 의하면, 적합성(Geeignetheit)의 원칙, 필요성(Erforderlichkeit)의 원칙, 협의의 비례성(Verhältnismäßigkeit im engeren Sinne)의 원칙을 말한다.[1] 적합성의 원칙은 행정목적(정확하게는 모든 국가작용[staatliches Handeln]을 의미하나, 여기서는 편의상 행정목적으로 표현하고자 한다)을 달성하기 위한 수단은 행정목적의 실현에 적합하여야 한다는 원칙이며 여기서 행정목적 그 자체의 정당성은 당연한 논리적 전제가 된다. 필요성의 원칙이란 행정목적의 실현을 위해 필요한 한도(최소한)를 넘어 조금이라도 더 침해하는 수단을 선택해서는 안된다는 원칙으로서, 여러 가지의 적합한 수단들 간의 비교를 그 전제로 삼으며, 협의의 - 좁은 의미의 - 비례의 원칙(Verhäitnismäßigkeit im engeren Sinne)은, 여러 가지의 형태로 문헌으로 표현되는데, 일반적으로 (ㄱ) 일정한 행정목적을 실현하기 위하여 특정한 수단을 행사하는 경우, 목적과 수단의 관계가 명백히 비례관계(Propotionailtät)를 벗어나서는 안된다거나(비례성[Verhäitnismäßigkeit]),[2] (ㄴ) 목적과 수단의 관계에 있어서 (정당하고 이성적인) 상당한 관계가 성립되어야 한다거나(상당성[Sachgerechtigkeit; Sachgemäßheit]), (ㄷ) 채택된 수단으로인하여 기본권이 과잉 제한되어 당사자에게 수인기대가능성을 넘는(unzumutbar)것이어서는 안된다는 것, 즉 당사자에게 수인(受忍)기대가능성(수인기대가능성[Zumutbarkeit]; Th. Maunz)이 요구되어야 한다는 원칙이다.[3] 이리하여 좁은 의미의 비례의 원칙은 비례성의 원칙(Verhäitnismäßigkeitsprinzip), 상당성의 원칙(Sachgerechtigkeitsprinzip; Grundsatz der Angemessenheit) 혹은 수인기대가능성의 원칙(Zumutbarkeitsprinzip) 등으로 불리운다.

과잉금지의 원칙(비례의 원칙)은 독일기본법(연방헌법)상 명시적인 근거는 없지만, 일반적으로 헌법상의 법치국가원리 혹은 기본권의 본질 자체에서 도출한다. 이 원칙은 모든 국가작용(staatliches Handeln) 전반에 인정되는 것으로서, 국회의 입법작용에 있어서 뿐만 아니라 정부의 법의 해석 및 집행작용(행정작용)과 사법부의 법적용작용(사법작용)에 있어서도 항상 준수되어야 하는 원칙이다.[4] 과잉금지의 원칙의 연혁은 18세기 말 자유주의

---

2) 김남진·김연태, 행정법(I), 43면.
1) 이준일, 헌법상 비례성원칙, 한국공법학회·대법원헌법연구회(2009.4.18), 비례원칙과 사법심사 참고.
2) K, Stern, Das Staatsrecht der Bundesrepublik Deutschland, S. 674 참조.
3) 황치연, 헌법재판의 심사척도로서의 과잉금지원칙에 관한 연구, 연세대 법학박사논문, 1996, 65면 이하; 양삼승, 과잉금지의 원칙 - 특히 독일에서의 이론과 판례를 중심으로 -, 헌법논총 제1집, 1990, 126면 이하; 이병주, 독일에 있어서 비례성원칙의 발전과 형법해석, 경원대학교 법학논총 제3호(1996), 90~92면.
4) BVerfGE 19, 342(348); BVerfGE 19, 43, 101 (106); BVerfGE 19, 43, 242 (288). 재판소원 사건

(Liberalismus) 국가이념에서 싹이 트기 시작하여, 19세기 후반에는 행정(경찰)처분은 법적으로 허용된 목적을 달성할 수 있는 범위를 넘는 것이어서는 안된다는 원칙으로 판례법에서 확립되었고, 독일 행정법의 아버지인 오토 마이어(Otto Mayer)가 처음으로 경찰권 발동에 관해 방어의 비례성(Verhältnismäßigkeit der Abwehr)이란 표현을 사용하였고, 1931년의 프로이센(Preußen) 경찰행정법은 경찰권 발동을 위한 여러 가지의 수단이 있을 때 "가장 최소한으로 침해하는 수단(am wenigsten beeinträchtigende Mittel)"을 선택해야 한다고 규정하였다.[1]

[제2차 세계대전] 제2차 세계대전까지는 주로 이 필요성의 원칙만이 때로 비례의 원칙으로 알려졌었는데, 이미 1912년에 프리츠 플라이너(Fleiner)[2]가 "경찰은 대포로 참새를 쏘아서는 안된다(Die Polizei soll nicht mit dem Kanonen auf Spatzen schießen)"고 했을 때, 참새를 잡기위하여 대포를 쏘지는 않더라도, 새총을 쏘는 과정에서 이웃에 주는 소음·진동에 의하여 이웃에 끼치는 피해가 오히려 곡식을 보호하기 위하여 참새를 쫓는 것 보다 훨씬 더 크다는 점에서, 참새를 잡기위하여 대포를 쏘지 말라는 것은 필요성의 원칙 뿐만 아니라, 더 나아가서 침해당하는 사익보다 그를 통해 얻고자하는 공익이 훨씬 커야 한다는 의미의 협의의 비례의 원칙(비례성의 원칙; 침해당하는 사익과 추구하는 공익과의 이익형량)으로 원용될 여지를 가지고 있었다고 한다.[3] 이와같이 협의의 비례의 원칙(법익의 균형성; 상당성의 원칙) 개념은 1950년에 들어 등장하였는데, 1953년의 연방행정집행법[4]은 제9조 제2항은 "강제적인 수단은 그 목적과 상당한 비례에 있어야 한다(Das Zwangsmittel muß in einem angemessenen Verhätnis zu seinem Zweck stehen.). 이와함께 강제수단은 당사자(침해를 당하는자)와 일반인(일반공중)을 가장 적게 침해하도록 결정되어야 한다(Dabei ist das Zwangsmittel mölichst so zu bestimmen, daß der Betroffene und die Allgemeinheit am wenigsten beeinträhtigt werden.)."[5]고 규정하였다. 협의의 비례의 원칙(비례성 원칙) 개념을 최초로 쓴 것은 크라우스(von Krauss)의 1955년에 나타난 저서이며,

---

(Urteilsverfassungsbeschwerde)에서도 비례의 원칙 심사가 이루어지는 경우가 많다.

1) Lothar Hirschberg, Der Grundsatz der Verhältnismäßigkeit, Göttingen Verlag Otto Schwartz & Co, 1981, S. 2-5.
2) 프리츠 플라이너(1867-1937)는 스위스 태생으로 스위스 바젤법과대학, 취리히법과대학, 독일 튀빙겐, 하이델베르크 대학교수였다.
3) Lothar Hirschberg, Der Grundsatz der Verhältnismäßigkeit, Göttingen Verlag Otto Schwartz & Co, 1981, S. 6.
4) VwVG : Verwaltungsvollstreckungsgesetz; Gesetz vom 27. 04. 1953[BGBl. I S. 157] ☞ **1953년 4월 27일 행정집행법**
5) Lothar Hirschberg, Der Grundsatz der Verhältnismäßigkeit, Göttingen Verlag Otto Schwartz & Co, 1981, S. 13.

1958년 연방헌법재판소는 오늘날의 (광의의) 비례의 원칙을 판례를 통하여 정착시켜 나갔다.[1] 이 과정에서 연방헌법재판소는 적합성의 원칙을 별도로 분리시켰으며, 적합성(Geeignetheit), 필요성(Erforderlichkeit), 비례성(협의)의 원칙(Verhältnismäßigkeit im engeren Sinne)을 종합하여 넓은 의미의 비례의 원칙(Grundsatz der Verhältnismäßigkeit im weiteren Sinne)이라고 하였다. 1961년 페터 레르헤(P. Lerche; R. Smend[스멘트]의 제자, 통합주의적 헌법관)교수가, 게오르크 옐리네크(G. Jellinek)가 경찰법상의 필요성의 원칙에 대해 사용하였던 과잉(Übermaß)이란 개념에(1913년), 협의의 비례성(Verhältnismäßigkeit) 원칙을 포함하여 과잉금지(Übermaßverbot)라고 표현한 이후부터 비례의 원칙은 과잉금지원칙(Übermaßverbot)이라고도 불리게 되었다.[2]

[평등원칙과 과잉금지원칙] 독일연방헌법재판소는 과거에는 평등원칙의 침해여부에 관하여 자의성 여부(자의금지의 원칙의 침해여부)만을 심사에 있어서의 판단기준으로 삼았으나, 1980년 이후부터 연방헌법재판소의 제1부 재판부는 좀더 엄격한 심사기준으로서 과잉금지 원칙의 위반여부를 평등심사의 기준으로 삼고 있다. 즉 평등원칙 침해여부를 판단함에 있어서 사항적 관련성 뿐만 아니라 인적 관련성을 갖는 차별인 경우, 차별과 관련하여 평등권 이외에 다른 기본권이 관련된 경우에, 비례성 심사를 통과하지 못하면 그 차별은 정당화되지 못하여 평등원칙을 침해하는 것이 된다.[3] 평등문제에서의 비례성 심사는 차별적인 상태가 이로 인해 추구하는 행정목적에 적합한 것인지, 보다 덜 차별적인 조치가 있을 수 있는 것인지, 차별취급으로 인하여 받는 당사자의 불이익이 그 행정목적보다 더 큰 것인지,[4] 차별취급과 이를 정당화하는 이유가 상당한 비례성이 있는지[5]의 여부를 구체적으로 심사한다는 점이다. 독일연방헌법재판소는 종래에는 자의금지 원칙을 매우 완화된 위헌심사기준으로 판시하여 왔었는데, 입법자가 입법형성권의 외부적 한계를 넘어섰을 때에만 자의금지의 원칙을 침해하는 것으로 보아왔는데, 입법자가 가장 정당하고 목적에 적합한 입법을 했는 지의 여부는 심사대상이 아니었다.[6] 이 경우 입법자는 특히 노동법, 사회법, 세법 영역에서 넓은 재량을 가진 것으로 보았다.[7]

---

1) BVerfGE 7, 377; BVerfGE 19, 342(348).
2) P. Lerche Übermaß und Verfassungsrecht, 1961, S. 61 ff.
3) Hans D. Jarass, Folgerungen aus der neueren Rechtsprechung des BVerfG für die Prüfung von Verstößen gegen Art. 3 I GG, NJW 1997, 2545(2547-8); 황도수, 헌법재판의 심사기준으로서의 평등, 서울대 법학박사논문, 1996, 36-38면; 방승주, 독일 연방헌법재판소의 입법자에 대한 통제의 범위와 강도, 헌법논총 제7집, 1996, 324-326면.
4) BVerfGE 91, 389(403f.); BVerfGE 85, 238(245).
5) BVerfGE 82, 126(146).
6) Stefan Huster, Gleichheit und Verhältnismäßigkeit, JZ 1994, 541.
7) Rainald Maaß, Die neuere Rechtsprechung des BVerfG zum allgemeinen Gleichjeitsatz – Ein

1973년에 재판관 브륀넥(Rupp v. Brünneck)은 소수의견에서 연방헌재가 평등원칙 심사에서 사법자제(judicial restraint)를 해서는 안되며, 예컨대 사회국가원리를 평등규정의 해석에도 적용하여야 하고, 이 경우 평등원칙 심사를 엄격히 하여야 한다1)고 하였다. 이는 연방헌법재판소가 자의금지 심사를 입법자의 입법형성권을 존중하는 경향을 지녔음을 반영하는 것이었으며, 이는 평등원칙이 입법작용까지 기속한다는 것이 비교적 일천한 독일헌법발전사(헌법사 : Verfassungsgeschichte)에서 엿볼수 있다. 즉 독일 바이마르 공화국 시대(1919-1933)의 일반적인 견해(a.M: allgemeine Meinung; 통설적 견해)는 평등원칙은 법적용상의 평등만을 말하고 입법쟈의 입법작용에는 구속되지 않는다는 것이었다.

[제2차 세계대전이후] 제2차 세계대전이후 독일기본법(독일연방헌법)은 명문으로 모든 기본권 영역에 있어서 입법자를 직접 구속하도록 하여 입법권자의 입법작용에 있어서도 평등원칙 혹은 평등권에도 구속된다는 것을 명백하게 하기는 하였지만, 독일연방헌법재판소가 평등심사를 함에 있어서는, 연방헌법재판소 초기부터 사법적극주의를 채택하지는 않았었다. 즉 연방헌법재판소는 평등심사에 있어서 본질적으로 같은 것을 다르게, 혹은 본질적으로 다른 것을 같게 취급하였을 때만 자의적인 것이라고 판단하였으며, 입법이 진실로 명백하게 부적당한 경우에만(nur bei tatsächlicher und eindeutiger Unangemessenheit) 자의적이라는 것으로 해석하였다.2) 이는 결국 연방헌법재판소에게는 사법심사의 영역을 매우 축소시켜 버린 결과가 되었다.3) 보다 엄격한 심사기준을 찾고자하여 자의금지로부터 비례원칙(과잉금지원칙)으로 이동한다는 것은, 결국 비례의 원칙이 가지고 있는 엄격한 위헌심사기준이라는 일반적 성격에 특히 관심을 가지게 한다. 본래 헌법재판을 담당하는 기관은 개별적인 사안에 따라, 예를 들면 기본권 침해의 정도가 심할 경우, 공권력 작용에 대해 (자의금지와 같은 관대한 심사만 하는 것이 아니라) 엄격한 심사를 하는 심사기준을 따로 정립할 필요성을 가지게 되며, 비례의 원칙(과잉금지의 원칙)은 이러한 필요성을 충족시켜 주는 심사기준이 될 수 있는 것이다.

[헌법원칙으로서의 과잉금지원칙; 과잉금지원칙의 구성요소] "과잉금지의 원칙은 국가가 국

---

Neuansatz?, NVwZ 1998, S. 14(18).
1) Rainald Maaß, Die neuere Rechtsprechung des BVerfG zum allgemeinen Gleichjeitsatz - Ein Neuansatz?, NVwZ 1998, S. 16; BVerfGE 36, 237(247-8).
2) BVerfGE 1, 14(52); BVerfGE 4, 144(155).
3) 우리 헌법재판소는 평등의 원칙 위반여부를 따지면서, "합리적 근거 있는 차별인가의 여부는 그 차별이 인간의 존엄성 존중이라는 헌법원리에 반하지 아니하면서 정당한 입법목적을 달성하기 위하여 필요하고도 적정한 것인가를 기준으로 판단되어야 한다"고 하였다(헌재 1994. 2. 24. 93헌바43, 판례집 6-1, 72, 75; 헌재 1991. 5. 13. 89헌가97, 판례집 3, 202, 215; 황도수, 헌법재판의 심사기준으로서의 평등, 서울대 법학박사논문, 1996, 121면 이하).

민의 기본권을 제한하는 내용의 입법활동을 함에 있어서, 준수하여야 할 기본원칙 내지 입법활동의 한계를 의미하는 것으로서 국민의 기본권을 제한하려는 입법의 목적이 헌법 및 법률의 체제상 그 정당성이 인정되어야 하고(목적의 정당성), 그 목적의 달성을 위하여 그 방법이 효과적이고 적절하여야 하며(방법의 적절성), 입법권자가 선택한 기본권 제한의 조치가 입법목적달성을 위하여 설사 적절하다 할지라도 보다 완화된 형태나 방법을 모색함으로써 기본권의 제한은 필요한 최소한도에 그치도록 하여야 하며(피해의 최소성), 그 입법에 의하여 보호하려는 공익과 침해되는 사익을 비교형량할 때 보호되는 공익이 더 커야 한다(법익의 균형성)는 헌법상의 원칙이다."[1]라고 하였다. 이러한 원칙이 지켜질 때 "국가의 입법작용에 비로소 정당성이 인정되고 그에 따라 국민의 수인(受忍)의무가 생겨나는 것"[2]이라고 하였다. 또한 헌법재판소는 "알 권리"(내지 표현의 자유)라고 하는 국민의 기본권이 법률로써 제한 가능하다고 하더라도 그 본질적인 내용을 침해할 수 없음은 물론, 과잉금지의 원칙에도 위배되어서는 아니되는데(제37조 제2항), 과잉금지의 원칙이라 함은 국가작용의 한계를 명시한 것으로서 목적의 정당성·방법의 적정성·피해의 최소성·법익의 균형성을 의미하며 그 어느 하나에라도 저촉이 되면 위헌이 된다는 헌법상의 원칙이다."[3]라고 하였다. (과잉금지원칙의 구성요소) : 헌법재판소는 "형사소송법 제93조 등의 구속취소와 이에 대한 검사의 즉시항고절차 등을 비교하거나 상급심에서도 필요에 따라 재구속할 수 있는 형사소송법상의 관계규정 등을 아울러 검토하여 보면 형사소송법 제331조 단서 규정은 기본권제한입법의 기본원칙인 목적의 정당성, 방법의 적절성, 피해의 최소성, 법익의 균형성의 원칙에도 반하는 것이므로 헌법상의 과잉입법금지의 원칙에 위배된다."[4]고 하였다. 여기서 과잉금지원칙의 구성원칙(하부원칙)으로서의 목적의 정당성은 입법목적의 정당성을 의미한다. 따라서 기본권 제한입법은 정당한 입법목적을 가졌는지의 여부가 판단요소로 작용하게 된다. 우리헌법재판소도 목적의 정당성은 입법목적의 정당성을 의미한다고 보고 있다.[5] 국가가 개인의 기본권을 제한할 때는 정당한 목적을 가져야 하며, 특히 오늘날의 정당제 민주주의(Parteiendemokratie)제도하에서는 국회의 입법이 항상 국민전체의 안전과 복리를 위한 것이라고 보기는 어렵게 되었고, 따라서 위헌법률심사(심판)제도를 주된 내용으로 하는 헌법

---

1) 헌재 1990. 9. 3. 89헌가95, 판례집 2, 245, 260. 이 판시는 입법활동에 대한 것이며, 다른 국가작용과 비례의 원칙과의 관계, 헌법 제37조 제2항과 비례의 원칙의 관계는 후술한다.
2) 헌재 1990. 9. 3. 89헌가95.
3) 헌재결 1989. 12. 22, 88헌가13; 同旨의 판례 : 헌재결 1992. 2. 25, 89헌가104 〔합헌〕【군사기밀보호법제6조등에대한위헌심판】
4) 헌재결 1992. 12. 24, 92헌가8
5) 정당한 입법목적을 달성하기 위하여 필요하고도 적정한 것인가를 기준으로 판단되어야 한다(헌재 1994. 2. 24. 93헌바43, 판례집 6-1, 72, 75; 헌재 1991. 5. 13. 89헌가97, 판례집 3, 202, 215

재판제도(Verfassungsgerichtsbarkeit)는 그 필요성이 증대하고 있다. 입법목적의 정당성은 입법목적이 기본권의 제한을 정당화할 만큼 꼭 필요하고 부득이한 최소한의 것이어야 함을 의미한다.

[과잉금지의 원칙의 구성원칙(하부원칙)] 넓은 의미의 비례의 원칙(과잉금지의 원칙)의 개별적 내용으로는 적합(량)성의 원칙, 필요성의 원칙 그리고 협의의 비례의 원칙(상당성의 원칙)으로 구성된다. 비례의 원칙은 헌법상의 기본원칙(Grundsatz)이기 때문에 적용범위는 행정작용만을 구속하는 것이 아니고 모든 국가작용(staatliches Handeln)을 구속한다. 따라서 입법·사법·행정작용에서도 과잉금지의 원칙이 적용된다. 특히 과잉금지의 원칙은 적합성의 원칙·필요성의 원칙·상당성의 원칙이 개별적·독자적으로 작용한다는 의미가 아니고 서로 혼합적·축소적 단계구조를 이루면서 작용한다는 의미이다. 즉 여러 가지의 적합한 수단 중에서도 가장 피해를 적게주는 필요한 수단을 선택해야 하며, 필요한 수단중에서도, 가장 상당성(수인기대가능성)이 있는 수단 만이 동시에(단계적으로 축소되면서) 선택되어져야 한다'는 의미이다. 따라서 과잉금지의 원칙의 구성요소중 그 어느 하나라도 위반하면 헌법원칙에 위반되는 것이다.

[과잉금지의 원칙의 적용영역 및 범위] 과잉금지의 원칙은 국회의 입법과정(과잉입법금지의 원칙)·정부의 행정과정(과잉집행금지의 원칙)·법원의 사법과정(과잉적용금지의 원칙)에 모두 적용된다. 따라서 과잉금지의 원칙은 모든 법영역에 적용되는 헌법원칙이다. 다만 과잉금지의 원칙은, 그 본래적 의미에 있어서는 (ㄱ) 과잉제한금지의 원칙, (ㄴ) 과잉급부금지의 원칙으로 나누이나, 기본권보장과 관련하여 문제되는 것은 과잉제한금지의 원칙이다. 과잉급부금지의 원칙은 사회적 기본권의 보장시 보충성의 원칙 및 사회적 기본권의 최소보장의 원칙에 따라 너무 지나치게 많은 것을 급부하지 말라(최저임금을 기준: 최저임금을 받으면서 열심히 일하는 청소부도 있는데, 일 안하고 노는 사람에게 청소부보다 더 많은 돈을 주어서는 안될것이다)는 의미의 과잉급부금지의 원칙을 논하나, 인권보장(기본권보장)과 관련하여 문제가 되는 것은 국민의 기본권을 제한하는 경우에 발생하는 과잉제한금지의 원칙이며, 따라서 일반적으로 과잉금지의 원칙은 과잉제한금지의 원칙을 의미하는 것으로 보면 된다.

[사례] 경찰관 갑은 음주운전의 방지라는 공익목적의 실현을 위하여(목적의 정당성) 음주단속을 하고 있었다. 단속중이던 경찰관 갑은 운전자 을이 혈중 알코올 농도 0.01%인 것을 측정하고 이를 적발하였다(행정권의 발동). 갑은 을에게 '음주운전을 하였으니 일정한 범위내에서 **자동차운전면허에 대하여 적합한 제재(행정처분)를** 가하겠다(**적합성의 원칙; 수단의 적합성**)'고 하였고, 경찰관 갑은 이에 대하여 취할수 있는 조치(행정처분)를 생각하였다. 면허취소와 면허정지처분 중에서 갑은 운전자 을이 술에 많이 취한 상태는 아니니 '강한 행정처분보다는 어느정도의 미약한 행정처분을 행하여 앞으로는 음주운전을

못하도록 경각심을 갖도록 하자'라고 판단하여 면허취소가 아닌 운전면허정지처분을 하였으며(필요성의 원칙; 최소침해의 원칙), 이때 을이 입게될 피해와 공익목적 실현으로 인한 이익을 서로 비교하여 30일 운전면허정지처분을 내렸다(비례성원칙; 상당성의 원칙; 수인기대가능성).

※ 경찰관들이 길거리에서 지나가는 자동차를 무조건 세워서 음주측정을 하는 행위가 인권을 침해하는 것이 아니냐 하는 문제가 있다. 헌법재판소는 이를 합헌으로 보았다. 헌법 제37조 제2항에서도 질서유지를 위하여 국민의 기본권은 제한될 수 있다고 하였고, 음주운전으로 인하여 발생하는 공익에 대한 보호가 사익보호보다 훨씬 크므로 과잉금지원칙의 세 번째 요소인 수인기대가능성, 즉 상당성의 원칙도 충족하였다고 보여진다.

[문제점 : 헌법재판소판례]

(문제 1) 주취운전혐의자의 주취측정에 응할 의무의 적법절차의 위반여부와 <u>적법절차의 원칙</u>

(문제 2) 주취 운전의 혐의자에 대한 주취 측정에 응할 의무의 부과와 <u>진술거부권</u>

(문제 3) 주취 운전의 혐의자에 대한 주취 여부 측정에 응할 의무와 <u>영장주의</u>

(문제 4) 음주측정거부자에 대하여 필요적으로 운전면허를 취소하도록 규정한 것과 <u>상당성의 원칙(법익의 균형성의 원칙)</u>

(문제 5) 음주측정에 응할 의무와 그 불응에 대한 처벌과 양심의 자유

(문제 6) 음주측정거부자에 대한 필요적 면허취소와 행복추구권

(문제 7) 음주측정에 응하지 않는 행위에 대한 처벌과 과잉금지의 원칙

(문제 8) 음주측정거부자에 대하여 필요적으로 운전면허를 취소하도록 규정한것이 일반적 행동자유권을 침해하는 지의 여부

[문제1의 해설] 음주운전 방지와 그 규제는 절실한 공익상의 요청이며 이를 위해서는 음주측정이 필수적으로 요청되는바, 어떤 유형의 음주측정을 어떻게 관철시킬 것인가는 각 나라의 음주문화, 필요한 의료시설·법집행장치의 구비정도, 측정방법의 편역성 및 정확성, 국민의 정서 등 여러 가지 요소들을 고려하여 합리적으로 결정하여야 할 것이다. 도로교통법 제41조 제2항은 위 여러 요소들을 고려한 것으로서 추구하는 목적의 중대성(음주운전 규제의 절실성), 음주측정의 불가피성(주취 운전에 대한 증거확보의 유일한 방법), 국민에게 부과되는 부담의 정도(경미한 부담, 간편한 실시), 음주측정의 정확성문제에 대한 제도적 보완(혈액채취 등의 방법에 의한 재측정 보장), 처벌의 요건과 처벌의 정도(측정불응죄의 행위주체를 엄격히 제한) 등에 비추어 합리성과 정당성을 갖추고 있으므로 헌법 제12조 제1항의 적법절차원칙에 위배된다고 할 수 없다.[1]

[문제 2의 해설] 헌법 제12조 제2항은 진술거부권을 보장하고 있으나, 여기서 '진술'이라함은 생각이나 지식, 경험사실을 정신작용의 일환인 언어를 통하여 표출하는 것을

---

[1] 헌재 1997. 3. 27. 96헌가11, 판례집 9-1, 245, 259-262(주취운전혐의자의 주취측정에 응할 의무)

의미하는데 반해, 도로교통법 제41조 제2항에 규정된 음주측정은 호흡측정기에 입을 대고 호흡을 불어 넣음으로써 신체의 물리적, 사실적 상태를 그대로 드러내는 행위에 불과하므로 이를 두고 '진술'이라 할 수 없고, 따라서 주취운전의 혐의자에게 호흡측정기에 의한 주취 여부의 측정에 응할 것을 요구하고 이에 불응할 경우 처벌한다고 하여도 이는 형사상 불리한 '진술'을 강요하는 것에 해당한다고 할 수 없으므로 헌법 제12조 제2항의 진술거부권이 제한되는 것은 아니다.[1]

[문제 3의 해설] 영장주의는 법관이 발부한 영장에 의하지 아니하고는 수사에 필요한 강제처분을 하지 못한다는 원칙을 말한다. 도로교통법 제41조 제2항에 의한 음주측정은 호흡측정기에 의한 측정의 성질상 강제될 수 있는 것이 아니며 또 실무상 숨을 호흡측정기에 한두 번 불어넣는 방식으로 행하여지는 것이므로 당사자의 자발적 협조가 필수적인 것이다. 따라서 당사자의 협력이 궁극적으로 불가피한 측정방법을 두고 강제처분이라고 할 수 없을 것이다. 이와 같이 음주측정을 두고 영장을 필요로 하는 강제처분이라 할 수 없는 이상 이 사건 법률조항은 헌법 제12조 제3항의 영장주의에 위배되지 아니한다.[2]

[문제 4의 해설] 위 조항은 음주측정거부자에 대한 운전면허를 필요적으로 취소하도록 규정함으로써 교통안전과 위험예방을 위하여 음주운전을 방지하고 국민의 생명과 신체 등을 보호하며 도로교통과 관련한 안전을 확보하고자 하는 데 궁극적인 목적이 있으므로, 그 입법목적의 정당성이 인정되고, 나아가 음주운전을 효과적으로 단속·억제하기 위하여는 음주측정거부자에 대한 제재가 불가피한 점 등에 비추어 음주측정거부에 대한 제재로서 운전면허를 취소하도록 한 것은 입법목적의 달성에 적절한 방법이다. 한편, 음주측정거부자에 대하여 임의적 면허취소를 규정하는 데 그친다면 음주운전단속에 대한 실효성을 확보할 수 없게 될 뿐 아니라 음주운전을 방지함으로써 도로교통상의 안전과 위험방지를 기하려는 행정목적을 달성할 수 없는 결과가 초래될 수 있는 점, 운전면허가 취소되더라도 그 면허취소 후 결격기간이 법이 정한 운전면허결격기간 중 가장 단기간인 1년에 불과하여 다른 면허취소에 비하여 상대적으로 불이익이 가볍다고 보이는 점 등에 비추어 보면, 위 조항이 음주측정거부자에 대하여 반드시 면허를 취소하도록 규정하고 있다고 하여 피해최소성의 원칙에 반한다고 볼 수는 없다. 또한 음주측정거부자가 운전면허를 필요적으로 취소당하여 입는 불이익의 정도는 위 조항이 추구하고 있는 공익에 비하여 결코 과중하다고 볼 수 없으므로 법익균형성의 원칙에 반하지 않는다.[3]

---

1) 헌재 1997. 3. 27. 96헌가11, 판례집 9-1, 245, 257-258(주취 운전의 혐의자에 대한 주취 측정에 응할 의무의 부과)
2) 헌재 1997. 3. 27. 96헌가11, 판례집 9-1, 245, 258(주취 운전의 혐의자에 대한 주취 여부 측정에 응할 의무)
3) 헌재 2007. 12. 27. 2005헌바95, 판례집 19-2, 743, 753(음주측정거부자에 대하여 필요적으로 운전면허를 취소하도록 규정한 도로교통법 제78조 제1항 단서 중 제8호 부분)

[문제 5의 해설] 양심이란 인간의 윤리적·도덕적 내심영역의 문제이고, 헌법이 보호하려는 양심은 어떤 일의 옳고 그름을 판단함에 있어서 그렇게 행동하지 아니하고는 자신의 인격적인 존재가치가 허물어지고 말 것이라는 강력하고 진지한 마음의 소리이지, 막연하고 추상적인 개념으로서의 양심이 아니다. 음주측정에 응해야 할 것인지, 거부해야 할 것인지 그 상황에서 고민에 빠질 수는 있겠으나 그러한 고민은 선과 악의 범주에 관한 진지한 윤리적 결정을 위한 고민이라 할 수 없으므로 그 고민 끝에 어쩔 수 없이 음주측정에 응하였다 하여 내면적으로 구축된 인간양심이 왜곡·굴절된다고 할 수도 없다. 따라서 음주측정요구와 그 거부는 양심의 자유의 보호영역에 포괄되지 아니하므로 이 사건 법률조항을 두고 헌법 제19조에서 보장하는 양심의 자유를 침해하는 것이라고 할 수 없다.[1]

[문제 6의 해설] 음주운전 여부를 가리기 위하여는 음주의 정도가 백분율(%)로 표시되는 방법의 측정을 할 수밖에 없고(必要的 前置) 만일 이를 거부 내지 회피하는 것을 용인하게 되면 음주운전, 즉 혈중 알콜농도의 수치 0.05% 이상임을 인정할 수 없게 되어 음주운전자는 면허의 취소라는 행정적 제재의 범주에서 원천적으로 벗어나게 된다. 이러한 폐단을 방지하기 위하여 법은 음주측청 거부자에 대한 형사처벌의 법정형을 음주운전자에 대한 그것과 동일하게 규정하고 마찬가지 이유로 음주측정 거부자에 대한 행정제재를 음주운전자에 대한 그것의 상한(운전면허의 취소)과 동일하게 규정하고 있다. 따라서 음주측정은 음주운전을 단속하기 위한 불가피한 전치적(前置的) 조치라고 인정되므로 경찰관의 음주측정요구에 응하는 것은 법률이 운전자에게 부과한 정당한 의무라고 할 것이고 법률이 부과한 이러한 정당한 의무의 불이행에 대하여 이 정도의 제재를 가하는 것은 양심의 자유나 행복추구권 등에 대한 침해가 될 수 없다.[2]

[문제 7의 해설] 음주측정에 응하는 행위는 자신의 주취 운전을 입증하는 강력한 증

---

1) 헌재 1997. 3. 27. 96헌가11, 판례집 9-1, 245, 263-264(음주측정에 응할 의무와 그 불응에 대한 처벌).
2) 헌재 2004. 12. 16. 2003헌바87, 판례집 16-2하, 489, 497-498(음주측정거부자에 대한 필요적 면허취소) - 반대의견(재판관 김효종) : 음주운전의 방지에 의한 교통질서의 확립과 국민의 생명, 신체의 보호가 긴요하여 행정적 제재를 강화할 필요가 있었다 하더라도 구 도로교통법(1999. 8. 31. 법률 제5999호로 개정된 것) 제78조 제1항 단서의 임의적 면허취소·정지조항이 규정하고 있는 규제권한의 범위 내에서도 충분히 그 목적을 달성하는 것이 가능하다. 그럼에도 불구하고 이 사건 법률조항은 일체의 구체적·개별적 사정을 전혀 고려하지 아니하고 모두 필요적으로 면허를 취소하도록 규정함으로써, 공익침해의 정도가 현저히 낮은 경우에도 반드시 면허를 취소할 수밖에 없게 하고 있으니, 이는 보호하고자 하는 공익에 비하여 기본권침해의 정도가 과중하다고 하지 아니할 수 없고 따라서 법익균형성의 원칙에 위배된다 할 것이다. 또한 음주측정거부자에 대해서는 필요적 운전면허취소의 제재를 가하고 도주차량운전자에 대해서는 임의적 운전면허취소의 제재를 가함에 그치는 것은 형평의 관념에도 어긋난다고 하지 않을 수 없다(판례집 16-2하, 489, 499-501).

거를 스스로 제출하는 일에 다름 아니므로 내키지 아니하는 일일 것이다. 그럼에도 불구하고 도로교통법 제41조 제2항에 의해 음주측정에 응할 의무가 부과되고 이를 거부할 경우 형사처벌되므로 일반적 행동의 자유에 대한 제한이 될 수도 있다. 그러나 일반적 행동의 자유는 개인의 인격발현과 밀접히 관련되어 있으므로 최대한 존중되어야 하는 것이지만 헌법 제37조 제2항에 따라 국가안전보장, 질서유지 또는 공공복리를 위하여는 제한될 수 있다. 운전자로 하여금 경찰관의 음주측정에 응하도록 한 위 조항은 그 목적의 중대성, 음주측정의 불가피성, 국민에게 부과되는 부담의 정도, 처벌의 요건과 정도에 비추어 헌법 제37조 제2항의 과잉금지의 원칙에 어긋나는 것이라 할 수 없다.[1]

[문제 8의 해설] 음주측정거부로 인하여 운전면허가 필요적으로 취소되는 경우, 이는 자동차 등의 운전을 필수불가결한 요건으로 하고 있는 일정한 직업군의 사람들에 대하여 종래에 유지하던 직업을 계속 유지하는 것을 불가능하게 하거나 장래를 향하여 그와 같은 직업을 선택하는 것을 불가능하게 하며 자동차 운행이 필요한 직업을 가진 사람들에 대하여 직업을 수행하는 방법에 제한을 가하게 되므로 위 조항은 좁은 의미의 직업선택의 자유와 직업수행의 자유를 포함하는 직업의 자유를 제한하는 조항이라고 할 것이고, 한편 자동차 등의 운전을 직업으로 하지 않는 자에 대하여는 운전면허가 필요적으로 취소됨으로써 적법하게 자동차 등을 운전하지 못하게 되므로 위 조항은 행복추구권의 보호영역 내에 포함된 일반적 행동의 자유를 제한하는 조항이라고 할 것이다.[2]

▸ 적합(량)성의 원칙
▸ 필요성의 원칙(최소침해의 원칙) ─┐
▸ 협의의 비례의 원칙(상당성의 원칙) ─┴─ 넓은 의미의 비례의 원칙(과잉금지의 원칙)

【과잉금지의 원칙의 구성원칙】

(ㄱ) 적합성의 원칙(Grundsatz der Geeignetheit) : '행정권발동의 정도'가 '공익상 필요의 정도'와 상당한 균형을 유지해야 한다는 원칙(공익을 위하여 필요한 정도와 행정권의 발동정도)이다. 즉 공공필요를 위하여 선택된 수단이 적합한가의 여부(기본권의 제한이 보호하려는 법익을 실현하는데 적합할 것)[3]를 심사하는 것이다.

(ㄴ) 필요성의 원칙(Grundsatz der Erforderlichkeit) : 공익목적의 실현을 위하여 '필요한 만큼만'[4] 행정권을 발동할 수 있다는 원칙이다. 다시 말하면 당해 행정목적 달성을 위하

---

1) 헌재 1997. 3. 27. 96헌가11, 판례집 9-1, 245, 265; 음주측정에 응하지 않는 행위
2) 헌재 2007. 12. 27. 2005헌바95, 판례집 19-2, 743, 750; 음주측정거부자에 대하여 필요적으로 운전면허를 취소하도록 규정한 도로교통법 제78조 제1항 단서 중 제8호 부분
3) 장영수, 헌법학, 홍문사, 2009, 519면.

여 이론적으로 가능한 여러 가지 적합한 수단들 중에서 당사자의 권리나 자유를 가장 최소한으로 침해하는 수단을 선택해야한다.

(ㄷ) **상당성의 원칙**(Grundsatz der Angemessenheit) : 공익목적을 위하여 침해받는 당사자의 私益과 달성하고자 하는 공익과는 적절한 비례관계가 성립(보호하려는 법익과 제한하는 기본권 사이에 적절한 비례관계가 있어야 한다 : Propotionailtät)[1])되어야 한다는 원칙이다. 이를 비례성(Verhältnismäßigkeit)의 원칙이라 한다. 공공필요를 위하여 제한받는 私人의 불이익보다 그 수단으로 달성하려는 공익목적의 이익이 커야 한다.[2] ㄷ **이익형량**

[과잉금지의 원칙과 목적의 정당성] 헌법재판소는 과잉금지의 원칙의 구성요소로서,(ㄱ) 목적의 정당성, (ㄴ) 방법의 적정성, (ㄷ) 피해의 최소성, (ㄹ) 법익의 균형성을 들고 있으나, 과잉금지의 원칙의 하부원칙으로서 목적의 정당성을 포함시킬 수 없다는 견해가 있다. 왜냐하면 비례의 원칙은 목적과 수단사이에 존재하는 일정한 관계를 전제로 하는 개념이므로 목적과 수단사이의 일정한 관계를 전제로 하지 않는 목적의 정당성은 이에 포함 시킬수 없다고 한다. 또한 목적의 정당성은 그 자체로서 절대적으로 평가되는 것이 아니라 그와 충돌하는 다른 원칙과의 관계에서 오로지 상대적으로만 평가될 수 있다는 점에서 목적의 정당성을 비례의 원칙의 부분원칙으로 포함 시킬 필요는 없다고 한다.[3]

[현대행정의 기본원리로서의 과잉금지원칙] 과잉금지의 원칙은 일반적으로 행정청이 일반국민에게 행하는 여러 가지 행정영역에서 대두된 용어개념인데, 이는 급부행정의 기본원리인 (ㄱ) 사회국가원리(Sozialstaatsprinzip), (ㄴ) 보충성의 원칙, (ㄷ) 법률적합성의 원칙(Gesetzmäßigkeitsprinzip), (ㄹ) 평등의 원칙(Gleichheitsprinzip), (ㅁ) 과잉(급부)금지의 원칙(Übermaßverbot), (ㅂ) 신뢰보호의 원칙(Vertrauensschutz) 중의 중요한 기본요소를 이루는 현대행정의 기본원리이다.

---

4) '필요한 경우에'라는 표현보다는 '필요한 만큼만'으로 표현하는 것이 바람직하다.
1) 장영수, 헌법학, 홍문사, 2009, 519면.
2) 헌재결 1992. 6. 26, 90헌바26.
3) 이준일, 헌법상 비례성원칙, 한국공법학회/대법원헌법연구회(2009.4.18), 비례원칙과 사법심사, 27면; 목적의 정당성을 비례의 원칙에 포함시키는 것을 반대하는 견해로는 황치연, 우리 헌법재판소에 있어서의 과잉금지의 원칙의 문제점, 고시연구(1997.3), 180면; 이기철, 헌법재판소는 비례의 원칙에 목적의 정당성을 포함시켜도 좋은가?, 공법연구 제35집 제1호(한국공법학회, 2006), 384면 이하; 한수웅, 헌법 제37조 제2항의 과잉금지의 원칙의 의미와 적용범위, 한국법학원, 저스티스, 통권 95호(2006), 9면; 목적의 정당성을 포함시키든 제외하든 실익이 없다는 견해는, 최갑선, 비례의 원칙에 따른 법률의 위헌심사, 한국공법학회, 공법연구 제25집 제4호(한국공법학회, 1977), 658면; 정종섭, 헌법학 원론, 박영사, 2009, 362면; 김형성, 과잉금지의 원칙과 적용상의 문제점, 헌법연구실무, 제3권(2002), 65-66면.

[과잉금지의 원칙의 차별적 적용] (미국) : 미국의 경우 이중기준의 원칙을 채택하고 있고, 이는 정신적 자유권의 규제입법은 엄격하게 심사하고, 경제적 자유권에 대한 규제입법은 완화해서 심사한다. Shenk 사건에서 홈즈 대법관의 "명백하고 현존하는 위험의 원칙"이 계기가 되었고, Carilene 사건에서 Stone 대법관에 의하여 정립되었다. (독일) : 독일에서는 개인연관성과 사회연관성을 판단기준으로하여, 개인의 핵심자유영역에서의 기본권제한은 엄격심사하고, 사회적 연관성과 기능이 클수록 광범위한 제한이 가능하다고 본다. (우리나라) : 우리나라에서는 개별 기본권마다 그리고 동일한 기본권이라도 구체적으로 침해되는 자유의 의미·정도에 따라 심사기준을 달리한다. 여기에는 (ㄱ) 엄격한 비례의 원칙, (ㄴ) 완화된 비례의 원칙(사회적 기능과 연관성이 큰 경우), (ㄷ) 자의금지의 원칙(입법재량이 허용되는 기본권, 즉 청구권적 기본권), (ㄹ) 최소보장의 원칙(사회적 기본권) 등을 기준으로 한다.[1]

[과잉금지의 원칙과 비례의 원칙 : 과잉제한금지의 원칙과 과잉급부금지의 원칙의 구별] 다만 기본권 제한입법의 경우에는 위에서 언급한 바와 같이 과잉제한금지의 원칙, 기본권 보장 및 형성영역(급부행정영역)에서는 과잉급부금지의 원칙이라는 표현을 하여 서로 구분할 수 있다. 따라서 과잉금지의 원칙(과잉제한금지의 원칙)이라는 표현을 비례의 원칙이라고 표현하는 것은 타당하지 않다는 견해도 있다.[2]

[사례] 甲은 관광진흥법 소정의 관광사업등록을 마치고 관광호텔로 사용되고 있는 건물의 소유권을 이전받아 관광호텔을 경영하고 있는 자이다. 甲은 위 건물의 지층 중 일부를 관할구청장에게 공중위생관리법 소정의 목욕장업의 영업신고를 하여 영업신고가 수리되자마자, 甲은 수억 원의 비용을 들여 목욕장시설을 한 후 목욕장 영업을 개시하였다. 그러나 건물의 지층부분은 그 용도가 일반유흥 음식점으로 되어있어 목욕장업의 영업을 위하여는 건축법상 용도변경의 허가를 받아야 함에도 불구하고 허가없이 이를 사용하고 있었다.

[문제] 관할 구청장은 위 지층부분이 건축법상의 허가없이 무단으로 용도 변경되었다 하여 건축법 제79조 제1항에 의하여 위 건물소유자인 甲에게 목욕장시설의 철거를 명하였다. 철거명령은 적법한가?

(논점) 관할구청장의 목욕장시설 철거명령은 건축법 제79조 제1항의 취지와 목적 및 문언상의 표현 내용에 비추어볼 때 재량행위로 판단된다. 따라서 철거명령의 적법성 여부는 재량하자유무의 판단기준에 따라 결정된다. 사안에서는 甲이 지층 부분을 건축법상의 허가없이 무단으로 용도변경하여 사용하였지만 수억 원을 들여 시설을 갖춘 목욕장을

---

[1] http://desert.tistory.com/2222(검색일 : 2015. 3. 11)
[2] 이준일, 헌법상 비례성원칙, 한국공법학회·대법원헌법연구회(2009. 4. 18), 비례원칙과 사법심사, 35면.

철거하여야 한다는 것(철거 명령)은 甲에게는 지나치게 과도한것으로서 과잉금지의원칙(비례의 원칙)의 위반 여부가 문제된다.

　　[해설] 사안에서 甲의 무단용도변경 금지의무 위반에 대하여 건축법상의 용도변경 허가제의 준수라는 행정목적 달성을 위한 수단으로 철거명령을 발령하는 것은 일단 적법한 조치라고 할 수 있다. 그러나 (비록 적법한 조치이기는 하지만) 용도변경허가제를 실현하기 위하여 철거명령이라는 가장 중한 수단을 행사하는 것은 달성하고자 하는 행정목적을 위하여 선택된 수단이 적합한가의 여부를 심사하는 적합성의 원칙·필요성의 원칙(최소침해의 원칙)·상당성의 원칙(수인기대가능성)에는 반하는 것으로 볼 수 있다. 왜냐하면 철거명령이라는 甲에게 막대한 손해를 입히는 수단 이외에도 건축법 제69조에 따라 사용제한 내지 사용금지 등과 같이 철거명령보다 경미한 수단을 통하여(최소침해의 원칙) 甲의 의무위반에 대한 행정목적 달성이 가능하기 때문이다.　☞ **최소침해의 원칙위반**

　　또한 과잉금지의 원칙의 구성요소인 상당성의 원칙에 비추어 볼 때 철거명령을 통하여 얻어지는 공익과 이로 인해 甲이 잃게되는 사익을 비교형량하면 사익의 피해가 훨씬 크다. 甲이 비록 지층부분의 용도변경 허가 없이 목욕장 영업을 하였다고 하여 영업을 시작한지 얼마 되지도 않아 많은 비용을 들여 설치한 시설을 다시 철거하게 된다면 이를 통해 달성하려는 공익에 비해 甲이 입게 되는 경제적 손실이 지나치게 크다(☞ **상당성·비례성의 원칙에 위반**). 결국 구청장의 철거명령은 필요성의 원칙·상당성의 원칙에 반하여 과잉금지의 원칙에 위배되므로 재량권의 남용으로서 위법·부당한 행정처분에 해당한다(행정소송법 제27조 참조).

## II. 과잉금지의 원칙의 구성원칙

### 1. 적합성의 원칙 : 최대화 명령
#### 1.1. 내용
　　[의의] 적합성의 원칙(Grundsatz der Geeignetheit)은 '행정권발동의 정도'가 '공익상 필요의 정도'와 상당한 균형을 유지해야 한다는 원칙(공익을 위하여 필요한 정도와 행정권의 발동정도)이다. 즉 달성하고자 하는 행정목적을 위하여 선택된 수단이 적합한가의 여부를 심사하는 것이다. 따라서 필요성이 적으면 적은 권력이, 크면 큰 권력이 과잉없이 발동되어야 할 것이다. 이는 국가작용은 목적한 바의 성과를 달성할 수 있는 가장 효과적이고 적절한 방법을 선택해야 한다(방법의 적당성·방법의 적정성)는 것을 의미한다. 방법의 적정성 원칙은 헌법재판소의 판례에 따르면 "그 방법이 효과적이고 적절하여야"함을 의미하는데, 선택된 방법(수단)이 입법목적을 달성하는데 과연 효과적이고 적절한 것이냐를 판단하게 되는 것이다. 방법의 적정성은 선택된 수단이 달성하려는 입법목적에 효과적인 것이

냐하는 효율성을 따지는 점에서, 공익과 이를 달성하기 위하여 침해되는 사익의 법익균형성, 즉 법익의 균형성(비례성의 원칙; 상당성의 원칙) 심사와는 일응 구별된다. 일정한 목적과 수단과의 관계에서 요구되는 적합성원칙은 일정한 목적의 실현을 가능한 최대한 실현하도록 요구한다는 점에서 최대화명령(imperative of maximization)이라 할 수 있다.[1)

□ **방법의 적정성**

[과잉금지의 원칙의 구성원칙에 대한 독일연방헌법재판소와 한국헌법재판소의 차이] 독일연방헌법재판소가 우리나라 헌법재판소와는 달리 과잉금지의 원칙안에 목적의 정당성을 포함하지 않는 이유는 과잉금지(비례)의 원칙은, (ㄱ) 목적과 수단의 관계(적합성의 원칙[수단의 적합성·방법의 적정성] 및 법익의 균형성으로서의 협의의 비례의 원칙·상당성의 원칙·비례성원칙), (ㄴ) 수단과 수단간의 관계(필요성의 원칙[피해의 최소성])를 규율하는 원칙이기 때문이다. ▶행정권발동의 정도 = 공익상 필요의 정도 : 선택된 수단이 적합한가(수단의 적합성); ▶수단의 적합성·방법의 적절성(적당성)·방법의 적정성이라고도 한다.

[수단의 적합성의 내용] 수단의 적합성은 목적과 수단의 관계를 의미하며, 이는 목적과 수단이 전적으로 부합하여야 수단의 적합성이 인정되는 것이 아니라는 것을 의미한다. 따라서 부분적인 적합성으로도 충분하다. 헌법재판소는 (ㄱ) 수단의 합법성을 요구하며, 따라서 채택된 수단이 헌법이념과 이를 구체화하고 있는 전체법체계와 저촉되는 경우에는 수단의 적합성이 인정되지 않는다. (ㄴ) 수단의 유일성을 요구하지 않는다. 즉 수단이 목적달성에 유일한 수단이어야할 필요가 없다. 즉 최적의 것인가 아닌가가 아니라 유효한 수단인가에 한정하는 것이다. 이리하여 ① 수단이 전적으로 부적합한 것인지, ② 근본적으로 부적합한지 여부만을 통제한다.[2)

[적합성의 원칙에 위반된다고 본 사례] 헌법재판소는 (ㄱ) 피고인의 신병확보 또는 부당한 보석허가 결정의 시정을 도모한다는 이유로 법원의 보석결정에 대하여 검사에게 즉시 석방을 할 수 없게하는 즉시항고를 허용하는 것,[3) (ㄴ) 복수의 축산업협동조합간의 경쟁에 따른 폐단을 방지하여 축산업의 진흥을 위한다는 이유로 복수의 조합설립과 가입을 금지시키는 것,[4) (ㄷ) 재대군인에게 가산점을 주는 것[5) 수사목적을 달성하기 위하여 군사법경찰로 하여금 1차에 한하여 구속기간을 연장할수 있게 한 것[6) 등을 들수 있다.

---

1) 이준일, 헌법상 비례성원칙, 한국공법학회·대법원헌법연구회(2009.4.18), 비례원칙과 사법심사, 29면.
2) http://desert.tistory.com/2222(검색일 : 2015. 3. 11)
3) 헌재결 1993. 12. 23, 93헌가2【형사소송법 제97조 제3항 위헌제청】
4) 헌재결 1996. 4. 25, 92헌바47【축산업협동조합법 제99조 제2항 위헌소원】
5) 헌재결 1999. 12. 23, 98헌마363【제대군인지원에관한법률 제8조 제1항 등 위헌확인(제대군인지원에관한법률 제8조 제3항, 제대군인지원에관한법률시행령 제9조)】

## 1.2. 판례

[적합한 수단의 범위] 무릇 국가가 입법, 행정 등 국가작용을 함에 있어서는 합리적인 판단에 입각하여 추구하고자 하는 사안의 목적에 적합한 조치를 취하여야 하고, 그때 선택하는 수단은 목적을 달성함에 있어서 필요하고 효과적이며 상대방에게는 최소한의 피해를 줄 때에 한해서 그 국가작용은 정당성을 가지되 상대방은 그 침해를 감수하게 되는 것이다. 그런데 국가작용에 있어서 취해진 어떠한 조치나 선택된 수단은 그것이 달성하려는 사안의 목적에 적합하여야 함은 당연하지만 그 조치나 수단이 목적달성을 위하여 유일무이한 것일 필요는 없는 것이다. 국가가 어떠한 목적을 달성함에 있어서는 어떠한 조치나 수단 하나만으로서 가능하다고 판단할 경우도 있고 다른 여러 가지의 조치나 수단을 병과하여야 가능하다고 판단하는 경우도 있을 수 있으므로 과잉금지의 원칙이라는 것이 목적달성에 필요한 유일의 수단선택을 요건으로 하는 것이라고 할 수는 없는 것이다.[1]

[방법의 적절성의 범위] 선택하는 수단은 목적을 달성함에 있어서 합리적인 판단에 입각하여 추구하고자 하는 사안의 목적을 달성함에 있어서 필요하고 효과적이어야 한다.[2]

[환매기간의 제한과 수단의 적합성] 징발재산정리에관한특별조치법 제20조 제1항 소정의 환매기간은 그 입법목적에 비추어 대체로 그 동안 당해 토지의 현상·이용상태 및 주변상황 등의 변화로 말미암아 그 토지 등의 사회경제적 가치가 질적 변화를 일으키기에 상당하다는 점이 고려되어, 그 기간 동안 당해 토지 등을 둘러싸고 그 동안에 형성된 법률관계를 그대로 안정시켜야 한다는 법적 안정성의 요청이 종전 소유자가 소유권회복으로 인하여 얻는 사적 이익보다 우월하다고 본 입법자의 판단에 의한 것으로 그 합리성이 인정된다.[3]

[제재방법에 대한 입법재량] 어떤 행정법규위반의 행위에 대하여 이를 단지 간접적으로 행정상의 질서에 장애를 줄 위험성이 있음에 불과한 경우로 보아 행정질서벌인 과태료를 과할 것인지, 아니면 직접적으로 행정목적과 공익을 침해한 행위로 보아 행정형벌을 과할 것인지는 기본적으로 입법권자가 제반 사정을 고려하여 결정할 입법재량에 속하는 문제이다. 그런데 부동산투기를 막기 위하여 부동산소유권이전등기신청을 의무화하고 이에 대한 제재방법으로 행정형벌보다 그 정도가 약한 행정질서벌인 과태료를 선택한 것은 적절하다.[4]

---

6) 헌재결 2003. 11. 27, 2002헌마193 【군사법원법 제242조 제1항 등 위헌확인】
1) 헌재 1989. 12. 22. 88헌가13, 판례집 1, 357, 378-379
2) 헌재 1989. 12. 22. 88헌가13, 판례집 1, 357, 378; 헌재 1990. 9. 3. 89헌가95, 판례집 2, 245, 260
3) 헌재 1995. 2. 23. 92헌바12, 판례집 7-1, 152, 164; 헌재 1995. 10. 26. 95헌바22, 판례집 7-2, 472, 485; 헌재 1996. 4. 25. 95헌바9, 판례집 8-1, 389, 392-393; 헌재 1998. 12. 24. 97헌마87등, 판례집 10-2, 978, 1000
4) 헌재 1998. 5. 28. 96헌바83, 판례집 10-1, 624, 635-636

[축산업협동조합법상의 복수조합 설립의 금지] 입법목적을 달성하기 위한 수단의 선택 문제는 기본적으로 입법재량에 속하는 것이기는 하지만 적어도 현저하게 불합리하고 불공정한 수단의 선택은 피하여야 할 것인바, 복수조합의 설립을 금지한 구 축산업협동조합법 (1994. 12. 22. 법률 제4821호로 개정되기 전의 것) 제99조 제2항은 입법목적을 달성하기 위하여 결사의 자유 등 기본권의 본질적 내용을 해하는 수단을 선택함으로써 입법재량의 한계를 일탈하였으므로 헌법에 위반된다.[1]

[군사법경찰관의 구속기간 연장] 군사법경찰단계에서의 장기구금을 통하여 수사목적을 달성하려는 것은 인권침해의 우려가 매우 높은 방식이어서 각국의 입법에서 그 예를 찾아보기 어려울 뿐만 아니라 국제인권규정에도 부합하지 아니하므로 이는 기본권제한이 헌법상 정당화되기 위하여 필요한 요건의 하나인 수단의 적절성 원칙에 부합되지 아니하고, 나아가 불필요하게 구속을 장기화한다는 점에서도 이것은 기본권제한이 헌법상 정당화되기 위하여 필요한 또 하나의 요건인 피해의 최소성원칙에도 부합되지 않는다.[2]

[보석결정에 대하여 검사에게만 즉시항고를 허용하는 경우] 피고인의 신병확보 내지 부당한 보석허가결정의 시정을 도모한다는 명목으로 검사에게 즉시항고를 허용한 것은 방법의 적정성을 갖춘 것이라고도 할 수 없다.[3]

## 2. 필요성의 원칙 : 최소침해의 원칙(최소화 명령)
### 2.1. 내용

[필요성의 원칙과 독일 베를린 고등행정법원의 크로이츠베르크 판결] 필요성의 원칙 (Grundsatz der Erforderlichkeit)의 의미를 명백히 확립한 학자는 1895년의 오토 마이어 (Otto Mayer)가 최초이다. 독일에서 비례라고 하는 개념이 문헌에 등장한 것은 1802년의 베르크(Günter Heinrich von Berg)의 독일경찰법편람(Handbuch des Deutschen Polizeirechts)이 최초이다. 그러나 그 개념이 경찰법상 정착한 것은 1882년 독일베를린 고등행정법원의 크로이츠베르크 판결(Kreuzberg - Urteil vom 14. 6. 1882, ProVG 9, 353])[4]이 그 시초라

---

1) 헌재 1996. 4. 25. 92헌바47, 판례집 8-1, 370-371, 387-388
2) 헌재 2003. 11. 27. 2002헌마193, 판례집 15-2하, 311, 328
3) 헌재 1993. 12. 23. 93헌가2, 판례집 5-2, 578, 602-603
4) 독일에 있어서는 18세기 말 퓌터((Pütter)에 의하여 주창(경찰의 직무는 임박한 위험을 방지하는 것이다. 복지증진은 경찰의 본래직무가 아니다)되고 1882년 6월 14일의 프로이센(Preußen) 고등행정법원(Oberverwaltungsgericht)의 '크로이츠베르크 판결(Kreuzberg-Entscheidung)'을 계기로 정착된 개념인 바, 이 판결 이전까지 포함되었던 경찰의 권한인 공공복리의 배려 (Wohlfahrtspflege) 개념은 이 판결을 계기로 하여 배제되어 경찰의 권한을 위험방지에 국한시켰다(류지태·박종수, 행정법신론, 968면). 베를린소재의 크로이츠베르크라는 지역에 세워진 전승

할 수 있다. 당시의 비례의 원칙은 오늘날 우리가 의미하는 필요성의 원칙을 의미하는 것이었다. 그후 비례의 원칙(필요성의 원칙)은 재판 등을 통하여 확실시되고, 1931년에는 프로이센(Preußen) 경찰법에 입법화되었다. 독일 나치스시대(1933-1945)에는 비례의 원칙은 필요성의 원칙(최소침해의 원칙)만을 의미하는 것으로 사용되다가, 2차세계대전 이후에야 협의의 비례의 원칙(상당성의 원칙)의 개념이 발전하게 되었다. 필요성의 원칙은 침해행정 뿐만 아니라 급부행정 영역에 있어서도 적용되는바 국가적 급부는 필요한 정도 이상으로 행해져서는 안되는 것을 의미하는데, 이는 납세자에게 불필요한 부담을 야기하는 것이 되기 때문이다(과잉급부금지의 원칙[1]). ☞ **사회적 기본권(최소보장의 원칙)**

[최소침해의 원칙의 원칙이라고도 불리우는 필요성의 원칙] 최소침해의 원칙(Grundsatz der Erforderlichkeit)이라고도 불리우는 필요성의 원칙은 행정목적의 실현을 위하여, 여러 가지 적합한 수단중에서(적합성의 원칙이 먼저 충족되었다면), 가장 피해가 적도록, '(최소한으로)필요한 만큼만,'[2] 행정권을 발동할 수 있다는 원칙이다. 다시 말하면 당해 행정목적 달성을 위하여 이론적으로 가능한 여러가지 적합한 수단들 중에서 당사자의 권리나 자유를 가장 최소한으로 침해하는 수단을 선택해야 한다(꼭 필요한 만큼의 최소한)는 이론이다. 이는 국가작용이 국민의 자유와 권리가 필요한 정도를 넘어서 조금이라도 더 침해되는 일이 없도록 유의해야 한다(최소침해성)는 것을 의미한다. 따라서 국민의 자유와 권리를 더

---

기념비(나폴레옹에 대항하여 1813-1815년에 치러진 해방전쟁)의 전망을 확보하기 위하여 1879년 3월10일 베를린경찰청장이 제정한 법규명령 제1조에 따르면 전승기념비에서부터 도시와 그 주변경관에 이르는 전망을 확보하고 전승기념비를 어디서나 볼 수 있도록 전승기념비 주변지역에는 특정높이의 건축물만 지어질수 있도록 되어 있었다. 이러한 건축물의 고도를 제한하는 법규명령에 의거하여 4층높이의 주거용 건물을 지으려고 했던 원고의 건축허가(Baugenehmigung) 신청이 거부되었다. 이에 대하여 프로이센 고등행정법원은 베를린 경찰청장은 위험방지가 아니라 복리증진을 위하여 건축물의 고도를 제한하는 법규명령을 제정 하였기 때문에 당해 법규명령은 프로이센 일반란트법 제2부 제17장 제10조에 위반되어 무효라고 판시하였다. 이로 인하여 1931년 6월1일 제정된 프로이센 경찰행정법(PreußPVG) 제14조 제1항은 "경찰행정청은 현행법의 범위내에서 공공의 안녕 또는 공공의 질서를 위협하는 위험으로부터 공중이나 개인을 보호하기 위하여 필요한 조치를 의무에 적합한 재량에 따라 취해야 한다"고 규정하였다(손재영, 경찰법, 7-8면). 이에 관하여는 Richard Thoma, Der Polizeibefehl im Badischen Recht, 1906, S. 39 ff ; Felix Weyreuther, Eigentum, öffentliche Ordnung und Baupolizei. Gedanken zum Kreuzbergurteil, 1972, S. 3 ff.; Schröder, Vom Kreuzberg-Urteil zur Bauregungsverordnung, DVBL. 1975, S. 846; Peter Preu, Polizeibegriff und Staatszweckslehre, 1983, S. 322 ff. 참조할 것..

1) 과잉금지의 원칙은 과잉급부금지의 원칙 및 과잉제한 금지의 원칙으로 나누이나(정종섭), 일반적으로 과잉제한금지의 원칙을 과잉금지의 원칙이라 부른다.
2) '필요한 경우에'라는 표현보다는 '필요한 만큼만'으로 표현하는 것이 바람직하다.

적게 침해하고도 추구하는 행정목적을 달성할 수 있는 다른 방법이 있는데도 불구하고 단순한 편의주의에 따라 이를 택하지 않는 경우에는 명백한 최소침해의 원칙의 위반으로서 결국 과잉금지의 원칙의 위반이 된다.[1] 여기서 「필요성」의 유무의 판단기준은 해당 조치가 행정목적의 달성을 위하여 진정으로 요구되는 것이냐 하는데 있다. 일정한 목적의 실현을 위해 피해를 입는 다른 목적과 수단의 관계에서 요구되는 필요성의 원칙은 그 목적에 대한 피해를 최소화하도록 요구하며, 이를 최소화 명령(imperative of minimization)이라고 한다.[2] ☞ **피해의 최소성** ▶기본권제한의 정도 : 공익상 필요한 정도; ▶여러 가지 수단들 중에서 당사자의 권리나 자유를 가장 최소한으로 침해하는 수단; ▶피해의 최소성 · 필요한 최소침해성

[필요성의 원칙을 입법화한 사례(하천법)] 하천법 제73조(행정대집행의 적용특례) ① 하천관리청은 수해방지 등을 위하여 긴급한 실시가 필요한 경우로서 행정대집행법 제3조 제1항 및 제2항의 절차에 따르면 그 목적을 달성하기가 곤란한 경우에는 해당 절차를 거치지 아니하고 점용물의 제거, 그 밖에 필요한 조치를 할 수 있다. ② 제1항에 따른 점용물 등의 제거 그 밖의 필요한 조치는 하천관리를 위한 필요한 최소한도에 그쳐야 한다. ③ 제1항 및 제2항에 따른 대집행으로 제거된 점용물 등의 보관 및 처리에 필요한 사항은 대통령령으로 정한다.

[최소침해의 원칙] 최소침해의 원칙은, (ㄱ) 수단 상호간의 관계(수단과 수단간의 관계)를 규율하는 것으로서, 입법자는 입법목적을 실현하기 위한 여러 가지 효과적인 여러 가지 수단들 중에서 가장 기본권을 존중하고 적게 침해하는 하나의 수단을 선택하여야 한다는 것이다. 따라서 기본권행사의 **방법**을 제한함으로써 입법목적의 달성이 가능함에도 불구하고 기본권행사의 **여부**를 제한하면 최소침해의 원칙에 위배된다. (ㄴ) 수단이 목적달성에 긍정과 부정의 예측이 모두 가능한 경우(예측이 불확실한 경우)에는, ① 개인의 핵심적 자유영역을 침해하는 경우에는 엄격심사의 원칙이 적용되고, ② 사회적 기능과 사회적 연관성이 클수록 완화된 심사를 한다. 과잉금지의 원칙은 차별적으로 적용되기 때문에 완화된 수단이 있다고 해서 최소침해의 원칙에 반하는 것은 아니다. 이 경우 입법자의 판단이 현저히 잘못되었는가를 판단하는 명백성 통제에 따른다. 최소침해는 객관적 판단에 따르고 명백성 통제는 주관적 판단에 따른다.[3]

---

1) 예컨대 위험한 건물에 대하여 개수명령으로서 목적달성을 할 수 있음에도 불구하고 철거명령을 발하는 것은 필요성의 원칙을 위반한 것이다(김남진·김연태, 행정법(I), 42면; Vgl. BVerfGE 23, 127(133); BVerfGE 38, 348(368); BVerfGE 43, 242(288); P. Lerche Übermaß und Verfassungsrecht, 1961, S. 61 ff.
2) 이준일, 헌법상 비례성원칙, 한국공법학회 · 대법원헌법연구회(2009.4.18), 비례원칙과 사법심사, 30면.
3) http://desert.tistory.com/2222(검색일 : 2015.3.11)

## 2.2. 판례

[최소침해의 원칙] 입법자는 공익실현을 위하여 기본권을 제한하는 경우에도 입법목적을 실현하기에 적합한 여러 수단 중에서 되도록 국민의 기본권을 가장 존중하고 기본권을 최소로 침해하는 수단을 선택해야 한다. 기본권을 제한하는 규정은 기본권행사의 '방법'에 관한 규정과 기본권행사의 '여부'에 관한 규정으로 구분할 수 있다. 침해의 최소성의 관점에서, 입법자는 그가 의도하는 공익을 달성하기 위하여 우선 기본권을 보다 적게 제한하는 단계인 기본권행사의 '방법'에 관한 규제로써 공익을 실현할 수 있는가를 시도하고 이러한 방법으로는 공익달성이 어렵다고 판단되는 경우에 비로소 그 다음 단계인 기본권행사의 '여부'에 관한 규제를 선택해야 한다.[1]

[필요적 규정만을 둔 경우] 입법자가 임의적 규정으로도 법의 목적을 실현할 수 있는 경우에 구체적 사안의 개별성과 특수성을 고려할 수 있는 가능성을 일체 배제하는 필요적 규정을 둔다면, 이는 비례의 원칙의 한 요소인 최소침해성의 원칙에 위배된다.[2]

[보석허가결정에 대한 검사의 즉시항고 제도] 검사의 보통항고로도 그 목적을 달성할 수 있는데도 피고인의 신병확보 내지 부당한 보석허가결정의 시정을 도모한다는 명목으로 검사에게 즉시항고를 허용한 것은 방법의 적정성을 갖춘 것이라고도 할 수 없고, 목적달성에 꼭 필요하지 않은 심대한 피해를 피고인에게 부담하게 하는 방법이므로 형사소송법 제97조 제3항은 피해의 최소성과 법익의 균형성도 갖춘 것이라고 할 수 없다.[3]

[일반국민의 선거운동을 포괄적으로 금지한 경우] 선거의 공정성을 확보하기 위하여 선거운동을 할 수 있는 주체를 제한할 수 있다 하더라도 그 제한은 최소한이어야 한다. 구 대통령선거법상의 선거운동규제에 관한 규정들만으로도 그 법집행을 충실히 한다면 공정선거를 이루는 데 부족함이 없다 할 것인데도 이에 더하여 일반국민의 선거운동을 포괄적으로 금지한 것은 필요한 최소한도에 그쳐야 한다는 기본권제한의 원칙에 위배된 것이라 아니할 수 없다.[4]

[국채증권 멸실의 경우 공시최고절차의 적용 배제] 구 국채법 제7조가 국채증권 멸실의 경우 공시최고절차의 적용을 배제한 것은 원래의 입법목적인 국채의 상품성과 유통성 제고에는 별다른 기여를 하지 못하고 오히려 국채증권이 멸실된 경우 그 채권자의 권리행사의 길을 완전히 봉쇄함으로써 채무자인 국가가 합리적 이유 없이 국민에 대한 채무를 면하게 되는 부당한 효과만을 낳고 있으며, 후에 증권 소지자가 나타날 경우에 대비하여 담보를

---

1) 헌재 1998. 5. 28. 96헌가5, 판례집 10-1, 541, 556
2) 헌재 1998. 5. 28. 96헌가12, 판례집 10-1, 560, 568
3) 헌재 1993. 12. 23. 93헌가2, 판례집 5-2, 578, 602-603
4) 헌재 1994. 7. 29. 93헌가4등, 판례집 6-2, 15, 38-39

제공케 한 다음 멸실된 국채의 권리자에게 권리회복을 할 수 있는 방도를 제공하는 등 선의의 제3자의 권리를 침해하지 않으면서 위 권리자의 피해를 최소화할 수 있는 방법이 얼마든지 있음에도 이를 무시한 채 완전히 권리회복의 길을 봉쇄하고 있으므로 기본권의 제한이 필요최소한도에 그친 것이라고 할 수 없어 기본권 제한에 관한 헌법원칙인 과잉금지의 원칙에 위배된다.[1]

[선거운동을 할 목적으로 선거인 등을 매수하는 행위의 처벌] 선거운동의 자유를 제한할 때 그 한계로서 대두되는 최소침해의 원칙을 판단함에 있어서는 입법예의 단순한 평면적 비교나 관련 벌칙조항의 법정형을 비교하는 것만으로는 부족하고, 국가전체의 정치, 사회적 발전단계와 국민의식의 성숙도, 종래의 선거풍토나 그 밖의 경제적, 문화적 제반 여건을 종합하여 합리적으로 판단하여야 할 것인바, 우리 나라는 건국이후 반세기 가까이 수많은 선거를 치러왔으면서도 아직까지도 깨끗하고 공명한 선거풍토를 이룩하지 못하고 있는바, 이러한 현실적 상황에 비추어 볼 때 위와 같은 폐해를 방지하고 공정한 선거를 실현하기 위하여 이와 같은 매수 및 이해유도행위를 별도로 처벌하는 규정을 둔 것은 불가피한 조치로서 최소침해의 원칙에 위반된다고 볼 수 없다.[2]

[요양기관 강제지정제의 경우] 요양기관 강제지정제에 의하여 제한되는 기본권은 '직업선택의 자유'가 아닌 '직업행사의 자유'이고, '의료행위'의 사회적 기능이나 사회적 연관성의 비중이 매우 큰 점에서 볼 때, '국가가 강제지정제를 택한 것이 최소침해의 원칙에 반하는가'에 대한 판단은 '입법자의 판단이 현저하게 잘못되었는가'하는 명백성의 통제에 그치는 것이 타당하다. 그런데 계약지정제를 취하는 경우 의료보장이란 공익을 실현할 수 없고, 강제지정제의 예외를 허용한다면 의료보장체계의 원활한 기능확보가 보장될 수 없다는 입법자의 예측은 명백히 잘못되었다고 할 수 없다. 또한, 요양급여비용의 산정제도가 의료행위의 질과 설비투자의 정도를 상당한 부분 반영하고 있고 의료보험법과 국민건강보험법은 의료행위를 비급여대상으로 제공할 수 있는 가능성을 인정하고 있는바, 요양기관 강제지정제도 하에서도 의료인이 의료행위를 통하여 개인의 직업관을 실현하고 인격을 발현할 수 있는 여지를 어느 정도 가지고 있다. 그러므로 강제지정제는 최소침해의 원칙에 위배되지 아니한다.[3]

---

1) 헌재 1995. 10. 26. 93헌마246, 판례집 7-2, 498, 510
2) 헌재 1997. 11. 27. 96헌바60, 판례집 9-2, 629, 645-646
3) 헌재 2002. 10. 31. 99헌바76등, 판례집 14-2, 410, 433-438 - 반대의견(재판관 한대현, 권 성) : 직업선택의 자유와 직업수행의 자유는 따로 존재하는 별개의 것이 아니라 하나의 대상이 분석 각도의 차이에 따라 별개로 이름을 얻은 것이어서 원래 불가분의 관계에 있고, 따라서 직업수행의 자유라고 하더라도 그것이 제한되는 방식과 정도에 따라서는 그 직업의 선택을 무의미하게 하여 그 직업의 본질을 해치는 경우가 있게 되고 이렇게 되면 그 제한은 위헌이 되는 것이다. 강제지

[위법 건축물에 대한 이행강제 수단으로 대집행이 가능함에도 이행강제금 부과를 할 수 있도록 규정한 것] 전통적으로 이행강제금은 부작위의무나 비대체적 작위의무에 대한 강제수단으로 이해되어 왔으나 이는 이행강제금의 본질에서 오는 제약이 아니며 대체적 작위의무의 위반에 대해서도 이행강제금은 부과될 수 있는바, 위법 건축물에 대한 이행강제수단 중 대집행은 위반 행위자가 위법상태를 치유하지 않고 있고 이를 방치함이 심히 공익을 해할 것으로 인정될 때 행정청이나 제3자가 이를 치유하는 것인 반면, 이행강제금은 위반 행위자 스스로가 이를 시정할 기회를 부여하여 불필요한 행정력의 낭비를 억제하고 위반행위로 인한 경제적 이익을 환수하기 위한 제도로서 양 제도는 각각의 장·단점이 있으므로 개별사건에서 위반내용, 위반자의 시정의지 등을 감안하여 행정청이 합리적인 재량에 의해 대집행과 이행강제금을 선택하여 활용할 수 있도록 이행강제금 부과를 규정한 건축법 제83조 제1항이 중첩적인 제재에 해당하여 과잉금지원칙에 위반된다고 할 수 없다.[1]

[상업광고의 규제에 관한 위헌심사의 기준] 상업광고에 대한 규제에 의한 표현의 자유 내지 직업수행의 자유의 제한은 헌법 제37조 제2항에서 도출되는 비례의 원칙(과잉금지원칙)을 준수하여야 하지만, 상업광고는 사상이나 지식에 관한 정치적, 시민적 표현행위와는 차이가 있고, 인격발현과 개성신장에 미치는 효과가 중대한 것은 아니므로, 비례의 원칙 심사에 있어서 '피해의 최소성'원칙은 '입법목적을 달성하기 위하여 필요한 범위 내의 것인지'를 심사하는 정도로 완화되는 것이 상당하다.[2]

## 3. 상당성의 원칙 : 협의의 비례의 원칙 : 비례성의 원칙/수인기대가능성(최적화 명령)

### 3.1. 내용

[의의] 협의의 비례의 원칙(Grundsatz der Verhältnismäßigkeit im engeren Sinne)은

---

정제는 의사 자신이 배우고 연구하고 익힌 바에 따라 소신껏 치료하는 것을 어렵게 하므로 의사라는 직업의 보람과 본질을 결정적으로 훼손한다(판례집 14-2, 410, 440).
1) 헌재 2004. 2. 26. 2001헌바80등, 판례집 16-1, 202, 229-231 - 반대의견(재판관 윤영철, 권 성) : 대체적 작위의무의 위반자가 이행강제금의 반복된 부과에도 불구하고 그 위반상태를 시정하지 않는 경우에는 종국적으로 대집행을 할 수밖에 없게 되므로 대집행이 가능한 경우에 대집행을 하지 않고 이행강제금을 부과하는 것은 위법상태를 시정하는 행정강제의 수단으로서 그 적정성을 인정받기 어렵고, 대집행 전에 수차에 걸쳐 이행강제금을 부담한 위반자가 다시 대집행을 받는 경우에는 원래 대집행비용의 부담만으로 종결되었을 책임의 양(量)이, 여기에다 이행강제금까지 합산한 금액으로 크게 늘어나므로 대집행이 가능한 경우에까지 이행강제금을 부과하는 것은 피해의 최소성원칙에도 어긋난다(판례집 16-1, 202, 232-235).
2) 헌재 2005. 10. 27. 2003헌가3, 판례집 17-2, 189, 198

침해되는 당사자의 사익(私益)과 달성하고자 하는 공익과는 적절한 비례관계가 성립되어야 한다는 원칙이다. 이를 상당성의 원칙(Grundsatz der Angemessenheit) 혹은 비례성의 원칙이라 한다. 국가작용은 언제나 합리적 비판에 의한 합당한 조치를 취해야 된다(事項의 합당성)는 것을 의미한다. 법익의 균형성 원칙이란 목적과 수단간의 법익형량을 말한다. ☞ **법익의 균형성**

[상당성의 원칙의 등장배경 및 연혁] 헌법재판소는 협의의 비례의 원칙을 '수인의 기대가능성', '법익의 비례성' 또는 '법익균형성의 원칙'1)이라는 표현을 사용하고 있다. 즉 공익목적과 그 제한으로 선택된 수단을 고려할 때, 그 제한으로 인하여 받는 私人의 불이익보다 그 수단으로 달성하려는 공익목적의 이익이 커야 한다고 하고 있다(이익형량: (Interessenabwägung).2) 이는 결국 제한받는 사인(Privatperson)의 불이익이 지나치게 큰 경우에는 비례성의 원칙(상당성의 원칙)을 위반한 것이다. 위에서 언급한 바와 같이 상당성의 원칙은 제2차 세계대전 이후 발달한 개념이다. 제2차세계대전까지는 과잉금지의 원칙의 구체적인 요소로서 적합성의 원칙과 필요성의 원칙만을 충족하면 되는 것으로 보았으나, 적합하고 필요하기만 하다면(최소침해이기만 하다면), 기본권제한이 가능했으므로 결국 이로인하여 기본권침해가 문제되었다. 제2차세계대전 이후에는 침해가, (ㄱ) 적합하고(적합성의 원칙), (ㄴ) 최소침해라고 하더라도(최소침해의 원칙), (ㄷ) 침해당하는 사익과 추구하고자하는 공익을 비교형량하여 공익이 사익보다 훨씬 커야 한다는 것이다(상당성의 원칙; 비례성의 원칙; 법익의 균형성). 따라서 공익에는 별로 도움도 안되는데 사익의 침해가 훨씬 큰 경우에는 수인기대가능성이 없고 결국 상당성도 없다는 것이다(독일연방헌법재판소는 이를 '협의의 비례의 원칙[Verhältnismäßigkeitsprinzip im engeren Sinne]'이라고 하였다). 비례성의 원칙에 대한 판례로서 독일에서는 예컨대 보도에 주차하였으므로 법을 어긴것 이지만, 승용차를 즉시 견인하는 것은 비례성의 원칙을 위반한 것이라는 판례(뮌스터 고등행정법원)가 있다.3) 사인의 불이익 < 공익목적 이익 ☞ **사익 < 공익(이익형량); 상대방의 수인기대가능성**

[최적화명령] 국가작용을 하는 데 있어서는 국민의 자유와 권리를 침해하는 정도와 이에 의해서 얻어지는 공공복리의 이익을 엄격하게 비교교량해서(비례성) 더 큰 공공복리의 이익을 위해서 '불가피하고도 부득이한 경우에만(공익을 위해서 사익은 무시되어도 좋다는 의미가 아니고, 공익을 위하여 어쩔수 없이 꼭 필요한 경우에만)'4) 국민에게 그 자유와 권

---

1) 헌재결 2005. 3. 31, 2001헌바87【구 의료법 제25조 제1항 등 위헌소원(동법 제30조 제2항, 제66조 제3호)】
2) 헌재결 1992. 6. 26, 90헌바26【정기간행물의등록등에관한법률 제10조 등에 대한 헌법소원】
3) OVG Münster, MDR 1980, S. 874; 김남진·김연태, 행정법(I), 43면.
4) 이러한 의미에서 일제시대 및 과거 독재정권시대에 유행하였던 멸사봉공(滅私奉公)의 정신이란 표현은 극히 위험한 전체주의적 발상이다.

리침해에 대한 수인(受忍)을 기대할 수 있다(수인기대가능성).[1] 일정한 목적과 다른 목적의 관계에서 요구되는 좁은 의미의 비례의 원칙은 일정한 목적의 실현과 다른 목적의 실현을 가장 균형있고(balanced), 조화로운(harmonious) 최적의 상태를 만들도록 요구한다는 점에서 최적화명령(imperative of optimization)이라고 부를 수 있다.[2] ▶私人의 불이익 < 공익목적의 이익(이익형량); ▶법익의 균형성·법익의 비례성; ▶사항의 합당성

### 3.2. 판례

[기본권 제한에 있어서 법익의 균형성] 그 입법에 의하여 보호하려는 공익과 침해되는 사익을 비교 형량할 때 보호되는 공익이 더 커야 한다.[3]

[정정보도청구권의 경우] 정정보도청구권 사건에서, "정정보도문을 무료로 게재토록 한 것은 피해자의 반박내지 반론을 보장하는 제도 자체가 이해당사자 사이의 법익의 균형을 도모하기 위한 것이기 때문에 비록 보도기관이 이로 말미암아 현실적인 손해를 입게 된다고 하더라도 이는 형평의 원칙에 따른 부득이 한 것으로 이해된다. … 정정보도청구권은 언론의 자유를 일부 제약하는 성질을 가지면서도 반론의 범위를 필요·최소한으로 제한함으로써 양쪽의 법익 사이의 균형을 도모하고 있다 할 것이다"[4]

[좌석안전띠를 매지 않는 행위와 다른 사람 및 사회공동체 전체의 이익과의 관련성] 도로는 국가와 지방자치단체가 그 관리책임을 맡고 있는 영역으로 다른 운전자 및 보행자 등의 이익 및 공동체의 이익과 관련된 영역이므로, 도로에서 좌석안전띠를 매지 않고 운전할 자유는 다른 영역에서 이루어지는 위험한 스포츠를 즐기는 행위 등과 똑같게 평가될 수 없다. 좌석안전띠를 매지 않는 행위는 그로 인하여 받을 위험이나 불이익을 운전자 스스로 회피하지 못하고 매우 큰 사회적 부담을 발생시키는 점, 좌석안전띠를 매지 않고 운전하는 행위에 익숙해진다고 하여 위험이 감소하지도 않는다는 점, 동승자의 피해를 증가시키는 점 등에 비추어 볼 때, 운전자 자신뿐만이 아니라 사회공동체 전체의 이익에 해를 끼치고 있으므로 국가의 개입이 정당화된다. 도로교통법 제48조의2로 인하여 청구인은 운전 중 좌석안전띠를 착용할 의무를 지게 되는바, 이는 운전자의 약간의 답답함이라는 경미한 부담이고 좌석안전띠미착용으로 청구인이 부담하는 범칙금이 소액인 데 비하여, 좌석안전띠착용으

---

1) 수인기대가능성은 비례성(Verhältnismäßigkeit)이라고도 부르기도 한다. 예컨대 K. Stern, Das Staatsrecht der Bundesrepublik Deutschland, S. 674 참조.
2) 이준일, 헌법상 비례성원칙, 한국공법학회/대법원헌법연구회(2009.4.18), 비례원칙과 사법심사, 32면.
3) 헌재 1990. 9. 3. 89헌가95, 판례집 2, 245, 260
4) 헌재 1991. 9. 16. 89헌마165【정기간행물의등록등에관한법률 제16조 제3항, 제19조 제3항의 위헌여부에 관한 헌법소원】판례집 3, 518, 531.

로 인하여 달성하려는 공익인 동승자를 비롯한 국민의 생명과 신체의 보호는 재산적인 가치로 환산할 수 없는 것일 뿐만 아니라 교통사고로 인한 사회적인 비용을 줄여 사회공동체의 이익을 증진하기 위한 것이므로, 달성하고자 하는 공익이 침해되는 청구인의 좌석안전띠를 매지 않을 자유의 제한이라는 사익보다 크다고 할 것이어서 **법익의 균형성**도 갖추었다.1)

[상당성의 원칙에 위반되어 위법하다고 본 사례] (판결요지) : 석유사업법에 의하여 실현하고자 하는 공익목적의 실현보다는 원고가 입게될 손실이 훨씬 커서 그 재량권을 일탈하여 위법하다. (이유) : 원고가 이 사건 주유소영업을 양수할 당시 양도인인 두병규가 등유가 섞인 유사휘발유를 판매한 사실을 모르고 이를 양수하여 영업을 하게 되었고, 사업정지기간이 이 사건 처분처럼 6개월간 지속된다면 다액의 외상매출금의 회수가 어렵게 되어 주유소 양수를 위하여 사용한 차용금도 갚기 어렵게 되는 등 심한 경제적 타격이 예상될 뿐 아니라 고정고객도 잃게 되어 사업의 재개가 어려울 것으로 보여지는 데다가 그 종업원들의 생계에도 막대한 지장을 초래할 것으로 보여지는 등의 사정을 고려하면 원고에게 전 운영자의 위법사유를 들어 사업정지기간중 최장기인 6월의 사업정지에 처한 피고의 이 사건 처분은 석유사업법에 의하여 실현하고자 하는 공익목적의 실현보다는 원고가 입게 될 손실이 훨씬 커서 그 재량권을 일탈한 것이어서 위법하다.2)

## 4. 과잉금지의 원칙에 대한 헌법재판소 판례의 경향
### 4.1. 내용

[개관] 헌법재판소는 목적의 정당성, 방법의 적정성, 피해의 최소성, 법익의 균형성을 과잉금지원칙의 구성요소로 파악하고 있다. 헌법재판소가 판단하는 입법목적의 정당성은 그 입법을 통하여 규율하고자 하는 사항이 일반적 법률유보에 의한 기본권제한의 한계규정인 헌법 제37조 제2항의 국가안전보장, 공공복리, 질서유지에 해당되는 사항(기본권제한의 목적상의 한계)인가 하는 것을 심사대상으로 삼을 것이다. 헌법재판소는 사안에 따라서는 목적상의 한계사항인 위 3가지 사유중의 하나에 속하는 것인가를 명시적으로 따지는 경우가 대부분이나, 위 개념 자체가 추상적이고 광범위한 속성을 가지고 있어서인지, 적지 않은 사안에서는 위 개념들을 직접 언급함이 없이 바로 구체적인 사안에 있어서 입법목적의 정당성을 언급하고 있다.

[목적의 정당성] (목적의 정당성을 과잉금지원칙의 구성요소에 포함시키지 않는 견해) : 과잉금지원칙의 구성원칙(하부원칙)으로서의 목적의 정당성은 입법목적의 정당성을 의미한다. 과잉금지의

---

1) 헌재 2003. 10. 30. 2002헌마518, 판례집 15-2하, 185, 202
2) 대판 1992. 2. 25, 91누13106 【석유판매업영업정지처분취소】

원칙의 구성원칙(하부원칙)으로서 목적의 정당성을 포함시킬 수 없다는 견해가 있다. 왜냐하면, (ㄱ) 비례의 원칙은 목적과 수단사이에 존재하는 일정한 관계를 전제로 하는 개념이므로 목적과 수단사이의 일정한 관계를 전제로 하지 않는 목적의 정당성은 이에 포함 시킬수 없다는 것이다. 또한 (ㄴ) 목적의 정당성은 그 자체로서 절대적으로 평가되는 것이 아니라 그와 충돌하는 다른 원칙과의 관계에서 오로지 상대적으로만 평가될 수 있다는 점에서 목적의 정당성을 비례의 원칙의 부분원칙으로 포함 시킬 필요는 없다고 한다.[1] 또한 (ㄷ) 목적의 정당성은 적합성 원칙의 당연한 논리적 전제인데 이를 별도로 과잉금지원칙의 한 내용으로 삼고 있는 것은 실제적으로 무의미한 사족에 불과하다고 하는 견해도 있다.[2]

[헌법재판소] 헌법재판소는 위의 견해들 및 독일연방헌법재판소와는 달리 목적의 정당성 여부를 과잉금지원칙의 구성요소로 보고 있다. 헌법재판소는 목적의 정당성과 관련하여, 국유재산법상의 국유잡종재산 시효취득 사건에서, 잡종재산에 대하여 일반 민사관계와 달리 취득시효를 금지하는 입법은 민사관계에 있어서 국가를 우대하여야 할 헌법상의 근거가 없으므로 "헌법상의 기본권제한의 근거가 되는 공공의 이익과 복리증진에 합치된다고 볼 수 없는 이러한 입법은 과잉제한금지의 원칙에 반한다"라고 하여 헌법 제37조 제2항의 기본권제한 목적규정(국가안전보장·질서유지·공공복리)[3]을 과잉금지의 원칙의 구성

---

[1] 이준일, 헌법상 비례성원칙, 한국공법학회/대법원헌법연구회(2009.4.18), 비례원칙과 사법심사, 27면; 목적의 정당성을 비례의 원칙에 포함시키는 것을 반대하는 견해로는 황치연, 우리 헌법재판소에 있어서의 과잉금지의 원칙의 문제점, 고시연구(1997.3), 180면; 황치연, 헌법재판의 심사척도로서의 과잉금지원칙에 관한 연구, 연세대 법학박사논문, 1996, 70-71면; 이기철, 헌법재판소는 비례의 원칙에 목적의 정당성을 포함시켜도 좋은가?, 공법연구 제35집 제1호(한국공법학회, 2006), 384면 이하; 한수웅, 헌법 제37조 제2항의 과잉금지의 원칙의 의미와 적용범위, 한국법학원, 저스티스, 통권 95호(2006), 9면; 목적의 정당성을 포함시키든 제외하든 실익이 없다는 견해는, 최갑선, 비례의 원칙에 따른 법률의 위헌심사, 한국공법학회, 공법연구 제25집 제4호(한국공법학회, 1977), 658면; 정종섭, 헌법학 원론, 박영사, 2009, 362면; 김형성, 과잉금지의 원칙과 적용상의 문제점, 헌법연구실무, 제3권(2002), 65-66면.

[2] 황치연, 헌법재판의 심사척도로서의 과잉금지원칙에 관한 연구, 연세대 법학박사논문, 1996, 70-71면.

[3] 헌법 제37조 제2항은 일반적 법률유보에 의한 기본권제한 규정이 아니라, 일반적 법률유보에 의한 기본권제한의 한계규정이다. 국가안전보장·질서유지·공공복리를 위해서는 얼마든지 국민기본권을 제한할 수 있다는 의미가 아니라 국가안전보장·질서유지·공공복리를 위해서만(목적상의 한계), 제한할 수 있다는 열거적 규정이다. 헌법재판소도 "헌법 제37조 제2항의 규정은 기본권 제한입법의 수권(授權) 규정이자만, 그것은 동시에 기본권 제한입법의 한계(限界) 규정이기도 하기 때문에, 입법부도 수권의 범위를 넘어 자의적인 입법을 할 수 있는 것은 아니며, 사유재산권을 제한하는 입법을 함에 있어서도 그 본질적인 내용의 침해가 있거나 과잉금지의 원칙에 위배되는 입법을 할 수 없음은 자명한 것"이라고 하고 있다(헌재 1990. 9. 3. 89헌가95 【국세기본법

요소로 언급하고 있고,1) 또한 민법상의 동성동본금혼 사건에서, "그 입법목적이 이제는 혼인에 관한 국민의 자유와 권리를 제한할 "사회질서"나 "공공복리"에 해당될 수 없다는 점에서 헌법 제37조 제2항에도 위반된다"2)고 하여 목적의 정당성을 가지지 못한 경우 과잉금지원칙 위반으로 보고있다는 점이다. 이는 위에서 언급한 바와 같이 독일연방헌법재판소가 과잉금지의 원칙의 구성요소로서 목적의 정당성을 들고 있지 않은것과 다른 점이다(독일연방헌법재판소는 적합성의 원칙·필요성[최소침해]의 원칙·협의의 비례의 원칙, 3가지만을 '과잉금지 구성원칙'으로 보고 있다). 또한 국세우선징수 사건에서, 국세를 전세권·질권 또는 저당권보다 우선징수하면서 국세 납부기간으로부터 1년전에 설정된 것만 예외로 한 규정(국세기본법 제35조 제1항 제3호 중(中) "으로부터 1년"이라는 부분의 위헌여부)에 대하여, "… 이상의 논거3)가 조세우선의 원칙의 배경이며 일부 논거에 의문이 없는 것은 아니나 조세의 우선징수의 필요성은 일반적으로 긍인(肯認)되고 있는 바이므로 위 국세기본법 조항의 목적의 정당성은 일응 인정할 수 있다고 할 것이다"4)5)라고 하였고, 정정보도

---

　　제35조 제1항 제3호에 관한 위헌심판】). 상세한 내용은 김백유, 헌법학, 도서출판 한성 참조.
1) 헌재 1991. 5. 13. 89헌가97, 판례집 3, 202, 213.
2) 헌재 1997. 7. 16. 95헌가6등, 판례집 9-2, 1, 18.
3) 헌법재판소는 조세채권의 우선징수의 논거로서, (ㄱ) 공공성·공익성이론, (ㄴ) 우선공제성 이론, (ㄷ) 무대가성 이론, (ㄷ) 공시성 이론을 들고 있다. 즉 헌법재판소는 우선징수의 논거로서, "조세채권이 우선하여 징수되어야 할 이유에 대하여서는 조세는 국가재정의 기초이기 때문에 의당 국가의 시책으로 그 이익을 향수하는 국민으로부터 환수되어야 한다거나(공공성·공익성의 이론), 조세채권은 당사자의 임의로운 선택에 의하여 발생하는 것이 아니라 조세관계법률이 정하는 과세요건의 충족에 따라 자동적으로 과세충당부분이 창출되기 때문에 그 부분은 당연히 공제되어야 한다거나(우선공제성(優先控除性)이론), 일반채권은 예컨대 자금의 대차 또는 재화의 매매와 같이 반대급부를 수반하지만 조세채권은 비록 이론상 일반보상성(一般補償性)이 있다고는 하지만 특정한 개별적인 반대급부를 수반하지 않아 그 이행가능성이 희박하기 때문이거나(무대가성(無代價性)이론), 조세관계 법률은 과세의 요건과 절차를 국민에게 공포하고 있으므로 그에 의하여 발생되는 조세채권도 일반채권과 비한다면 어느 정도 공시되어 있기 때문이라고(공시성(公示性)이론) 설명되고 있다."고 한다(헌재 1990. 9. 3. 89헌가95【국세기본법 제35조 제1항 제3호에 관한 위헌심판】).
4) 헌재 1990. 9. 3. 89헌가95【국세기본법 제35조 제1항 제3호에 관한 위헌심판】【결정요지】국세기본법 제35조 제1항 제3호 중(中) "으로부터 1년(年)"이라는 부분은 헌법 제23조 제1항이 보장하고 있는 재산권의 본질적인 내용을 침해하는 것으로서 헌법 전문(前文), 제1조, 제10조, 제11조 제1항, 제23조 제1항, 제37조 제2항 단서(但書), 제38조, 제59조의 규정에 위반된다. 헌법은 제23조 제1항에서 "모든 국민의 재산권은 보장된다. 그 내용과 한계는 법률로 정한다."고 규정하여 국민의 재산권을 보장하면서, 이에 대한 일반적 법률유보조항으로 헌법 제37조 제2항에서 "국민의 모든 자유와 권리는 국가안전보장·질서유지 또는 공공복리를 위하여 필요한 경우에 한하여 법률로서 제한할 수 있으며, 제한하는 경우에도 자유와 권리의 본질적인 내용을 침해할 수 없

청구 사건에서, 법이 정한 정정보도청구권은 "이른바 반론권을 뜻하는 것으로서 헌법상 보장된 인격권, 사생활의 비밀과 자유에 그 바탕을 둔 것이며, 나아가 피해자에게 반박의 기회를 허용함으로써 언론보도의 공정성과 객관성을 향상시켜 제도로서의 언론보장을 더욱 충실하게 할 수도 있다는 뜻도 함께 지닌 것이다. 따라서 그 제도의 목적은 정당하다."1) 하였다.

[방법의 적정성; 적합성의 원칙] 방법의 적정성 원칙에 대하여 헌법재판소는 과연 어느 정도일 때 '적정한' 방법(수단)인지 일관적인 입장은 보이지 않고 있다. 방법의 적정성에 대하여, "그 목적의 달성을 위하여 그 방법이 효과적이고 적절하여야 하며"라고 일반적인 언급을 하고 있다.2) 그후의 판례중에는 수단의 적합성(방법의 적정성)과 피해의 최소성을 한데 묶어, "선택하는 수단은 목적을 달성함에 있어서 합리적인 판단에 입각하여 추구하고자 하는 사안의 목적을 달성함에 있어서 필요하고 효과적이며 상대방에는 최소한의 피해를 줄 때에 한하여 그 국가작용은 정당성을 가지게 되고 상대방은 그 침해를 감수하게 되는 것이다"라고 한 바 있다.3) 헌법재판소는 과잉금지의 원칙 판단에 있어서 방법의 적정성 원

---

다."고 규정하고 있다. 이와 같은 헌법의 규정취지는, 국민의 재산권은 원칙적으로 보장되어야 하고, 예외적으로 공공복리 등을 위하여 법률로써 이것이 제한될 수도 있겠으나 그 본질적인 내용은 침해가 없을지라도 비례의 원칙 내지는 과잉금지의 원칙에 위배되어서는 아니되는 것을 확실히 하는 데 있는 것이다. 조세우선의 원칙의 헌법적 근거라고 할 수 있는 헌법 제37조 제2항의 규정은 기본권 제한입법의 수권(授權) 규정이지만, 그것은 동시에 기본권 제한입법의 한계(限界) 규정이기도 하기 때문에, 입법부도 수권의 범위를 넘어 자의적인 입법을 할 수 있는 것은 아니며, 사유재산권을 제한하는 입법을 함에 있어서도 그 본질적인 내용의 침해가 있거나 과잉금지의 원칙에 위배되는 입법을 할 수 없음은 자명한 것이다. 판례집 2, 245, 261-2.
5) 그런데 전체주의 국가관이 지배하던 시대에는 국가의 우선권이라는 관념에서 국가가 가진 공법상의 권리는 사법상(私法上)의 권리에 대하여 무조건 그리고 무제한 우선되어야 한다고 하였으나, 통치권자(과세권자)와 피통치자(납세국민)가 이념상 자동적(自同的)인 민주국가에서는 이와 같은 논리는 통용될 수 없으며, 피통치자의 불의의 피해를 예방하고 정당한 권익을 보호하는 것 또한 바로 통치권자의 주요사명이요 공적 의무라고 할 것이므로 조세우선의 원칙에도 스스로 그 범위와 한계가 구획(區劃) 되어져야 할 것이다(헌재 1990. 9. 3. 89헌가95【국세기본법 제35조 제1항 제3호에 관한 위헌심판】). ☞ [판례평석] 헌법재판소의 "통치권자(과세권자)와 피통치자(납세국민)가 이념상 자동적(自同的)인 민주국가"라는 표현은 프랑스의 정치사상가 루소의 동일성 민주주의(Identitätsdemokratie/치자·피치자 동일성 이론[피치자가 치자의 의사에 복종하는 것을 총의, 일반의사의 형태로 나타난 자기 스스로의 의지에 자기 스스로 복종하는 것이다) 이론을 받아들이고 있는 것으로서 이는 잘못된 민주주의 견해이다. 상세한 내용은 김백유, 헌법총론, 도서출판 한성 참조.
1) 헌재 1991. 9. 16. 89헌마165, 판례집 3, 518, 529-30.
2) 헌재 1990. 9. 3. 89헌가95, 판례집 2, 245, 260.
3) 헌재 1989. 12. 22. 88헌가13, 판례집 1, 357, 378-9.

칙(적합성의 원칙) 위반을 적지 않게 판시하고 있다. 예를 들면 이 원칙을 적용한 헌법재판소 초기의 결정에서, 국세징수시 담보물권보다 우선시키고 있는 국세기본법 조항에 대하여 방법의 적정성의 원칙에 반한다고 하고 있으며,1) 한편 국가보안법이 그 소정의 범죄에 대하여 구속기간을 장기간으로 허용하고 있는 것은 "입법목적의 정당성만 강조한 나머지 방법의 적정성 및 피해의 최소성의 원칙 등을 무시한 것"이라 하였다.2) 또한 보석결정에 대하여 검사에게만 집행정지의 효력이 있는 즉시항고를 허용한 것에 대하여, "피고인의 신병확보 내지 부당한 보석허가결정의 시정을 도모한다는 명목으로 검사에게 즉시항고를 허용한 것은 방법의 적정성을 갖춘 것이라고도 할 수 없다."3)고 하였는데, 이는 보석허가결정에 대한 검사의 즉시항고 제도에 있어서, "검사의 보통항고로도 그 목적을 달성할 수 있는데도 피고인의 신병확보 내지 부당한 보석허가결정의 시정을 도모한다는 명목으로 검사에게 즉시항고를 허용한 것은 방법의 적정성을 갖춘 것이라고도 할 수 없고, 목적달성에 꼭 필요하지 않은 심대한 피해를 피고인에게 부담하게 하는 방법이므로 형사소송법 제97조 제3항은 피해의 최소성과 법익의 균형성도 갖춘 것이라고 할 수 없다."4)고 한것 이다. (소결): 전반적으로 볼 때 헌법재판소의 방법의 적정성에 대한 판단은, 경우에 따라서는 매우 완화된 심사를 하는 경우도 있으나, 원칙적으로 헌법재판소의 방법의 적정성에 대한 정의에서 내린대로 "그 방법이 효과적이고 적절하여야" 한다는 것이므로, 우리헌법재판소는 독일연방헌법재판소에서 말하는 상대적 적합성(Geeignetheit) 원칙 보다는 더 엄격한 목적과 수단과의 관련성을 요구하는 절대적 적합성을 요구하고 있음을 엿볼 수 있다.5)

　　[피해의 최소성; 최소침해의 원칙] 피해의 최소성 원칙은 여러 가지 적합한 수단(방법의 적정성)들 중에서 달리 기본권을 덜 제한하는 방법이 있는가, 즉 기본권의 제한이 필요한 최소한도에 그치고 있는가가 판단기준이 되며(최소침해의 원칙), 이 점에서 독일의 필요성 원칙(Erforderlichkeit) 혹은 미국의 엄격한 심사에서의 no less restrictive alternatives 기준과 일치하는 것으로 보인다. 피해의 최소성 원칙은 매우 엄격한 심사기준이다. 선택된 수단 이외에 목적달성이 가능한 다른 수단들이 있을 수 있다면, 그 수단들중에서 가장 제한정도가 가벼운 수단이 선택되지 않았다면 과잉금지의 원칙에 위반되어 위헌이 되는 점에서 그러하다.

---

1) 헌재 1990. 9. 3. 89헌가95, 판례집 2, 245, 267.
2) 헌재 1992. 4. 14. 90헌마82, 판례집 4, 194, 210.
3) 헌재 1993. 12. 23. 93헌가2, 판례집 5-2, 578, 602-3.
4) 헌재 1993. 12. 23. 93헌가2, 판례집 5-2, 578, 602-603
5) 독일의 경우 적합성의 원칙은 "목적을 달성하는데 있어서 적어도 원하는 결과가 촉진될 수 있을 것(BVerfGE 33, 171[187])"이라는 정도를 의미이므로 우리나라 혹은 미국의 엄격 심사의 경우보다는 훨씬 완화된 심사이다.

[법익의 균형성; 상당성의 원칙] 기본권 제한에 있어서 법익의 균형성 원칙에 대하여는 헌법재판소는, 독일 연방헌법재판소의 입장과 유사하게, 공익과 사익의 비교형량이라는 방법을 채택하고 있는데, "그 입법에 의하여 보호하려는 공익과 침해되는 사익을 비교형량할 때 보호되는 공익이 침해당하는 사익보다 훨씬 더 커야 한다"는 것이다.[1] 그런데 우리 헌법재판소의 판례를 종합적으로 판단할 때 추구하는 공익과 침해당하는 사익의 비교형량을 구체적으로 어떠한 기준과 방법을 토대로하여 어느정도의 범위안에서 비교형량을 할 것인가에 대하여는 명확하게 나타나고 있지 않다. 예를 들면 정정보도청구권 사건에서, "정정보도문을 무료로 게재토록 한 것은 피해자의 반박내지 반론을 보장하는 제도 자체가 이해당사자 사이의 법익의 균형을 도모하기 위한 것이기 때문에 비록 보도기관이 이로 말미암아 현실적인 손해를 입게 된다고 하더라도 이는 형평의 원칙에 따른 부득이 한 것으로 이해된다. … 정정보도청구권은 언론의 자유를 일부 제약하는 성질을 가지면서도 반론의 범위를 필요·최소한으로 제한함으로써 양쪽의 법익 사이의 균형을 도모하고 있다 할 것이다"[2]라고 하고 있다. 그런데 주목할만한 점은 비례의 원칙 심사에서 기본권제한의 강도에 따라 그 심사기준이 차별되어야 한다는 것이다. 또한 국가보안법 구속기간 연장사건에서, "구속기간을 더 연장하는 것은 예외에 대하여 또 다시 특례를 설정하여 주는 것이 되므로 그 예외의 범위를 확장하는 데에는 국가안전보장과 질서유지라는 공익과 국민의 기본권보장이라는 상충되는 긴장관계의 비례성 형량에 있어서 더욱 엄격한 기준이 요구되며 따라서 그 예외의 확장은 극히 최소한에 그쳐야 한다."[3]고 하여 비교형량의 기준 및 방법 그리고 그 범위를 명확하게 판단하고 있지 않다. 추구하는 공익과 이로인해 침해되는 사익을 비교교량함에 있어서의 법익의 균형성에 대한 판단은 특정한 공식이 있을 수 없다. 따라서 집행권자의 건전한 상식과 법률적 가치판단(legal mind)이 중요하고, 기본권제한의 합리적 이유와 결론을 받아들이는 한 시대의 사회적 가치관, 법문화, 의사소통의 수준이 대단히 중요한 역할을 하게 될 것이다. 과잉금지원칙의 구성요소로서의 법익의 균형성을 판단하는데 있어서는 헌법재판관의 자의성을 도외시할 수 없는 것이 현실이기도 하다.

---

[1] 헌재 1990. 9. 3. 89헌가95, 판례집 2, 245, 260.
[2] 헌재 1991. 9. 16. 89헌마165 【정기간행물의등록등에관한법률 제16조 제3항, 제19조 제3항의 위헌여부에 관한 헌법소원】 판례집 3, 518, 531.
[3] 헌재 1992. 4. 14. 90헌마82 【국가보안법 제19조에 대한 헌법소원】 【결정요지】 판례집 4, 194, 207-8.

### 4.2. 소결

[일련의 계속되는 단계구조로서의 구성원칙] 이들 3원칙은 각자 개별적으로 작용하는 것이 아니라(적합하거나, 필요하거나, 상당하면 족하다는 의미가 아니라), 상호 유기적으로 작용하는 것으로서 축소적 단계구조를 이룬다. 즉 많은 적합한 수단 중에서도 필요한 수단(최소침해)만이, 또한 필요한 수단 중에서도 상당성(법익의 균형성; 공익이 훨씬 커야)이 있는 수단만이 선택되어야 한다는 것을 의미한다. ☞ **적용범위가 단계적으로 점점 축소되어 감을 주의 할 것(3가지 중 하나라도 위반되면 과잉금지의 원칙위반)**

[과잉금지원칙의 심사의 순서] 헌법재판소는 위에서 언급한 과잉금지의 원칙의 심사에 있어서 심사의 순서 내지 상관관계에 관하여 대체적으로 합헌결정의 경우에는 일반적으로 위 4가지 구성요소 혹은 과잉금지 3원칙[3가지 구성원칙] : 적합성의 원칙・필요성의 원칙・상당성의 원칙)을 순서대로 단계적으로 평가해 가지만, 위헌결정일 경우 위4가지 구성요소 혹은 과잉금지 3원칙중에서 어느 하나 또는 둘의 원칙만을 순서에 상관없이 판단하고 기타 원칙에 대한 판단은 생략하기도 한다. 그리고 과잉금지의 원칙의 4가지 구성요소 혹은 과잉금지3원칙중 하나만 위반되어도 총체적으로 과잉금지의 원칙에 위반되는 것(예를 들면 최소침해의 원칙에 위반되므로 과잉금지의 원칙에 위반된다)으로 보고 있다. 예를 들면 지방의회의원선거 기탁금 사건에서는 비례의 원칙 심사에서 주로 법익의 균형성의 원칙을 중심으로 판단한 것[1] 등이 있다(법익의 균형성에 위반되므로 과잉금지 위반의 원칙에 위반된다고 판단하고 있다).

[박윤흔 교수의 견해] 박윤흔 교수는 비례의 원칙을 다음과 같은 설명하고 있다. 행정법에 있어서의 비례의 원칙(Verhältnismäßigkeitsgrundsatz)이라 함은 과잉조치금지(Übermaßverbot)의 원칙이라고도 하며, 넓은 의미에서는 행정작용에 의한 권리자유의 침해는, (ㄱ) 행정이 추구하는 공익목적의 달성에 법적으로나 사실상으로나 적합하고 유용한 수단을 선택하여야 하며(적합성의 원칙 : Grundsatz der Geeignetheit), (ㄴ) 여러 적합한 수단 중에서도 공익상의 필요에 따른 최소한의 침해를 가져오는 수단을 선택하여야 하고(필요성의 원칙 : Grundsatz der Erforderlichkeit); 최소침해의 원칙(Grundsatz der geringsten Eingriffs), (ㄷ) 그 침해의 정도는 공익상의 필요의 정도와 상당한 비례가 유지되어야 한다는 것이다(협의의 비례원칙(Grundsatz der Verhäitnismäßigkeit im engeren Sinne) ; 상당성의 원칙(Grundsatz der Angemessenheit)라 한다.[2]

[연구문제] 우리 헌법재판소에서는 기본권제한의 규범적 한계로서, 즉 과잉금지의 원칙의 구성요소로서, (ㄱ) 목적의 정당성,[3] (ㄴ) 방법의 적정성(적합성의 원칙), (ㄷ) 피

---

1) 헌재 1991. 3. 11. 91헌마21, 판례집 3, 91, 112.
2) 박윤흔, 행정법강의(상), 79면 참조.

해의 최소성(필요성의 원칙), (ㄹ) 법익의 균형성(상당성의 원칙)의 4가지를 들고 있다. 그런데 원래의 독일연방헌법재판소의 판례는 목적의 정당성은 비례의 원칙에 포함시키지 않고 있다.

[문제 1] 그렇다면 헌법재판소에서 들고 있는 목적의 정당성은 과잉금지의 원칙과는 상관없는 것을 구성요소로 포함시키고 있는 것일까?

[사례] 청구인은 서울 종로구 창신동 436의 65에서 뉴서울카바레를 운영하고 있는 자이다. 보건복지부장관은 1999. 3. 1.부터 식품접객업소에 대한 영업시간제한을 전면 철폐하였으나, 1999. 7. 20. 보건복지부고시 제1999-20호로 유흥주점 영업행위 중 "무도장을 갖추고 손님으로 하여금 춤을 추게 하는 행위"에 대해서는 오전 9시부터 오후 5시까지 이를 제한하는 내용의 식품접객업소영업행위제한기준을 1999. 8. 1.부터 시행하는 것으로 하여 제정·고시하였다. 이에 청구인은 위 기준이 청구인의 평등권과 직업선택의 자유를 침해하는 것이라고 주장하면서, 1999. 7. 30. 이 사건 헌법소원심판을 청구하였다.

[해설] 헌재결 2000. 7. 20, 99헌마455 전원재판부【식품접객업소영업행위제한기준위헌확인】

[목적의 정당성에 대한 판단] 식품위생법 제30조는 "보건복지부장관은 공익상 또는 선량한 풍속을 유지하기 위하여 필요하다고 인정하는 때에는 영업자 중 식품접객업을 하는 자 및 그 종업원에 대하여 영업시간 및 영업행위에 관한 필요한 제한을 할 수 있다"고 규정하고 있고, 이 사건 기준은 위 법률조항의 위임에 따라 유흥주점 영업행위 중 "무도장을 갖추고 손님으로 하여금 춤을 추게 하는 행위"에 대해서 오전 9시부터 오후 5시까지는 이를 제한하고 있다. 식품위생법시행령 제7조 제8호에 의하면 식품접객업은 휴게음식점영업, 일반음식점영업, 단란주점영업 및 유흥주점영업으로 분류되고, 그 중 유흥주점영업은 "주로 주류를 조리·판매하는 영업으로서 유흥종사자를 두거나 유흥시설을 설치할 수 있고 손님이 노래를 부르거나 춤을 추는 행위가 허용되는 영업"으로 규정되어 있다. 그런데 이 사건 기록에 의하면, 유흥주점업종 중 이 사건 기준이 제정·고시되기 전에 주간에 "무도장을 갖추고 손님으로 하여금 춤을 추게 하는 행위"를 영업행위로 해온 것은 카바레뿐이라는 것이므로, 이 사건 기준은 실제로는 주로 카바레의 주간무도영업행위를 규제하기 위한 것이라고 할 수 있다. 이 사건 기준의 입법목적은 주간무도행위에 대한 국민 대다수의 부정적 인식을 바탕으로, 국민경제가 어려운 시기에 과소비, 사치, 향락 분위기 등의 재발을 막고 건전한 사회기풍을 조성하기 위한 것으로서, 그 목적의 정당성은 인정된다고 할 것이다.

[방법의 적정성에 대한 판단(적합성의 원칙)] 무도영업행위에 대한 영업시간의 제한이 위와 같은 입법목적을 달성하기 위하여 과연 효과적이고 적절한 방법인지에 관하여 본

---

3) 헌재결 2000. 7. 20, 99헌마455【식품접객업소영업행위제한기준위헌확인】과잉금지의 원칙의 위배 여부

다. 카바레는 술과 더불어 춤을 추는 곳으로서 이성간의 접촉이 빈번하게 이루어지는 영업의 성격상 남녀간의 불건전한 만남이 이루어지는 장소로 이용되어 주부탈선 등 사회적 문제를 야기하고 선량한 풍속을 저해하는 일이 있었음은 부인할 수 없다. 특히 주간무도영업행위의 허용은 위와 같은 폐해를 심화시킬 뿐만 아니라, 근로의욕상실이나 과소비를 초래하는 요인이 되어 이에 대한 국민 대다수의 인식도 매우 부정적이었다고 할 수 있다. 그런데 춤이라는 것은 경우에 따라 퇴폐적 향락의 도구로 사용될 수도 있는 것이지만, 기본적으로 현대인의 생활에 있어서 건전한 레크레이션의 일종으로서 반드시 밤에만 제한적으로 허용되어야 할 성질의 것으로는 볼 수 없고, 국민의 직업 및 생활패턴의 다양화에 따라 주간의 여가생활에 대한 욕구 내지 주간무도유흥에 대한 수요가 증가하고 있는 것이 현실이다. 따라서 주간무도영업행위의 허용으로 인한 다소의 부작용이 있다 하더라도 이는 업소환경의 개선이나 건전한 무도문화의 확립 등을 통하여 해소되어야 할 사항으로서, 위와 같은 문제점을 이유로 카바레 등 유흥주점업소의 무도영업행위에 대하여 영업시간을 제한하는 것은 적절한 방법이 되지 못한다고 볼 여지도 있다. 그러나 현실적으로 업소환경을 획기적으로 개선하거나 건전한 무도문화를 확립한다는 것은 일조일석에 이루어지기 어려운 일이라는 점을 고려할 때, 카바레 등 유흥주점업소에 대하여 오전 9시부터 오후 5시까지의 무도영업행위를 제한하는 것은 위에서 본 바와 같은 폐해의 방지 및 건전한 사회기풍의 조성이라는 입법목적을 달성하기 위한 하나의 적절한 방법이라고 할 것이다. 한편, 청구인은 카바레의 주간무도영업행위를 제한하는 것은 오히려 무도학원, 무도장 등이 불법적으로 사실상 카바레영업을 하는 등의 불법변태영업을 초래하는 결과가 된다고 주장하나, 이러한 문제점은 강력한 행정적, 사법적 단속을 통하여 해결되어야 할 것으로서, 위와 같은 이유를 들어 카바레의 주간무도영업행위에 대한 제한이 부적절하다는 주장은 받아들이기 어렵다.[1]

[피해의 최소성(필요성의 원칙)에 대한 판단] 이 사건 기준은 카바레 등 유흥주점업소의 영업행위 중 오직 무도영업행위에 대해서만 오전 9시부터 오후 5시까지에 한하여 이를 제한하는 것이므로, 무도영업행위 이외의 주류판매 등 모든 영업행위는 영업시간의 제한 없이 가능하다. 또한 무도영업행위가 제한되는 위 시간대는 대다수의 국민들이 근로활동에 종사하거나 건전한 휴식을 취하는 시간이라고 할 수 있고, 대낮에 카바레 등 유흥주점업소에서 술과 더불어 춤을 춘다는 것은 건전한 사회생활을 하는 일반국민들로서는 쉽게 생각하기 힘든 일이라고 할 것이다. 따라서 이 사건 기준에 의한 직업행사의 자유의 제한은 피해의 최소성의 원칙에 위배된다고 볼 수 없다.

[법익의 균형성(상당성의 원칙)에 대한 판단] 또한 이 사건 기준이 주간무도영업행위를 제한함으로써 카바레영업자 등 유흥주점영업자가 입게 되는 불이익보다는 이를 허용

---

[1] 헌재결 2000. 7. 20, 99헌마455【식품접객업소영업행위제한기준위헌확인】

함으로써 초래될 수 있는 건전한 사회기풍이나 선량한 풍속의 저해로 인한 불이익이 더 크다고 볼 수 있으므로 **법익의 균형성의 원칙**에 위배되는 것도 아니라 할 것이다.

[사례] (1) 청구인 의료법인 성애의료재단은 서울 영등포구 신길1동 451의 5에서 성애병원을 운영하면서 의사 및 약사를 고용하여 의료행위를 해왔으며, 특히 고용된 약사를 통해서 병원내에 조제실을 운영하여 왔다. 그리고 청구인 송영숙, 조현희, 전효숙은 의료서비스를 제공받는 의료소비자들이다. (2) 그런데 2000. 1. 12. 법률 제6153호로 개정되어 2000. 7. 1.부터 시행된 약사법 제16조 제5항 제2호는 의료기관의 시설 안 또는 구내에서 약국을 개설하는 것을 금지하고, 같은 법 제21조 제8항은 의료기관의 조제실에서 조제업무에 종사하는 약사는 처방전이 교부된 환자에게 의약품을 조제해서는 안된다고 규정하였다. (3) 이에 따라 청구인 성애의료재단은 성애병원 내 조제실에서 종사하는 약사를 통해서는 외래환자에게 의약품을 조제할 수 없게 되자, 위 약사법 조항들이 자신의 헌법상 **직업의 자유 및 평등권을 침해**한다고 주장하면서, 그리고 청구인 송영숙, 조현희 및 전효숙은 위 약사법 제21조 제8항으로 말미암아 필요한 의약품을 구입하기 위하여 병원 외부의 약국을 이용해야 하는 불편을 초래 받았기 때문에 자신들의 헌법상 **행복추구권**이 침해되었다고 주장하면서, 2000. 8. 31. 헌법재판소법 제68조 제1항에 따라 이 사건 헌법소원심판을 청구하였다.

[해설] 헌재결 2003. 10. 30, 2000헌마563【약사법제21조제8항등위헌확인】약사법 제21조 제8항이 의약분업제도의 도입을 통하여 의약품의 오·남용을 예방하고 약제비를 절감함과 동시에 환자의 알권리를 신장시키고 제약산업의 발전을 도모함으로써 국민의 보건을 증진시키고자 하는 **입법목적은 헌법상 정당성**이 인정되고, 약사법 제21조 제8항에 조제실을 설치한 의료기관이 고용된 약사를 통해서 외래환자에 대한 조제업무를 할 수 없도록 규정한 것은 **입법목적 달성**에 적합하며, 조제실을 갖춘 의료기관이 고용약사를 통해서 외래환자에 대한 원외처방전 조제를 하도록 허용하는 것은 의약품의 오·남용 방지 등의 입법목적을 달성하는데 부적절하고 다른 대체수단도 존재하지 않으므로 약사법 제21조 제8항은 **최소침해성 원칙**에 위배되지 않으며, 약사법 제21조 제8항이 조제실을 갖춘 의료기관에서 고용 약사를 통한 원외처방전 조제금지를 규정함으로써 발생하는 청구인의 직업행사의 자유 제한이라는 불이익은 크지 않은 반면에, 약사법 제21조 제8항이 추구하는 입법목적의 달성을 통해서 얻게 되는 국민보건의 향상이라는 공익의 비중과 그 효과가 크다고 할 것이므로 약사법 제21조 제8항은 **법익균형성의 원칙**에 위배되지 아니한다. 따라서 약사법 제21조 제8항은 비례의 원칙에 위배되지 아니하므로 청구인의 직업행사의 자유를 침해하지 아니한다. ☞ **이 판례는 목적의 정당성·적합성의 원칙·최소침해의 원칙·법익균형성(상당성)의 원칙 모두 위반하지 않는다고 함**

## III. 과잉금지의 원칙(비례의 원칙)의 근거

### 1. 헌법적 근거

일반적으로 법의 일반원칙(또는 조리)으로 파악되나, 헌법에 제도화되어 있는 경우에는 헌법원칙으로 볼 수 있다. 우리나라 헌법상 제37조 제2항(일반적 법률유보에 의한 기본권 제한의 규범적 한계), 제119조 제2항(경제에 관한 규제와 조정), 제122조(국토이용의 제한과 의무) 등에서 그 근거를 찾을 수 있다. ☞ **비례의 원칙은 헌법상의 원칙(헌법원칙)**

[비례의 원칙위반을 위헌으로 인정한 판례(구변호사법 제10조 제2항에 대한 위헌 심판)] 변호사법 제10조 제2항의 개업지 제한규정(판·검사 재직기간 15년 미만인 자는 개업직전 2년 이내의 근무지에서는 퇴직후 3년 동안 개업할 수 없도록 한 규정)은 직업선택의 자유를 제한함에 있어서 비례의 원칙에 벗어난 것이고, 합리적인 이유없이 변호사로 개업하고자 하는 공무원을 차별하고 있으며, 병역의무의 이행을 위하여 군법무관으로 복무한 후 개업하는 경우에는 병역의무의 이행으로 불이익한 처우를 받게 되어 헌법 제11조 제1항 제15조, 제37조 제2항, 제39조 제2항에 각 위반된다.[1] ☞ **상기 구변호사법 제10조 제2항은 헌법재판소의 위헌결정에 따라 1993. 3. 10 삭제됨.**

### 2. 법률적 근거

경찰관직무집행법은 제1조 제2항에서,「이 법에 규정된 경찰관의 직권은 그 직무수행에 필요한 최소한도 내에서 행사되어야 하며, 이를 남용하여서는 아니된다」고 규정하고 있다. 이는 질서권행사에 있어서의 비례원칙을 명문화한 대표적인 예이다.

## IV. 과잉금지의 원칙(비례원칙)의 실제적 적용

### 1. 자유재량행위의 한계(재량행위의 남용여부의 심사)로서의 비례원칙

[행정법 발전의 초기단계] 행정법 발전의 초기 단계에서는 행정의 일방적인 우월적 지위를 유지시키고자 하는 것을 그 특징으로 한다. 왜냐하면 행정법이 독자적으로 발전하기 위해서는, 입법권, 사법권과 함께 행정권이 분립되어야 한다는 권력분립 관념 및 그러한 행정권에 대해서 입법과 사법을 통해서 법적으로 규율하여야 한다는 법치국가 관념의 필요조건 이외에, 행정에 대한 특수한 취급이 필요하였기 때문이다. 그와 같은 행정에 대한 특수

---

[1] 헌재결 1989. 11. 20, 89헌가102【변호사법 제10조 제2항에 관한 위헌심판】

한 취급은 행정에 대하여 우월적인 지위를 인정하는 것이었다(행정주체의 우월성). 그 결과 행정청이 그 재량(Ermessen)에 의해서 판단한 내용에 대해서는 법원의 그와 다른 판단으로 대체할 수 없고 행정청의 판단만이 유일하게 옳은 것으로서, 재량판단에 대하여 사법심사 자체가 이루어질 수 없었고 재량행위는 소송의 대상에서 제외되었었다.[1]

[재량통제론의 등장] 행정법학에 있어서 재량론은 행정재판제도를 발전시킨 독일이나 오스트리아에서 행정청의 재량행위를 행정재판의 대상에서 제외시켰으므로, 행정청의 어떠한 행위가 법원의 심판에서 제외되는가에 대한 대상의 탐구로부터 출발하였다. 그러나 재량행위도 사법심사의 대상이 됨으로 인하여 재량론에 대한 탐구의 방향은 달라지게 되었다. 재량행위에 대한 적합성판단을 부정하여 이를 사법심사의 대상에서 제외하였던 권위주의적 행정법은 제2차세계대전이후 실질적 법치국가사상과 함께 헌법의 규범력의 확대, 그리고 행정소송에 있어서 열기주의의 포기 및 개괄주의 채택 등을 특징으로 하는 자유주의적인 발전단계로 진입하게 되었다. 이 단계에서는 행정의 우월적 지위를 제거·삭감하고자 하는 노력이 여러방면에서 나타났고, 이는 재량통제에 있어서도 마찬가지였다. 재량판단이 사법심사의 대상이 됨은 물론, 재량에 대한 실체적 심사를 함에 있어서 행정청의 재량이 법규의 요건과 효과 중 어느 부분에 존재하는지, 또는 행정작용의 성질에 따라서 재량행위와 기속행위를 구분할 수 있는지 등에 대한 논의가 활발하게 전개되었다. 이리하여 등장한 오늘날의 행정재량이론은 그 변모를 가져와서, 행정재량이란 행정주체가 행정작용을 함에 있어서 동등의 가치를 지니는 여러 가지의 행위 중 어느 하나를 선택하여 행할 수 있는 여지를 의미한다. 그러나 행정주체에게 행위선택의 자유가 주어졌다고는 하지만, 이는 행정주체가 아무 행위나 하도록 허용된 것이 아니라 동등의 가치(gleichwertig)가 있는 여러 가지 행위 중에서 일정한 선택하여야 할 의무를 내포하고 있는 것이다. 법규범이 행정청에게 선택의 여지를 부여한 것은 행정청이 복잡다양한 생활 속에서 구체적인 경우에 개별적인 정의를 추구하도록 하기 위한 것이며, 행정청에게 자의적인 재량행사를 허용한 것은 아니다. 그러므로, 행정재량은 행정청이 법규범의 테두리 내에서 선택영역을 가지는 경우에, 이러한 선택영역에 속한 동등한 가치를 지니는 행정행위들 중 어느 하나의 행정행위를 선택할 수 있는 여지를 의미한다. 이와같이 재량은 행정에게 자유나 자의(恣意)를 부여하는 것은 아니므로 자유로운 재량은 없고 다만 의무에 합당한 재량(pflichtgemäßes Ermessen) 혹은 법적으로 기속된 재량(ein rechtlich gebundenes Ermessen)만이 존재한다. 독일 연방행정절차법 제40조에서는 "행정청이 재량을 행사할 수 있는 경우에, 행정청은 재량을 수권의 목적에 부합되게 행사하여야 하며 재량의 법적 한계를 지켜야만 한다(§ 40 Ermessen : Ist die Behörde ermächtigt, nach ihrem Ermessen zu handeln, hat sie ihr

---

1) 박정훈, 행정법, 법학의 이해, 길안사, 212면.

Ermessen entsprechend dem Zweck der Ermächtigung auszuüben und die gesetzlichen Grenzen des Ermessens einzuhalten.)"고 규정하고 있다. 행정청이 이러한 법률적 한계를 지키지 않는다면 재량하자가 있게 되고 위법하게 된다. 재량하자는 행정청이 법률적인 기속을 지키지 않는 경우에만 존재하며, 행정청의 결정이 다른 결정보다 더 의미가 있지 않다거나(sinnvoller), 보다 낫지 않다(besser)는 정도로는 적법성을 훼손하지는 않는다.[1]

[재량판단의 제약으로서의 조리법상·행정법의 일반원리에 의한 제약] 행정법규가 행정기관에게 자유재량을 인정하는 경우에도 그 재량판단에는 조리법상의 제약, 즉 공익원칙·평등원칙·비례원칙이 적용되며, 이러한 원칙에 위반하는 행위는 재량권의 남용(濫用)으로서 위법한 행정처분이 된다.

[대법원] 행정청이 면허취소의 재량권을 갖는 경우에도 그 재량권은 면허취소처분의 공익목적뿐만 아니라 공익침해의 정도와 그 취소처분으로 인하여 개인이 입게 될 불이익을 비교교량하고 그 취소처분의 공정성을 고려하는 등 비례의 원칙과 평등의 원칙에 어긋나지 않게끔 행사되어야 할 한계를 지니고 있고 이 한계를 벗어난 처분은 위법하다고 볼 수밖에 없다.[2]

[재량행위에 대한 국민의 권리] 재량행위인 경우 국민은 어떤 행정처분을 자신에게 해 달라는 권리는 없고 단지 재량처분을 할 때 재량권의 한계를 준수해 달라고 요구할 권리가 있을 뿐이다. 예를 들어 행정청에 개인택시운송사업면허를 할 것인지에 대해 재량권이 있다해도 그 재량권에는 일정한 한계가 있다. 즉 면허신청에 대해 거부처분[3]을 내렸으나, (ㄱ) 법령 등에서 정한 재량권의 범위를 벗어나거나, (ㄴ) 법령 등의 목적에 적합하지 않거나, (ㄷ) 어떤 사실을 오인하고 처분하거나, (ㄹ) 평등원칙, (ㅁ) 비례원칙, (ㅂ) 부당결부금지원칙, (ㅅ) 신뢰보호원칙 등에 위반한 경우에는 재량권의 한계를 일탈·남용한 것으로서 위법한 재량처분이 된다. 행정소송법 제27조(재량처분의 취소)도 "행정청의 재량에 속하는 처분이라도 재량권의 한계를 넘거나 그 남용이 있는 때에는 법원은 이를 취소할 수 있다."고 규정하고 있다. 과거에는 재량행위는 행정청에 재량권이 부여된 것이기 때문에, 이에 따라 행한 행정청의 처분에 대하여 법원은 행정처분의 옳고 그름을 판단 할 수 없다고 보았으나 오늘날에는 행정청에 이런 재량권의 한계를 준수할 의무가 있다고 본다. 그에 따라 국민은 행정청에 대해 재량권의 한계를 준수해 달라는 권리가 있다(무하자재량행사청구권). 그러

---

1) http://www.moleg.go.kr/knowledge/monthlyPublication(강현호, 재량의 본질론, - 행정재량과 계획재량의 비교와 함께 -, 법제처, 법제(2005.9).
2) 대판 1985. 11. 12, 85누303【개인택시 운수사업면허 취소처분 취소】
3) 거부처분 : 사인의 신청에 대하여 이를 거부하는 것을 내용으로 하는 처분을 말한다. 실무상으로는 신청반려처분이라는 용어를 많이 사용한다. 작위처분의 일종으로 행정심판에서는 의무이행심판, 행정소송에서는 취소소송의 대상이 된다.

나 이런 권리가 인정되기 위해서는 그 근거법령(예를 들어 여객자동차운송사업법)이 공공의 이익만을 보호하기 위한 것이 아니라 국민 개개인의 이익(사익)도 보호하는 것으로 해석되는 경우여야 한다. 그런 경우에 행정소송법 제12조의 '법률상 이익'이 인정되어 취소소송 같은 행정소송을 제기할 수 있으며, 재량권의 한계를 위반한 위법한 처분이면 법원의 판결을 통해 구제 될 수 있다. <인터넷 법률신문>

### 2. 행정강제의 한계에 있어서의 비례원칙

행정상 즉시강제는 엄격한 법적 근거가 있어야 하는 동시에, 법규의 범위 안에서도 조리법상의 제약을 받는다. 즉, 비례원칙의 구성요소인 필요성과 적합(량)성이 엄격하게 요구되며, 그 적용도는 이 경우에 있어서 특히 강력하다.[1] 비례원칙은 강제집행수단 중 가장 약한 대집행을 일반적인 수단으로 인도하는 근거로서 작용하기도 하였다. 체납처분절차인 재산압류·경매에 있어서도 비례원칙이 적용된다.

### 3. 수익적 행정행위의 철회권 및 취소권의 한계로서의 비례원칙

[철회권의 한계] 철회사유가 있는 경우에도 철회하지 않으면 안될 중대한 공익상의 필요, 또는 제3자 이익보호의 필요가 있을 때에 한하여 또 필요한 한도 안에서만 철회가 허용된다. ☞ **행정행위의 하자(瑕疵)가 없음에도 불구하고**

[취소권의 한계] 행정행위에 하자(瑕疵)가 있다는 것만으로 무조건 취소할 수는 없고, 취소 원인의 존재 이외에 국민의 기득의 권리·자유의 침해를 정당화할 만큼 중대한 공익상의 필요, 또는 제3자 이익보호의 필요가 있어야만 한다. 다만 철회의 경우보다는 엄격성이 완화될 것이다. ☞ **행정행위의 하자(瑕疵)가 원인이므로**

[수익적 행정행위의 철회] 수익적 행정행위의 철회는 상대방에게 침익적인 결과를 가져오는 것이기 때문에 상대방의 신뢰를 기본적으로 보호해야한다(신뢰보호의 원칙 : Vertrauensschutz). 따라서 수익적 행정행위(begünstigender Verwaltungsakt)의 철회(취소)는 다음과 같은 예외적인 경우에만 허용된다. (ㄱ) 법규에서 철회가 허용되고 있는 경우(법규상 허용), (ㄴ) 당해 행정행위에서 철회권이 유보되어 있는 경우(철회권유보), (ㄷ) 부담부행위에서 수익자가 법상의 기간 내에 부담을 불이행하는 경우(의무불이행 → 상대방의 행위에 대한 제재), (ㄹ) 사후(事後)에 사실관계의 중대한 변화로 철회없이는 공익이 위험에 놓이게 되는 경우 (사정변경), (ㅁ) 법적 상태의 변화와 상대방이 그 행위와 관련된 권리행사를 행하지 않는 경우(권리불행사), (ㅂ) 공익상 중대한 침해의 방지 또는 제거의 필요가 있는 경우(공익목적)이다.

---

[1] 즉시강제 → 의무를 명할 시간이 없거나, 의무를 명해서는 행정목적을 달성할 수 없을 경우

### 4. 행정행위의 부관의 한계로서의 비례원칙

부관으로 주된 행정행위의 목적과 아무 관계가 없는 제한을 가할 수는 없고(필요성), 또한 주된 행정행위의 본질적 내용을 침해하는 정도의 제한이 되어서는 안된다(적량성).

### 5. 사정판결·사정재결에 있어서의 비례원칙

사정판결·재결은「당해처분 등을 취소·변경하는 것이 오히려 현저하게 공공복리를 침해할 염려가 있다고 인정되는 경우에 합당한 이유 있는 원고의 청구를 기각하는 것」이므로, 위법한 처분을 취소하지 아니하고 방치함으로써 발생하는 공공복리의 침해의 정도보다도 위법처분을 취소함으로써 새로이 발생하는 공공복리의 침해의 정도가 월등하게 큰 경우에 한하여 가능하다.

### 6. 질서(경찰)비례원칙

#### 6.1. 의의

질서권(경찰권) 발동의 조건과 그 정도는 질서유지의 필요의 정도와 국민의 자유와 권리를 제한하는 정도를 비교하여 그 사이에 사회통념상 적당하다고 인정되는 비례가 유지되지 않으면 안된다는 원칙이다. 즉, 공공질서의 유지를 위하여 개인의 자유를 제한할 때에는 (꼭) 필요한 최소한도에 그쳐야 한다는 것이다.

#### 6.2. 질서권(경찰권)발동의 조건

경찰권 발동의 근거로서 진압조치의 경우(질서권이 장해발생 후의 진압작용으로 발동되는 경우)에는 사회질서 유지상「묵과할 수 없는 장해」를 제거하기 위하여서만 발동하여야 한다. 예방조치의 경우(질서권이 장해발생 전의 예방작용으로 발동되는 경우), 묵과할 수 없는 장해발생의「직접적 위험 또는 상당한 확실성」이 있을 때에만 발동하여야 한다. 단순히 미필적 가능성이 존재하거나 보통 사정으로 장해발생 여부가 확실한 것이 아닌 경우에는 발동하지 못한다.[1]

[진압조치의 경우] (질서권이 장해발생 후의 진압작용으로 발동되는 경우) : 사회질서 유지상「묵과할 수 없는 장해」를 제거하기 위하여서만 발동하여야 한다.

[예방조치의 경우] (질서권이 장해발생 전의 예방작용으로 발동되는 경우) : 묵과할 수 없는 장해발생의「직접적 위험 또는 상당한 확실성」이 있을 때에만 발동하여야 한다. 단순히 미필적 가능성이 존재하거나 보통 사정으로 장해발생 여부가 확실한 것이 아닌 경우에는 발동하지 못한다.

---

1) 석종현, 일반행정법(상), 56면.

### 6.3. 질서권발동의 정도

질서권이 이상과 같이 사회적으로 묵과할 수 없는 장해(진압경찰의 경우) 또는 장해 발생의 직접적 위험(예방경찰의 경우)을 제거하기 위하여 발동하는 경우에도, 장해의 정도와 자유제한의 정도 사이에는 사회관념상 「적당하다고 인정되는 비례」가 유지되어야 하며, 경미한 장해 또는 그 위험의 제거를 위하여 중대한 자유제한을 하는 것은 위법이다(이상규).[1]

### 7. 과잉급부금지의 원칙(급부행정상의 비례원칙)

급부행정은, (ㄱ) 급부목적에 적합한 상태에 있는 자에 대하여서만 적합한 방법으로만 행하여져야 하고 또한, (ㄴ) 필요하고 적절한 범위 내의 급부만 주어져야 한다는 원칙(최소보장의 원칙)이다. 왜냐하면 급부행정과 같은 수익적 행위에 비례원칙을 적용함에 있어서는, 비례원칙에 위반된 행정작용에 의하여 초래되는 불이익은 침익적 행정행위(belastender Verwaltungsakt)에 있어서와 같이 관계당사자에게만 발생하는 것이 아니고, 일반공공(납세자)에게도 발생하기 때문이다. 아무튼 급부행정에 있어서 비례원칙은, 급부는 급부목적에 적합한 상태에 있는 자에게만, 그리고 급부목적에 적합한 방법으로만 행할 것을 요구한다(예컨대 상계의 방법으로 조성금을 교부하는 것은 목적에 적합하지 않다고 할 것이다). 그리하여 가급적 많은 급부가 아니고(과잉급부금지의 원칙) 필요한 만큼의 급부가 행하여져야 하며(최소보장의 원칙), 효과가 적은 급부는 하지 않아야 한다. 또한 보조금의 교부는 동일한 목적이 대부의 방법으로 달성될 수 없는 경우에만 행하여져야 한다.[2]

[급부행정] 급부행정은 사회공동체 구성원의 생존배려와 생활여건개선을 목적으로, 직접적인 급부제공을 통하여 구성원의 이익추구를 촉진하여 주는 행정유형을 말한다. 예컨대, 사회보장의 제공, 사회간접자본의 마련, 교육시설과 교육서비스의 제공 등 우리 국민들의 적극적인 공공복리 증진을 목적으로 행해진다. 경찰행정 또는 질서행정과 대비된다. 급부행정(Leistungsverwaltung; leistende Verwaltung)[3]이라는 용어는 독일의 포르스트호프(Ernst Forsthoff)교수의 「급부주체로서의 행성」이라는 서서에서 처음으로 사용하였다. 이에 대한 사상적 배경은 종래의 질서국가(근대적 법치국가)로부터 복리국가(Wohlfahrtsstaat)에로의 변천을 그 배경으로 하고 있다. 그리고 이러한 급부행정이라는

---

1) 석종현, 일반행정법(상), 56면.
2) 박윤흔, 행정법강의(상), 81면.
3) 급부, 급부의무 : 흔히 '주는 급부' 또는 '주는 의무'라고 한다. 작위의무의 일종으로도 볼 수 있는데, 물건의 인도를 내용으로 한다. 급부라는 용어는 일본인이 독일어의 Leistung 이란 용어를 번역한 것이므로 이는 우리의 언어감정에 맞지 않은 것이다. 舊민법이나 舊민사소송법은 이러한 용어를 사용하고 있었으나 현행법은 이행·지급·행위 또는 급여 등의 용어를 사용하고 있다.

용어 자체도 실정법상의 용어가 아닌 학문상의 용어에 불과하기 때문에 그 개념에 대한 정의도 통일된 견해를 보지 못하고 있다.

[석종현 교수의 견해] 급부행정은 행정주체가 국민의 일상생활에 필요로 하는 재화·용역·역무를 제공하는 수익적 행정작용이기 때문에 원칙적으로는 법률유보의 적용이 없어도 무방하지만, 국민의 급부에의 참여와 공정한 급부를 보장하기 위하여는 공급행정·사회행정 등 사회보장행정에는 **법률유보의 원칙이 적용되어야 한다**.[1]

[근대적 법치국가] 근대 법치국가는 자유방임주의를 그의 기본원리(Grundprinzip)로 삼았기 때문에 국가와 사회를 획일적으로 구분하고 국가는 다만 소극적으로 국가의 질서유지를 위하여 필요한 최소한의 필요한 기능만 담당하도록 하였다. 이에 의하면 국가는 사회 안에서의 자유로운 경제활동에는 관여할 수 없는 것으로 이해하였다. 따라서 국가는 국민에 대하여 적극적으로 국민의 생활분야에 개입, 공공복리의 증진에 필요한 행정활동을 수행하는 것은 사실상 국가의 책무라고 보지 않았다.

[사회국가(복지국가)] 국가는 모든 국민을 위하여 광범한 사회보장제도의 확립과 완전고용의 실현을 도모하여야 할 국가적 책임을 지기 때문에 사회정의(soziale Gerechtigkeit)의 실현이라는 입장에서 국민생활의 경제적·사회적·문화적 생활영역에 적극적으로 개입하여 공공복리의 향상을 위하여 노력하여야 할 의무를 진다.

※행정 → '빼앗는자(der Nehmende)'가 아니라 '주는자(der Gebende)'로서의 기능 수행

## 8. 행정지도의 한계로서의 비례의 원칙의 적용

비권력적 사실행위인 행정지도도 비례의 원칙에 비추어 행정목적달성을 위하여 필요한 최소한의 범위에 그쳐야 한다.

## 9. 특별권력관계에 있어서의 비례원칙

특별권력관계에 있어서도 권리구제측면에서 비례원칙이 적용되고 있다.

## 10. 행정계획과 비례원칙

계획에 관계되는 이익은 공익이든 사익이든 정당하게 비교형량되어야 하며, 이러한 형량과정에서 비례원칙이 적용된다. 형량에 있어서도 사익간, 공익간, 공·사익간의 이익형량(Interessenabwägung)이 행해져야 한다.

---

1) 석종현, 일반행정법(상), 48면.

### 11. 부당결부금지의 원칙

[부당결부금지의 원칙(Koppelungsverbot)] 부당결부금지의 원칙이란 행정기관이 행정활동을 함에 있어서 그것과 실질적인 관련이 없는 상대방의 반대급부와 결부시켜서는 안 된다는 것을 말한다. 이는 과잉금지의 원칙으로부터 도출되는 개념으로써 이는 급부주체가 급부를 행함에 있어서 내용적으로 급부와 직접적·실질적으로 관련이 없는 부관(附款)을 붙여서 수급자에게 불이익을 주어서는 안된다는 것이다. 예컨대, 교통법규 위반을 이유로 건축허가(Baugenehmigung)를 거부하는 처분은 부당결부금지의 원칙에 위반된다.

## V. 결론

과잉금지 원칙을 적용함에 있어서, 과잉금지의 구성요소(목적의 정당성·방법의 적정성·피해의 최소성·법익의 균형성)나 구성원칙(적합성의 원칙·필요성의 원칙·상당성의 원칙)들이 개별적인 사건에서 어떻게 접목되고, 어떠한 이유로 그와같은 결론이 도출되었는지가 합리적이고 설득력 있게 논증하지 못한다면, 헌법재판소는 단지 획일적이고 전제된 가치를 형식적으로 선언하는 맹목적인 법선언 기관에 불과하게 될 것이다.[1]

---

1) 사실심이라기 보다는 법률심(헌법심)에 해당하는 헌법재판의 경우 사건 당사자를 설득 시킬 수 있는 합리적인 법적 추론(juridical reasoning; legal reasoning; juristische Argumentation)이 가능해야 한다. 헌법은 그 자체가 사상과 철학을 배경으로하는 일정한 원리(원칙)에 관한 법이라고 할 수 있으므로 이념적인 법개념이 주된 내용을 이루고 있다. 이리하여 헌법(조문)은 추상적·불확정적이고 탄력적이고 개방적으로 구성되어 있기 마련이다. 헌법재판은 헌법의 이러한 특징을 토대로 해서 구체적 사건에 있어서 이를 해결의 실마리를 찾아가게 되는데, 헌법해석은 법률해석과는 달리 사실관계의 설정도 어렵다는 점이 그 특징[1]이며, 이 과정에서 헌법재판관에게 많은 재량판단의 여지(판단여지)가 생긴다. 그러나 그 재량(판단여지 : ermessensspielraum)은 헌법원리(Verfassungsprinzip)와 헌법정신(Verfassungsgeist)·헌법질서(Verfassungsordnung) 및 객관적 가치질서(objektive Wertordnung) 등과 같은 헌법목적과 헌법적 가치체계에 의해 구속되며 그 한계를 지닌다. 따라서 헌법재판소는 헌법재판에 있어서 그 결정이유(헌법재판소법 제36조 제2항 제4호)를 사건 당사자에게 합리적이고 설득력 있게 제시해야 하며, 분쟁 당사자들과는 독립된 제3의 기관인 헌법재판소가 단순히 형식적인 심판의 결과만을 선언한다면 분쟁은 형식적으로는 종국되지만, 이것은 사건의 당사자를 설득시키거나 사회적인 공감대를 형성할 수는 없는 것이다. 헌법재판소의 판결이나 결정의 이유가 그것을 정당화 할 수 있을 정도의 설득력있고 합리적인 논증을 제시할 때, 비로소 헌법재판소의 판결이나 결정은 누구나 이에 복종하고 신뢰할 수 있는 진정한 권위를 갖게 된다. 왜냐하면 판결이나 결정은 그것이 누구에게나 합리적으로 받아들여지고 이것이 사회에서 동의·승인될 때 비로소 진정한 법적 가치를 지니게되고 판례법으

※[정리] － 광의의 비례의 원칙 : 과잉금지의 원칙 －
－ Grundsatz der Verhältnismäßigkeit im weiteren Sinne －

I. 의의

　　행정법상의 (광의의) 비례원칙이라 함은 행정주체가 구체적인 행정목적을 실현함에 있어서, 달성하고자 하는 공익목적 실현과 이로 인해 제한·침해되는 개인의 권리 사이에는 일정한 비례관계가 유지되어야 한다는 원칙이다. (광의의) 비례의 원칙을 우리의 헌법재판소는 '과잉금지의 원칙'이라는 용어를 사용하기도 한다.[1] 넓은 의미에 있어서의 비례의 원칙의 개별적 내용으로는 필요성의 원칙과 적합(량)성의 원칙, 그리고 협의의 비례의 원칙(상당성의 원칙)으로 구성된다. 넓은 의미의 비례의원칙의 개별적 내용으로는 필요성의 원칙과 적합(량)성의 원칙, 그리고 협의의 비례의 원칙(상당성의 원칙)으로 구성된다. 비례의 원칙은 헌법원칙이기 때문에 적용범위는 행정작용만을 구속하는 것이 아니고 모든 국가작용(staatliches Handeln)을 구속한다. 따라서 입법·사법·행정작용에서도 과잉금지의 원칙이 적용된다.

```
적합(량)성의 원칙 ─┐
필요성의 원칙(최소침해의 원칙) ─┼─ 넓은 의미의 비례의 원칙
협의의 비례의 원칙(상당성의 원칙) ─┘
```

1) 적합성의 원칙(Grundsatz der Geeignetheit)

　　'행정권발동의 정도'도 '공익상 필요의 정도'와 상당한 균형을 유지해야 한다는 원칙이다. 즉 달성하고자 하는 행정목적을 위하여 선택된 수단이 적합한가의 여부를 심사하는 것이다. 따라서 필요성이 적으면 적은 권력이, 크면 큰 권력이 과잉없이 발동되어야 할 것이다. 이는 국가작용은 목적한 바 소기의 성과를 달성할 수 있는 가장 효과적이고 적절한 방법을 선택해야 한다(방법의 적당성)는 것을 의미한다. ※ (ㄱ) 행정목적을 위하여 선택된 수단이 적합한가, (ㄴ) 행정권발동의 정도 = 공익상 필요의 정도, (ㄷ) 방법의 적절성(적당성)

2) 필요성의 원칙(Grundsatz der Erforderlichkeit)

　　최소침해의 원칙(Grundsatz der Erforderlichkeit)이라고도 불리우는 필요성의 원칙은 행정목적의 실현을 위하여 필요한 경우에 한하여 행정권을 발동할 수 있다는 원칙이

---

로서의 지위를 획득할 수 있기 때문이다.
1) 헌재결 1992. 12. 24, 92헌가8 【형사소송법 제331조 단서규정에 대한 위헌심판】 형사소송법 제93조 등의 구속취소와 이에 대한 검사의 즉시항고절차 등을 비교하거나 상급심에서도 필요에 따라 재구속할 수 있는 형사소송법상의 관계규정 등을 아울러 검토하여 보면 형사소송법 제331조 단서 규정은 기본권제한입법의 기본원칙인 목적의 정당성, 방법의 적절성, 피해의 최소성, 법익의 균형성의 원칙에도 반하는 것이므로 헌법상의 과잉입법금지의 원칙에 위배된다.

다. 다시 말하면 당해 행정목적 달성을 위하여 이론적으로 가능한 여러 가지 수단들 중에서 당사자의 권리나 자유를 가장 최소한으로 침해하는 수단을 선택해야 한다는 이론이다. 이는 국가작용이 국민의 자유와 권리가 필요한 정도를 넘어서 조금이라도 더 침해되는 일이 없도록 유의해야 한다(최소침해성)는 것을 의미한다. 따라서 국민의 자유와 권리를 더 적게 침해하고도 소기(所期)의 목적을 달성할 수 있는 다른 방법이 있는데도 불구하고 단순한 편의주의에 따라 이를 택하지 않는 경우에는 명백한 과잉금지의 위반이다.[1] 여기서「필요성」의 유무의 판단기준은 해당 조치가 행정목적의 달성을 위하여 진정으로 요구되는 것이냐 하는데 있다. ※ (ㄱ) 공익상 필요한 정도, (ㄴ) 여러 가지 수단들 중에서 당사자의 권리나 자유를 가장 최소한으로 침해하는 수단, (ㄷ) 피해의 최소성·필요한 최소침해성

3) 협의의 비례의 원칙(Grundsatz der Verhältnismäßigkeit im engeren Sinne)

협의의 비례의 원칙은 침해되는 당사자의 사익과 달성하고자 하는 공익과는 적절한 비례관계가 성립되어야 한다는 원칙이다. 이를 상당성의 원칙(Grundsatz der Angemessenheit) 혹은 상당성의 원칙, 비례성의 원칙이라 한다. 국가작용은 언제나 합리적 비판에 의한 합당한 조치를 취해야 된다(사항의 합당성)는 것을 의미한다. 헌법재판소는 협의의 비례의 원칙을 '법익의 비례성' 또는 법익의 균형성이라는 표현을 사용하고 있다. 즉 공익목적과 그 제한으로 선택된 수단을 고려할 때, 그 제한으로 인하여 받는 私人의 불이익보다 그 수단으로 달성하려는 공익목적의 이익이 커야 한다고 하고 있다.[2] 결국 국가작용을 하는 데 있어서는 국민의 자유와 권리를 침해하는 정도와 이에 의해서 얻어지는 공공복리의 이익을 엄격하게 비교교량해서(비례성; 상당성) 더 큰 공공복리의 이익을 위해서 불가피한 부득이한 경우에만 국민에게 그 자유와 권리침해에 대한 수인(受忍)을 기대할 수 있다는 점을 명심해야 한다(수인기대가능성).[3] ※ (ㄱ)법익의 균형성·법익의 비례성, (ㄴ) 私人의 불이익 〈 공익목적의 이익, (ㄷ) 사항의 합당성

---

1) BVerfGE 23, 127(133); BVerfGE 38, 348(368); BVerfGE 43, 242(288); P. Lerche, Übermaß und Verfassungsrecht, 1961, S 61 ff.
2) 헌재결 1992. 6. 26, 90헌바26.
3) 수인기대가능성은 비례성(Verhältnismäßigkeit)이라고도 부르기도 한다. 예컨대 K, Stern, Das Staatsrecht der Bundesrepublik Deutschland, S. 674 참조.

## 제 4-2 목   부당결부(不當結付)금지의 원칙
### – 과잉금지 · 자의금지원칙의 파생원칙으로서의 부당결부금지의 원칙 –

## I. 개관

### 1. 의의

[부당결부금지의 원칙(Koppelungsverbot)] 부당결부금지의 원칙이란 행정기관이 행정활동을 함에 있어서 그것과 실질적인 관련이 없는 상대방의 반대급부와 결부시켜서는 안 된다는 것을 말한다. 이는 과잉금지의 원칙 및 자의금지의 원칙으로부터 도출되는 개념으로써 이는 급부주체가 급부를 행함에 있어서 내용적으로 급부와 직접적 · 실질적으로 관련이 없는 부관(附款)을 붙여서 수급자에게 불이익을 주어서는 안된다는 것이다(교통법규 위반을 이유로 건축허가(Baugenehmigung)를 거부하는 것, 건축허가를 하면서 체납된 자동차세를 완납할 것을 조건으로 하는 것, 호텔건축허가를 하면서 인근공원의 미화사업을 하도록 하는 것).

[판례] (대법원 판례) : 부당결부금지의 원칙이란 행정주체가 행정작용을 함에 있어서 상대방에게 이와 실질적인 관련이 없는 의무를 부과하거나 그 이행을 강제하여서는 아니 된다는 원칙을 말한다.[1] (부산고법 판례) : 구 문화재보호법(2010. 2. 4. 법률 제10000호로 전부 개정되기 전의 것) 제34조, 제75조에 의한 문화재 현상변경허가는 행정청의 재량행위에 해당하고, 관계 법령에 명시적인 금지규정이 없는 한 법령상 근거가 없더라도 행정목적을 달성하기 위하여 부관을 붙일 수 있으나, 부관의 내용은 적법하고 이행이 가능하여야 하며 비례원칙 및 평등원칙, 부당결부금지 원칙에 위반되지 않고, 행정처분의 본질적 효력을 해하지 아니하는 한도 내의 것이어야 한다.[2]

### 2. 부당결부금지원칙의 법적 근거
#### 2.1. 헌법원칙으로 보는 입장
이 원칙은 행정기관의 자의적인 공권력행사의 남용을 막으려는 취지하에서 헌법상의

---

[1] 대판 2009. 2. 12, 2005다65500【약정금】; 대판 2014. 2. 21, 2012다78818【부당이득반환】 … 부관이 다른 법률의 규정에 위반되거나 부당결부금지의 원칙이나 비례의 원칙에 반하여 위법하다고 볼 특별한 사정이 없는 한 인가조건의 내용에 따라 당해 정비기반시설은 무상으로 또는 정산을 거쳐 시설을 관리할 국가 또는 지방자치단체에 귀속될 수 있다.

[2] 부산고법 2011. 10. 28, 선고, 2010누6380, 판결 : 상고【시지정 문화재 허가사항 변경허가 중전시관건립및 비용부담 부분 취소】

법치국가원리와 자의금지의 원칙에서 도출된 것으로 보는 견해로서(다수설), 부당결부금지 원칙의 위반은 법치주의와 비례의 원칙 등의 헌법적 지위를 갖는 행정법상의 일반원칙에 위반한 것이므로 근거법률과 관계없이 위헌 위법이 될 수 있다고 한다.

### 2.2. 법률상 원칙(행정법의 일반원리)에 그친다고 보는 입장

부당결부금지의 원칙은 법률에서 그와 상반된 규정을 두고 있는 경우에는 그 위법을 주장할 수 없는 법률상 원칙이라는 견해이다. 따라서 이 견해에 따르면 법률에서 일정한 행정조치와 실체적 관련성이 없는 반대급부 사이의 결부를 허용하고 있다 해도, 부당결부 금지의 원칙위반을 이유로 위헌이라고 볼 수 없다고 한다. 이는 행정법상의 비례의 원칙 (과잉금지원칙) 중 적합성의 원리로 파악하는 입장이며, 헌법상의 원칙이 아닌 법률상의 원칙에 그친다고 보는 견해이다(행정법의 일반법원칙).

### 2.3. 소결(헌법원칙)

[법치국가원리·자의금지원칙·과잉금지원칙] 부당결부금지의 원칙은 헌법상 법치국가의 원리에 근거를 두고 자의금지의 원칙과 과잉금지원칙의 파생원칙으로서의 성격을 지니고 있는 헌법원리(헌법원칙)로 보는 것이 타당하다. 따라서 부당결부금지의 원칙에 위배되는 법규정은 위헌이라고 할 것이고 동원칙에 위배되는 행정조치는 위헌·위법이 된다고 할 것이다. 이는 모든 국가작용(입법작용·행정작용·사법작용)을 기속한다.

[헌법원칙으로서의 부당결부금지원칙] 부당결부금지의 원칙(Koppelungsverbot; 혹은 실질적 관련의 법리)은 행정기관이 고권적 조치를 취함에 있어서 그것과 실질적인 관련 (sachliche Zusammenhang)이 없이 상대방의 반대급부를 결부시켜서는 안된다는 원칙을 말한다.[1] 이는 행정행위의 부관의 한계로서도 중요한 의미를 지닌다. 이 원칙은 오늘날 행정목적을 달성하기 위한 수단이 다양해짐에 따라 그 수단의 선택이나 급부에 일정한 한계를 설정하려는 의도에서 구성된 법치국가원리[2]·과잉금지 원칙·자의금지(恣意禁止: Willkürverbot)에서 도출되는 헌법적 차원의 원칙(헌법원칙)이라 할 수 있다. (재량처분이 부당결부금지의 원칙을 위반하고 있는 경우): 독일에서도 이에 대한 비판이 존재하기는 하나, 부당결부금지의 원칙은 행정법의 일반원칙의 하나로 또는 조리법상의 원칙 중 하나로 파악되고 있다.

[적용범위] 이 원칙은 공법상 계약, 행정행위의 부관(행정행위의 부관의 한계로서의 부당결부금지의 원칙), 급부행정 및 행정의 실효성확보수단 등의 영역에서 활용되는 유용한

---

1) 김남진·김연태, 행정법(I),57면 ; 정하중, 행정법총론, 68면.
2) 정하중, 행정법총론, 68면.

일반법원칙이다. (부당결부금지의 원칙이 문제되는 경우)1) : (ㄱ) 공법상 계약을 체결하면서 행정청이 계약당사자에게 반대급부의무를 지우는 경우, (ㄴ) 행정청이 행정행위를 행하면서 상대방에게 불이익이 되는 부관을 붙이는 경우(행정행위의 부관의 한계로서의 부당결부금지의 원칙), (ㄷ) 행정법상의 의무자가 의무를 이행하지 않는 경우 그 의무를 이행·강제하기위하여 강제적 수단을 발하는 경우이다. 예를 들면 (ㄱ) 건축법상의 의무를 강제하기 위하여 수도나 전기의 공급을 중지하는 행위(舊건축법 제69조 제2항2) ☞ **2005년 11월 개정건축법에서는 조문변경됨**),3) (ㄴ) TV 시청료를 징수하기 위하여 전기를 단절하는 경우 등이다.

▶현행 건축법 제79조(위반 건축물 등에 대한 조치 등) ② 허가권자는 제1항에 따라 허가나 승인이 취소된 건축물 또는 제1항에 따른 시정명령을 받고 이행하지 아니한 건축물에 대하여는 다른 법령에 따른 영업이나 그 밖의 행위를 허가·면허·인가·등록·지정 등을 하지 아니하도록 요청할 수 있다. 다만, 허가권자가 기간을 정하여 그 사용 또는 영업, 그 밖의 행위를 허용한 주택과 대통령령으로 정하는 경우에는 그러하지 아니하다.

▶주택법 제17조(기반시설의 기부채납) ① 사업계획승인권자는 제15조제1항 또는 제3항에 따라 사업계획을 승인할 때 사업주체가 제출하는 사업계획에 해당 주택건설사업 또는 대지조성사업과 직접적으로 관련이 없거나 과도한 기반시설의 기부채납(寄附採納)을 요구하여서는 아니 된다.

## II. 부당결부금지원칙의 성립요건
### 1. 일반적 요건
부당결부금지의 원칙이 성립하기 위하여는, (ㄱ) 행정청의 공권력 행사가 있을 것,

---

1) 김철용, 행정법 I, 67-68면 참조.
2) 구건축법 제69조(위반건축물 등에 대한 조치 등) 제2항 : "허가권자는 제1항의 규정에 의하여 허가 또는 승인이 취소된 건축물 또는 제1항의 규정에 의한 시정명령(是正命令)을 받고 이행하지 아니한 건축물에 대하여는 전기·전화·수도의 공급자, 도시가스사업자 또는 관계행정기관의 長에게 전기·전화·수도 또는 도시가스공급시설의 설치 또는 공급의 중지를 요청하거나 당해 건축물을 사용하여 행할 다른 법령에 의한 영업 기타 행위의 허가를 하지 아니하도록 요청할 수 있다. 다만, 허가권자가 기간을 정하여 그 사용 또는 영업 기타 행위를 허용한 주택과 대통령령이 정하는 경우에는 그러하지 아니하다."<改正 99·2·8 法5895> ▶ 전기·전화·수도 또는 도시가스공급시설의 설치 또는 공급의 중지를 요청 ☞ **부당결부금지원칙위반**
3) ☞ 2005년 11월 8일 개정된 건축법 제69조(위반건축물 등에 대한 조치 등) 제2항 "허가권자는 제1항의 규정에 의하여 허가 또는 승인이 취소된 건축물 또는 제1항의 규정에 의한 시정명령을 받고 이행하지 아니한 건축물에 대하여는 당해 건축물을 사용하여 행할 다른 법령에 의한 영업 기타 행위의 허가를 하지 아니하도록 요청할 수 있다. 다만, 허가권자가 기간을 정하여 그 사용 또는 영업 기타 행위를 허용한 주택과 대통령령이 정하는 경우에는 그러하지 아니하다."<개정 1999.2.8, 2005.11.8> ☞ **부당결부금지의 원칙문제 해결**

(ㄴ) 이와 같은 공권력의 행사가 상대방의 반대급부와 결부되어 있을 것, (ㄷ) 공권력의 행사와 반대급부 사이에 실질적 관련성이 없을 것 등을 요한다.

## 2. 원인적 관련성과 목적적 관련성의 요청

공권력의 행사와 실질적 관련성을 어떠한 기준에서 판단할 것인가가 문제된다. 이에 대해 반대급부의 결부가 법적으로 허용된 행정청의 공권력 행사의 요건과 동일한 방식으로 이루어졌다면 실질적 관련성은 존재한다고 볼 것이다. 이러한 내용으로는 반대급부의 결부와 행정청의 공권력 행사간에, (ㄱ) 원인적 관련성으로서 주된 행정행위와 상대방의 반대급부 사이에 직접적이고 상당한 인과관계가 있을 것이 요구되고, (ㄴ) 목적적 관련성으로서 관련법규의 목적과 당해 행정업무의 목적에 기여할 것이 요구된다(주된 행정작용으로 달성하려는 목적을 위해서만 상대방의 급부가 허용된다). 그러나 이러한 원인적 관련성과 목적적 관련성 두 가지를 모두 적용요건으로 요구하는 것은 지나치게 엄격하다는 비판도 있다.

## III. 부당결부금지의 원칙의 적용

### 1. 행정청의 재량처분이 부당결부금지의 원칙을 위반하고 있는 경우

이 법리는 재량권한계의 기준과 관련하여, 재량처분이 부당결부금지의 원칙을 위반하고 있는 경우에는 그것은 위법한 처분이 된다("오토바이를 음주 운전하였다는 이유로 제1종 대형면허를 취소한 것은 위법하다").[1] 그리고 자연공원보호지역에 있어서의 건축허가(Baugenehmigung)신청에 대하여 관계법이 추구하는 목적과 실질적 관련이 없는 상대방의 급부를 조건으로 하여 건축허가(Baugenehmigung)를 행하는 것은 위법한 것으로서 이는 부당결부금지의 원칙에 의하여 허용되지 않는다고 본다.

[대법원] 대법원도 "수익적 행정행위에 있어서는 법령에 특별한 근거규정이 없다고 하더라도 그 부관으로서 부담을 붙일 수 있으나, 그러한 부담은 비례의 원칙, 부당결부금지의 원칙에 위반되지 않아야만 적법하다고 할 것이다. 기록에 의하면, 원고의 이 사건 토지 중 2,791㎡는 사통사전용도로로 도시계획시설결정이 된 광1류6호선에 편입된 토지이므로, 그 위에 도로개설을 하기 위하여는 소유자인 원고에게 보상금을 지급하고 소유권을 취득하여야 할 것임에도 불구하고, 소외 자치단체장은 원고에게 주택사업계획승인을 하게 됨을 기

---

1) 대판 1992. 9. 22, 91누8289 【자동차운전면허취소처분취소】

화로 그 주택사업과는 아무런 관련이 없는 토지인 위 2,791㎡를 기부채납하도록 하는 부관을 위 주택사업계획승인에 붙인 사실이 인정되므로, 위 부관은 부당결부금지의 원칙에 위반되어 위법하다고 할 것이다. 그러나 기록에 의하면, … 위 부관이 그 하자가 중대하고 명백하여 당연무효 라고는 볼 수 없다 할 것이다."[1]라고 하였다.

## 2. 행정행위의 부관의 한계로서의 부당결부금지의 원칙을 위반한 경우

[부당결부금지의 원칙(Koppelungsverbot)에 반한다고 본 판례] 주택사업계획을 승인하면서 그 주택사업과는 아무런 관련이 없는 토지를 기부채납하도록 한 부관은 부당결부금지의 원칙에 위반된다. 수익적 행정행위(begünstigender Verwaltungsakt)에 있어서는 법령에 특별한 근거규정이 없다고 하더라도 그 부관으로서 부담을 붙일 수 있으나, 그러한 부담은 비례의 원칙, 부당결부금지의 원칙에 위반되지 않아야만 적법하다고 할 것이다. 기록에 의하면, 원고의 이 사건 토지 중 2,791㎡는 자동차전용도로로 도시계획시설결정이 된 광1류 6호선에 편입된 토지이므로, 그 위에 도로개설을 하기 위하여는 소유자인 원고에게 보상금을 지급하고 소유권을 취득하여야 할 것임에도 불구하고, 소외 인천시장은 원고에게 주택사업계획승인을 하게 됨을 기화로 그 주택사업과는 아무런 관련이 없는 토지인 위 2,791㎡를 기부채납하도록 하는 부관을 위 주택사업계획승인에 붙인 사실이 인정되므로, 위 부관은 부당결부금지의 원칙에 위반되어 위법하다.[2]

## 3. 부당결부금지원칙 위반의 구체적인 예

부당결부금지의 원칙은 예컨대 (ㄱ) 건축허가(Baugenehmigung)를 발령함에 있어서, 기존에 체납된 공과금을 납부할 것을 반대조건으로 하는 부관을 부가하는 행정행위는 허용되지 않는다거나, (ㄴ) 건축법상의 의무를 강제하기 위해, 그것과는 직접적인 상관이 없

---

1) 대판 1997. 3. 11, 96다49650.
2) 대판 1997. 3. 11, 96다49650【소유권이전등기말소】[2] 수익적 행정행위에 있어서는 법령에 특별한 근거규정이 없다고 하더라도 그 부관으로서 부담을 붙일 수 있으나, 그러한 부담은 비례의 원칙, 부당결부금지의 원칙에 위반되지 않아야만 적법하다. [3] 지방자치단체장이 사업자에게 주택사업계획승인을 하면서 그 주택사업과는 아무런 관련이 없는 토지를 기부채납하도록 하는 부관을 주택사업계획승인에 붙인 경우, 그 부관은 <u>부당결부금지의 원칙에 위반되어 위법</u>하지만, 지방자치단체장이 승인한 사업자의 주택사업계획은 상당히 큰 규모의 사업임에 반하여, 사업자가 기부채납한 토지 가액은 그 100분의 1 상당의 금액에 불과한 데다가, 사업자가 그 동안 그 부관에 대하여 아무런 이의를 제기하지 아니하다가 지방자치단체장이 업무착오로 기부채납한 토지에 대하여 보상협조요청서를 보내자 그 때서야 비로소 부관의 하자를 들고 나온 사정에 비추어 볼 때 부관의 하자가 중대하고 명백하여 당연무효라고는 볼 수 없다.

는 수도나 전기의 공급을 중단하는 것 등이 금지된다는 것 등이다. (ㄷ) 텔레비전 시청료를 징수하기 위하여, 시청료 미납자에 대하여 전기를 단절하는 행위, (ㄹ) 전기요금을 징수하는데 있어서(전기사용료), 그것과는 직접적인 상관이 없는 텔레비전시청료(전파사용료임)도 함께 전기요금에 포함시켜 징수하는 것, (ㅁ) 건축허가(Baugenehmigung)를 내주면서 그것과는 직접적인 상관이 없는 기부채납(토지를 기부채납하라는 부담을 주거나, 공공기여금을 요구하는 것 등)을 요구하는 것(대판 1992. 11. 27, 92누10364),[1] (ㅂ) 오토바이 음주운전자에 대하여 제1종 대형면허를 취소하는 것(대판 1992. 9. 22, 91누8289)[2] 등을 들 수 있다.

## IV. 부당결부금지의 원칙 – 사례

[사례-1] 甲은 관광진흥법 소정의 관광사업등록을 마치고 관광호텔을 경영하고 있는 자이다. 甲은 호텔 건물의 지층 부분을 관할구청장에게 공중위생관리법 소정의 목욕장업의 영업신고를 하여 그 신고가 수리되어 甲은 목욕장업의 영업을 해오고 있었다. 그러나 사실은 지층부분은 그 용도가 일반유흥 음식점으로 되어있어 목욕장업의 영업을 위하여는 건축법상의 용도변경 허가를 사전에 받아야 했었다. 이에 구청장은 시정명령을 발하였다.
　　　　(문제 1) 甲이 이러한 시정명령을 무시하고 수개월이 지나도록 아무런 조치도 취하지 않자 관할구청장은 건축법 제69조 제2항에 의하여 위 건물에 대하여 <u>수도 공급자에게 단수조치를 요청하여, 수도공급이 중단되었다</u>.[3] 이의 적법성 여부를 설명하라.

---

1) <u>건축물의 건축허가(준공거부처분)와 도로기부채납의무는 별개의 것인바, 도로기부채납의무를 불이행하였음을 이유로 하는 준공거부처분은 건축법에 근거없이 이루어진 부당결부로서 위법하다</u>(대판 1992. 11. 27, 92누10364).
2) 원고가 운전한 오토바이는 이륜자동차로서 제2종 소형면허를 가진 사람만이 운전할 수 있는 것이고, 이륜자동차의 운전은 제1종 대형면허와는 아무런 관련이 없는 것이므로 오토바이를 음주운전하였음을 이유로 이륜자동차 이외의 다른 차종을 운전할 수 있는 제1종 대형면허를 취소한 피고의 이 사건처분은 부당결부로서 위법하다(대판 1992. 9. 22, 91누8289).
3) 판례(대판 1996. 3. 22, 96나433)는 "건축법 제69조 제2항, 제3항의 규정에 비추어 보면, 행정청이 위법 건축물에 대한 시정명령을 하고 나서 위반자가 이를 이행하지 아니하여 전기·전화공급을 하지 말아 줄 것을 요청한 행위는 권고적 성격의 행위에 불과한 것으로서 전기·전화공급자나 특정인의 법률상 지위에 직접적인 변동을 가져오는 것은 아니므로 이를 항고소송의 대상이 되는 행정처분이라고 볼 수 없다"고 하였다. ☞ **판례에 대한 비판**: 생각건대 판례는 단수요청행위가 권고적 성격의 행위에 불과하여 공급자나 특정인의 법률상 지위에 직접적인 변동을 가져오는 것은 아니라고 하나, 요청을 받은자는 특별한 이유가 없는 한 이에 응하여야 하므로 공급자나 특

(문제 2) 위 사안의 경우 甲은 행정소송을 제기하여 권리구제를 받을 수 있는가?

[문제 1 해설] (부당결부금지원칙의 위반 여부) : 부당결부금지의 원칙이란 행정기관이 행정활동을 함에 있어서 그것과 직접적인 관련이 없는 반대급부와 결부시켜서는 안 된다는 것을 말한다(독일에서는 이를 결부금지의 원칙이라 하고, 우리 나라에서는 부당결부금지의 원칙이라고 부른다). 사안의 경우 甲의 시정명령을 무시한 행위에 대해 단수조치를 요청한 것은 실체적 관련성을 인정하기 어렵다는 점에서 부당결부금지의 원칙에 반한다고 본다(아래 판례 참조).1)

[부당결부금지의 원칙(Koppelungsverbot)에 반한다고 본 판례] 주택사업계획을 승인하면서 그 주택사업과는 아무런 관련이 없는 토지를 기부채납하도록 한 부관은 부당결부금지의 원칙에 위반된다. 수익적 행정행위(begünstigender Verwaltungsakt)에 있어서는 법령에 특별한 근거규정이 없다고 하더라도 그 부관으로서 부담을 붙일 수 있으나, 그러한 부담은 비례의 원칙, 부당결부금지의 원칙에 위반되지 않아야만 적법하다고 할 것이다. 기록에 의하면, 원고의 이 사건 토지 중 2,791㎡는 자동차전용도로로 도시계획시설결정이 된 광1류 6호선에 편입된 토지이므로, 그 위에 도로개설을 하기 위하여는 소유자인 원고에게 보상금을 지급하고 소유권을 취득하여야 할 것임에도 불구하고, 소외 인천시장은 원고에게 주택사업계획승인을 하게 됨을 기화로 그 주택사업과는 아무런 관련이 없는 토지인 위 2,791㎡를 기부채납하도록 하는 부관을 위 주택사업계획승인에 붙인 사실이 인정되므로, 위 부관은 부당결부금지의 원칙에 위반되어 위법하다.2)

[문제 2 해설] 구 건축법 제69조에 의하면 허가권자는 대지 또는 건축물이 이 법 또는 이 법의 규정에 의한 명령이나 처분에 위반한 경우에는 건축법의 규정에 의한 허가 또는

---

정인의 법률상 지위에 직접적인 변동을 가져오는 것이라고 할 수 밖에 없다. 즉 단수요청행위는 '구체적 사실에 관한 법집행으로서의 공권력의 행사'에 해당하며, 따라서 행정처분으로 보아야 한다.

1) 대판 1997. 3. 11, 96다49650【소유권이전등기말소】
2) 대판 1997. 3. 11, 96다49650【소유권이전등기말소】 [2] 수익적 행정행위에 있어서는 법령에 특별한 근거규정이 없다고 하더라도 그 부관으로서 부담을 붙일 수 있으나, 그러한 부담은 비례의 원칙, 부당결부금지의 원칙에 위반되지 않아야만 적법하다. [3] 지방자치단체장이 사업자에게 주택사업계획승인을 하면서 그 주택사업과는 아무런 관련이 없는 토지를 기부채납하도록 하는 부관을 주택사업계획승인에 붙인 경우, 그 부관은 부당결부금지의 원칙에 위반되어 위법하지만, 지방자치단체장이 승인한 사업자의 주택사업계획은 상당히 큰 규모의 사업임에 반하여, 사업자가 기부채납한 토지 가액은 그 100분의 1 상당의 금액에 불과한 데다가, 사업자가 그 동안 그 부관에 대하여 아무런 이의를 제기하지 아니하다가 지방자치단체장이 업무착오로 기부채납한 토지에 대하여 보상협조요청서를 보내자 그 때서야 비로소 부관의 하자를 들고 나온 사정에 비추어 볼 때 부관의 하자가 중대하고 명백하여 당연무효라고는 볼 수 없다.

승인을 취소하거나 그 건축물의 건축주·공사시공자·현장관리인·소유자·관리자 또는 점유자에 대하여 그 공사의 중지를 명하거나 상당한 기간을 정하여 그 건축물의 철거·개축·증축·수선·용도변경·사용금지·사용제한 기타 필요한 조치를 명할 수 있고, 허가권자는 허가 또는 승인이 취소된 건축물 또는 시정명령을 받고 이행하지 아니한 건축물에 대하여는 전기·전화·수도의 공급자, 도시가스사업자 또는 관계행정기관의 장에게 전기·전화·수도 또는 도시가스공급시설의 설치 또는 공급의 중지를 요청하거나 당해 건축물을 사용하여 행할 다른 법령에 의한 영업 기타 행위의 허가를 하지 아니하도록 요청할 수 있으며, 이에 의한 요청을 받은 자는 특별한 이유가 없는 한 이에 응하여야 한다고 규정하고 있었다. 그러므로 위 사안에서와 같이 관할구청장의 전기등공급중지요청에 대하여 행정소송을 제기할 수 있는지 문제된다. 관련 판례를 보면 "항고소송의 대상이 되는 행정처분이라 함은 행정청의 공법상의 행위로서 특정사항에 대하여 법규에 의한 권리의 설정 또는 의무의 부담을 명하거나 기타 법률상 효과를 발생하게 하는 등 국민의 권리의무에 직접 관계가 있는 행위를 가리키는 것이고, 행정권 내부에서의 행위나 알선, 권유, 사실상의 통지 등과 같이 **상대방 또는 기타 관계자들의 법률상 지위에 직접적인 법률적 변동을 일으키지 아니하는 행위** 등은 항고소송의 대상이 되는 행정처분이 아니고, 건축법 제69조 제2항, 제3항의 규정에 비추어 보면, 행정청이 위법 건축물에 대한 시정명령을 하고 나서 위반자가 이를 이행하지 아니하여 전기·전화의 공급자에게 그 위법 건축물에 대한 전기·전화공급을 하지 말아 줄 것을 요청한 행위는 권고적 성격의 행위에 불과한 것으로서 전기·전화공급자나 특정인의 법률상 지위에 직접적인 변동을 가져오는 것은 아니므로 이를 항고소송의 대상이 되는 행정처분이라고 볼 수 없다."라고 판시하였다.[1] 또한 "무단 용도변경을 이유로 단전조치 된 건물의 소유자로부터 새로이 전기공급신청을 받은 한국전력공사가 관할 구청장에게 전기공급의 적법여부를 조회한 데 대하여, 관할 구청장이 한국전력공사에 대하여 건축법 제69조 제2항, 제3항의 규정에 의하여 위 건물에 대한 전기공급이 불가하다는 내용의 회신을 하였다면, 그 회신은 권고적 성격의 행위에 불과한 것으로서 한국전력공사나 특정인의 법률상 지위에 직접적인 변동을 가져오는 것은 아니므로 항고소송의 대상이 되는 행정처분이라고 볼 수 없다."라고 하였다.[2] 따라서 위와 같은 전기 등의 공급중단요청에 대하여는 과거의 판례에 의하면 행정소송으로 다툴 수 없었다. ☞ **2005년 11월 개정된 건축법에서는 조문변경됨으로써(제69조 제2항) 부당결부금지의 원칙위반논쟁은 입법적으로 해결되었다(현행 건축법은 제79조 제2항).**[3]

---

[1] 행정소송법 제2조, 제19조, 건축법 제69조; 대판 1996. 3. 22, 96누433.
[2] 대판 1995. 11. 21, 95누9099【전기공급불가처분취소】
[3] 건축법 제79조(위반 건축물 등에 대한 조치 등) ② 허가권자는 제1항에 따라 허가나 승인이 취소된 건축물 또는 제1항에 따른 시정명령을 받고 이행하지 아니한 건축물에 대하여는 다른 법령

[사례-2] 주택건설등록사업자 A는 B광역시 지역의 주택난 해소를 위하여 국토해양부장관이 지정고시하는 지역에서 주택건설사업을 추진하였다(이는 주택법 제15조와 제16조에 의해 국토해양부장관이 승인권을 가지고 있으나, 다시 주택법시행령 제117조 제2호에 의해 시도지사에게 권한이 위임되어 있다). 이에 아파트 건설하는 내용의 주택건설 사업계획(공사비 1,000억 규모)을 수립하고, 건설사업에 대한 사업계획승인을 신청하였다. 그런데 B광역시장은 이 사업계획을 승인함에 있어 당해 광역시의 도로를 증설하기 위하여 그 주택건설사업과는 아무런 관련이 없는 토지(싯가 10억원 상당)를 기부채납하도록 하는 부담을 주택사업계획승인에 부과하였다. 이후 A는 주택건설사업의 승인하에 건설을 추진하였고 이후 건설이 완공되어 사용검사를 신청하였으나 B광역시장은 약속된 토지의 기부채납이 이행되어 있지 아니함을 들어 사용검사(주택법시행령 제117조 제3호에 의해 시도지사에게 권한이 있다)를 거부하였다. 이에 A는 약속한 토지를 기부채납하고 건축물의 사용검사를 무사히 받게 되어 사업이행을 완료하였다.

[용어해설] 기부채납(寄附採納; Contributed Acceptance)[1][2]은 기부와 채납의 두 부분

---

에 따른 영업이나 그 밖의 행위를 허가·면허·인가·등록·지정 등을 하지 아니하도록 요청할 수 있다. 다만, 허가권자가 기간을 정하여 그 사용 또는 영업, 그 밖의 행위를 허용한 주택과 대통령령으로 정하는 경우에는 그러하지 아니하다. <개정 2014.5.28.>

1) 국토교통부 기반시설 기부채납 운영기준 : (목적) 본 기준은 「국토의 계획 및 이용에 관한 법률」(이하 "법"이라 한다)에 의한 도시·군관리계획의 수립 또는 개발행위를 허가하는 과정에서 기반시설 기부채납이 적정 수준으로 이루어지도록 기준을 제공하는 것을 목적으로 한다. (성격) 본 기준은 행정기관, 사업시행자 등이 기반시설 기부채납을 협의하여 결정함에 있어 활용하는 권장기준이 된다. 지방자치단체는 본 기준의 내용과 지역여건 또는 사업의 특성을 고려하여 자체 실정에 맞는 별도의 기준을 마련하여 운영할 수 있다. (적용대상) : 법 제26조제1항의 규정에 따라 다음 각 호의 사항에 대하여 주민이 입안 제안하는 도시·군관리계획의 수립 (1) 기반시설(법 제2조 제6호)의 설치·정비 또는 개량에 관한 사항 (2) 지구단위계획구역의 지정 및 변경과 지구단위계획의 수립 및 변경에 관한 사항; 법 제56조의 규정에 의한 개발행위허가 (기반시설 기부채납의 기본원칙) : 기반시설의 기부채납은 개발사업을 시행함에 있어 공공성의 확보와 적정 수준의 개발이익 보장이 조화될 수 있도록 한다. 토지권리자의 정당한 재산권 행사를 제한하고 사업 추진에 지장을 초래하는 과도한 기부채납은 지양한다. 원칙적으로 당해 개발사업과 관련이 있는 기반시설을 우선적으로 기부채납 하도록 한다.
2) 기부채납의 법적 성질: 국유재산법 제2조 제2호는 "기부채납이란 국가 외의 자가 제5조제1항 각 호에 해당하는 재산의 소유권을 무상으로 국가에 이전하여 국가가 이를 취득하는 것을 말한다."고 규정하고 있고, 대법원은 기부채납을 "개인이 그 소유재산을 국가 또는 지방자치단체에게 증여(기부)하는 의사표시를 하고 국가 또는 지방자치단체가 이를 승낙(채납)하는 의사표시를 함으로써 성립하는 증여계약(1992. 12. 8. 대판 92다4031)"으로 정의하고 있다. 기부채납의 법적 근거는 국유재산법 제13조에 있다(국유재산법 제13조 (기부채납) ① 총괄청이나 중앙관서의 장(특별

으로 이루어진다. 기부란 사인이 그의 재산을 국가에 무상으로 증여하는 행위를 말한다. 여기에 대해 행정청(관리청)이 이 재산을 국유재산으로 귀속시키는 행위를 채납이라고 한다. 흔히 임의적 공용부담으로도 불린다. 예컨대, 국가가 도로로 쓰기 위하여 갑의 토지에 대한 공용수용을 고려하던 중, 사인이 이를 무상으로 국가에 증여하는 행위가 바로 기부채납이 된다. 기부채납(寄附採納)은 행정법상 개념으로 국가 또는 지방자치단체가 무상으로 재산을 받아들이는 것을 뜻한다. 여기서 기부(寄附)는 민법상의 증여이고 채납(採納)은 승낙이다(증여계약). 보통 기부채납된 용지는 도로나 공원, 도서관[1], 어린이집, 미술관[2] 등을 짓는데 쓰이는 경우가 많다. "기부채납의 법적 근거가 없음에도 불구하고 실제로는 지자체에서 기업에게 기부체납을 요구하고 기업에서 이를 수용하면 지자체에서 규제를 풀어주고 그렇지 않으면 규제를 풀어주지 않는 등 기부체납이 지자체의 권력으로 악용되고 있다."고 주장한다.[3] (대법원 판례) : "토지소유자가 토지형질변경행위허가에 붙은 기부채납의 부관에 따라 토지를 국가나 지방자치단체에 기부채납(증여)한 경우, 기부채납의 부관이 당연무효이거나 취소되지 아니한 이상 토지소유자는 위 부관으로 인하여 증여계약의 중요부분에 착오가 있음을 이유로 증여계약을 취소할 수 없다."[4]

---

회계나 기금에 속하는 국유재산으로 기부받으려는 경우만 해당한다)은 제5조제1항 각 호의 재산을 국가에 기부하려는 자가 있으면 대통령령으로 정하는 바에 따라 받을 수 있다. ② 총괄청이나 중앙관서의 장은 제1항에 따라 국가에 기부하려는 재산이 국가가 관리하기 곤란하거나 필요하지 아니한 것인 경우 또는 기부에 조건이 붙은 경우에는 받아서는 아니 된다. 다만, 다음 각 호의 어느 하나에 해당하는 경우에는 기부에 조건이 붙은 것으로 보지 아니한다. 1. 행정재산으로 기부하는 재산에 대하여 기부자, 그 상속인, 그 밖의 포괄승계인에게 무상으로 사용허가하여 줄 것을 조건으로 그 재산을 기부하는 경우 2. 행정재산의 용도를 폐지하는 경우 그 용도에 사용될 대체시설을 제공한 자, 그 상속인, 그 밖의 포괄승계인이 그 부담한 비용의 범위에서 제55조제1항제3호에 따라 용도폐지된 재산을 양여할 것을 조건으로 그 대체시설을 기부하는 경우; 기부채납은 엄밀한 의미에서 사법상의 증여의 일종으로 수익적 행정행위의 발령에 부가된 부담적 성질을 가진다. 따라서 기부채납은 본체인 주택건설사업계획승인으로부터 독립된 성격의 부관에 속한다. 이 사건 판결에 있어 기부채납이 주택건설사업계획승인의 조건의 형식으로 붙여졌으나, 이는 행정행위의 효력의 발생과는 상관없는 별개의 작위의무에 해당되기 때문에 전형적인 부담에 속한다. 기부채납은 본체인 주택건설사업계획승인의 구성부분이라고 볼 수는 없고, 추가적인 의무로서 그 자체가 독립된 하나의 행정행위에 해당된다. 김용섭, 행정행위의 부관의 허용성, 판례월보 324호, 25면-35면

1) http://www.ajunews.com/view/20140303150918158; 아주경제 2014-03-03 신세계그룹, 안성에 기부체납 공공도서관 오픈
2) http://www.kyeonggi.com/news/articleView.html?idxno=935444; 경기일보 2015. 03. 26 수원시립미술관
3) http://www.dailian.co.kr/news/view/459416/?sc=naver; 데일리안 2014-09-22 기부체납 법적근거 없어 …지자체 권력으로 악용

(문제 1) B광역시장의 기부채납부담은 적법한가?

[해설] 기부채납부담부 사업계획승인(본체인 행정행위에 기부채납[부담]부관이 붙은 경우)은 부담을 붙인 행정행위로서 부관을 붙이는 것이 가능하다. 기부채납부담은 법적 근거를 요하지 않으나 법령 등에 반하여서는 안된다. 기부채납부담은 관계 법규의 위법은 발견되지 않으나 부당결부금지의 원칙에 반하여 위법하다(대법원은 이 같은 사안에서 비례의 원칙의 위반은 인정하지 아니한다). 위법의 정도에 있어 부당결부금지의 원칙의 위배는 중대하고 명백한 하자로서 무효사유에 해당한다고 할 것이다(대법원은 이 같은 사안에서 무효사유로 보지 않고, 단순 취소사유로 인정한다[1]). <u>이 사건에서 당해 토지의 기부채납이 시행되고 있는 승인사업과 밀접한 관련이 있다면</u>(예를 들어 이 아파트단지에의 진입에 필요한 도로를 확충하기 위하여 토지를 기부채납하도록 요구한 경우) <u>이러한 부담의 부과는 적절한 것으로 인정될 수 있다. 그러나 본 사안에서는 당해 승인사업과는 전혀 무관한 토지의 도로확장을 위하여 당해 토지의 기부채납을 요구하고 있다. 따라서 이는 부당결부금지의 원칙에 위반하여 위법하다.</u> 위법의 효과에는 무효인 경우와 취소인 경우로 구분된다. 하자가 중대하고 명백한 경우에는 당해 행정행위는 무효이며(중대·명백설), 그렇지 않은 경우에는 취소할 수 있을 뿐이다. 이 사안에 있어서 국민의 재산권에 대한 직접적인 침해로서 중대한 하자이며, 사안의 성질상 당해 주택건설사업과 전혀 관계없는 토지의 기부채납 요구는 그 위법이 인식될 수 있을 정도로 '명백'하다. 따라서 본 사안의 기부채납 부담은 중대하고도 명백한 하자로서 '무효'이다.

(문제 2) 비례의 원칙(과잉금지의 원칙)에 반하는가?

[해설] (a) 의의 : 비례의 원칙이란 행정의 목적과 그 목적을 실현하기 위한 수단의 관계에서 어느 정도 비례관계가 있어야 한다는 것이다. 이에는 적합성의 원칙, 필요성의 원칙, 상당성의 원칙을 그 내용으로 한다(과잉금지의 원칙). 적합성의 원칙은 행정은 추구하는

---

[4] 대판 1999. 5. 25, 98다53134 【소유권이전등기말소】 행정청이 이에 근거하여(서울특별시토지의 형질변경등행위허가사무취급요령[1994. 5. 6. 서울특별시예규 제586호]) 토지형질변경 허가처분을 함에 있어서 도로 등 도시계획시설에 저촉되거나 도로로 정비할 필요성이 있는 부분을 기부채납하도록 부관을 붙였다면, 그 내용이 이행가능하고 비례의 원칙 및 평등의 원칙에 적합함과 아울러 그 행정처분의 본질적 효력을 해하지 않는 한 적법하고, 특히 건축물의 건축을 목적으로 하는 토지의 형질변경행위 허가신청에 관하여는 토지의형질변경등행위허가기준등에관한규칙 제4조 제3항 제1호가 신청 지역에 도로·상수도 및 하수도가 설치되지 아니한 경우에는 신청인이 인접의 기존 시설과 연계되는 도로·상수도 및 하수도를 설치할 것을 조건으로 하는 경우가 아니면 이를 허가하여서는 아니된다고 규정하고 있으므로 위와 같은 도로·상수도 및 하수도를 행위자의 부담으로 설치하도록 하는 부관은 적법하다.

[1] 지방자치단체장이 사업자에게 주택사업계획승인을 하면서 그 주택사업과는 아무런 관련이 없는 토지를 기부채납하도록 하는 부관을 주택사업계획승인에 붙인 경우, <u>그 부관은 부당결부금지 원칙에 위반되어 위법하지만 당연무효는 아니다</u>(대판 1997. 3. 11, 96다49650).

행정목적의 달성에 적합한 수단을 선택하여야 원칙이다(수단의 적합성; 방법의 적정성). 필요성의 원칙은 적합한 수단이 여러 가지인 경우에 국민의 최소한으로 침해하는 수단을 선택하여야 한다는 원칙이다(피해의 최소성). 상당성의 원칙은 협의의 비례의 원칙으로서 행정조치를 취함에 따른 불이익이 그것에 의해 달성되는 이익보다 심히 큰 경우에는 그 행정조치를 취해서는 안 된다는 원칙이다(법익의 균형성). (b) 인정근거 및 효과 : 비례원칙(과잉금지의 원칙)은 헌법 제37조 제2항에서 유래하는 것으로 본다(방법상의 한계; 헌법재판소). 따라서 비례원칙은 헌법적 효력을 가지며 비례원칙에 위반한 행정행위는 위헌·위법이 인정된다. (c) 사례 : 사안에서 부과된 기부채납부담이 지나치게 과도한 것으로서 필요성의 원칙에 반하는지 여부가 문제될 수 있다. 대법원은 승인사업의 금액에 1% 정도에 해당하는 가액의 기부채납부담은 위법한 것이 아니라는 입장이다. 따라서 비례의 원칙에 위배되지 않는다고 판결했다.

[부당결부금지의 원칙에 반하지 않는다는 판례] "어업허가를 받고 조업을 하던 사람이 어선을 양도하거나 기존의 허가어업에 사용하던 어선을 폐선한 경우에는 해당 어업허가는 소멸하는 것이지 이 사건 매립면허고시 당시 여전히 어업허가를 보유하고 있는 것이 아니므로 손실보상청구권이 발생할 여지가 없고, 따라서 어선을 양수 또는 대체하였다고 하여 기존의 어선에 잠재되어 있던 기존의 손실보상청구권이 양도되거나 승계된다고 할 수 없으므로 특단의 사정이 보이지 않는 이 사건에서 허가어업 원고들의 어업허가에 위와 같은 부관을 붙였다고 하여 비례의 원칙이나 부당결부금지(不當結付禁止)의 원칙에 반한다고 할 수 없다."[1]

## 제 5 목  신뢰보호(信賴保護)의 원칙

### I. 개관

[의의] (행정기관의 결정·언행에 대한 신뢰) : 신뢰보호원칙(Vertrauensschutz)이란 행정기관의 어떤 결정·언행에 대한 국민의 보호가치 있는 신뢰는 보호해주어야 한다는 원칙이다. 그러나 행정청이 처음의 약속과는 다른 처분을 발하였다고 하여 언제나 신뢰보호원칙에 위반되는 것은 아니다. 다음과 같은 일정한 요건을 갖추어야만 가능하다. (ㄱ) 행정기관이 개인에 대해 신뢰의 대상이 되는 어떤 공적인 견해를 표명해야 한다. (ㄴ) 이런 행정기

---

1) 대판 1999. 12. 24, 98다57419【보상금】

관의 견해표명이 정당하다고 믿은데 대해 그 개인에게 잘못(귀책사유)이 없어야 한다. (ㄷ) 개인이 행정기관의 말을 믿고 투자행위를 했어야 한다. (ㄹ) 그 뒤에 행정기관이 처음의 견해표명과는 상반되는 처분을 함으로써 이를 믿은 개인의 이익이 침해되는 경우이어야 한다. (법규나 제도의 존속에 대한 개개인의 신뢰) : 그리고 신뢰보호의 원칙이 적용되는 범위는 위와 같은 행정기관의 언행 뿐만 아니라 **법규나 제도의 존속에 대한 개개인의 신뢰**도 신뢰보호원칙의 적용대상이 된다.

▶ 판례〉 헌법상의 법치국가원리의 파생원칙인 신뢰보호의 원칙은 국민이 법률적 규율이나 제도가 장래에도 지속할 것이라는 합리적인 신뢰를 바탕으로 이에 적응하여 개인의 법적 지위를 형성해 왔을때에는 국가로 하여금 그와 같은 국민의 신뢰를 되도록 보호할 것을 요구한다. 따라서 **법규나 제도의 존속에 대한 개개인의 신뢰**가 그 법규나 제도의 개정으로 침해되는 경우에 상실된 신뢰의 근거 및 종류와 신뢰이익의 상실로 인한 손해의 정도 등과 개정규정이 공헌하는 공공복리의 중요성을 비교교량하여 현존상태의 지속에 대한 신뢰가 우선되어야 한다고 인정될 때에는 규범정립자는 지속적 또는 과도적으로 그 신뢰보호에 필요한 조치를 취하여야 할 의무가 있다. 이 원칙은 법률이나 그 하위법규뿐만 아니라 국가관리의 입시제도와 같이 국·공립대학의 입시전형을 구속하여 국민의 권리에 직접 영향을 미치는 제도운영지침의 개폐에도 적용되는 것이다(대판 1997. 7. 16, 97헌마38).

[사례-1] (신뢰보호원칙과 토지형질변경) : 갑은 토지형질변경과 종교회관건축허가 (Baugenehmigung)가 가능한지를 담당공무원에게 문의한 뒤, 가능하다는 답변을 얻어 토지거래계약허가를 받아 토지를 매수하고 건축설계 등의 투자를 했다. 그러나 그런 후에 담당공무원으로부터 토지형질변경은 우량농지로 보전할 지역이어서 불가능하다며 불허가처분을 받았다. 이때 갑은 어떻게 구제될 수 있는가?

[해설] 이 경우 담당공무원이 뒤에 내린 토지형질변경 불허가처분은 행정법의 일반법원칙인 신뢰보호원칙을 위반한 위법한 처분으로서 그에 대한 취소소송을 제기하여 구제받을 수 있다(행정소송법 제4조). 행정처분이 헌법·법률·법규명령이나 행정법의 일반법원칙 등을 위반한 경우에는 위법한 처분이 된다. 위 사례의 경우 처음에는 담당공무원이 문의에 대하여 토지변경이 가능하다는 답변을 해서 갑은이를 신뢰하고 투자를 하였으나 사후에 다시 불가능하다는 처분을 내린 것이어서 상대방(여기서는 갑)의 신뢰를 침해하였다. 위의 경우 담당공무원의 답변은 단순한 정보제공이나 법률상담차원이 아니라 토지형질변경이 현행법상 가능하다는 답변을 하여 상대방은 이를 신뢰하였다. 이런 믿음에 대해 상대방에게는 어떤 잘못도 없고 이를 믿고 토지매수, 건축설계 등의 투자까지 한 상태이어서 그 뒤의 행정처분인 토지형질변경 불허가처분은 위법하다. 따라서 상대방은 법원에 토지형질변경불허가처분에 대한 취소소송을 제기하여 구제될 수 있다. 〈인터넷 법률신문 참조 : 참고판례1)〉

[사례-2] 갑은 운전면허기간중 운전행위를 하다가 적발되어 당시 형사처벌을 받았으나, 아무런 행정조치가 없자 안심하고 계속 영업용 택시운전업무에 종사하였다. 그런데 행정청은 3년 동안 아무런 행정조치를 취하지 않다가 이를 이유로 갑자기 갑에 대하여 행정제재를 가하면서 가장 무거운 운전면허를 취소하는 행정처분을 하였다. 이에 대하여 갑은 행정청의 취소처분이 신뢰보호원칙을 위반한 위법한 처분이라고 주장하고 있다. 갑의 주장은 타당한가? <참조판례 : 대판 1987. 9. 8, 87누373【자동차운전면허취소처분취소】>

[해설] 택시운전사가 1983. 4. 5 운전면허정지기간중의 운전행위를 하다가 적발되어 형사처벌을 받았으나 행정청으로부터 아무런 행정조치가 없어 안심하고 계속 운전업무에 종사하고 있던 중, 행정청이 위 위반행위가 있은 이후에 장기간에 걸쳐 아무런 행정조치를 취하지 않은 채 방치하고 있다가 3년여가 지난 1986. 7. 7에 와서 이를 이유로 행정제재를 하면서 가장 무거운 운전면허를 취소하는 행정처분을 하였다면 이는 행정청이 그간 별 다른 행정조치가 없을 것이라고 믿은 신뢰이익과 그 법적 안정성을 빼앗는 것이 되어 매우 가혹할 뿐만 아니라 비록 그 위반행위가 운전면허취소사유에 해당한다 할지라도 그와 같은 공익상의 목적만으로는 위 운전사가 입게 될 불이익에 견줄 바 못된다.[1] 판례에 의하면, 행정청이 이러한 운전면허취소처분을 함에 있어서는 적법상태의 실현이라는 공익과 행정작용의 존속에 대한 신뢰하는 관계 제이익을 비교형량하여 결정하여야 할 것 임에도 위 행정처분은 그 동안 갑이 별다른 행정조치가 없을 것이라고 믿은 신뢰의 이익과 그 법적 안정을 빼앗는 것이 되어 갑에게 지나친 불이익을 주는 것이므로 신뢰보호의 원칙에 위법한 처분이라고 하지 않을 수 없다. 따라서 갑에 대하여 신뢰보호의 원칙의 적용을 배제하여야 할 아무런 이유가 없으므로 갑의 주장이 타당하다.

▶ 대판 1998. 5. 8, 98두4061【폐기물처리업허가신청에대한불허가처분취소】폐기물처리업에 대하여 사전에 관할 관청으로부터 적정통보를 받고 막대한 비용을 들여 허가요건을 갖춘 다음 허가신청을 하였음에도 다수 청소업자의 난립으로 안정적이고 효율적인 청소업무의 수행에 지장이 있다는 이유로 한 불허가처분이 신뢰보호의 원칙 및 비례의 원칙에 반하는 것으로서 재량권을 남용한 위법한 처분이다.

▶ 대판 1987. 9. 8, 87누373【자동차운전면허취소처분취소】원고의 행정행위위반이 있은 후 상기간에 걸쳐 아무런 행정조치가 없은 후 3년이 지난 후에 이를 이유로 운전면허를 취소하는 것은, 행정청이 그간 별다른 행정조치를 하지 않은 것을 믿은 신뢰의 이익과 법적 안정성을 빼앗는 매우 가혹한 것이라 할 것이다.

---

1) 대판 1997. 9. 12, 96누18380【토지형질변경행위불허가처분취소】(신뢰보호원칙에 反한다는 판례) : 도시계획구역내 생산녹지로 답(畓)인 토지에 대하여 종교회관건립을 이용목적으로 하는 토지거래계약의 허가를 받으면서 담당공무원이 관련법규상 허용된다 하여 이를 신뢰하고 건축준비를 하였으나, 그 후 「토지형질변경허가신청」을 불허한 것은 신뢰보호원칙에 反한다.
1) 대판 1987.9. 8, 87누373【자동차운전면허취소처분취소】1. 운전면허취소 또는 정지처분의 재량행위성 및 그 취소의 판단기준 2. 3년전의 위반행위를 이유로 한 운전면허취소처분의 당부

[사례-3] : [제20회 입법고시문제] 건축허가가 가능함을 통보한 후의 건축허가거부처분

甲은 춘천시에 소재하는 녹지지역 내의 자신 소유의 농지에 사회복지시설을 건축하기로 하였다. 그런데 당해 토지 위에 당해 사회복지시설의 건축이 가능한지 여부에 의심이 있고, 춘천시에서 건축허가를 내줄 것이라는 것에 확신이 없어 사업계획개요서를 작성하여 춘천시 건축과에 당해 토지 위에 당해 사회복지시설의 건축이 법상 가능한지 여부와 당해 사회복지시설에 대하여 건축허가를 내줄 수 있는지에 대하여 서면으로 문의하였다. 이에 춘천시 건축과장은 甲에게 관련 법규상 그 건축이 가능하며, 건축허가를 해줄 수 있다는 취지의 답변을 하였다. 이에 甲은 은행으로부터 건축자금을 융자받고 건축설계를 하여 건축허가를 신청하였다. 그런데 당해 농지는 우량농지 및 녹지지역으로 보전할 필요가 있어 관련법상 개발행위허가를 해줄 수 없는 경우에 해당함이 밝혀졌다. 춘천시장은 이러한 이유로 甲의 건축허가를 거부하였다(건축법상 건축허가를 받으면 개발행위허가가 의제된다). 甲의 권리구제가능성을 논하시오(절차상의 하자는 없는 것으로 본다).

[참고조문]

▶ 건축법 제8조(건축허가) ① 다음 각호의 1에 해당하는 건축 또는 대수선을 하고자 하는 자는 시장·군수·구청장의 허가를 받아야 한다. 다만, 21층 이상의 건축물등 대통령령이 정하는 용도·규모의 건축물을 특별시 또는 광역시에 건축하고자 하는 경우에는 특별시장 또는 광역시장의 허가를 받아야 한다.
 1. 국토의계획및이용에관한법률에 의하여 지정된 도시지역 및 제2종지구단위계획구역 안에서 건축물을 건축하거나 대수선하고자 하는 자
  ▶ 국토의계획및이용에관한법률 : 구 도시계획법 제36조(용도지역의 지정)[1] ① 건설교통부장관 또는 시·도지사는 다음 각 호의 1의 용도지역의 지정 또는 변경을 도시관리계획으로 결정한다.
   1. 도시지역 : 다음 각목의 1로 구분하여 지정한다.
   2. 녹지지역 : 자연환경·농지 및 산림의 보호, 보건위생, 보안과 도시의 무질서의 무질서한 확산을 방지하여 녹지의 보전이 필요한 지역.

[해설] 甲은 사회복지시설의 건축을 위해 필요한 서류를 구비하였으나, 이 사업의 허

---

[1] 국토의계획및이용에관한법률(구 도시계획법) 제36조(용도지역의 지정) ① 국토교통부장관, 시·도지사 또는 대도시 시장은 다음 각 호의 어느 하나에 해당하는 용도지역의 지정 또는 변경을 도시·군관리계획으로 결정한다. <개정 2011.4.14., 2013.3.23.>
1. 도시지역 : 다음 각목의 어느하나로 구분하여 지정한다.
2. 관리지역 : 다음 각 목의 어느 하나로 구분하여 지정한다.
3. 농림지역
4. 자연환경보전지역

가에 대한 확신이 없어 사업계획개요서와 함께 그 허가 여부를 행정청에 서면으로 문의하였고, 행정청으로부터 긍정적인 답변을 받았다. 이를 확약으로 본다면,[1] 이 답변을 신뢰하여 그로 인해 구체적 처분을 한 甲의 행위는 신뢰보호의 원칙에 의거하여 권리구제를 받을 수 있는 행정소송의 대상이 될 수 있다. 다만, 행정의 법률적합성의 원칙을 적용한다면 신뢰보호를 주장할 수 없고, 건축과장의 답변내용의 위법성 여부와 관련하여 손해배상청구를 하거나, 답변을 신뢰한 데 대한 손실보상청구를 할 수 있다.

[참고판례] (1) 일반적으로 행정상의 법률관계에 있어서 행정청의 행위에 대하여 신뢰보호의 원칙이 적용되기 위하여는, 첫째 행정청이 개인에 대하여 신뢰의 대상이 되는 공적인 견해표명을 하여야 하고, … 행정청의 공적 견해표명이 있었는지의 여부를 판단하는데 있어 반드시 행정조직상의 형식적인 권한분장에 구애될 것은 아니고 담당자의 조직상의 지위와 임무, 당해 언동을 하게 된 구체적인 경위 및 그에 대한 상대방의 신뢰가능성에 비추어 실질에 의하여 판단하여야 한다. (2) 종교법인이 도시계획구역 내 생산녹지로 답인 토지에 대하여 종교회관 건립을 이용목적으로 하는 토지거래계약의 허가를 받으면서 담당공무원이 관련법규상 허용된다하여 이를 신뢰하고 건축준비를 하였으나 그 후 당해 지방자치단체장이 다른 사유를 들어 토지형질변경허가신청을 불허가 한 것은 신뢰보호원칙에 반한다. (3) 비록 지방자치단체장이 당해 토지형질변경허가를 하였다가 이를 취소·철회하는 것은 아니라 하더라도 지방자치단체장이 토지형질변경이 가능하다는 공적 견해표명을 함으로써 이를 신뢰하게 된 당해 종교법인에 대하여는 그 신뢰를 보호하여야 한다는 점에서 형질변경허가 후 이를 취소·철회에 상당하는 당해 처분으로써 지방자치단체장이 달성하려는 공익 즉, 당해 토지에 대하여 그 형질변경을 불허하고 이를 우량농지로 보전하려는 공익과 위 형질변경이 가능하리라고 믿은 종교법인이 입게 될 불이익을 상호 비교·교량하여 만약 전자가 후자보다 더 큰 것이 아니라면 당해 처분은 비례의 원칙에 위반되는 것으로 재량권을 남용한 위법한 처분이라고 봄이 상당하다. (4) 도시계획법시행령 제5조의2의 규정에 따르면 도시계획구역 안에서 토지에 대한 형질변경허가신청에 대한 불허가의 대상이 되는 경우는 추상적으로 당해 토지의 합리적인 이용이나 도시계획사업에 지상이 될 우려가 있다는 것만으로는 부족하고 구체적으로 건설부령인 토지의형질변경등행위허가기준등에관한규칙이 정하는 기준에 적합하지 아니한 경우에 한하여 불허가의 대상이 된다고 보아야 한다.[2]

---

[1] 행정청이 확약의 내용인 행위를 하지 아니하는 경우 상대방은 의무이행심판으로써 그 이행을 청구할 수 있다.
[2] 대판 1997. 9. 12, 96누18380

## II. 신뢰보호원칙의 연혁(독일·영미법)

### 1. 독일에서의 신뢰보호사상의 전개 및 제도화 과정

[개관] 발터 슈미트(Walter Schmidt)는 "공법에 있어서의 신뢰보호란 판례에 의해서 발전된 개념으로서 시민의 법적 지위와 관련되어 있는데 그 이론적 기초는 불명확하다. 왜냐하면 신뢰보호사상은 모든 법의 근저에 깔려 있는 것이고, 고도의 추상성 때문에 개별적인 판결에 대한 근거지움에는 적합하지 않다"고 하였다.[1] 신뢰보호사상은 독일의 경우 특히 제2차대전 후의 여러 판례와 학설을 통하여 제기되어 왔으며, 드디어는 행정통칙법적 성격을 갖는 독일연방행정절차법에 전면적으로 규정되었다고 볼 수 있다. 그러나 신뢰보호사상의 뿌리는 이미 1892년의 프로이센의 베를린 고등행정법원의 판례에서 엿볼 수 있지만,[2] 같은 무렵의 유사한 사건(특히 이미 건축에 착수한 건축허가를 취소한 사건)에 있어 동 고등행정법원은 신뢰보호사상에 대하여 그다지 관심을 갖지는 않았고, 또한 1910년에 "법률행위적 국가행위의 체계(System der rechtsgeschäftlichen Staatsakte, Berlin, 1910)"라는 논문을 통해 행정행위의 철회와 관련하여 커다란 연구업적을 낸 칼 코르만(Karl Kormann)도 신뢰보호사상에 대하여는 별로 관심을 가지지 않았다. 그러나 코르만(K. Kormann)은 행정행위의 철회의 자유를 그 논문의 주된 기조로 삼으면서도 '그에 대한 예외'를 체계화함으로써 오늘날 신뢰보호라는 용어로써 표현되는 사상을 어느 정도 전개하였음은 부인할 수는 없을 것이다. 코르만(K. Kormann)이 의미하는 법원칙의 개념은 '기득권 존중의 원칙'과 '사물의 본성'에 관한 내용이었다. 결국 신뢰보호원칙이라는 사상적 개념이 독일의 판례나 학설에 뿌리를 내리게 된 것은 1919년의 바이마르시대 이후라고 할 수 있다.

[입센의 영향] 입센(Hans Peter Ipsen)이 1932년 그의 함부르크 대학에서의 박사학위논문인 '유효한 행정행위의 철회(Widerruf gültiger Verwaltungsakte)'에서 신뢰보호에 관한 이론을 발표한 이래 신뢰보호사상은 그 뒤 스위스 등 다른 나라에도 전파되어 학문적으로 활발한 토론과 이론이 전개되었다. 그러나 특히 행정행위의 취소(Rücknahme), 철회

---

1) '신뢰'의 개념에 관한 상세한 내용은 김정순, 행정법에 있어서의 신뢰보호원칙, 이화여대박사학위논문, 1990, 8-17면 참조.
2) PrOVGE 22, S. 381(385): 만일 정주허가에 의해 수반된 법적 지위가 바로 또는 수년 후에 취소되거나, 또한 주어진 허가를 신뢰하여 자신의 집을 지은 기업가가 수년후에 그 집에 살 수 없게 되어 헐리거나 아니면 사태의 적응에 막대한 금액을 지불하지 않을 수 없게 된다고 하면, 심한 법적 불안정이 생기지 않을 수 없다는 것이다.

(Widerruf)와 관련하여 신뢰보호의 원칙이 강조되게 된 것은 독일에서도 제2차세계대전 이후의 일이다. 여기에는 크게 두 가지 원인이 작용하였다. 그 하나는, (ㄱ) 행정영역에서 수익적 행정행위(begünstigender Verwaltungsakt)가 모든 행정분야에 걸쳐 급격하게 증가하게 되었고, (ㄴ) 입법부가 이와 관련하여 입법작용을 통하여 행정행위의 취소·철회에 관한 일정한 준칙규정을 정립하지 않고, 단지 법원의 판결에 맡겨버렸다는데 그 원인이 있었다. 특히 독일은 행정법 영역에 있어서의 통칙적 규정, 즉 <u>행정통칙법이라고 할 수 있는 독일 연방행정절차법</u>을 1976년 5월 25일에 확정, 공포하여 1977년 1월 1일부터 이를 시행하고 있는데, 이 연방행정절차법 제35조에서는 행정행위의 개념(Begriff des Verwaltungsaktes), 제38조에서는 행정행위의 확약(Zusicherung), 제48조에서는 위법한 수익적 행정행위의 취소(Rücknahme eines rechtswidrigen Verwaltungaktes)의 제한 금지를, 제49조에서는 적법한 수익적 행정행위의 철회(Widerruf eines rechtsmäßigen Verwaltungsaktes)의 제한, 금지를 규정하고 있다. 이렇게 하여 신뢰보호원칙은 행정절차법에서 제도화되고, 조세통칙법(조세기본법 : Abgabenordnung)[1] 제204조(구속적 확언의 전제조건)는 납세의무자의 신청에 의하여 확약을 발할 수 있음을 규정하고 있다),[2] 건축법(건설법) 등 다른 단행법들에서도 뒤를 이어 규정되기에 이르렀다. 그리고 각주(各州)의 행정절차법(Verwaltungsverfahrensgesetz)에서도 신뢰보호원칙을 규정함으로써 오늘날 독일행정법상 신뢰보호원칙은 확고하게 정착되었다.

### 2. 영미법상 금반언의 법리

영미 행정법상의 금반언의 법리(Venire contra faktum proprium)도 신뢰보호와 대체로 이념을 같이 한다고 할 수 있다. 즉, '일방 당사자(A)'가 전(前)에 어떠한 주장을 했고,

---

1) 조세통칙법(조세기본법)은 조세법에 있어서 세법의 어머니라고 할 수 있으며, 조세상의 헌법이라고 할 수 있다(Die Abgabenordnung im Steuerrecht ist sozusagen die Mutter des Steuerrechts, das steuerliche Grundgesetz). Die Abgabenordnung (AO) ist das elementare Gesetz des deutschen Steuerrechts. Da sich in ihr die grundlegenden und für alle Steuerarten geltenden Regelungen über das Besteuerungsverfahren finden, wird sie auch als Steuergrundgesetz(조세통칙법/조세기본법) bezeichnet.
2) 조세통칙법(조세기본법) § 204 Voraussetzung der verbindlichen Zusage(구속적 확언의 전제조건) : Im Anschluss an eine Außenprüfung soll die Finanzbehörde dem Steuerpflichtigen auf Antrag verbindlich zusagen, wie ein für die Vergangenheit geprüfter und im Prüfungsbericht dargestellter Sachverhalt in Zukunft steuerrechtlich behandelt wird, wenn die Kenntnis der künftigen steuerrechtlichen Behandlung für die geschäftlichen Maßnahmen des Steuerpflichtigen von Bedeutung ist.

'타방 당사자(B)'가 이를 신뢰하였거나 신뢰할 가치가 있는 사실상태 하에서, '일방 당사자(A)' 스스로가 종전의 주장과 모순되는 태도를 취하여 '타방 당사자(B)'에 대해서 손실을 가해서는 안된다는 것이다. 이러한 의미에서 국왕도 이 원칙에 종속을 받는다. 정부(국가)는 언제나 Fair-Play 정신에 입각하여 신사답게 행동해야 하고, 국민은 공무원으로부터 올바른 직무상의 행위를 받을 것을 기대하고, 또 받을 권리가 있다는 것이다. 그리하여 미국에서도 신뢰보호제도와 관련한 입법 노력이 전개되고 있다.

## III. 신뢰보호의 관념

### 1. 의의

행정법상 신뢰보호라 함은 행정기관(행정청)[1]의 국민에 대한 적극적(明示的)·소극적(黙示的) 언동(공적 견해의 표명)의 정당성·존속성 또는 구속성에 대하여 신뢰한 경우, 그 신뢰가 보호할 가치가 있는 한, 그 신뢰를 보호해주어야 한다는 법리를 말한다.[2] 즉 행정기관의 어떤 명시적·묵시적 언동이 있고 그 정당성 또는 존속성에 대한 개인의 보호가치 있는 신뢰가 있는 경우에는 그 신뢰를 보호하여야 한다는 원칙이다. 또한 개정법률의 적용과 관련하여 개정 전 법령의 존속에 대한 국민의 신뢰가 개정법령의 적용에 관한 공익상의 요구보다 더 보호가치가 있다고 인정되는 경우에는 그러한 국민의 신뢰를 보호하기 위하여 개정법령의 적용이 제한될 수도 있다.[3][4] 행정의 자기구속의 원칙은 신뢰보호원칙

---

[1] 헌법재판소의 위헌결정은 행정청이 개인에 대하여 신뢰의 대상이 되는 공적인 견해를 표명한 것이라고 할 수 없으므로 그 결정에 관련한 개인의 행위에 대하여는 신뢰보호의 원칙이 적용되지 아니한다(대판 2003. 6. 27, 2002두6965[시정명령처분취소]).
[2] 김철용, 행정법(I), 58면; 김남진·김연태, 행정법(I), 44면.
[3] 대판 2000. 3. 10. 97누13818【광업권존속기간연장허가거부처분등취소】
[4] 개정법령의 적용제한에 대한 판례로는 서울행정법원 2000. 12. 5. 선고 2000구16448 판결, 서울고등법원 2001. 10. 19. 선고 2000누16799 판결 등이 있다. 서울행정법원 2000. 12. 5. 선고 2000구16448 판결【전통사찰의부동산양도허가신청서반려처분취소】행정처분은 그 근거 법령이 개정된 경우에도 경과규정을 달리 정함이 없는 한 처분 당시 시행되는 개정법령과 그에서 정한 기준에 의하는 것이 원칙이지만, 그러한 개정법률의 적용과 관련하여 개정전 법령의 존속에 대한 국민의 신뢰가 개정법령의 적용에 관한 공익상의 요구보다 더 보호가치가 있다고 인정되는 경우에는 그러한 국민의 신뢰를 보호하기 위하여 개정법령의 적용이 제한될 수도 있다(대법원 2000. 3. 10. 선고 97누13818 판결 참조). 故 박성현이 1995. 5.경 피고인에게 양도허가신청을 할 때만 하여도 승인서 첨부는 법률이 요구하는 양도허가의 요건이 아니었음에도 불구하고, 관련 소송이 진행되

의 구체적 표현이라 할 수 있다.

[행정상 법률관계에 있어서 신뢰보호의 원칙의 적용요건] 행정상 법률관계에 있어서 신뢰보호의 원칙이 적용되기 위해서는, (ㄱ) 행정청이 개인에 대하여 신뢰의 대상이 되는 공적인 견해표명을 하여야 하고, (ㄴ) 행정청의 견해표명이 정당하다고 신뢰한 데 대하여 개인에게 귀책사유가 없어 그 신뢰가 보호가치 있는 것이어야 하며, (ㄷ) 개인이 견해표명을 신뢰하고 이에 따라 어떠한 행위를 하였어야 하고, (ㄹ) 행정청이 위 견해표명에 반하는 처분을 함으로써 견해표명을 신뢰한 개인의 이익이 침해되는 결과가 초래되어야 하며, 이러한 요건을 충족할 때에는 행정청의 처분은 신뢰보호의 원칙에 반하는 행위로서 위법하다고 볼 것이다.[1]

(ㄱ) 행정청이 개인에 대하여 신뢰의 대상이 되는 공적인 견해표명

(ㄴ) 행정청의 견해표명이 정당하다고 신뢰 ☞ **개인에게 귀책사유가 없어 그 신뢰가 보호가치 있어야**

(ㄷ) 개인이 견해표명을 신뢰하고 이에 따라 어떠한 행위를 하였어야

(ㄹ) 견해표명을 신뢰한 개인의 이익이 침해되는 결과가 초래되어야

[헌법재판소 결정례에 따른 개인의 행위에 대하여는 신뢰보호의 원칙이 적용되지 않는다는 판례] 헌법재판소의 위헌결정은 행정청이 개인에 대하여 신뢰의 대상이 되는 공적인 견해를 표명한 것이라고 할 수 없으므로 그 결정에 관련한 개인의 행위에 대하여는 신뢰보호의 원칙이 적용되지 아니한다.[2]

▶ 대판 1985. 4. 23, 84누593 【법인세부과처분취소】 조세법률관계에 있어서 과세관청의 행위에 대하여 신의성실의 원칙이 적용되는 요건으로서는, (1) 과세관청이 납세자에게 신뢰의 대상이 되는 공적인 견해표명을 하여야 하고, (2) 그 견해표명이 정당하다고 신뢰한데 대하여 납세자에게 귀책사유가 없어야 하며, (3) 납세자가 그 신뢰에 기하여 무엇인가 행위를 하여야 하고, (4) 과세관청이 위 견해표명에 반하는 처분을 함으로써 납세자의 이

---

던 도중인 1997. 4. 10. 전통사찰보존법이 개정되면서, 동법 제6조 제1항에 '소속대표단체 대표자의 승인서를 첨부하여야 한다'는 내용의 단서조항이 신설된 점 등 이 사건 분쟁경위에 비추어 볼 때 구법의 존속에 대한 신뢰는 보호되어야 할 가치가 있다고 판단된다. 한편, 전통사찰보존법 제6조제1항 단서가 사찰재산의 양도에 있어 소속대표단체 대표자의 승인서를 첨부하도록 요구하고 있는 취지는, 해당 사찰의 재산양도가 사찰 고유의 목적에 기여하고 그 존립자체를 위태롭게 하는 것은 아닌지 등을 판단할 수 있는 근거자료를 확보함으로써, 관할 행정청으로 하여금 양도허가신청에 대한 가부를 보다 용이하게 판단할 수 있도록 하려는 데에 불과하므로, 개정된 법률의 예외 없는 적용에 관한 공익상의 요구보다 구법의 존속에 대한 원고들의 신뢰를 보호하여야 할 필요성이 우월한 것으로 판단된다. 따라서, 이 사건 토지의 양도허가신청에 대하여 개정된 이후의 법률을 적용하여 '소속대표단체 대표자의 승인서가 누락되어 있다'는 이유로 이를 거부할 수는 없다.

1) 대판 1993. 9. 10, 93누5741 【재심청구기각결정처분취소】
2) 헌재결 2003. 6. 27, 2002두6965

익이 침해되는 결과가 초래되어야 한다는 점을 들 수 있다.

※「판례분석」: (1) 과세관청이 납세자에게 신뢰의 대상이 되는 공적인 견해표명을 하여야 → 행정기관의 선행조치의 존재, (2) 그 견해표명이 정당하다고 신뢰한데 대하여 납세자에게 귀책사유가 없어야 → 신뢰의 보호가치성의 존재, (3) 납세자가 그 신뢰에 기하여 무엇인가 행위를 하여야 → 관계자의 신뢰에 기인한 처리의 보호, (4) 과세관청이 위 견해표명에 반하는 처분을 함으로써 납세자의 이익이 침해되는 결과가 초래되어야 → 인과관계의 존재

▶ 대판 2001. 7. 10, 98다38364 【손해배상(기)】 (정신적 피해도 포함된다고 본 판례) : 삼청교육으로 인한 피해와 관련하여 대통령이 1988. 11. 26. 발표한 담화는 그 발표 경위와 취지 및 내용등에 비추어 볼 때 사법상의 법률효과를 염두에 둔 것이 아니라 대통령으로서의 시정방침을 밝히면서 일반 국민의 이해와 협조를 구한 것에 불과하므로, 이로써 삼청교육 관련 피해자들에 대한 국가배상채무를 승인하거나 시효의 이익을 포기한 것으로 볼 수 없고, 대통령에 이어 국방부장관이 1988. 12. 3. 대통령의 시정방침을 알리는 한편 그에 따른 보상절차를 진행하기 위하여 피해자 및 유족들에게 일정 기간내에 신고할 것을 공고하는 담화를 발표하고 실제 신고를 받기까지 하였다고 하여 그 결론이 달라지는 것이 아니며, 또한 국가의 소멸시효 주장이 금반언의 원칙이나 신의성실의 원칙에 반하여 권리남용에 해당하는 것도 아니다. [2] 대통령이 담화를 발표하고 이에 따라 국방부장관이 삼청교육 관련 피해자들에게 그 피해를 보상하겠다고 공고하고 피해신고까지 받은 것은, 대통령이 정부의 수반인 지위에서 피해자들인 국민에 대하여 향후 입법조치 등을 통하여 그 피해를 보상해 주겠다고 구체적 사안에 관하여 종국적으로 약속한 것으로서, 거기에 채무의 승인이나 시효이익의 포기와 같은 사법상의 효과는 없더라도, 그 상대방은 약속이 이해될 것에 대한 강한 신뢰를 가지게 되고, 이러한 신뢰는 단순한 사실상의 기대를 넘어 법적으로 보호받아야 할 이익이라고 보아야 하므로, 국가로서는 정당한 이유 없이 이 신뢰를 깨뜨려서는 아니 되는바, 국가가 그 약속을 어기고 후속조치를 취하지 아니함으로써 위 담화 및 피해신고 공고에 따라 피해신고를 마친 피해자의 신뢰를 깨뜨린 경우, 그 신뢰의 상실에 따르는 손해를 배상할 의무가 있고, 이러한 손해에는 정신적 손해도 포함된다.

[행정수단의 다양화·복잡화에 따른 신뢰보호원칙의 인정필요성] 오늘날 고도로 발달한 다원적 산업사회에서는 행정기능 및 행정목적을 달성하기 위한 행정수단 역시 다양하고 광범위하게 이루어지고 있으므로, 그 신뢰보호의 문제는 행정행위의 취소·철회에 한하지 않고 행정의 전영역에 걸쳐서 문제가 되고 있다. 행정기능의 확대로 인한 행정부의 권한강화와 함께 행정의 국민생활에 대한 관여도가 증가하고 있으며, 국민의 권리·의무에 관한 사항을 정하여 행정을 규율하는 행정법령도 양적으로 팽창하고 그 내용도 복잡다양한 형태로 이루어지며, 또한 그 개폐(改廢)도 빈번하게 되었다.[1] 뿐만 아니라 국민은 행정법령의

내용을 이해하지 못하고서는 원활한 사회생활을 영위할 수 없는 것이고, 결국 국민은 행정법령을 실제로 입안하고 집행을 담당하는 행정기관이 행한 법령의 해석을 신뢰하여 행동하게 된다. 여기에서 국민의 신뢰를 보호하여 부당한 불이익을 받지 않도록 하기 위하여서는 행정기관에 의한 모순된 언동을 막아 종전의 행정해석을 표명한 행정작용의 구속성을 인정할 조리상의 필요성이 등장하게 된다.

## 2. 영·미행정법상의 '금반언(Estoppel)의 법리(Estoppel-Prinzip)'·독일의 학설·판례 및 우리나라의 경우

### 2.1. 영·미행정법상의 '금반언(Estoppel)의 법리'

「금반언」이란 「자기의 과거의 언동에 반하는 주장을 함으로써 그 과거의 언동을 신뢰(rely)한 상대방의 이익을 해치는 것은 허용되지 않는다」는 법리이다. 즉 행정관청은 자신의 과거의 행위와 언동에 모순되는 행위나 언동을 하는 것이 금지된다는 원칙이다. 물론 이러한 금반언의 원칙은 행정청에 대하여 모순되는 언동을 하지 않을 것을 요구하는 원칙으로서 이는 행정객체의 행정주체에 대한 신뢰는 보호되어야 한다는 것을 의미한다. 이러한 영미법상의 금반언의 법리도 독일의 신뢰보호의 원칙과 대체로 같은 이념을 가진 것이다. 이렇게 자기모순행위를 금지시키는 금반언의 원칙(Venire contra faktum proprium)은 권리자의 법적 지위를 상실시키는 일반적인 법원리로서, 일정한 권리를 가지고 있는 자가 더 이상 자기의 권리를 행사하지 않을 것 같은 외관을 외부에 명시적 또는 묵시적으로 표시한 경우에는 그 권리자는 차후 자신의 선행행위와 모순된 주장을 해서는 안된다는 것을 법원칙으로서 승화 시킨 것이다. 이러한 원칙은 일찍이 로마법에서 확립된 법원리로서 오늘 날에도 선행행위와 모순된 주장의 법적 효력을 부인하는 근거로 사용되고 있다.

[판례] 판례는 '자기모순 금지의 원칙'을 신의성실의 원칙에 근거를 두고 상대방의 정당한 신뢰를 보호하기 위한 법적 수단이라는 데에서 그 의미를 찾는다. 그러나 이러한 자기모순 금지의 법원리가 실제의 법률관계에서 어떠한 법적 성질을 가지고 있으며 또한 어떠한 근거에서 권리상실의 효과를 가져오는지에 대해서 판례는 구체적인 근거를 제시하지 않고 추상적이며 불확정한 신의성실의 원칙(Prinzip von Treu und Glaube)을 개별적인 상황에 적용하여 권리상실의 효과를 도출해 내고 있다.[1] 일반적으로 신의(Glauben)란 '상대방의 성실에 대한 신뢰'를 의미하며, 성실(Treu)이라 함은 '의무준수에 관한 무사한 준비'를 말한다. 그러므로 신의칙이란 어떠한 법률관계에 관여한 자는 상대방의 정당한 이익을 고려하여 권리를 행사하며 의무를 이행하여야 한다는 것을 말한다. 이 법리는 법의 세계에 있어서 fair play의 한

---

1) 김철용, 행정법(I), 59면.
1) 최신섭, 금반언의 원칙과 그 효과, 법학연구 VOL. 3(2000), 인하대학교 법학연구소, 209면.

표현으로 인정되고 있다.1) 이러한 의미에서 국왕도 이 원칙에 구속을 받는다(여기서 국왕은 국가를 의미한다). 정부(국가)는 언제나 신사답게 행동해야 하고 가령 납세자는 조세공무원으로부터 올바른 fair play를 받을 것을 기대하고, 또 받을 권리가 있다는 것이다.2) 영·미법상의 금반언의 범위는 민법에서는 인정되나, 행정법에서는 인정되지 아니한다는 견해도 있다.

### 2.2. 독일의 학설·판례

[개관] 행정상의 법률관계에 있어서 신뢰보호의 법리가 가지는 의의 및 기능은 영·미법상의 금반언의 법리보다 광범위 하게 이루지고 있다. 금반언의 법리가 영·미법의 소산인데 대하여, 신뢰보호의 법리(Vertrauensschutz)는 대륙법 특히 독일법에 그 연원을 두고 있다. 이러한 신뢰보호의 원칙에 관한 독일의 학설·판례는 일찍이 20세기 초부터 형성되어 왔던 것으로, 이는 사법상의 일반원칙이었던 것이 행정법상의 공법영역에서 논의된 것은 독일 바이마르 공화국 말기인 1932년에 입센(Ipsen)의 함부르크 대학에서의 박사학위 논문인 「적법한 행정행위의 철회(Widerruf gültiger Verwaltungsakte)」로 부터였다.3) 특히 신뢰보호의 사상이 판례·학설을 통하여 더욱더 구체적으로 이루어지게 된 것은 2차대전이후의 일이며(과부연금사건 : Witwen-Urteil/베를린), 1973년에 개최된 독일공법학회(Vereinigung der Deutschen Staatsrechtslehre)에서 행정법영역에 있어서의 신뢰보호가 중요한 테마로 등장하여 이에 대한 활발한 논의가 진행되기도 하였다.

[독일연방행정절차법] 신뢰보호의 원칙이 성문법으로서 규정된 것은 1976년 5월에 확정·공포되고,4) 1977년 1월 1일부터 시행된 독일연방행정절차법이며, 구체적으로는 독일연방행정절차법(Bundesverwaltungsverfahrensgesetz) 제38조(행정법상의 확약 [Zusicherung]), 제48조(위법한 행정행위의 취소[Rücknahme eines rechtswidrigen Verwaltungsaktes), 제49조(적법한 행정행위의 철회[Widerruf eines rechtsmäßigen

---

1) 김항규, 행정법학에 있어서의 행정이념, 목원대 사회과학연구소(산경연구), 2001, 11면.
2) 김도창, 행정법상의 신뢰보호원칙, 공법이론, 청운사, 1983, 581면.
3) H. P. Ipsen, Widerruf gültiger Verwaltungsakte, 1932, S. 100; Anna Leisner, Kontinuität als Verfassungsprinzip, - unter besonderer Berücksichtigung des Steuerrechts, Jus Bd. 83, Tübingen 2002, S. 461.
4) 1976년의 독일연방행정절차법은 위법한 수익적 행정행위(begünstigender Verwaltungsakt)의 취소의 제한, 행정행위의 철회의 제한, 확약 등의 법적 근거로서 신뢰보호의 원칙을 제도화하기에 이르렀다. 이는 수익적 행정행위가 모든 행정분야에서 급증하게 되고 국회가 이에 대한 구체적 준칙을 정한 바 없이 법원의 판결에 맡겼기 때문이다(김원주·김창조, 우리나라 행정판례상의 자유재량권의 한계, 법학논고 VOL. 5(1989), 경북대학교 법학연구소, 138면).

Verwaltungsaktes]) 등에서 신뢰보호원칙의 법적 근거를 성문화함으로써 공법관계에 있어서의 신뢰보호를 제도화 하였다.

▶ 행정법상의 확약(제38조)
▶ 위법한 행정행위의 취소(제48조 제1항 전문)
▶ 위법한 수익적 행정행위의 취소권의 제한(Beschränkung der Rücknahme eines rechtwidrigen Verwaltungsaktes : 제48조 제1항 후문)
▶ 적법한 비수익적 행정행위의 철회(Widerrufs eines Verwaltungsaktes : 제49조 제1항)
▶ 적법한 수익적 행정행위의 철회의 제한(Beschränkung des Widerrufs eines rechtmäßigen Verwaltungsaktes : 제49조 제2항)

▶ 독일연방행정절차법 제48조(위법한 행정행위의 취소) ① 위법한 행정행위는 불가쟁력이 발생한 후에도 장래를향한 또는 소급적인 효력으로 그 전부 또는 일부를 취소할 수 있다. 권리 또는 중대한 법률상의 이익을 설정하거나 확인한 행정행위는 (수익적 행정행위), 제2항 내지 제4항의 제한 아래에서만 취소할 수 있다. ② 위법한 행정행위로서, 1회 또는 계속적인 금전급여 또는 분할가능한 물적 급여의 제공을 보장하거나 도는 그를 위한 전제가 되는 행정행위는, 수익자가 행정행위의 존속을 신뢰하고 있고 그의 신뢰와 취소에 따르는 공공의 이익을 저울질 할 때 그의 신뢰가 보호할 가치가 있다고 인정되는 때에는, 이를 취소할 수 없다. 신뢰는, 수익자가 지급받은 급여를 사용하였거나, 재산의 처분을 하였고, 그 처분이 돌이킬 수 없거나 또는 도저히 감당할 수 없는 불이익을 감내하여야만 취소할 수 있는 경우에 해당하는 때에는, 원칙적으로 보호할 가치가 있다. 수익자는 다음 각호의 1에 해당하는 경우에는 신뢰를 주장할 수 없다.

1. 악의적인 의한 사기 또는 강박이나 뇌물에 의하여 행정행위를 하도록 한 때
2. 중요한 관계에 관하여 부정 또는 부실한 기재를 함으로써 행정행위를 하도록 한 때
3. 행정행위의 위법성을 인식하였거나 또는 중대한 과실로 인하여 그 위법성을 인식할 수 없었던 경우 제3문의 각호에 해당하는 행정행위는 원칙적으로 과거에 소급하여 취소된다

③ 제2항에 해당되지 아니하는 위법한 행정행위를 취소한 경우에, 당해 행정청은 신청에 따라, 당사자가 행정행위의 존속을 신뢰하였고, 그 신뢰가 공익과 비교할 때 보호가치가 있는 것을 경우에는, 그 재산상의 불이익을 보상하여야 한다. 제2항 제3문은 적용되어야 한다. 재산상의 불이익은 당사자가 행정행위의 존속으로 받게 되는 이익에 상당하는 금액을 초과하여 보상될 수 없다. 보상될 재산의 불이익은 행정청이 결정한다. 청구는 1년내에만 할 수 있다 기간은 당해 행정청이 당사자에게 이에 관하여 고지한때로부터 진행된다. ④ 행정청이 위법한 행정행위의 취소를 정당화하는 사실의 존재를 알게 된 경우에는, 이를 알게 된 날로부터 1년내에만 취소가 허용된다. 제2항 제3문 제1호에 해당하는 경우에는 적용되지 아니한다. ⑤ 행정행위의 불가쟁력이 발생한 이후의 취소에 관하

여는 제3조의 규정에 의한 관할행정청이 이를 결정한다 취소하여야 할 행정행위가 다른 행정청에 의하여 발동된 경우에도 또한 같다.

▶독일연방행정절차법 제49조(적법한 행정행위의 철회) ① 적법한 비수익적 행정행위는, 불가쟁력이 발생한 후에도, 그 전부 또는 일부를 장래를 향하여 철회할 수 있다. 다만 동일한 내용의 행정행위를 다시 발하여야 하거나 또는 다른 사유로 철회가 허용되지 아니하는 경우는 예외로 한다. ② 적법한 수익적 행정행위(begünstigender Verwaltungsakt)는, 불가쟁력이 발생한 후에도, 다음 각호의 1에 해당하는 경우 그 효력의 전부 또는 일부를 장래에 향하여 철회할 수 있다.

  1. 철회가 법규에 의하여 허용되었거나 또는 행정행위안에 유보된 경우

  2. 행정행위와 부담으로 연결되어 있고, 수익자가 그 부담을 이행하지 아니하거나 그에게 부과된 기간내에 이행하지 아니한 경우

  3. 행정청이 추후에 발생한 사실을 근거로 한다면, 행정행위를 하지 아니할 권한이 있고, 철회를 하지 아니한다면 공공의 이익이 위험에 처할 우려가 있는 경우

  4. 행정청이 개정된 법규에 근거한다면 행정행위를 하지 아니할 권한이 있고, 수익자가 수액내용을 아직 이용하지 아니하였거나 행정행위에 근거한 급부를 아직 받지 못한 경우에 해당하며, 철회를 하지 아니한다면 공공의 이익이 위험에 처할 우려가 있는 경우

  5. 공공복리에 대한 중대한 불이익을 방지하거나 제거하기 위한 경우 제48조 제4항은 상응하게 적용된다.

③ 1회 또는 계속적인 금전급여 또는 분할가능한 물적 급여를 특정한 목적을 위하여 보장하거나 또는 그를 위한 전제가 되는 행정행위는 불가쟁력이 발생한 후에도, 그 전부 또는 일부를 소급적 효력의 부여를 포함하여 철회할 수 있다.

  1. 급여가 사용되지 아니하거나, 제공된 직후 사용되지 아니하거나, 행정행위에 특정된 목적에 더 이상 사용되지 아니하는 경우

  2. 행정행위가 부관에 연결되어 있고, 수익자가 이를 이행하지 아니하거나 그에게 부과된 기간내에 이행하지 아니한 경우 제48조 제4항은 상응하게 적용된다.

④ 철회되는 행정행위는, 행정청이 다른 시점을 정하지 아니하는 한, 철회가 효력을 발생함과 동시에 효력을 잃는다. ⑤ 행정행위의 불가쟁력이 발생한 이후의 철회에 관하여는 제3조의 규정에 의한 관할 행정청이 이를 결정한다 철회되어야 할 행정행위가 다른 행정청에 의하여 발동된 경우에도 또한 같다. ⑥ 제2항 제3호 내지 제5호의 경우에 해당하여 수익적 행정행위가 철회되는 경우에는당해 행정청은 신청에 따라, 당사자가 행정행위의 존속을 신뢰하였고, 그 신뢰가 공익과 비교할 때 보호가치 있는 것일 경우에는, 그 재산상의 불이익을 보상하여야 한다. 제48조제3항 제3문 내지 제5문은 상응하게 적용된다. 보상에 관한 쟁송에 대하여는 통상의 소송절차에 의한다.

### 2.3. 우리나라의 경우

[개관] 우리나라의 경우에는 국세기본법 제18조 제3항의 「세법의 해석 또는 국세행정의 관행이 일반적으로 납세자에게 받아들여진 후에는 그 해석 또는 관행에 의한 행위 또는 계산은 정당한 것으로 보며, 새로운 해석 또는 관행에 의하여 소급하여 과세되지 아니한다」는 규정이 신뢰보호원칙의 실정법적 근거로서 작용하고 있다. 우리 대법원판례도 이 규정을 근거로 조세행정에 있어서 신뢰보호원칙을 확립하고 있었다.

[행정절차법] 특히 우리나라의 행정절차법(1996년 12월 31일에 공포되어 1998년 1월 1일부터 시행)도 제4조 제2항에서 「행정청은 법령의 해석 또는 행정청의 관행이 일반적으로 국민들에게 받아 들여진 때에는 공익 또는 제3자의 정당한 이익을 현저히 해할 우려가 있는 경우를 제외하고는 해석 또는 관행에 의하여 소급하여 불리하게 처리하여서는 아니된다」고 하여 신뢰보호의 원칙을 명문화하여 인정하고 있다. 또한 행정심판법 제18조 제5항에 잘못된 고지(告知)의 효과에 관한 행정심판법 제18조 제5항도 신뢰보호원칙을 명문화한 것이라고 할 수 있었다.

[행정관행의 성립 여부] 행정상 법률관계에 있어서 특정의 사항에 대해 신뢰보호의 원칙상 처분청이 그와 배치되는 조치를 할 수 없다고 할 수 있을 정도의 행정관행이 성립되었다고 하려면 상당한 기간에 걸쳐 그 사항에 대해 동일한 처분을 하였다는 객관적 사실이 존재할 뿐만 아니라, 처분청이 그 사항에 관해 다른 내용의 처분을 할 수 있음을 알면서도 어떤 특별한 사정 때문에 그러한 처분을 하지 않는다는 의사가 있고 이와 같은 의사가 명시적 또는 묵시적으로 표시되어야 한다 할 것이므로, 단순히 착오로 어떠한 처분을 계속한 경우는 이에 해당되지 않는다 할 것이고, 따라서 처분청이 추후 오류를 발견하여 합리적인 방법으로 변경하는 것은 위 원칙에 위배되지 않는다.[1]

[행정청의 처분이 신뢰보호의 원칙에 반하는 행위로서 위법하기 위한 요건] 행정상의 법률관계에 있어서 행정청의 행위에 대하여 신뢰보호의 원칙이 적용되기 위하여는, (ㄱ) 행정청이 개인에 대한 신뢰의 대상이 되는 공적인 견해표명을 하여야 하고, (ㄴ) 행정청의 견해표명이 정당하다고 신뢰한데 대하여 그 개인에게 귀책사유가 없어야 하고, (ㄷ) 그 개인이 그 견해표명을 신뢰하고 이에 따라 어떠한 행위를 하였어야 하며, (ㄹ) 행정청이 이 견해표명에 반하는 처분을 함으로써 그 견해표명을 신뢰한 개인의 이익이 침해되는 결과가 초래되어야 하는 것이며, 이러한 요건을 충족할 때에는 행정청의 처분은 신뢰보호의 원칙에 반하는 행위로서 위법하다고 볼 것이다.[2]

---

1) 대판 1993. 6. 11, 92누14021 【도로점용료부과처분취소】
2) 대판 1992. 5. 26, 91누10091 【건축허가신청반려처분취소】

## IV. 신뢰보호의 근거

### 1. 신의성실의 원칙설(신의칙설)
#### 1.1. 개관

　　신뢰보호의 근거를 사법영역(민법)에서 발달한 일반법원리인 신의성실의 원칙(Prinzip von Treu und Glaube : 권리의 행사와 의무의 이행은 신의에 좇아 성실하게 행하여야 한다)에서 찾는 견해이다. 일반적으로 신의(Glauben)란 '상대방의 성실에 대한 신뢰'를 의미하며, 성실(Treu)이라 함은 '의무준수에 관한 무사한 준비'를 말한다. 그러므로 신의칙이란 어떠한 법률관계에 관여한 자는 상대방의 정당한 이익을 고려하여 권리를 행사하며 의무를 이행하여야 한다는 것을 말한다. 이 법리는 법의 세계에 있어서 fair play의 한 표현으로 인정되고 있다.[1] 이는 독일연방행정재판소의 미망인연금(Witwenrente) 청구사건(Witwen-Urteil)에 대한 판결을 가장 대표적인 예로 들 수 있다.[2]

　　[사건의 개요] 제2차세계대전에서 패한 독일이 서독과 동독으로 분할되어 있었고, 베를린 역시 서베를린과 동베를린으로 분할되었던 시절의 사건(과부연금사건 : Witwen-Urteil)이다. 서베를린(서독)에서는 제2차대전 때의 공무원 가족에게 연금(과부연금/미망인연금)을 지불하고 있었는데, 동독에서는 그러하지 아니하였다. 동베를린에 거주하고 있던 공무원의 미망인(원고)이, 이러한 사실을 나중에 알게 되었고, 서베를린의 관계행정기관을 찾아가서 자기가 서베를린으로 이주하면 (공무원) 미망인연금(과부연금 : Witwenrente)을 받을 수 있는가를 문의하였다. 그에 대하여 서베를린의 관계기관(Innensenator)의 공무원은 가능하다고 대답하였다. 이 말을 믿고 상기 동베를린의 공무원의 미망인은 서베를린에 이주하여 미망인연금(Witwenrente)을 받아 오던 중, 1년 후 피고행정청이 원고의 청구권은 원고가 너무 늦게 이주한 탓으로 기일의 요건을 충족하지 않았고 따라서 미망인의 연금청구권은 이미 실권(失權)된 것이라 하여 원고(미망인)에 대하여, 장래에 향하여 미망인연금을 지급하지 않을것이며, 이미 지급받았던 미망인연금도 모두 반환하라는 요구를 받게 되었다.

　　[독일연방행정법원 판례] 「위법한 행정행위를 취소할 수 있음은 법치국가사상 및 법률에 의한 행정의 구속원칙에 비추어 당연하다. 그러나 공법까지도 지배하고 있는 신의성실의 원칙에 반하는 (취소)처분은 위법임을 면치 못한다 할 것이다. 신의성실의 원칙(Prinzip von Treu und Glaube)은 수익자가 결정의 적법성을 신뢰할 만한 합리적인 이유가 있는 때에는, 신뢰보호의 관점에서 원칙적으로 일단 확정되어 지급된 보조금의 반환청구를 거부할

---

1) 김항규, 행정법학에 있어서의 행정이념, 목원대 사회과학연구소(산경연구), 2001, 11면.
2) 김남진·김연태, 행정법(I), 45면 각주 7) 참조; 장태주, 행정법개론, 법문사, 44면.

수 있는 것이고, 더욱이 본건의 경우의 신뢰보호의 원칙은 장래를 향한 지불정지도 인정되지 아니하여 계속하여 지급하여야 한다」라고 판시하였다.1)2)

[비트벤-우어타일(Witwen-Urteil;3) 과부연금사건)의 의미] 독일에서는 이 판례를 계기로 하여 '행정에 대한 신뢰보호의 원칙'이 뿌리를 내리게 되었으며, 그 뒤 실정법(1976년 독일 연방행정절차법 제48조)에 명문화되기에 이르렀다. 독일에서 발전된 위 법원칙은, 우리 나라에도 도입되었으며, 판례 등을 통해 확립된 법원칙으로 뿌리를 내리게 되었다.4) 이렇게 탄생하여 발전된 신뢰보호원칙은 행정의 전 영역, 특히 수익적 **행정행위의 취소**나 **적법한 행정행위의 철회**와 관련하여 국민의 권익을 위하여 중요한 역할을 하게 되었다. 여기서 신뢰보호의 원칙이라고 할 때 신뢰의 보호란 행정작용의 존속에 대한 보호와 또한 행정작용이 취소 내지 철회되는 경우에 입은 손해에 대한 보상을 통한 보호 등을 포함하는 개념이다.5) 신의성실의 원칙설에 의하면 행정규칙 등 일반적 행정작용은 직접적으로 선행조치에 포함될 수 없다. 우리나라도 신의성실의 원칙에 위반한 행위를 위법하다고 판단한 대법원 판례가 있다(아래 참조).6)

[신의성실의 원칙에 입각한 우리나라의 판례] (판례-1) : "… 실권 또는 실효의 법리는 법의 일반원리인 신의성실의 원칙에 바탕을 둔 파생원칙인 것이므로 공법관계 가운데 관리관계는 물론이고 권력관계에도 적용되어야 함을 배제할 수는 없다 하겠으나 그것은 본래 권리행사의 기회가 있음에도 불구하고 권리자가 장기간에 걸쳐 그의 권리를 행사하지 아니하였기 때문에 의무자인 상대방은 이미 그의 권리를 행사하지 아니할 것으로 믿을 만한 정당

---

1) BVerwGE 9, 251 ff; 기타 신의칙설에 입각한 판례로는 BVerfGE 10, 308; BVerwGE 19, 188; BVerwGE 27, 215.
2) 김남진, 행정상의 신뢰보호의 원칙, 고시연구(1991.5), 16면 참조.
3) 독일어의 비트베(Witwe)는 미망인, 과부(寡婦)를 의미하며, 우어타일(Urteil)을 판결을 의미한다. 독일어는 명사와 명사 사이에 en을 붙여 새로운 명사를 만들 수 있다. 따라서 비트베(Witwe)와 우어타일(Urteil)사이에 en을 붙여 '비트벤-우어타일(Witwenurteil/Witwen-Urteil)'이라고 부르는 것이다. 남자(홀아비)인 경우에는 비트버(Witwer)라고 부른다. 따라서 과부연금사건이 아니고 홀아비연금사건이었다면 비트벤-우어타일(Witwenurteil/Witwen-Urteil)이 아니라, 비트번-우어타일(Witwernurteil/Witwern-Urteil)이라고 불렀을 것이다. '비트벤-우어타일'은 직업의 자유에 있어서 약국판결(아포테켄-우어타일)과 함께 독일에서 leading case가 되는 유명한 판결이니, 기왕이면 한국어 과부연금판결, 약국판결 하지 말고 독일어로 알아두세요. '비트벤-우어타일,' '아포테켄-우어타일' … 어때요? 더욱더 실력있어 보이지요?
4) 김남진, 확약과 행정에 대한 신뢰보호 원칙 - 대법원 1998. 11. 13. 선고, 98두7343 판결과 관련하여 -; 김남진, 행정법의 기본문제, 69면 참조.
5) H. Maurer, AllgVerwR, § 11 Rn. 27; 강현호, 신뢰보호원칙에 대한 재고찰, 성균관법학 제17권 제3호 2005년 12월, 142면.
6) 同旨의 판례 : 대판 1996. 1. 23, 95누13746; 대판 2001. 6. 15, 2000두2952.

한 사유가 있게 되거나 행사하지 아니할 것으로 추인케 할 경우에 새삼스럽게 그 권리를 행사하는 것이 신의성실의 원칙에 반하는 결과가 될 때 그 권리행사를 허용하지 않는 것을 의미한다.[1] (판례-2) : 국세기본법 제18조 제2항 소정의 일반적으로 납세자에게 받아들여진 국세행정의 관행이 이루어졌다고 본 사례가 있다.[2] 이 사건내용은 "피고 용산구청장이 보세품운송에 관해 약 4년 동안 수출확대라는 공익상 필요에서 면허세를 부과하지 않고 있다가 1988년에 비로소 그 동안의 면허세 합계액을 일시에 부과한 사안에서, 원고는 소급과세의 금지 및 세법해석의 관행에 위배된 위법한 처분이라고 주장하였다. 서울고등법원은 "과세요건 성립당시에 시행되던 실정법의 명문의 규정에 따라 과세하였던 것이므로, 비록 그 실정법의 조항이 폐지된 후에 이루어졌다고 하더라도 이를 가리켜 소급과세를 하였다고 할 수 없고, 또 세법의 명문의 규정 내용이 애매모호하지 않고 분명한 이상 국세기본법 제18조 제2항을 근거로 그 규정내용에 반하는 해석을 하거나 적용을 기피할 수 있는 것이 아니다"라고 판시하였다.[3] 그러나 대법원의 다수의견은 "지방세법에 의하여 준용되는 국세기본법 제18조 제2항에 의하면 국세행정의 관행이 일반적으로 납세자에게 받아들여진 후에는 그것에 위반하여 과세할 수 없게 되어 있는바, 이 규정은 같은법 제15조 신의성실의 원칙과 같은법 제19조 세무공무원의 재량의 한계 등에 관한 것과 함께, 이른바 징세권력에 대항하는 납세자의 권리를 보장하고 과세관청의 언동을 믿은 일반납세자의 신뢰이익을 보호하려는데 그 목적이 있는 것이다. 이 사건에서 피고가 문제된 보세운송면허세를 부과할 수 있는 점을 알면서도 오랫동안 공익상 필요에서 한 건도 이를 과세한 일이 없었다면 납세자인 원고로서도 그것을 믿을 수밖에 없고 그로써 비과세의 관행이 이루어졌다고 보아야 할 것인데, 근거법규 자체가 폐지된 지도 1년 3개월이나 지난 뒤에 지나간 4년 동안의 면허세를 일시에 과세처분한다는 것은 세법상의 신의성실이나 납세자가 받아들인 국세행정의 관행을 무시한 위법한 처분이다"라고 판시하여 신뢰보호의원칙에 근거하여 당해 처분을 위법한 것이라고 하였다.[4] (판례-3) : 舊국세기본법(1984. 8. 7 법률 제3746호로 개정되기 전의 것) 제18조 제2항 소정의 국세행정의 관행이 일반적으로 납세자에게 받아들여진 경우의 의미, 조세법률관계에 있어서 과세관청의 행위에 대하여 신의성실의 원칙이 적용되기 위한 요건도 신의성실의 원칙설에 입각하고 있다.[5]

---

1) 대판 1988. 4. 27, 87누915
2) 대판 1980. 6. 10, 80누6
3) 서울고등법원 1979. 11. 21. 선고 79구209.
4) 대판 1980. 6. 10, 80누6.
5) 대판 1985. 4. 23, 84누593.

### 1.2. 비판

신의칙설에 대한 비판으로는, 주장내용이 너무나 일반적이고 추상적이며, 또한 신의칙이란 당사자 간의 구체적인 법률관계가 형성되어 있는 경우를 전제로 하는 것이므로 당사자 간의 구체적 관계가 존재하지 않는 행정계획 등에 있어서는 설명이 불가능하다는 등의 비판이 제기된다.[1]

## 2. 법치국가원칙 및 법적 안정성설
### 2.1. 개관

법치국가원리의 구성요소가 되는 법적 안정성의 요청이 신뢰보호의 법적 근거가 되는 것이라고 주장하는 견해이다. 법적 안정성이란 국가작용의 예측가능성, 계속성, 명확성 그리고 존속성 등을 의미하는 것이므로, 이러한 법적 안정성의 원리에 의거하여 행정청의 언동에 대한 상대방의 신뢰를 보호하는 것이 바로 신뢰보호의 원칙이라는 것이다.[2] 독일의 학설 및 판례에서 폭넓은 지지를 받고 있다.[3] 우리나라의 헌법재판소는 신뢰보호의 원칙을 법치국가원리의 파생원칙으로 보고 있으며,[4] 그 핵심은 행정절차법 제4조 제2항, 국세기본법 제18조 제3항 등에 명문화 되어 있다.[5]

　　　　[헌법재판소] 헌법재판소는 "헌법상 법치국가의 원칙으로부터 신뢰보호의 원리가 도출된다. 법률의 개정시 구법질서에 대한 당사자의 신뢰가 합리적이고도 정당하며 법률의 개정으로 야기되는 당사자의 손해가 극심하여 새로운 입법으로 달성하고자 하는 공익적 목적이 그러한 당사자의 신뢰의 파괴를 정당화할 수 없다면 그러한 새 입법은 신뢰보호의 원칙상 허용될 수 없다. 이러한 신뢰보호원칙의 위배 여부를 판단하기 위하여는 한편으로는 침해받은 이익의 보호가치, 침해의 중한 정도, 신뢰가 손상된 정도, 신뢰침해(Vertrauensschaden)의 방법 등과 다른 한면으로는 새 입법을 통해 실현하고자 하는 공익적 목적을 종합적으로 비교·형량하여야 한다."라고 하였다.[6] 그리고 헌법재판소는 "법치주의는 정의의 실현과 아울러 법적안정성 내지 신뢰보호를 목표로 삼지 않으면 안된다. 국민이 행위시의 법률을 신뢰하고 자신의 행동을 결정하였다면 그러한 신뢰가 보호

---

1) 정하중, 행정법총론, 62면; 이광윤/김민호, 행정법강의, 24면; 강현호, 신뢰보호원칙에 대한 재고찰, 성균관법학 제17권 제3호(2005.12), 147면
2) 강현호, 신뢰보호원칙에 대한 재고찰, 성균관법학 제17권 제3호 2005년 12월, 147면.
3) 김남진·김연태, 행정법(I), 45면.
4) 헌재결 1997. 7. 16, 97헌마38; 김철용, 행정법(I), 59면.
5) 김철용, 행정법(I), 59면.
6) 헌재결 1995. 6. 29, 94헌바39; 또한 비슷한 취지로 헌재결 1995. 3.23, 93헌바18·31(병합) 결정 참조.

가치가 있는 한 입법자가 이를 함부로 박탈할 수 없는 것은 당연하다. 법의 본질은 요구 내지 금지규범으로서 수범자의 행위를 향도하고 지시하는데 있다고 할 것인데, 수범자가 실정법(물론 위헌·무효이거나 내용이 불분명하거나, 반공익적이라거나, 조만간 개정될 것이 예상되는 법률이 아닐 것이 전제된다)을 믿고 구체적 행위로 나아간 것이 보호되지 않는다면 법의 본질 내지 법치주의의 목표가 심각히 훼손되는 결과가 되고 국민들에게는 법의 불신을 초래하게 된다. 따라서 입법자로서의 국가 역시 그 자신이 유효하게 정립한 법규범에 원칙적으로 구속되는 것이라고 할 것이다."[1]라고 하였다.

[법적 안정성의 의미] 법적 안정성은 다음과 같은 두 가지의 의미·내용을 갖는다. (ㄱ) 법적 안정성은 법의 예측가능성 내지는 법의 비파기성(比破棄性)을 의미한다. 이는 법질서를 구성하는 규범 자체의 내용의 명확성, 행정의 법률적합성·법규범의 예외 없는 집행을 요구하기 때문에, 법의 예측 가능성이나 법의 비파기성은 위법한 행정작용의 존속성을 뒷받침하는 기능을 갖는 신뢰보호의 법적 근거로는 될 수 없다. (ㄴ) 법적 안정성은 법전개의 연속성·불변성·항구성(Stetigkeit der Rechtsentwickelung)을 의미한다. 이런 의미에서의 법적 안정성은 위법한 행정작용, 예컨대 위법한 수익적 행정행위의 존속성을 뒷받침하는 신뢰보호의 법적 근거가 될 수 있다. 법적 안정성설은 바로 이런 의미에서의 법적 안정성이 신뢰보호의 근거가 된다고 한다. 법적 안정성설은 신뢰보호의 원칙을 헌법원칙으로 보고 있다.

「법적 안정성의 의미」
▶법의 예측가능성 내지는 법의 비파기성의 의미하는 경우 → 행정의 법률적합성·법규범의 예외 없는 집행을 요구→(따라서) 신뢰보호의 법적 근거로는 될 수 없다.
▶법전개의 불변성(Stetigkeit der Rechtsentwickelung)의 의미하는 경우→위법한 행정작용(예 : 위법한 수익적 행정행위)의 존속성을 뒷받침하는 신뢰보호의 법적 근거가 될 수 있다.

### 2.2. 비판

[법치국가원칙 및 법적 안정성설에 대한 비판][2] 독일의 퓌트너(Püttner), 그라비츠(Grabitz), 메르텐(Merten) 등은 법적 안정설에 대하여 다음과 같은 비판을 하고 있다. (ㄱ) 행정처분의 취소를 법치국가원리의 요소인 행정의 법률적합성원칙(신뢰보호원칙 부정)에 그의 논거를 두고 또한 신뢰보호를 위한 행정행위의 취소권제한 역시 법치국가원리의 요소인 법적 안정성(신뢰보호원칙 인정)에 그의 논거를 두는 것은 동일한 원리(법치국가원리)내에 있어서

---

1) 헌재결 1995. 10. 6, 94헌바12 【조세감면규제법부칙 제13조 등 위헌소원】 【판시사항】 1. 진정(眞正)·부진정(不眞正) 소급입법(遡及立法)의 구분방법, 2. 부진정 소급입법으로 신뢰보호의 원칙의 침해를 인정한 사례
2) Günter Püttner, Vertrauensschutz im Verwaltungsrecht, VVDStRL 32(1974), S. 203; Eberhard Grabitz, Vertrauensschutz als Freiheitsschutz, DVBl. 1973, S. 680; Detlef Merten, Bestandskraft von Verwaltungsakten, NJW 1983, S. 1993 f.

서로 모순·충돌하는 이율배반성(二律背反性)을 초래한다. 왜냐하면 행정의 법률적합성원칙(법치행정의 원리)을 강조하면, 신뢰보호원칙은 부정하게 되고, 법적 안정성을 강조하면 신뢰보호원칙을 인정하게 되는데 이는 결과적으로 동일한 법치국가원리안에서 서로 상반되는 이론을 전개하는 것이 되고 말기 때문이라고 한다. (ㄴ) 무조건적인 신뢰보호는 법적 안정성에 기여하겠지만 이익형량을 통한 신뢰보호 인정여부는 사실상 법적 불안정성을 초래할 수도 있다. (ㄷ) 신뢰보호의 원칙은 법치국가원리의 독립된 요소가 아니라 법적 안정성의 반사적 효과에 지나지 않는다.

[이익형량에 입각한 판례] 이익형량에 입각한 대법원판례는 다음과 같은 것이 있다(아래 판례참조).

▶ 대판 1997. 9. 12, 96누18380【토지형질변경행위불허가처분취소】이 사건의 경우에 앞서 본 바와 같은 사정에 비추어 보면, 원고는 원심 판시와 같이 이 사건 토석채취허가가 법적으로 가능할 것이라는 취지의 피고의 언동을 신뢰하고 이 사건 토석채취허가신청 및 그 준비에 적지 않은 비용과 노력을 투자하였다가 이 사건 불허가처분으로 인하여 상당한 불이익을 입게 되었다고 할 것이다. 그러나 근래 날로 심해지고 있는 각종 환경오염과 자연파괴로 인한 국민건강 및 환경상의 위해를 예방하여 모든 국민이 건강하고 보다 쾌적한 환경에서 생활할 수 있게 하는 것은 국가나 지방자치단체의 의무인 동시에 모든 국민의 당연한 권리이자 의무이며, 또한 한번 파괴된 환경은 그 회복에 막대한 시간과 비용이 소요되는 점을 감안하여 보면, 이 사건 불허가처분에 의하여 피고가 달성하려는 주변의 환경·풍치·미관 등의 보존·유지라는 공익은 이 사건 불허가처분으로 인하여 원고가 입게 되는 불이익을 정당화할 만큼 강한 경우에 해당한다고 보아야 할 것이고, 따라서 피고의 이 사건 불허가처분이 재량권을 남용하였다거나 신뢰보호의 원칙에 반하여 위법하다고는 할 수 없다고 할 것이다.

▶ 대판 2005. 11. 25, 2004두6822, 6839, 6846【건축허가신청반려처분취소】이 판례는 학생들의 교육환경과 인근 주민들의 주거환경 보호라는 공익이 숙박시설 건축허가신청을 반려한 처분으로 그 신청인이 잃게 되는 이익의 침해를 정당화할 수 있을 정도로 크므로, 위 반려처분이 신뢰보호의 원칙에 위배되지 않는다고 한 원심의 판단을 수긍한 사례이다. 행정청이 지구단위계획을 수립하면서 그 권장용도를 판매·위락·숙박시설로 결정하여 고시한 행위를 당해 지구 내에서는 공익과 무관하게 언제든지 숙박시설에 대한 건축허가가 가능하리라는 공적 견해를 표명한 것이라고 평가할 수는 없다고 하였다.

▶ 대판 2005. 9. 30, 2003두12738【건축허가처분취소등】대법원은 "건축허가의 취소와 같은 수익적 행정행위의 취소에 있어서는, 그 취소로 인하여 개인의 기득의 권리 또는 이익을 침해하게 되므로 그 처분을 취소하여야 할 공익상의 필요와 그 취소로 인하여 당사자가 입게 될 기득권과 신뢰 및 법률생활안정의 침해 등의 불이익을 비교·교량한 후 공익상의 필요가 당사자가 입을 불이익을 정당화할 만큼 강한 경우에는 취소할 수 있

다.¹⁾고 하면서, "구(舊) '공업배치 및 공장설립에 관한 법률'에 의하여 자동차정비업이 금지되는 지방산업단지 내에 자동차 정비공장의 건축허가를 받아 공장건축물의 기초공사를 완료하고 자동차정비업에 필요한 기자재를 공급받기로 하는 계약을 체결하였다고 하더라도, 위 건축허가를 취소하여야 할 공익상의 필요가 그 취소로 인하여 건축주가 입게 될 불이익을 정당화할 만큼 강하다."는 이유로 위 건축허가 취소가 위법하지 않다고 하였다.

[강현호 교수의 견해] 강현호 교수는 "다수의 학자들은 신뢰보호원칙의 근거를 법적 안정성에서 찾고 있다. 즉 행정청이 법령이나 자신의 권한에 기초하여 어떠한 행위를 하였다면, 이러한 행위를 믿은 국민은 보호되어야 한다는 것이다. 그러나, 이제는 더 이상 신뢰보호원칙의 근거를 이러한 하나의 특정의 요소에서 찾는 것은 무리이다. 신뢰보호원칙은 결국 관계되는 개인의 이익과 이에 상반되는 공익, 나아가 사익 상호간 내지 공익 상호간의 형량의 결과에 근거할 수밖에 없다. 그러므로 신뢰보호는 형량의 원칙으로부터 그 근거를 찾아야 할 것이다."²⁾라고 한다. 관계된 다양한 이익들을 상호 교량하는 가운데 특히 "신뢰"라는 이익에 가중치를 부여하는 것이 바로 신뢰보호의 원칙이라 할 수 있다.³⁾

[소결] 법적 안정성설은 행정의 법률적합성의 원칙 및 법치행정의 원리의 입장에서 위와 같은 비판이 있지만 오늘날에 있어서는 지배적으로 인정받는 견해이다.⁴⁾ 우리나라의 행정절차법(제4조 제2항), 국세기본법(제18조 제3항)과 같이 실정법에서 신뢰보호의 원칙을 명문(明文)으로 규정하고 있는 경우도 있으나, 그것은 확인적 규정에 불과하고, 명문규정(明文規定)이 없는 경우에도 모든 행정활동에 적용된다고 본다.⁵⁾

## 3. 사회국가원리설

### 3.1. 개관

사회국가원리설은 헌법국가의 기본원리(Grundprizipien des Verfassungsstaates)인 사회국가 원리를 토대로 전개되는 이론으로서 헌법상의 사회국가원리에서 신뢰보호의 근거를 구하는 견해이다. 사회보호원리 내지 사회적 법치국가(Sozialer Rechtsstaat)의 원리는 제2차 세계대전 이후 독일의 Bonn 기본법 아래서 기본권 보호를 목적으로 하는 실질적 법치국가의 원리로서 국가활동의 해석에 대한 기속만으로는 기본권 보호가 불충분하기 때

---

1) 대법원 1991. 8. 23. 선고 90누7760 판결 등 참조
2) H. Maurer, AllgVerwR, § 11 Rn. 22; M. Bullinger, Vertrauensschutz im deutschen Verwaltungsrecht in historischkritischer Sicht, JZ 1999, 905 ff.
3) 강현호, 신뢰보호원칙에 대한 재고찰, 성균관법학 제17권 제3호(2005.12), 150면.
4) 김남진・김연태, 행정법(I), 46면.
5) 박윤흔, 행정법강의(상), 75면.

문에 시민을 자의와 권력으로부터 보호하기 위하여서는 국가의 힘을 법으로써 억제할 필요가 있다는 데 연유한다. 신뢰보호원칙은 이러한 사회적 법치국가의 요청에 따라 국가의 권력남용을 방지하는 형평추로서 작용한다는 것이다. 이와같이 근대 자유주의적·시민적 법치국가로부터 현대 '사회적 법치국가(sozialer Rechtsstaat)'로 변천함에 따라 수익적 행정행위 특히 급부행위에 있어서는, 「법률의 우위보다는 법적 안정성의 원리를 보호하는 것이 요구되며, 법률에 의한 실체적 정의보다는 고권적(高權的) 행위의 적법성에 대한 신뢰보호가 우선시 된다」고 한다. 따라서 위법한 행정행위에 대한 신뢰도 보호되어야 하기 때문에 그 취소는 제한된다고 한다.[1]

▶법률의 우위(보다는) → 법적 안정성의 원리가 중요 ☞ **수익적 행정행위의 경우**
▶법률에 의한 실체적 정의(보다는) → 고권적 행위의 적법성에 대한 신뢰보호가 중요

[석종현 교수의 견해] 석종현 교수는 사회국가원리설이 타당하다고 한다. 사회국가원리설은 헌법상의 사회국가원리에서 신뢰보호의 근거를 구한다. 여기서 신뢰보호는 국민의 국가급부에 전적으로 의존하는데 필요한 평형추(Gegengewicht)의 기능을 담당한다고 한다.[2]

### 3.2. 비판

[김남진교수의 견해] 김남진 교수는 사회적 법치국가의 원리는 위법한 급부의 배재를 요청하는 법원칙으로 적용될 수 있는 것이기 때문에 이 원리도 신뢰보호의 절대적인 법적 근거가 될 수는 없다고 한다.[3]

## 4. 기본권설

### 4.1. 개관

[기본권설] 기본권설은 행정법뿐만 아니라 공법일반에 통일된 신뢰보호의 근거를 구하는 학설이다. 그라비츠(E. Grabitz)는 독일 연방헌법(기본법) 제2조 제1항[4]의 인격의 자유로운 발현의 권리[5]로부터(그라비츠는 신뢰보호원칙의 근거를 개인의 인격과 개성의 발현가능성을 포함하는 자유권에서 구한다), 슈미트(W. Schmidt)는 기본법 제14조의 재산권 보장규정에서,[6] 재산권의 특수한 형태로서 신뢰보호원칙의 근거를 찾는다. 신뢰보호의 대

---

1) 석종현, 일반행정법(상), 59면.
2) 석종현, 일반행정법(상), 59면.
3) 김남진, 행정법에 있어서의 신뢰보호, 법률행정론집(제16집), 고려대학교법률행정연구소, 1978, 7면.
4) 독일 기본법 제2조[일반적 인격권] ① 누구든지 타인의 권리를 침해하지 않고 헌법질서나 도덕률(Sittengesetz)에 반하지 않는 한, 자신의 인격을 자유로이 발현할 권리를 가진다.
5) Eberhard Grabitz, Vertrauensschutz als Freiheitsschutz, DVBl. 1973, S. 681.

표적인 형태인 수익적 행정행위(begünstigender Verwaltungsakt)의 취소나 철회의 제한은 본질적으로 일단 획득된 법적 지위 그 자체의 존속을 보호하는 것이며, 이것이 어려운 경우에는 가치의 보호로 전환된다. 이러한 사상은 재산권 보호의 존속보호 및 가치보호이념에서 유래된다.1)

### 4.2. 비판

그라비츠(E. Grabitz)의 견해에 대하여는 법률의 소급적용에는 해당되지만 기본권은 다양한 형태로 나타나며, 그 가운데 당연히 상대방의 신뢰보호라는 개념이 내포된 것으로 볼 수 있겠느냐하는 점에서 비판되고 있다. 슈미트(W. Schmidt)의 견해에 대한 비판으로는, (ㄱ) 재산권에 대한 보상청구권의 발생요건이 충족되고 있는가, (ㄴ) 생명, 신체 등 비재산적 가치에 대한 보호가 미흡하다는 점, (ㄷ) 현대사회에 있어서는 금전적 가치로 환원할 수 없는 신뢰보호의 가치가 존재 할 수도 있다는 점, (ㄹ) 보상을 해줌으로 인하여 종전의 행정작용의 구속성을 부정할 수 있느냐 라는 점에 비판이 가해지고 있다.2)

### 5. 기타의 학설

[독자성설] 독자성설은 신뢰보호 그 자체를 독립한 비헌법적, 보충적 법원칙으로 보려는 견해이다. 이 견해는 위에서 살펴본 학설 등이 상이한 법원리로부터 도출되고 있으면서도 어느 학설도 단독으로 만족할 만한 논거를 제공하지 못하는 점에 착안하고 있다. 이리하여 신뢰보호원칙은 헌법에서 유래하지 않는 그 자체로서 독립된 법사상이 근거라고 한다.3) 그러나 신뢰보호의 원칙을 헌법원칙으로 보지 않는 것은 잘못이라는 비판이 가해지고 있다.4)

[평등원칙설] 이는 취소와 관련된 국민에게 그 취소로 말미암아 불평등대우가 발생하게 되면 그 취소는 제한되어야 한다면서 평등의 원칙을 신뢰보호의 원칙의 법적 근거로 주장한다.5)

[비헌법적·보충적 법원칙설] 이는 신뢰보호의 근거가 논자(論者)에 따라서 각각 다른 법원칙으로부터 도출되고 있고, 어느 법원칙도 단독으로는 설득력있는 이론을 전개하지 못한다는 것을 이유로 하여, 이를 비헌법적·보충적 법원칙으로 보는 것이 타당하다는 주장이

---

6) Walter Schmidt, Vertrauensschutz im öffentlichen Recht, JuS 1973, S. 532 f.
1) H. Maurer, AllgVerwR, § 11 Rn. 22.
2) 강현호, 신뢰보호원칙에 대한 재고찰, 성균관법학 제17권 제3호(2005.12), 148면.
3) Günter Püttner, Vertrauensschutz, in: VVDStRL 32(1974), S. 206 ff.
4) Otto Bachof, Vertrauensschutz im Verwaltungsrecht, in: VVDStRL 32(1974), S. 228.
5) Nobert Achterberg, Allgemeines Verwaltungsrecht, 1982, S. 482.

다.1)

　　[헌법원리설] 김남진 교수는 행정법이 헌법의 집행법이며, 구체화된 헌법으로서의 특성을 지닌다는 점에서 신뢰보호의원칙의 기초를 헌법에서 찾아야 할 것이라고 한다.2)

## V. 신뢰보호원칙 적용의 일반적 요건

### 1. 행정기관의 선행조치의 존재(공적인 견해표명) 및 신뢰의 토대형성 (Vertrauensgrundlage)

　　[선행조치] 행정기관의 선행조치(Vorgehen)가 있어야 한다. 그 선행조치는 법령·행정규칙·합의·행정계획·행정처분·확약·구속·정책선언·일반처분·권고·행정지도(법령해석 등)등 사실행위(Realakt), 기타 국민이 신뢰를 갖게 될 일체의 조치를 비롯한 국가의 모든 행정작용이 해당된다. 판례는 법령의 규정내용 및 행정규칙 자체는 이 공적인 견해표명에 해당되지 않는 다는 입장이다. 김철용 교수는 「판례는 선행조치를 공적인 견해표명에 한정하고 있다고 한다.3) (신뢰보호의 원칙이 적용되기 위한 요건) : 대법원은 "… 일반적으로 행정상의 법률관계에 있어서 행정청의 행위에 대하여 신뢰보호의 원칙이 적용되기 위해서는, 첫째 행정청이 개인에 대하여 신뢰의 대상이 되는 공적인 견해표명을 하여야 하고, 둘째 행정청의 견해표명이 정당하다고 신뢰한 데에 대하여 그 개인에게 귀책사유가 없어야 하며, 셋째 그 개인이 그 견해표명을 신뢰하고 이에 상응하는 어떠한 행위를 하였어야 하고, 넷째 행정청이 위 견해표명에 반하는 처분을 함으로써 그 견해표명을 신뢰한 개인의 이익이 침해되는 결과가 초래되어야 하며, 마지막으로 위 견해표명에 따른 행정처분을 할 경우 이로 인하여 공익 또는 제3자의 정당한 이익을 현저히 해할 우려가 있는 경우가 아니어야 한다."4)

　　[행정행위] 행정행위의 경우에는 적법행위인지 혹은 위법행위인지 묻지 않는다
　　[공적인 견해표명의 의미] 판례는 행정청의 '공적인 견해표명'은 단순한 누락5)·착오만

---

1) Günter Püttner, Vertrauensschutz, in: VVDStRL 32(1974), S. 206 ff.
2) 김남진, 행정상의 신뢰보호의 원칙, 고시행정(1991.5), 16면; 안나 라이스너(A. Leisner)의 경우도 헌법원리로 본다(Anna Leisner, Kontinuität als Verfassungsprinzip, - unter besonderer Berücksichtigung des Steuerrechts, Jus, Bd. 83, Tübingen 2002, S. 461 ff).
3) 김철용, 행정법(I), 60면.
4) 대판 2006. 6. 24, 2004두13592 【잠수기어업허가신청반려처분취소】
5) 대판 1995. 2. 3, 94누11750 【부가가치세부과처분취소】

으로는 부족하고 일정한 의사표시를 한 것으로 볼 수 있는 사정이 있어야 한다고 보았고,[1] 이는 일반적 견해표명만으로는 충분하지 않다는 것인데, 대법원은 "과세관청이 납세의무자에게 면세사업자등록증을 교부하고, 수년간 면세사업자로서 한 부가가치세예정신고 및 확정신고를 받은 행위만으로는 과세관청이 납세의무자에게 그가 영위하는 사업에 관하여 부가가치세를 과세하지 아니함을 시사하는 언동이나 공적인 견해를 표명한 것이라 할 수 없으며, 이 사건의 경우 신의성실의 원칙이 적용될 수 없다."고 하였다.[2]

▶판례〉 행정청의 공적 견해표명이 있었는지의 여부를 판단하는 데 있어 반드시 행정조직상의 형식적인 권한 분장에 구애될 것이 아니고 담당자의 조직상의 지위와 임무, 당해 언동을 하게 된 구체적인 경우 및 그에 대한 상대방의 신뢰가능성에 비추어 실질에 의하여 판단하여야 한다(대판 1997. 9. 12, 96누18380).

[행정규칙은 공적인 견해표명이 아니다는 판례] 대법원은 "… 폐기물관리법령에 의한 폐기물처리업 사업계획에 대한 적정통보와 국토이용관리법령에 의한 국토이용계획변경은 각기 그 제도적 취지와 결정단계에서 고려해야 할 사항들이 다르다는 이유로, 폐기물처리업 사업계획에 대하여 적정통보를 한 것만으로 그 사업부지 토지에 대한 국토이용계획변경신청을 승인하여 주겠다는 취지의 공적인 견해표명을 한 것으로 볼 수 없다."[3]고 하였다.

[단순한 누락은 공적인 견해표명이 아니라는 판례] 대법원은 「일반적으로 조세 법률관계에서 과세관청의 행위에 대하여 신의성실의 원칙(Prinzip von Treu und Glaube)이 적용되기 위하여는 과세관청이 납세자에게 신뢰의 대상이 되는 공적인 견해 표명을 하여야 하고, … 위와 같은 공식적인 견해나 의사는 명시적 또는 묵시적으로 표시되어야 하지만 묵시적 표시가 있다고 하기 위하여는 단순한 과세 누락과는 달리 과세관청이 상당기간의 비과세 상태에 대하여 과세하지 않겠다는 의사표시를 한 것으로 볼 수 있는 사정이 있어야 한다."[4]고 판시하여, 단순한 과세누락은 묵시적 의사표시라고 볼 수 없어 선행조치에 해당하지 않는다고 본 판례가 있다.

[비과세관행이 성립되었다고 볼 수 있는 경우] 대법원은 "국세기본법 제18조 제3항에서 말하는 비과세관행이 성립되었다고 하려면 상당한 기간에 걸쳐 그 사항에 대하여 과세하지

---

1) 대판 1991. 10. 22, 90누9360【양도소득세등부과처분취소】
2) 대판 2002. 9. 3, 2001두7756【부가가치세부과처분취소】 보험조사용역이 면세사업에 해당하는 것이라 알고 그에 대한 부가가치세신고를 하지 아니한 것은 원고가 관계법령을 잘못 해석한 것에 기인한 것이라고 보이고, 과세관청이 납세의무자에게 면세사업자등록증을 교부하고, 수년간 면세사업자로서 한 부가가치세예정신고 및 확정신고를 받아들였다는 사정만으로는 가산세를 부과할 수 없는 정당한 사유가 있다고 볼 수 없다.
3) 대판 2005. 4. 28, 2004두8828【국토이용계획변경승인거부처분취소】
4) 대판 1995. 2. 3, 94누11750【부가가치세부과처분취소】

아니하였다는 객관적 사실이 존재하여야 할 뿐 아니라 과세관청이 그 사항에 대하여 과세할 수 있음을 알면서도 어떤 특별한 사정에 의하여 과세하지 않는다는 의사가 있고 이와 같은 의사가 명시적 또는 묵시적으로 표시되어야 하는 것이고, 과세관청이 비과세대상에 해당하는 것으로 잘못 알고 일단 비과세결정을 하였으나 그 후 과세표준과 세액의 탈루 또는 오류가 있는 것을 발견한 때에는, 이를 조사하여 결정할 수 있다."[1] 고 하였다.

[국세기본법 제18조 제2항 소정의 국세행정의 관행(비과세관행)] 대법원은 "국세기본법 제18조 제2항의 규정은 납세자의 권리보호와 과세관청에 대한 납세자의 신뢰보호에 그 목적이 있는 것이므로 이 사건 보세운송면허세의 부과근거이던 지방세법시행령이 1973. 10. 1 제정되어 1977.9.20에 폐지될 때까지 4년 동안 그 면허세를 부과할 수 있는 정을 알면서도 피고가 수출확대라는 공익상 필요에서 한 건도 이를 부과한 일이 없었다면 납세자인 원고는 그것을 믿을 수밖에 없고 그로써 비과세의 관행이 이루어졌다고 보아도 무방하다."[2]고 하였다.

[과세관청의 면세사업자등록증의 교부행위와 수년간 면세사업자로서 한 부가가치세의 신고의 수리행위의 경우] 대법원은 "부가가치세법상의 사업자등록은 과세관청으로 하여금 부가가치세의 납세의무자를 파악하고 그 과세 자료를 확보케 하려는 데 입법취지가 있는 것으로서, 이는 단순한 사업사실의 신고로서 사업자가 소관 세무서장에게 소정의 사업자등록신청서를 제출함으로써 성립되는 것이고 사업자등록증의 교부는 이와 같은 등록사실을 증명하는 증서의 교부행위에 불과한 것으로 과세관청이 납세의무자에게 면세사업등록증을 교부하고, 수년간 면세사업자로서 한 부가가치세 예정신고 및 확정신고를 받은 행위만으로는 과세관청이 납세의무자에게 그가 영위하는 사업에 관하여 부가가치세를 과세하지 아니함을 시사하는 언동이나 공적인 견해를 표명한 것이라 할 수 없다."[3]고 판시하여 과세관청의 면세사업자등록증의 교부행위와 수년간 면세사업자로서 한 부가가치세의 신고의 수리행위도 비과세를 시사하는 언동 또는 공적인 견해 표명에 해당하지 않는다고 보았다.

[입증책임] 그리고 공적인 견해표명에 대한 사실은 상대방에게 입증책임이 있다고 보았다. 대법원은 "신의성실의 원칙이나 소급과세금지의 원칙이 적용되기 위한 요건의 하나인 '과세관청이 납세자에게 신뢰의 대상이 되는 공적인 견해를 표명하였다'는 사실은 납세자가 주장·입증하여야 한다고 보는 것이 상당하다."[4]고 하였다.

[행정기관의 적극적(명시적) 및 소극적(묵시적·위법상태의 장기간묵인·방치 등)] 행정기관

---

1) 대판 1991. 10. 22, 90누9360 【양도소득세등부과처분취소】
2) 대판 1980. 6. 10, 80누6 【면허세부과처분취소】
3) 대판 2002. 9. 3, 2001두7756 【부가가치세부과처분취소】
4) 대판 1992. 3. 31, 91누9824 【법인세등부과처분취소】

의 적극적(명시적) 및 소극적(묵시적·위법상태의 장기간묵인·방치 등)언동을 포함한다고 보는 것이 다수설의 입장이다.1) 판례도「국세기본법 제18조 제3항에서 정한 일반적으로 납세자에게 받아들여진 국세행정의 관행이 있으려면 반드시 과세관청이 납세자에 대하여 비과세를 시사하는 명시적인 언동이 있어야만 하는 것은 아니고 묵시적인 언동 다시 말하면 비과세의 사실상태가 장기간에 걸쳐 계속되는 경우에 그것이 그 사항에 대하여 과세의 대상으로 삼지 아니하는 뜻의 과세관청의 묵시적인 의향표시로 볼 수 있는 경우 등에도 이를 인정할 수 있다」고 하였다.2) 이 때, 선행조치의 존재(공적 견해표명)의 여부는 조직상의 형식적인 권한분장에 구애되지 않고 실질에 의하여 판단해야 한다.3)4)

[실질에 의하여 판단하여야 한다는 판례] (대순진리회 토지형질 변경 불허사건) : 대순진리회 토지형질변경불허사건에서 대법원은「행정청의 공적 견해표명이 있었는지의 여부를 판단하는 데 있어 반드시 행정조직상의 형식적인 권한분장에 구애될 것은 아니고 담당자의 조직상의 지위와 임무, 당해 언동을 하게 된 구체적인 경위 및 그에 대한 상대방의 신뢰가능성에 비추어 실질에 의하여 판단하여야 한다. 종교법인이 도시계획구역내 생산녹지로 답(畓)인 토지에 대하여 종교회관 건립을 이용목적으로 하는 토지거래계약의 허가를 받으면서 담당공무원이 관련 법규상 허용된다 하여 이를 신뢰하고 건축 준비를 하였으나 그 후 당해 지방자치단체장이 다른 사유를 들어 토지형질변경허가신청을 불허가 한 것이 신뢰보호원칙에 반한다」5)고 판시하였다.

[조세법률관계의 신뢰보호원칙] 대법원은 '조세법률관계의 신뢰보호원칙'에 대하여, "… 일반적으로 조세 법률관계에서 과세관청의 행위에 대하여 신의성실의 원칙이 적용되기 위하여는 첫째, 과세관청이 납세자에게 신뢰의 대상이 되는 공적인 견해를 표명하여야 하고, 둘째, 납세자가 과세관청의 견해표명이 정당하다고 신뢰한 데 대하여 납세자에게 귀책사유가 없어야 하며, 셋째, 납세자가 그 견해표명을 신뢰하고 이에 따라 무엇인가 행위를 하여야 하고, 넷째, 과세관청이 위 견해표명에 반하는 처분을 함으로써 납세자의 이익이 침해되는 결과가 초래되어야 하고, 과세관청의 공적인 견해표명은 원칙적으로 일정한 책임 있는 지위에 있는 세무공무원에 의하여 이루어짐을 요한다. 신의성실의 원칙 내지 금반언의 원칙은 합법성을 희생하여서라도 납세자의 신뢰를 보호함이 정의, 형평에 부합하는 것으로 인정되는 특별한 사정이 있는 경우에 적용되는 것으로서 납세자의 신뢰보호라는 점에 그 법리의 핵심적 요소가 있는 것이므로, 위 요건의 하나인 과세관청의 공적 견해표명이 있었

---

1) 김철용, 행정법(Ⅰ), 60면; 김남진·김연태, 행정법(Ⅰ), 47면.
2) 대판 1984. 12. 26, 81누266【법인세부과처분취소】
3) 대판 1996. 1. 23, 95누13746【재산세등부과처분취소】
4) 대판 1997. 9. 12, 96누18380【토지형질변경행위불허가처분취소】
5) 대판 1997. 9. 12, 96누18380【토지형질변경행위불허가처분취소】

는지의 여부를 판단하는 데 있어 반드시 행정조직상의 형식적인 권한분장에 구애될 것은 아니고 담당자의 조직상의 지위와 임무, 당해 언동을 하게 된 구체적인 경위 및 그에 대한 납세자의 신뢰가능성에 비추어 실질에 의하여 판단하여야 한다."[1]고 하였다.

[보조기관인 담당공무원의 공적인 견해표명도 신뢰의 대상이 될 수 있다고 한 사례] 보조기관인 담당공무원의 공적인 견해표명도 신뢰의 대상이 될 수 있다고 한 사례가 있다. 도시계획구역 내 생산녹지로 답인 토지에 대하여 종교회관 건립을 이용목적으로 하는 토지거래계약의 허가를 받으면서 담당공무원이 관련 법규상 허용된다 하여 이를 신뢰하고 건축준비를 하였으나 그 후 토지형질변경허가신청을 불허가 한 것이 신뢰보호원칙에 반한다. 지방자치단체장이 당해 토지에 대한 형질변경을 불허하고 이를 우량농지로 보전하려는 공익보다 형질변경이 가능하리라고 믿은 종교법인이 입게 될 불이익이 더 큰 것이라면 당해 처분이 재량권을 남용한 위법한 처분이다.[2]

[단순한 부작위의 경우] 풍산금속법인세부과사건에서 법원은 「세법의 해석 또는 국세행정의 관행이 일반적으로 납세자에게 받아들여진 것이라고 함은 특정납세자가 아닌 불특정한 일반납세자에게 그와 같은 해석 또는 관행이 이의없이 받아들여지고 납세자가 그 해석 또는 관행을 신뢰하는 것이 무리가 아니라고 인정될 정도에 이른 것을 말한다고 할 것이다」고 판시하여 선행조치로서의 공적인 견해표명의 요건을 엄격하게 적용하여 단순한 부작위는 선행조치에 해당하지 않는다고 보았다.[3]

[공적 견해 표명에 해당 안된다는 판례] (조세 법률관계에서 신의성실 원칙과 비과세관행의 적용 요건) : 탤런트 채시라 모델료사건에서 대법원은 「묵시적 표시가 있다고 하기 위하여는 단순한 과세 누락과는 달리 과세관청이 상당기관 비과세 상태에 대하여 과세하지 않겠다는 의사표시(Erklärung)를 한 것으로 볼 수 있는 사정이 있어야 하고, 이 경우 특히 과세관청의 의사표시가 <u>일반론적인 견해표명에 불과한 경우에는 위 원칙의 적용을 부정하여야 한다</u>」[4]고 판시하여 과세관청의 일반론적 의사표시의 경우는 공적인 견해표명에 해당하지 않는다고 보았다. (총무과 민원팀장에 불과한 공무원이 민원봉사차원에서 상담에 응하여 안내한 것) : 병무청 담당부서의 남낭공무원에게 공적 견해의 표명을 구히는 정식의 서면질의 등을 하지 아니한 채 총무과 민원팀장에 불과한 공무원이 민원봉사차원에서 상담에 응하여 안내한 것을 신뢰한 경우, 신뢰보호 원칙이 적용되지 아니한다.[5] (폐기물처리업 사업계획에 대하여 적정통보를 한 것) : "폐기물처리업 사업계획에 대하여 적정통보를 한 것만으로 그 사업부지 토

---

1) 대판 1996. 1. 23, 95누13746 【재산세등부과처분취소】
2) 대판 1997. 9. 12, 96누18380 【토지형질변경행위불허가처분취소】
3) 대판 1985. 4. 23, 84누593 【법인세부과처분취소】
4) 대판 2001. 4. 24, 2000두5203 【종합소득세부과처분취소】
5) 대판 2003. 12. 26, 2003두1875 【병역의무부과처분취소】

지에 대한 국토이용계획변경신청을 승인하여 주겠다는 취지의 공적인 견해표명을 한 것으로 볼 수 없다."1) (행정청의 행위에 대하여 신뢰보호의 원칙이 적용되기 위한 요건[관계 법령상 가능한지 여부를 질의하는 민원예비심사]): "개발이익환수에 관한 법률에 정한 개발사업을 시행하기 전에, 행정청이 토지 지상에 예식장 등을 건축하는 것이 관계 법령상 가능한지 여부를 질의하는 민원예비심사에 대하여 관련부서 의견으로 개발이익환수에 관한 법률에 '저촉사항 없음'이라고 기재하였다고 하더라도, 이후의 개발부담금부과처분에 관하여 신뢰보호의 원칙을 적용하기 위한 요건인, 개인에 대하여 신뢰의 대상이 되는 공적인 견해표명을 한 것이라고는 보기 어렵다."2) (행정청의 행위에 대하여 신뢰보호의 원칙이 적용되기 위한 요건): "해양수산부장관 및 충청남도지사가 '충청남도로 하여금 어업인들이 키조개자원을 한시적으로 이용할 수 있는 방안을 검토토록 하였다.'거나 '어업여건 및 자원변동 등을 고려하여 재조정하여야 할 필요성이 있다고 판단되어 충청남도에서는 잠수기어업의 허가정수를 재조정하여 줄 것을 중앙에 건의할 계획에 있다.'라고 한 회신만으로는 행정청이 개인에 대하여 신뢰의 대상이 되는 공적인 견해표명을 하였다고 할 수 없으며, 달리 행정청이 공적인 견해를 표명하였다거나 본건에 있어서 신뢰보호의 원칙이 적용되어야 할 사정을 인정할 아무런 자료가 없다는 이유로 원고의 신뢰보호원칙 위반에 관한 주장을 배척한 것은 옳고, 거기에 상고이유에서 주장하는 바와 같이 신뢰보호의 원칙에 관한 법리오해 등의 위법이 있다 할 수 없다."3)

[일본국 영주권 취득자 사건] "일본국 영주권 취득자에 대하여 징병검사 연기 및 국외여행허가를 해오다가 그 허가 대상자에 해당하지 않는다는 이유로 징병검사 연기 및 국외여행허가를 취소한 처분이 신뢰보호의 원칙에 반하지 않는다. 피고가 그 동안 원고에 대한 징병검사를 연기해 왔던 이유는 피고가 원고를 일본에서 거주하는 자로 잘못 알고 연기해 왔던 것임을 알 수 있고, 비록 피고가 사정이 비슷한 원고의 형들에 대하여 제2국민역 처분을 하였다고 하더라도 이는 원고에 대한 처분이 아니므로 이러한 피고의 처분을 들어 피고가 원고의 병역의무가 면제된다는 공적 견해를 표명한 것이라고 할 수 없는바, 피고가 그와 같은 공적 견해를 표명하였다고 할 수 없는 이상 원고가 주장하는 바와 같은 여러 사정이 있다는 점만으로 이 사건 처분이 신뢰보호의 원칙에 반하는 행위로서 위법하다고 할 수 없다고 할 것이다. 그리고 앞에서 본 바와 같이 피고의 이 사건 처분이 법령에 따른 것으로 적법한 이상, 이 사건 처분으로 인하여 원고가 일본국으로 이주하여 제2국민역에 편입될 기회를 상실하게 된다고 하더라도 이러한 사정은 이 사건 처분 이후의 사정으로서 이를 들

---

1) 대판 2005. 4. 28, 2004두8828 【국토이용계획변경승인거부처분취소】
2) 대판 2006. 6. 9, 2004두46 【잠수기어업허가신청반려처분취소】
3) 대판 2006. 2. 24, 2004두13592 【잠수기어업허가신청반려처분취소】

어 이 사건 처분이 신의칙에 위반된다고 할 수 없다."[1]

[도시계획 변경결정 및 지적승인을 한 경우] "당초 정구장 시설을 설치한다는 도시계획결정을 하였다가 정구장 대신 청소년 수련시설을 설치한다는 **도시계획 변경결정 및 지적승인을** 한 경우, 당초의 도시계획결정만으로는 도시계획사업의 시행자 지정을 받게 된다는 공적인 견해를 표명하였다고 할 수 없다는 이유로 그 후의 도시계획 변경결정 및 지적승인이 도시계획사업의 시행자로 지정받을 것을 예상하고 정구장 설계 비용 등을 지출한 자의 신뢰이익을 침해한 것으로 볼 수 없다."[2]

[부대시설에 대한 사업계획을 포함하여 승인을 한 경우] "행정행위는 처분 당시에 시행중인 법령 및 허가기준에 의하여 하는 것이 원칙이고, 인, 허가신청 후 처분 전에 관계 법령이 개정 시행된 경우 신법령 부칙에서 신법령 시행 전에 이미 허가신청이 있는 때에는 종전의 규정에 의한다는 취지의 경과규정을 두지 아니한 이상 당연히 허가신청 당시의 법령에 의하여 허가 여부를 판단하여야 하는 것은 아니며, 소관 행정청이 허가신청을 수리하고도 정당한 이유 없이 처리를 늦추어 그 사이에 법령 및 허가기준이 변경된 것이 아닌 한 새로운 법령 및 허가기준에 따라서 한 불허가처분이 위법하다고 할 수 없다. 사행행위등규제법으로부터 투전기업소허가에 관한 구체적인 기준을 정하도록 위임받은 시행령이 개정 시행되기를 기다리며 신청에 대한 처리를 보류하고 있다가 새로운 시행령이 시행되자 그에 의하여 한 불허가처분이 신청을 수리하고도 정당한 이유 없이 처리를 지체한 것이라고 볼 수 없으므로 적법하다. 행정청이 관광호텔에 대한 관광숙박업사업계획승인시 부대시설에 대한 사업계획을 포함하여 승인을 하였다 하더라도 개개의 부대시설의 영업에 대하여는 관계 법령이 정하는 바에 따라 그 허가조건을 갖추어 각 소관 행정청으로부터 별도의 영업허가를 받아야 하는 것이고, 그와 같은 사업계획승인을 가리켜 호텔 내에서의 투전기업소에 대한 영업허가를 해 주겠다는 의사표시로 볼 수는 없으므로 불허가처분이 신뢰보호의 원칙에 위배되어 위법하다고 할 수 없다."[3]

[환지확정되기 이전의 종전토지에 대한 건축허가] "행정청이 환지확정되기 이전의 종전토지에 대하여 건축허가를 한 바 있지만 이것이 환지확정된 대지의 건축허가(Baugenehmigung)에 관한 공적인 견해표명을 한 것이라고 할 수 없으며, 그 후 새로이 건축허가를 받을 수 있다고 신뢰한 원고에게 귀책사유가 없다고 할 수 없다는 등의 이유로 신뢰보호의 요건이 갖추어졌다고 할 수 없다."[4]

---

1) 대판 2001. 11. 9, 2001두7251 【병역의무부과처분취소】
2) 대판 2000. 11. 10, 2000두727 【행정처분취소】
3) 대판 1992. 12. 8, 92누13813 【투전기업소신규허가신청불허처분취소】
4) 대판 1992. 5. 26, 91누10091 【건축허가신청반려처분취소】

## 2. 선행조치의 존속에 대한 신뢰일것

[신뢰하고 믿을것(Treu und Glaube)] 관계자가 행정청의 선행조치에 대하여 그 정당성 또는 존속성을 사실상 그리고 '신뢰의 토대를 긍정적으로 인식(positive Kenntnis der Vertrauensgrundlage)'하고, 또한 이를 '신뢰하고 믿을 것(Treu und Glaube)'이 요구된다.[1] 따라서 관계자가 행정청의 선행조치를 전혀 인식하지 못한 경우에는 신뢰구성요건이 결여된다. 대법원은 행정청의 공적 견해표명이 있었는지의 여부를 판단하는 데 있어 「반드시 행정조직상의 형식적인 권한분장에 구애될 것은 아니고 담당자의 조직상의 지위와 임무, 당해 언동을 하게 된 구체적인 경위 및 그에 대한 상대방의 신뢰가능성에 비추어 실질에 의하여 판단하여야 한다」고 판시하였다(아래 판례참조].[2]

▶ 대판 1997. 9. 12, 96누18380【토지형질변경행위불허가처분취소】 일반적으로 행정상의 법률관계에 있어서 행정청의 행위에 대하여 신뢰보호의 원칙이 적용되기 위해서는, 첫째 행정청이 개인에 대하여 신뢰의 대상이 되는 공적인 견해표명을 하여야 하고, 둘째 행정청의 견해표명이 정당하다고 신뢰한 데에 대하여 그 개인에게 귀책사유가 없어야 하며, 셋째 그 개인이 그 견해표명을 신뢰하고 이에 어떠한 행위를 하였어야 하고, 넷째 행정청이 위 견해표명에 반하는 처분을 함으로써 그 견해표명을 신뢰한 개인의 이익이 침해되는 결과가 초래되어야 하며, 이러한 요건을 충족할 때에는 행정청의 처분은 신뢰보호의 원칙에 반하는 행위로서 위법하게 된다고 할 것이고, 또한 위 요건의 하나인 행정청의 공적 견해표명이 있었는지의 여부를 판단하는 데 있어 반드시 행정조직상의 형식적인 권한분장에 구애될 것은 아니고 담당자의 조직상의 지위와 임무, 당해 언동을 하게 된 구체적인 경위 및 그에 대한 상대방의 신뢰가능성에 비추어 실질에 의하여 판단하여야 한다. 종교법인이 도시계획구역 내 생산녹지로 답인 토지에 대하여 종교회관 건립을 이용목적으로 하는 토지거래계약의 허가를 받으면서 담당공무원이 관련 법규상 허용된다 하여 이를 신뢰하고 건축준비를 하였으나 그 후 당해 지방자치단체장이 다른 사유를 들어 토지형질변경허가신청을 불허가 한 것이 신뢰보호원칙에 반한다.[3]

## 3. 신뢰의 보호가치성의 존재

[보호가치의 존재] 선행조치의 정당성 또는 존속성에 대한 관계자의 신뢰가 보호가치(schutzwürdig) 있는 것이어야 한다.[4] 이때 보호가치성의 판단은 법률적합성의 원칙의 실현

---

1) Anna Leisner, Kontinuität als Verfassungsprinzip, - unter besonderer Berücksichtigung des Steuerrechts, Jus, Bd. 83, Tübingen 2002, S. 665.
2) 대판 1997. 9. 12, 96누18380【토지형질변경행위불허가처분취소】
3) 대판 1997. 9. 12, 96누18380【토지형질변경행위불허가처분취소】
4) 김남진·김연태, 행정법(I), 48면.

에 대한 이익(公益)과 당해 선행조치의 존속에 대한 관계자의 이익(私益)을 비교형량하여 판단하여야 한다. 관계인에게 귀책사유가 있어서는 아니된다. 다음과 같은 경우에는 보호가치가 없다(독일 행정절차법 제48조 제2항 참조).[1]

【보호가치가 없는 경우】

(ㄱ) 행정행위 등의 하자가 수익자의 책임에 기인한 것일 때

(ㄴ) 수익자의 사기(Täuschung)·강박(Drohung)·증뢰(贈賂[Bestechung]) 등 부정한 방법[2]으로 수익적 행정행위가 발하여졌을 경우 이를 취소 할 수 있다.[3] ☞ **허가신청자의 사실은폐나 기타 사위의 방법에 의한 신청행위**

(ㄷ) 수익자가 행정행위 등의 위법성을 알았거나 중대한 과실(grober Fahrlässigkeit)로 알지 못하였을 경우에도 보호가치가 없다.

(ㄹ) 수익자 또는 그의 수임인(受任人)이 제시한 잘못된(unrichtig) 또는 불완전한 신고(unvollständig)에 의하여 행정행위 등이 행해진 경우에도 그 행정행위 등에 대한 신뢰는 보호가치가 없다.

(ㅁ) 수익적 처분이 상대방의 허위 기타 부정한 방법으로 인하여 행해진 경우[4]

[부정한 방법 등 허위문서 작성에 의한 경우] "세무서장이 제출된 을류농지세미과세증명과 허위로 작성된 자경확인서에 의하여 각 8년 이상 자경한 농지의 양도로 오인하여 비과세결정을 하였다가 그 후에 실지조사로 비자경농지의 양도였음이 밝혀져 각 양도소득에 대하여 과세처분을 한 경우, 위와 같이 농지세과세 증명이나 미과세증명만으로 비과세 처리하는 것이 국세행정의 확립된 관행이라고 할 수 없으며, 과세관청이 위와 같은 경위로 비과세결정을 번복하고 다시 과세처분을 한 사실만 가지고 그 과세처분이 신의성실의 원칙에 반하여 위법하다고 할 수 없다."[5]

[허가신청자의 사실은폐나 기타 사위의 방법에 의한 신청행위] "행정처분을 한 처분청은 그 처분에 하자가 있는 경우에는 별도의 법적 근거가 없더라도 스스로 이를 취소할 수 있고,

---

1) 김남진·김연태, 행정법(I), 48면.
2) 대판 1991. 10. 22, 90누9360 【양도소득세등부과처분취소】
3) 대판 1991. 8. 23. 선고 90누7760 【건축허가취소처분취소】 ; 대판 2006. 5. 25, 2003두4669 【공장등록취소처분취소】 )
4) 대판 1995. 1. 20, 94누6529 【행정처분취소】 수익적 처분이 있으면 상대방은 그것을 기초로 하여 새로운 법률관계 등을 형성하게 되는 것이므로, 이러한 상대방의 신뢰를 보호하기 위하여 수익적 처분의 취소에는 일정한 제한이 따르는 것은 소론과 같다 할 것이나, 이 사건의 경우와 같이 수익적 처분이 상대방의 허위 기타 부정한 방법으로 인하여 행하여졌다면 상대방은 그 처분이 위와 같은 사유로 인하여 취소될 것임을 예상할 수 없었다고 할 수 없으므로, 이러한 경우에까지 상대방의 신뢰를 보호하여야 하는 것은 아니라고 할 것이다.
5) 대판 1991. 10. 22, 90누9360 【양도소득세등부과처분취소】

다만 수익적 행정처분을 취소할 때에는 이를 취소하여야 할 공익상의 필요와 그 취소로 인하여 당사자가 입게 될 기득권과 신뢰보호 및 법률생활 안정의 침해 등 불이익을 비교, 교량한 후 공익상의 필요가 당사자가 입을 불이익을 정당화할 만큼 강한 경우에 한하여 취소할 수 있다.[1] 수익적 행정처분인 건축허가처분의 하자가 허가신청자의 사실은폐나 기타 사위의 방법에 의한 신청행위에 기인한 것이어서 신청자가 그 처분에 의한 이익이 위법하게 취득되었음을 알아 그 취소가능성도 예상하고 있었다고 할 것이므로 위 처분에 관한 신뢰이익을 원용할 수 없음은 물론 행정청이 이를 고려하지 아니하였다고 하여도 재량권의 남용이 되지 아니한다."[2]

[사위(詐僞)로 얻은 여관영업허가처분의 취소와 재량권 남용 여부] 대법원은 "… 영업소인 여관건물이 건축법을 위반하고 있을 뿐만 아니라 영업허가를 신청함에 있어서 허위의 부지증명과 건물용도변경증명을 첨부하여 사위(詐僞)의 방법으로 영업허가를 얻었다면 이를 시정하기 위하여 영업허가를 취소함이 공익상의 필요에 합당하고, 이로 인하여 객실을 꾸미는데 든 1,000만원 상당의 비용의 손해는 감수하여야 할 것이고 같은 지역에 다른 여관이 영업을 하고 있다거나 그 이후 타인에게 여관영업허가가 있었다 할지라도 위의 영업허가취소처분이 재량권을 남용한 것으로는 볼 수 없다."[3]고 하였다. 이는 행정청의 견해표명이 정당하다고 신뢰한 데 대하여 그 개인에게 '귀책사유'가 없을 것을 의미한다. 귀책사유의 의미는 행정청의 견해표명의 하자가 상대방 등 관계자의 사실은폐나 기타 사위의 방법에 의한 신청행위 등 부정행위에 기인한 것이거나 그러한 부정행위가 없다고 하더라도 하자가 있음을 알았거나 중대한 과실로 알지 못한 경우 등을 의미한다고 해석함이 상당하고, 귀책사유의 유무는 상대방과 그로부터 신청행위를 위임받은 수임인 등 관계자 모두를 기

---

1) 행정처분에 하자가 있음을 이유로 처분청이 이를 취소하는 경우에도 그 처분이 국민에게 권리나 이익을 부여하는 처분인 때에는 그 처분을 취소하여야 할 공익상의 가 당사자가 입을 불이익을 정당화할 만큼 강한 경우에 한하여 취소할 수 있는 것이지만, 그 처분의 하자가 당사자의 사실은폐나 기타 사위의 방법에 의한 신청행위에기인한 것이라면 당사자는 그 처분에 의한 이익이 위법하게 취득되었음을 알아 그 취소가능성도 예상하고 있었다고 할 것이므로 그 자신이 위 처분에 관한 신뢰이익을원용할 수 없음은 물론 행정청이 이를 고려하지 아니하였다고 하여도 재량권의 남용이 되지 않는다는 것이 대법원의 견해이다.
필요와 그 취소로 인하여 당사자가 입게 될 불이익을 비교교량한 후 공익상의 필요
2) 대판 1990. 2. 27, 89누2189; 대판 1991. 8. 23. 선고 90누7760【건축허가취소처분취소】; 대판 1994. 3. 22, 93누18969【주택조합설립인가취소처분취소】원고 조합은 조합원들이 허위의 재직증명서를 제출, 사위의 방법으로 주택조합의 설립인가를 받은 것으로서 그 인가처분에 의한 이익이 위법하게 취득되었음을 알아 그 취소가능성도 예상하고 있었다고 할 것이므로 위 처분에 관한 신뢰이익을 원용할 수 없으며…; 대판 2006. 5. 25, 2003두4669【공장등록취소처분취소】
3) 대판 1983. 10. 11, 83누389【영업허가취소처분취소】

준으로 판단하여야 한다.1)

[개인의 귀책사유를 인정한 판례(허위의 경력증명)] 대법원은 "… 허위의 경력증명을 제출하여 허위의 방법으로 내무부장관의 표창 및 무사고운전자표시장을 받고 이를 기초로 개인택시사업면허를 받은 사람은 그 수익이 위법하게 취득되었음을 알고 있어, 그 취소의 가능성도 예상하고 있었을 것이므로, 그 자신이 위 행정행위에 대한 신뢰이익을 수용할 수 없음은 물론 위 면허취소행위에 대하여 행정청의 재량권남용의 여부가 논의될 여지가 없다."2)고 하였다.

[주관적인 규범인식인 경우] "… 원심은 이 사건에 있어서 원고의 경우와 같이 타교 출강 금지규정 위반이라는 직무위반 행위에 대하여 징계받지 아니할 것으로 믿었다 하여도 이러한 신뢰는 주관적인 규범인식이지 보호받을 이익이라 할 수 없고, 타교 출강이 직무위반임을 알면서도 징계사유로는 되지 아니한다고 믿은 것이 되어 그 신뢰에는 원고가 주의의무를 다하지 못한 과실이 있음이 인정되므로 보호받을 가치 없는 신뢰라 할 것이어서 원고를 징계처분한 것이 신뢰보호의 원칙에 위반되는 것으로 볼 수는 없다."3)

[건물에 대한 부설주차장 설치] "… 건물에 대한 부설주차장 설치의무위반 사항과 관련하여 한 행정청의 처분은 행정청이 건물 소유자들에 대하여 신뢰의 대상이 되는 공적인 견해표명을 한 것으로 볼 여지가 있으나, 행정청의 그 견해표명이 정당하다고 신뢰한 데에 대하여 건물 소유자들에게 귀책사유가 없다고 단정할 수 없으므로 결국 행정청의 처분이 신뢰보호의 원칙에 반하지 않는다."4)

[상세계획지침에 의한 건축한계선의 제한이 있다는 사실을 간과한 채 건축설계를 한 경우] "… 건축주와 그로부터 건축설계를 위임받은 건축사가 상세계획지침에 의한 건축한계선의 제한이 있다는 사실을 간과한 채 건축설계를 하고 이를 토대로 건축물의 신축 및 증축허가를 받은 경우, 그 신축 및 증축허가가 정당하다고 신뢰한 데에 귀책사유가 있다. 건축주가 건축허가(Baugenehmigung) 내용대로 공사를 상당한 정도로 진행하였는데, 나중에 건축법이나 도시계획법에 위반되는 하자가 발견되었다는 이유로 그 일부분의 철거를 명할 수 있기 위하여는 그 건축허가(Baugenehmigung)를 기초로 하여 형성된 사실관계 및 법률관계를 고려하여 건축주가 입게 될 불이익과 건축행정이나 도시계획행정상의 공익, 제3자의 이익, 건축법이나 도시계획법 위반의 정도를 비교·교량하여 건축주의 이익을 희생시켜도 부득이하다고 인정되는 경우라야 한다."5) ☜ **비교형량**

---

1) 대판 2002. 11. 8, 2001두1512【건축선위반건축물시정지시취소】
2) 대판 1987. 11. 24. 87누391【법인세등부과처분취소】
3) 대판 1993. 9. 10, 93누5741【재심청구기각결정처분취소】
4) 대판 1996. 2. 23, 95누3787【주차장미확보시정지시처분취소】
5) 대판 2002. 11. 8, 2001두1512【건축선위반건축물시정지시취소】

[허위의 졸업증명서와 33년의 기간의 경과] "… 피고가 원고에 대한 하사관 임용 당시 적극적으로 임용결격사유를 밝혀내지 못하였다 하더라도, 원고가 허위의 고등학교 졸업증명서[1]를 제출하는 사위의 방법에 의하여 하사관을 지원하여 입대한 이상, 원고로서는 자신에 대한 하사관 임용이 소정의 지원요건을 갖추지 못한 자에 대하여 위법하게 이루어진 것을 알고 있어 그 취소가능성도 예상할 수 있었다 할 것이므로, 피고가 33년이 경과한 후 뒤늦게 원고에 대한 하사관 및 준사관 임용을 취소함으로써 원고가 입는 불이익이 적지 않다 하더라도 위 취소행위가 신뢰이익을 침해하였다고 할 수 없음은 물론 비례의 원칙에 위배하거나 재량권을 남용하였다고 볼 수없어, 결국 원고에 대한 하사관 및 준사관 임용을 취소한 이 사건 처분은 적법하다.[2]

## 4. 관계자의 신뢰에 기인한 처리의 존재

[신뢰에 기초한 처리(Verfügung)] 신뢰보호는 행정조치에 대한 신뢰에 기초한 개인의 어떤 처리(자본투하·기성권리질서 형성; Vertrauensbestätigung durch Ins-Werk-Setzen)를 보호하는 것이 목적이다. 즉 신뢰보호를 통하여 국민이 보호를 받는 실체는 행정을 신뢰하여 국민이 일정한 행위를 함으로써 얻게 된 이익이지 단순한 행정에 대한 신뢰 그 자체는 아니다. 예를 들면 수령한 금전을 이미 소비하였다거나, 흠이 있는 건축허가(Baugenehmigung)를 믿고 건축에 착수한 경우와 같이 신뢰에 입각한 관계자의 처리가 있어야 한다. 그리고 행정청의 선행조치와 개인의 처리와는 상당인과관계가 있어야 한다(아래참조).

## 5. 상당인과관계 – 상당인과관계설(Adäquanztheorie)

[상당인과관계] 인과관계(因果關係)는 원인과 결과의 관계를 말한다. 즉 하나의 사건(원인)이 다른 사건(결과)을 일으킬 경우 둘의 관계를 인과관계라 한다. 인과(因果)·인과율(因果律) 또는 인과성(因果性)이라고도 한다. 상당인과관계설(Adäquanztheorie)은 일반적인 경험법칙상 상당한 조건만이 인과관계가 있다고 보는 견해이다. 종래의 인과관계에 관한 학설이 자연과학적인 입장에서 사실적인 측면만을 강조하였으나 상당인과관계설은 사실적인 측면뿐만 아니라 상당이라는 규범적인 측면도 같이 고려하는 입장이다. (판례-1) : 피고인이 승용차로 피해자를 가로막아 승차하게 한 후 피해자의 하차 요구를 무시한 채 당초

---

1) 원고가 진량중학교를 중퇴하였음에도 진량고등학교를 졸업한 것처럼 허위의 졸업증명서를 제출하여 공군하사관에 지원하여 1966. 7. 4. 공군하사관후보생 제30기로 입대한 이래, 1968. 1. 1. 하사관으로 임용되고, 1970. 3. 1.에는 중사로, 1973. 6. 1.에는 상사로 각 진급하였고, 다시 지원에 의하여 1982. 12. 1. 준사관으로 임용된 사실
2) 대판 2002. 2. 5, 2001두5286【임명취소처분취소】

목적지가 아닌 다른 장소를 향하여 시속 약 60km 내지 70km의 속도로 진행하여 피해자를 차량에서 내리지 못하게 하였고, 그러자 피해자가 그와 같은 상태를 벗어날 목적으로 차량을 빠져 나오려 다가 길바닥에 떨어져 상해를 입고 그 결과 사망에 이르렀다면 피고인의 행위와 피해자의 사망 사이에는 상당인과관계가 인정된다.[1] (판례-2) : 교제제의를 거절한다는 이유로 피고인이 얼굴을 주먹으로 수회 때리자 피해자는 이에 대항하여 피고인의 손가락을 깨물고 목을 할퀴게 되었고, 이에 격분한 피고인이 다시 피해자의 얼굴을 수 회 때리고 발로 배를 수회 차는 등 폭행을 하므로 피해자는 이를 모면하기 위하여 도로 건너편의 음식점으로 도망가 도움을 요청하였으나, 피고인은 이를 뒤따라 도로를 건너간 다음 피해자의 머리카락을 잡아 흔들고 얼굴 등을 주먹으로 때리는 등 폭행을 가하였고, 이에 견디지 못한 피해자가 다시 도로를 건너 도망하자 피고인은 계속하여 쫓아가 주먹으로 피해자의 얼굴 등을 구타하는 등 폭행을 가하여 전치 10일간의 흉부피하출혈상 등을 가하였고, 피해자가 위와 같이 계속되는 피고인의 폭행을 피하려고 다시 도로를 건너 도주하다가 차량에 치여 사망한 경우 피고인의 위 상해행위와 피해자의 사망 사이에는 상당인과관계가 인정된다.[2] (판례-3) : 차량의 왕래가 빈번한 편도 2차선 도로 중 경보등이 설치되어 있는 횡단보도 부근으로서 양편에 인가가 밀집되어 있고 사고지점 부근 도로는 우측으로 약 103도 정도의 곡각을 이루고 있어 야간 에는 맞은편에서 오는 차량들의 전조등 불빛에 의하여 시야의 장애를 받는 곳에서 피고인이 야간 에 오토바이를 운전하고 시속 약 50킬로미터의 속도로 제2차로상을 진행하다가 진행방향 왼쪽에 서 오른쪽으로 도로를 무단횡단하던 피해자를 충격하여 피해자로 하여금 위 도로 제1, 2차로 경 계선상에 전도케 하였는데, 그로부터 약 40초 내지 60초 후에 피고인과 같은 차로로 시속 약 60 킬로미터로 진행하던 타이탄트럭이 도로위에 전도되어 있던 피해자를 역과하여 사망케 한 경우 피고인의 과실행위와 피해자의 사망 사이에는 상당인과관계가 인정된다.[3]

[조건설과 상당인과관계설의 차이] 상당인과관계설은 경험칙상 그 결과에 상당한 조건만이 원인이 된다고 하는 상당성의 척도에 따라 조건설에 의한 인과관계의 무제한한 확대를 구성요건단계에서 제약하는 이론이다.

[행정청의 선행조치와 이에 따른 상대방의 조치] 행정청의 선행조치와 그 상대방에 의한 조치 사이에 인과관계가 성립하기 위해서는 상대방이 행정청의 선행행위에 대하여 정당성과 계속성을 믿음으로써 일정한 조치를 한 경우이어야 한다.[4] 이와같이 신뢰보호의 원칙

---

1) 대판 2000. 2. 11, 99도5286【감금치사·도로교통법위반】
2) 대판 1996. 5. 10, 96도529【강간치상(인정된 죄명 상해치사)】
3) 대판 1990. 5. 22, 90도580【교통사고처리특례법위반】
4) 대판 1996. 11. 29, 95다21709【손해배상(기)】

이 적용되기 위해서는 행정기관과 관계자 사이에 계약 기타 구체적 관계의 존재를 요하지 않고 행정조치에 대한 신뢰와 관계자의 처리('행정에 대한 신뢰'와 '상대방의 조치')[1] 사이에 상당인과관계가 있어야 한다.

[상당인과관계(공무원의 확인행위와 사인의 손해)] 상당인과관계설(Adäquanztheorie)은 위에서 언급한바와 같이 경험칙상 그 결과에 상당한 조건만이 원인이 된다고 하는 상당성의 척도에 따라 조건설에 의한 인과관계의 무제한한 확대를 구성요건단계에서 제약하는 이론이다. 대법원은 "서울특별시 소속 건설담당직원이 무허가건물이 철거되면 그 소유자에게 시영아파트입주권이 부여될 것이라고 허위의 확인을 하여 주었기 때문에 그 소유자와의 사이에 처음부터 그 이행이 불가능한 아파트 입주권 매매계약을 체결하여 매매대금을 지급한 경우, 매수인이 입은 손해는 그 아파트입주권 매매계약이 유효한 것으로 믿고서 출연한 매매대금으로서 이는 매수인이 시영아파트입주권을 취득하지 못함으로 인하여 발생한 것이 아니라 공무원의 허위의 확인행위로 인하여 발생된 것으로 보아야 하므로, 공무원의 허위 확인행위와 매수인의 손해 발생 사이에는 상당인과관계가 있다."[2]고 판시하여 공무원의 허위의 확인행위로 아파트입주권을 매입한 경우, 공무원의 확인행위와 사인의 손해 사이에는 상당인과관계가 있다고 보았다.

[선행행위에 반하는 후행조치] 그리고 행정청이 행한 선행행위에 반하는 후행조치를 하였거나 선행조치에 의하여 약속한 행위를 이행하지 않음으로써 이를 신뢰한 개인의 이익을 침해하여야 비로소 신뢰보호의 성립요건이 갖추어지게 된다. (판례-1) : 대법원은 '농지에 대하여 자경의사가 있는 것처럼 소재지관서의 증명을 받아 소유권이전등기를 마친 명의수탁자가 증여세 등의 부과를 면하기 위하여 그 등기가 자경의사없이 한 것으로서 무효라고 주장하는 것이 신의성실의 원칙(Prinzip von Treu und Glaube)에 어긋나는지 여부'에 대하여, "농지의 명의수탁자가 적극적으로 농가이거나 자경의사가 있는 것처럼 하여 소재지관서의 증명을 받아 그 명의로 소유권이전등기를 마치고 그 농지에 관한 소유자로 행세하면서, 한편으로 증여세 등의 부과를 면하기 위하여 농가도 아니고 자경의사도 없었음을 들어 농지개혁법에 저촉되기 때문에 그 등기가 무효라고 주장함은, 전에 스스로 한 행위와 모순되는 행위를 하는 것으로 법률상 용납될 수 없다."[3]고 하였고, (판례-2) : 대법원은 "퇴직금을 아무런 이의를 유보하지 아니하고 수령하였고, 부당해고구제신청을 하여 기각되었으나 불복을 제기하지 아니하여 확정되었다면 특별한 사정이 없는 한 그로부터 1년 7개월가량 경과한 후에 제기한 해고무효확인청구는 신의칙이나 금반언의 원칙에 위배되어 허용될 수 없다."[4]고

---

1) 김남진 · 김연태, 행정법(I), 48면.
2) 대판 1996. 11. 29, 95다21709 【손해배상(기)】
3) 대판 1990. 7. 24, 89누8224 【증여세등부과처분취소】

하였다.

## 6. 선행조치에 위반한 후행조치(행정작용)의 존재

행정청이 종래에 행한 선행조치에 반하는 후행조치(행정작용)를 함으로써, 그 선행조치의 존속에 대한 신뢰를 바탕으로 일정한 처리를 행한 관계자의 이익을 침해하여야 한다.[1] 왜냐하면 선행조치에 반하는 행정기관의 처분 등이 존재하여야 비로소 상대방의 신뢰를 배반하게 되기 때문이다. 이와같이 선행조치에 반하는 행정청의 처분이 있는 경우에 비로소 사인의 신뢰는 현실적으로 배반되고, 아울러 사인의 법생활의 안정(법적 안정성)도 구체적으로 침해된다.

## 7. 보충성의 원리

신뢰보호로써 추구하는 행정목적과 이에 따른 행정기속이 이미 특정한 행정작용 위에 성립되어 있는 어떤 특별원칙의 적용에 의하여 이미 성취되고 있는 경우에는 신뢰보호원칙의 적용은 없게 된다.

# VI. 신뢰보호원칙의 문제점

## 1. 개관

행정청의 언동을 믿고 이를 따른 경우에 이를 보호하여야 한다는 신뢰보호의 요청과 이에 대비하여 행정청의 언동이 법에 위반되어서 언동을 지키기보다 이를 변경하여야 한다는 합법성의 요청 사이에 충돌이 일어나는 경우에, 양 원칙의 관계를 어떻게 파악하여야 하는가라는 문제가 제기될 수 있다.[2] 그런데 행정에 있어서 가장 기본적인 원칙은 법치국가원리의 구성요소인 법치행정·행정의 법률적합성의 원칙이다. 그리고 법적 안정성(Rechtssicherheit)[3] 역시 법치국가원리의 구성요소이다. 그런데 법치국가원리의 중요한

---

4) 대판 1995. 3. 10, 94다33552 【해고무효확인】
1) 이에 대하여, "선행조치에 반하는 처분으로 개인의 이익이 침해되어야 한다는 것을 제5요건으로 하는 주장도 있으나, 신뢰보호의 원칙 자체가 침해된 권익을 구제받기 위하여 주장되는 법리인 까닭에이를 특히 성립요건의 하나로 논의할 이유가 없다. 이는 신뢰보호원칙의 성립요건이 아니라 적용요건이라고 비판하는 견해도 있다(이광윤·김민호, 최신행정법론).
2) H. Maurer, AllgVerwR, § 11 Rn. 22.
3) 법적 안정성은 독일연방헌법재판소에 의하여 법치국가원리의 구성요소인 헌법원리

요소의 하나인 '법적 안정성'을 보호하기 위하여 신뢰보호의 원칙을 인정하는 경우, 이 결과 위법한 행정작용의 효력을 인정하는 것이 되어, 또 다른 법치국가원리의 구성요소인 '법치행정·행정의 법률적합성의 원칙'이 훼손·충돌된다는 문제점을 지니고 있다. 이와같이 신뢰보호의 원칙의 인정은 법치국가원리의 구성요소들간에 서로 모순·충돌을 야기한다는 점이다.

## 2. 문제점
### 2.1. 행정의 법률적합성의 원칙과 법적 안정성의 충돌문제

행정의 법률적합성을 우선할 것인가 아니면 법적 안정성을 우선할 것이냐에는 다음과 같은 학설이 대립된다.[1] 법률적합성우위설에 의하면 신뢰보호의 원칙이 적용될 여지가 없다.

[법률적합성 우위설(합법성 우위설)] 법률적합성 우위설(합법성 우위설)은 행정의 법률적합성(Gesetzmäßigkeit der Verwaltung)의 요청이 행정의 법적 안정성 및 그로부터 도출되는 신뢰보호의 요청보다도 우선하는 것이 법치국가적 원리라고 보는 입장이다.[2] 이 경우에는 신뢰보호의 원칙이 적용될 여지가 없다.[3] **행정의 법률적합성 > 법적 안정성(신뢰보호의 원칙)** ☞ **신뢰보호원칙 적용 불가**

[법적 안정성우위설(신뢰보호의 원칙우위설)] 위법한 행정작용에 대하여서도 신뢰보호의 원칙은 당연히 적용되어야 한다는 것을 강조하는 학설이다. **행정의 법률적합성 < 법적 안정성(신뢰보호의 우위)** ☞ **신뢰보호의 원칙적용 가능**

[법률적합성·법적 안정성 동위설] 법률적합성·법적 안정성 동위설은 법률적합성의 원칙과 법적 안정성의 원칙을 헌법상 동위적(gleichrangig)·동가치적(gleichwertig)인 것으로 보는 견해이다. 형식적인 적법성 못지 않게 구체적 사정하에서의 正義도 중요하다고 보는 것이다. ☞ **행정의 법률적합성 = 법적 안정성(신뢰보호의 원칙)**

---

(Verfassungsprinzip)로 파악되고 있다는 점에서 신뢰보호의 원칙은 헌법원리로 인정된다(Anna Leisner, Kontinuität als Verfassungsprinzip, - unter besonderer Berücksichtigung des Steuerrechts -, Jus Publikum, Bd. 83, Tübingen 2002, S. 463 ff).

1) 박윤흔, 행정법강의(상), 84면.
2) E. Forsthoff, VerwR, S. 262 f.
3) 대판 1980. 6. 10, 80누6【면허세부과처분취소】동 판결은 신뢰보호원칙을 인정한 우리나라 최초의 판결이다. 이 판결로 우리나라 행정판례상 신뢰보호원칙은 확고한 기반 위에 올려졌으며 그 뒤의 판례들은 이 판결의 내용을 보다 구체화시켜 그 요건 제한 등을 밝히고 있다. 그러나 법률적합성의 원칙이 신뢰보호라는 법적 안정성의 원칙보다 우월하다는 반대의견이 있었다(김철용, 행정법 I, 62면 각주 2) 참조.

결국 동위설의 입장에서는 합법성과 신뢰보호의 이익들이 상호간에 형량되어야 할 것이다. 그러므로 다음의 이익형량설과 같은 연장선상에 서있다고 볼 수 있다.[1]

[이익교량설(이익형량설)] 이익교량설(이익형량설)은 법률적합성 및 법적 안정성이 서로 동일한 가치를 지닌다는 동위설적 입장, 즉 행정의 **법률적합성 = 법적 안정성**이라고 보는 것을 전제로 하되, 구체적으로는 신뢰보호를 어느 범위까지 인정하느냐 하는데 있어서 신뢰이익과 취소이익의 교량의 결과에 의존한다는 것이다.[2] 이 설에 의하면 행정주체와 행정객체의 이익을 구체적인 경우에 비교형량(比較衡量)하여, 경우에 따라서는 법의 지배의 원칙(행정의 법률적합성의 원칙), 법치행정의 원리를 후퇴시키고 현재의 법적 안정성을 보호하여 행정객체의 이익을 보호하여야 한다는 견해이다. 이는 행정의 법률적합성의 원칙(법치행정의 원리)이 언제나 절대적인 가치를 지니는 것은 아니며, 양원칙의 이익(공익·사익)을 구체적으로 비교형량하여 어느 원칙이 보다 우위에 있는가를 판단하여야 하는 것으로서, 이는 개별적 구체적으로 적법상태를 실현하여야 하는 공익(公益)과 개인이 행정청의 언동을 신뢰한 경우에 이를 보호하는 사익(私益)을 비교형량하여 결정해야 한다는 견해이다. 독일의 통설·판례이며[3] 우리나라의 판례의 태도이다.[4][5][6]

[이익교량설(이익형량설)에 입각한 대법원 판례] (판례-1) : "舊도로교통법(1980. 12. 31 개

---

1) 강현호, 신뢰보호원칙에 대한 재고찰, 성균관법학 제17권 제3호 2005년 12월, 153면.
2) 김철용, 행정법 I, 65면.
3) 박윤흔, 행정법강의(상), 82면 참조.
4) 대판 1996. 7. 12, 95누11665【공장설립신고수리거부처분취소】지방자치단체로서는 주민들이 쾌적한 환경에서 살 수 있도록 하여야 할 책무가 있으며, 이 사건에 있어서와 같이 그 관할 구역에 공장을 설치하려는 자가 있는 경우에 이와 같이 쾌적한 환경에서 생활할 권리를 가지는 주민들에게 위해를 가할 우려가 있다고 판단되면 당연히 공업배치및공장설립에관한법률 제9조의 규정에 따라 공장입지의 변경의 권고를 할 수 있고, 이에 불응하는 자에게 공장입지의 변경 또는 공장설립계획의 조정을 명할 수 있으며, 한편 레미콘공장 설립을 하면 환경에 현저한 위해를 가할 우려가 있고 그러한 사정이 있음에도 불구하고 공장설립을 허가하는 것이 같은 법 제8조와 이 규정에 따른 통상산업부 고시에 위반된다면, 설사 관할 지방자치단체가 토지거래허가시에 이러한 사정을 간과하고 토지거래허가를 하였다고 하더라도 쾌적한 환경에서 생활할 주민들의 권리라는 한 차원 높은 가치를 보호하기 위한 조정명령을 신뢰보호의 원칙을 들어 위법하다고 할 수도 없다.
5) 대판 1998. 5. 8, 98두4061【폐기물처리업허가신청에대한불허가처분취소】폐기물처리업에 대하여 사전에 관할 관청으로부터 적정통보를 받고 막대한 비용을 들여 허가요건을 갖춘 다음 허가신청을 하였음에도 다수 청소업자의 난립으로 안정적이고 효율적인 청소업무의 수행에 지장이 있다는 이유로 한 불허가처분이 신뢰보호의 원칙 및 비례의 원칙에 반하는 것으로서 재량권을 남용한 위법한 처분이다.
6) 대판 1987. 9. 8, 87누373【자동차운전면허취소처분취소】

정 법률 제3346호) 제65조에 의하면 관할관청은 운전면허를 받은 자가 동조 제2호 내지 제6호에 해당하는 위반행위를 하였을 때에는 그 운전면허를 취소하거나 그 효력을 정지(1년 이내)하는 행정처분을 할 수 있도록 규정하고 있는바, 위와 같은 행정처분은 그 성질상 행정청의 재량행위에 속하는 것이므로 행정청이 운전면허를 취소하는 행정처분을 함에 있어서는 그 위반행위의 정도를 감안하여 운전면허를 취소하고자 하는 공익목적과 그 취소처분에 의하여 상대방이 입게 될 불이익을 비교형량하여야 한다."1)고 하였다. (판례-2) : 대법원은 "행정행위를 한 처분청은 그 행위에 하자가 있는 경우에 별도의 법적 근거가 없더라도 스스로 이를 취소할 수 있는 것이며, 다만 그 행위가 국민에게 권리나 이익을 부여하는 이른바 수익적 행정행위인 때에는 그 행위를 취소하여야 할 공익상 필요와 그 취소로 인하여 당사자가 입을 기득권과 신뢰보호 및 법률생활 안정의 침해 등 불이익을 비교교량한 후 공익상 필요가 당사자의 기득권침해 등 불이익을 정당화할 수 있을 만큼 강한 경우에 한하여 취소할 수 있다."2)고 하였다. 이익형량의 결과 사익보호를 이유로하여 신뢰보호를 인정한 판례와 사익보다는 공익보호가 더 중요하여 신뢰보호를 인정하지 아니한 판례가 있다. (판례-3 : 신뢰보호를 인정한 판례) : 대법원은 "담당공무원이 관련법규상 허용된다고 하여 이를 신뢰하고 건축준비를 하였으나 그 후 비록 지방자치단체장이 당해 토지형질변경허가를 하였다가 이를 취소·철회하는 것은 아니라 하더라도 지방자치단체장이 토지형질변경이 가능하다는 공적 견해표명을 함으로써 이를 신뢰하게 된 당해 종교법인에 대하여는 그 신뢰를 보호하여야 한다는 점에서 형질변경허가 후 이를 취소·철회하는 경우를 유추·준용하여 그 형질변경허가의 취소·철회에 상당하는 당해 처분으로써 지방자치단체장이 달성하려는 공익 즉, 당해 토지에 대하여 그 형질변경을 불허하고 이를 우량농지로 보전하려는 공익과 위 형질변경이 가능하리라고 믿은 종교법인이 입게 될 불이익을 상호비교·교량하여 만약 전자가 후자보다 더 큰 것이 아니라면 당해 처분은 비례의 원칙에 위반되는 것으로 재량권을 남용한 위법한 처분이라고 봄이 상당하다. 종교법인이 도시계획구역 내 생산녹지로 답인 토지에 대하여 종교회관 건립을 이용목적으로 하는 토지거래계약의 허가를 받으면서 담당공무원이 관련 법규상 허용된다 하여 이를 신뢰하고 건축준비를 하였으나 그 후 당해 지방자치단체장이 다른 사유를 들어 토지형질변경허가신청을 불허가 한 것이 신뢰보호원칙에 반한다."3)고 판시하였다. (판례-4 : 공익을 우선하여 신뢰보호를 인정하지 아니한 판례) : 대법원은 "이 사건의 경우에 앞서 본 바와 같은 사정에 비추어 보면, 원고는 원심 판시와 같이 이 사건 토석채취허가가 법적으로 가능할 것이라는 취지의 피고의 언동을 신뢰하고 이 사건 토석채취허가신

---

1) 대판 1987. 9. 8, 87누373 【자동차운전면허취소처분취소】
2) 대판 1986. 2. 25, 85누664. 【숙박영업허가취소처분취소】
3) 대판 1997. 9. 12, 96누18380 【토지형질변경행위불허가처분취소】

청 및 그 준비에 적지 않은 비용과 노력을 투자하였다가 이 사건 불허가처분으로 인하여 상당한 불이익을 입게 되었다고 할 것이다. 그러나 근래 날로 심해지고 있는 각종 환경오염과 자연파괴로 인한 국민건강 및 환경상의 위해를 예방하여 모든 국민이 건강하고 보다 쾌적한 환경에서 생활할 수 있게 하는 것은 국가나 지방자치단체의 의무인 동시에 모든 국민의 당연한 권리이자의무이며, 또한 한번 파괴된 환경은 그 회복에 막대한 시간과 비용이 소요되는 점을 감안하여 보면, 이 사건 불허가처분에 의하여 피고가 달성하려는 주변의 환경·풍치·미관 등의 보존·유지라는 공익은 이 사건 불허가처분으로 인하여 원고가 입게 되는 이익을 정당화할 만큼 강한 경우에 해당한다고 보아야 할 것이고, 따라서 피고의 사건 불허가처분이 재량권을 남용하였다거나 신뢰보호의 원칙에 반하여 위법하다고는 할 수 없다고 할 것이다."라고 판시하여 이익형량설의 입장에 서있다고 보인다.[1]

[헌법재판소 결정례] 헌법재판소는 舊조세감면규제법 제88조의2 위헌소원에 대하여, "헌법상 법치국가의 원칙으로부터 신뢰보호의 원리가 도출된다. 법률의 개정시 구법질서에 대한 당사자의 신뢰가 합리적이고도 정당하며 법률의 개정으로 야기되는 당사자의 손해가 극심하여 새로운 입법으로 달성하고자 하는 공익적 목적이 그러한 당사자의 신뢰의 파괴를 정당화할 수 없다면 그러한 새 입법은 신뢰보호의 원칙상 허용될 수 없다. 이러한 신뢰보호의 원칙의 위배여부를 판단하기 위하여는 한편으로는 침해받은 이익의 보호가치, 침해의 중한 정도, 신뢰가 손상된 정도, 신뢰침해(Vertrauensschaden)의 방법 등 다른 한편으로는 새 입법을 통해 실현하고자 하는 공익적 목적을 종합적으로 비교·형량하여야 한다. 그러나 헌법적 신뢰보호는 개개인의 국민이 어떠한 경우에도 '실망'을 하지 않도록 하여 주는 데까지 미칠 수는 없는 것이며, 입법자는 구법질서가 더 이상 그 법률관계에 적절하지 못하며 합목적적이지도 아니함에도 불구하고 그 수혜자군을 위하여 이를 검토 유지하여 줄 의무는 없다 할 것이다."[2]라고 하여 이익형량설을 취하고 있다.

[박정훈 교수의 견해] 박정훈 교수는 "이와 같이 신뢰보호원칙이 궁극적으로 '공익과 사익의 형량'으로 귀착된다는 점에서 신뢰보호의 문제도 결국 비례원칙의 적용의 한 경우라고 할 수 있겠다. 다만, 신뢰보호에 있어서는 국민의 신뢰와 그에 기한 재산상·생활상의 조치가 중요한 형량요소가 된다는 점이 본질적인 특징"[3]이라고 한다.

---

1) 대판 1998. 11. 13, 98두7343 (아래 김남진 교수의 판례평석 참조)
2) 헌재결 1995. 6. 29. 94헌바39.
3) 박정훈, 행정법의 체계와 방법론, 2005, 151면 각주 33.

### 2.2. 존속보호(위법상태의 시정금지)와 보상보호(손해배상청구권 인정)의 충돌문제

[독일] 독일에서는 신뢰보호의 방법에 있어서도, (ㄱ) 위법상태의 시정을 금하는 존속보호의 방법에 의하여야 한다는 존속보호설과, (ㄴ) 관계자에게 재정적 전보청구권(塡補請求權)만을 인정함에 그쳐야 한다는 보상보호설의 대립이 있다. (ㄷ) 독일 연방행정절차법은 원칙적으로 보상보호를, 예외적으로 존속보호를 규정하여 양설을 절충하는 방향으로 해결하고 있다.

[존속보호·보상보호] 존속보호는 이미 부여한 허가, 행정계획 등을 행정기관이 취소 또는 철회하지 아니하고 유지하거나, 약속한 허가 등을 부여하는 것을 의미하며,[1] 보상보호는 신뢰보호의 요건이 충족되어 있음에도 불구하고 공익상 이유로 존속보호를 할 수 없는 경우에는 보상을 하여야 한다는 것을 의미한다.[2] 현행법상 명문의 규정은 없으나 1987년에 입법 예고되었던 우리나라의 행정절차법안 제31조 제1항에는 "행정청은 위법한 행정처분을 취소하고자 할 때에는 취소에 의해 달성하고 하는 공익상의 필요와 상대방이 이미 취득한 권리의 보호, 제3자의 신뢰보호 및 법률생활의 안정 등의 요청을 비교형량하여 결정하여야 한다"고 하여 권리의 존속보호를 위한 취소권제한의 법리를 규정하였다. 또한 동조 제3항은 "위법한 행정처분을 취소한 경우에 당해 행정청은 청구가 있으며, 당사자 등이 행정처분의 존속을 신뢰함으로 인하여 받은 재산상의 손실에 대하여 원상회복, 손실보상 기타 필요한 조치를 하여야 한다."라고 하여 역시 보상보호형식의 신뢰보호원칙을 인정하였다.[3]

## VII. 신뢰보호원칙의 적용영역

### 1. 개관

행정법상 신뢰보호원칙은 종래 주로 행정행위의 취소권의 제한이나 철회권의 제한과 관련하여 논의되어 왔으나 그 성격상 모든 행정영역에 적용되는 것으로 보는 견해가 지배적이며 신뢰보호의 원칙은 행정법의 일반법 원칙일 뿐만 아니라 헌법원칙으로 인정되고 있다. 따라서 여기에서 신뢰보호원칙이 적용되는 행정영역을 예시하는 것은 이해를 돕기 위한 것일 뿐이며 이 원칙은 행정법상 일반법원칙이므로 행정법의 모든 원칙에 적용되는

---

1) 김남진·김연태, 행정법(I), 49면.
2) 김남진·김연태, 행정법(I), 49면.
3) 김충묵, 행정법상 신뢰보호의 원리, 군산대학교 법학연구소, 법학연구(VOL. 3, 1999), 42면.

점에 의문이 있을 수 없다. 다만 학자들 간에도 주요 행정영역으로 들고 있는 것에는 약간씩 차이가 있다.

[김남진교수] 김남진 교수는, (ㄱ) 흠있는 수익적 행정행위의 취소, (ㄴ) 행정법상 확약, (ㄷ) 행정법상 실권, (ㄹ) 공법상 확약, (ㅁ) 불법에 있어서의 평등대우, (ㅂ) 계획변경, (ㅅ) 공법상 확약, (ㅇ) 불법에 있어서의 동등대우를 들고 있다.

[서원우 교수] 서원우 교수는, (ㄱ) 하자있는 수익적 행정행위의 취소권행사의 제한, (ㄴ) 무효인 행정행위와 취소할 수 있는 행정행위의 구별의 기준, (ㄷ) 행정법상의 확약, (ㄹ) 행정법상의 실권, (ㅁ) 공법상 계약, (ㅂ) 불법에 있어서의 평등취급, (ㅅ) 계획보장과 공법시설보장, (ㅇ) 명령의 변경을 예시하고 있다.

[석종현 교수] 석종현 교수는, (ㄱ) 위법한 수익적 행정행위의 취소, (ㄴ) 적법한 수익적 행정행위의 철회, (ㄷ) 행정법상의 확약, (ㄹ) 불법에 있어서의 평등대우, (ㅁ) 실권, (ㅂ) 소급효를 들고 있다.

## 2. 위법한 수익적 행정행위의 취소제한

### 2.1. 개관

행정행위의 직권취소는 하자있는 행정행위의 효력을 행정청의 직권으로 상실시키기 위해 행하는 독립된 행정행위를 말한다.[1] 위법한 수익적 행정행위의 취소제한은 행정청(Behörde)이 상대방에게 행한 행정행위가 이익을 주는 행정행위(수익적 행정행위)였으나, 이것이 나중에 위법한 것으로 밝혀져서 당연히 행정의 법률적합성의 원칙 및 법치행정의 원리에 따라 이를 소급하여 취소하는 것이 당연하겠지만, 이 경우에 상대방은 위법한 행정행위로 인하여 이익을 받고 있는 행정행위(수익적 행정행위)이기 때문에, - 이 경우에는 비록 하자있는 위법한 행정행위이지만 - 현재 상대방이 누리고 있는 이익을 보호해주기 위하여, 행정청은 함부로 행정행위(수익적 행정행위)를 취소할 수 없다는 것이다(신뢰보호의 원칙).[2] 이는 개인의 인권(기본권)보호를 위한 것이기도 하다. 이와같이 행정법상의 신뢰보호의 원칙은 원래 하자있는(위법한) 수익적 행정행위의 취소문제(취소의 제한 및 한계)에서부터 시작되었다.[3] 위법한 수익적 행정행위의 취소와 철회는 과거에는 취소·철회가 자유롭게 인정되는 것이 원칙이고 일정한 경우에 한하여 제한 될 뿐이라는 것이 일반적 경향이었다. 그러나 오늘날에는 위법한 행정행위일지라도 국민이 그것을 신뢰했을 경우,

---

1) 김영훈, 복효적 행정행위의 철회 및 직권취소, 고시연구(1984.1), 17면.
2) H. Maurer, AllgVerwR, § 11 Rn. 21; OVG Berlin vom 14. 11. 1956, DVBl. 1957, S. 503; BVerwGE 9, 251.
3) 김남진·김연태, 행정법(I), 50면.

그것이 보호가치가 있는 것이라면 그에 대한 신뢰가 보호되어야 한다는 것이다. 우리의 학설과 판례1)도 위법한 수익적 행정행위를 취소하는 경우 취소의 제한을 인정하고 있다.

독일연방행정절차법 제48조 제1항은 위법한 행정행위의 '자유로운 취소원칙'을 전제하면서도 제1항 후단은 수익적 행정행위의 경우에는 종래의 학설, 판례상 지지되던 신뢰보호의 견지에서 취소부자유원칙을 명문화하고 있다(상세한 내용은 아래 참조).

### 2.2. 우리나라 대법원 판례의 동향(動向)

[위법한 수익적 행정행위의 취소제한] (판례-1) : "동 국세기본법 제18조 제2항(현행 제3항)의 규정은 같은 법 제15조에 규정된 신의성실의 원칙과 같은 법 제19조에 규정된 세무공무원의 재량의 한계 등에 관한 것과 함께 이른바 징수권에 대항하는 납세자의 권리를 보장하고 과세관청의 언동을 믿은 일반납세자의 신뢰이익을 보호하려는 데 그 목적이 있는 것이므로, 문제된 보세운송면허세의 부과금거조문인 지방세법시행령이 1973.10.1.에 개정되었다가 1977.9.20에 폐지될 때까지 4년 동안에 그 면허세를 부과할 수 있는 점을 알면서도 피고가 수출증대라는 공익상 필요에서 단 한건도 이를 부과한 일이 없었다면, 납세자인 원고로서도 그것을 믿을 수 밖에 없고, 그로써 비과세관행이 이루어졌다고 보아도 무방하다(대판 1980. 6. 10, 80누6)."2)고 하였다. 동 판결은 신뢰보호원칙에 관한 leading-case가 되는 우리나라 최초의 판결이다.3) 이 판결로 우리나라 행정판례상 신뢰보호원칙은 확고한 기반 위에 올려졌으며 그 뒤의 판례들은 이 판결의 내용을 보다 구체화시켜 그 요건·제한 등을 밝히고 있다. (판례-2) : 대법원은 "… 보세운송면허세의 부과근거규정이던 지방세법시행령이 1973. 10. 1에 제정되어 폐지될 때까지 근 4년간 위 면허세가 단 한건도 부과된 적이 없고, 그 주무관청인 관세청장도 수출확대라는 공익상의 필요 등에서 관계법조문의 삭제를 선의하였다면 그로써 위 면허세의 비과세의 관행이 이루어졌다고 보아야 하고, 과세근거법규가 폐지된지 1년 3개월이나 지난 뒤에 행한 4년간의 위 면허세의 부과처분은 신의성실

---

1) 공업개발장려지구로 지정되기 이전에 정부 또는 지방행정당국의 시책에 호응하여 동 지구로 공장을 이전한 경우에도 조세감면혜택을 받을 수 있다(대판 1978. 4. 25, 78누51).
2) 동지의 판결 ; 대판 1981. 9. 22, 80누601; 대판 1982. 10. 26, 81누63.
3) 다만, 이 판결에서 소수의견은 "합법성의 원칙은 납세자의 신뢰보호라는 법적 안정성에 우선하는 것이라 할 것이니, 일정기간에 통한 과세누락이나 이에 준할 비과세의 사실이 있었다는 것만으로써는 국세기본법 제 18조 제3항소정의 일반적으로 납세자에게 받아들여진 국세행정의 관행이 있는 것으로 볼 수 없고, 과세관청이 납세자에 대하여 불과세를 시사하는 무엇인가의 명시적인 언동이, 일정기간에 과세하지 않음으로써 납세자가 그것을 신뢰하는 것이 무리가 아니라고 인정할 만한 정이 있는 경우라야만 국세기본법 제18조 제2항에서 말하는 일반적으로 납세자에게 받아들여진 국세행정의 관행이 있는 것으로 보아야 할 것이다." 라고 주장한다.

의 원칙과 위의 관행을 무시한 위법한 처분이다(대판 1982. 6. 8, 81누38)."[1]라고 하였다. (판례 3): 대법원은 "일반적으로 조세법률관계에 있어서 과세관청의 행위에 의하여 신의성실의 원칙이 적용되기 위한 요건으로서는 첫째로, 과세과천이 납세자에게 신뢰의 대상인 공적인 견해표명을 하여야 하고 둘째로, 과세관청이 견해표명이 정당하다고 신뢰한데 대하여 납세자에게 귀책사유가 없어야 하며, 셋째로, 납세자가 그 견해표명을 신뢰하고 이에 따라 무엇인가 행위를 하여야 하고, 넷째로, 과세관청이 위 견해표명에 반하는 처분을 함으로써 납세자의 이익이 침해되는 결과가 초래되어야 한다(대판 1985. 4. 23, 84누593)."[2] 라고 하였다.

[사견] 이 판결에 의하면 비과세관행이 성립하기 위하여는, (ㄱ) 과세관청의 공적인 견해표명, (ㄴ) 납세자의 귀책사유 부존재, (ㄷ) 납세자의 신뢰와 그에 따른 처리, (ㄹ) 납세자의 이익 침해(손해발생)가 필요하다. 공적인 견해표명과 관련하여 판례는 반드시 명시적 언동이 필요하지 아니하며 묵시적인 의사표시로 볼 수 있는 경우에도 이를 인정할 수 있다고 하고 있다. 즉, 묵시적인 언동 다시 말하면 비과세의 사실상태가 장기간에 걸쳐 계속되는 경우에 그것이 그 사항에 대하여 과세대상으로 삼지 아니하는 뜻의 과세관청의 묵시적인 의향표시로 볼 수 있는 경우에도 이를 인정할 수 있다는 것이다. 그러나, 여기서 주의할 점은 (ㄱ) 단순히 일정한 기간 동안 과세누락이 있었다는 사실, (ㄴ) 탈세혐의로 세무조사를 받았지만 과세당국이 이에 대하여 세금납부를 지적한 바 없다는 사정만으로 비과세관행이 성립한다고 보기는 어렵다. (ㄷ) 관계법령의 해석을 잘못한 경우, (ㄹ) 착오로 인하여 일정한 기간동안 단순히 과세누락된 데 불과한 경우에는 행정청의 '공적인 견해표명'이라고 보거나 견해표명이 있었다고 볼 수는 없다. ☞ **이 판례들은 신의성실의 원칙에 입각한 판례(일반적으로 납세자에게 받아들여진 국세행정의 관행이 이루어졌다고 본 예)**

[위법한 수익적 행정행위의 취소제한] 대법원은 "행정처분에 법규위반의 하자가 있다 하더라도 행정청이 그 처분을 취소함으로 말미암아 기득권을 박탈하는 결과가 됨이 명백할 때에는 이를 정당화 할 만한 중대한 공익상의 필요 또는 제3자 이익보호의 필요가 있는 경

---

1) 대판 1982. 6. 8, 81누38【면허세부과처분취소】보세운송면허에 대한 면허세를 시방세법시행령이 개정되기 전까지 1건도 이를 부과한 일이 없었다면 원고를 포함한 납세자인 보세운송면허자들에게는 보세운송면허에 관하여는 면허세가 부과되지 않는 것으로 믿을 수 밖에 없었을 것이고 그로써 비과세의 관행이 이루어졌다고 보아야 할 것이며 근거법규가 폐지된지도 1년 3개월이나 지나 1978.12.16 및 29에 이르러서 원고가 이미 지나간 4년 동안에 보세운송한 도합 7,430건에 대한 면허세 도합 금 75,696,400원을 일시에 부과한다는 것은 세법상의 신의성실의 원칙이나 납세자가 받아들인 국세행정의 관행을 무시한 위법한 처분이라 할 것인바(대법원 1981.3.10. 선고 81누16 판결 참조) 이와 같은 취지의 원심판결은 정당하고 거기에 소론과 같은 국세기본법 제18조 제2항에 규정된 국세행정의 관행에 관한 법리오해나 심리미진 또는 이유불비의 잘못이 있다 할 수 없으므로 논지 이유없다.

2) 동지의 판결 : 대판 1988. 3. 8, 87누156; 대판 1988. 9. 13, 86누101.

우에만 취소할 수 있다."[1]라고 하였다. 이 판례를 좀더 구체적으로 살펴보면, 대법원은 "…행정행위에 하자가 있는 경우 즉 위법 또는 부당한 경우에는 원칙적으로 이를 취소할 수 있다 할 것이지만 이러한 취소원인이 있는 경우에도 언제든지 취소할 수 있는 것은 아니고 기성의 법률질서를 보호하는 견지에서 취소권에 대한 일정한 조리상의 제한이 가하여지는 것으로서 행정처분의 내용이 국민에게 일정한 의무나 부담을 과하거나 권리, 자유를 제한, 정지 또는 박탈하는 경우에는 그 취소는 오로지 국민에게 이익을 주게 되므로 행정청은 이를 자유로이 취소할 수 있음에 반하여 그 행정처분으로 인하여 국민의 의무를 면제하고 자유를 회복케 하거나 국민에게 권리를 설정부여하는 등 이익을 주는 행정처분을 취소하는 경우에 있어서는 그 취소로 말미암아 국민의 기득의 권리, 이익을 박탈하게 되고 또는 기득의 자유를 제한하는 결과가 되므로 그 행정처분을 취소함에 있어서는 반드시 이러한 국민의 권리, 자유의 침해를 정당화할만한 중대한 공익상의 필요 또는 제3자 이익보호의 필요가 있는 경우에만 취소할 수 있고 따라서 이런 제한을 일탈한 취소는 그 취소자체가 위법임을 면치못한다고 해석할 것이다(대법원 61.3.13. 선고 4292행상92 판결 및 73.6.26. 선고 72누232 판결등 참조). … 졸업인정처분에 원판시와 같은 법규위반의 하자가 있다 하더라도 그 처분을 취소함으로 말미암아 원고에 대하여 기득권을 박탈하는 결과가됨이 명백한 이상 위

---

1) 대판 1977. 7. 12, 76누30【졸업인정취소처분취소】(원심판결: 서울고등법원 1976.1.21. 선고 75구172 판결): 원심은 원고가 1967.2.8생으로 서울난곡국민학교 제2학년에 재학중이던 1974.9.경 학력이 우수하다하여 제6학년에 이른바 월반하여 1975.2.5 피고로부터 졸업인정을 받아 졸업장을 수여받았으나 피고가 그해 3.14 원고에 대한 위 졸업인정은 교육법의 관계규정에 위반한 처분이라는 이유로 이를 취소하기에 이른 사실을 확정한 후, 헌법 제27조의 규정에 의하여 우리나라는 교육제도와 그 운영에 관한 기본적 사항은 법률로 정하도록 하는 교육법률주의에 입각하여 교육에 관한 기본법인 교육법을 제정하였고 교육법 제8조, 95조, 96조, 같은법시행령 제76조의 각 규정을 종합하면 초등교육은 국민의 권리이자 의무로서 초등교육기관인 국민학교의 수업년한은 6년으로 되어있고 모든 국민은 그 보호하는 자녀로 하여금 위 6년의 초등교육에 취학시킬 의무가 있고 학교장은 학교의 전과정을 수료하였다고 인정한 자에게만 졸업을 인정하여 졸업장을 수여할 수 있도록 규정되어 있으므로 피고가 국민학교 제2학년에 재학중인 원고를 학력이 우수하다는 이유로 제2학년에서 제3, 4, 5학년의 교과과정을 거치지 아니한 채 제6학년에 월반을 시킨 처분이나 그에 따라 국민학교 6년간의 전 교육과정을 수료하지 아니한 원고에게 졸업인정을 한 처분은 교육법상 아무런 근거없이 한 처분으로서 앞에든 교육법의 관계 규정에 위배한 위법한 행정처분이라고 인정함이 상당하다 할 것이고 한편 행정청은 그가 행한 행정처분에 잘못이 있음을 발견한 경우에는 이를 시정할 수있는 권한이 있다 할 것이므로 피고가 원고에게한 졸업인정처분이 위법한 것이라 하여 이를 시정하는 의미로 취소한 본건졸업인정취소처분은 결국 적법하다는 취지로 판시하고 있다. 그러나 피고의 원고에 대한 위 졸업인정처분에 원판시와 같은 법규위반의 하자가 있다 하더라도 그 처분을 취소함으로 말미암아 원고에 대하여 기득권을 박탈하는 결과가됨이 명백한 이상 …

졸업인정처분을 취소함에 있어서는 앞서 살펴본바와 같은 조리상의 제한이 있다할 것임에도 이를 간과한채 원고의 기득권의 침해를 정당화할만한 중대한 공익상의 필요가 있는지 여부에 관하여 아무런 설시를 함이 없이 그 취소처분이 적법한 행정처분이었다고 단정한 원판결에는 필경 행정처분의 취소권제한에 관한 법리를 오해한 허물이 있고 이는 판결에 영향을 미쳤다할 것인즉 원판결은 파기를 면할 수 없다."라고 하였다.

### 2.3. 독일연방행정절차법 제48조 – 존속보호·보상보호

#### 2.3.1. 개관

[독일연방행정절차법 제48조의 구체적인 내용] 독일연방행정절차법 제48조에서 이 법리를 명문화하여, <u>위법한 행정행위의 취소 자체는 행정청의 재량사항으로 하면서도 위법한 수익적 행정행위의 경우에는 개인의 신뢰보호를 위하여 그 취소권행사에 법적 제한을 가하고 있다</u>. 독일연방행정절차법 제48조 제1항은 위법한 수익적 행정행위에 의거하여 일정한 금전급부나 가분적인 현물급부가 행하여진 경우에는 그 취소를 원칙적으로 인정하지 않고 있으며, 기타의 수익적 행정행위(begünstigender Verwaltungsakt)의 경우에는 취소 자체는 인정하되 그로 인한 손해에 대해서 보상을 하도록 규정, 취소를 인정하는 경우에는 신뢰보호의 견지에서 그 소급효를 제한하도록 하고 있고,[1] 제48조 제2항은 "수익자가 지급받은 급여를 이미 사용하였거나, 재산의 처분을 하였고, 그 처분이 돌이킬 수 없거나 또는 도저히 감당할 수 없는 불이익을 감내하여야만 취소할 수 있는 경우에 해당하는 경우"에는 신뢰보호의 가치가 있다고 하여, 행정행위가 금전급부와 가분적 현물급부를 대상으로 하고 수익자가 이러한 내용의 급부를 이미 소비하였거나 그의 재산권의 일부분으로 되어 신뢰보호원칙의 구성요건이 충족되는 경우에는 이러한 행정행위를 취소할 수 없도록 규정하고 있다(권리존속보호; 신뢰보호원칙에 의한 권리의 존속보호).[2] 그리고 동조 제3항은 "위법

---

1) BVwVfG § 48 Rüknahme eines rechtswidrigen Verwaltungsaktes(위법한 행정행위의 식권취소 세1항) ① Ein rechtswidriger Verwaltungsakt kann(위법한 행정행위는), auch unanfechtbar geworden ist(불가쟁력이 발생한 경우에도), ganz oder teilweise mit Wirkung für die Zukunft oder für die Vergangenheit zurükgenommen werden. Ein Verwaltungsakt, der ein Recht oder einen rechtlich erheblichen Vorteil begrüdet oder bestäigt hat (수익적 행정행위 : begüstigender Verwaltungsakt), darf nur unter den Einschräkungen der Absäze 2 bis 4 zurükgenommen werden. [번역] 위법한 행정행위는 불가쟁력이 발생한 경우에도 장래를 향하여 혹은 소급적으로 그 전부 혹은 일부를 취소할 수 있다. 권리 또는 중대한 법률상의 이익을 설정하거나 확인한 행정행위(수익적 행정행위)는, 제2항 내지 제4항의 제한 아래서만 취소 할 수 있다.
2) BVwVfG § 48 Rüknahme eines rechtswidrigen Verwaltungsaktes(위법한 행정행위의 직권취소 제2항) ② Ein rechtswidriger Verwaltungsakt, der eine einmalige oder laufende Geldleistung(1회 혹은

한 행정행위를 취소한 경우에, 당해 행정청은 당사자가 행정행위의 존속을 신뢰하였고, 그 신뢰가 공익과 비교할 때 보호가치가 있는 경우에는, 당사자의 신청에 따라 그 재산상의 불이익을 보상하여야 한다."[1]라고 하여, 위법한 수익적 행정행위는 원칙적으로 취소가 가능하지만 상대방이 이러한 행정행위의 존속을 신뢰하여 신뢰보호원칙의 요건이 충족되는 경우에는 재산적 손실에 대한 조절적 보상을 인정하고 있다(신뢰보호원칙에 의한 재산상 권리의 보상보호).

---

계속적인 금전급여) oder teilbare Sachleistung gewährt oder hierfür Voraussetzung ist, darf nicht zurückgenommen werden, soweit der Begünstigte auf den Bestand des Verwaltungsaktes vertraut hat(수익자가 행정행위의 존속을 신뢰하고 있고) und sein Vertrauen unter Abwägung mit dem öffentlichen Interesse(공공의 이익을 비교형량 하여 볼 때) an einer Rücknahme schutzwürdig ist. Das Vertrauen ist in der Regel schutzwürdig, wenn der Begünstigte gewährte Leistungen verbraucht(사용하였거나) oder eine Vermögensdisposition getroffen hat, die er nicht mehr oder nur unter unzumutbaren Nachteilen(도저히 감당할 수 없는 정도의 불이익을 감내 하여야만) rückgängig machen kann. [번역] 위법한 행정행위로서, 1회 또는 계속적인 금전급여 또는 분할 가능한 물적 급여의 제공을 보장하거나 또는 그를 위한 전제가 되는 행정행위는, 수익자가 행정행위의 존속을 신뢰하고 있고 그의 신뢰와 취소에 따르는 공공의 이익을 비교형량 하여 볼 때 그의 신뢰가 보호할 가치가 있다고 인정되는 경우에는, 이를 취소 할 수 없다. 신뢰는 수익자가 지급받은 급여를 이미 사용하였거나, 재산의 처분을 하였고, 그 처분이 돌이킬 수 없거나 또는 도저히 감당할 수 없는 불이익을 감내 하여야만 취소할 수 있는 경우에 해당하는 때에는, 원칙적으로 보호할 가치가 있다.

1) BVwVfG § 48 Rüknahme eines rechtswidrigen Verwaltungsaktes(위법한 행정행위의 직권취소 제3항) ③ Wird ein rechtswidriger Verwaltungsakt, der nicht unter Absatz 2 fällt, zurückgenommen, so hat die Behörde dem Betroffenen auf Antrag(신청에 따라) den Vermögensnachteil(재산상의 불이익 : 손실) auszugleichen, den dieser dadurch erleidet, dass er auf den Bestand des Verwaltungsaktes vertraut hat, soweit sein Vertrauen unter Abwägung mit dem öffentlichen Interesse schutzwürdig ist. Absatz 2 Satz 3 ist anzuwenden. Der Vermögensnachteil ist jedoch nicht über den Betrag des Interesses hinaus zu ersetzen(초과하여 보상할 수 없다), das der Betroffene an dem Bestand des Verwaltungsaktes hat. Der auszugleichende Vermögensnachteil(보상될 재산상의 불이익) wird durch die Behörde festgesetzt. Der Anspruch kann nur innerhalb eines Jahres geltend gemacht werden; die Frist beginnt, sobald die Behörde den Betroffenen auf sie hingewiesen hat. [번역] 제2항에 해당하지 아니하는 위법한 행정행위를 취소한 경우에, 당해 행정청은 신청에 따라, 당사자가 행정행위의 존속을 신뢰하였고, 그 신뢰가 공익과 비교교량하여 볼 때 보호가치가 있는 것일 경우에는, 그 재산상의 불이익(손실)을 보상하여야 한다. 제2문과 3문은 적용될 수 있다. 재산상의 불이익은 당사자가 행정행위의 존속으로 인하여 받게 되는 이익에 상당하는 금액을 초과하여 보상할 수 없다. 보상될 재산상의 불이익(손실)에 대한 것은 행정청이 결정한다. 보상청구는 1년이내에만 할 수 있다. 기간은 당해 행정청이 당사자에게 이에 관하여 고지한 때로부터 시작된다.

### 2.3.2. 독일연방행정절차법 제48조의 특징

[독일연방행정절차법 제48조의 특징] 위에서 언급한 바와 같이 독일연방행정절차법 제48조는 "위법한 수익적 행정행위의 경우, 그것이 비록 위법하여 취소사유가 발생하더라도 수익자가 행정행위의 존속을 신뢰하였고, 그 신뢰와 취소에 따르는 공공이익(공익)과 저울질(형량)하여 볼 때 그 신뢰가 보호받을 만한 경우에는, 이를 취소할 수 없다"고 규정하고 있다. 특히 여기서 주목을 끄는 점은 독일행정절차법은 위법한 수익적 행정행위의 내용을 금전급부나 가분적(可分的) 현물급부인 경우와 그 밖의 경우로 구분하여, 급전급부나 가분적(可分的) 현물급부의 경우에는 신뢰보호요건이 충족하게 되면 당해 행정행위의 취소를 불허하는 반면에, 그 밖의 경우에는 그 취소를 허용하되 신뢰로 인한 재산상 손실을 보상하도록 규정하고 있다(동법 제48조 제2·제3항 참조)는 점이다.

### 2.3.3. 독일연방행정절차법상의 신뢰보호원칙을 통한 권리의 존속보호·보상보호

[신뢰보호를 통한 권리의 존속보호·신뢰보호를 통한 재산상 권리의 보상보호] 위에서 설명한바와 같이 독일연방행정절차법 제48조 제2항은 행정행위가 금전급부와 가분적 현물급부를 대상으로 하고 수익자가 금전을 이미 소비하거나 그의 재산권의 일부분으로 되어 신뢰보호원칙의 구성요건이 충족되는 경우에는 이러한 행정행위를 취소할 수 없도록 규정하고 있다(신뢰보호를 통한 권리의 존속보호). 반면에 동조 제3항은 여타의 위법한 수익적 행정행위에는 원칙적으로 취소가 가능하지만 상대방이 이러한 행정행위의 존속을 신뢰하여 신뢰보호원칙의 요건이 충족되는 한 재산적 손실에 대한 조절적 보상을 인정하고 있다(보상보호; 신뢰보호를 통한 재산상 권리의 보상보호).

### 2.3.4. 독일 및 우리나라 판례

[독일연방헌법재판소·연방행정법원] 독일에 있어서의 신뢰보호에 관한 판례는 연방헌법재판소와 연방행정법원에서 여러 영역에 걸쳐 이루어 지고 있다. 그 대표적인 경우로는, (ㄱ) 법률의 소급효 문제, (ㄴ) 위법한 수익적 행정행위 취소, (ㄷ) 적법한 수익적 행정행위의 철회, (3) 확약, (ㄹ) 계획보장청구권, (ㅁ) 행정법규의 폐지·변경의 경우 (ㅂ) 불법에 있어서의 평등대우, (ㅅ) 적법한 판결의 변경 등을 들 수 있다. 특히 독일연방행정법원에서는 신뢰보호가 일반적으로 고려될 경우 원칙적으로는 존속보호를 인정하고, 예외적으로 보상보호를 인정하고 있다.[1]

[독일판례/이상철 교수] (법률과 행정법규의 소급효) : 법률과 행정법규의 소급효 문제에 대

---

1) BVerwGE 9, S. 251; BVerwGE 10, S. 158; BVerwGE 17, S. 355; BVerwGE 20, S. 292; BVerwGE 36, S. 108.

하여, 연방헌법재판소는 1961년 부담법률의 진정한 소급효를 금지하였다. 즉 "진정한 소급효가 붙여진 부담부 법률은 법치국가원리에서 도출되는 법적 안정성의 원리(법적안정성은 국민에 대해서는 우선적으로 신뢰보호를 의미한다)에 반하기 때문에 원칙적으로 무효"라고 하면서, 국민의 신뢰배반을 결정하는 시점 즉 기준이 되는 시점에서 변경을 고려했거나, 필연적인 이유로 공익이 존재할 때는 소급효가 인정되어야 한다고 하고, 이 경우는 소급법률이라고 말할 수 없다고 한다. 그리고 국민의 신뢰보호는 국민의 법적 지위가 사후적으로 행정법규에 의하여 평가감소 내지는 가치감소·손실을 가져올 때 요구될 수 있다. (적법한 수익적 행정행위의 철회) : 적법한 수익적 행정행위의 철회는 법률이 합법적으로 철회할 수 있다고 규정하고 있거나 철회권의 유보가 부가되어 있는 경우에는 철회할 수 있다. 특히 사후적으로 사실적인 요건이 결여되는 경우, 행정기관이 후에 발생한 법률의 변경에 기초하여 거부할 권한이 있는 경우, 절박한 공적 이익이 철회를 요청하는 경우, 법률이 명시적으로 규정하는 경우는 철회할 수 있다고 한다. (확약) : 확약에 대해서는 연방행정법원은 근본적으로 신뢰보호를 반대하지 않는다. 확약이 미래에 대해서 불법적 일때는 원칙적으로 신뢰보호는 고려되지 않는다고 한다. 또한 연방행정법원은 행정기관의 권한내에서 확약이 행해지는 것 뿐만아니라, 행정기관의 근무자가 설명해주어야 할 지위에 있는 자라면 그가 한 확약에 대해서도 신뢰보호를 해주어야한다고 판결하고 있다. (계획보장청구권) : 계획보장청구권에 대해서 연방행정법원은 계획보장청구권을 인정하지 않으며 아주 엄격한 조건하에서 신뢰에 의해 발생한 손해배상이 인정될 뿐이라고 한다. (행정법규의 변경 혹은 그 위반) : 행정법규의 변경 혹은 그 위반에 대하여는 연방행정법원은 전혀 한계 없이 신뢰보호를 인정하고 있다. (불법에 있어서의 평등대우) : 불법에 있어서의 평등대우에 있어서도 신뢰보호원칙이 적용되는 것으로 보고 있으나 주의할 점은 법률위반에 대한 행정행위 청구권 즉 법률에 위반하지만 계속해서 그런 행정행위를 계속해 달라고 요구할 수 있는 청구권이 아니라 손해배상청구권으로 보고 있다.

[우리나라 판례] 1994학년도 신입생선발시안에 대한 헌법소원 중 소수의견[1]과, 구(舊)

---

1) 예측가능성의 보호 내지 신뢰보호의 원칙은 법적 안정성을 추구하는 자유민주주의, 법치주의 헌법의 기본원칙이며 헌법의 법치주의에 관련된 모든 법조항이 그 근거인 것이다. … 예측가능성 내지 신뢰보호를 위하여서는 정부나 정부의 지침을 승계한 공공기관이 새로이 시행하고자 하는 정책이 기존의 법질서나 법적 상태에 대하여 소급적 침해를 가하는 결과가 되고 특히 그 침해를 피해자가 예견할 수 없어 귀책사유가 없는 경우에는 비록 그 시책이 복지증진에 필요한 경우라 하더라도 침해되는 법익과 비교형량하여 공익의 비중이 현저하지 않는 한 그 소급효를 정당화시켜서는 안될 것이다. … 기존의 제도에 대한 예측가능성 내지 신뢰보호라는 법치국가적 비례성의 원칙에서 요구되는 충분하고도 적절한 (유예기간)경과규정이 마련되어 있지 않는 이 사건 주요요강은 신뢰보호의 원칙에 위배되어 정당화될 수 없다고 생각한다(헌재결 1992. 10. 1. 92헌

조세감면규제법 제88조의2 위헌소원에 대한 판례[1])에서도 신뢰보호의 원칙의 적용범위에 대하여 규정하고 있다. 행정청이 장차 상대방에게 일정한 작위 또는 부작위를 행할 것을 확약한 경우에는 신뢰보호의 원칙에 따라 행정청은 그에 구속된다. 도시계획이나 국토계획 등 행정계획을 신뢰하고 자본을 투자하였으나 당초 계획이 폐지·변경된 경우의 상대방의 신뢰보호라는 관점에서, 이른바 계획보장청구권을 인정할 것인가에 대하여는 부정적인 견해가 지배적이다.[2]) 그리고 숙박영업허가취소처분취소[3])가 있다(아래판례 참조).

▶ 대판 1986. 2. 25, 85누664【숙박영업허가취소처분취소】【판시사항】수익적 행정행위를 취소할 수 있는 경우【판결요지】행정행위를 한 처분청은 그 행위에 하자가 있는 경우에 별도의 법적 근거가 없더라도 스스로 이를 취소할 수 있는 것이며, 다만 그 행위가 국민에게 권리나 이익을 부여하는 이른바 수익적 행정행위인 때에는 그 행위를 취소하여야 할 공익상 필요와 그 취소로 인하여 당사자가 입을 기득권과 신뢰보호 및 법률생활 안정의 침해등 불이익을 비교교량한후 공익상 필요가 당사자의 기득권침해등 불이익을 정당화할 수 있을 만큼 강한 경우에 한하여 취소할 수 있다.

## 3. 적법한 수익적 행정행위의 철회제한

### 3.1. 개관

[의의] 적법한 수익적 행정행위의 철회의 경우에도 철회자유의 원칙으로부터, 철회부자유 원칙(철회제한의 원칙)으로 전환되었다. 적법한 수익적 행정행위는 행정청의 행정행위가 상대방에게 이익을 주는 것이었는데, 동시에 이것은 적법한 행정행위였다는 의미이다. 상대방에게 이익을 주고 있고, 더군다나 그것도 적법한 행정행위였다면, 이와같은 적법한 수익적 행정행위를 철회하고자 하는 경우에는 위법한 수익적 행정행위의 취소의 경우보다 상

---

마68·76(병합)).
1) 헌법상 법치국가의 원칙으로부터 신뢰보호의 원리가 도출된다. 법률의 개정시 구법질서에 대한 당사자의 신뢰가 합리적이고도 정당하며 법률의 개정으로 야기되는 당사자의 손해가 극심하여 새로운 입법으로 달성하고자 하는 공익적 목적이 그러한 당사자의 신뢰의 파괴를 정당화할 수 없다면 그러한 새 입법은 신뢰보호의 원칙상 허용될 수 없다. 이러한 신뢰보호의 원칙의 위배여부를 판단하기 위하여는 한편으로는 침해받은 이익의 보호가치, 침해의 중한 정도, 신뢰가 손상된 정도, 신뢰침해(Vertrauensschaden)의 방법 등과 다른 한편으로는 새 입법을 통해 실현하고자 하는 공익적 목적을 종합적으로 비교·형량하여야 한다. 그러나 헌법적 신뢰보호는 개개인의 국민이 어떠한 경우에도 '실망'을 하지 않도록 하여 주는 데까지 미칠 수는 없는 것이며, 입법자는 구법질서가 더 이상 그 법률관계에 적절하지 못하며 합목적적이지도 아니함에도 불구하고 그 수혜자군을 위하여 이를 검토 유지하여 줄 의무는 없다 할 것이다(헌재 1995. 6. 29. 94헌바39).
2) 김항규, 행정법학에 있어서의 행정이념, 목원대 사회과학연구소(산경연구), 2001, 11면.
3) 대판 1986. 2. 25, 85누664【숙박영업허가취소처분취소】

대방에 대한 더욱 강한 보호가 요구되는 것은 당연하다 할 것이다.

[사례] 甲은 K시장으로부터 숙박시설용 건물을 건축할 수 있도록 하는 내용의 건축허가를 받았다. 그런데 그 무렵 K시 일대에 '러브호텔'들이 난립하여 주민들의 반발이 거세지자, 시의회 의원들이 미착공 숙박시설에 대한 건축허가 취소를 의결하였다. 이에 따라 K시장은 甲에 대한 건축허가를 취소하는 처분을 하였다. 그러나 건물부지는 일반상업지역에 해당하여 숙박시설의 건축이 허용되는 지역이고 인근에 이미 여러 개의 숙박업소들이 영업 중이다. 또한 甲은 허가조건을 위반한 사실도 없고, 법령상 명시적인 허가취소의 사유에 해당하는 바도 없다. K시장은 다만 인근에 아파트단지와 초중고교가 위치하고 있어서 '러브호텔'들이 주거 및 교육환경에 악영향을 미치고 주민들의 헌법상 보장된 행복추구권과 환경권 등을 침해하고, 숙박시설 본래의 취지에 반하는 시간제 영업 등 퇴폐적 이용이 시민의 정서에 반한다는 것을 그 주된 이유로 위 건축허가를 취소한 것이다. 이러한 건축허가 취소처분은 적법한가? <아래 판례참조: 대판 1996. 2. 13, 95누10594>

[해설 및 판례] 건축법 제11조에 의하면 "건축 또는 대수선을 하고자 하는 자는 시장·군수·구청장의 허가를 받아야 한다. 다만, 21층 이상의 건축물 등 대통령령으로 정하는 용도 및 규모의 건축물을 특별시나 광역시에 건축하려면 특별시장이나 광역시장의 허가를 받아야 한다."라고 규정하고 있으므로 건축을 하고자 하는 자는 허가신청서에 국토해양부령이 정하는 건축물의 용도, 규모 및 형태가 표시된 기본설계도서를 첨부하여 허가권자에게 제출하여야 한다. 그리고 위 사안과 관련된 대법원 판례를 보면 "건축허가신청이 건축법, 도시계획법 등 관계법규에서 정하는 건축허가 제한사유에 해당하지 않는 이상 피고가 법규상 아무런 근거도 없는 사유들인 농촌지역의 향락과 퇴폐분위기 확산, 생활하수 방류로 인한 인근농경지의 오염우려, 부동산 투기로 인한 농민들의 생산의욕 감퇴, 농촌주민의 정서 및 자녀교육에 나쁜 영향을 끼칠 우려 등의 사유를 들어 원고의 이 사건 숙박시설 건축을 불허할 수 없다."라고 하였다.[1] 따라서 위와 같은 사유만으로는 농촌지역에 숙박시설건축허가신청을 반려할 수는 없다. <대한법률구조공단>

- 퇴폐분위기조성우려를 이유로 건축허가를 불허할 수 있는가의 여부 -

[사례] 행정관청이 농촌지역에서의 숙박시설의 건축허가신청에 대하여 그 지역정서에 부정적인 영향을 끼치고 퇴폐분위기를 조성할 우려가 있다는 이유로 반려할 수 있는가? <위 판례참조>

### 3.2. 독일연방행정절차법 제49조(적법한 행정행위의 철회)

[독일연방행정절차법 제49조의 구체적 내용] 독일연방행정절차법 제49조는 적법한 행정행

---

1) 대판 1996. 2. 13, 95누10594.

위의 철회에 관하여 규정하고 있는데, 세부적으로는 적법한 비수익적 행정행위(제49조 제1항)와 적법한 수익적 행정행위(제49조 제2항)로 나누고 있다. 제49조 제1항의 '적법한 비수익적(非授益的) 행정행위(ein rechtmäßiger nicht begünstigender Verwaltungsakt)'[1]의 경우에는 자유로운 철회를 보장하는 반면에, 제49조 제2항의 '적법한 수익적 행정행위(ein rechtmäßiger begünstigender Verwaltungsakt)'의 철회는 아래와 같은 철회허용사유를 제외하고는 신뢰보호원칙상 제한되도록 하고 있다. 이와같이 독일연방행정절차법 제49조는 철회의 요건을, 제1항에서 비수익적 행정행위와, 제2항에서 수익적 행정행위의 경우로 구분하여 전자(비수익적 행정행위)에 대하여는 불가쟁력이 생긴 후에도 원칙적으로 철회가 자유롭지만(제1항), 후자(수익적 행정행위)에 있어서는, 제49조 제2항 제1호의, "철회가 법규에 의하여 허용되거나 적법하게 유보된 경우," 제2호의, "부담을 이행하지 않은 경우," 제3호의, "사후에 발생한 사실에 의하여 행정청이 당해 행정행위를 발하지 아니할 권한이 있고, 철회하지 않는 다면 공공의 이익이 위험에 처할 위험이 있는 경우," 제4호의, "개정된 법규로 말미암아 행정청이 당해 행정행위를 발하지 않는 것이 정당시 되거나 공익을 해치는 경우," 제5호의, "공공복리에 대한 중대한 불이익을 방지하거나 제거거가 필요한 경우" 등에 한하여 철회가 허용된다. ☞ **수익적 행정행위의 철회제한**

「독일연방행정절차법상의 철회 허용사유」

　　　(ㄱ) 법규상 허용(Widerruf durch Rechtsvorschrift zugelassen : 제49조 제2항 제1호 전단) 혹은 철회권의 유보(im Verwaltungsakt vorbehalten ist : 제49조 제2항 제1호 후단)

　　　(ㄴ) 부담(Auflage)의 불이행(제49조 제2항 제2호)

　　　(ㄷ) 새로운 사실의 발생(nachträglich eingetretener Tatsachen : 제49조 제2항 제3호)

　　　(ㄹ) 법령(Rechtsvorschrift)의 개정(제49조 제2항 제4호)

　　　(ㅁ) 긴급한 공익(Gemeinwohl)상의 필요(제49조 제2항 제5호) 등의 경우

[독일연방행정절차법 제49조 제5항/보상보호에 관한 규정] 한편 독일연방행정절차법 제49조 제5항은 동조 제2항 제3호(새로운 사실의 발생에 의한 철회), 제4호(법령의 개정) 및 제5호(긴급한 공익상의 필요)의 경우에 있어서 수익자가 행정행위의 존속을 신뢰함으로써 재

---

1) 독일연방행정절차법 제49조(Widerruf eines rechtmäßigen Verwaltungsaktes([적법한 행정행위의 철회])
① Ein rechtmäßiger nicht begünstigender Verwaltungsakt(적법한 비수익적 행정행위는) kann, auch nachdem er unanfechtbar geworden ist, ganz oder teilweise mit Wirkung für die Zukunft widerrufen werden, außer wenn ein Verwaltungsakt gleichen Inhalts erneut erlassen werden müsste oder aus anderen Gründen ein Widerruf unzulässig(다른 사유로 철회가 허용되지 아니하는 경우) ist. [번역] **적법한 비수익적 행정행위는**, 불가쟁력이 발생한 이후에도 그 전부 혹은 일부를 장래를 향하여 철회할 수 있다. 다만 동일한 내용의 행정행위를 다시 발하여야 하거나 또는 다른 사유로 철회가 허용되지 아니하는 경우에는 예외로 한다.

산상 불이익을 받게되면, 그 신뢰가 보호받을 가치(schutzwürdig)가 있는 한, 행정청(Behörde)은 그에 대하여 보상하도록 규정하고 있고(보상보호; 신뢰보호를 통한 재산상 권리의 보상보호), 동시에 다툼이 있는 경우, 이에 대한 법적 구제절차도 규정하고 있다.[1]

[비판] 다만 수익적 행정행위의 철회는 일종의 공용침해임에도 불구하고 동규정은 신뢰손실에 대한 보상만을 행하는 것이기 때문에 독일연방헌법(기본법) 제14조 제3항에서 규정하고 있는 손실보상기준에 미흡하다는 견해가 있다.[2]

### 4. 사후적 부담(負擔)의 가중제한(加重制限)

부담적 행정행위의 폐지(철회·취소)는 국민의 불이익을 제거하는 것이기 때문에 일반적으로 인정된다. 그러나 여기서 문제가 되는 것은 당초의 부담적 행정행위를 폐지하고 동일한 법적 근거에서 원래의 부담적 행정행위보다 가중(加重)된 부담적 행정행위를 새로이 발할 수 있는가 하는 것이 문제가 된다. 생각건대 부담적 행정행위를 불이익하게 변경하는 것은 결과적으로 신뢰보호를 침해하는 것이되므로 이는 인정되지 아니한다 할 것이다. 결론적으로 신뢰보호의 원칙은 부담적 행정행위의 사후에 있어서의 부담의 가중처분에도 적용된다.[3]

### 5. 계획보장 및 공공시설보장(행정계획의 변경)

#### 5.1. 개관

각종의 행정계획을 신뢰하고서 이와 관계된 국민이 투자를 한 이후에, 갑작스런 사정변경이 있거나 공익을 위하여 당해 행정계획이 변경 내지 폐지된 경우에 신뢰보호원칙을 적용할 수 있는가가 문제된다. 특히 도시계획·국토계획·경제계획 기타의 행정계획을 신뢰하고 자본투하 등 일정한 행위를 한 후 그 계획이 폐지·변경된 경우에 계획을 신뢰했던 개인에게「계획보장청구권(Anspruch auf Plangewährleistung)」을 인정할 것인가 하는 점

---

1) 독일연방행정절차법 제49조(Widerruf eines rechtmäßigen Verwaltungsaktes[적법한 행정행위의 철회]) ⑤ Über den Widerruf entscheidet nach Unanfechtbarkeit(불가쟁력) des Verwaltungsaktes die nach § 3 zuständige Behörde(제3조의 규정에 의한 관할 행정청이); dies gilt auch dann, wenn der zu widerrufende Verwaltungsakt von einer anderen Behörde erlassen worden ist. [번역] 행정행위의 불가쟁력이 발생한 이후의 철회에 관하여는 제3조의 규정에 의한 관할 행정청이 이를 결정한다; 철회되어야 할 행정행위가 **다른 행정청에 의하여 발동된 경우에도** 또한 같다.
2) Wolf-Rüdiger Schenke, Probleme der Bestandskraft von Verwaltungsakten, DÖV 1983, S. 326 f.
3) 김남진, 행정상의 신뢰보호의 원칙, 고시행정(1991.5), 23면.

이 문제된다. 독일의 판례나 학설은 계획보장청구권 및 그에 내포된 계획존속청구권, 계획집행청구권은 일반적으로 부정된다고 본다.[1] 이 경우 "이러한 경우에도 역시 관계되는 이익들을 형량할 수밖에 없으며, 특히 행정계획의 존속보장은 불가하다고 하더라도 행정계획의 변경으로 인하여 개인이 부담하게 되는 특별희생에 대해서는 손실보상을 인정할 수 있다."[2]는 견해도 있다(강현호교수).  ☞ 상세한 내용은 본서 행정계획 참조

### 5.2. 계획보장청구권을 부인한 행정심판 재결례

[계획보장청구권을 부인한 행정심판 재결례] (구)국무총리행정심판위원회는 지방산업단지지정(개발계획)변경승인처분취소청구사건에서, "… 음성군수는 피청구인에게 산업단지지정(개발계획)변경신청서를 제출하기 전에 산업단지개발계획의 변경에 대한 주민의견청취를 위하여 일간신문(한빛일보) 등에 지적 확정측량에 의한 면적변경과 일부토지의 편입이 불가능하다는 이유로 산업단지의 면적이 감소된다는 사실을 명시하여 14일간 공고하였고, 관련 도서는 음성군청 공업경제과에 비치하여 일반이 열람할 수 있도록 하였으며, 피청구인은 관련 규정에 따라 산업단지지정(개발계획)변경이 타당하다는 음성군수의 의견을 들은 후 이 건 토지의 매입이 불가능하다고 판단하여 이 건 처분을 한 사실이 인정되므로, 피청구인이 이 건 지방산업단지지정(개발계획)변경승인처분을 함에 있어서 달리 절차를 위반하였다거나 관련 규정을 위반하였다고 볼만한 자료도 보이지 아니하므로 청구인의 이 건 토지가 지방산업단지로 지정되어 있다가 제외되었다는 이유만으로 이 건 처분이 위법·부당하다고 할 수 없다."[3]고 하였다.

---

1) 김남진, 행정상의 신뢰보호의 원칙, 고시행정(1991.5), 25면; 김철용교수는 계획존속청구권은 인정되지 않지만, 계획존속에 대한 당사자의 신뢰보호가 계획변경의 공적 이해관계보다 우월한 경우에 예외적으로 문제가 된다고 한다(김철용, 행정법 I, 64면 참조).
2) 강현호, 신뢰보호원칙에 대한 재고찰, 성균관법학 제17권 제3호 2005년 12월, 157면.
3) 사건 : 05-13589 지방산업단지지정(개발계획)변경승인처분취소청구(국무총리행정심판위원회)
   청 구 인 : 김○○   경기도 ○○시 ○○동 ○○아파트 105-1401
   피청구인 : 충청북도지사
   <사건개요> : 피청구인은 1992. 8. 18.자로 충청북도 고시 제1992-125호로 고시한 지방산업단지 지정 및 개발기본계획에 대하여 수차례 지정(개발계획)변경고시를 하여 오다가 사업시행자인 ○○화학공업(주)이 사업시행을 하지 못하게 되자 2003. 10. 20. (주)○○이 125억원에 경락을 받아 위 개발사업권을 양수하자 2004. 4. 19.자로 단지명칭을 ○○산업단지로, 사업시행자를 (주)○○로 변경하는 변경고시를 하였으며, 사업시행자의 신청에 따라 2004. 12. 22. 충청북도 고시 제2004-195호로 토지이용계획의 변경과 일부 토지의 매입불가를 이유로 산업단지의 면적 398,810㎡를 397,155.3㎡로 변경(1,654.7㎡ 감)하는 지방산업단지지정(개발계획)변경승인고시를 하였다.
   <재결례요지> : 1) 관계 행정기관의 장과 협의를 하고 건설교통부장관의 승인을 얻어야 하는

[사견] 그러나 국민의 신뢰보호 역시 법치국가의 국가작용인 기획에 있어서 중요한 요소이므로 계획(Plan)과 기획(Planung)의 존속에 대한 신뢰는 보장되어야 할 것이다. 계획이 행정행위의 형식을 취하여 행하여진 경우에는 행정행위의 폐지(취소·철회)의 경우와 마찬가지로 공익과 사익을 비교형량하여 그 신뢰가 보호할 가치가 있는 경우에는 그 계획의 변경·폐지는 제한 받게 된다. 이리하여 계획보장청구권과 관련하여 신뢰보호가 공용시설의 변경(예컨대 도로의 폐지, 변경)과 관련하여서도 인정될 수 있는가 하는 문제가 있다. 종래 우리나라에서는 '공물의 일반사용'을 통해 국민이 향유하는 이익은 '반사적 이익'으로 보아왔다. 그러나 공물의 일반사용의 경우에도 그 공물의 종류(인공공물이냐 자연공물이냐 등)가 어떠한가, 그리고 이용자의 자격(일시적인 통행인이냐 도로주변에 거주하는 인근주민이냐 등) 등의 여부에 따라 차이를 두어야 하며, 예컨대 도로주변에 거주하는 인근주민인 경우에는, 정당한 이유 없이 그 도로의 사용을 방해 받는 경우에는 도로의 관리주체에 대해서도 방해배제청구권(민법 제214조: 소유물방해제거, 방해예방청구권)이나 손해배상청구권을 인정해야 할 것이다. 따라서 공물의 일반사용에 있어서 이용자의 이익을 종래와 같이 공법상의 권리·이익으로 보지 않고, 다만 반사적 이익으로 보는 것도 재검토되어야 할 것이다.

---

경우는 지방산업단지를 지정할 경우 또는 산업단지 면적의 100분의 10 이상의 면적변경 또는 건설교통부장관이 정하는 산업단지 전체면적의 100분의 10 이상의 토지이용계획의 변경 등 중요한 사항의 변경이 있는 경우에 거쳐야 하는 절차이고, 주민의견청취를 위한 일간신문에의 공고는 지방산업단지를 지정할 경우에 거쳐야 하는 절차이며, 이 건 지방산업단지는 이미 관련 절차를 거쳐 1992. 8. 18. 지방산업단지로 지정되었고, 면적의 증감도 당초 398,810㎡에서 397,155.3㎡로 1,654.7㎡가 감소(당초 면적의 1,000분의 4)된 이 건 산업단지지정(개발계획)변경의 경우에는 이러한 절차를 거쳐야 하는 경우에 해당되지 아니한다고 할 것이다. 2) 음성군수는 피청구인에게 산업단지지정(개발계획)변경신청서를 제출하기 전에 산업단지개발계획의 변경에 대한 주민의견청취를 위하여 일간신문(한빛일보) 등에 지적 확정측량에 의한 면적변경과 일부토지의 편입이 불가능하다는 이유로 산업단지의 면적이 감소된다는 사실을 명시하여 14일간 공고하였고, 관련 도서는 음성군청 공업경제과에 비치하여 일반이 열람할 수 있도록 하였으며, 피청구인은 관련 규정에 따라 산업단지지정(개발계획)변경이 타당하다는 음성군수의 의견을 들은 후 이 건 토지의 매입이 불가능하다고 판단하여 이 건 처분을 한 사실이 인정되므로, 피청구인이 이 건 지방산업단지지정(개발계획)변경승인처분을 함에 있어서 달리 절차를 위반하였다거나 관련 규정을 위반하였다고 볼만한 자료도 보이지 아니하므로 청구인의 이 건 토지가 지방산업단지로 지정되어 있다가 제외되었다는 이유만으로 이 건 처분이 위법·부당하다고 할 수 없다. 그렇다면, 청구인의 청구는 이유없다고 인정되므로 이를 기각하기로 하여 주문과 같이 의결한다.

### 5.3. 행정계획변경청구권의 인정여부

[사례] 시장이 어떤 지역을 시장 및 아파트지역으로 도시계획결정을 한 경우, 甲은 자신의 토지를 그 지역에서 제외시켜달라는 신청을 하였다. 시장이 이에 대해 거부처분을 한 경우, 갑은 그 거부처분에 대해 행정소송을 통해 구제 받을 수 있는가?

[해설] 법령에서 권리로서 규정되어 있지 않는 한, 일반적으로 그 지역주민에게 도시계획을 변경해 달라는 권리는 인정되지 않기 때문에 행정소송으로 구제되기 어렵다. 행정계획은 장래의 어떤 행정목적을 달성하기 위한 수단들을 통합한 작용이기 때문에, 행정청이 그 행정목적을 달성하기 위해 구체적인 행정계획을 입안·결정함에 있어서 광범위한 형성의 자유를 갖는다. 국민이 행정청에 대해 어떤 행정처분을 해달라고 신청을 했을 때, 행정청의 그에 따른 처분을 하지 않겠다는 의사표시를 거부처분이라 한다. 이러한 거부처분이 취소소송의 대상이 되기 위해서는, (ㄱ) 신청인의 권리의무에 직접 관계있는 공권력 행사의 거부이어야 하고, (ㄴ) 그 거부가 국민의 권리의무에 직접적으로 영향을 미치는 것이어야 하고, (ㄷ) 법규상 또는 조리상의 신청권이 인정되어야 한다. 그러나 대법원 판례는 도시계획과 같이 장기성·종합성이 요구되는 행정계획에 있어서는 그 계획이 일단 확정된 후에 어떤 사정의 변동이 있더라도 지역주민에게 그 계획의 변경을 청구할 권리를 인정할 수는 없고, 따라서 행정청이 주민의 도시계획시설 변경신청을 불허하는 행위는 취소소송의 대상이 되는 행정처분이 아니라고 판시한 바 있다.[1]

[대법원판례] 대법원 판례에 의하면 행정청이 용도지역을 자연녹지지역으로 지정 결정하였다가 그보다 규제가 엄한 보전녹지지역으로 지정 결정하는 내용으로 도시계획을 변경한 경우에, 신뢰보호원칙의 적용여부와 관련하여 "피고가 이 사건 토지들을 포함한 성남시 분당구 동원동 85 일원 21필지에 대하여 용도지역을 자연녹지지역으로 결정한 것만으로는 위 결정 후 이 사건 토지들의 소유권을 취득한 원고들에게 이 사건 토지들에 대하여 용도지역을 종래와 같이 자연녹지지역으로 유지하거나 보전녹지지역으로 변경하지 않겠다는 취지의 공적이 견해표명을 한 것이라고 볼 수 없고, 피고가 위와 같은 공적인 견해표명을 한 것으로 볼 수 없는 이상 원고들이 이 사건 토지들 지상에 물류창고를 건축하기 위한 준비행위를 하였더라도 그와 같은 사정만으로는 이 사건 토지들에 대한 용도지역을 자연녹지지역에서 보전녹지지역으로 변경하는 내용의 이 사건 성남도시계획변경(재정비)결정(이하 '이 사건 결정'이라 한다)이 행정청의 공적인 견해표명에 반하는 처분을 함으로써 그 견해표명을 신뢰한 개인의 이익이 침해되는 결과가 초래된 것이라고도 볼 수 없으며, 나아가 이 사건 결정에 신뢰보호의 원칙을 적용하게 되면 공익을 해할 우려가 있다는 취지로 판단하였는바, 원심의 위와 같은 사실인정과 판단을 정당한 것"으로 보았다. 이와함께 형평의 원칙에 관한 법리오

---

[1] <인터넷 법률신문>

해 등의 주장에 대하여 "원심판결 이유에 의하면, 원심은 어떠한 토지를 어떠한 용도지역으로 지정할 것인지의 여부는 그 토지에 대한 도시계획상의 필요에 의하여 정하여지는 것이고, 그 중 용도지역을 보전녹지지역으로 변경하는 기준에는 그 현황은 물론 무질서한 시가화 방지, 공해 또는 재해의 방지, 녹지보전 등을 위하여 필요한 차단지대 및 완충지대로서 적절한 위치, 규모, 형태를 가지고 있는지 여부도 고려되는 것인 만큼, 다른 지역에 대한 규제가 완화되고 있음에도 동원동 85 일원 21필지에 대하여서만 규제내용이 강화되는 방향의 도시계획이 결정되었다 하더라도 그러한 사정만으로 형평의 원칙에 위배된다고 보기는 어렵다."1)라고 판시하였다.

### 5.4. 독일연방건설법(BauGB)

독일 건설법 제39조는 종래의 건설계획(Bebauungsplan)의 존속을 신뢰한자는 동계획의 변경(Änderung)·보완(Ergänzung)·폐지(Aufhebung) 등으로 인한 손실에 대하여 보상을 받는다고 규정하고 있다.2) 제44조(§ 44 Entschägigungspflichtige, Fäligkeit und Erlöchen der Entschägigungsansprühe) 제2항은 계획집행청구권까지는 인정하지 않고, 다만 행정계획의 존속을 신뢰한 자에 대한 계획변경으로 인한 손실보상을 규정하고 있다. ☞ 독일어 바우게젯쯔(Baugesetz)를 번역하면 건축법, 건설법으로 번역할 수 있으나, 우리나라에서는 '건축'이라고 하면 대개 '집짓는 것'으로 좁게 생각하므로 건축법이라는 표현 보다는 건설법이라는 표현이 좋을 것 같다.

## 6. 소급효 - 법규명령 및 행정규칙의 소급적 변경의 금지(행정입법의 변경금지)

법규명령·행정규칙 등의 소급적 변경은 법적 통용력에 대한 신뢰보호의 차원에서 금지되는 것으로 보아야 한다. 독일의 경우, 법률의 소급적 변경의 금지조항이 이미 1794년의 프로이센(Preußen)3)의 일반국법에 규정되어 있다. 그리고 현행법의 통용력에 대한 신뢰보

---

1) 대판 2005. 3. 10, 2002두5474 【도시계획변경결정취소청구】
2) 독일건설법 제39조(BauGB § 39) 【Vertrauensschaden】 Haben Eigentümer oder in Ausübung ihrer Nutzungsrechte sonstige Nutzungsberechtigte im berechtigten Vertrauen auf den Bestand eines rechtsverbindlichen Bebauungsplans Vorbereitungen für die Verwirklichung von Nutzungsmöglichkeiten getroffen, die sich aus dem Bebauungsplan ergeben, können sie angemessene Entschädigung in Geld verlangen, soweit die Aufwendungen durch die <u>Änderung, Ergänzung oder Aufhebung des Bebauungsplans</u> an Wert verlieren. Dies gilt auch für Abgaben nach bundes- oder landesrechtlichen Vorschriften, die für die Erschließung des Grundstücks erhoben wurden.
3) 프로이센은 독일이 1871년 통일되기 이전, 가장 넓은 지역을 차지하던 지방(支邦)을 말한다. 프

호를 이유로 한 법률의 소급적용의 금지사상은 사비니(F. C. von Savigny; 1779-1861)[1]의 '오늘날의 로마법체계(System des heutigen römischen Rechts I, 1840)'에 나타나 있을 정도로 오래된 것이라고 한다.[2] 우리 헌법은 소급입법에 의한 참정권 제한 또는 재산권의 박탈을 금지하고 있다(헌법 제13조 제2항 참조).[3] 법령변경의 경우, 행정법의 시간적 효력과 관련한 소급입법금지의 원칙을 준수해야 할 것이다. 일반적으로 과거의 사실 또는 법률관계를 규율하기 위한 소급입법의 태양(態樣)에는 이미 과거에 완성된 사실 또는 법률관계를 규율의 대상으로 하는 이른바 진정소급효의 입법과 이미 과거에 시작하였으나 아직 완성되지 아니하고 현재 진행중에 있는 사실 또는 법률관계를 규율의 대상으로 하는 이른바 부진정소급효의 입법이 있다.[4]

▶ 진정소급효 : 과거에 완성된 사실 또는 법률관계를 규율의 대상
▶ 부진정소급효 : 이미 과거에 시작하였으나 아직 완성되지 아니하고 현재 진행중에 있는 사실 또는 법률관계를 규율의 대상

법령을 그 효력 발생전에 이미 종결된 사실·법률관계에 소급하여 적용하는 진정소급효 (echte Rückwirkung)는 원칙적으로 금지된다(소급침해의 금지; 소급적용의 금지). 그러나 이미 과거에 종결된 사실이나 법률관계가 아닌 경우, 따라서 어떠한 사실이나 법률관계가 과거에 이미 끝나버린 것이 아니고, 현재도 계속되고 있는 경우에는 당연히 소급침해(적용)금지의 원칙이 적용될 여지가 없다. 이 경우는 진정소급입법이 아니라 부진정소급입법이며, 사실상 부진정소급입법은 사실상 소급입법금지의 원칙과는 상관이 없거나 사용해서는 안되는 용어이다. 다시 말하면 부진정소급입법(unechte Rückwirkung)은 소급입법금지원칙과는 상관이 없는 내용일 뿐만 아니라 오히려 소급입법문제에 해당하는 것도 아니다. 따라서 부진정소급입법이라는 용어를 사용할 필요도 없으며, 오히려 사용해서도 안된다. 소급입법 그 자체가 아닌데, 무슨 부진정소급입법이라는 용어가 사용될 수 있으며, 부진정소급입법은 허용된다는 말인가? 이는 독일연방헌법재판소의 판례에서 나오는 용어를 무비판적으로 수용한데서 연유된 것으로 보인

---

로이센의 수상이 비스마르크 였고, 프로이센의 국왕(König)이 통일독일의 황제(Kaiser)가 된다.
1) 사비니(Friedrich Carl von Savigny)는 독일의 법학자로서 로마법을 연구한 역사법학자(법사학자)이기도 하다. 독일 사람이니까 Savigny를 독일어로 발음하면 '사비그니'라고 읽어야 할 텐데, 독일 법과대학 교수나 학생들도 '사비니'라고 발음한다. 그 이유는 Savigny는 원래 독일어가 아닌 이태리어(이탈리아)이고, 이태리어의 문법상, 모음인 i 다음에 g(자음)가 나오면 g 발음을 생략하므로 사비그니가 아니고 사비니라고 발음한다. 그리고 von은 귀족출신이라는 의미이고 약자(略字)로 v. 라고 표기하기도 한다. ☞ 우리 나라도 중국에서 건너온 성씨(姓氏)가 많지요?
2) 김남진, 행정법에 있어서의 신뢰보호, 법률행정론집(제16집), 고려대학교법률행정연구소, 1978, 13-14면
3) 김철용, 행정법(I), 63면.
4) 헌재결 1997. 6. 26, 96헌바94【토지수용법 제71조 제7항 위헌소원】

다. (판례-1) : 대법원은 "행정처분은 그 근거 법령이 개정된 경우에도 경과 규정에서 달리 정함이 없는 한 처분 당시 시행되는 개정 법령과 그에서 정한 기준에 의하는 것이 원칙이고, 그 개정 법령이 기존의 사실 또는 법률관계를 적용대상으로 하면서 종전보다 불리한 법률효과를 규정하고 있는 경우에도 그러한 사실 또는 법률관계가 개정 법률이 시행되기 이전에 이미 종결된 것이 아니라면 이를 헌법상 금지되는 소급입법이라고 할 수는 없다."[1]고 하였다.
(판례-2) : 헌법재판소는 "개발이익환수에관한법률 시행전에 개발에 착수하였지만 아직 개발을 완료하지 않은 사업, 즉 개발이 진행 중인 사업에 개발부담금을 부과하더라도 법 시행일까지의 기간에 상응하여 안분되는 개발이익부분을 부과기준에서 제외하는 등의 조치를 하였다면 신뢰보호의 원칙에 위배되지 않는다."[2]고 하였다.

[시혜적 소급입법으로서의 진정소급입법] 진정소급입법이라고 하더라도 상대방에게 권리·이익을 주는 경우에는 법치주의의 취지에 비추어 허용된다(시혜적 소급입법).[3][4] ☞ **시혜적 소급입법의 허용**

[시혜적 소급입법] 신법이 피이용자에게 유리한 경우에는 이른바 시혜적 소급입법이 가능하며, … 그러한 소급입법을 할 것인지의 여부는 입법재량의 문제로서 그 판단은 일차적으로 입법기관에 맡겨져 있으며, 이와 같은 시혜적 조치를 할 것인가 하는 문제는 국민의 권리를 제한하거나 새로운 의무를 부과하는 경우와는 달리 입법자에게 보다 광범위한 입법형성의 자유가 인정된다고 할 것이다. 따라서 입법자는 입법목적, 사회실정이나 국민의 법감정, 법률의 개정이유나 경위 등을 참작하여 시혜적 소급입법을 할 것인가 여부를 결정할 수 있고, 그 판단은 존중되어야 하며, 그 결정이 합리적 재량의 범위를 벗어나 현저하게 불합리하고 불공정한 것이 아닌 한 헌법에 위반된다고 할 수는 없는 것이다.

[대법원판례] 법령의 소급적용, 특히 행정법규의 소급적용은 일반적으로는 법치주의의 원리에 반하고, 개인의 권리·자유에 부당한 침해를 가하며, 법률생활의 안정을 위협하는 것이어서, 이를 인정하지 않는 것이 원칙이고(법률불소급의 원칙 또는 행정법규불소급의 원칙), 다만 법령을 소급적용하더라도 일반 국민의 이해에 직접 관계가 없는 경우, 오히려 그 이익을 증진하는 경우, 불이익이나 고통을 제거하는 경우 등의 특별한 사정이 있는 경우에 한하여 예외적으로 법령의 소급적용이 허용된다.[5]

[독일연방헌법재판소] 독일연방헌법재판소는 진정소급효는 원칙적으로 금지되나 예외적인 경우에 한하여 인정된다고 하고 있다. 예를 들면 소급효가 신뢰보호보다 우월하며 또한

---

1) 대판 2001. 10. 12, 2001두274【의사면허취소처분취소】
2) 헌재결 2001. 2. 22, 98헌바19【개발이익환수에관한법률 부칙 제2조 위헌소원】
3) 대판 2005. 5. 13, 2004다8630【구상금】
4) 대판 2001. 10. 12, 2001두274【의사면허취소처분취소】
5) 대판 2005. 5. 13, 2004다8630【구상금】

그것을 정당화 시킬 수 있는 부득이한 공공복리가 존재하는 경우가 그것이다.[1] 이에 반해서 계속되는 사실(현재 진행중)에 신법령을 적용하는 경우(예: 이미 존재하는 기존건물에 개정된 건축법령을 적용하는 경우)인 부진정소급효(unechte Rückwirkung)의 경우는 무방하다. 부진정소급효는 이미 과거에 시작하였으나 아직 완성되지 아니하고 진행과정에 있는 사실관계·법률관계에 적용하는 것이기 때문이다. 이 경우는 법적 안정성을 도모하기 위하여 경과규정을 두는 것이 일반적이다. 그러나 부진정소급효의 경우에도 법적 안정성과 신뢰보호라는 법치국가원리로부터 일정한 헌법상의 한계를 인정하지 않을 수 없다. 즉 그것이 관계자의 신뢰보호구성요건을 침해하며, 법령변경에 대한 공익이 종전법령의 존속에 대한 관계자의 신뢰보다 우월하지 못하게 되면, 그 부진정소급효는 인정되지 않는다.[2]

[소급입법 금지의 원칙] 모든 국민은 소급입법에 의하여 참정권의 제한을 받거나 재산권을 박탈당하지 아니한다(헌법 제13조 제2항). 과거의 사실관계 또는 법률관계를 규율하기 위한 소급입법은 진정소급효와 부진정소급효가 있다. 독일 판례에 영향을 받은 우리 헌법재판소나 대법원의 판례에 따르면 소급효에 관하여 진정소급효와 부진정소급효의 입법을 구분하고 있음은 앞에서 설명한바와 같다. 일반적으로 과거의 사실 또는 법률관계를 규율하기 위한 소급입법의 태양에는 이미 과거에 완성된 사실 또는 법률관계를 규율의 대상으로 하는 이른바 진정소급효의 입법과 이미 과거에 시작하였으나 아직 완성되지 아니하고 진행과정에 있는 사실 또는 법률관계를 규율의 대상으로 하는 이른바 부진정소급효의 입법이 있으며, 소급입법에 의한 재산권의 박탈이 금지되는 것은 전자인 진정소급효의 입법이고 소위 부진정소급효의 입법은 원칙적으로 허용되는 것이라고 할 것이다.

[진정소급효의 입법] 진정소급효의 입법이란 이미 과거에 완성된 사실·(이미 과거에 완성된) 법률관계를 규율의 대상으로 하는 것을 말한다. 진정소급효는 입법권자의 입법형성권보다도 당사자가 구법질서에 기대했던 신뢰보호의 견지에서(신뢰보호의 원칙), 그리고 법적 안정성을 도모하기 위해 특단의 사정이 없는한 구법에 의하여 이미 얻은 자격 또는 권리를 새로운 입법을 하는 과정에서 그대로 존중할 의무가 있는 것을 의미한다.[3]

「진정소급효」: 이미 과거에 완성된 사실·이미 과거에 완성된 법률관계를 대상

- 신뢰보호의 원칙 ┐
　　　　　　　　　├ 진정소급효는 금지
- 법적 안정성 　 ┘

- 부진정소급효의 입법

---

1) BVerfGE 18, 429; BVerfGE 30, 367.
2) BVerfGE, 36 73; BVerfGE 40, 65.
3) 헌재결 1989. 3. 17, 88헌마1; 정재황, 판례헌법, 길안사, 1996, 283면 이하 참조.

[부진정소급효] 부진정소급효는 이미 과거에 시작하였으나 아직 완성되지 아니하고 진행관계에 있는 사실 또는 법률관계를 규율의 대상으로 하는 것이다. 부진정소급효는 구법질서에 대하여 기대했던 당사자의 신뢰보호보다는 광범위한 입법권자의 입법형성권(입법형성의 자유)을 경시해서는 아니될 일이므로 특단의 사정이 없는 한, 새로운 입법을 하면서 구법관계 내지 구법상의 기대이익을 존중하여야 할 의무가 발생하지는 않는다.[1] 그러므로 부진정소급효는 사실상 소급입법금지의 원칙과는 상관이 없는 내용이며, 따라서 부진정소급효라는 용어는 사실상 필요없는 개념이다. 부진정 소급효라는 용어에 있어서도, 부진정 소급효라는 말은 소급효가 아니라는 의미인 것이다. 부진정소급효는 신뢰이익(신뢰보호의 문제)과 관련이 있는 것이지, 소급입법금지의 원칙과는 상관이 없다. ☞ **부진정 소급효의 개념은 독일연방헌법재판소의 판례에서 유래**

「부진정소급효」: 현재 진행중인 사실·법률관계를 대상 − 당사자의 신뢰이익 보다 입법권자의 입법형성권을 더욱 중시

※사건제목: '냉동배아 2만여 개 대량폐기' 보도관련 법제처 입장[2] 첨부 언론보도 설명자료 ☞ **생명윤리법 소급적용 관련문제**

▶ 지난 5월 26일자 조선, 한겨레, 국민 등의 주요신문에 게재된 '냉동배아 2만여 개 대량 폐기'기사 관련 법제처 입장관련 보완설명 기사를 게재합니다. [주요신문] 보건복지가족부가 지난 3월 난치병 치료 등 제한적 연구목적 외에 5년이 넘은 배아를 폐기토록 한 생명윤리법이 법 시행 이전(2005년 1월 1일)에 생성된 배아에 대해서도 이 법이 적용되는지 법제처에 유권해석을 의뢰한 결과, 법제처는 현행법을 소급적용해 5년 넘은 배아는 폐기하라는 유권해석을 보건복지가족부에 통보한 것으로 25일 밝혀졌다고 보도.

[법제처 입장] 법제처가 생명윤리법 시행이전에 생성된 배아에 대해서도 현행을 소급적용해 5년 넘은 배아를 폐기하라는 유권해석을 보건복지가족부에 통보하였다는 기사에 대해서 관련사실을 설명드립니다. 생명윤리법의 입법목적과 취지, 헌법재판소 결정례 등에 비추어 볼 때, 이 경우 소급적용은 법치주의 원칙에 반하지 아니하는 것으로 보아야 합니다. 즉, 배아에 대한 엄격한 관리를 통해 급격하게 발전하는 생명과학기술에 있어서 생명윤리 및 안전을 확보하여 인간의 존엄과 가치를 보장하고 신체의 위해를 방지할 공익상의 필요가 난자제공자 등 동의권자의 신뢰이익보다 우선한다고 할 것이므로 생명윤리법의 시행일 당시 현존하고 있는 모든 배아를 법적 규율 대상으로 하고자 하는 것이 동법의 취지라 할 것이고, 따라서 생명윤리법 시행전에 생성된 배아라 할지라도 동법 시행일 이후까지 현존한다면 배아의 보존기간의 기산일을 동법 시행일 이전으로 소급하여 적용하는 것이 타당한 것이다. 한편, 생명윤리법 시행후 생성된 배아도 동법 제16조에서

---

1) 헌재결 1989. 3. 17, 88헌마1; 정재황, 판례헌법, 길안사, 1996, 283면 이하 참조.
2) 법제처 행정법령해석팀장 김수익, 정책홍보담당관실 작성일 2006-06-01 14:35.

규정한 보존기간 경과시에는 폐기대상이며, 배아의 보존기간이 경과한 잔여배아는 발생학적으로 원시선이 나타나기 전까지는 연구목적에 이용할 수 있으므로(동법 제17조) 배아의 폐기가 곧 생명침해라는 것은 다소 논리비약이라고 할 것이다.

[헌재결 1999. 4. 29, 94헌바37 외 66건(병합) : 택지소유상한에관한법률 제2조 제1호 나목 등 위헌소원]

### 1. 사건의 개요

이 사안은 택지의 소유상한 한도 660㎡ 이상에 대한 부담금부과처분취소소송에서 위헌심판제청청구를 하였으나 법원이 이를 기각하여 헌법소원심판을 청구한 사안이다. 66건이 되는 사건이 병합되어있는 사건이지만 사실관계는 대체로 같다. 94헌바37의 사실관계는 다음과 같다. 청구인은 부산 중구 남포동 24의 1에 대지 1,493.2㎡를 법 시행 이전부터 지상에 4층 극장 건물 1동을 소유하고 있었다. 이에 대해 부산 중구청장이 앞의 토지 중 건물의 부속토지를 제외한 나머지 토지를 대상으로 1992년 8월 25일 60,495,920원(1992. 3. 2.-1992. 6. 1.)을 부담금으로 부과하였다. 이에 청구인은 부산고등법원에 앞의 부과처분의 취소소송(93구1596)을 제기하고, 위헌심판제청신청(93부220)을 하였으나 1994. 8. 31. 기각되어, 같은 해 9월 18일에 헌법소원심판청구를 하였다.

청구인들이 주장 중 소급입법과 관련된 부분은 다음과 같다. 부칙(1989. 12. 30. 법률 제4174호) 제2조, 제3조 제1항에 의하여 법 시행 이전부터 택지를 소유하고 있는 자에게도 부담금을 부과하도록 한 것은 소급입법에 의한 재산권의 박탈을 금지한 헌법 제13조 제2항을 위반하여 재산권의 본질적 내용을 침해한 것인 동시에 개인과 기업의 경제상의 자유와 창의의 존중을 규정한 헌법 제119조 제1항에 위반되고, 이미 소유하고 있던 택지의 처분 등을 강요하는 셈이 되어 거주이전의 자유 및 직업선택의 자유 내지는 영업활동의 자유마저 침해하는 것이라 주장한다.

### 2. 결정요지

[의의] 과거의 사실관계 또는 법률관계를 규율하기 위한 소급입법의 태양에는 이미 과거에 완성된 사실, 법률관계를 규율의 대상으로 하는 이른바 진정소급효의 입법과 이미 과거에 시작하였으나 아직 완성되지 아니하고 진행과정에 있는 사실, 법률관계를 규율의 대상으로 하는 이른바 부진정소급효의 입법이 있다. 헌법 제13조 제2항이 금하고 있는 소급입법은 전자, 즉 진정소급효를 가지는 법률만을 의미하는 것으로서, 이에 반하여 후자, 즉 부진정소급효의 입법은 원칙적으로 허용되는 것이다. 다만 이 경우에 있어서도 소급효를 요구하는 공익상의 사유와 신뢰보호의 요청 사이의 비교형량 과정에서, 신뢰보호의 관점이 입법자의 형성권에 제한을 가하게 된다.[1] 그런데 법은 부칙(1989. 12. 30. 법률 제4174호) 제2조 제1항 및 제2항에서 법 시행 이전부터 이미 소유하고 있는 택

---

1) 헌재결 1989. 3. 17, 88헌마1; 헌재결 1996. 2. 16, 96헌가2 등.

지에 대하여는 기존의 소유권을 인정하면서도, 장래에 있어서 처분 또는 이용, 개발의무를 부과하고 있다. 법의 위와 같은 규제는 법률이 이미 종결된 과거의 사실 또는 법률관계에 사후적으로 적용함으로써 과거를 법적으로 새로이 평가하는 진정소급효의 입법과는 다른 것으로서, 이는 아래에 보는 바와 같이 종래의 법적 상태의 존속을 신뢰한 기존의 택지소유자에 대한 신뢰보호의 문제일 뿐, 소급입법에 의한 재산권 침해의 문제는 아니다. 따라서 부칙 제2조가 그 자체로 소급입법에 의한 재산권 박탈금지의 원칙을 선언하고 있는 헌법 제13조 제2항에 위반된다고 하는 주장은 이유없다고 할 것이다.

일정한 법적 상태를 새로이 규율하는 규정이 장래에 발생하는 사실관계뿐만 아니라 이미 과거에 시작하였으나 아직 완성되지 아니한채 진행과정에 있는 사실관계에도 적용되는 예는 법률개정의 경우 흔히 찾아 볼 수 있는 현상이며, 여기서 발생하는 문제는 소급효의 문제가 아니라 종래의 법적 상태에서 새로운 법적 상태로 이행하는 과정에서 불가피하게 발생하는 법치국가적 문제, 구체적으로는 입법자에 대한 신뢰보호의 문제이다. 따라서 기존의 택지소유자에게도 처분 또는 이용, 개발의무를 부과하는 법규정들이 헌법적으로 허용되는가 하는 문제는 법치국가적 신뢰보호 원칙을 기준으로 판단하여야 한다. 토지투기와 지가상승을 억제하고 택지를 실수요자에게 공급하기 위하여 택지소유 상한제도의 도입이 불가피하였다고 하더라도, 택지소유의 경위나 그 목적에 관계없이 법 시행 이전부터 택지를 소유하고 있는 개인에 대하여 일률적으로 소유상한을 적용하는 것은 입법목적을 달성하기 위하여 필요한 정도를 넘는 과도한 침해이자 신뢰보호의 원칙 및 평등원칙에 위반된다고 할 것이다.

3. 검토 : 부진정 소급효의 본질 문제

이 판례에서 헌법재판소는 진정소급입법과 부진정소급입법을 구별하고 있지만, 부진정소급입법의 문제를 소급효의 문제가 아니라 종래의 법적 상태에서 새로운 법적 상태로 이행하는 과정에서 불가피하게 발생하는 법치국가적 문제, 구체적으로 입법자에 대한 신뢰보호의 문제로 파악하고 있다(결국 부진정소급효는 소급효가 아니라는 것이다). 헌법재판소는 헌법 제13조 제2항의 소급입법금지 원칙도 오로지 진정소급효에만 적용되는 것이고 부진정소급효에는 적용되지 않는다고 한다. 이에 따라 헌법재판소는 위 사건 조항이 헌법 제13조 제2항의 소급입법금지에는 해당하지 않는다고 보고, 신뢰보호의 원칙에 위반하는지를 판단하였다. 법률이 과거와 연관성을 갖는 것은 시행일로부터 미래를 향하여 효력을 갖는 모든 법률에서 일반적으로 나타나는 문제이다. 즉, 시행일로부터 효력을 갖는 법률이 그의 시행 당시 이미 존재하는 법률관계, 이행중인 계약, 직업 및 영업활동, 종래의 법률에 근거한 재산권의 사용 등에 작용한다는 의미에서 대부분의 경우 단지 소급효와 유사한 효과를 가질 뿐이다. 이러한 관점에서 보면 엄격한 의미에서의 소급효는, 오직 이미 확정된 법률관계를 사후적으로 변경하려는 것을 그 '목적'으로 하는 과거를 향한 진정소급입법에서만 인정될 수 있다. 법률의 목적이 애초부터 과거를 겨냥하고 있는 경우를 제외한다면, 미래를 향하여 새로이 규율하려는 거의 모든 법률은 이미 과거에 발생하였으나 현재에도 계속 진행되는 사실관계를 규율하는 문제와 부딪치게 된다. 법률은 효력발생 시점부터 법률요건을 충족시키는 모든 사실관계에 - 그 사실관계가 효력발생 이후에 새로이 형성되었는가 또는 그 이전에 이미 존재했는가에 관계없이 - 적용되기 때문이다. 따라서, 법률이 시행일로부터 미래를 향하여 효력을 발생함으로써 구법의 효력하에서 이미 발생한 사실관계에 대하여도 적용되게 되는 부진정소급효의 문제는 일반적으로 나타나는 현상이다. 이러한 관점에서 보면, 부진정소급효는 엄격한 의미에서의 소급효가 아니라 구법에서 신법으로 전환하는 과정의 일반적인 현상이며, 구체적으로 입법자에 대한 법치국가적 신뢰보호의 문제, 결국 그 본질이 경과규정의 문제임을 알 수 있다. 따라서 헌법재판소가 부진정소급효를 소급효의 문제가 아니라고 한 것은 타당하다.

## 7. 실권(취소권의 저지)의 법리

### 7.1. 의의

[의의] 신뢰보호의 사상은 공법상의 실권의 원칙을 뒷받침하는 기능을 가지기도 한다. 실권(Verwirkung)의 원칙이란 행정기관이 위법상태를 장기간 묵인방치하고 있다가 나중에서야 그 위법성을 주장함으로써 당해 위법상태의 존속을 신뢰한 개인에게 피해를 주게 될 경우에는 행정기관에게 그 위법상태의 수인의무가 성립되어 취소권을 주장할 수 없다[1]는 이론이다. 행정기관이 위법상태를 장기간 묵인·방치함으로써 개인이 행정청이 그 권리를 포기한 것으로 기대(신뢰)한데 대한 신뢰보호이다.[2] 이는 '주장하지 않는 권리는 보호할 가치가 없다'라는 법사상으로부터 연유한다. 생각건대 행정기관이 위법상태를 장기간 묵인, 방치함으로써 개인이 당해 법상태의 존속을 신뢰한 경우에는 행정기관은 뒤늦게 위법성을 주장할 수 없고, 행정기관의 취소권의 행사는 저지 된다는 이론이다. 이는 '권리(Recht)'와 '권리의 행사(Ausübung des Rechts)'는 별개의 개념이다라는 것을 그 전제로 한다. 행정기관의 수인의무는, (ㄱ) 시간의 경과(권리주장을 지체하였다는 점), (ㄴ) 행정기관의 불성실(과실로 인하여 권리를 주장하지 않았다는 점), (ㄷ) 개인의 성실성(개인의 행정기관의 행위에 대한 신뢰)이 그 요건이 된다. 독일 연방행정절차법 제48조(위법한 행정행위의 취소) 제4항은 이 실권의 법리를 명문화하여 신뢰보호의 견지에서 하자 있는 행정행위의 직권취소는 원칙적으로 1년 이내에 행사하도록 하고 있다.

### 7.2. 실효(失效)·실권(失權)의 구별

[실효·실권의 구별] 종래 일부학설에서는 실권(失權)을 권리의 소멸(실효)원인으로 이

---

1) 서원우, 행정법상의 실권의 법리(하), 고시연구(1982.6), 44-45면).
2) 김철용, 행정법(I), 64면.

해하고 있었으나, 오늘의 통설은 실권에 의하여 권리의 소멸이 초래되는 것이 아니라 권리행사의 저지원인(沮止原因), 즉 당초부터 존재하는 권리의 내용적인 제약을 명백하게 하는데 지나지 않는다고 보고 있다. 즉 실권은 권리 그 자체는 그대로 존속하지만 이미 그것을 주장할 수 없게 된다는 점에서 권리의 소멸(Erledigung)원인인 소멸시효나 제척기간 등과 구분된다. 실권의 법적 효과를 권리의 소멸원인이 아니라 권리행사의 저지원인(沮止原因)이라고 보는 경우에는 독일어의 페어비르쿵(Verwirkung)이라는 단어를 「실권」이라고 번역하는 것은 문제가 있다는 견해(서원우)가 있다.[1] 생각건대 실권의 개념을 권리 그 자체는 그대로 존속하지만 이미 그것을 주장·실행할 수 없는 것이라고 할 경우, 그리고 이를 권리의 소멸(失效: Erledigung[에어레디궁])과 구분되는 개념으로 사용하는 경우에는 오히려 '페어비르쿵(Verwirkung)'은 실효가 아니라 실권이라고 번역하는 것이 타당하다.[2][3] 권리(Recht)와 권리행사의 저지(Ausübung des Rechts)와는 구별해야 하기 때문이다. 권리 자체가 소멸하는 것은 실효(失效)이며, 권리 자체가 소멸하는 것은 아니고 권리의 행사가 저지당하는 것은 실권(失權)이기 때문이다.

### 7.3. 실효·실권에 관한 대법원판례

[대법원 판례] 대법원판례는 실효와 실권을 구별하고 있지 않다. 대법원은 실권(Verwirkung)과 실효(Erledigung)을 동일한 개념으로 사용하고 있으나 이는 실권의 개념이 권리행사의 저지원인으로 보지않고 권리의 소멸로 이해하는데서 연유한다. 대법원은 "실권 또는 실효의 법리는 법의 일반원리인 신의성실의 원칙(Prinzip von Treu und Glaube)에 바탕을 둔 파생원칙인 것이므로 공법관계 가운데 관리관계는 물론이고 권력관계에도 적용되어야 함을 배제

---

[1] 서원우, 행정법상의 실권의 법리(하), 고시연구(1982.6), 45면.
[2] 同旨 김남진·김연태, 행정법(I), 52면).
[3] 대판 1992. 1. 21, 91다30118【사원확인】일반적으로 권리의 행사는 신의에 좇아 성실히 하여야 하고 권리는 남용하지 못하는 것이므로 권리자가 실제로 권리를 행사할 수 있는 기회가 있어서 그 권리 행사의 기대가능성이 있었음에도 불구하고 상당한 기간이 경과하도록 권리를 행사하지 아니하여 의무자인 상대방으로서도 이제는 권리자가 권리를 행사하지 아니할 것으로 신뢰할 만한 정당한 기대를 가지게 된 다음에 새삼스럽게 그 권리를 행사하는 것이 법질서 전체를 지배하는 신의성실의 원칙에 위반하는 것으로 인정되는 결과가 될 때에는, 이른바 실효의 원칙에 따라 그 권리의 행사가 허용되지 않는다고 보아야 할 것이다); 대판 2005. 10. 28, 2005다45827【면직해임무효확인등】또한 실효의 원칙이 적용되기 위하여 필요한 요건으로서의 실효기간(권리를 행사하지 아니한 기간)의 길이와 의무자인 상대방이 권리가 행사되지 아니하리라고 신뢰할 만한 정당한 사유가 있었는지의 여부는 일률적으로 판단할 수 있는 것이 아니라 구체적인 경우마다 권리를 행사하지 아니한 기간의 장단과 함께 권리자측과 상대방측 쌍방의 사정 및 객관적으로 존재한 사정 등을 모두 고려하여 사회통념에 따라 합리적으로 판단하여야 할 것이다).

할 수는 없다 하겠으나 그것은 본래 권리행사의 기회가 있음에도 불구하고 권리자가 장기간에 걸쳐 그의 권리를 행사하지 아니하였기 때문에 의무자인 상대방은 이미 그의 권리를 행사하지 아니할 것으로 믿을 만한 정당한 사유가 있게 되거나 행사하지 아니할 것으로 추인케 할 경우에 새삼스럽게 그 권리를 행사하는 것이 신의성실의 원칙에 반하는 결과가 될 때 그 권리행사를 허용하지 않는 것을 의미한다."[1]고 하였다. 더 나아가서 대법원 판례는, 「실권의 법리가 적용되기 위하여 필요한 요건으로서의 실효기간(권리를 행사하지 아니한 기간)의 길이와 의무자인 상대방이 권리가 행사되지 아니하리라고 신뢰할 만한 정당한 사유가 있었는지 여부는 일률적으로 판단할 수 있는 것이 아니라, 구체적인 경우마다 권리를 행사하지 아니한 기간의 장단과 함께 권리자 측과 상대방 측 쌍방의 사정 등을 모두 고려하여 사회통념에 따라 합리적으로 판단하여야 할 것」이라고 하고 있다.[2] 신뢰보호의 원칙의 소급적용을 허용할 것인가에 대해서는 법적 안정성, 상대방의 신뢰보호 등을 이유로 법규명령이나 행정규칙 등의 소급적용은 원칙적으로 금지되어야 한다. 통설·판례[3]는 진정소급(진정소급효)과 부진정소급(부진정소급효)을 구분하여 법적 취급을 달리하고 있다. (판례-1) : 대법원은 "… 대학이 성적불량을 이유로 학생에 대하여 징계처분을 하는 경우에 있어서 수강신청이 있은 후 징계요건을 완화하는 학칙개정이 이루어지고 이어 당해 시험이 실시되어 그 개정학칙에 따라 징계처분을 한 경우라면 이는 이른바 부진정소급효에 관한

---

1) 대판 1988. 4. 27, 87누915【행정서사허가취소처분취소】
2) 대판 1992. 1. 21, 91다30118【사원확인】사용자와 근로자 사이의 고용관계(근로자의 지위)의 존부를 둘러싼 노동분쟁은, 그 당시의 경제적 정세에 대처하여 최선의 설비와 조직으로 기업활동을 전개하여야 하는 사용자의 입장에서는 물론, 임금 수입에 의하여 자신과 가족의 생계를 유지하고 있는 근로자의 입장에서도 신속히 해결되는 것이 바람직하므로 실효의 원칙이 다른 법률관계에 있어서보다 더욱 적극적으로 적용되어야 할 필요가 있다. 실효의 원칙이 적용되기 위하여 필요한 요건으로서의 **실효기간(권리를 행사하지 아니한 기간)**의 길이와 의무자인 상대방이 권리가 행사되지 아니하리라고 신뢰할 만한 정당한 사유가 있었는지의 여부는 일률적으로 판단할 수 있는 것이 아니라, 구체적인 경우마다 권리를 행사하지 아니한 기간의 장단과 함께 권리자측과 상대방측 쌍방의 사정 및 객관적으로 존재하는 사정 등을 모두 고려하여 사회통념에 따라 합리적으로 판단하여야 할 것이고, 징계해임처분의 효력을 다투는 분쟁에 있어서는 징계 사유와 그 징계해임처분의 무효 사유 및 징계 해임된 근로자가 그 처분이 무효인 것을 알게 된 경위는 물론, 그 근로자가 그 처분이 효력을 다투지 아니할 것으로 사용자가 신뢰할 만한 다른 사정(예를 들면, 근로자가 퇴직금이나 해고수당 등을 수령하고 오랫동안 해고에 대하여 이의를 하지 않았다든지 해고된 후 곧 다른 직장을 얻어 근무하였다는 등의 사정), 사용자가 다른 근로자를 대신 채용하는 등 새로운 인사체제를 구축하여 기업을 경영하고 있는지의 여부 등을 모두 참작하여 그 근로자가 새삼스럽게 징계해임처분의 효력을 다투는 것이 신의성실의 원칙에 위반하는 결과가 되는지의 여부를 가려야 할 것이다.
3) 대판 1996. 7. 30, 95누12897【개인택시운송사업면허신청접수거부처분취소】

것으로서 구 학칙의 존속에 관한 학생의 신뢰보호가 대학 당국의 학칙개정의 목적달성보다 더 중요하다고 인정되는 특별한 사정이 없는 한 위법하다고 할 수 없다 할 것이다."[1]라고 하였다. (판례-2): "… 매년 그 때의 상황에 따라 적절히 면허 숫자를 조절해야 할 필요성이 있는 개인택시 면허제도의 성격상 그 자격요건이나 우선순위의 요건을 일정한 범위 내에서 강화하고 그 요건을 변경함에 있어 유예기간을 두지 아니하였다 하더라도 그러한 점만으로는 행정청의 면허신청 접수거부처분이 신뢰보호의 원칙이나 형평의 원칙, 재량권의 남용에 해당하지 아니한다."[2]고 하였다.

### 8. 확약(確約)의 법리 – 행정법상 확약

[의의] 행정법상 확약이라 함은 행정청이 사인(私人)에 대한 관계에 있어서 자기구속을 할 의도로써 장래에 있어서 일정한 작위(행위) 또는 부작위(불행위)를 약속하는 의사표시를 말한다.[3] 예를 들면 공무원 임용내정, 양도소득세를 자진신고한 자에는 일정율(一定率) 이하의 과세를 하겠다는 약속 및 행정청이 무허가건물의 자진철거자에게는 아파트입주권을 주겠다는 약속을 하는 경우가 그 예이다. 확약의 효과로서 행정청에게는 확약대로 행정행위를 해야 할 자기구속적 의무가 있게 되고, 상대방은 신뢰보호원칙에 입각한 주장을 할 수 있다. 이 법리는 종래 확언(Zusage)이라는 관념으로서 학설·판례상 인정되어 왔으나, 독일연방행정절차법 제38조는 이를 확약(Zusicherung)이라는 용어로 명문으로 제도화하고 있다. 즉 확약(Zusicherung)은 종래 확언(Zusage)[4]의 법리로 논의되던 것이 독일 행정절차법 제38조에서 명문으로 확약의 구속성이 제도화된 것이다. 또한 조세통칙법(조세기본법: Abgabenordnung/AO) 제176조는 조세결정의 폐지(Aufhebung), 변경(Änderung)에 있어서 납세의무자에게 불리하게 해서는 안된다고 하여 신뢰보호원칙을 제도화하고 있다.[5] 우리 행정법상의 확약이라는 개념은 독일의 제도를 계수(繼受)한 것이다. 우리나라의

---

1) 대판 1989. 7. 11, 87누1123 【제적처분】
2) 대판 1996. 7. 30, 95누12897 【개인택시운송사업면허신청접수거부처분취소】
3) 김철용, 행정법(I), 63면; 김남진·김연태, 행정법(I), 52면; 작위 → 사람의 행위중 적극적 거동 (행하는 것)을 말한다(예: 노무종사, 금품인도, 사람을 상해하는 행위). 부작위 → 사람의 행위중 소극적 거동(하지 않는것)을 말한다(예: 건물을 세우지 않는것, 경쟁을 하지 않는 것). 특히 부작위는 「규범적으로 기대된」 일정한 작위를 하지 않는 것을 의미한다.
4) 독일의 경우 행정실무상으로는 확언(Zusage)이라는 용어를 사용하여 왔는데, 연방행정절차법 (Verwaltungsverfahrensgesetz)이 제정되면서 비로소 확약에 관한 법리가 명문으로 규정되었다. 즉, 동법 제38조는 확약의 형식, 확약의 효력발생요건, 확약의 무효, 확약의 취소 및 확약의 변경, 확약의 철회, 확약의 실효 등을 규정하였다.
5) 조세통칙법(Abgabenordnung § 176 Vertrauensschutz bei der Aufhebung und Änderung von

경우도 행정청이 국민에 대하여 여러 가지 확약을 하는 경우가 많다. 예를 들면 국세청장이 소득세의 성실신고자에게 소득표준율을 얼마 이하로 낮추어 과세한다고 하든가 서울시 당국이 무허가 건물등의 자진 철거자에게 아파트 우선 입주권을 부여하겠다고 약속하는 것 등이다.

[위법한 수익적 확약의 존속력] 위법한 수익적 확약의 존속력(Bestandskraft)은 일반적 행정행위의 취소보다는 쉽게 이루어 질 것이지만, 적법한 수익적 확약의 철회는 상대방에 대한 신뢰보호의 관점에서 어렵게 이루어 질 수밖에 없다 할 것이다.[1]

## 9. 공법상 계약

공법상 계약(öffentlich-rechtlicher Vertrag) 이라 함은 공법적 효과의 발생을 목적으로 하는 당사자 사이의 (반대방향의) 의사표시(Erklärung)의 합치에 의하여 성립하는 공법행위를 말한다. 즉 공법상 계약은 행정주체와 국민사이 또는 행정주체 상호간에 직접 또는 간접적으로 행정목적을 수행하기 위하여 이루어지는 합의인 행정계약의 일종이다.[2] ▶ (서로 반대방향의) 의사표시의 합치; ・행정주체와 국민사이; ・행정주체 대(對) 행정주체

신뢰보호의 원칙과 관련한 공법상 계약, 특히 사후의 법률개정이 공법상 계약의 효력에 어떠한 영향을 주는가 하는 문제와 관련하여, 신뢰보호의 견지에서 위법한 계약도 유효하게 존속하는 것으로 볼 것이라는 견해와 행정의 법률적합성의 원칙에 따라 계약을 무효로 볼 것이라는 견해가 대립되고 있다.

## 10. 불법(不法)에 있어서의 평등대우

[의의] 불법에 있어서의 평등대우라 함은 이미 시행되고 있어서 사실화되고 있는 위법한 행정규칙이나 행정관례를 신뢰한 자는 <u>신뢰보호를 이유로 장래에 있어서도 그러한 관례에 따</u>

---

Steuerbescheiden: 조세결정의 폐지 및 변경에 있어서의 신뢰보호) ① Bei der <u>Aufhebung oder Änderung eines Steuerbescheids darf nicht zuungunsten des Steuerpflichtigen berücksichtigt werden</u>, dass

1. das Bundesverfassungsgericht die Nichtigkeit eines Gesetzes feststellt, auf dem die bisherige Steuerfestsetzung beruht,
2. ein oberster Gerichtshof des Bundes eine Norm, auf der die bisherige Steuerfestsetzung beruht, nicht anwendet, weil er sie für verfassungswidrig hält,
3. sich die Rechtsprechung eines obersten Gerichtshofes des Bundes geändert hat, die bei der bisherigen Steuerfestsetzung von der Finanzbehörde angewandt worden ist.

1) 김남진, 행정상의 신뢰보호의 원칙, 고시행정(1991.5), 23면.
2) 석종현, 일반행정법(상), 386면.

라 위법한 처리를 하여 줄 것을 주장할 수 있는가 하는 이론이다. 이와 관련하여 독일연방 행정법원은 신뢰보호의 사상은 결코 법률에 위배되는 행정작용에 대한 청구권을 발생시킬 수 없으며, 다만 손해배상청구권만을 발생할 수 있을 것이라는 취지의 판례를 남겨놓고 있다.[1] 생각건대 불법에 있어서의 평등대우는 인정되지 아니한다. 왜냐하면 법률에 위배되는 행정작용을 요구할 수는 없기 때문이다.

[독일연방행정법원] 독일연방행정재판소는 신뢰보호의 사상은 결코 법률에 위배되는 행정작용을 요구하는 청구권을 발생시킬 수는 없고 다만, 손해배상청구권만 인정된다는 판례를 남기고 있다.[2] 이러한 판례의 태도는 타당하다. 왜냐 하면 만약 이를 부정하여 청구권을 인정하게 되면, 위법한 관례를 시정할 수 없을 뿐만 아니라, 법률우위의 원칙(Vorrang des Gesetzes) 및 행정의 법률적합성의 원칙(Gesetzmäßigkeit der Verwaltung)이 행정편의주의에 의해 좌우되게 되는 결과를 야기하게 되어 나아가서는 법치행정의 원리 및 행정의 법률적합성의 원칙에 대한 중대한 침해가 되기 때문이다. 이 문제는 행정의 자기구속(Selbstbindung der Verwaltung)의 원리에 있어서도 동일하게 적용된다. 왜냐하면 이미 시행되고 있는 행정관례의 적법성이 자기구속의 원리를 인정하기 위한 요건이기 때문이다.[3]

### 11. 급부행정의 경우

급부행정이라 함은 행정주체가 수익적 활동을 통하여 직접적으로 사회공공의 복리를 증진하기 위하여 주로 비권력적 수단에 의하여 행하는 작용을 말한다. 급부의 적법성·계속성에 대한 국민의 신뢰는 보호되어야 한다.

## VIII. 신뢰보호원칙의 위반의 효과

### 1. 학설

#### 1.1. 개관

[개관] 신뢰보호원칙에 위반한 행정청의 행위는 위법이 된다. 위법의 정도에 관하여는 당연무효설[4]과 단순위법설이 나누어지는바, 단순위법설이 독일 및 우리나라의 다수설·판례[5]의 입장이다.[6] 즉 구체적이고 개별적인 사안에 따라 관계자의 이익을 서로 비교형량하

---

1) BVerWGE 34, S, 278.
2) BVerwGE 34, 278; BVerwGE 36, 313; BVerwGE 45, 197.
3) 김남진, 행정상의 신뢰보호의 원칙, 고시행정(1991.5), 24면.
4) 김도창, 일반행정법론(상), 청운사, 169면 참조.

여 결정하여야 하며,¹⁾ 일반적으로 신뢰보호의 원칙의 적용의 결과 행정기관의 선행조치에 반하는 후행행위는 취소원인이 된다고 보아야 하며(단순위법설), 무효가 되는 경우는 예외적으로만 인정된다고 보아야 한다.²⁾

 신뢰보호의 원칙의 위반 → 위법
　　　　　　　　　　　　· 당연무효
　　　　　　　　　　　　· 단순위법 → 독일 및 우리나라의 다수설·판례

### 1.2. 학설의 구체적 내용

신뢰보호원칙을 위반하여 행해진 행정처분의 효력을 어떻게 볼 것인가에 관하여는 학설이 나누어 지고 있다.³⁾

[단순위법설 : 취소설] 신뢰보호원칙을 위반하여 행해진 행정처분의 효력은 단순위법하여 취소사유에 그친다는 것이다. 왜냐하면, 행정청의 처분이 이 원칙에 위반한 것인지 아닌지는 심리해 보지 않고서는 명백하지 않고 또 관계인이 소를 제기하여 이 원칙을 원용하여 다툴지 여부도 분명하지 않은 상태에서 그 처분을 불안정한 상태에 놓이게 하는 것은 부당하다고 한다.

[당연무효설] 신뢰보호원칙을 위반하여 행해진 행정처분의 효력은, 행정행위의 하자이론이 그대로 적용될 수 없다 할 것이고, 또 권리구제라는 관점에서는 취소소송의 경우에 있어서 출소기간의 제한이 있기 때문에 무효라고 해석하는 것이 타당하다는 것이다.

[개별적 구별설] 당해 행정조치에 대한 관계자의 권리구제라는 점에서 그 위반의 효과를 개별적으로 판단함이 없이 일률적으로 당연무효 또는 취소사유로 단정하는 것은 부당하다고 주장한다. 그 근거로는 무효여부의 판단기준인 중대명백설에 의한 하자의 존부는 개별적 사유에 있어서는 결국 관계자간의 제이익을 비교형량함으로써 결정되어져야 한다는 것이다.

[재심사설] 독일연방행정절차법　　제51조(절차의　　재개 : Wiederaufgreifen des Verfahrens)에서 규정하고 있는 재심사의 대상으로 해야 한다는 견해이다. (독일연방행정절차법 제51조(절차의 재개[Wiederaufgreifen des Verfahrens]) : ① Die Behörde hat auf Antrag des Betroffenen über die Aufhebung oder Änderung eines unanfechtbaren Verwaltungsaktes zu entscheiden(행정청은 다음 각호의 1에 해당하는 경우에는 이해관계인의 신청에 따라

---

5) 대판 1998. 5. 8, 98두4061; 대판 1991. 1. 29, 90누7449; 대판 2002. 4. 26, 2002두1465 참조.
6) 김철용, 행정법(I), 66면 참조.
1) 김철용, 행정법(I), 65면.
2) 김철용, 행정법(I), 65면.
3) 김영훈, 복효적 행정행위의 철회 및 직권취소, 고시연구(1984.1), 20면.

불가쟁력이 발생한 행정행위의 취소 또는 변경에 관하여 결정하여야 한다), 1. sich die dem Verwaltungsakt zugrunde liegende Sach- oder Rechtslage nachträglich zugunsten des Betroffenen geändert hat(행정행위의 근거가 되는 실체적 또는 법적 상황을 사후에 이해관계인에게 유리하게 변경한 경우); 2. neue Beweismittel vorliegen, die eine dem Betroffenen günstigere Entscheidung herbeigeführt haben würden(당사자에게 유리한 결정을 초래할 수 있는 새로운 증거가 존재하는 경우); 3. Wiederaufnahmegründe entsprechend § 580 der Zivilprozessordnung gegeben sind(민사소송법 제580조에 준하는 재심사유가 발생한 경우).

▶ 독일연방행정절차법 제51조(절차의 재개 : Wiederaufgreifen des Verfahrens) 행정청은 다음 각호의 1에 해당하는 경우에는 이해관계인의 신청에 따라 불가쟁력이 발생한 행정행위의 취소 또는 변경에 관하여 결정하여야 한다.
   1. 행정행위의 근거가 되는 실체적 또는 법적 상황을 사후에 이해관계인에게 유리하게 변경한 경우
   2. 당사자에게 유리한 결정을 초래할 수 있는 새로운 증거가 존재하는 경우
   3. 민사소송법 제580조에 준하는 재심사유가 발생한 경우

[독일연방행정절차법 제51조] 독일연방행정절차법 제51조는 재심사청구제도(절차의 재개 : Wiederaufgreifen des Verfahrens)를 도입하여 다음의 세 가지 경우에는 재심사청구를 할 수 있게 하고 있다. (ㄱ) 행정행위의 근거가 되는 사실 상태 또는 법적 상태가 사후에 당사자에게 유리하게 변경된 경우이다. 사실상태의 변경은 예컨대 부양자가 있다는 이유로 낮은 정도의 생활보호결정을 받았는데 사후에 부양자가 없어진 경우 등을 말하며, 법적 상태의 변경은 실정법규정이 관계자에게 유리하게 변경된 경우를 의미한다. 상급법원의 판례가 관계자에에 유리하게 변경된 경우도 법상태의 변경으로 볼 수 있는지에 대하여는 조기의 판례는 부정하는 경향에 있었으나 오늘날은 긍정하는 판례도 나오고 있다.[1] (ㄴ) 당사자에게 유리한 결정을 내릴 수 있는 새로운 증거가 나타난 경우이다. 예컨대 A에 대한 보충역편입을 거부하였으나 사후에 보충역편입을 뒷받침할 수 있는 새로운 증거가 나타난 경우 등이다. (ㄷ) 독일민사소송법(제580조)에 정하여져 있는 재심사유가 있는 경우이다. 그리고 동규정은 재심사의 소극적 요건을 규정하고 있는바, 행정행위의 재심사의 청구는 당사자가 '중대한 과실(grobes Verschulden)'로 종전의 절차에 의한 구제를 받지 못한 경우에는 행할 수 없으며(제51조 제2항) 또한 '재심사유가 있음을 안 날로부터(Die Frist beginnt mit dem Tage, an dem der Betroffene von dem Grund für das Wiederaufgreifen Kenntnis erhalten hat)' 3월이 경과하면 재심사를 청구할 수 없도록 제척기간을 두고 있다(독일연방행정절차법 제51조

---

  1) 신보성, 불가쟁적 행정행위의 재심사, 고시연구(1985.3), 77면.

제3항).

【독일연방행정절차법 제51조】 재심사청구제도(절차의 재개 )
　　　(ㄱ) 행정행위의 근거가 되는 사실상태 또는 법적상태가 사후에 당사자에게 유리하게 변경된 경우
　　　(ㄴ) 당사자에게 유리한 결정을 내릴 수 있는 새로운 증거가 나타난 경우
　　　(ㄷ) 독일민사소송법(제580조)에 정하여져 있는 재심사유가 있는 경우

### 1.3. 사견

재심사설은 재심사가 가능하려면 우리 실정법상에는 이것이 제도화되어 있지 아니하다는 점, 또한 독일의 재심사제도는 그 요건이 관계인에게, (ㄱ) 행정행위의 근거가 되는 사실상태 또는 법적상태가 사후에 당사자에게 유리하게 변경된 경우, (ㄴ) 당사자에게 유리한 결정을 내릴 수 있는 새로운 증거가 나타난 경우, (ㄷ) 독일민사소송법(제580조)에 정하여져 있는 재심사유가 있는 경우에만 허용되는 것이라는 점 등에 비추어 이 제도를 신뢰위반처분의 경우에 원용하기에 문제가 있다. 결국 우리나라의 행정절차법에 있어서는 아직 이와 같은 재심사청구제도를 채택하고 있지 않으므로 독일에서와 같은 재심사사유가 있는 경우에는 권리로서 재심사청구는 할 수 없고 재심사청구를 청원하거나 소청(訴請)으로 직권에 의한 재심사를 촉구할 수밖에 없다고 할 것이다.[1]

## 2. 신뢰보호원칙 위반의 효과에 관련한 우리나라 판례

우리 대법원은 취소설을 취하고 있다. 대법원은 "관계청장이 보세운송면허는 지방세법상의 면세세 관세대상이 되지 않는다는 이유로 면허세를 부과하려는 피고에게 보호운송면허의 부여 통지를 아니하는 등의 이유로 그 판시와 같은 사유 보세운송면허세를 부과할 수 있는 근거법령이 시행된 4년여에 걸쳐서 피고가 면허세를 부과한 일이 전혀 없었던 탓으로 원고가 비과세의 관행이 생겼다고 믿었다면 납세자에 대한 관계에 있어서 비과세에 대한 관행이 성립된 것으로 볼 수 있다고 할 것이어서, 이점에서 이 사건 부과처분은 위법하다고 할 것이나 이와 같은 하자는 이른바 중대하고 명백한 것이 아니어서 당연무효라고 볼 수는 없다고 할 것"[2]이라 하였다.

---

[1] http://www.dbpia.co.kr/SKnowledge/ArticleDetail/192630; 김남진, 행정행위의 불가쟁력과 재심사, 월간법제, 1999.
[2] 대판 1982. 6. 22, 81다1213 【부당이득금반환청구사건】

## IX. 신뢰보호의 원칙과 행정상 착오 – 단순한 행정상 착오의 경우에도 신뢰보호의 원칙이 적용되는가?

행정상 법률관계에 있어서 특정의 사항에 대해 신뢰보호의 원칙상 처분청이 그와 배치되는 조치를 할 수 없다고 할 수 있을 정도의 행정관행이 성립되었다고 하려면 상당한 기간에 걸쳐 그 사항에 대해 동일한 처분을 하였다는 객관적 사실이 존재할 뿐만 아니라, 처분청이 그 사항에 관해 다른 내용의 처분을 할 수 있음을 알면서도 어떤 특별한 사정 때문에 그러한 처분을 하지 않는다는 의사가 있고 이와 같은 의사가 명시적 또는 묵시적으로 표시 되어야 한다 할 것이므로, 단순히 착오로 어떠한 처분을 계속한 경우는 이에 해당되지 않는다 할 것이고, 따라서 처분청이 추후 오류를 발견하여 합리적인 방법으로 변경하는 것은 위 원칙에 위배되지 않는다.[1]

## X. 행정영역별 신뢰보호의 원칙

### 1. 국세행정

대법원은 "… 과세관청이 납세자에게 신뢰의 대상이 될만한 공적인 견해를 표시하여 (피고소속 공무원이 원고들에게 교부한 위 명세서에는 위 증여의 내용까지 모두 기재되어 있었다) 원고들이 귀책사유없이 위와 같은 견해가 정당한 것으로 신뢰하고 그에 따라 상속세법 제20조의 규정에 의한 신고기한 내에 상속재산에 가산되는 증여재산을 신고하지 아니한 것이라면, 과세관청이 그와 같은 견해에 반하여 납세자가 그 신고기한 내에 신고를 하지 아니하였다는 이유로 구 상속세법시행령 부칙 제2항에 따라 제5조의 개정규정에 의하여 토지가액을 평가함으로써 납세자의 이익을 침해하는 것은 신의성실의 원칙상 허용될 수 없다."[2]고 하였다. 대법원은 "… 국세기본법 제18조 제3항의 소정의 세법의 해석 또는 국세행정의 관행이 일반적으로 납세자에게 받아들여진 것이라고 함은 특정한 납세자가 아닌 불특정의 일반납세자에게 그와 같은 해석 또는 관행이 이의없이 받아들여지고, 납세자가 그 해석 또는 관행을 신뢰하는 것이 무리가 아니라고 인정될 정도에 이른 것을 말한다."[3]고 하였다.

---

1) 대판 1993. 6. 11, 92누14021 【도로점용료부과처분취소】
2) 대판 1993. 12. 28, 93누18945 【상속세등부과처분취소】
3) 대판 1993. 5. 25, 91누9893 【법인세등부과처분취소】

## 2. 교육행정(학칙개정)

대법원은 "… 대학이 성적불량을 이유로 학생에 대하여 징계처분을 하는 경우에 있어서 수강신청이 있은 후 징계요건을 완화하는 학칙개정이 이루어지고, 이어 당해 시험이 실시되어 그 개정학칙에 따라 징계처분을 한 경우라면 이는 이른바 부진정소급효에 관한 것으로서 구 학칙의 존속에 관한 학생의 신뢰보호가 대학당국의 학칙개정의 목적달성보다 더 중요하다고 인정되는 특별한 사정이 없는 한 위법하다고 할 수 없다."[1]고 하였다.

## 3. 교통행정(운전면허철회)

대법원은 "… 피고는 1983. 4. 5 판시와 같은 위반행위(운전면허정지기간중의 운전행위)를 하다가 적발되어 당시 형사처벌(벌금)을 받았으나 피고로부터는 아무런 행정조치가 없어 안심하고 계속 운전업무(영업용택시)에 종사하여 왔음을 엿볼 수 있는 바, 피고가 원고의 판시 위반행위가 있은 이후 장기간에 걸쳐 아무런 행정조치를 취하지 않은 채 방치하고 있다가 3년여가 지난 1986. 7. 7에 와서 이를 이유로 행정제재를 하면서 가장 무거운 운전면허를 취소하는 행정처분을 하였은 즉, 이는 원고가 그간 별다른 행정조치가 없을 것이라고 믿은 신뢰의 이익과 그 법적 안정성을 빼앗는 것이 되어 원고에게 매우 가혹하다 할 것이고 비록 원고의 판시 위반행위가 판시와 같은 기준에 의하여 운전면허취소사유에 해당한다 할지라도 그와 같은 공익상의 목적만으로는 원고가 입게 될 위 불이익에 견줄 바 못된다 할 것"[2]이라고 하였다.

## 4. 건축행정(건축허가)

대법원은 "… 피고가 종전의 토지에 건축허가를 한 것은 원고가 그 소유권을 취득하기 이전에 이 사건 대지로 확정되기 이전의 토지를 대상으로 한 것이므로 이것이 원고에 대하여 환지확정된 대지의 건축허가에 관한 공적인 견해표명을 한 것이라고 할 수 없고, 피고가 당초의 건축허가처분을 할 당시에는 도로에 2m 이상 접하게 되어있어 적법하게 건축허가를 하였을 것이나, 이 기존의 주택의 존속을 전제로 증축이나 대수선을 하는 경우라면 몰라도, 이 때문에 원고가 그 후 환지확정으로 1.8m만 도로에 접하고 있는 위 대지상에 새로이 건축허가를 받을 수 있다고 신뢰하였다거나 이를 신뢰한 원고에게 귀책사유가 없다고 할 수 없고, 원고가 위 주택을 10년 이상 소유하였다고 하여 신뢰보호의 요건이 갖추어졌다고 할 수 없다."[3]고 하였다.

---

[1] 대판 1989. 7. 11, 87누1123 【제적처분】
[2] 대판 1989. 9. 8, 87누373 【자동차운전면허취소처분취소】
[3] 대판 1992. 5. 26, 91누10091 【건축허가신청반려처분취소】

[사례-1] 甲 이하 90세대는 A區에 분양중인 B건설회사의 민영아파트에 분양신청을 하여 8개 동의 15층 건물의 11층부터 15층까지 분양을 받았다. 그러나 당해 아파트가 건축 중인 지역은 고도제한구역이므로 10층까지만 건축이 가능한 지역이며, A구청의 공무원 乙이 B건설회사의 직원 丙으로부터 아파트 1채의 뇌물제공 약속을 받고 15층까지의 건축허가를 내준 것이다. A구청은 뒤늦게 이러한 사실을 알고, 11층부터 15층까지 부분의 건축허가를 취소하고자 한다. 甲 이하 90세대는 분양신청시에 이러한 사정을 전혀 모르고 있었고, 이미 건물은 이미 완공되어 입주가 진행 중인 상태에 있다.

(문제 1) B건설회사는 신뢰보호의 원칙을 주장할 수 있는가?

(문제 2) 甲 이하 90세대는 신뢰보호의 원칙을 주장할 수 있지의 여부와 A구청의 취소권행사는 가능한가?

[문제1의 해설] A구청이 B건설회사에 대하여 발령한 건축허가는 그 자체로서는 위법한 행정행위가 된다. 왜냐하면 행정행위 발령과정에서 담당공무원이 뇌물을 제공받고 이에 기하여 실정법상 허용될 수 없는 내용의 행정행위를 발령하였기 때문이다. 따라서 행정의 법률적합성의 원칙이라는 공익만을 고려한다면 위의 건축허가는 당연히 직권취소되어야 한다. 이때에 건축허가의 상대방인 B건설회사는 이러한 취소처분에 대해 신뢰보호원칙을 주장할 수 없다. 왜냐하면 건축허가라는 행정행위의 발령당시에 행정작용의 위법성에 대하여 B건설회사가 이미 알고 있었기 때문이다.

[문제2의 해설] 당해 아파트에 입주를 하려는 甲 이하 90세대의 주민들은 그들의 고의나 과실 없이 건축허가의 적법성을 신뢰하여 분양을 신청한 경우이므로(그러한 사실을 모르는 선의의 당사자), 신뢰보호원칙을 주장할 수 있다. 따라서 사례에서는 행정의 법률적합성의 원칙이라는 공익과 행정행위의 상대방이 아닌 제3자로서의 甲 이하 90세대의 신뢰보호라는 利益이 대립하게 된다(행정의 법률적합성이나 신뢰보호의 원칙이냐). 사례의 경우 이미 입주가 진행 중인 상태이고 건축이 완공된 후이므로, 건축허가의 취소에 따른 건축물의 철거는 甲 등에게 지나치게 피해를 끼친다. 따라서 사례에서는 결과적으로 공익보다 사익의 보호가 우월하다고 볼 수 있으며, 이에 따라 건축허가의 취소는 인정될 수 없다.

[사례-2] 甲은 보도에서 가판대를 설치한 점포를 운영하기 위하여 서울시로부터 3년간의 도로점용허가를 받았다. 그러나 점용허가 발령 후 1년이 되는 때에 서울시는 당해 보도를 녹지로 만들기 위하여 점용허가를 철회하고자 한다. 철회권의 행사는 가능한가?

[해설] 甲이 서울시로부터 도로점용허가를 받은 것은 도로법 제61조(도로점용의 허가)에 따른 것이며, 하자가 없다. 甲은 이러한 점용허가에 근거하여 1년 동안 점포를 운영하여 왔으며, 이러한 甲의 이해관계는 정당한 이익으로서 보호된다. 서울시는 점용허가 발령 1년 후에 녹지를 만들기 위하여 점용허가의 효력을 소멸시키고자 하는바, 이는 도로법 제98조 제3호에 따라 '공공의 이익이 될 사업을 위하여 특히 필요한 경우'에 해당하는 것이며, 따라서 철회는 적법하다.

그러나 이로 인하여 甲은 점용허가가 3년 동안 지속할 것이라는 **정당한 신뢰이익이** 침해받게 되므로, 서울시의 점용허가 철회가 가능하기 위해서는 甲의 사익과 공익의 비교형량과정을 거쳐야 한다. 생각건대 甲이 갖는 이익은 영업의 이익(사익)이며, 공익은 당해 도로를 녹지로 만드는 이익이다. 따라서 사안에서는 甲의 사익보다 공익이 더 우월한 것으로 평가할 수 있다. 그러나 이로 인해 발생한 甲의 불이익은 공익보호를 위한 특별한 희생으로 볼 수 있으므로, 손실보상의 대상이 된다(도로법 제99조 : 공용부담으로 인한 손실보상). 따라서 甲은 이 경우에 도로점용허가의 존속은 주장할 수 없으나, **신뢰보호에 따른 손실보상은** 주장할 수 있게 된다.

## XI. 신뢰보호의 원칙과 입증책임

신의성실의 원칙(Prinzip von Treu und Glaube)이나 소급과세금지의 원칙이 적용되기 위한 요건의 하나인 "과세관청이 납세자에게 신뢰의 대상이 되는 공적인 견해를 표명하였다"는 사실은 납세자가 주장·입증하여야 한다.1)

▶ 판례) 신의성실의 원칙이나 소급과세금지의 원칙이 적용되기 위한 요건의 하나인 "과세관청이 납세자에게 신뢰의 대상이 되는 공적인 견해를 표명하였다"는 사실은, 납세자가 주장·입증하여야 한다고 보는 것이 상당하다(대판 1992. 3. 31, 91누9824).

## XII. 신뢰보호의 한계(신뢰보호의 기속력 배제)

행정조치와 관련하여 신뢰형성의 '결정적 요인사실이 사후에 변경된 경우(사실변경)' 관계자가 이를 인식하거나 인식할 수 있는 상태에 놓여져 있었으면 신뢰보호의 기속력은 배제된다. 수익적 행정행위가 제3자의 취소쟁송에 의하여 취소되는 경우(제3자 쟁송)에는 신뢰보호의 기속력은 소멸한다.

▶ 신뢰형성의 '결정적 요인사실이 사후에 변경된 경우' → 기속력 소멸

---

1) 대판 1992. 3. 31, 91누9824【법인세등부과처분취소】조세법률관계에 있어서 과세관청의 행위에 대하여 신의성실의 원칙이 적용되기 위하여는 과세관청이 납세자에게 신뢰의 대상이 되는 공적인 견해를 표명하여야 된다고 할 것이고, 또 소급과세금지의 원칙을 규정하고 있는 국세기본법 제18조 제3항 소정의 "<u>세법의 해석 또는 국세행정의 관행이 일반적으로 납세자에게 받아들여진 것</u>"이라고 함은 특정한 납세자가 아닌 불특정의 일반납세자에게 그와 같은 해석 또는 관행이 이의 없이 받아들여지고, 납세자가 그 해석 또는 관행을 신뢰하는 것이 무리가 아니라고 인정될 정도에 이른 것을 말한다.

▶제3자 취소쟁송에 의한 취소 → 기속력 소멸

▶대판 1998. 11. 13, 98두7343【토석채취불허가처분취소】(확약과 행정에 대한 신뢰보호 원칙) : 원고(건설회사)는 1996. 8. 28. 피고(여수시장)에게, 건설자재로 공급하기 위한 토석을 채취할 목적으로 도시계획법상 자연녹지지역인 전남 여천군 돌산읍 우두리 산 251 임야에 관하여 토지형질변경(토석채취) 허가신청을 하였다. 이에 대해 피고는 1996. 10. 23. 이 사건 토지에서 토석채취작업을 할 경우 주변의 환경·풍치·미관 등이 크게 손상될 우려가 있다는 이유로 불허가처분을 하였다. 문제는, 전임 군수(여천군과 여수시의 합병으로 사임하였음)가 재임하는 동안, 행정당국(여천군)이 원고에게 허가(토지형질변경허가)를 부여할 뜻(확약)을 표명하였고, 원고는 그러한 행정당국의 확약을 믿고서 막대한 투자를 한 점에 있다. 아래에서 보는 바와 같이, 원심은 원고의 행정당국에 대한 신뢰를 보호하는 입장이었다.

▶원심(광주고법 1998. 3. 12, 96구3516)의 판결요지 ① 이 사건 토지의 위치 등에 비추어 원고의 위 토석채취사업으로 인하여 그 주변의 경관·풍치·미관 등에 다소 영향을 줄수 있는 점은 인정되나, 한편 이 사건 중원고가 토석채취를 신청한 지점은 이전에 발파작업에 의하여 토석을 채취하였던 곳이고 그로 인하여 해안쪽으로 이미 약20m 내외의 암벽이 형성되어 있는데다가, 원고가 위 토석채취작업을 한 다음 복구작업을 제대로 이행한다면 이 사건 토석채취작업으로 반드시 주변의 경관·풍치·미관에 큰 손상을 준다고 단정하기는 어렵다고 할 것이다. ② 원고의 토석채취허가신청에 대하여, 피고 소속의 허가업무 담당 공무원들이 현장조사 및 관계 법령의 검토를 거쳐 법적으로 문제가 없어 허가가 가능하다는 취지의 답변을 하였고, 전 군수도 법적으로 문제가 없으면 이를 허가해주겠다고 하였으며, 그와 같은 군수의 말이 원고에게 전달되었고, 그와 같은 피고측의 답변을 신뢰한 원고는 많은 비용을 들여 위 토석채취사업 허가신청 및 시행 준비를 하였으며, … 피고는 위 보완요구사항과는 선혀 관계가 없는 법 제4조 제1항 및 규직 제4조 제1항 소정의 주변의 경관·풍치·미관에 큰 손상을 줄 우려가 있다는 이유로 이 사건 불허가처분을 한 사실을 알 수 있는 바, 사정이 위와 같다면 피고측의 원고에 대한 위와 같은 취지의 답변, 신청면적 축소 및 피해방지대책 보완 요구는 행정청으로서 개인에 대하여 신뢰의 대상이 되는 공적인 견해 표명을 하였고, 원고는 피고측의 그와 같은 견해표명에 대하여 고도의 신뢰를 갖게 되었다고 할 것이며, 위와 같이 피고의 견해 표명을 신뢰한 원고가 그 준비에 많은 자금(그 동안 지출된 자금만도 10억원이 넘는 것으로 보인다)과 노력을 투자하였고, 피고의 거듭된 보완요구를 충실히 이행하였음에도, 피고가 당초 법적으로 문제가 없다고 했던 사유를 들어 이 사건 불허가처분을 한 것은 신뢰보호의 원칙에 반하는 처분으로서 위법하다고 보아야 할 것이다.

▶대법원의 판결요지(대법원 1998. 11. 13. 선고, 98두7343 판결) ① 일반적으로 행정상의 법률관계에 있어서 행정청의 행위에 대하여 신뢰보호의 원칙이 적용되기 위하여는, 첫째 행정이 개인에 대하여 신뢰의 대상이 되는 공적인 견해표명을 하여야 하고, 둘째 행

정청의 견해표명이 정당하다고 신뢰한 데에 대하여 그 개인에게 귀책사유가 없어야 하며, 셋째 그 개인이 그 견해표명을 신뢰하고 이에 어떠한 행위를 하였어야 하고, 넷째 행정청이 위 견해표명에 반하는 처분을 함으로써 그 견해표명을 신뢰한 개인의 이익이 침해되는 결과가 초래되어야 하고, 어떠한 행정처분이 이러한 요건을 충족할 때에는, 공익 또는 제3자의 정당한 이익을 해할 우려가 있는 경우가 아닌 한, 신뢰보호의 원칙에 반하는 행위로서 위법하게 된다고 할 것이다. 그러므로, 행정처분이 이러한 요건을 충족하는 경우라 하더라도 행정청이 앞서 표명한 공적인 견해에 반하는 행정처분을 함으로써 달성하려는 공익이 행정청의 공적 견해표명을 신뢰한 개인이 그 행정처분으로 인하여 입게 되는 이익의 침해를 정당화 할 수 있을 정도로 강한 경우에는 신뢰보호의 원칙을 들어 그 행정처분이 위법하다고는 할 수 없다고 할 것이다. ② 원고는 원심판시와 같이 이 사건 토석채취허가가 법적으로 가능할 것이라는 취지의 피고의 언동을 신뢰하고 이 사건 토석채취허가신청 및 그 준비에 적지 않은 비용과 노력을 투자하였다가 이 사건 불허가처분으로 인하여 상당한 불이익을 입게 되었다고 할 것이다. 그러나 근래 날로 심해지고 있는 환경오염과 자연파괴로 인한 국민건강 및 환경상의 위해를 예방하여 모든 국민이 건강하고 보다 쾌적한 환경에서생활할 수 있게 하는 것은 국가나 지방자치단체의 의무인 동시에 모든 국민의 당연한 권리이자 의무이며, 또한 한번 파괴된환경은 그 회복에 막대한 시간과 비용이소요되는 점을 감안하여 보면, 이 사건 불허가처분에 의하여 피고가 달성하려는 주변의 환경·풍치·미관 등의 보전유지라는 공익은 이 사건 불허가처분으로 인하여 원고가 입게 되는 불이익을 정당화할 만큼 강한 경우에 해당한다고 보아야 할 것이다. ③ 그럼에도 불구하고 원심은 이 사건 불허가처분이 신뢰보호의 원칙에 반하거나 재량권을 남용한 것으로서 위법하다고 판단하고 말았으니, 이러한 원심의 판단에는 신뢰보호의 원칙과 재량권 남용에 관한 법리를 오해하여 판결에 영향을 미친 위법이 있다고 할 것이다.

[김남진교수의 견해] 행정에 대한 신뢰보호의 원칙'은 개인이 행정을 신뢰하였고, 그 신뢰에 탓할만한 점이 없으면 행정을 신뢰한 개인을 보호해야 한다는 법원칙이다. 원심(광주고등법원)은 바로 그러한 판단하에 원고의 청구를 받아들였다. 그런데도 상고심(대법원)은 그러한 원심의 판결을 파기하였다. 대법원 역시 이 사건에서 신뢰보호의 요건이 충족되었음을 인정하고 있다. 그러면서도 '행정청이 표명한 공적인 견해에 반하는 행정처분을 함으로써 달성하려는 공익이 행정청의 공적 견해표명을 신뢰한 개인이 그 행정처분으로 인하여 입게 되는 침해를 정당화할수 있을 정도로 강한 경우에는 신뢰보호의 원칙을 들어 그 행정처분이 위법하다고는 할 수 없다'라는 논리를 내세워 원심판결을 파기하고 있는 것이다. 이것은 결과적으로, 대법원이 그 동안 판례 등을 통해 확립해 놓은 '행정에 대한 신뢰보호의 원칙'을 파기하는 것이 된다고 하지 않을 수 없다. 대법원이 판단하는 대로, 신뢰보호의 요건은 충족되고 있으나, 공익상 이유(환경보전 등)로 원고의 청구를 기각할 수밖에 없다고 한다면, 원고에 대한 보상 등 구제의 길을 아울러 판시하였어야 한

다. 행정소송법(제28조) 역시 그러한 경우를 대비하여 사정판결제도를 인정하고 있다.

# 제2편 행정법통칙

제 1 장 행정상 법률관계
제 2 장 행정상 법률관계의 원인
제 3 장 행정상 입법(행정입법)
제 4 장 행정행위
제 5 장 기타의 행정작용 : 비권력적 행정작용
        (비권력행위 : 관리행위)
제 6 장 행정정보공개제도

# 제 1 장    행정상 법률관계

## 제 1 절    총설

### I. 행정상 법률관계

[법률관계·행정상 법률관계] '법률관계(Rechtsverhältnis)'라 함은 '권리주체 상호간의 권리·의무관계', 즉 일방 당사자가 특정의 권리에 기인하여 타당사자에게 일정한 작위·부작위·수인·급부를 명하고, 상대방은 이에 따른 의무를 부담하는 것을 내용으로 하는 관계를 말한다. 행정상 법률관계는 국가와 공공단체와 같은 '행정주체와 그 상대방인 국민(행정객체)간의 법률관계'라 할 수 있다.

[권리주체] 일정한 이익을 향수케 하기 위하여 법이 인정하는 힘이 권리이므로, 권리라는 개념은 당연히 그러한 법적 힘이 부여되는 주체를 전제로 한다. 법질서에 의하여 그러한 법적 힘이 부여되는 자, 즉 권리의 귀속자가 '권리의 주체'이다. 마찬가지로 의무의 귀속자가 '의무의 주체'이다. 모든 권리·의무에는 그 주체가 있으며, 주체 없는 권리나 의무는 있을수 없다. 민법상 권리·의무의 귀속주체는 이를 '법적 인격' 또는 '법인격'이라고도 일컫는다(곽윤직, 민법총칙). 행정법에서는 권리주체로서 행정주체와 행정객체가 있다. 행정주체에 속하는 권리주체들은 국가적 공권을 행사하고, 국가적 공의무를 부담한다. 반면, 행정객체에 속하는 권리주체들은 개인적 공권을 행사하고, 개인적 공의무를 부담한다.

행정상 법률관계

행정주체(국가·공공단체) ←——→ 행정객체(국민; 사인)

### II. 행정상 법률관계의 의의

#### 1. 광의

행정상의 법률관계는 광의로는 국가·지방자치단체와 같은 행정주체가 당사자로 되어 있는 모든 법적 관계를 총칭한 것이다. 광의의 행정상의 법률관계는, (ㄱ) 행정조직법관계와, (ㄴ) 행정작용법관계로 대별된다. 행정작용법관계는 다시, ① 행정상 사법관계(국고관계)와, ② 행정상 공법관계(행정법관계)로 나눌 수 있고, 행정상의 공법관계(행정법관계)에는 ⓐ 권력관계, ⓑ 관리관계, ⓒ 공법상의 특별권력관계가 모두 포함된다.

<광의의 행정상 법률관계>
▶ 행정조직법관계
▶ 행정작용법관계
  ㉠ 행정상 「사법관계」 : 국고관계
  ㉡ 행정상 「공법관계」 : 행정법관계
    ⓐ 권력관계(일반권력관계 · 특별권력관계)
    ⓑ 관리관계

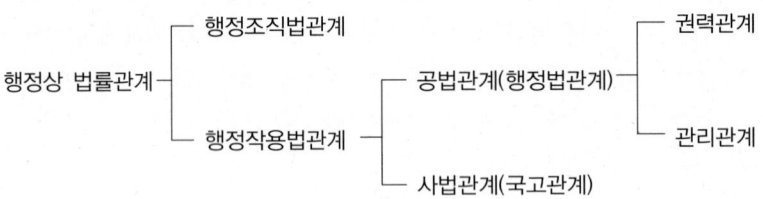

## 2. 협의

협의로는 행정주체(국가 · 공공단체)와 행정객체(국민 · 주민) 사이의 '행정작용법관계'만을 말한다.

## 제 2 절    행정법관계(공법관계)와 사법관계

### I. 개설

　　행정법관계라 함은 행정법이 규율하는 법률관계를 말하며, 여기서 행정법이 공법이라는 점에서 사법과 구별된다. 이러한 공법으로서의 행정법의 등장은 「국가와 사회의 구별」[1]을 전제로하여 국가의 지위를 특히 보장시키고자하는 '정치적 이데올로기(politische Ideologie)'의 소산이었다. 즉 공법과 사법의 구별을 철저히 함으로서 관료국가적인 국가우위를 확보하려는 정치적 요청으로 대두되게 된 개념인 것이다.

　　　　「공법으로서의 행정법」
　　　　　▶국가와 사회의 구별」을 전제
　　　　　▶국가의 지위를 특히 보장시키고자하는 '정치적 이데올로기(politische Ideologie)'의 소산
(공법과 사법의 구별을 철저히 함)
　　　　　　　→ 관료국가적인 국가우위를 확보하려는 정치적 요청

　　행정활동은 기본적으로 공법(öffentilches Recht)에 의하여 규율된다. 그러나 행정에 관한 모든 법률관계가 모두 공법의 규율을 받는 것은 아니다. 예컨대 교량의 설치를 위하여 국가가 건설회사와 체결하는 도급계약은 사인상호간의 도급계약과 같이 사법의 규율을 받는다. 또한 국가는 행정목적을 달성하기 위하여 권력적인 행위형식을 피하고 오히려 사인상호간의 거래와 동일한 방법을 택하는 경우가 있다.[2] 그리하여 널리 행정에 적용되는 법규범 중에서도 행정법(공법)이라는 특별한 법분야를 형성하는 법규범과, 그렇지 아니하고 민법·상법 등(사법)의 분야에 흡수되는 법규범과의 구별이 있게 된다. 여기에서 행정법은 「행정에 특수고유한 법」(공법)이라고 말할 수 있다.[3] 이와 같이 '행정에 특수·고유한 법'을 일반적으로 「공법」이라 할 수 있고, 그가 지배하는 법률관계를 「공법관계」라고 한다.

---

[1] Ernst-Wolfgang, Böckenförde, Die verfassungstheoretische Unterscheidung von Staat und Gesellschaft als Verbindung der individuellen Freiheit, 김효전(역), 국가와 사회의 헌법이론적 구별, 법문사, 1992, 참조.

[2] 예컨대 도로의 건설을 위한 용지취득에 있어서 공익사업을위한토지등의취득및보상에관한법률(舊토지수용법)에 의한 권력적 수단인 토지수용이 가능함에도 불구하고 현실적으로는 토지소유자와의 합의에 의하여 민법상의 매매계약에 의하여 취득(보통 협의취득이라고 한다)하는 것이 일반적이다.

[3] 박윤흔, 행정법강의(상), 99면.

그리고 사인간의 사생활관계를 지배하는 법을 「사법」이라 하고 그가 지배하는 법률관계를 「사법관계」라 한다. 이와 같이 '공법관계와 사법관계의 구별'은 공법과 사법의 구별을 전제로 한다. 그러므로 공법인 행정법의 적용을 받는 행정법관계(공법관계)의 의의를 명백히 하기 위해서는 공법과 사법의 구별을 명확히 하여야 한다.

「공법」 → 그가 지배하는 법률관계를 「공법관계」
「사법」 → 그가 지배하는 법률관계를 「사법관계」

## II. 공법과 사법의 구별 인정여부

### 1. 구별부인설(공법·사법일원론)

순수법학파(reine Rechtslehre)[1]의 법일원론(공법·사법일원론)적 입장, 마틴 불링어(Martin Bullinger)의 공통법이론, 행정법을 사법의 특별법으로 보는 특별사법설에서는 공법과 사법의 구별을 부인한다.

 - 순수법학파(reine Rechtslehre)의 법일원론적 입장
 - 불링어(Martin Bullinger)의 공통법이론
 - 행정법을 사법의 특별법으로 보는 특별사법설

특히 영국에서는 시민적 자유주의의 존중과 법의 지배(Rule of Law)의 전통 때문에

---

[1] 純粹法學(reine Rechtslehre) : 순수법학(reine Rechtslehre)은 실정법의 순수인식에 관한 이론을 의미한다. 이는 켈젠을 중심으로한 오스트리아(Österreich)의 비인학파(Wiener Schule)가 주장한 이론으로써 현대 법철학 학설사의 거대한 획을 그은 이론이다. 순수법학은 무엇보다도 실정법에 관한 이론이고, 법의 순수한 파악을 위하여는 사회학적 고찰 및 윤리적·정치적 고찰을 배제하고, 「법규범 그 자체의 실증적 탐구」를 사명으로 한다. 그들의 주장을 살피면 다음과 같이 요약할 수 있다. ① 법규범은 인과법칙과는 다른 독특한 당위의 법칙이므로, 그 순수인식은 우선 자연과학적·사회학적 방법을 배제하여야 한다. ② 법학은 실정법규범의 인식을 목적으로 하므로, 도덕이나 정치의 입장에서 자연법적 가치를 도입하는 것을 피하여야 한다고 주장한다. 이와 같이 하여 실정법의 구조를 분석할 때, 그것은 구체적인 상위규범과 이를 근거로 하는 하위규범의 단계구조로 이해되며(켈젠의 법단계설: 헌법 → 법률 → 명령 → 규칙 → 조례), 그 최고의 당위규범으로서의 근본규범 에 도달한다는 것이다. 이리하여 켈젠은 유명한 법단계설, 법과 국가의 자동성, 국제법우위론 및 헌법의 「법규범성」에 입각한 법학적 헌법개념이론 등 독특한 법이론을 전개하였다. 이러한 학설은 많은 비판을 가지면서도 철저한 법규범에 대한 실증주의적 고찰로써 가치 있는 학문적 소산을 낸 공적은 매우 크다고 하겠다. 主著: 국법학의 기본문제(Hauptprobleme der Staatsrechtslehre, 1911, 2. Aufl., 1923), 일반국가학(Allgemeine Staatslehre, 1925), 순수법학(Reine Rechtslehre, 1934) <법률학사전, 국민서관>

국가와 사인을 법적으로 동일시하고 국가에만 적용될 특수한 법체계를 인정하지 않았으므로 공법·사법의 구별은 인정되지 않았으나 최근에는 영·미에서도 현대적 사회문제의 해결을 위해 보통법(Common Law)과 구별되는 국가에 관한 법을 인정하고 있다(환경법·경제법 등).[1] 그러나 공법·사법일원론에서는 오늘날의 헌법은 국민주권의 원리(국민주권주의) 및 국민의 기본권보장을 기본원칙으로 하고 있으므로 국가권력의 연원은 국민이며, 행정권은 국민에 대하여 우월한 지위에 있는 것은 아니며, 국민대표기관인 국회에서 만든 법률에 의하여 개별적·구체적으로 행정부에 수권된 범위에서만(포괄위임금지의 원칙) 우월적 지위를 갖는데 불과하다고 한다.

[공법·사법일원론] 공법·사법일원론에서는 법 아래 있는 국가와 국민의 대등성을 인정하여 공법을 일반사법에 대한 특별법으로 보고, 또한 공법관계는 사법관계에 대하여 다른 법적 취급을 할 것인지의 여부는 양자의 구별을 통해서 이끌어낼 것은 아니고 입법정책의 문제로 보아야 한다고 하면서, 특히 별도의 다른 규정을 두지 않은 것은 동일하게 취급하려는 의미로 보아야 한다고 한다. 즉 법률의 명문규정의 유무에 불구하고 행정권의 우월성을 당연한 전제로 하여 거기에서 공법원리에 입각한 행정법의 특수고유한 해석원리를 연역적으로 도출할 것이 아니라 개별적인 실정법규에서 인정하고 있는 행정권의 우월성과 행정수단의 특수성을 귀납적으로 찾아내고 체계화하여야 한다고 한다는 것이다.[2] 공법·사법일원론적 입장은 영미법계의 행정법과 공통성을 가진다고 할 것 인바, 영미법계의 입장은 일반국민인 사인이나 국가기관이나 모두가 공통적으로 「코먼 로」(Common Law)의 적용을 받는다고 하는 법사상체계이다. 그리하여 행정의 모든 활동도 원칙적으로 일원적인 법원인 「코먼 로」의 원리에 의하여 규율을 받는다고 보아 왔으며(Rule of Law 사상), 프랑스나 독일과 같은 대륙법계에서 보는 바와 같은 사법질서로부터 독립한 공법체계·행정법체계라고 하는 제도적 발상은 전통적으로 생겨나지 아니하였다.[3]

## 2. 구별긍정설(공법·사법이원론적 입장)

### 2.1. 절대적 이원론(초실정법적 절대적 구별로 보는 견해)

법의 체계를 시간과 장소·제도를 초월하여 그 '논리적 성격'에 따라 초실정법적으로 공법과 사법으로 구별하는 방법이다. 이와 같이 법의 체계를 장소 및 시간 그리고 제도를 초월하여 그 이론적 체계에 따라 공법과 사법으로 2대별하는 방법은 「로마」법에서 시작된

---

1) 석종현, 일반행정법(상), 85면.
2) 박윤흔, 행정법강의(상), 105면.
3) A. V. Dicey, An Introduction to the Study of the Law of the Constitution, 1885; 박윤흔, 행정법강의(상), 105면.

일이다. 이러한 입장에서 양자의 구별을 절대적인 것으로 보아 행정법의 독자적 성격을 이론적으로 설명한 것이 과거의 외현적(外見的) 입헌군주정을 배경으로 한 독일 등의 권력법학적 이론이었다. 이 견해가 양자의 구별을 절대적으로 본 이유는, 법적으로만 보면 공법과 사법상호 간에 다른 법원리의 개입을 배척함으로써 행정법학의 독자적 범위를 확정하려는 것이었다. 이 견해는 국가가 그 목적(국가목적 : Staatszweck)을 달성하기 위하여서는 국가와 국민간의 법률관계에 있어서도 당연히 사인보다 우월한 입장에 있어야 한다고 하여 국가의 우월적 의사주체를 승인한다(행정주체의 우월성). 따라서 국가와 국민의 법률관계는 당연히 권력복종관계로서 나타난다. 그리하여 이 견해에서는 공법과 사법의 구별은 개개의 실정법규의 구별이 아니고 법체계의 구별로 본다. 이 견해는 공행정에 대한 자연법적 공법원리의 지배를 주장하여 실정법이 가지는 이상의 권력적 원리의 확대를 가져왔다. 그리고 독일에 있어서의 절대적 이원론은 공법과 사법의 구별기준에 대하여는 대체적으로 권력설적 입장을 취하였다.[1] 이와 같이 독일에서는 공권력의 개념을 중심으로하여 권력관계에 관한 법을 공법으로 보면서 이에 대한 공법적 규율과 행정재판소의 관할을 인정하려는 경향이 있었다.[2]

【절대적 이원론】
▶ 법의 체계를 시간·장소·제도를 초월
　→ '논리적 성격'에 따라 초실정법적으로 공법과 사법으로 구별(로마법에서 시작)
▶ 독일 등의「권력법학적 이론」
　→ 독일에서는 공권력의 개념을 중심으로하여 권력관계에 관한 법을 공법으로 봄.

## 2.2. 상대적 이원론(일반적 견해) : 3분설(권력관계·관리관계·국고관계)

[상대적 이원론] 공법과 사법의 구별을 상대적 구별로 보는 입장이다 공법과 사법의 구별은 시간·장소를 초월한 법 그 자체의 '본질적·절대적 구별'이 아니고 특수한 정치적·사회적·경제적 지반 위에서「실제상의 필요」에 따라 생성·발전하여 온 '상대적 구별'에 지나지 않는다고 한다. 이는 제2차세계대전을 전후하여 공법·사법상대화이론 내지는 혼합관계이론이 절대적 구별론을 극복하고 점차 통설적 지위를 차지하게 된 오늘날의 일반적인 견해이다.[3] 이 견해는 행정활동에 관한 법률관계라고 하여 그것만으로 당연히 공법의 적용만을 받고 사법규정의 적용이 전적으로 배제되는 것은 아니라는 전제 아래서 행정활동에 관한 법률관계(행정상 법률관계)를 권력관계(지배관계)·공법상의 관리관계·사법관계(국고관계)로 구분한다.

---

1) 박윤흔, 행정법강의(상), 103면.
2) 석종현, 일반행정법(상), 85면.
3) 박윤흔, 행정법강의(상), 104면.

[권력관계] 경찰작용, 조세의 부과·징수 등 행정주체의 일방적 명령강제에 의하여 지배되는 관계인 권력관계에 대하여는 법 전체에 공통되는 법의 일반원리적 규정(신의성실의 원칙 등) 또는 법의 기술적 약속에 관한 규정(기간계산에 관한 규정 등; 예컨대 초일은 산입하지 아니한다 등)을 제외하고는 일반사법의 적용이 배제되고 독자적인 공법원리(행정법원리)가 적용된다.

[관리관계] 공물의 설치·관리 혹은 공기업의 경영·관리에 관한 법률관계인 공법상의 관리관계에 대하여는 대등한 지위에서의 사인관계를 규율하는 사법이 적용되지만, 이들 작용이 사익을 위한 것이 아니고 공익을 위하여 행하여지므로 공익실현을 위하여 사인간에는 존재하지 아니하는 특수한 규율이 행하여지는 경우가 있는바, 그러나 이 경우에도 사법원리와 다른 특수한 규율을 행할 것이 법의 명문으로 규정되어 있거나 순수한 사경제적 관계와는 구별되는 공공성이 있다는 것이 실증된 경우에만 공법, 즉 행정법원리가 적용되며 그 이외에는 사법원리에 의하여 지배된다.

[사법관계] 국가기관에서 행정사무처리를 위하여 일반 사무용품을 구입 하는 등의 행위는 공법관계가 아닌 사법관계에 해당되며, 사법관계는 사인간의 경제관계와 다르지 아니하며, 따라서 사법규정의 전면적 적용을 받는다.[1]

[소결] 이상과 같은 상대적 구별론 내지 3분설은 공법과 사법의 구별기준에 대하여는 주체설의 입장에 대항하기 위하여 권력설적인 요소에 이익설적 요소를 혼합하여 구성한 이론이며, 제2차세계대전 전후에 걸쳐 상당한 기간 통설적 위치를 지켜 왔다.[2]

## III. 공법과 사법의 구별 방법론

공법과 사법의 구별은 초실정법적·법본질적 구별이 아니고, 역사적·제도적·상대적인 것에 불과하다. 그러나 공법과 사법을 구별하는 경우에는 그 목적에 따라 이론적 구별론과 제도적 구별론의 입장에서 구분할 수 있다.[3] ☞ **「공법과 사법의 구별」: (ㄱ) 이론적 구별, (ㄴ) 제도적 구별**

---

1) 박윤흔, 행정법강의(상), 104면.
2) 박윤흔, 행정법강의(상), 104면.
3) 김도창, 행정법(상), 199면.

## 1. 공법과 사법의 이론적 구별
### 1.1. 개설
이론적 구별은 법을 그 '논리적 성격'에 따라서 '체계적으로 분류'하는 것으로서, 이는 어떤 실정법질서의 구체적 인식과는 무관한 초실정법적·'선험적(a priori)'차원에서 법을 인식하는 방법에 의하여 구별하는 방법이다. 이 구별은 행정법학의 대상으로서의 '행정법의 범위를 한정하기 위하여' 필요하다는 것이 과거의 독일의 통설이었다.

「이론적 구별」
▶'논리적 성격'에 따라서 '체계적으로 분류'하는 것
→ 실정법질서의 구체적 인식과는 무관한 초실정법적·'선험적(a priori)' 차원에서 법을 인식하는 방법에 의하여 구별(과거의 독일의 통설 : 행정법학의 대상으로서의 '행정법의 범위를 한정하기 위하여' 필요)

### 1.2. 학설
#### 1.2.1. 형식설
a) 주체설(Subjektstheorie)

이는 舊주체설이라고도 하며, 법률관계의 주체에 그 기준을 두어 국가나 공공단체 등 행정주체를 한쪽의 당사자로 하는 법률관계를 규율하는 법은 공법이고, 사인상호간의 관계를 규율하는 법은 사법이라 한다(Otto Mayer).[1]

「비판」→ 행정주체도 私人의 지위(국고적 지위)에서 활동할 때에는 사법의 적용을 받으며, 사인도 공권을 부여받으면 공법적 활동을 할 수 있다는 점을 간과 하고 있다는 비판이 있다.

b) 귀속설(신주체설·법규설·특별법설)

오늘날에는 주체설의 결함을 보완한 신주체설(귀속설)이 주장되고 있다. 귀속설 (Zuordnungstheorie)은 법규의 귀속주체에 따라 공법과 사법을 구별하는 이론으로서 독일의 볼프(H. J. Wolff)에 의하여 주장된 이론이다.[2] 행정주체(국고 : 國庫)를 포함한 「모든 권리주체」, 즉 누구에게나(beliebige Person) 권리·의무가 귀속되는 법(Jedermannsrecht)이 사법이고,[3] 「공권력의 담당자」 또는 「그 기관」만이 그 요건을 충족시킬 수 있는 법규, 즉 권리·의무가 공권력의 주체(Träger hoheitlicher Gewalt)에게만 배타적으로 귀속되는

---

1) 석종현, 일반행정법(상), 87면; 김남진·김연태, 행정법(I), 78면.
2) Vgl. Wolff·Bachoff·Stober, Verwaltungsrecht I, 11. Aufl., 1999, Rn. 24 ff(261 ff); 석종현, 일반행정법(상), 88면.
3) 정하중, 행정법총론, 76면.

법은 공법이라 한다.[1] 즉 공법은 공권력의 담당자 및 그 기관의 직무법(권한법)이며, 공행정에 관한 특별법이라는 것이다. 이와 같이 신주체설의 견해는 권리의무의 귀속주체를 기준으로 하여, 공권력주체(Träger hoheitlicher Gewalt)에 대하여서만 권리의무를 귀속시키는 법이 公法이고, 누구에게나(beliebige Personen) 권리의무를 귀속시키는 법이 私法이라는 것이다.[2] 귀속설(Zuordnungstheorie)은 신주체설(modifizierte Subjektsthorie), 법규설, 특별법설(Sonderrechtsthorie)이라고도 한다.[3] 귀속설에 의하면, (ㄱ) 국고 내지 사인의 지위에서 행정주체의 활동은 공법영역에서 제외되는 반면, (ㄴ) 공법상 계약과 같은 대등관계도 행정주체로서의 활동이라는 점에서 공법에 포함시키며, 공권이 부여된 사인도 공법적 주체에 포함시키는 장점이 있다.[4] ※귀속설(Zuordnungstheorie) = 신주체설(modifizierte Subjektsthorie) = 법규설 = 특별법설(Sonderrechtsthorie)

위의 기준으로 해결되지 않는 경우에는 사안(Sachverhalt)을 표준으로하여 공권력의 주체가 우월한 공익을 실천하는 경우에는 공법이 적용되고 그렇지 않은 경우에는 사법이 적용된다고 보아야 한다고 수정되었고, 현재의 독일의 다수설이다.[5]

「비판」 → 하나의 법률관계가 공법과 사법의 양자에 의해 동시에 규율되는 경우, 또는 그 적용할 법규가 결여된 경우, 이설을 가지고 당해 법률관계의 성질을 결정하기 어렵다. 그리고 행정주체도 국고적 지위에서 활동하면 사법의 적용을 받으며, 사인도 공권을 부여받으면 공법적 활동을 할 수 있다는 점을 간과하고 있다.[6]

c) 권력설(종속설 · 성질설 · 복종설 · 잉여가치설)

권력설은 법률관계가 상하의 관계에 있는가, 또는 평등의 관계에 있는가에 기준을 두어 「권력적 지배 · 복종관계」를 규율하는 법이 공법이고, 「평등관계」를 규율하는 법이 사법이라고 하며,[7] 과거 독일 · 일본의 통설이었다. 「비판」 → 이 이론에 의하면 국제법과 공법상 계약에 관한 법은 사법으로 되며, 친족법(사법의 세계에서도 친자관계와 같은 종속관계가 있다)[8]은 공법화되는 결과를 가져온다. 권력설(지배관계설) = 성질설 = 복종설(Subjektionstheorie) · 잉여가치설

---

1) H. J. Wolff, Verwaltungsrecht I, § 22 c; 김남진 · 김연태, 행정법(I), 79면.
2) Wolff – Bachof, Verwaltungsrecht I, S. 99f ; 박윤흔, 행정법강의(상), 101면.
3) 석종현, 일반행정법(상), 88면.
4) 석종현, 일반행정법(상), 88면.
5) 김남진 · 김연태, 행정법(I), 79면.
6) 석종현, 일반행정법(상), 87면.
7) 발터 옐리네크(Walter Jellinek), 포르스트호프(E. Forsthoff) 등 독일과 일본의 통설이었다. ☞ **발터 옐리네크(Walter Jellinek)는 게오르크 옐리네크(Georg Jellinekt)의 아들**
8) 김남진 · 김연태, 행정법(I), 79면.

1.2.2. 실질설
a) 이익설(목적설)
이익설은 공법과 사법의 구별기준을 법률관계의 목적에 두어 공익을 목적으로 하는 법이 공법이고, 사익을 목적으로 하는 법을 사법이라고 한다.[1] 프랑스에서는 1789년 프랑스혁명 후 주체설적인 입장을 취하였으나, 점차적으로 권력설적 입장이 등장하였고, 19세기 중엽부터 행정재판소인 국참사원의 판례에 의하여 행정법과 사법의 구별기준으로 공공역무(public service)라는 개념이 새롭게 등장하게 되었다. 그리하여 이러한 입장은 프랑스 행정법의 토대가 되었다. 또한 독일에 있어서는 권력설적 전통이 무너지지는 아니하였으나, 예컨대 프랑스 행정법의 이론체계를 모델로 채택한 「오토 마이어(Otto Mayer)」는 공물, 공기업의 관리·운영 등에 관한 법도 행정법에 포함시키고 있다. 그리하여 그것이 기본적으로 그 후 독일이나 일본, 그리고 우리나라의 지금까지의 전통적인 행정법이론에 영향을 미치고 있다.[2] 그러나 이익설도 행정현실에 비추어 볼 때 항상 타당하다고 볼 수는 없다. 예컨대 순수한 사인의 행위이면서도 동시에 공익목적을 위하여 봉사하는 것도 적지 않고(예: 의료법상 의료인의 환자진료행위), 또한 행정주체가 행하는 공익목적을 위한 행위이면서도 통상의 사법형식으로 행하여지는 것이 적지 않기 때문이다. 「비판」→ 행정법관계는 어떠한 법이든지 공익과 사익의 어느 한쪽만을 목적으로 하고 다른 한쪽을 전혀 도외시하는 일은 있을 수 없고 공익과 사익을 동시에 목적으로 한다는 점을 간과하고 있다.[3]

b) 생활(관계)설
생활설은 생활관계설이라고도 불린다. 이는 인간의 생활관계 가운데서 「정치적 생활관계」 즉 「국민으로서의 생활관계」를 규율하는 법이 공법이고, 「민사적 생활관계, 즉 사인 상호간의 생활관계」를 규율하는 법이 사법이라 한다.[4] 「비판」→ 인간의 생활은 정치적 생활과 민사적 생활로 뚜렷이 나누어지는 것은 아니므로, 즉 생활관계의 범위·한계를 명확히 구별하기는 어렵기 때문에, 이 설에 의하여서는 공법과 사법의 구별이 뚜렷하지 못하다는 단점이 있다.

1.2.3. 종합절충설(복수기준설)
우리나라 학자들은 근본적으로 권력관계와 사법관계의 구별에 관하여는 권력설을, 관리관계와 사법관계(국고관계)의 구별에 관하여는 이익설을 취하고 있으나, 공법과 사법의 구별에 대한 학설중 그 어느 것도 완벽한 기준을 제시하고 있지 못하므로 위의 제학설을

---

1) 이는 로마시대의 법률가인 Ulpian의 文言에서 유래한 것이다.
2) 박윤흔, 행정법강의(상), 102면.
3) 석종현, 일반행정법(상), 88면.
4) 정하중, 행정법총론, 76면.

종합절충하는 것이 타당하다는 견해이다.1) 이에 의하면 일반적으로 공법은 국가적·지배적·윤리적·타율적·공익적 규율을 하는 법이고, 사법은 개인적·평등적·경제적·자율적·사익적 규율을 하는 법이라 할 수 있다.2) 공법은 행정주체가 권력적 강제에 의하여 배분적 정의를 실현함을 「목적」으로 하고, 사법은 사인이 사적 자치(Privatautonomie)에 의하여 교환적 정의를 실현함을 「목적」으로 한다고 할 수 있다. 이러한 구별표준은 명문규정이 없을 때에 해석기준의 역할을 한다.

[김남진·김연태교수의 견해] 김남진·김연태교수는 종속설과 귀속설의 결합(국가 또는 공권력의 담당자가 일방의 당사자로서 참가하고 있고 강제력을 가지고 활동하는가)에 의하여 문제를 해결하고, 그 기준에 의하여 해결되지 않는 경우에는 보충적으로 이익설(공익의 실현을 목적으로 하는가)을 적용하는 것이 타당하다고 한다.3)
- ▶ 공법 → 국가적·지배적·윤리적·타율적·공익적 규율을 하는 법
- ▶ 사법 → 개인적·평등적·경제적·자율적·사익적 규율을 하는 법
- ▶ 공법 → 행정주체가 권력적 강제에 의하여 배분적 정의를 실현함을 「목적」
- ▶ 사법 → 사인이 사적 자치에 의하여 교환적 정의를 실현함을 「목적」

## 2. 공법과 사법의 제도적 구별

### 2.1. 특정한 실정법상의 공법·사법의 구별

공법과 사법의 제도적 구별은 그 의의와 구별의 표준이 각국의 역사적·정치적·사회적 배경에 따라 서로 다르게 나타났다. 독일에서는 '공권력(öffentliche Gewalt)'의 개념을 중심으로 하여 권력관계에 관한 법을 공법으로 보면서 이에 대한 공법적 규율과 행정재판소의 관할을 인정하려는 경향이 있었고,4) 프랑스에서는 '공공역무(le service public)'의 관념을 중심으로 하여 널리 공익에 관한 법을 공법으로 보고, 이에 대한 공법적 규율과 행정재판소의 관할을 인정하는 경향이 있었다. (ㄱ) 독일 → '공권력(öffentliche Gewalt)'의 개념을 중심 → 권력관계에 관한 법, (ㄴ) 프랑스 → '공공역무(le service public)'의 관념을 중심 → 공익에 관한 법

### 2.2. 공법·사법의 제도적 구별의 의의(필요성)

#### 2.2.1. 행정법의 범위결정기준(행정법학적 의의)

행정법학의 대상이 되는 행정법(공법)의 범위는 초실정법적으로 결정될 것이 아니라,

---

1) 석종현, 일반행정법(상), 89면.
2) 석종현, 일반행정법(상), 89면.
3) 김남진·김연태, 행정법(I), 80면.
4) 석종현, 일반행정법(상), 85면.

공법과 사법의 제도적 구별의 기준에 따라 결정되어 행정법의 범위의 결정기준으로 삼아야 한다는데 그 의의가 있다.

### 2.2.2. 재판관할·소송절차의 결정기준(절차법적 의의)

[공법·사법의 구별필요성] 대륙법계 나라에서는 공법과 사법을 절대적으로 구별하여 공법관계에 관한 법률상 쟁송을 일반법원과는 구조를 달리하는 행정법원(행정재판소)의 관할로 하고 있다(행정제도국가). 즉 프랑스와 독일과 같은 대륙법계 국가에서는 민사사건과 행정사건에 따라 재판관할과 소송절차를 달리하여 사법재판소 또는 행정재판소에서 관장하고, 또한 소송절차에 있어서도 어떤 소송절차(민사소송절차 또는 행정소송절차)를 취할 것인가를 결정하므로, 공법과 사법의 구별이 반드시 필요하다. 특히 행정소송법은 행정소송에 대하여는 - 민사소송을 원용하면서도 - 소송법상 재판의 관할과 절차에 있어서 **민사소송법과는 다른 특별한 규정**을 두고 있기 때문에 동법의 적용대상이 될 행정사건인지 또는 단순한 민사사건인지를 결정하기 위하여는, 현재 다툼이 있는 사건의 법률관계가 공법관계인지 사법관계인지를 결정하는 것이 반드시 중요하다.[1] 이와 같이 현행의 소송법제도는 실체법상의 적용법규의 성질의 차이에 따라 소송절차를 양분하고 있기 때문에 공법과 사법을 구별할 필요가 있다.

[프랑스] 프랑스에서는 일반법원이 행정사건에 대하여 관할권을 행사하지 않는다. 민사·형사사건과는 달리 행정사건에 대해서는 법원과는 독립된 행정재판소(tribunaux administratifs)에 그 관할권이 부여되어 있다. 이러한 법원으로부터의 행정재판소의 독립은 프랑스 대혁명 때로부터 역사적으로 특수한 이유에서 기하는데, (ㄱ) 권력분립의 원칙에 대한 극단적이고 형식적인 해석으로 인하여, (ㄴ) 1789년 프랑스 대혁명 이전에 있어서의 Parlement(고등법원)이 행정활동을 마비시켰던 역사적 경험 때문이었다. Parlement(고등법원)은 그 당시 왕이 발하는 선포를 등록하고, 그 등록한 선포만을 법으로서 재판에 적용하였기 때문에 정치적으로 커다란 역할을 담당하였다. 프랑스 대혁명 직전에 부르봉왕조가 행정상·재정상 개혁이 필요하게 되었을 때. Parlement(고등법원)은 오로지 자신의 권한을 유지하기 위하여 모든 개혁에 반대 하였다. 이러한 Parlement(고등법원)의 저항은 부르봉왕조말기 근대적 행정제도로의 이행을 저해하였고, 또 프랑스 대혁명 때의 의원들은 삼권분립(권력분립의 원칙)을 극단적·형식적으로 이해하여 행정사건에 관하여 사법부가 그를 관할하게 되면 결국 행정작용에 사법부가 관여하는 것으로 되어 권력분립의 원칙에 반한다고 생각하였던 것이다.[2]

---

[1] 박윤흔, 행정법강의(상), 107면.
[2] 김동희, 프랑스의 행정재판소, 공법연구 제9집(한국공법학회, 1981), 120면.

[독일] 독일도 프랑스와 같이 행정행위에 관하여 관할권을 행사하는 독립된 행정재판소제도를 가지고 있다. 1863년의 바덴(Baden) 행정재판소의 설치를 시초로 하여 1875년 프로이센(Preußen), 1876년 바이에른(Bayern), 그리고 1924년 브레맨(Bremen) 행정재판소를 설치함으로써 행정국가로 등장하게 되었다. 1960년 1월 21일 각 주의 행정재판소법을 통일적으로 규정하는 행정재판소법(Verwaltungsgerichtsordnung)의 제정으로 이전의 연방행정재판소법이 폐지되고, 새로이 각주의 행정재판소(Verwaltungsgericht) 및 고등행정재판소(Oberverwaltungsgericht)와 최고심(最高審)인 연방행정재판소(Bundesverwaltungsgericht)에 의한 3심제가 확립되었다.

[우리나라] 과거 우리나라에서는 행정법원을 설치하지 아니하고, 공법상 쟁송과 같은 모든 법률소송을 일반법원의 관할(헌법 제107조 제2항)로 하는 사법제도국가였지만 행정소송의 경우에는 민사소송법에 의하는 외에 행정소송법에 의하여 많은 특례(관할법원·문의사항·제소절차·심리절차 등)를 인정하고 있으므로, 동법에 의한 특례가 인정되는 행정사건의 범위를 명백히 하기 위하여 여전히 公·私의 제도적 구별이 요청되었다. 그러나 우리나라도 1994년 7월 27일 법원조직법을 개정하여 1998년 3월 1일부터 행정소송을 지방법원의 하나인 행정법원(과거에는 행정법원이 없는 지방의 경우는 지방법원 본원 합의부)을 설립하여 행정소송의 심급을 민사소송과 동일하게 행정법원·고등법원·대법원의 3심제를 채택하였다.

### 2.2.3. 적용법규·법원리의 결정표준(실체법상의 필요성)

특정한 법률관계에 적용할 법규 내지는 법원리가 공법규정·공공원리인지 아니면 사법규정·사법원리인지를 법 자체가 명문으로 규정하지 아니한 경우(법의 흠결 등으로 인하여)에 이를 결정하기 위하여는 문제된 법률관계가 공법관계인지 아니면 사법관계인지를 명백히 하는 것이 선행되지 않으면 안된다. 현행 실정법체계는 실체법상 행정주체와 사인 간의 법률관계에 대하여는, 사인 상호간의 법률관계에 적용될 법과는 다른 규정을 둔 경우도 있고, 해석상 다른 법원칙을 적용하여야 할 경우도 있기 때문에, 어느 구체적인 사건이나 법률관계에 대하여 사법 또는 사법원칙을 적용할 것인지, 그와 다른 공법 또는 공법원칙을 적용할 것인지를 결정하기 위하여 양자의 구별이 필요하다. 예컨대 조세가 과오납(過誤納)된 경우에, 민법에 의한 부당이득반환청구를 할 것인지 또는 그와 다른 법원칙을 적용할 것인지를 결정하기 위하여 조세과오납관계가 공법관계인지 사법관계인지를 구별할 필요가 있다.[1]

「예」: 조세를 과오납(過誤納)하였을 경우 : (ㄱ) 민법에 의한 부당이득반환청구권에 의할

---

1) 박윤흔, 행정법강의(상), 108면.

것인가(사법관계), (ㄴ) 기타의 법에 의할 것인가(공법관계)

### 2.2.4. 강제집행의 체계

사법관계상의 의무불이행의 경우에는 민사상의 강제집행방법을 사용하게 되나, 공법관계상의 의무불이행의 경우에는, 자력강제(자력집행력) 혹은 행정상 강제집행방법(행정대집행법)에 의하여 의무이행을 강제하게 된다.

## 2.3. 제도적 구별의 표준

공법과 사법의 제도적 구별이라 함은 공법과 사법을 특정한 실정법제도 아래에서 구별하는 것을 의미한다.

### 2.3.1. 실정법에 명문의 규정이 있는 경우

법규가 명문으로 행정상의 강제집행·행정벌·행정상의 손해배상·손실보상·행정상 쟁송·형법상 공무원에 관한 죄의 성립·사권의 제한(도로법 제4조)[1] 등을 인정하고 있으면 그 법률관계는 공법관계이다. 이와 같이 법규에서 공법관계임을 명문으로 표시하고 있는 경우에는 그 범위 안에서 구체적 법률관계가 성립된다.

### 2.3.2. 실정법에 명문의 규정이 없는 경우

법규가 명문으로 특별히 규정하는 것이 없을 경우에는 법률관계의 성질을 기준으로하여 「법해석상」 공법과 사법의 구별표준을 밝혀야 할 것이다. 즉 어떤 구체적인 관계(예컨대, 조세관계)에 관한 법률(조세법규)의 해석상 법률관계의 형성·실현과정에서 행정주체의 우월적 지위를 인정하고 있는 경우는 「권력관계」이다. 그리고 어떤 구체적인 관계에 관한 법규의 해석상 법률관계의 형성·실현과정에서 행정주체의 우월적 지위를 인정하고 있지 아니한 경우는 「비권력관계」이다. 따라서 이 경우에는 그것이 관리관계에 속하는지 국고관계에 속하는지를 판단해야 하는데, 공공성·윤리성이 강한 때에는 공법관계인 관리관계가 된다.[2]

▶ 권력관계 → 어떤 구체적인 관계(예컨대, 조세관계)에 관한 법률(조세법규)의 해석상 법률관계의 형성·실현과정에서 행정주체의 우월적 지위를 승인하고 있는 경우

▶ 비권력관계 → 어떤 구체적인 관계에 관한 법규의 해석상 법률관계의 형성·실현과정에서 행정주체의 우월적 지위를 승인하고 있지 아니한 경우

---

1) 도로법 제4조 (사권의 제한) 도로를 구성하는 부지, 옹벽 그밖의 시설물에 대하여서는 사권을 행사할 수 없다. 다만, 소유권을 이전하거나 저당권을 설정하는 경우에는 사권을 행사할 수 있다.
2) 예: 국공립대학재학관계·수도이용관계·전화요금징수관계(전화 가입권은 사권).

· 관리관계 → 공공성 · 윤리성이 강한 때(공법관계)
· 국고관계 → 공공성 · 윤리성이 약한 때(사법관계)

## IV. 실정법에서의 공법과 사법의 관련의 교착

### 1. 공·사법혼합관계

하나의 법률관계에 있어서 공법적 성질을 가지는 부분과 사법적 성질을 가지는 부분이 혼재하는 경우가 있다. 예컨대, 전화이용관계에 있어서, 전화요금징수관계는 전기통신사업법상 행정상 강제징수가 인정되는 공법관계인데 대하여 전화가입자와 전화사업자와의 일반적인 법률관계는 사법관계이고, 수도이용관계에 있어서 물의 공급계약관계는 사법상의 법률관계인데 대하여, 수도요금의 강제징수관계는 공법관계(수도법 제68조)인 것이다. 공물·공기업에 관한 법률관계도 이 경우에 해당한다.

「전화이용관계」
 - 전화요금징수관계 → 공법관계(전기통신사업법에 의하여 행정상 강제징수가 인정)
 - 전화가입자와 전화사업자와의 일반적인 법률관계 → 사법관계

「수도이용관계」
 - 물의 공급계약관계 → 사법상의 법률관계
 - 수도요금의 강제징수관계 → 공법관계(수도법 제68조)

▶수도법 제68조 (요금 등의 강제징수) ① 수돗물의 공급을 받은 자가 수돗물의 요금, 급수설비에 관한 공사의 비용 또는 제71조에 따른 원인자부담금을 내지 아니하면 지방자치단체인 수도사업자는 지방세 체납처분의 예에 따라 징수할 수 있다. ② 제40조에 따라 관할 구역 외의 지역에 수돗물을 공급한 지방자치단체는 대통령령으로 정하는 바에 따라 그 지역을 관할하는 지방자치단체에 제1항에 따른 강제징수를 위임하거나 위탁할 수 있다. ③ 수도사업자인 지방자치단체는 제2항에 따라 강제징수를 위임받거나 위탁받은 지방자치단체에 그 징수한 금액의 100분의 4에 해당하는 금액을 내주어야 한다. ☞ **위임·위탁의 법리**(본서 참조)

### 2. 공법적 행위에 의하여 사법적 효과를 발생시키는 경우

공법적 행위에 의하여 사법적 효과를 발생시키는 경우로는, (ㄱ) 토지수용에 의하여 토지소유권의 취득 또는 변동의 효과가 발생되는 경우, (ㄴ) 어업면허에 의한 어업권설정, (ㄷ) 공법상의 행위가 사법상의 법률행위의 요소가 되는 경우(① 일정한 사법상의 법률행위의 효력이 행정부의 인가에 의존되어 있는 경우, ② 비영리법인의 설립인가, ③ 공익사업의 양도인가 등), (ㄹ) 공법에 의하여 사법상의 법률행위에 일정한 제한을 가하는 경우(경

찰법·통제법·재정법 등에 의한 사법상의 법률행위에 대한 제한), (ㅁ) 사법에 의하여 규율되던 사항이 공법에 의한 규율로 보완되거나 대체되는 경우(사법적 규제에서 공법적 규제로의 전환) 등이 있다.

▶ 토지수용에 의하여 토지소유권의 취득 또는 변동의 효과가 발생되는 경우
▶ 어업면허에 의한 어업권설정
▶ 공법상의 행위가 사법상의 법률행위의 요소가 되는 경우(① 일정한 사법상의 법률행위의 효력이 행정부의 인가에 의존되어 있는 경우, ② 비영리법인의 설립인가, ③ 공익사업의 양도인가 등).
▶ 공법에 의하여 사법상의 법률행위에 일정한 제한을 가하는 경우(경찰법·통제법·재정법 등에 의한 사법상의 법률행위에 대한 제한).
▶ 사법에 의하여 규율되던 사항이 공법에 의한 규율로 보완되거나 대체되는 경우 (사법적 규제에서 공법적 규제로의 전환).

### 3. 사법관계에 대한 공법의 개입

일정한 사법관계의 질서를 효과적으로 유지하기 위하여 특히 필요하다고 인정하는 경우에는 당해 사법관계에 공법이 개입하여 특별한 규율을 하는 경우가 있다. 예를 들면 국유재산의 불법점유에 대하여 행정대집행법에 의한 대집행절차의 준용이 이에 해당한다(국유재산법 제74조).

▶ 국유재산법 제74조 (불법시설물의 철거) 정당한 사유없이 국유재산을 점유하거나 이에 시설물을 설치한 때에는 행정대집행법을 준용하여 철거 기타 필요한 조치를 할 수 있다.

현대국가에 있어서는 각종 규제행정의 발달에 따라 사법관계에 대한 공법적 규율이 증대하고 있다. 그리고 사법적 수단에 의하여 행정목적을 수행하는 경우에는 일정한 범위 안에서 특수한 공법적 규율이 인정된다. ☞ **사법의 공법화 경향**

### 4. 공법과 사법의 융화

공법관계 및 사법관계에 있어서, 적용법규·법원리에 관하여 양자의 공통성을 인정하고 있다(공법관계에 대한 사법규정의 적용문제 등). 그리고 재판관할에 있어서도 행정사건을 민사사건과 같이 일반사법재판소인 법원의 관할에 속하게 하는 사법제도국가에 있어서는 공·사법의 구별의 의의는 더욱 희박하여 가고 있다. 특히 공·사법의 융화현상은 공법과 사법의 중간법적 성격을 가지는 「사회법」의 출현에서도 나타나고 있다.

## 제 3 절  행정상 법률관계의 종류

### I. 행정조직법 관계(대내적 관계 · 내부관계)

#### 1. 법률관계의 당사자를 기준으로 한 분류

법률관계의 당사자를 기준으로 한 분류는 (ㄱ) 행정주체간의 관계로서, ① 국가와 공공단체간의 관계, ② 공공단체 상호간의 관계, (ㄴ) 행정주체의 내부관계로서, ① 행정기관 상호간의 관계, ② 행정주체와 공무원간의 관계로 나눌수 있다.

「행정주체간의 관계」
 - 국가와 공공단체간의 관계
 - 공공단체 상호간의 관계

「행정주체의 내부관계」
 - 행정기관 상호간의 관계
 - 행정주체와 공무원간의 관계

#### 2. 내용에 의한 분류

내용에 의한 분류로는 (ㄱ) 행정주체 내부관계, ① 상하기관관계(권한의 감독·위임·위탁), ② 대등기관관계(협의·위탁·응원 등), (ㄴ) 행정주체 상호관계, ① 상하관계(국가와 자치단체, 상급자치단체와 하급자치단체 사이의 권한의 감독·위임·보조), ② 대등관계(자치단체상호간의 사무의 위탁·협의·공동처리·조합설립)로 분류한다.

「행정주체 내부관계」
 - 상하기관관계(권한의 감독·위임·위탁) ☞ **위임 · 위탁의 법리**
 - 대등기관관계(협의·위탁·응원 등)

「행정주체 상호관계」
 - 상하관계(국가와 자치단체, 상급자치단체와 하급자치단체 사이의 권한의 감독·위임·보조)
 - 대등관계(자치단체상호간의 사무의 위탁·협의·공동처리·조합설립)

## II. 행정작용법 관계(대외관계 · 외부관계)

### 1. 법률관계의 당사자를 기준으로 한 분류

법률관계의 당사자를 기준으로한 분류는, (ㄱ) 행정주체와 행정객체간의 관계, ① 국가와 국민과의 관계, ② 공공단체와 구성원간의 관계, ③ 수권사인과 일반사인간의 관계가 있다.

「행정주체와 행정객체간의 관계」
　- 국가와 국민과의 관계
　- 공공단체와 구성원간의 관계
　- 수권사인과 일반사인간의 관계

### 2. 법률관계의 내용 · 성질에 의한 분류

법률관계의 내용 · 성질에 의한 분류로는 (ㄱ) 행정상의 사법관계 → 사법관계(국고관계), (ㄴ) 행정상의 공법관계 → 권력관계(일반권력관계 · 특별권력관계)와 관리관계(비권력적 공법관계)로 나누며, 행정상 공법관계(행정법관계)는, (ㄱ) 권력관계, ① 특별권력관계, ② 일반권력관계, (ㄴ) 관리관계(비권력적 공법관계)로 나눈다.

▶행정상의 사법관계 → 사법관계(국고관계)
▶행정상의 공법관계 → 권력관계(일반권력관계 · 특별권력관계)와 관리관계(비권력적 공법관계)

「행정상의 공법관계(행정법관계)」
　- 권력관계
　　· 특별권력관계
　　· 일반권력관계
　- 관리관계(비권력적 공법관계)

#### 2.1. 행정상의 사법관계(국고관계)

[의의] 국가 · 공공단체 등의 행정주체가 개인보다 우월한 지배자로서가 아니라 「사인과 같은 지위」에서 국고(國庫: Fiskus), 즉 사법상의 재산권의 주체로서 경제적 활동을 하는 관계, 즉 사법상의 법률행위관계이다. 「적용법규」문제에 있어서도 "같은 관계는 같은 법규로 규율되어야 한다"는 이유에서 사인상호간의 관계에 있어서와 같이 사법(민법 · 상법 등)에 의한 규율을 받고 그에 관한 법률상의 분쟁에 관하여는 민사재판(민사소송)을 받게 되어, 행정법의 고찰대상이 되지 않는다.

[행정상 사법관계 : 국고관계] (판례-1) : (ㄱ) 국유재산의 불하(대판 1972. 4. 20, 72다281), (ㄴ) 지방채의 모집, (ㄷ) 은행으로부터의 일시차입, (ㄹ) 수표발행·주식취득, (ㅁ) 물품구매·공사도급계약, (ㅂ) 당좌수표지급보증, (ㅅ) 국유광업권처분행위(대판 1961. 10. 5), (ㅇ) 국유림대부(대판 1976. 12. 28), (ㅈ) 국유행정재산사용 수익 허가(대판 1964. 9. 30), (ㅊ) 국유잡종재산의 대부(대판 1995. 5. 12, 94누5281),[1] (ㅋ) 공법인 직원의 급여금청구관계(대판 1967. 3. 21), (ㅌ) 관세법상 상여금 관계(대판 1964. 9. 30), (ㅍ) 철도사업관계(서울고판 1970. 2. 10; 대판 1999. 6. 22, 99다7008[2]), (ㅎ) 전화가입관계,[3] (판례-2) : (ㄱ) 시영버스나 지하철승차·이용관계, (ㄴ) 사립학교교직원, 의료보험관리공단직원의 근무관계(대판 1993. 11. 23, 93누15212) 등이 있다.

※ 예외 : 다만 귀속재산의 매각·관리·임차관계는 공법관계이다(대판 1956. 4. 28.).

귀속재산 : 1948년 9월 11일에 대한민국정부와 미국정부 사이에서 체결된 재정 및 재산

---

1) 대판 1995. 5. 12, 94누5281【국유재산사용료부과처분취소】【판시사항】국유잡종재산 대부행위 및 그 사용료 납입고지의 법적 성질【판결요지】구 국유재산법(1994. 1. 5. 법률 제4698호로 개정되기 전의 것) 제31조 제3항, 구 국유재산법시행령(1993. 3. 6. 대통령령 제13869호로 개정되기 전의 것) 제33조 제2항의 규정에 의하여 국유잡종재산에 관한 관리 처분의 권한을 위임받은 기관이 국유잡종재산을 대부하는 행위는 국가가 사경제 주체로서 상대방과 대등한 위치에서 행하는 사법상의 계약이지 행정청이 공권력의 주체로서 상대방의 의사 여하에 불구하고 일방적으로 행하는 행정처분이라고 볼 수 없고, 국유잡종재산에 관한 사용료의 납입고지 역시 사법상의 이행청구에 해당하는 것으로서 이를 항고소송의 대상이 되는 행정처분이라고 할 수 없다.
2) 대판 1999. 6. 22, 99다7008【손해배상(자)】【판시사항】국가의 철도운행사업과 관련하여 발생한 사고로 인한 손해배상청구에 관하여 적용될 법규(공무원의 직무상 과실을 원인으로 한 경우 = 민법, 영조물 설치·관리의 하자를 원인으로 한 경우 = 국가배상법)【판결요지】국가 또는 지방자치단체라 할지라도 공권력의 행사가 아니고 단순한 사경제의 주체로 활동하였을 경우에는 그 손해배상책임에 국가배상법이 적용될 수 없고 민법상의 사용자책임 등이 인정되는 것이고 국가의 철도운행사업은 국가가 공권력의 행사로서 하는 것이 아니고 사경제적 작용이라 할 것이므로, 이로 인한 사고에 공무원이 간여하였다고 하더라도 국가배상법을 적용할 것이 아니고 일반 민법의 규정에 따라야 하므로, 국가배상법상의 배상전치절차를 거칠 필요가 없으나, 공공의 영조물인 철도시설물의 설치 또는 관리의 하자로 인한 불법행위를 원인으로 하여 국가에 대하여 손해배상청구를 하는 경우에는 국가배상법이 적용되므로 배상전치절차를 거쳐야 한다.
3) 대판 1978. 9. 12; 대판 1982. 12. 28, 82누441【전화가입계약해지처분취소】전화가입계약은 전화가입희망자의 가입청약과 이에 대한 전화관서의 승락에 의하여 성립하는 영조물 이용의 계약관계로서 비록 그것이 공중통신역무의 제공이라는 이용관계의 특수성 때문에 그 이용조건 및 방법, 이용의 제한, 이용관계의 종료원인 등에 관하여 여러가지 법적 규제가 있기는 하나 그 성질은 사법상의 계약관계에 불과하다고 할 것이므로, 피고(서울용산전화국장)가 전기통신법시행령 제59조에 의하여 전화가입계약을 해지하였다 하여도 이는 사법상의 계약의 해지와 성질상 다른 바가 없다 할 것이고 이를 항고소송의 대상이 되는 행정처분으로 볼 수 없다.

에관한협정 제5조의 규정에 의하여 대한민국 정부에 이양된 재산을 말한다. 곧 1945년 8월 9일 이전에 일본인이 공유 또는 사유하였던 일체의 것을 말한다. 주로 구일본국 소유의 재산이 대상이 된 점에서 '敵産(적산)'이라고 속칭되었다. 귀속재산은 민간에게 불하되거나, 국공유재산으로 처리되었다. 특히 주의할 것은 귀속재산의 불하처분은 단순한 국유재산의 매각과 달리 우월한 공권력의 작용으로서 행정처분의 성질을 가진다는 것이다.

[문제] 1945년 8월 9일 이전에 조선총독부 소관으로 있던 국유재산은?

[해설] 대한민국정부수립과 함께 당연히 대한민국의 국유가 되는 것이다(귀속재산이 아님)(대판 1981. 9. 8, 81다61)

― 지하철공사 임직원에 대한 징계처분의 항고소송의 대상성 ―

[사례] 서울지하철 공사 직원이 지하철공사 사장으로부터 징계처분을 받은 경우, 이에 대해 행정소송의 일종인 항고소송을 제기할 수 있는가?

[해설] 서울 지하철공사의 임직원의 근무관계는 사법상의 고용계약에 불과하므로 민사소송절차에 의해야하며, 징계처분에 대해 행정소송(항고소송)을 제기할 수 없다. 행정소송의 일종인 항고소송의 대상이 되기 위해서는 그 법률관계가 공법관계이어야 한다. 그러나 서울 지하철공사의 임원과 직원은 지방공기업법 제49조, 제56조와 그에 따른 서울특별시지하철설치조례 제8조 내지 제11조에 의해 임면되고 사법상의 근로계약관계에 불과하고 행정조직의 구성원으로서 공법상의 근무관계로 볼 수 없다. 따라서, 위 지하철공사의 사장이 그 이사회의 결의를 거쳐 제정된 인사규정에 의거하여 소속직원에 대한 징계처분을 한 경우 위 사장은 행정소송법 제13조와 제2조의 행정청에 해당되지 않으므로 공권력발동주체로서 위 징계처분을 행한 것으로 볼 수 없다. 따라서 이에 대한 구제절차는 민사소송에 의할 수 있을 뿐 행정소송(항고소송)에 의할 수는 없다. 대법원판례는 지하철공사의 임직원에 대한 징계처분뿐만 아니라, 한국조폐공사의 직원에 대한 징계처분(대판 78다414), 사립학교직원, 의료보험관리공단 직원의 근무관계(93누15212)등은 기본적으로 사법관계로서 행정소송인 항고소송의 대상이 아니라고 한다. <인터넷 법률신문>

## 2.2. 행정상의 공법관계(행정법관계)

### 2.2.1. 권력관계(독일적 · 권력설적 공법관계)

a) 행정주체의 법적 지위 · 행정수단

권력관계는 행정주체가 공권력의 주체로서 우월한 지위에서 국민에 대하여 일방적으로 명령 · 강제하거나 혹은 일방적으로 법률관계를 형성 · 변경 · 소멸시키는 관계이다.[1] 행정주체의 법적 지위는「공권력주체」로서, 그리고 행정수단은 권력수단으로 우월적 지위에

---

1) 정하중, 행정법총론, 78면.

서 국민에 대하는 관계이다.[1] 권력관계는 하명·허가·특허·면제·인가(인가취소관계)등의 형태로 나타난다.

b) 공법적 특수성(공정력·확정력·강제력)의 인정
권력관계는 국가생활에 특유한 생활관계이므로 공법적 특수성이 강하게 인정된다. 즉, 행정주체의 의사에 대하여 공정력·확정력·강제력과 같은 개인 당사자에게는 인정되지 아니하는 법률상 우월한 힘이 인정된다.[2]

c) 법률유보원칙의 엄격한 적용
권력관계에 대하여는 법치행정의 원칙이 엄격히 적용되어 법규의 수권이 있어야 하고, 법규에 구속될 뿐만 아니라, 적용법규에 관하여는 특별한 공법적 법률을 받고, 사법규정의 적용이 배제되는 일이 많다.

d) 불복방법
권력관계에 관련된 개인의 불복은 항고쟁송의 형식에 의한다.

2.2.2. 관리관계(프랑스적·이익설적 공법관계)
a) 행정주체의 법적 지위·행정수단
관리관계는 행정주체가 공법상「재산관리권 주체」의 지위에서 비권력적으로 사업을 경영한다든가 시설·재산을 관리하는 관계를 말한다. 주로 공공복리를 증진시키기 위해 행하는 급부행정의 영역에서 많이 발견된다. (ㄱ) 공물의 관리, (ㄴ) 영조물·공기업의 경영·회계관계

b) 공법적 특수성의 불인정
관리관계는 행정주체가 '재산관리권의 주체'로서 활동하는 관계이므로 본질적으로 '사인의 재산관리관계'이고, 다만, 행정주체가 행정목적의 달성을 위하여 관리하는 관계이므로 그 한도 안에서 '공공성'이 인정되지만, 권력관계에서와 같은 강한 공법적 특수성은 인정되지 않는다.

---

1) 대판 1961. 10. 5, 4292행상6; 정하중, 행정법총론, 78면.
2) 김남진·김연태, 행정법(I), 84면.

c) 법적 규율(사법적용설)

관리관계는 일반적으로 사법의 적용을 받고 그에 관한 다툼은 민사사건으로 다루어지며(원칙적으로 사법관계), 다만, '당해 행정목적달성에 필요한 한도 안에서만' 공법적 규율을 받을 뿐이다(예외적으로 공법관계 : 행정작용의 공공성으로 인하여 사법관계를 수정하는 특별한 규정을 두고 있거나, 법률해석상 특별한 취급을 해야 할 필요성이 인정되는 경우).[1] 따라서 관리관계가 공법적 규율을 받기 위하여는, (ㄱ) 명문에 규정이 있거나, (ㄴ) 단순한 사경제적 관계에서 찾아볼 수 없는 공공적(예 : 수도공급관계)·윤리적(예 : 교육관계) 성격이 존재함을 입증하여야 한다.

### 2.2.3. 권력관계와 관리관계의 구별

a) 개관

행정법관계를 권력관계와 관리관계로 구분하는 것은 프랑스의 행정법학자 Laferriere에서 유래하며, 우리나라 통설과 판례의 입장이다. 독일에서는 권력관계와 관리관계의 구별에 상응하는 것으로서 본래적 권력관계와 전래적 권력관계의 구분이 있다(G. Jellinek). 전통적 견해에서는 공법적인 특수한 법규·법원칙이 적용되는 관계를 권력관계와 관리관계로 나누었다.

b) 권력관계

권력관계는 국가 등 행정주체가 공권력주체로서의 지위에서 국민에 대하여 일방적으로 명령(경찰명령·조세부과 등)·강제(강제집행·즉시강제 등)·형성(허가·인가·특허 등)하는 관계로서(법적 지위·행정수단), 공정력·확정력·강제력 등의 법률상 우월한 힘이 인정되고(강력한 공법적 특수성), 따라서 엄격히 법률의 수권과 기속을 받으며(엄격한 법률유보원칙 적용), 원칙적으로 법의 일반 원리적 규정 이외에는 사법 규정의 적용이 배제되고 특수한 공법적 규율을 받으며(사법적용의 배제), 거기에서 발생하는 분쟁은 항고쟁송의 방법에 의하여 해결된다는 것이다(쟁송방법).

c) 관리관계(단순고권적 관계)

관리관계는 공물법(도로법·하천법 등)·공기업법(우편법·지방공기업법 등)등에 의한 재산관리·사업경영과 같이 행정주체가 공권력주체로서가 아니고 사업 또는 재산의 관리주체로서 사인에 대하는 관계이며, 성질상으로는 사인의 사업경영 등과 유사하지만 그것이 공행정으로 직접적으로 「행정목적」, 「행정임무」를 수행하기 위한 것이므로, 실정법상 공공복

---

[1] 김남진·김연태, 행정법(I), 85면.

리를 보호할 필요상 채산성을 도외시한 특수한 법적 규율을 받게 하는 관계이다. 이러한 관리관계는 단순고권적(schlichthoheitlich) 관계라고도 하며, 대부분이 급부행정과 유도행정이 이에 해당한다.[1] 이 관계와 행정상의 사법관계는 다같이 본질적으로는 경제적 주체로서 사인을 대하는 경제적 관계이고 또한 비권력관계인 점에서 차이가 없다. 관리관계는 「행정목적」,「행정임무」의 수행이라는 관점에서 정립된 관념이며, 따라서 관리관계에 있어서는 공익목적의 달성에 필요한 한도 안에서만 특별한 공법적 규율을 받을 뿐이고, 그 밖에는 일반적으로 사법의 적용을 받는다는 것이다.[2] 그리고 관리관계에 관한 쟁송은 공법상의 당사자소송의 방법에 의하게 된다.

d) 권력관계와 관리관계의 비교(도표)

| 구별관점 | 권력관계 | 관리관계 |
|---|---|---|
| 법적 지위 | 공권력주체로서 맺는 관계 | 공법상 재산관리권의 주체로서 맺는 관계 (주의 : 재산권의 주체 → 국고관계) |
| 행위수단 | 권력적 명령·강제관계 | 비권력적 사업경영·재산관리관계 |
| 공법적 특수성 | 국가의사에 우월한 힘 → 공정력·확정력·강제력 등 인정 | 공법적 특수성이 약함(공정력 등 부인) |
| 적용법규 | 원칙적으로 공법적 규율 | 원칙적으로 사법적 규율, 예외적으로 공법적 규율 |
| 쟁송형태 | 항고쟁송(취소소송·무효등확인소송·부작위위법확인소송) | 당사자쟁송 |

<김세웅, 최신행정법, 박문각, 1994, 164면 참조>

2.2.4. 관리관계와 국고관계와의 구별

a) 개관

전통적 견해에서는 비권력관계를 위에서 본 바와 같이 다시 포괄적 개념으로서 관리관계와 국고관계로 2분하여, 관리관계는 공법과 사법이 혼합하여 규율하는 관계인데, 국고관계는 사법이 규율하는 법관계라고 하였으나, 오늘날의 지배적 견해는 이를 구별하지 아

---

1) 정하중, 행정법총론, 79면.
2) 따라서 공법적 규율을 받기 위하여서는 명문의 규정이 있거나, 명문의 규정이 없더라도 법해석상 그것이 단순한 사경제적 관계에서는 찾아볼 수 없는 공공적(상수도이용관계 등), 윤리적(국공립학교교육관계 등)성격이 있다는 것이 실증되어야 한다.

니한다.[1)]

b) 학설
aa) 개괄적 구별설

전통적 견해(개괄적 구별설)에서는 관리관계는 공물의 관리, 공기업의 경영에 관한 관계 등이며, 그것은 공권력을 행사하는 관계가 아니고, 대등한 사인상호간의 관계와 다를바 없으므로 원칙적으로 사법이 적용되는 사법관계이지만, 공익실현이라는 행정목적의 달성에 제1의적 의의를 인정하여 사법적 규율과는 다른 법적 취급을 인정하고 있는 경우, 그러한 관계는 공법관계라고 한다. 그러나 국고관계는 국가와 사인간의 매매·임대차·도급 등의 계약을 체결 하는 관계 등이고 언제나 사법이 적용되는 사법관계이며, 비록 사법적 규율과 다른 법적 취급을 인정하고 있는 경우라도 그것은 보통 사법의 특별법인 특별사법에 불과하다고 한다.[2)]

bb) 개별적 구별설

오늘날의 지배적 견해(개별적 구별설)는 이른바 관리관계에 있어서는 사법적 규율과 다른 법적 취급을 인정하고 있는 경우에는 그것을 공법관계라 하면서, 국고관계에 있어서는 비록 사법적 규율과 다른 법적 취급을 인정하고 있더라도 그것을 특별사법에 불과하다고 하는 것은 비권력관계에 있어서의 공법 법규가 규율하는 영역의 양적 차이를 질적 차이로 전환시킨 것이라고 비판한다. 이 견해는 공법과 사법의 구별을 긍정 내지는 전제하는 입장에 선 것과, 그것을 부인하는 입장에 선 것이 있는바, 어느것이나 현대국가에 있어서의 행정기능의 확대, 행정수단이나 행위형식의 다양화추세에 따르는 행정법학의 대응으로서 제창되고 있는 점에서는 동일하다. 개별적 구별설은 비권력관계에 관하여 어느 정도로 사법규정과 다른 특별한 규정을 제정하여 사법법규의 적용을 배제할 것인가는 입법정책에 의하여 결정된다고 하며, 따라서 포괄적 개념으로서 관리관계와 국고관계라는 개념을 인정할 필요는 없고, 권력관계에 대칭되는 비권력관계 전반에 걸쳐 그 개별적·구체적인 관계를 규율하는 법이 공법법규인지 사법법규인지를 결정하면 되고, 그것이 공법법규이면 그에 관한 쟁송을 「공법상의 권리관계에 관한 소송」으로 다루면 된다고 한다. 그리하여 그 개별적·구체적 관계를 규율하는 법이 공익실현이라는 행정목적의 달성을 위하여 특수한 규율을 하고 있는 경우에는, 그것이 이른바, 관리관계이건 국고관계이건 간에 공법관계라고 한다(김도창; 류지태).[3)]

---

1) 김도창; 류지태; 홍정선, 행정법원론(상), 단락번호 358.
2) 종래의 통설인 행정3분설의 입장이다.
3) 杉村敏正, 行政法講義總論(上), 61頁(面).

cc) 결어

개별적 구별설이 타당하다. 왜냐하면, (ㄱ) 양관계가 모두 비권력적 작용이라는 점에서는 공통되며, (ㄴ) 개괄적 구별설에서는 양관계의 구별기준을 「행적목적」을 직접적으로 달성하기 위한 것인지의 여부에 두어, 행정목적을 직접적으로 수행하는 작용은 관리작용이고, 수익적 작용, 즉 행정목적을 간접적으로 달성하기 위한 작용은 국고작용이라고 하지만, 양자의 구별은 상대적인 것에 지나지 않는다. 그리고 오늘날에는 넓은 의미의 국고작용의 하나인 행정사법에서 보는 바와 같이 복리행정 및 모든 행정분야에서 사법적 수단에 의하여 행정목적을 달성하는 경우가 많아져서 결국 국고작용도 그것이 직접적으로 행정목적을 달성하기 의한 경우가 있게 되었으며, 따라서 양자의 구별은 더욱 상대적으로 되었다. (ㄷ) 개괄적 구별설에서는 국고관계에서는 보통의 사법적 규율과 다른 법적 취급을 인정하고 있는 경우라도 그것은 보통의 사법의 특별법인 특별사법에 불과하다고 하면서, 이른바 관리관계에서는 사법관계와 다른 법적 취급을 하고 있는 경우에는 그것을 공법관계라고 하는데 이는 독단적이라 할 것이다. 왜냐하면 그것을 특별사법으로 볼 것인지 그렇지 않으면 공법의 일종으로 볼 것인지는 양관계 모두에 있어서 각 법규의 실체를 규명하여 개별적으로 평가되어야 할 것이기 때문이다.[1] 그리하여 권력관계와 대칭되는 개념으로는 전통적 견해에서와 같이 관리관계를 드는 것은 타당하지 아니하며, '비권력적 행정법관계' 내지는 '단순고권(schlicht hoheitlich) 행정관계'를 드는 것이 타당하다 할 것이다(류지태).[2] 다만 앞으로도 관리관계를 행정목적을 비권력적 수단에 의하여 달성하는 전통적이고 전형적인 관계를 지칭하는 용어로서 사용하는 것은 무방하다고 본다.[3]

「참고」 행정법관계를 권력관계와 비권력관계로 구분하는 시도가 있다. 이 이론에 의하면, 비권력관계에는 관리관계에 해당하는 것과 행정상의 사법관계에 해당하는 것이 포함되게 되고, 그것이 공법관계인지 사법관계인지의 여부는 개별적으로 결정된다고 한다(비권력관계설·개별적 결정설).

2.2.5. 공법상의 특별권력관계

공법상 특별권력관계에 관한 상세한 내용은 후술하는 특별권력관계 참조.

---

1) 박윤흔, 행정법강의(상), 115면.
2) 홍정선, 행정법원론(상), 단락번호 358.
3) 박윤흔, 행정법강의(상), 115면.

## 2.3. 행정상 사법관계와 공법관계의 구별과 관계
### 2.3.1. 구별의 실정법상 의의
　　공법관계와 사법관계를 구별하는 실정법상 의의는, (ㄱ) 법률상 쟁송에 관하여 행정사건과 민사사건을 구별하는 표준이 되며, (ㄴ) 구체적인 경우의 적용법규·법원리를 결정하는 표준이 된다는 데 있다.

### 2.3.2. 구별표준
　　공법관계와 사법관계의 구별은 공법과 사법의 구별에 대응하는 것이므로 공법과 사법의 구별기준이 곧바로 공법관계와 사법관계의 구별표준이 되는 것이다.
　　a) 이론상의 구별표준에 관한 학설 ☞ **공법관계와 사법관계의 구별 참조 할 것**

　　b) 제도상의 구별표준
　　aa) 명문의 규정이 있는 경우
　　실정법규에 행정상의 강제집행, 행정벌, 사권의 제한 또는 행정쟁송 등과 같이 공법적 특수성을 나타내는 명문의 규정이 있는 경우에는 당해 법률관계는 공법관계에 속한다.
　　bb) 명문의 규정이 없는 경우
　　실정법규에 당해 법규가 규율하는 법률관계의 성질에 관한 뚜렷한 규정이 없을 때에는 공법관계와 사법관계를 구별하는 제도적인 의의와 당해 법규의 규율취지 등에 따라 합리적으로 판단하여 구별하여야 한다. 당사자의 일방에 공권력의 행사를 인정하고 그에 따르는 특수한 효력을 부여하고 있는 경우는 권력관계인 공법관계이며, 비권력적 행위인 경우에도 직접으로 공익을 실현하기 위한 목적을 효과적으로 달성할 수 있도록 하기 위하여 특수한 법적 규율을 하고 있는 경우(관리관계인 공법관계)는 공법관계로 볼 수 있다.
　　「공법관계」
　　　　・권력관계인 공법관계 → 당사자의 일방에 공권력의 행사를 인정하고 그에 따르는 특수한 효력을 부여하고 있는 경우
　　　　・관리관계인 공법관계 → 비권력적 행위인 경우에도 직접으로 공익을 실현하기 위한 목적을 효과적으로 달성할 수 있도록 하기 위하여 특수한 법적 규율을 하고 있는 경우

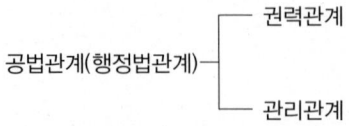

### 2.3.3. 관리관계와 행정상의 사법관계(국고관계)의 비교
　　a) 차이점
　　관리관계는 행정주체가 「공법상의 재산관리권의 주체」로서 사인에 대하는 관계이고,

행정상의 사법관계는 행정주체가 「사법상의 재산권의 주체」(국고)로서 사인에 대하는 관계인 점에서 양자는 구별된다(개별적 구별설).

▶ 관리관계 → 행정주체가 「공법상의 재산관리권의 주체」로서 사인에 대하는 관계(공법관계)

▶ 국고관계 → 행정주체가 「사법상의 재산권의 주체」(국고)로서 사인에 대하는 관계 : 국고관계(행정상의 사법관계 : 물건의 매매계약 · 도급계약 · 국유재산중 잡종재산의 매각)

**국유재산 → 행정재산, 보존재산, 잡종재산**

[국유재산] 국유재산이란 국유재산법이 적용되는 국가소유의 재산을 말한다. 국유재산은 행정재산 · 보존재산 · 잡종재산으로 구분된다. 이중 행정재산과 보존재산은 국가가 공적으로 관리하는 재산이라는 개념인 공물의 일종이다.

[행정재산] 국유재산법상 행정재산은 공공용재산(공용재산)으로서, 국가가 직접 공공용으로 사용하거나 사용하기로 결정한 재산으로서, 공물(행정주체가 직접 행정목적을 위하여 제공하는 물건을 말한다. 행정주체가 관리하고 공공목적을 위하여 쓰이는 점에서 개인의 사사로운 물건인 사법상의 물건과 대비된다)중에 공공용물(공용물)에 해당한다. 행정재산중에는 기업용재산도 포함되며, 이는 정부기업이 직접 사용하기로 결정한 재산을 말한다. 행정재산은 원칙적으로 대부 · 매각 · 교환 · 양여 · 신탁 또는 대물변제하거나 출자의 목적으로 하지 못하며 행정재산에 사권(私權)을 설정하지 못한다(공유재산 및 물품 관리법 제19조 제1항 본문). 다만, 행정재산의 용도와 성질을 유지하는 조건으로 국가 또는 다른 지방자치단체에 양여하는 경우(공유재산 및 물품 관리법 시행령 제11조)나 해당 지방자치단체 외의 자가 소유한 재산을 행정재산으로 관리하기 위하여 교환하는 경우에는 행정재산을 양여, 교환할 수 있다. 행정재산에 사권을 설정할 수 없으나 「공익사업을 위한 토지 등의 취득 및 보상에 관한 법률」에 따른 공익사업의 시행을 위하여 해당 행정재산의 목적과 용도에 장애가 되지 않는 범위에서 공작물의 설치를 위한 지상권 또는 구분지상권을 설정하는 경우에는 사권을 설정할 수 있다.

[보존재산] 국가가 법령의 규정에 의하거나 필요에 따라 보유하는 보통 재산이 하나. 보물, 천연기념물, 명승고적 따위이다.[1]

[잡종재산] 잡종재산은 국가의 공적 목적이 아니라, **국가의 사사로운 재력취득을 목적**(수익목적)으로 보유하는 재산이므로 **공물이 아니다**. 이러한 국유잡종재산은 일반개인에게 대부 · 매각 · 양여를 할 수 있으며, 이들 각 행위들은 국가의 공적 작용이 아닌 이른바 국고작용으로서의 특질을 나타낸다. 잡종재산(雜種財産)은 국유재산의 한 종류로 국가의 행정목적에 필요한 재산은 아닌 행정재산 및 보존재산이 아닌 일체의 국유재산을 말한다.[2] **(판례**

---

1) http://krdic.naver.com/detail.nhn?docid=17057700(검색어 : 보존재산; 검색일 2015.6.1)
2) http://ko.wikipedia.org/wiki/(검색어 : 잡종재산; 검색일 2015.6.1)

-1) : 빈지는 만조수위선으로부터 지적공부에 등록된 지역까지의 사이를 말하는 것으로서 자연의 상태 그대로 공공용에 제공될 수 있는 실체를 갖추고 있는 이른바 자연공물이고, 성토 등을 통하여 사실상 빈지로서의 성질을 상실하였더라도 국유재산법령에 의한 용도폐지를 하지 않은 이상 당연히 시효취득의 대상인 잡종재산으로 된다고 할 수 없다.[1] (**판례 2**) : 잡종재산은 행정재산이나 보존재산과는 달리 그것이 가지는 경제적 가치에 따라 매매 임대 등 사경제질서의 일반원칙이 지배되는 사적 거래의 대상이 되기 때문에 국가도 일반 권리의 주체인 법인으로서 사인과 대등한 권리관계가 형성되고 법률행위가 이루어지며 권리변동의 효과가 발생하는 것이므로 원칙적으로 **사법의 적용**을 받게 된다. 국가가 국유재산 중 잡종재산에 대하여 매각 또는 대부하는 행위 자체는 국가가 사경제적인 주체로서 하는 사법행위(私法行爲)이고 그 권리관계 역시 사법상의 권리관계로서 일반 민사법의 적용을 받는 것이라면 국가도 개인과 대등하게 타인의 재산을 시효취득을 원인으로 권리를 취득할 수 있는 것과 같이 개인도 국유 잡종재산을 시효취득을 원인으로 그 권리를 취득할 수 있어야 한다.[2]

### b) 공통점

양자는 모두 '본질적'으로는 경제적 주체로서 사인에 대하는 「경제적 관계」이고 「비권력적 대등관계」라는 점에서 공통된다. 따라서 '법적 규율의 면'에서도 관리관계는 공익 내지 행정목적의 실현을 위하여 필요한 한도 내에서 공법적 규율을 받는 외에 사법이 적용되는 것이고, 사법관계도 특별한 필요가 있을 때에는 특수한 법적 규율을 받는 것이므로 양자의 차이는 「상대적」인 것에 불과하고, 또 그 한도 내에서 양자는 서로 「혼합」되는 경향이 있다. 따라서 오늘날의 지배적 견해는 과거와 같이 이를 구별(개괄적 구별설)하고 있지 않고, 개별적으로 구별한다(개별적 구별설).

---

1) 대판 1999. 4. 9, 98다34003
2) 헌재결 1991. 5. 13, 89헌가97

# 제 4 절   행정법관계의 특질(특수성)

「연구문제」
* 공법관계의 특질을 논하라
* 행정법관계에 있어서의 공정력을 논하라

행정법관계는 행정에 관한 국내공법인 행정법의 적용을 받는 법률관계(공법관계)이다. 특히 권력관계는 행정주체가 우월한 지위(우월한 의사주체)에서 공권력을 행사(국민에 대해 명령·강제하는 불대등 관계)하는 법률관계이므로 대등한 당사자 사이의 의사자치에 의하여 형성되는 사법관계와는 여러 가지 다른 특수성을 나타내게 된다. 이것을 총칭하여 행정법관계의 특질 또는 특수성이라고 한다. 행정법관계에 있어서의 이러한 특성은 행정목적의 효율적 달성을 위하여 「실정법에 의하여」 특별히 부여된 것이지, 행정법관계에 「본질적으로 내재」하는 것은 아니다. 행정법관계의 특질은 행정법관계의 종별로 나누어 고찰할 필요가 있다. 행정법관계에서의 행정의사는 주로 「행정행위」라는 형식으로 나타나기 때문에, 행정법관계의 특질은 행정행위의 특질과 결국 같은 것을 의미한다.

「행정법관계의 특질」
 · 행정주체가 우월한 지위(우월한 의사주체)
 · 행정주체가 공권력을 행사(국민에 대해 명령·강제하는 불대등 관계)하는 법률관계
　　　　☞ 행정목적의 효율성을 위함

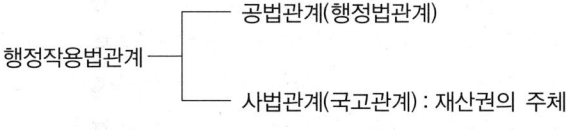

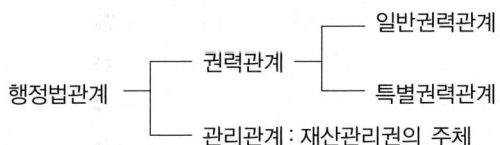

「국고관계와 관리관계의 차이」
국고관계 : 재산권의 주체
관리관계 : 재산관리권의 주체

## I. 일반권력관계의 특질

### 1. 행정의사(행정행위)의 법 및 법률적합성(법적 기속)

법률에 의한 행정의 원리(법치행정의 원리)의 당연한 결과로 일반권력관계에 있어서의 행정의사는 **법률(법의 형식적 합법성: Lex) 및 법(법의 내용적 정당성: Jus)**에 적합한 것이어야 한다. 즉, 사법상의 법률행위는 사적 자치(Privatautonomie)의 원칙에 의하여 그 의사표시가 자유롭고 창조적인 기능을 가지는데 반하여, 행정법관계에 있어서는 행정의사에 대하여 국민을 명령·강제하는 우월한 힘을 인정하는 반면에, 내용적으로는 법규에 적합할 것을 요구한다(법률유보의 원칙·법률우위(Vorrang des Gesetzes)의 측면에서). 다만, 법률적합성이 권력관계만의 특질인가에 대하여는 다툼이 있다.

### 2. 행정의사(행정행위)의 구속력(Bindungswirkung)

일반권력관계에 있어서 행정주체의 공권력발동 중 법적 행위인 행정행위는 그 성립·발효요건을 구비한 경우에 일정한 법률적 효과를 발생하고, 그 법률적 효과의 내용에 따라 당사자(상대방·관계인·행정청)를 구속하는 힘을 가진다(구속력 또는 기속력)[1]

### 3. 행정의사(행정행위)의 공정력(예선적 효력[Die präjudizielle Wirkung])
#### 3.1. 개념

[의의] 행정법관계(일반권력관계)에 있어서 국가 기타 행정주체의 의사는, 비록 그 성립에 흠(하자: 위법·부당)이 있을지라도, 그 하자가 중대하고도 명백한 이유로 절대무효(당연무효)의 경우를 제외하고는 일응 적법·유효하다는 추정(부하사추정)을 받으며, 권한 있는 기관(처분행정청 또는 행정심판에 있어서의 행정심판위원회)[2]나 행정소송의 수소법원)이 직권 또는 쟁송절차를 거쳐 취소하기 전에는 누구라도(상대방·제3자[다른 행정청·법원]·국가기관 막론) 이에 구속되고, 그 효력을 부정하지 못하는 사인의 의사에는 인정되지 않는 특별하고 우월한 힘을 가지는바, 이 힘을 공정력(Sellbstbezeugungskraft)이라 한다(통설).  **공정력은 실정법상 용어는 아니고 학문상의 용어이다. 따라서 용어가 통일되어 있는 것도 아니고 예선적 효력이라고 하는 학설(김도창)도 있다.**

[사견] 공정력은 행정행위의 잠재적 통용력으로 보아야 하는바, 과거에는 적법성을 추정하는 효력으로 이해하였으나, 오늘날에는 적법성을 추정하는 효력은 아니며, 행정행위의

---

[1] 김도창교수는 구속력을 행정법관계의 특질로 본다.
[2] 2008년 2월 29일의 행정심판법 개정으로 종전의 재결청 대신 행정심판위원회에서 재결한다.

위법여부를 묻지 않고 권한 있는 기관에 의해 취소 전까지 잠정적으로 통용하는 힘(행정행위의 잠재적 통용력)에 불과하다고 보아야 한다. 그리고 이는 실체법이 아닌 절차법상의 효력이라 볼 수 있다.

[서울행정법원판례] "행정청의 어떠한 행위가 고권적인 지위에서 한 것인지 여부는 일률적으로 정하기 어렵고 그 행위의 근거 법령, 목적, 방법, 내용, 분쟁해결에 관한 특별규정의 존재 여부 등을 종합적으로 검토하여 결정하여야 하는바, 특히 그 행위가 일단 행하여지면 비록 그 행위에 하자가 있다 하더라도 권한 있는 기관(취소권 있는 행정기관 내지 수소법원)에 의해 취소되기 전까지는 일단 유효한 것으로 통용되고(공정력), 이에 따라 상대방이 행정법상 의무를 이행하지 아니할 경우에 행정청이 직접 실력(대집행, 이행강제금, 강제징수, 행정벌 등)을 행사하여 행정행위에 따른 의무의 이행을 실현시킬 수 있는 힘(자력집행력)이 인정되는지 여부가 중요한 표지가 된다."[1]

[공정력을 구속력의 하나로 파악하는 견해] 공정력을 행정행위의 구속력의 하나로 파악하여 '행정행위가 무효가 아닌 행정행위로 인하여 이익을 침해받은 자는 행정쟁송을 통해서만 그의 효력을 부인할 수 있게 하는 구속력'이라고 정의하는 입장도 주장되고 있으나 위에서의 정의가 통설적인 위치를 차지하고 있다.

[부당의 일반적 개념] 부당행위를 법 그 자체에 위반한 것은 아니나 법이 허용한 자유재량(공익재량)의 범위 안에서 재량을 그르침으로써 공익을 해치고 타당성을 잃은 행위라고 정의하는 것이다. 이 견해는 부당행위도 행정행위의 하자의 한 형태로 파악하고 있다. 그러나 이러한 견해에 대하여 부당행위는 재량행위에 있어서 당해 처분이 재량권의 한계 내의 것이기는 하나 그것이 당해 법규상의 구체적 공익목적과의 관계에서 일응 가장 합당한 또는 가장 바람직한 것이라고는 볼 수 없는 행위를 말한다고 하여 앞의 견해가 부당의 관념을 실제보다 넓게 파악할 위험성이 있다는 비판을 가하는 견해가 있다.[2] 이 견해에 의하면, 예컨대 특정처분을 하지 아니하는 것 또는 재량권의 한계 내에서 가능한 A.B.C 등의 처분중에서 실제 행하여진 A라는 처분보다는 C라는 처분이 보다 바람직한 것으로 판단하는 경우 당해 처분은 재량권의 한계내의 행위라는 점에서는 위법한 처분은 아니나, 그것은 또한 관계법규상의 구체적 목적 실현을 위한 가장 합당한 처분으로 일응 판단되지 아니한다는 점에서 이 처분에 부당성의 속성이 있다고 한다.[3]

[공정력의 효과] 사적 자치(당사자자치)의 원칙이 지배하는 사법상의 법률행위에 있어서는, 예컨대 계약해제는 일방적 행위이나 그 적법여부에 관하여 다툼이 생기면 그에 관하여 법원의 판결이 확정될 때까지는, 상대방이나 이해관계인은 그 행위의 효력을 승인할 필

---

1) 서울행법 2008.1.30, 선고, 2007구합29680, 판결 : 항소【입주계약해지등처분취소】
2) 김동희, 우리나라의 행정법상의 부당개념에 관한 고찰, 고시연구(1987.3), 44-45면.
3) 김동희, 우리나라의 행정법상의 부당개념에 관한 고찰, 고시연구(1987.3), 45면.

요가 없는데 대하여, 행정행위는 공정력을 갖는 점에 특색이 있기 때문에 그 행위의 효력을 일단 승인하여야 한다. 예컨대 국세를 납부하였는데, 또다시 국세납부통지서가 발급되었다면, 상대방은 일단 이를 수인하여야 하며, 만약 이를 거부하고 국세를 납부하지 아니하면, - 공정력으로 인하여 - 국세체납처분을 받게되는 것이다.

▶ 부산고법 2002. 8. 16. 선고, 2001누4207, 판결 : 확정 【울산도시계획시설사업준공인가신청반려】 【판시사항】 하자 있는 행정행위의 공정력과 불가쟁력 【판결요지】 행정행위는 공정력과 불가쟁력의 효력이 있어 설혹 행정행위에 하자가 있는 경우에도 그 하자가 중대하고 명백하여 당연무효로 보아야 할 사유가 있는 경우 외에는 그 행정행위가 행정소송이나 다른 행정행위에 의하여 적법히 취소될 때까지는 단순히 취소할 수 있는 사유가 있는 것만으로는 누구나 그 효력을 부인할 수는 없고, 법령에 의한 불복기간이 경과한 경우에는 당사자는 특별한 사정이 없는 한 그 행정처분의 효력을 다툴 수 없다.

그러나 공정력에 의하여 취소되기 전까지는 유효하다고 하더라도 재량권을 일탈한 경우에는 위법하다.[1]

▶ 대판 2001. 12. 11, 99두1823 【인사발령취소등】 【판시사항】 지방공무원법 제29조의3의 규정에 의한 전출명령에 당해 공무원의 동의가 필요한지 여부(적극) 및 같은 규정이 위헌·무효인지 여부(소극) 【판결요지】 지방공무원법 제29조의3은 지방자치단체의 장은 다른 지방자치단체의 장의 동의를 얻어 그 소속공무원을 전입할 수 있다고 규정하고 있는바, 위 규정에 의하여 동의를 한 지방자치단체의 장이 소속 공무원을 전출하는 것은 임명권자를 달리하는 지방자치단체로의 이동인 점에 비추어 반드시 당해 공무원 본인의 동의를 전제로 하는 것이고, 위 법규정도 본인의 동의를 배제하는 취지의 규정은 아니어서 위헌·무효의 규정은 아니다.

### 3.2. 공정력과 구속력과의 관계(차이)

실체법상의 효과인 구속력(Bindungswirkung)은 행정행위가 법정의 요건을 갖추면 이론상 당연히 생기는 것이며, 공정력은 법정의 요건을 갖추지 아니한 경우에도 인정되는 행정행위의 통용력이며 이론상 당연히 생기는 것이라고 할 수 는 없다. 또 구속력이 당사자 간에서만 발생하는데 대하여 공정력은 당사자 사이에서는 물론 다른 자에 대하여 발생하는 점에서 그 차이가 있다. 이와같이 구속력과 공정력과의 관계에 대하여서는, 공정력은 구속력이 있는 것으로 통용되는 힘이라고 하여 양자를 구별하는 것이 일반적 견해이다. 그

---

1) 대판 2001. 12. 11, 99두1823 【인사발령취소등】 당해 공무원의 동의 없는 지방공무원법 제29조의3의 규정에 의한 전출명령은 위법하여 취소되어야 하므로, 그 전출명령이 적법함을 전제로 내린 징계처분은 그 전출명령이 공정력에 의하여 취소되기 전까지는 유효하다고 하더라도 징계양정에 있어 재량권을 일탈하여 위법하다.

러나 공정력에 구속력을 포함시키는 견해도 있다(김도창). 생각건대 실체법상의 효과인 구속력은 행정행위가 법정의 요건을 갖추면 논리상 당연히 생기는 것인데, 공정력은 법정의 요건을 갖추지 아니한 경우에도 인정되는 행정청의 인정의 통용력이며 따라서 양자(兩者)는 구별하는 것이 타당하다.

구속력과 공정력의 차이

| 구 분 | 구 속 력(김도창) | 공 정 력 |
|---|---|---|
| 내 용 | 일정한 법적 효과를 발생시키는 힘 | 구속력을 승인시키는 힘 |
| 성립사유 | 법정요건 구비시 성립 | 요건불비시에도 성립 |
| 성질 | 실체법적 효력 | 절차법적 효력 |
| 상대방 | 당사자(상대방·관계인 및 관계행정청)에 대하여서만 발생 | 모든 자(상대방·제3자·국가기관 막론)에 대하여 발생(다른자에게도 발생) |

당사자 → 상대방·관계인 및 관계행정청
모든 자 → 상대방·제3자·국가기관 막론 ☞ 제3자(이해관계인·행정심판위원회 이외의 행정청·수소법원의 법원

여기에서 제3자라 함은, (ㄱ) 행정행위의 직접상대방이 아닌 이해관계인과, (ㄴ) 행정심판에 있어서의 재결기관인 행정심판위원회[1] 이외의 행정청 및 행정소송의 수소법원(受訴法院) 이외의 법원을 말한다. 예컨대 세무서장의 조세부과처분이 있으면 그것에 흠이 있더라도 권한 있는 기관에 의하여 취소가 있기까지는 상대방은 지정기간 내에 납부할 의무를 지며, 납부하지 아니하면 체납처분을 당한다. 또한 다른 행정청이나 법원도 조세부과 처분의 존재와 그 법적 효과를 인정하여야 하고 그것을 스스로의 결정의 기초 내지는 구성요건적 요소로 삼아야 한다.[2]

### 3.3. 공정력과 구성요건적 효력

독일에서는 행정행위가 사인(상대방 및 이해관계인)에 대하여 구속력이 있는 것으로 통용되는 힘을 「하자로부터 독립된 법적 실효성」(Fehlerunabhängige Rechtswirksamkeit) 또는 「원칙적 구속성」(grundsätzliche Verbindlichkeit)이라 하고,[3] 다른 국가기관(처분청 이외의 행정청, 당해 행정행위에 대한 취소소송의 수소법원 이외의 법원)에 대하여 구속력 (Bindungswirkung)이 있는 것으로 통용되는 힘을 구성요건적 효력(Tatbestandswirkung)

---

1) 행정심판법 개정(2008.2.29)이전에는 재결청.
2) 박윤흔, 행정법강의(상), 124면.
3) H. Maurer, Allgemeines Verwaltungsrecht, 9. Aufl., 1994, S. 154.

이라고 한다.[1] 우리나라 통설은 전통적으로 두 가지 효력을 합쳐 공정력이라고 부른다. 공정력은 법정책적으로 법적 안정성을 위하여 실정법상 인정되는 것으로 현행법이 행정처분에 대한 취소쟁송제도 등을 규정하고 있는 것을 근거로 하는 데 대하여, 구성요건적 효력은 국가기관은 각기 권한과 관할을 달리하므로 서로 다른 기관의 권한행사를 존중해야 한다는 것에 근거하고 있다.

    [공정력과 구성요건적 효력을 구분하는 견해] 공정력은 법정책적으로 법적 안정성을 위하여 실정법상 인정되는 것으로 현행법이 행정처분에 대한 취소쟁송제도 등을 규정하고 있는 것을 근거로 하는 데 대하여, 구성요건적 효력은 국가기관은 각기 권한과 관할을 달리하므로 서로 다른 기관의 권한행사를 존중해야 한다는 것에 근거하고 있다는 것을 이유로하여, 우리 학자 중에도 「행정행위의 직접상대방(또는 이해관계인)에 대한 구속력과 제3의 국가기관(처분청과 재결청 이외의 행정기관 및 처분의 취소소송수소법원 이외의 법원)에 대한 구속력은 그 근거와 내용을 달리하므로 각각 분리하여 고찰함이 타당하다」하여 전자만을 공정력이라 하고 후자는 구성요건적 효력이라 하여 구분하는 견해도 있다.[2] 그리고 학자에 따라서는 이를 새로운 견해라고 부르기도 한다.[3] 그러나 이 견해에서 드는 구성요건적 효력의 근거 및 내용은 그 상대방에 따라 그 모습이 다를 뿐이며 실질적으로는 공정력의 근거 및 내용과 같다(김도창).

  [구성요건적 효력의 이론적 근거] 구성요건적 효력의 이론적 근거는 공정력의 경우와 같이 행정목적의 효율적 수행·법적 안정성·신뢰보호라는 측면에서 구할 수 있으며, 또한 실정법적 근거도 이 견해에서는 국가기관은 각기 권한과 관할을 달리하므로 서로 다른 국가기관의 권한행사는 존중하여야 한다는 것에서 구한다. 또한 이 견해에서는 구성요건적 효력의 내용은 다른 행정기관 또는 법원이 당해 행정행위와 관련 있는 자기들의 결정을 함에 있어 그 행위의 존재와 법적 효과를 인정하고 자기들 결정의 구성요건요소로 삼아야 한다는 것이라고 하는바, 그것은 바로 비록 하자있는 행정행위라도 일응 구속력이 있는 것으로 통용되는 힘을 갖는다는 것을 의미하며, 따라서 내용에 있어서도 공정력의 내용과 사실상 동일하다. 그러므로 공정력과 구성요건적 효력을 구분하는 것은 그 성질의 차이에 따른 구분이라기보다는 공정력을 그 상대방에 따라 사인(상대방 및 이해관계인)에 대한 것과 국가기관(처분청 이외의 행정청, 당해 행정행위에 대한 취소소송의 수소법원 이외의 법원)에 대한 것으로 나누어 설명하는 것에 불과하다. 결국 행정행위의 공정력이 행정법관계의 조속한 안정을 위한 쟁송제도와 관련이 있는 효력이라는 점을 고려할 때, 행정행위의 상대방 및 이해관계인에게만 미치는 효력과 다른 행정청이나 법원 등 제3자에게도 미치는 효력을 구

---

1) F. Ossenbühl, Die Handlungsformen der Verwaltung, JuS 1979, S. 683.
2) 김남진·김연태, 행정법(I), 86면; 홍정선, 행정법원론(상), 단락번호 1067.
3) 예컨대 천병태·김명진, 행정법총론, 삼영사, 2007, 279면.

별하는 것은 합리적이기는 하나, 실제적으로는 구별의 실익이 없다.[1] 저자는 전통적 견해에 따라 두 가지 효력을 합쳐서 공정력이라 부르기로 한다.

### 3.4. 본질(이론적 근거 참조)
#### 3.4.1. 자기확인설

[의의] 자기확인설(Selbstbezeugungstheorie)은 과거 독일의 오토 마이어(Otto Mayer)에 의하여 확립된 견해이며, 그에 의하면 행정행위는 본질적으로 재판의 판결과 유사하며(판결유사설), 따라서 행정청이 그 일반적 권한 내에서 행정행위를 행하였으면 그 적법요건을 갖춘 것도 동시에 확인되어 적법성의 추정(Vermutung der Rechtmäßkeit)을 받으며, 상대방과 제3자를 구속하는 힘을 가진다고 한다. 이와같이 오토 마이어(Otto Mayer)는 행정행위의 개념이 법원의 판결과 유사하다는 점을 전제하고 "행정행위 가운데 나타나는 공권력은 자기 자신을 항상 적법한 것으로 확인한다"는 명제를 제시하였다.[2] 따라서 공정력의 본질은 실체법상의 「적법성의 추정력」으로 본다. 이 견해가 과거 독일·일본과 우리나라에서의 전통적인 견해였다.

[비판] 자기확인설에 대한 비판으로는 (ㄱ) 재판에는 공정력이 인정될 수 있는 전제로서 신중·공정한 절차가 채용되어 있는데 대하여, 행정행위에는 그러한 절차가 없고 오히려 행정목적의 능률적 처리가 고려되고 있는데도 불구하고 양자의 본질적 유사성을 인정하는 것은 문제가 있고, 재판의 심급과 행정관청의 계층구조는 서로 상이한 것인데도 이를 유사한 것으로 보는 것은 타당하지 않다는 비판이 있다.

#### 3.4.2. 국가권위설

행정행위는 법에 적합한가, 하자가 있는가의 여부에 관계없이 국가권위의 표현으로서 국민은 이에 따라야 한다는 주장이다. 행정행위가 국가권위의 표현으로서 통치작용인 것은 사실이나 국가행위이므로 통용되어야 한다는 국가권위설의 입장은 행정권에게 부당한 우월성을 인정하고, 공정력을 행정행위에 고유하게 내재하는 효력으로 보는 견해이므로 마땅히 배척되어야 할 것이다. 독일의 포르스트호프(E. Forsthoff) 교수는 행정행위는 법에 적합한 것인지 하자를 띠고 있는지에 관계없이 어떠한 경우에도 국가권위(Staatautorität)의 표명이며, 따라서 그에 따를 것이 요구된다고 하는 국가권위설을 주장하였다.[3] 이는 오토

---

1) 천병태·김명진, 행정법총론, 삼영사, 2007, 280면.
2) O. Mayer, Deutsches Verwaltungsrechts, I, 1895, S. 99-100; 천병태·김명진, 행정법총론, 삼영사, 2007, 280면.
3) E. Forsthoff, Lehrbuch des Verwaltungsrecht, 10. Aufl., 9. 1973, S. 185; 천병태·김명진, 행정법총론, 삼영사, 2007, 280면.

마이어(Otto Mayer)의 자기확인설을 계승한 이론이다.1) ☞ **아래 판결유사설 참조**

### 3.4.3. 예선적 효력설

프랑스에서는 비록 행정행위에 하자가 있다 하더라도 잠정적 통용력을 가져야 한다는 데 대한 이론적 근거는 오오류(Hauriou)의 행정행위의 예선적 특권의 이론에서 발견된다. 프랑스에 있어서 행정의 예선적 특권(privilége du préalable)이란 행정결정에 대하여 국민은 사후에 불복신청을 한다 하더라도 우선은 당장에 복종을 하여야 하며, 원칙적으로 모든 행정결정은 그 자체에 집행력을 가지고 있으며, 공권력은 법률상 법률행위에 의하여 자기의 권리를 스스로 결정하고 이를 집행에까지 끌고가는 특권을 가지며, 또한 이러한 예선적 집행에 의하여 권리침해를 받은 관계인이 불복을 하더라도 그 절차적 집행을 정지시키지 아니하는 것 등을 내용으로 하고 있다.2) 프랑스에 있어서 행정행위의 예선적 특권 이론3)은 공공역무의 계속적 집행이라는 정책적 고려에 기초를 두고 있으며, 독일식의 행정권의 권위에 기초를 둔 것은 아니다.

### 3.4.4. 행정정책설

행정행위의 공정력은 행정행위에 본질상 당연히 내재하는 법 이전의 효력이 아니라 행정목적의 신속한 달성, 행정행위의 상대방 또는 관계인의 신뢰보호, 법적 안정성 등과 같은 법정책적 이유에 의하여 공정력이 발생한다는 견해이다. 따라서 행정행위의 공정력은 입법정책으로 어떠한 행정행위에 공정력이 인정될 것인가에 의하여 결정되는 행정정책에 의하여 결정된다.

### 3.4.5. 절차법적 공정력설

제2차 대전 후 독일·일본과 우리나라에서 법치주의의 입장에서 위의 실체법상의 적법성추정력설에 대한 다양한 비판이 가해지자 이를 극복하기 위한 새로운 이론구성이 모색되었는바, 그것이 절차법적 공정력설이다. 독일에서의 이론전개는 행정절차법의 제정에 따른 절차법적 사고의 영향을 받았다고 볼 수 있다. 독일연방행정절차법은 「행정행위는 취소(zurückgenommen)·철회(widerrufen), 다른 방법으로 폐지(anderweitig aufgehoben)되거나 기간의 만료(Zeitablauf) 기타의 방법으로 실효되지 아니하는 한 그 효력을 지속한다(bleibt wirksam)」고 규정하고 있다(제43조 제2항).4) 이 견해는 공정력은 행정행위가 실체

---

1) 박윤흔, 행정법강의(상), 128면.
2) 김도창, 행정법, 329면.
3) 장태주, 행정행위의 공정력과 취소판결의 소급효와의 충돌, 고시계(2004.7), 96면.

법상 요건을 갖춘 것으로 추정되기 때문에 갖는 효력이 아니고 **절차법상 행정청의 결정에 잠정적인 통용력을 인정**한 것에 지나지 않는다고 한다. 이는 행정행위의 내재적 효력으로서의 공정력을 부인하는 것이다. 이 견해가 통설적 견해이며 타당하다.[1]

### 3.5. 근거
#### 3.5.1. 이론적 근거
a) 판결유사설(행정행위는 법원의 판결과 유사하다는 견해)

[의의] 자기확인설의 입장에서 주장하는 이론이며, 행정행위는 법원의 판결과 본질적으로 유사하며, 따라서 행정청이 그 일반적 권한 내에서 행정행위를 행하였으면 그 적법요건을 갖춘 것도 동시에 확인한 것이며(자기확인), 그 확인이 상대방과 제3자를 구속하는 힘을 가진다고 한다. 과거 독일에서 주장한 이론이며, 행정권의 독자성·자기완결성에 그 근거를 구하는 것으로서, 과거 입헌군주정 아래서의 행정권의 특수한 지위를 유지하기 위한 정치적 이데올로기의 소산이다.

[비판] 이 견해에 대하여는 행정청의 행정행위와 법원판결의 목적·주체·절차 등의 차이를 과소평가하고, 양자의 유사성만을 과대평가하여 그 결과 행정권(행정주체)에 부당하게 강한 우월성을 인정한 것으로, 행정의 법률적합성을 판단하는 것이 법원의 주요한 임무로 되어 있는 헌법구조 아래서는 받아들이기 어렵다는 비판이 있다.

b) 국가권위설

독일의 포르스트호프(E. Forsthoff) 교수는 행정행위는 법에 적합한 것인지 혹은 하자(흠)를 지니고 있는지에 관계없이 어떠한 경우에도 국가권위(Staatautorität)의 표명이며, 따라서 그에 따를 것이 요구된다고 하는 국가권위설을 주장하였다.[2] 이는 오토 마이어(Otto Mayer)의 자기확인설을 계승한 이론이다.[3]

c) 행정정책설

행정정책설은 절차법적 공정력설의 시각에서 주장하는 이론이며, 행정행위의 공정력

---

4) 독일연방행정절차법 제43조 ② Ein Verwaltungsakt bleibt wirksam, solange und soweit er nicht zurückgenommen, widerrufen, anderweitig aufgehoben oder durch Zeitablauf oder auf andere Weise erledigt ist.
1) 박윤흔, 행정법강의(상), 128면.
2) E. Forsthoff, Lehrbuch des Verwaltungsrecht, 10. Aufl., 9. 1973, S. 185; 천병태·김명진, 행정법총론, 삼영사, 2007, 280면.
3) 박윤흔, 행정법강의(상), 128면.

을 인정하는 이유는, 행정행위 그 자체에 내재하는 특수성이나 우월성에서 나오는 것이 아니라 오히려 행정행위의 상대방이나 제3자의 신뢰보호, 행정법관계의 안정성 또는 행정의 원활한 운영이라고 하는 정책적 이유 때문에 행정행위의 공정력을 인정하는 것이라고 한다. 「프랑스」에서는 독일이나 우리나라의 공정력에 해당하는 관념을 행정의 「예선적 특권 : 선결적 특권; privilége du préalable)이라고 부른다. 예선적 특권이란 행정권이 행정재판소에 의한 적합성에 대한 심사가 있기까지는 이에 선행하여 행정결정(집행적 결정)에 의하여 스스로 법률관계를 형성하고 그에 따른 의무를 집행 할 수 있는 특권을 말한다. 예선적 특권(privilége du préalable)은 행정권의 권위성·우월성이 아니고, 「공공역무의 계속성·안정성」의 보장이라는 정책적 고려에 기초를 두고 있다는 점에서 행정정책설의 입장에 선 것이다(김동희).

### d) 결어 – 공정력과 법적 안정성(법치국가원리)

생각건대 행정행위의 공정력을 인정하는 이론적 근거는 행정행위의 본질로부터 구할 수 없고 행정상 쟁송제도가 채택되고 있는 취지에서 구하여야 할 것인바, 행정목적의 효율적 수행·법적 안정성의 보장·신뢰보호라는 기술적·정책적인 측면에서 공정력을 인정한다고 보아야 한다. 즉, 행정행위는 사인의 의사표시와는 달리 행정권의 담당자인 행정청에 의하여 법집행작용으로 행하여지며 그 권위는 **행정행위에 고유한 것이 아니라 법률 그 자체에서 유래한다**. 오토 마이어(Otto Mayer)의 자기확인설 및 포르스트호프의 국가권위설 등과 같은 전통적 견해는 모두 행정행위의 효력을 법규에서 유래하는 것이 아니라 '행정행위에 고유한 것'으로 보고 있으나, 행정행위는 실정법규의 구체적 집행행위이고 행정행위의 효력을 법규에서 보는 입장에서는 전통적 견해를 타당하지 않다고 본다. 특히 법의 해석·적용에 있어서 행정권이 사법권과 대등한 지위에 있는 것이 아니라, 행정권은 사인과 대등한 지위에서 사법권으로부터 심판을 받고 사법부의 재판권에 양자(사인·행정권)가 동일하게 복종하는 오늘날의 사법국가제도하에서는 그 타당성의 근거를 상실한 것이다.[1] 따라서 수익적 행정행위에 의하여 직접적으로 이익을 받은 상대방은 물론이고 침해적(침익적) 행정행위에 의하여 행정행위의 상대방에게는 불이익을 주고 있으나, 이와는 반대로 간접적으로 이익을 받고 있는 제3자인 일반공중의 행정행위에 대한 신뢰는 크게 보호될 필요가 있다.

법치주의 내지 법치국가원리는 행정이 법에 구속되는 것만을 요청하는 것이 아니고(행정의 법률적합성의 원칙; 법치행정의 원리), 행정에 대한 신뢰보호의 원칙(법적 안정성)도 또한 그 중요한 내용의 하나이다. 이런 의미에서 **공정력은 법치주의의 요청(법적 안정성) 그 자체에 그 실질적 근거를 구할 수 있다**.[2]

---

[1] 천병태·김명진, 행정법총론, 삼영사, 2007, 280면.

### 3.5.2. 실정법적 근거
a) 개관

현행법상 공정력 그 자체를 직접적으로 인정하는 규정은 없으나, 공정력은 행정상 쟁송제도(취소제도의 배타성)의 반사적 효과에 지나지 아니한다 할 것이므로 그 실정법적 근거는 행정쟁송과 관련한 법률이 된다고 할 것이다. 즉, 우리 현행법 아래서는 행정청에 대하여 사실인정과 법령적용에 대한 제1차적인 판단권을 부여하였으며, 그 적부(適否)에 대하여는 행정청측에서의 소송제기를 인정하지 않고(공정력이 없다면 상대방은 그 효력을 부인할 수 있을 것이고, 따라서 행정청측에 대하여도 효력존재의 확인을 위하여 소송제기를 인정하여야 할 것이다), 행정심판법이나 행정소송법은 상대방측에서 일정한 기간 내에 사후적인 쟁송수단에 의하여 다투도록 하고 행정심판의 행정심판위원회(2008. 2. 29일 행정심판법 개정전에는 재결청)나 취소소송의 수소법원만이 그것을 취소할 수 있도록 하고 있다. 이는 행정행위가 이러한 특수한 절차에 의하여 취소되기까지는 일단 효력이 있는 것으로서 통용된다는 것을 의미한다(박윤흔).

b) 자력집행에 관한 규정

행정대집행법 등이 정한 「자력집행」의 규정은 행정행위가 위법하더라도 일단 그 효력이 있는 것으로서 통용된다는 것을 전제로 한 것이다. 이와같이 행정대집행법, 국세징수법 등이 규정하는 행정상의 자력집행제도도 비록 위법·부당한 행정처분이라 할지라도 자력으로 집행할 수 있음을 규정하는 것으로 행정행위에 공정력이 있음을 의미하는 규정이라고 본다.

c) 직권취소에 관한 규정

각종 행정조직법의 규정에 의하여 일반적으로 행정감독권에 의한 직권취소제도를 규정하고 있는 바, 이것은 하급행정청의 위법·부당한 행정처분이라 할지라도 직권에 의하여 취소될 때까지는 유효하다는 것을 전제로 한 규정이라고 본다.

d) 집행부정지(執行不停止)의 원칙

행정심판법·행정소송법과 같은 행정쟁송제도에 관한 법규는 행정쟁송이 제기되더라도 원처분의 집행은 정지되지 아니한다는 집행부정지의 원칙을 채택하고 있는 것은 행정행위의 공정력이 있음을 그 전제로 하고 있는 것이라고 본다.

---

2) 박윤흔, 행정법강의(상), 129면

## 3.6. 공정력의 한계
### 3.6.1. 비권력적 행정행위

공정력은 행정행위의 구속력(Bindungswirkung)의 잠정적 통용을 의미하는 것이므로 성질상 비권력행정행위(단순 공행정행위)에는 인정되지 않는다.

### 3.6.2. 무효인 행정행위
a) 공정력한계설(무효인 행정행위에는 공정력이 인정되지 않는다는 학설)

[의의] 행정행위의 공정력은 취소할 수 있는 행정행위에만 인정되고 무효인 행정행위에는 인정되지 않는다는 것이다. 왜냐하면 무효인 행정행위에는 당초부터 당연히 어떠한 법적 효력도 발생하지 않으므로, 누구도 이에 구속되지 않으며 그 효력을 부인할 수 있다는 것이다(발터 옐리네크[W. Jellinek]). 이는 무효·취소의 구별기준에 관하여 명백설이라 불리우는 실체법적 공정력설이 주장하는 견해이다. 한계설은 행정쟁송제도상의 입법적 불비를 보완하려는 사법정책적 고려에서 주장된 것이며 독일·일본 우리나라에서의 통설·판례이다.

[사견] 생각건대 공정력을 인정하는 근거는 상대방 및 일반 제3자의 신뢰보호에 있으므로 통상의 합리적인 평균인이 평가하여 무효 또는 부존재인 경우에는 그 신뢰를 보호함이 부적당하고 또한 보호할 필요도 없다. 따라서 무효인 행위 또는 부존재인 경우에는 공정력이 인정될 여지가 없다(통설·판례). 따라서 다른 행정기관이나 법원은 물론 사인도 독자의 판단과 책임으로 무효를 인정할 수 있다. 그리하여 무효 또는 부존재인 행위에 의하여 명하여진 의무를 위반하여도 처벌되지 않으며,[1] 무효 또는 부존재인 행위에 대하여는 복종을 거부하고 저항하더라도 이는 정당방위에 해당하여 위법성을 조각하며, 공무집행방해죄를 구성하지 아니한다.[2]

▶ 대판 1969. 1. 11, 4293민상844 행정처분은 절대무효인 경우를 제외하고는 공정력이 있다는 판례 [사건 개요] 국가는 이 모(某) 등에게 귀속재산을 매각하고, 소유권이전등기를 하여 주었다. 그 뒤 국가는 그 매각처분이 위법하다 하여 취소한 뒤 민사소송으로 부동산소유권이전등기의 말소를 청구하였다. 이모 등은 그 민사소송에서 매각처분취소가 위법이라고 주장한다. [판결 요지] 본건에 있어 원고의 피고 이모에 대한 매각처분을 취소한 행정처분은 당연무효가 아니고 아직 정당한 권한 있는 관청에 의하여 취소도 되지 않았으니 법원도 매각처분취소의 위법여부를 민사소송에서 심사할 수 없다.

---

1) 대판 1978. 11. 14, 78도1547 【대통령령에 위반한 소방서장의 명령불이행】
2) 이에 대하여는 사인에게는 자력구제가 인정되지 아니한다는 이유로 반대하는 견해가 있다. 遠藤, 行政行爲의 缺效와 取消, 224頁(面).

b) 공정력무한계설(무효인 행정행위에도 공정력이 인정된다는 학설)

[의의] 무효인 행정행위라고 할 지라도 그것이 권한있는 기관에 의하여 무효선언이 있을 때까지는 일단 유효성의 추정을 받는다는 학설이다. 이는 주로 절차법적 관점에서, 행정행위의 무효와 그 무효를 통용시키는 문제는 별개의 것으로 보고 무효가 법원의 판결에 의하여 최종적으로 확정될 때까지는 누구도 이를 판단할 수 없다는 것을 이유로 한다(소수설). 이와같이 행정행위 공정력의 무한계설을 취할 때에는, 국민의 권리보호가 미흡하다는 문제가 있다. 무효인 행정행위에도 공정력을 가진다는 견해의 대부분은 무효·취소의 구별 기준으로서 중대설[1]의 입장을 취하고 있기 때문이며, 무효의 범위가 상대적으로 광범위하고, 사법재판소에게 무효인정권을 넓게 인정하고 있다. <u>공정력무한계설도 사법재판소를 구속할 수 있는가에 따라 다음과 같은 두 가지로 구분된다.</u>

[법원은 구속할 수 없다는 견해] 이는 기본적으로 무효를 인정하지 않고 무효선언에 의한 상대적 무효만을 인정하면서도 법원은 무효인정권을 갖는다는 견해이다.[2] 특히 일본의 美濃部 교수는 무효인 행정행위의 공정력을 국민·하급청에 대한 관계에서만 인정하고 있다.

[법원도 구속한다는 견해] 권한있는 기관에 의하여 유효·무효를 최종적으로 판단하기 이전에는 누구도 행정행위의 무효·취소여부를 판결할 수 없다는 견해로서, 절차법적 관점에서 무효행위도 공정력을 가지며 법원까지도 구속한다고 보는 견해이다. 이 견해는 무효의 실체법상의 성질문제와 그것의 절차법상의 문제는 별개로 보아야 한다고 한다.

[김도창교수의 견해(무효인 행정행위에도 공정력이 미친다고 보는 견해)] 주로 절차법적 관점에서, 행정행위의 실체법상 무효라는 문제와 그 무효를 통용시키는 절차법상 인정권의 소재문제는 별개의 문제로 보고, 그 무효가 판결로 확정되기 전의 단계에서는 누구도 무효인지 취소사유에 그치는 것인지를 말할 수 없다고 하여, 무효·취소구별의 상대화 또는 무효확인소송과 취소소송의 동질화를 주장하여 공정력은 무효의 경우에도 미친다는 견해(김도창)도 주장되고 있다(행소법 제23조, 제38조 제1항 참조).

[무효행위와 공정력] '무효인 행정행위에도 공정력이 미치는가'하는 문제는 행정행위의 무효·취소의 구별이 공정력의 한계의 문제임을 의미한다. 행정행위의 무효와 취소의 구별에 관하여 행정행위의 하자(흠)의 효과로서 무효와 취소의 2종을 인정할 것인가, 인정한다면 그 기준 내지 필요성은 무엇인가 라는 문제에 관하여 견해가 나누인다. 전통적 견해에 의하면 행정행위의 하자(흠)의 효과로서 무효와 취소의 양자로 구분하고, 무효와 취소의 구별의 근거나 필요성으로는 행정작용의 강행성·공익성·권력남용방지성, 그리고 행정판결제도의 불비를 보완하기 위한 권리구제수단을 그 이유로 하고 있다.[3] 또한

---

1) 美濃部, 行政法上卷, 266頁(面).
2) 오스트리아 행정절차법(AVG, 1925) 제68조 참조.
3) 김도창, 행정행위의 무효와 취소, 사법행정(1975.3), 45면.

구별 기준으로는 중대명백설을 드는 것이 독일·일본 및 우리 나라의 통설1)·판례2)이다. 이에 반하여 행정행위에 무효·취소에 관하여 지금까지 국내외에서 거의 통설이 되어 온 중대명백설에 대하여는 최근 여러 가지 측면에서 비판의 대상이 되고 있다. 행정행위의 하자(흠)의 효과의 결정기준을 흠 이외에서 구하는 흠의 개별화이론과 판결확정전에는 무효·취소를 말할 수 없다는 절차법적 관점에서의 무효·취소의 대상화이론이 그것이다. 무효인 행정행위에도 공정력이 인정되는가의 문제 즉 공정력의 한계문제는 행정행위 하자(흠)의 효과뿐 아니라, 민사소송 및 형사소송에서의 선결문제(Vorfrage), 무효확인소송 등의 소송절차와도 밀접한 관계를 가진다.3)

### 3.6.3. 공정력과 입증책임의 소재 - 행정행위의 공정력의 입증책임
#### a) 입증책임의 의의

입증책임이라 함은, 소송상 어느 사실의 존부가 확정되지 않을 때에 당해사실이 존재하지 않는 것으로 취급하고, 법률 판단하게 되는 당사자 일방의 위험 또는 불이익을 말한다.4) 입증책임의 문제는 주로 변론주의하에서 문제가 되나, 사실존부의 불명사태는 직권탐지주의하에서도 가능하기 때문에 직권탐지주의하에서도 문제가 된다. 현재 행정소송법 제26조([직권심리]법원은 필요하다고 인정할 때에는 직권으로 증거조사를 할 수 있고, 당사자가 주장하지 아니한 사실에 대하여도 판단할 수 있다.)의 해석에 관하여, 적극적으로 직권탐지주의를 규정한 것이 아니고 변론주의를 원칙으로 하되 취소권의 직권조사제도를 인정한 것으로 해석하는 것이 전통적인 다수설5)이다.

#### b) 공정력에 대한 입증책임에 관한 견해
##### aa) 원고책임설

행정행위의 공정력은 적법성의 법률상의 확정을 가지므로 행정행위의 위법을 주장하여 취소를 구하는 원고가 그 취소원인인 위법사실에 관한 입증책임을 진다는 견해로서, 종전의 통설6)이며 현재에도 프랑스의 통설이다. 이는 공정력의 본질을 실체법적인 관점에서 이해함으로써, 적법성의 법률상의 확정을 소송법상의 법률상 확정으로 이해7)하고 항고소송에 있어 입증책임의 소재를 좌우하는 것을 공정력의 이론적 효과로 보고 있다.

---

1) 윤세창, 행정법, 197면; 이상규, 행정법, 240면; 김도창, 일반행정법론(상), 352면.
2) 김도창, 일반행정법론(상), 351면.
3) 김도창, 행정행위의 무효와 취소, 사법행정(1975.3), 53면.
4) 이시윤, 민사소송법, 578면.
5) 이상규, 행정소송에 있어서의 입증책임, 사법행정(1965.3), 52면; 김철용, 항고소송에 있어서의 입증책임, 법정(1969.4), 44면.
6) 이규복, 행정법, 509면.
7) 우리나라의 종전 판례중에는 이 견해를 위한 것이 있다. 대판 1962. 10. 1 대판 1961. 3 .27

### bb) 피고책임설

법치행정의 원칙에서 볼 때 행정청은 행정행위의 적법성을 담보하여야 하므로 피고인 행정청이 행정행위의 적법성에 관한 입증책임이 있다는 견해[1]이다.

### cc) 행정소송 입증책임분배설

공정력과 입증책임 사이에 법적 관련성이 없다는 전제에 있어서는 민사소송 입증책임 분배설과 같으나, 다만 행정소송에 특유한 입증책임을 주장하는 최근의 유력한 견해이다.

### dd) 민사소송 입증책임분배설

공정력과 입증책임의 소재와는 법적 연관성이 없으며, 취소소송에 있어서도 민사소송 상의 입증책임분배원칙이 타당하다는 주장이다.[2]

### ee) 사견

공정력이 행정행위의 취소소송에서의 입증책임의 소재결정에 영향을 미치는가에 대하여, 종래의 통설은 공정력은 당해 행정행위의 적법요건이 실체법상 존재한다는 것을 추정시키는 것으로 보아 위법임을 주장하는 원고에게 입증책임이 있다고 보았으나(오늘날에도 「프랑스」의 통설·판례), 오늘날의 통설은 공정력은 행정행위의 사실상의 통용력에 불과하고, 그 실체법적 적합성을 추정시키는 것은 아니므로 공정력은 입증책임의 소재결정에 영향을 미치지 아니한다고 보아 공정력만을 이유로 입증책임의 소재를 결정할 수는 없다고 한다.

## 3.6.4. 공정력(구성요건적 효력)과 위법한 행위에 대한 쟁송수단(선결문제) - 공정력과 선결문제(Vorfrage)

### a) 개관

우리 행정심판법과 행정소송법에 의하여 위법한 행정행위에 대한 쟁송수단은 취소쟁송이며, 그 반사적 효과로 공정력이 인정되므로 행정심판이나 행정소송을 제기받은 행정청이나 법원만이 행정행위의 위법여부를 심사하여 그 효력을 부인 할 수 있다. 따라서, 일반적으로는 취소소송의 수소법원이 아닌 다른 법원은 취소소송 이외의 다른 소송에서 선결문제(Vorfrage)로서 행정행위의 위법성을 심사하여 그 효력을 부인할 수 없다(행정행위의 효력에 모순되는 판결을 내릴 수 없다)고 할 것이다. 그러나 다른 소송에서 선결문제로서 심사할 수 있는지의 여부는 구체적으로는 민사소송과 형사소송에 따라 다르게 보아야 하며, 또한 민사소송에 있어서도 행정행위의 효력을 부인하는 것인지 또는 위법성만을 인정하는 것인지에 따라 다르게 보아야 할 것이다. 다만, **행정행위가 무효인 경우는** 민사소송이나 형사소송에서 그 효력을 부인할 수 있음은 의문의 여지가 없다.[3]

---

1) 高林, 行政訴訟における 立證責任, 行政法講座 第3券, 300頁(面).
2) C. H. Ule, Verwaltungsgerichtsbarkeit, S. 246.

[공정력과 구성요건적 효력을 구분하는 견해] 공정력은 법정책적으로 법적 안정성을 위하여 실정법상 인정되는 것으로 현행법이 행정처분에 대한 취소쟁송제도 등을 규정하고 있는 것을 근거로 하는 데 대하여, 구성요건적 효력은 국가기관은 각기 권한과 관할을 달리하므로 서로 다른 기관의 권한행사를 존중해야 한다는 것에 근거하고 있다는 것을 이유로하여, 우리 학자 중에도 「행정행위의 직접상대방(또는 이해관계인)에 대한 구속력과 제3의 국가기관(처분청과 재결청 이외의 행정기관 및 처분의 취소소송수소법원 이외의 법원)에 대한 구속력은 그 근거와 내용을 달리하므로 각각 분리하여 고찰함이 타당하다」하여 전자만을 공정력이라 하고 후자는 구성요건적 효력이라 하여 구분하는 견해도 있다.[1] 그리고 학자에 따라서는 이를 새로운 견해라고 부르기도 한다.[2] 그러나 이 견해에서 드는 구성요건적 효력의 근거 및 내용은 그 상대방에 따라 그 모습이 다를 뿐이며 실질적으로는 공정력의 근거 및 내용과 같다(김도창).

### b) 공정력(구성요건적 효력)과 민사소송

aa) 민사소송에서의 선결문제로서, 행정행위의 효력(공정력)을 부인할 수 없다는 견해(부정설)

우리 현행법상 행정행위가 절대 무효인 경우를 제외하고는 그 위법성을 심사하여 효력을 부인할 수 있는 기관은 취소쟁송(행정소송)을 제기받은 행정청 또는 법원뿐이라 할 것이므로, 민사소송(공법상 당사자소송 포함)을 제기받은 수소(受訴)법원은 그 선결문제로서 행정행위의 위법성을 심사하여 이를 취소함으로써 행정행위의 효력을 부인할 수 없다고 할 것이다(다만 선결문제가 단순한 위법이 아닌 당연무효의 경우에는 민사법원이 직접 무효를 판단할 수 있다). 이와같이 부정설의 입장에 의하면 법원은 민사소송에 있어서 행정행위가 당연무효가 아닌 한, 그 위법성 여부를 심리·판단할 수 없으며 그 효력을 부정할 수 없다고 한다. 그 이유로 행정행위는 공정력이 있기 때문에 권한있는 기관에 의하여 취소될 때까지는 **법원을 포함한** 어떠한 국가기관도 그 효력에 **구속되어야 하며**, 또한 취소소송의 배타성의 원칙에 의하여 민사법원은 행정행위에 대한 취소권이 없으며, 취소소송절차에도 민사소송과 다른 특수성이 있기 때문이라는 것이다.[3] 대법원판례도 "민사소송에 있어서 어느 행정처분의 당연무효 여부가 선결문제로 되는 때에는 이를 판단하여 당연무효임을 전제로 판결할 수 있고 반드시 행정소송 등의 절차에 의하여 그 취소·무효확인을 받아야 하는 것은 아니다."[4]라고 하였고, 행정행위의 "하자(瑕疵)가 단순히 취소사유에 그칠 때에

---

3) 박윤흔, 행정법강의(상), 130면.
1) 김남진·김연태, 행정법(I), 86면; 홍정선, 행정법론(상), 단락번호 1067.
2) 예컨대 천병태·김명진, 행정법총론, 삼영사, 2007, 279면.
3) 이상규, 행정법(상), 345-346면; 김철용, 국가배상법 제2조에서 정한 배상책임의 요건, 한태연박사 회갑기념논문집, 453면.

는 법원은 그 효력을 부인할 수 없다."1)고 했다. 더 나아서 대법원은 "… 그러나 조세부과처분이 무효가 아닌 한,2) 처음부터 이미 납부한 조세에 대한 민사상의 부당이득반환청구소송을 통하여 과세처분의 효력을 부인하고 청구를 인용할 수는 없고,3)4) 선결문제로서 우선 조세부과처분의 위법성을 다투는 행정소송(취소소송·무효등확인소송)을 먼저 제기하여 취소의 인용결정을 받고 난 후에야, 비로소 민사소송인 부당이득반환청구소송 등의 본안심리를 통하여 권리구제를 받을 수 있는 것이다."라고 하였다.

bb) 민사사건에서, 선결문제로서 행정행위의 위법성을 인정하는 것이 가능하다는 견해(긍정설)

공정력은 취소소송을 제기받은 권한 있는 기관만이 당해 행정행위를 취소할 수 있다는 것(취소제도의 배타성)인 바, 그것은 권한 있는 기관은 당해행위의 효력의 유무의 유권적 판단권만을 배타적으로 갖는다는 것인지, 당해 행정행위의 법적 요건의 충족여부(위법성)의 유권적 인정권까지를 배타적으로 갖는다는 것인지 문제된다. 종래에는 양자를 포함하는 것으로 보았으나, 공정력은 행정행위가 실체상 위법하더라도 행정청의 인정에 따라 일응 유효한 행위로 통용시키는 것에 불과하므로, 당해행위의 효력의 유무에 대한 유권적 판단권만을 그 내용으로 한다고 할 것이다. 따라서, 권한 있는 기관에 의하여 취소되기 전이라도 그 효력을 직접 부정하는 것이 아니면 민사소송이나 공법상 당사자소송에서 선결문제로서 행정행위의 위법은 인정할 수 있다고 본다. 그러므로 행정행위가 취소되기 전이라도 그 행정행위의 위법을 주장하여 그 행위에 의하여 생긴 손해배상을 청구하는 것은 공정력에 반하지 않는다 할 것이다.5) 국가배상법에 의하여 배상금지급신청을 받은 배상심의회의 경우도 마찬가지이다.6)

☞ 행정처분의 취소판결을 할 수는 없으나 위법성만의 인정은 가능

[판례] 민사소송에서 선결문제로서 행정처분의 취소판결을 할 수는 없으나 위법성만의 인정은 가능하다는 판례

▶ 대판 1972. 4. 28, 72다337 【손해배상】 공무원이 그 직무를 집행함에 당하여 고의 또는 과실로 법령에 위반하여 손해를 가하였을 때에는 국가 또는 지방자치단체에 대하여 배상청구를 할 수 있다 할 것인바, 본건 계고처분 또는 행정 대집행 영장에 의한 통지와

---

4) 대판 1972. 10. 10, 71다2279.
1) 대판 1973. 7. 10, 70다1439.
2) 천병태·김명진, 행정법총론, 삼영사, 2007, 281면.
3) 대판 1973. 7. 10, 70다1439 : 민사소송에서 선결문제로서 행정행위의 효력을 부인할 수 없다.
4) 박윤흔, 행정법강의(상), 130면.
5) 대판 1974. 3. 12, 73누228 【영업정지처분취소】 (판시사항 : 영업정지처분에 있어서 영업정지시간이 지났을 때 그 취소를 구할 법률상의 이익이 있는지 여부) → (판결요지 : 영업정지처분을 한 경우에 그 영업정지기간이 만료되면 그 취소를 구할 법률상 이익이 없다.
6) 박윤흔, 행정법강의(상), 131면.

같은 행정처분이 위법인 경우에는 그 각 처분의 무효확인 또는 취소를 소구할 수 있으나 행정대집행이 완료한 후에는 그 처분의 무효확인 또는 취소를 구할 소익이 없다 할 것이며 변론의 전 취지에 의하여 본건 계고처분 행정처분이 위법임을 이유로 배상을 청구하는 취의로 인정될 수 있는 본건에 있어 미리 그 행정처분의 취소판결이 있어야만 그 행정처분의 위법임을 이유로 피고에게 배상을 청구할 수 있는 것은 아니라고 해석함이 상당할 것임에도 불구하고 행정처분의 취소가 있어 그 효력이 상실되어야만 배상을 청구할수 있는 법리인 것 같이 판단한 원판결에는 배상청구와 행정처분 취소판결과의 관계에 관한 법리를 오해한 위법이 있다.[1] 계고처분, 즉 행정처분이 위법임을 이유로 배상을 청구하는 경우에는 미리 그 행정처분의 취소판결이 있어야만 그 행정처분의 위법임을 이유로 배상을 청구할 수 있는 것은 아니다.

c) 공정력(구성요건적 효력)과 형사소송

aa) 형사법원은 선결문제로서 행정행위의 공정력을 심사할 수 없다는 견해(소극설; 부정설)

[종래의 통설] 행정행위는 공정력으로 인하여 그것이 취소될 때까지는 형사사건을 심리하는 법원도 거기에 구속되어야 하므로, 소정의 항고소송의 절차에 의하지 아니하면 형사소송절차에서 행정행위의 효력을 선결문제로서 심리판단 할 수 없다는 견해이다.[2] 이 부정설은 전통적 견해로서, 이에 대한 비판으로는 국민은 위법한 행정처분에 의하여 부과된 의무를 위반하여도 처벌을 받게되며, 그 이행을 확보하기 위하여 국민에게 행정벌을 부과하게 되어, 행정편의주의에 치우친 것이라는 비판을 받는다. 아무튼 부정설의 입장은 형사소송에서 선결문제로서 행정행위의 위법성이 문제 되는 경우(예컨대 영업허가가 취소되었음에도 불구하고 영업을 계속한 자에 대한 무허가영업죄의 성립여부에 관련하여 영업허가취소처분의 적법·위법이 다투어지는 경우 등)에 행정행위에는 공정력이 인정되므로 당해 형사사건을 심리하는 법원은 그것이 절대무효가 아닌 한, **형사법원은 행정행위의 위법성을 심사할 수 없고, 따라서 당해 행위가 비록 위법하더라도 행정벌이 과하여진다고 보는 것이다.** 위에서 언급한 바와 같이 종래의 통설이었다.[3] 종래의 통설이 이와 같은 견해를 취한 것은 공정력을 실체법상의 적법성의 추정력으로 보았기 때문이다. 그리고 행정행위의 이행확보가 행정상의 강제집행에 의하기보다는 주로 행정벌에 의존하고 있는 법제 아래서는 그와 같은 해석이 행정행위의 실효성을 확보하는 데에 급급하여 용이하게 받아들여질 수 있었다고 할 것이다.[4]

---

1) 대판 1972. 4. 28, 72다337 【손해배상】
2) 이상규, 행정법(상), 법문사, 1994, 347면.
3) 이상규, 행정법(상), 법문사, 1994, 409면.
4) 박윤흔, 행정법강의(상), 131면.

bb) 형사법원은 선결문제로서 행정행위의 효력(공정력)을 심사할 수 있다고 보는 견해(적극설; 긍정설)

[행정행위의 공정력은 형사관계에는 인정되지 않는다는 견해] 긍정설은 행정행위의 공정력은 형사관계에는 미치지 아니하고, 법원의 독립적 입장에서 범죄성립의 전제가 되는 행정행위의 효력을 평가할 수 있다는 견해이다.[1] 따라서 형사법원은 행정행위의 공정력의 적법성여부를 평가할 수 있다는 것이다. 그 논거로서는 행정행위의 공정력이란 행정법관계의 안정·신뢰보호 등을 위하여 정책적 견지에서 인정된 절차적 효력에 불과한 것인데, 이러한 공정력을 근거로 하여 행정행위의 위법성 여부를 형사법원이 심리·판단할 여지도 없이 행정행위 위법자에게 행정벌을 부과하는 것은 인권보장의 견지에서 이를 인정할 수 없다는 것이다. 따라서 형사법원은 행정행위의 공정력에도 불구하고 행정행위의 위법성을 심사해야 할 것이다. 또한 취소소송에 있어서 행정행위의 취소여부는 위법성 뿐 아니라 공익·사익의 비교형량을 기준으로 하는 사정재결에도 좌우된다. 그러나 행정형벌은 위법성을 기준으로 하는 처벌이므로 양제도에는 차이가 있음을 주의하여야 한다. 이와같이 긍정설의 입장은 형사사건을 심리하는 법원은 스스로 - 공정력의 인정여부에 상관없이 - 행정행위의 위법성을 심사할 수 있다는 것이다.[2] 결국 긍정설의 입장에 의하면, 법원은 형사사건을 심리함에 있어서 행정행위의 위법성을 판단하여 그것을 기초로 본안판결을 할 수 있다고 본다. 왜냐하면 공정력은 절차적 효력에 불과하므로, 그 행위를 실질적으로 적법한 것으로 만드는 것은 아니며, 따라서 행정행위의 효력을 부정하지 아니하는 한도에서 그 행위의 위법성을 판단할 수 있다고 한다.[3] 그리고 위법한 행정행위에 의한 손해배상청구의 경우 미리 그 처분의 취소나 또는 무효확인의 판결을 구할 필요는 없다 한다. 왜냐하면 행정소송은 처분의 효력을 다투는 것이지만, 손해배상청구소송은 위법한 처분에서 발생한 손해를 구제하는 것으로서, 양 제도는 목적을 달리하기 때문이라 한다. 국가에 배상책임이 있느냐의 문제는 공권력을 행사하는 공무원의 행위가 위법이냐 아니냐가 문제되며, 행정행위 자체의 위법성 또는 효력의 유효여부를 따지는 것은 아니다. 따라서 공무원의 행위에 의하여 발생간 손해의 배상을 청구함에 있어서는 그 행위의 취소가 없더라도 허용된다는 견해가 타당하다고 본다. 긍정설 중에는 당해 처벌규정의 내용에 따라 구분하여 당해규정이 관련 행정행위의 유효성만을 처벌요건으로 정하고 있는 경우에는 형사법원은 스스로 당해 행정행위의 유효성여부를 심사할 수 없다고 하고, 그 적법성도 또한 처벌요건으로 정하고 있는 경우에는 당해 행위의 위법성여부를 심사하고 그에 따라 그 위반행위의 범죄구성요건에의 해당여부를 판단

---

[1] 서원우, 행정처분의 공정력과 행정재판의 관계,월간고시(1979.10), 129면.
[2] 서원우, 행정행의의 공정력과 형사재판과의 관계, 월간고시(1979.10); 김남진, 위법한 행정행위의 복종의무와 가벌성여부, 월간고시(1982.6).
[3] 박윤흔, 행정법강의(상), 123면; 김남진, 행정법(I), 207면.

할 수 있다는 견해도 있다.1)

cc) 개별적 판단설

김동희 교수는「… 이 경우 관계규정의 내용의 해석은 일률적 기준이 아니라 당해 행정행위의 의의·목적 및 당해 행위를 다툴수 있는 다른 수단의 존재여부 등을 구체적으로 고려해야 한다」2)고 하면서 다음과 같은 판례를 들고 있다.

▶ 대판 1982. 6. 8, 80도2646(도로교통법위반) : 관계규정이 행위의 적법성을 그 처벌요건으로 삼고 있지 않은 판례

【판시사항】 도로교통법 제57조 제1호에 위반하여 교부된 운전면허의 효력

【판결요지】 연령미달의 결격자인 피고인이 소외인의 이름으로 운전면허시험에 응시, 합격하여 교부받은 운전면허는 당연무효가 아니고 도로교통법 제65조 제3호의 사유에 해당함에 불과하여 취소되지 않는 한 유효하므로 피고인의 운전행위는 무면허운전에 해당하지 아니한다.

▶ 대판 1992. 8. 18, 90도1709【도시계획법위반】행위의 적법성도 처벌요건으로 하는 판례 【판시사항】 가. 도시계획구역 안에서 허가 없이 토지의 형질을 변경한 경우 행정청이 도시계획법 제78조 제1항에 의하여 행하는 처분이나 원상회복 등 조치명령의대상자(= 그 토지의 형질을 변경한 자) 및 토지의 형질을 변경하지 않은 자에 대하여 한 원상복구의 시정명령의 적부(소극) 나. 같은 법 제78조 제1항에 정한 처분이나 조치명령을 받은 자가 이에 위반한 경우 같은 법 제92조에 정한 처벌을 하기 위하여는 그 처분이나 조치명령이 적법할 것을 요하는지 여부(적극) 【판결요지】 가. 구 도시계획법(1991.12.14. 법률 제4427호로 개정되기 전의 것) 제92조 제4호, 제78조 제1호, 제4조 제1항 제1호의 각 규정을 종합하면 도시계획구역안에서 허가 없이 토지의 형질을 변경한 경우 행정청은 그 토지의 형질을 변경한 자에 대하여서만 같은 법 제78조 제1항에 의하여 처분이나 원상회복 등의 조치명령을 할 수 있다고 해석되고, 토지의 형질을 변경한 자도 아닌 자에 대하여 원상복구의 시정명령이 발하여진 경우 위 원상복구의 시정명령은 위법하다 할 것이다. 나. 같은 법 제78조 제1항에 정한 처분이나 조치명령을 받은 자가 이에 위반한 경우 이로 인하여 같은 법 제92조에 정한 처벌을 하기 위하여는 그 처분이나 조치명령이 적법한 것이라야 하고, 그 처분이 당연무효가 아니라 하더라도 그것이 위법한 처분으로 인정되는 한 같은 법 제92조 위반죄가 성립될 수 없다.

dd) 결어

행정행위의 공정력은 민사재판에만 미치고 형사재판에는 미치지 아니한다. 따라서 민사소송에서는 선결문제로서 행정처분의 위법성을 심사할 수 없으나, 형사소송에서는 선결문제로서 행정처분의 위법성을 심사할 수 있다. 생각건대 행정처분이 위법한 것임에도 불구하고, 위법한 행정처

---

1) 홍정선, 행정법원론(상), 단락번호 1079.
2) 김동희, 행정법(I), 314면.

분의 이행을 확보하기 위하여 국민에게 형벌에 의한 제재를 과한다는 것은 단순히 행정편의주의에 치우치는 것으로, 적법절차에 의하지 아니하고는 처벌을 받지 아니하도록 보장한 헌법규정에(헌법 제12조)에 위배된다(적법절차의 원리).[1] 적법절차의 원리는 입법·행정·사법 모든 국가작용을 기속하기 때문이다. 그리고 오늘날은 공정력을 실체법상의 적법성의 추정력으로 보지 아니 하고, 신뢰보호·행정법관계의 안정성·행정의 원활한 운영 등이라고 하는 **정책적 이유에서 인정된 절차법상의 잠정적인 통용력에 지나지 아니한 것으로 본다.** 따라서 이러한 정책적 이유에서 인정된 것에 불과한 행정행위의 공정력을 이유로 형사법원이 행정행위의 위법성 여부를 심사하지 못하고 행정청의 판단을 그대로 인정하여 국민에게 형벌적 제재를 과한다는 것은 공정력의 본래의 취지 및 성격에도 맞지 아니한다고 할 것이다.[2] 그리고 우리의 현행법제도는 공정력이 형사재판에 미치는 것을 전제로 하고 있지 않다고 할 것이다. 형사재판에서는 행정행위의 위법성을 심사할 수 없고, 항상 행정심판이나 행정소송을 제기하여 심사를 받아야 한다는 전제가 성립하기 위하여서는, (ㄱ) 행정행위 위반죄의 피고인이 당해 행정행위에 대하여 항상 행정심판 또는 행정소송을 제기하였거나 제기할 수 있어야 하고, 그것을 제기한 경우 이를 이유로 형사소송절차의 중지를 신청한 때에는 법원은 반드시 중지하도록 되어 있어야 하고, (ㄴ) 피고인에 대하여 유죄판결이 확정된 후 행정행위가 행정심판이나 행정소송에 의하여 취소된 경우에는 유죄판결은 근거를 잃게 되므로 재심을 청구할 수 있어야 하며, 재심청구가 있으면 형의 집행이 정지되도록 되어 있어야 한다(형사소송법 제428조에 의하면 형의 집행을 정지하는 효력이 없다). 그러나 현행법상 이러한 전제요건이 갖추어져 있지 아니할 뿐만 아니라, 다른 한편으로 그러한 요건을 갖추도록 하는 것도 신속한 재판을 받을 권리(헌법 제27조 제3항)와 관련하여 문제가 있다고 할 것이다.[3] 공정력(구성요건적 효력)은 형사사건에는 미치지 않는다고 하면서도 형사재판에서는 행정행위에 위법이 있더라도 그것이 무효에 이르지 않는 한, 형사법원은 그 행정행위의 존재를 부인할 수 없다고 하는 견해가 있다(김남진). 그러나 형사재판은 행정행위의 효력을 부인하기 위한 소송이 아니므로 직접적으로 행정행위의 존부 내지는 효력을 부인할 수는 없다고 하더라도, 형사재판에서 범죄구성요건에 대한 판단으로서 행정행위의 효력이 없는 것으로 보아 그에 대한 불복종자에게 무죄를 선고한다면 그 행정행위는 이행확보수단을 잃게 되어 간접적으로 사실상 효력을 잃게 된다고 할 것이다. 이는 결과적으로 형사재판에서는 행정행위의 유효여부를 판단하여 효력을 부인할 수 있다는 것을 의미한다.[4]

---

1) 박윤흔, 행정법강의(상), 133면.
2) 박윤흔, 행정법강의(상), 133면.
3) 박윤흔, 행정법강의(상), 132면.

▶ 대판 1978. 7. 11, 78도516 【소방법위반】 행정행위의 공정력은 형사사건에는 미치지 않는다는 판례 : 따라서 형사소송에서 선결문제로서 행정처분의 위법성을 심사할 수 있다.

[사실개요] 대구소방서장은 1976년 9월 29일 건물주에게 동년 10월 13일까지 소방시설을 설치하라는 명령을 발하였으나 이를 이행하지 아니하여, 다시 동년 10월 30일까지 설치하라는 독촉을 하였으나 다시 이를 이행하지 아니하여, 소방법 제73조 제1호에 의하여 시설설치명령위반죄로 기소하였다.

[판결요지] 원판결이 인정한 사실에 따르면 이 사건에서 문제가 된 소방시설은 설계를 하는 데에만 20일이 걸렸으며, 대구에는 그러한 설계를 할 사람이 없어서 서울에 맡겼다는 것이며, 공사비는 6천만원, 준공기간은 4개월 반이나 되는 공사를 거쳐야 이룩될 수 있는 시설이라는 것이다. 그런데 이것을 9월 29일에 10월 13일까지 조치하라고 명령(10월 13일에 다시 10월 30일까지 설치하라고 독촉하였다)하였음은 사실상 불가능을 강요하는 것이 되니 이를 받은 피고인이 그 정한 기한 내에 그 시설을 갖추지 못한 데는 정당한 이유가 있고, 따라서 그 소위를 소방법 제29조, 제73조에 저촉된 것으로는 볼 수 없다.[1]

## 4. 행정의사(행정행위)의 확정력(존속력)

### 4.1. 의의

행정행위의 확정력(존속력 : Bestandskraft von Verwaltungsakten)이라 함은 행정소송 제기기간의 경과 기타의 사유로 말미 암아 상대방이 행정행위의 효력을 다툴 수 없게 되는 힘인 **불가쟁력**(형식적 확정력)과 행정행위의 성질상 행정청이 당해 행위를 임의로 취소·철회할 수 없는 힘인 **불가변력**을 말한다.[2] 원래 확정력(Feststellungskraft, Rechtskraft)이라는 용어는 소송법(법원의 판결)에서 쓰이는 것이기 때문에, 법원의 판결과 행정행위는 차이가 많다는 점을 들어 존속력(Bestandskraft)이라는 용어가 더 적합하다고 할 것이나,[3] 지금까지의 관례에 따라 확정력이라 하기로 한다(김도창, 이상규).

### 4.2. 종류

#### 4.2.1. 불가쟁력(형식적 확정력; 형식적 존속력)

a) 의의 및 효력 등

행정법관계에 있어서 행정주체의 공권력 발동행위인 행정행위에 대하여는 일정한 기

---

4) 박윤흔, 행정법강의(상), 134면.
1) 대판 1978. 7. 11, 78도516 【소방법위반】 소방시설의 기한부 설치명령을 지키지 못한데 정당한 사유가 있다고 한 사례.
2) 석종현, 일반행정법(상), 323면.
3) 김남진·김연태, 행정법(I), 87면; 석종현, 일반행정법(상), 323면.

간의 경과(쟁송의 제기기간 : 행정심판법 제27조[… 처분이 있음을 안날로부터 90일 이내에 청구하여야 …]; 행정소송법 제20조[… 처분등이 있음을 안 날부터 90일 이내에 제기하여야 …] 참조) 기타 사유로 말미암아 '상대방 기타 이해관계인측에서' 그 이상 행정행위의 효력을 다툴 수 없게 되는 효력(구속력)이 발생하는바, 이를 불가쟁력(不可爭力) 또는 형식적 확정력이라 하고, 행정의사의 이러한 성질을 불가쟁성이라 한다. ☞ **행정객체에 대한 제약**

▶ 일정한 기간의 경과(출소기간의 경과) : 처분(등)이 있음을 안날로부터 90일 이내에 청구(제기)  ☞ **처분(행정심판), 처분등(행정소송); 청구(행정심판), 제기(행정소송)**

▶ 기타 사유

▶ 대판 2007. 4. 26, 2005두11104【주택건설사업계획승인처분일부무효등】행정처분에 불가쟁력이 발생한 경우, 행정청은 직권으로 이를 취소, 철회할 수 있지만 국민에게는 특별한 사정이 없는 한, 당해 행정처분의 취소, 철회를 구할 신청권이 인정되지 않는다. 제소기간이 도과하여 불가쟁력이 생긴 행정처분에 대하여는 법규에서 신청권을 규정하고 있거나 법령해석상 신청권이 인정될 수 있는 등 특별한 사정이 없는 한 신청권이 없다.

▶ 대판 1994. 1. 25, 93누8542【양도소득세등부과처분취소】
【판시사항】
가. 선행처분과 후행처분이 서로 독립하여 별개의 효과를 목적으로 하는 경우에도 선행처분의 하자를 이유로 후행처분의 효력을 다툴 수 있는 경우
나. 과세처분 등 행정처분의 취소를 구하는 행정소송에서 선행처분인 개별공시지가결정의 위법을 독립된 위법사유로 주장할 수 있는지 여부
【판결요지】
가. 두 개 이상의 행정처분이 연속적으로 행하여지는 경우 선행처분과 후행처분이 서로 결합하여 1개의 법률효과를 완성하는 때에는 선행처분에 하자가 있으면 그 하자는 후행처분에 승계되므로 선행처분에 불가쟁력이 생겨 그 효력을 다툴 수 없게 된 경우에도 선행처분의 하자를 이유로 후행처분의 효력을 다툴 수 있는 반면 선행처분과 후행처분이 서로 독립하여 별개의 법률효과를 목적으로 하는 때에는 선행처분에 불가쟁력이 생겨 그 효력을 다툴 수 없게 된 경우에는 선행처분의 하자가 중대하고 명백하여 당연무효인 경우를 제외하고는 선행처분의 하자를 이유로 후행처분의 효력을 다툴 수 없는 것이 원칙이나 선행처분과 후행처분이 서로 독립하여 별개의 효과를 목적으로 하는 경우에도 선행처분의 불가쟁력이나 구속력이 그로 인하여 불이익을 입게 되는 자에게 수인한도를 넘는 가혹함을 가져오며, 그 결과가 당사자에게 예측가능한 것이 아닌 경우에는 국민의 재판받을 권리를 보장하고 있는 헌법의 이념에 비추어 선행처분의 후행처분에 대한 구속력은 인정될 수 없다.
나. 개별공시지가결정은 이를 기초로 한 과세처분 등과는 별개의 독립된 처분으로서 서로 독립하여 별개의 법률효과를 목적으로 하는 것이나, 개별공시지가는 이를 토지소유자나 이해관계인에게 개별적으로 고지하도록 되어 있는 것이 아니어서 토지소유자 등이 개별공시지가결정 내용을 알고 있었다고 전제하기도 곤란할 뿐만 아니라 결정된 개

별공시지가가 자신에게 유리하게 작용될 것인지 또는 불이익하게 작용될 것인지 여부를 쉽사리 예견할 수 있는 것도 아니며, 더욱이 장차 어떠한 과세처분 등 구체적인 불이익이 현실적으로 나타나게 되었을 경우에 비로소 권리구제의 길을 찾는 것이 우리 국민의 권리의식임을 감안하여 볼 때 토지소유자 등으로 하여금 결정된 개별공시지가를 기초로 하여 장차 과세처분 등이 이루어질 것에 대비하여 항상 토지의 가격을 주시하고 개별공시지가결정이 잘못된 경우 정해진 시정절차를 통하여 이를 시정하도록 요구하는 것은 부당하게 높은 주의의무를 지우는 것이라고 아니할 수 없고, 위법한 개별공시지가결정에 대하여 그 정해진 시정절차를 통하여 시정하도록 요구하지 아니하였다는 이유로 위법한 개별공시지가를 기초로 한 과세처분 등 후행 행정처분에서 개별공시지가결정의 위법을 주장할 수 없도록 하는 것은 수인한도를 넘는 불이익을 강요하는 것으로서 국민의 재산권과 재판받을 권리를 보장한 헌법의 이념에도 부합하는 것이 아니라고 할 것이므로, 개별공시지가결정에 위법이 있는 경우에는 그 자체를 행정소송의 대상이 되는 행정처분으로 보아 그 위법 여부를 다툴 수 있음은 물론 이를 기초로 한 과세처분 등 행정처분의 취소를 구하는 행정소송에서도 선행처분인 개별공시지가결정의 위법을 독립된 위법사유로 주장할 수 있다고 해석함이 타당하다.

[불가쟁력] 이와같이 행정행위에 대하여 불복이 있는 경우에는 일정한 행정불복 제기기간(행심법 제27조 등) 또는 제소기간(행소법 제20조) 내에 행정불복 또는 행정소송을 제기하여야 하며, 그 기간이 경과되거나 쟁송수단을 마친 때에는 아무리 행정행위가 위법 또는 부당하더라도 상대방은 그 효력을 다툴 수 없게 되는바, 그 다툴 수 없게 되는 힘을 불가쟁력(Unanfechtbarkeit)이라 한다. 이는 행정법관계를 되도록 빨리 확정하여 법적 안정성을 기하고자 하는데 있다.[1]

「하자있는 행정행위와 불가쟁력」 불가쟁력은 공정력 때문에 하자있는 행정행위(무효인 행정행위는 제외)에 대하여도 인정된다. 양자는 본래 다른 제도이지만 공정력은 불가쟁력과 결합됨으로써 커다란 힘을 갖게 된다. 불가쟁력이 생긴 행정행위에 대한 행정불복신청 등은 부적법으로 각하된다. 각하되는 이유는 기간의 도과로 인하여 소(訴)제기 요건을 갖추지 못하였기 때문이다. 불가쟁력은 행정법관계를 신속하게 안정시키기 위하여 출소기간 등이 정하여진 데서 오는 절차법적 효력이다. 불가쟁력이 생긴 행정행위라도 위법함이 확인된 때에는 따로 국가배상청구(손해배상청구)를 하거나, 처분행정청이 직권으로 취소(직권취소), 혹은 철회 하는 것은 가능하다. 국가배상청구가 가능한 이유는 불가쟁력이란 행정행위에 하자가 있지만 행정행위의 효력을 다툴 수 없게 하는 것일 뿐이며 행정행위에 존재하는 하자를 치유하는 효력은 아니라는 점이다. 따라서 불가쟁력이 발생한 위법한 행정행위로 손해를 입은 국민이 국가배상청구(손해배상청구)를 하는 것은 가능하다. ☞ **국가배상청구(손해배상청구)는 행정행**

---

1) 김남진·김연태, 행정법(I), 87면.

**위의 효력 자체를 다투는 것은 아니라는 점**

[무효인 행정행위] 무효인 행정행위는 당초부터 당연히 법률효과가 발생하지 않으므로 불가쟁력도 생기지 아니한다. 따라서 제소기간(쟁송기간) 등의 제한을 받지 아니하며, 무효확인심판·무효확인소송등을 제기할 수 있다. 법원의 판결에서와 같은 기판력이 인정되는 것은 아니다.1)

▶판례〉 음주운전을 단속한 경찰관 명의로 행한 운전면허정지처분은 무효이다. 운전면허에 대한 정지처분권한은 경찰청장으로부터 경찰서장에게 권한위임된 것이므로 음주운전자를 적발한 단속 경찰관으로서는 관할 경찰서장의 명의로 운전면허정지처분을 대행처리할 수 있을지는 몰라도 자신의 명의로 이를 할 수는 없다 할 것이므로, 단속 경찰관이 자신의 명의로 운전면허행정처분통지서를 작성·교부하여 행한 운전면허정지처분은 비록 그 처분의 내용·사유·근거 등이 기재된 서면을 교부하는 방식으로 행하여졌다고 하더라도 권한 없는자에 의하여 행하여진 점에서 무효의 처분에 해당한다(대판 1997.5.16, 97누2313). 즉 음주운전을 단속한 경찰관 명의로 행한 운전면허정지처분은 무효이다.

▶헌재결 1994. 06. 30, 92헌바23【구국세기본법 제42조 제1항 단서에 대한 헌법소원】행정처분의 집행이 이미 종료되었고 그것이 번복될 경우 법적 안정성을 크게 해치게 되는 경우에는 후에 행정처분의 근거가 된 법규가 헌법재판소에서 위헌으로 선고된다고 하더라도 그 행정처분이 당연무효가 되지는 않음이 원칙이라고 할 것이나, 행정처분자체의 효력이 쟁송기간 경과 후에도 존속 중인 경우, 특히 그 처분이 위헌법률에 근거하여 내려진 것이고 그 행정처분의 목적달성을 위하여서는 후행 행정처분이 필요한데 후행행정처분은 아직 이루어지지 않은 경우와 같이 그 행정처분을 무효로 하더라도 법적 안정성을 크게 해치지 않는 반면에 그 하자가 중대하여 그 구제가 필요한 경우에 대하여서는 그 예외를 인정하여 이를 당연무효사유로 보아서 쟁송기간 경과 후에라도 무효확인을 구할 수 있는 것이라고 봐야 할 것이다.

b) 재심사청구

[불가쟁력의 효과 재심사청구문제] 위에서 본 바와 같이 불가쟁력이 생긴 행정행위에 대하여서는 아무리 위법함이 확인되더라도, 처분청이 직권으로 취소할 수는 있으나, 상대방은 그 재심사를 청구할 수는 없다. 그러나 그것은 법률관계의 신속한 안정을 통한 행정목적의 실현만을 강조하고 개인의 권리구제는 등한시하는 결과가 된다. 여기에서 불가쟁력이 생긴 행정행위에 대하여도 상대방의 재심사청구제도가 요청된다 할 것이다.

[독일연방행정절차법 제51조] 독일연방행정절차법 제51조(절차의 재개 : Wiederaufgreifen des Verfahrens) ① Die Behörde hat auf Antrag des Betroffenen über

---

1) http://m.blog.daum.net/_blog/_m/articleView.do?blogid=0VCkN&articleno=5165#(검색어 : 불가쟁력; 검색일 : 2015.6.19)

die Aufhebung oder Änderung eines unanfechtbaren Verwaltungsaktes zu entscheiden (행정청은 다음 각호의 1에 해당하는 경우에는 이해관계인의 신청에 따라 불가쟁력이 발생한 행정행위의 취소 또는 변경에 관하여 결정하여야 한다), 1. sich die dem Verwaltungsakt zugrunde liegende Sach- oder Rechtslage nachträglich zugunsten des Betroffenen geändert hat(행정행위의 근거가 되는 실체적 또는 법적 상황을 사후에 이해관계인에게 유리하게 변경한 경우); 2. neue Beweismittel vorliegen, die eine dem Betroffenen günstigere Entscheidung herbeigeführt haben würden(당사자에게 유리한 결정을 초래할 수 있는 새로운 증거가 존재하는 경우); 3. Wiederaufnahmegründe entsprechend § 580 der Zivilprozessordnung gegeben sind(민사소송법 제580조에 준하는 재심사유가 발생한 경우).

▶ 독일연방행정절차법 제51조(절차의 재개: Wiederaufgreifen des Verfahrens) 행정청은 다음 각호의 1에 해당하는 경우에는 이해관계인의 신청에 따라 불가쟁력이 발생한 행정행위의 취소 또는 변경에 관하여 결정하여야 한다.
　　1. 행정행위의 근거가 되는 실체적 또는 법적 상황을 사후에 이해관계인에게 유리하게 변경한 경우
　　2. 당사자에게 유리한 결정을 초래할 수 있는 새로운 증거가 존재하는 경우
　　3. 민사소송법 제580조에 준하는 재심사유가 발생한 경우

독일연방행정절차법 제51조는 재심사청구제도(절차의 재개: Wiederaufgreifen des Verfahrens)를 도입하여 다음의 세 가지 경우에는 재심사청구를 할 수 있게 하고 있다. (ㄱ) 행정행위의 근거가 되는 사실 상태 또는 법적 상태가 사후에 당사자에게 유리하게 변경된 경우이다. 사실상태의 변경은 예컨대 부양자가 있다는 이유로 낮은 정도의 생활보호결정을 받고 있는데 사후에 부양자가 없어진 경우 등을 말하며, 법적 상태의 변경은 실정법규정이 관계자에게 유리하게 변경된 경우를 의미한다. 상급법원의 판례가 관계자에게 유리하게 변경된 경우도 법상태의 변경으로 볼 수 있는지에 대하여는 초기의 판례는 부정하는 경향에 있었으나 오늘날은 긍정하는 판례도 나오고 있다.[1] (ㄴ) 당사자에게 유리한 결정을 내릴 수 있는 새로운 증거가 나타난 경우이다. 예컨대 A에 대한 보충역편입을 거부하였으나 사후에 보충역편입을 뒷받침할 수 있는 새로운 증거가 나타난 경우 등이다. (ㄷ) 독일민사소송법(제580조)에 정하여져 있는 재심사유가 있는 경우이다. 그리고 동규정은 재심사의 소극적 요건을 규정하고 있는바, 행정행위의 재심사의 청구는 당사자가 '중대한 과실(grobes Verschulden)'로 종전의 절차에 의한 구제를 받지 못한 경우에는 행할 수 없으며(제51조 제2항) 또한 '재심사유가 있음을 안 날로부터(Die Frist beginnt mit dem Tage, an dem der Betroffene von

---

1) 신보성, 불가쟁적 행정행위의 재심사, 고시연구(1985.3), 77면.

dem Grund für das Wiederaufgreifen Kenntnis erhalten hat)' 3월이 경과하면 재심사를 청구할 수 없도록 제척기간을 두고 있다(제51조 제3항).

【독일연방행정절차법 제51조】재심사청구제도(절차의 재개: Wiederaufgrifen des Verfahrens)
- 행정행위의 근거가 되는 사실상태 또는 법적상태가 사후에 당사자에게 유리하게 변경된 경우
- 당사자에게 유리한 결정을 내릴 수 있는 새로운 증거가 나타난 경우
- 독일민사소송법(제580조)에 정하여져 있는 재심사유가 있는 경우

우리나라의 행정절차법에 있어서는 아직 이와 같은 재심사청구제도를 채택하고 있지 않으므로 독일에서와 같은 재심사사유가 있는 경우에는 권리로서 재심사청구는 할 수 없고 재심사청구를 청원하거나 소청(訴請)으로 직권에 의한 재심사를 촉구할 수밖에 없다고 할 것이다.[1]

### 4.2.2. 불가변력(실질적 확정력; 실질적 존속력)

a) 의의

행정법관계에 있어서 공권력 발동행위인 행정행위는 원칙적으로 원시적인 흠이 있거나 후발적 사정변경이 있으면 처분청 자신이 직권으로 또는 상급감독청의 감독권 발동에 의하여 취소·변경·철회할 수 있는 것이 원칙이다. 그것은 행정의 법률적합성의 원칙에 합치시키기 위하여서도, 그리고 행정의 공익적합성의 요청에 응하기 위하여서도 필요한 조치라 하겠다. 그러나 예외적으로 행정행위 중에는 그 성질상 비록 **행정청 자신도 '직권에 의한' 취소·변경·철회가 인정되지 않는 경우**가 있는바(예를 들면 행정기관의 준사법적 행위인 행정심판작용의 재결, 토지수용위원회의 재결 등과 개인에게 이익을 주는 수익적 행정행위; 조리상 불가변력이 인정되는 경우), 이렇게 취소·변경·철회할 수 없는 효력을 불가변력(Unabänderlichkeit), 기판력, 자바려 또는 실질적 확정력이라 하고, 행정의사(행정행위)의 이러한 성질을 불가변성이라 한다.[2] ☞ **행정주체에 대한 제약**

불가변력이 발생하는 행정행위는 확인행위와 같은 **준사법적 행위**(행정심판의 재결이나 토지수용위원회의 재결 등) 취소나 철회·변경이 제한되는 수익적 행정행위이다. 행정심판의 재결은 불가변력이 발생한다(아래 판례참조).

▶ 대판 1965. 4. 22, 63누200【부동산임대계약취소처분취소】재결은 행정처분의 성격

---

1) http://www.dbpia.co.kr/SKnowledge/ArticleDetail/192630; 김남진, 행정행위의 불가쟁력과 재심사, 월간법제, 1999.
2) 김남진·김연태, 행정법(I), 87면 참조.

을 가진것이라 할 것이나 실질적인 면에서 본다면 본질상 쟁송의 절차를 통한 준(準)재판이라 할 것인만큼 이러한 성질을 가진 소청 재결청의 판정은 일반 행정처분과는 달리 재심 기타 특별한 규정이 없는한 재결청인 소청심의회 자신이 취소변경할 수는 없다.

b) 인정여부

공정력·불가쟁력·집행력은 행정소송법·행정대집행법 등 실정법에 의하여 인정된 제도이다. 이에 대하여 불가변력(不可變力; act of irregular variable)은 실정법에 의하여 명확하게 정하여진 제도가 아니고 학설·판례에 의하여 구성되어 온 것이다. 이점에서 그 인정여부·범위 등에 대하여 논란이 있다. 그리하여 불가변력의 문제는 취소권의 제한의 문제로 고찰하면 되고, 행정행위의 특성으로서는 불가변력이 내재하지 않는다고 보아 불가변력을 부인하는 견해도 있다.[1] 그러나 행정행위의 취소권의 제한과 불가변력은 구별하여야 한다. 행정행위의 취소권의 제한은 행정행위가 상대방에게 이익을 부여하는 것인 경우에 그 상대방의 이익보호를 위하여 행정행위의 취소를 제한하는 것이며, 그것은 오직 행정행위의 내용과 관련하여 논하여진다. 이에 대하여 불가변력은 행정행위의 내용이 아닌, 행정행위의 결정과정과 관련하여 논하여지는 문제이기 때문에, 행정행위의 효력의 하나로 불가변력을 인정하는 것이 타당하다. 실질적 확정력(존속력[Bestandskraft])은 행정행위가 규율하는 규준력(Maßgeblichkeit)와 동일시되기도 하며 또는 행정행위의 내용적 통용력(inhaltliche Geltung des Verwaltungsakt)으로 이해되기도 한다. 논자에 따라서는 실질적 존속력을 "법존속력(Rechtsbeständigkeit)"으로 파악하기도 하는데 이 경우 불가변성(Unabanderbarkeit) 혹은 내용상의 불가변성이 요구된다. 실질적 존속력(Bestandskraft)은 실질적 구속력(materielle Bindungswirkung)이라고 하는데 이러한 구속의 종류, 외연 및 귀속주체는 분명하지 않다. 독일연방행정절차법도 이점에 있어서는 기여하는 바가 거의 없다. 독일연방행정절차법 제2절 행정행위의 존속력(Bestandskraft des Verwaltungsakts)이라는 제하 아래 제43조(행정행위의 효력 : Wirksamkeit des Verwaltungsaktes) 이하에서 이를 규정하고 있으나 존속력의 개념은 정의되어 있지 않다. 연방행정법원은 행정행위의 존속력의 대상과 법적 효력범위(rechtliche Tragweite)등은 … 모든 법분야와 모든 종류의 행정행위에 대해 통일적으로 판단되지 않는다는 입장을 취하고 있다.[2] 전통적 견해에서는 행정행위의 실질적 존속력을 특정행위에 대해서만 인정되는 취소나 철회가 인정되지 않거나 제한되는 불가변력으로 이해하나 오늘날의 새로운 견해는 실질적 존속력을 법원의 판결에 대하여 인정되는 실질적 확정력과 같은 (또는 유사한)것으로 보며, 불가쟁력의 발생

---

1) 磯崎辰五郎, 行政法總論, 102頁(面).
2) 정준현, 행정행위의 존속력, 법제처(1987.2), 입법자료.

을 전제로 하여 모든 행정행위에 대하여 인정한다. 불가변력은 대상을 달리하는 동종의 행정행위에는 인정되지 않는다. 행정청이 불가변력에 위반된 행위를 한 경우는 취소사유에 대항한다. 불가변력은 당해 행정행위에 대해서만 인정되는 것이고, 동종의 행정행위라 하더라도 그 대상을 달리할 때에는 이를 인정할 수 없다는 것이 판례의 입장이다.[1]

▶ 대판 1984. 12. 11, 84누225 【법인세등부과처분취소】 과세처분이 불복기간의 경과나 전심절차의 종결로 확정되어 이른바 불가쟁력 또는 불가변력이 발생하였다고 하여도 이러한 확정의 효력은 그 처분이 유효하게 존속하는 것을 전제로 한 것이므로 그 뒤의 증액경정처분에 의하여 처음의 과세처분이 위 경정처분에 흡수됨으로써 독립된 존재가치를 상실하고 소멸한 이상 그 불가쟁력이나 불가변력을 인정할 여지가 없고, 따라서 경정처분에 대한 소송절차에서 당사자는 이미 확정된 처음의 과세처분에 의하여 결정된 과세표준과 세액에 대하여도 그 위법여부를 다툴 수 있다.

c) 법적 성격

불가변력의 성질에 대하여는 견해가 나누인다. (ㄱ) 소송절차와 관련시켜 그 행정행위가 행하여진 절차 때문에 생기는 효력으로 보고, 독립된 행정재판소의 판결에만 인정된다는 소송법적 확정력설(O. Mayer), (ㄴ) 소송절차와 관련시키지 않고 법적 안정성의 견지에서 국가행위의 성질상 발생하는 효력이라고 보는 불가변력설(헤른리트: Hermitt), (ㄷ) 일반법이론으로부터 출발하여 모든 법규범에는 그 타당할 장소적 한계가 있는 것과 같이 시간적 한계가 있으며, 이것이 확정력이라는 법규범설(메르켈: Merkel 등) 등이 그것이다. 어느 견해에 따르느냐에 의하여 확정력의 강도, 그것이 인정되는 행위의 범위, 법적 근거의 필요여부 등에 차이가 있을 것인바, 행정행위의 불가변력은 법원의 판결에 대한 것과는 다른 이유로 인정된다는 점에서 불가변력설이 타당하다.[2]

d) 불가변력을 발생하는 행정행위의 범위

행정행위에 내재하는 효력으로서 불가변력이 발생하는 행위는 그다지 많지 않다. 일정한 쟁송절차를 거쳐 행해지는 확인적 행위(예: 행정심판의 재결) 등 준사법적 행위는 원칙적으로 그 하자를 이유로 직권으로 취소하거나 사후의 공익상의 이유로 철회하지 못한다고 하는 의미의 강한 불가변력을 인정하는 것이 통설·판례이다.[3] 쟁송절차를 거쳐 행하여지는 분쟁해결행위인 확인행위를 제삼자가 판정을 번복시킬 수 있다고 한다면 분쟁해결행위의 권위가 훼손될 뿐만 아니라 이로 인한 다툼이 반복되어 분쟁해결이 불가능하게 된다. 따라서

---

1) 대판 1974. 12. 10, 73누129
2) 박윤흔, 행정법강의(상), 138면.
3) 소원의 재결에 대한 판례: 대판 1962. 1. 18, 4294행상95; 심계원의 판정: 대판 1963. 7. 25, 63부65.

비록 분쟁해결행위가 위법한 것으로 판단되더라도 당사자가 소송 등에 의하여 그것을 다투도록 하고 제삼자 스스로는 변경할 수 없도록 하여야 한다. 쟁송절차와 관계없는 확인행위(예: 국가시험 합격자 결정, 당선인결정 등)도 사실 또는 법률관계의 정·부정 또는 존부를 공적 권위를 가지고 선언하는 행위이므로 성질상 임의로 변경할 수 없는 상대적 불가변력을 발생하는 것이 있음을 인정하여야 한다는 것이 유력한 견해(김도창)이다.

▶ 대판 2010. 9. 30, 2009두1020【양도소득세부과처분취소】 (과세처분에 관한 이의신청절차) 과세처분에 관한 불복절차과정에서 과세관청이 그 불복사유가 옳다고 인정하고 이에따라 필요한 처분을 하였을 경우에는, 불복제도와 이에 따른 시정방법을 인정하고 있는 위와 같은 법 규정들의 취지에 비추어 동일 사항에 관하여 특별한 사유 없이 이를 번복하고 다시 종전의 처분을 되풀이 할 수는 없는 것이므로, 과세처분에 관한 이의신청절차에서 과세관청이 이의신청 사유가 옳다고 인정하여 과세처분을 직권으로 취소한이상 그 후 특별한 사유 없이 이를 번복하고 종전 처분을 되풀이하는 것은 허용되지 아니한다.

e) 불가변력이 발생하지 않는 경우
aa) 취소권의 제한(불가변력과는 다른 개념)

특허·허가·인가 등과 같이 상대방에게 권리·능력 등을 설정하거나 의무를 면제하여 주는 수익적 행정행위는 상대방 기타의 이해관계인의 신뢰보호와 법적 생활의 안정성을 확보하기 위하여 행정청의 직권취소와 철회권행사는 제한되며, 또한 행정행위를 취소함으로 인하여 공공복리를 해치게 되는 경우(예: 발전소 댐 건설을 위한 토지수용재결의 취소)에는 취소가 제한된다(행정심판에서의 사정재결이나 행정소송에서의 사정판결 등이다. 행심법 제44조, 행소법 제28조). 그러나 이와 같은 상대방 기타의 이해관계인의 신뢰보호·법적 안정성 확보나 공공복리의 유지를 위한 행정행위의 취소 또는 철회의 제한은 행정행위의 내재적 효력 때문이 아니고, 취소 또는 철회할 수 있는 행위임에도 불구하고 외부적 사유에 의하여 그것이 제한되는 것이므로「불가변력」이라 할 수 없고「취소권의 제한」으로 논하여져야 할 것이다. 즉 취소권의 제한은 외부적 사유로 인하여 발생하는 것이고, 불가변력은 행정행위의 내재적 효력에 의하여 생기는 것이므로 양자는 서로 본질적으로 다른 개념이지만 그 효과면에서는 불가변력이 생긴 경우, 예컨대 쟁송절차를 거쳐 행하여지는 준사법적 행위(행정심판의 재결 등)나 일정한 확인행위(예: 당선인결정·국가시험합격자결정 등)에는 불가변력이 발생하므로 이범위 내에서는 취소권의 제한이 인정된다(이 경우에는 직권취소는 불가하고 쟁송취소만이 가능하다).[1] 다만 여기서 주의할 점은 불가변력이 발생

---

1) 김동희, 행정법(I), 344면.

하면 그 결과 취소권이 제한된다는 의미이지, 취소권이 제한되면 불가변력이 발생한다는 의미는 아니다. 따라서 위에서 언급한바와 같이 「취소권의 제한」과 「불가변력」은 서로 다른 개념이다.

▶ 불가변력(이 발생하면) → 취소권의 제한이 인정(O)
▶ 취소권의 제한(이 발생하면) → 불가변력이 발생하는 것이 아님(X)

[사례] (행정처분을 한 행정청이 스스로 그 처분을 취소할 수 있는가): 甲은 음주운전으로 적발되어 음주측정을 한 결과 혈중알콜농도가 0.15%로 나타났다. 그런데 소속경찰관의 사무착오로 관할 지방경찰청장으로부터 운전면허정지처분의 통지가 발송되어 甲에게 송달되었다. 그 후 관할 지방경찰청장은 위의 사무착오를 발견하고 운전면허정지처분을 철회한 후 운전면허취소처분을 하였다. 이처럼 관할 지방경찰청장이 행정처분을 자의적으로 취소하고 새로운 처분을 하여도 되는가?

[해설] 위 사안에서 문제된 것처럼 행정청이 행정처분을 한 후 자의로 그 행정처분을 취소할 수 있는지에 관하여 판례는 "행정청이 일단 행정처분을 한 경우에는 행정처분을 한 행정청이라도 법령에 규정이 있는 때, 행정처분에 하자가 있는 때, 행정처분의 존속이 공익에 위반되는 때, 또는 상대방의 동의가 있는 때 등의 특별한 사유가 있는 경우를 제외하고는 행정처분을 자의로 취소(철회의 의미를 포함) 할 수 없다"라고 하였으며, "운전면허취소사유에 해당하는 음주운전을 적발한 경찰관의 소속경찰서장이 사무착오로 위반자에게 운전면허정지처분을 한 상태에서 위반자의 주소지 관할지방경찰청장이 위반자에게 운전면허취소처분을 한 것은 선행처분에 대한 당사자의 신뢰 및 법적 안정성을 저해하는 것으로서 허용될 수 없다"라고 하였다.[1] 따라서 위 사안의 경우 갑에 대한 관할지방경찰청장의 운전면허정지처분의 취소가 허용되지 않는다면, 그 후에 이루어진 위 운전면허취소처분은 동일한 사유에 관한 이중처분으로서 위법하다고 할 것이므로, 갑은 위 운전면허취소처분의 취소를 청구할 수 있다. <대한법률구조공단>

bb) 법률에 의하여 부여된 소송법적 확정력

법률이 일정한 행위에 대하여 소송법적 확정력을 인정한 경우가 있다. 즉 조세범처벌절차법 제11조에 의한 통고처분(범칙자가 통고대로 이행한 때에는 동일한 사건에 대하여 소추를 받지 아니한다), 토지수용에 관한 확정재결(舊토지수용법 제75조의2, 제3항)은 확정판결과 같은 효력이 인정되고, 징발보상금지급결정(징발법 제24조의4 : 재판상의 화해성립의 의제)은 상대방의 동의를 전제로 민사소송법상의 재판상화해의 효력을 인정한다. 이러한 소송법적 확정력은 효력에 있어서는 강한 불가변력으로 볼 수 있으나, 그것이 행정행위의 내재적 효력이 아니고 법률에 의하여 부여된 효력인 점에서 행정행위의 (내재적) 효력인 불가변력과 구별된다.

---

[1] 대판 2000. 2. 25, 99두10520 【자동차운전면허취소처분취소】

f) 불가변력과 공정력과의 관계

불가변력이 있는 행정행위는 당해 행위를 행한 행정청도 함부로 취소·변경할 수 없으므로 상급감독청의 행정심판위원회(舊재결청)가 일단 행한 재결을 취소하고 새로운 재결을 행한 경우에는 새로운 재결은 불가변력에 위반하여 위법하게 된다. 그러나 다른 한편으로 행정행위는 위법하더라도 공정력이 있으므로 이러한 경우에는 공정력과 불가변력 중에서 어느 것을 우선시킬 것인지가 문제된다. 공정력을 우선시키는 것이 타당하다고 할 것이며, 따라서 새로운 재결은 위법하지만 일응 유효하다고 할 것이다.[1] 그러나 불가변력에 반하는 새로운 재결은 중대·명백한 하자를 가지게 되며, 따라서 당연무효로 보아야 한다는 견해도 유력하다.[2]

▶ 대판 1965. 4. 22, 63누200 【부동산임대계약취소처분취소】 불가변력에 위반하여도 당연무효는 아니라는 판례 귀속재산처리법에 의한 귀속재산소청심의회의 판정은, 재심기타 특별한 사정이 없는 한, 심의회 자신이 취소·변경할 수 없으나 이에 위반하여 법적 근거 없이 이를 취소·변경한 심의회 판정도 당연무효는 아니다.

g) 불가쟁력과 불가변력과의 관계

행정행위에 대하여 불가쟁력이 인정되는 것은 쟁송제기의 가능성 여부에 관한 절차상의 문제에 지나지 않으며, 쟁송기간의 경과로 하자가 치유되는 것은 아니므로 그 기간의 경과 후에도 불가변력이 발생하는 행위가 아닌 한 직권으로는 취소할 수 있고, 행정청에 대하여 불가변력이 발생한 행위도 이해관계인측에서는 불가쟁력이 생기지 않는 한 쟁송수단으로는 그 효력을 다툴 수 있다.

[불가쟁력과 불가변력의 차이점] (ㄱ) 불가쟁력은 행정행위의 상대방과 이해관계인에 대해서, 불가변력은 행정청에 대해서 발생하는 효력이나. (ㄴ) 불가쟁력은 쟁송제기기간의 제한을 받는 모든 행정행위에 발생하는 데 비해, 불가변력은 준사법적 행위와 같은 한정된 행정행위에만 발생한다. (ㄷ) 불가쟁력이 절차적 효력이라면, 불가변력은 실체적 효력이다.

[불가쟁력과 불가변력의 상호작용 여부] 불가쟁력과 불가변력은 서로 별개의 효력으로 상호영향을 미치지 않는다(상호독립적임). 즉, 불가변력이 있더라도 불가쟁력이 발생하고 있지 않는 한 행정행위의 상대방이나 이해관계인은 쟁송으로 다툴 수 있고, 불가쟁력이 발생했다 하더라도 불가변력이 없으면 행정청의 직권취소나 변경이 가능하다.

[불가쟁력이 발생한 행위의 직권취소의 한계에 관한 정부해석] (질의 요지) : 대법원판례 등 기타의 사유로 인하여 과세대상을 비과세대상으로, 중과세대상을 일반과세대상으로 하는

---

1) 同旨 : 日本最高裁判 1955. 12. 26, 民集 第9卷 第14號, 2090頁.
2) 原田尙彦, 行政法要論, 全訂 第3號 124頁.

등 법해석을 납세의무자에게 유리하게 변경(사실판단의 변경포함)하여 운용할 경우, 동일한 성질의 사안에 대한 이의신청 또는 심사청구가 기각된 지방세부과처분이나 이미 납부한 지방세에 관하여 직권으로 그 처분을 취소 또는 변경하거나 이미 납부한 지방세액을 환부하여야 할 것인지의 여부 (의견 및 이유) : 대법원판례 기타 사유로 법해석을 변경하여 운용할 경우는, 원칙적으로는 판례 등에서의 법해석은 당해 개별사안을 전제로 하여 내려진 것일 뿐만 아니라, 설령 그 해석이 일반적 상황을 전제로 한 것이라 하더라도, 그것이 처분청 스스로 처분의 전제가 되는 사실오인을 인정한 것이거나 실질적으로 종전의 기결된 사안의 위법성을 확인하는 것이 아닌 한, 그 해석은 장래에 향하여 적용할 것으로서, 앞으로 행할 조세부과처분이나, 이미 행한 조세부과처분으로 그에 대한 쟁송절차가 끝나지 아니한 사안에 대하여서만 영향을 미친다고 할 것이고, 종전의 기결된 사안에 대하여는 특별한 사정이 없는 한 법 해석의 변경만을 이유로 법령상 행정청의 의무로 되어 있는 조세부과처분을 직권에 의하여 취소·변경할 수는 없다고 할 것이다. 따라서 귀문의 경우, 해석을 변경하여 운용한다고 하더라도, 새로운 해석이 있다고 하여 종전의 조세부과처분이 바로 위법·부당하게 되는 것은 아니라고 할 것이므로, 지방세법 제25조의 2가 적용되는 것은 아니라고 할 것이다(1987. 1. 8 내무부 질의에 대한 법제처 해석).

## 5. 행정의사(행정행위)의 강제력

### 5.1. 의의

행정법관계(일반권력관계)에 있어서는 행정의사의 실효성을 확보하기 위한 우월한 힘이 인정되는바, 이 힘(강제력)은 행정의사에 복종하지 않는 자에 대하여 행정법상의 제재(행정벌)를 가하거나 행정청 자신이 행정상 강제집행을 하는 데서 볼 수 있다. 행정의사의 강제력으로는 제재력과 자력집행력(Vollstreckbarkeit)으로 나누어 설명 할 수 있다.

### 5.2. 종류

#### 5.2.1. 제재력(행정벌)

사법관계에서는 상대방이 권리를 침해하거나 의무를 이행하지 않을 경우에는 민사상의 불법행위를 구성하며, 이에 대한 구제책으로는 민사소송에 의한 손해배상을 청구할 수밖에 없다. 그러나 행정법관계에서는 상대방이 국가익사를 위반(과거의무위반)한 때에는 그에 대한 제재(행정벌)를 가할 수 있다. 그에 대한 제재로서 형벌(행정형벌) 또는 질서벌(행정질서벌 : 과태료)을 과한다. 예를 들면 의사의 진료의무위반(의료법 제15조)에 대한 처벌규정(의료법 제89조)이 그것이다. 이것은 의사와 환자간의 사법관계에 관한 규정이 아니라 국가와 의사간의 공법관계임을 의미한다. <u>행정벌에는 행정형벌과 행정질서벌(과태료)이</u>

있다.

▶ 의료법 제15조 (진료의 거부금지등) ① 의료인은 진료나 조산 요청을 받으면 정당한 사유없이 거부하지 못한다. ② 의료인은 응급환자에게 응급의료에관한법률이 정하는 바에 따라 최선의 처치를 행하여야 한다.

▶ 의료법 제89조 (벌칙) 제15조제1항, 제17조제1항·제2항(제1항 단서 후단과 제2항 단서는 제외한다), 제56조제1항부터 제4항까지, 제57조제1항, 제58조의6제2항을 위반한 자는 1년 이하의 징역이나 500만원 이하의 벌금에 처한다. <개정 2010.7.23.>

행정벌 ┬ 행정형벌
　　　 └ 행정질서벌(과태료)[1]　　⇨ 형법상의 과료[2]와 구별할 것(범칙금[3]과도 구별)

**과태료 [過怠料]** 벌금이나 과료(科料)와 달리 형벌의 성질을 가지지 않는 법령위반에 대하여 과해지는 금전벌(金錢罰). 현행법상 과태료를 정하는 법률의 규정은 적지 않으나, 각각의 성질에 따라 이에 적용되는 법원칙이나 절차는 같지 않다. 과태료의 성질을 크게 나누면 다음과 같다. ① 질서벌로서의 과태료 : 법률에 의하여 과해진 형식적인 의무위반자에 대하여 제재(制裁)로 과해지는 것이다. 예를 들면, 특허법(제232조)·민법(제97조)·상법(제28조·제635조·제636조)·호적법(제130조-제133조)·민사소송법(제282·289·297조) 등 공법·사법에 널리 인정되고 있으며, 지방자치법에는 조례로도 과태료를 징수할 수 있도록 되어 있다(제20·130조). ② 징계벌로서의 과태료 : 일정한 직업을 가진 사람이 직무상의 의무에 위반하였을 경우에 과해지는 것으로서, 예를 들면 공증인법(제83조·제87조)·변호사법(제72조·제95조)·법무사법(제29조 제2항 제2호) 등에 규정되어 있다. 징계벌로서의 과태료는 그 직업을 감독하는 관청이 과하는 것이 통례이다. ③ 집행벌로서의 과태료 : 행정상의 의무이행을 게을리하는 사람에게 그 의무의 이행을 강제하기 위하여 과하는 것이나, 현행법상 그 예가 거의 없다. 과태료는 형벌이 아니므로 그 과벌절차(科罰節次)도 형사소송법에 의하지 않으며, 각 법률에 특별한 규정이 없는 한, 비송사건절차법(非訟事件節次法)의 규정에 따른다(247-249조). 조례(Satzung)에 의한 과태료는 당해 지방자치단체의 장이 과(課)하고, 체납처분의 예에 따라서 징수한다(지방자치법 제20조·제130조).

**과료 [科料]** 범인으로부터 일정액의 금액을 징수하는 형벌. 벌금보다는 그 금액이 적고 비교적 경미한 범죄에 대해서 과해진다는 점에서 벌금과 다르다. 그러나 형벌이 아닌 과태료와는 엄연히 구분된다. 과료의 재판은 검사의 명령에 의하여 민사소송법의 집행에 관한

---

1) <ⓒ 두산백과사전 EnCyber & EnCyber.com>
2) <ⓒ 두산백과사전 EnCyber & EnCyber.com>
3) <ⓒ 두산백과사전 EnCyber & EnCyber.com>

규정을 준용하여 집행한다(형사소송법 제477조). 과료는 2천원 이상 5만원 미만이고(형법 제47조), 판결확정일로부터 30일 이내에 납입하여야 한다. 과료를 납입하지 아니한 자는 30일 미만의 기간 노역장에 유치하여 작업에 복무하게 한다(형법 제69-제70조).

**범칙금[犯則金]** 경범죄처벌법 · 도로교통법규 등을 범하거나 위반했을 때 부과하는 벌금. 경범죄처벌법 · 도로교통법 등 일상생활에서 흔히 일어나는 경미한 범죄행위를 행한 자에게 벌금 · 구류 · 과료 · 범칙금을 부과함으로써 경미한 범죄행위를 사전에 막으려는 데 그 목적이 있다. 경범죄처벌법상의 행위 유형으로는 쓰레기 방치 · 자연훼손 · 노상방뇨 · 담배꽁초 버리기 · 도로 무단횡단, 공공장소에서의 흡연, 공중에게 혐오감을 주는 행위 등 이루 헤아릴 수 없이 많다. 형법은 국가적 · 사회적 · 개인적 주요 법익에 대한 침해 행위인 범죄에 대해서 형벌을 가함으로써 이러한 법익을 보호하려는 데 목적이 있다. 이에 대해서 경범죄처벌법이 대상으로 하고 있는 행위들은 법익침해의 중대성이 형법상의 범죄행위만큼 크지 않은 행위들이다. 경범죄에 대한 제재수단은 범칙금이나 구류 · 과태료 등이다. 경범죄처벌법상의 제재수단에서는 형법에서 형벌로 규제하고 있는 사형 · 징역 · 금고 · 자격정지의 형을 배제하고 있다.

### 5.2.2. 자력집행력(Vollstreckbarkeit)

행정법관계에서는 행정상 의무불이행에 대하여 행정청의 자력강제로서 장래 이행을 강제할 수 있다(행정상 강제집행). 다만 행정상 강제집행은 각 단행법의 규정(수권법규 : 행정대집행법 · 국세징수법 등)이 있어야 인정된다. 종래에는 행정행위의 집행력을 행정행위의 고유한 효력으로 보았다. 그러나 오늘날에는 집행력은 행정행위의 고유한 효력이 아니고 또한 하명행위와 집행행위는 별개의 행정작용이므로, 행정청이 자력집행력을 행사하려면 별도로 그 자체의 수권법규가 필요하다. 예를 들면 소득세를 납부하지 않은 경우에 이를 강제징수하기 위해서는 소득세의 부과에 대한 수권법규인 소득세법에 의하는 것이 아니라 별도로 국세징수법에 의한다.

자력집행력은 행정행위 중 국민에 대하여 의무를 명하는 하명행위(명령 · 금지)에 한한다.[1] 사법관계에서는 상대방이 의무를 불이행하는 경우에는, 채권자는 법원에 급부소송 등을 제기하여 법원에 의하여 급부판결 등을 얻어 이를 채무명의로 하여, 또한 국가의 집행기관(집달관)에 의한 강제집행을 청구하여야 한다. 이에 대하여, 행정법상의 의무를 불이

---

[1] 행정행위 가운데 상대방에게 작위나 급부의무를 과하는 것이 보통 자력집행(대집행, 강제징수 등)의 대상이 되며, 형성적 행위(허가 · 특허 · 인가 등), 확인적 행위와 같이 행위 그자체로서 효과를 인정하고 집행의 문제를 일으키지 않는 것은 자력집행의 대상이 되지 아니한다(김남진 · 김연태, 행정법(I), 87면).

행하는 경우에는 법원에 소송을 제기하여 의무의 존재를 확인받을 필요가 없고, 또한 국가의 집행기관에 청구하지 않고 자력으로 그 이행을 강제할 수 있는 힘을 가지는 경우가 많다.[1] 집행력과 공정력은 직접적인 관계는 없다. 그러나 집행력은 공정력 때문에 하자있는 행정행위(무효인 행정행위는 제외)에 대하여도 인정된다. 이와 같이 공정력은 집행력과 결합됨으로써 보다 커다란 힘을 갖게 된다.

**비교고찰**

(※ 표시는 3자공통)

| 행정법관계의 특질 | 행정행위의 특질 | 행정행위의 효력 |
|---|---|---|
| ① 행정의 법률적합성 | ① 행정의 법률적합성 | ① ──────── |
| ② 구속력(김도창 교수) | ② ──────── | ② 구속력 |
| ③ 공정력 | ③ 공정성 | ③ 공정력(예선적 효력) ※ |
| ④ 확정력 | ④ 확정성 | ④ 확정력(불가쟁력·불가변력) ※ |
| ⑤ 강제력(집행력) | ⑤ 실효성(자력집행성) | ⑤ 집행력 ※ |
| ⑥ 권리·의무의 특수성 | ⑥ ──────── | ⑥ ──────── |
| ⑦ 권리구제수단의 특수성 | ⑦ 행정행위에 대한 구제제도의 특수성 | ⑦ ──────── |

<김세웅, 최신행정법, 박문각, 1994, 172면>

## II. 공법상 특별권력관계의 특질

공법상 특별권력관계의 본질에 관하여는 사법상 특별권력관계는 물론, 일반권력관계와 절대적으로 구별되는 특수성을 인정하여 법적·재판적 통제의 권외에 있는「자유로운 행정영역」(행정유보영역)으로 보는 것이 과거의 행정제도국가적 통설이었다. 그러나 오늘날은 특별권력관계와 일반권력관계의 구별을 상대적인 것으로 이해하여「법치주의가 제한·수정·완화」될 뿐이라는 데서 그치지 않고, 한걸음 더 나아가 구별부인론까지 대두되고 있다.

---

1) 박윤흔, 행정법강의(상), 142면.

## III. 관리관계의 특질

관리관계는 행정주체가 「재산관리권의 주체」로서 활동하는 관계이므로 본질적으로 사인의 재산관리관계와 같고, 다만 행정주체가 행정목적(공공복리 기타의 공익)의 달성을 위하여 관리하는 관계이므로 그 한도 안에서 '공공성'이 인정되지만, 권력관계에서와 같은 강한 공법적 특수성(공정력·확정력·자력집행력)은 인정되지 않는다. 그러므로 관리관계는 사법관계와 공법관계의 「교차영역」이라 할 수 있다.

## IV. 행정법관계(권력관계·관리관계)에 공통된 특질

### 1. 공권·공의무의 특수성

공권·공의무는 사권·사의무와 구별되는 개념이다. 행정법관계에서는 국가가 개인에 대하여(국가적 공권·공의무) 또는 개인이 국가에 대하여(개인적 공권·공의무) 가지는 권리·의무는 사익을 위해서가 아니라 '국가적·공익적 견지'에서 필요한 까닭에 인정되는 것이므로 권리가 동시에 의무라는 「상대적 성질」을 가진다. 그 결과, 사법관계에 있어서와는 달리, (ㄱ) 그 이전·포기가 제한되고, (ㄴ) 특별한 보호와 강제가 가하여지는 특수성을 가지고 있다. 공법관계에서 국가적 공권은 권리가 아니라 권능의 성질을 가진다(권능이란 권리의 내용을 이루는 각개의 법률상의 힘을 말한다. 예컨대, 소유권은 권리이지만, 그 내용인 사용권·수익권·처분권은 권능이다). 그것은 국가적 공권의 예인 조세권·경찰권·공법상 물권 등은 국가의 지배권 내지 통치권과 불가분의 일체를 이루고 서로 분리된 것이 아니기 때문이다. 즉, 통치권 또는 지배권이 권리이라면, 조세권 등은 하나의 권능으로 볼 수 있다.

### 2. 권리구제수단의 특수성

#### 2.1. 행정상 손해전보제도

행정법관계에 있어서 국민의 권리·이익이 침해되었을 경우의 손해전보는 행정상 손해배상 또는 행정상 손실보상의 방법에 의한다. 즉 행정청이 '위법행위'로 인한 권리침해에 대하여는 국가배상법에 따라 행정상 손해전보의 방법에 의해 구제된다(행정상 손해배상), 그리고 '적법행위'로 인한 권리침해에 대하여는 각 단행법의 규정에 따라 「행정상 손실보상」의 청구가 인정된다. 이 양제도는 민사상의 손해배상제도와는 책임의 요건·배상범위·절차 등 여러 가지 점에서 다른 특수성을 지니고 이다.

▶ 행정상 손해배상 → 행정청의 위법행위
▶ 행정상 손실보상 → 행정청의 적법행위

## 2.2. 행정상 쟁송

사법관계에 관한 법적 분쟁이 있을 경우에는 그 당사자가 누구인지에 관계없이 민사소송절차에 의한다. 이에 대하여, 행정법관계에 관한 쟁송절차는 각국에 따라 약간의 차이는 있으나, 다같이 어느 정도의 '특례'가 인정되고 있다. 과거 우리나라에서는 대륙국가식 행정재판제도(독립된 행정재판소)를 채택하지 아니하고 영·미식 통일관할주의(사법국가주의)를 취하여 행정사건도 원칙적으로 일반법원의 민사소송절차에 따라서 심판하게 되었으나, 1998년부터는 서울의 경우 지방법원급인 행정법원(지방은 본원합의부)에서 제1심을 담당한다.

▶ 대륙법계 → 행정재판소
▶ 영·미법계 → 일반법원의 민사소송절차(사법국가주의)

# 제 5 절   행정법관계의 당사자(當事者)

　　행정상의 법률관계도 사법상의 법률관계와 같이 둘 이상의 '당사자'간의 법률관계로 형성된다. 행정상 법률관계에 있어서의 양당사자(행정을 하는자·그 상대방)를 행정주체·행정객체라 한다.
　　　　　행정을 하는자 → 행정주체
　　　　　상대방 → 행정객체
　　[행정법관계의 당사자개념의 상대화] 행정법관계의 당사자를 행정주체와 행정객체라는 대립적인 관계로 이원적으로 인식할 것이 아니라, 사법상의 법률관계에 있어서와 같이 행정법관계에 있어서 상호 협력관계에 있는 법주체로 일원적으로 이해하여야 할 것이라는 주장이 있다.[1]

## I. 행정주체

### 1. 개관

　　[의의] 행정주체란 행정권의 담당자로서 행정에 관한 여러 권한을 행사하고, 그 법적 효과가 궁극적으로 귀속되는 주체를 말한다. 국가·공공단체와 사인(공무수탁사인; 수권사인)이 있다. 행정권을 실제로 행사하는 것은 행정기관의 지위에 있는 공무원이다. 세무서장이 조세를 부과·징수하는 것과 같다. 그런데 법률적으로는 이들 공무원의 행위의 법적 효과는 그 공무원 개인에게가 아니고, 국가 또는 공공단체에 귀속하게 되어 있다. 즉 개개의 행정기관의 지위에 있는 공무원의 배후에는 그 행위의 법적 효과(권리·의무)의 통일적·계속적인 귀속체(기관의 변경·폐지 등의 사정에 영향을 받지 않고 존속하는 것)로서, 국가 또는 공공단체가 있다. 이러한 추상적인 인격체인 국가 또는 공공단체가 행정권의 주체, 즉 행정주체이다. 행정기관(공무원)은 그에게 법률효과가 귀속되는 것은 아니므로 행정주체가 아니다. 행정기관의 행위는, 기관구성원으로서의 행위에 지나지 않는다. 그러나 법률효과에 있어서는 구성원인 자연인의 행위(공무원의 행위)가 기관의 행위로 되어 국가 등에 귀속한다. 다만, 기관구성원의 행위의 사실성이 문제될 때가 있다.[2] 또한 기관구성원(공무원)이 권한의 범

---

1) 이상규; 김남진·김연태, 행정법(I), 92면.
2) 기관구성원의 행위가 구성원의 행위로서 적합한지의 여부, 따라서 징계에 해당하는 행위인가 혹은 표창에 해당하는 행위인가 등이다.

위를 넘어서 행동하는 경우에는 법률효과는 국가 등에 귀속하지 못하게 되는 것은 당연하다.[1]

최근 학설의 경향은 국가 등 행정주체에서와는 다른 의미의 인격성·권리주체성을 행정기관에 인정하려는 견해가 있다. 행정기관상호간의 관계에서 행정기관에 효과가 귀속한다고 보아도 좋은 경우, 예컨대 행정기관간에 권한의 위임이 있는 경우에는 위임자의 권한은 수임자의 권한으로 되어, 수임자가 자기의 이름과 책임으로 이를 행사하게 된다. 이 경우에는 위임자·수임자는 이 관계에 있어서는 하나의 인격을 갖는 것같이 보여진다. 또한 행정기관의 쟁송행위, 예컨대 항고소송에서는 소송절차진행상의 편의를 위하여 행정관청이 피고가 되며, 이 경우의 쟁송효과는 피고인 행정관청에 귀속되는 효과가 있다. 따라서 소송절차에 관한 한, 피고인 행정관청도 일종의 인격을 갖는 것으로 보여진다. 이런 점을 강조하여 행정기관도 인격을 갖는다는 견해가 등장하게 된 것이다. 그러나 행정기관상호간의 관계는 국가 또는 공공단체 내부의 문제이며, 따라서 국가 또는 공공단체의 행위로 나타난다. 예컨대 항고소송에서 행정관청에 대한 판결은 국가와 국민간에서의 효과로 나타나며, 행정기관과 국민간에서의 효과로 나타나는 것은 아니다.

### 2. 행정주체의 종류

행정주체의 종류는 (ㄱ) 국가, (ㄴ) 공공단체(지방자치단체·공공조합(공법상 사단법인)·영조물법인·공법상의 재단법인(공재단), (ㄷ) 수권사인 → 공무수탁사인(公務受託私人)이 있다.

- 국가
- 공공단체
  - 지방자치단체
  - 공공조합(공법상 사단법인)
  - 영조물법인
  - 공법상의 재단법인(공재단)
- 수권사인 → 공무수탁사인(公務受託私人)

#### 2.1. 국가

국가는 시원적인 행정주체이며, 자기의 행정기관·주무관청(각부장관, 지방관청, 영조물관리청 등)에 의하여 대표된다. 국가는 그 행정사무를 타인에게 위임하는 경우도 있다 (위임행정·위탁행정). 행정권은 국가통치권의 한 요소로 생각되어 왔기 때문에 국가는 시

---

[1] 박윤흔, 행정법강의(상), 117면.

원적·고유의 행정주체(originärer Verwaltungsträger)이다. 국가는 행정권을 대통령을 정점으로 하는 국가행정조직을 통하여 행사한다(직접행정). 이 행정조직 중 담당사무에 대하여 국가의사를 결정·표시할 수 있는 기관을 행정관청(행정기관)이라 하는 바,[1] 따라서 행정주체인 국가는 담당행정관청에 의하여 대표되며, 담당행정관청이 마치 법률관계에 있어서 행정주체와 같은 지위에 선다. 그러나 국가는 모든 행정을 스스로 행사하지 않고, 국가로부터 독립된 행정주체를 설치하여 그로 하여금 일정범위의 행정을 자주적으로 행하게 하기도 한다(간접행정). 이는 행정기능이 확대된 현대국가에서는 정도의 차는 있지만 공통된 현상이다. 우리나라에서 국가로부터 독립된 행정주체로는 지방자치단체·공공조합(공법상 사단법인)·영조물법인이 있는바, 이들 단체는 일정한 공행정을 행할 것을 목적으로 국가로부터 그 존립의 기초가 주어진 것이므로 사적 단체(사법인)와 구별되며, 널리 공공단체(공법인)라 불리어진다.[2]

국가행정권의 일부가 공공단체 또는 그 기관이나 사인에게 위임·위탁되어 이들에 의하여 행사되는 경우가 있다(위임·위탁행정). 이는 직접행정에 속하는 사항이 위임되는 것으로 간접행정과는 구별된다. 예컨대 지방자치단체의 고유사무는 간접행정인데, 그 長이 행하는 국가의 기관위임사무는 국가의 직접행정에 속한다. 양자는 비록 동일기관에 의하여 처리되더라도 보통 그에 대한 국가의 감독권에 차이가 있다. 때로는 국가의 행정기관상호간에 행정상의 법률관계와 유사한 관계가 생기는 경우가 있다. 예컨대 외교통상부장관이 그 소관의 사업을 위하여 토지를 수용하고자 할 때에 외교통상부장관의 신청으로 국토해양부장관이 사업인정을 하는 것과 같다. 이 경우는 외형상은 두 개의 권리주체간의 관계같이 보이나, 하나의 권리주체인 국가의 조직내부에서의 국가의사를 결정하기 위한 기관의사와 기관의사의 관계이다.[3]

### 2.2. 공공단체(자치단체)

공공단체라 함은 국가 밑에서 국가로부터 그 존립목적이 부여된 법인을 말하는데 이를 공법인 또는 자치단체라고도 한다. 공공단체는 이미 설명한 바와 같이, (ㄱ) 지방자치단체, (ㄴ) 협의의 공공단체[공공조합, 영조물법인], 그밖에 (ㄷ) 공법상의 재단[4]을 예시하는 견해가 있다. ☞ 작은 국가; 국가 → 탈퇴의 자유 불인정; 지방자치단체 → 탈퇴의 자유 인정

---

1) 김남진·김연태, 행정법(I), 89면.
2) 박윤흔, 행정법강의(상), 118면.
3) 박윤흔, 행정법강의(상), 118면.
4) 공법상의 재단이라 함은 재단설립자에 의해 출연된 재산을 관리하기 위하여 설립된 공공단체를 말한다. 한국학술진흥재단(한국연구재단), 한국정신문화연구원 등이 그것이다.

- 공공단체는 행정관청이 단순한 행정기관의 지위를 가지며 또한 어떠한 법인격을 갖지 않는데 반하여, 공공단체는 그 스스로 자치행정(Selbstverwaltung)의 주체로서 법인격(Rechtspersönlichkeit)을 가진다.

- 공공단체는 국가로부터 그 존립목적이 부여되고, 행정목적을 수행하는 공행정주체로서의 공법인이다.

예 : 도시재개발조합(舊도시재개발법 제9조, 제18조)[1]
　　토지구획정리조합(舊토지구획정리사업법 제6조, 제19조)[2]

### 2.2.1. 지방자치단체

지방자치단체(Kommunalverband; Gebietsköperschaft)라 함은 국가내의 일정한 지역을 단체성립의 기초로 하고 그 지역안의 주민에 대하여 일정한 행정권(자치권)을 행사하는 공공단체를 말한다. 즉 지방자치단체는 국가영토의 일부인 일정한 '지역'을 단체구성의 기초로 하고 그 지역 내의 '주민'을 지배하는 포괄적인 행정권(자치권)을 가진 단체이다.[3] 국가와 같은 통치단체적 성격을 가진다. 일반적·포괄적인 행정권을 가지는 것을「보통지방자치단체」라 하고, 특정한 범위 안의 행정권을 가지는 것을「특별지방자치단체」(예 : 지방자치단체조합)라 한다.

▶ 보통지방자치단체 → 일반적·포괄적 행정권을 가지는 것
▶ 특별지방자치단체 → 특정한 범위 안의 행정권을 가지는 것(예 : 지방자치단체조합)

지방자치법은 그 종류로 보통지방자치단체와 특별지방자치단체를 인정하고 있는바, 서울특별시·광역시 및 도, 특별자치도와 시·군·자치구는 보통지방자치단체에 속하고(지방자치법 제2조 제1항, 제2항), 지방자치단체조합 등이 특별지방자치단체에 속한다(지방자치법 제2조 제3항, 제159조 내지 제164조). 지방자치단체는 법인으로 하고(지방자치법 제3조 제1항), 특별시, 광역시, 도, 특별자치도(이하 "시·도"라 한다)는 정부의 직할(直轄)로 두고, 시는 도의 관할 구역 안에, 군은 광역시나 도의 관할 구역 안에 두며, 자치구는 특별시와 광역시의 관할 구역 안에 둔다(지방자치법 제3조 제2항), 이들 보통 지방자치단체는 그 관할구역의 자치사무와 법령에 의하여 그 단체에 속하는 사무를 처리한다(지방자치법 제9조). 2개 이상의 지방자치단체가 하나 또는 둘 이상의 사무를 공동으로 처리할 필요가 있을 때에는 규약을 정하여 그 지방의회의 의결을 거쳐 시·도는 행정안전부장관의, 시·군 및 자치구는 시·도지사의 승인을 받아 지방자치단체조합을 설립할 수 있다. 다만, 지방자치단체조합의

---

1) 도시재개발법은 2002. 12. 30 법률 제6852호로 폐지되었다.
2) 토지구획정리사업법은 2000. 1. 28 법률 제6252호로 폐지되었다.
3) 지방자치단체는 그의 지배권이 국가로부터 부여된 것이라는 점에서 시원적 행정주체인 국가와 구별되고, 일정한 구역에 대한 지배권을 가지는 지역단체인점에서 다른 공법인과 구별된다(김남진·김연태, 행정법(I), 90면).

구성원인 시·군 및 자치구가 2개 이상의 시·도에 걸치는 지방자치단체조합은 행정안전부장관의 승인을 받아야 한다(지방자치법 제159조).

[지방자치의 본질] 국가와 지방자치단체는 다같이 권리주체이기 때문에 양자는 법률관계를 형성한다. 그 중에서 특히 중요한 것이 국가의 감독권행사이다. 지방자치의 본질에 대하여는 고유설과 전래설이 대립되어 있으나, 일반적 견해는, 근대국가의 법률구조에서 보면, 자치권은 법률적으로는 국가통치권으로부터 전래한 것으로 보는 전래설을 지지한다. 그러므로 지방자치단체는 어느 정도 국가의 감독을 받는다(보통 이를 자치감독이라 하여, 국가행정조직내에 있어서의 기관간의 그것과 구별한다).[1]

### 2.2.2. 공공조합(공법상 사단법인)

[의의] 특정한 국가목적을 위하여 설립된 '인적 결합체'(농지개량조합 등)에 공법상의 법인격이 부여된 것으로서(공법상의 사단법인), 법정의 자격을 가진 사람(조합원)의 결합으로 된 공법상의 사단법인이다. 그것은 지방자치단체와 같이 일정한 지역을 기초로 한 단체가 아니고, 또한 지방자치단체가 널리 일반적인 지방행정을 행하는 것과는 달리 공공조합은 특정의 한정된 사업수행을 목적으로 하는 단체이다. ☞ **사단 : 사람의 집합체; 법인 : 개개의 사원을 초월한 독립의 단일체(법인)로서 활동. ※ 사단법인 : 사단으로서 법인이 된 것(법인이 되지 않는 것→ 권리능력 없는 사단[2]; 법인 아닌 사단)**

[공공조합의 종류] 공공조합은 지역적인 토목사업을 행하는 것(농지개량조합·토지구획정리조합 등) 동업자의 공통된 이익의 증진을 목적으로 하는 것(상공회의소 등), 사회보험·공제사업을 행하는 것(의료보험조합 등) 등이 있다. 이러한 사업은 보통 직접의 이해관계가 한정되어 있으므로 관계자로 하여금 스스로의 부담으로 자주적으로 이를 수행하게 함이 적당하지만, 공익과 밀접한 관계가 있어 국가는 이를 공행정의 일부로 인정하고 조합에 대하여 각종의 감독·통제를 가함과 아울러 경비의 징수 등에 있어 약간의 국가적 공권을 부여한다. 「**공공조합**」: 농지개량조합,[3] 농업협동조합, 상공회의소, 변호사회, 의사회, 약사회, 중개

---

1) 박윤흔, 행정법강의(상), 118면.
2) 교회는 일반적으로 권리능력 없는 사단이라 할 것이므로, 그 재산의 귀속형태는 총유로 봄이 상당하고, 따라서 교회재산의 관리와 처분은 그 교회의 정관 기타 규약에 의하되 그것이 없는 경우에는 그 소속교회 교인들 총회의 과반수 결의에 의하여야 하므로, 토지나 건축물을 소유한 교회가 재개발조합의 설립 및 사업시행에 대하여 동의를 하는 경우에도 정관 기타 규약이 없으면 교인들 총회의 과반수 결의에 의하여야 한다(대법원 2001. 6. 15. 선고 99두5566 판결[주택개량재개발조합설립및사업시행인가처분취소]).
3) 대판 1995. 6. 9, 94누10870 【파면처분취소】 【판시사항】 농지개량조합 직원의 근무관계의 성격 【판결요지】 농지개량조합과 그 직원과의 관계는 사법상의 근로계약관계가 아닌 공법상의 특별권력관계이고, 그 조합의 직원에 대한 징계처분의 취소를 구하는 소송은 행정소송사항에 속한다.

사회「예외」: 소비조합, 요식업조합, 중개인 조합은 제외된다.

　　공공조합은 지방자치단체와 마찬가지로 의결기관과 집행기관을 통하여 활동한다. 의결기관은 조합원의 총회임이 원칙이나 조합원 중에서 선거한 대의원으로 구성된 대의원회인 경우도 있다. 집행기관은 보통 의결기관이 선거하나, 국가 또는 설립자가 선임하는 경우도 있다.[1]

### 2.2.3. 영조물법인(정부투자법인·지방공사 및 지방공단)

　　[의의] 영조물 법인(rechtsfähige öffentliche Anstalt; Anstaltsperson)이라 함은 국가·공공단체에 의하여 특정한 국가목적에 제공된 '인적·물적 종합시설'(공사·공단·국책은행 등: 영조물)에 공법상의 법인격이 부여된 것이다(영조물 + 법인격 = 영조물법인). 행정법상 영조물에 해당하는 것이 특별한 이유로 본래 그것이 소속하는 국가 또는 지방자치단체로부터 독립되어 법인격이 부여되었다는 점에서 영조물법인 이라는 표현을 사용한다. 이는 모단체(母團體: Muttergemeinschaft)인 국가 또는 지방자치단체가 달성해야 할 행정목적을 여러 가지 사정으로 인해 직접 실현하기 어려운 경우에, 그에 대신하여 그 행정목적을 수행하기 위해서 설립되는 것이다. 이는 현대 생활에 필요불가결한 물자나 역무(에너지·교통·통신 등)를 제공하고, 기타 국가의 각종 경제·사회정책을 실시하며, 복리행정이 강조됨에 따라 현저히 발달되고 있다. ☞ **사회국가원리를 사상적 배경으로 함**

　　[영조물의 개념] 영조물의 개념은 일정하지 않으나, 단순한 물 또는 물의 집합인 공물(公物)과는 달리 일정한 행정목적에 바쳐진 인적·물적·시설의 종합체라 할 것이다. 그리하여 국가 등 행정주체는 자기가 소유하는 물적 시설에 사람을 배치하여 영조물을 설치한다. 이와 같은 영조물은 행정주체가 그 자신의 기관에 의하여 운영 하는 것이 통상의 형식이다(국공립도서관 등). 이 경우에는 영조물 그 자체는 행정주체는 아니다.[2] 그러나 국가의 인사·예산회계 등에 관한 법의 엄격한 제한을 완화하여 그 운영에 있어서 마치 일반 사기업을 운영하는 것처럼 비슷한 재량성을 부여하여 합리적·능률적인 처리가 요망되는 경우에는 영조물에 대하여 법인격을 부여하여 행정주체인 영조물법인을 설치하게 된다(영조물 + 법인격 = 영조물법인).[3] 영조물법인은 국가에 의하여 설치된 것은 정부투자법인이라 하고, 지방자치단체에 의하여 투자된 경우 지방공사·지방공단이라고 한다.[4]

---

1) 박윤흔, 행정법강의(상), 119면.
2) 영조물이라도 법인격을 취득하지 못한 국립대학·국립도서관 등(영조물 그 자체)은 행정주체가 되지 못한다. 박윤흔, 행정법강의(상), 119면.
3) 박윤흔, 행정법강의(상), 119면.
4) 박윤흔, 행정법강의(상), 120면.

『예』
 - 철도
 - 전신
 - 한국방송공사·한국조폐공사·한국토지공사·한국수자원공사
 - 공단(예 : 도시관리공단·국민건강보험공단·국민연금관리공단)
 - 우편
 - 국·공립대학교
 - 국·공립도서관
 - 국·공립박물관
 - 서울대학병원(국립대학병원)·도립병원·시립병원
 - 적십자병원
 - 과학기술원
 - 한국기술검정공단
 - 한국은행

공공단체는 (ㄱ) 국가에 대하여(행정객체의 지위), (ㄴ) 다른 공공단체에 대하여, (ㄷ) 주민(구성원)에 대하여(행정주체의 지위) 각종의 행정상의 법률관계를 맺는다.
    → 이와 같은 점에서 영조물법인은 공공시설(물) 혹은 정부투자기관[1]이라고도 한다. 공공조합[2])의 경우와 같이 사법인과는 다른 취급을 받는다.
    ▶영조물법인 → 협의의 공공단체
    ▶특수법인 → 공사·공단(특별행정기관)
        특수법인 [特殊法人, special corporation] 특별법에 의하여 설립되는 법인의 총칭. 국가정책상 공공이익을 위해 특별법에 기초하여 설립된 법인의 총칭으로, 좁은 의미로는 재정경제면이나 경영관리 및 운용상의 이유에 따라 특정한 공익사업을 원활히 하기 위해 설립된 회사 형태의 법인을 의미한다. 특수법인에는 정부가 전액출자한 법인의 경우와 정부와 사인(私人)이 공동출자한 법인의 경우가 있다. 설립은 정부 및 지방 공공단체가 자금의 전부 또는 일부를 출자하여 설립하므로 최고경영진과 임원의 선임 및 임명, 사업계획의 보고 및 승인, 결산보고 등은 정부 내 주무부서의 특별관리 아래 실행된다. 한국산업은행, 한국전력공사, 한국증권거래소 등이 여기에 속한다.[3] 특수법인은 개별법률에 근거를 두고 직접 법률에 의하여 법인격을 부여 받아 설립되거나 또는 당해 법인의 명칭과 조직 등 실체적 근거는 개별법률에 두되 정관을 작성하고 주무부처에 등록 또는 인가를 받는 등 특별한 설립행위에 의하여 법인격을 부여받는 것이므로, 주무관청의 인·허가 행위에 이하여 법인격이 부여되는 민·상법상의 비영리법인과 구별된다 특수법인은 국

---

1) 박윤흔, 행정법강의(상), 120면.
2) 공공조합은 상공회의소·의료보험조합·농지개량조합 등과 같이 특정한 국가목적을 위하여 법적 자격을 가진 사람(조합원)의 설립으로 설립된 사단법인이다.
3) ⓒ 두산백과사전 EnCyber & EnCyber.com

가 등이 재정지원, 국가사무의 수탁처리, 공공기능의 수행 등을 주요 특성으로 하며, 특수법인은 본래 국가가 담당할 업무의 일부를 수행하기 때문에 행정조직법상의 원리인 법률유보의 원칙, 민주주의 원칙, 능률성의 원칙, 적법성의 원리, 공익성의 원리, 효율성의 원리, 자율성의 원리등이 준수되어야 한다.

영조물법인을 공공시설법인 또는 공재단으로 부르기도 한다(이상규). 그러나 공공단체 중에는 인적 수단과 물적 수단이 동일한 비중을 갖는 것도 있고, 물적 수단만이 중심적 요소가 되고 인적 요소는 물적 요소를 관리하는 부수적인 것에 지나지 아니한 것이 있는데, 전자를 영조물법인이라 하고, 후자를 공재단이라 하여, 영조물법인과 공재단을 서로 구별하는 것이 오늘날의 일반적인 경향이다.[1] 국가에 속하는 영조물법인(정부투자기관)[2]에 대한 일반법으로는 **공공기관의운영에관한법률**(舊정부투자기관관리기본법)이 있고, 지방자치단체에 속하는 영조물법인(지방공사·지방공단)에 대한 일반법으로는 **지방공기업법**(지방자치단체가 직접 설치·경영하거나, 법인을 설립하여 경영하는 기업의 운영에 필요한 사항을 정하여 그 경영을 합리화함으로써 지방자치의 발전과 주민복리의 증진에 이바지함을 목적)이 있다.[3]

### 2.2.4. 공재단(공법상의 재단법인)

공법상의 재단(Stiftung des öffentlichen Rechts)이란 국가나 지방자치단체가 출연한 재산(기금·물건 등)을 관리하기 위하여 설립된 재단법인인 공공단체이다. 직원과 수혜자는 있으나 구성원은 없다(예 : 한국연구재단[舊한국학술진흥재단], 한국정신문화연구원).[4] 특히 공공단체중에는 인적 수단과 물적 수단이 동일한 비중을 갖는 것(영조물법인)과 물적 수단만이 중심적 요소가 되고 인적 요소는 물적 요소를 관리하는 부수적인 것에 불과한 것이 있는데 이를 공재단이라 한다. 공법상 재단의 중심적 요소는 일정한 행정목적을 위하여 출연된 재산의 결합체이다. ☞ **재단 : 일정한 목적을 위하여 결합된 재산의 집단**

이 점에서 인적·물적·수단의 결합체인 영조물법인과 다르다. 물론 공법상의 재단의 경우에도 그것을 관리하는 인적 수단이 있기는 하지만 그것은 재산을 관리하는 부수적인 수단에 지나지 아니한다.[5]

---

1) 박윤흔, 행정법강의(상), 120면.
2) 박윤흔 교수는 영조물법인과 정부투자기관을 동일시한다(박윤흔, 행정법강의(상), 120면). 이에 대하여 정부투자기관을 전부 영조물법인으로 볼 수는 없다고 하는 견해가 있다(김남진·김연태, 행정법(I), 91면 각주 5) 참조).
3) 박윤흔, 행정법강의(상), 120면.
4) 김남진·김연태, 행정법(I), 91면.
5) 박윤흔, 행정법강의(상), 120면.

## 2.3. 수권사인(공무수탁사인)

행정법관계에서 보통 사인은 행정주체의 상대방의 지위(행정객체)에 서는 것이 원칙이다. 그러나 예외적으로 사인도 자신의 이름으로 공행정사무를 처리 할 수 있는 권한(국가적 공권)을 부여받은 경우가 있는데, 이러한 사인을 공무수탁사인(Beliehene)이라 하며,[1] 행정주체의 지위에서 독자적으로 공권력을 행사하는 등의 업무를 처리함으로써, 그 한도내에서 행정주체의 지위를 갖는다.[2]

▶ 공무수탁사인(Beliehene) : 공권력이 부여된 사인
▶ 공의무부담사인(Inpflichtnahme Privater) : 법률에 근거하여 의무만을 부담

공무수탁사인은 (ㄱ) 원천징수제도 아래서 사법인 등이 그 종업원으로부터 조세를 징수하는 경우(소득세법 제143조 이하; 판례는 반대),[3][4] (ㄴ) 사인이 기업자(사업시행자)로서 사인의 토지를 수용하는 경우(舊토지수용법 제2·제3조),[5][6] (ㄷ) 사인인 별정우체국장

---

1) H. Maurer, Allgemeines Verwaltungsrecht, 1994, S. 516, 549 f.; Wolff/Bachof/Stober, Verwaltungsrecht I, 1994, S. 411 f.
2) 김남진·김연태, 행정법(I), 92면.
3) 소득세법 제143조(근로소득에 대한 원천징수영수증의 발급) ① 근로소득을 지급하는 원천징수의무자는 해당 과세기간의 다음 연도 2월 말일까지 그 근로소득의 금액과 그 밖에 필요한 사항을 적은 기획재정부령으로 정하는 원천징수영수증을 근로소득자에게 발급하여야 한다. 다만, 해당 과세기간 중도에 퇴직한 사람에게는 퇴직한 날이 속하는 달의 근로소득의 지급일이 속하는 달의 다음 달 말일까지 발급하여야 하며, 일용근로자에 대하여는 근로소득의 지급일이 속하는 분기의 마지막 달의 다음 달 말일(4분기에 지급한 근로소득의 경우에는 다음 연도 2월 말일을 말한다)까지 발급하여야 한다. ② 제1항에도 불구하고 2인 이상으로부터 근로소득을 받는 사람(일용근로자는 제외한다)이 제137조의2에 따른 연말정산을 적용받기 위하여 제1항에 따른 원천징수영수증의 발급을 종된 근무지의 원천징수의무자에게 요청한 경우 그 종된 근무지의 원천징수의무자는 이를 지체 없이 발급하여야 한다. [전문개정 2010.12.27.]
4) 대판 1990. 3. 23, 89누4789.
5) 토지수용법은 2002. 2. 4. 폐지되고(2003년 1월 1일부터 시행), 이에 따라 공공용지의취득및손실보상에관한특례법(제정 1975. 12. 31 법률 제2847호)도 폐지되었다. ☞ 토지수용법과 공공용지의취득및손실보상에관한특례법을 통합하여 공익사업을위한토지등의취득및보상에관한법률(2002. 2. 4, 법률 제6656호)이 제정됨에 따라 종전의 토지수용법과 공공용지의취득및손실보상에관한특례법은 폐지되었다[폐지 2002. 2. 4 법률 제6656호].
6) 舊토지수용법 제67조는 「기업자는 토지 또는 물건을 수용한 날에 그 소유권을 취득하며 그 토지나 물건에 관한 다른 권리는 소멸한다」고 하고 있는데, 이는 토지수용으로 인한 소유권의 취득이 원시취득임을 밝힌 것이다(즉 등기 없이도 부동산을 바로 취득함을 나타내므로). 원래 토지수용으로 소유권을 취득하는 것은 기업자가 토지등의 소유자의 권리를 이어받는 것이므로 승계취득의 실질을 가진다. 따라서 토지수용법이 특칙을 두어 등기를 하지 않고도 바로 부동산소유권을 취득할수 있게 배려한 것이라고 볼 수 있다. 이는 원시취득 또는 권리의 절대적 발생이라 하

이 미래창조과학부장관의 지정을 받아 자기의 부담으로 청사(廳舍)와 그밖의 시설을 갖추고 국가로부터 위임받은 체신업무를 행하는 경우(별정우체국법 제2조), (ㄹ) 사선(私船)의 선장 또는 사항공기(私航空機)의 기장이 호적이나 경찰사무를 행하는 경우(사법경찰관리의직무를행할자와직무범위에관한법률 제7조), (ㅁ) 선원(해원)이 경찰사무를 행하는 경우, (ㅂ) 사립대학의 학위수여행위 등과 같이 국가적 공권을 수여받은 사인이 수권의 범위 안에서 행정주체의 지위에 서는 것이 그 예이다.[1]

[원천징수의무자는 공무수탁사인이 아니라는 판례] 대법원은 다수설이 공무수탁사인(행정주체로서의 사인)으로 보고 있는 소득세법상의 원천징수의무자를 비행정주체로 보아 원천징수행위를 행정기관의 보조행위로 보고 있다.[2] 원천징수의무자는 공의무(公義務)부담사인(Inpflichtnahme Privater), 즉 법률에 근거하여 국가 등에 의하여 의무를 부담할 뿐 그 자체 공행정의 부분으로서 다른 사인(납세의무자 등)을 상대하는 것이 아닌자로 보아야 한다고 하면서 판례와 같은 취지를 취하는 견해도 있다.[3]

- 소득세원천징수의무자(학설상) ☞ 판례는 반대(행정기관을 보조하는 행위로 봄) : 아래 판례 참조
- 사인이 起業者(企業者가 아님; 사업시행자)[4]로서 사인의 토지를 수용하는 경우[5]
- 별정우체국장이 체신업무를 하는 경우(별정우체국 설치)
- 私船의 선장 또는 사항공기의 기장이나 승무원이 호적이나 경찰사무를 행하는 경우
- 선원(해원)이 경찰사무를 행하는 경우

---

며, 이는 타인의 권리에 기함이 없이 원시적으로 권리를 취득하는 것을 말한다. 즉, 사회적으로는 전에는 없었던 권리가 하나 새로 발생하는 것이다. 예컨대, 물건을 새로 발명한 자나 건물을 새로 신축한 자는 그 물건 또는 건물을 원시취득한다. 한편, 이 원시취득에는 민법상의 공시방법인 등기(부동산의 경우)나 인도(동산의 경우)를 요하지 않는다.

1) 박윤흔, 행정법강의(상), 121면.
2) 대판 1990. 3. 23, 89누4789【기타소득세등부과처분무효확인】【판시사항】원천징수의무자인 행정청의 원천징수행위가 행정처분인지 여부(소극)【판결요지】원천징수하는 소득세에 있어서는 납세의무자의 신고나 과세관청의 부과결정이 없이 법령이 정하는 바에 따라 그 세액이 자동적으로 확정되고, 원천징수의무자는 소득세법 제142조 및 제143조의 규정에 의하여 이와 같이 자동적으로 확정되는 세액을 수급자로부터 징수하여 과세관청에 납부하여야 할 의무를 부담하고 있으므로, 원천징수의무자가 비록 과세관청과 같은 행정청이더라도 그의 원천징수행위는 법령에서 규정된 징수 및 납부의무를 이행하기 위한 것에 불과한 것이지, 공권력의 행사로서의 행정처분을 한 경우에 해당되지 아니한다.
3) 김남진·김연태, 행정법(I), 93면.
4) 起業者(사업시행자) : 국가로부터 토지수용권을 부여받아 공용수용의 사업을 행하는 공무수탁사인을 말한다.
5) 舊토지수용법 제75조의2 제2항에 의하여 사업시행자가 환매권자를 상대로 하는 환매가격의 증감에 관한 소송의 종류(=공법상 당사자소송)

- 사립대학의 학위수여행위

▶ 사법경찰관리의직무를수행할자와직무범위에관한법률제7조(선장과 해원등) ① 해선(연해항로이상의 항로를 항로정한으로 하는 총톤수 20톤이상 또는 적석수 2백석이상의 것)내에서 발생하는 범죄에 관하여는 선장은 사법경찰관의 직무를, 사무장 또는 갑판부, 기관부, 사무부의 해원중 선장의 지명을 받은 자는 사법경찰리의 직무를 행한다. ② 항공기내에서 발생하는 범죄에 관하여는 기장과 승무원이 제1항의 규정에 준하여 사법경찰관 및 사법경찰리의 직무를 행한다. ☞ (**약칭 : 사법경찰직무법**)

과거에는 사인에게 행정업무를 위탁하는 일은 조세징수, 경찰·호적·우편 등 국가의 기본적인 임무수행을 위하여 국가가 스스로 당해 업무를 행할 수 없는 불가피한 사정이 있는 경우 예외적으로 행하여졌으나, 오늘날은 사무처리의 능률성을 높이고, 정부의 비용을 절감하며, 민간의 독창성·전문지식·경제력을 활용하고, 국민생활과 직결되는 행정업무를 신속하게 처리하게 하기 위하여 이른바, 민간위탁이 점차 증대되고 있다.[1]

[대법원판례] 대법원은 다수설이 공무수탁사인(행정주체로서의 사인)으로 보고 있는 소득세법상의 원천징수의무자를 비행정주체로 보아 원천징수행위를 행정기관의 보조행위로 보고 있다. 위에서 언급한 바와 같이 원천징수의무자는 공의무(公義務)부담사인(Inpflichtnahme Privater), 즉 법률에 근거하여 국가 등에 의하여 의무를 부담할 뿐 그 자체 공행정의 부분으로서 다른 사인(납세의무자 등)을 상대하는 것이 아닌자로 보아야 한다고 하면서 판례와 같은 취지를 취하는 견해도 있다.[2]

▶ 대판 1990. 3. 23, 89누4789【기타소득세등부과처분무효확인】원천징수하는 소득세에 있어서는 납세의무자의 신고나 과세관청의 부과결정이 없이 법령이 정하는 바에 따라 그 세액이 자동적으로 확정되고, 원천징수의무자는 소득세법 제142조 및 제143조의 규정에 의하여 이와 같이 자동적으로 확정되는 세액을 수급자로부터 징수하여 과세관청에 납부하여야 할 의무를 부담하고 있으므로, 원천징수의무자가 비록 과세관청과 같은 행정청이더라도 그의 원천징수행위는 법령에서 규정된 징수 및 납부의무를 이행하기 위한 것에 불과한 것이지, 공권력의 행사로서의 행정처분을 한 경우에 해당되지 아니한다.[3]

일반적 견해는 사인에게 행정업무가 위탁된 경우에는 사인이 행정주체의 지위에 선다고 보는 긍정설의 입장을 취한다. 이에 반하여 비록 사인에게 행정업무가 위탁된 경우라고 할 지라도 사인이 행정주체의 지위에 서는 것에 대하여 부정적인 입장을 취하는 견해도 있다(김도창·변재옥·강구철). 부정설에 의하면 사인이 공권을 위탁받은 경우에 그 사인은 일정한 범위의 공권을 부여받은 행정기관에 불과하며, 행정주체는 여전히 공권을 수여한

---

1) 박윤흔, 행정법강의(상), 121면.
2) 김남진·김연태, 행정법(I), 93면.
3) 대판 1983. 12. 13, 82누174; 대판 1984. 2. 14, 82누177.

국가 또는 공공단체 자신이라고 한다. 이러한 입장에 따른다면 시원적인 통치권을 갖는 국가만이 행정주체가 될 수 있고 공공단체를 포함하여 다른 법인이나 사인은 비록 행정권한을 위탁받더라도 단순한 행정기관에 불과하다는 결론에 도달하게 된다.

[사견] 생각건대 행정권한의 위탁은 **법률** 혹은 법률에 근거하여 행하여지는바, 그러한 **법률**은 사인에게 행정주체가 되어 자기의 이름으로 그 권한을 행사하게 할 수 있도록 하거나, 혹은 다른 행정주체의 단순한 행정기관으로 다른 행정주체를 보조하는 활동을 할 수 있게 할 수도 있다고 할 것이다. 사인에 대한 행정권한의 위탁은 법률에 근거하여야 하며, 그러한 법률로는 각 개별법이 있으며, 비권력적 행정사무의 사인위탁에 대한 일반규정으로 정부조직법 제6조 제3항이 있다.[1]

▶ **정부조직법 제6조(권한의 위임 또는 위탁)** ① 행정기관은 법령으로 정하는 바에 따라 그 소관사무의 일부를 보조기관 또는 하급행정기관에 위임하거나 다른 행정기관·지방자치단체 또는 그 기관에 위탁 또는 위임할 수 있다. 이 경우 위임 또는 위탁을 받은 기관은 특히 필요한 경우에는 법령으로 정하는 바에 따라 위임 또는 위탁을 받은 사무의 일부를 보조기관 또는 하급행정기관에 재위임할 수 있다. ② 보조기관은 제1항에 따라 위임받은 사항에 대하여는 그 범위에서 행정기관으로서 그 사무를 수행한다. ③ 행정기관은 법령으로 정하는 바에 따라 그 소관사무 중 조사·검사·검정·관리 업무 등 국민의 권리·의무와 직접 관계되지 아니하는 사무를 지방자치단체가 아닌 법인·단체 또는 그 기관이나 개인에게 위탁할 수 있다.

## II. 행정객체

행정주체에 대하여 그 상대방이 되는 당사자, 즉 행정작용의 대상자를 행정객체라 한다.

### 1. 일반사인

국가적 공권을 수여받은 수권사인 이외의 사인을 말한다. 자연인(내국인·외국인)·법인(사법인·공법인)·비법인단체를 불문하고 국가·공공단체·수권사인과의 관계에서 행정객체가 된다.

### 2. 공공단체

공공단체는 사인에 대하여는 행정주체의 지위를 가지나, 국가나 다른 공공단체에 대

---

1) 박윤흔, 행정법강의(상), 121면.

한 관계에서는 행정객체가 된다.

   공공단체(행정주체) → 私人
   공공단체(행정객체) → 국가·공공단체

## 3. 국가
국가도 예외적으로 일반법인과 같이 행정권의 객체가 될 때가 있다.[1]

---

1) 국세징수법 제21·제22조 참조.

## 제 6 절   행정법관계(공법관계)의 내용
### - 공권 · 공의무 · 공법상의 반사적 이익 -

행정법관계란 행정법이 규율하는 법률관계인바 행정법은 공법이며, 또 법률관계란 권리 · 의무관계이므로 결국 행정법관계의 내용은 행정법관계에서 당사자가 가지는 권리(공권) 대 의무(공의무)의 관계가 된다. 공법상의 반사적 이익을 행정법관계의 내용으로 설명하기도 한다. 국가적 공권, 개인적 공권, 국가적 공의무, 개인적 공의무 등이 있다.

## 제 1 항   공권(公權)

### I. 공권의 관념

#### 1.1. 의의
공권이라 함은 공법관계에서 권리주체가 직접 자기를 위하여 일정한 이익을 주장할 수 있는 의사의 힘으로서 법률상 정당한 것으로 인정된 것을 말한다. 즉, 「이익 + 의사력 + 법적 승인성」을 관념요건으로 한다(권리법력설). 공권은 법규, 행정처분, 공법상 계약, 공법상 합성행위에 의하여 발생하고, 법령의 개폐, 행정처분, 형의선고, 포기, 시효, 행사기간의 초과, 권리존속요건인 사실의 소멸, 권리주체의 소멸 등에 의하여 소멸한다.

#### 1.2. 공권개념의 전개
[게르버의 공권이론과 한계] 공법학에서 공권의 개념이 논하여진 것은 독일이었으며, 1852년의 법실증주의자인 게르버(C. F. Gerber)의 '공권론'이다. 독일 공법학에 있어서 공권개념이 등장하게 된 것은 오랜 시일이 걸렸고 가장 뒤늦게 정립된 개념이라 할 수 있다. 왜냐하면 19세기의 독일 공법학에 있어서는 강력한 명령권을 가진 주권자인 국가(군주)가 그 권력을 행사함에 있어서 국민의 공권에 구속되어야 한다는 것은 현실적으로 불가능 했기 때문이다. 특히 독일은 수많은 소국가들로 구성된 연합국의 성격에서 벗어나 프로이센(Preußen)이라는 전제국가가 탄생하면서 주변국인 프랑스와 러시아의 침략에 국론을 통일시켜야하는 입장에 놓여있었다. 그리하여 국민의 이익보다는 국가의 이익이 우선시 되었다. 그러나 유럽의 후진 농업국가 이었던 독일도 변화하는 국제정세를 받아들이지 않을 수

가 없었다. 즉 국가를 신성불가침의 대상에서 제외시키고 그 자리에 국민의 권리를 중시하는 사상이 자리 잡게되었던 것이다. 게르버(C. F. Gerber)는 공법학에서의 정치학적 고찰을 배격하고, 법학적 고찰을 시도하였고, 그는 사법규정에서 사권을 추출하듯이 공법규정에서 공권을 추출하고자 하였다.1) 그리고 그는 당시의 공법상의 중요한 이론적 문제를 선민은 국가에 대하여 권리를 가질 수 있는 가, 국가권력과 신민간에 권력적으로 지배복종이 아닌 순전한 권리의무관계가 성립 될 수 있는 가의 문제를 논증하려 했다.2) 독일에서는 19세기 전반까지만 해도 17세기의 영국혁명과 18세기의 미국과 프랑스의 독립선언과 인권선언에서 개인의 인권은 천부적이며 전국가적이라는 사상의 영향을 받지 않았으나, 19세기중반으로 접어들면서 자유주의 사상의 전개와 함께, 국가를 신성불가침이거나 절대적이라는 국가관(國家觀)을 배제 하고자 하는 사상이 팽배해지게 되었으며, 이러한 사회적 배경을 토대로하여 게르버(C. F. Gerber)는 그의 공권이론을 전개한 것이었다. 그러나 본하크(C. Bornhak)는 1888년 그의 저서 속에서 국가는 법질서의 원천이며 법의 상위에 있음을 강조했고, 국가가 법에 따를 것인가 어떤가, 어느정도 법에 따를 것인가는 오로지 국가 자신의 의사에 의하여 결정된다는 것이라고 하여 게르버의 이론은 결실을 이루지 못하였다.

[게오르크 옐리네크 · 오트마 뷜러] 독일공법학에서의 이러한 노력이 일부 결실을 맺게 되는 것은 20세기 초에 이르러서 법실증주의자들인 게오르크 옐리네크(Georg Jellinek)3)와 오트마 뷜러(Ottmar Bühler)에 의하였다. 그러나 그 당시에는 헌법상의 기본권의 법적 성격 및 기능과 효력에 대한 연구가 정립되지 못하였기 때문에 헌법적 기본권이론은 행정법적 공권이론의 확립에 뚜렷한 영향을 미칠 수 없었다. 옐리네크는 법실증주의적 헌법관에 입각하여 지위이론(Zustand-Statuslehre) 및 주관적 공권(subjektive- öffentliches Recht)이론을 전개하였다. 국민의 국가에 대한 소극적 지위뿐 아니라 적극적 지위와 능동적 지위

---

1) 변재옥, 반사적 이익 · 법률상 보호이론 · 공권, 고시계(1988.6)
2) 서원우, 행정법상의 공권개념의 재검토, 고시계(1991.8)
3) 발터 옐리네크(Walter Jellinek)는 게오르크 옐리네크(Georg Jellinek; 1851-1911)의 아들이다. 게오르크(게오르그 혹은 게오르크는 한국식 발음이고, 실제 독일 사람들은 게옥이라고 발음한다) 옐리네크는 19세기 독일을 대표하는 공법학자 · 헌법학자 · 행정법학자이다. 독일의 저명한 행정법학자인 발터 옐리네크(Walter Jellinek)의 아버지이기도 하다. 종래의 형이상학적 국가이론에서 벗어나, 신칸트학파의 이원론적 방법에 기초하여 법학적 국가론을 체계화하여 실증주의적 국가론을 전개하였다. 그의 법적 관점은 이른바 법실증주의로 불린다. 19세기 후반에 라반트(Laband)로부터 시작된 헌법학을 참된 법률학이 되게 하고 국가를 법률학적으로 파악·구성하려는 시도를 대성하였으며, 국가법인설을 기초로 해서 국가기관·국가작용 등에 관한 체계적 법이론을 구성함과 동시에 국가의 사회학적 고찰의 필요까지도 설명했다. 〈일반 국가학(1900)〉을 저술했다. <Naver 위키백과 참조>

를 강조 하면서(지위이론), 국민은 이들 지위에서 국가에 대하여 일정한 작위 또는 부작위를 요구하거나 직접 국정에 참여할 것을 요구할 수 있는 법률상의 힘으로서의 주관적 공권을 가지는 것으로 보았다(주관적 공권이론). 옐리네크는 국가와 국민의 관계는 법인격을 가진 주체 상호간의 권리·의무관계로 파악되고 있으며(국가와 사회의 구별론), 이러한 국가와 개인의 관계를 나타내는 것이 그의 상태-지위이론이다(Zustand-Statuslehre).[1] 옐리네크는 그의 저서 "공권의 체계론(System der subjektiven öffentlichen Rechte)"[2]에서, 국민의 기본권을 국가에 대한 상태권(Statusrecht)으로 파악하여 국가에 대한 지위를 수동적 지위(passive Status)·소극적 지위(negative Status)·적극적 지위(positive Status)·능동적 지위(aktive Status)로 분류하고, 이와같은 상위개념으로부터 각각 그에 대응하는 국민의 공의무·자유권·수익권·참정권의 체제를 구성하였다.[3] 그의 공권이론에 의하면 개인적 공권(개인의 주관적 공권)을 자유권(소극적 공권), 수익권(적극적 공권), 참정권(능동적 공권)의 3종으로 분류하면서, 기본권의 성격을 이해함에는 이와 같은 개인의 국가에 대한 지위에 상응하여 개인의 국가에 대한 의무, 국가로부터의 자유(자유권), 국가에 대한 요구(수익권), 국가를 위한 활동(참정권)이 있다고 하였다. <u>옐리네크는 법질서(Rechtsordnung)란 법주체간의 권리·의무관계이어야 하며 국가도 법에 복종하는 하나의 법인격체(국가법인설)라고 보아 국가도 스스로가 정한 법질서에 복종해야 한다</u>고 하였다. 이러한 옐리네크의 공권이론은 오늘날 비판을 받고 있다. 오늘날 공권은 국민의 국가에 대한 적극적인 직위를 강조하고 있지만 옐리네크에 있어서는 기본권의 보호를 단순히 개인의 소극적 지위를 보장해주는 것으로 만족하고 있기 때문에 개인의 소극적 지위를 벗어나는 기본권의 보호는 전적으로 입법권자의 재량(입법재량)에 달려있는 것으로 이해하였다.[4] 이렇게 입법자의 재량(입법재량)에 기속되면 진정한 권리는 보장될 수가 없다. 결국 옐리네크에 있어서 국가권력은 원칙적으로 무제한인데 대하여, 개인의 자유는 국가의 법에 의하여 제한이 가능한, **법률안에서의 자유일 뿐이다**.[5] 이리하여 국가권력과 기본권은 대립적인 것으로 보았다. 이에 대하여는 국민이 국가권력의 존립근거인 동시에 원동력이라는 사실을 경시하고 있다는 비판이 있으며, 우리나라도 1960년대까지는 형식적인 권리보호에 치우쳐 주권자인 국민위주가 아닌 국가중심으로 해결점을 찾으려는 경향이 지배적이었다(권영성). 예를 들면 기본권을 천부적인 전국가적 자연권으로 보지않고 헌법규정에의하여 비로소 보장되는 실정

---

1) 권영성, 헌법학원론, 36면.
2) G. Jellinek, System der subjektiven öffentlichen Rechte, Tübingen 1919, S. 81 ff.
3) 권영성, 헌법학원론, 305면 각주 1); 김철수, 헌법학(상), 378면.
4) 김성수, 주관적 공권과 기본권, 행정판례연구(Ⅱ), 한국행정판례연구회, 서울대학교 출판부, 1996.
5) 권영성, 헌법학원론, 37면.

권으로 보는 입장이 그것이다. (뷜러): 뷜러(Bühler)는 오늘날의 행정법상의 주관적 공권이론을 정립하는데많은 기여를 했다. 옐리네크가 주관적 공권을 다만 추상적으로 본 것과는 달리 구제척인 법률조항에 의거한 실질적 공권개념을 주장하고 있다.[1] 즉 권리의 내용을 실정법에서 찾고 그러한 실정법을 국민의 권리보호에 적용하는 적극적인 측면에서 접근하였다. 그런데 자연법적 지위에 법적 성격을 부여하는 것은 개별법이 제정되어야 하며, 기본권규정 혹은 법률유보의 원칙이 적용되어야 한다. 그러나 당시에는 독일 공법학에서의 법률유보의 원칙은 관습법상으로 존재하는 데 지나지 않아 헌법상의 일반원리(헌법원칙)로서 승인되지 않고 있었으므로 뷜러(Bühler) 자신도 적용범위가 상당히 한정적이라는 사실을 인식하고 있었다.[2] 뷜러(Bühler)는, (ㄱ) 행정법 관계에 있어서의 법규범은 공익목적 이외에도 사익보호의 목적도 있으며(법규의 2중적 성격), (ㄴ) 그러한 법규범에 의하여 특정된 개인은 자신에게 부여되는 이익을 법원에 요구할 수 있는 경우에는 주관적 공권이 성립하는 것으로 보았다. 뷜러(Bühler)의 이론은 현대행정법학에 있어서 보호규범이론의 터전을 마련하였다. 그러나 뷜러(Bühler)의 이론은 옐리네크(G. Jellinek)의 이론을 뛰어넘을 수 있을 정도에는 이르지 못하였다. 그러나 옐리네크(G. Jellinek)의 공권론이 국민의 주체적인 지위를 광범위하게 인정하기 위한 통일적 단적 개념으로써 그 정립이 의도된 것이었다면, 뷜러(Bühler)의 공권론은 행정재판제도와 관련 시켰다는 점에서 차이점이 있다.[3] 특히 뷜러(Bühler)에 의하면 행정의 법률적합성의 원칙에 의거하여 행정은 법을 집행하는 것이 그 본래적 의무이기 때문에 - 특별히 개인의 이익보호를 목적으로하고, 이를 구체적으로 실현하기 위한 법규범이 존재하지 않는 한 - 헌법상의 기본권 목록으로부터 직접적으로 어떤 주관적 권리를 인정할 수 없다고 보았다. 이는 결국 헌법은 그 자체로서 효력을 갖는 것이 아니고, 이것이 행정법규범에서 구체화되었을 경우에만 공권성립이 인정된다고 보았던 것이다.

[제2차세계대전 이후] 이러한 옐리네크적·뷜러적 공권개념은 바이마르공화국 시절(1919-1933)까지 상당한 영향을 미쳤으며, 오늘날과 같은 공권개념은 제2차세계대전을 거치면서 독일기본법(독일연방헌법)이 1949년 5월에 시행되고, 헌법수호기관인 독일연방헌법재판소의 활발한 판결(Urteil)·결정(Beschluß) 등을 통하여 새로운 공권개념을 정립하면서 부터였다. 독일기본법(Bonn 기본법[Bonner Grundgesetz]; 독일연방헌법)상 국민은 더 이상 통치권의 지배대상이 아니며 헌법상 권리향유의 주체이며 국가권력의 담당자로 인식되었고 행정법관계에 있어서도 사인의 지위가 확충되어 다양한 종류의 대국가적 효력을 가

---

1) 김성수, 독일법상 주관적 공권이론의 발전, 고시계(1991.8)
2) 이선준, 주관적 공권의 법리, 중앙대학교 대학원(1996.12), 21-26면.
3) 서원우, 현대행정법론(상), 95면.

지는 공권을 향유한다고 보았다. 과거 옐리네크의 기본권관, 즉 기본권 보호는 개인의 소극적 지위를 보장해주는 것으로 만족하고 개인의 소극적 지위를 벗어나는 기본권의 보호는 전적으로 입법권자의 재량(입법재량)에 달려있다고 보는 사고방식은 오늘날 당연히 배척되고 있다.

## II. 공권의 종류

### 1. 국가적 공권

#### 1.1. 의의

행정법관계는 사법관계와 마찬가지로 법률에 의하여 규율되지만 사법적 규율을 받지 않고 행정상 법률관계가 공법적 규율을 받는 경우, 일반 사법관계에서는 권리·의무라고만 명칭되지만 행정상의 법률관계에서는 공법상의 권리·의무관계를 공법상의 권리라는 의미에서 공권이라 부르고 이에 대응하는 의무를 공의무라고 부른다. 이와 같이 사법영역(민법)에서 발전된 개념이 행정법상의 법률관계에 적용되어 국가 또는 개인이 상대방에 대하여 직접 자신의 이익을 실현할 수 있는 법적인 힘을 부여받은 것이 공법상의 주관적 공권이다. 공권의 종류는 경찰권·규제권·공용비용특허권·과세권 등 '목적에 의한 구분'과 하명권·강제권·형성권·공법상의 물권(공법상의 물권적 지배권) 등 '내용에 따른 구분'으로 나눌 수 있는 국가적 공권이 있다.[1] 국가적 공권은 국가통치권의 발현으로서 권리자율성과 자력강제성(자력집행권)을 내포하고 있다. 다만 행정주체가 상대방인 국민에 대하여 지배권으로서의 국가적 공권은 엄격한 의미로서의 권리라기 보다는 국가가 국민에게 가지는 권력 또는 권능으로 보는 것이 타당하다.[2] 국가적 공권(국가의 공권)은 국가·공공단체 등의 행정주체가 우월한 의사주체로서 개인·단체 등의 행정객체에 대하여 가지는 권리이다. 특히 내용을 표준으로 한 분류에 의하면 하명권·강제권·형성권·공법상의 물권(공법상의 물권적 지배권) 등이 있다.

#### 1.2. 내용에 의한 분류

##### 1.2.1. 하명권

하명권이라 함은 국가가 그 상대방에게 작위·부작위·수인·급부의무를 명하거나,

---

1) 박윤흔, 최신행정법(상), 141면.
2) 김동희, 행정법(I), 82면.

이미 명하여진 의무를 해제하는 권리(허가·면제)를 말한다.

- ▶ 의무를 부과 → 하명(Befehl)
- ▶ 명하여진 의무를 해제 → 허가·면제

#### 1.2.2. 강제권

국가가 상대방의 신체 또는 재산에 실력을 행사하여 사실상 침해를 가하는 권리를 말한다. 행정상 즉시강제, 행정상 강제집행 등이 있다.

#### 1.2.3. 형성권

형성권이라 함은 국가가 어떤 자를 위하여 권리·능력·포괄적 법률관계를 형성·변경·소멸시키거나, 형성된 법률관계를 확인·공증하는 권리를 말한다. 광업허가, 발명특허, 합격증수여 등이 있다. ☞ **광업허가, 발명특허, 합격증수여**

#### 1.2.4. 공법상의 물권(공법상의 물권적 지배권)

공소유권에 해당하는 것(하천·해변에 대하여 국가가 가지는 권리), 공법상 공익물권(지역권)에 해당하는 것(사유토지를 도로로 이용하는 권리), 공법상 담보물건에 해당하는 것(조세부담으로 인정된 질권·유치권 등)등이 있다.

- ▶ 공소유권에 해당하는 것(하천·해변에 대하여 국가가 가지는 권리)
- ▶ 공법상 공익물권(지역권)에 해당하는 것(사유토지를 도로로 이용하는 권리)
- ▶ 공법상 담보물건에 해당하는 것(조세부담으로 인정된 질권·유치권 등)등이 있다.

## 2. 개인적 공권

### 2.1. 의의

[의의] 개인적 공권이란 개인·단체 등의 행정객체가 우월한 의사주체로서 국가·공공단체, 기타 국가로부터 공권력을 부여받은 행정주체에 대하여 상대방인 개인이 직접 자기를 위하여 일정한 이익을 주장할 수 있는 법률상의 힘을 말한다. 일반적으로 행정법관계에 있어서의 공권은 행정법상 법률관계의 당사자가 상대방에 대하여 직접 자신의 이익을 추구하기 위하여 상대방에 대하여 작위·부작위·수인·급부 등 특정한 행위를 요구할 수 있는 법률상의 힘을 의미한다.[1]

---

1) 김성수, 행정법(I), 129면.

## 2.2. 공권과 그 유사개념과의 구별
### 2.2.1. 공권과 반사적 이익(Rechtsreflex)과의 구별

[의의] 법규가 공익을 실현하기 의하여 행정주체 또는 제3자에 대하여 작위·부작위의무 등을 부과하고 행정주체 등이 이를 실현하는 반사적 효과로서 관계 개인이 어떤 사실상의 이익을 얻는 경우가 있는데, 이를 반사적 이익(Reflexinteresse)이라 한다.1) 반사적 이익은 법의 보호를 받지 못하는 이익으로서, 그것이 침해된 경우에도 소송에 의하여 구제를 받을 수 없으며, 이러한 점에서 법에 의하여 보호되는 이익인 공권과 구별된다.2)3)

[법률상 이익] 현행 행정소송법 제12조도 취소소송은 처분 등의 취소를 구할 「법률상 이익」이 있는 자가 제기할 수 있다고 하여, 넓은 의미의 공권인 법률상 이익이 침해된 자에 대하여서만 원고적격을 인정하였는바, 이는 양자의 구별을 전제하고 있는 것이다.

▶ 대판 1993. 11. 9, 93누13988【건축물준공검사처분무효확인】
【판시사항】
가. 건물준공처분의 법적 성질 ☞【판결요지】가.를 볼것
나. 인접건물 소유자에게 건물준공처분의 무효확인이나 취소를 구할 법률상 이익이 있는지 여부 ☞【판결요지】나.를 볼것
【판결요지】
가. 건물준공처분은 건축허가를 받아 건축된 건물이 건축허가사항대로 건축행정목적에 적합한가의 여부를 확인하고 준공검사필증을 교부하여 줌으로써 허가받은 자로 하여금 건축한 건물을 사용, 수익할 수 있게 하는 법률효과를 발생시키는 것에 불과하다.
나. 처분의 무효 등 확인소송이나 취소소송은 처분의 무효 등 확인이나 취소를 구할 법률상 이익이 있는 자만이 제기할 수 있다고 할 것이어서 신축한 건물이 무단증평, 이격거리위반, 베란다돌출, 무단구조변경 등 건축법에 위반하여 시공됨으로써 인접주택 소유자의 사생활과 일조권을 침해하고 있다고 하더라도, 인접건물 소유자들로서는 위 건물준

---

1) 예컨대 ① 영업허가 등에 관한 법적 규제로 인하여 허가받은자가 얻는 영업상의 이익 ② 도로·공원 등 공물의 설치로 인하여 받는 공물이용자의 이익 ③ 특정인에 대한 법적 규제로 인하여 제3자가 누리는 이익 등이다(석종현, 일반행정법(상), 104면).
2) 따라서 공권과 반사적 이익의 구별의 실익은 행정쟁송에 의해 구제를 받을 수 있는지의 여부에 있다(석종현, 일반행정법(상), 104면). 반사적 이익을 인정하는 자체가 경찰국가적 법논리를 무비판적으로 수용한 것이라는 이광윤 교수의 주장도 있다(이광윤, 경찰국가의 청산을 위하여, 법률신문 (1998.6.29). 13면; 同人, 반사적 이익론의 문제점과 법률상 이익, 법률신문(1999.9.9), 14면 참조.
3) "공권이란 행정법규가 직접 개개인에게 구체적인 이익을 부여하고 그 이익의 실현을 위한 쟁송수단으로써 재판상 청구권을 행사할 수 있는 일정한 이익이고, 반사적 이익은 사회공익의 사익 즉 불특정다수인의 이익을 보호하고 있는 결과로써 간접적으로 개인에게 돌아오는 이익을 말하며, 이러한 이익이 침해되더라도 구제수단은 없는 것이다(대판 1963. 8. 22, 63누97)."

공처분의 무효확인이나 취소를 구할 법률상 이익이 없다.

그러나 오늘날은 뒤에서 보는 바와 같이 법규의 해석에 있어서 공익목적과 함께 개인의 이익도 보호하고 있다고 확대함으로써, 종래 '반사적 이익'으로 인정되던 많은 이익이 점차 '법적 이익'으로 수용되고 있는데.[1] 이는 행정법 관계에 있어서 사인의 지위가 점차 확장되어 가는 현대적 추세에 부응한 것이다. 오늘날에는 급부행정의 중요성이 날로 증대되어 국민의 행정에 대한 의존도가 상승하는 행정국가(Verwaltungsstaat)화 현상이 날로 증가하고 있고 행정가치의 사회적·경제적 영향력의 증대 및 국민의 행정참가 의욕이 활발해짐에 따라, 행정법규가 규율하는 이익 중에는 종래의 이론으로는 권리라고 할 수는 없지만 그렇다고 하여 반사적 이익으로 할 수 없는, - 종래와 같은 권리·반사적 이익이라는 이분법(二分法)으로는 설명할 수 없는 - 새로운 이익영역이 나타나게 되었다. 그로 인하여 '행정쟁송을 통하여 구제되어야 할 가치있는 권익(보호가치이익설 ☞ **'법률상 이익' 혹은 '법률상 보호이익'은 아니지만 '보호할 만한 가치가 있는 이익'**)'의 존재를 인식하게 되었고 그 이익의 범위도 점차 확대되는 경향을 보이고 있다. 이는 종래 반사적 이익으로 보았던 것이 오늘날에는 법률상 이익 등으로 인정되는 판례가 많이 발견되는 것도 이러한 경향을 나타내고 있다. 우리나라는 전통적으로 독일의 공권이론을 계수하여 공권과 반사적 이익을 구분해 왔으나, 오늘날에는 공권의 성립요소가 완화되는 경향이 뚜렷하며, 실체법·절차법·법규명령 및 조리에서의 '반사적 이익의 공권화 경향'은 - 판례를 통하여 - 날로 두드러지게 나타나고 있다.

[법규명령에 의한 공권성립을 인정한 판례] 대법원은 법규명령에 의하여도 공권이 성립할 수 있다고 하였다. 즉 "건축주명의변경신고에 관한 건축법시행규칙 제3조의2의 규정은 단순히 행정관청의 사무집행의 변수를 위한 것에 지나지 않는 것이 아니라 허가대상건축물의 양수인에게 건축주의 명의변경을 신고할 수 있는 **공법상의 권리를 인정**함과 아울러 행정관청에게는 그 신고를 수리할 의무를 지게 한 것으로 봄이 상당하므로, 허가대상건축물의 양수인이 위 규칙에 규정되어 있는 형식적요건을 갖추어 시장, 군수에게 적법하게 건축주의 명의변경을 신고한 때에는 시장, 군수는 그 신고를 수리하여야지 실체적인 이유를 내세워 그 신고의 수리를 거부할 수는 없다."다고 판시함으로써 **법규명령에 의한 공권성립을 인정**하였다.[2]

[조리상 당해 공사중지명령의 해제를 요구할 수 있는 권리가 인정된다고 한 사례] 대법원은 지방자치단체장의 건축회사에 대한 공사중지명령에 있어서 그 명령의 내용 자체 또는 그 성질상 그 원인사유가 해소되는 경우, 건축회사에게 조리상 당해 공사중지명령의 해제를

---

1) 박윤흔, 행정법강의(상), 146면; 석종현, 일반행정법(상), 104면.
2) 대판 1992. 3. 31, 91누4911【건축주명의변경신고수리거부처분취소】

요구할 수 있는 권리가 인정된다고 하였다. 대법원은 "국민의 신청에 대하여 한 행정청의 거부행위가 취소소송의 대상이 되기 위하여는 국민이 그 신청에 따른 행정행위를 하여 줄 것을 요구할 수 있는 법규상 또는 조리상의 권리가 있어야 하는 것인데, 지방자치단체장이 건축회사에 대하여 당해 신축공사와 관련하여 인근 주택에 공사로 인한 피해를 주지 않는 공법을 선정하고 이에 대하여 안전하다는 전문가의 검토의견서를 제출할 때까지 신축공사를 중지하라는 당해 공사중지명령에 있어서는 그 명령의 내용 자체로 또는 그 성질상으로 명령 이후에 그 원인사유가 해소되는 경우에는 잠정적으로 내린 당해 공사중지명령의 해제를 요구할 수 있는 권리를 위 명령의 상대방에게 인정하고 있다고 할 것이므로, 위 회사에게는 조리상으로 그 해제를 요구할 수 있는 권리가 인정된다."1)고 하여 조리에 의한 공권성립을 인정하였다. 그러나 행정지침의 경우에는 공권성립을 인정하고 있지 않다(아래 판례참조).

▶ 대판 1989. 4. 25, 88누5389 【시영아파트입주권부여불허처분취소】 【판시사항】 서울특별시의 "철거민에 대한 시영아파트 특별분양개선지침"의 성질과 시영아파트 특별분양진정에 대한 구청장의 분양불허회사가 항고소송의 대상인 행정처분인지 여부(소극) 【판결요지】 주택공급에관한규칙 제4조 제1항의 자격을 가진 자이고 도시정비사업 등으로 인하여 주택이 철거된 가옥주로서 철거보상협의에 응한 자에 한하여 시영아파트 특별분양 혜택을 부여하는 것으로 규정한 서울특별시의 "철거민에 대한 시영아파트 특별분양지침"은 서울특별시 내부에 있어서의 행정지침에 불과하여 그 지침 소정의 자에게 공법상의 분양 신청권이 부여되는 것은 아니므로 시영아파트 특별분양 진정에 대하여 구청장이 한 분양불허의 판시는 항고소송의 대상이 되는 신청거부의 행정처분이라고 할 수 없다.

### 2.2.2. 공권·법률상 이익·법률상 보호이익(법적 보호이익)과의 관계

행정소송법 제12조는 「법률상 이익」이 있는 자에게만 취소소송의 원고적격을 인정하고 있는바, 여기에서의 **법률상 이익**이 권리(공권 : 권리회복설), 그리고(일부 견해에서 인정하는 개념인) **법률상 보호이익**(법적 보호이익설; 법률상 보호되고 있는 이익설)2)과 동일한 개념인지(아래참조), 아니면 다른 개념인지에 대하여 견해가 있다.3) 법률이 보호하는 이익이란 행정처분의 관계규정 내지는 그 법 전체의 목적 내지 취지로 보아 공익적 목적이외에 부수적으로라도 사익보호의 목적이 있으면, 이것은 법적으로 보호되는 이익으로 그것이 침해된 자에게도 원고적격이 인정된다고 한다. 따라서 그 보호법익이 권리구제설 보다 훨씬 넓다. 현재의 판례와 통설의 입장이다.

[법률상 보호이익] 일부 견해에서는 오늘날 공권의 범위가 확대되어 가는 추세에 맞추

---

1) 대판 1997. 12. 26, 96누17745 【공사중지해제거부처분취소】
2) 서원우, 취소소송의 소의 이익, 고시연구(1987.7), 95면.
3) 박윤흔, 행정법강의(상), 146면.

어 공권과 반사적 이익의 중간영역에 「법률상 보호이익」이라는 개념을 별도로 인정하여 이러한 법률상 보호이익과 공권을 합친 것을 법률상 이익이라고 하여, 공권·법률상 이익·법률상 보호이익을 각각 별개의 개념으로 본다(법률상 이익 = 공권 + 법률상 보호이익). 이러한 견해에서는 「법률상 보호이익」이란 「권리는 아니면서도 그렇다고 반사적 이익으로도 볼 수 없는 이익(법률이 보호하는 이익)으로서 행정쟁송을 통하여 구제할 필요성이 있는 이익」을 말하며, 따라서 개인이 행정쟁송을 통하여 자기의 이익을 주창하기 위하여서는 법에 의하여 보호되는 이익이면 족하고, 반드시 공권의 존재를 요하지 않는다고 한다(김도창). 이러한 견해에서는, 보호이익도 행정쟁송을 통하여 구제를 받을 수 있는 이익이라는 점에서는 공권과 차이는 없으나, 공권은 행정법규가 보호하는 이익이 직접 개개의 국민을 위한 것인 경우에 성립하는 것인데 대하여, 보호이익은 행정법규가 공익과 사익보호를 아울러 규정하고 있는 경우에 당해 보호규범을 매개로 하여 관계 사인에게 성립하는 것인 점에서 서로 다르다고 한다.[1] 공권과 법률상 보호이익을 동일한 것으로 볼 것인지, 아니면 다른 개념으로 볼 것인지는 공권개념을 어떻게 이해하느냐에 달려 있다고 할 것이다. 공권의 개념을 좁게 파악하여 일반적으로 승인된 권리만으로 본다면, 법률상 보호이익은 권리에는 포함되지 못하고 서로 다르다고 보게 될 것이다. 그러나 공권을 공권성립의 3요소, 즉 강행법규성·사익보호성·청구권능부여성의 세 가지 요건을 갖춘 것으로 본다면, 법률상 보호이익도 세 가지 요소를 갖추고 있기 때문에 공권으로 보게 되며, 따라서 공권과 법률상 보호이익 그리고 법률상 이익은 동일한 것으로 보게 된다(이상규).

[법률상 보호이익설] 법률상 보호이익설은 위법한 처분 등이나 부작위에 의하여 침해되고 있는 이익이 그 관계법에 의하여 보호되고 있는 이익인 경우에는 그러한 이익의 침해를 받은 개인에게도 당해 처분 등이나 부작위를 다툴 수 있는 원고적격이 있다고 본다. 행정청에 일정한 처분의무를 부과하고 있는 관계법의 목적·취지가 전적으로 공익만을 위한 것이 아니라 적어도 특정개인의 이익도 보호하고자 하는 것인 때에는 당해 이익은 단순한 반사적 이익에 그치는 것이 아니라 법적으로 보호되고 있는 이익으로서 이러한 법적 보호이익의 침해를 받은 개인에게도 행정 소송상의 원고적격이 인정된다는 것이다. 이러한 의미의 법적 보호이익설은 개념적으로는 권리회복설과 다르지 않다. 왜냐하면, 법적으로 보호되는 이익이란 바로 권리를 의미하기 때문이다(독일의 문헌들은 권리(Recht)를 법적으로 보호된 이익(rechtlich geschutztes Interesse)으로 설명하고 있다(Maurer, Ule). 다만 종래 권리회복설이 권리의 개념에 재산권·광업권·어업권 등 전통적 권리를 상정했었다고 한다면, 법적 보호이익설은 관계법이 전적으로 개인의 이익을 보호하는 경우뿐만 아니라 공익과 동시에 개인의 이익도 보호하는 취지의 것인 경우에도 원고적격을 인정하는 것이라는 점에서 전설에 비하여 일응 원고적격의 범위가 확대되는

---

1) 박윤흔, 행정법강의(상), 146면.

면이 있다.1) 이 설에 대해서는, (ㄱ) 실정 행정법규의 규정을 만능으로 생각하여 인권불가침의 기본이념에 반하는 실증주의적 사고의 산물이라는 점, (ㄴ) 입법자의 의사에 의하여 법원에의 제소가 결정된다고 하면 개괄주의에 반한다는 점 등의 비판이 있다.

[소결] 공권과 법률상 보호이익은 다같이 공권성립의 요건을 갖추고 있다는 점에서, 구별하지 아니하고 서로 동일한 것으로 보는 것이 타당하다고 생각하며, 더 나아가서 공권과 법률상 이익과도 동일한 것으로 보는 것이 타당하다. 다만 공권개념이 확대되어 온 연혁적인 측면에서 본다면 전통적 의미의 권리를 좁은 의미의 권리로, 전통적 의미의 권리와 법률상 보호이익을 합한 것을 넓은 의미의 권리로 보는 것도, 의미가 있을 것이다. ☞ **공권 = 법률상 보호이익 = 법률상 이익**

[소결] 결론적으로 이러한 개념적 모호성으로 인하여 권리구제설을 취하는 학자들로부터 '법으로 보호할 필요가 있는 이익'이란 결국은 공권을 의미하는 것이 아니냐는 비판이 있다. 아무튼 이 견해는 종래의 공권이론에 의하면, 실정법의 엄격한 해석상 **실정법이 명문으로 권리로 인정하지 않은 것은 반사적 이익으로 보아버리는데 반해**, 비록 명문의 규정이 없더라도 '해석상' 법으로 보호할 필요가 있는 경우는 이를 법률상 보호이익으로 보아야 한다는 것이다. 이에 의하면 과거에는 허가로 얻은 이익이나 공물의 보통사용은 반사적 이익만으로 보았으나, 오늘날에는 국민의 권리구제의 확대 취지에서 이 중 어떤 경우에는 법률상 보호이익으로 보아야 한다는 것이다. 이 이론도 권리구제설과 마찬가지로 보호의 대상은 실체법적 권리 내지 이익에 한정된다는 점에서 '보호가치 있는 이익구제설'과는 다르다.

[독일의 경우(권리회복설)] 우리나라가 행정소송법·행정심판법에서 '법률상 이익'이라는 용어를 사용하는 것과는 달리 독일은 행정재판소법 제42조 제2항에서 "법률에 다른 규정이 없는 한 원고가 행정행위 또는 그것의 거부 또는 방치에 의하여 자신의 권리를 침해당하였음을 주장하는 경우에 한하여 소가 허용된다."고 규정하여 권리를 침해당했을 경우에 원고 적격이 인정된다고 하고 있다. 동법 제68조 내지 제73조의 전심절차(前審節次)로서의 이의신청절차에서는 청구인 적격(원고적격)이 명문으로 규정되어 있지 않다. 그러나 제42조 제2항을 유추적용하고 이의절차의 전심절차적 성격을 고려하여 권리가 침해된 자에게만 그 청구인 적격(원고적격)이 인정된다고 보는 것이 독일의 지배적 견해(herrschende Meinung)이다. 이것이 권리회복설의 입장이며, 권리회복설은 행정소송의 목적이 위법한 처분 등이나 부작위로 인하여 침해된 개인의 권리회복에 있다고 보아서 권리가 침해된 자만이 행정소송을 제기할 수 있다고 보는 학설이다. 이 설은 (ㄱ) 특정인의 권리(Recht)를 직접 침해하지 않는 행정처분은 비록 국민에게 불이익을 주는 경우에도 소(訴)의 대상이 되지 않으며, (ㄴ) 제3자에 대한 행정처분에 있어서는 제3자에 대한 특별한 권리를 가진 자를 제외하고는 청구인

---

1) 김동희, 의무이행심판, 고시연구(1990.5), 454면.

적격(원고적격)이 인정되지 않는다는 것이다.

[독일의 통설적 견해(보호규범설)] 권리는 강행법규에 의해 행정청에 법적 의무가 지워지고 전적으로 공공의 이익에만 봉사하는 것이 아니라, 또한 개개 시민의 이익의 보호에도 기여 하도록 의도되어진 경우에 한하여 권리로서 성립한다. 반면에 관계법규가 전적으로 공공의 이익에만 봉사하도록 의도 되어진 경우에는 관계시민은 반사적 이익을 누릴 뿐이다.[1] 이것이 보호규범설이다.

[마우러의 견해] 마우러(Maurer)에 의하면 권리는 다음의 요건을 갖추어야한다고 주장한다. (ㄱ) 행정으로 하여금 일정한 행위를 하도록 의무를 지우는 법규범이 존재하는 가(행정의 법적 의무), (ㄴ) 이 법규는 적어도 또한 개개 시민의 이익보호에도 기여하는가(개인의 이익)이다.

[권리개념을 확대하는 견해] 마우러(H. Maurer)의 견해에 반하여 권리개념을 확대하는 견해도 있는바, 이는 종전의 권리개념을 유지하면서 구체적 타당성의 견지에서 헌법상의 기본권과 관련지어 해석하려고 시도하고 있다. 즉 법률규정이 개인에게 의도적으로 그리고 사실상으로 이익을 주고 있는 경우에는 언제나 주관적 권리가 개인에게 인정된다. 그것을 넘어서 관계법규에 의해서는 개인이 사실상으로만 이익을 받고 있는 경우에도 구체적인 경우에 상위의 법규정에 근거하여 보호를 하거나 해야하는 경우에는 또한 주관적 권리가 인정될 수 있다는 것이다. 이 견해는 관계법규의 해석에 의해서 개인의 이익이 의도되어 지지 않은 경우에는, 보다 상위의 법규정(즉 헌법)의 가치판단과 관련한 관계법규의 해석으로 주관적 공권(권리)이 인정될 수 있다는 것이다. 반면에 개인이 사실상의 이익을 누리고 있는 경우라고 할 지라도, 관계법규가 그의 객관화된 의사에 의하여 개인의 이익을 보호하고 있지 아니하고, 상위의 법규범에 의해서도 개인의 이익이 보호되지 않는 경우이거나 이를 의도하고 있지 않는 경우에는 반사적 이익에 불과하다고 보는 것이다.

### 2.2.3. 공권과 보호할 가치 있는 이익과의 구별

[개관] 오늘날은 「법적으로 보호할 가치 있는 이익」이 침해된 경우에도 행정쟁송에 의하여 구제받을 수 있다는 견해가 있다(이상규). ☞ **특히 환경오염분쟁소송에서**

[보호가치있는 이익구제설] 보호가치있는 이익구제설은 특정이익이 관계법규에 의하여 보호되는 이익이 아닌 경우에도 그 실질적 내용이 재판에 의하여 보호할 만한 가치가 있는 것으로 판단되는 경우에는 그러한 이익이 침해된 자에게도 청구인적격(원고적격)이 인정되어야 한다고 본다. 이 설은 청구인적격(원고적격)의 판단기준인 이익의 성질을 관계법 규정의

---

1) H. Maurer, Erichsen/Martens, Allgemeines Verwaltungsrecht, 1988, S, 151; Bull, Allgemeines Verwaltungsrecht, 1982, S. 129.

해석에 의존하지 아니하고 그 실질적 성질에 따라 판단하여 사법적 구제의 가부를 결정하려는 것으로서 청구인적격(원고적격)의 범위가 보다 확대된다. 이와같이 보호가치 있는 이익구제설은 행정행위의 취소를 다투는 자가 그로 인하여 이익이 있는 한, 그것이 법률적 이익이든, 사실상 이익이든 묻지 않고 소송상 보호할 가치 있는 이익이면 소익요건을 충족한다고 본다. 이 견해에는 소송제도의 목적과 기능이 주관적 권리의 구제뿐만 아니라 행정의 법적 합성(행정의 법률적합성의 원칙)을 바탕으로 하여 구체적인 사건에 있어서의 분쟁해결에 기여하고자 한다는 전제가 깔려있다. 따라서 그 목적범위로 보아도 소익(訴益)의 범위가 넓을 수밖에 없다. 그러나 이러한 견해에 대하여 아래와 같은 비판이 있다.

[보호가치 있는 이익 구제설에 대한 비판적 견해] 공권과 법적으로 보호할 가치 있는 이익은 분명히 구별하여야 한다는 견해가 있다. "공권은 실정법규에 의하여 이미 「보호되고 있는 이익」인 데 대하여 「법적으로 보호할 가치가 있는 이익」은 아직은 실정법규에 의하여 보호되고 있지 아니한 이익이기 때문이다.[1] 즉 아직은 법에 의하여 보호되고 있지는 않고, 법에 의하여 보호할 가치가 있다고 생각되는 이익(보호가치이익)은 권리가 될 수는 없는 것[2]이라고 보는 것이다. 보호할 가치 있는 이익은 입법자가 보호하기로 하여 법률을 제정하여 보호할 때 비로소 권리로 전환되게 된다."[3]는 비판들이 있다. 그리고 김남진 교수는 법관도 법이 보호하고 있는 이익만을 보호할 수 있는 것이지 법이 보호하고 있지 않는데 스스로 보호할 가치가 있는지 여부를 판단하여 보호할 수 있는 것은 아니라는 비판을 한다.[4] 이는 법관의 자의적 판단을 야기할 수 있고, 결국은 국회입법권을 침해하여 권력분립의 원칙을 침해할 수 있다는 결론에 도달할 수 있기 때문이다.

### 2.3. 성립요건

#### 2.3.1. 개관

개인적 공권은 헌법규정에서 직접 도출되는 것도 있고, 법률의 규정·공법상 계약·관습법에 성립하는 것도 있다. 그러나 거의 대부분의 공권은 법률의 규정에 의하여 성립한다. 법률의 규정에 의하여 성립하는 경우는, 직접 법률의 규정에 의하여 구체적 공권으로 성립하는 경우도 있고, 법률에서는 근거만을 정하고 이에 근거하여 법규명령이나 행정행위에 의하여 구체화되는 경우도 있다. 여기에서는 법률에 의한 성립과 헌법에 의한 성립에 대하여서만 살펴보기로 한다.

---

1) 석종현, 일반행정법(상), 105면.
2) 석종현, 일반행정법(상), 105면; 김남진, 행정법(I), 2004, 94면.
3) 박윤흔, 행정법강의(상), 147면.
4) 김남진, 취소소송과 소의이익, 고시연구(1986.1), 139면

### 2.3.2. 내용
#### a) 법률에 의하여 성립되는 경우
##### aa) 개관

개인적 공권은 법이론적으로 볼 때, 법규범의 존재를 전제로 한다. 그러나 법규범이 존재한다고 하여 항상 개인적 공권이 성립하는 것은 아니다. 개인적 공권의 성립요소로는 독일의 뷜러(Bühler)가 주장한, (ㄱ) 강행법규성, (ㄴ) 사익보호성, (ㄷ) 청구권능부여성의 세 가지가 들어진다(강행법규성·사익보호성·청구권능부여성 : 3요소론).[1] 그러나 오늘날은 실질적 법치국가원리를 구현하고자 행정쟁송에 있어서 개괄적인 권리구제제도(행정심판·행정소송에 있어서의 개괄주의)를 채택함에 따라(헌법 제27조, 행송법 제12조, 독일기본법 제19조 제4항 참조), 청구권능부여성은 별도의 성립요소로 보지 아니한다(강행법규성·사익보호성 : 2요소론).

##### bb) 내용
###### aaa) 강행법규성

공권이 성립하기 위해서는 행정주체에 대하여 일정한 작위의무를 부과하는 강행법규가 존재하여야 한다. 다시말하면 국가 등 행정주체에게 일정한 행위(작위 또는 부작위)를 할 의무를 발생시키는 강행법규 또는 국가에 대하여 이해관계인의 절차적 참가를 보장할 의무를 부과하는 절차법규나 해석에 의하여 특정한 개인의 이익의 보호를 규정한 것으로 볼 수 있는 제3자보호규범이 존재하여야 한다. 따라서 행정주체의 의무는 행정청이 강행법규에 의하여 행하도록 하는 기속행위여야 한다.[2] 이러한 공법상의 강행법규가 국가 또는 행정주체에게 의무를 부과할 것을 공권성립의 제1요소로 보는 것은 오늘날에도 이론이 없다. 그러나 행정청에 재량권이 많이 주어진 현대에 있어서는 재량규범의 경우에도 일정한 요건이 충족되는 경우, 행정청에게 일정한 의무를 지울 수 있다고 보는 것이 그것이다. 이러한 의무가 주어진 판례를 살펴보면 그 대표적인 것으로서 주거지역내의 연탄공장허가에 대한 판결[3]이 있다. 대법원판결은 "… 도시설계의 일정한 건축을 금지하고 또는 제한하고 있는 것은 도시계획법과 건축법이 추구하는 공공복리의 증진을 도모하고자 하는 데 목적이 있는 동시에 한편으로는 주거지역 내에 거주하는 사람의 주거의 안녕과 생활을 보호하고자 하는데도 그 목적이 있는 것으로 해석된다. 그러므로 주거 지역내에 거주하는 사람의 위와 같은 보호이익은 단순한 반사적 이익이나 사실상의 이익이 아니라 바로 법률에 의하여 보호되는 이익이라고 할 것이다. 그리고 행정소송에 있어서는 비록 당해 처분의 상대자가 아

---

[1] O. Bühler, Die subjektive öffentlichen Rechte und ihr Schutz in der deutschen Verwaltungsgerichtssprechung, S. 21; 석종현, 일반행정법(상), 105면.
[2] 석종현, 일반행정법(상), 105면.
[3] 대판 1975. 5. 13, 73누96·97.

니라 하더라도 그 행정처분으로 말미암아 위와 같은 법률에 의하여 이익을 침해받는 사람이면 당해 행정처분의 취소를 구하여 그 당부의 판단을 받을 법률상의 자격이 있다."고 하였다. 이 대법원 판례는 행정법규, 구체적으로는 도시계획법과 건축법은 공장과 건물을 건축할 때, 공공복리는 물론 주민에게 미치는 환경적인 문제도 고려하여야 하므로 행정청으로서는 일정한 의무가 발생하게 되는 것이고 주민에게 있어서는 행정청에 대하여 일정한 권리를 행사할 수 있다는 것이다. 행정청의 의무는 행정의무에 한정하지 않고 부작위, 수인, 급부 등의 행위를 모두 포함한다.[1] 이와같이 오늘날에는 행정청에게 재량이 인정되는 경우에도 예외적으로 공권이 발생할 수 있다고 보고 있다. 무하자재량행사청구권, 행정개입청구권이 그것이다.[2]

### bbb) 사익보호성 : 반사적 이익과의 구별필요성 및 제3자보호규범

[사익보호성·제3자보호규범] 공권이 성립하기 위하여는 행정법규가 단순히 공익실현이라는 목적이외에 사적 이익의 보호를 의욕해야 하며, 어떤 법규가 전적으로 공익의 보호만을 목적으로 하고 있을 뿐 사익의 보호를 의도하지 않고 있다면, 그로 인하여 개인이 이익을 받는다 하더라도 그것은 공권이 아니라 반사적 이익에 불과한 것이다.[3] 따라서 일정한 요건이 충족되었고 행정청에게 특정한 행정의무를 부과하는 강행법규가 존재한다 하더라도 강행규범이 사익보호성을 띠지 않으면 이것만으로는 공권발생에 흠결이 생겨서 개인이 국가에 대하여 특정한 행위를 주장할 수 있는 법률상의 힘이 부여되었다고 보기 힘들다.

[제3자보호규범이 인정되기 위한 요건] 이리하여 공권이 성립되기 위하여는 법규가 공익의 보호라는 목적이외에도 특정인의 사익의 보호를 목적으로 하여야 한다(제3자보호규범론).[4][5] 그

---

1) 김성수, 행정법(I), 131면.
2) 박윤흔, 행정법강의(상), 148면.
3) 김남진, 행정법(I), 108-110면.
4) 석종현, 일반행정법(상), 105면.
5) [제3자보호규범론] 제3자보호규범론은 제2차세계대전 후 과거의 오트마 뷜러(O. Bühler)이론을 수정하여 공권에 대한 이론과 판례의 형성에 가장 큰 공헌을 한 오토 바호프(Otto Bachof) 이었다(이선준, 주관적 공권의 법리, 중앙대학교 박사학위논문(1996.12), 36-38면). 그는 먼저 권리의 본질을 이익과 의사력에서 구하고, 권리를 "특정인에게 자기의 이익 또는 법질서에 의하여 자기의 이름으로 주장하는 것을 인정받는 이익을 충족시키기 위하여 부여받은 의사력"이라고 정의하였다. 그리고 기본적으로는 뷜러(O. Bühler)의 공권이론을 대체로 답습하여 공권의 성립 기준을 (ㄱ) 당해 법규범이 구속성(강행법규성)을 가질것, (ㄴ) 당해 법규성이 개인적 이익을 충족시킬 것(사적보호이익을 내포하고 있을 것[사익보호성]), (ㄷ) 이익의 충족을 위하여 개인에게 공권력의 주체에 대하여 당해 법규범에 의하여 기속된 일정한 작용을 청구할 수 있는 의사력이 부여되어 있을 것이 요구되는 이것은 '이익관철 의사력'을 의미한다. 그러나 바호프(O. Bachof)는 뷜러(O. Bühler)의 공권의 3요소 중 제3요소(청구권능부여성)는 권리와 소권의 동어반복에 불과한 것으로 보아 해석상의 수정을 통하여 이를 극복하려 하였다(도중대, 주관적 공권에 관한 연구 : 주

러나 법규가 보호하고 있는 사익의 정도에는 법규마다 차이가 있기 때문에, 어떤 법규가 공익의 보호만을 목적으로 하고 있는지, 아니면 사익의 보호도 목적으로 하고 있는지는 명백하지 아니한 경우가 많다는 문제점이 있다. 따라서 그 해석에 있어서는 헌법의 정신아래, 규범정립자(입법권자)의 주관적 의사가 아니고 법이 보호하려고 하는 이익의 객관적 평가에 따라야 할 것이다.[1)2)] 오늘날에는 사인의 지위가 향상됨에 따라, 법규가 사익의 보호도 목적으로 하고 있다고 해석되는 경우가 대폭적으로 확대되고 있다. 예를 들면 관계법규에 명시적인 규정이 있는 경우에는 물론이고, 명시적인 규정이 없는 경우에도 법규범의 목적·취지를 고려한 목적론적 해석방법 통하여 사인의 공권성립을 강화하는 경향을 띠고 있다. 이는 특히 건축법·환경법 및 경제행정법 분야에서 활발히 이루어지고 있는바, 인근주민·경쟁관계에 있는 자 등 제3자보호(Drittschutz : 제3자보호규범[drittschützende Rechtsnormen])를 위하여 인정되며,[3)] 경찰법규 역시 국가관의 변천과 개인의 지위향상 등의 추세에 따라 오로지 공익만을 위한 법규가 아니라, 사익보호를 전제로 하는 규범, 즉 제3자보호규범(drittschützende Rechtsnormen)의 성질을 띠는 경향이 점증하고 있다. 이와같이 제3자보호규범론에 의하면 특정한 행정작용의 근거가 되는 범규범이 공공의 이익을 추구하는 동시에 특정한 개인들의 법적 이익도 보호하고 있는 경우에 제3자가 이러한 보호규범에서 정하고 있는 인적범위에 포함된다면 권리침해의 요건으로 원고적격을 부여받아 행정소송을 제기할 수 있게된다. 이와같이 제3자보호규범론(drittschützende Rechtsnormen)과 관련하여서는 다극적 대립관계에 있어서의 제3자보호가 가장 중요한 문제영역으로 등장한다. 장해유발 시설물의 허가에 대한 '인인(隣人)보호(Nachbarschutz)'의 이웃소송(인인소송 : Nachbarklage)과 신규진입의 허용 및 특혜부여에 대한 경쟁자보호의 경쟁자소송이 전형적 예로 거론될 수 있다.[4)] 주유소 영업허가에 있어서 기존업자에게 신규영업허가 취소를 청구할 소익을 인정한 것[5)]이라든지 아래 판례에서 보는 바와 주거지역내에 거주하는 사람이 받

---

관적 공권과 반사적 이익의 구별기준을 중심으로, 경희대학교 대학원(1987.8). 바호프(O. Bachof)의 이론은 뷜러(O. Bühler)의 이론을 토대로 하였고, 뷜러의 이론으로부터 크게 벗어나지는 못했지만 "당해 관계법규가 개인적 보호도 목적으로 한 것"이라고 주장하면서 제3자보호규범론을 정립하였다. 이러한 제3자보호규범론은 독일에서 특히 건설법(Baugesetz)상 인근 주민의 보호 및 인인소송(Nachbarklage)에 있어서 원고적격의 문제로 발전하게 되었다. 연방법원은 제3자보호규범론을 판례에 도입·확대적용 하였다.

1) Hans-Uwe Erichsen/Wolfgang Martens, Allgemeines Verwaltungsrecht, 1991, S. 214.
2) 박윤흔, 행정법강의(상), 148면.
3) 박윤흔, 행정법강의(상), 148면.
4) 이상학, 행정법상 주관적 공권의 기본문제 - 독일에서의 논의를 중심으로Grundfragen des subjektiv öffentlichen Rechts im Verwaltungsrecht, 법학연구 제56권 제1호 통권 제83호 (2015.2), 33-62면.

는 이익이 침해된 경우 법률상 이익을 인정한 것이 그 예이다(아래 판례참조).

▶ 대판 1975. 5. 13, 73누96, 97 【건축허가처분취소】 주거지역안에서는 도시계획법 제19조 제1항과 개정전 건축법 제32조 제1항에 의하여 공익상 부득이 하다고 인정될 경우를 제외하고는 거주의 안녕과 건전한 생활환경의 보호를 해치는 모든 건축이 금지되고 있을뿐 아니라 주거지역내에 거주하는 사람이 받는 위와 같은 보호이익은 **법률에 의하여 보호되는 이익**이라고 할 것이므로 주거지역내에 위 법조 소정 제한면적을 초과한 연탄공장 건축허가처분으로 불이익을 받고 있는 제3거주자는 비록 당해 행정처분의 상대자가 아니라 하더라도 그 행정처분으로 말미암아 위와 같은 법률에 의하여 보호되는 이익을 침해받고 있다면 (제3자 : 저자주) 당해행정 처분의 취소를 소구하여 그 당부의 판단을 받을 법률상의 자격이 있다.

[**사익보호성·제3자고려명령**] 헌법상의 재산권 및 환경권 보장을 위하여 제3자보호규범 이론을 통하여 예컨대 위법 건축물등의 허가에 대한 취소소송(이 경우에는 제3자취소소송이 될 것이다)을 제기할 수 있는가? 이 경우에는 관련법률이 존재하는 경우에 그 법률이 먼저 적용되며, 헌법상의 기본권 규정은 다만 침해배제청구권(방해배제청구권) 행사의 근거규정은 될 수 있지만, 구체적인 청구권의 행사를 위해서는 구체적인 법률규정이 필요하다고 한다.[1] 그러나 사회적 기본권 등을 – 추상적 권리로 보지 않고 – 구체적 권리 혹은 불완전한 구체적 권리(권영성)로 보는 경우에는 헌법해석을 통하여 제3자보호이익을 이끌어 낼 수 있을 것이다. 개별법규범에서 제3자보호규정이 흠결되어 있거나, 제3자보호이익을 도출해낼 수 없을 경우, 제3자에 대한 보호가 헌법적 측면에서 요구되는 경우에는 헌법조항을 직접적용하거나(기본권의 대사인적 효력[Drittwirkung]에 있어서의 직접적용설에 의할 경우), 혹은 독일연방행정법원의 판례를 통하여 형성된 제3자 '고려명령(Rücksichtnahmegebot)'의 적용을 통하여 문제를 해결 할 수 있다[2] 제3자 고려명령은 건설법(건축법)상 인인보호(Nachbarschutz; 이웃주민의 보호) 내지 제3자보호(Drittschutz)를 위하여 등장한 이론이다.[3] 헌법상의 기본권 보장규정의 공권보완적 기능을 강조하는 경우

---

5) 석종현, 일반행정법(상), 106면; 대판 1974. 11. 26, 74누110 【행정처분취소】 위험물 취급소 위치변경 신청에 대한 불허가처분 당시의 소방법시행령 제78조 소정의 시설기준 가운데 주유소 상호간의 거리에 관한 명문의 제한이 없었던 당시 내무부장관의 거리 제한 지시를 적용하여 위치변경신청를 거부한 처분의 적부 【판결요지】 위험물취급소 위치변경신청에 대한 불허가처분 당시의 소방법시행령 제78조 소정의 시설 기준 가운데 주유소 상호간의 거리에 관한 명문의 제한이 없었던 당시 상공부장관의 통첩에 의한 내무부장관의 거리제한 지시를 적용하여 위치변경신청을 거부한 처분은 적법하다.

1) 한견우, 현대행정법신론 1, 세창출판사, 142면.
2) 김성수, 독일법상 주관적 공권이론의 발전(고시계 1991.8); 주관적 공권과 기본권, 행정판례연구 (Ⅱ), 한국행정판례연구회, 서울대학교 출판부, 1996 등 참조.

에는 주관적 공권의 성립을 개별법규범이 명시적으로 존재하느냐의 여부에 얽매일 필요는 없다. 왜냐하면 제3자의 주관적 공권은 예컨대 건축허가처분이 법규범에서 정한 허가 요건에 위배되어 위법하게 되고(위법한 건축허가) 이것이 인인(隣人: 이웃; Nachbar)과의 이익과 구체적 관련성이 인정된다면 제3자(인인)는 주관적 공권을 향유한다고 보는 것이다. 건축법상 인정되는 이와같은 인인(隣人)의 주관적 공권은 독일기본법(독일연방헌법) 제14조의 재산권조항이나 기본법 제2조 제1항의 일반적 인격권 보장규정으로부터 도출된다고 보는 것이 일반적 견해이다. 이러한 독일기본법(독일연방헌법)상의 기본권 보장규정과 우리나라 헌법 제10조의 인격권보장 규정(모든 국민은 인간으로서의 존엄과 가치를 가지며 … 국가는 개인이 가지는 불가침의 기본적 인권을 확인하고 이를 보장할 의무를 잔다)과, 헌법 제37조 제1항에서 국민의 자유와 권리는 헌법에 열거되지 아니한 이유로 경시되지 아니한다고 규정한 조문(천부인권사상을 토대로한 자연권으로서의 법적 성격을 가지는 기본권) 등은 독일 기본법의 취지와 그 맥락을 같이 한다고 볼 수 있다. 따라서 우리나라에도 독일에서와 마찬가지로 제3자고려명령(Rücksichtnahmegebot)이 적용될 여지가 크다고 본다.

[판례] 독일 연방행정법원도 일정한 경우에 있어서는 헌법상의 기본권조항을 제3자의 주관적 공권의 근거규범으로 인정하고 있다. 독일 연방행정법원은 개인의 권리를 인정하는 개별법규범이 존재하지 않는 경우라도 행정작위로 침해되는 개인의 법익이 '중대'하다고 인정되는 경우 헌법상의 기본권조항을 근거로 공권이 성립할 수 있다고 한다.[1] 예컨대 건

---

3) BVerwG, Beschluss vom 14.7.1994 – 4 NB 25.94, Buchholz 406.11 § 1 BauGB Nr. 75 S. 11 m.w.N.; BVerwG, Urteil vom 5.8.1983 – 4 C 96.79, BVerwGE 67, 334, 338 m.w.N.; BVerwG, Beschluss vom 6.3.1989 – 4 NB 8.89, Buchholz 406.11 § 30 BBauG/BauGB Nr. 27 S. 2; BVerwG, Urteil vom 11.3.1988 – 4 C 56.84, Buchholz 406.11 § 9 BBauG Nr. 30 S. 4 ff.; BVerwG, Urteil vom 11.3.1988; Beschluss vom 14.7.1994; BVerwG, Urteil vom 11.03.1988; z.B. BVerwG, Beschluss vom 6.3.1989; BVerwG, Beschluss vom 27.12.1984 – 4 B 278.84, Buchholz 406.11 § 30 BBauG Nr. 21 S. 2 f.; BVerwG, Beschluss vom 6.3.1989;. BVerwG, Urteil vom 29.11.2012 – 4 C 8.11, BVerwGE 145, 145 Rn. 16.

1) BVerwGE 32, 173; BVerGE 55, 221 이러한 독일연방행정법원의 판결과 같이 우리의 경우에도 청문권, 문서열람권, 손실보상청구권 등이 논의되고 있고 대표적으로는 헌법상의 언론의 자유조항을 근거로한 개인의 공문서열람권을 인정한 바 있다. 헌재결 1989. 9. 4, 88헌마22【검사의 공소권행사에 관한 헌법소원】; 헌재결 1991. 5. 13, 90헌마133【기록등사신청에 대한 헌법소원】 헌법 제21조는 언론·출판의 자유, 즉 표현의 자유를 규정하고 있는데 이 자유는 전통적으로 사상 또는 의견의 자유로운 표명(발표의 자유)과 그것을 전파할 자유(전달의 자유)를 의미하는 것으로서 사상 또는 의견의 자유로운 표명은 자유로운 의사의 형성을 전제로 한다. 자유로운 의사의 형성은 정보에의 접근이 충분히 보장됨으로써 비로소 가능한 것이며, 그러한 의미에서 정보에의 접근·수집·처리의 자유, 즉 "알 권리"는 표현의 자유와 표리일체의 관계에 있으며 자유권적 성질과 청구권적 성질을 공유하는 것이다. 자유권적 성질은 일반적으로 정보에 접근하고 수

축상의 허가 및 관리에 대한 규정을 위반하였을 경우 곧바로 제3자의 재산권의 침해가 이루어졌다고는 볼 수 없지만 건축주도 쉽게 알 수 있을 정도의 명백한 행정청의 오류로 인하여 건축허가가 이루어졌고 그 결과 이웃주민(Nachbar)의 생활권이나 재산권에 현저한 피해를 주었을 경우에는 이웃주민은 원고(당사자)적격을 가지며, 제3자취소쟁송을 제기할 수 있다고 본다. 우리 나라의 대법원 판례도 이와같은 맥락에서 설명될 수 있는 사례(경업자소송)가 있다(아래 판례참조).

▶ 대판 1974. 4. 9, 73누173 【행정처분취소】 우리의 대법원도 '노선연장인가 처분에 대하여 당해 노선에 관한 기존의 자동차 운송사업자가 그 취소를 구할 소의 이익이 있는지 여부'에 대하여 "행정소송에서 소송의 원고는 행정처분에 의하여 직접 권리를 침해당한 자임을 보통으로 하나 직접 권리의 침해를 받은자가 아닐지라도 소송을 제기할 법률상의 이익을 가진자는 그 행정처분의 효력을 다툴 수 있다고 해석되는 바(1969.12.30 선고 69누106 판결 참조), 자동차 운수사업법 제6조 제1호에 의한 자동차운송사업의 면허에 대하여 당해 노선에 관한 기존업자는 노선연장인가처분의 취소를 구할 법률상의 이익이 있다."고 하면서, 자동차운송사업법 제1조에 대하여 당해 사업계획이 당해노선 또는 사업구역의 운송수요와 운송력공급에 적합할 것을 면허기준으로 한 것은 주로 자동차 운수의 종합적인 발달을 도모하여 공공복리의 증진을 목적으로하고 있으며, 동시에 한편으로는 업자간의 경쟁으로 인한 경영의 불합리를 미리 방지하는 것이 공공의 복리를 위하여 필요하므로 면허조건을 제한하여 기존업자의 경영의 합리화를 보호 하자는 데도 목적이 있다고 판시하였는데, 이는 제3자고려명령이론과 그 맥을 같이 하는 판례라고 할 수 있다.[1]

[제3자 고려(考慮)명령의 등장배경] 위에서 언급한 헌법상 기본권의 대사인적(제3자적) 효력에 있어서의 직접적용설과 행정법상의 제3자고려명령(Rücksichtnahmegebot)이론은 위에서 언급한 바와 같이 제3자보호규범론(drittschützende Rechtsnormen)이 한계를 극복하기 위하여 등장한 것으로서 독일의 경우 1970년대 중반부터 학설과 판례의 주목을 받기 시작하였다. 1975년 펠릭스 바이로이터(Felix Weyreuther)[2]의 판사의 논문[3]을 통하여 처

---

집·처리함에 있어서 국가권력의 방해를 받지 아니한다는 것을 말하며, 청구권적 성질을 의사형성이나 여론 형성에 필요한 정보를 적극적으로 수집하고 수집을 방해하는 방해제거를 청구할 수 있다는 것을 의미하는 바 이는 정보수집권 또는 정보공개청구권으로 나타난다. 나아가 현대 사회가 고도의 정보화사회로 이행해감에 따라 "알 권리"는 한편으로 생활권적 성질까지도 획득해 나가고 있다. 이러한 "알 권리"는 표현의 자유에 당연히 포함되는 것으로 보아야 하며 인권에 관한 세계선언 제19조도 "알 권리"를 명시적으로 보장하고 있다.
1) 대판 1974. 4. 9, 73누173 【행정처분취소】
2) 펠릭스 바이로이터(Felix Weyreuther) 판사는 1966년, 약관 38세의 나이에 연방행정법원(Bundesverwaltungsgericht) 판사가 되었다.
3) F. Weyreuther, Über Baubedingungen, DVBl. 1969, S. 232-237; ders., Bauen im

음 소개된 제3자 고려명령이론은 행정청이 건축허가를 함에 있어서 법을 해석하고 적용하는 자는 이웃 주민들의 보호가치 있는 이익이 직접 침해되는 경우에는, 제3자의 이익을 고려하여야 하며, 제3자의 이익을 침해하는 경우에는 건축허가가 허용될 수 없다는 것이다. 따라서 제3자 고려명령의 핵심은 건축법상의 건축주와 이웃주민(인인 : 隣人; 이웃주민) 상호간의 이익을 합리적이고 조화롭게 해결하고자 하는 것이 주된 내용이다. 이러한 바이로이터(Felix Weyreuther) 판사의 주장은 다음과 같은 독일연방행정법원(Bundesverwaltungsgericht)의 판결을 통하여 실현 되었다. 사안은 가정집으로부터 25m떨어진 농가에서 약 300여마리의 돼지를 사육하기 위한 축사건축허가처분이 결정되자 이웃주민이 돼지축사건축허가처분의 취소를 구하는 소송을 제기함으로써 발달된 사건이었다. 원심은 당해 허가처분의 근거가 되는 연방건설법(Bundesbaugesetz) 제35조 제1항이 제3자의 보호를 명시적으로 규정하고 있지 않다고 하여 원고의 청구를 기각하였다. 그러나 연방행정법원은 제3자를 권리를 향유하는 권리자로 보고 건축주는 이에 상응하는 의무자로 보면서 연방행정법원이 제3자고려명령이론을 적용하였다. 이 판결은 건축허가처분의 목적이 공익의 실현에 있다는 종래의 입장을 유지하면서도, – 법규의 목적이 공익 뿐만 아니라 사익보호를 염두에 두고 있지 않더라도(따라서 제3자 보호규범이론이 적용될 여지가 없다 하더라도) – 만약 제3자고려명령의 대상이 되는 이웃주민들이 존재하는 경우에는 행정소송에서 원고적격이 있다고 보았다는 점이다. 이와같이 제3자고려명령은 주관적 공권의 성립에 있어서 개별법규범에 마땅히 규정되어야 할 내용이 흠결된 경우에 인인의 보호를 위하여 적용되는 이론이다(제3자보호규범의 한계극복을 위한 이론). 이 이론의 특징은 행정법상 제3자보호규범의 한계를 극복하기 위하여 헌법상의 기본권 조항을 직접적용(기본권의 제3자적 효력에 있어서의 직접적용설의 입장)하기 보다는 제3자고려명령이론을 도입하여 개별법상의 법률조항을 헌법합치적으로 해석(합헌적 법률해석)하고 법규의 목적론적 해석을 통하여 제3자의 권리구제를 위한 이론이다. 오늘날 제3자고려명령은 건축법(건설법)관계에서 뿐만 아니라 환경행정법관계에 있어서의 제3자 취소쟁송에 있어서도 동일한 이론이 적용된다. 오늘날 환경법상 행정소송은 대부분 행정처분의 상대방이 아니라 처분과는 직접관련이 없는 제3자에 의하여 제기되고 있는 점을 감안하여 볼 때 제3자보호규범(drittschützende Rechtsnormen) 내지 제3자고려명령은 권리구제에 있어서 대단히 중요한 의미를 지니고 있다. 주관적 공권의 인정은 법률해석과 밀접한 관련을 가지며, 여기에는 법규정의 문언·취지·입법자의 의사 등을 객관적으로 평가(객관적 해석)하는 것이외에, 목적론적 평가(목적론적 해석) 즉, 가치판단과 이해평가 등을 고려한 주관적 평가의 필요성

---

Außenbereich, Köln u.a 1979; ders., Die Situationsgebundenheit des Grundeigentums, Köln, u.a 1983

이 요구된다. 따라서 개별적·구체적 사안에서의 공권 인정은 법해석자의 법규정의 목적론적 해석 및 해석자의 주관적 가치판단(주관적 해석)에 의하여 좌우되게 되는 것이다.

ccc) 청구권능부여성

공권이 성립하기 위해서는 개인이 받은 이익이 행정주체에 대하여 소송을 통하여 관철시킬 수 있는 법상의 힘이 부여되어야 한다. 이것을 공법상의 재판청구권이라고 한다. 공권이 성립하기 위하여는 강행법규범의 존재와 사익보호성이 요구되고 이러한 것을 관철시킬 수 있는 소송수단이 존재하여야 한다. 즉 소송청구권능이 존재하지 않는다면 공권성립은 무의미하다. 이와같이 개인에게는 행정주체에 대하여 그 이익을 보호받을 수 있는 청구권능이 부여되어야 하는데, 구체적으로는 개인에게 소구가능성(訴求可能性: 행정주체에게 부여된 작위 또는 부작위의무를 소송을 통하여 관철할 수 있는 법률상의 힘)[1]이 있어야 한다. 그러나 오늘날의 견해는 청구권능부여성을 요하지 않는 것으로 본다. 왜냐하면 행정쟁송에 있어서 개괄주의를 채택하고 있고, 재판청구권은 헌법상 모든 국민에게 당연히 청구권적 기본권으로 보장되어 있기 때문에, 이를 청구권능부여성이라는 공권성립에 있어서의 제3의 요소는 공권성립의 요소로 볼 필요는 없다는 것이다.[2] 이러한 견해는 우리 헌법(제27조)과 행정소송법(제12조)의 해석으로도 일반적으로는 타당하다. 다만 구체적으로 보면, 독일의 경우는 독일연방헌법(기본법) 제19조 제4항[3]과 이를 구체화하고 있는 행정재판소법에 의하여 개인적 공권을 사법적(司法的)으로 관철시킬 수 있는 다양한 형태의 행정소송의 유형이 마련되어 있기 때문에, 구태어 청구권능부여성을 별도의 요건으로 논할 실익이 없다. 그러나 우리나라의 경우에는 의무이행소송이 인정되어 있지 않는 등(2006년 행정소송법 개정안 제4조 제3호에는 의무이행소송제도가 도입됨) 행정소송유형이 독일에 비하여 매우 불충분하여 개인적 공권을 사법적으로 관철하는 데있어서 많은 제한이 가하여지고 있는 현실이다. 따라서 청구권능부여성은 우리나라에서는 개인적 공권의 내용에 상응하는 소송유형이 마련되기까지는 아직도 중요한 의미를 갖는다(류지태).[4]

---

1) 석종현, 일반행정법(상), 106면.
2) H. Maurer, Allgemines Verwaltungsrecht, 1994, S. 145.
3) 독일기본법(연방헌법) 제19조 제4항에서는 어떠한 사람이든 공권에 의하여 그의 권리가 침해되는 경우 소송의 길이 열려있다고 규정하여 개인이 공권력에 의하여 침해된 경우에는 빠짐없이 법적 보호를 받을 수 있도록 하는 포괄적 규정을 두고 있다(개괄주의). 이는 실질적 법치국가 실현의 구체적인 의지이다(독일 기본법 제1조 제3항은 "다음에 열거하는 기본권은 직접 적용되는 권리(법)로서 입법·행정·사법을 구속한다"고 규정하고 있다: Die nachfolgenden Grundrechte binden Gesetzgebung, vollziehende Gewalt und Rechtsprechung als unmittelbar geltendes Recht). 결국 독일 기본법에 의하여 취소소송의 원고 적격을 명백히 드러나지 않는 권익을 침해당한 경우에는, 누구에게도 인정하게 되어 과거 뷜러(O. Bühler)가 주장했던 제3요소인 청구권능부여성은 그 의미가 퇴색되고 말았다.

b) 헌법에 의하여 성립하는 경우(개인적 공권과 기본권과의 관계)

[전통적 견해] 전통적 견해는 헌법은 국민의 기본권을 보장하고 있으나 그 내용은 일반적이고 추상적이어서, 헌법규정만에 의하여 위에서 본 공권의 성립요건이 구체적으로 갖추어졌다고 보기는 어렵다고 보았다. 그리하여 전통적 견해에서는 헌법이 보장하고 있는 기본권은 그것이 국민 개개인을 위한 개인적 공권인 것은 틀림없으나, 그것은 그것을 구체화하는 법률이 제정되어야 구체화될 수 있는 추상적 권리로 보았다. 사회적 기본권은 특히 그러하였다. 따라서 개인적 공권은 원칙적으로 법률의 규정에 의하여 성립하며, 개인적 공권의 성립 여부는 원칙적으로 관계법률을 기준으로 하여 판단하게 된다.[1] 왜냐하면 개인적 공권의 성립여부는 강행법규의 존재와 사익보호성의 유무를 기준으로하여 판단되고 있기 때문이며, 법률이 헌법보다 적용의 우위를 누리는 것으로 보아야 하기 때문이다.[2]

[오늘날의 견해] 그러나 오늘날에는 특정한 개인의 이익보호가 절실히 요청됨에도 불구하고 기본권을 구체화하는 법률이 제정되지 않았을 경우에는, 예외적으로 직접 헌법상의 기본권규정에 근거하여 특정한 개인의 이익보호를 위한 구체적 공권이 성립할 수 있다고 본다. 이러한 이론은 독일의 행정법원의 판례를 중심으로 발전되고 있다.[3] 우리 헌법재판소의 결정에서도, 국민의 알 권리를 헌법상의 표현의 자유(헌법 제21조)에서,[4] 그리고 변호인접견교통권을 인간으로서의 존엄과 가치 및 행복추구권(헌법 제10조)에서[5] 직접 도출될 수 있는 구체적 권리로 파악하고 있다. 자유권적 기본권이 그 침해에 대한 소극적 방어권이라는 측면에서 기본권인 개인적 공권에 해당하는 것이지만, 적극적인 청구권적 기본권의 측면에서 구체성을 띠는 개인적 공권(구체적 권리)으로 될 수 있는지에 대하여서는 논의가 있었는데만, 이러한 점에서 위의 헌법재판소결정은 의미가 크다.[6] 다만 이 경우에 처음부터 헌법

---

4) 박윤흔, 행정법강의(상), 149면.
1) 박윤흔, 행정법강의(상), 149면; 석종현, 일반행정법(상), 107면.
2) 석종현, 일반행정법(상), 107면.
3) BVerwGE 32, 173; BVerwGE 55, 211; 석종현, 일반행정법(상), 107면.
4) 헌재결 1989. 9. 4, 88헌마22【공권력에 의한 재산권침해에 대한 헌법소원】부동산 소유권의 회복을 위한 입증자료로 사용하고자 청구인이 문서의 열람·복사신청을 하였으나 행정청이 이에 불응하였다 하더라도 그 불응한 행위로 인하여 청구인의 재산권이 침해 당하였다고는 보기 어려우나, 청구인의 정당한 이해관계가 있는 정부보유의 정보의 개시(開示)에 대하여 행정청이 아무런 검토 없이 불응한 부작위는 헌법 제21조에 규정된 표현의 자유와 자유민주주의적 기본질서를 천명(闡明)하고 있는 헌법 전문(前文), 제1조, 제4조의 해석상 국민의 정부에 대한 일반적 정보 공개를 구할 권리(청구권적 기본권)로서 인정되는 "알" 권리를 침해한 것이고 위 열람·복사 민원(民願)의 처리는 법률의 제정이 없더라도 불가능한 것이 아니다.
5) 헌재결 1991. 5. 13, 90헌마133【기록등사신청에 대한 헌법소원】
6) 박윤흔, 행정법강의(상), 149면.

상 기본권의 직접적용을 통한 개인적 공권을 인정하는 것이 아니라, 일차적으로는 강행법규를 기준으로 공권요소를 파악하고, 그 다음 단계에서는 강행법규에서 당연히 보호되어야 할 제3자의 이익이 법규정의 미비나 흠결로 인하여 보호되지 않을 경우에는; 당해 강행법규의 헌법합치적·목적론적 해석을 통하여 그 흠결을 보충할 필요가 있다고 본 것이다(간접적용). 그리고 이와 같은 법규범의 해석을 통하여도 제3자의 생명·신체·보건·환경상의 중대한 법익이 침해되는 것을 방지할 수 없을 경우에는 헌법상의 기본권조항이 직접 적용되는 것으로 볼 수 있을 것이다.[1]

### 2.3.3. 개인적 공권의 종류

#### a) 의의

주관적 공권으로서 개인이 국가에 대하여 가지는 개인적 공권에는 자유권·참정권·수익권이 있다. 전통적 견해인 옐리네크(G. Jellinek)의 견해에 의하면 국민은 국가의 구성요소로서 국가권력의 지배객체 임에는 틀림없지만, 국민의 국가권력에 대한 지위는 이를 수동적 지위, 소극적 지위, 적극적 지위, 능동적 지위의 네가지로 나눌 수 있다고 한다.[2]

#### b) 종류

##### aa) 자유권(소극적 공권)

자유권은 행정작용에 의하여 사인이 위법한 자유침해를 당하지 않을 권리, 즉 위법한 자유침해가 있는 경우에 그 침해의 배제를 청구할 수 있는 권리(침해배제청구권)이며, 방어적 의미를 지닌 소극적 공권이다. 신체의 자유·통신의 자유·거주이전의 자유·신앙의 자유·직업선택의 자유·집회·결사의 자유·재산권의 불가침·학문·사상의 자유등이다. 여기에서 자유권이란 사회적 기본권과 대칭되며 재산권을 포함하는 넓은 의미의 자유권이다. 그런데 사인은 법률에 근거하지 아니하고는 국가작용에 의하여 침해받지 아니할 포괄적 일반적 자유권을 가진다(헌법 제37조 제2항). 자유권이 위법하게 침해된 때에는 위법침해배제청구권으로 나타나며, 그것을 실현하는 쟁송수단은 취소소송이다. 그리고 자유권이 위법하게 침해될 우려가 있는 때에는 위법침해예방청구권으로 나타나는데, 그것을 실현하는 쟁송수단은 금지명령소송(예방적 부작위소송) 등이 있다.[3] 오늘날은 많은 경우에 행정행위의 직접 상대방이 아닌 제3자에게 법익이 인정되고 그것이 침해된 경우에 그 배제를 위한 訴의 이익이 인정되고 있으며, 이에 따라 사인의 방어적 지위가 크게 확대되고 있다.

---

[1] 석종현, 일반행정법(상), 108면.
[2] 옐리네크(G. Jellinek)의 이론에 대한 비판은 허영, 한국헌법론, 박영사, 2008, 213면 이하 참조.
[3] 박윤흔, 행정법강의(상), 150면.

자유권이 방어적 측면에서 구체적 공권임은 의문이 없으나, 어느 범위에서 청구권적 측면에서 구체적 공권으로 인정될 것인가에 대하여는 논의가 있는 바, 우리 헌법재판소는 예외적이기는 하지만, 일정한 기본권의 경우에 청구권적 측면에서 구체적 공권성을 인정하였다.[1]

### bb) 수익권(적극적 공권)

수익권이란 공권의 일종으로서 국민이 자기의 이익을 위해서 국가나 공공단체 등의 행정주체에 대하여 일정한 행위 또는 급부 기타 공공시설의 이용을 요구할 수 있는 권리이며, 국가에 대하여 적극적으로 요구한다는 점에서 적극적 공권이라고 부른다.

국가의 행정작용이나 행정과정(Verwaltungsprozeß)에 있어서 사인은 단지 수동적·방어적 지위에 서는 데 그치지 아니하고 행정주체에 대하여 적극적으로 급부를 청구할 수 있는 지위에 선다. 그러한 적극적인 급부청구권을 수익권이라고 한다. 우리 헌법에서는 사회국가원리를 채택하여 헌법에서 직접 사회적 기본권(제31조 내지 제36조)과 기본권을 보장하기 위한 기본권(청구권적 기본권 : 제27조 내지 제29조)의 형태로 수익권을 보장하고 있는바, 그러한 헌법상의 사회적 기본권 규정으로부터 사인에게 직접 구체적인 청구권이 발생하는지에 대하여는 학설의 대립이 있다(구체적 권리설·추상적 권리설). 사회적 기본권의 법적 성격은 일반적으로 추상적 권리로 보고 있다. 그러나 이의 법적 성격은 불완전한 구체적 권리 혹은 구체적 권리로 보는 것이 타당하다. 왜냐 하면 추상적 권리로 보는 경우에는 결국 입법방침규정설(선언적 규정; 내용없는 백지조항)이나 프로그램적(Programm) 규정설과 같은 결과가 되어버리기 때문이다. 오늘날 사회적 기본권의 법적 성격에 있어서 과거와 같은 입법방침규정설이나 프로그램적 규정설을 주장하는 견해는 없다. 오늘날에는 그러한 규정에 근거하여 점차로 많은 개별적 법률이 제정되고 있으며, 이에 따라 구체적인 급부청구권도 점차로 증가되고 있다. 그 경우 법률에서는 여러 가지 방법에 의하여 사인에게 구체적인 급부청구권이 발생하도록 하고 있는바, 그 중에서 가장 원칙적인 것이 행정행위(생활보호결정 등)와 계약(수도급수계약)이다.[2]

[**법률에 의하여 구체화된 수익권의 예**] 법률에 의하여 구체화된 수익권의 예로는 공법상 금전청구권(예 : 공무원의 보수청구권), 영조물이용권(예 : 국립대학에서 교육을 받을 권리, 국립병원에서 진료를 받을 권리 등), 공물사용권(예 : 도로 하천을 사용할 권리 등), 행정행위발급청구권(예 : 허가를 받을 권리), 사회보장급부청구권, 행정불복신청권(예 : 행정심판, 공무원소청·국세심판을 청구할 권리 등), 소권(예 : 행정소송제기권 등) 등이 있다.[3]

---

1) 박윤흔, 행정법강의(상), 150면.
2) 박윤흔, 행정법강의(상), 151면.
3) 박윤흔, 행정법강의(상), 150면; 석종현, 일반행정법(상), 110면 참조.

－ 특정행위요구권 → 영업허가신청·인가·특허·이의신청
　　　－ 공물사용권 → 하천의 댐설치·도로상의 전주설치·도로·하천의 점용허가신청
　　　　권·공유수면사용 및 매립허가신청권
　　　－ 공법상 금전청구권
　　　－ 공법상 영예권 → 학위청구권
　　　－ 영조물이용권 → 국·공립대학, 국·공립도서관, 국·공립병원 등의 이용
　　　－ 공기업이용권

　수익권은 자유권과는 달리 국가의 행위를 요구하는 적극적 공권이므로 그것을 실현하는 쟁송수단은 의무이행소송 등이 있다(다만 우리 소송법에는 이에 관한 명문규정이 없다). 그러나 수익권이 실현되기 위하여서는 재정적 뒷받침과 함께 관계 입법이 필요하다 할 것이므로 행정부와 입법부의 역할이 보다 중요하다 하겠다. 오늘날은 행정개입청구권이 제창되고 있으며, 이에 따라 사인의 수익적 지위가 새로운 영역으로 발전되고 있다.[1]

　　cc) 참정권(능동적 공권)
　참정권은 행정주체(국가·공공단체)의 공무에 참여하는 것을 내용으로 하는 권리이며, 능동적 공권이다. 공무원선거권(대통령선거권·국회의원 및 지방의회의원선거권·지방자치단체의 장 선거권), 공무담임권(대통령피선거권·국회의원 및 지방의회의원피선거권·지방자치단체의장 피선거권 등), 국민투표권 등이 있다.

　　　－ 공무원선거권(대통령선거권·국회의원 및 지방의회의원선거권·지방자치단체의 장 선거권)
　　　－ 공무담임권(대통령피선거권·국회의원 및 지방의회의원피선거권·지방자치단체의장 피선거권 등)
　　　－ 국민투표권

　특히 참정권은 행정결정참가권이라는 명칭으로 사용하는 학자도 있으며, 행정결정참가권에 의하여 사인은 능동적 지위를 갖는다. 두 가지 형태가 있다. (ㄱ) 전통적인 의미에서의 행정절차에의 참가로서 법치국가적 참가이다. 불이익처분절차에의 참가가 그것이며 침해행위에 대한 방어권으로 보아 왔다. (ㄴ) 현대 행정에 있어서의 민주주의적 견지에서의 절차참가, 이해조정적 견지에서의 절차참가이다. 행정입법절차·행정계획절차에의 참가가 그 예이다.[2]

---

1) 박윤흔, 행정법강의(상), 151면.
2) 박윤흔, 행정법강의(상), 151면.

## 3. 공권의 특수성
### 3.1. 국가적 공권의 특수성
#### 3.1.1. 의의

국가적 공권은 사권이나 개인적 공권과는 달리, (ㄱ) 행정주체의 의사에 법률상 우월한 힘이 인정되고, (ㄴ) 권리가 동시에 의무이며 의무가 동시에 권리라는 상대성과, (ㄷ) 공익실현을 목적으로 그 권리가 인정된 것이라는 공공성을 가진다. 그 결과, 다음과 같은 특수성이 인정된다.

#### 3.1.2. 특수성
a) 권리자율권

행정주체가 법률 또는 이에 의거한 행정행위에 의하여 권리의 내용을 스스로 일방적으로 결정할 수 있다는 점에서, 사권의 내용이 개인의 사적 자치(Privatautonomie)의 원칙에 의하여 자유의사에 의한 합의에 따라 결정되는 것과 다르다. ☞ **행정청의 일방적 결정(권리자율권) ↔ 개인의 사적 자치의 원칙**

b) 권리실현보장

권리실현 보장을 위하여 **자력집행권**(법령의 규정에 의하여 국가적 공권의 내용을 행정권의 자력으로 실현할 수 있다.), **행정벌**(그 침해에 대하여 일정한 제재(행정벌)를 과할 수 있다.), **우월한 법적 효력의 인정**(국가적 공권의 행사에는 위의 강제력 외에도 공정력·확정력 등의 우월한 법적 효력이 수반된다.), **포기성의 제한**(국가 또는 공공단체의 공권은 동시에 사인의 이익을 위한 것이므로 포기하지 못하는 것이 원칙이다. 다만 법이 그 포기를 인정한 것이 있다(예: 조세의 면제·출납공무원의 손해배상책임면제 등), 자력집행권(법령의 규정에 의하여 국가적 공권의 내용을 행정권의 자력으로 실현할 수 있다.) 등을 인정하고 있다.

### 3.2. 개인적 공권의 특수성
#### 3.2.1. 의의

개인적 공권은 공익적 견지에서 인정되는 것이므로 일신전속성이 인정되는 경우가 많다. 따라서 일신전속성을 가진 개인적 공권은 양도·상속 등 이전성이 부인된다. 따라서 개인적 공권은 이전성이 부인되는 결과, 그 압류가 금지·제한되고 대행이 제한되는 경우가 많다. 다만 경제적 가치를 내용으로 하는 권리는 이전성이 인정된다. 예컨대 공수(公水) 등의 공물사용권, 하천사석채취권, 공기업특허권, 2분의 1이하의 공무원의 봉급청구권, 손실보상금청구권 등 양도가능한 가입전화(백색전화) 사용권에 있어서는 일반재산권과 같이 이전성이 인정된다.

　종래 공권은 사권과는 다른 특수성이 있기 때문에 양자를 구별할 실익이 있는 것으로 보았다. 즉 공권은 단순히 개인적 이익을 위한 것만은 아니고, 이를 개인에게 향유시키는 것이 공익을 위하여도 필요하기 때문인 것으로(공익성), 직접 사익을 위하여 인정된 사권과는 달리 독점적·배타적인 권리가 아니고, 공익적 견지에서 제약이 예상되어 있는 권리이며, 보통 권리가 동시에 의무인 성질이 현저하다(상대성). 그리하여 공권의 특수성으로는 불융통성, 보호의 특수성, 금전채권의 소멸시효의 특수성이 인정된다.[1]

### 3.2.2. 불융통성
#### a) 이전성의 제한
##### aa) 양도·상속 등 이전성이 부인되는 경우

　공권은 보통 공익적 견지에서 부여된 것으로, 일신전속성을 가지는 경우가 많고 따라서 양도·상속 등 이전성이 부인되는 경우가 많다(예컨대 공무원연금청구권의 양도금지(공무원연금법 제32조), 국가배상을 받을 권리의 양도금지(국가배상법 제4조), 생활보호를 받을 권리의 양도금지(국민기초생활보장법 제36조) 등이 있다.

　[전상군경등록거부처분취소청구소송 계속 중 원고가 사망한 경우, 원고의 상속인에게 소송수계가 허용되는지 여부] 전상군경등록거부처분취소청구소송 계속 중 원고가 사망한 경우, 원고의 상속인에게 소송수계가 허용되는지 여부에 있어서 대법원은 "구 국가유공자등예우및지원에관한법률(2002. 1. 26. 법률 제6648호로 개정되기 전의 것)에 의하여 국가유공자와 유족으로 등록되어 보상금을 받고, 교육보호 등 각종 보호를 받을 수 있는 권리는 국가유공자와 유족에 대한 응분의 예우와 국가유공자에 준하는 군경 등에 대한 지원을 행함으로써 이들의 생활안정과 복지향상을 도모하기 위하여 당해 개인에게 부여되어진 일신전속적인 권리이어서, 같은 법 규정에 비추어 상속의 대상으로도 될 수 없다고 할 것이므로 전상군경등록거부처분취소청구소송은 원고의 사망과 동시에 종료하였고, 원고의 상속인들에 의하여 승계될 여지는 없다."[2]고 하였다.

　　　[일신전속권] 일신전속권이란 권리의 성질상 타인에게 전속할수 없는 것, 즉 양도·상속 등으로 타인에게 이전할수 없는 권리를 말한다. 이와 달리 양도성과 상속성이 있는 권리를 비전속적 권리라고 한다. 일반적으로 가족권, 인격권은 일신전속권이고, 재산권은 비전속권이라 한다. 한편, 행정법상 인정되는 공권은 본질적으로 일신전속적 권리의 성질을

---

1) 이들 중에서 보호의 특수성, 즉 소송절차의 특수성과 금전채권의 소멸시효의 특수성은 정확하게는 특수성으로서가 아니라, 공권과 사권의 구별의 실익으로 파악한다(川上宏二郞, 行政過程에 있어서의 私人의 權利, 現代行政法大系, 第2卷, 372頁).
2) 대판 2003. 8. 19, 2003두5037 【전상군경등록거부처분취소】

띠고 있다.

　　　[예외] 공권 중에도 그 내용이 경제적 가치를 주목적으로 하는 것은 사권과 같이 이전성이 인정되는 경우가 있지만, 일반적으로 공권은 이전성이 부인된 결과로, 그 압류가 제한 금지되거나, 담보의 목적으로 하는 것이 제한·금지되는 경우가 많다(양도가 제한된 권리 등).[1]

　　　－ 국가배상법 제4조의 배상받을 권리의 양도금지
　　　－ 공무원연금법 제32조의 연금청구권의 양도금지
　　　－ 공중전기통신사업법 제24조 가입전화사용권의 양도금지
　　　－ 국민기초생활보장법 제36조의 보호받을 권리의 양도금지 등

　bb) 압류가 제한되는 경우

구(舊)민사소송법 제579조 제4호는 급료, 연금 등 1/2초과압류를 제한하고 있었다.

　cc) 압류가 금지되는 경우

압류가 금지되는 경우로는 국가배상법 제4조의 배상받을 권리 압류금지, 공무원연금법 제32조의 연금청구권압류금지, 구(舊)민사소송법 제579조 제3호에 의한 兵(군인)의 급료의 압류금지, 국민기초생활보장법 제35조의 압류금지 등이 있다.

　　　▶국가배상법 제4조 (양도 등 금지) 생명·신체의 침해로 인한 국가배상을 받을 권리는 양도하거나 압류하지 못한다. [전문개정 2008.3.14.]

　　　▶공무원연금법 제32조(권리의 보호) 급여를 받을 권리는 양도, 압류하거나 담보로 제공할 수 없다. 다만, 연금인 급여를 받을 권리는 대통령령으로 정하는 금융기관에 담보로 제공할 수 있고, 국세징수법, 지방세기본법, 그 밖의 법률에 따른 체납처분의 대상으로 할 수 있다. <개정 2011.8.4.>

　　　▶국민기초생활보장법 제35조(압류금지) ① 수급자에게 지급된 수급품과 이를 받을 권리는 압류할 수 없다. <개정 2011.6.7.> ② 제27조의2제1항에 따라 지정된 급여수급계좌의 예금에 관한 채권은 압류할 수 없다. <신설 2011.6.7.>

　　　－ 국가배상법 제4조의 배상받을 권리 압류금지
　　　－ 공무원연금법 제32조의 연금청구권압류금지
　　　－ 구(舊)민사소송법 제579조 제3호에 의한 兵(군인)의 급료의 압류금지
　　　－ 국민기초생활보장법 제35조의 압류금지

b) 포기성의 제한

사권은 원칙적으로 자유롭게 포기할 수 있다. 그러나 개인적 공권은 예컨대, 선거권·봉급권·소권 등의 개인적 공권은 공익적 견지에서 인정된 것이므로 권리인 동시에 의무라는

---

1) 박윤흔, 행정법강의(상), 152면.

성질도 있어서 임의로 포기할 수 없고,[1] 포기의 의사표시(Erklärung)를 하여도 무효가 된다. 그러나 포기할 수 없다는 것은 현실적으로 그가 가지는 권리를 행사해야 할 의무가 있다는 것을 의미하지는 않는 것이기 때문에 권리를 행사하지 아니한 채(권리의 불행사), 장기간 방치한 결과로 시효의 완성 또는 제척기간의 경과로 권리를 행사할 수 없게 되는 것과는 별개의 문제이다. 이를 권리의 불행사라 한다. 그러나 권리가 주로 경제적 이익을 내용으로 하는 것이고, 그 포기가 공익에 현저한 영향을 미치지 않는 것일 때에는 포기가 인정될 수 있다. 포기가 인정되는 경우로는, 국회의원의 세비, 공무원의 여비, 손실보상청구권의 포기 등이다.

『포기가 인정되는 경우』 (ㄱ) 국회의원의 세비, (ㄴ) 공무원의 여비, (ㄷ)손실보상청구권의 포기

『주의』
▶ 개인적 공권의 포기는 권리의 불행사와는 구별된다. ☞ **권리불행사 ≠ 포기**
▶ 개인적 공권은 법률관계의 안정을 위해 권리의 불행사로서 소멸되는 경우가 있다(시효 완성·제척기간의 경과 등)

c) 대행제한성(비대행성)

개인적 공권은 일신적속적인 성질이 강하기 때문에 이를 타인에게 위임하거나 양도 (대리)하지 못하는 속성이 있다(예: 선거권·응시권 → 시험·자동차운전면허). 다만, 소권 (訴權)은 대리행사하는 것이 보통이다(예: 변호사의 소송대리행위, 변리사의 특허등록행위).

### 3.2.3. 공권보호의 특수성

개인적 공권은 그 공익적 성격에 비추어 사권과는 달리, 헌법의 기본권조항에 의해 보장되며, 각종의 특별한 국가적 보호 내지 특전(예: 면세·국고보조)을 부여하는 경우가 있고, 그에 대한 침해에 대하여서는 행정소송을 통한 보호를 받게 되며, 그 밖에는 일반사권에 대한 것과 같은 보호를 받는다. 우리 실정법은 사법국가주의(사법적극주의)를 취한 결과, 이러한 공권이 침해된 때에는 사권과 같이 사법법원에 출소(出訴)하여(제1심은 서울의 경우 행정법원, 제2심은 고등법원, 제3심은 대법원) 그 구제를 청구할 수 있다.[2] 다만, 현행 제도 아래서는 이러한 소송은 사권에 있어서와 같이 민사소송에 의하지 않고 행정소송법 상의 「공법상의권리관계에관한소송」으로 행정소송인 공법상당사자소송에 의하도록 되어

---

[1] 대판 1998. 12. 23, 97누5046【재해위로금】석탄산업법시행령 제41조 제4항 제5호 소정의 재해위로금 청구권은 개인의 공권으로서 그 공익적 성격에 비추어 당사자의 합의에 의하여 이를 미리 포기할 수 없다.
[2] 박윤흔, 행정법강의(상), 148면.

있다. 이 점에서 공권과 사권은 구별할 실익이 있다.[1] 특히 최근에는 반사적 이익의 보호이익화를 통하여 행정쟁송을 통하여 구제될 수 있는 공익을 확대하는 추세에 있고, 절차적 측면에서는 무하자재량행사청구권·행정개입청구권·시민소송이론을 통하여 사인의 지위 보호의 실질화·광역화를 기하려 노력을 기울이고 있는 것이 일반적인 경향이다. ▶무하자재량행사청구권 ▶행정개입청구권 ▶집단소송·시민소송이론

### 3.2.4. 금전채권의 소멸시효의 특수성

국가나 지방자치단체가 가지는 또는 그에 대하여 가지는 공법상의 금전채권에 대하여는 각각 국가재정법[2] 제96조 또는 지방재정법 제82조가 적용되어, 소멸시효기간이 5년이 되므로 이 점에서 공권과 사권을 구별할 실익이 있다고 한다.[3]

> ▶국가재정법 제96조 (금전채권·채무의 소멸시효) ① 금전의 급부를 목적으로 하는 국가의 권리로서 시효에 관하여 다른 법률에 규정이 없는 것은 5년 동안 행사하지 아니하면 시효로 인하여 소멸한다.

> ▶지방재정법 제82조 (금전채권과 채무의 소멸시효) ① 금전의 지급을 목적으로 하는 지방자치단체의 권리는 시효에 관하여 다른 법률에 특별한 규정이 있는 것을 제외하고는 5년간 행사하지 아니하면 소멸시효가 완성한다. ② 금전의 지급을 목적으로 하는 지방자치단체에 대한 권리도 제1항과 같다.

### 3.3. 공권·사권구별론에 대한 비판론

사권에 대한 공권의 특수성을 인정하는 견해가 공권·사권의 구별론인데, 이에 대하여는 공권의 특수성을 부인하는 공권·사권의 구별부인론이 유력하게 주장되고 있다.[4]

[구별부인론] 공권·사권의 구별론에서는 공권을 자유권·수익권·참정권으로 나누면서도 특수성을 논할 때에는 모든 공권을 하나로 묶어서 불융통성을 갖는다고 한다. 그러나 공권도 각각 이질적인 성질을 가지고 있으며, 모든 공권의 이전성 유무를 같은 차원에서 사권의 이전성 유무와 대비할 수는 없는 것이나. 예컨대 자유권(자유권적 기본권)·소권·선거권이 이전성이 제한된다고 하더라도 그것은 사권이 이전성을 갖는다는 것과 같은 차원에서 대비하는 것은 무의미하며, 그것은 공권이기 때문에 갖는 속성이라기보다는, 오히려 국민된 신분에 본질적으로 부수되는 신분내재적 권능인 결과라 할 것이다. 따라서, 그 이전성 유무를 사권과 대비할 수 있는 것은 공무원의 봉급청구권이나 하천점용권과 같은

---

1) 박윤흔, 행정법강의(상), 148면.
2) 舊예산회계법: 2007년 1월 1일부터 폐지.
3) 박윤흔, 행정법강의(상), 153면; 석종현, 일반행정법(상), 117면 참조.
4) 공법·사법일원론(부인론)의 주장이다.

재산권적 성질을 가진 구체적 청구권인 공권에 국한된다고 할 것인데, 그것도 각 권리에 관한 개별적 법규의 해석문제이지, 공권의 일반적 특수성으로서 설명할 수는 없는 것이라고 한다.1)2) 그리고 공권에 관한 청구절차는 공법상의 당사자소송에 의하도록 되어있지만, 공권으로부터 가지는 공법상의 당사자소송과 사권을 원인으로 하여 가지는 민사소송에 있어서의 절차상의 차이는 매우 경미한 것이어서 실제로는 공권과 사권을 구별할 실익은 없다고 한다.3) 또한 국가재정법(구 예산회계법 : 2007년 1월 1일부터 폐지)·지방재정법의 규정은 국가 또는 지방자치단체가 갖는 모든 금전채권과 그에 대하여 개인이 갖는 모든 금전채권의 소멸시효에 관한 특별규정이며, 공법상의 금전채권에 한하여 적용되는 규정은 아니라고 한다.4)5)

### 3.4. 결어

공권과 사권을 구별하여 공권에 대하여 일정한 특수성을 인정하는 것은 공법과 사법의 구별을 전제로 하는 것이라 할 것이며, 따라서 우리 실정법이 상대적이나마 공법과 사법의 구별을 인정하고 있다고 보는 이상 공권과 사권의 구별을 전적으로 부인할 수는 없을 것이다. 다만, 양자의 구별은 상대적이라 할 것이며, 따라서 공권의 특수성도 모든 공권에 대하여 선험적(a priori)으로 인정되는 것이 아니고, 구체적으로 개개의 법규의 목적이나 성질에 비추어 판단하여야 한다. 공법과 사법의 구별이 상대적이므로, 공권과 사권의 구별에 대하여도 일의적으로 명확한 표준을 세우기는 어렵다. 광업권·어업권·댐사용권과 같이 국가가 개인을 위하여 설정한 권리는 종래 일반적으로 국가행위에 의하여 설정된 사권이라고 보아왔으나, 누구에게도 대항할 수 있는 재산권이란 의미에서 이를 사권이라고 부르는데 그치고, 국가에 대한 관계에서는 공권이라고 보는 견해도 있다. 하천부지점용권·공원용지사용권 등에 대하여도 그 성질에 대하여 학설의 대립이 있다. 또한 국가배상법에 의한 손해배상청구권도 사권으로 보는 견해(민사소송)와 공권으로 보는 견해(공법상당사자소송)로 나뉜다. 그리고 위의 구별부인론에서 말한 것과 같이, 같은 공권이라 하더라도 서로 성질을 달리하기 때문에 사권에 대하여 특수성을 논할 수 있는 것은 봉급청구권이나 하천점용권 등 재산권적 성질을 가지는 구체적 청구권인 공권에 한정되며, 자유권·소권(訴權)·선거권 등 국민적 신분과 관계되는 공권의 특수성을 사권에 대비하는 것은 무의미하다 할 것이다.6)

---

1) 박윤흔, 행정법강의(상), 149면.
2) 박윤흔, 행정법강의(상), 153면.
3) 박윤흔, 행정법강의(상), 149면.
4) 같은 취지 : 대판 1966. 2. 20, 65다2506【국회의원세비】
5) 박윤흔, 행정법강의(상), 149면.

## 4. 공권과 사권의 구별실익

### 4.1. 재판관할·소송절차상의 구별실익

사권에 관한 분쟁은 민사소송에 의해 해결되나, 공권에 관한 분쟁사건은 행정소송법상의 「공법상의 권리관계에 관한 소송」으로 행정소송인 공법상의 당사자소송에 의하도록 되어 있다. 이점에서 공권과 사권을 구별할 실익(實益)이 있다.

### 4.2. 공법상 금전채권의 단기소멸시효

민사법상의 금전채권의 소멸시효기간은 원칙적으로 10년인데 반하여 국가나 지방자치단체를 당사자로 하는 공법상의 금전채권은 국가재정법 제96조 또는 지방재정법 제82조가 적용되어 국가·지방자치단체가 사인에 대하여 가지는 권리이든 사인이 국가·지방자치단체(Gemeinde)에 대하여 가지는 권리이든, 다른 법률에 특별한 규정이 없는 한, 그 소멸시효기간은 5년으로 한다. 그리고 법령의 규정에 의하여 국가가 행하는 납입고지는 민법 규정과는 달리 시효중단의 효력이 있다.

▶ **국가재정법 제96조 (금전채권·채무의 소멸시효)** ① 금전의 급부를 목적으로 하는 국가의 권리로서 시효에 관하여 다른 법률에 규정이 없는 것은 5년 동안 행사하지 아니하면 시효로 인하여 소멸한다. ② 국가에 대한 권리로서 금전의 급부를 목적으로 하는 것도 또한 제1항과 같다. ③ 금전의 급부를 목적으로 하는 국가의 권리에 있어서는 소멸시효의 중단·정지 그 밖의 사항에 관하여 다른 법률의 규정이 없는 때에는 「민법」의 규정을 적용한다. 국가에 대한 권리로서 금전의 급부를 목적으로 하는 것도 또한 같다. ④ 법령의 규정에 따라 국가가 행하는 납입의 고지는 시효중단의 효력이 있다.

▶ **지방재정법 제82조 (금전채권과 채무의 소멸시효)** ① 금전의 지급을 목적으로 하는 지방자치단체의 권리는 시효에 관하여 다른 법률에 특별한 규정이 있는 경우를 제외하고는 5년간 행사하지 아니하면 소멸시효가 완성한다. ② 금전의 지급을 목적으로 하는 지방자치단체에 대한 권리도 제1항과 같다. [전문개정 2011.8.4.]

[문제] 舊국민연금법 제96조 제1항은 "연금보험료·환수금 기타 이 법에 의한 징수금 등을 징수하거나 환수할 공단의 권리와 급여를 지급 받거나 과오납금을 반환 받을 수급권자 또는 가입자 등의 권리는 5년간 행사하지 않으면 소멸시효가 완성한다"고 규정하고 있다(기본채권). 또한 동법 제50조 제2항에서는 "연금은 매년 3월, 6월, 9월 및 12월에 각각 그 달까지의 금액을 지급한다"고 규정하고 있다(기본채권). 그런데 급여를 수급 받을 수급권자의 권리는 5년간 행사하지 않으면 소멸시효가 완성한다고 규정하고 있으므로 연금수급권 발생일로부터 5년이내에 권리를 행사하지 않았을 경우 과연 연금지급청구권

---

6) 박윤흔, 행정법강의(상), 149면.

을 행사할 수 없을까?[1])

[문제] 10년 정도 국민연금을 납부하다 공무원이 됐다. 어떻게 처리하는 것이 유리한가?

[해설] 국민연금 가입자가 공무원연금, 군인연금, 사립학교 교직원 연금에 가입되면 그 동안 납부한 보험료를 일시금으로 지급한다. 다른 공적 연금과 국민연금 간에 별도의 연계장치가 없고 보험료율 및 급여체계가 다르기 때문에 일시금을 지급하고 국민연금과의 관계를 종결하는 것이다. 반환일시금은 공무원연금 등에 가입된 후 5년까지 청구가 가능하다. 5년이 지나면 소멸시효가 완성되어 일시금을 받을 수 없다. 그러나 공무원연금은 최소 20년 이상 재직해야 연금 수령이 가능하며 그렇지 않을 경우 일시금으로만 지급되는 등 연금수급요건이 까다롭다. 따라서 국민연금을 10년 이상 납부했고(49년 4월1일생까지는 만 5년 이상 납부), 공무원으로 20년 이상 재직이 어렵다면 일시금을 바로 받지 않고 노후에 연금으로 수령하는 것도 고려해 볼만 하다.

[사례] (과태료처벌에 국가재정법(구 예산회계법)상 소멸시효 등이 적용되는지 여부): 갑은 건축법위반으로 과태료처분을 받았다. 그런데 위 과태료처분은 5년 전에 있었던(5년을 경과한) 위반사실에 대하여 부과된 것이다.

(문제 1) 이 경우 과태료는 공소시효 혹은 형의 시효의 적용을 받는가?

(문제 2) 이 경우 과태료처분에 대하여는 국가재정법(구 예산회계법) 제96조 소정의 소멸시효규정이 적용 또는 준용되지 않는가?

〈참고조문〉 국가재정법 제96조(금전채권·채무의 소멸시효)에 의하면, "① 금전의 급부를 목적으로 하는 국가의 권리로서 시효에 관하여 다른 법률에 규정이 없는 것은 5년 동안 행사하지 아니하면 시효로 인하여 소멸한다. ② 국가에 대한 권리로서 금전의 급부를 목적으로 하는 것도 또한 제1항과 같다. ③ 금전의 급부를 목적으로 하는 국가의 권리에 있어서는 소멸시효의 중단·정지 그 밖의 사항에 관하여 다른 법률의 규정이 없는 때에는 「민법」의 규정을 적용한다. 국가에 대한 권리로서 금전의 급부를 목적으로 하는 것도 또한 같다. ④ 법령의 규정에 따라 국가가 행하는 납입의 고지는 시효중단의 효력이 있다"라고 규정하고 있다. 그러므로 과태료의 처벌에 있어 공소시효나 형의 시효 및 국가재정법(舊예산회계법) 제96조 소정의 국가의 금전채권에 관한 소멸시효의 규정이 적용 내지 준용되는지 문제될 수 있다.

[문제 1의 해설] 이에 관한 판례는, "과태료의 제재는 범죄에 대한 형벌이 아니므로, 그 성질상 처음부터 공소시효(형사소송법 제249조)나 형의 시효(형법 제78조)에 상당하는 것은 있을 수 없고, 이에 상당하는 규정도 없으므로 일단 한번 과태료에 처해질 위반행위를 한 자는 그 처벌을 면할 수 없다"고 판시하였다.[2])

---

1) 김백유, 국민연금수급권 소멸시효의 쟁점, 국민연금, 1996/8월호, 14-15면 참조.
2) 대법원 2000. 8. 24. 2000마1350 결정 【건축법위반】

[문제 2의 해설] 국가재정법(구 예산회계법) 제96조 제1항은 "금전의 급부를 목적으로 하는 국가의 권리로서 시효에 관하여 다른 법률에 규정이 없는 것은 5년간 행사하지 아니할 때에는 시효로 인하여 소멸한다.'라고 규정하고 있으므로 과태료결정 후 징수의 시효, 즉 과태료 재판의 효력이 소멸하는 시효에 관하여는 국가의 금전채권으로서 예산회계법에 의하여 그 기간은 5년이라고 할 것이지만, 위반행위자에 대한 과태료의 처벌권을 국가의 금전채권과 동일하게 볼 수는 없으므로, 예산회계법 제96조에서 정해진 국가의 금전채권에 관한 소멸시효의 규정이 과태료의 처벌권에 적용되거나 준용되지는 않는다"라고 하였다.[1] 따라서 위 사안에서도 건축법 위반사실이 있은 후 5년이 지나서 과태료 부과처분을 하였다고 하여도 그 처분은 유효하고, 다만 과태료 부과처분 후 시효중단의 조치 없이 5년이 경과된다면 그 징수에 관하여는 국가재정법 제96조 소정의 소멸시효기간이 완성된다. <대한법률구조공단 참조>

## 5. 공권의 한계

### 5.1. 국가적 공권의 한계

국가적 공권은 국가 또는 공공단체 등 행정주체가 공권력의 소지자로서 사인에 대하여 가지는 권리이기 때문에 무제한적으로 인정되는 것이 아니며,[2] 법치주의의 원리에 의해 법규상·절차상·조리상의 한계가 있다.

#### 5.1.1. 법규상의 한계

a) 법규에의 기속

국가적 공권은 법규에 저촉, 위반할 수 없다.

b) 법규의 수권(법률유보)

국가적 공권의 발동은 법규에「근거」를 두고 있지 않으면 안된다. 법으로부터 자유로운 영역은 원칙적으로 인정되지 않는다.

#### 5.1.2. 절차상의 한계

국가적 공권의 발동은 사전에 당사자의 참여 아래 일정한 절차를 거쳐 국민의 의사를 반영하는 것이 민주주의의 요청이며, 법치주의를 보완하는 의미를 지닌다(헌법 제12조 참조; 적법절차의 원리). 이러한 제도가 행정절차로서 행정작용에 대한 절차적 규제를 인정하

---

1) 대법원 2000. 8. 24. 2000마1350 결정【건축법위반】
2) 석종현, 일반행정법(상), 116면.

는 것이다. 세계각국에서는 다음과 같은 행정절차법이 있다. (ㄱ) 오스트리아 행정절차법 → 1925년, (ㄴ) 폴란드 행정절차법 → 1928년, (ㄷ) 체코슬로바키아 행정절차법 → 1928년, (ㄹ) 유고슬라비아 행정절차법 → 1933년, (ㅁ) 미국행정절차법 → 1946년, (ㅂ) 독일 행정절차법 → 1976년, (ㅅ) 일본행정절차법 → 1993년 11월 12일 제정·1994년 10월 1일부터 시행, (ㅇ) 한국 행정절차법 → 1987년 행정절차법案(1987년 7월 7일 입법예고)·1996년 12월 31일 제정·1998. 3. 1. 시행

### 5.1.3. 조리상의 한계

법규가 공익의 목적을 달성하기 위하여 자유재량을 허용하고 있는 경우에도 조리법의 제약을 받는 경우가 많으며, 이 경우에 조리상의 한계내에서 발동해야 한다. 즉 국가적 공권발동의 근거법규가 행정재량을 인정하고 있는 경우에도 자의(恣意)는 허용되지 않고, (ㄱ) 공익에 의한 최소한의 제약을 받을 뿐만 아니라, (ㄴ) 재량권의 남용·일탈의 법리에 의하여 또는 조리법에 의하여 법적 통제의 대상이 된다.

```
                ┌── 자유재량 → 국민의 권리·의무와 무관한 행위 : 공익에 의한 제한
    행정재량 ──┤
                └── 기속재량 → 국민의 권리·의무와 관계되는 행위 : 조리법에 의한 제한
```

### 5.1.4. 한계일탈의 효과

국가적 공권이 법규상·조리상의 한계를 일탈하는 경우에는 위법·부당행위에 해당되며, 행정통제 또는 행정구제의 대상이 된다.

## 5.2. 개인적 공권의 한계

개인적 공권도 법규와 조리상의 제약을 받음은 물론이다. 왜냐하면 개인적 공권도 단순히 개인의 이익만을 위하여 인정하는 것이 아니라 국가 또는 사회전체의 이익에도 부합되는 점에서 인정되는 것이기 때문이다.[1] 개인적 공권의 이전이 제한되거나 포기가 제한되는 것은 법령에서의 공권행사의 한계를 규정하고 있기 때문이다.[2] 그러나 개인적 공권은 국가적 공권에 있어서와 같은 한계문제는 논의될 실익이나 필요성은 적다.

---

1) 석종현, 일반행정법(상), 117면 참조.
2) 석종현, 일반행정법(상), 117면.

## 제 2 항   공의무(公義務)

공의무라 함은 공법관계에 있어서의 「타인의 이익을 위하여 의무자의 意思에 과하여 진 공법상의 구속」을 말한다. 이는 공권과 반대되는 개념이며, 그 주체에 따라서 국가적 공의무와 개인적 공의무로 나눌 수 있다

## I. 국가적 공의무

국가적 공의무는 개인적 공권에 대응하는 행정주체의 공의무이다. 이는 참정시킬 의무·자유권불가침의무 등과 같이 행정주체가 개인적 공권을 보장할 의무를 말한다. 국가적 공의무는 헌법·법률 기타 법규에 의하여 발생하고 국가적 공의무는 그 불이행에 대한 강제수단은 결여되어 있다. 따라서 사인의 국가에 대한 강제집행은 불가능하며, 다만 그 위반에 대하여 행정구제가 가능할 뿐이다.

## II. 개인적 공의무

### 1. 의의
국가적 공권에 대응하는 행정객체의 공의무이다.

### 2. 분류
내용에 따라서 작위·부작위·수인·급부의무로 나눌 수 있고, 「목적」에 따라서 질서행정상 의무·공용부담의무·교육의무·재정상 의무·국방의무 등으로 나눌 수 있다.
▶ 내용에 따른 분류 → 작위·부작위·수인·급부의무
▶ 목적에 따른 분류 → 질서행정상 의무·공용부담의무·교육의무·재정상 의무·국방의무

### 3. 발생
개인적 공의무는 헌법·법률 또는 이에 근거한 행정행위에 의하여 발생한다.

### 4. 자력강제

개인적 공의무의 불이행에 대하여는 사법상의 의무와는 달리 행정권의 자력강제가 인정되고 그 위반에 대하여는 벌칙을 과하는 경우도 많다.

### 5. 특수성

개인적 공의무는 원칙적으로 의무자의 자유로운 의사에 의한 것이 아니라, 법령 또는 법령에 의거한 행정행위에 의하여 발생되는 점에서 사법상의 의무와 다른 특수성이 인정된다.[1] 개인적 공의무는 일신전속성의 것이 많아 이전·포기가 허용되지 않음이 원칙이나(예: 국방의무), 그 내용이 금전 기타의 경제적 가치의 지급인 경우에는 이전·상속이 인정될 수 있다(예: 납세의무·공법상 금전지급의무에 관한 상속인의 승계).[2]

## 제 3 항  공권·공의무의 승계(承繼)

### I. 행정주체간의 승계

행정주체간의 권리·의무의 승계는 지방자치단체의 폐지·분합 그밖의 공공단체(영조물법인·공공조합 등) 등의 통·폐합의 경우에 인정되고 있다.

▶지방자치법 제5조(구역을 변경하거나 폐치·분합할 때의 사무와 재산의 승계) ① 지방자치단체의 구역을 변경하거나 지방자치단체를 폐지하거나 설치하거나 나누거나 합칠 때에는 새로 그 지역을 관할하게 된 지방자치단체가 그 사무와 재산을 승계한다. ② 제1항의 경우에 지역에 의하여 지방자치단체의 사무와 재산을 구분하기 곤란하면 시·도에서는 행정자치부장관이, 시·군 및 자치구에서는 특별시장·광역시장·특별자치시장·도지사·특별자치도지사(이하 "시·도지사"라 한다)가 그 사무와 재산의 한계 및 승계할 지방자치단체를 지정한다. <개정 2008.2.29., 2009.4.1., 2011.5.30., 2013.3.23., 2014.11.19.>

---

1) 석종현, 일반행정법(상), 118면.
2) 석종현, 일반행정법(상), 118면.

## II. 사인간의 권리·의무의 승계

사인간의 권리·의무의 승계에 관하여 일반적 규정을 둔 법률은 없고, 행정절차법(제10조)은 동법상의 당사자를 대상으로 그 지위를 승계를 규정하고 있다.

▶행정절차법 제10조(지위의 승계) ① 당사자등이 사망하였을 때의 상속인과 다른 법령등에 따라 당사자등의 권리 또는 이익을 승계한 자는 당사자등의 지위를 승계한다. ② 당사자등인 법인등이 합병하였을 때에는 합병 후 존속하는 법인등이나 합병 후 새로 설립된 법인등이 당사자등의 지위를 승계한다. ③ 제1항 및 제2항에 따라 당사자등의 지위를 승계한 자는 행정청에 그 사실을 통지하여야 한다. ④ 처분에 관한 권리 또는 이익을 사실상 양수한 자는 행정청의 승인을 받아 당사자등의 지위를 승계할 수 있다. ⑤ 제3항에 따른 통지가 있을 때까지 사망자 또는 합병 전의 법인등에 대하여 행정청이 한 통지는 제1항 또는 제2항에 따라 당사자등의 지위를 승계한 자에게도 효력이 있다. [전문개정 2012.10.22.]

위와 같은 규정은 직접적으로는 행정절차법상의 당사자를 대상으로 한 것으로서, 다른법에 특별한 규정이 없고, 법의 흠결이 있는 경우에 적용되는 것이라고 보여진다. 개별법에서는, (ㄱ) 행정법상의 권리·의무의 승계(이전)을 제한·금지하는 규정(국가배상법 제4조, 공무원연금법 제32조 등), (ㄴ) 법에 의한 허가 또는 승인으로 인하여 발생한 권리·의무의 승계를 인정하면서, 권리·의무의 승계자에게 신고의무를 부과하고 있는 경우(하천법 제5조) 등이 있다.[1]

▶국가배상법 제4조(양도 등 금지) 생명·신체의 침해로 인한 국가배상을 받을 권리는 양도하거나 압류하지 못한다. [전문개정 2008.3.14]

▶공무원연금법 제32조(권리의 보호) 급여를 받을 권리는 이를 양도, 압류하거나 담보에 제공할 수 없다. 다만, 연금인 급여를 받을 권리는 이를 대통령령이 정하는 금융기관에 담보로 제공할 수 있고, 국세징수법·지방세법 기타 법률에 의한 체납처분의 대상으로 할 수 있다.

▶하천법 제5조(권리·의무의 승계 등) ① 이 법에 따른 허가 또는 승인으로 발생한 권리·의무를 가진 자가 사망하거나 그 권리·의무를 양도한 때 또는 그 권리·의무를 가진 법인의 합병이 있는 때에는 그 상속인, 권리·의무를 양수한 자 또는 합병 후 존속하는 법인이나 합병에 의하여 설립되는 법인이 그 지위를 승계한다. ② 제1항에 따라 권리·의무를 승계한 자는 국토교통부령으로 정하는 바에 따라 하천관리청에 신고하여야 한다. <개정 2009.4.1., 2013.3.23.>

---

1) 김남진·김연태, 행정법(I), 97면.

## III. 제재처분 효과의 승계

### 1. 의의

제재처분의 효과의 승계라 함은 인·허가사업등의 양도자에게 발생한 공법상의 지위(허가 등의 정지·철회사유·영업소의 폐쇄조치 사유 등과 같은 행정제재 내지는 행정책임)가 타인(영업의 양수인 등)에게 이전되는 경우를 말한다. 제재처분의 승계를 부인하는 경우 행정법상의 의무를 강제하기 위해 행해진 제재수단이 무력화되기 마련이며, 승계를 부정하는 경우 동일한 내용의 새로운 처분을 해야 하는 절차상의 문제와, 의도적인 책임회피수단으로 양도 등 소유권이전 등의 악용가능성이 있다는 점을 들어 승계긍정설의 입장을 취하는 것이 다수설이다.2) 다만 승계긍정설의 입장을 취하는 경우에도 전면적 긍정설을 취하는 것이 아니고, 일신전속적인 성질의 공법상의 지위(양도인의 자격상실이나 부정영업 등)를 제외한 비전속적인 대물적 성질(설비 등 물적 사정에 관련되는 경우)의 공법상 지위만이 승계가능하다고 본다(제한적 승계긍정설).3) 제재를 면하기 위하여 양도인과 양수인이 공모하였다는 사실이 인정되고, 그러한 행위를 제재한다고 하는 명문의 규정이 있는 경우에 한하여 귀책사유의 이전 및 그에 대한 제재가 가능하다고 보며, 현행법 가운데 식품위생법(제78조), 먹는물관리법(제49조) 등에 그와 같은 규정이 있다.4)

▶식품위생법 제78조(행정 제재처분 효과의 승계) 영업자가 영업을 양도하거나 법인이 합병되는 경우에는 제75조제1항 각 호, 같은 조 제2항 또는 제76조제1항 각 호를 위반한 사유로 종전의 영업자에게 행한 행정 제재처분의 효과는 그 처분기간이 끝난 날부터 1년간 양수인이나 합병 후 존속하는 법인에 승계되며, 행정 제재처분 절차가 진행 중인 경우에는 양수인이나 합병 후 존속하는 법인에 대하여 행정 제재처분 절차를 계속할 수 있다. 다만, 양수인이나 합병 후 존속하는 법인이 양수하거나 합병할 때에 그 처분 또는 위반사실을 알지 못하였음을 증명하는 때에는 그러하지 아니하다.

▶먹는물관리법 제49조 (행정처분 효과의 승계) 먹는물 관련영업자가 그 영업을 양도하거나 법인을 합병할 경우에는 제48조제1항 각 호 및 제2항을 위반한 사유로 종전의 먹는물관련영업자에게 행한 행정처분의 효과는 그 처분 기간이 끝난 날부터 1년간 양수인이나 합병 후 존속하는 법인에 승계되며, 행정처분의 절차가 진행 중일 때에는 양수인이나 합병 후 존속하는 법인에 대하여 그 절차를 계속할 수 있다. 다만, 양수인이나 합병 후 존속하는 법인이 양수 또는 합병할 때 그 처분이나 위반사실을 알지 못했음을 증명하면 그러하지 아니하다. ☞ **먹는 물이 아니라 '마시는 물 관리법' 혹은 '음용수관리법'이 타당하다(표**

---

2) 석종현, 일반행정법(상), 120면.
3) 석종현, 일반행정법(상), 120면; 김남진·김연태, 행정법(I), 99면.
4) 김남진·김연태, 행정법(I), 99면.

중말사용), 독일은 약은 복용(Aufnehmen)하고, 밥은 먹고(Essen), 물은 마시고(Trinken) … 정확하게 구분해서 사용, 한국은 약도 먹고, 물도 먹고, 밥도 먹고 …

### 2. 판례

판례도 공법상 지위가 대인적 성질의 것인지, 대물적 성질의 것인지를 구별하여 대물적 성질의 것에 대하여만 일반적으로 승계를 인정한다.

▶ 대판 2003. 10. 23, 2003두 8005 【과징금부과처분취소】 석유판매업 등록은 원칙적으로 대물적 허가의 성격을 갖고 있으므로 위와같은 지위승계에는 종전 석유판매업자가 유사석유제품을 판매함으로써 받게되는 사업정지 등 제재처분의 승계가 포함되어 그 지위를 승계한 자에 대하여 사업정지 등의 제재처분을 취할 수 있다.

## 제 4 항  반사적 이익(反射的 利益)

### I. 반사적 이익의 개념

[의의] 행정법관계에 있어서의 「반사적 이익」이란 행정법규상 일반적인 명령이나 금지가 규정되어 있는 결과, 특정 또는 불특정한 자가 (반사적으로) 얻게 되는 사실상의 이익이다. 따라서 사인에게 그 이익을 주장할 수 있는 '법적인 힘(訴權)'이 인정되지 아니하는 것을 말한다. 이는 행정상의 법률관계에 있어서 개인적 공권과의 대비되는 개념인바, 현실적으로는 행정쟁송에서 청구이익의 유무·원고적격여부와 관련하여 구별의 필요성이 인정되어 왔다. ☞ **「반사적 이익의 구별 필요성」: (ㄱ) 행정쟁송에서 청구이익의 유무, (ㄴ) 원고적격여부**

[김도창교수의 견해] 김도창교수의 견해[1]에 의하면 공권이 인정되지 아니하는 경우이며 구체적으로 말하면 행정법규상에 일반적인 명령이나 금지가 규정되어 있는 결과로써 생기는 이익으로 이를 주장할 수 있는 힘이 인정되지 않는 경우를 말한다고 한다.

[서원우 교수의 견해] 서원우교수는 행정법규가 행정권에 제약을 가한 취지가 일반공익의 보호에 두고 있는 경우 그 제약의 결과로서 특정한 자가 얻은 사실상의 이익이라고 한다.[2]

---

1) 김도창, 일반행정법론(상), 178-179면.
2) 서원우, 행정법상의 공권개념의 재검토, 고시계(1991.8), 92-93면.

[윤세창교수의 견해] 윤세창교수는 행정청의 공권력행사로서 사익이 침해되는 경우 아무런 구제수단이 인정되지 않는 행정상의 지위라고 한다.1)

## II. 개인적 공권과 반사적 이익

### 1. 개인적 공권과 반사적 이익의 차이
#### 1.1. 개인적 공권 · 법률상 이익

행정법규가 보호하는 이익이 직접으로 「개개인의 이익」을 위한 것인 때에는 그 이익은 「공권」의 성질을 가진 것으로서의, 개인은 자기이익을 위하여 행정주체에게 일정한 청구권을 갖고 쟁송수단을 통하여 이를 실현할 수 있다.

[수서발 KTX 면허 무효 소송; 2014.08.14 10:26:40] 전국철도노동조합(철도노조)가 "정부의 수서발 KTX 법인 면허 발급은 무효"라며 낸 소송에서 법원이 "철도노조에게는 (면허 발급처분 취소로 얻을) 법률상 이익이 없다"며 정부 측의 손을 들어줬다. 수서발 KTX를 둘러싸고 철도노조와 KTX 사측, 정부 등 사이에 노사분쟁이 벌어진 뒤 9개월만에 내려진 법원의 첫 판단이다. 서울행정법원 행정12부(부장판사 이승한)는 전국철도노동조합과 김명환 위원장 등 노조원 11명이 국토교통부, ㈜SR(옛 수서고속철도 주식회사) 등을 상대로 낸 철도운송사업면허 발급처분 무효 확인 등 소송에서 14일 각하 판결했다. 재판부는 "수서발 KTX 면허 발급처분으로 인해 고속철도 사고발생 가능성이나 안전상 위험이 높아져 생명 · 신체 · 재산상의 위험이 발생할 가능성이 있기 때문에 면허 발급처분의 무효 확인이나 취소를 구할 법률상 이익이 있다"는 노조 측의 주장을 받아들이지 않았다. 이어 "철도노조원들이 수서발 KTX를 직접 운전할 가능성이 있거나 자주 이용할 가능성이 있다 해서 일반 다른 국민보다 직접적이고 구체적인 이해관계를 가진다고 보기 어렵다"며 "철도노조 등이 주장하는 생명 · 신체 위험 발생 가능성도 현실화되지 않은 추상적 가능성에 불과하다"고 설명했다. 또 "('기업경영의 자유'를 이유로 면허 발급처분을 다투기 위해서는) 면허 발급처분으로 인해 자신의 영업상 이익이 침해될 우려가 있는 사업자이거나 ㈜SR과 함께 면허를 신청했다가 탈락한 사업자여야 한다"며 "(철도사업을 경영할 수 있는 기업경영의 자유에 기초해) 법률상 이익이 있다는 주장은 받아들일 수 없다"고 덧붙였다. 앞서 철도노조 등은 "국가소유 철도운영권을 코레일 이외의 자에게 부여하는 처분은 철도산업발전기본법 등 철도관련 법률에 명백히 위반된다"며 지난해 12월 법원에 소송을 냈다. 또 "한-미 자유무역협정(FTA)의 변경을 수반하는 처분임에도 국회

---

1) 윤세창, 행정법(상), 127-129면, 200-201면.

의 동의를 얻지 않았기 때문에 위법한 처분"이라며 "한-미 FTA는 역진방지(래칫) 조항을 두고 있어서 협약의 당사자가 한 번 유보조항을 후퇴해 개방하면 되돌릴 수 없도록 돼있다"고 주장했다.[1]

▶ 서울행법 2010.4.23, 선고, 2009구합14781, 판결 : 항소【파면처분등취소】【판시사항】 [1] 군법무관에 대한 국방부장관의 보충역편입 명령과 육군참모총장의 제적 및 보충역편입 명령, 교육기간 변경 및 원복 명령의 취소를 구하는 것은 항고소송의 대상인 처분에 해당하지 않거나 그 취소를 구할 법률상 이익이 없어 부적법하다고 한 사례【판결요지】 [1] 제적된 현역장교는 별도의 처분이 없더라도 구 병역법(2009. 4. 1. 법률 제9620호로 개정되기 전의 것) 제66조 제1항에 의하여 곧바로 보충역에 편입되므로, 행정청의 보충역편입 명령은 위 법률 규정에 따른 국민의 권리의무 변동을 확인·통지하는 것에 불과하여 직접 국민의 권리의무의 변동을 가져오는 **처분에 해당한다고 볼 수 없고**, 인사명령에 의한 교육기간이 이미 경과하여 교육기간 변경 및 원복 처분이 취소된다고 하더라도 **회복될 법률상 권리나 이익이 없으며**, 참모총장의 군법무관에 대한 인사명령은 국방부장관의 군법무관에 대한 제적 및 보충역편입 명령을 확인하는 것에 불과하므로, 군법무관에 대한 국방부장관의 보충역편입 명령과 육군참모총장의 제적 및 보충역편입 명령, 교육기간 변경 및 원복 명령의 취소를 구하는 것은 항고소송의 대상인 처분에 해당하지 않거나 그 취소를 구할 법률상 이익이 없어 부적법하다.

### 1.2. 반사적 이익

[의의] 반사적 이익이란 행정법규가 개인을 위한 것이 아닌 사회적 공동이익을 위하여 행정주체나 사인 등에게 어떤 작위·부작위를 명한 경우에, 행정주체 등이 이를 실현하는 반사적 효과로서 관계 개인이 얻게 되는 이익을 말한다. 이와같이 행정법규가 실현하려고 하는 이익이 개개인을 위한 것이 아니라 '사회적 공동이익'을 위한 경우(법규가 공익을 실현하기 의하여 행정주체 또는 제3자에 대하여 작위·부작위의무 등을 부과), 행정주체가 이를 실현·보호하는 결과로서 간접적으로 관계개인에게 어떤 이익이 생기는 때에는 그것은 '반사적 이익(reflective intereset; Reflexinteresse)'에 불과하며, 그것은 침해되더라도 그는 자기 이익을 위하여 주장할 수 있는 법률적 힘(소권:訴權)을 가지지 아니한다. 이 점에서 법 또는 재판을 통해 보호받는 이익인 공권과 구별된다. 이와같이 반사적 이익은 행정상의 법률관계에 있어서 개인적 공권과의 대비되는 개념으로서, 현실적으로 행정쟁송에서 청구이익의 유무·원고적격여부와 관련히여 공권·법률상 이익·반사적 이익의 구별의 필요성이 인정되어 왔다.

[행정소송법 제12조] 현행 행정소송법 제12조도 취소소송은 처분 등의 취소를 구할 「법

---

1) http://news1.kr/articles/?1814644(검색어 : 법률상 이익; 검색일 : 2015.6.19) <news 1 뉴스>

률상 이익,이 있는 자가 제기할 수 있다고 하여, 넓은 의미의 공권인 법률상 이익이 침해된 자에 대하여서만 원고적격을 인정하였는바, 이는 법률상 이익·반사적 이익의 양자의 구별을 전제하고 있는 것이다. 그러나 오늘날은 뒤에서 보는 바와 같이 법규의 해석에 있어서 공익목적과 함께 개인의 이익도 보호하고 있다고 확대함으로써, 종래 반사적 이익으로 인정되던 많은 이익이 점차 법적 이익으로 수용되고 있다.[1]

| 개인적 공권과 반사적 이익의 차이 ||
|---|---|
| 개인적 공권 | 반사적 이익 |
| 권리로서의 이익(법률적 힘) | 사실상 이익(법률적 힘 無) |
| 행정법관계의 당사자로서 가지는 이익(개인의 이익 : 사익) | 제3자적 지위에서 가지는 이익(불특정 다수인의 이익 : 공익) |

[문제] (인근 약국 개설자의 원고적격) : 갑(甲)은 상가 건물 중 1층에서 약국을 운영하고 있으며, 2층에 의원이 5개나 밀집되어 있어 약국 경영 상태가 양호하였다. 그런데, 얼마 전에 2층에 있는 의원들 중 치과의원이 이전을 하면서 그 자리에 새로운 약국이 입점하기 위해 임대차 계약을 체결하였다. 2층에는 의원과 약국만 존재하여 **전용 통로가 개설된 경우**[2]로 약국개설 등록을 할 수 없는데도 보건소에서는 약국개설 등록을 허용할 것이라고 한다. 약국이 개설되는 경우 갑은 경영에 타격을 입게 되는데, 갑의 권리를 구제할 수 있는 방법은?

[해설] (처분의 상대방이 아닌 제3자의 문제) : 행정소송법 제12조 전단에 의하면 취소소송은 처분 등의 취소를 구할 법률상 이익이 있는 자가 제기할 수 있는데, 이때 행정 처분에 의하여 직접 권리를 침해당하는 처분의 상대방은 당연히 처분의 취소를 구할 법률상 이익이 인정된다. 그런데, 문제의 갑의 경우와 같이 행정청의 약국개설등록처분이 비록 명백히 위법한 처분이라고 할지라도 과연 처분의 상대방이 아닌 제3자에 불과한 갑이 상대방의 개설등록처분을 다툴 수 있는 원고적격을 갖춘 것으로 평가할 수 있는지 문제된다. (법률상 보호되는 이익) : 행정처분에 의하여 직접 권리를 침해당하지 않은 제3자라 하더라도 법에 의하여 보호되는 이익을 침해당한 자의 경우에는 예외적으로 원고적격이 인정된다. 이 때 법률상 이익은 위법한 행정처분에 의하여 침해되고 있는 이익이 관계법에 의하여 보호되고 있는 이익인 경우만을 의미한다. 즉 행정청에 일정한 의무, 제한을 과하고 있는 관계규정 내지는 그 법 전체의 목적, 취지가 전적으로 공익만을 위한 것이 아니라 적어도 부수적으로나마 관계인의 이익도 보호하고자 하

---

1) 박윤흔, 행정법강의(상), 142면.
2) 약사법 제20조 제5항 다음 각 호의 어느 하나에 해당하는 경우에는 개설등록을 받지 아니한다.
   4. 의료기관과 약국 사이에 **전용(專用) 복도·계단·승강기 또는 구름다리 등의 통로가 설치되어 있거나 이를 설치하는 경우**

는 것인 때에는 법률상 이익으로 인정되어 제3자의 원고적격이 인정되나, 당해 이익이 불특정 다수인의 이익에 귀속되는 경우에는 제3자의 이익은 사실상, 반사적 이익에 불과하여 제3자의 원고적격이 인정되지 않는다. (약사법에서의 제3자 원고적격 부인) : 약사법 제20조(약국 개설등록) 제5항(舊약사법 제16조 제5항)[1]은 의료기관과 약국이 상호 구조적·경제적·기능적으로 독립하여 운영되게 함으로써 의약분업의 원칙을 실현하기 위한 것이고(본 사안에서는 의료기관과 약국 사이에 전용(專用) 복도·계단·승강기 또는 구름다리 등의 통로가 설치되어 있거나 이를 설치하는 경우의 금지), 위 조항을 포함한 약사법 및 관련 법령 등은 약사만이 일정 시설기준을 갖추어 약국을 개설할 수 있도록 하면서도 약국의 개설 장소에 대한 일정한 제한을 가하는 등으로 의료기관과 약국의 담합을 방지하여 의약분업이 실질적으로 시행됨으로써 국민보건의 향상에 기여하는 공익을 보호하고 있을 뿐, 이미 약국개설등록을 한 자에 대하여 과당경쟁의 배제 등 직접적이고 구체적인 사익의 보호를 목적으로 하고 있지는 아니하므로 일반적으로 제3자의 원고적격이 인정되지 않는다. 즉, <u>인근 약국이 약사법에 위반되어 개설 등록이 되어 갑의 약국 운영에 심대한 타격을 입더라도 약사법은 개개 약사의 경제적 이익을 보호하는데 목적이 있는 것이 아니다</u>라는 것이 일반적인 법원의 태도이다. (원고 적격 확대의 필요성) : 행정청의 명백한 위법한 행정 처분에 의하여 이익을 침해당하는 경우 취소소송의 원고 적격이 인정되지 않는다면 위법한 행정처분의 시정을 구하기 위한 어떠한 법률적 구제 수단을 갖지 못 한 채 일반 국민은 정치적 해결을 위하여 시위를 하거나 진정(陳情), 탄원(歎願)을 하는 수 밖에 없게 된다. 따라서 국민들의 행정청의 위법한 행정처분에 대한 실효성 있는 권리구제 수단인 취소소송의 요건을 완화(원고적격·처분성의 범위확대)하여 법원이 적극적으로 실체적 판단을 하여 행정청의 자의적이고 위법한 행정처분의 시정을 하는 것이 바람직하다.[2]

## 2. 개인적 공권과 반사적 이익의 구별실익

[원고적격] 위에서 설명한 바와같이 개인적 공권에 의하여 보호되는 이익이 침해된 경

---

1) 제20조(약국 개설등록) ⑤ 다음 각 호의 어느 하나에 해당하는 경우에는 개설등록을 받지 아니 한다.
  1. 제76조에 따라 개설등록이 취소된 날부터 6개월이 지나지 아니한 자인 경우
  2. 약국을 개설하려는 장소가 의료기관의 시설 안 또는 구내인 경우
  3. 의료기관의 시설 또는 부지의 일부를 분할·변경 또는 개수(改修)하여 약국을 개설하는 경우
  4. 의료기관과 약국 사이에 전용(專用) 복도·계단·승강기 또는 구름다리 등의 통로가 설치되어 있거나 이를 설치하는 경우
2) http://know.dailypharm.com/contentsView.html?(검색어 : 법률상 이익; 검색일 : 2015. 6. 20); 박정일 변호사, 데일리팜

우에는 소(訴)의 이익이 있고(법률상 이익), 따라서 침해받은 자는 원고적격을 가지는 데 반하여, 반사적 이익이 침해된 경우에는 소의 이익과 원고적격이 인정되지 않는다는 점에 구별의 실익이 있다(행정구제법상의 구별실익). 개인적 공권은 우월적 의사주체인 국가 또는 공공단체에 대하여 개인이 직접 자기를 위하여 일정한 이익을 주장할 수 있는 힘을 말하며, 공권개념과 구별되는 것으로서 국가 또는 개인의 행위·불행위를 규정하고 있는 결과 발생하게되는 이익·불이익이 있는데 이를 반사적 이익이라고 한다. 종래의 행정법학에서는 국민의 이익·불이익에 대하여 공권과 반사적 이익으로 구별하여 왔다.

### 3. 개인적 공권과 반사적 이익의 구별표준

[플라이너(F. Fleiner)] 프리츠 플라이너(Fritz Fleiner)[1]는 그 이익실현을 위한「구체적 청구권」을 부여하고 있는가의 여부에 의하여 구별하였다.

[뷜러(O. Bühler)] 독일의 오트마 뷜러(Ottmar Bühler)는 공권 개념의 통일적 표지로서, (ㄱ)강행법규성, (ㄴ) 사익보호성, (ㄷ) 국가에 대한 청구권의 부여성(의사력의 존재), 즉 국가에 대하여 공법상 재판을 청구할 수 있는 소송청구권능의 3요소를 제시하고 있다(Bühler의 공권 3원칙; 3요소론). 따라서 이러한 요건 중의 어느 하나라도 구비하지 못한 경우에는 공권이라 할 수 없으며 단지 반사적 이익이 되는 데 그친다고 한다.

[발터 옐리네크(W. Jellinek)] 발터 옐리네크(Walter Jellinek)는 공권의 개념요소로서「사익성」과「의사성」의 두 가지 요소를 제시하면서, 특히 뷜러(Bühler)가 공권성립의 제일의 요건으로서 강행법규성을 주장하는데 대하여 비판하고 있다.

### 4. 반사적 이익의 일반적 범위·내용

#### 4.1. 공공용물(公共用物)의 자유사용(공물의 일반사용)

[개관] 도로의 통행·공원의 산책·하천에서의 수영 등과 같은 공공용물의 자유사용에 의하여 얻는 이익은 일종의 반사적 이익이다. **공공용물의 자유사용(공물의 일반사용)**[2]은 공물이 공용개시에 따라 일반공중의 사용에 제공되는 결과(공물→ 공공용물) 그 반사적 이익으로서 개인은 그것을 향수(享受)하는데 그치고 권리로서의 사용권이 부여되는 것은 아니라는 것이다. 그러나 이들을 공법상 권리로 보는 설(한태연)과「법률상 보호된 이익」이라는 설(이상규,[3] 김남진, 이명구)이 있다. 그리고 공물의 일반사용자라도 다른 개인이나 공

---

1) 프리츠 플라이너(1867-1937)는 스위스 태생으로 스위스 바젤법과대학, 취리히법과대학, 독일 튀빙겐, 하이델베르크 대학교수였다.
2) 이상규, 신행정법론(상), 법문사, 1990, 177면.
3) 이상규, 신행정법론(상), 법문사, 1990, 178면.

물의 관리주체가 정당한 사유없이 위법한 방법으로 그 일반적이 사용을 침해하는 경우에는 그러한 위법한 침해의 배제를 청구할 소극적인 권리를 가진다고 보는 견해(류지태)도 있다.

[사견] 공공시설의 설치·이용 등으로 인한 경우, 종래의 학설과 판례는 공물의 일반사용으로 인하여 사용자가 받게 되는 이익은 권리로서 부여되는 것이 아니라, 단지 공물의 사용에 관한 법규가 공공복리를 목적으로 제정되었고 일반국민에게는 그러한 목적에 따르는 간접적 이익(반사적 이익)이 발생할 뿐이라는 학설·판례가 주를 이루었다. 이 결과 공물의 일반 사용자는 행정주체에 대하여 공물에 대한 작위·부작위를 구할 수 있는 원고적격은 인정되지 않기 때문에 권익을 보장받기도 어려웠다. 예컨대 도로 등의 이용관계는 국가의 기간산업육성과 교통의 원활·신속이라는 공익적 측면이 중시되어, 국민 개개인의 권리는 무시되어 반사적 이익에 불과하였다. 그러나 도로는 국가의 기간이며 국민에게 있어서는 문화생활의 수단이 되고 있는 현실임에 비추어 대법원은 아래의 판례에서 보는 바와 같이 — 특수한 사정이 있는 경우에는 예외를 인정하여 — 견해를 변경한 경우도 있다. 이는 문화적 공공시설의 자유이용 및 이에 대한 권익보호는 국민행복이라는 국가목적(Staatszweck)을 이루는 국가목표(Staatsziel)가 되기 때문이다.

▶ 대판 1992. 9. 22, 91누13212【국유도로의공용폐지처분무효확인등】

【판시사항】

가. 도로용도폐지처분의 취소를 구할 법률상 이익이 있는 자

나. 제3자가 행정처분의 취소를 구할 원고적격이 있는 경우

다. 일반국민 또는 주민이 문화재를 향유할 이익이 구체적이고 법률적인 이익인지 여부(소극)

【판결요지】

가. 일반적으로 도로는 국가나 지방자치단체가 직접 공중의 통행에 제공하는 것으로서 일반국민은 이를 자유로이 이용할 수 있는 것이기는 하나, 그렇다고 하여 그 이용관계로부터 당연히 그 도로에 관하여 특정한 권리나 법령에 의하여 보호되는 이익이 개인에게 부여되는 것이라고까지는 말할 수 없으므로, 일반적인 시민생활에 있어 도로를 이용만 하는 사람은 그 용도폐지를 다툴 법률상의 이익이 있다고 말할 수 없지만, 공공용재산이라고 하여도 당해 공공용재산의 성질상 특정개인의 생활에 개별성이 강한 직접적이고 구체적인 이익을 부여하고 있어서 그에게 그로 인한 이익을 가지게 하는 것이 법률적인 관점으로도 이유가 있다고 인정되는 특별한 사정이 있는 경우에는 그와 같은 이익은 법률상 보호되어야 할 것이고, 따라서 도로의 용도폐지처분에 관하여 이러한 직접적인 이해관계를 가지는 사람이 그와 같은 이익을 현실적으로 침해당한 경우에는 그 취소를 구할 법률상의 이익이 있다.

나. 행정처분의 직접 상대방이 아닌 제3자라도 당해 행정처분의 취소를 구할 법률상의 이익이 있는 경우에는 원고적격이 인정된다 할 것이나, 여기서 말하는 법률상의 이

익은 당해 처분의 근거법률 등에 의하여 보호되는 직접적이고 구체적인 이익이 있는 경우를 말하고, 간접적이거나 사실적, 경제적 이해관계를 가지는 데 불과한 경우는 여기에 포함되지 아니한다 할 것이다.

다. 문화재는 문화재의 지정이나 그 보호구역으로 지정이 있음으로써 유적의 보존 관리 등이 법적으로 확보되어 지역주민이나 국민일반 또는 학술연구자가 이를 활용하고 그로 인한 이익을 얻는 것이지만, 그 지정은 문화재를 보존하여 이를 활용함으로써 국민의 문화적 향상을 도모함과 아울러 인류문화의 발전에 기여한다고 하는 목적을 위하여 행해지는 것이시, 그 이익이 일반 국민이나 인근주민의 문화재를 향유할 구체적이고도 법률적인 이익이라고 할 수는 없다.

### 4.2. 경찰허가(警察許可)에 의하여 받는 이익

일반적으로 질서행정작용은 사회공공의 안녕질서의 유지를 직접목적으로 하며, 특정인에게 권리를 설정해주는 것은 아니므로, 설령 경찰허가의 결과 일정한 영업상의 이익을 얻게되는 경우가 있더라도 그것은 반사적 이익에 불과하다고 보는 것이다. 예컨대 공중목욕장 영업의 허가가 제한되고 있는 결과, 이미 허가를 얻은 기존업자가 사실상 독점적 이익을 보고 있을지라도, 그것은 공중목욕장간의 적정분포를 통하여 업체간의 과당경쟁을 막고 경제질서 확립을 위하여 신규영업허가를 제한하는 것이며, 이로인하여 기존 공중목욕장업자가 이익을 얻고 있다하더라도 이는 반사적 이익에 지나지 않는 것이다. 따라서 공중목욕장이나 주유소의 거리제한을 철폐하는 경우, 기존의 사업자는 그가 받는 이익은 - 사실상 이익에 불과하여 - 이에 대항할 법률상 이익이 없다.[1]

### 4.3. 제3자에 대한 법적 규제로부터 얻는 이익

법령 또는 법령에 의거한 행정행위에 의한 하명이나, 인·허가 등에 의하여 그의 직접적인 상대방 이외의 자가 이익을 얻는 경우가 있는바, 예컨대 의료법에 의사의 정당한 사유없는 진료거부금지를 정하고(의료법 제15조 제1항), 약사법(藥事法[藥師法이 아님])에 약사(藥師)의 조제의무를 정함으로 인하여(약사법 제24조 제1항) 그 결과 환자가 이익을 받는 경우에는 그 이익은 반사적 이익인 것이다. 또한 대법원은 특정상품을 생산하는 국내업자가, 무역거래법이 동종의 물품수입을 허가제로 함으로 인하여 받는 이익은 반사적 이익에 불과하므로 수입을 허가하는 행정처분에 대하여 다툴 수 없다고 한다(미원·미풍사건).[2]

---

1) 대판 1963. 8. 22, 63누97 【공중목욕장간의 적정분포】
2) 대판 1971. 6. 29, 69누9 【복합조미료수입승인 사건】

▶의료법 제15조(진료거부 금지 등) ① 의료인은 진료나 조산 요청을 받으면 정당한 사유 없이 거부하지 못한다. ② 의료인은 응급환자에게 「응급의료에 관한 법률」에서 정하는 바에 따라 최선의 처치를 하여야 한다.

▶약사법 제24조(의무 및 준수 사항) ① 약국에서 조제에 종사하는 약사 또는 한약사는 조제 요구를 받으면 정당한 이유 없이 조제를 거부할 수 없다.

### 4.4. 행정법상의 감독조치(監督措置)로 개인이 얻는 이익

공무원이 상관의 훈령 또는 직무명령(국가공무원법 제57조[복종의 의무]; 지방공무원법 제49조[복종의 의무])을 잘 준수하여 직무를 수행함으로써 개인이 어떠한 이익을 받을지라도 그 이익은 권리가 아니고 반사적 이익에 불과하다.

▶국가공무원법 제57조 (복종의 의무) 공무원은 직무를 수행할 때 소속상관의 직무상 명령에 복종하여야 한다.

▶지방공무원법 제49조 (복종의 의무) 공무원은 직무를 수행할 때 소속 상사의 직무상 명령에 복종하여야 한다. 다만, 이에 대한 의견을 진술할 수 있다. [전문개정 2008.12.31]

## 5. 반사적 이익의 보호법익화(반사적 이익의 공권화) · 반사적 이익의 상대화

### 5.1. 보호이익의 관념 · 보호이익설

공권과 반사적 이익의 중간영역에 보호이익이라는 개념을 인정하는 견해(김도창; 이상규[1]))가 있다. 이를 보호이익 혹은 법적 보호이익이라 한다(보호이익설). 법적 보호이익이란 종래와 같은 의미에서의 권리(공권)는 아니면서도, 그렇다고 해서 반사적 이익이라고도 볼 수 없는 – 중간영역에 있는 – 이익으로서, 행정쟁송을 통하여 구제되어야 할 이익을 말한다.[2] 이와 같이 법적으로 보호해야할 이익을 「법률상 보호이익」이라고도 한다. 이는 이밖에도 법적 이익·법에 의해서 보호되는 이익·법률상 이익·법적 보호가치(이상규)가 있는 이익 등의 용어로 불리기도 한다.

[대법원 판례] "거주지역내의 연탄공장건축으로 주거생활상의 불이익(소음·진동·주택가격하락 등)을 받는 인근주택자가 동 건축허가의 취소를 청구한 사건에서, 「도시계획법과 건축법의 입법취지에 비추어 볼 때, 주거지역 내에 거주하는 사람이 받는 건축불에 의한 보호이익은 단순한 반사적 이익이나 사실상의 이익이 아니라 법률에 의하여 보호되는

---

1) 이상규, 신행정법론(상), 법문사, 1990, 178면; 대판 1975. 5. 13, 73누96, 97
2) 김남진·김연태, 행정법(I), 101면.

이익이다."1)라고 하여 법률상 보호이익이라는 관념을 인정하고 있다.

[헌법재판소] (헌법상 경쟁의 자유) : 헌법재판소는 "국세청장의 지정행위의 근거규범인 이 사건 조항들이 단지 공익만을 추구할 뿐 청구인 개인의 이익을 보호하려는 것이 아니라는 이유로 청구인에게 취소소송을 제기할 법률상 이익을 부정한다고 하더라도, 청구인의 기본권인 경쟁의 자유가 바로 행정청의 지정행위의 취소를 구할 법률상 이익이 된다."2)고 하였다.

[법률상 이익의 판단기준] 당해 처분의 근거법률과 헌법상 기본권을 고려하여 사익보호성을 판단하여야 한다는 것이 일반적인 견해이다. 대법원은 종전에는 근거법률만을 기준으로 법률상 이익을 판단하였으나, 최근에는 관련법률까지 고려하여 판단한다. 즉 현재 대법원은 처분의 근거법률과 관련 법률을 고려하여 법률상 이익을 판단한다. 처분의 근거법규 또는 관련법규에서 사익을 보장하는 취지로 규정하는 경우에 법률상 이익이 인정될 수 있다.3) 법률상이익의 판단기준은 (ㄱ) 처분의 근거법규 및 관련법규에 의하여 보호되는 법률상 이익이라 함은 당해 처분의 근거법규의 명문규정에 의하여 보호받는 법률상 이익, (ㄴ) 당해 처분의 행정목적을 달성하기 위한 일련의 단계적인 관련처분들의 근거법률에 의하여 명시적으로 보호받는 법률상 이익, (ㄷ) 근거법규 및 관련법규의 합리적 해석상 그 법률에서 행정청을 제약하는 이유가 순수한 공익의 보호만이 아닌 개별적 직접적 구체적 이익을 보호하는 취지가 포함되어 있다고 해석되는 경우까지를 포함한다.4)

[비판적 견해] 이러한 보호이익설에 대하여는 다음과 같은 비판이 있다. (ㄱ) 권리라는 것이 본래 법적으로 보호되는 이익(rechtlich geschütztes Interesse)을 의미하는 것으로서, 이는 법의 보호밖에 놓이는 이익인 반사적 이익과 구별되는 것이다. 법률상 보호이익, 법에 의해서 보호되는 이익 등은 권리의 다른 표현에 지나지 않는다. (ㄴ) 보호이익은 행정소송을 통해 구제받을 수 있는 이익의 범위를 넓히기 위해 안출된 개념이라 생각되는데, 국민의 권리구제의 확대는 굳이 보호이익이라는 개념을 도입하지 않더라도 공권의 범위를 확대해가는 이론구성을 통해 달성될 수 있다고 주장한다.5)

[사견] 공권 역시 법률상이익·법률상 보호이익 등을 내포하는 개념(공권의 다른 표현에 불과)이므로 결국 공권은 법률상이익·법률상 보호이익 등과 동일한 개념으로 이해도 될 것이다. 법률상 보호가치 있는 이익의 경우(특히 환경법상 환경오염 문제와 관련하여)도 법률상 이익에 포함시키자는 견해(이상규)도 있다. 법률상 보호가치가 있는 이익은 법

---

1) 대판 1975. 5. 13, 73누96, 97
2) 헌재결 1998. 4. 30, 97헌마141
3) http://server.panrae.com/wordpress/
4) 대판 2004. 8. 16, 2003두2175.
5) 김남진·김연태, 행정법(I), 101면.

률상 이익은 아니지만, 법률상 '보호할 만한 가치가 있는 이익'이라는 것이다.

### 5.2. 반사적 이익으로 본 판례

[생태·자연도 1등급 권역의 인근주민들이 가지는 이익은 반사적 이익] 환경부장관이 생태·자연도 1등급으로 지정되었던 지역을 2등급 또는 3등급으로 변경하는 내용의 생태·자연도 수정·보완을 고시하자, 인근주민 甲이 생태·자연도 등급변경처분의 무효확인을 청구한 사안에서, 생태·자연도의 작성 및 등급변경의 근거가 되는 구 자연환경보전법(2011. 7. 28. 법률 제10977호로 개정되기 전의 것) 제34조 제1항 및 그 시행령 제27조 제1항, 제2항에 의하면, 생태·자연도는 토지이용 및 개발계획의 수립이나 시행에 활용하여 자연환경을 체계적으로 보전·관리하기 위한 것일 뿐, 1등급 권역의 인근 주민들이 가지는 생활상 이익을 직접적이고 구체적으로 보호하기 위한 것이 아님이 명백하고, 1등급 권역의 인근 주민들이 가지는 이익은 환경보호라는 공공의 이익이 달성됨에 따라 반사적으로 얻게 되는 이익에 불과하므로, 인근주민에 불과한 甲은 생태·자연도 등급권역을 1등급에서 일부는 2등급으로, 일부는 3등급으로 변경한 결정의 무효확인을 구할 원고적격이 없다.[1]

[절대보존지역의 유지로 지역주민회와 주민들이 가지는 주거 및 생활환경상 이익은 반사적 이익] 국방부 민·군 복합형 관광미항(제주해군기지) 사업시행을 위한 해군본부의 요청에 따라 제주특별자치도지사가 절대보존지역이던 서귀포시 강정동 해안변지역에 관하여 절대보존지역을 변경(축소)하고 고시한 사안에서, 인근주민이 절대보전지역 변경처분 무효확인·절대보전지역 변경(해제)처분 무효확인 등 소송을 제기하자, 대법원은 "절대보존지역의 유지로 지역주민회와 주민들이 가지는 주거 및 생활환경상 이익은 지역의 경관 등이 보호됨으로써 반사적으로 누리는 것일 뿐 근거 법규 또는 관련 법규에 의하여 보호되는 개별적·직접적·구체적 이익이라고 할 수 없고, 지역주민회 등은 위 처분을 다툴 원고적격이 없다."[2]고 하였다.

[상표법 제7조 제1항 제11호: 반사적 이익] 상표법 제7조 제1항 제11호(상표등록을 받을 수 없는 경우: 상품의 품질을 오인하게 하거나 수요자를 기만할 염려가 있는 상표) 규정의 취지는 기존의 상표를 보호하기 위한 것이 아니라 이미 특정인의 상표라고 인식된 상표를 사용하는 상품의 출처 등에 관한 일반수요자의 오인·혼동을 방지하여 이에 대한 신뢰를 보호하고자 하는 데 있고, 기존의 상표나 그 사용상품이 국내의 일반거래에서 수요자나 거래자에게 어느 정도로 알려져 있는지에 관한 사항은 일반수요자를 표준으로 하여 거래의

---

1) 대판 2014. 2. 21, 2011두29052【생태자연도등급조정처분무효확인】
2) 대판 2012. 7. 5, 2011두13187, 13194【절대보전지역 변경처분 무효확인·절대보전지역 변경(해제)처분 무효확인 등】

실정에 따라 인정하여야 하는 객관적인 상태를 말하는 것이며, 위 규정을 적용한 결과 기존의 상표가 사실상 보호받는 것처럼 보인다고 할지라도 그것은 일반수요자의 이익을 보호함에 따른 간접적, 반사적 효과에 지나지 아니한다 할 것이다.[1]

[폐광지역이 카지노업 허가지역으로 결정되어 카지노 지역주민이 누리는 경제적 혜택은 반사적 이익] 폐광지역이 카지노업 허가지역으로 결정되 지역주민들이 누리는 경제적 혜택은 권리가 아닌 '반사적 이익'에 불과하므로 지역주민은 국가에 적극적으로 카지노 허가를 요구할 수 없다는 헌법재판소 결정이 나왔다. 헌법재판소전원재판부(주심 김경일·金京一 재판관)는 19일 경북문경시민 김모씨가 "대통령령이 정하는 1개지역(강원도정선)만 카지노 허가지역으로 정한 폐광지역개발지원에관한특별법에 의해 평등권 등이 침해됐다"며 낸 헌법소원사건에서 이같이 결정하며 청구를 각하했다(2000헌마703). 재판부는 결정문에서 "이 사건 법률조항 등으로 인해 문경이 카지노업 허가지역으로 누릴 수 있었던 경제적 혜택이 상실됐다 하더라도 이는 간접적, 사실적 또는 경제적 이해관계의 문제일 뿐"이라며 "청구인의 헌법소원심판청구는 기본권침해의 직접성, 현재성, 자기관련성을 갖추지 못했다"고 밝혔다. 김씨는 특별법에 따라 지난해 10월 정선에만 카지노장이 허가되자 같은 폐광지역인 문경에도 카지노장을 열어 지역경제를 살려야 한다며 헌법소원을 냈었다(아래 헌법재판소결정 참조).[2]

▶ 헌재결 2001. 7. 19, 2000헌마703【폐광지역개발지원에관한특별법 제11조 제1항 위헌확인】【판시사항】1. 폐광지역 중 경제사정이 특히 열악한 지역으로서 대통령령이 정하는 지역의 1개소에 한하여 내국인출입 카지노업을 허가하는 내용의 폐광지역개발지원에관한특별법 제11조 제1항(이하 "이 사건 법률조항"이라 한다)에 대한 헌법소원이 기본권침해의 직접성·현재성·자기관련성을 갖추었는지 여부(소극) 2. 폐광지역인 문경지역도 내국인 출입허용 카지노사업을 할 수 있도록 이 사건 법률조항을 개정하는 개정법률안을 발의하지 않고 있는 정부의 공권력 불행사에 대한 헌법소원이 적법한지 여부(소극)

【결정요지】이 사건 법률조항은 청구인을 비롯한 국민의 자유와 권리를 제한하거나 새로운 의무를 부과하는 것이 아니고 또한 이 사건 법률조항으로 말미암아 청구인의 법적 지위의 박탈효과가 발생하는 것도 아니다. 나아가 나아가 이 사건 법률조항과 관계조항으로 말미암아 청구인이 살고 있는 문경의 폐광지역이 카지노업 허가지역으로 결정되었다면 누릴 수 있었던 경제적 혜택이 상실되었다고 본다 하더라도 이는 간접적·사실적 또는 경제적 이해관계의 문제일 뿐이다. 따라서 청구인의 이 사건 법률조항에 대한 헌

---

1) 대판 2007. 6. 28, 2006후3113【등록무효(상)】; 대판 2004. 3. 11, 2001후3187【등록무효(상)】 등 참조.
2) https://www.lawtimes.co.kr/Legal-News/Legal-News-View?Serial=5527(검색어: 반사적 이익; 검색일: 2015.6.20)

법소원심판청구는 기본권침해의 직접성·현재성·자기관련성 요건을 갖추지 못하여 부적법하다. 청구인이 헌법 제26조 소정의 청원권의 행사로 청원법 제4조·제7조의 규정에 따라 정부(소관 : 산업자원부)에 위와 같은 내용의 개정법률안을 발의하도록 청원을 하거나 국회법 제123조에 따라 국회에 개정입법청원을 할 수 있음을 별론으로 하고, 이 사건 공권력불행사를 두고 위와 같이 청구인이 원하는 내용의 법률개정안을 발의하도록 하는 정부의 작위의무가 헌법에 특별히 구체적으로 규정되어 있는데도 공권력의 주체인 정부가 그 의무를 해태(懈怠)하고 있는 경우라고는 할 수 없으므로 이 부분 심판청구도 역시 부적법하다. (법률소원 부분; 법률 또는 법률조항 자체가 헌법소원의 대상이 되기 위한 조건) : 법률 또는 법률조항 자체가 헌법소원의 대상이 될 수 있으려면 청구인이 그 법률 또는 법률조항에 의하여 구체적인 집행행위를 기다리지 아니하고 직접, 현재, 자기의 기본권을 침해받아야 하는 것을 요건으로 하며 여기서 말하는 기본권 침해의 직접성이란 집행행위에 의하지 아니하고 법률 그 자체에 의하여 자유의 제한, 의무의 부과, 권리 또는 법적 지위의 박탈이 생긴 경우를 뜻하고 현재성이란 그 법률이 청구인의 기본권을 명백히 구체적으로 현실 침해하였거나 침해가 확실히 예상되는 경우를 의미하므로, 구체적 집행행위를 통하여 비로소 당해 법률 또는 법률조항에 의한 기본권 침해의 법률효과가 발생한 경우이거나 간접적, 사실적 또는 경제적 이해관계가 있을 뿐인 제3자는 이에 해당하지 않는다는 것이 헌법재판소의 확립된 판례이다.[1] 그런데 이 사건 법률조항은 청구인을 비롯한 국민의 자유와 권리를 제한하거나 새로운 의무를 부과하는 것이 아니고 또한 이 사건 법률조항으로 말미암아 청구인의 법적 지위의 박탈효과가 발생하는 것도 아니다. 즉 이 사건 법률조항과 관계조항으로 말미암아 결과적으로 청구인이 거주하고 있는 문경의 폐광지역이 카지노업 허가지역으로 지정되지 못하였다고 하여 이로 인하여 바로 청구인의 기본권침해 문제가 발생하는 것은 아니다. 나아가 그로 말미암아 청구인이 살고 있는 문경의 폐광지역이 카지노업 허가지역으로 결정되었다면 누릴 수 있었던 경제적 혜택이 상실되었다고 본다 하더라도 이는 간접적·사실적 또는 경제적 이해관계의 문제일 뿐이다. 결국 청구인의 이 사건 법률조항에 대한 헌법소원심판청구는 기본권침해의 직접성·현재성·자기관련성 요건을 갖추지 못하였다 할 것이어서 부적법하다. (공권력불행사 부분) : 법률의 개폐는 입법기관의 소관사항이므로 법률의 개정을 요구하는 심판청구는 헌법소원의 대상이 될 수 없다.[2] 또한 공권력의 불행사에 대한 헌법소원은 공권력의 주체에게 헌법에서 유래하는 작위의무가 특별히 구체적으로 규정되어 이에 의거하여 기본권의 주체가 그 공권력의 행사를 청구할 수 있음에도 공권력의 주체가 그 의무를 해태(懈怠)하는 경우에 허용되는 것이다.[3] 살피건대, 청구인이 헌법 제26조 소정의 청원권의 행사로 청원법 제4

---

1) 헌재 1992. 11. 12. 91헌마192, 판례집 4, 813, 823 ; 헌재 2000. 11. 30. 2000헌마79등, 판례집 12-2, 361, 367 참조.
2) 헌재 1992. 6. 26. 89헌마132, 판례집 4, 387, 405-406

조·제7조의 규정에 따라 정부(소관 : 산업자원부)에 위와 같은 내용의 개정법률안을 발의하도록 청원을 하거나 국회법 제123조에 따라 국회에 개정입법청원을 할 수 있음을 별론으로 하고, 이 사건 공권력 불행사를 두고 위와 같이 청구인이 원하는 내용의 법률개정안을 발의하도록 하는 정부의 작위의무가 헌법에 특별히 구체적으로 규정되어 있는데도 공권력의 주체인 정부가 그 의무를 해태(懈怠)하고 있는 경우라고는 할 수 없다. 이 부분 심판청구도 역시 부적법하다. (결론) : 이상과 같은 이유로 청구인의 이 사건 **심판청구**는 모두 **부적법**하므로 이를 각하하기로 하여 관여 재판관 전원의 일치된 의견으로 주문과 같이 결정한다.

[전매이익을 얻을 수 있는 경우의 이익은 반사적 이익] 서울시가 시영아파트 분양신청자에 대해서만 무주택 요건을 심사함에 따라 무자격자인 철거 대상 건물의 소유자도 그의 지위(아파트 추첨권)를 무주택자에게 양도함으로써 **전매이익을 얻을 수 있는 경우**, 이는 **반사적 이익**에 불과하다는 이유로 담당공무원의 과실로 추첨권을 상실한 자의 손해배상 청구를 부인하였다.[1]

[행정청의 과징금부과처분에 의하여 동종업자의 영업이 보호되는 것은 반사적 이익] 면허받은 장의자동차운송사업구역에 위반하였음을 이유로 한 행정청의 과징금부과처분에 의하여 동종업자의 영업이 보호되는 결과는 사업구역제도의 반사적 이익에 불과하기 때문에 그 과징금부과처분을 취소한 재결에 대하여 처분의 상대방 아닌 제3자는 그 취소를 구할 법률상 이익이 없다.[2]

---

3) 헌재 1994. 6. 30. 93헌마161, 판례집 6-1, 700, 704 ; 헌재 1996. 6. 13. 94헌마118등, 판례집 8-1, 500, 509
1) 대판 1997. 6. 24., 97다14453【손해배상(기)】서울시가 시영아파트 분양신청자에 대해서만 무주택 요건을 심사함에 따라 무자격자인 철거 대상 건물의 소유자도 그의 지위(아파트 추첨권)를 무주택자에게 양도함으로써 전매이익을 얻을 수 있는 경우, 이러한 기대이익은 당초 시영아파트 특별공급 대상자가 될 수 없는 자가 그 심사절차상의 틈을 이용하여 누릴 수 있는 사실상의 이익에 불과하여 법률상으로 보호받을 수 있는 이익이 될 수 없다는 이유로, 담당공무원의 직무집행상의 과실로 제3자가 철거대상 건물의 소유자인 것으로 잘못 처리됨으로 인하여 위 추첨권을 상실한 자의 서울시를 상대로 한 시영아파트 추첨권 침해로 인한 전매이익 상당의 손해배상청구를 배척한 사례이다.
2) 대판 1992. 12. 8, 91누13700【과징금부과처분취소재결처분취소】원심판결 이유에 의하면, 원고들은 장의자동차운송사업자인 피고보조참가인이 원고들의 사업구역에 상주하여 영업함으로써 그 면허받은 사업구역에 위반하였음을 이유로 한 청도군수의 과징금부과처분을 취소하는 이 사건 재결은 피고보조참가인의 불법행위를 조장하는 것으로서 동종운송사업자인 원고들에게 막대한 손해를 주는 것이라는 이유로 그 취소를 구하나, 위 과징금부과처분의 근거가 된 자동차운수사업법 제4조 제2항, 같은법시행규칙(1991.9.27. 교통부령 제960호로 개정되기 전의 것) 제7조 제4항이 자동차운송사업면허를함에 있어서 사업구역을 정하도록 하고, 그 운송사업자로 하여금 면

[제3자에게 상수원보호구역변경처분의 취소를 구할 법률상 이익이 없다] 상수원보호구역 설정의 근거가 되는 수도법 제5조 제1항 및 동 시행령 제7조 제1항이 보호하고자 하는 것은 상수원의 확보와 수질보전일 뿐이고, 그 상수원에서 급수를 받고 있는 지역주민들이 가지는 상수원의 오염을 막아 양질의 급수를 받을 이익은 직접적이고 구체적으로는 보호하고 있지 않음이 명백하여 위 지역주민들이 가지는 이익은 상수원의 확보와 수질보호라는 공공의 이익이 달성됨에 따라 반사적으로 얻게 되는 이익에 불과하므로 지역주민들에 불과한 원고들에게는 위 상수원보호구역변경처분의 취소를 구할 법률상의 이익이 없다.[1]

[건축법상 건축과 관련한 노폭 등의 제한규정과 주위토지통행권] (ㄱ) '이른바 맹지가 택지초과소유부담금 부과대상인지 여부'에 대하여, 대법원은 "주위가 모두 다른 사람 소유의 토지로 둘러싸여 도로에 접하는 부분이 전혀 없는 이른바 맹지는 건축법상의 건축허가를 할 수 없는 토지이므로 택지소유상한에관한법률 제20조 제1항 제3호 소정의 "건축법에 의하여 주택의 건축이 금지된 나대지"에 해당하여 택지초과소유부담금 부과대상에서 제외된다."고 하였고, (ㄴ) '건축법상 건축과 관련한 노폭 등의 제한규정과 주위토지통행권'에 대하여, 대법원은 "건축법에 건축과 관련하여 도로에 관한 폭 등의 제한규정이 있다 하더라도 이는 건물 신축이나 증·개축 허가시 그와 같은 범위의 도로가 필요하다는 행정법규에 불과할 뿐 위 규정만으로 당연히 포위된 토지 소유자에게 그 반사적 이익으로서 건축법에서 정하는 도로의 폭이나 면적 등과 일치하는 주위토지통행권이 바로 생긴다고 할 수 없다."[2]고

---

허받은 사업구역외에 상주하여 영업할 수 없다고 규정한 것은 각 지역 국민의 편익을 위한 것이고, 사업구역 위반으로 인한 과징금부과처분에 의하여 다른 사업구역의 동종업자의 영업이 보호되는 결과가 되더라도 그것은 면허의 조건으로 부가되는 사업구역제도의 반사적 이익에 불과하며, 이 사건 재결은 원고들의 권익을 보호하기 위한 절차가 아니라 위 과징금부과처분으로 인한 피고보조참가인의 권익침해를 구제하기 위한 절차로서 그 내용도 증거불충분 등을 이유로위 과징금부과처분을 취소하는 것일 뿐, 피고 보조참가인으로 하여금 원고들의 사업구역에 상주하면서 영업하여도 좋다는 것이 아니어서, 이로써 원고들에게 직접적으로 어떤 불이익을 주는 것이 아님은 물론, 이 사건 재결을 취소한다고 하여 원고들에게 직접적으로 어떤 이익이 생기는 것도 아니라는 이유로, 원고들에게 이 사건 재결의 취소를 구할 법률상의 이익이 없다고 판단하여 이 사건 소를 각하하였다. 원심의 위와 같은 판단은 정당한 것으로 수긍이 가고, 거기에 법률상의 이익에 관한 법리오해가 있다고 할 수는 없다.

1) 대판 1995. 9. 26, 94누14544【상수원보호구역변경처분등취소】행정처분의 직접 상대방이 아닌 제3자라도 당해 행정처분의 취소를 구할 법률상의 이익이 있는 경우에는 원고적격이 인정되는데, 여기서 말하는 법률상의 이익은 당해 처분의 근거 법률에 의하여 보호되는 직접적이고 구체적인 이익이 있는 경우를 말하고, 다만 공익보호의 결과로 국민 일반이 공통적으로 가지는 추상적, 평균적, 일반적인 이익과 같이 간접적이나 사실적, 경제적, 이해관계를 가지는데 불과한 경우는 여기에 포함되지 않는다.
2) 대판 1994. 2. 25, 93누20498【택지초과소유부담금부과처분취소】【참조판례】가. 대법원

하였다.

[제3자에 대한 석유판매업허가처분취소 : 반사적 이익] '제3자에 대한 석유판매업허가처분으로 말미암아 석유판매업허가신청이 반려된 자가 위 제3자에 대한 석유판매업허가처분의 취소를 구할 법률상의 이익이 있는 자에 해당하는지 여부'에 대하여, 대법원은 "원고가 석유판매업허가신청을 하였다가 이미 석유판매업허가를 받아 경영하고 있는 제3자의 주유소와의 거리가 도의 석유판매업허가기준고시 소정의 이격거리에 저촉된다는 사유로 석유판매업허가신청이 반려되었다면, 원고는 위 제3자에 대한 허가처분에 의하여 석유판매업을 영위하지 못하게 될 위험에 처하게 된다 하더라도 이 불이익은 간접적이고 사실상의 반사적 결과에 불과하고 이로 인하여 원고의 권리나 법률상의 이익이 직접적, 구체적으로 침해되는 것이라고는 할 수 없으므로, <u>원고로서는 행정청을 상대로 제3자에 대한 석유판매업허가처분의 취소를 구할 법률상의 이익이 있는 자에 해당하지 아니한다.</u>"[1]고 하였다.

[주위토지통행권 : 반사적 이익] (ㄱ) '무상주위통행권에 관한, 민법 제220조의 적용범위'에 대하여, 대법원은 "민법 제220조의 규정은 토지의 직접 분할자 또는 일부 양도의 당사자 사이에만 적용되고 포위된 토지 또는 피통행지의 특정승계인에게는 적용되지 않는다."고 하였고, (ㄴ) '포위된 토지 소유자의 주위토지통행권에 기한 통행로의 폭이나 위치 등을 정함에 있어 고려할 사항과 건축법이 건축과 관련하여 도로에 관한 폭 등의 제한규정을 두고 있다 하여 포위된 토지 소유자에게 같은 법이 정하는 도로의 폭 등과 일치하는 주위토지통행권이 생기는지 여부'에 대하여, 대법원은 "민법 제219조, 제220조에 규정된 **주위토지통행권**은 상린관계에 기하여 피통행지 소유자의 손해를 무릅쓰고 포위된 토지 소유자의 공로로의 통행을 위하여 특별히 인정하려는 것이므로 그 통행로의 폭이나 위치 등을 정함에 있어서는 포위된 토지 소유자가 건축법상 증·개축을 하지 못하게 될 염려가 있다는 등의 사정보다는 오히려 피통행지 소유자에게 가장 손해가 적게 되는 방법이 더 고려되어야 하며, 건축법에 건축과 관련하여 도로에 관한 폭 등의 제한규정이 있다 하더라도 이는 건물 신축이나 증·개축허가시 그와 같은 범위의 도로가 필요하다는 행정법규에 불과할 뿐 위 규정만으로 당연히 포위된 토지 소유자에게 그 반사적 이익으로서 건축법에서 정하는 도로의 폭이나 면적 등과 일치하는 주위토지통행권이 바로 생긴다고 할 수 없다."[2]고 하였다.

---

1990.6.26. 선고 90누2741 판결(공1990,1618); 나. 대법원 1990.8.28. 선고 90다카10091,10107 판결(공1990,2021); 대법원 1991.5.28. 선고 91다9961, 9978 판결(공1991,1766); 대법원 1991.6.11. 선고 90다12007 판결(공1991,1898)

1) 대판 1992. 3. 13, 91누3079 【석유판매업허가처분취소】 【참조판례】 대법원 1990.11.13. 선고 89누756 판결(공1991,104)

2) 대판 1991. 6. 11, 90다12007 【담장철거등】 【참조판례】 가. 대법원 1985.2.8. 선고 84다카921, 922 판결(공1985,418); 가.나. 대법원 1990.8.28. 선고 90다카10091, 10107 판결(공1990,2021); 나.

[전자유기장영업허가이익: 반사적 이익] 유기장영업허가는 유기장 경영권을 설정하는 설권행위가 아니고 일반적 금지를 해제하는 영업자유의 회복이라 할 것이므로 그 영업상의 이익은 반사적 이익에 불과하고 행정행위의 본질상 금지의 해제나 그 해제를 다시 철회하는 것은 공익성과 합목적성에 따른 당해 행정청의 재량행위라 할 것이다.[1]

[양곡가공업 허가: 반사적 이익] 양곡관리법등 관계법령에 양곡가공시설물 설치장소에 대한 거리제한의 규정이 없는 이상 시의 예규로써 그 거리를 제한할 수 없다. 양곡가공업 허가는 경찰금지를 해제하는 명령적 행위로서 피허가자에게 독점적 재산권을 취득하게 하는 것이 아니라 간접적으로 사실상의 이익을 부여하는 것에 불과하므로 어떠한 행정처분에 의하여 이미 그 허가를 받은 자의 제분업상의 이익이 감소된다고 하더라도 이는 사실상의 반사적 결과일 뿐 동인의 권리가 침해된 것은 아니므로 그 취소를 소구할 법률상 이익이 없다.[2]

---

대법원 1989.5.23. 선고 88다카10739, 10746 판결(공1989,986); 대법원 1989.7.25. 선고 88다카9364 판결(공1989,1284); 대법원1991.5.28. 선고 91다9961, 9978 판결(공1991,1766)

1) 대판 1986. 11. 25, 84누147【유기장영업허가취소처분등취소】; 대판 1985. 2. 8, 84누369【전자유기장업허가취소처분취소】이 사건 영업허가는 유기장경영권을 설정하는 설권행위가 아니고 일반적 금지를 해제하는 영업자유의 회복이라 할 것이므로 그 영업상의 이익은 반사적 이익에 불과하고 행정행위의 본질상 금지의 해제나 그 해제를 다시 철회하는 것은 공익성과 합목적성에 따른 당해 행정청의 재량행위라 할 것이고 한편 위 구 유기장업법 제3조, 같은법시행령 제3조, 제4조가 유기장업영업허가를 받고자 하는 자는 특히 영업장의 소재지, 영업종목 및 구조설비의 개요를 기재한 신청서를 제출하여 관할행정청의 허가를 받도록 하는 한편 위 사항을 변경하고자 할 때에는 이에 관한 관할행정청의 변경허가를 받도록 규정하고 있어 이 사건 전자유기장 영업허가는 물건의 내용, 상태등 객관적 요소를 대상으로 하는 대물허가로서 그 영업장의 소재지 및 시설 규모 등은 이 사건 영업허가의 대상을 이루는 요소라 할 것이므로(당원 1984.11.13 선고 84누389 판결 참조) 당초 허가된 영업장소에 설치되었던 영업시설이 새로운 영업장소로 모두 이전되어 당초의 영업장소에서는 더이상 허가된 영업상의 기능을 수행할 수 없게 된 경우에는 이미 당초의 영업허가는 그 목적을 달성할 수 없게 되어 허가대상이 멸실된 경우와 같이 그 허가는 당연히 효력을 잃고 따라서 허가청은 이를 철회하는 의미에서 그 허가를 취소할 수 있다 할 것이며 새로운 영업장소에서의 영업은 같은법 소정의 변경허가의 형식에 의한 새로운 허가를 받아야(이는 성질상 새로운 허가행위와 같다)할 것이다.

2) 대판 1981. 1. 27, 79누433【제분업허가처분취소】원심판결의 설시 이유에 의하면, 원심은 원고가 이미 피고로부터 제분업의 허가를 받아 영업을 하고 있는데 피고는 양곡관리법과 건축법등의 관계법규를 어겨 피고보조참가인(조영옥)에게 원고 영업장소로부터 500미터의 거리를 두지 아니한 지점에 제분업시설의 이설 승인을 하였다가 그 이설승인 처분을 취소한 처분을 다시 취소하는 처분을 하였으므로 이의 취소를 구한다는 이 사건 사안에 대하여 원고는 이건 취소처분의 취소를 소구할 법률상의 이익이 없는 것이라고 판단하였다. 살피건대 영업의 자유는 헌법상 국민에게 보장된 자유의 범위내에 포함되는 것이어서 질서유지와 공공복리를 위하여 필요한 경우에

[무역거래법상 수입제한이나 금지조치로 인한 국내생산업체의 이익 : 반사적 이익] 대법원은 "무역거래법은 수출을 진흥하며 수입을 조정하여 대외무역의 건전한 발전을 촉진함으로써 국제수지의 균형과 국민경제의 발전에 기여함을 목적으로 하는 것이므로 동법에 의한 물품의 수출입의 금지 또는 제한은 위와 같은 공익적 목적에 있는 것이라고 한 원판결의 이유 설시는 … 국내산업을 육성하는 것을 목적으로 하는 것이 아니라고 단정하는 취지가 아니며 그렇다고 하여 … 반드시 국내산업을 육성하는 것을 목적으로 한다고도 할 수 없을 뿐 아니라 더구나 어느 개개업체의 영업상의 이익을 보호하는 것을 목적으로 하는 조치라고 볼 수도 없는 것이니 상공부장관이 "이노신산소다"에 대한 수입의 제한이나 금지조치를 할 수 있다는 무역거래법상의 제도는 "이노신산소다"와 동종의 복합조미료인 "그루타민산소다"를 제조판매하고 있는 국내생산업체인 원고를 보호 육성하는 것에 그 목적이 있다고 단정할 수 있는 근거를 찾아 볼 수 없는 이상 일반적으로 국내산업의 보호육성도 무역거래법이 기도하고 있는 목적의 하나가 된다는 것만으로써 원고에게 무역거래법에 의한 위의 제한이나 금지조치에 대하여 법률상의 이익이 있다고 할 수 없을 것이다."[1]라고 하였다.

---

한하여 법률로써 영업의 자유를 예외적으로 제한할 수 있음에 불과한 것이라고 할 것인 바, 양곡관리법등 관계법령에 논지주장과 같은 사유로서 양곡 가공시설물 설치장소에 대한 거리를 제한할 수 있는 규정을 한 조문이 없으므로 그 제한거리를 규정한 서울특별시의 예규가 헌법상 보장된 이 영업의 자유를 제한할 수도 없을 것이다. 그리고 양곡관리법(제16조)이 제분업에 대하여 허가제를 실시하고 있고, 원고가 양곡관리법 제16조 소정의 양곡가공업허가를 받고 있는 자이기는 하나 원고에 대한 이 양곡가공업허가도 원고에게 사업경영의 권리를 설정해주는 형성적 행위가 아니라 경찰금지를 해제하는 명령적 행위에 불과하여 그 허가의 효과도 영업자유의 회복을 가져올 뿐이라고 할 것이므로 이 영업의 자유는 법률이 직접 제분업의 피허가자(원고)에게 독점적 재산권을 취득하게 하는 경우에 해당되는 것이 아니라 법률이 국민식량의 확보와 국민경제의 안정이라는 공공의 복리를 보호하는 결과로서 영업상 자유가 제한됨으로 인하여 간접적으로 관계자인 영업자유의 제한이 해제된 피허가 자에게 사실상의 이익을 부여하게 되는 경우에 해당되는 것에 지나지 아니하여 이 사건 시설승인 처분의 취소처분을 취소함으로 인하여 원고의 제분업상의 이익이 사실상 감소된다고 하더라도 이 불이익은 이 사건 처분의 단순한 사실상의 반사적 결과에 지나지 아니하고 이로 말미암아 법률상 원고의 권리가 침해당한 것이라고 할 수는 없는 것이라고 할 것이니 원고는 피고가 피고보조참가인에 대하여서 한 이 사건제분업 이설승인 처분취소의 취소처분에 대하여 그 취소를 소구할 수 있는 법률상 이익이 없는 것이다(대법원 1963.8.22. 선고 63누97 1963.8.31. 선고 63누101 각 판결참조). 그렇다면 같은 취지에서 이 사건 소를 부적법하다 하여 각하한 원심의 조치는 정당하고 원심판결에 소론 심리미진, 판단유탈, 법리오해 내지는 법규위반 등의 위법이 없다.

[1] 복합조미료 수입승인사건(대판 1971. 6. 29, 69누91)은 국내사업의 보호육성을 위하여 수입규제 또는 금지조치를 규정한 무역거래법에 의한 신규수입승인처분에 대해서 국내생산업체가 무효확인청구한 사건으로서 반사적 이익을 인정하고 소이익을 부정한 사건이다. 대판 1971. 6. 29, 69누

▣ 복합조미료 수입승인사건(미원·미풍사건)
　　　　　　－ 하천개수에 의한 수해예방, 도로개축에 의한 교통편의 제공, 도로·공원 등 공물의 일반사용
　　　　　－ 의사의 진료의무규정으로 환자가 받는 이익
　　　　　－ 건축법상의 건축제한규정으로 이웃주민(隣人)이 받는 이익
　　　　　－ 공중목욕장영업허가 등 경찰규제적 영업 허가로 받는 이익
　　　　　－ 사적·명승 및 천연기념물의 지정으로 당해 지방주민이 받는 문화적·경제적 이익
　　　　　－ 국민학생(초등학생) 및 보호자가 국민학교의 통학구역으로부터 받는 이익
　　　　　－ 공적 부조로 생활빈궁자가 받는 이익

　　[석탄가공업허가사건] 대법원은 '석탄가공업에 관한 허가의 성질'에 대하여, "원심판결1) 이유에 의하면 원심은 석탄수급조정에 관한 임시조치법 소정의 석탄가공업에 관한 허가는 그 성질이 사업경영의 권리를 설정하는 형성적 행정행위가 아니고 질서유지와 공공 복리를 위한 금지를 해제하는 명령적 행정행위여서 그 허가를 받은 자는 영업자유를 회복하는데 불과하는 것이고 독점적영업권을 부여받는 효과가 있는 것은 아니기 때문에 동법 및 동법 시행령에 석탄가공업시설기준을 설정하는 등 영업허가 요건을 규정하므로서 원고들과 같이 기히 석탄가공업허가를 받은 자가 현실로 영업수입의 독점적 이익을 받고 있다 하더라도 이는 석탄가공업허가제도의 반사적 효과에 지나지 않는 것이므로 피고의 이 사건 처분으로 인하여 기존허가를 받은 원고 등이 영업상의 이익이 감소된다 하더라도 이 사건 처분이 원고 등의 권리 내지 법률상 보호를 받을 이익이 침해되는 것이 아니고 반사적 이익을 침해하는 것에 지나지 않는다는 취지의 이유에서 원고등으로서는 이 사건 처분의 위법, 부당을 주장하여 그 무효확인이나 취소를 구할 법률상의 이익이 없다는 판단아래 이 사건 소를 모두 각하 하였는 바 … 석탄수급조정에관한임시조치법 소정의 석탄가공업에 관한 허가는 사업경영의 권리를 설정하는 형성적 행정행위가 아니라 질서유지와 공공복리를 위한 금지를 해제하는 명령적 행정행위여서 그 허가를 받은 자는 영업자유를 회복하는데 불과하고 독점적 영업권을 부여받은 것이 아니기 때문에 기존허가를 받은 원고들이 신규허가로 인하여 영업상 이익이 감소된다 하더라도 이는 원고들의 반사적 이익을 침해하는 것에 지나지 아니하므로 원고들은 신규허가 처분에 대하여 행정소송을 제기할 법률상 이익이 없다."2)고 하였다.

　　[제분업허가처분취소(양곡가공업허가사건)] (ㄱ) '시의 예규로써 양곡가공시설물 설치장소에 대한 거리제한을 할 수 있는지 여부'에 대하여 대법원은 "… 살피건대 영업의 자유는

---

91 【수입승인처분무효확인】 복합조미료 수입승인사건 【원고, 상고인】 미원주식회사 【피고, 피상고인】 한국외환은행 【피고, 보조참가인】 제일제당공업주식회사
1) 【원심판결】 광주고등법원 1979. 12. 14. 선고 78구2887 판결
2) 대판 1980. 7. 22, 80누33, 34 【석탄가공업허가증갱신발급처분무효】

헌법상 국민에게 보장된 자유의 범위 내에 포함되는 것이어서 질서유지와 공공복리를 위하여 필요한 경우에 한하여 법률로써 영업의 자유를 예외적으로 제한할 수 있음에 불과한 것이라고 할 것인 바, 양곡관리법등 관계법령에 논지주장과 같은 사유로서 양곡 가공시설물 설치장소에 대한 거리를 제한할 수 있는 규정을 한 조문이 없으므로 그 제한거리를 규정한 서울특별시의 예규가 헌법상 보장된 이 영업의 자유를 제한할 수도 없다."고 하였다. (ㄴ) '기존의 양곡가공업 피허가자가 행정처분에 의하여 이익이 감소됨을 이유로 그 처분의 취소를 구할 이익이 있는지 여부'에 대하여, 대법원은 "양곡관리법(제16조)이 제분업에 대하여 허가제를 실시하고 있고, 원고가 양곡관리법 제16조 소정의 양곡가공업허가를 받고 있는 자이기는 하나 원고에 대한 이 양곡가공업허가도 원고에게 사업경영의 권리를 설정해주는 형성적 행위가 아니라 경찰금지를 해제하는 명령적 행위에 불과하여 그 허가의 효과도 영업자유의 회복을 가져올 뿐이라고 할 것이므로 이 영업의 자유는 법률이 직접 제분업의 피허가자(원고)에게 독점적 재산권을 취득하게 하는 경우에 해당되는 것이 아니라 법률이 국민식량의 확보와 국민경제의 안정이라는 공공의 복리를 보호하는 결과로서 영업상 자유가 제한됨으로 인하여 간접적으로 관계자인 영업자유의 제한이 해제된 피허가 자에게 사실상의 이익을 부여하게 되는 경우에 해당되는 것에 지나지 아니하여 이 사건 시설승인 처분의 취소처분을 취소함으로 인하여 원고의 제분업상의 이익이 사실상 감소된다고 하더라도 이 불이익은 이 사건 처분의 단순한 사실상의 반사적 결과에 지나지 아니하고 이로 말미암아 법률상 원고의 권리가 침해당한 것이라고 할 수는 없는 것이라고 할 것이니 원고는 피고가 피고보조참가인에 대하여서 한 이 사건제분업 시설승인 처분취소의 취소처분에 대하여 그 취소를 소구할 수 있는 법률상 이익이 없는 것이다."1)라고 하였다.

[유기장영업허가사건] 유기장 영업허가는 유기장 영업권을 설정하는 설권행위가 아니고 일반적 금지를 해제하는 영업자유의 회복이라 할 것이므로 그 영업상의 이익은 반사적 이익에 불과하고 행정행위의 본질상 금지의 해제나 그 해제를 다시 철회하는 것은 공익성과 합목적성에 따른 당해 행정청의 재량행위라 할 것이다. 유기장 영업허가는 구(舊)유기장업법(1981. 4. 13 법률 제3441호) 제3조, 동법시행령 제3조, 제4조의 규정에 비추어 물건의 내용, 상태 등 객관적 요소를 대상으로 하는 대물허가로서 그 영업장의 소재지 및 시설규모 등은 영업허가의 대상을 이루는 요소라 할 것이므로 당초 허가된 장소에 설치되었던 영업시설을 허가없이 새로운 영업장소로 이전하였다면 새로운 장소에서는 영업허가 없이 영업을 하고 당초 허가된 장소에서의 영업은 유기장업법 소정의 유기시설을 갖추지 아니하여 준수사항과 허가조건을 위반하였다 할 것이므로 당초의 영업허가는 그 목적을 달성할 수 없게 되어 당연히

---

1) 대판 1981. 1. 27, 79누433 【제분업허가처분취소】 (대판 1963. 8. 22, 63누97; 대판 1963. 8. 31, 63누101 각 판결참조).

효력을 잃고 따라서 허가청은 이를 철회하는 의미에서 그 허가를 취소할 수 있다 할 것이다.[1]

◎ **철회하는 의미의 취소**

[공중목욕장업허가] 구(舊)목중목욕장법에 의한 공중목욕장업허가는 그 사업경영의 권리를 인정하는 형성적 행위가 아니고 경찰금지의 해제에 불과하다. 공중목욕장의 분포의 적정을 위한 공중목욕장업법 시행세칙(62.4.9. 보사부령 제74호) 제4조의 규정은 모법에 위반되는 무효의 것이다.[2] (같은 취지의 판례) : 공중목욕장사건[3]은 공중목욕장의 적정분포를 규정한 공중목욕장업법 시행세칙에 위한 신규영업허가에 대해서 기존목욕장업자가 제기한 취소청구 사건으로서 반사적 이익을 인정하고 소(訴)의 이익을 부정하였다. 즉 기존목욕탕업자가 받는 독점적인 경제적 이익은 반사적 이익에 불과하므로 거리제한규정을 위반한 신규 영업허가에 대한 기존업자의 취소청구를 인정하지 아니하였다. 기존 목욕탕장영업장 부근에 신설영업장을 허가함으로 인하여 기존 영업장의 수입이 사실상 감소되었을지라도 그 수입의 감소는 단순한 반사적 이익의 침해에 불과하므로 신설허가처분의 취소를 청구할 만한 소의 이익이 없다.[4]

[기존허가를 받은 원고들이 신규허가로 인하여 영업상 이익이 감소되는 경우] 석탄수급조정에 관한 임시조치법 소정의 석탄가공업에 관한 허가는 사업경영의 권리를 설정하는 형성적 행정행위가 아니라 질서유지와 공공복리를 위한 금지를 해제하는 명령적 행정행위여서 그 허가를 받은 자는 영업자유를 회복하는데 불과하고 독점적 영업권을 부여받은 것이 아니기 때문에 기존허가를 받은 원고들이 신규허가로 인하여 영업상 이익이 감소된다 하더라도 이는 원고들의 반사적 이익을 침해하는 것에 지나지 아니하므로 원고들은 신규허가 처분에 대하여 행정소송을 제기할 법률상 이익이 없다.[5]

[가축시장 이전처분으로 인하여 받게 될 불이익] 군수의 가축시장이전처분을 피고(도지사)가 인가한 경우 그 이전처분의 취소를 구할 상대방은 처분청인 군수이며 그 시장에서 가축매매를 하여 그 시장을 이용하여 온 자에 불과한 원고가 위 이진처분으로 인하여 받게 될 불이익은 이른바 반사적 이익의 침해에 불과하며 동 이전으로 공법상의 권리를 침해당하였다고도 볼 수 없으므로 그 취소를 구할 소의 이익이 없다.[6]

[사견] 이상은 판례가 반사적 이익으로 보아 원고적격을 부인한 판례이다. 그러나 아

---

1) 대판 1985. 2. 8, 84누369【전자유기장업허가취소처분취소】
2) 대판 1963. 8. 13, 63누101【공중목욕장영업허가취소】
3) 대판 1995. 7. 8, 4287행상30; 대판 1963. 8. 20, 63누97; 대판 1963. 8. 31, 63누101
4) 대판 1963. 8. 22, 63누97【공중목욕장간의 적정분포】공중목욕장업법에 의한 공중목욕장업허가는 그 사업경영의 권리를 설정하는 형성적 행위가 아니고 경찰금지의 해제에 불과하며 그 허가의 효과는 영업자유의 회복을 가져오는 것이다.
5) 대판 1980. 7. 22, 80누33【석탄가공업허가증갱신발급처분무효】
6) 광주고법 1962. 10. 31, 62구19, 특별부판결 : 상고【시장이전처분취소청구사건】

래에서 소개하는 판례들은 반사적 이익을 보호이익으로 본 사례(법률에 의하여 보호되는 이익)이다. 원고적격의 유무에 대한 판단은 전적으로 법원에 있다. 원고적격의 첫 단계인 '법률상 이익'의 유무를 판단하는 기준은 가변적일 뿐만 아니라, 개별적이고 구체적 상황에 따라 유동적으로 변하는 것이므로 종래와 같이 '법률상 이익' 아니면 '반사적 이익' 이라는 일도양단(一刀兩斷)의 형식으로 구분하는 것은 불합리하다. 그러므로 취소소송의 원고적격을 단순히 행정실체법의 취지나 목적의 해석에 의하여 결정되어야 할 것이 아니라, 행정처분으로 인하여 얻는 공익과 침해당하는 사익을 비교하여 법익의 균형성에 합당한지, 이것이 실질적 법치국가의 원리의 구현에 합당한 것인지의 여부를 고려하여야 한다. 즉 관계법규를 일의적(一義的)으로 해석하여, 개인을 보호하는 법규가 아니라 공익을 보호하는 법규라고 하여 법률상 이익을 부정하고 개인에게 원고적격을 인정하지 않게 되면 권리구제의 길은 봉쇄되고 말것이다.

### 5.3. 반사적 이익의 보호이익화 경향(원고적격의 확대)
#### 5.3.1. 경업자(競業者)소송

[의의] 경업자소송이란 일정한 시장에서 신규진입을 허용하는 면허에 대하여 새로운 경쟁을 부담하게 되는 기존업자가 제기하는 소송이다. 일반적으로 면허나 인허가 등의 수익적 행정처분으로 인한 경영의 불합리를 방지하는 것도 그 목적으로 하고 있는 경우, 다른 업자에 대한 면허나 허가 등의 수익적 행정처분에 대하여 미리 같은 종류의 면허나 인허가 등의 수익적 행정처분을 받아 영업을 하고 있는 기존의 업자는 경업자에 대하여 이루어진 면허나 인허가 등 행정처분의 상대방이 아니라 하더라도 당해 행정처분의 취소를 구할 원고적격이 있다.

[판례] 원고적격을 인정한 판례는 선박운항사업면허취소소송, 자동차운수사업의 노선연장허가 취소소송, 시외버스정류장 설치허가 취소소송 등이 있고, 원고적격을 부정한 판례는 기존 업자의 신규영업자에 대한 공중목욕장영업허가 취소소송, 석탄 가공업 허가 취소소송, 도로점용허가 없이 도로부지에 무허가 건물을 건축하여 사용 중인 자가 같은 부지에 대하여 행정청이 행한 타인의 도로점용허가의 취소를 구한 소송 등이 있다.[1]

[사례] A시와 B시 구간의 시외버스 운송사업을 하고 있는 甲은 최근 자가용 이용의 급증 등으로 시외버스 운송사업을 하는데 상당한 어려움에 처해 있다. 그런데 관할행정청 X는 甲이 운영하는 노선에 대해 인근에서 대규모 운송사업을 하고 있던 乙에게 새로이 시외버스 운송사업면허를 하였다. 甲은 경업자소송을 통해 X의 乙에 대한 시외버스 운송사업면허에 대하여 행정소송을 제기할 수 있다.[2]

---

1) https://ko.wikipedia.org/wiki(검색어 : 경업자소송; 검색일 : 2015.6.21); <위키백과>

[기존의 시내버스운송사업자와 시외버스운송사업자들의 경업관계] 행정처분의 직접 상대방이 아닌 제3자라 하더라도 당해 행정처분으로 인하여 법률상 보호되는 이익을 침해당한 경우에는 취소소송을 제기하여 그 당부의 판단을 받을 자격이 있다 할 것이나, 여기에서 말하는 법률상 보호되는 이익이란 당해 행정처분의 근거 법률에 의하여 보호되는 직접적이고 구체적인 이익을 말하고 제3자가 당해 행정처분과 관련하여 간접적이거나 사실적·경제적인 이해관계를 가지는 데 불과한 경우는 여기에 포함되지 아니한다. 일반적으로 면허나 인·허가 등의 수익적 행정처분의 근거가 되는 법률이 해당 업자들 사이의 과당경쟁으로 인한 경영의 불합리를 방지하는 것도 그 목적으로 하고 있는 경우, 다른 업자에 대한 면허나 인·허가 등의 수익적 행정처분에 대하여 미리 같은 종류의 면허나 인·허가 등의 수익적 행정처분을 받아 영업을 하고 있는 기존의 업자는 경업자에 대하여 이루어진 면허나 인·허가 등 행정처분의 상대방이 아니라 하더라도 당해 행정처분의 취소를 구할 당사자적격이 있다. 시내버스운송사업과 시외버스운송사업은 다 같이 운행계통을 정하고 여객을 운송하는 노선여객자동차운송사업에 속하므로, 위 두 운송사업이 면허기준, 준수하여야 할 사항, 중간경유지, 기점과 종점, 운행방법, 이용요금 등에서 달리 규율된다는 사정만으로 본질적인 차이가 있다고 할 수는 없으며, 시외버스운송사업계획변경인가처분으로 인하여 기존의 시내버스운송사업자의 노선 및 운행계통과 시외버스운송사업자들의 그것들이 일부 중복되게 되고 기존업자의 수익감소가 예상된다면, 기존의 시내버스운송사업자와 시외버스운송사업자들은 경업관계에 있는 것으로 봄이 상당하다 할 것이어서 기존의 시내버스운송사업자에게 시외버스운송사업계획변경인가처분의 취소를 구할 법률상의 이익이 있다.[1]

[기존 선박운송사업자의 (신규사업자에 대한) 신규면허취소청구 : 법률상 이익] 행정소송에서 원고는 행정처분에 의하여 직접 권리를 침해당한 자임을 보통으로 하나, 직접 권리의 침해를 당한 자가 아닐지라도, 소송을 제기할 법률상의 이익을 가진 자는 그 행정처분의 효력을 다툴 수 있다고 해석되는 바, 해상운송 사업법에 의한 기존업자의 이익은 단순한 사실상의 이익이 아니고 법에 의하여 보호되는 이익이다.[2]

[기존 버스운송사업자의 (신규사업자에 대한) 신규 직행버스정류상 설치 인·허가처분 취소청구 : 법률상 이익] 무권한의 지방자치단체(부산시)가 해준 직행버스정류장의 설치인가로 말미암아 적법한 자동차 정류장을 설치한 기존업자의 이익이 침해된 경우에는 그 설치인가의 취소를 구할 법률상의 이익이 있다.[3]

---

2) 2009년 행정고시(행정) 2차시험 문제-행정법(재경 등 기타직렬)
1) 대판 2002. 10. 25, 2001두4450【시외버스운송사업계획변경인가처분취소】
2) 대판 1969. 12. 30, 69다106
3) 대판 1975. 7. 22, 75누12【행정처분취소】부산시에 있어서의 자동차정류장의 설치에 관한 권한은 1971.4.13부터는 자동차정류장법 제4조제26조제28조동법시행령 제2조 1호 단서등의 규정에

[기존 광업권자의 (신규사업자에 대한) 신규광업권증가인허가처분 취소청구] 광구를 설정함에 있어서 단위구역내에 기존 자유형광구가 있어 단위구역 실시가 곤란한 경우에 단위구역제의 예외로서 상당한 거리를 보유하고 광구를 설정하도록 한 구 광업법시행령 제11조 (현행 광업법 제16조 제4항)는 강행규정으로서 이를 위반한 광구설정처분은 취소의 대상이 된다. 원고들의 광구로부터 상당한 거리를 보유한 경계선에 동종의 광업권을 갖고 있던 피고 보조참가인이 원고들에 대한 광업권 증구허가처분으로 인하여 동 증구허가의 대상구역에 해당하는 보안구역이 폐지됨으로 말미암아 원고들의 광구로부터의 상당한 거리를 상실하는 결과가 되어 보안구역존치의 이익을 침해당하였다면 위 증구허가처분에 대하여 구 광업법 제71조 소정의 이의신청을 할 적격이 있고 위 증구허가처분취소처분의 취소를 구하는 소송에 이해관계 있는 자로서 보조참가 할 수 있다. 행정처분에 하자가 있는 경우에는 **법령에 특별히 취소사유를 규정하고 있지 아니하여도 행정청은 그가 행한 위법한 행정처분을 취소할 수 있다.**[1]

[담배 일반소매인의 영업소 간에 일정한 거리제한을 두고 있는 것] 담배 일반소매인의 지정기준으로서 일반소매인의 영업소 간에 일정한 거리제한을 두고 있는 것은 담배유통구조의 확립을 통하여 국민의 건강과 관련되고 국가 등의 주요 세원이 되는 담배산업 전반의 건전한 발전 도모 및 국민경제에의 이바지라는 공익목적을 달성하고자 함과 동시에 일반소매인 간의 과당경쟁으로 인한 불합리한 경영을 방지함으로써 일반소매인의 경영상 이익을 보호하는 데에도 그 목적이 있다고 보이므로, 일반소매인으로 지정돼 영업을 하고 있는 기존업자의 신규 일반소매인에 대한 이익은 단순한 사실상의 반사적 이익이 아니라 **법률상 보호되는 이익**이라고 해석함이 상당하다(대판 2008. 3. 27, 2007두23811).[2]

[위 판례(대판 2008. 3. 27, 2007두23811)에 대한 김남진 교수의 평석] (대법원판결의 타당성) : 담배사업법 제16조에 의거한 '신규 담배소매업의 지정'이라는 행정청의 처분에 의해 기존업자(담배소매업자)가 입게 된 영업상 불이익이 '법률상 이익'인가 '사실상 이익'인가를 가리는 이 사건에서 원심(광주고법)은 "이 사건 처분으로 인한 원고의 영업상

의하여 교통부장관만이 가지고 있는 것인데 당사자 사이에 다툼이 없는 사실과 같이 그 후인 1971.12.30 피고시가 소외 신흥여객자동차 주식회사에 대하여 부산시 부산진구 범일동 83의41 대지 150평 위에 부산 영업소라는 명칭으로 그 직행버스 정류장의 설치를 인가한 이건 행정처분은 자동차정류장 법령의 규정에 위반한 무권한 행위로서 당연 무효의 것이라고 하였음은 정당하고 자동차정류장의 설치인가를 해준 것임을 자인하면서 그 인가의 근거가 되지 못하는 자동차 운수사업법 동법 시행규칙의 관계규정을 들고 정당한 권한에 기한 것이라 함은 독단에 지나지 못하다.
1) 대판 1982. 7. 27, 81누271【광업권설정허가취소분취소】
2) https://www.lawtimes.co.kr/Legal-Info/Cases-Commentary-View.aspx?serial=852(검색어 : 법률상 이익; 검색일 : 2015.6.19); <법률신문>; 대판 2008. 3. 27, 2007두23811

피해는 간접적·사실적 피해에 불과할 뿐 '법률상 보호되는 이익'이 침해됐다고 하기는 어렵다"는 말로써 원고의 원고적격을 부인한데 대해, 대법원은 "원고와 피고 보조참가인은 경업자 관계에 있음이 분명하므로, 기존업자인 원고로서는 새로운 경업자인 피고 보조참가인에 대해 이루어진 이 사건 처분의 상대방이 아니라 하더라도 이 사건 처분의 취소를 구할 원고적격이 있다고 보아야 할 것이다"라고 판시하고 있는바, 대법원의 판단이 올바르다고 판단된다. (법률상 이익·사실상 이익 구별의 필요성) : 이 사건에서의 법원의 판결이 우리나라 실정법에서의 '법률상 이익(또는 권리)'과 '사실상 이익(또는 반사적 이익)의 구분의 필요성'을 다시금 일깨워 주고 있는 데에 있다. 행정소송법(제12조 등)이 '법률상 이익이 있는 자'에 대해서만 취소소송 등 항고소송의 원고적격을 인정하고 있는 이상 그 '법률상 이익'과 그에 반대되는 '사실상 이익'의 구분의 필요성은 여전히 필요하다고 보는 것이다. 학설상으로는 그 양자의 구분의 필요성 여부가 쟁점이 되고 있기에,[1] 양자의 구분의 필요성이 있다. (입법상의 문제) : '담배소매업자간의 거리제한'이라는 중대하고 본질적인 사항을 근거나마 '법률(담배사업법)'이 직접 정하지 아니하고, 부령(담배사업법시행규칙)으로 정하고 있는 점은 재고를 요한다고 생각된다.[2] ☞ **거리제한 규정은 의회유보(Parlamentsvorbehalt)로 하여야 함**

### 5.3.2. 경원자소송(Konkurrentenklage)

[의의] 경원자소송(競願者訴訟)은 인허가등의 수익적 행정처분을 신청한 여러명이 서로 경쟁관계에 있어서 한쪽에 대한 허가가 다른 쪽에 대한 불허가가 될 수 밖에 없는 경우에서 허가등의 처분을 받지 못한 자가 제기하는 소송을 말한다. 통설 및 판례는 경원관계만으로 취소를 구할 법률상 이익이 있다고 본다. 경원자소송에서는 법적 자격의 흠결로 신청이 인용될 가능성이 없는 경우를 제외하고는 경원관계의 존재만으로 거부된 처분의 취소를 구할 법률상 이익이 있다.[3]

[법학전문대학원(로스쿨; 러스쿨)의 예비인가와 관련하여 인가를 받지 못한 대학이 제기한 예비인가처분취소소송] 인·허가 등의 수익적 행정처분을 신청한 수인이 서로 경쟁관계에 있어서 일방에 대한 허가 등의 처분이 타방에 대한 불허 등으로 귀결될 수밖에 없는 때 허가 등의 처분을 받지 못한 자는 비록 경원자(競願者)에 대하여 이루어진 허가 등 처분의 상대방이 아니라 하더라도 당해 처분의 취소를 구할 원고적격이 있다. 다만, 명백한 법적 장애로 인하여 원고 자신의 신청이 인용될 가능성이 처음부터 배제되어 있는 경우에는 당해 처

---

1) 상세는 김남진, 법률상 이익과 사실상 이익의 구분, 법률신문 제2813호, 15면 참조.
2) https://www.lawtimes.co.kr/Legal-Info/Cases-Commentary-View.aspx?serial=852(검색어 : 법률상 이익; 검색일 : 2015.6.19). <법률신문>
3) https://ko.wikipedia.org/wiki(검색어 : 경원자소송; 검색일 : 2015.6.21) <위키백과>

분의 취소를 구할 정당한 이익이 없다.[1]

[LPG충전소허가를 받지 못한 자가 제기한 LPG충전소허가처분취소소송] '경원관계에 있어서 경원자(競願者)에 대하여 이루어진 허가 등 처분의 상대방이 아닌 자가 그 처분의 취소를 구할 당사자적격이 있는지 여부'에 대하여, 대법원은 "행정소송법 제12조는 취소소송은 처분 등의 취소를 구할 법률상의 이익이 있는 자가 제기할 수 있다고 규정하고 있는바, 인·허가 등의 수익적 행정처분을 신청한 수인이 서로 경쟁관계에 있어서 일방에 대한 허가 등의 처분이 타방에 대한 불허가 등으로 귀결될 수밖에 없는 때(이른바 경원관계에 있는 경우로서 동일대상지역에 대한 공유수면매립면허나 도로점용허가 혹은 일정지역에 있어서의 영업허가 등에 관하여 거리제한 규정이나 업소개수제한 규정 등이 있는 경우를 그 예로 들 수 있다) 허가 등의 처분을 받지 못한 자는 비록 경원자(競願者)에 대하여 이루어진 허가 등 처분의 상대방이 아니라 하더라도 당해 처분의 취소를 구할 당사자적격이 있다 할 것이고, 다만 구체적인 경우에 있어서 그 처분이 취소된다 하더라도 허가 등의 처분을 받지 못한 불이익이 회복된다고 볼 수 없을 때에는 당해 처분의 취소를 구할 정당한 이익이 없다고 할것이다."[2]라고 하였다.

### 5.3.3. 인인소송(隣人訴訟: Nachbarklage)

[의의] 인인소송(隣人訴訟) · 이웃소송(Nachbarklage) · 인근주민의 소송이라함은 '이웃하는 자들 사이에서' '특정인(A)에게 주어지는 수익적 행위가 타인(B)에게는 법률상 불이익을 가져오는 경우'에 그 타인(B)이 자기의 법률상 이익의 침해를 주장하면서 다투는 것을 말한다. 거주지역 인근에 화장장을 설치하는 경우(화장장 설치허가), 쓰레기소각장 등에 관한 허가를 내준 경우(쓰레기소각장 설치허가), 관할관청의 황산제조공장설립 및 제조허가로 인하여 주민들의 생활환경상의 이익침해하는 경우 등이 여기에 해당한다.[3]

[토사채취 허가지의 인근 주민들이 사유림내 토사채취를 허가한 처분에 대하여 제기한 행정소송] 토사채취 허가지의 인근 주민들이 사유림내토사채취를 허가한 처분에 대하여 제기한 행정소송에서 구 산림법 규정은 산림의 보호·육성, 임업생산력의 향상 및 산림의 공익기능의 증을 도모함으로써 그와 관련된 공익을 보호하려는 데에 그치는 것이 아니라 그로 인하여 직접적이고 중대한 생활환경의 피해를 입으리라고 예상되는 토사채취 허가 등 인근 지역의 주민들이 주거·생활환경을 유지할 수 있는 개별적 이익까지도 보호하고 있다고 하면서 인

---

1) 대판 2009. 12. 10, 2009두8359 【예비인가처분취소】
2) 대판 1992. 5. 8, 91누13274 【엘피지충전소허가처분취소】
3) https://ko.wikipedia.org/wiki(검색어 : 인인소송; 검색일 : 2015.6.21); <위키백과> ; 김남진, 제3자효 행정행위와 권리보호 - 인인소송상의 문제점을 중심으로 -, 고시계(1984.5), 20-28면.

근 주민들에게 토사채취허가처분의 취소를 구할 구체적인 법률상 이익이 있다.[1]

[상수원보호구역에 상수원보호구역 변경처분을 하고 화장장을 설치하기로한 도시계획결정] 행정청이 상수원보호구역에 상수원보호구역변경처분을 하고 화장장을 설치하기로 하는 도시계획결정을 한 것에 대하여 인근 주민들이 제기한 소송에 대하여, (ㄱ) 상수원보호구역 설정의 근거가 되는 수도법 규정과 관련하여 지역주민들이 가지는 이익은 상수원의 확보와 수질보호라는 공공의 이익이 달성됨에 따라 반사적으로 얻게 되는 이익에 불과하여 이를 근거로 행정소송을 제기할 수 없지만, (ㄴ) 매장및묘지등에관한법률의 규정과 관련하여 부근 주민들이 가지는 이익은 법률상 이익이라고 판단하였다(아래 판례참조).[2]

▶ 대판 1995. 9. 26, 94누14544 【상수원보호구역변경처분등취소】
【판시사항】
가. 제3자가 행정처분의 취소를 구할 원고적격이 있는 경우 ☞ **판결요지 가. 참조**
나. 제3자에게 상수원보호구역변경처분의 취소를 구할 법률상 이익이 없다
다. 제3자에게 도시계획결정처분의 취소를 구할 법률상 이익이 있다
【판결요지】
가. 행정처분의 직접 상대방이 아닌 제3자라도 당해 행정처분의 취소를 구할 법률상의 이익이 있는 경우에는 원고적격이 인정되는데, 여기서 말하는 법률상의 이익은 당해 처분의 근거 법률에 의하여 보호되는 직접적이고 구체적인 이익이 있는 경우를 말하고, 다만 공익보호의 결과로 국민 일반이 공통적으로 가지는 추상적, 평균적, 일반적인 이익과 같이 간접적이나 사실적, 경제적, 이해관계를 가지는데 불과한 경우는 여기에 포함되지 않는다.
나. 상수원보호구역 설정의 근거가 되는 수도법 제5조 제1항 및 동 시행령 제7조 제1항이 보호하고자 하는 것은 상수원의 확보와 수질보전일 뿐이고, 그 상수원에서 급수를 받고 있는 지역주민들이 가지는 상수원의 오염을 막아 양질의 급수를 받을 이익은 직접적이고 구체적으로는 보호하고 있지 않음이 명백하여 위 지역주민들이 가지는 이익은 상수원의 확보와 수질보호라는 공공의 이익이 달성됨에 따라 반사적으로 얻게 되는 이익에 불과하므로 지역주민들에 불과한 원고들에게는 위 상수원보호구역변경처분의 취소를 구할 법률상의 이익이 없다. ☞ **수도법·수도법시행령으로 인하여 얻는 이익 → 반사적 이익**
다. 도시계획법 제12조 제3항의 위임에 따라 제정된 도시계획시설기준에관한규칙 제125조 제1항이 화장장의 구조 및 설치에 관하여는 매장및묘지등에관한법률이 정하는 바에 의한다고 규정하고 있어, 도시계획의 내용이 화상상의 설치에 관한 것일 때에는 도시계획법 제12조 뿐만 아니라 매장및묘지등에관한법률 및 같은법 시행령 역시 그 근거

---

1) 대판 2007. 6. 15, 2005두9736
2) 대판 1995. 9. 26, 94누14544

법률이 된다고 보아야 할 것이므로, 같은법 시행령 제4조 제2호가 공설화장장은 20호 이상의 인가가 밀집한 지역, 학교 또는 공중이 수시 집합하는 시설 또는 장소로부터 1,000m 이상 떨어진 곳에 설치하도록 제한을 가하고, 같은법 시행령 제9조가 국민보건상 위해를 끼칠 우려가 있는 지역, 도시계획법 제17조의 규정에 의한 주거지역, 상업지역, 공업지역 및 녹지지역 안의 풍치지구 등에의 공설화장장 설치를 금지함에 의하여 보호되는 부근 주민들의 이익은 위 도시계획결정처분의 근거 **법률**에 의하여 **보호되는 법률상 이익**이다.

☞ **매장및묘지등에관한법률 및 같은법 시행령으로 인하여 얻는 이익 → 법률상 이익**

[판례평석] 위의 대법원 판결은 주민의 법률상 이익을 부정하여 원고적격(청구인 적격)을 부정함으로써 국가와 공공단체에게 우월적 지위를 인정해 버렸다. 그러나 서울의 경우, 북한강과 남한강에서 유입되어 온 강물을 팔당호에서 정제해서 음용수로 사용하고 있으며, 충청도의 경우에도 대청댐과 충주댐에서 물을 공급받아 이를 음용수로 사용하고 있으며 경상도, 전라도도 마찬가지 현실임에 비추어 볼 때, 우리나라는 상수원과 이해관계를 가진 주민은 수천만명에 이르고 있다. 따라서 위와 같은 대법원판례는 문제가 있다. 상수원과 일정한 거리를 유지함을 조건으로 건립된 화장장(火葬場)의 설립에 대한 허가는 적법한 행정행위라고 할 수 있을 것인데, 예컨대 화장장의 설치가 주택밀집지역을 벗어나 산간지역 등 상수원과 원거리에 설치되었을 경우에는 적법하다고 할 수 있을 것이며, 이 때 주민의 이익은 법률상 이익이라고 봄이 타당하다.

[숙박시설공원사업시행허가거부처분취소] 대법원은 숙박시설공원사업시행허가거부처분취소소송에서, "구 자연공원법(1998. 2. 28. 법률 제5529호로 개정되기 전의 것, 이하 "법"이라 한다) 제2조 제6호, 제21조, 제22조, 법시행규칙 제8조, 제9조의 각 규정에 의하면, 공원사업의 시행은 원칙적으로 공원관리청이 하되 공원관리청이 아닌 자에게 공원사업을 시행하고자 할 때에는 공원관리청의 허가를 받아야 하고, 공원사업시행허가 여부는 공원관리청이 공원계획의 내용, 사업시행의 시기 및 주체의 적정성, 자연 및 환경에 미치는 영향 등을 종합적으로 고려하여 결정하여야 하는 일종의 재량행위에 속한다고 볼 것이고, 이러한 경우 공원관리청의 판단이 재량권의 외적 한계를 벗어나거나 수권법률의 목적, 평등원칙·비례원칙 등의 법원칙에 위배하지 아니하는 한 위법하다고 할 수 없다. 민간주체사업자의 국립공원 집단시설지구 내 숙박시설의 설치에 관한 공원사업시행허가 신청을 그 기반시설공사가 공원사업시행계획에 따라 선행되어야 한다는 이유로 거부한 처분이 재량권을 남용한 것이라고 볼 수 없다."[1]고 하였다.

---

1) 대판 1998. 12. 8, 98두13553【숙박시설공원사업시행허가거부처분취소】자연공원을 지정한 목적이 자연생태계와 자연풍경지를 보호하고 지속가능한 이용을 도모하여 국민의 보건 및 여가와 정서생활의 향상에 기여하는 데에 있고(법 제1조, 제4조), 자연공원 중에서도 특히 국립공원이라 함은 우리 나라의 풍경을 대표할 만한 수려한 자연풍경지로서(법 제2조 제2호) 국가·지방자치단

[주민들이 변경승인 및 허가처분과 관련하여 갖고 있는 환경상의 이익] '환경영향평가에 관한 자연공원법령과 환경영향평가법령의 규정의 취지 및 환경영향평가대상지역 안의 주민들이 당해 변경승인 및 허가처분과 관련하여 갖고 있는 환경상의 이익이 주민 개개인에 대하여 개별적으로 보호되는 직접적·구체적인 이익인지 여부'에 대하여, 대법원은 "환경영향평가에 관한 자연공원법령 및 환경영향평가법령의 규정들의 취지는 집단시설지구개발사업이 환경을 해치지 아니하는 방법으로 시행되도록 함으로써 집단시설지구개발사업과 관련된 환경공익을 보호하려는 데에 그치는 것이 아니라 그 사업으로 인하여 직접적이고 중대한 환경피해를 입으리라고 예상되는 환경영향평가대상지역 안의 주민들이 개발 전과 비교하여 수인한도를 넘는 환경침해를 받지 아니하고 쾌적한 환경에서 생활할 수 있는 개별적 이익까지도 이를 보호하려는 데에 있다 할 것이므로, 위 주민들이 당해 변경승인 및 허가처분과 관련하여 갖고 있는 위와 같은 환경상의 이익은 단순히 환경공익 보호의 결과로 국민 일반이 공통적으로 가지게 되는 추상적·평균적·일반적인 이익에 그치지 아니하고 주민 개개인에 대하여 개별적으로 보호되는 직접적·구체적인 이익이라고 보아야 한다.[1]"고 하였다. 이 판례는 국립공원 집단시설지구개발사업으로 인하여 직접적이고 중대한 환경피해를 입으리라고 예상되는 환경영향평가대상지역 안의 주민에게 환경영향평가대상사업에 관한 변경승인 및 허가처분의 취소를 구할 원고적격이 있다고 한 사례로서, 지역주민들의 환경상의 이익을 반사적 이익이 아닌 법률상의 이익으로 인정한 판례이다.

[거주지역내의 연탄공장건축으로 주거생활상의 불이익] 거주지역내의 연탄공장건축으로 주거생활상의 불이익(소음·진동·주택가격하락 등)을 받는 인근주택자가 동 건축허가의 취소를 청구한 사건에서, '주거지역내의 도시계획법 제19조 제1항과 개정전 건축법 제32조 제1항 소정 제한면적을 초과한 연탄공장건축허가 처분으로 불이익을 받고 있는 제3거주자는 당해 행정처분의 취소를 소구할 법률상 자격이 있는지 여부'에 대하여 대법원은 "도시계획법과 건축법의 입법취지에 비추어 볼 때, 주거지역 내에 거주하는 사람이 받는 건축물에 의한 보호이익은 단순한 반사적 이익이나 사실상의 이익이 아니라 바로 법률에 의하여 보호되는 이익이라고 보고, 또한 비록 '당해 행정처분의 상대자'가 아니라고 하더라도 그 행정처분으로 말미암아 법률에 의하여 보호되는 이익을 침해받는 사람이면 당해 행정처분의 취소를 구

---

체 및 모든 국민은 그 공원자원을 보호·육성하여 자연의 질서를 유지·회복하는데 정성을 다하여야 할 의무가 있는 점(법 제3조 제1항)에 비추어 볼 때, 공원계획에서 국립공원 내에 어떠한 시설의 설치를 계획하고 있다고 하더라도 그에 따른 개발은 자연환경을 훼손하지 않는 범위에서 최소한에 그쳐야 할 뿐만 아니라 자연환경이나 환경보전과 미관제고를 위하여 합리적인 단계를 거쳐 일관성 있게 시행되어야 할 것이고, 특히 이러한 요구는 공원시설이 집단적으로 들어서게 되는 집단시설지구의 경우에 더욱 크다.

1) 대판 1998. 4. 24, 97누3286【공원사업시행허가처분취소】

하여 그 당부의 판단을 받을 법률상의 자격이 있다."고 하였다.[1] ☞ **행정청(A), 당해 행정처분의 상대자(B), 그 행정처분으로 말미암아 법률에 의하여 보호되는 이익을 침해받는 사람(제3자 : C);** <복효적 행정행위>

[인근주민(청주시내)의 연탄공장설치허가취소청구][2]

[인근주민(대구시내)의 자동차 LPG충전소설치허가처분취소청구] (ㄱ) '행정처분의 상대방이 아닌 제3자의 행정소송 제기 가부'에 대하여, 대법원은 "행정처분의 상대방 아닌 제3자도 그 처분으로 인하여 법률상 보호되는 이익을 침해당한 경우에는 그 처분의 취소 또는 변경을 구하는 행정소송을 제기하여 그 당부의 판단을 받을 법률상 자격이 있다."고 하였고, (ㄴ) '행정처분의 상대방이 아닌 제3자의 행정소송 제기에 있어서 소원전치주의 여부'에 대하여, 대법원은 "행정처분의 상대방 아닌 제3자는 소원법 제3조 제1항 소정의 제척기간 내에 소원제기가 가능하였다는 특별한 사정이 없는 한 행정소송법 제2조 제1항 단서 후단에서 규정하고 있는 소원의 재결을 경유하지 아니할 정당한 사유가 있는 때에 해당한다고 보아서 소원절차를 경유함이 없이 직접 행정소송을 제기할 수 있다."[3]고 하였다.

[조리에 의한 공권성립 가능성여부 : 조리상 당해 공사중지명령의 해제를 요구할 수 있는 권리가 인정된다고 한 사례] '지방자치단체장의 건축회사에 대한 공사중지명령에 있어서 그 명령의 내용 자체 또는 그 성질상 그 원인사유가 해소되는 경우, 건축회사에게 조리상 당해 공사중지명령의 해제를 요구할 수 있는 권리가 인정되는지 여부'에 대하여, 대법원은 "국민의 신청에 대하여 한 행정청의 거부행위가 취소소송의 대상이 되기 위하여는 국민이 그 신청에 따른 행정행위를 하여 줄 것을 요구할 수 있는 법규상 또는 조리상의 권리가 있어야 하는 것인데, 지방자치단체장이 건축회사에 대하여 당해 신축공사와 관련하여 인근 주택에 공사로 인한 피해를 주지 않는 공법을 선정하고 이에 대하여 안전하다는 전문가의 검토의견서를 제출할 때까지 신축공사를 중지하라는 당해 공사중지명령에 있어서는 그 명령의 내용 자체로 또는 그 성질상으로 명령 이후에 그 원인사유가 해소되는 경우에는 잠정적으로 내린 당해 공사중지명령의 해제를 요구할 수 있는 권리를 위 명령의 상대방에게 인정하고 있다고 할 것이므로, 위 회사에게는 조리상으로 그 해제를 요구할 수 있는 권리가 인정된다."[4]고 하여 조리(행정법의 일반원리; 행정법의 일반법원칙)에 의한 공권성립을 인정하였다.

[공원사업시행 허가처분에 의하여 인근 주민들이 받는 환경상의 이익] 대법원은 "공원사업시행 허가처분에 의하여 인근 주민들의 환경상의 이익 등이 침해되거나 침해될 우려가 있고 그 환경침해는 공원의 개발 전과 비교하여 사회통념상 수인한도를 넘는다고 보이며, 주민

---

1) 대판 1975. 5. 13, 73누96, 97 【건축허가처분취소】
2) 대판 1976. 5. 25, 75누238.
3) 대판 1983. 7. 12, 83누59 【LPG 자동차 충전소설치 허가처분 취소사건】
4) 대판 1997. 12. 26, 96누17745 【공사중지해제거부처분취소】

들의 환경상의 이익은 공원사업시행 허가처분으로 인하여 그 사업자나 행락객들이 가지는 영업상의 이익 또는 여가생활향유라는 이익보다 훨씬 우월하다는 이유로, 그 환경적 위해 발생을 고려하지 않은 공원사업시행 허가처분은 재량권을 일탈 또는 남용한 것으로서 위법하다고 본 원심의 판단을 수긍하였다.[1]

### 5.4. 반사적 이익의 공권화(행정개입청구권)[2]
#### 5.4.1. 개관

[의의] 행정개입청구권(行政介入請求權, Anspruch auf fehlerfreie Ermessensausübung)이란 행정청의 부작위로 인하여 권익을 침해당한 자가 당해 행정청에 대하여 자기 및 타인에 대한 규제 등 일정한 행정권의 발동을 청구할 수 있는 공권을 말한다. 행정개입청구권은 자기이익을 위하여 타인에 대한 행정권의 발동을 청구하는 권리라는 점에서 자기의 이익을 위하여 자기에 대한 행정권의 발동을 청구할 수 있는 권리인 행정행위발급청구권과 구별된다. 행정개입청구권의 문제는 이론적으로는 활발히 논의되고 있으나, 아직 우리 나라 법원에서는 판결로서 명시적으로 인정한 적은 없다. ☞ **무장간첩 김신조사건도 부작위책임을 물은 것에 불과**

[행정개입청구권이론의 탄생배경] 석탄업소에서 사용하는 티톱(Bandsäge)으로 먼지와 소음이 발생하자 주민들이 건축금지처분을 발령해줄 것을 청구하였다. 이 때 행정청의 재량은 영으로 수축되어 행정청은 금지처분을 발령할 의무를 진다(독일 띠톱판결 [Bandsäge-Urteil]).

[행정편의주의 극복] 재량행위인 경우라도 행정청은 개인의 생명, 신체, 재산, 공공의 안녕과 질서에 대한 위험이 절박한 경우 재량권이 영으로 수축하면 행정권을 발동할 의무를 진다.

[반사적 이익의 공권화] 과거에는 질서행정분야의 법규는 오로지 공익만을 보호하고 직접적으로는 사익을 보호하지 않았기 때문에, 그러한 행정작용으로부터 사인이 어떤 이익을 향유하더라도 그것은 반사적 이익에 지나지 않는다고 보았다. 현대에 와서는 경찰권행사와 관련하여 국민은 행정청에게 특정행위를 발동해 줄 것을 청구할 권리를 가진다.

#### 5.4.2. 행정개입청구권의 성립요건 및 사례

[성립요건] (ㄱ) 행정청에게 개입의무가 있어야 하고, (ㄴ) 행정권의 발동에 관한 법규가 공익뿐만 아니라 제3자의 사익을 보호하고 있어야 한다.

---

1) 대판 2001. 7. 27, 99두5092 【공원사업시행허가처분취소재결취소】
2) https://ko.wikipedia.org/wiki(검색어 : 반사적 이익/행정개입청구권; 검색일 : 2015.6.20); <위키백과>

[사례] 대기환경보전법 제33조는 "환경부장관은 제30조에 따른 신고를 한 후 조업 중인 배출시설에서 나오는 오염물질의 정도가 제16조나 제29조 제3항에 따른 배출허용기준을 초과한다고 인정하면 대통령령으로 정하는 바에 따라 기간을 정하여 사업자(제29조제2항에 따른 공동 방지시설의 대표자를 포함한다)에게 그 오염물질의 정도가 배출허용기준 이하로 내려가도록 필요한 조치를 취할 것(이하 "개선명령"이라 한다)을 명할 수 있다."고 규정하고 있다. 그런데 화학비료를 생산하는 화학기업 B는 배출허용기준을 초과하여 엄청난 양의 아황산가스를 배출하였음에도 환경부장관 X는 이에 아무런 개선명령을 발하지 않은 경우 근처주민들에게 행정개입청구권이 인정될 수 있다. ☞ '명 할 수 있다' → 재량행위 → (그러나) 재량권이 영으로 축소되면 → 행정개입청구권 발생

[문제] 지방자치단체소유의 임야에 주민들이 무허가주택을 짓고 살고 있고 이에 대한 관리행정이 시행되고 있는 중 주택가의 위험한 암벽의 제거 해태(懈怠)로 붕괴되어 주민들이 손해를 입었다면 국가배상청구가 가능한가?

[해설] 국가배상법 제2조는 공무원이 그 직무를 집행함에 당하여 고의 또는 과실로 법령에 위반하여 타인에게 손해를 가한 경우를 배상책임의 요건으로 하고 있는데 과연 상기의 질문에서와 같이 지방자치단체 소유의 임야에 **불법 무허가주택을 짓고 살고있는 주민들의 주택가에 위험이 예견되는 자연암벽을 제거하지 아니하여 결국 발생한 붕괴사고에 대하여 피해주민들이 당해 지방자치단체의 부작위가 법령에 위반된다는 것을 근거로 하여 국가배상을 청구할수 있느냐 여부가 문제**이다. 종래에는 공무원의 국민에 대한 작위의무가 없는 행정권 발동을 대체로 공무원의 재량에 있다고 보았으며 이러한 작위의무가 없는 행정권 발동에 따른 이익을 **반사적 이익으로 보아 부작위의 위법성을 인정하지 않았지만** 그러나 오늘날에는 점차로 **공권화 즉 법적 이익화되고 있으며**, 그리고 비록 재량행위에 있어서도 국민의 생명, 재산 등 중대한 법익이 위험에 처해있고 이를 방지하기 위하여 행정권의 발동이 절실하게 요청되는 경우에는 **공무원의 재량권은 영으로 수축되어 행정권을 발동할 작위의무가 발생한다(행정개입청구권)**. 따라서 이를 발동하지 아니할 때에는 위법이 되어 국가배상책임을 지게된다. 위 사안에 있어서 지방자치단체는 주택가내의 위험이 예상되는 자연암벽은 주민들의 생명과 재산에 중대한 법익이 침해될 위험에 처해있다고 할 것이므로 지방자치단체의 재량권은 영으로 수축되어 작위의무가 생긴다고 할 것이고 이의 해태(부작위)로 인한 사고에 따른 손해발생에 대하여는 피해 주민은 국가배상법에 의하여 손해배상을 받을 수 있을 것이며, 판례 또한 **주민을 대상으로 한 통반이 조직되고 주민세를 부과하는 등의 관리행정까지 실시하여 왔다면 그 자치단체로서는 의당 주민들의 복리를 위하여 주택가내에 돌출하여 위험이 예견되는 자연암벽을 사전에 제거하여야 할 의무를 부담할 것인데 그 의무를 해태(懈怠)한 부작위로 인하여 주민들이 손해를 입은 경우 당해 지방자치단체의 배상책임을 인정하였다.**[1)]

### 5.4.3. 대법원판례

[대법원 판례] (판례-1) : "구 건축법(1999. 2. 8. 법률 제5895호로 개정되기 전의 것) 및 기타 관계 법령에 국민이 행정청에 대하여 제3자에 대한 건축허가의 취소나 준공검사의 취소 또는 제3자 소유의 건축물에 대한 철거 등의 조치를 요구할 수 있다는 취지의 규정이 없고, 같은 법 제69조 제1항 및 제70조 제1항은 각 조항 소정의 사유가 있는 경우에 시장·군수·구청장에게 건축허가 등을 취소하거나 건축물의 철거 등 필요한 조치를 명할 수 있는 권한 내지 권능을 부여한 것에 불과할 뿐, 시장·군수·구청장에게 그러한 의무가 있음을 규정한 것은 아니므로 위 조항들도 그 근거 규정이 될 수 없으며, 그 밖에 조리상 이러한 권리가 인정된다고 볼 수도 없다."[1] (판례-2) : "지방자치단체장이 공장시설을 신축하는 회사에 대하여 사업승인 내지 건축허가 당시 부가하였던 조건을 이행할 때까지 신축공사를 중지하라는 명령을 한 경우, 위 회사에게는 중지명령의 원인사유가 해소되었음을 이유로 당해 공사중지명령의 해제를 요구할 수 있는 권리가 조리상 인정된다."[2] (판례-3) : '공무원의 부작위로 인한 국가배상책임의 인정요건 및 위법성의 판단 기준'에 대하여, 대법원은 "… 공무원의 부작위로 인한 국가배상책임을 인정하기 위하여는 공무원의 작위로 인한 국가배상책임을 인정하는 경우와 마찬가지로 '공무원이 그 직무를 집행함에 당하여 고의 또는 과실로 법령에 위반하여 타인에게 손해를 가한 때'라고 하는 국가배상법 제2조 제1항의 요건이 충족되어야 할 것인바, 여기서 '법령에 위반하여'라고 하는 것이 엄격하게 형식적 의미의 법령에 명시적으로 공무원의 작위의무가 규정되어 있는데도 이를 위반하는 경우만을 의미하는 것은 아니고, 국민의 생명, 신체, 재산 등에 대하여 절박하고 중대한 위험상태가 발생하였거나 발생할 우려가 있어서 국민의 생명, 신체, 재산 등을 보호하는 것을 본래적 사명으로 하는 국가가 초법규적, 일차적으로 그 위험 배제에 나서지 아니하면 국민의 생명, 신체, 재산 등을 보호할 수 없는 경우에는 형식적 의미의 법령에 근거가 없더라도

---

1) http://legal.seoul.go.kr/legal/front/page/counsel.html?(검색어 : 반사적 이익; 검색일 : 2015.6. 20). <서울시 법무행정서비스>
1) 대판 1999. 12. 7, 97누17568【건축허가및준공검사취소등에대한거부처분취소】(행정청이 국민의 신청에 대하여 한 거부행위가 항고소송의 대상인 행정처분이 되기 위한 요건) : 국민의 신청에 대한 행정청의 거부행위가 항고소송의 대상이 되는 행정처분에 해당하기 위하여는 국민이 행정청에 대하여 그 신청에 따른 행정행위를 하여 줄 것을 요구할 수 있는 법규상 또는 조리상의 권리가 있어야 한다.
2) 대판 2007. 5. 11, 2007두1811【공사중지명령처분취소】행정처분의 위법 여부 판단의 기준시점(=처분시) 행정소송에서 행정처분의 위법 여부는 행정처분이 행하여졌을 때의 법령과 사실상태를 기준으로 하여 판단하여야 하고, 처분 후 법령의 개폐나 사실상태의 변동에 의하여 영향을 받지는 않는다.

국가나 관련 공무원에 대하여 그러한 위험을 배제할 작위의무를 인정할 수 있을 것이지만, 그와 같은 절박하고 중대한 위험상태가 발생하였거나 발생할 우려가 있는 경우가 아니라면 원칙적으로 공무원이 관련 법령을 준수하여 직무를 수행하였다면 그와 같은 공무원의 부작위를 가지고 '고의 또는 과실로 법령에 위반'하였다고 할 수는 없을 것이므로, 공무원의 부작위로 인한 국가배상책임을 인정할 것인지 여부가 문제되는 경우에 관련 공무원에 대하여 작위의무를 명하는 법령의 규정이 없다면 공무원의 부작위로 인하여 침해된 국민의 법익 또는 국민에게 발생한 손해가 어느 정도 심각하고 절박한 것인지, 관련 공무원이 그와 같은 결과를 예견하여 그 결과를 회피하기 위한 조치를 취할 수 있는 가능성이 있는지 등을 종합적으로 고려하여 판단하여야 할 것이다."[1]

---

[1] 대판 1998. 10. 13, 98다18520 【손해배상(의)】

# 제 7 절   행정법관계에서의 사인(私人)의 지위

## 제 1 항   행정과정에 있어서의 사인의 권리보호의 확장

### 제 1 목   개관

공법관계인 행정법관계에 있어서의 사인의 지위를 논하는 주된 목적은 행정주체에 대하여 행정객체인 사인은 어떠한 관계에 있는가, 행정과정에서 행정객체인 사인은 어떠한 역할을 하는가, 위법·부당한 행정권발동에 의하여 국민의 권익이 침해된 경우에 어떠한 방법으로(구제방법) 그리고 어느 범위까지(구제범위) 보호를 받을 수 있는가 하는 것을 밝히고자하는데 그 목적이 있다.

「행정법관계에서 사인의 지위를 논하는 목적」
▶ 사인의 행정주체에 대한 관계·역할
▶ 위법·부당한 행정권발동에 의하여 국민의 권익이 침해된 경우: → 구제방법 · 범위의 확정

[사회적 법치국가] 오늘날의 사회적 법치국가에서는 개인의 법적 지위가 현저히 향상되었다. 그리하여 행정법관계에서의 개인적 공권이 대폭적으로 확대되고 있는바, 그것은 실체법적 권리, 절차법적 권리, 그리고 그 중간영역에 해당한다고 볼 수 있는 형식적 권리로 나누어 볼 수 있다. 예컨대 실체적 공권이라 함은, 실체법에서 인정되는 공권을 말한다. 일반의 공권이 모두 여기에 해당한다. 이에 반해 절차적 공권이라 함은, 절차법에서 인정되는 공권을 말한다. 예컨대, 행정소송법에서 원고는 행정소송제기권, 항소제기권, 증거제출권 등을 가지는 것이 그 예이다. 행정절차상의 청문을 요구할 권리, 이유부기(이유제시)를 요구할 권리등도 이에 해당한다. 한편, 최근에 무하자재량행사청구권이 실체적 공권인지 절차적 공권인지가 다투어지고 있다. 다수견해라 할수 있는 **절차적 공권설**에 의하면, 동 청구권은 행정청의 '재량행사의 과정(절차)에 있어' 이익형량(Interessenabwägung)을 정당하게 하여 재량의 일탈과 남용이 없도록 할 것을 청구하는 것이므로 이는 행정절차상의 공권과 유사하므로 절차적 공권이라고 한다.

「개인적 권리의 확대」
(ㄱ) 새로운 법규의 제정에 의하여 단순한 **추상적 권리** → **구체적 권리**(사회보장수

급권 · 환경권 · 소비자권 · 안전권 등)

(ㄴ) 반사적 이익 → 권리로 전환

(ㄷ) 특정한 개인의 이익보호가 절실히 요청되는 경우에는 헌법상의 기본권을 구체화하는 **법률이 제정되지 아니한 경우에도**, 예외적으로 헌법상의 기본권규정에서 특정한 개인의 이익보호를 위한 공권을 도출할 수 있다.

(ㄹ) 원래 공권이 성립하기 위하여서는 행정주체의 행위가 기속행위에 해당되어야 하는데, 재량행위인 경우에도 재량을 흠(하자)없이 행사하여 줄 것을 청구하는 무하자재량행사청구권이 발생하며, 재량이 영(零)으로 축소되는 경우에는 무하자재량행사청구권은 실체적인 행정행위발급청구권(행정개입청구권)으로 전환

(ㅁ) 행정권의 발동과정 내지는 의사형성과정에서도 개인의 권익보장과 행정에 대한 민주적 통제가 요구 → 행정과정에서의 개인의 권리로서 절차적 권리가 크게 확장되고 있다.[1]

(ㅂ) 하자 없는 재량 행사청구권(무하자재량행사청구권) → 재량권이 영(零)으로 축소

· 행정행위발급청구권(본인)
· 행정개입청구권(제3자)

참고 : 우리나라에서는 재량권이 영으로 축소되는 경우 본인에게는 행정행위발급청구권이, 그리고 - 나의 이익을 위하여 - 제3자에게 공권력을 발동해줄 것(제3자에 대한 규제)을 요구할 때에는 행정개입청구권이 인정된다고 보는 견해가 있으나, 본인과 제3자를 구별할 필요없이 행정개입청구권이라는 용어를 사용해도 무방하다고 본다.

## 제 2 목  실체법(實體法)상의 권리확장

### I. 공권과 반사적 이익과의 구별의 상대성

일반적 견해에 의하면 개인이 행정법관계에서 받는 이익을 공권과 반사적 이익으로 구분한다. 이와 같이 공권과 반사적 이익을 구별하는 이유는 행정법관계에서 위법한 행정작용으로 인하여 개인의 이익이 침해된 경우에 행정쟁송수단을 통하여 구제받을 수 있는 이익과 구제받을 수 없는 이익을 구분하기 위하여 도출해낸 개념이다. 양자간의 구체적 구별은 시대의 변천, 개인의 지위, 국가관 · 소송관의 변화에 따라 변하고 있으며, 법치주의의

---

[1] 박윤흔, 행정법강의(상), 155면.

발전에 따라 입법에 의하여 그리고 법규의 해석에 의하여 공권의 범위가 점차 확대되어 가고 있다.[1]

## II. 반사적 이익론의 연혁

### 1. 반사적 이익론의 전개

과거의 전제주의 국가에서는 행정법관계에서 개인은 통치대상, 즉 신민(Untertan)으로만 취급되었으며, 권리주체(Rechtssubjekt)로서의 지위가 인정되지 아니하였다. 그러나 법치국가에 들어와서는 과거의 공권부인론을 극복하고 공권긍정론의 입장에서 행정법 관계에서도 국가와 개인간의 관계는 원칙적으로 권리의무관계로 보게 되었다. 다만, 개인이 권리주체로서의 지위를 갖는다고 하더라도 개인이 행정법관계에서 받는 이익이 모두 권리라고는 할 수 없으며, 여기에서 권리인 이익(공권)도 있고 권리 아닌 이익(반사적 이익)도 있다는 것을 설명하기 위하여 공권에 대칭되는 개념으로 '반사적 이익론'을 전개하게 된 것이다.[2] ☞ **사실상 이익 ↔ 법률상 이익; 권리인 이익(공권) ↔ 권리 아닌 이익(반사적 이익)**

### 2. 19세기 옐리네크(G. Jellinek)의 고전적 이론

이러한 목적으로 독일에서 맨 먼저 공권 및 반사적 이익론을 체계화한 학자가 게오르크 옐리네크(G. Jellinek)이다. 그는 1892년의 '주관적 공권의 체계(System der subjektiven öffentlichen Rechte)'에서 행정법질서에 의하여 명시적 또는 묵시적으로 인정되어 있는 개인적 이익은 공권이고, 법규정이 국가기관에게 작위·부작위를 명한 결과로서 어떤 개인이 받는 이익은 반사적 이익이라 하였다. 옐리네크의 이론은 그 이후 프리츠 플라이너(F. Fleiner)[3]와 오트마 뷜러(O. Bühler) 등에 의하여 더 구체화되었다. 뷜러는 독일 각주의 판례를 실증적으로 고찰하고, (ㄱ) 강행법규성, (ㄴ) 사익보호성, (ㄷ) 국가에 대한 청구권능 부여성의 세 가지를 공권이 인정되는 요소로 들었다(공권성립 3요소론).[4] 플라이너(F. Fleiner)나 뷜러(O. Bühler)의 공권과 반사적 이익론은 옐리네크 이후의 독일의 자유법치국

---

[1] 박윤흔, 행정법강의(상), 155면.
[2] 박윤흔, 행정법강의(상), 156면.
[3] 프리츠 플라이너(1867-1937)는 스위스 태생으로 스위스 바젤법과대학, 취리히법과대학, 독일 튀빙겐, 하이델베르크 대학교수였다.
[4] O. Bühler, Die subjektiven öffentllchen Rechte und ihr Schutz in den deutschen Verwaltungsrechtsprechung, S. 21.

가의 진전을 역사적 배경으로 하여 나타났다.[1]

### 3. 제2차 세계대전 이후의 이론전개

제2차 세계대전 이후의 독일기본법(독일연방헌법)은 법치국가적 요소를 더욱 강화하였다. 특히 기본법(독일연방헌법) 제19조 제4항은 「누구든지 공권력에 의하여 그의 권리를 침해당한 때에는 소송을 제기할 권한이 있다(Wird jemand durch die öffentliche Gewalt in seinen Rechten verletzt, so steht ihm der Rechtsweg offen.)」고 규정하였으며, 학설과 판례가 이 규정에 대한 법치국가적 확대해석을 통하여 종래의 많은 반사적 이익을 공권으로 끌어들여 반사적 이익의 공권화를 실현하고 있다. 그 대표적인 학자가 클라인(F. Klein)과 바호프(O. Bachof)이다. 특히 바호프(O. Bachof)는 개인은 국가의 목적 달성을 위한 도구가 아니며, 오히려 국가가 개인의 이익을 충족시키기 위한 조직으로 전환되었으므로 개인은 그의 이익 충족에 필요한 법규의 실현을 요구할 청구권을 가진다고 하였다(이는 개인의 행정개입청구권의 근거가 되기도 한다).[2]

## III. 법적 이익과 반사적 이익

### 1. 반사적 이익의 공권화

국가기능이 과거의 시민적 법치국가 내지 야경국가에서는 소극적인 질서유지에 있었으나, 오늘날의 사회적 법치국가에서는 모든 국민의 인간다운 생활을 보장하는 적극적인 국민의 생활배려(Daseinsvorsorge)로 변모하였다. 또한 오늘날은 사회의 급속한 산업화에 따른 행정영역의 급격한 확대에 따라 개인의 행정 의존도를 높여 결국 행정이 개인의 생활관계에 직접적이고 실질적인 영향을 미치게 되었다(행정국가화 경향). 이러한 상황 아래서는, 한편으로 위법한 행정작용으로 인한 피해구제와, 다른 한편으로 개인생활에 대한 행정의 관여를 적극적으로 청구하기 위하여 행정법관계에서의 사법적 보호의 필요성을 대폭적으로 증대시켰으며, 이러한 필요성을 충족시키기 위하여 결국 반사적 이익을 공권화 함으로써 행정소송에서의 원고적격의 확대를 도모하는 수밖에 없게 되었다. 그리하여 종래 반사적 이익으로 보던 이익을 대폭적으로 공권으로 보게 되어 공권개념의 확대와 이에 따르는 반사적 이익의 영역축소를 가져오게 되었다. 다만 구체적으로는 어느 범위의 이익을 공권으로 볼 것인가에 대하여는 견해가 대립되고 있다.

---

[1] 박윤흔, 행정법강의(상), 156면.
[2] 박윤흔, 행정법강의(상), 156면.

## 2. 공권의 개념

과거에는 공권은 좁은 의미의「권리」에 한정하고 그 이외의 이익은 모두 반사적 이익으로 보았으나, 오늘날은 공권의「권리성」을 완화하여, 관계 개별법률의 명문규정 또는 해석에 의하여「당해 법률이 공익뿐만 아니라 특정한 개인의 이익을 보호하고 있는 경우」, 다시 말하면「법률이 보호하고 있는 개인의 이익, 즉 법률상 이익」[1]이기만 하면 좁은 의미의 권리에 해당되지 아니하더라도 널리 공권으로 보게 되었다(법률상 이익구제설).[2] 그리고 전통적 견해에서는 헌법이 보장하고 있는 기본권은 국민 개개인을 위한 개인적 공권인 것은 틀림없으나, 그것은 그것을 구체화하는 법률이 제정되어야 구체화될 수 있는 추상적 권리로 보았다. 그러나 오늘날에는 특정한 개인의 이익보호가 절실히 요청됨에도 불구하고 당해 기본권을 구체화하는 법률이 제정되지 아니한 경우에는 예외적으로 직접 헌법상의 기본권규정에서 특정한 개인의 이익보호를 위한 공권을 도출할 수도 있다고 본다.[3] 따라서 오늘날은「공권」개념에 갈음하여「법적 이익」내지는「법적으로 보호된 이익」의 개념을 반사적 이익에 대치시키고 이러한 법적 이익에 종래의 좁은 의미의 공권을 포함하여 널리 법률이 보호하는 이익을 포함시키게 되었다.[4] 우리 행정심판법과 행정소송법도 이러한 공권의 '권리성'을 완화한 견해를 받아들여 '법률상 이익' 혹은 '법률상 보호이익'의 침해를 행정심판이나 행정소송의 제기요건으로 명시하고 있다(행정심판법 제13조, 행정소송법 제12조).

## IV. 반사적 이익의 법적 이익화(공권화)

### 1. 개관

[사례] A국립공원의 B집단시설지구조합은 대규모의 집단시설지구를 개발하기 위하여 국립공원관리청인 환경부장관으로부터 자연공원법 제20조와 자연공원법시행규칙 제17조의 규정

---

1) 대판 2003. 3. 11, 2001두6425【행정정보비공개결정처분취소】국민의 정보공개청구권은 법률상 보호되는 구체적인 권리이므로, 공공기관에 대하여 정보의 공개를 청구하였다가 공개거부처분을 받은 청구인은 행정소송을 통하여 그 공개거부처분의 취소를 구할 법률상의 이익이 있다.
2) 이에 반하여 김남진·김연태교수는 '권리'와 '법률상 보호이익' 혹은 '법에 의해 보호되는 이익'은 권리의 다른 표현에 지나지 않는다고 하여 이를 구분하지 않고 동일한 개념으로 본다(김남진·김연태, 행정법(I), 101면 참조).
3) 우리 헌법재판소의 결정에서도, 국민의 알 권리를 헌법상의 표현의 자유(헌법 제21조)에서(헌재결 1989. 9. 4, 88헌마22), 변호인접견교통권을 인간의 존엄과 가치 및 행복추구권(헌법 제10조)에서(헌재결 1991. 5. 13, 90헌마133) 직접 도출될 수 있는 구체적 권리로 파악하고 있다.
4) 최송화, 서울대학교, 법학, 제11권 제2호, 76면.

에 의한 공원사업시행허가를 받았다. 그런데, B집단시설지구를 발원지로 하는 C천의 하류지역 거주민들은 상기 허가처분에 의해 식수원 등 상당한 환경적 이익의 침해를 받게 되었다고 주장하면서 그 행정처분의 취소를 구하는 행정소송을 제기하고자 한다. 이 소송은 가능할 것인가?[1]

[논점] 이 사례는 원고적격의 확대의 경향을 보인 대표적인 판례인 [대판1998. 4. 24, 97누 3286]의 내용이다.[2] 이 사례의 원심판결에서는 원고들이 주장하는 식수원 등의 환경적 이익은 처분근거 법률인 자연공원법령에 의해 보호되는 직접적이고 구체적인 이익이 아니라 간접적이거나 사실상·경제적 이해관계에 불과하다고 하여 허가처분을 취소할 원고적격이 없다고 판시하였다. 대법원은 원심판결을 파기하였다. 이 사례의 요점은 원고적격으로서의 "법률상 이익"의 개념범위를 어떻게 볼 것인가 하는 점이다.

(논점 1) '법률상 이익'이 당해 처분의 근거법률에 의해 보호되는 직접적이고 구체적인 이익만을 의미하는지, 아니면 간접적, 추상적 이익까지도 포함하는가?

(논점 2) 법에 의해 보호되는 이익을 원고적격이라고 할 때 이 때의 법은 당해 처분의 근거법규만을 말하는지, 관련 법규 내지 넓게는 헌법이나 비례의 원칙 등과 같은 (행정)법의 일반원리(행정법의 일반법원칙)도 포함하는 것인가?

(논점 3) 처분의 근거되는 법이 공익보호만을 목적으로 하는가? 아니면 공익과 아울러 처분상대자의 사익보호도 목적으로 하는가?

[대법원 판례] (1) 조성면적 10만㎡ 이상이어서 환경영향평가대상사업에 해당하는 당해 국립공원 집단시설지구개발사업에 관하여 당해 변경승인 및 허가처분을 함에 있어서는 반드시 자연공원법령 및 환경영향평가법령 소정의 환경영향평가를 거쳐서 그 환경영향평가의 협의내용을 사업계획에 반영시키도록 하여야 하는 것이니 만큼 자연공원법령뿐 아니라 환경영향평가법령도 당해 변경승인 및 허가처분에 직접적인 영향을 미치는 근거 **법률**이 된다. (2) 환경영향평가에 관한 자연공원법령 및 환경영향평가법령의 규정들의 취지는 집단시설지구개발사업이 환경을 해치지 아니하는 방법으로 시행되도록 함으로써 집단시설지구개발사업과 관련된 환경공익을 보호하려는 데에 그치는 것이 아니라 그 사업으로 인하여 직접적이고 중대한 환경피해를 입으리라고 예상되는 환경영향평가대상지역 안의 주민들이 개발 전과 비교하여 수인한도를 넘는 환경침해를 받지 아니하고 쾌적한 환경에서 생활할 수 있는 개별적 이익까지도 이를 보호하려는 데에 있다 할 것이므로, 위 주민들이 당해 변

---

1) 관련 판례 : 대판 1998. 4. 24, 97누3286.
2) 대판 1998. 4. 24, 97누3286【공원사업시행허가처분취소】【원고, 상고인】박동각 외 901인 (소송대리인 변호사 박충규 외 1인)【피고, 피상고인】환경부장관 외 1인【피고보조참가인】속리산국립공원 용화온천집단시설지구지주조합 (소송대리인 변호사 황계룡)【원심판결】서울고법 1997. 1. 14. 선고 96구20651 판결【주문】원심판결을 파기한다. 사건을 서울고등법원에 환송한다.

경승인 및 허가처분과 관련하여 갖고 있는 위와 같은 환경상의 이익은 단순히 환경공익 보호의 결과로 국민일반이 공통적으로 가지게 되는 추상적·평균적·일반적인 이익에 그치지 아니하고 주민 개개인에 대하여 개별적으로 보호되는 **직접적·구체적인 이익**이라고 보아야 한다. (3) 당해 국립공원 용화집단시설지구개발사업으로 인하여 직접적이고 중대한 환경피해를 입으리라고 예상되는 환경영향평가대상지역 안의 주민에게 환경영향평가대상사업에 관한 변경승인 및 허가처분의 취소를 구할 원고적격이 있다.[1]

　　[해설] (판례에 의함) : 주민들이 이 사건 허가처분과 관련하여 갖고 있는 위와 같은 환경상의 이익은 단순히 환경공익 보호의 결과로 국민일반이 공통적으로 가지고 있는 추상적·일반적·평균적 이익에 그치지 아니하고 주민 개개인에 대하여 개별적으로 보호되는 직접적·구체적인 이익이며, 허가처분으로 인하여 그 환경상 이익이 침해될 우려가 있으므로, 이 사건 허가처분의 취소를 구할 원고적격을 갖는다. 즉 환경적 이익의 경우 그 법익침해 가능성만으로도 원고적격을 갖는다. 오늘날은 좁은 의미의「권리」가 아니더라도「법적 이익」이 있으면「소익(訴益)」을 인정하여 행정쟁송을 통하여 구제를 받을 수 있게 하고 있는 바, 판례와 학설은 해석을 통하여 점차 그 범위를 넓혀가고 있으며, 그에 따라 종래 반사적 이익으로 보던 것이 점차 법적 이익화되고 있다. 종래 학설·판례에서 반사적 이익으로 본 구체적 사례를 들어보면 다음과 같다. 그러나 오늘날에는 이에 대한 법적 이익화가 논의되고 있다.

　　【반사적 이익으로 본 사례】
　　　－ 하천개수에 의한 수해예방
　　　－ 도로개축에 의한 교통편의제공
　　　－ 도로·공원 등 공물의 일반사용
　　　－ 의사의 진료의무규정으로 환자가 받는 이익
　　　－ 건축법상의 건축제한규정으로 인인(隣人 : 이웃)이 받는 이익
　　　－ 공중목욕장영업허가(경찰허가) 등 경찰규제적 영업허가로 받는 이익
　　　－ 사적·명승 및 천연기념물의 지정으로 당해 지방주민이 받는 문화적·경제적 이익
　　　－ 국민학생 및 그 보호자가 국민학교 통학구역으로부터 받는 이익
　　　－ 공적 부조로 생활보호대상자가 받는 이익

---

[1] 대판 1998. 4. 24, 97누3286【공원사업시행허가처분취소】【참조판례】[2][3] 대판 1975. 5. 13, 73누96, 97; 대판 1982. 7. 27, 81누271; 대판 1983. 7. 12, 83누59; 대판 1988. 6. 14, 87누873; 대판 1995. 9. 26, 94누14544.

## 2. 내용
### 2.1. (경찰)허가에 의하여 받는 이익

종래의 일반적 견해는 특허(예: 자동차운수사업면허, 해상운송사업면허 등)로 받는 이익은 공권 내지는 법적 이익으로 보았으나, (경찰)허가는 단순히 금지를 해제하여 자연적 자유를 회복시켜 주는데 그치며 특정인에게 권리를 설정하려는 것이 아니므로, (경찰)허가(예: 공중목욕장영업허가)의 결과 일정한 영업상 이익을 얻게 되는 경우가 있다고 하더라도, 그것은 관계법규가 공공질서의 유지를 의하여 당해 영업을 허가제로 하고 있는 데서 오는(예컨대 허가제로 하여 허가를 받은 자만 금지를 해제하여 영업을 허용하고 허가를 받지 아니한 자에 대하여는 금지를 하고 있는 데서 오는) 반사적 이익에 불과한 것으로 보았다. 그러나 오늘날은 종래 자연적 자유의 회복으로 본 (경찰)허가와 권리설정으로 본 특허기업(공기업)의 특허의 구별이 상대화되고 있다는 견해가 주장되고 있으며, 판례도 공중목욕장 영업허가로 받는 이익은 반사적 이익으로 보아 기존 업자의 신규영업허가의 취소를 청구할 소익을 인정하지 않으면서도,[1] 주유소영업허가의 경우에는 기존업자에게 신규영업허가의 취소를 청구할 소익을 인정함으로써 법적 이익으로 보고 있다.[2][3]

### 2.2. 공물(公物)의 일반사용에 의하여 받는 이익

도로의 통행이나 공원의 산책 등 공물의 일반사용으로 인하여 사용자가 받는 이익은 행정주체에 의하여 공물이 공용개시되어 일반공중의 사용에 제공되는 결과 받는 반사적 이익에 그치며, 권리로서의 사용권이 부여되는 것은 아니라는 것이 종래의 학설·판례의 입장이었다. 그러나 오늘날은 사용자는 행정주체에 의한 공물의 공용폐지를 저지하지는 못한다 하더라도 다른 개인이나 공물주체가 일반사용을 위법하게 침해한 경우에 그에 대한 구제를 청구할 수 있다고 할 것이고, 그 범위 안에서는 공권 내지는 법적 이익의 성질을 갖는다고 본다.[4]

### 2.3. 타자(他者)에 대한 행정청의 행위로 인한 제3자의 이익

제3자가 방어적 지위에 서는 경우, 즉 타자에 대한 행정행위로 제3자의 이익이 침해되는 경우와, 제3자가 수익적 지위에 서는 경우, 즉 타자에 대한 행정행위로 제3자의 이익이 증진되는 두 가지 경우가 있다. 인접한 지역에 대한 건축허가로 이웃거주자(Nachbar)의 생

---

1) 대판 1955. 7. 8, 4287행상30.
2) 대판 1974. 11. 26, 74누110.
3) 박윤흔, 행정법강의(상), 158면.
4) 박윤흔, 행정법강의(상), 159면.

활이익이 침해되는 경우가 전자의 예이고), 환경오염기업에 대한 규제권(행정개입청구권) 발동으로 이웃거주자의 이익이 증진되는 경우가 후자의 예이다. 이러한 행정행위를 복효적 행정행위라 한다. 과거의 전통적인 견해에서는 타자에 대한 행정행위로 인하여 제3자의 이익이 침해되더라도 그것은 단순한 반사적 이익의 침해로 보고 법적 이익의 침해로 보지 아니하였다. 전통적 견해에 의하면 개인의 자유가 가장 중요한 가치였으며, 따라서 직접 상대방의 자유회복이 위법하게 거부되었을 경우(예컨대 건축허가가 거부되어)에는 쟁송의 제기가 인정되었다. 그러나 비록 위법하게 자유가 회복되고, 이로 인하여 제3자의 이익이 침해된 경우에도 그것을 법익침해로 보지 아니하여 소익을 인정하지 아니하였다. 그러나 오늘날은 행정행위의 직접 상대방인가 혹은 제3자인가의 구별 없이 실정법의 해석상 그 이익을 보호하고 있다고 해석되는 경우에는 법적 이익을 인정한다. 타자에 대한 행정행위로 제3자의 이익이 증진되는 경우는 행정개입청구권의 인정여부가 문제된다(예컨대 환경오염업체에 대한 규제권의 발동으로 인하여 인근주민이 받는 이익).[1]

### 2.4. 공공부조(公共扶助)에 의하여 받는 이익

과거에는 公共扶助(öffentliche Fürsorge)에 관한 법규가 행정주체에 대하여 부조의무를 규정하고 있더라도, 부조를 필요로 하는자는 반사적 이익을 가질 뿐이고 부조청구권을 갖는 것은 아니라고 보았다. 그러나 오늘날은 우리 국민기초생활보장법(舊생활보호법)[2]의 해석에 있어서도 요보호자는 생활보호청구권을 갖는 것으로 본다.[3]


## 제 3 목    절차법(節次法)상의 권리확장


### I. 무하자재량행사청구권(일반적 고찰)

#### 1. 개관

무하자재량행사청구권(Anspruch auf fehlerfreie Ermessensausübung)[4]이라 함은 재

---

1) 박윤흔, 행정법강의(상), 159면.
2) 舊생활보호법은 국민기초생활보장법 부칙 제2조<1999. 9. 7>에 의하여 폐지되었다.
3) 박윤흔, 행정법강의(상), 160면.
4) 무하자재량행사청구권에 관한 상세한 내용은 김백유, 헌정 및 행정법치연구, 한성대출판부, 2006, 809면 이하 참조.

량권의 유월·남용의 법리를 전제로하여 인정되는 개인적 공권으로서, 재량행위의 상대방 기타 이해관계인에게 (법원이 아닌) 행정청에 대하여 재량권을 하자없이 행사 해 줄 것을 청구하는 권리이다. 이는 행정청에 재량이 인정된 경우에도 거기에는 일정한 한계가 있으며, 그것을 위반한 경우에 위법이 된다는 이론에 기초한 것이다. 이러한 재량한계론의 발전에 따라 재량권을 일탈·남용하면 행정처분은 위법하게 되는 바, 이에 대응하여 재량행위의 상대방 기타 이해관계인에게는 행정청에 대하여 재량권을 하자 없이 행사하여 줄 것을 청구하는 주관적 권리가 성립한다고 보는 것이 이른바 무하자재량행사청구권(Anspruch auf fehlerfreie Ausübung des Ermessens) 이론이다.1) 국민이 적극적으로 국가에 대하여 특정한 행위를 할 것을 요구한다든지, 국가의 보호를 요청한다든지 하는 「청구권적 기본권」인 「주관적 공권」의 성립요건과 관련시켜볼 때, 문제는 그 재량을 수권하는 규정이 개인의 이익도 아울러 보호할 것을 목적으로 하는 것인가에 있다. 이 점이 긍정된다면 개인은 행정청에 하자 없는 재량행사를 요구할 형식적 권리를 갖는다고 할 수 있는데, 이것이 무하자재량행사청구권(Anspruch auf fehlerfreie Ermessensausübung)의 법리이다. 다만 이 이론은 초기에는 모든 재량행위에 대하여 이 청구권이 인정되는 것으로 보았으나(일반적 무하자재량행사청구권) 오늘날은 민중소송화에 의한 소송의 남용을 불식시키기 위하여 재량행위 중에서도 상대방에 대하여 실정법규에 의한 이익보호(개인에 대한 이익보호)가 규정되어 있는 경우에만 인정된다고 본다.2)

[무하자재량행사청구권의 의의] 주관적 공권으로서 무하자재량행사청구권은 독일 행정법의 산물로서 이미 오트마 뷜러(O. Bühler)에 의해서 인정되었다.3) 또한 발터 옐리네크(Walter Jellinek)도 자의(恣意)의 금지, 주의깊은 심사의무, 법적 오류가 있는 고려에 의해 영향받아서는 안된다는 요구 등은 어떤 종류의 자유재량행위에 대해서도 우선하며 이 한도 내에서는 주관적 공권이 미친다고 한다.4) 즉 이들에 있어서 기본적인 생각은 재량의 자유는 자의(恣意)를 의미하지 않으며 따라서 재량의 하자를 허용하지 않는다는 점이었다. 한편 무하자재량행사청구권은 극소수의 반론(예컨대 이상규, 신행정법론(상), 180면)을 제외하고는 국내외 학설에 의해서도 일반적으로 승인되고 있다. 대법원 또한

---

1) 정하중, 행정법총론, 100면; 김남진 교수는 광의로는 「개인이 행정청에 대하여 재량권의 하자 없는 행사를 청구할 수 있는 공법상의 형식적 권리」를 말한다고 하고, 협의로는 「행정청이 결정재량권을 갖지 못하고 선택재량권만을 가지고 있는 경우에 있어서의 하자 없는 재량행사청구권」을 말한다고 한다(김남진, 행정법(I), 104면). 선택재량권만을 가진 경우의 예는 김남진·김연태, 행정법(I), 107면 각주 19) 참조.
2) 박윤흔, 행정법강의(상), 168면.
3) O. Bühler, Die subjektiven öffentichen Rechte und ihr Schutz in der deutschen Verwaltungsrechtsprechung, 1914, S. 162.
4) W. Jellinek, Verwaltungsrecht, 3. Aufl., 1948, S. 211; ders., AöR Bd. 32, S. 580 ff., 593 f.

1991년의 판결(대판 1991. 2. 12, 90누5825)에서 이를 인정하는 태도를 보인 바 있다.[1] 이 와같이 이 이론은 현대행정의 발전에 따르는 재량영역의 확대에 대응하여, 재량행위에 대한 사법심사의 범위를 확대시켜, 행정청의 재량권의 위법한 행사로부터 개인의 권익을 보장하기 위하여서는, 실체적 권리와는 별도로 절차적 권리[2]로서 하자 없는 재량행사청구권을 인정하는 것이 바람직하다는 데 바탕을 둔 것이다. 이는 종래의 행정법이론에서 공권의 성립이 어려운 것으로 보아온 재량행위의 영역에서 공권의 성립을 인정함으로서 국민의 권리를 보호하기 위하여 등장한 이론이다.[3]

## 2. 연혁

무하자재량행사청구권이론은 독일에서 1914년에 뷜러(O. Bühler)에 의하여 「자유재량의 정당한 행사를 청구하는 권리」라는 이론으로 전개된 이래 많은 학자에 의하여 주장되었으며, 제2차대전 후 학설·판례의 집적을 통하여 체계화된 비교적 새로운 이론이다. 이 이론을 보다 정밀하게 구성·발전시킨 것은 바호프(O. Bachof)인바, 그는 자유재량행위에 있어서도 재량권행사에 하자가 있으면 사법심사가 미치며 따라서 개인은 재량적 결정의 과정에 있어서 하자 없는 결정을 요구할 수 있는 권리를 가지는 것이라고 주장하였다.[4]

## 3. 무하자재량행사청구권의 특징

### 3.1. 법적 성격

[무하자재량행사청구권의 법적 성격] 무하자재량행사청구권은 재량행위에 대하여 인정되며, 따라서 기속행위에 대한 것과 같이 종국처분인 특정처분(예: 허가처분 자체)을 구하는 것이 아니고, 종국처분의 형성과정에 있어서 재량권의 법적 한계의 준수를 구하는 것(예: 허가여부 결정에 있어서 재량한계의 준수)으로서 제한적인 공권으로서의 성질을 가진다. 따라서 이 청구권은 허가의 발급과 같은 실체법에 의하여 보장된 실체적 권리의 구제를 청구하는 것이 아니고, 그것과는 별도로 재량의 흠을 발생시키지 말 것을 청구하는 형식적 권리[5] 내지 절차적 권

---

1) 김성수, 독일법상 주관적 공권 이론의 발전, 고시계(1991.8), 61면.
2) 절차적 공권(절차법적 공권)의 관념구성문제 : 절차적 공권이란 용어는 이해관계인 등이 절차적 참여를 요구하는 것을 내용으로 하는 절차권(Verfahrensrecht)으로 오해할 여지가 있기 때문에 그러한 용어는 피하는 것이 바람직하다는 견해가 있다. 서종현, 일반행정법 (상), 삼영사, 1995, 140면.
3) 박윤흔, 행정법강의(상), 168면.
4) O. Bachof, Die verwaltungsrechtliche Klage auf Vornahme einer Amtshandlung, 1951, S. 67 f.; 김남진, 하자 없는 재량항사청구권의 법리, 고시계(1976.5), 이상규,신행정법론(상), 199면 참조
5) 김남진, 행정법의 기본문제, 법문사, 1994, 148면 이하; 형식적 권리라는 표현도 강학상으로는 절차적 권리를 의미하는 것이기 때문에 이러한 표현도 적당하지 않다는 견해가 있다

리이다.1) 이와같이 무하자재량행사청구권은 적극적 공권, 제한적 공권, 절차적·형식적 공권, 불문법상의 권리이다(적극적 공권; 제한적 공권; 절차적·형식적 공권; 불문법상의 권리).

[절차적 권리가 아니라는 학설] 그러나 절차적 권리가 아니라는 다음과 같은 견해가 제시되고 있다. (김남진·박규하교수의 견해) : 먼저, 독일의 문헌이 형식적(formell)을 '절차적 의미의 것(im Sinne von verfahrensrechtlich)'으로 이해해서는 안되며, 단순히「재량의 하자를 회피하라」는 의미로 새겨야 한다고 기술하고 있는 점에 비추어 볼 때, 절차적 권리라는 표현은 부적당한 것이라는 견해가 있다.2) 즉, 여기에서 절차적 권리란 행위의 상대방이나 이해관계인 등의 행정과정에의 절차적 참가를 요구하는 것을 내용으로 하는 절차권(Verfahrensrecht)을 말하는 것이 아니고 실체적 권리가 아니라는 것을 나타내기 위하여 사용한 표현일 뿐이라는 것이다.3) 또한 무하자재량행사청구권은 행정결정의 과정(Verfahren)이 아니라 결정의 내용(Inhalt der Entscheidung)에 관련된 것이기 때문에 절차적 권리라고 볼 수 없다는 견해가 있다.4) (박윤흔 교수의 견해) 박윤흔교수는 "… 여기에서 절차적 권리란 행위의 상대방이나 이해관계인 등의 행정과정에의 절차적 참가를 요구하는 것을 내용으로 하는 절차권(Verfahrensrecht)을 말하는 것이 아니고 실체적 권리가 아니라는 것을 나타내기 위하여 그렇게 부르는 것뿐이다. 따라서 절차적 권리라고 하기보다는 형식적 권리라고 하는 것이 더 적합할 것 같다. 다만, 특정처분을 요구하는 실체적 권리가 아니라는 것을 나타내기 위하여 형식적 권리라고 하지만, 그것은 재량행위의 수권규범의 목적과 비례원칙·평등원칙과 같은 헌법원칙을 준수하여 결정의 내용적 한계를 지킬 것을 청구하는 권리라는 점에서 실체적 권리인 성격도 있다고 할 것이다. 따라서 형식적 권리라는 용어도 반드시 타당한 것은 아니라고 할 것이다.5) 이 청구권은 재량권행사의 한계를 전제로 하여 재량의 적정한 행사를 청구하는 것이므로 재량권행사에 대한 통제수단의 하나가 된다고 하겠다."고 한다.6) 이외에도 형식적 권리라는 용어는 무하자재량행사청구권을 권리가 아닌 것으로 오해시킬 우려가 있으므로 적절한 표현이 아니라는 견해도 있다.7) 더 나아가서 김철용 교수는 무하자재량행사청구권은 재량의 절차적 한계에만 관련되어 있는 것은 아니며,

---

(Hoffmann-Becking, DVBl 1970, S. 853).
1) 박윤흔, 행정법강의(상), 168면.
2) 김남진; 박규하, 행정법학(상), 한국외국어대출판부.
3) 박윤흔·이병철, 행정법강의, 유스티니아누스, 106면.
4) 박종국, 일반행정법론(총론), 법지사; 류지태, 행정법신론, 신영사, 2007, 84면; 홍정선, 행정법원론(상), 단락번호 463; 홍준형, 행정법총론, 128면.
5) 정하중, 무하자재량행사청구권의 법리와 그 실용화, 월간고시 1993, 12월호.
6) 박윤흔, 행정법강의(상), 168면.
7) 김철용, 행정법(I), 97면.

사인은 무하자재량행사청구권의 도움으로 재량수권규범 및 비례원칙·평등원칙과 같은 헌법원칙에서 나오는 처분의 내용적 한계를 지킬것을 요구할 수 있으므로 무하자재량행사청구권은 실체적 권리와 관련되어 있다고 한다.[1]

[사견] 그러나 이러한 견해의 대립이 있는 것은 '절차'의 의미를 명확하게 하지 않은데서 오는 것으로, 이들 성질에 관한 견해가 서로 상반되지 아니한 것으로 보인다. 한견우 교수는 다음과 같이 설명하고 있다.

[한견우 교수의 견해] '절차'라는 말에는 실체법적 절차와 쟁송법적 절차의 두 가지 의미가 있다. 여기서 실체법적 절차라고 하는 것은 행정객체가 행사하는 행정주체에 대한 청구권으로서 행사하는 행정작용으로 이해되는 반면, 쟁송법적 절차란 쟁송기관에 대한 청구권으로서 행사하는 사법작용으로 이해하여야 할 것이다. 따라서 실체법적 절차는 사전적 절차로서 행정작용의 적법·타당·공정을 기하기 위해서 행하는 일련의 절차이고, 쟁송법적 절차는 사후적 절차로서 당사자 사이의 분쟁에 대하여 유권적으로 심리·판단하는 일련의 절차를 말한다.[2]

```
         ┌ 실체법적 권리 ┬ 실체적 권리(실질적 권리)
  권리 ─┤               └ 절차적 권리(형식적 권리)
         └ 절차법적 권리(쟁송법적 권리)
```

### 3.2. 무하자재량행사청구권과 행정개입청구권

[재량권의 행사를 법적으로 흠(瑕疵)없이 적법하게 행할 것을 청구하는 경우(어떤 특정한 행위를 청구하는 것이 아님)] (무하자재량행사청구권) : 무하자재량행사청구권은 독일 연방행정법원법 제113조 제4항 제2단에 규정된 의무이행소송(義務履行訴訟)의 일종인 적법재량행사명령판결(Bescheidungsurteil)을 구하는 형태가 된다. 이 경우 법원의 의견을 존중하여 행정청이 새로운 결정을 내릴 의무가 있음을 선언하는 지령소송(指令訴訟)/적법재량행사소송(Bescheidungsklage)이 무하자재량행사청구권에 대응하는 가장 효과적이고 적절한 소송형태로 이해되고 있다. ☞ **행정청의 재량이 아직 남아 있는 경우 → 하자(瑕疵)없는 무하자행정행위 청구 : 적법재량행사소송·판결/지령소송(指令訴訟)**

[재량권이 零으로 수축(Ermessensreduzierung auf Null)되는 경우] (행정개입청구권) : 행정개입청구권은 재량행위중 선택의 여지없이 유일하게 남아있는 「특정행위」를 청구하는 것이다. 재량권의 수축의 이론이라 함은, 행정권의 발동여부는, 일차적으로는 행정재량에 맡겨지지만, 가령 사인(인근주민·경업자)의 생명 기타 중대한 법익에 대한 중대한 위험이 고도로 급박하고, 행정청

---

1) 김철용, 행정법(I), 96면.
2) 한견우, 행정법(I), 홍문사, 181면 각주 52).

이 적시에 규제·감독권 기타 행정권을 발동하면, 그 피해의 결과발생을 방지할 수 있는 상황에 있을 경우에는 행정권 발동여부에 관한 「재량공간」은 마침내 영으로 축소되어, 행정청은 결과발생방지를 위하여 필요한 「특정한 행위」를 할 법적 의무가 발생하여, 그 행위를 하지 않으면 작위의무의 위반으로서 위법(違法)이 되고, 私人측에게는 그에 대응하는 「특정행위」를 요구하는 청구권(행정개입청구권), 즉 특정행위명령판결(Vornahmeurteil)이 발생한다는 것이다). 이 경우에는 집행소송/특정행위명령소송(Vornahmeklage)이 가능하다. ☞ **행정청의 재량권이 영(零) 으로 수축된 경우 → 특정한 행정행위청구(특정행위청구권 → 행정개입청구권) : 집행소송/특정행위명령(요구)소송·판결(의무이행소송)**

### 4. 무하자재량행사청구권의 대상이 되는 행정행위

이 권리는 보통은 수익적 행정행위를 대상으로 하나, 부담적 행정행위도 대상이 된다 할 것이다. 부담적 행정행위의 경우에는 소극적인 방어권의 성격을 갖게 된다. 그리고 재량의 유형과 관련하여서는 행정기관이 선택재량을 갖는 경우에 이 권리가 인정된다 할 것이나,[1] 결정재량을 갖는 경우에도 인정된다 할 것이다.[2]

### 5. 인정여부

#### 5.1. 부정설

무하자재량행사청구권을 부정하는 견해도 적지 아니하다. 부정설의 논거는 재량의 하자가 있는 경우에는 그로 인한 실체적 권리의 침해가 있는 경우에 한하여 실체와 관련시켜 권리구제를 인정하면 되는 것이지 굳이 실체적 권리와 구분되는 형식적 권리를 따로 인정할 법적 실익이 없고, 만약 이 견해가 실체적 권리의 침해가 없는 데도 무하자재량행사청구권이라는 형식적 권리의 침해만으로 소익을 인정하려고 하는 것이라면 행정소송의 원고적격을 부당하게 넓혀 민중소송화 할 우려가 있으며,[3] 법원이 너무 넓게 행정청의 재량권의 행사과정에 개입함으로써 행정의 경직화와, 권력분립의 원칙을 침해할 염려가 있고, 현행법상 그 적절한 근거를 찾을 수 없는 것이며,[4] 무하자재량행사청구권은 재량행위의 영역에서 특정처분(행위)와 관련하여 무하자재량을 구하기 위한 권리로서 인정되는 개인적 공권을 통칭한 개념이며, 재량은 그 자체가 실질적 권리와 분리되어 가치를 갖는 독립된 성질의 것은 아니기 때문[5]이라는 것이다.

---

1) 김남진·김연태, 행정법(I), 107면 참조.
2) 류지태, 행정법신론, 신영사, 2007, 84면 ; 박윤흔, 행정법강의(상), 172면.
3) 이상규, 신행정법론(상), 법문사 1993, 200면; 유상현, 행정법(I), 형설출판사, 2002, 137면.
4) Huber, Wirtschaftsverwaltungsrecht, 2. Aufl., Bd. II, 1954, S. 658 f.
5) 홍정선, 행정법원론(상), 단락번호 463.

(ㄱ) 재량의 하자란 재량의 한계를 벗어난 위법한 행위, 즉 법규범의 침해와 다를 것이 없으므로 그로 인한 권익침해가 있는 경우에 실체와 관련시켜 권리구제를 하면 되는 것이지, 구태어 실체법적 권리와 구분되는 절차법적 권리를 인정할 법적 실익의 결여
    (ㄴ) 남소(濫訴)의 폐단(원고적격의 부당한 확대) ☞ **민중소송화의 우려**
    (ㄷ) 법원이 재량권의 행사과정에 개입함으로서 행정의 경직을 초래할 염려가 있다. ☞
**권력분립의 원칙의 위배**

### 5.2. 긍정설

이러한 법개념을 구성할 필요성은 실체적 권리의 침해여부와는 관계없이 그와는 별도로 형식적 권리인 무하자재량행사청구권의 침해를 이유로 행정소송을 제기할 수 있는 소익을 인정하려고 한 것이다. 따라서, 특히 이 청구권을 인정할 필요성이 있는 경우는 실체적 권리의 침해를 인정할 수 없는 경우이다. 재량처분에 대한 국민의 권리구제라는 면에서 볼 때, 이 청구권에 독자성을 인정하여 이 청구권의 침해를 이유로 재량처분의 재고를 구할 수 있다고 보는 것이 바람직하다.[1] 이 권리는 당해 재량수권규범의 해석을 통하여 도출될 수 있다. 따라서 재량수권규범이 근거가 된다.

  ▶ 재량을 허용하는 행정법규가 공익과 아울러 사익도 보호하는 내용으로 규정한 경우에 사법적 재량통제의 범위를 확대시킴으로써 사회적 법치국가이론을 실현시키기 위하여 공권의 3원칙 중 강행법규성이 결여된 경우에도 공권성을 인정할 필요가 있다

[김남진·정하중·김동희 교수의 견해] 긍정설을 취하는 김남진교수는 광의의 무하자재량행사청구권(개인이 행정청에 대하여 재량권의 하자없는 행사를 청구할 수 있는 공법상의 형식적 권리)과 협의의 재량행사청구권을 구분하여, 협의의 재량행사청구권을 갖는 경우(행정청이 결정재량권을 갖지 못하고 선택재량권만을 가지고 있는 경우에 있어서의 하자없는 재량행사청구권)는 무하자재량행사청구권이 인정된다고 본다.[2] 김남진교수의 이러한 견해에 대하여 정하중교수는 「이는 무하자재량행사청구권의 본질에 대한 오해에 기인하고 있는바, 무하자재량행사청구권이란 선택재량 또는 결정재량에 불문하고 재량의 하자없는 행사에 대한 청구권을 의미하는 것이며, 이것이 침해될 경우에는 행정소송을 통하여 구제받을 수 있다」고 비판한다.[3] 김동희 교수는 재량행위와 관련되어 인정되는 공권의 효과·내용을 구체적으로 표현하여 주는 실정법적 관념이라고 한다.[4]

---

1) 박윤흔, 행정법강의(상), 170면.
2) 김남진, 행정법(I), 105면 이하.
3) 정하중, 행정법총론, 102면.
4) 김동희, 무하자재량행사청구권(하), 월간고시(1985.9), 60면.

### 5.3. 사견

우리나라에서 무하자재량행사청구권이 인정될 수 있는지에 대하여는 우리나라에서도 긍정설·부정설[1]이 대립되어 있으며, 그 근거는 위에서 본 독일에서의 학설과 비슷하다. 생각건대 긍정설이 타당하다. 재량행위에도 일정한 한계가 있으며, 따라서 이에 대응하여 상대방에게는 행정청에 대하여 재량권을 행사함에 있어서 그 법적 한계를 준수하여 줄 것을 청구하는 주관적 권리가 성립한다고 보는 것은 당연하다 할 것이기 때문이다. 다만 무하자재량행사청구권도 주관적 공권의 하나이므로, 그것이 성립하기 위하여서는 강행법규성과 사익보호성이 요구된다 할 것이다. 따라서 과거 독일의 학설에서와 같이 모든 재량행위에 대하여「일반적 무하자재량행사청구권」은 인정할 수 없다고 할 것이고, 관계 실정법규가 상대방의 사익보호를 규정하고 있는 경우에만 인정할 수 있다고 할 것이다. 부정설에서는 무하자재량행사청구권을 인정하면 행정소송의 원고적격을 부당하게 넓혀 민중소송화할 우려가 있다고 하지만, 이 청구권의 성립요건으로 사익보호성을 요구한다면 그러한 우려는 없어지게 되며, 또한 부정설에서는 이 청구권의 성립요건으로 사익보호성을 요구하게 되면 실체적 권리의 침해를 이유로 권익구제를 받을 수 있으므로 굳이 형식적 권리인 이 청구권을 인정할 필요가 없다고 하지만, 재량행사에 흠이 있으면 바로 실체적 권리가 침해되었다고 볼 수 있는 경우도 있으나, 사안(事案)에 따라서는 실체적 권리의 침해의 가능성은 있지만 법원이 스스로 그것을 확인할 수는 없고, 행정청으로 하여금 다시 재량을 하자 없이 행사하도록 하여, 행정청 스스로 실체적 권리의 침해여부를 결정하도록 하여야 할 경우가 있다고 할 것이다.[2] 그리하여 이 청구권의 성립요건으로 사익보호성을 인정한다고 하더라도, 재량권행사의 흠은 항상 법원 스스로 확인할 수 있는 실체적 권리의 침해를 가져온다고 말할 수는 없으며, 따라서 부정설은 그 점에서도 타당하다고 할 수 없다.

### 6. 법개념 구성의 필요성

행정청이 흠있는 재량을 행사하여 적극적으로 행정처분을 행한 경우에는 흠없는 재량행사청구권(무하자재량행사청구권)의 침해를 취소사유로 하여 당해 행정처분의「취소소송」을 제기할 수 있게 하고, 행정청이 흠있는 재량을 행사하여 신청을 거부하거나 신청에 대하여 아무런 조치를 하지 아니하고 방치한 때에는 흠(瑕疵)없는 재량행사청구권의 침해를 청구사유로 하여 수익처분을 구하는(행정개입청구)「의무이행소송」을 제기할 수 있게 하

---

1) 홍정선, 행정법원론(상), 단락번호 463.
2) 예컨대 행정청이 재량행사를 해태(懈怠)한 경우 또는 불완전하게 행사한 경우에는 흠이 있는 법원 스스로 실체적 법익의 침해를 인정하기는 어렵다고 할 것이다. 만약에, 법원 스스로 실체적 권리의 침해를 인정한다면 법원이 행정청이 행사할 재량권을 행사하는 것이 될 것이다.

기 위하여 무하자재량행사청구권 관념을 인정할 필요가 있다. 다시 말하면 흠없는 재량행사청구권은 형식적 권리[1] 내지 절차적 권리로서 「실체적 권리의 침해 여부에 관계없이 소익을 인정하려는데」그 법개념을 구성할 필요성이 있다.

## 7. 무하자재량행사청구권의 인정근거

[법치국가설] 행정의 법률적합성의 원칙(Gesetzmäßigkeit der Verwaltung)은 실체법적 측면에서 뿐만 아니라 절차법적 측면에서도 행정이 법률에 적합할 것을 요구한다. 그러므로 재량행위의 경우에는 재량행사결과가 적법·타당해야 함은 물론 재량행사과정에서도 하자없이 하여야 할 객관적 의무가 국가에게 존재한다는 것을 근거로 삼는다.

[기본권설] 헌법상의 기본적 인격권·자유권·평등권을 근거로 하여 모든 불평등한 처우의 재량결정의 배제를 청구할 수 있는 권리가 국민에게 인정된다는 것이다.

[보호목적설(다수설)] 재량을 허용하는 행정법규가 개인의 이익(私益)도 보호하도록 규정한 경우에 그 이익을 보호하기 위하여 무하자 재량행사청구권을 인정할 필요가 있다는 것이다. 보호목적설은 취소소송의 소(訴)의 이익에 관한 '법률상 보호이익설'과 맥을 같이 한다.

[사실상 이해관계설] 행정조치에 대한 국민의 사실상 이해관계를 보호하기 위하여 인정되는 권리하는 것이다.

## 8. 무하자재량행사청구권의 성립요건

### 8.1. 강행법규성 : 행정청의 처분의무(행위의무)의 존재

무하자재량행사청구권이 성립되기 위하여는 행정청에게 일정한 행정행위를 할 (처분)의무가 존재해야 한다. 즉 국가에 대하여 재량권을 하자없이 행사할 의무를 부과하는 강행법규(zwingender Rechtssatz; 강행법규성)가 존재하여야 한다.[2] 행정청에게 재량권이 인정된 경우에도 그것은 법이 허용하는 한계내에서 인정되는 것이며, 재량규범이 부여한 목적을 준수하여야 하는 기속을 받는다.[3] 다만 여기서 문제 되는 점은 재량행위의 경우에 법적인 처분의무가 인정될 수 있는가 하는 점이다. 그러나 재량행위의 경우에도 행정청의 임의적·자의적 결정을 허용한다는 취지는 아니며, 재량도 '법적으로 한계 지워진 것'이어서 재량행위를 함에 있어서도 이러한 재량권의 한계를 준수할 '법적 의무'가 있다고 할 것이다. 다만, 기속행위에 있어서의 법적 의무는 행정법규상 규정되어 있는 특정처분을 할 의무인데 반하여, 재량행위에 있어서의 법적 의무는 재량권의 한계를 준수할 의무에 그치고 특정처분을 할 의

---

1) 박윤흔, 행정법강의(상), 168면 참조.
2) 석종현, 일반행정법(상), 111면; 김남진·김연태, 행정법(I), 102면.
3) 석종현, 일반행정법(상), 112면.

무가 아니라는 차이가 있다.

   ▶ 재량행위 → 행정청의 임의적 · 자의적 결정을 허용한다는 취지는 아님
     · 재량권도 '법적으로 한계 지워진 것'
      (따라서) 재량행위를 함에 있어서 재량권의 한계를 준수할 '법적 의무'
   ▶ 기속행위에 있어서의 법적 의무 → 행정법규상 규정되어 있는 특정처분을 할 의무
   ▶ 재량행위에 있어서의 법적 의무 → 재량권의 한계를 준수할 의무에 그침(특정처분을 할 의무는 아님)

 입법자는 공적인 과제의 적절한 실현에 알맞은 조치방안을 필요로 할 경우에 행정청에 대하여 재량권을 인정한다. 법조문에서 일반적으로 재량행위라고 보는 경우는 "…할 수 있다.", "…할 권한이 있다."는 표현이 사용된 경우에 일반적으로 재량행위라고 본다. 재량은 일정한 행위를 당해 행정청이 행하느냐 행하지 않느냐에 관한 여부를 당해 행정청 스스로 판단하고 집행할 수 있다는 의미의 결정재량(Entschließungsermessen)과, 법적으로 존재하지 않은 수단중 행정청이 어느것을 선택하며, 혹은 고려의 대상안에 든 여러 사람들 중 누구에게 어떻게 조치할 것인지의 선택가능여부 행정청(재량청) 스스로 선택할 수 있다는 선택재량(Ausahlermessen)이 있다.[1] 이러한 의미에서 재량은 행위재량(Verhaltensermessen; 행정재량)을 의미하며, 재량이 허용되어 있다고 하여 행정청이 임의나 자의를 의미하는 것은 아니다.[2] 행정청이 재량을 행사할 수 있는 경우라고 할 지라도, 행정청은 재량을 수권의 목적에 부합되게 행사하여야 하며 재량의 법적 한계를 지켜야 한다(§ 40 Ermessen : Ist die Behörde ermächtigt, nach ihrem Ermessen zu handeln, hat sie ihr Ermessen entsprechend dem Zweck der Ermächtigung auszuüben und die gesetzlichen Grenzen des Ermessens einzuhalten; VwVfG 제40조, VwGO 제114조).[3] 그리고 재량은 입법의 취지 · 목적 · 성질과 헌법질서의 구속하에, 그리고 당해 처분에 관련된 본질적 관심사에 대한 고려하에서 행사되어져야 한다. 따라서 재량은 언제나 의무에 합당한 재량(pflichtgemäßes Ermessen)이거나 더 정확히는 법에 구속된 재량(rechtlich gebundenes Ermessen)을 의미한다.[4] 순수한 의미의 자유재량(freies Ermessen)은 법치국가에서는 있을 수 없다.[5] 결국 행정청에게

---

[1] Koch/Rubel, Allgemeines Verwaltungsrecht, S. 111; Loeser, System des Verwaltungsrechts, Bd. 1, S. 500; 홍정선, 행정법원론(상), 단락번호, 825.

[2] H. Maurer, Allgemeines Verwaltungsrecht, § 7 Rn. 17; Koch/Rubel, S. 111; 홍정선, 행정법원론(상), 단락번호 827.

[3] http://www.moleg.go.kr/knowledge/monthlyPublication(강현호, 재량의 본질론, - 행정재량과 계획재량의 비교와 함께 -, 법제처, 법제(2005.9).

[4] http://www.moleg.go.kr/knowledge/monthlyPublication(강현호, 재량의 본질론, - 행정재량과 계획재량의 비교와 함께 -, 법제처, 법제(2005.9); H. Maurer, Allgemeines Verwaltungsrecht, § 7 Rn. 17.

재량권이 부여되어 있다고 할 지라도 행정청은 재량을 그 수권목적에 맞게 사용하여야 하며 재량의 법적 한계를 준수하여야 한다1)와 전통적 견해(김도창)는 재량행위를 다시 기속재량행위(법규재량)와 (좁은 의미의) 자유재량행위(공익재량)로 나누나 기속재량과 공익재량은 그 구분이 명확하지 않다는 점, 그리고 판례가 지적하는 바와 같이 재량권의 남용이나 일탈의 경우에는 기속재량이거나 자유재량을 불문하고 사법심사의 대상이 된다는 점,2) 기속재량이나 공익재량 무두 법에 기속된다는 점에서 양자의 구분은 그리 필요하지 않다.3) 무하자재량행사청구권은 이와 같은 고유한 의미의 재량영역(Ermessensspielraum)에 인정된다.4)

### 8.2. 사익보호성(법률상 이익의 존재)

사익보호성(私益保護性)은 법에 의하여 직접 개인의 권리로서 인정되는 경우를 의미하는 것이 원칙이지만, 제3자 보호규범에 의하여 보호되는 이른바 '보호이익'도 넓은 의미의 권리에 해당 하므로 이에 포함된다.5) 이 청구권은 재량처분을 규정하는 행정법규의 목적·취지가 공익(Schutz der Allgemeinheit)뿐만 아니라, 개인의 이익(Schutz der Individualinteresse)도 동시에 보호하고 있는 경우에만 인정된다. 사익보호성은 독일에서의 초기의 학설은 객관적 위법사유로서의 재량하자는 동시에 주관적 권리침해사유가 된다고 보아 모든 재량행위에 대하여 이 청구권은 성립되고, 별도로 재량을 허용하고 있는 실정법규에 의하여 상대방의 법익이 보호되고 있음을 요건으로 하지 아니한다고 하였다. 그러나 이러한 견해에 대하여는 많은 비판이 제기되었으며, 오늘날은 재량행위에 있어서도 재량을 허용하는 관계 실정법규가 상대방의 사익보호를 규정하고 있는 경우에만 이 청구권은 성립한다고 한다.6) 최근에는 경찰법규를 제3자보호규범으로 보는 경향에 있으며, 이 경우 경찰기관의 결정재량권이 영으로 수축되는 경우에는 행정개입청구권(경찰개입청구권)이 성립될 수 있다.7)

---

5) H. Maurer, Allgemeines Verwaltungsrecht, § 7 Rn. 17; 대판 1990. 8. 28, 89누8255; 홍정선, 행정법원론(상), 단락번호 827.
1) 대판 1973. 10. 10, 72누121.
2) 대판 1984. 1. 31, 83누451【운전면허취소처분취소】
3) 홍정선, 행정법원론(상), 단락번호 828
4) 김남진, 하자없는 재량적 결정의 청구권, 121면.
5) 석종현, 일반행정법(상), 112면.
6) H. Maurer, Allgemeines Verwaltungsrecht, S. 123; 김동희, 무하자재량행사청구권(상) 월간고시(1985.8), 46면.
7) 석종현, 일반행정법(상), 112면.

## 9. 쟁송수단

### 9.1. 취소소송

[무하자재량행사청구권에 의한 취소소송과 실체적 권리의 침해를 이유로 한 취소소송과의 차이] 재량하자로 인하여 권리·이익의 침해를 받은 자, 혹은 재량권행사과정에 이해관계인으로 참가한 자는 행정청에 하자없는, 적법한 재량처분을 구하고, 이를 거부한 경우에는 거부처분의 위법을 이유로 그 취소소송을 제기할 수 있다. 취소판결(Rücknahmerechtsprechung)이 내려지면 처분청은 판결의 취지에 따라 그 위법을 시정하고 다시 적법한 처분을 하여야 한다(행정소송법 제30조 제2항, 제3항). 다만 이 경우, 취소소송에 따라 법원이 청구를 인용하여 당해 행정처분이 취소되더라도, 실체적 권리의 침해를 이유로 하여 취소소송을 제기한 경우와는 달라서 상대방의 권리가 바로 구제되는 것이 아니고, 처분청에게 하자 없는 재량을 행사하여 처분을 다시 하여야 할 의무를 부과할 따름이며, 거부처분취소소송이 인용되어 거부처분이 취소되는 경우에도 바로 상대방이 신청한 처분을 그대로 하여야 하는 것은 아니고, 행정청은 하자 없는 재량을 행사하여 신청에 따른 처분을 할 것인지, 또는 거부할 것인지를 결정하면 된다는 것이다.[1] 부작위위법확인소송이 인용된 경우에도 동일하다고 할 것이다. 이는 마치 행정처분이 절차가 위법함을 이유로 취소된 경우와 동일하다고 할 것이다.[2]

### 9.2. 의무이행심판(義務移行審判)

관계인의 신청에 대하여 행정청이 위법하게 이를 거부하거나 부작위상태로 방치하는 경우에는 의무이행심판을 제기할 수 있다. 이 경우 그 심판청구가 이유있으면 행정심판위원회(과거에는 재결청)는 지체없이 직접 신청에 따른 처분을 하거나 거부처분청(피청구인)에게 처분을 할 것을 명하여야 한다(행정심판법 제43조 제5항). 의무이행심판의 심판기관이 행정청(행정심판위원회)이라는 점에서 법원에 의한 의무이행소송보다 객관적이지는 못하지만 다음과 같은 점에서 그 존재의의가 있다. (ㄱ) 다투어진 거부처분이나 부작위에 대해서 위법성 여부 뿐만 아니라 부당성까지도 재검토함으로써, 법의 적용·해석을 통한 법판단을 하는 행정소송으로서는 기대할 수 없는 국민의 권리구제가 가능하다.[3] (ㄴ) 당사자간의 분쟁을 행정기관이 상대적으로 간이·신속한 절차에 따라 심리·판정하게 함으로써 행정에 관한 전문지식을 활용하고 사법절차에 따르는 시간 및 경비의 낭비를 피하고 소송

---

1) 대판 2001. 11. 13, 99두2017 【청구이의】 거부처분 취소판결은 거부처분을 행한 행정청으로 하여금 그 판결의 취지에 따라 다시 이전의 신청에 대한 처분을 하도록 하는 기속력을 갖기는 하지만(행정소송법 제30조 제2항 참조), 그 판결을 채무명의로 하여 행정청의 재 처분의무를 민사소송법상의 강제집행절차에 의하여 실현할 수 있는 집행력을 갖지는 못한다.
2) 박윤흔, 행정법강의(상), 173면.
3) 석종현, 독일의 행정심판제도, 공법연구 제10집(한국공법학회, 1982), 11면.

경제를 실현하여 사법기능을 보완하는 역할을 한다. (ㄷ) 분쟁의 제1차적 여과기능을 수행하여 법원의 부담을 경감시키고 국민에게도 불필요한 시간의 낭비 또는 경제적인 측면에서의 경비지출을 방지하여 줄 수 있다.

### 9.3. 부작위위법확인소송(不作爲違法確認訴訟)
#### 9.3.1. 개관
무하자재량행사청구권이 있는 자의 신청이 있으면 행정청은 행정처분을 해야 할 법적 의무가 있으므로 만약 부작위로 이를 방치하면 위법이 된다. 따라서 권리자는 부작위위법확인소송을 제기하여 그 부작위가 위법하다는 확인을 받을 수 있다. 이 경우 판결에 의하여 당해 부작위의 위법성이 확인되면 행정청은 판결의 취지에 따라 권리자의 신청에 따른 처분을 하여야 한다(행소법 제38조 제2항). 다만 여기서 권리자의 신청에 따른 처분이란 권리자가 신청한 내용대로(요구 한대로) 처분을 하여야 한다는 의미는 아니고, 요구에 상반되는 거부처분을 내릴 수 있다. 왜냐하면 단순히 행정청의 부작위가 위법하다는 것을 의미하는 것이지, 행정청이 권리자의 신청대로(요구한 대로) 처분을 내리지 않았다는 것을 의미하는 것은 아니기 때문이다.

#### 9.3.2. 행정심판전치주의의 문제
현행 행정소송법 제18조 제1항이 "취소소송은 법령의 규정에 의하여 당해 처분에 대한 행정심판을 제기할 수 있는 경우에도 이를 거치지 아니하고 제기할 수 있다. 다만, 다른 법률에 당해 처분에 대한 행정심판의 재결을 거치지 아니하면 취소소송을 제기할 수 없다는 규정이 있는 때에는 그러하지 아니하다."라고 규정하여, 취소소송의 경우에 원칙적으로 임의적 행정심판전치주의를 취하고 있고 이 조항은 부작위위법확인소송에도 준용하므로 부작위위법확인소송에서도 행정심판을 거쳐도 되고 거치지 않아도 됨이 원칙이다(임의적 행정심판전치주의). 그러나 행정소송법 제18조 제1항 단서의 규정("다만, 다른 법률에 당해 처분에 대한 행정심판의 재결을 거치지 아니하면 취소소송을 제기할 수 없다는 규정이 있는 때")에 의해서 예외적으로 법률의 명문규정에 의해 행정심판을 반드시 거치도록 규정하고 있는 경우에는 부작위위법확인소송에서도 행정소송법 제18조 제2항과 제3항에 규정한 예외에 해당하지 않는 한 행정심판을 거쳐야 하는 경우가 있게 된다.[1]

#### 9.3.3. 판결의 효력(재처분의무와 간접강제)
부작위위법확인소송의 판결의 효력에 대해 견해가 나누어져 있다. 예를 들어 원고의

---

[1] 류지태, 행정법신론, 신영사, 2007, 563면.

건축허가 신청에 대해 허가관청의 부작위가 있는 경우에 원고가 부작위위법확인소송을 제기해서 승소판결을 받으면 행정청은 허가를 해야 하는가 아니면, 원고에 대해 어떤 내용의 처분, 즉 거부처분도 가능한가의 문제이다.

[다수설] 다수설의 입장은 부작위위법확인소송은 행정청의 부작위가 위법한 것을 확인하는데 그치는 것이기 때문에 행정청은 판결의 취지에 따라 어떠한 처분이라도 이를 행하기만 하면 되는 것이라고 한다. 따라서 다수설에 의하면 행정청의 기속행위에 대해서도 거부처분을 해도 그것은 판결의 기속력에 위배되는 것이 아닌 것이므로 이 경우 당사자는 그 거부처분의 위법을 이유로 다시 취소소송을 제기해야 한다는 결과가 된다. 우리 판례도 같은 입장이다.[1]

[소수설] 이에 대해서 소수설은 다음과 같이 주장한다. 즉 법원은 행정청의 신청대로의 처분을 하지 아니한 것의 위법판단도 할 수 있는 것이기 때문에, 신청의 내용이 기속행위에 대한 것인 경우에는 행정청은 판결의 취지에 따라 그 신청에 대한 인용처분을 하여야 하는 것이다. 그러나 재량행위에 대해서는 법원은 신청대로의 처분을 하지 아니하고 방치한 상태를 위법으로 판단할 수는 없을 것이다. 행정소송법 제30조는 취소판결(Rücknahmerechtsprechung)의 기속력에 관해 규정하고 있고, 동조 제2항에서는 "판결에 의하여 취소되는 처분이 당사자의 신청을 거부하는 것을 내용으로 하는 경우에는 그 처분을 행한 행정청은 판결의 취지에 따라 다시 이전의 신청에 대한 처분을 하여야 한다."라고 규정하고 있다. 행정소송법 제34조 제1항에 의하면 "행정청이 제30조 제2항의 규정에 의한 처분을 하지 아니하는 때에는 제1심 수소법원은 당사자의 신청에 의하여 결정으로써 상당한 기간을 정하고 행정청이 그 기간 내에 이행하지 아니하는 때에는 그 지연기간에 따라 일정한 배상을 할 것을 명하거나 즉시 손해배상을 할 것을 명할 수 있다"라고 규정하고 있고, 이를 부작위위법확인소송에도 준용하고 있다(행소법 제38조 제2항). 그러므로 행정소송법은 부작위위법확인소송에 대해 그 판결의 기속력으로 재처분의무와 간접강제[2]를 규정해서 실효성확보를 위한 제도라고 한다.

[사견] 그러나 생각건대, 부작위위법확인소송은 분쟁해결을 위한 효과는 그리 크지 않을 것이다. 왜냐하면, 부작위위법확인소송에서 인용판결(확인판결)이 확정되면 행정청은 판결의

---

1) 대판 1990. 9. 25, 89누4758.
2) 간접강제 : 민법상 강제이행의 한 방법이다. 손해배상의 지급을 명하고, 벌금을 과하거나, 또는 채무자를 구금하는 등의 수단을 써서, 채무자를 심리적으로 압박해서 채권내용을 실현시키는 방법이다. 이 강제수단은 채권내용의 실현에 대하여는 간접적이나, 채무자의 자유의사를 구속하고, 채무자로 하여금 이행하지 않을 수 없게 하는 점에서는 오히려 직접강제보다도 더 강력하다 따라서 이 방법은 꼭 채무자자신이 하지않는다면 그 목적을 달성할수 없게 되는 비대체적 급부(작위)의무에 한하여 적당하고 효과적이다(곽윤직, 채권총론). 따라서 대체적 작위의무나 급부의무 등의 경우에는 직접강제 등의 다른 수단을 써야 한다.

취지에 따라 상대방의 신청에 대한 일정한 처분을 하여야 하나, 이 경우에도 **부작위위법확인소송**은 행정청의 부작위가 위법한 것임을 단순히 확인하는데 그치기 때문에 행정청은 반드시 원고의 신청과 동일한 내용의 처분을 할 필요는 없기 때문이다. 즉 행정청이 상대방의 희망과는 달리 거부처분을 하더라도 재처분의무를 이행하는 것이 된다. 결국 행정청은 처분의 내용이 어떠한 것이든(거부처분이건, 인용처분이건) 처분을 하기만 하면 되는 것이다.[1] 이점이 부작위위법확인소송이 지니는 한계점이며, 이에 따라 의무이행소송제도의 도입의 필요성이 강조된다.

### 9.4. 예방적 부작위소송(예방적 금지소송; 금지소송)

#### 9.4.1. 의의

예방적 부작위소송(예방적 금지소송)이란 일정한 행정행위 또는 행정상 사실행위를 하지 않을 것을 구하는 내용의 행정소송을 말한다.[2] 이는 법정항고소송으로는 도저히 구제의 실효성을 거둘 수 없고 행정권의 위법한 발동으로 국민의 권익이 심각한 손해를 입을 위험이 절박하다고 예상되는 경우에 사전예방을 위한 행정소송이다. 의무이행소송과 예방적 부작위소송은 행정청에 대하여 법원의 작위 또는 부작위의 명령을 구하는 이행소송이라는 점에서는 동일하지만 의무이행소송은 현재의 상태를 신청인에게 유리하게 진행되도록 하기위한 것이지만, 예방적 부작위소송(예방적 금지소송)은 현상의 악화를 방지하기 위하여 제기하는 소송이다.[3]

[사례] 甲은 건축법령상 고도제한으로 자기소유의 대지위에는 2층 건물밖에 지을 수 없다는 것을 알고 詐僞의 방법으로 고도기준선을 낮게 하여 행정청에 3층 건물에 대한 건축허가를 신청하였다. 이에 위 대지의 바로 북쪽에 가옥을 소유하고 있는 乙은 위 건물이 완공될 경우 日照權이 침해될 염려가 있어서 위 건물에 대한 건축허가와 공사를 막고자 한다. 乙이 그 구제방법으로 건축허가가 나오기 전의 행정법상의 구제방법(예방적 부작위소송; 예방적 금지소송)을 논하라. <후술참조>

하자있는 재량을 행사하여 상대방에게 손해를 미치는 행정처분을 하려고 할 때에는 하자(瑕疵)없는 재량행사청구권의 침해를 청구이유로 하여 행정청의 부작위를 구하는 예방적 금지소송을 제기할 수 있다. 예방적 부작위소송이 가지는 의의는 단기완결적 행정처분에 대하여는 사후적 구제수단으로서의 취소소송은 효과적인 권리구제수단으로서는 기능

---

1) 이광윤·김민호, 최신 행정법론, 법문사, 2003, 403면.
2) 예방적 부작위소송은 소송법적으로는 행정청이 일정한 공권력 발동의 금지를 구하는 급부소송과 공권력행사의 권한부존재의 확인을 구하는 확인소송이 있다.
3) 김철용, 예방적 부작위소송의 허용성 요건, 인권과 정의(1991.1), 63면; 박균성, 행정법론(상), 931면.

하기에는 충분하지 못하다는 측면이 적지 않다. 따라서 이러한 경우에는 보다 실효적인 쟁송제도가 강구되어야 할 것인바, 그러한 쟁송수단으로 고려될 수 있는 것이 예방적 부작위소송이다. 이 소송은 독일에서 학설 및 판례에 의하여 정립·발전된 것이다. 이 소송은 행정청의 행정행위 또는 사실행위와 관련하여, 당해 행정행위 또는 사실행위를 하지 아니할 것을 구하는 소송, 행정청이 당해행위를 하지 아니할 의무가 있음의 확인을 구하는 부작위의무확인소송 및 행정청에게 당해 행위를 할 권한이 없음의 확인을 구하는 권한부존재확인소송 등을 포함한다.[1] 그러나 예방적 부작위소송은 행정청에 대하여 일정한 행정행위를 발령하지 아니할 의무를 명하는 내용의 소송으로 사용되는 경우가 보통이다. 이러한 의미의 예방적 부작위소송은 소극적 의무이행소송(Verpflichtungsklage negativer Art)의 성격을 가지는 것으로 이해되고 있다. 위에서 언급한 바와 같이 예방적 부작위소송은 독일의 학설·판례에 의하여 채택된 것이나, 이 소송의 인정 여부에 대하여는 그 부정적 견해도 있다. 이에 관한 독일 학설상의 논의에 대하여 간단히 검토하고, 우리나라에서의 이 소송의 인정가능성에 대하여도 살펴보고자 한다.

### 9.4.2. 독일에서의 예방적 부작위소송(예방적 금지소송)에 대한 학설의 입장

a) 소극설(부정설)

소극설(부정설)은 대체로 다음과 같은 이유에서 예방적 부작위 소송은 인정될 수 없다고 한다. (ㄱ) 이 소송에서는 법원이 행정청이 그 책임하에서 행하여야 할 행정처분을 금지하는 판결을 하게 되는 것이기 때문에, 의무이행소송에 비하여 훨씬 더 행정의 권한 및 그 고유책임을 침해하게 되는 것이며, 또한 행정청에 의하여 침익적인 공권력의 행사가 이루어지기 이전에 공권력의 행사를 저지하는 것이므로 행정의 제1차적 판단권이 행해지지 않은 상태에서 행하여지는 사전적 통제제도이며 이는 결국 권력분립의 원칙, 나아가서 사법권의 본질에 반한다고 한다. (ㄴ) 이 소송은 헌법상의 원칙으로서 비례의 원칙(과잉금지의 원칙), 특히 필요성의 원칙(Prinzip der Erforderlichkeit[최소침해의 원칙])에 반한다고 본다. 즉 이 견해는 의무이행소송(Verpflichtungsklag)은 독일기본법(독일연방헌법) 제19조가 정하고 있는 재판에 의한 실효적 권리구제원칙에 의하여 정당화될 수 있지만, 예방적 부작위소송은 이 원칙에 의하여도 정당화될 수 없다고 한다. (ㄷ) 취소소송을 제기하는 경우에도 관련 처분의 집행정지효력이 인정되기 때문에, 취소소송을 통하여서도 행정청의 침익적 처분에 대하여 효과적인 권리구제가 확보될 수 있다고 보고 있다.[2] (ㄹ) 예방적 부작위소송은 남소의 폐단을 야기하며, 이로 인하여 행정권의 행사가 제약을 받게 된다는 점이다.

---

1) 법원실무제요(행정), 법원행정처, 1997, 9-10면.
2) Schmitt Glaeser, Verwaltungsprozeßrecht, 1990, S. 9-10.

b) 적극설(긍정설)

적극설(긍정설)은 대체로 다음과 같은 이유에서 이를 인정한다. (ㄱ) 이 소송이 권력분립원칙에 반한다는 주장에 대하여는, 모든 행정작용을 사법적 통제하에 두고 있는 오늘날의 법치국가제도 하에서는 권력분립원칙의 위반여부는 법원이 그 판결을 통하여 행정의 영역을 침해하는지의 문제가 아니라, 법원의 판단이 법선언기능에 해당하는지의 문제라고 비판한다. 그러한 점에서 이 견해는 행정청의 위법한 침익적 처분을 취소하고, 위법하게 거부된 수익적 행정행위의 발급을 행정청에게 명하는 것과 같이, 행정청이 위법하게 개인의 권리를 침해하게 될 행정행위를 행하려고 하는 경우 그 부작위를 명하는 것도 법 선언작용으로서 오늘날의 실질적 법치국가에서의 권력분립의 원칙에 합치되는 것이라고 보고 있다. (ㄴ) 기본법(독일연방헌법) 제19조 제4항은 흠결없고 포괄적인 권리구제가 실현될 수 있도록 해석되어야 하는 것으로서, 여기에는 이미 행해진 권리침해뿐만 아니라, 절박한 권리침해가 우려되는 사태에 대한 사법적 구제(사전적 권리구제)도 포함되는 것으로 보아야 하는 것이다. 다시 말하면 특정인에 대한 권익침해가 예상되고 또한 임박한 경우에는 행정청의 제1차적 판단권이 이미 행사된 것으로 볼 수 있고, 또한 이미 분쟁이 현실화되고 있다고 보아 사건의 성숙성도 이루어졌다고 볼 수 있다는 점이다. 셋째, 권익구제는 사후에 소송을 통해서 구제를 받는 것 보다는 사전에 권익침해를 막는 예방적 부작위소송이 적절하다는 점이다. 넷째, 가구제로서의 집행정지제도나 가명령제도는 사실행위에 대하여는 실효성이 없는 것이므로, 취소소송을 제기하는 것이 상대방에게 기대가능하지 않은 경우까지 예방적 권리구제를 부인하여서는 아니되는 것이다.[1]

### 9.4.3. 우리나라에서의 소송의 인정여부에 대한 학설·판례의 검토

a) 학설

aa) 소극설(부정설)

소극설(부정설)을 주장하는 견해는 다음과 같다. (ㄱ) 이 소송은 행정청에 의한 행정행위의 발급 또는 불발급이라는 법작용행위가 아직 행해지지 않은 단계에서 사법부의 개입을 허용하는 것으로서, 그것은 행정청의 제1차적 판단권을 침해하는 것이며 따라서 권력분립원칙에 합치하지 아니한다. (ㄴ) 현행 행정소송법에는 이를 인정할 수 있는 어떠한 규정도 없다는 점이다. 이와 관련하여서는 이 견해는 행정소송법 제4조를 열거적 규정으로 보고 있다.

bb) 적극설(긍정설)

적극설(긍정설)은 관계법의 규정상 행정청의 제1차적 판단권을 행사시킬 필요가 없을

---

[1] 정하중, 예방적 부작위청구소송의 가능성, 고시계(1999.11), 146-148면.

정도로 행정청의 권한, 의무가 일의적으로 명백한 경우나 수차에 걸쳐 반복되는 처분 등에 있어서는, 법원이 행정청의 당해 권한의 행사 이전에 당해 처분을 하지 아니할 것을 명한다고 하여도, 그것은 여전히 법선언작용에 해당하는 것으로서, 그러한 점에서 이 소송이 권력분립원칙에 반하는 것은 아니라고 본다. 이 견해에서는 또한 예방적 부작위 소송은 사인의 관점에서는 보다 나은 상태의 실현을 구하는 것이 아니라 현상악화를 방지하는 것으로서, 위법한 공권력행사에 대한 소극적 방어의 성격을 가지는 것으로서, 그러한 점에서는 의무이행소송에 비하여 그 인정상의 문제점이 오히려 적다고 볼 수도 있다고 한다. 이러한 적극설이 다수설이라고 할 수 있다. ☞ **행정소송법 개정안에는 예방적 부작위소송(예방적 금지소송)이 제4조 제4호 신설되어 있다.**

cc) 판례의 입장

대법원은 시장에 대한 "신축건물의 준공처분을 하여서는 아니된다는 내용의 부작위를 구하는 청구는 행정소송에서 허용되지 아니하는 것이므로 부적법하다"라고 하여 부정설의 입장을 취한바 있다.[1]

dd) 결어

생각건대 국민의 권익구제를 위하여는 예방적 부작위소송(예방적 금지소송)을 행정청의 제1차적 판단권을 해치지 않는 범위내에서 제한적·예외적으로 인정하는 것이 타당하다(보충설의 입장).[2] 권력분립의 원칙이나 행정청의 제1차적 판단권의 존중등의 사유만으로는 부정설의 입장은 타당하지 않다. 특히 사후적 권익구제에 불과한 취소소송 보다는 사전적 권익구제의 효과를 지니는 예방적 부작위소송이 더욱더 효과적이다. 다만 이 경우 예방적 부작위소송의 허용범위 및 허용조건이 문제되므로, 보충성의 요건과 사건의 성숙성(Zulässigkeit)이 갖추어 졌을 경우 이를 인정하는 것이 바람직하다. 여기서 보충성의 요건은 예방적 금지소송은 취소소송과 집행정지에 의해서는 권익구제가 불가능하거나 회복하기 어려운 손해[3]가 있을 것을 말하며, 사건의 성숙성이란 행정청에게 제1차적 판단권을 행사하게 할 것도 없을 정도로 일정한 내용의 처분이 예상되고 또한 그 처분이 임박하였을 경

---

1) 대판 1987. 3. 24, 86누182.
2) 박균성, 행정법론(상), 932면.
3) 대판 2001. 10. 10, 2001무29 : 과징금납부명령의 처분이 사업자의 자금사정이나 경영 전반에 미치는 파급효과가 매우 중대하다면 <u>회복하기 어려운 손해</u>에 해당한다; 대판 1991. 3. 2, 91두1 : 유흥접객영업허가의 취소처분으로 5,000여 만원의 시설비를 회수하지 못하게 된다면 생계까지 위협받게 되는 결과가 초래될 수 있다는 등의 사정이 행정처분의 효력이나 집행을 정지하기 위한 요건인 <u>회복하기 어려운 손해</u>가 생길 우려가 있는 경우에 해당하지 않는다; 대결 1986. 3. 21, 86두5 : 예산회계법에 의한 행정청의 부정사업자 입찰자격정지처분으로 인해 본안소송이 종결될 때까지 국가기관 등의 입찰에 참가하지 못하게 됨으로 인하여 입은 손해는 <u>회복하기 어려운 손해</u>에 해당한다.

우를 의미한다.[1]

### 9.5. 지령소송(Bescheidungsklage)·집행소송(Vornahmeklage)

독일행정절차법상으로는 법원의 의견을 존중하여 새로운 결정을 내릴 의무가 있음을 선언하는 指令訴訟(Bescheidngsklage : 적법재량행사소송)이 무하자재량행사청구권에 대응한 가장 적절한 소송형태로 간주되고 있으나, 재량권이 零(Null)으로 수축되는 것이 인정되는 경우에는 집행소송(Vornahmeklage : 특정행위명령소송)이 가능하다.

### 10. 무하자재량행사청구권을 긍정한 판례

[독일] 독일판례는 국립대학교수채용응모자는 무하자재량행사청구권이 있다는 판례가 있다.[2] 【사건개요】 독일의 某 국립대학에서는 정치학교수의 공개채용을 공고하였다. 이 대학 인사위원회는 지원자 중에서 5인을 후보자로 결정하고 X를 제1순위로 결정하였다. 동 대학총장은 X를 임명하기 위하여 교육부에 임명제청하였다. 그러나 상당기간 경과 후 교육부장관은 서신을 통하여 동 대학 정치학과 전체 교수진의 구성상 X를 채용할 수 없다고 통보하였다. 이에 X는 그 결정이 자신의 무하자재량행사청구권을 침해하여 위법하다고 하여 그 취소소송을 제기하였다. 【판결요지】 제1심 법원은 청구를 기각하였으나, 항소심에서는 「행정기관의 재량이 인정되는 특정행위를 신청하는 당사자에게는 당해 행위에 대한 실체적인 법적 청구권이 주어지지 못하고, 다만 무하자재량행사청구권이 주어질 뿐이다. 공직채용을 위한 지원행위는 공직의 수여를 받기 위한 신청행위로 볼 수 있고, 이에 대한 결정절차가 적어도 같은 가치를 가지는 두 가지 절차를 거치는 경우에는 제1의 절차를 성공적으로 통과한 지원자는 다음의 제2의 절차가 하자 없는 재량결정에 의하여 진행될 것을 요구할 수 있는 법적 지위를 갖게 된다. 만일 제2의 절차와 관련하여 지원자에게 하자 없는 재량행사청구권이라는 법적 지위가 주어지지 않는다면 이는 잘못이다」라고 하여 피고의 재량권행사가 위법함을 확인하였다.[3]

[우리나라] 우리나라의 경우도 무하자재량행사청구권이 인정된 판례가 있다는 주장도 있다. 대법원은 "검사의 임용 여부는 임용권자의 자유재량에 속하는 사항이나, 임용권자가 동일한 검사신규임용의 기회에 원고를 비롯한 다수의 검사 지원자들로부터 임용 신청을 받아 전형을 거쳐 자체에서 정한 임용기준에 따라 이들 일부만을 선정하여 검사로 임용하는 경우에 있어서 법령상 검사임용 신청 및 그 처리의 제도에 관한 명문 규정이 없다고 하

---

1) 박균성, 행정법론(상), 934면.
2) Lüneburg, Urt. vom 11. 8. 1982(1982년 8월 11일 뤼네부르크 판결; **독일은 일-월-년의 순서로 표기; 미국은 월-일-년으로 표기; 한국은 년-월-일로 표기**); NJW, 1984, S. 1639.
3) 박윤흔, 행정법강의(상), 174면 참조.

여도 조리상 임용권자는 임용신청자들에게 전형의 결과인 임용 여부의 응답을 해줄 의무가 있다고 할 것이며, 응답할 것인지 여부 조차도 임용권자의 편의재량사항이라고는 할 수 없다.1) ☞ 다수설은 이 판례가 무하자재량행사청구권을 인정한 판례로 보고 있다.2)

## II. 행정행위발급청구권(行政行爲發給請求權)

### 1. 서론

[의의] 행정행위발급청구권이라 함은, 허가나 인가 등 수익적 행정행위를 청구하는 권리 등과 같이 개인이「자기의 이익을 위하여 '자기'에 대한 행정권의 발동을 청구하는 권리」이다. 19세기의 근대입헌국가는 자유주의적 법치국가를 의미하는 것이었으므로, 그 당시의 행정법이론은 국가권력의 제한을 통한 국민의 권리·자유보장을 추구하였기 때문에, 가능한한 국민의 자유와 재산을 침해하는 행정권의 발동을 최소한으로 억제하는데 중점을 두었고, 그러한 침해가 있는 경우의 사후적 행정구제로서 국가배상과 행정쟁송 등의 권리를 인정하는 것이 고작이었고, 이러한 현상을 제2차 세계대전말까지 계속되었다. 그러나 제2차 세계대전이후의 오늘날의 사회적·실질적 법치국가(현대 헌법국가)에서는 오히려 국민 생활에 있어서의 생존배려를 위한 행정권의 적극적인 발동이 필요불가결한 요소로 등장하게 되었다. 여기에서 특히 복지행정분야에서 행정주체는 개인의 이익보호를 위하여, 혹은 직접 상대방에 대하여 혹은 제3자에 대하여 행정권을 발동할 의무를 지게되고, 개인에게는 행정권이 위법하게 행정권을 발동하지 않은 경우, 즉 행정청의 부작위에 대하여 사전예방적으로(危害발생이 예견되는 경우) 또는 사후구제적으로(危害가 이미 존재한 경우) 그 발동을 청구할 수 있는 적극적인 권리를 실체법·절차법 양면에서 인정할 필요가 있게 되었다. 그리하여 오늘날의 행정법 이론에서는 이러한 실체법적·절차법적 권리를 뒷받침하는 것이 최대의 새로운 과제로 되어 있다.3)

---

1) 대판 1991. 2. 12, 90누5825【검사임용거부처분취소】
2) 다수설(김남진, 행정법(I), 105면; 김동희, 행정법(I), 98면; 김성수, 행정법(I), 204면; 김철용, 행정법(I), 100면; 박윤흔, 행정법강의(상), 171면); 정하중, 행정법총론, 103면은 이 판례를 독자적인 성질의 무하자재량행사청구권을 인정한 판례라 들고 있는데 반하여 홍정선 교수는 이는 헌법 제10조(인간으로서의 존엄과 가치 행복추구권) 헌법 제15조(직업선택의 자유) 헌법 제25조 및 국가공무원법·검찰청법 등에서 나오는 공무담임권의 한 부분으로써 실질적 권리이지(헌재결 2006. 2. 23, 2005헌마403), 재량행사의 하자 그 자체를 대상으로 하는 형식적인 권리가 아니라고 한다(홍정선, 행정법원론(상), 단락번호 462 참조). 김연태교수는 홍정선 교수와 같은 견해인 것 같다(김남진·김연태, 행정법(I), 110면 참조).

행정행위발급청구권은 허가나 인가를 청구하는 권리, 생활보호결정을 청구하는 권리 등과 같이, (ㄱ) 자기의 이익을 위하여 자기에 대한 행정권의 발동을 청구하는 권리와, 환경오염을 야기하는 기업에 대하여 규제관할권을 가지고 있는 당해 행정청에 대하여 시설개선명령 등을 발하여 줄 것을 청구하는 인근주민의 권리와 같이, (ㄴ) 자기의 이익을 위하여 타인(제3자)에 대한 행정권의 발동을 청구하는 권리로 나누어 볼 수 있다. 후자는 다같이 공권력의 발동을 청구하는 것이기는 하지만, 제3자에 대한 규제 내지는 단속을 구하는 것으로 좁은 의미에서는 이것을 전자와 구별하여 행정개입청구권이라 한다.[1] 그러나 제3자에게 뿐만 아니라 본인에게 청구하는 경우에도 다같이 행정개입청구권이라는 용어를 사용하여도 무방하다고 본다.

▶ 행정행위발급청구권 → 자기의 이익을 위하여 자기에 대한 행정권의 발동을 청구하는 권리(허가나 인가를 청구하는 권리, 생활보호결정을 청구하는 권리)

▶ 행정개입청구권 → 자기의 이익을 위하여 타인(제3자)에 대한 행정권의 발동을 請求하는 권리(환경오염을 야기하는 기업에 대하여 시설개선명령 등을 발하여 줄 것을 당해 행정청에 청구)

※ 그러나 ① 제3자에게 뿐만 아니라, ② 본인에게 청구하는 경우에도 다같이 행정개입청구권이라는 용어를 사용하여도 무방

## 2. 행정행위발급청구권의 연혁 및 기능

행정행위발급청구권의 이론도 무하자재량청구권의 경우과 같이 독일의 학설·판례에 의하여 정립·발전한 것이다.

[행정청의 위법한 부작위에 대한 구제수단으로 기능] 일반적으로 이 권리는 사전예방적 기능을 가지는 것으로 이해되고 있으나, 예컨대, 환경오염기업의 환경오염물질배출에 대하여 인근주민의 행정개입청구권이 인정되는 경우와 같이 사후시정적 기능을 가지는 경우도 없지 않다.

## 3. 행정행위발급청구권의 성립요건

### 3.1. 행정청의 행위의무의 존재

행정행위발급청구권이 성립되기 위해서는 행정법규가 행정청에게 일정한 행정행위를 행할 의무를 부과하고 있을 경우에 성립한다. 행정법규가 행정청에게 행정처분을 할 의무를 지우고 있는 기속행위의 경우는 물론이고, 재량행위의 경우에도 재량이「영으로 수축」

---

3) 박윤흔, 행정법강의(상), 160면.
1) 박윤흔, 행정법강의(상), 160면.

되는 경우에는 행정행위 발급청구권이 인정된다. 사인(私人)이 어떤 영업활동이나 사적 거래를 하려고 하는 경우 행정청의 인허가나 특허를 필요로 하는 경우가 많은바, 그러한 경우에, (ㄱ) 당해 법규가 오직 공익의 실현만을 목적으로 하는 것이 아니고 동시에 개인의 이익보호도 목적으로 하고 있고(사익보호성), (ㄴ) 법규가 행정청에게 일정한 행정행위를 행할 의무를 지우고 있음(강행법규성)에도 불구하고, 행정청이 그와 같은 행정행위를 행하지 아니하는 때(부작위 또는 過小作爲: 해태)에는 사인에게 행정행위발급청구권의 성립을 인정할 수 있다고 본다.[1] 그런데 법규는 많은 경우에 행정청에 대하여는 기속적으로 일정한 행정행위를 행할 의무를 지우지 아니하고, 그것을 행할 것인지에 대하여 재량권을 인정하고 있으며(재량행위), 또한 법규상으로는 사익보호도 목적으로 하고 있는지가 애매한 경우가 많은바, 이러한 경우에는 반사적 이익이론과 행정편의주의(Opportunitätsprinzip)를 논거로 하여 행정행위발급청구권은 성립되지 아니한다고 보는 것이 전통적인 견해였다. 다시 말하면 개인이 당해 법규에 근거한 행정행위로 이익을 받을 수 있는 경우에도 법규가 명문으로 사익보호성을 인정하지 아니한 이상 대개의 경우 반사적 이익으로 보아야 하고, 따라서 반사적 이익만을 가질 때에는 그것은 법률상의 힘이 아니므로 행정행위발급청구권은 성립되지 아니하며, 또한 행정청에게 재량이 인정되어 있는 경우에는 행정청은 행정행위를 행할 것 인지의 여부를 편의적으로 결정할 수 있기 때문에 사인에게 행정행위발급청구권은 성립되지 아니한다고 보았다.[2]

### 3.2. 행정법규의 공익 및 사익의 보호

행정법규가 오직 공익실현만을 목적으로 하는 것이 아니고 개인의 이익도 보호하고 있을 것이 요구된다. 그러나 국민의 행정의존도가 높아지고 국민의 주체적 지위가 크게 인식된 사회적 법치국가에서는 재량이 인정된 영역에서도 행정행위발급청구권이 인정될 수 있는 경우가 있다고 보게 되었다(사익보호성). (ㄱ) 오늘날은 위에서 본 바와 같이 법규가 명문으로 사익보호를 규정하고 있지 아니한 경우에도 해석상 사익을 보호하고 있는 것으로 보는 경우가 대폭 확대되게 되었다(사익보호성).[3] (ㄴ) 행정청에 재량이 인정된 경우(특히 결정재량)에도 재량권에는 일정한 한계가 있으며, 이에 따라 상대방에게는 「하자 없는 재량행사청구권」이 라는 형식적 권리가 인정된다고 보는바, 재량권이 零으로 축소(Ermessensschrumpfung auf Null) 되는 상황 아래서는 행정청에게는 특정한 행정행위를 하여야 할 의무가 생기고, 이에 대응하여 상대방의 형식적 권리인 흠 없는 재량행사청구권은 실체적 권리인 구체적인 특정행

---

1) 박윤흔, 행정법강의(상), 161면.
2) 박윤흔, 행정법강의(상), 161면.
3) 이 경우 법규는 성문법뿐만 아니라 불문법(관습법·조리법)도 포함되는 것으로 본다.

정행위발급청구권으로 전화(응고)된다고 본다(강행법규성).1)

### 4. 소송제도와의 관계

행정행위발급청구권을 인정한다고 하더라도 현실적으로 그것을 주장할 수 있는 소송방법이 현행법상 인정될수 있는가 하는 것이 또 다시 문제된다. 독일과 같이 의무이행소송(Verpflichtungsklage)이 인정되는 경우에는2) 그것이 이 청구권을 실현하기 위한 것이므로 문제가 없다. 우리의 경우는 의무이행소송이 인정되지 않아 그 실효성에 의문이 있었고, 따라서 뒤늦게나마 개정 행정소송법(안)에서는 의무이행소송제도를 도입하도록 하였다. 다만, 우리의 경우에도 거부처분의 취소소송(행정소송법 제30조 : 청구를 거부한 경우)판결이나 부작위위법확인소송(행정소송법 제4조 제3호 : 청구를 방치한 경우)이 있으면 기속력이 발생하고, 기속력에 따른 행정청의 재처분의무와 그에 대한 간접강제제도(행정소송법 제34조·38조 제2항)에 의하여 간접적으로는 의무이행소송을 인정한 것과 같은 기능을 발휘할 수 있을 것이다.3)

## III. 행정개입청구권(行政介入請求權) : 일반적 고찰

### 1. 개관

행정개입청구권(Anspruch auf behördliches Einschreiten)4)5)이라 함은 행정청의 부작위로 인하여 권익을 침해 당한 자가 당해 행정청에 대하여 자기의 이익을 위하여 타인(제3자)에게 행정권(규제 내지는 단속)을 발동할 것을 청구할 수 있는 권리이다. 행정개입청구권은 자기이익(A)을 위하여, 행정청에게(B), 타인(C)에 대하여 행정권의 발동을 청구하는 권리라는 점에서 자기의 이익을 위하여 자기에 대한 행정권의 발동을 청구할 수 있는 권리인 **행정행위발급청구권과 구별**된다. 아울러 행정개입청구권은 사전예방적·사후구제적 성격을 동시에 지니고 있는 실체

---

1) 박윤흔, 행정법강의(상), 161면; 김도창(상), 243면.
2) 독일은 1960년에 제정된 **연방행정재판소법**(Verwaltungsgerichtsordnung) 제42조 제1항에서 "소를 제기함으로써 행정행위의 취소 및 거부되었거나 방치된 행정행위의 실행을 위한 판결선고를 요구할 수 있다"고 규정함으로써 **의무이행소송을 인정하였다**. 김춘환, 독일과 한국의 행정소송의 유형에 관한 비교법적 연구, 사회과학연구, 1993, 61면 이하 참조.
3) 박윤흔, 행정법강의(상), 162면; 석종현, 일반행정법(상), 113면.
4) 행정개입청구권에 관한 상세한 내용은 김백유, 헌정 및 행정법치연구, 한성대출판부, 2006, 854면 이하 참조.
5) 이를 행정권발동청구권이라고도 한다(김남진·김연태, 행정법(I), 111면).

적 권리이다.1) 행정법관계에 있어서 행정행위의 직접상대방(타인; 환경오염기업)에 대하여는 침해적 행위이지만 제3자(본인; 주민)에 대하여는 수익적 행위인 경우 그 이익을 받는 제3자가 행정청에 대하여 그 침해행위의 발동을 청구하는 것이다. 행정개입청구권은 전통적인 자유주의적 법치국가원리에서는 부정적(否定的)으로 보는 것이 일반적 경향이었다. 그 논거는 역시 반사적 이익 이론과 행정편의주의 이론이다.

　　[전통적·형식적 법치국가] 전통적인 법치국가 원리 아래서는 국가의 침해행위로부터의 자유영역의 확보가 기본적인 관심사였다. 이러한 입장에서는 침해행위의 발동을 규제하는 것이 법치국가원리에 부응하는 것이며, 침해행위의 발동·명령하여 제3자의 이익을 확보하는 것은 법치국가원리의 적용영역을 초과하는 것으로 보았다. 따라서 법률에서 수권한 침해행위의 현실적인 발동여부는 행정청의 재량에 속하는 것으로 보았다. 그리고 행정개입이 요구되는 경우는 대개가 사인간에 분쟁이 발생한 경우인데, 분쟁해결은 사법적 방법에 맡겨야 할 것이며, 행정청은 사인간의 분쟁처리와는 별도로 공익적 판단에 따라 재량으로 권한발동의 여부를 결정하여야 할 것으로 보았다. 또한 당해 침해행위의 발동으로 제3자가 얻는 이익은 반사적 이익으로 보았다.2)

　　[사회적·실질적 법치국가] 이에 대하여 오늘날의 사회적 법치국가에 있어서는 재량영역에 있어서도 행정개입청구권이 성립할 수 있다는 것이 유력하게 주장되고 있다. 그 논거는 행정행위발급청구권에서와 같이 해석을 통한 반사적 이익의 대폭적인 법적 이익화와 재량이 영으로 축소된 상황 아래서는 형식적 권리인 하자 없는 재량권행사청구권이 실체적 권리인 행정개입청구권으로 전환된다는 것이다.3)4) 다시 말하면 (ㄱ) 관련법규의 해석에 있어서, 종래에는 그것이 전적으로 공익만을 보호하고 있는 것으로 해석하였으나, 이제는 그것이 공익(예컨대 건축법의 경우 전체적인 주거 환경의 보호)과 더불어 관계되는 개인(예컨대 인근 주민)의 이익도 보호하고 있다고 해석하여, 반사적 이익의 대폭적인 법적 이익화가 실현되었다(사익보호성). (ㄴ) 행정청에 재량이 인정되는 경우(특히 결정재량)에도, 중대한 법익에 대한 목전의 급박한 위험이 있는 경우까지도 행정청에게 수수방관할 자유를 인정할 수는 없는 것으로서, ① 사람의 생명·신체·명예 등 행정법규의 보호법익에 대한 현저한 피해가

---

1) 정하중, 행정법총론, 104면.
2) 박윤흔, 행정법강의(상), 162면.
3) 해석상으로 행정개입청구권의 성립을 인정하기는 어렵다는 견해도 있다. 이러한 견해는 이러한 청구권의 확립이 필요하다면 입법적으로 해결하여야 한다고 하고, 입법적으로 해결한다고 하더라도 그에 앞서 법원이 행정개입을 명하도록 하는 것이 적절한지, 원고적격의 범위를 어떻게 할 것인지, 어떤 요건과 사정 아래서 인정할 것인지 등에 대하여 깊은 연구가 있어야 한다고 한다 (成田賴明, 行政法講義, 月刊法教, 第15號, 71頁 참조).
4) 박윤흔, 행정법강의(상), 163면.

예상되고, ② 그러한 위험이 행정기관의 권한행사에 의하여 제거될 수 있다고 판단되는 상황이며, ③ 민사소송 그 밖의 피해자의 개인적인 노력으로서는 위험방지가 충분하게 이루어질 수 없다고 판단되는 상황 아래서는, 행정청에게 인정된 재량의 폭은 원칙적으로 영으로 수축되고, 행정청이 권한을 발동하지 아니하고 부작위를 계속하는 것은 피해를 당하는 국민에 대한 관계에서는 법적 의무 위반으로 인정되게 된다(강행법규성). 이것을 「재량권의 영으로의 수축의 법리」라 한다.[1]

[사례] 甲은 하천과 인접한 호수에 양식장 시설을 하여 양식어업을 하고 있다. 최근 하천구역의 점용허가를 받아 설치된 이웃 음식점 등에서 법정허용치 이상의 오염물질을 계속 배출하여, 그 오염물질이 호수에 유입되어 양식어종이 폐사하고 그로인하여 막대한 재산상의 피해를 보게 되었다. 甲은 이러한 사태는 당해 하천의 관리자인 도지사가 하천 관리의무를 태만히 한데 원인이 있다고 보아, 국가배상법 제2조에 따라 道를 상대로 하는 손해배상청구소송을 제기하였다. 이 경우 적용될 수 있는 이론은?

[해설] 이 사안에서는 도지사는 음식점 등에서 오염물질이 배출되는 데도 불구하고 이를 방지하기 위한 적절한 조치를 취하지 않았다. 이러한 도지사의 행위는 하천법 제67조가 정하는 감독권한의 불행사·해태(懈怠)행위에 해당한다. 국가배상법상의 직무행위(Amtshandlung)에는 행정권한의 적극적 행사뿐만 아니라, 그 불행사 내지는 부작위도 그에 포함된다. 그러나 도지사의 당해 규제 권한·의무가 재량행위인 경우에는 그 불행사가 위법한 것인지 여부의 문제가 있다. 이에 관하여 하천법 제67조는 이 법 또는 이 법에 의하여 발하는 명령이나 이에 의한 처분을 위반한 자에 대하여는 "허가 또는 승인의 취소 … 공작물 또는 물건의 이전, 제거 기타 필요한 처분을 할 수 있다"고 규정하고 있기 때문에 문언상으로는 당해 처분은 재량처분으로 해석할 수 있다. 당해 처분을 재량처분으로 보는 경우에는 그러한 처분권한을 행사하지 아니하였다 하여도, 그러한 권한의 불행사가 곧바로 위법한 것으로는 되지 않는다. 그러나 당해 처분이 재량처분이라 하여도, 인근 음식점 등에서 계속 환경오염물질이 배출되어 하천의 오염의 정도가 심각한 정도에 이르고, 그로 인하여 인근 주민의 재산 내지는 건강에 대한 매우 심각한 피해가 예상되는 경우에는, 당해 행정청은 감독권한을 행사하는 것만이 의무에 합당한 재량권의 행사(nur ein pflichtgemäßes Ermessen)로 인정될 수 있는 것이다(재량권의 영으로의 수축이론). 이 경우 행정청의 권한 불행사는 위법한 것으로 된다. 이러한 재량권의 영으로서의 수축이론에 따라서 이 사례의 경우 도지사는 환경오염을 야기하는 음식점에 대하여 규제 감독권을 발동해야 하며, 감독권한의 불행사에 대하여는 위법성이 인정될 수 있다. ☞ 행정개입청구권의 법리

---

1) 박윤흔, 행정법강의(상), 163면.

## 2. 독일에서의 행정개입청구권의 법리의 전개

[독일에서의 행정개입청구권의 법리의 전개] 독일에서의 행정개입청구권은 주로 경찰행정 분야에서 경찰개입청구권의 이름으로 논의되고 있다. 독일의 판례에서는 국가배상청구사건과 관련하여서는, 1921년 11월 15일의 이른바, 눈썰매 사건(Rodelfall) 이후 행정청의 작위의무, 즉 권한 불행사의 위법성을 인정하여 왔으며, 행정개입청구사건과 관련하여서는 제2차대전 후 1960년 8월 18일 독일 연방행정법원이 내린 띠톱판결(Bandsäge-Urteil) 이후 그것을 인정해 왔다. 이와 같이 행정청의 작위의무(개입의무)가 국가배상사건에서 먼저 인정되고, 행정개입청구사건에서는 훨씬 늦게 인정된 것은, 전자의 경우는 법원이 행정작용을 사후평가하게 되는데 대해, 후자의 경우는 법원이 행정작용을 장래 예측적으로 사전평가하게 되어, 행정권과 사법권의 분립이라는 권력분립의 입장에서 보아 국가배상사건의 경우는 별로 문제가 될 수 없기 때문이라 할 것이다.[1] 이러한 행정개입청구권의 법리는 전후 독일 행정법에 있어 경찰 및 질서행정법 분야에서 판례를 통하여 이루어진 판례법의 소산(所産)이다. '띠톱판결(Bandsäge-Urteil)'[2]의 내용은 다음과 같다.

[事案] 일반 주거지역에 설치된 참가인의 석탄제조 및 하역업소가 사용하는 띠톱(Bandsäge)에서 나오는 먼지와 소음으로 인한 피해를 입고 있던 인근주민이 관할 건축관청에 대하여 건축경찰상의 금지처분을 취해줄 것을 청구하였다.

[판결 : 베를린 고등행정법원] 피고의 영업은 주거지역에서는 허용될 수 없으며 그로 인한 먼지와 소음은 수인가능한도를 넘는(Unzumutbar) 것이라는 원고의 주장에 대하여, 관할 행정청은 이 업소의 조업을 건축법규에 위반되지 않는다고 하여 원고의 주장을 배척했다. 이에 불복하여 원고는 소송을 제기하였다. 제1심 판결을 담당한 베를린(Berlin) 고등행정법원은 원고에게는 행정청의 특정행위를 요구할 청구권이 없다는 이유로 파기하였다. 그 이유는 건축법상 건축경찰은 건축법의 규정에 합당한 상태를 유지할 권한을 지닐 뿐 의무를 지는 것은 아니라는 것이었다. 행정개입은 행정청의 재량에 속한다고 본 것이다.[3]

[판결 : 연방행정법원] 그러나 연방행정법원은 이 사건에서 경찰법상의 일반수권조항의 해석에 있어 헌법의 규범적 효력을 관철시키기 위한 이론적 기초로서 무하자재량행사청구권(Anspruch auf fehlerfreie Ermessensausübung), 재량수축(Ermessensreduzierung auf Null)의 법리를 도출해냄으로써 개인의 주관적 지위를 근본적으로 강화시키는 계기를 마련하였다. 그때까지의 독일에서의 판례와 학설은 시민이 경찰에 대하여 질서교란적 행위와 상태에 대한 규제조치를 취해 달라는 이행청구권을 부정해왔다. 가령 경찰의 개입에서 생겨나는 개인의 혜

---

1) 박윤흔, 행정법강의(상), 163면 참조.
2) BVerwGE 11, 95.
3) V. Götz, Allgemeines Polizei- und Ordnungsrecht, 10. Aufl., Göttingen 1991, Rn. 89, S. 51 f.

택은, 경찰의 개입을 수권하는 규범(경찰권발동의 근거)들이 오로지 공익을 위해 정립된 것이므로 「단순한 사실상의 수익」으로서 「객관적 법의 반사」(Reflexe des objektiven Rechts)에 불과한 「반사적 이익(Reflexinteresse)」이라는 것이 그 이유였다. 이 사건에서 원고(A)에게, 행정청(B)에 대해 제3자(C)에 대한 행정규제를 요구할 권리(행정개입청구권; 행정개입요구권)가 인정되었다는 것은 바로, 개인이 행정에 대하여 갖는 권리가 확대되었다는 사실을 뜻한다(행정법상 사인의 지위의 확대현상). 이 사건을 통하여 행정개입청구권이 경찰상의 재량자유(Ermessensfreiheit der Polizei)에 의해 거부되지 않는다는 점이 확인되었고 이를 가능케 한 이론적 근거가 이른바 「재량권수축의 논리(Ermessensschrumpfung auf Null)」였다. 이 판결에서 문제된 법적 관계의 구조적 특징은, 청구권자인 주민의 입장에서 볼 때에는 형식적으로는 행정청의 (자기에 대한) 수익적 행위를 적극적으로 청구하는 것이나, 사실상 행정조치의 상대방인 사업자(제3자)에 대하여 「침해행정적 처분의무의 이행」을 요구하고 있다는 데 있었다. 이와같이 독일에서는 전통적인 이웃관계(Nachbar)에 관한 문제에 보호청구권(Schutzanspruch)이라고 하는 새로운 권리를 추가시켰고, 이러한 보호청구권의 관점이 띠톱판결(Bandsäge-Urteil)을 통하여 행정법적 수준에서 특히 경찰상의 일반수권조항(General-Klausel/경찰권발동의 근거로서 공공안녕과 공공질서유지)의 원용 및 재해석을 통해 관철되었다는 점에 그 특색이 있다.

### 3. 무하자재량행사청구권과의 구별

행정개입청구권은 관계인이 행정청에 대하여 법규상 부과되어 있는 특정처분을 할 것을 청구할 수 있는 권리라는 점에서, 적법한 재량처분만을 구할 수 있을 뿐 종국적 처분의 내용까지는 그 권리가 미치지 않는 무하자재량행사청구권과 다르다.

### 4. 인정여부

#### 4.1. 부인설

##### 4.1.1. 반사적 이익설

행정권의 발동은 일반공익을 실현하기 위한 것이며 특정개인을 위한 것은 아니므로 비록 특정개인이 행정권의 발동으로 이익을 받더라도 그것은 반사적 이익에 불과하고, 따라서 행정권이 권한행사를 해태(부작위 또는 과소행위)하여 권한을 행사하지 아니함으로써 특정개인에게 불이익을 주더라도 개인측에서는 행정청의 부작위에 대하여 적정한 권한행사를 요구하는 권능이 인정되지 않는다고 한다.

### 4.1.2. 행정편의주의(Oppotunitätsprinzip)

행정청에게는 일반적으로 행정편의주의에 따라 행정청이 행정권을 발동할것인가 말 것인가여부를 행정의 합목적성을 고려하여 결정하며(결정재량), 또한 행정권을 발동하는 경우 어떻게 할 것인가에 관하여 선택의 자유 및 판단의 자유(선택재량)를 가진다는 것이다(재량개념적 편의주의).[1] ▶ 결정재량 : 행정권의 발동여부를 결정 ▶ 선택재량 : 행정권을 발동하는 경우 어떻게 할 것인가(선택의 자유 및 판단의 자유)

## 4.2. 긍정설

### 4.2.1. 행정편의주의의 극복

재량행위인 경우라도 행정청은 개인의 생명, 신체, 재산, 공공의 안녕과 질서에 대한 위험이 절박한 경우 재량권이 영으로 수축하면 행정권을 발동할 의무를 진다.

### 4.2.2. 반사적 이익의 보호이익화 이론

국민생활이 행정에 크게 의존하고 있는 오늘날의 '사회적 법치국가(sozialer Rechtsstaat)'에 있어서는 행정을 통하여 국민이 받는 이익이 모두 반사적 이익에 불과하다는 것은 더 이상 타당하지 않다. 과거에는 질서행정분야의 법규는 오로지 공익만을 보호하고 직접적으로는 사익을 보호하지 않았기 때문에, 그러한 행정작용으로부터 사인이 어떤 이익을 향유하더라도 그것은 반사적 이익에 지나지 않는다고 보았다. 현대에 와서는 경찰권행사와 관련하여 국민은 행정청에게 특정행위를 발동해 줄 것을 청구할 권리를 가진다(경찰개입청구권).

### 4.2.3. 영(零)으로의 재량권수축이론

행정편의주의 역시 일정한 한계가 있어서 행정청에게 재량이 부여되어 있더라도, 가령 개인의 재산·생명·신체에 대한 목전의 급박한'危害(Gefahr)'를 예방 또는 제거해야 할 긴급한 필요가 있는 경우,[2][3] 행정청이 적시에 규제·감독권 기타 행정권을 발동하면, 그 피해의 결과발생을 방지할 수 있는 상황에 있을 경우에는 그 재량의 폭이 축소되어 마침내는 '零(Null)'에 도달함으로써(재량권이 零으로 수축 : Ermessensreduzierung auf Null), 행정청의 권한불행사의 자유가 없어지고, 행정청은 결과발생방지를 위하여 필요한 「특정한 행위를

---

 1) 석종현, 일반행정법(상), 114면.
 2) 석종현, 일반행정법(상), 114면; 신보성, 행정개입청구권, 고시연구(1993.6), 41면 참조.
 3) 과세처분에 의하여 입은 손해는 배상청구가 가능하므로 그 처분을 정지함에 회복할 수 없는 손해를 피하기 위하여 긴급한 사유가 있는 경우에 해당하지 아니한다(대결 1971. 1. 28, 70두7)

하여야 한다」는 개입의무가 발생하며, 그 행위를 하지 않으면 작위의무의 위반으로서 위법이 되고, 사인측에게는 그에 대응하는「특정행위」를 요구하는 청구권(행정개입청구권), 즉 특정행위명령판결(Vornahmeurteil)을 취득할 권한이 발생한다는 것이다. 이를 위한 소송으로는 집행소송/특정행위명령소송(Vornahmeklage)이 있다.

### 4.3. 결론

우리의 판례는 국가배상사건과 관련하여서는 행정청의 작위의무를 인정하고 있으나, 행정개입청구권과 관련하여서는 이를 근거로 한 판례는 아직 내놓지 않고 있다. 오늘날의 행정작용은 국민의 공공복리에 봉사하는 공적 서비스활동이다. 따라서 국민의 이익보호·급부를 필요한 때에는 국민에게 적절한 행정권행사를 구하는 법적 권한이 인정되어야 한다. 그리하여 비록 행정청에게 재량이 인정되어 있는 경우라고 할지라도, 예컨대 행정권의 발동이 없으면 국민생활의 구체적 위험 내지는 금전으로 배상할 수가 없는 손해가 생길 것이 예상될 때, 만약 행정권을 발동하면 그러한 위험 내지는 손해를 예방할 수 있다고 판단되는 경우에는 행정청의 권한불행사의 자유는 소멸되고, 행정개입을 할 의무가 있다고 보아야 한다. 다시말하면 이러한 예외적 상황 하에서는 국민에게 행정개입청구권이 인정된다고 보아야 한다.[1]

## 5. 행정개입청구권의 성립요건

### 5.1. 행정청의 처분의무(개입의무)의 존재

법규에 의하여 구체적인 행정권발동의무가 부과되어 있어야 한다. 행정개입청구권은 일반적으로 재량행위와 관련하여 재량통제이론인 "영으로의 재량권수축이론(Ermessensschrumpfung auf Null)"을 근거로 하여 인정된 것이다. 즉 행정청에게 행정권을 발동할 수도 있고 발동하지 않을 수도 있는 재량권(결정재량)이 부여되어 있는 한 행정권을 반드시 발동해야할 의무는 인정되지 아니하나, 특수한 상황하에서 재량권이 영으로 수축되는 경우에는 행정청에게 행정권을 발동 해야할 의무가 발생한다.[2] 행정청이 특정처분을 하여야 할 법적 의무를 지고 있는 기속행위의 경우에는 이 청구권이 인정될 수 있음은 당연하다.

### 5.2. 공익 및 사익보호의 필요성의 존재

관계행정법규가 공익뿐만 아니라 개인(제3자의 사익)의 이익도 보호하는 것이어야 한

---

1) 박윤흔, 행정법강의(상), 165면.
2) 김남진·김연태, 행정법(I), 112면.

다. 개인에게 행정개입청구권이라는 공권이 발동하기 위하여는 관계법규가 사익에 대한 보호규범(Schutznorm)으로서의 성질을 가져야 한다. 특히 '반사적 이익의 보호이익화 경향'[1]에 따라 행정개입청구권의 성립요건은 그만큼 완화되어 가고 있다.

## 6. 행정개입청구권의 적용영역
### 6.1. 환경규제행정영역

주거지역 내에서 연탄공장건축허가가 행해진 경우, 그로 인하여 먼지·소음 등으로 생활방해를 받게된 인근주민은 허가관청에게 이러한 불이익을 제거하기 위하여 필요한 조치를 청구할 수 있다. 또한 환경오염물질을 배출하는 업소의 인근주민은 환경처장관에게 오염물질 배출규제권의 발동을 청구할 수 있다. 환경오염의 규제권한 불행사나 생활배려의 거부 등에서 보는 바와 같이 (소극적인) 공권력의 불행사가 사인의 생존권을 위협하는 경우가 많아지고 있기 때문에 위법·부당한 공권력의 불행사를 통제하는 것이 중요하게 되었다. 여기에 행정청의 위법 또는 부당한 거부처분이나 부작위에 대하여 일정한 처분을 하도록 하는 의무이행심판(의무이행소송)의 필요성이 있다. 의무이행심판(의무이행소송)은 무하자재량행사청구권, 행정개입청구권, 행정행위발급청구권을 관철하기 위한 쟁송수단이다.

### 6.2. 질서행정영역

무장공비(강도)의 지배하에서 생명의 위협을 당하고 있는 사람에 대하여 시민은 군인·경찰관에 피해자의 구출을 위한 조치를 취할 것을 요청할 수 있다.

▶ 대판 1971. 4. 6, 71다124 【김신조 무장공비사건】 1. 21 무장공비출현사태시(김신조사건)에 공비와 격투 중에 있는 청년의 동거인(신길자)이 3회에 걸쳐 군·경·공무원에게 간첩출현을 신고하고 구원을 요청하였음에도 불구하고 이를 묵살하고 즉시 출동하지 않아 사살된 사건(대판 1971. 4. 6, 71다124)에서, 공무원 들의 즉시 출동하지 아니한 직무유기 행위로 인하여 발생한 것이라고 못볼바 아니므로, 공무원들의 불법행위와 망인(이용선)의 사망과의 사이에 인과관계가 있다라고 하여, 부작위로 인한 손해에 대하여 '국가배상책임'을 인정하고 있다. ☞ **다만 이 판례는 '재량권의 영으로의 수축(행정개입청구권)'을 인정한 판례라기 보다는 단순히 부작위가 위법하다는 취지의 판례이다.**

---

[1] 공권과 반사적 이익의 중간영역에 보호이익의 관념을 인정하지 않는 입장에서는 '반사적 이익의 공권화 경향'이라는 표현을 한다(김남진·김연태, 행정법(I), 113면).

## 7. 행정개입청구권과 구제수단

### 7.1. 행정청의 부작위에 대한 국가배상

권력행정에서 행정청의 부작위는 경우에 따라서 위법이 된다는 것이 국가배상사건에서부터 인정되었다.

### 7.2. 권리구제를 위한 쟁송수단(소송의 유형)

현대 민주복지국가에 있어서는 이러한 행정개입청구권이 승인될 때에 비로소 국민의 주체성과 법치국가성은 완성되게 된다. 다만, 그러한 행정개입청구권의 구체적인 실현은 독일과 같이 의무이행소송이 인정될 때 가장 잘 실현될 수 있다고 할 것이나, 현재 판례상, 그리고 소송법상 의무이행소송이 인정되지 않고 있는 우리나라에서는 행정심판의 경우 의무이행심판을 통하여, 행정소송의 경우에는 거부처분취소청구소송(청구를 거부한 경우) 또는 부작위위법확인소송(청구를 방치한 경우) 및 간접강제제도에 의하여 권리구제를 받을 수 있다.[1]

[독일(의무이행소송)] 실체법적 공권으로서의 행정개입청구권의 실행을 위한 가장 실효적인 소송형태는 의무이행소송이다. ☞ **독일에서는 이 소송형태가 인정되고 있다**.

[영·미법상] 영·미법상으로는 일찍부터 선언적 재판(declaratory judgement), 중지명령소송(injunction), 직무집행명령소송(mandamus proceeding)과 같은 법원의 행정개입 절차가 인정되고 있다.

[우리나라] 우리나라에서는 현재에는 의무이행심판과 부작위위법확인소송 및 거부처분에 대한 취소소송의 방법을 취할 수밖에 없다.

[박윤흔 교수의 견해] 환경권(공해기업에 대한 개선조치명령의 발동을 청구하는 인근주민의 권리 등)·소비자권(예: 물품제조업자에 대한 규제조치 발동을 청구하는 소비자의 권리 등)·안전권(위법건축자에 대한 무너질 위험성이 있는 건축물의 철거명령의 발동을 청구하는 인근주민의 권리 등) 등 행정개입청구권과 관련되는 새로운 인권은 어느 것이나 우리 실정법상의 권리체계에 있어서 직접 사법권의 재판에 의하여 실현될 수 있는 정도로 완전한 구체적인 실체권으로서의 성격을 갖고 있지 못하기 때문에 사법권에 의한 보장에는 일정한 한계가 있으며, 오히려 국회나 행정기관의 정책판단과 입법을 매개로 하여 구체화될 수 있는 성질의 것들이 대부분이다. 그리하여 새로운 권리의 실현은 제1차적으로는 정치과정의 문제에 속하며, 대개의 경우 사법권의 관여는 제2차적으로 환경권 등을 충족시키기 위한 행정판단형성과정이 적법한지의 여부를 사후심사하는데 그칠 수밖에 없다. 이러한

---

[1] 박윤흔, 행정법강의(상), 165면.

관점에서 결국은 국민의 새로운 권리의 실현은 현시점에서는 법률문제라기보다는 그 대부분이 입법부나 행정부의 대단히 광범한 정책적인 재량문제이다. 그렇다고 하여 이렇게 광범한 재량권의 행사를 전적으로 행정청에게 맡기는 것은 문제가 있으며, 그렇게 되면 행정청은 행정의 신탁자인 국민일반의 이익보다도 오히려 피규제자인 기대칙의 이익만을 과분하게 배려하여 행정권의 행사가 소극화할 우려가 있다. 현대적인 행정법질서 아래서 국민의 새로운 권리를 확정·추진하여 나아가기 위하여서는 지금까지 행정청이 독점하여 온 성책의 형성·결정과정에 관계시민이 참여하여 강력하게 재량통제를 실시하여 정책수립과정에 시민이 형성적으로 관여할 수 있는 체제로 정비할 필요가 있다. 국민일반의 새로운 권리는 다이내믹한 행정과정에의 주민참가를 적극화함으로써 실현되어야 한다.[1]

[사례] (의무이행소송의 제기가능성) : 갑은 마을 공터에 권한없이 무허가건물을 건축하고 장사하는 사람에 대해 철거명령을 내릴 것을 구청에 신청하였으나 아무런 응답이 없다. 이 경우 갑은 법원에 대해 행정청에 철거명령처분할 것을 명하는 내용의 판결을 구하는 소송을 제기할 수 있는가?

[해설] 행정소송법 제4조에 규정된 항고소송 이외의 항고소송(무명항고소송)을 제기할 수 있는지에 대해 대법원판례는 일관하여 부정하고 있다. 따라서 위와 같은 내용의 행정청에 대해 어떤 처분을 할 것을 명하는 판결을 구하는 소송은 행정소송법 제4조에 규정된 항고소송이 아니어서 소송을 제기할 수 없다고 본다. 행정소송법 제4조는 항고소송의 종류를 취소소송, 무효등확인소송, 부작위위법확인소송으로 제한하고 있다.

▶ 행정소송법 제4조(항고소송) 항고소송은 다음과 같이 구분한다.
1. 취소소송 : 행정청의 위법한 처분등을 취소 또는 변경하는 소송
2. 무효등 확인소송 : 행정청의 처분등의 효력 유무 또는 존재여부를 확인하는 소송
3. 부작위위법확인소송 : 행정청의 부작위가 위법하다는 것을 확인하는 소송

그 이외에 상대방의 신청에 대해 행정청이 일정한 처분을 해야할 법적 의무가 있음에도 불구하고 이를 하지 않거나 신청을 거부한 경우에, 행정청에 대해 당해 처분을 할 것을 명하는 내용의 판결을 구하는 소송을 의무이행소송이라 한다. 대법원 판례는 이러한 의무이행소송은 행정권의 1차적 판단권을 침해하고 권력분립원칙에 반한다는 점에서 인정될 수 없다고 한다. 그러나 위의 사안은 그 건물철거에 대해 신청인이 어떤 법률상 이익을 갖추고 있지도 않고, 행정청이 처분해야 할 법적 의무도 인정될 수 없어 소송요건을 갖추지 못한 상태였다. 대법원은 그 밖에도 행정청에 일정한 처분을 해야 할 법적 의무가 있다는 확인을 구하는 소송(작위의무확인소송)이나 행정청이 일정한 처분을 할 것으로 판단되는 경우에 행정청이 당해 처분을 하지 않아야 할 의무가 있음을 확인하는 소송(부작위의무확인소송)도 인정될 수 없다고 한다. <인터넷 법률신문>

---

1) 박윤흔, 행정법강의(상), 166면.

## IV. 시민소송(市民訴訟 : citizen suit)

### 1. 서론

미국의 대기정화법(1970) 기타의 환경관계입법에서 이해관계있는 시민(개인·단체)에게 법원을 통하여 환경법규의 집행을 위한 감시자가 되게 한 것인데, 오염물질배출자에 대해서 뿐만 아니라 환경소관기관에 대하여 법에 따른 집행의 강제를 법원에 청구할 수 있는 절차적 권리로서의 환경권을 인정한 것이다. 독일의 단체소송과 함께 「당사자적격의 확대」를 통하여 피해구제를 넘어 행정의 적법성 보장에 치중하는 일종의 「객관적소송·공익소송적 성격」을 띠고 있다. 현행 민사소송법에 의하면 「구체적이고 직접적인 이익을 침해 받은자」만이 그 구제를 위한 소를 제기할 수 있는 소송상의 자격 즉 원고적격이 인정된다. 그러나 환경오염으로 인한 피해는 집단적·광역적인 성격을 지니기 때문에 대개는 일정지역의 주민 전체, 때로는 전체 국민의 이해와도 관계되지만 현행법하에서는 환경보호단체등과 같이 직접적인 피해를 받지 아니하는 자는 소송법상의 원고적격의 요건을 충족시키지 못하기 때문에 환경소송을 제기할 수 없어 환경보전을 위한 적극적 구제에는 만전을 기할 수 없다는 단점이 있다. 또한 우리나라에서는 「환경법상 오염규제조치에 대한 규정이 있음에도 이를 수행하여야할 규제행정기관이 이의 집행을 게을리 할 때에는 관계시민이 규제조치를 할 것을 법원에 소구할 수 있는가」하는 것도 논의가 되고 있지만(행정개입청구권 및 의무이행소송제도), 아직은 실질적인 발전을 이루고 있지는 못한 실정이다. 이에 미국에서 시행되고 있는 시민소송제도를 참고적으로 고찰하여 보고자 한다.[1]

### 2. 의의

#### 2.1. 내용

시민소송이라 함은 (환경오염피해를 입은) 지역주민이 환경오염을 야기하는 행위를 하는 자 또는 그리한 행위에 대한 규제권할권을 가진 행정기관을 상대로 하여 법원에 그 행위의 억제 또는 규제행정권의 발동을 소구하는 대권적 구제수단으로서의 직무집행명령소송(미국 → mandamus (common law 상의 개념이다); 독일 → Verpflichtungsklage[의무이행소송][2])을 말한다. 이러한 시민소송(市民訴訟)의 이론적 근거는 이른바 공공신탁이론

---

1) 시민소송제도에 관하여는 손동원, 미국환경법상의 시민소송에 관한 연구, 박사학위청구논문, 전남대 1988; 손동원, 미국환경법상의 시민소송제도, 환경법연구 제10권(1988), 33면 이하 참조 할 것.
2) 독일에서의 의무이행소송(Verpflichtungsklage)은, 1960년에 성립된 연방행정재판소법 제42조, 제113조에서 규정되었으며, 이러한 의무이행소송의 성격을 초기의 연방행정재판소는 항고소송으

(Public Trust Doctrine)1)에서 구하는 것이 보통이며, 이러한 소송형태는 환경오염피해를 입은 지역주민에게 인정하는 것이다. 그리고 이에 대한 구제수단으로는 유지명령(留止命令)이나 직무수행명령에 한정되고 개인의 손해배상청구는 허용되지 아니한다.

### 2.2. 공공신탁이론(公共信託理論)

신탁(信託)이라 함은 타인(수탁자)으로 하여금 일정한 목적에 따라, 재산의 관리 또는 처분을 시키기 위하여 그 에게 재산을 이전하는 행위를 말한다. 이는 13세기경의 영국의 교회를 위한 「유우스(use)」의 제도로 부터 발달하여 수탁자를 위하여 재산을 영유하는 제도로서 일반화되었고, 위탁자 및 수탁자간의 신임관계에 기초를 둔데에서 트러스트(trust)라고 불리워지게 되었다. 공공신탁이론(Public Trust Doctrine) 이론은 만인에게 보편적인 생활환경은 모든 국민이 침해받지 않고 자유로이 이용할 수 있도록 정부에 신탁(信託)되어 있다는 이론인 바,2) 대기·강·해안 등의 특정한 이익은 모든 사람들에게 공통적(共通的)으로 중요한 것이므로 어느 한 사람의 독점의 대상이 될 수는 없으며, 또한 특정의 이익은 자연특유의 선물이며 혜택이므로 모든 사람을 위하여 보존·보호되어야 하는 것이다. 또한 그것은 공공적 성질을 띄는 것이다. 만인공유의 가치물에 대한 권리의 관리는 국가에 위탁되어 있으며, 정부는 그 수탁자로서 선량한 관리자로서의 의무를 진다는 것이다.3)4)

Joseph L. Sax는 이러한 공공신탁이론을 발전시켜 가항수역이나 공공용지와 같은 제한된 생활환경뿐만 아니라, 대기오염·방사능·소음 등의 모든 환경파괴에 대하여서도 적용되어야 한다고 주장하였다.5) 그리하여 공공신탁이론은 환경파괴로 인한 피해구제소송에 있어서 그 원

---

로 보았으나, 그 뒤 이행소송(Leistungsklage)의 일종으로 본다. 우리나라와 일본은 항고소송으로 보아 왔다. 김도창, 행정법론(상), 청운사 1993, 837면.
1) 환경법에서 공공신탁이론을 가장먼저 주장한 사람은 미국의 Michigan Law School의 Joseph Sax 교수이다. Joseph Sax, The Public Trust Doctrine in Natural Resource Law : Effektive Judicial Intervention, 68 Michigan Law Review (1970년) pp. 471-566 참조.
2) Joseph L. Sax, The Public Trust Doctrine in National Resource Law : Effective Judicial Intervention, Mich. L. Rev. Vol. 68, 1970, p. 471; William H. Rodgers, Jr., Handbook on Environmental Law(N. Y. : West Publishing Co., 1977), p. 171.
3) 이러한 공공신탁의 연원(淵源)은 고대 로마법에서 유래하여 영국의 Commom Law에서 전개되었던 것으로, 미국에 있어서는 주로 공공용지나 가항수역(可航水域) 등의 이용에 관하여 정부의 공익적 행동의무를 가중(加重)시키는 이론으로 채용되었다고 보이며 현대와 같이 환경의 오염과 파괴라는 심각한 환경문제를 극복하는 데는 매우 중요한 이론이라고 생각된다. 김명식, 성균관대학교, 학위논문 참조.
4) Joseph L. Sax, The Public Trust Doctrine in National Resource Law : Effective Judicial Intervention, Mich. L. Rev. Vol. 68, 1970, pp. 484-485 ; William H. Rodgers, Jr., Handbook on Environmental Law(N. Y. : West Publishing Co., 1977), pp. 171-173.

고적격의 개념에 적용이 되게 되었다. 즉, 일반대중으로서의 개개의 원고는 공공용물의 재배치 등 환경문제에 반대하여 소송을 제기할 권리가 있는 것으로 인정을 받게 되었다.[1]

### 3. 현행법과의 관계

현행 민사소송법에는 「개인의 구체적인 이익의 침해」(원고적격)를 소제기의 요건으로 하고 있기 때문에 환경오염자에 대한 유지청구권(留止請求權)을 행사할 수 없고, 행정기관을 상대로 하여 법원에 직무집행명령을 구할 수 있는가에 대하여는 이를 긍정하는 설[2]이 있으나 현재 입법화되고 있지 아니하다.[3]


## V. 행정과정(절차)참여권

### 1. 개관

[절차법적 측면에서의 기본권보장] 오늘날은 개인이 행정절차에 참여하는 권리가 대폭 확대되고 있다. 그것은 행정법관계에서 개인의 주체적 지위가 확립되어 감에 따라 법치주의는 국민의 기본권을 실체법적으로만이 아니고 절차법적으로도 보장할 것을 요구하는 것으로 보게 되었기 때문이다. 그리고 원래 행정절차는 행정활동에 대하여 개별적·직접적 이해관계를 갖는 상대방의 권익보장과 행정의 공정성확보를 위한 제도로 발전되었으나, 오늘날은 이에 그치지 아니하고 계획행정 등에서 보는 바와 같이 행정에 대한 민주적 통제를 실현하기 위한 국민의 행정에의 능동적 참여제도로 확대·발전되고 있다.[4]

[의의] 행정과정참여권(행정절차참여권)이란 일정한 행정작용에 대하여 이해관계가 있는 사인이 그 행정과정(administrative process)에 참가하여 자기에게 유리한 의견이나 자료 등을 제출할 수 있는 권리를 말한다.

[영미법계의 경우] 영·미에서는 역사적으로 발전되어 온 자연적 정의(natural justice)나 적정절차(due process) 등의 절차적 적정성의 요구에 따라 행정절차가 일찍부터 발전하였는바, 그것은 결과적으로 정당한 행정판단에 도달하기 위하여서는, 그 과정에 있어서 적

---

5) Joseph L. Sax, Defending the Environment : A Strategy for Citizen Action(N. Y. : Knopf, 1971), pp. 163-164.
1) Rodgers, Jr., Handbook on Environmental Law(N. Y. : West Publishing Co., 1977), p. 177.
2) 김남진, 환경오염과 행정구제, 환경법 연구, 제1권(1979), 111면 이하 참조.
3) 김도창, 행정법론(상), 청운사 1993, 677면 각주 5) 참조.
4) 박윤흔, 행정법강의(상), 166면.

정절차를 거쳐야 하고, 부적정한 과정에서는 결코 공정한 결과가 나올 수 없다고 하는 사고를 바탕으로 한다. 특히 「'법의 지배'와 '자의(恣意)의 지배'의 중요한 차이는 절차의 유무인 것이며, 엄격한 절차적 보장을 가짐으로써만 법앞의 평등의 정의를 보장할 수 있다」.[1]

[대륙법계통의 국가] 이에 대하여 독일 등 대륙법계국가에서는 전통적으로 실체법적 이론에 치중하여 행정활동이 적정한가의 여부는 주로 객관적으로 나타난 결과를 중심으로 평가하는 경향이 있었다. 그러나 독일에서는 「본」 기본법(독일 연방헌법)이 채택한 사회적 법치주의는 행정절차의 채택을 요구한 것으로 보며, 이에 따라 행정절차법(Verwaltungsverfahrensgesetz)이 제정되어 1977년부터 시행되고 있다.[2]

## 2. 한국 헌법

우리의 현행헌법은 제12조 제1항 후단에서 "모든 국민은 법률과 적법한 절차에 의하지 아니하고는 처벌, 보안처분 또는 강제노역을 받지 아니한다"고 규정하여 적법절차조항을 둠으로써 국가권력 발동에 의한 사인에 대한 불이익적 제재가 **적법절차**(due process of law)에 의할 것을 요구하고 있다. 우리나라는 독일 등 과거 대륙법계국가의 영향을 받아 행정절차가 발전하지 못하였으나, 오늘날은 법치주의의 실현에 있어서 행정절차에 대한 중요성이 인식되어 각 개별법에 의하여 행정절차의 개선을 이루어 왔음은 물론, 현재는 행정절차법이 제정되어 있다. 문제는 법률에 규정이 없는 경우에도 헌법에 근거하여 절차참가권이 보장된다고 볼 것인가 하는 점이다. 불이익처분에 대하여는 긍정하는 것이 일반적 견해인 것 같다. 그 근거로는 우리 헌법은 미국헌법 수정 제5조 및 제14조와 같은 적법절차조항은 없으나, 형사사법권의 발동에 관하여 「적법절차」를 요구한 헌법 제12조는 행정절차에도 유추적용된다고 하는 견해, 우리 헌법의 핵심적 부분을 이루고 있는 헌법 제10조 등 기본권보장에 관한 규정은 행정기관에 대하여 국민의 기본권을 절차법적으로도 존중할 것을 요구하는 것으로 볼 것이라는 견해 등이 있다. 적법절차의 원리는 입법·행정·사법 모든 국가작용을 기속한다고 보는 것이 통설적 견해이다.

[박윤흔 교수의 견해] 박윤흔 교수는 「그 근거는 헌법의 개별조항에서 구할 것이 아니라 우리 헌법이 채택한 법치주의에서 구하여, 법치주의는 국민의 권익침해에 대하여는 절차적 참가권을 보장하고 있다고 하면서, 직접적으로 국민의 권익에 영향을 미치지 아니한 행정입법절차 등에의 참가는 헌법상 요청되는 것은 아니다」라고 한다.[3]

---

1) 미국 대법원 Douglas 대법관.
2) 박윤흔, 행정법강의(상), 166면.
3) 박윤흔, 행정법강의(상), 167면.

## 3. 구체적인 예
### 3.1. 행정청이 행정과정참여권을 침해한 경우

행정청이 소정의 행정절차를 밟지 아니하고 행정결정을 함으로써 행정과정 참가권을 침해한 경우에는 이해관계인은 행정행위의 절차상의 하자를 이유로 취소청구소송을 제기할 수 있을 것이다.[1] 그리고 행정객체에게 행정절차참가권을 인정하는 것은 권력행정에 있어서 개인의 주체적 지위를 확립하여 민주행정을 실현하기 위한 극히 중요한 수단이 된다.

### 3.2. 구(舊)총독부관련건물철거

민주국가에서 가장 존중되어야 하는 것은 여론과 적법성이다. 1996년 7월초에 철거가 시작되는 舊조선총독부건물에 대한 철거유예나 이전복원을 원하고 있는 여론도 있다. 정부가 이러한 중대한 문제를 국민의 대의기관인 국회의 토론과정 없이 그리고 정부소유 재산의 처리에 관한 적법절차를 무시하고 있다는 것이다. 최근「국립박물관건물 보전을 위한 시민의 모임」이 국가를 상대로 건물철거중지가처분신청을 낸 것도 그러한 관점에서다. 이 단체는 정부가 일제침략의 중요한 증거를 앞장서 인멸하려는데 대해 반발하면서 행정재산인 건물에 대한 용도폐지처분없이 철거하는 것은 국유재산법이 정한 절차를 무시하는 것이라고 주장하고 있다.[2]


## VI. 주민참가(住民參加)

제도적으로 행정청의 결정에 앞서 청문의 기회를 부여하는 일반행정절차법의 제정은 세계적 추세에 있다. 우리나라는 아직 일반법(예컨대 주민참가법)은 없고 각 단행법(환경법)에 규정되는 경우가 있을 뿐이다. 이러한 사전절차는 전술한 행정절차에 참여하는 권리와 관계주민참가의 중요한 형태의 하나이다. 주민참가라 하더라도, (ㄱ) 당해 행정활동에 대하여 직접적인 이해관계자에 한하여 참가하는 경우(피침해자 참가)와, (ㄴ) 일반인도 참가하는 경우가 있는데, 후자의 경우에는 직접민주정치적 요소의 도입이라는 의미가 있다. 이점에 관하여 독일 연방행정절차법은 다수인(예 : 소비자, 환경오염 피해자 등)이 관계되는 이른바 대량절차에 관한규정을 마련한 것은 획기적인 입법으로서 주목할 가치가 있다.

---

1) 대판 1988. 5. 24, 87누388 참조.
2) 조선일보 1996년 6월 24일자 제3면.

『주민참가』
　　　　▶당해 행정활동에 대하여 직접적인 이해관계자에 한하여 참가하는 경우 → 피침해자
참가
　　　　▶일반인도 참가 → 직접민주정치적 요소의 도입이라는 의미가 있다. 이점에 관하여
독일 연방행정절차법은 다수인(예:소비자, 환경오염 피해자 등)이 관계되는 이른바 대량
절차에 관한규정을 마련한 것은 획기적인 입법으로서 주목할 가치가 있다.

## VII. 정보공개청구권(情報公開請求權)

### 1. 의의

정보공개청구권(문서열람청구권)이란 행정청에 대하여 자기에 관한 일정한 정보 기타 자료의 열람이나 등본 기타의 방법에 의한 개시를 청구할 수 있는 권리를 말한다. 국민의 '알 권리'에 근거한 것으로서, 공개된 정부를 통한 책임행정을 실현하는 길이 된다.

### 2. 판례

#### 2.1. 헌법재판소 판례

군수가 관리하는 임야조사서·토지조사부에 대한 개인의 열람과 복사신청을 거부한 사안에서 "청구인의 정당한 이해관계있는 정부보유의 정보의 개시에 대하여 행정청이 아무런 검토없이 불응한 부작위는 청구인의 정당한 이해관계가 있는 정부보유의 정보의 개시에 대하여 행정청이 아무런 검토없이 불응한 부작위는 헌법 제21조에 규정된 표현의 자유와 자유민주주의적 기본질서를 천명하고 있는 헌법 전문, 제1조, 제4조의 해석상 국민의 정부에 대한 정보공개를 구할 권리(청구권적 기본권)로서 인정되는 알 권리를 침해한 것이고, 위 열람, 복사 등 민원의 처리는 법률의 제정이 없더라도 불가능한 것이 아니다."[1]라고 하여 청구인의 정보개시청구권을 인정하고 있다.

#### 2.2. 대법원 판례

대법원은 "국민의 알 권리, 특히 국가정보에의 접근의 권리는 우리 헌법상 기본적으로 표현의 자유와 관련하여 인정되는 것으로 그 권리의 내용에는 일반 국민 누구나 국가에 대하여 보유·관리하고 있는 정보의 공개를 청구할 수 있는 이른바 일반적인 정보공개청구

---

[1] 헌재결 1989. 9. 4, 88헌마22【공권력에 의한 재산권침해에 대한 헌법소원】

권이 포함된다."[1]라고 하였고, "국민의 알 권리, 특히 국가 정보에의 접근의 권리는 우리 헌법상 기본적으로 표현의 자유와 관련하여 인정되는 것으로, 그 권리의 내용에는 자신의 권익보호와 직접 관련이 있는 정보의 공개를 청구할 수 있는 이른바 개별정보공개청구권이 포함된다."[2]라고 하였다. 더 나아가서 "국민의 정보공개청구권은 법률상 보호되는 구체적인 권리이므로, 공공기관에 대하여 정보의 공개를 청구하였다가 공개거부처분을 받은 청구인은 행정소송을 통하여 그 공개거부처분의 취소를 구할 법률상의 이익이 있다."[3]고 하였다.

### 3. 정보공개청구불응에 대한 구제

행정객체가 행정청에 대하여 자기에게 이해관계있는 정보의 열람이나 등사 등 개시를 신청하였음에도 불구하고 당해 행정청이 정당한 이유없이 이에 불응한 때에는 그 부작위의 위법을 이유로 의무이행심판이나 부작위위법확인소송에 의하여 구제를 받을 수 있을 것이고, 헌법소원심판청구에 의하여 구제를 받을 수도 있을 것이다.

[사례] A는 B여객자동차운수회사에서 근무하다가 해고된 자이다. B운수회사는 도지사로부터 사업인가를 받았다. A는 도지사에 'B운수회사에 인가한 노선도와 운행시간표의 열람 및 사본'을 요구하는 행정정보공개청구서를 제출하였다.[4] 그런데 도지사는 A에게 열람은 허용하였지만, 사본교부(복사요청)는 거부하였다. 그 이유는 열람을 허락하였으니, 그것은 사본교부에 갈음할 수 있다는 것이다. A는 도지사의 사본교부거부처분의 취소를 구하는 소송을 제기하려고 한다.

(문제 1) 정보공개청구권의 법적 성격 및 권리구제방법은?
(문제 2) 인용가능성은?

「참고조문」

▶ 공공기관의정보공개에관한법률 제3조 (정보공개의 원칙) 공공기관이 보유·관리하는 정보는 국민의 알권리 보장 등을 위하여 이 법에서 정하는 바에 따라 적극적으로 공개하

---

1) 대판 1999. 9. 21 97누5114.
2) 대판 1999. 9. 21, 98두3486.
3) 대판 2003. 3. 11, 2001두6425.
4) 「공공기관의정보공개에관한법률」 제2조 제1호의 규정에 의하면 "정보"라 함은 "공공기관이 직무상 작성 또는 취득하여 관리하고 있는 문서(전자문서를 포함한다), 도면·사진·필름·테이프·슬라이드 및 그밖에 이에 준하는 매체 등에 기록된 사항"을 말한다고 되어있고, 동법 제9조 제1항의 규정에 의하면 공공기관이 보유, 관리하는 정보를 공개대상으로 규정하고 있으므로 동법상의 공개청구의 대상이 되는 정보는 공공기관이 직무상 작성 또는 취득하여 현재 관리하고 있는 문서 등 실체가 존재하는 것에 한정된다 할 것이다(사건 06-05301 정보공개일부거부처분취소청구등; 국무총리행정심판위원회).

여야 한다. [전문개정 2013.8.6.]
▶공공기관의정보공개에관한법률 제5조 (정보공개청구권자) ① 모든 국민은 정보의 공개를 청구할 권리를 가진다. ② 외국인의 정보공개 청구에 관하여는 대통령령으로 정한다. [전문개정 2013.8.6.]
▶공공기관의정보공개에관한법률 제9조 (비공개대상정보) ① 공공기관의 보유·관리하는 정보는 공개대상이 된다. 다만, 다음 각호의 어느하나에 해당하는 정보에 대하여는 이를 공개하지 아니할 수 있다.
▶공공기관의정보공개에관한법률 제19조(행정심판) ① 청구인이 정보공개와 관련한 공공기관의 결정에 대하여 불복이 있거나 정보공개 청구 후 20일이 경과하도록 정보공개 결정이 없는 때에는 「행정심판법」에서 정하는 바에 따라 행정심판을 청구할 수 있다. 이 경우 국가기관 및 지방자치단체 외의 공공기관의 결정에 대한 감독행정기관은 관계 중앙행정기관의 장 또는 지방자치단체의 장으로 한다.
▶공공기관의정보공개에관한법률 제20조 (행정소송) ① 청구인이 정보공개와 관련한 공공기관의 결정에 대하여 불복이 있거나 정보공개 청구 후 20일이 경과하도록 정보공개 결정이 없는 때에는 「행정소송법」에서 정하는 바에 따라 행정소송을 제기할 수 있다.

[문제 1의 해설] 국민의 정보공개청구권은 법률상 보호되는 **구체적인 권리**이므로, 공공기관에 대하여 정보의 공개를 청구하였다가 공개거부처분을 받은 청구인은 행정소송을 통하여 그 공개거부처분의 취소를 구할 법률상의 이익이 있다.[1] 또한 청구에 대하여 공공기관의 장이 행한 처분 또는 부작위로 인하여 권리 또는 이익의 침해를 받은 자는 「행정심판법」으로 정하는 바에 따라 행정심판을 청구하거나「행정소송법」으로 정하는 바에 따라 행정소송을 제기할 수 있다"라고 하여 이 경우 권리구제를 받을 수 있다.

[문제 2의 해설] 도지사는 '열람을 허락하였으니, 그것은 사본교부에 갈음할 수 있다'고 하였다. 그러나 열람과 사본교부는 별개의 개념이며, 열람보다 사본교부가 사인의 알 권리의 실현에 보다 효과적이다. 공공기관의정보공개에관한법률은 구술뿐만 아니라 서면에 의한 정보공개도 예정하고 있으며, 사본교부가 도지사의 업무를 과다하게 하는 것은 아니다. 또한 복사가 현실적으로 어려운 것도 아니며, 특히 열람의 허용은 사본의 교부에 갈음한다는 규정도 없다는 점 등에 비추어 열람의 허락을 사본교부에 갈음할 수 있다는 도지사의 주장은 정당하지 않다. 공공기관의정보공개에관한법률 제15조 제2항은 "공공기관은 전자적 형태로 보유·관리하지 아니하는 정보에 대하여 청구인이 전자적 형태로 공개하여 줄 것을 요청한 경우에는 정상적인 업무수행에 현저한 지장을 초래하거나 그 정보의 성질이 훼손될 우려가 없으면 그 정보를 전자적 형태로 변환하여 공개할 수 있다."고 규정하고 있다. A는 법 제6조 제1항에 의거하여 정보공개청구권을 가진다. 도지사는

---

[1] 대판 2003. 3. 11, 2001두6425【행정정보비공개결정처분취소】

공공기관의정보공개에 관한 법률에 규정된 공개거부사유가 아닌 사유로 공개를 위법하게 거부하였다. 따라서 A는 도지사의 위법한 거부처분으로 그의 정보공개를 요구할 수 있는「구체적 권리」[1]가 침해되었으므로 A가 제기한 사본교부거부처분취소청구소송은 인용될 수 있다.[2]

## 제 4 목  무하자재량행사청구권의 재조명(再照明) – 개별적 고찰

### I. 서론

무하자재량행사청구권(Anspruch auf fehlerfreie Ermessensausübung)이라 함은 재량행위의 상대방 기타 이해관계인에게 (법원이 아닌) 행정청에 대하여 재량권을 흠(瑕疵)없이 행사 해 줄 것을 청구하는 권리이다. 이는 재량권의 유월·남용의 법리를 전제로 하여 인정되는 개인적 공권으로서, 이는 제2차대전 이후의 독일의 행정법에서 학설과 판례를 통하여 인정된 개인적 공권이요,[3] 실체적 공권에 대응하는 의미에서 절차적 공권이다.[4][5] 일

---

[1] 대판 2003. 3. 11, 2001두6425【행정정보비공개결정처분취소】
[2] 울산지법 2001. 5. 23. 선고 2000구2108 판결 : 항소【사본공개거부처분취소】정보공개청구권자가 공공기관을 상대로 그 기관운영업무추진비의 지출결의서 등에 대하여 사본 또는 출력물 교부의 방법에 의한 정보공개를 청구하였으나 공공기관이 사본 또는 출력물 교부의 방법에 의한 정보공개를 거부하고 열람 또는 사본열람의 방법으로만 정보공개결정을 한 경우, 그 정보공개결정은 위법하다.
[3] 김도창, 무하자재량행사청구권의 법리(상), 고시연구(1982.11), 23면; 김동희, 행정법(I), 박영사, 2002, 91면.
[4] 재량권행사의 결과인 실체적 내용이 아닌 그 성립과정에 대한 재심(再審)을 구하는 권리라고 할 수 있다(이종진, 무하자재량행사청구권의 법리에 관한 연구, 청주대학교 대학원, 1992, 1면); 김동희, 월간고시, 1985(5), 35면; 同 행정법(I), 박영사, 2002, 91면; 김남진, 행정법의 기본문제, 법문사, 1994, 146면.
[5] 공권은 그 범위에 따라 실체적 공권과 절차적 공권으로 나누어진다. 실체적 공권과 절차적 공권의 구별은 1914년에 뷜러(O. Bühler)에 의해 전개되었다(박윤흔, 행정법강의(상), 박영사, 2002, 170면). 兩者의 구별은 추구하는 실체적 이익을 기준으로 하여 그것에 대해 권리가 가지는 의미에 따라 결정된다. 재량행위에 있어서는 원칙적으로 행정청에게 행위여부 또는 행위방법의 결정에 대한 재량권이 부여되어 있으므로 무하자재량행사청구권은 어떤 수익적인 행정결정을 얻기 위한 것을 목적으로 하는 것이 아니라, 그 결정에 있어서 재량의 하자를 회피하는 것을 목적으로 하는 것이다. 이러한 의미에서 무하자재량행사청구권은 절차적 공권이다. 이와 같이 무하자재량

반행정법의 원칙(Grundsatz des allgemeinen Verwaltungsrechts)으로서 인정되어지고 있다. 이는 공행정주체에게 재량에 의하거나 법률에서 자유로이(gesetzesfrei) 행위할 권한이 부여되어 있는 경우에도 재량권의 한계 내지 법률에서 자유로운 활동에 대한 헌법적 기속의 준수가 요구되는 경우 행정주체의 상대방(국민)은 행정주체에 대하여 공권을 가진다는 것이다.[1] 이는 종래의 행정법이론에서 공권의 성립이 어려운 것으로 보아온 재량행위의 영역에서 공권의 성립을 인정함으로서 국민의 권리를 보호하기 위하여 등장한 이론이다. 그러나 무하자재량행사청구권을 부정하는 견해도 적지 아니하다.

 [부정설] 부정설의 논거는, (ㄱ) 재량하자가 있는 경우에는 그로 인한 실체적 권리의

---

 행사청구권은 행정청의 재량권의 일탈 또는 남용의 경우에 개인의 권익보호를 위하여, 행정쟁송을 통한 실체적 구제의 가능성과는 별도의 절차적 권리이다. 무하자재량행사청구권이 실체적 권리가 아닌 절차적 권리로서의 성질을 갖는 이유는 개인에 대하여 행정행위의 형성과정에 하자가 없는 것을 청구할 지위를 부여할 뿐이지, 행정청에 대하여 일정한 작위・부작위를 요구할 수 있는 실체적 지위 내지는 권리를 부여하는 것이 아니기 때문이다. 즉 이 청구권은 재량행위에 대하여 인정되며, 따라서 기속행위에 대한 것과 같이 종국처분인 특정처분(예: 허가처분 자체)을 구하는 것이 아니고, 종국처분의 형성과정에 있어서 재량권의 법적 한계의 준수를 구하는 것(예: 허가여부를 결정함에 있어서의 재량한계 준수)으로서 제한적인 공권으로서의 성질을 가진다.
 박윤흔교수는 「 … 절차적 권리란 행위의 상대방이나 이해관계인 등의 행정과정에의 절차적 참가를 요구하는 것을 내용으로 하는 절차권(Verfahrensrecht)을 말하는 것이 아니고 실체적 권리가 아니라는 것을 나타내기 위하여 그렇게 부르는 것뿐이다. 따라서 절차적 권리라고 하기보다는 형식적 권리라고 하는 것이 더 적합할 것 같다. 다만, 특정처분을 요구하는 실체적 권리가 아니라는 것을 나타내기 위하여 형식적 권리라고 하지만, 그것은 재량행위의 수권규범의 목적과 비례원칙・평등원칙과 같은 헌법원칙을 준수하여 결정의 내용적 한계를 지킬 것을 청구하는 권리라는 점에서 실체적 권리인 성격도 있다고 할 것이다. 따라서 형식적 권리라는 용어도 반드시 타당한 것은 아니라고 할 것이다(정하중, 무하자재량행사청구권의 법리와 그 실용화, 월간고시, 1993, 12월호). 이 청구권은 재량권행사의 한계를 전제로 하여 재량의 적정한 행사를 청구하는 것이므로 재량권행사에 대한 통제수단의 하나가 된다고 하겠다」고 주장한다(박윤흔, 행정법강의(상), 박영사, 2002, 170면 이하 참조). 박균성교수는 무하자재량행사청구권을 절차적 권리로 보는 것은 타당하지 않다고 하면서 이는 특정한 내용의 처분을 하여줄 것을 청구하는 권리가 아니고 재량권을 흠없이 행사하여 처분을 하여줄 것을 청구하는 권리인 점에서 형식적 권리라 하면서, 다만 그로 인하여 특별한 법적 효과가 결부되는 것은 아니므로 형식적 권리로 볼 실익은 없다고 한다(박균성, 행정법 총론, 박영사, 2002, 115면). 김동희 교수는 「무하자재량행사청구권은 원칙적으로 재량처분에 있어서 종국처분 형성과정상 재량권의 법적 한계를 준수하면서 (어떠한) 처분을 할 것을 구하는데 그치고, 특정처분을 구할 수 있는 권리는 아니라는 점에서, 이를 절차적 또는 형식적 공권(formelles Recht)이라 한다. 이것이 협의의 또는 엄격한 의미의 무하자재량행사청구권이다」라고 주장한다(김동희, 행정법(I), 박영사, 2002, 92면).
 1) 송현진, 무하자재량행사청구권의 법리에 대한 연구, 서울대학교 대학원, 1987, 1면.

침해가 있는 경우에 한하여 권리구제를 인정하면 되는 것이지 구태여 절차적 권리를 따로 인정할 법적 실익이 없고, (ㄴ) 실체적 권리의 침해가 없는 데도 무하자재량행사청구권이라는 형식적 권리의 침해만으로 소익을 인정하려고 하는 것이라면 행정소송에 있어서의 원고적격의 범위를 지나치게 넓히게 되고, 이로 인한 남소(濫訴)의 폐단과 민중소송화의 우려,[1] (ㄷ) 법원이 너무 넓게 행정청의 재량권의 행사과정에 개입함으로써 행정의 경직화를 초래할 우려가 있다(권력분립의 원칙의 위배)는 것 등을 그 이유로 한다.[2]

[긍정설] 이에 반하여 긍정설[3]의 입장은, (ㄱ) 실체적 권리의 침해를 인정할 수 없는 경우, 이와는 별도로 형식적 권리[4]인 무하자재량행사청구권의 침해를 이유로 행정소송을 제기할 수 있도록 하기 위한 것(소익범위의 확대)이다. (ㄴ) 이 권리는 당해 재량수권규범의 해석을 통하여 도출될 수 있으므로 재량수권규범이 근거가 된다[5]고 하면서 재량을 허용하는 행정법규가 공익과 아울러 사익도 보호하는 내용으로 규정한 경우(사익보호성)에 사법적 재량통제의 범위를 확대시킴으로써 사회적 법치국가이론을 실현시키기 위하여 강행법규성(zwingender Rechtssatz)이 결여된 경우에도,[6] 공권성을 인정할 필요가 있다는

---

1) 이상규, 신행정법론(상), 법문사 1993, 200면.
2) Huber, Wirtschaftsverwaltungsrecht, 2. Aufl., Bd II, 1954, 658 f.; 박윤흔, 행정법강의(상), 박영사, 2002, 171면.
3) 김동희, 무하자재량행사청구권(하) 월간고시(1985.9), 60면. 김동희 교수는 재량행위와 관련되어 인정되는 공권의 효과·내용을 구체적으로 표현하여 주는 실정법적 관념이라고 한다. 同, 무하자재량행사청구권, 서울대학교「법학」, 1991, 31권 3·4호; 同, 월간고시, 1991, 1 참조; 박윤흔, 행정법강의(상), 박영사, 2002, 172면.
4) 박윤흔, 행정법강의(상), 박영사, 2002, 169면 참조.
5) 여기서 인정근거는 행정의 법률적합성의 원칙(Gesetzmäßigkeit der Verwaltung)은 실체법적 측면에서 뿐만 아니라 절차법적 측면에서도 행정이 법률에 적합할 것을 요구한다. 그러므로 재량행위의 경우에는 재량행사결과가 적법·타당해야 함은 물론 재량행사과정에서도 하자없이 하여야 할 객관적 의무가 국가에게 존재한다는 것을 근거로 삼는 법치국가설의 입장과 헌법상의 기본적 인격권·자유권·평등권을 근거로 하여 모든 불평등한 처우의 재량결정의 배제를 청구할 수 있는 권리가 국민에게 인정된다는 것이다(기본권설) 재량을 허용하는 행정법규가 개인의 이익(私益)도 보호하도록 규정한 경우에 그 이익을 보호하기 위하여 무하자재량행사청구권을 인정할 필요가 있다는 것이다.
6) 강행법규성을 필요로 한다는 견해는 석종현, 일반행정법(상), 삼영사, 2002, 109면 이하); 김남진, 행정법의 기본문제, 법문사, 1994, 152면; 박윤흔, 행정법강의(상), 박영사, 2002, 173면; 박균성교수는 강행법규 혹은 조리에 의해서 처분의무가 존재한다고 한다(박균성, 행정법 총론, 박영사, 2002, 116면). 박윤흔 교수는 i) 오늘날은 위에서 본 바와 같이 법규가 명문으로 사익보호를 규정하고 있지 아니한 경우에도 해석상 사익을 보호하고 있는 것으로 보는 경우가 대폭 확대되게 되었다(사익보호성: 이 경우 법규는 성문법뿐만 아니라 불문법(관습법·조리법)도 포함되는 것으로 본다.) ii) 행정청에 재량이 인정된 경우(특히 결정재량)에도 재량권에는 일정한 한계가 있으

것이다.

　　[사견] 생각건대 부정설의 입장은 하자 없는 재량행사청구권을 인정하면 행정소송의 원고적격의 범위를 부당하게 넓혀 민중소송화할 우려가 있다고 하지만, 무하자재량행사청구권의 성립요건으로 사익보호성을 그 전제로 한다면 그러한 우려는 없어지게 된다.[1] 이는 행정소송법이 '법률상 이익이 있는 자'에 대해서만 항고소송의 원고적격을 인정하고 있는 것과 같은 이치이다.[2] 또한 부정설의 입장에서는 만약 무하자재량행사청구권의 성립요건으로 사익보호성을 요구하게 되면 실체적 권리의 침해를 이유로 권익구제를 받을 수 있으므로 굳이 형식적 권리인 이 청구권을 인정할 필요가 없다고 한다. 그러나 재량행사에 하자가 있으면 바로 실체적 권리가 침해되었다고 볼 수 있는 경우도 있으나, 개별적인 事案에 따라서는 실체적 권리의 침해의 가능성이 존재함에도 불구하고 법원이 스스로 그것을 확인할 수는 없고, 행정청으로 하여금 다시 재량을 하자 없이 행사하도록 하여, 행정청 스스로 실체적 권리의 침해여부를 결정하도록 하여야 하는 경우도 있다.[3][4] 따라서 무하자재량행사청구권의 성립요건으로 사익보호성을 인정한다고 하더라도, 재량권행사의 하자는

---

며, 이에 따라 뒤에서 보는 바와 같이 상대방에게는 「흠 없는 재량행사청구권」이라는 형식적 권리가 인정된다고 보는바, 재량권이 零으로 축소(Ermessensschrumpfung auf Null)되는 상황 아래서는 행정청에게는 특정행정행위를 하여야 할 의무가 생기고, 이에 대응하여 상대방의 형식적 권리인 흠 없는 재량행사청구권은 실체적 권리인 구체적인 특정행정행위발급청구권으로 轉化(응고)된다고 본다(강행법규성). 「개인적 공권의 성립요소로는 독일의 뷜러(O. Bühler, Die subjektiven öffentlichen Rechte und ihr Schutz in der deutschen Verwaltungsgerichtssprechung, S. 21)가 주장한 강행법규성, 사익보호성, 청구권능부여성의 세가지가 들어진다 (3요소론). 국가등 행정주체에게 일정한 행위(작위 또는 부작위)를 할 의무를 발생시키는 강행법규가 존재하여야 한다. 따라서 행위의무는 행정청이 기속적으로 행하도록 하는 기속행위여야 한다. 그러나 오늘날에는 예외적으로 행정청에게 재량이 인정되는 경우에도 공권이 발생할 수 있다고 보고 있다. 뒤에서 보는 흠 없는 재량행사청구권, 행정개입청구권이 그것이다」라고 한다(박윤흔, 행정법강의(상), 박영사, 2002, 149면 참조).

1) 김남진, 행정법의 기본문제, 법문사, 1994, 152면. 김남진교수는 민중소송의 우려는 오히려 우리의 행정쟁송법상의 '법률상 이익'의 지나친 확대해석(예컨대, 보호할 가치있는 이익구제설 등)을 통해 일어날 수 있다고 한다(同, 행정법의 기본문제, 법문사, 1994, 152면); 박균성, 행정법 총론, 박영사, 2002, 116면.
2) 김남진, 행정법의 기본문제, 법문사, 1994, 152면.
3) 행정청이 재량행사를 해태(懈怠)한 경우 또는 불완전하게 행사한 경우에는 하자 있는 법원 스스로 실체적 법익의 침해를 인정하기는 어렵다고 할 것이다. 만약에, 법원 스스로 실체적 권리의 침해를 인정한다면, 이는 결과적으로 법원이 행정청이 행사할 재량권을 대신하여 행사하는 결과가 된다.
4) 박윤흔, 행정법강의(상), 박영사, 2002, 172면 참조.

항상 법원 스스로 확인할 수 있는 실체적 권리의 침해를 가져온다고 말할 수는 없다.[1] 결국 재량행위에도 일정한 한계가 있으며, 따라서 이에 대응하여 상대방에게는 행정청에 대하여 재량권을 행사함에 있어서 그 법적 한계를 준수하여 줄 것을 청구하는 주관적 공권이 성립한다고 보는 것이 타당하다. 다만 과거 독일의 학설에서와 같이 '모든' 재량행위에 대하여 인정하는 「'일반적' 무하자재량행사청구권」[2]은 인정할 수 없으며,[3] 관계 실정법규가 상대방의 사익보호 내지 충족(Befriedigung von Einzelinteressen)을 규정하고 있는 경우에만 인정하는 것이 타당하다. 이와 같이 무하자재량행사청구권은 개인이 행정청에 대하여 적극적으로 하자없는 재량처분을 할 것을 구하는 청구권이지만, 이를 항고쟁송에 있어서의 원고적격의 범위의 확대수단으로만 (소극적으로) 파악하는 것은 적당치 않다. 대법원 판례들도 재량처분에 대한 원고적격의 범위를 결정함에 있어서 무하자재량행사청구권의 개념을 전제로 함이 없이 개인의 법률상 이익이 침해되었는가 여부만을 심사하고 있는 것이 일반적이지만, 무하자재량행사청구권은 현행 행정소송법 제12조(원고적격; 청구인적격) 및 제36조(부작위법확인소송의 원고적격; 청구인적격)의 규정과 모순되지 않는다는 점에 미루어 이의 폭넓은 도입이 필요하다고 본다. 비록 대법원 판례는 의무이행소송을 부인하나,[4] 현행 행정소송법하에서도 무명항고소송의 일종으로서 의무이행소송이 인정될 가능성이 전혀 배제되어 있지 않다는 점등을 고려한다면 의무이행소송제도의 도입을 위한 전제조건으로서의 무하자재량행사청구권의 폭넓은 도입은 긍정적으로 평가될 수도 있을 것이다. 이러한 의미에서 본고에서는 무하자재량행사청구권에 대한 일반적 및 구체적 내용의 고찰을 통하여 현대 행정국가에서의 행정과정에 있어서의 행정행위의 합리화 및 적정화를 이루는데 이바지하고, 나아가서는 무하자재량행사청구권의 개념을 명확히 함으로써 재판청구권이 보장되어 있는 현행 헌법의 테두리 안에서 행정소송법에 의무이행소송의 도입을 위한 하나의 전기를 마련하고자 한다.

---

[1] 박윤흔, 행정법강의(상), 박영사, 2002, 169면.
[2] 독일에서 '일반적' 무하자재량행사청구권을 인정하는 근거로 Bonn 기본법 제2조 제1항, 제3조 제1항, 제20조 제3항 등을 들면서, 이들 기본권조항으로부터 재량행위 뿐만 아니라 기속행위에 있어서 원고적격의 문제를 일반적으로 해결하려는 태도를 보이고 있지만, 이는 항고소송과 의무이행소송의 원고적격을 규정한 VwGO 제42조 제2항의 취지와 배치된다. Bonn 기본법 제2조 제1항이 보호하는 자유영역은 법질서에 의하여 한정되는 것이고, 기본법 제3조 제1항의 평등취급명령도 신청자의 권리영역에 관계될 때에야 비로소 적용될 수 있는 것이기 때문에 이들 조항으로부터 일반적 무하자재량행사청구권을 인정하려고 하는 것은 타당하지 않다.
[3] 이에 관한 상세한 비판은 김동희, 행정법(I), 박영사, 2002, 95면 이하 참조.
[4] 대판 1992. 2. 11, 91누4126: 「현행 행정소송법상 의무이행소송이나 의무확인소송은 인정되지 않으며, 행정심판법이 의무이행심판청구를 할 수 있도록 규정하고 있다고 하여 행정소송에서 의무이행청구를 할 수 있는 근거가 되지 못한다」.

## Ⅱ. 무하자재량행사청구권(일반론)

### 1. 개념

서론에서 언급한바와 같이 무하자재량행사청구권은 재량권의 유월·남용의 법리를 전제로 하여 인정되는 개인적 공권으로서, 재량행위의 상대방 기타 이해관계인에게 (법원이 아닌) 행정청에 대하여 재량권을 하자없이 행사 해 줄 것을 청구하는 권리이다. 즉 행정청의 위법한 재량권행사(재량권의 일탈·남용) 또는 재량권의 불행사·해태(재량해태)에 대한 적법한 재량처분을 구하는 공권이다. 이는 행정청에 재량이 인정된 경우에도 거기에는 일정한 한계가 있으며, 그것을 위반한 경우에 위법이 된다는 이론에 기초한 것이다. 이러한 재량한계론의 발전에 따라 재량권을 일탈·남용하면 행정처분은 위법하게 되는 바, 이에 대응하여 재량행위의 상대방 기타 이해관계인에게는 행정청에 대하여 재량권을 하자없이 행사하여 줄 것을 청구하는 주관적 권리(공권)가 성립한다고 보는 것이다.[1] 따라서 무하자재량행사청구권은 행정청이 재량권을 행사하는 과정에 있어서의 하자를 회피하기 위한 법리로서 등장한 것이며, 행정청은 재량권을 공익의 보호·평등의 원칙·비례의 원칙 등과 같은 가치기준에 따라 그에게 부과된 행정의무에 맞게 행사하여야 한다. 행정청이 이러한 의무에 위반할 때에는 객관적으로 보아 그것은 위법이 아닐 수 없으며, 이는 결과적으로 상대방인 개인이 가지는 권리를 침해하는 것으로도 볼 수 있다.

무하자재량행사청구권은 일반적·추상적 권리로서 인정되는 것은 아니며 재량을 허용하는 행정법규가 공익보호와 아울러 개인(관계인)의 이익보호를 규정하고 있는 경우에 한하여 인정된다. 국민이 적극적으로 국가에 대하여 특정한 행위를 할 것을 요구하거나, 국가의 보호를 요청하는 청구권적 기본권인 주관적 공권[2]의 성립요건과 관련시켜볼 때, 문제는 그 재량을 수권하는 규정이 개인의 이익(사익보호)도 아울러 보호할 것을 목적으로 하는 것인가에 있다. 이 점이 인정된다면 개인은 행정청에 하자 없는 재량행사를 요구할 형식적 권리를 갖는다. 다만 이 이론이 독일에서 등장한 초기에는 모든 재량행위에 대하여

---

[1] 김남진 교수는 광의로는 「개인이 행정청에 대하여 재량권의 하자 없는 행사를 청구할 수 있는 공법상의 형식적 권리」를 말한다고 하고, 협의로는 「행정청이 결정재량권을 갖지 못하고 선택재량권만을 가지고 있는 경우에 있어서의 하자 없는 재량행사청구권」을 말한다고 한다(김남진(I), 1997, 113면); 동 행정법의 기본문제, 법문사, 1994, 150면; 석종현교수도 결정재량권은 부인되면서도 선택재량권만을 가지고 있는 경우에 인정된다고 한다(석종현, 일반행정법(상), 삼영사, 2002, 108면).

[2] 대법원 또한 1991년의 판결(대판 1991. 2.12, 90 c 누 c 5825)에서 이를 인정하는 태도를 보인 바 있다. 김성수, 독일법상 주관적 공권 이론의 발전, 고시계 1991. 8월호, 61면.

이 청구권이 인정되는 것으로 보아 '일반적' 무하자재량행사청구권(Ein allgemeiner Anspruch auf ermessensfehlerfreie Entscheidung)을 인정하였으나, 오늘날은 재량행위 중에서도 상대방(개인)에 대하여 실정법규에 의한 이익보호(Interesse des betroffenen Bürgers zu dienen bestimmt)가 규정되어 있는 경우에만 인정된다고 본다.[1]

## 2. 무하자재량행사청구권의 재량

행정청에게 재량이 인정된다고 볼 수 있는 실정법상의 문언은 「… 할 수 있다」, 「… 허용된다」, 「… 할 권한이 있다」 등의 표현을 일반적으로 사용한다. 행정법규가 이러한 재량행위를 허용하는 경우, 이는 행정청에게 독자적인 결정(결정재량) 내지는 선택(선택재량)을 할 수 있는 행정활동영역을 부여한다.[2] 입법자가 행정에 대해 재량의 자유를 부여하는 것은 기본권의 본질적 내용이 침해되지 않는 한(헌법 제37조 제2항 참조), 법치국가원리에 위반되지 않으며 오히려 행정청에게 부여되는 재량의 자유는 법질서와 헌법질서의 적법한 구성요소가 된다. 따라서 재량영역(Ermessensspielraum)내에서의 행정청의 행위는 합법적이며, 따라서 원칙적으로 법원의 사법심사의 대상이 될 수 없는 것이 원칙이다. 왜냐하면 재량권의 범위내에서의 행정청의 판단은 합목적성 또는 타당성(Billigkeit)의 문제에 관한 것이지(행정심판) 위법성·합법성의 문제(행정소송)가 아니기 때문이다. 따라서 법원은 행정청이 내린 결정과는 다른 더욱 타당하고, 합목적적이라고 확신되는 판단이 존재한다고 할지라도 우선 행정청의 결정을 존중해야 한다. 그러나 입법자의 입법형성의 자유에 따라 행정청에게 재량을 인정하는 경우라 할지라도 그것은 의무에 합당한 재량(nur ein pflichtgemäßes Ermessen), 내지는 법적으로 구속받는 재량(rechtlich gebundenes Ermessen)으로 이해되어져야 한다. 즉 행정재량은 항상 법률목적에 의하여 결정되어지고, 근거 지워지는 '의무에 합당한' 재량이다. 따라서 모든 종류의 행정재량은 그때 그때의 행정청의 구체적인 의무와 행정과제에서 그 한계를 가지는 것이며,[3] 이러한 점에서 재량하자는 행정청이 법적인 한계를 준수하지 않을 경우에 발생한다고 볼 수 있다. 행정청에게 재량권이 수여되어 있다면 행정청은 재량을 그 행정목적에 맞게 사용해야 하며, 재량권 행사의 법적 한계를 준수해야 한다. 이에 따라 법원은 행정청이 재량의 한계를 넘어섰는지 혹은 미달했는지, 또는 재량권의 목적에 맞게 그 권한을 사용하였는지 등과 같은 재량하자 여부를 심사할 수 있다.[4] 무하자재량행사청구권은 행정청이 재량행사를 함에 있어 재량의

---

1) H. Maurer, Allgemeines Verwaltungsrecht, § 7 Rn. 15.
2) 김동희, 행정법(I), 박영사, 2002, 243면 참조.
3) 宮田三郎, 行政裁量とそのさ統制密度, 信山社, 1994(平成 6), 1頁 以下.
4) 이 경우 그 속에 존재하는 자의(恣意)가 문제 되는바, 예컨대 행정청에게 재량이 허용되지 않았

법적 한계를 준수하고, 권한의 목적에 맞게 재량권을 행사하도록 하는 데 있다.

## Ⅲ. 무하자재량행사청구권의 성립요건

### 1. 재량행위(裁量行爲)

　　재량은 일정한 행위를 법률의 수권의 내용에 따라 법규에서 허용한 조치를 할 것인가, 혹은 행하지 않을 것인가에 관한 여부를 당해 행정청이 스스로 판단하여 결정할 수 있는 결정재량(Entschließungsermessen)과, 여러 가지 가능한 수단중 행정청이 어느 것을 선택하며, 고려의 대상안에 든 여러 사람들 중 누구에게 어떻게 조치할 것인지의 선택가능여부 행정청(재량청) 스스로 선택할 수 있다는 선택재량(Ausahlermessen)이 있다.[1)2)] 이러한 의미에서 재량은 행위재량(Verhaltensermessen; 행정재량)을 의미한다.[3)] 행정청에게는 재량수권의 목적규정에 상응하는 그리고 법적 한계를 준수하는(… ihr Ermessen entsprechend dem Zweck der Ermächtigung auszuüben und die gesetzlichen Grenzen des Ermessens einzuhalten) 재량만이 허용되어 있을 뿐이다(VwVfG 제40조, VwGO 제114조). 즉 재량행위라 할지라도 입법의 취지·목적·성질과 헌법질서의 구속하에, 그리고 당해 처분에 관련된 본질적 관심사에 대한 고려하에서 행사되어져야 한다. 따라서 재량은 언제나 의무에 합당한 재량(pflichtgemäßes Ermessen)이거나 법에 구속된 재량(rechtlich gebundenes Ermessen)을 의미한다.[4)] 순수한 의미의 혹은 완전한 (무기속적) 자유재량(freies Ermessen)은 법치국가에서는 존재할 수 없으며,[5)] 행정청에게 재량권이 부여되어

---

　　음에도 불구하고, 행정청은 재량을 지니고 있다고 생각하는 경우 자의문제가 발생한다.
1) Koch/Rubel, Allgemeines Verwaltungsrecht, S. 111; Loeser, System des Verwaltungsrechts, Bd. 1, S. 500; 홍정선, 행정법원론(상), 단락번호 825; 김동희, 행정법(I), 박영사, 2002, 243면.
2) 이와 같이 재량행위를 결정재량과 선택재량으로 구별하는 것은 재량행위가 행위의 '효과' 면에서만 존재한다는 것을 전제로 가능하다. 그리하여 요건재량의 문제는 재량의 문제가 아니라 법해석을 문제로 보게 된다. 즉 법에서 행위요건에 대하여 불확정개념으로 규정하더라도 그것은 재량개념이 아닌 법개념으로서 그 해석적용도 재량영역(Ermessensspielraum)이 아니라 법해석과정이며 행정청은 법적용에서의 판단의 여지가 있을 뿐이다. 석종현, 일반행정법(상), 삼영사, 2002, 264면 이하 참조.
3) Maurer, Allgemeines Verwaltungsrecht, § 7, Rn. 17; Koch/Rubel, Allgemeines Verwaltungsrecht, S. 111; 홍정선, 행정법원론(상), 단락번호 827.
4) H. Maurer, Allgemeines Verwaltungsrecht, § 7 Rn. 17.
5) H. Maurer, Allgemeines Verwaltungsrecht, § 7 Rn. 17; 대판 1990.8.28. 89누 8255; 홍정선, 행정법원론(상), 단락번호 827

있다고 할지라도 행정청은 재량을 그 수권목적에 맞게 사용하여야 하며 재량의 법적 한계를 준수하여야 한다는 것을 의미한다.[1] 무하자재량행사청구권은 이와 같은 고유한 의미의 재량영역(Ermessensspielraum)에 인정된다.[2]

## 2. 처분의무의 존재

무하자재량행사청구권도 주관적 공권이지만, 그 성립을 위한 전제조건은 행정청에 법적 의무로서의 처분의무가 존재함을 그 성립요건으로 삼고있다. 재량처분의 경우에는 재량행위를 할 것인가의 여부(결정재량)와 법적으로 허용되는 행위중에서 어떠한 행위를 할 것인가(선택재량)에 대하여 행정청에 독자적 판단권이 부여되어 있으므로, 행정청이 가지는 재량처분(권)에 대하여 법적 의무성을 인정할 수 있는지의 여부가 문제된다. 생각건대 재량행위의 경우에도 행정청에게 임의적・자의적 결정까지 허용한다는 취지는 아니며, 재량권도 「법적으로 한계 지워진 것」이어서 재량행위의 경우에도 이러한 재량권의 한계를 준수할 법적 의무가 있다고 보아야한다. 결국 재량행위도 법적 한계를 넘으면 사법적 통제의 대상이 된다. 다만 기속행위에서의 처분의무는 특정처분을 해야할 의무인데 반해 재량행위에 있어서의 법적 의무는 그 처분에 있어서 재량권의 한계를 준수할 의무에 그친다는 점에서 양자간에는 본질적인 차이가 있다.[3] 처분의무는 법령상 인정될 수 있을 뿐만 아니라 조리상 인정될 수도 있다.[4]

---

1) 판례(대판 1973. 10. 10 72누121)와 전통적 견해(김도창, 일반행정법론(상))는 재량행위를 다시 기속재량행위(법규재량)와 (좁은 의미의) 자유재량행위(공익재량)로 나누나 기속재량과 공익재량은 그 구분이 명확하지 않다는 점, 그리고 판례가 지적하는 바와 같이 재량권의 남용이나 일탈의 경우에는 기속재량이거나 자유재량을 불문하고 사법심사의 대상이 된다는 점(대판 1984.1.31 83누451), 기속재량이나 공익재량 모두 법에 기속된다는 점에서 양자의 구분은 그리 필요하지 않다. 홍정선, 행정법원론(상), 단락번호 828; 김동희, 행정법(I), 박영사, 2002, 245면; 김남진, 행정법의 기본문제, 법문사, 1994, 151면.
2) 김남진교수는 무하자재량행사청구권을 광의의 무하자재량행사청구권과 협의의 무하자재량행사로 구분하면서, 「행정청이 결정재량권은 부인되어 있고 선택재량권을 가지고 있는 경우의 무하자재량행사청구권」을 협의의 무하자재량행사청구권이라 부른다. 예컨대 개인택시사업면허를 받을 수 있는 자격을 가진자 數人이 사업면허를 신청한 경우에 있어서, 행정청이 그중 누구에게 면허를 줄 것인가에 관하여는 여전히 재량권을 가진 경우, 위 사업면허신청자는 적어도 직접 자기에게 면허를 하여 줄 것을 청구할 권리를 가지고 있지는 않으나, 가・부간에 결정을 하여줄 것을 청구할 권리는 가진다고 볼 경우가 이에 해당한다고 한다(김남진, 행정법의 기본문제, 법문사, 1994, 154면).
3) 김동희, 행정법(I), 박영사, 2002, 92면.
4) 검사의 임용권자는 조리상 검사임용신청자에게 임용여부의 응답을 줄 의무가 있고, 검사임용신청자는 그 임용신청에 대하여 임용여부의 응답을 받을 권리가 있다(대판 1991.2.12 90누5825

## 3. 사익보호성(법률상 이익의 존재)
### 3.1. 행정법상 관계실정법규(재량규범)가 존재하는 경우

재량의 한계를 벗어난 재량의 하자는 위법성을 구성한다(행정소송법 제27조 참조). 무하자재량행사청구권은 하자있는 재량권의 행사로 인해 특정인이 권리 또는 법률상 보호이익이 침해받을 때에야 비로소 성립한다(사익보호성).[1] 특히 사익보호성은 법에 의하여 직접 개인의 권리로서 인정되는 경우에 충족되는 것이 원칙이지만, 제3자 보호규범에 의하여 보호되는 이른바 보호이익도 이에 포함된다.[2]

### 3.2. 특별한 행정법상의 근거없이 행하는 경우

오늘날에는 헌법상의 기본권 보장의 범위가 점차 확대되어 감에 따라 개인에게 인정되는 주관적 공권의 범위가 점차 확장되어 가고 있는 것이 자유민주적 기본질서(freiheitliche demokratische Grundordnung)를 토대로한 헌법국가의 특징이다.[3] 행정청이 특별한 법률상의 근거없이 행하는 경우에는 이와 관련되는 헌법상의 기본권보호 조항으로부터 무하자재량행사청구권의 성립을 인정할 수 있다.[4]

---

특히 이 판례는 대법원이 무하자재량행사청구권의 법리를 인정한 판례로 볼 수 있다); 박균성, 행정법 총론, 박영사, 2002, 116면; 김동희, 행정법(I), 박영사, 2002, 94면.

[1] 따라서 관계법규가 전적으로 공익만을 그 목적으로 하는 때에는 이 청구권은 인정되지 아니한다(김동희, 행정법(I), 박영사, 2002, 93면). 독일의 초기의 학설은 객관적 위법사유로서의 재량하자는 동시에 주관적 권리침해사유가 된다고 보아 모든 재량행위에 대하여 이 청구권은 성립된다고 보았으나, 오늘날은 재량행위에 있어서도 재량을 허용하는 관계실정법규(재량규범)가 상대방의 사익보호를 규정하고 있는 경우에만 이 청구권은 성립한다고 한다(김동희, 무하자재량행사청구권(상), 월간고시, 1985. 8월호, 46면). 사익보호규범으로는 재량수권규범과 헌법상의 기본권규범을 들 수 있다.
[2] 최근에는 경찰법규를 제3자보호규범으로 보는 경향에 있으며, 이 경우 경찰기관의 결정재량권이 영으로 수축되는 경우에는 행정개입청구권으로서의 경찰개입청구권이 성립될 수 있다(석종현, 일반행정법(상), 삼영사, 2002, 114면).
[3] 예컨대, 경찰법상의 일반조항(Generalklausel)들이 과거에는 공공의 안녕과(혹은) 질서유지(경찰관직무집행법 제2조 제5호 참조)만을 목적으로 하여, 그것에 의하여 국민이 받는 이익은 단순한 반사적 이익에 불과하다고 보았지만, 오늘날에는 그것이 공익뿐만 아니라 개인의 이익도 보호한다고 본다. 또한 사회국가 및 법치국가원리도 보호목적을 심사할 때 고려되고 있다.
[4] 독일 연방행정법원에서는 Bonn 기본법 제5조 제1항 제2문(보도의 자유)으로부터 원고는 연방철도국의 취재여행참가자의 선택과 관련한 취재여행에의 초청청구사건에서 연방철도청에 대하여 무하자재량행사청구권을 가진다고 판시한바 있다(BVerwGE 47, 247).

## 4. 무하자재량행사청구권의 기타 적용영역
### 4.1. 판단여지(判斷餘地)

판단여지설은 행정행위의 요건규정 중 불확정개념(예 : 정당한 사유, 상당한 이유, 중대한 사유, 공공의 안녕과 질서, 신뢰성, 적성(適性), 공익상 필요한 때 등)[1]의 해석에 관한 학설이다. 법령의 요건 부분에 불확정개념이 사용된 경우에도 이는 법개념으로서 행정청의 재량은 인정되지 않으므로 원칙적으로 법원의 심사대상이 된다. 다만, 성질상 사법심사가 곤란한 영역에서는 행정의 전문적·정책적 판단이 종국적인 것으로 존중되며 그 한도에서 법원의 사법심사가 제한되는바 이를 받아들이는 이론을 판단여지론이라고 한다.

[학설] 바호프(O. Bachof), 울레(C. H. Ule)[2]는 행정법규가 행정행위의 요건에 불확정개념[3]을 사용하여 규정하고 있는 경우에 그 해석 및 적용에 있어서 행정청에게 일정한 판단여지가 인정된다고 주장하였다(판단여지설).[4] 판단여지설은 재량행위의 축소·부정에 대한 반작용으로 등장한 이론이다. 이는 「요건부분에 관해서는 재량이 있을 수 없다」라는 효과재량설에 있어서의 기본명제는 받아들이지만, 재량이 아닌 판단여지(Beurteilungsspielraum)라는 개념을 내세워 사법심사의 강도를 약화시키고자 하는 것이다. 즉, 법규의 요건부분에 불확정개념이 사용된 경우에는, 항상 오직 하나의 올바른 결론(판단)만이 가능한 것이 아니라 일정한 범위 내에서는 다수의 선택가능성, 즉 판단여지(Beurteilungsspielraum)가 존재한다고 한다.[5] 따라서 행정청이 그 중 하나의 선택가능성

---

1) 김동희, 행정법(I), 박영사, 2002, 249면; 宮田三郎, 行政裁量とその統制密度, 信山社, 1994(平成 6), 49頁 以下.
2) 울레(Ule) 교수는 판단여지설을 더욱 발전시킨 대채가능성설(Vertretbarkeitstheorie)을 주장하였다. 그의 주장에 의하면 판단간에 상이한 그러나 동가치적인 판단을 할 수 있는 한계영역에서는 행정청의 판단이 법원의 판단을 대체할 수 있다고 보았다. C. H. Ule, Zur Anwendung unbestimmter Rechtsbegriff im Verwaltungsrecht, in: Gedächtnisschrift für Walter Jellinek, 1955, S. 309 f.; 박윤흔, 행정법강의(상), 박영사, 2002, 332면; 김동희, 행정법(I), 박영사, 2002, 250면.
3) 박윤흔, 행정법강의(상), 박영사, 2002, 330면 이하 참조.
4) 바호프(Bachof)는 자유재량을 엄격히 효과(행위)재량에만 인정하고 행정행위의 요건으로 규정한 불확정개념을(재량개념으로 보지 않고) 법개념으로 보아 그의 해석 적용은 전면적으로 법원의 심사대상이 되는 법률문제라고 하지만(이 점에서는 효과재량설과 같고 요건재량설과 다르다), 다만 불확정개념의 해석에 있어서 '다수의 가치판단의 가능성이 존재하는 경우'에 판단여지라는 것을 인정하여, 그것이 인정되는 범위 내에서 행정청의 판단은 사법심사의 대상에서 제외된다고 한다(이점이 효과재량설과 다르고 요건재량설과 같다). O. Bachof, Die verwaltungsrechtliche Klage auf Vornahme einer Amtshandlung, 1951, 67 f.
5) 판단여지가 인정되는 경우로는 일반적으로, ① 비대체적 결정, ② 구속적 가치평가, ③ 행정기관

을 골라 결정한 때에는 법원은 자신의 판단을 스스로 자제하고 행정청의 결정을 존중하여

의 장래의 예측적 사항에 대한 결정 및 ④ 형성적 결정 ⑤ 이익대표 또는 전문가로 구성되고, 직무상 독립을 갖는 합의체기관(위원회 등)의 결정 ⑥ 행정상 정책에 관련된 불확정 개념의 해석 등을 들고 있다. ① 비대체적 결정은 고도의 인격적 가치판단영역에 해당하는 것으로서 공무원의 근무평정, 시험, 학생의 성적평가와 같이 그 상황하에서 관계자만이 내릴 수 있는 결정을 의미하는데, 사법심사에서 그 상황을 재현할 수 없을 뿐만 아니라 관계자의 특수한 경험과 지식을 대신할 수 없다(판례:「대학은 학생의 입학을 전형함에 있어 법령과 학칙에 정해진 범위 내에서 대학의 목적과 그 대학의 특수사정을 고려하여 자유로이 수학기준을 정할 수 있다고 할 것이며 따라서 대학은 입학지원자가 모집정원에 미달한 경우라도 그가 정한 입학심사기준에 미달되는 자에 대하여는 입학을 거부할 수 있다(대판 1982. 7. 2, 81누398. 수학능력의 심사)」.「직권면직사유인 "직무수행능력의 현저한 부족으로 근무실적이 극히 불량한 때"에 해당하는지 여부를 판단하기 위한 자료가 되어야 할 당해 공무원에 대한 근무성적평정의 결과가 불량하다는 아무런 자료도 없는 경우에 있어서 별다른 사유 없이 단기간내에 감봉 1월의 징계처분을 받고 다시 감봉 6월의 징계처분을 받고 이에 대한 불복의 소가 계류중인 사실만으로써 이 사유가 곧바로 직무수행능력의 부족을 이유로 한 직권면직사유에 해당한다고 볼 수 없다(대판 1993. 10. 25, 83누302. 근무평정)」. ② 구속적 가치평가는 문화재 지정, 청소년유해도서 판정(유해여부의 판단) 등과 같이 전문가로 구성된 독립된 합의제기관(위원회)이 내리는 결정 등을 의미한다. 이러한 전문적이고 객관적·중립적인 결정에 대해 다시 소송에서 감정 등의 절차를 통해 심사할 필요가 없다(대판 1988. 11.8, 86누618). 법원이 그 검정에 관한 처분의 위법여부를 심사함에 있어서는 피고와 동일한 입장에 서서 어떠한 처분을 하여야 할 것인가를 판단하고 그것과 피고의 처분과를 비교하여 그 당부를 논하는 것은 불가하고, 피고가 관계법령과 심사기준에 따라서 처분을 한 것이면 그 처분은 유효한 것이고, 그 처분이 현저히 부당하거나 또는 재량권의 남용에 해당한다고 볼 수밖에 없는 특별한 사정이 있는 때가 아니면 피고의 처분을 취소할 수 없다고 보아야 할 것이다). 또한 대판 1992. 4.24, 91누6634의 판례에 의하면,「교과서 검정이 고도의 학술상, 교육상의 전문적인 판단을 요한다는 특성에 비추어보면 피고(교육부장관)가 교과용 도서를 검정함에 있어서 법령과 심사기준에 따라서 심사위원회의 심사를 거치고, 또 검정상 판단이 사실적 기초가 없다거나 사회통념상 현저히 부당하다는 등 현저히 재량권의 범위를 일탈한 것이 아닌 이상 그 검정을 위법하다고 볼 수 없다」고 판시한바 있다. ③ 행정기관의 장래의 예측적 사항에 대한 결정은 환경행정·경제행정 영역에서 장래에 발생할 위험 등의 사태를 예상(장래의 예측결정)하여 이에 대비하여 내리는 결정을 의미한다. 대부분 과거사실에 대한 소급적 판단을 중심으로 하는 사법권이 판단하기에 부적당하다. 왜냐 하면 법원의 심사를 통하여 대체할 수 없는 것이기 때문이다. ④ 형성적 결정은 경제·사회·문화 등을 일정한 방향으로 유도하고 그 구체적인 모습을 만들어 가기 위해 행해지는 행정작용을 의미하며, 이러한 형성적 활동은 일차적으로 행정의 역할이고 책임이라는 것이다. ⑤ 이익대표 또는 전문가로 구성되고, 직무상 독립을 갖는 합의체기관(위원회 등)의 결정은 다양한 사회집단의 대표자의 합의로 이루어져 법원이 그것을 존중하여야 할 구속적 가치평가(verbindliche Wertungen)로서의 성질을 갖기 때문이며(독일의 경우 연방행정법원에서는 특정잡지의 내용이 청소년에게 미치는 유해성여부의 판단에 있어서의 연방심사청(Bundesprüfstelle)의 결정에 대하여 판단여지를 인정한 바 있다(BVerWGE 39, 197(204)), ⑥의

야 한다는 것이다.

[판단여지설의 내용] 판단여지설은 사법심사의 (사실적·규범적) 한계와 행정의 자율성을 고려하여 개별·구체적으로 사법심사의 강도를 조절하는 것을 그 내용으로 하고 있다.[1] 독일 판례의 일부에서 판단여지설에 입각한 판례가 있고, 우리나라 판례에서도 이와 같은 취지로 볼 수 있는 판례들이 있다. 재량과 판단여지는 개념상으로는 법적 성격 및 효과 면에서 구별될 수 있지만,[2] 양자 모두 행정에 대한 사법심사를 억제함으로써 행정의 자율성을 확보해 주기 위한 이론이라는 점에서는 넓은 의미에서는 차이가 없다.[3][4]

▶ 판례〉 교과서검정은 재량권의 범위를 일탈한 것이 아닌 이상 위법하다고 할 수 없다(대판 1992. 4. 24, 91누6634).

▶ 판례〉 공무원 임용을 위한 면접전형에서 임용신청자의 능력이나 적격성 등에 관한 판단은 면접위원의 자유재량에 속한다(대판 1997. 11. 28, 97누11911).

### 4.2. 법률로부터 자유로운 행정

법률로부터 자유로운 행정이라 함은 기속행위와 재량행위와는 달리 개별적 수권규정

---

경우는 법원의 심사를 통하여 대체할 수 없는 것이기 때문이다. 박윤흔, 행정법강의(상), 박영사, 2002, 335-336면 참조; 김동희, 행정법(I), 박영사, 2002, 251면.

1) 宮田三郎, 行政裁量とそのさ統制密度, 信山社, 1994(平成 6), 110頁 以下.
2) 박윤흔, 행정법강의(상), 박영사, 2002, 330-331면 참조.
3) 우리나라의 전통적 견해는 판단여지를 일반적으로 재량과 같은 개념으로 이해하나, 판단여지에 있어서는 복수행위간의 선택의 자유가 인정되는 것이 아니므로 개념상 구별되어야 한다는 입장도 있다(김남진). 즉, 재량은 법규상 효과부분에 관하여 행위 여부를 결정하고 여러 가지 방법 중 한 개를 선택하는 - 결정재량과 선택재량 - 의지작용이고, 따라서 의회가 법률에서 행정권에게 재량을 부여한 경우에는 법원은 행정청의 결정과 다른 결정을 하고 행정청의 결정이 자신의 결정에 반한다는 이유로 행정청이 내린 결정을 위법한 것으로 판결할 수 없다. 다시 말해 사법심사 내지 위법성 판단이 법적으로 불가능하다(물론 재량하자 또는 재량수축의 경우는 제외한다). 반면에 판단여지의 경우에는, 어떤 사실관계가 요건부분의 불확정개념을 충족하는지 여부를 결정하는 것은 법적 (가치) 판단작용이고, 따라서 헌법(제101조 제1항)에 의해 사법권, 즉 법적 판단권한을 부여받은 법원은 불확정개념에 관해 최종적으로 판단을 하고 행정청의 판단이 자신의 판단과 다르다는 이유로 이를 위법한 것으로 판결할 수 있으나, 법원의 심사능력의 한계, 소송의 필요성 및 행정의 자율성, 권력분립의 원칙 등을 감안하여 법원 자신의 판단을 사실상 자제하는 것이다. 박윤흔 교수도 "오늘날의 통설적 견해는 재량은 오직 행위「효과」의 선택에 있어서만 인정 될 수 있으며, 행위「요건」의 해석·적용에 있어서는 인정될 수 없고 예외적으로 판단여지가 인정될 뿐이라고 한다. 통설이 타당하다고 본다"고 한다(박윤흔, 행정법강의(상), 박영사, 2002, 345면).
4) 박윤흔, 행정법강의(상), 박영사, 2002, 335면; 김동희, 행정법(I), 박영사, 2002, 251면.

에 근거하지 않고 행하는 행정을 말한다. 법률로부터 자유로운 행정행위는 일반적으로 급부행정과 지방자치단체행정의 영역에서 발견된다.[1] 그러나 법률(Lex)로부터 자유로운 행정이 동시에 법(Jus)으로부터 자유로운 행정을 의미하는 것은 아니며, 이는 법률종속적인 행정에서와 마찬가지로 「법률로부터 자유로운 행정」이라고 할지라도 이때의 재량은 결코 자유로운 것이 아니다. 따라서 헌법 및 헌법질서 내지는 과잉금지의 원칙(비례의 원칙), 자의금지의 원칙, 기본권 보장 등과 같은 헌법적 원리에 기속된다고 본다. 따라서 예컨대 행정규칙으로서 대외적 효력을 갖지 않는 영역에 해당되는 것이라 할지라도, 결코 법으로부터 자유로운 행정이어서는 안된다. 뿐만 아니라 헌법적 기본권보장문제는 법률로부터 자유로운 행정의 영역에서도 상대방에게 무하자재량행사청구권의 인정근거가 되는 것이며, 따라서 비록 그것이 법률로부터 자유로운 행정영역에 해당되는 사항이라고 할지라도 헌법상 보장하는 기본권을 침해할 수 없다. 독일 연방행정법원의 판례들은[2][3] 이 행정청이 특별한 법률상 근거없이 행하는 경우, 즉 법률로부터 자유로운 행정의 영역에서도 개인에게 무하자재량행사청구권을 인정된다고 보고 있다.

---

1) 이러한 행정영역에 속하는 예로는 특별한 규정이 없이 예산에서만 자금이 명시되어 있을 뿐인 보조금(Subvention)의 지급이 있다. 이 경우에는 보조금 수령자의 범위를 결정할 때 행정청에게 재량이 인정된다. 이 때에 행정청은 마치 입법자처럼 행동하며 그러한 한에서 행정청의 재량은 이른바 입법자의 재량(gesetzgeberisches Ermessen)과 유사하다.
2) BVerwGE 39, 235; 47, 247.
3) Lüneburg, Urteil vom 11.8.1982, NJW, 1984, S. 1639. 국립대학교수채용응모자는 무하자재량행사청구권이 있다. 【사건개요】 某 국립대학에서는 정치학교수에 결원이 생겨 공채공고를 한바, X를 포함하여 28인이 응모하였다. 이에 동대학 인사위원회는 지원자 중 5인을 후보자로 결정하고 구술시험과 투표를 통하여 X를 제1순위로, K와 R를 공동 제2순위로 결정하였고, 이에 따라 동 대학총장은 X를 임명하기 위하여 제청하였다. 그러나 상당기간 경과 후 교육부장관은 서신을 통하여 X에게 채용되지 못하였음을 통지하였는바, 그 이유는 동 대학 정치학과 전체 교수진의 구성상 채용할 수 없다는 것이다. 이에 X는 그 결정이 자신의 하자 없는 재량행사청구권을 침해하여 위법하다 하여 그 취소소송을 제기하였다. 【판결요지】 제1심 법원은 청구를 기각하였으나, 항소심에서는 「행정기관의 재량이 인정되는 특정행위를 신청하는 당사자에게는 당해 행위에 대한 실체적인 법적 청구권이 주어지지 못하고, 단지 하자 없는 재량행사청구권이 주어질 뿐이다. 공직채용을 위한 지원행위는 공직의 수여를 받기 위한 신청행위로 볼 수 있고, 이에 대한 결정절차가 적어도 같은 가치를 가지는 두 가지 절차를 거치는 경우에는 제1의 절차를 성공적으로 통과한 지원자는 다음의 제2의 절차가 흠 없는 재량결정에 의하여 진행될 것을 요구할 수 있는 법적 지위를 갖게 된다. 만일 제2의 절차와 관련하여 지원자에게 하자 없는 재량행사청구권이라는 법적 지위가 주어지지 않는다면 이는 잘못이다」라고 하여 피고의 재량권행사가 위법함을 확인하였다(박윤흔, 행정법강의(상), 박영사, 2002, 174-175면 참조).

### 4.3. 행정계획에 있어서의 형성(Gestaltung)의 자유

행정계획과 관련된 법률들은 일반적으로 계획의 목표만을 규정하고 있다.[1] 예컨대 독일연방건설법 제1조 제6항[2] 및 제7항은 행정청에 대하여 계획확정시에 모든 관계공익과 사익을 정당하게 형량하도록 의무화(형량명령)하고 있는데,[3] 이 경우 고유의 재량규정에서 보다 훨씬 더 광범위한 결정여지를 부여하는 행정계획상의 형성의 자유가 인정된다. 이러한 경우에 관계자는 무하자재량행사청구권과 유사한 그의 이익 또는 권리의 고려청구권

---

[1] 이러한 규범들은 요건과 효과규정으로 이루어지는 다른 규범들(조건 프로그램)과는 달리 계획의 목표와 한계만을 규정하고 있으므로 목적 프로그램이라고 불려진다.

[2] 독일 건설법전 제1조 제6항(§ 1 Ⅵ BauGB)은 "건설기본계획을 수립함에 있어서는 공익과 사익을 서로 정당하게 형량하여야 한다"고 규정하고 있다. 이 문구는 극히 간결하다. 즉 계획은 이와 관련된 모든 중요한 사항을 공개하고, 조사하며 동시에 모든 이익(Interessen)은 서로 보장되어야 한다는 점을 염두에 두고 행해져야 한다는 의미이다. 이러한 간단한 문장으로 인하여 독일 건설법은 여러가지의 다양한 형태의 형량요구(Anforderungen an die Abwägung)와 형량하자에 대한 규율(Regeln)을 발전시켰으며, 세분화된 형량의 원칙(Abwägungsdogmatik)을 등장시켰다. 그리고 법에 규정된 형량명령은 법원에 의하여 통제될 수 있다는 것이 독일법의 전형적인 특징이다. 독일 건설계획법이 다른 나라의 법과 다른 점은 독일법에는 광범위한 빈틈없는 보호장치가 있다는 점이다. 하나의 법규범(Rechtsnorm)이 법원에 의하여 통제될 수 있다는 것은 동일한 법규범이라 할지라도 재검사되지 않는 동일한 규범 그 자체 보다 더욱더 강한 법적 효율성을 지닌다. 상세한 내용은 김백유, 건설계획과 환경보호(번역), 환경법연구, 2001, 12, 제23권 제2호, 45면.

[3] 이익형량의 원칙(Abwägungsdogmatik) : 일반적으로 이익형량의 원칙은 최소한 다음의 4가지 요소를 포함하여야 한다. a) 사실에 부합하는 이익형량의 수행 b) 모든 이익은 주의 깊게 조사되고 형량되어야 한다 c) 형량함으로써 얻는 현저한 이익의 강조(환경보호는 특정한 장소에서 어떠한 의미를 지니고 있는가?) d) 침해이익에 대한 조정문제. 이에 대응하는 개념으로는 4가지 이익 형량하자(Abwägungsfehler)가 존재한다(형량하자는 명령에 대한 직접적으로 반대되는 개념이다). a) 이익형량의 미실시 (사실에 부합하는 형량이 전혀 이루어지지 않은 경우(여기에는 행정청이 부당하게 선결정(Vorentscheidung)에 구속된다고 생각하여 이익형량(Interessenabwägung)의 과정을 개시하지 아니한 경우도 포함한다(Hoppe, in: Hoppe/Grotefels, Baurecht, 7 Rn. 94). b) 이익형량의 흠결(상황에 적합한 형량, 즉 사물의 본성에 맞는: nach Lage der Dinge)이 이루어져야 함에도 불구하고 이것이 이루어지지 않은 경우(이익형량이 불완전하게 실시된 경우. 사물의 본성에 의하여 어떠한 이익이 이익형량(Interessenabwägung)의 과정에 포함되어야 함에도 불구하고 그러하지 않은 경우이다. c) 이익형량의 誤判 (현존하는 이익 예컨대 환경보호가치가 잘못 평가된 경우(어떠한 이익이 규범적으로 인정된 평가원칙이나 일반적인 기본원칙에 어긋나게 평가된 경우이다(Koch, Baurecht, S. 157; Hoppe/Schlarmann, Rechtsschutz, Rn. 181). d) 이익형량의 불비례 (계획에 의하여 침해받는 이익사이의 조정이 비례관계를 일탈한 경우(이 경우는 개개 이익들의 평가자체는 공정하게 이루어져 있으나 이익들의 상호비교의 경우에 공평성을 잃어버린 경우이다. 김백유, 건설계획과 환경보호(번역), 환경법연구, 2001, 12, 제23권 제2호, 49-50면.

을 가진다고 한다.

### 4.4. 수익적 행정행위와 부담적 행정행위

무하자재량행사청구권은 주로 수익적 행정행위(특허의 신청, 공직임용의 신청)에서 인정된다. 그러나 부담적 행정행위들도 행정의 재량의 속할 수 있으며(제재처분, 허가의 취소나 정지처분, 건축법상의 철거처분), 이 경우에는 그 조치의 상대방에게 무하자재량행사청구권이 인정될 수 있다.

## 5. 무하자재량행사청구권의 구체적 내용

### 5.1. 재량하자(裁量瑕疵)

#### 5.1.1. 재량권의 불행사・해태(懈怠 : Ermessensunterschreitung)

재량권의 불행사(Ermessensnichtgebrauch) 혹은 해태(懈怠)라 함은 행정청이 태만 또는 착오[1])에 의하여 그의 권한으로 되어 있는 재량을 행사하지 않은 경우가 이에 해당한다. 행정권의 발동여부가 행정청의 재량에 맡겨져 있는 경우에도 당해 행정청은 행정권을 발동하는 것이 적절한가 아닌가를 심사할 의무를 진다. 그럼에도 불구하고 행정청이 그러한 심사조차 하지 않는다면 재량의 해태(懈怠) 또는 부작위로 인한 재량의 하자를 구성한다.[2]) 즉 일정한 법정요건에 해당할 때에 일정한 처분을 할 수 있다(또는 하여야 한다)고 규정되어 있는 경우에, 그에 해당하지 않는데도 처분을 하거나,[3]) 해당하는데도 처분을 아니하거나, 하는 등의 경우를 의미한다. 행정기관이 행정권의 발동여부에 관한 심사조차 하지 않았다면 그것은 재량권의 불행사 또는 해태(懈怠)가 되어 재량의 하자를 구성한다. 이와 같은 것은 특히 재량준칙과 관련해서 문제가 된다. 행정청이 구체적 사정을 검토한 후에 재량준칙에 따른 처분을 하는 경우에는 문제가 없으나, 그러한 과정을 거치지 않고 이 준칙에 따라 처분을 하는 것은 재량권 불행사로서 위법사유가 된다.

#### 5.1.2. 재량권의 유월(踰越)・일탈(逸脫 : Ermessensüberschreitung)

재량권의 일탈(Ermessensüberschreitung) 내지 유월(踰越)이라 함은 바로 재량권의 외적 한계를 넘는 것을 말한다. 행정청이 그의 권한내에 있지 않는 법효과를 선택하는 경

---

1) 예컨대, 재량행위를 기속행위로 오인하는 등.
2) 교회 근처에 살고 있는 인근주민이 교회의 새벽종 소리로 인하여 안면방해(安眠妨害)를 받고 있으므로 이에 개입해 줄 것을 요청하였으나, 당해 행정청은 이에 개입할 권한이 없는 것으로 오인하여 아무런 조치도 취하지 않은 경우(BVerwGE, 15, 196, 199).
3) 예컨대, 전혀 사실의 근거 없는 공무원징계행위.

우에 재량의 유월(踰越)이 존재하는 것이다.[1)2)] 예컨대 징계원인이 되는 사실(부정행위 등)이 존재하지 않음에도 불구하고 징계하거나, 법은 A, B, C 세 가지 조치중 하나를 선택할 수 있는 재량권을 부여했는데, 법이 인정하지 않은 F의 조치를 취하는 경우가 이에 해당한다.[3)]

### 5.1.3. 재량권의 남용(濫用 : Ermessensmißbrauch)

재량권의 남용(Ermssensmißbrauch)은 바로 재량권의 내적 한계를 넘는 것을 말한다. 행정청이 재량규범의 목적에 위반하여 권한행사를 하거나 또는 재량권행사에 있어서 당연히 고려해야 할 사항을 고려하지 않고 재량권을 행사하는 경우에 재량의 남용이 존재한다. 재량남용의 구체적인 경우들로는 부당결부금지의 원칙(Koppelungsverbot)[4)]의 위반, 비례의 원칙(과잉금지의 원칙),[5)] 행정의 자기구속원칙 등과 같은 행정법의 일반원칙에 위반했

---

1) 법령에 위반한 허가영업자에게 법이 1개월 내지 6개월 내의 영업허가정지처분을 할 수 있게 하고 있는 경우에 영업허가의 취소(철회)처분을 한다던가, 또는 징계사유에 해당하는 사실을 행하지 않은 공무원에 대해 징계처분을 하는 경우, 법률의 착오 혹은 사실을 오인하여 처분을 한 경우 등이 이에 해당한다(석종현, 일반행정법(상), 삼영사, 2002, 254면; 宮田三郎, 行政裁量とその さ統制密度, 信山社, 1994(平成 6), 46頁.
2) 대판 1996. 9. 6, 96누914; 대판 1993. 6. 25, 93누5635; 대판 1993. 5. 27, 93누2803; 대판 1992. 7. 14, 92누3311; 대판 1992. 4. 14, 91누9621.
3) 김남진, 행정법의 기본문제, 법문사, 1994, 151면.
4) 부당결부금지의 원칙(Koppelungsverbot; 혹은 실질적 관련의 법리)은 행정기관이 고권적 조치를 취함에 있어서 그것과 실질적인 관련(sachliche Zusammenhang)이 없이 상대방의 반대급부를 결부시켜서는 안된다는 원칙을 말한다. 이 원칙은 오늘날 행정목적을 달성하기 위한 수단이 다양해짐에 따라 그 수단의 선택이나 급부에 일정한 한계를 설정하려는 의도에서 구성된 법치국가원리와 과잉금지, 자의금지(恣意禁止 : Willkürverbot)에서 도출되는 헌법적 차원의 원칙이라 할 수 있다. 우리나라에서는 그 동안 행정의 실효성확보를 위한 새로운 여러 수단과 관련하여 이 원칙이 논의된 바 있다(예컨대 건축허가를 발령함에 있어서, 기존에 체납된 공과금을 납부할 것을 반대조건으로 하는 부관부가행위는 허용되지 않는다거나 건축법상의 의무를 강제하기 위해 수도나 전기의 공급을 중단하는 것 등이 허용될 수 있는가). 독일에서도 이에 대한 비판이 존재하기는 하나, 부당결부금지의 원칙은 행정법의 일반원칙의 하나로 또는 조리법상의 원칙 중 하나로 파악되고 있다. 이 법리는 재량권한계의 기준과 관련하여, 재량처분이 부당결부금지의 원칙을 위반하고 있는 경우에는 그것은 위법한 처분이 된다(대법원은 "오토바이를 음주 운전하였다는 이유로 제1종 대형면허를 취소한 것은 위법하다"고 판시한바 있다(대판 1992. 9. 22, 91누8289)). 예컨대 자연공원보호지역에 있어서의 건축허가신청에 대하여 관계법이 추구하는 목적과 실질적 관련이 없는 상대방의 급부를 조건으로 하여 건축허가를 행하는 것은 위법한 것으로서 이는 부당결부금지의 원칙에 의하여 허용되지 않는다고 본다.
5) 김남진, 재량의 한계로서의 비례원칙, 고시계(1974.6), 44-50면; 윤세창, 공법상의 비례원칙, 사

을 경우 이에 해당한다.1)

[서울고법 판례] 서울고법은 "갑 주식회사가 학교환경위생정화구역 안에 있는 사업부지에 관광호텔을 신축하고자 관할 교육지원청 교육장에게 학교보건법 제6조 제1항 단서 규정에 따른 학교환경위생정화구역 내 금지행위 및 시설의 해제신청을 하였으나, 교육장이 인근 3개 학교장에게서 교육환경 저해 여부 조사보고서 및 의견을 제출받은 후 학교환경위생정화위원회 심의를 거쳐 이를 받아들이지 않는다는 취지의 통보를 한 사안에서, (심의를 거쳐야 한다는 규정도 없으므로) 위 처분이 적법절차의 원칙을 위반하거나 재량권을 일탈·남용한 것으로 볼 수 없다."2)고 하였다. 그밖에 재량권의 남용에 대한 우리나라의 판례는 다음과 같다.3)

---

법행정(1970.7), 15-18면; 비례원칙위반과 관련한 판례: 대판 1963. 12. 10, 63누43; 대판 1967. 5. 2, 67누24(공무원이 단 1회 훈령에 위반하여 요정출입을 하였다는 사유만으로 한 파면처분은 비례원칙 위반으로서 재량권의 범위를 넘은 위법한 처분이다); 대판 1970. 8. 31, 70누79(공유수면 점용허가를 받은 甲과 乙이 제각기 점용허가를 받아 유선사업(遊船事業)을 영위하는 터에, 유독 甲에게만 다른 자와 공동 사용하라는 종용에 불응한 이유로 기간연장신청을 거부한 처분은 비례 및 평등의 원칙을 벗어난 재량권일탈의 위법이 있다); 대판 1977. 9. 13, 77누15(유흥장소에 미성년자를 출입시켜 주류(酒類)를 제공하였다는 단 1회의 식품위생법 위반사실을 이유로, 제재로서 가장 重한 영업취소로 응징한 처분은 책임에 대한 응보의 균형을 잃은 것으로서 행정행위의 재량을 심히 넘은 처분이다); 대판 1991. 7. 23, 90누8954(공무원인 피징계자에게 징계사유가 있어 징계처분을 하는 경우 어떠한 처분을 할 것인가 하는 것은 징계권자의 재량에 맡겨진 것이기는 하나, 징계권자가 징계권의 행사로서 한 징계처분이 사회통념상 현저하게 타당성을 잃은 경우에는 징계권자에게 맡겨진 재량권을 남용한 것으로 위법하다 할 것인바 …).

1) 김남진 교수는 종래의 재량하자의 一類型으로서 재량의 남용 대신에 재량의 오용을 택하기로 한다. 그 이유는 재량의 남용을 재량의 오용의 一形態로 보고 싶기 때문이라고 하면서(김남진, 행정법의 기본문제, 법문사, 1994, 151면 각주 25 참조), 「재량의 오용은 재량의 남용과 협의의 재량의 오용으로 나누어진다. 전자는 재량이 목적위반, 평등원칙 위반 등 자의적으로(willkürlich) 행사되는 경우를 의미하며, 후자는 재량권의 행사가 헌법상의 기본권 규정 기타 행정법상의 일반법원칙에 위반되는 경우를 말한다. 평등원칙 외의 관련일반법원칙으로서는 과잉금지의 원칙(광의의 비례원칙), 신의성실의 원칙(Prinzip von Treu und Glaube), 신뢰보호의 원칙, 기대가능성의 원칙, 부당결부금지의 원칙(Koppelungsverbot) 등이 있다」고 한다(김남진, 행정법의 기본문제, 법문사, 1994, 151면).

2) 서울고법 2012.1.12. 선고 2010누44643 판결 : 상고【학교환경위생정화구역내금지행위등해제신청거부처분취소】

3) ① 노동조합 설립총회 참석자 34명 중에 조합원 무자격자 2명이 포함되었더라도 이것만을 이유로 그 노동조합의 해산을 명하는 것은 재량권의 남용이다(대판 1971. 3. 30, 71누9). ② 직장예비군 편성에 관하여 전입신고를 법령해석의 착오로 소정기간내에 하지 않았던 사실을 이유로 파면처분함은 징계권의 남용에 해당한다(대판 1971. 12. 14, 71다1638). ③ 세관원이 입국자의 휴대품

### 5.1.4. 소결

위에서 살펴본바와 같이 재량권에는 일정한 한계가 있으며 그 한계를 넘어 행사된 때에는 위법성을 가진다. 그러나 학설·판례에 의하여 재량한계론으로서 발전된 재량권의 일탈·남용이론은 추상적·불확정개념 이어서 그것에 대한 명확한 개념정의를 내리기는 극히 애매하다.[1] 현행 행정소송법 제27조는 재량권행사가 위법성을 띠게 되는 경우로, 재량한계를 넘거나 그 남용이 있는 때 즉 일탈과 남용의 두 가지로 구분하고 있다.[2] 남용은 재량권의 내재적 한계를 그리고 일탈은 재량권의 외재적 한계를 넘은 것이라 하나, 실제로는 양자를 명확히 구분하기 어려울 뿐만 아니라,[3] 이를 구별할 실익도 없다.[4] 판례에서도 일반적으로는 두 개념을 구별하나, 구체적 사안에서는 양자를 구별하지 아니하고 하나의 개념으로 두 가지 개념을 포괄하는 뜻으로 사용하고 있다.[5] 예컨대 「자유재량의 한도를 넘는 것이다」[6]·「재량권의 범위를 넘는 위법한 처분이다」[7]·「재량일탈의 위법이 있다」[8]는 문구를 주로 사용하고 있다.[9] 재량하자의 존재는 행정행위의 효력을 다투는 상대방이 입증하여야 한다.[10][11]

---

검사시 감시소홀로 인하여 밀수품이 다른 곳으로 빼돌려진 경우에 파면처분한 것은 재량권의 남용이다(대판 1972. 2. 22, 71누200). ④ 경찰관이 피의자로부터 부탁을 받고 고소인과의 사이에 화해에 관여하여 고소인 측으로부터 항의를 받는 등 물의를 야기시킨 것에 대하여 파면처분한 것은 그 재량권을 남용한 것이다(대판 1972. 7. 11, 71누188). ⑤ 유흥업소에 미성년자의 출입을 금지하는 것을 영업허가의 조건이 된 경우, 이에 위반한 경우에 重하게 제재를 하면 재량권의 남용이 된다(대판 1977. 9. 13, 71누15).

1) 박윤흔, 행정법강의(상), 박영사, 2002, 349면; 宮田三郞, 行政裁量とそのさ統制密度, 信山社, 1994(平成 6), 46頁.
2) 독일의 행정법원법 제114조, 일본의 행정사건소송법 제30조 등 각국의 입법은 재량권의 범위를 넘는 경우와 수권의 목적에 반하는 경우를 위법인 재량행사의 유형으로 규정하고 있다.
3) 宮田三郞, 行政裁量とそのさ統制密度, 信山社, 1994(平成 6), 46頁.
4) 박윤흔, 행정법강의(상), 박영사, 2002, 349면.
5) 박윤흔, 행정법강의(상), 박영사, 2002, 349면.
6) 대판 1963. 10. 10, 63누43
7) 대판 1967. 5. 2, 67누24
8) 대판 1982. 2. 23, 81누7
9) 김도창, 행정판례집(상), 578면 이하 참조
10) 대판 87누861 1987.12.8; 박윤흔, 행정법강의(상), 박영사, 2002, 349면.
11) 재량권의 일탈·남용에 관한 판례: ① 비례의 원칙의 위반(대판 1977. 9. 13, 77누15); 대판 1986. 11. 25, 86누610) ② 평등의 원칙위반(대판 1972. 12. 26, 72누194), ③ 사실오인(대판 1969. 7. 22, 69누38), ④ 입법정신위반(大決 4291行抗6. 4290行上186) 또는 恣意·독단에 의한 경우, ⑤ 정상참작위반(대판 1969. 10. 30, 69누110), ⑥ 이유불제시(대판 1970. 10. 12, 71누49), ⑦ 동기부정·목적위반 ⑧ 부당결부금지의 원칙위반(대판 91누8289 1992.9.22) ⑨ 법규·조리에 의한 재량

### 5.2. 영(零)으로의 재량권수축(Ermessensschrumpfung auf Null)

행정권의 발동이 행정청의 재량판단에 맡겨져 있을 경우 특정의 경우에는 특정의 결정 내지 선택만이 하자 없는 것이 되어 재량이 일의적(一義的)인 기속과 동일한 효과를 나타내게 되는 경우를 재량권의 零(Null)으로의 수축이라고 한다. 이러한 재량권수축론은 행정의 권한불행사에 의하여 손해가 발생한 경우 국가배상청구의 분야에서 뿐만 아니라 행정권의 발동 내지 금지를 구하는 (이른바 행정개입청구권) 근거로서 작용하게 된다. 零으로의 재량권수축이 인정되는 경우로는 다음과 같다. 첫째, 생명·건강·자유 등의 중요한 법익이 직접적으로 위태롭게 되었을 때, 둘째, 행정청의 부작위가 재량하자있을 정도로 매우 현저한 손해가 임박해 있거나 이미 발생했을 때, 셋째, 행정의 자기구속의 원칙이 적용되는 경우, 넷째, 기본권에 의하여 재량권이 수축되는 경우이다.[1]

## Ⅳ. 결론

무하자재량행사청구권 이론은 공권이론과 재량한계이론을 토대로 하여 독일에서 학설·판례를 통하여 발전되어온 개념이다. 개인에게 주관적 공권이 인정하기 위해서는 법규범에 강행법규성과 사익보호성이 동시에 존재(빌러: Bühler의 3요소론인 강행법규성, 사익보호성, 청구권능부여성중에서 청구권능부여성은 제외) 할 것이 요구되며(2요소론),[2] 법규범이 행정청에게 재량을 인정하고 있는 경우에는 원칙적으로 행정청이 결정(재량) 및 선택(재량)의 자유를 가지는 것이지만, 이 경우 행정청에게 재량이 허용되어 있다 할지라도 하자없는 재량권의 행사(무하자재량행사)를 의미하는 것이며, 이에 따라 개인의 입장에서는 무하자재량행사청구권(재량행위의 영역에서의 개인적 공권의 성립)를 가진다는 것이다. 특히 재량권이 零(Null)으로 수축되는 경우에는 특정행위청구권(행정행위발급청구권·행정개입청구권)을 요구할 수 있을 정도로 개인의 권리는 강화된다. 독일 연방행정재판소 판례

---

한계 일탈 등으로 나눌수 있다. 박윤흔, 행정법강의(상), 박영사, 2002, 350면; 宮田三郎, 行政裁量とそのさ統制密度, 信山社, 1994(平成 6), 8頁 以下.

1) 행정법규상의 문언이 ' … 할 수 있다'로 규정되어 있는 경우 행위재량이 인정되었다고 볼 수 있을 것이지만, 수익적 법규의 경우에는 법의 취지·목적의 합리적 해석에 의하여 ' … 하여야 한다'고 해석해야할 경우도 있다. 법률요건면에 있어서 多義的인 불확정개념과 '할 수 있다'는 규정이 결합되어 있는 경우에는 효과재량에 있어서 고려되어야 할 사항이 불확정개념을 포함한 법률요건을 인정함에 있어서 '할 수 있다'는 규정은 실제상 '하여야 한다'는 규정으로 된다는 것이다. 박윤흔, 행정법강의(상), 박영사, 2002, 345-346면 참조.

2) 박윤흔, 행정법강의(상), 박영사, 2002, 149면 참조.

들이 무하자재량행사청구권의 이론을 더욱 발전시켜 재량권의 영으로의 수축(Ermessensschrumpfung auf Null)이라는 개념을 도출하여 행정행위청구권이론을 탄생시켰음에 비추어 볼 때, 우리의 행정소송법에서도 행정행위청구권이론에 근거한 의무이행소송(Verpflichtungsklage)제도를 도입하기 위한 전단계로서의 무하자재량행사청구권의 활성화가 적극적으로 강조됨은 두말할 나위가 없다. 특히 무하자재량행사청구권은 고유한 의미의 재량영역에서 뿐만이 아니라 법률로부터 자유로운 행정·판단여지·계획상의 형성(Gestaltung)의 자유, 그리고 수익적 행정행위와 부담적 행정행위에서도 적용된다는 점에서 그 중요성을 더해가고 있다.[1] 이미 언급한 바와 같이 무하자재량행사청구권은 국민의 개인적 이익(법적으로 보호되는 이익)을 보호하는 행정법상 관계실정법규(재량규범)가 존재하는 경우 또는 헌법상의 관계기본권조항으로부터 성립하는 권리이다. 따라서 법적으로 보호되는 이익의 有無를 판단할 때에는 헌법과 관계법규정의 목적·취지를 고려하는 것이 필요하다.[2] 특히 재량권이 零으로 수축되는 경우(Ermessensschrumpfung auf Null)에는 행정청에게 일정한(특정한) 행위를 행하도록 할 의무를 지우고, 그 재량행위에 대한 상대방인 개인에게는 권리(행정개입청구권)를 인정하는 것이기 때문에, 무하자재량행사청구권은 행정행위발급청구권 내지는 행정개입청구권의 전제가 되고, 이러한 행정행위청구권은 (결과적으로) 무하자재량행사청구권의 내실화 역할을 담당하게되는 것이다. 특히 행정구제적 측면에서 행정청이 하자있는 재량을 행사하여 적극적으로 행정처분을 행한 경우에는 무하자재량행사청구권의 침해를 이유로 하여 당해 행정처분의 취소심판(소송), 및 의무이행심판을 제기할 수 있게 하고, 더 나아가서는 행정행위청구권을 근거로한 의무이행소송(Verpflichtungsklage)을 제기할 수 있도록 하기 위해서도 무하자재량행사청구권의 관념을 더욱더 실효화할 필요성이 있다.

---

1) 박균성, 행정법 총론, 박영사, 2002, 116면.
2) 同旨 권배근, 무하자재량행사청구권의 법리에 관한 연구, 한양대학교 대학원, 1988, 110-113면.

## 제 5 목   행정재량의 한계와 사법심사
- 공권으로서의 무하자재량행사청구권과 사법심사를 중심으로-
- Die Ermessens(rechts)bindungen und Widerspruchsverfahren -

## I. 서론

무하자재량행사청구권(Anspruch auf fehlerfreie Ermessensausübung)이라 함은 재량행위의 상대방 기타 이해관계인에게 (법원이 아닌) 행정청에 대하여 재량권을 흠(瑕疵)없이 행사 해 줄 것을 청구하는 권리이다. 이는 재량권의 유월·남용의 법리를 전제로 하여 제2차대전 이후의 독일의 행정법에서 학설과 판례를 통하여 인정된 개인적 공권이요,[1] 실체적 공권에 대응하는 의미에서 절차적 공권이다.[2][3] 일반행정법의 원칙(Grundsatz des

---

1) 김도창, 무하자재량행사청구권의 법리(상), 고시연구(1982.11), 23면; 김동희, 행정법(I), 박영사, 2002, 91면.
2) 재량권행사의 결과인 실체적 내용이 아닌 그 성립과정에 대한 再審을 구하는 권리라고 할 수 있다(이종진, 무하자재량행사청구권의 법리에 관한 연구, 청주대학교 대학원, 1992, 1면; 김동희, 행정법(I), 박영사, 2002, 91면; 김남진, 행정법의 기본문제, 법문사, 1994, 146면; 박균성, 117면.
3) 공권은 그 범위에 따라 실체적 공권과 절차적 공권으로 나누어진다. 실체적 공권과 절차적 공권의 구별은 1914년에 뷜러(O. Bühler)에 의해 전개되었다. 兩者의 구별은 추구하는 실체적 이익을 기준으로 하여 그것에 대해 권리가 가지는 의미에 따라 결정된다. 재량행위에 있어서는 원칙적으로 행정청에게 행위여부 또는 행위방법의 결정에 대한 재량권이 부여되어 있으므로 무하자재량행사청구권은 어떤 수익적인 행정결정을 얻기 위한 것을 목적으로 하는 것이 아니라, 그 결정에 있어서 재량의 하자를 회피하는 것을 목적으로 하는 것이다. 이러한 의미에서 무하자재량행사청구권은 절차적 공권이다. 이와 같이 무하자재량행사청구권은 행정청의 재량권의 일탈 또는 남용의 경우에 개인의 권익보호를 위하여, 행정쟁송을 통한 실체적 구제의 가능성과는 별도의 절차적 권리이다. 무하자재량행사청구권이 실체적 권리가 아닌 절차적 권리로서의 성질을 갖는 이유는 개인에 대하여 행정행위의 형성과정에 하자가 없는 것을 청구할 지위를 부여할 뿐이지, 행정청에 대하여 일정한 작위·부작위를 요구할 수 있는 실체적 지위 내지는 권리를 부여하는 것이 아니기 때문이다. 즉 이 청구권은 재량행위에 대하여 인정되며, 따라서 기속행위에 대한 것과 같이 종국처분인 특정처분(예: 허가처분 자체)을 구하는 것이 아니고, 종국처분의 형성과정에 있어서 재량권의 법적 한계의 준수를 구하는 것(예: 허가여부를 결정함에 있어서의 재량한계 준수)으로서 제한적인 공권으로서의 성질을 가진다. 박윤흔교수는「 … 절차적 권리란 행위의 상대방이나 이해관계인 등의 행정과정에의 절차적 참가를 요구하는 것을 내용으로 하는 절차권(Verfahrensrecht)을 말하는 것이 아니고 실체적 권리가 아니라는 것을 나타내기 위하여 그렇게 부르는 것뿐이다. 따라서 절차적 권리라고 하기보다는 형식적 권리라고 하는 것이 더 적합할 것

allgemeinen Verwaltungsrechts)으로서 인정되어지고 있다. 이는 공행정주체에게 재량에 의하거나 법률에서 자유로이(gesetzesfrei) 행위할 권한이 부여되어 있는 경우에도 재량권의 한계 내지 법률에서 자유로운 활동에 대한 헌법적 기속의 준수가 요구되는 경우 행정주체의 상대방(국민)은 행정주체에 대하여 공권을 가진다는 것이다.[1] 이는 종래의 행정법이론에서 공권의 성립이 어려운 것으로 보아온 재량행위의 영역에서 공권의 성립을 인정함으로서 국민의 권리를 보호하기 위하여 등장한 이론이다.

그러나 무하자재량행사청구권을 부정하는 견해도 적지 아니하다. 부정설의 논거는, (ㄱ) 재량하자가 있는 경우에는 그로 인한 실체적 권리의 침해가 있는 경우에 한하여 권리구제를 인정하면 되는 것이지 구태여 절차적 권리를 따로 인정할 법적 실익이 없고, (ㄴ) 실체적 권리의 침해가 없는 데도 무하자재량행사청구권이라는 형식적 권리의 침해만으로 소익을 인정하려고 하는 것이라면 행정소송에 있어서의 원고적격의 범위를 지나치게 넓히게 되고, 이로 인한 남소(濫訴)의 폐단과 민중소송화의 우려,[2] (ㄷ) 법원이 너무 넓게 행정청의 재량권의 행사과정에 개입함으로써 행정의 경직화를 초래할 우려가 있다(권력분립의 원칙의 위배)는 것 등을 그 이유로 한다.[3]

이에 반하여 긍정설[4]의 입장은, (ㄱ) 실체적 권리의 침해를 인정할 수 없는 경우, 이

---

같다. 다만, 특정처분을 요구하는 실체적 권리가 아니라는 것을 나타내기 위하여 형식적 권리라고 하지만, 그것은 재량행위의 수권규범의 목적과 비례원칙·평등원칙과 같은 헌법원칙을 준수하여 결정의 내용적 한계를 지킬 것을 청구하는 권리라는 점에서 실체적 권리인 성격도 있다고 할 것이다. 따라서 형식적 권리라는 용어도 반드시 타당한 것은 아니라고 할 것이다. 이 청구권은 재량권행사의 한계를 전제로 하여 재량의 적정한 행사를 청구하는 것이므로 재량권행사에 대한 통제수단의 하나가 된다고 하겠다」고 주장한다(박윤흔, 행정법강의(상), 박영사, 2002, 170면 이하 참조.). 박균성 교수는 무하자재량행사청구권을 절차적 권리로 보는 것은 타당하지 않다고 하면서 이는 특정한 내용의 처분을 하여줄 것을 청구하는 권리가 아니고 재량권을 흠없이 행사하여 처분을 하여줄 것을 청구하는 권리인 점에서 형식적 권리라 하면서, 다만 그로 인하여 특별한 법적 효과가 결부되는 것은 아니므로 형식적 권리로 볼 실익은 없다고 한다(박균성, 행정법총론, 박영사, 2002, 115면). 김동희 교수는 「무하자재량행사청구권은 원칙적으로 재량처분에 있어서 종국처분 형성과정상 재량권의 법적 한계를 준수하면서 (어떠한) 처분을 할 것을 구하는데 그치고, 특정처분을 구할 수 있는 권리는 아니라는 점에서, 이를 절차적 또는 형식적 공권(formelles Recht)이라 한다. 이것이 협의의 또는 엄격한 의미의 무하자재량행사청구권이다」라고 주장한다(김동희, 행정법(I), 박영사, 2002, 92면).
1) 송현진, 무하자재량행사청구권의 법리에 대한 연구, 서울대학교 대학원, 1987, 1면.
2) 이상규, 신행정법론(상), 법문사 1993, 200면.
3) Huber, Wirtschaftsverwaltungsrecht, 2. Aufl., Bd II, 1954, 658 f.
4) 김동희, 무하자재량행사청구권(하), 월간고시(1985.9), 60면. 김동희 교수는 재량행위와 관련되어 인정되는 공권의 효과·내용을 구체적으로 표현하여 주는 실정법적 관념이라고 한다. 同, 무하자

와는 별도로 형식적 권리[1]인 무하자재량행사청구권의 침해를 이유로 행정소송을 제기할 수 있도록 하기 위한 것(소익범위의 확대)이다. (ㄴ) 이 권리는 당해 재량수권규범의 해석을 통하여 도출될 수 있으므로 재량수권규범이 근거가 된다[2]고 하면서 재량을 허용하는 행정법규가 공익과 아울러 사익도 보호하는 내용으로 규정한 경우(사익보호성)에 사법적 재량통제의 범위를 확대시킴으로써 사회적 법치국가이론을 실현시키기 위하여 무하자재량행사청구권의[3] 공권성을 인정할 필요가 있다는 것이다.

---

재량행사청구권, 서울대학교「법학」, 1991, 31권 3·4호; 同, 무하자재량행사청구권, 월간고시 (1991.1) 참조; 박윤흔, 행정법강의(상), 박영사, 2002, 172면.

1) 박윤흔, 행정법강의(상), 박영사, 2002, 169면 참조.
2) 여기서 인정근거는 행정의 법률적합성의 원칙(Gesetzmäßigkeit der Verwaltung)은 실체법적 측면에서 뿐만 아니라 절차법적 측면에서도 행정이 법률에 적합할 것을 요구한다. 그러므로 재량행위의 경우에는 재량행사결과가 적법·타당해야 함은 물론 재량행사과정에서도 하자없이 하여야 할 객관적 의무가 국가에게 존재한다는 것을 근거로 삼는 법치국가설의 입장과 헌법상의 기본적 인격권·자유권·평등권을 근거로 하여 모든 불평등한 처우의 재량결정의 배제를 청구할 수 있는 권리가 국민에게 인정된다는 것이다(기본권설) 재량을 허용하는 행정법규가 개인의 이익(私益)도 보호하도록 규정한 경우에 그 이익을 보호하기 위하여 무하자재량행사청구권을 인정할 필요가 있다는 것이다.
3) 강행법규성(zwingender Rechtssatz)이 결여된 경우에도 인정된다고 보는 견해도 있으나, 강행법규성을 필요로 한다고 보는 견해가 일반적이다. 강행법규성을 필요로 한다는 견해는 석종현, 일반행정법(상), 삼영사, 2002, 109면 이하); 김남진, 행정법의 기본문제, 법문사, 1994, 152면; 박윤흔, 행정법강의(상), 박영사, 2002, 173면; 박균성교수는 강행법규 혹은 조리에 의해서 처분의무가 존재한다고 한다(박균성, 행정법 총론, 박영사, 2002, 116면). 박윤흔 교수는 i) 오늘날은 위에서 본 바와 같이 법규가 명문으로 사익보호를 규정하고 있지 아니한 경우에도 해석상 사익을 보호하고 있는 것으로 보는 경우가 대폭 확대되게 되었다(사익보호성: 이 경우 법규는 성문법뿐만 아니라 불문법(관습법·조리법)도 포함되는 것으로 본다.) ii) 행정청에 재량이 인정된 경우(특히 결정재량)에도 재량권에는 일정한 한계가 있으며, 이에 따라 뒤에서 보는 바와 같이 상대방에게는 「흠 없는 재량행사청구권」이라는 형식적 권리가 인정된다고 보는바, 재량권이 零으로 축소(Ermessensschrumpfung auf Null)되는 상황 아래서는 행정청에게는 특정행정행위를 하여야 할 의무가 생기고, 이에 대응하여 상대방의 형식적 권리인 흠 없는 재량행사청구권은 실체적 권리인 구체적인 특정행정행위발급청구권으로 轉化(전화[응고])된다고 본다(강행법규성). 「개인적 공권의 성립요소로는 독일의 뷜러(O. Bühler, Die subjektiven öffentlichen Rechte und ihr Schutz in der deutschen Verwaltungsgerichtssprechung, S. 21)가 주장한 강행법규성, 사익보호성, 청구권능부여성의 세가지가 들어진다(3요소론). 국가등 행정주체에게 일정한 행위(작위 또는 부작위)를 할 의무를 발생시키는 강행법규가 존재하여야 한다. 따라서 행위의무는 행정청이 기속적으로 행하도록 하는 기속행위여야 한다. 그러나 오늘날에는 예외적으로 행정청에게 재량이 인정되는 경우에도 공권이 발생할 수 있다고 보고 있다. 뒤에서 보는 흠 없는 재량행사청구권, 행정개입청구권이 그것이다.」라고 한다(박윤흔, 행정법강의 (상), 박영사, 2002, 149면 참조). 필자

[사견] 생각건대 부정설의 입장은 하자 없는 재량행사청구권을 인정하면 행정소송의 원고적격의 범위를 부당하게 넓혀 민중소송화할 우려가 있다고 하지만, 무하자재량행사청구권의 성립요건으로 사익보호성을 그 전제로 한다면 그러한 우려는 없어지게 된다.[1] 이는 행정소송법이 '법률상 이익'이 있는 자에 대해서만 항고소송의 원고적격을 인정하고 있는 것과 같은 이치이다.[2] 또한 부정설의 입장에서는 만약 무하자재량행사청구권의 성립요건으로 사익보호성을 요구하게 되면 실체적 권리의 침해를 이유로 권익구제를 받을 수 있으므로 굳이 형식적 권리인 이 청구권을 인정할 필요가 없다고 한다. 그러나 재량행사에 하자가 있으면 바로 실체적 권리가 침해되었다고 볼 수 있는 경우도 있으나, 개별적인 事案에 따라서는 실체적 권리의 침해의 가능성이 존재함에도 불구하고 법원이 스스로 그것을 확인할 수는 없고, 행정청으로 하여금 다시 재량을 하자 없이 행사하도록 하여, 행정청 스스로 실체적 권리의 침해여부를 결정하도록 하여야 하는 경우도 있다.[3][4] 따라서 무하자재량행사청구권의 성립요건으로 사익보호성을 인정한다고 하더라도, 재량권행사의 하자는 항상 법원 스스로 확인할 수 있는 실체적 권리의 침해를 가져온다고 말할 수는 없다.[5] 결국 재량행위에도 일정한 한계가 있으며, 따라서 이에 대응하여 상대방에게는 행정청에 대하여 재량권을 행사함에 있어서 그 법적 한계를 준수하여 줄 것을 청구하는 주관적 공권이 성립한다고 보는 것이 타당하다. 다만 과거 독일의 학설에서와 같이 '모든' 재량행위에 대하여 인정하는「'일반적' 무하자재량행사청구권」[6]은 인정할 수 없으며,[7] 관계 실정법규가

---

는 여기서 강행법규의 의미는 「행정청의 재량행위에 있어서도 그 재량권의 한계에 관한 한 강행규범(zwingendes Recht)은 존재하는 것이며 그에 따라서 개인은 무하자재량행사청구권을 가지게 된다」는 의미에서의 강행법규를 의미한다고 표현하고자 한다.

1) 김남진, 행정법의 기본문제, 법문사, 1994, 152면. 김남진교수는 민중소송의 우려는 오히려 우리의 행정쟁송법상의 '법률상 이익'의 지나친 확대해석(예컨대, 보호할 가치있는 이익구제설 등)을 통해 일어날 수 있다고 한다; 박균성, 행정법 총론, 박영사, 2002, 115면.
2) 김남진, 행정법의 기본문제, 법문사, 1994, 152면.
3) 행정청이 재량행사를 해태(懈怠)한 경우 또는 불완전하게 행사한 경우에는 하자 있는 법원 스스로 실체적 법익의 침해를 인정하기는 어렵다고 할 것이다. 만약에, 법원 스스로 실체적 권리의 침해를 인정한다면, 이는 결과적으로 법원이 행정청이 행사할 재량권을 대신하여 행사하는 결과가 된다.
4) 박윤흔, 행정법강의(상), 박영사, 2002, 172면 참조.
5) 박윤흔, 행정법강의(상), 박영사, 2002, 169면.
6) 독일에서 '일반적' 무하자재량행사청구권을 인정하는 근거로 Bonn 기본법 제2조 제1항, 제3조 제1항, 제20조 제3항 등을 들면서, 이들 기본권조항으로부터 기속행위 뿐만 아니라 재량행위에 있어서 원고적격의 범위를 '일반적으로' 해결하려는 태도를 보이고 있지만, 이는 항고소송과 의무이행소송의 원고적격을 규정한 VwGO 제42조 제2항, 즉 행정행위 혹은 그 거부 혹은 부작위로 인하여 자기의 권리를 침해당한(… durch den Verwaltungsakt oder seine Ablehnung oder

상대방의 사익보호(Befriedigung von Einzelinteressen)를 규정하고 있는 경우에만 인정하는 것이 타당하다. 이와 같이 무하자재량행사청구권은 개인이 행정청에 대하여 적극적으로 하자 없는 재량처분을 할 것을 구하는 청구권이지만, 이를 항고쟁송에 있어서의 원고적격의 범위의 확대수단으로만 (소극적으로) 파악하는 것은 적당치 않다. 대법원 판례도 재량처분에 대한 원고적격의 범위를 결정함에 있어서 무하자재량행사청구권의 개념을 전제로 함이 없이 개인의 법률상 이익이 침해되었는가 여부만을 심사하고 있는 것이 일반적이지만, 무하자재량행사청구권은 현행 행정소송법 제12조(원고적격) 및 제36조(부작위위법확인소송의 원고적격)의 규정과 모순되지 않는다는 점에 미루어 이의 폭넓은 도입이 필요하다고 본다. 뿐만 아니라 대법원 판례는 의무이행소송을 부인하나,[1] 현행 행정소송법하에서도 무명항고소송의 일종으로서 의무이행소송이 인정될 가능성이 전혀 배제되어 있지 않다는 점등을 고려한다면 의무이행소송제도의 도입을 위한 전제조건으로서의 무하자재량행사청구권의 폭넓은 도입은 긍정적으로 평가될 수도 있을 것이다. 이러한 의미에서 본고에서는 무하자재량행사청구권에 대한 일반적 및 구체적 고찰을 통하여 현대 행정국가에서의 행정과정에 있어서의 행정행위의 합리화 및 적정화를 이루는데 이바지하고, 나아가서는 무하자재량행사청구권의 개념과 적용범위를 명확히 함으로써 행정구제의 폭을 넓히고, 나아가서는 재판청구권이 보장되어 있는 현행 헌법의 테두리 안에서 행정소송법에 의무이행소송의 도입을 위한 하나의 전기를 마련하고자 한다.

## Ⅱ. 무하자재량행사청구권(일반론)

### 1. 개념

서론에서 언급한바와 같이 무하자재량행사청구권은 재량권의 유월·남용의 법리를 전제로 하여 인정되는 권리로서, 재량행위의 상대방 기타 이해관계인에게 (법원이 아닌) 행정청에 대하여 재량권을 하자 없이 행사 해 줄 것을 청구하는 개인적 공권이다. 즉 행정청의 위법한 재량권행사(재량권의 일탈·남용) 또는 재량권의 불행사·해태(재량해태)에

---

Utrelassung in seinen Rechten verletzt zu sein.)자에게 원고적격을 인정한 취지와 배치된다. Bonn 기본법 제2조 제1항이 보호하는 자유영역은 법질서에 의하여 한정되는 것이고, 기본법 제3조 제1항의 평등취급명령도 신청자의 권리영역에 관계될 때에야 비로소 적용될 수 있는 것이기 때문에 이들 조항으로부터 일반적 무하자재량행사청구권을 인정하는 것은 타당하지 않다.
7) 이에 관한 상세한 비판은 김동희, 행정법(I), 박영사, 2002, 95면 이하 참조.
1) 대판 1992. 2. 11, 91누4126 「현행 행정소송법상 의무이행소송이나 의무확인소송은 인정되지 않으며, 행정심판법이 의무이행심판청구를 할 수 있도록 규정하고 있다고 하여 행정소송에서 의무이행청구를 할 수 있는 근거가 되지 못한다」.

대한 적법한 재량처분을 구하는 권리이다. 이는 행정청에 재량이 인정된 경우에도 거기에는 일정한 한계가 있으며, 그것을 위반한 경우에 위법이 된다는 실질적 법치국가사상에 기초한 것이다. 이러한 재량한계론의 발전에 따라 재량권을 일탈·남용하면 행정처분은 위법하게 되는 바, 이에 대응하여 재량행위의 상대방 기타 이해관계인에게는 행정청에 대하여 재량권을 하자 없이 행사하여 줄 것을 청구하는 주관적 권리(공권)가 성립한다고 보는 것이다.1) 따라서 행정청은 재량권을 공익의 보호·평등의 원칙·비례의 원칙 등과 같은 가치기준에 따라 그에게 부과된 행정의무에 맞게 행사하여야 한다.

무하자재량행사청구권은 일반적·추상적 권리로서 인정되는 것은 아니며 재량을 허용하는 행정법규가 공익보호와 아울러 개인(관계인)의 이익보호를 규정하고 있는 경우에 한하여 인정된다. 국민이 적극적으로 국가에 대하여 특정한 행위를 할 것을 요구하거나, 국가의 보호를 요청하는 청구권적 기본권인 주관적 공권2)의 성립요건과 관련시켜볼 때, 문제는 그 재량을 수권하는 규정이 개인의 이익(사익보호)도 아울러 보호할 것을 목적으로 하는 것인가에 있다. 이 점이 인정된다면 개인은 행정청에 하자 없는 재량행사를 요구할 형식적 권리를 갖는다. 다만 이 이론이 독일에서 등장한 초기에는 모든 재량행위에 대하여 이 청구권이 인정되는 것으로 보아 '일반적' 무하자재량행사청구권(Ein allgemeiner Anspruch auf ermessensfehlerfreie Entscheidung)을 인정하였으나, 오늘날은 재량행위 중에서도 상대방(개인)에 대하여 실정법규에 의한 이익보호(Interesse des betroffenen Bürgers zu dienen bestimmt)가 규정되어 있는 경우에만 인정된다고 본다.3)

---

1) 김남진 교수는 광의로는「개인이 행정청에 대하여 재량권의 하자 없는 행사를 청구할 수 있는 공법상의 형식적 권리」를 말한다고 하고, 협의로는「행정청이 결정재량권을 갖지 못하고 선택재량권만을 가지고 있는 경우에 있어서의 하자 없는 재량행사청구권」을 말한다고 한다(김남진(I), 1997, 113면); 同, 행정법의 기본문제, 법문사, 1994, 150면; 석종현교수도 결정재량권은 부인되면서도 선택재량권만을 가지고 있는 경우에 인정된다고 한다(석종현, 일반행정법(상), 삼영사, 2002, 108면). 즉 이들의 견해는 행정청이 결정재량을 가지는 부분에 대하여는 무하자재량행사청구권을 행사할 수 없으며, 선택재량을 가지는 부분에 대해서만 그 상대방은 무하자재량행사청구권을 가진다고 본다. 이에 반하여 박균성교수는「무하자재량행사청구권은 행정기관이 선택재량을 가지는 경우 뿐만 아니라 결정재량만을 가지는 경우에도 인정되며, 행정기관이 선택재량과 결정재량을 가지는 경우도 인정된다」고 하면서, 예컨대「재량권이 수익적 행정행위에 있어서 인정되는 경우에 수익적 행정행위의 신청(공직임용의 신청, 특허의 신청)에 대하여 거부를 함에 있어서 재량권이 남용된 경우(결정재량의 하자)에 당사자는 의무이행심판 또는 거부처분에 대한 취소소송을 제기하여 무하자재량행사청구권을 실현할 수 있다」고 한다. 박균성, 행정법 총론, 박영사, 2002, 116면.
2) 대법원 또한 1991년의 판결(대판 1991. 2.12, 90 c 누 c 5825)에서 이를 인정하는 태도를 보인 바 있다. 김성수, 독일법상 주관적 공권 이론의 발전, 고시계(1991.8), 61면.

### 2. 무하자재량행사청구권의 재량

　행정청에게 재량이 인정된다고 볼 수 있는 실정법상의 문언은 「… 할 수 있다」, 「… 허용된다」, 「… 할 권한이 있다」 등의 표현을 일반적으로 사용한다. 행정법규가 이러한 재량행위를 허용하는 경우, 이는 행정청에게 독자적인 결정(결정재량) 내지는 선택(선택재량)을 할 수 있는 행정활동영역을 부여한다.[1] 입법자가 행정에 대해 재량의 자유를 부여하는 것은 기본권의 본질적 내용(Wesensgehalt)이 침해되지 않는 한(헌법 제37조 제2항 참조), 법치국가원리에 위반되지 않으며 오히려 행정청에게 부여되는 재량의 자유는 법질서와 헌법질서의 적법한 구성요소가 된다. 따라서 재량영역(Ermessensspielraum)내에서의 행정청의 행위는 합법적이며, 따라서 원칙적으로 법원의 사법심사의 대상이 될 수 없는 것이 원칙이다. 왜냐하면 재량권의 범위 내에서의 행정청의 판단은 합목적성 또는 타당성(Billigkeit)의 문제에 관한 것이지(행정심판) 위법성·합법성의 문제(행정소송)가 아니기 때문이다. 따라서 법원은 행정청이 내린 결정과는 다른 판단(더욱 타당하고, 합목적적이라고 확신되는)이 존재한다고 할지라도 우선 행정청의 결정을 존중해야 한다. 그러나 입법자의 입법형성의 자유에 따라 행정청에게 재량을 인정하는 경우라 할지라도 그것은 의무에 합당한 재량(nur ein pflichtgemäßes Ermessen)으로 이해되어져야 한다. 즉 행정재량은 항상 법률목적에 의하여 결정되어지고, 근거 지워지는 '의무에 합당한 재량(nur ein pflichtgemäßes Ermessen),' 내지는 법적으로 구속받는 재량(rechtlich gebundenes Ermessen)재량이다. 따라서 모든 종류의 행정재량은 그때 그때의 행정청의 구체적인 의무와 행정과제에서 그 한계를 가지는 것이며,[2] 이러한 점에서 재량하자는 행정청이 법적인 한계를 준수하지 않을 경우에 발생한다고 볼 수 있다. 행정청에게 재량권이 부여되어 있다고 할지라도 행정청은 재량을 그 행정목적에 맞게 사용해야 하며, 재량권 행사의 법적 한계를 준수해야 한다. 이에 따라 법원은 행정청이 재량의 한계를 넘어섰는지 혹은 미달했는지, 또는 재량권의 목적에 맞게 그 권한을 사용하였는지 등과 같은 재량하자 여부를 심사할 수 있다.[3] 무하자재량행사청구권은 행정청이 재량행사를 함에 있어 재량의 법적 한계를 준수하고, 권한의 목적에 맞게 재량권을 행사하도록 하는 데 있다.

---

3) H. Maurer, Allgemeines Verwaltungstrecht, § 7 Rn. 15.
1) 김동희, 행정법(I), 박영사, 2002, 243면 참조.
2) 宮田三郎, 行政裁量とその統制密度, 信山社, 1994(平成 6), 1頁 以下.
3) 이 경우 그 속에 존재하는 자의(恣意)가 문제 되는바, 예컨대 행정청에게 재량이 허용되지 않았음에도 불구하고, 행정청은 재량을 지니고 있다고 생각하는 경우 자의문제가 발생한다.

## Ⅲ. 주관적 공권과 무하자재량행사청구권

### 1. 공권의 관념
　국민주권의 원리와 법치국가원리가 준수되고, 국가의 존립목적이 궁극적으로 국민에게 봉사하는데 있음이 확인되어 있는 자유민주적 기본질서를 토대로 한 헌법국가에서는 국민이 국가에 대해서도 자기자신의 이익을 주장할 수 있는 권리, 즉 공법상의 권리(Subjektives öffentliches Recht)가 있다. 공권이라 함은 공법관계에서의 권리주체가 직접 자기를 위하여 일정한 이익을 주장할 수 있는 의사의 힘으로서, 법률상 정당한 것으로 인정된 것을 말한다.

### 2. 공권의 성립요소
　독일에서의 공권이론은 옐리네크(G. Jellinek)[1] 및 뷜러(O. Bühler)등에 의하여 전개되었다. 특히 오트마 뷜러(O. Bühler)는 당시의 독일행정재판소의 판례들을 분석·검토하여 「공권이란 국민이 일정한 법률행위, 혹은 그의 사익을 보호하기 위해 정해진 강행적 법

---

[1] 옐리네크(G. Jellinek)는 선구적 입장에서 연구한 학자이다. 그는 그의 공권체계(G. Jellinek, Das System der subjektiven öffentlichen Rechte, 1892. 라는 저서에서, ① 법질서는 법주체간의 권리의무관계이어야 하며, ② 국가도 법에 복종하는 법인격으로서 인정되어야 하며, ③ 법치국가에서는 국가도 스스로 정한 공법질서에 복종하여야 한다는 것을 이론적으로 전제하여 개인의 국가에 대한 지위를 ① 소극적 지위, ② 적극적 지위, ③ 능동적 지위로 분류하였다(이 삼분화가 오늘날 헌법학상의 개인적 공원의 요소인 자유권·수익권·참정권에 대응하는 공권의 분류이다(G. Jellinek의 공권론의 이해도 공권이론의 구체적인 이해를 위해서는 반드시 필요한 것이라 할 수 있다. 권배근, 무하자재량행사청구권의 법리에 관한 연구, 한양대학교 대학원, 1988, 12면). 그러나 옐리네크(G. Jellinek)의 공권론은 권리론일반에서의 논술은 아니였으며, (개인적) 공권을 권리로서 인정하지 않았던 당시의 지배적인 공권부인론을 극복하기 위하여 (개인적) 공권을 인정하기 위하여 주장했다. (개인적) 공권이 광범위하게 인정되고 있는 오늘날과는 문제제기의 역사적 상황을 완전히 달리한다고 할 것이다(당시 독일에서는 민주적 이념의 발달이 늦어 臣民(Untertan)으로서의 국민이 강조되고, 권리주체(Rechtssubjekt)로서의 국민의 성질이 간과되기 쉬웠다. 권배근, 무하자재량행사청구권의 법리에 관한 연구, 한양대학교 대학원, 1988, 12면 참조). 그러나 법치국가에 들어와서는 과거의 공권부인론은 극복되고, 공권긍정론의 입장에서 행정법관계에서도 국가와 개인간의 관계는 원칙적으로 권리의무관계로 보게 되었다(박윤흔, 행정법강의(상), 박영사, 2002, 157면). G. Jellinek의 공권이론에 관한 국내문헌으로는 최송화, 반사적 이익과 법적이익, 법학. 제11권 제2호(서울대학교), 1970, 56면; 천병태, 공권과 반사적 이익, 고시연구(1987.5), 62면 이하 참조; 권배근, 무하자재량행사청구권의 법리에 관한 연구, 한양대학교 대학원, 1988, 11면) 참조할것.

규에 기한 행정에 대한 국가로부터의 물(物)의 급부, 혹은 일정한 작위・부작위를 요구할 수 있는 개인의 국가에 대한 지위이다.」라고 정의하였다. 그의 정의를 요약하면 개인의 주관적 공권이 성립하기 위해서는, (ㄱ) 강행법규(Zwingender Rechtssatz)가 존재할 것(강행법규성), (ㄴ) 그 법규가 (동시에) 개인적 이익을 보호하고 있을 것(사익보호성), (ㄷ) 국가에 대한 개인의 청구권능성의 인정(청구권능부여성)을 공권성립의 삼요소로 정의하고 있다.[1] 따라서 이러한 요소의 반대해석으로서, (ㄱ) 법규에 강행성이 없고, 입법자에게 행정처분의 재량이 맡겨져 있는 경우(임의법규), (ㄴ) 법규가 사익목적을 고려하지 않고 주로 공익목적(만)을 위해 존재하는 경우(공익보호), (ㄷ) 법규가 국가에 대한 사인의 사익목적의 실현요구를 위한 권리능력을 주고 있지 않을 경우에는 개인적 공권은 성립할 수 없고, 이 경우 관계자가 갖는 이익은 반사적 이익에 불과하다. 뷜러(O. Bühler)의 공권성립의 요소 및 이에 대한 정의는 독일의 학설과 판례에 많은 영향을 미쳤으며, 비록 비판과 수정을 받기는 하였으나 오늘날에도 그의 주장의 근본적 내용은 여전히 인정되고 있다고 할 수 있다. 예컨대 '한스-우베 에리히선(Hans-Uwe Erichsen)'[2]은 「(ㄱ) 공법의 법규가 국가 기타의 행정주체에게 행정의무를 부과하고(강행법규), (ㄴ) 이 법규가 적어도 개인이익의 충족도 보호하도록 규정되어 있고 따라서 단지 공익의 실현만을 목적으로 하지 않으며, (ㄷ) 법규상의 의무자에 대하여 규범이 보호하는 사익을 관철할 수 있는 법적 힘(Rechtsmacht)이 개인에게 인정되어 있는 때에 공권이 존재한다」고 한다.[3] 마우러(H. Maurer)도 공권의 성

---

[1] 박윤흔, 행정법강의(상), 박영사, 2002, 156면 참조.
[2] 독일 이름 중에는 Hartmut(하르트뭍: 이름), Maurer(마우러: 성)와 같이 이름을 하르트뭍(Hartmut)와 같이 하나만 쓰는 것이 일반적이나, 경우에 따라서는 이름을 한스-우베(Hans-Uwe)와 같이 두 개씩 가지는 사람도 있다. 그리고 이름 사이에 한스-우베와 같이 "-"로 연결해주는 사람도 있고, 이름을 "-"로 연결하지 않고 따로 따로 쓰는 사람도 있다(Heinz Joachim Bonk). 그것은 일정한 규칙이 있는 것이 아니고 자기 마음대로이다. 저자(김백유)도 독일어로 Kim, Baik-Yu로 쓴다. 이름 사이에 "-"로 연결하지 않을 수도 있으나(Kim, Baik Yu), Kim, Baik-Yu로 "-"을 하나 붙여서 쓴다. 물론 내마음대로 … ※ 이름을 두 개 쓰는 경우, 사실상 앞에 나오는 이름이 본래의 이름이고 두번째 나오는 이름은 아버지가 아들 이름을 지어줄 때, 자기가 존경하는 사람 혹은 친한 친구 이름을 붙인다고 한다. 저자(김백유)의 독일인 친구중에 '베른트 말레(Berndt Mahle)'라고 이름을 두 개 가진 친구가 있는데, 뒤에 나오는 말레(Mahle)라는 이름은 자기 아버지와 친한 친구의 이름(Mahle)이고, 자기 아버지의 친구인 말레(Mahle)는 제2차세계대전 당시 전사(戰死)하였다고 한다. 전사한 자기친구의 이름을 자기 아들 이름에 붙여준거라고 한다. 전쟁에서 전사한 과거의 절친한 친구를 기리는 마음으로 … 아버지와 똑같은 이름을 지어주는 경우도 있다. 이 때는 아들 이름앞에 Junior라는 표현을 쓴다.
[3] 제3요소인 법적 힘은, 기본법 제9조 제4항 제1문의 규정과 국가와 국민의 관계를 규율하는 기타 기본법규정들로부터 인정되고 있기 때문에 기본법이외에서는 특별히 증명될 필요가 없다고 한다. 권배근, 무하자재량행사청구권의 법리에 관한 연구, 한양대학교 대학원, 1988, 13면.

립요소로서 「(ㄱ) 행정에게 특정한 행위를 할 의무를 부과하는 법규범(Rechtsnorm)이 존재하는가(행정의 법의무: Rechtspflicht der Verwaltung), (ㄴ) 법규범이 개개 국민의 이익도 보호하여야 하는가(개인적 이익: Individualinteresse)」의 문제들을 심사해야 한다고 주장함으로써 뷜러(Bühler)의 공권성립의 3요소 중 제3요소(법적 힘)를 제외한 나머지 2요소로써 공권의 성립은 충분하다고 주장한다.[1] 오늘날에는 개인에게 주관적 공권이 인정하기 위해서는 법규범에 강행법규성과 사익보호성이 동시에 존재(뷜러: O. Bühler의 3요소론인 강행법규성, 사익보호성, 청구권능부여성중에서 청구권능부여성은 제외) 할 것이 요구된다(2요소론)고 본다.[2]

### 3. 무하자재량행사청구권의 공권성립요소

위에서 언급한 바와 같이 공권성립의 2요소로서 강행법규성·사익보호성을 그 전제로 삼는 경우, 무하자재량행사청구권이 공권으로서 인정을 받기 위하여는 위의 2요소를 충족시킬 것이 요구된다. 행정청에게 재량(결정재량·선택재량; 요건재량·효과재량)이 인정되어 있는 경우에 행정청은 원칙적으로 선택의 자유를 가진다. 따라서 과거에는 행정이 재량에 의해 행위할 수 있다면 국민의 청구권은 존재하지 않는다고 보았다. 그러나 오늘날 이를 지지하는 학설은 없고, 오히려 행정재량이 인정된 경우라고 할지라도 행정청은 특정한 행위를 할 의무를 지지는 않지만 (최소한) 재량하자없이 결정할 의무를 지닌다고 보는 것이 일반적이다. 재량행위에 있어서도 그 재량권의 한계에 관한 한 강행규범(zwingendes Recht)은 존재하는 것이며 그에 따라서 개인은 무하자재량행사청구권을 가지게 된다. 오늘날 재량을 의무에 합당한 재량, 법의 기속을 받는 재량이라고 부르는 이유도 여기에 있다. 특히 행정청의 재량권이 零으로 수축되는 경우(Ermessenschrumpfung auf Null)에는, 개인은 특정한 결정을 구하는 청구권(행정행위발급청구권·행정개입청구권)까지 가지게 된다.[3] 그리하여 재량권의 영(零)으로의 수축이론에 의하여, 재량행위가 기속행위로 전환되거나, 본래 기속행위인 경우에는 행정청은 특정한 행위를 할 의무를 지며, 개인은 이에 상응하여 특정한 행위를 구하는 실체적 공권을 가지게 될 것이다. 그리고 무하자재량행사청구권에 있어서 그 기초를 이루는 규범이 관계인의 이익보호(사익보호)를 위한 것이어야 한다. 즉 재량행위에 있어서 그 내용상 행정청에 부과되어 있는 의무에 따라서 개인은 하자

---

1) H. Maurer, Allgemeines Verwaltungsrecht, § 8 Rn. 9.
2) 박윤흔, 행정법강의(상), 박영사, 2002, 149면 참조.
3) 행정개입청구권에 관한 상세한 내용은 김백유, 행정개입청구권과 사법적 권리구제, 육종수교수 화갑기념논문, 2002 참조; 김동희, 행정법(I), 박영사, 2002, 98면; 박윤흔, 행정법강의(상), 박영사, 2002, 164면 이하; 홍정선, 행정법원론(상), 단락번호, 525; 석종현, 일반행정법(상), 삼영사, 2002, 112면 이하;

없는 재량적 결정과 특정행위를 구하는 청구권을 가지며, 이러한 청구권은 재량규범이 공익목적뿐만 아니라 관계인의 이익보호의 취지로도 규정되어 있는 경우에 인정된다(공익 + 사익). 만약 행정목적이 공익을 위한 경우라면, 이 때 개인이 받는 이익은 법률상 이익이 아니고, 사실상 이익이며, 개별적·구체적 이익이 아니고 반사적 이익이 된다. 법률상 이익은 법적 이익 혹은 법률상 보호이익이다.

### 4. 무하자재량행사청구권의 절차적 공권성

공권은 그 범위에 따라 실체적 공권과 절차적 공권으로 나누어 진다. 실체적 공권과 절차적 공권의 구별은 뷜러(O. Bühler)에 의하여 구체화 되었다.[1] 그는 복효적 내지 이중효과적 행정행위의 경우 예컨대 건축희망자의 건축허가청구권과 그 이웃(Nachbar)이 가지는 이의제기권 및 자동차운전면허의 취소에 대하여 제기된 취소소송절차에서의 서류열람청구권은 그 절차에 의해 추구된 이익과의 관계에서 고려 할 때 단순한 절차적인 권리임에 그치지만, 이와 반대로 공무원의 자기의 신상서류에 관한 열람청구권은 서류열람 그 자체가 추구하는 실체적 이익이므로 실체적 권리라고 설명한다. 그러므로 실체적 공권과 절차적 공권의 구별표준은 그의 추구하는 실체적 이익을 기준으로 하여 그에 대해 가지는 권리의 내용에 따라 결정된다는 것이다. 재량행위에 있어서는 원칙적으로 행정청에게 행위여부 또는 행위방법의 결정에 대한 재량권이 부여되어 있으므로 무하자재량행사청구권은 어떤 수익적인 행정결정을 얻기 위한 것을 목적으로 하는 것이 아니라, 그 결정에 있어서 재량의 하자를 회피하는 것을 목적으로 하는 것이다. 이러한 의미에서 무하자재량행사청구권은 절차적 공권에 해당한다.[2]

## Ⅳ. 무하자재량행사청구권의 성립요건

### 1. 재량행위

재량은 일정한 행위를 법률의 수권의 내용에 따라 법규에서 허용한 조치를 할 것인가, 혹은 행하지 않을 것인가에 관한 여부를 당해 행정청이 스스로 판단하여 결정할 수 있는 결정재량(Entschließungsermessen)과, 여러 가지 가능한 수단중 행정청이 어느 것을 선택하며, 고려의 대상안에 든 여러 사람들 중 누구에게 어떻게 조치할 것인지의 선택가능여부

---

[1] 박윤흔, 행정법강의(상), 박영사, 2002, 148면.
[2] 이에 반하여 재량권이 영으로 수축되어 행정행위청구권(행정행위발급청구권·행정개입청구권)이 인정되는 경우에는 실체적 공권으로 전화된다(김동희, 행정법(I), 박영사, 2002, 92면 참조).

행정청(재량청) 스스로 선택할 수 있다는 선택재량(Auswahlermessen)이 있다.[1][2] 이러한 의미에서 재량은 행위재량(Verhaltensermessen; 행정재량)을 의미한다.[3] 행정청에게는 재량수권의 목적규정에 상응하는 그리고 법적 한계를 준수하는(… ihr Ermessen entsprechend dem Zweck der Ermächtigung auszuüben und die gesetzlichen Grenzen des Ermessens einzuhalten) 재량만이 허용되어 있을 뿐이다(VwVfG 제40조, VwGO 제114조). 즉 재량행위라 할지라도 입법의 취지·목적·성질과 헌법질서의 구속하에, 그리고 당해 처분에 관련된 본질적 관심사에 대한 고려하에서 행사되어져야 한다. 따라서 재량은 언제나 의무에 합당한 재량(pflichtgemäßes Ermessen)이거나 법에 구속된 재량(rechtlich gebundenes Ermessen)을 의미한다.[4] 순수한 의미의 혹은 완전한 (무기속적) 자유재량(freies Ermessen)은 법치국가에서는 존재할 수 없으며,[5] 행정청에게 재량권이 부여되어 있다고 할지라도 행정청은 재량을 그 수권목적에 맞게 사용하여야 하며 재량의 법적 한계를 준수하여야 한다는 것을 의미한다.[6] 무하자재량행사청구권은 이와 같은 고유한 의미의 재량영역(Ermessensspielraum)에 인정된다.[7]

---

[1] Koch/Rubel, Allgemeines Verwaltungsrecht, S. 111; Loeser, System des Verwaltungsrechts, Bd. 1, S. 500; 홍정선, 행정법원론(상), 단락번호 825; 김동희, 행정법(I), 박영사, 2002, 243면.

[2] 이와 같이 재량행위를 결정재량과 선택재량으로 구별하는 것은 재량행위가 행위의 '효과' 면에서만 존재한다는 것을 전제로 가능하다. 그리하여 요건재량의 문제는 재량의 문제가 아니라 법해석을 문제로 보게 된다. 즉 법에서 행위요건에 대하여 불확정개념으로 규정하더라도 그것은 재량개념이 아닌 법개념으로서 그 해석적용도 재량영역(Ermessensspielraum)이 아니라 법해석과정이며 행정청은 법적용에서의 판단의 여지가 있을 뿐이다. 석종현, 일반행정법(상), 삼영사, 2002, 264면 이하 참조.

[3] H. Maurer, Allgemeines Verwaltungsrecht, § 7, Rn. 17; Koch/Rubel, Allgemeines Verwaltungsrecht, S. 111; 홍정선, 행정법원론(상), 단락번호 827.

[4] H. Maurer, Allgemeines Verwaltungsrecht, § 7 Rn. 17.

[5] H. Maurer, Allgemeines Verwaltungsrecht, § 7 Rn. 17; 대판 1990.8.28. 89누8255; 홍정선, 행정법원론(상), 단락번호, 827.

[6] 판례(대판 1973. 10. 10 72누121)와 전통적 견해(김도창, 일반행정법론(상))는 재량행위를 다시 기속재량행위(법규재량)와 (좁은 의미의) 자유재량행위(공익재량)로 나누나 기속재량과 공익재량은 그 구분이 명확하지 않다는 점, 그리고 판례가 지적하는 바와 같이 재량권의 남용이나 일탈의 경우에는 기속재량이거나 자유재량을 불문하고 사법심사의 대상이 된다는 점(대판 1984.1.31 83누451), 기속재량이나 공익재량 모두 법에 기속된다는 점에서 양자의 구분은 그리 필요하지 않다. 홍정선, 행정법원론(상), 단락번호 828; 김동희, 행정법(I), 박영사, 2002, 245면; 김남진, 행정법의 기본문제, 법문사, 1994, 151면.

[7] 김남진교수는 무하자재량행사청구권을 광의의 무하자재량행사청구권과 협의의 무하자재량행사로 구분하면서, 「행정청이 결정재량권은 부인되어 있고 선택재량권을 가지고 있는 경우의 무하자재량행사청구권」을 협의의 무하자재량행사청구권이라 부른다. 예컨대 개인택시사업면허를 받을

## 2. 처분의무의 존재

무하자재량행사청구권도 주관적 공권이지만, 그 성립을 위한 전제조건은 행정청에 법적 의무로서의 처분의무가 존재함을 그 성립요건으로 삼고 있다. 재량처분의 경우에는 재량행위를 할 것인가의 여부(결정재량)와 법적으로 허용되는 행위중에서 어떠한 행위를 할 것인가(선택재량)에 대하여 행정청에 독자적 판단권이 부여되어 있으므로, 행정청이 가지는 재량처분(권)에 대하여 법적 의무성을 인정할 수 있는지의 여부가 문제된다. 생각건대 재량행위의 경우에도 행정청에게 임의적·자의적 결정까지 허용한다는 취지는 아니며, 재량권도「법적으로 한계 지워진 것」이어서 재량행위의 경우에도 이러한 재량권의 한계를 준수할 법적 의무가 있다고 보아야한다. 결국 재량행위도 법적 한계를 넘으면 사법적 통제의 대상이 된다. 다만 기속행위에서의 처분의무는 특정처분을 해야할 의무인데 반해 재량행위에 있어서의 법적 의무는 그 처분에 있어서 재량권의 한계를 준수할 의무에 그친다는 점에서 양자간에는 본질적인 차이가 있다.[1] 처분의무는 법령상 인정될 수 있을 뿐만 아니라 조리상 인정될 수도 있다.[2]

## 3. 사익보호성(법률상 이익의 존재)
### 3.1. 행정법상 관계실정법규(재량규범)가 존재하는 경우

재량의 한계를 벗어난 재량의 하자는 위법성을 구성한다(행정소송법 제27조 참조). 무하자재량행사청구권은 하자있는 재량권의 행사로 인해 특정인이 권리 또는 법률상 보호이익이 침해받은 때에야 비로소 성립한다(사익보호성).[3] 특히 사익보호성은 법에 의하여 직

---

수 있는 자격을 가진자 數人이 사업면허를 신청한 경우에 있어서, 행정청이 그중 누구에게 면허를 줄 것인가에 관하여는 여전히 재량권을 가진 경우, 위 사업면허신청자는 적어도 직접 자기에게 면허를 하여 줄 것을 청구할 권리를 가지고 있지는 않으나, 가·부간에 결정을 하여줄 것을 청구할 권리는 가진다고 볼 경우가 이에 해당한다고 한다(김남진, 행정법의 기본문제, 법문사, 1994, 154면).

1) 김동희, 행정법(I), 박영사, 2002, 92면.
2) 검사의 임용권자는 조리상 검사임용신청자에게 임용여부의 응답을 줄 의무가 있고, 검사임용신청자는 그 임용신청에 대하여 임용여부의 응답을 받을 권리가 있다(대판 1991.2.12 90누5825 - 특히 이 판례는 대법원이 무하자재량행사청구권의 법리를 인정한 판례로 볼 수 있다); 박균성, 행정법 총론, 박영사, 2002, 115면; 김동희, 행정법(I), 박영사, 2002, 94면.
3) 따라서 관계법규가 전적으로 공익만을 그 목적으로 하는 때에는 이 청구권은 인정되지 아니한다(김동희, 행정법(I), 박영사, 2002, 93면). 독일의 초기의 학설은 객관적 위법사유로서의 재량하자는 동시에 주관적 권리침해사유가 된다고 보아 모든 재량행위에 대하여 이 청구권은 성립된다고 보았으나, 오늘날은 재량행위에 있어서도 재량을 허용하는 관계실정법규(재량규범)가 상대방의 사익보호를 규정하고 있는 경우에만 이 청구권은 성립한다고 한다(김동희, 무하자재량행사청

접 개인의 권리로서 인정되는 경우에 충족되는 것이 원칙이지만, 제3자 보호규범에 의하여 보호되는 이른바 보호이익도 이에 포함된다.[1]

### 3.2. 특별한 행정법상의 근거없이 행하는 경우

오늘날에는 헌법상의 기본권 보장의 범위가 점차 확대되어 감에 따라 개인에게 인정되는 주관적 공권의 범위가 점차 확장되어 가고 있는 것이 자유민주적 기본질서(freiheitliche demokratische Grundordnung)를 토대로 한 헌법국가의 특징이다. 행정청이 특별한 법률상의 근거없이 행하는 경우에는 이와 관련되는 헌법상의 기본권보호 조항으로부터 무하자재량행사청구권의 성립을 인정할 수 있다.[2] 또한 조리상으로도 무하자재량행사청구권이 인정된다고 본다.

## 4. 무하자재량행사청구권의 기타 적용영역

### 4.1. 판단여지

판단여지설은 행정행위의 요건규정중 불확정개념(예 : 정당한, 상당한 이유, 중대한 사유, 공공의 안녕과 질서, 신뢰성, 적성(適性), 공익상 필요한 때 등)[3]의 해석에 관한 학설이다. 바호프(O. Bachof), 울레(C. H. Ule)[4]는 행정법규가 행정행위의 요건에 불확정개념[5]을 사용하여 규정하고 있는 경우에 그 해석 및 적용에 있어서 행정청에게 일정한 판단여지가

---

구권(상), 월간고시(1985. 8), 46면). 사익보호규범으로는 재량수권규범과 헌법상의 기본권규범을 들 수 있다.

1) 최근에는 경찰법규를 제3자보호규범으로 보는 경향에 있으며, 이 경우 경찰기관의 결정재량권이 영으로 수축되는 경우에는 행정개입청구권으로서의 경찰개입청구권이 성립될 수 있다(석종현, 일반행정법(상), 삼영사, 2002, 114면 참조).
2) 독일 연방행정법원(연방행정재판소)에서는 Bonn 기본법 제5조 제1항 제2문(보도의 자유)으로부터 원고는 연방철도국의 취재여행참가자의 선택과 관련한 취재여행에의 초청청구사건에서 연방철도청에 대하여 무하자재량행사청구권을 가진다고 판시한바 있다(BVerwGE 47, 247).
3) 김동희, 행정법(I), 박영사, 2002, 249면; 宮田三郎, 行政裁量とその さ統制密度, 信山社, 1994(平成 6), 49頁 以下 參照.
4) 울레(C. H. Ule) 교수는 판단여지설을 더욱 발전시킨 대채가능성설(Vertretbarkeitstheorie)을 주장하였다. 그의 주장에 의하면 판단간에 상이한 그러나 동가치적인 판단을 할 수 있는 한계영역에서는 행정청의 판단이 법원의 판단을 대체할 수 있다고 보았다. C. H. Ule, Zur Anwendung unbestimmter Rechtsbegriff im Verwaltungsrecht, in: Gedächtnisschrift für Walter Jellinek, 1955, S. 309 f.; 박윤흔, 행정법강의(상), 박영사, 2002, 332면; 김동희, 행정법(I), 박영사, 2002, 250면.
5) 박윤흔, 행정법강의(상), 박영사, 2002, 330면 이하 참조.

인정된다고 주장하였다(판단여지설).1) 판단여지설은 재량행위의 축소·부정에 대한 반작용으로 등장한 이론이다. 이는 「요건부분에 관해서는 재량이 있을 수 없다」라는 효과재량설에 있어서의 기본명제는 받아들이지만, 재량이 아닌 판단여지(Beurteilungsspielraum)라는 개념을 내세워 사법심사의 강도를 약화시키고자 하는 것이다. 즉, 법규의 요건부분에 불확정개념이 사용된 경우에는, 항상 오직 하나의 올바른 결론(판단)만이 가능한 것이 아니라 일정한 범위 내에서는 다수의 선택가능성, 즉 판단여지(Beurteilungsspielraum)가 존재한다고 한다.2) 따라서 행정청이 그 중 하나의 선택가능성을 골라 결정한 때에는 법원은 자

---

1) 바호프(Bachof)는 자유재량을 엄격히 효과(행위)재량에만 인정하고 행정행위의 요건으로 규정한 불확정개념을(재량개념으로 보지 않고) 법개념으로 보아 그의 해석 적용은 전면적으로 법원의 심사대상이 되는 법률문제라고 하지만(이 점에서는 효과재량설과 같고 요건재량설과 다르다), 다만 불확정개념의 해석에 있어서 '다수의 가치판단의 가능성이 존재하는 경우'에 판단여지라는 것을 인정하여, 그것이 인정되는 범위 내에서 행정청의 판단은 사법심사의 대상에서 제외된다고 한다(이점이 효과재량설과 다르고 요건재량설과 같다). O. Bachof, Die verwaltungsrechtliche Klage auf Vornahme einer Amtshandlung, 1951, 67 f.
2) 판단여지가 인정되는 경우로는 일반적으로, ① 비대체적 결정, ② 구속적 가치평가, ③ 행정기관의 장래의 예측적 사항에 대한 결정 및 ④ 형성적 결정 ⑤ 이익대표 또는 전문가로 구성되고, 직무상 독립을 갖는 합의체기관(위원회 등)의 결정 ⑥ 행정상 정책에 관련된 불확정 개념의 해석 등을 들고 있다. ① 비대체적 결정은 고도의 인격적 가치판단영역에 해당하는 것으로서 공무원의 근무평정, 시험, 학생의 성적평가와 같이 그 상황하에서 관계자만이 내릴 수 있는 결정을 의미하는데, 사법심사에서 그 상황을 재현할 수 없을 뿐만 아니라 관계자의 특수한 경험과 지식을 대신할 수 없다(판례:「대학은 학생의 입학을 전형함에 있어 법령과 학칙에 정해진 범위 내에서 대학의 목적과 그 대학의 특수사정을 고려하여 자유로이 수학기준을 정할 수 있다고 할 것이며 따라서 대학은 입학지원자가 모집정원에 미달한 경우라도 그가 정한 입학심사기준에 미달되는 자에 대하여는 입학을 거부할 수 있다(대판 1982. 7. 2, 81누398. 수학능력의 심사)」.「직권면직사유인 "직무수행능력의 현저한 부족으로 근무실적이 극히 불량한 때"에 해당하는지 여부를 판단하기 위한 자료가 되어야 할 당해 공무원에 대한 근무성적평정의 결과가 불량하다는 아무런 자료도 없는 경우에 있어서 별다른 사유 없이 단기간내에 감봉 1월의 징계처분을 받고 다시 감봉 6월의 징계처분을 받고 이에 대한 불복의 소가 계류중인 사실만으로써 이 사유가 곧바로 직무수행능력의 부족을 이유로 한 직권면직사유에 해당한다고 볼 수 없다(대판 1993. 10. 25, 83누302. 근무평정)」. ② 구속적 가치평가는 문화재 지정, 청소년유해도서 판정(유해여부의 판단) 등과 같이 전문가로 구성된 독립된 합의제기관(위원회)이 내리는 결정 등을 의미한다. 이러한 전문적이고 객관적·중립적인 결정에 대해 다시 소송에서 감정 등의 절차를 통해 심사할 필요가 없다(대판 1988. 11.8, 86누618). 법원이 그 검정에 관한 처분의 위법여부를 심사함에 있어서는 피고와 동일한 입장에 서서 어떠한 처분을 하여야 할 것인가를 판단하고 그것과 피고의 처분과를 비교하여 그 당부를 논하는 것은 불가하고, 피고가 관계법령과 심사기준에 따라서 처분을 한 것이면 그 처분은 유효한 것이고, 그 처분이 현저히 부당하거나 또는 재량권의 남용에 해당한다고 볼 수밖

신의 판단을 스스로 자제하고 행정청의 결정을 존중하여야 한다는 것이다. 판단여지설은 사법심사의 (사실적·규범적) 한계와 행정의 자율성을 고려하여 개별·구체적으로 사법심사의 강도를 조절하는 것을 그 내용으로 하고 있다.[1] 독일 판례의 일부에서 판단여지설에 입각한 판례가 있고, 우리나라 판례에서도 이와 같은 취지로 볼 수 있는 판례들이 있다. 재량과 판단여지는 개념상으로는 법적 성격 및 효과 면에서 구별될 수 있지만,[2] 양자 모두 행정에 대한 사법심사를 억제함으로써 행정의 자율성을 확보해 주기 위한 이론이라는 점에서는 넓은 의미에서는 차이가 없다.[3][4] 그리하여 판단여지가 인정되는 한도에서 법원에

에 없는 특별한 사정이 있는 때가 아니면 피고의 처분을 취소할 수 없다고 보아야 할 것이다). 또한 대판 1992. 4.24, 91누6634의 판례에 의하면, 「교과서 검정이 고도의 학술상, 교육상의 전문적인 판단을 요한다는 특성에 비추어보면 피고(교육부장관)가 교과용 도서를 검정함에 있어서 법령과 심사기준에 따라서 심사위원회의 심사를 거치고, 또 검정상 판단이 사실적 기초가 없다거나 사회통념상 현저히 부당하다는 등 현저히 재량권의 범위를 일탈한 것이 아닌 이상 그 검정을 위법하다고 볼 수 없다」고 판시한바 있다. ③ 행정기관의 장래의 예측적 사항에 대한 결정은 환경행정·경제행정 영역에서 장래의 발생할 위험 등의 사태를 예상(장래의 예측결정)하여 이에 대비하여 내리는 결정을 의미한다. 대부분 과거사실에 대한 소급적 판단을 중심으로 하는 사법권이 판단하기에 부적당하다. 왜냐 하면 법원의 심사를 통하여 대체할 수 없는 것이기 때문이다. ④ 형성적 결정은 경제·사회·문화 등을 일정한 방향으로 유도하고 그 구체적인 모습을 만들어 가기 위해 행해지는 행정작용을 의미하며, 이러한 형성적 활동은 일차적으로 행정의 역할이고 책임이라는 것이다. ⑤ 이익대표 또는 전문가로 구성되고, 직무상 독립을 갖는 합의체기관(위원회 등)의 결정은 다양한 사회집단의 대표자의 합의로 이루어져 법원이 그것을 존중하여야 할 구속적 가치평가(verbindliche Wertungen)로서의 성질을 갖기 때문이며(독일의 경우 연방행정법원에서는 특정잡지의 내용이 청소년에게 미치는 유해성여부의 판단에 있어서의 연방심사청(Bundesprüfstelle)의 결정에 대하여 판단여지를 인정한 바 있다(BVerWGE 39, 197(204)), ⑥의 경우는 법원의 심사를 통하여 대체할 수 없는 것이기 때문이다. 박윤흔, 행정법강의(상), 박영사, 2002, 335-336면 참조; 김동희, 행정법(I), 박영사, 2002, 251면;

1) 宮田三郎, 行政裁量とそのさ統制密度, 信山社, 1994(平成 6), 110頁 以下.
2) 박윤흔, 행정법강의(상), 박영사, 2002, 330-331면 참조.
3) 우리나라의 전통적 견해는 판단여지를 일반적으로 재량과 같은 개념으로 이해하나, 판단여지에 있어서는 복수행위간의 선택의 자유가 인정되는 것이 아니므로 개념상 구별되어야 한다는 입장도 있다(김남진). 즉, 재량은 법규상 효과부분에 관하여 행위 여부를 결정하고 여러 가지 방법 중 한 개를 선택하는 - 결정재량과 선택재량 - 의지작용이고, 따라서 의회가 법률에서 행정권에게 재량을 부여한 경우에는 법원은 행정청의 결정과 다른 결정을 하고 행정청의 결정이 자신의 결정에 반한다는 이유로 행정청이 내린 결정을 위법한 것으로 판결할 수 없다. 다시 말해 사법심사 내지 위법성 판단이 법적으로 불가능하다(물론 재량하자 또는 재량수축의 경우는 제외한다). 반면에 판단여지의 경우에는, 어떤 사실관계가 요건부분의 불확정개념을 충족하는지 여부를 결정하는 것은 법적 (가치) 판단작용이고, 따라서 헌법(제101조 제1항)에 의해 사법권, 즉 법적 판단권한을 부여받은 법원은 불확정개념에 관해 최종적으로 판단을 하고 행정청의 판단이 자신의 판

의한 심사가 전혀 배제되거나 제한된다고 하여 행정의 자율성을 넓혀주는 역할을 한다. 판단여지가 인정되는 것은 비대체적 결정, 구속적 가치평가, 예측결정, 형성적 결정 등의 특징을 갖는 결정들에 대해서이며,1) 주로 교육법에서 그 구체적인 예들을 찾을 수 있는데, 직업허가시험, 객관식시험, 국가시험 등에 판단여지가 인정된 바 있고, 예술작품이 "청소년에게 유해한지 여부"를 판단함에 있어서도 판단여지가 있다고 하였다. 다른 한편, 모든 불확정 개념에 대해서 판단여지가 인정되는 것은 아니어서, 판례상으로 예컨대 경찰법 내지 질서법상 "안녕과 질서", "공공의 건강상 이익", "보호할 가치 있는 기념물" 등에 대해서는 판단여지를 부정하고 있다.2)

### 4.2. 법률로부터 자유로운 행정

법률로부터 자유로운 행정이라 함은 기속행위와 재량행위와는 달리 개별적 수권규정에 근거하지 않고 행하는 행정을 말한다. 법률로부터 자유로운 행정행위는 일반적으로 급부행정과 지방자치단체행정의 영역에서 발견된다.3) 그러나 법률(Lex)로부터 자유로운 행정이 동시에 법(Jus)으로부터 자유로운 행정을 의미하는 것은 아니며, 이는 법률종속적인 행정에서와 마찬가지로 「법률로부터 자유로운 행정」이라고 할지라도 이때의 재량은 결코 자유로운 것이 아니다. 따라서 헌법 및 헌법질서 내지는 과잉금지의 원칙(비례의 원칙), 자의금지의 원칙, 기본권 보장 등과 같은 헌법적 원리에 기속된다고 본다. 따라서 예컨대 행정규칙으로서 대외적 효력을 갖지 않는 영역에 해당되는 것이라 할지라도, 결코 법으로부터 자유로운 행정이어서는 안 된다. 뿐만 아니라 헌법상 보호되는 기본권영역은 법률로부터 자유로운 행정의 영역에서도 기본권을 침해할 수 없다. 따라서 상대방에게 무하자재량행사청구권의 인정근거가 된다. 독일 연방행정법원의 판례들은4)5)이 행정청이 특별한 법

---

단과 다르다는 이유로 이를 위법한 것으로 판결할 수 있으나, 법원의 심사능력의 한계, 소송의 필요성 및 행정의 자율성, 권력분립의 원칙 등을 감안하여 법원 자신의 판단을 사실상 자제하는 것이다. 박윤흔 교수도 "오늘날의 통설적 견해는 재량은 오직 행위「효과」의 선택에 있어서만 인정 될 수 있으며, 행위「요건」의 해석·적용에 있어서는 인정될 수 없고 예외적으로 판단여지가 인정될 뿐이라고 한다. 통설이 타당하다고 본다"고 한다(박윤흔, 행정법강의(상), 박영사, 2002, 345면).
4) 박윤흔, 행정법강의(상), 박영사, 2002, 335면; 김동희, 행정법(I), 박영사, 2002, 251면.
1) 박정훈, 행정법, 법학의 이해, 길안사, 271-272면.
2) 정은영, 행정계획과 계획재량 : 그 방법론적 의의를 중심으로, 서울대학교 대학원, 2002, 69-70면.
3) 이러한 행정영역에 속하는 예로는 특별한 규정이 없이 예산에서만 자금이 명시되어 있을 뿐인 보조금(Subvention)의 지급이 있다. 이 경우에는 보조금 수령자의 범위를 결정할 때 행정청에게 재량이 인정된다. 이 때에 행정청은 마치 입법자처럼 행동하며 그러한 한에서 행정청의 재량은 이른바 입법자의 재량(gesetzgeberisches Ermessen)과 유사하다.

률상 근거없이 행하는 경우, 즉 법률로부터 자유로운 행정의 영역에서도 개인에게 무하자재량행사청구권을 인정된다고 보고 있다.

### 4.3. 행정계획에 있어서의 형성(Gestaltung)의 자유

행정계획과 관련된 법률들은 일반적으로 계획의 목표만을 규정하고 있다.[1] 예컨대 독일연방건설법 제1조 제6항[2] 및 제7항은 행정청에 대하여 계획확정시에 모든 관계공익과

---

4) BVerwGE 39, 235; 47, 247.
5) Lüneburg, Urteil vom 11.8.1982, NJW, 1984, S. 1639. 국립대학교수채용응모자는 무하자재량행사청구권이 있다. [사건개요] 某 국립대학에서는 정치학교수에 결원이 생겨 공채공고를 한바, X를 포함하여 28인이 응모하였다. 이에 동대학 인사위원회는 지원자 중 5인을 후보자로 결정하고 구술시험과 투표를 통하여 X를 제1순위로, K와 R를 공동 제2순위로 결정하였고, 이에 따라 동대학총장은 X를 임명하기 위하여 제청하였다. 그러나 상당기간 경과 후 교육부장관은 서신을 통하여 X에게 채용되지 못하였음을 통지하였는바, 그 이유는 동 대학 정치학과 전체 교수진의 구성상 채용할 수 없다는 것이다. 이에 X는 그 결정이 자신의 하자 없는 재량행사청구권을 침해하여 위법하다 하여 그 취소소송을 제기하였다. [판결요지] 제1심 법원은 청구를 기각하였으나, 항소심에서는 「행정기관의 재량이 인정되는 특정행위를 신청하는 당사자에게는 당해 행위에 대한 실체적인 법적 청구권이 주어지지 못하고, 단지 하자 없는 재량행사청구권이 주어질 뿐이다. 공직채용을 위한 지원행위는 공직의 수여를 받기 위한 신청행위로 볼 수 있고, 이에 대한 결정절차가 적어도 같은 가치를 가지는 두 가지 절차를 거치는 경우에는 제1의 절차를 성공적으로 통과한 지원자는 다음의 제2의 절차가 흠 없는 재량결정에 의하여 진행될 것을 요구할 수 있는 법적 지위를 갖게 된다. 만일 제2의 절차와 관련하여 지원자에게 하자 없는 재량행사청구권이라는 법적 지위가 주어지지 않는다면 이는 잘못이다」라고 하여 피고의 재량권행사가 위법함을 확인하였다(박윤흔, 행정법강의(상), 박영사, 2002, 174-175면 참조).
1) 이러한 규범들은 요건과 효과규정으로 이루어지는 다른 규범들(조건 프로그램)과는 달리 계획의 목표와 한계만을 규정하고 있으므로 목적 프로그램이라고 불려진다.
2) 독일 건설법전 제1조 제6항(§ 1 VI BauGB)은 "건설기본계획을 수립함에 있어서는 공익과 사익을 서로 정당하게 형량하여야 한다"고 규정하고 있다. 이 문구는 극히 간결하다. 즉 계획은 이와 관련된 모든 중요한 사항을 공개하고, 조사하며 동시에 모든 이익(Interessen)은 서로 보장되어야 한다는 점을 염두에 두고 행해져야 한다는 의미이다. 이러한 간단한 문장으로 인하여 독일 건설법은 여러가지의 다양한 형태의 형량요구(Anforderungen an die Abwägung)와 형량하자에 대한 규율(Regeln)을 발전시켰으며, 세분화된 형량의 원칙(Abwägungsdogmatik)을 등장시켰다. 그리고 법에 규정된 형량명령은 법원에 의하여 통제될 수 있다는 것이 독일법의 전형적인 특징이다. 독일 건설계획법이 다른 나라의 법과 다른 점은 독일법에는 광범위한 빈틈없는 보호장치가 있다는 점이다. 하나의 법규범(Rechtsnorm)이 법원에 의하여 통제될 수 있다는 것은 동일한 법규범이라 할지라도 재검사되지 않는 동일한 규범 그 자체 보다 더욱더 강한 법적 효율성을 지닌다. 상세한 내용은 김백유, 건설계획과 환경보호(번역), 환경법연구, 2001, 12, 제23권 제2호, 45면.

사익을 정당하게 형량하도록 의무화(형량명령)하고 있는데,1) 이 경우 고유의 재량규정에서 보다 훨씬 더 광범위한 결정여지를 부여하는 행정계획상의 형성의 자유가 인정된다. 이러한 경우에 관계자는 무하자재량행사청구권과 유사한 그의 이익 또는 권리의 고려청구권을 가진다고 한다.

### 4.4. 수익적 행정행위와 부담적 행정행위

무하자재량행사청구권은 주로 수익적 행정행위(특허의 신청, 공직임용의 신청)에서 인정된다. 그러나 부담적 행정행위들도 행정의 재량의 속할 수 있으며(제재처분, 허가의 취소나 정지처분, 건축법상의 철거처분), 이 경우에는 그 조치의 상대방에게 무하자재량행사청구권이 인정될 수 있다.2)

## 5. 무하자재량행사청구권의 내용

### 5.1. 재량하자(裁量瑕疵)

#### 5.1.1. 재량권의 불행사·해태(懈怠)

[의의] 재량하자의 내용으로서 재량권의 불행사·해태가 있다. 재량권의 불행사(Ermessensnichtgebrauch) 혹은 해태(Ermessensunterschreitung)라 함은 행정청이 태만

---

1) 이익형량의 원칙(Abwägungsdogmatik): 일반적으로 이익형량의 원칙은 최소한 다음의 4가지 요소를 포함하여야 한다. a) 사실에 부합하는 이익형량의 수행 b) 모든 이익은 주의 깊게 조사되고 형량되어야 한다 c) 형량함으로써 얻는 현저한 이익의 강조(환경보호는 특정한 장소에서 어떠한 의미를 지니고 있는가?) d) 침해이익에 대한 조정문제. 이에 대응하는 개념으로는 4가지 이익 형량하자(Abwägungsfehler)가 존재한다(형량하자는 명령에 대한 직접적으로 반대되는 개념이다). a) 이익형량(Interessenabwägung)의 미실시 (사실에 부합하는 형량이 전혀 이루어지지 않은 경우(여기에는 행정청이 부당하게 선결정(Vorentscheidung)에 구속된다고 생각하여 이익형량의 과정을 개시하지 아니한 경우도 포함한다(Hoppe, in: Hoppe/Grotefels, Baurecht, 7 Rn. 94). b) 이익형량의 흠결(상황에 적합한 형량, 즉 사물의 본성에 맞는: nach Lage der Dinge)이 이루어져야 함에도 불구하고 이것이 이루어지지 않은 경우(이익형량이 불완전하게 실시된 경우. 사물의 본성에 의하여 어떠한 이익이 이익형량의 과정에 포함되어야 함에도 불구하고 그러하지 않은 경우이다. c) 이익형량의 誤判 (현존하는 이익 예컨대 환경보호가치가 잘못 평가된 경우(어떠한 이익이 규범적으로 인정된 평가원칙이나 일반적인 기본원칙에 어긋나게 평가된 경우이다(Koch, Baurecht, S. 157; Hoppe/Schlarmann, Rechtsschutz, Rn. 181). d) 이익형량의 불비례 (계획에 의하여 침해받는 이익사이의 조정이 비례관계를 일탈한 경우(이 경우는 개개 이익들의 평가자체는 공정하게 이루어져 있으나 이익들의 상호비교의 경우에 공평성을 잃어버린 경우이다. 김백유, 건설계획과 환경보호(번역), 환경법연구, 2001, 12, 제23권 제2호, 49-50면.
2) 박균성, 행정법 총론, 박영사, 2002, 116면.

또는 착오(예컨데, 재량행위를 기속행위로 오인하는 경우, 기속행위를 재량행위로 오인하는 경우)에 의하여 그의 권한으로 되어 있는 재량을 행사하지 않은 경우가 이에 해당한다. 행정권의 발동여부가 행정청의 재량에 맡겨져있는 경우에도 당해 행정청은 행정권을 발동하는 것이 적절한가 아닌가를 심사할 의무를 진다. 그럼에도 불구하고 행정청이 그러한 심사조차 하지 않는다면 재량의 해태(懈怠) 또는 부작위로 인한 재량의 하자를 구성하게 되는 것이다. 예컨대 독일연방행정재판소의 판례에서와 같이 교회 근처에 살고 있는 인근주민이 교회당의 새벽종 소리로 인하여 수면장애(睡眠障碍)를 받고 있으므로 이에 개입해 줄 것을 관할 행정청에 요청하였으나, 당해 행정청은 이에 개입할 권한이 없는 것으로 오인하여 아무런 조치도 취하지 않은 경우,[1] 일정한 법정요건에 해당할 때에는 일정한 처분을 할 수 있다(또는 하여야 한다)고 규정되어 있는 경우에, 그에 해당하지 않는데도 처분을 하는 경우(예컨대, 전혀 사실의 근거 없는 공무원징계행위), 혹은 그에 해당하는데도 처분을 아니하는 등의 경우가 이에 해당한다. 이와같이 행정기관이 행정권의 발동여부에 관한 심사조차 하지 않았다면 그것은 재량권의 불행사 또는 해태(懈怠)가 되어 재량의 하자를 구성한다.

[행정청의 재량준칙] 이와 같은 것은 특히 행정청 스스로 재량행위에 관해서 규정해둔 재량준칙과 관련해서 문제가 된다. 행정청이 '구체적인 사정을 검토한 후'에 행정청의 재량준칙에 따른 처분을 하는 경우에는 문제가 없으나, '구체적인 사정을 검토하지 않은채' 단순히 기계적으로 행정청의 재량준칙에 따라 행정처분을 하는 것은 재량권 불행사로서 위법사유가 된다.

### 5.1.2. 재량권의 유월(踰越)·일탈(逸脫)

재량권의 일탈(Ermessensüberschreitung) 내지 유월(踰越)이라 함은 바로 재량권의 외적 한계를 넘는 것을 말한다. 행정청이 그의 권한내에 있지 않는 법효과를 선택하는 경우에 재량의 유월(踰越)이 존재하는 것이다. 예컨대 법령에 위반한 허가영업자에게 법이 1개월 내지 6개월 내의 영업허가정지처분을 할 수 있게 하고 있는 경우에 영업허가의 취소(철회)처분을 한다던가, 또는 징계사유에 해당하는 사실을 행하지 않은 공무원에 대해 징계처분을 하는 경우, 법률의 착오 혹은 사실을 오인하여 처분을 한 경우 등이 이에 해당한다.[2][3] 또한 징계원인이 되는 사실(부정행위 등)이 존재하지 않음에도 불구하고 징계하거

---

1) BVerwGE, 15, 196, 199.
2) 석종현, 일반행정법(상), 삼영사, 2002, 254면); 宮田三郎, 行政裁量とその統制密度, 信山社, 1994(平成 6), 46頁.
3) 대판 1996.9.6. 96누914; 대판 1993.6.25. 93누5635; 대판 1993.5.27. 93누2803; 대판 1992.7.14. 92누3311; 대판 1992.4.14. 91누9621.

나, 법은 A, B, C 세 가지 조치중 하나를 선택할 수 있는 재량권을 부여했는데, 법이 인정하지 않은 F의 조치를 취하는 경우가 이에 해당한다.1)

▶ 징계원인이 되는 사실(부정행위 등)이 존재하지 않음에도 불구하고 징계
▶ 법은 A, B, C 세 가지 조치중 하나를 선택할 수 있는 재량권을 부여했는데, 법이 인정하지 않은 F의 조치를 취하는 경우

### 5.1.3. 재량의 남용(Ermessensmißbrauch)

재량권의 남용(Ermssensmißbrauch)은 바로 재량권의 내적 한계를 넘는 것을 말한다.2) 행정청이 재량규범의 목적에 위반하여 권한행사를 한다던가 또는 재량권행사에 있어서 당연히 고려해야 할 사항을 고려하지 않고 재량권을 행사하는 경우에 재량의 남용이 존재한다. 재량남용의 구체적인 경우들로는 부당결부금지의 원칙(Koppelungsverbot)3)의 위반, 비례의 원칙(과잉금지의 원칙),4) 행정의 자기구속원칙 등과 같은 행정법의 일반원칙에 위반했을 경우 이에 해당한다.5) ☞ **우리나라는 부당결부금지의 원칙이라하나, 독일은 결부금지의 원칙이라고 함(행정행위의 부관의 한계로서의 부당결부금지의 원칙)**

[부당결부금지의 원칙(Koppelungsverbot; 혹은 실질적 관련의 법리)] (의의) 부당결부금지의 원칙(Koppelungsverbot; 혹은 실질적 관련의 법리)은 행정기관이 고권적 조치를 취함에 있어서 그것과 실질적인 관련(sachliche Zusammenhang)이 없이 상대방의 반대급부를 결부시켜서는 안된다는 원칙을 말한다. 이 원칙은 오늘날 행정목적을 달성하기 위한 수단이 다양해짐에 따라 그 수단의 선택이나 급부에 일정한 한계를 설정하려는 의도에서 구성된 법치국가원리와 자의금지(恣意禁止: Willkürverbot)에서 도출되는 헌법적 차원의 원칙이라 할 수 있다(헌법원칙). 우리나라에서는 그 동안 행정의 실효성확보를 위한 새로운 여러 수단과 관련하여 이 원칙이 논의된 바 있다(예컨대 건축허가를 발령함에 있어서, 기존에 체납된 공과금을 납부할 것을 반대조건으로 하는 부관부가행위는 허용되지 않는다거나 건축법상의 의무를 강제하기 위해 수도나 전기의 공급을 중단하는 것 등이 허용될 수 있는가). 이 법리는 재량권한계의 기준과 관련하여, 재량처분이 부당결부금지의 원칙을 위반하고 있는 경우에는 그것은 위법한 처분이 된다(대법원은 "오토바이를 음주 운전하였다는 이유로 제1

---

1) 김남진, 행정법의 기본문제, 법문사, 1994, 151면.
2) 석종현, 일반행정법(상), 삼영사, 2002, 255면.
3) 석종현, 일반행정법(상), 삼영사, 2002, 256면; 박종국, 재량권한계의 기준에 관한 고찰, 공법연구 제28권 제1호(한국공법학회, 1999), 162면. 참조.
4) 김남진, 재량의 한계로서의 비례원칙, 고시계(1974.6), 44-50면; 윤세창, 공법상의 비례원칙, 사법행정(1970.7), 15-18면.
5) 김남진, 행정법의 기본문제, 법문사, 1994, 151면 각주 25) 참조.

종 대형면허를 취소한 것은 위법하다"고 판시한바 있다(대판 1992. 9. 22, 91누8289). 예컨대 자연공원보호지역에 있어서의 건축허가신청에 대하여 관계법이 추구하는 목적과 실질적 관련이 없는 상대방의 급부를 조건(기부채납을 요구하는 것)으로 하여 건축허가를 행하는 것은 위법한 것으로서 이는 부당결부금지의 원칙에 의하여 허용되지 않는다고 본다. (독일): 독일에서도 이에 대한 비판이 존재하기는 하나, 부당결부금지의 원칙은 행정법의 일반원칙의 하나로 또는 조리법상의 원칙 중 하나로 파악되고 있다. (독일연방행정절차법제56조 <u>교환계약(Austauschvertrag) 제1항 제2문)</u>: <u>교환계약(Austauschvertrag)을 체결하는데 있어 상대방의 반대급부는 전사정에 비추어 합당하며 관청의 계약상의 급부와 실질적인 관련이 있어야 한다</u>(Die Gegenleistung muss den gesamten Umständen nach angemessen sein und im sachlichen Zusammenhang mit der vertraglichen Leistung der Behörde stehen.). (적용영역): 공법상 계약, 행정행위의 부관, 공급거부, 관허사업제한, 급부행정 등에 이 원칙이 적용된다. (판례-1): 원고가 운전한 오토바이는 이륜자동차로서 제2종 소형면허를 가진 사람만이 운전할 수 있는 것이고, 이륜자동차의 운전은 제1종 대형면허와는 아무런 관련이 없는 것이므로 오토바이를 음주운전 하였음을 이유로 이륜자동차 이외의 다른 차종을 운전할 수 있는 제1종 대형면허를 취소한 피고의 이 사건처분은 부당결부로서 위법하다.[1] (판례-2): 건축물의 건축허가(준공거부처분)와 도로기부채납의무는 별개의 것인바, 도로기부채납의무를 불이행하였음을 이유로 하는 준공거부처분은 건축법에 근거없이 이루어진 부당결부로서 위법하다.[2] (판례-3): 주택사업계획승인과 토지기부채납의무는 아무런 관련이 없는 것인바, 토지를 기부채납 하도록 하는 부관을 주택사업계획승인에 붙인 사실은 부당결부금지의 원칙에 위반되어 위법하다 하겠으나 그 부관의 하자가 중대하고 명백하여 당연무효라고는 볼 수 없다.[3] (판례-4): 고속국도 관리청이 고속도로 부지와 접도구역에 송유

---

1) 대판 1992. 9. 22, 91누8289【자동차운전면허취소처분취소】【판결요지】한 사람이 여러 종류의 자동차운전면허를 취득하는 경우뿐 아니라 이를 취소 또는 정지함에 있어서도 서로 별개의 것으로 취급하는 것이 원칙이라 할 것이고 그 취소나 정지의 사유가 특정의 면허에 관한 것이 아니고 다른 면허와 공통된 것이거나 운전면허를 받은 사람에 관한 경우에는 여러 운전면허 전부를 취소 또는 정지할 수도 있다고 보는 것이 상당할 것이지만, 이륜자동차로서 제2종 소형면허를 가진 사람만이 운전할 수 있는 오토바이는 제1종 대형면허나 보통면허를 가지고서도 이를 운전할 수 없는 것이어서 이와 같은 이륜자동차의 운전은 제1종 대형면허나 보통면허와는 아무런 관련이 없는 것이므로 이륜자동차를 음주운전한 사유만 가지고서는 제1종 대형면허나 보통면허의 취소나 정지를 할 수 없다.
2) 대판 1992. 11. 27, 92누10364.
3) 대판 1997. 3. 11, 96다49650【소유권이전등기말소】[2] 수익적 행정행위에 있어서는 법령에 특별한 근거규정이 없다고 하더라도 그 부관으로서 부담을 붙일 수 있으나, 그러한 부담은 비례의 원칙, 부당결부금지의 원칙에 위반되지 않아야만 적법하다. [3] 지방자치단체장이 사업자에게 주

관 매설을 허가하면서 상대방과 체결한 협약에 따라 송유관 시설을 이전하기 될 경우 그 비용을 상대방에게 부담하도록 한 부관이 그 후 도로법 시행규칙이 개정되어 접도구역에는 관리청의 허가 없이도 송유관을 매설할 수 있게 된 사안에서, 위 협약이 효력을 상실하지 않을 뿐만 아니라 위 협약에 포함된 부관이 부당결부금지의 원칙에 반하지 않는다.[1]

[비례원칙위반과 관련한 대법원 판례] (공무원의 훈령위반) : 공무원이 단 1회 훈령에 위반하여 요정출입을 하였다는 사유만으로 한 파면처분은 비례원칙 위반으로서 재량권의 범위를 넘은 위법한 처분이다.[2] (파면처분) : 이 사건 도난사고에 있어서의 감독태만의 정도로서 이

---

택사업계획승인을 하면서 그 주택사업과는 아무런 관련이 없는 토지를 기부채납하도록 하는 부관을 주택사업계획승인에 붙인 경우, 그 부관은 부당결부금지의 원칙에 위반되어 위법하지만, 지방자치단체장이 승인한 사업자의 주택사업계획은 상당히 큰 규모의 사업임에 반하여, 사업자가 기부채납한 토지 가액은 그 100분의 1 상당의 금액에 불과한 데다가, 사업자가 그 동안 그 부관에 대하여 아무런 이의를 제기하지 아니하다가 지방자치단체장이 업무착오로 기부채납한 토지에 대하여 보상협조요청서를 보내자 그 때서야 비로소 부관의 하자를 들고 나온 사정에 비추어 볼 때 부관의 하자가 중대하고 명백하여 당연무효라고는 볼 수 없다.

1) 대판 2009. 2. 12, 2005다65500【약정금】부당결부금지의 원칙이란 행정주체가 행정작용을 함에 있어서 상대방에게 이와 실질적인 관련이 없는 의무를 부과하거나 그 이행을 강제하여서는 아니된다는 원칙을 말한다. 수익적 행정처분에 있어서는 법령에 특별한 근거규정이 없다고 하더라도 그 부관으로서 부담을 붙일 수 있고, 그와 같은 부담은 행정청이 행정처분을 하면서 일방적으로 부가할 수도 있지만 부담을 부가하기 이전에 상대방과 협의하여 부담의 내용을 협약의 형식으로 미리 정한 다음 행정처분을 하면서 이를 부가할 수도 있다.

2) 대판 1963. 12. 10, 63누43【행정처분취소】행정처분의 내용이 행정청의 자유재량에 의하여 결정되는 경우라 할지라도 그 처분의 내용이 부당하게 상대방의 권리를 침해하는 결과를 초래할 때에는 이는 자유재량의 한도를 초과한 위법이 있다 할 것이요 법원은 이러한 위법한 행정처분의 취소를 명하는 판결을 할 수 있다 할 것인바 원판결에 의하면 원심은 원고는 20여년을 체신부에 계속 근무하는 동안 장관의 포장 표창을 받은 외에 녹조소성훈장까지 받은 것으로 미루어 근무가 각근하여 성적이 남보다 나았었다고 인정되는 충직한 공무원이고 본건 납품전화기는 그 후 다시 체신부에서 사드렸으며 원고가 업자의 편의를 도모하여 행동하였다는 점은 증거가 없고 또 원고가 본건 국산자석식 전화기 구매를 둘러싸고 부정행위를 하였다고 볼만한 아무런 증거가 없다고 판시한 후 설령 피고가 다투는 이상 지적된 이외의 사실이 모두 증명이 되었다고 가정하고 또 체신부에서 변변한 사양을 만들어 계약사양에만 의하여서 제품할 수 있는 처사를 했었다고 가정한다고 하더라도 피고가 원고에게 가장 중한 면직으로서 징계 벌을 과하였음은 징계권자의 자유재량의 한도를 넘었다고 본다고 판단한 것인바 이를 기록에 의하여 자세히 검토하여 볼지라도 원심의 이러한 조처가 위법된바 있다고는 볼 수 없다. ; 대판 1967. 5. 2, 67누24【파면처분취소】원심이 원고가 단지 1회 훈령에 위반하여 요정 출입을 하다가 적발된 것만으로는 공무원의 신분을 보유케 할 수 없을 정도로 공무원의 품위를 손상케 한 것이라 단정키 어려운 한편, 원고를 면직에 처함으로서만 위와 같은 훈령의 목적을 달할 수 있다고 볼 사유를 인정할 자료가 없고, 오히려 원고의 비행정도라면 이보다 가벼운 징계처분으로서도 능히 위 훈령의 목적을 달할

를 파면의 징계사유로 함은 징계재량의 범위를 일탈한 것이라고 아니할 수 없으니 같은 취지에서 이 사건 파면처분은 결국 위법한 것이라고 한 원판결 판단은 결과에 있어서 정당하다.[1] (유흥장소에서 미성년자에 주류제공) : 유흥장소에 미성년자를 출입시켜 주류(酒類)를 제공하였다는 단 1회의 식품위생법 위반사실을 이유로, 제재로서 가장 重한 영업취소로 응징한 처분은 책임에 대한 응보의 균형을 잃은 것으로서 행정행위의 재량을 심히 넘은 처분이다.[2] (징계처분의 사회통념위반) : 공무원인 피징계자에게 징계사유가 있어 징계처분을 하는 경우 어떠한 처분을 할 것인가 하는 것은 징계권자의 재량에 맡겨진 것이기는 하나, 징계권자가 징계권의 행사로서 한 징계처분이 사회통념상 현저하게 타당성을 잃은 경우에는 징계권자에게 맡겨진 재량권을 남용한 것으로 위법하다.[3]

[김남진 교수의 견해] 김남진 교수는 종래의 재량하자의 일유형(一類型)으로서 재량의 남용 대신에 재량의 오용을 택하기로 한다. 그 이유는 재량의 남용을 재량의 오용의 일형태(一形態)로 보고 싶기 때문이라고 하면서,[4] 「재량의 오용은 재량의 남용과 협의의 재량의 오용으로 나누어진다. 전자는 재량이 목적위반, 평등원칙 위반 등 자의적으로(willkürlich) 행사되는 경우를 의미하며, 후자는 재량권의 행사가 헌법상의 기본권 규정 기타 행정법상의 일반법원칙에 위반되는 경우를 말한다. 평등원칙외의 관련일반법원칙으로서는 과잉금지의 원칙(광의의 비례원칙), 신의성실의 원칙(Prinzip von Treu und Glaube), 신뢰보호의 원칙, 기대가능성의 원칙, 부당결부금지의 원칙(Koppelungsverbot) 등이 있다」고 한다.[5] 그밖에 재량권의 남용에 대한 우리나라의 판례는 다음과 같다.

---

수 있다고 볼 수 있는 점, 징계처분중 면직 처분은 타 징계처분과 달라 공무원의 신분을 박탈하는 것이므로 그 징계사유는 적어도 공무원의 신분을 그대로 보유케 하는 것이 심히 부당하다고 볼 정도의 비행이 있는 경우에 한하는 점 등에 비추어 생각하면 이 사건 파면처분은 이른바 비례의 원칙에 어긋난 것으로서 … 심히 그 재량권의 범위를 넘어서 한 위법한 처분이라고 아니할 수 없다」고 판시한 것은 정당하여 아무 잘못이 없다.
1) 대판 1970. 8. 31, 70누79 【파면처분취소】
2) 대판 1977. 9. 13, 77누15.
3) 대판 1991. 7. 23, 90누8954 【해임처분취소】 공무원에 대한 징계처분이 사회통념상 현저하게 타당성을 잃었는지 여부는 구체적인 사례에 부딪혀 수행직무의 특성, 징계의 원인된 비위사실의 내용과 성질, 징계에 의하여 달성하려는 행정목적, 징계양정의 기준 등 여러가지 요소를 종합하여 판단하여야 할 것이며, 특히 금품수수의 경우는 수수액수, 수수경위, 수수시기, 수수 이후 직무에 영향을 미쳤는지 여부 등이 고려되어야 할 것이다. 공정한 업무처리에 대한 사의로 두고 간 돈 30만원이 든 봉투를 소지함으로써 피동적으로 금품을 수수하였다가 돌려 준 20여년 근속의 경찰공무원에 대한 해임처분이 사회통념상 현저하게 타당성을 잃어 재량권의 남용에 해당한다.
4) 김남진, 행정법의 기본문제, 법문사, 1994, 151면 각주 25 참조.
5) 김남진, 행정법의 기본문제, 법문사, 1994, 151면.

[대법원판례] (노동조합해산) 노동조합 설립총회 참석자 34명 중에 조합원 무자격자 2명이 포함되었더라도 이것만을 이유로 그 노동조합의 해산을 명하는 것은 재량권의 남용이다.1) (전입신고의 착오) 식상예비군 편성에 관하여 선입신고를 법령해석의 착오로 소정기간 내에 하지 않았던 사실을 이유로 파면처분함은 징계권의 남용에 해당한다.2) (세관원의 밀수품감시소홀) : 세관원이 입국자의 휴대품 검사시 감시소홀로 인하여 밀수품이 다른 곳으로 빼돌려진 경우에 파면처분한 것은 재량권의 남용이다.3) (경찰관의 고소인·피의자간의 화해권유) : 경찰관이 피의자로부터 부탁을 받고 고소인과의 사이에 화해에 관여하여 고소인 측으로부터 항의를 받는 등 물의를 야기시킨 것에 대하여 파면처분한 것은 그 재량권을 남용한 것이다.4) (유흥업소에의 미성년자출입) : 유흥업소에 미성년자의 출입을 금지하는 것을 영업허가의 조건이 된 경우, 이에 위반한 경우에 중(重)하게 제재를 하면 재량권의 남용이 된다.5)

### 5.1.4. 소결

위에서 살펴본바와 같이 재량권에는 일정한 한계가 있으며 그 한계를 넘어 행사된 때에는 위법성을 가진다. 그러나 학설·판례에 의하여 재량한계론으로서 발전된 재량권의 일탈·남용이론은 추상적·불확정개념 이어서 그것에 대한 명확한 개념정의를 내리기는 극히 애매하다.6) 현행 행정소송법 제27조는 재량권행사가 위법성을 띠게 되는 경우로, 재량한계를 넘거나 그 남용이 있는 때 즉 일탈과 남용의 두 가지로 구분하고 있다.7) 남용은 재량권의 내재적 한계를 그리고 일탈은 재량권의 외재적 한계를 넘은 것이라 하나, 실제로는 양자를 명확히 구분하기 어려울 뿐만 아니라,8) 이를 구별할 실익도 없다.9) 판례에서도 일반적으로는 두 개념을 구별하나, 구체적 사안에서는 양자를 구별하지 아니하고 하나의 개념으로 두 가지 개념을 포괄하는 뜻으로 사용하고 있다.10) 예컨대 「자유재량의 한도를 넘는 것이다」11)·「재량권의 범위를 넘는 위법한 처분이다」12)·「재량일탈의 위법이 있다」13)는 문

---

1) 대판 1971. 3. 30, 71누9
2) 대판 1971. 12. 14, 71다1638.
3) 대판 1972. 2. 22, 71누200.
4) 대판 1972. 7. 11, 71누188.
5) 대판 1977. 9. 13, 71누15.
6) 박윤흔, 행정법강의(상), 박영사, 2002, 349면; 宮田三郎, 行政裁量とその統制密度, 信山社, 1994(平成 6), 46頁.
7) 독일의 행정법원법 제114조, 일본의 행정사건소송법 제30조 등 각국의 입법은 재량권의 범위를 넘는 경우와 수권의 목적에 반하는 경우를 위법인 재량행사의 유형으로 규정하고 있다.
8) 宮田三郎, 行政裁量とその統制密度, 信山社, 1994(平成 6), 46頁.
9) 박윤흔, 행정법강의(상), 박영사, 2002, 349면.
10) 박윤흔, 행정법강의(상), 박영사, 2002, 349면.
11) 대판 63누43 1963.10.10.

구를 주로 사용하고 있다.1) 재량하자의 존재는 행정행위의 효력을 다투는 상대방이 입증하여야 한다.2)3)

### 5.2. 영(零)으로의 재량권수축(Ermessensschrumpfung auf Null)

행정권의 발동이 행정청의 재량판단에 맡겨져 있을 경우 특정의 경우에는 특정의 결정 내지 선택만이 하자 없는 것이 되어 재량이 일의적(一義的)·확정적인 기속행위와4) 동일한 효과를 나타내게 되는 경우를 재량권의 零(Null)으로의 수축이라고 한다. 이러한 재량권수축론은 행정의 권한불행사에 의하여 손해가 발생한 경우 국가배상청구의 분야에서 뿐만 아니라 행정권의 발동 내지 금지를 구하는 (이른바 행정개입청구권) 근거로서 작용하게 된다. 零으로의 재량권수축이 인정되는 경우로는 다음과 같다. (ㄱ) 생명·건강·자유 등의 중요한 법익이 직접적으로 위태롭게 되었을 때, (ㄴ) 행정청의 부작위가 재량하자있을 정도로 매우 현저한 손해가 임박해 있거나 이미 발생했을 때, (ㄷ) 행정의 자기구속의 원칙이 적용되는 경우, (ㄹ) 기본권에 의하여 재량권이 수축되는 경우이다.5) 재량권이 영(零)으로 수축되는 경우, 그것이 자기의 이익을 위하여 자기에 대한 행정권의 발동을 청구하는 경우에는 행정행위 발급청구권이라 하고, 자기의 이익을 위하여 타인(제3자)에 대한 행정권의 발동을 청구하는 경우에는 행정개입청구권이라 한다.6)

---

12) 대판 67누24 1967.5.2.
13) 대판 81누7 1982. 2.23.
1) 김도창, 행정판례집(상), 578면 이하 참조
2) 대판 87누861 1987.12.8; 박윤흔, 행정법강의(상), 박영사, 2002, 349면.
3) 재량권의 일탈·남용에 관한 판례: (ㄱ) 비례의 원칙의 위반(대판 1977. 9. 13, 77누15.; 대판 1986. 11. 25, 86누610), (ㄴ) 평등의 원칙위반(대판 1972. 12. 26, 72누194), (ㄷ) 사실오인(대판 1969. 7. 22, 69누38), (ㄹ) 입법정신위반(大決 4291行抗6. 4290行上186) 또는 恣意·독단에 의한 경우, (ㅁ) 정상참작위반(대판 1969. 10. 30, 69누110), (ㅂ) 이유불제시(1971. 10. 12, 대판 71누49), (ㅅ) 동기부정·목적위반, (ㅇ) 부당결부금지의 원칙위반(대판 1992. 9. 22, 91누8289), (ㅈ) 법규·조리에 의한 재량한계 일탈 등으로 나눌수 있다. 박윤흔, 행정법강의(상), 박영사, 2002, 350면; 宮田三郎, 行政裁量とその統制密度, 信山社, 1994(平成 6), 8頁 以下.
4) 석종현, 일반행정법(상), 삼영사, 2002, 211면 참조.
5) 행정법규상의 문어이 ' … 할 수 있다'로 규정되어 있는 경우 행위재량이 인정되었다고 볼 수 있을 것이지만, 수익적 법규의 경우에는 법의 취지·목적의 합리적 해석에 의하여 ' … 하여야 한다'고 해석해야할 경우도 있다. 법률요건면에 있어서 多義的인 불확정개념과 '할 수 있다'는 규정이 결합되어 있는 경우에는 효과재량에 있어서 고려되어야 할 사항이 불확정개념을 포함한 법률요건을 인정함에 있어서 '할 수 있다'는 규정은 실제상 '하여야 한다'는 규정으로 된다는 것이다. 박윤흔, 행정법강의(상), 박영사, 2002, 345-346면 참조.
6) 석종현, 일반행정법(상), 삼영사, 2002, 112면. 재량수축론에 관한 상세한 내용은 宮田三郎, 行政

## V. 사법심사 : 행정상 쟁송과 권리구제

### 1. 취소소송(取消訴訟)

개인이 행정청의 재량처분과 관련하여 그 적법한 행사를 구하는 청구권, 즉 무하자재량행사청구권을 가지는 경우, 이러한 청구권에 기한 개인의 당해 재량처분의 신청에 대하여 행정청이 이를 거부하면, 개인은 당해 거부처분의 위법을 이유로 그 취소를 구하는 소송을 제기할 수 있다. 그러나 이 경우 법원은 당해 거부처분이 상대방이 신청한 특정처분을 하지 아니한 것을 위법사유로 하여 취소할 수는 없고, 다만 그 거부처분에 이르는 형성과정상에 위법이 있는 때에만 취소할 수 있다.[1] 왜냐하면 재량처분에 있어서는 법규상 행정청에 그 처분의무가 부과되어 있는 경우에도, 종국적 처분에 관하여는 행정청에 최종적인 독자적 판단권(재량권)이 있기 때문이다. 따라서, 이 경우에는 당해 처분이 취소되어도 행정청은 그 절차상의 위법을 반복하지 아니하는 한 종전과 같이 반복하여 동일한 거부처분을 행할 수 있다.[2] 그러나 재량권이 영(零)으로 수축되는 경우와 같이, 상대방의 청구에 따른 특정한 처분만이 적법한 재량처분으로 되는 경우에는 실체적 위법이 문제되며, 따라서 이때의 재량행위는 내용적으로는 기속행위와 같은 것이 되고(재량행위의 기속행위로의 전환), 이 경우 상대방의 신청에 대한 거부처분을 내리는 경우, 상대방은 이의 위법성을 이유로 법원에 이의 취소를 구하는 항고소송(취소소송)을 제기할 수 있다. 그 경우 행정청은 판결에 기속되어 동일한 거부처분을 반복할 수는 없고, 판결의 취지에 따라 바로 상대방이 신청한 대로의 처분을 하여야 한다(행정소송법 제30조 제2항, 제3항 참조).[3]

행정소송법 제4조 제1호는 행정청의 위법한 처분의 취고를 구하는 취소소송을 항고소송의 일종으로 규정하고 있으며, 동법 제27조에서는 행정청의 재량에 속하는 처분이라도 재량권의 한계를 넘거나 그 남용이 있는 때에는 법원이 이를 취소할 수 있도록 하고 있다. 여기서 말하는 "처분"에는 거부처분이 포함되므로(동법 제2조 제1호) 거부처분도 취소소송의 대상이 된다. 그러므로 하자있는 재량행사에 의하여 무하자재량행사청구권을 침해받은 자는 당연히 취소소송을 제기하여 당해 재량처분의 취소를 구할 수 있다.[4][5]

---

裁量とそのさ統制密度, 信山社, 1994(平成 6), 267頁 以下.
1) 김동희, 행정법(I), 박영사, 2002, 96면.
2) 김동희, 행정법(I), 박영사, 2002, 96면.
3) 김동희, 무하자재량행사청구권; 법학 31권3·4호(83·84호), (1990.12) 서울대학교법학연구소 ☞ http://law.snu.ac.kr/lawold/KOR/E/lawinfo/kimdh/kimdh022.htm; 同, 행정법(I), 박영사, 2002, 96면.
4) 김동희, 무하자재량행사청구권(하), 월간고시(1985.9), 63면; 석종현, 일반행정법(상), 삼영사, 2002, 112면.

## 2. 부작위위법확인소송(不作爲違法確認訴訟)

현행 행정소송법 제4조 제3항은 부작위법확인소송을 항고소송의 한 형태로 들면서, "행정청의 부작위가 위법하다는 것을 확인하는 소송"이라는 규정하여, 부작위법확인소송에 관한 부작위 개념에 관하여는 행정심판법상의 규정과 동일한 규정을 두고 있다. 대법원판례는 다음과 같이 정의를 내리고 있다(大判 1990. 9. 25, 89 누 4758): 「부작위위법확인의 訴는 … 국민의 신청에 대하여 상당한 기간 내에 일정한 처분, 즉 그 신청을 인용하는 적극적 처분 또는 소극적 처분(각하하거나 기각하는 등)을 하여할 법률상의 응답의무가 있음에도 불구하고 이를 하지 아니하는 경우, 판결시를 기준으로 하여 그 부작위의 위법성을 확인함으로써 행정청의 응답을 신속하게 하여 부작위 내지 무응답이라고 하는 소극적 위법상태를 제거하는 것을 목적으로 하는 것이고, 나아가 당해판결의 구속력에 의하여 행정청에 처분 등을 하게 하고, 다시 당해처분 등에 대하여 불복이 있는 때에는 그 처분을 다투게 함으로써, 최종적으로는 국민의 권리이익을 보호하려는 제도이다」라고 판시하고 있다. 따라서 행정청에 대하여 그 재량처분을 구할 수 있는 권리, 환언하면 무하자재량행사청구권이 있는 개인의 신청에 대하여, 행정청이 위법하게 이를 방치하고 있는 경우에는, 당사자는 부작위위법확인소송을 제기하여 행정청의 방치행위(부작위)의 위법성의 확인을 받을 수 있다. 행정청의 부작위의 위법성이 판결에 의하여 확인되는 경우에는, 행정청은 판결의 취지에 따라… 이전의 신청에 대한 처분을 하여야 한다. 그러나 부작위위법확인소송은 행정청의 부작위가 위법임을 확인하는 소송이므로, 행정청의 작위의무가 기속적 의무인 경우에도, 법원은 다만 행정청의 부작위, 즉 상대방의 신청에 대하여 어떠한 처분(인용 또는 거부)도 하지 아니하고 이를 방치하고 있는 것이 위법임을 확인하는 데 그친다고 본다. 따라서 이러한 판결의 취지에 따른 행정청의 처분의무는, 기속행위의 경우에도, 다만 상대방의 신청에 대하여 어떠한 처분(거부 또는 인용처분)을 하여야 하는 데 그친다고 본다.[1] 이 청구권은 단지 행정청의 재량처분의 발급을 구하는 권리에 그치고 상대방의 신청에 따른 (특정한) 종국처분에까지는 그 영향을 미치지 아니한다.[2] 그러나, 재량권이 영(零)으로 수축되는 경우에는 부작위위법확인소송은 그 이행확보수단으로서는 불충분한 소송형식이라고 하지 않을 수 없다. 이 경우 관계인의 청구권은 특정행위의 발급청구권으로 구체화되나, 전술한 바와 같이 부작위위법확인소송에 의해서는 다만 행정청의 처분의무만이 부과되는 것으로 보아야 하기 때문이다.[3] 이러한 관점에서도 의무이행소송제도의 도입 필요성이 대두

---

5) 권배근, 무하자재량행사청구권의 법리에 관한 연구, 한양대학교 대학원, 1988, 94-95면.
1) 김동희, 부작위위법확인소송과 의무이행심판, 고시연구(1986.3).
2) 김동희, 행정법(I), 박영사, 2002, 97면.
3) 김동희, 행정법(I), 박영사, 2002, 97면.

된다.[1]

　　부작위위법확인소송은 공권력의 불행사를 위법으로 확인하고 이에 따라 공권력을 적극적으로 행사하도록 하는 소송이나(동법 제30조, 제38조 제2항). 행정소송법상 부작위의 정의에 있어서 '일정한 처분을 할 법률상의 의무'와 관련하여 '일정한 처분'의 의미를 어떻게 해석하는가에 대하여는 異見이 있으나,[2] 이 경우 '일정한 처분'을 '특정처분'으로 보는 경우에 법원은 당연히 신청대로의 처분을 하지 아니할 것이 위법임을 확인할 수 있을 것이다. 이와 같이 부작위의 정의를 특정한 처분을 할 의무라고 해석하는 경우 이는 의무이행소송과 공통적인 성격이 있다.[3] 즉, 그러므로 부작위위법확인소송에 있어서의 법원의 심리권의 범위를 단순히 행정청의 부작위의 적부(適否)에 관한 절차적 심리에 그치는 것이 아니라 신청의 실체적 내용이 이유있는 것인가에 대한 심리에도 미친다고 보고, 부작위위법확인소송은 재처분의무와 간접강제도에 의하여 실질적으로 의무이행소송에 가까운 기능을 담당하게 되었다고 주장하는 견해도 있다.[4][5] 그러나 부작위위법확인소송은 행정청의 부작위가 위법한 것임을 확인하는 소송이므로, 실정법상 행정청의 처분의무가 특정처분을 하여야 하는 것인 경우에도, 법원은 다만 (소극적으로) 신청에 대한 방치상태가 위법한 것

---

1) 김동희, 무하자재량행사청구권, 법학 31권 3·4호(83·84호),(90.12) 서울대학교 법학연구소 ☞ http://law.snu.ac.kr/lawold/KOR/E/lawinfo/kimdh/kimdh022.htm; 同, 행정법(I), 박영사, 2002, 97면.
2) "일정한 처분"을 "어떠한 처분"으로 해석하여 부작위위법학인소송에 있어서의 법원의 판단권의 범위를 단지 행정청의 부작위상태의 위법, 즉, 법률상의 의무가 존재함에도 불구하고 어떠한 처분도 하지 아니하고 방치하고 있는 상태에 대한 위법성의 판단에만 한정하는 것으로 보는 견해가 있다(김동희, 부작위위법확인소송과 의무이행심판, 고시연구(1986.3), 36면). 일본행정사건소송법 제3조 제5항은 '어떠한 처분 또는 재결'로 규정하고 있다. 권배근, 무하자재량행사청구권의 법리에 관한 연구, 한양대학교 대학원, 1988, 95면.
3) 김동희, 부작위위법확인소송과 의무이행심판, 고시연구(1986.3), 33-34면.
4) 김도창, 일반행정법론(상), 762면; 이상규, 신행정쟁송법, 256면; 석종현, 현행 행정쟁송제도의 특색과 문제점, 고시계(1986.7), 125면; 이명구, 행정소송법의 현대적 기능, 고시연구(1985.8), 43면; 박균성, 행정법 총론, 박영사, 2002, 117면. 이와 같은 견해에 의하면 행정청의 재처분의무의 내용은 첫째, 신청의 내용이 기속행위에 대한 것인 경우, 행정청은 법원의 판결의 취지에 따라 그 신청에 대한 인용처분을 하여야 하며, 둘째, 신청의 내용이 재량행위에 대한 것인 경우에 법원은·원칙적으로 행정청의 방치상태의 위법함을 확인할 수 있을 뿐이라고 한다. 다만 이 경우에 있어서 재량권이 零으로 수축되는 경우에는 기속행위와 같이 행정청은 법원의 판결의 취지에 따라 그 신청에 대한 인용을 하여야 한다(김동희, 부작위위법확인소송과 의무이행심판, 고시연구(1986.3), 38면).
5) 김도창, 일반행정법론(상), 230면; 석종현, 현행 행정쟁송제도의 특색과 문제점, 고시계(1986.7), 128면; 권배근, 무하자재량행사청구권의 법리에 관한 연구, 한양대학교 대학원, 1988, 95-96면.

임을 확인할 수 밖에 없다. 따라서 재량권이 영(零)으로 수축되어 상대방에게 행정행위발급청구권 내지는 행정개입청구권이 인정되어 행정청의 구체적·특정적 처분만이 위법성을 면하는 경우에는 부작위위법확인소송은 당해 청구권의 실현 내지는 권리구제를 위한 충분한 구제수단이 되지못한다. 이에 행정행위발급청구권 내지는 행정개입청구구권의 구체적 보장을 위해서는 의무이행소송제도(Verpflichtungsklage)의 도입이 절실하게 요청된다.

### 3. 의무이행심판(義務履行審判)

현행 행정심판법 제4조 제3호는 의무이행심판을 "행정청의 위법 또는 부당한 거부처분이나 부작위에 대하여 일정한 처분을 하도록 하는 심판"이라고 정의하고 있으며, 동법 제2조 제2호는 부작위를 "행정청이 당사자의 신청에 대하여 상당한 기간내에 일정한 처분을 하여야 할 법률상 의무가 있음에도 불구하고 이를 하지 아니하는 것을 말한다"고 규정하고 있다. 따라서 개인이 행정청에 대하여 무하자재량행사청구권에 근거하여 재량처분의 발급을 신청한 경우에, 행정청이 위법하게 이를 거부하거나 또는 방치(부작위)한 경우에는, 전기한 행정심판법의 규정에 기하여 의무이행심판을 제기할 수 있다. 이러한 심판청구가 이유있는 때에는 재결청은 지체없이 신청에 따른 처분을 하거나 이를 할 것을 명하여야 한다(동법 제32조 제5항). 그러나 무하자재량행사청구권에 기한 행정청의 처분의무는 재량처분이며 원처분청은 종국적 처분에 관하여서는 독자적 판단권을 가지므로, 재결청은 행정청의 거부처분에 대하여, 당해 거부처분이 위법임을 이유로 하는 경우, 그 형성과정상의 위법을 이유로 이를 내용적으로 취소하고, 동일한 절차상의 위법을 반복하지 아니하고 스스로 처분을 하거나 처분청에게 이를 할 것을 명령할 수 있을 뿐이며,[1] 상대방의 신청대로의 (특정한)처분을 하지 아니한 것을 위법으로 하여 그 신청대로의 (특정한) 처분을 하거나 할 것을 명할 수는 없다.[2] 즉 재결청도 상대방의 신청에 대하여 (어떠한) 처분(인용 혹은 거부)을 하거나, (원처분청에 대하여) 이를 할 것을 명할 수 밖에 없다.[3] 그리고 행정심판에 있어서 재결청은 행위의 합법성(Legalität) 뿐만 아니라 합목적성(Legitimität)에 관한 재결권도 가지는 것이므로 재결청은 합목적성의 관점에서 가장 합목적으로 판단되는 재량결정

---

[1] 김동희, 행정법(I), 박영사, 2002, 97면.
[2] 행정심판법 제4조 제3호는 행정청의 위법 또는 부당한 처분이나 부작위에 대하여 '일정한' 처분의무를 부과하는 내용의 의무이행심판제도에 관하여 규정하고 있다. 재량행위는 처분청에 대하여 독자적 결정권을 부여한 행위라는 관점에서는 처분청에 대하여 특정한 재량처분의 의무를 부과하는 의무이행심판이 인정될 수 있는가에 대해서는 의문이 제기될 수 있다. 이 경우는 행정심판의 재결청인 직급상급감독청이 처분청의 재량권을 대행하는 의미가 있기 때문이다(권배근, 무하자재량행사청구권의 법리에 관한 연구, 한양대학교 대학원, 1988, 97면).
[3] 김동희, 행정법(I), 박영사, 2002, 97면.

의 의무를 처분청에 부과하는 내용의 의무이행심판은 허용된다고 할 것이다.[1]

　부작위의 경우에도, 재결이 그 위법사유에 기한 것이 한에 있어서는, 재결청은 처분청이 어떠한 처분도 하지 아니한 것을 위법으로 하여 스스로 일정한 처분을 하거나 처분청에게 이를 할 것을 명할 수는 있으나, 상대방의 신청대로의 처분을 하거나 이를 할 것을 처분청에게 명할 수는 없다.[2] 그러한 점에서 행정심판법 제33조 제3항의 문구에 "신청에 따른"이라는 표현은 "신청에 대한"이라는 의미로 해석하는 것이 타당하다. 재결청이 처분의 이행을 명하는 재결을 한 경우에는 "행정청은 지체없이 그 재결의 취지에 따라 다시 이전의 신청에 대한 처분을 하여야 한다. "예외적으로 재량권이 영으로 수축되는 경우에는 의무이행심판에 있어 재결청은 상대방의 신청대로의 처분을 스스로 하거나, 처분청에 대하여 이를 할 것을 명할 수 있다.[3]

### 4. 의무이행소송(義務履行訴訟)

　우리나라의 행정소송법 제4조에서는 항고소송의 종류로서 취소소송·무효등확인소송·부작위위법확인소송 만을 규정하고 있다. 대법원 판례에서도 의무이행소송은 인정하고 있지 아니하다.[4] 그러나 이 소송은 무하자재량행사청구권을 실효화하는데 가장 적절한 소송적 구제수단이다. 의무이행소송은 행정청이 개인의 신청에 대하여 위법하게 이를 거부하거나 방치하고 있는 경우에, 법원이 행정청에서 그 신청에 대한 처분을 할 것을 명하는 판결을 구하는 소송이다. 독일연방행정재판소법(Verwaltungsgerichtsordnung)에서는 의무이행소송(Verpflichtungsklage)을 인정하고 있다. 즉 행정재판소법 제42조 제1항은 항고소송과 의무이행소송에 관하여 규정하고 있는바, "訴의 제기에 의하여 행정행위의 취소(항고소송), 그리고 거부 또는 방치된 행정행위(의무이행소송)의 발급을 위한 판결을 구할 수 있다(Durch Klage kann die Aufhebung eines Verwaltungsakts(Anfechtungsklage) sowie die Verurteilung zum Erlaß eines abgelehnten oder unterlassenen Verwaltungsakts(Verpflichtungsklage) begehrt werden.)"고 하고, 동조 제2항은 "전항의

---

1) 권배근, 무하자재량행사청구권의 법리에 관한 연구, 한양대학교 대학원, 1988, 96-97면.
2) 김동희, 행정법(I), 박영사, 2002, 97면.
3) 김동희, 무하자재량행사청구권, 법학 31권3·4호(83·84호),(90.12) 서울대학교 법학연구소 ☞ http://law.snu.ac.kr/lawold/KOR/E/lawinfo/kimdh/kimdh022.htm; 同, 행정법(I), 박영사, 2002, 97면.
4) 대판 1992. 2. 11, 91누4126 【보존문서정정등】 (행정소송법상 의무이행소송이나 의무확인소송의 허용 가부) 현행 행정소송법상 의무이행소송이나 의무확인소송은 인정되지 않으며, 행정심판법이 의무이행심판청구를 할 수 있도록 규정하고 있다고 하여 행정소송에서 의무이행청구를 할 수 있는 근거가 되지 못한다.

訴는 …(행정행위의) 거부 또는 부작위에 의하여 자기의 권리가 침해되었음을 주장하는 경우에만 제기할 수 있다(Soweit gesetzlich nicht anderes bestimmt ist, ist die Klage nur zulässig, wenn der Kläger geltend macht, durch den Verwaltungsakt oder seine Ablehnung oder Unterlassung in seinen Rechten verletzt zu sein.)"고 규정하고 있다. 이어서 이러한 의무이행소송의 판결에 관한 것으로, 동법 제113조 제5항은 "행정행위의 거부나 부작위가 위법하고 그로 인하여 원고의 권리가 침해되고 사안이 성숙한 경우에는(선고할 단계에 이른 경우에는), 법원은 행정청에 대하여 (원고에 의하여) 청구된 직무행위를 행할 의무가 있음을 선고한다. 그러하지 아니한 경우에는 법원은 행정청에 대하여 법원의 판단에 따르는 (어떠한) 결정을 할 의무가 있음을 선고한다(Soweit die Ablehnung oder Unterlassung des Verwaltungsakts rechtswidrig und der Kläger dadurch in seinen Rechten verletzt ist, spricht das Gericht die verpflichtung der Verwaltungsbehörde aus, die beantragte Amtshandlung vorzunehmen, wenn die Sache spruchrief ist. Andernfalls spricht es die Verpflichtung aus, den Kläger unter Beachtung der Rechtssuffassung des Gerichts zu bescheiden.)"고 규정하고 있다.

무하자재량행사청구권은 절차적 공권으로서, 개인은 행정청에 대하여 (적법한) 재량처분을 할 것을 청구할 수는 있으나, 특정처분을 구할 수는 없으며, 개인의 적법한 재량행사를 구하는 권리는 다만 그 종국적 처분의 형성과정에만 그 효력이 미치는 것임은 언급한 바와 같다. 따라서 이러한 무하자재량행사청구권에 기하여 법원에 그 의무이행을 명하는 판결을 구하는 경우에도, 그 판결은 단지 종국적 처분의 형성과정에 있어 적법한 재량을 행사하여 처분(거부 또는 인용처분)을 할 의무만을 선고할 수 있을 따름이다. 독일행정재판소법 제113조 제5항 후단규정은 이러한 재량처분의무의 이행을 구하는 소송, 환언하면 무하자재량행사청구권에 기한 의무이행소송의 판결의 내용에 관한 규정이다. 학설상으로는 이러한 판결을 지령소송(指令訴訟) 혹은 불특정행위명령판결(Bescheidungsklage)이라고 부르고 있다.[1] 재량처분에 있어서도 그 부작위에 대해서 뿐만 아니라 거부처분에 대하

---

1) 필자(저자)는 행정개입권청구권의 행사에 따른 소송에는 특정행위명령소송(Vornahmeklage)이 있고, 무하자재량행사청구권에 의거한 소송으로는 적법재량행사소송(Bescheidungsklage)이 있다고 주장한다. 특정행위명령소송은 법원이 행정청에 대하여 특정한 행위를 행할 것을 명하는 소송(기속행위)으로서 재량권이 零으로 수축(Ermessensreduzierung auf Null)되는 경우에 발생한다. 이 경우는 재량행위중 선택의 여지없이 유일하게 남아있는 「특정행위」를 청구하는 것이다. 재량권의 수축의 이론이라 함은, 행정권의 발동여부는, 일차적으로는 행정재량에 맡겨지지만, 가령 私人(인근주민・경업자)의 생명 기타 중대한 법익에 대한 중대한 위험이 고도로 급박하고, 행정청이 적시에 규제・감독권 기타 행정권을 발동하면, 그 피해의 결과발생을 방지할 수 있는 상황에 있을 경우에는 행정권 발동여부에 관한 「재량공간」은 마침내 영으로 축소되어, 행정청은

여도 의무이행소송을 제기할 수 있다. 그러나, 행정청의 거부처분의 경우 법원은 상대방의 신청대로의 처분을 하지 아니한 것을 이유로 하여 내용적으로 당해 거부처분을 취소하고 상대방이 신청한 대로 행정처분을 할 것을 명할 수는 없고(행정개입청구권에서 볼 수 있는 바와 같은 특정행위명령판결이 아니고), 다만 그 거부처분의 형성과정상에 위법이 있다고 판단되는 경우에 있어서(만), 이러한 형성과정상의 위법성을 근거로하여 당해 거부처분을 취소하고, 행정청에 대하여 그러한 법원의 법적 판단에 따라서 처분을 할 것을 명할 수 밖에 없다. 이와 같이 무하자재량행사청구권에 의거한 행정소송이 제기된 경우에는 법원은 이 청구권의 제한적 성격으로 불특정행위명령판결(Bescheidungsklage)만을 할 수 있다. 그러나, 이 청구권에 있어서도 행정청의 재량권이 零으로 수축되는 예외적인 경우에는, 다만 하나의 결정, 즉 신청된 처분만이 '의무에 합당한 재량행사(nur ein pflichtgemäßes Ermessen)' 또는 적법한 재량행사(법에 구속된 재량[rechtlich gebundenes Ermessen])로 되며, 내용적으로는 절차적 공권으로서의 무하자재량행사청구권은 기속행위에 대한 것과 마찬가지로 실체적 공권(행정개입청구권)으로 전환되는 것이다(무하자재량행사청구권의 행정개입청구권으로의 전환). 따라서 이러한 예외적인 경우에는 개인은 무하자재량행사청구권에 기하여서도 (무하자재량행사청구권이 행정개입청구권으로 전환되는 경우) 의무이행소송을 제기하여 특정행위명령판결(Vornahmeurteil)을 구할 수 있으며, 법원은 이 경우는 사안이 그러한 판결을 할 수 있는 정도로 성숙한 것이므로, 행정청에 대하여 신청된 행위를 할 것을 명하는 판결을 할 수 있다. 위의 독일행정재판소법 제113조 제5항은 기속행위발급청구권 및 그와 성질을 같이 하는 재량행위에 있어서도 재량권이 영으로 수축되는 경우에 있어서의 그 발급청구권에 대하여 규정하고 있다.[1]

우리나라 행정소송법은 독일의 행정재판소법(Verwaltungsgerichtsordnung)과는 달리

---

결과발생방지를 위하여 필요한 「특정한 행위」를 할 법적 의무가 발생하여, 그 행위를 하지 않으면 작위의무의 위반으로서 위법이 되고, 私人측에게는 그에 대응하는 「특정행위」를 요구하는 청구권, 즉 특정행위명령판결(Vornahmeurteil)/집행소송(저자[김백유]는 이를 특정행위명령소송(Vornahmeklage)이라고 칭함)이 발생한다는 것이다. 이에 반하여 적법재량행사소송(Bescheidungsklage)은 행정청에게 법원의 법해석을 존중하여 적합한 재량을 행사할 것을 명하는 소송(재량행위)으로서 재량권의 행사를 법적으로 흠(瑕疵)없이 적법하게 행할 것을 청구하는 경우(어떤 특정한 행위를 청구하는 것이 아님)에 발생한다. 이에는 독일 연방행정법원법 제113조 제4항 2단에 규정된 의무이행소송의 일종인 적법재량행사명령판결(Bescheidungsurteil)을 구하는 형태가 된다. 이 경우 법원의 의견을 존중하여 행정청이 새로운 결정을 내릴 의무가 있음을 선언하는 지령소송/불특정행위명령판결(필자는 이를 적법재량행사소송(Bescheidungsklage)이라고 칭함)이 무하자재량행사청구권에 대응하는 가장 효과적이고 적절한 소송형태라고 본다.

1) 김동희, 무하자재량행사청구권, 법학 31권3·4호(83·84호),(90.12) 서울대학교 법학연구소
http://law.snu.ac.kr/lawold/KOR/E/lawinfo/kimdh/kimdh022.htm.

의무이행소송에 관하여 아무런 규정도 두고 있지 아니하다. 따라서 무하자재량행사청구권의 사법적 보호수단으로서 하자있는 재량처분에 대한 의무이행소송은 원칙적으로 인정되지 않는다고 보아야 할 것이다. 그러나 우리나라의 현행 행정소송법 제4조의 항고소송의 구분에 관한 규정을 열거적 규정이 아닌 예시적 규정으로 해석하는 경우에는 의무이행소송은 현행 우리의 행정소송법상 소위 무명항고소송으로서 허용될 수 있는 여지가 전혀 배제되지는 아니한다고 볼 수도 있다. 의무이행소송이 무명항고소송으로써 인정되는 경우에 재량행위상의 행정청의 법적 의무의 내용과의 관계에서 원칙적으로 법원판결의 취지에 따라 어떠한 재량결정을 할 의무의 부과를 구하는 결정명령소송만이 허용되며,[1] 예외적으로 재량권이 零으로 수축되는 경우에 한하여 특정행위요구소송이 허용된다고 하겠다.

## Ⅵ. 결론

무하자재량행사청구권 이론은 공권이론과 재량한계이론을 토대로 하여 독일에서 학설·판례를 통하여 발전되어온 개념이다. 법규범이 행정청에게 재량을 인정하고 있는 경우에는 원칙적으로 행정청이 결정(재량) 및 선택(재량)의 자유를 가지는 것이지만, 이 경우 행정청에게 재량이 허용되어 있다 할지라도 하자없는 재량권의 행사(무하자재량행사)를 의미하는 것이며, 이에 따라 개인의 입장에서는 무하자재량행사청구권(재량행위의 영역에서의 개인적 공권의 성립)를 가진다는 것이다. 특히 재량권이 零(Null)으로 수축되는 경우에는 특정행위청구권(행정행위발급청구권·행정개입청구권)을 요구할 수 있을 정도로 개인의 권리는 강화된다. 독일 연방행정재판소 판례들이 무하자재량행사청구권의 이론을 더욱 발전시켜 재량권의 영으로의 수축(Ermessensschrumpfung auf Null)이라는 개념을 도출하여 행정행위청구권이론을 탄생시켰음에 비추어 볼 때, 우리의 행정소송법에서도 행정개입청구권에 근거한 의무이행소송(Verpflichtungsklage)제도를 도입하기 위한 전단계로서의 무하자재량행사청구권의 활성화가 적극적으로 강조됨은 두말할 나위가 없다. 특히 무하자재량행사청구권은 고유한 의미의 재량영역에서 뿐만이 아니라 법률로부터 자유로운 행정·판단여지·계획상의 형성(Gestaltung)의 자유, 그리고 수익적 행정행위와 부담적 행정행위에서도 적용된다는 점에서 그 중요성을 더해가고 있다.[2] 이미 언급한 바와 같이 무하자재량행사청구권은 국민의 개인적 이익(법적으로 보호되는 이익)을 보호하는 행정법상 관계실정법규(재량규범)가 존재하는 경우 또는 헌법상의 관계기본권조항으로부터 성립하

---

1) 김동희, 무하자재량행사청구권(하), 월간고시(1985.9), 65면.
2) 박균성, 행정법 총론, 박영사, 2002, 115면.

는 권리이다. 따라서 법적으로 보호되는 이익의 有無를 판단할 때에는 헌법과 관계법규정의 목적·취지를 고려하는 것이 필요하다.[1] 특히 재량권이 零으로 수축되는 경우(Ermessensschrumpfung auf Null)에는 행정청에게 일정한(특정한) 행위를 행하도록 할 의무를 지우고, 그 재량행위에 대한 상대방인 개인에게는 권리(행정행위청구권)를 인정하는 것이기 때문에, 무하자재량행사청구권은 행정행위발급청구권 및 행정개입청구권의 전제가 되고, 행정행위발급청구권 내지 행정개입청구권은 (결과적으로) 무하자재량행사청구권의 내실화 역할을 담당하게되는 것이다. 특히 행정구제적 측면에서 행정청이 하자있는 재량을 행사하여 적극적으로 행정처분을 행한 경우에는 무하자재량행사청구권의 침해를 이유로 하여 당해 행정처분의 취소심판(소송), 및 의무이행심판을 제기할 수 있게 하고, 더 나아가서는 행정행위청구권을 근거로한 의무이행소송(Verpflichtungsklage)을 제기할 수 있도록 하기 위해서도 무하자재량행사청구권의 관념을 더욱더 실효화할 필요성이 있다. 이러한 의미에서 행정청의 행정재량에는 한계가 있으며, 이에 대한 사법심사를 통하여 국민의 권리구제가 폭넓게 보장될 때, 자유민주적 기본질서의 토대를 구축하는 헌법국가의 면모는 더욱더 빛날 것이다.

## 제 6 목 행정개입청구권과 사법적 권리구제(權利救濟)

### I. 서론

다원적 산업사회를 기반으로 하는 현대 행정국가에서의 행정은 입법자가 제정한 법률을 행정과정을 통하여 실현시킨다. 이러한 과정은 다양한 행정수요의 변화와 사회적 환경에 따라 매우 가변적이고 유동적인, 그리고 행정현실변화에 합리적으로 적응하기 위한 탄력적인 행정작용을 필요로 하게 된다. 이러한 이유로 인하여 입법자는 법률을 통해 행정작용의 요건을 정함에 있어서, 모든 경우에 일의적(一義的)·확정적으로 규정하지 않고 행정기관에 일정한 범위에 있어서의 결정(결정재량) 및 선택권한(선택재량)을 부여하고 있다. 이와 같이 개별적이고 구체적인 행정현실에 상응하는 행정작용을 위해서 입법자에 의해서 허용되어 행정기관에 수권된, 그리고 부여받은 권한의 목적에 따라 개별적 정의를 추구하고 실현하도록 행동하는 것이 행정청의 재량행위이다.[1] 이러한 행정작용의 탄력성 보장은

---

1) 同旨 권배근, 무하자재량행사청구권의 법리에 관한 연구, 한양대학교 대학원, 1988, 110-113면.

국민의 기본권 보호를 위해서도 필요한 것1)이라 할 수 있다. 그러나 행정작용에 있어서의 재량행위가 행정의 개별적이고 구체적인 사안의 해결에 있어서 불가피하게 인정된다 하더라도, 이를 이유로 개인의 권리보호가 공백지대로 남아서는 안 된다. 이는 결국 행정재량은 법치행정의 원리(법치국가의 원리: Rechtsstaatsprinzip) 및 행정의 법률적합성의 원칙(Prinzip der Gesetzmäßigkeit der Verwaltung)을 준수하는 한계 내에서의 재량을 의미하며, 동시에 재량권의 행사도 일정한 법적 구속(한계)하에서만 – 의무에 합당한 재량권의 행사 (pflichtgemäße Ausübung des Ermessens)2)3) 내지는 법적으로 구속받는 재량(rechtlich gebundenes Ermessen) – 가능하다는 것을 의미한다.4) 이와 같은 법적 기속의 원리로부터 행정청의 재량행위도 일정한 내용 및 범위에 있어서는 행정주체의 상대방인 개인에 대하여 행정당사자로서의 권리를 인정하게 된다. 이것이 곧 재량행위에 대한 통제수단(행정재량의 한계)이며, 당사자에 대한 사법적 권리구제로서 작용하게 되는 것이다. 이처럼 재량행위에 대한 통제수단(행정재량의 한계)으로 논의되는 대표적인 것이 개인의 행정기관에 대한 무하자재량행사청구권과 행정개입청구권이다. 특히 여기서는 행정개입청구권의 법리와 이에 대한 사법적 구제를 중심으로 고찰하고자 한다.5)

## Ⅱ. 행정개입청구권(行政介入請求權)

### 1. 개념

행정개입청구권이라 함은 행정청에게 규제·감독 기타의 행정권발동의무가 부여되어 있는 경우에 그에 대응하여 사인이 행정청에 대하여 특정한 행정권발동(Anspruch auf

---

1) 류지태, 재량행위와 당사자의 공권, 고시연구(1995.11), 175면.
1) Wolf-Rüdiger Schenke, FS E. Lorenz, 1994, 473, 495 ff.; Wolff/Bachof/Stober, Verwaltungsrecht I, 10 Aufl., § 31 Rn. 54. 류지태, 재량행위와 당사자의 공권, 고시연구 (1995.11), 175면.
2) 따라서 17세인 미성년자는 수렵허가를 위한 면허를 청구할 수 없다(Wolff/Bachof/Stober, Verwaltungsrecht I, 10 Aufl., § 31 Rn. 54).
3) 법에 구속된 재량(rechtlich gebundenes Ermessen)을 의미한다.
4) H. Maurer, Allgemeines Verwaltungsrecht, 13. Aufl., § 7 Rn. 17; Wolff/Bachof/Stober, Verwaltungsrecht I, 10 Aufl., § 31 Rn. 54.
5) 무하자재량행사청구권과 관련한 내용은 김백유, 행정재량의 한계와 사법심사, 성균법학, 2002; 同, 무하자재량행사청구권(Anspruch auf fehlerfreie Ausübung des Ermessens), 유희일교수회갑논문, 2002, 참조.

eine bestimmte Entscheidung)을 청구하는 주관적 공권을 말한다.[1][2] 재량행위가 개별적·특별한 경우에는 특정한 내용(bestimmte Entscheidung)으로만 제한적으로 행사되어야 하며(이로 인하여 행정청은 특정한 결정을 해야 할 의무를 진다.),[3] 이에 상응하는 상대

---

[1] 김동희, 행정개입청구권, 고시연구(1991.1), 87면; 同, 행정법(I), 박영사, 2002, 98면 이하; 홍정선, 행정법원론(상), 박영사, 2002, 단락번호 525 이하; 이러한 주관적 공권으로 인하여 국가에 대하여 특정한 행위(ein bestimmtes Verhalten)를 요구할 수 있는 법적 힘(Rechtsmacht)을 향유하게 된다(H. Maurer, Allgemeines Verwaltungsrecht, 13. Aufl., § 8 Rn. 2).

[2] 학자에 따라서 행정개입청구권을 자기를 위하여 타인(제3자)에 대해(서만) 행정권을 발동할 것을 요구할 수 있는 공권으로 정의하고 있는 견해도 있다. 즉 행정개입청구권을「행정청의 부작위로 인하여 권익을 침해당한 자가 당해 행정청에 대하여 타인에 대한 일정한 행정권의 발동을 청구할 수 있는 권리(이상규, 신행정법론(상), 법문사, 1997, 202면)「행정청의 부작위로 인하여 권익을 침해당한 자가 당해 행정청에 대하여 제3자에 대한 규제 내지는 단속을 청구할 수 있는 권리」(석종현, 일반행정법(상), 삼영사, 2002, 112면)등으로 정의하는 것이다. 박윤흔 교수도 행정개입청구권은「행정법관계에 있어서 행정행위의 직접상대방에 대하여는 침해적 행위이지만 제3자에 대하여는 수익적 행위인 경우, 행정청의 부작위로 인하여 권익을 침해당한 제3자가 행정청에 대하여 타인에 대한 침해행위의 발동을 청구하는 권리」라고 하면서「행정개입청구권은 자기의 이익을 위하여 타인에 대한 행정권의 발동을 청구하는 권리인 점에서, 자기의 이익을 위하여 자기에 대한 행정권의 발동을 청구할 수 있는 행정행위발급청구권과 구별된다」고 한다(박윤흔, 행정법강의(상), 박영사, 2002, 163면). 김남진 교수도 행정개입청구권을 광의와 협의로 나누어 정의하고, 광의의 행정개입청구권은 행정권발동청구권, 즉 행정권의 발동을 청구할 수 있는 일체의 공권을 의미하고, 협의의 행정개입청구권은 자기를 위하여 타인에 대해 행정권을 발동할 수 있는 공권을 의미한다고 한다. 그리고 우리 나라에서 행정개입청구권이라 할 때는 이 중 특히 협의의 개념이 통용되는 것으로 보인다고 한다(김남진, 행정법Ⅰ, 법문사, 1998, 115면). 홍정선 교수는「규제·감독권 기타 행정권의 위법한 불행사(부작위)에 대하여 적정한 권력발동을 청구하는 권리를 광의의 행정개입청구권이라 부른다면, 여기에는 개인이 자기의 이익을 위해 자기에 대한 행정권의 발동을 구하는 권리(행정행위발령청구권)와 자기의 이익을 위해 타인에게 행정권의 발동을 구하는 권리(협의의 행정개입청구권)가 포함된다」고 한다(홍정선, 행정법원론(상), 박영사, 2002, 단락번호 525a 참조).생각건대 행정개입청구권은 자기의 권익이 침해 내지는 위협을 받고 있는 경우에도 당연히 행정(경찰)개입청구권이 발생하므로, - 물론 이 경우는 별도로 행정행위발급청구권이라 칭할 수도 있겠지만 - 구태어 행정개입청구권을 정의함에 있어 반드시 '타인(제3자)에 대해' 라는 개념요소를 강조할 필요는 없다고 본다. 독일의 문헌(Vgl. Wilke, Der Anspruch auf behördliches Einschreiten im Polizei-, Ordungs- und Baurecht, in: FS für H. U. Scupin, 1983, S. 831 ff.; (박윤흔, 행정법강의(상), 박영사, 2002, 170면)65 ff.; von Münch(Hg.), Besonderes Verwaltungsrecht, 8. Aufl., 1988, S. 227 f) 역시 '타인에 대하여'라는 요소를 특별히 강조하고 있지 않다(김남진, 행정법Ⅰ, 법문사, 1998, 116면).

[3] H. Maurer, Allgemeines Verwaltungsrecht, 13. Aufl., § 7 Rn. 24; BVerwGE 11, 95, 97; Wolff/Bachof/Stober, Verwaltungsrecht I, 10 Aufl., § 31 Rn. 55.

방에 대하여는 특정한 권리가 성립하게 되며, 이에 근거하여 행정행위의 상대방인 개인은 행정기관에 대하여 자신의 권리나 법익침해 혹은 危害防止(Gefahrenabwehr)[1][2] 내지는 장애제거(Beseitigung der Störung)[3]를 위해 행정청에 대하여 개입하여 줄 것을 청구할 수 있는 권리가 성립하게 된다는 것이다.[4]

[재량행위의 기속행위로의 전환] 특히 행정개입청구권은 본래 재량행위로서의 성질을 가지는 행정재량이 어느 시점에서 의무적 행위(기속행위)로 전환된다고 하는 점이 행정개입청구권의 법리에 있어서 중요한 의미를 내포하고 있다.[5] 즉 행정기관이 재량권을 가지는 경우에는, 원칙적으로 개인이 행정권의 발동을 청구할 수 있는 권리를 가질 수 없는 것이지만, 재량권이 영(零)으로 수축(Ermessensschrumpfung auf Null)[6]되는 경우와 같이 특수한 상황하에서는 행정권의 발동이 의무로 되고,[7] 그에 따라 개인에게 행정개입청구권법리가 발생할 수 있음을 강조하려는 것이 동 청구권의 법리라 할 수 있다. 행정개입청구권은 행정청에 대하여 적극적으로 행정처분 또는 행정작용을 할 것을 구하는 권리인 점에서, 다만 위법한 권익침해의 배제를 내용으로 하는 소극적 공권 또는 방어권과는 성질을 달리한다.[8] 또한 이 청구권도 공권의 일종이므로 사인에게 이 청구권이 인정되기 위해서는 원칙적으로 (ㄱ) 행정권에 행정권발동의무(법적 의무)가 부과되어 있어야 하고, (ㄴ) 법규의

---

1) Drews/Wacke/Vogel/Martens, Gefahrenabwehr, S. 369 ff.
2) 여기서 행정개입청구권의 의미는 위해방지를 위한 경찰행정(이때의 경찰행정은 좁은 의미의 경찰기관에 의한 행정작용을 의미하는 것이 아니고, 넓은 의미의 행정작용, 즉 건축행정, 보건행정, 영업행정, 환경행정 등의 행정영역을 포함한다(류지태, 재량행위와 당사자의 공권, 고시연구 (1995.11), 180면 각주 6) 참조).
3) 장애(Störung)의 개념에 관한 상세한 내용은 Wolf-Rüdiger Schenke, Polizei- und Ordnungsrecht, in: U. Steiner(Hg.), Besonderes Verwaltungsrecht, 5. Aufl., 1995, II Rn. 65 이하 참조
4) 이 때 행정행위의 상대방인 개인은 행정청에 대하여 '특정한'(행정행위청구권 = 행정행위발급청구권 · 행정개입청구권) 내용의 행정행위(재량권)를 행사하여 줄 것을 요구할 수 있다는 점이다. 따라서 이는 주관적 · 실체적 공권으로서의 실질을 갖게 된다. 상세한 내용은 류지태, 재량행위와 당사자의 공권, 고시연구(1995.11), 179-180면; 홍정선, 행정법원론(상), 박영사, 2002, 단락번호 530.
5) 김남진, 행정법 I, 법문사, 1998, 116면.
6) 홍정선교수는 영(또는 1)이라는 표현을 하면서 「0이란 재량영역이 없다는 의미이고, 1이란 적법한 행위는 한가지 뿐이라는 의미이다」라고 한다. 홍정선, 행정법원론(상), 박영사, 2002, 단락번호 524.
7) Wolf-Rüdiger Schenke, Polizei- und Ordnungsrecht, in: U. Steiner(Hg.), Besonderes Verwaltungsrecht, 5. Aufl., 1995, II Rn. 70, 75, 311, 312 ff
8) 김동희, 행정법(I), 박영사, 2002, 98면.

목적・취지가 적어도 개인의 이익도 보호(사익보호성)하는 것이어야 한다.[1]

## 2. 행정개입청구권의 성립배경

### 2.1. 전통적 견해

반사적 이익론과 행정편의주의이론이 지배하던 종래의 전통적인 자유주의적(Liberalismus)・시민적 법치국가원리하에서는 행정개입청구권의 논리가 성립될 수 없었다. 전통적인 시민적 법치국가원리 아래서는 정치적으로는 자유방임주의, 경제적으로는 중상주의를 기치로 삼으면서, 국가로부터의 자유권의 확보(Freiheit vom Staat)를 최고선으로 삼았다. 이러한 사상적 체계 하에서는 국가권력으로부터 개인의 자유를 소극적으로 방어하고 이에 대한 사법적 권리구제가 법치국가원리에 부응하는 것으로 보았을 뿐, 국가에 대하여 적극적으로 행정권의 발동(수익적 행정행위)을 명령함으로써 본인 내지는 제3자의 이익을 확보하는 것은 법치국가원리와는 무관계한 것으로 보았다.[2] 따라서 법률에서 수권한 침해행위의 현실적인 발동여부는 행정청의 재량에 속하는 것으로 보았고,[3] 사인간에 분쟁이 발생한 경우, 이의 해결은 사법적 방법에 의하도록 하고 국가권력은 이에 적극적으로 개입하지 않는 것을 원칙으로 하였다. 또한 행정청은 사인간의 분쟁처리와는 별도로 공익목적을 위한 경우에 행정청의 판단에 따라 재량으로 행정권한발동의 여부를 결정할 수 있으며, 이 경우 행정권한의 발동으로 본인 혹은 제3자가 얻는 이익은 반사적 이익에 불과한 것으로 보았다.[4] 이와 같은 반사적 이익은 비록 그것이 침해되더라도 권리구제는 원칙적으로 인정하지 않는 것으로 보았다.

### 2.2. 현대 사회적 법치국가

현대 사회적 법치국가에 있어서는 행정재량영역에 있어서도 행정개입청구권이 성립할 수 있다는 것이 유력하게 주장되고 있다.[5] 그 논거는 행정행위발급청구권에서와 같이 반사적 이익의 법적 이익화와 재량이 영(零)으로 수축된 상황 아래서는 형식적 권리인 무하자재량행사청구권이 실체적 권리인 행정개입청구권으로 전화(응고)된다고 보는 것이다.[6][7] 다시 말하면 (ㄱ) 관련 법규의 해석에 있어서, 종래에는 그것이 전적으로 公益만을

---

[1] 김동희, 행정개입청구권, 고시연구(1991.1), 87-88면; 同, 행정법(I), 박영사, 2002, 98면 이하.
[2] 박윤흔, 행정법강의(상), 박영사, 2002, 163면.
[3] 박윤흔, 행정법강의(상), 박영사, 2002, 163면.
[4] 박윤흔, 행정법강의(상), 박영사, 2002, 163면; 홍정선, 행정법원론(상), 박영사, 2002, 단락번호 526.
[5] Wolf-Rüdiger Schenke, Polizei- und Ordnungsrecht, in: U. Steiner(Hg.), Besonderes Verwaltungsrecht, 5. Aufl., 1995, II Rn. 70.

보호하고 있는 것으로 해석하였으나, 이제는 그것이 공익(예컨대 건축법의 경우 전체적인 주거 환경의 보호)과 더불어 관계되는 개인(예컨대 인근 주민)의 이익도 보호하고 있다고 해석하여, 반사적 이익의 대폭적인 법적 이익화가 실현되었다(사익보호성).[1] (ㄴ) 행정청에 대하여 재량권이 인정되는 경우라 할지라도, 사인(Privatperson)에게 있어서 중대한 법익에 대한 목전(目前)의 급박한 위험이 있는 경우까지도(예컨대 강도의 침입에 의한 생명의 위협) 행정청에게 수수방관할 자유를 인정할 수는 없는 것으로서, (ㄱ) 사람의 생명·신체·명예 등 행정법규의 보호이익에 대한 현저한 피해가 예상되고,[2] (ㄴ) 그러한 위험이 행정기관의 권한행사에 의하여 제거될 수 있다고 판단되는 상황이며, (ㄷ) 피해자가 민사소송을 제기하거나 그 밖의 개인적인 노력을 취한다고 하더라도 이러한 방법만으로는 피해자의 위험방지가 충분하게 이루어질 수 없다고 판단되는 특정한 상황 아래에서는 행정청에게 인정된 재량의 폭은 원칙적으로 영(零)으로 수축되어, 행정청이 권한을 발동하지

---

6) 김동희, 행정법(I), 박영사, 2002, 98면 이하; 박윤흔, 행정법강의(상), 박영사, 2002, 162면; 홍정선, 행정법원론(상), 박영사, 2002, 단락번호 526; 홍정선, 행정법원론(상), 박영사, 2002, 단락번호 530;

7) 해석상으로 행정개입청구권의 성립을 인정하기는 어렵다는 견해도 있다. 이러한 견해는 이러한 청구권의 확립이 필요하다면 입법적으로 해결하여야 한다고 하고, 입법적으로 해결한다고 하더라도 그에 앞서 법원이 행정개입을 명하도록 하는 것이 적절한지, 원고적격의 범위를 어떻게 할 것인지, 어떤 요건과 사정 아래서 인청할 것인지 등에 대하여 깊은 연구가 있어야 한다고 한다(成田賴明, 行政法講義, 月刊法敎, 第15號, 71頁 참조; 박윤흔, 행정법강의(상), 박영사, 2002, 164면 각주 1)에서 재인용.

1) (ㄱ) 대판 1975. 5.13, 73누96, 97 거주지역내의 연탄공장건축으로 주거생활상의 불이익 (소음·진동·주택가격하락 등)을 받는 인근주택자가 동 건축허가의 취소를 청구한 사건에서, 주거지역 내에 거주하는 사람이 받는 건축물에 의한 보호이익은 단순한 반사적 이익이나 사실상의 이익이 아니라 바로 법률에 의하여 보호되는 이익이며 … 또한 비록 '당해 행정처분의 상대자'가 아니라고 하더라도 그 행정처분으로 말미암아 법률에 의하여 보호되는 이익을 침해받는 사람이면 당해 행정처분의 취소를 구하여 그 당부의 판단을 받을 법률상의 자격이 있다」. (ㄴ) 대판 1976. 5. 25, 75누238【인근주민(청주시내)의 연탄공장설치허가취소청구】(ㄷ) 대판 1983. 7. 12, 83누59【인근주민(대구시내)의 자동차 LPG충전소설치허가처분취소청구】(ㄹ) 대판 1983. 7. 12, 83누59【LPG 자동차 충전소설치 허가처분 취소사건】1. 행정처분의 상대방 아닌 제3자도 그 처분으로 인하여 법률상 보호되는 이익을 침해당한 경우에는 그 처분의 취소 또는 변경을 구하는 행정소송을 제기하여 그 당부의 판단을 받을 법률상 자격이 있다. 2. 행정처분의 상대방 아닌 제3자는 소원법 제3조 제1항 소정의 제척기간 내에 소원제기가 가능하였다는 특별한 사정이 없는 한 행정소송법 제2조 제1항 단서 후단에서 규정하고 있는 소원의 재결을 경유하지 아니할 정당한 사유가 있는 때에 해당한다고 보아서 소원절차를 경유함이 없이 직접 행정소송을 제기할 수 있다」.

2) Wolf-Rüdiger Schenke, Polizei- und Ordnungsrecht, in: U. Steiner(Hg.), Besonderes Verwaltungsrecht, 5. Aufl., 1995, II Rn. 70.

아니하고 부작위 상태에 계속적으로 머무는 것은 피해를 당하는 국민에 대한 관계에서는 법적 의무위반으로 인정되게 된다는 것이다(강행법규성).1)

### 3. 행정개입청구권의 법적 성질
#### 3.1. 학설의 대립(실체적·절차적 공권)

우리 나라에서는 종래 무하자재량행사청구권 및 행정개입청구권을 절차적 권리 또는 절차법적 권리로 보는 경향이 적지 않았다.2) 그러나 실체법적 권리(실체적 공권)와 절차법적 권리(절차적 공권)를 나누는 경우 양자는 다같이 전자의 성질을 강하게 가진다고 보는 견해가 있는 반면,3) 무하자재량행사청구권은 절차적 공권이나 행정개입청구권은 실체적 공권으로 보는 견해가 있다.4) 그밖에 무하자재량행사청구권은 절차가 아니라 결정의 내용

---

1) 박윤흔, 행정법강의(상), 박영사, 2002, 165면.
2) 변재옥, 행정법강의(1), 143면.
3) 김도창, 일반행정법론(상), 228면, 김남진, 행정개입청구권, 월간고시(1989.9), 189면 재인용.
4) 공권은 그 범위에 따라 실체적 공권과 절차적 공권으로 나누어진다. 실체적 공권과 절차적 공권의 구별은 1914년에 뷜러(O. Bühler)에 의해 전개되었다. 兩者의 구별은 추구하는 실체적 이익을 기준으로 하여 그것에 대해 권리가 가지는 의미에 따라 결정된다. 재량행위에 있어서는 원칙적으로 행정청에게 행위여부 또는 행위방법의 결정에 대한 재량권이 부여되어 있으므로 무하자재량행사청구권은 어떤 수익적인 행정결정을 얻기 위한 것을 목적으로 하는 것이 아니라, 그 결정에 있어서 재량의 하자를 회피하는 것을 목적으로 하는 것이다. 이러한 의미에서 무하자재량행사청구권은 절차적 공권이다. 이와 같이 무하자재량행사청구권은 행정청의 재량권의 일탈 또는 남용의 경우에 개인의 권익보호를 위하여, 행정쟁송을 통한 실체적 구제의 가능성과는 별도의 절차적 권리이다. 무하자재량행사청구권이 실체적 권리가 아닌 절차적 권리로서의 성질을 갖는 이유는 개인에 대하여 행정행위의 형성과정에 하자가 없는 것을 청구할 지위를 부여할 뿐이지, 행정청에 대하여 일정한 작위·부작위를 요구할 수 있는 실체적 지위 내지는 권리를 부여하는 것이 아니기 때문이다. 즉 이 청구권은 재량행위에 대하여 인정되며, 따라서 기속행위에 대한 것과 같이 종국처분인 특정처분(예: 허가처분 자체)을 구하는 것이 아니고, 종국처분의 형성과정에 있어서 재량권의 법적 한계의 준수를 구하는 것(예: 허가여부를 결정함에 있어서의 재량한계 준수)으로서 제한적인 공권으로서의 성질을 가진다(박윤흔, 행정법강의(상), 박영사, 2002, 170면). 박윤흔교수는 「… 절차적 권리란 행위의 상대방이나 이해관계인 등의 행정과정에의 절차적 참가를 요구하는 것을 내용으로 하는 절차권(Verfahrensrecht)을 말하는 것이 아니고 실체적 권리가 아니라는 것을 나타내기 위하여 그렇게 부르는 것뿐이다. 따라서 절차적 권리라고 하기보다는 형식적 권리라고 하는 것이 더 적합할 것 같다. 다만, 특정처분을 요구하는 실체적 권리가 아니라는 것을 나타내기 위하여 형식적 권리라고 하지만, 그것은 재량행위의 수권규범의 목적과 비례원칙·평등원칙과 같은 헌법원칙을 준수하여 결정의 내용적 한계를 지킬 것을 청구하는 권리라는 점에서 실체적 권리인 성격도 있다고 할 것이다. 따라서 형식적 권리라는 용어도 반드시 타당한 것은 아니라고 할 것이다(정하중, 무하자재량행사청구권의 법리와 그 실용화, 월간고시,

에 관련하며, 따라서 무하자재량행사청구권을 절차적 권리로 보는 것은 타당하지 않고, 또한 행정절차법상 의미에서의 형식에 관한 권리도 아니다라고 하면서, 행정개입청구권은 실체적 권리라고 하는 견해도 있다.1)

### 3.2. 사전예방적 · 사후구제적 성격

행정개입청구권은 단순히 예방적 권리로서(만) 보는 견해도 있으나,2) 행정개입청구권은 사전예방적 권리로서의 성격뿐만 아니라 사후구제적 성격도 지니고 있다고 보는 것이 타당하다. 이미 권익에 대한 침해가 발생한 연후에(소음에 의한 계속적인 안면방해 등) 행정청을 상대로 행정개입을 청구할 수도 있다고 보기 때문이다.3) 따라서 행정개입청구권은 사전예방적 성격과 사후구제적 성격(장해발생후의 구제수단)을 다 가질 수 있는 것이다.4)

---

1993, 12월호). 이 청구권은 재량권행사의 한계를 전제로 하여 재량의 적정한 행사를 청구하는 것이므로 재량권행사에 대한 통제수단의 하나가 된다고 하겠다」고 주장한다(박윤흔, 행정법강의(상), 박영사, 2002, 170면 이하 참조). 박균성교수는 무하자재량행사청구권을 절차적 권리로 보는 것은 타당하지 않다고 하면서 이는 특정한 내용의 처분을 하여줄 것을 청구하는 권리가 아니고 재량권을 흠없이 행사하여 처분을 하여줄 것을 청구하는 권리인 점에서 형식적 권리라 하면서, 다만 그로 인하여 특별한 법적 효과가 결부되는 것은 아니므로 형식적 권리로 볼 실익은 없다고 한다(박균성, 행정법 총론, 박영사, 2002, 115면). 김동희 교수는 「무하자재량행사청구권은 원칙적으로 재량처분에 있어서 종국처분 형성과정상 재량권의 법적 한계를 준수하면서 (어떠한) 처분을 할 것을 구하는데 그치고, 특정처분을 구할 수 있는 권리는 아니라는 점에서, 이를 절차적 또는 형식적 공권(formelles Recht)이라 한다. 이것이 협의의 또는 엄격한 의미의 무하자재량행사청구권이다」라고 주장한다(김동희, 행정법(I), 박영사, 2002, 92면). 류지태, 재량행위와 당사자의 공권, 고시연구(1995.11), 180면.

1) 홍정선, 행정법원론(상), 박영사, 2002,단락번호 518, 530 참조.
2) 김도창, 일반행정법론(상), 242면.
3) 신보성, 행정개입청구권, 고시연구(1993.6), 40면.
4) 이와 관련하여, 김동희 교수는 「이 청구권이 반드시 사전예방적 기능만을 가진다고 보아야 할 것인가는 의문이라는 점이다. 예컨대, 소음이나 공기오염 행위에 대하여 관련법의 해석상 그 인근 주민에게 행정청에 대한 그 규제발동청구권이 인정되는 경우에 있어 그것이 행정개입청구권에 속하는 것이 점에는 의문이 없다 할 것이나, 이 경우 그 기능을 반드시 사전예방적인 것이라고 볼 것은 아니기 때문이다」라고 함으로써 행정개입청구권을 예방적 권리로(만) 보는 것을 부정하고 있다(김동희, 행정개입청구권, 고시연구, 91. 1, 93-94면; 同, 행정법(I), 박영사, 2002, 98면). 박윤흔 교수도 「행정개입청구권은 사전예방적 성격(축대위의 위법건축물의 대집행을 축대밑의 인근거주자가 행정청에 청구하는 것) 뿐만 아니라, 사후구제적 성격(위법건축물의 건축으로 인한 소음에 시달린 인근 주민이 행정청에 대하여 공사중지를 청구하는 것)도 갖는다」고 한다(박윤흔, 행정법강의(상), 박영사, 2002, 164면)

## 4. 행정개입청구권의 성립요건

### 4.1. 개관

위에서 살펴 본바와 같이 행정개입청구권도 공권(개인적 공권)의 일종이므로, 이 권리가 성립하기 위해서도 공권성립을 위한 일반적 요건을 갖추어야 한다. 즉 근거법규의 강행법규성과 사익보호성이라는 두 가지 요건을 최소한 갖추어야 한다.[1)2)]

### 4.2. 법해석상의 강행법규의 존재(강행법규성)

행정개입청권이 성립하기 위해서는 행정기관에 대하여 일정한(특정한) 행위를 하도록 하는 '법해석상'의 강행법규(zwingende Rechtsvorschrift)[3)]가 존재하여야 한다(법규에 의한 구체적 행정권발동의무의 존재; 법해석상 법적 의무의 존재).[4)] 여기서 말하는 강행법규의 존재란 법문의 문구가 「… 하여야 한다」라는 기속행위로 규정되어 있지 않고 「… 할 수 있다」라고 규정되어 있어서 일단은 재량행위인 것처럼 보이나, 아래와 같은 특별한 상황(재량권의 영으로의 수축)이 발생했을 때, 「… 할 수 있다」는 「… 하여야한다」는 것으로 전화(轉化)된다는 것을 의미한다. 따라서 강행법규의 존재는 '법해석상'의 강행법규의 존재를 의미한다. 이러한 의무는 행정기관의 객관적인 개입의무의 존재, 즉 행정기관의 재량권이 영(零)으로 수축(Ermessensschrumpfung auf Null)되는 경우에 나타나게 된다. 이 때 재량이 영으로 수축된다는 의미는 개별적인 경우에 있어서 행정기관의 결정재량이 특정한 행위(bestimmte Entscheidung)로 발동되는 것만이 유일·적법한 재량행위로서 허용되고, 그 이외의 다른 어떠한 결정도 위법한 것으로 인정되는 것을 말한다. 그러나 이 경우에 있어서 행정기관에게 부여되는 개입의무 존재의 판정은 용이한 일이 아니며, 개별적·구체적 사안에 따라서 검토하여야 한다. 즉 개별적인 경우에 있어서의 행정개입의 판단기준은, (ㄱ) 위협받고 있는 보호법익의 가치성(Wertigkeit des bedrohten Rechtsguts), (ㄴ) 위해(危害)의 정도(Intensität der Gefahr),[5)] (ㄷ) 경찰기관의 개입과 관련된 위험(mit dem

---

1) 행정개입청구권의 구성요건에 관한 상세한 내용은 류지태, 재량행위와 당사자의 공권, 고시연구 (1995. 11), 181-182면 참조.
2) 신보성, 행정개입청구권, 고시연구(1993.6), 40면; 김동희, 행정법(I), 박영사, 2002, 99면.
3) 이로 인하여 행정청의 법적 의무(Rechtspflicht der Verwaltung)가 발생한다. H. Maurer, H. Maurer, Allgemeines Verwaltungsrecht, 13. Aufl., §§ 8 Rn. 8.
4) 김동희, 행정법(I), 박영사, 2002, 99면.
5) 이 경우 危害(Gefahr)와 障碍(Störung)를 별도로 구별할 필요는 없다고 본다. 다만 미래예측적이거나 '잠재적 장애상황(latente Störung)'의 경우, 예컨대 돼지양돈업이나 기타의 환경오염을 배출하는 시설이 현재는 그 주위에 아무런 거주전용건물이 없어서 손해를 야기할 가능성은 없으나, 다만 장래에 있어서 그 주위가 주거지역으로 변경되는 경우에는 주거지역의 주민들에 대한

polizeilichen Handeln verbundenen Risiken)[1] 등을 기준으로 하여 개입여부를 결정하는 것이 타당하다.[2] 따라서 당사자의 생명이나 신체의 자유, 소유권 등과 같은 중대한 법익 (Rechtsgüter)의 위해(Gefahr)[3]가 위험한계(Schädlichkeitsgrenze: W. Jellinek)[4]를 넘은 경우,[5] 당해 행정기관은 다른 동가치 있는 법익을 소홀히 함이 없이도 이러한 위해를 제거

---

건강 등의 법익의 감소를 야기하게 될 것이라는 미래예측적·잠재적 상황은 경찰권개입을 정당화하는 요소가 될 수 없다. 이 경우에는 어떠한 危害도(Gefahr) 장애(Störung)도 존재하지 않는 것이다. Wolf-Rüdiger Schenke, Polizei- und Ordnungsrecht, in: U. Steiner(Hg.), Besonderes Verwaltungsrecht, 5. Aufl., 1995, II Rn. 70; OVG NW, NVwZ 1983, 101, 102.

1) Wolf-Rüdiger Schenke, Polizei- und Ordnungsrecht, in: U. Steiner(Hrsg.), Besonderes Verwaltungsrecht, 5. Aufl., 1995, II Rn. 70; Schlink, NVwZ 1982, 529, 532 ff.; VG Berlin, NJW 1981, 1748 f.;
2) 류지태, 재량행위와 당사자의 공권, 고시연구(1995.11), 181면.
3) 위해성(危害性)의 인정과 관련하여 문제되는 것은 危害의 外觀(Scheingefahr; Anscheingefahr) 만이 존재하는 경우에도 행정기관은 개입할 수 있는가가 문제된다. 위해의 존재여부에 관하여 현실적으로는 가설적인 판단을 할 수밖에 없고, 오히려 효율적 위해방지를 위해서는 구체적 행위결정의 시점에 있어서 상황을 종합적이고 합리적으로 평가한 결과 위해상황이 존재하고 있었다는 사실 그 자체가 중요한 의미를 지닌다고 보아야 하므로 위해의 외관만이 이 존재하는 경우도 포함된다고 보는 것이 타당하다( Wolf-Rüdiger Schenke, Polizei- und Ordnungsrecht, in: U. Steiner(Hg.), Besonderes Verwaltungsrecht, 5. Aufl., 1995, II Rn. 58, 65, 81 ff.; Denninger, in: Lisken/Denninger, Kap. E Rn 37; Tettinger, Rn 321; Schoch, JuS 1994, 667(668); T. Würtenberger, Polizei- und Ordnungsrecht, in: Achterberg/Püttner/ Würtenberger(Hrsg.), Besonderes Verwaltungsrecht, Band II, 2. Aufl., 2000, § 21 Rn. 197). 예컨대 집안에서 '도와달라'고 외치는 고함소리를 듣고 마침 이곳을 지나던 경찰관이 그를 구조하기 위하여 문을 열고 들어갔으나, 그것은 비디오영화의 한 장면이었다는 경우이다(T. Würtenberger, Polizei- und Ordnungsrecht, in: Achterberg/Püttner/Würtenberger(Hrsg.), Besonderes Verwaltungsrecht, Band II, 2. Aufl., 2000, § 21 Rn. 197; BVerwGE 45, 51(60); Drews/Wacke/Vogel/Martens, S. 226). 물론 이러한 경우에도, 예컨대 영화촬영을 위한 장면연출로 강도장면을 연출하고 있는 현장 주위에 '촬영중이니 방해하지 마시오(Dreharbeiten, bitte nicht stören)'이라는 표지판이 있거나 영화카메라가 존재하는 것을 충분히 알 수 있는 상황에서 경찰이 이에 개입하는 행위는 금지된다(Wolf-Rüdiger Schenke, Polizei- und Ordnungsrecht, in: U. Steiner(Hg.), Besonderes Verwaltungsrecht, 5. Aufl., 1995, II Rn. 58, 65, 81 ff.;
4) W. Jellinek, Verwaltungsrecht, 3. Aufl., 1948.
5) Dietlein, DVBl. 1981, 685 ff.; Martens, JuS 1962, 245 ff.; Pietzcker, JuS 1982, 106 ff.; Wilke, FS Scupin, 1983, 831 ff.; BVerwGE 11, 95 ff.; 37, 112, 113; OVGNW, NVwZ 1983, 101 f.; Wolf-Rüdiger Schenke, Polizei- und Ordnungsrecht, in: U. Steiner(Hrsg.), Besonderes Verwaltungsrecht, Heidelberg 1995, 5 Aufl., II Rn. 75; T. Würtenberger, Polizei- und Ordnungsrecht, in: Achterberg/ Püttner/Würtenberger(Hrsg.), Besonderes Verwaltungsrecht,

할 수 있는 상황에 있는 경우에는 행정기관의 결정재량1)은 영으로 축소되어 반드시 개입을 결정하는 것만이 유일한 재량권의 적법한 행사가 된다는 것이다.2) 이는 필자가 본고 서문에서 밝힌바와 같이 국가에게 주어지는 국민의 기본권 보호의무(기본권 보장)3) 및 그 밖의 헌법원칙(Verfassungssatz)으로부터 도출되는 결과라고 볼 수 있다.4) 그러나 당해 사안이 사소한 법익의 침해인 경우이거나, 경찰법에 통용되는 이른 바 '보충성의 원리'에 의해 당사자가 경찰권의 개입 이외의 방법, 특히 법원에 의한 권리구제의 방법으로 해결할 수 있는 경우인 때에는 원칙적으로 개입하지 않는 것이 타당하다.5)6) 또한 경찰의 구체적

---

Band II, 2. Aufl., 2000, § 21 Rn. 226.
1) 행정개입청구권은 특히 경찰행정(넓은 의미의 행정작용 포함: 건축행정・환경행정・보건행정)에서 경찰권의 개입여부에 관련되는 결정재량이 문제되는 경우에 논하는 것이며 선택재량의 경우에는 행정개입청구권은 논의대상이 되지 못한다. 류지태, 재량행위와 당사자의 공권, 고시연구(1995.11), 180면.
2) 독일의 연방법원(BGH)은, 기름이 쏟아져서 5km에나 이른 경우에 경찰기관이 이에 개입하지 않은 경우(BGH, VRS 7, 87 ff), 그리고 개인집 정원에 있는 폭탄을 제거하지 않은 경우(BGH, VerwRspr. 5, 319 ff.)에 그 행위의 위법성을 인정하였다. 동시에 경찰청은 노숙자의 의사에 반하여 건강상의 이유로 강제로 숙박시설에 보호해야 한다(OVG Lüneburg, NVwZ 1992, 502 f.)고 하였다. Wolf-Rüdiger Schenke, Polizei- und Ordnungsrecht, in: U. Steiner(Hg.), Besonderes Verwaltungsrecht, 5. Aufl., 1995, II Rn. 71.
3) 독일 행정법원은 「도로법상의 특별사용권(straßenrechtliche Sondernutzungserlaubnis)는 당해 행정청의 재량행위에 의하여 결정되는 것이지만, 선거기간중에 정당이 현수막(Wahlplakate)를 설치하는 것은 기본법 제21조 제1항 및 제38조 제1항에 의하여 사용할 수 있는 권리(기본권)이다(BVerwGE 47, 280, 283)」고 한다; H. Maurer, Allgemeines Verwaltungsrecht, 13. Aufl., § 7 Rn. 25; Wolf-Rüdiger Schenke, FS E. Lorenz, 1994, 473, 495 ff.; Wolf-Rüdiger Schenke, Polizei- und Ordnungsrecht, in: U. Steiner(Hg.), Besonderes Verwaltungsrecht, 5. Aufl., 1995, II Rn. 75; H. Maurer, Allgemeines Verwaltungsrecht, 13. Aufl., § 7 Rn. 17; Wolff/Bachof/Stober, Verwaltungsrecht I, 10 Aufl., § 31 Rn. 54.
4) 오늘날에는 관계법규의 해석에서 이 청구권을 도출할 수 없는 경우에도 헌법 제10조 후단의 국가의 국민에 대한 기본권 보호의무에서 도출할 수 있다는 견해도 있다. 이주수, 행정법해석과 기본권론, 고시계(1999.11); 박윤흔, 행정법강의(상), 박영사, 2002, 165면; 기본권 조항과 관련하여 이 청구권을 도출할 수 있다는 견해는 H. Maurer, Allgemeines Verwaltungsrecht, 13. Aufl., §7 Rn. 25; Wolff/Bachof/ Stober, Verwaltungsrecht I, 10 Aufl., § 31 Rn. 54; Wolf-Rüdiger Schenke, FS E. Lorenz, 1994, 473, 495 ff.; Wolf-Rüdiger Schenke, Polizei- und Ordnungsrecht, in: U. Steiner(Hg.), Besonderes Verwaltungsrecht, 5. Aufl., 1995, II Rn. 75.
5) Friauf, Polizei- und Ordungsrecht, in: Ingo von Münch(Hg.), Besonderes Verwaltungsrecht, 8. Aufl., 1988, S. 229; 류지태, 재량행위와 당사자의 공권, 고시연구(1995.11), 181면.
6) 경찰권은 단순한 민사관계 기타의 법률관계(사생활)에는 관여하지 못하는 것이 원칙이다(민사관계・사생활불간섭의 원칙). 왜냐 하면 개인의 재산권행사나 기타 민사상의 법률행위 등은 당

개입이 또 다른 위험을 야기하는 상황에 직면하는 경우에도 개입의무를 인정하는 것은 어려울 것이다.1)

### 4.3. 사익보호(Individualinteresse)

행정기관에게 객관적인 개입의무가 존재하더라도 이것이 곧바로 당사자에게 주관적 공권을 성립한다고 인정할 수는 없다. 왜냐 하면 모든 공법적 행정기관의 의무가 당사자의 주관적인 공권에 상응하는 것은 아니기 때문이다. 따라서 주관적 공권이 성립하기 위해서는 이러한 객관적인 개입의무를 근거 지우는 법률규범(Rechtsvorschrift)이 그 보호법익으로서 공익뿐 아니라 사익도 동시에 보호법익으로 하고 있을 것을 필요로 한다.2) 즉 관계법규가 전적으로 공익만을 그 목적으로 하는 경우에는 이 청구권은 인정되지 아니한다.3) 오늘날의 현대 행정국가의 일반적 추세는 개인의 권리보호를 점진적으로 확대하는 경향이 강하며 판례의 태도도 그러하다. 따라서 개별적인 경우에 있어서의 '장애의 제거(Beseitigung der Störung)'나 위해(危害 : Gefahr)의 예방이 동시에 국민각자의 개인적 이해관계를 보호하는 것으로 판정되는 때에는 이 요건의 존재를 인정하게 된다.4)5) 특히 사

---

사자사이의 이해관계에만 관련되는 것이므로, 경찰권발동의 공익적 필요성은 원칙적으로 인정되지 않기 때문이다(예컨대 소유권의 불행사를 명하거나, 방의 전세를 줄 것을 명하거나 또는 사인 간의 채무불이행·불법행위에 관여하는 것 등이다). 그러나 이러한 행위가 당사자의 사익에 그치지 않고 그것이 공중의 안전·위생·풍속·교통 기타 사회공공질서에 관계되는 경우와 같이 공공안녕이나 공공질서에 위해를 가져올 수 있는 경우에는 이에 대한 개입이 예외적으로 인정될 수 있다(예컨대 암표매매행위·유흥지에서의 자릿세징수행위 등). T. Würtenberger, Polizei- und Ordnungsrecht, in: Achterberg/Püttner/Würtenberger (Hrsg.), Besonderes Verwaltungsrecht, Band II, 2. Aufl., 2000, § 21 Rn. 91. Heintzen, Staatliche Warnungen als Grundrechtsproblem, VerwArch 81(1990), 532(549); Schoch, JuS 1994, 391(397).
1) 류지태. 재량행위와 당사자의 공권, 고시연구(1995.11), 182면.
2) 류지태, 재량행위와 당사자의 공권, 고시연구(1995.11), 182면.
3) 김동희, 행정법(I), 박영사, 2002, 93면.
4) 경찰권발동은 우선 당해 개인적 법익이 私法에 의하여 보호될 수 있는 경우에는 私法的인 해결수단, 즉 민사법원의 권한이 우선적으로 적용되며, 따라서 경찰기관의 행위는 보충적으로만 적용될 수 있다. 또한 경찰권에 의한 私益의 보호는 공공의 안녕(öffentliche Sicherheit)을 위한 것이므로, 개별적인 경우에 있어서 사익을 보호하기 위한 공익이 존재하는 경우에 한정된다. 이는 통상적으로 불특정 다수인의 개인적 법익이 위협받고 있는 경우에 인정되나, 특정개인의 법익이 위협받고 있는 경우에도 인정된다(그러나 이 경우에 있어서도 문제되는 행위가 개인의 자유로운 인격발현권이나 신체의 자유의 범주에 포함되는 경우에는 경찰권발동의 대상에서 제외된다. 예컨대 개인재산의 지나친 낭비행위나 과도한 과음행위 등과 같은 것이 그것이다. 그러나 이때에도 자신의 신체에 위해를 가하는 자가 자기스스로의 명백하고도 자유로운 의사결정상태에 있지

익보호성은 법에 의하여 직접 개인의 권리로서 인정되는 경우에 충족되는 것이 원칙이지만, 제3자 보호규범에 의하여 보호되는 이른바 보호이익도 이에 포함된다.[1]

## 5. 행정개입청구권의 적용영역(행정의 모든 영역)

### 5.1. 경찰법·질서행정법의 영역

행정개입청구권의 법리는 독일에서 주로 경찰법, 질서행정법의 영역에서 발달한 개념이며,[2] 일반적으로 위험방지분야와 관련하여 논의되고 있다.[3] 독일에서 우리가 말하는 행정개입청구권을 경찰개입청구권(Anspruch auf polizeiliches Einschreiten)의 이름으로 설명하고 있다.[4]

### 5.2. 기타의 행정영역

행정개입청구권은 질서행정(경찰 포함) 이외의 영역에서도 널리 인정되는 것으로 보는 것이 타당하다. 왜냐하면 「오늘날의 행정작용은 국민 공통의 이익에 봉사하는 공공적 서비스활동이라 할 것이며, 따라서 행정청이 국민의 이익보호·급부를 적절히 실시하지 아니할 경우, 적절한 행정권 행사를 구하는 법적 권능이 인정되어야 하며」,[5] 「현대복리행정

---

  못하는 경우, 그 행위가 생명과 같은 중요한 법익에 위해를 가져오는 경우에는, 강제적인 경찰수단이 행해질 필요가 인정된다.
 5) 류지태, 재량행위와 당사자의 공권, 고시연구(1995.11), 182면.
 1) 최근에는 경찰법규를 제3자보호규범으로 보는 경향에 있으며, 이 경우 경찰기관의 결정재량권이 영으로 수축되는 경우에는 행정개입청구권으로서의 경찰개입청구권이 성립될 수 있다(석종현, 일반행정법(상), 삼영사, 2002, 114면).
 2) Friauf, Polizei- und Ordungsrecht, in: Ingo von Münch(Hg.), Besonderes Verwaltungsrecht, 8. Aufl., 1988, S. 227 f; 김동희, 행정법(I), 박영사, 2002, 99면 각주 1) 참조.
 3) 홍정선, 행정법원론(상), 박영사, 2002, 단락번호 532.
 4) H. Maurer, Allgemeines Verwaltungsrecht, 13. Aufl., § 8 Rn. 15; Wolf-Rüdiger Schenke, Polizei- und Ordnungsrecht, in: U. Steiner(Hg.), Besonderes Verwaltungsrecht, 5. Aufl., 1995, II Rn. 70.
 5) 행정청에게 재량이 인정되어 있는 경우라도 행정청이 권한을 행사하지 아니하면 법률이 권한을 부여하고 있는 것 자체를 무의미하게 만드는 상태가 생길 것이 예상되는 경우(예컨대 행정권의 발동이 없으면 국민생활에의 구체적 위험 내지는 금전으로 배상할 수가 없는 손해가 생길 것이 예상되는 경우에 행정권을 발동하면 그러한 위험 내지는 손해를 예방할 수 있는 등)에는 행정청에게는 권한불행사의 자유가 있다고는 말할 수 없는 것이고, 행정개입을 할 의무가 있다고 보아야 한다. 다시 말하면 그와 같은 극한적·예외적 상태에 있어서는 행정청의 행정개입의무에 대응하여 국민 측에게 행정개입청구권이 있다고 볼 것이다. 박윤흔, 최신행정법강의(상), 박영사, 2000, 164면.

제 1 장 행정상 법률관계  539

의 발달, 특히 규제행위의 전개에 따라 개인의 생활관계 내지 공익을 위하여 행정권의 적
극적인 개입이 증가하고 있다」는[1] 점에 있어서 그러하다.

생각건대 행정개입청구권을 경찰개입청구권(만을)으로 칭하는 것으로(서), 이 공권이
경찰 내지 질서행정법 영역에서만 인정된다고는 말할 수 없다. 즉 경찰법은 물론이고 건축
법, 도시계획법, 식품위생법, 공중위생법, 환경법 등 이외에서도 얼마든지 이를 인정할 수
있다. 즉 행정의 전영역(좁은 의미의 경찰기관에 의한 행정작용을 의미하는 것이 아니고,
넓은 의미의 행정작용, 즉 건축행정, 보건행정, 영업행정, 환경행정 등의 행정영역을 포함)
에서 인정된다고 볼 수 있다.[2] 오늘날에는 헌법상의 기본권 보장의 범위가 점차 확대되어
감에 따라 개인에게 인정되는 주관적 공권의 범위가 점차 확장되어 가고 있는 것이 자유민
주적 기본질서(freiheitliche demokratische Grundordnung)를 토대로 한 헌법국가의 특징이
다.[3] 따라서 행정청은 특별한 법률상의 근거가 없어도 이와 관련되는 헌법상의 기본권보
호 조항으로부터 행정개입의무가 발생한다고 볼 수 있다.[4] 그러나 행정개입청구권이 일반
적으로 제3자에 의한 침해로 인해 권익을 침해당하고 있는 자가 행정권의 도움을 청하는
것을 내용으로 하는 권리임을 생각할 때, 역시 동 청구권은 경찰을 비롯한 질서행정의 영
역에서 주로 논의의 실익이 있다.[5] 이와 같이 행정개입청구권은 현대 사회국가에서의 국
민생활의 실질적 자유와 평등·정의를 구현하기 위한 제도적 장치이므로 이의 침해에 대
한 사법적 권리구제가 특히 문제된다. 이하 행정개입청구권을 근거로 한 사법적 권리구제
측면을 고찰하고자 한다.

---

1) 이상규, 행정법론(상), 법문사, 1997, 202면.
2) 홍정선, 행정법원론(상), 박영사, 2002, 단락번호 532; 류지태, 재량행위와 당사자의 공권, 고시연
   구(1995.11), 182면.
3) 예컨대, 경찰법상의 일반조항(Generalklausel)들이 과거에는 공공의 안녕과(혹은) 질서유지(경
   찰관직무집행법 제2조 제5호 참조)만을 목적으로 하여, 그것에 의하여 국민이 받는 이익은 단순
   한 반사적 이익에 불과하다고 보았지만, 오늘날에는 그것이 공익뿐만 아니라 개인의 이익도 보
   호한다고 본다. 또한 사회국가 및 법치국가원리도 보호목적을 심사할 때 고려되고 있다.
4) 독일 연방행정법원에서는 Bonn 기본법 제5조 제1항 제2문(보도의 자유)으로부터 원고는 연방
   철도국의 취재여행참가자의 선택과 관련한 취재여행에의 초청청구사건에서 연방철도청에 대하
   여 무하자재량행사청구권을 가진다고 판시한바 있다(BVerwGE 47, 247); H. Maurer,
   Allgemeines Verwaltungsrecht, 13. Aufl., §7 Rn. 25; Wolf-Rüdiger Schenke, FS E. Lorenz,
   1994, 473, 495 ff.; ders., Polizei- und Ordnungsrecht, in: U. Steiner(Hg.), Besonderes
   Verwaltungsrecht, 5. Aufl., 1995, II Rn. 75.
5) 김남진, 행정법 I, 법문사, 1998, 117면.

## Ⅲ. 사법적 권리구제

### 1. 개관

　현행 행정소송법 제1조는 「… 행정청의 위법한 처분 그밖에 공권력의 행사·불행사 등으로 인한 국민의 권리 또는 이익의 침해를 구제하고…」라고 이 법의 목적을 규정하고 있다. 한편 행정심판법 제1조는 「… 행정청의 위법 또는 부당한 처분 그밖에 공권력의 행사·불행사 등으로 인한 국민의 권리 또는 이익의 침해를 구제하고…」라고 규정하고 있다. 따라서 위법·부당한 처분은(만이) 행정심판의 대상이 되고 위법한 처분은(만이) 행정소송의 대상이 되는 것이 원칙이다. 그러나 행정소송법 제27조는 「행정청의 재량에 속하는 처분이라도 재량권의 한계를 넘거나 그 남용이 있을 때에는 법원은 이를 취소할 수 있다」라고 하여 행정재량권의 한계를 설정하고 이에 대한 사법심사제도를 둠으로써 국민의 기본권 보호에 힘쓰고 있다.[1] 여기서 개인의 실체적 공권으로서의 행정개입청구권의 실행을 위한 가장 실효적인 소송형식은 의무이행소송이다.[2] 그러나 우리 나라에서 이 소송형태는 인정되고 있지 않으므로, 현행제도상으로는 행정심판으로서의 의무이행심판과 취소소송 및 부작위위법확인소송에 의할 수밖에 없다.[3]

### 2. 쟁송수단

#### 2.1. 취소소송

　관계법상 개인에게 행정개입청구권이 인정되는 경우에는 개인은 구체적인 규제·감독·경찰권 등의 발동을 구할 수 있다. 이러한 개인의 신청에 대하여 행정청이 이를 거부하는 경우(거부처분)에는 개인은 소송을 제기하여 그 거부처분에 대한 취소를 구할 수 있다.[4] 당해 거부처분이 판결에 의하여 취소되면 행정청은 "판결의 취지에 따라 다시 이전의 신청에 대한 처분을 하여야 하는 재처분의무를 진다(행정소송법 제30조 제2항, 제3항). 행정개입청구권은 개인의 행정청에 개한 특정처분을 할 것을 구하는 권리를 그 내용으로 하는 것이므로 행정청은 상대방의 신청대로의 처분(종국처분)을 하여야 한다.[5] 이때 당해 행

---

[1] 행정청의 재량권의 일탈·남용과 국민의 권리구제에 관한 상세한 내용은 김원규, 행정청의 재량권의 일탈·남용, 고시연구(1988.3), 29-30면 참고.
[2] BVerWGE 16, 218; Wolff/Bachof/Stober, Verwaltungsrecht I, 10 Aufl., § 31 Rn. 55.
[3] 행정개입청구권과 쟁송수단에 관한 상세한 내용은, 김동희, 행정개입청구권, 고시연구(1991.11), 99-102면 참조.
[4] 행정소송법 제4조 제1호에서 말하는 "처분"에는 거부처분이 포함되므로(동법 제2조 제1호) 거부처분도 취소소송의 대상이 된다.

정청이 가지는 재량행위는 내용적으로는 기속행위와 같은 것이 되고(재량행위의 기속행위로의 전환), 행정청은 판결에 기속되어 동일한 거부처분을 반복할 수는 없고, 판결의 취지에 따라 바로 상대방이 신청한 대로의 종국처분을 하여야 한다는 것이다.

### 2.2. 의무이행심판(義務履行審判)

우리 나라 행정심판법 제4조 제3호는 의무이행심판을 「행정청의 위법 또는 부당한 거부처분이나 부작위에 대하여 일정한 처분을 하도록 하는 심판」이라고 정의하고 있다. 부작위의 개념에 대하여 동법 제2조 제2호는 「행정청이 당사자의 신청에 대하여 일정한 처분을 하여야 하는 법률상 의무가 있음에도 불구하고 이를 하지 아니하는 것」이라고 정의하고 있다. 따라서 관계법상의 일정 개인에게 행정개입청구권이 인정되는 경우에 그에 기한 개인의 신청이 위법 또는 부당하게 거부 또는 방치된 경우에는 당사자는 의무이행심판을 제기할 수 있음은 물론이다. 이러한 심판청구가 이유 있는 때에는 재결청은 「지체없이 신청에 따른 처분을 하거나 이를 할 것을 명하여야 한다(행정심판법 제32조 제5항)」. 이와 같이 거부처분에 있어서는 행정청은 상대방의 행정개입청구권에 따라 그 신청대로의 처분을 하여야 함에도 불구하고 이를 거부한 것은 위법한 것이므로 상급감독청인 재결청은 내용적으로 이를 취소하고 위의 규정에 따라 스스로 신청된 처분(형성재결)을 하거나, 원래의 처분청에 대하여 이를 할 것을 명할 수 있는 것이다(이행재결). 재결청이 처분의 이행을 명하는 재결(이행재결)을 한 경우에는 「행정청은 지체없이 그 재결의 취지에 따라 다시 이전의 신청에 대한 처분을 하여야 한다(행정심판법 제37조 제2항)」. 행정개입청구권은 특정행위의 발급을 구하는 실체적 권리이므로 행정청에게 신청된 처분을 할 것을 명하는 재결이 될 것이며, 그에 따라 행정청의 재처분의무도 바로 신청된 처분을 하여야 하는 구체적 의무임은 물론이다.

---

5) 이와는 달리 무하자재량행사청구권을 근거로 한 취소소송의 경우, 이는 개인이 행정청의 재량처분과 관련하여 그 적법한 행사를 구하는 청구권이므로, 법원은 당해 거부처분이 상대방이 신청한 특정처분을 하지 아니한 것을 위법사유로 하여 취소할 수는 없고, 다만 그 거부처분에 이르는 형성과정상에 위법이 있는 때에만 취소할 수 있다(김동희, 행정법(I), 박영사, 2002, 96면). 왜냐하면 재량처분에 있어서는 법규상 행정청에 그 처분의무가 부과되어 있는 경우에도, 종국적 처분에 관하여는 행정청에 최종적인 독자적 판단권(재량권)이 있기 때문이다. 따라서, 이 경우에는 당해 처분이 취소되어도 행정청은 그 절차상의 위법을 반복하지 아니하는 한 종전과 같이 반복하여 동일한 거부처분을 행할 수 있다(김동희, 행정법(I), 박영사, 2002, 96면).

## 2.3. 부작위위법확인소송

우리 나라 행정소송법 제4조 제3항은 부작위법확인소송을 항고소송의 한 종류로 들면서 이를「행정청의 부작위가 위법하다는 것을 확인하는 소송」이라고 정의하고 있다. 부작위에 관하여는 행정소송법은 행정심판법의 규정과 동일한 내용을 두고 있다.[1] 따라서 개인에게 관계법규상 행정개입청구권이 인정되는 경우에, 그에 따른 개인의 신청에 대하여 행정청이 이를 방치하고 있는 경우에는 개인은 부작위위법확인소송을 제기하여 행정청의 방치행위가 위법한 것이라는 확인을 받을 수 있는 것임은 물론이다. 법원의 판결에 의하여 그 위법성이 확인되는 경우에는 행정청은「판결의 취지에 따라… 이전의 신청에 대한 처분을 하여야 한다(행정소송법 제30조 제2항, 제38조)」. 그러나 부작위위법확인소송은 다만 행정청의 부작위가 위법함을 확인하는 소송이므로 법원은 다만 행정청의 부작위, 즉 상대방의 신청에 대하여 어떠한 처분(인용·거부)도 하지 아니하고 이를 방치하고 있는 것이 위법한 것임을 확인하는 데 그친다고 본다.[2] 그러므로 행정청의 의무의 내용이 어떠한 처분

---

[1] 대법원판례는 다음과 같이 정의를 내리고 있다(대판 1990. 9. 25, 89 누 4758):「부작위위법확인의 訴는 … 국민의 신청에 대하여 상당한 기간 내에 일정한 처분, 즉 그 신청을 인용하는 적극적 처분 또는 소극적 처분(각하하거나 기각하는 등)을 하여할 법률상의 응답의무가 있음에도 불구하고 이를 하지 아니하는 경우, 판결시를 기준으로 하여 그 부작위의 위법성을 확인함으로써 행정청의 응답을 신속하게 하여 부작위 내지 무응답이라고 하는 소극적 위법상태를 제거하는 것을 목적으로 하는 것이고, 나아가 당해판결의 구속력에 의하여 행정청에 처분 등을 하게 하고, 다시 당해처분 등에 대하여 불복이 있을 때에 는 그 처분을 다투게 함으로써, 최종적으로는 국민의 권리이익을 보호하려는 제도이다」라고 판시하고 있다.

[2] 따라서 이러한 판결의 취지에 따른 행정청의 처분의무도 다만 상대방의 신청에 대하여 어떠한 처분(거부·인용)을 하여야 하는데 그친다고 본다. 행정소송법상 부작위의 정의에 있어서 '일정한 처분을 할 법률상의 의무'와 관련하여 '일정한 처분'의 의미를 어떻게 해석하는가에 대하여는 異見이 있으나("일정한 처분"을 "어떠한 처분"으로 해석하여 부작위위법확인소송에 있어서의 법원의 판단권의 범위를 단지 행정청의 부작위상태의 위법, 즉, 법률상의 의무가 존재함에도 불구하고 어떠한 처분도 하지 아니하고 방치하고 있는 상태에 대한 위법성의 판단에만 한정하는 것으로 보는 견해가 있다(김동희, 부작위위법확인소송과 의무이행심판, 고시연구(1986.3), 36면). 일본행정사건소송법 제3조 제5항은 '어떠한 처분 또는 재결'로 규정하고 있다. 이 경우 '일정한 처분'을 '특정처분'으로 보는 경우에 법원은 당연히 신청대로의 처분을 하지 아니할 것이 위법임을 확인할 수 있을 것이다. 이와 같이 부작위의 정의를 특정한 처분(bestimmte Entscheidung)을 할 의무라고 해석하는 경우 이는 의무이행소송과 공통적인 성격이 있다(김동희, 부작위위법확인소송과 의무이행심판, 고시연구(1986.3), 33-34면). 그러므로 부작위위법확인소송에 있어서의 법원의 심리권의 범위를 단순히 행정청의 부작위의 適否에 관한 절차적 심리에 그치는 것이 아니라 신청의 실체적 내용이 이유있는 것인가에 대한 심리에도 미친다고 보고, 부작위위법확인소송은 재처분의무와 간접강제제도에 의하여 실질적으로 의무이행소송에 가까운 기능을 담당하게 되었

이 아닌 특정처분을 하여야 하는 경우에는 부작위위법확인소송은 행정개입청구권의 확보를 위한 소송으로서는 불완전한 것이라고 볼 수밖에 없다.[1] 이는 우리의 행정소송법에서의 의무이행소송의 도입의 필요성을 절실하게 한다.

### 2.4. 의무이행소송(Verpflichtungsklage)

#### 2.4.1. 의무이행소송의 입법례

[의의] 의무이행소송은 행정청이 개인의 신청에 대하여 위법하게 이를 거부하거나(위법한 거부처분) 방치하고 있는 경우(부작위)에, 법원이 행정청에서 그 신청에 대한 처분을 할 것을 명하는 판결을 구하는 소송이다.

[독일] 독일의 현행 연방행정법원법(Verwaltungsgerichtsordnung)은 의무이행소송에 관하여 규정하고 있다. 즉 행정법원법 제42조 제1항은 항고소송과 의무이행소송에 관하여 규정하고 있는바, 「… 訴의 제기에 의하여 행정행위의 취소(항고소송), 그리고 거부 또는 방치된 행정행위(의무이행소송)의 발급을 위한 판결을 구할 수 있다」[2]고 하고, 동조 제2항은 「…전항의 訴는 …(행정행위의) 거부 또는 부작위에 의하여 자기의 권리가 침해되었음을 주장하는 경우에만 제기할 수 있다」[3]고 규정하고 있다. 이어서 이러한 의무이행소송의

---

다고 주장하는 견해도 있다(김도창, 일반행정법론(상), 762면; 이상규, 신행정쟁송법, 256면; 석종현, 현행 행정쟁송제도의 특색과 문제점, 고시계(1986.7), 125면; 이명구, 행정소송법의 현대적 기능, 고시연구(1985.8), 43면; 박균성, 행정법 총론, 박영사, 2002, 117면. 이와 같은 견해에 의하면 행정청의 재처분의무의 내용은 첫째, 신청의 내용이 기속행위에 대한 것인 경우, 행정청은 법원의 판결의 취지에 따라 그 신청에 대한 인용처분을 하여야 하며, 둘째, 신청의 내용이 재량행위에 대한 것인 경우에 법원은 원칙적으로 행정청의 방치상태의 위법함을 확인할 수 있을 뿐이라고 한다. 다만 이 경우에 있어서 재량권이 零으로 수축되는 경우에는 기속행위와 같이 행정청은 법원의 판결의 취지에 따라 그 신청에 대한 인용을 하여야 한다(김동희, 부작위위법확인소송과 의무이행심판, 고시연구(1986.3), 38면); 김도창, 일반행정법론(상), 230면; 석종현, 현행 행정쟁송제도의 특색과 문제점, 고시계(1986.7), 128면; 권배근, 무하자재량행사청구권의 법리에 관한 연구, 한양대학교 대학원, 1988, 95-96면). 그러나 부작위위법확인소송은 행정청의 부작위가 위법한 것임을 확인하는 소송이므로, 실정법상 행정청의 처분의무가 특정처분을 하여야 하는 것인 경우에도, 법원은 다만 (소극적으로) 신청에 대한 방치상태가 위법한 것임을 확인할 수 밖에 없다.

1) 결국 부작위위법확인소송은 행정청의 부작위의 존재 -> 부작위위법확인판결을 받은 후 -> 만약 행정청의 거부처분이 행해지면 -> 거부처분에 대한 취소소송을 제기하고 -> 또다시 법원으로부터 취소판결을 받은 후 -> 행정청의 처분을 받음이라는 복잡한 절차를 거치게 된다(김동희, 행정법(I), 박영사, 2002, 625면 참조).

2) 연방행정법원법 제42조 제1항: Durch Klage kann die Aufhebung eines Verwaltungsakts(Anfechtungsklage) sowie die Verurteilung zum Erlaß eines abgelehnten oder unterlassenen Verwaltungsakts(Verpflichtungsklage) begehrt werden.

판결에 관한 것으로, 동법 제113조 제5항은 「행정행위의 거부나 부작위가 위법하고 그로 인하여 원고의 권리가 침해되고 사안이 성숙한 경우에는(선고할 단계에 이른 경우에는), 법원은 행정청에 대하여 (원고에 의하여) 청구된 직무행위(Amtshandlung)를 행할 의무가 있음을 선고한다. 그러하지 아니한 경우에는 법원은 행정청에 대하여 법원의 판단에 따르는 (어떠한) 결정을 할 의무가 있음을 선고한다.」[1])고 규정하고 있다.

### 2.4.2. 의무이행소송의 도입
#### a) 개관

현행 행정소송법은 행정청의 부작위에 대한 구제방법으로서 신청의 거부처분에 대하여는 취소소송을, 신청의 방치행위에 대하여는 부작위위법확인소송을 인정하고 그 판결의 구속력(Bindungswirkung)을 위하여 행정청에게 재처분의무(동법 제30조 제2항)와 간접강제제도(동법 제34조 제1항)를 규정하고 있다.[2]) 여기서 문제가 되는 점은 행정청의 거부처분에 대한 취소소송의 경우, 법원에서 내린 취소판결(Rücknahmerechtsprechung)의 구속력의 범위가 불명확하다는 문제점이 있다. 법원의 취소판결이 내려진 이후에도 행정청은 또 다른 이유를 들어 재차 거부처분할 수 있고, 또한 취소소송은 행정청의 일방적 침해처분에 대한 구제방법으로서는 효과적인 기능을 갖지만 상대방의 신청에 대한 행정청의 응답을 요구하는 분쟁에 있어서는 직접적 구제수단이 될 수 없다는 것이다. 부작위위법확인소송의 경우에도 일반적으로 원고가 승소해도 단순히 신청된 행정행위를 방치하고 있는 행정청의 부작위가 위법하다는 것을 확인함에 그치는 것일 따름이므로 권리구제의 효과가 충분하지 못하다.[3]) 특히 (ㄱ) 행정청이 상대방의 신청에 대해 불만족한 수익적 행정행위를 행하는 경우, (ㄴ) 상대방이 신청한 대로 행정행위를 변경할 필요가 있는 경우와, (ㄷ) 행정청에 대해 환경관련 법규에 위반한 환경오염 행위자를 규제하기 위한 것이거나, (ㄹ) 복효적 행정행위의 경우에는,[4]) 그 효과가 확실하고 방법이 직접적인 의무이행소송이 필요하다.

---

3) 연방행정법원법 제42조 제2항: Soweit gesetzlich nicht anderes bestimmt ist, ist die Klage nur zulässig, wenn der Kläger geltend macht, durch den Verwaltungsakt oder seine Ablehnung oder Unterlassung in seinen Rechten verletzt zu sein.

1) 제113조 제5항: Soweit die Ablehnung oder Unterlassung des Verwaltungsakts rechtswidrig und der Kläger dadurch in seinen Rechten verletzt ist, spricht das Gericht die verpflichtung der Verwaltungsbehörde aus, die beantragte Amtshandlung vorzunehmen, wenn die Sache spruchreif ist. Andernfalls spricht es die Verpflichtung aus, den Kläger unter Beachtung der Rechtssuffassung des Gerichts zu bescheiden.

2) 이를 통해서 의무이행판결이 가지는 실효성을 우회적으로 도모하고자 한다는 견해도 있다. 김향기, 무명항고소송, 월간고시(1990.10), 87면.

3) 김향기, 무명항고소송, 월간고시(1990.10), 87면.

이와 같이 행정기관이 그 의무에 적합한 재량을 그르침으로써(재량권의 일탈·남용) 재량하자의 위법이 있는 경우 또는 재량행위가 영으로 수축되어 특정행위를 하여야 할 의무가 발생하였을 경우 의무이행심판이나 취소소송, 부작위위법확인소송만으로는 국민의 권리·이익을 보호하기에는 미흡하다. 뿐만 아니라 현행 행정심판법에서는 행정청의 위법·부당한 거부처분이나 부작위에 대한 의무이행심판을 명문화하고 있으면서도(행정심판법 제4조 제3호), 행정소송법에서는 다만 부작위위법확인소송을 인정하는데 그치고 있는 점은 행정심판법과 행정소송법의 관련성을 고려할 때 이론적으로도 균형을 잃고 있다고 볼 수 있다.[1] 행정심판법에서 의무이행심판제도를 도입한 이상 행정심판에 의한 권리구제를 받지 못한 경우에 권리구제(Rechtsmittel)의 폭을 심도있게 하기 위하여, 그리고 행정심판에서는 기각된 사안이라도 행정소송에서는 인용되는 율이 높다는 점을 감안할 때 행정소송법상 의무이행소송제도는 반드시 인정되어야 한다.[2]

  b) 부정설(否定說)
　　의무이행소송의 허용에 대한 부정설(소극설)의 논거는 첫째 권력분립설의 입장이다. 즉 법원은 사법기관이지 행정기관이 아니므로 행정청에 대한 감독권이 없으며 사법기관이 행정기관에 어떤 (구체적) 처분을 명하는 것은 권력분립의 원칙에 반한다는 것이다. 둘째는 행정에 관한 제1차적 판단권의 문제이다. 부정설의 주장근거인 권력분립의 원칙에 따라, 우선 행정행위에 대한 제1차적 판단권은 행정청에 귀속되어야 한다고 주장한다. 행정상 법률관계에 있어서는 집행권을 가진 행정청이 1차적으로 규제할 권한을 가지고 있는 것이며, 행정상의 법률관계의 대부분은 행정청의 독자적인 판단을 토대로 하여 형성·구체화되게 되므로 행정에 관한 사법심사는 사후심사를 의미하는 것으로 해석되어져야 한다는 것이다.[3] 왜냐 하면 사법권은 원래 구체적인 법률상 분쟁을 그 전제로 하여 법규의 적절한 판단 및 적용을 통하여 분쟁을 해결하는 기능을 수행하는 것을 주된 목적하기 때문에 법원의

---

4) 예컨대 건축허가 내지는 건축법규에 위반한 건축주 등에 의하여 피해를 받고 있는 인근주민이 당해 업소(주)에 대한 행정규제권한의 발동을 구할 필요가 있는 경우.
1) 김향기, 무명항고소송, 월간고시(1990.10), 87면.
2) 다만 의무이행소송이 실정법에 명문규정은 없지만 무명항고소송으로서 인정할 수 있는가에 대하여 그 법제도상 우리와 유사한 일본의 경우 종래의 소극설에 대하여 오늘날은 적극적인 주장이 학설·판례의 대세를 이루고 있다. 우리의 경우에도 학설이 나뉘어 대립하고 있다. 특히 1984년의 행정소송법의 심의과정에서는 부작위위법확인소송만을 인정하여 시행해본 후, 어느 시기에 가서 소송법을 다시 개정하며 의무이행소송까지를 인정하자는 입장에서 부작위법확인소송만을 인정한 것이라고 한다(박윤흔, 행정법강의(상), 박영사, 2002, 889면).
3) 김향기, 무명항고소송, 월간고시(1990.10), 89면.

조직·구조 역시 이러한 기능을 적절히 수정하는 데 적합하도록 형성되어있다. 이에 대하여 행정권은 법치행정의 원리 및 행정의 법률적합성의 원칙이라는 대전제 하에서 법의 규율을 받으면서도 공익목적의 달성이라는 국가목표를 효율적으로 수행하기 위하여 그 행정조직체계·행정활동방식·책임체제 및 범위가 구성되어 있기 때문이라는 것이다.[1] 셋째 행정의 재량권의 문제로서, 법령상 행정청의 재량처분에 맡겨져 있는 분야는 현재에도 상당히 넓다는데 그 이유를 들고 있다.[2] 넷째는 현행 행정소송법에서는 항고소송의 종류를 취소소송·무효등확인소송 및 부작위위법확인소송으로 구별하고 있을 뿐(동법 4조) 의무이행소송에 관한 명문규정이 없는한 이를 인정할 수 없다는 실정법상의 이유를 들고있다.[3]고 있다.

c) 긍정설(肯定說)

긍정설에는 전면적 긍정설과 보충설의 입장이 있다. 전면적 긍정설은 의무이행소송은 내용적인 제한 없이 전면적으로 인정할 수 있다고 본다. 그 논거는 논자에 따라 다소 차이가 있는 것으로서, i) 분쟁의 성숙성이 있는 한 의무이행소송은 허용된다고 보는 견해, ii) 처분에 관하여 행정청에 광범한 재량의 여지는 없고, 처분이 행해지지 않고 있는 상태가 이미 원고의 법익을 현저하게 침해하고 있는 것으로 인정되는 경우에는 이 소송이 일반적으로 허용된다고 보는 견해 등이 제시되고 있다. 보충설은 이 학설은 의무이행소송은 법정항고소송을 보충하는 한도에서만 인정된다고 한다.[4]

d) 소결(小結)

부정설이 들고 있는 논거에 대하여 비판을 하면 다음과 같다. (ㄱ) 권력분립설에 대한 비판으로써, 현대적 의미의 권력분립의 원칙은 과거와는 달리 국가권력을 입법권·행정권·사법권으로 정태적·조직적으로만 분립시키는데 있는 것이 아니라, 오히려 - 뢰벤슈

---

1) 김향기, 무명항고소송, 월간고시(1990.10), 89면.
2) 여기에도 행정청의 책임으로 처리할 수 있는 한 사법심사의 대상이 되지 않는다는 견해가 있고, 또한 이 견해에 따라 행정청의 자유재량이 인정되는 경우에는 의무이행소송이 허용될 수 없으나 기속재량행위의 경우에는 허용된다는 견해도 있다. 그러나 재량행위라 할지라도 법의 기속을 받는 범위내에서의 재량을 의미할 따름이므로, 즉 의무에 합당한 재량(nur ein pflichtgemäßes Ermessen), 법적으로 구속받는 재량(rechtlich gebundenes Ermessen)인것은 당연하므로(H. Maurer, Allgemeines Verwaltungsrecht, 13. Aufl., § 7 Rn. 17) 오히려 기속재량행위 내지는 자유재량행위자체를 구분하는 것은 그 실익이 없다.
3) 김향기, 무명항고소송, 월간고시(1990.10), 84-91면 참조.
4) 김동희, 행정법(I), 박영사, 2002, 625면.

타인(Löwenstein)이 지적하다시피 - 기관 상호간의 통제 및 협동 내지는 조정을 통한 기관 상호간의 기능통제적 작용(기관간통제・기관내통제), 그리고 정부의 권력으로부터 개인의 권익을 보호하려는 정치적인 이념의 표현으로서 국가권력의 제도와 균형의 유지를 국가목표로 삼아야 한다는 점에서 그 타당성의 한계가 있다. 행정소송의 관할권을 법원의 관할하에 두고 있는 이유도 헌법상의 권력분립의 원칙을 바탕으로 한 것인바, 만약 의무이행소송제도를 부정하는 것은 행정구제제도로서의 행정소송의 일반적인 기능 및 행정소송법이 의도하는 행정소송의 목적 및 취지에도 부합되지 않는다고 볼 수밖에 없다. 이는 결과적으로 넓은 의미의 권력분립의 원칙을 위반한 것이라는 비판을 면할 수 없다. 이 문제는 행정권으로부터의 권리침해에 대하여 국민의 권리구제를 보장함으로써 실질적 법치국가이념을 구현하고자 하는 헌법이념에도 배치된다고 볼 수밖에 없다. 사법부가 행정부의 권한행사에 대한 견제수단으로 가지는 행정권행사에 대한 - 여기서는 재량권 행사 - 적법성심사는 국민의 권리・법익보호의 재판적 보장을 의미하고, 동시에 헌법상 보장되는 재판청구권을 충실히 이행하기 위한 국가의무이다. 특히 권력분립의 원칙을 예로 들어 의무이행소송제도를 부인하는 견해는, 권력분립의 원칙을 채택하고 있는 독일이나 영・미 등에서는 의무이행소송제도를 채택하고 있는 반면에,[1] 프랑스의 경우에는 의무이행소송제도를 인정하고 있지 않다는 점에 입각하여 볼 때도, 권력분립의 원칙을 이유로 해서 의무이행소송제도의 도입을 부인하는 것은 적절하지 않다.[2] (ㄴ) 의무이행소송은 위에서 살펴본 바와 같이 행정청에 의하여 처분이 거부된 경우 또는 상당한 기간 아무런 반응없이 방치하는 경우 또는 행정청의 처분은 있었지만 불만족한 경우 등에 인정되는 것이다. 행정청은 이미 소송이 제기되기 전의 단계에서 상대방의 신청을 심사하여 판단할 수 있는 기회를 가졌다고 생각되며, 또 소송이 제기된 후에는 법원의 심리단계에서도 행정청이 행정행위의 발동에 관한 주장을 할 수 있는 기회가 또다시 주어지므로 이 단계에서도 행정청에게 행정에 관한 제1차적 판단권이 행사될 수 있으며, 또 행정청이 행정행위를 행할 당시에는 미쳐 판단하지 않은 사안이 소송의 단계에서 심리되는 일이 빈번하게 일어나고 있는 현실을 감안해 볼 때,[3] 행정에 관한 제1차적 판단권이 행정권에 유보되어 있으므로 의무이행소송을 허용할 수 없다고만 주장할 사안이 아니다. 오히려 ① 행정청의 1차적 판단을 기다릴 필요가 없을 정도로 관계법상의 처분요건이 일의적・구체적으로 규정되어 있고 ② 그를 사전에 구제하지 않으면 회복하기 어려운 손해[4]가 발생할 우려가 있으며, ③ 그밖에 다른 구제방법이 없을 것이라

---

1) 김향기, 무명항고소송, 월간고시(1990.10), 89면.
2) 김동희, 행정법(Ⅰ), 박영사, 2002, 625면.
3) 김남진, 의무화소송, 공법연구 제7집, 한국공법학회, 1979, 45면.
4) 대판 2001. 10. 10, 2001무29 : 과징금납부명령의 처분이 사업자의 자금사정이나 경영 전반에 미치는 파급효과가 매우 중대하다면 회복하기 어려운 손해에 해당한다; 대판 1991. 3. 2, 91두1 : 유

고 판단되는 경우에는 의무이행소송을 인정하여야 할 것이다.[1] (ㄷ) 재량행위라 할지라도 재량권의 일탈(Ermessensüberschreitung)·남용(Ermessensmißbrauch)의 경우에는 위법하게 되어 행정소송의 대상이 되는 것이고(행정소송법 제27조 참조),[2] 또한 재량행위도 경우에 따라서는 영으로 수축하여 기속행위로 전환되므로 의무이행소송이 반드시 행정청의 (자유)재량권을 침해한다고 볼 수도 없다. 그리고 의무이행소송에서의 법원의 판결은 독일의 경우에서 보는 바와 같이 사건이 판결을 할만큼 성숙한 경우에만[3] 할 수 있게 되어 있으므로 의무이행소송이 행정청의 재량권을 침해하는 것이라고 할 수 없다. (ㄹ) 행정소송법 제4조는 항고소송의 종류를 규정하고 있는바, 이를 열거적·제한적 규정이 아닌, 예시적인 규정으로 보는 견해에 입각해서 본다면 실정법상의 근거가 없기 때문에 의무이행소송제도를 인정할 수 없다고 주장하는 것도 타당하지 않다. 공법상의 예시규정은 일반적으로 그것이 국민의 자유와 권리를 제한하는 제한규정일 경우에는 그것을 엄격하게 해석하여 열거적 규정이라고 보는 것이 타당하겠지만(예컨대 헌법 제37조 제2항의 규정), 국민의 자유와 권리를 형성하거나 구체화하는 경우에는 이를 예시적 규정으로 해석하는 것이 타당하다고 본다.[4] 결론적으로 현행 행정소송법하에서도 의무이행소송은 무명항고소송으로서 긴급성·보충성의 원리 등 일정한 요건 하에 허용할 수 있다고 본다.[5] 가장 바람직한 방법은 행정소송법에 그 성립 요건을 명시하여 명문화하는 것이다.

---

흥접객업영업허가의 취소처분으로 5,000여 만원의 시설비를 회수하지 못하게 된다면 생계까지 위협받게 되는 결과가 초래될 수 있다는 등의 사정이 행정처분의 효력이나 집행을 정지하기 위한 요건인 회복하기 어려운 손해가 생길 우려가 있는 경우에 해당하지 않는다; 대결 1986. 3. 21, 86두5 : 예산회계법에 의한 행정청의 부정사업자 입찰자격정지처분으로 인해 본안소송이 종결될 때까지 국가기관 등의 입찰에 참가하지 못하게 됨으로 인하여 입은 손해는 회복하기 어려운 손해에 해당한다.

1) 김동희 교수는 이 경우 '보충적으로' 인정할 수 있을 것이라고 한다(김동희, 행정법(I), 박영사, 2002, 625면).
2) 재량권의 일탈·남용에 관한 상세한 내용은 김백유, 행정재량의 한계와 사법심사, 성균법학, 2002; 同, 무하자재량행사청구권(Anspruch auf fehlerfreie Ausübung des Ermessens), 유희일교수회갑논문, 2002 참조.
3) 여기서 사건의 성숙성이라 함은 사실이 판결을 할만큼 성숙한 경우에만 할 수 있게 되어 있고, 법원이 판결성숙성을 소송지휘 등을 통해 창출할 의무를 지는것이지, 법원이 무엇이든지 철저하게 심리하여 판결성숙성을 형성하라는 의미가 아니다. 특히 행정기관의 전문성·기술성을 요하는 것에 대해서는 법원은 이를 인정하기 때문에 행정청의 재량권을 침해하는 것이라고 할 수 없다(김향기, 무명항고소송, 월간고시(1990.10), 91면).
4) 同旨 김향기, 무명항고소송, 월간고시(1990.10), 89면.
5) 김향기, 무명항고소송, 월간고시(1990.10), 88-91면; 홍정선, 행정법원론(상), 박영사, 2002, 단락번호 533.

### 2.4.3. 판례(독일·한국)

독일에서는 행정개입청구권은 앞에서 설명한 바와 같이 주로 경찰행정분야에서 경찰개입청구권의 이름으로 논의되고 있다.[1] 독일의 판례에서는 국가배상청구사건과 관련하여서는, 1921년 11월 15일의 이른 바 눈썰매 사건(Rodel-Fall) 이후 행정청의 작위의무, 즉 권한 불행사의 위법성을 인정하여 왔으며, 행정개입청구사건과 관련하여서는 제2차대전 후 1960년 8월 18일의 이른 바 띠톱 사건(Bandsägen-Urteil)[2] 이후 그것을 인정해 왔다. 이와 같이 행정청의 작위의무(개입의무)가 국가배상사건에서 먼저 인정되고 행정개입청구사건에서는 훨씬 늦게 인정된 것은, 국가배상청구사건과 같은 것은 경우는 법원이 행정청의 행정작용을 사후에 평가하는 것임에 반하여, 행정개입청구사건과 같은 경우는 법원이 행정작용을 장래 예측적으로 사전평가하게 되어 행정권과 사법권의 분립이라는 권력분립의 원리를 이유로 한 것이었다.[3] 우리의 판례는 국가배상사건과 관련하여서는 행정청의 작위의무를 인정하고 있으나,[4] 행정개입청구권과 관련하여서는 인정하고 있지 않으며,[5][6] 의무이

---

1) 이와 관련한 사항은 이미 옐리네크(W. Jellinek)의 위험한계론(Schädlichkeitsgrenze)으로 언급된바 있다. 상세한 내용은 W. Jellinek, Verwaltungsrecht, 3. Aufl., § 20 III 2b.
2) BVerwGE 11, 95; 이 사건은 주거지역에 설치된 석탄 제조 및 하역업소에서 사용하는 띠톱(Bandsäge)에서 배출되는 먼지와 소음으로 피해를 받고 있던 인근주민이 행정청에 건축경찰상의 금지처분을 발할 것을 청구한 것이었다. 연방재판소는 인근주민의 무하자재량행사청구권을 인정하고, 이어서 재량권의 零으로의 수축이론에 의거하여 원고의 청구를 인용하였다. 과거에는 경찰관계법규는 오직 공익만을 위한 것이므로 그 이익은 반사적 이익으로 보아 사인에게 청구권을 인정하지 않았으나, 이 판결에서는 경찰법규의 목적은 공익의 보호·증진과 동시에 국민 개개인의 이익도 보호하려는 것이라고 해석함으로써, 사인은 경찰당국에 대하여 원칙적으로 규제 등의 조치를 취할 것을 청구할 수 있으며, 경찰의 개입 여부의 결정은 원칙적으로 재량처분이지만, 일정한 상황하에서는 오직 하나의 결정, 즉 개입결정만이 의무에 합당한 재량권(nur ein pflichtgemäßes Ermessen) 내지 법적으로 구속받는 재량(rechtlich gebundenes Ermessen)의 행사로 되며(재량권의 零으로의 수축이론), 이러한 경우에는 개인은 경찰당국에 당해 조치를 취할 것을 청구할 수 있는 권리를 가진다고 하였다. 그 결과 경찰권의 행사와 관련하여, 사인이 특정조치를 취할 것을 청구할 수 있는 권리, 즉 이른 바 경찰개입청구권(Anspruch auf polizeiliches Einschreiten)이 인정되었던 것이다. 김동희, 행정법(I), 박영사, 2002, 99-100면 각주 1) 참조.
3) 박윤흔, 행정법강의(상), 박영사, 2002, 166면.
4) 대판 1980. 2. 26, 79다2341; 대판 1997. 9. 9, 97다12907; 대판 1998. 8. 25, 98다16890; 박윤흔, 행정법강의(상), 박영사, 2002, 166면 참조.
5) 우리나라의 판례는 사인의 경찰개입청구권을 정면으로 인정한 것은 없다. 그러나 1.21 사태시에 무장간첩에 의하여 생명의 위협을 받고 있던 청년의 가족이 인근 경찰파출소에 대한 구원요청을 하였음에도 불구하고 경찰이 출동하지 아니한 결과, 그 청년이 희생된 사건에서 대법원은 국가의 손해배상책임을 인정한 바 있다(대판 1971. 4. 26, 71다124). 그러나 이 판례도 국가의 부작위

행소송의 인정여부와 관련하여서도 지속적으로 부정하는 입장을 견지하고 있다. 그 이유는 (ㄱ) 법원은 행정청을 대신하여 행정행위를 할 수 없다.[1] (ㄴ) 행정청에 대하여 행정상의 급여를 구하는 결과가 되는 청구는 행정소송의 대상이 될 수 없다.[2] (ㄷ) 행정청으로 하여금 일정한 행정처분을 하도록 명하는 이행판결을 구하는 취지의 청구는 행정소송에서 허용되지 아니한다[3]는 것 등을 이유로 들고 있다.[4]

## IV. 결론

행정개입청구권 이론은 공권이론과 재량한계이론(Ermessenschranken)을 토대로 하여 독일에서 학설·판례를 통하여 발전되어온 개념이다. 법규범이 행정청에게 재량을 인정하고 있는 경우에는 원칙적으로 행정청이 결정(재량) 및 선택(재량)의 자유를 가지는 것이지만, 이 경우 행정청에게 재량이 허용되어 있다 할지라도 하자없는 재량권의 행사(무하자

---

　를 이유로 위법하다는 것이었지, 행정개입청구권을 근거로 국가배상책임을 인정한 것은 아니었다.
6) 대법원 1992. 2. 11 91누4126판결 : 현행 행정소송법상 의무이행소송이나 의무확인소송은 인정되지 않으며, 행정심판법이 의무이행심판청구를 할 수 있도록 규정하고 있다고 하여 행정소송에서 의무이행청구를 할 수 있는 근거가 되지 못한다.
1) 법원은 행정청을 대신하여 행정행위를 할 수 없다. 만일 항고소송에 가처분에 관한 규정이 적용된다면 행정처분이 있기 전에 행정관청의 부작위를 목적으로 하는 가처분명령도 허용된다는 결론이 나올 것이며 이는 법원이 행정청을 대신하여 행정행위를 하는 결과가 되는 것이므로 긍인될 수 없는 바이다(대법원 1961. 11. 9. 선고, 4292行上2 사건판결).
2) 원고의 청구취지를 보면, 피고가 원고들에게 대하여 광업권 등록번호 33706호, 33707호에 대하여 직권으로 허가처분을 취소한 그 처분의 취소를 구하는 것이 아니라, 그 취소처분을 한 후에 피고가 직권으로 한 위 광업소멸의 등록처분자체의 취소를 구하는 것임이 분명한 바, 그렇다면 그 청구는 광업등록령상 등록말소의 말소등록, 즉 말소회복등록을 청구하는 결과가 되어 결국 행정청에 대하여 행정상의 처분의 급부를 구하는 것으로 된다 할 것이므로 원판결에서 원고의 청구는 행정소송의 대상이 될 수 없다고 판시한 것은 적법하다(1966. 4. 6. 선고, 65누145 사건판결. 同旨: 대법원 1965. 4. 27. 선고, 64누105 사건판결). 「… 적법하게 이루진 당초의 상실처분의 취소를 구하는 것은 행정청에 대하여 행정상의 처분의 급부를 구하는 것이 되어 행정소송의 대상이 될 수 없다 할 것이므로 원판결이 같은 취지에서 원고의 본건 소를 각하 하였음을 표출한다(대법원 1966 1966. 11. 선고, 66 누130 사건판결)
3) 대법원 1982. 7. 27. 선고, 81누258 사건판결, 공689호. 825.
4) 의무이행소송에 관한 판례의 태도에 관한 상세한 내용은 이석선, 판례행정소송법, 한국사법행정학회, 1996, 267-268면 참조.

재량행사)를 의미하는 것이기 때문에, 이에 따라 개인의 입장에서는 무하자재량행사청구권 (재량행위의 영역에서의 개인적 공권의 성립)을 가지며, 특히 재량권이 零(Null)으로 수축되는 경우에는 결정재량의 영역에서 특정행위청구권(행정행위발급청구권·행정개입청구권)을 요구할 수 있을 정도로 개인의 권리는 강화된다. 독일 연방행정재판소 판례들이 무하자재량행사청구권의 이론을 더욱 발전시켜 재량권의 영으로의 수축(Ermessensschrumpfung auf Null)이라는 개념을 도출하여 행정개입청구권이론을 탄생시켰음에 비추어 볼 때, 우리의 행정소송법에서도 행정개입청구권에 근거한 의무이행소송(Verpflichtungsklage)제도를 도입이 절실하다고 할 수밖에 없다.

　　[의무에 합당한 재량으로서의 행정재량] 행정재량은 의무에 합당한 재량[1]이며, 따라서 반드시 일정한 한계가 있다. 이에 대한 사법심사를 통하여 국민의 권리구제가 폭넓게 보장될 때, 자유민주적 기본질서의 토대를 구축하는 헌법국가의 면모는 더욱더 빛날 것이다. 현대 헌법국가에서의 행정법질서는 국민의 권리를 확정·추진하여 나가는 것을 사명으로 하고 있다. 따라서 정책의 형성·결정 및 집행과정에 있어서 모든 사항을 행정청이 독점할 것이 아니라, 관계시민의 능동적이고 적극적인 참여를 인정하고, 행정에 대한 재량통제를 실시함으로써 사회의 실질적 정의·자유는 구현되고, 민주주의의 꽃은 피워지게 되는 것이다. 이러한 의미에서 행정재량의 한계로 인정되는 무하자재량행사청구권과 행정개입청구권이 기능을 발휘할 수 있는 곳은「사법의 場이라기보다는 오히려 행정과정에의 시민참가의 장」[2]이라고 한 박윤흔 교수의 주장을 다시 한번 음미하게 한다. 특히 국민일반의 권리는 행정과정에의 적극적 참가 통하여 실현되는 것이 바람직하다고 볼 때 행정재량의 한계와 이에 대한 사법심사는 더욱더 중요한 의미를 지닌다. 이런 의미에서 행정개입청구권의 보장과 이에 대한 사법적 권리구제를 폭넓게 인정하는 취지에서 의무이행소송제도의 도입이 바람직하다고 본다.

---

1) 법에 구속된 재량(rechtlich gebundenes Ermessen)이다.
2) 박윤흔, 행정법강의(상), 박영사, 2002, 167면.

# 제 8 절  특별권력관계(特別權力關係)

「연구문제」
* 특별권력관계의 의의·종류·특색을 설명하라
* 특별권력관계와 법치주의
* 특별권력관계와 사법적 구제(행정소송)

## 제 1 항  특별권력관계론

## I. 서설

### 1. 행정법관계의 분류

행정법이 규율하는 법률관계인 행정법관계(공법관계)는 이미 설명한 바와 같이 그 수단에 따라 권력관계와 관리관계로 구분되고, 권력관계는 다시 그 목적·성립원인·권력적 기초를 표준으로 하여 일반권력관계와 특별권력관계로 분류된다. 따라서 특별권력관계라는 관념은 일반권력관계와의 대비되는 관점에서 설명되어진다.

### 2. 일반권력관계

[의의] 일반권력관계(일반통치관계)는 私人이 일반국민의 지위에서 행정주체의 일반공권력(일반통치권·일반지배권)에 복종하는 법률관계로서, 일반통치권이 미치는 범위에 있는 모든 국민은 '당연히' 일반권력관계에 서게 된다. 이러한 점에서 일반권력관계는 본래적 의미의 행정법관계이며, 이 관계에 있어서는 당연히 국민의 기본권이 보장되고, 법률에 의한 행정(법치행정)의 원리와 행정에 대한 사법적 통제를 내용으로 하는 법치주의원리가 적용된다.

　　　　일반권력관계 → 일반국민의 지위에서 행정주체의 일반공권력에 복종하는 법률관계
　　　　　　　　· 모든 국민은 '당연히' 일반권력관계에 선다
　　　　　　　　　→ 본래적 의미의 행정법관계
　　　　　　　　　→ 국민의 기본권보장(통치권의 기본권예속성)

→ 법률에 의한 행정(법치행정·행정의 법률적합성)
→ 행정에 대한 사법적 통제(행정소송)

## 3. 특별권력관계

### 3.1. 의의

특별권력관계는 일반권력관계에 대응하는 관념으로서 특수국민(예: 공무원·국공립학교학생·군인·수형자·특허기업자[特許企業者] 등)의 지위가 특별한 법률원인에 의하여 성립되어, 특정한 행정목적(공무수행·국방·교육·행형·기업감독 등)을 위하여 필요한 범위 안에서 행정주체에게 포괄적 지배권이 부여되고 상대방인 특정한 신분에 있는 자가 이에 복종함을 내용으로 하는 법률관계로서, 거기서는 법치주의가 배제(제한)된다는 이론의 학문상 개념이다. 독일·일본·한국 행정법 특유의 관념이다.[1]

[문제] 甲은 강도치사죄로 유죄판결을 받은 후 P교도소에 수감되었다. P교도소장 乙은 甲의 신서(信書)를 검열하고 교도소의 질서유지를 위한다는 목적으로 신문의 열독(閱讀)과 라디오의 청취를 금하였다. 甲이 P교도소장 乙의 행위를 위헌(違憲)이라고 주장할 때 그 주장의 헌법상의 근거를 논하라(제36회 사법시험 2차 기출문제).

[논점]
1) '특별권력관계'의 현대적 의의
2) '명백하고 현존하는 위험', '명확성의 원칙', '비례의 원칙(과잉금지의 원칙)', '이익형량과 자유우선의 원칙', 등 '알 권리'에 대한 규제의 합헌성판단의 기준

[사례] 모(某) 형사사건에 관련된 혐의로 A는 교도소 미결감(未決監)에 독거구속 중이다. 그는 자기사건에 관하여 사회에서 어떻게 논의되고 있는가를 알기 위하여 교도소장에게 자기의 트랜지스터 라디오의 차입을 허가해 줄 것을 청구하였다. 교도소장은 이에 대해 교도소의 질서를 문란케 할 우려가 있다고 하여 이를 불허하였다. 뿐만 아니라 B신문사가 A에게 보낸 「사건내용에 대한 의견과 교도소 내의 생활」에 대한 원고청탁서를 A에게 교부하지 아니하고 B신문의 열람을 금지하였다. 이에 A는 교도소장을 피고로 하여 이러한 처분이 위헌이라고 하여 그 무효확인을 구하는 소송을 제기하였다. A의 주장은 정당한가? 만약에 A가 판결이 확정된 기결수이면 어떠한가?

[논점]
1) 알 권리와 읽을 권리의 헌법적 근거조항
2) 통신의 자유와 행형법상 수형자에 대한 제한의 상충
3) 특별권력관계의 현대적 의의

[해설] 사안의 경우, 문제의 핵심은 교도소장이 미결수나 기결수의 기본적 인권을

---

[1] 다른 국가에서는 이 관념이 인정되지 않는다.

특별권력관계에 의해서 제한할 수 있는가 하는 점이다. 이 문제에 있어서 교도소장은 특별권력관계이론에 따라 트랜지스터 라디오의 차입을 불허했고, B신문사의 원고청탁서를 교부하지 않았으며, B신문의 열람(열람)을 금지하였는데 여기서 '알 권리'와 '읽을 권리'가 통신의 자유와 관련하여 침해되지나 않았나 하는 문제가 검토되어져야 할 것이다.

(ㄱ) 미결수에게 트랜지스터 라디오의 차입을 금지한 처분은 위헌이며 A의 주장은 정당하다. 라디오를 듣는 권리는 알 권리의 일종으로서 기본권의 한 내용이다. 이 기본권은 미결수에게 있어서는 특별권력관계에 의하여 배제되지 않으며, 다만 제한될 수 있을 뿐이다. 더구나 A는 독거수용되어 있어서 A가 라디오를 들더라도 교도소의 구금 및 치안유지에 명백하고도 현존하는 위험을 야기시킨다고 볼 수 없으며(명백하고 현존하는 위험의 법칙[Clear and Present Danger Rule]), 따라서 교도소장의 행정처분으로서 라디오의 차입을 금지할 수는 없다.

(ㄴ) 신문의 열독을 금지한 교도소장의 처분은 위헌이며 A의 주장은 정당하다. 현대생활에 있어서 신문이 가지는 역할은 무한히 크기 때문에 민주주의 사회에 있어서는 국민의 일간신문을 읽을 자유가 부정되어서는 안되며, 이는 교도소 수용자인 재감자(在監者)에 대해서도 마찬가지이다. 더구나 전기한 바와 같이 우리 형의집행및수용자의처우에관한법률(구[舊]행형법)에는 신문열독을 금지할 근거가 없다.

(ㄷ) 원고청탁서의 불교부처분은 위법이다. 특별권력관계에 있다고 하더라도 기본권의 제한은 법률에 의하거나 법률에 근거하여 합리적이라고 인정되는 최소한도에 그쳐야 한다(과잉금지의 원칙; 비례의 원칙). 따라서 하등의 명백하고도 위험한 사태를 야기시키지 아니할 원고청탁서의 불교부처분(행정처분)은 위법이며 A의 주장은 정당하다.

(ㄹ) A가 기결수일 때도 마찬가지이다.

## 3.2. 발달

특별권력관계 이론은 19세기 후반 독일의 입헌군주정하에서 군주에게 법으로부터 자유로운 영역을 확보해 주는데 이바지한 이론(군주의 통치권강화)이었다. 특히 19세기의 법치국가(형식적 법치국가)에서 법치행정의 원리가 확립됨으로써 일반행정목적과 특별행정목적이 분화하여 특별행정목적을 달성하기 위하여 법으로부터 자유로운 특별권력관계가 성립되게 되었다. 특별권력관계의 관념을 명백히 한 것은 파울 라반트(P. Laband)이며, 이에 법적 이론을 체계화 한 것은 오토 마이어(O. Mayer)였다.[1] 오토 마이어(Otto Mayer)는 관료의 자유로운 행정을 합리화하기 위하여 특별권력관계를 이론적으로 구성하였다. 플라이너(F. Fleiner/스위스), 토마(R. Thoma) 등에 의하여 발전되었다. 이와같이 특별권력관계는 특정한 행정목적을 실현하기 위하여 19세기 독일의 관료주의에 의해 공법상의 근무관

---

1) 김남진·김연태, 행정법(I), 114면.

계가 성립되었고, 20세기 복리국가(사회복지국가)의 발전으로 공법상의 영조물이용관계(공공시설물이용관계)가 성립되었다. 오늘날에는 헷세(K. Hesse)의 주장에 따라 특수신분관계(Sonderstatusverhältnis)라고 부르기도 한다.[1]

## 4. 특별권력관계의 특징(전통적 특별권력관계이론)

### 4.1. 의의

포괄적 지배관계로서의 특별권력관계는 일반권력관계에서 법치주의가 전면적으로 적용되고 있는 것과는 달리, 법치주의가 배제된 「법으로부터 자유로운 행정영역」인 동시에, '강화된 종속·약화된 자유(Otto Mayer)', '시민의 복종의무의 강화(Fritz Fleiner)'를 특색으로 한다. 그 법이론적 특색의 요점은 다음과 같다.

「특별권력관계」: 법치주의가 배제된 법으로부터 자유로운 행정영역
 - 강화된 종속·약화된 자유(Otto Mayer)
 - 시민의 복종의무의 강화(Fritz Fleiner)
「특별권력관계의 법이론적 특색」
 - 권력관계
 - 법률유보의 배제
 - 기본적 인권보장(기본권)의 배제
 - 사법심사의 제한
 - 행정규칙의 법규성부인

### 4.2. 내용

[권력관계] 특별권력관계에 있어서의 포괄적 지배권(특별권력)의 발동을 일종의 '공권력발동으로 봄'으로써, 특별권력관계를 권력관계로 이해한다.

[법률유보의 배제] 일단 특별권력관계가 성립된 경우에는, 당해 특별권력관계설정의 목적에 필요한 한도 안에서, 일일이 법률의 근거를 요하지 않고 포괄적 지배권의 발동(명령·강제)이 가능한 것으로 본다.

[기본적 인권보장의 배제] 특별권력복종자가 일반국민의 지위에서 향유하고 있는 기본적 인권도 당해 특별권력관계설정의 목적에 필요한 한도 안에서, 구체적인 법률의 근거없이도 제한될 수 있다.

[사법심사의 제한] 특별권력관계 내부에 있어서의 권력적 행위에 대하여는 원칙적으로

---

1) 양건, 헌법강의, 법문사, 2009, 268면.

소송(항고소송)도 제기할 수 없다고 한다.

　　[행정규칙의 법규성 부인] 특별권력관계를 규율하는 행정규칙은 법규성이 인정되지 않는 다는 것이 종래의 통설적 견해이다.

### 5. 특별권력관계이론의 구성이유 · 이론적 근거 · 동향

　　[구성이유] 특정한 행정목적을 신속히 수행하기 위하여는 일반적인 결합관계(일반권력관계)와는 다른 보다 더 강력한 지배관계 · 결합관계가 필요다는데 연유하여 구성된 것이 특별권력관계이론이다.

　　[이론적 근거] 특별권력관계이론을 정당화하기 위하여 앞에 내세운 이론적 근거들은 국가법인격의 불침투성 이론인바, 이는 국가를 외부에 대하여 폐쇄된 법주체라 하여, 국가의 내부관계에는 법이 침투하지 못한다는 것이었다.　　▱ 라반트(Paul Laband)적 법개념

　　[동향] 과거 관료주의적 행정법학파에서는 법치주의의 배제를 위하여 인정된 이론이었고, 오늘날은 법치주의의 제한에 그 목적을 두고 있다. 근대적 특별권력관계이론은 기본권의 배제를 그 주된 내용으로 하였으나, 현대적 특별권력관계이론은 기본권의 제한에 한정하고 있다.

## II. 성질(일반권력관계와의 구별)

### 1. 특별권력관계긍정설

#### 1.1. 절대적 구별설(전통적 견해)

　　독일의 경우 전통적인 특별권력관계 긍정설의 입장에 의하면 특별권력관계의 설정목적을 위하여 필요한 범위 안에서는 '개별적인 법적 근거 없이도 기본권의 제한이 가능하다' 고 보고, 이러한 기본권 제한의 정당화 근거로 법률의 규정이 없는 경우에도 '상대방의 동의', 즉 상대방에 의한 '기본권의 포기'[1]를 그 근거로 든다. 국가와의 사이에 그가 종속관계에 들어간 것은 그가 원한 것이며 '그가 원한 것이기 때문에 불법이 아니다(volenti non fit injuria)'라는 것이다. 따라서 그가 원하지 않으면 그러한 관계에서 나오면 그만이라는 것이다.

---

[1] 기본권은 원래 포기할 수 없는 것이 원칙이나, 경우에 따라 포기가 가능한 경우가 있다. 예를 들면 장기이식을 위한 장기기증, 승려가되기 위하여 결혼의 자유를 포기하는 것 등이다. 기본권의 포기의 개념 및 내용에 관한 상세한 내용은 홍성방, 헌법학, 현암사, 2009, 364면 각주 715) 참조.
　　▱ 그러나 이는 기본권의 포기라기 보다는 기본권의 불행사(권리의 불행사: Ausübung des Rechts)로 생각해도 될 것이다.

▶ Du bist selbst schuld daran, wenn du dich in eine solche Abhängigkeit zum Staate bleibst! Wenn du das jetzt bedauerst, dann löse dich doch wieder von dieser Abhängigkeit!
▶ 네가 국가에 대하여 종속적인 관계를 가지게 된 것은 그건 바로 너 자신의 잘못이야! 만약 네가 이러한 종속관계에 대하여 불만이 있다면, 그런 종속관계를 스스로 끊어버리면 될거아냐![1]

특별권력관계의 관념을 명백하게 한 것은 파울 라반트(P. Laband)이며, 이에 법적 이론구성을 한 것은 독일 행정법의 아버지라 불리우는 오토 마이어(O. Mayer)였다., 특히 오토 마이어는 관료의 자유로운 행정을 합리화하기 위하여 특별권력관계를 이론적으로 구성하였다. 프리츠 플라이너(F. Fleiner), 리햐르트 토마(R. Thoma) 등에 의하여 더욱 발전되었다. 이들 견해에 의하면 일반권력관계는 국가와 개인간, 즉 법주체상호간의 외부관계인데, 특별권력관계는 행정의 내부관계(Inneres Verhältnis)라는 것이다. 그것은 개인은 특별권력관계의 영역에 들어옴으로써 국가행정의 일부로 되었으며, 이로인하여 국가에 대하여 독립된 존재가 아니고 행정에 병합되어 버리기 때문이라고 한다. 그리하여 특별권력관계 내에서는, (ㄱ) 행정이 개인의 자유와 재산권을 침해할 때에는 법률에 의거나 법률에 근거하여야 한다는 **법률유보의 원칙이 적용되지 않으며**, (ㄴ) 당해 특별권력관계의 유지에 필요한 범위 안에서는 **법률에 의하지 않고 기본권을 제한할 수 있고**, (ㄷ) 특별권력관계에서는 특별권력에 의하여 일반적·추상적 명령이나 개별적·구체적 행위를 행할 수 있는데, 그것은 법규 또는 행정행위가 아니고 이와 구별되는 **행정규칙**(Verwaltungsvorschriften) 또는 **지시**(Anweisung)이며, (ㄹ) 특별권력관계에서의 행위는 독립된 법주체의 권리의무에 관한 행정행위가 아니므로 **사법심사의 대상이 되지 않는다**고 하였다.[2][3] 이와 같이 특별권력관계는 일반국민(일반권력관계)과 별개의 복종자의 지위에서 성립되고 따라서 거기에 타당 하는 독립한 법주체를 가진 관계(특별권력관계)이며, 특별권력계에는 일반권력관계에 있어서 확립된 법률에 의한 행정의 원칙과 재판적 통제의 원칙이 적용되지 않는다고 한다(**법치주의의 적용 부인 → 사법심사의 배제**).

[**포르스트호프의 견해**] 에른스트 포르스트호프(Ernst Forsthoff)의 이론에 의하면 법률에 의해서도 제한될 수 없는 절대적 기본권은 특별권력관계를 설정한 법률로써도 침해할 수 없고, 당사자의 동의가 있는 때에도 제한을 인정할 수 없으나, 법률유보에 의해 제한할 수 있는 상대적 기본권에 관하여는 법률이 특별권력의 주체에 대하여 기본권의 제한을 가할 수 있도록 '수권'하거나 법에서 직접 기본권을 제한하는 '명문규정'을 둘 수 있고 또 기본권의 제한을 수반할 특별권력관계의 성립에 '동의'함으로써 기본권의 제한을 감수할 수도 있다고 한다. 우리나라의

---

1) 홍성방, 헌법학, 현암사, 2009, 365면.
2) 서원우, 특별권력관계에 있어서의 기본권보장, 법정(1966.1).
3) 박윤흔, 행정법강의(상), 181면.

경우 전통적인 특별권력관계긍정설의 입장에서는 특별권력관계의 목적달성에 합리적이라고 인정되는 범위 안에서 개별적인 법률에 근거하지 아니하고도 제한할 수 있으나, 다만 종교의 자유·양심의 자유·학문과 예술의 자유 등은 특별권력관계에서도 제한당하지 않는다고 한다.

※ 비판 → 절대적 구별설은 관료의 자유로운 행정의 합리화를 위하여 법치국가를 부인하고 있다는 비판을 면할 수 없다.

### 1.2. 상대적 구별설(F. Fleiner, W. Jellinek)

제2차대전 후 특별권력관계론의 발상지인 독일과 그 이론을 받아들인 일본이나 우리나라에서는 헌법이 민주주의 원리를 강조하게 됨에 따라 전통적인 특별권력관계론은 그 존립기반이 흔들리게 되었으며, 여기에서 특별권력관계가 일반권력관계와 상대적 차이밖에 없다는 논의가 나오게 되었다. 이 견해는 특별권력관계에서의 법치주의의 부정이 아니고, 제한 내지는 변형만을 시인한다.[1] 여기에는 다음과 같은 학설들로 세분화된다.

#### 1.2.1. 일반공권력설

특별권력관계에서의 복종자의 지위는 국민의 본래적 지위가 특수화된 것에 지나지 않으며, 특별권력도 결국 일반공권력의 직접적 발동관계로서 특별권력은 일반공권력 그 자체이며, 복종의무강화를 위한 입법자의 백지적 수권에 지나지 않는다고 한다.

#### 1.2.2. 2차적 권력설

특별권력관계에서의 복종자의 지위는 국민의 본래적 지위가 특수화된 것에 지나지 않으며, 특별권력도 결국 일반공권력의 간접적 발동관계이고, 특별권력은 일반공권력으로부터 포괄적 지배권이 위임되고 있는 제2차적(파생적·전래적) 권력이다. 따라서 특별권력관계는 법치행정의 원리와 재판적 통제가 제한되는 관계이므로 일반권력관계와 상대적으로 구별된다는 견해이다. 종래의 다수설 이었다.

#### 1.2.3. 제한적 긍정설

a) 독일

제한적 긍정설은 주로 독일의 학자들에 의하여 주장된 견해이다. 이 논의는 주로 특별권력관계에서의 구성원의 기본권보장과 관련하여 전개되었다. 기본권의 무제약적인 제한을 정당화하는 헌법차원의 특별권력관계의 개념은 부정하면서도 특별한 행정목적을 위하

---

1) 박윤흔, 행정법강의(상), 181면.

여 행정법차원의 특별권력관계의 개념은 긍정한다. 그 논거로는 독일 기본법에서는 종래 특별권력관계로 보아왔던 공무원관계(제33조 제5항), 군복무관계(제17조 a 1, 2), 교도소수용관계(제104조), 학교교육관계(제17조 제1항)와 당해 관계에서의 기본권제한 등에 관한 규정을 두고 있는데, 이것은 기본법이 특별권력관계의 존재와 기능을 인정하고 있는 것으로 본다. 그리하여 이러한 기본법상의 특별권력관계가 제대로 기능을 발휘하기 위하여서는 제한된 범위 안에서 다음과 같이 법치주의가 완화되어 적용될 수 있음을 인정한다.[1] (ㄱ) 특별권력관계에서도 기본권의 제한은 법률에 근거하여야 한다.[2] (ㄴ) 특별권력관계에서도 법률유보의 원칙이 적용된다. 다만 본질적 사항(Wesensgehalt)에 관한 것을 제외하고는 법률(입법권자)은 개괄조항(Generalklausel)에 의하여 특별권력관계의 주체에게 상당한 자유영역을 부여할 수 있다. (ㄷ) 특별권력관계에서도 그 구성원의 권리침해가 있는 경우에는 사법심사가 허용되나, 당해 관계의 기능수행이라는 점에서 사법심사에 의한 통제강도의 축소(Reduzierung)가 필요하다.[3] 독일연방헌법재판소도「수형자(受刑者)의 기본권도 법률 또는 법률에 의거하여서만 제한할 수 있다」고 하였다.[4] 또한 교육관계에 있어서도「기본법상의 법치국원리와 민주주의원리에 따라 입법기관은 학교관계의 법률에 관한 사항에서 그 본질적 결정(wesentliche Entscheidung)[5]만은 법률로 직접 규정하여야 하며 행정의 재량에 맡길 수 없다」고 하였다.[6]

---

[1] 박윤흔, 행정법강의(상), 187면.
[2] 특별명령(Sonderverordnung)의 개념은 독일에서 탄생한 이론으로서 특별권력관계를 규율하기 위하여 집행기관에 의하여 발령되는 명령을 말한다. 이러한 특별명령의 경우에는 특별권력주체가 법령의 범위내에서 그 구성원과의 관계를 규율하는 법규명령의 효력을 갖는 규칙(특별명령은 단순한 행정규칙은 아니며 법규명령의 성격을 갖는다)을 법률의 근거없이도 자율적으로 정할 수 있다는 견해도 있다(박균성, 행정법론(상), 149면). 다만 이러한 특별명령의 제정에 법률의 근거가 필요한지는 학설의 대립이 있다(박균성, 행정법론(상), 149면 각주 29) 참조.
[3] 박윤흔, 행정법강의(상), 187면.
[4] BVerfGE 33, 1; H. Maurer, Allgemeines Verwaltungsrecht, 13. Aufl., München 2000, § 6 Rn. 18 f.
[5] 여기서의 본질적 결정은 기본권의 실현(BVerfGE 46, 47, 79)을 의미하며, 입법권자는 이와 함께 학생의 기본권(기본법 제2조 제1항, 제12조 제1항) 및 그의 부모(기본법 제6조 제2항)와 관련한 사항을 정립해야 한다. 상세한 내용은 H. Maurer, Allgemeines Verwaltungsrecht, 13. Aufl., München 2000, § 6 Rn. 20.
[6] 이는 이른바 중요사항유보설(Wesentlichkeitstheorie)을 취한 것으로 중요사항에는 기본권행사의 제한이 당연히 포함됨을 전제로 한다(v. Münch, in: Hans-Uwe Erichsen/Wolfgang Martens, Allgemeines Verwaltungsrecht, 10 Aufl., 1995, S. 49); H. Maurer, Allgemeines Verwaltungsrecht, 13. Aufl., München 2000, § 6 Rn. 19 f.

b) 사견

[법률유보] 특별권력관계에서도 기본권은 법률에 의하거나(durch Gesetz), 법률에 근거(auf Grund eines Gesetzes)하지 않고는 제한될 수 없다고 할 것이다. 그러나 일반권력관계가 전체법질서인데 대하여, 특별권력관계는 부분법질서이며 그 목적과 기능이 일반권력관계와는 다르다 할 것이므로 본질적 사항(Wesengehalt)을 제외하고는 각 개별적인 특별권력관계의 목적과 기능을 유지하기 위하여 필요한 범위 안에서 상대적으로 법치주의가 다소 완화될 수 있으며, 따라서 개괄조항(Generalklausel)에 의한 규율이 가능하다고 할 것이다. 또한 사법심사도 순수한 내부적 관계에 대하여는 미치지 못하고, 외부적 관계에 대하여서만 미친다고 할 것이다. 결국 위에서 본 제한적 긍정설이 타당하다고 본다.[1]

[실정법적 근거] 우리나라의 경우 현행 실정법상으로도 특별권력관계에서의 기본권의 제한에 대하여는 거의가 법률에 근거를 두고 있다. 특별권력관계에서 제한되는 기본권을 예시하면 공무원의 근무관계에서의 거주의 제한(헌법 제14조), 정치운동의 제한(헌법 제7조, 국가공무원법 제65조[정치운동의 금지] 등), 근로3권의 제한(헌법 제33조, 국가공무원법 제66조[집단행위의 금지] 등) 등이고, 영조물이용관계에서의 수용자[2]의 서신수수및 전화통화의 검열(형의집행및수용자의처우에관한법률 제41조[접견] · 제42조[접견의 중지 등] · 제43조[서신수수] · 제44조[전화통화]), 국공립학교 학생에 대한 기숙사생활의 강제, 집회의 제한 등이다. 특별권력관계에서도 비록 법률에 의하거나 법률에 근거를 둔다고 하더라도 그 목적달성을 위하여 사회통념상 필요하다고 인정되는 한도에서만 기본권의 제한이 허용된다고 할 것이다. 또한 종교의 자유, 양심의 자유, 학문과 예술의 자유의 내용 중 절대적 기본권에 해당되는 부분은 그 성질상 그 목적달성을 위하여 그러한 기본권까지를 제한하는 특별권력관계는 인정될 수 없다고 할 것이므로, 특별권력관계에서도 제한당하지 않는다고 할 것이다.[3] 다만 오늘날에도 특별권력관계의 목적달성에 합리적이라고 인정되는 범위 안에서는 반드시 개별적인 법률에 근거하지 아니하고도 제한할 수 있다고 보는 견해도 있고, 또한 현실적으로도 법률에 의한 명문(明文)의 근거 없이 제한되고 있는 경우(예 : 학칙에 의한 국공립학생의 기숙사생활강제, 정치활동의 금지 등)도 있다.

### 1.2.4. 특별권력관계수정설(내부 · 외부관계수정설)

특별권력관계수정설[4]은 주로 독일 학자들에 의하여 주장된 견해이다. 이는 전통적인

---

1) 박윤흔, 행정법강의(상), 188면 ; 석종현, 일반행정법(상), 130면.
2) 형의집행및수용자의처우에관한법률 제2조 제4호 : "수용자"란 수형자 · 미결수용자 · 사형확정자, 그 밖에 법률과 적법한 절차에 따라 교도소 · 구치소 및 그 지소(이하 "교정시설"이라 한다)에 수용된 사람을 말한다.
3) 박윤흔, 행정법강의(상), 박영사, 2000, 189면 ; 권영성, 헌법학원론, 법문사, 2009, 357면 참조.

내부관계·외부관계의 2원론을 기본적으로 유지하면서도 법으로부터 자유로운 내부관계와 법치주의의 적용이 있는 외부관계의 개괄적 구별을 지양하고, 종래 내부관계로 인정한 특별권력관계내에서도 내부관계의 범위를 축소하고 외부관계의 존재를 인정함으로써 법치주의의 적용범위를 확대하려는 견해이다.[1] 이 논의는 주로 특별권력관계에서의 구성원의 권리구제 내지는 사법심사의 허용범위와 그 한계의 문제로서 전개되었다. 다음과 같은 견해가 있다.

### a) 바호프(O. Bachof)의 견해(내부관계와 외부관계)

바호프에 의하면 전통적 견해에서 국가의 내부, 즉 특별권력관계에 법규가 침투할 수 없다고 한 것은 자연인과 법인의 본질적 차이를 간과한 것이며, 법인에 있어서는 법이 침투할 수 있는 외부관계가 있다고 하였다.[2] 예컨대 영조물이용관계에 대하여 보면 영조물관리자(국가)와 영조물이용자간의 관계는 법주체 대(對) 법주체간의 관계이며, 국가와 국민간의 관계와 마찬가지로 외부관계라고 한다. 또한 공법상의 근무관계에 있어서 근무주체와 공무원간의 관계도 동일하다. 다만 공법상의 근무관계는 영조물이용관계와는 달리 그 일부만이 외부관계이고 대부분은 내부관계라고 한다. 바호프(Bachof)는 공무원의 행정조직의 일원으로서 행정주체와 관계를 맺고 있는 경우에는 내부관계로 본 반면, 고유한 인격성을 가진 주체로서 행정주체와 관계를 맺고 있는 경우에는 외부관계로 보았다.[3] 그것은 공법상의 근무관계에서의 근무주체가 공무원에 대하여 발하는 명령은 그 일부만이 근무주체와 공무원간의 관계를 규율할 목적으로 발하여지며, 그 대부분은 국가조직의 구성원인 공무원의 제3자에 대한 행위를 규율하기 위한 것이기 때문이라고 한다. 그리하여 공무원의 임명·면직·전임·급여등급의 결정 등 근무주체와 공무원간의 권리의무에 관한 조치는 외부관계라고 한다.[4]

### b) 울레(C. H. Ule)의 견해

울레(Carl Hermann Ule[1907-1999])에 의하면 특별권력관계를 기본관계(Grundverhältnis)와 업무수행관계(Betriebsverhältnis)로 나누어 기본관계에서의 행위는 행정행위이며

---

4) 이 견해를 상대적 구별설로 다루지 않는 견해도 있으나(김도창), 양관계의 구별을 긍정하고 있는 점에서 볼 때 상대적 구별설로 보는 것이 타당하다.
1) 현재의 독일의 지배적인 견해이다. 바호프(Otto Bachof), 포르스트호프(Ernst Forsthoff), 볼프(Wolff) 등
2) O. Bachof, Verwaltungsakt und innerdienstliche Weisung, S. 285 ff.
3) 정하중, 행정법총론, 115면.
4) 박윤흔, 행정법강의(상), 175면.

사법심사가 가능하다고 보았다.[1] 그는 그동안의 판례를 종합·정리하여 기본관계와 업무수행관계에 속하는 행위를 예시하였다. 사법심사가 가능한 기본관계는 특별권력관계 자체의 성립·변경·종료 또는 당해 관계구성원의 법적 지위의 본질적 사항에 관련된 법률관계를 말한다. 예컨대 (ㄱ) 공무원의 임명·전직·파면, (ㄴ) 군인의 입대·제대, (ㄷ) 국공립학교 학생의 입학허가·제적·정학·전과, (ㄹ) 수형자의 형의 집행 등이다. 이에 대하여 업무수행관계(경영관계)[2]란 당해 관계구성원이 특별권력관계 내부에서 가지는 직무관계 또는 영조물관계에서 성립되는 업무수행적 질서에 관련된 법률관계를 말한다. 예컨대 (ㄱ) 공무원관계(공무원에 대한 직무명령), (ㄴ) 방위근무관계(군인의 훈련·관리), (ㄷ) 영조물관계(학생에 대한 통상적 수업행위), 수형자(수용자)에 대한 행형(行刑) 등이다.[3]

※ 울레(C. H. Ule)의 특별권력관계수정설

```
·기본관계 ─┬─ 공무원의 임명·停職·파면/군인의 입대·제대 ─┐
           └─ 국공립학교의 입학허가·재적·정학·전과/형의 집행 ─┤ 사법심사의 대상
                                                              (외부관계시)

·업무수행관계 ─┬─ 방위근무관계
                │   (군에 대한 훈련·관리)
                │                          ┌─ 폐쇄적인 경우
                │                          │   (격리병원재원관계,
                │                          │    교도소재소관계)
                ├─ 영조물관계
                │   (학생에 대한 통상적 수업행위
                │    수형자에 대한 행형)
                │                          ├─ 개방적인 경우
                │                          │   (국공립학교재학관계,  사법심사대상 제외
                │                          │    국립병원재원관계)    (내부관계시)
                └─ 공무원관계
                    (공무원에 대한 직무명령)
```

<김세웅, 최신행정법, 박문각, 1994, 194면 참조>

[비판] 그러나 울레(C. H. Ule) 교수의 특별권력관계수정설은 기본관계와 업무수행관

---

1) C. H. Ule, Das besondere Gewaltverhältnis, VVDStRL 15, 1957, S. 133 ff. 176.
2) 김남진·김연태, 행정법(I), 116면.
3) 박윤흔, 행정법강의(상), 175면; 정하중, 행정법총론, 116면 참조.

계의 구별에 관한 명확한 기준을 제시하지 못하고 있다는 비판이 있다.

### 1.2.5. 결론

상대적 구별설은 특별권력관계의 법체계를 일반권력관계의 법체계에 궁극적으로 흡수하면서도, 그것의 상대적인 독자성을 인정하고, 그 결과 법치주의를 전면적으로 부정하는 것은 아니고, 다만 그에 대한 상대적 제한(변형 또는 완화)을 인정하려는 입장이라 할 수 있다(법치주의 → 수정·제한·변형·완화).

## 2. 특별권력관계 부정설(否定說)

### 2.1. 개관

특별권력관계 부정설의 입장에서는 특별권력관계에 있어서의 필요성을 이유로 헌법상 보장된 기본권을 제한할 수는 없으며, 기본권제한을 위하여는 '헌법'에 직접 혹은 간접 규정이나 헌법의 유보에 의한 법률의 규정이 있어야 한다고 한다. 왜냐하면 법치국가(법치주의) 원리는 "국가가 국민의 자유·권리를 제한하거나, 국민에게 새로운 의무를 부과하려 할 때에는 국회가 제정한 법률에 의하거나(durch Gesetz) 법률에 근거가(auf Grund eines Gesetzes) 있어야 하며, 또 법률은 국민만이 아니고 국가권력의 담당자도 동등하게 규율하는 원리"를 의미하며 이때의 법률은 실질적 법치국가에 합당한 정의에 합치하는 법률(내용적 정당성)을 의미하는바, 국민의 자유·권리를 제한하거나 의무를 부과하는 경우에는 의회가 제정한 법률에 의해야 한다. 즉 기본권 제한은 법률에 의하거나(법률유보)[1] 법률에 근거를 두어야 하기 때문이라고 한다(법규유보 : Vorbehalt des Gesetzes).[2][3] 특수한 신분관계가 형성된다고 하여 기본권제한에 관한 예외적 영역으로 분류될 수는 없다는 것이다.[4]

### 2.2. 학설

#### 2.2.1. 형식적(일반적·전면적) 부정설

제2차대전 후의 헌법체제의 전환을 중시하여 궁극적으로는 헌법의 의회중심주의·실질적 법치주의 및 기본권존중주의를 근거로 하여 모든 공권력의 행사는 법률에 의하거나 법률의 근거를 요하니, 따라서 특별권력관계에서의 공권력의 행사도 법률 및 법률의 근거

---

1) 헌법에 규정된 특별한 유보(기본권 제한), 형식적 의미의 법률을 의미한다.
2) 형식적 의미의 법률 혹은 실질적 의미의 법률을 의미(법규명령·자치법규 포함).
3) 김향기, 법률의 유보이론의 전개와 과제, 김영훈박사 화갑기념논문, 법문사, 1995, 373면 참조.
4) 이준일, 헌법학강의, 홍문사, 2009, 단락번호 [3.3.81].

를 요한다고 한다. 즉 거기에도 법치주의가 전면적으로 타당하다는 설이다. 그리고 예컨대 현재의 국가공무원법도 그와 같이 되어 있다고 한다. 이 견해는 특별권력관계에서의 특별권력(특별통치권)이 공권력이라는 그 자체는 부정하지 않고 특별권력관계에서의 특별권력도 일반공권력과 다르지 않다고 보는 것으로, 법치주의의 일반적 형식적 타당성을 주장하여 법률에 근거하지 않은 특별권력발동을 부정하려는 것이다.[1]

### 2.2.2. 실질적(개별적) 부정설

이는 특별권력관계의 본질을 비권력관계로 보고 명시적 규정이 없는 한 사법상 계약관계와 동일하게 보는 견해이다. 그리하여 (ㄱ) 권력적 색채가 비교적 강하고 법률의 규율 대상이 되고 있는 관계(예 : 공무원의 신분관계·근무관계, 군복무관계, 교도소·소년원 수용관계, 전염병원 강제입원관계 등)는 일반권력관계로 본다. 그리고 (ㄴ) 권력적 색채가 약하고 상대방의 동의에 의하여 성립하는 관계(예 : 국공립학교 재학관계, 국공립병원 입원관계)는 이를 일종의 계약관계로 이해하려는 경향이 유력하다. 그러나 그 계약관계의 성질에 대하여는 사법상 계약관계로 보는 견해,[2] 공법상 계약으로 보는 견해,[3] 공사(公私) 공통의 특수계약으로 보는 견해[4] 등이 있다.[5]

### 2.2.3. 기능적·재구성적 부정설

종래의 특별권력관계라는 개념을 해체하고, 그에 대치하여 일반권력관계와 다른 법질서 내지 내부적·자율적 법관계를 포괄적 개념인 사회적·기능적 권력관계 또는 특수기능적 법률관계 라는 새로운 개념으로 재구성하려는 이론이다.

## III. 특별권력관계의 성립과 소멸

### 1. 성립

일반권력관계는 국가와 국민(또는 공공단체와 주민) 사이에 당연히 성립(출생, 귀화 또는 일정한 지역의 居住에 의하여)하는데 반하여 특별권력관계는 '**특별한 법률원인**'에 의해

---

1) 박윤흔, 행정법강의(상), 185면.
2) 室井力, 特別權力關係論, 1970, 336, 426頁(面) 참조.
3) 이상규, 신행정법론(상), 212-213면.
4) 兼子仁, 特殊法の槪念と行政法, 公法學研究(杉村章三郞先生古稀紀念), 1974, 264頁.
5) 박윤흔, 행정법강의(상), 186면.

서 성립되는 것으로서 직접 법률에 의해서 성립되는 경우와 상대방의 동의에 의해 성립되는 경우가 있다.

### 1.1. 직접 법률의 규정에 의하여 성립하는 경우(강제적 가입)

특별권력관계의 발생원인이 법률에 규정되어 있어 그 원인사실만 발생하면 당연히 성립하는 경우이다. 예를 들면, 징집대상자의 입대(병역법 제16조[현역병입영]), 수형자의 수용(형의집행및수용자의처우에관한법률 제16조[신입자의 수용 등]), 감염병환자의 강제입원(감염병의예방및관리에관한법률 제41조[감염병환자등의 관리]·제42조[감염병에 관한 강제처분]), 일정한 자격있는 자의 공공조합에의 강제가입(산림조합법 제3장[중앙회])등이다.

- 징집대상자의 입대(병역법 제16조)
- 수형자의 수용(형의집행및수용자의처우에관한법률 제16조)
- 감염병환자의 강제입원(감염병의예방및관리에관한법률 제41조)
- 일정한 자격있는 자의 공공조합에의 강제가입(산림조합법 제3장)

▶ 감염병의예방및관리에관한법률 제41조(감염병환자등의 관리) ① 감염병 중 특히 전파 위험이 높은 감염병으로서 보건복지부장관이 고시한 감염병에 걸린 감염병환자등은 감염병관리기관에서 입원치료를 받아야 한다. <개정 2010.1.18.>

▶ 감염병의예방및관리에관한법률 제42조(감염병에 관한 강제처분) ① 보건복지부장관, 시·도지사 또는 시장·군수·구청장은 해당 공무원으로 하여금 다음 각 호의 어느 하나에 해당하는 감염병환자등이 있다고 인정되는 주거시설, 선박·항공기·열차 등 운송수단 또는 그 밖의 장소에 들어가 필요한 조사나 진찰을 하게 할 수 있으며, 그 진찰 결과 감염병환자등으로 인정될 때에는 동행하여 치료받게 하거나 입원시킬 수 있다. <개정 2010.1.18.>

[전통적 견해] 전통적 견해(위의 절대적 구별설 및 상대적 구별설)는, 이 경우에는 당해 법률에 의하여 그 특별권력관계의 목적달성에 필요한 범위 안에서 포괄적인 특별권력이 행정주체에게 수권된 것을 보았으며, 따라서 구체적인 명령권이나 강제권의 행사는 모두 그 법률에 의하여 포괄적으로 수권되었다고 보았다.[1]

### 1.2. 상대방의 동의에 의하여 성립하는 경우

#### 1.2.1. 임의적 동의

특별권력관계의 성립을 위한 상대방의 동의가 완전히 자유로운 의사표시 = 임의적 동의에 의해서 성립하는 경우이다.[2] 예를 들면, 국·공립대학교에의 입학, 국공립도서관의

---

1) 박윤흔, 행정법강의(상), 181면.

이용, 공무원의 임명 등이 여기에 해당한다.

### 1.2.2. 강제적 동의
특별권력관계를 성립시키는 동의가 법률에 의하여 의무가 지워진 경우이다. 학령(學齡)아동의 초등학교입학(초중등교육법 제13조·68조) 등이다.

▶ **초중등교육법 제13조(취학 의무)** ① 모든 국민은 보호하는 자녀 또는 아동이 6세가 된 날이 속하는 해의 다음 해 3월 1일에 그 자녀 또는 아동을 초등학교에 입학시켜야 하고, 초등학교를 졸업할 때까지 다니게 하여야 한다.

▶ **초중등교육법 제68조(과태료)** ① 다음 각 호의 어느 하나에 해당하는 자에게는 100만원 이하의 과태료를 부과한다.
  1. 제13조제4항에 따른 취학 의무의 이행을 독려받고도 취학 의무를 이행하지 아니한 자
  2. 제15조를 위반하여 의무교육대상자의 의무교육을 방해한 자
  3. 제53조를 위반하여 학생을 입학시키지 아니하거나 등교와 수업에 지장을 주는 행위를 한 자

② 제1항에 따른 과태료는 대통령령으로 정하는 바에 따라 해당 교육감이 부과·징수한다. [전문개정 2012.3.21.]

### 1.2.3. 결언
전통적 견해에 의하면, 이 경우에는 그 동의 자체가 사회통념상 당해 관계의 목적달성에 필요한 범위 안에서 포괄적인 지배권에의 복종을 승낙한 것으로 보았으며, 특별권력주체의 명령권, 강제권은 여기에 근거를 둔다고 보았다. 그 근거는 「동의는 권리침해의 성립을 조각한다」(volenti non fit iniuria)는 법언(法諺)에 근거를 둔다.[1] 그러나 그것은 사법관계(私法關係)에는 적용될 수 있으나, 공법관계에는 적용될 수 없다 할 것이고, 특히 동의에 의한 기본권의 침해는 인정될 수 없다고 본다.[2]

## 2. 소멸
행정목적의 달성·임의탈퇴·행정주체에 의한 일방적 배제 등에 의하여 특별권력관계가 소멸된다.

---

2) 석종현, 일반행정법(상), 130면.
1) 법률의 구체적 규정이 없는 법적 흠결은 동의에 의하여 치유된다(석종현, 일반행정법(상), 130면); 김남진·김연태, 행정법(I), 116면.
2) 박윤흔, 행정법강의(상), 182면.

[목적달성] 국·공립대학생의 졸업에 의한 특별권력관계의 소멸이 있다.
[임의탈퇴] 공무원의 사임(임의적 동의에 의하여 성립된 경우에만 인정)
[행정주체에 의한 일방적 배제] 공무원의 파면, 국·공립학교학생의 퇴학처분 등이 있다.


## IV. 특별권력관계의 종류

### 1. 공법상 근무관계

공법상 근무관계는 특정인이 특정한 법률원인에 의하여 국가 또는 공공단체에 대하여 포괄적인 근무의무(포괄적인 사무처리)[1]를 지는 것을 내용으로 하는 윤리적 관계이다. 이에는 (ㄱ) 상대방의 동의에 의하여 성립되는 경우(쌍방적 행정행위: 국가공무원 또는 지방공무원임명), (ㄴ) 또는 법률에 근거한 국가의 일방적 의사에 의하여(예: 강제입원·죄수[수형자]의 수감·전시근로동원법에 의한 근로동원·현역병징집) 성립된다.

▶「상대방의 동의에 의하여 인정되는 경우: 쌍방적 행정행위」(ㄱ) 공무원의 근무관계(국가공무원·지방공무원) ☞ 쌍방행위와 쌍방적 행위의 다른 점은?

▶「법률에 근거한 일방적 의사」: (ㄱ) 군인의 복무관계(현역병 징집), (ㄴ) 강제입원, (ㄷ) 죄수(수형자)의 수감, (ㄹ) 전시근로동원법에 의한 근로동원

▶ 서울고법 2014.12.18, 선고, 2014나2024684, 판결: 이송【판결요지】베트남전에 파견되어 전투임무를 수행한 甲 등이 국가를 상대로 미지급 전투근무수당과 추가 해외파견 근무수당의 지급을 구하는 소를 제기한 사안에서, 국가와 소속 경력직공무원인 군인의 관계, 즉 군인의 근무관계는 사법상의 근로계약관계가 아닌 **공법상의 근무관계**에 해당하고, 근무관계의 주요한 내용 중 하나인 군인의 보수에 관한 법률관계는 **공법상 법률관계**라고 보아야 하는 점 … 甲 등에 대한 해외파견 근무수당은 예산의 범위 안에서 지급하도록 규정되어 있어 단순한 사인 간의 금전지급채권관계와는 달리 특수한 공법적 고려요소가 가미되어 있는 점 등을 종합하면, 위 소는 공법상의 법률관계에 관한 소송에 해당하여 행정소송법 제3조 제2호에 규정된 당사자소송의 절차에 따라야 하므로, 행정소송법 제7조, 민사소송법 제34조 제1항에 따라 관할 행정법원으로 이송되어야 한다(서울고법 2014.12.18, 선고, 2014나2024684, 판결: 이송)【전투수당등】.

---

[1] 정하중, 행정법총론, 113면.

## 2. 공법상의 영조물(공공시설)이용관계 : 영조물권력
### 2.1. 내용
영조물은 공공복리를 위하여 관리·경영하는 시설을 말한다. 공법상의 영조물이용관계는 행정주체가 공공복리를 위하여 관리·경영하는 시설의 이용관계 중에서 순수한 경제적인 이용관계(예 : 시영버스 또는 국유철도이용관계, 국·공립병원재원관계)를 제외하고 윤리적·공공적 성격을 가진 이용관계와 형벌의 집행으로서 수형자(受刑者)가 교도소의 공권력에 복종하는 관계를 말한다. 영조물이용관계에서 공법관계에 속하는 것만이 특별권력관계에 속하며, 예컨대 국공립병원재원관계, 국유철도이용관계 등은 사법상의 법률관계에 해당된다.[1]

「행정주체가 공공복리를 위하여 관리·경영하는 시설의 이용관계」
- 경제적인 이용관계(예 : 시영버스 또는 국유철도승차관계) ☞ 영조물이용관계가 아님
- 공공복리를 위하여 관리·경영하는 윤리적·공공적 이용관계
    - 국공립학교의 재학관계
    - 국공립도서관사용관계
    - 국공립병원재원관계
    - 전염병원의 이용관계
- 受刑者가 교도소의 공권력에 복종하는 관계 ─── 영조물이용관계

영조물이용관계 ☞ 순수한 경제적 이용관계(시영버스운영·국유철도승차관계)는 제외
→ 공공복리를 위하여 관리·경영하는 윤리적·공공적 이용관계
→ 수형자의 교도소의 공권력에 복종하는 관계

### 2.2. 성립
원칙적으로 본인의 동의에 의하여 성립하나, 예외로 법률의 직접규정에 의하여 강제로 성립하는 경우도 있다. 격리병원에의 (강제)입원, 교도소의 수용 등이 있다.

### 2.3. 성질
영조물이용관계는 법률의 직접규정에 의하여 성립하는 경우를 제외하면 관리관계로서의 성질이 강하다.

## 3. 공법상 특별감독관계 : 감독권력
개인 또는 단체가 행정주체와 특별한 법률관계에 있음으로써, 그 행위에 관하여 행정주체로부터 특별한 감독을 받는 관계이다. 예를 들면, 국가와 공공단체(지방자치단체·산

---

1) 정하중, 행정법총론, 114면.

림조합 등), 특허기업자(한국은행·대한석탄공사 등), 행정사무의 수임자(공무수탁사인; 별정우체국장 등) 등이 여기에 해당한다.
- 국가와 공공단체(지방자치단체·산림조합등)
- 특허기업자(한국은행·대한석탄공사 등)
- 행정사무의 수임자(공무수탁사인; 별정우체국장 등)

### 4. 공법상의 사단관계 : 사단권력

공공조합(예:농지개량조합)과 조합원(구성원)과의 관계로서, 공공조합이 그 조합원에 대하여 특별권력을 가진다.


## V. 특별권력관계에 있어서의 특별권력

### 1. 의의

특별권력관계에 있어서의 특별권력(공권력)이란 행정주체가 특별권력관계의 성립목적을 달성하기 위하여 상대방에 대하여 가지는 '포괄적 지배권'을 말한다.

### 2. 종류

특별권력관계의 종류에 따라, (ㄱ) 직무상 권력, (ㄴ) 영조물권력(공공시설권력), (ㄷ) 감독권력, (ㄹ) 사단권력 등으로 분류되며, 특별권력관계에 있어서의 포괄적 지배권은 명령권과 징계권을 포함한다.

### 3. 내용
#### 3.1. (포괄적) 명령권

[의의] 특별권력의 주체는 그 상대방에 대하여 특별권력관계의 목적수행에 필요한 포괄적인 명령·강제를 행할 수 있다.[1] 여기서 (포괄적) 명령권이라 함은 행정객체에 대한 권력발동에 있어서 '개별적'인 '법률의 근거없이' 필요한 조치를 명할 수 있다는 의미이다.

[발동근거] 당해 특별권력관계의 성립원인이 된 '법률의 백지수권' 또는 '상대방의 동의'를 포괄적 명령권의 발동근거로 이해한다.

[발동형식] 명령권은 (ㄱ) 개별적·구체적 형식의 하명처분(직무명령·시정명령 등)이나, (ㄴ) 일반적·추상적 형식의 행정규칙(국립대학의 학칙·도서관규칙·훈령·특허명령서

---

[1] 김남진·김연태, 행정법(I), 119면.

· 공공조합규약)의 형태를 빌어 행사된다.1) 특별권력에 의한 명령을 이와 같이 두 가지(하명처분·행정규칙)로 구별하는 것은 형식적인 것이며, 양자간의 효력상의 차이가 있는 것은 아니다.

[특허] 사인에게 권리를 부여하는 행정행위를 말한다. 예컨대, 광업허가는 특허의 일종으로 사인에게 광업권이라는 권리를 부여한다. (**특허기업자**) : 공기업의 특허를 받은 자를 특허기업자라 한다. (**특허명령**) : 공기업의 특허를 함에 있어서 특허관청이 발하는 명령이다. 특허명령을 발하는 경우에는 보통 특허명령서를 작성하여 특허기업자에게 보낸다. 이것은 특허관청이 특허처분의 부관으로서 특허기업자의 의무를 정한 명령서이다. 보통 특허의 유효기간, 기업경영의 조건, 기업자의 의무 등을 정한다.

## 3.2. 징계권

### 3.2.1. 의의

징계권이란 **특별권력관계의 내부질서를 유지하기 위하여 의무위반자에 대하여 징계벌을 과할 수 있는 권력을 말한다.**2) 징계권은 명령권의 행사에 따르는 의무를 강제적으로 실현하는 수단이며, 일반권력관계에 있어서의 의무이행을 강제하는 경우와 다름이 없다. 징계권에는 소극적인 가택권적 규율권(국립도서관·공설운동장 등의 경우)과 적극적인 징계권(공무원·학생·소년원생 등의 경우)을 포함한다. 전통적 견해에서는 당해 관계의 목적달성을 의하여 법령에 근거 없이도 징계권(강제권)을 행사할 수 있는 것은 당연한 것으로 보았다. 그러나 징계가 상대방의 법적 지위와 관련된 경우에는 법령에 근거하여야 할 것이며, 당해 관계가 상대방의 임의적 동의에 의하여 성립한 경우에는 당해 관계에서 배제하거나 받는 이익을 박탈하는데 그쳐야 하고, 법령에 의하여 성립된 경우에는 법령이 정한 한계 내에서 행하여야 한다. 단순한 훈계는 법적 지위와 관련이 없다고 할 것이나, 그것이 다음의 징계에서 가중요건이 되는 경우에는 법적 지위와 관계가 있다. 법령에 규정이 없는 경우에도 비례원칙 등 조리법의 범위내에서 징계권이 발동되어야 한다.3) 그리고 특별권력관계에서의 기본권 제한은 하위법령에 대한 위임(군복무관계에 있어서의 기본권제한의 근거는 군인사법 제47조의2의 규정이나, 동조는 자세한 규율에 대하여는 **대통령령인 군인복무규율에 위임하고 있다.**4) 다만, 이 경우에도 어느 정도 개괄조항(일반조항 : Generalklausel)에 의한 수권이 가능하다고 본다.5)

---

1) 석종현, 일반행정법(상), 132면.
2) 김남진·김연태, 행정법(I), 119면.
3) 석종현, 일반행정법(상), 133면.
4) 석종현, 일반행정법(상), 134면 각주 61) 참조.
5) 박윤흔, 행정법강의(상), 184면.

▶군인사법 제47조(직무수행의 의무) 군인은 국가에 충성을 다하고 복무기간 중 그 직무를 성실히 수행하여야 하며, 직무상의 위험 또는 책임을 회피하거나 상관(上官)의 허가를 받지 아니하고 직무를 이탈하여서는 아니 된다. [전문개정 2011.5.24.]

▶군인사법 제47조의2(복무규율) 군인의 복무에 관하여 이 법에 규정한 것을 제외하고는 따로 대통령령으로 정하는 바에 따른다. [전문개정 2011.5.24.]

▶군인복무규율 제1조(목적) 이 영은 「군인사법」 제47조의2에 따라 군인의 복무 기타 병영생활에 관한 기본사항을 규정함을 목적으로 한다. ☞ **위임명령(군인사법 제47조의2 에 따라 …)인 대통령령**

▶군인복무규율 제3조(적용범위) 이 영은 현역에 복무하는 장교·준사관·부사관·병과 사관생도·사관후보생·부사관후보생 및 소집되어 군에 복무하는 예비역·보충역인 군인에게 적용한다. <개정 2001.3.27.>

▶군인복무규율 제13조(집단행위의 금지) ① 군인은 군무외의 일을 위한 집단행위를 하여서는 아니된다. ② 군인은 국방부장관이 허가하는 경우를 제외하고는 일체의 사회단체에 가입하여서는 아니된다. 그러나 군무에 영향을 주지 아니하는 순수한 친목단체에의 가입이나 친목활동은 예외로 한다.

▶군인복무규율 제16조(영리행위 및 겸직금지) 군인은 군무외의 영리를 목적으로 하는 업무에 종사하거나 다른 직무를 겸할 수 없다. 그러나 그 직무가 정치적·반사회적 또는 영리적이 아니며 이를 겸직하여도 군무에 지장이 없다고 인정되어 국방부장관이 허가한 것은 예외로 한다.

▶군인복무규율 제37조(통신보안) 군인은 부대의 소재·부대이동·편성 및 군인사등 군사보안에 저촉되는 일체의 사항을 통신수단을 이용하여 교신하거나 우편물에 기재하여서는 아니된다.

▶군인복무규율 제42조(외출·외박·휴가의 제한 및 보류) ① 지휘관은 부대임무를 수행함에 있어서 긴급한 경우 부대원의 외출·외박 및 휴가를 제한할 수 있다. ② 다음 각 호의 1에 해당하는 자의 외출·외박 또는 휴가는 일시 보류할 수 있다.

### 3.2.2. 내용

소극적 징계권(家宅的 규율권 : 국립도서관·공설운동장), 적극적 징계권(징계처분 : 공무원·학생·소년원생) 등이 있다.

   소극적 징계권(家宅的 규율권 : 국립도서관·공설운동장)
  - 적극적 징계권(징계처분 : 공무원·학생·소년원생)

### 3.2.3. 근거·절차

징계권은 법률의 근거없이 '행정규칙'의 정하는 바에 의하여 이를 행사하는 것이 보통이며, 징계벌을 과하는 '절차'에 있어서도 재판의 형식을 취하지 않는 것이 보통이다. 죄형법정주의가 적용되지 않는다.

## 4. 한계

[개관] 특별권력관계는 특정한 행정목적을 위하여 설정된 것이므로 특별권력관계도 특별권력관계를 설정한 목적에 필요한 한도내에서(최소침해의 원칙; 필요성의 원칙) 발동해야 한다. 따라서 특별권력은 특별권력관계가 법규의 규정에 의해서 성립된 경우에는 법규의 범위내에서 발동하고(법규상의 한계), 법규의 규정이 없으면 조리상의 한계내에서 발동하여야 하며(조리상의 한계: 평등의 원칙·과잉금지의 원칙·신뢰보호의 원칙), 상대방의 임의적 동의로서 성립된 경우에는 특정한 행정목적에서 합리적으로 이용배제·이익박탈의 한도내에서 발동하여야 한다.

▶ 대판 1991. 11. 22, 91누2114 국립교육대학의 학칙에 학장이 학생에 대한 징계처분을 하고자 할 때에는 교수회의의 심의·의결을 거치도록 규정되어 있는 경우, …… 일부교수 들의 찬반토론은 거쳤으나 표결은 거치지 아니한 채, 자신의 직권으로 위 교수회의의 내용을 변경하여 퇴학처분을 하였다면, 위 퇴학처분은 교수회의의 심의·의결을 거침없이 학장이 독자적으로 행한 것에 지나지 아니하여 위법하다.

[명령권의 한계] 특별권력관계에서의 포괄적인 명령권은 특별권력관계의 목적달성을 위하여 필요한 범위 내에서 발동이 가능하다. 법규에 위배되지 않고(법규상의 한계), 비례원칙에 적합해야 한다(조리상의 한계).

[징계권의 한계] 징계권의 발동도 법령의 한계 내에서(법규상의 한계), 또 조리상의 한계(평등의 원칙·신뢰보호의 원칙·과잉금지의 원칙)내에서만 행하여져야 하며, 특별권력관계가 상대방의 임의적 동의에 의하여 성립된 경우의(예컨대, 국공립도서관이용 국공립대학 재학 등) 징계는 그 이용관계로부터의 배제에 그쳐야 한다.

[한계일탈] 특별권력의 발동이 법규상의 한계 또는 조리상의 한계를 일탈하면 위법으로 사법심사의 대상이 된다.

## VI. 특별권력관계와 법치주의(法治主義)

### 1. 법률유보와의 관계

[전통적 견해] 특별권력관계 긍정론에 의하면, 일반권력관계에 있어서는 법률유보[1] 내

---

1) 법률에 의함 : 형식적 의미의 법률.

지는 법률의 유보(법규유보)[1]가 일반적으로 타당하는데 대하여, 특별권력관계에 있어서는 당해 특별권력관계의 설정목적에 비추어 필요한 한도에서 특별권력 복종자에 대해 개별적인 법적 근거없이도 일방적으로 포괄적인 명령·강제를 할 수 있다고 한다. 이러한 의미에서 특별권력관계에서는 법치주의의 적용이 배제된다는 것이다. 이와 같이 특별권력관계는 법률유보원칙이 적용되는 범위외에 있는 '자유행정영역'에 속하는 개념이라는 것이다.

「근거: 전통적 견해」
- 포괄적 수권론·백지수권론
- 동의가 법적 흠결을 보완한다는 법사상
- 관습법에 의한 수권론

[현대적 특별권력관계론] 그러나 근래에는 특별권력관계의 내용을 명확히 하기 위하여 법규에 구체적 규정을 두어 특별권력의 발동을 제한함과 동시에 복종자의 권리를 보장하는 경우가 있다. 공무원법·군인사법·교육법 등의 예에서 보듯이 특별권력관계는 거의 법률에 의하여 규율되고 있으며, 거의 완벽할 정도로 상세하게 규정하고 있는 것이 최근의 경향이다.[2] ▶ 국가공무원법 등 각종공무원법 : 공무원의 권리의무와 징계 등에 관한 상세한 규정을 둠(이 규정을 위반한 특별권력관계주체의 행위는 항고소송의 대상이 된다). 또한 법규가 특별권력관계에 대한 포괄적 수권(授權)을 하고 있는 경우에는 당해 특별권력관계의 목적달성에 필요한 한도내에서 자율적인 행정규칙(Verwaltungsverschrift)을 제정하여 법규를 보완한다.[3]

## 2. 헌법상 보장되는 기본권과의 관계 : 특별권력관계에서 특별권력의 복종자에 대하여 헌법상 보장된 기본권을 법률의 근거없이 제한할 수 있는가?

### 2.1. 전통적인 특별권력관계 긍정설의 입장

특별권력관계의 설정목적을 위하여 필요한 범위 안에서는 '개별적인 법적 근거없이도 기본권의 제한이 가능하다'고 보고, 이러한 기본권 제한의 정당화 근거로 법률의 규정이 없는 경우에도 '상대방의 동의', 즉 상대방에 의한 '기본권의 포기'를 그 근거로 든다.

---

1) 법률에 근거를 둠 : 형식적 의미의 법률·실질적 의미의 법률 → 대통령령, 총리령, 부령, 자치법규 (조례·규칙).
2) 석종현, 일반행정법(상), 135면.
3) 그러나, 특별권력관계부정설의 입장에서는 특별권력발동의 경우에도 법적 근거가 필요하다고 하게 된다.

## 2.2. 에른스트 포르스트호프(Ernst Forsthoff)의 이론

법률에 의해서도 제한될 수 없는 절대적 기본권은 특별권력관계를 설정한 법률로써도 침해할 수 없고, 당사자의 동의가 있는 때에도 제한을 인정할 수 없으나, 법률유보에 의해 제한할 수 있는 상대적 기본권에 관하여는 법률이 특별권력의 주체에 대하여 기본권의 제한을 가할 수 있도록 '수권'하거나 법에서 직접 기본권을 제한하는 '명문규정'을 둘 수 있고 또 기본권의 제한을 수반할 특별권력관계의 성립에 '동의'함으로써 기본권의 제한을 감수할 수도 있다고 한다.

▶ 절대적 기본권 : (ㄱ) 특별권력관계를 설정한 법률로써도 침해금지, (ㄴ)) 당사자의 동의가 있는 때에도 제한을 불인정

▶ 상대적 기본권 : (ㄱ) 법률이 특별권력의 주체에 대하여 기본권의 제한을 가할 수 있도록 '수권,' (ㄴ) 법에서 직접 기본권을 제한하는 '명문규정,' (ㄷ) 기본권의 제한을 수반할 특별권력관계의 성립에 '동의'하면 기본권의 제한 가능

## 2.3. 우리나라 학설

### 2.3.1. 전통적인 특별권력관계긍정설의 입장

전통적인 특별권력관계긍정설의 입장에서는 특별권력관계의 목적달성에 합리적이라고 인정되는 범위 안에서 반드시 개별적인 법률에 근거하지 아니하고도 제한할 수 있으나, 다만 종교의 자유·양심의 자유·학문과 예술의 자유 등은 특별권력관계에서도 제한당하지 않는다고 한다(윤세창, 김이열, 이명구).

### 2.3.2. 제한적 긍정설의 입장

제한적 긍정설은 특별권력관계에 있어서도 기본권의 제한은 법률 또는 법률에 근거하여야 한다는 주장이다.[1]

독일의 연방헌법재판소도 「수형자(受刑者)의 기본권도 법률 또는 법률에 의거하여서만 제한할 수 있다」고 하였다. 또한 같은 맥락에서 교육관계에 있어서도 「기본법상의 법치국가 원리와 민주주의원리에 따라 입법기관은 학교관계의 법률에 관한 사항에서 그 본질적 결정 만은 법률로 직접 규정하여야 하며 행정의 재량에 맡길 수 없다」고 하였다. 이는 이른바 중요사항유보설(Wesentlichkeitstheorie)을 취한 것으로 중요사항에는 기본권행사의 제한이 당연히 포함됨을 전제로 한다.[2]

- 중요사항유보설(Wesentlichkeitstheorie) : 독일연방헌법재판소

---

[1] 박윤흔, 행정법강의, 187면 이하.
[2] Ingo v. Münch, in: Hans-Uwe Erichsen/Wolfgang Martens, Allgemeines Verwaltungsrecht, 10 Aufl., 1995, S. 49.

- 수형자(受刑者)의 기본권 : 법률 또는 법률에 의거하여서만 제한할 수 있다.
- 법률 : 법률유보의 원칙  ⇨ **형식적 의미의 법률**
- 법률에 근거하여서만 : 법률유보 및 법률의 유보(법규유보)  ⇨ **형식적·실질적 의미의 법률**

교육관계 : 「기본법상의 법치국원리와 민주주의원리에 따라 입법기관은 학교관계의 법률에 관한 사항에 있어서 「본질적 결정」만은 법률로 직접 규정하여야 하며 행정의 재량에 맡길 수 없다」

우리의 현행 실정법상으로도 특별관력관계에서의 기본권의 제한에 대하여는 거의가 법률에 의하거나, 혹은 법률에 근거를 두고 있다(석종현). 특별권력관계에서 제한되는 기본권은 공무원의 근무관계에서의 거주의 제한(헌법 제14조), 정치운동의 제한(헌법 제7조, 국가공무원법 제65조[정치운동의 금지] 등), 근로3권의 제한(헌법 제33조, 국가공무원법 제66조[집단행위의 금지] 등) 등이고, 영조물이용관계에서의 수형자(受刑者)의 信書의 검열(형의집행및수용자의처우에관한법률 제41조[접견]·제42조[접견의 중지 등]·제43조[서신수수]·제44조[전화통화]; 구(舊)행형법 제18조의2), 국·공립학생에 대한 기숙사생활의 강제, 집회·관극(觀劇)의 제한 등이다. 특별권력관계에서도 비록 법률에 근거를 둔다고 하더라도 그 목적달성을 위하여 사회통념상 필요하다고 인정되는 한도에서만 기본권의 제한이 허용된다고 할 것이다. 또한 종교의 자유, 양심의 자유, 학문과 예술의 자유 등은 그 성질상 그 목적달성을 의하여 그러한 기본권까지를 제한하는 특별권력관계는 인정될 수 없다고 할 것이므로, 특별권력관계에서도 제한 당하지 않는다고 할 것이다.[1] 다만 오늘날에도 특별권력관계의 목적달성에 합리적이라고 인정되는 범위 안에서는 반드시 개별적인 법률에 근거하지 아니하고도 제한할 수 있다고 보는 견해도 있고, 또한 현실적으로도 법률에 의한 명문(明文)의 근거 없이 제한되고 있는 경우(예 : 학칙에 의한 국공립학생의 기숙사 생활강제, 정치활동의 금지 등)도 있는바, 그와 같은 입장이나 현실을 받아들인다 하더라도 반드시 "일반권력관계에서는 인정되는 기본권이 특별권력관계에서는 제한된다."는 입장을 취하여야 할 이유는 없으며, 오히려 역(逆)으로 기본권 보장규정 그 자체이 해서문제, 다시 말하면 기본권의 내재적 한계(immanente Schranken)의 범위문제로 고찰하는 것도 가능하다고 할 것이다.[2]

### 2.3.3. 특별권력관계부정설의 입장

특별권력관계부정설의 입장에서는 특별권력관계에 있어서의 필요성을 이유로 헌법상 보장된 기본권을 제한할 수는 없으며, 기본권제한을 위하여는 '헌법'에 직접 혹은 간접규정

---

1) 박윤흔, 행정법강의(상), 190면.
2) 박윤흔, 행정법강의, 191면 이하.

이나 헌법의 유보에 의한 법률의 규정이 있어야 한다고 한다(이상규, 김남진, 김철용, 김도창).

### 3. 특별권력관계와 사법심사(행정소송; 사법적 구제)
#### 3.1. 전면적 부정설(절대적 구별설·불침투의 입장(네빙어[R. Nebinger])

특별권력관계에 있어서 특별권력의 발동(명령·강제·징계권의 발동 등)으로 말미암아 불이익을 받은 자에 대한 사법절차에 의한 권리구제의 문제에 관하여는 견해가 나누어지고 있다. 전통적 특별권력관계이론(절대적 구별설)에 의하면, (ㄱ) 특별권력관계에는 법률유보원칙이 적용되지 않으므로 특별권력관계내에서는 당연히 법규정립행위나 그에 근거한 행정행위가 존재할 수 없고, 따라서 법규위반을 이유로 한 항고소송(Anfechtungsklage)이 인정될 수 없는 것이고, 또 (ㄴ) 특별권력발동행위는 특별권력관계라는 특수한 내용의 질서유지를 위한 행위인 까닭에 일반권력관계의 시민법질서의 유지를 목적으로 하는 사법권의 대상이 될 수 없다고 한다(불침투설의 입장).

「전통적 특별권력관계이론(절대적 구별설)」 ☞ 사법심사부정설

- 특별권력관계에는 법률유보원칙이 적용되지 않으므로, 특별권력관계내에서는 법규정립행위나 그에 근거한 행정행위가 존재할 수 없고, 따라서 법규위반을 이유로한 항고소송이 부정

- 특별권력발동행위는 특별권력관계라는 특수한 내용의 질서유지를 위한 행위인 까닭에 일반권력관계의 시민법질서의 유지를 목적으로 하는 사법권의 대상이 될 수 없다(불침투설).

#### 3.2. 제한적 긍정설(상대적 구별설·수정설의 입장)

특별권력관계에서의 행위를 내부행위(특별권력관계의 구성원이라는 지위에 대하여 하는 행위)와 외부행위(특별권력주체에 대립하는 권리주체로서의 지위에 대하여 행하는 행위)로 나누어, 외부행위만은 사법심사의 대상이 될 수 있다고 한다.[1]

▶「내부행위의 예」: 특별권력관계의 구성원의 지위  ☞ 사법심사 불가능
  - 공무원에 대한 직무명령·학원내 집회의 불허가·지방의회의원의 출석정지
▶「외부행의의 예」: 특별권력주체에 대립하는 권리주체  ☞ 사법심사 가능
  - 공무원파면·지방의회의원의 제명·학생제적 등

또한 특별권력관계를 기본관계와 경영수행관계로(울레[C. H. Ule]), 또는 인격 대 인격의 관계와 관직 또는 기관간의 관계로 구분하여(볼프[H. Wolff]), 원칙적으로 전자에 있어서의 행위에 대해서만 사법심사를 청구할 수 있다는 견해도 이 범주에 속한다고 하겠다.

---

1) E. Forsthoff; 윤세창; 박윤흔, 행정법강의, 187면.

### 3.3. 전면적 긍정설(특별권력관계부정설의 입장)
#### 3.3.1. 학설
　일반권력관계에 있어서와 같은 요건 아래 모든 특별권력관계상의 행위가 사법적 통제의 대상이 된다고 하는 견해이다. 즉, (ㄱ) 원래 사법심사가 가능한가의 여부 문제는 구체적인 행위의 내용따라 결정해야 할 문제이며, 또한 그것이「법률적 쟁송」에 해당하는가 혹은 법률적 쟁송에 해당되지 않는가는 '소송법상의 문제'로서 결정될 성질의 것이지, 그 행위가 내부행위인가 외부행위인가 하는 것은 문제가 되지 않으며(김도창, 크뤼거[H. Krüger]), (ㄴ) 헌법은 국민이 기본권으로서 재판청구권을 보장하고(헌법 제27조 제1항), 모든 공법상의 권리관계에 관한 분쟁을 개괄적으로(개괄주의 채택), 행정소송사항으로 인정하고(행정소송법 제1조) 있는 점 등에 비추어, 위법한 특별권력의 발동으로 인한 권리침해에 대하여는 일반적으로 사법심사가 인정된다고 보아야 한다는 것이다(이상규).

#### 3.3.2. 판례
　우리나라 대법원은 공무원의 징계처분을 모두 자유재량행위로 보고, 내부행위와 외부행위의 구별없이 위법한 특별권력행위를 포괄적으로 행정소송사항으로 인정한다(전면적 긍정설의 입장).

　　　　「전면적 긍정설」
　　　　　- 사법심사가 가능한가의 여부 문제는 구체적인 행위의 내용에 따라 결정
　　　　　- 법률적 쟁송에 해당하는가 아닌가라 소송법상의 문제
　　　　　　(따라서) 그 행위가 내부행위인가 외부행위인가 하는 것은 문제가 되지 않음
　　　　　- 헌법은 국민이 기본권으로서「재판청구권」을 보장(헌법 제27조 제1항)
　　　　　- 행정소송의 개괄주의 채택(행정소송법 제1조)

　　　[문제] (지방의회의 행정기관성) : 지방의회의 지방의회의원에 대한 징계의결, 지방의회의장에 대한 불신임의결도 행정처분으로서 항고소송의 대상이 되는가?

　　　[해설] 지방외회는 주민의 대표기관으로서 조례를 제정하는 등 입법기관으로서의 지위도 가지나, 본질적으로 지방행정을 실현하는 행정기관으로서의 성격을 갖기 때문에 국회와 달리 지방의회의 의결은 사법심사의 대상이 된다. 헌법 제64조는 권력분립의 원리에 따라 국회의 자율성을 존중하고 독립성을 보장하기 위해 국회의원의 자격심사나 징계, 제명 등에 대해선 법원에 제소할 수 없도록 규정하고 있다. 그러나 지방의회의 경우 주민에 의해 직접 선출된 의원으로 구성된 최고의결기관으로서 조례를 제정할 수 있는 권한을 가진 입법기관인 점에서 국회와 비슷하나, 본질적으로는 행정기관의 성질을 갖는다. 지방자치는 지방행정의 하나의 실현형태로 행정권의 일부를 구성하는 것이기 때문에 지방자치의 기관인 지방의회는 당연히 행정기관의 성질을 갖는다. 따라서 지방의회의 지방의회의원에 대한 징계의결, 지방의회의장에 대한 불신임의결은 행정청의 구체적 사실

에 대한 집행행위로서 공권력의 행사이므로 행정처분으로서 취소소송 등의 항고소송의 대상이 된다. <인터넷 법률신문>

### 3.4. 결어

특별권력관계상의 행위 중에서 단순한 내부적 행위 또는 자유재량행위는 원칙적으로 행정소송의 대상이 되지 아니한다. 그러나, (ㄱ) 법규에 직접 규정된 행위에 대하여는 법치주의가 타당하고 사법적 구제가 가능하다. (ㄴ) 특별권력관계의 외부적 행위의 성질을 가진 경우(예: 공무원의 파면·학생의 퇴학처분) 및 일반시민법질서에 관계되는 행위(예: 정직·정학·군복무·교도소복역·격리병원재소관계)에 대하여도 항고소송의 제기가 가능하다고 본다. (ㄷ) 특별권력관계에 있어서의 조치의 대부분이 자유재량행위라고 보는 것이 통설·판례이나, 이 경우에도 재량권을 일탈·남용한 경우에는 행정소송이 가능하게 된다.

  (ㄱ) 행정소송의 대상이 되지 아니하는 것(단순한 내부적 행위, 자유재량행위)
    그러나 법규에 직접 규정된 행위 → 사법심사가능
  (ㄴ) 행정소송의 대상이 되는 것
    ① 특별권력관계의 외부적(外部的) 행위의 성질을 가진 경우(예: 공무원의 파면·학생의 퇴학처분)
    ② 일반시민법질서에 관계되는 행위(예: 정직·정학·군복무·교도소복역·격리병원재소관계)
    ③ 특별권력관계에 있어서의 조치의 대부분이 자유재량행위라고 보는 것이 통설·판례이나, 이 경우에도 재량권을 일탈·남용한 경우에는 행정소송이 가능하게 된다.

※ 「정리」 特別權力關係

**특별권력관계** → 특별한 법률원인에 의하여 성립되어 특별권력주체의 포괄적인 지배권에 복종함을 내용으로 하는 법률관계
 · 국가의 일반통치권에 복종하는 일반권력관계와는 구별하여 설명
 · 독일공법학에 의하여 발전
■ 종래의 특별권력관계의 이론
 · 특별권력관계의 내부에서는 일반권력관계와는 달리 법치주의가 배제
 · 당사자의 동의(기본권의 포기)
  → 그 내부구성원의 기본권을 개별적·구체적인 법률의 근거 없이도 제한가능
 · 사법심사의 배제
■ 현대적 특별권력관계이론
 · 기본권은 원칙적으로 배제되는 것이 아니라 제한될 수 있을 뿐
 · 기본권은 포기·양도할 수 없고 기본권의 본질적 내용도 침해될 수 없다
 · 기본권 중에는 특별권력관계에 의해서도 제한될 수 없는 기본권(인간으로서의

존엄과 가치 행복추구권)이 존재


## 제 2 항  공법상 '소위' 특별권력관계이론
― 이론·기본권제한 및 사법적 구제론의 현대적 조명 ―


## Ⅰ. 서론

현행 헌법 제29조 제2항[1])에서는 군인·군무원·경찰공무원 등에 대한 국가배상청구권의 제한, 헌법 제33조 제2항의 공무원인 근로자는 법률로 인정된 자를 제외하고는 근로삼권을 가질 수 없다는 규정 등과 같이 특별권력관계 규정(특별권력관계에 의한 기본권 제한)을 두고 있다.[2]) 일반권력관계[3])와는 다른 특별권력관계 인정여부에 있어서 학설상의 논쟁이 다기하며 이에 대한 확고한 정립도 미흡한 실정이지만 오늘날 특별한 공법상의 목적(국방목적·행정목적·교육목적·行刑目的[행형목적] 등)을 달성하기 위하여 특수한 법률관계 인정의 필요성은 현실적으로 필요하다. 따라서 공법상의 특별원인에 의하여 성립하는 특별권력관계의 존재자체를 부인하는 것은 비현실적이라고 할 수밖에 없다.[4]) 왜냐 하면

---

\* 김백유, 헌정 및 행정법치연구(한성대출판부, 2006) 참조.
1) 「헌법전문과 개별조항은 이념적·논리적으로는 규범상호간의 우열을 인정할 수 있지만 효력상의 차등은 없다」며 「헌법의 개별규정자체는 헌법소원에 의한 위헌심사의 대상이 아니다」고 판단, 헌법 제29조 제2항에 대한 위헌소원청구를 각하 했다(2000헌바38) 동 95헌바3, 94헌마118, 95헌바 39).
2) 공법상 특별권력관계의 본질에 관하여는 사법상 특별권력관계는 물론, 일반권력관계와 절대적으로 구별되는 특수성을 인정하여 법적·재판적 통제의 권외에 있는 「자유로운 행정영역」(행정유보영역)으로 보는 것이 과거의 행정제도국가적 통설이었다(포괄적 수권론·백지수권론, 동의가 법적 흠결을 보완한다는 법사상, 관습법에 의한 수권론). 그러나 오늘날은 특별권력관계와 일반권력관계의 구별을 상대적인 것으로 이해하여 「법치주의가 제한·수정·완화」될 뿐이라는 데서 그치지 않고, 한걸음 더 나아가 구별부인론까지 대두되고 있다.
3) 일반권력관계(일반통치관계)는 私人이 일반국민의 지위에서 행정주체의 일반공권력(일반통치권·일반지배권)에 복종하는 법률관계로서, 일반통치권이 미치는 범위에 있는 모든 국민은 '당연히' 일반권력관계에 서게 된다. 이러한 점에서 일반권력관계는 본래적 의미의 행정법관계이며, 이 관계에 있어서는 당연히 국민의 기본권이 보장(통치권의 기본권예속성)되고, 법률에 의한 행정(법치행정·행정의 법률적합성)의 원리와 행정에 대한 사법적 통제(행정소송)를 내용으로 하는 법치주의원리가 적용된다.
4) 권영성, 헌법학원론, 법문사, 2001, 342면.

특별권력관계는 특별한 행정목적의 수행을 위하여 국가와 국민 사이에 일반적인 결합관계와는 별도의 보다 강력한 결합관계가 필요함을 부인할 수 없다는 데 그 존재 의의가 있고, 또한 현행 실정법에도 이를 인정하고 있기 때문이다.[1] 특별권력관계이론이 공법적 측면에서 논쟁이 되는 이유는 무엇보다도 특별권력관계에 의한 기본권 제한이 기본권의 특별한 제한문제에 해당되기 때문이며,[2] 이러한 점에서 특별권력관계의 본질적 내용·의의 및 추구하는 목적에 대한 현대적 조명이 필요하다. 왜냐 하면 특별권력관계 이론은 일반권력관계에 놓여있는 국민의 기본권 제한 문제와 국민기본권 보장과 관련하여 중요한 의미를 지니고 있기 때문이다.[3] 따라서 본고에서는 그 연구범위 및 내용을 특별권력관계이론에 관한 공법상의 이론 및 쟁점에 관한 일반론적 공법논쟁을 현대적 조명을 통하여 고찰한 후, 특별권력관계에 의한 기본권 제한과 이에 대한 사법적 구제 방안을 제시하도록 한다. 특히 특별권력관계에 의한 기본권 제한은 오늘날 특별권력관계가 기본권의 사각지대 내지는 공백지대가 아니라고 하는 점에 대해서는 오늘날 우리 나라에서도 견해가 일치하지만, 특별권력관계라는 고전적·전통적 개념을 그대로 인정할 것 인지의 여부와, 전통적 특별권력관계이론을 대체할 수 있는 적절한 개념을 선택하는 문제 등이 중요한 문제로 부각되고 있다는 점과, 특별권력관계이론에 의한 기본권의 특별한 제한도 그것이 헌법수호적 측면[4]에서

---

[1] (예컨대 공무원의 근무관계·군복무관계). 이명구, 신행정법원론, 대명출판사, 1998, 132면 참조; 허영, 한국헌법론, 박영사, 2001, 284면 이하 참조; 김동희, 행정법(I), 박영사, 2001, 110면.

[2] 이 경우에도 기본권 자체가 지니는 본질적 내용(Wesensgehalt)은 침해할 수 없도록 하여(김학성, 헌법학강의, 성민사, 2001, 244면) 국민 상호간에 기본권을 최대한으로 보장하기 위하여 기본권의 제한을 인정하여야 한다. 특별권력관계에 의한 기본권 제한과 관련한 사항은 김백유, 기본권의 특별한 제한, 한성대학교 사회과학논문집, 제15집 제1호(2001.8), 191면 이하 참조; 기본권의 본질적 내용침해의 금지에 관한 상세한 내용은 김대환, 기본권의 본질적 내용침해금지에 관한 연구, 서울대학교 박사학위논문, 1998.8. 참조; 기본권 제한의 실질적 정당성의 요건은 비례성의 원칙(과잉금지의 원칙)과 본질적 내용침해금지의 원칙이다. 이 두 가지 요건은 본질적 내용침해금지의 원칙을 어떻게 이해하느냐에 따라 전혀 다른 요건이 될 수 있고, 같은 내용을 표현만 달리한 요건이 될 수도 있다. 즉 본질적 내용을 절대적인 것으로 이해하는 절대설적 입장에서는 본질적 내용침해금지의 원칙은 비례성의 원칙(과잉금지의 원칙)이외에 기본권제한의 실질적 정당성을 확보하는 '또 하나의 원칙' 임에 반하여 본질적 내용을 상대적인 것, 즉 비례성의 원칙에 따라 유동적·상대적인 것으로 이해하는 상대설적 입장에서는 본질적 내용의 침해금지의 원칙은 비례성의 원칙(과잉금지의 원칙)을 다시 한번 확인해주는 선언적 규정에 불과하게 된다(이준일, 기본권의 기능과 제한 및 정당화의 세 가지 유형, 공법연구 제29집 제1호, 한국공법학회 2000. 11, 111면 참조). 특히 기본권의 본질적 내용의 절대설과 상대설의 구별은 R. Alexy, Thorie der Grundrechte, 267면 이하 참조.

[3] 김백유, 일반권력관계에서의 국민의 기본권제한, 한성대학교, 사회과학연구소, 사회과학논집, 제14집 제2호(2001년 2월) 참조.

다루어져야하며, 이는 결국 헌법 제37조 제2항의 '일반적 법률유보에 의한 기본권 제한의 규범적 한계이론'[1])이 적용되어야 한다는 점에서, 특별권력관계에 의한 기본권 제한 문제와 이에 대한 권리구제 방안을 현대적 의미에서 새롭게 조명하는 것은 그 중요성을 더하고 있 다고 할 것이다.

## Ⅱ. 공법상 '소위' 특별권력관계이론

### 1. 특별권력관계의 의의

[일반권력관계] 공법관계는 수단에 따라 권력관계와 관리관계로 구분되고, 권력관계는 다시 그 목적・성립원인・권력적 기초를 표준으로 하여 일반권력관계와 특별권력관계로 분류된다. 따라서 특별권력관계라는 관념은 일반권력관계와의 대비되는 관점에서 설명되 어진다. 일반권력관계(일반통치관계)는 사인(私人)이 일반국민의 지위에서 행정주체의 일 반공권력(일반통치권・일반지배권)에 복종하는 법률관계로서, 일반통치권이 미치는 범위 에 있는 모든 국민은 '당연히' 일반권력관계에 서게 된다. 이러한 점에서 일반권력관계는 본래적 의미의 행정법관계이며, 이 관계에 있어서는 당연히 국민의 기본권이 보장되고, 법 률에 의한 행정(법치행정)의 원리와 행정에 대한 사법적 통제를 내용으로 하는 법치주의원 리가 적용된다.

[특별권력관계] 이에 반하여 공법상 특별권력관계라 함은 일반권력관계에 대응하는 개 념으로서, 공법상의 특별한 원인에 기하여, 특별한 목적에 필요한 한도 안에서 특정한 자에 게 포괄적 지배권이 부여되고 상대편인 특정한 신분에 있는 자가 이에 복종해야 할 지위에 서는 (특별한) 관계를 말한다.[2] 따라서 특별권력관계에 있는 국민은 국민으로서의 일반적 인 권리・의무 외에 특수한 법적 관계에 상응하는 특별한 권리・의무를 가진다. 특별권력 관계의 일반적 유형으로는 국가와 공무원(또는 군인)의 관계, 국・공립학교와 재학생의 관 계,[3] 교도소와 수형자의 관계, 국・공립병원과 전염병환자의 관계, 국・공립공원과 이용자 의 관계 등을 들 수 있다. 이와 같이 특별권력관계에 의한 특수국민(공무원・국공립학교학

---

4) 따라서 이른바 특별권력관계를 법률에 의한 기본권제한의 원칙이 적용되지 않는 예외적 경우라 는 표현은 문제가 있다(同旨 허영, 한국헌법론, 박영사, 2001, 284면).
1) 김백유, 일반적 법률유보(헌법 제37조 제2항)에 의한 기본권 제한의 규범적 한계, 한성대 동아 시아 연구소, 2000, 35면 이하 참조.
2) 선재성, 기본권의 제한과 한계, 고시계(1985.2), 202면 참조.
3) 헌재결 1992. 10. 1, 92헌마68・76.

생·군인·수형자·특허기업자 등)의 지위는 특별한 법률원인(법률의 규정·임명행위·공법상 계약)1)에 의하여 성립되며, 특정한 행정목적(공무수행·국방·교육·행형·기업감독 등)을 위하여 필요한 범위 안에서 행정주체에게 포괄적 지배권이 부여되고 상대방인 특정한 신분에 있는 자가 이에 복종함을 내용으로 하는 법률관계가 성립되기 때문에 법치주의가 배제된다는 이론의 학문상 개념이며, 독일·일본·한국 행정법 특유의 관념이다.2)

## 2. 특별권력관계이론의 구성이유 · 이론적 근거 · 동향

특정한 행정목적을 신속히 수행하기 위하여는 일반적인 결합관계(일반권력관계)와는 다른 보다 더 강력한 지배관계·결합관계가 필요하다는데 연유하여 구성된 것이 특별권력관계이론이다. 특별권력관계이론을 정당화하기 위하여 앞에 내세운 이론적 근거들은 국가법인격의 불침투성 이론인바, 이는 국가를 외부에 대하여 폐쇄된 법주체라 하여, 국가의 내부관계에는 법이 침투하지 못한다는 것이었다(Paul Laband적 법개념).3) 관료주의적 행정법학파에서는 법치주의의 배제를 위하여 인정된 이론이었고, 오늘날은 법치주의의 제한에 그 목적을 두고 있다.

## 3. 특별권력관계이론의 성질(일반권력관계와의 구별)

### 3.1. 구별긍정설

#### 3.1.1. 절대적 구별설(고전적 특별권력관계이론)

a) 개관

특별권력관계 이론은 19세기 후반 독일의 입헌군주정하에서 군주에게 법으로부터 자유로운 영역을 확보해 주는데 이바지한 이론(군주의 통치권강화)이었다.4) 특히 19세기의 법치국가(형식적 법치국가)에서 법치행정의 원리가 확립됨으로써 일반행정목적과 특별행정목적이 분화하여 특별행정목적을 달성하기 위하여 법으로부터 자유로운 특별권력관계가 성립되게 되었다. 특히 독일에서 특별권력관계의 관념을 명백히 한 것은 라반트(P. Laband)이며, 이에 법적 이론구성을 한 것은 오토 마이어(O. Mayer: 강화된 종속·약화된

---

1) 박균성, 행정법총론, 박영사, 2000, 113면.
2) 특별권력관계라는 관념이 존재하지 않는 프랑스에서 학설·판례가 이른바 내부조치(mesures d'ordre inérieur)에 대하여는 사법심사가 되지 않는 것으로 보는 점은 매우 시사적이다(김동희, 행정법(I), 박영사, 2001, 111면.
3) H. Maurer, Allgemeines Verwaltungsrecht, 13. Aufl., München 2000, § 8 Rn. 27.
4) H. Maurer, Allgemeines Verwaltungsrecht, 13. Aufl., München 2000, § 6 Rn. 17; 이명구, 신행정법원론, 대명출판사, 1998, 129면.

자유)였다.[1] 오토 마이어(Otto Mayer)는 관료의 자유로운 행정을 합리화하기 위하여 특별권력관계를 이론적으로 구성하였다. 플라이너(F. Fleiner: 시민의 복종의무의 강화), 토마(R. Thoma) 등에 의하여 발전되었다. 특별권력관계는 특정한 행정목적을 실현하기 위하여 19세기 독일의 관료주의에 의해 공법상의 근무관계가 성립되었고, 20세기 복리국가의 발전으로 공법상의 영조물이용관계가 성립되었다.[2]

### b) 내용

독일의 19세기적인 공법이론(파울 라반트[Paul Laband], 오토 마이어[Otto Mayer])에 의하면, 일반권력관계는 국가와 개인간, 즉 법주체상호간의 외부관계인데 반하여, 특별권력관계는 행정의 내부관계(Inneres Verhältnis)라고 한다.[3] 그 이유는 특별권력관계는 개인이 특별권력관계에 들어오면 국가행정의 구성부분으로 되며 국가에 대하여 독립의 존재가 아니고 행정에 병합되어 버리기 때문이라고 한다.[4] 그리하여 특별권력관계 내에서는, (ㄱ) 행정이 개인의 자유와 권리 및 재산권을 침해할 때 적용되는 법률유보의 원칙이 배제되며, (ㄴ) 당해 특별권력관계의 유지에 필요한 범위 안에서는 법률에 의하지 않고(도) 기본권을 제한할 수 있고, (ㄷ) 특별권력관계에서는 특별권력에 의하여 일반적·추상적 명령 혹은 개별적·구체적 행위를 행할 수 있으며, 이 경우에 있어서의 '행위'는 법규 또는 행정행위가 아니고 이와 구별되는 행정규칙(Verwaltungsvorschriften) 또는 지시(Anweisung)에 해당되는 것에 불과하며, (ㄹ) 특별권력관계에서의 행위는 독립된 법주체의 권리의무에 관한 행정행위가 아니며, 따라서 사법심사의 대상이 되지 않는다고 하였다.[5] 이와 같이 특별권력관계는 일반국민(일반권력관계)과 별개의 복종자의 지위에서 성립되고 따라서 거기에 타당 하는 독립한 법체를 가진 관계(특별권력관계)이며, 특별권력관계에는 일반권력관계에 있어서 확립된 법률에 의한 행정의 원칙과 재판적 통제의 원칙이 적용되지 않는다고 한다(법치주의의 적용부인, 사법심사의 배제).[6] 그 이유는 국가가 수행해야 되는 여러 가지 특수한 공법상의 목적을 달성하기 위해서는 기본권제한의 여러 가지 한계를 지키려고 하다가는 특별권력관계에 의한 특성한 행정목적 실현이라는 본래의 목적을 도저히 달성할 수

---

1) 이명구, 신행정법원론, 대명출판사, 1998, 127면; H. Maurer, Allgemeines Verwaltungsrecht, 13. Aufl., München 2000, § 8 Rn. 27.
2) H. Maurer, Allgemeines Verwaltungsrecht, 13. Aufl., München 2000, § 8 Rn. 27.
3) Maurer, Allgemeines Verwaltungsrecht, 13. Aufl., München 2000, § 8 Rn. 27.
4) 박윤흔, 행정법강의(상), 박영사, 2000, 180면.
5) 서원우, 특별권력관계에 있어서의 기본권보장, 법정, 1966. 1월호 참조; 박윤흔, 행정법강의(상), 박영사, 2000, 180면.
6) 권영성, 헌법학원론, 법문사, 2001, 342면.

없기 때문에, 법률에 의한 기본권제한의 원칙을 무시할 수밖에 없다고 한다.[1] 법률에 의한 기본권제한의 원칙을 무시하고 기본권을 제한할 수 있다는 고전적 특별권력관계이론의 배경으로는 특별권력관계성립에 대한 당사자의 동의(예컨대 공무원 임명에 관한 동의)와 이 동의 속에 함께 내포되고 있다고 믿은 이른바 기본권의 포기이론이 자주 거론되었다. 이러한 고전적인 특별권력관계이론의 사상적 배경은 당시의 국가관 내지 기본권사상이 특별권력관계이론의 성립에 결정적인 영향을 미쳤다고 볼 수 있다. 기본권을 국가권력에 대한 국민의 소극적·방어적 권리로 이해하던 당시의 기본권관(基本權觀)의 입장에서는, 학교(Schule)·수형자(Strafvollzug)·공무원(Beamtenverhältnis)·군인(Wehrdienstverhältnis) 등은 국가권력의 중요한 구성부분을 의미할 따름이지 순수한 의미의 국민은 아니기 때문에 국민에게 일반적(일반권력관계)으로 인정되는 기본권을 이들 국가권력의 구성부분(특별권력관계)에게까지 인정한다는 것은 이론상 모순이라는 것이다. 결국 특별권력관계의 고전적 이론에 의하면 특별권력관계에는 기본권의 효력이 미칠 수 없게 되고 기본권침해를 전제로 하는 권리구제절차(Rechtsmittelverfahren)도 처음부터 생각할 수 없게 된다.[2] 결론적으로 절대적 구별설의 입장은 특별권력관계의 내부에서는 일반권력관계와는 달리 법치주의가 배제되며(당사자의 동의·기본권의 포기), 그 내부구성원의 기본권을 개별적·구체적인 법률의 근거 없이도 제한가능하며, 동시에 이에 대한 사법심사도 배제한다는 것이다.[3]

### 3.1.2. 상대적 구별설(현대적 특별권력관계이론)
#### a) 개관

상대적 구별설은 제2차대전 후 특별권력관계론의 발상지인 독일과 그 이론을 받아들인 우리나라 일본에서는 헌법이 민주주의 원리를 강조하게 됨에 따라 등장하게 된 이론이다. 이에 따라 전통적인 특별권력관계론은 그 존립기반이 흔들리게 되었으며, 여기에서 특별권력관계가 일반권력관계와 상대적 차이밖에 없다는 주장(상대적 구별설의 입장)이 대두되게 되었다. 이 견해는 특별권력관계에서의 법치주의의 (완전한) 부정이 아니고, 제한 내지는 변형만을 시인한다. 상대적 구별설은 특별권력관계에서의 복종자의 지위는 국민의 본래적 지위가 특수화된 것에 지나지 않으며, 특별권력도 결국 일반공권력 그 자체이며, 복종의무강화를 위한 입법자의 백지적 수권에 지나지 않는다는 일반공권력설과 특별권력관

---

[1] H. Maurer, Allgemeines Verwaltungsrecht, 13. Aufl., München 2000, § 8 Rn. 27.
[2] 허영, 한국헌법론, 박영사, 2001, 282면 각주 1) 참조.
[3] Vgl. dazu Otto Mayer, VerwR I, S. 101 ff.; W. Jellinek, VerwR, S. 122 m.w.N., S. 341; H. Maurer, Allgemeines Verwaltungsrecht, 13. Aufl., München 2000, § 8 Rn. 27 참조.

계에서의 복종자의 지위는 국민의 본래적 지위가 특수화된 것에 지나지 않으며, 특별권력
도 결국 일반공권력의 간접적 발동관계이고, 특별권력은 일반공권력으로부터 포괄적 지배
권이 위임되고 있는 제2차적(파생적·전래적) 권력이라고 본다. 특별권력관계는 법치행정
의 원리와 재판적 통제가 제한되는 관계이므로 일반권력관계와 상대적으로 구별된다는 견
해인 2차적 권력설(플라이너[F. Fleiner], 종래의 다수설)[1]외에 제한적 긍정설 및 특별권력
관계수정설 등이 있다.[2] 이하 제한적 긍정설 및 특별권력관계수정설의 입장을 분석하고자
한다.

b) 학설
aa) 제한적 긍정설

제한적 긍정설은 주로 독일의 학자들에 의하여 주장된 견해이며,[3] 주로 특별권력관
계에서의 구성원의 기본권보장과 관련하여 전개된 이론이다.[4] 기본권의 무제약적인 제한
을 정당화하는 헌법차원의 특별권력관계의 개념은 부정하면서도 특별한 행정목적을 위하
여 행정법차원의 특별권력관계의 개념은 긍정하는 입장이다. 그 근거로는 독일기본법의 규
정을 드는바, 독일기본법(독일연방헌법)에서는 종래 특별권력관계로 보아왔던 공무원관계
(제33조 제5항), 방위근무관계(제17조 a 1, 2), 교도소수용관계(제104조), 학교교육관계(제17
조 제1항)와 당해 관계에서의 기본권제한 등에 관한 규정을 두고 있는데,[5] 이것은 기본법
이 특별권력관계의 존재와 기능을 인정하고 있는 것으로 본다. 그리하여 이러한 기본법상
의 특별권력관계가 제대로 기능을 발휘하기 위하여서는 제한된 범위 안에서 다음과 같이
법치주의가 완화되어 적용될 수 있음을 인정한다.[6] (ㄱ) 특별권력관계에서도 기본권의 제
한은 법률에 근거하여야 한다. (ㄴ) 특별권력관계에서도 법률유보의 원칙이 적용된다. 다만
본질적 내용(Wesensgehalt)에 관한 것을 제외하고는 법률(입법권자)은 개괄조항
(Generalklausel)[7]에 의하여 특별권력관계의 주체에게 상당한 자유영역을 부여할 수 있다.
(ㄷ) 특별권력관계에서도 그 구성원의 권리침해가 있는 경우에는 사법심사가 허용되나, 당
해 관계의 기능수행이라는 섬에서 사법심사에 의한 통세강노의 축소(Reduzierung)가 필요

---

1) 이명구, 신행정법원론, 대명출판사, 1998, 129면.
2) 박균성, 행정법총론, 박영사, 2000, 115면.
3) Hans-Uwe Erichsen/Wolfgang Martens, Allgemeines Verwaltungsrecht, 10 Aufl., 1995, S. 56; Ronellenfitsch, DÖV 1981, S. 933.
4) 박윤흔, 행정법강의(상), 박영사, 2000, 181면.
5) 이명구, 신행정법원론, 대명출판사, 1998, 129면.
6) 박윤흔, 행정법강의(상), 박영사, 2000, 181면.
7) 박균성, 행정법총론, 박영사, 2000, 119면 참조.

하다고 한다.[1]

### bb) 특별권력관계수정설

[오토 바호프(O. Bachof)의 견해] 바호프 교수에 의하면 전통적 견해에서 국가의 내부, 즉 특별권력관계에 법규가 침투할 수 없다고 한 것은 자연인과 법인의 차이를 간과한 것이며, 법인에 있어서는 법이 침투 할 수 있는 외부관계가 있다고 하였다.[2] 예컨대 영조물이용관계의 경우, 보면 영조물관리자(국가)와 영조물이용자간의 관계는 법주체 대 법주체간의 관계이며, 국가와 국민간의 관계와 마찬가지로 외부관계라고 한다. 또한 공법상의 근무관계에 있어서 근무주체와 공무원간의 관계도 동일하다. 다만 공법상의 근무관계는 영조물이용관계와는 달리 그 일부만이 외부관계이고 대부분은 내부관계라고 한다. 그것은 공법상의 근무관계에서의 근무주체가 공무원에 대하여 발하는 명령은 그 일부만이 근무주체와 공무원간의 관계를 규율할 목적으로 발하여지며, 그 대부분은 국가조직의 구성원인 공무원의 제3자에 대한 행위를 규율하기 위한 것이기 때문이라고 한다. 그리하여 공무원의 임명·면직·전임·급여등급의 결정 등 근무주체와 공무원간의 권리의무에 관한 조치는 외부관계라고 한다.[3]

[울레(C. H. Ule)의 특별권력관계수정설] 제2차 세계대전 이후 독일에서는 고전적인 특별권력관계이론의 이념적 기초가 되고 있는 기본권관과 국가관이 비판을 받게 되고, 고전적인 특별권력관계이론의 타당성의 근거로 제시된 당사자의 (자발적·묵시적) 동의가 국가와 수형자의 관계 또는 병역관계에서 보는 것처럼 당사자의 동의 없이도 얼마든지 인정될 수 있는 영역이 존재할 뿐만 아니라, 또한 기본권 포기이론도, 경우에 따라서는 포기할 수 없는 기본권(인간으로서의 존엄과 가치·행복추구권)이 존재하는 것처럼, 이제는 이론상 허용될 수 없는 논리형식으로 입증되면서부터 고전적인 특별권력관계이론은 변모를 가져오게 되었다.[4] 특히 고전적 특별권력관계이론에 대한 비판과 새로운 이론은 울레(C. H. Ule)에 의하여 제기되었다. 울레(C. H. Ule)는 특별권력관계를 기본관계(Grundverhältnis)와 업무수행관계(경영관계 : Betriebsverhältnis)[5]로 나누어서 설명하면서, 업무수행관계(경영관계)는 특별권력관계의 목표 실현에 필요한 관계로서 내부 질서를 유지하기 위한 관계이며, 업무수행관계(경영관계 : 사법심사의 대상이 안됨)에서의 국공립학교재학관계 혹은 국공립

---

1) 박윤흔, 행정법강의(상), 박영사, 2000, 181면.
2) O. Bachof, Verwaltungsakt und innerdienstliche Weisung, S. 285 ff.
3) O. Bachof, Verwaltungsakt und innerdienstliche Weisung, S. 285 ff.; 박윤흔, 행정법강의(상), 박영사, 2000, 182면.
4) Vgl. H. Krüger u. C. H. Ule, Das besondere Gewaltverhältnis, VVDStRL 15(1957), S. 109 ff., 133 ff.
5) 이를 경영수행관계라고도 번역한다.

병원재원관계에서의 내부관계를 제외한 특별권력관계의 설정·변경·존속·종료 등 구성원의 법적 지위의 본질적 사항에 해당하거나 직접적인 영향을 미치는 기본관계(예: 공무원 임명·파면·전직, 군인의 입대·제대, 학생의 입학허가·퇴학·정학 등)에서는 기본권의 효력을 완전히 인정하고 그 침해에 대한 사법적 권리구제도 허용할 것을 주장하였다(사법심사의 대상이 됨). 울레(C. H. Ule)가 1957년 독일공법학회에서 발표한 이 이론[1]은 그 후 많은 이론적인 동조자를 얻어, 특별권력관계에서도 기본권의 제한에 일정한 한계가 있음이 일반적으로 인정되게 되었다.[2] 독일연방헌법재판소도 수형자의 기본권을 제한하기 위해서는 반드시 법률의 근거가 있어야 한다는 점을 판례로써 명백히 밝힘으로써 법률에 의한 기본권제한의 원칙이 이른바 특별권력관계에도 적용되어야 한다는 점을 확인하였다. 독일연방헌법재판소는 피수감자가 특별권력관계에 있다고 하여 곧 기본권을 제한할 수 있는 것은 아니고, 기본권의 제한은 기본권의 가치질서에 의하여 용인될 수 있는 공동체와 유관한 목적달성을 위하여 부득이 한 경우에 한하여 헌법에 규정된 형식으로써만 - 법률에 의하여(durch Gesetz) 혹은 - 법률에 근거가 있는 경우에만(auf Grund eines Gesetzes) - 제한될 수 있다고 판시하였다.[3] 그러나 울레(Ule)의 특별권력관계수정설은 기본관계와 업무수행관계의 구별에 관한 명확한 기준을 제시하지 못하고 있다는 비판이 있다.[4]

cc) 콘라트 헷세(K. Hesse)의 특수신분관계론

헷세(Hesse)[5]는 오늘과 같은 민주헌법국가에서 국가의 권력에 단순히 복종만하는 국민의 관계가 성립될 수 없는 것처럼 명령과 복종에 바탕을 둔 의지예속관계로서의 이른바 특별권력관계도 존재할 수 없는 것이라고 강조한다.[6] 헷세(Hesse)는 종래 특별권력관계라

---

1) Ule, VVDStRL 15, 1957, S. 133 ff.
2) Vgl. I. v. Münch, Freie Meinungsäußerung und besonderes Gewaltverhältnis, 1957; ders., Die Grundrechte des Strafgefangenen, JZ 1958, S. 73 ff.; W. Veit, Die Rechtsstellung des Untersuchungsgefangenen, 1971; E. Kempf, Grundrechte im besonderen Gewaltverhältnis, JUS 1972, S. 701 ff.; Wolfgang Martens, Das besondere Gewaltverhältnis im demokratischen Rechtsstaat, ZBR 1970, S. 197 ff.; R, Rupprecht, Grundrechtseingriffe im Strafvollzug, NJW 1972, S. 1345 ff.; Walter Schick, Der Beamte als Grundrechtsträger, ZBR 1969, S. 67 ff.; N. Klein, DVBl. 1987, 1102(1103 f); H. Maurer, Allgemeines Verwaltungsrecht, 13. Aufl., München 2000, § 8 Rn. 29; 허영, 한국헌법론, 박영사, 2001, 282면 각주 2) 참조; 이명구, 신행정법원론, 대명출판사, 1998, 132면; 박균성, 행정법총론, 박영사, 2000, 115면
3) BVerfGE 15, 288(293 ff.); 28, 56(63 ff.). 특히 독일연방헌법재판소 결정 BVerfG vom 14. 3. 72(BVerfGE 33, 1 - Strafvollzug-).
4) 김백유, 기본권의 특별한 제한, 한성대학교 사회과학논문집, 제15집 제1호(2001.8), 201면 참조.
5) Vgl. K. Hesse, Grundzüge des Verfassungsrechts der Bundesrepublik Deutschland, Rn. 321 ff; 계희열, 서독헌법원론, 삼영사, 1987, 단락번호 321 이하 참조.
6) 허영, 한국헌법론, 박영사, 2001, 283면; Vgl. K. Hesse, Grundzüge des Verfassungsrechts der

는 개념으로 설명하던 국가와 국민과의 관계는 일반적인 권리·의무의 관계만으로는 설명할 수 없는 매우 밀접한 유착관계를 가지고 있는 것으로서, 일반적인 국민이 부담하는 의무보다 더 큰 의무를 과할 수도 있고, 반대로 일반국민보다는 더 많은 권리를 인정할 수도 있는 일종의 특수한 신분관계(Sonderstatusverhältnis)를 형성한다고 한다. 따라서 특별권력관계보다는 특수신분관계라고 부르는 것이 현실적으로 존재하는 다양한 형태의 특수신분관계를 설명하는데 도움이 된다고 한다.[1] 그리고 이와 같은 특수신분관계는 사회공동체가 정치적인 일원체로서 기능 하는데 없어서는 아니 되는 특수한 생활관계라는 것이다. 그와 같은 특수한 신분관계는 사회공동체가 정치적인 일원체로서 기능 하는 데 필요한 것이며, 그와 같은 고유한 생활질서에 의해서 유지·지탱되는 특수한 신분관계를 모두 일률적·획일적으로 다룰 수는 없는 것이라고 한다. 헷세(Hesse)는 수형자(Strafgefangene)와 학생을 어떻게 같은 형태(in gleicher Weise)의 특별권력관계(besonderes Gewaltverhältnis)라고 설명할 수 있겠는가 하고 반문하면서,[2] 사회공동체 존립과 기능을 위해서 꼭 필요한 그와 같은 특수한 생활관계는 헌법질서의 테두리 내에서 존재하는 것이며,[3] 이는 헌법에 의해서 직접 설정되거나(공무원관계) 아니면 적어도 헌법에서 그와 같은 특수한 생활관계가 전제되고 있는 것이기(수형자관계) 때문에 이를 국민의 일반적 지위와 대응하여 볼 때 특수지위(Sonderstatus: 특수신분관계)라고 표현하는 것이 내용상 올바르다고 한다.[4] 결국 특수신분관계는 특수한 생활관계로서, 그 특수한 생활관계마다 독자적인 생활질서를 가지는 것이기 때문에, 특수한 신분관계를 원활하게 유지하기 위해 불가피한 기본권의 제한은 규범조화적 해석(praktische Konkordanz)방법에 따라야 한다고 한다. 그의 이론에 의하면 헌법적인 제도로서의 특수한 신분관계와 기본권이 서로 조화될 수 있는[5] 합리

---

Bundesrepublik Deutschland, Rn. 323; 계희열, 서독헌법원론, 삼영사, 1987, 단락번호 323.
1) Vgl. H. J. Wolff/O. Bachof/R. Stober, Verwaltungsrecht, Bd. 1, 9. Aufl.(1994), § 25 Rn. 43도 행정법적 특별관계(verwaltungsrechtliche Sonderverhältnisse)라는 표현을 쓰고, Maunz/Zippelius, S. 157 및 H. Maurer, Allgemeines Verwaltungsrecht, 13. Aufl., München 2000, § 6 Rn. 17에서도 특별법률관계(Sonderrechtsverhältnisse), 혹은 소위 특별권력관계(sog. besonderes Gewaltverhältnis), 푸쓰(Fuß)는 개인적 접촉관계(personale Kontaktverhältnisse)라는 표현을 쓴다(H. Maurer, Allgemeines Verwaltungsrecht, 13. Aufl., München 2000, § 8 Rn. 26, 30 참조).
2) Vgl. K. Hesse, Grundzüge, Rn. 323; 계희열, 서독헌법원론, 삼영사, 1987, 단락번호 323.
3) Vgl. K. Hesse, Grundzüge, Rn. 325; 계희열, 서독헌법원론, 삼영사, 1987, 단락번호 325.
4) Vgl. K. Hesse, Grundzüge, Rn. 325; 계희열, 서독헌법원론, 삼영사, 1987, 단락번호 325.
5) 기본권이 특수신분관계에 의하여 희생되어서도 안되고 기본권 보장으로 인하여 특수신분관계의 기능을 불가능하게 해서도 안 된다. 오히려 기본권이나 특수신분관계의 양자가 최적의 실효성을 얻도록 하는 비례적 관계가 고려되어야 하며, 따라서 기본권을 제한하는 특수신분관계도 기본권에 비추어 고찰되어져야 한다. Hesse, Grundzüge, Rn. 325; 계희열, 서독헌법원론, 삼영사,

적인 범위 내에서의 기본권의 제한만이 허용된다는 점에서, 공익목적을 위한 일반적인 기본권의 제한과 본질적으로 다른 점이 없게 된다.[1] 즉, 특수한 신분관계 그 자체가 헌법에 의해서 직접 설정된 것이거나 적어도 그 설정이 예정된 것이고, 그 특수한 신분관계의 성질이 기본권의 제한을 불가피하게 요구하는 지극히 예외적인 경우에만 규범조화적인 해석에 의해서 용납될 수 있는 범위의 기본권제한이 가능하다는 점에서 일반적인 공익목적의 기본권제한과 본질적으로 같다고 한다.[2]

▶ 대판 1991. 4. 23, 90누4839【파면처분취소】【판시사항】군인의 "군무 외의 집단행위"를 금지한 군인복무규율 제38조와 군인의 대외발표사항에 대한 검열 승인 등을 규정하고 있는 육군보도업무규정 제3조 제10호, 제14조, 제18조, 제20조의 위헌 무효 여부(소극)【판결요지】군인의 "군무 외의 집단행위"를 금지한 군인복무규율 제38조는 헌법 제39조, 국군조직법 제6조, 제10조 제2항, 군인사법 제47조, 제47조의2의 각 규정에 근거하여, 그리고 군인의 대외발표사항이 군사기밀에 저촉되는 사항, 적을 이롭게 하는 사항, 군의 위신을 손상시키는 사항 등인지 여부에 관한 지휘관이나 참모총장에 의한 검열, 승인 등을 규정하고 있는 육군보도업무규정 제3조 제10호, 제14조, 제18조, 제20조의 각 규정은 위 헌법, 국군조직법, 군인사법의 각 규정 및 군인복무규율 제182조 제1항에 근거하여 군인의 기본권을 제한하고 있는 규정으로 보아야 할 것이며 이는 **특수한 신분관계**에 있는 군인에 대하여 국방목적수행상 필요한 군복무에 관한 군율로서 그 규제가 합리성을 결여하였다거나 기본권의 본질적인 내용을 침해하고 있다고 볼 수도 없으므로 위 각 규정을 위헌 또는 무효의 규정이라고 볼 수 없다.

c) 소결

생각건대 '소위' 특별권력관계에서도 기본권은 법률에 근거하지 않고는 제한될 수 없다고 할 것이다. 그러나 일반권력관계와 특별권력관계는 그의 존립목적과 기능이 서로 다르다 할 것이므로 본질적 사항을 제외하고는 각 개별적인 특별권력관계의 목적과 기능을 유지하기 위하여 (꼭) 필요하다고 인정되는 범위 안에서(필요성의 원칙·최소침해의 원칙) 상대적으로 법치주의가 다소 완화될 수 있으며, 따라서 개괄조항(Generalklausel)에 의한 규율이 가능하다고 본다. 또한 사법심사도 순수한 내부관계에 대하여는 미치지 못하고, 외부관계에 대하여서만 미친다고 할 것이다.[3] 결국 위에서 본 제한적 긍정설이 타당하다.[4]

---

1987, 단락번호 325.
1) K. Hesse, Grundzüge, Rn. 325; 계희열, 서독헌법원론, 삼영사, 1987, 단락번호 325.
2) Vgl. K. Hesse, Grundzüge, Rn. 326; 계희열, 서독헌법원론, 삼영사, 1987, 단락번호 326.
3) 일본최고재판소는 대학에서의 학점인정과 사법심사에 관하여 「학점인정행위는 달리 그것이 일반시민법질서와 직접 관계가 있는 것임을 인정하기에 족한 특단의 사정이 없는 한 순전한 대학

Hesse의 이론은 특수한 신분관계라고 해서 그 기본권제한에 있어서 일반권력관계에 놓여 있는 국민의 지위와는 다른 완전히 새로운 기준과 한계가 적용되는 것이 아니고, 기본권제한에 관한 일반적 이론 – 규범조화적 해석방법에 의한 기본권 제한 – 이 특수한 신분관계에서도 그대로 적용되는 것이라고 강조하는 데에 그 이론의 독창성이 있다.[1] 바호프(O. Bachof), 울레(C. H. Ule), 헷세(K. Hesse)의 이론도 결국에는 제한적 긍정설과 상통한다.

### 3.2. 구별부정설(특별권력관계부정설)
#### 3.2.1. 형식적(일반적·전면적) 부정설

이는 국민의 기본권을 보장하는 입장이며, 근래 이설을 주장하는 견해가 한국 및 일본에서 유력하게 대두되고 있다. 실질적 법치주의·기본적 인권존중주의 등을 근거로, 모든 공권력의 발동에는 법률의 근거를 필요로 하기 때문에, 특별권력관계에 있어서의 공권력발동의 경우에도 다른 일반공권력의 경우와 마찬가지로 반드시 법률의 근거가 요구된다는 학설이다. 즉 법치주의가 전면적·형식적으로 타당하다는 설이다.[2] 이 견해는 특별권력관계에서의 특별권력(특별통치권)이 공권력이라는 그 자체는 부정하지 않고 특별권력관계에서의 개별권력도 일반공권력과 다르지 않다고 보는 것으로, 법치주의의 일반적·형식적 타당성을 주장하여 법률에 근거하지 않은 특별권력발동을 부정하려는 것이다.[3]

#### 3.2.2. 실질적(개별적) 부정설

이는 특별권력관계의 본질을 비권력관계로 보고 명시적 규정이 없는 한 사법상 계약관계와 동일하게 보는 견해이다. 즉 실질적 부정설은 일반적·형식적 부정설이 종래 특별권력관계라고 불리던 모든 법률관계들을 일률적으로 공법상의 권력관계로 이해하는 태도(특별권력관계 = 공법상의 권력관계)에 대하여 의문을 제기하면서, 특별권력관계로 인정되

---

내부의 문제로서 대학의 자주적·자율적인 판단에 맡겨야 하는 것으로 사법심사의 대상이 되지 아니한다」라고 판시하였다(최고재판소 소화 52.3.15); 권영성, 헌법학원론, 법문사, 2001, 345면.
4) 同旨 박윤흔, 행정법강의(상), 박영사, 2000, 184면.
1) 헌법의 통일성을 중요시하고, 헌법에 의해 마련된 모든 제도가 서로 최대한의 기능적 효과를 나타낼 수 있도록 모든 헌법규범은 언제나 조화가 극대화될 수 있는 방향으로 해석되어야 한다. 이른바 규범조화적 해석이론을 정립한 그의 안목에서 볼 때, 특수한 신분관계도 사회공동체의 원활한 기능을 위해서 헌법이 마련한 제도이고, 기본권 역시 헌법적 가치질서에 속하는 것이라면 어느 한쪽이 완전히 무시되거나, 다른 한쪽만이 독자적 효력을 나타내는 식의 이른바 특별권력관계이론이 받아들여질 수 없는 것은 너무나 명백하다. 허영, 한국헌법론, 박영사, 2001, 283면.
2) 이명구, 신행정법원론, 대명출판사, 1998, 130면; 김동희, 행정법(I), 박영사, 2001, 107면.
3) 박윤흔, 행정법강의(상), 박영사, 2000, 183면.

었던 제반법률관계의 내용과 기능을 개별적·구체적으로 분석·검토한 후, 이를 실질적·구체적으로 판단하여 '비권력관계(관리관계·사법관계)에 속하는 것'과 '권력관계에 속하는 것'을 분해·귀속시키자는 입장이다.[1] 그리하여 (ㄱ) 권력적 색채가 비교적 강하고 법률의 규율대상이 되고 있는 관계(예: 공무원의 신분관계·근무관계, 군복무관계, 교도소·소년원 수용관계, 전염병원 강제입원관계 등)는 일반권력관계로 귀속시킨다. 그리고 (ㄴ) 권력적 색채가 약하고 상대방의 동의에 의하여 성립하는 관계(예: 국공립학교 재학관계, 국공립병원 입원관계)는 이를 일종의 계약관계로 이해하려는 이론이다. 이 이론에 따르면 공무원의 근무관계는 본질적으로는 사기업에 있어서의 근무관계와 같은 근로계약이고, 국공립학교에서의 학생과 학교와의 관계도 사립학교의 그것과 다르지 않은 계약관계라고 한다.[2] 그러나 그 계약관계의 성질에 대하여는 사법상 계약관계로 보는 견해,[3] 공법상 계약으로 보는 견해,[4] 公·私 공통의 특수계약으로 보는 견해[5] 등으로 나누어져 있다.[6]

### 3.2.3. 기능적·재구성적 부정설

종래의 특별권력관계라는 개념을 해체하고, 그에 대치하여 일반권력관계와 다른 법질서 내지 내부적·자율적 법관계를 포괄적 개념인 사회적·기능적 권력관계 또는 특수기능적 법률관계 라는 새로운 개념으로 재구성하려는 이론이다.[7]

## Ⅲ. 특별권력관계와 법치주의(기본권제한)

### 1. 특별권력관계에 있어서의 특별권력의 내용 및 한계

#### 1.1. 내용

특별권력관계에 있어서의 특별권력(공권력)이란 행정주체가 특별권력관계의 설립목적을 달성하기 위하여 상대방에 대하여 가지는 '포괄적 지배권'을 말한다. 여기에는 특별권

---

1) 이명구, 신행정법원론, 대명출판사, 1998, 131면; 박윤흔, 행정법강의(상), 박영사, 2000, 183면.
2) 김동희, 행정법(Ⅰ), 박영사, 2001, 108면.
3) 室井力, 特別權力關係論, 1970, 336, 426頁(面) 참조.
4) 이상규, 행정법(상), 212, 213면.
5) 兼子仁, 特殊法의 槪念과 行政法, 公法學硏究(杉村章三郎先生古稀紀念), 1974, 264頁(面).
6) 박윤흔, 행정법강의(상), 박영사, 2000, 183면.
7) 이명구, 신행정법원론, 대명출판사, 1998, 131면.

력관계의 종류에 따라, (ㄱ) 직무상 권력, (ㄴ) 영조물권력(공공시설권력), (ㄷ) 감독권력, (ㄹ) 사단권력 등으로 분류되며, 특별권력관계에 있어서의 포괄적 지배권은 (포괄적) 명령권과 징계권을 포함한다.[1] (포괄적) 명령권은 특별권력의 주체는 그 상대방에 대하여 특별권력관계의 목적수행에 필요한 포괄적인 명령·강제를 행할 수 있는 것으로서, (포괄적) 명령권은 행정객체에 대한 권력발동에 있어서 '개별적'인 '법률의 근거없이' 필요한 조치를 명할 수 있다는 의미이며, 당해 특별권력관계의 성립원인이 된 '법률의 백지수권' 또는 '상대방의 동의'를 포괄적 명령권의 발동근거로 이해한다. (포괄적) 명령권은 ① 개별적·구체적 형식의 하명처분(직무명령·시정명령 등)이나, ② 일반적·추상적 형식의 행정규칙(국립대학의 학칙·도서관규칙·훈령·특허명령서·공공조합규약 )의 형태를 빌어 행사된다.[2] 특별권력에 의한 명령을 이와 같이 두 가지로 구별하는 것은 형식적인 것이며, 양자간의 효력상의 차이가 있는 것은 아니다. 징계권이란 특별권력관계의 내부질서를 유지하기 위하여 의무위반자에 대하여 징계벌을 과할 수 있는 권력을 말한다. 징계권은 명령권의 행사에 따르는 의무를 강제적으로 실현하는 수단이며, 일반권력관계에 있어서의 의무이행을 강제하는 경우와 다름이 없다. 징계권에는 소극적 징계권(家宅的 규율권: 국립도서관·공설운동장)과 적극적 징계권(징계처분: 공무원·학생·소년원생)이 있다. 징계권은 법률의 근거없이(상대방의 법적 지위와 관련이 없을 경우),[3] '행정규칙'의 정하는 바에 의하여 이를 행사하는 것이 보통이며, 징계벌을 과하는 '절차'에 있어서도 재판의 형식을 취하지 않는 것이 보통이다. 죄형법정주의가 적용되지 않는다.

### 1.2. 한계

특별권력관계는 특정한 행정목적을 위하여 설정된 것이므로 특별권력관계도 특별권력관계를 설정한 목적에 필요한 한도내에서 발동해야 한다. 따라서 특별권력은 특별권력관계가 법률의 규정에 의해서 성립된 경우에는 법률의 범위내에서 발동하고, 법규의 규정이 없으면 조리상의 한계내에서 발동하여야 하며, 상대방의 임의적 동의로서 성립된 경우에는 특정한 행정목적에서 합리적으로 이용배제·이익박탈의 한도내에서 발동하여야 한다. 명령권은 특별권력관계에서의 포괄적인 명령권은 특별권력관계의 목적달성을 위하여 필요한 범위 내에서 발동이 가능하다. 법률에 위배되지 않고 비례원칙에 적합해야 한다(명령권의 한계). 징계권의 발동도 그것이 상대방의 법적 지위[4]와 관련이 있는 경우에는 법령의 한계

---

1) 박균성, 행정법총론, 박영사, 2000, 117면.
2) 박윤흔, 행정법강의(상), 박영사, 2000, 187면.
3) 박균성, 행정법총론, 박영사, 2000, 18면 참조.
4) 박윤흔, 행정법강의(상), 박영사, 2000, 188면 각주 1) 참조.

내에서,[1] 또 조리상의 한계내에서만 행하여져야 하며, 특별권력관계가 상대방의 임의적 동의에 의하여 성립된 경우의(예컨대, 국공립도서관이용 국공립대학 재학 등) 징계는 그 이용관계로부터의 배제에 그쳐야 한다(징계권의 한계). 특별권력의 발동이 법규상의 한계 또는 조리상의 한계를 일탈하면 위법으로 사법심사의 대상이 된다.[2]

## 2. 특별권력관계에 의한 기본권제한의 허용여부

### 2.1. 개관

특히 공무원・군인・경찰관・수형자 등 처럼 소위 특별권력관계에 놓여있는 사람들도 일반국민과 마찬가지로 기본권을 주장할 수 있는가, 아니면 이들의 기본권은 법률에 의하지 않고서도 얼마든지 제한할 수 있는가 하는 문제는 이미 20세기초 독일 바이마르공화국시대 이전부터 현재까지 진지하게 논의되어왔다.[3] 과거에는 소위 특별권력관계에 의한 기본권 제한이 지배적 견해였지만 오늘날에 와서는 오히려 그 정반대의 주장이 적극적으로 주장되고 있다. 예컨대 단순한 훈계는 법적 지위와 관련이 없다고 할 것이나, 그것이 다음의 징계에서 가중요건이 될 경우에는 법적 지위와 관련이 있다고 할 것이다.[4] 즉 현대적 특별권력관계이론에 의하면 기본권은 원칙적으로 배제되는 것이 아니라, 다만 제한될 수 있을 뿐이며, 기본권은 포기・양도할 수 없으며, 기본권 중에는 특별권력관계에 의해서도 제한될 수 없는 기본권(인간으로서의 존엄과 가치・행복추구권)이 존재한다는 것이다.

---

1) 박균성, 행정법총론, 박영사, 2000, 118면 참조.
2) 박윤흔, 행정법강의(상), 박영사, 2000, 188면.
3) H. Maurer, Allgemeines Verwaltungsrecht, 13. Aufl., München 2000, § 6 Rn. 17.
4) 허영 교수는 「이른바 '특별권력관계'는 이제는 기본권의 주체의 문제가 아니고, 기본권의 효력의 문제가 될 수 있을 뿐이다. 그렇기 때문에 권영성 교수가 이른바 특별권력관계를 기본권의 주체에 관한 문제일 수도 있고, 기본권의 효력에 관한 문제일 수도 있다고 설명하는 것은 전근대적인 논리이다. 그러나 權교수가 '특별권력관계에 있어서의 기본권제한'을 '기본권제한에 관한 일반원칙에 대한 예외'항목을 아주 없애버린 것은 이론적인 발전」이라 한다. 허영, 한국헌법론, 박영사, 1997, 283면;「 … 따라서 이른바 특별권력관계를 법률에 의한 기본권제한의 원칙이 적용되지 않는 예외의 경우라고 설명하는 것은 시대착오적이라 할 것이다.」라고 한다. 同, 한국헌법론, 박영사, 2001, 284면 참조; 김학성 교수도 「… 특별권력관계는 기본권제한의 특수한 형태에 불과 한 바, 기본권주체를 설명하면서 일반국민과 특별권력관계에 놓여 있는 국민을 구별하여 다루는 것은 타당하지 않다」고 한다(김학성, 헌법학강의, 성민사, 2001, 245면).

## 2.2. 긍정설
### 2.2.1. 전통적인 특별권력관계 긍정설의 입장

독일의 경우 전통적인 특별권력관계 긍정설의 입장에 의하면 특별권력관계의 설정목적을 위하여 필요한 범위 안에서는 '개별적인 법적 근거없이도 기본권의 제한이 가능하다'고 보고, 이러한 기본권 제한의 정당화 근거로 법률의 규정이 없는 경우에도 '상대방의 동의', 즉 상대방에 의한 '기본권의 포기'를 그 근거로 든다. 다만 에른스트 포르스트호프(Ernst Forsthoff)의 이론에 의하면 법률에 의해서도 제한될 수 없는 절대적 기본권은 특별권력관계를 설정한 법률로써도 침해할 수 없고, 당사자의 동의가 있는 때에도 제한을 인정할 수 없으나, 법률유보에 의해 제한할 수 있는 상대적 기본권에 관하여는 법률이 특별권력의 주체에 대하여 기본권의 제한을 가할 수 있도록 '수권'하거나 법에서 직접 기본권을 제한하는 '명문규정'을 둘 수 있고 또 기본권의 제한을 수반할 특별권력관계의 성립에 '동의'함으로써 기본권의 제한을 감수할 수도 있다고 한다.

우리나라의 경우 전통적인 특별권력관계긍정설의 입장에서는 특별권력관계의 목적달성에 합리적이라고 인정되는 범위 안에서 반드시 개별적인 법률에 근거하지 아니하고도 제한할 수 있으나, 다만 종교의 자유·양심의 자유·학문과 예술의 자유 등은 특별권력관계에서도 제한 당하지 않는다고 한다.

### 2.2.2. 제한적 긍정설의 입장

제한적 긍정설은 특별권력관계에 있어서도 기본권의 제한은 법률에 근거하여야 한다는 주장이다.[1] 독일의 연방헌법재판소도 「수형자(受刑者)의 기본권도 법률 또는 법률에 의거하여서만 제한할 수 있다」고 하였다.[2] 또한 교육관계에 있어서도 「기본법상의 법치국가원리와 민주주의원리에 따라 입법기관은 학교관계의 법률에 관한 사항에서 그 본질적 결정 (wesentliche Entscheidung)[3]만은 **법률로 직접 규정하여야 하며 행정의 재량에 맡길 수 없다**」고 하였다.[4]  ▭ **의회유보(Parlamentsvorbehalt)**

---

[1] 박윤흔, 행정법강의(상), 박영사, 2000, 181면.
[2] BVerfGE 33, 1; H. Maurer, Allgemeines Verwaltungsrecht, 13. Aufl., München 2000, § 6 Rn. 18 f.
[3] 여기서의 본질적 결정은 기본권의 실현(BVerfGE 46, 47, 79)을 의미하며, 입법권자는 이와 함께 학생의 기본권(기본법 제2조 제1항, 12조 제1항) 및 그의 부모(기본법 제6조 제2항)와 관련한 사항을 정립해야 한다. 상세한 내용은 H. Maurer, Allgemeines Verwaltungsrecht, 13. Aufl., München 2000, § 6 Rn. 20.
[4] 이는 이른바 중요사항유보설(Wesentlichkeitstheorie)을 취한 것으로 중요사항에는 기본권행사의 제한이 당연히 포함됨을 전제로 한다(v. Münch, in: Hans-Uwe Erichsen/Wolfgang Martens,

[실정법적 근거] 위에서 설명한바와 같이 우리나라의 경우 현행 실정법상으로도 특별관력관계에서의 기본권의 제한에 대하여는 거의가 법률에 근거를 두고 있다. 특별권력관계에서 제한되는 기본권을 예시하면 공무원의 근무관계에서의 거주의 제한 (헌법 제14조), 정치운동의 제한(헌법 제7조, 국가공무원법 제65조[정치운동의 제한] 등), 근로3권의 제한(헌법 제33조, 국가공무원법 제66조[집단행위의 금지] 등) 등이고, 영조물이용관계에서의 수형자의 신서(信書) 및 전화통화의 검열(형의집행및수용자의처우에관한법률 제41조[접견]·제42조[접견의 중지 등]·제43조[서신수수]·제44조[전화통화]; 舊행형법 제18조), 국공립학교 학생에 대한 기숙사생활의 강제, 집회의 제한 등이다. 특별권력관계에서도 비록 법률에 근거를 둔다고 하더라도 그 목적달성을 위하여 사회통념상 필요하다고 인정되는 한도에서만 기본권의 제한이 허용된다고 할 것이다. 또한 종교의 자유, 양심의 자유, 학문과 예술의 자유의 내용 중 절대적 기본권에 해당되는 부분은 그 성질상 그 목적달성을 의하여 그러한 기본권까지를 제한하는 특별권력관계는 인정될 수 없다고 할 것이므로, 특별권력관계에서도 제한 당하지 않는다고 할 것이다.[1] 다만 오늘날에도 특별권력관계의 목적달성에 합리적이라고 인정되는 범위 안에서는 반드시 개별적인 법률에 근거하지 아니하고도 제한할 수 있다고 보는 견해도 있고, 또한 현실적으로도 법률에 의한 명문(明文)의 근거 없이 제한되고 있는 경우(예: 학칙에 의한 국공립학생의 기숙사생활강제, 정치활동의 금지 등)도 있다.

### 2.3. 부정설

특별권력관계부정설의 입장에서는 특별권력관계에 있어서의 필요성을 이유로 헌법상 보장된 기본권을 제한할 수는 없으며, 기본권제한을 위하여는 '헌법'에 직접 혹은 간접규정이나 헌법의 유보에 의한 법률의 규정이 있어야 한다고 한다. 왜냐하면 법치국가(법치주의) 원리는 "국가가 국민의 자유·권리를 제한하던가 국민에게 새로운 의무를 부과하려 할 때에는 국회가 제정한 **법률에 의하거나**(durch Gesetz), **법률의 근거가**(auf Grund eines Gesetzes) 있어야 하며, 또 법률은 국민만이 아니고 국가권력의 담당자도 동등하게 규율하는 원리"를 의미하며 이때의 법률은 실질적 법치국가에 합당한 정의에 합치하는 법률을 의미하는바, 국민의 자유·권리를 제한하거나 의무를 부과한 경우에는 의회가 제정한 법률에 의해야 한다. 즉 기본권 제한은 법률에 의하거나[2] 법률에 근거를 두어야 하기 때문이라고 한다(법

---

Allgemeines Verwaltungsrecht, 10. Aufl., 1995, S. 49); H. Maurer, Allgemeines Verwaltungsrecht, 13. Aufl., München 2000, § 6 Rn. 19 f.

1) 박윤흔, 행정법강의(상), 박영사, 2000, 189면; 권영성, 헌법학원론, 법문사, 2001, 343면.
2) 헌법에 규정된 특별한 유보(기본권 제한), 형식적 의미의 법률을 의미

규유보: Vorbehalt des Gesetzes).[1][2]

## 3. 특별권력관계에 의한 기본권제한의 형식 및 한계

### 3.1. 개관

특별권력관계에서의 기본권제한은 헌법 혹은 법률의 규정에 의하여 제한된다. 다만 법률의 규정에 의하여 기본권을 제한하는 경우에도 인간으로서의 존엄과 가치를 훼손하거나 절대적 기본권은 제한할 수 없으며, 상대적 기본권도 그 본질적 내용을 침해할 수는 없다(다수설).[3] 현대민주국가에서는 특별권력관계에도 법치주의가 전면적으로 적용되기 때문에 상대방의 기본권제한을 위해서는 헌법 또는 법률·명령에 그 근거가 있어야 한다.[4]

### 3.2. 헌법에 의한 기본권제한

헌법은 일반직공무원이나 군인·군무원·경찰공무원 등 특별권력관계에 있는 자 또는 특수한 신분이나 지위를 가진 자에 대하여 기본권제한에 관한 특례를 규정하고 있는 경우가 적지 아니하다. (ㄱ) 군인·군무원은 군사법원의 재판을 받는 것을 원칙으로 하는것(제27조 제2항), 즉 병역복무관계를 정상적으로 이끌어 나가기 위하여 헌법 스스로가 군인·군무원이 가지는 재판청구권을 일반법원이 아닌 군사법원에서 이를 담당하도록 하고 있고(제110조), (ㄴ) 특별권력관계의 신분인 군인·군무원·경찰공무원 등에 대해서는 국가배상청구권을 제한하며(제29조 제2항), (ㄷ) 공무원의 정상적인 근무관계를 위해서 '단순한 노무를 제공하는 공무원'이외의 공무원은 원칙적으로 근로3권을 가질 수 없다는 점을 기본권의 헌법적 한계로 명시하고 있고(제33조 제2항),[5] (ㄹ) 비상계엄하의 군사재판은 군인·군무원의 일정한 범죄에 대하여 사형선고의 경우를 제외하고는 단심으로 할 수 있다(제110조 제4항).[6] 그밖에 (ㅁ) 학생교육관계(제31조), (ㅂ) 수형자복역관계(제12조, 제13조, 제27조, 제28조) 등 역시 헌법에 의해서 직접 설정된 것이거나 적어도 그 설정이 예정된 것이다. 이러한 특별권력관계는 대한민국이라는 사회공동체(res publica)가 국가적 기능을 수행하는 데 없어서는 아니되는 특수한 생활관계로서 공무원근무·병역복무·학생교

---

1) 실질적 의미의 법률을 의미(법규명령·자치법규 포함).
2) 김향기, 법률의 유보이론의 전개와 과제, 김영훈박사 화갑기념논문, 법문사, 1995, 373면 참조.
3) BVerfGE 15, 288(293 ff.); 28, 56(63 ff.); 33, 1 ff.
4) 이명구, 신행정법원론, 대명출판사, 1998, 138면.
5) 이 경우에도 공무원의 정상적 근무관계와 조화될 수 있는 범위 내에서 법률로써 예외를 인정할 수 있도록 하고 있다. 즉 공무원인 근로자는 법률이 정하는 자에 한하여 단결권·단체교섭권 및 단체행동권을 가진다(제33조 제2항)고 규정한 것이 그것이다.
6) 권영성, 헌법학원론, 법문사, 2001, 344면.

육·수형자복역 등은 그 나름대로 각각 독특한 생활질서를 가지는 것이기 때문에, 각각의 생활질서가 요구하는 합리적 범위 내에서 법률로써 기본권을 필요하다고 인성되는 범위내에서 최소한으로 제한하는 것은 그와 같은 특수한 생활관계를 설정한 헌법정신에도 합당하다고 할 것이다.

### 3.3. 법률에 의한 기본권제한

공무원은 국민전체에 대한 봉사자이며, 그 특수한 신분 때문에 법률은 공무원에 대하여 기본권제한에 관한 특례를 규정하고 있는 경우가 적지 아니하다. 이를테면 (ㄱ) 정당법(제22조[발기인 및 당원의 자격])[1]·국가공무원법(제2조[공무원의 구분])·지방공무원법(제2조[공무원의 구분]) 등은 공무원의 정당가입이나 정치적 활동의 자유를 일정한 범위내에서 제한하거나 휴직을(교육공무원법 제44조)[2] 하게 하고 있고, (ㄴ) 군사관련법은 군인·군무원 등에 대하여 정치활동의 자유, 거주·이전의 자유의 제한, 표현의 자유의 제한, 제복의 착용 등을 규정하고 있으며, (ㄷ) 형의집행및수용자의처우에관한법률(舊행형법)은 수형자[3]에 대하여 교화·서신검열 등 신체의 자유와 통신의 자유를 제한하고 있고(동법 제43조 내지 제44조), (ㄹ) 공직선거법은 공무원에 대하여 대통령이나 국회의원에 입후보하기 위해서는 일정한 기간 이전에 사임하여야 한다고 규정하고 있으며(동법 제53조),[4]

---

1) 정당법 제22조(발기인 및 당원의 자격) ① 국회의원 선거권이 있는 자는 공무원 그 밖에 그 신분을 이유로 정당가입이나 정치활동을 금지하는 다른 법령의 규정에 불구하고 누구든지 정당의 발기인 및 당원이 될 수 있다. 다만, 다음 각 호의 어느 하나에 해당하는 자는 그러하지 아니하다. 1.「국가공무원법」제2조(공무원의 구분) 또는「지방공무원법」제2조(공무원의 구분)에 규정된 공무원. 다만, 대통령, 국무총리, 국무위원, 국회의원, 지방의회의원, 선거에 의하여 취임하는 지방자치단체의 장, 국회의원의 보좌관·비서관·비서, 국회 교섭단체의 정책연구위원과「고등교육법」제14조제1항·제2항에 따른 교원은 제외한다. 2.「고등교육법」제14조제1항·제2항에 따른 교원을 제외한 사립학교의 교원, 3. 법령의 규정에 의하여 공무원의 신분을 가진 자, ② 대한민국 국민이 아닌 자는 당원이 될 수 없다. [시행일 : 2016.1.1.] 제22조
2) 교육공무원법 제44조 (휴직) ① … 11. 교원의노동조합설립및운영등에관한법률 제5조에 따라 노동조합 전임자로 종사하게 된 경우 ③ 대학에 재직 중인 교육공무원이 교육공무원 외의 공무원으로 임용되어 휴직을 원하면 임용권자는 휴직을 명할 수 있다. 이 경우 휴직기간은 그 공무원으로 재임하는 기간으로 한다.
3) 수형자(受刑者)의 기본권제한에 관하여 자세한 것은 권영성, 수형자에 대한 징계처분, 헌법학연습, 102면 이하 참조.
4) 공직선거법 제53조(공무원 등의 입후보) ① 다음 각 호의 어느 하나에 해당하는 사람으로서 후보자가 되려는 사람은 선거일 전 90일까지 그 직을 그만두어야 한다. 다만, 대통령선거와 국회의원선거에 있어서 국회의원이 그 직을 가지고 입후보하는 경우와 지방의회의원선거와 지방자치단체의 장의 선거에 있어서 당해 지방자치단체의 의회의원이나 장이 그 직을 가지고 입후보하는

(ㅁ) 감염병의예방및관리에관한법률은 감염병환자에 대하여 정당한 사유없이 입소(入所)를 거부할 수 없도록 하고 있고(동법 제38조[감염병환자의 입소거부금지] 참조),[1] 감염병 중 특히 전파 위험이 높은 감염병으로서 보건복지부장관이 고시한 감염병에 걸린 감염병환자등은 감염병관리기관에서 입원치료를 받아야 하도록 하는 것(동법 제41조) 등이 그것이다.

### 3.4. 명령에 의한 기본권제한

법률의 구체적인 위임이 있는 경우에는 법규명령에 의하여 기본권이 제한 될 수도 있다. 또한 비상사태가 발생하면 법률에 의한 기본권제한의 원칙이 배제되고 헌법 제76조와 제77조에 의거한 긴급명령·긴급재정경제명령·처분 등에 의해서 제한이 가능하다.[2]

▶판례〉 수형자나 피보호감호자를 교도소나 보호감호소에 수용함에 있어서 신체의 자유를 제한하는 외에 교화목적의 달성과 교정질서의 유지를 위하여 피구금자의 신체활동과 관련된 그 밖의 자유에 대하여 제한을 가하는 것도 수용조치에 부수되는 제한으로서 허용된다고 할 것이나, 그 제한은 위 목적 달성을 위하여 꼭 필요한 경우에 합리적인 범위 내에서만 허용되는 것이고, 그 제한이 필요하고 합리적인가의 여부는 제한의 필요성의 정도와 제한되는 권리 내지 자유의 내용, 이에 가해진 구체적 제한의 형태와의 비교교량에 의하여 결정된다고 할 것이며, <u>법률의 구체적 위임에 의하지 아니한 행형법시행령이나 계호근무준칙 등의 규정은 위와 같은 위법성 판단을 함에 있어서 참고자료가 될 수는 있겠으나 그 자체로써 수형자 또는 피보호감호자의 권리 내지 자유를 제한하는 근거가 되거나 그 제한조치의 위법 여부를 판단하는 법적 기준이 될 수는 없다</u>(대판 2003. 7. 25, 2001다60392).

### 3.5. 기본권제한의 한계

특별권력관계는 특정한 행정목적을 위하여 설정된 것이므로 특별권력관계도 특별권력관계를 설정한 목적(목적의 정당성)에 맞게, 그리고 (꼭) 필요한 한도내에서(피해의 최소성·방법의 적절성) 발동해야 한다. 따라서 특별권력은 특별권력관계가 법규의 규정에 의해서 성립된 경우에는 법규의 범위 내에서 발동하고, 법규의 규정이 없으면 조리상의 한계

---

경우에는 그러하지 아니하다.
1) 감염병의예방및관리에관한법률제38조(감염병환자등의 입소 거부 금지) 감염병관리기관은 정당한 사유 없이 감염병환자등의 입소(入所)를 거부할 수 없다. 감염병의예방및관리에관한법률 제41조(감염병환자등의 관리) ① 감염병 중 특히 전파 위험이 높은 감염병으로서 보건복지부장관이 고시한 감염병에 걸린 감염병환자등은 감염병관리기관에서 입원치료를 받아야 한다.
2) 권영성, 헌법학원론, 법문사, 2001, 344면.

내에서 발동하여야 하며, 상대방의 임의적 동의에 의하여 특별권력관계가 성립된 경우에는 특정한 행정목적에서 합리적으로 이용배제・이익박탈의 한도 내에서 발동하여야 한다. 여기에는 첫째 명령권의 한계로서 특별권력관계에서의 포괄적인 명령권은 특별권력관계의 목적달성을 위하여 필요한 범위 내에서 발동이 가능하며 법규에 위배되지 않고 비례원칙에 적합해야 한다. 둘째 징계권의 한계로서 징계권의 발동도 법령의 한계 내에서, 또 조리상의 한계 내에서만 행하여져야하며, 특별권력관계가 상대방의 임의적 동의에 의하여 성립된 경우의(예컨대, 국공립도서관이용 국공립대학 재학 등) 징계는 그 이용관계로부터의 배제에 그쳐야 한다. 만약 한계일탈의 경우, 즉 특별권력의 발동이 법규상의 한계 또는 조리상의 한계를 일탈하면 위법으로 사법심사・헌법소원의 대상이 된다. 다만 특별권력관계에 있어서 특별권력의 발동(주로 징계권의 발동)으로 말미암아 불이익을 받은 자에 대한 사법절차에 의한 권리구제의 문제에 관하여는 다음에서 보는 바와 같이 견해가 나누어지고 있다.

## Ⅳ. 특별권력관계와 사법심사(행정소송; 사법적 구제)

### 1. (사법심사) 전면적 부정설(절대적 구별설・불침투의 입장)

독일의 경우 전통적 특별권력관계이론(절대적 구별설)에 의하면(R. Nebinger[네빙어]), 특별권력관계에는 법률유보원칙이 적용되지 않으므로 특별권력관계내에서는 당연히 법규정립행위나 그에 근거한 행정행위가 존재할 수 없고, 따라서 법규위반을 이유로 한 항고소송(Anfechtungsklage)이 인정될 수 없는 것이고, 또한 특별권력발동행위는 특별권력관계라는 특수한 내용의 질서유지를 위한 행위인 까닭에 일반권력관계에 놓여있는 국민들에게 적용되는 시민법질서의 유지를 목적으로 하는 사법권의 대상이 될 수 없다고 한다(불침투설).[1]

### 2. (사법심사) 제한적 긍정설(상대적 구별설・수정설의 입장)

사법심사를 제한적으로 긍정하는 제한적 긍정설의 입장은 특별권력관계에서의 행위를 내부행위(특별권력관계의 구성원이라는 지위에 대하여 하는 행위)와 외부행위(특별권력주체에 대립하는 권리주체로서의 지위에 대하여 행하는 행위)로 나누어, 외부행위만은 사법심사의 대상이 될 수 있다고 한다.[2] 내부행위의 예로서는 먼저 특별권력관계의 구성

---

1) 이명구, 신행정법원론, 대명출판사, 1998, 138면.

원의 지위를 들 수 있는바, 공무원에 대한 직무명령·학원내 집회의 불허가·지방의회의원의 출석정지 등이 그것이다. 이 경우에는 사법심사가 배제된다. 외부행위의 예로서는 특별권력주체에 대립하는 권리주체로서 공무원파면·지방의회의원의 제명·학생제적 등이 있고 이 경우 사법심사가 가능하다.[1] 또한 특별권력관계를 기본관계와 업무수행관계로, 또는 인격 대 인격의 관계」와 관직 또는 기관간의 관계로 구분하여, 원칙적으로 전자에 있어서의 행위에 대해서만 사법심사를 청구할 수 있다는 견해도 이 범주에 속한다고 하겠다.

## 3. (사법심사) 전면적 긍정설(특별권력관계부정설의 입장)
### 3.1. 학설

사법심사를 전면적으로 긍정하는 전면적 긍정설의 입장은 일반권력관계에 있어서와 같은 요건 아래 모든 특별권력관계상의 행위가 사법적 통제의 대상이 된다고 하는 견해이다. 즉, 원래 사법심사가 가능한가의 여부 문제는 구체적인 행위의 내용에 따라 결정해야 할 문제이며, 또한 그것이 「법률적 쟁송」에 해당하는가 혹은 법률적 쟁송에 해당되지 않는가는 '소송법상의 문제'로서 결정될 성질의 것이지, 그 행위가 내부행위인가 외부행위인가 하는 것은 문제가 되지 않는 것이다. 즉 내부행위와 외부행위의 구별은 법본질적인 것이 아니며, 구별의 기준도 명백하지 아니하며, 내부행위도 법률관계를 성립·변경·소멸시키는 것인 한 법적 행위임에 틀림없고, 내부행위에 대하여도 사법권에 의한 권리보호를 필요로 하는 경우(휴직 또는 정학처분)가 적지 않을 뿐만 아니라,[2] 헌법은 국민이 기본권으로서 재판청구권을 보장하고(헌법 제27조 제1항), 모든 공법상의 권리관계에 관한 분쟁을 개괄적으로 행정소송사항으로 인정하고(행정소송법 제1조) 있는 점 등에 비추어(개괄주의), 위법한 특별권력의 발동으로 인한 권리침해에 대하여는 일반적으로 사법심사가 인정된다고 보아야 한다는 것이다.[3] 특별권력관계에 의한 기본권 제한은 법률에 의한 기본권제한의 원칙에 대한 예외가 아닌, 법률에 의한 기본권제한의 원칙이 적용되는 하나의 유형에 해당한다고 보아야 한다. 따라서 기본권침해에 대한 사법적 권리구제 수단도 그대로 적용된다.[4]

---

2) 박윤흔, 행정법강의(상), 박영사, 2000, 190면.
1) 이명구, 신행정법원론, 대명출판사, 1998, 138면.
2) 이명구, 신행정법원론, 대명출판사, 1998, 138면.
3) 권영성, 헌법학원론, 법문사, 2001, 345면.
4) 예컨대 헌법이 이미 공무원근무관계라는 특수한 생활관계를 마련해 놓고 있는 이상 공무원의 정상적인 근무관계의 유지를 위해서 국가공무원법을 제정해서 공무원근무라는 독특한 생활관계가 요구하는 필요 불가피한 최소한의 범위 내에서 공무원이 가지는 여러 가지 기본권을 제한하는 것은 그것이 기본권제한입법의 한계를 일탈하지 않는 한 헌법규범의 조화적인 실현을 위해서

### 3.2. 판례

[대법원] 우리나라 대법원은 공무원의 징계처분을 모두 자유재량행위로 보고, 내부행위와 외부행위의 구별없이 위법한 특별권력행위를 포괄적으로 행정소송사항으로 인정한다(전면적 긍정설의 입장).[1] 대법원은 "구청장과 동장의 관계는 이른바 특별권력관계로서 이러한 특별권력관계의 행위에 의해 권리를 침해당한 자는 행정소송법에 따라 취소소송을 제기할 수 있다."[2]고 하였고, 또한 "국립교육대학 학생에 대한 퇴학처분은, … 행정처분임이 명백하며 그 징계처분에 위법사유가 있다고 판단되는 경우에는 이를 취소할 수 있는 것이고, 징계처분이 교육적 재량행위라는 이유만으로 사법심사의 대상에서 당연히 제외되는 것은 아니다."[3]라고 하였다. 특히 대법원은 지난 71년 군인·군속의 국가배상청구권을 제한하고 있던 구국가배상법 제2조 제1항은 위헌이라고 판결한 바 있다.[4] 당시 대법원은 「군인연금법, 군인재해보상규정 등에 의해 받는 재해보상금, 유족연금 등은 사회보장적 목적이 있는 것」이라며 「이와 별도로 국가의 불법행위로 인한 손해배상을 한다고 해서 이중배상금지의 원칙에 반하지 않는데도 군인이라는 이유로 국가배상을 제한하는 것은 위헌」이고 판시했다. 대법원은 또 「군인이 피해자가 된 불법행위사고가 많아 국고손실이 크므로 이를 최소한으로 줄이기 위해 군인들이 희생을 감수해야 한다는 것은 이유가 되지 못한다」고 판시하였고,[5] 또한 「동장과 구청장과의 관계는 이른바 행정상의 특별권력관계에 해당

---

비록 불가피한 일에 속한다 할지라도 그에 대한 사법적 통제는 허용된다고 보아야 한다(따라서 「오늘의 상황에서 특수한 신분관계에서의 기본권제한과 관련해서 그 사법적 통제에 관해 부정설·제한설·전면적 긍정설 등 논란을 벌이는 것은 전혀 무의미한 일」이라는 견해가 있다. 이에 관하여는 허영, 한국헌법론, 박영사, 2001, 285면 각주 4) 참조). 병역복무관계·학생교육관계·수형자복역관계 등도 모두 사법심사는 가능하다. 우리 헌법재판소도 병역복무관계와 공무원근무관계가 결코 기본권의 사각지대가 될 수 없고, 기본권의 효력이 미친다는 입장을 취하고 있다. 우리 대법원도 「동장과 구청장과의 관계는 이른바 행정상의 특별권력관계에 해당되며 이러한 특별권력관계에 있어서도 위법 부당한 특별권력의 발동으로 말미암아 권력을 침해당한 자는 행정소송법 제1조의 규정에 따라 그 위법 또는 부당한 처분의 취소를 구할 수 있다. 그리고 행정청의 자유재량에 속하는 처분이라 하더라도 그 재량의 범위를 일탈하였을 때에는 행정소송의 대상이 된다고 함이 종래 당원의 판례로 하는 바이다(대법원 1963. 10. 10 선고, 63 누 43; 1971. 3. 30 선고, 71누 9 각 판결 참조)」라고 판시한 바 있다(대판 1982. 7. 27, 80누86); (참조) 평석: 부당한 처분이 취소쟁송과 청구인적격, 김남진, 판례연구, 고려대학교 법학연구소편, 6집 (94. 06), 73.

1) 이명구, 신행정법원론, 대명출판사, 1998, 139면.
2) 대판 1982. 7. 27, 80누86.
3) 대판 1991. 11. 22, 91누2144.
4) 대판 1971. 6. 22, 70다1010 【손해배상】
5) 대법원의 이러한 판결에 대하여 72년 유신정권은 위헌시비를 없애기 위하여 국가배상을 제한할 수 있는 근거규정을 헌법전으로 끌어올려 명문화했다. 비상조치에 따라 국회가 해산된 상태

되며 이러한 특별권력관계에 있어서도 위법 부당한 특별권력의 발동으로 말미암아 권력을 침해당한 자는 행정소송법 제1조의 규정에 따라 그 위법 또는 부당한 처분의 취소를 구할 수 있다」고 한바 있다.1)

[헌법재판소] 우리의 헌법재판소도 병역복무관계2)와 공무원근무관계,3) 그리고 수형자 복역관계4)가 결코 기본권의 사각지대가 될 수 없고, 기본권의 효력이 미치기 때문에 권리구제가 가능하다는 판시를 하고 있다.5)

### 4. 소결

생각건대 현대 자유민주적 기본질서를 토대로 하는 헌법국가에서는 헌법이 기본권을 보장하고 있고, 또한 법치주의원리를 통치의 기본원리(헌법의 기본원리)로 하고 있기 때문에, 국가의 행위로 인하여 개인의 기본권이 침해된 경우에 그 침해행위가 특별권력관계에서의 행위라는 이유로 구제방법을 부인하여서는 안 된다. 왜냐하면 실질적 자유·평등·정의를 구현하는 현대헌법국가(실질적 법치국가)에서는 특별권력관계에도 법치주의가 전면적으로 적용되어야 하기 때문이다. 이러한 의미에서 사법심사에 대한 전면적 심사가 가능하다고 보아야 한다(사법심사 전면적 긍정설).6) 왜냐하면 특별권력관계에 의한 기본권 제한은 법률에 의한 기본권제한의 원칙의 예외가 아니라, 법률에 의한 기본권제한의 원칙이 적용되는 하나의 유형에 불과하다고 보아야 하기 때문이다.7) 즉 특별권력관계에도 법치주의가 원칙적으로 타당하다고 보고, 다만 그 목적달성을 위하여 합리적인 범위 안에서 그 적용을 제한하는 것이 타당하다고 본다.8) 다만 내부적 규율에 맡겨져 있는 사항으로서 행

---

에서 개헌에 대한 찬반토론도 없이 제정된 유신헌법의 이 독소조항은 87년 여·야간에 개정안이 마련되기는 했으나 결국에는 오늘에 이르고 있다. 이에 관하여는 법률신문, 2001.4.12일자 참조.

1) 대법원 1982.7.27 80누86판결 (참조) 평석: 부당한 처분의 취소쟁송과 청구인적격, 김남진, 판례연구 고려대학교 법학연구소편 서울 고려대학교 법학연구소, 6집 (94.06).
2) 헌재결 1989.10.27 89헌마56.
3) 헌재결 1993.12.23 92헌마247.
4) 헌재결 1998. 8. 27 96헌마398.
5) 허영 교수는 「… 따라서 오늘의 상황에서 특수한 신분관계에서의 기본권 제한과 관련해서 그 사법적 통제에 관해 부정설·제한적 긍정설·전면적 긍정설 등 논란을 벌이는 것은 전혀 무의미한 일이다.」라고 한다(허영, 한국헌법론, 박영사, 2001, 285면 각주 4) 참조).
6) 同旨 권영성, 헌법학원론, 법문사, 2001, 345면; 허영, 한국헌법론, 박영사, 2001, 285면; 김동희, 행정법(I), 박영사, 2001, 111면.
7) 허영, 한국헌법론, 박영사, 2001, 284면.
8) 문홍주 교수는 우리 헌법이 특별권력관계를 인정하고 있다고 볼 적극적인 근거는 없다고 한다 (문홍주, 한국헌법, 해암사, 1983, 184면); 특히 김철수 교수는「특별권력관계이론이 안이하고도

정주체에게 자유재량(Ermessensfreiheit)이 인정되어 있는 영역에서는 일반권력관계에서와 마찬가지로 사법적 구제가 인정되지 아니한다.[1] 그러나 내부적 규율과 자유재량영역에서도 일반권력관계의 경우와 같이 자의적이거나 재량권의 한계를 일탈(외적 한계)·남용(내적 한계)할 때에는 당연히 사법심사의 대상이 되며, 이에 따른 사법적 구제가 인정되어야 한다.[2] 따라서 특별권력관계상의 행위 중, 단순한 내부적 행위 또는 자유재량행위는 원칙적으로 행정소송의 대상이 되지 아니한다. 그러나, 법규에 직접 규정된 행위에 대하여는 법치주의가 적용되며 손해배상 등 사법적 구제도 가능하다. 특별권력관계의 외부적 행위의 성질을 가진 경우(예; 공무원의 파면·학생의 퇴학처분) 및 일반시민법질서에 관계되는 행위(예; 정직·정학·군복무·교도소복역·격리병원재소관계)에 대하여도 항고소송의 제기가 가능하다고 본다. 특별권력관계에 있어서의 처분을 일반적 자유재량행위라고 보는 것이 통설·판례이나, 이 경우에도 재량권을 일탈·남용한 경우에는 행정소송이 가능하게 된다(행정소송법 제27조 참조). 다만 여기서 문제가 되는 것은 특별권력관계에서의 행정주체의 행위가 행정소송을 제기하기 위한 행정행위(행정처분)로서의 성격을 지니고 있는가 하는 점이 문제된다. 왜냐하면 행정소송의 제기요건은 행정처분에 한하여 인정하고 있는 항고소송을 일반적으로 인정하는 것이 우리 나라의 행정소송법의 현실이기 때문에 특별권력관계에서의 행위가 행정처분에 해당되어야 하기 때문이다. 그리하여 특별권력관계에서의 행위에 대한 구제를 넓히기 위하여 무리하게 행정처분의 개념을 확대할 수 밖에 없으나,[3] 당사자소송을 활용하는 것이 바람직하다.[4]

---

편의적으로 남용되어 법치주의의 이념을 위배해 온 점에서 본다면, 특별권력관계는 이를 부정하고 특수신분관계에서 오는 기본권의 제한이라고 보아야만 할 것이다」라고 한다(김철수, 헌법학개론, 박영사, 2001, 338면).
1) 권영성, 헌법학원론, 법문사, 2001, 345면; 김동희, 행정법(I), 박영사, 2001, 111면.
2) 일본 하급심판결은 수형자에게 구금의 목적을 달성키 위해 필요한 최소한도의 합리적 제한 이외에는 인정될 수 없으므로, 減食·戶外運動禁止의 징벌을 행하거나 특정한 종교교회·종교적 행사에의 참가강제는 허용되지 않으며, 또 구금·계호(戒護)에 명백하고 현존하는 위해를 일으킬 것이 반드시 예견되는 경우를 제외하고는 표현의 자유, 통신의 비밀의 보장은 침해될 수 없고, 이러한 우려 없는 도서나 신문의 열독을 금하거나 이런 종류의 통신의 금지·삭제·말소 등의 처분을 한 경우 사법구제가 가능하다고 한다(대판지판 昭和 33.8.20); 권영성, 헌법학원론, 법문사, 2001, 345면.
3) 예컨대 1994.9.6 서울 고판, 94구1496; 박윤흔, 행정법강의(상), 박영사, 2000, 191면 참조.
4) 정하중, 특별권력관계에서의 행정소송, 고시연구(1996.5); 박윤흔, 행정법강의(상), 박영사, 2000, 192면.

## V. 결론

특별권력관계에서는 행정주체가 (특별) 권력관계를 구성하는 국민의 기본권을 자의적으로 제한할 수 있는가가 문제되고 있다. 생각건대 절대적 기본권[1]은 어떠한 경우에도 제한될 수 없지만,[2] 상대적 기본권은 특별권력관계를 설정한 목적에 비추어 합리적이라고 인정되는 범위 내에서 제한될 수 있다.[3] 그러나 상대적 기본권도 자의적·무제한적으로 제한할 수 있는 것은 아니고, 헌법에 근거가 있거나 법률 혹은 법률의 근거가 있어야 하고, 또한 (꼭) 필요한 경우에 한하여 합리적인 범위 내에서만 제한이 가능하다.[4] 특별권력관계

---

1) 허영 교수는 「우리 헌법은 국가안전보장, 질서유지, 공공복리를 위해서 필요 불가피한 경우에 한해서 그리고 기본권의 본질적 내용을 다치지 않는 범위 내에서 모든 기본권을 법률로써 제한할 수 있도록 규정하고 있기 때문에, 독일기본법에서와 같은 절대적 기본권을 우리 헌법이 인정하고 있다고 보기는 어렵다. 따라서 '절대적 기본권'을 규정하고 있는 헌법질서 내에서 그 기본권의 제한가능성을 둘러싸고 전개되는 기본권의 내재적 한계에 관한 논쟁은 우리 나라에서는 현실적으로 제기될 수 있는 이론상의 소지가 희박하다고 보아야 한다」고 한다. 허영, 헌법이론과 헌법, 박영사, 1995, 414면 각주 381) 참조; 同, 한국헌법론, 박영사, 2001, 265면. 허영 교수의 주장에 대하여 구병삭 교수는 「그렇다면 제37조 제2항 단서의 자유와 권리의 본질적 내용을 침해할 수 없다에 위배될 수 있는 것이 아닌가 생각된다」고 한다(구병삭, 신헌법원론, 박영사, 1995, 348면 각주 2) 참조.
2) 특히 포르스트호프(Ernst Forsthoff)의 이론에 의하면 법률에 의해서도 제한될 수 없는 절대적 기본권은 특별권력관계를 설정한 법률로써도 침해할 수 없고, 당사자의 동의가 있는 때에도 제한을 인정할 수 없으나, 법률유보에 의해 제한할 수 있는 상대적 기본권에 관하여는 법률이 특별권력의 주체에 대하여 기본권의 제한을 가할 수 있도록 수권하거나 법에서 직접 기본권을 제한하는 명문규정을 둘 수 있고 또 기본권의 제한을 수반할 특별권력관계의 성립에 동의함으로써 기본권의 제한을 감수할 수도 있다고 한다. 즉 그는 기본권을 절대적 기본권(특별권력관계를 설정한 법률로써도 침해금지, 당사자의 동의가 있는 때에도 제한을 불인정)과 상대적 기본권(법률이 특별권력의 주체에 대하여 기본권의 제한을 가할 수 있도록 수권, 법에서 직접 기본권을 제한하는 명문규정, 기본권의 제한을 수반할 특별권력관계의 성립에 동의하면 기본권의 제한 가능)으로 구분하여 설명한다.
3) 同旨 권영성, 헌법학원론, 법문사, 2001, 343면.
4) 법률에 의한 기본권제한의 원칙상 '기본권은 원칙적으로 법률로 제한할 수 있다'고 하는 법률유보조항을 두는 경우 기본권은 절대적 기본권과 상대적 기본권의 구분을 하는 견해가 있다(기본권을 절대적 기본권과 상대적 기본권으로 분류한 최초의 학자는 독일의 쿠어트 헨첼(Kurt Häntzschel)이다. Kurt Häntzschel, Die Verfassungsschranken der Diktaturgewalt des Artikels 48 der Reichsverfassung, Zeitschrift für öffentliches Recht, 5, 1926, S. 222-224.). '법률에 의하지 아니 하고는' 혹은 '자유 또는 권리는 법률에 규정한 경우를 제외하고 침해받지 아니한다'고 규정한 것은 절대적 기본권(absolute Grundrechte)에 해당하며(쿠어트 헨첼[Kurt Häntzschel]은 바

가 법규에 의하여 강제적으로 성립된 경우(군복무관계·수감관계 등)에는 헌법에 그에 관한 근거 내지는 최소한 헌법이 그것을 전제하고 있는 경우) 기본권의 제한이 가능하지만, 당사자간의 합의에 따라 임의로 성립한 경우(공무원복무관계·대학생의 재학관계 등)에도 최소한 법률에 근거가 있어야 제한이 가능하다. 다만 기본권제한의 구체적인 방법과 정도는 특별권력관계의 설정목적·성질·기능 등에 따라 구체적으로 검토하는 것이 타당하다. 행정규칙에 의한 징계권 행사의 경우에도 반드시 "일반권력관계에서는 인정되는 기본권이 특별권력관계에서는 제한된다"는 입장을 취하여야 할 이유는 없으며, 기본권의 내재적 한계[1]의 문제로 고찰하는 것도 가능하다고 할 것이다.[2] 따라서 절대적 구별설의 입장은 이제「당원들이 모두 떠나 버린 정당과 같이 더 이상 추종자가 없어 행정법학에서 등록말소」되어야 할 견해가 되었다.[3]

[특별권력관계에 있어서의 기본권 보장] 특별권력관계에 있어서의 기본권 보장은 그 특별권력관계에 법률우위의 원칙(Vorrang des Gesetzes)이나 종래에 부정되었던 법률유보의 원칙(Gesetzesvorbehalt)을 적용한다고 해서 해결되는 것은 아니다. 그러므로 특별권력관계에서의 권력의 발동은 반드시 일정한 한계내에서 행사될 것이 요구된다. 이와 같은 요청은 법규에 근거한 공권력행사이든 재량권에 의거한 공권력행사이든 동일한 것이다. 전통적인 특별권력관계이론이 지배적이었던 시대에 있어서도 특별권력의 발동의 경우 일정한 한

---

이마르(Weimar)공화국헌법에 있어서 절대적 기본권에 해당하는 것으로 이전의 자유·외국이전의 자유·신체의 자유·주소의 안전·서신, 통신, 우편, 전화의 비밀·의견발표의 자유·집회의 자유·소유권을 지적하고 있다. 김호길, 기본권의 제한과 그 한계에 대한 법리, 고려대학교 교육대학원, 1987, 32면), 법률이 정하는 제한이외는 자유이며, 법률은 예외적인 제한의 형식을 취한다. 「법률에 근거」한(이 경우에도 입법자는 집행기관 혹은 사법기관이 제한을 실현할 수 있거나 혹은 실현해야 할 전제조건을 규정한다. 「법률의 범위내에서」, 「법률이 정하는 바에 따라」 자유를 인정하는 것이 상대적 기본권(언론의 자유, 출판의 자유, 집회의 자유, 결사의 자유, 계약의 자유, 영업의 자유, 노동권, 쿠어트 헨첼(Kurt Häntzschel)은 공공단체의 자치권, 就官權, 통상 및 영업의 자유, 계약의 자유, 상속권 등은 상대적 기본권이라 한다. 김호길, 기본권의 제한과 그 한계에 대한 법리, 고려대학교 교육대학원, 1987, 33면 참조)으로 개인의 사회적 관련성에 중점을 두며 법률은 예외적으로 제한을 하는 것이 아니고, 그 자유를 전체로서 법률의 범위 내에서 보장하려는 것이다. 이와 같이 법률유보조항을 구분하여 규정하는 것은 명확히 상정된 것은 아니고 입법정책적 문제로서 입법방침에 따라 다소의 변화가 있을 수 있는데, 이는 기본권을 단계화 함으로서 헌법은 기본권의 약속적 확정과 필요한 개방성을 결합시키고자 한다(계희열, 서독헌법원론, 삼영사, 1986, 201면).
1) 기본권의 내재적 한계에 관한 상세한 내용은 김백유, 기본권의 내재적 한계, 성균관법학, 2001년 참조.
2) 同旨 박윤흔, 행정법강의(상), 박영사, 2000, 190면.
3) 이명구, 신행정법원론, 대명출판사, 1998, 132면.

계 내에서 행사되어야 한다는 점은 강조되었다. 여기서 일정한 한계라 함은 당해 특별권력 관계를 설정한 목적에 비추어 보아 필요한 한계를 의미하는 것이었다. 그러나 이와 같은 표현은 특별권력관계 그 자체가 특별권력관계구성원의 기본권을 제한하는 이론적 근거로 서 수용되었던 사상을 계속 유지하고 있다는 느낌을 떨칠 수 없다. 따라서 국민의 기본권 의 제한은 그 주체가 일반국민이거나 공무원·군인·경찰관 등과 같은 특별한 신분을 가 진 자이거나 간에 헌법 및 헌법의 기본질서(헌법질서) 또는 객관적 가치질서(objektive Wertordnung)에 비추어 허용되는 범위 - 즉 기본권이 헌법적으로 보장되고 있는 경우, 헌 법상 제한이 적극적으로 규정되어 있던가, 또는 적어도 전제되어 있는 경우[1] - 안에서만 그 제한이 가능하다고 보아야 한다. 특히 우리 헌법의 기본질서가 자유민주적 기본질서 (freiheitliche demokratische Grundordnung)를 추구하는 헌법국가로서의 민주주의원리를 채택하고 있음을 헌법에서 명문으로 규정(헌법전문, 제8조 제2항, 제4항 등)하고 있기 때문 에 특별권력관계 구성원의 기본권을 제한하는 경우에도 그와 같은 헌법이념에 비추어 보 아 필요한 최소한도내에서만 권리가 제한될 수 있다는 것은 재언(再言) 할 필요조차 없다. 이와 같은 관점에서 특별권력관계라는 개념을 아무런 제한 없이 그대로 사용하는 것은 오 늘날의 자유민주적 기본질서를 추구하는 헌법국가의 기본원리에 입각한 헌법관 내지는 기 본권관과도 서로 조화되기가 어렵다고 판단되기 때문에 단순히 특별권력관계라는 표현 대 신 '소위' 특별권력관계(sog. besonderes Gewaltverhältnis)[2]라는 명칭으로 제한적으로 사 용하는 것이 바람직하다고 할 것이다. 특히 헌법 제29조 제2항의 규정에 의한 특별권력관 계문제는 해당 당사자의 권리를 보호하고 권리구제를 용이하게 하기 위하여는 현실적으로 헌법재판소가 헌법개별조항의 효력상의 차등은 인정할 수 없다는 판단을 이미 내렸으므 로,[3] 헌법개정이 이루어지기 전까지는 법원이 융통성 있는 법해석을 통해 군인·경찰관등 의 국가배상범위를 넓힐 필요가 있다. 예를 들면 대법원이 79년 경찰관이 숙직실에서 연탄 가스로 순직한 경우, 숙직실은 직무집행과 관련한 시설이 아니라고 판단, 순직연금외에 국 가배상법에 의한 손해배상을 인정할 수 있다고 선고한 사건은 좋은 본보기가 될 것이다.[4]

---

1) K. Hesse, Grundzüge, Rn. 324; 서독헌법원론, 삼영사, 1987, 방주 324 참조.
2) 同旨 H. Maurer, Allgemeines Verwaltungsrecht, 13. Aufl., München 2000, § 8 Rn. 26; 이를 특 별행정법관계라는 표현을 사용하는 학자도 있다(박균성, 행정법총론, 박영사, 2000, 113면).
3) 헌재 2001. 2. 22, 2000헌바38 【국가배상법 제2조 제1항 단서 등 위헌소원 (헌법 제29조 제2 항)】
4) 「경찰서 지서의 숙직실은 국가배상법 제2조 제1항 단서 소정의 전투·훈련에 관련된 시설이라 볼 수 없으므로, 위 숙직실에서 순직한 경찰공무원의 유족들은 국가배상법 제2조 제1항 본문에 의하여 국가배상법 및 민법의 규정에 의한 손해배상을 청구할 권리가 있다(다수의견)(대법원 1979. 1. 30. 선고, 77다2389 판결).

〈**법률저널**〉 군인과 경찰 등 특정 공무원은 직무상 불법 행위로 인한 피해를 당해도 국가나 지방자치단체를 상대로 손해배상을 청구하는데 제한을 받도록 한 규정이 헌법에 위배되지 않는다는 헌법재판소 결정이 나왔다. 23일 헌재 전원재판부(주심 송인준 재판관)는 고참에게 구타당해 숨진 해군 이병 최모씨의 유족들이 군인의 손해배상 청구권을 제한한 헌법 및 국가배상법 규정이 위헌이라며 제기한 헌법 소원 사건에 대해 '위헌이 아니다'며 청구를 기각했다. 재판부는 결정문에서 '위헌 심사 대상이 되는 법률은 국회 의결을 거친 형식적 의미의 법률을 의미하기 때문에 헌법의 개별 규정은 위헌심사대상이 아니며 헌법 규정 자체는 위헌심사대상이 되지 못한다'고 밝혔다. 재판부는 '국가배상법 규정은 군인의 국가배상청구권을 제한하는 헌법규정에 근거하고 있고 실질적으로 내용을 같이 하고 있기 때문에 헌법 취지에 위배된다고 할 수 없다'고 말했다. 그러나 반대 의견을 낸 하경철 재판관은 '헌법에는 근본 규정에 해당하는 상위 규정과 그렇지 않은 하위 규정이 있을 수 있고 상·하위 규정간 불일치가 생기면 위헌성을 확인할 수 있다'며 '군인들의 배상청구권을 제한한 헌법규정은 평등, 인간의 존엄을 보장한 헌법 규정에 위배된다'고 반박했다. 해군 작전사에 근무했던 최씨는 99년 3월 평소 지시사항을 잘 이행하지 않는다는 이유로 고참 상병이 휘두른 파이프에 목을 3차례 얻어맞고 사망했으며 유족들은 법원에 국가상대 손배소송을 내면서 헌법소원을 제기했었다.[1]

▶ 헌재결 2001. 2. 22, 2000헌바38 【국가배상법 제2조 제1항 단서 등 위헌소원 (헌법 제29조 제2항)】 【판시사항】 1. 헌법의 개별규정 자체가 위헌심사의 대상이 되는지 여부(소극) 2. 군인의 국가 등에 대한 손해배상청구권을 제한하고 있는 국가배상법 제2조 제1항 단서가 헌법에 위반되는지 여부(소극) 【결정요지】 1. 헌법 및 헌법재판소의 규정상 위헌심사의 대상이 되는 법률은 국회의 의결을 거친 이른바 형식적 의미의 법률을 의미하는 것이므로 헌법의 개별규정 자체는 헌법소원에 의한 위헌심사의 대상이 아니다. 한편, 이념적·논리적으로는 헌법규범 상호간의 우열을 인정할 수 있다 하더라도 그러한 규범 상호간의 우열이 헌법의 어느 특정규정이 다른 규정의 효력을 전면적으로 부인할 수 있을 정도의 개별적 헌법규정 상호간에 효력상의 차등을 의미하는 것이라고 볼 수 없으므로, 헌법의 개별규정에 대한 위헌심사는 허용될 수 없다. 2. 국가배상법 제2조 제1항 단서는 헌법 제29조 제1항에 의하여 보장되는 국가배상청구권을 헌법 내재적으로 제한하는 헌법 제29조 제2항에 직접 근거하고, 실질적으로 그 내용을 같이하는 것이므로 헌법에 위반되지 아니한다.

[재판관 하경철의 반대의견] 헌법에는 보다 상위의 근본규정에 해당하는 헌법규정과 그러한 근본규정에 해당하지 않는 보다 하위의 헌법규정이 있을 수 있고, 하위의 헌법규정이 상위의 헌법규정과 합치하지 않는 모든 경우에 그 효력을 부인할 수 있는 것은 아니나, 더 이상 감내할 수 없을 정도로 일반인의 정의감정에 합치하지 아니하는 경우에는

---

1) http://www.lec.co.kr/news/articleView.html?idxno=245(검색일 : 2015.6.22) 〈법률저널〉

헌법의 개별조항도 헌법 제111조 제1항 제1호 및 제5호, 헌법재판소법 제41조 제1항 및 제68조 제2항 소정의 법률의 개념에 포함되는 것으로 해석하여 헌법재판소가 그 위헌성을 확인할 수 있다. 군인등 신분이라는 이유만으로 국가배상청구권을 박탈한 헌법 제29조 제2항은 상위규정이며 민주주의 헌법의 기본이념이고 근본규정이라고 할 수 있는 헌법 제11조 제1항의 평등원칙에 위배되고 인간의 존엄과 가치를 보장한 헌법 제10조에도 위배된다.

# 제 2 장  행정상 법률관계의 원인
## - 공법상의 법률사실(法律事實)과 법률요건(法律要件) -

## 제 1 절  총설

### 제 1 항  행정법상의 법률사실과 법률요건의 의의·종류

#### I. 의의

[개관] 행정법관계의 변동, 즉 행정법관계의 발생·변경·소멸이라는 법률효과를 발생시키는 원인이 되는 사실(공법적 사실·사법적 사실)을 행정법상의 법률요건(Verwaltungsrechtserhebliche Tatsache)이라 하며, 행정법상의 법률요건을 조성하고 있는 개개의 요소(사실)를 행정법상의 법률사실이라고 한다. 행정법상의 법률요건 및 법률사실은 사법상(민법상)의 법률관계에 관한 법률요건 및 법률사실의 유추개념이라 할 수 있다. 따라서 행정법상의 법률요건 및 법률사실에 관한 이론은 사법상(특히 민법상)의 이론을 준용하는 것이 보통이다.[1] 법률효과를 발생케 하는 원인으로서 필요하고도 충분한 사실의 총체가 법률요건이며, 그것은 단일한 사실로 성립(예컨대 공법상의 상계·포기)되어 있는 수도 있고, 다수의 사실의 복합으로 되어 있는 경우(예컨대 건축허가에 있어서 신청과 허가처분)도 있다.[2] 따라서, 법률요건은 그것을 이루는 요소로 분석되는데, 이 요소가 되는 개개의 사실이 법률사실이다. 예컨대, <u>행정행위가 법률요건이라고 할 때에, 행정행위중 허가는 사인의 허가의 신청과 행정청의 허가처분이라는 두 개의 법률사실로 되어 있고, 하명은 행정청의 하명처분이라는 하나의 법률사실로 되어있다.</u>[3] ☞ **법률사실 → 법률요건 → 법률효과**

---

1) 이상규, 신행정법론(상), 법문사, 1990, 203면..
2) 석종현, 일반행정법(상), 137면.
3) 석종현, 일반행정법(상), 137면.

법률요건은 일정한 법률효과를 발생케 하는 사실을 총괄해서 법률요건 또는 구성요건 이라고 한다. 법규는, 법률관계를 규정함에 있어서, 일반적 가언명제인 Wenn-Dann-Schema(… 하면, …한다), 즉 「이러 이러한 사실이 있으면 이러 이러한 효과가 생긴다」는 가언적(假言的) 판단의 형식을 취한다. 이 때에 전단의 조건명제(… 하면)에서 요구되어 있는 요건의 총체가 즉 법률요건이며, 후단의 귀결명제(… 한다)에서 주어지는 효력이 법률효과이다. 따라서 법률요건과 법률효과 사이에는 원인과 결과의 논리적 관계가 있다. 행정법상 예를 들면, <u>행정행위라는 법률요건이 있으면 공권의 발생 또는 의무의 부담이라는 법률효과가 생기는 경우를 예로 들수 있다. 즉, 특허는 권리의 발생, 하명은 의무의 발생을 가져온다.</u>

　▶특허(행정행위, 법률요건) → 권리의 발생(법률효과)
　▶하명(행정행위, 법률요건) → 의무의 발생(법률효과)

이와같이 법률효과는 법률요건의 결과로서 생기는 법률관계의 변동(발생·변경·소멸)이 바로 법률효과이다. 그런데, 법률관계는 결국 권리·의무의 관계이므로, 법률효과는 권리·의무의 변동이라는 것이 된다. 이와같이 행정법상 법률요건, 법률사실은 행정작용이 중심이 된다.

---

법률사실이 조성되어 → 법률요건을 구비하면 → 법률효과를 발생하여 →
행정법관계의 변동(공법상 권리·의무의 발생·변경·소멸)을 가져온다.

『예』 ① 물건을 팔겠다(賣渡)와 사겠다(買受)라는 의사표시가 합치되면(법률사실) ② 매매계약이라는 법률요건이 성립되고, ③ 종국적으로는 매도인의 권리이전 의무, 매수인의 대금지급의무라는 법률효과가 발생한다.

　· 물건을 팔겠다·사겠다 → 법률사실(의사표시의 합치)
　· 매매계약 → 법률요건
　· 매도인의 권리이전의무·매수인의 대금지급의무 → 법률효과

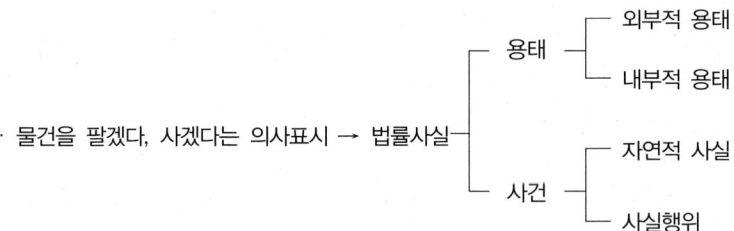

## II. 공법상 법률사실의 종류

### 1. 공법상의 용태(사람의 정신작용을 요소로 하는 공법상의 법률사실)

#### 1.1. 외부적 용태(행위) ⇒ (작위 · 부작위)

##### 1.1.1. 사법행위
사법행위도 공법적 효과를 발생하는 한도 안에서 공법상의 법률사실이 된다(예 : 매매 · 증여가 납세의무를 발생시키는 것).

##### 1.1.2. 공법행위
공법행위는 (ㄱ) 적법행위, (ㄴ) 위법행위(법규 · 법위반행위), (ㄷ) 부당행위(단순한 공익위반행위)로 나누인다. 적법행위는 ① 법률행위적 공법행위(예 : 법률행위적 행정행위), ② 준법률행위적 공법행위(예 : 준법률행위적 공법행위 · 공법상의 사무관리)가 있다. 위법행위(법규 · 법위반행위)는, ① 위법한 행정행위 : 행정행위의 하자문제, ② 불법행위(행정상 손해배상의 원인), ③ 의무위반 · 의무불이행 : 행정벌 · 행정상 강제집행의 원인이 있다. 부당행위(단순한 공익위반행위) ⇒ 행정심판의 대상이 된다.

- 적법행위
  · 법률행위적 공법행위(예 : 법률행위적 행정행위)
  · 준법률행위적 공법행위(예 : 준법률행위적 공법행위 · 공법상의 사무관리)
- 위법행위(법규 · 법위반행위)
  · 위법한 행정행위 : 행정행위의 하자문제
  · 불법행위 : 행정상 손해배상의 원인
  · 의무위반 · 의무불이행 : 행정벌 · 행정상 강제집행의 원인
- 부당행위(단순한 공익위반행위) ⇒ 행정심판의 대상

### 1.2. 내부적 용태(내심적 의식) ⇒ 고의·과실, 선의·악의, 선량한 관리자의 주의

내부적 용태에는 고의, 과실, 선의·악의, 선량한 관리자의 주의 등이 있다.

### 2. 공법상의 사건(사람의 정신작용을 요소로 하지 않는 공법상의 법률사실)

[자연적 사실] 사람의 生死(의사의 사망으로 의사면허 실효)·시간의 경과(기간·시효·제척기간) 일정 연령에의 도달(취학의무·선거권·피선거권발생) 목적물 멸실(가옥 멸실로 납세의무 소멸) 등이 이에 해당한다.

[사실행위(Realakt)] 행정기관의 도로공사·행정강제·행정지도·私人의 거주행위·공법상의 부당이득·물건의 소유·점유 등이 이에 해당한다.

# 제 2 항   시간의 경과

## I. 기간(期間)

### 1. 서설

[기간의 개념] 기간(term; Frist)이란 일정한 시점에서 다른 일정한 시점에 이르는 시간적 간격을 말한다(자연적 사실). 이 점에서 특정한 시점을 말하는 기일, 시기나, 부관(附款 : 행정청의 종된 의사표시)인 기한과 구별된다.

[공법상의 기간계산] 기간계산방법에 관한 민법규정은 일종의 법기술적 약속으로서의 성격을 가지는 것이므로 공법상 특별한 규정에 없는 한, 공법상의 기간계산에도 적용된다.

### 2. 기간의 기산점

[민법규정] 기간을 시·분·초로 정한 때에는 즉시로부터 기산한다(민법 제156조). 기간을 日·週·月 또는 年으로 정한 때에는 기간의 초일은 산입하지 않는다(초일불산입의 원칙). 그러나 그 기간이 오전영시(午前零時)로부터 시작한 때는 초일을 산입한다(민법 제157조). 또 연령에 있어서는 시간과 관계없이 초일을 산입한다(민법 제158조).

[공법상의 특별규정] 국회의 회기는 집회당일로부터 기산한다(국회법 제7조 제2항 : 국회의 회기는 집회후 즉시 이를 정하여야 한다). 민원사무의 처리기간을 "즉시"로 정한 경우에는 정당한 사유가 있는 경우를 제외하고는 3근무시간 이내에 처리하여야 한다(민원사무 처리에 관한 법률 시행령 제3조).

▶ 민원사무처리에관한법률 제6조(처리기간의 계산) ① 민원사무의 처리기간을 5일 이하로 정한 경우에는 민원사항의 접수 시각부터 "시간" 단위로 계산하되, 공휴일과 토요일은 산입(算入)하지 아니한다. 이 경우 1일은 8근무시간으로 한다. ② 민원사무의 처리기간을 6일 이상으로 정한 경우에는 "일" 단위로 계산하고 첫날을 산입하되, 공휴일은 산입하지 아니한다. ③ 민원사무의 처리기간을 주·월·연으로 정한 경우에는 첫날을 산입하되, 민법 제159조부터 제161조까지의 규정을 준용한다. 형법상 "형의 집행과 시효기간의 초일은 시간을 계산함이 없이 1일로 산정한다(형법 제85조)."

## 3. 기간의 역산(逆算)

행정법령에는 「며칠전에」 또는 「전 며칠에」라고 규정하는 경우가 많다. 이는 기간계산을 기산일로부터 뒤로 역산하는 경우로 양자 모두 역시 초일불산입의 원칙이 적용된다. 예컨대 「선거일 7일전에」라고 규정되어 있는 경우에는 선거일은 초일이므로 제외하고(왜냐하면 선거일의 투표는 오전 영시(零時)에 시작되지 않고, 예컨대 오전 7시에 시작되므로), 선거일 전일부터 계산하여 7일이 되는 날의 이전을 의미하며(중간에 7일이 있어야 한다), 「선거일 전 7일」이라고 규정하고 있는 경우에는, 초일인 선거일은 제외하고 선거일 전일을 초일로 하여 7일째가 되는 날까지로 해석해야 한다(중간에 6일이 있으면 된다).[1]

▶ 선거일 7일전 : 7일이 되는 날의 이전을 의미하며(중간에 7일이 있어야 한다)
▶ 선거일 전 7일 : 초일인 선거일은 제외하고 선거일 전일을 초일로 하여 7일째가 되는 날까지로 해석해야 한다(중간에 6일이 있으면 된다)
[8월 15일이 선거일인 경우]
  - 선거일 7일 전 : 8월 7일 까지
  - 선거일전 7일 : 8월 8일 까지

## 4. 기간의 만료점(滿了點)

기간을 日·週·月는 曆에 의히어 계산한다(민법 제160조 제1항). 예컨데, 2월이 28일 뿐인 경우에도 1월로 한다. 기간의 말 또는 년으로 정한 때에는 기간말일의 종료로 기간이 만료한다(민법 제159조) 기간을 週·月 또는 年으로 정한 경우, 일요일 기타 공휴일일 때에는 그 익일(다음날)에 만료한다(민법 제161조).[2]

▶ 대판 1985. 4. 23, 84누507【**부가가치세부과처분취소**】국세기본법 제4조는 "이 법 또는 세법에 규정하는 기간의 계산은 이 법 또는 세법에 특별한 규정이 있는 것을 제외하고는 민법에 의한다"고 규정하고 있고, 국세기본법 또는 다른 세법에 국세심판결정 기

---

1) 박윤흔, 행정법강의(상), 196면; 김남진·김연태, 행정법(I), 126면.
2) 대판 1985. 4. 23, 84누597【부가가치세부과처분취소】

간의 말일에 관한 규정이 없으므로 그에 관하여는 민법 제161조의 규정에 따라 기간의 말일이 공휴일에 해당한 때에는 기간은 그 익일로 만료한다.

▶국세기본법 제4조(기간의 계산) 이 법 또는 세법에 규정하는 기간의 계산은 이 법 또는 그 세법에 특별한 규정이 있는 것을 제외하고는 「민법」에 따른다.

▶국세기본법 제5조(기한의 특례) ① 이 법 또는 세법에 규정하는 신고·신청·청구 기타 서류의 제출·통지·납부 또는 징수에 관한 기한이 공휴일·토요일 또는 「근로자의 날 제정에 관한 법률」에 따른 근로자의 날일 때에는 공휴일·토요일 또는 근로자의 날의 다음 날을 기한으로 한다. ② 삭제 <2006.4.28> ③ 이 법 또는 세법에서 규정하는 신고기한일이나 납부기한일에 국세정보통신망이 대통령령으로 정하는 장애로 가동이 정지되어 전자신고나 전자납부(이 법 또는 세법에 따라 납부할 국세 및 가산금을 정보통신망에 의하여 납부하는 것을 말한다)를 할 수 없는 경우에는 그 장애가 복구되어 신고 또는 납부할 수 있게 된 날의 다음날을 기한으로 한다.

▶국세기본법 제5조의2(우편신고 및 전자신고) ① 우편으로 과세표준신고서, 과세표준수정신고서, 경정청구서 또는 과세표준신고·과세표준수정신고·경정청구와 관련된 서류를 제출한 경우「우편법」에 따른 통신날짜도장이 찍힌 날(통신날짜도장이 찍히지 아니하였거나 분명하지 아니한 때에는 통상 걸리는 우송일수를 기준으로 발송한 날로 인정되는 날)에 신고된 것으로 본다. <개정 2014.12.23.> ② 제1항의 신고서등을 국세정보통신망에 의하여 제출하는 경우에는 국세정보통신망에 입력된 때에 신고된 것으로 본다. ③ 제2항에 따라 전자신고된 경우 과세표준신고 또는 과세표준수정신고와 관련된 서류중 대통령령이 정하는 서류에 대해서는 대통령령으로 정하는 바에 따라 10일의 범위 이내에서 제출기한을 연장할 수 있다. ④ 전자신고에 의한 과세표준 등의 신고절차 등에 관한 세부적인 사항은 기획재정부령으로 정한다.

## II. 공법상 시효(時效)

### 1. 시효제도의 의의

시효라 함은 일정한 사실상태(권리행사의 外觀 또는 권리불행사의 상태)가 일정한 기간(시효기간) 계속된 경우에, 그 사실상태가 진실한 권리관계와 합치하느냐의 여부를 불문하고 그 사실상태를 그대로 존중하여, 이것을 권리관계로 인정함으로써 법률생활의 안정을 도모하려는 제도이다.[1] 사실상태의 존중(보호) : (ㄱ) 권리행사의 외관(外觀), 또는 (ㄴ) 권리불행사의 상태의 존중(보호)

---

1) 이상규, 신행정법론(상), 207면; 석종현, 일반행정법(상), 139면.

## 2. 시효제도의 종류

시효에는, 일정한 기간(소멸시효 기간) 권리불행사의 상태가 계속됨으로써 권리소멸의 효과가 발생하는 소멸시효와, 비권리자가 타인의 물건을 일정기간(취득시효 기간) 계속하여 점유하는 경우에 소유권 등을 취득하게 되는 취득시효가 있다.

▶ 소멸시효 : 일정한 기간(소멸시효 기간) 권리불행사의 상태가 계속됨으로써 권리소멸의 효과가 발생

▶ 취득시효 : 비(非)권리자가 타인의 물건을 일정기간(취득시효 기간) 계속하여 점유하는 경우에 소유권 등을 취득

## 3. 공법상 금전채권의 소멸시효

특별한 규정이 없는 한 공법관계에도 민법의 시효에 관한 규정이 적용된다. 다만 공법상의 금전채권의 소멸시효가 사법상의 금전채권의 소멸시효에 대하여 가지는 특색은, (ㄱ) 시효기간이 짧다는 것과, (ㄴ) 효과상의 차이에 있다.

### 3.1. 소멸시효의 기간

사법상 금전채권의 소멸시효 기간은 원칙적으로 10년이다. 이에 반하여 공법상 금전채권(금전의 급부를 목적으로 하는 국가 또는 지방자치단체의 또 이들에 대한 채권)의 소멸시효 기간은 '타법률에 특별한 규정이 없는 한' 일반적으로 5년이다. 즉 국가 등의 국민에 대한 금전채권과 국민의 국가에 대한 금전채권은 원칙적으로 최대 5년의 소멸시효를 적용하고 있다.

▶ 판례〉예산회계법(현 국가재정법) 제96조에서 말하는 다른 법률의 규정이란 민법도 포함하나 민법 중 10년의 기간을 규정하고 있는 경우는 이에 해당하지 않는다(대판 2001. 4. 24, 2000다57856).

국가재정법[1] 제96조 제1항은 "금전의 급부를 목적으로 하는 국가의 권리로서 시효에 관하여 다른 법률에 규정이 없는 것은 5년 동안 행사하지 아니하면 시효로 인하여 소멸한다."고 규정하고 있고, 지방재정법 제82조[금전채권과 채무의 소멸시효]에서 이와같이 규정하고 있다.

[타법률상 특별규정의 예] : 다른 법률에 규정이 없는 것

▶ 국가측의 금전채권 : 조세부과징수권(5년), 관세징수권(2년), 직업훈련분담금(3년)

▶ 국민측의 금전채권 : 기여금과오납반환청구권(5년), 관세과오납반환청구권(2년), 징발보상청구권(5년), 공무원연금법상의 단기급여지급청구권(3년), 국가배상법상의 국가배상청구권(손해 및 가해자를 안 날로부터 3년) 등

---

1) 구 예산회계법 : 2007년 1월 1일부터 폐지

▶판례〉 예산회계법 제71조는 금전의 급부를 목적으로 하는 국가의 권리로서 시효에 관하여 다른 법률에 규정이 없는 것은 5년간 행하지 아니할 때에는 시효로 인하여 소멸한다고 규정하고 있는 바, 금전의 급부를 목적으로 하는 국가의 권리라 함은 금전의 급부를 목적으로 하는 국가의 권리인 이상, 금전급부의 발생원인에 관하여는 아무런 제한이 없으므로 국가의 공권력 발동으로 하는 행위는 물론 국가의 사법상 행위에서 발생한 국가에 대한 금전채무도 포함한다고 해석함이 타당하다(대판 1967. 7. 4, 67다751).

### 3.2. 시효의 중단·정지

공법상의 시효의 중단·정지 기타의 사항에 대하여는 다른 법률에 특별한 규정이 없는 한 민법의 규정(제168조·제182조·제247조)을 준용한다(국가재정법 제96조 제3항). 특별한 규정의 예로는 국가가 행하는 납입의 고지에 시효중단의 효력을 인정한 국가재정법 제73조 등이 있다. 국가재정법 제96조(금전채권·채무의 소멸시효)는 오직 금전채권의 소멸시효와, 법령의 규정에 따라 국가가 행하는 납입의 고지는 시효중단의 효력이 있다(동법 제96조 제4항)라고만 규정하고 있어서 대부분의 경우 민법의 규정이 적용 된다. 따라서 5년의 소멸시효기간이 경과되기 전에 부과처분이 있게되면, 이에 의하여 소멸시효의 진행은 중단되며, 그 시효중단의 효력은 그 부과처분이 취소되어도 없어지는 것은 아니다.[1]

▶대판 1988. 2. 23, 85누820【개인영업세등부과처분취소】 소멸시효의 중단은 소멸시효의 기초가 되는 권리의 불행사라는 사실상태와 맞지 않은 사실이 생긴 것을 이유로 소멸시효의 진행을 차단케 하는 제도인 만큼 납세고지에 의한 국세징수권자의 권리행사에 의하여 이미 발생한 소멸시효중단의 효력은 그 과세처분(납세고지)이 취소되었다 하여 사라지지 않음은 물론 과세처분이 취소되어 소급하여 그 효력을 상실하였다고 해서 이에 기한 국세체납처분에 의한 압류처분이 실효되어 당연무효가 된다고 할 수도 없으므로 그 압류로 인한 소멸시효중단의 효력도 사라지지 않는다.

【소멸시효의 중단·정지】

▶판례〉 납입고지에 의한 시효중단의 효력은 그 납입고지에 의한 부과처분이 취소되더라도 납입고지에 의한 시효중단의 효력이 상실되지 않는다(대판 2000. 9. 8, 98두19933).[2]

---

1) 석종현, 일반행정법(상), 140면.
2) 대판 2000. 9. 8, 98두19933【개발부담금부과처분취소】【판시사항】 납입고지에 의한 부과처분이 취소되면 납입고지에 의한 시효중단의 효력이 상실되는지 여부(소극)【판결요지】 예산회계법 제98조에서 법령의 규정에 의한 납입고지를 시효중단 사유로 규정하고 있는바, 이러한 <u>납입고지에 의한 시효중단의 효력은 그 납입고지에 의한 부과처분이 취소되더라도 상실되지 않는다.</u>
☞ 절차상 하자는 위법한 처분으로 독립된 취소사유가 된다.

▶판례〉 세무공무원이 체납자의 재산을 압류하기 위해 수색을 하였으나 압류할 목적물이 없어 압류를 실행하지 못한 경우에도 시효중단의 효력이 발생한다(대판 2001. 8. 21, 2000다12419).

▶판례〉 변상금 부과처분에 대한 취소소송이 진행되는 동안에도 그 부과권자로서는 위법한 처분을 스스로 취소하고 그 하자를 보완하여 다시 적법한 부과처분을 할 수도 있는 것이어서 그 권리행사에 법률상의 장애사유가 있는 경우에 해당한다고 할 수 없으므로, 그 처분에 대한 그 부과권의 소멸시효가 진행된다(대판 2006. 2. 10, 2003두5686).[1]

### 3.3. 시효완성의 효력

[상대적 소멸설] 시효완성에 의하여 권리 자체가 직접적·절대적으로 소멸되는 것이 아니고 다만, 청구권의 행사에 대한 항변권을 발생시킬 뿐이며, 항변권의 행사(시효의 원용) 여부는 시효의 이익을 받는 자의 임의에 맡겨져 있다고 하는 설이다.

[절대적 소멸설] 시효이익의 원용을 기다릴 필요없이 시효완성에 의하여 권리소멸의 효과가 절대적·직접적으로 발생한다는 설이다. 다수설이다.[2]

[결론] 공법상 금전채권의 소멸시효에 있어서는 시효기간의 경과로서 권리는 절대적으로 소멸되며 당사자의 원용은 필요하지 않다고 보는 것이 타당하다. 따라서 예컨대 소멸시효가 완성된 후에 행한 조세부과처분에 의한 납세(자진하여 납부하였다 하더라도)는 부당이득을 구성한다(김도창).[3] 다만, 판례는「소멸시효의 이익을 받는 자가 소멸시효 완성의 항변(시효이익의 원용[援用])을 하지 않으면 그 의사에 반하여 재판할 수 없는 것은 공법상의 금전급부청구권에 있어서도 같다」[4]고 하여 상대적 소멸설의 입장에 서는 것이 있다.

---

1) 대판 2006. 2. 10, 2003두5686【변상금부과처분취소】【판시사항】변상금 부과처분에 대한 취소소송의 진행중에 그 부과권의 소멸시효가 진행되는지 여부(적극)【판결요지】소멸시효는 객관적으로 권리가 발생하여 그 권리를 행사할 수 있는 때로부터 진행하고 그 권리를 행사할 수 없는 동안만은 진행하지 아니하는데, 여기서 권리를 행사할 수 없는 경우라 함은 그 권리행사에 법률상의 장애사유가 있는 경우를 말하는데, 변상금 부과처분에 대한 취소소송이 진행중이라도 그 부과권자로서는 위법한 처분을 스스로 취소하고 그 하자를 보완하여 다시 적법한 부과처분을 할 수도 있는 것이어서 그 권리행사에 법률상의 장애사유가 있는 경우에 해당한다고 할 수 없으므로, 그 처분에 대한 취소소송이 진행되는 동안에도 그 부과권의 소멸시효가 진행된다(이 소송의 경우 甲이 행정청을 대상으로 취소소송을 제기한 경우로 행정청이 甲에 대한 부과처분 조처를 취한 것이 아니므로 소멸시효는 중단되지 않는다).
2) 김도창, 행정법(상), 1992, 279면.
3) 박윤흔, 행정법강의(상), 201면.
4) 대판 1986. 8. 30, 68다1089.

## 4. 공물의 시효취득(Ersitzung)
### 4.1. 공물의 시효취득의 긍부에 관한 학설

사물(私物)은 원칙적으로 부동산은 20년간, 동산은 10년간 소유의 의사로 평온(平穩)·공연(公然)하게 점유(占有)하는 자는 소유권을 시효취득한다(민법 제245조·제246조).

▶ 민법 제245조(점유로 인한 부동산소유권의 취득기간) ① 20년간 소유의 의사로 평온, 공연하게 부동산을 점유하는 자는 등기함으로써 그 소유권을 취득한다. ☞ **국가도 동일** ② 부동산의 소유자로 등기한 자가 10년간 소유의 의사로 평온, 공연하게 선의이며 과실없이 그 부동산을 점유한 때에는 소유권을 취득한다.

▶ 민법 제246조(점유로 인한 동산소유권의 취득기간) ① 10년간 소유의 의사로 평온, 공연하게 동산을 점유한 자는 그 소유권을 취득한다. ② 전항의 점유가 선의이며 과실없이 개시된 경우에는 5년을 경과함으로써 그 소유권을 취득한다.

※ 헌법재판소는 2015년 6월 25일 재판관 전원 일치 의견으로, 국가를 부동산 점유취득시효의 주체에서 제외하지 않은 민법 제245조 제1항이 헌법에 위반되지 아니한다는 결정을 선고하였다.

▶ 헌재결 2015. 6. 25, 2014헌바404 【민법 제245조 제1항 등 위헌소원】(국가도 부동산 점유취득시효의 주체가 된다) [사건의 개요] 청구인들은 일제강점기에 서울 송파구 장지동 17 외 2필지의 토지를 사정받은 윤○○의 후손들로서, **위 토지의 소유권보존등기 명의자인 대한민국을 상대로 그 소유권보존등기의 말소를 구하는 소를 제기**하였다. 청구인들은 1심 소송계속 중 사인이 아닌 국가가 취득시효의 주체가 되는 것은 부당하다며 민법 제245조에 대하여 위헌법률심판제청을 신청하였으나 2014. 8. 19. 기각되자(서울중앙지방법원 2013카기6624), 2014. 9. 24. 헌법소원심판을 청구하였다. [심판의 대상] 이 사건의 심판대상은 민법(1958. 2. 22. 법률 제471호로 제정된 것) 제245조 제1항이 헌법에 위반되는지 여부이고, 심판대상조항은 다음과 같다. [심판대상조항] 민법(1958. 2. 22. 법률 제471호로 제정된 것) 제245조(점유로 인한 부동산소유권의 취득기간) ① 20년간 소유의 의사로 평온, 공연하게 부동산을 점유하는 자는 등기함으로써 그 소유권을 취득한다.

[결정주문] 민법(1958. 2. 22. 법률 제471호로 제정된 것) 제245조 제1항은 헌법에 위반되지 아니한다.

[이유의 요지] 국가가 심판대상조항에 기하여 사인의 부동산을 시효취득하는 것은 공권력을 행사하여 우월적 지위에서 강제적으로 취득하는 것이 아니라 사인과 대등한 사경제주체의 지위에서 취득하는 것이다. 또한 소유자에 대하여 아무런 보상이 이루어지지 않는 것은 취득시효제도 자체의 속성이지 그 점유자가 국가인 경우에 특유한 문제가 아니다. 국가가 사경제주체로서 타인의 토지를 점유하고 있는 경우 그 토지의 소유자는 국가를 상대로 토지인도청구, 소유권확인청구 등의 권리를 행사하여 취득시효의 진행을 중단시킴으로써 국가의 시효취득을 저지할 수 있고, 상대방이 국가라 하여 그와 같은 권리행사에 어떠한 법적 장애가 있는 것은 아니다. 이처럼 국가가 사경제주체로서 토지를 점

유하는 경우 사인에 비하여 우월적 지위를 갖는다고 할 수 없고, 토지의 점유자가 사인인 경우와 아무런 차이가 없다. 헌법재판소는 1993. 7. 29. 92헌바20 결정에서 심판대상조항이 재산권 보장에 관한 헌법 제23조 제1항, 제3항에 반하거나 재산권의 본질적인 내용을 침해하는 규정이라고 볼 수 없다고 판시한 이래 같은 취지로 판단하여 왔다(헌재 2013. 5. 30. 2012헌바387; 헌재 2014. 3. 27. 2013헌바242 참조). 부동산의 점유자가 국가라 하여 위 선례들과 달리 판단할 만한 아무런 사정변경이 없다. 국가가 공권력의 주체로서가 아니라 사법상 재산권의 주체로서 국민을 대하는 사법관계에 있어서는 사인과 국가가 본질적으로 다르다고 할 수 없으므로, 국가를 부동산 점유취득시효의 주체로 인정한다고 하여 이를 본질적으로 다른 것을 자의적으로 같게 취급하는 것이라고 할 수 없다. 따라서 심판대상조항은 청구인들의 평등권을 침해하지 아니한다.

[공물의 시효취득의 대상성 여부] 그러나 도로나 하천의 부지(敷地) 같은 공물이 시효취득의 대상이 될 수 있는가에 대하여는 학설이 나누어지고 있다.

### 4.2. 학설
#### 4.2.1. 부정설

'종래의 통설'인바, 그 근거를 '공물의 공법적 특질'에서 찾고 있다. 즉, 「공물이 시효의 적용을 받지 않는다는 것은 법률에 특별한 규정이 없더라도 '공물의 불융통성'으로부터 오는 당연한 事理」라는 것이다. 그 이유는 "국가나 공공단체가 공공의 입장에서 공공의 이용에 제공하는 공용물로 결정한 이상 그 물건에 대한 사인의 사실상의 지배관계는 아무리 양적으로 오래 계속되더라도 질적으로 사인의 입장으로부터 정당화될 수 없다고 보는 것이 타당하다(일본 : 美濃部·織田)"는 것이다.[1] 또한 공물은 직접 공공의 목적을 위하여 공용(供用)되는 것이라는 특수성에 비추어, 공물에 대한 시효취득의 요건(사인이 소유의 의사로 일정한 장기간 점유한다는 사실)의 충족을 인정한다는 것은 공물의 목적상 허용될 수 없다는 견해(강문용), 그밖에 사실상 공물로서의 성질이 유지되고 있는한, 그 물건을 타인이 평온·공연히 장기간 점유하는 것이 공물주체에 의하여 용인될 수 없다는 견해 등이 있다. 판례도 같은 입장이다.[2]

[대법원판례] (판례-1) : 대법원은 "공유수면관리법상의 빈지(濱地 : 1999. 2. 8. 법률 제5914호로 개정되면서 '바닷가'라는 용어로 바뀌었다.)는 만조수위선으로부터 지적공부에 등록된 지역까지의 사이를 밀하는 것으로 자연의 상태 그대로 공공용에 세공될 수 있는 실체를 갖추고 있는 이른바 자연공물로서 국유재산법상의 <u>행정재산에 속하는 것으로 사법상</u>

---

1) 강문용, 행정법(하), 703면.
2) 이상규, 신행정법론(상), 법문사, 1990, 207면 참조.

거래의 대상이 되지 아니한다."1)고 하였다. (판례-2) : 대법원은 '국립공원으로 지정·고시된 국유토지가 시효취득의 대상이 되는지 여부'에 대하여, "국립공원으로 지정·고시된 국유토지는 설사 이를 사인이 점유·사용중이라고 하더라도 국유재산법 제4조 제2항 제2호의 '국가가 직접 공공용으로 사용하거나 사용하기로 결정한 재산'으로서 행정재산인 공공용재산으로 된다고 보아야 하고, 공원사업에 직접 필요한 공원구역 내의 물건에 한하여 행정재산에 해당한다고 할 수 없으므로, 국유토지가 국립공원으로 지정·고시된 이후에는 시효취득의 대상이 되지 아니한다."2)고 하였다(소극). (판례-3) : 대법원은 '행정재산이 취득시효의 대상이 되기 위한 요건 및 행정재산에 대한 국가의 매각처분의 효력'에 대하여, "행정재산은 공용폐지가 되지 아니하는 한 사법상 거래의 대상이 될 수 없으므로 시효취득의 대상이 되지 아니하고, 관재당국이 이를 모르고 행정재산을 매각하였다 하더라도 그 매매는 당연무효이다."3)라고 하여 행정재산에 대한 국가의 매각처분은 무효라고 판시하였다. (판례-4) : "행정재산이나 보존재산은 공용폐지가 되지 아니하는 한 사법상 거래의 대상이 될 수 없으므로 시효취득의 대상이 되지 않는다. 공용폐지의 의사표시는 명시적이든 묵시적이든 상관없으나 적법한 의사표시라야 하며, 공용폐지를 하지 않은 이상 행정재산이나 보존재산이 사실상 본래의 용도에 사용되고 있지 않다거나 행정주체가 점유를 상실하였다는 사정만으로는 당연히 잡종재산으로 될 수는 없다."4)고 하였다. (판례-5) : 대법원은 '자연공물이 시효취득의 대상이 되기 위한 요건'에 대하여, "자연의 상태 그대로 공공용에 제공될 수 있는 실체를 갖추고 있는 이른바 자연공물은 자연력 등에 의한 현상변경으로 공공용에 제공될 수 없게 되고 그 회복이 사회통념상 불가능하게 되지 아니한 이상 공물로서의 성질이 상실되지 않고 따라서 시효취득의 대상이 되지 아니한다."5)고 하였다.

【공물의 시효취득】

▶판례〉 (문화재보호구역 내의 국유토지) 공물인 보존재산은 시효취득의 대상이 되지 않는다(대판 1994. 5. 10, 93다23442).6)

---

1) 대판 2000. 5. 26, 98다15446 【소유권확인】
2) 대판 1996. 7. 30, 95다21280 【소유권이전등기】
3) 대판 1996. 5. 28, 95다52383 【토지소유권이전등기】
4) 대판 1995. 4. 28, 93다42658 【소유권보존등기말소등】 ; 대판 1982. 12. 14, 80다236; 대판 1993. 4. 13, 92누18528; 대판 1993. 12 .24, 93다35131; 대판 1994. 3. 22, 93다56220 등 참조
5) 대판 1994. 8. 12, 94다12593 【소유권이전등기】
6) 대판 1994. 5. 10, 93다23442 【소유권이전등기】 국유재산은 그 용도에 따라 행정재산, 보존재산과 잡종재산으로 구분되고(국유재산법 제4조 제1항), 행정재산이란 다시 그 용도에 따라 국가가 직접 그 사무용, 업무용 또는 공무원의 주거용으로 사용하거나 사용하기로 결정한 공용재산과 국가가 직접 공공용으로 사용하거나 사용하기로 결정한 공공용재산, 그리고 정부기업이 직접 그 사무용, 사업용 또는 당해 기업에 종사하는 직원의 주거용으로 사용하거나 사용하기로 결정한

▶판례〉 행정재산은 공용이 폐지되지 않는 한 사법상의 거래의 대상이 될 수 없으므로 취득시효의 대상이 되지 않는다. 공용폐지의 의사표시는 묵시적 공용폐지의 의사표시도 가능하나 사실상 본래의 용도에 사용되지 않고 있다는 사실만으로는 공용폐지의 의사표시가 있었다고 볼 수 없다(대판 1994. 3. 22, 93다56220).

▶판례〉 공용폐지의 의사표시는 명시적이든 묵시적이든 상관이 없으나 적법한 의사표시가 있어야 하고, 행정재산이 사실상 본래의 용도에 사용되지 않고 있다는 사실만으로 용도폐지의 의사표시가 있었다고 볼 수는 없으며, 원래의 행정재산이 공용폐지되어 취득시효의 대상이 된다는 사실에 대한 입증책임은 시효취득을 주장하는 자에게 있다(대판 1994. 3. 22, 93다56220).

▶판례〉 예정공물[1])인 위 토지도 일종의 행정재산인 공공용물에 준하여 취급하는 것이 타당하다고 할 것이므로 구 국유재산법 제5조 제2항이 준용되어 시효취득의 대상이 될 수 없다(대판 1994. 5. 10, 93다23442).

### 4.2.2. 긍정설
#### a) 제한적 시효취득설

공물 중에서 사법상(私法上)의 소유권의 객체가 될 수 없는 공유수면(公有水面)이나 하천부지(河川敷地)는 시효취득의 목적이 될 수 없으나, 사법상 소유권의 객체가 될 수 있는 공물(공물의 융통성이 인정되는 한)은 당해 공물의 공공목적에 지장이 없는 범위내에서 취득시효의 대상이 될 수 있다. 다만, 시효취득 된 후에도 '공적 목적에 제공(供用)'하여야 하는 공법상의 제한은 그대로 받는다고 한다(권리의 귀속과 작용의 구분).[2])

---

기업용재산으로 구분되는 각종의 재산을 말하며(법 제4조 제2항), 보존재산은 공적목적을 위하여 물건 그 자체의 보존에 중점을 둔 재산으로서 법령의 규정에 의하거나 기타 필요에 의하여 국가가 보존하는 재산을 말하고(법 제4조 제3항), 잡종재산이라 함은 위에서 본 행정재산 및 보존재산에 속하지 아니하는 모든 국가재산을 말하는바(법 제4조 제4항), 같은 법의 행정재산, 보존재산은 이를 대부, 매각, 교환 또는 양여하거나 출자의 목적으로 하거나 이에 사권을 설정하지 못하나(법 제20조), 같은 법의 잡종재산은 이와 달리 사권의 설정과 사거래의 대상이 되는 것을 전제로 하여 …

1) 대판 1994. 5. 10, 93다23442 【소유권이전등기】 인공의 공공용물인 도로가 공물로서 성립하기 위하여는 도로로서의 형태를 갖추어야 하고 도로구역의 결정, 고시가 있어야 할 것인바, 이 사건 토지인 혜화동 28의 8 임야에서 토지대장상 분할된 혜화동 28의 19 토지에 관하여는 도로구역의 결정, 고시가 있었으므로 공물지정행위는 있었지만 아직 도로의 형태를 갖추지는 못하였으므로 완전한 공공용물이 성립되었다고는 할 수 없으므로 일종의 예정공물이라고 볼 수 있는데 …, 예정공물인 위 토지도 일종의 행정재산인 공공용물에 준하여 취급하는 것이 타당하다고 할 것이므로 구 국유재산법 제5조 제2항이 준용되어 시효취득의 대상이 될 수 없다.
2) 김도창, 행정법(하), 436면; 일본 공법학자의 통설. 우리나라의 사법학자는 공물의 시효취득에

[대법원] 대법원은 '자연상태에서는 전·답에 불과한 토지 위에 수리조합이 저수지를 설치한 경우, 그 토지가 시효취득의 대상이 되는지' 여부(적극)에 대하여, "시효취득의 대상이 될 수 없는 자연공물이란 자연의 상태 그대로 공공용에 제공될 수 있는 실체를 갖추고 있는 것을 말하므로, 원래 자연상태에서는 전·답에 불과하였던 토지 위에 수리조합이 저수지를 설치한 경우라면 이는 자연공물이라고 할 수 없을 뿐만 아니라 국가가 직접 공공목적에 제공한 것도 아니어서 비록 일반공중의 공동이용에 제공된 것이라 하더라도 국유재산법상의 행정재산에 해당하지 아니하므로 시효취득의 대상이 된다.[1] 같은 취지에서 원심이 이 사건 토지가 행정재산이어서 시효취득의 대상이 될 수 없다는 피고의 주장을 배척한 조치는 옳고, 상고이유의 주장과 같이 관련 법리를 오해한 위법이 없다."[2]고 하였다.

b) 완전시효취득설

「공물에 대하여도 공용폐지 등의 요건이 갖추어지면 시효취득을 인정하고 장래에 공공용(公共用)에 공(供)할 필요가 있을 때에는 수용의 절차를 취하여야 할 것이다」고 하여 공물의 시효취득을 인정한다. 또 공물이 공물로서 공적 목적에 공용(供用)되고 있지 않는 사실이 일정기간 계속되고 있는 경우에는 묵시의 공용폐지가 있다고 보고, 이러한 의미에서 공물의 완전한 취득시효가 인정된다는 견해[3]도 있다. 다시말하면 완전시효취득설은 공물이 법정기간 중 평온·공연하게 그 공물의 목적과는 다른 목적을 위하여 점유되고, 또 공물주체에 의하여 그러한 사실상의 상태가 방치되고 있는 경우 이는 묵시적인 공용폐지가 있는 것이므로, 완전시효취득이 인정될 수 있다는 것이다(김남진).

[대법원 판례] (판례-1) : 대법원 판례도 "공용폐지의 의사표시는 명시적 의사표시뿐만 아니라 묵시적 의사표시도 무방하다. 공물의 공용폐지에 관하여 국가의 묵시적인 의사표시가 있다고 인정되려면 공물이 사실상 본래의 용도에 사용되고 있지 않다거나 행정주체가 점유를 상실하였다는 정도의 사정만으로는 부족하고, 주위의 사정을 종합하여 객관적으로 공용폐지 의사의 존재가 추단될 수 있어야 한다."[4]고 한다. (판례-2) : 대법원은 [1] 자연공물인 바다의 일부가 매립에 의해 토지로 변경된 경우 공용폐지가 가능한지 여부(적극) 및 그 의사표시를 묵시적으로 할 수 있는지 여부(적극), [2] 공물의 공용폐지에 관하여 국가의 묵시적 의사표시가 있는지 여부의 판단 기준에 대하여, 대법원은 "[1] 공유수면으로서 자연공물인 바다의 일부가 매립에 의하여 토지로 변경된 경우에 다른 공물과 마찬가지로 공용폐지가 가능하다고 할 것이며, 이 경우 공용

---

대하여 언급하고 있지 아니하다(박윤흔, 행정법강의(상), 202면 참조).
1) 대판 1999. 3. 9, 98다41759 참조.
2) 대판 2010. 11. 25, 2010다37042 【소유권이전등기】
3) 박윤흔, 행정법강의(상), 202면; 김남진, 공물과 사법의 적용, 법정(1965.2), 66면; 田中二郞, 行政法(下), 230면.
4) 대판 2009. 12. 10, 2006다87538 【소유권이전등기】

폐지의 의사표시는 명시적 의사표시뿐만 아니라 묵시적 의사표시도 무방하다. [2] 공물의 공용폐지에 관하여 국가의 묵시적인 의사표시가 있다고 인정되려면 공물이 사실상 본래의 용도에 사용되고 있지 않다거나 행정주체가 점유를 상실하였다는 정도의 사정만으로는 부족하고, 주위의 사정을 종합하여 객관적으로 공용폐지 의사의 존재가 추단될 수 있어야 한다."[1]고 하였다. (판례-3): 대법원은 '공용폐지의 의사표시 방법 및 그에 대한 입증책임'에 대하여, "공용폐지의 의사표시는 명시적이든 묵시적이든 상관없으나 적법한 의사표시가 있어야 하고, 행정재산이 사실상 본래의 용도에 사용되고 있지 않다는 사실만으로 공용폐지의 의사표시가 있었다고 볼 수는 없으며, 원래의 행정재산이 공용폐지되어 취득시효의 대상이 된다는 입증책임은 시효취득을 주장하는 자에게 있다."고 하였다. (판례-4): 대법원은 "행정재산에 대한 묵시적 공용폐지를 인정하여 당해 부동산이 시효취득의 대상이 되었다고 하면서, "학교 교장이 학교 밖에 위치한 관사를 용도폐지한 후 재무부로 귀속시키라는 국가의 지시를 어기고 사친회 이사회의 의결을 거쳐 개인에게 매각한 경우, 이와 같이 교장이 국가의 지시대로 위 부동산을 용도폐지한 다음 비록 재무부에 귀속시키지 않고 바로 매각하였다고 하더라도 위 용도폐지 자체는 국가의 지시에 의한 것으로 유효하다고 아니할 수 없고, 그 후 오랫동안 국가가 위 매각절차상의 문제를 제기하지도 않고, 위 부동산이 관사 등 공공의 용도에 전혀 사용된 바가 없다면, 이로써 위 부동산은 적어도 **묵시적으로 공용폐지 되어 시효취득의 대상이 되었다고 봄이 상당하다.**"[2]고 하였다.

[박윤흔 교수의 견해] 박윤흔 교수는 완전시효취득설을 주장하면서, 판례는 묵시적 고용폐지를 아주 엄격한 요건하에서 예외적·제한적으로 인정한 것(대판 1999. 7. 23, 99다15924)이 있다고 한다.

### 4.2.3. 결어

공물은 직접 행정목적에 공용되는 물건이라는 그 기능의 특수성에 비추어 **공용폐지가 전제되지 않는 공물 자체로서는 시효취득의 목적이 될 수 없다고 함이 타당할 것이다**(부정설). 결국 공물은 공물 그 자체로는 취득시효의 대상이 될 수 없다.[3] 다시말하면 공물인 물건에 대하여 취득시효의 요건이 인정될 수 있는 경우에는, 그 물건은 벌써 공물이 아니고 공용폐지가 된 私物인 것이다.[4] 舊국유재산법 제5조 제2항에서「국유재산은 민법 제245조의 규정에 불구하고 시효취득의 대상이 되지 아니한다」고 규정함으로써, 모든 국유재산(행정재산·보존재산은 물론 공용폐지 후의 잡종재산 포함)을 시효취득의 대상에서 제외하고 있었

---

1) 대판 2009. 12. 10, 2006다87538【소유권이전등기】
2) 대판 1999. 7. 23, 99다15924【소유권이전등기】
3) 衫村敏正, 行政法講義總論(上), 156頁(面); 이상규, 신행정법론(상), 법문사, 1990, 207면.
4) 이상규, 신행정법론(상), 법문사, 1990, 207면. 완전시효취득설을 주장하는 학자들도 공물에 대하여 취득시효의 요건사실이 존재한다면 그 물건에 대하여는 묵시적 공용폐지가 있은 것으로 본다는 태도를 취하고 있다.

고, 公有財産(지방자치단체의 재산 : 행정재산·보존재산·잡종재산)의 경우 舊지방재정법 제74조 제2항에서 "공유재산은 민법 제245조의 규정에 불구하고 시효취득의 대상이 되지 아니한다"고 규정하였었다. 그러나 舊국유재산법 제5조 제2항에 대하여 「舊국유재산법 제5조 제2항의 국유재산중 잡종재산에 대하여 적용하는 것은 헌법에 위반된다」는 헌법재판소 결정이 있었다. 또한 舊지방재정법 제74조 제2항의 규정에 대하여도 헌법재판소의 위헌결정이 있었다. 아무튼 국·공유의 잡종재산을 제외한 국유재산은 민법 제245조의 규정에 불구하고 시효취득의 대상이 되지 아니한다고 국유재산법에 규정되어 있으므로 공물의 시효취득에 관한 논쟁은 의미가 없게 되었다.[1]

  [**舊국유재산법 제5조 제2항(국유잡종재산)에 대한 헌법재관소의 위헌결정**] (**판례-1**) "국유잡종재산에 대하여까지 시효취득을 배제하는 것은 국유잡종재산에 대한 관리소홀의 책임을 시효취득자에게 전가하여 시효취득자의 기본권을 희생하고 국가의 이익을 특권적으로 보호하려는 지나치게 불평등한 것으로서 헌법에 명시된 「모든 국민은 법앞에 평등하다」는 일반 법치원리에 어긋나는 위헌적 내용이다."[2] (**판례-2**) 「… 우리 헌법의 기본질서인 자유민주주의 원리에서 볼 때 국유잡종재산 역시 공익성이 있고 간접적으로 행정목적에 이용되는 것이라는 공익상의 이유는 헌법상의 국민의 기본권을 제한할 수 있는 사유와 균형적인 조화를 이룰 수 없는 것이므로 근대법치국가의 근간을 이루는 사법질서와 사적 재산권 보장에 대한 예외로서 법률로 제한할 수 있는 헌법상 필요한 경우에 해당하는 사유가 된다고 할 수 없다.」[3]

  ▶**판례**〉 국유잡종재산에 대한 시효취득을 부인하는 동 규정은 합리적 근거 없이 국가만을 우대하는 불평등한 규정으로서 헌법상의 평등의 원칙과 사유재산권 보장의 이념 및 과잉금지의 원칙에 반한다(대판 1991. 5. 13, 89헌가97).

  [**舊지방재정법 제74조 제2항(잡종재산)에 대한 헌법재판소의 위헌결정**] (**헌법재판소 판례-1**) : 헌법재판소는 같은 내용의 지방재정법 제74조 제2항에 대하여도 "지방자치단체가 소유한 재산(공유재산) 가운데 관청부지나 문화재사적지 또는 도로, 항만 등을 제외한 임야와 같은 잡종재산의 경우 일반인이 20년 이상 점유하거나 등기한지 10년이상 지나도 소유권을 인정받을 수 없도록 한 지방재정법 제74조 제2항은 위헌이다"라고 하는 위헌결정을 내린바 있다.[4] (**헌법재판소 판례-2**) : 「… 공유의 잡종재산에 대한 관리가 지방자치단체 소속 주민의 공익의 실현을 위하여 운영되고 지방자치단체의 행정기능의 확대와 행정수요가 증대되어 가고 있으므로 공공목적의 우선제공을 위하여 보존되어야 한다거나, 공유재산의 손실로 인하여 결과적으로 주민의 부담이

---

1) 석종현, 일반행정법(상), 141면. 그러나 박윤흔 교수는 국유재산법과 지반재정법이 행정재산(공물)을 취득시효에서 제한 시키고 있지만, 묵시적 공용폐지를 전제로하여 시효취득을 인정한다고 하여도 상기 법률들과 저촉되는 것은 아니라고 한다(박윤흔, 행정법강의(상), 202면).
2) 헌재결 1991. 5. 13, 89헌가97.
3) 헌재결 1991. 5. 13, 89헌가97.
4) 헌재결 1992. 10. 1, 92헌가6, 7.

가중된다는 점 등의 이유만으로는, 헌법상 보장된 국민의 재산권 등 기본권을 제한할 수 있는 공공복리 등의 사유가 될 수 없다」.[1] 이에 따라 현행 지방재정법 제74조 제2항은 "공유재산은 민법 제245조의 규정에도 불구하고 시효취득의 대상이 되지 아니한다. 다만 잡종재산의 경우에는 그러하지 아니하다(1994. 12. 22 단서신설)고 규정하였다. 즉 헌법재판소의 취지는 국유재산 중 공물(행정재산과 보존재산)의 시효취득을 배제하는 것은 긍정되나 사물(私物)인 같은 국유의 「잡종재산」에 대하여도 시효취득을 배제하는 것은 국가와 私人을 차별하는 것으로서 평등원칙에 위반된다는 것이다. 이러한 헌법재판소의 결정에 따라 현행 국유재산법 제5조 2항에서는 "국유재산은 민법 제245조의 규정에 불구하고 시효취득의 대상이 되지 아니한다. 다만 잡종재산의 경우에는 그러하지 아니하다(1994. 1. 5 단서신설)"고 규정하였다.

## III. 제척기간(除斥期間)

### 1. 의의

제척기간(limitation; Ausschlußfrist)이란 일정한 권리에 대하여 법률이 정한 존속기간(행정심판·소청[訴請]·행정소송의 제기기간)을 말한다.

제척기간 : 일정한 권리에 대하여 법률이 정한 존속기간(행정심판·제기기간)

### 2. 내용

제척기간은 일정한 기간내에 일정한 권리를 행사하지 아니하는 경우에 그 권리를 소멸시킨다는 점에서 소멸시효와 같다.[2] 그러나 제척기간은 법률관계의 불안정상태를 신속하게 제거하기 위하여 인정된 제도(따라서 그 중단사유가 인정되지 아니한다)이며, 시효제도는 일정한 기간동안의 영속적인 사실상태를 존중함으로써 법적 생활의 안정성을 확보하고자 하여 이를 권리관계로 인정한다(따라서 그의 중단이나 정지가 인정된다)는 점에서 차이가 있다.[3]

▶ 제척기간 : 법률관계의 불안정상태를 신속하게 제거(중단사유가 인정되지 아니한다)
▶ 시효제도 : 일정한 기간동안의 영속적인 사실상태를 존중함으로써 법적 생활의 안정성을 확보(중단·정지사유가 인정)

---

1) 헌재결 1992. 10. 1, 92헌가6, 7.
2) 이상규, 신행정법론(상), 법문사, 1990, 207면.
3) 석종현, 일반행정법(상), 141면.

## IV. 제척기간과 소멸시효의 구분(도표)

| 구분 | 제척기간 | 소멸시효 |
|---|---|---|
| 정의 | · 일정한 권리에 관하여 법률이 미리 정하고 있는 그 권리의 존속기간 | · 권리불행사라는 사실상태가 일정기간 계속된 경우에 권리소멸의 효과를 부여하는 법률요건 |
| 취지 | · 법률관계의 불안정상태의 제거 및 조속한 안정(법적 생활의 안전성) | · 권리불행사에 대한 제재<br>· 현재의 영속적 사실상태를 권리관계로 인정(법률관계의 신속한 확정) |
| 중단·정지제도 | · 불인정(다수설) | · 인정 |
| 권리소멸시점 | · 기간경과시부터 장래에 향하여 소멸(장래효) | · 시효 완성되면 기산점에 소급하여 소멸(소급효 : 민법 제167조) |
| 원용필요 여부 | · 직권조사사항 | · 절대적 소멸설 - 원용불요<br>· 상대적 소멸설 - 원용필요 |
| 이익포기제도 | · 이익포기제도 無 | · 시효이익포기제도 有 |
| 일반규정 | · 없다 | · 있다 |
| 期間長短 | · 제척기간이 소멸시효 기간보다 일반적으로 짧다.<br>· 제척기간(예 : 행정심판의 제기) : '처분을 안날로부터 90일', '처분이 있은 날로부터 180일 이내'<br>· 소멸시효 : 손해배상청구권의 경우 피해자나 그 법정대리인이 그 손해 및 가해자를 안 날로부터 3년 또는 불법행위가 발생한 날로부터 10년이 경과하면(민법 제766조) 애초부터(소급효) 손해배상청구권이 소멸. (그러나) 취소권의 경우 : 제척기간이 적용되므로 추인할 수 있는 날로부터 3년 또는 법률행위를 한 날로부터 10년이 경과하면(민법 제146조) 경과된 시점부터 (장래효) 취소권이 소멸. | |

# 제 3 항  행정상의 사실행위(Verwaltungsrealakt)

## I. 개관

[의의] 행정상의 사실행위(Realakt)[1] 또는 행정사실행위(Verwaltungsrealakt)[2]란 행정행위 등 법률적 행위와 달리 일정한 법률효과의 발생을 목적으로 하는 것이 아니라, 다만 사실상의 결과만을 초래하는 행정주체의 일체(一切)의 행위형식을 말하는 것으로서, 법률적 효과의 발생을 의도하지 않고 직접적으로 일정한 사실상의 결과의 발생만을 목적으로 하는 행정주체의 일체의 행위를 말한다. 사실행위는 정신작용의 유무 또는 그 내용에 관계없이 단지 객관적으로 행위가 행하여진 사실 또는 그 결과에 대하여 법적 효과가 부여될 뿐이다. 다만 경우에 따라서는 간접적으로 법적 효과를 발생하는 경우도 있다(행정지도).

[사실행위와 법률행위와의 구별] 행정상의 사실행위는 정신작용의 유무 또는 그 내용과는 상관없이 객관적인 결과로서의 사실상태만이 의미를 갖는 것인 점에서, 정신작용을 요소로 하여 그 내용 또는 법규에 따른 법률효과를 발생하는 「법률행위」와 구별된다(법률행위적 행정행위·준법률행위적 행정행위). 이러한 사실행위는 과거에는 연구의 초점을 행정행위 등 법률행위에만 집중하였으므로 별다른 관심을 가져오지 못하였다. 왜냐하면 사실행위는 사실상의 결과만을 초래하는 행위(따라서 사실행위)라는 점에서 행정주체의 행위 중 법률행위에 관심이 집중되어 있었기 때문이다. 그러나 오늘날에는 행정기능의 확대와 변천으로 인하여 사실행위(Realakt)가 증가되면서 관심의 대상이 되게 되었다. 특히 행정의 실효성확보 수단으로서의 행정강제는 위와 같은 이유를 잘 대변해 주고 있다고 볼 수 있다.

[사실행위와 행정행위의 차이] 사실행위와 행정행위의 차이는 그 안에 '규율(Regelung)'이 포함되어 있느냐 혹은 없느냐 하는 데에 그 차이가 있다. 예컨대 사회보장법, 세법 등 "대량행정행위(Massenverwaltungsakten)"에 있어서 중요한 행정행위의 "訂正(Berichtigung)"은 그 안에 '규율(Regelung)'이 포함되어 있지 않으므로 사실행위(Realakt)에 불과하며, 행정행위(Verwaltungsakt)가 아니다.

▶ 사실행위 : 법률효과 발생을 목적으로 하는 것이 아니라 사실상의 결과(용태)만을 초래하는 행위

▶ 법적 효과가 있을수도 있고(압류, 무허가 건물 철거), 없을 수도 있다(행정지도 - 권고,

---

1) Mayer/Kopp, § 25 I.
2) Erichsen/Martens, § 33; Maurer, § 15; Faber, § 24; Wolff/Bachof/Stober, § 57.

알선, 정보제공)

```
행정상 사실행위 = 강 제 집 행    +    행 정 지 도
              권력적 사실행위    ↔    비권력적 사실행위
              물리적 사실행위    ↔    정신적 사실행위
              (법)집행적 사실행위  ↔    독립적 사실행위
```

　　법률작용 : 사람의 정신작용을 요소로 법적 효과를 의도
　　　㉠ 법률행위 – 의사표시를 요소로 의사표시대로 법적 효과 발생
　　　　① 단독행위 : 일방의 의사만으로 그대로 효과 발생
　　　　　　(일방적 : 조세부과, 쌍방적 : 특허) – 행정행위
　　　　② 쌍방행위 : 반대방향의 복수의사의 합치(자원입대) – 공법상 계약
　　　　③ 합동행위 : 동일 방향(지자체, 단체 설립)
　　　　④ 합성행위 : 여러 방향(선거, 국민투표)
　　　㉡ 준법률행위 : 의사표시 이외의 정신작용을 요소로 의사표시 이외의 효과 발생
　　　　　　(확인, 공증, 통지, 수리)
　　※ 사인의 준법률행위
　　　　㉠ 의사통지 : 혼인신고(장래에 하겠다는 의사표시대로 효과발생)
　　　　㉡ 사실통지 : 출생신고, 사망신고(과거에 있었던 사실을 통지 → 법대로 효과)

## II. 종류

### 1. 주체에 의한 분류

#### 1.1. 행정주체의 사실행위

##### 1.1.1. 내부적 사실행위
　　내부적 사실행위란 행정조직의 내부에서 행정사무의 처리에 관한 사실행위를 말한다(예 : 문서작성·금전처리·행정결정을 위한 준비행위·사무감사 기타 행정사무집행행위 등).

##### 1.1.2. 외부적 사실행위
　　외부적 사실행위란 대외적으로 국민과의 관계에서 행정목적의 실현을 위한 구체적 행정활동과 관련하여 행하여지는 사실행위를 말한다. 행정상의 사실행위라고 할 때에는 외부

적 사실행위만을 가리키는 것이 보통이다. 이에는 (ㄱ) 집행행위, (ㄴ) 의사소통행위 내지 지식표시행위, (ㄷ) 영조물·공물의 설치·관리행위를 들 수 있다. (ㄱ) 집행행위는 물리적 사실행위로서, ① 비권력적 집행행위로서 금전출납·쓰레기수거 등이 있고, ② 행정조사행위로서, 인구조사·재해조사 등이 있고, ③ 행정상 강제집행행위로서, 무허가건물철거·재산압류 등이 있고, ④ 긴급권적 즉시강제행위로서, 강제격리·교통차단 등이 있다. (ㄴ) 의사소통행위 내지 지식표시행위는 고시·통지·학교수업·행정지도 등이 있고, (ㄷ) 영조물·공물의 설치·관리 행위는 학교·상하수도·댐·도로·철도도로 등의 설치공사 및 그 유지관리 등을 들 수 있다.

(ㄱ) 집행행위 → 물리적 사실행위 : ① 비권력적 집행행위 : 금전출납·쓰레기수거 등, ② 행정조사행위 : 인구조사·재해조사 등, ③ 행정상 강제집행행위 : 무허가건물철거·재산압류 등, ④ 긴급권적 즉시강제행위 : 강제격리·교통차단 등

(ㄴ) 의사소통행위 내지 지식표시행위 → 고시·통지·학교수업·행정지도 등

(ㄷ) 영조물·공물의 설치·관리 → 학교·상하수도·댐·도로·철도도로 등의 설치공사 및 그 유지관리 등

### 1.2. 사인의 사실행위

예컨대, 사인(私人)의 출석(청문에 출석하여 의견을 진술함으로써 행정절차의 요건을 충족시키는 경우), 물건의 소유·점유(가옥을 소유함으로써 재산세납부의무를 지는 경우), 거주(특정한 시·군에 거주함으로써 시·군에 있어서의 선거권을 취득하는 경우) 등이 있다.

## 2. 권력성 유무에 따른 분류

### 2.1. 권력적 사실행위

일정한 법령 또는 행정행위를 집행하기 위한 공권력의 행사로서 하는 사실행위를 말한다. 예를 들면 집행적 사실행위인 행정상 강제집행·행정상 즉시강제와, 권력적 사실행위인 쓰레기 소각장 설치, 단수(斷水)조치, 무허가 건물 철거행위, 세금 체납자의 차량 번호판 압수행위, 불법집회 물대포 분사행위, 영업정지 업체의 간판에 대한 철거행위 등이 그것이다. 권력적 사실행위는 해석상 행정쟁송의 대상인 처분개념에 해당하므로 이에 대하여서는 행정쟁송이 가능하다. 행정상 즉시강제는 일반적으로 단순사실행위가 아니라 권력적 사실행위의 성질을 띠므로 그 처분성을 인정할 수 있고 따라서 이에 대한 소송형식도 당사자소송이 아니라 취소소송이라고 해야 할 것이다.

▶ 대판 2008. 11. 13, 2007도9794【폭력행위등처벌에관한법률위반】경찰관직무집행법 제6조 제1항은 "경찰관은 범죄행위가 목전에 행하여지려고 하고 있다고 인정될 때에

는 이를 예방하기 위하여 관계인에게 필요한 경고를 발하고, 그 행위로 인하여 인명·신체에 위해를 미치거나 재산에 중대한 손해를 끼칠 우려가 있어 긴급을 요하는 경우에는 그 행위를 제지할 수 있다."고 규정하고 있는데, 위 조항 중 경찰관의 제지에 관한 부분은 범죄의 예방을 위한 경찰 행정상 즉시강제 즉, 눈앞의 급박한 경찰상 장해를 제거하여야 할 필요가 있고 의무를 명할 시간적 여유가 없거나 의무를 명하는 방법으로는 그 목적을 달성하기 어려운 상황에서 의무불이행을 전제로 하지 아니하고 경찰이 직접 실력을 행사하여 경찰상 필요한 상태를 실현하는 권력적 사실행위에 관한 근거조항이다. 행정상 즉시강제는 그 본질상 행정 목적 달성을 위하여 불가피한 한도 내에서 예외적으로 허용되는 것이므로, 위 조항에 의한 경찰관의 제지 조치 역시 그러한 조치가 불가피한 최소한도 내에서만 행사되도록 그 발동·행사 요건을 신중하고 엄격하게 해석하여야 하고, 그러한 해석·적용의 범위 내에서만 우리 헌법상 신체의 자유 등 기본권 보장 조항과 그 정신 및 해석 원칙에 합치될 수 있다.

### 2.2. 비권력적 사실행위

비권력적 사실행위는 공권력의 행사와 무관한 사실행위이다. 예를 들면 금전출납·쓰레기수거·경비 등과 같은 **비권력적 집행행위**, 고시[1]·통지·학교수업·환자치료·행정지도(에너지 절약, 교차로 꼬리물기 지양 계도) 등 **지식표시행위**, 행정기관에 의한 환경보호시설의 건설 및 공익사업과 같은 단순한 **사실행위**, 공기업·공물의 설치공사 및 유지관리행위·비구속적 행정계획·비강제적 행정조사 등이 그것이다.

▶ 대판 2008. 4. 24, 2008두3500 【행정처분부존재확인등】 구청장이 사회복지법인에 특별감사 결과 지적사항에 대한 시정지시와 그 결과를 관계서류와 함께 보고하도록 지시한 경우, 그 시정지시는 비권력적 사실행위가 아니라 항고소송의 대상이 되는 행정처분에 해당한다.

▶ 대판 2008. 9.11, 2006두18362 【종합특별감사결과처리지시처분취소】 【판시사항】 교육감이 학교법인에 대한 감사 실시 후 처리지시를 하고 그와 함께 그 시정조치에 대한 결과를 증빙서를 첨부한 문서로 보고하도록 한 것은, 의무의 부담을 명하거나 기타 법률상 효과를 발생하게 하는 것으로서 항고소송의 대상이 되는 행정처분에 해당한다. ‥‥ 위 보고명령 및 증빙서 첨부명령을 이행하지 않는 경우 학교법인의 이사장이 형사상 처벌을 받거나 법 규정을 위반하였다는 사유로 임원 취임의 승인이 취소될 수도 있다. 이와

---

[1] 고시 : 행정기관이 결정한 사항 등을 널리 국민 일반에게 알리기 위하여 공고하는 일종의 공고 형식이며, 법규적 내용을 담으면 법적 효력이 있고, 그렇지 않은 경우에는 법적 효력이 없다. 고시 효력정지 가처분 신청을 제기할 수 있다(예컨대 2008년 5월 15일 고시예정인 미국산 쇠고기수입개방에 대한 야당의 고시효력정지 가처분신청).

같은 사정에 비추어 보면, 원고로서는 위 보고명령 및 증빙서 첨부명령을 이행하기 위하여 이 사건 처리지시에 따른 제반 조치를 먼저 이행하는 것이 사실상 강제되어 있다고 할 것이므로, 이 사건 처리지시는 단순히 권고적 효력만을 가지는 비권력적 사실행위인 행정지도에 불과하다고 보기 어렵고, 원고에게 의무의 부담을 명하거나 기타 법률상 효과를 발생하게 하는 것으로서 항고소송의 대상이 되는 행정처분에 해당한다고 해석함이 상당하다고 할 것이다.

▶ 서울행법 2010.2.11. 선고, 2009구합35924, 판결 : 항소 【시정요구처분취소】 방송통신심의위원회는 대통령이 위촉하는 9인으로 구성되고 위원들은 국가공무원법상 결격사유가 없어야 하고 그 신분이 보장되며, 국가로부터 운영에 필요한 경비를 지급받을 수 있고 그 규칙이 제정·개정·폐지될 경우 관보에 게재·공표되는 등의 사정에 비추어 행정청에 해당하고, 인터넷 포털사이트 등에 대한 방송통신심의위원회의 게시물의 삭제 등의 시정요구는 단순히 비권력적 사실행위인 행정지도에 불과한 것이 아니라 의무의 부담을 명하거나 기타 법률상 효과를 발생하게 하는 것으로서 항고소송의 대상이 되는 행정처분에 해당한다.

▶ 대전지법 2014.9.17. 선고, 2013구합2572, 판결 : 항소 【방음벽제거거부처분취소】 지방국토관리청장이 국가산업단지 내 진입도로 공사를 하면서 방음벽을 설치하였는데, 인접한 토지 소유자 甲이 방음벽으로 자신의 토지에 건축허가를 받지 못하고 있으므로 방음벽을 제거해달라는 민원을 제기하자 방음벽은 환경영향평가법에 따라 주변 지역 환경피해방지를 위해 설치한 것이라 제거가 곤란하다는 취지의 회신을 한 사안에서, **방음벽의 제거행위는 비권력적 사실행위이고**, 위 회신은 민원사항에 대한 답변을 알리기 위한 것일 뿐 회신으로 甲의 권리의무에 변동을 가져오는 것도 아니며, 관계 법령의 내용에 인근 토지 소유자에게 사업계획에 반영되어 설치된 정온시설(방음벽)의 철거를 신청할 수 있는 근거법규가 있다고 할 수 없다는 등의 이유로, 위 회신은 항고소송의 대상이 되는 거부처분이라 할 수 없으므로 그 취소를 구하는 소는 부적법하다.

[사례] (단순한 통지의 행정처분성) : 공무원이 해당기관 장관으로부터 "상급직원 및 동료직원들과 다투고 폭언하는 행위에 대해 경고하니 각별히 유념하기 바람"이라는 내용의 서면 경고를 받은 경우, 이에 대해 행정소송을 제기할 수 있는가?

[해설] 위와 같은 서면의 경고는 국가공무원법상 징계에 해당하지 않고, 공무원 신분에 불이익을 초래하는 효과가 없어 행정처분이 아니기 때문에 행정소송을 제기할 수 없다. 행정소송 중 항고소송을 제기하기 위해서는 행정처분이어야 한다(행정소송법 제2조). 공무원이 국가공무원법상의 의무나 명령 또는 직무상의 의무에 위반하는 경우, 혹은 공무원으로서의 위신을 손상하는 행위를 한 때는 징계위원회의 징계결의를 거쳐 징계처분을 받는다(국가공무원법 제78조). 국가공무원법상의 징계종류로는 파면, 해임, 정직, 감봉, 견책이 있다(제79조). 징계를 받은 공무원이 불복하고자 할 때는, 반드시 행정심판의 일종인 소청심사위원회의 심사·의결을 거쳐야만 행정소송을 제기할 수 있다(제16조).

**필요적 전치주의**
　　그러나, 위 사안의 서면에 의한 경고는 공무원의 신분에 영향을 미치는 국가공무원법상의 징계의 종류에 해당하지 않는다. 또한 그 내용에 있어서 앞으로 근무에 충실하라는 내용의 권고행위 내지 지도행위에 불과한 것이어서 그 때문에 원고에게 공무원으로서의 신분에 불이익을 초래하는 법률상의 효과가 발생하는 것도 아니다. 따라서 위 경고는 국가공무원법상의 징계처분이나 행정소송의 대상이 되는 행정처분이라고 할 수 없어 그에 대한 취소소송을 구할 수 없다. <인터넷 법률신문>

## 3. 법적 규율에 의한 분류
### 3.1. 공법적(公法的) 사실행위
　　행정주체의 사실행위 중에서 공법의 규율을 받는 것을 공법적 사실행위라고 부른다. 행정상 사실행위 중에서 공법적 규율을 받는 것은 행정의 특수성을 고려한 것이기 때문에 이에 관한 다툼은 행정사건의 예에 의한다는 의미에서 논의의 실익이 있다. 즉 공법적 사실행위로 인해 손해를 입은 자는 국가배상법에 의한 손해배상을 청구할 수 있다. 이 공법적 사실행위가 행정법학의 연구대상이 된다.

### 3.2. 사법적(私法的) 사실행위
　　행정주체의 사실행위 중에서 사법(私法)의 규율을 받는 사실행위를 말한다. 사법적 사실행위로 인한 손해는 민법상의 불법행위에 관한 규정이 적용되어 민사상의 손해배상책임이 인정된다. 사실행위는 행정주체가 사경제의 주체로서 행하는 것이기 때문에 그에 관한 다툼은 당연히 일반 민사사건의 예에 의하게 되기 때문이다. 즉 사법적 사실행위로 인해 손해를 입은 자는 민법 등 사법제도에 의한 손해배상청구를 해야 한다.

### 3.3. 분류의 의의
　　이러한 분류는 권리구제(행정쟁송, 국가보상)의 방법과 관련하여 중요한 의미를 가진다고 할 수 있다. 문제는 어떠한 기준에 의하여 공법적 사실행위와 사법적 사실행위를 구분하느냐에 있다. 공법적 사실행위는 일단 공법에 위해 규율된 임무의 수행행위라 할 것이며, 여기에 공법과 사법의 구분에 관해서는 주체설, 법률관계설, 이익설, 생활관계설 등이 있다.

### 4. 독립성 유무(有無)에 따른 분류

[집행적 사실행위] 집행적 사실행위는 일정한 법령 또는 행정행위를 집행하기 위하여 행하여지는 사실행위를 말한다. 무허가건물의 철거·재산 압류 등 행정법상의 의무이행을 확보하기 위한 강제적 집행행위와(대집행의 실행), 경찰관의 무기사용·전염병환자의 강제격리 등 행정상의 장애를 제거하기 위한 질서행정상의 강제집행 등 강제행위(권력적 사실행위)가 여기에 속한다. 집행적 사실행위는 공권력적 실력행사에 의한 행위이므로 행정쟁송과 관련하여 특히 중요한 의미를 갖는다.

[독립적 사실행위] 독립적 사실행위란 그 자체로서 독자적인 의미를 가지는 사실행위를 말한다. 행정지도·학교수업·환자치료·도로의 보수공사·관용차의 운행 등을 들 수 있다.

[분류의 의의] 이러한 분류는 사실행위 자체가 위법한 경우에는 집행적 사실행위나 독립적 사실행위를 불문하고 일반이행소송으로 해결할 수 있으나, 집행적 사실행위에 있어서 선행 행정행위나 법령의 위헌·위법이 있는 경우에는 사실행위에 대한 이행소송에 앞서서 행정행위의 취소소송, 법률, 명령의 위헌, 위법심사 등이 문제 될 수 있다는 데 의미가 있다.

### 5. 의식표시의 유무(有無)에 따른 분류

[의의] 사실행위가 의사작용을 중심으로 하여 이루어지는지 아니면 물리적 작용을 중심으로 하여 이루어지는지의 구분이다. 행정지도, 법적 효과 없는 고지·통지·보고 등은 의사작용을 요소로 하는 것이므로 정신적 사실행위에 속하고 의사작용을 요소로 하지 아니한 재산압류, 상하수도시설의 설치 등은 물리적 사실행위에 속한다. 다만 물리적 사실행위도 용태의 일종으로 정신작용을 매개로 한다는 점이다. 행정상 사실행위의 가장 유용한 분류 중의 하나가 정신적 사실행위와 물리적 사실행위의 분류라고 할 수 있는 바, 이는 민법상의 순수사실행위과 혼합사실행위의 구분과 유사한 측면이 있다.[1] 행정법학상으로는 먼저 물리적 사실행위가 주목되어 오다가 행정지도에 대한 권리구제와 관련하여 뒤늦게 정신적 사실행위가 주목되게 되었다.

[정신적 사실행위] 정신적 사실행위란 행정상 사실행위 중에서 일정한 의식의 표시가 내포된 지식표시행위를 말한다. 그 대표적인 행위가 행정지도이다. 그 외에도 고시·통지·보고·축사·표창 등 행정주체의 대외적 공표행위는 여기에 속한다.

[물리적 사실행위] 물리적 사실행위는 순전히 사실상의 결과발생만을 의도하는 물리적 행위를 말한다(예: 무허가건물의 철거·재산압류 등 행정상의 강제집행행위, 학교·통신시설·상하수도시설 등 공기업 또는 공물의 설치공사 및 유지관리행위 등). 주의할 것은 물리

---

1) 독일에서는 이와 유사한 것으로서 지식표시와 기술적 기타의 집행행위의 유형적 분류가 있다.

적 사실행위도 용태의 일종으로 정신작용을 매개로 한다는 점이다.

## III. 사실행위의 근거와 한계

### 1. 사실행위의 근거

[의의] 사실행위는 사실상의 결과 발생만을 목적으로 하는 행정청의 행위이므로 거의 모든 행정청과 소속공무원의 일상사가 사실행위에 속한다고 해도 과언이 아닐 것이다. 그러므로 대부분의 사실행위는 정부조직법 등 조직법상의 근거만으로도 행해질 수 있다. 다시말하면 모든 행정작용이 그러하듯이 사실행위도 조직법상의 근거는 필요하다. 이와같이 사실행위도 행정주체의 행위이기 때문에 그것이 적법하기 위해서는 사실행위를 행할 수 있는 권한이 조직규범에 수권되어 있어야 하는데, 이는 행정청은 자신의 정당한 권한의 범위 안에서 사실행위를 행하여야 한다는 것이다.

[사실행위와 **법률우위의 원칙**] 사실행위도 법률우위의 원칙은 적용되며, 권력적 사실행위 및 개인의 신체·재산에 직접 작용하는 사실행위는 구체적인 법적 근거를 요한다(법률유보). 따라서 적어도 개인의 신체·자유·재산에 직접 침해를 야기할 수 있는 사실행위는 작용법상의 근거도 가져야 한다. 다만 행정작용에 대한 법률유보의 범위에 대하여는 침해유보설, 전부유보설, 중요사항유보설 등으로 나누이는데, 이는 견해에 따라 사실행위에 대한 법률유보의 범위가 다르게 나타남을 의미한다. 그러나 적어도 권력적·침익적(侵益的) 사실행위의 경우에는 반드시 법률의 근거가 필요하다고 할 것이다. 즉, 집행적 사실행위로서 국민에 대하여 침익적인 것과 직접 국민의 신체·재산 등에 효력을 가하는 권력적 사실행위에는 법률유보의 원칙이 엄격하게 적용되어야 한다.

### 2. 사실행위의 한계

행정상의 사실행위도 다른 행정작용의 경우와 마찬가지로 헌법원리나 법령에 위배하지 않아야 하며, 또한 불문법, 신의성실의 원칙·비례의 원칙·평등의 원칙·신뢰보호의 원칙 등 행정법의 일반법원칙(조리)에 의한 기속을 받는다. 사실행위는, (ㄱ) 조직법상 주어진 권한의 범위 내에서, (ㄴ) 행정목적의 범위 내에서, (ㄷ) 공익원칙·평등원칙·신뢰보호원칙등 행정법의 일반원칙에 따라서 행해져야 하며, (ㄹ) 개별법규가 있는 경우에는 그에 따라야 한다. 이에 위반하면 위법한 행위가 된다. 위법한 사실행위는 손해배상 청구·결과제거청구권 등의 대상이 된다.

## IV. 행정상 사실행위에 대한 권리구제(Rechtsmittel)

### 1. 손해배상(損害賠償)

[공무원의 직무상 행위] 행정상의 사실행위로 인한 재산상의 손해전보는 주로 손해배상의 문제이다. 국가배상법 제2조의 공무원의 직무상의 불법행위로 인한 손해배상의 원인행위인 공무원의 위법한 직무행위(Amtshandlung)에는 공무원의 위법한 사실행위도 포함된다는데 이론이 없으므로 행정상의 사실행위에 대한 국가배상은 다른 요건이 충족되는 한 가능하다. 결국 손해배상은 공무원의 위법한 직무행위와 밀접한 관련이 있는 공법적 사실행위로 인하여 손해를 입은 자는 국가 또는 지방자치단체에 손해배상을 청구할 수 있다.

[도로·하천 기타 공공의 영조물의 설치 또는 관리의 하자] 영조물의 설치·관리를 위한 사실행위의 하자로 인한 손해발생의 경우에도 국가 또는 지방자치단체는 손해배상책임을 진다.

[예외: 사법적 사실행위] 다만, 행정상의 사실행위라고 하더라도 사법적(私法的) 사실행위로 인한 손해배상에는 국가배상법의 적용이 없고 민법이 규정한 바에 따라 민사소송절차에 의거 가해공무원 또는 그가 소속한 국가 또는 지방자치단체에 대하여 손해배상을 청구할 수 있다.

### 2. 손실보상(損失補償)

#### 2.1. 개관

[보상의 예시규정] 적법한 행정사실행위에 인하여 특별한 희생이 있는 경우에 당사자는 법률에 근거하여 손실보상을 청구할 수 있다. 적법한 행정상의 사실행위로 인해 특별한 희생이 발생한 경우로서는, (ㄱ) 제3자의 생명·신체에 특별한 희생이 발생한 경우와, (ㄴ) 재산상의 손실이 발생한 경우로 구분할 수 있을 것이다. (제3자의 생명·신체에 특별한 희생이 발생한 경우): 제3자의 생명·신체에 특별한 희생이 발생한 경우로는 예컨대 경찰관이 법인을 추적하던 중 최후의 수단으로 경찰직무집행법 제10조의 모든 요건을 준수하여 총기를 사용하였으나 행인이 부상을 입었다면 공법상 위험책임이론에 의해 보상을 받을 수 있을 것이다. (적법한 행정상의 사실행위로 인해 재산상의 손실이 발생한 경우): 적법한 행정상의 사실행위로 인해 재산상의 손실이 발생한 경우에는 헌법 제23조 제3항의 취지에 따라 손실보상을 청구 할 수 있으며, 만약 이 경우 보상규정이 없을 때에는, 위헌무효가 되어 손해배상을 청구하거나 수용유사침해의 법리(독일연방법원)에 의한 보상을 청구 할 수 있다는 견해도 있다 (수용유사침해론). 현행 헌법 제23조 제3항은 "공공필요에 의한 재산권의 수용·사용 또는 제한 및 그에 대한 보상은 법률로서 하되, 정당한 보상을 지급하여야 한다."라고 규정하고

있는데, 여기서 손실보상의 원인을 "공공필요에 의한 재산권의 수용·사용·제한"이라고 하고 있다. 즉, 학문상의 물적 공용부담의 대표적인 경우를 손실보상의 원인으로 규정하고 있다. 그러나 이 경우에 있어서 손실보상의 원인은 헌법에 열거되어 있는 경우로만 한정할 수는 없다. 왜냐 하면 적법한 행정사실행위 중 어떠한 것은 결과적으로 상대방에게 손실을 줄 경우도 있을 수 있기 때문에 헌법에 열거되어 있는 보상원인은 예시적인 것으로 보아야 한다. 따라서 "공공필요에 의한 재산권의 수용·사용·제한"은 열거규정이 아니고 예시규정이다. 헌법 제23조의 공공필요는 헌법 제37조의 공공복리보다 넓은 개념이다.

[침해규정만 두고 보상규정이 결여되어 있는 경우] 여기서 문제되는 것은 공공의 필요에 의한 재산권의 수용·사용 또는 제한만을 법률로써 규정하고, 동일한 법률에서 손실보상에 관하여는 아무런 규정도 두지 아니한 경우에, 재산권을 침해당한 개인은 헌법규정만을 근거로 하여 직접 손실보상을 청구할 수 있는가, 아니면 손실보상은 반드시 침해규정을 둔 그 법률에 보상규정도 함께 규정하고 있어야 하는가? 침해규정만 두고 보상규정을 두고 있지 아니한 경우에는 이를 어떻게 해결할 것인가? 하는 문제이다. 이에 관하여는 학설의 대립이 있다(아래참조).

### 2.2. 학설
#### 2.2.1. 입법지침설(입법방침규정설/프로그램적 규정)
손실보상에 관한 헌법규정은 입법에 대한 지침규정에 불과하므로 손실보상청구권은 직접 헌법규정에 의하여 성립되는 것이 아니고 단행법의 명시적 규정이 있어야 한다는 견해이다. 보상 여부는 입법자가 결정할 사항으로 본다. 오늘날 입법방침규정설을 취하는 학자는 독일에도 없고 한국에도 없다. 입법방침규정설은 과거 독일 바이마르공화국(1919-1933)시대의 낡은 이론이다.

#### 2.2.2. 위헌무효설(입법자에 대한 직접효력설)
위헌무효설은 손실보상에 관한 헌법규정은 입법권(자)에 대하여 국민의 재산권을 침해하는 규정을 두는 때에는 보상에 관한 규정을 하도록 구속하는 힘을 가진다고 한다. 재산권 침해규정을 두는 경우, 그 침해법률에서는 동시에 보상규정도 두어야 한다는 것이 헌법명령(Verfassungsbefehl)이라는 것이다. 따라서 법률이 재산권침해를 규정하면서 손실보상규정을 두지 않으면 그 법률은 헌법 제23조 제3항에 위배한 것이 되는 것이어서, 위헌무효이며, 그 법률에 근거한 직무행위(재산권침해행위)는 불법행위가 되어, 손실보상을 청구하는 것이 아니라 불법행위(헌법명령을 위반하였으므로)에 따른 손해배상은 청구할 수 있다고 하는 견해이다.[1] ☞ **독일연방헌법재판소의 견해**

2.2.3. 헌법규정(헌법 직접적 규정)자체에 의하여 직접 국민이 보상을 청구할 수 있다는 견해(국민에 대한 직접효력설)

손실보상에 관한 헌법규정은 재산권을 침해당한 국민에게 직접 손실보상청구권을 부여한 것으로 본다. 따라서 어떤 법률이 재산권침해를 규정하면서 손실보상에 관하여 규정하지 아니한 경우에는 피해자는 헌법 제23조 제3항을 근거로하여 보상을 청구할 수 있다고 한다.[1] 김동희 교수는 「… 헌법 제23조 제3항의 문리적 해석에 의할 경우에는 무리가 있으나 … 사유재산권보장은 우리 헌법상의 기본원칙이라고 할 때, 공공필요에 의한 재산권의 수용·사용 또는 제한에 따른 특별한 손실에 대하여 보상을 하는 것은 사유재산권보장원칙의 당연한 귀결라 할 것이다. … 동조가 "공공필요에 의한 재산권의 수용·사용 또는 제한은… 정당한 보상을 지급하여야 한다"고 규정한 것은 보상권 자체는 동조에서 직접발생한다고 볼 수 있을 것이다」라고 한다.[2]

'국민에 대한 직접효력설'이라는 용어를 사용하는 이유는 <u>헌법은 권리 및 이념을 선언하고 있는 것으로서, 일반적으로 자유권적 기본권은 헌법 그자체가 효력을 가지지만, 자유권적 기본권 이외의 기본권의 경우에는, 현행 실정법 체계하에서는 이러한 이념을 실현하고 구체화하기 위하여 '헌법구체화법(예컨대 행정법 등 개별법규범)'을 통하여 구체적이고 현실적인 권리의 실현이 이루어지는 것인데, 만약 헌법이념을 구체화하기 위한 개별법이 존재하지 않는다면, 바로 헌법자체(헌법 제23조 제3항)에 의하여 권리실현을 이룰 수 있다는 것이다</u>(직접효력설의 입장; 이는 '기본권의 제3자적 효력'[3]에 있어서의 직접적용설[직접적용설]과 그 맥을 같이 한다.). 그러므로 '국민에 대한 직접효력설'의 의미는 국민이 헌법구체화법(행정법 등 개별법규)이 아닌 헌법조문자체에 의하여 권리구제를 실현할 수 있다는 의미, 헌법조문 그자체가 – 개별법이라는 매개체를 통하지 않고 – 국민에 대하여 직접적인 효력을 가진다는 의미로 사용하는 것이다.

---

1) 김도창, 신고행정법(상), 600면; 이상규, 신행정법론(상), 614면; 박윤흔, 행정법강의(상), 755면.
1) 김동희, 행정법(I), 568면; 김철수, 김남진, 행정법의 기본문제, 1985, 411면; 서원우, 월간고시 (1977.7), 103면.
2) 김동희, 행정법(I), 568면
3) '기본권의 제3자적 효력(Drittwirkung)'은 '기본권의 대사인적 효력'이라고도 한다. 헌법상의 기본권 보장규정은 '국가가 국민에 대하여 기본권(기본적 인권)'을 보장을 해주겠다는 약속이다. 이에 따라 국민은 국가에 대하여 자기의 '기본권(기본적 인권)'을 주장할 수 있는 권리, 즉 대국가적 효력을 가지는 기본권(주관적 공권)을 주장할 수 있는 것이다. 그런데 이와같은 – 국가와 국민과의 관계를 규율하는 – 헌법상의 기본권보장 규정을 가지고 사인간에도 서로 '나의 기본권을 보장해 달라'고, 주장할 수 있는가? 하는 문제가 '기본권의 대사인적 효력' 혹은 '기본권의 제3자적 효력'문제이다. 이는 '기본권의 충돌'과 밀접한 관련이 있다. 상세한 내용은 김백유, 기본권의 대사인적 효력; 김백유, 헌법기본권론 참조할 것.

### 2.2.4. 수용유사침해설(유추적용설)

어떤 법률이 재산권침해의 근거규정은 두면서 보상규정을 두지 않은 경우에는 헌법 제23조 제1항의 재산권보장규정, 헌법 제23조 제3항(보상규정) 및 제11조의 평등원칙에 근거하는 동시에 기타 관련법규상의 보상규정을 유추적용하여 보상청구권을 행사할 수 있다는 이러한 입장에서 주장되는 이론이 수용유사적 침해이론이며,[1] 유추적용설은 수용유사침해로 보는 입장에서 주장되고 있다.[2] 이를 간접적용설이라고도 한다. 이 경우의 침해는 공공필요로 인한 「개발제한구역의 지정」 등과 같이 위법하지만 무과실인 침해로서 불법행위와는 그 요건을 달리하는 것이므로, 수용유사의 침해이론을 근거로 헌법에 기하여(헌법 제11조, 제23조 제1항, 제23조 제3항 등) 직접 손실보상의 청구를 인정하자는 입장이다. ☞ **독일연방대법원의 견해(이러한 연방대법원[BGH : 연방법원; 연방통상법원이라고도 한다]의 견해는 연방헌법재판소에 의하여 파기 당함) ※ 독일에서는 법원의 판결도 헌법재판의 대상이 됨. 이를 재판[헌법]소원**(Urteilsverfassungsbeschwerde)**이라고 한다.**

### 2.2.5. 사견

생각건대 헌법 제23조 제3항에서 「보상은 법률로써 하되」라고 규정한 것은 입법자를 구속하는 헌법명령(Verfassungsbefehl)에 해당한다고 할 것이다. 이는 즉 입법자에 대한 직접효력설(입법자구속설)을 인정한 것이고 국민에 대한 직접효력설을 인정했다고 할 수는 없으므로, - 헌법규정이 직접 국민에게 적용된다고 보는(따라서 헌법규정에 따라 손실보상을 청구할 수 있다는) - 국민에 대한 직접효력설을 인정하여 손실보상을 청구할 수는 없다고 할 것이다.[3] 또한 헌법 제23조 제3항은 국민에 대하여 특별한 희생을 가하는 공용침해에 대하여는 입법자가 모두 법률에서 보상하라는 취지라고 할 것이므로, 입법자가 법률에서 보상을 하지 않는 경우에는 독일에서와 같은 판례법이나 관습법으로서의 희생보상청구권의 법리의 발전도 없는 우리나라에서 수용유사적 침해의 법리에 의해서 손실보상을 청구하는것도 어려운 문제라 할 것이다. 결국 위헌무효설(입법자에 대한 직접효력설; 입법자구속설)이 현행헌법의 해석상 타당하다 할 것이다.

---

1) 석종현, 수용유사침해법리, 고시연구(1988.3), 35면.
2) 석종현, 일반행정법(상), 655면; 홍정선, 행정법원론(상), 단락번호 2129.
3) 자유권적 기본권(자유권)의 경우에는 헌법규정이 직접적용되나(직접적용설), 그 이외의 경우에는 헌법규정을 실현하기 위한 구체적인 하위법률(헌법구체화법률)이 필요하다. 이러한 점에서 행정법을 헌법구체화법(Fritz Werner) 혹은 국가경영행정법(강현호교수; 성균관대)이라고 칭하는 것은 상당한 설득력을 지닌다.

## V. 행정상 사실행위와 행정쟁송

### 1. 개관

행정상의 사실행위에 대한 행정쟁송을 인정할 것인가의 문제는 사실행위의 법적 성질과 직결되어 있다. 행정소송법은 처분등 또는 부작위에 대하여는 항고소송, 그 밖의 공법상 법률관계에 관하여는 당사자소송의 가능성을 열어두고 있다. 따라서 사실행위에 대하여 어떠한 종류의 행정소송이 제기될 수 있는가 하는 것은 사실행위가 행정소송법상의 '처분'에 해당하는지의 여부에 있다.[1] 반면 사실행위의 처분성이 부정되는 경우에도 무조건 공법상 당사자소송이 허용된다고는 볼 수 없다. 왜냐하면 우리나라 행정소송법상 당사자소송이 허용되기 위해서는 사실행위에 대한 소송상 청구가 행정청의 처분등을 원인으로 하는 법률관계와 그밖에 공법상 법률관계에 관한 것이어야 하기 때문이다. 이는 물론 구체적으로 그 청구취지와 원인을 종합하여 판단해야 할 것이다. 그러나 사실행위가 그 개념정의상 행위의 기초를 행정법에 두는 것인 이상, 결국 문제는 사실행위의 처분성여부에 있다고 할 수 있다. 즉 사실행위의 처분성이 인정되면 항고소송이, 그렇지 않으면 당사자소송이 각각 권리보호형태로서 고려되는 결과가 된다. 결론적으로 행정소송법상 처분개념은 궁극적으로 행정소송법상 관계규정(제2조 제1항)의 해석을 통해 밝혀질 문제이며, 사실행위가 행정소송법상 처분에 해당하는지 여부는 일반적·일률적으로 판단할 것이 아니라 문제된 사실행위의 구체적 성질과 내용을 파악하여 논의되어야 한다. 다만 행정상 사실행위란 일종의 집합개념(Sammelbezeichnung)에 불과한 것이라는 점이 고려되어야 할 것이다.

---

1) 사건 : 05-14329 범칙금부과처분등무효확인청구(국무총리행정심판위원회)
청구인 : 박○○ 서울특별시 ○○구 ○○동 26-36 5/4 ○○빌라 103호 (송달주소 : 서울특별시 △△구 △△동 41-7 △△빌딩 501호)
피청구인 : 서울북부경찰서장
「사건개요」: 청구인이 2004. 11. 19. 고속도로 및 자동차 전용차로에서 주·정차금지위반을 하였다는 이유로 피청구인이 청구인에 대하여 2005. 2. 3. 4만원의 범칙금을 부과하고, 출석기간 또는 범칙금 납부기간 만료일부터 60일이 경과될 때까지 즉결심판을 받지 아니하였다는 이유로 2005. 4. 20. 벌점 40점을 부과하였다. 「재결례요지」: 벌점부과처분무효확인청구에 대하여 살피건대, 운전면허행정처분기준상의 벌점의 배점은 그 자체만으로는 행정내부의 사실상 행위에 불과하여 아직 국민에 대하여 구체적으로 어떤 권리를 제한하거나 의무를 명하는 등 법적규제 효과를 대외적으로 발생시키는 요건을 갖춘 것이 아니어서 행정심판의 대상이 되는 행정처분이라 할 수 없으므로, 이 건 범칙금미납으로 받은 벌점의 무효를 구하는 청구인의 심판청구는 행정심판대상이 아닌 사항을 그 대상으로 한 것으로서 「행정심판법」 제2조의 규정을 위반한 부적법한 청구이다. 그렇다면, 청구인의 청구는 심판제기요건을 결한 부적법한 청구라 할 것이므로 이를 각하하기로 하여 주문과 같이 의결한다.

## 2. 학설
### 2.1. 긍정설
행정상 사실행위의 처분성을 긍정하는 입장에서는, 계속적 성질을 가지는 내용의 권력적 사실행위는 행정쟁송의 대상인 처분으로서의 행정청의 공권력행사에 해당하는 것으로 본다(이상규).

### 2.2. 부정설
부정설의 입장에 의하면 사실행위는 직접 법률적 효과를 발생하지 않으므로 법 집행행위라고 할 수 없고 따라서 사실행위는 처분성을 인정할 수 없고, 이 결과 사실행위는 항고소송의 대상이 되지 않는 것으로 본다(김남진). 부정설에 의하면 사실행위의 처분성이 인정되지 않더라도 그 사실행위가 공법적인 것이기 때문에 당사자소송의 방법을 통하여 손해배상청구를 할 수 있을 것이며, 위법한 행정작용의 결과에 의하여 권리의 침해를 받은 자가 행정청에 그 위법상태의 제거를 제거할 것을 청구할 수 있는 「공법상 결과제거청구권」의 법리에 의하여 사실행위에 의하여 야기된 위법상태의 제거청구가 가능할 것이라고 한다. 일반적으로 당사자소송은 공법상 법률관계에 관하여 일정한 급부 또는 행위를 구하는 이행소송, 법률관계의 확인을 구하는 확인소송 혹은 이들의 병합소송의 형태를 띠게 된다.

## 3. 행정소송법 제2조 제1항
행정소송의 대상인 처분 등을 "… 구체적 사실에 관한 법집행으로서의 공권력 행사 또는 그 거부와 그 밖에 이에 준하는 행정작용 …"이라고 정의함으로써 적어도 집행적·권력적 사실행위에 대한 처분성을 인정한 셈이다(행정상 강제집행, 단수처분[斷水處分][1] 등). 따라서 위법한 권력적 사실행위에 대하여는 그 취소심판·취소소송을 제기하여 권리구제(Rechtsmittel)를 받을 수 있을 것이다. 그러나 사실행위는 비교적 단기간에 집행이 종료되는 경우가 보통이므로, 그러한 경우에는 소익(訴益)이 부정되어 당해 소는 각하되게 될 것이다. 따라서 권력적 사실행위에 대하여 취소소송등이 인정된다고 하여도, 내용적으로는 계속적인 성질의 사실행위인 경우에 그 실질적 의미가 있다. 다만 그에 대한 집행정지신청의 인용을 전제로 하면 계속성이 없는 권력적 사실행위에 대한 취소소송도 가능하다.

취소소송이 성립하기 위해서는 재판관할의 문제, 소송제기기간의 준수 등과 같은 형식적 요건이외에도 몇 가지 조건을 만족시켜야 하는데, 이를 널리 소익(광의의 소익)이라 한다. 이 소익은 다시 (ㄱ) 소송을 제기하는 자가 처분등의 취소를 구할 **자격**이 있는 자인

---

[1] 단수처분은 행정처분이 아니라는 대법원 판례도 있다.

가(원고적격; 청구인적격), (ㄴ) 취소소송으로 다툴만한 성질 즉 소위 **처분성**을 갖는 행정작용인가(소의 대상), (ㄷ) 이 분쟁을 재판에 의해 해결할만한 현실적 **필요성**이 있는가(구체적 이익 – 협의의 소익) 등의 심사를 거쳐 결정된다.

## 4. 구체적 적용

### 4.1. 행정지도(行政指導)

[비권력적 사실행위와 행정지도] 행정지도는 비권력적 사실행위로서 원칙적으로 행정쟁송의 대상이 되지 않는다. 즉 행정지도와 같은 비권력적 사실행위는 그 취소를 구할 여지가 없다. 다만, 행정지도에 불응하였다는 이유로 일정한 불이익처분(침익적 행정행위)이 가해진 경우나 경고등 행정지도를 전제로 하여 후속처분이 행하여진 경우에는 행정지도의 하자를 이유로 하여 후속처분의 효력을 다툴 수 있다. 반면 규제적 행정지도나 조정적 행정지도는 강제성과 계속성을 띠고 있으므로 이를 권력적 사실행위로 보아 처분성을 인정하려는 것이 지배적인 학설의 태도이며, 타당하다. 따라서 이 경우 사법심사의 대상이 된다. 이는 권력적 사실행위의 처분성을 뒷받침하는 것이라기 보다는 오히려 행정지도가 '비권력적 사실행위'라는 개념적 기속을 벗어나고 있다는 것을 의미하는 것으로 보아야 한다. 더군다나 오늘날 행정지도는 다양한 형태로 나타나고 있음을 주지해 볼 때 이를 여전히 '상대방의 임의적 협력을 기대하여 행하는 비권력적 사실행위'라는 고정된 틀로 파악하여 행정쟁송의 대상이 되지않는다고 보는 것은 문제가 있다.

[새로운 견해(비권력적 사실행위에 대하여 처분성을 인정하자는 견해)] 종래에는 이른바 권력적 사실행위 이외의 사실행위에 대해서는 행정처분으로서의 처분성을 부정하는 것이 일반적이었다. 그러나 최근에는 이러한 권력적 사실행위 이외에도 경고 등 일부 행정상 홍보작용은 행정처분의 개념에 포함시키고자 하는 견해가 있다. 이 견해에 의하면 우리의 행정소송법(행정심판법 포함)이 다른 나라의 법제와 달리 행정처분의 개념을 '공권력의 행사 또는 그 거부' 이외에 '그 밖에 이에 준하는 행정작용'까지 포함시키고 있고, 오늘날의 행정의 행위형식의 다양성에 비추어 행정처분의 개념을 유연하게 해석함이 바람직하며, 행정의 홍보작용 중 경고와 특정물품의 추천·권고 정도는 "공권적 성질을 가지는 것으로서" 행정소송법상의 처분규정, 그 중에서도 특히 '그 밖에 이에 준하는 행정작용'에 포함시켜도 무방하지 않느냐 하는 것이다. 사회복지국가를 지향하는 현대행정에 있어서, 행정의 홍보작용이 국민의 권리·의무에 미치는 영향을 고려할 때, 주목할 만한 견해이다.

### 4.2. 행정상 즉시강제(卽時强制)

위법한 행정상 즉시강제에 대하여 행정소송을 제기하여 그 취소를 구할 수 있는지에 관하여 즉시강제가 사실행위라는 점을 근거로 이를 부인하는 입장도 있으며, 특히 취소소송에 있어 취소의 대상은 법적 행위라고 하거나 취소소송은 기존의 법적 효과를 소멸시키는 것을 목적으로 하는 것이므로 권력적 사실행위가 취소되는 경우에도 사실행위 자체가 취소되는 것은 아니라고 보는 견해가 있다. 이에 반하여 권력적 사실행위의 취소는 단순한 위법선언 뿐만 아니라 권력적 사실행위에 결부된 법적 효과인 수인의무의 해제로서 의미를 갖는다고 보는 입장이 유력하게 제기되고 있다. 행정상 즉시강제는 일반적으로 단순사실행위가 아니라 권력적 사실행위의 성질을 띠므로 그 처분성을 인정할 수 있다. 따라서 이에 대한 소송형식도 당사자소송이 아닌 취소소송의 방법을 취하는 것이 타당하다. 행정상 즉시강제를 수인하명과 그 집행행위가 결합된 합성행위로 보는 입장에서는 권력적 사실행위에서 수인하명 부분만이 취소될 수 있을 뿐이라고 한다. 생각건대 독일에서 성립된 이른바 합성행위설은 무엇보다도 과거 행정소송의 허용성(Zulässigkeit des Verwaltungsrechtswegs)이 실체적 행정행위개념에 의존했던 상황에서 즉시강제(sofortiger Vollzug)에 행정행위의 계기를 결합시킴으로써 이를 행정소송의 대상으로 삼으려는 취지에서 비롯된 것이므로, 즉시강제를 처분에 해당하는 것으로 보는 것이 합리적이다. 행정상 즉시강제는, 강제수용 등과 같이 비교적 장기간에 걸쳐 시행되는 경우를 제외하고는, 그 행위가 신속하게 종료되기 때문에 행정심판법 제13조 제1항 단서 및 행정소송법 제12조 단서에 의한 경우를 제외하고는 권리보호의 이익을 상실해 버리는 경우가 많다. 이 경우에는 손해배상 또는 결과제거·원상회복을 한다. 다만 즉시강제와 손해의 발생 사이에 인과관계(상당인과관계)를 인정하기 곤란한 경우도 많다는 문제점이 있다.

### 4.3. 사실행위에 대한 당사자소송(當事者訴訟)

[당사자소송] 당사자소송은 주로 이행소송(Leistungsklage)이나 확인소송 또는 이들의 병합소송의 형태를 지니게 된다. 다만 권력적 사실행위의 경우에는 처분성을 인정하므로, 사실행위에 대한 당사자소송은 (권력적 사실행위를 포함한 의미에서의) 처분 등을 원인으로 하는 법률관계나 비권력적 사실행위에 관한 공법상 법률관계에 관하여 일정한 급부 또는 행위를 구하는 이행소송(Leistungsklage)이나, 법률관계의 확인을 구하는 확인소송을 제기 할 수 있다. 행정지도와 같은 비권력적 사실행위는 그 취소를 구할 여지가 없고, 또한 선박사고원인의 발표 등과 같은 경우에는 행위의 취소를 구한다고 해도 그것은 선박사고원인의 발표내용의 철회나 변경을 구하는 이행청구의 의미를 가지게 될 뿐이다.

[사실행위에 대한 당사자소송이 확인소송인 경우] 사실행위에 대한 당사자소송이 확인소송인 경우, 확인의 대상으로 된, 사실행위로 인한 법률관계가 공법상의 법률관계에 해당하는지 여부와 확인의 이익의 유무가 관건이 된다.

[사실행위에 대한 당사자소송이 이행소송인 경우] 사실행위에 대한 당사자소송이 이행소송(Leistungsklage)인 경우에는 금전의 지급이라든지 재해시설의 설치와 같은 비권력적 사실

행위, 공법상 결과제거청구권의 내용으로서 원상회복 등이 당사자소송을 통하여 이루어 질 있을 것이나, 이 경우에도 그러한 비권력적 사실행위를 요구할 수 있는 청구권이 존재하는 지 여부가 관건이 된다. 가령 행정지도와 같은 비권력적 사실행위 자체를 구하는 이행소송 (Leistungsklage)은 그 법적 효과의 결여, 비권력성으로 인해 그 청구의 기초 (Anspruchsgrundlage)가 결여되는 경우도 적지 않을 것이다.

[사실행위에 대한 당사자소송의 형태] 사실행위에 대한 당사자소송의 형태는 일반적으로 종래 무명항고소송으로 검토되었던 예방적 금지소송의 경우를 비롯하여 행정지도를 다투는 경우, 금전 내지 행정서비스의 급부를 구하는 경우, 정보공개청구소송, 공부(公簿)상의 등재, 등재사항변경·삭제 등을 구하는 소송, 공공기관에 의한 명예·신용의 훼손의 회복을 구하는 경우, 공공사업의 중지를 구하는 경우, 공공기관의 실력행사를 다투는 경우, 계획의 수립·시행을 다투는 경우, 처분이외의 행정상 의무이행을 법원의 재판을 통하여 확보하고자 하는 경우 등을 들 수 있다.

## 5. 판례

판례는 「피고의 행위, 즉 부산시 서구청장이 원고소유의 밭에 측백나무를 300주 식재(植栽)한 것은 공법상의 법률행위가 아니라 사실행위에 불과하므로 행정소송의 대상이 아니다」고 하여 사실행위의 행정소송 대상성을 부인하고 있다.[1] 이에 대해 「단수처분(斷水處分)」은 항고소송의 대상이 되는 행정처분에 속한다는 판례가 있다.[2] 일본에서는 횡단보도교의 건설공사에 대하여는 행정소송의 제기를 인정하였다.[3]

---

1) 대판 1979. 7. 24, 79누173【행정처분취소】【이유】상고이유에 대하여, 원심은 이 사건 피고의 행위가 공법상의 법률행위가 아니라 사실행위에 불과하므로 행정소송의 대상이 되지 못하여 본 건 소는 부적법하다하여 각하하고 있는 바 기록을 살피면 원심의 위 판단은 정당하고 거기에 소론 위법있다고 할 수 없어 논지 이유없다. 이에 상고를 기각하고 상고비용은 패소자 부담으로 하기로 하여 관여 법관의 일치된 의견으로 주문과 같이 판결한다.
2) 대판 1979. 12. 28, 79누218【건물철거대집행계고처분취소】; 처분성을 인정하지 아니한 판례도 있다.
3) 日東京地判 1950. 10. 14. 判決.

## 제 4 항  주소(住所)와 거소(居所)

### I. 법적 의의

주소·거소에 의하여 권리주체의 장소적 개별성이 결정되고, 이를 기준으로 하여 법률관계가 정하여진다. 공법상으로 주소는 지방자치단체의 주민이 되는 요건이며, 각종의 선거권·피선거권·납세의무·인감신고·서류송달장소·귀화의 요건 등이 주소를 기준으로 하여 정하여진다.

### II. 주소

#### 1. 자연인의 주소
[민법상 주소] 민법상으로는 「생활의 근거가 되는 곳」을 주소로 한다(민법 제18조 제1항). 「주소는 동시에 두 곳 이상」 있을 수 있다(민법 제18조 제2항).

[공법상 주소] 주민등록법은 주민등록자의 지위 등에 관하여, 「다른 법률에 특별한 규정이 없는 한 이 법에 의한 주민등록지를 공법관계에 있어서의 주소로 한다」고 규정하고 있다(주민등록법 제23조)(형식주의·객관주의).[1] 주민등록법은 이중등록을 금지하고 있으므로, 공법관계에 있어서의 주소는 특별한 규정이 없는 한 1개에 한하게 된다(單數主義).

#### 2. 법인의 공·사법상의 주소
공법상의 법인의 주소는 「법인의 주소는 그 주된 사무소의 소재지에 있는 것으로 한다」는 민법규정(제36조)에 의하여 결정될 것이다.

---

[1] 주민등록법 제23조(주민등록자의 지위 등) ① 다른 법률에 특별한 규정이 없으면 이 법에 따른 주민등록지를 공법(公法) 관계에서의 주소로 한다. ② 제1항에 따라 주민등록지를 공법 관계에서의 주소로 하는 경우에 신고의무자가 신거주지에 전입신고를 하면 신거주지에서의 주민등록이 전입신고일에 된 것으로 본다.

## III. 거소 · 가주소

「주소를 알 수 없으면 거소를 주소」로 보며(민법 제19조),「국내에 주소없는 자에 대하여는 국내에 있는 거소」를 주소로 본다(민법 제20조).「어느 행위에 있어서 가주소를 정한 때에는 그 행위에 관하여는 이를 주소」로 본다(민법 제21조)는 규정들이 행정법 관계에도 원칙적으로 적용될 것이다.

## 제 5 항   공법상의 사무관리(事務管理) · 부당이득(不當利得)

### I. 공법상의 사무관리

[의의] 사무관리란 법률상 의무없이 타인을 위하여 사무를 관리(처리)하는 것을 말한다(민법 제734조). 사무관리는 민법에만 특유한 것이 아니고 공법분야에서도 볼 수 있다.
[성질] 준법률행위적 공법행위(법률적 행위)이고 적법행위이다.
[사무관리의 종류] 사무관리의 종류에는 강제관리(국가의 감독하에 있는 공기업체를 강제적으로 관리하는 경우)와 보호관리(수난구호, 행려병사자[行旅病死者]나 사망자에 대한 공공단체의 보호 · 관리) 등이 있다.
▶ 강제관리 : 국가의 감독하에 있는 공기업체를 강제적으로 관리하는 경우
▶ 보호관리 : 수난구호, 行旅病死者나 사망자에 대한 공공단체의 보호 · 관리
[사무관리의 효과] 공법에 총칙적 규정이 없으므로 공법상 특별한 규정이 없으면 민법에 의할 것이다. 그러므로 사무관리자는 통지의무가 있다 할 것이고, 비용상환 · 과실없이 받은 손해에 대하여 배상하는 효과가 발생할 것이다.

### II. 공법상의 부당이득

#### 1. 의의

공법상의 부당이득이란 '법률상 원인없이 타인의 재산 또는 노무로 인하여 이득을 얻고, 이로 인하여 타인에게 손해를 가한 자에 대하여 그 이득을 반환할 의무를 과하는 제도'를 말한다(민법 제741조). 공법상의 원인에 의하여 일단 급부하였는데, 그 원인이 무효이거

나 취소됨으로써 법률상 원인없는 급부가 된 경우에, 공법상 부당이득의 반환문제가 있을 수 있다. 부당이득의 성질은 「사건」이다.

【공법상 부당이득의 예】
- 조세체납처분에 의하여 제3자의 재산을 공매한 결과 이 행위가 당연무효로 되는 경우
- 이미 납세한 자가 그 조세부과처분의 위법을 이유로 행정소송을 제기하여 승소한 결과 당해 처분이 취소된 경우
- 연금을 받을 자격없는 자의 연금수령
- 공무원의 봉급과액수령
- 착오에 의한 사유지의 국유지편입
- 공중통신요금·수도료의 과납
- 행정주체가 타인토지를 불법점유한 경우
- 적법한 통고처분 없이 가납금(假納金)을 벌금 등으로 충당한 경우

## 2. 공법상 부당이득반환청구권(不當利得返還請求權)의 성질

### 2.1. 사권설(私權說)

이 견해는 부당이득의 문제는 공법상이건 사법상이건 법률상의 원인이 없는 경우에 생기는바, 설사 행정행위에 의하여 생긴 경우에도 그 행정행위가 무효이거나 하자를 이유로 취소된 때에 생기며, 따라서 부당이득의 문제가 생긴 때에는 벌써 아무런 법률원인이 없고, 또한 부당이득제도는 경제적 견지에서 인정되는 이해조정제도라는 데서 사권으로 보고, 그에 관한 소송은 민사소송에 의하여야 한다고 한다(이상규).

[대법원 판례] 대법원 판례도 무효인 법령에 근거한 조세부과처분에 따라 납부한 세금은 부당이득이며 민사소송으로 반환을 청구할 수 있다고 하고 있다. (사실개요) : 원고들은 이미 대법원의 판결(대판 1968. 6. 25, 68누9)로 무효로 판단된 구법인세법시행규칙 제12조 제2항 제3호에 근거한 세무서장의 부과처분에 의하여 조세를 납부하였다. 그리하여 그 납부가 국가측의 부당이득이라 하여 민사소송으로 반환을 청구하였다. (판결요지) : 이 사건에서 문제가 있는 세금은 법률이나 명령에 근거가 없는 구법인세법시행규칙 제12조 제2항 제3호에 의거하여 피고가 원고들에게 부과한 것이기 때문에 이러한 피고의 조세부과처분은 당연무효라는 것이 원심의 정당한 판단이다. 원고들은 무효인 조세부과처분에 의하여 그 세금을 피고에게 납입하였으니 이것을 도로 내놓으라는 것이 이 사건의 청구원인이다. 이러한 청구는 민사소송으로 가능한 것이지 굳이 행정소송으로 청구할 성질의 것은 아니다. 당연무효인 조세부과처분은 행정소송에서 무효인 것이 확인되지 아니한다 할지라도 민사 소송에서는 그것이 무효인 것을 전제로 하여 심판할 수 있다.[1]

「기타」 무효인 조세부과처분에 기하여 납부한 세금의 반환을 구하는 소송절차
    - 조세부과처분이 무효임을 전제로 하여 이미 납부한 세금의 반환을 청구하는 것은 민사상의 부당이득반환청구로서 민사소송절차에 따라야 한다(대법원 1991. 2. 6, 90프2 결정).
    ▶ 대법원 1991. 2. 6, 90프2 결정 【증여세등부과처분무효】 대법원은 "특별항고이유를 본다. 이 사건의 경우와 같이 조세부과처분이 무효임을 전제로 하여 이미 납부한 세금의 반환을 청구하는 것은 민사상의 부당이득반환청구로서 민사소송절차에 따라야 한다는 것이 당원의 견해인 바,[1] 1985. 1. 1.부터 시행하는 현행 행정소송법에 소론과 같은 당사자 소송에 관한 규정이 되어 있다고 하여 위와 같은 견해를 변경하여야 할 필요가 있다고 보지 아니한다. 그러므로 원심이 이와 같은 견해에 터잡아 특별항고인(원고)들이 행정소송절차에서 피고 경정을 포함하는 당사자 소송으로 변경하려는 이 사건 소변경신청을 기각한 것은 정당하고, 거기에 소론과 같은 당사자 소송에 관한 법리를 오해한 위법이 있다고 할 수 없다. 따라서 반대의 입장에서 주장하는 논지는 이유 없으므로, 이 사건 특별항고를 기각하기로 하여 관여 법관의 일치된 의견으로 주문과 같이 결정한다."고 하였다.[2]

### 2.2. 공권설(公權說)

공법상 부당이득은 공법상 원인에 의하여 발생한 결과를 조정하기 위한 제도이므로 공법상 부당이득반환청구권은 공권이고(김도창, 강문용), 그에 관한 소송은 공법상의 법률관계에 관한 소송인 **공법상 당사자소송**에 의하여야 한다(김도창, 강문용)고 한다(행정소송법 제3조 제2호).

### 2.3. 구별무용설(區別無用說)

공법상의 부당이득의 내용은 다양하여 일률적으로 말하기 어렵고, 현행 제도 아래에서는 어느 설에 의하더라도 결과는 크게 다르지 아니할 뿐만 아니라, 우리 행정소송법은 행정상의 부당이득에 대하여 당사자소송을 인정하고 있으나 당사자소송에는 민사소송에 대한 특례가 많이 인정되고 있는 것이 아니므로 공권설에 따라 당사자 소송을 제기하더라도 결국 사권설에 따라 민사소송을 제기하는 경우와 마찬가지로 실제로는 대부분 민사소송법에 의하게 된다(행정소송법 제8조 제2항)는 견해이다.[3]

[박윤흔 교수의 견해] 박윤흔 교수는, "… 원래 공법상의 부당이득의 성격에 관한 논의

---

1) 대판 1969. 12. 29, 69다1700.
1) 대법원 1969.12.9. 선고 69다1700 판결; 1971.5.24. 선고 71다744 판결; 1990.2.13. 선고 88누6610 판결 각 참조.
2) 【원심결정】 서울고등법원 1990.11.2. 자 89구17183 결정
3) 김동희, 행정법(I), 127면.

는 행정소송사항에 있어 열기주의를 채택한 제도 아래서 행정재판소에 의한 행정구제가 극히 불비하여, 이를 사권이라고 이론구성을 함으로써 사법법원에 의한 구제를 가능하게 하려는 데서 비롯된 것인바, 우리 행정소송법은「공법상의 법률관계에 관한 소송」을 인정하고 있어 공법상의 부당이득에 대하여 공법상의 당사자소송에 의한 구제의 길이 열려 있어 논의의 실익이 없다. 그리고 행정소송법은 공법상의 당사자소송에 대하여는 민사소송에 대한 많은 특례를 정하고 있지는 않으므로, 공권설에 따라 공법상의 부당이득반환청구를 공법상의 당사자소송으로 행하더라도 결국은 사권설에 따라 민사소송[1]을 제기한 경우와 마찬가지로 대부분 민사소송법에 의하게 된다(행정소송법 제8조 제2항),[2] … 굳이 이론상으로만 보면 우리 실정법구조가 공법·사법의 이원적 구별을 전제로 하고 있고, 공법상의 부당이득반환청구권은 공법상의 제도인 점에서 공권으로 볼 것이다."[3]라고 한다.

---

[1] 공법상 당사자소송은 행정법원 관할 이라는 판례 : 서울고법 2014.12.18, 선고, 2014나2024684, 판결 : 이송【전투수당등】【판시사항】베트남전에 파견되어 전투임무를 수행한 甲 등이 국가를 상대로 미지급 전투근무수당과 추가 해외파견 근무수당의 지급을 구하는 소를 제기한 사안에서, 위 소는 공법상의 법률관계에 관한 소송에 해당하여 행정소송법 제3조 제2호에 규정된 당사자소송의 절차에 따라야 하므로 관할 행정법원으로 이송되어야 한다고 한 사례 【판결요지】베트남전에 파견되어 전투임무를 수행한 甲 등이 국가를 상대로 미지급 전투근무수당과 추가 해외파견 근무수당의 지급을 구하는 소를 제기한 사안에서, 국가와 소속 경력직공무원인 군인의 관계, 즉 군인의 근무관계는 사법상의 근로계약관계가 아닌 공법상의 근무관계에 해당하고, 근무관계의 주요한 내용 중 하나인 군인의 보수에 관한 법률관계는 공법상의 법률관계라고 보아야 하는 점, 구 군인사법(2011. 5. 24. 법률 제10703호로 개정되기 전의 것) 제52조 및 구 군인보수법(1974. 12. 26. 법률 제2729호로 개정되기 전의 것, 이하 같다) 제2조 제2항이 군인의 보수에 관하여 법정주의를 채택하고 있고, 이에 따라 甲 등의 전투근무수당 및 해외파견 근무수당 지급청구권은 구 군인보수법, 구 군인보수법 시행령(1974. 12. 19. 대통령령 제7417호로 개정되기 전의 것), 구 해외파견근무수당 지급규정(1979. 4. 16. 국방부령 제312호로 폐지) 등의 법령의 규정에 의하여 직접 그 존부나 범위가 정하여지며, 특히 위 규정들에 의하면 甲 등에 대한 해외파견 근무수당은 예산의 범위 안에서 지급하도록 규정되어 있어 단순한 사인 간의 금전지급채권관계와는 달리 특수한 공법적 고려요소가 가미되어 있는 점 등을 종합하면, 위 소는 공법상의 법률관계에 관한 소송에 해당하여 행정소송법 제3조 제2호에 규정된 당사자소송의 절차에 따라야 하므로, 행정소송법 제7조, 민사소송법 제34조 제1항에 따라 관할 행정법원으로 이송되어야 한다.
[2] 판례는, 당사자소송으로서, (ㄱ) 공법상의 권리존재확인소송과, (ㄴ) 무효확인소송, (ㄷ) 부존재확인소송을 인정하는데 그치고, 그 밖에는 모두 민사소송으로 다루고 있다. 결국 행정소송법 제3조 제2호의 당사자소송은 법원의 판례를 통하여 거의 유명무실화 되고 있다. 판례는 공영주택의 사용관계는 공법관계가 아니고 사법상 임대차계약에 의한 사법관계이며, 수도사업이용의 법률관계는 기본적으로는 사법상의 당사자관계로 보고 있고, 공영주택의 임대차계약과 수도공급계약을 공법상 계약으로 보지 않고, 사법상 계약으로 취급하고 있다(박원영, 행정사법, 고시계(1984.8), 33~36면 참조).

## 3. 행정주체의 부당이득(不當利得)

### 3.1. 성립요건

#### 3.1.1. 행정행위에 의하여 부당이득이 발생한 경우

공권력의 발동인 행정행위는 당해 행위가 무효인 경우를 제외하고는 일단 권한 있는 기관에 의하여 취소된 경우에 한하여 부당이득이 발생한다. 행정행위가 위법하더라도 취소되지 않는 한 공정력이 인정되며, 이에 의거하여 생긴 재산권의 변동을 부당시할 수는 없기 때문이다. 따라서, 당해 처분에 대한 출소기간이 경과된 후에는 불가쟁력에 의하여 부당이득 반환청구소송을 제기할 수 없다. 다만 조세부과처분 기타 공권력에 의하여 부과된 채무를 이행한 경우에는 민법 제742조(민법 제742조[비채변제] 채무없음을 알고 이를 변제한 때에는 그 반환을 청구하지 못한다)가 적용되지 않는다고 보아야 한다. 왜냐 하면 채무없음을 알더라도 상대방은 이행하지 않을 수 없기 때문이다. 행정행위에 의하지 않고 생긴 경우에도 국가가 법에 근거 없는 이득을 수납할 수는 없는 것이므로, 상대방이 채무없음을 알았다는 것을 주장하여 반환의무를 면할 수는 없다고 보아야 할 것이다.

#### 3.1.2. 행정행위에 의하지 않고 부당이득이 발생한 경우

예컨대, 행정주체가 정당한 권한없이 타인 소유토지를 도로로 조성·사용함으로써 부당이득이 성립하는 경우를 들 수 있다. 특별한 규정이 없는 한, 즉시 민사소송으로 부당이득반환을 청구할 수 있다.

### 3.2. 반환청구의 절차

행정행위가 무효인 경우에는 즉시 부당이득반환을 청구할 수 있다. 이 경우 소송형태는 사권설에 의하면 민사소송이, 공권설에 의하면 당사자소송이 된다. 행정행위가 취소할 수 있는 것인 경우에는 취소소송을 제기함과 아울러 부당이득반환청구를 병합할 수 있다.

### 3.3. 반환의무의 범위

행정주체의 선의·악의를 불문하고 항상 전액 반환을 정하는 경우가 많다. 특별규정이 없더라도 공권력에 의하여 일방적으로 상대방에게 부담을 과한 경우에는 받은 이익의 전부를 반환함은 당연하며, 행정행위에 의하지 아니한 경우에도 법정액 이상의 이득을 수납할 수 없다고 보면 마찬가지이다. 받은 이익에 이자를 붙일 것인가에 대하여는 법규정은 한결같지 않다. 이자를 붙이도록 한 예로는, 조세과오납금(租稅過誤納金)의 반환의 경우에

---

3) 박윤흔, 행정법강의(상), 박영사, 2000, 205면.

이자를 붙이도록 규정하고 있다(국세기본법 제52조)1). 이러한 규정이 없을 때에는 이자를 붙일 것인가에 대하여 의문이 있다.2)

## 4. 사인(私人)의 부당이득

### 4.1. 성립요건

부당이득의 원인이 행정행위에 기인한 경우에는 그 행정행위를 취소하기 전에는 부당이득이 성립되지 않음은 행정주체측의 부당이득의 경우와 같다(보조금의 예산 및 관리). 그런데 수익적 행정행위는 취소권의 행사에 제한이 있으므로 상대방에게 귀책사유가 없는 한 원칙적으로 취소할 수 없고 따라서 반환청구가 불가능할 것이다.3) 민법 제742조의 적용에 관하여 행정청의 악의(惡意 : 어떠한 사실을 알고 있는 경우)를 이유로 반환의무를 면할 수 있는가에 대하여 의문이 있으나, 행정청의 의무 없는 급부는 동시에 위법한 급부가 되므로, 이로 인한 수익자는 반환의무를 면할 수 없다고 할 것이다.4)

### 4.2. 반환의무의 범위

사인이 수익자인 경우에도 항상 받은 이득의 전액을 반환하여야 할 것이다. 다만 반환하는 경우에 이자를 붙일 것인가에 대하여는 특별한 규정을 발견할 수 없어 의문이다.5)

### 4.3. 반환청구권의 행사

국가의 부당이득반환청구권의 의사표시에 대하여는 종종 각 단행법(單行法)이 행정행위로서의 효력을 인정하고, 그 불이행에 대하여는 행정상 강제징수를 인정한다(보조금관리에관한법률 제33조[강제징수]6) 등). 따라서, 이 경우에는 상대방은 항고소송에 의하지 아

---

1) 국세기본법 제52조(국세환급가산금) 세무서장은 국세환급금을 제51조에 따라 충당하거나 지급할 때에는 대통령령으로 정하는 국세환급가산금 기산일부터 충당하는 날 또는 지급결정을 하는 날까지의 기간과 금융회사 등의 예금이자율 등을 고려하여 대통령령으로 정하는 이자율에 따라 계산한 금액(이하 "국세환급가산금"이라 한다)을 국세환급금에 가산하여야 한다. [전문개정 2011.12.31.]
2) 박윤흔, 행정법강의(상), 206면.
3) 박윤흔, 행정법강의(상), 207면.
4) 박윤흔, 행정법강의(상), 207면.
5) 박윤흔, 행정법강의(상), 207면.
6) 보조금관리에관한법률 제33조(강제징수) ① 중앙관서의 장은 제31조에 따라 반환하여야 할 보조금에 대하여는 국세 징수의 예에 따라 징수할 수 있다. ② 제1항에 따른 반환금 징수는 국세와 지방세를 제외하고는 다른 공과금에 우선한다. [전문개정 2011.7.25.]

니하고는 그 효력을 다툴 수 없다. 그러나 이런 특별규정이 없는 한 국가의 반환청구권행사라 할지라도 대등자(對等者)간의 의사표시로서의 효력을 가진다.[1]

## 제 6 항    공법행위(公法行爲)

### I. 공법행위의 개념

공법행위라 함은 국가 기타 행정주체와 사인간(私人間)의 공법관계에 있어서의 행위로서 일정한 법률적 효과를 형성(발생·변경·소멸)하는 행위형식을 총칭한 것이다. 사법행위에 대응 개념이며, 학문상 개념이다.

### II. 공법행위의 종류

#### 1. 행정상 입법행위·행정계획·집행행위

[행정상 입법행위] 법규명령·행정규칙·자치입법 등 일반적·추상적 규범정립행위를 말한다.

[행정계획] 현대국가가 계획국가화함에 따라 행정계획의 중요성은 점증하고 있다.

[집행행위] 행정권이 法아래서(법에 의해서) 개별적·구체적으로 법을 집행하는 행위.

#### 2. 행정주체의 공법행위와 사인의 공법행위

[행정주체의 공법행위] 명령·행정행위·확약·행정계획·공법상 계약 등이 있다.

[사인의 공법행위] 공법관계에서 사인이 행하는 행위(사인의 공법행위에는 공정력·집행력 등이 인정되지 아니한다.[2]

---

1) 박윤흔, 행정법강의(상), 207면.
2) 김남진·김연태, 행정법(I), 131면.

### 3. 권력행위와 비권력행위

[권력행위] 행정주체가 공권력 주체로서 명령·형성하고 제재·강제하는 행위이며, 행정주체측의 의사에 법률상 우월한 힘이 인정된다(예: 행정상 입법·구속적 행정계획·행정행위·행정벌·행정강제 등).

[비권력행위] 행정주체가 공법상 재산관리권의 주체로서 행하는 행위이다. 행정주체의 의사에 법률상 우월한 힘이 인정되지 않는다(예: 행정계약·비구속적 행정계획·공법상 합동행위·행정지도·비권력적 행정조사·행정사법·형식적 행정행위 등).

### 4. 적법행위·위법행위·부당행위·타당성·적합성

[적법행위] 법에 적합하고, 따라서 그것이 본래 의도한 효과의 실현이 보장되는 공법행위이다.

[위법행위] 법에 위반한 행위로서 그 진압 또는 결과제거를 위하여 무효·취소·행정쟁송제기·강제·처벌·손해배상 등의 공법적 효과를 발생하는 행위이다.

[부당행위] 법 그 자체에 위반한 것이 아니라, 법이 허용한 자유재량(공익재량)의 범위 안에서 재량을 그르침으로써 공익을 해치고 타당성을 잃은 행위를 말한다. 행정심판·직권취소 등의 공법적 효과를 발생할 때가 있다.

[타당성과 적법성] 원래 타당성이라는 것은 정의에 맞는 것을 말한다(정당성). 행정법의 영역에는 법의 타당성과 행정행위의 타당성이 특히 고려의 대상이 된다. 법의 타당성은 법이 정의에 맞는 것을 의미하며 이는 이른바 실질적 법치주의의 사상으로 이어진다(내용적 정당성). 한편, 행정행위의 타당성은 행정청의 행정행위가 정의 또는 공익목적에 부합하는 것을 말하는데, 이는 형식적으로 법에 위반하지 않을 것을 말하는 적법성과는 차이가 있다. 비록 법에는 위반되지 않으나(즉, 위법하지는 않으나) 정의 또는 공익목적에 어긋나는 행정행위를 부당한 행정행위라 한다. 한편, 행정행위의 적법성은 행정행위의 내용이 법규에 위반되지 않음을 말한다.

### 5. 외부적 행위·내부적 행위

[외부적 행위] 행정주체가 우월한 지위 또는 대등한 지위에서 공권력을 발동하거나 재산을 관리하는 행위이다. 국민에 대하여 일정한 법적 효과가 발생한다.

[내부적 행위] 행정조직 내부 또는 특별권력관계 내부에서의 행위이다. 그 효력이 그 내부에 그친다. 행정규칙제정·하명·징계 등이 그 예이다.

### 6. 실체법적 행위·절차법적 행위

[실체법적 행위] 그 자체가 권리·의무관계를 형성하거나 그 기준을 설정하는 법률요건 또는 법률사실을 말한다(예: 행정상 입법·행정행위·공법상 계약 등).

[절차법적 행위] 종국적인 행정결정에 이르기 전에 있어서의 행정절차 또는 행정벌·행정강제·행정구제 등이 절차를 이루는 행위이다.

### 7. 단독행위 · 쌍방행위(당사자의 수를 기준)

[단독행위] 일방(1)당사자의 의사표시로서 하나의 법률적 효과를 발생하는 행위이다(예: 독립적 행정행위, 쌍방적 행정행위, 공법상의 상계·포기 등)

[쌍방행위] 복수당사자의 동일 또는 반대방향의 의사표시의 합치(복수의사의 합치)로써 하나의 법률적 효과를 발생하는 행위이다(예: 공법상 계약·공법상 합동행위)

## 제 7 항   사인(私人)의 공법행위(公法行爲)

### I. 사인의 공법행위의 관념

[의의] 사인의 공법행위라 함은 국가 기타 행정주체에 대한 공법관계에서 사인이 행하는 행위로서 보통 공법적 효과의 발생을 목적으로하는 법률행위이다.[1] 예를 들어, 출생신고, 혼인신고, 인·허가신청이 있다. 사인의 공법행위에는 공정력·확정력·자력집행력 등이 인정되지 않는다. 사인에게 당해 행위에 대한 신청권이 없는 경우, 행정청은 사인의 신청에 대하여 법적인 처리의무는 없다. 사인의 공법행위에 적용할 법규정이 없는 경우에는 민법 상의 법원칙, 의사표시나 법률행위에 관한 규정을 원칙상 적용할 수 있다.[2]

[사법행위와의 차이] 사인의 공법행위는 사인의 행위 내지는 사인의 입장에서의 행위이나, 사법행위(私法行爲)와는 달리 공법적 효과의 발생을 목적으로 하는 행위임을 그 특징으로 한다. 사인의 공법행위는 행정이 국민의사에 바탕을 두고 행해지게 된다는 점, 국민의 의사가 존중된다는 점, 국민의 행정에의 참여의 길이 열려진다는 점에서 행정의 민주화에 기여하게 되지만, 그 종류 및 성질이 다양하여 일반적 원칙을 획일적으로 적용하는 것은 곤란하고 각각의 행위에 대하여 그 법적 특질에 타당하는 법규 또는 법원칙을 고찰하는 것이 필요하다.[3] 우리 헌법 아래서는 행정의 민주화의 요청에 의하여 공법관계에서의 사인

---

1) 김남진·김연태, 행정법(I), 131면; 정하중, 행정법총론, 125면.
2) https://ko.wikipedia.org/wiki(검색어: 사인의 공법행위; 검색일: 2015.6.23); <위키백과>
3) 박윤흔, 행정법강의(상), 208면.

의 지위가 현저히 향상되어, 종래 사인의 공법행위의 기본적 유형으로 인정되었던 신고·신청·쟁송제기 이외에 납세신고 등 일상생활에서의 사례가 많아져, 그 성질 및 적용법규의 특수성을 명백히 하는 것이 극히 중요한 의의를 가진다. 다만, 이 문제에 대하여는 일반적·통칙적 규정이 없으므로 학설·판례에 있어서의 해석론의 경향을 연구하는 것이 필요하다.[1]

[요건] 사인의 행위가 완전히 성립하여 그 효력을 발생하기 위하여는, (ㄱ) 주체에 관한 요건으로서 사인의 행위는 행정법상의 권리능력 및 의사능력과 행위능력을 가진 자에 의하여 행하여져야 한다. (ㄴ) 내용에 관한 요건으로서 사인의 행위는 가능하고, 확정적이며 동시에 적법하여야 한다. (ㄷ) 법이 절차와 형식을 규정하고 있을 때에는 이들 절차를 밟고 형식을 갖추어야 한다.[2]

## II. 사인의 공법행위의 종류

### 1. 사인의 지위에 의한 분류
#### 1.1. 사인이 국가나 공공단체의 기관으로서의 지위에서 행하는 행위

私人의 행위이기는 하지만 행정주체의 통치작용에 능동적으로 참가함을 목적으로, 多數人이 공동으로 행하는 행위(예: 선거인의 투표행위), 즉 사인이 선거인단의 일원으로서 하는 투표행위가 그 예이다.[3]

#### 1.2. 사인이 행정객체의 지위에서 국가나 공공단체에 대하여 행하는 행위

사인이 행정주체에 대하여 사인의 입장에서 어떠한 이익을 받을 목적으로 국가나 공공단체에 대하여 행하는 행위이다. 쟁송의 제기·신고·신청·동의 또는 승낙·협의·보고·의견서제출 등으로 나누어진다.

### 2. 성질에 의한 분류
#### 2.1. 단독행위(일방적 의사표시)

의사표시는 일정한 법률효과의 발생을 원하는 내적 의사를 외부에 나타내어 보이는

---

1) 박윤흔, 행정법강의(상), 208면.
2) https://ko.wikipedia.org/wiki(검색어: 사인의 공법행위; 검색일: 2015.6.23); <위키백과>
3) 정하중, 행정법총론, 126면.

행위이다. 법률행위의 불가결의 요소가 되는 법률사실이다. 특히, 행정법에서는 법률행위적 행정행위의 불가결의 요소가 된다. 즉, 하명이라는 행정행위를 예로 들면 행정청이 "조세를 납부하라"는 내용의 의사를 표시하면, 상대방은 조세납부를 내 용으로 하는 의무를 부담하는 것이다. 즉, 행정청의 의사가 법률효과의 직접적인 내용이 된다. 단독행위란 하나의 의사표시(일방적인 의사표시)로 구성되는 단순행위를 말한다. 쟁송제기·신고·허가신청[1] 등이다.

### 2.2 쌍방행위(복수당사자간의 상호 반대방향의 교환적 의사표시) : 공법상 계약

쌍방행위는 행정계약을 위한 청약과 승낙으로 이루어 지는 것으로서, 복수당사자간의 반대방향의 의사표시의 합치로 이루어지는 사인 상호간의 공법상 계약이다. 사인 상호간에 체결되는 공법상 확약은 사인 상호간의 토지수용에 관한 협의가 유일한 예이다.

복수당사자간의 반대방향의 의사표시의 합치

승낙(팔겠다) ←――――→ 청약(사겠다)

### 2.3. 쌍방적 행정행위

[의의] 쌍방적 행정행위는 단독행위인 행정행위(상대방의 동의·신청·출원은 단순히 행정행위의 효력발생을 위한 요건에 불과)와 상대편의 의사·행정주체의 의사 가 동가치적 합치가 아닌 별개의 단독행위로서 법률효과를 발생하는 것을 말하는 것으로서, 쌍방적 행정행위는 상대방의 협력을 요건으로 하는 행정행위이다. 그 협력의 내용에 따라 '동의를 요하는 행정행위'와 '신청을 요하는 행정행위'(예 : 인가·특허·귀화허가 등)로 나눌 수 있다.

[독립적 행정행위와의 구별] 쌍방적 행정행위는, 상대방의 협력(동의·신청)을 필요로 한다는 점에서 그것을 필요로 하지 않는 독립적 행정행위와 구별된다.

[공법상 계약과의 구별] 상대방의 협력을 필요로 하나 그 상대방의 협력은 행정행위의 효과발생의 한 요건에 불과하고 그 행정행위의 내용은 행정주체의 일방적 의사에 의하여 결정되는 권력적 단독행위인 점에서 쌍방의 대등한 의사의 합치에 의하여 효과를 발생하는 쌍방행위인 공법상의 계약과 구별된다.[2]

---

1) 쌍방적 행위라는 견해도 있다(김남진·김연태, 행정법(I), 133면).
2) http://www.law.go.kr/(검색어 : 쌍방적 행정행위; 검색일 : 2015.6.22)

## 2.4. 협력행위(동의를 향한 신청의 의사표시) : 공법상 합동행위

[의의] 협력행위는 복수당사자간의 동일방향의 의사표시의 합치로 이루어지는 사인상호간의 공법상 합동행위(예: 토지구획정리조합·도시개발조합 등 공공조합설립행위, 사단법인설립행위, 총회의 결의)이다. 허가·특허·공무원 임명과 같은 쌍방적 행정행위에 대한 신청행위이다. 공법상 계약은 행정주체상호간이나 행청주체와 사인간에 체결되는 것이 보통이나 예외적이기는 하지만 사인상호간에 체결되는 것이 있고, 공법상 합동행위는 행정주체상호간에 행하여지는 것이 보통이나 사인호간에도 행하여지는 경우가 있다. 그런데 사인상호간의 공법상합동행위의 경우에는 공익적 견지에서 그 효력의 완성을 위하여 행정청의 인가 등 보충행위가 요구되는 경우가 많다(예: 도시재개발조합의 설립인가(舊도시재개발법 제17조).[1] ☞ **복수당사자간의 동일방향의 의사표시의 합치(협력행위), 합동행위**

## 2.5. 쌍방적 행정행위·쌍방행위(공법상 계약)·합동행위와의 구별

[쌍방행위] 쌍방행위(쌍방행정행위)는 공법상 계약과 같이 당사자 사이의 서로 대립하는 의사표시(행정청↔상대방)의 동가치적 합치에 의한 공법행위(행정행위가 아닌 비권력적 관리행위)를 말한다.

[쌍방적 행위] 쌍방적 행위(쌍방적 행정행위)는 단독행위인 행정행위(상대방의 동의·신청·출원은 단순히 행정행위의 효력발생을 위한 요건에 불과)와 상대편의 의사·행정주체의 의사가 동가치적 합치가 아닌 별개의 단독행위로서 법률효과를 발생하는 것을 말한다.

[합동행위(협동행위)] 합동(협동)행위(Gesamtakt)는 수인이 공통의 권리의무의 변동을 목적으로 공동으로 하는 법률행위이다. 두 개 이상의 의사표시로부터 성립되는 점에서 단독행위와 다르고, 의사표시의 방향이 같다는 점에서 서로 대립하는(반대방향의) 의사표시로부터 성립되는 계약과 다르다.

　　　※ 쌍방행위→공법상 계약(당사자 사이의 서로 대립하는 의사표시(행정청↔상대방)의 동가치적 합치에 의한 공법행위(행정행위가 아닌 비권력적 관리행위)

　　　※ 쌍방적 행정행위→(ㄱ) 단독행위인 행정행위(상대방의 동의·신청·출원은 단순히 행정행위의 효력발생을 위한 요건에 불과), (ㄴ) 상대편의 의사·행정주체의 의사→**동가치적 합치가 아닌 별개의 단독행위**

　　　※ 합동행위(협동행위) → 합동(협동)행위(Gesamtakt)는 수인이 공통의 권리의무의 변동을 목적으로 공동으로 하는 법률행위이다. 두 개 이상의 의사표시로부터 성립되는 점에서 단독행위와 다르고, 의사표시의 방향이 같다는 점에서 서로 대립하는(반대방향의) 의사표시로부터 성립되는 계약과 다르다.

---

[1] 박윤흔, 행정법강의(상), 209면.

[쌍방행위와 합동행위(협동행위)의 다른점]
▶ 쌍방행위 : 서로 대립하는 의사표시 (ⓐ ◀──▶ ⓑ)
▶ 합동행위 : 의사표시의 방향이 같다   ⓐ ────▶
                                    ⓑ ────▶

### 3. 의사표시의 수에 의한 분류

의사표시의 수에 의한 분류는 단순행위·합성행위가 있다. 전자는 사인의 공법행위가 1개의 의견표시로 구성된 경우(예 : 허가신청·행정심판제기)이고, 후자는 복수의사표시로 구성된 경우(예 : 선거)이다.

### 4. 구성요소에 의한 분류

사인의 공법행위는 의사표시를 요소로 하는 「법률행위」가 대부분이나(예 : 국적이탈신고·혼인신고 등)와 의사표시를 요소로 하는 관념 또는 사실을 통지(출생신고·세법상의 신고 등)하는 등의 「준법률행위」인 경우도 있다.

### 5. 효과에 의한 분류

#### 5.1. 의의

그 행위 자체로서 법률효과를 완결하는 자기완결적 공법행위(자체완성적 행위)와 행정주체의 어떤 공법행위가 행하여지는 동기 또는 요건이 되거나 공법상 계약 등의 일방 당사자의 의사표시가 되는 데 그치고, 그 자체로서는 법률효과를 완성하지 못하는 행정행위 등 요건적 공법행위(행정요건적 행위)로 나누어진다.

#### 5.2. 종류

##### 5.2.1. 자체완성적 공법행위

사인의 어떠한 행위가 그 행위 자체로서 일정한 법률효과를 가져올 때 이를 자체완성적 사인의 공법행위라고 한다. 이에는 선거의 투표행위, 신고, 합동행위[1]가 있다. 예컨대 (ㄱ) 선거의 투표행위, (ㄴ) 신고(예 : 주민등록신고, 토지거래신고 등),[2] (ㄷ) 사인상호간의 공법상 합동행위 등이 여기에 속한다. 합동행위의 경우에는 그 효력의 완성을 위하여 행정

---

1) 농지개량조합·토지구획정리조합·재개발조합 등의 설립행위
2) 대판 1988. 11. 22, 87다카2777 : 국토이용관리법상 신고구역 내의 토지거래에 관하여는 단지 신고의무와 벌칙만 규정되어 있을 뿐 그 거래의 효력유무에 관하여는 아무런 규정이 없는 점에 비추어 보면 위 신고에 관한 규정은 단속법규에 속하고 신고의무에 위반한 거래계약의 사법상 효력까지 부인하는 것은 아니다.

청의 보충행위가 요구되는 경우가 많다.

[신고의 종류] 신고는 (ㄱ)「의사표시」로서의 신고(예: 국적이탈신고·퇴학신고·혼인신고)와, (ㄴ) 단순히 어떤 사실을 알리는「통지행위」로서의 신고(출생신고·사망신고와 같은「호적법상 신고」, 숙박신고·도난신고와 같은「질서행정법상의 신고」와 납세신고·폐업신고와 같은「조세법상의 신고」등)가 있다.

▶ 대법원 1993.7.6, 자, 93마635, 결정【과태료처분에대한이의】행정청에 대한 신고는 일정한 법률사실 또는 법률관계에 관하여 관계행정청에 일방적으로 통고를 하는 것을 뜻하는 것으로서 법에 별도의 규정이 있거나 다른 특별한 사정이 없는 한 행정청에 대한 통고로서 그치는 것이고 그에 대한 행정청의 반사적 결정을 기다릴 필요가 없는 것이므로, 회사가 한 이 사건 변경신고서는 그 신고자체가 위법하거나 그 신고에 무효사유가 없는 한 이것이 경기도지사에게 제출하여 접수된 때에 신고가 있었다고 볼 것이고, 경기도지사의 수리행위가 있어야만 신고가 있었다고 볼 것은 아니며, 위 시행령 제11조 제3항이 시·도지사는 이 신고를 받은 때에 그 이용료 또는 관람료가 심히 부당하다고 판단될 때에는 이를 조정하여야 한다고 규정하였다고 하여도 이는 신고 후의 조치를 규정한 것이라고 볼 것이고, 위 시행규칙 소정의 서식에 접수 - 검토, 조정 - 수리 - 통보로 되어 있는 것도 신고서의 접수 후의 처리절차를 규정한 것에 지나지 않는다고 볼 것이고, 시, 도지사가 신고서를 접수, 검토, 조정의 절차를 거쳐 수리하는 때에 비로소 신고가 있었다고 해석할 것은 아니다.

▶ 대판 1999. 10. 22, 98두18435【증축신고수리처분취소】구 건축법(1996. 12. 30. 법률 제5230호로 개정되기 전의 것) 제9조 제1항에 의하여 신고를 함으로써 건축허가를 받은 것으로 간주되는 경우에는 건축을 하고자 하는 자가 적법한 요건을 갖춘 신고만 하면 행정청의 수리행위 등 별다른 조치를 기다릴 필요 없이 건축을 할 수 있는 것이므로, 행정청이 위 신고를 수리한 행위가 건축주는 물론이고 제3자인 인근 토지 소유자나 주민들의 구체적인 권리 의무에 직접 변동을 초래하는 행정처분이라 할 수 없다.

### 5.2.2. 행정요건적 공법행위

a) 의의

행정주체가 어떤 공법행위를 행하기 위한 동기 또는 요건이 되거나, 공법상 계약 등의 일방 당사자의 의사표시가 되는데 그치고, 그 자체로서 법률효과를 완성하지 못하는 사인의 공법행위이다. 사인의 어떠한 행위가 특정행위의 전제요건을 구성하기도 하는바, 이를 행정요건적 공법행위라고 한다(예: 특허신청, 청원, 행정심판제기). 수리를 요하는 신고에 있어서 수리는 그 자체가 독립적인 행정행위의 하나이므로, 그 신고는 행정요건적 사인의 공법행위에 해당한다.[1]

b) 내용

aa) 신청

신청이라 함은 행정청에 대하여 자기의 권리 또는 이익을 위하여 어떤 사항을 청구하는 의사표시이다. 신청에는 (ㄱ) 쌍방적 행정행위(협력을 요하는 행정행위)에 관하여 그 행위를 청구하는 경우(예: 사직원·허가신청·귀화신청·특허기업특허신청·등록신청 등), (ㄴ) 공법상 계약에 있어서의 한쪽 당사자의 의사표시로서의 청약을 하는 경우(예: 입학원서제출·임의적 공용부담신청·국고보조신청 등), (ㄷ) 행정쟁송의 제기나 청원과 같이 행정청의 공법적 또는 사실적 판단을 청구하는 경우(예: 행정심판이나 행정소송의 제기) 등이 있다.

【신청의 종류】
▶ 행정청의 단독행위에 관한 단순한 희망의 표시인 경우(예: 국공립학교학생의 수업료 납부연기신청)
▶ 쌍방적 행정행위를 청구하는 경우(예: 사직원·허가원·귀화원·공기업 특허신청·등록신청)
▶ 공법상 계약에 있어서 청약의 의사표시(예: 입학원·임의적 공용부담신청·국고보조 신청)
▶ 행정청의 법률적 또는 사실적 판단을 청구하는 경우(예: 행정쟁송의 제기·청원)

bb) 동의·승락·협의 등

이에는 쌍방적 행정행위의 요건이 되는 동의 또는 승낙(예: 공무원임명에 있어 상대방의 동의), 행정주체를 당사자로 하는 공법상 계약에 있어서의 상대방 당사자의 신청이나 승낙(예: 군입대의 지원, 토지수용에 있어서의 협의의 성립 등), 다른 사인에 의한 신청행위의 요건으로서의 동의 또는 승낙(예: 토지소유자에 의한 도시개발사업시행인가신청의 요건으로서의 일정수 이상 토지소유자의 동의(舊도시재개발법 제4조) 등이 있다.

## III. 사인의 공법행위의 특색

### 1. 행정행위에 대한 특색

사인(私人)의 공법행위는 '공법행위'라는 점에서 행정행위와 같으나, (ㄱ) 행정행위는 행정주체의 의사에 법률상 우월한 힘이 인정되는 결과, 공정력·확정력·강제력 등의 효력이 인정됨에 대하여, (ㄴ) 私人의 공법행위에는 이와 같은 효력이 인정되지 아니한다. 따라서 행정행위에 관한 법원리는 실정법 규정의 유무를 불문하고 私人의 공법행위에는 적용

---

1) https://ko.wikipedia.org/wiki(검색어: 사인의 공법행위; 검색일: 2015.6.23); <위키백과>

되지 않는다. 사인의 공법행위는 행정행위와는 다른 성질의 것이고, 오히려 私法상의 법률행위에 접근성(接近性)을 가진다.

## 2. 사법행위(私法行爲)에 대한 특색

사인의 공법행위는 그 행위자가 사인이라는 점에서 사법행위와 같으나, (ㄱ) 사법행위는 보통 사인 상호간의 행위로 행하여지며, 그들 사이의 사적 이해조정을 목적으로 하는 것이기 때문에 사적 자치(Privatautonomie)의 원칙이 지배하고 그 행위의 내용과 형식에 대하여 사인의 자유로운 결정이 인정됨이 원칙이지만, (ㄴ) 사인의 공법행위는 보통 행정주체에 대한 행위로 나타나며 공공성을 가지고 있는 것이므로 그 행위의 객관적인 명확성을 필요로 하고, 따라서 그 내용과 형식에 있어서 획일적인 정형화의 경향을 띠고, 그 '효과'도 법규에 의하여 정하여지는 것이 보통이다.[1]

▶ 대판 1978. 7. 25, 76누276 【영업허가취소처분취소】(사인의 공법행위는 민법의 법률행위에 관한 규정의 규율 밖에 있다는 판례) : 訴外 진영자는 숙박업영업을 2년여 동안 휴업신고 없이 무단휴업한 후 1974. 9. 11에 이르러 재개업신고를 하고, 그 다음날인 1974. 9. 12에 원고에게 숙박업을 양도하였으며 원고는 그 날짜로 숙박업영업허가 명의변경신고를 하였다. 이러한 신고는 모두 성동구청장에 의하여 수리되었으며, 원고는 그후 1년 5개월 동안 숙박업을 경영하여 왔는바, 감사원은 다음날에 양도할 숙박업재개업신고는 재개업의사가 없는 신고였으므로 수리를 거부하고 영업허가를 취소하였어야 함에도 불구하고(과거의 신고없는 휴업을 이유로) 위법하게 수리하였다는 지적을 하였고, 이에 따라 성동구청장은 원고가 전소유자의 취소사유를 승계한 것으로 보아 원고에 대한 숙박업 영업허가를 취소하였다. 이에 원고는 전소유자의 재개업신고는 적법하다고 하여 영업허가취소의 취소를 소구하여 고등법원에서 승소하였다. 이에 피고가 상고하였다. (판결요지) : 민법의 법률행위에 관한 규정은 대등한 당사자간의 거래를 대상으로 하여 서로의 이해를 조정함을 목적으로 하는 규정이므로, 형식적 획일성을 중히 여기며 행위의 격식화를 특색으로 하는 공법행위에 당연히 적용된다고 말할 수 있으며 사인의 공법행위인 재개업신고는 민법의 법률행위에 관한 규정의 규율 범위 밖에 있다 하리니 영업재개업신고의사의 있고 없음을 민법의 의사표시에 관한 규정으로 규율하지 아니한 원판결의 판단은 옳다.[2]

---

1) 대판 1978. 7. 25, 76누276 【영업허가취소처분취소】
2) 대판 1978. 7. 25, 76누276 【영업허가취소처분취소】

## IV. 사인의 공법행위에 대한 적용법원리(적용법규)

### 1. 개설(사인의 공법행위와 제정법)

사인의 공법행위는 비록 공법행위도 사인에 의하여 행하여지기 때문에 행정행위가 가지는 공정력, 확정력, 집행력 등의 효력은 인정되지 않으며,[1] 또한 사법행위가 아니므로 사법규정의 적용도 제한된다. 사인의 공법행위에 적용할 일반적·통칙적 규정은 없고, 각 법규에 개별적인 정함이 있는 데 그친다(예: 선거권행사의 연령[공직선거법 제8조]·결격사유[동법 제11조]). 그리하여 이러한 규정이 없는 경우에는 민법상의 의사표시나 법률행위에 관한 규정 또는 법원칙이 직접 적용될 것인지, 특별한 고려를 할 것인지가 해석상 문제된다.

### 2. 의사능력(意思能力)·행위능력(行爲能力)

[개관] 특별한 배제규정(예: 우편법 제10조[2] 등)이 없는 한, 의사능력 및 행위능력은 필요한 것으로 생각된다. 따라서 사인의 공법행위에 있어서도, (ㄱ) 의사무능력자의 행위는 당연히 무효가 될 것이다. (ㄴ) 행위능력에 관하여는 민법의 무능력에 관한 특례를 두는 경우도 있으나, 그렇지 않을 때에는 구체적으로 문제되는 공법행위의 특질을 고려한 후 개별적으로 그 효과를 결정할 수밖에 없다.[3]

[의사능력] 의사능력(Willensfähigkeit)이란 자기 행위의 의미나 결과를 판단할 수 있는 정상적인 정신능력을 말한다. 이러한 의사능력 유무의 판단은 '보통사람이 가지는 정상적인 판단능력'을 표준으로 한다. 대체로 10세 정도가 되면 의사능력이 갖추어지는 것으로 보는 것이나, 민법상에는 명확한 규정이 없으므로 구체적인 경우에 행위의 종류에 따라 행위자의 의사능력의 유무를 판단하는 수밖에 없다. 정신이상자·백치(白痴)·어린아이·만취자(滿醉者)·실신자(失神者) 등은, 의사능력이 없는 것으로 보는 것이 학설·판례의 입장이다. 근대법은 각 개인은 원칙적으로 자기의 의사에 따라서만 권리를 취득하고 의무를 부담한다는 '사적 자치(私的 自治)의 원칙'을 취하므로, 의사능력이 없는 자의 법률행위는 무효이다. 또한 '과실책임의 원칙'상 불법행위자가 그 행위의 책임을 변식(辨識)할 지능이 없는 때에는 그 배상책임이 없고, 감독(의무)자가 대신 책임을 진다(민법 제753-제755조).[4]

---

1) 김남진·김연태, 행정법(I), 133면.
2) 우편법 제10조(무능력자의 행위에 관한 의제) 우편물의 발송·수취나 그 밖에 우편 이용에 관하여 무능력자가 우편관서에 대하여 행한 행위는 능력자가 행한 것으로 본다. [전문개정 2011.12.2.]
3) 김남진·김연태, 행정법(I), 133면.
4) <두산백과사전 EnCyber & EnCyber.com.>

▶민법 제753조(미성년자의 책임능력) 미성년자가 타인에게 손해를 가한 경우에 그 행위의 책임을 변식할 지능이 없는 때에는 배상의 책임이 없다.

▶민법 제754조(심신상실자의 책임능력) 심신상실 중에 타인에게 손해를 가한 자는 배상의 책임이 없다. 그러나 고의 또는 과실로 인하여 심신상실을 초래한 때에는 그러하지 아니하다.

▶민법 제755조(감독자의 책임) ① 다른 자에게 손해를 가한 사람이 제753조 또는 제754조에 따라 책임이 없는 경우에는 그를 감독할 법정의무가 있는 자가 그 손해를 배상할 책임이 있다. 다만, 감독의무를 게을리하지 아니한 경우에는 그러하지 아니하다. ② 감독의무자를 갈음하여 제753조 또는 제754조에 따라 책임이 없는 사람을 감독하는 자도 제1항의 책임이 있다. [전문개정 2011.3.7.]

[행위능력] 행위능력(Gescheftsfähigkeit)이란 단독으로 완전·유효한 법률행위를 할 수 있는 지위·자격을 말한다. 행위능력이 없는 자를 행위무능력자라고 한다. 사람은 출생하면 누구나 평등하게 권리능력을 가지고, 정상적인 성년은 모두 행위능력도 가진다. 그러나 미성년자·피한정후견인(한정치산자)·피성년후견인(금치산자)은 행위무능력자로서 행위능력이 없다. 이처럼 행위무능력자제도를 두는 이유는, 사물의 판단능력이 불완전한 자는 재산적 법률행위를 함에 있어서 불리한 경우가 많으므로 그들을 보호하려는 것이며, 또한 획일적인 무능력자제도를 둠으로써 행위무능력자의 상대방에게도 이에 대처할 수 있게 하기 위한 것이다. 미성년자와 피한정후견인(한정치산자)의 행위능력은 동일하며, 법정대리인 또는 후견인의 동의 없이 한 행위는 취소할 수 있다. 그러나, 권리만을 얻거나 의무만을 면하는 행위는 동의를 요하지 아니한다(민법 제5조). 처분을 허락한 재산의 처분행위나(민법 제6조), 허락을 얻은 특정의 영업행위에 관하여는 성년자와 동일한 행위능력을 가진다(민법 제8조). 피성년후견인(금치산자)은 행위능력이 전혀 없으므로 후견인이 대리하고, 피성년후견인(금치산자)의 행위는 모두 취소할 수 있다(민법 제10조).[1] 무능력자제도는 원칙적으로 재산적 법률행위에 적용되고, 신분행위에는 적용되지 아니한다.[2]

▶우편법 제10조 (무능력자의 행위에 관한 의제) 우편물의 발송·수취나 그 밖에 우편 이용에 관하여 무능력자가 우편관서에 대하여 행한 행위는 능력자가 행한 것으로 본다.

---

1) 민법 제10조(피성년후견인의 행위와 취소) ① 피성년후견인의 법률행위는 취소할 수 있다. ② 제1항에도 불구하고 가정법원은 취소할 수 없는 피성년후견인의 법률행위의 범위를 정할 수 있다. ③ 가정법원은 본인, 배우자, 4촌 이내의 친족, 성년후견인, 성년후견감독인, 검사 또는 지방자치단체의 장의 청구에 의하여 제2항의 범위를 변경할 수 있다. ④ 제1항에도 불구하고 일용품의 구입 등 일상생활에 필요하고 그 대가가 과도하지 아니한 법률행위는 성년후견인이 취소할 수 없다. [전문개정 2011.3.7.]

2) <두산백과사전 EnCyber & EnCyber.com.>

선거관련법과 각종 행정법규에 의사능력 및 행위능력 등을 요한다는 규정이 있는 경우도 있으나(도로교통법 제82조, 의료법 제8조 등[아래조문 참조]), 규정이 없는 경우에도 행위 당시에 의사능력을 결여한 행위는 무효라고 할 것이다(예: 의사무능력자의 폐가신고).

▶도로교통법 제82조 (운전면허의 결격사유) ① 다음 각 호의 어느 하나에 해당하는 사람은 운전면허를 받을 수 없다. <개정 2014.12.30.>
    1. 18세 미만(원동기장치자전거의 경우에는 16세 미만)인 사람
    2. 교통상의 위험과 장해를 일으킬 수 있는 정신질환자 또는 뇌전증 환자로서 대통령령으로 정하는 사람
    3. 듣지 못하는 사람(제1종 운전면허 중 대형면허·특수면허만 해당한다), 앞을 보지 못하는 사람이나 그 밖에 대통령령으로 정하는 신체장애인
    4. 양쪽 팔의 팔꿈치관절 이상을 잃은 사람이나 양쪽 팔을 전혀 쓸 수 없는 사람. 다만, 본인의 신체장애 정도에 적합하게 제작된 자동차를 이용하여 정상적인 운전을 할 수 있는 경우에는 그러하지 아니하다.
    5. 교통상의 위험과 장해를 일으킬 수 있는 마약·대마·향정신성의약품 또는 알코올 중독자로서 대통령령으로 정하는 사람

▶의료법 제8조(결격사유 등) 다음 각 호의 어느 하나에 해당하는 자는 의료인이 될 수 없다. <개정 2007.10.17.>
    1. 「정신보건법」 제3조제1호에 따른 정신질환자. 다만, 전문의가 의료인으로서 적합하다고 인정하는 사람은 그러하지 아니하다.
    2. 마약·대마·향정신성의약품 중독자
    3. 금치산자·한정치산자 ⇨ **금치산자(피성년후견인)·한정치산자(피한정후견인)**

그러나 행위능력에 대하여는 문제가 많다 사법(私法)의 영역에서는 무능력자제도는, 그 목적에 비추어 재산상 행위에만 적용되고 신분상 행위에는 배제되며 특히 개인본위의 법률사상에 입각한 이 제도 자체에 대하여 비판이 가하여지고 있다. 그리하여 사인(私人)의 공법행위 중 재산관계행위에 대하여는 원칙적으로 민법의 규정이 유추적용된다 할 것이나, 그 이외의 경우에도 동일하게 해석할 것인가는 의문이다.[1]

### 3. 사인의 공법행위의 대리(代理)

[개관] 대리제도의 의의는 사적 자치(Privatautonomie)의 확장 및 보충에 있으므로, 사인의 공법행위에는 대리가 명문(明文)으로 허용되지 않은 경우가 많다(예: 병역법 제89조; 공직선거법 제157조).[2]

---

1) 예: 16세를 넘는 미성년자의 광업권출원, 미성년자의 부동산등기신청은 행위당시 능력자로 인정되는 한 유효(일본판례). 박윤흔, 행정법강의(상), 박영사, 2000, 211면.

▶ 병역법 제89조(사회복무요원 등의 대리복무) 사회복무요원, 국제협력봉사요원 또는 예술·체육요원으로 복무할 사람을 대리하여 복무한 사람은 1년 이상 3년 이하의 징역에 처한다.

▶ 공직선거법 제157조(투표용지수령 및 기표절차) ① 선거인은 자신이 투표소에 가서 투표참관인의 참관하에 주민등록증(주민등록증이 없는 경우에는 관공서 또는 공공기관이 발행한 증명서로서 사진이 첨부되어 본인임을 확인할 수 있는 여권·운전면허증·공무원증 또는 중앙선거관리위원회규칙으로 정하는 신분증명서를 말한다. 이하 "신분증명서"라 한다)을 제시하고 본인임을 확인받은 후 선거인명부에 서명이나 날인 또는 무인하고 투표용지를 받아야 한다.

[종류(대리와 친한 행위·대리와 친하지 아니한 행위)] 규정이 없는 경우에도 그 행위가 사인의 인격적 개성과 직접적 관련이 있는지의 여부에 의하여 대리에 친한 행위와 친하지 아니한 행위(예: 사직서의 제출 또는 그 철회는 대리와 친하지 않다)로 나누어진다.[1] 따라서 그 성질상 개인의 인격적 개성이 중시되는 「일신전속적인 행위」의 경우에는, 일반적으로 대리가 허용되지 않는다고 보아야 할 것이다(예: 선거·병역의 지원·귀화의 출원·공적 시험·사직원의 제출 및 철회 등). 그러나 「개인의 인격적 개성과 직접적 관계가 없는 행위」는 일반적으로 대리가 허용 된다고 할 것이다(예: 변호사의 소송대리·법무사의 등기신청대리·변리사의 특허신청대리 등).[2] 대리가 인정되는 경우 대리의 형식·범위 및 대리권의 흠결 등에 관하여는 민법규정이 유추적용된다.[3]

▶ 일신전속적인 행위 : 대리가 허용되지 않는다
  (예 : 선거·병역의 지원·귀화의 출원·공적 시험·사직원의 제출 및 철회)
▶ 개인의 인격적 개성과 직접적 관계가 없는 행위 : 대리가 허용
  (예 : 변호사의 소송대리·법무사의 등기신청대리·변리사의 특허신청대리 등)

## 4. 사인의 공법행위의 효력발생 시기

행위의 존재를 명확히 하고 관계자의 이해조정을 위하여 민법(제111조)에서와 같이 도달주의가 적용된다. 즉, 행정청의 직무장소에 도달하여 행위내용을 알 수 있는 상태에 둔 때 효력이 발생한다(따라서 예컨대 음식점의 연회장소에서 사직원을 교부한 것은 도달이 아니다).

▶ 민법 제111조(의사표시의 효력발생시기) ① 상대방이 있는 의사표시는 상대방에게

---

2) 대리가 허용되는 경우도 있다(행정심판법 제18조). 김남진·김연태, 행정법(I), 134면.
1) 박윤흔, 행정법강의(상), 211면.
2) 정하중, 행정법총론, 128면.
3) 김남진·김연태, 행정법(I), 134면.

도달한 때에 그 효력이 생긴다. ② 의사표시자가 그 통지를 발송한 후 사망하거나 제한능력자가 되어도 의사표시의 효력에 영향을 미치지 아니한다.

[적법한 사인의 공법행위] 적법한 사인의 공법행위는 수리행위가 없더라도, 행정청에 도달함으로써 효력을 발생한다고 볼 것이다. 일반적으로 도달주의의 결과로 의사표시의 불도달·연착은 표의자의 불이익으로 되기 때문에, 우편에 의하여 제출한 경우에는 도달의 입증은 발신인이 하여야 한다. 예외적으로 행위자의 입장을 고려하여 실정법상 발신주의를 취하는 경우도 있고, 체신관서의 공증을 조건으로 기간 후의 도달을 기간 내에 도달된 것으로 보는 경우도 있다.[1] 전자정부시대를 맞이하여 전자문서의 도달(수신)에 관하여 특별한 규정을 두고 있다(정보통신망이용촉진및정보보호등에관한법률 제19조 등).[2]

### 5. 사인의 공법행위의 요식(要式)여부

보통 요식행위(要式行爲)가 아니다. 그러나 법규가 문서에 의하게 하거나(예 : 행정심판의 제기) 또는 일정한 서식(書式)을 정하여 두어(예 : 여권신청 등 각종 신청) 일정한 요식(要式)을 요구하는 경우가 오히려 많다.[3] 또한 그 행위의 존재와 내용을 명확히 하는 것이 필요한 경우에는 법령에 특별한 규정이 없더라도 서면주의를 원칙으로 한다 할 것이다.[4]

### 6. 의사의 흠결·흠(하자)있는 의사표시의 효과

특별한 규정이 있거나 성질상 달리 취급해야 할 경우(예 : 선거의 투표행위와 같은 합성행위는 그 집단성·형식성이 중시되므로 착오를 이유로 취소불가하다)를 제외하고는 민법의 규정(민법 제107조[진의 아닌 의사표시], 제108조[통정한 허위의 의사표시], 제109조[착오로 인한 의사표시], 제110조[사기, 강박에 의한 의사표시])이 준용되나,[5] 특칙을 인정하여야 할 경우도 있다.

▶민법 제107조(진의 아닌 의사표시) ① 의사표시는 표의자가 진의아님을 알고 한 것이라도 그 효력이 있다. 그러나 상대방이 표의자의 진의 아님을 알았거나 이를 알 수 있었을 경우에는 무효로 한다. ② 전항의 의사표시의 무효는 선의의 제삼자에게 대항하지 못한다.

▶민법 제108조(통정한 허위의 의사표시) ① 상대방과 통정한 허위의 의사표시는 무

---

1) 박윤흔, 행정법강의(상), 212면.
2) 김남진·김연태, 행정법(I), 134면.
3) 박윤흔, 행정법강의(상), 211면.
4) 박윤흔, 행정법강의(상), 212면.
5) 김남진·김연태, 행정법(I), 135면.

효로 한다. ② 전항의 의사표시의 무효는 선의의 제삼자에게 대항하지 못한다.

▶ 민법 제109조(착오로 인한 의사표시) ① 의사표시는 법률행위의 내용의 중요부분에 착오가 있는 때에는 취소할 수 있다. 그러나 그 착오가 표의자의 중대한 과실로 인한 때에는 취소하지 못한다. ② 전항의 의사표시의 취소는 선의의 제삼자에게 대항하지 못한다.

▶ 민법 제110조(사기, 강박에 의한 의사표시) ① 사기나 강박에 의한 의사표시는 취소할 수 있다. ② 상대방있는 의사표시에 관하여 제삼자가 사기나 강박을 행한 경우에는 상대방이 그 사실을 알았거나 알 수 있었을 경우에 한하여 그 의사표시를 취소할 수 있다. ③ 전2항의 의사표시의 취소는 선의의 제삼자에게 대항하지 못한다.

원래 사법의 영역에서 의사와 표시가 불일치한 경우(허위표시·심리유보·착오 등)의 효력에 관하여 의사주의·표시주의·절충주의 중 어느 것에 의할 것인가는 입법정책의 문제이나 거래의 신속과 안전을 특히 필요로 하는 상거래나 다수의 이해관계인이 관여하는 단체관계에서는 표시주의를 주로 하고, 신분법관계에서는 의사주의를 원칙으로 하여야 한다고 주장한다. 또한 흠(하자) 있는 의사표시의 경우(사기·강박에 의한 의사표시)에도 마찬가지로 취소제도에 의하여 표의자를 보호함에는 그 행위를 전제로 하여 형성된 사회적 법률관계를 충분히 배려하여야 한다. ☞ **하자있는 의사표시(아래참조)**

[하자있는 의사표시] 하자있는 의사표시란 사기에 의한 의사표시와 강박에 의한 의사표시를 일컫는 말이다. 즉, 의사표시가 완전히 유효하기 위해서는, 그것이 자유로이 결정된 의사에 기하여야 하는데, 이와같이 자유이어야 할 의사가 타인의 위법한 간섭으로 말미암아 방해된 상태하에서 자유롭지 못하게 행하여진 의사표시를 가리켜 "하자있는 의사표시"라고 한다. 민법상 강박에 의한 의사표시(Erklärung)는 표의자가 타인의 강박행위에 의하여 공포심을 가지게 되고, 그 해악을 피하기 위하여 마음에 없이 행한 진의 아닌 의사표시이다. 이러한 강박에 의한 의사표시는 표의자가 취소 할 수 있다(민법 제110조 제1항)

[행정법 영역] 행정법에서는 사인이 강박을 행하여 공무원에 이에 기하여 행정행위를 하였을 경우 그 효과는 어떠한가(행정법의 하자 이론)는 민법에서와 마찬가지로 이를 취소할 수 있다는 것이 다수설이다. 사인의 공법행위에 있어서는 그 행위의 단체적 정형적 성질이 강하여 사인간의 거래와는 다른 특수성이 인정되는 경우에는 민법총칙의 적용에 수정·변경을 가할 필요가 있다.[1] 의사의 흠결과 관련하여 종종 문제되는 것은 착오인바, 보통은 민법(제109조)의 규정이 유추적용된다 할 것이나,[2] 예컨대 선거에서의 투표와 같은 합성

---

[1] 대판 1994. 1. 11, 93누10057 : 女軍의 전역지원의 의사표시가 진의 아닌 의사표시라도 민법 제107조 단서는 적용되지 아니하며, 유효하다. 박윤흔, 행정법강의(상), 212면.
[2] 민법 제109조(착오로 인한 의사표시) ① 의사표시는 법률행위의 내용의 중요부분에 착오가 있는 때에는 취소할 수 있다. 그러나 그 착오가 표의자의 중대한 과실로 인한 때에는 취소하지 못

행위는 그 집단성·형식성이 중시되므로 착오를 이유로 취소를 주장할 수 없다.[1]

### 7. 사인의 공법행위의 부관(附款)

사인의 공법행위에는 원칙적으로 조건·기한 등의 부관은 허용되지 않는다(예: 투표·수험행위; 통설).[2] 왜냐하면, 사인의 공법행위의 효과는 행정법관계의 변동을 가져오기 때문에 명확성과 신속한 확정을 요하기 때문이다.[3]

### 8. 사인의 공법행위의 철회·보정의 제한

사인의 공법행위는 그것에 기하여 '행정청이 일정한 행정행위를 행할 때까지(행정행위가 성립하기 전)'는 원칙적으로 자유로이 철회(사직원의 철회·신청의 취하·행정심판의 취하)나 보정(신고·신청에 있어서의 첨부서류의 보완)이 허용되나,[4] '신의칙에 반한다고 인정되는 경우'[5] 혹은 '이미 행정행위가 행하여진 뒤'에는 그것이 허용되지 않는다. 행정행위의 공정성·강행성에 반하기 때문이다. 그리고 「사안의 성질상」(예: 투표행위·수험행위) 또는 「법률의 규정상」(예: 국세기본법 제45조에 의한 과세표준수정신고에 기한의 제한이 있다) 행정행위가 행하여지기 이전에도 철회·보정이 자유롭지 못한 경우가 있다. 또한 합성행위(선거에서의 투표) 및 합동행위는 그 집단성·형식성 때문에 이미 형성된 법질서를 존중하여야 하므로 그 적용이 성질상 제한된다.[6] 공무원의 사직원의 철회가 인정될 것인가에 대하여는 특히 문제되고 있으나, 사직원은 독립적인 법적 의의를 가진 행위는 아니므로 퇴직발령서가 교부되기까지는 철회를 인정하여야 할 것이고, 다만 신의성실의 원칙(Prinzip von Treu und Glaube)에 반한다고 인정되는 특별한 사정이 있을 때에는 허용되지 않는다고 할 것이다.[7]

---

한다. ② 전항의 의사표시의 취소는 선의의 제삼자에게 대항하지 못한다.
1) 박윤흔, 행정법강의(상), 212면.
2) 김남진·김연태, 행정법(I), 135면.
3) 박윤흔, 행정법강의(상), 212면; 정하중, 행정법총론, 129면; https://ko.wikipedia.org/wiki(검색어: 사인의 공법행위; 검색일: 2015.6.23); <위키백과>
4) 【의사표시의 철회·보완】사인의 공법행위는 그를 기초로 한 행정행위가 성립하기 전에는 철회할 수 있다. [판례] 공무원의 사직 의사표시의 철회나 취소는 의원면직처분(사표수리)이 있기 전에는 허용된다(대판 2001. 8. 24, 99두9971).
5) [판례] 다만, 의원면직처분 전이라도 사직의 의사표시를 철회하는 것이 신의칙에 반한다고 인정되는 특별한 사정이 있는 경우에는 그 철회는 허용되지 아니한다(대판 1993. 7. 27, 92누16942).
6) 정하중, 행정법총론, 129면.
7) 박윤흔, 행정법강의(상), 213면; 同旨 대판 1993. 7. 27, 92누16942.

## V. 사인의 공법행위의 효과

### 1. 의의

사인의 공법행위 중 자체완성적 공법행위는 사인의 공법행위로 효력이 발생하고 행정청의 별도의 조치가 필요 없다. 그런데 신청 등 일정한 행정요건적 공법행위에 대하여는 행정청에게 처리의무가 부과된다. 이와같이 사인의 공법행위가 효력을 발생하면 행정청은 그에 대한 처리의무를 지게 되는바, 행정청이 지는 처리의무의 주된 내용을 보면 다음과 같다.

### 2. 처리의무의 내용

#### 2.1. 수리행위

행정청은 당해 행위가 적법·유효한 것인지를 심사하여 적법·유효한 것인 때에는 수리할 의무를 진다. 사인의 공법행위가 수리를 요하는 신고(행정요건적 신고)[1]인 경우(예: 주민등록신고 등)에는 사인의 신고가 있으면 행정청은 법정요건에 대한 형식적 심사만 할 수 있으며, 법정요건을 갖추었으면 수동적으로 접수하여야 한다.[2] 그러나 신고가 형식적으로 요건을 갖추었더라도 그것이 실제와 부합되지 아니함이 명백한 때에는 무효라 할 것이며, 따라서 접수할 수 없다(예컨대 선거에 즈음하여 방[房]이 두 개밖에 없는 집에 120세대가 주민등록전입신고를 한 경우에는 실제와 부합되지 아니함이 명백하다 하겠다).

[사례] (건축법상 신고의 효력): 甲은 집앞의 담장을 설치하기 위해 건축법에 따라 구청에 신고하고 담장공사를 하고 있는데 구청에서 신고수리를 철회하고 공사중지명령을 내렸다. 갑은 그의 권리구제를 위하여 어떠한 조치를 취할 수 있는가?

[해설] 이 경우 이미 신고로서 법적 효과가 생긴다. 따라서 구청이 신고수리를 철회하고 공사중지명령을 내린 것은 위법한 처분이 되기 때문에 행정소송을 제기하여 구제받을 수 있다. 신고란 일반 국민이 행정청에 대해 일정한 사실을 통지함으로써 공법상 법적 효과가 발생하는 행위를 말한다(행정절차법 제40조). 건축법에서는 담장을 설치하기 위해서는 해당 행정청에 신고를 하도록 규정되어 있다(건축법 제14조[건축신고]). 이때 담장을 설치하고자 하는 사람은 규정대로 적법하게 신고만 하면 담장을 건축할 수 있는 법적 효과가 발생한다. 따로이 행정청이 신고 수리처분(신고를 받아 들인다는 처분)을 기

---

1) 정하중, 행정법총론, 129면.
2) 정하중, 행정법총론, 130면; 대판 1967. 9. 19, 67누71 : 건축법 제5조 단서에 의하여 건축을 하고자 하는 자는 적법한 요건을 갖춘 신고만 하면, 행정청의 수익처분이라는 별도의 조치를 기다리거나 또는 허가처분을 받음이 없이 당연히 건축을 할 수 있다.

다릴 필요가 없다. 따라서 구청은 나중에 신고에 대해 수리를 철회할 권한이나, 공사중지명령을 내릴 권한도 없다. 행정청은 권한이 없음에도 행정처분(공사중지명령)을 내렸기에 위법한 처분으로 행정소송(항고소송)으로 구제될 수 있다. <인터넷 법률신문>

▶ 행정절차법 제40조(신고) ① 법령등에서 행정청에 일정한 사항을 통지함으로써 의무가 끝나는 신고를 규정하고 있는 경우 신고를 관장하는 행정청은 신고에 필요한 구비서류, 접수기관, 그 밖에 법령등에 따른 신고에 필요한 사항을 게시(인터넷 등을 통한 게시를 포함한다)하거나 이에 대한 편람을 갖추어 두고 누구나 열람할 수 있도록 하여야 한다. ② 제1항에 따른 신고가 다음 각 호의 요건을 갖춘 경우에는 신고서가 접수기관에 도달된 때에 신고 의무가 이행된 것으로 본다.
  1. 신고서의 기재사항에 흠이 없을 것
  2. 필요한 구비서류가 첨부되어 있을 것
  3. 그 밖에 법령등에 규정된 형식상의 요건에 적합할 것
③ 행정청은 제2항 각 호의 요건을 갖추지 못한 신고서가 제출된 경우에는 지체 없이 상당한 기간을 정하여 신고인에게 보완을 요구하여야 한다. ④ 행정청은 신고인이 제3항에 따른 기간 내에 보완을 하지 아니하였을 때에는 그 이유를 구체적으로 밝혀 해당 신고서를 되돌려 보내야 한다.

▶ 건축법 제82조(권한의 위임과 위탁) ① 국토교통부장관은 이 법에 따른 권한의 일부를 대통령령으로 정하는 바에 따라 시·도지사에게 위임할 수 있다. ② 시·도지사는 이 법에 따른 권한의 일부를 대통령령으로 정하는 바에 따라 시장(행정시의 시장을 포함하며, 이하 이 조에서 같다)·군수·구청장에게 위임할 수 있다. ③ 시장·군수·구청장은 이 법에 따른 권한의 일부를 대통령령으로 정하는 바에 따라 구청장(자치구가 아닌 구의 구청장을 말한다)·동장·읍장 또는 면장에게 위임할 수 있다. ④ 국토교통부장관은 제31조제1항과 제32조제1항에 따라 건축허가 업무 등을 효율적으로 처리하기 위하여 구축하는 전자정보처리 시스템의 운영을 대통령령으로 정하는 기관 또는 단체에 위탁할 수 있다.

## 2.2. 신청에 따른 행위
### 2.2.1. 법적 처리의무

사인의 공법행위가 있으면 행정청은 그에 상응하는 법적 처리(요건판단·내용인부·응답 여부 등의 조치)를 해야 할 의무가 있다. 따라서 행정청은 그에 '상응하는 행정행위(entgegenstehende Verwaltungsakt)'를 할 것인지의 여부를 결정하고 신청에 따른 행위 또는 거부처분을 하여야 하며, 방치(부작위)하여서는 아니된다. 처리기간이 정하여진 경우에는 처리기간 안에 처리하여야 할 것이다. 특히 「처리기한」이 법정되어 있음에도 불구하고 그 기한이 경과하도록 처리하지 아니하면, '부작위쟁송'의 제기가 가능할 것이다. 그러나 법

령에 특별한 규정이 없는 한 그 처리기간 안에 처리하지 아니한다고 하여 거부처분이 있는 것으로 보게 되는 것은 아니다.[1]

### 2.2.2. 재신청의 가부
한번 신청하였다가 거부된 수익적 행정행위를 사정변경을 이유로 다시 신청할 수 있는가. 행정행위는 일사부재리의 효력이 없으므로, 사정변경을 이유로 재신청을 할 수 있다. 신청행위에 하자가 있는 경우에도 그것만으로 곧 당해 신청을 배척할 것이 아니라, 그 흠이 보완될 수 있는 것인 때에는 보완할 수 있는 기회를 부여한 후에 신청에 대한 처리방향을 결정하여야 한다.[2]

### 2.2.3. 수정인가의 가부(可否)
수익적 행정행위의 인가신청에 대하여 신청내용을 수정한 인가(수정인가)를 할 수 있는가하는데 있어서 적극설과 소극설의 대립이 있으나, 법률의 특별한 규정이 없는 한 수정인가는 허용되지 않는다고 보는 것이 타당하다. 왜냐하면 인가는 원래 사인의 법률적 행위의 효력을 완성시켜 주는 보충적인 행정행위라는 점에서, 인가의 내용은 신청에 의하여 결정되는 것이기 때문에 법률에 특별한 규정이 있는 경우에만 허용된다.[3]

## 2.3. 확인행위
투표와 같은 합성행위는 그 자체로서 완성되는 것이나, 합성행위에 의하여 구성된 의사가 그 자체로서 객관적으로 명확하지 아니하고 의문이 있는 경우도 있다. 그러한 경우에는 행정청이 공적 권위로써 그 합성된 의사를 확인하는 확인행위를 하는 것이 보통이다(예 : 당선인결정 등).

## 2.4. 복효적 행정행위와 제3자의 행정규제요구
복효적 행정행위에 대하여 이해관계있는 제3자가 당해 행위의 원래 상대편인 피규제자(被規制者)에 대하여 취해야 할 행정규제를 요구하는 내용의 신청제도가 인정되는 수가 있다. 이러한 경우 조사 또는 조치를 아니하면 의무이행심판·부작위위법확인소송·손해배상 또는 복효적 행정행위에 대한 취소 또는 변경의 청구가 가능할 것이다.

---

[1] 박윤흔, 행정법강의(상), 213면.
[2] 박윤흔, 행정법강의(상), 213면; 같은 취지 대판 1985. 4. 19, 84누378.
[3] 박윤흔, 행정법강의(상), 213면 참조.

## VI. 사인(私人)의 공법행위의 결함이 미치는 효과

### 1. 종래의 견해

#### 1.1. 사인(私人)의 공법행위가「단순한 희망의 표시」임에 그치고 그 전제요건이 아닌 경우

사인(私人)의 공법행위가 행정행위를 행하기 위한 단순한 동기(動機)인 경우에는 私人의 공법행위의 흠결은 행정행위의 효력에 아무런 영향을 미치지 못한다. 왜냐하면, 이들 양자 간에는 서로 필요적 관계가 있지 않기 때문이다.[1]

#### 1.2. 사인의 공법행위가「행정행위의 필요적 전제요건」이 되는 경우

예를 들면 쌍방적 행정행위가 이에 해당한다. 사인의 공법행위가「행정행위의 필요적 전제요건」이 되는 경우, 그 행위의 흠결은 정당하게 행정행위를 할 수 없는 요인이 된다. 행정행위를 행하기 위한 전제요건인 때에는 행정절차를 형성하는 요소이므로, 사인의 공법행위가 무효이거나,[2] 하자(흠)는 없더라도 적법하게 철회된 경우에는 그 행정행위도 또한 전제요건을 결하게 되어 무효로 된다 할 것이다. 그러나 사인의 공법행위에 흠이 있더라도 무효로 볼 수 있는 것이 아닌 경우에는 그에 따라 행하여진 행정행위는 원칙적으로 유효하다고 할 것이다.[3]

#### 1.3. 행정행위가 확정력이 생기는 행위일 경우

그 전제인 사인의 공법행위가 무효로 되어도 그 효력에 영향을 미치지 못한다.

#### 1.4. 사인의 공법행위가 순전한「계약의 구성요소」인 의사표시로서 나타나는 경우

일방 당사자의 의사표시(Erklärung)의 흠결은 계약의 성립과 효력에 대하여 대체로 민법의 취지에 따라 영향을 미치는 것으로 볼 것이다.

【민법규정이 적용되는 경우】

▶판례〉 상대방인 원고가(사인이) 이 사건 골재채취허가취소처분에 대하여 한 동의가 피고 측의 기망과 강박에 의한 의사표시라는 이유로 적법하게 취소되었다면, 위 동

---

1) 박윤흔, 행정법강의(상), 214면.
2) 대판 1968. 4. 30, 68누8 : 중앙정보부직원의 강박에 못이겨 제출한 사직원에 의하여 처리된 공무원의 면직처분은 무효이다.
3) 박윤흔, 행정법강의(상), 214면.

의는 처음부터 무효인 것이 되므로 이 사건 골재채취허가취소처분은 위법한 것이다(대판 1990. 2. 23, 87누7061).

【민법규정 적용이 곤란한 경우】 - 비진의(非眞意)의사표시
▶판례〉 (여군 단기 복무하사관이 복무연장지원서와 전역지원서를 동시에 제출한 사건에서) 비록 전역지원의 의사표시가 진의 아닌 의사표시라 하더라도 사인의 공법행위에는 민법 제107조 제1항 단서(비진의의사표시는 상대방이 이를 알았거나 알 수 있었을 경우에는 무효로 한다는 규정)는 적용되지 않으므로 표시된 대로 유효하다(대판 1994. 1. 11, 93누10057).

## 2. 원칙·예외의 체계론

[원칙: 취소성의 원칙] 사인의 동의에 흠이 있는 때에는 그에 의한 행정행위는 취소할 수 있는 것이 원칙이라고 한다.

[예외: 무효로 되는 경우] 이는 법이 개별적으로 상대방의 동의를 행정행위의 효력발생요건으로 정하고 있는 경우에 이에 동의하지 않는 경우(예: 통고처분), 행정행위가 공문서(公文書)의 수교를 통하여 효력을 발생하는 경우의 미수교(임용장 등), 그리고 동의에 의한 행정행위에 중대하고 명백한 흠이 있는 경우가 이에 해당한다.

# 제 3 장   행정입법(行政立法)

– Administrative Rechtsetzung; Rechtserzeugung der Verwaltung –

## 제 1 절   개설

## I. 행정입법의 의의

### 1. 개관

[개관] 행정입법(Administrative Rechtsetzung; Rechtserzeugung der Verwaltung)은 행정상 입법이라고도 한다. 독일에서는 행정입법을 '행정권의 법제정행위(exekutive Rechtsetzung)' 혹은 '행정권의 법규범(exekutive Rechtsnormen)' 등으로 표현하고 있으며, 여기에는 법규명령과 자치법규가 포함된다. 행정입법(행정상 입법)은 국가나 공공단체와 같은 행정주체가(또는 행정권이) 법률의 형식에 의하여 일반적(그 상대방이 특정되지 아니하고, 불특정 다수인에게 적용된다는 것)·추상적(그 적용사건이 특정되고 있지 아니하고, 불특정 다수의 경우에 적용된다는 것) 규율(법적 효과를 발생하는 것)을 정립하는 작용을 말한다.[1]

▶ 일반적 : 불특정 다수인에게 적용
▶ 추상적 : 불특정 다수의 경우(사안)에 적용
▶ 행정입법 : 법규명령을 의미

[학문상의 개념] 행정입법(행정상 입법)이라는 용어는 실정법상의 개념이 아닌 학문상의 개념이다. 이는 마치 행정행위가 강학상의 개념인것과 마찬가지이다. 따라서 행정부에서 행정입법권을 가진다는 주장은 할 수 없다. 행정부에게 행정입법권을 부여한다는 명시적인 규정도 없고, 실정법상의 개념이 아니기 때문이다. 다만 행정부에서 시행령·시행규칙 등을 제정할 수 있는 권한을 의미한다는 의미에서의 행정입법권이라는 용어를 사용할 따름이다. 행정입법과 구분하여야 할 것으로 정부입법이 있다. 정부입법은 현행 헌법 제52조의 규정에 의하여, "국회의원과 정부는 법률안제출권을 가진다."고 하였기 때문에 정부입법은 가능하다(국회의원이 법률안을 제출하는 경우, 의원입법이라고 한다). 대통령제를 취하는 국가에서는 엄격한 삼권분립의 원칙이 요청되기 때문에 법률안제출권은 국회만이 가진다. 정

---

[1] 행정입법은 행정권이 일반적·추상적인 규율을 제정하는 작용 또는 그에 의해 제정된 규범으로서의 명령을 말한다(김남진·김연태, 행정법(I), 149면).

부가 법률안제출권을 가지는 것은 의원내각제 정부에서 가능하다. 우리나라는 순수한 의미의 대통령제를 취하지 않는 부진정대통령제(unechtes Präsidialsystem), 즉 대통령제에 의원내각제를 가미하는 형식을 취하기 때문에 국회의원 뿐만 아니라 정부에게도 법률안제출권을 부여한 것이다(헌법 제52조) ☞ **의원내각제적 요소**

[행정입법·행정상 입법행위·행정상 입법명령] 형식적(조직상) 의미에서 보면 행정입법은 행정청의 행위(행정작용)인데 반해, 실질적(기능상)의미에서 보면 행정입법은 입법작용이다. 이러한 행정주체인 행정청의 법규정립작용에 대해서 '행정상 입법행위', '행정상 입법명령' 등으로 부르기도 한다. 학설상 행정입법이라는 개념을 사용할 경우에는 **행정입법을 법규명령을 의미하는 것으로 사용한다.**[1] 이러한 행정입법제도는 각 나라의 역사적 사정에 따라 여러 가지 형태로 나타난다. 우리나라와 같이 "입법권은 국회에 속한다"(헌법 제40조)라고 규정하는 경우도 있지만(그러나 이 경우 국회가 전적으로 모든 입법활동을 한다는 의미는 아니고 – 국회전속입법주의가 아니고 – 국회가 중심이 되어 입법행위를 한다는 국회입법중심주의를 의미한다), 일정한 사항만 의회의 입법권에 속하고 나머지는 모두 행정입법권에 속한다고 규정하는 경우도 있다(예: 프랑스 헌법 제34조와 제37조[독립명령]).

▶ 독일기본법(연방헌법) 제80조 ① 연방정부(Bundesregierung), 연방장관(Bundesminister) 또는 주정부(Landesregierungen)에 법규명령을 제정할 권한을 법률로 위임할 수 있다. 이 경우에 위임의 내용, 목적과 정도를 법률에 규정하여야 한다. **명령에는 법적 근거가 제시되어야 한다.** 법률로서 재위임 할 수 있다고 규정되어 있는 경우 재위임을 위해서는 **법규명령의 위임(Übertragung der Ermächtigung einer Rechtsverordnung)**이 필요하다.[2] ② 우편제도 및 원거리 통신의 시설의 이용에 대한 원칙과 요금에 관하여, 그리고 연방철도 시설의 이용에 대한 보상의 부과원칙에 관하여, 철도의 건설과 경영에 관하여 연방정부 또는 연방장관의 법규명령, 그리고 연방참사원의 동의(Der Zustimmung des Bundesrates)를 요하는 연방법률에 의거하거나 또는 주가 연방의 위임에 의하여 또는 고유한 사무로서 수행하는 법규명령은 연방 법률에 별도의 규정이 없는 한 **연방참사원의 동의를 얻어야 한다.**[3]

---

1) 박균성, 행정법론(상), 161면.
2) Artikel 80 (1) Durch Gesetz können die Bundesregierung, ein Bundesminister oder die Landesregierungen ermächtigt werden, Rechtsverordnungen zu erlassen. Dabei müssen Inhalt, Zweck und Ausmaß der erteilten Ermächtigung im Gesetze bestimmt werden. Die Rechtsgrundlage ist in der Verordnung anzugeben. Ist durch Gesetz vorgesehen, daß eine Ermächtigung weiter übertragen werden kann, so bedarf es zur Übertragung der Ermächtigung einer Rechtsverordnung.).
3) Der Zustimmung des Bundesrates bedürfen, vorbehaltlich anderweitiger bundesgesetzlicher Regelung, Rechtsverordnungen der Bundesregierung oder eines Bundesministers über Grundsätze und Gebühren für die Benutzung der Einrichtungen des Postwesens und der

③ 연방참사원(Bundesrat)은 연방정부(Bundesregierung)에 동의(Zustimmung)를 요하는 법규명령(Rechtsverordnungen)의 제정을 위한 의안을 제출할 수 있다.[1] ④ 연방법률에 의하여(durch Bundesgesetz) 또는 연방법률에 근거하여(auf Grund von Bundesgesetzen) 주정부(州政府)가 법규명령을 제정하도록 위임받은 경우 주(州)는 법률로 규율할 권한을 가진다.[2]

[행정입법과 법치주의] 행정입법, 특히 법규명령은 의회입법원칙의 예외에 해당되지만, 법률이 구체적인 범위를 정하여 위임이 있을 때에만 가능하고, 행정입법은 사법심사(구체적 규범통제)의 대상이 되므로 법치주의 원칙에 반하는 제도는 아니다.

## 2. 위임입법에 대한 헌법재판소의 견해

[헌법재판소 판례] 현대 행정국가는 위임입법 및 위임입법의 필요성이 존재하며, 헌법재판소는 위임입법에 대하여, "… 위임입법이란 법률 또는 상위명령에서 구체적으로 범위를 정하여 위임받은 사항에 관하여 법규로서의 성질을 가지는 일반적·추상적 규범을 정립하는 것을 의미하는 것으로서 형식적 의미의 법률(국회입법)에는 속하지 않지만 실질적으로는 행정에 의한 입법으로서 법률과 같은 성질을 갖는 법규의 정립이기 때문에 권력분립주의 내지 법치주의 원리에 비추어 그 요건이 엄격할 수밖에 없으니 법규적 효력을 가지는 행정입법의 제정에는 반드시 구체적이며 명확한 법률의 위임을 요하는 것(헌법 제75조)이다."[3] 라고 하였다.

---

　　Telekommunikation, über die Grundsätze der Erhebung des Entgelts für die Benutzung der Einrichtungen der Eisenbahnen des Bundes, über den Bau und Betrieb der Eisenbahnen, sowie Rechtsverordnungen auf Grund von Bundesgesetzen, die der Zustimmung des Bundesrates bedürfen oder die von den Ländern im Auftrage des Bundes oder als eigene Angelegenheit ausgeführt werden.).
1) Der Bundesrat kann der Bundesregierung Vorlagen für den Erlaß von Rechtsverordnungen zuleiten, die <u>seiner Zustimmung bedürfen</u>..
2) Soweit durch Bundesgesetz oder auf Grund von Bundesgesetzen Landesregierungen ermächtigt werden, Rechtsverordnungen zu erlassen, sind die Länder zu einer Regelung auch durch Gesetz befugt.
3) 헌재결 1993. 5. 13, 92헌마80 【체육시설의설치이용에관한법률시행규칙 제5조에 대한 헌법소원】

## II. 행정국가와 위임입법의 필요성

### 1. 19세기적 위임입법금지 이론(19세기 : 위임입법금지의 원칙)

헌법 제40조가 "입법권은 국회에 속한다."라고 규정하고 있듯이, 권력분립을 기초로 하는 법치국가에 있어서는 법규범을 제정하는 작용인 입법권이 원칙적으로 국민의 대표기관인 의회에 속한다. 따라서 행정입법은 이러한 헌법규정과 권력분립의 원칙에 위배되는 것으로 볼 수 있고, 영미의 '복위임금지의 원칙'과 같은 19세기 각국의 위임입법금지의 원칙을 통하여 알 수 있다. 특히 권력분립(Gewaltenteilung)·법률의 지배(rule of law)·의회주의(Parlamentarismus) 등의 원리는 의회가 아닌 기관에 대한 입법권위임의 금지논거로 작용하였고, 영·미법상의 권한비위임의 원리나, 복위임금지(複委任禁止)의 법리(delegata potestas non potest delegari : 위임받은 권한은 재위임할 수 없다)도 국민주권주의 원리·권력분립원칙과의 관련 아래 행정입법을 부정하는 논거로 작용하였다.

### 2. 행정국가적 경향

[행정국가] 현대의 사회복지국가에서 국가의 기능이 확대되고 행정이 전문화됨에 따라, 즉 행정기능의 '양적 확대'와 전문화기술화 등 '질적 고도화'에 따라, 3권간의 권한분배라는 고전적 권력분립은 현대국가기능의 합리적 수행이라는 면에서의 기능적 권력분립으로의 의미가 변화되지 않을 수 없게 되었고, 이러한 배경하에 의회가 입법권의 일부를 행정부에 위임하는 것이 가능하다는 이론이 성립하게 되었다. 또한 법규명령은 지엽적이고 기술적인 내용을 규율함으로써 국회의 부담을 경감시켜 국회로 하여금 보다 중요한 내용에 전념하게 할 수 있고, 장기간이 소요되는 국회입법절차보다 행정입법은 상황변화에 신속하게 대응하여 제정·개정될 수 있는 장점이 있다. 요컨대, 법규명령의 필요성 내지 순기능으로는 전문적·기술적인 입법사항의 증대, 행정현상의 급격한 변화에 따르는 입법의 필요, 행정요원의 전문적 지식과 경험의 활용, 국회의 부담경감 등이 일반적으로 기술되고 있다.[1]

[우리나라 현행 헌법규정] 권력분립의 원칙에 입각하여 볼 때, 법률에 의한 행정(법치행정) 및 의회주의는 국민의 권리의무에 관한 사항은 법률로 규율될 것을 요구하고, 또한 특히 영·미에서의 보통법상의 복위임금지([複委任禁止]의 법리[delegata potestas non potest delegari : 위임받은 권한은 재위임할 수 없다])의 법리도 행정입법의 부정 내지는 배척의 원리로 작용하였다. 그러나 앞에서 본 바와 같이 행정권에 의한 입법을 인정하지 않을 수

---

[1] 김남진, 행정법I(제5판), 법문사, 1998, 158면; 고영훈, 법규명령론, 인권과 정의, 211호(1994.3), 84면; 김동희, 행정법(I), 129-130면.

없는 현실적 사정(사회국가 원리)으로 인하여 우리나라 등 실정헌법에 있어서도 행정입법을 할수 있는 법적 근거를 헌법에 명문(헌법 제75조·제95조·제114조 제6항)으로 규정하고 있다. 오늘날의 권력분립의 원칙은 과거와 같은 전통적인 의미의 권력의 절대적인 분리를 익미하기보다는 권력 상호간의 견제와 균형(check and balance)을 원칙으로 하되, 기능적·동태적 권력분립의 원칙에 따라서 기능적으로 국가기관 상호간에 서로 보완이 가능한 경우에는 상이한 기관끼리도 협력하고 서로 보완할 수 있다고 하는 적극적인 의미로 발전하고 있다(뢰벤슈타인의 기능통제이론). 그러므로 오늘날 현대국가가 다원적인 고도 산업사회로 진입하였고, 사회국가, 급부국가로 변천, 발전함에 따라서 국민의 생활관계에 있어서 전문적이고 세부적인 내용을 국회가 직접 제정하기는 기술적으로 어렵게 된 것이 사실이므로, 가능한 한 중요하고도 본질적인 내용은 국회가 '형식적 의미의 법률(형식법률)'로 규정하되(의회유보[Parlamentsvorbehalt], 의회입법의 원칙), 나머지 세부적이고 기술적인 내용은 행정부로 입법을 위임하는 것이 소위 위임입법이고 이를 – 실정법상의 개념이 아닌 – 강학상 행정입법이라고 부른다.[1] 그러나 이러한 국회가 입법을 행정부로 위임할 경우에도 결코 백지위임을 하거나 포괄적으로 위임을 해서는 안되고 개별적·구체적인 범위를 정하여 위임해준 범위 안에서만 행정입법을 할 수 있다는 포괄위임입법금지의 원칙이 적용된다.[2] 우리 헌법 제75조는 이 원칙을 반영하고 있다고 할 수 있다.

▶ 헌법 제75조 대통령은 법률에서 구체적으로 범위를 정하여 위임받은 사항과 법률을 집행하기 위하여 필요한 사항에 관하여 대통령령을 발할 수 있다.

▶ 헌법 제95조 국무총리 또는 행정각부의 장은 소관사무에 관하여 법률이나 대통령령의 위임 또는 직권으로 총리령 또는 부령을 발할 수 있다.

▶ 헌법 제114조 ⑥ 중앙선거관리위원회는 법령의 범위안에서 선거관리·국민투표관

---

1) 행정부는 행정입법권이라는 실정법상의 권한을 갖는 것이 아니고, 행정입법은 단지 강학상의 개념이다. 방승주교수는 "시행령제정권한은 법률에서 구체적으로 범위를 정하여 주는 범위와 법률을 집행하기 위해서 필요한 범위 내에서의 권한이기 때문에 고유한 입법권한이 아니라 위임된 파생적 명령제정권"이라고 하면서(방승주, 국회의 시행령수정·변경요구(청)권의 위헌여부, 공법연구 제44집 제2호(2015.12), 10면 각주 17), "헌법에서 입법에 관한 권한과 행정입법에 관한 권한을 분리하여 규정하고 있음에도 불구하고 국회에 행정입법에 대한 직접통제권을 부여하는 것은 행정입법에 관한 행정부의 권한을 규정한 헌법 제75조와 제95조에 정면으로 위배된다"고 하는 견해(박해영, 행정입법에 대한 국회 직접통제권 부여에 관한 헌법적 고찰, 헌법학연구 제21권 제3호(2015.9), 513)를 비롯하여 우리 헌법이 마치 독자적인 행정입법권을 규정하고 있는 것처럼 주장하는 견해들은 헌법 제75조의 이러한 문구에 대한 정확한 해석을 간과하고 있다고 생각된다."고 한다(방승주, 국회의 시행령수정·변경요구(청)권의 위헌여부, 공법연구 제44집 제2호 (2015.12), 11면, 각주 18) 참조).
2) 방승주, 국회의 시행령수정·변경요구(청)권의 위헌여부, 공법연구 제44집 제2호(2015.12), 10면.

리 또는 정당사무에 관한 규칙을 제정할 수 있으며, 법률에 저촉되지 아니하는 범위안에
서 내부규율에 관한 규칙을 제정할 수 있다.

[현대 행정국가에 있어서 위임입법의 현실적 필요성] 현대행정국가에 있어서 위임입법의 현실적 필요성은, (ㄱ) 의회가 세부적 입법을 다할 수 없다는 것과, 국회의 일반적 법률(Allgemeines Gesetz)로서는 지방별·분야별 특수사정을 고려한 입법제정이 곤란하다는 점, (ㄴ) 행정의 양적·질적 확대에 따라 그에 관한 법도 전문성·기술성을 요한다는 것(전문적이고 기술적인 입법사항의 증대), (ㄷ) 사회·경제·과학기술 등 행정현상의 급격한 변천 및 기타 사정변경에 대한 신속한 대처와 구체적 적응성을 위한 수시개폐가 필요하다는 것(사정변화에 신속하고 적절하게 대응하기 위한 탄력적인 입법필요성의 증가), (ㄹ) 전시(戰時)·사변 기타 비상시에의 대처를 위한 광범한 수권이 필요하다는 것, (ㅁ) 법률의 일반적 규정(획일적·전면적 규정)으로는 분야별 특수사정을 규율하기 곤란하다는 점 때문에 위임입법의 필요성이 대두되고 있다.[1]

[복지국가(사회국가)원리에 따른 국민의 행정입법요구권] 더욱이 오늘날 복지행정분야에서는 법률이 국가정책의 기본지침만은 정하고 구체적인 실현에 관한 사항은 행정입법에 위임하는 경우가 많아 적기에 행정입법이 마련되지 아니하고서는 국가정책의 실현이 불가능해짐에 따라 국민의 '행정입법에 대한 요구권'이 문제로 된다.[2]

### 3. 위임입법의 필요성

[위임입법의 필요성] (헌법재판소 판례-1) : 헌법재판소는 위임입법의 필요성에 대하여, 경제현실의 변화나 전문적 기술의 발달로 인하여 위임입법이 필요하다고 한다. "… 조세법률주의를 철저하게 관철하고자 하면 복잡다양하고도 끊임없이 변천하는 경제상황에 대처하여 적확하게 과세대상을 포착하고 적정하게 과세표준을 산출하기 어려워 담세력에 따른 공평과세의 목적을 달성할 수 없게 되는 경우가 생길 수 있으므로, 조세법률주의를 지키면서도 경제현실에 따라 공정한 과세를 하고 탈법적인 조세회피행위에 대처하기 위해서는 납세의무의 본질적인 내용에 관한 사항이라 하더라도 그중 경제현실의 변화나 전문적 기술의 발달 등에 즉응하여야 하는 세부적인 사항에 관하여는 국회제정의 형식적 법률보다 더 탄력성이 있는 대통령령 등 하위법규에 이를 위임할 필요가 있다."[3]고 하였다. (헌법재판소 판례-2) : 또한 헌법재판소는 "사회현상의 복잡 다기화와 국회의 전문적·기술적 능력의 한계 및 시간적 적응능력의 한계로 인하여 조세부과에 관련된 모든 법규를 예외 없이

---

1) 석종현, 일반행정법(상), 158면 참조.
2) 박윤흔, 최신 행정법강의(상), 216면.
3) 헌재결 1995. 11. 30, 94헌바40 등 【소득세법 제23조 제2항 등 위헌소원】 위임입법의 필요성

형식적 의미의 법률에 의하여 규정한다는 것은 사실상 불가능할 뿐만 아니라 실제에 적합하지도 아니하기 때문에, 경제현실의 변화나 전문적 기술의 발달에 즉시 대응하여야 할 필요 등 부득이한 사정이 있는 경우에는 법률로 규정하여야 할 사항에 관하여 국회제정의 형식적 법률보다 더 탄력성이 있는 행정입법에 위임함이 허용된다."[1]고 하였다.

▶ 헌재결 2001. 1. 18, 98헌바75 등【지방세법 제290조 제1항 위헌소원】헌법은 모든 국민은 법률이 정하는 바에 의하여 납세의 의무를 지고, 조세의 종목과 세율은 법률로 정하도록 규정함으로써 조세법률주의를 선언하고 있는바, 납세의무자 상호간에 생기는 조세의 전가관계를 고려하고, 또 행정권의 자의적인 법해석과 집행으로부터 국민의 재산권을 보호함과 동시에 국민의 경제생활에 법적 안정성과 예측 가능성을 부여하기 위해서는 조세의 부과 징수의 요건이나 절차뿐만 아니라 조세감면의 근거 또한 법률로 정하여야만 한다. 그러나 복잡다기한 사회현상과 국회의 전문적 기술적 능력의 한계 및 신속한 대응 능력의 한계로 인하여 조세의 감면에 관련된 모든 법규를 예외 없이 형식적 의미의 법률로 규정한다는 것은 사실상 불가능할 뿐만 아니라 적합하지도 아니하다.[2] 따라서 경제현실의 변화나 전문적 기술의 발달 등에 즉시 대응하여야 할 사항에 관하여 국회가 제정하는 형식적 법률보다 더 탄력성이 있는 행정입법에 위임함이 허용되는 것이다.

### 4. 국회중심입법주의의 채택- 국회전속입법주의의 포기

[의의] 입법권은 국회에 속한다는 의미는 국회전속입법주의를 의미하는 것이 아니고, 국회중심입법주의를 의미한다. 예를 들면 행정입법 등과 같은 헌법상의 규정인 헌법 제75조(대통령령)·제76조(긴급재정경제명령권)·제95조(총리령·부령)와, 사법권(사면권 등 헌법 제79조)을 부여하는 경우가 이에 해당한다. 따라서 국회가 가지는 입법권은 모든 법률사항을 국회가 독점적으로 제정한다는 의미가 아니고, 다만 국가의 입법작용은 국회가 중심이 되어 이를 행한다는 국회중심입법주의를 의미하는 것이다. 또한 행정권은 정부에 속하는 개념이나, 실질적 의미의 행정권을 행정부 이외의 기관에 부여하기도 한다. 예를 들면 선거관리에 관하여는 선거관리위원회에서 담당하도록 하고(헌법 제114조 내지 제116조), 지방자치에 관하여는 지방자치단체(헌법 제117조·제118조)에 두고 있다.[3]

[국회입법의 원칙의 예외] 국회의 입법기관성은 입법권이 원칙적으로 국회에 속한다는 것, 즉 국회가 중심이 되어 입법을 한다는 의미이지 국회가 입법권을 모두 독점한다는 의미는 아니다(국회독점입법의 불허; 국회중심입법주의). 우리헌법은 국회입법의 원칙에 대한

---

1) 헌재결 1996. 6. 26, 93헌바2【조세감면규제법 제74조 제1항 제1호 위헌소원】; 헌재결 1998. 7. 16, 96헌바52 등, 판례집 10-2, 172, 196; 헌재결 1999. 7. 22, 96헌바80등, 판례집 11-2, 90, 105.
2) 헌재결 1996. 6. 26, 93헌바2, 판례집 8-1, 525, 531-532.
3) 박윤흔, 행정법강의(상), 11면.

예외로서, 헌법 자체가 국회 이외의 기관에게 실질적 입법권을 다음과 같이 부여하고 있다. (ㄱ) 법률의 효력을 가지는 대통령의 긴급명령권과 긴급재정, 경제명령권, (ㄴ) 대통령령, 총리령·부령등 각종 행정입법권(위임입법; 시행령·시행규칙), (ㄷ) 대법원의 규칙제정권(대법원규칙), (ㄹ) 헌법재판소의 규칙제정권(헌법재판소규칙), (ㅁ) 중앙선거관리위원회의 규칙제정권(중앙선거관리위원회규칙), (ㅂ) 지방자치단체의 자치입법권(조례·규칙)등이 그것이다. 또한 헌법 자체가 국회의 입법에 다른 국가기관의 관여나 개입을 규정하고 있는 것으로서 정부의 법률안제출권(헌법 제52조), 대통령의 법률안거부권(헌법 제53조), 대통령의 법률공포권(헌법 제53조)등이 있다(국회단독입법의 불허).[1][2]

【헌법이 인정하고 있는 예】

▶헌법 제64조 제1항: 국회는 법률에 저촉되지 아니하는 범위안에서 의사와 내부규율에 관한 규칙을 제정할 수 있다.

▶헌법 제108조: 대법원은 법률에서 저촉되지 아니하는 범위안에서 소송에 관한 절차, 법원의 내부규율과 사무처리에 관한 규칙을 제정할 수 있다.

▶헌법 제113조 제2항: 헌법재판소는 법률에 저촉되지 아니하는 범위안에서 심판에 관한 절차, 내부규율과 사무처리에 관한 규칙을 제정할 수 있다.

▶헌법 제114조 제6항: 중앙선거관리위원회는 법령의 범위안에서 선거관리·국민투표관리 또는 정당사무에 관한 규칙을 제정할 수 있으며, 법률에 저촉되지 아니하는 범위안에서 내부규율에 관한 규칙을 제정할 수 있다.

## III. 행정입법의 성질 및 문제점

### 1. 행정입법의 성질

행정입법은 실질적 의미에서는 「입법」에 속하나, 형식적 의미에서는 「행정」개념에 속한다.

---

1) 허영, 한국헌법론, 905면.
2) 『국회중심입법의 원칙의 예외』: (ㄱ) 대통령긴급명령권, (ㄴ) 대통령긴급재경명령권, (ㄷ) 각종 명령(대통령령, 총리령·부령)·규칙(대법원규칙, 헌법재판소규칙, 중앙선거관리위원회규칙)제정권, (ㄹ) 대통령의 법률안거부권, (ㅁ) 대통령의 법률안공포권, (ㅂ) 정부의 법률안 제출권

## 2. 문제점
### 2.1. 개관

[행정편의주의] 행정입법이 지나치게 증대하면, 그것은 법치주의의 파괴를 의미할 수도 있다. 그리고 행정권이 자신에 부여된 행정입법권(실정법상의 권한이 아니다)을 행정편의주의적으로 행사하고, 이를 수시로 개정하여 국민들의 법적 생활의 안정성을 저해할 가능성 또한 문제점으로 대두 될 수 있다. 행정상 입법의 증가추세가 필연적인 것이라고 하더라도 법률을 지나치게 형식화·규격화하고, 이를 백지위임식으로 행정입법에 수권해 버리는 것은 법치주의를 무너뜨리고 국민의 대표기관인 국회에 대한 통제를 벗어나 행정부의 전횡을 초래할 우려가 크기 때문에 위임입법의 한계에 관한 적절한 규범을 정립하여 행정입법의 남용을 억제하여야 할 필요성이 항상 내재되어 있다. 또한 행정입법은 그 절차의 간이·신속성 때문에 현대행정의 다양화 및 유동적 성격에 능동적이고 효율적으로 대처할 수 있는 장점을 가지고 있으나, 이러한 행정입법의 신속성·간편성은 오히려 행정입법에 대한 국민 개개인의 접근기회를 어렵게 함으로써 법치국가원리의 중요한 구성요소인 예측가능성과 법적 안정성을 저해하는 요인이 될 수도 있다는 점을 간과해서는 안될 것이다.

[행정입법에 대한 통제의 필요성] 오늘날 행정입법의 필요성은 부인할 수 없으므로 행정입법에 대한 통제와 한계가 중요한 문제로 대두되고 있다. 즉, 행정입법에 대한 법률유보의 범위와 한계 등이 부각되고 있다.

[행정입법의 현대적 과제] 오늘날 행정입법에 있어서 핵심적 과제는 입법권 위임의 가능 여부에 있는 것이 아니라, 그 한계론과 통제론에 있다.

### 2.2. 행정입법의 남용

행정입법이 수권법(授權法)의 취지와는 달리 행정의 편의를 위한 수단적 구실을 함으로써 내용적으로나 양적으로 행정입법권이 남용되는 경우가 많다(행정입법의 홍수현상). 이로 인하여 **법규가 행정입법에 맡겨져 실질적으로는** 행정입법에 의한 **법규창조**[1]가 행하여져, **법률에 의한 행정의 원리가 퇴색시킨다는 문제가 있다.**[2] 행정입법(시행령·시행규칙)의 경우, 행정부가 법규를 창조하는 것은 사실상 3권분립에 위반되기 때문에 국회로부터의 통제가 필요하다. 다만 정부입법은 헌법 제52조의 규정에 의하여 정부 역시 법률안 제출권(법률제정권)을 가지므로 정부입법은 행정입법과는 별개의 개념이다. 즉 정부에서 법률안을 제출하는 경우에는 '정부입법'이라하고, 국회의원이 법률안을 제출하는 경우에는 '의원입법'이라고 한다. ☞ **정부입법(법률)과 행정입법(시행령·시행규칙)은 다른 개념**

---

1) 김철용, 행정입법통제의 과제, 고시계(1996.12), 92면.
2) 석종현, 일반행정법(상), 158면.

정부가 법률안 제출권(법률제정권)을 가지는 것은 우리나라가 순수한 대통령제(미국식 대통령제)를 취하지 않고, 부진정 대통령제, 즉 대통령제에 의원내각제적인 요소를 가미하고 있기 때문이다.

### 2.3. 행정편의주의

본래 행정입법제도는 전문화된 행정의 지식과 기술에 의하여 의회의 입법능력을 보완하려는데 그 취지가 있는 것이므로, 행정입법에 있어서는 모법(母法)의 취지와 그에 따르는 이익형량에 관한 충분한 고려가 행해져야 할 것이나, 그러한 적절한 영향분석 없이 행정편의를 추구하는 경향이 있다는 것이 문제점으로 지적되고 있다.

### 2.4. 법적 안정성의 저해(沮害)

행정입법은 그 절차의 간이·신속성 때문에 현대행정의 유동적 성격에 효과적으로 대처할 수 있는 장점을 가지고 있으나, 이러한 행정입법의 신속성·간편성은 반대로 행정입법에 대한 국민 개개인의 접근기회를 어렵게 함으로써 예측가능성과 법적 안정성을 저해하는 요인이 되고 있다.

### 2.5. 행정입법 부작위

[행정입법 부작위의 정당성 요건] 행정부가 위임입법에 따른 시행명령을 제정하지 않거나 개정하지 않은 것에 정당한 이유가 있었다면 그런 경우에는 헌법재판소가 위헌확인을 할 수 없는데, 그러한 정당한 이유가 인정되기 위해서는 그 위임입법 자체가 헌법에 위반된다는 것이 명백하거나 행정입법 의무의 이행이 오히려 헌법질서를 파괴하는 결과를 가져옴이 명백할 정도는 되어야 할 것이다.[1]

[행정입법부작위의 부작위위법확인소송의 대상적격] 행정입법부작위의 경우 부작위위법확인소송의 대상이 되지 않는다.

▶판례〉추상적인 법령의 제정 여부 등은 부작위위법확인소송의 대상이 될 수 없다 (대판 1992. 5. 8, 91누11261).

[행정입법부작위의 헌법소원대상적격] 행정입법부작위도 헌법소원의 대상은 된다. 다만, 행정입법권의 불행사로 국민의 기본권이 직접적·구체적으로 침해되어야 한다.

▶판례〉(보건복지부장관이 구 의료법 등 관계법령에 따라 치과전문의자격시험제도를 실시할 수 있는 절차를 마련하지 아니한 것은 치과의사면허를 받은 청구인들의 헌법상 보장된 행복추구권, 평등권, 직업의 자유, 학문의 자유, 재산권 및 보건권을 침해하는

---

[1] 헌재 2004. 2. 26. 2001헌마718, 판례집 16-1, 313, 321

것이라 주장하면서 입법부작위의 위헌확인을 구한 치과전문의자격시험사건에서 입법부작위가 위헌이라고 판시하면서) 법률이 제정된 때로부터 20년 이상 경과되었음에도 치과전문의와 관련된 시행규칙을 제정하지 않은 것은 헌법에 위반된다. 행정입법부작위도 헌법소원의 대상이 될 수 있다(헌재결 전원재판부 1998. 7. 16, 96헌마246).

[행정입법부작위에 대한 손해배상청구] 대법원은 행정입법부작위도 손해배상청구권이 인정될 수 있다고 하였다.

▶판례〉 법률에서 군법무관의 보수의 구체적인 내용을 시행령에 위임했음에도 불구하고 행정부가 정당한 이유 없이 시행령을 제정하지 않은 것은 불법행위에 해당하여 국가배상청구가 가능하다(대판 2007. 11. 29, 2006다3561).

## IV. 행정입법의 종류

### 1. 주체를 표준으로 하는 경우

[주체] 주체를 표준으로 하여, (ㄱ) '국가행정권에 의한 입법'과, (ㄴ) 지방자치단체의 자치입법으로 분류된다. 행정입법 중에서 법규의 성질을 가지는 것을 법규명령이라 하고, 법규의 성질을 가지지 않는 것을 행정규칙 또는 행정명령이라 한다. 여기서 법규란 일반적으로 법규범(법규 및 행정규칙) 중 국민의 권리의무에 영향을 미치는 것을 말한다. 행정입법에 있어서 학설은 주로 법규명령을 의미하는 것으로 사용하며, 실무에서는 일반적으로 명령이라는 용어를 사용한다.[1] ☞ **행정규칙을 법규범에 포함시키는 경우**

### 2. 효력이 미치는 범위를 표준으로 하는 경우

[좁은 의미의 행정입법·넓은 의미의 행정입법] 좁은 의미의 행정입법이란 국가 행정권에 의한 입법(법규명령·행정규칙)을 말하고, 넓은 의미의 행정입법이란 국가행정권에 의한 입법과 지방자치단체에 의한 입법(조례·규칙)을 포함한다. 광의의 행정입법에는 법규의 성질을 가지는 법규명령과 법규적 성질을 가지지 않는 행정규칙(행정명령, 행정규정)의 제정을 포함한다.

---

1) 박균성, 행정법론(상), 163면.

## 제 2 절  법규명령(法規命令)

### I. 의의

#### 1. 법규 · 법규범

[법규(Rechtssatz)] 법규는 다의적 의미로 사용된다. (ㄱ) 일반 국민의 권리 · 의무에 관계있는 법규범, (ㄴ) 추상적 의미를 가지는 법규범의 의미로 사용된다.

[일반 국민의 권리 · 의무에 관계있는 법규범] 일반 국민의 권리 · 의무에 관계있는 법규범을 말한다. 예컨대 법규명령의 법규가 이에 해당한다. 이와 같은 법규의 개념은 근대 입헌주의 및 법치주의의 소산인 바, 국민의 권리 · 자유 및 재산에 대해 침해를 가하는 국가의 작용은 반드시 국민의 대표기관인 국회의 동의를 얻어 제정한 법률에 근거해야 한다는 사상이 바로 법규개념의 연원이다. 이런 의미에서의 법률은 바로 법규와 같은 의미이다. 우리 헌법은 제40조에서 "입법권은 국회에 속한다."라고 규정하고 있는 바, 실질설에 의하면 이 때의 입법은 바로 법규의 제정을 의미한다. 이와 같이 헌법이 입법, 즉 법규의 제정을 국회에 독점시키는 까닭에 다른 국가기관 특히 행정부는 법률의 위임이 있는 경우와 헌법이 특히 인정한 예외적인 경우에만 법규명령을 제정할 수 있는 것이다.

[추상적 의미를 가지는 법규범] 또 추상적 의미를 가지는 법규범을 법규라고도 하는 바, 이는 구체적 의미를 가지는 행정행위나 판결에 대립되는 것으로서, 행정이나 재판은 법률에 의해서 행해진다고 할 때의 법규가 그것이다.

#### 2. 법규명령

##### 2.1. 개관

[법규명령] 법규명령(Rechtsverordnung)이라 함은 「행정권이 정립하는 명령(일반적 · 추상적 규율)으로써 법규의 성질을 가지는 것」을 말한다.[1] 법규는 국민과 행정권을 모두 구속하며(양면적 구속성), 재판규범이 되는 법규범을 총칭하는 개념으로서, 행정권만을 구속하며(일면적 구속성), 재판규범이 되지 못하는 행정규칙과는 대비되는 개념이다. 법규명령의 정립행위는 형식적 의미에서는 행정권의 의사표시(Erklärung)인 공법행위지만 실질적 의미에서는 입법행위의 성질을 가진다. 이때 '법규'가 어떤 내용을 갖는가에 대해 견해가 나

---

1) 따라서 행정입법 중에서 법규의 성질을 갖지 않는 것은 법규명령이 아니다(석종현, 일반행정법(상), 159면); 김남진 · 김연태, 행정법(I), 151면.

뉘어져 있으나, 대체로 법규명령은 '행정권이 정립하는 일반적·추상적 규정'으로서, 행정주체와 국민에 대하여 직접 효력(구속력)을 가지며, 재판규범이 되는 법규범으로서의 성격을 가진다고 본다. 따라서 법규명령에 위반한 행정권의 행위는 위법하여 무효 또는 취소사유가 되고, 이로 인하여 권익이 침해된 국민은 행정쟁송으로 무효확인·취소를 구하거나 손해배상을 청구할 수 있다.[1]

[법규명령(Rechtsverordnung)] 행정권에 의하여 성립되는 법규로서의 성질을 가지는 일반적 명령을 말한다. **법규명령은 법규로서의 성질을 가지기 때문에 국가와 국민에 대하여 일반적인 구속력을 갖는 규범이다.** 이는 행정권에 의하여 정립되는 명령이라는 점에서 행정명령과 같으나, 대외적·일반적 구속력을 가지는 법규로서의 성질을 가진다는 뜻에서 행정명령과 다르다. 즉 국민에게 의무를 구하고, 국민의 권리를 제한하는 것을 내용으로 하는 명령을 말하는 바, 위임명령·집행명령 등이 이에 속한다. 19세기의 입헌군주정하에서는 이와 같은 국민의 권리·의무에 관한 사항은 국민의 대표기관은 의회에 의한 입법사항으로 함을 절대적 원칙으로 하였으나, 20세기의 사회국가(복리국가)에 이르러서는 국가기능의 적극화에 따라, 행정의 내용이 복잡해 짐에 따라 이에 관한 법도 전문적·기술적 성격을 갖게 되었다. **법규명령은 형식적 의미에서의 법률(Gesetz)에 속하지 아니함은 물론이나, 실질적 의미에서는 법률의 일종(실질적 의미의 법률)**이라고 할 수 있다. 따라서 그 정립행위는 형식적 의미에 있어서는 입법에 속한다고 볼 수 있다. 그리고 법규명령은 개인의 권리·의무에 관계될 뿐만 아니라, 추상적·계속적 법규로서의 성질을 가지는 것이기 때문에 행정명령(행정규칙)과는 달리 일정한 형식과 공포를 필요로 하며, 반드시 헌법과 법률에 그 근거가 있어야 한다.

[법규명령의 형식에 의한 행정규칙] 행정규칙(행정명령)은 보통 훈령·지시·예규·일일명령·고시 등의 형식에 의하는 것이 보통이나, 법규명령의 형식에 의하는 경우도 있다. 문제는 이러한 법규명령의 형식에 의한 행정규칙의 법규로서의 성질을 가지는가에 관한 것인데 긍정하는 견해와 부정하는 견해가 대립되어 있다.

[법규적 성질을 갖는 행정규칙] 행정규칙(행정명령)의 형식을 취하고 있으나 내용적으로는 법규적 성질의 것을 규정하고 있는 경우를 법규적 성질을 갖는 행정규칙이라고 한다. 이러한 행정규칙의 법규성을 인정여부에 대하여 견해가 갈리고 있으나, 긍정하는 것이 다수설이다.

## 2.2. 학설

[전통적 입장] 종래의 법규명령의 개념은 '법규성'의 여부를 기준으로 행정규칙과 대비하여 논의되고 있다. 통설은 법규명령을 설명함에 있어서 '법규'개념을 제시하고 있는데, 여

---

1) 방극봉, 실무행정법, 법제처, 2009, 27면.

기서 법규란 '일반적 구속력이 있는 규범, 즉 국민의 권리와 의무를 생성·변경·소멸시키고, 행정주체를 구속하며 재판의 전제가 되는 법규범'을 말한다. 법규개념을 이렇게 이해하는 경우, 법규명령은 '일반적·추상적 규율'인 점에서 '행정행위'와 구별되고, '법규의 성질'을 갖는다는 점에서 법규의 성질을 갖지 아니하는 '행정규칙'과 구별된다고 한다. 또한 법규명령은 행정기관이 정한 명령이면서도 그것을 발한 행정기관은 물론 일반국민, 법원과 같은 다른 국가적 기관에 대해서도 '구속력'을 가지며, 법규는 법치국가에서는 국회의 의결을 거쳐서 제정되어야 함이 원칙이므로 법규명령은 헌법·법률 등의 상위규범의 수권을 통하여 또는 상위규범의 집행을 위해서만 제정될 수 있다고 한다.[1]

[새로운 견해] 위와같은 종래의 통설적 견해에 대하여 법규를 "행정법상 권리주체에게 일반적으로 권리와 의무를 창설하거나 영향을 미치는 규정이나 고권적인 일반적·추상적 규율"로 파악하고, 행정규칙을 당연히 법규로서의 성질을 갖는다고 보는 견해[2]와 "법규명령은 의회와 군주가 대립하고 견제하는 시대적 상황에서 이 양자간의 권력의 분배를 법적으로 합리화하기 위한 입헌군주세대의 유물"이라며 반론을 제기하는 견해[3]도 있다.

### 2.3. 판례(대법원·헌법재판소)

[판례] 대법원과 헌법재판소는 법규명령을 정의함에 있어서, 그 형식은 묻지 아니하고 실질적으로 국가와 국민사이에 효력을 갖는지 여부를 기준으로, 즉 대외적 구속력 여부를 기준으로 파악한다. (대법원): 대법원은 "명령 또는 규칙이 법률에 위반한 경우에는 대법관 전원의 2/3이상의 합의체에서 심판하도록 규정한 법원조직법 제7조제1항제2호에서 말하는 명령 또는 규칙이라 함은 국가와 국민에 대하여 일반적 구속력를 가지는 이른바 법규로서의 성질을 가지는 명령규칙을 의미한다 할 것이다. 소론이 들고 있는 수산청훈령 제434호인 수산업에관한어업면허사무취급규정은 행정기관내부의 행정사무처리 기준을 정한 것에 불과하고 이른바 법규로서의 성질을 가지는 명령규칙이라고 볼 수 없으므로 위 규정을 무효라고 판단한 이 사건 재심대상판결이 법률에 의하여 구성되지 아니한 법원에 의한 판결이라고 할 수 없다."[4]고 하였다. (헌법재판소): 헌법재판소는 "위임입법이란 법률 또는 상위명령에서 구체적으로 범위를 정하여 위임받은 사항에 관하여 법규로서의 성질을 가지는 일반적·추상적 규범을 정립하는 것을 의미하는 것으로서 형식적 의미의 법률(Gesetz im formellen Sinn)에는 속하지 않지만 실질적으로는 행정에 의한 입법(실질적 의미의 법률: Gesetz im materiellen Sinn)으로서 법률과 같은 성질을 갖는 법규의 정립이기 때문에 권력분립주의 내지 법

---

1) 김남진, 행정법I(제5판), 법문사, 1998, 1161면.
2) 류지태, 행정법신론(제2판), 신영사, 1997, 27면.
3) 고영훈, 법규명령론, 인권과 정의, 211호(1994.3), 84-87면 참조.
4) 대판 1990. 2. 27, 88누55; 동지 판례 대판 1987. 5. 26, 86누9.

치주의 원리에 비추어 그 요건이 엄격할 수밖에 없으니 **법규적 효력을 가지는 행정입법의 제정에는 반드시 구체적이고 명확한 법률의 위임을 요하는 것이다.**"[1])라고 한다. 법규명령이 실질적 의미의 법률인 이유는 법규와 마찬가지로 권리와 의무를 부과할 수 있으나, 국회의 형식적 입법절차를 거쳐 제정되지는 않는 것이기 때문에 형식적 의미의 법률은 아니다(Eine Rechtsverordnung ist „Gesetz im materiellen Sinn", da sie ebenso wie ein Gesetz Rechte und Pflichten gegenüber jedem begründet, also gleichsam für jeden „gilt". Sie ist jedoch nicht „Gesetz im formellen Sinn", da sie nicht in einem förmlichen Gesetzgebungsverfahren vom Parlament beraten und verabschiedet wurde.)

## II. 법규명령의 성질

[일반적·대외적 구속력] 법규명령은 '법규적' 성질을 가지므로 일반적·대외적 구속력을 가진다. 따라서 이에 위반한 행정청의 행위는 위법행위로서 흠을 띠게 되며 흠에 따른 효과(무효 또는 취소)가 발생한다. 그러한 행위로 인하여 자신의 권익이 침해된 국민은 행정쟁송을 제기하여 그 무효확인 또는 취소를 청구하거나 또는 그 손해의 배상을 청구할 수 있다.

[행정행위·행정규칙과의 구별] 법규명령은 일반적·추상적인 규범인 점에서 개별적·구체적인 규율의 성질을 갖는 행정행위와 구별되며, 대외적 구속력이 인정되는 점에서 원칙적으로 행정기관 내부에서만 효력을 갖는 행정규칙과 구별되며, 그리고 수권 여부에 따라서도 원칙적으로 수권없는 행정규칙과 구별된다.

## III. 법규명령의 종류(분류)

[법규명령의 종류] 법규명령은 그 수권의 근거·범위(내용)를 기준으로 하여 법률대위명령, 법률종속명령(위임명령·집행명령) 등으로 분류하며, 법형식(권한의 소재)을 중심으로 긴급재정경제명령, 긴급명령, 대통령령, 총리령·부령 등으로 구분한다.

▶ 위임명령·집행명령 → 수권의 근거·범위(내용)를 기준으로 하여 분류

---

1) 헌재결 1993. 5. 13, 92헌마80【체육시설의설치이용에관한법률시행규칙 제5조에 대한 헌법소원】

▶ 대통령령·총리령·부령 → 법형식·권한의 소재(발령기관)를 기준으로 분류

## 1. 수권의 근거·범위(내용)를 기준으로 한 분류

### 1.1. 헌법대위명령(비상명령)

비상명령은 헌법에 직접 근거하여 발하여지는 것으로서, 비상사태의 수습을 위하여 행정부가 발하는 헌법적 효력을 가지는 독자적 명령(독립명령)이다(바이마르헌법 제48조 제2항). 종래 우리나라 1972년 제4공화국 유신헌법상(박정희 정권)의 대통령 긴급조치, 비상조치 그리고 제5공화국 시절(전두환 정권)의 헌법의 효력을 일시적으로 정지시킬 수 있는 비상명령(헌법적 효력을 가짐) 등이 이에 해당한다.

▶ [1972년 제4공화국 박정희정권] 헌법 제53조 ① 대통령은 천재·지변 또는 중대한 재정·경제상의 위기에 처하거나, 국가의 안전보장 또는 공공의 안녕질서가 중대한 위협을 받거나 받을 우려가 있어, 신속한 조치를 할 필요가 있다고 판단할 때에는 내정·외교·국방·경제·재정·사법등 국정전반에 걸쳐 필요한 긴급조치를 할 수 있다. ② 대통령은 제1항의 경우에 필요하다고 인정할 때에는 이 헌법에 규정되어 있는 국민의 자유와 권리를 잠정적으로 정지하는 긴급조치를 할 수 있고, 정부나 법원의 권한에 관하여 **긴급조치**를 할 수 있다.

▶ [1980년 제5공화국 전두환정권] 헌법 제51조 ① 대통령은 천재·지변 또는 중대한 재정·경제상의 위기에 처하거나, 국가의 안전을 위협하는 교전상태나 그에 준하는 중대한 비상사태에 처하여 국가를 보위하기 위하여 급속한 조치를 할 필요가 있다고 판단할 때에는 내정·외교·국방·경제·재정·사법 등 국정전반에 걸쳐 필요한 비상조치를 할 수 있다. ② 대통령은 제1항의 경우에 필요하다고 인정할 때에는 헌법에 규정되어 있는 국민의 자유와 권리를 잠정적으로 정지할 수 있고, 정부나 법원의 권한에 관하여 **특별한 조치**를 할 수 있다.

[특별조치] 특별조치는 법령의 형식에 의해 발해지지는 않지만 헌법 및 명령의 효력을 일시적으로 정지하거나 그에 대한 변경을 가져오므로 그 한도내에서는 실질적으로 명령이라 할 수 있다.[1] 그러나 현행 헌법은 헌법대위명령(비상명령)은 인정하고 있지 않다. 따라서 현행법상 헌법적 효력을 갖는 행정입법은 없다.

### 1.2. 법률대위명령(法律代位命令) : 독립명령

법률대위명령(gesetzvertretende Verordnung)은 '법률과 같은 효력을 가지는 명령'으로서 일반적으로 헌법적 수권(예: 긴급재정·경제명령(헌법 제76조 제1항), 긴급명령(동 제

---

1) 박균성, 행정법론(상), 168면.

2항), 舊일본헌법 제8조의 긴급칙령 등)에 따라 법률로부터 독립하여 독자적인 권한의 발동으로 발하여지는 법률적 효력을 가지는 명령이다.[1] 이와같이 법률대위명령은 헌법에 직접 근거하여 발하여지나 효력에 있어서는 법률적 효력을 가지는 명령이며, 또한 헌법에서 직접 수권을 받아 독자적으로 발하는 독립명령[2]이기도 하다. 따라서 법률대위명령은 법률과의 관계에 따른 구분에 의한 명칭이기도 하다.[3] 헌법적 수권에 의거하여 법률과 동등한 효력을 가지는 명령이며, 현행헌법상 인정되고 있는 것은 대통령이 발하는 긴급재정경제명령과 긴급명령이다. 제4공화국 박정희 정권시대의 유신헌법(제7차 개정헌법)상의 긴급조치는 비상명령과 법률대위명령을 포함하였으나, 현행 헌법에서는 법률대위명령인 긴급재정경제처분(제76조 제1항), 긴급재정경제명령(제76조 제1항), 긴급명령(제76조 제2항)만 인정하고 있다.

▶ 헌법 제76조 ① 대통령은 내우·외환·천재·지변 또는 중대한 재정·경제상의 위기에 있어서 국가의 안전보장 또는 공공의 안녕질서를 유지하기 위하여 긴급한 조치가 필요하고 국회의 집회를 기다릴 여유가 없을 때에 한하여 최소한으로 필요한 재정·경제상의 처분을 하거나 이에 관하여 법률의 효력을 가지는 명령을 발할 수 있다. ② 대통령은 국가의 안위에 관계되는 중대한 교전상태에 있어서 국가를 보위하기 위하여 긴급한 조치가 필요하고 국회의 집회가 불가능한 때에 한하여 법률의 효력을 가지는 명령을 발할 수 있다.

▶ 헌재결 2015. 3. 26, 2014헌가5【국가보위에관한특별조치법 제9조 등 위헌제청】 국가비상사태의 선포를 규정한 특별조치법 제2조는 헌법에 한정적으로 열거된 국가긴급권의 실체적 발동요건 중 어느 하나에도 해당되지 않은 것으로서 '초헌법적 국가긴급권'의 창설에 해당되나, 그 제정 당시의 국내외 상황이 이를 정당화할 수 있을 정도의 '극단적 위기상황'이라 볼 수 없다. 또한 국가비상사태의 해제를 규정한 특별조치법 제3조는 대통령의 판단에 의하여 국가비상사태가 소멸되었다고 인정될 경우에만 비상사태선포가 해제될 수 있음을 정하고 있을 뿐 국회에 의한 민주적 사후통제절차를 규정하고 있지 아니하며, 이에 따라 임시적·잠정적 성격을 지녀야 할 국가비상사태의 선포가 장기간 유지되었다. 그렇다면 국가비상사태의 선포 및 해제를 규정한 특별조치법 제2조 및 제3조는 헌법이 인정하지 아니하는 초헌법적 국가긴급권을 대통령에게 부여하는 법률로서 헌법이 요구하는 국가긴급권의 실체적 발동요건, 사후통제 절차, 시간적 한계에 위반되어 위헌이고, 이를 전제로 한 특별조치법상 그 밖의 규정들도 모두 위헌이다. ☞ 전두환 정권당시의

---

1) 석종현, 일반행정법(상), 160면.
2) 예컨대 긴급명령은 헌법에 직접 근거하여 발하며, 법률과는 독립하여 발한다는 점에서 독립명령의 하나이다(석종현, 일반행정법(상), 161면).
3) 석종현, 일반행정법(상), 160면.

**특별조치법에 대한 위헌제청사건**

▶ 헌재결 2013. 3. 21. 2010헌바70 【구 헌법 제53조 등 위헌소원】 헌법을 개정하거나 다른 내용의 헌법을 모색하는 것은 주권자인 국민이 보유하는 가장 기본적인 권리로서, 가장 강력하게 보호되어야 할 권리 중의 권리에 해당하고, 집권세력의 정책과 도덕성, 혹은 정당성에 대하여 정치적인 반대의사를 표시하는 것은 헌법이 보장하는 정치적 자유의 가장 핵심적인 부분이다. 정부에 대한 비판 일체를 원천적으로 배제하고 이를 처벌하는 긴급조치 제1호, 제2호는 대한민국 헌법의 근본원리인 국민주권주의와 자유민주적 기본질서에 부합하지 아니하므로 기본권 제한에 있어서 준수하여야 할 목적의 정당성과 방법의 적절성이 인정되지 않는다. 긴급조치 제1호, 제2호는 국민의 유신헌법 반대운동을 통제하고 정치적 표현의 자유를 과도하게 침해하는 내용이어서 국가긴급권이 갖는 내재적 한계를 일탈한 것으로서, 이 점에서도 목적의 정당성이나 방법의 적절성을 갖추지 못하였다. 긴급조치 제1호, 제2호는 국가긴급권의 발동이 필요한 상황과는 전혀 무관하게 헌법과 관련하여 자신의 견해를 단순하게 표명하는 모든 행위까지 처벌하고, 처벌의 대상이 되는 행위를 전혀 구체적으로 특정할 수 없으므로, 표현의 자유 제한의 한계를 일탈하여 국가형벌권을 자의적으로 행사하였고, 죄형법정주의의 명확성 원칙에 위배되며, 국민의 헌법개정권력의 행사와 관련한 참정권, 국민투표권, 영장주의 및 신체의 자유, 법관에 의한 재판을 받을 권리 등을 침해한다. ☞ **박정희정권 당시의 긴급조치에 대한 위헌소원**

### 1.3. 법률종속명령(法律從屬命令)

#### 1.3.1. 의의

법률종속명령이라 함은 법률에 이미 완전한 실질적 규정이 있고 법률의 한계 안에서만 구체적 규정을 둘 수 있는 법률에 종속하고 있는 것으로서, 법률보다 하위의 효력을 갖는 명령이다.[1] 법률종속명령에는 새로운 법규사항(국민의 권리·의무에 관한 사항)을 정하는지의 여부에 따라 위임명령과 집행명령으로 구분된다.[2]

#### 1.3.2. 종류

a) 위임명령(보충명령)

aa) 의의

위임명령(übertragene Verordnung)은, 법률 또는 상위명령에서 구체적으로 범위를 정하여 위임한 사항을 규정하는 명령으로, 위임된 범위 내에서는 새로이 국민의 권리·의무에 관한 사항을 규정할 수 있다. 즉 위임명령은 (ㄱ) 헌법에 근거하고, (ㄴ) 법률 또는 상위명령의

---

1) 박균성, 행정법론(상), 168면; 同人, 행정법강의, 140면.
2) 박균성, 행정법론(상), 168면.

개별적 위임에 의하여, (ㄷ) 위임 받은 범위 내에서, (ㄹ) 새로운 법규사항(국민의 권리·의무에 관한 법률사항)을 규정할 수 있는 명령이다(헌법 제75조, 제95조).[1] 헌법 제75조 전단은 "대통령은 법률에서 구체적인 범위를 정하여 위임받은 사항에 관하여 대통령령을 발할 수 있다"라고 하여 대통령의 위임명령제정권을 규정하고 있다. 여기서 구체적이라는 것은 일반적·추상적이어서는 안된다는 것을 말하며, 범위를 정한다는 것은 포괄적·전면적 이어서는 아니된다는 것을 말한다(아래 대법원 결정례 참조).

▶ 대법원 1995. 12. 8, 95카기16 결정【위헌심판제청】(헌법 제75조 소정의 법률의 위임한계 및 그 구체성의 정도가 급부행정 영역에서는 침해행정 영역보다 약화될 수 있는지 여부) : "헌법 제75조는 '대통령은 법률에서 구체적 범위를 정하여 위임받은 사항 … 에 관하여 대통령령을 발할 수 있다.'고 규정하고 있으므로, 법률의 위임은 반드시 구체적이고 개별적으로 한정된 사항에 관하여 행해져야 할 것이고, 여기서 구체적이라는 것은 일반적·추상적이어서는 안된다는 것을, 범위를 정한다는 것은 포괄적·전면적이어서는 아니된다는 것을 각 의미하고, 이러한 구체성의 요구의 정도는 규제 대상의 종류와 성격에 따라 달라진다고 할 것이므로 보건위생 등 급부행정 영역에서는 기본권 침해 영역보다는 구체성의 요구가 다소 약화되어도 무방하다고 해석된다.

[위임된 사항이 객관적으로 분명하지 않은 경우] 구체적인 위임인 경우에도 그 위임된 사항이 객관적으로 분명하지 않은 경우에는 위헌으로 본 판례가 있다.[2] 법률의 위임에 의하지 아니하고 직접 헌법의 수권에 의한 위임명령은 인정되지 아니한다. 직접 헌법의 수권에 의할 경우 이는 백지적 위임에 해당되기 때문이며, 이는 수권법을 인정하는 결과가 된다. 위임명령은 법률이 위임한 사항에 관한 법률을 대신하는 것이며, 실질적으로는 법률의 내용을 보충하는 것이므로 보충명령이라고도 한다.[3]

▶ 헌재결 1997. 4. 24, 95헌마273【행정사법시행령 제2조 제3호 위헌확인】위임입법의 내용에 관한 헌법적 한계는 그 수범자가 누구냐에 따라 입법권자에 대한 한계와 수권법률에 의해 법규명령을 제정하는 수임자에 대한 한계로 구별할 수 있는바, 국회가 법률에 의하여 입법권을 위임하는 경우에도 헌법에 위반하여서는 아니된다는 것이 전자의 문제이고, 법률의 우위원칙에 따른 위임입법의 내용적 한계는 후자에 속한다. 후자의 문제로서 위임명령의 내용은 수권법률이 수권한 규율대상과 목적의 범위 안에서 정해져야 하는데 이를 위배한 위임명령은 위법이라고 평가되며, 여기에서 모법의 수권조건에 의한 위임명령의 한계가 도출된다. 행정사법에 의하면 일반적으로 행정사는 타인의 위촉을 받아 행정기관에 제출하는 서류의 작성·번역, 작성서류의 제출대행, 행정관계법령 및 행정

---

1) 김남진·김연태, 행정법(Ⅰ), 153면.
2) 대결 1972. 9. 12, 72도1137
3) 권영성, 헌법학원론, 법문사, 2009, 1005면.

에 대한 상담과 자문, 신고·신청·청구의 대리와 사실조사 및 확인 등을 그 업무로 하고(제1조 및 제2조 제1항), 그 중 특히 외국어번역행정사는 "행정기관의 업무와 관련된 서류의 번역"과 "동 번역서류의 제출대행"(제2조 제1항 제3호, 제4호), 그리고 "그 업무에 관한 사실확인증명서의 발급" 및 "그가 번역한 번역문에 대한 번역확인증명서의 발급"(제28조)을 그 업무로 함을 알 수 있다. 따라서 이 사건 심판대상 규정이 "행정사법 제2조 제1항 제3호의 사무 : 행정기관등에 제출하는 각종 서류를 번역하는 일"이라고 규정한 것은 위임입법의 한계를 일탈하여 모법상 규정이 없는 입법사항을 하위명령이 규율한 것이 아니므로 위임입법의 한계를 일탈한 것이라고 할 수 없다.

[**법률의 위임의 의미**] 여기서 법률의 위임이라 함은 일정한 사항에 대하여 법률이 스스로 규정하지 아니하고 명령으로써 규정하도록 수권하는 것을 말하고,[1] 「구체적으로 범위를 정하여」는 그 수권규정에서 행정입법의 규율대상, 범위기준 등을 명확히 하여야 함을 의미한다. 이와같이 위임명령은 상위법령에서 위임받은 사항을 정하는 일종의 **법률보충적 명령**이다.

bb) 위임명령의 성질

위임명령은 법률의 위임에 따른 명령이므로, 위임을 한 법률에 종속된다(母法에의 종속성). 위임명령의 발효시기·내용·효력상실 등은 모법을 전제로 하므로, 위임명령은 모법(법률)에 위반하는 것을 제정할 수 없고, 모법이 개정되거나 소멸한 경우에는 위임명령도 개정되거나 소멸한다. 다만 위임명령은 법률이 위임한 범위내에서 법률이 직접 규정하지 아니한 새로운 법규사항(국민의 권리·의무에 관한 법률사항)도 규정할 수 있다(이점에서 집행명령과 구별된다).[2]

▶ 대판 2004. 7. 22, 2003두7606【형질변경허가반려처분취소】 위임명령은 법률이나 상위명령에서 구체적으로 범위를 정한 개별적인 위임이 있을 때에 가능하고, 여기에서 구체적인 위임의 범위는 규제하고자 하는 대상의 종류와 성격에 따라 달라지는 것이어서 일률적 기준을 정할 수는 없지만, 적어도 위임명령에 규정될 내용 및 범위의 기본사항이 구체적으로 규정되어 있어서 누구라도 당해 법률로부터 위임명령에 규정될 내용의 대강을 예측할 수 있어야 하나, 이 경우 그 예측가능성의 유무는 당해 위임조항 하나만을 가지고 판단할 것이 아니라 그 위임조항이 속한 법률의 전반적인 체계와 취지·목적, 당해 위임조항의 규정형식과 내용 및 관련 법규를 유기적·체계적으로 종합 판단하여야 하며, 나아가 각 규제 대상의 성질에 따라 구체적·개별적으로 검토함을 요하고,[3] 한편 행정행위를 한 처분청은 비록 그 처분 당시에 별다른 하자가 없었고, 또 그 처분 후에 이를 철

---

1) 권영성, 헌법학원론, 법문사, 2009, 1005면.
2) 권영성, 헌법학원론, 법문사, 2009, 1005면.
3) 대법원 2002. 8. 23. 선고 2001두5651 판결 참조.

회할 별도의 법적 근거가 없다 하더라도 원래의 처분을 존속시킬 필요가 없게 된 사정변경이 생겼거나 또는 중대한 공익상의 필요가 발생한 경우에는 그 효력을 상실케 하는 별개의 행정행위로 이를 철회할 수 있다.[1]

b) 집행명령(직권명령)

aa) 의의

집행명령(Ausführungsverordnung)은 헌법에 근거하여 법률 또는 상위명령을 집행하는데 필요한 세칙을 정하는 명령이다(헌법 75조·제95조 참조).[2] 상위법령을 집행을 위하여 필요한 사항(신고서양식 등)을 '법령의 위임없이'[3] 직권으로 발하는 명령이다.[4] 집행명령은 법률 또는 이에 의거한 상위명령이 규정하는 범위 내에서 그 시행에 관한 구체적 사항(세부적·기술적 사항 : 주로 구체적인 절차·형식 등)[5]을 규정하므로 상위법령의 명시적 수권이 없어도 발할 수 있으나 새로운 입법사항을 규율할 수는 없다. 이와같이 법률 또는 상위명령의 집행을 위하여 필요한 세부적·기술적 사항을 규정하는 명령으로서, 새로이 국민의 권리·의무에 관한 사항을 규정할 수 없다. 헌법은 대통령령, 총리령, 부령으로 위임명령과 집행명령을 발할 수 있다고 명시하고 있다(제75조, 제95조).

▶판례〉 사법시험 제2차시험에 과락제도를 적용하고 있는 구 사법시행령 제15조 제2항은 집행명령으로서 상위법의 개별적 수권이 없더라도 허용된다(대판 2007. 1. 11, 2004두10432).

[법률집행에 관한 일반준칙] 법률의 집행은 행정부의 고유권한 이지만, 법률의 집행에 있어서의 혼란과 불균형을 막고 통일성·형평성·합리성을 기하기 위하여 법률집행에 관한 일반준칙을 정하여 둘 필요가 있는데, 법률의 시행에 있어서의 일반준칙을 내용으로 하는 것이 집행명령이다.[6] 일반적으로 위임명령과 집행명령은 각각 따로이 제정되는 경우는 드물고, 대부분 하나의 명령에 혼합적으로 규정되는 것이 보통이다.[7]

bb) 집행명령의 성질

[개관] 집행명령은 모법(母法)에 종속한다(법률에의 종속성).[8] 특히 집행명령은 모법

---

[1] 대법원 1995. 6. 9. 선고 95누1194 판결 참조.
[2] 권영성, 헌법학원론, 법문사, 2009, 1008면.
[3] 박균성 교수는 '법령의 위임없이'의 내용을 '법령의 근거없이'라는 의미로 해석한다(박균성, 행정법론(상), 168면).
[4] 박균성, 행정법론(상), 168면; 同人, 행정법강의, 140면.
[5] 김남진·김연태, 행정법(I), 160면.
[6] 권영성, 헌법학원론, 법문사, 2009, 1008면.
[7] 석종현, 일반행정법(상), 161면; 박균성, 행정법론(상), 168면; 同人, 행정법강의, 140면.
[8] 대판 1989. 9. 12, 88누6962 【영업소설치신고수리】 【판시사항】 상위법령이 개정된 경우 종전

을 변경하거나 보충할 수 없으며, 모법에 규정이 없는 새로운 법규사항을 규정하거나 국민의 새로운 권리·의무를 규정할 수 없다.[1] 여기서 법규사항이라 함은 국민의 권리·의무에 관한 사항을 의미하며, 집행명령과 위임명령의 차이점은 전자가 「새로운 법규사항」을 정할 수 없는데 대하여, 후자는 새로운 법규사항을 정할 수 있다는 데 그 차이가 있다. 이와 같이 집행명령은 법률 또는 상위명령이 규정한 범위내에서 이를 현실적으로 집행하는데 필요한 세부적인 사항만을 규정할 수 있다. 따라서 이러한 조건하에서는 집행명령은 법률 또는 상위명령의 개별적 수권이 없더라도 행정의 고유한 법집행권에 기하여 발할 수 있다.[2]

cc) 학설

[행정명령설] 행정명령설에 따르면, 직권명령은 국무총리가 법령에 의한 수권 없이 직무권한 안에서 당연히 발할 수 있는 행정규칙 내지 행정 명령에 해당하는 것이므로 일반국민에 대한 구속력(Bindungswirkung)이 없다고 한다.[3]

[복합적 명령설(행정명령·집행명령설)] 복합적 명령설은 직권명령은 행정규칙과 법규명령으로서의 집행명령을 포함하는 명령이라고 한다(박일경; 안용교). 즉 복합적 명령설은 직권명령에는 국무총리가 그 직무권한 안에서 당연히 발할 수 있는 행정규칙 내지 협의의 행정명령과 법률 또는 대통령령을 집행하기 위하여 입법사항을 규율하는 법규명령으로서의 집행명령이 포함된다고 한다.

[집행명령설] 직권명령은 직권으로 발할 수 있는 집행명령이라고 한다.[4]

[사견] 국무총리가 발하는 직권명령의 성질과 직권명령으로써 국민의 권리·의무를 규정할 수 있는가에 관하여 학설이 난립하고 있는 것은 법규명령·직권명령·집행명령·행정명령 등의 성격을 정확하게 구별하지 못한 데서 기인한다.[5] 행정입법에는 법률의 위임에 따라 발하는 위임명령과 법률을 집행하기 위하여 발하는 집행명령 그리고 행정내규(행정규칙)인 행정명령이 있지만, 위임명령과 집행명령은 국민의 권리와 의무까지도 규율할 수 있는(대국민적 구속력을 가진) 법규명령이고, 행정명령은 국민의 권리나 의무를 규율하지 아니하고 행정기

---

집행명령의 효력 유무(적극)【판결요지】상위법령의 시행에 필요한 세부적 사항을 정하기 위하여 행정관청이 일반적 직권에 의하여 제정하는 이른바 집행명령은 근거법령인 상위법령이 폐지되면 특별한 규정이 없는 이상 실효되는 것이나, 상위법령이 개정됨에 그친 경우에는 개정법령과 성질상 모순, 저촉되지 아니하고 개정된 상위법령의 시행에 필요한 사항을 규정하고 있는 이상 그 집행명령은 상위법령의 개정에도 불구하고 당연히 실효되지 아니하고 개정법령의 시행을 위한 집행명령이 제정, 발효될 때까지는 여전히 그 효력을 유지한다.

1) 김남진·김연태, 행정법(I), 153면.
2) 박균성, 행정법론(상), 168면; 同人, 행정법강의, 140면 참조.
3) 문홍주, 한국헌법, 해암사, 553-554면.
4) 김철수; 허영; 권영성, 헌법학원론, 법문사, 2009, 1029면.
5) 同늘, 권영성, 헌법학원론, 법문사, 2009, 1030면.

관 내부(특별권력관계)에서만 효력을 가지는 행정규칙 또는 행정내규이다.

|  | ▶ 위임명령 : 법률의 위임에 따라 |
|---|---|
| 행정입법 | ▶ 집행명령 : 법률을 집행하기 위하여 |
|  | ▶ 행정명령 : 행정내규(행정규칙) |

행정규칙(감사원·도지사·국립대학총장 등이 헌법에 그에 관한 근거규정이 없음에도 불구하고 발하는 명령인 행정명령)은 법률이나 상위법령의 수권 없이도 직권으로 발할 수 있는 것이며, 법규명령으로서의 위임명령과 집행명령은 국민의 권리·의무에 관한 사항을 규율할 수 있는 것으로써 발령에는 헌법의 수권을 반드시 필요로 한다. 만약 헌법 제95조가 행정규칙에 대한 근거조항이라면 이는 불필요한 조항이(왜냐하면 행정규칙은 법률의 수권이 없어도 발할 수 있기 때문에 헌법에 규정할 필요가 없다) 될 뿐 아니라, 국무총리는 위임명령과 행정규칙만 발할 수 있을 뿐 집행명령을 발할 수 없다는 모순에 빠지게 된다. 결론적으로 헌법 제95조의 「국무총리는 직권으로 명령을 발할 수 있다」라는 것은 국무총리가 직권으로 발할 수 있는 법규명령으로서의 집행명령을 의미하는 것이다(집행명령설).1)

[참고] 수권의 근거를 기준으로 한 법규명령을, 「직권명령」(독립명령·집행명령)과 「위임명령」으로 분류하기도 하고,2) 또 독립명령(헌법적 효력을 가지는 것·법률적 효력을 가지는 것)과 법률종속명령으로 분류하기도 한다(이명구).

[직권명령과 위임명령] 법규명령은 개개의 상위법령의 개별적인 위임에 의하여 발하여지는 것인지의 여부에 따라 직권명령과 위임명령으로 나누어진다.

(ㄱ) **직권명령** … 직권명령이란 법률 또는 상위명령의 구체적·개별적인 위임을 근거로 하는 것이 아니라, 조직법상 갖는 권한에 의거하여, 그리고 법령에 의한 소관사무를 수행하기 의하여(헌법 제75조 후단, 제95조 후단) 직권으로 발하는 법규명령이다. 직권명령은 법률과의 관계에 따라 다시 독립명령과 집행명령으로 나눌 수 있다. ① **독립명령**: 법률의 위임에 의해서나 법률을 집행하기 위하여 정립되는 행정입법의 경우와 같이 법률에 종속되는 것이 아니라, 헌법에 의하여 인정된 독자적인 권한의 발동으로 제정되는 법률대위적 성질의 명령을 말한다(예 : 대통령의 긴급재정경제명령 및 긴급명령(헌법 제76조 제1, 2항). ② **집행명령**: 법률을 현실적으로 시행하기 위하여 필요한 사항을 정하는 법규명령(법률종속적 명령)을 말한다(헌법 제75·제95조).

(ㄴ) **위임명령** … 위임명령은 법률 또는 상위명령에서 구체적으로 범위를 정하여 위임받은 사항을 정하는(헌법 제75·제95조 참조) 법규명령이다.

[권영성 교수의 견해] 권영성 교수는 직권명령 = 집행명령이라고 하면서, 이론적 근거는

---

1) 김철수 교수는 직권명령을 집행명령이라 하면서도 국민의 권리·의무에 관한 입법사항은 규정할 수 없다고 한다.
2) 이상규, 서원우, 석종현, 일반행정법(상), 160면.

다음과 같이 설명하고 있다. "헌법 제95조의 직권으로 발하는 직권명령을 집행명령으로 보아야 하는 논거는 다음과 같다. 첫째, 집행명령은 모법이 규정하고 있는 범위내에서는 국민의 권리·의무까지도 규정할 수 있는 법규명령(☞ **반대설 : 김철수 교수는 직권명령을 집행명령이라 하면서도 국민의 권리·의무에 관한 입법사항은 규정할 수 없다고 한다**)이므로, 그에 관한 헌법적 근거규정이 반드시 있어야 한다. 만일에 헌법 제95조의「직권으로 발하는 명령」을 비법규명령인 행정명령1)으로 본다면, 국무총리(와 행정각부의 장)는 법규명령으로서는 위임명령만을 발할 수 있을 뿐 집행명령은 발할 수 없다는 결론이 된다. 제95조를 제외하고는 헌법의 어디에도 국무총리(와 행정각부의 장)가 집행명령을 발할 수 있다는 것을 규정한 조항이 없기 때문이다.2) 둘째, 헌법 제95조가 행정명령설이 주장하는 것처럼 비법규명령인 행정명령에 관한 근거규정이라면, 굳이 그것을 헌법에 명문으로 규정할 필요가 없는 것이다. 대통령의 경우에도 법규명령인 위임명령과 집행명령에 관한 근거규정만을 두고 있을 뿐(제75조) 행정명령에 관해서는 헌법이 아무런 근거규정을 두고 있지 아니하다. 그것은 대통령의 경우든 국무총리·행정각부의 장의 경우든 행정명령은 비법규명령이므로 헌법에 그에 관한 근거규정이 없을지라도 직권으로 당연히 발할 수 있는 것이기 때문에, 헌법에 그에 관한 근거규정을 두고 있지 아니한 것이다. 요컨대 헌법 제95조의「직권으로」라는 것은「법률이나 대통령령을 집행하기 위하여 필요한 사항에 관하여는 "직권으로"」의 줄임말이다. 이러한 의미에서 국무총리는 법률이나 대통령령 등 상위법령이 규정하는 범위 안에서는 직권명령(집행명령)으로 국민의 권리나 의무를 규율하는 총리령을 발할 수 있다.3)

[비판] 집행명령은 단순히 법률의 집행을 위한 것이므로 위임명령과는 달리 국민의 권리·의무에 관한 새로운 입법사항은 규정할 수 없다. 이와 같이 국민의 권리·의무에 관련된 사항은 집행명령으로 규정할 수 없다는 것이 다수설이다. 다만 권영성 교수는 집행명령의 경우 다수설은 국민의 권리·의무에 관한 사항은 규정할 수 없다고 하는 점으로 보아 소수설을 취하는 것 같다.4)

dd) 모법(母法)에 근거가 없는 집행명령

[모법에 근거가 없는 집행명령] 집행명령이라고 하여 법률의 집행을 위하여 필요한 사항을 규율한다는 이유로 법률의 구체적 위임이 없이 국민의 권리와 의무를 직접적으로 규율하는 세부사항을 정함으로써 행정부가 실질적으로 자율적이고 독자적인 입법권을 행사하게 되는 경우가 있다. 과거 그 대표적인 것이었던 것이 사법시험령이었고(구 사법시험령은

---

1) 권영성 교수는 행정명령을 행정규칙·행정규정 혹은 행정내규라고 부른다. 권영성, 헌법학원론, 법문사, 2009, 1004면 참조.
2) 권영성, 헌법학원론, 법문사, 2009, 1030면.
3) 권영성, 헌법학원론, 법문사, 2009, 1031면.
4) 권영성, 헌법학원론, 법문사, 2009, 1008면 참조.

2001년 3월 31일 폐지), 현재는 대통령령인 '행정업무의 효율적 운영에 관한 규정(구 사무관리규정), 이다.

[학설] (위헌설): 위헌설의 입장에 의하면, 헌법에 명시되어 있는 유형과 다르고 헌법이 예상하지 아니한 것이라는 이유로 위헌성을 지적[1]하였다. (합헌설): 합헌설에 의하면, (ㄱ) 법원조직법 제72조가 사법연수생의 신분을 별정직 공무원으로 보고 있으므로 사법시험은 공무원임용시험으로 보아야 하며, (ㄴ) 사법시험법이라는 모법(母法)이 없는 사법시험령은 국가공무원법 제4장의 임용과 시험에 관한 규정의 집행을 위한 집행명령적 성질을 가지고 있는 것으로 보아 위헌의 소지가 없다(집행명령은 법률에 근거가 없어도 된다는 견해)고 보기도 하였고, (ㄷ) 사법시험법이라는 모법이 없이 사법시험령만에 의해서 사법시험이 수십년간 실제로 시행되어 왔으므로 관습법과 같은 성질을 갖는다는 견해도 있었다.

[사견] 모법(母法)없는 사법시험령은 법조인이 되려고 하는 국민의 기본권을 제한하는 위헌적인 법령이다. 왜냐하면 모법없는 사법시험령은 국가공무원법상의 공무원의 임용과 시험에 관한 규정이라고 보기도 어렵고, 실질적으로 직업선택의 자유를 제한하는 것으로서 국민의 기본권을 제한하고 있음에도 불구하고[2] 이를 '위임한 상위법률(auf Grund eines Gesetzes)'로서의 사법시험법이 없기 때문이다. 사법시험령은 '상위법률의 근거(auf Grund eines Gesetzes)'에 의해서 존재하고 시행되는 것이기 때문이다. 특히 사법연수원 수료생중 극히 일부만이 판·검사등 공직으로 임용되고 대다수가 변호사로서 개인영업을 영위하고 있는 현실에 비추어 볼 때, 사법시험이 변호사라는 전문자격시험의 의미 외에 공직임용시험이라고 보기도 어렵다(반대견해[헌법재판소]: '사법연수원의 소정 과정을 마친 사람 중에서 판사나 검사를 임용하고 있으므로 그 한도에서 공무원임용시험의 성격을 가진다.').[3] __집행명령은 용어 그대로 단순히 위임명령과는 달리 '이미 만들어진 법을 단순히 집행하기 위한 명령'이다. 따라서 법을 집행하기 위한 근거법률이 존재해야 하는 것은 당연하다.__ 뿐만 아니라 개인의 직업(선택)의 자유나 행복추구권은 외면한 채 고시낭인을 막는다는 이유를 들어 합리적인 근거 없이 4회로 응시횟수를 제한한 것은 '기본권 제한 및 기본권 제한의 한계이론'에 있어서의 기본권의 '본질적 내용(Wesensgehalt) 침해금지의 원칙'에 위반된다(과잉금지원칙위반). 따라서 법률유보의 원칙(Gesetzesvorbehalt) 및 법규유보의 원칙(법률의 유보의 원칙:

---

1) 김남진, 행정법(I) 167면; 고영훈, 법규명령론, 인권과 정의(1994.3), 88-89면.
2) 김남진, 행정입법의 현황과 문제점, 고시계(1996.12), 20면; 고영훈, 판례월보(1993.6), 53면 이하.
3) 헌재결 2001. 9. 27, 2000헌마159: 사법시험은 원칙적으로 자격시험의 성격이 있고 그 시험에 합격하여 사법연수원의 소정 과정을 마친 사람 중에서 판사나 검사를 임용하고 있으므로 __그 한도에서 공무원임용시험의 성격을 가진다__. 다수 국민의 편의를 위하여 시험 시행일을 일요일로 정한 피청구인의 공고가 특별히 청구인의 사법시험 응시 기회를 차단한다고 볼 수 없어, 청구인의 공무담임권이 침해되었다고 볼 수 없다. 판례집 13-2, 353, 362

Vorbehalt des Gesetzes)에 입각하여 국회의 입법과정을 거친후(형식적 의미의 법률) 이를 다시 법령에 위임하는 것(실질적 의미의 법률)이 타당하다. 행정업무의 효율적 운영에 관한 규정도 구(舊)사무관리규정과 마찬가지로 대통령령임에도 불구하고 그 모법이 없기 때문에 – 법률에 근거 없이 명령으로 정하여 지고 있다는 점에서[1] – 위임입법의 요건에 관한 헌법원칙을 위반하고 있다.[2] 다만, 국민에게 이익만을 주는 경우, 즉 법률유보원칙이 적용되는 이외의 행정작용에 대해서는 모법의 근거가 없는 명령(대통령령)의 존재를 인정하는 입장도 있으나,[3] 법률유보원칙은 기본권제한적 법률유보 뿐만 아니라 기본권 형성적 법률유보 내지는 기본권 구체화적 법률유보도 존재하며, 오늘날 행정작용은 기본권 제한 뿐만 아니라 기본권 보장에 관하여도 법률에 의하거나(durch Gesetz) 법률에 근거(auf Grund eines Gesetzes) 할 것이 요구되므로 국민에게 이익만을 주는 경우에도 법률에 근거를 두어야 할 것이다. 여기서 '법률에 근거를 둔다 함은 형식적 법률(국회입법)·실질적 법률(행정입법) 모두를 의미'한다. ※ 현재는 사법시험법이 법률 제6436호, 2001. 3.28. 새롭게 제정·시행되었고, 오늘날까지 사법시험법 및 이에 따른 시행령·시행규칙이 시행되고 있다.

c) 위임명령·집행명령의 예(도표)

| <위임명령·집행명령의 예: 대통령령·총리령·부령> | | |
|---|---|---|
| 대기환경보전법 | 대기환경보전법시행령<br>(대통령령) | 대기환경보전법시행규칙<br>(총리령·부령) |
| 제2조 【정의】<br>1. 대기오염물질이란 … 대기오염의 원인으로 인정된 가스·입자상물질로서 **환경부령으로 정하는 것을 말한다.** → **시행규칙 제2조 참조** | 제1조【목적】이 영은 대기환경보전법에서 **위임된 사항과 그 시행에 관하여 필요한 사항**을 규정하는 것을 목적으로 한다.<br>* 위임된 사항 : 위임명령<br>* 그 시행에 관하여 필요한 사항 : 집행명령 | 제1조【목적】이 규칙은 대기환경보전법 및 같은법 시행령에서 위임된 사항과 그 시행에 관하여 필요한 사항을 규정함을 목적으로 한다.<br>* 위임된 사항 : 위임명령<br>* 그 시행에 관하여 필요한 사항 : 집행명령 |
| 제23조【배출시설의 설치허가 및 신고】① 배출시설을 설치하려는 자는 대통령령으로 정하는 바에 따라 → **시행령 제11조 참조** | 제11조【배출시설의 설치허가 및 신고 등】① 법 제23조 제1항에 따라 설치허가를 받아야 하는 배출시설은 다음 각 호와 같다. | 제2조【대기오염물질】대기환경보전법(이하 "법"이라 한다) 제2조 제1호에 따른 대기오염물질(이하 오염물질이라 한다)은 별표1과 같다. |

---

1) 박균성, 법치행정의 실현, 인권과 정의(1994.3), 71면.
2) 홍준형, 행정법총론, 427면; 김남진, 행정입법의 현황과 문제점, 고시계(1996.12), 20면.
3) 고영훈, 법규명령론, 인권과 정의(1994.3), 88면 이하; 김용섭, 법규명령론의 재검토, 법제(1995.7), 83면 이하.

> <委任은 개별적·구체적 일것 = 일반적·포괄적·백지적 위임입법의 금지>
> - 헌법 제95조에서 위임의 범위와 한계에 대하여 규정하고 있는바("구체적으로, 범위를 정하여"), 여기서 구체적이라는 것은 일반적·추상적이어서는 안된다는 의미이고, 범위를 정한다는 것은 포괄적·전면적이어서는 아니된다는 말이다(헌재결 1995. 9. 28, 93 헌바50 참조).
> <법은 대통령령으로, 대통령령은 이를 또다시 총리령·부령으로 재위임 가능>
> ☞ 협의의 재위임(복위임 가능)

### d) 법령의 제명과 법규형식

[법규의 형식] 법규의 형식은 헌법에서 정하여 진다. 국민의 권리·의무에 관련 사항이나, 국민되는 요건 등은 법률로 정하도록 하였고 법률의 위임에 따라 대통령령이나 총리령·부령이 제정된다. 법률로 정하라고 한 사항을 법으로 정해도 되는가 하는 문제가 있는데 예컨대 ○○법이라는 명칭을 가진 법규도 그것은 명칭일 뿐이고 법규의 형식은 법률 제○호이라는 공포번호에 나오는 것이다. 즉 법률로 끝나는 경우든 법으로 끝나는 경우든 모두 명칭에 불과한 것이고 명칭을 붙일 때 가급적 법률이나 법으로만 표기하고자 하는 것이다. 과거의 법규를 보면 고물상취체에관한건(1961. 11. 1 법률 제764호), 공탁에관한건(1958. 7. 29 법률 제492호)등과 같은 명칭의 법률을 보는데 이들 역시 법규형식은 법률에 해당하는 것이고 이는 공포번호에 표시되어 있다.

[하위법령] 하위법령의 경우도 대통령령이나 총리령 부령의 법규형식은 공포번호에 나타나고 법령 명칭은 … 시행령 … 직제 … 규정1) … 시행규칙 … 규칙 또는 … '에 관한건' 등 다양한 이름을 쓰고 있다. 따라서 법률에서 "대통령령으로 정한다"라고 한 경우 대통령령은 공포번호에 나오는 것이고 법령제명은 시행령이나 직제 등으로 끝난다. 이와 관련하여 부령이나 총리령의 경우 부칙의 시행일을 정하는 조문에서 "이 규칙은 … 부터 시행한다"라고 표현하는데 실은 "이 규칙"보다 "이 영"이라고 표현하는 것이 옳다. 총리령이나 부령은 대부분 시행규칙이나 규칙으로 끝나기 때문에 그렇게 표현해도 실무상 혼선은 없겠지만 만일 부령에서 명칭을 예전처럼 "… 에 관한 건"이라고 했을 경우에도 "이 규칙"이라 할 수 있겠는지를 생각하여 보면 잘 알 수 있다. 즉 총리령이나 부령은 모든 법령에 공통적으로 통하는 법규형식에 관한 용어이기 때문에 이를 줄여서 "영"이라고 표현함이 옳다. 부령이나 총리령의 부분개정시 "… 시행규칙중 일부 개정령"이라고 쓰는 이유도 마찬가지 논리이다. 왜 규칙의 개정에서 개정규칙이란 말을 안 쓰고 개정령이라고 하는가 하는 점도 이와 같은 이유 때문이다. <법제처>

---

1) 예 : 경찰공무원승진임용규정; 행정권한의 위임 및 위탁에 관한규정(대통령령)

## 2. 법형식(권한의 소재·발령기관·제정권자)에 따른 분류
### 2.1. 헌법이 규정하고 있는 법규명령
#### 2.1.1. 대통령의 긴급재정경제명령·긴급명령

헌법 제76조 제1항은 대통령의 긴급재정경제명령권을, 동 제2항은 긴급명령권을 인정하고 있다. 긴급재정경제명령과 긴급명령은 법률대위명령이다. 즉 법률과 같은 효력을 가진다.

#### 2.1.2. 대통령령(헌법 제75조) : "…법 시행령"

대통령령(권한의 소재에 따른 분류; 발령권의 소재에 따른 분류)[1]은 보통 시행령(법형식에 따른 분류)이라고 부르며, 여기에는 위임명령과 집행명령이 포함된다. 따라서 대통령령안에는 위임명령과 집행명령이 동시에 존재하며(위임명령·집행명령은 수권의 근거·범위를 기준으로 한 것임), 어느 조항 혹은 법명이 위임명령이고 집행명령인가는 그에 해당하는 법령의 명칭 혹은 개별조문의 해석여하에 따라 위임명령인가 집행명령인가를 구분할 수 있다.

```
대통령령 ┬ 위임명령
        └ 집행명령
```

▶ 헌재결 2002. 10. 31, 2001헌라1【강남구청과대통령간의권한쟁의】헌법 제117조 제1항에서 규정하고 있는 '법령'에 법률 이외에 헌법 제75조 및 제95조 등에 의거한 '대통령령', '총리령' 및 '부령'과 같은 법규명령이 포함되는 것은 물론이지만, 헌법재판소의 "법령의 직접적인 위임에 따라 수임행정기관이 그 법령을 시행하는데 필요한 구체적 사항을 정한 것이면, 그 제정형식은 비록 법규명령이 아닌 고시, 훈령, 예규 등과 같은 행정규칙이더라도, 그것이 상위법령의 위임한계를 벗어나지 아니하는 한, 상위법령과 결합하여 대외적인 구속력을 갖는 법규명령으로서 기능하게 된다고 보아야 한다"고 판시한 바에 따라, 헌법 제117조 제1항에서 규정하는 '법령'에는 법규명령으로서 기능하는 행정규칙이 포함된다.

☞ 대통령령 중에는 구(舊)사무관리규정(事務管理規程; 현행 : 행정업무의 효율적 운영에 관한 규정)의 예에서 보듯이 모법에 근거를 두지 않은 것이 있는데, 이는 위임입법의 요건에 관한 헌법원칙을 위반한 것으로 위헌이라는 견해와,[2] '사무관리규정'은 정부조직법 제32조 제1항에 그 근거를 둔 집행명령이라는 견해,[3] 김남진 교수와 같이 사무관리규정은 모법이 없는 대통령령,[4] 혹은 행정규칙으로 이해하는 견해도 있다[5]

---

1) 대통령령은 사전에 국무회의의 심의를 거친다.
2) 석종현, 일반행정법(상), 161면.
3) 홍정선, 행정법원론(상), 단락번호 599, 가주 1) 참조.

▶판례〉 법률 또는 대통령령으로 정할 사항을 부령으로 정한 경우 그러한 부령은 무효이다(대판 1962. 1. 25, 61다9).

### 2.1.3. 총리령·부령(헌법 제95조) : "…법 시행규칙"
#### a) 개관

총리령·부령은 국무총리와 행정각부의 장이 소관사무에 관하여 법률이나 대통령령을 집행하기 위하여 또는 법률이나 대통령령의 특별한 위임에 의하여 직권으로 발할 수 있는 명령이다.[1] 총리령·부령[2](권한의 소재에 따른 분류; 발령권의 소재에 따른 분류)은 법형식에 따라 보통 시행규칙 또는 시행세칙이라 한다. 모두 위임명령과 집행명령을 포함한다. 위임명령 혹은 집행명령인가의 판단여부는 대통령령과 같다(조문을 읽어보고 그 특성 및 내용을 중심으로 이것이 '위임명령'인지 '집행명령'인지 파악하여야). 국무총리는 대통령과 행정각부의 장과 마찬가지로 비법규명령인 행정명령을 발할 수 있다. '처(處)' 및 '청(廳)'은 독자적인 법규명령을 제정할 수 없다.

▶대판 1992. 4. 14, 91누9954 【해임처분취소】 【판시사항】 공무원징계양정등에관한규칙의 법적 성질 【판결요지】 행정명령(Verwaltungsverordnung)은 행정규칙 내지 행정내규이므로 국민에게 권리·의무를 부과할 수 없다. 공무원징계양정등에관한규칙은 그 형식은 총리령으로 되어 있으나, 그 제2조가 규정하는 징계재량의 기준의 설정은 행정기관 내부의 사무처리준칙에 지나지 아니한 것이지 대외적으로 국민이나 법원을 기속하는 것이 아니니다.

---

4) 김남진, 행정입법의 현황과 문제점, 고시계(1996.12), 21면.
5) 김남진, 행정법(I), 2002, 법문사, 187면.
1) 석종현, 일반행정법(상), 162면.
2) 북한이탈주민의보호및정착지원에관한법률 시행규칙 일부개정령 입안유형 : 일부개정; 법령종류 : 부령 소관부처 통일부 공포번호 46; 공포일자 2007-08-10 시행일자 2007-08-10; 담당부서 법무담당관실 전화번호 720-2108 ●통일부령 제46호 북한이탈주민의 보호 및 정착지원에 관한 법률 시행규칙 일부개정령
1. 개정이유 및 주요내용
「북한이탈주민의 보호 및 정착지원에 관한 법률」의 개정(법률 제8269호, 2007. 1. 26. 공포, 2007. 2. 27. 시행) 및 같은 법 시행령의 개정(대통령령 제20117호, 2007. 6. 28. 공포·시행)으로 북한이탈주민에 대한 취업보호 기간을 1년의 범위 내에서 연장할 수 있도록 함에 따라 그 취업보호 연장 대상자를 구체화하고, 북한이탈주민이 남한에서 새로운 가정을 형성하고자 하는 경우에 통일부장관의 확인서를 발급받아 재판상 이혼을 청구할 수 있게 함에 따라 확인서 등 관련 서식을 정하려는 것임.
2. 시행일 이 규칙은 공포한 날부터 시행한다.

총리령·부령 ┬ 위임명령
　　　　　　└ 집행명령

b) 총리령과 부령의 우열(優劣)관계
aa) 동위설
　　총리령이나 부령이 다같이 법률이나 대통령령의 위임에 의하여 또는 그 집행을 위하여 발하는 것이며, 소관사무에 관하여 국무총리는 각부와 동등한 행정관청이므로 형식적 효력에 차이가 없다고 한다(다수설).[1] 생각건대 국무총리는 행정각부의 상급관청으로서 행정각부를 통할할 권한을 가지고 있으므로 실질적으로는 총리령이 부령보다 존중된다고 볼 수 있으나, 총리령이나 부령이 모두 법률 또는 대통령령의 위임에 따른 것이거나 그 집행을 위한 것이고 국무총리도 그 고유사무에 관해서는 행정각부와 동등한 독임제(獨任制) 행정관청에 지나지 아니할 뿐 아니라 특히 헌법에 그 우열에 관한 규정이 없으므로, 총리령과 부령은 그 형식적 효력에 있어 우열이 있을 수 없다. 이러한 의미에서 다수설인 동위설이 타당하다.

bb) 총리령 우위설
　　총리령 우위설은 형식적 효력에 있어서는 차이가 없으나, 국무총리는 각부를 통할할 권한이 있으므로(헌법 제86조 제2항) 실질적으로는 총리령이 우위에 선다고 한다.[2]

cc) 구별무용설
　　이에 반하여 허영교수는 규범효력권과 행정감독권의 문제를 구별하지 않고 총리령과 부령의 효력에 관하여 동위설과 총리령상위설의 논란을 벌이는 것은 무의미하다고 주장하고, 박균성교수도 집행명령에는 총리령이 우월하나 위임명령의 경우는 총리령과 부령은 통상 규율사항이 다르므로 상호 충돌할 염려는 없고, 따라서 우열을 논할 필요가 없다고 한다.[3]

　　[문제] 총리소속기관인 "처"로 있다가 정부조직법의 개정으로 "부"로 됨으로 인하여 종전 총리령을 부령으로 개정하고자 할 경우 개정방식은?
　　[해설] 정부조직법의 개정으로 부처의 소속이나 명칭이 변경되는 경우에는 종전에 발령되었던 총리령 또는 부령의 개정필요여부가 문제될 때가 있다. 최근에는 정부조직법을 개정하는 경우에 종전에 발령되었던 총리령 또는 부령의 효력승계에 관한 규정을 두고 있기 때문에 개정이 긴급한 것은 아니지만 개정하고자 하는 경우에는 전문개정방식과 대체입법방식(폐지, 제정) 중 어느 방식을 택할 것인지에 관한 검토가 필요하다. 일반적

---

1) 박윤흔, 행정법강의(상), 220면; 이상규, 신행정법론(상), 294면; 서원우(상), 337면.
2) 김철수; 석종현, 일반행정법(상), 162면; 김남진·김연태, 행정법(I), 155면.
3) 박균성, 행정법론(상), 169면; 同人, 행정법강익, 141면.

으로 신·구법령 간 제도적 동질성을 강조할 필요가 있는 경우에는 전문개정방식을 취하고 제도자체가 신·구 양 법령 간에 전면적 또는 본질적으로 변형되는 경우에는 대체입법방식 즉, 폐지·제정의 형식을 취하도록 하는 것이 기본원칙으로 되어 있다. 따라서, 정부조직법의 개정으로 부처의 소속이나 명칭이 변경된 것에 불과한 경우에는 전문개정방식이 원칙적으로 타당한 방법이다. <법제처>

### 2.1.4. 중앙선거관리위원회규칙·대법원규칙·국회규칙

중앙선거관리위원회는 법령의 범위안에서 선거관리·국민투표관리·정당사무에 관한 규칙(사무관리규칙제정권)을 제정할 수 있고, 법률에 저촉되지 않는 범위안에서 내부규율에 관한 규칙(내부규칙제정권)을 제정할 수 있도록 헌법에서 규정하고 있다(헌법 제114조 제6항 후단).[1] 이에 따라 중앙선거관리위원회는 행정명령인 규칙을 제정할 수 있고, 동시에 법규명령인 규칙도 정할 수 있다.[2] 또한 중앙선거관리위원회는 자신의 업무와 관련된 법률의 제정·개정에 있어 필요한 의견을 국회에 제출할 수 있다. 중앙선거관리위원회는 헌법 제114조 제6항에 따라 법령의 범위안에서 선거관리·국민투표관리·정당사무에 관하여 제정할 수 있다. 대법원은 대법원규칙, 국회는 국회규칙을 발한다. 이들 규칙은 대통령령으로부터 독립되어 있는 기관이 발하는 법규명령이며 위임명령·집행명령의 성질을 가지며, 다만 그 명칭을 규칙이라고 칭하고 있을 뿐이다.[3] 판례는 중앙선거관리위원회 규칙을 법규명령으로 보고 있다(아래 판례참조).

▶ 대판 1996. 7. 12, 96우16【구의회의원당선무효결정무효확인등】【판결요지】 공직선거관리규칙은 중앙선거관리위원회가 헌법 제114조 제6항 소정의 규칙제정권에 의하여 공직선거및선거부정방지법에서 위임된 사항과 대통령·국회의원·지방의회의원 및 지방자치단체의 장의 선거의 관리에 필요한 세부사항을 규정함을 목적으로 하여 제정된 **법규명령**이라고 할 것이나, 1995. 6. 27. 실시한 제1회 전국동시지방선거를 위하여 중앙선거관리위원회가 각급 선거관리위원회에 배포한 '개표관리요령'은 개표관리 및 투표용지의 유

---

1) 전자의 규칙은 법률에 저촉되지 아니하는 범위내로 개정되고, 후자의 규칙은 폐지되어야 한다는 입법론이 유력하다(권영성, 헌법학원론, 법문사, 2009, 1056면 각주 2) 참조).
2) 대판 1996. 7. 12, 96우16【구의회의원당선무효결정무효확인등】공직선거관리규칙은 중앙선거관리위원회가 헌법 제114조 제6항 소정의 규칙제정권에 의하여 공직선거및선거부정방지법에서 위임된 사항과 대통령·국회의원·지방의회의원 및 지방자치단체의 장의 선거의 관리에 필요한 세부사항을 규정함을 목적으로 하여 제정된 법규명령이라고 할 것이나, 1995. 6. 27. 실시한 제1회 전국동시지방선거를 위하여 중앙선거관리위원회가 각급 선거관리위원회에 배포한 '개표관리요령'은 개표관리 및 투표용지의 유·무효를 가리는 업무에 종사하는 각급 선거관리위원회 직원 등에 대한 업무처리지침 내지 사무처리준칙에 불과할 뿐 국민이나 법원을 구속하는 효력은 없다.
3) 박균성, 행정법론(상), 169면.

·무효를 가리는 업무에 종사하는 각급 선거관리위원회 직원 등에 대한 업무처리지침 내지 사무처리준칙에 불과할 뿐 국민이나 법원을 구속하는 효력은 없다.

### 2.1.5. 공정거래위원회규칙 등

공정거래위원회규칙(독점규제및공정거래에관한법률 제48조 제2항), 금융감독위원회규칙(금융위원회의설치등에관한법률 제39조), 금융통화위원회규칙(한국은행법 제30조), 방송통신위원회규칙(방송법 제31조), 중앙노동위원회규칙(노동위원회법 제25조) 등은 이를 법규명령으로 보는 견해[1]와 헌법이 명문으로 인정하지 않은 법형식은 허용되지 않는다는 입장에서 행정규칙으로 보는 견해가 있다.[2]

▶독점규제및공정거래에관한법률 제48조(조직에 관한 규정) ① 이 법에 규정된 것 이외에 공정거래위원회의 조직에 관하여 필요한 사항은 대통령령으로 정한다. ② 이 법에 규정된 것 외에 공정거래위원회의 운영등에 관하여 필요한 사항은 공정거래위원회의 규칙으로 정한다.

▶금융위원회의설치등에관한법률 제39조(규칙의 제정) ① 원장은 금융감독원의 업무수행과 관련하여 필요한 경우에는 규칙을 제정할 수 있다. ② 금융감독원은 제1항의 규칙을 제정 또는 변경한 경우에는 금융위원회에 즉시 보고하여야 한다. ③ 금융위원회는 제1항 및 제2항에 따른 규칙이 위법하거나 부당한 경우에는 시정을 명할 수 있다.

▶한국은행법 제30조(규정의 제정) 금융통화위원회는 그 직무를 수행하기 위하여 필요한 규정을 제정할 수 있다

▶방송법 제31조(방송평가위원회) ③ 방송평가위원회 위원은 방송통신위원회 위원장이 위원회의 동의를 얻어 위촉하며, 구성과 운영에 관하여 필요한 사항은 방송통신위원회규칙으로 정한다.

▶노동위원회법 제25조(중앙노동위원회의 규칙제정권) 제25조(중앙노동위원회의 규칙제정권) 중앙노동위원회는 중앙노동위원회, 지방노동위원회 또는 특별노동위원회의 운영, 부문별 위원회가 처리하는 사건의 지정방법 및 조사관이 처리하는 사건의 지정방법, 그 밖에 위원회 운영에 필요한 사항에 관한 규칙을 제정할 수 있다. [전문개정 2015.1.20.] [시행일 : 2015.7.21.]

---

[1] 박윤흔, 행정법강의(상), 220면; 이들 규칙들도 대외적 사항을 정하고 있으면 법규성을 가진다는 것이 다수설이다(김철용, 행정법 Ⅰ, 154면).
[2] 석종현, 일반행정법(상), 163면.

### 2.1.6. 고시(告示)·훈령·예규·지침 등 행정규칙의 법규명령성 인정여부
#### a) 긍정설

고시·훈령·예규·지침 등 행정규칙도 법령의 직접적인 위임에 따라 행정기관이 그 법령을 시행하는데 필요한 구체적 사항을 정한 것이라면, 그것이 상위법령의 위임한계를 벗어나지 않는 한 상위법령과 결합하여 대외적인 구속력을 갖는 법규명령으로서 기능한다고 보는 것이 다수설과 판례의 입장이다(법령보충적 행정규칙 참조).[1]

▶ 대판 1987. 9. 29, 86누484【양도소득세부과처분취소】상급행정기관이 하급행정기관에 대하여 업무처리지침이나 법령의 해석적용에 관한 기준을 정하여서 발하는 이른바 행정규칙은 일반적으로 행정조직 내부에서만 효력을 가질 뿐 대외적인 구속력을 갖는 것은 아니지만, 법령의 규정이 특정행정기관에게 그 법령내용의 구체적 사항을 정할 수 있는 권한을 부여하면서 그 권한행사의 절차나 방법을 특정하고 있지 아니한 관계로 수임행정기관이 행정규칙의 형식으로 그 법령의 내용이 될 사항을 구체적으로 정하고 있다면 그와 같은 행정규칙, 규정은 행정규칙이 갖는 일반적 효력으로서가 아니라, 행정기관에 법령의 구체적 내용을 보충할 권한을 부여한 법령규정의 효력에 의하여 그 내용을 보충하는 기능을 갖게 된다 할 것이므로 이와 같은 행정규칙, 규정은 당해 법령의 위임한계를 벗어나지 아니하는 한 그것들과 결합하여 대외적인 구속력이 있는 법규명령으로서의 효력을 갖게 된다.

▶ 대판 2002. 9. 27, 2000두7933【판매사업불허가처분취소】법령의 규정이 지방자치단체장(허가관청)에게 그 법령내용의 구체적인 사항을 정할 수 있는 권한을 부여하면서 그 권한행사의 절차나 방법을 정하지 아니하고 있는 경우, 그 법령의 내용이 될 사항을 구체적으로 규정한 지방자치단체장의 고시는, 당해 법률 및 그 시행령의 위임한계를 벗어나지 아니하는 한 그 법령의 규정과 결합하여 대외적인 구속력이 있는 **법규명령으로서의 효력**을 갖게 되고, 허가관청인 지방자치단체장이 그 범위 내에서 허가기준을 정하였다면 그 허가기준의 내용이 관계 법령의 목적이나 근본취지에 명백히 배치되거나 서로 모순되는 등의 특별한 사정이 없는 한 그 허가기준이 효력이 없는 것이라고 볼 수는 없다.[2]

[행정규제기본법] 행정규제기본법 제4조(규제법정주의) 제2항에서「규제는 법률에 직접 규정하되, 규제의 세부적인 내용은 법률 또는 상위법령(上位法令)에서 구체적으로 범위를 정하여 위임한 바에 따라 대통령령·총리령·부령 또는 조례·규칙으로 정할 수 있다. 다만, 법령에서 전문적·기술적 사항이나 경미한 사항으로서 업무의 성질상 위임이 불가피한

---

1) 김남진·김연태, 행정법(I), 155면.
2) 대판 1987. 9. 29, 86누484; 대판 1991. 4. 23, 90누6460; 대판 1994. 4. 26, 93누21668; 대판 1995. 3. 10, 94누8556; 대판 1998. 3. 22, 87누654; 대판 2002. 9. 27, 2000두7933 등 참조.

사항에 관하여 구체적으로 범위를 정하여 위임한 경우에는 고시 등으로 정할 수 있다」고 규정하고 있고, 동 시행령 제2조 제2항에서 「법 제2조 제1항 제2호 및 법 제4조 제2항 단서에서 "고시 등"이라 함은 훈령·예규·고시 및 공고를 말한다.」고 규정하고 있음은 판례의 입장을 뒷받침 해주고 있다.1)

▶ **행정규제기본법 제4조(규제 법정주의)** ① 규제는 법률에 근거하여야 하며, 그 내용은 알기 쉬운 용어로 구체적이고 명확하게 규정되어야 한다. ② 규제는 법률에 직접 규정하되, 규제의 세부적인 내용은 법률 또는 상위법령(上位法令)에서 구체적으로 범위를 정하여 위임한 바에 따라 대통령령·총리령·부령 또는 조례·규칙으로 정할 수 있다. 다만, 법령에서 전문적·기술적 사항이나 경미한 사항으로서 업무의 성질상 위임이 불가피한 사항에 관하여 구체적으로 범위를 정하여 위임한 경우에는 고시 등으로 정할 수 있다. ③ 행정기관은 법률에 근거하지 아니한 규제로 국민의 권리를 제한하거나 의무를 부과할 수 없다.

b) 부정설

[부정설 : 석종현교수의 견해] 헌법은 대통령령·총리령·부령이라는 법형식의 행정입법만을 인정하고 있는데, 이는 헌법스스로 명문으로 인정하고 있는 경우에 한하여 국회입법원칙에 대한 예외로서의 입법형식을 인정한다는 것을 의미하므로 고시 등은 헌법이 허용하는 법형식이 아니기 때문에 행정규칙형식의 법규명령을 인정하는 것은 위헌의 소지가 크다고 보는 견해가 있다.2)

2.1.7. 국제조약

a) 국제조약의 효력

국제조약은 그 규율사항에 따라 법률 또는 명령(행정입법; 법규명령)3)과 동일한 효력이 있다고 보는 국제법·국내법동위설(다만 헌법은 국제법보다 우위로 본다)이 다수설이다.4) 대통령의 조약체결권은 헌법에 의하여 인정된 권한이며, 헌법 제6조 제1항은 유효하게 성립한 조약의 국내법적 효력을 인정한 것이지 위헌인 조약까지 국내법적 효력을 인정한 것이라고는 볼

---

1) 그러나 위와같은 규정에 대하여 합헌성여부를 검증해야할 필요성이 있다는 견해가 있다(김남진·김연태, 행정법(I), 155면).
2) 석종현, 일반행정법(상), 163면.
3) 대통령이 체결하는 국제조약은 헌법 제6조 제1항에 의하여 국내법과 같은 효력을 가지므로 법규명령과 같은 효력을 갖는 것도 있다(석종현, 일반행정법(상), 161면.).
4) 김도창; 이상규; 김철용, 행정법 I, 46면; 김남진·김연태, 행정법(I), 62면; 석종현, 일반행정법(상), 69면.

수 없기 때문에, 다수설이 주장하는 바와 같이 조약은 헌법 보다는 하위의 효력을 가진다고 보아야 한다.1) 더 나아가서 헌법 제6조의 국내법은 국내법령으로 볼 것이며, 따라서 국제조약은 그 규율사항에 따라 법률 또는 명령과 같은 효력을 갖는다고 할 것이다.2) 조약이 국회의 동의를 얻어 체결된 경우, 예컨대 헌법 제60조 제1항에 따라 국회의 동의가 필요한 조약은 법률과 동등한 효력을 가지며,3) 국회의 동의 없이 체결된 조약, 예컨대 행정협정(executive agreement)은4) 법률보다 하위인 명령과 같은 효력을 갖는 것으로 볼 수 있다.5) 입법사항에 관한 조약·국제법규는 법률과 동등한 효력을 가지며, 입법사항과 관계없는 조약·국제법규는 원칙적으로 명령(행정입법)과 동등한 효력을 갖는다.6) 행정협정은 미국헌법상 상원의 동의 없이 대통령이 독자적으로 체결한 조약을 일컫는데, 미국 측에서는 행정협정(executive agreement/Verwaltungsabkommen)이라 하더라도, 국가재정에 관련되거나 입법사항에 관한 것이면 한국에 대해서는 국회의 동의가 필요한 조약에 해당한다.7) 조약 중에서 입법적 다자조약은 법률에 우선하고, 계약적 양자조약은 법률과 동등한 것으로 보려는 입장이 있는데,8) 조약에 대하여 헌법보다 하위이며 법률보다 상위인 효력을 인정하는 것이 타당한지 의문이다.9) 헌법재판소도 국회의 동의를 얻어 체결된 국제통화기금협정 등 조약은 기본적으로 법률에 준하는 효력을 갖는 것으로 판단하고 있다.10)

b) 조약과 법률·명령의 충돌시 해결문제

조약이 법률 또는 명령과 내용이 충돌될 때에는 「신법우선의 원칙」·「특별법우선의 원칙」 등에 의하여 그 효력(적용)의 우열이 정하여 진다고 할 것이다.11) 헌법 제6조 제1항

---

1) 同旨 김남진·김연태, 행정법(I), 62면.
2) 명령으로 보는 경우, 조약은 헌법에 의하여 체결·공포됨으로써 국내법과 같은 효력을 가지는 바(헌법 제6조 제1항) 넓은 의미에서 일종의 법률대위명령 이라고 할 수 있다.
3) 조홍석, 국제인권법의 국내법적 서열과 직접적용가능성, 저스티스 32-3(1999), 12-14면.
4) 행정협정의 개념과 문제 등에 대해서는 양건, 헌법연구, 법문사, 1995, 111-123면; 강승식, 미국헌법학강의(2007), 192-194면 참조. 행정협정의 국내적 효력에 대해서는 양건, 헌법연구, 법문사, 1995, 777-781면 참조.
5) 양건, 헌법강의 I, 법문사, 2007, 140면; 이준일, 헌법학강의, 홍문사, 2007, 203면; 전광석, 한국헌법론, 법문사, 2007, 141면; 서울고등법원 결정에서는 국회의 동의를 얻은 조약(대한민국과 베트남사회주의공화국간의 범죄인 인도조약)은 법률의 효력을, 국회의 동의를 얻지 않은 조약은 명령의 효력을 갖는다는 점을 명시적으로 인정했다. 서울고법 2006.7.27. 2006토1 참조.
6) 김남진·김연태, 행정법(I), 62면.
7) 헌재결 1999. 4. 29, 97헌가14, 11-1, 273, 282.
8) 김대순, 국제법론, 삼영사, 2006, 224면.
9) 전광석, 한국헌법론, 법문사, 2007, 140면.
10) 헌재결 2001. 9. 27, 2000헌바20, 13-2, 322, 328.

에서 "헌법에 의하여 체결·공포된 조약과 일반적으로 승인된 국제법규는 국내법과 같은 효력을 가진다."고 규정하고 있는바, 조약이 법률과 동위(同位)라는 의미는, 헌법에 의하여 체결된 조약은 법률 혹은 명령과 동일한 효력을 갖는다는 의미이며, 국내법 상호간에 충돌이 일어난 경우 적용의 우선순위를 결정하는 일반원칙으로서 '신법우선의 원칙' 및 '특별법우선의 원칙'에 따라 해결 하듯이, 조약과 법률·명령이 서로 충돌하는 경우에는 국내법 상호간의 충돌시 해결하는 방법에 따라 특별법우선의 원칙 혹은 신법우선의 원칙 등에 따라 해결한다는 것이다. 결론적으로 동일한 사안을 규율하는 법률과 조약의 충돌은 신법우선의 원칙을 기준으로하여 판단하고, 규율대상이 다를 때는 **특별법우선의 원칙에 따라 판단한다**.[1]) 다만 여기서 주의할 점은 특별법우선의 원칙은 일반법과 특별법 사이의 효력상의 우월을 나타내는 것이 아니고 적용상의 우월(우선순위 : 일반법을 먼저 적용할 것인가, 특별법을 먼저 적용할 것인가[예컨대 일반법인 민법보다는 특별법인 자동차손해배상보장법을 먼저 적용한다는 것)을 의미할 따름이라는 것을 주의해야 한다. 그러나 실제에 있어서는 규율대상을 어떤 시각에서 선정하는가에 따라, 특히 특별법우선의 원칙에 있어서 결과가 달리 나올 수 있는 경우가 가능하므로 조약과 법률·명령의 충돌시의 합리적인 해결문제는 그리 간단한 문제는 아니다.

## 2.2. 법률이 규정하고 있는 법규명령 – 감사원규칙 : 감사원규칙은 헌법이 명시하지 않은 법규명령인가?

### 2.2.1. 감사원규칙의 법적 성질(법규명령성 인정여부)

a) 문제의 제기

[개관] 감사원은 감사원법 제52조에 근거하여 감사에 관한 절차, 감사원의 내부규율과 감사사무 처리에 관한 규칙을 제정할 수 있다. 감사원규칙의 법적 성질과 관련하여, 법규명령으로서의 성격을 지니는가에 대하여는 학설의 대립이 있다.

b) 긍정설

[긍정설] 긍정설(적극설)의 입장은 헌법에 규정되어 있는 행정입법형식은 **열거적인 것이 아니고 다만 예시적 인것에 불과하다고** 보아 감사원규칙에 대한 **법규명령성을 인정한다**.[2]) 긍정

---

11) 同旨 석종현, 일반행정법(상), 69면; 김남진·김연태, 행정법(I), 62면.
1) 양건, 헌법강의 I, 법문사, 2007, 776면; 전광석, 한국헌법론, 법문사, 2007, 142면.
2) 박윤흔, 행정법강의(상), 63면(감사원규칙 등은 헌법에 의하여 인정된 법형식이 아니고 법률에 근거한 법형식이기 때문에 법규명령의 하나로 볼 수 있는지에 대하여 다툼이 있으나, 헌법에서 인정한 법형식은 예시적이며 열거적 이라고 볼 것은 아니기 때문에 법규명령의 일종으로 볼 것이다); 박균성, 행정법론(상), 169면; 同人, 행정법강의, 141면

설의 입장은 헌법이 인정한 형식의 행정입법은 제한적인 것이 아니라는 것을 그 이유로 하여, 감사원법에 기초한 감사원규칙도 법규명령의 일종이라는 것이다.

[헌법재판소의 입장] 헌법재판소는 헌법이 인정하고 있는 위임입법의 형식은 예시적이며, 입법자가 규율의 형식도 선택할 수 있다고 하였다. 이와 같은 헌법재판소의 견해에 의하면 감사원 규칙은 위임입법의 한 형식으로서 법규명령으로서의 성격을 갖는다고 할 것이며,[1] 이는 헌법이 명시하고 있지 않은 법규명령이라 할 것이다(대법원판례 또한 같다).

▶ 헌재결 2004. 10. 28, 99헌바91【금융산업의구조개선에관한법률제2조제3호가목등위헌소원】국회입법에 의한 수권이 입법기관이 아닌 행정기관에게 법률 등으로 구체적인 범위를 정하여 위임한 사항에 관하여는 당해 행정기관에게 법정립의 권한을 갖게 되고, 입법자가 규율의 형식도 선택할 수도 있다 할 것이므로, 헌법이 인정하고 있는 위임입법의 형식은 예시적인 것으로 보아야 할 것이다.

【헌법이 명시하지 않은 법규명령】

▶ 판례〉 헌법이 인정하고 있는 위임입법의 형식은 예시적인 것으로 보아야 한다. 고시와 같은 형식으로 입법위임을 할 때에는 적어도 법령이 전문적·기술적 사항이나 경미한 사항으로서 업무의 성질상 위임이 불가피한 사항에 한정된다 할 것이고, 그러한 사항이라 하더라도 포괄위임금지의 원칙상 법률의 위임은 반드시 구체적·개별적으로 한정된 사항에 대하여 행하여져야 한다(대판 2006. 12. 28, 2005헌바59).

c) 부정설

[부정설] 부정설(소극설)의 입장은 국회입법의 원칙(헌법 제40조 : 입법권은 국회에 속한다)에 대한 예외(따라서 헌법 제40조의 국회입법의 원칙은 국회가 모든 입법권을 가지고 있다는 의미가 아니고 실질적 의미의 입법에 관한 권한은 원칙적으로 국회의 권한에 속한다는 국회중심입법주의를 의미한다)로서의 행정입법은 헌법에 명시된 경우에 한하여만 인정될 수 있다고 보아 감사원규칙의 법규명령성을 부정한다.[2] 이 견해에 의하면 법률은 입법형식자체를 창설하지 못한다고 할 것이므로 감사원규칙은 헌법상의 근거가 없는 행정규칙의 성질을 갖는다는 것이다. 뿐만 아니라 헌법은 국회 및 기타 헌법기관에 규칙제정권을 인정하고 있음에 반하여 감사원에 대하여는 헌법에서 규칙제정권을 부여하고 있지 않고, 다만 감사원법에서만 규칙제정권을 인정하고 있기 때문이라는 것이다(이에 관한 내용은 본서 행정법 서론, 제2항 행정법법원의 종류, 제1목 성문법원 참조)

「헌법이 명시하고 있는 예」 헌법 제64조 제1항 : 국회는 법률에 저촉되지 아니하는 범

---

1) 정하중, 행정법총론, 140면.
2) 김도창 행정법(상), 청운사, 1993, 311면; 김남진·김연태, 행정법(I), 154면; 석종현, 일반행정법 (상), 163면; 권영성, 헌법학원론, 법문사, 2009, 1051면; 성낙인, 헌법학, 법문사, 2009, 1086면.

위안에서 의사와 내부규율에 관한 규칙을 제정할 수 있다. 헌법 제108조 : 대법원은 법률에서 저촉되지 아니하는 범위안에서 소송에 관한 절차, 법원의 내부규율과 사무처리에 관한 규칙을 제정할 수 있다. 헌법 제113조 제2항 : 헌법재판소는 법률에 저촉되지 아니하는 범위안에서 심판에 관한 절차, 내부규율과 사무처리에 관한 규칙을 제정할 수 있다. 헌법 제114조 제6항 : 중앙선거관리위원회는 법령의 범위안에서 선거관리·국민투표관리 또는 정당사무에 관한 규칙을 제정할 수 있으며, 법률에 저촉되지 아니하는 범위안에서 내부규율에 관한 규칙을 제정할 수 있다.

감사원규칙이 법규명령이 아니라면 감사원규칙으로서 국민의 자유와 권리에 관한 사항을 규정할 수 없다.[1]

[권영성교수의 견해] 감사원규칙이 법규명령이기 위해서는 헌법에 그 근거가 있어야 하므로, 감사원의 감사원규칙제정권은 단지 비법규명령인 행정명령 내지는 행정규칙을 제정할 수 있는 권한일 뿐이다. 따라서 국민의 권리·의무에 관한 사항을 규정할 필요가 있을 때에는 대통령령으로서 해야 한다. 만일에 감사원규칙이 국민의 권리·의무에 관한 법규사항을 규정한다면 그것은 헌법위반임을 면할 수 없다.[2]

### 2.2.2. 사견

[개관] 대통령으로부터도 직무상 독립되는 지위에 있는 감사원으로 하여금 헌법상의 책무를 수행하도록 하기 위하여 법률로서 위임한 범위 내에서 법규명령을 제정할 수 있도록 하는 것은 의회입법의 원칙에 어긋난다고 볼 수는 없을 것이다. 의회입법의 원칙은 의회(국회)전속입법주의를 의미하는 것은 아니고 의회(국회)중심입법주의를 의미하는 것이기 때문이다.

[국회중심입법의 원칙(국회중심 입법주의)] (실질적 의미의 입법; 실질설) : 의회는 국가의 입법기관으로 간주되고 있다. 현행헌법도 제40조에서 "입법권은 국회에 속한다"라고 하고 있다. 이와같이 국회의 입법기관성은 가장 본질적인 국회의 지위이다. '입법'의 개념에 관하여 실질설과 형식설이 대립하고 있으며, 헌법 제40조의 해석에 관하여 실질적인 의미의 입법이 국회에 속한다는 실질설이 타당하다. 이러한 국회중심입법의 원칙에도 불구하고 국가기능의 질적·양적인 변화로 인한 입법대상의 증가, 국회입법의 시간적 제약성 및 탄력성의 결여 그리고 입법의 전문성과 기술성의 요구 등으로 국회의 지위와 역할에 많은 변화가 나타나게 되었으니, 입법과정에 있어서 행정부의 개입이 강화되고 위임입법의 증대현상이 나타나고 있다. 뿐만 아니라 의회운영에 있어서 위원회중심제라든가 정당정치의 발달로 말미암아, 입법기관으로서의 의회의 지위와 역할은 점차 저하되어 정부의 입맛에 맞는 법률안이

---

1) 권영성, 헌법학원론, 법문사, 2009, 1051면.
2) 권영성, 헌법학원론, 법문사, 2009, 1051면.

나 통과시켜주는 기관, 즉 의회의 통법부(通法府)화 현상이 초래되고 있다. 의회가 입법기관이란는 것은 이상과 같이 입법권은 「원칙적으로」의회의 권한에 속한다는 뜻이지, 의회가 입법권을 독점한다는 의회의 독점적이고 유일한 입법기관성을 의미하는 것은 아니다. 그러므로 의회입법의 원칙에 대해서는 헌법 자체가 그에 대한 예외를 규정할 수 있다.

[헌법 제40조의 의미] 우리 헌법 제40조의 의미는 "적어도 국민의 권리와 의무의 형성에 관한 사항을 비롯하여 국가의 통치조직과 작용에 관한 기본적이고 본질적인 사항은 반드시 국회가 정하여야 한다는 것이다."[1]

▶ 헌법 제40조: 「입법권은 국회에 속한다」, (ㄱ) 실질적 의미의 입법에 관한 권한: 헌법에 특별한 규정이 없는 한 원칙적으로 「국회의 권한에 속한다」는 국회(중심)입법의 원칙을 규정(물론 국회입법의 원칙에 대한 예외들을 헌법은 여러 곳에서 규정), (ㄴ) 형식적 의미의 법률: 국회가 단독으로 의결한다는 국회의 법률단독의결의 원칙을 규정

## IV. 법규명령의 근거(根據)

### 1. 대통령의 긴급재정경제명령과 긴급명령의 근거

'헌법'만에 근거하여 헌법이 정하는 절차에 따라 발하며, 실질적으로나 절차적으로 법률에 의한 제약을 당하지 않는다(헌법 제76조). 즉, 이는 독립명령이며 직권명령이다.

### 2. 위임명령의 근거

위임명령은 헌법상의 일반적 근거만으로는 제정할 수 없고, 「구체적으로 범위를 정하여」수권한 상위법령(법률 또는 상위명령)의 근거가 있어야 한다. 이는 법률의 내용을 보충하는 보충명령이기 때문이다.

### 3. 집행명령의 근거

집행명령은 헌법이나 법률·상위명령에 직접적·개별적·구체적인 위임(명시적 수권규정)이 없더라도 단순히 법령을 집행하는 행정의 성질상 당연히 '직권으로' 제정할 수 있는 명령이다(직권명령). 다만 여기서의 직권이라 함은 법을 집행하는데 필요한 절차와 형식만을 (직권으로) 정한다는 의미이다. 이러한 점에서는 집행명령도 법률이나 상위명령에 그 명시적·개별적 근거는 아니지만 일반적 근거는 두어야한다고 본다(구 사법시험령문제). 이와 같이

---

1) 헌재 2001. 4. 26. 2000헌마122, 판례집 13-1, 962, 971; 헌재 1998. 5. 28. 96헌가1 판례집 10-1, 509, 515-516

집행명령은 위임명령과는 달리 상위명령의 구체적인 위임이 없더라도 - 그러나 근거는 있어야 한다1) - 직권에 의하여 당연히 발할 수 있는 점에서 위임명령과 구별된다.2) 집행명령은 새로운 법규사항은 정할 수 없고, 법률이나 상위명령의 집행에 필요한 시행세칙(절차·형식 등)만을 규정할 수 있을 뿐이다.3)

　　[직권명령으로서의 집행명령] 집행명령은 직권명령으로 보는 것이 통설이다. 그렇다면 집행명령은 직권명령과 같이 법률 또는 상위명령의 구체적·개별적인 위임을 근거로 하는 것이 아니라, 조직법상 갖는 권한에 의거하여, 그리고 법령에 의한 소관사무를 수행하기 위하여(헌법 제75조 후단, 제95조 후단) 직권으로 발하는 법규명령으로서의 성격을 지니므로 개별적·구체적 근거(위임)가 없더라도 당연히 직권으로 제정할 수 있어야 한다고 보여진다. 위임명령은 법률의 개별적 내용을 보충하는 성격(보충명령)을 지닌 것이지만, 집행명령은 법률내용의 보충없이 법률의 집행에 관한 시행세칙(시행령)을 정하는 것이기 때문이다. 그러나 집행명령도 법령에 의한 소관사무를 수행하기 위한 것이므로 모법 내지는 상위명령에 그 일반적인 근거는 두어야 할 것이다. 즉 위임명령은 일반적인 근거만으로는 제정할 수 없고, 구체적으로 범위를 정하여 수권한 상위법령에 근거(명시적·개별적 근거; 예: 母法에서 '대통령령이 정하는바', '총리령이 정하는바' 등으로 규정)를 두어야 하며, 집행명령은 헌법이나 상위명령에 의한 구체적·명시적 수권규정이 없더라도, 단순한 상위법령의 일반적 근거에 의하여 발할 수 있다. 보통은 법률에서 "본법 시행에 필요한 사항은 대통령령으로 정한다."

---

1) 다음과 같은 견해도 있다 : 헌법에 근거하여볼 때, 긴급명령은 법률과 동일한 효력을 갖는다는 성격상 직접 헌법에 근거하여 발할 수 있으나, 위임명령은 헌법상의 일반적 근거만으로는 제정할 수 없고 이와 함께 구체적으로 범위를 정하여 수권한 개별적 법률(법규명령)의 규정에 근거하여야 한다. 그러나 집행명령은 헌법이나 법률(상위명령)에 근거규정이 없더라도 법령의 집행을 의미하는 행정의 성질상 당연히 제정할 수 있다(박윤흔, 최신 행정법강의(상), 박영사, 1999, 217면; 김동희, 행정법I(제5판), 박영사, 1999, 131면; 김남진, 행정법(I), 법문사, 1998, 167면.).
2) '관공서의공휴일에관한규정'은 「국가공무원법 제67조 (위임규정) 공무원의 복무에 관하여 필요한 사항은 이 법에 규정하는 것을 제외하고는 국회규칙·대법원규칙·헌법재판소규칙·중앙선거관리위원회규칙 또는 대통령령으로 정한다.<개정 1963.12.16, 1994.12.22>」에 근거를 둔 집행명령이고, '군인복무규정'은 군인사법 제3조[제3조 (계급) ① 장교는 장관, 령관 및 위관으로 구분하고 장관은 원수, 대장, 중장, 소장 및 준장으로, 령관은 대령, 중령 및 소령으로, 위관은 대위, 중위 및 소위로 한다. ② 준사관은 준위로 한다. ③ 부사관은 원사, 상사, 중사 및 하사로 한다. <개정 1989.3.22, 1993.12.31, 2000.12.26> ④ 병은 병장, 상등병, 일등병 및 이등병으로 한다]에 그 근거를 둔 집행명령이다. 구(舊)'사무관리규정'은 정부조직법 제32조 제1항에 그 근거를 둔 집행명령이다(홍정선, 행정법원론(상), 단락번호 599, 각주 1) 참조). 김남진 교수는 구(舊)사무관리규정은 모법이 없는 대통령령(김남진, 행정입법의 현황과 문제점, 고시계(1996.12), 21면), 혹은 행정규칙으로 이해한다(김남진, 행정법(I), 2002, 법문사, 187면).
3) 정하중, 행정법총론, 145면.

는 조항을 두고 있으나, 그러한 조항이 없더라도 집행명령을 발할 수 있다.[1]

## V. 법규명령의 성립요건·발효요건 및 하자(瑕疵)

### 1. 성립요건

#### 1.1. 주체상의 요건

법규명령은 대통령·국무총리·행정각부장관·중앙선거관리위원회 등 정당한 권한을 가진 기관이 그 권한의 범위 내에서 제정한 것이어야 한다.

#### 1.2. 내용상의 요건

상위법령의 근거가 있어야 하고, 위임의 한계내라야 하며, 상위법령에 저촉하여서는 안되고, 규정내용이 가능하고 명확한 것이라야 한다.

▶ 대판 2001. 8. 24, 2000두2716【수질개선부담금부과처분취소】

【판시사항】

[1] 시행령의 규정이 모법위반으로 무효인지 여부의 판단 기준

[2] 먹는샘물 제조업자 등이 따로 둔 판매자 등에게 통상거래가격보다 현저하게 저렴한 가격으로 먹는샘물을 거래한 때에는 제조업자 등의 판매가격이 아닌 판매자 등의 재판매가격을 적용하여 수질개선부담금을 산정하도록 한 구 먹는물관리법시행령 제8조 제1항 단서 제1호의 규정이 모법위반으로 무효인지 여부(소극)

【판결요지】

[1] 어느 시행령의 규정이 모법에 저촉되는지의 여부가 명백하지 아니하는 경우에는 모법과 시행령의 다른 규정들과 그 입법 취지, 연혁 등을 종합적으로 살펴 모법에 합치된다는 해석도 가능한 경우라면 그 규정을 모법위반으로 무효라고 선언하여서는 안 된다. 이러한 법리는, 국가의 법체계는 그 자체 통일체를 이루고 있는 것이므로 상·하규범 사이의 충돌은 최대한 배제되어야 한다는 원칙과 더불어, 민주법치국가에서의 규범은 일반적으로 상위규범에 합치할 것이라는 추정원칙에 근거하고 있을 뿐만 아니라, 실제적으로도 하위규범이 상위규범에 저촉되어 무효라고 선언되는 경우에는 그로 인한 법적 혼란과 법적 불안정은 물론, 그에 대체되는 새로운 규범이 제정될 때까지의 법적 공백과 법적 방황은 상당히 심각할 것이므로 이러한 폐해를 회피하기 위해서도 필요하다.

[2] 구 먹는물관리법(1997. 8. 28. 법률 제5394호로 개정되기 전의 것) 제28조 제1항은 수질개선부담금의 부과금액을 먹는샘물판매가액을 기초로 산출하도록 규정하고 있을

---

1) 석종현, 일반행정법(상), 164면.

뿐, 먹는샘물판매가액을 반드시 제조업자 등의 판매가격을 적용하여 산출하여야 한다고 규정하고 있지 아니할 뿐만 아니라, 나아가 같은 조 제2항은 "제1항의 규정에 의한 부담금의 부과대상, 부과금액, 부과·징수의 방법과 절차 기타 필요한 사항은 대통령령으로 정한다."고 규정함으로써 수질개선부담금의 부과에 관한 일정한 사항을 그 시행령에 위임하고 있으므로, 같은법시행령(1998. 1. 22. 대통령령 제15612호로 개정되기 전의 것) 제8조 제1항 단서 제1호가 모법의 위임이 없다거나 그의 위임의 범위를 벗어난 것인지의 여부는 같은 법 제28조 제1항의 규정만으로는 명백하다고 할 수 없으며, 수질개선부담금이 공공의 지하수자원의 보호와 먹는 물의 수질개선이라는 특정한 행정목적의 수행을 위하여 그와 특별하고도 긴밀한 관계에 있는 특정집단인 제조업자·수입업자 등에 대하여 부과되는 것(같은 법 제28조 제1항 참조)임을 고려하여, 그 부과의 공평을 기하고 부당한 부담금 회피행위를 방지하고자 제조업자 등이 따로 둔 판매자나 특정한 거래처에 통상거래가격보다 현저하게 저렴한 가격으로 거래한 때에는 부담금의 부과금액의 산정기준이 되는 먹는샘물판매가액을 그 취지에 맞게 달리 정할 수 있도록 하기 위하여 같은 법 제28조 제2항에서 그에 관한 사항을 시행령으로 정하도록 위임한 것으로 볼 여지가 있는 점, 종전에는 '먹는샘물'은 그 제조·판매가 식품위생법에 의하여 규제되어 왔는데, 그 국내시판을 제한해 온 보건사회부고시(식품제조업영업허가기준, 1985. 3. 11. 개정된 것)가 당원 1994. 3. 8. 선고 92누1278 판결에 의하여 위헌 무효로 판단됨으로써 먹는샘물의 제조·판매가 사실상 양성화되자, 이에 '먹는 물에 대한 합리적인 수질관리 및 위생관리를 도모함으로써 먹는 물로 인한 국민건강상의 위해를 방지하고, 생활환경의 개선에 이바지함을 목적으로(같은 법 제1조 참조) 구 먹는물관리법이 제정되게 된 사정, 같은 법 제28조 제1항, 제2항과 같은법시행령 제8조 제1항의 법문에 나타나 있는 입법자의 의사, 같은 법 제28조 제1, 2항이 1997. 8. 28.에, 같은법시행령 제8조 내지 제10조가 1998. 1. 22.에, 각기 개정된 과정과 그 내용 등을 종합해 보면, 같은법시행령 제8조 제1항 단서 제1호는 모법의 위임이 있는 것으로 해석할 수도 있으므로 위 규정을 무효라고 선언하여서는 안 된다.

### 1.3. 절차상의 요건

법규명령은 사전에 의결기관의 심의 또는 의결, 공고·청문 등의 행정 절차를 거칠 것이 규정되어 있는 경우에는 그것을 거쳐야 한다. 법규명령은 내부적 절차로서 대통령령은 법제처의 심사와 국무회의의 심의를 거쳐야 하며, 총리령·부령은 법제처의 심사를 거쳐 각각 제정하여야 하며, 외부적 절차로는 **행정법상 입법예고제**가 적용된다.

### 1.4. 형식상의 요건

법규명령은 일반국민의 권리·의무에 관련된 사항 및 계속적 효력을 가지는 일반적·추상적 규범이기 때문에 일정한 형식을 갖추어야 한다. 문서작성의 원칙에 있어서 법규명령(법규문서)은 조문형식으로 한다. 구(舊)사무관리규정시행규칙 제3조 제1호[1] 및 현행 행정업무의효율적운영에관한규정에서 공문서 작성 등 형식상의 요건 등에 관하여 규정하고 있다. 법규명령에는 「누년일련번호」를 붙인다. 즉 일자를 병기하고 서명·날인하며, 번호를 부여한다. 다만, 국회의장이 공포하는 법률의 번호는 국회규칙으로 정하는 바에 따라 따로 표시하되, 대통령이 공포한 법률과 구별할 수 있는 표지(標識)를 하여야 한다(법령등공포에관한법률 제7조-제10조).

### 1.5. 공포(외부적 성립요건)

법규명령은 관보에 게재하여 그 내용을 외부에 공포하는 등의 법정요건을 갖추어야 한다. 공포는 위의 요건을 구비하여 내부적으로 성립된 법규명령을 외부에 표시하는 행위이다. 법규명령의 공포는 관보에 게재함으로써 하며(법령등공포에관한법률 제11조 제1항). 당해 법규명령을 게재한 관보가 「현실적으로 발행된 날」이 공포일이 된다.[2]

▶ **법령등공포에관한법률 제11조(공포 및 공고의 절차)** ① 헌법개정·법률·조약·대통

---

[1] 사무관리규정시행규칙 [일부개정 2007. 4. 5 행정안전부령 제380호] 제3조 (문서작성의 원칙) 영 제7조의 규정에 의한 문서는 다음 구분에 따라 작성한다. <개정 1996.5.28, 1999.9.2, 2003.7.14> 1. 법규문서는 조문형식에 의하여 작성하고, 누년 일련번호를 사용한다. 2. **지시문서**는 다음 구분에 의하여 작성한다. 가. **훈령**: 상급기관이 하급기관에 대하여 장기간에 걸쳐 그 권한의 행사를 일반적으로 지시하기 위하여 발하는 명령으로서 조문형식 또는 별지 제1호의 2서식 시행문형식(이하 "시행문형식"이라 한다)에 의하여 작성하고, 누년 일련번호를 사용한다. 나. **지시**: 상급기관이 직권 또는 하급기관의 문의에 의하여 하급기관에 개별적·구체적으로 발하는 명령으로서 시행문형식에 의하여 작성하고, 연도표시 일련번호를 사용한다. 다. **예규**: 행정사무의 통일을 기하기 위하여 반복적 행정사무의 처리기준을 제시하는 법규문서외의 문서로서 조문형식 또는 시행문형식에 의하여 작성하고, 누년 일련번호를 사용한다. 라. **일일명령**: 당직·출장·시간외근무·휴가 등 일일업무에 관한 명령으로서 시행문형식 또는 별지 제2호 서식의 회보형식(이하 "회보형식"이라 한다)등에 의하여 작성하고, 연도별 일련번호를 사용한다. 3. **공고문서**는 다음 구분에 의하여 작성한다. 가. **고시**: 법령이 정하는 바에 따라 일정한 사항을 일반에게 알리기 위한 문서로서 연도표시 일련번호를 사용한다. 나. **공고**: 일정한 사항을 일반에게 알리는 문서로서 연도표시 일련번호를 사용한다. 4. 비치문서는 비치하여 사용하는 대장류 및 카드류의 문서로서 적합한 형태의 서식으로 정하여 작성한다. 5. 민원문서 및 일반문서는 시행문형식등에 의하여 작성한다. 다만, 회보 및 보고서는 다음 구분에 의하여 작성한다. 가. **회보**: 행정기관의 장이 소속공무원 또는 하급기관에 업무연락·통보 등 일정한 사항을 알리기 위한 경우에 사용하는 문서로서 회보형식에 의하여 작성하고 연도별 일련번호를 사용한다. 나. **보고서**: 특정한 사안에 관한 현황 또는 연구·검토결과등을 보고하거나 건의하는 때에 사용하는 문서로서 특별한 사유가 있는 경우를 제외하고는 별지 제1호의2 서식의 기안문형식에 의하여 작성한다.

[2] 석종현, 일반행정법(상), 169면.

령·총리령 및 부령의 공포와 헌법개정안·예산 및 예산 외 국고부담계약의 공고는 관보(官報)에 게재함으로써 한다. ②「국회법」제98조제3항 전단에 따라 하는 국회의장의 법률 공포는 서울특별시에서 발행되는 둘 이상의 일간신문에 게재함으로써 한다. ③ 제1항에 따른 관보는 종이로 발행되는 관보(이하 "종이관보"라 한다)를 기본으로 하며, 이를 전자적 형태로 전환하여 제공되는 관보(이하 "전자관보"라 한다)를 보완적으로 운영할 수 있다. ④ 관보의 내용 해석 및 적용 시기 등은 종이관보를 우선으로 하며, 전자관보는 부차적인 효력을 가진다.

▶ 법령등공포에관한법률 제12조(공포일·공고일) 제11조의 법령등의 공포일 또는 공고일은 해당 법령등을 게재한 관보 또는 신문이 발행된 날로 한다.

[법령의 시행 일시와 관련된 판례] 대판 1970. 10. 23. 70누126 【행정처분취소】 대통령령 제3938호 관세법제21조제1항제10호의규정에의한물품지정의건중개정의건이 1969. 5. 19자의 관보에 수록되어 있기는 하나, 그 관보가 실제로 발행된 일시는 1969. 5. 21 오후이므로 위 법령의 공포 및 시행일시는 관보의 발행일인 1969. 5. 21이다.

## 2. 효력발생요건(시행)

적법하게 공포된 명령은 다시 이를「시행」함으로써 현실적으로 효력「구속력」을 발생하게 된다. 명령의 시행시기는, 각 명령에서 규정하는 것이 보통이나, **특별한 규정이 없으면 공포일로부터 20일을 경과함으로써 효력을 발생한다**(법령등공포에관한법률 제13조). 다만, 국민의 권리·의무에 직접 관계되는 법률·대통령령·총리령·부령은 긴급히 시행하여야 할 특별한 사유가 있는 경우를 제외하고는 공포일로부터 '적어도 30일을 경과 한 날로부터' 시행하여야 한다(동법 제13조의2).

▶ 법령등공포에관한법률 제13조(시행일) 대통령령·총리령 및 부령은 특별한 규정이 없으면 공포한 날부터 20일을 경과함으로서 효력을 발생한다.

▶ 법령등공포에관한법률 제13조의2(법령의 시행유예기간) 국민의 권리제한 또는 의무부과와 직접 관련되는 법률·대통령령·총리령 및 부령은 긴급히 시행하여야 할 특별한 사유가 있는 경우를 제외하고는 공포일로부터 적어도 30일이 경과한 날로부터 시행되도록 하여야 한다.

## 3. 법규명령의 성립·발효요건의 불비(하자)

### 3.1. 내용

이상의 여러 요건을 구비하지 못한 명령은 흠이 있는 명령으로서 그 흠이 중대하고 또 명백한 경우(중대명백설의 입장)는 그 명령은 당연히「무효」라고 보는 것이 판례와 다수설의 입장이다(취소제도가 없다). 이를 근거로 한 행정처분은 위법하다. 무효로 보는 이유는 현행 행정소송법은 행정행위와 달리 위법한 법규명령에 대한 취소소송을 인정하고 있지 않기 때문이다. 따라서 위법한 법규명령에 대하여는 구체적 규범통제(konkrete Normkontrolle)나 헌법소원(Verfassungsbeschwerde)에 의해서만 구제 될 수 있다. ☞ 상세한 내용은 저자[著者]의 행정구제법 참조할 것.

### 3.2. 하자 있는 법규명령에 따른 행정행위의 효과

하자있는 법규명령에 따른 행정행위는 당연히 하자 있는 행정행위가 된다. 하자가 중대하고 명백하면 무효가 되고, 중대하기는 하나, 명백하지 않은 경우 혹은 그 반대인 경우에는 취소할 수 있는 행정행위가 된다. 대법원은 위헌·위법인 행정입법에 근거한 행정처분의 효력과 관련하여 초기에는 당연무효로 보았으나, 최근의 경향은 취소사유로 보고 있다. ☞ 상세한 내용은 본서의 행정행위의 무효·취소 참조할 것

## VI. 법규명령의 한계

### 1. 긴급재정경제명령과 긴급명령의 한계

#### 1.1. 긴급재정경제명령의 한계

긴급재정경제명령은 내우(內憂)·외환(外患)·천재(天災)·지변(地變) 또는 중대한 재정·경제상의 위기에 있어서 (상황적 한계), 국가안보 또는 공공의 안녕질서를 유지하기 위하여 긴급한 조치가 필요하고(긴급성), 국회의 집회를 기다릴 여유가 없을 때(보충성) 최소한으로 필요한 재정·경제상의 처분을 하거나 이에 관하여 법률의 효력을 가지는 명령을 발할 수 있다(헌법 제76조 제1항).[1] 긴급재정경제명령은 국무회의심의를 거쳐 대통령이 발하여야 한다.

#### 1.2. 긴급명령의 한계

긴급명령은 국가의 안위에 관계되는 중대한 교전상태에 있어서(상황적 한계), 국가를 보위하기 위하여(목적상의 한계), 긴급한 조치가 필요하고(긴급성), 국회의 집회가 불가능한 때에 한하여(보충성) 발할 수 있다(헌법 제76조 제2항). 긴급명령은 긴급한 조치가 필요함에도 국회의 폐회 등으로 국회가 현실적으로 집회될 수 없고 국회의 집회를 기다려서는 그 목적을 달성할 수 없을 경우에 사후적으로 이를 수습함으로써 기존의 질서를 유지·회

---

1) 정하중, 행정법총론, 142면.

복하기 위한 것으로서 국가의 안위에 관한 사항을 내용으로 하는 것이므로 국무회의심의를 거쳐 대통령이 발하여야 하며, 국가의 안전보장에 관한 사항일 경우에는 국무총리와 관계국무위원의 부서가 있는 문서의 형식으로 이를 하여야 한다. 따라서 긴급명령은 위기가 발생할 우려가 있다는 이유만으로 사전적·예방적으로 발하거나 공공복리의 증진과 같은 적극적 목적을 위하여 발할 수 없다.[1] 또한 긴급명령이 발하여진 경우 즉시 국회의 승인을 얻어야 하고 승인을 얻지 못한 경우 그 때로부터 효력을 상실한다(헌법 제76조 제4항).

## 2. 위임명령의 한계
### 2.1. 입법권 위임의 범위
#### 2.1.1. 개관

[개관] 헌법 제75조에서 "법률에서 구체적으로 범위를 정하여 위임받은 사항에 관하여"라고 함은 법률 그 자체에 이미 대통령령으로 규정될 내용 및 범위의 기본적 사항이 구체적으로 규정되어 있어서 누구라도 당해 **법률 그 자체에서 대통령령에 규정될 내용의 대강을 예측할 수 있어야 함**을 의미하고, 그렇게 하지 아니한 경우에는 위임입법의 한계를 일탈한 것이라고 아니할 수 없다.[2] 현행 헌법상 위임입법의 일반적 한계에 관한 명문의 헌법규정은 없으며, 대통령령에 관한 규정인 헌법 제75조와 총리령·부령에 관한 규정인 헌법 제95조가 위임입법의 헌법적 허용 및 한계에 관한 일반적 한계조항으로 작용 하고 있다. 헌법규정에 따른 위임입법의 한계는 특정수권의 원칙, 즉 위임입법의 범위·내용에 대하여 한정적·구체적 위임의 원칙에 의하도록 하는 의미에 있어서의 한계라고 할 수 있으며, 이는 수권법률(모법)의 존재가 필요하다는 것에서 오는 위임입법의 한계, 위임입법의 범위와 구체성에 관한 허용요건의 한계(명확성의 원칙[Bestimmtheistsprinzip]의 준수)를 포함한다(홍준형).

[위임명령의 형식으로 규정할 수 있는 사항] '법률의 보충적 규정, 법률의 구체적인 특례적 규정, 법률의 해석적 규정 등일 것이다.

▶[헌법재판소 판례] (위임입법의 범위와 한계) : 법률의 위임은 반드시 구체적이고 개별적으로 한정된 사항에 대하여 행해져야 한다. 그렇지 아니하고 일반적이고 포괄적인

---

1) 헌재결 1996. 2. 29, 93헌마186【긴급재정명령 등 위헌확인】 긴급재정경제명령은 정상적인 재정운용·경제운용이 불가능한 중대한 재정·경제상의 위기가 현실적으로 발생하여(그러므로 위기가 발생할 우려가 있다는 이유로 사전적·예방적으로 발할 수는 없다) 긴급한 조치가 필요함에도 국회의 폐회 등으로 국회가 현실적으로 집회될 수 없고 국회의 집회를 기다려서는 그 목적을 달할 수 없는 경우에 이를 사후적으로 수습함으로써 기존질서를 유지·회복하기 위하여(그러므로 공공복지의 증진(같은 적극적 목적을 위하여는 발할 수 없다), 위기의 직접적 원인의 제거에 필수불가결한 최소의 한도내에서 헌법이 정한 절차에 따라 행사되어야 한다.
2) 헌재결 1995. 9. 28, 93헌바50〔위헌〕【특정범죄가중처벌등에관한법률제4조위헌소원】

위임을 한다면 이는 사실상 입법권을 백지위임하는 것이나 다름없이 의회입법의 원칙이나 법치주의를 부인하는 것이 되고 행정권의 부당한 자의와 기본권행사에 대한 무제한적 침해를 초래할 위험이 있기 때문이다. 헌법 제75조도 "대통령령은 법률에서 구체적인 범위를 정하여 위임받은 사항과 법률을 집행하기 위하여 필요한 사항에 관하여 대통령령을 발할 수 있다."고 규정하여 위임입법의 근거와 아울러 그 범위와 한계를 제시하고 있다. 여기서 법률에서 구체적인 범위를 정하여 위임받은 사항이란 법률에 이미 대통령령으로 규정될 내용 및 범위의 기본사항이 구체적으로 규정되어 있어서 누구라도 당해 법률로부터 대통령령에 규정될 내용의 대강을 예측할 수 있어야 함을 의미한다.[1]

▶ 헌재 2001. 1. 18. 98헌바75등 헌법 제75조도 "대통령은 법률에서 구체적으로 범위를 정하여 위임받은 사항에 관하여 대통령령을 발할 수 있다."라고 규정함으로써 위임입법의 근거를 마련함과 동시에 위임은 반드시 구체적 개별적으로 행하여질 것을 요구하고 있다.[2]

▶ 대판 2004. 7. 22, 2003두 7606【형질변경 반려 처분 취소】【판시사항】위임명령은 법률이나 상위명령에서 구체적으로 범위를 정한 개별적인 위임이 있을 때에 가능하고, 여기에서 구체적인 위임의 범위는 규제하고자 하는 대상의 종류와 성격에 따라 달라지는 것이어서 일률적 기준을 정할 수는 없지만, 적어도 위임명령에 규정될 내용 및 범위의 기본사항이 구체적으로 규정되어 있어서 누구라도 당해 법률로부터 위임명령에 규정될 내용의 대강을 예측할 수 있어야 하나, 이 경우 그 예측가능성의 유무는 당해 위임조항 하나만을 가지고 판단할 것이 아니라 그 위임조항이 속한 법률의 전반적인 체계와 취지·목적, 당해 위임조항의 규정형식과 내용 및 관련 법규를 유기적·체계적으로 종합 판단하여야 하며, 나아가 각 규제 대상의 성질에 따라 구체적·개별적으로 검토함을 요한다.

### 2.1.2. 위임입법의 내용에 있어서의 헌법적 한계(입법권자에 대한 한계와 법규명령 제정자에 대한 한계)

[헌법적 한계] 위임입법의 내용에 관한 헌법적 한계는 그 수범자가 누구냐에 따라 입법권자에 대한 한계와 수권법률에 의해 법규명령을 제정하는 수임자에 대한 한계로 구별할 수 있다. (ㄱ)국회가 법률에 의하여 입법권을 시행령·시행규칙 등에 위임하는 경우에도 헌

---

1) 헌재 1996. 8. 29. 95헌바36, 판례집 8-2, 90, 99; 헌재 1999. 1. 28. 97헌바90, 판례집 11-1, 19, 28-29; 헌재 1999. 4. 29. 96헌바22등, 판례집 11-1, 422, 446-447; 헌재 1999. 7. 22. 96헌바80등, 판례집 11-2, 90, 106; 헌재 2000. 1. 27. 96헌바95등, 판례집 12-1, 16, 36-37; 헌재 2000. 1. 27. 99헌바23, 판례집 12-1, 62, 71-72; 헌재 2000. 6. 29. 98헌바92, 판례집 12-1, 819, 828-829; 헌재 2000. 7. 20. 99헌가15, 판례집 12-2, 37, 45-46; 헌재 2002. 12. 18. 99헌바105등, 판례집 14-2, 774, 793; 헌재 2002. 12. 18. 2001헌바52, 판례집 14-2, 795, 802
2) 판례집 13-1, 1, 18

법 등 상위규범에 위반해서는 아니 된다. 이는 입법권자에 대한 한계를 의미한다. (ㄴ) 법률의 우위원칙에 따른 위임입법의 내용적 한계는 수임자에 대한 한계를 의미한다. 일반적으로 위임입법의 내용적 한계라고 하는 경우에는 주로 수임자가 지켜야되는 한계를 의미한다. 그러므로 위임명령의 내용은 수권법률이 수권한 규율대상과 목적의 범위 안에서 정해야 하는데 이를 위배한 위임명령은 위법이며, 여기에서 모법의 수권조건에 의한 위임명령의 한계가 도출된다. 즉, 모법상 아무런 규정이 없는 입법사항을 하위명령이 규율하는 것은 위임입법의 한계를 위배하는 것이다.[1]

### 2.1.3. 헌법원칙(Verfassungsgrundsatz)에 의한 한계
#### a) 개관

헌법에 대한 전체적 해석을 통하여 도출되는 법치국가원리(법치행정의 원리)를 구성하는 요소인 법률유보의 원칙으로부터 위임입법의 한계가 도출될 수 있다. 이를 법치주의를 통해 표현된 '헌법원리적 한계' 또는 '헌법원칙에 의한 한계'라고 부를 수 있다(헌법재판소; 홍준형). 기본권제한에 있어서의 '일반적 법률유보에 있어서의 기본권제한의 규범적 한계'를 규정한 헌법 제37조 제2항과 적법절차(적법절차의 원리)와 죄형법정주의를 규정한 헌법 제12조 및 제13조, 조세법률주의를 규정한 헌법 제59조 등은 이러한 헌법원리적 한계 내지는 헌법원칙에 의한 한계가 구체화된 것이다. 이밖에도 헌법가치(Verfassungswert)·헌법질서(Verfassungsordnung)·객관적 가치질서(objektive Grundordnung)에 따른 한계도 있다.

#### b) 일반적 법률유보에 의한 기본권 제한의 규범적 한계(기본권제한의 헌법적 한계에 따른 위임명령의 한계)에서의 '형식상의 한계(형식적 의미의 법률)'에 의한 위임명령의 한계

[일반적 법률유보에 의한 기본권제한의 규범적 한계와 명확성의 원칙] 일반적 법률유보에 의한 기본권 제한의 규범적 한계, 즉 기본권제한을 반드시 법률(형식적 의미의 법률)로써 하도록 한 헌법 제37조제2항에 의하면, 법률하위명령(위임입법)에 의한 기본권제한은 허용되지 않는다. 또한 기본권을 제한하는 법률은 명확해야한다는 것이 헌법 제37조 제2항의 일반적 해석이므로 이러한 명확성의 원칙(Bestimmtheitsprinzip)을 결여한 수권법률 역시 위헌으로 보아야 한다(헌법재판소). 헌법재판소는 "법치국가원리의 구성요소인 명확성의 원칙은 기본적으로 모든 기본권 제한입법에 대하여 요구된다. 규범의 의미·내용으로부터 무엇이 금지되는 행위이고 무엇이 허용되는 행위인지를 수범자가 알 수 없다면 법적 안정성

---

1) 같은 견해 : 헌재 1997. 4. 24. 95헌마273, 판례집 9-1, 487, 495

과 예측가능성은 확보될 수 없게 될 것이고, 또한 법집행 당국에 의한 자의적 집행을 가능하게 할 것이기 때문이다(헌재 1990. 4. 2. 89헌가113, 판례집 2, 49; 1996. 8. 29. 94헌바15, 판례집 8-2, 74; 1996. 11. 28. 96헌가15, 판례집 8-2, 526 참조)."[1]라고 하고 있다(아래 판례 참조).

▶ 헌재결 1989. 7. 21, 89헌마38 【상속세법 제32조의2의 위헌여부에 관한 헌법소원】
조세법률주의는 이른바 과세요건 법정주의와 과세요건 명확주의를 그 핵심적 내용으로 삼고 있는 바, 먼저 조세는 국민의 재산권 보장을 침해하는 것이 되기 때문에 납세의무를 성립시키는 납세의무자·과세물건·과세표준·과세기간·세율 등의 과세요건과 조세의 부과·징수절차를 모두 국민의 대표기관인 국회가 제정한 법률로 규정하여야 한다는 것이 과세요건 법정주의이고, 또한 과세요건을 법률로 규정하였다고 하더라도 그 규정내용이 지나치게 추상적이고 불명확하면 과세관청의 자의적인 해석과 집행을 초래할 염려가 있으므로 그 규정 내용이 명확하고, 일의적(一義的)이어야 한다는 것이 과세요건 명확주의라고 할 수 있다. 그렇다면 위 헌법규정들에 근거한 조세법률주의의 이념은 과세요건을 법률로 규정하여 국민의 재산권을 보장하고, 과세요건을 명확하게 규정하여 국민생활의 법적 안정성과 예측가능성을 보장하겠다는 것이라고 이해된다.[2]

[헌법 제37조 제2항의 법률에 의한 제한과 위임명령의 허용성] 기본권에 대한 제한을 규정하는 법률이 헌법 제75조와 제95조가 정하는 기준에 따라 일정한 사항을 대통령령, 총리령·부령 등 법률종속(하위)명령에 위임하는 것이 헌법 제37조 제2항과의 관계에 있어서 허용되는지 문제된다. 왜냐하면 헌법 제37조 제2항은 기본권 제한은 '법률에 의하여' 가능하도록 규정하고 있기 때문인데, 이 때의 법률은 형식적 의미의 법률이외에 실질적 의미의 법률도 여기에 포함되는가 하는 문제이기 때문이다. 이에 대하여 **법규명령으로부터가 아닌 수권법률로 부터의 예측가능성**[3]이 인정된다면 **법률종속(하위)명령에의 위임이 일반적으로 허용된다고**

---

1) 헌재 1998. 4. 30. 95헌가16, 판례집 10-1, 327, 341-342; 헌재 2002. 6. 27. 99헌마480, 판례집 14-1, 616, 628
2) 헌재 1989. 7. 21. 89헌마38 【상속세법 제32조의2의 위헌여부에 관한 헌법소원】 판례집 1, 131, 138-139; 헌재 1992. 12. 24. 90헌바21, 판례집 4, 890, 899; 헌재 1994. 6. 30. 93헌바9, 판례집 6-1, 631, 637; 헌재 1994. 8. 31. 91헌가1, 판례집 6-2, 153, 163; 헌재 1995. 11. 30. 94헌바40등, 판례집 7-2, 616, 630; 헌재 1999. 12. 23. 99헌가2, 판례집 11-2, 686, 697; 헌재 1999. 3. 25. 98헌가11등, 판례집 11-1, 158, 174-175; 헌재 2000. 1. 27. 98헌바6, 판례집 12-1, 42, 49-50; 헌재 2000. 1. 27. 98헌바6, 판례집 12-1, 42, 50; 헌재 2001. 6. 28. 99헌바54, 판례집 13-1, 1271, 1293.; 헌재 2001. 8. 30. 99헌바90 판례집 13-2, 158, 167; 헌재 2002. 9. 19. 2001헌바74, 판례집 14-2, 321, 327; 헌재 2002. 12. 18. 2002헌바12, 판례집 14-2, 824, 847-848
3) 예측가능성의 판단방법 [판례] 헌법 제75조의 "구체적으로 범위를 정하여"라 함은 대통령령 등 하위법규에 규정될 내용 및 범위의 기본사항이 가능한 한 구체적이고도 명확하게 법률에 규정되어 있어서 누구라도 당해 법률 그 자체로부터 대통령령 등에 규정될 내용의 대강을 예측할 수 있

본다. 헌법재판소도, "헌법 제75조는 '대통령은 법률에서 구체적으로 범위를 정하여 위임받은 사항과 법률을 집행하기 위하여 필요한 사항에 관하여 대통령령을 발할 수 있다.'고 규정함으로써 위임입법의 근거를 마련함과 동시에, 위임은 구체적으로 범위를 정하여 하도록 하여 그 한계를 제시하고 있다. 이는 행정부에 입법을 위임하는 수권법률의 명확성 원칙에 관한 것으로서, 법률의 명확성 원칙이 행정입법에 관하여 구체화된 특별규정이라고 할 수 있다. 따라서 합리적인 법률해석을 통하여 수권법률에 표현된 입법자의 객관화된 의사, 즉 위임의 내용, 목적과 정도가 밝혀질 수 있다면 위임입법의 한계를 일탈한 것이 아니다."[1]라고 하였고, 더 나아가서 헌법재판소는 행정입법으로의 위임입법이 허용되기 위한 조건으로서 **법규명령으로부터가 아닌 수권법률로 부터의 예측가능성이 인정되는 경우에는 허용된다**고 보는데, "우리 헌법의 지도이념인 법의 지배 내지 법치주의의 원리는 국가권력행사의 예측가능성 보장을 위하여 그 주체와 방법 및 그 범위를 법률로 규정할 것을 요구하며 예외적으로 위임입법을 허용하는 경우에 있어서도 법률에 의한 수권에 의거한 명령의 내용이 어떠한 것이 될 수 있을 것인가를 국민에게 예측 가능한 것임을 요구하는 것으로서 그것은 법규명령에 의하여 비로소가 아니라 그보다 먼저 그 수권법률의 내용으로부터 예견 가능하여야 하는 것을 의미하는 것이다. 그리고 … 형벌이나 행정제재와 관련되는 경우에는 그 요건은 더욱 엄격한 것이다. 물론 법규명령제도의 생성내력에 비추어 볼 때 장래 정립될 법규명령의 구체적 내용이 정확하게 예견될 수 있을 것을 의미하는 것은 아니라 할지라도 적어도 정립될 수 있는 법규명령의 기본적 윤곽에 대한 예견가능성은 보장이 되어야 한다는 것"[2]이라고 하여 헌법 제37조 제2항의 기본권제한의 한계로서 작용하는 형식상의 한계로서의 '법률'은 형식적 의미의 법률이외에 실질적 의미의 법률도 포함되는 것으로 보고 있다.

[명확성의 원칙과 헌법 제37조 제2항과의 관계] 그러나 기본권제한의 법률이 명확성의 원

---

음을 의미한다 할 것이다. 이러한 예측가능성의 유무는 당해 특정조항 하나만을 가지고 판단할 것이 아니라 관련 법조항 전체를 유기적 체계적으로 종합하여 판단하여야 하고 위임된 사항의 성질에 따라 구체적 개별적으로 검토하여야 할 것이다(헌재 1996. 6. 26. 93헌바2, 판례집 8-1, 525, 533 참조).; 헌재 2001. 1. 18. 98헌바75등, 판례집 13-1, 1, 18; 헌재 2002. 3. 28. 2001헌바24 등, 판례집 14-1, 174, 183; 헌재 2002. 3. 28. 2001헌바32, 판례집 14-1, 189, 192-193; 헌재 2002. 7. 18. 2001헌마605, 판례집 14-2, 84, 99-100; 헌재 2002. 8. 29. 2000헌바50등, 판례집 14-2, 153, 162; 헌재 2002. 12. 18. 2001헌바52, 판례집 14-2, 795, 802

1) 헌재 1999. 4. 29. 94헌바37, 판례집 11-1, 289, 325-326
2) 헌재 1993. 5. 13. 92헌마80【체육시설의설치이용에관한법률시행규칙 제5조에 대한 헌법소원】, 판례집 5-1, 365, 379-380; 헌재 2000. 1. 27. 98헌가9, 판례집 12-1, 1, 8-9; 헌재 2000. 2. 24. 98헌바38등, 판례집 12-1, 188, 219; 헌재 2000. 3. 30. 98헌가8, 판례집 12-1, 286, 295; 헌재 2000. 7. 20. 99헌가15, 판례집 12-2, 37, 48-49; 헌재 2002. 7. 18. 2001헌마605, 판례집 14-2, 84, 99

칙에 의하여 지배되는 한도에서는 위임입법은 제한 된다고 보아야 할 것이다. 즉 기본권을 제한하는 법률이 제한대상 기본권을 구체적으로 제시하지 아니하거나 제한의 내용을 직접적으로 규율하지 아니한 경우에는 헌법 제37조 제2항의 입법취지(법률에 의하여 기본권을 제한할 수 있다)에 비추어 위헌이 된다고 보아야 하며, 이것은 제한대상 기본권의 적시 및 기본권 제한의 내용에 관한 한 입법권자의 직접적 규율이 요구된다는 것을 의미한다. 만약 이를 법률이 제한대상 기본권의 구체적인 적시 내지 기본권제한의 내용 및 범위 등을 명확하게 직접적으로 규정하지 아니하고 포괄적으로 법률종속(하위)명령에 위임한다면 이는 헌법 제75조를 거론할 필요없이 헌법 제37조 제2항에 직접적으로 위배되는 것으로서 위헌명령이 되고 만다고 보아야 한다. 그러나 기본권을 제한하는 법률에 항상 위임규정을 둘 수 없는 것은 아니고, 만일 어떤 법률이 헌법 제37조 제2항에 의하여 특정 기본권을 제한하기 위해 필요한 사항을 당해 법률에서 규율한 후 헌법 제75조의 기준에 따라 다시 세부적이고 구체적인 사항을 대통령령, 총리령·부령 등 하위법령에 위임하는 경우, 그 법률이 헌법 제37조 제2항의 해석을 통하여 요구되는 기본권제한의 한계를 준수하고 있다고 판단된다면, 합헌으로 인정하여도 될 것이다.

### 2.1.4. 입법권한계이론에 의한 한계(법논리적 한계)

위임입법 역시 입법작용의 한 내용이라 할 수 있으므로 입법권의 한계이론에 의하여 제한 받는다. 그 결과 입법권을 위임하는 법률은 상위법우선의 원칙에 따라 헌법의 구속을 받고, 국민주권주의, 기본권존중주의, 권력분립의 원리(견제와 균형의 원칙) 등의 적용을 받는다. 또한 위임명령은 법률하위명령인 이상 헌법, 법률 등 상위법령에 우선할 수 없다는 법논리적 한계를 가진다.

### 2.1.5. 헌법 제75조의 해석에 의한 한계(헌법해석론적 입장)

a) 헌법 제75조의 해석에 입각한 한계(포괄위임금지의 원칙에 의한 한계) - 일반적·포괄적 위임금지

[포괄적 위임금지 : 포괄위임금지의 원칙] 헌법 제75조는 대통령령에 대하여 "법률에서 구체적으로 범위를 정하여 위임받은 사항"에 관하여 대통령령을 발할 수 있는 권한을 부여하고, 헌법 제95조는 국무총리 또는 행정각부의 장에게 "소관사무에 관하여 법률이나 대통령령의 위임"에 의하여 총리령 또는 부령을 발할 수 있는 권한을 부여하고 있다. 헌법 제75조가 "구체적으로 범위를 정하여" 위임할 수 있다는 규정을 두고 있는 것은 일반적 위임입법의 한계를 설정한 것이다. 이에 따라 입법권의 위임은 법률에 근거가 있어야 하고, 위임의 내용, 목적 및 범위가 법률에 구체적이고 명확하게 규정되어야 한다(명확성의 원칙

[Bestimmtheitsprinzip]). 그러나 현행 헌법규정은 위임입법의 근거법률(수권법)이, (ㄱ) 어느 정도로 구체적으로 범위를 정하여야 하는가, (ㄴ) 입법권위임의 구체성을 판단할 수 있는 객관적 기준은 무엇인가, (ㄷ) 그러한 객관적 기준은 모든 종류의 위임입법에 일률적·획일적으로 적용되는 것인지에 관하여 분명한 지침을 제시하지 않고 있다.

[다수설] 헌법 제75조의 '구체적으로' '범위를 정하여'라는 의미에 대하여, "일반적·추상적 위임을 금한다는 것과 포괄적·전면적 위임을 금한다는 것"을 의미로 이해하는 견해[1]가 다수설이다. 이에 대하여 "구체적이란 개념은 추상적이라는 개념과 대조되는 것으로 사안 즉 대상에 관련되는 것이며, 범위를 정하여란 일반적·포괄적이라는 개념과 대조되는 것으로 양적 한정을 의미하는 것"이므로 "법률에 구체적으로 범위를 정하여"라는 의미를 "합헌적인 수권법률의 존재가 필요하고, 위임은 전부위임이나 일반적 위임이 아닌 부분적·개별적 위임이어야 한다는 것"으로 해석하는 견해도 있다.

[소결] 이와같이 위임은 개별적·구체적 수권이어야 하고, 일반적·백지적 수권은 헌법이 입법권과 행정권을 분리한 권력분립의 원칙에 저촉되므로 허용되지 아니한다. 이점에서 명령에 대한 법률의 위임은 조례에 대한 법률의 위임과 구별된다. 조례에 대한 법률의 위임은 반드시 개별적·구체적일 필요가 없으며, 포괄적 위임도 가능하다. 조례는 법률의 위임이 없는 사항에 대해서도 법령에 저촉되지 아니하고, 그 내용이 주민의 주민의 권리·의무에 관한 사항이거나 벌칙에 관한 것이 아닌 한, 자유롭게 제정할 수 있다.

【일반적·포괄적 위임금지】

▶판례〉 구체적 위임이라면 누구라도 상위법령으로부터 위임명령에 규정되는 내용의 대강을 예측할 수 있어야 하는데, 이때 예측가능성 유무는 위임조항 하나만으로 판단할 것이 아니라 위임조항이 속한 상위법령의 전반적 체계·취지·목적과 당해 위임조항의 형식·내용 및 관련법규를 유기적으로 고려하여 판단하여야 한다(대판 2002. 8. 23, 2001두5651).

▶판례〉 외형상으로 포괄적 위임인 것처럼 보이더라도 그 법률의 전반적 체계 등을 고려하여 위임의 한계를 분명히 확정할 수 있는 것이라면 포괄적 위임이 아니다(대판 1996. 3. 21, 95누3640).

▶판례〉 일반적·추상적 규정이라 할지라도 법관의 해석을 통해서 그 의미가 구체화·명확화될 수 있다면 명확성 원칙에 반하지 않는다(대판 2001. 4. 27, 2000두9076).

▶판례〉 국민의 기본권을 제한하거나 침해할 소지가 있는 사항에 대해서는 구체성 내지 명확성이 더욱 엄격히 요구된다(대판 2000. 10. 19, 98두6265).

▶판례〉 처벌법규나 조세법규와 같이 국민의 기본권을 직접적으로 제한하거나 침해할 소지가 있는 영역에서는 일반적인 급부행정의 영역에서보다 위임의 구체성·명확성

---

1) 김철수, 헌법학개론, 1122-1123면; 권영성, 헌법학원론, 891면; 김동희, 행정법(Ⅰ), 134면.

요구가 강화된다(헌재 2002. 8. 29, 2000헌바50, 2002헌바56[병합]).

▶ 판례〉 보건위생 등 급부행정영역에서는 침해영역보다 구체성 요구가 다소 약화되어도 무방하다(대결 1995. 12. 8, 95카기16).

▶ 판례〉 [중학교 의무교육의 단계적 실시에 관해 대통령령에 위임한 것과 관련하여] 다양한 사실관계를 규율하거나 사실관계가 수시로 변화할 수 있는 사안에 대해서는 그 성격상 명확성의 요구가 좀더 완화될 수 있다(헌재 1991. 2. 11, 90헌가27).

▶ 판례〉 조례에 대해서는 포괄적 위임도 가능하다. 자치조례의 경우 위임조례(국가사무)와 달리 일반적인 위임입법의 한계는 적용되지 않는다(대판 2000. 11. 24, 2000추29).

▶ 판례〉 법률이 공법적 단체 등의 정관에 자치법적 사항을 위임한 경우에는 헌법 제75조가 정하는 포괄적인 위임입법의 금지는 원칙적으로 적용되지 않는다고 봄이 상당하고, 그렇다 하더라도 그 사항이 국민의 권리·의무에 관한 기본적이고 본질적인 사항은 국회가 정하여야 한다(대판 2007. 10. 12, 2006두14476).

▶ 판례〉 법률이 행정부가 아니거나 행정부에 속하지 않은 공법적 기관의 정관에 특정 사항을 정할 수 있다고 위임하는 경우 포괄적인 위임입범의 금지는 원칙적으로 적용되지 않는다(헌재 2006. 3. 30, 2005헌바31).

b) 헌법 제75조에 의한 위임명령의 한계 및 기준

헌법 제75조는 일반적·포괄적 위임을 금지하고자 하는 데에 근본적인 취지가 있다. 따라서 위임하고자 하는 수권법률은 위임명령으로 정할 대상을 특정사항으로 한정하여야 하고(위임대상의 한정성), 그 위임대상에 대하여 행정입법을 함에 있어서 행정기관을 지도·통제하기 위한 목표·기준·고려요소 등을 명확하게 지시하여야 한다(위임기준의 명확성). 이러한 위임대상의 한정성과 위임기준의 명확성의 정도는 일률적으로 판단될 수 있는 것은 아니고, 다양한 관점에서 유동적·탄력적으로 구체화되어야 한다.[1] 국민에 대한 영향 정도, 규율대상의 국가사회적 중대성 정도, 위임입법제정절차에 대한 참여여부 및 수임기관의 민주적 정당성확보 정도, 수임기관과 국민 등에 대한 예측가능성 확보여부, 국회의 전문적·기술적 능력의 한계 등은 위임입법시 입법권자가 비교형량할 기준이 되는 동시에 개개의 수권법률의 합헌성여부를 판단하는 기준이 될 수 있을 것이다.[2]

[헌법재판소 판례] 헌법재판소는 위임입법의 범위와 한계에 관한 헌법 제75조도 "대통령은 법률에서 구체적으로 범위를 정하여 위임받은 사항에 관하여 대통령령을 발할 수 있다."라고 규정함으로써 위임입법의 근거를 마련함과 동시에 위임은 반드시 구체적 개별적으로 행하여질 것을 요구하고 있다."[3] 그러면서도 헌법재판소는 위임대상(범위)의 한정성

---

1) 박윤흔, 최신 행정법강의(상), 박영사, 1999, 220면; 헌법재판소
2) 박윤흔, 최신 행정법강의(상), 박영사, 1999, 220-222면.
3) 헌재 2001. 1. 18. 98헌바75등, 판례집 13-1, 1, 18

과 위임기준의 명확성의 정도의 일반적 구체적 기준을 제시하기보다는 사안별로 개별·구체적으로 판단하는 경향을 보인다. 즉 헌법재판소는 "형벌법규라고 하더라도 일정사항의 위임이 불가능하지는 않지만 죄형법정주의 원칙에 비추어 보건대 최소한도 범죄의 구성요건의 윤곽만큼은 수권규정자체에서 예측될 수 있어야 한다."[1]고 하였고, 또한 "조세법률주의의 이념에 비추어 국민의 재산권을 직접적으로 제한하거나 침해하는 내용의 조세법규에 있어서는 일반작인 급부행정법규와는 달리 위임입법의 요건과 범위가 보다 엄격하고 제한적으로 규정되어야 한다."[2]고 하였고, 더 나아가서 "대통령령에 위임된 부분의 대강을 국민이 예측할 수 있도록 위임법률에 구체적으로 정하여져 있다고 할 수 있으므로 위임입법의 범위와 한계를 규정한 헌법 제75조에 위반되지 아니한다."[3]라고 판시하였다.

[대법원판례] 대법원은 위임입법이 이러한 한계기준을 충족하였는지 여부에 대하여는 당해 법률의 수권규정 뿐만 아니라 당해 위임조항이 속한 법률의 전반적인 체계와 취지, 목적, 당해 조항의 규정형식과 내용 및 관련법규를 유기적·체계적으로 고려해야 한다는 것이 대법원 판례의 태도이다(아래 판례참조).[4]

▶ 대판 2004. 7. 22, 2003두 7606 【형질변경 반려 처분 취소】 【판시사항】 위임명령은 법률이나 상위명령에서 구체적으로 범위를 정한 개별적인 위임이 있을 때에 가능하고, 여기에서 구체적인 위임의 범위는 규제하고자 하는 대상의 종류와 성격에 따라 달라지는 것이어서 일률적 기준을 정할 수는 없지만, 적어도 위임명령에 규정될 내용 및 범위의 기본사항이 구체적으로 규정되어 있어서 누구라도 당해 법률로부터 위임명령에 규정될 내용의 대강을 예측할 수 있어야 하나, 이 경우 그 예측가능성의 유무는 당해 위임조항 하나만을 가지고 판단할 것이 아니라 그 위임조항이 속한 법률의 전반적인 체계와 취지·목적, 당해 위임조항의 규정형식과 내용 및 관련 법규를 유기적·체계적으로 종합 판단하여야 하며, 나아가 각 규제 대상의 성질에 따라 구체적·개별적으로 검토함을 요한다.

### 2.1.6. 국회전속적 입법사항의 위임금지(법률사항적 한계·헌법정책적 한계)

[국회전속적 법률사항의 위임금지] 헌법에 의하여 반드시 법률로 정하도록 하고 있는, 국회전속적 입법사항으로 규정되어 있는 사항 예컨대, 죄형법정주의(제12조), 조세법률주의(제59조), 그 밖에 헌법상 국적취득요건(제2조 제1항 : 대한민국의 국민이 되는 요건은 법률로 정한다.), 재산권의 수용 및 보상(제23조 제3항 : 공공필요에 의한 재산권의 수용·사용 또

---

1) 헌재결 1993. 5. 13, 92헌마80 【체육시설의설치이용에관한법률시행규칙 제5조에 대한 헌법소원】
2) 헌재결 1995. 11. 30, 93헌바32
3) 헌재결 1994. 7. 29, 93헌가12.
4) 대판 1996. 3. 21, 96누3640.

는 제한 및 그에 대한 보상은 법률로써 하되, 정당한 보상을 지급하여야 한다.), 행정각부설치(제96조) 및 지방자치단체의 종류(제117조 제2항 : 지방자치단체의 종류는 법률로 정한다.)는 명령에 위임될 수 없고, 명령으로 규정할 수도 없다.[1] 다만 이러한 입법사항은 전적으로 법률로 규율되어야 한다는 의미는 아니고 그 본질적 내용(Wesensgehalt)이 법률로 정해져야 함을 의미하며, 그 세부적 사항에 대해서는 구체적으로 범위를 정하여 행정입법에 위임하는 것은 허용된다.[2] 아무튼 법률에서 본질적인 내용을 규정하고 세부적인 사항만 법규명령에 위임하는 것까지 금지되는 것은 아니라고 본다. 따라서 예컨대 <u>조세의 종목과 세율은 법률로 정하되, 구체적으로 범위를 정하여 명확하게 위임하는 경우 과세요건 등에 관한 사항은 위임할 수 있다.</u>

[세부적인 입법사항을 총리령이나 부령에 위임할 수 있는지 여부] (판례) : 헌법 제75조는 대통령에 대한 입법권한의 위임에 관한 규정이지만, 국무총리나 행정각부의 장으로 하여금 법률의 위임에 따라 총리령 또는 부령을 발할 수 있도록 하고 있는 헌법 제95조의 취지에 비추어 볼 때, 입법자는 법률에서 구체적으로 범위를 정하기만 한다면 대통령령뿐만 아니라 부령에 입법사항을 위임할 수도 있다.[3]

### 2.1.7. 위임입법의 내용적 한계

위임입법에 있어서 위임은 위임자의 권한범위 내에서만 가능하고 또한 허용된다. 입법권자가 아무런 권한을 가지고 있지 아니한 사항(무권한)이나 그 권한범위를 넘은 사항(권한유월)에 대하여 입법권을 위임한다면 이는 그 자체로서 위헌이 된다. 예컨대 국회가 정부에 대하여 권력분립의 원칙상 국회권한의 본질적 내용에 해당되는 것으로서 국회의 고유권한인 '법률안의결권'이나 '예산심의확정권'을 위임하는 수권법률을 제정한다면 - 독일의 히틀러정권의 수권법(Ermächtigungsgestz)에서 보는바와 같이 - 이는 국회의 권한범위를 넘어섬과 동시에 권력분립의 원칙(견제와 균형의 원칙)에 반하는 것으로 위헌임을 면할 수 없다. 또한 위임명령의 내용이 권한을 수권(授權)해준 수권법률의 규율대상과 수권의 취지·목적·범위·내용을 고의적으로 왜곡하거나 일탈한 경우에도 이는 위임명령의 법적 근거가 되는 모법(母法)을 위반한 것이 되며, 행정의 법률적합성의 원칙(Gesetzmäßigkeit der Verwaltung)과 법률우위의 원칙(Vorrang des Gesetzes)에 저촉된다. 이는 위임입법의 내용적 한계를 벗어난 것으로 위법하다.

---

1) 석종현, 일반행정법(상), 166면; 정하중, 행정법총론, 143면.
2) 김남진·김연태, 행정법(I), 160면.
3) 헌재 1998. 2. 27. 97헌마64, 판례집 10-1, 187, 194

## 2.2. 상위명령(대통령령)의 하위명령(총리령·부령)에 대한 협의의 재위임(Weietermächtiung im engeren Sinne)의 허용성

상위명령(대통령령)이 위임받은 사항에 관하여 '전면적'으로 다시 하위명령(총리령·부령 등)에 위임하는 재위임(전면적 재위임)은 형식적으로는 복위임금지의 원칙에 위반될 뿐만 아니라 실질적으로는 수권법의 내용을 변경하는 결과가 되기 때문에 허용될 수 없다(통설). 다만 법률에서 위임된 사항에 관한 일반적인 기준(대강)을 정한 다음, 그의 '세부적인 사항의 보충'을 다시 하위명령에 위임(세부적 재위임; 협의의 재위임; 보충적 재위임)하는 재위임은 허용된다는 것이 다수설(김남진; 김동희; 한견우) 및 판례(아래 헌법재판소 판례 참조)[1]의 태도이다(헌법 제95조 참조).[2] 왜냐하면 총리령 또는 부령의 수권근거로서 헌법 제95조가 "국무총리 또는 행정각부의 장은 소관사무에 관하여 법률이나 대통령령의 위임 또는 직권으로 총리령 또는 부령을 발할 수 있다."고 규정하고 있는바, 여기서 '대통령령의 위임'이라고 규정하고 있는 것이 협의의 재위임을 인정하는 헌법적 근거가 되고 있다고 한다. 헌법재판소도 협의의 재위임을 인정하고 있다(아래판례 참조).

▶ 헌재결 1996. 2. 29, 94헌마213【풍속영업의규제에관한법률 제2조 제6호등위헌확인】 법률에서 위임받은 사항을 전혀 규정하지 않고 재위임하는 것은 복위임금지(履委任禁止)의 법리에 반할 뿐 아니라 수권법의 내용변경을 초래하는 것이 되고, 부령(部令)의 제정·개정절차가 대통령령에 비하여 보다 용이한 점을 고려할 때 재위임에 의한 부령의 경우에도 위임에 의한 대통령령에 가해지는 헌법상의 제한이 당연히 적용되어야 할 것이므로 법률에서 위임받은 사항을 전혀 규정하지 아니하고 그대로 재위임하는 것은 허용되지 않으며 위임받은 사항에 관하여 대강(大綱)을 정하고 그 중의 특정사항을 범위를 정하여 하위법령에 다시 위임하는 경우에만 재위임이 허용된다.[3]

▶ 헌재결 2003. 12. 18, 2001헌마543【보건복지부고시 제2001-32호위헌확인】「… 국민건강보험법시행령 제24조 제2항에서 위임하고 있는 사항인 요양급여비용의 상대가치점수 산정의 범위 안에 속하는 것이다. 그렇다면 이 사건 개정고시는 비록 그 내용이 의료수가의 산정기준에 관한 것으로 의료인인 청구인들의 재산권을 제한하고 있지만 위 시행령 조항 및 나아가 동 시행령에의 위임근거가 되는 법률조항인 국민건강보험법 제42조 제7항에 그 위임의 근거를 가진 것으로서 법률에 의한 기본권 제한의 헌법원칙에 위배되지 아니한다」.

---

1) [판례] 전면적 재위임은 금지되나 특정사항을 다시 하위법령에 위임하는 것은 허용될 수 있다 (헌재 1996. 2. 29, 94헌마213).
2) 박윤흔, 행정법강의(상), 229면; 정하중, 행정법총론, 144면.
3) 同旨 헌재결 2002. 10. 31, 2001헌라1【강남구청과대통령간의권한쟁의】

## 2.3. 조례에 대한 위임의 문제(포괄적 위임입법권의 인정)

기본권제한적 조례의 제정에 있어서는 법률의 근거(auf Grund eines Gesetzes)가 있어야 한다고 할지라도, 조례의 자치입법으로서의 성격을 고려할 때, 포괄적·일반적 위임입법의 금지라는 헌법 제75조의 의미가 그대로 적용되지 않고 보다 완화되어 적용될 수 있다. 대법원은 공유수면의 점용료 또는 사용료부과징수조례에 대하여 "법률이 주민의 권리와 의무에 관한 사항에 관하여 구체적으로 아무런 범위도 정하지 아니한 채 조례를 정하도록 포괄적으로 위임하였다고 하더라도, 행정관청의 명령과는 달리 조례도 주민의 대표기관인 지방의회의 의결로 제정되는 지방자치단체의 자주법인 만큼 지방자치단체가 법령에 위반되지 않는 범위내에서 주민의 권리·의무에 관한 사항을 제정할 수 있는 것"[1]이라고 하여 포괄적 위임입법권을 인정하고 있다(아래 판례참조).

▶ 대판 1991. 8. 27, 90누6613 【유지점용료부과처분취소】

【판시사항】

가. 법률의 포괄적 위임에 의한 지방자치단체의 조례제정권의 범위

나. 공유수면을 토지의 형태로 점용사용하는 경우에는 인근유사지의 과세시가표준액을 기준으로 점용료를 산정하도록 규정한 서울특별시 공유수면점용료등징수조례(1988.8.2. 조례 제2369호로 개정된 것)의 모법 위반 여부(소극)

다. 위 "가"항의 조례가 당해 공유수면에 대하여 토지등급이 설정되어 있는 경우에도 적용되는지 여부(적극)

【판결요지】

가. 법률이 주민의 권리의무에 관한 사항에 관하여 구체적으로 아무런 범위도 정하지 아니한 채 조례로 정하도록 포괄적으로 위임하였다고 하더라도, 행정관청의 명령과는 달리, 조례도 주민의 대표기관인 지방의회의 의결로 제정되는 지방자치단체의 자주법인 만큼, 지방자치단체가 법령에 위반되지 않는 범위 내에서 주민의 권리의무에 관한 사항을 조례로 제정할 수 있는 것이다.

나. 공유수면관리법 제7조와 같은법시행령 제12조의 규정에 의한 공유수면의 점용료 또는 사용료의 부과징수에 관하여 필요한 사항을 정함을 목적으로 제정된 서울특별시 공유수면점용료등징수조례(1988.8.2. 조례 제2369호로 개정된 것)가 공유수면을 수면의 형태대로 이용하는 경우와 이와는 달리 토지의 형태로 점용사용하는 경우로 구분하여, 후자의 경우에는 인근유사지의 지방세법의 규정에 의한 과세시가표준액을 기준으로 점용료를 산정하도록 규정하였다면, 공유수면이라고 하더라도 그 용도, 기능, 지역여건, 위치, 환경 이용상황 등이 인근토지와 유사한 경우에는 인근유사지의 지방세법의 규정에 의한 과세시가표준액을 기준으로 그 점용료를 산정하게 하려는 취지로 해석되므로, 위

---

[1] 대판 1991. 8. 27, 90누6613

조례가 모법인 위 법이나 시행령에 위반되는 것이라고 볼 수 없다.

　　　　다. 인근유사지의 과세시가표준액을 기준으로 하천의 점용료를 산정하도록 규정한 위 "가"항의 조례는 당해 공유수면에 대하여 과세시가표준액을 산정할 수 있는 토지등급이 설정되어 있지 않은 경우에만 적용되는 것이 아니라, 당해 공유수면에 대하여 토지등급이 설정되어 있는 경우에도 적용되는 것으로 해석하여야 한다.

## 2.4. 조세법규 위임의 한계 - 조세법률주의와 위임입법의 한계

[개관:조세법률주의] 헌법 제59조는 "조세의 종목과 세율은 법률로 정한다."라고 하여 조세법률주의를 규정하고, 헌법 제38조에서는 "모든 국민은 법률이 정하는 바에 의하여 납세의 의무를 진다."라고 하여 국민은 법률에 의해서만 납세의무를 부담하고 대통령령 등 위임입법에 의해서는 납세의무를 부담하지 않음을 규정하고 있다(조세법률주의). 따라서 법률로써 정해야 할 사항을 행정입법으로 정하는 것은 위헌이다. 그러나 법률로 규정해야 할 사항 이외의 사항의 경우나, 법률로 정할 사항(조세법률주의가 요구되는 사항)이라도 그 요건을 충족시킨 나머지 부분을 헌법 제75조에 의하여 하위법령에 위임하는 것이 허용되는지가 문제되는 바, 긍정하는 것이 지배적이다. 조세법률주의는 법률유보의 원칙과 기본권제한의 한계이론의 구체화로서 위임범위의 명확성 및 위임기준의 구체성의 정도에서 엄격한 조건을 요구하고 있다. 헌법재판소는 조세법규에 있어서, "조세법률주의의 이념에 비추어 국민의 재산권을 직접적으로 제한하거나 침해하는 내용의 조세법규에 있어서는 일반적인 급부행정법규에서와는 달리, 그 위임의 요건과 범위가 보다 엄격하고 제한적으로 규정되어야 한다."[1]고 하였다. 그리고 헌법재판소는 "헌법은 제38조에서 '모든 국민은 법률이 정하는 바에 의하여 납세의 의무를 진다.'라고 규정하고, 제59조에서 '조세의 종목과 세율은 법률로 정한다.'라고 규정하여 조세법률주의를 선언하고 있으며, 또한 제75조에서 '대통령은 법률에서 구체적으로 범위를 정하여 위임받은 사항 … 에 관하여 대통령령을 발할 수 있다.'고 규정함으로써 위임입법의 근거를 마련함과 동시에 위임은 '구체적으로 범위를 정하여"하도록 하여 그 한계를 제시하고 있다."[2]고 하였다. ☞ **위임입법의 필요성 인정**

[위임입법의 필요성] 위임입법의 필요성에 대하여 헌법재판소는 "조세법률주의를 철저하게 관철하고자 하면 복잡다양하고도 끊임없이 변천하는 경제상황에 대처하여 적확하게 과세대상을 포착하고 적정하게 과세표준을 산출하기 어려워 담세력에 따른 공평과세의 목적을 달성할 수 없게 되는 경우가 생길 수 있으므로, 조세법률주의를 지키면서도 경제현실

---

1) 헌재 1994. 7. 29. 92헌바49등, 판례집 6-2, 64, 101; 헌재 1995. 11. 30. 93헌바32, 판례집 7-2, 598, 607

2) 헌재 2002. 3. 28. 2001헌바24등, 판례집 14-1, 174, 182-183; 헌재 2002. 3. 28. 2001헌바32, 판례집 14-1, 189, 192

에 따라 공정한 과세를 하고 탈법적인 조세회피행위에 대처하기 위하여는 납세의무의 본질적인 내용에 관한 사항이라 하더라도 그중 경제현실의 변화나 전문적 기술의 발달 등에 즉응하여야 하는 세부적인 사항에 관하여는 국회제정의 형식적 법률보다 더 탄력성이 있는 대통령령 등 하위법규에 이를 위임할 필요가 있다."[1]고 하였고, "사회현상의 복잡 다기화와 국회의 전문적·기술적 능력의 한계 및 시간적 적응능력의 한계로 인하여 조세부과에 관련된 모든 법규를 예외 없이 형식적 의미의 법률에 의하여 규정한다는 것은 사실상 불가능할 뿐만 아니라 실제에 적합하지도 아니하기 때문에, 경제현실의 변화나 전문적 기술의 발달에 즉시 대응하여야 할 필요 등 부득이한 사정이 있는 경우에는 법률로 규정하여야 할 사항에 관하여 국회 제정의 형식적 법률보다 더 탄력성이 있는 행정입법에 위임함이 허용된다."[2]고 하였으며, 더 나아가서 "헌법은 모든 국민은 법률이 정하는 바에 의하여 납세의 의무를 지고, 조세의 종목과 세율은 법률로 정하도록 규정함으로써 조세법률주의를 선언하고 있는바, 납세의무자 상호간에 생기는 조세의 전가관계를 고려하고, 또 행정권의 자의적인 법해석과 집행으로부터 국민의 재산권을 보호함과 동시에 국민의 경제생활에 법적 안정성과 예측 가능성을 부여하기 위해서는 조세의 부과 징수의 요건이나 절차뿐만 아니라 조세감면의 근거 또한 법률로 정하여야만 한다. 그러나 복잡다기한 사회현상과 국회의 전문적 기술적 능력의 한계 및 신속한 대응능력의 한계로 인하여 조세의 감면에 관련된 모든 법규를 예외 없이 형식적 의미의 법률로 규정한다는 것은 사실상 불가능할 뿐만 아니라 적합하지도 아니하다(헌재 1996. 6. 26. 93헌바2, 판례집 8-1, 525, 531-532). 따라서 경제현실의 변화나 전문적 기술의 발달 등에 즉시 대응하여야 할 사항에 관하여 국회가 제정하는 형식적 법률보다 더 탄력성이 있는 행정입법에 위임함이 허용되는 것이다."[3]라고 하고 있다.

[조세법규의 위임범위] 헌법재판소는 토지초과이득세법의 위헌소원에서 위임입법의 구체성·명확성의 요구정도는 규제대상의 정도와 성격에 따라 달라진다고 보면서 조세법규의 위임범위를 조세법률주의이념에 비추어 정하고 있다. 법적안정성과 예측가능성이라는 조세법률주의 이념에 비추어 국민의 재산권을 제한하거나 침해하는 조세법규에 있어서는 위임의 요건과 범위가 제한적으로 규정되어야 한다는 것이다.[4] 토지초과이득세법 제8조 제1항이 개인이 소유하는 토지초과이득세의 과세대상이 되는 유휴토지 등은 각호의 1에 해당하는 토지로 한다고 하고, 제13호에서 임대에 쓰이는 토지를 들면서 그 예외를 대통령령에 위임하고 개시일의 지가는 대통령령이 정하는 기준시가에 의한다고 하여 기준시가 설정을

---

[1] 헌재 1995. 11. 30. 94헌바40등, 판례집 7-2, 616, 632-633
[2] 헌재 1996. 6. 26. 93헌바2, 판례집 8-1, 525, 532-533; 헌재 1998. 7. 16. 96헌바52등, 판례집 10-2, 172, 196; 헌재 1999. 7. 22. 96헌바80등, 판례집 11-2, 90, 105
[3] 헌재 2001. 1. 18. 98헌바75등, 판례집 13-1, 1, 17
[4] 헌재결 1994. 7. 29, 92헌바49·52; 헌재결 1995. 7. 21, 89헌마38.

대통령령에 위임하고 있었는데, 헌법재판소는 "기준시가는 토지초과이득세의 과세대상 및 과세표준이 되는 토지초과이득의 존재여부와 그 범위를 정하는 지표가 되므로 납세의무자의 존부 및 범위와 직접 관계를 가지고 있는 중요한 사항으로 보고, 국민생활의 법적 안정성과 예측가능성을 도모한다는 의미에서는 기준시가의 산정기준이나 방법 등을 하위법규에 백지위임하지 아니하고 그 대강만이라도 토지초과이득세법 자체에 규정하는 것이 보다 합리적이고 신중한 입법태도이며, 이것이 조세법률주의나 위임입법의 한계 등을 규정한 헌법에도 합치한다. 그럼에도 불구하고 토지초과 이득세법 제11조 제2항이 지가를 산정하는 방식과 기준을 직접 규정하지 아니하고 이를 전적으로 대통령령에 위임하고 있는 것은, 헌법 제38조 및 제59조가 천명하고 있는 조세법률주의 혹은 위임입법의 범위를 구체적으로 정할 것을 지시하고 있는 헌법 제75조에 반하는 것이다."[1] 라고 하여 헌법상 조세법률주의에 위반되고 위임입법의 한계를 벗어난 것이라고 하였고, 토초세법 제8조 제1항 제13호는 "국민에 대한 납세의무의 부과여부 자체가 입법권에 의한 아무런 통제 없이 행정권에 의하여 좌우되고 있다는 비난을 면하기 어려우며, 이는 헌법상의 위임원칙과 헌법 제59조가 정하고 있는 조세법률주의와 충돌된다고 할 것이다."[2]라고 하였다.

### 2.5. 죄형법정주의와 위임명령의 한계
#### 2.5.1. 일반적 고찰

[죄형법정주의] "법률이 없으면 범죄도 없고 형벌도 없다" 혹은 "법률없이 형벌없다(ohne Gestz kein Straf)"는 죄형법정주의 원칙에 따라, 범죄의 구성요건이나 벌칙규정을 포괄적으로 위임하는 것은 허용되지 아니하며, 최소한 처벌원칙, 형벌의 종류, 최고형 등에 대한 명확한 기준은 근거법률에서 규정되어야 한다.[3] 따라서 범죄구성요건이나 벌칙규정을 포괄적으로 위임하거나 헌법에 따라 최소한 법률이 직접적으로 규율해야 할 사항을 법률하위명령에 위임하는 것은 위헌이다. 이는 헌법 제75조의 규정보다는 죄형법정주의를 규정한 헌법규정들(제12조 제1항, 제13조 제1항 및 제2항)에 의한 것이며, 적어도 죄형법정주의에 의한 위임입법의 한계기준(또는 헌법 제75조)을 따른 것이다(헌법재판소). 대법원이나 헌법재판소 판례는 죄형법정주의원칙(헌법 제12조)과 위임입법의 한계(헌법 제75조)에 관한 규정을 동시에 경합적으로 위헌판단의 준거법조로 인용하고 있다.[4]

[대법원 판례] 대법원은 "법률 없으면 어떤 범죄도 형벌도 없다"는 표어로 요약되는 죄

---

1) 헌재 1994. 7. 29. 92헌바49등, 판례집 6-2, 64, 102
2) 헌재 1994. 7. 29. 92헌바49등, 판례집 6-2, 64, 114
3) 허영, 한국헌법론, 박영사, 1995, 341면.
4) 대판 1972. 9. 12, 72도1137; 헌재결 1995. 10. 26, 93헌바62.

형 법정주의의 원칙이 헌법에 밝혀진바가 되고, 형사법을 의지하는 큰 지주가 되어 형벌법규를 법률로 정립하라는 원칙이 생겨나고 오늘의 형벌법규의 대부분이 형식적 의미의 법률이라는데에 더 말이 필요없으나 그러나 형법법규를 법률에 의하여 규정하라는 원칙을 예외없이 관철하기란 사실상 불가능할 뿐 아니라 실지에 적합치 못할 경우도 생기어 예외의 길을 안틀수 없게 되었고 그길로 가더라도 국민의 권리 보호에 아무 지장이 없기 까닭에 어느 나라나 이에 대한 예외를 인정하게 되었다. 그러면 그 예외의 길은 무엇이냐 하면 그 으뜸가는 것이 위임명령이라고 불리우는 대통령령을 통한 형벌법규의 제정이요, 조례에 의한 그것 등이 있다. 이 경우 대통령령은 역시 형벌법규의 법원이 됨은 말한 나위없다. 따라서 이 경우에 형벌법규가 형식적 법률이 아니라는 이유만으로는 위 대통령령을 가리켜 죄형법정주의에 위배된다고 할 수 없다. 다만 법률이 위임한 사항이 구체적이 아니고 추상적 포괄적인 때와 특정사항에 관한 특정위임의 범위를 넘어 포괄적 위임 같이 받아들인 때에 문제가 될 뿐이다."라고 하였다.

[헌법재판소 판례] 헌법재판소는 처벌법규의 위임에 관하여 "현대국가의 사회적 기능증대와 사회현상의 복잡화에 따라 국민의 권리와 의무에 관한 사항이라 하여 법률만으로 다 정할 수 없는 것이므로 위임입법을 허용하는 것이 불가피하다"고 인정하면서 "처벌법규의 위임은 특히 긴급한 필요가 있거나 미리 법률로써 자세히 정할 수 없는 부득이한 경우에 한정되어야 하고, 그 법률에서 범죄의 구성요건은 처벌대상행위가 어떠한 것일 것이라고 이를 예측할 수 있을 정도로 구체적으로 정하고 형벌의 종류 및 그 상한과 폭을 명백히 규정하여야 하고(즉 그 법률에 의하여 대통령령으로 규정될 내용 및 범위의 기본사항이 구체적으로 규정되어 있어서 누구라도 당해 법률로부터 대통령령에 규정될 내용의 대강을 예측할 수 있어야 하고), 예측가능성의 유무는 당해 특정조항의 하나만으로 판단할 것은 아니고 법조항 전체를 유기적·체계적으로 종합판단하여야 하며, 각 대상법률에 따라 개별적·구체적으로 검토하야야 한다."[1]고 하였다.

### 2.5.2. 처벌규정의 위임문제

a) 처벌대상인 행위의 설정문제(범죄구성요건부분[Tatbestand])

헌법상 죄형법정주의의 원칙이 준수되는 이상 처벌규정의 위임은 일반적으로 인정되지 않는다. 그러나 법률에서 행정청이 처벌대상인 행위를 규정함에 있어 따라야 할 구체적인 기준을 제시하고 있으면 법규명령으로 이를 규정할 것을 위임할 수 있다. 즉 처벌대상인 행위의 규정, 즉 구성요건 부분과 처벌규정(처벌정도)을 구분하여, 전자에 관해서는, 범죄구성요건(Tatbestand)의 구체적 기준을 정하고 다만, 그 범위 내에서 세부적인 사항을 정

---

1) 헌재결 1994. 7. 29, 93헌가12.

하도록 한 경우에는 허용된다. 위임입법에 관한 헌법 제75조는 처벌법규에도 적용되는 것이지만 처벌법규의 위임은 특히 긴급한 필요가 있거나 미리 법률로써 자세히 정할 수 없는 부득이한 사정이 있는 경우에 한정되어야 하고 이 경우에도 법률에서 범죄의 구성요건은 처벌대상인 행위가 어떠한 것일 것이라고 이를 예측할 수 있을 정도로 구체적으로 정하고 형벌의 종류 및 그 상한과 폭을 명백히 규정하여야 한다.1)

▶판례〉 형벌법규에 대하여도 특히 긴급한 필요가 있거나 미리 법률로써 자세히 정할 수 없는 부득이한 사정이 있는 경우(보충성)에 한하여 수권법률(위임법률)이 구성요건의 점에서는 처벌대상인 행위가 어떠한 것일 거라고 이를 예측할 수 있을 정도로 구체적으로 정하고, 형벌의 점에서는 <u>형벌의 종류 및 상한과 폭을 명확히 규정하는 것을 조건으로 위임입법이 허용되며</u>, 이러한 위임입법은 죄형법정주의에 반하지 않는다(헌재 1996. 2. 29, 94헌마213).

[조정찬의 견해] "헌법상 법률로 정하도록 한 규정은 하위법령까지 포함한 법규명령으로 규정하라는 취지로 해석되어야 할 것이며, 헌법 제75조와 제95조에서 대통령령총리령부령의 존재를 명시한 것도 이러한 취지에서 비롯된 것으로 보아야 한다. 다만 법률의 위임근거가 있어야 하고 제75조에서 명시된 것처럼 구체적으로 범위를 정하여 위임하도록 한 요청을 충족시켜야 할 것이다. 이러한 요건을 충족시키는 한 법치행정의 개념에 어긋나지도 않는 것으로 보아야 한다."고 한다.2)

[사견] 그러나 이는 "헌법해석상 수용할 수 없고, 헌법원칙인 죄형법정주의 및 조세법률주의를 형해화 할 우려가 있다.

b) 형량의 문제(처벌정도)

수권법이 형의「최고·최소한도」를 정한 후, 그 범위 내에서 구체적인 사항(처벌규정)을 법규명령에 위임하는 것은 가능하다고 보는 것이 판례3)이자 통설의 입장이다.4)

▶헌재결 1996. 2. 29, 94헌마213【풍속영업의규제에관한법률제2조제6호등위헌확인】 형벌법규에 대하여도 특히 긴급한 필요가 있거나 미리 법률로서 자세히 정할 수 없는 부득이한 사정이 있는 경우에 한하여 수권법률(위임법률)이 구성요건의 점에서는 처벌대상인 행위가 어떠한 것일 거라고 이를 예측할 수 있을 정도로 구체적으로 정하고, 형벌의 점에서는 형벌의 종류 및 그 상한과 폭을 명확히 규정하는 것을 조건으로 위임입법이 허용되며 이

---

1) 헌재결 1991. 7. 8, 91헌가4【복표발행, 현상기타사행행위단속법제9조및제5조에관한위헌심판】
2) 조정찬, 행정입법에서의 죄형법정주의와 조세법률주의의 구현, 법제연구, 제10호, 1996, 147-168면.
3) 헌재결 1996. 2. 29, 94헌마213【풍속영업의규제에관한법률제2조제6호등위헌확인】
4) 김남진·김연태, 행정법(I), 160면.

러한 위임입법은 죄형법정주의에 반하지 않는다.

[형의 종류 및 그 최고한도를 규정함이 없이 처벌규정을 법규명령에 위임하는 것] 그러나 전혀 형의 종류 및 그 최고한도를 규정함이 없이 처벌규정을 법규명령에 위임하는 것은 허용될 수 없다.

### 2.6. 위임입법의 한계와 법치주의

헌법 제75조는 "대통령은 법률에서 구체적으로 범위를 정하여 위임받은 사항… 에 관하여 대통령령을 발할 수 있다"고 규정하여 위임입법의 헌법상 근거를 마련하는 한편 대통령령으로 입법할 수 있는 사항을 "법률에서 구체적으로 범위를 정하여 위임받은 사항"으로 한정함으로써 일반적이고 포괄적인 위임입법은 허용되지 않는다는 것을 명백히 하고 있는데, 이는 국민주권주의, 권력분립주의 및 법치주의를 기본원리로 하고 있는 우리 헌법하에서 국민의 헌법상 기본권 및 기본의무와 관련된 중요한 사항 내지 본질적인 내용에 대한 정책형성기능은 원칙적으로 주권자인 국민에 의하여 선출된 대표자들로 구성되는 입법부가 담당하여 법률의 형식으로써 이를 수행하여야 하고, 이와 같이 입법화된 정책을 집행하거나 적용함을 임무로 하는 행정부나 사법부에 그 기능을 넘겨서는 아니 되기 때문이다.[1]

▶ 헌재결 1995. 9. 28, 93헌바50 【특정범죄가중처벌법등에 관한 법률 제4조 위헌소원】 형사처벌의 대상이 되는 범죄의 구성요건은 형식적 의미의 법률로 명확하게 규정되어야 하며, 만약 범죄의 구성요건에 관한 규정이 지나치게 추상적이거나 모호하여 그 내용과 적용범위가 과도하게 광범위하거나 불명확한 경우에는 국가형벌권의 자의적인 행사가 가능하게 되어 개인의 자유와 권리를 보장할 수 없으므로 죄형법정주의의 원칙에 위배된다. 헌법 제75조에서 "법률에서 구체적으로 범위를 정하여 위임받은 사항에 관하여"라고 함은 법률 그 자체에 이미 대통령령으로 규정될 내용 및 범위의 기본적 사항이 구체적으로 규정되어 있어서 누구라도 당해 법률 그 자체에서 대통령령에 규정될 내용의 대강을 예측할 수 있어야 함을 의미하고, 그렇게 하지 아니한 경우에는 위임입법의 한계)를 일탈한 것이라고 아니할 수 없다. 특정범죄가중처벌등에관한법률 제4조 제1항의 "정부관리기업체"라는 용어는 수뢰죄와 같은 이른바 신분범에 있어서 그 주체에 관한 구성요건의 규정을 지나치게 광범위하고 불명확하게 규정하여 전체로서의 구성요건의 명확성을 결여한 것으로 죄형법정주의에 위배되고, 나아가 그 법률 자체가 불명확함으로 인하여 그 법률에서 대통령령에 규정될 내용의 대강을 예측할 수 없는 경우라 할 것이므로 위임입법(委任立法)의 한계를 일탈한 것으로서 위헌이다.[2]

---

1) 헌재 1995. 7. 21. 94헌마125, 판례집 7-2, 155, 165; 1995. 11. 30. 91헌바1등, 판례집 7-2, 562, 590; 1995. 11. 30. 94헌바40등, 판례집 7-2, 616, 634

2) 재판관 조승형, 재판관 신창언의 반대의견(反對意見) : 특정범죄가중처벌등에관한법률 제4조 제1항 소정의 "정부관리기업체"라는 개념정의는 관련법규정 및 법률이론에 의한 법관의 보충적 해

[구체적 위임 없이 국민의 권리·의무에 관한 사항을 새롭게 규정한 법규명령] 구체적 위임 없이 국민의 권리·의무에 관한 사항을 새롭게 규정한 법규명령은 무효인 법규명령이 된다.

▶판례〉 법개정으로 위임근거 유무의 변동이 있는 경우 이를 고려하여 법규명령의 유효·무효를 판단하여야 한다. 따라서 위임의 근거가 사후에 부여되면 그때부터 유효한 법규명령이 되며 위임의 근거가 사후에 소멸하면 그때부터 무효인 법규명령이 된다(대판 1995. 6. 30, 93추83).

▶판례〉 하위법령에서 위임의 근거가 되는 상위법령의 조항을 구체적으로 명시할 필요는 없다(대판 1999. 12. 24, 99두5658).

### 3. 집행명령의 한계

[개관] 집행명령은 법률 또는 상위명령을 「집행하기 위하여 필요한 사항」을 정하는 것이므로, 그 시행에 필요한 구체적인 절차·형식 등을 규정할 수 있음에 그치고, 상위명령에 없는 '새로운 입법사항'을 정할 수는 없다.[1] 즉 집행명령은 국민의 권리, 의무에 관계되지 않는 사항, 즉 법률 또는 상위명령을 집행하기 위하여 필요한 사항만을 규율하는 것이기 때문에 만약 집행명령이 상위법령을 집행하기 위한 구체적인 형식이나 절차 이외에 새로운 입법사항(국민의 권리·의무)을 규정하게 되면 그 집행명령은 위법한 명령이 되고 무효가 된다.[2] 따라서 논리적으로는 국민의 권리·의무에 관련된 사항은 집행명령으로 규정할 수 없다. 집행명령은 법률 혹은 상위명령의 구체적인 수권이 없더라도 행정의 고유한 법집행권에 기하여 발할 수 있는 것이다.

[권영성 교수의 견해] 권영성 교수는 국무총리는 법률이나 대통령령 등 상위법령이 규정하는 범위 안에서는 직권명령(집행명령)으로 국민의 권리나 의무를 규율하는 총리령을 발할 수 있다[3]고 하나, 동 교과서의 다른 곳에서는 집행명령의 한계를 설명하면서, 집행명령은 특정의 법률이나 상위명령을 시행하기 위하여 필요한 구체적 절차와 방법 등을 규정하는 것이므로, 새로운 입법사항(특히 국민의 권리와 의무)은 규정할 수 없다(다수설)고 한다.[4]

---

석을 통하여 충분히 개념을 명확히 정의할 수 있다 할 것이므로, 정의규정이 없다는 점만으로 이를 추상적이라거나 모호하다고 할 수는 없으며, 일반형법 또는 다른 특별형사법에서 규정하고 있는 용어들과 비교하더라도 정부관리기업체라는 용어가 지나치게 추상적이라거나 모호하다고 할 수 없다.

1) 석종현, 일반행정법(상), 167면.
2) 석종현, 일반행정법(상), 167면.
3) 권영성, 헌법학원론, 법문사, 2009, 1030면.
4) 권영성, 헌법학원론, 법문사, 2009, 1008면.

## VII. 법규명령(행정입법)에 대한 통제

### 1. 의의

[행정입법에 대한 통제] 법규명령은 국민의 권리·의무에 관한 사항을 규율하는 일반적·추상적 규범으로써 법률로써 정해야 하는 사항을 예외적으로 행정부에서 발하는 명령으로 정하도록 한 것이다. 이러한 법규명령은 국민의 대표기관인 국회에서 제정한 것이 아니므로 국민 권리의 보호와 구제를 위하여,[1] 그리고 「법률에 의한 행정」이 「행정입법에 의한 행정」으로 대치되는 현상을 막기 위하여 행정입법에 대한 통제가 필요하다.[2]

· [수권법률(授權法律)에 대한 사법적 통제] 헌법재판소가 수권법률의 위헌여부를 결정할 수 있는 경우는 세 가지가 있다. (ㄱ) 구체적 재판사건에 있어서 법률이 헌법에 위반되는 여부가 재판의 전제가 된 경우, 법원에 의하여 위헌법률심판제청이 있는 경우이다(헌법 제107조 및 헌법재판소법 제41조 제1항[3]). (ㄴ) 구체적 재판사건에 있어서 소송당사자가 당해법원에 대하여 재판에서 적용될 법률의 헌법에의 위반여부를 심판해달라는 위헌법률심판제청청구를 기각한 경우(소송당사자는 위헌법률심판제청청구권을, 당해법원은 위헌법률심판제청권을 갖는다), 당사자가 헌법재판소에 직접 헌법소원을 제기하는 경우이다(헌법 제111조 제1항 제5호 및 헌법재판소법 제68조 제2항[4]). (ㄷ) 공권력의 행사(입법 등) 또는 불행사(입법부작위 등)로 인하여 헌법상의 기본권을 침해받은 자가 헌법소원을 제기하는 경우이다(헌법 제111조 제1항 제5호 및 헌법재판소법 제68조제1항). 수권법률에 대한 사법적 통제는 '구체적으로 범위를 정하여 위임'하지 않고 포괄적인 백지위임을 한 수권법률을 위헌으로 결정하여 무효화하는 것이다.

---

1) 한상우, 실무행정법 Ⅰ, 법제처, 2007, 261면.
2) 서원우, 행정입법에 대한 통제, 의회에 의한 행정입법의 통제, 국회법제실·행정법이론실무학회(2004. 5. 27), 3면 이하 참조; 김용섭, 행정입법에 대한 의회통제의 문제점 및 개선방안, 의회에 의한 행정입법의 통제, 국회법제실·행정법이론실무학회(2004. 5. 27), 25면 이하; 김종두, 국회의 행정입법통제제도, 의회에 의한 행정입법의 통제, 국회법제실·행정법이론실무학회(2004. 5. 27), 65면 이하 참조.
3) 헌법재판소법 제41조(위헌 여부 심판의 제청) ① 법률이 헌법에 위반되는지 여부가 재판의 전제가 된 경우에는 당해 사건을 담당하는 법원(군사법원을 포함한다. 이하 같다)은 직권 또는 당사자의 신청에 의한 결정으로 헌법재판소에 위헌 여부 심판을 제청한다.
4) 헌법재판소법 제68조 제2항 : 제41조 제1항에 따른 법률의 위헌 여부 심판의 제청신청이 기각된 때에는 그 신청을 한 당사자는 헌법재판소에 헌법소원심판을 청구할 수 있다. 이 경우 그 당사자는 당해 사건의 소송절차에서 동일한 사유를 이유로 다시 위헌 여부 심판의 제청을 신청할 수 없다.

## 2. 법규명령에 대한 통제
### 2.1. 의회에 의한 통제
#### 2.1.1. 의회간접적 통제

[개관] 의회간접적 통제는 의회가 행정부에 대하여 가지는 '일반적인 감시·비판권'의 발동에 의하여 간접적으로 위법·부당한 법규명령을 견제·교정하는 방법이다. 국정조사·감사(헌법 제61조), 국무총리 또는 국무위원의 해임건의(헌법 제63조) 및 대통령·국무총리 또는 국무위원의 탄핵(헌법 제65조), 국무총리 등에 대한 질문(헌법 제62조) 등의 통제수단이 인정되고 있다.[1] 또한 국회는 법규명령의 제정에 관한 수권을 제한·철회하거나 법규명령과 내용상 상충되는 법률을 제정함으로써 법규명령의 효력을 상실하게 할 수 있다.[2]

[행정절차법·국회법] 현행 「행정절차법」[3]과 「국회법」에 따르면 대통령령인 경우에는 입법예고를 할 때부터 소관 상임위원회에 그 내용을 제출하도록 하고 있다. 또한 「국회법」에서는 중앙행정기관의 장이 행정입법을 제·개정한 경우에는 국회에 이를 제출·보고하도록 하여 소관 상임위원회에서 이를 검토하게 함으로써 간접적인 통제를 시도하고 있었다.[4] ☞ 2015년 5월 29일 국회는 이 규정을 개정하여 직접적 통제를 시도하였다.

[연혁] 발단은 세월호법 시행령 수정 요구 권한을 국회에 준 개정국회법(5월 29일 통과)이었다. 해석의 여지가 있지만 국회는 대통령령과 부령 등 행정입법을 심사해 수정을 요구할 수 있고, 요구를 받은 정부는 처리해야 한다고 규정한 것이 이번 국회법 제98조의2의 핵심적인 내용이다. 이에대하여 청와대(박근혜)는 "왜 국회가 행정입법인 시행령·시행

---

1) 석종현, 일반행정법(상), 172면.
2) 김남진·김연태, 행정법(I), 165면.
3) 행정절차법 제42조(예고방법) ① 행정청은 입법안의 취지, 주요 내용 또는 전문(全文)을 관보·공보나 인터넷·신문·방송 등을 통하여 널리 공고하여야 한다. ② 행정청은 입법예고를 하는 경우에는 대통령령을 국회 소관 상임위원회에 제출하여야 한다. ③ 행정청은 입법예고를 할 때에 입법안과 관련이 있다고 인정되는 중앙행정기관, 지방자치단체, 그 밖의 단체 등이 예고사항을 알 수 있도록 예고사항을 통지하거나 그 밖의 방법으로 알려야 한다. ④ 행정청은 제1항에 따라 예고된 입법안에 대하여 전자공청회 등을 통하여 널리 의견을 수렴할 수 있다. 이 경우 제38조의2제2항부터 제4항까지의 규정을 준용한다. ⑤ 행정청은 예고된 입법안의 전문에 대한 열람 또는 복사를 요청받았을 때에는 특별한 사유가 없으면 그 요청에 따라야 한다. ⑥ 행정청은 제5항에 따른 복사에 드는 비용을 복사를 요청한 자에게 부담시킬 수 있다. [전문개정 2012.10.22.]
4) 국회법 제98조의2(대통령령등의 제출등) ① 중앙행정기관의 장은 법률에서 위임한 사항이나 법률을 집행하기 위하여 필요한 사항을 규정한 대통령령·총리령·부령·훈령·예규·고시등이 제정·개정 또는 폐지된 때에는 10일 이내에 이를 국회 소관상임위원회에 제출하여야 한다. 다만, 대통령령의 경우에는 입법예고를 하는 때(입법예고를 생략하는 경우에는 법제처장에게 심사를 요청하는 때를 말한다)에도 그 입법예고안을 10일 이내에 제출하여야 한다.

규칙(국회가 정한 법률을 실무에 적용하기 위해 자세한 세부 내용을 담은 시행령으로 정부가 스스로 정한다)에까지 관여하려 하느냐? 삼권 분립을 규정한 헌법 위반"이라고 반발했다. 그러나 여당 일부와 야당은 "위헌이 아니다. 국회의 입법권 행사 차원일 뿐"이라고 주장한다. 문제가 된 국회법 조항인 '국회법 제98조의 2' 역사를 살펴보고자 한다. 이 조항에는 그동안 국회의 행정입법 통제를 위해 움직인 궤적이 그대로 남아 있기 때문이다.[1] 이하 국회법 98조의2의 개정안에 대한 연혁을 살펴보면 아래와 같다.

["행정부 권한 남용 막자" 1996년 박상천案] 1996년 11월 당시 야당인 새정치국민회의 소속 박상천 의원은 국회법 개정안을 대표발의한다. 문제의 98조의 2를 신설한 것으로, 정부가 시행령을 만들었을 때 일주일 이내에 국회에 그 내용을 보고하도록 했다. 당시 법안을 대표발의한 박상천 의원은 "행정부가 비대해지면서 행정권 남용을 통제하기 위한 국회의 비판기능이 더욱 중요시되고 있다"면서 "국회의 자율성이 전제돼야 한다"고 취지를 설명했다. 이른바 행정입법에 대한 국회의 통제 권한을 처음 마련한 것으로, 당시 한창 논의가 진행 중이던 국회 인사청문회 제도와 함께 대행정부 통제수단의 양대 산맥이었다. 당시 박상천안을 기초로 여야는 제도개선특위를 구성해 좀 더 정교한 법안을 마련했고, 1997년 1월 국회법 개정안을 통과시켰다. 내용은 박상천안을 약간 손질한 것이었으며 아래와 같다.

▶ 국회법 제98조의 2(대통령령 등의 송부) 중앙행정기관의 장은 … 대통령령·총리령·부령 및 훈령·예규·고시 등 행정규칙이 제정 또는 개정된 때에는 7일 이내에 이를 국회에 송부하여야 한다.

[평가] 이때까지는 정부가 시행령 내용을 국회에 보고할 의무만을 부여했다

[2000년, 시행령 '심사＋의견' 권한 마련] 이후 국회법 98조의2 내용을 추가해 행정입법 통제권을 확대하려는 시도가 이어졌다. 2000년 2월 국회는 새로운 조항을 추가해 국회가 단순히 시행령에 대해 보고받은 차원을 넘어서 시행령을 심사하고 문제가 있다고 판단할 때 정부에 의견을 낼 수 있도록 했다.

▶ 국회법 제98조의 2(대통령령 등의 제출 등) ② … 대통령령·총리령 및 부령에 대하여 법률 위반 여부 등을 검토하여 당해 대통령령 등이 법률의 취지 또는 내용에 합치되지 아니하다고 판단되는 경우에는 소관 중앙행정기관의 장에게 그 내용을 통보할 수 있다.

[평가] 판단을 강제할 수 있는 것은 아니지만 '그 내용을 통보할 수' 있는 권한을 국회에 부여함으로써 국회기 정부를 압박할 수 있는 수단을 마련했다. 시행령에 대해 보고받는 권한에 추가해 심사하고 의견을 내는 권한까지 국회가 가지게 되었다. 애초 국회 본회의에

---

[1] http://news.mk.co.kr/newsRead.php?year=2015&no=525727(검색어: 국회법 제98조의2; 검색일: 2015.10.25)

는 단순한 통보하는 권한을 넘어 국회가 시정을 요구할 수 있는 권한까지 부여하는 법안이 올라갔지만 위헌 여부가 논란이 되면서 '통보한다'로 내용이 약화된 수정안이 마련됐고 이것이 채택됐다. 한편 2002년 7월에는 정부가 시행령 내용을 보고해야 하는 시한을 '7일 이내'에서 '10일 이내'로 늘리고, 정부가 시한을 지키지 못할 때에는 이유를 국회에 알려야 할 의무를 부과했다. 이 역시 통제권 강화 차원이었다.

[2005년, 정부에 '심사의견 처리 의무' 추가] 여당인 열린우리당이 2004년 4월 대통령 탄핵 파문 속에 총선을 통해 다수당이 됐고 17대 국회가 들어섰다. 당시 제1야당인 한나라당은 국회 권한을 강화해 정부(노무현 정부)를 견제해야 한다는 주장을 강하게 했고, 결국 여야 합의로 국회개혁특위가 생겼다. 목적은 '강한 국회'를 만드는 것이었다. 당연히 국회법 98조의2에 대한 논의가 이뤄졌다. 당시 심재철 한나라당 의원은 "국회 상임위가 법에 대한 심의만을 할 뿐 대통령령, 총리령, 부령, 훈령 등 행정입법에 대해서는 추가 심의를 못해 행정부에 대한 견제와 균형의 직무를 다하지 못하고 있다"고 주장하기도 했다. 2005년 7월 국회법 개정안이 본회의를 통과했다. 주요한 내용은 국회 의견을 받은 정부는 처리 계획을 짜고 처리 결과를 국회에 보고하도록했다는 점이다.

▶국회법 제98조의 2 (대통령령 등의 제출 등) ③ … 그 내용을 통보할 수 있다. 이 경우 중앙행정기관의 장은 통보받은 내용에 대한 처리 계획과 그 결과를 지체 없이 소관상임위원회에 보고하여야 한다.

[평가] 단순히 국회가 낸 의견을 어떻게 처리할지, 그리고 어떻게 처리했는지 보고하라는 것이었다. 물론 '처리'에는 거절도 포함돼 있어 국회 의견을 반드시 따라야 하는 것은 아니지만 거절을 할 때도 타당한 이유를 설명해야 하기 때문에 정부로서는 부담을 느끼게 됐다. 사실상 국회에 시행령 수정 '간접 요구권'을 준 것이다.

[2015년 5월 29일 개정법률안] 우리나라는 대통령제를 채택하면서도 의원내각제적인 요소를 가미하여 정부가 법률안제출권을 가지도록 하고 있어(헌법 제52조), 정부가 법률안을 제출하면서 상당히 광범위한 위임을 대통령령 등 시행령에 위임할 수 있도록 수권조항을 마련해 두고, 국회에서 별다른 수정·변경이 없이 그대로 통과된 경우에, 이미 준비해 놓았던 시행령을 통하여 광범위하게 사실상 국회가 행해야 할 입법권을 행사하는 경우가 많은 것이 현실이고, 이러한 과정에서 국민의 기본권이 광범위하게 침해될 수 있는 가능성이 농후한 것이 사실이다.[1] 2012년 제19대 국회가 들어선 이후 행정입법, 즉 시행령에 대한 통제를 더욱 강화해야 하다는 의견이 많이 나왔다. 때로는 상위법인 법률의 취지를 무색하게 만드는 하위법인 시행령이 등장한다는 지적도 빈번했다. "행정입법에 대한 국회 통제 실효성 높이려면 위법한 대통령령 등을 국회가 직접 수정 요구할 수 있게 해야 한다"는 의견이 떠올랐다.

---

1) 방승주, 국회의 시행령수정·변경요구(청)권의 위헌여부, 공법연구 제44집 제2호(2015.12), 11면.

2015년 5월 29일 여야 합의로 국회 본회의를 통과한 국회법 개정안 제98조의 2는 "소관 상임위는 대통령령·총리령·부령등 행정입법이 법률의 취지 또는 내용에 합치되지 아니한다고 판단되는 경우, 소관 중앙행정기관의 장에게 수정·변경을 요구할 수 있다. 이 경우 중앙행정기관의 장은 수정·변경 요구를 받은 사항을 '처리하고 그 결과를 상임위에 보고해야 한다'"라고 규정하고 있었다. 시행령을 심사해 문제가 있다고 판단될 때 수정을 요구할 수 있는 권한을 국회에 준 것이다. 단순 의견을 제출하는 권한을 넘어 수정에 대한 '직접 요구권'을 인정하였다. 또 정부는 국회의 수정 요구를 처리해야 하고 그 결과를 보고해야 한다고도 규정했다.[1]

[개정안에 대한 평가] 이 같은 개정안에 대해 여당 일각과 청와대는 국회 권한을 지나치게 강화해 정부의 행정입법 권한을 침해했고, 시행령이 법률에 위배되는지는 사법부가 결정한다는 헌법 규정을 위반한다는 주장이 있다. 그러나 "개정안에는 시행령 수정 요구의 처리기간이나 방향, 이행강제 등 후속 절차가 규정되어 있지 않다"며 "절대적 구속력을 가지는 것이 아니라 국회의 조치는 시정을 요구하는 것으로 끝난다"는 반대의 주장도 있다. 2015년 개정안은 아래와 같다.[2]

▶ 국회법 제98조의 2(대통령령 등의 제출)
▶ 기존 ③ 상임위원회는 위원회 또는 상설소위원회를 정기적으로 개회하여 그 소관 중앙행정기관이 제출한 대통령령·총리령 및 부령에 대하여 법률에의 위반여부등을 검토

---

1) 독일식 동의유보제도나 미국식 입법적 거부 또는 의회심사법 등의 도입을 적극 검토함으로써 행정입법에 대한 국회의 통제제도를 강화해야 한다는 견해 : 최정일, 독일과 미국에서의 의회에 의한 위임입법의 직접적 통제에 관한 연구 - 동의권 유보와 입법적 거부를 중심으로, 행정법연구 제21호(2008. 8), 23-73(65); 홍준형, 행정입법에 대한 국회의 통제, 공법연구 제32집 제5호(2004. 6), 139면 이하(155); 고헌환, 행정입법에 대한 의회의 직접통제에 관한 비교연구, 법학논총 제20집 제3호(2013), 223면 이하(227-229); 김춘환, 위임입법의 한계와 국회에 의한 통제, 공법연구 제34집 제3호(2006), 51-90(85)면; 강장석, 국회의 행정입법에 대한 통제강화방안, 의정논총 제1권 제1호(2006. 12), 5-34(30)면; 김용섭, 행정입법과 그에 대한 통제, 경희법학 제34권 제2호(1999), 127-149(140)면; 김용섭, 국회법상 행정입법검토제도의 현황과 법정책적 과제, 행정법연구 제33호(2012. 8), 1-25면; 장영달, 행정입법에 대한 국회통제제도 연구, 한국유럽행정학회보 제3권 제2호(2006), 3-32면. 그 밖에 영국식 의회제출절차의 도입 필요성을 주장하는 견해 : 이일세, 법규명령에 대한 통제에 관한 고찰 - 영·미에서의 입법적 통제를 중심으로, 토지공법연구 제27집(2005), 323-342(339-341)면. 방승주, 국회의 시행령수정·변경요구(청)권의 위헌여부, 공법연구 제44집 제2호(2015.12), 6면 각주 6)에서 재인용.
2) 국회는 이 법률안에 대하여 재의에 붙이기는 하였으나 여당의원들이 표결에 참여하지않아 의결정족수 미달로 투표가 성립되지 않게 되었으며, 이 법률안은 제19대 국회의 임기가 종료되는 2016년 5월 29일이 경과되어 자동으로 폐기되었다(방승주, 국회의 시행령수정·변경요구(청)권의 위헌여부, 공법연구 제44집 제2호(2015.12), 3면).

하여 당해 대통령령등이 법률의 취지 또는 내용에 합치되지 아니하다고 판단되는 경우에는 <u>소관중앙행정기관의 장에게 그 내용을 통보할 수 있다. 이 경우 중앙행정기관의 장은 통보 받은 내용에 대한 처리 계획과 그 결과를 지체 없이 소관상임위원회에 보고하여야 한다.</u>

▶개정안 ③ 상임위원회는 소관 중앙행정기관의 장이 제출한 대통령령·총리령·부령 등 행정입법이 법률의 취지 또는 내용에 합치되지 아니한다고 판단되는 경우 <u>소관 중앙행정기관의 장에게 수정·변경을 요구할 수 있다. 이 경우 중앙행정기관의 장은 수정·변경 요구 받은 사항을 처리하고 그 결과를 소관상임위원회에 보고하여야 한다.</u>

현재 우리나라의 시행령은 다음과 같은 문제점이 있는 시행령들이 많다.

※ [상위법을 위반하는 시행령][1)]

(ㄱ) 이번 국회법 98조의2 개정안은 이번 세월호 시행령 이전부터 오랫동안 문제가 되어왔다. 정부가 법안 제정 취지를 훼손하는 시행령을 만든 경우가 한두 번이 아니었기 때문이다. 2009년 개정된 국가재정법 시행령의 경우, 모법에서는 총 사업비 5백억 원 이상, 국가재정지원 규모 3백억 원 이상 신규사업은 예비타당성 조사를 거치도록 했다. 그러나 시행령을 개정하면서 '재해예방·복구 지원 또는 안전 문제 등으로 시급한 추진이 필요한 사업의 경우에는' 타당성 재조사를 하지 않아도 되도록 예외조항을 두었다. 결국 이 조항을 근거로 4대강 사업이 추진되었다는 것이 야당의 주장이다.

(ㄴ) 시행령이 법안 제정 취지를 완전히 무시하는 경우도 있다. 국회는 지난 2015년 3월 '국립대학의 회계 설치 및 재정 운영에 관한 법률'(이하 대학회계법)을 통과시켰다. 이 법에 따라 사립대학과의 임금격차를 줄이기 위해 교직원에게 관행적으로 지급했던 각종 수당에 대한 법적 근거가 마련됐다.

▶국립대회계법 제28조 : 국립대학의 장은 소속 **교직원에게** 대학회계의 재원으로 교육·연구 및 학생지도 등을 위한 비용을 지급할 수 있다.

**그러나 시행령에서는 행정직원은 빼고 교원(교수)만 지급하도록 했다(아래 참조).**

▶국립대회계법 시행령 17조 : 국립대학의 장은 **교원에게** 법 제28조에 따른 교육·연구 및 학생지도 등을 위한 비용을 대학회계의 자체수입금 예산으로 지급할 수 있다.

[결과] 교육부는 대학생의 등록금 부담을 줄여주기 위해서라고 해명했지만 명백하게 상위법인 법률과 다른 내용이 들어간 것이어서 야당과 대학노조의 거센 반발을 불러 일으켰다.

(ㄷ) 교육부는 평교사에게 교장의 문호를 여는 '교장공모제'를 2007년부터 시행해왔지만 2009년 개정된 시행령은 응모 범위를 **전체학교의 15%**로 제한했다. 이로 인해 교장공모제가 유명무실해지자 국회는 지난 2011년 교육공무원법을 개정해 전국 3천여 곳의 자율학교에서 교장공모제를 활성화하기 위한 법률적 근거를 마련했다. 일정 자격 이상이면 평교사도 교장에 지원할 수 있도록 법조항을 만든 것이다. 그런데 교육부는 또다시 시행

---

1) http://newstapa.org/25784(검색어 : 국회법 제98조의2; 검색일 : 2015.10.28)

령에 이런 조항을 넣었다(아래 참조).

▶ 교육공무원임용령 제12조의6(공모 교장의 자격기준 등) 이 경우 교육감은 **신청한 학교 중 15퍼센트의 범위에서** 자격을 갖춘 사람이 교장 공모에 참여할 수 있는 학교를 정하여야 한다.

[결과] 결국 교장이 아닌 평교사가 교장이 되는 경우는 지난 4년 동안 단 2.1%로 법률 본래의 제정 취지가 사라졌다.

(ㄹ) 환경영향평가법문제

▶ 환경영향평가법 제11조(평가항목·범위 등의 결정) ① 전략환경영향평가 대상계획을 수립하려는 행정기관의 장은 전략환경영향평가를 실시하기 전에 평가준비서를 작성하여 환경영향평가협의회의 심의를 거쳐 다음 각 호의 사항을 결정하여야 한다.

1. 전략환경영향평가 대상지역
2. 토지이용구상안
3. 대안
4. 평가 항목·범위·방법 등

▶ 환경영향평가법 시행령 제8조(심의가 필요하지 않은 평가항목 등의 결정 대상) 전략환경영향평가 대상계획을 수립하려는 행정기관의 장은 전략환경영향평가 대상계획 중 법 제9조 제2항 제2호에 따른 개발기본계획(이하 "개발기본계획"이라 한다)의 사업계획 면적이 6만제곱미터 미만인 경우에는 환경영향평가협의회의 심의를 거치지 않고 법 제11조 제1항 각 호의 사항을 결정할 수 있다.

[환경영향평가법 시행령의 문제점] 모법에서는 환경영향평가협의회 심의를 거치도록 했는데 시행령에서 예외조항을 집어넣어서 심의를 빠져나갈 수 있도록 했다. 법제처는 2014년 이 시행령이 행정입법의 권한범위를 벗어나고 적법절차의 원칙에 어긋난다며 개선을 권고했지만 2015년 현재 여전히 고쳐지지 않고 있다.

[사견] 여야 국회의원 211명의 압도적인 찬성으로 통과됐지만 청와대는 "법원의 법령심사권과 정부의 행정 입법권을 침해하는 것"이라며 거부권 행사까지 시사하고 있다.[1] 시

---

1) 2015년 6월 1일 청와대 수석비서관 회의에서 박근혜 대통령은 이렇게 말했다. "정부의 시행령까지 국회가 번번히 수정을 요구하게 되면, 정부의 정책추진은 악영향을 받을 수밖에 없고, 결국 그 피해는 고스란히 국민들에게, 그리고 우리 경제에 돌아가게 될 것이다. 국정은 결과적으로 마비상태가 되고 정부는 무기력화될 것이다." ☞ **이에 대한 반론** : 국회법에 이번 개정안과 다를 바 없는 '시정요구' 조항이 이미 시행되고 있는 상황에서, 정부가 국회의 법률제정 취지에 반하는 시행령을 고의적으로 제정하지만 않는다면 삼권분립을 위협 받을 일도 없고, 그 혜택도 우리 국민에게 고스란히 돌아가지 않을까? http://newstapa.org/25784(검색어 : 국회법 제98조의2; 검색일 : 2015.10.25). 방승주 교수는 "행정입법에 대한 국회통제제도에 대하여 오히려 행정입법권의 침해와 권력분립위반 등을 주장하면서 위헌성을 강조하는 대부분의 견해들은 민주주의와 법치주의에 대한 심각한 저항이자 도전이라고 보지 않을 수 없다. 그 이유는 지금까지 사실상 <u>정부제출</u>

행령으로 인한 다툼이 있다면 최종 판단은 사법부(대법원 혹은 헌법재판소 : 위헌법률심판권·위헌위법명령심판권은 헌법재판소가, 위헌위법명령심사권은 대법원)가 하는 것이지만 이 때 사법부의 판단은 피해를 본 민원인이 '재판의 전제'가된 사건에서 정식으로 '법률상 이익'의 침해 등을 이유로하여 소송을 제기했을 때(구체적 규범통제) 가능한 것이지(선결문제로서의 기능), 국회와 행정부의 이견에 대한 판단을 구하는 것이 아니라는 점에서 문제가 있다. 그리고 우리 헌법은 법규명령의 위헌·위법심사는 '재판의 전제'가 된 경우에 한하기 때문에(구체적 규범통제), <u>법규명령에 대한 위헌위법심사는 그 자체의 위법성에 대한 심사를 목적으로 하는 독립된 절차가 아니라, 어느 법규명령의 위법여부가 '재판의 전제가 된 경우'에 그 사건의 심판을 위한 '선결문제'로서 다투어지는 것이다.</u> 법원에 의해 위법이라고 판단된 경우에는 일반적으로 실효되는 것이 아니고 당해 사건에 대해서만 적용이 거부될 뿐이라는 견해[1]와 일반적 효력을 인정하는 견해[2]가 있다. 이하 국회가 행정부의 행정입법에 대하여 갖는 의회직접적 통제의 구체적인 내용을 의원내각제 국가인 독일 및 대통령제 국가인 미국의 예를 들어 비교법적으로 고찰해보고자 한다. 문제가 되는 점은 우리나라는 대통령제를 중심으로 하면서도 미국식의 순수한 '전통적 대통령제'를 채택하고 있지않고 의원내각제적인 요소를 가미하고 있다. 따라서 우리나라의 정부형태는 '부진정대통령제(unechtes Präsidialsystem)'라 할 수 있다. ☞ **부진정대통령제라는 용어는 저자(김백유) 가 우리나라에서 최초로 사용하는 용어임**

### 2.1.2. 의회직접적 통제 – 국회에 의한 통제제도

[개관] 의회직접적 통제는 행정입법의 성립·발효에 대한 동의 또는 승인권을 유보하거나, 일단 유효하게 성립된 행정입법의 효력을 소멸시키는 권한을 유보하는 방법에 의한 통제이다(헌법 제76조 제3항, 제4항). 그 대표적인 예로는 영국의 '의회에의 제출절차(laying process)'나 독일의 경우 의회에 대한 행정부의 이유명시의무, 청문, 동의권의 유보/동의유보(同意留保[Zustimmungsvorbehalt]),[3] 변경유보(變更留保), 폐지유보(廢止留保)

---

<u>법률안을 통하여 의회가 제정해야 할 본질적인 내용의 입법사항까지도 시행령으로 위임하도록 수권조항을 마련해 놓은 뒤, 시행령을 통하여 사실상 국회의 입법권을 대신 행사하면서 다양한 권한 내지 권력을 '휘둘러'오던 정부의 입장(밑줄 : 인용자 註)</u>에서 보면, 국회법개정안은 정부의 이러한 지금까지의 관행적 행태에 본격적인 제동을 걸 수 있게 되는 것을 의미하기 때문에, 그에 대하여 일종의 저항을 하고 있는 모습이라고 파악할 수 있기 때문이다(방승주, 국회의 시행령수정·변경요구(청)권의 위헌여부, 공법연구 제44집 제2호(2015.12), 3면)라고 한다.

[1] 박윤흔, 최신 행정법강의(상), 박영사, 1999, 231면; 김동희, 행정법(I), 140면; 김남진, 행정법(I), 180면.
[2] 정준현, 법규명령에 대한 권리구제 소고, 법제, 456호(1995.12), 69-70면.

등의 직접적 통제수단이 있고,[1] 미국의 경우 법규명령이나 처분에 대하여 의회가 결의로서 무효화시키는 것을 내용으로 하는 '입법적 거부(Legislative veto)'를 들 수 있다.[2] 현행 우리나라 헌법은 대통령이 긴급명령, 긴급재정·경제명령을 발한 때에는 지체없이 국회에 보고하여 그 승인을 얻도록 하고, 만일 승인을 얻지 못한 때에는 그 때부터 효력을 상실하도록 하고 있는 바, 이는 직접적 통제의 한 형태로 볼 수 있다.

## 2.2. 법규명령 자체에 대한 사법적 통제

### 2.2.1. 일반법원(대법원)에 의한 통제 : 구체적 규범통제 – 대법원에 의한 명령·규칙의 위헌·위법심사제도

[개관] 법규명령의 합법성 여부를 심사하는 법원의 통제방법에는 "구체적 규범통제제도(konkrete Normkontrolle)"와 "추상적 규범통제제도(absrakte Normkontrolle)"의 두 가지 방식이 있다. 우리나라 헌법 제107조 제2항은 "명령·규칙[3]·처분이 헌법이나 법률에 위반되는 여부가 재판의 전제가 된 때에는 대법원은 이를 최종적으로 심사할 권한을 가진다"고 규정함으로써 법원에 의한 법규명령의 "구체적 규범통제"를 명시하고 있다. 일반적으로 행정입법에 대한 일반법원의 통제는 추상적인 규범통제와 구체적인 규범통제의 방법이 있으나, 우리나라에서는 구체적 규범통제를 인정하고 있다. 따라서 법규명령의 위헌·위법 여부가, (ㄱ) 재판의 전제가 되고, (ㄴ) 법률상 이익이 침해된 경우에 법규명령을 간접적으

---

3) 바이마르 공화국 시대에는 최초로 '청문유보법규명령(Anhoerungsvorbehalt)'이 도입되었고, '동의유보(Zustimmungsvorbehalt)'도 다시 도입되었는데, 특히 이 경우 연방의회의 본회의뿐만 아니라 상임위원회의 동의권 유보도 허용되었다(Hüsser, Die Mitwirkung der gesetzgebenden Körperschaften an dem Erlaß von Rechtsverordnungen, 1978, S. 102.; Uhle, Parlament und Rechtsverordnung, 1999, S. 70 ff.; 제2차 세계대전 이후에는 '경제위원회(Wirtschaftsrat)'가 법규명령의 제정에 있어서의 연방의회의 참여제도를 도입했다. 특히 연방의회의 상임위원회에 대한 동의권유보가 재도입되었고, 새로운 유형의 참여유형도 도입되었다(Schmidt, Die Beteiligung des Bundestages beim Erlass von Rechtsverordnungen, 2002, S. 24 f.; 최정일, 독일과 미국에서의 의회에 의한 위임입법의 직접적 통제에 관한 연구 – 동의권 유보와 입법적 거부를 중심으로, 행정법 연구 제21호, 2008, 행정법이론실무학회, 32면). 연방의회의 참여는 원칙적으로 법률에서 규정하고 있었다(홍서기, 독일의 의회를 통한 행정입법통제, 학술대회 : 행정입법통제에 관한 연구(2015.7.20), 유럽헌법학회·한국입법학회·동국대 비교법문화연구원, 47면).

1) 김남진·김연태, 행정법(I), 164면.
2) 석종현, 일반행정법(상), 171면.
3) [판례] 헌법 제107조 제2항의 규칙에는 지방자치단체의 조례와 규칙이 포함된다(대판 1995. 8. 22, 94누5694). ※ 대법원 규칙, 국회의 규칙, 헌법재판소 규칙도 포함되나, 행정규칙은 외부적 효력이 없으므로 포함되지 않는다.

로 심사할 수 있다(선결문제로서의 구체적 규범통제). ☞ **재판의 전제가 된 때 → 구체적 규범통제**

[법원이 행정입법을 위헌·위법이라고 판단 한 경우의 법적 효력] 행정입법(시행령·시행규칙/조례·규칙)의 심사권은 모든 법원이 가지며, (ㄱ) 법원이 행정입법을 위헌·위법이라고 판단 한 경우에는 그 효력이 소멸된다는 견해(일반적으로 무효가 된다는 견해)[1]와, (ㄴ) 당해사건 이외에는 폐지되기 전까지는 유효하며, 다만 그 사건에 대한 적용이 거부될 뿐(개별적 효과설)이라는 견해[2]가 있다. (사견): 생각건대 법원의 임무는 구체적 사건에 대한 심판이며, 명령·규칙의 본래적 효력 그 자체를 심사하는 것은 아니므로,[3] 공식절차에 의하여 폐지되지 않는 한 이 규정은 형식적으로는 여전히 유효하다고 본다. 결국 행정입법은 일반적·추상적 규범이므로 그 자체로는 행정처분이 아니므로 항고소송의 대상이 될 수 없다.[4]

▶ 대판 1987. 3. 24, 86누656【재무부령무효확인】【판시사항】가. 부령의 무효확인의 소와 민중소송, 나. 일반적, 추상적 법령(재무부령)이 행정소송의 대상이 될 수 있는지 여부 【판결요지】국유재산법시행규칙(1980.4.29 재무부령 제1432호) 제58조 제1항이 국유재산법시행령(1977.6.13 대통령령 제8598호) 제58조 제2항에 위반하여 무효이므로 그 확인을 구한다는 소는 행정소송법 제3조 제3호에 규정한 민중소송이고 이는 동법 제45조에 의하여 법률이 정하는 경우에 한하여 제기할 수 있다. 행정소송의 대상이 될 수 있는 것은 구체적인 권리의무에 관한 분쟁이어야 하고 일반적 추상적인 법령 그 자체로서 국민의 구체적인 권리의무에 직접적인 변동을 초래하는 것이 아닌 것은 그 대상이 될 수 없으므로 구체적인 권리의무에 관한 분쟁을 떠나서 재무부령 자체의 무효확인을 구하는 청구는 행정소송의 대상이 아닌 사항에 대한 것으로서 부적법하다.

▶ 판례〉일반적·추상적 명령은 행정소송의 대상이 될 수 없다(대판 1987. 3. 24, 86누656).

▶ 판례〉법규명령이 처분성을 가지는 경우 그러한 명령의 취소를 법원에 청구할 수 있다(대판 1953. 8. 19, 53누37).

[처분적 명령] 다만 법규명령이 - 집행행위의 개입없이도 - 직접적으로 국민의 법적 지위에 영향을 미치는 것인 때(즉 처분적 명령/처분명령)에는 당해 법규명령에 대해 처분성이 인정되어 취소소송 등 항고소송의 대상이 될 수 있다.[5] ☞ **처분적 조례**[6]**도 같다**

---

1) 박균성, 행정입법에 대한 사법적 통제, 고시계(1996.12), 81-82면; 정준현, 법규명령에 대한 권리구제 소고, 법제, 456호(1995.12), 69-70면.
2) 박윤흔, 최신 행정법강의(상), 박영사, 1999, 231면; 김동희, 행정법(I), 140면; 김남진, 행정법(I), 180면.
3) 김남진·김연태, 행정법(I), 165면.
4) 박균성, 행정법강의, 155면.

### 2.2.2. 법규명령의 항고소송에 의한 통제 가능성
#### a) 취소소송의 인정여부

[부정설] 부정설에 의하면 우리 헌법이 법규명령에 대한 추상적 규범통제를 인정하지 않고 있고, 항고소송의 대상은 '처분 등'에 한정하고 있으므로 이를 인정할 수 없다는 견해,[1]와 법규명령에 하자(흠)가 있는 경우에는 무효이며, 무효와 유효의 중간영역인 취소할 수 있는 명령과 같은 것은 존재하지 않는다는 견해[2]가 있다.

[긍정설] 긍정설에는 법규명령이 직접적으로 국민의 법적 지위에 영향을 미치는 것인 때에는 당해 법규명령에는 처분성이 인정되어 취소소송의 대상이 될 수 있다고 하는 견해[3]와 학문상의 행정처분의 개념은 행정소송법상의 처분은 구별되는 개념으로 '처분'의 개념을 '소송법적'으로 이해[4]하면 취소소송의 대상성을 부정할 이유가 없다고 한다(한견우).

▶ 대판 1954. 8. 19, 4286행상37【명령취소】원래 대통령령은 법령의 효력을 가진 것으로서 행정소송법상 행정처분이라 볼 수 없다고 해석함이 타당할 것임으로 그 내용의 적법여부를 논할 것 없이 행정소송의 목적물이 될 수 없을 것이다. 물론 법령의 효력을 가진 명령이라도 그 효력이 다른 행정행위를 기다릴 것 없이 직접적으로 또 현실히 그 자체로서 국민의 권리훼손 기타 이익침해의 효과를 발생케 하는 성질의 것이라면 행정소송법상 처분이라 보아야 할 것이오 따라서 그에 관한 이해관계자는 그 구체적 관계사실과 이유를 주장하여 그 명령의 취소를 법원에 구할 수 있을 것이나 본건에 있어서 소장

---

5) 김중권, 명령(법률하위적 법규범)에 대한 사법적 통제에 관한 소고, 고시연구(2004); 김남진, 행정입법에 대한 통제, 고시연구(2005.10); 김남진·김연태, 행정법(I), 165면 참조; 박균성, 행정법강의, 155면.
6) [판례]【두밀분교폐지조례 사건】조례가 집행행위의 개입 없이도 그 자체로서 직접 국민의 구체적인 권리·의무나 법적 이익에 영향을 미치는 등의 법률상 효과를 발생하는 경우 그 조례는 항고소송의 대상이 되는 행정처분에 해당한다(대판 1996. 9. 20, 95누8003).
1) 김남진, 행정법(I), 179면.
2) 정준현, 법규명령에 대한 권리구제 소고, 법제, 456호(1995.12), 66면.
3) 박윤흔, 최신 행정법강의(상), 231면; 김동희, 행정법(I), 140면.
4) 행정소송의 대상으로서 행정소송법 제2조 제1항 제2호의 '처분 등(행정청이 행하는 구체적 사실에 관한 법집행으로서의 ① 공권력의 행사, ② 또는 그 거부와 ③ 그밖의 이에 준하는 행정작용 및 행정심판에 대한 재결을 말한다)'에 대한 이론법학적 해석론으로서는 '실체법적 개념설'과 '쟁송법적 개념설'이 있다. 실체법적 개념설에 의하면, 동조(同條)의 "구체적 사실에 관한 법집행으로서"라는 문언은 동조문 전체를 의미하므로 행정상 사실행위와 행정입법은 행정소송의 대상에서 제외된다. 쟁송법적 개념설은 '구체적 사실에 관한 법집행으로서'라는 문언은 "그밖에 이에 준하는 행정작용"을 제외한 "공권력의 행사 또는 거부"를 의미하므로, 행정상 사실행위와 행정입법은 처분등의 개념에 포함할 수 있다고 본다. 행정소송의 대상으로서의 처분의 개념은 학문상의 개념인 행정행위와 구별된다고 한다(상세한 내용은 김백유, 행정구제법 참조).

과 원심에 제출된 원고대리인명의의 준비서면에 의하면 원고의 청구와 주장은 전시 대통령령에 의한 직접적인 권리훼손 기타 이익침해사실을 주장하여 그를 이유로 하여 동 명령의 취소를 구함에 있지 않고 오로지 동 명령의 입법사항을 침범한 월권위법성만을 지적주장하여 동 명령의 취소를 구함에 있는 취지를 규찰할 수 있으니 원고의 청구및 주장취지의 범위내에 입각하여 동 명령이 본건 행정소송의 목적이 될 수있는 적법여부를 고찰하면 동 명령은 단순히 법령으로서의 적법여부만이 가부간 본건 심판의 대상이 되어 있으니 원고의 청구 및 주장의 선을 넘어서 이를 전설시 의미의 행정소송법상 처분으로 처우하여 본건 심판의 대상으로 할 수는 없을 것이다. ···본건 소송은 결국 행정소송의 목적이 될 수 없는 원고주장의 대통령령을 그의 목적으로 삼아 제기된 것으로서 불법한 것임을 면치 못할 뿐 아니라 그의 흠결은 그 성질상 보정할 수 없는 것임이 그 자체로서 명백함으로 반드시 각하되어야 할 것이다.

[판례평석] 본 판례는, (원칙) : '대통령령과 행정소송의 목적물'에 대하여, 대통령령은 법령의 효력을 가진 것으로서 행정처분이라 할 수 없고 따라서 행정소송의 대상이 되지 아니한다고 본다. (예외) : (그러나) 법령의 효력을 가진 명령이라도 그 효력이 다른 행정행위를 기다릴 것 없이 직접적으로 또는 현실이 그 자체로서 국민의 권리훼손 기타 이익침해의 효과를 발행케 하는 성질의 것(☞ **처분적 명령인 경우**)이라면 행정처분이라 보아야 할 것이오, 따라서 그에 관한 이해관계자는 그 구체적인 관계사실과 이유를 주장하여 그 명령의 취소를 법원에 구할 수 있을 것이다."라고 하여 취소소송대상성을 인정하였다. 다만 대법원은 원고의 청구와 주장은 전시 대통령령에 의한 직접적인 권리훼손 기타 이익침해사실을 주장하여 그를 이유로 하여 동 명령의 취소를 구하지 않고 오로지 동 명령의 입법사항을 침범한 월권위법성만을 주장하여 동 명령의 취소를 구하였기 때문에 원고의 청구및 주장취지의 범위내에 입각하여 판단한다면 각하될 수밖에 없다고 본 판례이다.

▶ 대판 1996. 9. 20, 95누8003 【조례무효확인】 "조례가 집행행위의 개입없이도 그 자체로서 직접 국민의 구체적인 권리의무나 법적 이익에 영향을 미치는 등 법률상 효과를 발생하는 겨우 그 조례는 항고소송의 대상이 되는 행정처분에 해당하고, 이러한 조례에 대한 무효확인소송을 제기함에 있어서 행정소송법 제38조 제1항, 제13조에 의하여 피고적격이 있는 처분 등을 행한 행정청은, 행정주체인 지방자치단체 또는 지방자치단체의 내부적 의결기관으로서 지방자치단체의 의사를 외부에 표시한 권한이 없는 지방의회가 아니라, 구 지방자치법(1994. 3. 16. 법률 제4741호로 개정되기 전의 것) 제19조 제2항, 제92조에 의하여 지방자치단체의 집행기관으로서 조례로서의 효력을 발생시키는 공포권이 있는 지방자치단체의 장이다."고 하였다. ☞ **조례가 항고소송의 대상이 되는 행정처분에 해당되는 경우 및 그 경우 조례무효확인 소송의 피고적격(지방자치단체의 장)**

[2] 구 지방교육자치에관한법률(1995. 7. 26. 법률 제4951호로 개정되기 전의 것) 제14조 제5항, 제25조에 의하면 시·도의 교육·학예에 관한 사무의 집행기관은 시·도 교육감이고 시·도 교육감에게 지방교육에 관한 조례안의 공포권이 있다고 규정되어 있으므로,

교육에 관한 조례의 무효확인소송을 제기함에 있어서는 그 집행기관인 시·도 교육감을 피고로 하여야 한다. ☞ **교육에 관한 조례 무효확인소송에 있어서 피고적격(교육감)**

[판례평석] 경기 가평군 가평읍 상색국민학교 두밀분교를 폐지하는 내용의 이 사건 조례는 위 두밀분교의 취학아동과의 관계에서 영조물인 특정의 국민학교를 구체적으로 이용할 이익을 직접적으로 상실하게 하는 것이므로 항고소송의 대상이 되는 행정처분이라고 전제한 다음, 이 사건과 같이 교육에 관한 조례무효확인 소송의 정당한 피고는 시·도의 교육감이라 할 것이므로 지방의회를 피고로 한 이 사건 소는 부적법하다고 판단한 원심의 판단은 정당하고, 조례무효확인 소송에 있어서의 피고적격에 관한 법리오해의 위법이 있다고 할 수 없다고 본 판례이다.

b) 무효등확인소송의 인정여부

[무효등확인소송의 개념 및 판례의 태도] 행정소송법 제4조 제2호는 무효등확인소송에 대한 개념을 "행정청의 처분 등의 효력유무 또는 존재여부를 확인하는 소송"이라고 정의하고 있다. 법규명령에 대한 취소소송을 인정하지 않는 부정설 중, 특히 항고소송의 대상은 '처분 등'에 한정하고 있으므로 이를 인정할 수 없다는 견해에 따르면, 무효등확인소송의 경우에 있어서도 - 취소소송과 마찬가지로 - '처분성을 인정할 수 없다'는 이유로 무효등확인소송이 허용되지 않는다고 한다. 판례는 기본적으로 무효등확인소송도 취소소송의 경우와 같은 태도를 보이고 있다.

[사견] 이와같은 판례의 태도는 결과적으로 헌법상의 기본권침해를 행정소송상 보호할 필요가 있는 주관적 공권의 침해(개인의 권익에 대한 침해)로 보지 아니한다는 점에 있다고 할 것인바, 어떠한 법규명령이라도 별도의 집행작용을 거치지 않고도 직접 헌법상 보장된 기본권을 침해하고 있다면 '별도의 집행작용'을 거쳐 '재판의 전제가 되는 경우'로 만든 후 선결문제로서 해결할 것이 아니라, 이 경우는 처분적 법규명령으로 보아, 법규명령 그 자체에 대한 무효등확인소송을 허용하여야 할 것이다. 기본권의 법적 성격은 주관적 공권이며, 따라서 무효등확인소송이 가능하다.

2.2.3. 헌법재판소에 의한 통제(헌법재판소의 명령·규칙에 대한 심판권 인정문제)

a) 학설

[학설] 헌법재판소가 명령·규칙에 대한 심판권을 법원(대법원)과 함께 가지는가 하는점에 있어서는 소극설[1]과 적극설의 대립이 있으나, 적극설이 다수설이며,[2] 헌법재판소의 견

---

1) 이상규, 신행정법론(상), 321면; 박일환, 법규범에 대한 헌법소원과 제소요건, 한국공법학회, 제

해 또한 같다. ☞ (본서) 법규명령에 대한 헌법소원의 가부(可否) 참조

　b) 사견

　[통일적·조화적 헌법해석] 생각건대, 헌법 제111조 제1항 제1호에서 법률의 위헌여부심판권을 헌법재판소에 부여하고 있으므로 '통일적·조화적인 헌법해석(einheitliche Verfassngsauslegung)'과 규범통제(Normkontrolle)를 위하여 공권력에 의한 기본권침해를 이유로 하는 헌법소원심판 청구사건에 있어서 법률의 하위규범인 명령·규칙의 위헌여부심판권이 헌법재판소의 관할에 속한다고 보는 것이 타당하다. 헌법재판소법 제68조 제1항이 규정하고 있는 헌법소원심판의 대상으로서의 공권력이란 입법·사법·행정 등 모든 국가작용에 있어서의 공권력을 말하는 것이므로 행정부에서 제정한 시행령이나 시행규칙 등은 <u>그것들이 별도의 집행행위를 기다리지 않고 직접 기본권을 침해하는 것일 때(처분적 명령·처분적 규칙)</u>에는 모두 헌법소원심판의 대상이 될 수 있다. 법원의 명령 등에 대한 위헌·위법심사권은 재판의 전제가 된 경우에 한해서 가지는 것이므로 명령 등이 (집행행위의 매개 없이 직접) 국민의 기본권을 직접 침해하는 경우에는 헌법재판소도 심사(헌법소원)할 수 있고, 재판의 전제성이 없는 처분적 명령은 헌법소원의 대상이 된다.

　　▶판례〉[구「법무사법 시행규칙」제3조 제1항 "법원행정처장은 법무사를 보충할 필요가 있다고 인정되는 경우에는 대법원장의 승인을 얻어 법무사시험을 실시할 수 있다"에 대한 헌법소원 사건에서 동 규칙은 헌법소원의 대상이 된다고 판시하면서] 법규명령 등이 별도의 집행행위를 기다리지 않고 직접 기본권을 침해한 것인 때에는 헌법소원심판의 대상이 될 수 있다(헌재 1990. 1. 15, 89헌마178).

　[명령·규칙의 위헌 여부가 '재판의 전제(선결문제)가 되었을 경우] 헌법 제107조 제2항에서 "명령·규칙 또는 처분이 헌법이나 법률에 위반되는 여부가 재판의 전제가 된 경우에는 대법원은 이를 최종적으로 심사할 권한을 가진다."고 규정하고 있는바, 여기서 명령·규칙에 대한 대법원의 최종심사권이란 구체적인 소송사건에서 명령·규칙의 위헌 여부가 '재판의 전제가 되었을 경우(선결문제가 되었을 경우)' 법률의 경우와는 달리 헌법재판소에 제청할 것 없이 대법원이 최종적으로 심사할 수 있다는 의미이다.

　[처분적 명령·규칙의 경우] 행정입법의 위헌·위법여부가 <u>재판의 전제가 된 것이 아니라</u>, 명령·규칙 그 자체에 의하여 - 별도의 (행정부의) 집행행위(행정행위)을 거치지 않고

---

　13회 월례발표회(1990.11), 9면 이하.
2) 김남진·김연태, 행정법(Ⅰ), 167면(재판의 전제성이 없는 처분적 명령은 헌법소원의 대상이 된다); 이석연, 헌법소원의 대상으로서의 명령·규칙에 대한 위헌여부심사, 한국공법학회, 제13회 월례발표회(1990.1), 30면 이하; 김철용, 헌법재판소 89헌마178결정에 대한 단견, 한국공법학회, 제13회 월례발표회(1990.11), 41면 이하; 석종현, 일반행정법(상), 175면.

- 직접 기본권이 침해되었음을 이유로 하여(처분적 명령; 처분적 규칙) 헌법소원 심판을 청구하는 것은 위 헌법규정과는 아무런 상관이 없는 문제이다. 따라서 <u>입법부・행정부・사법부에서 제정한 규칙이 별도의 집행행위를 기다리지 않고 직접 기본권을 침해하는 것일 때에는 모두 헌법소원 심판의 대상이 될 수 있다.</u>[1] 이는 조례・규칙과 같은 자치법규도 마찬가지이다. 헌법재판소도 … 조례 자체로 인하여 직접 그리고 현재 자기의 기본권을 침해받은 자는 그 권리구제의 수단으로서 조례에 대한 헌법소원을 제기 할 수 있다고 하였다.[2] 이러한 헌법제판소의 결정은 처분적 조례인 경우,[3] 기본권 침해의 직접성과 현재성을 갖추었으면 헌법소원을 제기 할 수 있다는 것이다. 이와같이 헌법재판소도 사법적 통제를 할 수 있다. 헌법재판소는 행정입법이 법률적 근거를 가지고 있는지, 위임의 한계를 벗어난 것은 아닌지, 국민의 기본권을 과잉하게 침해하는 것은 아닌지, 그 밖에 명확성의 원칙에 위반되는 것은 아닌지 등에 대하여 심사할 수 있다.[4]

### 2.3. 행정적 통제

#### 2.3.1. 행정감독권에 의한 통제

상급행정청의 지휘・감독권의 대상에는 하급행정청의 행정입법권의 행사도 포함된다. 따라서 상급청은 지휘감독권을 행사하여 그 기준과 범위를 정하고, 수권을 철회하거나 위법한 법규명령의 폐지를 명할 수 있으며, 법규명령안을 심사하는 별도의 기관을 두어 법규명령 제정을 통제할 수 있다.

#### 2.3.2. 행정입법의 절차적 통제

절차적 통제는 법규명령을 제정하는 과정에 있어서 일정한 절차를 거치도록 함으로써 법규명령의 내용에 있어 공정성과 타당성을 확보하는 것이다. 행정입법의 절차로서는 행정입법안의 사전통지, 이해관계인의 청문 기타 의견진술이나 참고자료 제출의 기회부여, 관계기관과의 협의 및 공포 등이 있다. 행정입법에 대한 절차적 요구는 행정입법권의 적정한 행사를 확보하기 위한 것이다. 미국 연방행정절차법의 행정입법절차와 우리나라의 경우에

---

1) 한상우, 실무행정법 I, 법제처, 2007, 263면.
2) 헌재결 1995. 4. 20, 92헌마264【부천시담배자동판매기설치금지조례 제4조 등 위헌확인】
3) [판례]【두밀분교폐지조례 사건】조례가 집행행위의 개입 없이도 그 자체로서 직접 국민의 구체적인 권리・의무나 법적 이익에 영향을 미치는 등의 법률상 효과를 발생하는 경우 그 조례는 항고소송의 대상이 되는 행정처분에 해당한다(대판 1996. 9. 20, 95누8003).
4) 정재황, 행정입법위임과 행정입법에 관한 우리 헌법재판소의 통제, 청담 최송화교수화갑기념, 현대공법학의 과제, 박영사, 2002, 255면 이하; 방승주, 국회의 시행령수정・변경요구(청)권의 위헌여부, 공법연구 제44집 제2호(2015.12), 14면.

는 아직 통칙적 규정은 없으나, (ㄱ) 국무회의 심의(헌법 제89조 제3호), (ㄴ) 법제처에 의한 심사(정부조직법 제24조 제1항) 및 (ㄷ) 우리의 행정절차법 제4장(행정절차법 제41조-제45조)의 행정상 입법예고가 그 대표적인 예이다.[1] 국무회의에 상정될 법령안과 총리령안 및 부령안은 법제처의 심사를 받는다. 대통령령은 법제처 심사와 국무회의 심의를 거쳐야 한다.

▶ 행정절차법 제41조(행정상 입법예고) ① 법령등을 제정·개정 또는 폐지(이하 "입법"이라 한다)하려는 경우에는 해당 입법안을 마련한 행정청은 이를 예고하여야 한다. 다만, 다음 각 호의 어느 하나에 해당하는 경우에는 예고를 하지 아니할 수 있다.
 1. 신속한 국민의 권리 보호 또는 예측 곤란한 특별한 사정의 발생 등으로 입법이 긴급을 요하는 경우
 2. 상위 법령등의 단순한 집행을 위한 경우 ☞ **집행명령 입법예고는 불필요**
 3. 입법내용이 국민의 권리·의무 또는 일상생활과 관련이 없는 경우
 4. 단순한 표현·자구를 변경하는 경우 등 입법내용의 성질상 예고의 필요가 없거나 곤란하다고 판단되는 경우
 5. 예고함이 공공의 안전 또는 복리를 현저히 해칠 우려가 있는 경우

### 2.3.3. 행정심판에 의한 통제

[시정조치의 요청] 행정심판법 제59조(불합리한 법령등의 개선) : 중앙행정심판위원회는 심판청구를 심리·재결함에 있어서 처분 또는 부작위의 근거가 되는 명령 등(대통령령·총리령·부령·훈령·예규·고시·조례·규칙 등을 말한다.)이 법령에 근거가 없거나 상위법령에 위배되거나 국민에게 과도한 부담을 주는 등 크게 불합리하다면 관계 행정기관에 그 명령 등의 개정·폐지 등 적절한 시정조치를 요청할 수 있다(행정심판법 제59조 제1항).

[시정조치의 구속성] 위의 시정조치의 요청을 받은 관계 행정기관은 정당한 사유가 없는 한 이에 따라야 한다(행정심판법 제59조 제2항 : 제1항에 따른 요청을 받은 관계 행정기관은 정당한 사유가 없으면 이에 따라야 한다.).

### 2.4. 국민에 의한 통제

법규명령안의 사전공고나 그에 따른 공청회·청문·자문 등의 절차에 의하여 국민의 의견을 그에 반영시키는 방법이다. 우리나라에서는 대통령령에 대한 **행정상 입법예고제**가 이에 해당한다.

---

1) 김남진·김연태, 행정법(I), 169면.

【행정상 입법예고】
(ㄱ) 의의 - 행정절차법 제41조 제1항에서 국민의 권리의무 또는 일상생활과 밀접한 관련이 있는 법령 등을 제정, 개정 또는 폐지(이하 "입법"이라 한다)하고자 할 때에는 당해 입법안을 마련한 행정청은 이를 예고하여야 한다고 규정하고 있다. 이를 행정상 입법예고제라 한다. 행정청은 입법이 긴급을 요하는 경우, 입법내용의 성질 또는 기타 사유로 예고의 필요가 없거나 곤란하다고 판단되는 경우, 상위법령 등의 단순한 집행을 위한 경우, 예고함이 공익에 현저히 불리한 영향을 미치는 경우에는 입법예고제를 아니할 수 있다(제41조 제3항).

(ㄴ) 입법예고의 권고 - 법제처장은 입법예고를 하지 아니한 법령안의 심사요청을 받은 경우에 입법예고를 하는것이 적당하다고 판단될 때에는 당해 행정청에 대하여 입법예고를 권고하거나 직접 예고할 수 있다(제41조 제3항).

(ㄷ) 예고방법 및 기간
- 행정청은 입법안의 취지, 주요내용 또는 전문을 관보·공보나 인터넷·신문·방송 등을 통하여 널리 공고하여야 한다(제42조 제1항).
- 입법예고기간은 예고할 때 정하되, 특별한 사정이 없으면 한 40일(자치법규는 20일) 이상으로 한다(제43조).

(ㄹ) 의견제출
- 누구든지 예고된 입법안에 대하여 의견을 제출할 수 있다(제44조 제1항).
- 행정청은 해당 입법안에 대한 의견이 제출된 경우 특별한 사유가 없으면 이를 존중하여 처리 하여야 한다(제44조 제3항).
- 행정청은 의견을 제출한 자에게 그 제출된 의견의 처리결과를 통지하여야 한다(제44조 제4항).

## 3. 독일에서의 의회를 통한 입법통제[1] - 의원내각제 정부에서의 행정입법통제 -

### 3.1. 개관

전후 독일에서는 과거 바이마르 공화국 헌법하[2]에서와 나치체제[3]하에서 의회가 입

---

1) 독일에서의 의회를 통한 입법통제에 관한 내용은, 홍선기, 독일의 의회를 통한 행정입법통제, 학술대회 : 행정입법통제에 관한 연구(2015.7.20), 유럽헌법학회·한국입법학회·동국대 비교법문화연구원, 37면-53면을 참조한 것임.
2) 1923년 10월 23일과 동년 12월 8일의 수권법.
3) 1933년 3월 24일의 수권법. 이 수권법은 바이마르 공화국 헌법(1919-1933)하에서의 수권법과는 달리 행정부에 형식적 의미의 법률을 입법할 수 있는 권한까지 위임하였다는 점에서 차이가 있다. Maunz, in : Maunz/Dürig, GG, Art. 80 Rn. 6.

법권을 행정부로 포괄적으로 수권하여 입법권과 행정권이 결합된 독재를 가능하게 한 역사적 과오를 되풀이하지 않기 위한 목적으로 기본법 제80조 제1항 제2문을 설치하여, 의회가 행정부로 입법을 위임할 경우에는 반드시 위임의 목적과 내용 그리고 그 범위를 명확하게 규정할 것을 요구하였다.[1] 독일은 의원내각제를 채택하고 있음에도 불구하고 의회 우위의 정부형태가 아니라, 수상제민주주의(Kanzlerdemokratie)를 채택하여 강력한 수상의 헌법상의 지위를 부여하고 있다. 성문(成文)의 기본법(연방헌법)을 통하여 의회입법의 한계를 설정하고 있을 뿐만 아니라 강화된 헌법재판제도를 통하여 의회입법에 대한 광범위한 통제를 하고 있다.[2] 따라서 의회로부터 위임받고, 의회로부터 파생된 2차적인 성격의 행정입법에 대해서도 다양한 통제가 이루어지고 있는데, 위임입법의 발동조건에 대하여 독일 기본법(연방헌법) 자체가 일정한 조건과 한계를 명시하고 있다.[3]

▶ 독일기본법(연방헌법) 제80조 제1항 : 연방정부(Bundesregierung), 연방장관(Bundesminister) 또는 州정부(Landesregierungen)는 법률에서 위임받은 바에 따라서, 법규명령(Rechtsverordnung)을 제정할 권한을 가진다. 이 경우에는 위임의 내용(Inhalt), 목적(Zweck)과 그 범위(Ausmaß)를 (수권)법률에 명시하여야 한다. 명령(Verordnung)에는 법적 근거(Rechtsgrundlage)가 제시되어야 한다. (수권)법률에 재위임을 할 수 있다고 규정되어 있는 경우 재위임을 위해서는 법규명령의 위임이 필요하다.

[포괄적 위임금지] 이 헌법규정을 근거로 하여 독일에서는 포괄적인 행정입법 위임이 금지되어 있고, 개별적이고 구체적인 범위내에서(위임의 내용[Inhalt], 목적[Zweck]과 그 범위[Ausmaß]를 [수권]법률에 명시)만 위임이 허용된다. 특히 헌법 제80조 제1항에서 규정하고 있는 위임의 한계로서 직접적으로 문제가 되는 것은 수권의 내용, 목적 및 범위가 명확하여야 한다는 것으로서 이를 일반적으로 '명확성조항(Bestimmtheitsklausel)'이라고 부른다. 이 명확성조항을 통해 위임의 내용, 목적 및 범위에 명확성의 요건을 부과함으로써 행정입법의 내용을 법률과 결부(Junktim)시켜 입법부의 통제 하에 두고 있다.[4] 뿐만 아니라 독일은 제4의 국가작용이라 할 수 있는 헌법재판제도(Verfassungsgerichtbarkeit)를 도입하여 의회입법에 대한 광범위한 통제를 하고 있으며, 행정부의 행정입법에 대해서도 의회의 개괄적·포괄적 수권(授權) 또는 행정부의 자율에 맡기고 있지 않고, 기본법(Grundgesetz : 연방헌법)에서 위임에 있어서의 일정한 조건과 한계를 명시하고 이에 따르도록 하고있다. 즉 독일기본법(연방헌법)은 의회가 행정입법으로 위임을 할 경우 연방헌법

---

1) 방승주, 국회의 시행령수정·변경요구(청)권의 위헌여부, 공법연구 제44집 제2호(2015.12), 10면.
2) 장영수, 국회입법의 약화와 행정입법의 증가에 대한 비판적 고찰, 안암법학 제8호, 1998, 53면.
3) 류재근, 국회의 행정입법 통제에 관한 연구, 중앙대학교 석사학위논문, 2014, 41면.
4) Ulrich M. Gassner, Parlamentsvorbehalt und Bestimmtheitsgrundsatz, DÖV 1996, S. 18 f.; 박영도, 독일의 위임입법제도에 관한 연구, 외법논집 제7집, 1999, 15면.

제80조 제1항에 따라 수권의 목적, 내용 및 범위를 국회의 수권(授權)법률에 명확히 규정하도록 제한을 두고 있고,[1] 일정한 경우에 있어서 의회는 행정입법에 대한 동의와 폐지 등을 의결할 수 있으며,[2] 의회가 동의의 대상인 행정입법, 즉 의회의 동의를 받아야만 유효한 법규명령을 연방정부에 제출할 수 있도록 함으로써,[3] 행정입법(법규명령)에 대한 의회통제권을 강력하고도 실질적으로 보장하고 있다. 그리고 "연방법률에 의하여(durch Bundesgesetz) 또는 연방법률에 근거하여(auf Grund von Bundesgesetzen) 주정부가 법규명령(Rechtsverordnungen)을 제정하도록 위임받은 경우 주(州)는 법률로 규율할 권한을 가진다."[4] 고 규정하고 있다.

---

1) 독일연방헌법 제80조 제1항 : 연방정부(Bundesregierung), 연방장관(Bundesminister) 또는 州정부(Landesregierungen)는 법률에서 위임받은 바에 따라서 법규명령(Rechtsverordnung)을 제정할 권한을 가진다. 이 경우에 위임의 내용(Inhalt), 목적(Zweck)과 그 범위(Ausmaß)를 (수권)법률에 명시하여야 한다. 명령(Verordnung)에는 법적 근거(Rechtsgrundlage)가 제시되어야 한다. (수권)법률에 재위임을 할 수 있다고 규정되어 있는 경우 재위임을 위해서는 법규명령의 위임이 필요하다. Artikel 80 (1) Durch Gesetz können die Bundesregierung, ein Bundesminister oder die Landesregierungen ermächtigt werden, Rechtsverordnungen zu erlassen. Dabei müssen Inhalt, Zweck und Ausmaß der erteilten Ermächtigung im Gesetze bestimmt werden. Die Rechtsgrundlage ist in der Verordnung anzugeben. Ist durch Gesetz vorgesehen, daß eine Ermächtigung weiter übertragen werden kann, so bedarf es zur Übertragung der Ermächtigung einer Rechtsverordnung.
2) 독일연방헌법 제80조 제2항 : 우편제도 및 원거리 통신의 시설의 이용에 대한 원칙과 요금에 관하여, 그리고 연방철도 시설의 이용에 대한 보상의 부과원칙에 관하여, 철도의 건설과 경영에 관하여 연방정부 또는 연방장관의 법규명령, 그리고 연방참사원의 동의를 요하는 연방법률에 의거하거나 또는 주가 연방의 위임에 의하여 또는 고유한 사무로서 수행하는 법규명령은 연방법률에 별도의 규정이 없는 한 연방참사원의 동의를 얻어야 한다(Der Zustimmung des Bundesrates bedürfen, vorbehaltlich anderweitiger bundesgesetzlicher Regelung, Rechtsverordnungen der Bundesregierung oder eines Bundesministers über Grundsätze und Gebühren für die Benutzung der Einrichtungen des Postwesens und der Telekommunikation, über die Grundsätze der Erhebung des Entgelts für die Benutzung der Einrichtungen der Eisenbahnen des Bundes, über den Bau und Betrieb der Eisenbahnen, sowie Rechtsverordnungen auf Grund von Bundesgesetzen, die der Zustimmung des Bundesrates bedürfen oder die von den Ländern im Auftrage des Bundes oder als eigene Angelegenheit ausgeführt werden.
3) 독일연방헌법 제80조 제3항 : 연방참사원(Bundesrat)은 연방정부에 동의를 요하는 법규명령(Rechtsverordnungen)의 제정을 위한 의안을 제출할 수 있다(Der Bundesrat kann der Bundesregierung Vorlagen für den Erlaß von Rechtsverordnungen zuleiten, die seiner Zustimmung bedürfen.).

### 3.2. 의회통제의 기본구조
#### 3.2.1. 개관

[일반적 고찰] 독일에 있어서 행정입법에 대한 의회의 통제는 기본적으로 연방의회(Bundestag) 및 연방참사원(Bundesrat)[1][2]의 협력(Mitwirkung)과 동의(Zustimmung)를 통해 이루어진다. 기본적으로 의회가 행정부에 행정입법권을 위임하는 취지가 의회의 부담경감(전문적이고 기술적이며 세부적인 사항은 행정부에 위임하도록 함)을 위한 것이므로, 의회는 스스로 부담경감의 정도를 결정할 수 있고, (ㄱ) 협력유보(Mitwirkungsvorbehalt), (ㄴ) 동의유보(Zustimmungsvorbehalt), (ㄷ) 변경유보(Änderungsvorbehalt), (ㄹ) 연방참사원의 명령안 제출제도 등과 같은 방법을 통하여 행정입법을 통제하고 있다.[3] 독일 기본

---

4) 독일연방헌법 제80조 제4항 : 연방법률에 의하여(durch Bundesgesetz) 또는 연방 법률에 근거하여(auf Grund von Bundesgesetzen) 주정부가 법규명령(Rechtsverordnungen)을 제정하도록 위임받은 경우 주는 법률로 규율할 권한을 가진다(Soweit durch Bundesgesetz oder auf Grund von Bundesgesetzen Landesregierungen ermächtigt werden, Rechtsverordnungen zu erlassen, sind die Länder zu einer Regelung auch durch Gesetz befugt).

1) 독일의 분데스라트(Bundesrat)를 한국 및 일본(예 : 소학관, 1985)에서 연방참의원 혹은 상원으로 번역을 하는 견해가 있으나, 독일연방헌법재판소는 분데스라트(Bundesrat)의 개념을 양원제 국회에 있어서 그 일부를 구성하는 제2원의 개념으로 보고 있지 않다(BVerfGE 37, 363 - 380 f). 따라서 저자는 상원 제2원 혹은 참의원이라는 용어 대신 '연방참사원'이라고 표현 한다. 연방헌법에 의하면 연방참사원은 연방의 정책결정과정에 행정적 관점을 가미하며, 연방의회(Bundestag)에 의하여 약화될 수 있는 연방주의를 방어하는 두 가지 과제를 부여받고 있다. 연방참사원은 州의 대표기구이며 연방제의 상징기구로서 입법과 정책결정과정에 참여하고 견제하는데 비중을 두고 있기 때문에 직접 입법을 하고 국민들에 의해 선출되는 미국의 상원과는 구분되어야 한다. 이런 관점에서 연방참사원은 세계에서 유일한 독일 고유의 기구이다(권세기, 독일 연방의회, 독일의 대의제민주주의와 정당정치, 세계문화사, 1999, 39면 각주 4) 참조). 독일의 양원제는 엄격한 의미에서 전통적인 양원제와는 다르다. 연방참사원(Bundesrat)은 국민이 선거한 의원으로 구성된 의회가 아니라 독일연방공화국을 구성하는 16개주의 정부각료 또는 그들이 파견한 행정공무원으로 구성(68명)되고 있는 일종의 州대표기구이기 때문이다(허영, 한국헌법론, 904면 각주 3) 참조). 동지(同旨 : 같은 견해) 허영, 헌법이론과 헌법, 박영사, 1996, 906면. 특히 독일의 BVerfGE 37, 363 - 380 f = NJW 1974, 1751 참조할 것.

2) 연방의회(Bundestag)와 연방참사원(Bundesrat)의 권한 비교 : 연방의회의 권한은 연방참사원의 권한보다 우월하며, 법률안의결, 선거심사심판권, 대통령탄핵권, 의원의 발언·표결의 면책특권, 불체포특권, 증언거부권 등이 있다. 연방참사원의 권한은 연방의 입법·행정에 대하여 각 지방을 대표한다. 그 권한은 연방입법, 지방의 연방의무불이행에 대하여 연방정부의 지방에 대한 연방강제에 대한 동의권, 연방정부로부터 보고 받을 권리, 대통령탄핵권, 대통령명령동의권, 의안심사권, 의사규칙제정권 등이 있다. 연방참사원은 지방장관이므로 연방의회의원과 같은 특권(면책특권·불체포특권)은 없다.

법(연방헌법)상 연방참사원(Bundesrat)이 법규명령의 제정에 참여하는 것만 규정되어 있고, 연방의회가 법규명령의 제정에 참여하는 것에 관하여는 아무 규정이 없다. 그러나 법률(규정)에 의하여 법규명령의 제정에 있어서 연방의회나 주 의회, 연방 의회의 상임위원회 등의 참여가 인정되고 있다.1)

### 3.2.2. 연방의회의 협력권(Mitwirkungsrecht)

[연방의회의 동의를 받는 경우] 연방의회(Bundestag)는 기본적으로 행정부의 법규명령 제정에 대한 '협력권(Mitwirkungsrecht)'을 가진다. 협력권에는 동의유보(Zustimmungsvorbehalt)가 있으며, 동의유보란 모법(국회에서 행정부에게 행정입법을 할 수 있도록 위임해주고 있는 법률 : ☞ **이를 수권법률이라 한다**)에서 행정입법의 효력발생요건으로서 의회의 동의를 요구하고 있는 것을 말한다.2) 연방의회가 가지고 있는 동의권(동의유보)은 의회의 행정부에 대한 행정입법 통제제도 중에서 가장 널리 활용되고 있는 제도이다. 따라서 한편으로는 의회의 동의가 없으면 행정입법이 효력을 갖지 못하므로 강력한 행정부에 대한 의회의 강력한 통제의 효과를 가져 올 수 있으며, 다른 한편으로는 행정기관의 입장에서도 행정입법 제정시에 - 사전에 - 국회의 동의를 받기 때문에 행정입법이 - 사후에 - 의회에 의해 뜻밖에 변경되거나 폐지되는 것을 피할 수 있다는 장점이 있는 것이다.3)

### 3.2.3. 연방참사원의 동의유보(Zustimmungsvorbehalt)

[연방참사원의 동의를 받아야 하는 경우] 법규명령중에는 연방참사원의 사전동의를 받아야 제정할 수 있는 경우도 있다. 이러한 법규명령을 동의법규명령이라하고, 이러한 동의법규명령(Zustimmungsverordnung)은 모법인 국회의 수권법률(수권법률이란 국회가 행정부에서 행정입법을 할 수 있도록 위임해준 형식적 의미의 법률[formelles Gesetz]을 말한다)에서 행정입법의 효력발생요건으로서 동의를 요구하고 있는 것으로서, 인가법규명령(Genehmigungsverordnung) 혹은 승인법규명령(Einwiligungsverordnung)이라고도 한다.4) 독일연방공화국 기본법(독일연방헌법) 제80조 제2항은 일정한 사항에 대하여 "법규명령은

---

3) 류제근, 국회의 행정입법 통제에 관한 연구, 중앙대학교 석사학위논문, 2014, 42면.
1) 최정일, 독일과 미국에서의 의회에 의한 위임입법의 직접적 통제에 관한 연구 - 동의권 유보와 입법적 거부를 중심으로, 행정법 연구 제21호, 2008, 행정법이론실무학회, 31면.
2) 김춘환, 행정입법에 대한 국회의 사전적 통제기준, 유럽헌법학회연구논집 제5호, 122면.
3) 김춘환, 행정입법에 대한 국회의 사전적 통제기준, 유럽헌법학회연구논집 제5호, 122면.
4) 홍선기, 독일의 의회를 통한 행정입법통제, 학술대회 : 행정입법통제에 관한 연구(2015.7.20), 유럽헌법학회·한국입법학회·동국대 비교법문화연구원, 49면.

연방법률에 별도의 규정이 없는 한 연방참사원의 동의를 얻어야 한다."고 규정하고 있다. 전체 행정입법의 40% 정도가 연방참사원의 동의를 얻어 제정되고 있는데,[1] 구체적으로 독일기본법 제80조 제2항에서는 모든 행정입법이 연방참사원(Bundesrat)의 동의를 받도록 하고 있지는 않고, 특정한 종류와 유형의 행정입법에 대하여 연방참사원의 동의를 받도록 하고 있다(일부동의유보).[2] 연방참사원의 동의가 필요한 행정입법의 유형으로는, (ㄱ) 교통, 통신시설 등의 이용원칙 및 수수료, 요금 등을 규정하고 있는 연방정부나 연방장관의 교통명령, (ㄴ) 연방참사원의 동의가 필요한 연방법률에 근거한 행정입법, (ㄷ) 주의 사무집행을 규정하는 연방법률에 근거한 행정입법이 있다(기본법 제80조 제2항).

▶ 독일기본법 제80조 제2항 : 우편제도 및 원거리 통신의 시설의 이용에 대한 원칙과 요금에 관하여, 그리고 연방철도 시설의 이용에 대한 보상의 부과원칙에 관하여, 철도의 건설과 경영에 관하여 연방정부 또는 연방장관의 법규명령, 그리고 연방참사원의 동의를 요하는 연방법률에 의거하거나 또는 주가 연방의 위임에 의하여 또는 고유한 사무로서 수행하는 법규명령은 연방법률에 별도의 규정이 없는 한 연방참사원의 동의를 얻어야 한다.

### 3.2.4. 폐지유보(Kassationsvorbehalt)

[의의] 폐지유보(廢止留保)는 '법규명령에 폐지가 유보되어 있는, 위임법규명령(Rechtsverordnungsermächtigung mit einem Kassationsvorbehalt…)'이다. 즉 폐지유보란 연방의회(Bundestag)가 행정부에서 제정한 행정입법을 의회 스스로 취소하거나, 그 취소를 법규명령 제정자에게 요구할 수 있는 것을 말한다(취소명령권).[3] 폐지유보는 행정부의 행정입법이 공포된 이후에 의회가 스스로의 의결을 통하여 행정부에서 제정한 행정입법을 폐기해버릴 수 있도록 한 것이다.[4] 국회의 모법(수권법률)과 행정부의 행정입법(법규명령)은 보통 기능적으로 단일하다는 입장에서 보면, 행정부에 행정입법을 위임한 - 따라서 행정입법의 모법이 되고 있는 - 의회의 수권법률을 폐지하게 되면 이 법률에 의한 행정입법은 당연히 효력을 상실하게 되고, 또한 수권법률 자체에 연방의회가 행정입법을 폐지할 수

---

[1] 국회운영위원회, 제310회 국회(임) 국회운영위원회 소관 상정 예정 법률안 및 규칙안 검토보고서, 국회운영위원회 수석전문위원실, 2012, 71면.
[2] 홍선기, 독일의 의회를 통한 행정입법통제, 학술대회 : 행정입법통제에 관한 연구(2015.7.20), 유럽헌법학회 · 한국입법학회 · 동국대 비교법문화연구원, 50면.
[3] 홍선기, 독일의 의회를 통한 행정입법통제, 학술대회 : 행정입법통제에 관한 연구(2015.7.20), 유럽헌법학회 · 한국입법학회 · 동국대 비교법문화연구원, 50면.
[4] 국회운영위원회, 제310회 국회(임) 국회운영위원회 소관 상정 예정 법률안 및 규칙안 검토보고서, 국회운영위원회 수석전문위원실, 2012, 71면.

있는 권한을 의회에 부여하는 경우가 있다(폐지유보).1) 이를 취소법규명령(Aufhebungsverordnung)이라고도 한다. 이와같이 폐지유보는 행정입법이 공포된 후에 의회가 이를 폐지할 수 있는 권한을 모법(수권법률)에서 유보해 놓고 있는 것이며, 폐지유보(Kassationsvorbehalt)는 동의유보(Zustimmungsvorbehalt)와는 달리 행정입법이 정상적으로 효력을 발하고 있는 도중에 그 존속을 중단시킬 수 있는 것이다.2)

[법적 안정성 문제] 폐지유보는 행정입법의 구체적인 운용실태를 고려하여 최종적인 폐지여부를 결정할 수 있는 장점이 있는 반면, 법치국가원리의 구성요소인 **법적 안정성**을 침해할 염려가 있기 때문에 공포 후 일정한 기한내에 한하여 폐지할 수 있도록 조건을 두고 있는 경우가 보통이지만,3) 정책목표의 달성 및 특정한 상황의 발생 등 일정한 구성요건(Tatbestand)의 충족시켰을 것을 조건으로 폐지할 수 있도록 하는 경우도 있다.4)

### 3.2.5. 변경유보(Änderungsvorbehalt)

변경유보(變更留保)는 행정부에서 제정한 행정입법의 내용을 의회가 변경할 수 있는 것을 말한다. 이는 1958년 독일 상법 제292조 제4항에서 최초로 도입되었다5). 그 이후의 환경책임법(Umwelthaftungsgesetz)에서도 변경유보를 규정하고 있다.6) 이는 법규명령의 내용에 대한 의회의 영향력 행사라는 점에서 법규명령의 발령에 대한 의회의 영향력 행사인 동의유보와 구별된다.7) 이 제도는 행정입법에 대한 의회의 영향력을 강화시키기 위하여 도입된 것이지만, 국회와 정부 사이의 책임의 한계를 모호하게 하고,8) 과연 행정부로 하여금 행정입법의 내용을 변경시켜(변경유보) 적용하도록 하는 것이 권력분립의 원칙(Gewaltenteilungsprinzip)에 위반하지 않는지, 그리고 행정입법을 통해 달성하고자 하는

---

1) 고헌환, 행정입법에 대한 의회의 직접통제에 관한 비교연구, 법학논집 제20집 제3호, 조선대학교 법학연구원, 2013, 243면.
2) 홍선기, 독일의 의회를 통한 행정입법통제, 학술대회 : 행정입법통제에 관한 연구(2015.7.20), 유럽헌법학회·한국입법학회·동국대 비교법문화연구원, 50면.
3) 장영달, 행정입법에 대한 국회통제제도 연구, 한양대학교 대학원 박사학위논문, 한양대학교, 2006, 71면.
4) 장영수, 국회입법의 약화와 행정입법의 증가에 대한 비판적 고찰, 안암법학 제8호, 1998, 54면.
5) 독일 상법 제292조 제4항은 '법규명령은 공포 전에 연방의회에 송부하여야 한다. 명령은 연방의회의 의결을 통하여 수정 또는 거부될 수 있다'고 규정되어 있다(김철용, 행정입법통제의 과제, 고시계[1996.12]).
6) 환경책임법 제20조 제2항(BGBl. 1990 I, S. 2634): 법규명령은 연방참사원에 송부하기 전에 연방의회의 결의에 따라 수정 또는 거부될 수 있다.
7) 장태주, 행정입법의 성격과 이에 대한 통제 - 독일의 경험과 이론을 중심으로, 토지공법연구 제37집 제1호, 330면.
8) 류재근, 국회의 행정입법 통제에 관한 연구, 중앙대학교 석사학위논문, 2014, 43면.

행정작용의 탄력성과 신속성에 도움이 되는지가 문제된다.[1]

### 3.2.6. 연방참사원의 명령안 제출제도

연방참사원(Bundesrat)은 행정부로 하여금 동의가 필요한 행정명령의 제정을 제안할 수 있으며, 이 경우 행정입법의 제정권을 가진 연방장관(Bundesminister) 등은 그 발의에 관한 처리를 결정해야 하고, 연방참사원은 상당한 기간 내에 연방정부나 관할 연방장관이 행정입법의 수권을 사용할 수 있는지, 또는 이를 사용할 수 있다면 어느 정도의 범위 내에서 가능한지를 결정해야 한다.[2] 이는 1994년도에 신설된 기본법 제80조 제3항에 의해 "<u>연방참사원은 연방참사원의 동의를 필요로 하는 법규명령의 제정에 대한 안을 연방정부에 송부할 수 있다</u>(Der Bundesrat kann der Bundesregierung Vorlagen für den Erlaß von Rechtsverordnungen zuleiten, die seiner Zustimmung bedürfen.)"고 규정하여 헌법기관인 연방참사원에 법규명령의 제정에 대한 새로운 권한을 인정하게 되었다. 여기서 연방참사원이 제출할 수 있는 명령안의 대상은 기본법 제80조 제2항에서 규정하고 있는 연방참사원의 동의를 요하는 것으로 한정된다.[3]

【보충설명 : 정부의 국회입법에 대한 통제제도】 독일기본법도 권력분립의 원리를 통치구조의 구성원리로 하고 있다. 입법권은 연방의회(Bundestag)와 연방참사원(Bundesart)에 속한다. 독일에서는 행정입법에 대한 의회의 통제가 의회에 광범위하게 인정되고 있으나, 정부 역시 의회의 입법작용에 대한 통제제도를 두고 있다. 예컨대 독일기본법 제81조의 비상입법제도에 의하여 탄생한 긴급법률의 개정(Abänderung) 및 폐기(Aufhebung)에 있어서 정부의 동의를 얻도록 하고 있는 것이 그것이다.

1. 긴급법률의 개정 및 폐기의 가능성

[문제점] 제81조의 규정에 의하여 성립된 법률도 그 성격상 다른 일반적인 입법절차를 거쳐 성립된 법률과 동일한 지위를 가지므로, 이 역시 일반적 입법절차(제76조-제78조) 혹은 또다시 제81조의 규정에 의하여 개정하거나 폐기처분할 수 있는가 하는 것이 문제된다.[4] 논쟁이 되는 부분은 과연 긴급법률의 개정이나 폐기가 6개월

---

1) Silke Thomsen, Rechtsverordnungen unter Änderungsvorbehalt des Bundestages? DÖV 1995, S. 989-994 참조.
2) 오봉근, 위법한 행정입법의 유형별 분석과 국회통제강화 방안에 관한 연구, 건국대 석사학위논문, 2013, 40면.
3) 홍선기, 독일의 의회를 통한 행정입법통제, 학술대회 : 행정입법통제에 관한 연구(2015.7.20), 유럽헌법학회·한국입법학회·동국대 비교법문화연구원, 52면.
4) H. Schneider, Kabinettsfrage und Gesetzgebungsnotstand, VVDStRL 8 (1950), S. 47; Hansjörg Biehl, Die Gegenzeichnung im parlamentarischen Regierungssystem der Bundesrepublik Deutschland, Duncker & Humblot 1971, S. 96; Liesegang, Rz. 19 zu Art. 81

(6-Monats-Frist) 이내에(제81조 제3항 제1문 참조), 제77조가 규정하고 있는 정상적인 입법절차를 밟는 방법에 의하여 개정·폐지하는 것이 가능한가 하는 점에 있다. 특히 의회는 이 기간 동안에도 근본적으로 그의 입법기능을 상실하지는 않기 때문에, 제81조에 의해서 성립된 법률을 또다시 의회가 제안법률(Initiativgesetz)의 형식으로 이를 폐기하고자 하는 경우에는, 의회에 대하여 정부의 정부위기를 타개하기 위한 제81조의 규정을 배제하는 효과, 즉 사실상의 방해(Obstruktion)를 인정하는 것이 된다. (다수설) : 다수설의 견해에 의하면,[1] 제81조 제1항 및 제2항의 규정에 의하여 성립된 긴급법률을 의회가 또다시 개정하려고 하는 경우에는 역시 정상적 입법절차규정(제76조-제78조)에 따라 6개월(6-Monats-Frist) 이내에 이를 행할 수 있다고 한다.

2. 다른 국가기관의 동의의 필요성(Zustimmungserfordernis anderer Staatsorgane)

학설대립이 야기되고 있는 부분은 이미 성립된 법률을 개정 내지는 폐기하려는 경우, 다만 정부의 동의[2]만을 필요로 하는가 아니면 연방참사원[3]의 동의도 동시에 얻어야 하는가 하는 점이다. 연방참사원의 동의 역시 필요하다는 학설이 타당하다. 왜냐 하면 제81조의 입법긴급조치에 의하여 탄생되는 비상입법은 이미 앞에서 살펴본바와 같이 연방정부와 연방참사원의 정치적 의견일치를 그 전제조건으로 삼고 있기 때문이다.

a) 연방정부의 동의 법률의 개정·폐지(Aufhebung)에 정부의 동의를 전제로 삼고 있는 것은 제81조의 존재의의가 비록 의회에서 다수의 지지를 받지 못하여 위기상태에 놓여있는 정부라고 할지라도, 정부의 정책을 구체적으로 입법화(legislatorische

---

GG, in: v. Münch, GG-K.

1) 특히 슈나이더(H. Schneider)는 그러한 의회의 개정은 근본적으로 가능하다고 설명하면서, 그러나 이경우에는 연방정부나 연방참사원의 동의를 얻어야 할 것이라고 한다(H. Schneider, Kabinettsfrage und Gesetzgebungsnotstand, VVDStRL 8(1950), S. 47 참조). 리세강(Liesegang)은 폐지나 개정은 제81조 제2항에 의한 긴급법률(Gesetzgebungsnotstandsgesetz)에 의해서만 가능하다고 한다(Liesegang, Rz. 20 zu Art. 81 GG, in: v. Münch, GG-K). 다만 Hamann/Lenz, Anm. B. 7. zu Art. 81 GG에 의하면, 연방의회는 입법긴급사태의 선포로 인하여 기본법 제81조 제1, 2항의 규정에 의하여 가결된 법률안을 또다시 폐기하는 것이 가능한지, 그리고 제3항 제1문의 적용여부에 대하여 명확하게 설명되어 있지 않다.
2) 이에 관하여는 Rolf Simon, Gesetzgebungsnotstand und Notstandsgesetze, 1963, S. 156 f.; vgl. v. Mangoldt-Klein, Anm. VII. 1 d) dd) zu Art. 81 GG; Liesegang, ebd. 법률의 개정 (Änderungsgesetz)을 다만 제81조 제2항에 의해서만 가능하다고 한다면, 개정법이나 폐지법 (Änderungs- oder Aufhebungsgesetz)은 의회가 동의하는 경우에(즉 제77조 제1항 제1문의 규정에 의하여), 그리고 연방정부가 이 법률을 수용할 수 없다고 하지 않으며, 의회가 제기하는 이의법률(Einspruchgeset)이 연방참사원의 동의를 얻지 못하는 경우에 인정된다는 것을 의미한다.
3) H. Schneider, Kabinettsfrage und Gesetzgebungsnotstand, VVDStRL 8 (1950), S. 47; Maunz in Maunz-Dürig, Komm. z. GG Art. 81 Rn. 18 f.; Herrfahrdt, in: BK (Erstarbeitung), Anm. II. 4 zu Art. 81 GG; Stern, Staatsrecht, Bd. II (1980), § 53 III 4, S. 1383.

Umsetzung)할 수 있도록 함으로써 국정을 원활히 수행할 수 있도록 하는 역할을 - 따라서 정부위기를 예방하는 - 담당하고 있기 때문이다. 그리고 정부는 긴급법률의 폐지 혹은 개정에 관하여도 6개월이내(6 Monats Frist)에 결정하여야 한다(제81조 제3항 참조).

　　b) 연방참사원의 동의 연방참사원 역시 법률의 개정 및 폐지에 참여할 수 있다. 이 경우에는 일반적으로 의회가 이의를 제기하는 이의법률(Einspruchsgesetz)을 처리하는 데 필요한 절차가 이제는 의회가 동의하는 동의법률(Zustimmungsgesetz)을 처리하는 데 필요한 절차적 요건을 갖출 것이 요구된다.[1] 이러한 모든 것이 6개월의 기간(6-Monats-Zeitspanne) 동안에 이루어지도록 하는 것은 비상입법절차의 규정과 관련된 연방참사원의 헌법상의 지위로부터 나오는 것이다. 연방참사원은 하나의 단행법(Einzelgesetz) 혹은 법률안의 다른 형태(in anderer Fassung)로는 부결하였을 법률안을 단행법이 아닌 법률안전체(Gesamtpaket) 혹은 하나의 법률을 특정한 형태(Fassung)로 변경하여 찬성할 수 있다. 이러한 경우에 있어서 법률의 개정이나 폐지에 대한 연방참사원의 동의가 필요하지 않다고 한다면, 연방정부는 한편으로는 연방의회에 의하여 제출된, 그리고 다른 한편으로는 연방참사원에 의하여 제출된 법률안을 중립적인 위치(Mittelposition)에서 - 비록 제81조에서는 연방정부와 연방의회 및 연방대통령의 완전한 일치를 전제조건으로 삼고 있다 할지라도 - 그의 해결책을 마련할 수 있다. 그러므로 제81조 제3항에서 규정하고 있는 기간 내에 정상적 입법절차에 의한 법률의 개정이나 폐지를 이루고자 하는 경우에는 정부나 연방참사원의 동의가 이루어질 때에 한하여 이루어진다.

　　c) 대통령의 동의는 불필요 제81조 제1항 및 제2항의 규정에 의하여 성립된 법률을 개정(Änderung) 혹은 폐지(Aufhebung)하고자 하는 경우, 대통령의 동의는 필요하지 않다. 왜냐하면 법률의 폐지에 관련된 경우에 있어서는 대통령이 제81조의 규정에 의하여 '여러 개의 법률안 모두(eine ganze Zahl von Gesetzen)'에 대하여 입법긴급사태를 선포할 때에 법률안이 긴급한 것인지 아닌지는 연방정부와 연방참사원이 결정하는 것이고, 또한 모든 법률안이 법률로 확정될 것인지의 여부에 대하여는 대통령 스스로 사전에 예측할 수도 없기 때문이다(제81조 제2항 참조). 그리고 긴급법률의 개정에 관련하여, 연방정부와 연방참사원은 연방대통령의 동의하에서만 개정·폐지할 수 있다고 할 경우, 제81조 제1항 제1문의 내용이 정부와 의회가 대립하는 위기상황을 가정하고서 이러한 위기상황을 해결하기 위한 방안을 모색하고 있기 때문에, 이 경우에는 대통령이 정치적 영향력을 미칠 수 있는 예비권한(Reservemacht)을 가지고 있다 할 것이나, 만약 의회와 정부 그리고 연방참사원이 특정한 법률문제와 관련하여 그들이 서로 일치된 견해를 가지고 있는 경우, 따라서 위기상황이 전혀 존재하지 않는 상황하에서도 대통령에게 예비권한

---

1) Simon, Gesetzgebungsnotstand, S. 156.

(Resevemacht)을 행사할 수 있도록 하는 것이 과연 바람직한가는 심히 의심스럽다 할 것이다. 결론적으로 대통령의 법률의 개정 폐지에 관련된 대통령의 동의는 필요하지 않다 할 것이다.

## 4. 미국의 행정입법통제[1] – 대통령제 정부형태에서의 행정입법통제 –

### 4.1. 개관

1946년 미국 연방의회는 행정절차법(the Administrative Procedure Act : A.P.A)을 제정하여 모든 연방위원회에 적용되는 법원칙을 규정하고 있다.[2] 행정절차법은 연방위원회의 행위양식을 재결(adjudication)과 행정입법(rule-making)으로 구별하여 그 행위절차를 규정하고 있는데, 연방위원회들은 공식절차에 의한 행정입법을 하는 경우는 극히 드물고 대부분 행정절차법에 따라 통지와 의견제출절차에 의해서 행정입법을 하는 경우가 많다. 이것을 약식절차에 의한 행정입법(informal rule-making)이라고 하고, 이 경우에 적용되는 사법심사의 기준으로 행정절차법(A.P.A)은 연방규제위원회의 행정입법이 자의적이거나 재량남용 또는 법률위반의 경우에는 취소한다고 규정하고 있다.[3] 이를 자의적(arbitrary and capricious) 심사기준이라고 한다.[4] 이러한 자의적 심사기준(arbitary and capricious standard)이 어떤 기준인가 명확하지 않아서 어떠한 심사기준으로 연방법원이 연방규제위원회의 약식절차에 의한 행정입법을 심사할 것인가는 법원의 해석에 의한다.[5]

### 4.2. 의회거부권제도(legislative veto)

#### 4.2.1. 현황

미국은 엄격한 삼권분립제도를 채택하고 있기 때문에 연방규제위원회의 관리들은 공식적으로는 의회에 대하여 책임을 지고 있지 않지만, 연방의회는 연방규제위원회의 활동들을 청문회의 개최, 조사권의 발동, 연방규제위원회에 대한 예산삭감 등 공식적·비공식적 방법에 의해 감시할 수 있다.[6] 엄격한 삼권분립을 취하고 있는 미국의 대통령제하에서

---

[1] 미국의 행정입법통제에 관하여는, 정하명, 미국의 행정입법통제, 학술대회 : 행정입법통제에 관한 연구(2015.7.20), 유럽헌법학회·한국입법학회·동국대 비교법문화연구원, 1면-17면을 참조한 것임.
[2] Administrative Procedure Act(APA), 5 U.S.C. § 553(2000).
[3] Administrative Procedure Act(APA), 5 U.S.C. § 706(2000).
[4] 정하명, 미국의 행정입법통제, 학술대회 : 행정입법통제에 관한 연구(2015.7.20), 유럽헌법학회·한국입법학회·동국대 비교법문화연구원, 3면.
[5] 정하명, 미국의 행정입법통제, 학술대회 : 행정입법통제에 관한 연구(2015.7.20), 유럽헌법학회·한국입법학회·동국대 비교법문화연구원, 3면.

는 의회의 내각불신임권, 관계장관의 의회토론에의 출석 및 의원의 관계장관에 대한 질문권 등이 없기 때문에 의회의 행정입법에 대한 직접적인 통제가 어렵다. 이와같이 대통령제를 취하는 미국(고전적 대통령제[미국식 대통령제], 진정대통령제)에서는 엄격한 삼권분립주의를 채택하고 있기 때문에, 의원내각제를 취하는 국가들에 비하여 의회는 직접적으로 행정부의 집행권을 침해할 수 없고, 미국의 의회가 입법권을 연방규제위원회 등에 위임할 경우에는 기본적으로 법원의 사법심사에 의한 통제나 행정절차법(A.P.A)을 준수하게 하는 등의 연방규제위원회의 자체통제장치에 의존하거나 대통령을 대신한 정보규제실(OIRA)의 통제를 받도록 하고 있지만 의회가 직접 연방규제위원회의 행정법령제정권을 통제하는 경우는 의회거부권제도를 제외하면 거의 찾아볼 수 없다.[1]

### 4.2.2. 1983년 미국이민국(INS) v. 차다(Chadha) 판결

미국연방대법원은 1983년 6월 23일, INS(미국이민국) v. Chadha 판결에서 의회거부권제도는 위헌무효라고 판결하였다. 이 판결에서 문제가 되었던 것은 연방의회의 상원을 제외하고 하원에 의한 단원(單院)의결로 행한 의회거부권행사의 위헌여부였다. 미국이민법(the Immigration and Nationality Act)[2]에 의하면, 미국이민국(INS)은 추방대상 외국인에 대하여 추방을 명령하거나 연기할 수 있는 권한을 위임하고, 이러한 결정이 있는 경우에는 하원에 보고하도록 되어있었다. 이 사건에서 이민국은 추방연기결정을 하고 이러한 추방연기결정이 이민법 제244(c)(2)에 따라서 하원에 보고되었는데, 하원에서는 이 추방연기결정에 대하여 거부권(Veto)을 행사한 것이었다. 이 사건의 당사자인 차다(Chadha)는 케냐에서 태어난 인도사람으로서 영국여권을 가진자 였다. 1966년 학생비자를 통해 미국에 입국하였다가, 1972년 6월 30일 학생비자기간이 만료되어 추방의 대상이 되었는데, 추방연기를 미국이민국(INS : Immigration and Naturalization Service)에 제출하였고, 미국이민국의 이민판사(Immigration Judge)는 관련 청문회(hearing)를 거쳐 1975년 6월 26일 추방연기를 하였고, 이러한 사실을 하원에 보고하였던 것이다. 추방연기결정에 대해 하원에서는 의회거부권(legislative veto)[3]을 행사하였고, 미국이민국(INS)의 이민판사는 하원의 의회거부권

---

6) 정하명, 미국의 행정입법통제, 학술대회 : 행정입법통제에 관한 연구(2015.7.20), 유럽헌법학회·한국입법학회·동국대 비교법문화연구원, 5면.
1) Ernest Gellhon, Ronald M. Levin, Administrative Law and Process 168-169(1997).
2) Immigration and Nationalization Act(8 U.S.C. § 1254(c)(1)(1982)) § 244(c)(1) "Upon application by any alein who is found by the Attorny General may in his discretion suspend deportation of such alein."
3) 의회의 입법적 거부권 조항이 규정된 이민과 국적법 제244조(c)(2)에 의하면 연방하원은 법무부장관이 추방대상 외국인을 미국 내 체류할 수 있도록 결정한 경우 이를 무효화할 수 있었다(방승

을 받아들여서 차다(Chadha)에게 본국으로의 추방을 명령하였다. 이에 차다(Chadha)는 미국이민국내의 불복절차를 거쳐 연방항소법원(the Court of Appeals)에 하원의 의회거부권을 규정한 이민법 제244(c)(2)는 연방헌법상의 3권분립의 원칙에 위반된다고 하여 소송을 제기하였고,[1] 연방항소법원은 차다(Chadha)의 주장을 받아들여 관련조항을 위헌이라고 판결하였으며, 이 항소법원의 판결에 대하여 미국이민국(INS)는 연방대법원에 상고하여 연방대법원에서 최종적으로 위헌무효 판결을 하게 된 것이다.[2] 이 판결에서 논점의 대상이 되었던 것은 하원에서의 거부권(veto) 행사가 미국 연방헌법상의 입법행위(Legislation)에 해당되는가의 문제였는데, 연방대법원장인 버거판사(Chief Justice Burger)는 만약 하원의 거부권행사가 없었더라면 이 사건 당사자인 차다(Chadha)는 미국에 계속하여 체류할 수 있었기 때문에 하원의 거부권 행사는 결국 입법행위에 해당된다고 보았다. 그 이유는 하원에 의한 거부권행사가 입법부 밖에 있는 개인이나 국가기관의 법적 권리와 의무 그리고 사인들의 법적 관계 등을 변경시켰기 때문이라는 것이었다.[3] ☞ 의회거부권은 폐지

### 4.3. 의회심사제(the Congressional Review)
#### 4.3.1. 개관

의회거부권이 연방대법원에 의하여 위헌판결로 인하여 폐지된후 이에 대한 보완책으로서 의회심사법률(CRA)을 제정하게 되었다. 1996년 3월 29일 클린튼 대통령이 의회심사법률(the Congressional Review Act : CRA)에 서명함으로써 미국행정절차법 제5편에 새롭게 제8장을 추가하게 되었다. 이에 의하면 미국 연방규제위원회의 행정입법에 국회심사를 추가하는 것을 그 주된 내용으로 한다. 1996년 3월 29일부터 독립규제위원회를 포함한 모든 미국규제위원회는 최종법령안 혹은 중간최종법령안을 이들이 시행되기 60일 이전에 미국연방의회와 의회감사원(the General Accountability Office)에 제출하여야 한다.

---

주, 국회의 시행령수정ㆍ변경요구(청)권의 위헌여부, 공법연구 제44집 제2호(2015.12), 18면, 각주 44).

[1] 차다(Chadha)는 하원이 토론이나 의사록에 기록된 표결 없이 거부결의를 할 수 있게 한 이민과 국적법 제244조(c)(2)는 헌법상 권력분립의 원칙에 위반된다고 주장하며, 위헌소송을 제기하였다 (방승주, 국회의 시행령수정ㆍ변경요구(청)권의 위헌여부, 공법연구 제44집 제2호(2015.12), 18면, 각주 44).

[2] 정하명, 미국의 행정입법통제, 학술대회 : 행정입법통제에 관한 연구(2015.7.20), 유럽헌법학회ㆍ한국입법학회ㆍ동국대 비교법문화연구원, 9면.

[3] 정하명, 미국의 행정입법통제, 학술대회 : 행정입법통제에 관한 연구(2015.7.20), 유럽헌법학회ㆍ한국입법학회ㆍ동국대 비교법문화연구원, 10면.

### 4.3.2. 연방규제위원회의 행정법령안 제출제도

연방규제위원회들은 법령안 뿐만 아니라 법령에 관한 간략한 설명과 예상시행일을 함께 의회감사원에 보고서를 제출하게 되었다. 즉 보고서를 의회에 제출할 때에는 미국연방의회와 의회감사원(the General Accountability Office : GAO)에도 함께 제출할 것이 요구되었고, 연방의회 양원 중에 한군데(單院), 즉 상원 혹은 하원에서 요구하면, (ㄱ) 해당법령안의 완전한 비용편익 분석안, (ㄴ) 연방규제법에 의한 규제위원회의 활동들에 대한 정보, (ㄷ) 규제개혁법에 의한 정보, (ㄹ) 다른 법률과 행정명령에 관련한 정보와 요구들을 제출하도록 되어있다. 이 법률에 의하여 미국연방의회는 연방규제위원회 거의 모든 행정입법을 심사하고 불승인할 수 있게 되었다.[1]

### 4.3.3. 의회감사원(GAO)의 행정법령안에 대한 의회보고제도

주요법령에 대해서는 의회감사원(the General Accountability Office)에서 연방의회에 연방규제위원회로부터 보고서를 받은 날로부터 15일 이내에 해당 행정법령에 대한 보고서를 상하양원에 제출하여야 한다. 의회감사원보고서(the GAO report)는 연방규제위원회가 다양한 법률들과 행정법령들에서 규정하고 있는 절차적 요구조건들을 준수했는지에 대한 평가서를 포함하여야 한다.[2]

### 4.3.4. 연방의회의 행정법령안에 대한 불승인(不承認)공동의결(a joint resolution disapproving the rule)

연방의회는 불승인공동의결(a joint resolution disapproving the rule)을 언제든지 통과시킬 수 있고, 이것은 대통령에게 이송되어 대통령에 의하여 공포되거나 대통령거부권(the President's veto power)의 대상이 된다. 대통령이 거부권을 행사한 경우에는 상·하양원의 제적의원 3분의2이상의 의결을 하게되면 완전한 법적효과(the full legal effect)를 가지게 된다. 어떠한 행정법령이든 한번 시행되었다가 향후 의회의 불승인공동의결에 의하여 효력을 상실하게되면 그 법령은 전혀 시행되지 않았던 것으로 취급된다.[3] 어떤 행정법령이 불승인공동의결(a joint resolution disapproving the rule)에 의하여 무효로 되면 연방규제위원회는 의회의 법률에 의하여 특정적으로 다시 권한을 부여받지 못하는 경우, 무효로 된 것과 유사한 새로운 행정법령을 입법할 수 없다.[4] 행정법령심사절차에 의한 연방의회

---

[1] Morton Rosenberg, Whatever happenened to congressional review of agency rulemaking? : Brief overview, assesment, and proposal for reform, 51 Admin. L. Rev. 1051(1999).

[2] 정하명, 미국의 행정입법통제, 학술대회 : 행정입법통제에 관한 연구(2015.7.20), 유럽헌법학회·한국입법학회·동국대 비교법문화연구원, 12면.

[3] 5 U.S.C.A § 801(f).

의 어떤 행위도 법원의 사법심사의 대상으로부터 제외된다.[1]

### 4.3.5. 행정법령진실법률(the Truth in Regulating Act)

연방의회는 행정법령진실법률을 제정하여 의회의 상임위원회의 위원장 등이 해당위원회의 감독 대상이 되는 연방규제위원회의 주요법령에 대해 의회감사원 원장(the comptrolle general)에게 그 법령에 대한 독립보고서를 – 특히 연방규제위원회의 데이터, 방법론, 가정 들은 물론 연방규제위원회의 결론 등을 포함하여 – 를 작성할 것을 요구할 수 있다.[2]

### 4.3.6. 소결

미국은 의회거부권제도(legislative veto)가 위헌판결을 받게되자 의회심사법률과 행정법령진실법률을 제정하여 행정법령에 대한 통제가능성을 열었으며, 연방의회의 일반회계원(the General Accounting Office)을 의회감사원으로 명칭을 바꾸고 의회의 요청이 있는 경우에는 주요법령에 대한 의회감사원(the General Accountability)의 독자분석보고서가 가능하도록 하였다. 이는 행정법령에 대한 통제를 강화하겠다는 미국연방의회의 의지를 반영한 것이라 할 수 있다.[3]

## 5. 정부형태에 따른 의회의 행정입법에 대한 통제정도 – 의원내각제(독일)인가, 대통령제(미국)인가에 따른 의회의 행정입법에 대한 통제의 강도(强度)에 있어서의 상관관계

[개관] 의원내각제와 대통령제라고 하는 정부형태에 따라서 행정입법에 대한 의회의 통제제도가 의원내각제는 그 성질상 강력하고 대통령제의 경우에는 상대적으로 약하게 이루어지는것 아닌가 하는 행정입법에 대한 국회통제제도의 정부형태와의 상관관계가 문제된다. 이를 긍정하는 견해(장영수)[4]와 부정하는 견해(방승주)[5]가 있다.

[독일] 독일과 같은 의원내각제 국가에서는 행정부도 의회 다수파(Mehrheit)가 정부를

---

4) 5 U.S.C.A § 801(b)(2).
1) 5 U.S.C.A §§ 801-808(2012).
2) 정하명, 미국의 행정입법통제, 학술대회 : 행정입법통제에 관한 연구(2015.7.20), 유럽헌법학회 · 한국입법학회 · 동국대 비교법문화연구원, 16면.
3) 정하명, 미국의 행정입법통제, 학술대회 : 행정입법통제에 관한 연구(2015.7.20), 유럽헌법학회 · 한국입법학회 · 동국대 비교법문화연구원, 17면.
4) 장영수, 행정입법에 대한 국회 통제의 가능성과 한계, 세계헌법연구 제21권 제2호(2015), 160면.
5) 방승주, 국회의 시행령수정 · 변경요구(청)권의 위헌여부, 공법연구 제44집 제2호(2015.12), 19면.

구성(Regierungsbildung)하므로, 정부의 의회에 대한 정당성(정통성) 및 의회와 정부의 공화·협조관계가 대통령제정부 형태에 있어서보다 더욱 강하다. 그러나 독일의 경우, (ㄱ) 의회의 행정입법에 대한 통제제도로서 명령제정을 의회의 사전적 동의에 종속시키는 동의유보(Zustimmungsvorbehalt), (ㄴ) 법규명령제정자에게 법규명령을 제정하기 전에 그가 작성한 법규명령안을 연방의회에 통지하도록 수권법률로 의무를 부과하는 통지유보(Kenntnisvorbehalt), (ㄷ) 법규명령 제정 전에 의회에 제출된 명령안에 대하여 의회에서 청문절차(Anhörungsverfahren)를 거치도록 수권법에 의무를 부과하는 청문유보(Anhörungsvorbehalt), (ㄹ) 연방의회(Bundestag) 및 연방참사원(Bundesrat)[1][2]의 협력을 요하는 협력유보(Mitwirkungsvorbehalt), (ㅁ) 연방의회가 의회의 단순의결을 통하여 법규명령의 내용수정을 유보하는 수정유보(Änderungsvorbehalt), (ㅂ) 법규명령의 제정을 연방의회의 거부권행사 여부에 종속시키는 거부권유보(Vetovorbehalt), (ㅅ) 명령이 제정된 후에 연방의회가 법규명령제정자에게 의회가 이의 폐지를 요구할 수 있는 폐지유보(Genehmigungs- bzw. Aufhebungsvorbehalt) 등 다양한 형태의 행정입법 통제제도가 있

---

1) 독일의 분데스라트(Bundesrat)를 한국 및 일본(예: 소학관, 1985)에서 연방참의원 혹은 상원으로 번역을 하는 견해가 있으나, 독일연방헌법재판소는 분데스라트(Bundesrat)의 개념을 양원제 국회에 있어서 그 일부를 구성하는 제2원의 개념으로 보고 있지 않다(BVerfGE 37, 363 - 380 f). 따라서 저자는 상원 제2원 혹은 참의원이라는 용어 대신에 '연방참사원'이라고 표현 한다. 연방헌법에 의하면 연방참사원은 연방의 정책결정과정에 행정적 관점을 가미하며, 연방의회(Bundestag)에 의하여 약화될 수 있는 연방주의를 방어하는 두 가지 과제를 부여받고 있다. 연방참사원은 州의 대표기구이며 연방제의 상징기구로서 입법과 정책결정과정에 참여하고 견제하는데 비중을 두고 있기 때문에 직접 입법을 하고 국민들에 의해 선출되는 미국의 상원과는 구분되어야 한다. 이런 관점에서 연방참사원은 세계에서 유일한 독일 고유의 기구이다(권세기, 독일 연방의회, 독일의 대의제민주주의와 정당정치, 세계문화사, 1999, 39면 각주 4) 참조). 독일의 양원제는 엄격한 의미에서 전통적인 양원제와는 다르다. 연방참사원(Bundesrat)은 국민이 선거한 의원으로 구성된 의회가 아니라 독일연방공화국을 구성하는 16개주의 정부각료 또는 그들이 파견한 행정공무원으로 구성(68명)되고 있는 일종의 州대표기구이기 때문이다(허영, 한국헌법론, 904면 각주 3) 참조). 동지(同旨: 같은 견해) 허영, 헌법이론과 헌법, 박영사, 1996, 906면. 특히 독일의 BVerfGE 37, 363 - 380 f = NJW 1974, 1751 참조할 것.

2) 연방의회(Bundestag)와 연방참사원(Bundesrat)의 권한 비교: 연방의회의 권한은 연방참사원의 권한 보다 우월하며, 법률안의결, 선거심사심판권, 대통령탄핵권, 의원의 발언·표결의 면책특권, 불체포특권, 증언거부권 등이 있다. 연방참사원의 권한은 연방의 입법·행정에 대하여 각 지방을 대표한다. 그 권한은 연방입법, 지방의 연방의무불이행에 대하여 연방정부의 지방에 대한 연방강제에 대한 동의권, 연방정부로부터 보고 받을 권리, 대통령탄핵권, 대통령명령동의권, 의안심사권, 의사규칙제정권 등이 있다. 연방참사원은 지방장관이므로 연방의회의원과 같은 특권(면책특권·불체포특권)은 없다.

고, 의회가 법률로 직접 법규명령을 개정하는 소위 의회명령(Legislativeverordnung)에 대해서도 독일 연방헌법재판소는 헌법에 위반되지 않는다고 한바 있다.[1] 이는 독일의 헌정사(憲政史)적 측면에서 행정부의 수권법에 의한 의회기능의 마비사태가 과거 바이마르 공화국(1919-1933)이나 히틀러 독재시대(1933-1945)에 존재하였음을 볼 때, 독일의 경우에는 역시 국민대표기관인 의회로부터 행정부를 통제해야 한다는 헌정사적 반성(反省)으로부터 연유한다고 볼 수 있다.

[미국] 미국의 경우에는 의회(입법)거부권제도가 아직 주(州)에서는 여전히 존재하고, 차다(Chadha)판결을 반영하여 위헌성을 제거한 의회심사법이 발효되어 행정입법통제제도로서 기능하고 있는 점 등을 고려해 본다면 정부형태에 따른 행정입법에 대한 국회통제제도는 필연적인 연관성이 있어보이지는 않는다.[2] 순수한 대통령제라고 하기보다는 상당부분 의원내각제적 요소를 가미한 우리 나라의 정부형태(부진정대통령제)하에서는 행정입법에 대한 국회의 통제를 강화할 필요성이 순수한 대통령제 국가에서 보다 크다고 본다.[3]

## VIII. 하자(瑕疵)있는 법규명령에 대한 구제

### 1. 위법명령심사 - 구체적 규범통제

#### 1.1. 행정소송에 있어서 선결문제로서 당해 행정입법의 합법 여부의 심사를 청구

행정입법의 합법성 심사에 관하여 우리 헌법(제107조 제2항)은 구체적 규범통제제도를 채택하고 있으므로 어떤 행정입법으로 인하여 권익을 침해당할 우려가 있는 자는 당해 행정입법 자체의 합법성의 심사를 직접 목적으로 하는 독립된 절차로서가 아니라, 당해 행정입법의 구체적인 집행행위에 대한 행정소송에 있어서 선결문제로서 당해 행정입법의 합법 여부의 심사를 청구할 수 있게 된다.

[처분법규(처분적 법률)의 경우] 처분적 법률(Maßnahmegesetz)이라 함은 행정적 집행이나 사법적 재판을 매개로 하지 아니하고 직접 국민에게 권리나 의무를 발생하게 하

---

[1] BVerfGE 114, 196. 양충모, 독일에서의 법률에 의한 위임명령의 통제와 그 한계, 공법연구 제43집 제2호(2014.12), 137-139면; 방승주, 국회의 시행령수정·변경요구(청)권의 위헌여부, 공법연구 제44집 제2호(2015.12), 19면, 각주 51) 참조.
[2] 방승주, 국회의 시행령수정·변경요구(청)권의 위헌여부, 공법연구 제44집 제2호(2015.12), 19면.
[3] 방승주, 국회의 시행령수정·변경요구(청)권의 위헌여부, 공법연구 제44집 제2호(2015.12), 19면, 각주 51) 참조.

는 법률, 즉 자동집행력을 가지는 법률을 말한다.[1] 따라서 처분적 법률은 일정한 범위의 국민을 대상으로 하는 어떠한 처분이나 조치 등 구체적이고 개별적인 사항을 그 내용으로 로 한다. 어떤 행정입법이 구체적인 집행행위를 기다릴 필요없이 그 자체로서 직접 개인의 권익에 영향을 미치는 처분법규인 경우에는 당해 행정입법을 곧바로 행정소송의 대상으로 삼을 수 있다(그러나 추상적 규범통제와는 다르다). 즉 이러한 행정입법은 처분(행정처분)에 해당한다.[2] 처분적 법률에는 (ㄱ) 일정한 범위의 국민만을 대상으로 하는 개인적 법률(Einzelpersonengesetz),[3] (ㄴ) 개별적·구체적인 상황 또는 사건을 대상으로 하는 개별사건법률(Einzelfallgesetz),[4] (ㄷ) 시행기간이 한정된 한시적 법률(Zeitgesetz)[5]이 있다.

▶ 헌재결 1991. 3. 11, 90헌마28【지방의회의원선거법 제28조 등에 대한 헌법소원】법규 때문에 기본권의 침해를 받았다하여 헌법소원의 형태로 그 위헌여부의 심판을 구하는 법규에 대한 헌법소원은 구체적인 소송사건에서 전제된 경우도 아니고 단순히 어느 법규가 위헌인가의 여부에 대한 의문이 있어 제기하는 추상적 규범통제제도와는 근본적으로 다른 것으로서 자기관련성, 현재성, 그리고 직접성의 요건을 갖추게 되면 그것만으로 적법한 소원심판청구로 되어 허용이 된다.

### 1.2. 구체적 규범통제의 효력

구체적 규범통제의 결과 위헌 내지 위법으로 판정된 명령의 효력은 어떠한가에 대하여, (ㄱ) 당해 사건 외에는 폐지되기 전까지 유효하다는 견해, (ㄴ) 일반적으로 무효가 된다는 견해(당해사건 분만 아니라 일반사건)가 대립하고 있다. 판례는 (ㄴ)설의 입장에서 위헌·위법인 명령을 무효라고 선언하고 있다(대판 1983.7.12. 82누148【수시분양도소득세등부과처분취소】). 행정소송법 제6조는 위헌·위법 판결이 확정되면 행정자치부장관에게 통보하고, 행정자치부장관은 이를 관보에 게재하도록 하고 있다.

## 2. 법규명령에 대한 헌법소원(憲法訴願)의 가부(可否)

### 2.1. 개관

행정입법의 합헌성 여부를 다투는 헌법소원을 제기할 수 있는가하는 점이 문제된다. 이에 관하여는 국민의 인권보장의 측면에서 적극적으로 보는 견해(긍정설)[6]와 헌법소원의

---

1) 헌재결 1989. 12. 18, 89헌마32·33(병합), 헌판집 1권, 343(352)면.
2) 同旨의 판례(대판 1954. 8. 19, 42986 행상 37).
3) 부정선거관련자처벌법·정치활동정화법·부정축재처리법·정치풍토쇄신을위한특별조치법 등.
4) 긴급금융조치법·긴급통화조치법.
5) 재외국민취적·호적정정및호적정리에관한임시특별법 등.

요건으로 요구되는 직접성·현재성·자기성 및 보충성의 결여를 이유로 소극적(부정설)으로 보는 견해로 나뉘어 있다.1) 이는 특히 헌법이 명령이나 규칙에 대한 위헌, 위법심사권을 법원에 부여하고 있는 헌법 제107조 제2항(명령·규칙 또는 처분이 헌법이나 법률에 위반되는 여부가 재판의 전제가 된 경우에는 대법원은 이를 최종적으로 심사할 권한을 가진다.)과 관련하여 문제가 제기된다. ☞ **재판의 전제가 된 경우 → 선결문제(Vorfrage)가 된 경우**

법규명령의 헌법소원 대상적격에 대하여는 헌법재판소(긍정설)와 대법원(부정설)간에 견해 대립이 있다.

### 2.2. 긍정설(적극설)

헌법소원을 인정하는 입장은, (ㄱ) 헌법 제107조 제2항은 재판의 전제가 된 경우에 한하여 명령과 규칙에 대한 법원의 심사권을 규정하는 것이므로, 재판의 전제가 되지 아니하고 기본권침해가 존재하는 경우, 개인의 권리구제(Rechtsmittel)의 측면에서 헌법소원을 인정하는 것은 헌법 제107조 제2항을 위반한 것이 아니며, (ㄴ) 헌법 제111조 제1항 제5호에 근거한 헌법재판소법 제68조 제1항의 공권력의 행사·불행사에는 명령·규칙이 당연히 포함된다는 점, (ㄷ) 헌법소원의 대상은 법원의 재판을 제외한 공권력의 행사 또는 불행사인데, 이러한 공권력의 행사·불행사의 대상에는 명령과 규칙도 포함된다는 점 등을 논거로 하여 긍정설을 취한다. 헌법재판소 및 다수설2)의 입장이다. ☞ **인권보장의 측면**

### 2.3. 부정설(소극설)

헌법소원을 부정하는 입장은 헌법 제107조 제2항이 법원에 명령과 규칙에 대한 최종적인 심사권을 인정하고 있는 이상, 그 대상이 명령과 규칙인 때에는 법원에서 명령·규칙 심사권을 가지며, 따라서 법원이 아닌 헌법재판소에 대한 헌법소원은 인정될 수 없다고 한다. 특히 우리나라 헌법은 법률에 대한 위헌심판권과 명령규칙의 위헌심사권을 구분하여, 법률에 대한 위헌심판권은 헌법재판소에 부여하고 명령규칙의 위헌심사권은 법원에 부여하고 있고, 법규명령에 의한 권리침해시에는 행정소송을 제기할 수 있으므로 헌법소원의 요건인 보충성의 원칙을 결하게 되며, 적극설에 의하면 법원과 헌법재판소의 결론이 상호

---

6) 개인의 권리구제의 측면에서 처분적 명령에 대한 헌법소원의 대상성을 인정하지 않을 수 없다 (김남진·김연태, 행정법(I), 167면); 이석연, 헌법소원의 대상으로서의 명령·규칙에 대한 위헌여부심사, 한국공법학회, 제13회 월례발표회(1990.11), 30면 이하.

1) 이상규, 신행정법론(상), 321면; 김동희, 행정법(I), 141면.

2) 권영성, 헌법학원론, 1039면; 허영, 한국헌법론, 823면; 김철수, 헌법학개론, 1335면; 김남진, 행정법(I), 181면; 박윤흔, 최신 행정법강의(상), 232면.

모순될 수 있다는 것 등을 이유로 한다.[1] 대법원은 소극설을 취하고 있다.[2] ▬ **헌법소원의 요건인 직접성 · 현재성 · 자기성 및 보충성의 결여**

### 2.4. 위헌법령심판권과 관련한 헌법재판소판례

[헌법재판소 : 긍정설의 입장] 헌법재판소는 대법원규칙의 형식을 취하나, 법무사법 제4조 제2항에 의하여 위임된 위임명령으로서의 성질을 갖는 법무사법시행규칙(대법원규칙)에 대하여 긍정설의 입장에서 헌법소원의 대상이 됨을 인정하여 동규칙 제3조 제1항 위헌임을 결정한 바 있다.[3]

[법무사법시행규칙(대법원규칙)에 대한 헌법소원의 긍정] 헌법재판소는 법무사법시행규칙(대법원규칙)에 대한 헌법소원을 받아들여 이 규칙이 위헌임을 선언한 결정하였다. "…법무사법 제4조 제2항이 대법원규칙으로 정하도록 위임한 법무사 시험의 실시에 관하여 필요한 사항이란 시험과목 · 합격기준 · 시험실시 방법 · 시험실시 시기 · 실시횟수 등 시험실시에 관한 구체적인 방법과 절차를 말하는 것이지 시험의 실시여부까지도 대법원규칙으로 정하라는 말은 아니다. 그럼에도 불구하고 법무사법시행규칙 제3조 제1항은 '법원행정처장은 법무사를 보충할 필요가 있다고 인정되는 경우에는 대법원장의 승인을 얻어 법무사시험을 실시할 수 있다'라고 규정하였는바, 이는 법원행정처장이 법무사를 보충할 필요가 없다고 인정하면 법무사시험을 실시하지 아니해도 된다는 것으로서, 상위법인 법무사법 제3조 제1항에 의하여 청구인을 비롯한 모든 국민에게 부여된 법무사자격 취득의 기회를 하위법인 시행규칙으로 박탈하고 법무사업을 법원 · 검찰청 등의 퇴직공무원에게 독점시키는 것이 되며, 이는 결국 대법원이 규칙제정권을 행사함에 있어 위임입법권의 한계를 일탈하여 청구인이나 기타 법무사자격을 취득하고자 하는 모든 국민의 헌법 제11조 제1항의 평등권과 직업선택의 자유를 침해하는 것"[4]이라고 하였다.

[체육시설의설치이용에관한법률시행규칙 제5조에 대한 헌법소원] 헌법재판소는 '명령 · 규칙의 헌법소원의 대상성(對象性)'에 대하여, "명령 · 규칙 그 자체에 의하여 직접 기본권이 침해되었을 경우에는 그것을 대상으로 하여 헌법소원심판을 청구할 수 있고, 그 경우 제소요건(提訴要件)으로서 당해 법령이 구체적 집행행위를 매개로 하지 아니하고 직접적으로 그리고 현재적으로 국민의 기본권을 침해하고 있어야 한다."[5]고 하였다. 이는 처분적 **법률과 마찬가**

---

1) 이상규, 신행정법론(상), 321면; 김동희, 행정법(I), 141면.
2) 대판 1991. 6. 11, 90누5.
3) 헌재결 1990. 10. 15, 89헌마178【법무사법시행규칙에 대한 헌법소원】
4) 헌재결 1990. 10. 15, 89헌바178【법무사법시행규칙에 대한 헌법소원】
5) 헌재결 1993. 5. 13, 92헌마80【체육시설의설치이용에관한법률시행규칙 제5조에 대한 헌법소원】

지로 처분적 규칙인 경우에는 헌법소원의 대상이 된다는 것이다.

### 2.5. 사견

형식적 의미의 법률이 아닌 실질적 의미의 법률, 즉 법규명령 또는 규칙으로 인하여 직접 기본권을 침해당한 피해자는 헌법소원의 심판을 청구할 수 있다. 헌법 제107조 제2항은 "구체적인 소송사건에서 명령, 규칙의 위헌여부가 재판의 전제가 되었을 경우 법률의 경우와는 달리 헌법재판소에 제청할 것 없이 대법원이 최종적으로 심사할 수 있다"는 의미이며, 헌법 제111조 제1항 제1호에서 법률의 위헌여부심판권을 헌법재판소에 부여한 이상 (위헌심사권은 법원에 위헌심판권은 헌법재판소에 있다는 견해(허영)도 있다 = 심사와 심판을 구분하는 경우)[1] 통일적인 헌법해석과 규범통제를 위하여 공권력에 의한 기본권침해

---

1) 학자에 따라서는 법원에서는 위헌법률심사권을 헌법재판소에서는 위헌법률심판권을 가진다(위헌심사권과 위헌결정권의 관할분리제)고 주장하는 학자(허영)가 있다. 허영교수의 견해에 의하면 다음과 같다. 「… 구체적 규범통제는 법률의 위헌 여부가 재판의 전제가 된 경우에 소송당사자의 신청 또는 법원의 직권에 의해서 규범심사를 하는 제도이다. 1803의 미국연방대심원의 위헌심사(Vgl. Marbury v. Madison[1 Cranch 137])가 이 제도의 효시로 간주되고 있다. 우리나라는 제헌 이래 이 제도를 전통적으로 채택해 왔는데 현행헌법(제107조 제1항, 제111조 제1항)도 이를 규정하고 있다. 구체적 규범통제는 그것이 자칫하면 민주적 정당성을 바탕으로 하고 있는 입법부의 법정립기능을 침해할 위험성이 크기 때문에, 구체적 규범통제를 제도화하는 경우에는 국회의 입법기능을 존중하면서도, 헌법의 최고규범성을 수호할 수 있는 적절한 방법이 모색되어야 한다. 법률에 대한 '위헌심사권'과 '위헌결정권'을 구별해서 전자는 각급 법원에 맡기면서도 후자만은 이를 최고법원에 1원적으로 귀속시키는 것은 그 하나의 방법이 될 수 있는데, 많은 나라에서 이 방법을 채택하고 있다. 규범통제를 독립한 헌법재판소나 헌법위원회의 관할사항으로 하는 것도 따지고 보면 이와 같은 이론이 적용되고 있는 하나의 예에 불과하다고 볼 수 있다. 우리 현행헌법에서 각급법원이 법률의 위헌심사권을 가지지만 위헌결정권만은 헌법재판소의 전관사항으로 하고 있는 것도 결국 이 이론의 영향이라고 할 수 있다. 또 규범통제를 법률의 공포 전에 함으로써 위헌법률이 공포발효됨으로 인해서 발생하는 여러 가지 문제점을 미리 예방하는 방법도 생각할 수 있는데 프랑스에서 행하고 있는 '사전적 규범통제제도'는 이 유형에 속하는 대표적인 예이다(허영, 한국헌법론, 857면)」. 다른 견해:「… 법원에서는 일체의 위헌법률심사권을 가지지 아니하며, 법률의 위헌심사는 법원의 제청(위헌심판의 개시)과 헌법재판소의 심판이라는 두 절차로 구성되어 있다」고 하면서,「현행헌법은 1980년 헌법과는 달리 각급법원과 대법원에 법률의 위헌여부를 제1차적으로 심사할 수 있는 권한(위헌법률전심권[前審權])을 인정하고 있지 않음은 물론 대법원의 불송부결정권도 인정하고 있지 않기 때문이다. 따라서 각급법원, 특히 대법원의 위헌법률심판제청권에는 법률에 대한 합헌성 판단을 할 수 있는 실질적 권한이 내포되어 있지 아니하다」라고 한다(이철주·김헌, 헌법 II, 287면). 특히「헌법 제107조 제1항은 "법률이 헌법에 위반되는 여부가 재판의 전제가 된 경우에는 법원은 헌법재판소에 제청하여 그 심판에 의하여 재판한다"라고 규정하고 있다. 이것은 1980년 헌법과는 달리, 법원에 대하여 헌법재판소에

를 이유로 하는 헌법소원심판 청구사건에 있어서 법률의 하위규범인 명령·규칙의 위헌여부심사권이 헌법재판소의 관할에 속함은 당연한 것이다. 즉, 헌법재판소법 제68조 제1항이 규정하고 있는 헌법소원심판의 대상으로서의 공권력이란 입법·사법·행정 등 모든 공권력을 말하는 것이므로 행정부에서 제정한 시행령이나 시행규칙 등은 그것들이 별도의 집행행위를 기다리지 않고 직접 기본권을 침해하는 것일 때에는 모두 헌법소원심판의 대상이 될 수 있다.1) 즉 **시행령·시행규칙이 (ㄱ) 처분적 시행령**(Maßnahme-Durchführungsverordnung[시행령=DVO]), 혹은 **(ㄴ) 처분적 규칙**(Maßnahme-Durchführungsvorschrift)**인 경우에는 헌법소원의 대상이 된다. 처분적 법률**(Maßnahmegesetz)**도 마찬가지이다.**

[헌법재판소] 헌법재판소도 (**판례-1**) : "… 법규 때문에 기본권의 침해를 받았다하여 헌법소원의 형태로 그 위헌여부의 심판을 구하는 법규에 대한 헌법소원은 구체적인 소송사건에서 전제된 경우도 아니고 단순히 어느 법규가 위헌인가의 여부에 대한 의문이 있어 제기하는 <u>추상적 규범통제제도와는 근본적으로 다른 것</u>으로서 자기관련성, 현재성, 그리고 직접성의 요건을 갖추게 되면 그것만으로 적법한 소원심판청구로 되어 허용이 된다."2)고 판시하였다. (**판례-2**) : 헌법재판소는 '**처분적 법률**'외에 '**처분적 규칙**'의 경우도, "… 헌법 제107조 제2항이 규정한 명령·규칙에 대한 대법원의 최종심사권이란 구체적인 소송사건에서 명령·규칙의 위헌여부가 재판의 전제가 되었을 경우 법률의 경우와는 달리 헌법재판소에 제청할 것 없이 대법원이 최종적으로 심사할 수 있다는 의미이며, 명령·규칙 그 자체에 의하여 직접 기본권이 침해되었음을 이유로 하여 헌법소원심판을 청구하는 것은 위 헌법규정과는 아무런 상관이 없는 문제이다. … 따라서 <u>입법부·행정부·사법부에서 제정한 규칙이 별도의 집행행위를 기다리지 않고 직접 기본권을 침해하는 것일 때에는 모두 헌법소원심판의 대상이 될 수 있는 것이다.</u>"라고 판시하고 있다.3)

※ [조례의 경우] 대법원은 두밀분교폐지사건에서 처분적 조례의 경우에는 항고소송의 대상이 되는 행정처분이 된다고 판시하였기 때문에,4) 헌법소원이 인정되지 아니한다는 견해가 있으나,5) 조례의 처분성을 인정한 판례는 **처분적 조례**에 해당되는 것으로서, 예외적이므로 조례에 대한 헌법소원을 배제할 이유가 없다.6) 헌법재판소도 조례 자체로

---

위헌법률심사를 제청할 권한만을 인정한 것일 뿐 법률에 대한 위헌여부의 제1차적 심사권(전심권)을 인정하지 않는다는 것을 규정한 것이다」라고 한다(이철주·김헌, 헌법 II, 257면).

1) 석종현, 일반행정법(상), 175면.
2) 헌재결 1991. 3. 11, 90헌마28 【지방의회의원선거법 제28조 등에 대한 헌법소원】
3) 헌재결 1990. 10. 15, 89헌마178 【법무사법시행규칙에 대한 헌법소원】
4) [판례]【두밀분교폐지조례 사건】조례가 집행행위의 개입 없이도 그 자체로서 직접 국민의 구체적인 권리·의무나 법적 이익에 영향을 미치는 등의 법률상 효과를 발생하는 경우 그 조례는 항고소송의 대상이 되는 행정처분에 해당한다(대판 1996. 9. 20, 95누8003).
5) 김중권, 명령(법률하위적 법규범)에 대한 사법적 통제에 관한 소고, 고시연구(2004.6), 166면.
6) 석종현, 일반행정법(상), 175면.

인하여(☞ **처분적 조례**) 직접 그리고 자기의 기본권을 침해받은 자는 그 권리구제의 수단으로서 조례에 대한 헌법소원을 제기 할 수 있다고 판시하였다.[1]

## IX. 법규명령의 소멸(消滅)

### 1. 법규명령의 폐지

#### 1.1. 법규명령의 직접적 폐지

#### 1.1.1. 법규명령의 형식 자체가 폐지되는 경우

　　법규명령의 형식자체가 폐지된 경우에도 원칙적으로 법규명령은 그 효력을 유지한다. 예컨대, 구헌법상의 국무원령·각령의 폐지와 같은 경우이다. 그러나 이러한 경우에는 내용적으로 헌법 기타의 법령에 저촉되지 아니하는 한, 경과조치로 이미 발하여진 명령 자체는 계속하여 효력을 가지게 하는 것이 보통이다. 현행 헌법부칙 제5조에서도 "이 헌법시행 당시의 법령과 조약은 이 헌법에 위배되지 않는 한 그 효력을 지속한다"고 규정하고 있다. 그리고 법규명령을 발한 행정청의 폐지는 법규명령의 소멸사유로 볼 수 없다. 다시말하면 그 명령을 발한 「행정관청이 폐지된 경우」에 있어서도 그 명령은 당연히 실효되는 것이 아니라, 폐지된 행정관청의 관할사항이 다른 관청의 관할사항으로 존속하는 한, 그 명령의 효력은 존속한다.[2] 또한 집행명령의 상위법령이 폐지되면 특별한 규정이 없는 이상 실효되는 것이나, 상위법령이 개정됨에 그친 경우에는 새로운 집행명령이 제정, 발효될 때까지는 그 효력이 존속된다.

#### 1.1.2. 개개의 구체적인 법규명령이 직접적으로 폐지되는 경우

　　법규명령의 형식을 장래에 향하여 소멸시키려는 행정권의 직접적 명시적 의사표시를 폐지라 하며 구체적인 법규명령을 폐지하는 경우이다. 일반적인 예이다.

#### 1.2. 법규명령의 간접적 폐지

　　법규명령은 그와 내용상 충돌하는 동위의 명령 또는 상위의 타 법령이 제정·개정됨으로써 그 효력이 소멸될 수 있다. 다만 상위법령이 개정된 경우 그 집행명령의 효력에 관한 대법원 판례는 「… 법률규정 자체에 위임의 구체적 범위를 명확히 규정하고 있지 아니하여 외형상으로는 일반적·포괄적으로 위임한 것으로 보이더라도, 그 법률의 전반적인 상

---

[1] 헌재결 1995. 4. 20, 92헌마264 【부천시담배자동판매기설치금지조례 제4조 등 위헌확인】
[2] 석종현, 일반행정법(상), 170면.

위법령의 시행에 필요한 세부적 사항을 정하기 위하여 행정관청이 일반적 직권에 의하여 제정하는 이른바 집행명령은 근거법령인 상위법령이 폐지되면 특별한 규정이 없는 이상 실효되는 것이나, 상위법령이 개정됨에 그친 경우에는 개정법령과 성질상 모순, 저촉되지 아니하고 개정된 상위 법령의 시행에 필요한 사항을 규정하고 있는 이상 그 집행명령은 상위법령의 개정에도 불구하고 당연히 실효되지 아니하고 개정법령의 시행을 위한 집행명령이 제정, 발효될 때까지는 여전히 그 효력을 유지한다」고 판시하였다.1) 위임명령의 경우도 또한 같다.2)

▶[법제처 유권해석] 법률에서 구체적 사항에 관하여 위임하고 있는 하위법령의 종류가 법률의 개정으로 변경된 경우에 종전의 하위법령의 관련 규정이 바로 실효되는 것으로 볼 수 있는 것은 아니라 할 것이나 종전의 하위법령에 대체되는 새로운 법령이 제정된 경우에는 종전의 하위법령의 관련 규정이 명문으로 폐지되지 아니하더라도 당연히 실효된 것으로 보아야 한다(기획 02102-50, 1987. 12. 17. 회신).3)

## 2. 종기(終期)의 도래 또는 해제조건의 성취(법정부관의 성취)

법규명령은 그것이 한시법인 경우 종기의 도래(시행기간이 정해진 법규명령), 그리고 해제조건(auflösende Bedingung)의 성취로 인하여 소멸될 수 있다.4) ☞ **실효**

## 3. 근거법령의 소멸

법규명령은 법률종속명령이므로, 특별한 규정이 없는 한, 근거법령의 소멸은 당연히 그에 따른 법규명령의 소멸을 가져온다.5) 대법원 판례는 「상위법령의 시행에 필요한 세부적 사항을 정하기 위하여 행정관청이 일반적 직권에 의하여 제정하는 이른바 집행명령은 근거법령인 상위법령이 폐지되면 특별한 규정이 없는 이상 실효」된다고 판시하였다.6) 위임명령의 경우도 또한 같다.7) ☞ **실효**

▶ 대판 1989. 9. 12, 88누6962【영업소설치신고수리】영업소설치신고수리(상위법령이 개정된 경우 종전 집행명령의 효력 유무(적극)【판결요지】상위법령의 시행에 필요한 세부적 사항을 정하기 위하여 행정관청이 일반적 직권에 의하여 제정하는 이른바 집행명령은 근거법령인 상위법령이 폐지되면 특별한 규정이 없는 이상 실효되는 것이나, 상위법령이

---

1) 대판 1989. 9. 12, 88누6962【영업소설치신고수리】상위법령이 개정된 경우 종전 집행명령의 효력 유무(적극).
2) 성낙인, 헌법학, 법문사, 2007, 939면.
3) 한상우, 실무행정법 I, 법제처, 2007, 261면.
4) 김남진·김연태, 행정법(I), 163면.
5) 석종현, 일반행정법(상), 171면; 김남진·김연태, 행정법(I), 163면.
6) 대판 1989. 9. 12, 88누6962【영업소설치신고수리】.
7) 성낙인, 헌법학, 법문사, 2007, 939면.

개정됨에 그친 경우에는 개정법령과 성질상 모순, 저촉되지 아니하고 개정된 상위법령의 시행에 필요한 사항을 규정하고 있는 이상 그 집행명령은 상위법령의 개정에도 불구하고 당연히 실효되지 아니하고 개정법령의 시행을 위한 집행명령이 제정, 발효될 때까지는 여전히 그 효력을 유지한다.

### 4. 국회의 불승인(不承認)

대통령이 긴급재정경제명령 또는 긴급명령을 발하였을 때에는 지체없이 국회에 보고하여 승인을 얻어야 하는데, 승인을 얻지 못한 때에는 승인을 얻지 못한 때부터 그 효력을 상실한다. 이 경우 그 명령에 의하여 개정 또는 폐지되었던 법률은 그 명령이 승인을 얻지 못한 때부터 당연히 그 효력을 회복한다(헌법 제76조). 긴급재정경제명령이나 긴급명령은 법률과 같은 효력을 지니므로 이 명령에 의하여 다른 법률이 개정 또는 폐지될 수 있다(법률은 법률에 의하여 폐지된다).

## X. 행정입법부작위와 행정소송

### 1. 행정입법부작위에 대한 항고소송의 대상적격

행정입법부작위는 항고소송의 대상이 아니다. 대법원은 "(구 사법시험령 제15조 제8항이 행정자치부장관에게 제2차시험 성적을 포함하는 종합성적의 세부산출방법 및 기타 최종합격에 필요한 사항을 정하도록 위임하더라도 행정자치부장관에게 그런 규정을 제정할 작위의무가 있는 것은 아니라고 판시하면서) 하위 행정입법의 제정 없이 상위 법령의 규정만으로도 집행이 이루어질 수 있는 경우라면 하위 행정입법을 제정하여야 할 작위의무는 인정되지 아니한다고 할 것이다."[1]라고 하였다.

### 2. 행정입법부작위에 대한 부작위위법확인소송·의무이행소송의 대상적격

[행정입법부작위] 법률이 헌법상 보장된 국민의 기본권을 형성(기본권 형성적 법률유보인 경우)하거나 구체화하기 위하여(기본권 구체화적 법률유보인 경우), 권리보호의 기준과 절차 및 방법 등을 하위법령에 위임하였으나 <u>행정이 법규명령의 제정·개정을 해태하여 (행정입법부작위)</u> 국민이 권리침해를 받은 경우는 행정청(Verwaltungsbehörde)의 부작위

---

[1] 대판 2007. 1. 11, 2004두10432.

를 원인으로 한 부작위위법확인소송을 제기할 수 있는지가 문제된다. 행정소송법 제4조 제3호는 부작위위법확인소송을 "행정청의 부작위가 위법하다는 것을 확인하는 소송"이라고 하고, 동법 제2조 제1항 제2호에서는 부작위에 대하여 "행정청이 당사자의 신청에 대하여 상당한 기간 내에 일정한 처분을 하여야 할 법률상 의무가 있음에도 불구하고 이를 하지 아니하는 것"이라고 개념정의를 하고 있다.

[사견] 행정소송법 제1조(목적)가 "이 법은 행정청의 위법한 처분 그밖에 공권력의 행사·불행사 등으로 인한 국민의 권리 또는 이익의 침해를 구제하고, 공법상의 권리관계 또는 법적용에 관한 다툼을 적정하게 해결함을 목적으로 한다."고 규정하고 있고, <u>법규명령(시행령·시행규칙)의 집행은 행정청의 집행작용에 속하는 공권력의 행사이므로, 행정청의 공권력의 불행사(부작위)가 법률이 보호하고 있는 국민의 권리를 침해하는 것으로 볼 수 있는 경우에는 부작위위법확인소송의 대상성을 갖는 것으로 보아야 한다.</u> 더 나아가서 의무이행소송(Verpflichtungsklage)의 대상이 된다고 보는 것이 국민의 권리구제에 만전(萬全)을 기하는 것이 될 것이다.

[판례] 그러나 대법원 판례는 행정입법부작위의 경우 부작위위법확인소송의 대상이 되지 않는다고 한다. 대법원은, **구(舊)**특정다목적댐법 제41조(손실보상)가 "다목적댐건설로 인하여 농지·임야·가옥 등이 수몰되거나 기타의 손실을 받은 자가 있을 때에는 건설부장관은 적정한 보상을 하여야 한다."고 규정하고 있었고, 동법 제42조(이주정착지 미이주자에 대한 지원)는 " … 융자 및 지원자금의 부담방법 및 기준등의 범위는 대통령령으로 정한다."라고 규정하고 있었음에도 불구하고, 이에 따른 손실보상의 기준, 절차 및 방법을 정하는 대통령령이 규정되지 않아 문제가 되었던 사건에서, '추상적인 법령의 제정 여부 등이 부작위위법확인소송의 대상이 될 수 있는지 여부(판시사항)'에 대하여, **행정입법부작위의 행정소송의 대상성을 부인하였다**(아래 판례참조).1)

▶ 대판 1992. 5. 8, 91누11261 【행정입법부작위처분위법확인】 행정소송은 구체적 사건에 대한 법률상 분쟁을 법에 의하여 해결함으로써 법적 안정을 기하자는 것이므로 부작위위법확인소송의 대상이 될 수 있는 것은 구체적 권리의무에 관한 분쟁이어야 하고 추상적인 법령에 관하여 제정의 여부 등은 그 자체로서 국민의 구체적인 권리의무에 직접적 변동을 초래하는 것이 아니어서 그 소송의 대상이 될 수 없다.

▶ 대판) 추상적인 법령의 제정 여부 등은 부작위위법확인소송의 대상이 될 수 없다 (대판 1992. 5. 8, 91누11261).

[헌법소원의 대상] 그러나 행정입법부작위도 헌법소원의 대상이 된다. 다만, 행정입법권의 불행사로 국민의 기본권이 직접적·구체적으로 침해되어야 한다.

---

1) 동 판결에 대한 평석으로는, 박균성, 행정입법부작위에 대한 법적 구제, 판례월보, 제302호, 27-32면 참조.

▶ 헌재결〉(보건복지부장관이 구 의료법 등 관계법령에 따라 치과전문의자격시험제도를 실시할 수 있는 절차를 마련하지 아니한 것은 치과의사면허를 받은 청구인들의 헌법상 보장된 행복추구권, 평등권, 직업의 자유, 학문의 자유, 재산권 및 보건권을 침해하는 것이라 주장하면서 입법부작위의 위헌확인을 구한 치과전문의자격시험사건에서 입법부작위가 위헌이라고 판시하면서) 법률이 제정된 때로부터 20년 이상 경과되었음에도 치과전문의와 관련된 시행규칙을 제정하지 않은 것은 헌법에 위반된다. 행정입법부작위도 헌법소원의 대상이 될 수 있다(헌재결 1998. 7. 16, 96헌마246).

## 제 3 절    행정규칙(行政規則)

### I. 개관

#### 1. 의의

행정규칙(Verwaltungsvorschriften); 행정명령 또는 행정규정)[1]이란 「행정기관이 법률의 수권없이[2] 그 '독자적 권한'으로 정립하는 '일반적·추상적 규범'으로서 법규의 성질을 가지지 않는 것」을 말한다. 예를 들면 훈령[3]·예규[4]·고시[5]·공고[6]·지시[7]·일일명령[8]·통첩(대통령·국무총리·행정각부의 장·감사원·각원·처·처의 장·국립대학 총·

---

1) 독일의 경우 과거에는 행정명령(Verwaltungsverordnung)이라 하였으나, 오늘날에는 널리 행정규칙(Verwaltungsvorschriften)으로 부른다(Hoffmann/Gierke, Allgemeines Verwaltungsrecht, S. 61; 석종현, 일반행정법(상), 157면 참조; 홍정선, 행정법원론(상), 단락번호 667.
2) 정하중, 행정법총론, 153면; 박균성, 행정법론(상), 202면.
3) 훈령은 상급행정기관이 하급행정기관에 대하여 장기간에 걸쳐 그 권한 행사를 일반적으로 지시하기 위하여 발하는 명령이다.
4) 예규는 행정사무의 통일을 기하기 위하여 반복적 행정사무의 처리기준을 제시하는 법규문서 외의 문서이다.
5) http://edu.klaw.go.kr/StdInfMailP.do?astSeq=2255&stdInfSeq=0(검색일 2015. 2. 28); <법제지식정보센터>; 고시는 법령이 정하는 바에 따라 일정한 사항을 일반에게 알리기 위한 문서를 말한다. 고시는 그 내용에 따라 일반적·추상적인 규율인 경우에만 행정규칙에 해당하며 고시의 내용이 단순한 사실의 통지인 경우에는 행정규칙으로 보기 어렵다는 견해가 있다. [판례] 고시는 법규명령일 수도 있고 행정규칙일 수도 있으며 일반처분의 성질을 가질 수도 있다(헌재결 1998. 4. 30, 97헌마141); [판례] 항정신병 치료제의 요양급여 인정기준에 관한 보건복지부 고시는 항고소송의 대상이 되는 행정처분에 해당한다(대판 2003. 10. 9, 2003무23); [판례] 「시장지배적 지위 남용행위의 유형 및 기준」에 관한 공정거래위원회 고시는 법령보충규칙으로서 법규명령으로서의 효력을 가진다(대판 2001. 12. 24, 99두11141).
6) http://edu.klaw.go.kr/StdInfMailP.do?astSeq=2255&stdInfSeq=0(검색일 2015.2.28); <법제지식정보센터>; 공고는 일정한 사항을 일반에게 알리는 문서를 말한다. 고시와 마찬가지로 그 내용에 따라 일반적·추상적인 규율인 경우에만 행정규칙에 해당하며 공고의 내용이 단순한 사실의 통지인 경우에는 행정규칙으로 보기 어렵다는 견해가 있다.
7) 지시는 상급행정기관이 직권 또는 하급행정기관의 문의에 따라 하급행정기관에 개별적·구체적으로 발하는 명령이다. 지시는 일반적·추상적인 규율이라 할 수 없으므로 행정규칙의 일종으로 보기 어렵다는 견해가 있다. http://edu.klaw.go.kr/StdInfMailP.do?astSeq=2255&stdInfSeq=0(검색일 2015.2.28); <법제지식정보센터>
8) 일일명령은 당직·출장·시간외근무 등 일일업무에 관한 명령이다. 그런데 일일명령은 일반적·

학장이 제정)등을 말한다. 이와같이 "상급행정기관이 하급행정기관에 대하여 그 조직이나 업무처리와 절차·기준 등에 관하여 발하는 일반적·추상적 규율"이라고 정의된다. 행정규칙 그 자체는 직접적·대외적 구속력은 인정되지 않는다.

▶판례〉 서울시가 정한 개인택시운송사업면허지침은 행정청의 내부의 사무처리준칙에 불과하다(대판 1997. 1. 21, 95누12941).

[행정규칙의 예 : 행정안전부]
- 행정안전부 예규 제205호 '공무원 보수 등의 업무지침' 개정(12.2)
- 2008년 장관포상 업무지침
- 행정안전부 인사관리규정(훈령 제118호, 2008. 6. 30)
- 관보발행예규(행정안전부 예규 제189호)
- 행정안전부성희롱예방지침(제정 2008. 7. 7 훈령 제122호)

Unter Verwaltungsvorschriften sind abstrakt-generelle Regelungen zu verstehen, deren unmittel-bare Wirkung sich auf den verwaltungsinternen Bereich begrenzt.[1] Sie werden neben Gesetz und Rechtsverordnung als eine selbstständige dritte Kategorie staatlicher Rechtsetzung aufgefasst.[2] Aufgrund ihrer fehlenden allgemeinverbindlichen Außenwirkung gegenüer dem Büger ist fü den Erlass von Verwaltungsvorschriften im Gegensatz zu Rechtsverordnungen und Satzungen keine staatliche Delegation erforderlich. Vielmehr verwirklichen Verwaltungsvorschriften das natüliche Recht der Exekutive, ein einheitliches Verwaltungshandeln durch selbst gesetzte Leitlinien zu gewärleisten.[3]

[법령의 수권없이] 행정청이 발하는 일반적·추상적 규율[4]이라는 점에서 법규명령과 같으나, 법령의 수권없이도 행정권의 고유한 권한으로 발하는 것이며, 원칙적으로 행정조직 내부에서만 구속력(Bindungswirkung)을 가진다는 점에서 법규명령과 구별된다.[5] 종래의 통설에 의하면, 행정규칙은 「법규」가 아니므로 법규명령과는 달리 행정주체와 국민간의 권리·의무에 관한 「외부관계」는 규율할 수 없고, 행정조직 내부 또는 공법상 특별권력관계 내부

---

추상적인 규율이라 할 수 없으므로 행정규칙의 일종으로 보기 어렵다는 견해가 있다. http://edu.klaw.go.kr/StdInfMailP.do?astSeq=2255&stdInfSeq=0(검색일 2015.2.28); <법제지식정보센터>

1) Maurer, Verwaltungsrecht, § 24 Rn. 1 ff.
2) Schmidt-Aßmann, Verwaltungsrecht als Ordnungsidee, 6. Kap. Rn. 88; Wahl, in: FG 50 Jahre BVerwG, 571(571).
3) Mötl, DVBl 2011, 1076(1078).
4) 정하중, 행정법총론, 153면.
5) 김남진·김연태, 행정법(I), 169면; 박균성, 행정법론(상), 202면; 同人, 행정법강의, 169면.

와 같은 행정 '내부관계'에 있어서의 조직과 활동을 규율할 수 있을 뿐이라 한다.[1] 그러나 오늘날의 다수설은 법규개념을 현대적으로 수정·확대하여 「일반적·추상적 규범」으로 정의하는 입장에서 보면 행정규칙도 하나의 법규로 볼 수 있다도 한다. 특히 문제가 되는 것은, (ㄱ) 법규명령의 형식을 취하는 행정규칙(법규명령형식의 행정규칙), (ㄴ) 법규적 내용(법률보충적 성격)을 가지는 행정규칙(행정규칙형식의 법규명령; 법령보충적 행정규칙[법령보충규칙]), (ㄷ) 규범구체화 행정규칙 등이 문제된다.

## 2. 행정규칙의 필요성

### 2.1. 행정의 적정화·능률화

오늘날 행정조직은 복잡·방대해지고, 전문적이고 기술적인 영역이 확대되고 있으며, 행정을 수행함에 있어 국민에 대하여 전체로서 행정의 통일화를 가능하게 하며, 상급기관이 하급기관의 권한 행사를 지휘하기 위하여 내부적 사무집행에 대한 기준을 제시할 필요성이 있다. 오늘날에는 특히 국가행정작용을 수행함에 있어서 상급행정청이 하급행정청의 권한행사를 지휘하여 행정내용의 통일과 행정의 적정화·능률화를 기할 필요가 있는데, 이러한 기능을 수행하는 것이 곧 행정규칙이다.

### 2.2. 행정법치국가에 있어서의 행정의 통일성 추구

오늘날에는 행정규칙 중에서도 특히 훈령이나 예규 등이 중요한 의미를 갖게 되었으며, 그 이유는 국가의 행정조직이 복잡화·전문화되어 법률의 집행을 위한 법률의 해석에 있어 전문기술적 지식이 필요하게 되었기 때문이다. 즉, (ㄱ) 특수한 전문적 행정영역에 있어서는 법률집행 과정에 있어서 법률해석에 의문이 생기고, (ㄴ) 또한 법률이 행정에 대하여 일정한 범위 및 한도내에서 재량권을 부여하고 있는 경우도 많은바(일반적으로 행정법규의 70%이상은 기속행위가 아닌 재량행위 형식으로 되어 있다[… 할 수 있다]), 법률의 해석이나 재량판단이 행정청마다 다르게 되면, 국민은 소관행정청이 다름에 따라 각기 다른 취급을 당하게 되어 행정집행 과정에 있어서의 평등성을 저해하고(평등의 원칙), 행정법치국가원리에 반하게 된다(행정법치국가 = 행정국가 + 법치국가). 예컨대 소득세의 부과는 각 세무서장의 권한인바, 소득세액의 산정에 있어 총소득금액에서 공제될 필요경비 등에 대한 취급이 세무서마다 제각각 다르면, 세액이 사람 및 지역에 따라 불평등하게 되어 국가의사의 통일성을 가져올 수 없고, 국민의 공평한 세부담을 저해하여 조세평등주의 원칙(조세평등의 원칙)에 반하게 된다. 그리하여 국세청장은 각 세무서장에 대하여 구체적인 산정기준을 훈령 등의 형식으로 시달하여 그 취급을 전국적으로 통일하도록 하고 있다.[2]

---

1) 홍정선, 행정법원론(상), 단락번호 665 참조.

## II. 행정규칙의 성질

### 1. 권력적 기초

[특별권력관계 긍정설] 행정입법인 법규명령(대통령령, 총리령·부령)은 일반통치권에, 행정규칙은 「공법상의 특별권력」에 기초를 두고 제정된다고 한다.

[특별권력관계 부정설] 형식적 부정론의 입장에서는 '일반공권력'에서, 실질적 부정론의 입장에서는 당해 법률관계의 바탕인 '법령' 또는 당사자 사이의 '합의'에서 행정규칙의 권력적 기초를 구하게 된다.

### 2. 행정규칙의 법규성 시비(是非)

#### 2.1. 비법규설 – 종래의 통설

##### 2.1.1. 의의

비법규설이란 행정규칙은 행정조직 또는 특별권력관계 내부에서의 구성원을 직접적 규율대상으로 하는 규범으로서 국민의 권리·의무를 직접 규율하는 법규의 성질을 가지지 않는다고 보는 입장으로서, 이러한 입장에서 행정규칙은 국민에 대하여는 법적 효력이 없고, 법원을 구속하지 않아 재판의 기준이 되지 않는다고 한다. 이는 종래의 통설이며, 이에 의하면 행정규칙은 행정내부관계 에서만 효력(일면적·편면적 구속력)을 가지는 「내부적 규범」일 뿐이며, 국가와 국민 사이의 외부관계에서 국민의 권리·의무에 관하여 일반적 효력을 가지는 법규의 성질을 가지는 것이라 할 수 없고(비법규성), 따라서 법원으로부터 법률적 판단을 받아 권리구제를 받을 수 없다(비재판규범성)는 것이 핵심적인 내용이다(김도창, 윤세창). 이 설은 국민의 자유와 재산권을 침해하는 규범 또는 사회적 한계를 설정하는 규범만을 법규로 이해하는 전통적 견해(협의의 법규개념설)를 바탕으로 한 입장이다.

『법규와 법규범의 구별』

(ㄱ) 법규범(Rechtsnorm) : 일반적·추상적 규율(행정규칙도 이에 해당)

(ㄴ) 법규(Rechtssatz) : 대외적 구속력·재판규범성(행정규칙은 해당없음)

※ 법·법률·법규를 구분할 것 : (ㄱ) 법은 정의(Justice; Justitia[Jus])를 의미하는 것으로서 ① 형식적 합법성, ② 내용적 정당성, ③ 절차적 정당성 까지 중요시한다. 법률(Lex)은 법의 존재형식을 의미하며 형식적 의미의 법률·실질적 의미의 법률[시행령·시행규칙·조례·규칙]의 형태로 존재하며, 내용적 정당성은 없어도 형식적 합법성 만으로도 존재할 수 있다("악법도 법"이다[정확하게는 "악법률도 법률"이다]). (ㄴ) 법규는 법률이 가지고 있는 법적 성질을 의미하는 것으로서 대외적 구속력(재판규범성)을 의미한다.

---

2) 박윤흔, 행정법강의(상), 243면 참조.

법규로서의 성격을 지닌다함은 권리·의무를 부과할 수 있다는 의미이다. 따라서 <u>법률이 법규로서의 성격을 지닌다고 할 경우, 법률로서 국민의 자유와 권리를 제한하거나 보장할 수 있다는 의미</u>이다. 행정규칙은 법규로서의 성격을 지니지 않는다고 할 경우, 행정규칙으로서 국민의 자유와 권리를 제한 할 수 없다는 의미이다.

### 2.1.2. 법규성 결여의 결과

[행정규칙과 하명의 동위성] 행정내부관계에서 일반성·추상성을 가지는 행정규칙과 개별적·구체적 하명과의 구별은, 일반권력관계에서의 법규와 행정행위의 구별에서와 같은 본질적 구별이 아니고, 상대적 양적 차이밖에 없는 것으로서, 양자는 동가치적·병렬적인「처분」적 성질을 가진다.

[일면적 구속력] 행정규칙의 발령기관은 개개의 경우에 이에 구속되지 아니하고 이와 다른 구체적 하명을 할 수 있다. 즉, 행정규칙은 법규에 있어서와 같이 쌍면적 구속력을 가지는 것이 아니고 상대편인 수명기관(受命機關)·수명자(受命者)만을 구속하는 일면적 구속력을 가짐을 특징으로 한다.

[사인의 법적 범위에 대한 불간섭] 행정규칙은 행정조직의 내부규범이기 때문에 '직접' 국민에 대하여 효력을 미치지 못한다.

[정립요건 문제] 행정규칙은 그것을 제정하는데 있어서는 특별한 법률적 근거도 필요없고, 심사도 거치지 않으며, 공포될 필요도 없다(통과됨으로써 효력).

### 2.1.3. 행정규칙위반의 효과

행정규칙은 법규가 아니므로 수명기관이 이에 위반하여도 위법이 되지 아니하며, 이에 위반한 수명기관의 행위의 효력에는 영향이 없으며, 위법을 전제로 하는 법원리(특히 하자의 원리)의 적용이 없고, 국민은 수명기관의 행위가 행정규칙에 위반하였다고 하여 행정규칙 위반행위의 취소를 청구하는 **행정소송을 제기할 수 없다**. 다만, 행정규칙을 위반하는 행위를 한 공무원이 특별권력관계 내부에서 공무원법상 책임(징계책임)을 지게 됨은 별 문제이다.

### 2.2. 준(準)법규설(독일)

[의의] 준법규설은 행정규칙의 비법규성을 인정하면서도, 행정규칙 가운데에는 넓은 의미의 법규적인 성질을 인정하지 않을 수 없는 것이 있어서 이들 행정규칙(재량준칙 등)은 행정의 자기구속 및 신뢰보호의 원칙과 결합하여 법규에 준하는 효력을 가지는 것으로 보아야 한다는 견해이다.[1] 행정규칙중 재량준칙은 헌법상의 평등원칙을 매개로 하여 국민에 대하여도 간접적으로 법적 효력을 미치게 된다는 것(준법규설)이다. 이와같이 준법규설

은 행정규칙 중 재량준칙과 관련하여 헌법상의 평등원칙 등을 매개로 자기구속의 법리에 의하여 비법규인 행정규칙이 간접적·대외적으로 효력을 갖는다는 이유로 행정규칙의 법규성 또는 준법규성을 인정하려는 견해이다(헌재 1990.9.3, 90헌마13).

▶ 헌재결 1990. 9. 3, 90헌마13【전라남도 교육위원회의 1990학년도 인사원칙(중등)에 대한 헌법소원에 대한 헌법소원】행정규칙이 법령의 규정에 의하여 행정관청에 법령의 구체적 내용을 보충할 권한을 부여한 경우, 또는 재량권행사의 준칙인 규칙이 그 정한 바에 따라 되풀이 시행되어 행정관행이 이룩되게 되면, 평등의 원칙이나 신뢰보호의 원칙에 따라 행정기관은 그 상대방에 대한 관계에서 그 규칙에 따라야할 자기구속을 당하게 되고, 그러한 경우에는 대외적인 구속력을 가지게 된다 할 것이다.

[비판] 이에 대하여 준법규의 개념이 행정규칙의 기능을 강조한 용어라면 이해되지만, 행정규칙의 성질이 법규로 전환된다는 것을 의미한다면 동의할 수 없고, 그 이유는 행정규칙은 재판의 기준이 되지 아니하기 때문(사인은 위법한 처분을 행정규칙위반을 이유로 다툴 수 없다)에 동의할 수 없고, 엄밀하게 말하면 준법규설은 비법규설의 일종이라는 견해가 있다.[1] 왜냐하면 이러한 대외적 효력은 행정규칙의 효력이 아니라 평등원칙 그 자체의 효력이기 때문에 준법규설은 비법규설로 귀결된다는 것이다.

### 2.3. 법규설(법규성설)
#### 2.3.1. 의의

법규성설은 행정규칙의 법규성을 인정하는 견해를 말한다. 그러나 행정규칙의 법규성을 인정하는 견해에도 다시 여러 학설로 나뉜다. (ㄱ) 법규개념의 확대(광의 또는 최광의의 법규설), (ㄴ) 특별명령(법규)론, (ㄷ) 이원적 법권론, (ㄹ) 준법규설(독일의 통설), (ㅁ) 행정의 자기구속의 법리에 의한 행정규칙의 법규성 인정, (ㅂ) 행정규칙의 실질적 기능론을 통한 법규성의 인정 등으로 나누인다.

#### 2.3.2. 법규개념의 확대(광의 또는 최광의의 법규설) - 실질적 법규개념의 비판론

법규개념을 현대적으로 수정·확대하여「일반적·추상적 규범」으로 정의하는 입장에서 보면 행정규칙도 하나의 법규로 볼 수 있다. 행정권은 그 권한의 범위 안에서는 **자주적**

---

1) 전통적 견해에 의하면 행정규칙의 법규성은 전적으로 부정되었으나, 오늘날에는 일정 유형의 행정규칙에는 적어도 준법규적 성질이 인정된다고 보는 것이 일반적 견해이다(김동희, 행정법(I), 165면); 석종현, 일반행정법(상), 447면.
1) 홍정선, 행정법원론(상), 단락번호 686. 홍정선 교수는 행정규칙의 법적 성격은 대외적 구속력을 갖지 않는 것이 원칙이지만, 수익적 행정행위의 근거가 되는 준칙으로서의 고시는 경우에 따라 예외적으로 법규성을 가질 수 있다고 한다(유형설 : 홍정선, 행정법원론(상), 단락번호 689).

인 법형식을 위한 규범정립 의사나 독립적인 규율권을 가지며 그것에 의하여 대외적 효력을 가진다는 것(법규설)이다. 법규로 보는 경우에는 행정쟁송을 통한 권리구제(Rechtsmittel)의 길이 열려있다. 이설이 다수설이다.1)

[사견] 생각건대 오늘날 행정국가(행정법치국가)의 경향에 따라 국민생활의 행정의존도가 높아지고 각 분야의 행정작용에서 행정재량영역(Ermessensspielraum)이 넓게 인정되는 현실에서 행정규칙은 국민생활에 중대한 영향을 미치고 있는 것이 사실이다. 이러한 행정규칙의 현실적 기능과 그에 대한 사법적(司法的) 통제의 필요성 등을 고려할 때, 행정규칙의 법규성을 전면적으로 부인하는 것은 국민의 기본권 보장의 차원에서 구체적 타당성이 없는 것이 될 것이다. 따라서 행정규칙은 원칙적으로 법규성을 지니지 못한다고 할 것이지만, 행정규칙의 유형 중에는 예외적으로 사실상 준법규성이나 법규성이 인정되는 것도 있다고 보는 것이 타당할 것이다(이 경우의 행정규칙은 법령으로 전환되어 버리는 것으로 보아도 될 것이며, 그렇다면 법규성을 지닌 행정규칙은 없다고도 할 수 있다)

### 2.3.3. 특별명령(법규)설

[개관] 특별명령설은 행정규칙을 (ㄱ) 특별권력관계(Das besondere Gewaltverhältnis) 내부에서의 권력복종자의 지위 및 이용관계를 규율하는 명령인 특별명령(Sonderverordnung : 특별권력관계상의 행정규칙)과, (ㄴ) 협의의 행정규칙(행정조직상의 행정규칙)2)으로 구별하고, 특별명령은 처음부터 특별권력관계의 권력복종자(공무원의 임용·승진·복무에 관한 행정규칙, 학생의 입학·진급·졸업에 관한 학칙 등에 관한 영조물 이용규칙, 군인·죄인 등)를 수범자(受範者)로 삼고 있는 것으로서, 협의의 행정규칙(그들의 권리·의무에 직접 관련된 것이 아닌 조직규칙 등)은 법규로서의 성질을 가지지 못하나, 특별명령에 해당되는 것은 법규로서의 성질을 가진다고 하는 견해이다(브롬[Brohm], 볼프[Wolff], 오쎈뷜[F. Ossenbühl]).3) 이러한 특별명령을 제외한 협의의 행정규칙은 여전히 법규성이 없다고 한다. 이와같이 특별명령(Sonderverordnung)4)이란 특별권력관계 내부관계에서 구성원의 지위나 이용관계 등에 관하여 규율하는 법규범을 말한다. 예컨대 위에서 언급한 바와 같이 독일에서의 학교관계에서의 학칙, 시험에 관한 규정, 공무원 관계에서의 직무명령규정, 진급규정 등이 이에 해당한다. 이는 독일에서 전통적인 특별권력관계이론이 비판

---

1) 서원우, 이명구, 이상규, 신행정법론(상), 410면, 변재옥, 행정법(I), 215면.
2) 행정조직내부에서 상급청이 하급기관 내지 그 기관구성자의 조직이나 행위 등에 관하여 규정하는 것.
3) F. Ossenbühl, in: FG BVerwg S. 433, 448; ders., in: HdbStR III, § 65 Rn. 6
4) Hans J. Wolff·Otto Bachof·Rolf Stober, Verwaltungsrecht I, 10. Aufl., München 1994, § 25 Rn. 43 ff.

을 받으면서 새로운 입장에서 특별권력관계를 규율할 목적으로 고안한 개념으로서, 특별권력관계 내부의 질서유지와 기능을 보장하기 위해서 인정되는 것이다.

[특별명령 개념을 인정하는 입장] 특별명령(Sonderverordnung)을 행정규칙의 영역에서 배제함으로써, 행정기관에 의한 독자적인 규율형식을 인정하자고 한다. 특별명령 인정설의 입장은 이원적 법권론을 그 근거로 하여 특별권력관계에서의 규율행위를 모두 의회입법에 따른 법률유보(Gesetzesvorbehalt) 원칙의 적용하에 두는 것은 사실상 불가능하므로 부분적으로나마 독자적인 행정기관이 정립한 법(정부입법; 행정입법)[1]에 의해서 규율될 필요성이 있다고 한다. 그 이유는 "입법권은 국회에 속한다"는 의미는 '국회전속입법주의'를 의미하는 것이 아니고 '국회중심입법주의'를 의미하는 것이며, 특히 성문법으로서의 법률은 의식적 혹은 무의식적인 불완전성(흠결)을 그 특성으로 하고 이러한 '법률의 틈(공백: Lücke)'이나 '입법적 불비'는 쉽게 치유되거나 전환되는 것은 아니므로, 이를 보충하기 위해 관습법상의 수권을 근거로 하여 행정기관에게 특별권력관계에서의 독자적인 법제정권한을 인정하고자 하는데 그 목적이 있다. 다만 볼프(Wolff)는 특별명령은 형식적 의미의 법률(einer förmlichen gesetzlichen Regelung) 혹은 법적 수권을 필요로 하는데(mindestens einer gesetzlichen Ermächtigung), 그 이유는 민주주의명령(Demokratiegebot)과 의회유보(Parlamentsvorbehalt) 및 법률유보(Gesetzesvorbehalt)의 원칙을 침해해서는 안되기 때문이라고 한다.[2]

[특별명령 개념을 인정하지 않는 입장] 특별명령은 특별권력관계(Das besondere Gewaltverhältnis) 구성원에 대해 직접적으로 규율하는 효과를 가져오면서도 법률의 수권을 불필요한 것으로 하고, 독자적으로 법제정 권한을 인정하려는 것은 문제가 있다고 본다(이원적 법권론을 비판하는 것과 동일). 특별명령은 구성원의 지위가 단순한 내부관계로서가 아니라 인격의 주체로서 인정되는 영역에 대해서 규율하면서도, '법률에 의하거나(durch Gesetz : '형식적 의미의 법률),' 법률의 근거(auf Grund eines Gesetzes : '형식적 의미의 법률' 혹은 '실질적 의미의 법률[시행령·시행규칙·조례·규칙])'를 구하지 않고 관습

---

1) 정부입법은 정부에서 제출하여 제정된 형식적 의미의 법률이며, 행정입법은 위임명령·집행명령을 근거로한 시행령(대통령령)·시행규칙(총리령·부령)등과 같은 실질적 의미의 법률을 의미한다. 현행 헌법 제52조는 국회의원과 정부는 법률안제출권을 가지도록 하고 있어서 국회의원이 제안한 법률은 의원입법, 정부가 제출한 법률은 정부입법이라 한다. 정부가 법률안 제출권을 가지는 것은 우리나라가 순수한 대통령제를 취하지 않고 대통령제에 의원내각제적인 요소를 가미하고 있는 '부진정 대통령제(unechtes Präsidialsystem)'를 취하고 있기 때문이다. ☞ 김백유, 헌법총론 참고할 것.
2) Hans J. Wolff · Otto Bachof · Rolf Stober, Verwaltungsrecht I, 10. Aufl., München 1994, § 25 Rn. 44.

법에 의한 수권이나 행정권의 독자적인 법정립권(정부입법; 행정입법)을 논거로 하여 그 정립권한을 인정하고 있는데, 이는 결과적으로 특별권력관계에 대해 법치주의원리를 침해하는 결과를 가져온다. 따라서 특별권력관계에서 독자적인 법형식으로서의 특별명령의 개념은 인정하지 않는 것이 타당하다고 한다. 오히려 이러한 경우에는 그 내용에 비추어 보아 독일 기본법(연방헌법) 제80조 제1항[1])에 따라 일정한 형식의 법률의 수권(授權)을 필요로 하는 위임명령이나 집행명령 형태의 법규명령으로서 제정되어야 한다고 본다.

[특별명령(법규)설의 내용] 행정규칙을, (ㄱ) 특별명령과 (ㄴ) 협의의 행정규칙으로 나눈다. **특별명령**은, ① 특별권력관계상의 행정규칙, ② 특별권력관계에 있어서의 권력복종자의 지위·이용관계를 규율하는 명령으로서, 인격주체를 규율대상으로 한다. ③ 특별명령은 법규성을 가진다. **협의의 행정규칙**은, ① 행정조직상의 행정규칙, ② 행정조직 내부에서 상급관청이 하급관청이나 그 기관구성자의 조직·행위 등에 관하여 정하는 행정규칙이다. ③ 법규성을 가지지 않는다.

※【정리】- 특별명령(법규)설의 내용 -

【행정규칙】

▶ **특별명령**: ① 특별권력관계상의 행정규칙, ② 특별권력관계에 있어서의 권력복종자의 지위·이용관계를 규율하는 명령으로서, 인격주체를 규율대상으로 한다. ③ **법규성**을 가진다.

▶ **협의의 행정규칙**: ① 행정조직상의 행정규칙, ② 행정조직 내부에서 상급관청이 하급관청이나 그 기관구성자의 조직·행위 등에 관하여 정하는 행정규칙이다. ③ **법규성**을 가지지 않는다.

[사견] 행정규칙을 특별명령에 해당하는 것이 있다고 하면서, 이러한 행정규칙(특별명령)에 법규성을 인정하면 국회입법의 원리에 반하며(헌법 제40조 참조), 이는 민주주의 명

---

1) 독일연방헌법 제80조 제1항: 연방정부(Bundesregierung), 연방장관(Bundesminister) 또는 州정부(Landesregierungen)는 법률에서 위임받은 바에 따라서 법규명령(Rechtsverordnung)을 제정할 권한을 가진다. 이 경우에 위임의 내용(Inhalt), 목적(Zweck)과 그 범위(Ausmaß)를 (수권)법률에 명시하여야 한다. 명령(Verordnung)에는 법적 근거(Rechtsgrundlage)가 제시되어야 한다. (수권)법률에 재위임을 할 수 있다고 규정되어 있는 경우 재위임을 위해서는 법규명령의 위임이 필요하다. Artikel 80 (1) Durch Gesetz können die Bundesregierung, ein Bundesminister oder die Landesregierungen ermächtigt werden, Rechtsverordnungen zu erlassen. Dabei müssen Inhalt, Zweck und Ausmaß der erteilten Ermächtigung im Gesetze bestimmt werden. Die Rechtsgrundlage ist in der Verordnung anzugeben. Ist durch Gesetz vorgesehen, daß eine Ermächtigung weiter übertragen werden kann, so bedarf es zur Übertragung der Ermächtigung einer Rechtsverordnung.

령(Demokratiegebot)과 의회유보 및 법률유보의 원칙을 위배하게 된다. 물론 여기서 국회 입법의 원리는 국회전속입법주의가 아니고 국회중심입법주의를 의미하는 것이지만, 특별명령의 개념을 손쉽게 인정하는 것보다는 법규명령으로 대치되어야 할 것이라는 부정설의 입장도 주목할 만하다. 볼프도 의회유보 및 법류유보가 인정되는 범위안에서 특별명령이 인정된다고 보는 것도 이와 같은 맥락이라 할 것이다.[1]

### 2.3.4. 이원적 법권론

이원적 법권론은 법규에는 입법부에서 제정하는 입법상 법규(의회입법)와 행정부에서 제정하는 행정상 법규(정부입법; 행정입법)가 있다는 전제 아래, 행정부도 입법부와 마찬가지로 민주적 정당성을 갖는 국가기관으로서 자기의 기능영역에서 고유의 법정립권을 가지므로 이러한 범위 안에서 발해진 행정규칙은 외부적 구속력을 갖는 법규라는 견해이다.

### 2.3.5. 행정의 자기구속의 법리

행정의 자기구속의 법리에 의하여 재량준칙적 행정규칙은 평등원리를 매개로 하여 법규로 전화(轉化)하게 된다.

### 2.3.6. 행정규칙의 실질적 기능론

행정규칙이 행정현실과 국민생활에 미치는 실질적 기능에 착안하여 법적 의미를 인정하는 것이 필요하다는 견해가 있다.[2] 미국과 영국에서도 행정규칙의 법규성·재판규범성을 인정하는 것이 근래의 학설·판례의 태도이다.

### 2.4. 판례의 입장

#### 2.4.1. 행정규칙의 법규성을 부인한 대법원판례 - 원칙적 태도

a) 행정규칙의 형식이 경우

[대법원판례] (판례-1): 훈령이란 「행정조직내부에 있어서 그 권한의 행사를 지휘·감독하기 의하여 발하는 행정명령으로서, 훈령, 예규, 통첩, 지시, 고시 등 그 사용명칭 여하에 불구하고 공법상의 법률관계 내부에서 준거할 준칙 등을 정하는데 그치고 대외적으로는 아무러 구속력도 가지는 것이 아니다.[3] (판례-2): 대법원은 자동차운수사업법 제31조 등에

---

1) Hans J. Wolff · Otto Bachof · Rolf Stober, Verwaltungsrecht I, 10. Aufl., München 1994, § 25 Rn. 44.
2) 박윤흔, 행정법강의(상), 255면.
3) 대판 1983. 6. 14, 83누54【자동차감차처분취소】

기하여 자동차운수사업의 정지를 명하거나 면허 또는 등록을 취소할 수 있는 처분기준에 관한 교통부장관의 훈령에 관하여, 「자동차운수사업법 제31조 등에 관한 처분요령에 행정처분의 기준이 정하여져 있더라도 이는 훈시적 규정에 지나지 않는 것으로서 관계 행정청을 기속하는 것이라고 할 수 없음은 물론, 법원을 기속하는 것도 아니다」라고 판시하고 있다.1) (판례-3) : 또한 대법원은 "… 본 사건에서는 구(舊)개발이익환수에관한시행규칙 제4조의 법적 성질이 문제되었다. 본 시행규칙 제4조는 개발사업시행자가 매입가격을 일정기간안에 신고하도록 규정하고 있다. 대법원은 시행규칙 제4조는 개발부담금의 신속정확한 부과징수를 위한 행정편의를 도모하기 위하여 마련한 절차규정으로서 단순한 행정규칙의 성격을 갖는 것이라 할 것이므로 개발사업시행자가 위 시행규칙이 정한 신고기간이 지나서 매입가격을 신고하였다 할지라도 그 때문에 개발부담금 부과대상토지의 개발사업착수시점의 지가를 매입가격을 적용하여 산출할수 없게 되는 것은 아니라 할 것이고, 그 매입

---

1) 대판 1983. 9. 13, 82누285; 대법원은, 위의 훈령과 거의 같은 내용의 처분기준을 규정하고 있는 부령에 대하여도, 「자동차운수사업법 제31조 등의 규정에 의한 사업면허의 취소 등의 처분에 관한 규칙(1981. 7. 31, 교통부령 제724호)은 부령의 형식으로 되어 있으나 행정청내의 사무처리기준을 규정한 것에 불과한 것이므로 행정조직 내부에 있어서의 행정명령의 성질을 가지는 것이다」라고 판시하고 있다(대판 1984. 2. 28, 83누551); 동지의 판례 대판 1992. 3. 31, 91누4928 【시내버스운송사업개선명령등처분취소】【판시사항】가. 자동차운수사업법시행규칙 중 협의에 관한 규정들( 제2조 제3항, 제4조 제1항 내지 제3항, 제5조 제1항, 제8조 등)의 법규성 유무(소극)와 처분이 이에 위반될 경우 위법의 문제가 생길 것인지 여부(소극) 나. 자동차운송사업자에 대한 사업개선명령의 성질 【판결요지】가. 자동차운수사업법시행규칙 중 협의에 관한 규정들(제2조 제3항, 제4조 제1항 내지 제3항, 제5조 제1항, 제8조 등)은 형식은 부령으로 되어 있으나 상위 법령인 자동차운수사업법 및 같은법 시행령에 그 위임의 근거조항이 없을뿐만 아니라, 이들 규정들은 자동차운수사업법상 교통부장관의 권한이 서울특별시장, 직할시장 또는 도지사에게 위임됨에 따라 서울특별시, 직할시 또는 도 사이에 걸치는 노선업종에 관한 노선의 신설이나 변경, 노선과 관련되는 사업계획변경의 면허나 인가 또는 사업개선명령을 함에 있어서 이들 행정처분은 인접한 기관의 관장사무와 밀접하게 관련되어 있어 그 기관의 의사를 반영할 수 있도록 하여, 관계 행정청 사이에 권한분쟁이 생기거나 지역 간의 원활한 수송이 저해되고 나아가 자동차운수사업에 관한 질서가 문란하여지는 것을 방지하고, 지휘 감독권을 확보, 행사하는 등 행정의 능률화와 합리화를 도모하기 위한 권한위임기관의 내부절차에 관한 규정으로서, 교통부장관으로부터 권한을 위임받은 행정청 내부의 사무처리준칙을 규정한 것에 불과한 것이므로이는 행정명령의 성격을 지닐 뿐 대외적으로 국민이나 법원을 구속하는 효력은 없다고 할 것이므로, 처분이 이에 위반되는 것이라고 하더라도 위법의 문제는 생기지 않는다.
나. 자동차운송사업자에 대한 사업개선명령은 자동차운수사업법 제25조 제1항에 의하여 공공복리상 필요가 있다고 인정할 때에 명하는 행정청의 재량행위이므로 여기에는 자동차운송사업자의 신청에 의한 사업의 면허와 사업계획변경인가에 관한 같은 법 제4조, 제6조 제1항, 제13조 등의 규정은 적용될 수 없다.

가격의 입증은 개발부담금 부과처분을 다투는 소송의 사실심 종결시까지는 할 수 있는 것으로 보아야 할 것이다."[1][2]라고 하였다. (판례-4): 대법원은 "… 국민의권익보호를위한행정절차에관한훈령(1987. 11. 17 국무총리훈령 제235호)은 상급행정기관이 하급행정기관에 대하여 발하는 일반적인 행정명령으로서 행정기관내부에서만 구속력이 있을뿐 대외적인 구속력을 가지는 것이 아니다. 당사자의 의견청취(청문포함)절차 없이 어떤 행정처분을 한 경우에도 관계 법령에서 당사자의 의견청취를 시행하도록 규정하지 않고 있는 경우에는 그 행정처분이 위법하게 되는 것은 아니라 할 것인바, 문화재보호법과 대구직할시 문화재보호조례에 의하면 시지정문화재는 시장이 문화재위원회의 자문을 받아 지정한다고만 규정되어 있을뿐, 그지정에 있어서 문화재의 소유자나 기타 이해관계인의 신청이 필요하다는 규정이나 소유자 기타 이해관계인의 의견을 들어야 한다는 행정절차의 규정은 없고, 비록 국민의권익보호를위한행정절차에관한훈령에 따라 1990. 3. 1부터 시행된 행정절차운영지침에 의하면 행정청이 공권력을 행사하여 국민의 구체적인 권리 또는 의무에 직접적인 변동을 초래하게 하는 행정처분을 하고자 할 때에는 미리 당사자에게 행정처분을 하고자 하는 원인이 되는 사실을 통지하여 그에 대한 의견을 청취한 다음, 이유를 명시하여 행정처분을 하여야 한다고 규정되어 있으나, 이는 대외적 구속력을 가지는 것이 아니므로, 시장이 건조물 소유자의 신청이 없는 상태에서 소유자의 의견을 듣지 아니하고 건조물을 문화재로 지정하였다고 하여 위법한 것이라고 할 수 없다."[3]고 하였다.

---

1) 대판 1993. 8. 27, 93누7518【개발부담금부과처분취소】
2) 개발부담금처분취소에 관한 판결로서 구 개발이익환수에관한법률 시행규칙 제4조의 법적 성격이 문제된 것은 이외에도 대판 1993. 10. 8, 93누10996 판결과 대판 1994. 4. 12, 92누10562 판결(가. 개발이익환수에관한법률(1993. 6. 11. 법률 제4563호로 개정되기 전의 것) 제14조의 규정형식에 비추어 보거나 개발부담금 부과의 목적을 토지개발이익을 환수하여 이를 적정하게 배분함으로써 토지에 대한 투기를 방지하고토지의 효율적인 이용을 촉진하여 국민경제의 건전한 발전에 이바지하고자 하는 데 두고 있는 같은 법 제1조의 규정 및 개발부담금의 부과징수절차에 관하여 규정한 같은 법 제15조, 제18조 내지 제21조 등 관계규정을 종합하여 보면, 같은 법 제14조는 개발완료시점부터 3월이 경과하면 개발부담금을 일체 부과할 수 없다는 제척기간에 관한 규정으로 볼 것이 아니라 행정청에 대하여 투기방지 등 이 법의 목적을 달성하기 위하여 3월 이내의 단기간 내에 신속하게 개발부담금을 부과 징수하도록 하는 훈시규정으로 봄이 상당하다. 나. 같은법 시행규칙(1991. 11. 29. 건설부령 제495호로 개정되기 전의 것) 제4조는 개발부담금의 신속 정확한 부과징수를 위한 행정편의를 도모하기 위하여 마련한 절차규정으로서 단순한 행정규칙의 성격을 갖는 것이라 할 것이고, 따라서 개발사업시행자가 시행규칙에 정한 신고기간이 지나서 매입가격의 신고를 하였다고 할지라도 개발부담금 부과대상토지의 개발사업착수시점의 지가를 매입가격을 적용하여 산출할 수 없게 되는 것은 아니고 매입가격의 입증은 개발부담금부과처분을 다투는 소송의 사실심 종결시까지 할 수 있다)이 있다.
3) 대판 1994. 8. 9, 94누3414【유형문화재지정고시처분취소】

b) 법규명령의 형식인 경우

[사실관계] 원고는 개인택시운전사로서 개인택시를 운전하여 가던중 전방을 주시하면서 안전거리를 확보하지 아니하고 운전한 업무상과실로 앞선 차들을 들이받아 소외 피해자들에게 자동차 파손 및 신체상해의 피해를 주었다. 이러한 사고를 일으킨 운전자인 원고는 즉시 하차하여 사상자를 구호하는 등 필요한 조치를 하여야 함에도 불구하고 이를 이행하지 아니하고 자신이 운전하던 개인택시를 주차시켜두고 그대로 그 장소를 떠났다가, 사고 후 8시간 경과 후에 피해자들과 원만히 합의하였다. 원고는 택시운전업무에만 종사하여 10년 무사고 경력을 인정받아 개인택시운송사업면허를 받고 그 개인택시운송사업으로 얻는 수입으로만 생계를 유지하여 왔으며, 사고 발생일을 기준으로 하여 과거 3년간 법규위반 또는 교통사고로 인한 벌점을 받지 아니하였다. 피고 서울특별시 지방경찰청장은 원고의 운전면허를 취소하였다. 도로교통법시행규칙 제53조 제1항[별표 16]에서 정한 운전면허취소, 정지행정처분기준에서는 교통사고로 사람을 다치게 하고 구호조치 및 신고의무를 하지 아니한 때에는 운전면허를 취소하도록 하고 있다.[1]

[대법원 판결] 대법원은 "… 도로교통법시행규칙 제53조 제1항이 정한 [별표]의 운전면허행정처분기준은 부령의 형식으로 되어 있으나, 그 규정의 성질과 내용이 운전면허의 취소처분 등에 관한 사무처리기준과 처분절차 등 행정청 내부의 사무처리준칙을 규정한 것에 지나지 아니하므로 대외적으로 국민이나 법원을 기속하는 효력이 없다는 것이 대법원의 확립된 판례이므로,[2] 이사건 자동차운전면허취소처분의 적법 여부는 위 운전면허행정처분기준 만에 의하여 판단할 것이 아니라 **도로교통법의 규정 내용과 취지에 따라 판단 되어야 할 것이다**.[3] 그런데 이사건의 경우 … 원심이 들고 있는 이 사건 운전면허취소처분으로 인하여 입게 될 불이익이라 함은 결국 원고 및 그 가족의 생계에 대한 위협이라 할 것인데,

---

1) <원심판결> 원심은 도로교통법시행규칙 제53조 제1항[별표16]에서 정한 운전면허취소 정지 행정처분기준은 그 규정의 성질과 내용이 행정청 내의 사무처리에 관한 재량준칙을 규정한 것으로서 이는 행정조직 내부의 관계행정기관이나 직원을 기속함에 그치고 법원이나 국민을 기속하는 효력은 없다 하더라고, 안전하고 원활한 교통을 확보하는 데 중요한 영향을 미치는 특별한 사유가 없는 한 행정청은 당해 위반사항에 대하여 위 기준에 따라 운전면허를 취소 또는 정지함이 보통이라 할 것이므로, 위와 같은 특별한 사유가 없음에도 불구하고 관할 행정청인 피고가 이러한 처분기준에 따르지 아니하고 원고에 대하여만 위 처분기준을 과도하게 초과하여 한 이러한 재량권을 적정하게 행사하지 아니한 것이라고 볼 만한 이유가 충분하다 할 것… 원고의 운전면허를 취소까지지한 이 사건 처분은 재량권을 적정하게 행사하였다고 볼 수 없다 할 것이므로 이사건 운전면허취소처분은 재량권을 적정하게 행사하였다고 볼 수 없다 할 것이므로 이사건 운전면허취소처분은 재량권의 범위를 일탈한 위법한 처분이라고 판단하고 있다.

2) 대판 1991. 6. 11, 91누2083; 대판 1993. 2. 9, 92누15253; 대판 1995. 4. 7, 94누14306 등 참조.

3) 대판 1995. 4. 7, 94누14306; 대판 1996. 4. 12, 95누10396 등 참조.

이는 위 운전면허취소처분으로 인한 직접적인 것이 아니고 원고의 개인택시운송 사업면허가 취소됨으로 인하여 입게 되는 불이익으로서 위 운전면허취소처분과는 간접적인 관계에 있을 뿐이다.[1] … 그럼에도 불구하고 이와달리 이 사건 운전면허취소처분이 재량권을 남용하였다고 본 원심 판결에는 운전면허취소처분에 있어서의 재량권에 관한 법리를 오해하여 판결에 영향을 미친 위법이 있다."[2]고 하였다.[3]

▶ 도로교통법 제93조(운전면허의 취소·정지) ① 지방경찰청장은 운전면허(연습운전면허는 제외한다. 이하 이 조에서 같다)를 받은 사람이 다음 각 호의 어느 하나에 해당하면 행정자치부령으로 정하는 기준에 따라 운전면허를 취소하거나 1년 이내의 범위에서 운전면허의 효력을 정지시킬 수 있다. 다만, 제2호, 제3호, 제7호부터 제9호까지(정기 적성검사 기간이 지난 경우는 제외한다), 제12호, 제14호, 제16호부터 제18호까지, 제20호의 규정에 해당하는 경우에는 운전면허를 취소하여야 한다.

### 2.4.2. 행정규칙의 법규성을 인정한 대법원 판례 - 예외적 태도
#### a) 훈령에 규정된 청문절차의 법적 효력을 인정한 판례

[사안] 구청장 甲은 건축사 K가 1980년 6월 30일, 乙소유의 지상건물에 대하여 허가내용보다 건폐율 5.7퍼센트 초과, 지층면적 45평방미터 증가, 건물높이 1.45미터 초과하여 건축을 함으로써, 건축사법에 위반되었다 하여 건축사사무소등록을 취소하였다. 이 과정에서 구청장 갑은 이에 관한 청문절차를 거치지 아니하고 이를 시행하였고, 이의 위법성여부가 문제된 사건이었다.[4]

[대법원 판례] 대법원은 "건축사사무소의 등록취소 및 폐쇄처분에 관한 규정(1979. 9. 6, 건설부령 제447호) 제9조에 건축사사무소의 등록을 취소하고자 할 때에는 미리 당해 건축사에 대하여 청문을 하거나 필요한 경우에 참고인의 의견을 들어야 한다. 다만 정당한 사유없이 청문에 응하지 아니하는 경우에는 그러하지 아니하다라고 규정하고 있는바, 위 청문절차를 거치지 아니한 건축사무소 등록취소처분은 위법한 처분"[5]이라는 취지의 판결을 하였나. 이는 판세행정청이 건축사사무소의 등록취소치분을 함에 있어 당해 건축사 들을 사전

---

1) 대판 1996. 7. 26, 96누5988 참조.
2) 대판 1997. 5. 30, 96누5773【자동차운전면허취소처분취소】
3) 같은 취지의 판례: 대판 1991. 6. 11, 91누2083; 대판 1993. 2. 9, 92누15253; 대판 1995. 4. 7, 94누14360; 대판 1996. 4. 12, 95누10396.
4) <참고조문> 건축사법 제28조 및 같은법 시행령(대통령령 제9183호, 1980. 5. 26 같은령 제 9878호로 개정된 것까지) 제30조; 건축사사무소의 등록취소 및 폐쇄처분에 관한 규정(1979. 9. 6 건설부훈령 제447호) 제1조, 제9조
5) 대판 1984. 9. 11, 82누166.

에 청문토록 한 취지는 위 행정처분으로 인하여 건축사무소의 기존권리가 부당하게 침해받지 아니하도록 등록취소사유에 대하여 당해 건축사에게 변명과 유리한 자료를 제출할 기회를 부여하여 위법사유의 시정가능성을 감안하고 처분의 신중성과 적정성을 기하려 함에 있다 할 것이므로 설사 건축사법 제28조 소정의 등록취소등 사유가 분명히 존재하는 경우라 하더라도 당해 건축사가 정당한 이유없이 청문에 응하지 아니한 경우가 아닌 한 청문절차를 거치지 아니하고 한 건축사사무소 등록취소처분은 위법하다는 것이다.

### b) 국세청장의 훈령에 법규성을 인정한 판례

[대법원 판례] 대법원은 "소득세법시행령 제170조 제4항 제2호에 의하여 투기거래를 규정한 재산제조사사무처리규정(국세청훈령 제980호)은 그 형식은 행정규칙으로 되어 있으나 위 시행령의 규정을 보충하는 기능을 가지면서 그와 결합하여 법규명령과 같은 효력(대외적인 구속력)을 가지는 것이므로1) 과세관청이 위 제8호 소정의 투기거래로 인정함에 있어서는 위 처리규정에 정하는 바에 따라 공정과세위원회의 자문을 거쳐야 할 것이고 이와 같은 절차를 거치지 아니하고 위 제8호 소정의 투기거래로 인정하여 양도소득세를 과세하는 것은 위법이라고 보아야 할 것이다. 이 사건 거래를 부산지방국세청장이 투기거래로 인정하였다거나 위 양도소득세 공정과세위원회가 자문기구라고 하여도 마찬가지라고 할 것이다."2)라고 하였다. 이 판결에서 대법원은 "… 법령의 규정이 특정 행정기관에게 그 법령 내용의 구체적 사항을 정할 수 있는 권한을 부여하면서 그 권한 행사의 절차나 방법을 특정하고 있지 않은 관계로 수임행정 기관이 행정규칙의 형식으로 그 법령의 내용이 될 사항을 구체적으로 정하고 있다면, 그와 같은 행정규칙, 규정은 행정규칙이 갖는 일반적 효력으로서가 아니라 행정기관에 법령의 구체적 내용을 보충하는 기능을 갖게 된다 할 것이므로, 이와 같은 행정규칙, 규정은 해당 법령의 수임한계를 벗어나지 않는 범위에서는 그것들과 결합하여 대외적인 구속력(Bindungswirkung)이 있는 법규명령으로서의 효력을 갖게 된다."3)고 판시하여 예외적으로 행정규칙의 법규성을 인정하고 있다.4) 이에 대하여 김남진 교수는 법원이 훈령의 법적 구속력을 인정하기 위하여 훈령을 법규명령으로 부르기 보다는 차라리 '규범구체화 행정규칙으로 부르자고 하고,5) 일반적으로는 이를 법령보충적 행정규칙이라고 부른다.

---

1) 대판 1988. 3. 22, 87누654; 대판 1988 5. 10, 87누1028 참조.
2) 대판 1989. 11. 14, 89누5676.
3) 대판 1989. 11. 14, 89누5676
4) http://edu.klaw.go.kr/StdInfMailP.do?astSeq=2255&stdInfSeq=0(검색일 : 2015.6.13)
5) 김남진, 행정입법의 현황과 문제점, 고시계(1996.12), 24면.

c) 건설교통부 내부지침이 항고소송의 대상이 되는 행정처분에 해당한다고 한 사례

대법원은 "항고소송의 대상이 되는 행정처분이라 함은 원칙적으로 행정청의 공법상 행위로서 특정 사항에 대하여 법규에 의한 권리의 설정 또는 의무의 부담을 명하거나 기타 법률상 효과를 발생하게 하는 등으로 일반 국민의 권리의무에 직접 영향을 미치는 행위를 가리키는 것이지만, 어떠한 처분의 근거가 행정규칙에 규정되어 있다고 하더라도, 그 처분이 상대방에게 권리의 설정 또는 의무의 부담을 명하거나 기타 법적인 효과를 발생하게 하는 등으로 그 상대방의 권리의무에 직접 영향을 미치는 행위라면, 이 경우에도 항고소송의 대상이 되는 행정처분에 해당한다. 정부 간 항공노선의 개설에 관한 잠정협정 및 비밀양해각서와 건설교통부 내부지침에 의한 항공노선에 대한 운수권배분처분이 항고소송의 대상이 되는 행정처분에 해당한다."[1]고 하였다.

- 무허가건물자진철거에 관한 서울특별시예규에 관한 판결[2]
- 국세청훈령인 재산재세조사사무처리규정에 관한 판결[3]
- 건축사사무소의 등록취소 및 폐쇄처분에 관한 규정에 관한 판결[4]

---

1) 대판 2004. 11. 26, 2003두10251,10268【노선배분취소처분취소·국제선정기항공운송사업노선면허거부처분취소】; 대법원 2002. 7. 26. 선고 2001두3532 판결 참조
2) 대판 1981. 7. 28, 81누39.
3) 대판 1987. 9. 29, 86누484【양도소득세부과처분취소】 상급행정기관이 하급행정기관에 대하여 업무처리지침이나 법령의 해석적용에 관한 기준을 정하여서 발하는 이른바 행정규칙은 일반적으로 행정조직 내부에서만 효력을 가질뿐 대외적인 구속력을 갖는 것은 아니지만, 법령의 규정이 특정행정기관에게 그 법령내용의 구체적 사항을 정할 수 있는 권한을 부여하면서 그 권한행사의 절차나 방법을 특정하고 있지 아니한 관계로 수임행정기관이 행정규칙의 형식으로 그 법령의 내용이 될 사항을 구체적으로 정하고 있다면 그와 같은 행정규칙, 규정은 행정규칙이 갖는 일반적 효력으로서가 아니라, 행정기관에 법령의 구체적 내용을 보충할 권한을 부여한 법령규정의 효력에 의하여 그 내용을 보충하는 기능을 갖게 된다 할 것이므로 이와 같은 행정규칙, 규정은 당해 법령의 위임한계를 벗어나지 아니하는 한 그것들과 결합하여 대외적인 구속력이 있는 법규명령으로서의 효력을 갖게 된다.
4) 대판 1984. 9. 11, 82누166【건축사무소등록취소처분취소】【판시사항】청문절차를 거치지 아니한 건축사 사무소등록 취소처분의 적부【판결요지】관계행정청이 건축사사무소의 등록취소처분을 함에 있어 당해 건축사들을 사전에 청문토록 한 취지는 위 행정처분으로 인하여 건축사사무소의 기존권리가 부당하게 침해받지 아니하도록 등록취소 사유에 대하여 당해 건축사에게 변명과 유리한 자료를 제출할 기회를 부여하여 위법 사유의 사정가능성을 감안하고 처분의 신중성과 적정성을 기하려 함에 있다 할 것이므로 설사 건축사법 제28조 소정의 등록취소 등 사유가 분명히 존재하는 경우라 하더라도 당해 건축사가 정당한 이유없이 청문에 응하지 아니한 경우가 아닌한 청문절차를 거치지 아니하고 한 건축사사무소 등록취소 처분은 위법하다.

【기타 대법원판결】 1)

▶판례〉 주류도매업의 면허신청서에 3개의 주류제조자와의 거래약정서 각 2부씩을 첨부하도록 정한 주류도매면허제도개선업무처리지침(국세청소비 22644-1831)(대판 1994. 4. 26, 93누21668).

▶판례〉 재산제세사무처리규정(국세청훈령) 제72조 제3항이 비록 훈령의 형식으로 규정되었어도 양도소득세의 실지거래가액에 의한 과세의 법령상 근거가 될 수 있다(대판 1987. 9. 29, 86누484).

▶판례〉 과세관청이 양도소득세 공정과세위원회의 청문을 거치도록 한 재산제세조사사무처리규정(국세청훈령)(대판 1989. 11. 14, 89누5676).

▶판례〉 건축사무소의 등록취소처분을 함에 있어 당해 건축사들을 사전에 청문하도록 한 건축사무소등록취소 및 폐쇄처분에 관한 규정(건설부훈령)(대판 1984. 9. 11, 82누166).

▶판례〉 보건사회부장관(현 보건복지부장관) 고시인 식품영업허가기준(허가할 수 없는 영업을 규정한 고시 - 보존음료수제조업허가에 붙여진 전량수출 또는 주한외국인에 대한 판매에 한한다는 내용의 조건)(대판 1995. 11. 14, 92도496).

▶판례〉 보건사회부장관(현 보건복지부장관)의 1994년 노인복지사업지침(대판 1996.4.12, 95누7727).

▶판례〉 개별토지가격합동조사지침(국무총리훈령) - 집행명령의 성질을 갖는 행정규칙 지가의 공개열람 및 토지소유자 또는 이해관계인의 의견접수를 절차의 하나로 규정하고 있는 규정은 법규명령이며, 집행명령의 성질을 갖는다(대판 1994. 2. 8, 93누111).

▶판례〉 공부장관(현 지식경제부장관)의 수입선다변화품목 지정·고시(대판 1993. 11. 23, 93도662)

▶판례〉 구「공업배치 및 공장설립에 관한 법률」(현 산업집적활성화 및 공장설립에 관한 법률) 제8조의 규정에 따라 공장입지의 구체적 기준을 정한 공장입지기준고시(상공자원부고시(대판 1999. 7. 23, 97누6261).

▶판례〉 진출입로는 도로상의 횡단보도로부터 10m 이상 이격되게 설치하여야 한다고 규정한 전라남도 주유소등록요건에 관한 고시(대판 1998. 9. 25, 98두7503).2)

▶판례〉 구「독점규제 및 공정거래에 관한 법률」제23조 제3항의 위임규정에 따라 공정거래위원회가 제정한 표시·광고에 관한 공정거래지침 중 불공정거래행위를 예방하기 위하여 사업자가 준수하여야 할 지침을 마련한 것으로 볼 수 있는 내용의 규정은 위

---

1) 김진영, 법령보충적 행정규칙, 남부행정고시학원. http://www.google.co.kr/…
2) 판례는 "주유소의 진출입로는 도로상의 횡단보도로부터 10m 이상 이격되게 설치하여야 한다."고 규정한 '전라남도 주유소등록요건에 관한 고시' 제2조 제2항 [별표 1]에 대하여 법규명령으로서의 효력을 긍정하였다.

법의 위임범위 내에 있는 것으로서 위법의 규정과 결합하여 법규적 효력을 갖는다. 그러나 공정거래위원회가 부담하고 있는 표시·광고내용의 허위성 등에 관한 입증책임을 전환하여 사업자로 하여금 그 반대사실에 관한 입증책임을 부담하도록 한 규정은 법규적 효력을 갖지 않는다(대판 2000. 9. 29, 98두12772).

▶판례〉 보건복지부고시인 '의료보험진료수가기준' 중 '수탁검사실시기관인정 등 기준'(대판 1999. 6. 22, 98두17807).

▶판례〉 구「액화석유가스의 안전 및 사업관리법」(현 액화석유가스의 안전관리 및 사업법) 제3조 제2항, 같은 법 시행령 제2조 제4항에 따라 허가관청인 지방자치단체장이 제정한 액화석유가스판매사업허가기준에 관한 고시(대판 2002. 9. 27, 2000두7933).

▶판례〉 법령의 규정이 지방자치단체장에게 그 법령내용의 구체적 사항을 정할 수 있는 권한을 부여하면서 그 권한행사의 절차나 방법을 정하지 아니하고 있는 경우, 그 법령의 내용이 될 사항을 구체적으로 규정한 지방자치단체장의 고시는 당해 법령의 위임한계를 벗어나지 않는 한 법규명령으로서의 효력이 있다(대판 2002. 9. 27, 2000두7933).

▶판례〉 '시장지배적 지위남용행위의 유형 및 기준'(공정거래위원회 고시) Ⅲ. 2. 나. (1), (2) 규정(=법률보충적 행정규칙으로서의 법규명령)(대판 2001. 12. 24, 99두11141).

▶판례〉 산업자원부고시 공장입지기준 제5조 제2호의 위임에 따라 공장입지의 보다 세부적인 기준을 정한 김포시고시 공장입지제한처리기준(대판 2004. 5. 28, 2002두4716).

▶판례〉 상표제품과 비상표제품을 함께 판매하는 석유판매업자의 비상표제품 판매에 관한 표시의무를 규정한 구 석유사업법 시행령 제32조 제1항 제5호와 위 규정에 의한 상표제품과 비상표제품의 구체적인 표시기준 및 표시방법을 정한 산업자원부장관고시(대판 2006. 4. 27, 2004도1078).

▶판례〉 구 택지개발촉진법 제3조 제4항, 제31조, 같은 법 시행령 제7조 제1항 및 제5항에 따라 건설교통부장관이 정한 '택지개발업무처리지침' 제11조(대판 2008. 3. 27, 2006두3742·3759 병합).

▶판례〉 산지관리법의 위임에 의한 '산지전용허가기준의 세부검토기준에 관한 규정'(산림청고시, 대판 2008. 4. 10, 2007두4841).

▶판례〉 관세율표상 품목분류의 기준을 정한 관세청고시가 법규명령으로서의 효력을 갖는다(대판 2004. 4. 9, 2003두1592).

### 2.4.3. 헌법재판소

헌법재판소 역시 법령의 직접적인 위임에 따라 위임행정기관이 그 법령을 시행하는데 필요한 구체적 사항을 정한 것이면, 그 제정 형식은 비록 법규명령이 아닌 고시, 훈령, 예규 등과 같은 행정규칙이더라도 그것이 상위법령의 위임한계를 벗어나지 않는 범위에서는 상위법령과 결합하여 대외적인 구속력을 갖는 법규명령으로서 기능하게 된다고 판단[1])하고 있다. 또한 재량권행사의 준칙인 규칙이 그 정한 바에 따라 되풀이 시행되어 행정관행이 되면, 평등의 원칙이나 신뢰보호의 원칙에 따라 행정기관은 그 상대방에 대한 관계에서 그 규칙에 따라야 할 자기구속을 당하게 되고, 그러한 경우에는 대외적인 구속력을 가지게 된다고 판단[2])하고 있다.[3])

### 3. 특수한 행정규칙
#### 3.1. 법규명령의 형식을 취하는 행정규칙(법규명령형식의 행정규칙)
##### 3.1.1. 개관

실질적으로는 행정규칙의 내용인데, 형식적으로는 법규명령의 형식으로 되어 있는 경우, 이것이 법규로서의 성질을 가지느냐의 문제이다. 행정규칙이 법규명령의 형식에 의하여 정립되는 경우, 즉, (구)사무관리규정, 공무원복무규정, 행정감사규정, 민원사무처리규정(대통령령), 공무원당직 및 비상근무규칙(총리령) 등의 법적 성질이 문제가 된다. 예를 들면, 공무원복무규정 중 공무원의 근무시간에 관한 사항은 특별권력관계의 내부사항을 정하는 것이지만 그 형식은 법규명령인 대통령령으로 되어 있는 것[4])에 대하여, 행정규칙은 그 성질이 변하여 법규명령의 성질을 가지게 된다는 견해(법규명령설; 적극설[다수설])와 행정규칙은 법규의 형식으로 제정되어도 행정규칙으로서의 성질이 변하는 것은 아니어서, 일반국민이나 법원을 구속할 수는 없다고 보는 입장(행정규칙설)이 있다.

##### 3.1.2. 법규명령의 형식을 취하는 행정규칙의 법적 성질

행정규칙은 보통 고시·훈령·예규 등의 형식으로 정립되나, 때로는 법률 또는 법규명령의 형식으로 정립되는 때도 있다(예컨대 위에서 언급한 국가공무원복무규정 중 공무원의 근무시간에 관한 사항은 특별권력관계의 내부사항을 정하는 것이지만, 그 형식은 법규

---

1) 헌재결 1992. 6. 26, 91헌마25.
2) 헌재결 1990. 9. 3, 90 헌마13.
3) http://edu.klaw.go.kr/StdInfMailP.do?astSeq=2255&stdInfSeq=0(검색일 : 2015.6.13)
4) 법규명령의 형식으로 제정되었으나, 행정규칙의 성질을 갖는 것에도 다시 (ㄱ) 법률의 수권없이 법규명령의 형식으로 제정된 행정규칙(진정한 행정규칙으로서의 법규명령)과, (ㄴ) 법률의 수권에 의하여 법규명령으로 제정된 행정규칙(부진정한 행정규칙으로서의 법규명령)이 있다. (ㄱ)의 경우의 대표적인 것으로는 구(舊)사무관리규정(대통령령 제13390호), 민원사무처리규정(대통령령 제10869호)들이 있는바, 이들은 법률의 수권없이 제정된 것이므로 대외적으로 국민의 권리와 의무를 규율할 수 없고, 재판규범이 될 수 없다(대판 1989. 10. 24, 88누9312); 정하중, 행정법총론, 165면.

명령인 대통령령의 형식을 취하고 있다). 이와 같이 행정규칙으로 정하여질 내용이 법규명령의 형식을 취하고 있는 경우 그것은 여전히 행정규칙(행정명령)이어서 행정쟁송을 통한 권리구제를 받을 수 없는 것인지, 아니면 법규로 전화(轉化)되어 행정쟁송을 통한 권리구제의 대상이 되는가가 문제된다.

### a) 적극설(형식적 기준설; 법규명령설; 형식설)

적극설에 의하면 당해 행정규칙은 법규로 되어 국민이나 법원을 구속한다고 보는 입장으로서, 행정규칙은 그 성질이 변하여 법규명령의 성질을 가지게 된다는 견해(법규명령설; 적극설[다수설]이다. 그 논거로서, (ㄱ) 법규명령은 일반 공권력을 근거로 하여 제정되는 것으로, 국민의 자유·재산에 관계없는 사항이라도 법규의 형식으로 규정되면 일반국민을 구속하게 된다. 즉 법규는 그 내용이 무엇이던지 관계없이 일반국민에 대하여 구속력(Bindungswirkung)을 갖는 것이므로 법적 안정성의 측면에서, 행정규칙이 법률이나 법규명령의 형식을 취하면 법규로서의 성질을 가진다. (ㄴ) 특별권력에 의한 법은 일반 공권력에 의한 법에 귀속된다는 것을 들고 있다.[1] (ㄷ) 법령보충적 행정규칙을 법규명령으로 본다면 법규명령에 관한 법리가 적용되어야 하므로 상위법의 개별적·구체적 위임이 요구되며 포괄위임은 금지되며,[2] 법령보충규칙에 대한 처벌규정의 위임은 제한적으로 허용된다(대판 2006. 4. 27, 2004도1078). 법령보충규칙의 재위임도 가능하다(대판 2004.5.28, 2002두4716).

[적극설을 취하는 판례] (시행령인 경우에는 그 법규성을 인정하는 판례) (판례): "당해 처분의 기준이 된 주택건설촉진법시행령 제10조의3 제1항 [별표 1]은 주택건설촉진법 제7조 제2항의 위임규정에 터잡은 규정형식상 대통령령이므로 그 성질이 부령인 시행규칙이나 또는 지방자치단체의 규칙과 같이 통상적으로 행정조직 내부에 있어서의 행정명령에 지나지 않는 것이 아니라 대외적으로 국민이나 법원을 구속하는 힘이 있는 법규명령에 해당한다."[3] ☞ **단, 행정규칙이 부령인 시행규칙·지방자치단체의 규칙으로 되어 있는 경우에는 법규성을 인정안함**

---

1) 이상규, 판례평석: 자동차운전사업면허취득의 요건(대판 1987. 2. 10, 84누350), 법률신문 (1987.10.12), 15면; 김원주, 행정규칙의 성질과 효력, 고시계(1988.6), 53면; 김도창, 일반행정법론(상), 청운사, 1992, 325면; 한태연(상), 97면; 홍정선, 행정법원론(상), 단락번호 689 참조; 박윤흔, 행정법강의(상), 246면; 변재옥, 행정법(Ⅰ), 215면; 정하중, 행정법총론, 166면.
2) [위임입법의 한계 준수] 법령보충적 행정규칙을 법규명령으로 본다면 법규명령에 관한 법리가 적용되어야 하므로 상위법의 개별적·구체적 위임이 요구되며 포괄위임은 금지된다(헌재결 2004.10.28, 99헌바91).
3) 대판 1997. 12. 26, 97누15418 【주택건설사업영업정지처분취소】

### b) 소극설(실질적 기준설; 행정규칙설; 실질설)

[개관] 행정규칙은 법규의 형식으로 제정되어도 행정규칙으로서의 성질이 변하는 것은 아니어서, 일반국민이나 법원을 구속할 수는 없다고 보는 입장이다. 즉 법률·법규명령이 언제나 국민 일반을 구속하는 것은 아니고, 법률이 법규만을 그 내용으로 하여야할 필요는 없기 때문에 그 내용상 행정규칙에 해당함이 명백한 것인 때에는 그 형식에도 불구하고 행정규칙으로서의 성질이 변하지 아니한다고 보는 것이다.[1]

[소극설을 취하는 판례] (판례-1) : 대법원은 "자동차운수사업법제31조등의규정에의한사업면허등의처분에관한규칙(1982. 7. 31. 교통부령 제724호)은 부령의 형식으로 되어 있으나, 그 규정의 성질과 내용이 자동차운수사업면허의 취소처분 등에 관한 사무처리기준을 규정한 것에 불과한 것이므로, 이는 교통부장관이 관계 행정기관 및 직원에 대하여 그 직무권한행사의 지침을 정하여 주기 위하여 발한 행정조직 내부에 있어서의 행정명령의 성질을 가지는 것이다."[2]라고 하였다. (판례-2) : 대법원은 '자동차운수사업법 제31조등의 규정에 의한 사업면허취소등의처분에관한규칙의 법규성 여부(소극)'에 대하여, "자동차운수사업법제31조등의규정에의한 사업면허의취소등의처분에관한규칙은 행정기관 내부에서의 사무처리의 기준을 정한 행정명령으로서 국민이나 법원을 기속하는 법규명령의 성질을 가진 것으로 볼 수 없고, 자동차운송사업면허취소 등의 처분이 위 규칙에서 정한 기준에 적합한 것이라 하여 바로 그 처분이 적법한 것이라고는 할 수 없다."[3]고 하였다. (판례-3) : (사건의 개요) 피고 경산시장은 자신의 관할구역 안에 주된 사무소를 둔 소외 경산버스주식회사에 대하여, 그 회사가 피고로부터 시내버스운송사업면허를 받아 운행하고 있던 시내버스 노선 중 기점 경산시,… 남부정류장, 거리 9.6킬로미터의 운행거리를 인접하고 있는 대구광역시내에서 약 8킬로미터 가량 연장·변경(기점 경산시, … 범어로타리, 종점 남부정류장)하는 것을 주된 내용으로 하는 사업 개선명령을 하였다. 이에 대하여, 대구광역시에 주된 사무소를 두고 있는 원고들인 광남자동차 주식회사외 31인은 대구광역시장과의 협의 및 건설교통부장관의 재결을 거치지 아니한 위법한 처분이라고 주장하면서 그 취소를 구하는 행정소송을 제기하였다.[4] 이에 대하여 대법원은 "자동차운수사업법시행규칙 중 협의에 관한 규정들(제2조

---

1) 서원우, 현대행정법론(상), 349면; 김남진, 법규명령, 고시연구(1986.3), 20면; 류지태, 행정법신론, 243면; 한견우, 행정법(I), 247면.
2) 대판 1984. 2. 28, 83누551 【위반차량면허취소처분취소】
3) 대판 1996. 9. 6, 96누914 【자동차운송사업면허취소처분취소】
4) 원심판결의 요지(대구고법 91.5.8. 선고 90구 401 판결) : 원심법원은 자동차운수사업법시행규칙 중 협의에 관한 규정들은 건설교통부장관으로부터 권한을 각기 위임받은 대등한 행정기관상호간의 사무처리준칙을 규정한 행정명령에 지나지 아니하여 대외적으로 국민이나 법원을 구속하는 효력은 없다 할 것이고, 또 협의를 거치는 방법에 관하여는 아무런 제한이 없으므로 경북도지

제3항, 제4조 제1항 내지 제3항, 제5조 제1항, 제8조 등)은 형식은 부령으로 되어 있으나 상위 법령인 자동차운수사업법 및 같은 법시행령에 그 위임의 근거 조항이 없을 뿐만 아니라, 이들 규정들은 자동차운수사업법상 교통부장관의 권한이 서울특별시장, 직할시장 또는 도지사에게 위임됨에 따라 서울특별시, 직할시 또는 도 사이에 걸치는 노선업종에 관한 노선의 신설이나 변경, 노선과 관련되는 사업계획변경의 관장사무와 밀접하게 관련되어 있어 그 기관의 의사를 반영할 수 있도록 하여, 관계행정청 사이에 권한분쟁이 생기거나 지역간의 원활한 수송이 저해되고 나아가 자동차운수 사업에 관한 질서가 문란하여지는 것을 방지하고, 지휘 감독권을 확보, 행사하는 등 행정의 능률화와 합리화를 도모하기 위한 권한위임기관의 내부절차에 관한 규정으로서, 교통부장관으로부터 권한을 위임받은 행정청 내부의 사무처리준칙을 규정한 것에 불과한 것이므로 이는 행정명령의 성격을 지닐 뿐 대외적으로 국민이나 법원을 구속하는 효력은 없다고 할 것이므로, 처분이 이에 위반되는 것이라고 하더라도 위법의 문제는 생기지 않는다."[1]고 하였다.

　　[제재적 재량처분의 기준을 정한 시행규칙(부령)인 경우에는 그 법규성을 부인하는 판례] (판례-1) : "자동차운수사업법 제3조 등의 규정에 의한 사업면허의 취소 등의 처분에 관한 규칙(1982.7.31. 교통부령 제724호)은 자동차운수사업면허 취소처분 등에 관한 사무처리기준과 처분절차 등 행정청내의 사무처리준칙을 규정한 것에 불과하므로 행정조직내부에 있어서의 행정명령의 성격을 지닐 뿐 대외적으로 국민이나 법원을 구속하는 힘이 없고 자동차운수면허취소 등의 처분이 위 규칙에 위배되는 것이라 하더라도 위법의 문제는 생기지 않고 또 그 규칙에 정한 기준에 적합하다 하여 바로 그 처분에 적합한 것이라 할 수 없고 그 처분의 적법여부는 자동차운수사업법의 규정에의 적합여부에 따라 판단할 것이다.[2] (판례-2) : "공중위생법 제23조 제1항은 처분권자에게 영업자가 법에 위반하는 종류와 정도의 경중에 따라 제반사정을 참작하여 위 법에 규정된 것 중 적절한 종류를 선택하여 합리적인 범위내의 행정처분을 할 수 있는 재량권을 부여한 것이고, 이를 시행하기 위하여 동 제4항에 의하여 마련된 공중위생법시행규칙 제41조 별표 7에서 위 행정처분의 기준을 정하고 있더라도 위 시행규칙은 형식은 부령으로 되어 있으나 그 성질은 행정기관 내부의 사무처리준칙을 규정한 것에 불과한 것으로서 보건사회부장관이 관계 행정기관 및 직원에 대하여 그 직무권한 행사의 지침을 정하여 주기 위하여 발한 행정명령의 성질을 가지는 것이지, 위 법 제23조 제1항에 의하여 보

---

　　사가 대구광역시장의 1990. 1. 4.자 협의요청과 같은 해 1.25.자 재협의요청에 대하여 각기 회신을 하면서 그 회신에 덧붙여 이 사건 개선명령의 의견을 물은 것은 위 시행규칙 소정의 협의요청으로도 볼 여지가 없지 아니하여, 그 절차상에 다소간의 흠이 있다고 하여도 그 사유만으로 이 사건 개선 명령의 효력에는 영향을 미치지 않는다고 판단하면서 원고의 청구를 기각하였다.
　1) 대판 1992. 12. 31, 91누4928 【시내버스운송사업개선명령등처분취소】
　2) 대판 1984. 2. 28, 83누551 【위반차량면허취소처분취소】

장된 재량권을 기속하거나 대외적으로 국민을 기속하는 것은 아니다."[1]

c) 위헌무효설

[석종현 교수의 견해] 석종현 교수는 「법규명령의 형식을 취하는 행정규칙은 법률의 수권없이 행정규칙적 내용을 정한 것이 되기 때문에, 이는 직접 국민의 권리·의무를 창설하지 못하며 재판규범도 될 수 없다. 따라서 법률의 수권없이 제정된 법규명령(대통령령)은 헌법 제75조의 위임입법의 요건을 갖추지 못한 것으로서 위헌무효가 된다」[2]고 하면서, 법규명령형식의 행정규칙은 현행 헌법상의 법형식이 존중되어야 하며, 따라서 부령(법규명령)의 형식으로 제정된 ① 도로교통법시행규칙, ② 식품위생법시행규칙, ③ 자동차운수사업법제31조등의규정에의한사업면허의취소등의처분에관한규칙,[3] ④ 건축사사무소 등록취소 및 건축사의 업무정지처분의 기준을 정한 건축사법시행규칙 등은 법규로 보아야 하는데, 그 법규성을 부인하는 대법원의 태도는 부당하다고 본다.[4]

d) 구별무용설

[김동희 교수의 견해] 김동희 교수는 적극설과 소극설의 실질적 차이는 없다고 하면서, 그 이유는 법규의 관념을 대외적 구속력을 가진 규범으로 파악하는 경우에, 적극설에 서는 경우에도 당해 부령 등에 법규성이 부인되는 경우도 있을 수 있고, 소극설의 경우에도 관련규범이 내용적으로 행정규칙의 성질을 가지는 것이 명백하지 아니하여 그 대외적인 구속력이 인정될 수 있는 경우에는 법규성이 인정될 것이기 때문이라고 한다.[5] 김동희 교수는, 판례는 시행규칙(부령)인 경우와 시행령(대통령령)의 경우를 구분하여, 제재적 재량처분의 기준을 정한 시행규칙(부령)인 경우에는 그 법규성을 부인하고 있고,[6][7]) 시행령인 경우에는 그 법규성을 인정하고 있는데,[8] 다만 최근의 판례[9]는 당해 시행령에 법규성은 인정하면서도 신축적인 구속력만을 인정하는 것으로 보인다고 한다(아래 판례참조).[10]

[시행령에 법규성은 인정하면서도 신축적인 구속력만을 인정하는 것]【판시사항】[1]

---

1) 대판 1991. 6. 23, 90누6545 【숙박영업허가취소처분취소】
2) 석종현, 일반행정법(상), 183면.
3) 대판 1984. 2. 28, 83누551.
4) 석종현, 일반행정법(상), 183면.
5) 김동희, 행정법(I), 159면 참조.
6) 대판 1984. 2. 28, 83누551 【위반차량면허취소처분취소】
7) 대판 1991. 6. 23, 90누6545 【숙박영업허가취소처분취소】
8) 대판 1997. 12. 26, 97누15418 【주택건설사업영업정지처분취소】
9) 대판 2001. 3. 9, 99두5207 【과징금부과처분취소】
10) 학설 및 판례에 대한 검토는 김동희, 행정법(I), 159면 이하 참조.

구 청소년보호법 제49조 제1항, 제2항의 위임에 따른 같은법시행령 제40조 [별표 6]의 위반행위의종별에따른과징금처분기준의 법적 성격(= 법규명령) 및 그 과징금 수액의 의미(=최고한도액) [2] 제재적 행정처분이 재량권의 범위를 일탈·남용하였는지 여부의 판단기준【판결요지】"구 청소년보호법(1999. 2. 5. 법률 제5817호로 개정되기 전의 것) 제49조 제1항, 제2항에 따른 같은법 시행령(1999. 6. 30. 대통령령 제16461호로 개정되기 전의 것) 제40조 [별표 6]의 위반행위의종별에따른과징금처분기준은 법규명령이기는 하나 모법의 위임규정의 내용과 취지 및 헌법상의 과잉금지의 원칙과 평등의 원칙 등에 비추어 같은 유형의 위반행위라 하더라도 그 규모나 기간·사회적 비난 정도·위반행위로 인하여 다른 법률에 의하여 처벌받은 다른 사정·행위자의 개인적 사정 및 위반행위로 얻은 불법이익의 규모 등 여러 요소를 종합적으로 고려하여 사안에 따라 적정한 과징금의 액수를 정하여야 할 것이므로 그 수액은 정액이 아니라 최고한도액이다."[1]

### 3.2. 법규적 내용을 가지는 행정규칙(행정규칙형식의 법규명령) – 법령보충적 행정규칙

#### 3.2.1. 개관

[법령보충적 행정규칙] 형식상으로는 행정규칙의 형식을 지니고 있지만, 실질적으로는 법규명령의 내용인 경우(형식은 행정규칙이나, 실질은 법규명령인 경우), 즉 법령을 보충하는 행정규칙인 경우, 이것이 법규로서의 성질을 가지느냐의 문제이다. 행정규칙은 보통 고시·훈령·예규 등 독자적인 형식에 의하여 정립되지만, 보통 법률 또는 법규명령의 집행을 위하여 제정하는 규칙(집행규칙)은 원칙적으로는 '법규의 집행적 성질'(법률 또는 법규명령을 실현하기 위한 사무의 분배, 집행의 절차·방법 등을 규정하는 것)[2]을 가지는 것이 원칙이다. 그런데 실질적으로는 '법규의 보충적 성질(법령보충적 성질)'을 가지는 것, 예를 들면 고시 중에는 그 근거가 되는 법령의 규정과 결합한 결과 법규의 내용을 보충(Ergänzung)하는 것이 존재한다(법령보충적 행정규칙). <u>'법령보충적 행정규칙'을 '규범구체화 행정규칙(김남신)'으로 보아 행정규칙으로 보는 견해(부정설, 소극설)가 있는가 하면, 이를 법규명령으로 보는 견해(긍정설; 적극설)도 있다.</u>[3][4] 예컨대, 구(舊)대외무역법 제18조의 수출입품목 공고, 물가안정에관한법률(舊물가안정및공정거래에관한법률) 제2조의 규정에 의하여 주

---

1) 대판 2001. 3. 9, 99두5207【과징금부과처분취소】
2) 박윤흔, 행정법강의(상), 248면; '행정규칙형식의 법규명령의 법적 성질'에 관하여는 정남철, 헌법소원의 대상으로서 소위 법령보충적 행정규칙, 헌법논총 제16집(2005.12), 헌법재판소, 445-478면.
3) 김남진·김연태, 행정법(I), 171면.
4) 법령보충적 행정규칙을 규범구체화 행정규칙이라고 부르는 견해도 있다(김남진).

무부장관이 국민생활과 국민경제의 안정을 위하여 필요하다고 인정할 때 최고가격을 지정하여 고시하는 것, 대통령령인 사립학교법 시행령 제12조 제1항 제5호의 규정(학교법인이 매도하거나 담보에 제공할 수 없는 재산으로서 "기타 교육에 직접 사용되는 시설·설비 및 교재·교구")에 의하여 교육과학기술부장관이 (처분할 수 없는) 재산의 범위를 지정하는 것 등이 그것이다(사립학교법 시행규칙은 존재하지 않음). 이는 실질적으로는 법규의 보충적 성질을 가지며, 이에 불응하는 경우 여러 가지 법적 불이익을 받게 된다.[1]

▶ 물가안정에관한법률 제2조(최고가격의 지정등) ① 정부는 국민생활과 국민경제의 안정을 위하여 필요하다고 인정할 때에는 특히 긴요한 물품의 가격, 부동산등의 임대료 또는 용역의 대가의 최고가액(이하 "최고가격"이라 한다)을 지정할 수 있다. ② 최고가격은 생산단계·도매단계·소매단계등 거래단계별 및 지역별로 지정할 수 있다. ③ 정부는 제1항에 따라 지정한 최고가격을 계속 유지할 사유가 없어졌다고 인정할 때에는 지체없이 폐지하여야 한다. ④ 정부는 제1항 또는 제3항에 따라 최고가격을 지정하거나 폐지하였을 때에는 지체없이 그 사실을 고시하여야 한다.

▶ 물가안정에관한법률시행령 제2조 (최고가격의 지정 및 폐지) ① 법 제2조 제1항 내지 제3항의 규정에 의한 최고가격의 지정과 그 폐지는 주무부장관이 행한다. 다만, 소관이 분명하지 아니하거나 2 이상의 부처에 관련되는 것의 최고가격의 지정과 그 폐지는 기획재정부장관이 행한다.

[사견] 이와 같이 실질적으로 법규의 내용을 보충하는 행정규칙에 대하여 법규성을 인정할 것인가(법규명령으로서의 효력) 부정할 것인가의 인부(認否)에 관하여는 소극설(부정설[행정규칙설 : 행정입법은 국회입법원칙에 대한 예외이므로 그러한 예외적인 입법형식은 헌법에 근거가 있어야 한다는 이유로 행정규칙으로 보는 견해)[2][3]과 적극설(긍정설[법

---

1) 박윤흔, 행정법강의(상), 248면.
2) 김도창; 김남진·김연태, 행정법(I), 182면(법률보충적 행정규칙을 법규명령으로 보아 대외적 구속력을 인정하는 것은 타당하지 않다). 법률보충적 행정규칙의 법적 성질을 독일에서의 규범구체화 행정규칙과 같은 것으로 보아 대외적인 구속력을 갖는 행정규칙을 인정하고자 하는 학설이 있으나, 「독일의 경우 규범구체화 행정규칙은 법률에 명시적 수권이 있고, 법적 절차를 통해 제정된 것이며, 행정기관이 갖는 전문적 과학기술 등을 이유로 인정되지만, 우리나라의 경우 그러한 의미의 행정규칙이 존재하는지 의심스럽다는 견해가 있다(김남진·김연태, 행정법(I), 173면)」. 김남진·김연태, 행정법(I), 182면에서는 행정규칙설이 타당하다고 하나, 김남진 교수는 법규명령으로 보는 것 같다(김남진·김연태, 행정법(I), 2011, 178면 각주 17) 참조).
3) 부정설인 행정규칙설에 의하면 "행정입법은 헌법상의 국회입법의 원칙에 대한 예외이므로 그 예외 역시 헌법 스스로 명문으로 인정한 경우에 한정되어야 한다는 점, 국민생활을 고권적·일방적으로 규율하는 실질적 의미의 법규명령을 행정규칙의 형식으로 발하는 것은 법률유보의 원칙에 반한다는 점에서 법령보충적 행정규칙을 법규명령으로 보아 대외적 구속력을 인정하는 것은 타당하지 않다."는 견해이다.

규명령설 : 이러한 행정규칙은 법령의 구체적·개별적 위임에 따라 법규를 보충하는 기능을 가지며 대외적 효력을 가지므로 법규명령으로 보아야 한다는 견해]),[1] 및 규범구체화행정규칙설(이러한 행정규칙은 원칙적으로 위헌·무효로 보아야 할 것이나, 판례의 입장을 수용할 경우 이를 통상적인 행정규칙과는 달리 그 자체로서 국민에 대한 법적 구속력(Bindungswirkung)이 인정되는 규범구체화행정규칙으로 보고자 하는 견해이다)이 대립되는바, 적극설이 타당하다.[2] 특히 김동희 교수는 「… 이러한 행정규칙은 내용적으로는 법령의 구체적인 위임에 기하여 제정되는 것이므로, 그 실질적 내용에 따라 법규명령(위임명령)으로 보아야 할 것」이라고 한다.[3] 판례도 적극설을 취한다.[4]

▶ 대판 1994. 2. 8, 93누111 【개별토지가격결정처분취소】 [국무총리훈령인 개별토지가격합동조사지침에서 개별토지가격결정 절차와 관련하여 산정된 지가의 공개열람 및 토지소유자 또는 이해관계인의 의견접수를 절차의 하나로 규정하고 있는 것은 「지가공시 및 토지 등의 평가에 관한 법률」 제10조의 시행을 위한 집행명령이라 판시하면서] <u>개별토지가격합동조사지침은 집행명령으로서 법령보충적 구실을 하는 법규적 성질을 가진다.</u>

▶ 대판 1988. 3. 22, 87누654 【양도소득세부과처분취소】 【판시사항】 재산제세사무처리규정 제72조 제3항이 양도소득세의 실지거래가액에 의한 과세의 법령상 근거가 될 수 있는지 여부(적극) 【판결요지】 법령이 일정한 행정기관에 대하여 법령의 내용을 구체적으로 보충규정할 권한을 위임하고 이에 따라 행정기관이 행정규칙의 형식으로 그 법령의 내용이 될 사항을 규정하였다면 위 행정규칙은 법령의 내용과 결합하여 법규로서의 효력을 가진다 할 것이므로 소득세법시행령이 국세청장에게 일정한 범위의 거래를 지정할 수 있는 권한을 부여하고 이에 따라 국세청장이 훈령으로서 재산제세사무처리규정을 제정한 것인만큼 이 규정은 과세의 법령상 근거가 된다. ▭ **재산제세조사 사무처리 규정(국세청장훈령)**

▶ 대판 2002. 9. 27, 2000두7933 【판매사업불허가처분취소】 법령의 규정이 지방자치

---

1) 박윤흔, 행정법강의(상), 248-249면; 김동희, 행정법(I), 164면; 서원우; 김이열; 김남진, 법령보충적 행정규칙의 법적 성질, 법률저널(2003.5), 13면; 김남진, "장관이 정하는 범위안에"와 위임입법의 한계, 법률신문, 2003. 7. 3 참조. 김남진 교수는 법규명령으로 본다(김남진·김연태, 행정법(I), 178면 각주 17) 참조); 석종현, 일반행정법(상), 191면.
2) 독일에서는 규범구체화 행정규칙(normkonkretisierende Verwaltungsvorschriften)이라하여 상위규범(법률·법규명령 등)을 구체화하는 내용의 행정규칙에 대하여 대외적 효과(재판규범성)를 인정한 판례가 있다. 즉 1985년 12월 19일 독일연방행정법원이 뷜(Whyl) 원자력 관련 판결에서 연방내무부장관의 지침을 규범구체화 행정규칙이라 하여 재판규범성을 인정한 것이다(김남진·김연태, 행정법(I), 172면 참조); 석종현, 일반행정법(상), 190면 참조.
3) 김동희, 행정법(I), 164면.
4) 헌재결 2004. 10. 28, 99헌바91.

단체장(허가관청)에게 그 법령내용의 구체적인 사항을 정할 수 있는 권한을 부여하면서 그 권한행사의 절차나 방법을 정하지 아니하고 있는 경우, 그 법령의 내용이 될 사항을 구체적으로 규정한 지방자치단체장의 고시는, 당해 법률 및 그 시행령의 위임한계를 벗어나지 아니하는 한 그 법령의 규정과 결합하여 대외적인 구속력이 있는 법규명령으로서의 효력을 갖게 되고, 허가관청인 지방자치단체장이 그 범위 내에서 허가기준을 정하였다면 그 허가기준의 내용이 관계 법령의 목적이나 근본취지에 명백히 배치되거나 서로 모순되는 등의 특별한 사정이 없는 한 그 허가기준이 효력이 없는 것이라고 볼 수는 없다.

▶ 헌재결 1992. 6. 26, 91헌마25【공무원임용령제35조의2등에대한헌법소원】법령의 직접적인 위임에 따라 위임행정기관이 그 법령을 시행하는데 필요한 구체적 사항을 정한 것이면, 그 제정형식은 비록 법규명령이 아닌 고시, 훈령, 예규 등과 같은 행정규칙이더라도 그것이 상위법령의 위임한계를 벗어나지 아니하는 한, 상위법령과 결합하여 대외적인 구속력을 갖는 법규명령으로서 기능하게 된다고 보아야 할 것인바, 청구인이 법령과 예규의 관계규정으로 말미암아 직접 기본권침해를 받았다면 이에 대하여 바로 헌법소원심판을 청구할 수 있다.

▶ 대판 2006. 9. 22, 2006두7430【주유소설치허가처분무효확인등】이 사건 변경고시는 법 및 시행령의 위임 범위 내에서 결정된 것으로서 법규명령으로서의 효력을 가진다. 나아가 이 사건 변경고시에서 '동일방향(차량통행 방향 직진 또는 좌·우회전 방향을 포함한다)'이라고 규정한 부분에 관하여 보면, 비록 위 법 시행규칙 제4조 제2호에서 주유소 간의 간격은 '동일방향별로 2킬로미터 이상'이라고만 정하고 있기는 하나, 개발제한구역의 지정목적과 이에 따른 주유소 설치 억제의 취지에 비추어 볼 때 허가관청이 그 재량에 따라 위와 같이 허가 기준을 구체화한 것이 위임법령의 목적이나 근본취지에 배치되거나 모순되는 것으로 보이지 않으므로, 위 규정 부분은 그 문언에 따라 법규로서의 효력이 있다(대법원 2005. 11. 24. 선고 2005두7617 판결 참조).[1]

▶ 헌재결 2002. 10. 31, 2001헌라1【강남구청과 대통령간의 권한쟁의】

---

1) 대판 2006. 9. 22, 2006두7430【주유소설치허가처분무효확인등】【판시사항】[1] 주유소간 간격에 관하여 규정한 지방자치단체 고시가 법규로서의 효력이 있다고 한 사례 [2] 행정소송에서 기록상 자료가 나타나 있으면 당사자가 주장하지 않더라도 판단할 수 있는지 여부(적극) [3] 주유소간 거리제한 요건을 충족하였는지 여부를 심사함에 있어서 개발제한구역 내의 주유소간의 간격에 관하여 규정하고 있는 지방자치단체 고시 조항의 요건 구비 여부를 심리·판단하지 않은 조치에 직권심리를 다하지 아니한 잘못이 있다고 한 사례【원고, 피상고인】원고 (소송대리인 변호사 공호선)【피고, 상고인】인천광역시 남동구청장 (소송대리인 법무법인 정 담당변호사 윤형모외 4인)【피고 보조참가인】천계준외 1인 (소송대리인 법무법인 한길 담당변호사 김옥신 외 1인)【원심판결】서울고법 2006. 3. 31. 선고 2005누7589 판결【주문】원심판결을 파기하고, 사건을 서울고등법원에 환송한다

가. 사건의 배경

국가행정권에 의한 입법인 행정입법은 법령상의 수권에 근거하여 행정권이 정립하는 규범으로서 국민과의 관계에서 일반적인 구속력을 갖는 법규명령과 행정조직 내부 또는 특별한 공법상의 법률관계 내부에서 그 조직과 활동을 규율하는 것으로서 국민과의 관계에서 일반적인 구속력을 갖지 않는 행정규칙으로 구분된다. **법규명령으로는 대통령령, 총리령, 부령 등이 있으며, 행정규칙으로는 고시, 훈령, 예규 등이 있다.** 대통령은 2001. 1. 29. 대통령령으로 "시간외근무수당의 지급기준·지급방법 등에 관하여 필요한 사항은 <u>행정자치부장관이 정하는 범위 안에서</u> 지방자치단체의 장이 정한다"라는 내용의 지방공무원수당등에관한규정(이하 '이 사건 조항')을 신설, 제정하였다. <u>이로 말미암아 지방자치단체인 강남구는 그 소속 지방공무원들의 시간외근무수당의 지급기준·지급방법 등을 정함에 있어서 '행정자치부장관이 정하는 범위'내에서 이를 하여야 하는 제약을 받게 되었다.</u> 이에 강남구는, 헌법 제117조 제1항에서 지방자치단체는 법령의 범위 안에서 자치에 관한 규정을 제정할 수 있다고 규정함으로써 자치권을 부여하고 있는데, 이 사건 조항은 법률이나 법규명령이 아닌 행정규칙에 불과한 행정자치부장관의 지침에 의하여 지방자치단체장의 권한을 제한하는 것으로서 헌법상 보장된 지방자치단체의 지방자치권한을 침해한다고 주장하면서 그 침해의 확인과 위 규정의 무효확인 또는 취소를 구하는 이 사건 권한쟁의심판을 제기하였다.

나. 결정의 주요 내용

헌법재판소는 재판관 전원의 일치된 의견으로 대통령이 이 사건 조항을 제정한 행위는 청구인의 권한을 침해하지 아니한다는 결정을 선고하였는바, 그 이유의 요지는 다음과 같다. (1) 헌법 제117조 제1항은 "지방자치단체는 주민의 복리에 관한 사무를 처리하고 재산을 관리하며, 법령의 범위 안에서 자치에 관한 규정을 제정할 수 있다"고 규정하여 지방자치제도의 보장과 지방자치단체의 자치권을 규정하고 있다. 헌법이 규정하는 이러한 자치권 가운데에는 자치에 관한 규정을 스스로 제정할 수 있는 자치입법권은 물론이고 그밖에 그 소속 공무원에 대한 인사와 처우를 스스로 결정하고 이에 관련된 예산을 스스로 편성하여 집행하는 권한이 성질상 당연히 포함된다. 다만, 이러한 헌법상의 자치권의 범위는 법령에 의하여 형성되고 제한된다. 헌법도 제117조 제1항에서 법령의 범위안에서 자치에 관한 규정을 제정할 수 있다고 하였고 제118조 제2항에서 지방자치단체의 조직과 운영에 관한 사항은 법률로 정한다고 규정하고 있다. (2) 헌법 제117조 제1항에서 규정하고 있는 '법령'에 법률 이외에 '대통령령', '총리령' 및 '부령'과 같은 법규명령이 포함되는 것은 물론이지만, **법규명령으로서 기능하는 행정규칙이 포함된다고 보아야 할 것이다.** 헌법재판소는 "법령의 직접적인 위임에 따라 수임행정기관이 그 법령을 시행하는데 필요한 구체적 사항을 정한 것이면, 그 제정형식은 비록 **법규명령이 아닌 고시, 훈령, 예규 등과 같은 행정규칙이더라도, 그것이 상위법령의 위임한계를 벗어나지 아니하는 한, 상위법령과 결합하여 대외적인 구속력을 갖는 법규명령으로서 기능하게 된다고 보아야 한다**"고 판시(헌재

1992. 6. 26. 91헌마25, 판례집 4, 444, 449)한 바 있다. 그런데 이 사건 조항에서 말하는 '행정자치부장관이 정하는 범위'라는 것은 '법규명령으로 기능하는 행정규칙에 의하여 정하여지는 범위'를 가리키는 것이고 법규명령이 아닌 단순한 행정규칙에 의하여 정하여지는 것은 이에 포함되지 않는다고 해석되므로 이 사건 조항은 법령의 범위 안에서 자치에 관한 규정을 제정할 수 있도록 한 헌법 제117조 제1항에 위반되는 것이 아니다. (3) 지방공무원법에서 지방공무원의 보수에 관한 사항을 대통령령에서 정하도록 규정하고 있으므로 이 사건 조항이 대통령령에서 정할 사항을 행정자치부장관이 정하도록 재위임한 것이 강남구의 자치입법권한을 침해한 것인지 여부가 문제된다. 재위임의 허용 여부와 관련하여, 법률에서 위임받은 사항을 전혀 규정하지 아니하고 그대로 하위의 법규명령에 재위임하는 것은 허용되지 않으나 위임받은 사항에 관하여 대강(大綱)을 정하고 그 중의 특정사항을 범위를 정하여 하위의 법규명령에 다시 위임하는 경우에는 재위임이 허용된다. 그런데 이 사건 조항은 법률에서 위임받은 사항을 전면적으로 재위임한 것이 아니라 위임받은 사항의 대강을 규정한 다음 단지 그 세부사항의 범위만을 재위임한 것이므로 결코 재위임의 한계를 일탈한 것이 아니다. (4) 이 사건 조항은 시간외근무수당의 대강을 스스로 정하면서 단지 그 지급기준·지급방법 등의 범위만을 행정자치부장관이 정하도록 하고 있을 뿐이므로 강남구는 그 한계내에서 자신의 자치입법권을 행사하여 시간외근무수당에 관한 구체적 사항을 자신의 규칙으로 직접 제정하고 이를 위하여 스스로 예산을 편성, 집행하고 또 이를 토대로 하여 관련된 인사문제를 결정할 수 있다. 따라서 이 사건 조항이 강남구의 헌법상 자치권한을 본질적으로 침해한다고 볼 수 없다.

- 건축사무소의 등록취소 및 폐쇄처분에 관한 규정(건설부훈령)(대판 1984.9.11, 82누166)
- 재산제세사무조사사무처리규정(국세청장훈령)(대판 1989.11.14, 89누5676)
- 액화석유가스판매업허가처리기준에관한고시(대판 1991.4.23, 90누6460)
- 공무원임용령 제35조의2에 근거한 총무처예규(헌재 1992.6.26, 91헌마250)
- 수입다변화품목의지정 및 그 수입절차등에관한고시(상공부훈령)(대판 1993.11.23, 93도662)
- 개별토지가격합동조사지침(국무총리훈령)(대판 1994.2.8, 93누111)
- 식품제조영업허가기준(보건사회부장관훈령)(대판 1994.3.8, 92누1728)
- 주류도매 면허제도개선업무처리지침(국세청훈령)(대판 1994.4.2, 93누21668)
- 생수시판에 관한 보사부고시(보건사회부장관훈령)(대판 1994.3.8, 92누1728)
- 전라남도주유소등록요건에관한고시(대판 1998.9.25, 98두7503)
- 독점규제및공정거래에관한법률 제23조에 의한 불공정거래행위지정고시
- 구 공업배치및공장설립에관한법률 제8조의 규정에 따라 공장입지의 구체적 기준을 정한 공장입지기준고시1)
- 보건복지부 고시인 '의료보험잔료수가기준' 중(부록 1) 수탁검사실시기관인정등기

준[1]
- 대외무역법 제15조에 의한 물품수출입공고
- 국세청장의 훈령인 재산제세사무처리규정[2]

---

1) 대판 1999. 7. 23, 97누6261 【공장신설허가신청반려처분취소】 [2] 법령의 규정이 특정 행정기관에 그 법령내용의 구체적 사항을 정할 수 있는 권한을 부여하면서 그 권한 행사의 절차나 방법을 특정하고 있지 않은 관계로 수임 행정기관이 행정규칙의 형식으로 그 법령의 내용이 될 사항을 구체적으로 정하고 있는 경우에는, 그 행정규칙이 당해 법령의 위임한계를 벗어나지 않는 한, 그와 결합하여 대외적으로 구속력이 있는 **법규명령으로서 효력을 가지는 것이다.**; 대판 2003. 9. 26, 2003두2274 【공장설립변경불승인처분취소】 【판결요지】 [1] 법령의 규정이 특정 행정기관에 그 법령내용의 구체적 사항을 정할 수 있는 권한을 부여하면서 그 권한 행사의 절차나 방법을 특정하고 있지 않은 관계로 수임 행정기관이 행정규칙의 형식으로 그 법령의 내용이 될 사항을 구체적으로 정하고 있는 경우에는, 그 행정규칙이 당해 법령의 위임한계를 벗어나지 않는 한, 그와 결합하여 대외적으로 구속력이 있는 법규명령으로서 효력을 가지는 것이므로, 산업자원부장관이 공업배치및공장설립에관한법률 제8조의 규정에 따라 공장입지의 기준을 구체적으로 정한 **고시는 법규명령으로서 효력을 가진다.**
1) 대판 1999. 6. 22, 98두17807 【요양급여비용부지급결정처분취소】 【판결요지】 [1] 보건복지부장관이 고시의 형식으로 정한 '의료보험진료수가기준'(1995. 12. 9. 보건복지부고시 제1995-55호로 개정된 것) 중 (부록 1) '수탁검사실시기관인정등기준'은 요양급여 및 분만급여의 방법·절차·범위·상한기준 및 그 비용 등 법령의 내용이 되는 구체적인 사항을 보건복지부장관으로 하여금 정하도록 한 의료보험법의 위임에 따라 이를 정한 규정으로서 법령의 위임한계를 벗어나지 아니하는 한 법령의 내용을 보충하는 기능을 하면서 그와 결합하여 대외적으로 구속력이 있는 법규명령으로서의 효력을 가진다고 볼 것이므로, 요양기관의 진료비청구가 위 규정에 적합하지 아니하여 진료비심사지급기관이 그 지급을 거절하였다면 특별한 사정이 없는 한 그 처분은 적법하다고 보아야 한다.
2) 대판 1987. 9. 29, 86누484 【양도소득세부과처분취소】 【판결요지】 가. 상급행정기관이 하급행정기관에 대하여 업무처리지침이나 법령의 해석적용에 관한 기준을 정하여서 발하는 이른바 행정규칙은 일반적으로 행정조직 내부에서만 효력을 가질뿐 대외적인 구속력을 갖는 것은 아니지만, 법령의 규정이 특정행정기관에게 그 법령내용의 구체적 사항을 정할 수 있는 권한을 부여하면서 그 권한행사의 절차나 방법을 특정하고 있지 아니한 관계로 수임행정기관이 행정규칙의 형식으로 그 법령의 내용이 될 사항을 구체적으로 정하고 있다면 그와 같은 행정규칙, 규정은 행정규칙이 갖는 일반적 효력으로서가 아니라, 행정기관에 법령의 구체적 내용을 보충할 권한을 부여한 법령규정의 효력에 의하여 그 내용을 보충하는 기능을 갖게 된다 할 것이므로 이와 같은 행정규칙, 규정은 당해 법령의 위임한계를 벗어나지 아니하는 한 그것들과 결합하여 대외적인 구속력이 있는 **법규명령으로서의 효력을 갖게 된다.**; 대판 1988. 3. 22, 87누654 【양도소득세부과처분취소】 법령에 일정한 행정기관에 대하여 법령의 내용을 구체적으로 보충 규정할 권한을 위임하고 이에 따라 행정기관이 행정규칙의 형식으로 그 법령의 내용이 될 사항을 규정하였다면 위 **행정규칙은 법령의 내용과 결합하여 법규로서의 효력을 가진다** 할 것이므로 소득세법시행령이 국세청

　　　　－ 노인복지법 제32조 제2항에 의한 노인복지사업지침[1]
　　　　－ 건설교통부장관의 훈령인 개발제한구역관리규정[2]

[주의(구분해야 할 점)] 행정규칙에 법규성을 가진 행정규칙이 있음을 인정한다(행정규칙의 성격을 보유하면서 법규성을 가진다는 의미). 이러한 행정규칙은 실질적으로는 법규명령에 해당(법규명령으로 전환)되는 것이고, 따라서 행정규칙이 직접적인 대외적 효력을 갖는 것은 없다.

### 3.2.2. 헌법위반문제

법률에서 이와 같은 법규를 고시 등 행정규칙에서 정하도록 위임하는 것이 우리 헌법상 가능한지가 문제된다. 왜냐하면 현행 헌법에서는 법규명령의 형식으로 대통령령·총리령·부령으로 정할 수 있도록 하고 있어서, 이를 열거적 규정으로 보는 경우에는 고시 등과 같은 행정규칙으로 법규를 위임하는 것이 인정되지 않는다고 본다.[3] 그러나 헌법규정을 예시적 규정으로 보는 경우에는 고시 등에 위임하는 것이 가능하다고 본다. 이를 예시적 규정으로 보아 행정규제기본법 제4조 제2항에서 "… 업무의 성질상 위임이 불가피한 사항에 관하여 구체적으로 범위를 정하여 위임한 경우에는 고시 등으로 정할 수 있다."[4]고 규정하고 있다.

---

장에게 일정한 범위의 거래를 지정할 수 있는 권한을 부여하고 이에 따라 국세청장이 훈령으로서 재산 제세 사무처리규정을 제정한 것인 만큼 이 규정은 과세의 법령상 근거가 된다.
1) 대판 1996. 4. 12, 95누7727【노령수당지급대상자선정제외처분취소】【판결요지】[1] 보건사회부장관이 정한 1994년도 노인복지사업지침은 노령수당의 지급대상자의 선정기준 및 지급수준 등에 관한 권한을 부여한 노인복지법 제13조 제2항, 같은법시행령 제17조, 제20조 제1항에 따라 보건사회부장관이 발한 것으로서 실질적으로 법령의 규정내용을 보충하는 기능을 지니면서 그것과 결합하여 대외적으로 구속력이 있는 법규명령의 성질을 가지는 것으로 보인다. [2] 법령보충적인 행정규칙, 규정은 당해 법령의 위임한계를 벗어나지 아니하는 범위 내에서만 그것들과 결합하여 법규적 효력을 가진다.
2) 대판 1998. 6. 9, 97누19915【토지형질변경불허가처분취소】【판결요지】[1] 상급행정기관이 하급행정기관에 대하여 업무처리지침이나 법령의 해석적용에 관한 기준을 정하여 발하는 이른바 행정규칙은 일반적으로 행정조직 내부에서만 효력을 가질 뿐 대외적인 구속력을 갖는 것은 아니지만, 법령의 규정이 특정행정기관에게 그 법령내용의 구체적 사항을 정할 수 있는 권한을 부여하면서 그 권한행사의 절차나 방법을 특정하고 있지 아니한 관계로 수임행정기관이 행정규칙의 형식으로 그 법령의 내용이 될 사항을 구체적으로 정하고 있는 경우, 그러한 행정규칙, 규정은 행정조직 내부에서만 효력을 가질 뿐 대외적인 구속력을 갖지 않는 행정규칙의 일반적 효력으로서가 아니라, 행정기관에 법령의 구체적 내용을 보충할 권한을 부여한 법령규정의 효력에 의하여 그 내용을 보충하는 기능을 갖게 되고, 따라서 당해 법령의 위임한계를 벗어나지 아니하는 한 그것들과 결합하여 대외적인 구속력이 있는 법규명령으로서의 효력을 갖게 된다.
3) 김도창, 일반행정법론(상), 청운사, 1992, 325면.

▶행정규제기본법 제4조(규제법정주의) ① 규제는 법률에 근거하여야 하며, 그 내용은 알기 쉬운 용어로 구체적이고 명확하게 규정되어야 한다. ② 규제는 법률에 직접 규정하되, 규제의 세부적인 내용은 법률 또는 상위법령에서 구체적으로 범위를 정하여 위임한 바에 따라 대통령령·총리령·부령 또는 조례·규칙으로 정할 수 있다. 다만, 법령에서 전문적·기술적 사항이나 경미한 사항으로서 업무의 성질상 위임이 불가피한 사항에 관하여 구체적으로 범위를 정하여 위임한 경우에는 고시 등으로 정할 수 있다. ③ 행정기관은 법률에 근거하지 아니한 규제로 국민의 권리를 제한하거나 의무를 부과할 수 없다

[대법원 판례] 대법원 판례도「상급행정기관이 하급행정기관에 대하여 업무처리지침[1]이나 법령의 해석적용에 관한 기준을 정하여서 발하는 이른바 행정규칙은 일반적으로 행정조직 내부에서만 효력을 가질뿐 대외적인 구속력을 갖는 것은 아니지만, 법령의 규정이 특정행정기관에게 그 법령내용의 구체적 사항을 정할 수 있는 권한을 부여하면서 그 권한행사의 절차

---

4) 다만 고시는 일반적인 법규명령과는 달리 제정권자가 중앙관서의 장에 한정하지 않고, 지방관서의 장도 되는 경우가 있어서, 제정권자가 사실상 아무런 통제도 받지 않는다는 문제가 있다(박윤흔, 행정법강의(상), 249면 참조).

1) 사건 : 05-13542 민원회신등취소청구

청 구 인 : 김○○ 충청북도 ○○시 ○○구 ○○동 2083 ○○아파트 107-1106

피청구인 : 여성가족부장관

청구취지 : 1. 피청구인이 2005. 5. 23. 청구인에 대하여 한 "기존 2층 이상에 위치한 어린이집시설의 명의변경불가에 대한 처분취소요청"에 대한 불가처분과 "기존 2층 이상 어린이집시설의 2005년 12월까지 비상계단 의무설치의 부당함으로 인한 처분취소요청"에 대한 불가처분은 이를 취소한다.

2. 피청구인이 위 청구취지 1과 관련하여 2005년 1월 각 행정기관에 하달한 업무처리지침(2층 이상 어린이집시설의 명의변경시 새 법령에 의한 기준을 갖추지 않으면 변경이 불가 하고, 2005년 12월까지 비상계단을 의무적으로 설치하는 것)은 이를 취소한다.

「사건개요」: 영유아보육관계 법령이 개정되어 2005. 1. 30.부터 영유아보육시설의 대표자가 변경되는 경우에는 개정법령에 의한 설치기준을 모두 갖추도록 하고, 보육시설이 2층 이상인 경우에는 비상계단 또는 영유아용 미끄럼대를 반드시 설치하도록 하되 종전의 보육시설은 2005. 1. 30.부터 1년 이내에 동 비상재해대비시설을 갖추도록 하였는바, 청구인은 청와대홈페이지의 '○○' 코너를 통하여 2005. 5. 11. 및 2005. 5. 19. 위 청구취지 1과 같은 취지의 민원을 접수하였고, 동 민원들이 결국 피청구인에게 이첩되자, 피청구인은 2005. 5. 18. 및 2005. 6. 4. 각각 청구인에게 관계법령의 개정취지를 설명하는 등의 민원회신을 하였다. [재결례요지] : 피청구인이 청구인에 대하여 한 민원회신과 피청구인이 2005년 1월경 각 행정기관에 하달하였다는 업무처리지침은 모두 청구인의 법률상 지위에 직접적인 법률적 변동을 가져오는 행정처분이라고 볼 수 없으므로 청구인의 이 건 청구는 모두 행정심판의 대상이 아닌 사항에 대하여 제기된 부적법한 심판청구이라 할 것이다. 그렇다면, 청구인의 청구는 심판제기요건을 결한 부적법한 청구라 할 것이므로 이를 모두 각하하기로 하여 주문과 같이 의결한다.

나 방법을 특정하고 있지 아니한 관계로 수임행정기관이 행정규칙의 형식으로 그 법령의 내용이 될 사항을 구체적으로 정하고 있다면 그와 같은 행정규칙, 규정은 행정규칙이 갖는 일반적 효력으로서가 아니라, 행정기관에 법령의 구체적 내용을 보충할 권한을 부여한 법령규정의 효력에 의하여 그 내용을 보충하는 기능을 갖게 된다 할 것이므로 이와 같은 행정규칙, 규정은 당해 법령의 위임한계를 벗어나지 아니하는 한 그것들과 결합하여 대외적인 구속력이 있는 법규명령으로서의 효력을 갖게 된다」[1]고 하여 동지(同旨)이다.

▶ 대판 1987. 9. 29, 86누484 등【행정규칙의 법규성. 재산제세사무처리규정 제72조 제3항이 양도소득세의 실지거래가액에 의한 과세의 법령상 근거가 될 수 있는지 여부(적극)】소득세법 (1982. 12. 21. 법률 제3576호로 개정된 것) 제23조 제4항, 제45조 제1항 제1호에서 양도소득세의 양도차익을 계산함에 있어 실지거래가액이 적용될 경우를 대통령령에 위임함으로써 동법시행령(1982. 12. 31. 대통령령 제10977호로 개정된 것) 제170조 제4항 제2호가 위 위임규정에 따라 양도소득세의 실지거래가액이 적용될 경우의 하나로서 국세청장으로 하여금 양도소득세의 실지거래가액이 적용될 부동산투기억제를 위하여 필요하다고 인정되는 거래를 지정하게 하면서 그 지정의 절차나 방법에 관하여 아무런 제한을 두고 있지 아니하고 있어 이에 따라 국세청장이 재산제세사무처리규정 제72조 제3항에서 양도소득세의 실지거래가액이 적용될 부동산투기억제를 위하여 필요하다고 인정되는 거래의 유형을 열거하고 있으므로, 이는 비록 위 재산제세사무처리규정이 국세청장의 훈령 형식으로 되어 있다 하더라도 이에 의한 거래지정은 소득세법시행령의 위임에 따라 그 규정의 내용을 보충하는 기능을 가지면서 그와 결합하여 대외적 효력을 발생하게 된다 할 것이므로 그 보충규정의 내용이 위법령의 위임한계를 벗어났다는 등 특별한 사정이 없는 한 양도소득세의 실지거래가액에 의한 과세의 법령상의 근거가 된다. ▫ **법률보충적 행정규칙을 규범구체화 행정규칙으로 보는 견해(김남진·김연태)도 있다.**

### 3.2.3. 법령보충적 행정규칙의 한계

[헌법재판소] 헌법재판소는 "법률이 입법사항을 고시 등에 위임하는 것이 가능하더라도 그에 관한 통제는 다음과 같은 이유로 엄격히 통제되어야 한다. 과거 우리 나라는 행정부 주도로 경제개발·사회발전을 이룩하는 과정에서 국회는 국민의 다양한 의견을 수렴하여 입법에 반영하는 민주·법치국가적인 의회로서의 역할수행이 상대적으로 미흡하여 행정부에서 마련하여 온 법률안을 신중하고 면밀한 검토과정을 소홀히 한 채 통과시키는 사례가 적지 않았고, 그로 말미암아 위임입법이 양산된 것이 헌정의 현실이다. 한편 행정절차법은 국민의 권리·의무 또는 일상생활과 밀접한 관련이 있는 법령 등을 제정·개정 또는 폐지하고자 할 때에는 당해 입법안을 마련한 행정청은 이를 예고하여야 하고(제41조), 누

---

1) 대판 1987. 9. 29, 86누484 등

구든지 예고된 입법안에 대하여는 의견을 제출할 수 있으며(제44조), 행정청은 입법안에 관하여 공청회를 개최할 수 있도록(제45조) 규정하고 있으나, 고시나 훈령 등 행정규칙을 제정·개정·폐지함에 관하여는 아무런 규정을 두고 있지 아니한다. 법규명령과 행정규칙의 이러한 행정절차상의 차이점 외에도 법규명령은 법제처의 심사를 거치고(대통령령은 국무회의에 상정되어 심의된다) 반드시 공포하여야 효력이 발생되는데 반하여, 행정규칙은 법제처의 심사를 거칠 필요도 없고 공포 없이도 효력을 발생하게 된다는 점에서 차이가 있다. 또한 우리나라에서는 위임입법에 대한 국회의 사전적 통제수단이 전혀 마련되어 있지 아니하다. 이상과 같은 여러 가지 사정을 종합하면 이 사건에서와 같이 재산권 등과 같은 기본권을 제한하는 작용을 하는 법률이 입법위임을 할 때에는 대통령령·총리령·부령 등 법규명령에 위임함이 바람직하고,[1] 금융감독위원회의 고시와 같은 형식으로 입법위임을 할 때에는 적어도 행정규제기본법 제4조 제2항 단서에서 정한 바와 같이 법령이 전문적·기술적 사항이나 경미한 사항으로서 업무의 성질상 위임이 불가피한 사항에 한정된다 할 것이고, 그러한 사항이라 하더라도 포괄위임금지의 원칙상 법률의 위임은 반드시 구체적·개별적으로 한정된 사항에 대하여 행하여져야 할 것이다."[2]라고 하였다.

[문제] (법령보충적 행정규칙의 한계) : 구(舊)노인복지법시행령에 따르면 '65세 이상의 자'를 노령수당 지급대상자로 규정하고 있는데, 보건복지가족부장관이 노인복지사업지침에 '70세 이상의 자'를 대상으로 규정하였기 때문에 노령수당을 지급받지 못했다. 어떻게 구제받을 수 있는가?

[해설] 보통 '지침'은 행정규칙이어서 국민과 법원을 구속하는 효력이 없으나,[3] 위 지침은 근거법령과 결합하여 대외적으로 효력을 갖는 법규명령의 성격을 갖는다. 따라서 그에 대해 명령·규칙심사청구가 가능하고, 노령수당지급 거부처분에 대해서는 취소소송이 가능하다. 고시·훈령·예규·지침 등의 형식을 가진 행정입법은 행정규칙의 성질을 갖기 때문에 행정조직 내부에서만 구속력을 갖는 것이 원칙이다. 그러나 위 지침은 노령수당지급절차에 대해 노인복지법, 노인복지법시행령의 내용을 보충하는 기능을 하기 때

---

1) 헌재 1998. 5. 28. 96헌가1, 판례집 10-1, 509, 515 참조.
2) 헌재결 2004. 10. 28, 99헌바91【금융산업의구조개선에관한법률 제2조 제3호 가목 등 위헌소원】
3) 대판 1993. 5. 27, 92누19033(개인택시운송사업면허제외처분취소)【판시사항】다. 무사고 운전경력을 도로교통법시행규칙 제45조 제3항의 자동차운전면허대장상 최종 교통사고기록을 기준으로 산정하도록 한 서울특별시 개인택시면허에 관한 지침의 취지【판결요지】다. 무사고 운전경력을 도로교통법시행규칙 제45조 제3항의 자동차운전면허대장상 최종 교통사고기록을 기준으로 산정하도록 되어 있는 서울특별시 1991년도 개인택시면허에 관한 지침은 무사고 운전경력을 자동차운전면허대장의 기록을 주된 자료로 하여 산정한다는 취지이지, 자동차운전면허대장의 기록이 절대적이고 일체의 반증이 허용되지 않는다는 취지로 이해할 수 없다.

문에 그 실질적 내용에 따라 법규명령으로 보아야 한다. 따라서 국민과 법원에 대한 구속력이 인정되고, 법치행정원리에 따라 그 내용이 법률이나 법규명령에 위반해서는 안된다(행정의 법률적합성의 원칙). 위 지침은 법률에 위임에 따른 노인복지법시행규칙이 대상자를 '65세 이상의 자'로 규정하고 단지 구체적인 지급수준·시기·방법 등만 지침으로 규정하도록 위임하였음에도 대상자를 70세 이상으로 상향규정하여 법령의 위임한계를 위반한 위법한 지침이다. 위 지침에 근거하여, 수령대상자의 수령신청에 대해 행정청이 거부처분을 하면 그 거부처분도 위법하게 되어 취소소송을 통해 구제될 수 있다. 또한 거부처분취소소송 중에 위법한 법규명령에 대해서는 법원에 명령·규칙심사를 청구하여 구제 받을 수 있다. <인터넷 법률신문>

### 3.3. 규범구체화 행정규칙
#### 3.3.1. 의의

규범구체화 행정규칙(normkonkretisierende Verwaltungsvorschriften)은 입법기관이 행정의 영역으로 보아 이를 규율하지 않는 영역에 대하여 행정기관이 이를 구체화하는 행정규칙을 말한다.[1] 다시 말하면 법률·법규명령 등의 내용이 바로 집행으로 옮길 만큼 그 내용이 명확하거나 충분하지 않은 경우, 그것을 행정권이 다시 일반적·추상적 규율로서 구체화하는 행정규칙을 말한다.[2] 이와같이 규범구체화 행정규칙(normkonkretisierende Verwaltungsvorschriften)은 문자 그대로 상위규범(법률·법규명령 등)을 구체화하는 내용의 행정규칙이다(이를 법령보충적 행정규칙이라고 보는 견해도 있다). 이는 고도의 전문성과 기술성을 지닌 행정영역에 있어서 입법기관이 규율하여야 할 규범구체화 기능을 행정기관에게 이양함으로써 고도의 전문성과 기술성을 확보하고자 하는 것이므로 법률유보의 원칙[3]을 준수해야 하며, 이는(규범구체화 행정규칙) 외부적 효력을 가지는 법규로서의 성격을 지닌다. 대상의 규율을 위해 전문성이나 요구되는 사안에 있어서, 행정부는 어느 기관보다도 전문인력과 지식을 보유하고 있다고 인정되므로 입법기관도 이를 존중하여 행정기관에 의한 규율권한을 인정하는 것이다.

[뷜(Whyl) 원자력 판결] 이는 1985년 12월 19일의 독일연방행정법원이 이른바 뷜(Whyl) 원자력 판결에서 연방내무부장관의 지침인 "배출공기 또는 지표수를 통한 방사성물질 유출에 있어서 방사선 노출에 대한 일반적 산정기준(연방내무부장관의 지침)"을 규범구체화

---

1) Vgl. M. Beckmann, Die gerichtliche Überprüfung von Verwaltungsvorschriften im Wege der verwaltungsgerichtlichen Normenkontrolle, DVBl. 1987, S. 617 f.
2) 김남진, 규범구체화 행정규칙, 월간고시(1989.11), 223면; 김남진·김연태, 행정법(I), 171면.
3) Vgl. M. Beckmann, Die gerichtliche Überprüfung von Verwaltungsvorschriften im Wege der verwaltungsgerichtlichen Normenkontrolle, DVBl. 1987, S. 617 f.

행정규칙이라고 하면서, 그것에 대하여 대외적 효과(재판규범성)를 인정한 것에서 유래한다.1) ☞ 연방내무부장관의 지침을 규범구체화 행정규칙이라하여 재판규범성을 인정한 판례

독일의 판례를 통하여 나타나는 경우를 보면 이 유형의 행정규칙은 기술적인 안전법이나 환경법 영역에서 주로 인정되고 있다. 최근 독일에서는 유럽연합지침의 영향으로, 종전에 '규범구체화 행정규칙'으로 이해되던 대상들이 법규명령으로 논의되고 있다고 한다.

### 3.3.2. 인정여부에 관한 학설(한국)
#### a) 긍정설

독일에서 논의되는 규범구체화 행정규칙이 우리나라에서도 인정된다고 보는 학설이다. 우리나라에서 이러한 유형의 행정규칙이 인정될 수 있는가의 여부가 논의되는 주된 대상은 국세청장의 훈령인 '재산제세조사사무처리규정'이다. 대법원 판례에 의하면, 재산제세사무처리규정은 그 형식은 행정규칙으로 되어 있으나 소득세법시행령의 위임에 의하여 실체법상의 과세요건에 관하여 규정하는 것으로서, 위 시행령의 규정을 보완하는 기능을 하면서 그것과 결합하여 대외적인 구속력(Bindungswirkung)이 있는 법규명령으로서의 효력을 갖게 된다고 본다. 아래와 같은 대법원 판례를 그 근거로 들고 있다(아래 대법원 판례참조 : 대판 1987. 9. 29, 86누484【양도소득세부과처분취소】). 여기서 규범구체화 행정규칙은 실질적 의미의 법규명령으로 보는 것이다.2)

[대법원 판례 : 1987. 9. 29, 86누484(양도소득세부과처분취소)] 대법원은 "상급행정기관이 하급행정기관에 대하여 업무처리지침이나 법령의 해석적용에 관한 기준을 정하여서 발하는 이른바 행정규칙은 일반적으로 행정조직 내부에서만 효력을 가질뿐 대외적인 구속력을 갖는 것은 아니지만, 법령의 규정이 특정행정기관에게 그 법령내용의 구체적 사항을 정할 수 있는 권한을 부여하면서 그 권한행사의 절차나 방법을 특정하고 있지 아니한 관계로 수임행정기관이 행정규칙의 형식으로 그 법령의 내용이 될 사항을 구체적으로 정하고 있다면 그와 같은 행정규칙, 규정은 행정규칙이 갖는 일반적 효력으로서가 아니라, 행정기관에 법령의 구체적 내용을 보충할 권한을 부여한 법령규정의 효력에 의하여 그 내용을 보충하는 기능을 갖게 된다 할 것이므로 이와 같은 행정규칙, 규정은 당해 법령의 위임한계를 벗어나지 아니하는 한 그것들과 결합하여 대외적인 구속력이 있는 법규명령으로서의 효력을 갖게 된다. … 소득세법 (1982.12.21. 법률 제3576호로 개정된 것) 제23조 제4항, 제45조 제1항 제1호에서 양도소득세의 양도차익을 계산함에 있어 실지거래가액이 적용될 경우를 대통령령에 위임함으로써 동법시행령(1982.12.31. 대통령령 제10977호로 개정된 것) 제170조 제4항 제2호가 위 위

---

1) 김남진·김연태, 행정법(Ⅰ), 172면.
2) 최정일, 법규범구체화 행정규칙의 법적 성질 및 효력, 판례월보, 제264호(1992), 48면.

임규정에 따라 양도소득세의 실지거래가액이 적용될 경우의 하나로서 국세청장으로 하여금 양도소득세의 실지거래가액이 적용될 부동산투기억제를 위하여 필요하다고 인정되는 거래를 지정하게 하면서 그 지정의 절차나 방법에 관하여 아무런 제한을 두고 있지 아니하고 있어 이에 따라 국세청장이 재산제세사무처리규정 제72조 제3항에서 양도소득세의 실지거래가액이 적용될 부동산투기억제를 위하여 필요하다고 인정되는 거래의 유형을 열거하고 있으므로, 이는 비록 위 재산제세사무처리규정이 **국세청장의 훈령형식으로 되어 있다** 하더라도 이에 의한 거래지정은 소득세법시행령의 위임에 따라 그 규정의 내용을 보충하는 기능을 가지면서 그와 결합하여 대외적 효력을 발생하게 된다 할 것이므로 그 보충규정의 내용이 위 법령의 위임한계를 벗어났다는 등 특별한 사정이 없는 한 양도소득세의 실지거래가액에 의한 과세의 **법령상의 근거가 된다**."[1]고 하여 국세청장의 훈령인 재산제세사무처리규정은 상급행정기관이 하급행정기관에 대하여 업무처리지침이나 법령의 해석적용에 관한 기준을 정하여서 발하는 이른바 행정규칙은 일반적으로 행정조직 내부에서만 효력을 가질 뿐 대외적인 구속력을 갖는 것은 아니지만, 법령의 규정이 특정행정기관에게 그 법령내용의 구체적 사항을 정할 수 있는 권한을 부여하면서 그 권한행사의 절차나 방법을 특정하고 있지 아니한 관계로 수임행정기관이 행정규칙의 형식으로 그 법령의 내용이 될 사항을 구체적으로 정하고 있다면 그와 같은 행정규칙, 규정은 행정규칙이 갖는 일반적 효력으로서가 아니라, 행정기관에 법령의 구체적 내용을 보충할 권한을 부여한 법령규정의 효력에 의하여 그 내용을 보충하는 기능을 갖게 된다 할 것이므로 이와 같은 행정규칙, 당해 법령의 위임한계를 벗어나지 아니하는 한 그것들과 결합하여 대외적인 구속력이 있는 법규명령으로서의 효력을 갖게 된다.[2]고 한 것을 규범구체화 행정규칙을 최초로 인정한 것이라고 한다. ☞ **이를 법률보충적 행정규칙으로 보는 입장이 있는가 하면, 규범구체화 행정규칙으로 보는 견해(김남진)도 있다.**

b) 부정설

부정설은 규범구체화 행정규칙의 인정은 행정상의 규율권을 인정하고 이에 근거하여 행정규칙의 대외적 효력을 인정하는 것을 의미하는데, 그것은 법률유보의 원칙(Gesetzesvorbehalt) 및 권력분립의 원칙에 위반된다고 한다.[3] 또한 행정규칙을 헌법에서 직접 하나의 입법형식으로 규정하고 있는 독일의 경우와 달리, 우리나라에서는 일반적으로 법률에 의한 행정의 원리(법치행정의 원리; 행정의 법률적합성의 원칙)가 엄격하게 적용되

---

1) 대판 1987. 9. 29, 86누484【양도소득세부과처분취소】
2) 대판 1987. 9. 29, 86누484【양도소득세부과처분취소】
3) 류지태, 행정법신론, 신영사, 2007, 248면.

고 있고, 침해행정영역(침익적 행정행위)에서는 법규명령적 효력을 갖는 규범구체화 행정규칙은 인정되어서는 아니된다고 한다.[1]

[김남진·김연태 교수의 견해] 김남진·김연태 교수도 "독일의 규범구체화 행정규칙은 법률에 의한 명시적인 수권이 있고 또한 법적 절차를 통하여 제정된 것이며, 행정기관이 갖는 과학기술적 전문지식 등을 이유로 인정되는 것인데, 그러한 의미의 행정규칙이 우리나라에 존재하는지 의문"이라고 한다.[2] 김남진 교수는 「필자는 과거에 규범구체화 행정규칙에 관한 내용을 소개하면서, 우리 법원이 국세청훈령 등을 "법규명령"이라고 부르고 있는데, 법원이 훈령의 법적 구속력을 인정하기 위해 훈령을 법규명령이라고 부르기 보다는 차라리 규범구체화 행정규칙이라는 명칭을 사용하는 것이 낳을 것이라는 의견을 제시 한 바 있다. … "우리나라에서는 독일식의 규범구체화 행정규칙은 인정될 수 없다고 보며, 이러한 유형의 행정규칙의 존재를 전제로 한 행정규칙의 시민에 대한 외부적 구속력의 인정 주장도 타당하지 않다"[3]는 견해나 … 규범구체화행정규칙은 더 연구 할 필요가 있으며, 따라서 그와 같은 행정규칙의 명칭이나 존재를 완전히 무시하는 것은 경솔한 일」이라고 한다.[4]

[석종현 교수의 견해] 석종현 교수는 독일에서의 빌(Wyhl)판결은 규범구체화 행정규칙이라 하여 (행정규칙인 경우에도) 대외적인 효력을 인정하였으나, 이것도 사실은 본래적 의미의 행정규칙에 대외적 효력을 인정한 것이 아니라 **법률의 구체적 위임을 받아 정립된 것이므로 이는 비록 형식적으로는 행정규칙으로 되어 있으나 실질적으로는 법규명령(위임명령)에 해당되는 것이며, 법규명령이라는 점에서 대외적 효력이 인정된다는 것이지, 행정규칙에 '규범구체화(규범구체화 행정규칙)'라는 명칭을 붙여 대외적 효력을 인정한 것은 아니라고 한다.[5] 석종현 교수는 규범구체화 행정규칙을 인정하는 것은 행정상의 규율권 내지 행정의 고유법을 인정하는 것이기 때문에 헌법해석상 문제가 있고, 긍정설에서 규범구체화 행정규칙으로 예시하는 국세청장의 훈령인 '재산제세조사사무처리규정'은 실질적인 위임명령에 해당하는 것으로서, 이는 실질적 법규명령에 해당하며, 이러한 실질적 법규명령에 해당하는 행정규칙은 법률의 구체적·개별적 수권없이 정립하는 행정규칙과는 그 성격이 다르므로 행정규칙에서 제외하는 것이 타당하다고 한다.[6]

---

1) 김도창, 일반행정법론(상), 청운사, 1992, 362면.
2) 김남진·김연태, 행정법(I), 173면.
3) 류지태, 행정법신론, 216면.
4) 김남진, 행정입법의 현황과 문제점, 고시계(1996.12), 24면.
5) 석종현, 일반행정법(상), 190면.
6) 석종현, 일반행정법(상), 191면.

## III. 행정규칙의 종류

### 1. 내용상의 분류(내용을 기준으로 한 분류)
#### 1.1. 전통적 분류
##### 1.1.1. 조직규칙(organisatorische Vorschriften)

조직규칙은 행정기관이 그 보조기관 또는 소속관서의 설치·내부조직·내부질서·내부적인 권한분배에 관한 사항·권한행사절차·사무처리절차 등을 정하기 위하여 발하는 규칙이다(예컨대, 관청내부의 사무분장규정·서무규정·위임전결규정). 조직규칙이 정해지면 그 성질상 행정기관은 그에 따라 대외적으로 권한행사를 하는 것이므로 국민에 대하여 직접적인 법규적 효력을 갖는다고 볼 수 있다(이명구).[1] 그러나 정부조직법은 중앙행정기관의 설치와 직무범위는 법률로 정하고(정부조직법 제2조 제1항), 보조기관의 설치·사무분장은 법률로 정한 것을 제외하고는 대통령령으로 정한다(동법 제2조 제4항), 그리고 지방행정기관은 특히 법률로 정한 경우를 제외하고는 대통령령으로 설치한다(동법 제3조 제1항).

> ▶정부조직법 제2조(중앙행정기관의 설치와 조직 등) ① 중앙행정기관의 설치와 직무범위는 법률로 정한다. ② 중앙행정기관은 이 법과 다른 법률에 특별한 규정이 있는 경우를 제외하고는 부·처 및 청으로 한다. ③ 중앙행정기관의 보조기관은 이 법과 다른 법률에 특별한 규정이 있는 경우를 제외하고는 차관·차장·실장·국장 및 과장으로 한다. 다만, 실장·국장 및 과장의 명칭은 대통령령으로 정하는 바에 따라 본부장·단장·부장·팀장 등으로 달리 정할 수 있으며, 실장·국장 및 과장의 명칭을 달리 정한 보조기관은 이 법을 적용할 때 실장·국장 및 과장으로 본다. ④ 제3항에 따른 보조기관의 설치와 사무분장은 법률로 정한 것을 제외하고는 대통령령으로 정한다. 다만, 과의 설치와 사무분장은 총리령 또는 부령으로 정할 수 있다.

> ▶정부조직법 제3조(특별지방행정기관의 설치) ① 중앙행정기관에는 소관사무를 수행하기 위하여 필요한 때에는 특히 법률로 정한 경우를 제외하고는 대통령령이 정하는 바에 따라 지방행정기관을 둘 수 있다.

이와 같이 행정기관의 설치는 행정기관설치법정주의에 따라 법률(정부조직법) 혹은 법규명령(부속기관·부설기관)으로 정하여 지므로, 국민에게 직접적·법규적 효력을 가지는 조직규칙이 정해지는 경우는 거의 없다.[2]

---

[1] 김남진, 행정법의 기본문제, 제2판, 81면,
[2] 박윤흔, 행정법강의(상), 263면; 정하중, 행정법총론, 156면.

### 1.1.2. 근무규칙(행위통제규칙; 행위지도규칙)

[개관] 근무규칙(행위통제규칙; 행위지도규칙)이란 상급기관이 하급기관 및 그의 구성원의 근무에 관한 사항을 계속적으로 규율하기 위하여 발하는 행정규칙이다. 예컨대, 상급관청의 하급관청에 대한 훈령·지시·예규·일일명령·통첩 민원사무처리규정, 사무관리규정 등이 여기에 해당되며, **행위통제(지도)규칙(특히 재량준칙)**이 그 주요 내용을 이룬다. 행위통제(지도)규칙은 행정기관의 대외적 활동의 지침을 정한 규칙으로서, (ㄱ) 규범해석규칙(법령해석규칙), (ㄴ) 재량규칙(재량준칙), (ㄷ) 간소화지침(간소화규칙) 등으로 나누인다.

[규범해석규칙(법령해석규칙)] 규범해석규칙(법령해석규칙)은 법규의 적용, 특히 불확정개념의 적용에 있어 그 개념을 명확하게 해석해 줌으로써 상급행정기관이 하급 행정기관에 대하여 법령해석을 통일시키고 그 적용방향을 확정함으로써 집행기관 간에 통일적인 법적용을 기하고 이를 통하여 행정의 합리화를 기하기 위하여 발하는 행정규칙이다.

[재량규칙(재량준칙)] 재량준칙은 상급행정기관이 하급행정기관의 재량권행사의 기준을 정하기 위하여 발하는 행정규칙이다. 재량준칙은 상급행정기관이 하급행정기관의 재량권 행사에 관한 기준을 정하여 주는 행정규칙을 말하며, 재량준칙은 국민이나 법원에 대하여 평등원칙을 매개로 하여 간접적으로 법적 효력을 갖게 되는 바, 이러한 점에서 재량준칙은 준법규성을 가진다고 할 수 있다. 다시 말하면 재량준칙은 그 자체가 직접 대외적 구속력을 갖지는 않으나, 재량준칙에 따라 동일한 내용의 처분이 반복된 경우에는 특별한 사유 없이 특정한 자에게만 그 재량준칙을 적용하지 않으면 이는 평등원칙에 반하여 위법한 처분이 되므로, 재량준칙은 평등원칙을 매개로 하여 간접적으로 대외적 효력을 갖는다는 준법규설이 다수의 견해이다. (대법원판례) : 판례는 원칙적으로 재량준칙의 대외적 구속력을 인정하지 않으나, 일정한 전제 하에서 예외적으로 대외적 구속력을 인정한 것도 있다. 대법원은 "… 식품위생법시행규칙 제53조에 따른 별표 15의 행정처분기준은 행정기관 내부의 사무처리준칙을 규정한 것에 불과하기는 하지만 규칙 제53조 단서의 식품 등의 수급정책 및 국민보건에 중대한 영향을 미치는 특별한 사유가 없는 한 행정청은 당해 위반사항에 대하여 위 처분기준에 따라 행정처분을 함이 보통이라 할 것이므로, 행정청이 이러한 처분기준을 따르지 아니하고 특정한 개인에 대하여만 위 처분기준을 과도하게 초과하는 처분을 한 경우에는 재량권의 한계를 일탈하였다고 볼 만한 여지가 충분하다."[1]고 하였다. ③ 간소화지침은 대량적 행정처분을 할 때 그 획일적인 처분기준을 설정하기 위하여 발하는 행

---

1) 대판 1993. 6. 29, 93누5635 【대중음식점업영업정지처분취소】 영업허가 이전 1개월 이상 무허가 영업을 하였고 영업시간위반이 2시간 이상이라 하더라도 위 행정처분기준에 의하면 1월의 영업정지사유에 해당하는데도 2월 15일의 영업정지처분을 한 것은 재량권일탈 또는 남용에 해당한다.

정규칙으로서, 대량·반복적 행정처분의 획일적 기준을 정하기 위하여 발하는 간소화지침(예: 사용료·수수료 등 각종 부과금의 반복적인 부과·징수업무의 처리지침을 정한 것)이 있다.[1]

### 1.1.3. 영조물규칙

영조물(예: 국립학교·국립도서관)의 관리청이 영조물의 조직·관리·사용 등을 규율하기 위하여 발하는 규칙이다(예컨대, 국공립대학교 학칙·국립도서관 규칙·교도소규칙·박물관, 국공립병원). 영조물규칙은 특별권력관계(특수신분관계)의 구성원에 대한 규율이라는 점에서 특별명령이라고도 한다. 독일의 포르스트호프(E. Forsthoff)는 영조물규칙의 내부성을 인정하면서도 영조물이 일반국민에게 생활에 필수적인 것을 공급하는 것일 때는 그 영조물의 이용은 자유와 재산 이상으로 개인의 이익과 관련되므로 외부적 작용에 해당한다고 보아 법규성을 인정하였다.[2]

### 1.1.4. 법률대위규칙(법률대체규칙)

법률대위규칙 또는 법률대체규칙은 법적 규율이 필요한 데에도 불구하고 관계 법령이 존재하지 않는 경우에 상급행정기관에 의하여 과도기적으로 발해지는 행정규칙이다. 법률대위규칙은 법률유보원칙이 적용되지 않는 영역에서 법률이 전혀 없거나, 그것이 지나치게 일반조항적으로 규정되어 있어 그 구체화가 필요한 경우에 발하는 것이다. 후자의 경우에는 재량준칙과의 구별이 문제되나, 이 경우에도 법률대위규칙은 재량준칙과는 달리 이미 법률상 설정되어 있는 결정기준을 구체화하는 것이 아니라, 원초적으로 이를 설정하는 것이라는 점에서 양자는 일단 구별된다. 대표적인 예가 독일에서의 보조금 지급준칙을 들고 있다.

### 1.1.5. 규범구체화규칙

규범구체화규칙(normkonkretisierende Verwaltungsvorschriften)은 원자력이나 환경과 같이 고도의 전문지식과 기술이 필요한 분야에서 관계 법률이 필요한 규율을 구체적으로 정하지 못하고 행정기관에게 당해 내용의 구체화 권한을 일임한 경우와 같이, 전문적·구체적이고 이에 관한 상세한 규율을 사실상 행정기관에 맡긴 경우에 행정기관 스스로 그 규율 내용을 구체화하기 위하여 제정하는 행정규칙이다.[3]

---

1) 방극봉, 실무행정법, 법제처, 2009, 29면.
2) E. Forsthoff, Lehrbuch des Verwaltungsrechts, I, 10. Aufl., S. 140.
3) http://edu.klaw.go.kr/StdInfMailP.do?astSeq=2255&stdInfSeq=0(검색일: 2015.6.13)

### 1.2. 새로운 분류(특별권력관계상의 행정규칙에 대한 법규성의 인정)

[개관] 전통적인 행정규칙론에 대하여 의문을 가지고 행정규칙에 대하여 법규성을 인정하려는 입장이다. 이는 종래의 광의의 행정규칙을, (ㄱ) 특별명령(특별권력관계상의 행정규칙; 특별명령적 행정규칙; 공무원의 복무에 관한 규칙·국립대학학칙 등)과, (ㄴ) 협의의 행정규칙(행정조직내부상의 행정규칙)으로 나누고, 특별권력관계상의 행정규칙은 행정조직내부상의 행정규칙과는 달리 법규성을 인정할 수 있다고 한다[볼프(Wolff),[1] 오쎈뷜(Ossenbühl), 김남진, 이명구 ⇒ 특별명령설]. ☞ **특별명령 참조**

[새로운 분류(특별명령)] 행정규칙을 (ㄱ) 특별명령(특별권력관계상의 행정규칙; 법규성 인정), (ㄴ) 협의의 행정규칙(행정조직내부상의 행정규칙; 법규성 부정)으로 나누고, 협의의 행정규칙을 또다시 ① 조직규칙(행정권 내부에서 그 구성·내부질서·권한분배 등을 규율하는 행정규칙) : ⓐ 인적 조직규칙, ⓑ 사항적 조직규칙, ⓒ 제도적 조직규칙(설치규정·권한분배규칙·절차규칙), ② 행정통제(지도)규칙(행정기관·그 직원을 행위면에서 통제·지도·계도하는 규칙) : ⓐ 규범해석규칙(법령해석상의 통일을 기하기 위하여 발하여 지는 행정규칙), ⓑ 재량준칙(행정재량권의 행사기준을 정하는 행정규칙),[2] ⓒ 간소화지령(국세청장이 소득표준율을 정하는 것처럼, 대량적 행정행위에 관하여 획일적인 처분기준을 정하는 행정규칙), ③ 행정주체간 행정규칙(聯邦과 州 기타 행정주체 사이의 행정규칙)으로 나눈다.

### 2. 특별권력관계의 종류에 의한 분류(야코비 : Jacobi)

근무규칙, 공공시설(영조물)규칙, 감독규칙, 사원규칙이 있다.

### 3. 규정형식에 의한 분류 – 행정업무의효율적운영에관한규정(舊사무관리규정) 제4조

[지시문서·공공문시] 대통령령인 '행정업무의효율적운영에 관한 규정' 제4조 제2호에 따르면 '지시문서'는 훈령·지시·예규·일일명령 등 행정기관이 그 하급기관이나 소속 공무원에 대하여 일정한 사항을 지시하는 문서를 말하고, 제4조 제3호에 따르면, '공고문서'는 고시·공고 등 행정기관이 일정한 사항을 일반에게 알리는 문서를 말한다.

[훈령] 훈령은 상급행정기관이 하급행정기관에 대하여 장기간에 걸쳐 그 권한의 행사

---

1) Hans J. Wolff·Otto Bachof·Rolf Stober, Verwaltungsrecht I, 10. Aufl., München 1994, § 25 Rn. 43 ff.
2) 박균성, 행정법론(상), 204면; 특히 재량준칙과 법규명령의 비교에 관한 상세한 내용은 박균성, 행정법강의, 박영사, 2008, 167면 이하 참조할 것.

를 지휘·감독하기 위하여 발하는 명령(행정규칙)으로서,[1] 조문형식 또는 시행문형식에 의하여 작성하고, 누년, 일련번호를 사용한다. 행정조직의 방대화·전문화에 따라 국민에 대하여 통일성 있는 행정을 하기 위하여 상급기관이 하급기관에 대하여 행하는 것으로서 행정의 내용을 통일할 필요가 있는데, 훈령은 이러한 기능을 수행한다.[2] 훈령은 상급기관이 하급행정기관에 대하여 발하는 명령이라는 점에서 상관이 하관에 대하여 개별적·구체적으로 발하는 명령인 직무명령과는 다르다.

[지시] 지시는 상급행정기관이 직권 또는 하급기관의 문의 또는 신청에 의하여 개별적·구체적으로 발하는 명령으로서,[3] 시행문형식에 의하여 작성하고, 연도표시 일련번호를 사용한다. 그런데 지시는 일일명령과 마찬가지로 일반적·추상적인 규율이라 할 수 없으므로 행정규칙의 일종으로 보기 어렵다는 견해가 있다.[4]

[예규] 예규는 행정사무의 통일을 기하기 위하여 반복적 행정사무의 처리기준을 제시하는 법규문서 이외의 문서로서,[5] 조문형식 또는 시행문형식에 의하여 작성하고, 누년 일련번호를 사용한다. 서울특별시의 토지의형질변경등행위허가사무취급요령(서울시 예규 제499호)은 그 예이다.[6]

[고시] 고시는 법령이 정하는 바에 따라 일정한 사항을 일반에게 알리기 위한 문서를 말한다. 고시는 그 내용에 따라 일반적·추상적인 규율인 경우에만 행정규칙에 해당하며 고시의 내용이 단순한 사실의 통지인 경우에는 행정규칙으로 보기 어렵다는 견해가 있다.[7]

[공고] 공고는 일정한 사항을 일반에게 알리는 문서를 말하며, 고시와 마찬가지로 그 내용에 따라 일반적·추상적인 규율인 경우에만 행정규칙에 해당하며 공고의 내용이 단순한 사실의 통지인 경우에는 행정규칙으로 보기 어렵다는 견해가 있다.[8]

[일일명령] 일일명령은 당직·출장·특근(시간외근무), 각종의 휴가 등 일일업무에 관한 명령으로서,[9] 시행문형식 또는 회보형식(이하 "회보형식"이라 한다)등에 의하여 작성하

---

1) 박균성, 행정법론(상), 204면; 同人, 행정법강의, 167면.
2) 박윤흔, 행정규칙, 고시계(1985.11), 26면.
3) 석종현, 일반행정법(상), 187면; 박균성, 행정법론(상), 204면; 同人, 행정법강의, 167면.
4) http://edu.klaw.go.kr/StdInfMailP.do?astSeq=2255&stdInfSeq=0(검색일 2015.2.28); <법제지식정보센터>
5) 석종현, 일반행정법(상), 187면; 박균성, 행정법론(상), 204면; 同人, 행정법강의, 167면.
6) 석종현, 일반행정법(상), 187면.
7) http://edu.klaw.go.kr/StdInfMailP.do?astSeq=2255&stdInfSeq=0(검색일 2015. 2. 28); <법제지식정보센터>
8) http://edu.klaw.go.kr/StdInfMailP.do?astSeq=2255&stdInfSeq=0(검색일 2015.2.28); <법제지식정보센터>

고, 연도별 일련번호를 사용한다. 그런데 일일명령은 지시와 마찬가지로 일반적·추상적인 규율이라 할 수 없으므로 행정규칙의 일종으로 보기 어렵다는 견해가 있다.[1] 일일명령은 그 내용이 일반적·추상성을 가지지 않을 때에는 행정규칙이 아니라 단순한 직무명령에 해당한다고 보는 것이다.

## IV. 행정규칙의 근거와 한계

### 1. 행정규칙의 근거

행정규칙은 법령에서 인정한 직무권한 범위내에서 재량이 인정된 경우에 그 범위안에서 발하는 것으로서 개인의 권리·의무와 직접 관계되지 않기 때문에 특히 법령의 수권을 필요로 하지 않으며, 행정권의 당연한 권능으로 제정할 수 있다. 이와같이 행정규칙의 근거에 대하여 행정규칙은 행정조직 또는 특별권력관계 내부의 관계를 규율하기 때문에 개별적인 법률의 수권은 필요 없고 일반적인 조직규범으로 족하다고 보며, 이리하여 행정규칙의 제정에는 법률유보의 원칙(Gesetzesvorbehalt)은 적용되지 않는다고 한다. 이러한 행정규칙은 행정청의 재량 또는 판단여지가 인정되는 영역에서 인정된다.

### 2. 행정규칙의 한계

[내용상 한계] 행정규칙은 행정조직 내부질서·특별권력관계 내부질서를 유지하기 위하여 필요한 범위내의 규정만을 제정할 수 있다.

[사항상 한계] 행정규칙은 직접적으로 국민의 권리·의무를 규정할 수 없다. 재량의 범위를 넘어 법령에서 예정하지 아니한 국민의 권리·의무에 관한 사항을 새로이 정할 수 없으며, 국민의 권리·의무에 관한 사항을 새로이 정하기 위하여는 법령의 개별적·구체적 위임이 있어야 하며, 이러한 위임에 따른 행정규칙은 법규명령의 일종으로 보아야 한다.[2]

[법규상 한계] 법률이나 법규명령 또는 상급감독기관의 행정규칙에 위배되어서는 안된다.

[목적상 한계] 당해 행정목적에 적합해야 하고, 그 목적에 필요한 범위 내이어야 한다.

---

9) 박균성, 행정법론(상), 204면; 同人, 행정법강의, 167면.
1) http://edu.klaw.go.kr/StdInfMailP.do?astSeq=2255&stdInfSeq=0(검색일 2015.2.28); <법제지식정보센터>
2) 박윤흔, 행정법강의(상), 266면.

## V. 행정규칙의 성립요건·발효요건·하자(흠)

### 1. 행정규칙의 성립요건

[주체에 관한 요건] 행정규칙을 발할 정당한 권한 있는 기관이 자가의 권한의 범위 내에서 제정해야 하고, 이를 받을 의무있는 자, 즉 수명기관도 이를 준수할 직무상 의무가 있어야 한다.

[내용적 요건] (ㄱ) 법령 또는 상급감독기관의 행정규칙에 위반되어서는 안된다. (ㄴ) 당해 특별권력관계의 목적의 한계를 일탈하여 복종자에게 필요 이상의 자유를 제한하는 규정을 둘 수 없다. (ㄷ) 사회통념상 실현불가능하거나 불확정한 것을 명하는 것이 아니어야 한다. 이와같이 행정규칙은 법령의 수권을 요하지 아니하나(대판 1996. 8. 23, 95누14718),[1] 법령 또는 상위규칙에 위반하지 않아야 하고(법률우위의 원칙), 그 내용은 명확하고 실현 가능해야 한다. 행정규칙은 행정기관에게 재량권, 포괄적 감독권·관리권 등이 인정된 경우에 그 범위 내에서 발할 수 있다.

[형식적 요건] 행정규칙은 법조의 형식을 가지는 것이므로 문서로 함이 보통이나, 문서는 절대적 요건이 아니고 구술로 하여도 무방하다(행정규칙은 반드시 문서로 하여야 하는 요식행위는 아니다). 일반적인 형식으로서는, 훈령·고시·예규·통첩·지침 등으로 행하여진다. 훈령·통첩은 상급행정기관이 소관사무에 관하여 하급행정기관에게 발하는 행정규칙으로서, 훈령은 기본적 명령사항에 관한 것이고, 통첩은 세부적 시달사항에 관한 것이다.

[절차적 요건] 행정규칙은 법규명령과는 달리 일반적으로 준수해야할 법정절차는 없지만, 법규에 의하여 그 정립에 다른 기관의 경우 또는 의사참가를 요하게 되어 있을 때에는

---

1) 대판 1996. 8. 23, 95누14718 【토지수용재결처분취소등】 【판시사항】 사실상의 사도 등에 관한 평가 최고한도액을 규정하고 있는 구 공공용지의취득및손실보상에관한특례법시행규칙 제6조의2 규정이 상위법령의 위임을 필요로 하는지 여부(소극) 【판결요지】 토지수용에 따른 손실보상액을 산정하는 경우에 준용되는 구 공공용지의취득및손실보상에관한특례법시행규칙(1995. 1. 7. 건설교통부령 제3호로 개정되기 전의 것) 제6조의2는 사실상의 사도 등에 관한 가격평가액의 최고한도액을 규정하고 있는바, 구 지가공시및토지등의평가에관한법률(1995. 12. 29. 법률 제5108호로 개정되기 전의 것) 제10조, 제22조, 감정평가에관한규칙(1989. 12. 21. 건설부령 제460호)의 각 규정, 토지수용법 제45조 제1항, 제46조, 제57조의2, 공공용지의취득및손실보상에관한특례법 제4조, 같은법시행령(1994. 12. 23. 대통령령 제14447호로 개정되기 전의 것) 제2조의10 제8항 등 관계 법령의 각 규정내용과 취지에 비추어 보면, 구 공공용지의취득및손실보상에관한특례법시행규칙(1995. 1. 7. 건설교통부령 제3호로 개정되기 전의 것) 제6조의2의 규정은 감정평가업자가 가격평가를 함에 있어 준수하여야 할 원칙과 기준을 정한 행정규칙에 해당한다 할 것이므로 상위법령의 위임이 있어야 하는 것은 아니다.

그 절차를 거쳐야 한다. 최근 행정규칙이 실제 행정운용과 국민생활에 미치는 영향의 중대성이 인식됨에 따라 점차 절차적 통제에 대한 관심이 높아지고 있다. 대통령령과 국무총리훈령의 제정은 정부의 '법제에 관한 사무'의 하나로 보아 관례적으로 법령안과 동일하게 법제처의 사전심사를 받고 있다.

▶ 정부조직법 제23조(법제처) ① 국무회의에 상정될 법령안·조약안과 총리령안 및 부령안의 심사와 그밖에 법제에 관한 사무를 전문적으로 관장하기 위하여 국무총리소속으로 법제처를 둔다. ② 법제처에 처장 1명과 차장 1명을 두되, 처장은 정무직으로 하고, 차장은 고위공무원단에 속하는 일반직공무원으로 보한다.

[공포에 관한 요건(공포불요)] 행정규칙은 국민을 직접적으로 구속하지 않으므로 원칙적으로 공포를 요하지 않는다. 따라서 공포절차는 일반적으로 그 성립요건이 되지 아니하며, 관보게재·게시·사본배부·전문(電文) 등 어떠한 방법에 의하든 수명기관에 도달하면 된다.[1] 그러나 행정규칙중에는 국민의 권리·의무에 영향을 미치는 것이 많기 때문에 예측가능성과 법적 안정성을 위하여 대외적 공표가 바람직하다[2] 이 점 공포가 외부적 성립요건이 되는 법규명령의 경우와 다르다. 다만 고시와 훈령은 대부분 관보에 의하여 대외적으로 공표되며,[3] 다만 대외적 공표는 특별한 규정이 없는 한 법정요건은 아니다.[4]

## 2. 행정규칙의 발효요건

특별한 규정이 없으면 성립요건을 갖추면 효력을 발생하며, 특별한 효력발생 요건을 요하지 않는다. 즉, 수명기관에 도달한 때부터 구속력을 발생한다. 대통령훈령이나 국무총리훈령도 중요한 것은 관보에 게재하고(관보규정 제3조, 제8조, 제10조 제1호, 제2호), 그 이외의 중앙행정기관의 훈령도 중요한 것은 관보에 게재한다.[5]

---

1) 박윤흔, 행정법강의(상), 267면.
2) 정하중, 행정법총론, 158면.
3) 관보규정 제3조 제8호, 제9호.
4) 대판 1997. 1. 21, 95누12941【개인택시운송사업면허제외처분취소】서울시가 정한 개인택시운송사업면허지침의 법적 성질(사무처리준칙): 서울특별시가 정한 개인택시운송사업면허지침은 재량권 행사의 기준으로 설정된 행정청의 내부의 사무처리준칙에 불과하므로, 대외적으로 국민을 기속하는 법규명령의 경우와는 달리 외부에 고지되어야만 효력이 발생하는 것은 아니다.
5) 박윤흔, 행정법강의(상), 267면.

## VI. 행정규칙의 효력

### 1. 내부적 효력(대내적 효력)

행정규칙은 원래 행정조직 또는 특별권력관계 내부만을 규율하기 때문에 원칙적으로 행정규칙의 효력은 그 행정조직의 내부에서만 일정한 규범력이 있다. 이를 행정규칙의 내부적 효력이라 하며, 이는 행정규칙이 행정조직 내부나 특별행정법관계 구성원에 대하여 갖는 구속력을 말한다. 구체적으로는 그 대상자인 공무원이나 행정기관이 행정규칙을 준수할 의무를 말한다. 따라서 행정조직 내부 또는 특별권력관계 내부에서는 일정한 법적 구속력을 갖게 되며, 그 복종자(수명자)는 이에 구속된다. 만일 수명자가 행정규칙을 위반하는 경우에는 그에 대한 징계책임을 진다. 행정규칙의 법규성을 부인하는 전통적 행정규칙론도 행정규칙이 행정조직 또는 특별 권력관계 '내에서' 일정한 '법적 구속력'을 가지는 점은 긍정하고 있다(행정규칙을 위반한 공무원이 징계책임을 지는 것이나 특별권력관계의 구성원이 규칙·영조물규칙 등을 위반 한 경우에 징계벌을 받는다는 것은 그것을 의미한다). 행정규칙은 원래 내부적 효력만 갖고 법규성은 없기 때문에 어떤 행정처분이 행정규칙에 반하여 행해진 경우라도 그 행정처분 자체에 대해서는 취소소송을 제기할 수 없다.

### 2. 외부적 효력(대외적 효력)

#### 2.1. 의의

외부적 효력이란 행정규칙이 일반권력관계, 즉 국가 대 국민과의 관계에 있어서 전통적 의미의 법규로서의 효력을 가지는 것을 의미하는 것이다. 행정규칙의 법규성을 인정할 것인가 부정할 것인가의 문제는 이러한 외부적 효력에 관한 문제이다. 행정규칙의 법규성을 부정하는 종래의 통설에 의하면 행정규칙은 특별권력관계 내부에서 수명자만을 구속할 뿐 외부관계에서는 행정객체를 구속하는 효력을 가지지 못한다고 한다. 이 견해에 의하면 행정규칙의 처분성 문제에 있어서 행정규칙은 일반적·추상적 형식의 명령이기 때문에 개별적·구체적 하명처분과 본질적인 차이가 없고 양자는 동위의 효력을 가지는 것이며 따라서 행정규칙을 처분으로 본다. 결론적으로 전통적 견해에 의하면 행정규칙의 재판규범성을 부인한다.[1] 따라서 행정규칙 위반의 효과는 위법이 되지 아니한다.

▶ 대판 1990. 5. 11, 90누1069【의약품제조허가품목에대한허가취소처분취소】가. 보사부훈령인 품질관리업무지침 제17조 별표1의 행정처분기준의 법규성 유무(소극) 나. 의약품의 함량미달을 이유로 한 제조품목허가의 취소처분이 재량권의 남용에 해당하지 않는

---

1) 대판 1990. 5. 11, 90누1069【의약품제조허가품목에대한허가취소처분취소】

다고 본 사례 【판결요지】 가. 보사부훈령인 품질관리업무지침 제17조에 정한 별표1의 행정처분기준은 행정기관내부의 사무처리준칙을 규정한 것으로서 관계행정기관이나 직원을 기속함에 그치고 법원이나 행정처분의 상대방인 의료품 등의 제조업자를 포함한 국민을 기속하는 효력은 없다고 보아야 할 것이다. 나. 제재적 행정처분이 재량권의 범위를 일탈하거나 남용하였는지의 여부는 처분사유로된 위반행위의 내용과 그 위반의 정도, 당해처분에 의하여 달성하려는 공익상의 필요와 개인이 입게 될 불이익, 기타 이와 관련한 여러 가지 사정을 종합적으로 고려하여 판단하여야 할 것인바, 원고가 제조한 우황청심원의 우황함량의 부족이 제조공정상의 잘못으로 인한 것이지 의도적으로 우황의 함량을 줄인 것이 아니고, 우황청심원에 대한 제조품목 허가취소로 인하여 원고가 입게될 불이익이 상당하리라는 점을 고려한다고 하더라도 의약품의 균질성, 안전성, 유효성을 확보함으로써 국민보건향상을 기하려는 이 사건처분의 공익상 필요보다 크다고는 할 수 없으며, 원고가 1986.11.경부터 1988.10경까지 3차례에 걸쳐 위 우황청심원과 유사한 의약품에 대한 함량부족을 이유로 제조업무정지처분 또는 제조허가품목에 대한 허가취소처분을 받은 바 있고, 위 우황청심원이 그 표시함량인 90퍼센트에 훨씬 미치지 못한 66퍼센트로 판명된 점을 고려하면 이 사건 위반행위의 내용과 정도가 결코 가볍다고 할 수 없을 것이므로 위 우황청심원에 대한 제조품목허가취소처분이 그 재량권의 범위를 일탈하거나 재량권을 남용한 위법한 처분이라고 볼 수 없다.

### 2.2. 내용
#### 2.2.1. 간접적 외부효력(간접적 효력설 : H. Maurer)

행정규칙은 대내적 효력만을 가지며, 원칙적으로 대외적 효력을 가지지 않는다고 한다(다수설)(대판 1994. 8. 9, 94누3414).[1] 다만, 행정규칙 중 재량준칙은 헌법상의 평등원칙

---

[1] 훈령의 외부적 효력 부인 판례(대판 1994 .8. 9, 94누3414) : 훈령은 상급행정기관이 하급행정기관에 대하여 발하는 일반적인 행정명령으로서 행정기관 내부에서만 구속력이 있을 뿐 대외적인 구속력을 가지는 것은 아니다. 【판시사항】 가. 국민의권익보호를위한행정절차에관한훈령의 법적성격 나. "가"항의 훈령에 따른 행정절차운영지침 소정의 청문절차를 거치지 않고 한 행정처분의 효력. 【판결요지】 가. <u>국민의권익보호를위한행정절차에관한훈령(1989.11.17. 국무총리훈령 제235호)은 상급행정기관이 하급행정기관에 대하여 발하는 일반적인 행정명령으로서 행정기관 내부에서만 구속력이 있을 뿐 대외적인 구속력을 가지는 것이 아니다.</u> 나. 청문을 포함한 당사자의 의견청취절차 없이 어떤 행정처분을 한 경우에도 관계법령에서 당사자의 의견청취절차를 시행하도록 규정하지 않고 있는 경우에는 그 행정처분이 위법하게 되는 것은 아니라 할 것인바, 문화재보호법과 대구직할시문화재보호조례에 의하면 시지정문화재는 시장이 문화재위원회의 자문을 받아 지정한다고만 규정되어 있을 뿐 그 지정에 있어서 문화재의 소유자나 기타 이해관계인의 신청이 필요하다는 규정이나 소유자 기타 이해관계인의 의견을 들어야 한다는 행정절차의 규정은 없고, 비록 국민의권익보호를위한행정절차에관한훈령에 따라 1990.3.1.부터 시행된 행정절차

을 매개로 자기구속의 법리에 의하여 간접적·대외적으로 효력을 갖게 된다고 한다(다수설의 견해는 행정규칙이 갖는 법적 외부효의 내용을 간접적인 법적 효력으로 이해한다). 이는 행정규칙이 직접적으로 대외적 효력을 갖기 때문이 아니고, 헌법상의 평등원칙을 매개로 행정기관은 상대방인 국민에 대한 관계에서 당해 행정규칙에 따라야 하는 자기구속을 당하게 된다(예컨대, 행정규칙의 위반이 '공무원의 직무위반'으로 되어 「손해배상책임」 또는 「형사책임」을 발생시키는 경우에 볼 수 있다). 행정청의 재량준칙(재량규칙)의 적용으로 인해 일정한 행정관행이 성립된 경우에는 행정기관은 합리적인 근거없이 스스로 종전의 행정관행에 어긋나는 행정작용을 할 수 없는 구속을 받게 된다(행정의 자기구속의 법리). 이때에 평등원칙은 행정규칙을 내부적 효력을 갖는 규범에서 대외적 효력을 갖는 규범으로 전환시키는 전환규범으로서의 기능을 갖는다는 것이다.

### 2.2.2. 직접적 외부효력(직접적 효력설)

직접적 효력설은 이원적 법권론(입법기관도 독자적으로 법을 제정할 수 있고, 행정기관도 독자적으로 법을 제정할 수 있다는 견해)을 근거로 하여 주장하는 이론으로서, 행정권도 그 권한의 범위 안에서 자주적인 법형성을 위한 법규의사 내지는 독립적인 규율권을 가지고 그것에 의하여 직접적·대외적 구속력을 갖는 행정규칙을 제정할 수 있다고 한다. 그리하여 행정규칙의 대외적 효력을 뒷받침하기 위하여 헌법상의 평등원칙에 근거한 행정의 자기구속의 법리는 불필요하며, 행정규칙도 법규명령의 경우와 같이 대외적 구속력과 재판규범성을 인정하는 견해이다. 앞에서 살펴본 바와 같이 대법원도 훈령으로 정한 청문절차[1]와 예규로 정한 무허가건물철거절차[2]의 재판규범성을 인정한 예가 있다. 이에 따르

---

운영지침에 의하면 행정청이 공권력을 행사하여 국민의 구체적인 권리 또는 의무에 직접적인 변동을 초래하게 하는 행정처분을 하고자 할 때에는 미리 당사자에게 행정처분을 하고자 하는 원인이 되는 사실을 통지하여 그에 대한 의견을 청취한 다음 이유를 명시하여 행정처분을 하여야 한다고 규정되어 있으나 이는 대외적 구속력을 가지는 것이 아니므로, 시장이 건조물 소유자의 신청이 없는 상태에서 소유자의 의견을 듣지 아니하고 건조물을 문화재로 지정하였다고 하여 위법한 것이라고 할 수 없다.

1) 대판 1984. 9. 11, 82누166【건축사무소등록취소처분취소】건축사사무소의 등록취소 및 폐쇄처분에 관한 규정(1979.9.6 건설부훈령 제447호) 제1조에는 이 규정은 건축사법 제28조 및 동시행령 제30조의 규정에 의한 건축사사무소의 등록취소 및 폐쇄처분에 따른 세부기준을 정함을 목적으로 한다. 제9조에는 건축사사무소의 등록을 취소하고자 할 때에는 미리 당해 건축사에 대하여 청문을 하거나 필요한 경우에 참고인의 의견을 들어야 한다. 다만 정당한 사유없이 청문에 응하지 아니하는 경우에는 그러하지 아니한다라고 규정하고 있는바, 이와 같이 관계행정청이 건축사사무소의 등록취소처분을 함에 있어 당해 건축사들을 사전에 청문하도록 한 법제도의 취지는 위 행정처분으로 인하여 건축사사무소의 기존권리가 부당하게 침해받지 아니하도록 등록취소사유

면 행정기관은 자신의 기능영역 내에서 외부법으로서의 법규범을 정립하는 독자적인 법정립권한을 가지며, 이러한 범위 안에서 발령되는 행정규칙은 이에 따라 외부적 효력을 갖는 독자적인 행정기관의 법으로서의 성질을 갖게 된다고 본다(이원적 법권론). 이에 해당하는 예로서 앞에서 살펴본바와 같이 규범구체화적 행정규칙과 재량준칙을 들고 있다. 규범구체화행정규칙은 기술안전법과 환경법 영역에서 행정기관이 독자적으로 정립하는 규범으로서, 법적으로 정해진 일정한 한계 내에서는 법원도 이에 구속되는 법적 외부효가 인정 된다고 보는 것이다.

### 2.2.3. 결론

행정규칙의 시민에 대한 외부적 효력은 인정될 수 있으나, 이는 사실적 효력 또는 간접적인 법적 효력으로 파악하는 것이 타당하다고 본다. 이것이 독일행정재판소의 주류적인 판례의 입장이다. 우리 헌법재판소의 입장도 같다.[1]

## VII. 행정규칙의 흠(하자)·소멸

[개관] (무효사유) : 행정규칙이 유효요건을 완전히 갖추지 못한 때 흠을 띠게 되고 그 흠이 중대하고 명백한 때에는 「무효」로 된다. (소멸사유) : 또한 (ㄱ) 폐지되거나, (ㄴ) 종기(終期)의 도래, (ㄷ) 해제조건의 성취, (ㄹ) 근거법령의 소멸로 인하여 그 효력을 상실한다.

[폐지] 행정규칙은 명시적·묵시적 폐지에 의해서 장래에 향하여 그 효력이 소멸된다. 즉, 행정규칙의 폐지가 상위의 법령에 의하여 직접적·명시적으로 이루어지는 경우도 있다.

[종기의 도래] 한시적 행정규칙의 경우에는 기한이 도래함으로써 당연히 효력이 소멸된다.

[해제조건의 성취] 해제조건이 붙여진 행정규칙은 해제조건(auflösende Bedingung)이 성취됨으로써 당연히 효력이 소멸된다.

---

에 대하여 당해 건축사에게 변명과 유리한 자료를 제출할 기회를 부여하여 위법사유의 시정가능성을 감안하고 처분의 신중성과 적정성을 기하려함에 있다 할 것이므로 관계행정청이 위와 같은 같은 처분을 하려면 반드시 사전에 청문절차를 거쳐야 한다.
2) 대판 1981. 7. 28, 81누39.
1) 헌재결 1990. 9. 9, 90헌마13.

## VIII. 행정규칙에 대한 통제

### 1. 행정적 통제

[중앙행정심판위원회의 통제] 행정규칙은 법제처의 사후평가를 받으며, 중앙행정심판위원회의 시정조치요구가 있으면 요청을 받은 관계행정기관은 정당한 사유가 없는 한 이에 따라야 한다(행심법 제59조 제2항).

▶ 행정심판법 제59조(불합리한 법령 등의 개선) ① 중앙행정심판위원회는 심판청구를 심리·재결할 때에 처분 또는 부작위의 근거가 되는 명령 등(대통령령·총리령·부령·훈령·예규·고시·조례·규칙 등을 말한다. 이하 같다)이 법령에 근거가 없거나 상위 법령에 위배되거나 국민에게 과도한 부담을 주는 등 크게 불합리하면 관계 행정기관에 그 명령 등의 개정·폐지 등 적절한 시정조치를 요청할 수 있다. ② 제1항에 따른 요청을 받은 관계 행정기관은 정당한 사유가 없으면 이에 따라야 한다.

[상급행정기관의 감독권 행사에 의한 통제] 상급행정기관은 하급행정기관에 대하여 지휘·감독권(감시권·훈령권·주관쟁의조정권 등)을 행사할 수 있으며, 행정규칙의 기준과 방향을 제시할 수 있으며, 행정규칙이 위법한 경우 위법한 행정규칙의 폐지를 명하는 등의 방법에 의하여 행정규칙의 적법성과 타당성을 보장한다. 이와같이 상급행정기관은 하급행정기관에 대한 지휘·감독권을 가지고 있는데, 여기에는 행정규칙에 대한 감독권도 포함된다고 보는 것이 타당하다.[1]

[행정절차에 의한 통제 가능성 여부] 행정규칙의 적정화를 도모하기 위하여 행정규칙을 제정함에 일정한 절차를 거치도록 하는 경우도 있으나, 행정규칙은 반드시 행정절차적 통제를 받는 것은 아니다.

### 2. 국회에 의한 통제(입법적 통제)

[국회 직접적 통제] 국회 직접적 통제는 국회가 행정규칙의 성립요건과 효력요건에 직접 관여하는 방법으로 통제하는 제도로서, 현재 이러한 제도는 없다.

[국회 간접적 통제] 국회는 국정감사·조사권, 법령제정권, 국무위원의 해임건의권, 대정부질문권, 탄핵소추제도 등의 간접적인 방법으로 통제할 수 있다. (국회 소관상임위원회에 의한 통제): 중앙행정기관의 장은 법률에서 위임한 사항이나 법률을 집행하기 위하여 필요한 사항을 규정한 대통령령·총리령·부령·훈령·예규·고시 등이 제정·개정 또는 폐지된 때에는 10일 이내에 이를 국회 소관상임위원회에 제출하여야 한다. 다만, 대통령령의 경

---

[1] 김남진, 조례제정권과 위임명령제정권의 구별, 법률신문(2003.12.15) 참조; 김남진·김연태, 행정법(Ⅰ), 186면.

우에는 입법예고를 하는 때(입법예고를 생략하는 경우에는 법제처장에게 심사를 요청하는 때를 말한다)에도 그 입법예고안을 10일 이내에 제출하여야 한다.[1] 특히 입법적 통제의 방안으로서 행정규칙의 명칭통일·남발방지 등을 위하여 정기적인 심사 등이 필요한데, 독일 연방정부(Bundesregierung)의 "연방의 행정규칙의 작성, 정리, 심사를 위한 연방의 지침 (Die Richtlinie der Bundesregierung zur Gestaltung, Ordnung und Überprüfung von Verwaltungsvorschriften des Bundes vom 20. Dezember 1989)"은 좋은 참고자료가 된다.[2]

## 3. 사법적 통제
### 3.1. 법원에 의한 통제
#### 3.1.1. 항고소송

[원칙적] 행정규칙은 일반적·추상적 규정이며, 대외적 효력을 갖는 법규가 아니므로, 원칙적으로 국민의 권익이 침해되는 것은 아니며, 따라서 당해 행정규칙에 대한 취소소송이나 무효등확인소송을 제기할 수는 없다(아래 판례참조).

▶ 대판 1985. 11. 26, 85누394【개인택시자동차운수사업면허불허가처분등취소】 개인택시면허 우선순위에 관한 교통부장관의 시달(示達)은 단순히 개인택시면허처분을 위하여 그 면허순위에 관한 내부적 심사기준을 시달한 예규나 통첩에 불과하여 현실적으로 특정인의 권리를 침해하는 것이 아니므로 이를 행정소송의 대상이 되는 행정처분이라고 할 수 없다.

[예외적] '처분적 행정규칙'과 같이 당해 행정규칙에 의하여 직접 국민의 권익이 침해당하였다고 인정되어(상급감독청이 특정건축업자의 건축자재에 대하여, 화재·건강상의 이유를 들어 사용허가를 거부하라는 지시가 있는 경우), 국민이 직접 행정규칙을 다투지 아니하고는 도저히 권리구제를 받을 수 없는 특별한 사정이 있는 경우에는 행정규칙의 처분성을 인정하여(처분규칙; 처분적 행정규칙), 이에 대한 취소소송 등을 제기할 수 있다.[3]

▶ 대판 1974. 11. 26, 74누110【행정처분취소】【판시사항】위험물 취급소 위치변경 신청에 대한 불허가처분 당시의 소방법시행령 제78조 소정의 시설기준 가운데 주유소 상호간의 거리에 관한 명문의 제한이 없었던 당시 내무부장관의 거리제한 지시를 적용하여 위치변경신청를 거부한 처분의 적부【판결요지】위험물취급소 위치변경신청에 대한 불허가처분 당시의 소방법시행령 제78조 소정의 시설 기준 가운데 주유소 상호간의 거리에

---

1) 국회법 제98조의2 (대통령령등의 제출등)
2) 김남진·김연태, 행정법(I), 187면.
3) 박윤흔, 행정법강의(상), 269면.

관한 명문의 제한이 없었던 당시 상공부장관의 통첩에 의한 내무부장관의 거리제한 지시를 적용하여 위치변경신청을 거부한 처분은 적법하다.

### 3.1.2. 구체적 규범통제

행정규칙을 직접 다투는 행정소송은 제기할 수 없으나, 그 행정규칙에 따라 그 처분을 다투는 행정소송을 제기하여 그 선결문제로서 행정규칙의 위법을 주장할 수 있는가가 문제된다. 대외적 효력을 갖지 아니한 행정규칙만에 근거를 둔 행정청의 행위는 행정소송의 대상이 되는 처분에 해당되지 않기 때문에 행정규칙의 위법여부가 선결문제로 되지 않는다.[1] 그러나 재량준칙이나 법령해석준칙을 근거로 행해지는 경우와 같이, 대부분의 경우는 행정규칙과 함께 법령(법률·법규명령)을 근거로 행하여지며, 이 경우에는 행정청의 작용은 결국 법령에 근거한 행정작용으로서 행정소송의 대상이 되는 행정처분이 된다.[2]

## 3.2. 헌법재판소에 의한 통제(헌법소원)

### 3.2.1. 원칙적

행정조직 내부에서만 효력을 가지고 국민에게 직접 효력을 미치지 않는 행정규칙에 대해서도 헌법소원을 제기할 수 있는가 하는 점이 문제된다. 생각건대 행정규칙은 원칙적으로는 헌법소원을 제기할 수 없다. 왜냐하면 행정규칙은 일반적으로 행정조직 내부에서만 효력을 가지는 것이고 대외적인 구속력(Bindungswirkung)을 갖는 것이 아니기 때문이다.

### 3.2.2. 예외적

행정규칙이 법령의 규정에 의하여 행정관청에 법령의 구체적 내용을 보충할 권한을 부여한 경우나(법령보충적 행정규칙), 재량권행사의 준칙인 규칙(재량준칙)이 그 정한 바에 따라 되풀이 시행되어 행정관행이 이룩되게 되면 평등의 원칙이나 신뢰보호의 원칙에 따라 행정기관은 그 상대방에 대한 관계에서 그 행정규칙에 따라야 할 자기구속을 당하게 되는 경우에는 대외적인 구속력을 가지게 되며, 이러한 경우에는 헌법소원의 대상이 될 수도 있다.

▶ 판례〉 [경기도교육청의 1999.6.2.자 '학교장·교사 초빙제 실시'는 내부적 사무처리지침에 불과한 것으로 헌법소원의 대상이 될 수 없다고 하면서] 법령보충규칙 또는 재량준칙이 그 정한 바에 따라 되풀이 시행되어 행정관행이 이룩되게 되면, 평등의 원칙이나 신뢰보호의 원칙에 따라 행정기관은 그 상대방에 대한 관계에서 그 규칙에 따라야 할 자

---

1) 박윤흔, 행정법강의(상), 269면.
2) 박윤흔, 행정법강의(상), 270면.

기구속을 당하게 되는 경우에는 대외적인 구속력을 가지게 되며, 이러한 경우에는 헌법소원의 대상이 될 수도 있다(헌재 2001. 5. 31, 99헌마413).

▶판례〉 청소년유해매체물의 표시방법에 관한 정보통신부 고시는 상위법령과 결합하여 대외적 구속력을 갖는 법규명령으로 기능하는 것으로 헌법소원의 대상이 된다(헌재 2004. 1. 29, 2001헌마894).

[법령보충적 행정규칙] 또한 위에서 언급한 바와 같이 법령의 직접적인 위임에 따라 수임행정기관이 그 법령을 시행하는데 필요한 구체적 사항을 정한 것이면, 그 제정형식은 비록 법규명령이 아닌 고시·훈령·예규 등과 같은 행정규칙이더라도 그것이 상위법령의 위임한계를 벗어나지 아니하는 한, 상위법령과 결합하여 대외적인 구속력을 갖는 법규명령으로서 기능하게 된다고 보아야 할 것이므로, 청구인이 법령과 예규의 관계규정으로 말미암아 직접 기본권침해를 받았다면, 이에 대하여 헌법소원심판을 청구할 수 있다. 헌법재판소에 의한 행정규칙의 통제는 주로 헌법소원을 통해서 이루어진다. 예를 들면, (ㄱ) 서울대 1994학년도 신입생선발입시안에 대한 헌법소원사건(헌재 1992.10.1, 92헌마68·76)과, (ㄴ) 쇠고기고시가 인간광우병 발생 가능성을 중대시켜 국민의 기본권을 침해한다"며 이 사건 고시의 위헌확인을 수한 사건에서 그 예를 들 수 있다.

[서울대학교 1994년도 대학입시요강에 대한 헌법소원] 헌법재판소는 서울대학교 1994년도 대학입시요강에 대한 헌법소원(헌재결 92헌마68)에서 입시요강을 헌법소원의 대상이 되는 공권력행사라고 보았다. 즉, 행정규칙의 헌법소원의 대상이 되는지 여부는 행정규칙이 사법상의 강제력을 가지고 국민의 기본권을 직접 침해하고 있는지 여부에 있다고 보아야 할 것이다. 이렇게 본다면 행정규칙의 헌법소원의 대상이 되는 공권력행사에의 해당여부는 행정규칙의 법규성 또는 대외적 구속력 여부의 문제와는 일단 구별되는 문제로 보아야 할 것이다. 다만, 법규성 또는 대외적 구속력이 인정되는 행정규칙은 당연히 헌법소송의 대상이 되는 공권력행사에 해당하는 것으로 볼 수 있을 것이다. 이 사건에서 중점적으로 다루어졌던 내용은 다음과 같다.

▶헌재결 1992. 10. 1, 92헌마 68 【1994학년도신입생선발입시안에 대한 헌법소원】

【판시사항】

1. 서울대학교가 "94학년도 대학입학고사주요요강"을 제정하여 발표한 것에 대하여 제기된 헌법소원심판청구의 적법여부(공권력행사 해당여부, 보충성, 권리보호의 이익) ☞ 결정요지 1

2. 헌법 제31조 제4항 소정의 교육의 자주성, 대학의 자율성 보장의 헌법적 의의 ☞ 결정요지 2

3. 서울대학교의 94학년도 대학입학고사주요요강에서 인문계열 대학별고사의 제2외국어에 일본어를 제외한 것이 헌법에 위반하는지 여부 ☞ 결정요지 3

【결정요지】

1. 국립대학인 서울대학교의 "94학년도 대학입학고사주요요강"은 사실상의 준비행위 내지 사전안내로서 행정쟁송의 대상이 될 수 있는 행정처분이나 공권력의 행사는 될 수 없지만 그 내용이 국민의 기본권에 직접 영향을 끼치는 내용이고 앞으로 법령의 뒷받침에 의하여 그대로 실시될 것이 틀림없을 것으로 예상되어 그로 인하여 직접적으로 기본권 침해를 받게 되는 사람에게는 사실상의 규범작용으로 인한 위험성이 이미 현실적으로 발생하였다고 보아야 할 것이므로 이는 헌법소원의 대상이 되는 헌법재판소법 제68조 제1항 소정의 공권력의 행사에 해당된다고 할 것이며, 이 경우 헌법소원외에 달리 구제방법이 없다.

2. 헌법 제31조 제4항이 규정하고 있는 교육의 자주성, 대학의 자율성 보장은 대학에 대한 공권력 등 외부세력의 간섭을 배제하고 대학인(大學人) 자신이 대학을 자주적으로 운영할 수 있도록 함으로써 대학인으로 하여금 연구와 교육을 자유롭게 하여 진리탐구와 지도적 인격의 도야(陶冶)라는 대학의 기능을 충분히 발휘할 수 있도록 하기 위한 것으로서 이는 학문의 자유의 확실한 보장수단이자 대학에 부여된 헌법상의 기본권이다.

3. 가. 서울대학교가 1994학년도 대학입학고사주요요강을 정함에 있어 인문계열의 대학별고사과목에서 국어(논술), 영어, 수학 Ⅰ을 필수과목으로 하고 한문 및 불어, 독어, 중국어, 에스파냐어 등 5과목 중 1과목을 선택과목으로 정하여 일본어를 선택 과목에서 제외시킨 것은 교육법 제111조의2 및 앞으로 개정될 교육법시행령 제71조의2의 제한범위(법률유보) 내에서의 적법한 대학의 자율권 행사이다.

나. 고등학교에서 일본어을 선택하여 공부한 학생이 다른 제2외국어을 선택한 학생에 비하여 입시경쟁에서 불리한 입장에 놓이는 것은 사실이나 이러한 불이익은 서울대학교가 헌법 제22조 제1항 소정의 학문의 자유와 헌법 제31조 제4항 소정의 대학의 자율권이라고 하는 기본권의 주체로서 자신의 주체적인 학문적 가치판단에 따른, 법률이 허용하는 범위 내에서의 적법한 자율권행사의 결과 초래된 반사적 불이익이어서 부득이하다.

다. 서울대학교가 일본어를 선택과목에서 뺀 대신 고등학교 교육과정의 필수과목을 모든 고등학교에서 가르치고 있는 한문을 다른 외국어와 함께 선택과목으로 채택하였을 뿐더러, 위 입시요강을 적어도 2년간의 준비기간을 두고 발표함으로써 고등학교에서 일본어를 배우고 있는 1·2학년 학생들로 하여금 그다지 지장이 없도록 배려까지 하고 있으므로, 그들이 갖는 교육의 기회균등이 침해되었다고 말할 수 없다.

▶헌재결 2008. 12. 26, 2008헌마423【미국산 쇠고기 및 쇠고기 제품 수입위생조건 위헌확인】(美쇠고기 '고시' 합헌 "완벽하진 않지만 보호조치 인정") [사건의 개요] 정부는 2008. 4. 22. 한미쇠고기수입 협상 결과에 따라 농림수산식품부 공고 제2008-45호로 미국산 쇠고기 수입위생조건 고시 개정안을 예고하였다가, 미국산 쇠고기 수입에 대한 여론이 악화되자 미국과의 추가협상을 통하여 2008. 6. 2. 위 고시 개정안에 부칙 제7항 내지 제9항을 신설한

다음, 2008. 6. 26. 농림수산식품부 고시 제2008-15호 '미국산 쇠고기 수입위생조건'(이하 '이 사건 고시'라 한다)을 관보에 게재하여 공포하였다. 민주·자유선진·민주노동·진보신당 등 야당과 시민 9만5987명이 "쇠고기 고시가 인간광우병 발생 가능성을 증대시켜 국민의 기본권을 침해한다"며 이 사건 고시의 위헌확인을 구하고 있다.

[종국결과 : 각하, 기각] 헌법재판소는 26일 농림수산식품부의 미국산 쇠고기 수입위생조건 고시에 대해 합헌 결정을 내렸다. 헌재 전원재판부는 민주·자유선진·민주노동·진보신당 등 야당과 시민 9만5987명이 "쇠고기 고시가 인간광우병 발생 가능성을 증대시켜 국민의 기본권을 침해한다"며 낸 헌법소원을 재판관 5(기각 : 합헌) 대 3(각하) 대 1(위헌) 의견으로 기각했다. 헌재는 미국산 쇠고기의 수입·유통이 국민의 생명과 기본권을 위협할 가능성이 존재하고 정부의 보호 조치가 완벽하진 않지만, 고시상 취해진 조치가 위헌으로 볼 정도는 아니라고 밝혔다. 재판부는 "인간광우병의 위험성, 미국에서의 발병 사례, 국내에서의 섭취 가능성을 감안할 때 미국산 쇠고기가 수입·유통되는 경우 소비자의 생명·신체의 안전이 침해될 가능성을 부인할 수 없다"고 전제했다.[1]

1. 적법요건에 관한 판단
가. 기본권 침해 가능성

(1) 헌법 제10조는 "모든 국민은 인간으로서의 존엄과 가치를 가지며, 행복을 추구할 권리를 가진다. 국가는 개인이 가지는 불가침의 기본적 인권을 확인하고 이를 보장할 의무를 진다."고 규정하여, 모든 국민이 인간으로서의 존엄과 가치를 지닌 주체임을 천명하고, 국가권력이 국민의 기본권을 침해하는 것을 금지함은 물론 이에서 더 나아가 적극적으로 국민의 기본권을 보호하고 이를 실현할 의무가 있음을 선언하고 있다. 또한 생명·신체의 안전에 관한 권리는 인간의 존엄과 가치의 근간을 이루는 기본권일 뿐만 아니라, 헌법은

---

[1] [이강국·김희옥·김종대·민형기·목영준 재판관(기각 : 합헌)] 이강국·김희옥·김종대·민형기·목영준 재판관은 "국제수역사무국(OIE)의 국제기준과 지금까지의 과학기술 지식에 근거해 보호조치를 취한 것이라면 완벽한 것은 아닐지라도 국민의 생명·신체의 안전을 보호할 국가의 의무를 위반했다고 단정할 수 없다"며 합헌 판단을 내렸다. 최근 미국에서 추가로 인간광우병이 발병되지 않았고, 고시를 보완하기 위해 가축전염병예방법이 개정되고 원산지표시제가 시행된 점 등도 고려됐다. 재판부는 이번 판단이 "헌재는 국가가 국민을 위해 최소한의 보호 조치를 취했는지만 제한적으로 심사할 수 있다"는 '과소보호금지원칙'에 따른 것이라고 밝혔다. 국가가 아무런 보호 조치를 취하지 않거나 취한 조치가 전적으로 부적합·불충분할 때만 위헌 판단을 내릴 수 있다는 것이다. [송두환 재판관] 유일하게 위헌 의견을 낸 송두환 재판관은 "위험성을 내포한 식재료가 유통돼 초래할 위험은 매우 심각하다"며 "수입위생조건을 완화한 이번 고시는 미 쇠고기에 대한 위험방지 조치 정도를 현저히 낮춘 것으로 국민의 생명과 안전을 해할 위험성이 여전히 남아 있다."고 밝혔다. 경향신문 | 기사입력 2008.12.26 18:19.

"모든 국민은 보건에 관하여 국가의 보호를 받는다."고 규정하여 질병으로부터 생명·신체의 보호 등 보건에 관하여 특별히 국가의 보호의무를 강조하고 있으므로(제36조 제3항), 국민의 생명·신체의 안전이 질병 등으로부터 위협받거나 받게 될 우려가 있는 경우 국가로서는 그 위험의 원인 과 정도에 따라 사회·경제적인 여건 및 재정사정 등을 감안하여 국민의 생명·신체의 안전을 보호하기에 필요한 적절하고 효율적인 입법·행정상의 조치를 취하여 그 침해의 위험을 방지하고 이를 유지할 포괄적인 의무를 진다 할 것이다. 그런데 이러한 고시가 미국산 쇠고기의 수입과 관련하여 국민의 생명·신체의 안전을 보호하기 위하여 필요한 적절하고도 효율적인 조치를 취하지 못하였다면 이는 국가가 국민의 기본권을 보호할 의무를 위반하여 국민의 생명·신체의 안전에 관한 기본권을 침해할 가능성이 있는 경우에 해당한다 할 것이므로, 뒤에서 보는 바와 같이 법적 관련성이 인정되는 일부 청구인들이 그와 같은 취지에서 이 사건 고시에 대하여 위헌 확인을 구하며 청구한 이 사건 헌법소원심판은 기본권침해의 가능성에 대한 적법요건을 갖추었다 할 것이다.

나. 법적 관련성
(1) 진보신당의 경우

청구인 진보신당은 국민의 정치적 의사형성에 참여하기 위한 조직으로 성격상 권리능력 없는 단체에 속하지만, 구성원과는 독립하여 그 자체로서 기본권의 주체가 될 수 있고, 그 조직 자체의 기본권이 직접 침해당한 경우 자신의 이름으로 헌법소원심판을 청구할 수 있으나, 이 사건에서 침해된다고 하여 주장되는 기본권은 생명·신체의 안전에 관한 것으로서 성질상 자연인에게만 인정되는 것이므로, 이와 관련하여 청구인 진보신당과 같은 권리능력 없는 단체는 위와 같은 기본권의 행사에 있어 그 주체가 될 수 없고, 또한 청구인 진보신당이 그 정당원이나 일반 국민의 기본권이 침해됨을 이유로 이들을 위하거나 이들을 대신하여 헌법소원심판을 청구하는 것은 원칙적으로 허용되지 아니하므로, 이 사건에 있어 청구인 진보신당은 청구인능력이 인정되지 아니한다 할 것이다. ☞ 각하

(2) 나머지 청구인들의 경우

(가) 이 사건 고시는 미국산 쇠고기를 수입하는 자에게 적용할 수입위생조건을 정한 것으로서, 쇠고기 소비자의 경우 그 직접적인 수범자는 아니라 할 것이나, 이 사건 고시가 소비자의 생명·신체의 안전을 보호하기 위한 조치의 일환으로 행하여진 것임은 앞서 본 바와 같으므로, 실질적인 규율 목적 및 대상이 쇠고기 소비자와 관련을 맺고 있다 할 것이다. 그리고 앞서 본 바와 같이 가격 경쟁력이 높은 미국산 쇠고기가 수입·유통되는 경우 많은 소비자들이 이를 구매하여 섭취할 것으로 예상되고, 그렇지 않다 하더라도 가공식품 및 일반 식당 판매 등 여러 경로를 통하여 소비자 자신도 모르게 이를 섭취하게 될 가능성도 있으므로, 일반 소비자라 할 수 있는 나머지 청구인들(이하 '청구인들'이라 한다)은 특별한 사정이 없는 한 미국산 쇠고기 수입과 관련된 보호조치인 이 사건 고시에 대하여 구체적이

고 실질적인 이해관계를 가진다 할 것이고, 따라서 이 사건 고시가 생명·신체의 안전에 대한 보호의무에 위반함으로 인하여 초래되는 기본권 침해와의 자기관련성을 인정할 수 있다 할 것이다.
☞ **기본권 침해의 자기관련성**

(나) 또한 이 사건 고시의 위생조건에 따라 수입검역을 통과한 미국산 쇠고기는 별다른 행정조치 없이 유통·소비될 것이 예상되므로, 청구인들에게 이 사건 고시가 생명·신체의 안전에 대한 보호의무에 위반함으로 인하여 초래되는 기본권 침해와의 현재성 및 직접성도 인정할 수 있다. ☞ **기본권 침해의 현재성·직접성**

2. 본안에 관한 판단

가. 생명·신체의 안전에 관한 보호의무 위반 여부

(1) 심사구조와 심사기준

이 사건 고시의 수입위생조건은 가축전염병예방법 제34조 제2항에 근거하여 미국산 쇠고기 수입으로 인한 소해면상뇌증 발병 가능성 등에 대응하기 위하여 취해진 보호조치의 일환으로, 이 사건에 있어서는 고시상의 보호조치가 국가의 기본권 보호의무를 위반함으로써 생명·신체의 안전과 같은 청구인들의 중요한 기본권이 침해되었는지 여부가 문제된다 할 것이다. 그런데 국가가 국민의 생명·신체의 안전을 보호할 의무를 진다하더라도 국가의 보호의무를 입법자 또는 그로부터 위임받은 집행자가 어떻게 실현하여야 할 것인가 하는 문제는 원칙적으로 권력분립과 민주주의의 원칙에 따라 국민에 의하여 직접 민주적 정당성을 부여받고 자신의 결정에 대하여 정치적 책임을 지는 입법자의 책임범위에 속하므로, 헌법재판소는 단지 제한적으로만 입법자 또는 그로부터 위임받은 집행자에 의한 보호의무의 이행을 심사할 수 있는 것이다.[1] 따라서 국가가 국민의 생명·신체의 안전에 대한 보호의무를 다하지 않았는지 여부를 헌법재판소가 심사할 때에는 국가가 이를 보호하기 위하여 적어도 적절하고 효율적인 최소한의 보호조치를 취하였는가 하는 이른바 '과소보호금지원칙'의 위반 여부를 기준으로 삼아, 국민의 생명·신체의 안전을 보호하기 위한 조치가 필요한 상황인데도 국가가 아무런 보호조치를 취하지 않았든지 아니면 취한 조치가 법익을 보호하기에 선석으로 부석합하거나 매우 불충분한 것임이 명백한 경우에 한하여 국가의 보호의무의 위반을 확인하여야 하는 것이다.[2]

(2) 과소보호금지 원칙 위반 여부

(가) 판단 기준 개관

미국산 쇠고기의 수입과 관련하여 국가의 보호조치가 필요한 상항 그 자체가 예상된다는 것은 앞서 본 바와 같으나, 그 일환으로 행하여진 이 사건 고시에 구체적으로 어떠한

---

1) 헌재 1997. 1. 16. 90헌마110등, 판례집 9-1, 90, 121; 헌재 2007. 7. 31. 2006헌마711, 공보 142, 1146, 1149 참조.
2) 헌재 1997. 1. 16. 90헌마110등, 판례집 9-1, 90, 122 참조.

내용의 수입위생조건을 정할 것인지는 농림수산식품부장관이 그 근거규정인 가축전염병예방법 제34조 제2항의 위임 범위 내에서 구체적 상황에 맞게 정할 수 있는 것으로서 원칙적으로 그 직무상의 재량영역에 속하는 것이라 할 것이다.

나. 청구인들의 나머지 주장에 대한 판단

(1) 기타의 기본권 침해

청구인들은 이 사건 고시로 인하여 인간의 존엄과 가치, 행복추구권, 자기결정권 및 일반적 행동자유권, 소비자의 권리, 보건권 등이 침해되었다고 주장하나, 이 사건 고시는 그 근거법률인 가축전염병예방법 제34조에서 보듯이 가축방역 및 공중위생이라는 공익을 위하여 미국산 쇠고기의 수입자를 상대로 그 수입위생조건을 설정한 것으로서, 이 사건 고시의 직접적인 수범자인 쇠고기 수입자에 대하여 미국산 쇠고기 수입을 제한하는 내용으로 되어 있는바, 이러한 수입 제한으로 인하여 쇠고기 소비자인 청구인들이 내세우는 위 기본권 등이 침해될 수 있는 것이 아님은 명백하다.

(2) 기타의 헌법원리 및 헌법원칙 위반

청구인들은 이 사건 고시가 국민주권 원리의 내용을 이루는 검역주권, 헌법 제6조 제1항 및 제60조 제1항, 제37조 제2항의 법률유보, 적법절차원칙, 명확성원칙 등에 위배된다고도 주장하나, 이와 같이 단순히 일반 헌법규정이나 헌법원칙에 위반된다는 주장만으로는 특별한 사정이 없는 한 기본권침해의 가능성을 인정하기 어렵다고 할 것이므로(헌재 2006. 2. 23. 2005헌마268, 판례집 18-1상, 298, 304 참조), 청구인들의 이 부분 주장에 대하여도 이 사건 고시가 생명·신체의 안전에 관한 보호의무에 위반된 것인지 여부와 관련된 범위에서 살펴보면 충분할 것이다.

(가) 검역주권 위반

이 사건 고시는 개정 전 고시에 비하여 다소 완화된 수입위생조건을 정하고 있으나, 이는 지금까지의 과학기술 지식과 OIE 국제기준 등에 근거하여 보호조치를 취한 것으로서 그 합리성을 상실하였다고 보기 어려울 뿐만 아니라, 구체적으로 미국에서 소해면상뇌증 발병시 수입중단 조치(제5조, 부칙 제6항), 미국 육류작업장 등에 대한 위생관리 조치(제6 내지 9조, 부칙 제3항), 수입 검역검사 및 규제 조치(제23조, 제24조, 부칙 제9항) 등 개별 조항들을 보더라도 앞서 살펴 본 바와 같이 OIE 국제기준 등에 따라 수입단계 별로 특정위험물질 등의 유입을 차단하기 위한 여러 보호조치를 규정하고 있는 점 등에 비추어 보면, 이 사건 고시가 검역주권을 포기하였다거나 이로 인하여 생명·신체의 안전에 관한 국가의 보호의무에 위반한 것으로 보기는 어려우므로, 이와 다른 전제에 입각한 청구인들의 이 부분 주장은 받아들일 수 없다.

(나) 헌법 제6조 제1항 및 제60조 제1항 위반

이 사건 고시가 헌법 제60조 제1항에서 말하는 조약에 해당하지 아니함이 분명하므로 국회의 동의를 받아야 하는 것은 아니고, 한편 이 사건 고시에서 "미국 연방 육류검사법에 기술된 대로" 미국산 쇠고기를 정의한다거나{제1조(1)}, 미국정부가 제1조(9)(나)의 적용과 관련하여 "미국 규정{9CFR310.22(a)}에 정의된" 것을 제거한다(부칙 제5항)고 규정함으로써 미국의 법률 또는 규정을 원용하고 있으나, 이는 미국과의 이 사건 쇠고기 협상 내용을 반영할 수밖에 없는 이 사건 고시의 국제통상적인 성격과 전문적이고 기술적인 규율 내용 등을 고려한 표기방식에 불과한 만큼 이러한 표기에 의하여 미국의 법령이 국내법과 같은 효력을 가질 수는 없는 것이므로, 이와 다른 전제에 선 청구인들의 이 부분 주장은 위 헌법규정 위반이 기본권 보호의무 위반으로 귀결되는 것인지 여부에 대하여 더 나아가 살펴볼 필요 없이 이유 없다.

(다) 법률유보 위반

청구인들은, 이 사건 고시의 위임규정인 가축전염병예방법 제34조 제1항은 "지정검역물을 수입하는 자는 수출국의 정부기관이 가축전염병의 병원체를 퍼뜨릴 우려가 없다고 증명한 검역증명서를 첨부하여야 한다."고 규정하고, 같은 조 제2항은 "농림수산식품부장관은 가축방역 및 공중위생상 필요하다고 인정하는 경우에는 제1항의 규정에 의한 검역증명서의 내용에 관련된 수출국의 검역내용 및 위생상황 등 위생조건을 정하여 고시할 수 있다."고 규정하여, 쇠고기와 같은 지정검역물을 수입하는 자가 제출하여야 하는 검역증명서의 내용에 관련된 수출국의 검역내용 및 위생상황 등 위생조건에 관하여 비교적 명확하게 위임하고 있는바, 이 사건 고시와 관련하여 청구인들은 법령이 아닌 고시의 형식으로 기본권을 제한하는 데 문제가 있을 뿐만 아니라, 이 사건 고시가 수권법률에서 위임받은 범위를 벗어나 기본권을 제한하는 새로운 내용을 규정하고 있으므로 헌법 제37조 제2항이 정한 법률유보에 위반한 것으로서 청구인들의 기본권을 침해하는 것이라는 취지로 주장한다.

먼저 쇠고기 소비자인 청구인들은 쇠고기 수입자와는 달리 이 사건 고시의 규율 내용으로 인하여 직접 기본권을 제한받는 자가 아니라, 이 사건 고시가 쇠고기 수입의 자유를 제한함으로써 도모하려고 하는 생명·신체의 안전에 관한 보호대상자일 뿐이므로, 설사 이 사건 고시가 쇠고기 수입자의 기본권을 제한함에 있어서 헌법 제37조 제2항에 위반한 것이라고 하더라도, 이로 인하여 자기의 기본권 침해를 주장할 수 있는 지위에 있는 것이 아니다. 한편 국가가 국민의 기본권 보호의무를 이행함에 있어 그 행위의 형식에 관하여도 폭넓은 형성의 자유가 인정되고, 그것도 반드시 법령에 의하여 이행하여야 하는 것은 아니며, 이 사건 고시와 같이 국가가 쇠고기 소비자의 생명·신체의 안전에 관한 보호의무를 이행하기 위하여 취한 행위의 경우 법령의 위임이 없거나 그 위임의 범위를 벗어난 것이라는 사유만으로는 보호의무를 위반하거나 그로 인하여 소비자의 기본권을 침해한 것으로 볼 수 없으므로, 청구인들의 이 부분 주장은 더 나아가 판단할 필요 없이 이유 없다.

(라) 적법절차 원칙 위반

헌법 제12조 제1항이 천명하고 있는 적법절차 원칙은 형사소송 절차에 국한되지 않고 모든 국가작용 전반에 대하여 적용된다고 할 것이나,[1] 이 원칙이 구체적으로 어떠한 절차를 어느 정도로 요구하는지 일률적으로 정하기 어렵고, 이는 규율되는 사항의 성질, 관련 당사자의 사익, 절차의 이행으로 제고될 가치, 국가작용의 효율성, 절차에 소요되는 비용, 불복의 기회 등 다양한 요소들을 형량하여 개별적으로 판단할 수밖에 없는 것이다.[2] 이 사건 기록 등에 의하면, 농림수산식품부장관은 2008. 4. 22. 농림수산식품부 공고 제2008-45호로 미국산 쇠고기 수입위생조건 개정안에 대하여 '입안예고'라는 명칭으로 예고절차를 거친 이후 미국과의 쇠고기 추가협상을 통해 부칙 제5 내지 9항을 비롯한 일부 내용을 추가하거나 변경함에 있어 별도의 예고절차 없이 2008. 6. 26. 이 사건 고시를 관보에 게재하였으므로, 이러한 예고절차 등과 관련하여 적법절차 원칙에 위반되는지 여부가 문제될 수 있다. 그러나 원래 국민의 생명·신체의 안전 등 기본권을 보호할 의무를 어떠한 절차를 통하여 실현할 것인가에 대하여도 국가에게 폭 넓은 형성의 자유가 인정된다 할 것이므로, 농림수산식품부장관 등 관련 국가기관이 국민의 생명·신체의 안전에 영향을 미치는 고시 등의 내용을 결정함에 있어서 이해관계인의 의견을 사전에 충분히 수렴하는 것이 바람직하기는 하지만, 그것이 헌법의 적법절차 원칙상 필수적으로 요구되는 것이라고 할 수는 없다. 한편 이 사건 고시는 입법예고의 대상인 '법령 등'에 해당하지 아니하므로(행정절차법 제2조 제1호, 제41조 제1항 참조) 비록 입안예고를 하였다고 하더라도 법령 등에 관한 입법예고를 거칠 사항으로는 볼 수 없는 점, 행정절차법 제46조에 의한 행정예고의 경우에도 관련 법령에서 일정한 사항에 대한 정책·제도 및 계획을 수립·시행하거나 변경하고자 할 때 특별한 사정이 없는 한 20일 이상 이를 예고하도록 규정하고 있을 뿐 별도로 '재예고' 절차를 두고 있지 않은 점, 나아가 당초의 입안예고와 언론보도 등을 통하여 이 사건 고시의 주요 내용이 널리 알려졌다고 보일 뿐만 아니라 새로이 추가되거나 변경된 사항의 경우 그 경위와 내용 등에 비추어 당초 예고된 사항에 비하여 쇠고기 소비자 등에게 불리하거나 중대한 변경이 발생하였다고 보기 어려우므로 재예고 절차를 반드시 거칠 필요가 없어 보이는 점, 한편 청구인들은 WTO SPS 협정 등을 근거로 이 사건 고시에 대하여 최소 60일전에 입법예고를 하여야 한다고 하나 위 협정 등에 따른 기간은 위생검역정책 변경시 회원국들 간에 적용되는 것으로서 이 사건 고시에 이를 적용할 수는 없는 점, 그 밖에 이 사건 고시의 개정 경위와 내용, 그 예고절차의 이행 등으로 제고될 관련 이익과 국가 작용의 효율성 등 제반 상황을 종합하여 보면, 이 사건 고시와 관련하여 청구인들이 주장하는 재예고 절차 등을 거치지 않았다고 하

---

1) 헌재 1992. 12. 24. 92헌가8, 판례집 4, 853, 876-877; 헌재 1998. 5. 28. 96헌바4, 판례집 10-1, 610, 618; 헌재 2007. 4. 26. 2006헌바10, 공보 127, 503, 508.
2) 헌재 2003. 7. 28. 2001헌가25, 판례집 15-2상, 1, 18; 헌재 2005. 12. 22. 2005헌마19, 판례집 17-2, 785, 796; 헌재 2006. 5. 25. 2004헌바12, 판례집 18-1하, 58, 67.

여 그것만으로 법률이 정한 절차를 위반하였거나 이로 인하여 국민의 생명·신체의 안전에 관한 보호의무를 위반한 것으로 보기는 어렵다.

(마) 명확성 원칙 위반

이 사건 고시의 경우 미국산 쇠고기 수입과 관련한 수입위생조건을 정한 것으로 앞서 본 바와 같이 쇠고기 수입자를 수범자로 하여 그 성질상 전문적이고 기술적인 사항을 규정할 수밖에 없는 영역에 속해 있는 점, 나아가 앞서 보호의무 위반에 대한 판단 등에서 본 바와 같이 30개월령 이상 쇠고기의 수입 허용 여부 등에 관하여 그 조항들의 의미가 상호 모순된다거나 불명확하다고 보기 어려울 뿐 아니라 이를 보다 명확히 하기 위한 보완조치까지 이루어진 점 등을 종합하여 보면, 이 사건 고시의 명확성 여부에 대하여는 그 수범자를 기준으로 판단하여야 할 것이고, 설령 보호대상자인 쇠고기 소비자를 기준으로 보더라도 이 사건 고시의 의미 내용이 불명확하다고 보기 어렵다 할 것이므로, 이 사건 고시의 내용이 국민의 생명·신체의 안전을 보호하기에 부족할 정도로 불명확하다고 단정할 수 없다.

다. 소결론

따라서 이 사건 고시는 청구인들의 헌법상 보장된 기본권을 침해한다 할 수 없다.

[판례평석(결정의 의의)] 이 사건에서 헌법재판소의 다수의견은 국가가 국민의 생명·신체에 대한 기본권을 보호하여야 할 의무가 있다고 하면서 미국산 쇠고기 고시에 대해 제기한 청구인들(진보신당 제외)의 헌법소원심판 청구가 적법요건을 갖추었다고 인정하였다. 다만, 국가의 구체적 보호조치가 기본권 보호의무를 위반하였는지 여부를 심사함에 있어서는 보호의무를 위반하였음이 명백하여야 한다는 심사기준을 제시함으로써, 그에 따라 이 사건 고시가 기본권 보호의무를 위반하였음이 명백하다고는 볼 수 없어 헌법에 위배되지 않는다고 결정하였다.

## IX. 법규명령과 행정규칙의 관계

### 1. 구별의 실익 및 구별기준

#### 1.1. 구별의 실익[1]

##### 1.1.1. 개관

행정입법은 강학상의 개념이며, 이는 법규명령과 행정규칙으로 분류하는 것이 일반적이다. 종래의 법규명령이론은 법규개념을 중심으로 하여 법규명령과 행정규칙을 구별하고

---

1) 정준현, 위임명령의 법규명령성에 대한 재검토, 판례월보, 제342호, 22-27면; 김원주, 법규명령과 행정규칙 구별의 실익, 고시계(1998.11), 8-12면; 김유환, 법규명령과 행정규칙의 구별기준 - 행정입법의 외부법적 효력의 인정기준과 관련하여 -, 고시계(1998.11), 14-27면 참조.

있다. 행정입법을 통하여 정립되는 규범이 법규명령인가 행정규칙인가에 따라서 법률유보의 원칙, 법정립절차, 재판규범성, 사법적 통제의 방식 등에 있어서 차이가 있다.

### 1.1.2. 법률유보(Gesetzesvorbehalt)·법규유보(Vorbehalt des Gesetzes)의 원칙과의 관계 - 포괄위임금지의 원칙(포괄적 위임입법의 금지) -

헌법 제75조와 헌법 제95조는 기능적 권력분립의 차원에서 법률 및 대통령령에서 구체적으로 범위를 정하여 위임한 사항에 관하여 대통령령이나 총리령 또는 부령을 각각 발할 수 있다고 규정하여 법령의 수권을 통한 의회입법독점주의의 예외를 인정하고 있다. 대통령령은 법률에서, 총리령이나 부령은 법률이나 대통령령에서 구체적 범위를 정하여 위임받은 사항만을 규정할 수 있을 뿐 법률의 위임이 없는 한 개인의 권리와 의무를 변경·보충하거나 법률에 규정되지 아니한 새로운 내용을 규정할 수 없다.[1]

▶대판 1995. 1. 24, 93다37342【손해배상(기)】【판시사항】가. 시행령으로 법률에 의한 위임 없이 법률이 규정한 개인의 권리·의무에관한 내용을 변경·보충하거나 법률에 규정되지 아니한 새로운 내용을 규정할 수 있는지 여부 나. 구 사립학교교원연금법시행령 제66조 제2항이 법률의 위임이 없는 무효인 규정인지 여부【판결요지】가. 헌법 제75조에 의하면 대통령은 법률에서 구체적으로 범위를 정하여 위임받은 사항과 법률을 집행하기 위하여 필요한 사항에 관하여만 대통령령을 발할 수 있으므로, 법률의 시행령은 모법인 법률에 의하여 위임받은 사항이나 법률이 규정한 범위 내에서 법률을 현실적으로 집행하는 데 필요한 세부적인 사항만을 규정할 수 있을 뿐, 법률에 의한 위임이 없는 한 법률이 규정한 개인의 권리·의무에 관한 내용을 변경·보충하거나 법률에 규정되지 아니한 새로운 내용을 규정할 수는 없다. 나. 구 사립학교교원연금법시행령(1991.12.31. 대통령령 제13554호로 개정되기 전의 것) 제66조 제2항은 형사재판이나 수사가 계속중이라는 사유만으로 아무런 구별없이 급여수급권자로 하여금 급여의 일부를 지급받을 수 없게 함으로써 형사재판이나 수사가 장기화되는 경우에는 그 기간 동안 실질적으로 급여가 감액되는 것과 같은 결과를 초래하여 급여수급권자의 권리를 중대하게 제한하고 있음이 분명함에도 불구하고 같은법 시행령의 모법인 사립학교교원년금법이나 같은 법 제42조에 의하여 그 일부 조항이 준용되는 공무원연금법(1991.1.14. 법률 제4334호로 개정되기 전의 것) 제64조 기타 다른 법률에 위와 같이 사립학교교직원 또는 교직원이었던 자가 재직 중의 사유로 금고 이상의 형에 처할 범죄행위로 인하여 수사가 진행중이거나 형사재판이 계속중인 때에 퇴직급여액의 일부 지급을 유보할 수 있다거나 이 점에 관하여 대통령령에 위임한다는 아무런 근거규정을 찾아볼 수 없으며, 공무원연금법의 같은 조항은 그 규정의 명문에 비추어 볼 때 재직 중의 사유로 금고 이상의 형을 받은 경우(이는 그 형을 선

---

[1] 대판 1995. 1. 24, 93다37342【손해배상(기)】

고한 재판이 확정된 경우를 의미하는 것으로 해석된다)에 급여액의 일부를 감액 지급하는 데 대한 위임의 근거규정일 뿐, 아직 금고 이상의 형을 받기도 전에 그 급여 일부의 지급을 유보할 수 있다는 점에 관하여서까지 대통령령에 위임한 것으로 볼 수 없음이 명백하고, 재직 중의 사유로 금고 이상의 형을 받을 개연성이 높은 경우에는 사전에 급여액의 지급 일부를 유보하는 것이 사립학교교원연금법의 입법취지에 맞는다는 이유만으로 법률이 구체적으로 범위를 정하여 이를 대통령령에 위임한 것이라고 볼 수 없을 뿐만 아니라, 이와 같이 급여청구권자의 권리를 중대하게 제한하는 같은법 시행령의 규정을 법률이 규정한 범위 내에서 법률을 현실적으로 집행하는데 필요한 세부적인 사항에 관한 **집행명령의 범주에 포함되는 것이라고 볼 수도 없으므로**, 같은법 시행령 제66조 제2항의 규정은 법률의 위임이 없는 무효인 규정이라고 할 것이다.

▶[포괄위임 금지의 원칙] (헌법재판소 판례) : 헌법 제75조는 "대통령은 법률에서 구체적으로 범위를 정하여 위임받은 사항 … 에 관하여 대통령령을 발할 수 있다"고 규정하여 위임입법의 헌법상 근거를 마련하는 한편 대통령령으로 입법할 수 있는 사항을 "법률에서 구체적으로 범위를 정하여 위임받은 사항"으로 한정함으로써 일반적이고 포괄적인 위임입법은 허용되지 않는다는 것을 명백히 하고 있는데, 이는 국민주권주의, 권력분립주의 및 법치주의를 기본원리로 하고 있는 우리 헌법하에서 국민의 헌법상 기본권 및 기본의무와 관련된 중요한 사항 내지 본질적인 내용에 대한 정책 형성기능은 원칙적으로 주권자인 국민에 의하여 선출된 대표자들로 구성되는 입법부가 담당하여 법률의 형식으로써 이를 수행하여야 하고, 이와 같이 입법화된 정책을 집행하거나 적용함을 임무로 하는 행정부나 사법부에 그 기능을 넘겨서는 아니 되기 때문이다.[1]

[집행명령의 근거] 행정규칙은 법률의 수권없이도 발할 수 있으나 그 것은 행정조직 또는 특별권력관계 내부에서만 구속력를 가진다. 다만 이러한 기준은 집행명령과 행정규칙의 경우에 있어서는 사실상 큰 의미가 없다고 본다. **집행명령이 상위법령의 근거를 요한다고 하더라도 그 근거는 개별적일 필요가 없기 때문이다**(개별적 근거는 요하지 아니한다). 왜냐하면 헌법 제95조가 총리령·부령으로 발하는 집행명령에 있어서는 상위법령과의 연관성을 부여하거나 이를 적시하지 아니하고 "소관사무에 관하여 … 또는 직권으로"라고 규정하고 있는 것은 이러한 맥락에서 이해할 수 있을 것이기 때문이다.

▶**헌법 제95조** 국무총리 또는 행정각부의 장은 소관사무에 관하여 법률이나 대통령

---

1) 헌재 1995. 7. 21. 94헌마125, 판례집 7-2, 155, 165-166; 헌재 1995. 11. 30. 91헌바1등, 판례집 7-2, 562, 590-591; 헌재 1995. 11. 30. 94헌바40등, 판례집 7-2, 616, 634; 헌재1996. 10. 31. 93헌바14, 판례집 8-2, 422, 432; 헌재 1998. 7. 16. 96헌바52등, 판례집 10-2, 172, 196-197; 헌재 1998. 11. 26. 97헌바31, 판례집 10-2, 650, 660-661; 헌재 1999. 1. 28. 97헌가8, 판례집 11-1, 1, 7-8; 헌재 1999. 7. 22. 97헌바16, 판례집 11-2, 126, 137; 헌재 1999. 12. 23. 99헌가2, 판례집 11-2, 686, 698

령의 위임 또는 직권으로 총리령 또는 부령을 발할 수 있다.

### 1.1.3. 행정입법·행정규칙 정립절차 및 효력발생 요건에 있어서의 차이

법규명령의 제정·개정은 일정한 경우 입법안을 예고하여 누구든지 예고된 입법안에 대하여 의견을 제출할 수 있도록 입법참여권이 보장되어 있으나(행정절차법 제41조, 제44조), 행정규칙은 제정·개정에 대한 별도의 규정을 두고 있지 아니하다는 점에서 양자의 차이가 있다. 법규명령은 그 효력발생요건으로서 행정내부적 통제절차(심사)를 거쳐 관보에 공포하여야 효력이 발생되는데 반하여 행정규칙은 조직법상의 권한자가 발한다.[1]는 점에서 차이가 있다.

▶행정절차법 제41조(행정상 입법예고) ① 법령등을 제정·개정 또는 폐지(이하 "입법"이라 한다)하려는 경우에는 해당 입법안을 마련한 행정청은 이를 예고하여야 한다. 다만, 다음 각 호의 어느 하나에 해당하는 경우에는 예고를 하지 아니할 수 있다.

  1. 신속한 국민의 권리 보호 또는 예측 곤란한 특별한 사정의 발생 등으로 입법이 긴급을 요하는 경우

  2. 상위 법령등의 단순한 집행을 위한 경우

  3. 입법내용이 국민의 권리·의무 또는 일상생활과 관련이 없는 경우

  4. 단순한 표현·자구를 변경하는 경우 등 입법내용의 성질상 예고의 필요가 없거나 곤란하다고 판단되는 경우

  5. 예고함이 공공의 안전 또는 복리를 현저히 해칠 우려가 있는 경우

② 삭제 ③ 법제처장은 입법예고를 하지 아니한 법령안의 심사 요청을 받은 경우에 입법예고를 하는 것이 적당하다고 판단할 때에는 해당 행정청에 입법예고를 권고하거나 직접 예고할 수 있다. ④ 입법안을 마련한 행정청은 입법예고 후 예고내용에 국민생활과 직접 관련된 내용이 추가되는 등 대통령령으로 정하는 중요한 변경이 발생하는 경우에는 해당 부분에 대한 입법예고를 다시 하여야 한다. 다만, 제1항 각 호의 어느 하나에 해당하는 경우에는 예고를 하지 아니할 수 있다. ⑤ 입법예고의 기준·절차 등에 관하여 필요한 사항은 대통령령으로 정한다.

▶행정절차법 제44조(의견제출 및 처리) ① 누구든지 예고된 입법안에 대하여 의견을 제출할 수 있다. ② 행정청은 의견접수기관, 의견제출기간, 그 밖에 필요한 사항을 해당 입법안을 예고할 때 함께 공고하여야 한다. ③ 행정청은 해당 입법안에 대한 의견이 제출된 경우 특별한 사유가 없으면 이를 존중하여 처리하여야 한다. ④ 행정청은 의견을 제출한 자에게 그 제출된 의견의 처리결과를 통지하여야 한다. ⑤ 제출된 의견의 처리방법 및 처리결과의 통지에 관하여는 대통령령으로 정한다.

---

[1] 헌재결 1998. 5. 28. 96헌가1.

### 1.1.4. 재판규범성

법규명령은 대외적으로 국민과 법원을 구속하는 재판규범으로서의 성질을 가지지만, 행정규칙은 대외적인 구속력이 없고, 행정기관 내부에서만 구속력을 갖는 규범으로서 법원을 구속하지 않는다. 법규명령은 헌법재판소도 통제가 가능하다. 원칙적으로 법률에 헌법에 위반되지 여부는 헌법재판소가, 명령·규칙이 헌법이나 법률에 위반되는지 여부는 대법원이 심사한다. 그러나 재판의 전제가 되지 않고 직접 기본권을 침해할 경우에는 심사할 수 있다. 대표적으로 법무사법 시행규칙 판례가 있다.

### 1.1.5. 사법적 통제

헌법 제107조 제2항과 법원조직법 제7조 제1항 제1호와 제2호는 '재판의 전제가 된 법규명령'에 대하여는 심리법원은 선결문제로서 명령·규칙에 대한 대법원의 위헌위법 여부의 판단을 기다려 '당해 사건에 한하여' 재판규범으로서의 적용여부를 결정하도록 하고 있으나 행정규칙의 경우에는 대외적으로 일반국민과 법원에 대한 구속력이 없으므로 이러한 절차를 요하지 아니한다.

▶법원조직법 제7조(심판권의 행사) ① 대법원의 심판권은 대법관 전원의 3분의 2 이상의 합의체에서 행사하며, 대법원장이 재판장이 된다. 다만, 대법관 3명 이상으로 구성된 부(部)에서 먼저 사건을 심리(審理)하여 의견이 일치한 경우에 한정하여 다음 각 호의 경우를 제외하고 그 부에서 재판할 수 있다.

  1. 명령 또는 규칙이 헌법에 위반된다고 인정하는 경우
  2. 명령 또는 규칙이 법률에 위반된다고 인정하는 경우
  3. 종전에 대법원에서 판시(判示)한 헌법·법률·명령 또는 규칙의 해석 적용에 관한 의견을 변경할 필요가 있다고 인정하는 경우
  4. 부에서 재판하는 것이 적당하지 아니하다고 인정하는 경우

② 대법원장은 필요하다고 인정하는 경우에 특정한 부로 하여금 행정·조세·노동·군사·특허 등의 사건을 전담하여 심판하게 할 수 있다.

③ 고등법원·특허법원 및 행정법원의 심판권은 판사 3명으로 구성된 합의부에서 행사한다. 다만, 행정법원의 경우 단독판사가 심판할 것으로 행정법원 합의부가 결정한 사건의 심판권은 단독판사가 행사한다.

④ 지방법원 및 가정법원과 그 지원, 가정지원 및 시·군법원의 심판권은 단독판사가 행사한다.

⑤ 지방법원 및 가정법원과 그 지원 및 가정지원에서 합의심판을 하여야 하는 경우에는 판사 3명으로 구성된 합의부에서 심판권을 행사한다.

### 1.2. 법규명령과 행정규칙의 구별기준

　법규명령에 있어서 법령에 근거를 두고 법이 요구하고 있는 형식과 입법절차를 거쳐 관보에 게재된 일반적 추상적 규율을 법규명령으로 보는 입장(형식적 기준설)과 법령의 발령대상인 수명자와 법규정의 내용을 기준으로 구별해야 한다는 견해(실질적 기준설)의 대립이 있다. 헌법상 집행명령이 인정되는 상황에서 법규명령과 행정규칙의 구별에 있어서 혼란이 따르는 것이 사실이다. 그러나 양자의 구별기준은 입법형식이나 절차, 제정형식, 공포절차와 같은 형식적 요소에서 찾아야 할 것이다. 이들 형식적 요소의 차이는 결국 헌법이 법규명령의 입법형식을 별도로 규정하고자 한 취지에서 비롯되는 것이고 이러한 취지는 법규명령이 국회입법권의 예외(따라서 국회전속입법주의가 아닌 국회중심입법주의)로서 원칙적으로 국회의 시원적인 입법권에서 유래한 것이라는 점과 밀접한 관련을 맺는 것이다. 행정규칙이 내용적으로 법규인 것을 규율하는 것은 법률유보의 원칙이 적용되지 않는다는 전제하에서만 인정될 수 있는 것이고 예외적인 것이 불과하다. 따라서 구체적인 규율내용을 검토하여 그러한 규율내용에 맞게 규율형식을 취했는지 등을 법률유보의 원칙 등에 비추어 합헌성 내지 합법성여부가 심사되어야 할 것이다.[1]

### 1.3. 문제점 - 법규명령 형식의 행정규칙 : 행정규칙 형식의 법규명령(법령보충적 행정규칙)

#### 1.3.1. 개관

　문제가 되는 것은, (ㄱ) 대통령령, 총리령·부령 등과 같이 그 형식은 법규명령의 형식을 취하고 있으나, 실제로는 그 내용이 단순히 행정조직 내부의 사무처리준칙을 정한 경우에 **법규성을 인정할 수 있는지 여부(법규명령형식의 행정규칙)**, 그 반대로, (ㄴ) 훈령, 예규 등 행정규칙의 형식을 취하고 있으나 실제로는 그 내용이 법규사항, 즉 국민의 권리·의무에 관한 사항을 규율하고 있는 경우(**행정규칙형식의 법규명령; 법령보충적 행정규칙**)에 법규성을 인정할 수 있는가하는 문제가 있다. 학설은 학설끼리 그리고 판례는 판례마다 서로 각기 다른 학설과 판례를 나타내고 있다.

#### 1.3.2. 학설

　[형식설] 형식설은 비록 내용상으로는 행정규칙의 성질을 가지는 것이라고 할 지라도 그것이 법규명령의 형식을 취하게 되면 - 그 형식에 따라 - 그것은 법규가 되어 재판규범이 된다는 견해이다.[2] 마찬가지로 내용상으로는 법규명령이라 할 지라도 형식이 행정규칙

---

[1] 고영훈, 법규명령론, 인권과 정의, 211호(1994.3), 87면.

의 형식으로 되어 있다면 - 그 형식에 따라 - 행정규칙으로 보는 견해이다.

[실질설] 행정규칙이 비록 법규명령의 형식으로 되어 있다고 하더라도 그 실질은 행정규칙으로서의 성질은 변하지 않는 것므로, - 그 실질에 따라 - 행정규칙으로 보아야 한다는 견해이다.[1] 마찬가지로 형식은 행정규칙으로 되어 있다고 하더라도 실질은 법규명령인 경우에는 - 그 실질에 따라 - 법규명령으로 보아야 한다는 것이다.

[제3의 유형으로 보는 견해] 이는 행정명령이라는 개념을 새롭게 도입하자는 것으로서, 행정명령을 행정규칙과 다른 개념으로 보는 견해이다(대법원과는 다른 견해). 즉 법규명령의 형식으로 규정되어있지만, 사실은 행정내부의 사무처리기준을 주된 내용으로 하는 경우(법규명령의 형식으로 규정되어 있는 행정규칙인 경우)에는 이것이 - 행정규칙이 법규명령의 형식으로 규정되어 있다고 하여 - 곧바로 법규명령으로 전환(轉換)되어 국민과 법원을 구속하는 법규범으로 볼 것이 아니라, 법규명령과는 그 성질이 다른 효력을 갖는 제3유형으로 보자는 견해이다. 이 견해에 의하면 제3의 유형을 '행정명령'이라고 부른다.[2] 김용섭 교수는 제3의 유형으로 보아야 한다는 근거로서 "법규명령으로 규정된 사무처리기준은 기본적으로 행정규칙으로서의 성질을 가지지만, 형식적으로는 법규명령으로서 규정되므로 형식적 의미의 행정규칙과는 달리 이를 행정명령으로 보아야 하며, 제재적 사무처리기준에 따랐다고 하여 적법하게 되는 것은 아니나 상한을 위반하는 경우에는 위법의 효과가 생기므로 행정규칙과 동일하게 이해할 것은 아니라[3]"는 것이다. ☞ **(문제점) 대법원은 행정규칙을 행정명령이라고도 한다. 이 견해는 대법원과는 달리 제3의 유형을 행정명령이라고 부르자고 한다.**

### 1.3.2. 판례의 입장

a) 법규성을 부인한 판례

[대판 1988. 12. 6, 88누2816; 대판 1989. 4. 11, 88누773; 대판 1990. 1. 23, 89누6730] "재량준칙에 속하는 사항이면 그 형식이 대통령령이든 부령이든 상관없이 법규성을 부인"하였다.

---

2) 고영훈, 법규명령론, 인권과 정의, 211호(1994.3), 89면; 김남진, 행정법(I), 188면; 김남진, 법규명령과 행정규칙 등 - 대법원 1997.12.26. 선고, 97누15418 판결을 중심으로 -, 법제, 제485호(1998.5), 69면; 김도창, 일반행정법(상), 325면; 김동희, 행정법(I), 149면; 이상규, 신행정법론(상), 410면; 김유환, 법규명령과 행정규칙의 구별기준 - 행정입법의 외부법적 효력의 인정기준과 관련하여 -, 고시계(1998.11), 26면; 홍준형, 판례행정법, 212면.
1) 류지태, 행정법신론, 209면; 한견우, 행정법(I), 449면.
2) 김용섭, 법규명령형식의 제재적 처분기준, 판례월보, 제340호, 36-37면.
3) 김용섭, 법규명령형식의 제재적 처분기준, 판례월보, 제340호, 36면. 김용섭 교수는 "다만 판례는 행정명령을 행정규칙과 동일하게 사용하고 있다."라고 한다.

▶대판 1988. 12. 6, 88누2816【영업허가취소처분취소】【판시사항】 구 식품위생법 시행규칙 (1985.2.18. 보사부령 제764호) 제35조의 별표10 개별기준 제15항 (나)의 법규성 여부(소극)【판결요지】 구 식품위생법(1986.5.10. 법률 제3823호로 개정되기 전 법률) 제26조 제1항에 의하여 마련된 동법시행규칙(1985.2.18. 보사부령 제764호) 제35조의 별표10 개별기준 제15항(나)는 행정기관 내부의 사무처리지침에 불과하므로 국민이나 법원은 물론이고 위 법 제26조 제1항의 규정에 의하여 보장된 허가조건위반 사유에 대한 관계행정청의 영업허가취소등의 재량권을 기속할 수 없다.

▶대판 1989. 4. 11, 88누773【대중음식점영업허가취소처분취소】【판시사항】 가. 식품위생법 제58조 제1항의 규정취지 나. 같은법시행규칙 제53조 별표 12의 법규성유무(소극)【판결요지】 가. 식품위생법 제58조 제1항의 규정취지는 처분권자에게 영업자가 법에 위반하는 종류와 정도의 경중에 따라 제반사정을 참작하여 같은 법조에 규정된 것 중 적절한 종류를 선택하여 합리적인 범위내의 행정처분을 할 수 있는 재량권을 부여한 것이다. 나. 식품위생법시행규칙 제53조 별표 12에서 전항의 행정처분의 기준을 정하고 있더라도 이는 형식상 부령으로 되어 있으나 성질상 행정기관내부의 사무처리준칙에 불과한 것으로서 보건사회부장관이 관계행정기관 및 직원에 대하여 그 직무권한행사의 지침을 정해 주기 위하여 발한 행정명령의 성질을 가지는 것이지 법 제58조 제1항에 의하여 보장된 재량권을 기속하는 것이라고 할 수 없고 대외적으로 국민이나 법원을 기속하는 힘이 있는 것도 아니다.

▶대판 1990. 1. 23, 89누6730【영업정지처분취소】【판시사항】식품위생법시행규칙 제53조 별표 12의 법규성 여부(소극)【판결요지】식품위생법시행규칙 제53조에서 별표 12로 식품위생법 제58조에 따른 행정처분의 기준을 정하였더라도 이는 형식은 부령으로 되어 있으나, 행정기관 내부의 사무처리준칙을 정한 것으로서 행정명령의 성질을 가지는 것이고 대외적으로 국민이나 법원을 기속하는 힘이 있는 것은 아니다.

▶대판 1989. 4. 11, 88누773【대중음식점영업허가취소처분취소】【판시사항】같은법 시행규칙 제53조 별표 12의 법규성유무(소극)【판결요지】식품위생법시행규칙 제53조 별표 12에서 전항의 행정처분의 기준을 정하고 있더라도 이는 형식상 부령으로 되어 있으나 성질상 행정기관내부의 사무처리준칙에 불과한 것으로서 보건사회부장관이 관계행정기관 및 직원에 대하여 그 직무권한행사의 지침을 정해 주기 위하여 발한 행정명령의 성질을 가지는 것이지 법 제58조 제1항에 의하여 보장된 재량권을 기속하는 것이라고 할 수 없고 대외적으로 국민이나 법원을 기속하는 힘이 있는 것도 아니다.

b) 법규성을 인정한 판례

국세청장의 훈령형식으로 되어 있으나, 법규내용의 구체적인 사항을 정할 수 있는 권한을 부여받은 행정기관이 행정규칙의 형식으로 그 법령의 내용이 될 사항을 구체적으로 정하고 있다면, 그와 같은 행정기관에게 위와 같은 권한을 부여한 법규명령의 효력에 의하여 그 법령의 내용을 보충하는 기능을 갖게 된다고 할 것이므로, 위 규정은 위임법령들과 결합하여 대외적인 구속력 있는 **법규명령**으로서 효력을 갖게 된다고 하였다(아래 판례참조).1)

▶ 대판 1987. 9. 29, 86누484【양도소득세부과처분취소】 상급행정기관이 하급행정기관에 대하여 업무처리지침이나 법령의 해석적용에 관한 기준을 정하여서 발하는 이른바 행정규칙은 일반적으로 행정조직 내부에서만 효력을 가질뿐 대외적인 구속력을 갖는 것은 아니지만, 법령의 규정이 특정행정기관에게 그 법령내용의 구체적 사항을 정할 수 있는 권한을 부여하면서 그 권한행사의 절차나 방법을 특정하고 있지 아니한 관계로 수임행정기관이 행정규칙의 형식으로 그 법령의 내용이 될 사항을 구체적으로 정하고 있다면 그와 같은 행정규칙, 규정은 행정규칙이 갖는 일반적 효력으로서가 아니라, 행정기관에 법령의 구체적 내용을 보충할 권한을 부여한 법령규정의 효력에 의하여 그 내용을 보충하는 기능을 갖게 된다 할 것이므로 이와 같은 행정규칙, 규정은 당해 법령의 위임한계를 벗어나지 아니하는 한 그것들과 결합하여 대외적인 구속력이 있는 법규명령으로서의 효력을 갖게 된다.

▶ 대판 1997. 12. 26, 97누15418【주택건설사업영업정지처분취소】2)【판시사항】주택건설촉진법 제7조 제2항의 위임에 터잡아 행정처분의 기준을 정한 같은법시행령 제10조의3 제1항 [별표 1]이 법규명령에 해당하는지 여부(적극)【판결요지】당해 처분의 기준이 된 주택건설촉진법시행령 제10조의3 제1항 [별표 1]은 주택건설촉진법 제7조 제2항의 위임규정에 터잡은 규정형식상 대통령령이므로 그 성질이 부령인 시행규칙이나 또는 지방자치단체의 규칙과 같이 통상적으로 행정조직 내부에 있어서의 행정명령에 지나지 않는 것이 아니라 대외적으로 국민이나 법원을 구속하는 힘이 있는 법규명령에 해당한다. ☞ **대통령령은 법규명령이나 부령인 시행규칙은 법규명령이 아니라는 판례**

c) 판례에 대한 학자들의 비판

[학자들의 비판] 이와같이(**특히 위 후자의 대통령령은 법규명령이나 부령인 시행규칙은 법규명령이 아니라는 판례**) 법규명령형식의 행정규칙이 "대통령령으로 발하여지면 법규명령"3)이

---

1) 같은 취지의 판례 : 대판 1988. 5. 10, 87누1028; 대판 1994. 4. 26, 93누21668.
2) 대판 1997. 12. 26, 97누15418【주택건설사업영업정지처분취소】【판시사항】기속행위와 재량행위의 구별 기준【판결요지】어느 행정행위가 기속행위인지 재량행위인지 나아가 재량행위라고 할지라도 기속재량행위인지 또는 자유재량에 속하는 것인지의 여부는 이를 일률적으로 규정지을 수는 없는 것이고, 당해 처분의 근거가 된 규정의 형식이나 체재 또는 문언에 따라 개별적으로 판단하여야 한다.
3) **대통령령형식 - 법규명령설** : 대통령령의 형식으로 정해진 경우 법규명령으로 본다. 다만, 사안에

되나 "부령인 시행규칙 또는 지방자치단체의 규칙으로 발하여지면 그 규범은 형식 또는 내용에 상관없이 행정내부에서만 효력이 있는 행정명령(행정규칙)"으로 된다[1]고하여 판례의 태도는 일관되지 못하고 서로 다른 판례를 내고 있다. 이러한 판례의 태도에 대하여(특히 위 후자의 대법원 판결에 대하여)는 다음과 같은 학자들의 비판이 있다.

[김남진교수의 비판] 김남진 교수는 "그동안 대법원원이 위임명령일지라도 처분기준을 정한 것은 행정내부사항에 관한 것이므로 행정명령에 지나지 않는다고 보던 태도에서 처분기준으로서의 위임명령을 대외적으로 국민이나 법원을 구속하는 힘이 있는 법규명령에 해당하는 것으로 판례를 변경한 획기적인 의미를 갖는다."고 하면서도, "<u>위임명령 또는 집행명령으로서의 대통령령은 법규명령이지만, 위임명령 또는 집행명령으로서의 부령은 행정규칙이라는 논리가 아니기를 바란다.</u>"고 한다.[2]

---

따라 처분기준을 정액이 아닌 그 상한을 규정한 것으로 본 경우도 있다. [판례] 주택건설촉진법 시행령 상의 처분기준은 법규성이 있어서 대외적으로 국민이나 법원을 구속하므로 행정청은 이러한 처분기준에 따라 처분을 하여야 하고 달리 재량의 여지는 없다(대판 1997. 12. 26, 97누15418). [판례] 구 청소년보호법 제49조 제1·2항의 위임에 따른 같은 법 시행령 제40조의 위반행위의 종별에 따른 과징금처분기준은 법규명령이나, 처분기준에 규정된 금액은 정액이 아닌 최고한도액이라고 할 것이다(대판 2001. 3. 9, 99두5207). [판례] 국민건강보험법 제85조 제1항, 제2항에 따른 같은 법 시행령 제61조 제1항의 업무정지처분 및 과징금부과의 기준은 법규명령이나, 여기에서 업무정지의 기간 내지 과징금의 금액은 확정적인 것이 아니라 최고한도라고 할 것이다. (대판 2006. 2. 9, 2005두11982)

1) 같은 취지의 판례 : 대판 1998. 4. 24, 97누1713; 【법규명령형식의 행정규칙】 부령형식으로 정해진 제재적 처분기준 - 행정규칙설 : 부령형식으로 정해진 제재적 처분기준은 행정내부의 사무처리기준을 규정한 것에 불과한 행정규칙의 성질이므로 대외적으로 국민이나 법원을 구속하는 것은 아니다. [판례] 식품위생법 제58조 제1항에 의한 처분의 기준을 정한 같은 법 시행규칙 제53조는 행정규칙에 불과하므로 행정처분이 이에 위반되었다고 하여 곧바로 위법한 것으로 되지는 않는다 (대판 1995. 3. 28, 94누6925). [판례] (지방식품의약품안정청이 유해화물질인 말라카이트그린이 사용된 냉동새우를 수입하면서 수입신고서에 그 사실을 누락한 회사에 대하여 영업정지 1월의 처분을 한 것이 재량권을 일탈·남용한 위법이 없다고 판시하면서) 구 식품위생법 시행규칙 제53조 행정처분기준은 행정규칙에 불과하여 대외적인 구속력은 없지만, 위 행정처분기준에서 정하고 있는 범위를 벗어나는 처분을 하기 위해서는 그 기준을 준수한 행정처분을 할 경우 공익상 필요와 상대방이 받게 되는 불이익 등과 사이에 현저한 불균형이 발생한다는 등의 특별한 사정이 있어야 한다(대판 2010. 4. 8, 2009두22997). 【법규명령형식의 행정규칙】 부령형식으로 정해진 특허의 인가기준 - 법규명령설. [판례] 시외버스운송사업의 사업계획변경기준 등에 관한 구 여객자동차운수사업법 시행규칙 제31조 제2항 제1호, 제2호, 제6호는 법규명령으로서 이 규정을 위반한 처분은 위법하다(대판 2006. 6. 26, 2003두4355).

2) 김남진, 법규명령과 행정규칙 등 - 대법원 1997.12.26. 선고, 97누15418 판결을 중심으로 -, 법제, 제485호(1998.5), 79면.

[정준현교수의 비판] 정준현 교수는 "대법원이 대통령령인 자동차운수사업법시행령 제3조제1항 별표1의 제5호에 대하여 "자동차운수사업면허조건 등을 위반한 사업자에 대하여 행정청이 행정제재수단으로 사업정지를 명할 것인지 과징금을 부과할 것인지, 과징금을 부과한다면 얼마를 부과할 것인지에 관하여 재량권을 부여되었다고 할 것이다."[1]면서 대통령령인 위 시행령을 행정명령으로 봄으로써 논리적 일관성을 상실하였다."고 한다.[2][3]

[사견] 명령은 국회의 의결을 거쳐 제정되는 법률에 반대되는 개념으로서, 국가의 법령으로서 국회의 의결을 거치지 않고 행정기관에 의하여 제정되는 것이다(헌법 제75조·제95조). 명령은 법률보다 하위의 법이므로, 법률에 위배되는 명령이나 상위명령에 위배되는 명령은 인정되지 아니한다. 현행법상 명령은 위임명령과 집행명령으로 구분되고, 형태로는 대통령령, 총리령, 부령 등이 있다. 실정법에서는 시행령, 시행규칙 등이 법규명령에 해당된다. 이와같이 법규명령은 행정기관이 헌법에 근거하여, 국민의 자유와 권리에 관한 사항(법규사항)을 정하는 것으로, 대외적·일반적 구속력이 있는 법규로서의 성질을 가지는 명령을 말한다. 행정부에 의한 법규명령의 제정은 형식적 의미에서는 행정이지만 실질적인 의미에서는 입법작용이다. 법규명령은 국민의 권리·의무와 관계가 있으며, 계속적 효력을 가지는 추상적 법규이기 때문에, 일정한 형식을 구비하고 공포하여야 한다. 법규명령은 다시 위임명령과 집행명령으로 나뉜다.[4]

【행정규칙형식의 법규명령(법령보충규칙)】

1. 법규성 여부

▶판례〉 법령보충적 행정규칙은 그 자체로서 직접적으로 대외적인 구속력을 갖는 것은 아니나 상위법령(수권법령)과 결합하여 일체가 되는 한도 내에서 상위법령의 일부가 됨으로써 대외적 구속력이 발생된다(헌재결 2004. 10. 28, 99헌바91).

▶판례〉 국세청장훈령인 재산제세조사사무처리규정은 상위법령과 결합하여 법규명령으로서의 효력을 갖는다(대판 1987. 9. 29, 86누484).

▶판례〉 보건사회부장관이 정한 1994년도 노인복지사업지침은 노령수당의 지급대상자의 신청기준 및 지급수준 등에 관한 권한을 부여한 노인복지법 제13조 제2항, 같은법 시행령 제17조, 제20조 제1항에 따라 보건사회부장관이 발한 것으로서 실질적으로 법령의 규정내용을 보충하는 기능을 지니면서 그것과 결합하여 대외적으로 구속력이 있는 법

---

1) 대판 1998. 4. 10, 98누2270.
2) 정준현, 위임명령의 법규명령성에 대한 재검토, 판례월보, 제342호, 25-26면.
3) 홍준형, 판례행정법, 209-210면; 김유환, 법규명령과 행정규칙의 구별기준 - 행정입법의 외부법적 효력의 인정기준과 관련하여 -, 고시계(1998.11), 25면.
4) https://ko.wikipedia.org/wiki/%EB%AA%85%EB%A0%B9_(%EB%B2%95)(검색어 : 법규명령; 검색일 : 2015.1.17).

규명령의 성질을 가진다(대판 1996. 4. 12, 95누7727).[1]

▶판례〉청소년유해매체물의 표시방법에 관한 정보통신부 고시는 상위법령과 결합하여 대외적 구속력을 갖는 법규명령으로 기능한다(헌재 2004. 1. 29, 2001헌마894).

▶판례〉「전라남도주유소등록요건에 관한 고시」는 법령과 결합하여 법규명령으로서의 효력을 갖는다(대판 1998. 9. 25, 98두7503).

▶판례〉지방자치단체장이 제정한 액화석유가스판매사업허가기준 고시는 법규명령이다(대판 2002. 9. 27, 2000두7933).

2. 한계

▶판례〉고시와 같은 형식으로 입법위임을 할 때에는 적어도 행정규제기본법 제4조 제2항 단서에서 정한 바와 같이 법령이 전문적·기술적 사항이나 경미한 사항으로서 업무의 성질상 위임이 불가피한 사항에 한정된다 할 것이고, 그러한 사항이라 하더라도 포괄위임금지의 원칙상 법률의 위임은 반드시 구체적·개별적으로 한정된 사항에 대하여 행하여져야 한다(헌재결 2006. 12. 28, 2005헌바59).

▶판례〉(상위법령 등에서 노령수당의 지급대상자를 만65세 이상의 자로 규정하고 있었음에도 불구하고 보건사회부 장관이 정한 노인복지사업지침에서 만70세 이상인 자로 규정한 부분은 위임의 한계를 벗어난 것이어서 무효라고 판시하면서) 법령보충규칙은 법령의 위임한계 내에서만 효력을 가질 수 있으므로 법령의 위임한계를 벗어난 경우 그러한 법령보충규칙은 무효가 된다(대판 1996. 4. 12, 95누7727).

▶판례〉보존음료수의 국내판매를 완전히 금지하는 것을 내용으로 하는 보건사회부 장관의 고시인 식품제조영업허가기준은 헌법상 기본권인 직업의 자유와 행복추구권을 침해하는 것으로 무효가 된다. 무효인 고시를 근거로 행한 과징금부과처분은 위법하다(대판 1994. 3. 8, 92누1728).

---

1) 대판 1996. 4. 12, 95누7727【노령수당지급대상자선정제외처분취소】법령보충적인 행정규칙, 규정은 당해 법령의 위임한계를 벗어나지 아니하는 범위 내에서만 그것들과 결합하여 법규적 효력을 가진다.

## X. 법규명령과 행정규칙의 차이(도표)

| 법규명령(法規命令)과 행정규칙(行政規則)의 차이 | | |
|---|---|---|
| | 법규명령 | 행정규칙(행정명령) |
| 본 질 | • 헌법에 근거 | • 특별권력관계에 근거 |
| 권력적 기초 | • 일반통치권에 근거 | • 포괄적 권력분립 |
| 근거 / 위임명령 | • 상위법령의 개별적·구체적 수권이 필요하며, 위임·수권한 범위 내에서만 가능(**명시적 근거가 반드시 필요**) | • 행정권의 고유권한으로 제정 → 법령의 근거는 요하나, 개별적 근거는 불필요<br>• 조직규칙·행위통제규칙(재량규칙)·영조물이용규칙·근무규칙 |
| 근거 / 집행명령 | • 상위법령의 근거 필요하나 단순히 구체적·개별적 집행을 위한 절차내용은 상위법령의 명시적 근거가 불필요(상위법령의 수권 없이 일반적 근거로 족함) ☞ **일반적으로 교과서에서는 개별법적 근거가 불필요 하다고 설명함** | |
| 형식 | • 대통령령, 총리령, 부령, 중앙선거관리위원회규칙 등 ☞ 조문의 형식<br>• 예외 : 훈령형식의 법규명령(법령보충규칙) | • 훈령·지시·예규·일일명령·통첩(대통령·국무총리·행정각부의장·감사원·각원·처·처의 장·국립대학 총·학장이 제정) ☞ **형식에 제한이 없음** |
| 규율대상 | • 국민의 자유와 권리에 관한 입법사항(국가기관·국민) : 행정주체와 국민간의 관계 | • 국민의 자유와 권리와 관계없는 비입법사항(행정조직·특별권력관계 내부 적용) : 행정조직내부 |
| 법규성 | • 법규성 인정 | • 법규성 부인(원칙적) |
| 구속력 | • 대외적·양면적 구속력(국민·행정주체 모두 **구속**) | • 대내적·일면적 구속력(행정기관 내부에서만 효력) |
| 위반행위 | • 위법한 행위가 됨.<br>• 위반행위 → 행정소송 제기가능(무효·취소) | • 행위의 효력에 영향 없음<br>• 위반행위 → 행정소송 제기불가(법령보충적 행정규칙은 가능) |
| 효력발생 | • 공포 필요(관보에 게재) : 효력발생요건 | • 공포 불필요 ☞ 일반적 구속력을 가지지 않으므로(실무관행은 공포절차 거침) |

1. 법규명령형식의 행정규칙(예 : 민원사무처리규정 등) → 행정규칙(판례), 법규명령(다수설)
2. 행정규칙형식의 법규명령(예 : 물가안정및공정거래에관한법률에 최고가의 고시) → 법규명령 ☞ **법령보충적 행정규칙**
3. 공통점 → 행정의 기준이 되는 규범, 행정기관의 준수의무

「보충」

## 재량행위투명화추진방향
## 행정규칙의 문제점과 정비기준(법제처 2005. 2)

### I. 개 요

#### 1. 행정규칙의 의의
○ 일반적으로 행정규칙은 행정조직내부에서의 사무처리기준으로서 상급행정기관이 그 감독권에 의하여 하급행정기관 또는 소속공무원에 대하여 <u>법령의 위임이 없어도 발할 수 있는 일반·추상적 규범</u>을 말하며, 주로 훈령·예규 등의 이름으로 발령된다.

○ 그러나, 행정규칙의 형식을 취하면서도 법령의 위임에 따라 발령되는 이른바 법령보충적 행정규칙도 적지 아니하다.

#### 2. 행정규칙의 효력

##### 가. 일반적인 행정규칙
○ 행정규칙은 행정기관 내부의 사무처리기준에 불과하므로 행정기관 내부의 하급행정기관 및 소속공무원을 구속할 뿐(내부적 효력) 행정기관 외부의 법원 및 <u>국민을 구속하는 법규적 효력은 없다</u>(외부적 효력).[1]

○ 그러나, 현실적으로 행정규칙의 수범자인 하급행정기관과 소속공무원이 국민의 권리·의무와 관련된 사무를 처리하면서 그 행정규칙의 적용을 배제하기 어렵기 때문에 사실상 국민을 구속하는 결과가 초래되므로 이에 대한 통제가 필요하다.

##### 나. 법령보충적 행정규칙
○ 현행 법령상 전문적·기술적인 사항을 ① 장관 등이 고시로 정하도록 하거나, ② 장관 등이 정하도록 하는 경우가 있는 바, 이와 같이 법령의 위임에 따라 제정된 행정규칙은 법규적 효력이 있는 것으로 보는 견해가 많다.[2]

---

[1] 대판 1983. 6. 14, 83누54; 대판 1983. 9. 13, 82누285 등.
[2] 법령의 직접적인 위임에 따라 수임행정기관이 그 법령을 시행하는데 필요한 구체적 사항을 정한 것이면, 그 제정형식은 비록 법규명령이 아닌 고시, 훈령, 예규 등과 같은 행정규칙이더라도,

○ 법령보충적 행정규칙으로 볼 여지가 있는 사례
- 항공법 제23조 제3항의 규정에 근거한 초경량비행장치조종자자격기준및전문교육기관지정요령(항공안전본부 고시 제2004-4호) 제4조
- 은행법 제2조 제2항 및 동법시행령 제1조의2·제1조의3의 규정에 근거한 은행업감독규정(금융감독위원회 공고 제2004-40호) 제2조 및 제3조 등

## 3. 행정규칙의 현황
○ 2004. 4. 1. 기준으로 조직·인사 등 행정기관의 내부에만 관련되는 행정규칙을 제외한 중앙행정기관의 행정규칙은 총 3,418건으로 훈령 993건, 예규 567건, 고시 1,651건, 기타 형식 207건이 있다.

## Ⅱ. 행정규칙의 문제점

### 1. 국민의 참여 및 사전통제의 미비
○ 법률, 시행령 및 시행규칙과 달리 행정규칙은 국민이 의견을 제출할 수 있는 절차인 입법예고, 법제처 사전심사, 차관·국무회의(부령도 차관·국무회의는 거치지 아니함), 공포 등의 절차를 거치지 아니하고 있어 문제가 있다. <u>특히 법령보충적 행정규칙의 경우 일반적인 행정규칙과 달리 법령과 결합하여 대외적인 구속력이 인정될 여지가 있는 점에 비추어 볼 때 제·개정절차를 정비할 필요성이 더욱 크다.</u>

○ 현재 행정규칙에 대한 통제는 법제처에 의한 사후심사제도가 유일하다. 즉, 각 부처는 법제업무운영규정(대통령령 제18218호) 제25조의 규정에 의하여 매년 2회에 걸쳐 매반기에 발령한 행정규칙을 당해 반기 종료 후 법제처에 송부하여 사후심사를 받고 있다.

---

그것이 상위법령의 위임한계를 벗어나지 아니하는 한, 상위법령과 결합하여 대외적인 구속력을 갖는 법규명령으로서 기능하게 된다(헌재결 1992. 6. 26, 91헌마25, 대판 1987. 9. 29, 86누484).

## 2. 규정내용의 문제점

### 가. 상위법령에 위반되는 경우

○ 행정규칙은 상위법령에 위반되어서는 아니되나, 법령해석규칙, 재량준칙 등으로 상위법령을 구체화하는 과정에서 상위법령에 위반되는 내용을 정하는 경우가 있음[공공기관의정보공개에관한법률 제9조에 규정된 비공개할 수 있는 정보에 해당되지 아니한 사항을 비공개대상 정보로 규정한 행정정보공개의확대를위한규정(병무청훈령 제515호) 제13조 등]

### 나. 국민의 권리·의무와 관련되는 사항을 법령의 위임없이 또는 위임의 범위를 벗어나서 행정규칙에서 정한 경우가 있다.

○ 유기기구안전성검사의기준및절차(문화관광부 고시 제2003-8호) 제8조(법령의 근거없이 유기기구 사용중지명령을 규정) 등

## Ⅲ. 정비기준

### 1. 행정예고 활성화 및 고시의 의무화

○ 법령보충적 행정규칙의 경우 법령과 결합하여 대외적인 구속력이 인정되므로 소관부처는 국민의 권리·의무와 관련되는 법령보충적 행정규칙에 대해서는 행정절차법 제46조의 규정에 의한 행정예고절차를 적극 활용하여 이해관계가 있는 국민이 의견을 제출할 수 있는 기회를 부여하도록 한다.

○ 법령보충적 행정규칙은 반드시 고시하도록 한다.
　- "~에 관한 기준은 ○○장관이 정한다" 등의 표현은 "~에 관한 기준은 ○○장관이 정하여 고시한다"로 규정하고, 실제 고시를 발령할 때에는 고시의 시행일을 명시하도록 한다.

### 2. 법제처 사전심사 의무화

○ 법령보충적 행정규칙의 경우, 장기적으로 인력충원을 전제로 법제처 사전심사를 거치도록 하는 방안을 고려할 필요가 있다.

## 3. 규정내용의 정비기준

○ 재량행위의 요건·기준에 관한 사항을 행정규칙에서 규정하고 있는 경우에는 이를 법령에 반영한다.

○ 법령의 위임없이 국민의 권리·의무와 관련되는 사항을 정한 경우, 법령에 위배되거나 법령의 위임범위를 일탈하여 규정한 경우 등은 원칙적으로 삭제하되, 꼭 필요한 내용인 경우에는 법령에서 직접 규정하거나 법령에 위임근거를 둔 후 행정규칙에서 규정하도록 한다.

## 제 4 절   자치입법(自治立法)

### I. 개관

지방자치단체는 법령의 범위 안에서 자치입법의 권능을 가진다. 자치입법권은 헌법에 근거한 권한으로서 자치권의 범위 내에서 자치에 관한 사무를 수행하는데 필요한 규정을 제정하는 것을 말한다.[1] 자치입법도 행정상 입법의 일종이기는 하나, 국가의 행정권에 의한 입법과는 달라서, 지방자치단체라는 일정한 지역사회를 기반으로하는 부분사회의 법이며, 지방자치단체의 권능에 의하여 한계 지워진다. 지방자치단체는 국법질서 하에서 법령을 집행해서 행정을 실시한다. 그러나 지방자치단체가 국가의 법령을 집행하는 것만으로는 지역의 관리에 불충분하다고 생각되는 경우에는 지방자치단체는 법령의 범위 안에서 자치에 관한 규정을 제정할 수 있는 권한을 가지는 바(헌법 제117조 제1항), 자치입법에는 지방자치단체의 조례와 규칙(자치법규) 및 교육법상 교육규칙이 있다.

### II. 자치입법의 종류

#### 1. 조례
#### 1.1. 개관

조례는 지방의회가 법령의 범위 내에서 그 권한의 범위에 속하는 사무에 관하여 지방의회의 의결을 거쳐 제정하는 법규범이다(헌법 제117조 제1항; 지방자치법 제22조). 행정기관에 대한 대외적 구속력, 재판기준성을 가지며 주민의 법적 지위를 변동시키는 효력을 가진 규범으로 행정법원(法源)의 일종이다. 조례는 자치입법권에 의거하여 제정된 지방자치단체의 고유한 자주법이고 이를 포함한 국법질서의 형성이 인정된다 하더라도 조례 자신은 국가법의 일부를 이루는 것은 아니다.[2] 조례는 법규성을 가지는 것이 보통이나 행정규칙의 성질을 가지는 것도 있다(규칙으로도 규정될 수 있다). 조례규정사항 범위는 당해 자치단체의 고유사무(자치사무)와 단체위임사무의 전반에 걸친다.

[고유사무(자치사무)] 고유사무(자치사무)는 지방자치단체의 존립목적이 되는 사무로서

---

1) 조창현, 지방자치론, 박영사, 1996, 33면.
2) 천병태, 지방자치법, 삼영사, 1996, 273-274면.

지방자치단체가 자신의 의사와 책임하에 처리하는 사무를 말한다. 지방자치단체는 그 지역의 공공사무를 처리함을 본래의 목적으로 하지만, 주민의 복리증진에 관한 사무가 고유사무의 핵심이다. 고유사무에 대한 국가적 감독은 소극적 감독만이 허용되며, 적극적 감독은 배제된다. 예로서는 상하수도사업·공설묘지 및 화장장설치·관리, 운동장설치관리, 공중변소설치관리, 지방도신설관리, 극장설치운영, 청결·소독·오물처리·미화사업등이 여기에 해당한다. 고유사무 이외에 국가가 위임한 위임사무의 처리는 법령이 위임한 경우에 한한다.

　　　[단체위임사무] 단체위임사무는 법령에 의하여 국가 또는 상급(다른)지방자치단체로부터 위임된 사무로서 지방자치법 제9조 제1항의 「법령에 의하여 지방자치단체에 속하는 사무」이다. 단체위임사무에 대한 국가의 감독은 소극적 감독 외에 합목적성의 감독까지 허용된다. 단체위임사무의 소요경비는 당해 지방자치단체와 국가(상급지방자치단체)가 분담하며, 예방접종(감염병의예방및관리에관한법률)·국세징수(국세징수법)·생활보호(생활보호법)·보건소의 운영(보건소법) 구호사업 등이 있다.

　　　[기관위임사무] 기관위임사무는 전국적으로 이해관계가 있는 사무(국가·道 등 광역자치단체로부터 지방자치단체의 집행기관[지방자치단체장]에 위임된 사무)이며, 집행기관은 국가의 하급기관과 동일한 지위에서 사무를 처리한다. 즉 지방자치단체장이 기관위임사무를 처리할 경우에는 지방자치단체장의 지위로서가 아니라, 국가행정기관으로서의 지위에서 이를 행하는 것이다. 기관위임사무는 개별법령에 의하여 그 위임이 정해지는 경우도 있지만, 행정권한의 위임 및 위탁에 관한 규정이 그에 관한 일반적 근거규정을 두고 있다. 소요경비는 전액을 국가(상급지방자치단체)에서 부담하는 것이 원칙이다. 대통령·국회의원선거사무, 국민투표, 병사사무, 산업통계, 공유수면매립면허, 개별지가조사, 천연기념물관리 등이 있다. 그리고 지방자치단체의 기관이 처리할 사무인 경우에도 기관위임사무에 속하는 것은 지방자치단체의 사무가 아니므로 자치조례로서 제정할 수 없다. 왜냐하면 국가사무가 지방자치단체의 장에게 위임된 기관위임사무와 같이 지방자치단체의 장이 국가기관의 지위에서 수행하는 사무일 뿐 지방자치단체 자체의 사무라고 할 수 없는 것이므로 원칙적으로 자치조례의 제정 범위에 속하지 않는 것이기 때문이다.[1] 따라서 기관위임사무는 자치조례로서 제정할 수 없고 위임조례로서만 가능하다.[2] 단체위임사무와 기관위임사무의 구

---

1) 대판 2001. 11. 27, 2001추57.
2) 대판 2004. 6. 11, 2004추34【조례안재의결무효확인】헌법 제117조 제1항과 지방자치법 제15조에 의하면 지방자치단체는 법령의 범위 안에서 그 사무에 관하여 자치조례를 제정할 수 있으나 이 때 사무란 지방자치법 제9조 제1항에서 말하는 지방자치단체의 자치사무와 법령에 의하여 지방자치단체에 속하게 된 단체위임사무를 가리키므로 지방자치단체가 자치조례를 제정할 수 있는 것은 원칙적으로 이러한 자치사무와 단체위임사무에 한한다. 그러므로 국가사무가 지방자치

별은 쉽지 않기 때문에 입법론상 기관위임사무를 폐지하고 국가사무를 지방자치단체에 위임할 때에는 단체위임사무로 위임하도록 하는 것이 바람직하다고 지적되고 있다. 상급지방자치단체의 조례로서는 벌칙을 규정할 수 있다.

[조례로 정하도록 포괄적으로 위임한 경우의 법적 문제에 관한 판례] 대법원은 "법률이 주민의 권리의무에 관한 사항에 관하여 구체적으로 아무런 범위도 정하지 아니한 채 조례로 정하도록 포괄적으로 위임하였다고 하더라도, 행정관청의 명령과는 달리, 조례도 주민의 대표기관인 지방의회의 의결로 제정되는 지방자치단체의 자주법인 만큼, 지방자치단체가 법령에 위반되지 않는 범위 내에서 주민의 권리의무에 관한 사항을 조례로 제정할 수 있는 것이다."[1]라고 하였다. 조례의 경우는 법규명령과는 달리 포괄위임금지의 원칙이 적용되지 아니한다.

### 1.2. 동질성의 원칙(Homogenitätsprinzip)

[조례와 법령과의 관계] 조례는 성문규범으로서 그 효력에 있어서 법령에 위배되어서는 안 된다. 이러한 한계는 조례가 갖는 가장 기본적인 한계이므로 실정법의 명문규정에 관계 없이 인정되는 것이다. 헌법 제117조 제1항과 지방자치법 제22조 본문의 "법령의 범위 안에서"의 표현은 이를 확인하는 의미를 갖는 것이라고 볼 수 있다. 이와같이 조례는 '법령의 범위내'에서라는 제약을 벗어날 수 없다(헌법 제117조 제1항). 즉, 조례가 비록 지방자치단체의 자주법 으로서, 비록 그 자치단체의 구역 안에서만 시행되는 것이라 할지라도, 그것은 국가의 법령과 아울러 <u>국법질서의 체계내에서 일정한 법질서(Rechtsordnung)를 유지하면서 존재하는 것</u>이므로 모든 자치단체에 전체적으로 적용되는 국가의 법령과 모순 또는 저촉되는 내용을 규정할 수 없다. 이와 관련하여 지방자치법 제8조 제3항은 " 지방자치단체는 법령이나 상급 지방자치단체의 조례를 위반하여 그 사무를 처리할 수 없다"고 규정하여, 지방자치단체의 조례는 상급지방자치단체의 조례에 위반되어서는 안되도록 규정하고 있다. 그러나 지방자치단체와 상급지방자치단체는 그 규율대상과 사무범위가 구별되는 독립된 지위의 관계에 놓여있고, 상하관계일 수 없음에 비추어 이 조항은 문제가 있는 것으로 보인다. 상급지방자치단체의 조례가 지방자치단체의 조례의 한계로서 작용할 수는 없다는 견해도 있다.

---

　　단체의 장에게 위임된 기관위임사무는 원칙적으로 자치조례의 제정범위에 속하지 않는다 할 것이고, 다만 개별법령에서 일정한 사항을 조례로 정하도록 위임하고 있는 경우에는 위임받은 사항에 관하여 개별법령의 취지에 부합하는 범위 내에서 이른바 **위임조례**를 정할 수 있다.
1) 대판 1991. 8. 27, 90누6613【유지점용료부과처분취소】

## 1.3. 조례제정권의 근거

[개관] 조례란 지방의회가 법정의 절차를 거쳐 제정하는 자치입법의 한 형식이다. 지방자치단체가 조례를 제정할 수 있는 근거는 헌법 제117조 제1항과 이에 의거한 지방자치법 제22조이다. 지방자치법 제22조는 "지방자치단체는 **법령의 범위 안에서**[1] 그 사무에 관하여 조례를 제정할 수 있다. 다만, 주민의 권리 제한 또는 의무 부과에 관한 사항이나 벌칙을 정할 때에는 **법률의 위임**이 있어야 한다."고 규정하고 있다. 이리하여 헌법 제117조 제1항과 지방자치법 제22조의 관계가 문제된다.

> ▶ 지방자치법 제22조(조례) 지방자치단체는 법령의 범위 안에서 그 사무에 관하여 조례를 제정할 수 있다. 다만, 주민의 권리제한 또는 의무부과에 관한 사항이나 벌칙을 정할 때에는 법률의 위임이 있어야 한다.

[조례제정권의 법적 성격] 조례제정권은 헌법이 직접 보장하는 지방자치단체의 자치권에 바탕을 둔 것이며 지방자치법의 규정은 헌법규정을 확인하고 조례규정사항의 범위를 명백히 한 것이다. 따라서 국가의 사무를 제외한 모든 지방자치단체의 사무는 국민의 권리제한 또는 의무부과에 관한 사항이거나 벌칙을 정하는 경우가 아닌 때에는 법률의 수권이나 구체적 위임이 없을지라도 법령에 위배되지 아니하는 한(법령의 위임이 있는 경우에는 "법령이 위임하는 범위 안에서", 그리고 법령의 위임이 없는 경우에는 "**법령에 저촉되지 아니하는 범위 안에서**"), 조례로써 규정할 수 있다.[2]

[포괄위임금지의 원칙의 예외(포괄위임의 허용성)] 조례로 정하도록 포괄적으로 위임한 경우, 즉 "법률이 주민의 권리의무에 관한 사항에 관하여 구체적으로 아무런 범위도 정하지 아니한 채 조례로 정하도록 포괄적으로 위임하였다고 하더라도, 행정관청의 명령과는 달리, 조례도 주민의 대표기관인 지방의회의 의결로 제정되는 지방자치단체의 자주법인 만큼, 지방자치단체가 법령에 위반되지 않는 범위 내에서 주민의 권리의무에 관한 사항을 조

---

[1] 헌법 제117조 제1항에는 "지방자치단체는 주민의 복리에 관한 사무를 처리하고 재산을 관리하며, 법령의 범위안에서 자치에 관한 규정을 제정할 수 있다"고 규정하고 있다. 일본헌법은 "법률의 범위 내에서"라고 규정하고 있는데, 이 두 헌법이 각기 자치입법권을 보장하고 있으나 자치입법권의 범위를 일본의 경우는 '법률의 범위' 안으로 정한데 비해서, 우리나라의 경우 '법률과 명령의 범위'안에서라고 함으로써 지방자치단체의 자치입법권을 제한하고 있다. 자치입법권은 헌법 제117조 제1항에 근거한 것으로서, 지방자치단체는 자치권의 범위 내에서 자치에 관한 사무를 수행하는데 필요한 규정을 제정한다.
[2] 헌재결 1995. 4. 20, 92헌마264, 279(병합)【부천시담배자동판매기설치금지조례 제4조 등 위헌확인】조례의 제정권자인 지방의회는 선거를 통해서 그 지역적인 민주적 정당성을 지니고 있는 주민의 대표기관이고 헌법이 지방자치단체에 포괄적인 자치권을 보장하고 있는 취지로 볼 때, 조례에 대한 법률의 위임은 법규명령에 대한 법률의 위임과 같이 반드시 구체적으로 범위를 정하여 할 필요가 없으며 포괄적인 것으로 족하다.

례로 제정할 수 있는 것이다."[1)]

　　[국가입법기관의 부담 경감] 헌법이 지역적 효력을 가지는 법규범의 정립권능을 지방자치단체에 부여한 것은 규범정립자와 수규자(受規者)간의 간격을 줄임으로써 지역의 활성화 및 탄력적 규율을 가능하게 하며, 동시에 국가입법기관의 부담도 경감하려는 데 있다.

### 1.4. 조례규정사항(필요적 조례규정사항 · 임의적 조례규정사항)

　　조례의 규정사항으로는 법령이 조례로써 정할 것을 규정하고 있는 필요적 조례규정사항(지방자치법 제35조 제1항)과 법령에 규정이 없을지라도 국가의 전속권한(국가사무)에 속하지 아니하는 사항에 관하여 조례를 정할 수 있는 임의적 조례규정사항이 있다.[2)] 다음과 같은 국가의 전속권한(국가사무)에 속하는 사무는 조례로서 규정할 수도 없고, 사무처리를 할 수도 없다.

　　　▶ 지방자치법 제11조(국가사무의 처리제한) 지방자치단체는 다음 각 호에 해당하는 국가사무를 처리할 수 없다. 다만, 법률에 이와 다른 규정이 있는 경우에는 국가사무를 처리할 수 있다.
　　　　1. 외교, 국방, 사법(司法), 국세 등 국가의 존립에 필요한 사무
　　　　2. 물가정책, 금융정책, 수출입정책 등 전국적으로 통일적 처리를 요하는 사무
　　　　3. 농산물 · 임산물 · 축산물 · 수산물 및 양곡의 수급조절과 수출입 등 전국적 규모의 사무
　　　　4. 국가종합경제개발계획, 국가하천, 국유림, 국토종합개발계획, 지정항만, 고속국도 · 일반국도, 국립공원 등 전국적 규모나 이와 비슷한 규모의 사무
　　　　5. 근로기준, 측량단위 등 전국적으로 기준을 통일하고 조정하여야 할 필요가 있는 사무
　　　　6. 우편, 철도 등 전국적 규모나 이와 비슷한 규모의 사무
　　　　7. 고도의 기술을 요하는 검사 · 시험 · 연구, 항공관리, 기상행정, 원자력개발 등 지방자치단체의 기술과 재정능력으로 감당하기 어려운 사무

### 1.5. 조례의 법적 성격

　　조례는 지방주민의 직접선거에 의하여 구성된 지방의회에 의하여 정립된 규범(자치법규)이지만 국가의 권력분립체계에서 볼 때 이는 행정영역에 속하는 것이며 입법작용이라고 할 수는 없고,[3)] 조례는 일종의 행정입법에 해당한다.[4)] 그러나 국가의 행정권에 의한 입법

---

　　1) 대판 1991. 8. 27, 90누6613 【유지점용료부과처분취소】
　　2) 권영성, 헌법학원론, 248면.
　　3) 홍정선, 신지방자치법, 박영사, 2009, 295면. 전광석, 한국헌법론, 법문사, 2007, 621면; 조성규, 조

(행정입법)과는 달라서, 지방자치단체라는 일정한 부분사회(지역사회)에 있어서의 법이며, 지방자치단체의 권능에 의하여 한계 지워진다. 독일 연방헌법재판소 역시 지방자치단체의 입법활동은 여러 가지 관점에서 입법적 성격을 띠고 있는 것과 상관없이 권력분립의 체계에서 볼 때 행정영역에 속한다고 본다.1)

[전래된 입법] 조례가 지방자치단체의 고유한 입법인지 아니면 국가로부터 전래된 입법인지 여부가 우리나라에서는 논란이 되고 있다. 이러한 논란은 지방자치권의 법적 성격이 시원적 권력인가 아니면 파생된 권력인가에 따라 연유되는 문제이며, 현행 헌법상 지방자치권은 지방자치의 제도사적 측면에서나, 헌법해석론적 입장에서 판단하건대 시원적 권력으로 인정할 수 있는 여지는 거의 없다.2) 지방자치단체의 자치입법권은 헌법 제117조가 "법령의 범위 안에서" 하도록 하고 있으며, 지방자치단체의 종류도 법률로 정하도록 하고 있는 취지를 볼 때, 조례가 지방자치단체의 고유한 입법이라고 할 수는 없고, 국가가 허용한 자치의 한계 내에서 행할 수 있는, 국가로부터 파생(전래)된 자율적 입법이라고 보는 것이 타당하다.3)

### 1.6. 조례의 유형(類型)

조례의 유형에는 대내외적 효력 여하에 따라서, 지방자치주민이나 그 밖에 토지소유자, 기업체나 시설 이용자 등에게 대외적 효력을 가지는 일반적·추상적 규율로서의 조례, 토지구획이나 건설계획 등의 계획을 담은 계획적·프로그램적 성격의 조례, 지방자치단체의 예산계획을 담은 예산조례, 지방자치단체 조직 등에 관한 조례와 같이 자치단체 내부적 효력만을 가지는 조례가 있다.4) 그리고 조례제정과 관련하여 지방자치단체의 재량 여부에

---

례의 제정과정에 대한 법적 검토, 지방자치법연구 제7권 제1호(2007.3), 69면 이하(74); Herbert Bethge, Parlamentsvorbehalt und Rechtssatzvorbehalt für die Kommunalverwaltung, NVwZ 1983, S. 577 ff.(580).

4) 방승주, 헌법 제117조, 헌법주석서(IV), 법제처(2010.2), 416면; Vogelgesang/Lüking/Ulbrich, Kommunale Selbstverwaltung, Berlin 2005, S. 119. 조성규, 조례의 제정과정에 대한 법적 검토, 지방자치법연구 제7권 제1호(2007.3), 74면 : "다만 그 민주적 정당성으로부터 조례는 일반적 행정입법과는 달리, 오히려 법률에 준하는 속성을 가지게 되는 것으로 이해하여야 할 것이다." 우리 대법원은 "조례가 집행행위의 개입 없이도, 그 자체로서 직접 국민이 구체적인 권리의무나 법적 이익에 영향을 미치는 등의 법률상 효과를 발생하는 경우 그 조례는 항고소송의 대상이 되는 행정처분에 해당한다고 보고 있다(대판 1996. 9. 20, 95누8003).

1) BVerfGE 65, 283 (289); Jörn Ipsen, JZ 1990, S. 791.
2) 방승주, 헌법 제117조, 헌법주석서(IV), 법제처(2010.2), 416면.
3) 방승주, 헌법 제117조, 헌법주석서(IV), 법제처(2010.2), 416면.
4) 방승주, 헌법 제117조, 헌법주석서(IV), 법제처(2010.2), 417면.

따라서 지방자치단체가 자율적으로 규정한 임의조례(freiwillige Satzungen)와 국가가 조례로 정할 것을 의무로 하고 있어서 지방자치단체가 반드시 제정해야 하는 의무조례(Pflichtsatzungen)/필수조례가 있다. 임의조례란 조례의 제정여부가 지방자치단체의 정책적인 자유재량에 따라 제정할 수 있는 조례를 말하며, 의무조례(필수조례)란 지방자치단체가 반드시 제정해야 할 의무를 지는 조례를 말한다. 헌법재판소는 일정한 경우에 지방자치단체가 조례를 제정하여야 할 헌법상의 의무가 있음을 확인하고 이를 제정하지 않은 부작위에 대하여 위헌선언을 한 바 있다.[1] 또한 국가의 위임 여부에 따라서, 조례제정의 근거가 법령에 위임되어 있는 위임조례와 자치조례(직권조례)로 나눌 수 있다. 위임조례란 조례제정의 근거가 법령에서 개별적으로 위임되어 있는 경우이며, 자치조례(직권조례)란 지방의회가 법령의 범위 안에서 스스로의 판단에 따라 제정하는 조례를 말한다.[2]

### 1.7. 조례의 제정·적용범위와 효력
#### 1.7.1. 법령의 범위안에서의 법해석학적 의미

조례는 전체적인 국법질서와 모순될 수는 없다. 그러므로 조례의 형식적 효력은 법률이나 명령보다 하위에 있으며, 그 규정사항도 헌법은 물론이고, 법률과 명령에 위반하는 것이어서는 아니된다(H. Kelsen의 법단계설). 헌법 제117조 제1항도 "지방자치단체는 「법령의 범위 안에서」 「자치에 관한 규정」을 제정할 수 있다"라고 하고 있다. 여기서 「법령의 범위 안에서」의 의미·내용이 구체적으로 무엇인가 하는 점이 문제되고 있다.[3] 법령에는 헌법이 포함된다. 따라서 모든 국가기관을 비롯해서 지방자치단체와 그 기관 역시 국가내에서 최고의 효력을 가지는 헌법에 당연히 구속되고, 국회가 제정한 형식적 의미의 **법률** 및 실질적 의미의 **법률**인 법규명령이 '법령의 범위안에서의' 법령에 포함된다고 할 수 있다. 다만

---

1) 헌재 2009. 7. 30 선고, 2006헌마358, 공보 제154호, 1524, 1525.: 「지방공무원법 제58조 제2항은 '사실상 노무에 종사하는 공무원'의 구체적인 범위를 조례로 정하도록 하고 있기 때문에 그 범위를 정하는 조례가 제정되어야 비로소 지방공무원 중에서 단결권·단체교섭권 및 단체행동권을 보장받게 되는 공무원이 구체적으로 확정된다. 그러므로 지방자치단체는 소속 공무원 중에서 지방공무원법 제58조 제1항의 '사실상 노무에 종사하는 공무원'에 해당하는 지방공무원이 단결권·단체교섭권 및 단체행동권을 원만하게 행사할 수 있도록 보장하기 위하여 그 **구체적인 범위를 조례로 제정할 헌법상 의무를 부담**하며, 지방공무원법 제58조가 '사실상 노무에 종사하는 공무원'에 대하여 단체행동권을 포함한 근로3권을 인정하더라도 업무 수행에 큰 지장이 없고 국민에 대한 영향이 크지 아니하다는 입법자의 판단에 기초하여 제정된 이상, 해당 조례의 제정을 미루어야 할 정당한 사유가 존재한다고 볼 수도 없다」

2) 홍정선, 신지방자치법, 박영사, 2009, 292면; 방승주, 헌법 제117조, 헌법주석서(IV), 법제처 (2010.2), 417면.

3) 권영성, 헌법학원론, 248면.

행정기관 내부에서만 효력을 가지는 행정명령(행정규칙)1) 법규명령이 아니므로 법령에 일단 포함되지 않는다고 보아야 한다. 다만, 이러한 행정명령(행정규칙)이 상위의 법규명령과 더불어서 대외적 효력을 가지는 경우(법령보충적 행정규칙)에는 법규명령의 일부로 볼 수 있기 때문에, 이러한 경우에는 법령의 개념에 포함된다.2) 헌법재판소 역시 이와 같은 입장이다.3) 결론적으로 지방자치단체가 가지는 자치에 관한 규칙을 제정할 수 있는 권한은 헌법과 법률, 그리고 법규명령의 범위 안에서 제정할 수 있다는 의미이다.

[법령의 범위안에서와 법령에 저촉되지 않는 범위 안에서의 차이] 법문언상 "법령의 범위 안에서"라고 하는 것과 "법령에 저촉되지 아니하는 범위 안에서"라고 하는 것은 그 의미가 다르다. 헌법이 만약 "법령의 범위 안에서"의 문언상의 의미를, "법령에 저촉되지 아니하는 범위 안에서"와 동일한 의미를 가지는 것으로 판단하였다면, 그러한 표현을 직접 사용하면 되었을 것이다. 그럼에도 불구하고 그러한 표현을 사용하지 아니하고서 "법령의 범위 안에서"라고 하는 표현을 사용하였다면, 이는 "법령에 저촉되지 아니하는 범위 안에서"보다는 더 넓은 의미를 포함하고자 의도 하였다고 할 수 있다. 즉 "법령의 범위 안에서"라고 하는 것은, (ㄱ) 법령의 위임이 있는 경우에는 "**법령이 위임하는 범위 안에서**", 그리고 (ㄴ) 법령의 위임이 없는 경우에는 "**법령에 저촉되지 아니하는 범위 안에서**"라는 의미라고 할 수 있다.4) '법령이 정하는 범위 안에서' 혹은 '법령에 저촉되지 않는 범위 안에서' 조례를 제정하면 되므로 조례에 있어서는 포괄위임금지의 원칙이 적용되지 않는다. 조례로 정하도록 백지적·포괄적으로 위임한 경우에 있어서 대법원은, "법률이 주민의 권리의무에 관한 사항에 관하여 구체적으로 아무런 범위도 정하지 아니한 채 조례로 정하도록 포괄적으로 위임하였다고 하더라도, 행정관청의 명령과는 달리, 조례도 주민의 대표기관인 지방의회의 의결로 제정되는 지방자치단체의 자주법인 만큼, 지방자치단체가 법령에 위반되지 않는 범위 내에서 주민의 권리의무에 관한 사항을 조례로 제정할 수 있는 것"5)이라고 하였다. 따라서 '<u>법령의 범위 안에서</u>'의 의미에는 '법률의 우위'·'법령의 우위'와 '법률유보의 원칙'·'<u>법규유보의 원칙</u>'이 모두 내포되어 있다고 볼 수 있다.

---

1) 행정명령은 국민의 권리나 의무를 규율하지 아니하고 행정기관 내부(특별권력관계)에서만 효력을 가지는 행정규칙 또는 행정내규이다.
2) 방승주, 중앙정부와 지방자치단체와의 관계, 공법연구 제35집 제1호(한국공법학회, 2006.10), 96면; 방승주, 헌법 제117조, 헌법주석서(Ⅳ), 법제처(2010.2), 408면; 홍정선, 신지방자치법, 박영사, 2009, 295면.
3) 헌재 2002. 10. 31 선고, 2001헌라1, 판례집 제14권 2집, 362, 371; 헌재 2002. 10. 31 선고, 2002헌라2, 판례집 제14권 2집, 378, 379.
4) 방승주, 헌법 제117조, 헌법주석서(Ⅳ), 법제처(2010.2), 409면.
5) 대판 1991. 8. 27, 90누6613【유지점용료부과처분취소】

### 1.7.2. 국회는 지방자치와 관련한 입법권을 모두 지방자치단체에 위임할 수 있는가?

국회는 지방자치와 관련한 입법권을 모두 지방자치단체에 위임할 수 있는가 하는 것이 문제되나 이는 소극적으로 해석하는 것이 타당하다. 왜냐하면 지방자치에 관하여 특히 '중요하고도 본질적인 입법사항'에 관한 사항이거나 '핵심영역에 해당되는 사항'은 반드시 국민대표기관인 국회가 스스로 법률로 제정하는 형식적 의미의 법률이어야 하기 때문이다(의회유보: Parlamentsvorbehalt).[1] 의회유보란 가령 국민의 기본권과 관련되는 내용과 같이 중요하고도 본질적인 입법사항은 반드시 국회가 직접 제정한 법률로 하여야 한다는 원칙이다. 의회유보내지 의회입법원칙은 행정입법으로의 위임금지를 뜻하는 개념이다(법규유보의 금지).

이러한 의회유보의 원칙은 국회가 입법의무를 등한시하고 자신이 담당해야 할 입법사항을 행정부로 지나치게 넘기는 경우에, 이를 방지하고 그럼으로써 행정입법의 남용으로부터 국민의 기본권을 보호하고자 하는 데 그 취지가 있다고 할 수 있다.[2] 이와같이 지방자치단체에 관한 중요하고도 본질적인 입법사항이거나 핵심영역에 해당되는 것은 반드시 의회가 형식적 의미의 법률로서 제정하여야 하며, 그밖에 지방자치단체에 관련한 비본질적인 사항이거나 주변영역[3]에 해당되는 것은 행정입법인 시행령·시행규칙이나, 조례로 위임할

---

[1] 권영성, 헌법학원론, 248면; 국회가 지방자치제도의 핵심내용을 보장하고 지방자치의 이념을 실현하는 대신, 그에 관한 입법사항을 과도하게 행정입법으로 위임하는 경우에, 지방자치단체의 자치권한이 침해될 수 있는 소지가 상당히 크다고 할 수 있다. 따라서 이러한 현상을 방지하기 위해서는 지방자치제도와 관련된 입법사항은 형식적인 의미의 입법자인 국회가 직접 제정해야 한다(방승주, 헌법 제117조, 헌법주석서(IV), 법제처(2010.2), 411면).

[2] 방승주, 헌법 제117조, 헌법주석서(IV), 법제처(2010.2), 411면.

[3] 지방자치의 핵심영역이 아니라 주변영역이라 하더라도, 지방자치단체의 조직과 운영에 관한 사항이라면, 이것을 행정입법으로 위임하는 것은 그렇게 하지 않으면 안되는 불가피한 사정이 있을 경우에만 허용하고, 그렇지 않을 경우에는 법률로 규정하거나 바로 조례로 위임하여 지방자치단체가 자율적으로 규정할 수 있도록 하여야 할 것이다. 이와 관련하여 지방자치제도는 제도보장이기 때문에 입법자에게 넓은 형성의 자유가인정되고, 또한 입법자가 지방자치단체의 권한을 침해하였는지 여부에 대하여는 소위 "최소한 보장"의 원칙에 따라서 심사해야 한다고 하는 것이 헌법재판소의 판례이다(지방자치제도는 제도적 보장의 하나로서(헌재 1994. 4. 28 선고, 91헌바15등, 판례집 제6권 1집, 317, 339면헌재 1998. 4. 30 선고, 96헌바62, 판례집 제10권 1집, 380, 384)「제도적 보장은 객관적 제도를 헌법에 규정하여 당해 제도의 본질을 유지하려는 것으로서, 헌법제정권자가 특히 중요하고도 가치가 있다고 인정되고 헌법적으로 보장할 필요가 있다고 생각하는 국가제도를 헌법에 규정함으로써 장래의 법발전, 법형성의 방침과 범주를 미리 규율하려는 데 있다. 다시 말하면 이러한 제도적 보장은 주관적 권리가 아닌 객관적 법규범이라는 점에서 기본권과 구별되기는 하지만 헌법에 의하여 일정한 제도가 보장되면 입법자는 그 제도를 설정하고 유지할 입법의무를 지게 될 뿐만 아니라 헌법에 규정되어 있기 때문에 법률로써 이를 폐지할

수 있다고 본다.[1] 중요하고도 본질적인 입법사항인가의 기준은, '그것을 제외하면 그 제도의 구조나 형태가 바뀔 정도로 그 제도와 밀착된 사항'이 바로 제도의 본질적 요소라고 주장하는 제도밀착기준설, 지방자치제도에 대한 입법적 제한사항을 제외하고도 아직 지방자치라고 평가할 만한 요소가 남아 있느냐를 판단기준으로 삼는 공제설, 지방자치제도의 발전역사나 발전과정에 따라 판단하고자 하는 제도사적 판단설 등이 있다.[2]

### 1.7.3. 주민의 자유와 재산을 침해하거나 제한하는 조례(권리제한·의무부과)를 제정하는 경우

주민의 자유와 재산을 침해하거나 제한하는 조례(권리제한·의무부과) 제정은 반드시 법률의 위임이 필요하다. 일부 주장에 의하면 조례는 실질적으로 법률과 차이가 없으므로 당연히 벌칙을 제정할 수 있다는 견해가 있지만 이는 타당하지 않다. 지방자치법도 제15조 단서에서 「주민의 권리제한 또는 의무부과에 관한 사항이나 벌칙을 정할 때에는 법률의 위임이 있어야 한다」라고 규정하고 있다. 그러므로 지방자치단체는 그 내용이 주민의 권리제한 또는 의무부과에 관한 사항이거나 벌칙에 관한 사항이 아닌 경우에 한하여 법률의 위임이 없더라도 조례를 제정할 수 있다고 할 것이다.[3] 이때의 위임이 일반적·포괄적 위임을 의미하느냐 아니면 구체적·개별적 위임을 의미하느냐에 관해서는 견해가 나누이고 있다. 권리제한·의무부과 및 벌칙제정의 경우에는 구체적이고 개별적인 위임이 있을것이 요구된다. 지방자치법 제27조 제1항도 「지방자치단체는 조례로써 조례위반행위에 대하여 1천만원 이하의 과태료를 부과할 수 있다」라고 하고 있다.[4][5] 결국 지방자치단체는 그 내용이 주민의 권리제한 또는 의무부

---

수 없고, 비록 내용을 제한한다고 하더라도 그 본질적 내용을 침해할 수는 없다. 그러나 기본권의 보장은 … '최대한 보장의 원칙'이 적용되는 것임에 반하여, 제도적 보장은 기본권 보장의 경우와는 달리 그 본질적 내용을 침해하지 아니하는 범위 안에서 입법자에게 제도의 구체적인 내용과 형태의 형성권을 폭넓게 인정한다는 의미에서 '최소한 보장의 원칙'이 적용」된다(헌재 1997. 4. 24 선고, 95헌바48, 판례집 제9권 1집, 435, 444-445). 헌재 2006. 2. 23 선고, 2005헌마403, 판례집 제18권 1집 상, 320, 334-335면).

1) 양건, 헌법강의, 1109면.
2) 허영, 한국헌법론, 797면; 이기우, 지방자치이론, 학현사, 1996, 132면 이하; 정하중, 행정법각론, 법문사, 2005, 67면 이하; 류지태, 행정법신론, 신영사, 2000, 653면.
3) 대판 1991. 8. 27, 대판 90누6613【유지점용료부과처분취소】법률이 주민의 권리의무에 관한 사항에 관하여 구체적으로 아무런 범위도 정하지 아니한 채 조례로 정하도록 포괄적으로 위임하였다고 하더라도, 행정관청의 명령과는 달리 조례는 주민의 대표기관인 지방의회의 의결로 제정되는 지방자치단체의 자치법인 만큼, 지방자치단체가 법령에 위반되지 않는 범위내에서 주민의 권리의무에 관한 사항을 조례로 제정할 수 있는 것이다.
4) 헌재결 1995. 10. 26, 93헌바62【유지점용료부과처분취소】죄형법정주의와 위임입법의 한계의

과에 관한 사항이거나 벌칙에 관한 사항이 아닌 경우에 한하여 법률의 위임이 없더라도 조례를 제정할 수 있다. 또한 주민의 권리제한 의무부과에 관련한 사항이 아닌 경우에 한하여 포괄적 위임에 의한 조례(포괄적 위임조례)의 제정도 가능하다.[1]

[판례] 헌법재판소는 보도상 시설물 영업행위를 하기 위한 허가의 요건과 범위를 규정하는 구서울특별시 보도상영업시설물 관리 등에 관한 조례[2] 제3조 제4항과 제5항에 대하여, 이는 도로점용 갱신을 통하여 시설물 영업을 계속하고자 하는 청구인들에 대한 의무부과 내지 권리제한적 사항이라고 볼 여지가 있다고 하면서 이러한 조례를 제정하기 위해서는 법령의 위임 내지 근거가 있어야 한다고 보았다.[3] 그리고 행정법원의 판례 역시 '학원교습시간 제한'과 관련한 서울시 조례[4]는 다음과 같이 무효라고 판시하였다.: "… 학원의 교습시간

---

요청상 처벌법규를 위임하기 위하여는 첫째, 특히 긴급한 필요가 있거나 미리 법률로써 자세히 정할 수 없는 부득이한 사정이 있는 경우에 한정되어야 하며, 둘째, 이러한 경우일지라도 법률에서 범죄의 구성요건은 처벌대상행위가 어떠한 것일 것이라고 이를 예측할 수 있을 정도로 구체적으로 정하여야 하며, 셋째, 형벌의 종류 및 그 상한과 폭을 명백히 규정하여야 한다.
5) 舊지방자치법 제20조에 의하면 특별시, 직할시, 또는 도의 조례로서 3월 이하의 징역 또는 금고, 10만원 이하의 벌금・구류・과료(科料) 또는 50만원 이하의 과태료의 벌칙을 정할 수 있다고 규정하고 있었다. 조례위반자에 대해서 징역이나 금고 또는 10만원 이하의 벌금형에 과할 수 있는가? (중앙일보, 1996년 7월 3일자 제1면 참조.) 서울・부산등 전국 15개 시・도의회 소속 의원 700여명은 2일 오후 서울 올림픽공원내 올림픽파크호텔에서 「지방자치발전을 위한 전국광역의원대회」를 열고 조례위반자에 대한 처벌조항을 부활하는 내용을 골자로 한 지방자치법개정을 국회와 중앙정부에 요구하는 결의문을 채택했다. 의원들은 『90년 개정된 지방자치법(제20조)에서는 조례위반자에 대해 3개월 이하의 징역・금고 또는 10만원이하의 벌금・구류에 처할 수 있도록 돼 있었으나, 이 조항이 「죄형법정주의」에 위반된다는 이유로 94년 법개정 때 「1천만원이하의 과태료만 물릴 수 있도록」 완화됐다』며 조례위반자에 대한 처벌권의 부활을 요구했다. 의원들은 또 『공무원이나 일반인이 정당한 사유 없이 시・도의회의 출석 및 자료제출요구에 응하지 않거나 위증(僞證)할 때는 「3개월 이하의 징역 또는 10만원 이하의 벌금」에 처할 수 있도록 법을 개정해 달라』고 요구했다. 이들 주장의 정당성여부를 판단하라(박윤흔, 법령과 조례와의 관계, 고시계 (1992.11), 37면 이하).
1) 헌재결 1995. 4. 20, 92헌마264, 279(병합)【부천시담배자동판매기설치금지조례 제4조 등 위헌확인】조례의 제정권자인 지방의회는 선거를 통해서 그 지역적인 민주적 정당성을 지니고 있는 주민의 대표기관이고 헌법이 지방자치단체에 포괄적인 자치권을 보장하고 있는 취지로 볼 때, 조례에 대한 법률의 위임은 법규명령에 대한 법률의 위임과 같이 반드시 구체적으로 범위를 정하여 할 필요가 없으며 포괄적인 것으로 족하다.
2) 2007. 11. 1. 조례 제4581호로 개정되고, 2008. 7. 30. 조례 제4660호로 개정되기 전의 것.
3) 헌재 2008. 12. 26 선고, 2007헌마1422, 판례집 제20권 2집 하, 910면, 923면; 헌재 2008. 12. 26 선고, 2007헌마1387, 판례집 제20권 2집 하, 882면, 901면.
4) 사건번호 서울행정법원 제1부 2004구합36557, 선고일 2005-04-07 : 초・중등학교 학생을 대상

을 제한하는 서울특별시의 학원의 설립·운영 및 과외교습에 관한 조례 제5조는 직업수행의 자유를 제한하는 것으로서 법률의 위임이 필요한데 상위법은 학원의 교습시간 제한에 대해서 아무런 위임규정을 두고 있지 않아 국민의 권리제한·의무부과에 관한 사항을 규정하는 조례는 법률의 위임이 있어야 한다는 지방자치법 제15조에 위반되어 무효이다."[1)

### 1.7.4. 포괄적 위임조례의 허용

[포괄적 위임조례의 허용] 국회는 일정한 입법사항에 대하여 행정입법으로 제정하도록 위임할 수 있지만(헌법 제75조), 조례로 정하도록 위임할 수도 있다. 행정입법의 경우 국회가 위임입법을 지나치게 포괄적으로 하게 되면, 이것 역시 의회유보(Parlamentsvorbehalt) 내지 의회입법의 원칙에 위반될 수 있다. 그러나 지방자치단체의 조례는 지방주민에 의하여 민주적으로 정당화된 입법자인 지방의회가 제정하는 규범이므로, 주민의 자유와 권리를 제한하는 것이 아닌 범위내에서 일정한 사항을 조례에 위임하는 것은 대통령령, 총리령·부령과 같은 행정입법에 위임하는 경우보다는 좀 더 백지적·포괄적으로 위임한다고 하더라도 헌법적으로나 법적으로, 그리고 국가법질서의 전체적인 체계상으로도 크게 문제될 것

---

으로 서울 강동구 명일동 47-6에서 'B아카데미 보습학원'이라는 상호로 과외교습학원을 하는 자이다. 서울특별시 강동교육청교육장은 2004. 10. 1. 학원의 운영실태를 점검한 결과, 원고가 서울특별시 학원의 설립·운영 및 과외교습에 관한 조례(이하 '이 사건 조례'라고 한다) 제5조에 규정된 학원의 교습시간(05:00부터 22:00까지)을 준수하지 아니한 사실을 적발하고 2004. 11. 5. 원고에게 이 사건 조례 제10조를 근거로 시정명령을 하였다(이하 '이 사건 행정처분'이라 한다).

1) 사건번호 서울행정법원 제1부 2004구합36557, 선고일 2005-04-07 : "지방자치법 제15조는 원칙적으로 헌법 제117조 제1항의 규정과 같이 지방자치단체의 자치입법권을 보장하면서, 국민의 권리제한·의무부과에 관한 사항을 규정하는 조례의 중대성에 비추어 입법정책적 고려에서 법률의 위임을 요구한다고 규정하고 있는바, 이는 기본권 제한에 대하여 법률유보원칙을 선언한 헌법 제37조 제2항의 취지에 부합하는 것으로서 위헌성이 있다고 할 수 없는 것이다(대법원 1995. 5. 12, 선고 94추28 판결 참조). 한편, 이 사건 조례 제5조는 학원의 교습시간을 제한하는 것을 내용으로 하고 있으므로 주민의 직업선택의 자유 특히 직업수행의 자유를 제한하는 것으로서 지방자치법 제15조 단서 소정의 주민의 권리의무에 관한 사항을 규율하는 조례에 해당하고, 따라서 지방자치단체가 이러한 조례를 제정함에 있어서는 법률의 위임을 필요로 함이 분명하다. 그런데 학원의 설립·운영 및 과외교습에 관한 법률은 학원 설립·운영의 등록, 시설기준, 수강료 등에 관한 규정을 두어(제6조, 제8조, 제15조) 교육감으로 하여금 학원의 건전한 발전을 위하여 지도·감독을 하도록 규정하고 있고, 법시행령은 학원의 단위시설별 기준, 교습과정별 일시수용능력 인원 등을 조례로 정하도록 위임하고 있으나(법시행령 제9조 제2항, 제10조 제3항), 이 사건에서 문제가 되고 있는 학원의 교습시간 제한에 대해서는 아무런 위임규정을 두고 있지 않다. 따라서 이 사건 조례 제5조는 지방자치법 제15조에 위반한 것으로서 무효이므로 이에 근거하여 이루어진 이 사건 행정처분은 위법하다고 할 것이다."

은 없다고 본다. 오히려 이를 적절하게 허용 하는 것이 지방자치단체의 자치입법권을 보다 더 폭넓게 보장할 수 있을 것이다.1)

[헌법재판소] 헌법재판소 역시 "조례의 제정권자인 지방의회는 선거를 통해서 그 지역적인 민주적 정당성을 지니고 있는 주민의 대표기관이고, 헌법이 지방자치단체에 대해 포괄적인 자치권을 보장하고 있는 취지로 볼 때 조례제정권에 대한 지나친 제약은 바람직하지 않으므로 조례에 대한 법률의 위임은 법규명령에 대한 법률의 위임과 같이 반드시 구체적으로 범위를 정하여 할 필요가 없으며 포괄적인 것으로 족하다고 할 것이다"라고 판시한 바 있다.2)

### 1.7.5. 조례의 적용범위와 효력

조례의 장소적 적용범위는 당해 지방자치단체의 지역 안에서만 효력을 가진다. 조례의 인적 적용범위는 당해 지방자치단체의 주민(자연인)과 법인, 그리고 그 지역의 토지와 시설 등을 이용하거나 그 지역을 방문하는 다른 지역 주민과 법인 및 외국인도 포함된다. 법령상 근거가 있거나 다른 지방자치단체와의 협약을 통하여 체결한 조례가 있을 경우에는 해당 지방자치단체의 지역적 범위를 넘어서 효력을 미칠 수도 있다.3) 별다른 규정이 없는 한, 조례는 시행과 더불어서 폐지되기 전까지 효력을 가지며, 효력기간(기한)에 관한 규정이 있을 경우에는(처분적 조례), 그 기간(기한)의 경과와 더불어서 효력을 상실하고, 그 밖에 조례의 효력에 반하는 상위규범의 제정이나 조례의 무효를 확인하는 법원의 판결이 있을 경우 그 효력은 상실된다.4) <u>조례도 실질적 의미의 법률로서 (자치)법규의 성질을 가진다</u>는 점에서는 그 밖의 법령(법규명령 포함)과 같지만, 법률에 의한 규제는 전국에 걸쳐 그 효력을 발생하는 일반적·획일적 성격을 지니지만, 지방자치단체의 지방의회가 제정하는 조례에 의한 규제는 그 성격상 지역(각 지방자치단체)에 한정하여 그 효력을 가진다는 지역적 한정성을 지니고 있다. 따라서 조례에 의한 벌칙규정(형벌규정은 제정할 수 없음)이 지역에 따라 다르게 나타나고 경우에 따라서는, 불평등한 것이 될 가능성도 있지만, 그것은 헌법이 지방자치제를 보장하고 있는 데에서 나오는 불가피한 현상이므로 헌법위반은

---

1) 방승주, 헌법 제117조, 헌법주석서(IV), 법제처(2010.2), 412면.
2) 헌재 1995. 4. 20 선고, 92헌마264 【부천시담배자동판매기설치금지조례 제4조 등 위헌확인】판례집 제7권 1집, 564, 572면; 헌재 2004. 9. 23 선고, 2002헌바 76, 판례집 제16권 2집 상, 501, 507면; 헌재 2008. 12. 26 선고, 2007헌마1422, 판례집 제20권 2집 하, 910, 922면.
3) 홍정선, 신지방자치법, 박영사, 2009, 333면; 방승주, 헌법 제117조, 헌법주석서(IV), 법제처(2010.2), 417면.
4) 홍정선, 신지방자치법, 박영사, 2009, 334면; 방승주, 헌법 제117조, 헌법주석서(IV), 법제처(2010.2), 418면.

아니다.[1]

### 1.8. 조례제정권의 한계(자치입법권의 한계)
#### 1.8.1. 개관

조례는 자치입법의 성질상 법령의 범위안에서 이루어지는 지방자치단체의 자치사무이다. (ㄱ) 무엇이 지방자치단체의 사무에 속하는가는 법률로 규정하지만, 법령에 규정된 지방자치단체의 자치사무를 처리하기 위하여 필요한 때에는 조례를 제정할 수 있다.[2] 그러나 국가사무 중 기관위임사무는 자치조례로써 규정할 수 없다(위임조례는 가능).[3] 그러나 국가사무 중 단체위임사무는 지방자치단체에 의한 자율적 처리가 어느 정도 인정되기 때문에, 단체위임사무는 조례로서 제정이 가능하고, 자치사무와 같이 조례의 제정에 특별한 법률상의 근거를 요하지 아니한다.[4] 대법원은 "… 헌법 제117조 제1항과 지방자치법 제15조에 의하면 지방자치단체는 법령의 범위 안에서 그 사무에 관하여 자치조례를 제정할 수 있으나 이 때 사무란 지방자치법 제9조 제1항에서 말하는 지방자치단체의 자치사무와 법령에 의하여 지방자치단체에 속하게 된 단체위임사무를 가리키므로 지방자치단체가 자치조례를 제정할 수 있는 것은 원칙적으로 이러한 자치사무와 단체위임사무에 한한다. 그러므로 국가사무가 지방자치단체의 장에게 위임된 기관위임사무는 원칙적으로 자치조례의 제정범위에 속하지 않는다 할 것이고, 다만 개별법령에서 일정한 사항을 조례로 정하도록 위임하고 있는 경우에는 위임받은 사항에 관하여 개별법령의 취지에 부합하는 범위 내에서 이른바 위임조례를 정할 수 있다. 그리고 법령상 지방자치단체의 장이 처리하도록 규

---

1) 권영성, 헌법학원론, 249면.
2) 권영성, 헌법학원론, 249면.
3) 대법원 2004. 6. 11 선고, 2004추34 판결【조례안재의결무효확인】「헌법 제117조 제1항과 지방자치법 제15조에 의하면 지방자치단체는 법령의 범위 안에서 그 사무에 관하여 자치조례를 제정할 수 있으나 이 때 사무란 지방자치법 제9조 제1항에서 말하는 지방자치단체의 자치사무와 법령에 의하여 지방자치단체에 속하게 된 단체위임사무를 가리키므로 지방자치단체가 자치조례를 제정할 수 있는 것은 원칙적으로 이러한 자치사무와 단체위임사무에 한한다. 그러므로 <u>국가사무가 지방자치단체의 장에게 위임된 기관위임사무는 원칙적으로 자치조례의 제정범위에 속하지 않는다 할 것이고, 다만 개별법령에서 일정한 사항을 조례로 정하도록 위임하고 있는 경우에는</u> 위임받은 사항에 관하여 개별법령의 취지에 부합하는 범위 내에서 이른바 **위임조례**를 정할 수 있다.
4) 대판 1992. 7. 28, 92추31【지방의회조례안의결취소】지방자치단체가 조례를 제정할 수 있는 사항은 지방자치단체의 고유사무인 자치사무와 개별법령에 의하여 자치단체에 위임된 이른바 단체위임사무에 한하고, **국가사무로서 지방자치단체의 장에 위임된 이른바 기관위임사무**에 관한 사항은 조례제정의 범위 밖이라고 할 것이다.

정하고 있는 사무가 자치사무인지 기관위임사무에 해당하는지 여부를 판단함에 있어서는 그에 관한 법령의 규정 형식과 취지를 우선 고려하여야 할 것이지만 그 외에도 그 사무의 성질이 전국적으로 통일적 처리가 요구되는 사무인지 여부나 그에 관한 경비부담과 최종적인 책임귀속의 주체 등도 아울러 고려하여 판단하여야 할 것이다."1)라고 하였다. (ㄴ) 조례는 "법령의 범위안에서" 제정되는 것이라야 한다(지방자치법 제22조 : 지방자치단체는 법령의 범위 안에서 그 사무에 관하여 조례를 제정할 수 있다. 다만, 주민의 권리 제한 또는 의무 부과에 관한 사항이나 벌칙을 정할 때에는 법률의 위임이 있어야 한다.). "법령의 범위 안에서"라고 하는 것은 위에서 설명한 바와 같이 법령의 위임이 있는 경우에는 "법령이 위임하는 범위 안에서", 그리고 법령의 위임이 없는 경우에는 "법령에 저촉되지 아니하는 범위 안에서"라는 의미이다.2) 법령이 위임하는 사무는 위임사무 혹은 단체위임사무라고 부르며, 법령의 위임이 없는 경우에는 자치사무라 칭한다. 자치사무는 법령에 저촉하지 않아야한다.

[대법원] (판례-1) : 대법원은 "지방자치단체가 그 자치사무에 관하여 조례로 제정할 수 있다고 하더라도 상위 법령에 위배할 수는 없고(지방자치법 제22조), 특별한 규정이 없는 한 지방자치법이 규정하고 있는 지방자치단체의 집행기관과 지방의회의 고유권한에 관하여는 조례로 이를 침해할 수 없으며, 나아가 지방의회가 지방자치단체장의 고유권한이 아닌 사항에 대하여도 그 사무집행에 관한 집행권을 본질적으로 침해하는 것은 지방자치법의 관련규정에 위반되어 허용될 수 없다"고 한다.3) (판례-2) : 더 나아가 대법원은 "법령상 지방자치단체의 장이 처리하도록 규정하고 있는 사무가 자치사무인지 기관위임사무에 해당하는지를 판단함에 있어서는 그에 관한 법령의 규정 형식과 취지를 우선 고려하여야 할 것이지만 그 외에도 그 사무의 성질이 전국적으로 통일적인 처리가 요구되는 사무인지 여부나 그에 관한 경비부담과 최종적인 책임귀속의 주체 등도 아울러 고려하여 판단하여야 한다."4)고 하였다.

### 1.8.2. 조례가 법령이 규정하고 있는 사항과 동일한 사항인 경우(동일한 국가의 법령이 이미 존재하는 경우)

조례가 규율하는 특정한 사항이 그것을 규율하는 국가의 법령이 이미 존재하는 경우와 같이 조례와 법령이 서로 동일한 사항이면 위법한 것이라 할 수 없다. 조례가 법령과 다른

---

1) 대법원 2004. 6. 11 선고, 2004추34 판결【조례안재의결무효확인】; 대법원 2001. 11. 27. 선고 2001추57 판결 참조.
2) 방승주, 헌법 제117조, 헌법주석서(IV), 법제처(2010.2), 409면.
3) 대법원 2001. 11. 27 선고, 2001추57 판결.
4) 대법원 2001. 11. 27 선고, 2001추57 판결.

목적으로 규정하는 것일 지라도, (ㄱ) 그 적용에 의하여 **법령이 의도하는 목적 및 법률효과를 전혀 저해하는 바가 없는 경우**이거나, (ㄴ) 또는 양자가 동일한 목적에서 출발한 것이라고 할 지라도 국가의 법령이 반드시 그 규정에 의하여 전국에 걸쳐 일률적으로 동일한 내용을 규율하려는 취지가 아니고 각 지방자치단체가 그 지방의 실정에 맞게 별도로 규율하는 것을 용인하는 취지라고 법령이 해석되는 경우에는 그 조례는 국가의 법령에 위반되는 것은 아니라고 본다.[1] 그러나 법령이 일정한 기준을 설정하고 유형을 제시하고 있는 경우에는 그보다 가중된 기준을 추가하거나 법령이 위임한 범위나 한계를 초과하는 내용의 조례는 법령에 위반된다.[2]

### 1.8.3. 법률이 국가사무로 규정하고 있지 아니한 경우

법률이 국가사무로 규정하고 있지 아니한 경우에는 조례제정이 가능하다.[3] 다만 법률이 국가사무로 규정하고 있지 아니한 경우에도 그 사무가 전국적·획일적·보편적으로 규율하여야 할 사항과, 전국적으로 또는 국민전체에 그 영향이 미친다고 생각되는 사항에 관해서는 지방자치단체가 조례로서 제정할 수 없다.[4] 헌법 제117조 제1항과 지방자치법 제22조에 따라 지방자치단체는 법령의 범위 안에서 그 '사무에 관하여' 자치조례를 제정할 수 있는바, 이때의 '사무'란 지방자치법 제9조 제1항[5]에서 말하는 지방자치단체의 자치사무와 법령에 의하여 지방자치단체에 속하게 된 사무(단체위임사무)를 가리키므로 지방자치단체가 자치조례를 제정할 수 있는 것은 원칙적으로 이러한 **자치사무와 법령에 따라 지방자치단체에 속하는 사무인 단체위임사무**[6]에 한한다. 단체위임사무는 법령에 의하여 국가 또는 상

---

1) 대법원 1997. 4. 25 선고, 96추244 판결.
2) 권영성, 헌법학원론, 250면.
3) 대판 1992. 6. 23, 92추17 【행정정보공개조례(안)재의결취소등】 대법원은 청주시장이 청주시의 회를 상대로 낸 행정정보공개조례안재의결취소청구사건에서 「정보공개조례 안은 국가위임사무가 아닌 자치사무 등에 관한 정보만을 공개대상으로 하고 있다고 풀이되는 이상 반드시 전국적으로 통일된 기준에 따르게 할 것이 아니라 지방자치단체가 각 지역의 특성을 고려하여 자기 고유사무와 관련된 행정정보의 공개사무에 관하여 독자적으로 규율할 수 있다고 보여지므로, 구태여 국가의 입법미비를 들어 조례제정권의 행사를 가로막을 수 없다」고 판시하였다.
4) 권영성, 헌법학원론, 250면.
5) 지방자치법 제9조(지방자치단체의 사무범위) ① 지방자치단체는 관할 구역의 자치사무와 법령에 따라 지방자치단체에 속하는 사무를 처리한다.
6) 대표적인 단체위임사무로서 국세징수법에 의한 시·군의 국세징수사무, 하천법에 의한 국유하천의 점용료 등의 징수사무(하천법 제37조 제2항), 시·군의 도세징수사무(지방세기본법 제67조 제1항: 시장·군수는 그 시·군 내의 도세를 징수하여 도에 납입할 의무를 진다), 전염병예방법에 의한 예방접종사무, 지역보건법에 의한 보건소운영, 논총진흥법에 의한 농촌지도소운영, 국민

급지방자치단체로부터 위임된 사무(지방자치법 제9조 제1항의 「법령에 의하여 지방자치단체에 속하는 사무」)이다. 단체위임사무에 대한 국가의 감독은 소극적 감독 외에 합목적성의 감독까지 허용된다. 단체위임사무의 소요경비는 당해 지방자치단체와 국가(상급지방자치단체)가 분담한다.

[기관위임사무] 기관위임사무는 국가사무를 지방자치단체의 장에게 위임한 것이므로 이러한 기관위임사무는 지방자치단체의 장이 국가기관의 지위에서 수행하는 사무일 뿐 지방자치단체 자체의 사무라고 할 수 없다. 이러한 기관위임사무는 원칙적으로 자치조례의 제정 범위에 속하지 않는다.[1] 기관위임사무는 자치조례로서 제정할 수 없고 위임조례로서만 가능하다.[2] 기관위임사무는 전국적으로 이해관계가 있는 사무(국가·道 등 광역자치단체로부터 지방자치단체의 집행기관[지방자치단체장]에 위임된 사무)이며, 집행기관은 국가의 하급기관과 동일한 지위에서 사무를 처리한다. 즉 지방자치단체장이 기관위임사무를 처리할 경우에는 지방자치단체장의 지위로서가 아니라, 국가행정기관으로서의 지위에서 이를 행하는 것이다. 기관위임사무는 개별법령에 의하여 그 위임이 정해지는 경우도 있지만, 행정권한의 위임 및 위탁에 관한 규정이 그에 관한 일반적 근거규정을 두고 있다. 소요경비는 전액을 국가(상급지방자치단체)에서 부담하는 것이 원칙이다.

### 1.8.4. 위법한 조례가 의결된 경우(조례와 규칙에 대한 통제)

지방의회의 의결이 법령에 위반되거나 공익을 현저히 해친다고 판단되면(위법한 조례 혹은 공익에 현저히 반하는 경우), 지방자치단체의 장이 그 의결사항을 이송받은 날로부터 20일 이내에 지방의회로 환부하고(환부거부), 그 재의를 요구할 수 있으며(지방자치법 제172조 제1항), 재적의원 과반수의 출석과 출석의원 3분의 2 이상의 찬성으로 전과 같은 의결을 하면 그 의결사항은 확정된다(지방자치법 제172조 제2항). 이와 같이 재의결된 경우,

---

기초생활보장법에 의한 생활보호사무 등이 있다(홍성방, 헌법학, 현암사, 2009, 765면; 박균성, 행정법론(하), 박영사, 2006, 111면 참조).

1) 대판 2001. 11. 27, 2001추57.
2) 대판 2004. 6. 11, 2004추34 【조례안재의결무효확인】 헌법 제117조 제1항과 지방자치법 제15조에 의하면 지방자치단체는 법령의 범위 안에서 그 사무에 관하여 자치조례를 제정할 수 있으나 이 때 사무란 지방자치법 제9조 제1항에서 말하는 지방자치단체의 자치사무와 법령에 의하여 지방자치단체에 속하게 된 단체위임사무를 가리키므로 지방자치단체가 자치조례를 제정할 수 있는 것은 원칙적으로 이러한 자치사무와 단체위임사무에 한한다. 그러므로 국가사무가 지방자치단체의 장에게 위임된 기관위임사무는 원칙적으로 자치조례의 제정범위에 속하지 않는다 할 것이고, 다만 개별법령에서 일정한 사항을 조례로 정하도록 위임하고 있는 경우에는 위임받은 사항에 관하여 개별법령의 취지에 부합하는 범위 내에서 이른바 **위임조례**를 정할 수 있다.

재의결된 사항이 법령에 위반된다고 판단되는 경우, 재의결된 날로부터 20일 이내에 대법원에 소를 제기할 수 있고, 이 경우 필요하다고 인정되면 그 의결의 집행을 정지하게 하는 집행정지결정을 신청할 수 있다(지방자치법 제172조 제3항).[1]

▶ **지방자치법 제172조(지방의회 의결의 재의와 제소)** ① 지방의회의 의결이 법령에 위반되거나 공익을 현저히 해친다고 판단되면 시·도에 대하여는 주무부장관이, 시·군 및 자치구에 대하여는 시·도지사가 재의를 요구하게 할 수 있고, 재의요구를 받은 지방자치단체의 장은 의결사항을 이송받은 날부터 20일 이내에 지방의회에 이유를 붙여 재의를 요구하여야 한다. ② 제1항의 요구에 대하여 재의의 결과 재적의원 과반수의 출석과 출석의원 3분의 2 이상의 찬성으로 전과 같은 의결을 하면 그 의결사항은 확정된다. ③ 지방자치단체의 장은 제2항에 따라 재의결된 사항이 법령에 위반된다고 판단되면 재의결된 날부터 20일 이내에 대법원에 소를 제기할 수 있다. 이 경우 필요하다고 인정되면 그 의결의 집행을 정지하게 하는 집행정지결정을 신청할 수 있다. ④ 주무부장관이나 시·도지사는 재의결된 사항이 법령에 위반된다고 판단됨에도 불구하고 해당 지방자치단체의 장이 소(訴)를 제기하지 아니하면 그 지방자치단체의 장에게 제소를 지시하거나 직접 제소 및 집행정지결정을 신청할 수 있다. ⑤ 제4항에 따른 제소의 지시는 제3항의 기간이 지난 날부터 7일 이내에 하고, 해당 지방자치단체의 장은 제소지시를 받은 날부터 7일 이내에 제소하여야 한다. ⑥ 주무부장관이나 시·도지사는 제5항의 기간이 지난 날부터 7일 이내에 직접 제소할 수 있다. ⑦ 제1항에 따라 지방의회의 의결이 법령에 위반된다고 판단되어 주무부장관이나 시·도지사로부터 재의요구지시를 받은 지방자치단체의 장이 재의를 요구하지 아니하는 경우(법령에 위반되는 지방의회의 의결사항이 조례안인 경우로서 재의요구지시를 받기 전에 그 조례안을 공포한 경우를 포함한다)에는 주무부장관이나 시·도지사는 제1항에 따른 기간이 지난 날부터 7일 이내에 대법원에 직접 제소 및 집행정지결정을 신청할 수 있다. ⑧ 제1항에 따른 지방의회의 의결이나 제2항에 따라 재의결된 사항이 둘 이상의 부처와 관련되거나 주무부장관이 불분명하면 행정자치부장관이 재의요구 또는 제소를 지시하거나 직접 제소 및 집행정지결정을 신청할 수 있다.

[조례와 규칙의 입법한계(동질성의 원칙 : Identitätitätsprinzip] 조례와 규칙의 입법한계로서 시·군·자치구의 조례나 규칙은 시·도의 조례나 규칙을 위반하여서는 안된다(지방자치법 제24조). ☞ **동질성의 원칙**(Identitätitätsprinzip)

조례와 규칙에 대한 통제로서는 합헌성 통제와 합법성 통제가 있다. 만일 조례와 규칙에 의하여 국민의 기본권이 침해된 경우에는 헌법재판소에 헌법소원심판을 청구할 수 있

---

1) 대판 1996. 10. 25, 96추107【조례안재의결무효확인등】대법원은 시의 출연금 등으로 마련한 기금으로 시소속공무원의 대학생자녀에게 장학금을 지급하도록 하는「인천광역시공무원자녀장학기금설치및운용에관한조례안」에 대한 인천시의회의 재의결은 무효라고 판시하였다.

다. 조례 그 자체는 행정처분을 통하여 국민의 권리·이익을 침해하지 않는 한 행정소송의 대상이 되지 아니한다. 그러나 처분적 조례의 경우에는 처분적 조례 그 자체가 이미 행정소송법상의 행정처분에 해당한다고 볼 수 있어 처분적 조례 그 자체를 대상으로하여 행정소송이 가능하다.[1]

　　　[처분적 조례에 대한 행정소송] 행정소송은 원칙적으로 특정인에 대한 개별적·구체적인 규율인 행정처분을 대상으로 한다(행정소송법 제2조, 제19조). 자치입법인 조례는 일반성(불특정다수인을 대상)과 추상성(불특정 다수의 경우를 대상)을 특성으로 하며, 그에 따른 행정처분에 의해서 국민의 권리·의무에 직접적인 영향을 미치게 된다. 따라서, 조례 그 자체는 행정처분을 통하여 국민의 권리·이익을 침해하지 않는 한 행정소송의 대상이 되지 않는 것이 원칙이다(조례에 따른 행정처분이 행정소송의 대상이 된다. 왜냐하면 항고소송은 행정처분이 그 대상이 되기 때문이다). 조례가 행정처분을 매개로 하지 않고도 직접 국민의 구체적인 권리·의무나 법적 이익에 영향을 미치는 경우에는, 처분적 조례로서 행정소송법상의 처분에 해당한다고 볼 수 있어 행정소송을 제기할 수 있다.[2] ☞ **아래 판례(처분적 조례에 대한 행정소송)참조**

　　　　　[사례] (처분적 조례에 대한 행정소송) : 경기도 교육위원회는 인구감소로 인한 학생수의 감소 등을 이유로 하여 초등학교의 분교를 폐지하는 조례를 제정하였다(두밀분교사건). 조례는 경기도내의 교육위원회에서 제정하였고, 이를 도교육감이 공포하였다.
　　　　　[문제 1] 이 조례에 대해서 행정소송을 제기할 수 있는가?
　　　　　[문제 2] 누구를 피고로 제기해야 하는가?
　　　　　[문제 3] 헌법재판소에 헌법소원을 제기할 수 있는가?
　　　　　[문제 1의 해설] 조례에 의해 취학아동의 초등학교를 이용할 이익이 직접 침해되는 경우에는 처분적 조례로서 예외적으로 행정소송을 제기할 수 있다. 행정소송은 원칙적으로 특정인에 대한 개별적·구체적인 규율인 행정처분을 대상으로 한다(행정소송법 제2조, 제19조). 자치입법인 조례는 일반성(불특정다수인을 대상)과 추상성(불특정 다수의 경우를 대상)을 특성으로 하며, 그에 따른 행정처분에 의해서 국민의 권리·의무에 직접적인 영향을 미치게 된다. 따라서, 조례 그 자체는 행정처분을 통하여 국민의 권리·이익을 침해하지 않는 한 행정소송의 대상이 되지 않는 것이 원칙이다(조례에 따른 행정처분이 행정소송의 대상이 된다. 왜냐하면 항고소송은 행정처분이 그 대상이 되기 때문이다). 조례가 행정처분을 매개로 하지 않고도 직접 국민의 구체적인 권리·의무나 법적 이익에

---

1) [판례]【두밀분교폐지조례 사건】조례가 집행행위의 개입 없이도 그 자체로서 직접 국민의 구체적인 권리·의무나 법적 이익에 영향을 미치는 등의 법률상 효과를 발생하는 경우 그 조례는 항고소송의 대상이 되는 행정처분에 해당한다(대판 1996. 9. 20, 95누8003).
2) 대판 1996. 9. 20, 95누8003.

영향을 미치는 경우에는, 처분적 조례로서 행정소송법상의 처분에 해당한다고 볼 수 있어 행정소송을 제기할 수 있다.[1] ☞ **처분적 조례**

[문제 2의 해설] 행정소송은 그 처분 등을 행한 행정청을 피고로 해야 한다(행정소송법 제13조). 위의 조례는 교육위원회가 제정한 것이지만 그 집행과 조례공포권은 도교육감에게 있다. 행정청은 행정주체를 위하여 행정에 관한 의사를 결정하고 이를 대외적으로 표시할 수 있는 권한을 가진 행정기관을 의미한다. 따라서 경기도라는 행정주체의 내부적인 의결기관에 불과한 교육위원회는 행정청이 될 수 없고, 집행기관인 교육감만이 행정청이다. 위 사안의 경우, 조례에 대해 교육감을 피고로 법원에 조례무효확인소송을 제기할 수 있다.

[문제 3의 해설] <u>대법원은 두밀분교폐지사건에서 처분적 조례의 경우에는 항고소송의 대상이 되는 행정처분이 된다고 판시</u>[2]하였기 때문에, 헌법소원이 인정되지 아니한다는 견해가 있으나,[3] 조례의 처분성을 인정한 판례는 처분적 조례에 해당되는 것으로서, 예외적이므로 조례에 대한 헌법소원을 배제할 이유가 없다.[4] 헌법재판소도 조례 자체로 인하여 직접 그리고 자기의 기본권을 침해받은 자는 그 권리구제의 수단으로서 조례에 대한 헌법소원을 제기 할 수 있다고 판시하였다.[5]

## 2. 지방자치단체 규칙

### 2.1. 의의

[의의] 지방자치단체 규칙은 지방자치단체의 장이 법령 또는 조례가 위임한 범위에서 그 권한에 속하는 사무에 관하여 제정하는 법규범이다. 지방자치단체의 장은 법령이나 조례가 위임한 범위에서 그 권한에 속하는 사무에 관하여 규칙을 제정할 수 있다(지방자치법 제23조). 법문에 "법령이나 조례가 위임한 범위 안에서"라고 규정하고 있는데, 그 문언의 의미는 '법령이 위임한 범위 또는 조례가 위임한 범위 안에서'가 아니고, '법령의 범위 또는 조례가 위임한 범위 안에서'라고 해석해야 할 것이다. "법령의 범위 안에서"라 함은 '법령에 저촉되지 아니하는 한계 안에서'라고 해석해야 할 것이고, '개별적인 법령의 위임이 있는 경우'로 해석해서는 아니될 것이다. 규칙에는 지방자치단체의 장이 제정하는 규칙과 교

---

1) 대판 1996. 9. 20, 95누8003.
2) [판례] 【두밀분교폐지조례 사건】 조례가 집행행위의 개입 없이도 그 자체로서 직접 국민의 구체적인 권리·의무나 법적 이익에 영향을 미치는 등의 법률상 효과를 발생하는 경우 그 조례는 항고소송의 대상이 되는 행정처분에 해당한다(대판 1996. 9. 20, 95누8003).
3) 김중권, 명령(법률하위적 법규범)에 대한 사법적 통제에 관한 소고, 고시연구(2004.6), 166면.
4) 석종현, 일반행정법(상), 175면.
5) 헌재결 1995. 4. 20, 92헌마264 【부천시담배자동판매기설치금지조례 제4조 등 위헌확인】

육감이 제정하는 교육규칙이 있다.

### 2.2. 규칙의 유형

[효력을 기준으로 하는 경우] 효력을 기준으로 하여, 법규적 인것(예 : 조례의 위임에 따라 제정된 지방세·수수료 등의 징수에 관한 규칙 등)과, 단순히 행정법규적인 것 (예 : 지방공무원정원에 관한 규칙 등)으로 니누인다.

[제정근거를 기준으로 하는 경우] 제정근거를 기준으로 하여, 법령 또는 조례의 위임에 의하여 제정되는 것과, 직권에 의하여 제정되는 것(직권규칙)으로 나눈다.

[제정의무를 기준으로 하는 경우] 제정의무를 기준으로 하여, 제정을 필수적으로 하는 것과, 제정을 위임하는 것으로 나눈다.

[규정사항을 기준으로 하는 경우] 규정사항을 기준으로 하여, 규칙으로써만 제정될 수 있는 사항에 관한 것과, 조례로써 제정될 수 있는 사항에 관한 것으로 나눈다.

### 2.3. 규칙의 적용범위

규칙의 적용범위는 지방자치단체의 장(또는 교육위원회 등)의 권한에 속하는 모든 사무에 적용된다. 여기에는 자치단체의 고유사무·단체위임사무·기관위임사무도 포함된다. 기관위임사무는 지방자치단체의 사무가 아니고 국가나 다른 자치단체의 사무이므로 이를 조례로 제정할 수는 없고 반드시 규칙으로 규정하여야 한다. 자치단체의 사무(고유사무와 단체위임사무)로서 법령에 의하여 조례규정대상으로 지정된 사항, 의회의 권한에 속하는 사항 및 주민의 권리·의무에 관한 사항을 제외한 기타의 모든 사항을 규칙으로 제정할 수 있다. 조례가 규칙에 위임한 사항(위임규칙) 또는 조례의 집행·실시를 위하여 필요한 사항도(집행규칙) 규칙으로 규정할 수 있다.

### 2.4. 규칙의 한계와 동질성의 원칙

[동질성의 원칙] 지방자치법 제24조(조례와 규칙의 입법한계)는 "시·군 및 자치구의 조례나 규칙은 시·도의 조례나 규칙을 위반하여서는 아니 된다."고 규정하고 있다. 이는 자치단체 상호간의 동질성의 원칙(Homogenitätsprinzip)을 규정한 것이다. 시장·군수·자치구청장이 시·군·자치구의 고유사무에 관하여 제정되는 규칙에는 적용되지 않고, 다만 시·도가 시·도의 사무(고유사무·단체위임사무·기관위임사무)를 시·군·자치구 또는 시장·군수·자치구청장에게 위임한 경우에 시장·군수·자치구청장이 그 위임받은 사무에 대한 규칙을 제정하는 때에 한하여 적용된다고 해석하는 것이 타당하다. 규칙은 법령 또는 조례가 위임한 범위 내에서 그 권한에 속하는 사무에 관하여 제정하며, 법규성이 있

으나 행정규칙의 성질을 가지는 것도 있다. 규칙은 법령 또는 조례의 개별적인 위임이 없는 한 주민의 권리제한 또는 의무부과를 규정할 수 없다(지방자치법 제22조, 제23조). 조례는 주민의 권리·의무에 관한 사항을 원칙적으로 규정 할 수 있는데 비하여, 규칙은 그러한 사항을 법령 또는 조례의 개별적인 위임이 있는 경우에 한하여 규정할 수 있다. 그리고 규칙으로는 벌칙(형벌의 부과 등)을 규정할 수 없다. 왜냐하면 죄형법정주의 원칙에 위배되기 때문이다. 지방자치단체는 국가의 지도·감독을 받는다(지방자치법 제9장). 규칙이 위법 또는 현저히 부당(고유사무에 있어서는 위법에 한함) 하다고 인정될 때에는 감독기관은 그 시정을 명하고, 그것이 시정되지 아니할 때에는 이를 취소 또는 정지할 수 있다.

▶ 지방자치법 제167조(국가사무나 시·도사무 처리의 지도·감독) ① 지방자치단체나 그 장이 위임받아 처리하는 국가사무에 관하여 시·도에서는 주무부장관의, 시·군 및 자치구에서는 1차로 시·도지사의, 2차로 주무부장관의 지도·감독을 받는다. ② 시·군 및 자치구나 그 장이 위임받아 처리하는 시·도의 사무에 관하여는 시·도지사의 지도·감독을 받는다.

▶ 지방자치법 제169조(위법·부당한 명령·처분의 시정) ① 지방자치단체의 사무에 관한 그 장의 명령이나 처분이 법령에 위반되거나 현저히 부당하여 공익을 해친다고 인정되면 시·도에 대하여는 주무부장관이, 시·군 및 자치구에 대하여는 시·도지사가 기간을 정하여 서면으로 시정할 것을 명하고, 그 기간에 이행하지 아니하면 이를 취소하거나 정지할 수 있다. 이 경우 자치사무에 관한 명령이나 처분에 대하여는 법령을 위반하는 것에 한한다. ② 지방자치단체의 장은 제1항에 따른 자치사무에 관한 명령이나 처분의 취소 또는 정지에 대하여 이의가 있으면 그 취소처분 또는 정지처분을 통보받은 날부터 15일 이내에 대법원에 소(訴)를 제기할 수 있다.

### 3. 조례·규칙의 효력발생 시기

조례와 규칙은 특별한 규정이 없으면 공포한 날부터 20일이 지나면 효력을 발생한다(지방자치법 제26조 제8항). 다만, 조례와 규칙의 공포는 법령과는 달리 해당 지방자치단체의 공보에 게재하는 방법으로 한다(지방자치법 시행령 제30조). 그리고 이 경우 공포일은 공보가 게시된 날이 공포일이 된다.

▶ 지방자치법시행령 제30조(조례와 규칙의 공포 방법 등) ① 법 제26조에 따른 조례와 규칙의 공포는 해당 지방자치단체의 공보에 게재하는 방법으로 한다 다만, 법 제26조제6항에 따라 지방의회의 의장이 공포하는 경우에는 공보나 일간신문에 게재하거나 게시판에 게시한다. ② 지방자치단체나 그 장이 공고하거나 고시하는 경우에는 제1항 본문을 준용하되, 법 제133조제2항에 따른 예산의 고시에 관하여는 제1항과 제29조제1항 및 제2항을 준용한다.

▶ 지방자치법시행령 제31조(공포일) 제30조에 따른 조례와 규칙의 공포일과 공고·고

시일은 그 조례와 규칙 등을 게재한 공보나 신문이 발행된 날이나 게시판에 게시된 날로 한다.

### 4. 조례와 규칙의 효력
#### 4.1. 조례와 규칙 사이의 효력의 우열(優劣)문제

지방자치단체의 자주법이 정립될 수 있는 사항 가운데, 조례 또는 규칙의 어느 쪽으로 규율될 사항이 명확히 구분되어 있을 때에는 조례로써 규율될 사항이 규칙으로 정해지거나, 반대로 규칙으로써 규율될 사항이 조례로 정해지면 그 조례나 규칙은 무효가 된다. 다만 어느 쪽으로 규율할 것인가가 명확히 구분되어 있지 아니한 사항에 대하여는 조례나 규칙의 어느쪽으로 정하여도 무방하다. 일반적으로 주민에게 재정적인 부담을 부과하거나 권리를 제한하는 것, 그리고 공공시설을 설치하는 것 등에 관하여는 조례로써 정하고, 지방자치단체의 집행기관의 직제, 지방자치단체의 장에게 속하는 전권사항(全權事項) 및 기관위임사무에 관한 것은 지방자치단체의 규칙으로 정하는 것이 원칙이다. 조례와 규칙 사이에는 일반적인 의미 혹은 한스 켈젠(Hans Kelsen)의 법단계설적인 의미에서의 형식적 효력의 우열관계는 없다. 다만 실질적 측면에서 볼 때, (ㄱ) 조례와 규칙의 규정내용이 상호 모순 되는 경우, (ㄴ) 조례가 그 세부사항을 규칙으로써 정하도록 위임하였을 때에는 조례의 효력이 우월하다고 본다. 왜냐하면 지방자치법 제23조(규칙)에서는 "지방자치단체의 장은 법령이나 조례가 위임한 범위에서 그 권한에 속하는 사무에 관하여 규칙을 제정할 수 있다."고 규정하고 있는 것은 이를 염두에 두고 규정한 것이기 때문이다.

#### 4.2. 조례와 규칙이 미치는 효력의 범위
##### 4.2.1. 공간적 범위

법에는 일반적으로 속지주의에 입각한 속지법(屬地法)과 속인주의에 입각한 속인법(屬人法)이 있다. 조례와 규칙은 지방자치단체의 일정한 관할구역의 범위 안에서 시행되는 자치법규이므로 원칙적으로 속지법(속지주의 원칙)과 같은 성격을 지녔다고 할 수 있다. 즉, 그 효력의 범위는 원칙적으로 해당 지방자치 단체의 일정한 구역에 한정되어 적용되고, 당해 구역 밖에는 그 효력이 미치지 않는 동시에, 자치단체의 구역안에서 모든 인(人)·물(物)에 대해서만 효력을 가지기 때문이다. 다만, 예외적으로 조례와 규칙이 속인법적인 성격을 가지는 경우가 있는바, 지방자치단체와 특별권력관계에 있는 지방공무원에 관한 조례, 구역 밖에 설치하는 공공시설에 관한 조례(지방자치법 제144조 제3항) 등이 그 예가 될 수 있다. 공공시설은 영조물을 의미하며, 영조물법인의 형태로 설치할 수 있다.

▶ 지방자치법 제144조(공공시설) ① 지방자치단체는 주민의 복지를 증진하기 위하

여 공공시설을 설치할 수 있다. ② 제1항의 공공시설의 설치와 관리에 관하여 다른 법령에 규정이 없으면 조례로 정한다.③ 제1항의 공공시설은 관계 지방자치단체의 동의를 받아 그 지방자치단체의 구역 밖에 설치할 수 있다.

### 4.2.2. 시간적 범위

조례와 규칙은 일반법령과 마찬가지로 공포·시행 되어서 폐지될 때까지 그 효력을 가진다. 조례와 규칙의 소급효는 인정되지 않는다. 다만 주민의 권리·자유의 침해 또는 규제를 내용으로 하지 않는 것으로서, 특히 주민에게 이익을 주는 내용을 가진 조례나 규칙은 그 소급효를 인정 하여도 무방하다. 조례·규칙에 따른 수익적 처분을 하는 경우에도 마찬가지이다. 이 경우에는 소급금지의 원칙이 적용되지 아니하며, 법치국가원리에 비추어 타당하다.

## 5. 교육규칙

교육규칙은 교육감이 법령 또는 조례의 범위안에서 그 권한에 속하는 사무에 관하여 제정하는 법규범이다(지방교육자치에관한법률 제25조 참조).

▶ 지방교육자치에관한법률 제25조 (교육규칙의 제정) ① 교육감은 법령 또는 조례의 범위 안에서 그 권한에 속하는 사무에 관하여 교육규칙을 제정할 수 있다. ② 교육감은 대통령령이 정하는 절차와 방식에 따라 교육규칙을 공포하여야 하며, 교육규칙은 특별한 규정이 없는 한 공포한 날부터 20일이 경과함으로써 효력을 발생한다.

## 제 5 절  행정계획(行政計劃)

### I. 행정계획의 개념

#### 1. 개관

[서론] 행정행위(Verwaltungsakt), 행정입법(Rechtsverordnung, Rechtsvorschrift) 등의 용어는 실정법에 규정되어 있거나[1] 강학상의 개념으로서, 행정법의 출발점부터 인정되어 온 개념인 반면에, 행정계획은 실정법상 개념이 아니고 역사도 짧은 제도이며 또한 그 포괄범위가 다양하기 때문에 그 개념정의에 있어서부터 여러 가지 논의가 있다.

[의의] 행정계획(administrative planning)이라 함은 「행정주체 또는 그 기관이 일정한 행정활동을 위한 목표를 설정하고(목표설정성/목표설정기능), 상호 관련성 있는 행정수단의 조정과 종합화를 통하여(수단의 조정·종합성/행정수단의 종합화 기능) 그 목표로 정한 장래의 시점에 있어서의 보다 좋은 질서를 실현할 것을 목적으로 하는 활동기준 또는 그 기준설정행위」라고 할 수 있다. 이와같이 행정계획은 행정주체가 일정한 행정활동을 위한 목표로 설정하고, 서로 관련되는 행정수단의 종합·조정을 통하여 목표로 제시된 장래의 일정한 시점에 있어서의 일정한 질서를 실현하기 위한 구상 또는 기준의 설정행위라고 할 수 있다.

[독일에서의 행정계획] 독일에서는 19세기 이후, 급속도로 경제가 발전하면서 인구가 급증하고 산업화, 도시화가 급격하게 일어나면서, 도시의 과밀화와 무계획적인 확장이 문제점으로 대두하게 되었다. 이러한 배경에서, 국가의 활동이 확대되었고 특히 사회형성적 임무가 중요성을 띠게 되었으며, 이러한 활동의 대표적인 예가 도시계획이었다. 즉, 도시계획

---

1) 독일의 경우 행정행위(Verwaltungsakt)는 독일연방행정절차법 제35조에서 그 정의를 규정하고 있으며(§ 35 Begriff des Verwaltungsaktes), 행정입법(Rechtsverordnung, Rechtsvorschrift)에 관하여는 독일연방행정법원법 제47조에서(… Rechtsverordnungen auf Grund …) 규정하고 있다. 우리나라 행정절차법 제41조 내지 제45조에서는 행정상 입법예고에 관하여 규정하고 있다. 독일의 연방행정절차법(§ 35 VwVfG)은 행정행위의 정의를 광범위하게 정의하여 "행정행위는 행정청이 공법영역에서 개별적 경우를 규율하기 위하여 행하고, 외부에 대하여 '직접적인 법적 효과(unmittelbare Rechtswirkung)'를 발생하는 처분(Verfügung)·결정(Entscheidung) 기타의 고권적 조치(hoheitliche Maßnahme)를 말한다. 일반처분(Allgemeinverfügung)은 일반적 기준에 의하여 정해지거나 정해질 수 있는 인적 범위에 미치거나, 또는 물건(Sache)의 공법적 성질(öffentlich-rechtliche Eigenschaft)이나 공중에 의한 그 물건의 이용에 관계되는 행정행위이다"고 규정하여 행정행위의 개념을 광범위하게 규정하고 있다.

법을 통해서 도시화로 인한 문제점을 도시계획법으로써 개선하고자 하였고, 토지를 합리적으로 이용하고 토지상의 건축물의 요건들을 미리 정하여 놓기 위한 작용형식으로 행정계획을 이용하게 되었다.[1]

[행정계획의 개념적 징표] 따라서 행정계획의 개념적 징표는, 앞에서 설명한 바와 같이 (ㄱ) 목표의 설정(목표설정성)과, (ㄴ) 행정수단의 조정·종합(수단의 조정·종합성/행정수단의 종합화 기능)이라 할 수 있다. 행정계획은 행정청이 미래예측을 바탕으로 넓은 정책적인 재량판단에 의하여 책정하고 불확정개념을 사용한다는 점에서 특징이 인정된다.

[행정계획에 있어서 불확정 개념의 사용] 헌법재판소는 "행정계획에 있어서는 다수의 상충하는 사익과 공익들의 조정에 따르는 다양한 결정가능성과 그 미래전망적인 성격으로 인하여 그에 대한 입법적 규율은 상대적으로 제한될 수밖에 없다. 따라서 행정청이 행정계획을 수립함에 있어서는 일반 재량행위의 경우에 비하여 더욱 광범위한 판단 여지 내지는 형성의 자유, 즉 계획재량이 인정되는바, 이 경우 일반적인 행정행위의 요건을 규정하는 경우보다 추상적이고 불확정적인 개념을 사용하여야 할 필요성이 더욱 커진다."[2]고 하였다.

[국내 학자들의 행정계획에 대한 정의] 국내 학자들의 행정계획에 대한 정의는 (ㄱ) 계획수립과 계획수립의 결과로서의 계획(Plan)을 구분하는 경우와, (ㄴ) 계획수립과 계획을 구분하지 않는 경우로 대별된다. 다른 한편으로 (ㄷ) 각론의 개별 영역별로 행정계획의 개념을 정립하고자 하는 견해도 있다.[3]

## 2. 우리 나라에서의 행정계획의 헌법상 근거

### 2.1. 계획활동에 대한 헌법규정의 발전과정

[개관] 현행 헌법에서 계획활동에 대한 규정을 찾아보면, 우선 제120조 제2항 및 제123조에서는 국토와 자원 및 농·어업분야에 대한 명시적인 "계획"활동에 대한 수권을 하고 있다. 또한 제120조 제2항의 국토와 자원에 대한 계획활동을 위한 전제조건으로서 제122조에서는 국토의 이용·개발·보전을 위한 제한과 의무를 가할 수 있는 수권도 함께 하고 있다. 이러한 계획수립 및 그 전제조건에 대한 수권규정에 대한 연혁을 살펴보면 다음과 같다.

[헌법사] 제헌헌법부터 제4차 개정헌법까지는 제86조에서, "농지는 농민에게 분배하며 그 분배의 방법, 소유의 한도, 소유권의 내용과 한계는 법률로써 정한다."고 규정하였다. 제5차, 제6차 개정헌법에서는 제114조에서, "국가는 농지와 산지의 효율적 이용을 위하여 법

---

1) 정은영, 행정계획과 계획재량 : 그 방법론적 의의를 중심으로, 서울대학교 대학원, 2002, 5-7면.
2) 헌재 2007. 10. 4. 2006헌바91, 판례집 19-2, 396, 406
3) 정은영, 행정계획과 계획재량 : 그 방법론적 의의를 중심으로, 서울대학교 대학원, 2002, 17면.

률이 정하는 바에 의하여 그에 관한 필요한 제한과 의무를 과할 수 있다."고 하였다. 국토에 대한 국가의 개입활동에 더하여 국토와 자원에 대한 명시적인 "계획"규정을 도입한 것은 제7차 개정헌법(1972.12.27; 유신헌법)부터이다. 1972년 유신헌법 제120조 제2항은 "국토와 자원은 국가의 보호를 받으며, 국가는 그 균형있는 개발과 이용을 위하여 필요한 계획을 수립한다."고 규정하였다. 농·어업분야에 대하여 계획을 인정하고 있는 현행헌법(1987년 제9차개헌) 제123조는 "국가는 농지와 산지 기타 국토의 효율적이고 균형있는 이용·개발과 보전을 위하여 법률이 정하는 바에 의하여 그에 관한 필요한 제한과 의무를 과할 수 있다."고 하였다. 이와같은 헌법개정과정을 살펴보면, 국토에 대한 국가의 개입에 대해서는 제헌헌법부터 명시적으로 규정하고 있다. 제헌헌법 제86조는 "농지는 농민에게 분배하며 그 분배의 방법, 소유의 한도, 소유권의 내용과 한계는 법률로써 정한다."고 규정하고 있다. 한편 국토에 대하여 계획을 수립할 수 있음을 명시한 것은 1972년 제7차 개정 유신헌법부터이고, 시기적으로 독일에서와 마찬가지로 경제가 급속도로 성장하고 도시화, 산업화가 급격하게 진행되었던 때라는 점을 감안할 때, 국토관련계획의 필요성을 인식하고 헌법적 차원에서 이를 국가임무로 명시하고 있다고 볼 수 있다. 다만, 독일의 경우 본격적인 계획작용이 이루어지기 전에는 사회의 자율적인 규제에 맡겨져 있었던 반면, 우리 나라의 경우 국토, 특히 농지분배에 관한 헌법규정을 보면 헌법제정 초부터 국가가 국토관련 분야에 대해서 자율적 규제에 맡기기보다는 강한 정도로 국가적인 개입을 할 수 있도록 수권한 것이 원칙적인 태도였다는 점이 독일과 다르다.[1]

### 2.2. 현행 헌법상의 계획관련 규정

[현행 헌법상의 계획관련 규정] 현행 헌법상 계획관련규정은 경제계획 및 국토계획이 있다. 현행 헌법 제120조 제2항에서 "국토와 자원은 국가의 보호를 받으며, 국가는 그 균형있는 개발과 이용을 위하여 필요한 계획을 수립한다."고 하고 있고, 제122조에서 "국가는 국민 모두의 생산 및 생활의 기반이 되는 국토의 효율적이고 균형있는 이용·개발과 보전을 위하여 법률이 정하는 바에 의하여 그에 관한 필요한 제한과 의무를 과할 수 있다." 제123조 제1항에서는 "국가는 농업 및 어업을 보호·육성하기 위하여 농·어촌종합개발과 그 지원 등 필요한 계획을 수립·시행하여야 한다."고 규정하고 있다.

[행정개입 및 계획수립의 필요성] 국토(토지)는 국민생활 및 생산의 기반이 된다는 점에서 사회성·공공성이 크고 사용할 수 있는 목적과 범위가 다양하면서도 고정적이고 비대체적인 생산수단[2]이기 때문에 국토의 효율적 운영은 대단히 중요하다. 한편 다원적 산업사

---

1) 정은영, 행정계획과 계획재량 : 그 방법론적 의의를 중심으로, 서울대학교 대학원, 2002, 11면.
2) 권영성, 헌법학원론, 법문사, 2001, 511면.

회에서의 급격한 도시화 및 산업화로 인하여 상대적으로 낙후되기 쉽고 경쟁력이 떨어지는 1차산업 분야인 농·어업에 대해서도 국가가 이에 적극적으로 개입하여 균형있는 경제 및 산업발전을 특별히 도모할 필요가 있다. 이러한 분야들에 있어서는 행정이 직접개입하여 일정한 계획을 수립하고 합리적으로 이용하여야 할 책임이 있다. 이리하여 헌법적인 차원에서 이러한 영역에 대하여 직접적인 계획수립을 도모하고 있다.[1] 우리 나라에서 지속적, 장기적으로 수립되어 큰 영향을 미친 것이 과거 경제개발 5개년 계획 등과 같이 경제계획분야였다. 그러나 헌법규정을 보면 경제질서에 대해서 "개인과 기업의 경제상의 자유와 창의를 존중함을 기본으로 한다."고 하여 경제주체에 의한 자율적인 경제질서 수립을 원칙으로 하고 있다는 점에서, 국가의 보호를 받는 것을 원칙으로 하고 있는 국토 및 자원의 경우와는 다르다. 따라서 계획경제를 따르지 않는 우리 나라의 경우, 경제에 관한 국가의 계획도 넓은 의미에서의 계획에는 포함될 것이지만, 국토 및 자원 개발 계획의 경우와 비교할 때 그 계획과정에서 행정이 가지는 형성의 자유가 축소된다.[2]

### 3. 학설
#### 3.1. 계획수립과 계획을 구분하는 견해

[계획수립과 계획을 구분하는 견해] 행정계획의 개념에 대하여, 행정주체가 일정한 행정활동을 위한 목표를 설정하고, 상호관련 있는 행정수단의 조정과 종합화의 과정을 통하여, 그 목표로 정한 장래의 시점에 있어서의 보다 좋은 질서를 실현할 것을 목적으로 하는 활동기준 또는 그 설정행위(김도창),[3] 행정주체가 장래 일정기간 내에 도달하고자 하는 목표를 설정하고, 그를 위하여 필요한 수단들을 조정하고 통합하는 작용(Planung), 또는 그 결과로 설정된 활동기준(Plan)(김동희),[4] 행정권이 장래 달성하고자 하는 일정한 행정목표를 미리 설정하고 그 목표를 달성하기 위한 여러 수단들을 조정·종합함으로써 구체적 활동의 기준을 제시하는 행위(김철용),[5] 주어진 상황에서 최선의 방법으로 특정 공행정목적의 달성을 실현하기 위해 미래에 있게 될 행위들에 대한 체계적인 사전준비과정(Planung)을 거쳐서 나타나는 산물로서 행정활동의 기준(Plan)(홍정선),[6] 행정주체가 일정한 행정활동을 위한 목표를 설정하고, 그 목표를 상호관련성 있는 행정수단의 조정과 통합화의 과정을 통하여 실현하기 위한 여러 행정시책의 계획 또는 설정행위(박윤흔),[7] 행정주체가 일정한

---

1) 정은영, 행정계획과 계획재량: 그 방법론적 의의를 중심으로, 서울대학교 대학원, 2002, 12면.
2) 정은영, 행정계획과 계획재량: 그 방법론적 의의를 중심으로, 서울대학교 대학원, 2002, 13-14면.
3) 김도창, 일반행정법론(상), 청운사, 1993, 336면.
4) 김동희, 행정법(I), 박영사, 2001, 169면.
5) 김철용, 행정법(I), 박영사, 2001, 243면.
6) 홍정선, 행정법원론(상), 박영사, 2001, 245면.

행정활동을 위한 목표를 예측적으로 설정하고, 서로 관련되는 행정수단의 조정과 종합화의 과정을 통하여, 목표로 설정된 장래의 일정한 시점에 있어서의 일정한 질서를 실현할 것을 목적으로 하여 정립하는 활동기준(류지태,[1] 석종현[2]), 행정주체가 일정한 행정활동을 위한 목표를 설정하고, 서로 관련되는 행정수단의 종합, 조정을 통하여 목표로 제시된 일정한 시점에 있어서의 일정한 질서를 실현하기 위한 구상 또는 활동기준의 설정행위(홍준형,[3] 이상규[4]), 전문적·기술적 판단에 따라 목표를 설정하고, 상호 관련되는 행정수단을 종합·조정하기 위한 활동기준의 설정(김성수[5])등으로 정의하고 있다.[6]

### 3.2. 계획수립과 계획을 구분하지 않는 견해

[계획수립과 계획을 구분하지 않는 견해] 행정계획의 개념에 대하여, 올바른 현상파악과 현실적으로 이용가능한 재정상의 능력을 고려하여 일정한 목표연도까지 노력하면 달성가능한 것으로 생각되는 행정목표를 구체적으로 설정하고, 목표실현을 위하여 각종의 행정수단을 종합화하고 체계화하는 행정과정(서원우),[7] 상호 관련된 정합적 수단을 통하여 일정한 목표를 실현하는 것을 내용으로 하는 행정의 행위형식(김남진),[8] 행정주체 또는 그 기관이 일정한 행정활동을 행함에 있어서 일정한 목표를 선정하고 그 목표를 달성하기 위하여 필요한 수단을 선정하고 그러한 수단들을 조정하고 종합화한 것(박균성)[9] 등으로 정의하고 있다.[10]

### 3.3. 개별 행정영역별로 개념을 정립하는 견해

[개별 행정영역별로 개념을 정립하는 견해] 건축행정법상 영역에서 별도로 행정계획을 논하는 견해로서, 건축행정법상의 행정계획은 "국민의 토지상 권리의무에 변동을 초래하거나 영향을 주는 구속적 공간계획"이라고 한다. 이러한 구속적 공간계획은 그 대상에 따라 공간에 관련된 공간계획과 특별한 시설의 건설을 위한 전문계획으로 나눌 수 있다고 한다.

---

7) 박윤흔, 최신행정법강의(상), 박영사, 2001, 291면.
1) 류지태, 행정법신론, 신영사, 2001, 245면.
2) 석종현, 일반행정법(상), 삼영사, 2000. 317면.
3) 홍준형, 행정법총론, 한울, 2001, 410면.
4) 이상규, 신행정법론, 법문사, 1993, 490-492면.
5) 김성수, 일반행정법, 법문사, 2001, 363-364면.
6) 정은영, 행정계획과 계획재량 : 그 방법론적 의의를 중심으로, 서울대학교 대학원, 2002, 17-18면.
7) 서원우, 현대행정법론(상), 박영사, 1983, 547면.
8) 김남진, 행정법(I), 법문사, 2001, 377-378면.
9) 박균성, 행정법총론, 박영사, 2001, 179면.
10) 정은영, 행정계획과 계획재량 : 그 방법론적 의의를 중심으로, 서울대학교 대학원, 2002, 19면.

또한 도시계획은 일반도시계획과 특별도시계획으로 나눌 수 있는데, 일반도시계획은 "도시 내 일정지역의 위치와 면적을 확정해 성격을 규정한 후 그 성격에 반하는 건축물의 건축을 막는 도시계획, 도시를 공간적으로 구획해서 건축물의 용도와 형태를 제한하는 도시계획"이며, 특별도시계획은 "토지의 합리적 사용을 위해 공행정주체에게 개발행위로 나아갈 수 있는 각종 고권을 부여하는 포괄적 행정계획"이라고 보고 있다.[1]

### 4. 행정계획의 개념에 관한 대법원 판례

[대법원 판례] 행정계획의 의미에 대하여 일반적인 설시를 하고 있는 최초의 대법원 판결은 도시계획법상 도시계획시설 중 도로에 관한 시설결정에 대한 것으로, 다음과 같이 행정계획의 개념을 정의하고 있다. (판례-1) : 대법원은 "행정계획이라 함은 행정에 관한 전문적·기술적 판단을 기초로 하여 도시의 건설·정비·개량 등과 같은 특정한 행정목표를 달성하기 위하여 서로 관련되는 행정수단을 종합·조정함으로써 장래의 일정한 시점에 있어서 일정한 질서를 실현하기 위한 활동기준으로 설정된 것이다"[2][3]라고 하였다.

▶ 대판 1996. 11. 29, 96누8567 【도시계획시설결정처분무효확인등】 행정계획이라 함은 행정에 관한 전문적·기술적 판단을 기초로 하여 도시의 건설·정비·개량등과 같은 특정한 행정목표를 달성하기 위하여 서로 관련되는 행정수단을 종합·조정함으로써 장래의 일정한 시점에 있어서 일정한 질서를 실현하기 위한 활동기준으로 설정된 것으로서, 도시계획법등 관계법령에는 추상적인 행정목표와 절차만이 규정되어 있을 뿐 행정계획의 내용에 대하여는 별다른 규정을 두고 있지 아니하므로 행정주체는 구체적인 행정계획을 입안·결정함에 있어서 비교적 광범위한 형성의 자유를 가진다고 할 것이지만, 행정주체가 가지는 이와 같은 형성의 자유는 무제한적인 것이 아니라 그 행정계획에 관련되는 자들의 이익을 공익과 사익 사이에서는 물론이고 공익 상호간과 사익 상호간에도 정당하게 비교교량하여야 한다는 제한이 있는 것이고, 따라서 행정주체가 행정계획을 입안·결정함에 있어서 이익형량을 전혀 행하지 아니하거나 이익형량의 고려대상에 마땅히 포함시켜야 할 사항을 누락한 경우 또는 이익형량을 하였으나 정당성·객관성이 결여된 경우에는 그 행정계획결정은 재량권을 일탈·남용한 것으로서 위법한 것으로 보아야 할 것이다.

[이 판례에 대한 석종현 교수의 판례평석] (판례의 의의) : 그동안 도시계획 관련 판례는 주로 도시계획결정이 행정소송의 대상이 되는 것인지의 여부를 판시하는 것이었으나,

---

1) 정은영, 행정계획과 계획재량 : 그 방법론적 의의를 중심으로, 서울대학교 대학원, 2002, 19면.
2) 대판 1996. 11. 29, 96누8567 【도시계획시설결정처분무효확인등】
3) 동지의 판례 : 대판 1998. 4. 24, 97누1510; 대판 2000. 9. 23, 98두2768. 이 판례들은 모두 주택건설사업계획사전결정에 관련한 판례이다.

이번 대법원의 판례는 행정계획에 있어서의 공람절차가 지닌 하자의 유무를 판단하면서 학설상의 형량명령이론과 계획재량이론을 상당부분 수용하는 입장을 취하고 있어 획기적인 것이라 할 수 있으며, 특히 행정재량과 계획재량의 차이를 인정하는 논거를 제시해 줌으로써 행정법학상의 재량행위론의 발전에 전기를 마련해 준 새로운 이정표(里程標)로서의 의의를 지닌 것이라 할 수 있다. 특히 계획재량이론, 형량명령이론 등을 포함한 이른바 행정계획 특유의 통제법리의 필요성을 오래전부터 주장한 필자의 입장에서는 판례의 입장을 크게 환영하고자 한다. 그러나 판례가 형량이론을 긍정하면서도 그 논거에 관하여 아무런 언급을 하지 않은 것은 문제가 있으며, 행정주체의 행정계획상의 형성의 자유를 긍정하면서도 그와 같은 형성의 자유를 허용하는 도시계획법과 같은 계획규범의 구조적 특색에 대해서 언급을 하지 않은 것도 문제가 있다. 독일의 연방행정판소[1]는 이미 1969년에 「행정계획에 관계되는 공익과 사익이 공평하게 형량되어야 하는 것은 실정법상의 규정에 관계없이 법치국가적 계획의 본질에서 우러나오는 일반적 명령」(BVerwGE 41, 67)[2]이라고 판시하였다. 따라서 계획관청은 행정계획을 수립함에 있어 상반된 공익과 사익사이의 갈등을 조정하여야 하는 형량의무를 지며, 그와 같은 형량의무를 규정한 실정법이 없는 경우에라도 그것은 법치국가의 원리로부터 도출되는 것이라 할 수 있다.[3]

(판례-2) : 대법원 판례는 행정계획(또는 도시계획)의 개념에 대하여, 장래의 일정한 시점에 특정한 행정목표(일정한 질서)를 달성하기 위하여 서로 관련되는 행정수단을 종합·조정함으로써 설정된 활동기준으로 설정된 것이라고 하고, 행정계획의 특징으로는 "행정에

---

1) 석종현교수의 원문에는 독일연방헌법재판소로 기재하고 있으나, 이는 행정재판소의 오기인듯 하여 인용자(김백유)가 독일연방행정재판소(BVerwGE)로 수정하였음.
2) [인용자(김백유) 註] : 독일연방건설법전 제1조 제7항에 규정된 형량명령(Bei der Aufstellung der Bauleitpläne sind die öffentlichen und privaten Belange gegeneinander und untereinander gerecht abzuwägen.)은 건축계획수립에 있어서는 공익과 사익을 비교하여야 함을 요구하고 있다. 개개의 계획이 그러한 형량명령을 준수해야 한다는 것은 법치국가원리로부터 도출된 것이며, 이것은 실정법상 명문의 규정이 없는 경우에도 마찬가지이다(Das in § 1 VII BauGB geregelte Abwägungsgebot verlangt, dass bei der Aufstellung der Bauleitpläne die öffentlichen und privaten Belange untereinander gerecht abgewogen werden. Es gilt aus rechtsstaatlichen Gründen für jeglicher Planung und auch unanhängig von einer ausdrücklichen Normierung(BVerwGE 41, 67; Dolde/Menke, NJW 1996, 2616). Heinrich Amadeus Wolff, Ungeschriebenes Verfassungsrecht unter dem Grundgesetz, Jus Publicum 44, Tübingen : Mohr Siebeck 2000.
3) https://m.lawtimes.co.kr/Legal-Info/Cases-Commentary-View?serial=261(석종현, 형량법리에 위배된 행정계획의 효력, 법률신문 2575호(1996.11.29). (검색어 : 행정계획과 계획재량; 검색일 : 2015. 9. 6)

관한 전문적·기술적 판단"을 기초로 하는 것이며, "도시의 건설·정비·개량"을 행정계획의 예로 들고 있다.[1] (판례 3) : 대법원은 "행정계획이라 함은 행정에 관한 전문적·기술적 판단을 기초로 하여 도시의 건설·정비·개량 등과 같은 특정한 행정목표를 달성하기 위하여 서로 관련되는 행정수단을 종합·조정함으로써 장래의 일정한 시점에 있어서 일정한 질서를 실현하기 위한 활동기준으로 설정된 것으로서, 도시계획법 등 관계 법령에는 추상적인 행정목표와 절차만이 규정되어 있을 뿐 행정계획의 내용에 대하여는 별다른 규정을 두고 있지 아니하므로 행정주체는 구체적인 행정계획을 입안·결정함에 있어서 비교적 광범위한 형성의 자유를 가지는 한편, 행정주체가 가지는 이와 같은 형성의 자유는 무제한적인 것이 아니라 그 행정계획에 관련되는 자들의 이익을 공익과 사익 사이에서는 물론이고 공익 상호간과 사익 상호간에도 정당하게 비교교량 하여야 한다는 제한이 있는 것이고, 따라서 행정주체가 행정계획을 입안·결정함에 있어서 이익형량을 전혀 행하지 아니하거나 이익형량의 고려 대상에 마땅히 포함시켜야 할 사항을 누락한 경우 또는 이익형량을 하였으나 정당성·객관성이 결여된 경우에는 그 행정계획결정은 재량권을 일탈·남용한 것으로서 위법하게 된다."[2]고 하였다.

## 5. 대법원이 행정계획에 속하는 것으로 본 개별작용들

### 5.1. 대법원판례

[행정계획에 속하는 것으로 본 개별작용들] (개발제한구역지정처분) : 대법원은 개발제한구역지정처분에 대하여 "개발제한구역지정처분은 건설부장관이 법령의 범위 내에서 도시의 무질서한 확산 방지 등을 목적으로 도시정책상의 전문적·기술적 판단에 기초하여 행하는 일종의 행정계획행정계획으로서 그 입안·결정에 관하여 광범위한 형성의 자유를 가지는 계획재량처분이므로,[3] 그 지정에 관련된 공익과 사익을 전혀 비교교량하지 아니하였거나 비교교량을 하였더라도 그 정당성과 객관성이 결여되어 비례의 원칙에 위반되었다고 볼 만한 사정이 없는 이상, 그 개발제한구역지정처분이 재량권을 일탈·남용한 위법한 것이라고 할 수 없을 것인데…,"[4]라고 하였다. 생각건대 개발제한구역지정행위는 국토의계획및이용에관한법률 제38조[5] 및 개발제한구역의지정및관리에관한특별조치법 제3조[6]에 근거하여

---

1) 대판 2000. 3. 23, 98두2768
2) 대판 2000. 3. 23, 98두2768 【도시계획결정취소】
3) 대판 2004. 7. 22, 2003두7606 【형질변경허가반려처분취소】 개발제한구역 내에서의 건축물의 건축 등에 대한 예외적 허가의 법적 성질(=재량행위)
4) 대판 1997. 6. 24, 96누1313 【토지수용이의재결처분취소등】
5) 국토의계획및이용에관한법률 제38조(개발제한구역의 지정) ① 국토교통부장관은 도시의 무질서한 확산을 방지하고 도시주변의 자연환경을 보전하여 도시민의 건전한 생활환경을 확보하기

내려지는 도시관리계획으로서 개발제한구역에서는 그 지정목적에 위배되는 건축물의 건축 및 용도변경, 공작물의 설치, 토지의 형질변경 등을 할 수 없다. 이와 같이 직접 국민에 대하여 작위·부작위 등의 의무를 과하는 계획을 명령적 계획이라 한다. 그런데 명령적 계획의 법적 성질에 대하여는 논란이 있어 그 법적 성질을 어떻게 보느냐에 따라 개발제한구역 지정행위의 처분성이 결정된다. 개발제한구역지정행위는 직접 권리를 제한하고 의무를 부과하는 것이므로 구체적인 법적 규율성을 인정할 수 있어 처분성을 갖는 것으로 보아야 할 것이다. (택지개발예정지구지정처분) : 택지개발예정지구지정처분에 대하여 대법원은 "건설교통부장관이 법령의 범위내에서 도시지역의 시급한 주택난 해소를 위한 택지를 개발·공급할 목적으로 주택정책상의 전문적·기술적 판단에 기초하여 행하는 일종의 행정계획"[1]이라고 하였다. (도시재개발구역의 지정 및 변경 또는 도시재개발사업계획의 결정 및 변경) : 도시재개발구역의 지정 및 변경 또는 도시재개발사업계획의 결정 및 변경에 관하여 대법원은 "관계 행정청이 법령의 범위내에서 도시의 건전한 발전과 공공복리의 증진을 위한 도시정책상의 전문적, 기술적 판단을 기초로 하여 그 재량에 의하여 이루어지는 것[2]"이라고 하였다. 이러한 것들은 행정계획에 속하는 개별작용들이다.

### 5.2. 위 판례들의 정리

[판례의 정리] 판례상으로 도시계획법, 택지계발촉진법, 도시재개발법 등 공간관련법상 일정 결정들에 대해서 이를 행정계획에 속하는 것으로 보고 있다. 이러한 판례들의 특징은 행정계획 작용에 속하는 개별작용들의 특정한 목적들, 각각 "도시의 무질서한 확산을 방지"하거나, "도시지역의 시급한 주택난 해소를 위한 택지를 개발·공급"하거나, "도시의 건전한 발전과 공공복리의 증진"을 위한 목적을 명시하고 있다는 것과, 그와 같은 결정들이 "전문적·기술적 판단"에 의거한 것이라는 점을 설시하면서 앞으로 실체 심사에 있어서

---

위하여 도시의 개발을 제한할 필요가 있거나 국방부장관의 요청이 있어 보안상 도시의 개발을 제한할 필요가 있다고 인정되면 개발제한구역의 지정 또는 변경을 도시·군관리계획으로 결정할 수 있다. ② 개발제한구역의 지정 또는 변경에 필요한 사항은 따로 법률로 정한다.

6) 개발제한구역의지정및관리에관한특별조치법 제3조(개발제한구역의 지정 등) ① 국토교통부장관은 도시의 무질서한 확산을 방지하고 도시 주변의 자연환경을 보전하여 도시민의 건전한 생활환경을 확보하기 위하여 도시의 개발을 제한할 필요가 있거나 국방부장관의 요청으로 보안상 도시의 개발을 제한할 필요가 있다고 인정되면 개발제한구역의 지정 및 해제를 도시·군관리계획으로 결정할 수 있다. <개정 2011.4.14., 2013.3.23.> ② 개발제한구역의 지정 및 해제의 기준은 대상 도시의 인구·산업·교통 및 토지이용 등 경제적·사회적 여건과 도시 확산 추세, 그 밖의 지형 등 자연환경 여건을 종합적으로 고려하여 대통령령으로 정한다.

1) 대판 1997. 9. 26, 96누10096【택지개발예정지구지정처분취소등】
2) 대판 1986. 7. 23, 83누727, 대판 1985. 7. 23, 90누2994, 대판 1993. 10. 8, 93누10569 등.

의 "재량"논의에 대한 전제로 삼고 있다는 것을 들 수 있다.[1]

## II. 행정계획의 기능

### 1. 복지국가의 기능적 요소로서의 행정계획

[복지국가의 기능적 요소로서의 행정계획] 오늘날의 복지국가에서는 행정분야를 비롯한 모든 영역에서 행정계획이 중요한 활동수단이 되고 있다. 종래 행정기능이 소극적인 질서유지작용에 그칠 때에는 행정계획의 필요성이 크지 않았지만, 오늘날 행정국가 현상에 따라 행정이 국민생활에 적극적으로 개입하면서 행정업무를 보다 효율적으로 달성하기 위하여 행정계획이라는 수단이 필요하게 되었다. 또한 행정활동과 관련하여 대립되는 이익(공익 상호간·공익과 사익 혹은 사익상호간)을 조절하고 산재해 있는 행정수단과 역량을 통합하기 위하여도 행정계획이 요청된다. 이와 같이 행정이 장기적 비젼을 가지고 계획성 있게 수행되는 것을 보장하기 위하여 행정계획이 필요하다.[2] 행정계획은 이를 독자적인 행위형식으로 볼 것이 아니라, 그 발현 형태에 따라서 각각 행정행위나 행정입법, 조례 등으로 분류하여 검토하면 족하고, 이에 대한 별도의 고찰이 필요하지 않다고 그 의의를 축소하는 견해도 있다.[3] 그러나, 행정법상의 다른 행위형식들과 마찬가지로, 행정의 계획활동에 대해서도 곳곳에 산재해 있는 개별법 및 그에 따른 작용들을 체계화할 필요성은 있는 것이고, 그러한 체계화를 통해서 얻어낸 상위개념은 개별 영역의 현상들을 설명하는데 도움이 된다.[4]

### 2. 기능의 구체적인 내용

[목표설정 기능] 행정계획은 행정의 목표를 제시하고 그 목표의 달성을 위한 장래의 행정의 방향을 제시한다. 목표설정기능은 장래의 일정한 시점까지 일정한 질서를 실현시키기 위한 표적을 설정하는 것으로서 행정계획의 '가장 기본적인 기능'이다. 행정계획은 일정한 행정목표를 설정하고 그 목표달성을 위한 수단을 선택하는 것을 내용으로 한다. 그러한 행정계획의 내용은 기본적으로 행정에 의해 결정되어질 수밖에 없다. 행정계획의 목표를 법률로 정하는 것은 불가능하며 행정계획의 목표가 사회상황의 변화에 유동적이고 변동되

---

1) 정은영, 행정계획과 계획재량: 그 방법론적 의의를 중심으로, 서울대학교 대학원, 2002, 24-26면.
2) 박균성, 행정법론(상), 238면.
3) H. Maurer, Allgemeines Verwaltungsrecht, 13. Aufl, 2000, § 9 Rn. 21.
4) 정은영, 행정계획과 계획재량: 그 방법론적 의의를 중심으로, 서울대학교 대학원, 2002, 4면.

어야 하는 것이므로 바람직하지도 않다. 행정목표를 달성하는 데 어떠한 수단이 가장 유효 적절한 것인가 하는 것도 법령으로 정할 사항은 아니며, 따라서 일반 행정행위에서 보다 훨씬 넓은 재량권이 행정권에 부여된다. 일반적으로 행정계획의 확정에 있어서 행정권에게 부여되는 재량(특히 계획재량)은 일반적인 행정재량(일반행정재량)과 구분하고 있다.[1]

[행정기능의 종합·조정적 기능] 현대행정은 행정기관들의 '할거주의(Sectionalism)현상' 으로 인하여 국가행정시책의 분산과 행정기관 사이의 갈등 및 지나친 경쟁 그리고 시책상 호간의 부조화를 가져오기 쉽다. 행정계획은 이러한 행정기관의 개별적 행정조치를 일정한 목표에 맞추어 행정기관을 상호 입체적·유기적으로 연관시킴으로써 행정기관의 전체적인 행동방향을 종합화·체계화하며, 행정능률을 확보하는 기능을 수행한다.

[국가시책의 지침적 기능과 행정과 국민간의 매개체적 기능] 행정계획은 국가시책의 형성 및 미래에 대한 일정한 예측가능성을 부여하여 국민의 자발적 협력을 얻게 하고(행정계획 은 국민에게 협력을 요구하는 것을 내용으로 하기도 한다.), 국민의 장래의 활동에 대하여 지침적·유도적 효과와 경우에 따라서는 규제적 효과를 발휘하기도 한다(규제적 행정계 획). 행정계획은 행정기관 및 국민의 활동에 있어서의 지침적 기능을 가진다. 그러므로 모 든 행정기관은 가능한 한 행정계획에 합치하도록 활동하여야 하며, 실제에 있어서도 행정 은 행정계획에 따라 행해진다. 뿐만 아니라 국민 역시 행정계획 특히 행정계획의 계속성을 신뢰하고 활동한다. 그리하여 행정계획은 국민의 행정계획에 대한 신뢰를 보호하여야 한다 는 법적 요구가 나온다(신뢰보호의 원칙; 계획보장청구권 문제).

[미래지향적 기능] 입법·예산의 추진 기능, 행정의 지침화 기능을 수행한다.
[계획에 의한 행정화의 기능] 계획적인 행정작용의 수행이 가능하다.
[계획책정상의 절차적 보장 중시현상] 절차적 정당성의 확보와 법치국가적 지배질서 확립

## III. 행정계획의 법적 성격

### 1. 의의

[개관] 행정계획이 특정의 법적 형식에 의해 수립되는 경우, 당해 행정계획은 그 법적 형식의 성질을 갖는다. 즉, 법률의 형식에 의해 수립되는 행정계획은 법률의 성질을 가지며 조례의 형식에 의해 수립되는 계획은 조례의 성질을 갖는다. 따라서 행정계획이 특정의 행위형식을 취 하지 않는 경우, 당해 행정계획은 어떠한 법적 성질을 갖는가 하는 것이 문제된다. 행정계 획의 법적 성질을 논하는 실익은 행정계획이 항고소송의 대상이 되는가의 문제 때문이다.

---

1) 박균성, 행정법론(상), 박영사, 2003, 204-205면.

우리나라에서는 입법행위는 항고소송의 대상이 되지 않고 행정행위 등 '처분'만이 항고소송의 대상이 된다. 그리하여 행정계획이 항고소송의 대상이 되는 처분인지 아닌지(또는 행정행위인지 아니면 입법행위인지)하는 것이 문제된다.

[항고소송의 대상여부] 국민이나 행정기관에 대하여 아무런 구속력을 갖지 않는 비구속적 행정계획과 행정기관만에 대하여 구속력을 갖는 행정계획은 항고소송의 대상이 되지 않는다. 항고소송의 대상이 되는지 여부가 다투어지는 것은 국민에 대하여 구속력을 갖는 행정계획이다. 국민에 대하여 구속력을 갖는 행정계획도 그 법적 성질을 일률적으로 말할 수 없다. 행정계획의 내용에 따라 행정행위의 성질을 가질 수도 있고 입법행위의 성질을 가질 수도 있다. 舊도시계획법 제12조의 도시계획(국토의계획및이용에관한법률) 제24조의 도시관리계획)의 법적 성질이 다투어진 예가 있는데, '고시된 도시계획결정이 행정소송이 대상이 되는가'의 여부에 대하여 대법원은 "도시계획법 제12조 소정의 고시된 도시계획결정은 특정 개인의 권리 내지 법률상의 이익을 개별적이고 구체적으로 규제하는 효과를 가져오게 하는 행정청의 처분이라 할 것이고, 이는 행정소송의 대상이 된다."[1]고 판시한 바있다. 도시관리계획의 법적 성질에 관하여 다음과 같이 견해가 대립되고 있다.[2]

## 2. 학설

### 2.1. 입법행위설

[의의] 행정계획은 국민의 권리·자유에 관계되는 일반적·추상적인 규율을 정립하는 행위로서 일반적 구속력을 가질 수 있는 것으로서 법규명령의 성질을 가진다는 것이다.[3] 도시관리계획은 도시계획행정의 기준이 되는 일반적·추상적인 성질의 것이고 도시관리계획 자체만으로는 특정 개인의 권리침해를 가져오는 것이 아니므로 행정계획은 처분이 아니며 입법행위의 성질을 가진다는 견해이다. 도시관리계획이 결정되면 법령에 근거하여 일정한 권리제한의 효과가 생기게 되지만 이는 법령의 효과이며 도시관리계획 그 자체는 법령을 보충하는 입법행위의 성질을 가진다고 본다. 이와 같은 입법행위설에 의하면 도시관리계획이 위법한 경우에는 직접적으로 그 도시관리계획의 취소를 청구할 수는 없고, 그 위법한 도시관리계획에 따라 위법한 행정처분이 행하여져(예: 건축허가가 거부되어) 국민의 권리가 침해된 경우에 당해 처분의 취소를 구하는 소송을 제기하여야 한다고 한다.[4] 박균성교수는

---

1) 대판 1982. 3. 9, 80누105【도시계획변경처분취소】【판시사항】고시된 도시계획결정이 행정소송이 대상이 되는가(적극)【판결요지】도시계획법 제12조 소정의 고시된 도시계획결정은 특정 개인의 권리 내지 법률상의 이익을 개별적이고 구체적으로 규제하는 효과를 가져오게 하는 행정청의 처분이라 할 것이고, 이는 행정소송의 대상이 된다.
2) 박균성, 행정법론(상), 박영사, 2003, 205-206면.
3) 홍정선, 행정법원론(상), 222면.

입법행위와 유사하지만 법규명령의 성질은 가지지 않는다고 한다(아래 참조).

　　[박균성교수의 견해] 박균성 교수는 "행정계획은 행정활동의 기준을 제시하는 점에서는 입법행위와 유사한 성격을 갖지만 다음과 같은 점에서 법규명령과 다르다. i) 행정계획은 행정목표와 그를 달성하기 위한 수단을 정하는 것인데 반하여 법규명령은 행정권 행사의 요건과 효과를 정하는 것이다. ii) 행정계획은 법규명령보다는 사정변경에 즉시 적응할 필요성이 있고 신축성을 가져야 하므로 법규명령의 형식으로 제정되어 있지 않은 경우가 많다. iii) 행정계획은 행정기관 자신의 활동규범이며 법규명령과 같이 국민의 권리와 의무를 규율하는 것이 아니다.[1] 다만, 우리나라에서는 입법행위는 항고소송의 대상이 되지 않고 행정행위등 처분만이 항고소송의 대상이 된다. 그리하여 행정계획이 항고소송의 대상이 되는 처분인지 처분이 아닌지(또는 행정행위인지 아니면 입법행위인지)하는 것이 문제된다."[2]고 한다.

### 2.2. 행정행위설

　　[행정행위, 행정처분, 항고소송의 대상] 행정행위설에 의하면 행정계획 중에는 법관계의 변동이라는 고유한 효과를 가지는 행정행위의 성질을 가지는 것이 있다는 입장이다.[3] 도시관리계획의 결정이 고시되면 도시관리계획구역 안의 토지나 건물소유자의 토지형질변경, 건축물의 신축·개축 또는 증축 등 권리행사가 일정한 제한을 받게 되는데, 이 점에 비추어 볼 때 당해 도시관리계획결정은 특정 개인의 권리 내지 법률상의 이익을 개별적이고 구체적으로 규제하는 효과를 가져오므로 행정청의 처분이라 할 수 있고, 따라서 항고소송의 대상이 된다.[4]

　　[비판] 행정계획은 행정목표와 그 행정목표를 달성하기 위한 행정활동의 기준을 제시하는 성격의 행위인 점에서 행정행위와는 다르다.[5]

　　[대법원: 고시된 도시계획결정이 행정소송의 대상이 되는가?] 대법원은 고시된 도시계획결정이 행정소송의 대상이 되는가에 대하여, "도시계획법 제12조 소정의 고시된 도시계획결정은 특정 개인의 권리 내지 법률상의 이익을 개별적이고 구체적으로 규제하는 효과를 가져오게 하는 행정청의 처분이라 할 것이고, 이는 행정소송의 대상이 된다."[6]고 판시하였다. 그 이유

---

4) 박균성, 행정법론(상), 242면 참조.
1) 박균성, 행정법론(상), 242면; 박균성, 행정법론(상), 박영사, 2011, 258-259면.
2) 박균성, 행정법론(상), 박영사, 2011, 257면.
3) 홍정선, 행정법원론(상), 박영사, 2004, 222면.
4) 대판 1982. 3. 9, 80누105【도시계획변경처분취소】
5) 박균성, 행정법론(상), 박영사, 2011, 258면.
6) 【참조조문】 도시계획법 제12조, 행정소송법 제1조 【참조판례】 대판 1978. 12. 26, 78누281, 대판

로서 대법원은 "원심판결 이유에 의하면 원심은, 원고들이 취소를 구하는 원판시 도로계획결정이 도시계획법 제12조에 의하여 한 도시계획결정임을 확정한 다음, 위 규정에 의한 건설부장관의 도시계획결정은 도시계획사업의 기본이 되는 일반적 추상적인 도시계획의 결정으로서 이와 같은 일반계획의 결정이 있었던 것만으로는 특정 개인에게 어떤 직접적이며 구체적인 권리의무 관계가 발생한다고는 볼 수 없다 할 것이므로 이 점에 있어서 피고의 이 사건 도시계획결정은 결국 항고소송의 대상이 되는 행정처분은 아니라고 봄이 상당하고, 원고의 이 소는 결국 행정소송의 대상이 될 수 없는 사항을 그 대상으로 삼은 부적법한 소라 하여 이를 각하한다고 판시하고 있다. 그러나, 도시계획법 제12조 소정의 도시계획결정이 고시되면 도시계획구역안의 토지나 건물 소유자의 토지형질변경, 건축물의 신축, 개축 또는 증축 등 권리행사가 일정한 제한을 받게 되는바 이런 점에서 볼 때 고시된 도시계획결정은 특정 개인의 권리 내지 법률상의 이익을 개별적이고 구체적으로 규제하는 효과를 가져오게 하는 행정청의 처분이라 할 것이고, 이는 행정소송의 대상이 되는 것이라 할 것(당원 1978.12.26. 선고 78누281 판결 참조)이다."1)라고 하면서 "원심이 도시계획결정이 개인에게 구체적이고 직접적인 권리의무 관계의 발생을 가져오게 하는 것이 아니라는 이유로 위와 같이 판단하였음은 도시계획결정과 행정소송의 대상에 관한 법리를 오해한 위법이 있다할 것이고, … 그러므로, 원심판결을 파기"2)한다고 하면서, 사건을 원심인 서울고등법원으로 환송하였다(파기환송).

[사견] 생각건대 행정계획이 항고쟁송의 대상이 되는지 여부를 논함에 있어서는 행정계획이 행정쟁송(행정심판·행정소송)의 제기요건으로서 일반적으로 요구되는 행정처분으로서의 '처분성'을 갖는지 하는 것이지, 행정계획이 행정행위인지(행정행위설의 입장), 입법행위인지(입법행위설의 입장) 하는 것은 문제의 핵심은 아니다. 왜냐하면 구체적인 계획은 법규범으로 나타날 수도 있고, 행정행위적·일반처분적으로 나타날 수도 있으며, 또는 단순한 사실행위 내지는 훈령적·프로그램적 성질의 것으로 나타날 수도 있는 것이므로 행정계획의 법적 성질은 계획마다 그 성질에 따라 개별적으로 검토되어야 하기 때문이다(김남진). 이밖에 행정계획은 행정행위나 입법행위와도 다른 독자적인 성질을 갖는 독자적인 행위형식이라는 점에서 더욱 그러하다는 견해도 있다(독자성설의 입장 : 박균성).3)

---

1982. 3. 9, 81누35 【원고, 상고인】 김영곤 외 1인 원고들 소송대리인 변호사 원종산 【피고, 피상고인】 건설부장관 【원심판결】 서울고등법원 1980.1. 29, 선고 79구416 판결 【주문】 원심판결을 파기하고, 사건을 서울고등법원으로 환송한다.
1) 대판 1982. 3. 9, 80누105【도시계획변경처분취소】【판시사항】 고시된 도시계획결정이 행정소송이 대상이 되는가(적극).
2) 대판 1982. 3. 9, 80누105【도시계획변경처분취소】【판시사항】 고시된 도시계획결정이 행정소송이 대상이 되는가(적극).

### 2.3. 독자성설(행정규칙설)

행정계획은 행정상 입법(입법행위/법규범)도 아니고 동시에 행정행위도 아닌 독자적 성질을 가진 것으로 행정주체 내부에서 타당하는 일종의 훈령적(訓令的) 성질을 가진 행위규범이라 한다(행정규칙). 행정계획은 추상적인 것이 아니라 오히려 고도의 구체적인 것이므로 그것은 규범이 아니고(규범은 일반성·추상성을 특징으로 한다), 또한 그것은 영역관련적인 것이고 동시에 개개인의 권리에 관하여 결정하는 것이 아니므로, 행정행위도 아니라고 하면서 행정계획을 독자적 성질의 이물(異物 : Aliud; alius; 여러가지 것들중에서 어떤 다른 것[etwas anderes von mehreren])로 보는 입장이다.[1] 행정계획은 구체적인 것이므로 일반성과 추상성을 특징으로하는 법규범(일반법률[Allgemeines Gesetz]은 일반성·추상성을 그 징표로 한다)[2]이 아니고 개개인의 권리와 관련되는 행정행위(Verwaltungsakt)도 아닌 독자적인 행위형식이라는 것이다.[3] 다만 도시(관리)계획의 경우에는 구속력을 가진다는 점에서 행정행위에 준하여 행정소송의 대상이 된다고 한다.[4] 다만 고등법원판례나 대법원판례가 도시계획이 입법행위의 성질의 가졌다거나(고등법원판결), 행정행위(대법원판결)의 성질의 가졌다고 법원이 판결한 것이 아니라 다만 처분성의 여부만을 대상으로 하여 판결하였음을 주의하여야 한다.[5]

### 2.4. 혼합행위설

행정계획이 규범의 요소와 개별행위의 요소의 양면을 갖는 행위형식, 즉 규범과 개별행위의 혼합물(Mischform)이라는 입장이다.[6]

---

3) 박균성, 행정법론(상), 박영사, 2011, 259면.
1) E. Forsthoff, Lehrbuch des Verwaltungsrechts. S. 30.
2) 일반성·추상성 문제의 구체적 내용은 정은영, 행정계획과 계획재량 : 그 방법론적 의의를 중심으로, 서울대학교 대학원, 2002, 58면 이하 참조
3) 박균성교수는 "행정계획은 행정목표와 그 행정목표를 달성하기 위한 행정활동의 기준을 제시하는 성격의 행위인점에서 행정행위와 다르다."고 한다(박균성, 행정법론(상), 박영사, 2011, 258면).
4) 독자성설(독자적인 행위형식)을 주장하는 견해는 박균성, 행정법론(상), 241면 참조; 박균성, 행정법론(상), 박영사, 2003, 206-207면; 박균성, 행정법론(상), 박영사, 2011, 258면.
5) 박균성, 행정법론(상), 2011, 259면 각주 2) 참조; 대판 1982. 3. 9, 80누105【도시계획변경처분취소】【판시사항】고시된 도시계획결정이 행정소송이 대상이 되는가(적극).
6) O. Bachof, VVDStRL 18, S. 192 f.

## 2.5. 대법원 판례
### 2.5.1. 처분성을 인정한 판례

판례는 행정계획의 구체적 사례에 따라 처분성을 인정하기도 부인하기도 한다. 판례는 도시계획결정과 관련하여 "(구)도시계획법 제12조 소정의 도시계획결정이 고시되면 도시계획구역 안의 토지나 건물 소유자의 토지형질변경, 건축물의 신축, 개축 또는 증축 등 권리행사가 일정한 제한을 받게 되는바 이런 점에서 볼 때 고시된 도시계획결정은 특정 개인의 권리 내지 법률상의 이익을 개별적이고 구체적으로 규제하는 효과를 가져오게 하는 행정청의 처분이라 할 것이고, 이는 행정소송의 대상이 되는 것"이라 하였다.[1] 또한 대법원은 구도시계획법 제 12조에 의한 도시계획결정의 법적성질을 행정처분이라고 보았다(아래 판례참조).

▶ 대판 2002. 12. 10, 2001두6333【청산금부과처분무효확인】【판시사항】 [1] 도시재개발법상의 관리처분계획이 항고소송의 대상이 되는 행정처분인지 여부(적극) [2] 관리처분계획에서 정한 청산금의 산정방법에 비례율의 부당적용과 같은 하자가 있는 경우, 관리처분계획이 무효인지 여부(소극) [3] 항고소송의 대상이 되는 행정처분의 의미 [4] 재개발조합이 조합원들에게 한 '조합원 동·호수 추첨결과 통보 및 분양계약체결 안내'라는 제목의 통지가 조합원들의 구체적인 권리의무에 직접적 변동을 초래하는 행정처분에 해당한다고 볼 수 없다【판결요지】 [1] 도시재개발법에 의한 재개발조합은 조합원에 대한 법률관계에서 적어도 특수한 존립목적을 부여받은 특수한 행정주체로서 국가의 감독하에 그 존립 목적인 특정한 공공사무를 행하고 있다고 볼 수 있는 범위 내에서는 공법상의 권리의무 관계에 서 있는 것이므로 분양신청 후에 정하여진 관리처분계획의 내용에 관하여 다툼이 있는 경우에는 그 관리처분계획은 토지 등의 소유자에게 구체적이고 결정적인 영향을 미치는 것으로서 조합이 행한 처분에 해당하므로 항고소송의 방법으로 그 무효확인이나 취소를 구할 수 있다. [2] 관리처분계획에 하자가 있어 그것이 무효로 되기 위해서는 그 하자가 중대하고도 명백할 것이 요구된다고 할 것인바, 비례율의 부당적용과 같이 관리처분계획에서 정한 청산금의 산정방법에 하자가 있는 경우라도 그러한 하자는 다른 특별한 사정이 없는 한 중대하고도 명백하다고 볼 수 없어 이러한 하자를 사유로 하여 관리처분계획을 무효로 볼 수는 없다. [3] 항고소송의 대상이 되는 행정처분이라 함은 행정청의 공법상의 행위로서 특정사항에 대하여 법규에 의한 권리의 설정 또는 의무의 부담을 명하거나 기타 법률상 효과를 발생하게 하는 등 국민의 구체적인 권리의무에 직접적 변동을 초래하는 행위를 말한다. [4] 재개발조합이 조합원들에게 '조합원 동·호수 추첨결과 통보 및 분양계약체결 안내'라는 제목으로 계약의 지연 등으로 인한

---

1) 대판 1982. 3. 9, 80누105【도시계획변경처분취소】【판시사항】고시된 도시계획결정이 행정소송이 대상이 되는가(적극).

개인적 불이익을 당하지 않도록 유념해 달라는 내용의 통지를 한 경우, 위 통지는 조합원들에 대하여 관리처분계획에서 정한 바에 따라 위 기한까지 분양계약에 응하여 분양대금을 납부해 줄 것을 안내하는 것에 불과하고, 조합원들에게 분양계약의 체결 또는 분양금의 납부를 명하거나 기타 법률상 효과를 새로이 발생하게 하는 등 조합원들의 구체적인 권리의무에 직접적 변동을 초래하는 행정처분에 해당한다고 볼 수 없다.

### 2.5.2. 처분성을 부인한 판례

대법원은 택지개발촉진법 제18조, 제20조의 규정에 택지개발사업 시행자가 건설부장관으로부터 승인을 받아 택지의 공급방법결정의 법적성질을 사실행위에 불과하고 항고송의 대상이 되는 행정처분으로 볼 수 없다 하였다(아래 판례참조).

▶ 대판 1993. 7. 13, 93누36【공동주택지공급배정처분취소】【판시사항】택지개발촉진법상 택지개발사업 시행자의 **택지공급방법결정행위가 행정처분인지 여부**【판결요지】택지개발촉진법 제18조, 제20조의 규정에 따라 택지개발사업 시행자가 건설부장관으로부터 승인을 받아 택지의 공급방법을 결정하였더라도 그 공급방법의 결정은 내부적인 행정계획에 불과하여 그것만으로 택지공급희망자의 권리나 법률상 이익에 개별적이고 구체적인 영향을 미치는 것은 아니므로, 택지개발사업시행자가 그 공급방법을 결정하여 통보한 것은 분양계약을 위한 사전 준비절차로서의 사실행위에 불과하고 항고소송의 대상이 되는 행정처분으로 볼 수 없다.

[처분성을 부인한 대법원판례] 대법원은 '구 도시계획법 제10조의2 소정의 도시기본계획이 직접적 구속력이 있는지 여부(소극)'에 대하여, "… 구 도시계획법(1999. 2. 8. 법률 제5898호로 개정되기 전의 것) 제10조의2, 제16조의2, 같은법시행령(1999. 6. 16. 대통령령 제16403호로 개정되기 전의 것) 제7조, 제14조의2의 각 규정을 종합하면, 도시기본계획은 도시의 기본적인 공간구조와 장기발전방향을 제시하는 종합계획으로서 그 계획에는 토지이용계획, 환경계획, 공원녹지계획 등 장래의 도시개발의 일반적인 방향이 제시되지만, 그 계획은 도시계획입안의 지침이 되는 것에 불과하여, 일반 국민에 대한 직접적인 구속력은 없는 것"이라고 하여, 舊도시계획법상 도시기본계획은 도시계획입안의 지침에 불과하다고 하여 처분성을 부인하는 입장을 취한 바도 있다.[1]

[사견] 결론적으로 대법원은 도시계획결정은 행정청의 처분이지만, "… 도시기본계획은 도시계획입안의 지침이 되는 것에 불과하여 일반 국민에 대한 직접적인 구속력은 없는 것," 즉 일반지침[2]으로 보고 있을 뿐이지, 행정계획이 입법행위(입법행위설의 입장) 혹은 행정행위(행정행위설의 입장)라고 판시하지는 않았다. ☞ **구체적 내용은 아래 판례 참조**

---

1) 대판 2002. 10. 11, 2000두8226【민영주택사업계획승인신청반려처분취소】
2) 대판 2002. 10. 11, 2000두8226【민영주택사업계획승인신청반려처분취소】

## 2.6. 결어
### 2.6.1. 개별적 검토설 : 복수성질설

[개별적 검토설 · 복수성질설] 행정계획의 법적 성질은 독일의 경우 건설계획(Bauplan)을 중심으로 오랫동안 다루어져 온 문제이다.[1] 행정계획은 그 종류와 내용이 매우 다양하고 상이하기 때문에, 모든 종류의 계획에 하나의 법적 성격을 획일적으로 부여한다는 것은 불가능하다. 구체적인 계획은 **법규범(법규명령)**으로 나타날 수도 있고, **행정행위적 · 일반처분적**으로 나타날 수도 있으며, 또는 단순한 사실행위 내지는 훈령적 · 프로그램적 성질의 것으로 나타날 수도 있는 것이므로 행정계획의 법적 성질은 계획마다 그 성질에 따라 개별적으로 검토되어야 한다.[2] 이러한 입장을 개별검토설 혹은 복수성질설이라고 부르기도 한다.[3]

[국민에 대하여 구속력을 갖는 행정계획(구속적 행정계획)의 처분성 인정여부] 국민에 대하여 구속력을 갖는 행정계획도 처분성을 갖는지에 대하여 일률적으로 말할 수 없다. 왜냐하면 행정계획의 내용에 따라 처분성을 인정할 수도 있고, 부인할 수도 있기 때문이다. 행정계획은 계획적인 행정, 즉 행정계획을 수립하고 수립된 행정계획에 따라 집행하는 행정과정(Verwaltungsprozeß)의 중간영역에 위치한다. 행정계획 중에는 당해 실시기관을 제외하고는 일반적으로 법적 구속력이 없는 '훈령적 · 프로그램적 성질'의 것(민방위기본계획 · 전국건설종합계획 등)도 있고, 법률에 의한 구속적 행정계획의 경우와 같이 관계 행정기관을 구속하며 이해관계인의 권리 · 이익을 규제하는 '입법적' 또는 '행정행위적 · 일반처분적(용도지역지정 · 개발제한구역지정 등의 도시계획)' 성격을 가지는 것도 있으며, 그 밖에 '행정지도적' 성격을 가지는 것(국민체육진흥법상의 체육진흥계획 · 공업발전법상의 업종별 합리화 계획)도 있으므로, 일률적으로 말하기는 어렵다(복수성질설; 개별검토설의 입장). 그러나 일반적으로 구속적 행정계획은 국민에 대하여 구속력을 미치기 때문에 위법한 행정계획으로부터 국민을 보호할 필요가 있는 것은 당연하며, 권리구제를 위하여 처분성을 인정하고 항고쟁송의 대상이 되는 것으로 보는 것이 타당하다(이하참조).

[도시관리계획의 결정 : 국민의 권리구제 목적상 행정계획의 처분성 인정] 행정계획이 국민의 권리 · 의무에 직접적인 영향을 미치는 경우에는 행정계획의 처분성을 인정하여 항고소송으로 다툴 수 있도록 하는 것이 국민의 권리구제(Rechtsmittel)라는 관점에서 타당하다. 도시관리계획이 국민의 권리의무에 구체적인 영향을 미치는 경우인데도 도시계획을 종속적 처분이 되는 것으로 보고 당해 도시관리계획에 근거하여 '어떠한 처분이 내려졌을 때 비로소 그 처분의 취소'를 구하도록 하는 것보다는 '도시관리계획 자체의 처분성'을 인정하여

---

1) R. Voigt, Die Rechtsformen staatlicher Pläne, 1979, S. 29.
2) 김남진, 행정법(I), 332면.
3) 홍정선, 행정법원론(상), 단락번호 750.

직접적으로 도시관리계획의 취소를 구할 수 있도록 하는 것이 국민의 권리를 신속하게 구제해 주는 것이 된다.1) 이와 같은 관점에서 국토의계획및이용에관한법률(약칭 : 국토계획법) 제30조 소정의 도시관리계획의 결정은 처분성을 갖는 것으로 보아야 한다. 왜냐하면, 도시관리계획이 결정되면 도시계획 관계법령의 규정에 따라 건축이 제한되는 등 국민의 권리의무에 구체적인 영향을 미치기 때문이다.2) 결국 개별적 검토설(복수성질설; 복수성질의 구분에 따른 개별적 검토)의 입장이 타당하다.3)

### 2.6.2. 사례(부당한 도시계획결정에 대한 행정소송의 가능성)

[사례] 甲 소유의 건물이 도시계획에 따라 그 일부가 철거되게 되었는데, 위 도시계획결정은 당초의 결정이 변경된 것으로서 그 계획선에 걸린 건물소유자들은 모두 그 결정내용에 공정성이 없다고 말한다. 공권력에 의해 일방적이고 이와 같이 공정성과 적정성이 의심되는 도시계획결정에 대하여는 행정소송으로써 구제 받을 수 있는가?

[해설] 일반적인 행정행위의 개념에는 포섭하기 어려운 처분법규나 행정계획의 경우는 그 구체적인 부분을 심리하지 않고는 처분성을 판단하기 어렵다.

[항고소송의 대상] (판례) : 대법원은 "행정소송은 구체적인 권리의무에 관한 분쟁을 전제로 하여 제기되는 것이므로 항고소송의 대상이 되는 행정처분은 행정청의 공법상 행위로서 특정사항에 대하여 법규에 의한 권리의 설정 또는 의무의 부담을 명하거나 기타 법률효과를 발생하게 하는 등 국민의 권리의무에 직접 관계가 있는 행위를 말한다고 해석하여야 할 것이므로 특별한 사정이 없는 한 질의에 대한 회답의 통지는 상대방 또는 기타 관계자들의 법률상 지위에 직접적으로 변동을 가져오는 것이 아니므로 항고소송의 대상이 될 수 없다."4)고 하였다.

[도시계획결정] 대법원은 (판례-1) : 구(舊)도시계획법 제12조에 기한 도시계획결정과 관련하여, "도시계획법 제12조 소정의 도시계획결정이 고시되면 도시계획구역안의 토지나 건물 소유자의 토지형질변경, 건축물의 신축, 개축 또는 증축 등 권리행사가 일정한 제한을 받게 되는바 이런 점에서 볼 때 고시된 도시계획결정은 특정 개인의 권리 내지 법률상의 이익을 개별적이고 구체적으로 규제하는 효과를 가져오게 하는 행정청의 처분이라 할 것이고, 이는 행정소송의 대상이 되는 것이라 할 것이다(당원 1978.12.26. 선고 78누281 판결 참조)."5)고 판시하였다.6) 또한 대법원은 (판례-2) : "… 도시계획은 도시정책상의 전문적 기

---

1) 박균성, 행정법론(상), 242면.
2) 同旨 박균성, 행정법론(상), 242면.
3) 홍정선, 행정법원론(상), 단락번호 750 참조.
4) 대판 1983. 2. 22, 81누283 【양도세부과처분취소】
5) 대판 1982. 3. 9, 80누105 【도시계획변경처분취소】

술적 판단에 기초하여 도시의 건설 정비 개량 등과 같은 특정한 행정목표를 달성하기 위하여 서로 관련되는 행정수단을 종합 조정함으로써 장래의 일정한 시점에 있어서 일정한 질서를 실현하기 위한 활동기준을 설정하는 것으로서 재량행위라 할 것이므로 재량권의 일탈 남용이 없는 이상 그 도시계획결정을 위법하다고 할 수 없다. 행정주체가 구체적인 도시계획을 입안 결정함에 있어서 비교적 광범위한 계획재량을 갖고 있지만, 여기에는 도시계획에 관련된 자들의 이익을 공익과 사익에서는 물론, 공익 상호간과 사익 상호간에도 정당하게 비교 교량하여야 한다는 제한이 있는 것이므로, 행정주체가 도시계획을 입안 결정함에 있어서 이익형량을 전혀 하지 아니하거나 이익형량의 고려대상에 마땅히 포함시켜야 할 사항을 누락한 경우 또는 이익형량을 하였으나 정당성 객관성이 결여된 경우에는 그 행정계획결정은 재량권을 일탈 남용한 위법한 처분이라 할 수 있고, 또한 비례의 원칙(과잉금지의 원칙)상 그 행정목적을 달성하기 위한 수단은 목적달성에 유효 적절하고 또한 가능한 한 최소침해를 가져오는 것이어야 하며 아울러 그 수단의 도입으로 인한 침해가 의도하는 공익을 능가하여서는 아니 된다."1)2)

---

6) 대판 2002. 10. 11, 2000두8226【민영주택사업계획승인신청반려처분취소】"도시기본계획은 도시의 기본적인 공간구조와 장기발전방향을 제시하는 종합계획으로서 그 계획에는 토지이용계획, 환경계획, 공원녹지계획 등 장래의 도시개발의 일반적인 방향이 제시되지만, 그 계획은 도시계획 입안의 지침이 되는 것에 불과하여 일반 국민에 대한 직접적인 구속력은 없는 것이므로, 도시기본계획을 입안함에 있어 토지이용계획에는 세부적인 내용을 기재하지 아니하고 다소 포괄적으로 기재하였다 하더라도 기본구상도상에 분명하게 그 내용을 표시한 이상 도시기본계획으로서 입안된 것이라고 봄이 상당하고, 또 공청회 등 절차에서 다른 자료에 의하여 그 내용이 제시된 다음 관계 법령이 정하는 절차에 따라 건설교통부장관의 승인을 받아 공람공고까지 되었다면 도시기본계획으로서 적법한 효력이 있는 것"이라하여 구 도시계획법상 도시기본계획은 일반지침에 불과하다고 하여 처분성을 부인하는 입장을 취한 바도 있다(대판 2002. 10. 11, 2000두8226).
1) 대판 1998. 4. 24, 97누1501【주택건설사업계획사전결정불허가처분취소등】
2) 동지의 판례 : 대판 1997. 9. 26, 96누10096【택지개발예정지구지정처분취소등】행정주체가 택지개발 예정지구 지정 처분과 같은 행정계획을 입안·결정하는 데에는 비록 광범위한 계획재량을 갖고 있지만 행정계획에 관련된 자들의 이익을 공익과 사익 사이에서는 물론, 공익 상호간과 사익 상호간에도 정당하게 비교·교량하여야 하고 그 비교·교량은 비례의 원칙에 적합하도록 하여야 하는 것이므로, 만약 이익형량을 전혀 하지 아니하였거나 이익형량의 고려대상에 포함시켜야 할 중요한 사항을 누락한 경우 또는 이익형량을 하기는 하였으나 그것이 비례의 원칙에 어긋나게 된 경우에는 그 행정계획은 재량권을 일탈·남용한 위법한 처분이다. 또 여기서 비례의 원칙(과잉금지의 원칙)이란 어떤 행정목적을 달성하기 위한 수단은 그 목적달성에 유효·적절하고 또한 가능한 한 최소침해를 가져오는 것이어야 하며 아울러 그 수단의 도입으로 인한 침해가 의도하는 공익을 능가하여서는 아니된다는 헌법상의 원칙을 말하는 것인데, 어떠한 지역의 토지들을 토지구획정리사업법에 의한 구획정리의 방식이나 택지개발촉진법에 의한 택지개발의 방식 또는 도시계획법에 의한 일단의 주택지조성의 방식 중 어느 방식으로 개발할 것인지의 여부는 각 방식의 특성, 당해 토지들의 입지조건이나 개발당시의 사회·경제적 여건, 사업의 목표 등 각

고 하여, 도시계획에 관련된 자들의 이익을 공익과 사익에서는 물론, 공익 상호간과 사익 상호간에도 정당하게 비교교량하여야 한다는 제한이 있다고 하여 형량명령에 의한 제한 및 도시계획을 재량행위로서 비례원칙의 제한을 받는 처분으로 보고 있다.

[제3자가 법률상 이익이 있는 경우] 대법원은 "도시계획법 제12조 제3항의 위임에 따라 제정된 도시계획시설기준에관한규칙 제125조 제1항이 화장장의 구조 및 설치에 관하여는 매장및묘지등에관한법률이 정하는 바에 의한다고 규정하고 있어, 도시계획의 내용이 화장장의 설치에 관한 것일 때에는 도시계획법 제12조 뿐만 아니라 매장및묘지등에관한법률 및 같은법시행령 역시 그 근거 법률이 된다고 보아야 할 것이므로, 동법 시행령 제4조 제2호가 공설화장장은 20호 이상의 인가가 밀집한 지역, 학교 또는 공중이 수시 집합하는 시설 또는 장소로부터 1,000m 이상 떨어진 곳에 설치하도록 제한을 가하고, 동법 시행령 제9조가 국민보건상 위해를 끼칠 우려가 있는 지역, 도시계획법 제17조의 규정에 의한 주거지역, 상업지역, 공업지역 및 녹지지역 안의 풍치지구 등에의 공설화장장 설치를 금지함에 의하여 보호되는 부근 주민들의 이익은 위 도시계획결정처분의 근거 법률에 의하여 보호되는 법률상 이익이다."[1]라고 하여 제3자에게 도시계획결정처분의 취소를 구할 법률상 이익이 있다고 한 사례도 있다.

[도시계획사업시행지역에 포함된 토지소유자의 법률상 이익과 행정소송 제기가능성] 대법원은 도시계획사업실시계획 인가처분에 있어서, 토지소유자가 도시계획사업 실시계획 인가처분에 대한 취소소송을 제기할 이익이 있는지 여부에 관하여, (판례) : "… 도시계획법 제30조 제2항(현행 도시계획법 제68조 제2항)은 도시계획사업실시계획의 인가를 토지수용법 제14조의 규정에 의한 사업인정으로 본다."라고 규정하고 있으므로, 당해 도시계획사업시행지역에 포함된 토지의 소유자는 도시계획사업실시계획의 인가로 인하여 자기의 토지가 수용당하게 되고, 또 자기의 토지가 수용되지 않는 경우에도 도시계획사업이 시행되어 도시계획시설이 어떻게 설치되느냐에 따라 토지이용관계가 달라질 수 있으므로, 도시계획사업시행지역에 포함된 토지소유자는 도시계획사업실시계획인가처분의 효력을 다툴 이익이 있다."[2]고 하였다.

[국토의계획및이용에관한법률상의 도시계획실시계획의 고시] 2003년 1월 1일부터 시행되는 국토의계획및이용에관한법률[3] 제96조 제2항에서도 도시계획실시계획의 고시가 있은 때에는 공익사업을위한토지등의취득및보상에관한법률[4] 제20조 제1항(사업시행자가 토지 등을 수

---

각의 특성에 따라 결정하여야 할 것이다.
1) 대판 1995. 9. 26, 94누14544【상수원보호구역변경처분등취소】
2) 대판 1995. 12. 8, 93누9927【도시계획사업실시인가처분취소】; 대판 1982. 3. 9, 80누105【도시계획변경처분취소】
3) 2002. 2. 4. 법률 제6655호, 2003. 1. 1.부터 시행되고 그 때부터 국토이용관리법 및 도시계획법은 폐지됨.

용 또는 사용하고자 하는 때에는 건설교통부장관의 사업인정을 받아야한다) 및 제22조의 규정에 의한 사업인정 및 그 고시가 있은 것으로 본다고 규정하고 있기 때문에 여전히 그 처분성은 인정될 것으로 보인다. 따라서 갑은 그의 토지가 수용되게 된다면 위와 같은 도시계획결정이나 도시계획사업실시계획인가처분에 대하여 다툴 수 있다. 다만, 도시계획의 변경을 요구한 주민의 신청에 대한 행정청의 거부행위에 관해서는 그 처분성에 차이를 두고 있다.[1]
<대한법률구조공단>

## IV. 행정계획의 법적 효력

### 1. 일반론

단순히 사회·경제 등의 여러부문에 현재의 상태나 장래의 변화·발전 등에 관한 자료나 정보를 제공하는 단순정보제공적 계획(indikative Plan)이나, 조세특혜·보조금 지급 혹은 그 반대의 불이익 조치 등을 예정하여 관계자를 계획상의 목표에 따르게 하는 유도적 계획(influyierende Plan) 등은 법적 구속력이 없고, 구속적 계획(imperative Plan)만이 법적 구속력이 있다.[2]

### 2. 행정계획의 집중효 및 인·허가 의제(擬制)제도

#### 2.1. 행정계획의 집중효(Konzentrationswirkung)

행정계획의 집중효란 독일 행정법상 계획확정절차에 인정되는 효과의 하나로서, 행정처분으로서의 행정계획이 청문 등 일련의 절차를 거쳐 확정되는 경우에는, 당해 행정계획의 수행에 필요한 다른 행정청의 인가, 허가 등을 따로이 받지 않아도 되게 되어 있는바, 이러한 행정계획의 효과를 집중효라 한다. 다만 집중효가 인정되는 경우는 법률에 그에 관한 명시적 규정이 있는 경우에 한한다.[3]

#### 2.2. 인·허가 의제(擬制)제도와 독일의 집중효(Konzentrationswirkung)제도

[독일의 집중효와 우리나라의 인허가의제제도] 독일의 집중효(Konzentrationswirkung)와

---

4) 2002. 2. 4. 법률 제6656호, 2003. 1. 1.부터 시행되고 그 때부터 토지수용법과 공공용지의취득및손실보상에관한특례법은 폐지됨.
1) 대판 1994. 12. 9, 94누8433; 대판 1994. 1. 28, 93누22029.
2) 김동희, 행정법(I), 182면.
3) 김동희, 행정법(I), 182면.

비슷한 제도로서 우리 실정법상의 인・허가의제(擬制)제도가 있다. 독일에서의 집중효는 일단 하나의 사업계획이 확정되면 그 사업을 수행하는데 필요한 각종의 관계법령에 의한 인・허가는 생략하거나 받은 것으로 의제하는 것을 말한다. 우리나라에서의 인・허가 의제(擬制)제도는 근거법상의 주된 허가, 특허 등을 받으면, 그 시행에 필요한 다른 법률에 의한 인・허가도 이를 받은 것으로 간주하는 제도로서, 특히 대규모사업의 경우 주된 허가, 인가(제3자의 법률행위를 보충[동의]하여 그 법률의 효력을 완성시켜주는 행정행위로서 민법상 재단법인정관변경허가, 구국토이용관리법상 토지거래허가 등) 이외에 다른 행정기관의 인・허가를 받아야 하는 경우 주된 허가를 받게되면 다른 행정기관의 인・허가를 받지 않고도 당해 사업을 추진할 수 있도록 하는 제도이다.[1] 다만 독일에서의 행정계획의 집중효(Konzentrationswirkung)는 행정계획과 관련된 모든 인・허가에 인정되는데 반하여, 우리나라의 인・허가의제제도는 법률에 인정된 인・허가 행위에 한하여 인정된다.[2] 집중효제도는 하나의 대규모사업과 관련된 각종의 인・허가들이 하나의 절차에서 단 한번에 계획확정으로 해결될 수 있으므로 사업자에게 개개의 인・허가절차에서의 번거로움과 불확실성을 제거하고 구비서류의 감소 등 시간・노력・비용이 절약되고, 다수의 인・허가부서가 하나로 통합되어 효율적인 행정수행기능을 가진다. 그러나 집중효를 규정하면서 사업계획확정절차가 구체적으로 정비되어 있지 않거나, 이것이 남용되면 안된다. 따라서 계획확정절차에 관련행정기관과 관련지방자치단체와의 의견조정과 협의절차가 필요하다. 왜냐하면 행정계획은 다양한 행정수단을 종합・조정하는 기능을 가지는 것이며, 따라서 행정기관 상호간의 관련업무의 조정이나 전문적 지식을 도입하기 위하여 관계기관과의 협의, 상급행정청의 승인이나 조정, 자문기관의 자문 또는 의결기관의 심의・의결을 거치도록 하여야 한다. 이로써 행정계획의 전체적 통일성과 실효성(實效性)을 확보한다. 행정절차법상의 청문절차 등을 통해 이해관계 있는 주민의 참여가 보장되도록 하여야 할 것이다. 행정계획은 직접적・간접적으로 이해관계인에게 많은 영향을 미치므로 이해관계인의 의견진술・권리주장을 위한 기회가 보장되어야 한다. 즉, 계획안의 내용을 이해관계인에게 미리 알리고, 이에 대하여 의견을 제출하게 하거나 청문의 기회를 보장하여 줌으로써 상호심문・증거제출 등을 용이하도록 하여야 한다. 또한 관련주민의 참가와 관련되는 지방자치단체와의 협의・의견청취가 필요하다. 이는 헌법국가의 구성원칙인 적법절차의 원리를 준수하기 위한 제도적 장치이며, 행정계획의 실행도 법치국가원리에 합당하게 이루어져야 함을 의미하는 것이다. 관계법은 행정계획의 결정 전에 관계 행정기관과의 협의하도록 하는 규정을 두고 있는 경우가 일반적 이다.

---

[1] 김동희, 행정법(I), 182면.
[2] 김동희, 행정법(I), 182면; 정태용, 인・허가의제제도에 관한 고찰, 법제(2002.2), 4면.

## V. 행정계획의 종류

### 1. 대상(내용)에 따른 분류

국토계획·경제계획·사회계획·교육계획·국방계획·개발계획·자원보호계획·사업계획·재정계획·인사계획 등으로 나눌 수 있다.

### 2. 계획대상의 종합성·개별성에 따른 분류(종합계획과 부문별 계획)

종합계획·부문별계획은 계획의 대상이 종합적·전반적 사무·사업에 관한 것인가, 특정의 사무·업무에 관한 것인가에 따른 구분이다. 계획대상이 종합적인 분야인 계획을 종합계획이라 하고, 계획대상이 개별적인 분야의 계획을 부문별계획이라 한다. 종합계획(전체계획)은 **국토종합계획·장기경제계획·장기사회계획**과 같은 일종의 「전략적 계획」이고, 부문별 계획(특정계획·전문계획)은 도시계획·국토계획·수출진흥계획·교육계획·공해방지계획과 같은 「전술적 계획」이다.

### 3. 상하관계에 따른 분류(상위계획과 하위계획)

다른 계획의 기준이 되는 계획을 상위계획이라 하고 기준이 되는 계획의 지침에 따라 제정되어야 하는 계획을 하위계획이라 한다. 구체적으로는 광역적·전체적·기본적인 계획을 상위계획이라 하며, 보다 협역적(狹域的)·개별적 행정업무의 실시계획을 하위계획이라 한다. 하위계획은 상위계획에 저촉되지 않는 범위 안에서 결정되어져야 한다. 예컨대, 국토의 전국계획은 특정지역 계획과 道계획의 기본이 되고 도(道)계획은 군(郡)계획의 기본이 된다(舊국토건설종합계획법 제4조). 도시기본계획은 도시관리계획의 상위계획이지만, 국토종합계획에 대하여는 하위계획이다. 국토종합계획, 광역도시계획, 도시관리계획은 그 순서대로 상하의 관계에 있다. 상위계획과 하위계획의 구분은 상대적 개념이다. ☞ **국토건설종합계획법은 폐지됨**

### 4. 지역(공간)계획과 비지역(비공간)계획

지역계획의 예로는 국토계획이 있고, 비지역계획의 예로는 경제계획·인력계획·과학기술진흥계획·사회계획 등이 있다.

### 5. 계획의 대상이 되는 지역의 범위에 따른 구분(전국계획·지방계획·지역계획)

전국계획·지방계획·지역계획은 계획의 대상이 되는 지역의 범위에 따른 구분이며,

예컨대, 국토건설종합계획은 전국건설종합계획(전국계획)·특정지역건설종합계획(지역계획)·道건설종합계획과 郡건설종합계획(지방계획)의 4종으로 구분된다.

### 6. 계획의 구체화의 정도에 따른 구분(기본계획과 시행계획[실시계획])

기본계획·시행계획은 계획의 구체화의 정도에 따른 구분인바, 계획의 구체화의 정도에 따라 기본계획(master plan)은 시행계획(실시계획)의 기준이 되는 상위계획이며, 시행계획(실시계획)은 기본계획의 내용을 구체화하는 하위계획이다. 사업계획·관리계획·처분계획 등은 시행계획(실시계획)에 속한다. 대법원은 도시기본계획은 도시계획입안의 지침이 되는 것에 불과하여 일반 국민에 대한 직접적인 구속력은 없는 것이라고 하였다(아래판례 참조).
**기본계획은 행정처분이 아니라는 의미**

▶ 대판 2002. 10. 11. 2000두8226【민영주택사업계획승인신청반려처분취소】 "도시기본계획은 도시의 기본적인 공간구조와 장기발전방향을 제시하는 종합계획으로서 그 계획에는 토지이용계획, 환경계획, 공원녹지계획 등 장래의 도시개발의 일반적인 방향이 제시되지만, 그 계획은 도시계획입안의 지침이 되는 것에 불과하여 일반 국민에 대한 직접적인 구속력은 없는 것이므로, 도시기본계획을 입안함에 있어 토지이용계획에는 세부적인 내용을 기재하지 아니하고 다소 포괄적으로 기재하였다 하더라도 기본구상도상에 분명하게 그 내용을 표시한 이상 도시기본계획으로서 입안된 것이라고 봄이 상당하고, 또 공청회 등 절차에서 다른 자료에 의하여 그 내용이 제시된 다음 관계 법령이 정하는 절차에 따라 건설교통부장관의 승인을 받아 공람공고까지 되었다면 도시기본계획으로서 적법한 효력이 있는 것"이라하여 구 도시계획법상 도시기본계획은 일반지침에 불과하다고 하여 처분성을 부인하는 입장을 취한 바도 있다.

### 7. 계획기간에 따른 분류(장기계획(6년 이상)·중기계획(2~5년)·년도별계획)

행정계획은 계획기간에 따라 장기계획, 중기계획 및 년도별계획으로 분류할 수 있다.

### 8. 법적 구속력의 유무에 따른 분류(구속적 계획과 비구속적 계획)

#### 8.1. 의의

[구속적 계획] 구속적 계획·비구속적 계획은 계획의 법적 구속력의 유무에 의한 구별이며, 이 구별은 법률상 가장 중요한 의미를 지닌다. 국민이나 행정기관에 대하여 구속력을 갖는 행정계획을 구속적 행정계획이라 한다. 이 중 국민에 대하여 구속력이 있는 행정계획을 협의의 구속적 행정계획이라 한다. 통상 구속적 행정계획이라 함은 협의의 구속적 행정계획을 말한다. 도시관리계획, 토지구획정리사업계획, 수도권정비계획, 지역·지구·구역의

지정 또는 변경에 관한 계획 등이 그 예이다. 협의의 구속적 행정계획과 행정기관에 대한 구속적 행정계획을 합하여 광의의 구속적 행정계획이라 한다. 행정기관에 대한 구속적 행정계획의 예로는 국토종합계획·도시기본계획·예산운용계획 등이 있다.[1]

[비구속적 계획] 국민이나 행정기관이나 누구에 대하여도 법적 구속력을 갖지 않는 행정계획을 비구속적 행정계획(교육진흥계획·체육진흥계획 등)이라 한다. 그러나, 비구속적 행정계획도 행정에 대하여 지침적 기능을 갖는다. 여기에는 그 성질에 따라 단순정보제공적 계획과 유도적·향도적 계획으로 구분할 수 있다.

### 8.2. 구속적 계획(indikative Pläne; 외부적 계획·규제계획)

#### 8.2.1. 관계행정청에 대한 구속력

다른 행정기관이나 지방자치단체에 대하여 당해 행정계획에 따라야 할 법적 의무를 부과하는 경우이다. 상위계획으로서의 종합계획·기본계획 또는 중·장기계획에 따라 하위계획으로서의 특정계획·실시계획 또는 연차별 계획을 수립·집행하게 하는 것이 그 예이다.

#### 8.2.2. 국민에 대한 구속력

국토이용관리법에 의한 토지이용계획, 舊도시계획법(국토의계획및이용에관한법률)에 의한 도시계획, 기타 각종의 개발계획 등에 따른 지역·지구제에 의하여 국민에게 일정한 개발의무를 부과하거나 일정한 개발행위 또는 유해행위를 금지하는 경우 등을 들 수 있다.

### 8.3. 비구속적(지침적·지도적)계획

#### 8.3.1. 단순정보제공적 계획

[의의] 단순정보제공적 계획(indikative Pläne)이란 행정기관이나 국민에게 단순히 사회·경제 등의 부분에 관한 현재의 상태나 장래의 변화·발전에 대한 필요한 자료나 정보를 제공하는 것을 내용으로 하는 행정계획을 말한다. 단순정보제공적 행정계획은 법적 구속력은 없다.[2]

#### 8.3.2. 유도적(誘導的)·향도적(嚮導的) 계획

비구속적 행정계획도 행정에 대하여 지침을 제시하는 기능은 가지고 있으며, 따라서 장래의 행정활동은 행정계획에 따라 행해질 개연성이 있다. 이에 따라 행정계획은 비구속적 계획이라도 국민을 사실상 유도(誘導)·향도(嚮導)하거나 구속하는 결과를 가져온다. 향

---

1) 박균성, 행정법론(상), 박영사, 2003, 210-211면.
2) 김동희, 행정법(I), 181면.

도적 계획 혹은 유도적 계획(influzierende Pläne)이란 수익적 조치(조세특혜조치·보조금 지급·관련지역의 기초시설정비)나 침해적 조치(그 반대의 불이익조치)를 예정하여 놓아 관계자로 하여금 계획상의 목표에 따르도록 유도하기 위한 계획을 말한다. 법적 구속력은 없다.1) 법적 구속력이 없는 비구속적 지도계획도 그 실효성을 일률적으로 낮게 평가할 수는 없다.

## VI. 행정계획과 법치행정의 원리

### 1. 법률유보의 문제
#### 1.1. 의의

[구속적 행정계획] 행정계획 중에서 국민의 권리의무에 법적 효과를 미치는 구속적인 행정계획은 법률의 근거가 있어야 한다는 점에 대하여는 이론이 없다(아래, 행정계획의 수립과 법적 근거요부 참조).2)3) 행정청이 일정한 행정계획을 적법하게 수립하기 위해서는 행정청이 당해 행정계획에 관한 사항을 관장할수 있도록 하는 조직규범이 있어야 한다(행정조직법적 근거필요). 행정청이 그 권한의 범위 내에서 행정계획을 수립하고자 하는 경우, 행정작용법적 근거를 요하는지 문제된다. 비구속적 행정계획으로서 단순히 행정의 지침적인 구실을 하는데 그치는 것은 법적 근거를 요하지 않는다고 할 것이다. 그러나 국민의 권리·의무와 관계되는 구속적 계획은 법률의 근거를 요한다. 또한 비구속적 계획이라 하더라도 타행정청의 권한행사에 관계되는 행정계획이나 법정의 행정절차에 변동을 가져오는 행정계획은 법률유보에 따른 법적 수권을 요한다고 할 것이다. 또한 지휘감독하에 있지 않은 행정기관과의 관계에서 문제가 되는 것은 어떤 행정기관에게 다른 행정기관의 권한행사에 대해 무엇인가 조치(예 : 권고)를 취할 권한을 인정하는 등 조직상의 법적 규율에 변경을 가하는 행정계획의 작성에도 원칙적으로 법률 혹은 법률의 근거가 필요하다. 법정절차

---

1) 김동희, 행정법(I), 181면.
2) 행정계획에 법률의 근거가 필요한 경우 법률에서는 어느 정도 행정계획의 기준을 정하여야 하는가하는 점이 문제되는데, 구속적 행정계획이나 중요한 행정계획 일수록 법률에 의해 강도 있게 규율되어야 한다. 그러나 행정계획의 특성상 법률에 의한 행정계획의 기준의 규율에는 한계가 있고, 폭넓은 계획재량이 인정될 수밖에 없을 것이다(박균성, 행정법론(상), 243면).
3) 행정의 계획작용에 대하여 법적으로 포착하기 시작한 것은 최근의 일이고, 법치국가와의 관계에 있어서 많은 논의가 이루어졌다. 행정계획 역시 행정부의 작용이라는 점에서 법치국가 원리에 입각하여 법률의 근거를 두어야 한다. 다만 행정계획의 다양한 종류들에 있어서 어느 정도까지 엄격한 법률적 근거를 두어야 할 것인지는 개별적 고찰이 필요하다.

에 변경을 가하는 행정계획의 작성의 경우에도 그러하다.

[비구속적 행정계획과 법률유보] 국민이나 행정기관에 대하여 구속력을 갖지 않은 행정계획인 비구속적 행정계획의 작성에도 법률 혹은 법률의 근거가 있어야 하는가 하는 점이 문제되나, **침해유보설**[1]이나 **권력행정유보설**에 의하면 비구속적 행정계획은 행정작용법적 근거가 필요하지 않고 다만, 행정조직법적 근거(행정청이 어떠한 행정계획을 적법하게 수립하기 위하여는 그 행정청이 당해 행정조직사항을 관장할 수 있는 조직규범이 있어야 한다)만 있으면 가능하다고 한다. 그러나, 비구속적 행정계획에 있어서도 **중요사항유보설**에 따라 공동체 및 국민의 이익에 중요한 영향을 미치는 것이면 법률유보의 원칙을 따라야 하는 것으로 보아야 한다(작용법적 근거).[2] 예를 들면, 경제정책이나 국토건설계획은 비구속적 계획이지만 법률의 근거가 있어야 한다. 비구속적 행정계획이 중요한 것인가 아닌가의 판단에 있어서는 행정계획의 특성을 고려하여야 한다. 즉, 비구속적 행정계획도 행정에 대한 지침제시 기능을 가지고 있고, 장래의 행정활동은 행정계획에 따라 행해질 개연성이 있다. 결국 행정계획은 그것이 비록 비구속적 행정계획이라고 할 지라도 국민을 사실상 유도하거나 구속하는 결과를 가져온다. 또한 행정계획은 영향력의 범위가 넓다는 점을 고려할 때 국가의 중요한 계획은 비구속적 계획이라도 **법률 혹은 법률의 근거가 있어야** 한다고 보아야 할 것이다.[3] 예를 들면, 경제정책이나 국토건설계획은 비구속적 계획이지만 법률의 근거가 있어야 한다. 아무튼 구속적 행정계획이나 중요한 행정계획은 그 구속의 정도나 중요성의 정도에 따라 법률에 의해 강도 있게 규율되어야 한다. 구속적 행정계획이면 일수록 법률에 의한 기속은 강도있고 세밀하게 규율되어야 하며, 마찬가지로 중요한 행정계획일수록 더욱 더 강한 법적 기속력이 요구된다할 것이다. 그러나 행정계획의 특성상 법률에 의한 행정계획의 기준의 규율에는 한계가 있고, 폭넓은 계획재량이 인정될 수밖에 없을 것이다. 법률에 의하여 규율될 수 있는 행정계획의 기준은 다음과 같은 경우가 있다.[4]

[법률에 의하여 규율될 수 있는 행정계획의 기준] (ㄱ) 법률에서 행정계획을 수립함에 있어

---

1) 침해유보설은 행정권이 일방적으로 국민의 자유와 재산(Freiheit und Eigentum)을 제한하거나 박탈하는 경우에는 이러한 취지를 수권하는 법률의 규정이 필요한데, 이는 주로 침해적 행정활동에 적용된다. 즉 국민의 자유와 재산을 권력적으로 제한하거나 침해하는 행위만이 법률유보의 원칙이 적용된다는 이론이다(천병태·김명길, 행정법총론, 삼영사, 2007, 166면 참조).
2) 법적 구속력을 가지지 아니하고 다수히 행정의 지침적인 역할을 하는데 불과한 '비구속적 행정계획'의 경우에는 원칙적으로 특별한 법적 근거를 요하지 않는다고 할 것이나, (ㄱ) 대외적 구속력을 가지는 일반처분적 성질의 구속적 행정계획(국토이용계획, 도시계획 등)인 경우, (ㄴ) 타행정청의 권한행사에 관계되는 행정계획인 경우, (ㄷ) 법정의 행정절차에 변동을 가져오는 행정계획 등은 법적 근거(작용법적 근거)가 필요하다고 보아야 한다(아래 본문 참조).
3) 박균성, 행정법론(상), 243면.
4) 이하 박균성, 행정법론(상), 243면 참조.

서는 일정한 다른 행정계획에 적합하여야 한다고 규정하거나 또는 다른 행정계획을 고려할 것을 규정하는 경우가 있다. 왜냐하면 국가의 행정이 통일적으로 수행되어야 하기 때문(예: 지방계획은 국가계획에 적합하여야 한다고 규정하거나 도시계획은 환경계획과 모순되지 않아야 한다고 규정)[1]이다. (ㄴ) 행정계획의 작성에 있어서 고려하여야 할 사항을 법령으로서 규정(법정고려사항)하는 경우(예: 토지이용계획의 작성에 있어서 환경의 이익을 고려하도록 하는 것 등과 같이 환경관련법에서 규정하고 있는 경우가 많다.)가 있다. 그러나 그러한 규정이 없는 경우에도 이익형량의 원칙에 따라 행정계획의 내용에 비추어 형량하여야 할 모든 공익과 사익을 비교형량하여야 한다.[2] (ㄷ) 법률에 행정계획의 목표 또는 방향을 규정하는 경우에는, 계획수립자인 행정기관이 행정을 수행함에 있어서 가지는 형성의 자유를 지나치게 제한하는 것이 되어서는 안 될 것이다.[3] 행정계획의 종류를 그 구속력의 차원에서 구속적 계획(imperative Pläne)과 단순정보적 계획(indikative Pläne) 및 그 중간단계로서 향도적 계획(influzierende Pläne)으로 나누는 경우,[4] 구속적 계획은 법률유보가 적용되어야 하는 최소한일 것이고, 단순정보적 계획의 경우 법적 구속력이 없다는 점에서 법률의 근거 없이도 행해질 수 있다(비구속적 행정계획이라하여 모두 법률의 근거가 없어도 된다는 의미는 아니다). 문제가 되는 것은 유도적·향도적 계획의 경우인데, 이 때 법률의 근거가 필요할 것인지 여부는 개별 경우에 있어 국민에게 미치는 영향의 정도에 따라서 결정하여야 한다.[5]

▶ 대판 2000. 9. 8, 99두11257【도시계획시설(공공공지)결정처분취소】【판시사항】 후행 도시계획의 결정을 하는 행정청이 선행 도시계획의 결정·변경 등에 관한 권한을 가지고 있지 아니한 경우, 선행 도시계획과 양립할 수 없는 내용이 포함된 후행 도시계획결정의 효력(=무효)【판결요지】 도시계획의 결정·변경 등에 관한 권한을 가진 행정청은 이미 도시계획이 결정·고시된 지역에 대하여도 다른 내용의 도시계획을 결정·고시할 수 있고, 이 때에 후행 도시계획에 선행 도시계획과 서로 양립할 수 없는 내용이 포함되어 있다면, 특별한 사정이 없는 한 선행 도시계획은 후행 도시계획과 같은 내용으로 변경되는 것이나(대법원 1997. 6. 24. 선고 96누1313 판결 참조), 후행 도시계획의 결정을 하는 행정청이 선행 도시계획의 결정·변경 등에 관한 권한을 가지고 있지 아니한 경우에 선행 도시계획과 서로 양립할 수 없는 내용이 포함된 후행 도시계획결정을 하는 것은 아무런 권한 없이 선행 도

---

1) 박균성, 행정법론(상), 243면.
2) 박균성, 행정법론(상), 243면; 대판 1998. 4. 24, 97누1501【주택건설사업계획사전결정불허가처분취소등】도시계획에 관련된 자들의 이익을 공익과 사익에서는 물론, 공익 상호간과 사익 상호간에도 정당하게 비교교량하여야 한다는 제한이 있다.
3) 박균성, 행정법론(상), 243면.
4) 김동희, 행정법(I), 181-182면.
5) 정은영, 행정계획과 계획재량: 그 방법론적 의의를 중심으로, 서울대학교 대학원, 2002, 14면.

시계획결정을 폐지하고, 양립할 수 없는 새로운 내용이 포함된 후행 도시계획결정을 하는 것으로서, 선행 도시계획결정의 폐지 부분은 권한 없는 자에 의하여 행해진 것으로서 무효이고, 같은 대상지역에 대하여 선행 도시계획결정이 적법하게 폐지되지 아니한 상태에서 그 위에 다시 한 후행 도시계획결정 역시 위법하고, 그 하자는 중대하고도 명백하여 다른 특별한 사정이 없는 한 무효라고 보아야 할 것이다(대법원 1992. 9. 22. 선고 91누11292 판결 참조).

### 1.2. 행정계획의 수립과 법적 근거요부

#### 1.2.1. 행정조직법적 근거

행정청이 어떠한 행정계획을 적법하게 수립하기 위하여는 그 행정청이 당해 행정조직사항을 관장할 수 있는 조직규범이 있어야 한다.

#### 1.2.2. 행정작용법적 근거

법적 구속력을 가지지 아니하고 단순히 행정의 지침적인 구실을 하는데 불과한 비구속적 행정계획의 경우에는 원칙적으로 특별한 법적 근거를 요하지 않는다고 할 것이나, 대외적 구속력을 가지는 일반처분적 성질의 구속적 행정계획(국토이용계획, 도시계획 등), 타 행정청의 권한행사에 관계되는 행정계획, 법정의 행정절차에 변동을 가져오는 행정계획은 법적 근거가 필요하다고 할 것이다.

### 1.3. 법률유보의 실태

행정계획 중에는, 그 책정이 법적 근거없이 이루어지는 것, 일반적인 조직법적 근거에만 의거하여 책정되는 것도 있으나, 최근에는 계획의 목적·내용·계획확정절차 등에 관한 비교적 상세한 법률규정에 의하여 책정되는 것이 증가하고 있다.

### 1.4. 사례 – 후행 도시계획의 결정을 하는 행정청이 선행 도시계획의 결정·변경 등에 관한 권한을 가지고 있지 아니한 경우

[사례] 甲 소유인 대지(부산 사상구 주례동 1163의 15)에 인접한 도로(연접도로라 한다)는 부산광역시장이 폭 50m의 부산 제2도시고속도로(가야로) 부지로 도시계획시설결정을 한 것인데, 부산광역시장으로부터 권한을 재위임받은 부산광역시 사상구청장이 1997. 11. 19. 甲 소유의 이 사건 대지와 함께 도시계획시설인 공공공지로 결정함과 동시에 지적승인하고, 같은 날 이를 부산광역시 사상구 고시 제1997-209호로 관보에 게재하였다. 이에 갑은 도시계획시설(공공공지)결정 중 이 사건 연접도로에 대한 부분은 재위임청인 부산광역시장이 한 선행 도시계획시설(도로)결정을 아무런 권한 없이 폐지하는 것이어서 무효라고 주장하고자 한다. 이의 인용가능성은?

[해설] 후행 도시계획의 결정을 하는 행정청이 선행 도시계획의 결정·변경 등에 관한 권한을 가지고 있지 아니한 경우에 **선행 도시계획과 서로 양립할 수 없는 내용이 포함된 후행 도시계획결정**을 하는 것은 아무런 권한 없이 선행 도시계획결정을 폐지하고, 양립할 수 없는 새로운 내용이 포함된 후행 도시계획결정을 하는 것으로서 무효라고 보아야 할 것이나(도시계획시설(공공공지)결정 중 이 사건 연접도로에 대한 부분은 재위임청인 부산광역시장이 한 선행 도시계획시설(도로)결정을 아무런 권한 없이 폐지하는 것이어서 무효), 이 사건 대지에 대한 도시계획시설(공공공지)결정 부분은 도시계획시설결정의 중복이 없어 적법하고, 이 사건 연접도로에 대한 도시계획시설(공공공지)결정에 관한 위와 같은 하자가 이 사건 대지에 대한 도시계획시설결정에까지 미치는 것은 아니다. 따라서 같은 취지에서 대지에 대한 도시계획시설(공공공지)결정 부분은 적법하다[1] 따라서 갑의 주장은 인용될 수 없고 기각된다.

## 2. 계획재량(계획상의 형성의 자유)

### 2.1. 계획규범의 특색

행정계획에 있어서는 그 관련사항의 복잡성(다수의 관련사항·상충적 이해관계 등)에 따르는 다양한 결정가능성 및 행정계획의 미래지향성·변화성으로 인하여 그에 대한 법적 규율은 상대적으로 제한될 수 밖에 없다.

#### 2.1.1. 일반행정작용에 관한 법규(일반행정법규)

일반행정작용에 관한 법규, 즉 일반의 행정법규는 '일정한 요건이 충족되는 경우에 일정한 일을 하라 또는 하지 말라'는 식의 가언(假言 : 조건)명제 형식으로 규정되어 있다(가언명제). 즉『○○인 경우에는 ○○하여야 한다』고 하는 명제(Wenn-Dann-Schema)에 바탕을 둔「조건프로그램」이다. 이 경우에는 구체적인 이해충돌이 법규범 설정절차단계에서 이미 확정적으로 판단되어 있음을 전제로 행위요건이 충족되면(… 하면), 법효과가 결과되게 되어(… 하여야 한다; … 하지않아야 한다), 이 때에 행정관청은 법률의 적용에 있어서 법률적으로 이미 결정된 가치평가에 근거하여 행위요건에 대하여 포섭적 집행을 하게 된다(요건과 효과의 연계).

#### 2.1.2. 계획에 관한 행정법규(계획규범)

계획규범은 일반 행정법규가 가언명제의 형식으로 되어 있는데 반하여 목적·수단명제형식으로 규정되어 있다. 즉 계획규범은 목적·수단을 바탕으로 하는 명제(Zweck-Mittel-Schema)에 의하여 규율되는「목적프로그램」이다.[2] 계획규범은 일반적·

---

[1] 대판 2000. 9. 8, 99두11257【도시계획시설(공공공지)결정처분취소】

추상적 지침으로서 행정계획의 이념과 목적에 관해 규율하며 행정주체는 계획의 이념과 목적을 실현시키기 위하여 계획목표를 설정하는데, 이러한 계획목표의 설정에 있어 넓은 형성의 자유를 가지게 된다. 이리하여 계획관청은 계획규범에서 부여한 계획책무의 범위 내에서 그 책무의 실현을 위하여 형성적으로 활동하게 된다.[1] 계획에 관한 행정법규(계획규범)는 행정계획의 요건과 효과에 관하여 직접 규정하지 않고, 다만 추상적인 표현으로 계획의 목표를 실정해 놓는 동시에 그 목표를 달성하기 위한 수단·방법·기준·시간적 순서에 대해서도 구체적인 규정을 두지 않음이 보통이다. 경우에 따라서는 법이 정한 목적조차도 이종(異種)·복수(複數)인 경우도 있다.

## 2.2. 계획재량(계획재량처분)

### 2.2.1. 개관

[의의] 계획재량(계획재량처분)[2]이라 함은 행정계획을 수립함에 있어서 계획청에게 인정되는 재량을 말한다(계획상의 광범위한 형성의 자유를 갖는다).

[목적 프로그램으로서의 계획재량] 법규를 가언명제(Wenn-Dann Schema)인 요건-효과(… 한다면, … 할 수 있다)로 나누었을 때 효과부분에만 행정의 재량을 인정하는 것이 전통적인 독일의 통설적인 견해이다(효과재량설). 계획재량 개념은 이러한 엄격한 재량개념과 달리 행정청에게 보다 넓은 자유여지(재량여지)를 부여하기 위하여 새로운 재량개념을 정립시키고자 하여 등장한 이론이다. 계획은 미래지향성을 가지며 그 대상도 수시로 변천하고 있으므로 계획에는 복수의 선택가능성이 있을 뿐만 아니라, 계획의 결정에는 모든 중요사정과 이해관계인이 가지는 관계이익의 조정·형량이 요청된다. 따라서 **행정계획은 광범위한 자기창조적 형성의 자유**가 요청되며, 그에 따라 법률은 원칙적으로 계획이 추구해야할 목적과 그에 의하여 촉진 또는 보호되어야 할 이익만을 규정하는데 그치며 계획의 요건·효과에 관해서는 규정하지 아니하고 공백규정으로 두고 있는 것이 보통이다. 즉, 행정행위 등의 수권규범이 '요건-효과'에 대하여 정하는 가언명제(Wenn-Dann Schema) 또는 조건 프로그램인데 대하여, 계획의 수권규범은 '목적 수단'에 대하여 정하는 **목적 프로그램**이란 점이 그 중요한 특징이다.

---

2) https://m.lawtimes.co.kr/Legal-Info/Cases-Commentary-View?serial=261(석종현, 형량법리에 위배된 행정계획의 효력, 법률신문 2575호(1996.11.29); (검색어 : 행정계획과 계획재량; 검색일 : 2015.9.6)

1) https://m.lawtimes.co.kr/Legal-Info/Cases-Commentary-View?serial=261(석종현, 형량법리에 위배된 행정계획의 효력, 법률신문 2575호(1996.11.29); (검색어 : 행정계획과 계획재량; 검색일 : 2015.9.6)

2) 대판 1997. 6. 24, 96누1313.

[광범위한 형성의 자유] 계획법률은 일반적으로 추상적인 목표를 제시하지만, 그 구체적인 계획의 내용에 대해서는 자세히 언급하지 않는 것이 일반적이다. 이 때문에 행정주체는 계획법률에 근거한 구체적인 계획을 책정하는 과정에서 광범위한 형성의 자유를 갖게되며,[1] 이를 계획재량이라 한다. 이와같이 계획재량이란 행정계획의 수립·집행 등의 구체적 내용에 관하여 행정기관에게 인정되는 광범한 형성의 자유가 인정되는 것을 말한다.[2][3] 계획재량의 경우 행정정책적으로 행정목적을 정함에 있어서 계획규범이 요건·효과에 대하여 공백규정을 두는 것이 보통이다. 이는 요건·효과부문에 광범위한 재량 및 형성의 자유를 부여하기 위함이다.

[석종현교수의 견해] 계획재량이라 함은 행정계획의 수립과정에서 행정주체가 가지게 되는 재량권, 계획상의 형성의 자유를 말한다. 계획재량은 전통적 의미의 재량행위(이른바 행정재량)와 구별하기 위한 새로운 도구개념인 것이나, 원래는 독일에서 지역계획, 특히 건설기본계획의 수립에 관한 계획고권(Palnungshoheit)을 중심으로 성립·발전되었고, 한국에서는 1980년에 독일의 계획재량이론을 바탕으로 한 계획재량이론이 소개되고, 행정계획이론의 체계적 정립과 관련하여 논의되었다.[4] 계획재량이론은 구속적 행정계획에 대한 사법적 통제를 가능하도록 하는 행정계획 특유의 통제법리로서 성립된 것이다. 이와 관련하여 학설은 재량권의 유월이나 남용과 같은 재량권행사의 위법을 인정하기 보다는 행정계획의 성립을 위한 단계적 절차인 행정과정(계획수립절차)상의 하자를 인정하고 그와 같은 하자를 지닌 행정계획에 대하여 위법성을 인정하는 논리를 구성하였다. 행정계획의 수립은 보통 3단계의 과정을 거치게 되며, 제1단계에서는 기본자료의 수집과 수집된 자료에 의거한 계획대상에의 적용과 구조분석을 거쳐 모든 현황과 지배적인 계획대상의 현실적인 추세에 관한 종합적인 사실의 파악과 평가·분석을 행한다. 제2단계에서는 제1단계의 과정을 거쳐 종합된 자료의 선별작업과 선정된 계획자료를 근거로하여 일정한 질서를 유도하기 위한 계획목표를 잠정적으로 확정하여 계획초안을 작성한다. 제3단계에서는 일반적으로

---

1) 홍정선, 행정법원론(상), 단락번호 777; 대판 1996. 11. 22, 96누8567; 대판 1997. 9. 26, 96누10096.
2) 박균성, 행정법론(상), 248면.
3) [행정계획에 있어서 불확정 개념의 사용] 헌법재판소는 "행정계획에 있어서는 다수의 상충하는 사익과 공익들의 조정에 따르는 다양한 결정가능성과 그 미래전망적인 성격으로 인하여 그에 대한 입법적 규율은 상대적으로 제한될 수밖에 없다. 따라서 행정청이 행정계획을 수립함에 있어서는 일반 재량행위의 경우에 비하여 더욱 광범위한 판단 여지 내지는 형성의 자유, 즉 계획재량이 인정되는바, 이 경우 일반적인 행정행위의 요건을 규정하는 경우보다 추상적이고 불확정적인 개념을 사용하여야 할 필요성이 더욱 커진다."고 하였다(헌재 2007. 10. 4. 2006헌바91, 판례집 19-2, 396, 406).
4) 석종현, 계획재량과 형량명령, 고시계(1980년10월), 88면이하.

계획법에서 규정한 계획수립절차에 따라 그 계획초안을 근거로 하여 최종적인 행정계획을 확정한다. 계획확정을 함에 있어 전문적 지식을 도입하기 위한 방법으로 전문위원회의 자문 또는 심의를 거치게 하는 경우가 많으며, 이해관계인의 참여를 위해서 공청회개최 등으로 주민의 의견청취를 하거나 공람(供覽)의 기회가 부여되는 것이 보통이다.[1]

### 2.2.2. 계획재량이론의 탄생배경

독일의 통설적인 견해는 인식작용과 의지작용을 엄격히 구분하여, 인식작용에 대해서는 법원이 사후에 모순율에 의해 완전히 심사할 수 있는 영역이며, 따라서 요건부분에 대해서는 재량이 인정될 수 없고(요건재량의 불인정), 의지작용인 **법률효과부분(효과재량)**에 있어서의 결정재량 및 선택재량만을 인정하고 있다. 이러한 재량개념의 축소로 말미암아 행정활동의 자율성이 지나치게 제한되는 것을 막고, 또 행정활동에 대한 통제를 함에 있어서 **법원에 의한 심사가 어려운 부분이 있다는 점을 인정한 결과 나타난 것이 판단여지이론이다. 또한 계획법규의 경우에는, 그 형식상의 구조가 일반적인 법규범의 형식과 같이 '요건-효과(… 한다면, … 할 수 있다)'로 되어있지 않기 때문에 효과재량설에 입각한 재량개념이 적합하지 않다는 고려에서 계획재량이론이 등장하게 되었다. 그러나, 이와 같이 요건부분과 효과부분을 엄격히 구분하여 효과부분에 대해서만 재량을 인정하는 것은 독일이 거의 유일한 예이고, 이러한 입장을 취하였던 독일을 비롯한 오스트리아, 스위스 등에서도 이러한 재량개념의 전개가 타당하지 않다고 보았다. 요건부분에 있어서 입법자가 행정에게 일정한 여지를 부여할 수 있고, 이 경우에 인정되는 여지를 요건재량이라고 함으로써 다만 재량이 주어지는 부분이 규범의 구조에 있어서 다르다는 것을 인정하는 것으로 족하다는 것이다.[2]

### 2.2.3. 계획재량이 인정되는 범위

계획재량이 인정되는 범위는 행정목표의 설정이나 행정목표를 효과적으로 달성할 수 있는 수단의 선택 및 조정에 있어서 인정된다. 행정계획의 내용은 기본적으로 행정에 의해 결정되어질 수밖에 없는 것이며, 이 때 행정재량이 인정된다. 왜냐하면 행정계획은 행정목적의 설정행위이며, 이는 단순한 법률의 집행이 아니라 행정정책에 관한 문제이기 때문에 그 구체적 내용에 관해서는 일반적으로 행정기관의 '재량'에 맡겨지고, 결국 행정기관에게

---

[1] https://m.lawtimes.co.kr/Legal-Info/Cases-Commentary-View?serial=261(석종현, 형량법리에 위배된 행정계획의 효력, 법률신문 2575호(1996.11.29). (검색어 : 행정계획과 계획재량; 검색일 : 2015.9.6)
[2] 박정훈, 행정법원 일년의 성과와 발전방향, 행정법원의 좌표와 진로, 서울행정법원, 1999, 278-302면.

(ㄱ) '광범위한,' (ㄴ) '형성의 자유'를 인정하지 않을 수 없기 때문이다. 이리하여 행정행위에 있어서 재량이 인정되며, 일반적으로 행정행위의 재량이란 행정법규가 '행정행위의 요건판단(요건재량)' 또는 '효과(행위) 결정(효과재량)'에 관하여 행정청에게 부여한 선택의 여지(자유)를 말한다. 그러나 오늘날과 같이 사회복지국가실현을 목표로 하는 행정계획이 급격히 증가하는 상황하에서 계획재량개념의 무제한 적인 인정은 입법적·사법적 통제를 무력화시키고, 법치국가원리·행정의 법률적합성의 원칙 및 법치행정의 원리를 피괴할 염려가 있음을 결코 간과해서는 안될 것이다. 판례가 계획재량처분에 해당된다고 본 것으로는 개발제한구역지정처분을 계획재량처분으로 보고 있다(아래 판례참조).[1]

▶ 대판 1997. 6. 24, 96누1313【토지수용이의재결처분취소등】 개발제한구역지정처분은 건설부장관이 법령의 범위 내에서 도시의 무질서한 확산 방지 등을 목적으로 도시정책상의 전문적·기술적 판단에 기초하여 행하는 일종의 행정계획으로서 그 입안·결정에 관하여 광범위한 형성의 자유를 가지는 **계획재량처분**이므로, 그 지정에 관련된 공익과 사익을 전혀 비교교량하지 아니하였거나 비교교량을 하였더라도 그 정당성과 객관성이 결여되어 비례의 원칙에 위반되었다고 볼 만한 사정이 없는 이상, 그 개발제한구역지정처분은 재량권을 일탈·남용한 위법한 것이라고 할 수 없다.

【재량의 종류】

[요건재량] 행정행의의 요건판단에 있어서 행정청에게 인정되는 재량을 말하는 것으로서 재량이 법규의 요건부분에서 인정된다는 견해를 요건재량설이라 한다. 즉 요건부분이 불확정개념으로 되어 있어 당해 사안이 그 요건을 충족하는가 여부에 대한 판단, 즉 포섭에 있어서 단 하나의 올바른 결론을 확정할 수 없고 따라서 법원은 행정이 내린 그와 같은 결론이 잘못되었다고 판결할 수 없기 때문에 결과적으로 그 포섭에 관하여는 행정이 자유여지를 가지게 되고 이를 재량이라고 보는 것이다.[2]

[효과재량] 행정행위의 효과결정에 있어서 행정청에게 인정되는 재량을 말하는 것으로서, **재량은 법규의 효과부분에만 인정될 수 있을 뿐, 요건부분에서는 재량이 있을 수**

---

1) 대판 1997. 6. 24, 96누1313【토지수용이의재결처분취소등】 행정청은 이미 도시계획이 결정·고시된 지역에 대하여도 다른 도시계획을 결정·고시할 수 있고, 이 때에 후행 도시계획에 선행 도시계획과 서로 양립할 수 없는 내용이 포함되어 있다면, 특별한 사정이 없는 한 선행 도시계획은 후행 도시계획과 같은 내용으로 적법하게 변경되었다고 할 것이다. … 건설부장관은 이미 토지구획정리사업에 관한 도시계획을 결정하고 그에 따라 토지구획정리사업이 시행되고 있는 토지들에 대하여도 다시 개발제한구역지정이라는 도시계획결정을 할 수 있고, 그 개발제한구역의 지정에도 불구하고 이미 시행중이던 토지구획정리사업이 계속 시행·완료된 이상 개발제한구역지정이라는 도시계획결정은 기존의 토지구획정리사업에 관한 도시계획결정과 중복된 도시계획결정이 아니어서 이를 위법하다고 할 수 없다; 박균성, 행정법론(상), 248면.
2) 정은영, 행정계획과 계획재량 : 그 방법론적 의의를 중심으로, 서울대학교 대학원, 2002, 67-68면.

없고 모두 기속이라는 견해이다. 요건부분에 대한 판단은 법'인식'작용으로서, 불확정개념 또는 공백규정에 대해서도 전체 법질서 하에서 올바른 단 하나의 법인식이 가능하다는 것을 근거로 하는 견해로서, 이에 따르면 결정재량과 선택재량만이 인정된다고 한다.[1]

▶ (결정재량) : 행정행위를 할 것인가 아니할 것인가를 결정(처분선택 ; 작위명령[…을 하라]·부작위명령[…을 하지말라]의 선택) 할 수 있는 재량이다.

▶ (선택재량) : 선택 가능한 여러 행의 중 어느 것 또는 여러 행정객체 중 누구에게 행정행위를 할 것인가를 결정할 수 있는 재량이다.

### 2.2.4. 계획재량의 특징

행정계획은 행정목적 설정행위이며, 행정의 미래상을 설계하는 청사진이다. 행정작용은 단순한 법률의 집행이 아니라 정책적 차원의 문제라는 성격이 강하기 때문에 그 구체적 내용에 관해서는 보통 행정기관의 '재량'에 맡겨지고, 행정기관에게 광범위한 '형성의 자유'를 인정하는 것이 보통이다.

### 2.2.5. 계획재량을 인정하는 이유(변화성·탄력성)

법률에서 계획의 목적·내용·절차 등에 관하여 규정하고 있더라도 입법기술상의 문제와 고도로 요구되는 전문적·기술적인 성격, 그리고 계획 자체에서 볼 수 있는, 「변화성」에 의해서 요구되는 「탄력적인 성격」 때문이다. 이를 일반행정재량의 개념과 구별하여 「계획재량」이라고 한다(다수설).

### 2.2.6. 일반행정재량과 계획재량의 차이

#### a) 일반행정재량과 계획재량의 구별을 긍정하는 입장

계획재량, 계획상 형성의 자유, 계획상 형성의 여지 등으로 표현되는 '계획재량'과 '전통적 재량'의 관계에 대해서는, 양자 모두 상위개념인 재량에 포섭되는 것이지만, 다만 계획재량의 경우 행정청에게 부여되는 재량여지(Ermessensspielraum)가 전통적 재량개념보다 보다 광범위하게 인정된다는 데에 그 의의가 있고 또한 차이가 있다는 점이다. 연혁적 측면에서 보더라도 '전통적 재량'은 행정에 대한 법률우위의 원칙(Vorrang des Gesetzes)에 따른 '행정의 법에의 기속'에 대한 예외적인 작용이었으므로, 재량권의 오·남용이나 일탈을 방지하기 위하여 법원이 엄격하게 심사하는 것을 원칙으로 하였다. 이와같이 전통적 재량은 과거지향적이고, 소극적이며 질서유지적 작용에 관한 것에서부터 출발하였지만, 계

---

1) 김동희, 행정법(Ⅰ), 박영사, 2001, 244면.

획활동은 원래 근거법규상 행정에게 광범위한 여지가 부여되어 있고 따라서 법원이 심사함에 있어서 전통적인 재량에 비하여 심사강도가 약해지며 또한 계획활동은 미래지향적이고, 적극적이며 형성적 작용에 관한 것이라는 점에서 차이가 있다. 이와 같이 계획재량에는 전통적인 일반행정재량과 비교하여 행정청에게 비교적 폭넓은 재량권이 인정되고 있다는 점에 학설상 이론이 없다. 다만 계획재량과 일반행정재량이 질적으로 구별되는 것인가에 대하여는 다툼이 있으며, 다수의 견해는 양자는 질적으로 차이가 있다고 본다. 그 이유는 일반행정재량은 구체적인 사실과 결부되어 일정한 가언명제(Wenn Dann Schema)인 요건-효과(… 한다면, … 할 수 있다), 즉 행정행위의 요건(요건재량)과 효과(효과재량)에 인정되는 반면, 계획재량은 목표의 설정과 수단의 선택에 있어서 인정되며(계획의 수권규범은 '목적-수단'에 대하여 정하는 목적 프로그램이다), 그 결과 일반 행정재량보다는 계획재량에 재량권이 광범위하게 인정된다(계획재량에 대한 통제이론은 형량명령이론 [Abwägungsgebot]이 있다)는 것이다.

[적용상의 특색] 전통적인 재량행위는 요건, 효과규정의 구체적 사실에 대한 적용에서 문제된다. 이에 대해 계획재량은 법규에서 백지위임한 요건, 효과규정에 대하여 그 요건, 효과를 구체적으로 설정을 함에 있어서 나타나는 재량이다. 그러므로 법규상의 요건, 효과에 대한 것은 행정지침의 형태와 행정목표의 정립으로 나타난다는 점에서 양자는 다른 것으로 본다.

b) 일반행정재량과 계획재량의 구별을 부정하는 입장

일부견해[1]에 의하면 양자는 질적인 차이는 없고 양적인 차이만 있다고 하면서, 그 이유는 재량의 의미는 다같이 행정청에게 선택의 자유를 인정하는 것으로서, 다만 계획재량이 일반행정재량보다 재량권이 폭넓게 인정되는 것일 뿐(따라서 양적 차이)이라고 한다. 부정하는 입장은 양자는 서로 질적인 면에서는 차이가 없고, 다만 양적인 측면인 재량의 인정범위에서만 구별된다는 입장이다. 그 주요 논거는, (ㄱ) 입법자의 수권목적에 있어서, 재량의 내용과 범위는 오로지 입법자에 의한 수권(授權)을 근거로 논의되어야 하며, 입법자의 수권목적(授權目的)에 따라 행정기관이 갖는 재량권의 내용·범위나 수권규범구조도 다르게 나타난다. (ㄴ) 형량명령의 경우도, 계획재량에 특유한 법리로 주장되는 형량명령이라는 것도 결국은 헌법국가의 기본원리인 법치국가원리에서 당연히 도출되는 과잉금지원칙(비례원칙)의 내용에 해당하는 법원칙에 불과한 것이다. (ㄷ) 전통적인 재량행위에 대하여 하자(흠) 없는 재량행사청구권이 가능 하듯(예컨대 무하자재량행사청구권)이 계획재량행위에 대해서도 하자(흠) 없는 형량을 할 것을 요구할 수 있는 권리가 존재하기 때문에 양

---

[1] 박균성, 행정법론(상), 249면.

자에 나타나는 하자(흠)의 모습은 유사하게 나타난다.

[사견] 계획재량과 전통적인 일반행정재량의 관계를 이와 같이 보는 경우에는, 독일에서 각 재량을 통제하는 법리로서 질적인 차이가 있다고 인정하는 형량명령이론과 과잉금지원칙(비례원칙)도 서로 다른 것이 아니라, '넓은 의미에서 관련되는 이익들 간에 형량을 통한 비례관계(넓은 의미에 있어서의 비례의 원칙)'가 유지되어야 한다는 원리 내로 포섭되며, 따라서 연혁적으로, 그리고 활동구조의 측면에서 이익관계의 이면성과 다면성에 차이가 있다는 점에서 의의를 찾을 수 있을 것이다.[1]

### 2.2.7. 계획재량의 위험성

오늘날과 같이 복리국가실현을 목표로 하는 행정계획이 급격히 증가하는 상황하에서 계획재량개념의 등장은 입법적·사법적 통제를 무력화시키고, 법치행정의 원칙을 공허한 것으로 만들며, 법치주의의 사각지대를 형성하는 위험성이 있으므로 이를 조화있게 실현하는 것이 중요하다. 이리하여 계획재량의 통제개념으로 등장한 이론이 아래에서 설명하는 형량명령이론이다.[2]

### 2.2.8. 계획재량의 한계

계획재량은 형식적 구속과 함께 내용적 제한이 따르는데, (ㄱ) 일반적으로 계획목표를 고려하여야 하며, (ㄴ) 구체적으로 당해법률의 계획기준에 따라야 하고, (ㄷ) 비교형량의 원칙을 준수하고, (ㄹ) 계획간의 조정을 요청하는 정합성의 원칙에 따라야 한다.

## 2.3. 형량명령

계획재량이 인정되는 경우, 그 계획규범의 적용에 있어서는, 어떠한 사실이 법이 정한 요건에 해당하는가 하는 식의 포섭(subsumption)의 방법으로는 목적을 달성할 수 없고, 관련되는 제반 이익의 정당한 형량 여부가 그 계획규범적용의 적법 여부의 기준이 되게 된다(이를 형량명령이라고 한다). 이익형량(Interessenabwägung)에 있어서는 공익과 사익 상호간, 공익 상호간, 사익 상호간의 정당한 형량이 행해지지 않으면 안된다(대법원판례).[3]

---

[1] 정은영, 행정계획과 계획재량 : 그 방법론적 의의를 중심으로, 서울대학교 대학원, 2002, 114-115면.

[2] 재량행위의 심사에 있어서 법원은 행정법의 법원(法源), 즉 헌법을 비롯한 하위의 실정법과 관습법, 판례법 및 법의 일반원리(행정법의 일반원리; 행정법의 일반법원칙; 조리)들을 그 심사척도로 이용한다. 이러한 심사척도들 중에서 재량통제에 있어서 중요한 의의를 가지는 일반법원칙들에는, 평등원칙, 비례원칙, 부당결부금지원칙, 신뢰보호원칙 등이 있다(김동희, 행정법(I), 박영사, 2001, 54-61면).

형량명령이론은 계획재량의 통제이론으로 등장한 개념이며, 이러한 형량명령이 계획재량을 통제하는데 있어서 요구되는 절대적으로 요구되는 법원칙으로서의 명령(Gebot)이다(아래참조).

## 2.4. 계획재량의 사법적 통제 : 형량명령의 원칙
### 2.4.1. 형량명령(Abwägungsgebot)

[의의] 형량명령이란 행정계획을 수립함에 있어서 관련된 이익을 정당하게 형량하여야 한다는 원칙을 말한다. 형량명령은 계획재량의 통제를 위하여 형성된 이론이다.[1] 독일에서의 형량명령의 원칙에 관한 규정은 1960년 6월 23일의 독일연방건설법(Baugesetzbuch [BauGB]) 제1조 제4항에는 "건설계획은 공간질서와 도시계획에 맞게 계획되어야 한다(Die Bauleitplane sind den Zielen der Raumordnung und Landesplanung anzupassen.)"고 규정하고 있고, 제5조 에서는 "도시계획들은(Die Bauleitpläne) 주민의 사회적·문화적 필요, 환경보호[2] 및 장래의 세대(gegenüber künftigen Generationen)에 있어서의 안전 및 건강을 고려하여 수립되어져야 한다. 이 때 공공의 이익(Wohl der Allgemeinheit)들과 개인의 이익들이 서로 정당하게 형량 되어져야 한다. ···· 도시계획들은 주민의 거주에 대한 욕구를 만족시키며 주택소유를 조장하여야 한다."[3]고 규정하였고, 제7항[4]에서는 형량명령을 규정

---

3) 대판 1984. 9. 28, 83누500 【도시계획시설결정취소】
1) 박균성, 행정법론(상), 250면.
2) 이는 1998년 건설법전의 개정에서 '형량에서의 환경보호이익(umweltschützende belange in der Abwägung)'이라는 제목을 가진 제1a조가 새로이 규정됨으로써 더욱 강조되었다. 동조 제1항에서는 토양보호이익을 고려할 것, 동조 제2항 제1호는 건설기본계획상 형량에 있어서 경관계획 및 기타 수법(水法)·폐기물법·임미씨온법적인 계획의 설정에 관하여 규정하고 있고, 동조 제2항 제2호는 자연 및 경관에 대하여 발생할 수 있는 침해의 회피 및 보상, 동조 제2항 제3호는 환경영향평가, 동조 제2항 제4호는 유럽법인 이른바 '동물군·식물군·서식지에 관한 지침(Fauna-Flora-Habitat-Richtlinie)'에 따른 심사를 할 것을 규정하고 있다. 그리고 동조 제3항은 '자연보호법상 침해규정(naturschutzrechtliche Eingriffsregelung)과 건설기본계획과의 관계에 관한 사항을 규정하고 있다(김현준, 건설계획법을 통한 환경보호 - 독일 건설법전(BauGB)의 시사 - , 환경법연구, 522면)
3) Die Bauleitpläne sollen eine nachhaltige städtebauliche Entwicklung, die die sozialen, wirtschaftlichen und umweltschützenden Anforderungen auch in Verantwortung gegenüber künftigen Generationen miteinander in Einklang bringt, und eine dem Wohl der Allgemeinheit dienende sozialgerechte Bodennutzung gewährleisten. Sie sollen dazu beitragen, eine menschenwürdige Umwelt zu sichern, die natürlichen Lebensgrundlagen zu schützen und zu entwickeln sowie den Klimaschutz und die Klimaanpassung, insbesondere auch in der Stadtentwicklung, zu fördern, sowie die städtebauliche Gestalt und das Orts- und

하고 있다. 이는 독일연방행정법원에 의하여 발전되었다. 이는 행정계획상의 형성의 자유를 한계지우는 이론으로, 행정기관뿐만 아니라 법원의 심사를 위하여 중요한 의미를 지닌다. 즉, 행정계획에는 광범위한 재량과 형성의 자유가 인정되고 있기는 하지만, 그 재량권의 행사도 법령, 신뢰보호의원칙, 과잉금지의 원칙, 신뢰보호의 원칙 등과 같은 조리(Natur der Sache) 내지는 행정법의 일반법원칙을 위반할 수 없으며, 특히 관계자의 이익에 대한 정당한 형량이 이루어지지 않으면 형량의 하자로서 위법하다는 이론이다. 전통적인 재량행위에 있어서의 재량권 행사의 위법성 여부는 재량권의 내적, 외적 한계를 기준으로 판단하게 된다. 그러나 계획재량권 행사의 경우에 있어서의 위법성 여부의 판단에는 형량명령(Abwägungsgebot)이라는 법리가 존재하므로 양자는 질적으로 구별된다.

[형량의 단계적 구조] 일반적으로 이러한 이익형량은 3단계의 과정을 거쳐야 하는데 이를 3단계모델이라고 한다. (ㄱ) 조사단계: 계획사항과 관련된 공익과 사익의 조사 및 확인, (ㄴ) 평가단계: 조사된 이해관계에 대한 내용 및 중요도에 따른 경중의 평가, (ㄷ) 비교결정단계: 계획목적과 이해관계에 대한 최종적인 비교, 결정하는 단계로 나눌 수 있다.

### 2.4.2. 독일 연방행정법원 판례

[독일 연방행정법원] 형량명령(Abwägungsgebot)의 원칙의 발전에 있어서 커다란 이정표를 가져온 것은 연방행정법원의 1969년 12월 12일자의 판결(BVerwGE 34, 301)이었다. 연방행정법은 이 판결에서 계획청이 계획의 수립에 있어서 형성의 자유(planerische Gestaltungsfreiheit)를 갖는다고 하였는데, 연방행정법원은 종전에는 재량(Ermessen)이란 용어를 사용하다가 이 판결에서부터 형성여지(Gestaltunngsspielraum), 계획재량(Planungsermessen)이라는 용어를 사용하기 시작하였다.[1] 이러한 형성의 자유는 법원의 통제로부터 어느 정도의 자유로운 영역을 가진다. 이러한 계획청의 형성의 자유를 통제하는 수단으로서 이익형량의 원칙(Abwägungsdogmatik)이 등장하였으며, 연방행정법원은 행정계획이 그 이익형량의 과정에 있어서 다음과 같은 네 가지의 흠을 보일 수 있다고 주장하면서, 도시계획의 통제를 위한 기본원칙 들을 발전시켰다. 이 네 가지 흠을 형량명령(Abwägungsgebot)의 제 원칙들이라고 한다. (ㄱ) 이익형량의 불개시(Abwägungsausfall), 형량명령이 전혀 시작되지 아니한 경우, (ㄴ) 이익형량의 흠결(Abwägungsdifizit), 이익형량에 있어서

---

Landschaftsbild baukulturell zu erhalten und zu entwickeln. Hierzu soll die städtebauliche Entwicklung vorrangig durch Maßnahmen der Innenentwicklung erfolgen.

4) 건설법 제1조 제7항: 건설기본계획을 세움에 있어서 공익과 사익을 서로 정당하게 형량하여야 한다(Bei der Aufstellung der Bauleitpläe sind die öfentlichen und privaten Belange gegeneinander und untereinander gerecht abzuwäen)

1) 정은영, 행정계획과 계획재량: 그 방법론적 의의를 중심으로, 서울대학교 대학원, 2002, 78면.

결정에 중요한 이익들이 그 형량과정에 포함되지 아니한 경우, (ㄷ) 이익형량의 오판(Abwägungsfehleinschätzung), 이익형량에 있어서 판단되어진 이익들이 객관적으로 잘못 평가되어진 경우, (ㄹ) 이익형량의 불비례(Abwägungsdisproportionalität), 이익형량에 있어서 계획에 관계된 이익들의 상호 비교가 객관적인 비중에 어긋나서 이루어진 경우 등을 들 수 있다.[1]

### 2.4.3. 형량명령의 내용 및 하자(瑕疵)

형량명령(Abwägungsgebot)은 법률의 명시적인 근거없이 적용되는 이론이다. 그런데, 법률에는 부분적으로 형량명령의 내용을 정하는 경우가 있다(예: 토지관련계획의 수립에는 환경의 이익을 고려하도록 규정하는 경우). 이와 같이 법령에 의해 정해진 고려사항을 법정고려사항이라 한다. 법령에서 고려하도록 규정한 이익은 형량명령(Abwägungsgebot)에 포함되어야 하겠지만 법령에 규정되지 않은 이익도 행정계획과 관련이 있으면 모두 고려되어야 한다. 형량명령은 아래에서 설명하고 있는 바와 같은 내용을 가지며, 만약 이를 흠결하는 경우로서는, (ㄱ) 이익형량의 불개시, (ㄴ) 이익형량의 흠결, (ㄷ) 이익형량의 오판, (ㄹ) 이익형량의 불비례 등의 문제가 발생한다.

[이익형량의 불개시(Abwägungsausfall)][2] 이익형량의 불개시란 형량 자체를 해태한 경우, 즉 형량을 전혀 행하지 않은 경우이다. 행정계획결정에 있어서는 관련된 이익의 형량을 하여야 한다. 행정계획의 수립에 있어서 이익형량을 전혀 하지 않은 행정계획은 위법하다. 이를 위하여 계획청은 행정계획과 관련이 있는 이익을 조사하여야 하며, 조사의무를 이행하지 않은 경우는 위법하다.[3] 이는 이익형량의 불개시(Abwägungsausfall)를 의미하며, 행정계획의 수립에 있어서 이익형량을 전혀 하지 않은 행정계획은 위법하다.

[이익형량의 흠결(Abwägungsdifizit)] 이익형량의 흠결은 형량의 대상에 마땅히 포함시켜야 할 사항을 빠뜨리거나 이와 무관한 사항을 포함시켜 형량을 한 경우이다. 계획청은 이익형량에 관련된 이익을 모두 포함시켜야 한다. 공익과 사익이 모두 포함되어야 한다. 이익형량은 공익상호간·공익과 사익 상호간 및 사익 상호간에 행하여진다.[4] 이는 고려하여야 할 이익을 하지 않은 경우(이익형량의 흠결)이며, 형량결과에 영향을 미치지 않을 정도의 가치가 적으면 행정계획은 위법하다고는 볼 수 없다. 행정계획이 영향을 미치는 모든 이익의 파악이

---

1) 강현호, 도시계획과 환경보호, 김운용교수화갑기념논문집, 신흥사, 1997, 493면 이하). 특히 형량명령의 원칙의 발전에 중요한 기여를 한 판결은 연방행정법원의 1972년 10월 20일자 판결(판유리 사건: Flachglasfall)이다.
2) 이를 조사의 흠결이라고 부르기도 한다(박균성, 행정법론(상), 251면).
3) 이를 조사의 결함이라고 보는 견해가 있다(박균성, 행정법론(상), 251면).
4) 대판 1996. 11. 29, 96누8567【도시계획시설결정처분무효확인등】

어렵고, 그 수도 많을 것이기 때문에 형량의 흠결을 모두 위반사유로 본다면 적법한 행정계획은 많지 않지 않을 것이기 때문이다.

[이익형량의 오판(Abwägungsfehleinschätzung)] 이익형량의 오판은 형량조사의 하자를 의미하는 것으로서, 관계된 공익 또는 사익의 의미를 간과하여 형량을 한 경우를 말한다. 이익형량을 하는 경우에는, 관련된 공익 및 사익의 가치를 제대로 파악하여야 한다. 평가의 과오는 사소한 이익의 가치의 평가상의 과오가 아닌 한 위법사유가 된다. 이는 관련된 공익 또는 사익의 가치를 잘못 평가한 경우(이익형량 평가의 과오)이며, 평가의 과오는 사소한 이익의 가치의 평가상의 과오가 아닌 한 위법사유가 된다.

[이익형량의 불비례(Abwägungsdisproportionalität)] 이익형량의 불비례란, 형량위배(형량의 불균형)를 의미하는 것으로서, 이익형량시에 여러 이익간의 형량을 행하기는 하였으나 그것이 객관성, 비례성을 결하는 경우를 의미한다. 이익형량을 할 경우에 관련되는 이익의 조정은 개개의 이익의 객관적 가치에 비례하여 행하여져야 한다. 달리 말하면 개개의 이익이 과소평가되거나 과대평가되어서는 안 된다. 또한 목표를 달성할 수 있는 여러 안 중에서 공익과 사익에 대한 침해를 최소화할 수 있는 방안을 선택하여야 한다. 형량에 있어 비례성을 결(缺)한 경우(이익형량의 불비례), 형량불비례(Abwägungsdisproportionalität)는 위법사유가 된다. 이와 같은 형량명령의 내용에 반하는 경우에는 형량하자가 있게 된다. 형량하자(衡量瑕疵)가 발생하는 경우는 대체로 다음과 같다.[1]

【형량하자가 발생하는 경우(호페[W. Hoppe]의 이론에 의함)】

(ㄱ) 이익형량의 불개시(Abwägungsausfall) : 행정계획결정에 있어서는 관련된 이익의 형량을 하여야 한다. 행정계획의 수립에 있어서 이익형량을 전혀 하지 않은 행정계획은 위법하다. 이를 위하여 계획청은 행정계획과 관련이 있는 이익을 조사하여야 한다. ☞ **조사의 결함**

(ㄴ) 형량의 흠결(Abwägungsdifizit) : 계획청은 이익형량에 관련된 이익을 모두 포함시켜야 한다. 공익과 사익이 모두 포함되어야 한다. 이익형량은 공익상호간·공익과 사익 상호간 및 사익 상호간에 행하여진다. 고려하여야 할 이익을 하지 않은 형량의 흠결의 경우로서, 형량결과에 영향을 미치지 않을 정도의 가치가 적으면, 행정계획은 위법하다고는 볼 수 없다. 행정계획이 영향을 미치는 모든 이익의 파악이 어렵고, 그 수도 많을 것이기 때문에 형량의 흠결을 모두 위반사유로 본다면 적법한 행정계획은 많지 않다.

(ㄷ) 형량평가의 과오(Abwägungsfehleinschätzung) : 관련된 공익 및 사익의 가치를 제대로 파악하여야 한다. 평가의 과오는 사소한 이익의 가치의 평가상의 과오가 아닌 한 위법사유가 된다. ☞ **이익형량의 오판**

(ㄹ) 형량의 불비례(Abwägungsdisproportionalität) : 관련되는 이익의 조정은 개개의 이

---

1) 박균성, 행정법론(상), 250면.

익의 객관적 가치에 비례하여 행하여져야 한다. 형량불비례는 위법사유가 된다. 즉 개개의 이익이 과소평가되거나 과대평가되어서는 안된다. 또한 목표를 달성할 수 있는 여러 가지 안(案) 중에서 공익과 사익에 대한 침해를 최소화할 수 있는 방안을 선택하여야 한다.

[형량하자의 판단] 위와 같은 형량하자의 판단에 있어서 법원은 계획청이 형량명령(Abwägungsgebot)을 이행함에 있어서 명백한 잘못을 저지른 경우에 한해서 형량의 하자가 있는 것으로 보아야 한다.[1] 법원이 행정청의 판단에 대하여 전면적인 심사를 행할 수 있다면 계획재량을 인정한 취지가 상실되게 된다.[2] 이와 같은 형량명령이론은 독일에서 발전된 이론이며, 우리나라의 판례 중에 불완전하나마 **형량명령이론을 수용한 판례가 있다**(아래 판례 참조).[3]

### 2.4.4. 형량명령이론에 대한 독일의 학설·판례
a) 학설

계획에 있어 형량명령을 구조화함에 있어서는 크게 두 가지 견해가 대립된다. 독일의 판례에 따라 형량명령이론을 체계화한 대표적인 학자로는 독일의 베르너 호페(Werner Hoppe)를 들 수 있는데, 베르너 호페(W. Hoppe)는 계획재량행사에 있어서 형량명령(Abwägungsgebot)에 반하는 경우에 독자적인 재량하자론을 발달시켰다. 그에 따르면, 형량이 전혀 이루어지지 아니한 경우로서 이익형량의 불개시(Abwägungsausfall), 이외에 그리고 형량을 행함에 있어서 세가지 단계, 즉 (ㄱ) 형량에 있어서 반드시 고려해야 할 이익들을 편입시키지 않은 경우(Abwägungsdefizit), (ㄴ) 형량에 있어 이익들 (각각의) 가치를 제대로 평가하지 않은 경우(Abwägungsfehleinschätzung; Abwägungsfehlgewichtung), (ㄷ) 편입된 공익들과 사익들 사이에 객관적으로 비례관계가 없는 경우(Abwägungsdisproportionalität), 이에 더하여 형량을 함에 있어 사안과 적합하지 아니한 고려를 한 경우까지를 합하여 형량명령에 반하는 경우라고 하였다.[4]

---

1) 박균성, 행정법론(상), 250면.
2) 김연태, 행정결정에 있어서 형량에 대한 사법적 통제, 계희열 박사 화갑기념논문집, 684면.
3) 정은영, 행정계획과 계획재량 : 그 방법론적 의의를 중심으로, 서울대학교 대학원, 2002, 103-104면.
4) 이에 반하여 계획에 있어서 형량을 단지 두 단계(Zwei-Stufe)만으로 두는 견해도 있다. 즉 호페(Hoppe)의 삼단계 구조에 있어서 이익들 (각각의) 가치를 평가하는 단계와, 그 평가된 이익들 사이를 객관적인 비례관계에 맞게 조정하는 단계를 구별할 수 없다는 이유로, 단지 고려할 이익들을 편입시켜서 이들을 평가하는 것으로(두 단계로) 나누는 견해도 있다. 형량은 국가 대 국민, 공익 대 사익의 이면적인 이익에 대해서만이 아니라 그를 넘어서 다수의 이익들간에 이루어져야 하는 것이고, 이러한 형량과정을 통해서 행정은 자신에게 주어진 계획상 형성의 자유를 행사할

## b) 판례

[판유리사건] 독일에서 형량명령(Abwägungsgebot)의 원칙의 발전에 중요한 기여를 한 판결은 독일연방행정법원의 1972년 10월 20일자 판결을 들 수 있다. 이 판결은 소위 "판유리 사건(Flachglasfall)"으로 불리워지기도 한다.

[사건의 개요] 독일의 한 회사가 1970년 7월 30일에 겔젠키르헨(Gelsenkirchen)市에 판유리 생산시설의 설치 및 가동을 위한 신청(Antrag)을 하였다(1970년 초에 이미 이 회사에게 펠트마르크(Feldmark)라고 불리우는 근처에 길이 약 14,000m, 넓이 약 700m의 약 60ha가 넘는 부지를 살 수 있도록 하는 시장의 긴급결정이 이루어진바 있었다). 그 즉시 겔젠키르헨市 행정청은 이 회사에게 부지에 대한 판매가격을 제시하였고, 4일 후에는 시의회(Stadtrat)가 이러한 시 행정청의 결정에 동의하였다. 이 부지는 아직 대부분 건축이 없는 장소였는데, 단지 북동쪽으로 27개의 주택이 위치하고 있을 뿐이었다(이 주택중의 한곳에 원고가 살고 있었다). 겔젠키르헨 市의 도시기본계획에 의하면 이 부지는 녹색지역, 화단지역 및 주택지역으로 규정되어 있었다. 이 부지는 회사의 신청(1970년 7월30일) 이전인 1970년 6월 11일에 지역발전계획이 변경되어 공업지역으로 지정되었다. 이 지역발전계획에 의하여 시의회는 1970틴 10월 5일에 도시기본계획을 공포하여, 이 부지를 공업지역으로 지정하였고, 시의회는 도시계획을 수립하였다. 이에 의하여 1970년 10월 30일 이 회사에게 판유리 공장의 설립 및 가동을 위한 허가가 내려졌다. 이 허가에 대하여 주민인 원고가 행정소송(허가취소소송)을 제기하였다. ☜ 제3자취소쟁송

[연방행정법원판결] 이에 대하여 연방행정법원은 「… 본 법원은 건설법 제1조 제4항 제2문에 대한 1969년 12월 12일의 연방행정법원의 판결1)에 동의한다. 여기서 본 사건을 통해서 볼 때 위에서 언급한 형량명령(Abwägungsgebot)의 제반원칙은 이익형량의 과정뿐만

---

수 있는 것이다. 따라서 형량은 계획상 형성의 자유의 본질적인 부분이고, 계획상 형성의 자유는 다시 행정계획의 본질적인 부분이라고 볼 때, 형량은 행정계획의 필요조건이고, 따라서 계획을 통제함에 있어서는 이러한 행정의 형량을 심사하게 되는 것이고 이 점에서 형량명령(Abwägungsgebot)이 행정계획에서 가지는 의의를 찾을 수 있다(정은영, 행정계획과 계획재량 : 그 방법론적 의의를 중심으로, 서울대학교 대학원, 2002, 104-105면)

1) 연방행정법원은 1969년 12월 12일 판결문에서 형량명령(Abwägungsgebot)의 원칙을 건설법상 하나의 개별조항을 두는 것이 바람직하다고 하였고, 이는 독일연방건설법에 규정되게 되었다. 1976년의 독일연방건설법은 형량명령(Abwägungsgebot)의 원칙을 하나의 개별조항 즉, 제1조 제7항에 건설계획확정시에는 공익과 사익(öffentlichen und privaten Belange)을 서로 비교형량 하여야 한다(Bei der Aufstellung der Bauleitpläne sind die öffentlichen und privaten Belange gegeneinander und untereinander gerecht abzuwägen.)고 규정하였다. 또한, 입법자들이 이익형량을 이익형량의 과정과 이익형량의 결과로 분리하였고 이를 1976년 건설법 제155조 제2항 제2문에 규정하였다.

아니라 이익형량의 결과에도 작용한다. 하나의 예외는 제1원칙으로서 이익형량이 개시되어야 한다는 것으로서, 내용상 이익형량의 과정에서만 중요하다. 그 이외에 "형량명령"의 원칙은 이익형량의 과정뿐만 아니라 이익형량의 결과에서도 "중요한 이익들이 간과되어서는 아니되며(제2원칙), 다양한 이익들의 평가가 객관적인 평가를 잃어버릴 정도로 이루어져서는 아니 된다(제3원칙)." 법 조항에 의할 때 "형량명령"의 제원칙들은 이익형량의 과정 및 결과 모두에게 적용된다. 건설법 제1조 제4항 제2문을 그 법규정상 살펴 볼 때 이익형량의 과정을 말하고 있다. 그러나 이로부터 이익형량의 과정으로부터 도출되는 내용 혹은 결과도 이익명령의 제 원칙에 부합하여야 함은 사건을 종합해 볼 때 피할 수없는 사실이다. 왜냐하면, 건설법 제1조 제4항 및 제5항에 나열된 이익들이 계획하는 지방자치단체(Gemeinde)에 의해서만 고려되고, 그로 인해 어떠한 결과가 도출되는지에 무관하다면 이는 명백하게 사물의 본질에 어긋나기 때문이다."라고 판시하였다.

[소결] 이 판유리 판결에 의하여 형량명령(Abwägungsgebot)은 '과정'과 '결과'로 나눌 수 있고, 이익형량의 제 원칙들이 이익형량의 과정뿐만 아니라 이익형량의 결과에도 그대로 적용된다는 것이 확인되었다. 이 두 판결을 토대로 연방행정법원(Bundesverwaltungsgericht)은 "형량명령"의 원칙을 공식화하여 하나의 법원칙으로 삼았으며, 행정계획법 및 계획법(Planungsrecht)의 실무에 있어서 활용되었다.

### 2.4.5. 우리나라의 경우

[학설] 우리나라의 경우 실정법에서 명문으로 형량명령을 규정하고 있는 입법은 없고, 학설상 독일에서 발달한 형량명령이론을 설명하고 있다. 한편 판례는 독일에서의 판례나 학설을 그대로 수용하고 있지는 않지만, 다수의 이익들 간에 비교형량을 하여야 한다는 것들이 다수 있다.[1] 구체적으로는 계획활동에 대하여 아래에서 보는바와 같이 형량명령의 내용, 즉 "공익과 공익, 사익과 사익, 그리고 공익과 사익의 상호간"에 정당하게 이익형량을 하여야 한다고 하고 있다.[2]

[판례] 대법원의 1984년 판결은 "현재의 공익성"과 "미래의 공익성"간에 비교형량을 하여야 한다고 판시한 경우도 있다. 즉 대법원은 "구체적인 경우에 현재 당해 토지가 제공되고 있는 용도, 위치 등 구체적인 시설의 공익성과 새로이 시설결정에 의하여 제공될 구체적 시설의 공익성과의 대소경중을 종합고려하고 비교형량하여 당해 도시계획시설결정의 위법여부를 가려야 할 것이다."[3]라고 하였다.[4] 그러나 명시적으로 "형량명령"이라는 용어

---

1) 정은영, 행정계획과 계획재량 : 그 방법론적 의의를 중심으로, 서울대학교 대학원, 2002, 102-103면.
2) 대판 1996. 11. 29, 96누8567 【도시계획시설결정처분무효확인등】

는 사용하고 있지는 않으며, 이에 대하여 독일의 형량명령을 도입하여야 한다는 견해도 있다.1)

▶ 대판 1984. 9. 25, 83누500【도시계획시설결정취소】사립학교법 제28조 제2항의 규정은 동조 소정의 학교재산은 학교교육에 필요한 교육시설이므로 당해 학교법인이 이를 매도하거나 담보 제공하는 것을 금하는 취지이므로 이 규정에 위반하여 한 학교법인의 처분행위는 당연무효라 할 것이나 위 규정이 있음을 이유로 도시계획법에 의한 도시계획시설결정이 언제나 당연무효라고 할 수는 없고 그 효력유무는 현재 당해 재산이 제공되고 있는 용도, 위치등 구체적인 시설의 공익성과 도시계획시설결정에 의하여 제공될 구체적 시설의 공익성과의 대소경중을 종합적으로 비교형량하여 가려야 한다. ☞ **공익 상호간의 비교형량**

▶ 대판 1996. 11. 29, 96누8567【도시계획시설결정처분무효확인등】행정계획이라 함은 행정에 관한 전문적·기술적 판단을 기초로 하여 도시의 건설·정비·개량 등과 같은 특정한 행정목표를 달성하기 위하여 서로 관련되는 행정수단을 종합·조정함으로써 장래의 일정한 시점에 있어서 일정한 질서를 실현하기 위한 활동기준으로 설정된 것으로서, 도시계획법 등 관계법령에는 추상적인 행정목표와 절차만 규정되어 있을 뿐, 행정계획의 내용에 대하여는 별다른 규정을 두고 있지 아니하므로 행정주체는 구체적인 행정계획을 입안, 결정함에 있어서 비교적 광범위한 형성의 자유를 가진다고 할 것이지만 행정주체가 가지는 이와 같은 형성의 자유는 무제한적인 것이 아니라 그 행정계획에 관련되는 자들의 이익을 공익과 사익 사이에서는 물론이고 공익 상호간과 사익 상호간에도 정당하게 비교 교량하여야 한다는 제한이 있는 것이고, 따라서 행정주체가 행정계획을 입안, 결정함에 있어서 이익형량을 전혀 행하지 아니하거나 이익형량의 고려대상에 마땅히 포함시켜야 할 사항을 누락한 경우 또는 이익형량을 하였으나 정당성, 객관성이 결여된 경우에는 그 행정계획결정은 재량권을 일탈, 남용한 것으로서 위법하다.

▶ 대판 1997. 9. 26, 96누10096【택지개발예정지구지정처분취소등】행정계획에 관련된 자들

---

3) 대판 1984. 9. 28, 83누500【도시계획시설결정취소】【판결요지】사립학교법 제28조 제2항의 규정은 동조 소정의 학교재산은 학교교육에 필요한 교육시설이므로 당해 학교법인이 이를 매도하거나 담보 제공하는 것을 금하는 취지이므로 이 규정에 위반하여 한 학교법인의 처분행위는 당연무효라 할 것이나 위 규정이 있음을 이유로 도시계획법에 의한 도시계획시설결정이 언제나 당연무효라고 할 수는 없고 그 효력유무는 현재 당해 재산이 제공되고 있는 용도, 위치등 구체적인 시설의 공익성과 도시계획시설결정에 의하여 제공될 구체적 시설의 **공익성과의 대소경중을 종합적으로 비교형량**하여 가려야 한다.
4) 정은영, 행정계획과 계획재량 : 그 방법론적 의의를 중심으로, 서울대학교 대학원, 2002, 103-104면.
1) 신봉기, 형량하자 있는 행정계획에 대한 사법심사, 서울대학교출판부, 2000, 128-129면.

의 이익을 공익과 사익 사이에서는 물론, 공익 상호간과 사익 상호간에도 정당하게 비교·교량하여야 하고 그 비교·교량은 비례의 원칙에 적합하여야 하는 것이므로, 만약 이익형량을 전혀 하지 아니하였거나 이익형량의 고려대상에 포함시켜야 할 중요한 사항을 누락한 경우 또는 이익형량을 하기는 하였으나 그것이 비례의 원칙에 어긋나게 된 경우에는 그 행정계획은 재량권을 일탈·남용한 처분이다.

[판례평석] 위의 판례들은 형량명령의 내용, 즉 "공익과 공익간의 비교형량, 사익과 사익간의 비교형량, 공익과 사익간의 비교형량"을 하여야 한다는 것을 주된 내용으로 하고 있으나 명시적으로 "형량명령"을 하여야 한다는 용어는 사용하고 있지 않다. 이에 대하여 독일의 형량명령을 도입하여야 한다는 견해도 있다(아래 본문참조).[1] 위의 판례들은 행정계획에 있어서 이익의 다면적인 구조를 파악하고 이러한 이익들 간의 형량을 주된 내용으로 판시하고 있다는 점에 그 의의가 있다.

### 2.5. 계획재량의 하자(瑕疵)

#### 2.5.1. 계획재량하자의 유형

계획재량하자의 유형에는, (ㄱ) 형량의 해태(懈怠: 이익형량을 하지 않은 경우), (ㄴ) 형량의 흠결(형량대상에 포함시켜야 할 사항을 포함하지 않고 형량한 경우), (ㄷ) 오형량(誤衡量: 관계이익간의 형량을 행하기는 하였으나 정당성·객관성을 결한 경우) 등이 있다.

#### 2.5.2. 사법심사

계획재량상의 하자가 있는 경우에는 법원의 심사대상이 된다. 그리고 형량명령의 위반여부, 즉 계획재량에 있어서의 흠의 존재 여부에 대한 사법심사는 형량의 과정뿐만 아니라 형량의 결과, 즉 계획의 실질적 정당성 여부에 대해서까지 미친다.

## 3. 「계획에 의한 행정」의 문제점

[기술관료주의] 위와 같이 행정계획에 대한 입법적 통제가 약화 될 뿐만 아니라, 일단 그것이 책정이 되면, 설령 그것이 법적 구속력이 없는 것이라 할지라도 현실적으로는 장래 목표 도달을 위한 선택된 가치로 평가됨으로써 법률 이상으로 행정을 지배하게 되어 계획에 의거하였다는 사실만으로 행정의 집행이 '정당화'될 수 있는 위험성이 있다. 이와 같은 점에서 「법률에 의한 행정」이 아닌 「계획에 의한 행정」의 등장은 의회주의·법치주의·권력분립주의를 배제하고 민주행정주의 대신에 기술관료주의(Technokratie; technocracy)를 초래할 우려마저 없지 않다는 점에서 문제점이 있다.

---

[1] 신봉기, 형량하자 있는 행정계획에 대한 사법심사, 서울대학교출판부, 2000, 128-129면.

## VII. 행정계획의 확정절차

### 1. 절차적 통제의 필요성

행정계획은 국민생활의 미래상에 대한 수치적 표현으로서 국민생활에 중대한 영향을 주는 것이므로 계획의 적정화와 관계자의 권익보호를 위한 절차적 보장을 확립할 필요가 있다.

### 2. 행정계획 확정 절차상 고려할 점

행정계획을 확정함에 있어서는, (ㄱ) 계획상호간의 조정을 통한 전체적인 계획의 종합성 확보, (ㄴ) 전문적 지식·기술의 도입, (ㄷ) 상충하는 이해관계의 조정, (ㄹ) 계획의 정당성과 합리성 확보, (ㅁ) 계획실시에 대한 민의반영 등을 고려하여야 한다.

### 3. 계획확정절차

일반적으로 계획확정절차는, (ㄱ) 심의회의 심의 또는 의결기관의 의결, (ㄴ) 관계행정기관간의 협의·승인, (ㄷ) 지방의회의 의견청취, (ㄹ) 국무회의의 심의, (ㅁ) 주민·이해관계인의 참여(공청회·관계인의 의견진술 등), (ㅂ) 계획의 공표(공고·고시·열람 등) 등이 있는바, 구체적인 계획에 따라 그 중의 하나 또는 수개의 절차를 채택하고 있다.

### 4. 계획확정절차의 하자(瑕疵)의 효과

절차의 하자가 독립된 취소사유가 될 수 있는가에 대하여 견해가 대립되고 있지만 판례는 절차의 하자를 독립된 취소사유로 보고 있다.[1] 절차의 하자는 하자의 일반이론에 따라 무효사유·취소사유가 된다. 경미한 절차의 하자인 경우와 순수하게 행정 내부적인 절차위반은 취소사유가 되지 않는다.[2] 판례 중에는 도시관리계획의 수립에 있어서 舊도시계획법 제16조 소정의 공청회를 열지 아니하고 한 도시계획결정은 무효사유는 아니고 취소사유가 된다는 판례[3]와 공고 및 공람절차에 하자가 있는 도시계획결정은 위법하다는 판

---

1) 박균성, 행정법론(상), 247면.
2) 박균성, 행정법론(상), 247면.
3) 대판 1990. 1. 23, 87누947 【토지수용재결처분취소등】 도시계획의 수립에 있어서 도시계획법 제16조의2 소정의 공청회를 열지 아니하고 공공용지의취득및손실보상에관한특례법 제8조 소정의 이주대책을 수립하지 아니하였더라도 이는 절차상의 위법으로서 취소사유에 불과하고 그 하자가 도시계획결정 또는 도시계획사업시행인가를 무효라고 할 수 있을 정도로 중대하고 명백하다고는 할 수 없다. ☞ 서울시장이 종묘앞 광장 및 도로공사의 도시계획과정에서 공청회를 개최하여 의

례1)가 있다.2)

## VIII. 행정계획의 한계

[도시계획결정] 행정청의 도시계획결정같은 행정계획은 어느 경우에 위법한 계획이 되는가 하는 점에 있어서, (ㄱ) 법령에 적합해야 하고, (ㄴ) 비례원칙, 절차규정 등을 준수해야 하고, (ㄷ) 상호간에 관계되는 여러 이익을 정당하게 형량해야 한다. 이를 위반하면 위법하게 된다.3)

[행정계획] 행정계획에 있어서는, (ㄱ) 설정되는 목표가 근거법령에 합치되는 것이어야 하고, (ㄴ) 행정계획을 위한 수단은 비례원칙에 따라 목표달성에 적합해야 한다. 즉 그 수단이 목표달성에 적합해야 하고(적합성의 원칙), 국민의 이익을 최소한으로 침해하는 것이어야 하며(필요성의 원칙), 계획실시에 따라 침해되는 사익과 그에 의하여 달성되는 공익사이에 적정한 비례관계가 이루어져야 한다(상당성의 원칙). 또한 (ㄷ) 관계법에 절차가 규정되어 있으면, 그 절차를 준수해야 하고, (ㄹ) 관계되는 여러 이익을 정당하게 고려하고 형량하여 결정해야 한다. 관계이익의 정당한 형량이란 공익 상호간, 사익 상호간, 공익과 사익 상호간에 정당한 형량을 해야 한다는 원리이다.

[소결] 따라서 행정계획을 입안·결정 할 때, (ㄱ) 이익형량을 전혀 하지 않거나, (ㄴ) 형량에 있어 반드시 고려해야 할 특정이익을 전혀 고려하지 않는 경우, (ㄷ) 이익형량(Interessenabwägung)을 하였으나 정당성·객관성을 결여한 경우엔 재량권을 일탈·남용한

---

　　견을 청취하지 아니하고 토지를 제공함으로써 생활근거를 상실하는자에 대한 이주대책을 수립하지 않아 발생한 사건이다.
1) 대판 2000. 3. 23, 98두2768【도시계획결정취소】도시계획법 제16조의2 제2항과 같은법 시행령 제14조의2 제6항 내지 제8항의 규정을 종합하여 보면 도시계획의 입안에 있어 해당 도시계획안의 내용을 공고 및 공람하게 한 것은 다수 이해관계자의 이익을 합리적으로 조정하여 국민의 권리자유에 대한 부당한 침해를 방지하고 행정의 민주화와 신뢰를 확보하기 위하여 국민의 의사를 그 과정에 반영시키는데 있는 것이므로 이러한 공고 및 공람 절차에 하자가 있는 도시계획결정은 위법하다.
2) 장태주, 행정법개론, 법문사, 2009, 413면 참조.
3) 도시계획법 등의 행정계획을 규정한 법령은 일반적으로 행정계획을 통해 달성해야 하는 목적과 행정계획을 확정하는 절차만을 규정하는 것이 보통이고 구체적·개별적 수단에 관해서는 행정청에 넓은 범위의 형성의 자유를 인정하고 있다. 이렇게 행정청에 허용되어 있는 행정계획내용이나 개별적인 수단에 대한 형성의 자유를 계획재량이라 한다. 그러나 법치행정원리상 행정청의 계획재량에도 일정한 한계가 있으며, 이에 위반하면 위법한 행정계획이 된다.

위법한 행정계획이 되어 행정소송을 통해 구제 받을 수 있다.

## IX. 행정계획에 대한 권리구제(權利救濟)

### 1. 사법심사

#### 1.1. 개관

「단순한 행정 내부적 지침에 불과한 행정계획」 또는 「법률에서 권리·이익침해의 추상적 가능성만 규정된 행정계획의 경우는 행정소송의 대상이 되는 「처분성」이 결여되어 행정쟁송의 대상이 되지 않는 것으로 보는 것이 일반적인 견해이다. 그러나 특정인의 권리·이익을 구체적으로 침해하는 효과가 부여된 구속적(규칙적) 행정계획이 항고소송의 대상이 될 수 있는가에는 다툼이 있다.

#### 1.2. 내용

##### 1.2.1. 소극설(부정설)

행정계획에 일정한 법적 효과가 부여되는 경우에도 그것은 법률이 부여한 부수적인 효과에 불과하기 때문에 「처분성」의 결여나, 「구체적 사실성」을 인정할 수 없다는 이유로 행정쟁송의 대상성을 부인한다(김남진). 대법원도 「건설부장관의 기준지가고시는 … 행정처분이라 할 수 없으므로 이는 행정소송의 대상이 될 수 없다」고 판시하고 있다.[1]

##### 1.2.2. 적극설(긍정설)

처분의 위법성은 가급적 조기단계에서 시정되는 것이 이상적이므로 행정계획이 입법행위의 성질을 띠고 있다 할지라도, 그 효과가 추상적이 아니라 구체적인 것인 이상은 처분에 준하여 소송대상성이 인정되어야 한다고 한다(다수설). 대법원은 舊도시계획법(현재 : 국토의계획및이용에관한법률) 제12조 소정의 '도시계획결정'은 특정개인의 권리 내지 법률상의 이익을 개별적이고 구체적으로 규제하는 효과를 가져오는 행정청의 처분이라고 할 것이고, 이는 행정소송의 대상이 된다고 판시하고 있다.[2]

▶ 대판 1982. 3. 9, 80누105 【도시계획변경처분취소】 원심판결 이유에 의하면 원심은, 원고들이 취소를 구하는 원판시 도로계획결정이 도시계획법 제12조에 의하여 한 도시계획결정임을 확정한 다음, 위 규정에 의한 건설부장관의 도시계획결정은 도시계획사

---

1) 대판 1979. 4. 24, 78누242 【토지기준지가고시등무효확인】
2) 대판 1982. 3. 9, 80누105 【도시계획변경처분취소】

업의 기본이 되는 일반적 추상적인 도시계획의 결정으로서 이와 같은 일반계획의 결정이 있었던 것 만으로는 특정 개인에게 어떤 직접적이며 구체적인 권리의무 관계가 발생한다고는 볼 수 없다 할 것이므로 이 점에 있어서 피고의 이 사건 도시계획결정은 결국 항고소송의 대상이 되는 행정처분은 아니라고 봄이 상당하고, 원고의 이 소는 결국 행정소송의 대상이 될 수 없는 사항을 그 대상으로 삼은 부적법한 소라 하여 이를 각하한다고 판시하고 있다. 그러나, 도시계획법 제12조 소정의 도시계획결정이 고시되면 도시계획구역 안의 토지나 건물 소유자의 토지형질변경, 건축물의 신축, 개축 또는 증축 등 권리행사가 일정한 제한을 받게 되는바 이런 점에서 볼 때 고시된 도시계획결정은 특정 개인의 권리 내지 법률상의 이익을 개별적이고 구체적으로 규제하는 효과를 가져오게 하는 행정청의 처분이라 할 것이고, 이는 행정소송의 대상이 되는 것이라 할 것이다(당원 1978.12.26. 선고 78누281 판결 참조). 원심이 도시계획결정이 개인에게 구체적이고 직접적인 권리의무 관계의 발생을 가져오게 하는 것이 아니라는 이유로 위와 같이 판단하였음은 도시계획결정과 행정소송의 대상에 관한 법리를 오해한 위법이 있다.

## 2. 손해전보(塡補) — 손해배상청구권·손실보상청구권

### 2.1. 개관

[위법한 행정계획의 변경·폐지] 위법한 행정계획의 변경 또는 폐지로 인하여 가해진 손해에 대하여는 국가배상법(일반법)에 근거하여 손해배상청구가 가능하다. 다만, 국가배상법에 의한 손해배상을 청구하는데 있어서 공무원의 과실입증, 즉 위법한 계획의 변경에 있어서 공무원의 과실을 입증하는 것이 쉽지 않다는 점이다. 일본의 경우에 있어서는 국가배상법상의 위법개념에 관하여 상대적 위법성설을 취하고 있으므로 계획의 변경 또는 폐지는 적법하지만 그로 인하여 발생된 손해가 신뢰보호의 원칙의 위반에 기인하는 것이라고 판단되는 경우에는 계획 자체의 변경 또는 폐지는 적법하지만 피해자에 대한 국가배상의 관계에서는 위법하다고 하면서 국가배상책임을 인정하고 있다.[1]

[적법한 계획의 변경·폐지] 적법한 계획의 변경 또는 폐지로 인하여 특별한 손실을 받은 경우에 손실보상을 청구할 수 있다. 그런데, 일반적으로 계획의 변경 또는 폐지로 인한 손실에 대하여 손실보상청구권을 인정하는 법률의 규정이 없는 경우가 많으며,[2] 이 경우에는 보상규정이 없는 손실보상의 문제가 되고, 헌법 제23조 제3항에 직접적 효력을 인정한다면 헌법 제23조 제3항을 유추적용(수용유사침해이론)하여 손실보상을 청구할 수 있다.

---

1) 박균성, 행정법론(상), 256면.
2) 박균성, 행정법론(상), 258면.

## 2.2. 손실보상

[수용유사침해이론] 행정계획에 의한 손실(계획제한의 경우에 많이 발생한다)의 경우에는 재산권에 대한 사회적 제약성이나 지역적 구속성을 이유로 보상이 배제되는 경우가 적지 않으나, 그 손실에 '특별한 희생'성이 인정되는 경우에는 「정당한 보상」이 이루어져야 한다. 행정계획으로 인한 손실이 특별한 희생에 해당하는 것이라 하더라도 관계법에 손실보상규정이 두어지지 않고 있는 것이 일반적이다(이 경우에는 보상규정이 흠결된 경우에 있어서의 손실보상의 문제가 된다).[1] 이 경우는 결국 보상규정이 없는 손실보상의 문제로 귀착된다. 위헌무효설이 타당하나(저자[김백유], 독일연방헌법재판소), 이 경우에 수용유사침해이론(간접효력규정설 : 유추적용설)이 적용될 수 있는바, 수용유사침해이론은 헌법 제23조 3항은 구체화되어 있지 않아 이를 통해 직접적 보상규정으로 적용하기에는 무리이고, 헌법 제23조 제1항과 제3항의 재산권, 헌법 제11조 평등권 및 관련법률의 유추해석을 통해서 손실보상이 인정가능하다는 견해이다. 행정계획으로 인한 손실의 보상에 있어서는 생활보상(이직자보상·잔존자보상·자금융자·취업알선 등)의 이론이 발전되고 있으며, 계획공고후 장기간 그 계획을 집행하지 아니하므로 인하여 국민에게 손해가 발생한 경우(예컨대 도시계획으로 인한 토지이용권의 제한)에는 수용유사침해의 법리에 의한 보상을 해주어야 하는 경우가 발생할 수도 있다.

[손실보상청구권의 인정·내재적 한계론의 제한] 적법한 행정계획의 수립·변경 또는 폐지로 인하여 손실을 받은 경우에는 손실보상의 요건을 갖춘 경우에는 손실보상을 청구할 수 있다. 특히 문제가 되는 것은 도시계획에 의한 개발제한구역의 지정에서 볼 수 있는바와 같이 행정계획으로 인한 재산상의 손실이 보상을 요하지 않는 '재산권에 내재하는 사회적 제약'에 불과하여 이를 감수해야 하는 것인지, 아니면 보상을 요하는 '특별하고도 우연한 희생'인지를 판단하는 것이 문제된다.[2] 여기서는 내재적 한계론에 입각한 재산권 제한을 인정하는데는 특별한 주의가 요망된다. 왜냐하면 입법형성자의 입장에서는 기본권(재산권)을 제한하는 입법의 경우 여러 가지 제약(예컨대 법치국가원리·법률유보의 원칙)이 따르기 때문에 이러한 복잡한 제한입법 보다는 단순히 재산권의 내재적 한계론을 내세워 사인의 재산권을 손쉽게 침해할 염려가 있기 때문이다.[3]

【참고】 [기본권 내재적 한계이론] 기본권의 내재적 한계이론은 독일에서 법률유보가 없는 절대적 기본권을 제한할 필요성 때문에 연방헌법재판소의 결정에서 인용되었고,[4]

---

1) 박균성, 행정법론(상), 258면.
2) 홍정선, 행정법원론(상), 단락번호 792a; 박균성, 행정법론(상), 258면.
3) 김백유, 기본권의 내재적 한계, 헌정 및 행정법치연구, 한성대출판부, 2006 참조.
4) 기본권의 내재적 한계이론을 최초로 전개한 판례는 BVerfGE 2, 248(252 f.).

지금은 널리 인정되고 있다.[1] 우리 헌법재판소는 「기본권도 국가적·사회적 공동생활의 테두리 안에서 타인의 권리·공중도덕·사회윤리·공공복리 등의 존중에 의한 내재적 한계가 있는 것이며, 따라서 절대적으로 보장되는 것은 아닐 뿐만 아니라 헌법 제37조 제2항이 명시하고 있듯이 질서유지(사회적 안녕질서), 공공복리(국민공동의 행복과 이익) 등 공동체 목적을 위하여 그 제한이 불가피한 경우」에는 기본권의 본질적 내용을 침해하지 않는 한도에서 법률로써 제한할 수 있는 것이라 하고 있다」라고 판시함으로써 3한계론에 입각한 기본권의 내재적 한계를 인정[2]하고 있다. 기본권제한에 있어서 비례의 원칙(Verhältniskeitsprinzip)이 충실히 지켜지는 경우, - 특별한 경우가 아닌 한 - 일반적으로 기본권의 본질적 내용침해문제는 발생하지 아니한다. 그러나 기본권에 대한 제한이 비례의 원칙에 위배되는 경우, 이와 관련한 공권력행사는 위헌문제를 야기할 할 수도 있다. 그러나 이 경우에도 기본권의 본질적 내용에 대한 침해여부에 대한 실질적인 검토를 거쳐서 그 침해여부를 확인하는 것이 중요하다. 왜냐하면 비례의 원칙에 위배된 공권력행사도 기본권의 본질적 내용 침해금지원칙에는 위배되지 않을 수 있기 때문이다.[3] 그러나 허영 교수의 설명처럼 기본권이 내재적 한계를 일반화시켜서 이를 모든 기본권에 확대·적용시키는 경우, 결과적으로 헌법 제37조 제2항의 일반적 법률유보에 의한 기본권 제한의 한계규정과도 조화되기 어렵고, 자칫하면 법률에 의한 기본권제한의 최후적 한계로 명시되고있는 기본권의 본질적 내용(Wesensgehalt)의 침해금지를 공허한 것으로 만들어 버릴 위험성마저 갖게 된다.[4] 기본권을 제한하려는 입장에서 볼 때도 여러 가지 번거로운 제약이 따르는 법률유보에 의한 제한보다도, 기본권이 가지는 내재적 한계를 이유로 하여, 예컨대 그것은 기본권의 제한이 아니고, 그 기본권에는 이러한 한계가 있다는 것을 선언적으로. 확인한 것에 지나지 않는 것이라고 주장하는 방법에 의하여 기본권을 제한하는 것이 훨씬 간편하고도 손쉬운 방법이겠기 때문이다.[5] 우리 현행 헌법의 해석상 기

---

1) 홍성방, 헌법학, 338면.
2) 헌법재판소는 과거 형법상 간통죄규정(제241조)의 합헌결정에서 "개인의 性的 자기결정권도 국가적·사회적 공동생활의 테두리 안에서 타인의 권리·공중도덕·사회윤리·공공복리 등의 존중해야할 내재적 한계가 있는 것"이라고 하였다(헌재결 1990. 9. 10, 89헌마82 참조; 허영, 한국헌법론, 280면 참조.
3) 우리 헌법재판소는 절대적 본질내용론과 상대적 본질내용론을 일관성 없이 필요에 따라서 다르게 채택하고 있으며, 빈번하게 본질적 내용보장규정을 심사기준으로 삼고 있으나, 그 조항을 해석·적용함에 있어서는 그 사안의 성격상 필요한 주의를 기울이지 않고, 구체적인 논증도 없이 그 침해를 단정적으로 긍정하거나 부정하는 경우가 많다. 기본권의 본질적 내용보장에 관한 헌법재판소판례와 그 경향에 관한 상세한 내용은 정태호, 기본권의 본질적 내용보장에 관한 고찰, 헌법논총, 제8집(1997), 329-361면 참조.
4) 허영, 한국헌법론, 280면 참조.
5) 허영, 한국헌법론, 280면 각주 1).

본권의 내재적 한계는 매우 제한적으로 다루어야 하는 이유도 여기에 있다.[1]

### 2.3. 손해배상

실체적으로나 절차적으로 위법한 행정계획의 수립·변경 또는 폐지로 인하여 손해를 받은 자는 손해배상을 청구할 수 있다. 그러나, 손해배상책임의 요건이 충족되는 경우가 많지 않을 것이고, 특히 공무원의 과실이 인정되는 경우가 드물 것이다.[2] 이 경우는 결국 보상규정이 없는 손실보상의 문제로 귀착된다. 위헌무효설이 타당하나(저자[김백유], 독일연방헌법재판소), 헌법 제23조 제3항에 직접적 효력을 인정하는 견해에 의하면 헌법 제23조 제3항을 적용하여 손실보상을 청구할 수 있다고 보는 견해가 있는가 하면(국민에 대한 직접효력설), 앞에서 이미 언급한 바와 같이 간접효력규정설(유추적용설)에 의하여 헌법 제23조 제3항은 구체화되어 있지 않아 이를 통해 직접적 보상규정으로 적용하기에는 무리이고, 헌법 제23조 제1항과 제3항의 재산권, 헌법 제11조 평등권 및 관련법률의 유추해석을 통해서 손실보상이 인정가능하다는 견해도 있다(수용유사침해이론; 유추적용설).[3]

## 3. 계획보장청구권(국민의 국가에 대한 소극적 권리) - 행정계획과 신뢰보호

### 3.1. 개관

[권리구제의 필요성] 행정계획은 보다 나은 공익(Wohl der Allgemeinheit)의 실현을 위하여 변경하거나 폐지하는 것이 불가피하게 발생하는 경우가 있다. 대외적으로 법적 구속력이 없는 행정계획에 대하여는 그로 인하여 비록 사실상 손해를 입었다 하더라도 그것은 행정계획의 직접적인 효과가 아니라 반사적 효과에 지나지 아니하므로 행정구제의 여지가 없는 것이 일반적이다. 그러나 객관적으로 필요한 한계를 넘어선 자의적인 행정계획의 변경·폐지는 행정계획의 존속을 신뢰한 사인의 권익에 중대한 영향을 미치게 된다. 따라서 행정계획의 변경·폐지로 인한 권리구제를 위한 구제방법이 필요하며, 이에는 원상회복이

---

[1] 이러한 관점에서 본다면 우리 헌법재판소가 형법상 간통죄규정(제241조)의 합헌결정에서 "개인의 性的 자기결정권도 국가적·사회적 공동생활의 테두리 안에서 타인의 권리·공중도덕·사회윤리·공공복리 등의 존중해야할 내재적 한계가 있는 것(헌재결 1990. 9. 10, 89헌마82)"이라든지, 「노동기본권은 … 질서유지나 공공복리라는 관점에서 당연히 그 내재적인 제약이 있으며 …」라고 판시(헌재결 1996. 12. 26, 90헌바19 등 병합)한 것은 문제가 있다. 김철수, 헌법학(상), 439면 각주 1) 참조. ☞ 현재 간통죄규정은 헌법재판소의 위헌결정에 따라 폐지 : 헌재결 2015. 2. 26, 2009헌바17 【형법 제241조 위헌소원】

[2] 박균성, 행정법론(상), 박영사, 2003, 222면.

[3] 박균성, 행정법론(상), 258면.

나 손실보상의 방법과 신뢰보호의 견지에서 당해 계획이 존속을 요구할 수 있는 계획집행청구권 또는 계획보장청구권을 사인에게 인정하는 방법 등이 있다.

[의의] 계획보장청구권(Plangewährleistungsanspruch)이라 함은 책정되어 시행중인 구체적인 계획의 폐지나 변경이 있는 경우, 이로 인해 손실을 입은 개인(계획수범자; Planadressat; Planempfänger)이 계획주체에 대해 그 손실의 보상을 청구할 수 있는 권리[1]로서 계획수범자의 소극적 권리이다. 이와같이 계획보장청구권은 계획의 존속 또는 준수를 청구하거나, 그러한 청구를 할 수 없어 계획의 개폐를 저지할 수 없는 경우에 있어서 경과조치·적응조치 내지는 적합한 원조조치 등의 대상조치를 청구하거나, 또다시 그것이 실현되지 못하거나 실현되었더라도 계획변경으로 인한 손해가 완전히 전보되지 못한 경우에 있어서 손해배상이나 손실보상을 청구하는 것을 총칭하는 개념이다.

[계획보장청구권의 이론적 근거] 계획보장청구권의 이론적 근거로서는 계약법리설, 법적 안정성설 및 여기에 바탕을 둔 신뢰보호의 원칙설(다수설), 금반언설(Estoppel-Prinzip), 재산권보장설 등이 있다. 그 법적 성격에 대하여는 채무불이행설, 불법행위설, 수용유사침해설 등이 주장되고 있다.

[계획보장청구권과 신뢰보호의 원칙] 계획보장청구권은 행정계획에 대한 관계국민의 신뢰를 보호하기 위하여 관계국민의 행정주체에 대한 권리를 총칭하는 개념이다(신뢰보호의 원칙).[2] 이와같이 확정된 행정계획(도시계획, 국토계획, 경제계획 기타의 행정계획)을 신뢰하여, 자본을 투하하고 사업에 착수한 사인이, 당해 계획의 폐지나 변경 혹은 잘못된 계획(Fehlplanung)에 의하여 손실을 입은 경우에, 이러한 개인의 신뢰를 보호하기 위하여 이러한 계획의 계속수행을 청구할 권리를 사인에게 부여하거나, 이에 대한 손실보상을 인정하기 위하여 대두된 이론이 계획보장청구권이론 이다.

[실체법상의 권리로서의 계획보장청구권] 계획보장청구권은 무엇보다도 국가적 계획들의 준수 및 지속성보장에 대한 개인의 실체법상의 권리로서 일반적인 계획의 존속, 계획추진 또는 계획변경시의 경과조치의 규율 및 적응을 위한 보조 장치 등을 목적으로 한다는 점에서 손실보상을 일차적인 목적으로 하는 것은 아니라고 할 수 있다. 그러나 계획의 변경이나 중도폐지(Nichtdruchführung)로 인하여 재산상의 손실이 발생한 경우 이 계획보장청구권에 기한 손실보상이 보충적으로 문제되게 된다. 과연 이러한 계획보장청구권이 인정될 수 있는가에 관해서는, 이에 관한 법적 발전이 빈약한 우리 나라는 손실보상제도가 문제되고 있으며,[3] 독일의 경우에도 다수설은 다만 국가책임(Staatshaftung)이 있거나 수용유사

---

1) 홍정선, 행정법원론(상), 단락번호 793.
2) 박균성, 행정법론(상), 252면.
3) 지방공업개발법에 의한 공업개발지구 안으로 행정지도를 통하여 개발지구지정 이전에 공장을

침해(enteignungsgleicher Eingriff)의 경우에만 손실보상제도가 인정되어 있다.[1]

[신뢰보호원칙·법적 안정성] 행정계획은 장래의 행정의 지침이 되며 행정의 방향을 제시하는 기능을 하기 때문에 국민은 행정계획을 신뢰하고 투자 등 여러 조치를 취하게 된다. 그런데 행정계획이 변경 또는 폐지된다면 국민은 이로인하여 예기하지 않았던 불이익을 받게 된다. 그러나 행정계획의 변경 또는 폐지로 인하여 관계국민이 받는 불이익을 당사자가 감수하도록 하는 것은 신뢰보호의 원칙(또는 법적 안정성의 원칙) 및 재산권 보호의 원칙에 반하는 결과를 가져온다. 이에 따라 책정된 행정계획을 신뢰하여 자본을 투하하고 사업에 착수한 사인(私人)이 당해 계획의 폐지·변경이 있음으로써 손해를 입은 경우에 어떠한 보호받을 수 있는가하는 점이 문제되는 것이다. 계획보장청구권에 포함되는 권리로는 계획(수립)청구권·계획폐지청구권·계획변경청구권·계획존속청구권·계획준수(이행·집행)청구권·경과조치청구권·손해배상청구권·손실보상청구권 등이 있다.[2]

[계획보장청구권] 상기한 바와 같이 행정계획의 변경 또는 폐지로 인하여 관계국민이 받는 불이익을 당사자가 감수하도록 하는 것은 **신뢰보호의 원칙(법적 안정성)** 및 재산권 보호에 반하는 결과를 가져온다. 그리하여 행정계획의 변경 또는 폐지에 있어서 행정계획을 신뢰함으로써 받게 되는 불이익을 구제해 줄 필요가 있으며, 이리하여 형성된 이론이 계획보장청구권이론이다. 다만 행정계획은 기존의 일정한 행정여건에 대한 분석과 장래의 행정여건의 변화에 대한 예측을 토대로 하여 수립되는 것이므로 행정계획에는 장래에 있어서 필요에 따라 변경할 수도 있는 가능성이 항상 내재되어 있으며(변경가능성), 기존의 행정여건에 대한 분석이나 장래의 예측이 잘못된 경우에는 행정계획이 언제라도 그리고 당연히 변경될 수 있는 것으로 보아야 한다. 따라서 사인에 대한 계획보장청구권의 인정에는 사실상 커다란 어려움이 있다. 그러나 행정계획이 이와같은 변경 가능성을 항상 내포하고 있다고 하여, 행정계획을 신뢰하고 투자한 개인의 손실을 국가가 수수방관하는 것은 본래의 행정목적에도 타당하지 않으며, 사회국가원리(복지국가원리)에도 반할 수 있다.

---

이전한 경우 조세감면을 주어야 한다는 판례가 있다(대판 1978. 4. 25, 78누51).
1) 계획보장청구권은 계획변경의 불가피성의 정도에 따라 (ㄱ) 계획존속(계속집행)청구권(Anspruch auf Planfortbestand), (ㄴ) 계획적응청구권(Plananpassungsanspruch), (ㄷ) 손실보상청구권(Entschädigung)의 세 단계로 구분된다. 독일 연방건설법(§§ 39-44 BBauG)은 계획존속(계속집행)청구권까지 인정하지 아니하고, 다만 행정계획의 존속을 신뢰한자에 대하여, 계획변경으로 인한 손실보상청구권(Entschädigung)만을 규정하고 있다. 그리고 계획담당자가 장기간동안 계획을 실행하지 아니하거나 계획에 반하는 조치를 하는 경우에 관계자에게 계획준수청구권(Planvollzugsanspruch)을 인정할 것인가가 논의되고 있다. 김도창, 행정법론(상), 청운사 1993, S. 167, 346(주 8) 참조; M. Oldiges, Grundfragen eines Plangewährleistungsrechts, S. 232 ff.; 오준근, Vertrauensschutz im Raum- und Stadtplanungsrecht, S. 157 ff.; 김백유, 환경법 참조.
2) 박균성, 행정법론(상), 253면.

[사견 및 개선방안] 이에 대한 해결책으로는 일반적으로는 공익목적을 달성하기 위한 행정계획의 변경의 필요성과 관계국민의 신뢰보호의 가치를 합리적으로 조화시키는 방법으로 문제해결을 모색하여야 할 것이다.[1] 생각건대 계획보장이란 계획 작용에 결부된 위험(Risiko)을 제거하기 위한 법제도라 할 수 있는바, 예를 들면 환경행정의 실행수단으로 활용되고 있는 각종 계획 중 특히 향도적 또는 조성적 계획(influenzierende Planung)의 경우에는 특히 중요한 현실적 문제점을 갖는다. 이에 대한 개선방안으로서, 지시적 또는 계몽적(조성적) 계획(indikative oder informative Planung)의 경우에는 그 자체로서 국가적 보장이 배제될 수 있는 반면, 명령적(구속적) 또는 규범적 계획(imperative oder normative Planung)있어서의 계획변경에 대해서는 원칙적으로 법률에 의한 손실보상이 인정되도록 하는 입법적 해결책이 요망된다.

[독일의 경우] 이리하여 탄생된 이론이 독일에서의 「계획보장청구권」[2] 이론이다. 그러나 독일에서는 구체적으로는 계획보장청구권을 인정하지는 아니하고 있다. 예컨대 건설법(Baurecht)은 계획집행청구까지는 인정하지 않고(계획집행청구권), 다만 손실보상을 규정하고 있을 뿐이다. 계획의 적법한 변경으로 인하여 발생한 신뢰이익에 대한 보상은 행정행위의 철회에 따른 손실보상의 법리에 준하여 판단하는 것이 타당하다고 본다.[3]

[독일 판례] 독일 연방헌법 재판소의 결정을 비롯하여 연방대법원(BGH)의 판례는 오랫동안 구체적인 사례에 있어서는 계획보장청구권에 의한 손실보상을 부정하는 태도를 보여왔다.[4] 이러한 계획보장청구권에 의한 손실보상을 인정함에 있어서 근거가 될 수 있는 규정으로는 드물지만 건설법전 제42조(건축계획의 변경), 연방이미씨온방지법(BImSchG)제21조(설치허가의 철회) 제4항[5] 등을 들고 있다[6].

---

1) 박균성, 행정법론(상), 253면.
2) 계획보장청구권은 행정계획의 특성상 공익적 견지에서 계획주체에 의한 계획의 폐지(또는 변경)가 요구되는 경우가 빈번히 발생하고, 이 경우 계획의 상대방인 국민의 신뢰보호의 문제가 발생하기 때문에 이에 대한 적절한 구제방법의 하나로서 인정되는 계획수범자(Planadressat; Planempfänger)인 국민의 소극적인 권리로서, 기존의 계획의 해제를 국민이 적극적으로 요구하는 행정계획해제청구권과 그 성립배경이 다르다.
3) 계획보장청구권의 인정 근거 및 인정여부에 대한 내용은 홍정선, 행정법원론(상), 단락번호, 794 이하 참조; 홍정선, 헌법 제22조 3항과 계획보장청구권, 고시계(1985.7), 12면 이하 참조.
4) BVerfGE, 30, S. 392(Berlin-Hilfel); BGHZ 45, S. 83(Knäckerbrot-Fall: 보호관세의 폐지).
5) Wenn die Genehmigungsbehörde auf Grund einer geänderten Rechtsvorschrift berechtigt wäre, die Genehmigung nicht zu erteilen, soweit der Betreiber von der Genehmigung noch keinen Gebrach gemacht hat, und wenn ohne den Widerruf das öffentliche Interesse gefährdet würde.
6) H. Maurer, Allgemeines Verwaltungsrecht, § 28 Rn. 35, S. 667 참조.

## 3.2. 계획보장청구권의 종류·내용(국민의 국가에 대한 소극적 권리)
### 3.2.1. 계획(수립)청구권 및 계획폐지청구권

사인이 행정청(Verwaltungsbehörde)에 대하여 일정한 내용을 행정계획으로 수립해 달라는 청구권을 계획(수립)청구권이라 하고, 이미 시행 중인 행정계획에 대해 그러한 계획을 폐지해 달라고 요구하는 청구권을 계획폐지청구권이라고 한다. 헌법재판소는 행정계획은 광범위한 지역과 다수의 이해관계가 얽혀있어 사인에게 행정계획폐지청구권을 인정하기가 어렵다고 한다(아래 판례참조).

> ▶ 헌재결 2002. 5. 30, 2000헌바58, 2001헌바3 "도시계획시설결정은 광범위한 지역과 상당한 기간에 걸쳐 다수의 이해관계인에게 다양한 법률적, 경제적 영향을 미치는 것이 되어 일단 도시계획시설사업의 시행에 착수한 뒤에는, 시행의 지연에 따른 손해나 손실의 배상 또는 보상을 함은 별론으로 하고, 그 결정 자체의 **취소나 해제를 요구할 권리를** 일부의 이해관계인에게 줄 수는 없는 것이다."

[행정계획해제청구권] 행정계획이 처분에 해당되는가의 문제와는 상대적으로 독립하여, 행정계획의 해제(폐지·변경)를 청구할 수 있는 권리가 국민에게 있는가 하는 것이 행정계획해제청구권 인정과 관련된 문제이다. 이러한 행정계획해제청구권은 계획의 상대방인 계획수범자(Planadressaten)인 국민이 계획을 입안하고 실행하는 계획주체(Plangeber)인 국가기관에 대하여 기존의 계획을 해제 또는 변경하여 줄 것을 요구하는 적극적 권리로서 계획수범자의 소극적 권리인 계획보장청구권(Plangewährleistungsanspruch)과 구별된다. 종래 우리의 판례상 나타난 행정계획해제청구권과 관련된 사안들을 보면 원칙적으로 그 청구권이 인정되지 않고, 그 거부처분도 행정청의 행정처분이 되지 않는 것으로 보고 있다. 부정적인 판례가 일반적이다.

### 3.2.2. 계획변경청구권
#### a) 의의 및 문제점

계획변경청구권이란 기존 행정계획의 변경을 청구할 수 있는 권리로서, 계획변경청구권을 사인에게 인정해 줄 수 있을지가 문제된다.

#### b) 판례의 태도
##### aa) 부정적인 판례(일반적)

판례는 원칙적으로 행정계획이 일단 확정되면 어떤 사정의 변동이 있다고 하여 지역주민에게 일일이 그 계획의 변경을 청구할 권리를 인정해 줄 수 없는 것이라 하여 원칙적으로 부인하였다. 행정계획의 결정에 대해 행정소송상의 처분성을 인정하였던 것과는 달리 행정계획의 해제(변경)신청에 대하여 종래의 판례는 국민이 행정청에 대하여 그 신청에 따른 행정행위를 해 줄 것을 요구할 수 있는 **법규상 또는 조리상의 신청권이 없다는 이유로**,[1][2] 변경신청에 대한 행정청의 거부처분이 항고소송의 대상이 되는 행정처분에 해당하지 않는다고 하였다. 아래의 부정적 판결들에서도 알 수 있는 바와 같이 대법원은 도시계획을 입안·결정하고 변경하는 것은 행정청의 의무로 보면서, 관계법령에 명문으로 도시계획이 사익을 위한 것이라는 취지의 규정이 없을 뿐만 아니라 그 해석상 도시계획이 공익을 위한 것으로 판단되기 때문에 해당 지역주민에게 계획해제(변경)청구권이 인정되지 않는다고 보고

---

[1] 대법원 판례에 의하면 국민의 적극적 신청행위에 대하여 행정청이 그 신청에 따른 행위를 하지 않겠다고 거부한 행위가 항고소송의 대상이 되는 행정처분에 해당하려면, (ㄱ) 그 신청한 행위가 공권력의 행사 또는 이에 준하는 행정작용이어야 하고, (ㄴ) 그 거부행위가 신청인의 법률관계에 어떤 변동을 일으키는 것이어야 하며, (ㄷ) 국민에게 그 행위발동을 요구할 법규상 또는 조리상의 신청이 있어야만 한다고 한다. 즉 국민의 신청행위에 대한 행정청의 모든 거부행위가 행정처분에 해당되는 것은 아니며 일정 요건을 구비하여야 한다는 것이다. 여기서 처분요건의 핵심적인 내용은 "신청권"이다. 어떠한 거부행위가 행정소송의 대상이 되는 처분에 해당하는지의 여부는 「그 거부된 행위가 행정소송법 제2조 제1항 제1호의 처분에 해당하는가」의 여부에 의해 판단되는 것이 아니라 「신청권의 유무」를 기준으로 하여 판단된다는 것이다. 따라서 이러한 법규상 또는 조리상의 신청권 없이 한 국민의 신청을 행정청이 거부하여도 이를 행정처분이라고 보지 않는다([대판 1999. 8. 24, 97누7004] – 주택개량재개발사업계획의 변경신청– 주택개량재개발사업계획의 변경에 관하여는 사업지구 내 토지 등의 소유자라 하더라도 그 변경신청을 할 수 있는 법규상의 근거가 없을 뿐만 아니라, 재개발사업의 성격에 비추어 보더라도 그와 같은 신청권을 인정할 수 없으므로, 결국 재개발 사업지구 내 토지 등의 소유자의 재개발사업에 관한 사업계획변경신청에 대한 불허통지는 항고소송의 대상이 되는 행정처분에 해당하지 아니한다). 이 견해를 다시 정리하면, 국민이 행정청에 대하여 어떤 구체적인 처분을 행할 것을 요구할 수 있는 권리(법규상 또는 조리상)가 없는 경우에는 그 요구사항과 관련된 신청에 대한 행정청의 행위는 신청자의 권리 내지 법적 이익에 아무런 영향을 미치지 않으므로 행정처분성이 없다는 것이다.

[2] 대판 2001. 9. 28, 99두8565【문화재지정처분취소등】[3] 구 문화재보호법(1995.12.29. 법률 제5073호로 개정되기 전의 것) 제55조 제5항의 위임에 기하여 도지정문화재의 지정해제에 관한 사항을 정하고 있는 구 경상남도문화재보호조례(1999.10.11. 개정되기 전의 것) 제15조는, 도지사는 도지정문화재가 문화재로서의 가치를 상실하거나 기타 특별한 사유가 있는 때에 위원회의 심의를 거쳐 그 지정을 해제한다고 규정하고 있을 뿐이고, 같은 법과 같은 조례에서 개인이 도지사에 대하여 그 지정의 취소 또는 해제를 신청할 수 있다는 근거 규정을 별도로 두고 있지 아니하므로, 법규상으로 개인에게 그러한 신청권이 있다고 할 수 없고, 같은 법과 같은 조례가 이와 같이 개인에게 그러한 신청권을 부여하고 있지 아니한 취지는, 도지사로 하여금 개인의 신청에 구애됨이 없이 문화재의 보존이라는 공익적인 견지에서 객관적으로 지정해제사유 해당 여부를 판정하도록 함에 있다고 할 것이므로, 어느 개인이 문화재 지정처분으로 인하여 불이익을 입거나 입을 우려가 있다고 하더라도, 그러한 개인적인 사정만을 이유로 그에게 문화재 지정처분의 취소 또는 해제를 요구할 수 있는 조리상의 신청권이 있다고도 할 수 없다.

있다.

▶대판 1994. 12. 9, 94누8433【도시계획시설변경결정신청거부처분취소】
【판시사항】
가. 노외주차장시설부지로 되어 있던 토지를 여객자동차정류장으로 변경한 행위의 성질 ☞ 판결요지 가.
나. 행정행위를 하여 줄 것을 요구할 수 있는 법규상 또는 조리상 권리가 없는 신청에 대한 거부행위가 행정처분인지 여부 ☞ 판결요지 나.
다. 지역주민에게 도시계획시설의 변경·폐지를 신청할 권리가 있는지 여부 ☞ 판결요지 다.
【판결요지】
가. 행정청이 원래 노외주차장시설부지로 되어 있던 토지를 그 이용현황에 맞게 여객자동차정류장으로 변경한 것은 도시계획시설의 변경결정에 해당하므로 이를 시설의 명칭만을 변경한 것으로 보는 것은 잘못이다.
나. 행정청이 국민으로부터 신청을 받고서 한 거부행위가 행정처분이 되기 위하여는 국민이 행정청에 대하여 신청에 따른 행정행위를 해 줄 것을 요구할 수 있는 법규상 또는 조리상 권리가 있어야 하는 것이며, 이러한 근거없이 한 국민의 신청을 행정청이 받아들이지 아니하고 거부한 경우에는 이로 인하여 신청인의 권리나 법적 이익에 어떤 영향을 주는 것이 아니므로 이를 행정처분이라 할 수 없는 것이다.
다. 도시계획법상 주민이 행정청에 대하여 도시계획 및 그 변경에 대하여 어떤 신청을 할 수 있음에 관한 규정이 없고, 도시계획과 같이 장기성·종합성이 요구되는 행정계획에 있어서 그 계획이 일단 확정된 후에 어떤 사정의 변동이 있다고 하여 지역주민에게 일일이 그 계획의 변경 또는 폐지를 청구할 권리를 인정해 줄 수도 없는 것이므로 지역주민에게 도시계획시설(여객자동차정류장)의 변경·폐지를 신청할 조리상의 권리가 있다고도 볼 수 없다.

▶대판 1984. 10. 23, 84누227【행정처분취소】(도시계획시설변경신청): 도시계획법 제12조 제1항에 의하면 도시계획 및 그 변경은 건설부장관이 직권 또는 같은법 제11조의 규정에 의한 도시계획입안자(시장, 군수)의 신청에 의하여 소정절차를 거쳐 결정하도록 규정되어 있을 뿐, 도시계획법상 주민이 도시계획 및 그 변경에 대하여 어떤 신청을 할 수 있음에 관한 규정이 없을 뿐만 아니라, 도시계획과 같이 장기성·종합성이 요구되는 행정계획에 있어서는 그 계획이 일단 확정된 후에 어떤 사정의 변동이 있다고 하여 지역주민에게 일일이 그 계획의 변경을 청구할 권리를 인정해 줄 수도 없는 이치이므로 도시계획시설변경신청을 불허한 행위는 항고소송의 대상이 되는 행정처분이라고 볼 수 없다.

▶대판 1995. 4. 28, 95누627【국토이용계획변경승인신청반려처분취소】【판시사항】가. 행정행위를 하여 줄 것을 요구할 수 있는 법규상 또는 조리상의 권리가 없는 신청에 대한 거부행위가 행정처분인지 여부 나. 임야의 국토이용계획상의 용도지역변경허

가신청을 거부·반려한 행위가 행정처분이 아니라고 본 사례 다. 국토이용계획의 변경신청에 대한 제한이 헌법상 재산권보장의 규정을 침해하는 것인지 여부 라. 행정소송에서 당사자 신청의 범위를 넘어서 심리·재판할 수 있는지 여부 【판결요지】가. 행정청이 국민으로부터 어떤 신청을 받고서 한 거부행위가 행정처분이 된다고 하기 위하여는 국민이 행정청에 대하여 그 신청에 따른 행정행위를 하여 줄 것을 요구할 수 있는 법규상 또는 조리상의 권리가 있어야 하며, 이러한 근거 없이 한 국민의 신청을 행정청이 받아들이지 아니하고 거부한 경우에는 이로 인하여 신청인의 권리나 법적 이익에 어떤 영향을 주는 것은 아니므로 이를 행정처분이라고 할 수 없다. 나. 임야의 국토이용계획상의 용도지역을 사설묘지를 설치할 수 있는 용도지역으로 변경하는 것을 허가하여 달라는 토지소유자의 신청을 행정청이 거부 내지 반려하였다고 하여 그 거부 내지 반려한 행위를 가지고 항고소송의 대상이 되는 행정처분이라고 볼 수 없다. 다. 국토이용관리법은 국토건설종합계획의 효율적인 추진과 국토이용질서를 확립하기 위하여 제정된 것으로 국토이용계획의 결정과 그 변경은 건설부장관이 관계행정기관의 장으로부터 그 의견을 듣거나 그 지정 또는 변경요청을 받아 이를 입안 또는 변경하여 국토이용계획심의회의 심의를 거쳐 고시하도록 규정하고 토지소유자에게 국토이용계획의 변경신청에 대하여 일정한 제한을 가하고 있다 하여도 이와 같은 제한은 공공복리에 적합한 합리적인 제한이라고 볼 것이고, 그 제한으로 인한 토지소유자의 불이익은 공공의 복리를 위하여 감수하지 아니하면 안될 정도의 것이라고 인정되며 이러한 제한을 가지고 헌법상 보장되어 있는 국민의 재산권보장의 규정을 침해하는 것이라고 볼 수 없다.[1] 라. 행정소송에 있어서도 당사자의 신청의 범위를 넘어서 심리하거나 재판하지 못한다.

bb) 긍정적인 판례(예외적)

긍정적 판결은 국토이용관리법상 주민에게 계획을 변경신청할 권리가 원칙적으로 인정되고 있지는 않지만, 일정한 행정처분을 구할 법률상의 지위에 있는 자의 변경신청을 거부하는 것이 행정처분 자체를 거부하는 결과가 되는 경우, 예외적으로 신청권이 인정되고

---

[1] 국토이용계획상의 용도지역변경신청국토이용계획의 결정과 그 변경은 건설부장관이 관계행정기관의 장으로부터 그 의견을 듣거나 그 지정 또는 변경요청을 받아 이를 입안 또는 변경하여 국토이용계획심의회의 심의를 거쳐 고시하도록 규정되어 있을 뿐, 국토이용관리법상 주민이 국토이용계획의 변경에 대하여 신청을 할 수 있다는 규정이 없을 뿐만 아니라, 국토건설종합계획의 효율적인 추진과 국토이용질서를 확립하기위한 국토이용계획은 장기성·종합성이 요구되는 행정계획에 있어서는 그 계획이 일단 확정된 후에 어떤 사정의 변동이 있다고 하여 지역주민이나 일반 이해관계인에게 일일이 그 계획의 변경을 청구할 권리를 인정하여 줄수도 없는 것이라고 할 것이므로, 이 사건 임야의 국토이용계획상의 용도지역을 사설묘지를 설치할 수 있는 용도지역으로 변경하는 것을 허가하여 달라는 원고의 이 사건 신청을 피고가 거부 내지 반려하였다고 하여 그 거부 내지 반려한 행위를 가지고 항고소송의 대상이 되는 행정처분이라고 볼 수는 없다.

이러한 신청을 거부하는 것(거부처분)이 항고소송의 대상이 되는 행정처분에 해당한다고 본다. 이와같이 변경신청을 거부하는 것이 실질적으로 당해 행정처분 자체를 거부하는 결과가 되는 경우에는 예외적으로 변경신청권이 있다고 하였다(아래 판례참조).

[예외적으로 변경신청을 인정하는 판례: 장래 일정한 기간 내에 관계 법령이 규정하는 시설 등을 갖추어 일정한 행정처분을 구하는 신청을 할 수 있는 법률상 지위에 있는 자] "가. 구 국토이용관리법(2002. 2. 4. 법률 제6655호 국토의계획및이용에관한법률 부칙 제2조로 폐지)상 주민이 국토이용계획의 변경에 대하여 신청을 할 수 있다는 규정이 없을 뿐만 아니라, 국토건설종합계획의 효율적인 추진과 국토이용질서를 확립하기 위한 국토이용계획은 장기성, 종합성이 요구되는 행정계획이어서 원칙적으로는 그 계획이 일단 확정된 후에 어떤 사정의 변동이 있다고 하여 그러한 사유만으로는 지역주민이나 일반 이해관계인에게 일일이 그 계획의 변경을 신청할 권리를 인정하여 줄 수는 없을 것이지만, 장래 일정한 기간 내에 관계 법령이 규정하는 시설 등을 갖추어 일정한 행정처분을 구하는 신청을 할 수 있는 법률상 지위에 있는 자의 국토이용계획변경신청을 거부하는 것이 실질적으로 당해 행정처분 자체를 거부하는 결과가 되는 경우에는 예외적으로 그 신청인에게 국토이용계획변경을 신청할 권리가 인정된다고 봄이 상당하므로, 이러한 신청에 대한 거부행위는 항고소송의 대상이 되는 행정처분에 해당한다.

나. 이 사건에 있어서 원심이 확정한 사실관계를 관계 법령에 비추어 보건대, 구 폐기물관리법(1999. 2. 8. 법률 제5865호로 개정되기 전의 것, 이하 '폐기물관리법'이라 한다) 제26조, 같은법시행규칙(1999. 1. 5. 환경부령 제56호로 개정되기 전의 것) 제17조 등에 의하면 폐기물처리사업계획의 적정통보를 받은 자는 장래 일정한 기간 내에 관계 법령이 규정하는 시설 등을 갖추어 폐기물처리업허가신청을 할 수 있는 법률상 지위에 있다고 할 것인바, 피고로부터 폐기물처리사업계획의 적정통보를 받은 원고가 폐기물처리업허가를 받기 위하여는 이 사건 부동산에 대한 용도지역을 '농림지역 또는 준농림지역'에서 '준도시지역(시설용지지구)'으로 변경하는 국토이용계획변경이 선행되어야 하고, 원고의 위 계획변경신청을 피고가 거부한다면 이는 실질적으로 원고에 대한 폐기물처리업허가신청을 불허하는 결과가 되므로, 원고는 위 국토이용계획변경의 입안 및 결정권자인 피고에 대하여 그 계획변경을 신청할 법규상 또는 조리상 권리를 가진다고 할 것이다."[1]

▶ 대판 2003. 9. 23, 2001두10936【국토이용계획변경승인거부처분취소】【판시사항】[1] 행정청이 국민의 신청에 대하여 한 거부행위가 항고소송의 대상인 행정처분이 되기 위한 요건 [2] 구 국토이용관리법상의 국토이용계획변경신청에 대한 거부행위가 항고소송의 대상이 되는 행정처분에 해당하기 위한 요건【판결요지】[1] 국민의 적극적 신

---

1) 대판 2003. 9. 23. 2001두10936【국토이용계획변경승인거부처분취소】

청행위에 대하여 행정청이 그 신청에 따른 행위를 하지 않겠다고 거부한 행위가 항고소송의 대상이 되는 행정처분에 해당하는 것이라고 하려면, 그 신청한 행위가 공권력의 행사 또는 이에 준하는 행정작용이어야 하고, 그 거부행위가 신청인의 법률관계에 어떤 변동을 일으키는 것이어야 하며, 그 국민에게 그 행위발동을 요구할 법규상 또는 조리상의 신청권이 있어야만 한다. [2] 구 국토이용관리법(2002. 2. 4. 법률 제6655호 국토의계획및이용에관한법률 부칙 제2조로 폐지)상 주민이 국토이용계획의 변경에 대하여 신청을 할 수 있다는 규정이 없을 뿐만 아니라, 국토건설종합계획의 효율적인 추진과 국토이용질서를 확립하기 위한 국토이용계획은 장기성, 종합성이 요구되는 행정계획이어서 원칙적으로는 그 계획이 일단 확정된 후에 어떤 사정의 변동이 있다고 하여 그러한 사유만으로는 지역주민이나 일반 이해관계인에게 일일이 그 계획의 변경을 신청할 권리를 인정하여 줄 수는 없을 것이지만, 장래 일정한 기간 내에 관계 법령이 규정하는 시설 등을 갖추어 일정한 행정처분을 구하는 신청을 할 수 있는 법률상 지위에 있는 자의 국토이용계획변경신청을 거부하는 것이 실질적으로 당해 행정처분 자체를 거부하는 결과가 되는 경우에는 예외적으로 그 신청인에게 국토이용계획변경을 신청할 권리가 인정된다고 봄이 상당하므로, 이러한 신청에 대한 거부행위는 항고소송의 대상이 되는 행정처분에 해당한다.

### 3.2.3. 계획존속청구권

[개관] 계획존속청구권이라 함은 기존 행정계획의 변경 또는 폐지시에 기존의 행정계획의 존속을 원래대로 존속시켜 달라고 청구하는 권리를 말한다.[1] 이는 계획주체의 계획준수 및 지속성보장에 대한 국민의 실체법상의 권리로서, 계획의 폐지에 대항하여 계획의 존속을 주장하는 권리이다. 그러나 이러한 청구권은 행정계획이 국가 및 국민에게 미치는 영향 및 그 범위가 매우 크고, 행정계획의 변경으로 인한 공익이 큰 반면에 계획변경으로 인하여 받는 관계국민의 불이익은 작거나 개별적인 것에 지나지 않으므로 관계국민에게 신뢰보호의 원칙에 근거하여 행정계획의 변경 또는 금지를 저지할 권리가 인정되기는 어렵다는 문제점이 있다.[2]

[예외적으로 인정되는 경우] 그러나 예외적으로 법률의 형식에 의한 행정계획(예컨대 보조금지급계획의 변경 ; 도로계획의 변경)과 행정행위의 형식에 의한 행정계획(예컨대 행정행위의 형식에 의한 도시계획)의 경우,[3][4] 행정계획의 변경보다 상대방의 신뢰이익을 보다

---

1) 박균성, 행정법론(상), 253면.
2) 정하중, 행정법총론, 337면.
3) 정하중, 행정법총론, 337면.
4) 행정행위의 형식으로 행정계획이 수행되어왔다면 이를 변경 또는 폐지하는 경우 수익적 행정행위의 취소·철회의 제한 원리에 따라 추구하는 공익보다 침해당하는 사익이 훨씬 커서 수인기대

보호할 필요가 있는 경우에는 계획존속청구권이 인정될 수 있을 것이다.[1] 행정계획이 법률의 형식을 취하는 경우에는, 진정소급효인 경우와 부진정소급효인 경우에 따라 다르다고 본다. 법률변경의 효력이 과거의 사실에도 미치는 진정소급효의 경우에는 법률불소급의 원칙(소급입법금지의 원칙; 소급적용금지의 원칙)과 장래를 향하여 규율하는 행정계획의 성질상 계획존속청구권은 허용될수 없다고 본다. 그러나 법률변경의 효력이 과거의 사실이지만 현재에도 계획되고 있는 사실에 적용되어 장래의 법률관계에 미치는 부진정소급효 있는 행정계획의 경우에는 상대방의 신뢰보호 가치가 계획변경의 필요성보다 큰 경우에는 계획존속청구권이 인정된다고 볼 수 있다(아래 참조 : 계획존속청구권과 부진정소급효 문제). 행정계획이 행정행위의 형식을 취하는 경우에는 철회권의 제한의 법리에 따라 인정여부를 결정할 수 있을 것이다.

[계획존속청구권과 부진정소급효 문제] 행정계획이 법률의 형식을 취하는 경우에 계획존속청구권은 부진정소급효의 경우에 문제가 된다. 법률변경의 효력이 이미 끝나버린 과거의 사실이나 법률관계에 대하여도 미치는 진정소급효는 법률불소급의 원칙(소급입법금지의 원칙; 소급적용금지의 원칙)에 의해 인정되지 않으며, 행정계획은 그 성격의 본질상 장래를 향하여 규율하는 것이므로 실제로 진정소급효 있는 행정계획의 변경은 존재하지 않는다. 문제가 되는 것은 부진정소급효인 경우이다. 부진정소급효라 함은 법률변경의 효력이 과거에 시작되었지만, 현재에도 계속되고 있는 사실이나 **법률**관계에 적용되어 장래의 법률관계에 미치는 것을 말한다. 법률의 부진정소급효는 법률불소급의 원칙(소급입법금지의 원칙)에 반하지 않으므로(원칙적으로 부진정소급효는 법률불소급[소급입법금지의 원칙]의 원칙과는 상관없다고 할 수 있다.), 행정계획에 인정될 수 있으나 이해관계인의 신뢰를 침해할 수 있다는 문제점이 있다. 그러나 부진정소급효 있는 행정계획의 경우에는 이해관계인의 신뢰보호의 가치가 행정계획변경의 필요성보다 큰 경우에 계획존속청구권이 인정된다고 볼 수 있으나 실제로 이러한 경우는 드물게 발생할 것이다. 헌법재판소는 당사자의 신뢰보다는 입법권자의 입법형성권을 존중하여야 한다고 보며 특단의 사정이 없는 한 부진정소급효가 원칙적으로 허용된다고 본다.[2] 다만 행정계획이 행정행위의 형식을 취하는 경우에는 행정

---

가능성(Zumutbarkeit)이 없을 경우에는 행정계획의 변경 또는 폐지가 제한될 수 있을 것이고 이 경우 사인은 계획존속청구권을 갖는다고 본다.
1) 지방자치단체의 특정 공장의 유치계획과 같이 주로 특정 개인에 대해서 효력을 미치는 행정계획의 경우에는 계획존속청구권이 인정되는 경우가 있을 수 있다.
2) 헌재결 1998. 11. 26, 97헌바58【농어촌특별세법 부칙 제3조 제3항 위헌소원】새로운 입법으로 이미 종료된 사실관계에 작용케 하는 진정소급입법은 헌법적으로 허용되지 않는 것이 원칙이며 특단의 사정이 있는 경우에만 예외적으로 허용될 수 있는 반면, 현재 진행중인 사실관계에 작용케 하는 부진정소급입법은 원칙적으로 허용되지만 소급효를 요구하는 공익상의 사유와 신뢰보

행위의 철회권 제한의 법리에 따라 계획존속청구권이 인정된다.

### 3.2.4. 계획준수·집행(이행)청구권

[의의] 계획준수·집행(이행)청구권은 행정청의 계획위반적 행위에 대하여 계획의 준수 및 집행을 주장하는 권리이다.[1] 계획준수·집행(이행)청구권은 원래의 행정계획이 이미 확정된 것과는 다르게 상이한 방향으로 수행되는 경우 원래의 행정계획대로 해 달라고 요구하거나(계획준수청구권), 계획이 수립되었으나 행정청에 의해 집행이 되지 않고 있을 때 이를 집행(집행[이행]청구권)해 줄 것을 청구하는 권리이다. 이러한 청구권은 다른 계획보장청구권과는 달리 행정청의 행위가 의무 있음에도 불구하고 그 부작위에 대하여 청구하는 것이므로 일반적으로 인정될 수 있다. 이 경우 바람직한 소송의 형태로는 의무이행소송(Verpflichtungsklage)이 될 것이다. (계획준수청구권) : 구속적 행정계획은 대외적 구속력이 있는 경우뿐만 아니라 대내적 구속력이 있는 경우에도 행정기관에 대하여 구속력을 갖기 때문에 행정기관은 구속적 계획을 준수하여야 할 의무가 있다. 그러나 이에 따라 곧바로 국민에게 계획준수청구권이 인정되는 것은 아니다.[2] 다만, 행정계획이 대외적 구속력을 갖는 경

---

호의 요청 사이의 교량과정에서 신뢰보호의 관점이 입법자의 형성권에 제한을 가하게 된다. 2. 농어촌특별세는 법인세의 과세기간이 종료하는 때에 납세의무가 성립하는바, 농어촌특별세법 부칙 제3조 제3항은 그 시행일 이후 최초로 종료하는 사업연도의 개시일부터 적용토록 하고 있으므로 법인세 및 이를 본세로 하는 농어촌특별세의 과세기간 진행중에 시행된 법을 과세기간 개시일에 소급하여 적용토록 하는 이른바 부진정소급입법에 해당할 뿐, 새로운 입법으로 이미 종료된 과거에 소급하여 과세하는 진정소급입법이라 할 수 없어 소급입법에 의한 재산권 박탈을 금지한 헌법 제13조 제2항이나 소급과세금지원칙에 위반한다고 할 수 없다. … 비록 동법 부칙 제3조 제3항에서 그 시행일 이후 최초로 종료하는 사업연도의 개시일부터 적용토록 하고 있더라도 입법취지에서 엿보이는 공익목적의 중요성, 신뢰침해의 방법과 정도, 침해받은 신뢰의 보호가치 등을 종합적으로 비교·형량할 때 위 부칙조항이 헌법상의 신뢰보호원칙에 위반한 것이라 하기 어렵다.; 헌재결 1989. 3. 17, 88헌마1【사법서사법시행규칙에 관한 헌법소원】입법행위의 소구청구권(訴求請求權)은 원칙적으로 인정될 수 없고 다만 헌법에서 기본권보장을 위하여 법령에 명시적인 입법위임을 하였을 때, 그리고 헌법해석상 특정인에게 구체적인 기본권이 생겨 이를 보장하기 위한 국가의 행위의무 내지 보호의무가 발생하였을 때에는 입법부작위가 헌법소원의 대상이 되지만, 이른바 부진정소급효입법의 경우에는 특단의 사정이 없는 한 구법관계(舊法關係) 내지 구법상(舊法上)의 기대이익을 존중하여야 할 입법의무가 없으므로 헌법소원심판청구는 부적법하다.

1) 계획의 준수와 계획의 집행은 구별된다. 계획의 준수는 행정기관이 구속적 행정계획을 위반해서는 안되는 것이며, 계획의 집행이란 행정기관이 계획의 목표를 달성하기 위하여 계획을 구체적으로 집행하는 것이기 때문이다(박균성, 행정법론(상), 254면).
2) 법령준수청구권이 인정되지 않는 경우와 같이, 계획준수청구권도 일반적으로는 인정되지 않는

우에 그 행정계획을 위반한 처분은 위법한 처분이 되며, 이 경우에 계획법규가 공익뿐만 아니라 이해관계인이나 상대방의 사익도 아울러 보호하고 있는 것으로 해석될 때에는 이해관계인이나 상대방은 그 위법한 처분을 다툴 수 있다.[1] 계획준수청구권이 인정되는지의 여부는 행정계획을 위반한 처분이 위법한가의 여부를 가리는 경우로서 양자는 서로 상관관계에 있다. 이해관계인나 상대방에게 계획준수청구권이 인정된다면 위법한 처분이 되고, 위법한 처분이라면 상대방에게 계획준수청구권이 인정될 수 있다는 것을 의미하기 때문이다. 다만 행정기관에게 행정계획을 집행할 의무가 계획법규에 의해 부과된 경우에도 이해관계인이나 상대방에게 계획집행청구권이 항상 인정되는 것은 아니다. (계획집행청구권 [Planvollzugsanspruch]) : 계획집행청구권이 인정되기 위하여는 행정기관의 계획집행의무를 부과하는 계획법규가 공익뿐만 아니라 이해관계인의 사익도 아울러 보호하고 있다고 해석되어야 한다. 또한 계획집행청구권이 인정되는 경우에도 행정기관은 행정계획을 집행하여야 할 의무를 항상 부담하는 것은 아니며, 행정계획의 집행은 일반적으로 행정기관의 재량권에 속한다.[2]

### 3.2.5. 경과조치청구권

[의의] 경과조치청구권은 계획이 변경·폐지되는 경우, 이로 인하여 행정계획에 따른 처분을 한 자가 입게 되는 재산상의 손실이나 불이익을 전보(塡補)할 일정한 경과조치나 적응조치 내지는 적합한 원조조치 등의 대상조치를 요구하는 권리를 말하는 것으로서, (ㄱ) 행정계획의 존속을 신뢰하여 어떠한 조치를 취한 자가, (ㄴ) 행정계획이 변경 또는 폐지로 인하여 받게 될 불이익이나 손해를 방지하기 위하여, (ㄷ) 행정청에 대하여 경과조치 또는 적응조치 내지는 적합한 원조조치 등의 대상조치를 청구할 수 있는 권리이다. 경과조치청구권은 계획의 변경으로 인한 공익의 실현과 계획의 존속을 믿은 관계인의 신뢰이익 중 어느 하나만을 보호하지 않고 양자를 조화시키는 수단이 된다는 장점이 있다.[3]

[경과조치청구권이 인정되기 위한 조건] 경과조치청구권이 인정되기 위해서는 행정계획의 광범위성 및 다수의 이해관계인과의 관계상 사인 개개인에게 인정해 줄 수는 없고, 다만 개별법령에 명시적인 근거(실정법적 근거)가 있어야 한다. 법률에 의해 일반적인 경과조치청구권을 인정하는 것은 입법기술적 측면에서 많은 어려움이 있기 때문에 구체적·개별적 사안에 따라 인정할 수밖에 없다. 왜냐하면 경과조치의 내용은 매우 다양한 양상을

---

다(정하중, 행정법총론, 338면). 다만 구속적 행정계획의 경우에는 계획준수청구권이 인정된다 (박균성, 행정법론(상), 254면).
1) 박균성, 행정법론(상), 254면.
2) 박균성, 행정법론(상), 255면.
3) 박균성, 행정법론(상), 255면.

지니고 있으므로 일반적으로 규율하기 어렵기 때문이다. 또한 경과조치청구권이 일반적으로 인정되고 있는 경우에는 이로 인한 부담으로 인하여 행정계획변경 자체가 어렵게 될 염려도 발생하기 때문이다.[1] 경과조치청구권은 실질적 법치주의의 구현을 위한 것이며, 실제로도 많은 법규정에서 경과조치(예컨대 공포후 6개월 이경과한 날로부터 시행한다)[2]를 두고 있는 이유도 여기에 있다.

## 4. 취소소송
### 4.1. 행정계획의 처분성 인정문제

행정계획에 대하여 취소소송이 인정되기 위하여는 우선 행정계획의 처분성이 인정되어야 한다. 구속적 행정계획의 경우에 행정계획으로 인하여 국민의 권리에 직접적인 영향을 미친 경우에 한하여 처분성이 인정된다. 행정계획의 폐지 또는 변경의 경우에도 그러하다. 취소소송으로 권리구제(Rechtsmittel)가 되기 위하여는 행정계획이 위법하다고 판단되어야 한다. 그러나 계획청에게 계획재량이라는 폭넓은 재량이 인정되므로 행정계획의 위법성을 인정하기가 쉽지 않으며 행정계획의 변경 또는 폐지의 경우에 있어서도 위법성을 인정함

---

1) 박균성, 행정법론(상), 255면.
2) [법령제정 혹은 개정시의 경과조치] 법령을 제정 또는 개정하여 법질서를 변경하는 경우 어떤 시점부터 새로운 법령을 무조건 적용해서 기존의 법률관계를 새로운 법률관계로 전환시키는 것은 많은 문제를 야기한다. 물리적으로 그렇게 할 수 없는 경우도 있고, 상당한 혼란이 야기되는 경우도 있다. 특히 기득권을 침해함으로써 위헌 또는 위법의 문제를 발생시키는 경우도 있다. 이리하여 새로운 법질서로 전환하는 과정이 부드럽고 순조롭게 진행될 수 있도록 과도적 조치를 강구할 필요가 생긴다. 이러한 과도적 조치를 법령에서는 '경과조치'라고 부르고, 경과조치를 담은 규정을 '경과규정'이라고 부른다. 부칙의 대부분은 이 경과조치가 차지하고 있다. 경과조치는 신구 양 법질서 사이에서 제도의 변화(발전)와 법적 안정성의 요구를 적절히 조화시키는 구실을 할 뿐만 아니라 신구 법령사이의 적용관계를 명확히 하도록 하는 것이므로 부칙 중에서 가장 중요한 부분으로 다루어지는데, 입법기술상으로도 가장 어려운 부분의 하나이다. 실제 입법에 있어서 새로운 제도를 도입하거나 기존 제도를 변경하는 경우 본칙 규정에 대해서는 다방면에 걸쳐 상세한 검토가 이루어지는 것이 상례이지만, 이로 인하여 기득권이 침해되는지 여부에 대한 검토가 불충분한 경우가 적지 않다. 이러한 경우에는 기득권자의 즉각적이고 강력한 반발에 직면하게 될 뿐만 아니라, 법령의 적용에 혼선이 야기되는데, 행정쟁송이나 법령해석의 대상이 되는 사안의 배후에는 경과조치의 불비로 인한 것이 적지 않다. 법령을 제정하거나 개정하는 경우 각 조문별로 법적 안정성의 확보, 기득권의 보호 등을 위하여 어떤 과도적 조치가 필요한지를 세심히 검토해야 한다. 굳이 경과조치를 두지 않아도 될 것으로 여겨지는 경우에도 법령 적용의 혼선이 야기될 우려가 조금이라도 예상된다면 확인적 차원에서라도 경과조치를 두도록 해야 한다(http://edu.klaw.go.kr/StdInfInfoR.do?astSeq=91&astClsCd=700101 : 검색어 : 경과조치; 검색일 : 2015. 9. 3). <법제지식정보센터>

에 있어서 많은 어려움이 있다. 그 이유는 행정계획은 필요한 경우에는 변경 또는 폐지될 수 있는 것이고, 비록 신뢰보호의 원칙상 행정계획의 변경 또는 철회가 제한된다고는 하지만, 일반적으로 행정계획의 변경 또는 폐지로 달성되는 이익(공익)이 상대방의 신뢰이익(사익)보다 클 것이기 때문이다. 행정계획이 위법한 경우에도 행정계획이 성립되면 그에 따라 많은 법률관계가 형성되고 이 경우에는 행정계획의 취소로 인하여 침해되는 공익이 크게 되기 때문에 법원의 사정판결에 의해 행정계획이 취소되지 않을 가능성이 많다.

### 4.2. 사례(공설화장장설치계획결정에 대한 취소소송, 원고적격)

[사례] 상수원보호구역이면서 인가(人家)로부터 1km이내에 공설화장장을 설치하는 도시계획을 결정하였다. 이에 대해 인근주민이 취소소송을 제기할 수 있는가?

[해설] 취소소송을 제기하기 위해서는 법률상 이익이 있어야 하는데, 관련법령인 수도법의 해석으로는 법률상 이익을 인정하기 어려우나, 국토의계획및이용에관한법률(도시계획법) 및 매장및묘지등에관한법률의 해석에 의하면 주민들의 이익은 관계법령에 의해 보호되는 이익으로 볼 수 있어 취소소송을 제기할 수 있다(판례). 행정소송법 제12조에 의하면 취소소송을 제기하기 위해서는 "처분 등의 취소를 구할 법률상 이익"1)이 있어야 한다(원고적격). 법률상 이익은 처분 등에 의해 침해된 이익이 행정처분의 근거법령의 해석을 통해 법적으로 보호되는 이익이어야 한다는 의미이다. 즉 근거법령이 오로지 공익(예 : 질서유지 · 환경보호)을 보호하기 위한 것이면 그로 인해 개인이 받는 이익은 사실적 · 반사적 이익에 불과하여 취소소송을 제기할 수 없고, 근거법령이 '최소한' 그 해석상 상대방의 사익(예 : 생명 · 신체 · 재산보호)을 보호하고자 하는 취지로 해석되어야(사익보호성) 법률상 이익이 인정되어 취소소송을 제기할 수 있다. 여기서 근거법령 자체가 구체적으로 사익보호도 규정하고 있어야 한다는 의미는 아니고 그 법령의 해석에 있어서(법령해석상) 사익보호도 위한 것으로 해석되면 족하다.

[대법원판례] 위의 경우 대법원판례는 수도법은 상수원의 확보와 수질보호라는 공공의 이익 보호만을 목적으로 하므로, 지역주민들에 법률상 이익을 인정할 수 없다고 하였으나,

---

1) 대판 1999. 6. 11, 96누10614 【이사취임승인취소처분취소】 관할청으로부터 취임승인이 취소된 학교법인의 이사의 임기는 취임승인취소처분에 대한 행정심판이나 행정소송의 제기에도 불구하고 의연히 계속하여 진행되는 것이고, 따라서 취임승인취소처분의 취소를 구하는 소송의 원심변론종결일 이전에 그 이사의 임기가 만료되었다면, 취임승인취소처분이 취소된다고 하더라도 학교법인의 이사가 그 지위를 회복할 수 없는 것이고, 거기다가 사립학교법 제22조 제2호의 임원결격사유에 정하여진 기간까지 경과되었다면 취임승인취소처분의 취소를 구하는 소는 법률상의 이익이 없어 부적법하고, 이와 같은 경우 취임승인이 취소된 이사가 이사로 복귀하거나 이사직무를 수행할 지위를 회복할 수도 없는 것이므로, 임시이사선임처분의 취소를 구하는 소 역시 법률상의 이익이 없다고 할 것이다.

관련법령인 도시계획법(국토의계획및이용에관한법률)과 동시행령에 따른 매장및묘지등에 관한법률 및 동법시행령은 공설화장장은 20호 이상의 인가(人家)가 밀집한 지역, 학교, 공중이 수시 집합하는 시설 또는 장소로부터 1,000m 이상 떨어진 곳에 설치하도록 제한을 가하고, 주거지역, 녹지지역 안 등에의 공설화장장 설치를 금지함으로 보호되는 인근 주민들의 이익은 법률상 이익이므로 그에 대한 취소소송을 제기할 수 있다고 판시한바 있다(대판 1995. 9. 26, 94누14544). <인터넷 법률신문>

## 5. 헌법소원
### 5.1. 국립대학입학고사 요강과 헌법소원의 제기가능성

국립대학교의 대학입학고사 주요 요강과 같은 행정계획에 대해서도 헌법소원을 제기할 수 있는가하는 점이 문제된다. 이 경우 헌법소원을 제기할 수 있다. 행정계획이란 행정에 관한 전문적, 기술적 판단을 기초로 하여 특정한 행정목표를 달성하기 위하여 서로 관련되는 행정수단을 종합, 조정함으로써 장래의 일정한 시점에 있어서 일정한 질서를 실현하기 위한 활동 기준으로 설정된 것을 말하는 것이기 때문이다.

### 5.2. 사례(국립대학교의 대학입학고사 주요 요강과 같은 행정계획)

[사례] 국립대학교의 대학입학고사 주요 요강과 같은 행정계획에 대해서도 헌법소원을 제기할 수 있는가?

[해설] 헌법소원을 제기할 수 있다. 예컨대 서울대학교의 1994학년도 대학입학고사 주요요강은 교육부가 마련한 대학입시제도 개선안에 따라 제정된 것이고 위 시행령이 아직 개정되지 아니한 시점에서는 이 대학입학고사 주요요강이 법적 효력이 없는 '행정계획안'에 불과하다. 즉, 이를 제정한 것은 사실상의 준비행위에 불과하고 이를 발표한 행위는 앞으로 그와 같이 시행될 것이니 미리 그에 대비하라는 일종의 사전안내에 불과하므로 위와 같은 사실상의 준비행위나 사전안내는 행정심판이나 행정쟁송의 대상이 될 수 있는 행정처분이나 공권력의 행사는 될 수 없다. 그러나 이러한 사실상의 준비행위나 사전안내라도 그 내용이 국민의 기본권에 직접 영향을 미치는 내용이고 앞으로 법령의 뒷받침에 의하여 그대로 실시될 것이 틀림없을 것으로 예상될 수 있는 것일 때에는 그로 인하여 직접적으로 기본권침해를 받는 사람에게는 사실상의 규범작용으로 인한 위험성이 이미 발생하였다고 보아야 하므로 헌법소원의 대상이 되는 공권력에 해당된다고 할 수 있다.

▶ 헌재결 1992. 10. 1, 92헌마68 【1994년 신입생선발 입시안에 대한 헌법소원】 1. 국립대학인 서울대학교의 "94학년도 대학입학고사 주요요강"은 사실상의 준비행위 내지 사전안내로서 행정쟁송의 대상이 될 수 있는 「행정처분」이나 「공권력의 행사」는 될 수 없지만 그 내용이 국민의 기본권에 직접 영향을 끼치는 내용이고 앞으로 법령의 뒷받침에 의

하여 그대로 실시될 것이 틀림없을 것으로 예상되어 그로 인하여 직접적으로 기본권 침해를 받게 되는 사람에게는 사실상의 규범작용으로 인한 위험성이 이미 현실적으로 발생하였다고 보아야 할 것이므로 이는 「헌법소원의 대상이 되는 헌법재판소법 제68조 제1항 소정의 공권력의 행사에 해당된다」고 할 것이며, 이 경우 헌법소원외에 달리 구제방법이 없다.

　　2. 헌법 제31조 제4항이 규정하고 있는 교육의 자주성, 대학의 자율성 보장은 대학에 대한 공권력 등 외부세력의 간섭을 배제하고 대학인 자신이 대학을 자주적으로 운영할 수 있도록 함으로써 대학인으로 하여금 연구와 교육을 자유롭게하여 진리탐구와 지도적 인격의 도야라는 대학의 기능을 충실히 발휘할 수 있도록 하기 위한 것으로서 이는 학문의 자유의 확실한 보장수단이자 대학에 부여된 헌법상의 기본권이다.

　　3. 가. 서울대학교가 1994학년도 대학입학고사 주요요강을 정함에 있어 인문계열의 대학별 고사과목에서 국어(논술), 영어, 수학I을 필수과목으로 하고 한문 및 불어, 독어, 중국어, 에스파냐어 등 5과목 중 1과목을 선택과목으로 정하여 일본어를 선택 과목에서 제외시킨 것은 교육법 제111조의2 및 앞으로 개정될 교육법시행령 제71조의 2의 제한범위(법률유보)내에서의 적법한 대학의 자율권 행사이다. 나. 고등학교에서 일본어를 선택하여 공부한 학생이 다른 제2외국어를 선택한 학생에 비하여 입시경쟁에서 불리한 입장에 놓이는 것은 사실이나 이러한 불이익은 서울대학교가 헌법 제22조 제1항 소정의 학문의 자유와 헌법 제31조 제4항 소정의 대학의 자율권이라고 하는 기본권의 주체로서 자신의 주체적인 학문적 가치판단에 따른, 법률이 허용하는 범위내에서의 적법한 자율권 행사의 결과 초래된 반사적 불이익이어서 부득이하다. 다. 서울대학교가 일본어를 선택과목에서 뺀 대신 고등학교 교육과정의 필수과목으로써 모든 고등학교에서 가르치고 있는 한문을 다른 외국어와 함께 선택과목으로 채택하였을 뿐더러, 위 입시요강을 적어도 2년간의 준비기간을 두고 발표함으로써 고등학교에서 일본어를 배우고 있는 1, 2학년 학생들로 하여금 그다지 지장이 없도록 배려까지 하고 있으므로, 그들이 갖는 교육의 기회균등이 침해되었다고 말할 수 없다.

# 제 4 장  행정행위(行政行爲)

## 제 1 절  총설

### I. 의의

　　행정행위(administrative act; Verwaltungsakt; acte administratif)는 행정주체가 법아래서 구체적 사실에 관한 법집행으로써 행하는 권력적 단독행위인 공법행위이며(최협의설에 입각), 행정행위의 내용에 따라 법률행위적 행정행위와 준법률행위적 행정행위로 분류한다(내용에 따른 분류). 행정행위의 개념은 실정법상의 개념이 아니라 학문상으로 성립된 개념이며, 이는 대륙법에서 발달한 개념이다. 행정행위는 행정입법, 사실행위, 공법상 계약 등과 함께 행정작용의 한부분을 이룬다. 행정행위는 행정작용중에서도 가장 중요한 유형이며 이는 19세기의 제도적 산물이다. 18, 19세기에 근대국가가 성립하면서 통일적인 국가권력이 정립해감에 따라 국가가 일방적으로 특정한 국가목적 수행을 위하여 행사할 수 있는 권한인 공권력개념이 생성하게 되었고, 이러한 공권력을 내용적으로 제한하고 그 한계를 설정하기 위하여 공법의 개념이 성립하였다. 행정행위는 이의 중심개념으로서 일정한 고권행정작용의 유형을 기술적으로 제한하여 19세기에 인위적으로 만든 개념이다.[1] 특히 프랑스·독일[2] 등 대륙법계 국가에서는 행정주체의 모든 행정작용이 '행정재판의 대상'으로 인정된 것이 아니라, 그 중에서도 타행정작용과는 다른 법적 성질을 가지고 특수한 법적 규율을 받는 일정한 행정작용만을 '행정행위'라는 개념으로 묶어서 그것만을 「행정소송의 대상」으로 하였기 때문에,[3] 이러한 행정재판제도와의 관련 아래, 일반법원의 관할에 속하는 '私法上의 법률행위'에 대응하는 것으로 학문상 관념으로서의 행정행위의 개념이 성립되어 있다. 행정행위라는 개념은 실정법상의 것이 아니라 학문상의 개념으로서, 행정재판제도를

---

[1] Adamovich/Funk, Verwaltungsrecht, 3. Aufl., 1987, S. 253.
[2] 특히 독일의 경우에는 19세기에 행정소송이 인정되면서, 법실증주의적 법률관의 영향하에서 행정소송은 행정행위에 한해서, 그리고 그 내용은 법률로 열거된 경우에(열기주의), 행정소송을 제기할 수 있도록 하였기 때문에 행정행위의 개념 및 그 유형이 특히 중요한 의미를 지니게 되었다(류지태, 행정법신론, 신영사, 2007, 120면).
[3] 류지태, 행정법신론, 신영사, 2007, 120면.

가진 프랑스나 독일 등에서 형성되었다. 행정행위의 개념에 관하여 여러 가지 견해가 있는데, 우선 실체법적 개념설과 쟁송법적 개념설로 대별할 수 있다.

「행정행위」: 행정주체가 법아래서 구체적 사실에 관한 법집행으로서 행하는 권력적 단독행위

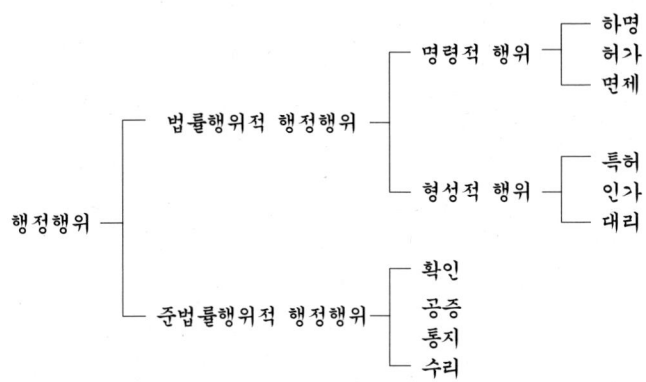

〈내용에 따른 분류〉
법률행위적 행정행위 → 의사표시/의사표시에 따라 법률효과발생(효과의사 표시)
준법률행위적 행정행위 → 정신작용의 표시/법규가 정한 바에 따라 법률효과발생

[문제] 사법고시 1차시험을 일요일로 정한 것 → 통지

[사례] 행정자치부장관은 2000. 1. 3. 행정자치부 공고 제2000-1호로 2000년도 공무원임용시험시행계획을 공고하였으며 위 계획 제5항에는 제42회 사법시험 제1차 시험일자를 2000. 2. 20. 시행한다고 되어 있는데 위 날짜는 일요일이었다. 갑은 ○○대학교 법대 4학년 재학중인 자로서 제42회 사법시험 제1차 시험에 응시원서를 접수하였으나 청구인이 신봉하는 기독교의 교리상 일요일에는 교회에 출석하여 예배행사에 참석하는 것이 신앙적 의무이기 때문에 일요일에 시행하는 위 사법시험 제1차 시험에 응시할 수 없었다. 이에 갑은 위 시험일자를 일요일로 한 피청구인의 위 공고가 청구인의 헌법상 보장된 종교의 자유, 공무담임권, 휴식권 등의 기본권을 침해하는 공권력의 행사에 해당한다는 이유로 2000. 3. 3. 이 사건 헌법소원심판을 청구하고자 한다. 갑의 주장에 대한 다음의 물음에 답하라. <판례: 헌재결 2001. 9. 27, 2000헌마159>

(문제 1) 공무원시험 임용공고가 헌법소원의 대상이 되는 공권력행사인가?
(문제 2) 이 경우 갑은 권리보호이익이 존재하는가?

[해설] (문제 1의 해설): 이 사건 공고는 사법시험 등의 시험실시계획을 일반에게 알리는 것을 내용으로 하는 통지행위로서 일반적으로는 행정심판이나 행정쟁송의 대상이 될 수 있는 행정처분이나 공권력의 행사는 될 수 없지만 사전안내의 성격을 갖는 통지행위라도 그 내용이 국민의 기본권에 직접 영향을 끼치는 내용이고 앞으로 법령의 뒷받침에 의하여 그대로 실시될 것이 틀림없을 것으로 예상될 수 있는 것일 때에는 그로 인하여 직접적으로 기본권침해를 받게되는 사람에게는 사실상의 규범작용으로 인한 위험성이 이미 발생하였다고 보아야 할 것이므로

이러한 것도 헌법소원의 대상이 될 수 있다. 사법시험 응시자격은 구 사법시험령 제4조에, 시험방법과 과목은 구 사법시험령 제5조와 제7조에 이미 규정되어 있으므로 그에 대한 공고는 이미 확정되어 있는 것을 단순히 알리는 데에 지나지 않는다 할 것이나 구체적인 시험일정과 장소는 위 공고에 따라 비로소 확정되는 것이다. 따라서 이 사건 공고는 헌법소원의 대상이 되는 공권력의 행사에 해당한다.

(문제 2의 해설) : 제42회 사법시험은 2000. 12. 31.경 최종 합격자 발표를 마치고 그 시험일정이 모두 종료하였으므로 청구인이 이 사건 심판청구에서 인용결정을 받더라도 위 시험에 다시 응시하는 것은 불가능하여 권리보호의 이익이 없다고 보아야 할 것이나, 동종의 침해행위가 앞으로도 반복될 위험이 있거나 헌법질서의 수호·유지를 위하여 긴요한 사항이어서 그 해명이 중대한 의미를 지니고 있는 때에는 예외적으로 권리보호의 이익이 인정되는 것인바, 사법시험은 매년 반복하여 시행되고 피청구인의 의견서에 의하면 그 1차 시험은 응시자가 대폭 줄어드는 등의 특별한 사정이 없는 한 매년 일요일에 시행될 예정이므로 사법시험을 준비하고 있는 청구인으로서는 매년 사법시험 제1차 시험에 응시하기 위하여는 예배행사에 빠질 수밖에 없어 이 사건 역시 청구인의 기본권 침해가 반복될 위험이 있는 경우에 해당하여 권리보호의 이익을 인정하여야 할 것이다.

## II. 학설

### 1. 실체법적 개념설

행정행위의 개념을 실체법적으로 정의한다면, 일반적으로 "행정주체가 공법의 영역에 속하는 구체적 사실을 규율하기 위하여 외부에 대하여 직접적인 법률효과를 발생하게 하는 권력적 단독행위"로 이해한다.[1] 실체법적 개념설에는 다음의 네 가지의 견해가 있다. 항고소송의 대상은 실체법적 행정행위에 한한다(항고소송의 대상 = 실체법적 행정행위).

- 행정청에 의한 일체의 행위(최광의)
- 행정청에 의한 공법행위(광의)
- 행정청이 법 아래에서 구체적 사실에 관한 법집행으로서 행하는 공법행위(협의)
- 행정청이 법 아래에서 구체적 사실에 관한 법집행으로서 행하는 권력적 단독행위인 공법행위(최협의) 등이 그것이다.

---

[1] 류지태, 행정법신론, 신영사, 2007, 121면.

## 2. 쟁송법적 개념설

[의의] 쟁송법적 개념설이란 행정행위를 취소소송의 배타적 관할에 속하는 행정청의 행위 또는 국민의 자유와 권리에 대하여 구체적으로 관계되는 공권력행사에 해당하는 행정청의 행위로서 항고소송의 대상이 되는 것으로 보는 견해를 말한다. 다시말하면 행정쟁송법상의 취소소송의 대상인 처분을 실체법상의 행정행위 개념뿐만 아니라, 그 밖의 다른 유형의 행정작용도 그 대상이 되는 것으로 이해하는 입장이다.

[쟁송법적 개념설의 등장배경] 쟁송법적 개념설은 일본에서 등장한 개념으로 오늘날의 행정작용의 중심이 권력적 행정작용으로부터 비권력적 행정작용으로 이전하고 있으므로, 종래의 권력적 행정작용만을 대상으로 하는 실체법상의 행정행위의 개념외에 비권력적 행정작용을 그 대상으로 하는 별도의 '형식적 행정행위'의 개념을 인정하여, 행정심판법이나 행정소송법상의 처분의 개념속에 실체법상의 행정행위와 이외에 형식적 행정행위도 포함시키도록 하자는 것이다.[1] 따라서 이 견해에 의하면 행정심판법이나 행정소송법상의 소송의 처분개념의 정의는 실체법상의 행정행위 개념보다 넓은 개념으로 이해하게 된다.[2] 왜냐하면 '권력의 실체는 갖지는 않으나 일정한 행정목적을 위하여 개인의 법익에 대하여 계속적으로 사실상의 지배력을 미치는 행정작용의 경우(예 : 행정규칙, 행정지도, 사실행위 등)'도 형식적 행정행위라는 명칭하에 항고소송의 대상에 포함되기 때문이다(항고소송의 대상 = 실체법적 행정행위 + 형식적 행정행위).

## 3. 일반적 견해

우리나라의 일반적인 견해는 행정행위를 실체법상 개념설 중에서 최협의설을 취한다. 다만 최협의의 행정행위가 행정쟁송의 대상인 처분과 동일한가에 대하여, 부정설(이원설 : 쟁송법상 처분개념설)과,[3] 긍정설(일원설 : 실체법상 처분개념설)[4]이 있다.

---

1) 따라서 이 견해에 의하면 항고소송의 대상이 되는 처분의 개념속에 종래의 실체법적 행정행위의 개념이외에, 형식적 행정행위도 포함시키도록 하여 처분성의 개념을 확대시키고, 이에 따라 국민의 권익구제의 폭도 넓히게 된다(류지태, 행정법신론, 신영사, 2007, 124면).
2) 류지태, 행정법신론, 신영사, 2007, 124면.
3) 김동희, 행정법(I), 233면; 김도창, 일반행정법론(상), 청운사, 1992, 361면; 박종국, 신행정법론, 법지사, 2004, 277면; 박윤흔, 최신행정법강의(상), 299면; 변재옥, 행정법강의 (I), 박영사, 1991, 263면; 이명구, 신고행정법원론, 228면; 천병태(I), 29면; 한견우(I), 188면; 홍준형, 행정법총론, 183면; 김남진·김연태, 행정법(I), 193면; 류지태, 행정법신론, 신영사, 2007, 124면(쟁송법상의 처분개념은 실체법상의 행정행위의 개념과 동일하지 않고, 더 넓은 개념으로 이해해야 되지만, 이런 경우에도 형식적 행정행위의 인정주장은 따를 수 없다).
4) 강구철, 강의행정법 (I), 형설출판사, 1999, 331면; 석종현, 일반행정법(상), 201면; 신보성, 행정법

[김동희교수의 견해(부정설)] 김동희 교수는 「대법원은 1985년 행정소송법의 시행 전 까지 구행정정소송법상의 '처분'관념을 원칙적으로 최협의의 행정행위와 같은 의미로 해석하고 있었다. 현행 행정심판법과 행정소송법에는 '처분'의 관념을 넓게 정의하고 있어서, 이를 종전과 같이 행정행위와 동의어로 해석할 수는 없다」[1]고 한다. 또한 행정행위는 실정법상으로는 행정처분 또는 처분(행정심판법 제1조·제2조, 행정소송법 제1조, 지방자치법 제157조[2] 등)이라는 용어를 사용하기도 하며 행정행위는 법에 따라서 행하여져야 한다는(법적합성) 점에 가장 큰 특색이 있다. 이밖에 일반적으로 공정성(공정력)을 가지는 이외에, 일정한 경우에 있어서 집행력을 가지고(행정행위의 집행력), 일정한 기간경과 후에는 그 효력이 형식적으로 확정되고(행정행위의 불가쟁성), 특수한 행정행위는 불가변성(행정행위의 불가변성)을 가지는 등, 사법상의 법률행위에는 일반적으로 인정되지 않는 여러 가지 효력을 가진다. 또한 행정행위에 의하여 자기의 권리·이익이 침해된 경우에는 행정심판·행정소송 등에 의한 특별한 구제절차가 설정되어 있고, 손해배상절차에 관하여서도 별도로 국가배상법의 규정이 있는 등, 민사상의 불법행위책임에 대한 특례가 인정되고 있다.

「행정행위」: 사법상의 법률행위에는 일반적으로 인정되지 않는 여러 가지 효력을 보유

(ㄱ) 실정법 → 행정처분 또는 처분(행정심판법 제1조·제2조, 행정소송법 제1조, 지방자치법 제157조 등)이라는 용어를 사용

(ㄴ) 행정행위는 우선 항상 법에 따라서 행하여져야 한다(법적합성)

(ㄷ) 공정성(공정력)

(ㄹ) 일정한 경우에 있어서 집행력을 가지고(행정행위의 집행력)

---

의 제문제, 교학연구사, 1992, 130면; 홍정선, 행정법원론(상), 박영사, 2006, 253면 등.

1) 김동희, 행정법(I), 233면.
2) 지방자치법 제157조 제1항 전문은 "지방자치단체의 사무에 관한 그 장의 명령이나 처분이 법령에 위반되거나 현저히 부당하여 공익을 해한다고 인정될 때에는 시·도에 대하여는 주무부장관이, 시·군 및 자치구에 대하여는 시·도지사가 기간을 정하여 서면으로 시정을 명하고 그 기간 내에 이행하지 아니할 때에는 이를 취소하거나 정지할 수 있다"고 규정하고 있고, 같은 항 후문은 "이 경우 자치사무에 관한 명령이나 처분에 있어서는 법령에 위반하는 것에 한한다"고 규정하고 있다. 대법원은 "지방자치법 제157조 제1항 전문 및 후문에서 규정하고 있는 지방자치단체의 사무에 관한 그 장의 명령이나 처분이 법령에 위반되는 경우라 함은 명령이나 처분이 현저히 부당하여 공익을 해하는 경우, 즉 합목적성을 현저히 결하는 경우와 대비되는 개념으로, 시·군·구의 장의 사무의 집행이 명시적인 법령의 규정을 구체적으로 위반한 경우뿐만 아니라 그러한 사무의 집행이 재량권을 일탈·남용하여 위법하게 되는 경우를 포함한다고 할 것이므로, 시·군·구의 장의 자치사무의 일종인 당해 지방자치단체 소속 공무원에 대한 승진처분이 재량권을 일탈·남용하여 위법하게 된 경우 시·도지사는 지방자치법 제157조 제1항 후문에 따라 그에 대한 시정명령이나 취소 또는 정지를 할 수 있다."고 하였다(대판 2007. 3. 22, 2005추62[승진임용직권취소처분취소청구] )

(ㅁ) 일정한 기간경과 후에는 그 효력이 형식적으로 확정되고(확정력; 행정행위의 불가쟁성)
(ㅂ) 특수한 행정행위는 불가변성(행정행위의 불가변성)을 가짐
(ㅅ) 행정행위에 의하여 자기의 권리 · 이익이 침해된 경우 → 행정심판 · 행정소송
(ㅇ) 손해배상절차에 관하여서도 별도로 국가배상법의 규정이 있음

## III. 행정행위의 개념유형

행정행위의 개념은 위에서 언급한바와 같이 대륙법국가의 제도적 산물로써, 학문상 · 이론상의 개념으로 등장한 것이기 때문에 널리 행정주체가 행하는 행정작용 중에서 어떤 행위를 행정행위로 볼 것인가에 대해서는 여러 견해로 나누이고 있다.

### 1. 최광의설

행정주체가 행하는 일체의 행위를 포함하는 의미로 사용한다(G. Mayer, G. Jellinek, R. Thoma). 행정작용과 범위가 같다. 사실행위 · 법적 행위(사법행위와 공법행위를 포함) · 통치행위가 모두 포함된다. 이러한 의미의 행정행위는 곧 '행정작용'과 동의어가 되고 학문상으로 특별한 고찰을 할 가치가 없다.

### 2. 광의설

「행정주체에 의한 공법행위」를 의미한다(플라이너[F. Fleiner], 라반트[P. Laband]). 최광의의 행정행위 개념범위에서 사실행위 · 사법행위(私法行爲) · 통치행위가 제외된다. 협의의 행정행위 · 사법행위 · 행정상 입법행위가 포함된다. 이 설은 행정행위라는 개념이 법종속성 내지 법의 구체화 기능이라는 면을 고려하여 정립된 것임을 간과하고 있다.

### 3. 협의설

「행정주체가 법 아래서 구체적 사실에 대한 법집행으로서 행하는 공법행위」를 의미한다(옐리네크[W. Jellinek], 페터스[H. Peters]). 광의의 행정행위 개념범위에서 행정상 입법행위 · 사법행위(司法行爲)가 제외된다. 최협의의 행정행위 · 공법상 계약 · 공법상 합동행위가 포함된다. 이 설에서는 관리행위(예 : 공법상 계약 · 공법상 합동행위)라는 관념을 부인하고 이를 행정행위에 포함시킨다(윤세창). 이 학설은 행정처분과 공법상 계약 · 공법상 합동행위와의 성질상의 차이를 간과하고, 이 양자를 같은 행정행위의 관념 속에 포함시키고 있

다고 비판을 받는다.

### 4. 최협의설

행정주체가, 법 아래서, 구체적 사실에 대한 법집행으로서 행하는, 권력적, 단독행위인, 공법행위를 의미한다. 독일의 오토 마이어((O. Mayer),[1] 포르스트호프(E. Forsthoff), 볼프(H. J. Wolff), 기세(F. Giese) 등의 주장이다. 일반적으로 행정처분을 의미하나 행정소송법상의 행정처분의 개념과는 다르다는 견해(이원설)와 동일하다는 견해가 있다(일원설). 협의의 행정행위에서 공법상 계약・공법상 합동행위가 제외된다. 행정행위는 공권력 발동으로서의 단독행위만을 의미한다. 법률행위적 행정행위가 주된 내용을 이루지만, 준법률행위적 행정행위도 포함된다.

[최협의설] 최협의설이 통설의 입장이다. 다만, 이 개념은 행정쟁송법(행정심판법 제1조・제2조 제1항, 행정소송법 제1조・제2조 제1항 등)상의 처분개념과는 반드시 일치하지 않는다. 행정쟁송법상의 처분에는「공권력행사 또는 그 거부」뿐 만 아니라「그 밖에 이에 준하는 행정작용」을 포함하여 광범위하게 규정하고 있기 때문이다. 행정행위의 개념을 최협의로  이해하면 ⇒ 행정행위 = 행정작용 - [사실행위・통치행위・司法行爲・입법행위・私法行爲・관리행위(비권력적 공법행위) (공법상 계약・공법상 합동행위)] = 행정처분(법률행위적 행정행위・준법률행위적 행정행위)이 된다.

[독일] 독일행정절차법 제35조는「행정행위(Verwaltungsakt)라함은 행정청이 공법의 영역에서(auf dem Gebiet des öffentlichen Rechts) 개별적 사항을 규율하기 위하여 행하는 모든 처분(Verfügung), 결정(Entscheidung) 또는 그밖의 고권적 조치(hoheitliche Maßnahme)를 말하며, 이는 외부에 대하여 직접적 효과를 발생시키는 것이다. 일반처분(Allgemeinverfügung)이란, 일반적인 특성에 의하여 특정되거나(der sich an einen nach allgemeinen Merkmalen bestimmten) 특정될 수 있는 인적 범위를 대상으로 한 행정행위 및 어떤 사물의 공법상의 특성(die öffentlich-rechtliche Eigenschaft einer Sache) 또는 일반인에 의한 이용(ihre Benutzung durch die Allgemeinheit)에 관련된 행정행위를 말한다」고 규정한 것은 최협의설에 입각한 것이다. (독일연방행정절차법 제35조):「행정행위라함은 행정청이 공법의 영역에서 개별적 사항을 규율하기 위하여 행하는 모든 처분, 결정 또는 그밖의 고권적 조치(hoheitliche Maßnahme)를 말하며, 이는 외부에 대하여 직접적 효과를 발생시키는 것이다. 일반처분(Allgemeinverfügung)이란, 일반적인 특성에 의하여 특정되거나 특정될 수 있는 인적 범위를 대상으로 한 행정행위 및 어떤 사물의 공법상의 특성 또는 일반인에 의한 이용에 관련된 행정행위를 말한다」[2]고 규정한 것은 최협의설에 입각한

---

1) 임현, 오토 마이어 행정법학의 현대적 해석, 고려대학교대학원 석사학위논문, 1998 참조.

것이다(도표 : 김도창, 일반행정법(상), 청운사; 김세웅, 최신행정법, 박문각, 1994, 280면).

## 5. 정리(도표)

| 구 분 | 개념규정 | 주장자 | 개념범위 |
|---|---|---|---|
| 최광의 | • 행정주체에 의한 일체의 행위(행정작용) | • G. Mayer<br>• G. Jellinek<br>• R. Thoma | 행정주체의 <u>모든 행정작용</u>을 의미<br>• 사실행위<br>• 법적행위 : <u>私法行爲</u>·공법행위<br>• 통치행위 |
| 광 의 | • 행정주체에 의한 '<u>공법행위</u>' | • F. Fleiner<br>• P. Laband | ① <u>행정주체의 공법행위</u><br>  ┌ 행정상 입법행위<br>  ├ 행정상 司法行爲<br>  └ 협의의 행정행위<br>② 최광의에서 사실행위·司法行爲·통치행위 제외 |
| 협 의 | • 행정주체가 법 아래서 구체적 사실에 관한 법집행으로 행하는 공법행위 | • 윤세창<br>• W. Jellinek<br>• H. Peters | ① <u>법집행으로서의 공법행위</u><br>  ┌ 공법상 계약<br>  ├ 공법상 합동계약<br>  └ 행정처분<br>② 광의에서 입법행위·<u>司法行爲</u> 제외 |
| 최협의 | • 행정주체가 법 아래서 구체적 사실에 관한 법집행으로 행하는 '권력적 단독행위인' 공법행위 | • 통설·판례<br>• O. Mayer<br>• E. Forsthoff<br>• H. J. Wolff<br>• F. Giese | ① <u>권력적 단독행위</u>로서의 공법행위<br>  ┌ 법률행위적 행정행위<br>  └ 준법률행위적 행정행위<br>② 단독행위이므로 쌍방행위(공법상 계약·공법상 합동행위 제외<br>③ 협의에서 관리행위(공법상 계약·공법상 합동행위)제외 |

---

2) 독일연방행정절차법 제35조(§ 35 Begriff des Verwaltungsaktes/행정행위의 정의) Verwaltungsakt ist jede Verfügung, Entscheidung oder andere hoheitliche Maßnahme, die eine Behörde zur Regelung eines Einzelfalls auf dem Gebiet des öffentlichen Rechts trifft und die auf unmittelbare Rechtswirkung nach außen gerichtet ist. Allgemeinverfügung ist ein Verwaltungsakt, der sich an einen nach allgemeinen Merkmalen bestimmten oder bestimmbaren Personenkreis richtet oder die öffentlich-rechtliche Eigenschaft einer Sache oder ihre Benutzung durch die Allgemeinheit betrifft.

## IV. 행정행위의 개념요소

### 1. 행정주체의 행위

행정행위는 「행정주체」의 행위라는 점에서 입법기관·사법기관의 행위나 사인의 공법행위와 구별된다.

### 2. 입법행위·통치행위·사법행위와의 구별

행정행위는 행정주체가 「법 아래서 구체적 사실에 관한 법집행」으로 행하는 행위 중 「법아래서의 행위」인 점에서 입법행위나 통치행위와 구별된다. 행정행위는 「구체적 사실에 관한 법집행행위」라는 점에서 법선언행위인 사법행위와 구별된다.

### 3. 법적 행위

행정행위는 행정주체에 의한 「법적 행위」이다. 의사표시(법률행위적 행정행위)나 정신작용(준법률행위적 행정행위)을 요소로 하는 법적 행위인 점에서 사실행위와 구별된다.

### 4. 외부관계에 있어서의 행위

행정행위는 외부관계(행정주체와 국민간의 관계)에 있어서의 행위이다.

### 5. 행정주체의 공법행위

행정행위는 행정주체의 공법행위이다. 행정주체와 사인간의 불대등관계에서 행해지는 행위라는 점에서 대등관계에서 행해지는 사법행위(물품구입 등의 국고작용)와 구별된다.

### 6. 권력적 단독행위

행정행위는 행정주체에 의한 권력적 단독행위, 즉 행정주체가 공권력행사로 명령·강제하는 행위이므로(행정주체의 우월성이 인정), 私法行爲는 물론 일방성이 없는 비권력행위인 '관리행위(공법상 계약·공법상 합동행위)'와 구별된다. 또한 단독행위라는 점에서 쌍방행위인 공법상 계약 등과 구별된다.

## V. 행정행위와 법규범·일반처분의 구별

### 1. 행정행위와 법규범의 구별(개별적·구체적 규율 : 일반적·추상적 규율)

#### 1.1. 행정행위
특정인에 대하여(개별적) 특정한 사안에 있어서만(구체적) 효력이 발생하므로 개별적·구체적 규율이다.

#### 1.2. 법규범
불특정 다수인에 대하여(일반적) 불특정의 경우에 있어서(추상적) 효력을 발생하므로 일반적·추상적 규율이다.

### 2. 일반처분(일반적·구체적 규율)

일반처분도 행정행위의 一類型으로 볼 것이다. 일반처분이란 그 인적 규율대상은 불특정다수인(일반적)이지만 시간적·공간적으로 특정된 사항만을 규율하는 경우, 즉 일반적·구체적 규율을 말한다.[1] 이와 같이 일반처분은 규율대상은 불특정 다수인이지만(일반적) 시간적·공간적으로 특정의 사안만을 규율하는 경우(구체적)를 의미한다. 행정행위와 법규범의 중간적 형태이지만, 구체적 규율이라는 점에서 행정행위의 일종으로 볼 수 있다.

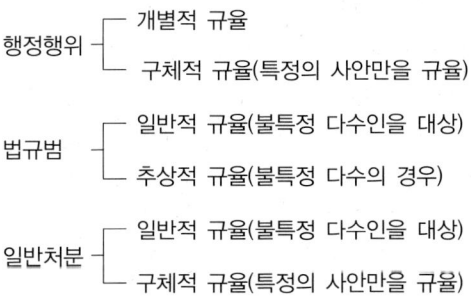

---

[1] 예 : 용도지역변경행위·기준지가고시, 주차금지·좌회전금지 등 교통표지, 컴퓨터 등 자동기기에 의한 행정결정, 통행금지, 통행금지해제, 공용개시 의사표시, 민방위 경보, 국토건설종합계획법에 의한 특정지역지정 대통령공고, 차량의 일방통행구역 지정고시 및 예방접종을 받지 않는 독감환자에 대하여 진료비에 대한 본인부담비율을 20% 증가시키겠다는 발표행위는 부담증가의 대상이 발표당시에는 특정되어 있지 않아 개별적인 규율이 아니나, 독감에 걸려 병원에 진료를 받으러 갈 경우 그 인적 범위가 특정되므로 '일반적인 특징에 의하여 확정되어지거나 확정되어질 수 있는 인적 범위를 대상으로 하는' 일반처분에 해당한다.

## 제 2 절　행정행위의 특질(特質)

### I. 법적합성(法適合性)

　　私法上의 법률행위는 사적 자치(Privatautonomie)의 원칙에 의하여 그 의사표시가 자유로운 창조적 활동을 하는데 반하여, 행정행위는 행정청의 자유로운 의사가 아니라 행정권의 법률상 우월한 意思力의 발동인 까닭에 엄격히 법에 근거하여야 할 뿐 아니라, 실체적으로나 절차적으로 법에 적합한 것이 아니면 안된다. 행정행위는 법률(Lex) 또는 법(Jus)에 적합할 때에만 완전히 구속력을 발생한다. 여기서 법이라 함은 합헌적 법률, 합헌적이고 합법적인 법규명령·조례·규칙을 의미한다. 그리고 행정법의 일반원칙인 평등의 원칙, 비례의 원칙, 신뢰보호의 원칙 등에도 위배되지 않아야 한다.[1]

### II. 공정성(公正性)

　　행정행위가 행정주체의 일반적 권한에 의하여 행해진 경우에는 비록 하자가 있더라도 무효의 경우를 제외하고는 일응 행정행위의 요건을 갖춘 '유효한 행위로서의 추정'을 받게 되고, 권한있는 행정청의 직권에 의해 취소되거나 일정한 쟁송절차에 따라 행정청 또는 법원에 의하여 취소되기까지는 그 '구속력'이 인정되는 힘을 「공정력」이라 하며, 이러한 공정력이 인정되는 행정행위의 성질을 공정성(예선적 유효성)이라 한다.[2] 사법행위나 관리행위에는 이러한 공정성이 인정되지 않는다. 공정성은 행정행위의 권력적 계기에 유래되는 특질이다.

### III. 실효성(實效性)

#### 1. 자력집행력 + 제재력

　　행정행위는 상대편(또는 제3자)을 구속할 뿐만 아니라, 그 내용으로 과해진 의무를

---

1) 정하중, 행정법총론, 182면.
2) 정하중, 행정법총론, 182면 참조.

'이행하지 않을 때'에는 상대편의 의사 여하에 불구하고 사법상의 강제집행절차를 취하지 아니하고 행정주체가 자력으로 그 내용을 강제하고 실현하는 힘(자력집행력)을 가진다(의무불이행 ⇒ 행정상 강제집행). 또한 행정행위는 그로 인하여 부과된 의무를 '위반할 때'에 制裁(제재력)를 가함으로써, 행정법규의 실효성을 보장한다(의무위반 ⇒ 행정벌). 행정행위가 이러한 자력집행력이나 제재력에 의하여 그 내용실현을 담보할 수 있는 성질을 행정행위의 「실효성」이라 한다. 행정상 강제집행의 근거법으로는 행정대집행법과 국세징수법이 있다.[1]

### 2. 취소할 수 있는 행위

행정행위의 실효성은 물론 '적법'한 행정행위에서 주로 인정되어야 할 것이지만, 행정행위의 공정성으로 인하여, 특히 무효인 경우를 제외하고는, 위법한 행위일지라도 취소되기까지는 실효성을 갖게 된다.


## IV. 확정성(존속성)

행정행위는 확정력을 가진다(후술참조).


## V. 행정행위에 대한 구제제도의 특수성

### 1. 행정상 손해전보제도의 특수성

우리나라 헌법 아래서는 위법한 행정행위에 의거한 국가 또는 공공단체의 「손해배상책임」뿐만 아니라(헌법 제29조, 국가배상법 제2조 참조), 적법한 행정행위에 의거한 국가 또는 공공단체의 「손실보상책임」을 인정하고 있는바(헌법 제23조, 각 단행법 참조), 이 경우의 손해배상책임과 손실보상책임에 관하여는 '민법상의 배상책임과 다른 특색'이 인정되고 있다.

### 2. 행정쟁송절차의 특수성

우리나라 헌법 아래서는 유럽·대륙식 행정재판제도를 인정하지 않고, 행정사건에 관

---

[1] 정하중, 행정법총론, 183면.

하여 영·미식 통일관할주의를 채택하고 있었기 때문에, 행정사건도 통상법원(고등법원 특별부)이 심판하게 되어 있었다. 그러나 우리나라도 법원조직법을 개정하여(1994.7.27), 특허법원과 함께 1998년 3월 1일부터는 행정소송은 지방법원급인 행정법원(지방의 경우는 본원 합의부)에서 관장하도록 하여 대륙식 행정재판제도에 접근하고 있다. 행정행위의 취소 또는 변경을 청구하는 항고소송은 행정소송법이라고 하는 민사소송법과는 다른 특별법의 절차에 의하도록 되어 있고, 동법에 의하면, 행정심판전치주의,[1] 출소기간의 제한, 직권심리주의, 집행부정지원칙, 가처분제도의 부적용 등 '절차상의 특수성'이 인정되고 있다.

---

[1] 이는 과거의 필수적 전치주의에서 임의적 전치주의로 변경되었다.

# 제 3 절　행정행위의 종류

## I. 개관

### 1. 주체에 따른 분류

행정행위는 주체가 누구인가에 따라 국가의 행정행위, 공공단체(특히 지방자치단체)의 행정행위, 수권사인(授權私人 : 공무수탁사인/공무를 수탁받은 사인)의 행정행위로 구분한다. ☞ 공무수탁사인과 이행보조자는 구별해야

### 2. 구성요소와 법률효과·발생원인을 표준으로 한 분류

#### 2.1. 법률행위적 행정행위 ⇒ 효과의사의 표시·법집행행위

법집행을 위한 의사표시(효과의사의 표시)를 구성요소로 하되 그 효과의사(Geschäftswille)의 내용에 따라 법률효과가 발생하는 행위이다. 명령적 행위와 형성적 행위로 나누어진다(하명·허가·면제·특허·인가·대리).

[효과의사] 효과의사(Geschäftswille)는 법률상의 효과를 생기게 할 가치가 있다고 생각되는 의사이다. 즉 효과의사는 의사표시와 함께 특정한 법률효과를 발생시키려는 의사를 말한다. 표시의사와는 달리 효과의사에서는 무슨 법률효과든 상관없는 것이 아니라 어떤 구체적인 법률효과에 관계되어야 한다. 효과의사는 이를 외부에 표시함으로서 현출된다.

[효과의사·표시의사·법률효과·하자있는 의사표시] 예컨대 A는 B에게 그의 오토바이를 543,000원에 팔고자 한다. A가 B에게 그러한 내용에 맞게 의사를 표시하였다면(표시의사), 표시된 내용은 그의 효과의사(오토바이를 543,000원에 팔고자 하는 것)와 일치한다. 만약 A가 매매대금을 453,000원으로 약정하였다면, 법률효과를 발생시키려는 표시의사(453,000원에 오토바이를 파는것)는 존재하지만, A는 자기가 표시한 법률효과(453,000원에 오토바이를 파는 것)를 원한 것은 아니므로 효과의사는 존재하지 않는다(원래 A는 543,000원에 오토바이를 팔고자 하였다[효과의사].[1]) 이 경우 하자있는 의사표시가 되며, (ㄱ) 표의자를 보호할 것인가, (ㄴ) 의사표시의 상대방을 보호할 것인가, (ㄷ) 의사표시의 효력을 그대로 인정하되 표의자가 이를 취소할 수 있는 것으로 할 것인가가 문제된다(착오에 의한 의사표시).[2]

---

1) Hans Brox, Allgemeiner Teil des BGB, 29. neu bearbeitete Aufl., Carl Heymanns Verlag; http://blog.daum.net/ichwaringo1977/7106946(검색어 : 독일민법전; 검색일 : 2015.8.10).
2) Hans Brox, Allgemeiner Teil des BGB, 29. neu bearbeitete Aufl., Carl Heymanns Verlag;

『법률행위적 행정행위』
  ▶ 명령적 행위 : 하명·허가·면제
  ▶ 형성적 행위 : 특허·인가·대리

### 2.2. 준법률행위적 행정행위 ⇒ 정신작용의 표시·법규가 정하는 바에 따라

효과의사 이외의 정신작용(판단·인식·관념 등)의 표시를 요소로 하고, 그 법률적 효과는 당사자의 의사 여하를 불문하고 직접 법규가 정하는 바에 따라 발생하는 행위이다(확인·공증·통지·수리). 준법률행위는 표의자가 원하였든, 원하지 않았든 그 의사와는 무관하게 법률에 의하여 법적 효과가 주어지는 의사표시 내지는 통지를 말한다. 법적 효과가 그러한 의사와는 관계없이 발생하므로 준법률행위는 의사표시와는 구분된다.[1]

## 3. 기초가 되는 권력관계를 기준으로 한 분류
### 3.1. 일반권력관계상의 행정행위
행정행위는 이 경우가 일반적이다.

### 3.2. 특별권력관계상의 행정행위
특별권력관계상의 행위로서 행정행위성을 인정할 수 있는 것은, (ㄱ) 법규에 직접 규정되어 있는 행위(예: 공무원·교원에 대한 징계처분·휴직명령·직무상 비밀증언허가·겸직허가·학생에 대한 징계처분), (ㄴ) 신분(공무원·군인·국공립학교교원·학생 등의 신분)을 설정·변경·박탈하는 행위, (ㄷ) 일반국민으로서 향유하는 공권에 영향을 미치는 행위(예: 공무원에 대한 특정인에의 투표하명) 등을 들 수 있다.

판례는 징계처분, 정당한 이유없이 한 박사학위 거부행위, 위법·부당한 구청장의 동장에 대한 직권 면직처분이 행정소송의 대상이 된다고 하고 있다.

## 4. 법규에 의한 기속의 정도를 기준으로 한 분류
### 4.1. 기속행위(羈束行爲)
기속행위라 함은 행정법규가 어떤 요건 아래서 어떤 행위를 할 것인가에 관하여 일의적·확정적으로 규정함으로써 행정청은 다만 기계적으로 그 법규를 집행함에 그치는 경우의 행정행위를 말한다. 이와같이 기속행위(羈束行爲) 혹은 법규재량(法規裁量)은 법규상

---

  http://blog.daum.net/ichwaringo1977/7106946(검색어 : 독일민법전; 검색일 : 2015.8.10).
1) Hans Brox, Allgemeiner Teil des BGB, 29. neu bearbeitete Aufl., Carl Heymanns Verlag;
  http://blog.daum.net/ichwaringo1977/7106946(검색어 : 독일민법전; 검색일 : 2015.8.10).

구성요건에서 정한 요건이 충족되면 행정청이 반드시 어떠한 행위를 발하거나 말아야 하는 행정기관에게 재량의 여지를 주지 아니하고 행정기관은 다만 법규의 내용을 그대로 집행하는 조세과징행위와 같은 것을 말한다. 행정행위를 행할 때, 또는 행위의 내용을 결정할 때 행정기관에게 자유로운 재량이 인정되는 재량행위(裁量行爲)와 대비되는 개념이다.

### 4.2. 재량행위(裁量行爲)

[의의] 재량행위(Ermessensakte)라 함은 행정법규가 「행위요건의 판단 : … 한다면」 또는 「효과(행위)의 결정 : … 할 수 있다」에 있어서 행정청에게 다수의 가능성 중에서 선택의 여지를 부여하고 있는 경우의 행정행위이다. 다시말하면 재량행위란 법률 등이 행정청에 그 행위를 할 것인지 여부나 다수의 행위 중에 어떤 행위를 할 것인지에 대해 독자적 판단권(재량권)을 부여한 행위를 의미한다. 이와같이 재량행위(裁量行爲, Ermessensakte)는 행정법규가 허용하는 범위 안에서 행정청에서 일정한 선택이나 판단의 권한을 부여하는 것, 즉 행정청이 법률에서 규정한 행위 요건을 실현함에 복수(複數) 행위 간의 선택의 자유가 인정되어 있는 행정행위를 말한다.[1]

[재량의 역사적 의미 : 형식적 법치국가에서 실질적 법치국가로] 재량은 국회가 행정부에 일정한 범위를 설정하여 위임한 부분으로서 그 범위 내에서라면, 즉 일탈이 아닌 이상 행정부가 어떠한 선택을 하든지 부당성은 문제되나, 국회에서 정한 범위 내라면 적법이라는 데에서 출발하였다(형식적법치주의). 그리하여 재량은 실제로 법원에 가봐야 어차피 적법성 판단을 받게 된다는 점에서 사법심사의 대상도 되지 않는다고 보았다(요건재량설의 배경). 그리고 이를 '사실문제'라고도 부른다. 그러나 실질적 법치주의로 넘어오면서 재량이 그 범위 내에 있더라도, 그것은 의무에 합당한 재량이며, 법의 기속을 받는 재량이라는 사상과 함께, '재량권의 남용'에 해당하는 경우에는 위법하게 된다는 점이 일반화 되면서 오늘날에는 사법심사의 대상이 되는 것으로 인정되고 있다. 행정은 원칙적으로 법률 등에 적합하고 근거가 있어야 한다는 법치행정원리를 엄격히 해석하면, 모든 법률 등에 기속행위로 규정하는 것이 이상적이다.

[행정의 다양화] 그러나 오늘날의 행정은 질적·양적으로 확대·다양화되어 있어 모든 경우에 법률 등이 요건을 하나의 뜻으로만 해석될 수 있도록 규정하는 것은 불가능하다. 따라서 오늘날은 행정청에 행위여부나 행위선택권을 부여한 재량행위가 오히려 더 많다. 예를 들어 개인택시운송사업을 하려는 사람은 시·도지사로부터 개인택시운송사업면허를 받아야 한다. 이때 시·도지사는 면허신청에 대해 반드시 면허처분을 해야 하는 것은 아니고, 운전경력, 교통사고유무, 주거지 등을 고려하여 면허처분을 할 것인지 다수의 신청인중

---

[1] https://ko.wikipedia.org/wiki(검색어 : 행정행위; 검색일 : 2015.6.23)

누구에게 면허처분을 할 것인지에 대해 재량권을 갖게 된다. 이런 재량행위에 대해서는 상대방이 자신에게 행정처분을 내려달라는 실체적 권리가 있는 것은 아니고 단지 재량권을 행사할 때 재량권의 한계를 준수해 줄 것을 요청할 수 있을 뿐이다. 따라서 행정청의 처분이 재량권의 한계를 위반한 경우에 한하여 행정소송을 통해 구제될 수 있다.[1]

## 5. 상대방의 협력요부를 기준으로 한 분류

### 5.1. 독립적 행정행위(일방적 행정행위·협의의 단독행위·직권행위)

상대방의 협력(동의 또는 신청)을 요하지 않고 행정주체가 전혀 일방적으로 행하는 행정행위를 말한다. 조세부과·경찰하명·허가취소·공무원징계 등 부담적 행정행위가 대체로 이에 속한다. 행정행위는 공권력을 발동하는 단독행위이므로 행정청의 행위만으로 유효하게 성립되며, 상대방의 협력을 필요로 하지 않는 것이 보통이다.

### 5.2. 쌍방적 행정행위(협력을 요하는 행정행위)

#### 5.2.1. 의의

쌍방적 행정행위는 행정청에서 행정행위를 행하기 위한 전제로서 상대방의 동의·신청·출원 등의 협력을 요건으로 하는 행정행위이다. 이때 상대방의 신청·동의·출원은 단순히 행정행위의 효력발생요건에 불과하다.

#### 5.2.2. 쌍방적 행정행위와 쌍방행위(공법상 계약)와의 구별

쌍방적 행정행위는 행정주체의 권력적 단독행위, 즉 행정처분 이라는 점에서(쌍방적 행정행위도 단독행위인 행정행위이다), 쌍방행위인 공법상 계약과 구별된다. 공법상 계약은 공법적 효과의 발생을 목적으로 하는 복수당사자 사이의 서로 반대방향의 의사표시의 동가치적 합치에 의하여 성립하는 공법행위를 의미하는 것으로서 비권력적인 관리행위에 해당한다. 이에 반하여, 쌍방적 행정행위는 행정주체의 의사와 상대방의 의사의 동가치적 합치가 아니고 상대편의 의사와 행정행위는 각기 별개의 단독행위이다(행정행위의 개념에 있어서 협의설은 공법상 계약을 포함하나, 최협의설의 입장에서는 공법상 계약을 제외한 권력적 '단독행위'만을 의미하고 있음을 주의할 것). 즉 행정행위의 효과의 내용은 「행정주체의 일방적 의사」에 의하여 결정되는 것이며, 이때 상대방의 신청·동의·출원은 단순히 행정행위의 효력발생요건에 불과하다.

※ 쌍방적 행정행위 → ·· 단독행위인 행정행위(상대방의 동의·신청·출원은 단순히 행정행위의 효력발생을 위한 요건에 불과) : 성립요건이 아니고 효력(발생)요건에 불과

---

[1] <인터넷 법률신문>

· 상대편의 의사·행정주체의 의사 → 동가치적 합치가 아닌
별개의 단독행위

※ 쌍방행위 → 공법상 계약(당사자 사이의 서로 대립하는 의사표시(행정청 ↔ 상대방)의 동가치적 합치에 의한 공법행위(행정행위가 아닌 비권력적 관리행위)

※ 합동행위(협동행위) → 합동(협동)행위(Gesamtakt)는 수인이 공통의 권리의무의 변동을 목적으로 공동으로 하는 법률행위이다. 두 개 이상의 의사표시로부터 성립되는 점에서 단독행위와 다르고, 의사표시의 방향이 같다는 점에서 서로 대립하는(반대방향의, 예 : 사겠다 ↔ 팔겠다) 의사표시의 합치에 의하여 성립되는 계약(쌍방행위)과 다르다.

[쌍방행위와 합동행위(협동행위)의 다른점]
▶ 쌍방행위 : 서로 대립하는 의사표시 ⓐ ⟵⟶ ⓑ
▶ 합동행위 : 의사표시의 방향이 같다 ⓐ ⟶
　　　　　　　　　　　　　　　　　 ⓑ ⟶
예 : 사단법인설립행위, 총회의 결의

### 5.2.3. 종류

a) 동의를 요하는 행정행위

주로 특정인에게 의무를 과하려고 하는 경우에 상대방의 동의를 받음으로써 법적 근거의 결여를 보충하지 않으면 안될 때 인정되는 행위유형이다(예 : 공무원임명행위).

b) 신청을 요하는 행정행위

국민에게 권리·이익을 부여하거나 또는 권리·이익뿐만 아니라 의무도 포함하는 포괄적 관계를 설정하려는 경우에 인정되는 행위이다. 예컨대, 인가(제3자의 법률행위를 보충[동의]하여 그 법률의 효력을 완성시켜주는 행정행위로서 민법상 재단법인정관변경허가, 구국토이용관리법상 토지거래허가 등)·허가·특허·귀화허가(국적부여행위) 등이 그것이다.

### 5.2.4. 협력결여의 효과

쌍방적 행정행위에 있어서 상대편의 협력이 결여되어 있거나, 무효인 경우에는 행정행위는 무효 또는 불성립이 된다.

## 6. 수령요부(要否)에 따른 분류

### 6.1. 수령을 요하는 행정행위(특정한 상대방에 대한 행정행위)

수령을 요하는 의사표시는 상대방(의사표시의 수령자)에게 전달되어야 한다. 왜냐하면 의사표시의 상대방이 수령한 의사표시를 통해 새로운 법률관계에 적응 할 수 있어야 하

기 때문이다.1) 수령을 요하는 행정행위는 행정주체의 의사표시가 상대방에게 수령(도달) 되어야만 효력이 발생하는 행정행위이다(도달주의), 여기서 수령(도달)은 상대방의 현실적인 요지(了知)를 필요로 하는 것은 아니고, 요지할 수 있는 상태에 놓여짐으로써 족하다(도달주의).

### 6.2. 수령을 요하지 않는 행정행위(불특정다수인에 대한 행정행위 · 일반처분)

일반공중에 대한 행정행위를 말하며, 공시 · 공고함으로써 효력을 발생한다. 공시 · 공고로써 상대방에의 도달이 의제되는 행정행위라고 할 수 있다. 고시 또는 공고에 의하여 행정처분을 하는 경우, 행정심판 청구기간의 기산일(고시 또는 공고의 효력발생일)에 대하여 대법원 판례는 "… 통상 고시 또는 공고에 의하여 행정처분을 하는 경우에는 그 처분의 상대방이 불특정 다수인이고, 그 처분의 효력이 불특정 다수인에게 일률적으로 적용되는 것이므로, 그에 대한 행정심판 청구기간도 그 행정처분에 이해관계를 갖는 자가 고시 또는 공고가 있었다는 사실을 현실적으로 알았는지 여부에 관계없이 고시가 효력을 발생하는 날인 고시 또는 공고가 있은 후 5일이 경과한 날에 행정처분이 있음을 알았다고 보아야 한다"고 판시하고 있다.2)

## 7. 형식에 의한 분류

[요식행위] 내용을 명백 · 확실하게 하기 위하여 법규에서 서면 · 서명날인 기타 일정한 '형식'에 의할 것을 행위의 요건(유효요건 · 적법요건)으로 하는 행정행위이다. 예컨대 향토예비군소집통지 · 행정심판재결 · 납세의 독촉 · 고물영업의 허가 등이 그것이다.

[불요식행위] 특정한 형식을 요하지 않는 행정행위이다. 행정행위는 일반적으로 불요식행위이다.

## 8. 법률상태의 변동여부를 기준으로 한 분류

[적극적 행정행위] 현존의 법률상태에 변동을 가져오는 내용의 행정행위이다(예 : 하명 · 허가 · 특허 등)

[소극적 행정행위] 행정행위 신청의 각하(거부처분 : 거부처분도 하나의 행정처분이다)나 부작위와 같이 현존하는 법적상태를 그대로 존속시키는 내용의 행정행위이다.

---

1) Hans Brox, Allgemeiner Teil des BGB, 29. neu bearbeitete Aufl., Carl Heymanns Verlag; http://blog.daum.net/ichwaringo1977/7106946(검색어 : 독일민법전; 검색일 : 2015.8.10).
2) 대판 2000. 9. 8, 99두11257【도시계획시설(공공공지)결정처분취소】; 同旨 : 대판 1995. 8. 22, 94누5694.

## 9. 행정행위의 대상에 따른 분류

[대인적 행정행위] 사람을 대상으로 하여 효과를 발생시키는 행정행위이다(예: 운전면허·의사면허·이용사면허·통행허가 등) 일신전속적 성격 때문에 그 효과의 이전성이 없다.

[대물적 행정행위] 직접 물건에 대하여 법률상 자격을 부여하고 새로운 권리의무·법률관계 등을 발생시키는 행위(예: 공물의 공용개시·문화재지정·보안림지정·건축허가·음식영업허가 등)와 물건의 객관적 사정을 허가 여부의 심사대상으로 하는 대물적 허가(예: 차량검사·선박검사 등)가 있다. 효과의 이전성이 인정된다.

[혼합적 행정행위] 대인적 요소와 대물적 요소를 겸유한 행정행위이다(예: 전당포 영업허가·고물상영업허가·숙박업허가 등) 일반적으로 이전성이 제한된다.

## 10. 법률효과의 성질(상대방에 대한 효력)에 따른 분류

[수익적 행정행위] 상대방에게 권리·이익의 부여, 권리·이익에 대한 제한의 철폐 등 유리한 효과를 발생시키는 행정행위(예: 특허·허가·인가·면제 또는 기존의 명령·금지의 취소·철회, 수익적 행정행위의 취소의 취소)

[부담적 행정행위] 상대방에게 의무를 명하거나 권리·이익을 거부·침해 하는 등 불이익한 효과를 발생시키는 행정행위(예: 명령·금지, 수익적 행정행위의 취소·철회) ☞ **침익적·부과적·간섭적 행정행위**

[복효적 행정행위] 상대방에게는 이익을 주지만 제3자에게는 불이익을 발생시키거나 그 반대의 효과를 발생시키는 행정행위(예: 건축허가)

## 11. 상대방에 따른 분류

[개별적 행위] 행정행위의 상대방이 특정인인 행정행위이다. 행정행위는 구체적 사실에 대한 법집행행위로 이루어지는 것이므로 그 상대방이 특정되어 개별적으로 행해지는 것이 보통이다.

[일반적 행위(일반처분)] 행정행위의 상대방이 불특정 다수인인 행정행위이다. 예컨대, 도로의 통행금지, 토지거래규제구역의 지정, 교통신호, 도로노선의 확정 또는 폐지, 공시지가의 공시, 도시계획결정, 용도지역의 지정 등이 그 예이다. 일반처분은 보통 하명의 형식으로 이루어지지만, 구속적 행정계획·공용개시·공용폐지에 속하는 것도 있다. 일반처분도 행정행위인 점에서는 개별적 처분과 다름이 없고 따라서 **행정소송의 대상이 된다**.

▶ 행정입법: 일반적·추상적 규율
▶ 개별처분: 개별적·구체적 규율
▶ 일반처분: 일반적·구체적 규율

## 12. 권력성 유무에 따른 분류

권력성 유무에 따른 분류로는 실질적 행정행위(실체법적 개념), 형식적 행정행위(쟁송법상 개념)로 구분한다. 실질적 행정행위(실체법적 개념)는 권력성을 관념요소로 하고 있는 통상의 행정행위를 말하며, 형식적 행정행위(쟁송법상 개념)는 행정소송의 대상을 확장하기 위하여 공권력성을 결여할 행정작용에 행정행위성을 인정한 것을 말한다.

## 13. 행정행위의 결정단계에 따른 분류

### 13.1. 개관

행정행위는 행정행위가 행해지는 과정에서, (ㄱ) 처음부터 하나의 행정행위가 종국적으로 행해지는 경우가 있고(종국적 행정행위), (ㄴ) 여러 단계의 과정을 거친 다음에야 비로소 종국적 행정행위가 행하여지는 경우가 있다(다단계행정행위).

### 13.2. 내용

[종국적 행정행위] 처음부터 하나의 행정행위가 종국적으로 행해지는 행위를 종국적 행정행위라고 한다.

[다단계행정행위] 여러 단계의 과정을 거치는 경우를 말한다. 이를 전체과정과 관련하여 볼 때는 잠정적 효력만을 가지게 된다. 다단계행정행위에는 가행정행위(임시행정행위 : vorläufiger Verwaltungsakt), 사전결정(예비결정 : Vorbescheid), 일부결정(일부인·허가 : Teilgenehmigung)이 있다.[1] 원자력발전소의 건설이나 운영 등과 같이 장기간이 소요되는 대규모공사는 단 1회의 결정에 의하여 단번에 행하여지는 것이 아니라 여러 단계를 거치는 다단계행정절차(mehrstufige Verwaltungsverfahren)를 거쳐 이루어진다. 이는 보다 신중한 행정결정을 하기 위한 것이며, 이해관계인의 위험부담을 줄이고 권리구제를 원활히 하기 위한 것이다.[2] 다단계행정행위의 구체적 내용은 다음과 같다. (假[임시]행정행위) : 사실관계와 법률관계의 계속적인 심사를 유보한 상태에서 당해 행정법관계의 권리와 의무를 잠정적으로 확정하는 행정행위이다. (사전결정[예비결정]) : 최종적인 행정결정의 전제조건이 되는 형식적 혹은 실질적 요건(예 : 부지선정)의 심사에 대한 판단으로서 내려지는 결정을 말하며, 그 결정은 후속적인 최종결정의 토대로 작용한다. (일부결정[일부 인·허가]) : 다단계 행정행위에 있어서 그 일부에 대해서만 결정하는 행정행위(예 : 원자로 및 관계시설을 건설하고자 하는 자의 신청에 대한 부지(敷地)에 대한 사전공사승인).[3]

---

1) 박윤흔, 행정법강의(상), 309면.
2) 박윤흔, 행정법강의(상), 309면 이하 참조.
3) 대판 1998. 9. 4, 97누19588 【부지사전승인처분취소】 【판결요지】 원자로시설부지사전승인처분

## II. 기속행위(羈束行爲)와 재량행위(裁量行爲)

### 1. 서설
#### 1.1. 행정과 법과의 관계
　　근대 이후의 법치국가적 국법질서 아래서는「법률에 의한 행정의 원칙」이 확립된 결과, 행정은 형식적 의미의 법률(의회입법)에 의하는 법률유보(Gesetzesvorbhalt) 혹은 실질적 의미의 법률(시행령·시행규칙·자치법규)을 의미하는 법규유보에 근거하여(Vorbehalt des Gesetzes), 행해지는 것을 원칙으로 한다. 이러한 법률에 대한 행정의 기속은 국민의 권리를 제한·침해하는 침해적(침익적) 행정영역에 있어서 뿐만 아니라, 국민에게 이익을 주는 수익적 급부행정영역에 있어서도 적용된다는 것이 오늘날의 일반적 견해이다.

　　「법률유보」및「법규유보」의 원칙의 적용범위: − 침해적 행정행위, − 수익적 행정행위

#### 1.2. 행정법규의 내용(요건규정·효과규정)
　　행정을 규율하는 행정법규는 일반적으로 1) 행위의 요건을 정하는「요건규정」과, 2) 행위요건이 구비된 경우에 행위의 可否 및 어떤 종류의 행위를 할 것인지를 정하는「효과규정(행위규정)」을 내용으로 하여 이루어진다. 예컨대, 舊고물영업법(폐지 1993. 12. 27 법률 제4605호) 제22조의「고물상이 매수 또는 교환의 위탁을 받은 고물에 대하여 盜品 또는 유실물로 의심할만한 상당한 이유가 있는 경우에는 경찰서장은 당해 고물상에 대하여 30일 이내의 기간을 정하여 고물의 보관을 명할 수 있다」는 규정에서,「고물에 대하여 盜品 또는 유실물로 의심할만한 상당한 이유가 있는 경우에는」하는 부분「요건규정」이고,「고물의 보관을 명할 수 있다」는 부분이「효과(행위)규정」이다.

　　　▶ 요건규정(요건법규):「고물에 대하여 盜品 또는 유실물로 의심할만한 상당한 이유가 있는 경우에는」　ㄱ … 한 경우에는
　　　▶ 효과(행위)규정(행위법규):「고물의 보관을 명할 수 있다」　ㄱ … 할 수 있다.
　　[문제] 다음은 식품위생법 제74조의 내용이다. 이중 요건규정과 효과(행위)규정은?
　　　▶ 식품위생법 제74조 (시설의 개수명령등) ① 식품의약품안전처장, 시·도지사 또는 시장·군수·구청장은 영업시설이 제36조에 따른 시설기준에 맞지 아니한 경우에는 기간

---

의 근거 법률인 구 원자력법(1996. 12. 30. 법률 제5233호로 개정되어 1997. 7. 1.부터 시행되기 전의 것) 제11조 제3항에 근거한 **원자로 및 관계 시설의 부지사전승인처분**은 원자로 등의 건설허가 전에 그 원자로 등 건설예정지로 계획중인 부지가 원자력법의 관계 규정에 비추어 적법성을 구비한 것인지 여부를 심사하여 행하는 **사전적 부분 건설허가처분**의 성격을 가지고 있는 것이므로, 원자력법 제12조 제2호, 제3호로 규정한 원자로 및 관계 시설의 허가기준에 관한 사항은 건설허가처분의 기준이 됨은 물론 부지사전승인처분의 기준으로도 된다.

을 정하여 그 영업자에게 시설을 개수(改修)할 것을 명할 수 있다.
　　　[해설] (ㄱ) 시설기준에 적합하지 않은 때에는 → 요건규정, (ㄴ) 시설의 개수를 명할 수 있다 → 효과(행위)규정

### 1.3. 행정법규적용의 논리적 과정

[개관] 오늘날 법치행정의 원리에 따라 행정은 법률유보의 원칙이 준용되어야 한다. 그러한 의미에서 행정은 구체적 사안에 추상적인 행정법규를 적용하는 과정이라고 말할 수 있다. 행정법규는 보통 행위의 요건을 정하는 요건법규와 요건에 해당하는 경우에 행위를 할 것인지, 말 것인지(결정재량)와 행위는 하는 경우에 어떠한 행위를 할 것인가(선택재량)를 정하는 행위법규(혹은 효과법규)행정법규의 적용은 다음과 같은 과정을 거쳐서 행하여진다.[1]

[사실의 조사 및 인정] 구체적 사실 또는 법률관계로서 어떠한 것이 발생하였는가, 또는 어떤 것이 존재하는가를 인정한다.

[법률요건규정의 해석] 위의 예에서「도품(盜品) 또는 유실물(遺失物)로 의심할만한 상당한 이유가 있는 경우」란 어떠한 경우인가, 혹은「시설기준에 적합하지 않은 때」라 함은 무엇을 의미하는가를 판단한다.

[포섭(包攝; subsumption)] 인정된 사실이 법률요건 규정에 해당하는가를 맞추어 보는 작업이다.

[절차의 선택] 어떠한 절차를 선택할 것인가를 결정하는 것이다.

[법률효과의 확정] 처분을 할 것인가 아닌가를 결정하고(행위결정), 처분을 행한다면 어떤 종류의 처분을 할 것인가(를 판단하고 선택한다(행위선택). 예컨대 위의 경우 개수명령과 영업정지 중 어느 하나를 선택하게 된다(행위선택).

[시기의 선택] 언제 행위를 할 것인가를 정하게 된다.

### 1.4. 행정법규의 규정양태(樣態)

#### 1.4.1. 일의적·확정적 규정

법치행정의 원리를 철저히 실행한다면 행정법규는 행정청이 독자적인 해석을 행할 여지가 없을 정도로 행위요건과 법률효과를 일의적·확정적으로 규정해 두는 것이 바람직하다.

#### 1.4.2. 불확정개념·공백규정·효과결정상 선택의 여지부여

행정영역에 있어서는 행정법규가 복잡다기하고 가변적인 사회현실을 모두 예상하여

---

[1] 박윤흔, 행정법강의(상), 326면.

빈틈없이 규율한다는 것은 - 스위스(독일에서 주로 활동)의 프리츠 플라이너(Fritz Fleiner)가 이미 입법의 한계성에서 논한바와 같이 - 기술적으로 불가능하므로, 입법자는 행정행위요건을 정하면서 불확정적·추상적·다의적인 개념을 사용하거나, 심지어 아무런 요건규정을 두지 않거나(공백규정), 또는 법률효과를 정함에 있어서 수개행위의 가능성 가운데 선택의 자유(여지)를 행정청에게 주는 경우가 많게 된다.

### 1.5. 행정재량

#### 1.5.1. 개관

[개관] 행정법규가 행정청에 대하여 행위요건의 판단 또는 효과(행위)의 결정에 관하여 부여한 선택의 자유(餘地)를 「행정재량」이라 한다. 과거의 행정제도국가적 통설은 재량행위를 기속재량행위와 자유(공익)재량행위(자유재량행위의 이론은 지금까지의 일본과 우리나라에서 전통적 통설로 받아들여졌으나, 제2차 세계대전이후 민주적법치국가의 헌법구조 아래서는 이들에 대한 근본적인 재검토가 이루어지고 있다[1])로 2분하여, 기속재량행위의 경우는 당연히 사법심사의 대상이 되지만, 자유재량행위를, 통치행위·특별권력관계 등과 더불어, '법으로부터 자유로운 행정의 영역'으로 간주하여 행정재판의 대상에서 제외하였다. 그리고 과거의 통설은 자유(공익)재량행위의 경우에는, 그 재량을 그르치더라도 원칙적으로 부당함에 그치고, 사법심사의 대상에서 제외되어, 자율적 통제에 맡겨진다 하였다.

#### 1.5.2. 재량한계이론의 등장 - 공익재량불심리원칙의 배제

[재량한계] 그러나 이러한 (자유)공익재량행위라 할 지라도 그 재량권에는 일정한 한계(외적·내적 한계)가 있으니 재량권의 일탈(Ermessensüberschreitung[외적 한계를 넘는 경우])이나 재량권의 남용(Ermessensmißbrauch[내적 한계를 넘는 경우])이 바로 그것이다. 이와 같은 재량권의 남용이나 재량권의 일탈의 경우에는 「공익재량불심리원칙」이 배제되어 당연히 사법심사의 대상이 되며(재량권의 일탈·남용에 관한 판례: (ㄱ) 비례의 원칙의 위반, (ㄴ) 평등의 원칙위반, (ㄷ) 사실상의 근거를 결한 경우, (ㄹ) 입법정신위반 또는 자의(恣意)·독단에 의한 경우, (ㅁ) 정상참작위반, (ㅂ)법규·조리에 의한 재량한계 일탈 등으로 나눌수 있다.[2] 오늘날에 와서는 행정재량론의 중점은 기속재량행위와 자유재량행위의 개념을 구별하는 '개념구별론' 보다는 오히려 '재량통제론'으로 점차 이동하고 있다.[3] 이와

---

1) 김도창, 행정법론(상), 청운사 1993, 261, 388면 이하 참조.
2) 이에 대한 판례는 김도창, 행정법론(상), 청운사 1993, 393-394면 참조
3) 김도창, 행정법론(상), 청운사, 1993, 395면; 김남진 행정법 I, 1992, 180면 이하 참조; 서원우, 자유재량개념의 재검토 I, II, 법정(1964.5·6), 58면 이하.

같은 관점에서 어떠한 법규정이 행정청에게 재량권을 부여하고 있을 경우, 행정청은 재량권의 범위 내에서 일정한 선택의 자유를 갖지만 이와 동시에 「하자 없는 재량권행사의 법적 의무」를 가지는 것이라고 할 수 있는바, 이는 바로 '주어진 권리(Recht)'와 '주어진 권리의 이성적 행사(Ausübung des Rechts)'와의 관계를 합리적으로 조화 시켜야 한다는 것을 의미한다. 이리하여 오늘날의 재량은 '의무에 합당한 재량'· '법의 기속을 받는 재량'으로 이해되고 있다.

## 2. 기속행위와 재량행위의 구체적 내용

법률에 의한 행정의 원리상 행정행위는 법적합성(행정의 법률적합성의 원칙: Gesetzmäßigkeit der Verwaltung)을 가지지 않으면 아니되는바, 「법규에 의한 기속의 정도」를 표준으로 하여 행정행위는 기속행위와 재량행위로 나눌 수 있다. 기속행위와 재량행위의 구별필요성(구별실익)은, (ㄱ) 행정소송사항과의 관계(행정소송대상 여부 ; 사법통제의 범위), (ㄴ) 행정행위의 부관가능성 여부, (ㄷ) 확정력과의 관계(불가변력 발생 여부), (ㄹ) 공권의 성립과의 관계 등에 있다.[1]

### 2.1. 기속행위

#### 2.1.1. 의의

[의의] 기속행위(gebundener Verwaltungsakt)란 행정법규가 어떤 요건 아래서 어떤 행위를 할 것인가 여하 (효과)에 관하여 일의적·확정적으로 규정함으로써, 행정청은 다만 기계적으로 그 법규를 집행함에 그치는 경우의 행정행위를 말한다.[2] 기속행위는 완전히 사법심사의 대상이 된다. 기속행위 내지 기속재량행위와 재량행위 내지 자유재량행위의 구분 기준 및 그 각각에 대한 사법심사 방식은 "행정행위가 그 재량성의 유무 및 범위와 관련하여 이른바 기속행위 내지 기속재량행위와 재량행위 내지 자유재량행위로 구분된다고 할 때, 그 구분은 당해 행위의 근거가 된 법규의 체재·형식과 그 문언, 당해 행위가 속하는 행정분야의 주된 목적과 특성, 당해 행위 자체의 개별적 성질과 유형 등을 모두 고려하여 판단하여야 한다(대판 2001. 2. 9, 98두17593)."[3]

---

1) 김진영, 행정법 핵심특강(1), 남부행정고시학원.
2) Hans J. Wolff · Otto Bachof · Rolf Stober, Verwaltungsrecht I, 10. Aufl., München 1994, § 46 Rn. 14.
3) 대판 2001. 2. 9, 98두17593【건축물용도변경신청거부처분취소】 이렇게 구분되는 양자에 대한 사법심사는, 전자의 경우 그 법규에 대한 원칙적인 기속성으로 인하여 법원이 사실인정과 관련 법규의 해석·적용을 통하여 일정한 결론을 도출한 후 그 결론에 비추어 행정청이 한 판단의 적법 여부를 독자의 입장에서 판정하는 방식에 의하게 되나, 후자의 경우 행정청의 재량에 기한 공익

## 2.1.2. 판례

[판례] 판례가 기속행위로 본 경우는, (ㄱ) 허가에 있어서, ① 건축법상 건축허가(대판 1995. 12. 12, 95누9051), ② 공중위생법상 위생접객허가(대판 1995. 7. 28, 94누13497), ③ 석유사업법상 석유판매업허가(대판 1995. 3. 10, 94누8556), (ㄴ) 인가에 있어서, ① 학교법인 이사취임승인처분(대판 1992. 9. 22, 92누5461),1) (ㄷ) 기타영역에 있어서, ① 공중보건의사의 편입취소와 현역병입영명령(대판 1996. 5. 31, 95누10617), ② 지방병무청장의 공익근무요원소집처분(대판 2002. 8. 23, 2002두820) 등이 있다.2)

▶ 판례〉 법무부장관은 인종, 종교, 국적, 특정 사회집단의 구성원 신분 또는 정치적 의견을 이유로 박해를 받을 충분한 근거 있는 공포로 인해 국적국의 보호를 받을 수 없거나 국적국의 보호를 원하지 않는 대한민국 안에 있는 외국인에 대하여 그 신청이 있는 경우 난민협약이 정하는 난민으로 <u>인정하여야 한다</u>(대판 2008. 7. 24, 2007두3930).3)

▶ 판례〉 국유재산의 무단점유 등에 대한 변상금 징수의 요건은 국유재산법(1994. 1. 5. 법률 제4968호로 개정된 것) 제51조 제1항에 명백히 규정되어 있으므로 변상금을 징수할 것인가는 처분청의 재량을 허용하지 않는 기속행위이고, 여기에 재량권 일탈·남용의 문제는 생길 여지가 없다(대판 1998. 9. 22, 98두7602).

## 2.2. 재량행위

### 2.2.1. 의의

[의의] 재량행위라 함은 행정법규가 「행위요건의 판단」 또는 「효과(행위)의 결정」에

---

판단의 여지를 감안하여 법원은 독자의 결론을 도출함이 없이 당해 행위에 재량권의 일탈·남용이 있는지 여부만을 심사하게 되고, 이러한 재량권의 일탈·남용 여부에 대한 심사는 사실오인, 비례·평등의 원칙 위배, 당해 행위의 목적 위반이나 동기의 부정 유무 등을 그 판단 대상으로 한다.
1) 대판 1992. 9. 22, 92누5461【이사취임승인거부처분취소】이사취임승인은 학교법인의 임원선임 행위를 보충하여 법률상의 효력을 완성시키는 보충적 행정행위로서 기속행위에 속한다. 행정처분의 취소를 구하는 항고소송에 있어서 처분청은 당초 처분의 근거로 삼은 사유와 기본적 사실관계가 동일성이 있다고 인정되는 한도내에서만 다른 사유를 추가하거나 변경할 수 있을 뿐 기본적 사실관계와 동일성이 인정되지 않는 별개의 사실을 들어 처분사유로서 주장함은 허용되지 아니한다(당원 1992. 2. 14. 선고 91누3895 판결 참조).
2) 김진영, 행정법 핵심특강(1), 남부행정고시학원.
3) 대판 2008. 7. 24, 2007두3930【난민인정불허가결정취소】행정소송에서 행정처분의 위법 여부는 행정처분이 행하여졌을 때의 법령과 사실 상태를 기준으로 하여 판단하여야 하고, 처분 후 법령의 개폐나 사실상태의 변동에 의하여 영향을 받지는 않으므로(대법원 2007. 5. 11. 선고 2007두1811 판결 등 참조), 난민 인정 거부처분의 취소를 구하는 취소소송에서도 그 거부처분을 한 후 국적국의 정치적 상황이 변화하였다고 하여 처분의 적법 여부가 달라지는 것은 아니다.

있어서 행정청에게 다수의 가능성 중에서 선택의 여지를 부여하고 있는 경우의 행정행위를 말한다.[1] 재량행위에는 다시 자유재량행위((ermessensfreier Verwaltungsakt/공익재량, 편의재량)와 기속재량행위(Ermessensverwaltungsakt/법규재량)로 나누인다. (자유재량행위) : 자유재량행위란 재량행위 중에서도 무엇이 공익목적이나 행정목적에 좀 더 적합한지를 판단하는 재량을 말한다. 즉, 행정기관이 일정한 범위 안에서 법에 구속됨이 없이, 어떤 행위나 판단 등을 독자적으로 행하는 것이다. 따라서 자유재량행위는 '광범위한 형성의 자유(weitgehende Gestaltungsfreihiet)'가 보장된다. (기속재량행위) : 반면 무엇이 법인지를 판단하는 범위내에서 인정되는 재량을 기속재량행위(羈束裁量行爲)이라 한다.[2] 따라서 기속재량행위는 행정행위를 하는 자는 법을 집행하는 과정에 있어서 재량권을 가진다할 지라도 입법자의 입법의도가 무엇인지를 파악하여야 하며, 입법자의 입법의도를 존중하고 이를 위반하지 않는 범위내에서 재량권을 행사할 수 있다.

[판례] 판례가 재량행위로 본 경우로는 (ㄱ) 허가에 있어서, ① 학교보건법상 학교환경위생정화구역 내에서의 터키탕영업허가(대판 1995. 7. 28, 94누13497), ② 개발제한구역 내에서의 건축허가(대판 1998. 9. 8, 98두8759), (ㄴ) 특허에 있어서, ① 여객자동차운수사업법에 의한 개인택시운송사업면허(대판 2002. 1. 22, 2001두8414), ② 공유수면매립면허(대판 1989. 9. 12, 88누9206), ③ 토석채취허가(대판 1994. 8. 12, 94누5489), ④ 도로법 제40조에 의한 도로점용허가(대판 2002. 10. 25, 2002두5795), (ㄷ) 인가에 있어서, ① 구 주택건설촉진법(현 주택법)상 주택조합설립인가(대판 1995. 12. 12, 94누12302), ② 재단법인정관변경허가(대판 1996. 5. 16, 95누4810), ③ 비영리법인설립인가(대판 1996. 9. 10, 95누18347), ④ 사회복지법인정관변경허가(대판 2002. 9. 24, 2000두5661) 등이 있다.[3]

▶판례〉 구 주택건설촉진법 제33조에 의한 주택건설사업계획 승인은 재량행위로서 법규에 명문의 근거가 없어도 국토 및 자연의 유지와 환경보전 등 공익상 필요를 이유로 그 승인신청을 불허가할 수 있다(대판 2007. 5. 10, 2005두13315).

▶판례〉 주택재건축사업시행의 인가는 상대방에게 권리나 이익을 부여하는 효과를 가진 이른바 수익적 행정처분으로서 법령에 행정처분의 요건에 관하여 일의적으로 규정되어 있지 아니한 이상 행정청의 재량행위에 속하므로, 처분청으로서는 법령상의 제한에 근거한 것이 아니라 하더라도 공익상 필요 등에 의하여 필요한 범위 내에서 여러 조건(부담)을 부과할 수 있다(대판 2007. 7. 12, 2007두6663).

---

1) Hans J. Wolff · Otto Bachof · Rolf Stober, Verwaltungsrecht I, 10. Aufl., München 1994, § 46 Rn. 15.
2) https://ko.wikipedia.org/wiki(검색어 : 재량행위; 검색일 : 2015.6.23); Hans J. Wolff/Otto Bachof /Rolf Stober, Verwaltungsrecht I, 10. Aufl., München 1994, § 46 Rn. 15.
3) 김진영, 행정법 핵심특강(1), 남부행정고시학원.

▶판례〉 마을버스운송사업면허는 법령이 특별히 규정한 바가 없으면 행정청의 재량에 속하는 것이고 마을버스 한정면허시 확정되는 마을버스 노선을 정함에 있어서도 기존 일반노선버스의 노선과의 중복 허용 정도에 대한 판단도 행정청의 재량에 속한다(대판 2002. 6. 28, 2001두10028).1)

▶판례〉 폐기물처리업 허가와 관련된 법령들의 체제 또는 문언을 살펴보면 이들 규정들은 폐기물처리업 허가를 받기 위한 최소한도의 요건을 규정해 두고는 있으나, 사업계획 적정 여부에 대하여는 일률적으로 확정하여 규정하는 형식을 취하지 아니하여 그 사업의 적정 여부에 대하여 재량의 여지를 남겨 두고 있다 할 것이고, 이러한 경우 폐기물처리업허가와 관련된 사업계획 적정 여부 통보를 위해 필요한 기준을 정하는 것은 행정청의 재량에 속한다(대판 2004. 5. 28, 2004두961).2)

▶판례〉 여객자동차 운수사업법에 의한 개인택시운송사업면허는 특정인에게 권리나 이익을 부여하는 행정청의 재량행위이며 그 면허기준 설정행위도 행정청의 재량에 속한다(대판 2007. 6. 1, 2006두17987).3)

---

1) 대판 2002. 6. 28, 2001두10028 【여객자동차운수사업한정면허처분취소】 마을버스운송사업면허의 허용 여부는 사업구역의 교통수요, 노선결정, 운송업체의 수송능력, 공급능력 등에 관하여 기술적·전문적인 판단을 요하는 분야로서 이에 관한 행정처분은 운수행정을 통한 공익실현과 아울러 합목적성을 추구하기 위하여 보다 구체적 타당성에 적합한 기준에 의하여야 할 것이므로 그 범위 내에서는 <u>법령이 특별히 규정한 바가 없으면 행정청의 재량에 속하는 것이라고 보아야 할 것이고, 마을버스 한정면허시 확정되는 마을버스 노선을 정함에 있어서도 기존 일반노선버스의 노선과의 중복 허용 정도에 대한 판단도 행정청의 재량에 속한다</u>고 할 것이며, 노선의 중복 정도는 마을버스 노선과 각 일반버스노선을 개별적으로 대비하여 판단하여야 한다.
2) 대판 2004. 5. 28, 2004두961 【폐기물처리사업계획서신청서류반려처분취소】 그 설정된 기준이 객관적으로 합리적이 아니라거나 타당하지 않다고 볼 만한 다른 특별한 사정이 없는 이상 행정청의 의사는 가능한 한 존중되어야 할 것이나, 그 설정된 기준이 객관적으로 합리적이 아니라거나 타당하지 않다고 보이는 경우 또는 그러한 기준을 설정하지 않은 채 구체적이고 합리적인 이유의 제시 없이 사업계획의 부적정 통보를 하거나 사업계획서를 반려하는 경우에까지 단지 행정청의 재량에 속하는 사항이라는 이유만으로 그 행정청의 의사를 존중하여야 하는 것은 아니고, 이러한 경우의 처분은 재량권을 남용하거나 그 범위를 일탈한 조치로서 위법하다.
3) 대판 2007. 6. 1, 2006두17987 【면허자격정지처분취소】 행정청이 개인택시운송사업의 면허를 함에 있어 택시 운전경력이 버스 등 다른 차종의 운전경력보다 개인택시의 운전업무에 더 유용할 수 있다는 점 등을 고려하여 택시의 운전경력을 다소 우대하는 것이 객관적으로 합리적이 아니라거나 타당하지 않다고 볼 수 없고, 또한 해당 지역에서 일정기간 거주하여야 한다는 요건 이외에 해당 지역 운수업체에서 일정기간 근무한 경력이 있는 경우에만 개인택시운송사업면허에서 우선권을 부여한다는 개인택시 면허사무처리지침은 개인택시 면허제도의 성격, 운송사업의 공익성, 지역에서의 장기간 근속을 장려할 필요성, 기준의 명확성 요청 등의 제반 사정에 비추어 합리적인 제한이라고 볼 것이다(대법원 2004. 11. 12. 선고 2004두9463 판결, 2005. 4. 28. 선고 2004

▶판례〉 개발제한구역 내에서는 구역지정의 목적상 건축물의 건축 및 공작물의 설치 등 개발행위가 원칙적으로 금지되고, 다만 구체적인 경우에 이러한 구역지정의 목적에 위배되지 아니할 경우 예외적으로 허가에 의하여 그러한 행위를 할 수 있게 되어 있음이 그 규정의 체제와 문언상 분명하고, 이러한 예외적인 개발행위의 허가는 상대방에게 수익적인 것이 틀림이 없으므로 <u>그 법률적 성질은 재량행위 내지 자유재량행위</u>에 속하는 것이다(대판 2004. 3. 25, 2003두12837).[1]

▶판례〉 유기장영업허가는 유기장영업권을 설정하는 설권행위가 아니고 일반적 금지를 해제하는 영업자유의 회복이라 할 것이므로 그 영업상의 이익은 반사적 이익에 불과하고 행정행위의 본질상 금지의 해제나 그 해제를 다시 철회하는 것은 공익성과 합목적성에 따른 당해 행정청의 재량행위라 할 것이다(대판 1985. 2. 8, 84누369).[2]

▶헌재결 1992. 11. 12, 89헌마88【교육법 제157조에 관한 헌법소원】 교과서에 관련된 국정 또는 검·인정제도의 법적성질은 인간의 자연적 자유의 제한에 대한 해제인 허가의 성질을 갖는다기 보다는 어떠한 책자에 대하여 교과서라는 특수한 지위를 부여하거나 인정하는 제도이기 때문에 <u>가치창설적인 형성적 행위로서 특허의 성질을 갖는 것</u>으로 보아야 할 것이며, 그렇게 본다면 국가가 그에 대한 <u>재량권을 갖는 것은 당연하다</u>고 할 것이다.

### 2.2.2. 재량영역

요건재량설의 입장에서는 재량은 행정행위의 「요건판단」에 대해서만 인정되고 효과(행위)의 결정에 대해서는 인정되지 않는 것으로 보는데 대하여 <u>효과재량설의 입장에서는 반대로 재량은 「효과(행위)의 결정」에 대해서만 인정되고 요건의 판단에 대해서는 인정될 수 없는 것으로 본다.</u> 그러나 재량은 요건판단과 효과(행위)결정의 양자에 인정되는 것으로 보아야 할 것이다(김도창, 서원우, 박윤흔). 효과재량(Erfolgsermessen)은 행위재량(Handlungsermessen, Verhaltensermessen)이라고도 하며, 이는 다시 결정재량(Entschließungsermessen)과 선택재량

---

두8910 판결 등 참조).
1) 대판 2004. 3. 25, 2003두12837【개발제한구역내행위허가(기간연장)신청불허가처분취소】
2) 대판 1985. 2. 8, 84누369【전자유기장업허가취소처분취소】유기장영업허가는 구 유기장업법(1981.4.13 법률 제3441호) 제3조, 동법시행령 제3조, 제4조의 규정에 비추어 물건의 내용, 상태 등 객관적 요소를 대상으로 하는 대물허가로서 그 영업상의 소재지 및 시설규모 등은 영업허가의 대상을 이루는 요소라 할 것이므로 당초 허가된 장소에 설치되었던 영업시설을 허가없이 새로운 영업장소로 이전하였다면 새로운 장소에서는 영업허가없이 영업을 하고 당초 허가된 장소에서의 영업은 유기장업법 소정의 유기시설을 갖추지 아니하여 준수사항과 허가조건을 위반하였다 할 것이므로 당초의 영업허가는 그 목적을 달성할 수 없게 되어 당연히 효력을 잃고 따라서 허가청은 이를 철회하는 의미에서 그 허가를 취소할 수 있다 할 것이다.

(Auswahlermessen)으로 나누어진다. 전자는 어떠한 행위를 하느냐 하지 않느냐에 관한 재량이고, 후자는 수개의 허용된 행위 또는 수인의 선택가능한 대상자 중에서 어느 행위 또는 누구를 선택할 것이냐에 관한 재량을 말한다. 하나의 행정행위에 결정재량과 선택재량이 모두 인정되어 있는 경우도 있고, 그 중의 어느하나(선택재량 혹은 결정재량)[1]만이 인정되어 있는 경우도 있다.[2]

【효과재량(행위재량)】
▶ 결정재량 : 어떠한 행위를 하느냐 하지 않느냐에 관한 재량
▶ 선택재량 : 수개의 허용된 행위 또는 수인의 선택가능한 대상자 중에서 어느 행위 또는 누구를 선택할 것이냐에 관한 재량

### 2.3. 기속행위와 재량행위의 이론적 구별의 상대성

기속행위와 재량행위는 「법규적 기속의 정도」에 따라 일응 구별되나, 양자간에 결코 본질적 차이가 있는 것은 아니고, 양자(兩者)의 구별은 다만 상대적 구별에 지나지 않는 것이다.[3] 왜냐 하면 모든 행정행위는 정도의 차이는 있을지라도, 상위규범에 의한 기속을 받는 동시에(기속행위성) 구체화의 여지가 인정된다는(재량행위성) 이중성을 가지고 있기 때문이다. 행정주체에게 재량을 인정한다고 하더라도 행정의 자의를 인정하는 것은 아니며, 재량은 의무에 합당한 재량이며 법의 기속을 받는 재량(법에 기속되는 재량)인 것으로 볼 수 있다. 그리고 비록 기속행위라고 하더라도 전적으로 재량을 배제하는 것은 아닌 것으로 본다면 기속행위와 재량행위의 구별은 양적·상대적 구별에 불과하다고 할 것이다.[4]

[판례와 다수설의 차이] 무엇이 법인지를 판단하는 재량행위를 기속재량이고 무엇이 합

---

1) 특히 결정재량의 경우가 많다(김남진·김연태, 행정법(I), 206면).
2) 김남진·김연태, 행정법(I), 206면.
3) 대판 2001. 2. 9, 98두17593【건축물용도변경신청거부처분취소】행정행위가 그 재량성의 유무 및 범위와 관련하여 이른바 기속행위 내지 기속재량행위와 재량행위 내지 자유재량행위로 구분된다고 할 때, 그 구분은 당해 행위의 근거가 된 법규의 체재·형식과 그 문언, 당해 행위가 속하는 행정분야의 주된 목적과 특성, 당해 행위 자체의 개별적 성질과 유형 등을 모두 고려하여 판단하여야 하고, 이렇게 구분되는 양자에 대한 사법심사는, 전자의 경우 그 법규에 대한 원칙적인 기속성으로 인하여 법원이 사실인정과 관련 법규의 해석·적용을 통하여 일정한 결론을 도출한 후 그 결론에 비추어 행정청이 한 판단의 적법 여부를 독자의 입장에서 판정하는 방식에 의하게 되나, 후자의 경우 행정청의 재량에 기한 공익판단의 여지를 감안하여 법원은 독자의 결론을 도출함이 없이 당해 행위에 재량권의 일탈·남용이 있는지 여부만을 심사하게 되고, 이러한 재량권의 일탈·남용 여부에 대한 심사는 사실오인, 비례·평등의 원칙 위배, 당해 행위의 목적 위반이나 동기의 부정 유무 등을 그 판단 대상으로 한다.
4) 김진영, 행정법 핵심특강(1), 남부행정고시학원.

목적적이고 공익에 적합한 것인지를 판단하는 재량행위를 자유재량이라고 한다. 현재 기속재량과 자유재량은 법의 구속에 따른 행정행위의 분류중 3분설을 취하는 판례의 입장이다(기속행위, 기속재량행위, 자유재량행위). 다만 판례는 일률적으로 단정하지 않고 개별적으로 판단하고 있기 때문에 기속재량과 자유재량의 구분은 난해한 문제이다. 다수설은 2분설을 취하면서 기속행위(기속행위 + 기속재량행위)와 재량행위(자유재량행위)로만 구분한다. 기속재량행위도 법의 구속여부에 관한한 기속행위와 큰 차이가 없기 때문에, 기속재량행위를 기속행위에 포함시키고, 기속행위와 재량행위로 분류하는 2분설을 취하고 있다. 왜냐하면 재량행위를 기속재량과 자유재량으로 구분하는 것은 기속재량행위를 기속행위와 마찬가지로 재판통제의 대상으로 하려는 목적에서 주장되었으나, 오늘날에는 재량행위의 경우에도 일탈·남용의 경우에는 사법심사의 대상이 되고 있으므로 재량행위 중 재판통제를 하기 위한 기속재량개념을 인정할 실익은 없다는 것이다. 판례는 기속재량행위와 자유재량행위를 구별하지만, 사법통제 측면에서는 구별하고 있지 않다. 즉, 재량권의 남용이나 재량권의 일탈의 경우에는 그 재량권이 기속재량이거나 자유재량이거나를 막론하고 사법심사의 대상이 된다(대판 1984. 1. 31, 83누451).[1]

### 3. 기속재량행위(법규재량행위)와 자유재량행위(공익재량행위·편의재량·목적재량)

#### 3.1. 개설

##### 3.1.1. 재량행위의 범주적 재분(再分)

[전통설의 입장] 재량행위와 기속행위는 실정법상 행정소송의 대상의 한계를 정하기 위한 기술적 필요에 기인하여 정립된 개념이다. 이 점을 명백히 하기 위하여 종래 재량행위를 다시 (ㄱ) 기속재량(법규재량·합법성 재량)과, (ㄴ) 자유재량(편의재량·목적재량·공익재량)으로 범주적으로 구별하여 이론을 전개하였다. 이러한 기속재량·공익재량 이분론(二分論)은 사법심사의 확대를 위하여 재량행위의 범위를 축소시키고자 하기 위한 노력의 일환으로 가장 먼저 주장된 것이 기속재량·공익재량 이분론(二分論)이다.

##### 3.1.2. 의의

a) 기속재량행위(Ermessen der Rechtmäßigkeit)

「무엇이 법인가」를 판단하는 재량이다.[2] 즉, 법규가 행정행위를 행함에 있어서 일의적으로 규정하지 아니하고 법의(法意)의 판단과 해석의 여지를 남겼다고 하더라도, 그것이

---

1) 김진영, 행정법 핵심특강(1), 남부행정고시학원.
2) 정하중, 행정법총론, 187면.

법규의 해석·적용에 관한 법률적 판단의 여지를 부여하는데 그치는 경우의 재량을 뜻하는 것으로서 입법자의 의도를 어느정도 생각해야 되는 경우이다.[1] 다시말하면 기속재량행위는 법령의 요건·효과부분이 문구상으로 불명확하고 선택의 여지가 주어진 것으로 표현되어 있어 재량을 허용하고 있는 것으로 보이더라도, 당해 법령의 입법취지와 전체 법질서에 비추어 그 의미·내용이 일의적으로 확정되어 있는 경우에는, 행정청은 당해 법령을 해석하여 그 의미내용을 확인하는 과정에서 자유여지를 가질 뿐이라고 한다. 이를 기속재량(기속적 재량)이라고 한다. 이는 행정청이 법률의 의미내용을 제대로 확인하였는가 여부가 행정소송에서 심사되고, 따라서 이러한 기속재량행위는 처음부터 소송요건에서 제외되지는 않는다고 한다. 다만, 기속재량에 대한 사법심사가 가능하다는 것은, 행정청이 법령의 의미내용을 확인하는 과정에서 무슨 잘못이 없었던가를 심사할 수 있다는 의미로서, 재량하자이론과 동일한 맥락에서 이해할 수 있다. 따라서 기속재량·공익재량 2분론은 - 재량행위 중 일부, 즉 기속재량에 대해서만 재량하자의 통제를 가한다는 의미에서 - 재량하자이론의 초기적 형태라고 할 수 있다. 기속재량은 법규정의 내용이 일의적이 아니라서 법의 의미와 해석의 재량권이 인정되더라도 행정청의 자유로운 판단에 맡기는 것이 아니라 법의 준칙과 경험법칙에 의해 판단될 것이 예정돼있는 재량행위이다.[2] 행정행위는 법규 하에서 법의 구체화 또는 집행으로 행하여지는 행위이지만 근대행정의 광범성과 복잡다기성 때문에 엄격한 법의 기속이 요청되는 행정분야에 있어서나, 구체적인 사정에 적극적으로 공익목적 달성을 위한 사명을 가진 행정 분야에 있어서나, 행정청의 재량을 어느 정도껏 인정함은 불가피 하다. 결론적으로 행정행위에는 비교적 법의 기속을 받는 경우와 비교적 광범한 행정청의 재량이 인정되는 경우가 있으며, 법의 구체화 또는 집행으로 행해지는 행위를 기속행위라 하고 어느 정도 행정청의 재량이 인정되고 이 재량에 의해 행하여지는 행위를 재량행위라 한다.

### b) 자유재량행위(freies Ermessen) - 공익재량행위

[의의] 자유재량이란, (ㄱ) 무엇이 행정의 목적 내지 공익에 적합한가, (ㄴ) 무엇이 보다 합목적적인가의 재량, 즉 의무에 합당한 재량·법의 기속을 받는 재량이며, 그 재량을 그르친 경우에는 단지 판단의 당·부당만이 문제로 되어 법원의 심사대상이 되지 않는 것이 원칙이다. 다만, 재량권의 남용이나 일탈의 경우에는 위법(행정소송법 제27조)이 되어 법원의 심사대상이 된다.[3] 자유재량이란 법규가 행정청에 대하여 판단의 법적 기준을 제시하지

---

1) 이상규, 신행정법론(상), 법문사, 1990, 277면.
2) http://blog.naver.com/dbthfzmdk?Redirect=Log&logNo=110142648228(기속행위와 재량행위).
3) 김진영, 행정법 핵심특강(1), 남부행정고시학원.

않고 그것을 전적으로 행정청의 판단과 선택에 맡긴 경우의 재량이다. 자유재량행위는 법률의 의미내용이 완전히 확정되어 있지 않아 행정청이 공익성과 합목적성에 비추어 판단할 수 있는 경우를 말하며, 이를 「공익재량」이라고도 한다. 요컨대, 이 견해에서는 기속재량행위를 인정하는 범위 만큼 재량행위가 축소되어 사법심사의 대상과 강도를 확대할 수 있게 되는 것이다. 영·미법에서도 기속재량과 자유재량의 구별에 대응하는 개념으로 객관적 재량(objektive discretion)과 주관적 재량(subjektive discretion) 또는 법적 재량(judicial discretion)과 행정적 재량(administrative discretion)의 구별이 인정되고 있다.

### 3.1.3. 재량위반의 효과

기속재량은 법률적 판단에 관한 재량, 즉 판단작용이기 때문에 기속재량을 그르친 경우에는 위법이 된다. 자유재량은 합목적성의 판단을 뜻하는 것이기 때문에, 그릇된 경우에도 위법이 아니라 부당의 문제(재량권의 유월이나 남용의 경우는 예외)만이 생긴다.[1]

## 3.2. 기속행위(기속재량 포함)와 재량행위(자유재량행위)의 구별의 실정법상 필요성

### 3.2.1. 행정소송사항과의 관계

a) 재량조항

오스트리아를 비롯한 대륙법계 국가 중에는 이른바 「재량조항」을 두어 행정 관청의 「자유재량」에 속하는 사항은 행정소송사항에서 제외하고 있다(예: 오스트리아 행정재판소 설치법 제3조). 그러므로 행정소송사항에서 제외되는 자유재량행위의 의의와 관계를 명백히 해야 될 필요성이 있다.

▶판례〉 기속행위의 경우 법원이 일정한 결론을 도출한 후 그 결론에 비추어 행정청이 한 판단의 적법 여부를 독자의 입장에서 판정하는 방식에 의한다. 재량행위의 경우 법원은 독자의 결론을 도출함 없이 당해 행위에 재량권의 일탈·남용이 있는지 여부만을 심사하게 된다(대판 2001. 2. 9, 98두17593).

▶판례〉 [교과서검정은 재량행위라는 전제 하에] 문교부장관이 시행하는 검정은 그 저술한 내용이 교육에 적합한 여부까지를 심사할 수 있다고 하여야 한다. 법원이 문교부장관(행정청)과 동일한 입장에서 어떠한 처분을 하여야 할 것인가를 판단하고 그것과 문교부장관의 처분을 비교하여 당부를 논하는 것은 불가능하다(대판 1998. 11. 8, 86누618).

---

[1] 이상규, 신행정법론(상), 법문사, 1990, 278면.

b) 위법성 여부

우리 행정소송법은 재량조항은 두지 않았으나(다만, 행정소송법 제27조 참조), 위법한 처분에 대해서만 행정소송을 인정하고 있다. 그런데 행정청의 「자유재량」에 속하는 경우에는 비록 그것이 부당한 처분은 될 지라도 위법한 처분이라고 볼 수 없는 것이므로 행정소송의 대상이 될 수 없기 때문에(행정심판은 위법·부당한 행정처분을 대상으로 하고, 행정소송은 위법한 행정처분을 대상으로 한다), 「자유재량행위」와 「기속재량행위」 내지 「기속행위」를 구별할 실정법상의 필요가 있다.

### 3.2.2. 부관(附款)과의 관계

행정행위의 부관은 법률행위적 행정행위 중에서도 법령에 특별규정이 없는 한 재량행위(공익재량행위는 물론 기속재량행위도 포함)인 경우에만 붙일 수 있다는 것이 통설이다. 즉, 기속행위인 경우에는 부관을 붙일 수 없고, 붙여도 명백한 법규위반의 부관으로써 무효이다.[1] 왜냐하면 기속행위는 법규에 정한바에 따라 행정행위가 이루어져야 하는 것이며, 따라서 재량행위에만 부관을 붙일 수 있다.

### 3.2.3. 확정력과의 관계

기속행위는 그 행위의 형식과 내용이 법규에 의하여 엄격하게 구속되므로 법규가 존속하는 한 행정청이 함부로 이를 취소·철회할 수 없는 「불가변력」이 발생함을 원칙으로 하지만, 재량행위의 경우에는 행위가 있은 후에도 사정변경에 의하여 취소·철회할 수 있다(불가변력 無)는 견해가 있다.[2] 그러나 다수설은 재량행위라 하여 그 취소·변경이 자유로운 것은 아니므로 양자간에 직접적인 관련은 없다는 입장이다.[3]

### 3.2.4. 공권의 성립과의 관계

기속행위의 경우에는 행정청은 그것을 행할 의무를, 국민은 그 (기속)행위를 요구할 수 있는 권리(공권: 공법상의 권리)를 가진다. 재량행위의 경우에는 행정청은 행위를 할 것인지, 하지 않을 것인지에 대한 재량권을 가진다고 할 수 있으므로 상대방에게 재량행위에 대한 청구권이 인정된다고 할 수는 없다. 그러니 이 경우에도 상대방에게 형식적 권리로서의 무하자재량행사청구권이 인정되거나, 재량권이 零(Null)으로 수축되는 경우에는 실체적 권리로서의 행정개입청구권이 인정된다. 따라서 공권의 성립과 관련하여 양자의 구별실익

---

1) 이상규, 신행정법론(상), 법문사, 1990, 280면.
2) 윤세창, 자유재량행위, 고시계(1964.5), 64면.
3) 김남진; 이상규; 박윤흔, 행정법강의(상), 338면.

은 크지 않다.1)

### 3.2.5. 기속재량과 자유재량의 구별 여부

#### a) 문제점

재량행위를 기속재량과 자유재량으로 구분하여 기속재량행위는 사법심사의 대상이 되고 자유재량행위는 사법심사의 대상이 되지 않는다고 보는 견해가 있다.

#### b) 학설

[구별긍정설] 기속재량이란 무엇이 법인가의 재량으로서 형식적으로는 재량이 인정되는 외관을 갖지만 실질적인 취지는 일의적으로 특정한 행정결정을 확정하는 경우로서 사법심사의 대상이고, 자유재량은 무엇이 공익에 적합한가의 재량으로서 재량에 위배된 행위는 부당함에 그쳐 사법심사의 대상이 되지 않는다고 보는 견해이다.

[구별부인설] 재량행위는 행정기관에게 선택의 자유가 인정되는 행위이고, 기속행위는 법에 엄격히 기속되는 행위이므로 재량행위와 기속행위의 중간적 영역인 기속재량행위를 인정할 수 없어 구별을 부인하는 견해이다.

#### c) 판례

판례는 기속재량행위와 자유재량행위라는 용어를 사용하지만 모두 사법심사의 대상이 된다고 하여 실질은 구별부인설을 취하고 있다. 대법원은 "행정청의 재량권은 복지행정의 확대등 행정행위의 복잡 다기화에 따라 그 영역이 날로 넓어지는 추세에 있고 한편 국민의 권익을 아울러 보장하여야 하는 행정목적과 행정행위의 특성에 따라 재량권을 부여한 내재적 목적에 반하여 명백히 다른 목적을 위하여 행정처분을 하는 것과 같은 재량권의 남용이나 재량권의 행사가 그 법적 한계를 벗어나는 경우와 같은 **재량권의 일탈은 그 재량권이 기속재량이거나 자유재량이거나를 막론하고 사법심사의 대상이 된다고 풀이하여야 할 것이다.**"2)라고 하였다.

#### d) 소결

기속재량과 자유재량의 구분이 실제에 있어서는 반드시 명백한 것은 아니고, 오늘날 재량권의 일탈·남용의 경우에는 모두 사법심사의 대상이 된다는 점에서 사실상 구별의 실익은 없다고 본다.3)

---

1) 박윤흔, 행정법강의(상), 337면.
2) 대판 1984. 1. 31. 83누451

### 3.3. 기속행위(기속재량 포함)와 재량행위(자유재량행위)의 구별표준
#### 3.3.1. 구별기준에 관한 학설
##### a) 요건재량설
##### aa) 재량의 본질

[개관] 요건재량설(Die Lehre des Tatbestandsermessen)은 법문의 표현에 중점을 두어 법의 규정방식의 여하에 따라 구별하는 견해이다(베르나찌크[Bernatzik], 佐佐木, 윤세창).[1] 행정법규는 요건규정과 효과규정으로 구분되는 것임을 전제로 하여, 행정행위에 관한 요건이 일의적이고 구체적으로 규정되어 있는 경우의 행정행위는 기속행위인데 반하여, 법이 행정행위의 요건에 관하여 '아무런 규정을 두지 아니한 경우(공백규정)'와 종국목적(공익만을 요건으로 한 경우)만을 정한 경우에는 재량행위라고 본다(예: 법규가 요건면에 불확정개념으로 규정된 경우 이를 재량으로 보고, 이에 대해서는 사법심사의 대상에서 제외된다는 것이다/법규재량설이라고도 한다). 즉 행정법규가 행정행위의 요건에 대하여 '아무런 규정을 두지 아니한 경우(공백규정)'나 종국목적(공익만을 요건으로 한 경우)만을 규정한 경우 또는 불확정개념 내지 다의적 개념으로 규정한 경우에는 재량행위에 속하고, 법규가 종국목적 외에 중간목적까지 규정하고 있으므로 행정활동의 기준이 일의적으로 확정되어 행정청이 그에 구속되는 경우에는 기속행위라고 한다(따라서, 법규재량설이라고도 한다.).[2] 이와 같이 요건재량은 행정행위의 요건에 있어서만 인정될 수 있고, 일단 법률요건에 해당한다고 판단한 후의 법률효과(법률요건에 해당하는 행위를 하느냐 않느냐 하는 행위의 선택)에는 재량이 인정되지 않는다고 보는 견해이다. 요건재량설에 따르면 법률요건이 일의적이고 명백하게 규정된 경우에는 기속행위에 해당되며, 처분에 대한 권한만이 규정되어 있는 공백규정의 경우 또는 법률요건이 한정적으로 규정되어 있으나, 공익이나 적합성, 필요성과 같은 불확정 개념이 존재하는 경우에는 재량행위에 해당된다고 한다.[3] 요건재량설은 과거 형식적 법치주의하의 견해로서 성문법상의 법률요건 부분에 불확정 개념이 있으면 바로 재량이 부여된 것으로 보는 견해이다. 그리고 당시 시대적 배경에 비추어 재량에 해당하면 사법심사 대상도 되지 않는다고 보았다.

[여권법 제12조(여권의 발급 등의 거부ㆍ제한)] 여권법 제12조 제1항 제4호는 "국외에서 대한민국의 안전보장ㆍ질서유지나 통일ㆍ외교정책에 중대한 침해를 야기할 우려가 있는 경우(여기까지를 요건이라 한다) / … 여권의 발급 또는 재발급을 거부할 수 있다(이를 효

---

3) http://lawyer.lawschool.co.kr(검색어: 기속행위ㆍ재량행위; 검색일: 2015.11.6).
1) 박윤흔, 행정법강의(상), 338면.
2) 김진영, 행정법 핵심특강(1), 남부행정고시학원.
3) 정하중, 행정법총론, 188면.

과라 한다). 이때 요건재량설은 요건에 재량이 인정되어 어떤 사실이 대한민국의 안전보장
·질서유지나 통일·외교정책에 중대한 침해를 끼친다고 볼 것인지 아닌지를 판단하는데
재량이 인정되고 대신 효과에 있어서는 재량이 부정된다는 것이고(효과에 재량이 부정된
다는 것은 대한민국의 안전보장·질서유지나 통일·외교정책에 중대한 침해를 야기할 우
려가 있는 경우라고 판단한 경우에는 반드시 여권을 발급하여서는 안된다), 효과재량설은
효과에 재량이 인정되어 여권발급을 거부할 수도 있고, 발급할 수도 있다는 것이다. 물론
요건에는 재량이 부정된다. 문제는 효과에 재량을 인정하는 견해인 효과재량설에 따르면
요건에는 재량이 부정되므로 안전보장을 현저하게 해친다는 사실을 기속으로 해석하게 된
다. 그런데 "안전보장"이라는 개념은 불확정개념으로서 이러한 판단은 법관보다는 행정기
관이 판단하는 것이 더 합리적일 수 있다. 이리하여 요건에서도 행정청에게 일정한 해석
(판단)의 여지를 인정하자고 하는 이론이 등장하는데 이것이 판단여지설이다. 판단여지설
은 어떤 사실이 요건에 충족되는지에 대하여 행정청에게 판단할 수 있는 여지(판단여지)를
인정한다는 것인데 바로 이 점 때문에 판단여지가 재량과 같은 지에 대하여 학설상의 논란
이 있다. 다수설과 판례는 판단여지는 재량과 같은 것으로 본다(따라서 판단여지라는 개념
을 굳이 사용할 필요가 없다고도 한다). 이 양자는 다르므로 구별하여 사용하여야 한다는
것이 소수설의 입장이다. 판단여지설은 요건재량설을 보완한 것이냐 아니면 효과재량설을
보완한 것이냐에 대하여 견해가 나누인다. 판단여지설이 좀더 발전된 것이 대체가능성설이
다.[1]

  bb) 내용

  요건재량설은 재량의 본질을 설명하는 이론으로서, 재량은 법령의 요건부분(⋯ 한다
면)에서 인정된다는 것이다. 요건부분이 불확정개념으로 되어 있기 때문에, 당해 사안이 그
요건을 충족하는가 여부에 관한 판단, 혹은 포섭(包攝)(Subsumtion), 즉 '구체적 인정사실이 법률
요건에 합치되는지의 여부판단'[2])에 있어 단 하나의 올바른 결론을 확정할 수 없는 것이고, 따
라서 법원은 이미 행정이 내린 결론이 틀렸다고 단정할 수 없기 때문에 결과적으로 그 포
섭에 관해 행정이 자유여지(재량여지)를 갖게 되는데, 이것이 바로 재량이라는 것이다. 이
러한 요건재량설이 재량행위의 범위를 축소하고자하여 비판대상으로 삼은 것이 법령의 요
건부분에 사용된 불확정개념이다. 즉, 불확정개념이라 하더라도 그것이 당해 행정작용의
특유한 목적을 나타내는 것이면 기속행위라는 것이다. 개개 행정작용의 목적은 행정의 최종 목
적인 공익을 달성하기 위한 중간과정에 해당한다는 의미에서 중간목적이라고 부른다.[3] 중간목적

---

 1) http://m.cafe.daum.net/lawclass/CvPR/8?q=D_CDCHocTi6vM0&(검색어: 요건재량; 검색일:
  2015.11.6)
 2) 박윤흔, 행정법강의(상), 326면.
 3) 차량의 강제견인을 규정하고 있는 도로교통법 제31조 제2항이 그 요건으로서 "도로에서의 위험

을 규정한 불확정개념이 당해 사안에서 충족되었는가에 관한 올바른 판단은 단 하나밖에 없는 것이기 때문에, 법원은 스스로 그 요건 충족 여부를 심사하여 자신의 결론과 행정청의 결정이 상반될 때에는 행정청의 결정을 위법한 것으로 판단할 수 있게 된다. 그러나 법령에 행정청이 어떤 행정작용을 할 수 있다고 하는 수권규정만 있을 뿐 그 행정작용을 할 수 있는 요건을 정하지 않은 경우, 즉 공백규정의 경우, 혹은 "공익상 필요한 경우" 등과 같이 행정의 종국목적만을 규정한 경우에는 재량행위가 된다. 실제로 행정법규상 이러한 공백규정이나 종국목적 규정은 드물고 거의 대부분이 중간목적 규정이므로, 요건재량설은 사실상 요건부분에서의 재량을 부정하는 결과가 된다(바로 여기에서 다음에 설명하는 효과재량설로 발전한다).

cc) 요건재량설에 입각한 판례

우리의 판례는 법률요건규정이 불확정개념으로 되어 있는 경우 그것을 재량개념으로 보고 요건재량으로 다루고 있다.1)

▶ 대판 1988. 11. 8, 86누618【2종교사용지도서1차심사결과부적판정처분취소】【판시사항】가. 중고등학교 교과서 검정에 있어서의 심사범위 나. 위 검정에 관한 부적판정처분의 위법여부 판단기준【판결요지】가. 문교부장관이 시행하는 검정은 그 책을 교과용 도서로 쓰게 할 것인가 아닌가를 정하는 것일 뿐 그 책을 출판하는 것을 막는 것은 아니나 현행 교육제도하에서의 중·고등학교 교과용 도서를 검정함에 있어서 심사는 원칙적으로 오기, 오식 기타 객관적으로 명백한 잘못, 제본 기타 기술적 사항에만 그쳐야 하는 것은 아니고, 그 저술한 내용이 교육에 적합한 여부까지를 심사할 수 있다고 하여야 한다. 나. 법원이 위 검정에 관한 처분의 위법여부를 심사함에 있어서는 문교부장관과 동일한 입장에 서서 어떠한 처분을 하여야 할 것인가를 판단하고 그것과 동 처분과를 비교하여 당부를 논하는 것은 불가하고, 문교부장관이 관계법령과 심사기준에 따라서 처분을 한 것이라면 그 처분은 유효한 것이고 그 처분이 현저히 부당하다거나 또는 재량권의 남용에 해당된다고 볼 수 밖에 없는 특별한 사정이 있는 때가 아니면 동 처분을 취소할 수 없다.

▶ 대판 1997. 12. 26, 97누11287【출판사등록취소처분취소】중남미 소설 아마티스타 사건】

[1] 출판사및인쇄소의등록에관한법률 제5조의2 제5호 소정의 '음란 또는 저속한 간행물'인지 여부의 결정 기준,

[2] 중남미 에로티시즘 문학의 대표작의 하나로 손꼽히는 작품인 번역소설 "아마티스타"가 '음탄한 간행물'에 해당한다고 한 사례,

[3] 출판사등록을 취소할 수 있는 경우

[4] 위 [2]항의 소설을 발행한 출판사에 대한 등록취소처분을 재량권의 남용으로

---

을 방지하고 교통의 안전과 원활한 소통을 확보하기 위하여"라고 규정하고 있는 것이 그 예이다.
1) 박윤흔, 행정법강의(상), 339면.

본 사례

【판결요지】

[1] 출판사및인쇄소의등록에관한법률 제5조의2 제5호 소정의 '음란 또는 저속한 간행물'이란 성에 관련된 의미에 있어서는 '음란'이란 개념으로 포괄할 수 있고, 간행물의 음란성을 판단함에 있어서는 당해 간행물의 성에 관한 노골적이고 상세한 표현의 정도와 그 수법, 성에 관한 표현이 간행물 전체에서 차지하는 비중 및 관련성, 간행물의 구성이나 전개 또는 예술성·학문성 등에 의한 성적 자극의 완화 정도, 이들의 관점으로부터 당해 간행물을 전체로서 보았을 때 주로 독자의 호색적 흥미를 돋우는 것으로 인정되는지의 여부 등의 여러 점을 검토하는 것이 필요하고, 이들의 사정을 종합하여 그 시대의 건전한 사회통념에 비추어서 그것이 공연히 성욕을 흥분 또는 자극시키고 또한 보통인의 정상적인 성적 수치심을 해하고, 선량한 성적 도의관념에 반하는 것이라고 할 수 있는가의 여부에 따라 결정되어야 한다.

[2] 번역소설 "아마티스타"가 성에 대하여 노골적으로 묘사하고 있지만 우아하고 독창적인 예술성으로 인하여 중남미 에로티시즘 문학의 대표작의 하나로 손꼽히는 작품이라고 평가받고 있는바, '음란'이란 개념 자체가 사회와 시대적 변화에 따라 변동하는 상대적이고도 유동적인 것이고 그 시대에 있어서 사회의 풍속, 윤리, 종교 등과도 밀접한 관계를 가지는 것이므로 중남미의 애정선정물에 대한 긍정적 평가를 그대로 우리 사회에 적용할 수 없음은 물론, 위 소설은 성에 관한 노골적이고 상세한 묘사서술이 전편에 흐르고 있고 성적 요소를 주제로 한 실험적 시도나 성교육의 기능이 내재하여 있다고 할지라도 그러한 예술성 등의 사회적 가치로 인하여 성적 자극의 정도가 완화되었다고 보이지 아니하며, 그 전편에 걸쳐 다양한 성행위를 반복하여 묘사하고 있는 점 등을 종합하여 볼 때, 위 소설은 우리 시대의 건전한 사회통념에 비추어 공연히 성욕을 흥분 또는 자극시키고 또한 보통인의 정상적인 성적 수치심을 해하고 선량한 성적 도의관념에 반하는 '음란한 간행물'에 해당한다.

[3] 출판사등록의 취소와 같은 수익적 행정행위의 취소에 있어서는, 그 취소로 인하여 개인의 기득의 권리 또는 이익을 침해하게 되므로 그 처분을 취소하여야 할 공익상의 필요와 그 취소로 인하여 당사자가 입게 될 기득권과 신뢰보호 및 법률생활안정의 침해 등의 불이익을 비교·교량한 후 공익상의 필요가 당사자가 입을 불이익을 정당화할 만큼 강한 경우에 한하여 취소할 수 있다.

[4]… 위 소설이 음란성이 인정된다고 할지라도 국외에서 그 문학성을 인정받고 있는 작품이어서 당해 출판업자로서도 외설작품이라는 명백한 인식 없이 이를 발행한 것이라고 보여지는 점 등을 감안하여 볼 때, 위 출판사의 등록을 취소함으로써 달성하려는 공익보다는 그것이 취소됨으로써 당해 출판업자가 입게 될 불이익이 더욱 크므로 위 소설을 발행한 출판사에 대한 등록취소처분은 재량권의 남용이다.

▶ 대판 1996. 9. 20, 96누6882【감정평가사시험불합격결정처분취소】

【판시사항】
　　[1] 감정평가사시험위원회의 운영에 관한 규정인 지가공시및토지등의평가에관한법률시행령 제20조가 대외적 구속력을 갖는지 여부(소극),
　　[2] 감정평가사시험의 합격기준 선택이 행정청의 자유재량에 속하는 것인지 여부(적극)
【판결요지】
　　[1] 감정평가사시험위원회는 그 구성원의 임명절차, 지위 및 임기 등에 비추어 감정평가사시험 실시기관인 행정청을 보조하여 위 시험에 관한 전반적인 사항을 심의하기 위하여 설치된 것이고, 따라서 그 심의사항이나 회의절차에 관한 지가공시및토지등의평가에관한법률시행령 제20조도 행정청 내의 사무처리준칙을 규정하는 것에 불과하여 대외적으로 국민이나 법원을 기속하는 효력이 있는 것은 아니다.
　　[2] 지가공시및토지등의평가에관한법률시행령 제18조 제1항, 제2항은 감정평가사시험의 합격기준으로 절대평가제 방식을 원칙으로 하되, 행정청이 감정평가사의 수급상 필요하다고 인정할 때에는 상대평가제 방식으로 할 수 있다고 규정하고 있으므로, 감정평가사시험을 실시함에 있어 어떠한 합격기준을 선택할 것인가는 시험실시기관인 행정청의 고유한 정책적인 판단에 맡겨진 것으로서 자유재량에 속한다.
　▶ 대판 2000. 10. 27, 99두264[1]【유적발굴허가신청불허가처분취소】
【판시사항】
　　[1] 구 문화재보호법 제44조 제1항 소정의 발굴 금지의 대상인 고분에 해당하기 위하여는 고분 안에 실제로 매장문화재를 포장하고 있어야 하는지 여부(소극),
　　[2] 구 문화재보호법 제44조 제1항 단서 제3호의 규정에 의한 '건설공사를 계속하기 위한 고분발굴허가'가 재량행위인지 여부(적극),
　　[3] 신라시대의 주요한 역사·문화적 유적이 다수 소재한 선도산에 위치한 고분에 대한 발굴불허가처분이 재량권의 일탈 또는 남용이 아니다.
【판결요지】
　　[1] 구 문화재보호법(1999. 1. 29. 법률 제5719호로 개정되기 전의 것) 제44조 제1항 본문은 "패총·고분 기타 매장문화재가 포장되어 있는 것으로 인정되는 토지 및 해저는 이를 발굴할 수 없다."고 규정하고 있는바, 여기에서 패총이나 고분은 매장문화재가 포장되어 있는 것으로 인정되는 토지의 예로서 열거한 것으로 보아야 하므로, 고분에 해당하는 한 그 안에 실제로 매장문화재를 포장하고 있는지 여부에 불구하고 원칙적으로 위 조항에 의하여 그 발굴이 금지되는 대상이다.
　　[2] 구 문화재보호법(1999. 1. 29. 법률 제5719호로 개정되기 전의 것) 제44조 제1항

---

[1] 이 사건은 '매장문화재가 발견될 때에는 문화재보호법에 따라 조치하여야 한다'는 조건을 부관으로 한 경우이다(법률행위적 행정행위).

단서 제3호의 규정에 의하여 문화체육부장관 또는 그 권한을 위임받은 문화재관리국장 등이 건설공사를 계속하기 위한 발굴허가신청에 대하여 그 공사를 계속하기 위하여 부득이 발굴할 필요가 있는지의 여부를 결정하여 발굴을 허가하거나 이를 허가하지 아니함으로써 원형 그대로 매장되어 있는 상태를 유지하는 조치는 허가권자의 재량행위에 속하는 것이므로, 행정청은 발굴허가가 신청된 고분 등의 역사적 의의와 현상, 주변의 문화적 상황 등을 고려하여 역사적으로 보존되어 온 매장문화재의 현상이 파괴되어 다시는 회복할 수 없게 되거나 관련된 역사문화자료가 멸실되는 것을 방지하고 그 원형을 보존하기 위한 공익상의 필요에 기하여 그로 인한 개인의 재산권 침해 등 불이익이 훨씬 크다고 여겨지는 경우가 아닌 한 발굴을 허가하지 아니할 수 있다 할 것이고, 행정청이 매장문화재의 원형보존이라는 목표를 추구하기 위하여 문화재보호법 등 관계 법령이 정하는 바에 따라 내린 전문적·기술적 판단은 특별히 다른 사정이 없는 한 이를 최대한 존중하여야 한다.

[3] 신라시대의 주요한 역사·문화적 유적이 다수 소재한 선도산에 위치한 고분에 대한 발굴불허가처분이 재량권의 일탈 또는 남용이 아니다.

dd) 요건재량설에 대한 비판

요건재량설에 대한 비판으로는, (ㄱ) 종국목적과 중간목적의 구별이 명확하지 않다는 점, (ㄴ) 어떤 사실이 요건에 해당하는지의 여부(포섭의 문제)는 법률문제인데도 이를 재량문제로 인정하고 있는 점, (ㄷ) 요건판단에만 재량을 인정하고 효과결정에는 재량을 인정하지 않는 점, (ㄹ) 법규정(제정법)에 지나치게 편중함으로써 조리법에 의한 기속을 부정함으로써 자유재량의 범위를 확대하고 있다는 점에서 비판을 받고 있다.[1]

b) 효과재량설(행위재량설·성질설)

aa) 재량의 본질

요건재량설이 법규상의 행위요건의 규정방식에 따라 재량행위 여부를 판단하려는 것인 데 대하여(… 한다면), 효과재량설은 당해 행위의 성질, 즉 그것이 국민의 권리, 의무에 어떻게 작용하는가에 따라 재량행위 여부를 결정하려는 것(… 할 수 있다)이다. 이와같이 효과재량설에 의하면 행정재량은 법률요건의 해석과 적용에 있는 것이 아니라 법률효과의 선택에 있다고 보는 견해이다.[2] 즉 재량을 행정행위의 요건사실의 인정에 대한 것으로 보지 않고 법률효과(행위)의 선택(처분선택, 작위·부작위간의 선택, 복수행위간의 선택)에 대한 것으로 본다. 효과재량설 혹은 행위재량설이라고 부르는 이유는 재량행위는 행정행위를 행할 것인가 말것인가(결정재량), 행정행위를 한다고 할 경우 어떤 행위를 할 것인가를 선

---

1) 김진영, 행정법 핵심특강(1), 남부행정고시학원.
2) 정하중, 행정법총론, 189면.

택하는(선택재량)데 대한 재량으로 파악하기 때문이다. 효과재량설에 의하면, 법규가 "행정청은 … 할 수 있다"라고 규정하고 있는 경우에는 **재량행위**에 해당하며, "행정청은 … 하여야 한다"고 규정하고 있는 경우에는 **기속행위**에 해당한다고 한다.[1] 효과재량설(행위재량설)은 국민의 자유와 권리를 보호하기 위하여 요건재량설보다 재량행위의 범위를 축소한 것이며, 우리나라의 오랫동안의 통설·판례의 입장이었다.[2]

bb) 내용

[개관] 기득권을 제한·박탈하거나 새로운 의무를 명하는「부과적 행정행위」는 기속재량행위 이다. 새로운 권리·이익을 주거나 기존의무를 해제하는「수익적 행정행위」는 원칙적으로 자유재량행위라 한다. 직접 국민의 권리·의무와 관계없는 행위는 원칙적으로 자유재량행위이고, 행정법규가 행정행위요건으로「불확정개념」을 사용한 경우에는 기속(재량)행위라 한다. 또한「준법률행위적 행정행위」와 같이 법률효과에 대한 행정청의 선택의 여지가 없는 행위도 기속재량행위라 한다.

▶판례) 광업권의 행사를 보장하면서 광산개발에 따른 자연경관의 훼손, 상수원의 수질오염 등 공익침해를 방지하기 위한 목적에서 광물채굴에 앞서 채광계획인가를 받도록 한 제도의 취지와 공익을 실현하여야 하는 행정의 합목적성에 비추어 볼 때, 채광계획이 중대한 공익에 배치된다고 할 때에는 인가를 거부할 수 있다고 보아야 하고, 채광계획을 불인가하는 경우에는 정당한 사유가 제시되어야 하며 자의적으로 불인가를 하여서는 아니 될 것이므로 채광계획인가는 기속재량행위에 속하는 것으로 보아야 한다(대판 1993. 5. 27, 92누19477).[3]

[효과재량설] 요건재량설보다 재량을 더욱 부정하는 입장이 효과재량설이다. 요건재량설에서는 요건규정을 분류하여 그 일부, 즉 중간목적 규정에 대해서만 재량을 부정한 반면, 효과재량설은 요건부분에서의 재량을 완전히 그리고 본질적으로 부정하기 때문이다. 효과재량설에 의하면, 재량은 법령의 효과부분에만 인정될 수 있고, 요건부분에서는 중간목적 규정 기타 불확정개념은 물론 종국목적 규정 심지어 공백규정이라 하더라도 재량이 있을 수 없으며, 모두 기속행위에 해당된다는 것이다(법규가 요건에 불확정개념을 규정한 경우 이는 기속행위로서 법개념으로 평가하여 그만큼 행정청의 재량을 축소한 것으로 볼 수 있다). 효과재량설에서의 재량은 단지 효과부분, 즉 행위를 할 것인가 하지않을 것인가의 여부(결정재량) 또는 다수 행위 중 선택(선택재량)만이 인정될 수 있다고 한다. 효과재량설에

---

1) 정하중, 행정법총론, 189면; 同人, 행정법사례연구, 128면 이하; 홍정선, 행정법원론, 박영사, 2005, 277면; 법규에 이러한 가능규정(… 할 수 있다)을 둔 경우에 재량행위로 인정한 판례는 대판 1991. 1. 15, 90누7630; 대판 1993. 11. 29, 93누14325; 대판 1993. 12. 9, 93누5185.
2) 박윤흔, 행정법강의(상), 340면.
3) 대판 1993. 5. 27, 92누19477【채광계획인가신청불허가처분취소】

따르면 당해 사안의 요건충족 여부에 대해서는 전면적으로 사법심사가 미친다.

[성질설] 효과재량설을 취하는 견해 중 효과부분의 재량을 다시 행정작용의 성질에 따라 다시 제한하는 견해가 있다. 즉, 효과부분에서 재량행위로서 허용되고 있는 행정작용 중에서 행정행위의 성질을 기준으로 하여 특별한 규정이 없는 한 상대방의 권리를 침해하거나 의무를 부과하는 침익적·침해적 행정작용인 경우에는 재량을 부정하여(권리·이익의 침해를 막기 위하여), 기속행위로 보고, 상대방에게 이익을 부여하는 수익적 행정작용(권리·이익을 보장해 주는 것이므로)에 한해서만 재량행위에 속한다고 한다.[1] 이러한 주장은 행정작용의 성질을 기준으로 하는 것이므로 이를 「성질설」이라고도 한다. 이 결과 실제적으로 모든 행정소송에서 재량은 부인되게 된다. 왜냐하면 행정소송은 원고의 공권·법률상 이익(법적 이익; 법률상 보호이익)을 침해하는 행정작용을 대상으로하여 다투는 것이기 때문이다.[2] 수익적 행정행위(begünstigender Verwaltungsakt)가 강학상「허가」에 해당하는 경우에는,[3] 그 허가의 거부는 국민의 본래적·자연적 자유의 회복을 침해하는 것이기 때문에 기속행위로 본다. 반면에 수익적 행정행위가 <u>강학상「특허」에 해당하는 경우, 예컨대 광업권설정허가와 같이 국민이 본래적으로 갖고 있지 않는 대세적 권리를 새롭게 설정해 주는 것(설권행위)</u>인 경우에는, 이를 거부하더라도 이로 인하여 침해되는 국민의 권리가 애초부터 존재하지 않기 때문에, 특허의 경우는 행정청의 재량행위로 본다(면세점 허가는 특허이며, 행정청의 재량행위이다). 결국 허가의 경우에는 관계법령상의 요건들을 모두 갖추면 행정청은 반드시 허가를 해 주어야 하고, 특허의 경우에는 그 요건들을 모두 갖추었더라도 공익 기타 제반사정을 고려하여 행정청이 이를 거부할 수 있다는 것이다. 이것이「허가·특허 2분론」으로서, 우리나라의 전통적 학설이자 확립된 판례이다. 그리하여 실무상 기속행위와 재량행위의 구별의 필요성은 대부분 허가와 특허의 구별을 위하여 필요하다. 그러나 이러한 학설·판례의 태도에 대해 허가와 특허의 개념 구별의 상대성을 이유로 문제점이 있다는 지적이 있다.

cc) 조리법적 기속의 승인

효과재량설의 중요한 점은 국민에게 불이익을 주는 부과적·부담적 행정행위에 대하여는 법규의 규정 이외에 조리법(행정법의 일반법원칙; 행정법의 일반원리)에 의한 기속을

---

1) 김진영, 행정법 핵심특강(1), 남부행정고시학원.
2) 예: 공무원징계처분, 영업허가의 취소·정지처분 등과 같이 그 자체로 침익적 행정작용인 경우뿐만 아니라, 각종 인·허가 발급의 거부와 같이 수익적 행정행위의 거부도 결국은 침익적 행정작용으로 볼 수 있다.
3) 예컨대 자동차운전과 같은 경우 공공의 안녕 및 질서에 대한 위험 때문에 그 행동을 일반적으로 금지하고, 그 위험을 방지할 수 있는 요건들을 갖춘 사람에게만 다시 그 금지를 해제해 주는 것이 그 예이다.

한다는 점이다. 그간의 통설·판례의 입장이다.

　dd) 비판

　행정행위의 성질에만 중점을 둔 나머지 법규(제정법)를 무시하는 점, 침해행정영역에도 법률의 규정방식과 관련하여 당해 행위가 재량행위가 되는 경우가 있는 점, 불확정개념은 모두 기속행위로 보는 점 등이 비판을 받고 있다.[1]

　c) 법문언기준설(통설·판례)

　[학설의 내용] 오늘날 재량의 본질에 관하여는 법률요건이 아니라, 법률효과의 선택에 재량이 있다고 보는 효과재량설이 타당하다고 볼 수 있다. 법규에 따른 행정행위를 함에 있어 기속행위와 재량행위의 구별은 원칙적으로 법문언의 표현에서 찾아야 하고, 이런 법규의 규정형식에 의하는 것이 곤란한 경우에는 당해 입법목적이나 입법취지 및 당해 행위의 성질 등을 합리적으로 고려하여 판단하여야 한다. 효과재량설의 기반에서 제1차적 기준을 법문언을 기준으로 "… 하여야 한다. 또는 … 할 수 없다."는 문언이 있으면 수익적인 내용이더라도 기속행위로 보아야 하며, 반대로 "… 할 수있다. 또는 … 하지 않을 수 있다."라는 문언이 있으면 침익적인 내용이더라도 재량행위로 보아야 한다는 견해로서 오늘날의 통설·판례이다. 다만 법문언이 불분명한 경우에는 성질이나 취지, 목적 등을 종합해서 재량의 부여 여부를 결정하게 되며, 이리하여 종합설이라고도 부른다.

　　▶ 대판 1997. 12. 26, 97누15418【주택건설사업영업정지처분취소】【판시사항】기속행위와 재량행위의 구별 기준【판결요지】어느 행정행위가 기속행위인지 재량행위인지 나아가 재량행위라고 할지라도 기속재량행위인지 또는 자유재량에 속하는 것인지의 여부는 이를 일률적으로 규정지을 수는 없는 것이고, 당해 처분의 근거가 된 규정의 형식이나 체재 또는 문언에 따라 개별적으로 판단하여야 한다.

　[판례] 그러나 법률의 문리적 표현은 절대적 기준은 아니라는 것이 판례의 입장이기도 한데(대판 1989. 10. 24, 88누9312; 대판 1997. 12. 26, 97누15418), "정부공문서규정(사무관리규정) 제33조 제2항이 행정청에게 문서의 열람 또는 복사를 요청시 이를 허기할 수 있다."라는 규정에 대하여는 재량행위가 아니라 기속행위로 보아야 한다고 판시한 바 있다(대판 1989. 10. 24, 88누9312).[2]

---

1) 김진영, 행정법 핵심특강(1), 남부행정고시학원.
2) 대판 1989. 10. 24, 88누9312【위조확인서제거신청거부처분등취소】【판시사항】국가기관이 보관하는 문서에 대한 국민의 열람 및 복사신청권 유무(적극)【판결요지】일반적으로 국민은 국가기관에 대하여 기밀에 관한 사항 등 특별한 경우 이외에는 보관하고 있는 문서의 열람 및 복사를 청구할 수 있고, 정부공문서규정 제36조 제2항의 규정도 행정기관으로 하여금 일반국민의 문서 열람 및 복사신청에 대하여 기밀 등의 특별한 사유가 없는 한 이에 응하도록 하고 있으므로 그

d) 판단여지설(Beurteilungsspielraumtheorie)
aa) 바호프(O. Bachof)의 판단여지설

바호프(O. Bachof)에 의하면, 법률요건에 불확정개념이 사용된 경우 행정청의 전문적·기술적 판단이 종국적인 것으로 존중되며, 그 한도 내에서는 행정청의 판단을 존중하여 사법심사가 제약을 받게 된다고 한다. 법률이 행위의 요건을 규정함에 있어서 개념상으로 명확한 확정개념을 사용하는 경우도 있지만, 불확정 개념을 사용하기도 한다. 불확정 개념 혹은 불확정 법개념(unbestimmter Rechtsbegriff)이란 개념 그 자체로서는 그 의미가 명확하지 않고 해석의 여지가 있는 개념을 말한다.[1] 그러므로 불확정 (법)개념은 심리적(審理的) 재량개념(kognitive Ermessensbegriff)으로 본다.[2] 예를 들면 정당한, 상당한 이유, 공익상 필요한 때, 중대한 사유, 식품의 안전, 환경의 보전 등이 이에 해당한다. 판단여지설(Beurteilungsspielraumtheorie)은 행정행위의 요건규정중 불확정개념의 해석에 관한 학설이다(행위요건이 불확정 개념으로 정하여진 경우).[3] 바호프(O. Bachof)는 자유재량을 엄격히 효과(행위)재량에만 인정하고 행정행위의 요건으로 규정한 불확정개념을 재량개념으로 보지 않고 법개념으로 보아(kognitive Ermessensbegriff)[4] 그의 해석 및 적용은 법원에 의해 논리법칙 혹은 경험법칙을 통해 일의적으로 해석될 수 있고 따라서 전면적으로 법원으로부터의 사법심사의 대상이 된다고 본다(이 점에서는 효과재량설과 같고 요건재량설과 다르다).[5] 다만 불확정개념의 해석·적용에 있어서 예외적으로 '둘 이상의 다수의 가치판단의 가능성이 존재하는 경우'에 판단여지라는 것을 인정하여, 그것이 인정되는 범위 내에서 행정청의 판단은 사법심사의 대상에서 제외된다고 한다(이점이 효과재량설과 다르고 요건재량설과 같다). 결국 바호프(O. Bachof)는 법률효과에 있어서 자유재량과 법률요건에 있어서 판단여지를 동시에 인정하는 셈이다(절충설적 입장).[6] ☞ **재량영역의 확대**

bb) 판단여지와 재량행위

[사례] X는 대학예비고사에 합격하고 국립인 J대 법정대학에 지원한 자인바, J대학장은 입학지원자의 수가 정원에 미달하였음에도 불구하고 X의 수학능력의 부족을 이유로 불

---

신청을 거부한 것은 위법하다.; 김진영, 행정법 핵심특강(1), 남부행정고시학원.
1) 박균성, 행정법론(상), 298면.
2) Hans J. Wolff · Otto Bachof · Rolf Stober, Verwaltungsrecht I, 10. Aufl., München 1994, § 31, Rn. 15; BVerwG, DVBl. 1957, 786 m. Anm. Bachof u. noch DVBl. 1972, 895.
3) 박균성, 행정법론(상), 298면; 同人, 행정법강의, 242면.
4) Hans J. Wolff · Otto Bachof · Rolf Stober, Verwaltungsrecht I, 10. Aufl., München 1994, § 31, Rn. 15; BVerwG, DVBl. 1957, 786 m. Anm. Bachof u. noch DVBl. 1972, 895.
5) 박균성, 행정법론(상), 298면.
6) O. Bachof, Beurteilungsspielraum Ermessen und unbestimmter Rechtsbegriff im Verwaltungsrecht, in : JZ 1955.

합격처분을 하였다. X는 행정소송을 통하여 구제될 수 있는가?[1]

[해설] (입학정원미달과 선발의 자유성 여부) : 교육법 및 J대학측 등에 X와 같은 자에 대한 입학결정을 기속행위로 볼만한 근거가 없으므로 그 X에 대해 불합격처분에 있어 재량권의 남용이 발견되지 않는 한 불합격처분을 위법이라고 할 수 없다(X의 신뢰보호는 별개의 문제로 남는다). 대학에의 지원자는 그 학업성적과 수학능력, 적성 등에 따라 자유롭게 특정한 대학을 선택하여 지원할 수 있고 또 대학은 학생의 입학을 전형함에 있어 법령과 대학의 학칙에 정하여진 범위 내에서 대학의 목적과 특수한 사정을 고려하여 자유롭게 학생의 수학능력의 기준을 결정할 수 있다. 따라서 대학은 입학지원자가 모집정원에 미달한 경우에라도, 대학 스스로 규정한 입학사정기준에 미달되는 자에 대하여는 입학을 거부할 수도 있다. X에 대한 수학능력부족이라는 J대학당국의 판단은 이른바 **판단여지**에 해당한다.

[기속재량·자유재량의 차이] 기속재량은 사법심사의 대상이 되는데 반하여 자유재량은 사법심사의 대상이 되지 아니한다. 기속재량(무엇이 법인가에 대한 재량)과 자유재량(무엇이 합목적적인가에 대한 재량)의 구별기준[2]에 대하여 <u>종래 요건재량설과 효과재량설이 주장되어 왔다</u>. (요건재량설) : 요건재량설은 재량을 행정행위의 요건사실의 존부의 인정에 대한 것으로 보고, 일단 법이 정한 요건사실의 존재를 인정한 이상 행정청은 반드시 행정행위를 해야 하므로 행정행위를 할 것인가의 여부에 대한 재량은 인정되지 않는다는 견해이다. (효과재량설) : 효과재량설은 재량을 어떠한 행위(법률효과)의 선택의 여지가 인정되느냐의 여부에 관한 것으로 보고 행위의 성질에 중점을 두어 그 행정행위가 수익적 행위냐 부담적 행위냐를 기준으로 하여 전자의 경우는 원칙적으로 공익재량(자유재량)이며 후자의 경우에는 법규가 마치 재량의 여지를 인정하는 것처럼 보일 때에도 그것은 기속재량임에 불과하다고 보는 견해이다. 오늘날의 유력한 견해는 판단여지설이다(아래참조).

[판단여지설] 오늘날의 유력한 견해인 판단여지설은 기본적으로 효과재량설에 입각하여 법규의 요건에 불확정개념(예 : 당분간, 정당한 사유, 상당한 이유, 공익상 필요한 때·공적(功績)이 뚜렷한 자·적당한 장소·야간(夜間)·치안상 유해, 등 …)이 사용된 경우에는 이것은 재량개념이 아니라 법개념으로 보면서도(따라서 사법심사의 대상이 됨), 이러한 불확정개념 가운데에는 객관적 경험법칙에 의해 확정할 수 없는 가치개념이 있으므로 이와 같은 가치개념의 영역에서는 – 법원은 스스로 판단할 수도 있지만 – 행정청의 전문기술성을

---

[1] 대판 1982. 7. 27, 81누398【불합격처분무효확인】
[2] 대판 1997. 12. 26, 97누15418【주택건설사업영업정지처분취소】【판시사항】기속행위와 재량행위의 구별 기준【판결요지】어느 행정행위가 기속행위인지 재량행위인지 나아가 재량행위라고 할지라도 기속재량행위인지 또는 자유재량에 속하는 것인지의 여부는 이를 일률적으로 규정지을 수는 없는 것이고, 당해 처분의 근거가 된 규정의 형식이나 체재 또는 문언에 따라 개별적으로 판단하여야 한다.

존중한다는 의미에서 행정청의 판단의 여지를 인정하고 그 판단으로써 법원의 판단에 대체할 수 있다고 한다(이러한 견해에 입각할 때는 재량과 판단여지는 이념상 구별된다; 김남진). 판단여지설은 계획재량론과 더불어, 재량행위의 축소·부정(否定)에 대한 반작용으로 등장한 이론이다. 이 이론은 「요건부분에 관해서는 재량이 있을 수 없다」라는 효과재량설의 입장을 받아들이면서도, 재량이 아닌 '판단여지(Beurteilungsspielraum)'라는 개념을 통하여 사법심사를 제한하고자 하는 것이다. 즉, 법규의 요건부분에 불확정개념이 사용된 경우, 사안에 따라서는 그 해석과 적용이 순수한 인식작용이 아닌, 평가적·의지적 작용일 수 있는데, 이러한 경우에는 항상 오직 하나의 올바른 결론만이 가능한 것이 아니라 일정한 범위 내에서는 다수의 선택가능성, 다시말하면, 판단여지(Beurteilungsspielraum)가 존재하게 된다고 한다. 따라서 행정청이 다수의 선택 가능성중 하나를 선택하여 결정한 때에는 법원은 자신의 판단을 자제하고 행정청의 결정을 존중하여야 한다는 것이다.[1]

[판단여지가 인정되는 경우] 이러한 판단여지가 인정되는 경우로는 일반적으로, (ㄱ) 비대체적(非代替的) 결정, (ㄴ) 구속적 가치평가, (ㄷ) 예측결정, (ㄹ) 형성적 결정, (ㅁ) 이익대표 또는 전문가로 구성되고, 직무상 독립을 갖는 합의체기관(위원회 등)의 결정, (ㅂ) 행정상 정책에 관련된 불확정 개념의 해석 등을 들고 있다.

(ㄱ) <u>비대체적 결정(고도의 인격적 가치판단영역) → 공무원의 근무평정, 시험, 학생의 성적평가와 같이 그 상황 하에서 관계자만이 내릴 수 있는 결정을 의미하는데, 이는 사법심사에서 당일의 상황을 재현할 수 없을 뿐만 아니라 관계자의 특수한 경험과 지식을 대신할 수 없다.</u>[2][3]

---

1) 불확정개념에 관한 판단은 어디까지나 법적 판단이므로 원칙적으로 사법심사가 전면적으로 미치고 행정청의 「재량」이 인정될 수 없으나, 사안에 따라서는 「판단여지」가 존재하여 사법심사가 자제되어야 하는 경우가 있다는 것이다.
2) 박균성, 행정법론(상), 300면; 同人, 행정법강의, 243면; ① 대판 1982. 7. 2, 81누398(비대체적 결정 - 수학능력의 심사) 대학은 학생의 입학을 전형함에 있어 법령과 학칙에 정해진 범위 내에서 대학의 목적과 그 대학의 특수사정을 고려하여 자유로이 수학기준을 정할 수 있다고 할 것이며 따라서 대학은 입학지원자가 모집정원에 미달한 경우라도 그가 정한 입학심사기준에 미달되는 자에 대하여는 입학을 거부할 수 있다. ② 대판 1993. 10. 25, 83누302(비대체적 결정 - 근무평정) 직권면직사유인 "직무수행능력의 현저한 부족으로 근무실적이 극히 불량한 때"에 해당하는지 여부를 판단하기 위한 자료가 되어야 할 당해 공무원에 대한 근무성적평정의 결과가 불량하다는 아무런 자료도 없는 경우에 있어서 별다른 사유없이 단기간내에 감봉 1월의 징계처분을 받고 다시 감봉 6월의 징계처분을 받고 이에 대한 불복의 소가 계류중인 사실만으로써 이 사유가 곧바로 직무수행능력의 부족을 이유로 한 직권면직사유에 해당한다고 볼 수 없다.
3) 사건 : 05-11896 교원임용공고무효확인청구
　　청 구 인 : 정○○　대전광역시 ○○구 ○○동 155-16번지
　　피청구인 : 서울교육대학교총장

(ㄴ) **구속적 가치평가** → 문화재 지정, 청소년유해도서 판정(유해여부의 판단) 등과 같이 전문가로 구성된 독립된 합의제기관(위원회)이 내리는 결정 등을 의미하는데, 이러한 전문적이고 객관적·중립적인 결정에 대해 다시 소송에서 감정 등의 절차를 통해 심사할 필요가 없다.[1]

(ㄷ) **예측결정** → 환경행정(환경상 위험의 예측평가)·경제행정(경제여건의 변화예측) 영역에서 **장래의 발생할 위험** 등의 사태를 예상(장래의 예측결정)하여 이에 대비하여 내리는 결정을 의미하는데, 대부분 과거사실에 대한 소급적 판단을 중심으로 하는 사법권이 판단하기에 부적당하다.[2]

---

청구취지: 피청구인이 2004. 3. 16. 청구인에 대하여 한 교원임용공고는 무효임을 확인한다.
이 건 처분의 위법·부당 여부
가. 관계법령: 교육공무원법 제5조 및 제26조, 교육공무원 인사위원회 규정 제5조, 제13조 및 제14조; 익산대학 교원인사위원회 규정 제2조 내지 제5조
「사건개요」: 청구인은 피청구인이 2003. 10. 30. ○○대학교 ○○학과(농업교육 분야) 교수 공개채용을 공고함에 따라 이에 응모하였고 피청구인으로부터 2004. 3. 16. 최종 임용 후보자로 선정되지 못하였다는 통보를 받았다. 「재결례요지」: 1) 청구인은 전공심사 및 면접심사에서 최고득점을 획득하지 못한 사실이 인정되는 점, 이 건 임용후보자 선발기준인 전공심사와 면접심사는 관련법령에 의하여 피청구인이 임명 또는 위촉한 각 학과심사위원회, 공개강의심사위원회, 면접심사위원회 소속위원의 고유권한에 속하는 사항으로서 각 위원의 해당 분야에 관한 전문적·학문적인 양심과 판단을 기초로 하여 그 재량에 의하여 이루어지는 행위라 할 것이므로 그 심사행위가 재량권의 범위를 벗어나서 비례·형평의 원칙에 위반되게 자의적으로 행사한 것이라고 할 만한 특별한 사정이 없는 한 해당위원들의 심사결과를 기준으로 관련법령의 규정에 따라 시험의 합격자 여부를 결정한 것이 위법·부당하여 무효라고 할 수 없을 것인 바, 이 건 처분과 관련된 전공심사 및 면접심사는 심사위원들의 전문적인 지식에 기초한 고도의 판단행위라 할 것이므로 각 전형단계에 따른 심사에 있어 재량권을 일탈·남용하였다고 볼 만한 객관적인 사정이 없는 점 등을 종합적으로 고려할 때 이 건 처분은 무효라고 할 수 없다. 2) 청구인은 이 건 처분에 있어 모집분야와 최종 후보자의 전공분야 및 최종학위를 고려하지 않은 부당함이 있다고 주장하나, 서울교육대학교전임교원임용규정시행세칙 제4조의 규정에 의하면 기초 심사는 지원자의 전공 분야가 모집 분야와 일치하는지의 여부에 대하여 학과 심사위원의 2/3이상 적격 판정을 받은 자만이 전공 심사에 응할 수 있도록 규정되어 있고, 선발 자료표에 의하면 청구인을 포함하여 기초심사에서 적격판정을 받은 3인만이 전공심사에 응한 것으로 되어 있으므로 이에 대한 청구인의 주장은 이유 없다.
1) 박균성, 행정법론(상), 300면; 同人, 행정법강의, 243면; 대판 1988. 11. 8, 86누618(구속적 가치평가 — 법원의 검정) 법원이 그 검정에 관한 처분의 위법여부를 심사함에 있어서는 피고와 동일한 입장에 서서 어떠한 처분을 하여야 할 것인가를 판단하고 그것과 피고의 처분과를 비교하여 그 당부를 논하는 것은 불가하고, 피고가 관계법령과 심사기준에 따라서 처분을 한 것이면 그 처분은 유효한 것이고, 그 처분이 현저히 부당하거나 또는 재량권의 남용에 해당한다고 볼 수밖에 없는 특별한 사정이 있는 때가 아니면 피고의 처분을 취소할 수 없다고 보아야 할 것이다.

(ㄹ) 형성적 결정 → 경제·사회·문화 등을 일정한 방향으로 유도하고 그 구체적인 모습을 만들어 가기 위해 행해지는 행정작용을 의미하는데, 이러한 형성적 활동은 일차적으로 행정의 역할이고 책임이라는 것이다.

(ㅁ) 이익대표 또는 전문가로 구성되고, 직무상 독립을 갖는 합의체기관(위원회 등)의 결정 → 이것은 다양한 사회집단의 대표자의 합의로 이루어져 법원이 그것을 존중하여야 할 구속적 가치평가(verbindliche Wertungen)로서의 성질을 갖기 때문이며(독일의 경우 연방행정법원에서는 특정잡지의 내용이 청소년에게 미치는 유해성여부의 판단에 있어서의 연방심사청(Bundesprüfstelle)의 결정에 대하여 판단여지를 인정한 바 있다(BVerWGE 39, 197(204)),

(ㅂ) 행정상 정책에 관련된 불확정 개념 → 고도로 정책적인 판단에 해당되는 경우는 법원의 심사를 통하여 대체할 수 없는 것이기 때문이다.1)

[소결] 결국 판단여지설은 사법심사의 (사실적 및 규범적) 한계와 행정의 자율성 내지 자기책임성을 고려하여 개별·구체적으로 사법심사의 강도를 조정하겠다는 것이다. 이러한 판단여지설은 독일 판례의 일부의 사안에서 받아들여지고 있고, 우리나라 판례에서도 이와 같은 취지로 볼 수 있는 판례들(교과서검정, 시험에서의 채점기준·정답결정,2)3) 합격기

---

2) 박균성, 행정법강의, 박영사, 2008, 239면.

1) 대판 1996. 9. 20, 96누6882【감정평가사시험불합격결정처분취소】【판시사항】감정평가사시험의 합격기준 선택이 행정청의 자유재량에 속하는 것인지 여부(적극)【판결요지】지가공시및토지등의평가에관한법률시행령 제18조 제1항, 제2항은 감정평가사시험의 합격기준으로 절대평가제 방식을 원칙으로 하되, 행정청이 감정평가사의 수급상 필요하다고 인정할 때에는 상대평가제 방식으로 할 수 있다고 규정하고 있으므로, 감정평가사시험을 실시함에 있어 어떠한 합격기준을 선택할 것인가는 시험실시기관인 행정청의 고유한 정책적인 판단에 맡겨진 것으로서 자유재량에 속한다.

2) 대판 2001. 4. 10, 99다33960【손해배상(기)】사법시험 객관식 문제의 출제에 있어서, 법령규정이나 확립된 해석에 어긋나는 법리를 진정한 것으로 전제하여 출제한 법리상의 오류가 재량권의 남용 또는 일탈로서 위법한 것임은 당연하며, 법리상의 오류를 범하지는 아니하였더라도 그의 문항이나 답항의 문장구성이나 표현용어 선택이 지나칠 정도로 잘못되어 결과적으로 사법시험의 평균수준의 수험생으로 하여금 정당한 답항을 선택할 수 없게 만든 때에도 재량권의 남용 또는 일탈이라고 할 것이지만, 법리상의 오류는 없고 문항이나 답항의 일부 용어표현이 미흡하거나 부정확한 편으로서 객관식 답안작성 요령이나 전체의 문항과 답항의 종합·분석을 통하여 진정한 출제의도 파악과 정답선택에 있어 사법시험의 평균수준의 수험생으로서는 장애를 받지 않을 정도에 그친 때에는, 특별한 사정이 없는 한, 그러한 잘못을 들어 재량권의 남용 또는 일탈이라고 하기는 어려울 것이므로, 사법시험 출제행위에서 재량권을 벗어났다거나 재량권이 남용되었다고 할 수 있으려면 출제와 답안작성 관련 규정의 규제내용, 출제과목의 성격, 출제의 동기, 다툼이 된 문항과 답항의 내용과 표현 및 구성, 응시자의 이해능력의 수준 등 전체 법질서의 관점에서 관련되는 모든 사정에 관한 구체적이고도 종합적인 검토가 선행되어야 할 것이다. 사법

준,1) 시험유사적 결정2) 등이 나타나고 있다. 헌법재판소도 같은 견해를 취하고 있는 것으로 보인다.3)

▶ 헌재결 2004. 8. 26, 2002헌마107 【제44회 사법시험 제1차시험출제방향 및 기준에 관한 심의사항 취소】

【판시사항】

1. 사법시험 출제업무를 담당하는 시험위원이 문제의 유형, 문제의 내용 등 시험문제의 구체적 내용을 자유롭게 정할 수 있는지 여부(적극)

2. 사법시험관리위원회가 사법시험 제1차 시험에 정답개수형 문제를 출제하기로 한 심의·의결이 시험출제위원을 법적으로 구속하는 헌법소원심판청구의 대상이 되는 공권력의 행사인지 여부(소극)

【결정요지】

1. 행정행위로서 시험출제업무를 담당하는 시험위원은 법령규정의 허용범위 내에서 어떠한 내용의 문제를 출제할 것인가, 어떤 유형의 문제를 출제할 것인가, 특정 문제유형을 어느 정도 출제할 것인가 등 시험문제의 구체적인 내용을 자유롭게 정할 수 있다고 할 것이다. 입법자가 사법시험 제1차 시험의 시험방법에 대하여 출제담당시험위원에게 요구하는 것은 논술형이나 면접이 아닌 선택형 또는 선택형과 일부 기입형을 요구하고 있을 뿐이고, 그 외 시험방법에 관한 구체적인 내용, 즉 시험의 난이도, 문항수, 문제유형, 출제비율, 배점비율, 시험시간, 출제범위 등은 시험위원들의 재량에 맡겨져 있다고 할 것이다.

2. 사법시험관리위원회가 정답개수형 문제를 출제하기로 한 심의·의결은 장차 시험출제의 권한을 갖고 있는 시험위원들에 대한 권고사항을 채택한 것으로 법적 효력이 없는 사실상의 내부적인 준비행위에 불과하고 설사 그 내용이 공고의 형식으로 게시되었다고 하더라도 이는 법무부장관이 행정정보의 공개차원에서 알려준 것에 불과하거나 앞으로 시험위원들에게 그와 같이 권고될 수도 있으니 그에 대비하라는 일종의 사전안내에 불과하다. 따라서 이 사건 심의·의결은 행정심판이나 행정쟁송의 대상이 될 수 있는 행정처분이나 헌법소원심판청구의 대상이 되는 공권력의 행사에 해당한다고 볼 수 없다.

---

시험 객관식 문제에 조금 미흡하거나 정확하지 못한 표현이 사용되었다 하더라도 평균적인 수험생으로 하여금 문제의 의미 파악과 정답항의 선택을 그르치게 할 정도는 아니어서 그 출제행위에 재량권을 일탈하거나 남용한 위법이 없다.
3) 대판 1964. 6. 30, 63누194(… 의사국가시험에 있어서의 채점기준은 그 출제문제의 형태가 어떠한 방식에 의하건 간에 답안채점위원의 자유재량에 속한다).
1) 대판 1996. 9. 20, 96누6822.
2) 대판 1976. 6. 8, 76누63 참조.
3) 헌재결 2004. 8. 6, 2002헌마107【제44회 사법시험 제1차시험출제방향 및 기준에 관한 심의사항 취소】

[재량과 판단여지를 구별하는 입장(재량과 판단여지의 구별에 관한 논의)] 우리나라는 판단여지를 재량과 같은 개념으로 이해하는 학설과(김동희 ; 류지태) 이를 구별하는 입장[1]으로 나누인다. 판례는 판단여지와 재량을 구분하고 있지않고 있다.[2] 특히 판단여지에 있어서는 복수행위간의 선택의 자유가 인정되는 것이 아니므로 개념상 구별되어야 한다는 입장도 있다(김남진).[3] 즉, 재량은 법규상 효과부분에 관하여 행위 여부를 결정하고 여러 가지 방법 중 한 개를 선택하는 - 결정재량과 선택재량 - '의지'작용이고, 따라서 의회가 법률에서 행정권에게 재량을 부여한 경우에는 법원의 사법심사 내지 위법성 판단은 「법적으로」 불가능하다(물론 재량하자 또는 재량수축의 경우는 제외한다). 반면에 판단여지의 경우에는, 어떤 사실관계가 요건부분의 불확정개념을 충족하는지 여부를 결정하는 것은 - 평가적·의지적 요소가 포함되어 있다 하더라도 - 법적 '판단'작용이고, 따라서 헌법(제101조 제1항)에 의해 사법권, 즉 법적 판단 권한을 부여받은 법원은 불확정개념에 관해 최종적으로 판단을 하고 행정청의 행위를 위법한 것으로 판결할 수 있으나, 법원의 심사능력의 한계, 소송의 필요성 및 행정의 자율성 등을 감안하여 법원 자신의 판단을 「사실상」 자제하는 것이다. 아무튼 재량과 판단여지는 개념적으로는 법적 성격 및 효과 면에서 명백히 구별될 수 있으나,[4] 실제로는 양자 모두 행정에 대한 사법심사를 억제하여 행정의 자율성을 확보해 주기 위한다는 점에서는 차이가 없다고 할 수 있다.

[대법원 판례] (재량행위에 대한 사법심사의 가능성) : "재량권의 남용이나 재량권의 일탈의 경우에는 그 재량권이 기속행위이거나 자유재량이거나를 막론하고 사법심사의 대상이 된다. 행정행위가 기속행위인지 재량행위인지 나아가 재량행위라 할지라도 기속 재량인지 또는 자유재량에 속하는 것인지의 여부가 우선 객관적으로 명백하지 않고, 또 행정행위의 전제가 되는 사실의 존부 확정과 그 상당성 및 적법성의 인정은 전혀 행정청의 기능에 속하는 것으로 상대적으로 행정청의 재량권도 확대된다고 할 것이므로 어떤 행정처분의 기준을 정한 준칙 등을 그 규정의 형식이나 체제 또는 문언에 따라 이를 일률적으로 기속행위

---

1) 정하중, 행정법총론, 189면; 김남진 ; 홍준형, 행정법총론, 206면; 박윤흔, 행정법강의(상), 332면 (박윤흔 교수는 양자의 구별을 취하는 입장이면서도, 다만 판단여지를 재량으로 보는 것은 행정청의 판단을 존중하기 위한 사법심사의 한계를 인정하고자 하는 것이기 때문에 이는 '편의의 문제'라고 한다); 박균성, 행정법론(상), 300면; 천병태·김명길, 행정법총론, 삼영사, 2007, 237면(판단여지는 하나의 결정만이 적법성이 인정되는 개념인데 반하여 재량행위는 다수의 결정이 적법성이 인정되는 개념으로 이론상 구별하는 것이 타당하며, 이를 구별하는 경우 판단여지는 요건규정과 관련되는 행정의 자유영역이며, 재량행위는 효과규정과 관련되는 행정의 자유영역이다).
2) 박균성, 행정법론(상), 300면; 천병태·김명길, 행정법총론, 삼영사, 2007, 237면.
3) 천병태·김명길, 행정법총론, 삼영사, 2007, 237면
4) 재량과 판단여지는 첫째로 규범규율영역의 위치, 둘째로 복수행위의 가능성, 셋째로 법원의 심사방식이라는 관점에서 차이가 있다(김용섭, 행정재량의 체계적 위치, 고시계(2001.12), 30면).

라고 규정지울 수는 없다."1) **(자유재량행위)**: 검사의 임용에 있어서 임용권자가 임용여부에 관하여 어떠한 내용의 응답을 할 것인지는 임용권자의 자유재량에 속하므로 일단 임용거부라는 응답을 한 이상 설사 그 응답내용이 부당하다고 하여도 사법심사의 대상으로 삼을 수 없는 것이 원칙이나, 적어도 재량권의 한계일탈이나 남용이 없는 위법하지 않는 응답을 할 의무가 임용권자에게 있고 이에 대응하여 임용신청자로서도 재량권의 한계일탈이나 남용이 없는 적법한 응답을 요구할 권리가 있다고 할 것이며, 이러한 응답신청권에 기하여 재량권남용의 위법한 거부처분에 대하여는 항고소송으로서 그 취소를 구할 수 있다고 보아야 하므로 임용신청서가 임용거부처분이 재량권을 남용한 위법한 처분이라고 주장하면서 그 취소를 구하는 경우에는 법원은 재량권남용 여부를 심리하여 본안에 관한 판단으로서 청구의 인용여부를 가려야 한다.2) **(판단여지와 자유재량)**: "의사국가시험에 있어서의 채점기준은 그 출제문제의 형태가 어떠한 방식에 의하건 간에 답안채점위원의 자유재량에 속한다."3) **(사견)**: 그러나 이러한 판례의 내용은 판단여지의 문제인 것으로 보인다. 왜냐하면 의료법 제9조, 동법시행령 제5조, 동법시행규칙 제8조 등에 의하면 일정점수를 취득하게 되면(즉 일정요건을 갖추면) 당연히 합격하게 되는데, 여기서 능력측정을 위한시험은 법률요건의 문제이지 법률효과의 문제는 아니다. 말하자면 일정점수의 취득이라는 요건만 갖추게 되면 그 효과로서 합격은 당연한 것이 된다. 여기서 합격의 확인은 재량적인 것이 아니라 기속적인 행위의 성질을 띠게 됨은 물론이다. **(판단여지와 자유재량)**: "구공무원임용시험령 제12조 제4항이 규정한 3급 을류 공개경쟁 채용시험에 있어서 면접시험 또는 실기시험에 의한 전문지식의 유무 내지 적격성의 적부판단은 오로지 시험위원의 자유재량에 속하는 것이다. 행정행위로서의 시험의 출제업무에 있어서, 출제 담당위원은 법령규정의 허용범위 내에서 어떠한 내용의 문제를 출제할 것인가, 그 문제의 문항과 답항을 어떤 용어나 문장형식을 써서 구성할 것인가를 자유롭게 정할 수 있다는 의미에서 재량권을 가진다고 할 것이며, 반면에 그 재량권에는 그 시험의 목적에 맞추어 수험생들의 능력을 평가할 수 있도록 출제의 내용과 구성에서 적정하게 행사되어야 할 한계가 내재되는 바이어서 그 재량권의 행사가 그 한계를 넘을 때에는 그 출제행위는 위법하게 될 것이다.4) 위 인정사실에 의하면, 피고가 이 사건 시험에 신경향의 문제를 많이 출제하고 지문이 다소 길게 출제되었으며 1, 2차 시험 200문제 중 15문제가 답 없음 또는 복수 정답으로 처리되었고, 이 사건 시험 합격자 비율은 0.7%에 불과한 점 등에 비추어 이 사건 시험 문제의 난이도가

---

1) 대판 1984. 1. 31, 83누451 【운전면허취소처분취소】
2) 대판 1991. 2. 13, 90누5825 【검사임용거부처분취소】
3) 대판 1964. 6. 30, 63누194
4) 대법원 2001. 4. 10. 선고 99다33960 판결 참조.

예년에 비하여 상당히 어려웠던 것으로 보이나 피고가 공인중개사의 수급상 필요하다고 인정하여 시험위원회의 의결을 거쳐 미리 선발예정인원을 공고하지 않은 이상 위와 같이 난이도가 평년에 비하여 어려워 합격자 수가 작다는 이유만으로는 피고가 이 사건 시험의 출제를 함에 있어서 그 시험의 목적에 맞추어 수험생들의 능력을 평가할 수 있도록 출제의 내용과 구성에서 적정하게 행사되어야 할 재량권을 일탈·남용하였다고 보기 어렵다."[1][2]

e) 울레(C. H. Ule)의 대체가능성설(타당성이론 : Vertretbarkeitstheorie)

울레(Ule)는 판단여지설을 더욱 발전시켜 대체가능성설(타당성이론)을 주장하여,[3] 행위요건이 가치개념인 불확정개념으로 정해진 경우에는 가치개념의 적용에는 행정청의 주관적인 가치판단이 불가피하기 때문에 법원은 예외적으로 행정청의 견해가 타당하다고 인정된다면(Vertretbarkeit) 이를 사법심사의 대상으로 볼 수 없다는 것이다. 그는 불확정개념을 기술적(記述的)/경험적 개념과 규범적 개념으로 구별하고, 후자의 해석에 있어서는 해석자에게 주관적인 판단의 여지가 인정된다고 하며, 이러한 주관적 판단이 있는 영역을 한계영역(Gränzfall)이라 한다. 그리고 이러한 한계영역에 있어서는 비록 법원의 해석(판단)이 행정청의 해석과 다른 경우라 할 지라도, 행정청이 의무에 충실한 판단에 따라 일정한 결론에 도달했고, 그 합리성이 일응 인정되어, 자기(법원)의 해석에 대체할 수 있는 것이라고 판단되는 경우, 법원은 행정의 판단을 존중하고 그것을 인정한다는 것이다. 이와 같이 행정의 판단으로 법원의 판단을 대체할 수 있는 범위 내에서는(대체가능성) 사법심사는 배제된다고 한다. 바호프가 불확정 개념의 구별없이 예외적으로 판단여지를 인정하는데 대하여, 울레(Ule)는 불확정 개념을 일반법이론에 따라 경험개념과 가치개념으로 나누어 가치개념에만 판단여지(대체가능성)를 인정하였다.[4] 판단여지설은 영·미행정법상의 실질적 증거의 법칙과 같은 것이라고 할 수 있다.

▶ C. H. Ule(대체가능성설) : 불확정개념을 기술적/경험적 개념(예 : 주간, 야간 등)과 규범적 개념(예 : 공익, 중대한 위험)으로 구분하여 기술적/경험적 개념은 일의적으로 확정할 수 있으므로 사법심사의 대상이 되나, 규범적 개념은 가치판단의 객관적 기준이 존재하지 않으므로 행정청이 의무에 합당한 판단에 따라 정당성이 인정되는 결론에 도달하였다면 행정청의 판단이 법원을 대체할 수 있다는 것이다.

---

1) 대판 1972. 11. 28, 72누164 【불합격결정취소처분】
2) 서울행정법원 제4부 2006-03-03, 2005구합9835 【공인중개사자격시험불합격처분취소】
3) 울레(Carl Hermann Ule)의 한계상황(Grenzfälle) 이론은 대체가능성설로 번역되고 있는데 오히려 타당성설이라고 부르는 것이 좋다고 하는 견해가 있다(김남진·김연태, 행정법(I), 207면 각주 4) 참조).
4) 박윤흔, 행정법강의(상), 330면.

【비판】(ㄱ) 불확정개념에 있어 경험개념과 가치개념의 구분이 명확하지 않고, (ㄴ) 불확정개념을 법으로 보아 전면적으로 사법심사를 인정하면서도 법원의 심리의 한계를 고려하여 사법판단을 자제하는 것은 서로 모순된다는 비판이 있다.

### f) 판단수권설(Beurteilungsermächtigung)

오늘날의 독일의 다수설과 판례는 극히 예외적으로만 판단여지를 인정하며, 이를 판단수권(Beurteilungsermächtigung)이라 부른다. 즉 불확정 개념의 인정에 있어서 행정청의 판단여지는 불확정개념에 내재하는 것이 아니라 입법자의 수권에 근거하고 있는 판단수권으로 이해한다. 행정청은 유일하게 적법하다고 판단되는 결정에 도달하기 위하여 주어진 법률요건의 의미를 철저하게 파악하여야 하나, 한계적인 상황하에서는 의심이 발생할 수 있으며, 판단여지란 그 의심이 근거가 있고 행정청에 의하여 내려진 결정이 타당하다면, 법원은 행정청의 결정을 적법한 것으로 수인(受忍)하여야 한다는 것이다. 판단여지의 문제는 방법의 문제도 아니고 법이론적 문제도 아닌 인식에 대한 권한의 문제이며, 이는 그때 그때 적용되는 실정법상의 수권문제라고 한다.[1] 이 견해는 판례가 극히 한정된 범위안에서만 판단여지를 인정하자, 이를 뒷받침하기 위하여 이론적 재구성을 시도를 위한 것으로서 판단여지설에 대한 또하나의 발전적 이론이라 할 수 있다.[2]

### g) 결어

전통적 견해는 판단여지와 재량을 구별하지 아니하고 다같이 재량으로 본다.[3] 현재의 판례도 약간의 예외는 있지만 판단여지와 재량을 구별하지 아니하고 행위요건이 불확정 개념으로 정해진 경우에 제한적으로 재량을 인정한다. 그러나 통설적 견해는 재량은 행위의 효과의 선택에서만 인정될 수 있으며, 행위요건의 해석·적용에 있어서는 재량이 인정되지 않고 예외적으로 판단여지가 인정될 뿐이라고 한다.[4] 아무튼 재량과 판단여지는 이미 언급한 바와 같이 개념적으로는 법적 성격 및 효과 면에서 명백히 구별될 수 있으

---

1) Brohm, DVBL, 1986, S. 321; 정하중, 행정법총론, 192면.
2) 박윤흔, 행정법강의(상), 331면.
3) 불확정개념을 사용한 경우에 있어서의 행정청의 판단여지와 재량행위에 있어서의 재량권은 이를 구별할 실익이 없는 것이다. 대법원(대판 1992. 4. 24, 91누6634; 대판 1998. 7. 10, 97누13771; 대판 2007. 2. 8, 2006두13886)은 엄격한 의미에서는 판단여지로 인정되는 것으로 보아야 하는 행정결정도 이를 재량행위로 다루고 있다(김동희, 행정법(I), 266면); 류지태, 행정법신론, 신영사, 2007, 76면(판단여지이론을 재량행위와 별도로 구별하여 인정할 이론의 독자성이나 현실적 필요성은 없다); 한견우, 행정법(I), 홍문사, 1996, 419면.
4) 박윤흔, 행정법강의(상), 342면.

나,1) 실제로는 양자 모두 행정에 대한 사법심사를 억제하여 행정의 자율성을 확보해 주기 위한다는 점에서는 동일하다.

### 3.3.2. 구별표준

a) 행위요건의 판단에 재량 또는 판단여지가 있는 경우

행정법규가 일의적·확정적 개념으로 명확하게 행정행위의 요건을 규정하고 있는 경우에는 그 행위의 성질여하에 관계없이 기속행위에 해당한다. 행정법규가 불확정개념으로 행정행위의 요건으로 규정하고 있는 경우에는 객관적 경험개념의 경우에는 기속재량행위에 해당하고, 주관적 가치개념인 경우에는 판단여지영역에 해당한다. 공백규정의 경우에는 불확정개념에 준하여 판단하면 된다.

b) 효과재량이 인정되는 경우

일정요건에 해당할 때 일정행위를 할 뜻을 규정한 경우에는 기속행위에 해당하며 행정법규가 행정행위의 요건을 일의적으로 규정하지 아니한 채 행정청에 대하여 법률효과에 대한 선택의 여지를 남기고 있을 경우에는 행위의 성질과 효과 및 법규의 취지를 고려하여 판단하여야 한다. 예컨대, 사실의 인정·법률관계의 존부확인 같은 확인적 판단작용의 성질을 가진 행위는 성질상 객관적으로 행하여져야 하기 때문에 재량의 여지는 없다(기속재량). 재량이 영으로 수축되는 경우는 기속행위에 해당하며, 재량기준적 행정규칙의 해석은 행정의 자기구속에 의한 제약을 받는다. ☞ **재량수축(Ermessensredizierung)** ⇒ **위법발생**

## 4. 재량권의 한계(재량하자)

### 4.1. 재량하자이론

행정에 대한 사법심사의 강도를 높이는 데 결정적으로 기여한 것이 재량권의 한계를 근거로 한 재량하자(裁量瑕疵)이론이다. 이상의 요건재량설과 효과재량설 내지 성질설은 모두 재량 관념의 범위를 축소시키고자 하는 반면, 재량하자이론은 재량이 인정되는 경우라 하더라도 그 재량에 하자, 즉 재량의 남용(濫用)·일탈(逸脫)이 있으면 당해 행정작용은 위법하게 되고 따라서 법원은 행정청의 재량권 행사의 하자 유무를 판단할 수 있다고 함으로써 재량 자체에 대한 사법심사가 가능하도록 한다. 반면 행정청의 재량행사가 재량의 한계내에서 행사되는 경우에는 당·부당의 문제가 되며 부당한 경우에는 행정심판의 대상이 될지언정 사법심사의 대상은 되지 못한다.

---

1) 김남진·김연태, 행정법(I), 207면.

[재량행위에 대한 사법심사의 가능성] 재량권의 남용이나 재량권의 일탈의 경우에는 그 재량권이 기속행위이거나 자유재량이거나를 막론하고 사법심사의 대상이 된다(행정소송법 제27조).[1]

[징계처분에 대한 재량권 남용여부의 판단기준] 재량권의 범위 내인가를 판단하는 기준에 관하여 대법원 판례는 "공무원인 피징계자에게 징계사유가 있어서 징계처분을 하는 경우 어떠한 처분을 할 것인가는 징계권자의 재량에 맡겨진 것이고, 다만 징계권자가 **재량권의 행사로서 한 징계처분이 사회통념상 현저하게 타당성을 잃어 징계권자에게 맡겨진 재량권을 남용한 것이라고 인정되는 경우**에 한하여 그 처분을 위법하다고 할 수 있고, 공무원에 대한 징계처분이 사회통념상 현저하게 타당성을 잃었다고 하려면 구체적인 사례에 따라 징계의 원인이 된 비위사실의 내용과 성질, 징계에 의하여 달성하려고 하는 행정목적, 징계양정의 기준 등 여러 요소를 종합하여 판단할 때에 그 징계 내용이 객관적으로 명백히 부당하다고 인정할 수 있는 경우라야 하고, 징계권의 행사가 임용권자의 재량에 맡겨진 것이라고 하여도 공익적 목적을 위하여 징계권을 행사하여야 할 공익의 원칙에 반하거나 일반적으로 징계사유로 삼은 비행의 정도에 비하여 균형을 잃은 과중한 징계처분을 선택함으로써 **비례의 원칙에 위반**하거나 또는 합리적인 사유 없이 같은 정도의 비행에 대하여 일반적으로 적용하여 온 기준과 어긋나게 공평을 잃은 징계처분을 선택함으로써 **평등의 원칙에 위반**한 경우에 이러한 징계처분은 재량권의 한계를 벗어난 처분으로서 위법하다 할 것이다."[2]

[사례] 甲은 경찰공무원으로 재직하던 중 국민은행으로부터 1억원을 대출 받아 채무변제에 사용하고 상당부분은 자녀의 해외어학연수비, 학원등의 사교육비와 생활비 등으로 무절제하게 소비하는 한편, 친구들의 부탁으로 채무보증을 하여 총 2억 여만원의 채무를 부담하게 되어 채권자들로부터 월급이 가압류되었고, 또한 甲이 은행대출을 받을 때 그를 위하여 보증을 하였던 동료경찰관들의 월급까지 가압류되어, 결국 甲은 지방경찰청장으로부터 국가공무원법상의 품위유지의무위반으로 인한 해임처분을 받았다. 이와 같은 해임처분이 재량권의 범위를 일탈·남용한 것은 아닌가?

[해설] 공무원에게 징계사유가 있어서 징계처분을 하는 경우, 어떠한 처분을 할 것인가는 징계권자의 재량에 맡겨진 것이고 징계처분이 재량권의 범위를 벗어난 경우에만 위법한 처분으로서 그 취소를 구할 수 있다. 설문의 유사판례는 다음과 같다. 이러한 유사판례에 비추어 보면, 갑의 경우 지방경찰청장의 해임처분이 재량권의 일탈·남용에 해당한다고 보기는 어렵다. (유사판례) : 대법원은 "… 아무런 변제대책도 없이 과다한 채무를 부담하였고, 대출금의 상당부분을 자녀의 해외 어학연수비 등 교육비와 생활비 등에 무절제하게

---

1) 대판 1984. 1. 31, 83누451 【운전면허취소처분취소】
2) 대판 1999. 11. 26, 98두6951; 대판 1997. 11. 25, 97누14637; 대판 2001. 8. 24, 2000두7704.

소비하였으며, 동료경찰관에게 위와 같은 채무부담사실을 알리지도 않고 대출보증을 하도록 하거나 대출을 받아 자신에게 대출금을 빌려주도록 하여 그들의 월급이 압류되게 하는 등 피해를 입히고 있고, 원고가 위 채무에 대한 변제능력이 없으며, 기타 경찰관의 공익적 지위와 위와 같은 과다채무를 부담한 상태에서는 정상적인 복무를 기대하기 어려운 점 등 제반 사정을 종합하여 볼 때, 원고가 22년간 경찰관으로 근무하면서 수회 표창을 받았고, 형사처벌이나 징계처분을 받은 사실이 없이 근무하여 온 점과 채무의 일부를 변제한 사정 등 원고주장의 제반정상을 참작하더라도, 이 사건 해임처분이 원고의 직무의 특성과 비위의 내용 및 성질, 징계의 목적 등에 비추어 객관적으로 명백하게 부당한 것으로 사회통념상 현저하게 타당성을 잃어 징계 재량권의 범위를 일탈하였거나 남용한 것이라고 할 수 없다."[1]고 하였다.

[재량하자이론이 미친 영향] 이러한 재량하자이론은 독일 행정재판소법(제114조) 및 행정절차법(제40조)과 우리 행정소송법(제27조)에 입법화되었고, 이는 판례·학설을 통하여 더욱 확고히 되었다. 또한 재량하자의 유형을 더욱 세분화하여, 재량권의 일탈 이외에 재량권의 불행사, 재량권행사에 있어서의 목적위반, 부적정고려(不適正考慮), 비례의 원칙위반, 평등원칙위반, 신뢰보호의 원칙 위반, 부당결부금지의 원칙(Koppelungsverbot) 등으로 세분화하여 각각의 경우에 구체적인 판단기준을 정립하는 방향으로 발전하고 있다.

[재량하자이론의 의의] 재량하자이론의 의의는, (ㄱ) 모든 재량행위가 행정소송의 대상이 될 수 있게 되었다는 점이다. 즉, 재량행위라 하더라도 재량의 하자가 있는 경우에는 위법한 것으로 판단될 수 있는 가능성이 있기 때문에 처음부터 행정소송의 대상에서 제외될 수 없게 된다. 따라서 재량행위에 대해서는 「대상적격 불비(不備)」로 각하할 수 없고 본안판단에 들어가 그 재량의 하자 유무를 판단하여 그 하자가 없을 경우에 「이유없음」을 이유로 기각하여야 한다. (ㄴ) 재량하자에 대한 심사를 위해 다양한 기준들이 마련되고 이러한 기준들을 통해 행정재량에 대한 실질적 사법심사가 가능하게 되었다는 점이다. 여기서 말하는 기준은 비례의 원칙, 평등원칙, 신뢰보호원칙, 부당결부금지원칙 등 행정법상 조리 내지는 행정법의 일반원칙(행정의 일반 법원칙)들이 그것이다. 결국 재량하자이론은 실질적 법치국가원리 내지 헌법의 실질적 규범력에 그 이론적 기반을 두고 있음을 알 수 있다.

### 4.2. 재량한계의 유형 – 일탈(逸脫)·남용(濫用)

#### 4.2.1. 내용

재량권에는 일정한 한계가 있으며 그 한계를 넘어 행사된 때에는 위법성을 가지게 된다. 학설·판례에 의하여 재량한계론으로서 발전되고, 행정소송법에 의하여 실정제도화된 일탈·남용이라는 개념은 추상적인 불확정개념이기 때문에, 그것이 구체적으로 무엇을 의미하

---

[1] 대판 1999. 4. 27, 99두1458; <대한법률구조공단>

는지가 극히 애매하다. 행정소송법(제27조)은 종래의 학설과 판례의 입장을 명문화(明文化)하여 재량권행사가 위법성을 띠게 되는 재량하자를, 「한계를 넘거나 그 남용이 있는 때」 즉 일탈과 남용의 두 가지로 나누었다. 여기에서 일탈(Ermessensüberschreitung)이라 함은 바로 재량권의 외적 한계(법규상 한계)를 넘는 것을 말하며, 남용(Ermssensmißbrauch)은 바로 재량권의 내적 한계(조리상 한계)를 넘는 것을 말한다.[1]

[양자의 구별 실익] 그러나 일탈과 남용은 이론상으로는 구분이 가능하지만 실제상으로는 구분하기 어려우며, 양자를 굳이 구별할 실익도 없다. 판례에서도 일반적으로는 두 개념을 구별하나, 구체적 사안에서는 양자를 구별하지 아니하고 하나의 개념으로 두 가지 개념을 포괄하는 뜻으로 쓰고 있는 것으로 보인다.[2]

[자유재량의 한도를 넘는 것이다] "… 행정처분의 내용이 행정청의 자유재량에 의하여 결정되는 경우라 할지라도 그 처분의 내용이 부당하게 상대방의 권리를 침해하는 결과를 초래할 때에는 이는 자유재량의 한도를 초과한 위법이 있다 할 것이요 법원은 이러한 위법한 행정처분의 취소를 명하는 판결을 할 수 있다."[3]

[재량권의 범위를 넘는 위법한 처분이다] "… 원심이 원고가 단지 1회 훈령에 위반하여 요정 출입을 하다가 적발된 것만으로는 공무원의 신분을 보유케 할 수 없을 정도로 공무원의 품위를 손상케 한 것이라 단정키 어려운 한편, 원고를 면직에 처함으로서만 위와 같은 훈령의 목적을 달할 수 있다고 볼 사유를 인정할 자료가 없고, 오히려 원고의 비행정도라면 이보다 가벼운 징계처분으로서도 능히 위 훈령의 목적을 달할 수 있다고 볼 수 있는 점, 징계처분중 면직 처분은 타 징계처분과 달라 공무원의 신분을 박탈하는 것이므로 그 징계사유는 적어도 공무원의 신분을 그대로 보유케 하는 것이 심히 부당하다고 볼 정도의 비행이 있는 경우에 한하는 점 등에 비추어 생각하면 이 사건 파면처분은 이른바 비례의 원칙에 어긋난 것으로서 … 심히 그 재량권의 범위를 넘어서 한 위법한 처분이라고 아니할 수 없다."[4]

[재량일탈의 위법이 있다] "… 공유수면 관리법에 의한 공유수면의 점용허가 여부나 그 기간 연장신청에 대한 허부는 관리행정청의 자유재량 행위이며, 이와 같은 행정청의 재량행위는 특단의 사정이 없는 한 사법심사의 대상에서 제외되어 자율적인 행정통치에 맡겨짐이 원칙이라고 할 것이나, 그것이 법령이나 조리에 비추어 재량권의 한계를 심히 일탈하거나 법이 부여한 목적에 위반하여 재량권 남용으로 인정되는 경우에는 위법한 것으로 법

---

1) 박윤흔, 행정법강의, 346면.
2) 박윤흔, 행정법강의, 346면.
3) 대판 1963. 10. 10, 63누43 【행정처분취소】
4) 대판 1967. 5. 2, 67누24 【파면처분취소】

원의 법률적 판단의 대상이 된다고 할 것이다."[1] 라는 문구를 주로 사용하고 있다.[2]

[재량하자의 입증책임] 재량하자의 존재에 관한 입증책임은 행정행위의 효력을 다투는 상대방이 입증하여야 한다.

[대법원] 대법원 판례도 「자유재량에 의한 행정처분이 그 재량권의 한계를 벗어난 것이어서 위법하다는 점은 그 행정처분의 효력을 다투는 자가 이를 주장·입증하여야 하고 처분청이 그 재량권의 행사가 정당한 것이었다는 점까지 주장·입증할 필요는 없다」고 한다.[3]

### 4.2.2. 재량권의 외적 한계(외적 한계의 위반 → 일탈)

법규상의 한계를 위반한 경우이다. 한계내의 행위는 적법하다. 즉 법이 재량권을 부여한 경우라도 다른 일반적 권한과 같이 법이 허용한 범위내에서만 재량권이 인정된다는 것이다. 이와 같이 법에 의하여 허용된 재량권의 범위가 외적 한계이다.[4]

### 4.2.3. 재량권의 내적 한계(내적 한계의 위반 → 남용)

조리상의 한계를 위반한 경우에 해당한다. 한계내의 행위는 적법하다. 즉 법이 허용한 범위 안에서도 재량권의 행사는 법이 재량권을 부여한 목적에 적합하여야 하며, 또한 헌법원칙과 조리상의 원칙(행정의 일반법원칙) 등을 준수해야 한다. 이와 같이 법의 목적 및 헌법원칙, 조리상의 원칙(행정의 일반법원칙) 등에 의한 재량권 행사의 제한을 재량권의 내적 한계라 한다.[5]

## 4.3. 재량하자(위법재량)의 유형(類型)

### 4.3.1. 재량의 일탈·유월(재량의 외재적 하자)

재량권의 일탈·유월이라 함은 재량권의 '외적 한계'를 넘어서 재량권을 행사한 경우를 말한다. 여기에는 (ㄱ) "일정한 법정요건에 해당할 때에 일정한 처분을 할 수 있다 또는 하여야 한다"고 규정되어 있는 경우에, 그에 해당하지 않는데도 처분을 하거나(예: 전혀 사실의 근거 없는 공무원 징계행위), 해당하는 데도 불구하고 처분을 아니한 경우를 들 수 있다. 그리고, (ㄴ) "일정한 법정요건에 해당할 때에 일정한 처분을 하지 못한다"고 규정되어 있

---

1) 대판 1982. 2. 23, 81누7 【행정처분취소】; 대법원 1962. 4. 26 선고 4294행상115 및 1963. 10. 10 선고 63누43 판결 참조.
2) 김도창, 행정판례집(상), 578면 이하 참조
3) 대판 1987. 12. 8, 87누861.
4) 박윤흔, 행정법강의(상), 345면.
5) 박윤흔, 행정법강의(상), 345면.

는 경우에, 그에 해당하는 데도 불구하고 처분을 한 경우(법정요건을 위반한 경우) 및 (ㄷ) 타 법률규정을 위반하거나, (ㄹ) 기득권을 침해한 경우가 이에 해당한다.

▶ "일정한 법정요건에 해당할 때에 일정한 처분을 할 수 있다 또는 하여야 한다"고 규정되어 있는 경우 : (ㄱ) 그에 해당하지 않는데도 처분을 하거나(예 : 전혀 사실의 근거 없는 공무원 징계행위), (ㄴ) 해당하는 데도 불구하고 처분을 아니한 경우

▶ 일정한 법정요건에 해당할 때에 일정한 처분을 하지 못한다고 규정되어 있는 경우(그에 해당하는 데도 불구하고 처분을 한 경우 )

▶ 타 법률규정을 위반

▶ 기득권을 침해한 경우

### 4.3.2. 재량의 남용(재량의 내재적 하자)

#### a) 개념

재량권의 남용(Ermessensmißbrauch)은 재량의 외적 한계는 지켜지고 있지만 내적 한계를 벗어난 경우 또는 재량권을 부여한 법규의 내재적 목적에 적합하지 않은 경우를 말한다. 이는 재량권의 행사에 관한 조리상의 한계이다.[1]

▶ 대판 2004. 5. 28, 2004두961 【행정행위와 재량권의 범위】 폐기물처리업 허가와 관련하여 사업계획 적정 여부 통보를 위하여 필요한 기준을 정하는 것도 역시 행정청의 재량에 속하는 것이므로, 그 설정된 기준이 객관적으로 합리적이 아니라거나 타당하지 않다고 볼 만한 다른 특별한 사정이 없는 이상 행정청의 의사는 가능한 한 존중되어야 할 것이지만, 그 설정된 기준이 객관적으로 합리적이 아니라거나 타당하지 않다고 보이는 경우 또는 그러한 기준을 설정하지 않은 채 구체적이고 합리적인 이유의 제시 없이 사업계획의 부적정 통보를 하거나 사업계획서를 반려하는 경우에까지 단지 행정청의 재량에 속하는 사항이라는 이유만으로 그 행정청의 의사를 존중하여야 하는 것은 아니고, 이러한 경우의 처분은 재량권을 남용하거나 그 범위를 일탈한 조치로서 위법하다고 할 것이다(대법원 2000. 9. 26. 선고 2000두5319판결 참조).

[판례평석] 행정청의 재량행위에 속하는 처분이라도 재량권의 한계를 넘거나 그 남용이 있는 경우에는 위법한 행위로서 취소나 무효의 대상이 되는 바, 이 대법원판결이 재량권의 일탈·남용이 있다는 위법사유로 들고 있는 바를 검토해 보면 폐기물처리업허가를 받으려는 신규업체의 선정방법과 절차 등에 관하여 객관적으로 합리적인 기준을 설정하여 그 기준하에서 사업계획시의 적합성여부를 판단하거나 사업계획서가 부적합하다고 판단한 데에 대하여 구체적이고 합리적인 이유를 제시하여 원고에게 통보함으로써 폐기물처리업허가를 받으려고 하는 원고 등으로 하여금 그 허가를 받을지 여부에 대한 예측

---

1) 석종현, 일반행정법(상), 260면.

가능성을 가질 수 있도록 하여야 한다는 점, 그럼에도 막연한 추진방침을 제시하고 있는 '2001 생활폐기물수집·운반 대행확대계획'이 수립되었다는 이유로 원고의 사업계획서를 반려한 점 등을 재량권의 일탈·남용사유로 판시하고 있는 원심을 지지하고 있다. 이는 재량권의 일탈·남용이 있다는 위법사유로 판시한 종래 대법원판결에서 흔히 찾아볼 수 없었던 새로운 유형의 위법사유가 대두되어 기반을 다지고 있다고 할 수 있는 것이고, 행정절차법 제20조(처분기준의 설정·공표), 제23조(처분의 이유제시)의 영향을 받았다고 볼 수 있는 주목할 만한 판결이다.[1]

b) 내용

aa) 사실오인·사실상의 근거를 결한 경우

[의의] 법이 일정한 사실의 존재를 전제로 하여 재량권의 행사를 인정한 경우 법정요건에 해당하는 사실이 전혀 존재하지 아니한 경우에 행한 처분 또는 처분의 전제가 되는 요건사실의 인정이 전혀 합리성이 없는 경우이다. 공무원에게 일정한 비위가 있다고 하여 징계처분을 행하였으나 당해 행위가 도저히 비위로 볼 수 없는 경우 등이다.

[재량행위가 사실오인 등에 근거한 경우] 관광지조성사업의 시행허가의 법적 성질(=재량행위)과 이에 대한 법원의 사법심사의 대상(=재량권 일탈·남용의 위법 유무) 및 행정청의 재량행위가 사실오인 등에 근거한 경우, 재량권 일탈·남용에 해당하여 위법한지 여부에 대하여, 대법원은 "… 재량행위에 대한 법원의 사법심사는 당해 행위가 사실오인, 비례, 평등의 원칙 위배, 당해 행위의 목적 위반이나 부정한 동기 등에 근거하여 이루어짐으로써 재량권의 일탈, 남용이 있는지 여부만을 심사하게 되는 것이나, 법원의 심사결과 행정청의 재량행위가 사실오인 등에 근거한 것이라고 인정되는 경우에는 이는 재량권을 일탈, 남용한 것으로서 위법하여 그 취소를 면치 못한다."[2]고 하였다.

[사실상의 근거 없음을 인정한 판례] "근무지에서 육지로 항해하는 도중, 심한 풍랑으로 인한 충격으로 입원하였고, 이러한 병세로 수로여행을 할 수 없어서 부득이 근무지로 돌아가지 못했다고 해서, 정당한 사유없이 그 직무상의 의무에 위반하거나 직무를 태만한 때에 해당한다고 할 수 없고 이를 이유로 한 면직처분은 징계의 재량범위를 벗어난 것이다."[3]

---

[1] https://www.lawtimes.co.kr/Legal-Opinion/Legal-Opinion-View?Serial=16039(검색일: 2015.11.23); 법률신문 [2004년 분야별 중요판례분석] 김학세 변호사(법무법인 케이씨엘 대표)

[2] 대판 2001. 7. 27, 99두8589【온천조성사업시행허가처분취소】

[3] 대판 1969. 7. 22, 69누38【파면처분취소】원고가 근무하던 비안도와 육지간의 교통에는 매월 3, 4회 항해하는 연락선에 의존하며, 항해 시간은 7시간 이상이나 걸린다. 원고는 본래 빈혈증이 있는데다가 체질이 허약하였는데, … 병세와 정신적 불안, 공포증으로 수로(水路)여행을 할 수 없어서 부득이 임지에 돌아가지 못하고, 치료를 계속하는 한편, 관할 교육청에 대하여는 위와 같은 사정을 고하고 육지 근무를 청원하였으나, 받아들여지지 아니하였다 한다. 그리고 원고가 위의 결근한 기간중 도합 31일간은 무신고 결근하였는데, 이것은 임지와 육지와의 교통이 월 3, 4회

bb) 목적위반(입법정신 위반)·동기의 부정

재량은 법에 의하여 행정청에게 부여된 것이므로 재량권을 부여한 근거법규의 내재적 목적에 적합하도록 행사하여야 한다.[1] 재량권을 부여한 근거법규의 내재적 목적과 명백히 다른 목적을 위하여 재량권을 행사한 경우, 부정한 동기(예: 특정한 정치적·종교적·사적 동기)나 자의적·보복적 목적으로 재량권을 행사한 것도 위법이 된다. 예컨대 소방기본법은 화재의 예방·경계 또는 진압을 목적으로 제정되었다. 따라서 소방기본법에 의한 가택에의 출입검사는 당연히 위의 목적을 위하여 행하여야 하고 범죄의 예방을 위하여 행할 수 없다.

[자의·독단을 인정한 판례] 학위수여규정에 의한 2종의 외국어시험에 합격하고 교육법 시행령과 위 규정에 의한 박사학위논문 심사통과자에게 정당한 이유 없이 학위수여를 부결한 행정처분은 재량권의 한계를 벗어난 위법이 있다.[2]

cc) 평등원칙위반

평등원칙은 헌법상의 원칙이다(헌법 제11조). 평등원칙 위반의 문제는 주로 행정청이 재량준칙에 의하여 재량의 한계를 스스로 정한 경우, 어느 하나의 사안에 대하여서만 종래와 다른 취급을 하는 경우에 생긴다. 평등의 원칙이란 단지 형식적으로 재량의 내용이 다른 경우와 동일할 것을 의미하는 것은 아니다. 그것은 합리적인 이유 없이 특정인을 차별취급하는 것으로 자의(恣意)에 의한 평등의 원칙위반이다. 예컨대 동일한 조건 아래에 있는 여러 사람 중에서 어느 특정인에 대해서만 체납처분을 행하는 것과 같다.

[평등원칙위반을 인정한 판례] (판례-1): 당직근무 대기중 심심풀이로 돈을 걸지 않고 점수따기 화투놀이를 한 사실이 징계 사유에 해당한다 할지라도 징계처분으로 파면을 택한 것은 함께 화투놀이를 한 3명은 견책(譴責)에 처하기로 된 사실을 고려하면 공평의 원칙상 그 재량의 범위를 벗어난 위법한 것이다.[3] (판례-2): 공유수면점용허가를 받은 甲과 乙이 제각기 점용허가를 받아 유선사업을 영위하는 터에, 유독 갑에게만 다른 자와 공동사용 하라는 종용에 불응한 이유로 기간연장신청을 거부한 처분은 비례 및 평등의 원칙을 벗어난 재량권일탈의 위법이 있다.[4]

---

밖에 없는 선편에 의존하는 관계와 신병관계로 미리 신고 하지 못하고 사후에 신고를 하게 되었던 탓이라 한다. 사정이 이와 같다면 위와 같은 사유가 교육공무원법 제56조 제2호에서 말하는 원고가 정당한 사유 없이 그 "직무상의 의무에 위반하거나, 직무를 태만히 한때"에 해당한다고는 말할 수 없다. 설사 원고의 건강 상태가 그 집무 불능정도는 아니었다손 치더라도 위와 같은 결론에는 영향이 없다. 이러한 취지로 판시한 원심 판단은 정당하고, 여기에는 교육공무원법 제56조 제2호의 해석과 적용을 잘못한 위법 사유가 없다.

1) 박윤흔, 행정법강의(상), 347면.
2) 대판 1976. 6. 8, 76누63.
3) 대판 1972. 12. 26, 72누19.
4) 대판 1982. 2. 23, 87누7 【부가가치세부과처분취소】【판결요지】가. 국세기본법 제11조 제1항,

dd) 비례원칙위반(과잉금지의 원칙 위반)

재량이 추상적으로는 인정되지만, 구체적인 경우에 부적당·불필요한 처분을 행하거나 가장 부담이 적은 수단을 선택하지 않은 경우 등에 생긴다. 일정한 비행(非行)에 대하여 지나치게 심한 중징계를 과한 경우 등이다. 예를 들면 사소한 부정행위에 대하여 지나치게 가혹한 징계를 한 경우가 이에 해당한다. 이 원칙은 단순한 행정법상의 일반원칙(조리상)의 한계가 아니고 헌법상의 원칙(헌법 제37조 제2항 참조)이므로 경찰권뿐만 아니고 모든 행정작용에 적용된다.[1]

[비례원칙위반을 인정한 판례] 유흥장소에 미성년자를 출입시켜 주류(酒類)를 제공하였다는 단 1회의 식품위생법 위반 사실을 이유로, 제재로서 가장 중(重)한 영업취소로 응징한 처분은 책임에 대한 응보의 균형을 잃은 것으로서 행정행위의 재량을 심히 넘은 처분이다.[2]

ee) 정상참작위반

[대법원 판례] 공무원이 자기가 근무하는 과의 고속도로건설요원의 외식대를 위하여 갹출된 돈 20,000원이 든 봉투를 과장에게 전하겠다고 받은 비위만으로 파면한 것은 위 공무원이 위 비위를 범하게 된 전후 경위, 평소의 소행, 근무성적, 공적 기타 제반사정에 비추어 보면 징계재량권의 범위를 현저하게 일탈한 것이다.[3] ☞ **판례는 이 경우 재량권 일탈이라**

---

제10조 제3항에 의하면, 동법 제11조 제1항 제1호에서 규정한 주소 또는 영업소에서 서류의 수령을 거부한 때라 함은 송달을 받아야 할 자의 주소 또는 영업소에서 서류를 송달하려 하였으나 그 수령을 거부한 때를 가리킨다고 할 것이며 그 이외의 장소에서 서류를 송달하려 하였으나 수령을 거부한 것과 같은 경우는 포함되지 아니한다. 나. 국세기본법 제66조 제5항이 준용하는 동법 제61조 제1항의 처분이 있은 것을 안 날이라 함은 처분의 상대방이나 법령에 의하여 처분의 통지를 받도록 된 자 이외의 자가 이의신청을 하는 경우의 이의신청기간에 관한 규정이고 이의신청자가 처분의 상대방인 경우에는 처분의 통지를 받은 날을 이의신청기간의 초일로 삼아야 한다.
1) 박윤흔, 행정법강의(상), 348면.
2) 대판 1977. 9. 13 77누15.
3) 대판 1969. 9. 30, 69누110 【파면처분취소】 원심이 인정한 사실에 의하면, 원고는 1968. 7. 27 15:10 출장 하기 위하여 열차편으로 출발하기에 앞서 여가에 근무처에 출근하여 잔무를 처리하던중, 경기도 건설과에 근무하던 소외인 이윤신으로 부터 과 계의 운영비를 전하겠으니 나와 달라는 전화를 받고 주무과장에게 외출 허가를 받은 다음, 인근에있는 다방에 나갔더니 위의 소외인이 당시 고속도로 건설 사업을 위하여 주야 특근을 계속하고 있던 원고 근무과의 고속도로 건설 요원들의 야식대를 위하여 갹출한 성금이니 받아 달라고 주머니에 넣어 주는 돈 20,000원이 든 흰 봉투를 과 계장에게 전하겠다고 받은 일이 있어서 국가공무원법이 금하는 비위를 범하였다는 것이다. 그러나 한편 원심이 적법하게 확정한 위의 비위를 원고가 범하게 된 전후 경위, 원고의 평소의 소행, 근무성적, 공적, 기타제반 사정에 비추어 보면, 위와 같은 비위만으로서 피고가 원고를 파면하기로 징계한 것은, 그 징계하는 재량권의 범위를 현저하게 일탈한 것이라고 보

는 표현을 사용하고 있으나, 재량권 남용이라는 표현이 옳다.

### 4.3.3. 재량권의 불행사 또는 해태(懈怠)

행정청에게 재량권이 인정된 경우에도 그 처분시기의 선택을 자의에 맡긴 것은 아니다. 행정권의 발동여부가 행정청의 재량에 속하는 경우라 할 지라도 행정청은 구체적 사안에 있어서, 행정권의 발동여부를 심사할 의무가 있게 된다. 따라서 정당한 사유없이 구체적 사안에 대하여 행정권의 발동여부를 심사하지 아니하거나 부당하게 지연시킨 경우에는(부주의 혹은 착오를 불문한다),[1] 재량권의 불행사(Ermessensnichtgebrauch) 또는 재량권의 해태(Ermessensunterschreitung)로 재량하자의 원인이 된다.[2]

## 4.4 재량의 일탈·남용 여부에 대한 판단기준(판례)

[판례] '부정급수자에 대한 과태료부과처분의 자유재량성 및 그 재량권남용 여부의 판단기준'에 대하여 대법원은 "…서울특별시 급수조례 제34조 제1항에 의하면, 사기기타 부정한 수단으로 요금 기타 수수료를 면한 자에 대하여는 그 면한 금액의 5배(1981.1.10 이전에는 3배) 이내의 과태료를 부과할 수 있다고 규정하고 있으므로 … 그 범위내에서 과태료를 어느 정도로 부과할 것인가는 부과권자의 재량에 맡겨져 있다 할 것이니 그러한 재량에 따라 이루어진 과태료부과처분은 <u>사회통념상 현저하게 타당성을 잃어</u> 부과권자에게 맡겨진 재량권을 남용한 것이라고 인정되는 경우가 아니라면 위법한 처분으로 볼 수 없다 할 것이고, 재량권을 남용한 것인지의 여부는 총급수량에 대한 부정급수량의 비율뿐 아니라 부정급수량의 규모, 그 기간, 부정급수의 방법등 제반사정을 참작하여 판단하여야 한다."[3]고 하였다.

[판례] 제재적 행정처분이 재량권의 범위를 유탈한 것인지 여부의 판단기준에 대하여 대법원은 "… 일반적으로 제재적 행정처분이 사회통념상 재량권의 범위를 일탈한 것인가의 여부는 처분사유인 위반행위의 내용과 당해 분야에 의하여 달성하려는 공익목적 및 이에 따르는 제반사정 등을 객관적으로 심리하여 공익침해의 정도와 그 처분으로 인하여 개인이 입을 불이익을 비교교량하여 판단하여야 한다."[4]고 하였다.

---

    지 아니할 수 없고, 필경 피고의 이 사건 파면처분은 위법임을 면할 수 없다.
1) 석종현, 일반행정법(상), 262면.
2) 박윤흔, 행정법강의(상), 349면; 김남진; 석종현, 일반행정법(상), 262면.
3) 대판 1987. 7. 7, 86누820【과태료재부과처분취소】
4) 대판 1989. 4. 25, 88누3079【학원휴소처분취소】

### 4.5. 재량의 일탈·남용 여부에 대한 판단의 기준시점(판례)

[재량권 일탈·남용으로 위법한지 판단하는 기준 시점] 재량의 일탈·남용 여부에 대한 판단의 기준시점(행정처분시인가 혹은 쟁송판결시인가 등의 문제)은 언제인가 하는 것이 문제된다. 대법원은 "공정거래위원회의 시정명령 및 과징금 납부명령이 재량권 일탈·남용으로 위법한지 판단하는 기준시점은, 행정소송에서 행정처분의 위법 여부는 행정처분이 행하여졌을 때의 법령과 사실상태를 기준으로 하여 판단해야 하고(대법원 2007. 5. 11. 선고 2007두1811 판결 등 참조), 이는 독점규제 및 공정거래에 관한 법률에 기한 공정거래위원회의 시정명령 및 과징금 납부명령(이하 '과징금 납부명령 등'이라 한다)에서도 마찬가지이다. 따라서 공정거래위원회의 과징금 납부명령 등이 재량권 일탈·남용으로 위법한지는 다른 특별한 사정이 없는 한 과징금 납부명령 등이 행하여진 '의결일' 당시의 사실상태를 기준으로 판단하여야 한다."고 하였다.[1]

## 5. 재량통제

### 5.1. 입법통제

#### 5.1.1. 입법적 통제

의회는 법률의 제정을 통하여 재량권의 근거를 부여하는 동시에 재량권의 행사를 규제하기도 한다. 법률유보개념의 재구성에 따른 법률유보영역의 확대, 재량의 목적·고려사항의 구체적 제시 등을 통하여 재량행위에 대한 통제를 할 수 있다. 특히 많은 경우에 있어서 재량권행사의 기준을 정하고 있는 훈령·예규·고시 등이 제정·개정·폐지된 경우에는 10일 이내에 국회소관상임위원회에 제출하도록 하고 있는바, 이 역시 국회를 통한 통제에 해당된다고 볼 수 있다.[2]

#### 5.1.2. 정치적 통제

국회의 대정부통제권에 의한 통제이다. 국정감사권(헌법 제61조), 출석요구 및 대정부질문권(헌법 제62조), 국무총리·국무위원의 해임건의권(헌법 제63조) 등의 수단이 헌법상 인정되고 있고, 이는 행정부에 대한 정치적 통제의 예가된다.

---

1) 대판 2015. 5. 28, 2015두36256 【시정명령및과징금납부명령취소】
2) 박윤흔, 행정법강의(상), 350면.

## 5.2. 행정적 통제
### 5.2.1. 직무감독에 의한 통제
감사원의 감사 또는 상급감독청에 의한 직무감독은 재량권의 자의적 행사에 대한 예방적 및 교정적 통제기능을 가질 수 있다.

### 5.2.2. 행정절차에 의한 통제
재량권행사에 대하여는 고지·청문과 같은 사전절차가 사후구제보다도 실효성이 있고 민주적이다. 재량결정에 따르는 '이유설명의 강제(처분의 이유부기; 이유제시)'도 매우 효과적인 절차적 통제수단으로서 각국에서 실정제도화 되는 추세에 있다. 1996년에는 행정절차법이 제정되었고 1998년부터 시행되고 있다. 행정절차에 의한 통제는 처분의 상대방 등 국민이 행정절차에 참여함으로써 행하는 것이기 때문에 재량권행사에 대한 국민적 통제 수단이 된다.[1]

### 5.2.3. 행정심판
재량을 그르친 행위, 즉 위법·부당처분에 대한 행정심판은 행정의 적법·타당성 보장을 위한 행정내적 통제일 뿐 아니라 권리구제(Rechtsmittel)에도 이바지할 수 있다.

## 5.3. 사법적 통제
### 5.3.1. 기속재량행위와 사법심사
기속재량은 「무엇이 법인가」를 판단하는 법률적 판단에 관한 재량, 즉 법적 가치판단 작용이기 때문에 그 재량을 그르친 경우에는 '기속행위'에 있어서의 기속위반과 마찬가지로 「위법」이 되고 따라서 행정심판 및 행정소송의 대상이 된다.

### 5.3.2. 자유(공익)재량행위와 사법심사
a) 자유(공익)재량 불관여(불심리)의 원칙
aa) 원칙
일반적으로 자유(공익)재량행위는 그 재량권 내의 것이면 재량을 그르친 경우에도 단지 「부당」행위가 될 뿐이므로 행정심판의 대상은 되어도 행정소송에 의한 취소·변경의 대상은 되지 않는다(적법).
bb) 소송이 제기된 경우의 처리
자유(공익)재량위반의 부당행위에 대하여 행정소송이 제기된 경우에는, 행정소송법이

---

[1] 박윤흔, 행정법강의(상), 351면.

규정하는 「위법」이 없다는 이유로 본안판결로써 「기각」하여야 할 것이라는 견해(기각설)와, 본안심리에 들어가지 아니하고 소(訴)를 「각하」하여 사건을 형식적으로 종결시켜야 한다는 견해(각하설)가 있는데, 기각설이 타당하다. 판례도 기각설의 입장을 취해 왔다.

b) 예외(행정소송의 대상이 되는 경우)

자유재량행위도 재량권의 외적·내적 한계를 뛰어 넘어 재량권의 일탈 또는 남용이 되는 경우에는 단순한 부당에 그치는 것이 아니라 「위법」이 되고, 따라서 행정소송의 대상이 된다(행정소송법 제27조).

▶ 재량권의 외적 한계(법규상의 한계)를 넘은 경우 → 재량권의 일탈
▶ 재량권의 내적 한계(조리상의 한계)를 넘은 경우 → 재량권의 남용

### 5.4. 헌법소원심판을 통한 통제

헌법재판소법 제68조 제1항은 재판 이외의 공권력의 행사 또는 불행사로 인하여 헌법상 보장된 기본권을 침해받은 자에게 헌법소원심판 청구권을 인정하고 있다. 따라서 사법적 통제에서 벗어나는 재량권의 잘못된 행사로 인하여 헌법상 보장된 기본권이 침해된 경우에는 헌법소원에 의한 통제가 가능하다.

### 5.5. 기타 재량통제에 관련된 이론

#### 5.5.1. 무하자재량행사청구권이론(전술[前述]참조)

[의의] 무하자재량행사청구권(Anspruch auf fehlerfreie Ermessensausübung)이라 함은 재량권의 유월·남용의 법리를 전제로 하여 인정되는 개인적 공권으로서, 재량행위의 상대방 기타 이해관계인에게 (법원이 아닌) 행정청에 대하여 재량권을 하자없이 행사 해 줄 것을 청구하는 권리이다. 이는 행정청에 재량이 인정된 경우에도 거기에는 일정한 한계가 있으며, 그것을 위반한 경우에 위법이 된다는 것으로서, 이러한 재량한계론의 발전에 따라 재량권을 일탈·남용하면 행정처분은 위법하게 되는 바, 이에 대응하여 재량행위의 상대방 기타 이해관계인에게는 행정청에 대하여 재량권을 하자 없이 행사하여 줄 것을 청구하는 주관적 권리가 성립한다고 보는 것이 이른바 무하자재량행사청구권(Anspruch auf fehlerfreie Ausübung des Ermessens) 이론이다.

[김남진 교수의 견해] 김남진 교수는 광의(廣義)로는 「개인이 행정청에 대하여 재량권의 하자 없는 행사를 청구할 수 있는 공법상의 형식적 권리」를 말한다고 하고, 협의(狹義)로는 「행정청이 결정재량권을 갖지 못하고 선택재량권만을 가지고 있는 경우에 있어서의 하자 없는 재량행사청구권」을 말한다고 한다.[1]

---

1) 김남진, 행정법(I), 113면.

## 5.5.2. 재량권의 영(Null)으로의 수축이론 - 행정개입청구권(재량행위의 기속행위로의 전환)

[의의] 행정재량이 인정되는 경우 행정청은 행정행위를 할 것인가의 여부와 행정행위를 하는 경우 어떤 처분을 행할 것인가를 판단하고 선택하는 자유를 가진다(재량개념적 편의주의). 그러나 행정재량도 '의무에 합당한 재량'이어야 하며(법에 기속된 재량/법적 기속을 받는 재량[rechtlich gebundenes Ermessen]), 「재량권의 한계 내」에서 행사되지 않으면 안된다. 그 결과 구체적인 상황에 따라서는 재량공간이 축소되어 마침내는 영(零)에 도달함으로써(Ermessensschrumpfung auf Null) '행정청은 오직 일정한 행위를 하지 않으면 안된다는 결론만이 나오는 경우'도 있을 수 있다. 이 경우에는 오로지 그 행위를 하는 것만이 유일한 적법의 재량권행사가 될 수 있으며, 만약 행정청이 요구되는 그 행위를 하지 아니하거나(재량권불행사, 부작위) 또는 다른 행정처분을 하게 되면(선택재량위반) 위법의 평가를 받게 된다. 이를 '재량권의 수축이론'이라 한다.

[판례] 1. 21 무장공비출현사태시(김신조사건)에 공비와 격투 중에 있는 청년의 동거인(신길자)이 3회에 걸쳐 군·경·공무원에게 간첩출현을 신고하고 구원을 요청하였음에도 불구하고 이를 묵살하고 즉시 출동하지 않아 사살된 사건[1]에서, "공무원 들의 즉시 출동하지 아니한 직무유기 행위로 인하여 발생한 것이라고 못볼바 아니므로, 공무원들의 불법행위와 망인(이용선)의 사망과의 사이에 인과관계가 있다"라고 하여, 부작위로 인한 손해에 대하여 '국가배상책임'을 인정하고 있는바, 이는 재량권의 영으로의 수축을 인정하는 것이라 할 수 있다.[2] 이 판례는 그렇다고하여 대법원이 이미 이 당시 행정개입청구권을 인정하였다고 볼 수는 없고 단순히 부작위위법에 대한 책임을 물은 것이다. 그러나 박윤흔 교수는 이를 두고 판례상 행정개입청구권이 인정되고 있다고 본다.[3]

## 5.5.3. 행정절차규제(행정절차법적 규제)

이해관계인 참여제도, 결정이유에 대한 부기제도(附記制度) 등이 있다(이유부기; 이유세시). 행정절차법 제23조는 행정처분시 그 근서와 이유를 세시하도록 규정하고 있다.

▶ 행정절차법 제23조(처분의 이유 제시) ① 행정청은 처분을 할 때에는 다음 각 호의 어느 하나에 해당하는 경우를 제외하고는 당사자에게 그 근거와 이유를 제시하여야 한다.
  1. 신청 내용을 모두 그대로 인정하는 처분인 경우
  2. 단순·반복적인 처분 또는 경미한 처분으로서 당사자가 그 이유를 명백히 알 수

---

1) 대판 1971. 4. 6, 71다124.
2) 대판 1971. 4. 6, 71다124.
3) 박윤흔, 행정법강의(상), 343면.

있는 경우
　　　3. 긴급히 처분을 할 필요가 있는 경우
　② 행정청은 제1항제2호 및 제3호의 경우에 처분 후 당사자가 요청하는 경우에는 그 근거와 이유를 제시하여야 한다.

### 5.5.4. 행정의 자기구속의 원리
평등원칙에 의한 통제가 있다. 행정기관은 합리적인 근거없이 스스로 종전의 행정관행에 어긋나는 행정작용을 할 수 없는 구속을 받게 된다(행정의 자기구속원칙[Selbstbindung der Verwaltung]). 행정의 자기구속의 법리에 의하여 재량준칙적 행정규칙은 평등원리를 매개로 하여 법규로 전화(轉化)하게 된다. 자기구속의 법리가 적용되기 위하여는, 비교의 대상이 되는「행정선례」가 존재하여야 하는데, 그 선례는 반드시 행정규칙에 의거한 선례일 것을 요구하는 것은 아니며, 단 1회만의 행정선례가 있음으로써 족한 것이요, 반드시 그것이 되풀이되어 '행정관행'으로까지 되어야 하는 것도 아니다.

## III. 부담적 행정행위

### 1. 부담적 행정행위(부과적·간섭적·침해적 행정행위)의 의의
부담적 행정행위라 함은 국민의 기득의 권리·이익을 거부·침해하거나 새로운 의무를 부과하는 불이익처분을 말한다.

### 2. 부담적 행정행위의 내용
[하명] 개인의 자유를 제한하고 공법상 의무를 부과하는 행위이다.
[박권행위] 기득의 권리·능력·포괄적 법률관계를 소멸시키는 행위이다. 공물특별사용권의 취소, 특허의 취소, 공무원파면, 법인의 해산처분 등이 있다.
[수익적 행정행위의 거부·취소·철회] 수익적 행정행위의 거부·취소·철회는 실질적으로 부담적 행정행위를 부과한 것이 된다.

### 3. 부담적 행정행위의 특색
#### 3.1. 직권성(일방적 행정행위성)
부담적 행정행위는 명령적 법규에 의거하여 일정한 작위·부작위·수인·급부의 의무를 명하는「명령적 행정행위」에 속하므로 직권행위임을 원칙으로 한다. 수익적 행정행위는 원칙적으로 신청을 요하는 행위이다.

### 3.2. 강제적 실현(실효성)
부담적 행정행위에 의한 의무는 반드시 이행되어야 하며, 만일 '의무의 불이행'이 있을 경우에는 행정권의「자력강제」에 의하여 의무를 강제로 이행하게 하거나 의무를 이행한 것과 동일한 상태(狀態)를 실현시키는데 그 특색이 있다.

### 3.3. 기속성
부담적 행정행위는 '기속행위'임을 원칙으로 한다. 부담적 행정행위는 기속행위임을 원칙으로 하기 때문에 다음과 같은 특색이 부수적으로 나타난다는 견해(윤세창)가 있다(소수설).

[윤세창 교수의 견해] (ㄱ) **불가변력**: 부담적 행정행위는 그 행위의 형식과 내용이 법규에 의해 엄격히 '기속'되는 것이므로 근거법규가 존속하는 한, 행정청이 함부로 이것을 폐지·변경할 수 없는 불가변성, 즉 확정력이 있는 것을 원칙으로 한다고 한다(다수설은 반대). (ㄴ) **부관불가**: 부담적 행정행위에는 부관을 붙일 수 없다고 한다(다수설은 반대).

### 3.4. 취소·철회의 자유성
부담적 행정행위가 취소·철회되면 행정객체에게 오히려 이익을 주는 것이므로 철회가 비교적 자유롭다.

### 3.5. 절차적 규제
부담적 행정행위의 경우에는 수익적 행정행위의 경우보다 행정절차의 적정화·행정절차의 채택의 요구가 강하고, 행정쟁송에 있어서 일반적으로 쟁송절차요건의 완화문제가 제기된다.

### 3.6. 법률유보원칙
엄격하게 적용된다.

### 3.7. 구제수단
위법·부당한 침해적 행정행위에 의하여 권익의 침해를 받은 국민은 취소소송을 제기하거나 행정상 손해배상을 청구할 수 있다.

## IV. 수익적(收益的) 행정행위

### 1. 수익적 행정행위의 의의
수익적 행정행위란 부담적 행정행위의 대응개념으로서, 국민에게 권리·이익을 수여하는 행정행위 또는 국민의 권리·의무와 관계없는 행정행위를 말한다.

### 2. 수익적 행정행위의 내용
수익적 행정행위는 許可(금지의 해제, 자유가 회복된다), 면제(작위·급부·수인의무의 해제행위이다), 특허(공법상·사법상의 권리설정행위이다), 인가(공법행위·사법행위의 유효요건이다) 등으로 구분된다. 그리고 부담적 행정행위의 취소·철회는 부담적 효과가 해제이므로 수익적 행정행위의 성격을 지닌다.

### 3. 수익적 행정행위의 특색
#### 3.1. 쌍방적 행정행위성(신청처분성)
수익적 행정행위는 원칙적으로 '요신청행위(要申請行爲)'의 형식을 취한다. 따라서 상대방의 신청을 요한다.

#### 3.2. 재량행위성
수익적 행정행위는 원칙적으로 재량행위에 속한다(효과재량설), 그 결과 수익적 행정행위는 대부분 부관부행정행위의 형식을 취한다(다수설). 그밖에 수익적 행정행위는 원칙으로 자유재량행위이기 때문에 기속행위인 부담적 행정행위와는 달리 확정력이 없다는 견해가 있다(윤세창; 소수설). 다수설은 반대이다.

#### 3.3. 취소·철회의 부자유성(不自由性)
[수익적 행정행위의 철회] 수익적 행정행위의 철회는 '행정객체의 기득권을 침해(수익적 행정행위의 침익적 행정행위화)'하는 결과가 되므로 자유로이 행할 수 없다. 수익적 행정행위의 철회는 상대방에게 침익적인 결과를 가져오는 것이기 때문에 상대방의 신뢰를 기본적으로 보호해야한다(신뢰보호의 원칙: Vertrauensschutz). 따라서 수익적 행정행위의 철회(취소)는 다음과 같은 예외적인 경우에만 허용된다.

[법규에서 철회가 허용되고 있는 경우(법규상 허용)] '건축업면허 대여행위에 대한 형사재판 확정전에 건축업면허를 취소함의 가부'에 대하여 대법원은 "원고의 행위(건설업자가 건설업면허를 대여한 행위; 건설업면허대여)가 위 법조(건설업법 제52조 제1항 5호)에 위반

된다고 인정되는 이상 그 건설업의 면허를 취소(철회)할 수 있는 것이고, 그 위반행위에 관한 재판의 확정여부는 상관이 없다."[1]고 하였다.

[당해 행정행위에서 철회권이 유보되어 있는 경우(철회권유보)] 특정한 상대방에게 대한 행정처분은 그 상대방에게 고지되어야 효력이 발생하는지의 여부에 대하여 대법원은 "특정한 상대방에게 대한 행정처분은 그 상대방에게 고지되어야 효력이 발생한다 할 것인바 을 제4호증의1 기재에 의하면 피고가 1968.12.18. 원고에게 대하여 본건 허가 갱신을 함에 있어 1969.6.30.까지 소론 시설사용승인을 얻지 못할 경우에는 허가사항을 취소할 것이라는 부관을 붙이기로 내부결재가 된 사실이 인정될 수 있으나 을 제4호증의 2 기재에 의하면 위 부관이 원고에게 고지되었다고 인정되기 어려워 … 허가후 장기간 그 영업시설을 하지 못하였다고 하여, 舊축산가공처리법 제10조 소정의 허가취소사유인 공익을 해한 것에 해당된다고 단정할 수 없다."[2]고 하여 특정한 상대방에게 대한 행정처분은 그 상대방에게 고지되어야 효력이 발생한다고 하였다.

[부담부행위에서 수익자가 법상의 기간 내에 부담을 불이행하는 경우(의무불이행 → 상대방의 행위에 대한 제재)] '부담부 행정처분의 상대방이 그 부담을 이행하지 않음을 이유로 한 처분의 취소가부'에 대하여 대법원은 "이 사건 허가에 붙은 공사기간의 정함이 일종의 '부담'에 해당한다는 소론주장 자체는 수긍할 수 있지만 부담부행정처분에 있어서 처분의 상대방이 부담(의무)를 이행하지 아니한 경우에 처분행정청으로서는 이를 들어 당해 처분을 취소(철회)할 수 있는 것이므로, 이 사건에서 원고(김대협)가 소정기간내에 공사를 완료하지 못했다 하더라도 이로 말미암아 긴급한 위난이 예상되거나 긴급한 사정이 없는 한, 허가받은 자의 이익을 번복하는 처분은 할 수 없다는 소론은 받아 들일 수 없다. 또 도시계획법이나 기타 법령에 의하더라도 이 사건 허가처분을 취소함에 있어 소론과 같은 절차를 요구하고 있는 규정은 없으므로 피고(정주시장)가 이 사건 취소처분을 함에 있어 그와 같은 절차를 밟지 않았다 하여 잘못이라 할 수도 없다."[3]고 하여 부담부 행정처분의 상대방이 그 부담을 이행하지 않음을 이유로 한 취소처분은 정당하다고 보았다. ☞ 공사기간(부담: Auflage)

[事後에 사실관계의 중대한 변화로 철회없이는 공익이 위험에 놓이게 되는 경우(사정변경)] 하

---

1) 대판 1989. 10. 24, 89누2813【건설업면허취소처분취소】원고가 건설업면허를 대여하고, 대여료를 받았다는 사실 등에 관한 재판이 아직도 계류중에 있어서 원고가 건설업법 제52조 제1항 제5호에 위반하였다는 사유는 확정되지 아니하였으므로 원심이 원고의 행위를 같은 법조에 위반한 것이라고 판단하였음은 잘못이라고 하나 원고의 행위가 위 법조에 위반된다고 인정되는 이상 그 건설업의 면허를 취소할 수 있는 것이고, 그 위반행위에 관한 재판의 확정여부는 상관이 없으므로 독자적 견해에 불과한 논지는 받아들일 수 없다.
2) 대판 1971. 6. 30, 70누142【축산물작업장경영허가취소처분취소】
3) 대판 1989. 10. 24, 89누2431【토지형질변경허가취소처분취소】

자(瑕疵)없는 건축허가도 사정의 변경으로 건축허가의 존속이 공익에 적합하지 않게 되었을 때에는 이를 철회할 수 있다.[1]

[법적 상태의 변화와 상대방이 그 행위와 관련된 권리행사를 행하지 않는 경우(권리불행사)] 대법원은 "소멸시효는 권리자가 그 권리를 행사할 수 있음에도 일정한 기간 동안 행사하지 않는 권리불행사의 상태가 계속된 경우에 그 권리를 소멸시키는 제도로서, 상당한 기간 동안 권리불행사가 지속되어 있는 이상 그 권리가 사법상의 손실보상청구인지 아니면 공법상 손실보상청구인지에 따라 달리 볼 것은 아니다. 따라서 공유수면매립법상 간척사업의 시행으로 인하여 관행어업권이 상실되었음을 이유로 한 손실보상청구권에도 그 소멸시효에 관하여 달리 정함이 없으면 민법에서 정하는 소멸시효규정이 유추적용될 수 있고, 이 경우 관행어업권자가 그 매립면허를 받은 자 또는 사업시행자에 대하여 가지는 손실보상청구권은 금전의 지급을 구하는 채권적 권리이므로 그 소멸시효기간은 민법 제162조 제1항에 따라 10년이다. 또한 그 소멸시효의 기산일은 손실보상청구권이 객관적으로 발생하여 그 권리를 행사할 수 있는 때, 곧 특별한 사정이 없는 한 이 사건 간척사업으로 인하여 관행어업권자가 자연산 패류 및 해초류 어장으로서의 어장을 상실하는 등 실질적이고 현실적인 손실이 발생한 때부터라고 보는 것이 타당하다."고 하였다.[2]

[공익상 중대한 침해의 방지 또는 제거의 필요가 있는 경우(공익목적)] 철도용지에 대해 대지사용허가와 그 위에 건축을 하는 내용의 건축허가를 한 후 철도용지를 부두용지로 사용하기 위해 대지사용허가를 취소하여 그 취소로 건축주가 건축허가를 받은 대지 위에 건축을 할 권한이 없게 되었고, 더욱이 건축으로 말미암아 대지의 공공적 이용에 중대한 지장이 있음이 명백한 때에는 건축허가를 취소(철회)할 수 있다.[3] 행정청이 인·허가 등의 수익적 처분을 취소하는 때에는 비록 취소 등의 사유(부관상의 의무 불이행 포함)가 있다고 하더라도 이를 취소해야 하는 공익상의 필요가 그 취소로 인하여 당사자가 입을 불이익 보다 큰 경우에만 취소할 수 있다고 보는 것이 일반적 견해이다. 그러나 이 경우에도 영업정지에서와 같이 실무상으로는 작량감경기준(酌量減輕基準)을 검토할 필요가 있다. 예를 들면, 위법행위가 있었다고 하더라도 법을 위반한 경위·정도 및 전력(前歷)이나 그 밖의 정상참작사유 등에 관하여 개별적·구체적으로 검토한 후에 허가취소처분을 행할 것인가를 결정해야 한다.[4] 즉 다음의 작량감경기준에 3개 이상 해당되는 경우에는 행정처분기준표에 의하여 일률적으로 취소처분을 할 것이 아니라 영업정지 처분으로 감경하는 등의 방법으로

---

1) 대판 1964. 11. 10, 64누33.
2) 대판 2010. 12. 9, 2007두6571【손실보상재결신청기각결정취소등】
3) 대판 1964. 2. 10, 64누33.
4) 한상우, 실무행정법, 지방자치단체 법률교육(법제처 : 2008.3), 94면(이하 판례 재인용).

처분 재량권을 적절히 행사할 필요가 있다. 또한 허가의 상대방이 위법행위를 한 경우에 대한 제재 방법으로서 허가취소 외의 수단이 있는 경우에는 상대방의 위법행위에 비례하여 적정한 제재 방법을 선택해야 하며, 경미한 위반사항에 대하여 지나치게 과중한 제재를 부과해서는 안 된다.[1]

【작량감경기준】
▶ 법위반 경위에 비추어 볼 때 당시 상황에서 적법행위 기대가능성이 많지 않은 경우 (일반인의 경우에도 당시 상황에서 적법행위를 기대하기가 어렵다고 판단되는 경우)
▶ 법위반의 정도가 경미한 경우
▶ 과거에 법위반의 전력(前歷)이 없는 경우
▶ 상대방이 입게 되는 불이익(생계 등의 문제)이 상대적으로 큰 경우

[영업정지기간 중 야심한 시각에 만취한 손님을 할 수 없이 숙박하게 한 여관 경영자에 대하여 숙박영업허가를 취소하는 것은 가혹하다고 한 판례] 대법원은 "여관영업자인 원고가 영업정지기간 중에 처음에는 손님의 숙박을 거절하였으나 야심한 시각인 데다가 손님이 많이 취해 있어 하는 수 없이 숙박을 하게 하였는데, 위 손님이 숙박 중 도난 당하였음을 주장하여 원고가 스스로 경찰에 도난신고를 하여 위 영업행위가 적발되었으며, 위 1회 위반행위 외에는 영업정지기간 중에 달리 영업행위를 한 일이 없고, 원고는 위 여관을 임차하여 경영하면서 4인 가족을 부양하고 있는 등 영업허가의 취소가 원고에게 가져다 줄 손해를 고려할 때 숙박영업허가취소는 가혹하다. … 영업정지기간 중 어떤 경위에 의하여건 영업행위를 하는 것은 법의 취지와 행정처분으로 달성하려는 공익목적을 심대하게 위반하는 것으로 그로 인한 처분은 엄중함을 요한다 할 것이나 사실이 원심(부산고등법원 1991.8.30. 선고 90구3072 판결)의 인정과 같다면 원고에게도 참작할 사유가 없는 것은 아니고, 보다 장기간의 영업정지처분을 하는 등 다른 행정처분을 선택할 여지가 없는 것도 아니니 원심의 위 판단은 수긍하지 못할 바 아니라고 할 것이다. 소론이 들고 있는 보건사회부령의 규정은 법규명령이 아니고 행정명령에 불과한 것이고 원심에 심리미진의 잘못이 있다고도 보여지지 아니하며 그외에 원심에 다른 잘못이 있지도 아니하니 상고논지(부산직할시동구청장)는 모두 이유없다."[2]고 하였다. 이는 영업정지기간 중 야심한 시각에 만취한 손님을 하는 수 없이 숙박하게 한 여관경영자에 대한 숙박영업허가취소가 가혹하다고 본 사례이다.[3]

[중매업허가를 받은 자가 부득이한 사유로 약 4개월간 중매업 허가권과 점포를 전대한 것에 대한 허가취소를 한 것은 재량권 일탈에 해당한다는 판례] "가락동농수산물두매시장의 개설자인

---

1) 한상우, 실무행정법, 지방자치단체 법률교육(법제처 : 2008.3), 95면.
2) 대판 1991. 12. 24, 91누9664 【영업허가취소처분취소】
3) 【참조판례】 대법원 1990. 5. 22. 선고 90누1571 판결(공1990, 1381); 대법원1990. 6. 12. 선고 90누1588 판결(공1990, 1478)

서울특별시장으로부터 '중매업허가권 및 중매인 점포를 전대할 때 또는 관계 법령 및 개설자가 발하는 명령을 위반할 때에는 업무정지 또는 허가를 취소한다'는 내용의 부관 하에 청과부류에 관한 중매업허가를 받은 자가 경험부족 등으로 중매업만으로는 생계를 유지하기 어려워 자신은 주로 산지에서 농수산물을 수집하여 이를 판매하고, 위 점포는 자신의 처 등으로 하여금 이를 경영하도록 하다가 처가 당뇨병 등으로 치료를 받느라 점포경영에 충실하지 못하게 되자 약 4개월간 제3자에게 위 중매업허가권과 점포를 전대한 것에 대하여 그 이전에도 관계 법령 위반 등의 사유로 2차에 걸쳐 경고를 받은 일이 있지만 제재방법 중 가장 무거운 중매업허가를 취소하는 처분을 한 것은 재량권을 일탈한 위법한 처분이다."[1] 이판례에 의하면 대법원은 가락동농수산물도매시장에서의 청과부류에 관한 중매업허가를 받은 자가 약4개월 간 제3자에게 위 중매업허가권과 점포를 전대한 것에 대하여, 그 이전에도 관계 법령 위반 등의 사유로 2차에 걸쳐 경고를 받은바 있지만, 중매업허가 취소처분을 한 것이 재량권일탈이라고 본 것이다.

　　[안전도 향상을 위하여 당초 허가를 받은 범위를 넘어 개축함으로써 건축법을 위반한 경우 건축허가를 취소하는 것은 재량권 남용에 해당한다고 한 판례] 안전도 향상을 위하여 당초 허가를 받은 범위를 넘어 개축함으로써 건축법을 위반한 경우, 대법원은 "원고가 건물 중 1, 2층에 대하여 대수선허가를 받았음에도 불구하고 그 범위를 넘어 개축하는 등 건축법을 위반하였으나 위반사항이 중대하지 아니하며, 그 동기가 경계 밖을 침범한 기존 건물의 벽을 헐어 건물을 경계선 안으로 끌어들임에 있어 오래된 기존 건물의 안전성이 문제되어 보다 더 튼튼한 철근콘크리트조로 시공할 수밖에 없었던 점, 이와 같은 개축으로 건물의 안전도 등이 크게 향상된 점 및 그 공사비가 1억여 원이 투입된 점을 고려해 볼 때 만약 건축허가의 취소로 건물이 철거된다면 원고가 입을 손해가 너무 크고, 이는 국민경제적으로도 바람직한 일이 못되므로 피고의 건축허가 취소처분은 그 재량권을 남용한 위법이 있다."[2] 이는 건물 1,2층의 대수선허가만을 받아 개축하는 등 건축법을 위반하였으나, 위반사항이 중대하지 아니한 점 및 그 동기, 개축으로 건물의 안전도 등이 향상된 점 등을 고려하여 건축허가취소처분이 재량권의 남용에 해당한다고 본 사례이다.

### 3.4. 법률유보의 적용문제

　　종래에는 침해유보설의 입장에서 법률유보원칙은 부담적 행정행위에만 적용되는 것으로 생각했으나, 오늘날에는 수익적 행정행위 분야에까지 그 적용영역을 확대해가는 경향이 있다.

---

1) 대판 1992. 3. 27, 91누13069 【중매업허가처분취소】
2) 대판 1991. 11. 8, 90누10100 【건축허가취소처분취소】

### 3.5. 절차적 규제의 완화

수익적 행정행위에 있어서는 행정절차의 절차적 규제가 완화되거나 요구되지 않는 것이 보통이다.

### 3.6. 하자 인정범위 문제

수익적 행정행위에 있어서는 상대방의 신뢰보호·기득권보호의 견지에서 무효의 범위를 축소할 필요가 있고, 하자의 치유와 전환의 법리를 확대적용할 필요가 있다.

## V. 복효적(復效的) 행정행위

### 1. 개념

[의의] 복효적 행정행위(Verwaltungsakt mit Doppelwirkung; 이중효과적 행정행위, 복합적 행정행위)란 1개의 행정행위로서 2인 이상의 관계자를 가지며, 그 중 적어도 한 사람 이상에게 이익을 부여하고(begünstigt) 동시에 다른 한 사람 이상에게 불이익을 과하는(belastet) 효과를 가지는 행정행위」를 말한다.[1] 즉, 수익적 행정행위와 부담적 행정행위의 양측면의 성질과 효과를 병용하는 행정행위이다.

[복효적 행정행위] 복효적 행정행위는, (ㄱ) 상대방에게는 이익을 주고 다른 사람에게는 불이익을 주는 제3자효 행정행위와(Verwaltungsakt mit Dirttwirkung), (ㄴ) 동일인에게 이익을 주기도 하고 불이익도 주는 혼합효과적 행정행위(Verwaltungsakt mit Mischwirkung)로 나누이나, 일반적으로 복효적 행정행위는 제3자효 행정행위를 의미한다.[2][3] 전통적 의미의 행정행위는 당해 행정행위가 주는 이익상황에 따라 부담적 행정행위와 수익적 행정행위로 양분하였지만, 오늘날은 두 가지 성질을 아울러 가지는 이른바, 복효적 행정행위를 따로 구분하는 3분법이 널리 인정되고 있다.[4] 이중효과성이 가장 명료히게 나타나는 것은 수익적 행정행위에 대한 제3자의 원고적격성이 인정되는 경우이다. 복효적 행정

---

1) W. Laubinger, Der Verwaltungsakt mit Doppelwirkung, Göttinger rechtswissenschaftiche Studien, Band 65, 1967, S. 29.
2) 김철용, 행정법 I, 233면; 김남진·김연태, 행정법(I), 222면.
3) 그러나 이익적 효과와 불이익적 효과가 동일인에 대한 경우와 이해가 대립되는 복수인에 대한 경우와는 행정행위에 관련된 법률관계는 전혀 다르며, 같은 개념으로 설명하는 것은 적당하지 못하다고 하다는 견해가 있다(박윤흔, 행정법강의(상), 315면).
4) 兼子仁, 現代行政法에 있어서의 行政行爲의 三區分, 公法의 이론(上); 田中二郎先生古稀紀念, 299頁(面).

행위는 취소소송에 있어서의 소송의 확대경향에 따라 인정된 것이며,[1] 따라서 복효적 행정행위의 범위를 확정함에 있어서는「이익」과「불이익」의 실체적 내용이 중요한 의미를 갖게 된다. 여기에서의 이익은 넓은 의미의 공권, 즉 좁은 의미의 권리에 법적으로 보호된 이익을 더한 것이라고 할 것이다.[2] 그것은 불이익성에 있어서 취소소송의 訴의 이익[3]과 일치한다. 그리하여 복효적 행정행위의 정의는 제3자의 원고적격성과 밀접하게 관련되어 내려지고 있다. 위와 같은 복효적 행정행위의 정의를 실체법적 의의라고 할 수 있다.[4][5]

　　　　[복효적 행정행위라는 개념이 사용되게 된 이유] 복효적 행정행위라는 개념이 사용되게 된 이유는 오늘날의 판례에서와 같이, 지금까지의 반사적 이익론에 의하여 취소소송의 원고적격성이 부정되었던 제3자 또는 주민에게 소의 이익(訴益)이 널리 인정되게 되었기 때문이다. 전통적인 견해에서는 행정적 규제는 주로 공공복리의 실현을 목적으로 하며, 규제의 직접상대방이 아닌 제3자가 그 규제에 의하여 이익을 받는다고 하더라도 그것은 법적 보호를 받을 수 있는 것이 아니고 반사적 이익(사실상 이익)에 지나지 아니한 것으로 보았다. 이러한 경우에는 행정행위에 관련되는 법률관계도 행정청과 상대방과의 양(兩) 당사자간의 관계로 구성되어 거기에 제3자가 권리주체로서 등장할 수 없었다. 그러나 과거 반사적 이익(사실상 이익)에 지나지 아니한 것으로 보았던 제3자의 이익에 대하여 법적 보호를 할 필요성이 있게 되자, 행정행위에 관련되는 법률관계도 새로운 관점에서 파악할 필요가 생겨났다. 여기에서 행정행위에 관련된 법률관계에 제3자가 권리주체로 등장하여 (ㄱ) 이익을 받는자, (ㄴ) 행정청, (ㄷ) 불이익을 받는자라고 하는 3자관계가 성립하게 되었다. 그리하여 그 이익을 받는자 및 불이익을 받는 자가 각각 어떤 지위에 있으며, 어떤 권리를 가지는가 또한 양자의 권리를 어떻게 조정할 것인가가 절차법상으로나 실체법상으로 문제되게 되었다. 복효적 행정행위에 관한 논의는 이와 같은 **행정행위에 관한 제3자의 법률관계**를 고찰하려고 하는 것이다.[6] 이 경우의 행정쟁송은 제3자 취소쟁송의 형식을 갖추게 된다.

---

1) 續夕行政事件訴訟十年史, 日本法曹會(1981), 106頁 이하.
2) W. Laubinger, Der Verwaltungsakt mit Doppelwirkung, Göttinger rechtswissenschaftiche Studien, Bd. 65, 1967, S. 14-15.
3) 訴의 이익이라는 용어는 실정법상의 용어는 아니다. 소권이론과 관련하여 발달해온 개념이기 때문에 학자에 따라서 다르게 부른다. (ㄱ) 권리보호의 이익 또는 필요, (ㄴ) 권리보호요건, (ㄷ) 소권요건, (ㄹ) 정당한 이익, (ㅁ) 소의 이익등으로 불리우고 있다. 이영섭편, 학설·판례 주석민사소송법, 510면 참조
4) 박윤흔, 행정법강의(상), 315면.
5) 이에 대하여 소송법적(절차법적) 정의를 내리는 견해가 있다. 복효적 행정행위란「수익적 행정행위에 대하여 다른 자가 출소자격을 가지는 것」이라고 한다. G. Fromm, Der Verwaltungsakt mit Doppelwirkung, VerwArch, 1965, S. 28.
6) 박윤흔, 행정법강의(상), 313면.

[복효적 행정행위와 제3자 취소쟁송] 제3자 취소쟁송이라 함은 주민(불이익을 받는자)이 제3자의 입장에서 허가의 취소를 구하는 쟁송이다. 즉 환경오염물질의 배출시설에 대한 위법한 허가와 같이, 당해 행정청의 적극적 작위에 의하여 주민에게 환경상의 권익침해가 야기되는 경우이며, 이 경우에는 허가의 상대방인 사업자(이익을 받는 자)보다는 이해관계 있는 제3자의 권익구제(제3자취소쟁송)가 문제된다. 이러한 제3자 취소쟁송은 원칙적으로 허가처분에 대한 「취소심판」과 「취소소송」의 형태를 띠며, 이 경우 환경오염(예: 불법배출시설의 조업)에 의하여 권익침해를 받고 있는 주민은 쟁송의 대상인 사업자에 대한 허가처분을 중심으로 하여 볼 때, 「행정처분의 상대방」이 아니라 당해 행정처분으로 인하여 피해를 받는 제3자의 지위(복효적 행정행위)에 있다.

【제3자취소쟁송의 구조】

| 청구권자 | 청구형식 | 피청구인 |
|---|---|---|
| 인근주민 | 취소심판청구 | 환경부장관 |
| | 취소소송 | 법원 |
| | 사법적 구제청구(민사관계) | 배출사업자 |

## 2. 문제점

문제점으로는, (ㄱ) 새로이 권리주체로서 등장한 제3자가 어떤 권리주장의 수단을 가지는가 하는 점이다. ① 제3자의 이익의 법적 보호의 필요성을 인정하는 것이 무엇보다도 제3자의 취소소송의 원고적격성을 승인하는 것과 관계되는 것은 명백하다. 오히려 복효적 행정행위의 개념은 제3자의 원고적격성이 널리 인정되어지는 과정에서 생겨났다고 하겠다. 그러나 취소소송의 출소권 이외에, ② 타인에 대한 행정권발동의 신청권, ③ 청문 등 사전절차에의 참가나 행정행위의 통지의 필요성 등 사전적 행정절차에서의 제3자의 지위도 새로이 문제로 된다. 독일에서도 행정행위의 효력발생시기 또는 출소기간의 진행시기와 제3자에의 통지와의 관계, 가구제(假救濟)에 있어서의 이익자와 불이익자의 이해의 조정이 특히 중요한 논점이 되고 있다.[1] (ㄴ) 하나의 행정행위가 그 상대방에 대하여서만이 아니고 제3자의 이익에도 일정한 효과를 미치는 경우에, 그것이 행정청의 권한행사에 어떠한 영향을 주는가를 검토하여야 한다. 이 문제는 전형적으로는 행정행위의 철회·취소에 관한 문제로 나타나는바, 일반적으로 재량권행사에 관한 문제이다. 즉, 복효적 행정행위에서는 공익과 사익과의 대립이라고 하는 단순한 구도로 파악 할 수 없고, 구체적인 개인법익상호간

---

1) 박윤흔, 행정법강의(상), 314면.

의 대립도 고려하여야 한다. 행정청은 그 권한행사에 있어서 양 법익에 대하여 일정한 형량을 하여야 한다. 따라서, 종래 반사적 이익에 지나지 아니한 것으로 보았던 제3자의 이익에 대하여 법적 보호의 필요성을 인정하게 됨으로써 행정청의 재량권행사가 제한을 받거나 그 기준을 설정하는데 새로운 요소가 도입된 것이다.[1]

[사례] (사도(私道)폐지허가처분에 대해 제3자의 취소소송) : 甲은 수년 전부터 乙 소유의 도로를 공로에 이르는 유일한 통로로 이용해왔으나 얼마전 甲소유의 대지에 연접하여 새로운 공로가 개설되자 그 쪽으로 출입문을 내어 공로출입을 하고 있다. 이리하여 乙은 도로로 이용해오던 乙 소유토지에 대하여 관할 행정관서에 사도폐지허가신청을 하였고 이에 대한 허가결정이 내려졌으나, 甲은 주위토지통행권을 주장하면서 위 사도폐지처분이 부당하며, 따라서 사도폐지허가처분에 대한 취소를 구하는 법적인 절차를 취하고자 한다.

(문제 1) 이 경우 행정처분의 직접 상대방이 아닌 제3자 甲이 행정처분에 대한 취소를 구할 수 있는가?

(문제 2) 甲의 주장대로 주위토지통행권을 인정할 수 있는가?

[해설] (문제 1의 해설) : 행정처분의 직접 상대방이 아닌 제3자라도 당해 행정처분의 취소를 구할 법률상의 이익이 있는 경우에는 원고적격이 인정된다. 여기서 말하는 '법률상의 이익'은 당해 처분의 근거법률에 의하여 보호되는 직접적이고 구체적인 이익이 있는 경우를 말하고, 다만 공익보호의 결과로 국민 일반이 공통적으로 가지는 추상적, 평균적, 일반적 이익과 같이 간접적이거나 사실적·경제적 이해관계를 가지는데 불과한 경우는 법률상 이익에 포함되지 않는다.[2] 甲이 가지고 있던 통행의 이익이 도로폐지허가처분에 의하여 상실되었다고 하더라도 이러한 甲의 폐지된 도로에 대한 통행의 이익은 건축법에 의한 공익보호의 결과로 국민 일반이 공통적으로 가지는 추상적, 평균적, 일반적 이익과 같이 간접적이거나 사실적, 경제적 이익에 불과하고 이를 건축법에 의하여 보호되는 직접적이고 구체적인 이익에 해당한다고 보기도 어렵다.

(문제 2의 해설) : 甲이 종전에 갖고 있던 폐지된 도로에 대한 주위토지통행권은 새로운 도로가 개설됨으로써 이미 소멸하였고, 도로폐지허가처분 당시에는 폐지된 도로의 소유자인 乙에게 폐지된 도로에 대한 독점적·배타적 사용·수익권이 발생하였으므로, 그 제한을 전제로 한 甲의 폐지된 도로에 대한 무상통행권도 인정되지 않는다. 따라서 도로폐지허가처분으로 인하여 甲이 폐지된 도로에 대한 사법상의 통행권을 침해받았다고 볼 수도 없다. 결국 甲에게는 도로폐지허가처분의 취소를 구할 법률상 이익이 없다.[3] <대한법률구조공단>

---

1) 박윤흔, 행정법강의(상), 314면.
2) 법률상 보호 이익설 : 대판 1995. 2. 28, 94누3964 등.
3) 대판 1999. 12. 7, 97누12556; 대판 1999. 7. 23, 97누1006; 대판1999. 10. 12, 99두6026.

## 3. 유형(類型)

### 3.1. 혼합효과적 행정행위

[의의] 혼합효과적 행정행위(Verwaltungsakt mit Mischwirkung : 혼합적 효과를 가진 행정행위)란 동일인에 대하여 이익적 효과와 불이익적 효과를 동시에 가지는 행정행위로서 예컨대 부관을 붙인 수익적 행정행위와 같다(예 : 부담부 허가). 복효적 행정행위에 이와 같은 혼합효과적 행정행위(동일한 당사자에게 이익도 주고 불이익도 과하는)를 포함시키는 견해도 있고,[1] 우리나라의 대부분의 학자도 이러한 견해를 취하면서, 일반적으로 복효적 행정행위는 제3자효 행정행위를 말한다고 한다고 한다. 그러나 이익적 효과와 불이익적 효과가 동일인에 대한 경우와 이해가 대립되는 복수인에 대한 경우와는 행정행위에 관련된 법률관계는 전혀 다르며, 같은 개념으로 설명하는 것은 적당하지 못하다고 하다는 견해가 있다.[2] 일반적으로 복효적 행정행위는 어떤 사람에게는 이익을 주고 다른 사람에게는 불이익적 효과가 발생하는 제3자효 행정행위를 말한다. ☞ **혼합효과적 행정행위** → **동일인에게** → **이익적 효과와 불이익적 효과**

### 3.2. 협의 · 제3자효적 행정행위

[의의] 협의 · 제3자효적 행정행위(Verwaltungsakt mit Drittwirkung)라함은 일방 당사자에게는 이익을 주고 他方 관계자에게는 불이익을 주는 것(협의 · 제3자효적 행정행위)을 말한다. 예컨대 여객자동차 운수사업면허(여객법 제5조 제1항 · 제6조)를 들 수 있다.[3] 일반적으로 복효적 행정행위는 제3자효 행정행위를 의미한다. ☞ **제3자효 행정행위** → **복수인에게(이해가 대립되는)** → **이익적 효과와 불이익적 효과**

## 4. 구체적 사례

### 4.1. 법적으로 이해관계가 대립되는 복수의 상대방을 가지는 행정행위

공매처분 · 수용재결 · 당선인결정 · 경업허가(競業許可) 등에서 볼 수 있다.

### 4.2. 경찰허가에 있어서의 인인소송 · 경업자소송의 인정

[개관] 종래에는 경찰허가처분에 의하여 허가를 받는 자나 제3자가 받는 이익 또는 불이익은 반사적인 것에 불과하다 하여 訴의 이익을 인정하지 아니하였으나, 독일의 경우 제1차 대전 후부터 예컨대, 위법건축의 인근주민이 건축 허가의 취소를 소구(訴求)하는 인인

---

1) H. J. Wolff/O. Bachof, Verwaltungsrecht I, 10. Aufl., 1994, S. 395.
2) 예컨대 박윤흔, 행정법강의(상), 315면.
3) 홍정선, 행정법원론(상), 단락번호 49.

소송(隣人訴訟)이나 기존의 경업자가 신규의 영업허가를 다투는 「경업자 소송」을 허용함으로써, 이러한 자의 지위에 대하여 법적 이익·보호이익성을 인정하게 되었다.[1]

[판례] (주거지역 내의 연탄공장건축으로 소음·진동·주택가격하락 등의 불이익을 받는 인근 거주자가 동 건축허가의 취소를 청구한 사안) : 주거지역내의 도시계획법 제19조 제1항과 개정 전 건축법 제32조 제1항 소정 제한면적을 초과한 연탄공장건축허가 처분으로 불이익을 받고 있는 제3거주자는 당해행정처분의 취소를 소구할 법률상 자격이 있는지 여부에 대하여 대법원은 "주거지역 내에 거주하는 사람이 받는 위와 같은 이익은 단순한 반사적 이익이나 사실상의 이익이 아니라 '법률에 의하여 보호되는 이익'이라 할 것이다. 그리고 행정소송에 있어서는 '비록 행정처분의 상대방이 아니더라도' 그 행정처분으로 말미암아 법률에 의하여 보호되는 이익을 침해받는 사람이면 당해 행정처분의 취소를 구하여 그 당부의 판단을 받을 법률 자격이 있는 것이다.[2]" (同旨의 판례) : (LPG 자동차 충전소설치 허가처분 취소사건) : 대법원은 행정처분의 상대방이 아닌 제3자의 행정소송 제기 가능한지 대하여, "행정처분의 상대방 아닌 제3자도 그 처분으로 인하여 법률상 보호되는 이익을 침해당한 경우에는 그 처분의 취소 또는 변경을 구하는 행정소송을 제기하여 그 당부의 판단을 받을 법률상 자격이 있다."[3]고 하였다.

[제3자가 받는 손해가 간접적·사실적·경제적 손해에 불과한 경우] 그러나 경업자소송에 있어서 제3자가 받는 손해가 간접적·사실적·경제적 손해에 불과한 경우에는 법적 이익이 없다. 판례는 "관할 관청이 제3자에게 스키장대여점으로 이용할 건물에 대한 건축허가를 한 경우, 그 인근에서 동종영업을 영위하는 자가 제3자와 영업상 경쟁관계에 놓이게 되어 입게 될 불이익은 간접적이거나 사실적, 경제적인 것에 지나지 아니하므로 그 무효확인을 구할 당사자 적격 또는 소의 이익이 없다."[4]고 하였다.

---

1) 대판 1975. 5. 13, 73누96【건축허가처분취소】
2) 대판 1975. 5. 13, 73누96【건축허가처분취소】
3) 대판 1983. 7. 12, 83누59【엘.피.지.자동차충전소설치허가처분취소】
4) 청주지방법원 2004. 10. 15. 선고 2004구합331【건축허가무효확인등】피고(충주시장)는 원고(김학연) 소유의 위 온천리 762-7 전 364㎡ 중 15㎡ 합계 25㎡를 기부채납 할 것을 조건으로 원고에게 위와 같은 내용의 건축허가를 하여 주었고, 이에 원고는 그 무렵 위 기부채납의무를 이행하지 아니한 채 위 건축허가에 따른 건축물을 건축한 후 그 곳에서 'OK 레포츠'라는 상호로 스키장비대여점을 운영하여 왔다. "처분 등의 효력 유무 또는 존재 여부의 확인을 구할 법률상 이익이 있는 자는 무효등확인소송를 제기할 수 있으나(행정소송법 제35조 참조), 여기서 말하는 법률상 이익이란 직접적이고 구체적인 이익이 있는 경우를 말하고 다만 간접적이거나 사실적, 경제적 이해관계를 가지는 데에 불과한 경우는 여기에 해당하지 아니한다(대법원 1998. 12. 23. 선고 98두14884 판결 등 참조). 위 법리에 비추어 살피건대, 원고(김학연)가 스키장비대여점을 운영함에 있어 백소희와 영업상 경쟁관계에 놓이게 됨으로 인하여 입게 될 불이익은 간접적이거나 사실적,

### 4.3. 기업규제행정처분에 대한 환경행정소송·소비자행정소송의 인정

근래 외국에서는 행정처분에 대한 제3자의 訴의 이익을 '특정 개인의 법익'에 관하여 뿐만 아니라 불특정 다수의 지역주민의 '공통적 생활이익'에 관련하여서도 인정하려는 경향이 있다. 기업규제행정처분(예: 전기가스 사업면허·자동차 운수사업면허)에 대한 지역주민의 환경행정소송 내지 소비자행정소송의 문제가 그 예이다.

### 4.4. 사법관계형성적 효력을 가지는 행정행위

예컨대, 가옥의 임대료 인상의 인가·임산부 또는 수유기에 있는 母의 해고승인·신체장해자의 해고승인 등을 들 수 있다. 독일판례에 의해 주로 사회적 약자(弱者)를 보호하기 위한 목적의 사회법분야에서 많이 논의되고 있다.

## 5. 복효적 행정행위의 특색

### 5.1. 이익과 불이익간의 상호구속성

복효적 행정행위에 있어서는 일방당사자에의 수익이 동시에 다른 당사자에게 불이익을 과하게 되어, 당해 행정행위의 성립·존속·제거에 관하여 관계인간에 상호 대립되는 이해관계를 가지게 된다. 따라서 당사자간의 치밀한 이익형량(Interessenabwägung)이 요구된다.[1]

[판례] (어업면허취소처분에 대한 면허권자의 행정심판청구를 인용한 재결에 대하여 제3자가 재결취소를 구할 소의 이익이 없다고 본 사례): 처분상대방이 아닌 제3자가 당초의 양식어업면허처분에 대하여는 아무런 불복조치를 취하지 않고 있다가 도지사가 그 어업면허를 취소하여 처분상대방인 면허권자가 그 어업면허취소처분의 취소를 구하는 행정심판을 제기하고 이에 재결기관인 수산청장이 그 심판청구를 인용하는 재결을 하자 비로소 그 제3자가 행정소송으로 그 인용재결을 다투고 있는 경우, 수산청장의 그 인용재결은 도지사의 어업면허취소로 인하여 상실된 면허권자의 어업면허권을 회복하여 주는 것에 불과할 뿐 인용재결로 인하여 제3자의 권리이익이 새로이 침해받는 것은 없고, 가사 그 인용재결로 인하여 그 면허권자의 어업면허가 회복됨으로써 그 제3자에 대하여 사실상 당초의 어업면허에 따른 효과와 같은 결과를 초래한다고 하더라도 이는 간접적이거나 사실적, 경제적인 이해관계에 불과하므로, 그 제3자는 인용재결의 취소를 구할 소의 이익이 없다."[2]

---

경제적인 것에 지나지 아니하다고 보이므로, 원고에게 이 사건 처분이 무효임의 확인을 구할 당사자 적격 또는 소의 이익이 있다고 할 수 없다."

1) 대판 1995. 6. 13, 94누15592【어업면허취소처분에 대한 취소재결처분 취소】
2) 대판 1995. 6. 13, 94누15592【어업면허취소처분에 대한 취소재결처분 취소】

## 5.2. 쟁송취소에 있어서의 청구인적격·쟁송이익문제
### 5.2.1. 복효적 행정행위에 의하여 부담적 효과를 받는 제3자

[제3자의 경우] 복효적 행정행위에 의하여 부담적 효과를 받는 제3자는 행정행위의 직접 상대방이 아닐지라도 취소심판·취소소송의 청구인적격과 쟁송제기의 이익이 인정된다(아래 판례참조).[1]

▶ 대판 1975. 5. 13, 73누96【건축허가처분취소】거주지역내의 연탄공장건축으로 주거생활상의 불이익 (소음·진동·주택가격하락 등)을 받는 인근주택자가 동 건축허가의 취소를 청구한 사건【판시사항】1. 주거의 안녕과 생활환경을 보호받을 이익 2. 행정소송을 제기할 자격이 있는 자【판결요지】1. 주거지역 내에 거주하는 사람이 받는 건축물에 의한 보호이익은 단순한 반사적 이익이나 사실상의 이익이 아니라 바로 법률에 의하여 보호되는 이익이다. 2. '당해 행정처분의 상대자'가 아니라고 하더라도 그 행정처분으로 말미암아 법률에 의하여 보호되는 이익을 침해받는 사람이면 당해 행정처분의 취소를 구하여 그 당부의 판단을 받을 법률상의 자격이 있다.

[어떠한 권리이익도 침해받지 아니하는 자인 경우] 그러나 어떠한 권리이익도 침해받지 아니하는 자인 경우에는 그 취소를 구할 소의 이익이 없다. 제3자효를 수반하는 행정행위에 대한 행정심판청구의 인용재결에 대하여 제3자가 재결취소를 구할 소의 이익이 있는지 여부에 대하여, 대법원은 "복효적 행정행위, 특히 제3자효를 수반하는 행정행위에 대한 행정심판청구에 있어서 그 청구를 인용하는 내용의 재결로 인하여 비로소 권리이익을 침해받게 되는 자(예 : 제3자가 행정심판청구인인 경우의 행정처분 상대방 또는 행정처분 상대방이 행정심판청구인인 경우의 제3자)는 재결의 당사자가 아니라고 하더라도 그 인용재결의 취소를 구하는 소를 제기할 수 있으나, 그 인용재결로 인하여 새로이 어떠한 권리이익도 침해받지 아니하는 자인 경우에는 그 재결의 취소를 구할 소의 이익이 없다."[2]고 하였다. 이는 처분상대방이 아닌 제3자가 당초의 양식어업면허처분에 대하여는 아무런 불복조치를 취하지 않고 있다가 도지사가 그 어업면허를 취소하여 처분상대방인 면허권자가 그 어업면허취소처분의 취소를 구하는 행정심판을 제기하고 이에 재결기관인 수산청장이 그 **심판청구를 인용하는 재결**을 하자 비로소 그 제3자가 행정소송으로 그 인용재결을 다투고 있는 경우, 수산청장의 그 인용재결은 도지사의 어업면허취소로 인하여 상실된 면허권자의 어업면허권을 회복하여 주는 것에 불과할 뿐 인용재결로 인하여 제3자의 권리이익이 새로이 침해받는 것은 없고, 가사 그 인용재결로 인하여 그 면허권자의 어업면허가 회복됨으로써 그 제3자에 대하여 사실상 당초의 어업면허에 따른 효과와 같은 결과를 초래한다고 하더라도 이는

---
1) 대판 1975. 5. 13, 73누96【건축허가처분취소】
2) 대판 1995. 6. 13, 94누15592【어업면허취소처분에 대한 취소재결처분 취소】

간접적이거나 사실적·경제적인 이해관계에 불과하므로, 그 제3자는 인용재결의 취소를 구할 소의 이익이 없다고 본 사례이다.

### 5.2.2. 제3자효를 수반하는 행정행위에 대한 행정심판 청구의 인용재결에 대한 재결취소의 소익(訴益) : 재결취소소송의 인정여부

[재결취소소송의 가능성] 제3자효를 수반하는 행정행위에 대한 행정심판청구의 인용재결에 대하여(예 : 행정청이 어업면허취소를 함으로써 면허취소처분의 상대방이 행정심판을 제기하여 인용재결을 받은 경우) 제3자가 행정심판의 인용재결의 취소를 구할 소(訴)의 이익이 있다. 대법원은 "복효적 행정행위, 특히 제3자효를 수반하는 행정행위에 대한 행정심판청구에 있어서 그 청구를 인용하는 내용의 재결로 인하여 비로소 권리이익을 침해받게 되는 자(예 : 제3자가 행정심판청구인인 경우의 행정처분 상대방 또는 행정처분 상대방이 행정심판청구인인 경우의 제3자)는 재결의 당사자가 아니라고 하더라도 그 인용재결의 취소를 구하는 소를 제기할 수 있다."[1]고 하였다.

[판례] "이른바 복효적 행정행위, 특히 제3자효를 수반하는 행정행위에 대한 행정심판청구에 있어서 그 청구를 인용하는 내용의 재결로 인하여 비로소 권리이익을 침해받게 되는 자(예 : 제3자가 행정심판청구인인 경우의 행정처분 상대방 또는 행정처분 상대방이 행정심판청구인인 경우의 제3자)는 재결의 당사자가 아니라고 하더라도 그 인용재결의 취소를 구하는 訴를 제기할 수 있다."[2] (예외) : (그러나) "그 인용재결로 인하여 새로이 어떠한 권리이익도 침해받지 아니하는 자인 경우에는 그 재결의 취소를 구할 소의 이익이 없다."[3]

### 5.3. 직권취소에 있어서의 신뢰보호문제

수익적 행정처분의 경우에는 상대방의 신뢰보호상 직권취소가 제한된다. 그러나 복효적 행정행위의 경우에는 불이익을 받는 제3자에 대한 보호문제 때문에 '행정처분이 위법인 경우'에는 행정청은 제3자의 보호를 위하여 취소할 의무가 생기고, 취소하지 않으면 불이익적 효과를 받는 자는 행정청의 부작위로 인한 손해배상청구를 할 수 있다.

### 5.4. 복효적 행정행위의 철회에 있어서의 이익형량(Interessenabwägung)

수익적 효과를 받는 자의 기득권보호·행정에 대한 신뢰보호 관점뿐만 아니라, 부담적 효과를 받는 자의 입장도 고려하여 정당하게 형량한 후 철회 여부를 결정하여야 할 것

---

1) 대판 1995. 6. 13, 94누15592 【어업면허취소처분에 대한 취소재결처분 취소】
2) 대판 1995. 6. 13, 94누15592 【어업면허취소처분에 대한 취소재결처분 취소】
3) 대판 1995. 6. 13, 94누15592 【어업면허취소처분에 대한 취소재결처분 취소】

이다.

### 5.5. 참가인 적격문제

복효적 행정행위에 대하여 행정쟁송이 제기된 경우, 쟁송의 결과에 따라 권익을 침해 받을 염려가 있는 제3자는 참가인적격이 인정된다. 예컨대, 복효적 행정행위로 불이익적 효과를 받는 자가 취소소송을 제기한 경우에 수익적 효과를 받은 자는 피고인 행정청의 승소를 돕기 위해 보조참가를 할 수 있다.

### 5.6. 제3자의 재심청구

복효적 행정행위의 취소판결(Rücknahmerechtsprechung)로 인하여 권익을 침해받은 제3자(受益者)는 자기에게 책임없는 사유로 소송에 참가하지 못하여 판결의 결과에 영향을 미칠 공격·방어방법을 제출하지 못한 때에는 재심을 청구할 수 있다.

### 5.7. 복효적 행정행위의 발급신청(제3자의 규제신청) 문제

행정청이 예컨대, 환경오염물질 배출기업체에 대한 규제조치 등 행정규제권을 발동하지 않을 경우에는 그로 인하여 불이익을 받는 제3자(예: 인근주민)는 규제조치를 발동할 것을 청구할 수 있다. 청구가 있음에도 불구하고 규제권을 발동하지 않을 때에는 의무이행심판이나 부작위법확인소송 등의 부작위쟁송이나 취소소송, 행정상 손해배상 문제가 발생할 것이다. ☞ 재량권의 零(Null)으로의 수축 → 행정개입의무 ⇒ 부작위쟁송(의무이행심판; 의무이행소송)·행정상 손해배상

### 5.8. 복효적 행정행위와 고지요구

복효적 행정행위에 의하여 부담적 효과를 받은 제3자는 그 행정행위의 이해관계인으로서 처분청에 대하여 고지를 요구할 수 있다.

### 5.9. 청문절차

[의의·연혁] 복효적 행정행위에 있어서는 불이익적 효과를 받는 자의 권익을 보호하기 위하여 의견청취 기타 청문절차를 채택할 필요성이 강하다. 청문절차란 행정청이 국민의 권리·의무를 제한 또는 침해하는 행정처분을 발하기 전에 처분의 상대방이나 이해관계인으로 하여금 자기에게 유리한 주장·증거를 제출하여 반박할 수 있는 기회를 부여하는 절차를 말한다. 행정청의 행정작용은 그 내용에 있어서 법령 등에 합치되어야 할뿐 아니라, 그 절차면에 있어서 헌법상의 적법절차원리를 실현하고 국민의 권리·이익을 사전에 보호

하기 위해서는 상대방에게 의견진술·자료제출 등의 기회를 부여해야 한다. 우리나라에서도 행정절차를 통한 국민의 권익을 보호하기 위해 '96년 행정절차법을 제정하였다(98년 1월 1일부터 시행).

[청문절차의 유형] 행정처분의 상대방에게 유리한 변명의 기회를 주는 청문절차는 약식절차와 정식절차로 나눌 수 있다. 약식절차란 예정된 처분에 대한 의견이나 참고자료를 제출하는 것으로 행정절차법 제27조의 의견제출절차와 개별법령에 규정된 청문이 이에 해당한다. 정식절차란 청문주재자가 대심구조를 형성하여 이루어지는 청문절차를 의미하며 행정절차법 제22조 및 제26조부터 제36조까지 이를 규정하고 있다. 행정절차법은 제22조에서 ① 법령 등에서 청문의 실시를 규정하고 있는 경우 및, ② 행정청이 필요하다고 인정하는 경우에 행정을 실시한다고 규정하고 있지만, 그 뒤 개별법령을 개정하여 인·허가 등을 취소하는 경우처럼 국민에게 불이익한 처분에 있어서는 청문절차를 도입하였다. 따라서 국민에게 불이익한 처분을 하면서 의견제출기회 등을 주지 않는 때에는 청문절차를 위반한 처분으로 위법하게 되어 행정소송을 통해 구제될 수 있다.

### 5.10. 행정심판전치주의 문제 : 제3자의 쟁송제기기간의 진행시기

[행정심판·행정소송의 제기기간] 행정심판의 제기기간은 행정처분이 있음을 안 날로부터 90일 이내, 행정처분이 있은 날로부터 180일 이내이고(행정심판법 제27조), 취소소송의 제기기간은 행정처분이 있음을 안 날로부터 90일 이내, 처분이 있은 날로부터 1년 이내이며, 예외적으로 본인의 선택에 의하여 또는 법률에서 예외적으로 행정심판전치주의가 채택되어 먼저 행정심판청구가 있었던 때의 제소기간은 재결서의 정본을 송부받은 날로부터 90일 이내이다(행정소송법 제20조). 처분의 직접상대방이 아닌 제3자가 행정심판이나 행정소송을 제기하는 경우에도 물론 이러한 제기기간의 제한을 받는다. 그런데 행정행위는 원칙적으로 상대방에게 도달됨으로써 효력이 발생되는데, 현행법상으로는 처분의 직접상대방에게는 통지하도록 되어 있으나(행정업무의효율적운영에관한규정 제6조 제2항),[1] 제3자에게는 통지하도록 하는 규정이 없다. 그리하여 제3자는 특별한 사정이 없는 한 행정행위가 있음을 알 수가 없다. 따라서, 일반적으로 행정심판제기기간은 「처분이 있은 날로부터 180일 이내」가 기준이 될 것인바, 처분이 있은 날로 부터 180일이 경과된 경우에도, 그 기간 내에

---

1) 행정업무의효율적운영에관한규정 제6조(문서의 성립 및 효력 발생) ① 문서는 결재권자가 해당 문서에 서명(전자이미지서명, 전자문자서명 및 행정전자서명을 포함한다. 이하 같다)의 방식으로 결재함으로써 성립한다. ② 문서는 수신자에게 도달(전자문서의 경우는 수신자가 관리하거나 지정한 전자적 시스템 등에 입력되는 것을 말한다)됨으로써 효력을 발생한다. ③ 제2항에도 불구하고 공고문서는 그 문서에서 효력발생 시기를 구체적으로 밝히고 있지 않으면 그 고시 또는 공고 등이 있은 날부터 5일이 경과한 때에 효력이 발생한다. ☞ 구(舊)사무관리규정

심판청구가 가능하였다는 특별한 사정이 없는 한, 행정심판법(제27조 제3항)이 정하는 「정당한 사유가 있는 경우」에 해당되어 행정심판청구가 가능하다고 할 것이다. 그러면 이 경우 「그 기간 내에 심판청구가 가능하였다는 특별한 사정」이란 무엇이며, 180일이 지난 후 언제까지를 정당한 사유가 있는 경우로 볼 것인지가 문제되는바, 심판청구기간을 설정한 법의 취지에 비추어 볼 때 제3자가 어떠한 사유에 의하였든 간에 처분이 있음을 알고 그 후 90일이 경과된 경우라 할 것이다.[1] 또한 복효적 행정행위로 불이익적 효과를 받는 제3자는 그 행정처분이 있는지를 잘 알 수 없기 때문에 행정심판을 거치지 못할 '정당한 사유'(행정소송법 제18조 제2항 제4호 참조)가 있는 것에 해당되어, 행정심판을 거치지 않고 곧바로 행정소송을 제기할 수 있다는 판례가 있다(LPG 자동차 층전소설치 허가처분 취소사건[아래 판례참조]).[2]

[LPG 자동차 층전소설치 허가처분 취소사건] 대법원은 "… 행정처분의 상대방 아닌 제3자는 소원법 제3조 제1항 소정의 제척기간 내에 소원제기가 가능하였다는 특별한 사정이 없는 한 행정소송법 제2조 제1항 단서 후단에서 규정하고 있는 소원의 재결을 경유하지 아니할 정당한 사유가 있는 때에 해당한다고 보아서 소원절차를 경유함이 없이 직접 행정소송을 제기할 수 있다."[3]고 하였다.

[사견] 이는 종전의 행정소송법 제18조 제1항에서 "취소소송은 법령의 규정에 의하여 당해 처분에 대한 행정심판을 제기할 수 있는 경우에는 이에 대한 재결을 거치지 아니하면 이를 제기할 수 없다"고 하면서 행정심판을 거치지 아니하고 행정소송을 제기할 수 있는 조건으로서 행정소송법 제18조 제2항 제4호에서 "그 밖의 정당한 사유가 있는 때"라고 하여 무엇이 정당한 사유에 해당하는가에 대하여 해석상의 다툼이 있었으나, 1994년 7월 27일, 행정소송법이 개정되어 "취소소송은 법령의 규정에 의하여 당해 처분에 대한 행정심판을 제기할 수 있는 경우에도 이를 거치지 아니하고 제기할 수 있다. 다만, 다른 법률에 당해 처분에 대한 행정심판의 재결을 거치지 아니하면 취소소송을 제기할 수 없다는 규정이 있는 때에는 그러하지 아니하다(행정소송법 제18조 제1항)"고 하여 이를 입법론적으로 해결하였

---

1) 同旨 : 대판 1988. 9. 27, 88누29; 박윤흔, 행정법강의(상), 321면.
2) 대판 1983. 7. 12, 83누59 【LPG자동차충전소설치허가처분취소】
3) 대판 1983. 7. 12, 83누59 【LPG 자동차 층전소설치 허가처분 취소사건】 행정소송법 제2조 제1항 단서 후단의 규정취지는 소원을 제기한 후 그 재결을 기다리지 아니하고 소송을 제기할 경우를 가리키는 것이지 소원제기조차 하지 아니하고 직접 제소할 수 있는 경우를 말하는 것이 아니라고 하는 대법원판례(1962.2.15 선고 4294행상85 판결: 1962.6.28 선고 62누31 판결: 1969.4.29 선고 69누12 판결: 1978.11.14 선고 78누184 판결 및 1982.1.26 선고 81누223 판결등)는 행정처분의 상대방과 같이 소원기간내에 소원제기가 가능한 경우를 전제로 한 것이고 위 기간내에 소원제기가 불가능한 제3자의 경우를 전제로 한 것이 아니다.

다.

### 5.11. 복효적 행정행위에 있어서의 강제집행
복효적 행정행위에 의하여 부담적 효과를 받는 자의 의무불이행은 수익적 효과를 받는자의 불이익으로 귀착되므로 이런 경우에는 처분청은 강제집행을 해야 할 의무를 진다고 할 것이다. 이 경우 행정청이 직권취소나 강제집행을 행하지 않으면 부작위로 인한 행정상 손해배상문제가 발생할 것이다.

### 5.12. 제3자의 동의
복효적 행정행위의 인·허가에 있어서는 이해관계에 있는 제3자의 동의가 필요하다고 할 것이다.

## 6. 복효적 행정행위의 철회·직권취소
### 6.1. 개관
복효적 행정행위에 있어서는, 그것이 행정청의 권한행사에 어떠한 영향을 미칠 것인지가 검토되어야 한다. 행정행위가 직접 상대방 등에 대하여 이익 또는 불이익의 어떤 효과를 발생시키는지가 행정행위의 철회·취소에 있어 중요한 판단기준이 되어 있기 때문에, 두 가지 효과가 동시에 존재하는 복효적 행정행위에 있어서는 한층 더 복잡성을 띠고 있다고 할 것이다. 종래 반사적 이익에 지나지 아니한 것으로 생각되었던 제3자의 이익에 법적 보호의 필요성을 인정하게 될 경우 행정청은 그 권한행사에 있어 각 법익을 비교교량하지 않으면 안되며, 이는 행정청의 재량권행사의 기준에 새로운 요소를 가미하는 것이 된다.[1]

### 6.2. 복효적 행정행위의 철회
#### 6.2.1. 개설
전통적인 일반적 견해에 의하여 수익적 행정행위의 철회는 당해행위의 직접상대방인 이익자의 기득의 이익보호의 견지에서 강한 제약을 받는다고 본다.

#### 6.2.2. 행정행위의 존속이 제3자에게 불이익이 되는 경우
복효적 행위의 철회에 있어서는 이익자의 보호만을 중시할 것이 아니라 처분으로 인하여 불이익을 받는 제3자의 보호도 고려하지 않으면 안된다. 여기에서 예컨대 환경법에 기한 기업활동허가처분의 철회를 지역주민에게 환경오염피해를 일으키고 있음을 이유로

---

[1] 박윤흔, 행정법강의(상), 322면.

행할 수 있는지가 문제된다. 수익적 행정행위가 제3자의 권리·이익을 침해할 때, 그 침해의 정도나 당해 이익의 내용, 보호할 필요성의 정도에 따라 때로는 행정행위의 철회가 필요한 경우도 생길 수 있을 것이다. 특히 제3자의 보호가 법목적이 되어 있고, 또한 그 보호법익이 당해 행정행위를 철회하는 길 이외에는 다른 방법이 없는 경우에는 법해석상 철회가 허용될 수 있을 것으로 본다.[1]

### 6.2.3. 행정행위의 존속이 제3자에게 이익이 되는 경우

[행정행위의 존속이 제3자에게 이익이 되는 경우] 행정행위의 존속이 제3자에게 이익이 되는 경우, 즉 행정행위의 철회(정지)로 인하여 제3자에게 불이익을 초래하게 되는 경우, 당해 행정행위를 철회함에 있어서는 제3자의 불이익을 방지하기 위하여 특별한 배려를 하여야 할 필요가 있다. 이러한 경우로는 다음과 같은 두 가지의 경우가 있다고 할 것이다. (ㄱ) 행정행위의 상대방에게는 불이익적 행정행위일지라도 그것이 제3자의 법익보호를 목적으로 한 경우에는 당해 행정행위의 철회는 제3자의 법익보호를 위하여 제한되는 경우가 있다.[2] (ㄴ) 행정행위의 상대방에 대한 수익적 행정행위가 제3자의 법익보호를 목적으로 철회가 제한되는 경우가 있다. 현실적으로는 이러한 경우가 문제되는바, 예컨대 행정행위의 상대방에 대한 수익적 행정행위인 인·허가 등에 의하여 행하는 사업은 일반국민이 이용하는 사업이 대부분이다. 예를 들면 자동차운수사업의 경우 제3자인 일반국민이 그것을 이용하며, 음식점영업의 경우에도 제3자인 일반시민이 그것을 이용하는 것 등이다. 따라서, 인·허가 등을 철회·정지하는 경우에는 그 처분의 직접상대방인 인·허가사업자의 입장을 고려함은 물론, 제3자(당해 사업을 이용하는 일반국민)의 입장도 함께 고려하여야 하는 것이다. 이러한 경우에는 비록 법령에 의하여 영업정지를 하게 되어 있다 하더라도, 실제로는 제3자(이용자)를 보호하고 나아가서는 사회혼란을 방지하기 위하여 부득이 영업정지를 할 수 없게 되는 경우도 있게 된다.

[영업정지 대신 과징금제도의 활용] 그러나 법령위반이 있는 경우에도 영업정지를 할 수 없게 되면 사업자의 의무이행확보는 어렵게 되므로 영업정지에 갈음한 수단으로 마련된 것이 과징금제도이다. 영업정지 대신에 부과하는 과징금제도는 현행법상 여객자동차운수사업법 제88조·항만운송사업법 제27조의6·도시가스사업법 제10조·주차장법 제24조의2·대기환경보전법 제37조·식품위생법 제82조(영업정지 등의 처분에 갈음하여 부과하는 과징금 처분)·건설산업기본법 제82조 등 많은 법률에서 채택되고 있다.[3]

---

1) 박윤흔, 행정법강의(상), 323면.
2) Hans-Uwe Erichsen/Wolfgang Martens, Allgemeines Verwaltungsrecht, 10. Aufl., 1995, S. 188.

▶ 대기환경보전법 제37조(과징금 처분) ① 시·도지사는 다음 각 호의 어느 하나에 해당하는 배출시설을 설치·운영하는 사업자에 대하여 제36조에 따라 조업정지를 명하여야 하는 경우로서 <u>그 조업정지가 주민의 생활, 대외적인 신용·고용·물가 등 국민경제, 그 밖에 공익에 현저한 지장을 줄 우려가 있다고 인정되는 경우</u> 등 그 밖에 대통령령으로 정하는 경우에는 <u>조업정지처분을 갈음하여 2억원 이하의 과징금을 부과할 수 있다</u>.

▶ 건설산업기본법 제82조(영업정지 등) ① 국토교통부장관은 건설업자가 다음 각 호의 어느 하나에 해당하면 6개월 이내의 기간을 정하여 그 건설업자의 영업정지를 명하거나 영업정지를 갈음하여 1억원 이하의 과징금을 부과할 수 있다.

### 6.3. 복효적 행정행위의 직권취소(職權取消)

[위법한 복효적 행정행위의 직권취소] 위법한 복효적 행정행위의 직권취소에 대하여는 불가쟁력이 발생하였는가의 여부에 따라 구별하여 검토하여야 한다는 것이 일반적 견해이다. 즉, 불복제소기간(행정심판 또는 행정소송제기기간) 내에는 수익자는 불이익을 받는 제3자가 행정심판·행정소송 등을 제기할 것을 고려하지 않으면 안될 것이고, 그 범위 안에서는 수익자의 신뢰를 크게 보호할 필요가 없다. 따라서, **불가쟁력발생 이전에는** 위법한 권리침해를 받는 불이익자(제3자)를 구제하기 위하여 보다 자유로이 직권취소가 인정되어야 하지만, 불가쟁력이 발생한 이후에는 수익자의 신뢰보호를 위하여 직권취소가 제한된다고 한다.[1] 이와같이 복효적 행정행위의 취소는 복효적 행정행위로 인하여 불이익을 받는 제3자의 권리·이익의 보호문제와, 복효적 행정행위로 인하여 이익을 받는 수익자의 행정행위의 존속에 대한 신뢰보호문제가 서로 충돌한다. 따라서 직권취소가 자유로이 행하여질 수 있는가, 아니면 일정한 제한을 받아야 하는가 하는 문제를 해결하기 위하여서는 일반적 견해가 불가쟁력의 발생의 유무를 그 중요한 판단의 기준으로 하는 것은 일응 설득력을 갖는다고 할 것이다. 여기서 문제가 되는 것은 불가쟁력발생 이후의 직권취소에 있어서 불이익을 받는 제3자의 권리·이익을 어떻게 고려할 것인가에 있다고 할 것이다.

[불가쟁력발생 이후의 직권취소에 있어서 불이익을 받는 제3자의 권리·이익] 오쎈뷜(Ossenbühl)은 복효적 행정행위로 인한 제3자의 불이익은 수익자의 신뢰보호이익에 대항할 수 없다고 하고,[2] 라우빙어(Laubinger)는 위법한 불이익의 제거요청과 신뢰보호의 요

---

3) 박윤흔, 행정법강의(상), 324면.

1) F. Ossenbühl, Die Rücknahme fehlerhafter begüngstigender Verwaltungsakte, 1964, S. 126-127; W. Laubinger, Der Verwalturtungsakt mit Doppelwirkung, Göttinger rechtswissenschaftiche Studien, Band 65, 1967, S. 174.

2) F. Ossenbühl, Die Rücknahme fehlerhafter begüngstigender Verwaltungsakte, 1964, S. 126-127.

청과의 비교교량을 주장한다.[1] 생각건대 불가쟁력이 발생한 이후에도 불이익을 받는 제3자의 권익은 수익자의 신뢰보호에 대항할 수 없다고 일률적으로 말할 수는 없다. 이 경우에도 위법한 권익침해로부터 불이익자을 받는 제3자를 구제할 필요성은 무시할 수 없다고 할 것이며, 구체적으로는 불이익을 받는 제3자의 제거요청과 수익자의 신뢰보호를 서로 비교교량하여 결정해야 할 것이다.

---

[1] W. Laubinger, Der Verwalturtungsakt mit Doppelwirkung, Göttinger rechtswissenschaftiche Studien, Band 65, 1967, S. 174.

## 제 4 절　　행정행위의 내용

### 제 1 항　　법률행위적(法律行爲的) 행정행위

　　법률행위적 행정행위란 행정청의 의사표시를 요소(효과의사인 정신작용을 요소로 하는 행정행위이다)로 하고 그 의사표시(효과의사)의 내용에 따라 효력을 발생하는 행정행위를 말한다. 따라서 법률행위적 행정행위는 행정주체가 효과의사를 스스로 제한하는 부관(附款)을 붙일 수 있다. 법률행위적 행정행위는 「자연의 자유」를 내용으로 하는 명령적 행정행위와 「법률상 힘」을 내용으로 하는 형성적 행정행위로 구분할 수 있다.

#### 제 1 목　　명령적 행정행위

##### I. 의의

　　[명령적 행정행위] 명령적 행정행위는 국민 개인에게 '특정한 의무를 부과(자유제한)하거나, 의무를 해제(자유회복)'하는 행위이다. (ㄱ) 의무를 명하는 「하명」과, (ㄴ) 의무를 해제하는 「허가·면제」로 나누어진다. 이들 행위는 '공공의 필요에 의하여' 개인의 자연적 자유를 제한하거나 그 제한을 해제하는 행위라는 점에서, 권리의 발생·변경·소멸을 목적으로 하는 「형성적 행정행위와 구별」된다. 명령적 행위는 적법요건이지 효력요건은 아니므로 명령적 행정행위에 위반된 행위는 행정상의 강제집행이나 처벌의 대상은 되지만, 그 행위의 법률상 효력에는 영향을 미치지 않는 것이 원칙이다.[1]

　　　　▶ **명령적 행정행위** : 행정행위는 그 구성요소와 법률효과의 발생원인을 표준으로 「법률행위적 행정행위」와 「준법률행위적 행정행위」로 나누고, 전자는 다시 법률효과의 내용, 즉 당해 행정행위에 주어진 법률효과가 국민의 권리의무와 어떠한 관계가 있는가에 따라 「명령적 행정행위」와 「형성적 행정행위」로 분류된다. <u>명령적 행정행위는 개인에게 특정한 의무를 부과하거나 부과된 의무를 해제하는 행위로서, 의무를 명하는 하명과 의</u>

---

1) 양범수, 행정법총론(상), 형설, 2009, 542면.

무를 해제하는 허가·면제가 있다.

## II. 하명(Befehl)

### 1. 개념

하명(下命)이라 함은 행정청이 개인의 자유를 제한하고, 의무를 과하는 것을 내용으로 하는 행정행위를 말한다. 즉, 일정한 작위(Tat)·부작위(Unterlassung)·급부(Leistung) 또는 수인(Dulden)의 의무를 과하는 부담적(침익적) 행정행위이다. 부작위의 의무를 과하는 하명을 특히 「금지」라 하고, 작위·지급·수인의무를 부과하는 것만을 가리켜 「명령」이라 한다.

▶ 작위(Tat) : 위법한 건축물의 철거명령
▶ 부작위(Unterlassung) : 영업정지·도로통행금지·건축물의 사용금지
▶ 급부(Leistung) : 조세부과처분
▶ 수인(Dulden) : 행정상 강제집행

### 2. 성질

하명은 국민에게 의무를 명하여 자유를 제한하거나 새로이 의무를 과하는 것을 내용으로 하는 행위이므로 행정주체의 일방적 의사표시에 의한 독립적 행정행위이며, 부담적(침익적) 행정행위에 속하며, 이와 같이 부담적 행정행위이기 때문에 「기속행위」인 것이 원칙이다.

### 3. 하명의 형식

하명은 법령에 의거한 행정행위(Verwaltungsakt)의 형식으로 행하여지는 경우(하명처분)와 직접 법률 또는 명령의 형식에 의하여 곧 하명의 효과를 발생하는 경우(이러한 법규를 처분법규라 하고 이에 의한 하명을 법규하명이라 한다[청소년보호법에 따른 제약])가 있다. 이러한 처분법규(처분적 법률 : Maßnahmegesetz)는 행정소송법상의 처분에 해당되어 취소소송 등의 대상이 된다.[1] 하명 역시 처분이므로 「요식행위」인 것이 보통이며(행정절차법 제24조), 하명을 하고자 하는 경우 행정청은 처분의 제목 등을 사전에 당사자 등에게 통지(행정절차법 제21조)하여야 한다.

▶ 행정절차법 제21조(처분의 사전 통지) ① 행정청은 당사자에게 의무를 부과하거나 권익을 제한하는 처분을 하는 경우에는 미리 다음 각 호의 사항을 당사자등에게 통지하

---

1) 양범수, 행정법총론(상), 형설, 2009, 543면.

여야 한다.

▶ 행정절차법 제24조(처분의 방식) ① 행정청이 처분을 할 때에는 다른 법령등에 특별한 규정이 있는 경우를 제외하고는 문서로 하여야 하며, 전자문서로 하는 경우에는 당사자등의 동의가 있어야 한다. 다만, 신속히 처리할 필요가 있거나 사안이 경미한 경우에는 말 또는 그 밖의 방법으로 할 수 있다. 이 경우 당사자가 요청하면 지체 없이 처분에 관한 문서를 주어야 한다. ② 처분을 하는 문서에는 그 처분 행정청과 담당자의 소속·성명 및 연락처(전화번호, 팩스번호, 전자우편주소 등을 말한다)를 적어야 한다.

## 4. 하명의 종류

### 4.1. 의무의 내용에 따른 분류

[작위하명] 일정한 행위를 할 것을 명하는 하명이다(예 : 건강진단수진·청소시행명령·입대명령·위법건축물제거명령·소화협력명령 등).

[부작위하명(금지)] 일정한 부작위를 명하는 하명이다(예 : 야간 통행금지·인화물질저장금지·미성년자의 음주금지·입산금지·건축금지·제차의 앞지르기 금지).

[급부하명] 금전 기타의 재화의 급부의무를 명하는 하명이다(예 : 조세부과처분).

[수인하명] 행정기관의 일정한 실력행위(행정강제)를 감수하고 저항하지 아니할 의무를 명하는 하명(예 : 대집행·즉시강제의 수인)이다.

### 4.2. 목적에 따른 분류

조직하명(예 : 선거), 경찰하명(질서하명), 급부행정상의 하명(예 : 철도영업에 관한 하명), 개발정서행정상 하명(예 : 양곡관리·무역규제·외환관리에 관한 하명, 국토이용·환경오염방지시설개수에 관한 하명), 재정하명(예 : 조세부과), 군정하명(예 : 병역), 특별권력관계상의 하명(예 : 공무원에 대한 휴직명령, 국립학교학생에 대한 수업료 납부하명) 등이 있다.

### 4.3. 대상에 따른 분류

특정인에 대한 개별적 하명, 불특정 다수인에 대한 일반적 하명이 있다.

### 4.4. 하명의 중점에 따른 분류

대인적 하명(예 : 운전면허정지, 예방접종, 신체검사 등), 대물적 하명(예 : 차량운행정지, 위법건축물철거명령 등), 혼합적 하명이 있다.

### 5. 하명의 대상

[원칙] 상대방의 대상은 대부분이 사실행위이다(예: 청결소독·불법광고물 철거·교통방해물제거·무허가건축물철거)

[예외] 법률행위일 경우도 있다(예: 무기매매·영업양도·영업금지·고시가격초과판매금지 등).

### 6. 하명의 상대방

[원칙] 특정인에 대한 하명(개별적 하명)이 원칙이다.

[예외] 불특정 다수인(일반인)에 대한 일반적 하명(일반처분)(예: 예방접종공시·야간통행금지)을 하는 경우도 있다.

### 7. 하명의 효과

하명은 작위·부작위·수인·급부의무가 발생하므로 국민의 자연적 자유가 제한된다.

[공법상 의무발생] 하명의 효과는 수명자가 하명의 내용에 따라서 일정한 행위를 하여야 될(작위), 또는 하여서는 아니될(부작위) 공법상 의무를 지는 데 있다. 여기에는 작위의무와 부작위의무가 있다.

[특정인에 대한 하명의 효과가 미치는 범위] 특정인에 대한 하명의 효과가 미치는 범위로서, 대인적 하명은 당해 수명자에게만 발생하고, 대물적 하명은 물건의 소유자로서 수명자(受命者)만이 아니라 수명자의 지위를 승계 하는 자에게도 의무가 발생한다(예를 들면, 위법건축물에 대한 철거명령이 난후 건축물을 양수한 자는 철거명령에 따른 철거의무를 승계하게 된다).[1]

### 8. 하명위반에 대한 제재

하명에 의하여 의무를 진자의「의무의 불이행」에 대하여는 행정상 강제집행이나 행정벌을 부과하여 상대방의 의무의 이행을 강제할 수 있다.

[행정상 강제집행] 하명에 의하여 의무를 진자의 불이행에 대하여는 행정상 강제집행의 방법에 의하여 의무의 이행을 강제할 수 있다.

[행정벌] 하명에 의하여 의무를 진자가 의무를 위반하였을 경우에는 행정벌로써 제재를 가할 수 있다.

---

[1] 특정인에 대한 하명의 효과가 미치는 범위 : (ㄱ) 대인적 하명 → 당해 수명자에게만 발생, (ㄴ) 대물적 하명 → 물건의 소유자로서 受命者만이 아니라 수명자의 지위를 승계 하는 자에게도 의무가 발생

## 9. 하명위반의 효과

수명자가 하명에 따른 의무를 이행하지 않는 경우에는 행정청은 근거법규에 따라 행정강제나 행정벌을 부과할 수 있다(예를 들면 위법건축물철거명령을 위반하면 행정대집행법에 따라 대집행을 할 수 있고, 조세부과처분을 불이행 하는 경우에는 국세징수법에 의하여 체납절차를 통한 강제징수가 가능하다).[1] 하명은 어떠한 행위를 하거나 하지 아니할 것을 명하는 데 불과하고, 직접 법률행위의 효력을 제한하거나 부인하는 것이 본래의 목적은 아니기 때문에, 하명에 위반한 행위의 법적 효과는 직접 영향을 받지 않는다. <u>하명이나 금지에 위반되는 「사법상의 법률행위의 효력」</u>은 어떠한가가 문제된다. 통설에 의하면, 「경찰하명」에 위반되는 법률행위(임대금지된 건물에 대한 임대차계약 등)는 원칙적으로 유효하지만, 「통제하명」에 위반되는 법률행위(통제가격을 넘는 지대 또는 임대료의 계약 등)는 그 위반한 한도 내에서 무효라고 한다. 이와같이 하명위반행위에 대한 제재만으로는 행정목적을 달성 할 수 없는 경우에는 법률이 당해 행위 자체를 무효로 하는 경우도 있다.[2]

▶ 대판 1987. 2. 10, 86다카1288 【청구이의】【판시사항】외국환관리법의 제한규정에 위반한 행위가 민법상 불법행위나 무효행위가 되는지 여부 【판결요지】외국환관리법은 외국환과 그 거래 기타 대외거래를 관리하여 국제수지의 균형, 통화가치의 안정과 외화자금의 효율적인 운용을 기하는 그 특유의 목적을 달성하기 위하여 그에 역행하는 몇 가지 행위를 제한하거나 금지하고 그 제한과 금지를 확실히 하기 위하여 위반행위에 대한 벌칙규정을 두고 있는 바, 위 제한규정에 위반한 행위는 외국환관리법의 목적에 합치되지 않는 행위일 뿐 그것이 바로 민법상의 불법행위나 무효행위가 되는 것은 아니다.

※ 외국환관리법상의 제한규정은 단속규정에 불과하기 때문에 이에 위반한 행위의 사법상의 효력에는 아무런 영향이 없다.

## 10. 하명에 대한 구제

하명에 관한 구제에는 적법한 하명에 대한 구제와 위법·부당한 하명에 대한 구제방안으로 나누어 설명한다.

[적법한 하명에 대한 구제] 적법한 하명에 대한 구제로는 행정상 손실보상이 있다.[3] 이 때의 보상은 정당보상이며, 이것이 정의의 원칙에 합당하다.

[위법·부당한 하명에 대한 구제] 위법·부당한 하명에 대한 구제로는 직권에 의한 행정감독(취소·정지), 행정심판에 외한 취소·변경요구, 위법한 하명의 취소·변경을 요구하는 항고소송, 손해배상청구, 당연무효인 하명을 집행하는 경우의 정당방위, 헌법상 청원(청원

---

1) 양범수, 행정법총론(상), 형설, 2009, 544면.
2) 양범수, 행정법총론(상), 형설, 2009, 544면.
3) 적법한 하명에 대한 구제 : 행정상 손실보상

권의 행사)·헌법소원, 고소·고발·공무원의 형사책임·징계책임(간접적 구제)이 있다.

【위법·부당한 하명에 대한 구제】 (ㄱ) 직권에 의한 행정감독(취소·정지), (ㄴ) 행정심판에 의한 취소·변경요구, (ㄷ) 위법한 하명의 취소·변경을 요구하는 항고소송, (ㄹ) 손해배상청구, (ㅁ) 당연무효인 하명을 집행하는 경우의 정당방위, (ㅂ) 헌법상 청원(청원권의 행사)·헌법소원, (ㅅ) 고소·고발·공무원의 형사책임·징계책임(간접적 구제)

## III. 허가(Erlaubnis)

### 1. 의의

허가(許可)는 법령에 의한 일반적·상대적 금지(부작위의무)를 특정한 경우에 해제(부작위의무의 해제)하여 적법하게(적법요건) 일정한 사실행위(Realakt) 또는 법률행위를 할 수 있도록 자유를 회복시켜주는 행정행위를 학문상 허가라 한다(영업허가·건축허가·의사면허·주류판매업면허·운전면허·기부금 모집허가). 이는 부작위의무의 해제, 학문상 개념이며, 상대적 금지의 해제, 예방적 금지의 해제, 원칙적 허가·통제적 허가(Kontrollerlaubnis) 등으로서의 의미를 지닌다. 허가는 학문상 개념이며, 실정법상으로는 허가·면허·인가·특허·승인·인허 등의 용어가 사용되었더라도 학문상의 허가(許可) 인지의 여부는 관계법령의 구체적 규정이나 취지에 비추어 개별적으로 판단하여야 한다.[1]

[명령적 행정행위] 허가는 하명에 의한 금지를 해제하여 자연의 자유 또는 법률 행위를 특정의 경우에 회복시켜 주는 명령적 행정행위이다(다수설, 판례).

▶판례〉 현행 헌법 제15조와 제28조에 의하여 영업의 자유는 헌법상 국민에게 보장된 자유의 범위에 포함된다 할 것이며 예외적으로 질서유지와 공공복리를 위하여 필요한 경우에 한하여 법률로서 이 영업의 자유를 제한할 수 있을 뿐이라 할 것인바 법률 제808호 공중목욕장업법은 공중목욕장업에 허가제를 실시하고 있으나 그 허가는 사업경영의 권리를 설정하는 형성적 행위가 아니고 경찰금지의 해제에 불과하며 그 허가의 효과는 영업자유의 회복을 가져올 뿐이다(대판 1963. 8. 31, 63누101).[2]

[새로운 견해] 그런데 허가는 금지나 제한을 해제하여 적법한 권리행사를 가능하게 하여주는 행위이므로 형성적 행위의 성질을 가지며, 이러한 점에서 허가와 특허의 구분은 상

---

1) 양범수, 행정법총론(상), 형설, 2009, 545면.
2) 대판 1963. 8. 31, 63누101 【공중목욕장영업허가취소】【판결요지】가. 구 목중목욕장법에 의한 공중목욕장업허가는 그 사업경영의 권리를 인정하는 형성적 행위가 아니고 경찰금지의 해제에 불과하다. 나. 공중목용장의 분포의 적정을 공중목욕장업법 시행세칙(62.4.9. 보사부령 제74호) 제4조의 규정은 모법에 위반되는 무효의 것이다.

대화되어 가고 있다고 보고, 따라서 허가는 적법한 권리행사를 가능하게 하여주는 형성적 행위로 보거나 명령적 행위와 형성적 행위의 양면성을 가진다고 보는 견해도 있다.[1]

[허가의 법적 성질(기속행위)] 허가는 공익목적을 위해서 제한되었던 자유를 회복시켜주는 행위이므로 허가요건에 해당되면 법령에 특별한 규정이 없는 한, 반드시 허가를 해주어야 할 기속을 받는 점에서 허가는 원칙적으로 기속행위 내지 기속재량행위이다(통설). 허가는 헌법상으로 보장된 개인의 자유권을 공익목적을 위하여 개별법적으로 제한을 가하고, 상대방의 신청된 행위가 법률요건을 충족시키는 경우에는 이를 해제하여 상대방의 자연적 자유를 회복시켜주는 것이다. 따라서 행정청은 구체적인 사전심사의 결과 법률요건이 충족되었거나, 공익침해의 염려가 없다고 판단되는 경우에는, 허가를 해 주어야 한다는 기속을 받는다. 이러한 경우에 허가의 거부는 헌법상 자유권을 부당하게 계속 제한하는 행위로서 허용되지 않는다. 따라서 허가는 법령에서 특별히 재량을 부여하지 않는 한 기속행위로서의 성격을 갖는다.[2] 허가는 언제나 구체적 처분의 형식으로 행하여지며, 특정의 상대방에 대하여 개별적으로 행하여지는 것이 원칙이나(예 : 음식점 영업허가), 불특정 다수인에 대하여 행하는 때도 있다(예 : 통행금지의 해제).[3] 일반적으로 금지(禁止)는 부작위의무(…을 하지말라)를 명하는 행정행위인데 대하여, 허가는 기존의 '금지를 해제'하여 자연적 자유를 회복시켜주는 행정행위이다. 다만 여기서 허가는 상대적 금지(허가를 유보한 금지)에서만 가능하고 절대적 금지(비밀결사의 조직·미성년자의 흡연 및 음주·마약매매·인신매매·개발제한 구역에서의 건축허가)에 대하여는 당연히 허용되지 아니한다.[4] 이러한 의미에서 통상적인 보통의 허가를 원칙적 허가 또는 통제적 허가라고도 한다. 통제적 허가는 건축허가·기부금품모집허가·도로에 차단기를 설치하고 검문을 한후 차단기를 올려 통과 시켜주는 것[5]과 같이 일정한 요건을 갖춘 허가신청이 있으면 반드시 허가해 주어야 하는(기속행위), 통제목적을 위한 예방적 금지(präventives Verbot)의 해제이다.[6] 허가는 위험의 방지를 목적으로 금지하였던 바를 해제하는 행위이므로, 허가는 일반적으로 경찰허가(경찰법)라고 불리우기도 한다.[7]

---

1) 양범수, 행정법총론(상), 형설, 2009, 548면.
2) 양범수, 행정법총론(상), 형설, 2009, 548면.
3) https://ko.wikipedia.org/wiki/%ED%97%88%EA%B0%80(검색어 : 허가; 검색일 : 2015.6.23).
4) 박윤흔, 행정법강의(상), 356면; 홍정선, 행정법원론(상), 단락번호 868 참조.
5) 박규하, 고시연구(1989.11).
6) 박윤흔, 행정법강의(상), 356면.
7) 대판 1963. 8. 22, 63누97 : 본법(구 공중목욕장법)에 의한 공중목욕장업허가는 그 사업경영의 권리를 설정하는 형성적 행위가 아니고 경찰금지의 해제에 불과하며, 그 허가의 효과는 영업자유의 회복을 가져오는 것이다.

【원칙 - 기속행위】

▶판례〉 식품위생법상 일반음식점영업허가신청에 대하여 관계법령이 정하는 제한사유 외에 공공복리 등의 사유를 들어 거부할 수 없으며 위 법리는 일반음식점허가사항의 변경허가의 경우에도 적용된다(대판 2000. 3. 24, 97누12532).

▶판례〉 광천음료수제조업허가는 성질상 일반적 금지에 대한 해제에 불과하므로 허가권자는 허가신청이 소정의 요건을 구비한 때에는 이를 반드시 허가하여야 한다. 광천음료수제조업허가신청에 대하여는 식품위생법시행규칙 제20조와 보건사회부고시 제87-44호에서 정한 시설기준과 허가요건 등을 구비하였는지 여부에 따라 허가 여부가 결정되어야 하고, 새로운 시설기준과 성분에 관한 규격기준이 아직 마련되지 아니하였다는 이유로 허가를 거부할 수 없다(대판 1993. 2. 12, 92누5959).[1]

▶판례〉 기부금품모집규제법상 기부금품모집허가의 법적 성질이 강학상의 허가라는 점을 고려하면 기부금품모집행위가 같은 법 제4조 제2항의 각 호의 사업에 해당하는 경우에는 특별한 사정이 없는 한 그 모집행위를 허가하여야 한다(대판 1999. 7. 23, 99두3690).

【예외】 - 재량행위(법령상 명문규정이 없더라도 공익상 필요가 있다고 인정될 경우에는 이익형량 요구)

▶판례〉 산림훼손(산림형질변경) 금지 또는 제한지역에 해당하지 않더라도 중대한 공익상 필요가 있다고 인정될 때에는 산림훼손허가(산림형질변경허가)를 거부할 수 있고, 그 경우 법규에 명문의 규정이 없더라도 거부처분을 할 수 있다(대판 1997. 9. 12, 97누1228).[2]

---

1) 대판 1993. 2. 12, 92누5959【광천음료수제조업불허가처분취소】1991.3.11.자로 개정되기 전후의 식품위생법시행령 제7조 제1호 (너)목, 보건사회부고시 제87-44호 제2조 제4호 (4)목, 개정된 시행령 부칙 등에 비추어 볼 때, 종전의 보존음료수제조업과 현행 광천음료수제조업은 위 시행령의 개정에도 불구하고 적어도 광천음료수의 규격기준과 시설기준 등이 향후 별도로 정해질 때까지는 서로 상이한 업종이라 볼 수 없는 만큼 광천음료수제조업의 허가요건은 보존음료수제조업의 시설기준과 허가요건 등에 관하여 규정하고 있는 현행 식품위생법시행규칙 제20조와 보건사회부고시가 여전히 효력을 유지하는 것이므로 이에 의거하여야 할 것이다.
2) 대판 1997. 9. 12, 97누1228【산림형질변경허가신청반려처분취소】【판시사항】[1] 산림훼손 금지 또는 제한지역에 해당하지 않더라도 산림훼손허가를 거부할 수 있는 경우 및 그 거부처분에 법규상 명문의 근거가 필요한지 여부(소극) [2] 산림형질변경신청 불허사유로서 국토 및 자연의 유지와 환경의 보전 등 중대한 공익상의 필요가 있다고 본 사례【판결요지】[1] 산림훼손행위는 국토의 유지와 환경의 보전에 직접적으로 영향을 미치는 행위이므로 법령이 규정하는 산림훼손 금지 또는 제한지역에 해당하는 경우는 물론 금지 또는 제한지역에 해당하지 않더라도 허가관청은 산림훼손허가신청 대상토지의 현상과 위치 및 주위의 상황 등을 고려하여 국토 및 자연의 유지와 환경의 보전 등 중대한 공익상 필요가 있다고 인정될 때에는 허가를 거부할 수 있고, 그 경

▶판례〉 도시지역 안에서 토지의 형질변경행위를 수반하는 건축허가는 재량행위이다(대판 2005. 7. 14, 2004두6181).[1]

▶판례〉 주유소 설치허가권자는 주유소 설치허가신청이 관계 법령에서 정하는 제한에 배치되지 않는 경우에는 특별한 사정이 없는 한 이를 허가하여야 하고, 관계 법규에서 정하는 제한사유 이외의 사유를 들어 허가를 거부할 수는 없는 것이나, 심사결과 관계 법령상의 제한 이외의 중대한 공익상의 필요가 있는 경우에는 그 허가를 거부할 수 있다(대판 1999. 4. 23, 97누14378).[2]

【보충설명】 ※ 허가(許可) <독> Erlaubnis **법률행위적 행정행위**는 상대방에게 일정한 의무를 부과하거나 이를 해제함을 내용으로 하는 **명령적 행위**와, 상대방에게 일정한 권리·능력 또는 포괄적인 법률관계 기타의 법률상의 힘을 설정·변경·소멸시키는 행정행위인 **형성적 행위**가 있다. 명령적 행위에는 의무를 명하는 하명과, 의무를 해제하는 허가·면제가 있다. 허가란 법규에 의한 일반적·상대적 금지를 특정한 경우에 해제하여 적법하게 일정한 사실행위 또는 법률행위를 할 수 있도록 **자유를 회복시켜 주는 행정행위**이다. 따라서 허가는 권리를 설정하는 특허나, 타인의 행위의 **법률적 효력을 보완**하는 인가와

---

우 법규에 명문의 근거가 없더라도 거부처분을 할 수 있으며, 산림훼손허가를 함에 있어서 고려하여야 할 공익침해의 정도 예컨대 자연경관훼손정도, 소음·분진의 정도, 수질오염의 정도 등에 관하여 반드시 수치에 근거한 일정한 기준을 정하여 놓고 허가·불허가 여부를 결정하여야 하는 것은 아니고, 산림훼손을 필요로 하는 사업계획에 나타난 사업의 내용, 규모, 방법과 그것이 환경에 미치는 영향 등 제반 사정을 종합하여 사회관념상 공익침해의 우려가 현저하다고 인정되는 경우에 불허가할 수 있다.

1) 대판 2005. 7. 14, 2004두6181 【건축허가신청반려처분취소】 【판시사항】 기속행위와 재량행위에 대한 사법심사 방식 【판결요지】 행정행위를 기속행위와 재량행위로 구분하는 경우 양자에 대한 사법심사는, 전자의 경우 그 법규에 대한 원칙적인 기속성으로 인하여 법원이 사실인정과 관련 법규의 해석·적용을 통하여 일정한 결론을 도출한 후 그 결론에 비추어 행정청이 한 판단의 적법 여부를 독자의 입장에서 판정하는 방식에 의하게 되나, 후자의 경우 행정청의 재량에 기한 공익판단의 여지를 감안하여 법원은 독자의 결론을 도출함이 없이 당해 행위에 재량권의 일탈·남용이 있는지 여부만을 심사하게 되고, 이러한 재량권의 일탈·남용 여부에 대한 심사는 사실오인, 비례·평등의 원칙 위배 등을 그 판단 대상으로 한다.

2) 대판 1999. 4. 23, 97누14378 【석유판매업(주유소)불허가처분취소】 【판시사항】 [1] 주유소 설치허가신청을 관계 법령상의 제한 이외의 중대한 공익상의 필요를 이유로 거부할 수 있는지 여부(적극) [2] 석유사업법령에 따른 주유소 허가의 기준을 갖춘 자가 건축법 등 다른 법령 소정의 주유소 설치 기준을 별도로 갖추지 아니한 경우, 적법한 허가를 할 수 있는지 여부(소극) [3] 석유판매업허가신청에 대하여 "주유소 건축 예정 토지에 관하여 도시계획법 제4조 및 구 토지의형질변경등행위허가기준등에관한규칙에 의거하여 행위제한을 추진하고 있다."는 당초의 불허가처분사유와 항고소송에서 주장한 위 신청이 토지형질변경허가의 요건을 갖추지 못하였다는 사유 및 도심의 환경보전의 공익상 필요라는 사유는 **기본적 사실관계의 동일성**이 있다.

구별된다. 만일 허가를 요하는 행위를 허가없이 행한 때에는 처벌이나 행정상의 강제집행의 대상이 된다. 그러나 반드시 그 행위의 법률적 효력이 부인되는 것은 아니다. 허가의 효과에 관하여 단지 자연적 자유의 회복이므로 상대방이 얻게 되는 이익은 권리가 아닌 반사적 이익에 불과하므로 쟁송사항이 안된다는 것이 종래의 일반적 견해이다(전통설의 입장). 다만 최근의 견해들은1) 과거에는 반사적 이익으로 보았던 것을 법률상 보호이익으로 보아 일정한 요건하에 행정소송을 통하여 구제할 수 있도록 하고 있다. 그리고 허가의 효과는 상대적이서 특정행위에 대한 법적인 제한을 해제하여 줄 뿐 그 금지 이외의 법적 제한까지 해제하는 것은 아니다. <법률학사전 참조 ; 국민서관>

## 2. 예외적 허가(Ausnahmebewilligung) — 재량행위

[개관] 일반적으로 원칙적·통제적 허가(Kontrollerlaubnis)는 허가하는 것이 원칙이고, 불허가는 예외적으로 인정되는 것인데, 허가 중에는 오히려 금지하여 두는 것이 원칙이고, 허가하는 것이 예외적인 경우가 있다. 이를 예외적 허가(Ausnahmebewilligung)라 한다(예 : 산림훼손허가, 학교환경위생정화구역 내에서의 유흥음식점 허가, 치료목적의 아편사용허가)2) 이와 같이 예외적 허가는 일반적으로 허용되지 아니하는 행위를 극히 예외적으로 허가하여주는 것이다.3) 따라서 예외적 허가는 <u>억제적 금지(represives Verbot)의 해제</u>, 혹은 <u>예외적 승인</u>이라고도 한다.

[허가와의 차이] 예외적 허가(승인)는 사회적으로 유해한 행위이므로 일반적으로 금지된 행위를 특정한 경우에 예외적으로 적법하게 할 수 있게 하여 주는 행위라는 점에서 위험방지라는 통제목적을 위해 잠정적으로 금지된 행위를 적법하게 할 수 있게 하여 주는 허가와 구별된다. 즉 예외적 허가(승인)는 그 실질이 권리의 범위를 확대해주는 것인데 반하여, 허가는 그 실질이 본래의 자연적 자유의 회복인 점에서 차이가 있다.4) 이와같이 예외

---

1) 홍정선, 행정법원론(상), 단락번호 884 참조.
2) 대판 2003. 3. 28, 2002두11905【건축허가신청불허가처분취소】 개발제한구역 안에서는 구역 지정의 목적상 건축물의 건축 등의 개발행위는 원칙적으로 금지되고, 다만 구체적인 경우에 이와 같은 구역 지정의 목적에 위배되지 아니할 경우 예외적으로 허가에 의하여 그러한 행위를 할 수 있게 되어 있음이 그 규정의 체제와 문언상 분명하고, 이러한 예외적인 건축허가는 그 상대방에게 수익적인 것에 틀림이 없으므로 그 법률적 성질은 <u>재량행위 내지 자유재량행위에 속하는 것</u>이다 ; 대판 1996. 10. 29, 96누8253【정화구역안에서의금지행위해제심의신청에대한금지처분취소】학교보건법 제6조 제1항 단서의 규정에 의한 학교환경위생정화구역 안의 금지행위 및 시설을 해제하거나 해제를 거부하는 조치는 행정청의 재량행위에 속한다.
3) 넘어서는 안되는 울타리를 설치해두고 극히 예외적으로 울타리를 넘어가게 하는 것(박규하, 고시연구(1989.11)).
4) 양범수, 행정법총론(상), 형설, 2009, 545면.

적 허가는 억제적 금지의 해제, 허가는 예방적 금지의 해제라는 점에서 차이가 있다.[1] 일반적 허가는 원칙적으로 기속행위 내지는 기속재량행위(기부금품모집허가는 기속재량행위이다[2])인데 반하여, 예외적 허가는 자유재량행위인 점에서 차이가 있다.[3][4] 예외적 허가는 그 전제가 되는 억제적 금지의 본질에 비추어 법문상 재량이 명백히 부여되어 있지 않더라도, 역으로 기속행위라고 볼 근거가 분명하지 않는 한, 재량행위 내지 자유재량행위로 보아야 하고, 또 그 재량의 폭도 상대적으로 넓은 것이라는 점을 명백히 하고 있다(대법원 1996. 10. 29.선고 96누8253판결, 2000. 10. 27.선고 99두264판결).

▶ 대판 1996. 10. 29, 96누8253 【정화구역안에서의금지행위해제심의신청에대한금지처분취소】 ▭ 예외적 허가(자유재량행위)

[1] 학교보건법 제6조 제1항 단서의 규정에 의한 금지행위 해제 거부조치의 성질과 그것이 재량권 일탈·남용이 되기 위한 요건

[2] 학교환경위생정화구역 안에서의 유흥주점 영업행위 금지처분이 재량권을 일탈·남용한 것이라고 본 원심판결을 파기한 사례

【판결요지】 [1] 학교보건법 제6조 제1항 단서의 규정에 의하여 시·도교육위원회교육감 또는 교육감이 지정하는 자가 학교환경위생정화구역 안에서의 금지행위 및 시설의 해제신청에 대하여 그 행위 및 시설이 학습과 학교보건에 나쁜 영향을 주지 않는 것인지의 여부를 결정하여 그 금지행위 및 시설을 해제하거나 계속하여 금지(해제거부)하는 조치는 시·도교육위원회교육감 또는 교육감이 지정하는 자의 재량행위에 속하는 것으로서, 그것이 재량권을 일탈·남용하여 위법하다고 하기 위하여는 그 행위 및 시설의 종류나 규모, 학교에서의 거리와 위치는 물론이고, 학교의 종류와 학생수, 학교주변의 환경, 그리고 위 행위 및 시설이 주변의 다른 행위나 시설 등과 합하여 학습과 학교보건위생 등에 미칠 영향 등의 사정과 그 행위나 시설이 금지됨으로 인하여 상대방이 입게 될 재산권 침해를 비롯한 불이익 등의 사정 등 여러 가지 사항들을 합리적으로 비교·교량하여 신중하게 판단하여야 한다. [2] 경양식점과 중국음식점 등을 허가받아 경영하고 있는 건물에서 유흥주점 영업을 하기 위해 학교환경위생정화구역 안에서의 금지행위 및 시설의 해제 신청을 한 데 대하여, 학교환경위생정화구역 내에 있는 각 학교의 상당수 학생들이 통행하

---

[1] 양범수, 행정법총론(상), 형설, 2009, 545면.
[2] 대판 1999. 7. 23, 99두3690 【기부금품모집허가불허처분취소】
[3] 박윤흔, 행정법강의(상), 357면.
[4] 허가를 기속재량행위로 보는 것이 종래의 통설이지만, 기속재량과 자유재량의 구분이 무의미하다는 점에서 허가를 기속재량행위로 보는 것은 의문이다. 엄격히 말하면 허가에는 기속행위와 재량행위(특히 선택재량)가 모두 있을 수 있으나, 일반적으로는 기속행위의 성질을 가진다고 말할 수 있다. 허가의 요건이 불확정개념으로 되어 있는 경우에는 그의 적용(요건에의 포섭)에 판단여지가 있을 수 있다(김남진·김연태, 행정법(I), 233면).

는 통학로에 위치하고 있거나 쉽게 접근할 수 있는 곳에 위치하고 있는 데다가 그 행위 및 시설의 종류나 규모, 위치 등에 비추어 나이 어리고 호기심이 강한 초·중등학생들의 학습과 학교보건위생에 유해하다고 볼 수밖에 없는 점, 그와 같은 이유에서 인근 학교장들도 유흥주점설치를 반대하고 있는 점, 나아가 정부와 교육당국에서 기존의 유해업소까지 이전하는 계획을 추진해 오고 있는 점 등의 여러 사정을 종합적으로 고려하여 보면, 그 정화구역 안에서의 유흥주점 영업행위 금지처분이 재량권을 일탈·남용한 것이라고 단정하기 어렵다.

▶ 대판 2004. 7. 22, 2003두7606【형질변경허가반려처분취소】"구 도시계획법(2001. 1. 28. 법률제6243호로 전문개정되기 전의 것) 제21조, 구 도시계획법시행령(1999. 6. 16. 대통령령 제16403호로 개정되고 2000. 7. 1. 대통령령 제16891호로 전문개정되기 전의 것) 제20조 제1, 2항 등의 각 규정을 종합하면 개발제한구역내에서는 구역지정의 목적상 건축물의 건축, 공작물의 설치, 토지의 형질변경 등의 행위는 원칙적으로 금지되고, 다만 구체적인 경우에 위와 같은 구역지정의 목적에 위배되지 아니할 경우 예외적으로 허가에 의하여 그러한 행위를 할 수 있게 되며, 한편 개발제한구역내에서의 건축물의 건축등에 대한 예외적 허가는 그 상대방에게 수익적인 것으로서 재량행위에 속하는 것이라고 할 것이므로 그에 관한 행정청의 판단이 사실오인, 비례·평등의 원칙위배, 목적위반 등에 해당하지 아니하는 이상 재량권의 일탈·남용에 해당한다고 할 수 없다(대법원 1998. 9. 8. 선고 98두8759판결, 2002. 2. 9. 선고 17593판결 등 참조)"[1]라고 판시하였다.

---

[1] 대판 2004. 7. 22, 2003두7606【형질변경허가반려처분취소】【판결요지】[1] 위임명령은 법률이나 상위명령에서 구체적으로 범위를 정한 개별적인 위임이 있을 때에 가능하고, 여기에서 구체적인 위임의 범위는 규제하고자 하는 대상의 종류와 성격에 따라 달라지는 것이어서 일률적 기준을 정할 수는 없지만, 적어도 위임명령에 규정될 내용 및 범위의 기본사항이 구체적으로 규정되어 있어서 누구라도 당해 법률로부터 위임명령에 규정될 내용의 대강을 예측할 수 있어야 하나, 이 경우 그 예측가능성의 유무는 당해 위임조항 하나만을 가지고 판단할 것이 아니라 그 위임조항이 속한 법률의 전반적인 체계와 취지·목적, 당해 위임조항의 규정형식과 내용 및 관련 법규를 유기적·체계적으로 종합 판단하여야 하며, 나아가 각 규제 대상의 성질에 따라 구체적·개별적으로 검토함을 요한다. [2] 행정행위를 한 처분청은 비록 그 처분 당시에 별다른 하자가 없었고, 또 그 처분 후에 이를 철회할 별도의 법적 근거가 없다 하더라도 원래의 처분을 존속시킬 필요가 없게 된 사정변경이 생겼거나 또는 중대한 공익상의 필요가 발생한 경우에는 그 효력을 상실케 하는 별개의 행정행위로 이를 철회할 수 있다. [4] 수익적 행정처분을 취소 또는 철회하거나 중지시키는 경우에는 이미 부여된 그 국민의 기득권을 침해하는 것이 되므로, 비록 취소 등의 사유가 있다고 하더라도 그 취소권 등의 행사는 기득권의 침해를 정당화할 만한 중대한 공익상의 필요 또는 제3자의 이익보호의 필요가 있는 때에 한하여 상대방이 받는 불이익과 비교·교량하여 결정하여야 하고, 그 처분으로 인하여 공익상의 필요보다 상대방이 받게 되는 불이익 등이 막대한 경우에는 재량권의 한계를 일탈한 것으로서 그 자체가 위법하다.

⇒ (판례평석) : 이 판결은 새로운 내용의 판시가 들어있는 것은 아니고, 괄호안에 인용판결로 기재된 대법원판결의 판시를 재확인한 판결이다. 이로써 대법원은 이른바 예외적 허가의 법리를 채택하고 있음을 확고히 하고 있다. 예외적 허가를 통상의 허가와 구분할 경우 양자의 차이는 그 재량성의 유무 혹은 범위에 있는바, 예외적 허가는 그 전제가 되는 억제적 금지의 본질에 비추어 법문상 재량이 명백히 부여되어 있지 않더라도, 역으로 기속행위라고 볼 근거가 분명하지 않는 한, 재량행위 내지 자유재량행위로 보아야 하고, 또 그 재량의 폭도 상대적으로 넓은 것이라는 점을 명백히 하고 있다(대법원 1996. 10. 29.선고 96누8253판결, 2000. 10. 27.선고 99두264판결).[1]

▶판례〉 개발제한구역 내에서는 구역 지정의 목적상 건축물의 건축, 공작물의 설치, 토지의 형질변경 등의 행위는 원칙적으로 금지되고, 다만 구체적인 경우에 위와 같은 구역 지정의 목적에 위배되지 아니할 경우 예외적으로 허가에 의하여 그러한 행위를 할 수 있게 되며, 한편 개발제한구역 내에서의 건축물의 건축 등에 대한 예외적 허가는 그 상대방에게 수익적인 것으로서 재량행위에 속하는 것이라고 할 것이므로 그에 관한 행정청의 판단이 사실오인, 비례·평등의 원칙 위배, 목적위반 등에 해당하지 아니하는 이상 재량권의 일탈·남용에 해당한다고 할 수 없다(대판 2004. 7. 22, 2003두7606).[2]

---

[1] https://www.lawtimes.co.kr/Legal-Opinion/Legal-Opinion-View?Serial=16039(검색일 : 2015.11.23); 법률신문 [2004년 분야별 중요판례분석] 김학세 변호사(법무법인 케이씨엘 대표)
[2] 대판 2004. 7. 22, 2003두7606【형질변경허가반려처분취소】【판시사항】[1] 위임입법의 한계 및 그 판단 기준 [2] 행정처분 당시 별다른 하자가 없었고 처분 후 이를 취소할 별도의 법적 근거가 없는 경우, 처분청이 별개의 행정행위로 이를 취소할 수 있는지 여부(한정 적극) [3] 위임조항인 구 도시계획법 제21조 제2항 단서의 규정과 그에 따른 위임명령인 구 도시계획법시행령 제21조 제3항 제2호 후단은 위임입법의 한계를 초과한 것이 아니다. [4] 수익적 행정처분에 대한 취소권 등의 행사의 요건 및 그 한계 [5] 개발제한구역 내에서의 건축물의 건축 등에 대한 예외적 허가의 법적 성질(=재량행위) 및 그에 관한 사법심사의 기준 [6] 개발제한구역 내에서의 토지형질변경 등의 허가신청에 대한 거부처분이 재량권의 일탈·남용이 아니다. 【판결요지】[1] <u>위임명령은 법률이나 상위명령에서 구체적으로 범위를 정한 개별적인 위임이 있을 때에 가능하고</u>, 여기에서 구체적인 위임의 범위는 규제하고자 하는 대상의 종류와 성격에 따라 달라지는 것이어서 일률적 기준을 정할 수는 없지만, 적어도 위임명령에 규정될 내용 및 범위의 기본사항이 구체적으로 규정되어 있어서 누구라도 당해 법률로부터 <u>위임명령에 규정될 내용의 대강을 예측할 수 있어야 하나</u>, 이 경우 그 예측가능성의 유무는 당해 위임조항 하나만을 가지고 판단할 것이 아니라 그 위임조항이 속한 법률의 전반적인 체계와 취지·목적, 당해 위임조항의 규정형식과 내용 및 관련 법규를 유기적·체계적으로 종합 판단하여야 하며, 나아가 각 규제 대상의 성질에 따라 구체적·개별적으로 검토함을 요한다. [2] 행정행위를 한 처분청은 비록 그 처분 당시에 별다른 하자가 없었고, 또 그 처분 후에 이를 철회할 별도의 법적 근거가 없다 하더라도 원래의 처분을 존속시킬 필요가 없게 된 <u>사정변경이 생겼거나 또는 중대한 공익상의 필요가 발생한 경우에는 그 효력을 상실케 하는 별개의 행정행위로 이를 철회할 수 있다.</u> [3] 위임조항인 구 도시계획법

## 3. 신고와의 구별
### 3.1. 개관

[의의] 일반적으로 신고는 어떠한 법률사실 또는 법률관계의 존부(存否)를 행정청에 단순히 통고하는 것이며, 그것이 행정청에 접수된 때에 관계법률이 정하는 법적 효과가 발생하는 사인의 공법행위이다.[1] 허가(제)는 허가처분에 의하여 비로소 금지가 해제되는 것이지만, 신고제에 있어서는 행정객체의 신고에 의하여 당연히 금지가 해제되는 점에 특색이 있다(행정간소화·민권확대). 신고는 행정청에 대한 사인의 일방적인 통고행위로서 신고가 행정청에 제출되어 접수된 때에 관계법에서 정하는 법적 효과가 발생하는 것이고 행정청의 별도의 수리행위가 필요한 것은 아니다.[2] 신고대상이 되는 행위는 신고서가 행정기관에 도달된 때부터 할 수 있다(장태주). 다만 행위요건적 신고(등록·수리를 요하는 신고)로서, 행정청이 수리함으로써 법적 효과가 발생하는 신고의 경우도 있다.[3] 그런데 관계법령

---

(2000. 1. 28. 법률 제6243호로 전문 개정되기 전의 것) 제21조 제2항 단서의 규정과 그에 따른 위임명령인 구 도시계획법시행령(2000. 7. 1. 대통령령 제16891호로 전문 개정되기 전의 것) 제21조 제3항 제2호 후단은 위임입법의 한계를 초과한 것이 아니다. [4] <u>수익적 행정처분을 취소 또는 철회하거나 중지시키는 경우에는 이미 부여된 그 국민의 기득권을 침해하는 것이 되므로, 비록 취소 등의 사유가 있다고 하더라도 그 취소권 등의 행사는 기득권의 침해를 정당화할 만한 중대한 공익상의 필요 또는 제3자의 이익보호의 필요가 있는 때에 한하여 상대방이 받는 불이익과 비교·교량하여 결정하여야 하고, 그 처분으로 인하여 공익상의 필요보다 상대방이 받게 되는 불이익 등이 막대한 경우에는 재량권의 한계를 일탈한 것으로서 그 자체가 위법하다.</u> [5] 위 본문 참조 [6] 개발제한구역 내에서의 토지형질변경 등의 허가신청에 대한 거부처분이 재량권의 일탈·남용이 아니다.

1) 박윤흔, 행정법강의(상), 357면; 김명길, 신고의 법리, 한국비교공법학회, 공법학연구(2006.2), 469면 이하; 김명길, 신고의 유형에 관한 소고, 부산대학교 법학연구소, 법학연구(2006.8), 109면 이하; 김명길, 신고의 종류와 처분성, 법제처, 법제(2006.7), 19면 이하; 김중권, 건축법상 건축신고의 문제점에 관한 소고, 한국법학원, 저스티스(2001.6), 150면 이하; 김중권, 행정법상의 신고의 법도그마적 위상에 관한 소고, 고시연구(2002.2), 26면 이하; 김세규, 행정법상의 신고에 관한 재론, 동아대학교 법학연구소, 동아법학(2003.12), 53면 이하; 류광해, 행정법상 신고의 요건과 심사범위, 인하대학교 법학연구(2013.3); 박균성, 행정법상 신고, 고시연구(1999.11), 24면 이하; 김남철, 행정법상 신고의 법리 - 이론과 판례의 문제점과 개선방향 -, 경원법학(2010.11), 114면 이하; 홍정선, 사인의 공법행위로서 신고의 법리 재검토, 고시계(2001.3), 15면 이하.
2) 김남진·김연태, 행정법(I), 230면; 김동희, 행정법(I), 123면; 류지태/박종수, 행정법신론, 제14판, 박영사, 2010, 129면; 석종현/송동수, 일반행정법(상), 제12판(2009년판), 삼영사, 2009, 132면 이하; 정하중, 행정법개론, 제4판, 법문사, 2010, 113면 이하; 홍정선, 행정법원론(상), 190면 이하.
3) [판례] 식품위생법 제25조 제3항에 의한 영업양도에 따른 지위승계신고는 행위요건적 신고로서 이를 수리하는 행정청의 행위는 영업허가자의 변경이라는 법률효과를 발생시키는 행위이다(대판 1995. 2. 24, 94누9146); [판례] 건축물 영수인의 건축대장상의 건축주명의변경신고는 행위요건

에서는 건축 등을 금지하고(예방적 금지), 신고에 의하여 그러한 금지가 해제되도록 하고 있는
경우가 있다. 예를 들면 건축법 제14조 제1항에 의하여 건축신고를 하는 경우가 이에 해당
한다. ☞ **신고를 하면 건축허가를 받은 것으로 본다.**

▶ 건축법 제14조(건축신고) ① 제11조에 해당하는 허가 대상 건축물이라 하더라도 다
음 각 호의 어느 하나에 해당하는 경우에는 미리 특별자치시장·특별자치도지사 또는 시
장·군수·구청장에게 국토교통부령으로 정하는 바에 따라 **신고를 하면 건축허가를 받은
것으로 본다.**1)

▶ 판례〉 수산제조업을 하고자 하는 사람이 형식적 요건을 모두 갖춘 수산제조업 신
고서를 제출한 경우에는 담당 공무원이 관계 법령에 규정되지 아니한 사유를 들어 그 신
고를 수리하지 아니하고 반려하였다고 하더라도 그 신고서가 제출된 때에 신고가 있었다
고 볼 것이나, 담당 공무원이 관계 법령에 규정되지 아니한 서류를 요구하여 신고서를 제
출하지 못하였다는 사정만으로는 신고가 있었던 것으로 볼 수 없다(대판 2002. 3. 12,
2000다73612).2)

## 3.2. 신고유보부금지(申告留保附禁止)

[신고유보부금지] 자본거래의 신고(외국환거래법 제18조), 식품영업의 신고(식품위생법
제37조), 농지의 전용신고(농지법 제37조 등), 내수면어업법상의 신고 등이 있으며, 이러한

---

적 신고(수리를 요하는 신고)이다. 건축주명의변경신고 수리거부행위는 원고의 권리·의무에 직
접 영향을 미치는 것으로서 취소소송의 대상이 되는 처분이라고 하지 않을 수 없다(대판 1992.
3. 31, 91누4911); [판례] <u>사회단체등록신청은 수리를 요하는 신고</u>이다(대판 1989. 12. 26, 87누
308); [판례] 수산업법 제44조(현행법 제47조)에 따른 어업신고는 행위요건적 신고이다(대판
2000. 5. 26, 99다37382); [판례] 원고가 건물을 빌려 신고체육시설인 볼링장업을 경영하기 위해
제반 시설을 갖춘 후 행정청에 체육시설업신고를 하였으나, 행정청이 무허가로 증축된 위법건물
이라는 이유로 수리를 거부한 경우 이러한 거부는 항고소송의 대상이 되는 처분이다(대판 1996.
2. 27, 94누6062); [판례] 혼인은 호적법에 따라 호적공무원이 그 신고를 수리함으로써 유효하게
성립되는 것이며 호적부의 기재는 그 유효요건이 아니다(대판 1991. 12. 10, 91므344).
1) 【사인의 공법행위로서의 신고】 자기완결적 신고(수리를 요하지 않는 신고) : 통지가 행정청에 도
달함으로써 효과가 발생하는 신고; [판례] 구 건축법 제9조(현행법 제14조)상의 신고를 함으로써
허가를 받은 것으로 간주되는 건축신고는 자기완결적 신고이다(대판 1999. 10. 22, 98두18435).
2) 대판 2002. 3. 12, 2000다73612【손해배상(기)】【판시사항】김 가공업자가 다른 사람 이름으로
수산제조업 신고를 한 경우, 구 수산업법에 따른 적법한 신고로 볼 수 있는지 여부(소극)【판결
요지】<u>김 가공업자가 다른 사람의 이름으로 수산제조업 신고를 한 경우, 그 신고가 같은 법에 따
른 적법한 신고로 볼 수 없고, 이는 김 가공업자가 신고 명의자와 동업으로 가공업을 하고 있는
경우에도 마찬가지이므로, 자기 명의로 수산제조업 신고를 하지 아니한 김 가공업자는 영업폐지</u>
에 대한 손실보상을 청구할 수 없다.

금지를 신고유보부금지(申告留保附禁止)라고 한다.[1] 이는 행위에 있어서는 신고이지만, 법률효과에 있어서는 허가의 일종이다.[2]

▶ 외국환거래법 제18조(자본거래의 신고 등) ① 자본거래를 하려는 자는 대통령령으로 정하는 바에 따라 기획재정부장관에게 신고하여야 한다. 다만, 경미하거나 정형화된 자본거래로서 대통령령으로 정하는 자본거래는 사후에 보고하거나 신고하지 아니할 수 있다. ② 제1항의 신고와 제3항의 신고수리(申告受理)는 제15조제1항에 따른 절차 이전에 완료하여야 한다.

▶ 식품위생법 제37조(영업허가 등) ③ 제1항에 따라 영업허가를 받은 자가 폐업하거나 허가받은 사항 중 같은 항 후단의 중요한 사항을 제외한 경미한 사항을 변경할 때에는 식품의약품안전처장 또는 특별자치도지사·시장·군수·구청장에게 신고하여야 한다.

▶ 내수면어업법 제11조(신고어업) ① 내수면에서 제6조 및 제9조에 따른 어업을 제외한 어업으로서 대통령령으로 정하는 어업을 하려는 자는 대통령령으로 정하는 바에 따라 특별자치도지사·시장·군수·구청장에게 신고하여야 한다.

[수리를 요하는 신고와 수리를 요하지 않는 신고의 법적 문제] 신고에는 수리를 요하는 신고(수산업법 제47조에 의한 어업신고)[3][4]와 수리를 요하지 않는 신고(외국환거래법 제18조제1항,[5] 건축법 제14조 제1항)이 있는데, 수리를 요하는 신고는 행정청의 처분(행정처분)으로 인정되어, 이에 대한 쟁송제기가 가능하나, 수리를 요하지 않는 신고는 이를 행정처분으로 볼 수 없기 때문에, 그것을 대상으로 쟁송의 제기가 가능한가의 문제가 발생하며, 특히 제3자의 권리보호와 관련하여 문제가 있다. 예컨대 건축신고를 하면 건축허가를 받는 것으로 되는데, 그로 인하여 권리침해를 받은 인인(隣人)은 행정쟁송을 제기할 수 있어야 함에도 불구하고, 판례는 이를 행정처분으로 보지 않기 때문에 권리구제를 받을 수 없다는 문제점이 있다. (사견) : 생각건대 이 경우에는 신고행위 자체는 처분성이 인정되지 아니하

---

1) 박윤흔, 행정법강의(상), 357면.
2) 박규하, 고시연구(1989.11).
3) 수산업법 제47조(신고어업) ① 제8조·제41조·제42조 또는 제45조에 따른 어업 외의 어업으로서 대통령령으로 정하는 어업을 하려면 어선·어구 또는 시설마다 시장·군수·구청장에게 해양수산부령으로 정하는 바에 따라 신고하여야 한다. ② 제1항에 따른 신고의 유효기간은 신고를 수리(受理)한 날부터 5년으로 한다. 다만, 공익사업의 시행을 위하여 필요한 경우와 그 밖에 대통령령으로 정하는 경우에는 그 유효기간을 단축할 수 있다
4) [판례] 주민등록 신고는 수리를 요하는 신고로서 그 효력은 신고를 수리한 때에 발생한다(대판 2009. 1. 30, 2006다17850).
5) 외국환거래법 제18조(자본거래의 신고등) ① 자본거래를 하고자 하는 자는 대통령령이 정하는 바에 의하여 기획재정부장관에게 신고하여야 한다. 다만, 경미하거나 정형화된 자본거래로서 대통령령으로 정하는 자본거래는 사후에 보고하거나 신고하지 아니할 수 있다.

나, 효과면에서는 법령에 의하여 금지가 해제되는 허가의 효과가 발생하므로 처분성을 인정하는 것이 타당하다.[1]

[사례] (신고유보부금지의 해제(허가)와 隣人보호) : 갑은 그의 차고를 증축하기 위하여 건축법 제14조 제1항의 규정에 의하여 구청장에게 건축신고를 하고 증축을 하였다. 이에 이웃인 을은 갑은 차고지토지에 대한 독점적·배타적인 권리(사용·수익권)를 갖지 못함에도 불구하고 증축을 하였으므로 구청장의 신고수리처분취소소송을 제기하고자 한다. 을은 권리구제를 받을 수 있는가?

[해설] 건축법 제14조 제1항에 의하여 신고를 함으로써 건축허가를 받은 것으로 간주되는 경우에는 건축을 하고자 하는 자가 적법한 요건을 갖춘 신고만 하면 행정청의 수리행위 등 별다른 조치를 기다릴 필요 없이 건축을 할 수 있는 것이므로, 행정청이 위 신고를 수리한 행위가 건축주는 물론이고 제3자인 인근 토지 소유자나 주민들의 구체적인 권리 의무에 직접 변동을 초래하는 행정처분이라 할 수 없다(아래 판례참조).

▶ 대판 1999. 10. 22, 98두18435(증축신고수리처분취소) [1] 항고소송의 대상이 되는 행정처분의 의미 [2] 행정청이 구 건축법 제9조 제1항에 의하여 신고함으로써 건축허가를 받은 것으로 간주되는 사항에 대한 적법한 신고를 수리한 행위가 행정처분인지 여부(소극)【판결요지】 [1] 항고소송의 대상이 되는 행정처분은 행정청의 공법상 행위로서 특정사항에 대하여 법규에 의한 권리의 설정 또는 의무의 부담을 명하거나, 기타 법률상 효과를 발생하게 하는 등 국민의 권리 의무에 직접 관계가 있는 행위를 가리키는 것이고, 상대방 또는 기타 관계자들의 법률상 지위에 직접적인 법률적 변동을 일으키지 아니하는 행위는 항고소송의 대상이 되는 행정처분이 아니다. [2] 구 건축법(1996. 12. 30. 법률 제5230호로 개정되기 전의 것) 제9조 제1항에 의하여 신고를 함으로써 건축허가를 받은 것으로 간주되는 경우에는 건축을 하고자 하는 자가 적법한 요건을 갖춘 신고만 하면 행정청의 수리행위 등 별다른 조치를 기다릴 필요 없이 건축을 할 수 있는 것이므로, 행정청이 위 신고를 수리한 행위가 건축주는 물론이고 제3자인 인근 토지 소유자나 주민들의 구체적인 권리 의무에 직접 변동을 초래하는 행정처분이라 할 수 없다.

### 3.3. 대법원판례

3.3.1. 수리를 요하지 않는 신고에 관한 판례 - 행정청의 수리거부에 처분성을 부인

대법원은 아래의 판례에서 보는바와 같이 수리를 요하지 않는 신고에서는 수리라는 처분이 동반되지 않음을 분명히 하고 있다. 그 이유는 예컨대 건축신고는 수리를 요하지

---

[1] 김중권, 건축허가의제적 건축신고와 일반적인 건축신고의 차이점에 관한 소고, 판례월보 (2001.5), 13면; 박윤흔, 행정법강의(상), 357면.

않으므로 신고함으로써 그 의무가 이행되므로, 이 신고를 반려한 행위는 처분성이 없다는 것이다. 대법원은, (ㄱ) 건축신고와 관련하여 담장설치신고에 대한 행정청의 반려에 대한 취소소송(대판 1995. 3. 14, 94누9962), (ㄴ) 건축법상의 증축신고를 수리한 것에 대하여 제3자가 이의 취소를 구하는 소송(대판 1999. 10. 22, 98두18435), (ㄷ) 행정청이 당사자의 신고를 수리하지 아니하고 신고가 없었다 하여 과태료를 부과한 처분에 대하여 당사자가 이의를 제기한 사건(대판 1993. 7. 6, 93마635)에서 처분성을 부인하였다. 이는 대법원은 수리를 요하지 않는 신고의 경우에는 행정청의 수리에 처분성을 부인하여 아무런 법적인 의미가 없음을 분명히 한 것이다.[1]

▶**판례**〉 항고소송의 대상이 되는 행정처분은 행정청의 공법상의 행위로서 특정사항에 대하여 법규에 의한 권리의 설정 또는 의무의 부담을 명하거나 기타법률상 효과를 발생하게 하는 등 국민의 권리의무에 직접 관계가 있는 행위를 가리키는 것이고, 상대방 또는 기타 관계자들의 법률상 지위에 직접적인 법률적 변동을 일으키지 아니하는 행위 등은 항고소송의 대상이 되는 행정처분이 아니다. 건축법상 신고사항에 관하여는 건축을 하고자 하는 자가 적법한 요건을 갖춘 신고만 하면 건축을 할 수 있고, 행정청의 수리처분 등 별단의 조치를 기다릴 필요가 없다(대판 1995. 3. 14, 94누9962).[2]

▶**판례**〉 구 건축법(1996. 12. 30. 법률 제5230호로 개정되기 전의 것) 제9조 제1항에 의하여 신고를 함으로써 건축허가를 받은 것으로 간주되는 경우에는 건축을 하고자 하는 자가 적법한 요건을 갖춘 신고만 하면 행정청의 수리행위 등 별다른 조치를 기다릴 필요 없이 건축을 할 수 있는 것이므로, 행정청이 위 신고를 수리한 행위가 건축주는 물론이고 제3자인 인근 토지 소유자나 주민들의 구체적인 권리 의무에 직접 변동을 초래하는 행정처분이라 할 수 없다(대판 1999. 10. 22, 98두18435).[3]

---

1) 김남철, 행정법상 신고의 법리 - 이론과 판례의 문제점과 개선방향 -, 경원법학(2010.11), 120면.
2) 대판 1995. 3. 14, 94누9962【담장설치신고서반려처분취소】 항고소송의 대상이 되는 행정처분은 행정청의 공법상의 행위로서 특정사항에 대하여 법규에 의한 권리의 설정 또는 의무의 부담을 명하거나 기타 법률상 효과를 발생하게 하는 등 국민의 권리의무에 직접 관계가 있는 행위를 가리키는 것이고, 상대방 또는 기타 관계자들의 법률상 지위에 직접적인 법률적 변동을 일으키지 아니하는 행위 등은 항고소송의 대상이 되는 행정처분이 아니다. 건축법상 신고사항에 관하여는 건축을 하고자 하는 자가 적법한 요건을 갖춘 신고만 하면 건축을 할 수 있고, 행정청의 수리처분 등 별단의 조치를 기다릴 필요가 없다. 행정처분의 취소 또는 무효확인을 구하는 행정소송은 원칙적으로 소송의 대상인 행정처분 등을 외부적으로 그의 명의로 행한 행정청을 피고로 하여야 한다.
3) 대판 1999. 10. 22, 98두18435【증축신고수리처분취소】 항고소송의 대상이 되는 행정처분은 행정청의 공법상 행위로서 특정사항에 대하여 법규에 의한 권리의 설정 또는 의무의 부담을 명하거나, 기타 법률상 효과를 발생하게 하는 등 국민의 권리 의무에 직접 관계가 있는 행위를 가리키는 것이고, 상대방 또는 기타 관계자들의 법률상 지위에 직접적인 법률적 변동을 일으키지 아

▶판례〉 행정청에 대한 신고는 일정한 법률사실 또는 법률관계에 관하여 관계행정청에 일방적으로 통고를 하는 것을 뜻하는 것으로서 법에 별도의 규정이 있거나 다른 특별한 사정이 없는 한 행정청에 대한 통고로서 그치는 것이고 그에 대한 행정청의 반사적 결정을 기다릴 필요가 없는 것이므로, 체육시설의설치이용에관한법률 제18조에 의한 변경신고서는 그 신고 자체가 위법하거나 그 신고에 무효사유가 없는 한 이것이 도지사에게 제출하여 접수된 때에 신고가 있었다고 볼 것이고, 도지사의 수리행위가 있어야만 신고가 있었다고 볼 것은 아니다(대판 1993. 7. 6, 93마635).[1]

### 3.3.2. 수리를 요하는 신고에 관한 판례 - 행정청의 수리거부에 처분성을 인정

대법원은 법률의 규정취지가 행정청으로 하여금 수리를 하도록 요구하고 있는 경우를 신고를 요하는 수리로 구분하고 있다. 즉 대법원은 수산업법상 "어업신고에 관하여 어업의 신고에 관하여 유효기간을 설정하면서 그 기산점을 '수리한 날'로 규정하고, 나아가 필요한 경우에는 그 유효기간을 단축할 수 있도록 까지 하고 있는 수산업법 제44조 제2항의 규정 취지 및 어업의 신고를 한 자가 공익상 필요에 의하여 한 행정청의 조치에 위반한 경우에 어업의 신고를 수리한 때에 교부한 어업신고필증을 회수하도록 하고 있는 구 수산업법시행령(1996. 12. 31. 대통령령 제15241호로 개정되기 전의것) 제33조 제1항의 규정 취지에 비추어 보면, 수산업법 제44조 소정의 어업의 신고는 <u>행정청의 수리에 의하여 비로소 그 효과가 발생하는 이른바 '수리를 요하는 신고'</u>"[2]라고 하고 있다.

※ 대법원은 신고에 관한 규정이 구체적인 권리의무에 직접적인 영향을 미치는 경우에는 신고에 대한 행정청의 별도의 수리행위가 있어야 한다고 판시하고 있다. 즉 대법원은, (ㄱ) 건축주명의 변경신고 수리거부처분 취소소송(대판 1992. 3. 31, 91누4911), (ㄴ) 구 식품위생법상의 영업자지위승계신고와 관련하여서도 수리를 요하는 신고에 있어서 수리는 구체적인 권리를

---

니하는 행위는 항고소송의 대상이 되는 행정처분이 아니다.
1) 대판 1993. 7. 6, 93마635【과태료처분에대한이의】 행정청에 대한 신고는 일정한 법률사실 또는 법률관계에 관하여 관계행정청에 일방적으로 통고를 하는 것을 뜻하는 것으로서 법에 별도의 규정이 있거나 다른 특별한 사정이 없는 한 행정청에 대한 통고로서 그치는 것이고 그에 대한 행정청의 반사적 결정을 기다릴 필요가 없는 것이므로, 체육시설의설치·이용에관한법률 제18조에 의한 변경신고서는 그 신고 자체가 위법하거나 그 신고에 무효사유가 없는 한 이것이 도지사에게 제출하여 접수된 때에 신고가 있었다고 볼 것이고, 도지사의 수이행위가 있어야만 신고가 있었다고 볼 것은 아니다.
2) 대판 2000. 5. 26, 99다37382【손해배상(기)】 설사 관할관청이 어업신고를 수리하면서 공유수면 매립구역을 조업구역에서 제외한 것이 위법하다고 하더라도, 그 제외된 구역에 관하여 관할관청의 적법한 수리가 없었던 것이 분명한 이상 그 구역에 관하여는 같은 법 제44조 소정의 적법한 어업신고가 있는 것으로 볼 수 없다.

설정해 주는 경우(대판 2001. 2. 9, 2000도2050)라고 한다.

▶판례〉 대법원은 '건축주명의변경신고에 관한 건축법시행규칙 제3조의2의 규정의 법적 성질 및 규정취지와 행정관청의 수리의무'에 대하여, "건축주명의 변경신고에 관한 건축법시행규칙 제3조의2의 규정은 단순히 행정관청의 사무집행의 편의를 위한 것에 지나지 않는 것이 아니라, 허가대상 건축물의 양수인에게 건축주의 명의변경을 신고할 수 있는 공법상의 권리를 인정함과 아울러 행정관청에게는 그 신고를 수리할 의무를 지게 한 것으로 봄이 상당하므로, 허가대상건축물의 양수인이 위 규칙에 규정되어 있는 형식적 요건을 갖추어 시장, 군수에게 적법하게 건축주의 명의변경을 신고한 때에는 시장, 군수는 그 신고를 수리하여야지 실체적인 이유를 내세워 그 신고의 수리를 거부할 수는 없다."고 하였다(대판 1992. 3. 31, 91누4911).

▶판례〉 대법원은 '건축주명의변경신고에 대한 수리거부행위가 취소소송의 대상이 되는 처분인지 여부'에 대하여 "건축주 명의변경 신고수리 거부행위는 행정청이 허가대상 건축물 양수인의 건축주 명의변경 신고라는 구체적인 사실에 관한 법집행으로서 그 신고를 수리하여야 할 법령상의 의무를 지고 있음에도 불구하고 그 신고의 수리를 거부함으로써, 양수인이 건축공사를 계속하기 위하여 또는 건축공사를 완료한 후 자신의 명의로 소유권보존등기를 하기 위하여 가지는 구체적인 법적 이익을 침해하는 결과가 되었다고 할 것이므로, 비록 건축허가가 대물적 허가로서 그 허가의 효과가 허가대상건축물에 대한 권리변동에 수반하여 이전된다고 하더라도, 양수인의 권리의무에 직접 영향을 미치는 것으로서 취소소송의 대상이 되는 처분이라고 하지 않을수 없다(대판 1992. 3. 31, 91누4911)."[1]고 하였다.

[김남철 교수의 견해] 김남철 교수는 이 판결에서, "대법원이 신고에 대한 수리라는 개념을 인정한 것은, 신고요건심사에 있어서 행정청은 신고에 대하여 형식적 심사만 하는가 아니면 실질적 심사도 할 수 있는가 하는 문제가 아니라, 처분 이라는 개념에 대한 해석에 집중하고 있다. 즉 관계법령에서 신고를 규정하고 있는 경우에 이러한 신고를 통하여 당사자에게 신고의무를 넘어 구체적인 신고권 이라는 권리를 인정할 수 있는가, 그리고 나아가 이러한 신고 및 신고수리거부가 구체적인 권리의무관계에 직접 영향을 미치는가 하는 관

---

[1] 대판 1992. 3. 31, 91누4911【건축주명의변경신고수리거부처분취소】행정소송법은 행정소송절차를 통하여 행정청의 위법한 처분 그 밖에 공권력의 행사, 불행사 등으로 인한 국민의 권리 또는 이익의 침해를 구제하는 것 등을 목적으로 하는 법으로서, 취소소송은 처분 등을 대상으로 하는 것인바, 이 법에서 "처분 등"이라 함은 행정청이 행하는 구체적 사실에 관한 법집행으로서의 공권력의 행사 또는 그 거부와 그 밖에 이에 준하는 행정작용을 말하는 것이라고 정의되어 있으므로, 행정청이 구체적인 사실에 관한 법집행으로서 공권력을 행사할 의무가 있는데도 그 공권력의 행사를 거부함으로써 국민의 권리 또는 이익을 침해한 때에는 그 처분 등을 대상으로 취소소송을 제기할 수 있다.

점에서 신고에 수리를 요하는지를 구분하고 있는 것"[1]이라고 한다.

▶판례〉 구 식품위생법(1997. 12. 13. 법률 제5453호로 개정되기 전의 것) 제25조 제1항, 제3항에 의하여 영업양도에 따른 지위승계신고를 수리하는 허가관청의 행위는, 단순히 양도·양수인 사이에 이미 발생한 사법상의 사업양도의 법률효과에 의하여 양수인이 그 영업을 승계하였다는 사실의 신고를 접수하는 행위에 그치는 것이 아니라, 실질에 있어서 양도자의 사업허가를 취소함과 아울러 양수자에게 적법히 사업을 할 수 있는 권리를 설정하여 주는 행위로서 사업허가자의 변경이라는 법률효과를 발생시키는 행위이다 (대판 2001. 2. 9, 2000도2050).[2]

## 4. 허가의 형식

허가는 성질상 상대방의 출원을 요하는 쌍방적 행정행위가 원칙이나, 예외로 출원에 의하지 않는 허가도 있다(예: 통행금지해제). 허가는 항상 「행정행위」(허가처분)의 형식으로 행하여지며, 직접 법령에 의하여 행하여지는 경우는 없다. 허가처분은 불특정 다수인에 대하여 「일반적」으로 행하여지는 경우(예: 통행금지의 해제)와, 특정의 상대방에 대하여 「개별적」으로 행하여지는 경우(예: 음식점영업허가)가 있음은 하명의 경우와 같다. 허가는 불요식행위이다.

## 5. 허가의 종류

### 5.1. 심사대상에 의한 분류

[대인적 허가] 사람의 능력, 지식 등과 같이, 특정인의 주관적 사정(예: 자동차운전기술, 의사 혹은 약사로서의 지식·기능 등)을 심사대상으로 하여 행하는 허가를 말하며, 일신전속성으로 타인에게 이전·상속할 수 없다(예: 운전면허·약사·의사면허·이용사면허·통행허가·해외여행 허가 등).

[대물적 허가] 물건의 내용, 상태 등 물적·객관적 요소를 대상으로 행여지는 허가를 말한다(예: 자량검사·건축허가[3]·채석허가[4]·유기상영업허가[5] 등). 타인에게 이전·상속

---

1) 김남철, 행정법상 신고의 법리 - 이론과 판례의 문제점과 개선방향 -, 경원법학(2010.11), 122면.
2) 대판 2001. 2. 9, 2000도2050【식품위생법위반】전 영업허가자로부터 영업을 완전히 양수하여 영업을 계속하면서도 양수대금을 지급하지 아니하여 양도인의 인감증명서를 교부받을 수 없다는 이유로 구 식품위생법상의 영업자지위승계신고를 하지 않은 경우, 양도인이 영업승계에 필요한 서류를 교부해 주지 않는다고 하여 영업자의 지위승계를 신고하는 것이 불가능하다든가 또는 그 미신고행위가 정당화된다든가 할 수 없다.
3) 대판 1992. 3. 31, 91누4911【건축주명의변경신고수리거부처분취소】건축주명의변경신고수리거부행위는 행정청이 허가대상건축물 양수인의 건축주명의변경신고라는 구체적인 사실에 관한 법

이 가능하다.

[혼합적 허가] 허가를 위한 심사대상이 인적(人的)·물적(物的) 사정에 따라 人과 物件의 양자에 인정되는 허가를 말한다(예: 총포화약류 제조허가[1]·석유가스사업이나 석유정제업의 허가·전당포영업허가·약국영업허가·카지노영업허가 등). 이 3사의 구별의 실익은 허가의 '효과의 이전성의 유무'에 있다.

▶판례〉 폐기물중간처리업 허가는 폐기물처리를 위한 시설·장비 및 기술능력 등 객관적 요소를 주된 대상으로 하는 대물적 허가 내지는 대물적 요소가 강한 혼합적 허가 (대인적 요소로는, 법 제27조에서 법에 위반하여 형을 받거나 폐기물중간처리업의 허가가 취소된 후 2년이 경과되지 아니한 자 등에 대하여 허가를 금하고 있는 것 등을 들 수 있다)로서, 그 영업장의 소재지 및 시설·장비 등은 폐기물중간처리업 허가의 대상을 이루는 중요한 요소라 할 것이다(대법원 1986. 9. 23. 선고 85누577 판결 등 참조).[2]

### 5.2. 행정분야에 따른 분류

조직법상 허가, 경찰허가, 급부행정상 허가, 개발정서 행정상 허가, 재정허가, 군정허가, 특별권력관계상 허가 등이 있다.

## 6. 허가의 대상

허가의 대상은 상대방의 사실행위(예: 건축허가 등)에 대하여 행하여지는 것이 보통이나 예외적으로 「법률행위」(예: 물건의 양도허가, 영업허가, 매매계약)에 대하여 행하여질 때도 있다.

---

집행으로서 그 신고를 수리하여야 할 법령상의 의무를 지고 있음에도 불구하고 그 신고의 수리를 거부함으로써, 양수인이 건축공사를 계속하기 위하여 또는 건축공사를 완료한 후 자신의 명의로 소유권보존등기를 하기 위하여 가지는 구체적인 법적 이익을 침해하는 결과가 되었다고 할 것이므로, 비록 건축허가가 대물적 허가로서 그 허가의 효과가 허가대상건축물에 대한 권리변동에 수반하여 이전된다고 하더라도, 양수인의 권리의무에 직접 영향을 미치는 것으로서 취소소송의 대상이 되는 처분이라고 하지 않을 수 없다.

4) 대판 2003. 7. 11, 2001두6289【채석허가취소처분취소】
5) 대판 1984. 11. 13, 84누389【유기장영업허가취소처분취소】
1) 총포·화약류제조업허가는 허가를 받으려는 자가 일정한 결격사유가 없어야 하고, 법이 정한 제조시설기준에 적합하여야 한다(김철용, 행정법(I), 236면).
2) 대판 2008. 4. 11, 2007두17113【폐기물중간처리업허가취소처분】

## 7. 허가의 상대방

### 7.1. 특정한 1인 또는 수인(數人)

허가는 상대방의 출원을 요건으로 하므로 특정한 1인 또는 수인(數人)에 대하여 행하는 것이 원칙이나, 불특정 다수인(일반인)에 대하여 행하는 때도 있다(예: 야간통행금지 해제). 후자는 일반처분의 성질을 가진다.

### 7.2. 타인 명의로 허가를 받은 경우

대법원은 '건축허가서의 사법상 효력 및 건축허가가 타인의 명의로 된 경우 건물 소유권의 취득관계'에 대하여, "건축허가는 행정관청이 건축행정상 목적을 수행하기 위하여 수허가자에게 일반적으로 행정관청의 허가 없이는 건축행위를 하여서는 안된다는 상대적 금지를 관계 법규에 적합한 일정한 경우에 해제하여 줌으로써 일정한 건축행위를 하여도 좋다는 자유를 회복시켜 주는 행정처분일 뿐 수허가자에게 어떤 새로운 권리나 능력을 부여하는 것이 아니고, 건축허가서는 허가된 건물에 관한 실체적 권리의 득실변경의 공시방법이 아니며 추정력도 없으므로 건축허가서에 건축주로 기재된 자가 건물의 소유권을 취득하는 것은 아니므로, 자기 비용과 노력으로 건물을 신축한 자는 그 건축허가가 타인의 명의로 된 여부에 관계없이 그 소유권을 원시취득한다."[1]고 하였다. 또한 대법원은 '건축허가의 법적 성격 및 건축중인 건물의 소유자와 건축허가 명의자가 일치하여야 하는지 여부'에 대하여, "건축허가는 시장·군수 등의 행정관청이 건축행정상 목적을 수행하기 위하여 수허가자에게 일반적으로 행정관청의 허가 없이는 건축행위를 하여서는 안 된다는 상대적 금지를 관계 법규에 적합한 일정한 경우에 해제함으로써 일정한 건축행위를 하도록 회복시켜 주는 행정처분일 뿐, 허가받은 자에게 새로운 권리나 능력을 부여하는 것이 아니다. 그리고 건축허가서는 허가된 건물에 관한 실체적 권리의 득실변경의 공시방법이 아니며 그 추정력도 없으므로 건축허가서에 건축주로 기재된 자가 그 소유권을 취득하는 것은 아니며, 건축중인 건물의 소유자와 건축허가의 건축주가 반드시 일치하여야 하는 것도 아니다."[2]라고 하였다.

---

[1] 대판 2002. 4. 26, 2000다16350【소유권보존등기등말소】건축업자가 타인의 대지를 매수하여 그 대금을 지급하지 아니한 채 그 위에 자기의 노력과 재료를 들여 건물을 건축하면서 건축허가 명의를 대지소유자로 한 경우에는, 부동산등기법 제131조의 규정에 의하여 특별한 사정이 없는 한 건축허가명의인 앞으로 소유권보존등기를 할 수밖에 없는 점에 비추어 볼 때, 그 목적이 대지대금 채무를 담보하기 위한 경우가 일반적이라 할 것이고, 이 경우 완성된 건물의 소유권은 일단 이를 건축한 채무자가 원시적으로 취득한 후 채권자 명의로 소유권보존등기를 마침으로써 담보목적의 범위 내에서 위 채권자에게 그 소유권이 이전된다고 보아야 한다.

[2] 대판 2009. 3. 12, 2006다28454【건축주명의변경절차이행】건축중인 건물의 양수인은 건축공사

▶판례〉 건축허가 명의자가 아닌 실제로 건물을 건축한 자가 건물의 소유권을 취득한다(대판 2002. 4. 26, 2000다16350).

▶판례〉 건축 중인 건물의 소유자와 건축허가 명의자가 일치할 필요는 없다(대판 2009. 3. 12, 2006다28454).

## 8. 허가와 특허의 구별

### 8.1. 의의

허가는 금지해제로서 자유를 회복시키는 명령적 행정행위이며, 보통 출원에 기하여 행해지나(쌍방적 행정행위), 예외적으로는 출원없이도 행하여진다(예: 보도관제 해제·통행금지 해제; 직권허가).[1] 특허는 새로운 법률상의 권리를 인정하는 형성적 행정행위이며, 권리로서의 이익을 부여하는 행정행위이다.

### 8.2. 특허와 허가와의 차이

[개관] 특허를 자연적 자유를 회복시키는 금지해제행위로 보거나 허가를 권리설정행위로 보아 양자의 차이를 인정하지 아니하는 견해도 있으나, 우리 실정법제도상으로 특허와 허가, 그리하여 특허기업특허와 영업허가간에는 차이가 인정되어 있다고 보는 것이 통설적 견해이다. 그러나 양자의 차이는 상대적인 것이며(구별의 상대화), 양자를 구별하는 실익도 재량행위이론과 소익(訴益)이론의 발전에 따라 점차 감소되어 가고 있다. 아무튼 양자는 모두 사업활동에 대한 규제수단인 점 등에서 유사한 점도 있으나(법령상 서로 용어가 혼용되고, 양자에 모두 부관이 붙여지며, 모두 경제적 이익을 받는다는 점), 통설에 의하면 다음과 같은 차이가 있다.[2]

[소극적인 사회질서유지·적극적인 공익증진] 허가는 그 대상사업이 소극적인 사회질서유지

---

진행에 필요한 행정관청에의 신고 등을 하고 공사를 계속하기 위해 건축주 명의를 변경할 필요가 있고, 준공검사 후 건축물관리대장에 소유자로 등록하여 양수인 명의로 소유권보존등기를 신청하기 위해서도 건축주 명의를 변경할 필요가 있으므로, 건축중인 건물을 양도한 자가 건축주 명의변경에 동의하지 아니한 경우 양수인으로서는 그 의사표시에 갈음하는 판결을 받을 필요가 있다. 건축중인 건물의 양도인이 건축허가의 건축주를 상대로 그 건물의 소유권확인을 구하는 소를 제기하여 계속중에 있다 하더라도, 그 건물의 양수인은 양도인을 대위하여 위 소유권확인청구와는 별도로 향후 건축공사를 계속할 필요에서나 또는 건축물이 완공된 후 건축물관리대장의 정리 등을 위하여, 그 건물의 건축주명의변경에 동의하지 아니하는 건축허가의 건축주를 상대로 그 의사표시에 갈음하는 판결을 받을 필요가 있다.

1) 이 점이 특허 또는 인가(제3자의 법률행위를 보충[동의]하여 그 법률의 효력을 완성시켜주는 행정행위로서 민법상 재단법인정관변경허가, 구국토이용관리법상 토지거래허가 등)와 다르다.
2) 박윤흔, 행정법강의(상), 368면 참조.

를 위하여 국가의 관여를 요하는 음식점·숙박업영업 등 개인적·영리적 사업인데, 특허는 그 대상사업이 적극적인 공익증진을 위하여 국가의 관여를 요하는 국민생활에 필요한 재화의 공급인 물·전기·가스사업 등 공익사업이다(공법적: 공기업특허·공물사용권특허·토지수용권설정; 사법적: 광업허가·어업면허·개인택시운송사업 면허). 허가여부의 결정기준은 공공질서에 대한 장해를 발생시킬 우려가 있는 영업행위를 배제함을 목적으로 하여 정하여지는데, 특허여부의 결정기준은 당해 특허사업을 통하여 국민의 복리를 적극적으로 증진시킬 것을 목적으로 하여 정하여진다. 그리하여 공공복리의 증진이나 특정개인의 이익을 보호하기 위한 사항을 허가의 요건으로 정하는 것은 허가의 성질에 맞지 아니한다. 예컨대 신규업자의 참여를 제한하여 기존업자의 이익을 보호하기 위하여 사업간의 거리제한을 허가의 요건으로 정하는 것과 같다. 다만 거리제한이 예외적으로 질서유지를 위하여 정하여진 것으로 볼 수 있는 경우도 있을 것이다.

[명령적 행위·형성적 행위] 허가는 자연적 자유를 회복시키는 금지해제행위로 명령적 행위인데, 특허는 법률상 새로운 힘을 설정하는 설권행위로 형성적 행위이다.[1] 허가는 단순한 허용(sollen)을 의미하는데, 특허는 적극적으로 제3자에 대항하여 이익을 주장할 수 있는 가능(können)을 의미한다. 그리하여 허가로 얻은 이익은 반사적 이익으로서, 제3자에게 신규허가를 하여 그 이익이 사실상 침해되어도 사법적 구제를 받을 수 없는데 대하여, 특허로 얻은 이익은 권리로서, 제3자에 대하여 신규특허를 하여 그 권리가 침해된 경우에는 사법적 권리구제(손해배상)를 받을 수 있다. 다만 오늘날에는 허가로 얻은 이익도 법적 이익으로 보는 경우도 있어, 양자간의 차이는 상대화 되었다고 할 수 있다.

▶ 헌재결 1992. 11. 12, 89헌마88【교육법 제157조에 관한 헌법소원】교과서에 관련된 국정 또는 검·인정제도의 법적성질은 인간의 자연적 자유의 제한에 대한 해제인 허가의 성질을 갖는다기 보다는 어떠한 책자에 대하여 교과서라는 특수한 지위를 부여하거나 인정하는 제도이기 때문에 가치창설적인 형성적 행위로서 특허의 성질을 갖는 것으로 보아야 할 것이며, 그렇게 본다면 국가가 그에 대한 재량권을 갖는 것은 당연하다고 할 것이다.

[신청 여부] 허가는 신청 없이 행하여지는 경우도 있으나, 특허는 항상 신청(출원)을 요하는 쌍방적 행정행위이다.

[기속재량행위·자유재량행위] 허가여부는 원칙적으로 기속재량행위인데, 특허 여부는 국민에게 권리 등을 부여하는 행위이므로 원칙적으로 자유재량행위라고 보는 것이 종래의 통설이었다. 그러나 오늘날은 당해 행위가 수익적인 것인지(수익적 행정행위) 또는 부담적인 것인지(부담적 행정행위) 하는 것만으로 재량행위와 기속행위로 구별할 수 없다고 하는 것

---

1) 양범수, 행정법총론(상), 형설, 2009, 566면.

이 일반적 견해이다.

[공법적·사법적 효과] 허가의 효과는 공법상의무의 해제로 공법적인 데 비하여, 특허의 효과는 보통은 공법적(공기업특허·공물사용권특허·토지수용권설정) 이지만 사권을 설정하여 주는 사법적일 때도 있다(예: 광업허가·어업면허·개인택시운송사업 면허).

▶판례) 자동차운수사업법에 의한 개인택시운송사업 면허는 특정인에게 권리나 이익을 부여하는 행정행위로서 법령에 특별한 규정이 없는 한 재량행위이고, 그 면허를 위하여 필요한 기준을 정하는 것도 역시 행정청의 재량에 속하는 것이다(대판 1996. 10. 11, 96누6172).

[소극적 감독·적극적 감독] 허가를 받은 자에 대한 감독은 공공의 안녕·질서를 유지하기 위한 소극적인 것인데, 특허를 받은 자에 대한 감독은 당해 특허사업을 조성하기 위한 적극적인 것이다.

### 9. 허가와 인가의 구별

허가는 금지해제(상대적 금지의 해제)로서 자유를 회복시키는 명령적 행정행위이며, 무허가행위는 유효함이 원칙이고 다만 처벌의 대상이 된다. 인가는 타법률관계의 당사자의 법률적 행위를 보충(동의·승인)하여 효력을 완성시키는 형성적 행정행위이며, 무인가행위는 무효가되며 처벌의 대상이 되지 아니한다.

### 10. 허가의 효과
#### 10.1. 허가를 상대적 금지의 해제로 보는 경우 – 반사적 이익(전통적 견해)

허가의 효과는 일반적 금지를 해제하여 상대방으로 하여금 '적법하게' 어떠한 행위를 할 수 있게 하는데 있다. 즉, 허가는 금지해제에 의한 본래의 자연적 자유를 회복함에 불과하고 권리설정이나 능력의 부여가 아니다. 허가를 받은자는 사실상 일정한 '독점적 이익'을 받을 때가 많다. 그러나 이 때의 이익은 전통적 견해와 판례에 따르면 그 '이익'은 권리로서의 이익이 아니고, '반사적 이익'에 불과하다고 한다.[1] 왜냐하면 허가는 금지를 해제하여 개인의 자연의 자유를 회복시켜주는 것일 뿐 권리를 설정하는 것은 아니기 때문이라고 한다.

▶대판 1981. 1. 27, 79누433 【제분업허가취소】 양곡관리법 등 관계법령에 양곡가공시설물 설치장소에 대한 거리제한 규정이 없으므로 서울특별시의 예규로서 그 거리를 제한 할 수 없다. 양곡가공업허가는 경찰금지를 해제하는 「명령적 행위」로서 피허가자에게

---

[1] [판례] 공중목욕장업 경영허가는 강학상 허가로서 이로 인한 영업상의 이익은 반사적 이익에 불과하다(대판 1963. 8. 31, 63누101). [판례] 담배 일반소매인으로 지정되어 영업을 하고 있는 기존업자의 신규 구내소매인에 대한 이익은 반사적 이익으로서 기존업자는 신규 구내소매인 지정처분의 취소를 구할 원고적격이 없다(대판 2008. 4. 10, 2008두402).

독립적 재산권을 취득하게 하는 것이 아니라 간접적으로 피허가자에게 사실상의 이익을 부여하는 것에 지나지 아니하므로, 이 사건 시설승인처분의 취소처분을 취소하므로 인하여 이미 그 허가를 받은 원고의 제분업상의 이익이 사실상 감소된다고 하더라도 이는 사실상의 반사적 결과일 뿐 법률상 원고의 권리가 침해당한 것이라고 할 수 없으니 위 취소처분에 대하여 그 취소를 소구할 수 있는 법률상 이익이 없다.[1]

▶ 대판 1984. 11. 13, 84누389【유기장영업허가취소처분취소】 행정법상 소위 허가라는 것은 「일반적 금지를 특정한 경우에 해제하는 것」으로서 「상대적 금지의 해제」 즉 「허가가 유보된 일반적 금지의 해제」로서 「제한된 자유의 회복」일 뿐이므로 이 사건 유기장영업허가는 유기장경영 권을 설정하는 형성적 행위가 아니라 경찰금지를 해제하는 영업자유의 회복이라고 볼 것이고, 따라서 그 영업상의 이익을 단순한 반사적 이익에 불과하고 「법률에 의하여 보호되는 이익」이라고 할 수도 없을 뿐만 아니라 행정행위 본질상 일반적 금지를 해제하거나 그 해제를 다시 철회하는 것은 무엇이 공익에 합당하며 무엇이 합목적적인가를 당해 행정청의 재량에 따라 판단함이 현대사회의 다기 다양성에 비추어 구체적 정책실현에 보다 적합한 것이라 할 것이다.

▶ 대판 1990. 8. 14, 89누7900【숙박업구조변경허가처분무효확인】【판시사항】 숙박업구조변경허가처분을 받은 건물의 인근에서 여관을 경영하는 자들에게 그 처분의 무효확인 또는 취소를 구할 소익이 있는지 여부(소극)【판결요지】 이 사건 건물의 4, 5층 일부에 객실을 설비할 수 있도록 숙박업구조변경허가를 함으로써 그곳으로부터 50미터 내지 700미터 정도의 거리에서 여관을 경영하는 원고들이 받게 될 불이익은 간접적이거나 사실적, 경제적인 불이익에 지나지 아니하므로 그것만으로는 원고들에게 위 숙박업구조변경허가처분의 무효확인 또는 취소를 구할 소익이 있다고 할 수 없다.

## 10.2. 허가를 자유권의 회복으로 보는 경우 – 법률상 이익(법적 보호이익 : 반사적 이익의 보호이익화)

오늘날 현대 헌법국가에서는 종래에 반사적 이익으로 보았던 것을 점차로 법적 보호이익으로 보는 경향이 있다(반사적 이익의 보호이익화 경향). 이는 오늘날 행정법관계에 있어서 사인의 지위가 과거와는 달리 향상되고 있음을 반영하는 것이기도 하다. 허가가 특정의 권리를 부여하는 것은 아니라고 할 지라도, 단순히 상대적 금지의 해제에 불과한 것

---

[1] (참조) 대판 1963. 8. 22, 63누97; 대판 1963. 8. 31, 63누101【공중목욕장영업허가취소】 시장이 공중목욕장의 적정분포를 규정한 공중목욕장 시행세칙 제4조에 반하여 허가한 공중목욕장 영업허가처분과 기존 공중목욕업자의 권리침해【판결요지】 가. 구 목중목욕장법에 의한 공중목욕장업허가는 그 사업경영의 권리를 인정하는 형성적 행위가 아니고 경찰금지의 해제에 불과하다. 나. 공중목용장의 분포의 적정을 규정한 공중목욕장업법 시행세칙(62. 4. 9. 보사부령 제74호) 제4조의 규정은 모법에 위반되는 무효의 것이다

이 아니라, 일정한 자연적 자유(기본권으로서의 자유권)를 누릴 수 있는 권리를 부여하는 것이 되고, 경우에 따라서 - 사안에 따라 - 이러한 권리(자유권적 기본권)는 보호받아야 된다는 것이다. 예를 들면 무허가영업의 경우와는 달리 허가받은 영업행위에 대하여 타인의 불법적인 방해가 있으면 피해자는 국가로부터 경찰상 필요한 보호를 받을 수 있다는 것이다.[1] 이러한 관점에서 보면 허가로 인한 이익도 경우에 따라서는 단순한 반사적 이익이라고만 볼 수는 없다. 허가가 주어지면 본래 가지고 있던 자유권이 회복된다. 즉, 허가가 특정의 권리를 부여하는 것(특허)은 아니지만, 헌법상 자유권적 기본권으로서 보장되고 있는 자유권의 회복은 법률상 이익을 의미한다. 이러한 취지의 판례도 발견된다.[2]

▶ 대판 1989. 12. 22, 89누46 【법인세등부과처분취소】 주류제조면허는 국가의 수입확보를 위하여 설정된 재정허가의 일종이지만 일단 이 면허를 얻은 자의 이익은 단순한 사실상의 반사적 이익에만 그치는 것이 아니라 주세법의 규정에 따라 보호되는 이익이다.

▶ 판례〉 채석허가가 일반적·상대적 금지를 해제하여 줌으로써 채석행위를 자유롭게 할 수 있는 자유를 회복시켜 주는 것일 뿐 권리를 설정하는 것이 아니어서 관할 행정청과의 관계에서 수허가자의 지위의 승계를 직접 주장할 수는 없다 하더라도, 채석허가가 대물적 허가의 성질을 아울러 가지고 있고 수허가자의 지위가 사실상 양도·양수되는 점을 고려하여 수허가자의 지위를 사실상 양수한 양수인의 이익을 보호하고자 하는 데 있는 것으로 해석되므로, 수허가자의 지위를 양수받아 명의변경신고를 할 수 있는 <u>양수인의 지위는 단순한 반사적 이익이나 사실상의 이익이 아니라 산림법령에 의하여 보호되는 직접적이고 구체적인 이익으로서 법률상 이익이라고 할 것이고</u>, 채석허가가 유효하게 존속하고 있다는 것이 양수인의 명의변경신고의 전제가 된다는 의미에서 관할 행정청이 양도인에 대하여 채석허가를 취소하는 처분을 하였다면 이는 양수인의 지위에 대한 직접적 침해가 된다고 할 것이므로 양수인은 채석허가를 취소하는 처분의 취소를 구할 법률상 이익을 가진다(대판 2003. 7. 11, 2001두6289).[3]

▶ 판례〉 방송법은 중계유선방송사업의 허가요건, 기준, 절차에 관하여 엄격하게 규정함으로써 중계유선방송사업의 합리적인 관리를 통하여 중계유선방송사업의 건전한 발전과 이용의 효율화를 기함으로써 공공복리를 증진하려는 목적과 함께 엄격한 요건을 통과한 사업자에 대하여는 사실상 독점적 지위에서 영업할 수 있는 지역사업권을 부여하여

---

1) 홍정선, 행정법원론(상), 단락번호 884 참조.
2) [판례] 담배 일반소매인으로 지정되어 영업을 하고 있는 기존업자의 신규업자(일반소매인)에 대한 이익은 법률상 보호되는 이익에 해당한다(대판 2008. 3. 27, 2007두23811). [판례] 분뇨 등 관련 영업허가를 받아 영업을 하고 있는 기존 업자의 이익은 법률상 보호되는 이익이다(대판 2006. 7. 28, 2004두6716). [판례] 주류제조면허는 강학상 허가지만 이로 인한 이익은 법률상 이익에 해당한다(대판 1989. 12. 22, 89누46 【법인세등부과처분취소】).
3) 대판 2003. 7. 11, 2001두6289 【채석허가취소처분취소】.

무허가업자의 경업이나 허가를 받은 업자간 과당경쟁으로 인한 유선방송사업 경영의 불합리를 방지함으로써 사익을 보호하려는 목적도 있다고 할 것이므로, 허가를 받은 중계유선방송사업자의 사업상 이익은 단순한 반사적 이익에 그치는 것이 아니라 방송법에 의하여 보호되는 법률상 이익이라고 보아야 한다(대판 2007. 5. 11, 2004다11162).[1]

▶ 판례〉 사업양도·양수에 따른 허가관청의 지위승계신고의 수리는 적법한 사업의 양도·양수가 있었음을 전제로 하는 것이므로 그 수리대상인 사업양도·양수가 존재하지 아니하거나 무효인 때에는 수리를 하였다 하더라도 그 수리는 유효한 대상이 없는 것으로서 당연히 무효라 할 것이고, 사업의 양도행위가 무효라고 주장하는 양도자는 민사쟁송으로 양도·양수행위의 무효를 구함이 없이 막바로 허가관청을 상대로 하여 행정소송으로 위 신고수리처분의 무효확인을 구할 법률상 이익이 있다(대판 2005. 12. 23, 2005두3554).[2]

### 11. 허가의 승계(承繼)

#### 11.1. 양도인에 대한 허가의 효과가 양수인에게 승계되는지 여부

대인적 허가의 효과는 일신전속으로 이전성이 인정되지 아니하는데 대하여, 대물적 허가의 그것은 물적 사정에 변경이 없는 한 이전성이 인정되어 허가를 받은 특정인뿐만 아니라, 당해 물건 또는 사업의 상속·양도 등 이전에 따라 그 물건·사업에 부수하여 허가받

---

[1] 대판 2007. 5. 11, 2004다11162 【손해배상(기)】 【판시사항】 제3자의 채권침해에 의한 불법행위의 성립요건 및 제3자가 위법한 행위로 다른 사람 사이의 계약체결을 방해하거나 계약의 갱신을 하지 못하게 하여 그 다른 사람의 정당한 법률상 이익이 침해된 경우에 불법행위가 성립하는지 여부(적극) 【판결요지】 거래에 있어서의 자유경쟁의 원칙은 법질서가 허용하는 범위 내에서의 공정하고 건전한 경쟁을 전제로 하는 것이므로, 제3자가 채권자를 해한다는 사정을 알면서도 법규를 위반하거나 선량한 풍속 또는 사회질서를 위반하는 등 위법한 행위를 함으로써 채권자의 이익을 침해하였다면 이로써 불법행위가 성립하고, 여기에서 채권침해의 위법성은 침해되는 채권의 내용, 침해행위의 태양, 침해자의 고의 내지 해의의 유무 등을 참작하여 구체적, 개별적으로 판단하되, 거래자유 보장의 필요성, 경제·사회정책적 요인을 포함한 공공의 이익, 당사자 사이의 이익균형 등을 종합적으로 고려하여야 하는바, 이러한 법리는 제3자가 위법한 행위를 함으로써 다른 사람 사이의 계약체결을 방해하거나 유효하게 존속하던 계약의 갱신을 하지 못하게 하여 그 다른 사람의 정당한 법률상 이익이 침해되기에 이른 경우에도 적용된다.
[2] 대판 2005. 12. 23, 2005두3554 【채석허가수허가자변경신고수리처분취소】 【판시사항】 [1] 사업의 양도행위가 무효라고 주장하는 양도자가 양도·양수행위의 무효를 구함이 없이 사업양도·양수에 따른 허가관청의 지위승계 신고수리처분의 무효확인을 구할 법률상 이익이 있는지 여부(적극) [2] 동일한 행정처분에 대하여 무효확인의 소를 제기하였다가 그 후 그 처분의 취소를 구하는 소를 추가적으로 병합한 경우, 주된 청구인 무효확인의 소가 적법한 제소기간 내에 제기되었다면 추가로 병합된 취소청구의 소도 적법하게 제기된 것으로 볼 수 있는지 여부(적극)

은 지위를 승계하는 불특정인에게도 미치게 되며, 혼합적 허가의 효과의 이전성은 일반적으로 제한된다. 허가의 효과는 특정행위에 대한 법규상의 금지가 해제될 뿐이므로, 그 금지 이외의 법적 제한까지 해제하는 것은 아니다.

▶판례〉 채석허가는 수허가자에 대하여 일반적·상대적 금지를 해제하여 줌으로써 채석행위를 자유롭게 할 수 있는 자유를 회복시켜 주는 것일 뿐 권리를 설정하는 것이 아니라 하더라도, 대물적 허가의 성질을 아울러 가지고 있는 점 등을 감안하여 보면, 수허가자가 사망한 경우 특별한 사정이 없는 한 수허가자의 상속인이 수허가자로서의 지위를 승계한다고 봄이 상당하다(대판 2005. 8. 19, 2003두9817).[1]

▶판례〉 학원의설립·운영에관한법률 제5조 제2항에 의한 학원의 설립인가는 강학상의 이른바 허가에 해당하는 것으로서 그 인가를 받은 자에게 특별한 권리를 부여하는 것은 아니고 일반적인 금지를 특정한 경우에 해제하여 학원을 설립할 수 있는 자유를 회복시켜 주는 것에 불과한 것이기는 하지만 위 법률 제5조 제2항 후단의 규정에 근거한 같은법시행령 제10조 제1항은 설립자의 변경을 변경인가사항으로 규정하고 있어 학원의 수인가자의 지위(이른바 인가권)의 양도는 허용된다(대판 1992. 4. 14, 91다39986).[2]

▶판례〉 영업허가의 이전성이 있다고 하더라도 영업의 시설이나 영업상의 이익 등이 이전될 뿐, 질서허가로서 영업의 자유를 회복시켜 주는 것에 불과한 허가권 자체가 이전된다고는 할 수 없으며, 양수인으로서는 공중목욕장업법 제4조 제1항에 따른 영업허가를 새로이 받아야 하는 것으로서 그 절차에 양도인의 동의를 필요로 하는 것은 아니라고 할 것이다(대판 1981. 1. 13, 80다1126).[3]

---

1) 대판 2005. 8. 19, 2003두9817【형질변경지복구명령취소·형질변경지복구명령취소】【판시사항】[1] 구 산림법령상 채석허가를 받은 자가 사망한 경우, 상속인이 그 지위를 승계하는지 여부(적극) [2] 산림을 무단형질변경한 자가 사망한 경우, 당해 토지의 소유권 또는 점유권을 승계한 상속인이 그 복구의무를 부담하는지 여부(적극)
2) 대판 1992. 4. 14, 91다39986【자동차확원인가명의변경】【판시사항】가. 학원의설립·운영에관한법률 제5조 제2항에 의한 학원의 설립인가의 성질과 학원의 수인가자 지위의 양도의 허부(적극) 나. 학원인가에 관한 설립자 명의변경절차이행을 구하는 소의 적부(적극) 다. 학원의 소재지가 변경되어 변경인가를 받았으나 사회관념상 종전의 학원과 이전된 학원 사이에 동일성이 인정되는 경우 종전의 학원인가를 받은 지위를 양도하기로 하는 약정의 효력이 이전된 학원에 관한 변경인가에도 미치는지 여부(적극)
3) 대판 1981. 1. 13, 80다1126【소유권이전등기】【판시사항】공중목욕장의 영업허가를 양도한 경우에 양도인을 상대로 하여 공중목욕장 영업허가권에 관한 명의변경등록절차의 이행을 구할 수 있는지 여부【판결요지】공중목욕장의 영업허가를 받은 자가 그 허가를 타인에게 양도하는 경우에는 영업의 시설이나 영업상의 이익 등 만이 이전될 뿐 허가권자체가 이전되는 것은 아니므로 양수인은 공중목욕장업법에 의한 영업허가를 새로이 받아야 하는 것이고 그 절차에는 양도인의 동의를 필요로 하는 것이 아님에도 불구하고 원심이 양도인에게 공중목욕탕 영업허가권에 관

### 11.2. 양도인에 대한 제재처분사유가 양수인에게 승계되는지 여부 - 제재처분의 효과승계와 제재처분사유의 승계

대법원은 대물적 허가 또는 혼합적 허가의 경우에는 제재처분의 사유도 승계된다고 한다. 허가효과의 승계와 허가취소사유의 승계는 엄격하게 구분하고 있지 않다.[1]

▶ 판례〉 개인택시운송사업의 양도·양수가 있고 그에 대한 인가가 있은 후 그 양도·양수 이전에 있었던 양도인에 대한 운송사업면허취소사유(음주운전 등으로 인한 자동차운전면허의 취소)를 들어 양수인의 운송사업면허를 취소한 것은 정당하다(대판 1998. 6. 26, 96누18960).[2]

▶ 판례〉 석유판매업(주유소)허가는 소위 대물적 허가의 성질을 갖는 것이어서 그 사업의 양도도 가능하고 이 경우 양수인은 양도인의 지위를 승계하게 됨에 따라 양도인의 위 허가에 따른 권리의무가 양수인에게 이전되는 것이므로 만약 <u>양도인에게 그 허가를 취소할 위법사유가 있다면 허가관청은 이를 이유로 양수인에게 응분의 제재조치를 취할 수 있다</u> 할 것이고, 양수인이 그 양수후 허가관청으로부터 석유판매업허가를 다시 받았다 하더라도 이는 석유판매업의 양수도를 전제로 한 것이어서 이로써 양도인의 지위승계가 부정되는 것은 아니므로 <u>양도인의 귀책사유는 양수인에게 그 효력이 미친다</u>(대판 1986. 7. 22, 86누203).[3]

▶ 판례〉 영업정지나 영업장폐쇄명령 모두 대물적 처분으로 보아야 할 이치이고 … 공중위생영업의 양도가 가능함을 전제로 한 것이라 할 것이므로, 양수인이 그 양수 후 행정청에 새로운 영업소개설통보를 하였다 하더라도, 그로 인하여 영업양도·양수로 영업소에 관한 권리의무가 양수인에게 이전하는 법률효과까지 부정되는 것은 아니라 할 것인바, 만일 어떠한 공중위생영업에 대하여 그 영업을 정지할 위법사유가 있다면, 관할 행정청은 그 영업이 양도·양수되었다 하더라도 그 업소의 양수인에 대하여 영업정지처분을 할 수 있다고 봄이 상당하다(대판 2001. 6. 29, 2001두1611).[4]

---

하여 양수인 명의로 명의변경등록절차의 이행을 명하였음은 위법이다.
1) 양범수, 행정법총론(상), 형설, 2009, 558면.
2) 대판 1998. 6. 26, 96누18960【개인택시운송사업면허취소처분취소】【판시사항】 개인택시운송사업의 양도·양수가 있고 그에 대한 인가가 있은 후 그 양도·양수 이전에 있었던 양도인에 대한 운송사업면허취소사유를 들어 양수인의 사업면허를 취소할 수 있는지 여부(<u>적극</u>)
3) 대판 1986. 7. 22, 86누203【석유판매업허가취소처분취소】
4) 대판 2001. 6. 29, 2001두1611【영업정지처분취소】【판시사항】 공중위생영업에 있어 그 영업을 정지할 위법사유가 있는 경우, 그 영업이 양도·양수되었다 하더라도 양수인에 대하여 영업정지처분을 할 수 있는지 여부(<u>적극</u>)

## 12. 허가의 타당범위 - 지역적 효과

허가의 효과는 원칙적으로 당해 허가관청의 관할구역 내에서만 미치는 것이 원칙이다. 그러나 법령의 규정이 있는 경우나 관할구역에 국한시킬 성질의 것이 아닌 것(예: 자동차운전면허 등)인 경우에는 관할구역 외에까지 그 효과가 미치게 된다.

## 13. 허가를 필요로 하는 행위를 무허가로 행한 경우

### 13.1. 적법요건으로서의 허가

허가는 일정한 행위를 할 수 있게 하는 적법요건이며, 유효요건이 아니다. 따라서 허가를 받아야 할 행위를 허가없이 행한 경우에는, 행정상의 강제집행이나 행정벌의 대상은 되지만, 행위자체의 법률적 효력에는 영향이 없다(무허가행위도 법률상 효력은 유효하다. 다만 행정상 강제집행이나 행정벌의 대상은 될 수 있다). 왜냐하면 이는 적법한가 아닌가의 문제일 따름이지(적법요건) 법률효과의 유·무효를 따지는 효력발생요건(유효요건)이 아니기 때문이다.[1] 예컨대, 무허가음식점의 음식물매매행위가 무효가 되지 않는 것과 같다. 다만, 예외적으로 법률이 무허가행위의 처벌 외에 특히 행위의 무효를 규정할 때가 있다.

### 13.2. 무허가의 행위가 공무원의 과오(過誤)에 기인한 것인 경우, 가벌성(可罰性) 여부

무허가의 행위가 공무원의 과오에 기인한 것이라면 처벌할 수 없는 경우도 있다(대판 1992. 5. 22, 91도2525). 대법원은 '허가를 담당하는 공무원이 허가를 요하지 않는다고 잘못 알려 준 것을 믿은 경우 자기의 행위가 죄가 되지 않는 것으로 오인한 데 정당한 이유가 있는지 여부(적극)'에 대하여 불가벌(不可罰)로 판시한바 있다(아래 판례 참조).

▶ 대판 1992. 5. 22, 91도2525【산림법위반, 농약관리법위반】【판시사항】허가를 담당하는 공무원이 허가를 요하지 않는다고 잘못 알려 준 것을 믿은 경우 자기의 행위가 죄가 되지 않는 것으로 오인한 데 정당한 이유가 있는지 여부(적극) 【판결요지】행정청의 허가가 있어야 함에도 불구하고 허가를 받지 아니하여 처벌대상의 행위를 한 경우라도, 허가를 담당하는 공무원이 허가를 요하지 않는 것으로 잘못 알려 주어 이를 믿었기 때문에 허가를 받지 아니한 것이라면 허가를 받지 않더라도 죄가 되지 않는 것으로 착오를 일으킨 데 대하여 정당한 이유가 있는 경우에 해당하여 처벌할 수 없다.[2]

---

1) 양범수, 행정법총론(상), 형설, 2009, 560면.
2) 참조판례: 대법원 1983.3.22. 선고 81도2763 판결(공1983,613), 1989.2.28. 선고 88도1141 판결(공1989,562)

## 14. 허가의 거부·취소

허가는 자연적 자유를 회복시키는 행위이므로 자유재량행위이지만, 허가요건에 해당하면 반드시 허가하여야 할 기속을 받는다는 점에서 허가의 거부·취소는「기속재량행위」라고 할 것이다. 그리하여 허가제에 있어서는 허가를 부여함이 원칙이고 불허가는 예외이다(원칙적 허가). 만약 허가를 거부할 이유가 없음에도 불구하고 거부함은 부당한 금지유지(자유침해)로서 '위법'하고, 그 거부는 행정쟁송의 대상이 된다.

▶ 대판 1999. 7. 23. 99두3690【기부금품모집허가불허처분취소】【판시사항】 [1] 북한주민을 위한 구제사업이 기부금품모집규제법 제4조 제2항 제1호 소정의 '국제적으로 행하여지는 구제사업'에 해당하는지 여부(적극) [2] 기부금품모집규제법상 기부금품모집허가의 법적 성질 [3] 준조세 폐해 근절 및 경제난 극복을 이유로 북한어린이를 위한 의약품 지원을 위하여 성금 및 의약품 등을 모금하는 행위 자체를 불허한 것이 재량권의 일탈·남용 및 비례의 원칙에 위반된다.【판결요지】 [1] 기부금품모집규제법 제4조 제2항 제1호 소정의 '국제적으로 행하여지는 구제사업'에서 유독 북한주민을 위한 구제사업만을 제외할 이유는 없다 할 것이므로, 북한어린이를 위한 의약품 지원에 필요한 성금 및 의약품 등을 모금하는 행위도 이에 해당한다. [2] 기부금품모집규제법상의 기부금품모집허가는 공익목적을 위하여 일반적·상대적으로 제한된 기본권적 자유를 다시 회복시켜주는 강학상의 허가에 해당하는 만큼 그에 대한 허가절차는 기부금품을 자유로이 모집할 수 있는 권리(이는 헌법상의 행복추구권에서 파생되는 일반적 행동자유권에 속한다) 자체를 제거해서는 아니되고, 허가절차에 규정된 법률요건을 충족하는 경우에는 국민에게 기본권 행사의 형식적 제한을 다시 해제할 것을 요구할 수 있는 법적 권리를 부여하여야 하므로, 같은 법이 비록 기부금품의 모집허가 대상사업을 같은 법 제4조 제2항 각 호에 규정된 사업에 국한시킴으로써 위 규정에 열거한 사항에 해당하지 아니한 경우에는 허가할 수 없다는 것을 소극적으로 규정하고 있다 하더라도 기부금품모집허가의 법적 성질이 강학상의 허가라는 점을 고려하면, 기부금품 모집행위가 같은 법 제4조 제2항의 각 호의 사업에 해당하는 경우에는 특별한 사정이 없는 한 그 모집행위를 허가하여야 하는 것으로 풀이하여야 한다. [3] 준조세 폐해 근절 및 경제난 극복을 이유로 북한 어린이를 위한 의약품 지원을 위하여 성금 및 의약품 등을 모금하는 행위 자체를 불허한 것이 재량권의 일탈·남용 및 비례의 원칙에 위반된다.

## 15. 허가의 갱신(更新) - 갱신허가

### 15.1 의의

[갱신제도의 의의] 허가는 일정한 기한을 부쳐서 행하여지는 경우가 많은바, 행정기관이 그 재량으로 인·허가처분의 유효기간을 둘 수 있도록 하는 경우 각 행정기관이 그것을

개별적으로 결정함으로써 유효기간 제도의 설정여부와 유효기간에 있어서 차이가 있게 되어 행정기관 재량행위의 적정화라는 법치주의 원칙의 요청에 맞지 않는 것으로 보는 경우에는 법률에 유효기간 규정을 두는 것이 일반적이다.[1] 기한부 허가는 그 기한이 도래함으로써 별도의 행위를 기다릴 것 없이 당연히 효력이 상실되는 것이 원칙이나,[2] 허가의 실효 전에 갱신됨으로써 종전의 허가의 효력은 계속 유지되게 된다.[3] 이러한 갱신제도는 유효기간이 만료된 시점에서 행정기관에 인·허가의 법정요건이 갖추어져 있는지의 여부를 다시 한번 검토할 수 있는 기회를 줌으로써 허가처분의 적정성을 계속적으로 확보해 나가기 위한 제도라고 할 수 있다. 한편, 재허가가 갱신허가와 유사하게 사용되는 경우가 있는데, 일반적인 경우에는 갱신허가로 규정이 되나, 대체로 특허적인 성격이 강한 경우에는 재허가라는 개념이 사용되기도 한다.[4] 허가의 갱신은 새로운 행정행위가 아니라 종전의 효력을 유지하는 것에 불과하므로 갱신전의 법위반사유를 이유로 갱신후에도 제재처분이 가능하다(판례).

▶ 대판 1984. 9. 11, 83누658 【건설업면허처분취소】 (구)건설업법 제5조 제5항(현행 제6조 제4항)에 의한 건설업면허갱신이 있으면 기존면허의 효력은 동일성을 유지하면서 장래에 향하여 지속된다 할 것이고, 갱신에 의하여 기존 면허는 실효되고 새로운 면허가 부여된 것이라고는 볼 수 없다.

▶ 판례〉 유료직업 소개사업의 허가갱신은 허가취득자에게 종전의 지위를 계속 유지시키는 효과를 갖는 것에 불과하고 갱신 후에는 갱신 전의 법위반사항을 불문에 붙이는

---

[1] 방극봉, 실무행정법, 법제처, 2009, 16면.
[2] 대판 1995. 11. 10, 94누11866 【옥외광고물등표시허가연장거부처분취소】 【판시사항】 가. 행정행위인 허가 또는 특허에 붙인 조항으로서 종료의 기한을 정한 경우 기한의 도래로 그 행정행위의 효력이 당연히 상실되는지 여부 나. 종전 허가의 유효기간이 지난 후에 한 기간연장 신청의 성격 【판결요지】 가. 행정행위인 허가 또는 특허에 붙인 조항으로서 종료의 기한을 정한 경우 종기인 기한에 관하여는 일률적으로 기한이 왔다고 하여 <u>당연히 그 행정행위의 효력이 상실된다고 할 것이 아니고 그 기한이 그 허가 또는 특허된 사업의 성질상 부당하게 짧은 기한을 정한 경우에 있어서는 그 기한은 그 허가 또는 특허의 조건의 존속기간을 정한 것이며 그 기한이 도래함으로써 그 조건의 개정을 고려한다는 뜻으로 해석하여야 할 것</u>이다.
[3] 대판 1984. 9. 11, 83누658 【건설업면허취소처분취소】 【판결요지】 가. 건설업면허의 갱신이 있으면 기존 면허의 효력은 동일성을 유지하면서 장래에 향하여 지속한다 할 것이고 갱신에 의하여 갱신전의 면허는 실효되고 새로운 면허가 부여된 것이라고 볼 수는 없으므로 면허갱신에 의하여 갱신전의 건설업자의 모든 위법사유가 치유된다거나 일정한 시일의 경과로서 그 위법사유가 치유된다고 볼 수 없다. 나. 건설업법 제38조 제1항 단서에 의하면 건설업자가 건설업면허를 타인에게 부여한 때는 건설부장관은 그 건설면허를 취소하여야 하고 면허관청이 그 취소여부를 선택할 수 있는 재량의 여지가 없음이 그 규정상 명백하므로 위 건설업면허취소처분으로 인하여 원고에게 미칠 불이익 내지 손해가 크다는 이유로 취소권이 제한되지는 않는다.
[4] 방극봉, 실무행정법, 법제처, 2009, 16면.

효과를 발생하는 것이 아니므로 일단 갱신이 있은 후에도 갱신 전의 법위반사실을 근거로 허가를 취소할 수 있다(대판 1982. 7. 27, 81누174).[1] ※ 허가의 갱신은 새로운 행정행위가 아니라 종전의 효력을 유지하는 것이므로 갱신전의 법위반사유를 이유로 갱신후에도 제재처분이 가능하다.

▶판례〉 종전의 허가가 기한의 도래로 실효한 이상 원고가 종전 허가의 유효기간이 지나서 신청한 이 사건 기간연장신청은 그에 대한 종전의 허가처분을 전제로 하여 단순히 그 유효기간을 연장하여 주는 행정처분을 구하는 것이라기 보다는 종전의 허가처분과는 별도의 새로운 허가를 내용으로 하는 행정처분을 구하는 것이라고 보아야 할 것이어서, 이러한 경우 허가권자는 이를 새로운 허가신청으로 보아 법의 관계 규정에 의하여 허가요건의 적합 여부를 새로이 판단하여 그 허가 여부를 결정하여야 할 것이다(대판 1995. 11. 10, 94누11866).[2] ※기한경과 후 유효기간이 지나서 한 신청은 신규허가의 신청이므로 허가요건 적합 여부를 새로이 판단하여 허가 여부를 결정하여야 한다.

▶판례〉 허가에 붙은 기한이 그 허가된 사업의 성질상 부당하게 짧은 경우 그 기한을 허가 자체의 존속기간이 아닌 허가조건의 존속기간으로 볼 수 있다. 다만, 이 경우라도 허가기간이 연장되기 위해서는 종기가 도래하기 전에 기간의 연장에 관한 신청이 있어야 한다(대판 2007. 10. 11, 2005두12404).

## 15.2. 인·허가 유효기간 만료후 기간연장(갱신)

인·허가 유효기간이 만료된 경우에는 종전의 인·허가는 당연히 효력을 잃으므로 기간연장을 위한 인·허가 신청에 대하여 거부가 가능하다.[3] 다만, <u>이 경우에는 기간연장신청을 종전의 인·허가처분과는 별도의 새로운 인·허가를 내용으로 하는 행정처분을 구하는 것</u>이라고 보아 새로운 인·허가를 할 것인가의 여부를 결정하는 것이 바람직하다.[4]

▶ 대판 2007. 10. 11, 2005두12404【보전임지전용허가취소처분무효확인】일반적으로 행정처분에 효력기간이 정하여져 있는 경우에는 그 기간의 경과로 그 행정처분의 효력은 상실되고, 다만 허가에 붙은 기한이 그 허가된 사업의 성질상 부당하게 짧은 경우에는 이를 그 허가 자체의 손속기간이 아니라 그 허가조건의 존속기간으로 보아 그 기한이 도래함으로써 그 조건의 개정을 고려한다는 뜻으로 해석할 수는 있지만, 그와 같은 경우라 하더라도 그 허가기간이 연장되기 위하여는 그 종기가 도래하기 전에 그 허가기간의 연장에 관한 신청이 있어야 하며, 만일 그러한 연장신청이 없는 상태에서 허가기간이 만료하

---

1) 대판 1982. 7. 27, 81누174【영업허가취소처분취소】【판시사항】유료 직업소개사업의 허가갱신 후에 갱신 전의 법위반을 이유로 한 허가취소 가부(<u>적극</u>)
2) 대판 1995. 11. 10, 94누11866【옥외광고물등표시허가연장거부처분취소】
3) 양범수, 행정법총론(상), 형설, 2009, 561면.
4) 방극봉, 실무행정법, 법제처, 2009, 16면.

였다면 그 허가의 효력은 상실된다.

▶ 대판 1996. 12. 10, 96누8185 【옥외광고물표시기간연장허가신청반려처분취소】 종전에 허가받은 옥외광고물의 표시기간은 3년이어서 그 기간연장허가를 얻기 위해서는 건물소유자 등의 사용승낙서를 첨부하여 제출하였어야 하는데도, 행정청이 3차례에 걸쳐 제출기간을 연장하면서 미비된 그 사용승낙서의 보완 제출을 촉구하였음에도 불구하고 당초 허가 받은 기간이 만료된 후 약 3개월여가 경과한 처분 당시까지도 이를 제출하지 않았다면, 적법한 기간연장허가를 받지 아니한 경우에는 종전에 이루어진 허가는 특단의 사정이 없는 한 기한이 도래함으로써 별도의 행위를 기다릴 것 없이 당연히 효력이 상실되는 것이므로, 옥외광고물표시기간 연장허가신청 반려처분 이후 건물 소유자의 사용승낙서를 제출할 수 있게 되었다 하더라도, 이에 기해 종전의 허가처분과 별도의 새로운 허가신청을 할 수 있을 것인지 여부는 별론으로 하고 그와 같은 사정을 들어 그 반려처분이 재량권을 일탈한 것이라고 할 수는 없다.

▶ 대판 1995. 11. 10, 94누11866 【옥외광고물등표시허가연장거부처분취소】 허가 기간이 경과되어 기간연장 신청하는 것은 새로운 허가를 내용으로 하는 행정처분을 구하는 것을 본다. 종전의 허가가 기한의 도래로 실효한 이상 원고가 종전 허가의 유효기간이 지나서 신청한 이 사건 기간연장신청은 그에 대한 종전의 허가처분을 전제로 하여 단순히 그 유효기간을 연장하여 주는 행정처분을 구하는 것이라기 보다는 종전의 허가처분과는 별도의 새로운 허가를 내용으로 하는 행정처분을 구하는 것이라고 보아야 할 것이어서, 이러한 경우 허가권자는 이를 새로운 허가신청으로 보아 법의 관계 규정에 의하여 허가요건의 적합 여부를 새로이 판단하여 그 허가 여부를 결정하여야 할 것이다.

▶ 대판 1995. 11. 10, 94누11866 【옥외광고물등표시허가연장거부처분취소】 종전의 허가가 기한의 도래로 실효되었다고 하여도 종전 허가의 유효기간이 지나서 기간연장을 신청하였다면 종전 허가와는 별개로 새로운 허가를 내용으로 하는 행정처분을 구한 것으로 보아야 한다.[1]

---

1) 대판 1995. 11. 10, 94누11866 【옥외광고물등표시허가연장거부처분취소】 【판결요지】 가. 행정행위인 허가 또는 특허에 붙인 조항으로서 종료의 기한을 정한 경우 종기인 기한에 관하여는 일률적으로 기한이 왔다고 하여 당연히 그 행정행위의 효력이 상실된다고 할 것이 아니고 그 기한이 그 허가 또는 특허된 사업의 성질상 부당하게 짧은 기한을 정한 경우에 있어서는 그 기한은 그 허가 또는 특허의 조건의 존속기간을 정한 것이며 그 기한이 도래함으로써 그 조건의 개정을 고려한다는 뜻으로 해석하여야 할 것이다. 나. 종전의 허가가 기한의 도래로 실효한 이상 원고가 종전 허가의 유효기간이 지나서 신청한 이 사건 기간연장신청은 그에 대한 종전의 허가처분을 전제로 하여 단순히 그 유효기간을 연장하여 주는 행정처분을 구하는 것이라기 보다는 종전의 허가처분과는 별도의 새로운 허가를 내용으로 하는 행정처분을 구하는 것이라고 보아야 할 것이어서, 이러한 경우 허가권자는 이를 새로운 허가신청으로 보아 법의 관계 규정에 의하여 허가요건의 적합 여부를 새로이 판단하여 그 허가 여부를 결정하여야 할 것이다.

### 15.3. 갱신(更新) 인·허가신청에 대한 거부가능성 여부(與否)

갱신 인·허가신청이 있는 경우에는 갱신 인·허가 당시의 당해 및 관련 법령 규정상의 인·허가요건에 저촉되는 점이 없는지 여부와 공익 등을 고려하여 갱신 인·허가여부를 결정하여야 한다.

▶ 대판 1992. 10. 23, 92누4543【투전기업소허가갱신불허처분취소】사행행위를 단속함을 목적으로 제정된 복표발행·현상기타사행행위단속법의 규정에 비추어 보면 사행행위의 허가는 그것이 비록 갱신허가라 하더라도 종전 허가에 붙여진 기한의 연장에 불과하여 관련 법령의 변동이나 위법한 사유가 새로 발생하는 등 사정의 변화가 없는 한 반드시 갱신하여야 하는 것은 아니고 위 법조 소정의 허가요건이나 그 밖에 다른 법령에 저촉되는가의 여부 및 공익 등을 고려하여 허가 여부를 결정하여야 한다고 봄이 상당하다.

▶ 판례〉 허가에 붙은 당초의 기한이 상당기간 연장되어 더 이상 사업의 성질상 부당하게 짧은 경우에 해당하지 않은 경우, 관계법령에 따라 허가 여부의 재량권을 가진 행정청은 기간연장을 불허할 수도 있다(대판 2004. 3. 25, 2003두12837).

### 15.4. 인·허가가 갱신된 경우, 갱신전(更新前)의 위법사유는 치유되는가?

인·허가의 갱신으로 종전 면허가 실효 되는 것은 아니므로 인·허가 갱신으로 인하여 갱신전의 위법사유가 치유되는 것은 아니다.[1]

▶ 대판 1984. 9. 11, 83누658【건설업면허취소처분취소】건설업면허의 갱신이 있으면 기존 면허의 효력은 동일성을 유지하면서 장래에 향하여 지속한다 할 것이고, 갱신에 의하여 갱신전의 면허는 실효 되고 새로운 면허가 부여된 것이라고 볼 수는 없으므로 면허 갱신에 의하여 갱신 전의 건설업자의 모든 위법사유가 치유된다거나 일정한 시일의 경과로서 그 위법사유가 치유된다고 볼 수 없다.

### 16. 허가의 소멸(消滅)

기한부허가의 경우, 그 기한의 도래와 함께 허가의 효력은 상실한다. 철회사유가 발생하면 허가는 철회될 수 있으나, 철회사유 및 철회근거를 명확히 하여야 한다. 일부철회가 가능한지에 대하여 판례는 가분성(可分性) 또는 특정성이 있는 처분의 경우에는 일부철회도 가능하다고 한다(대판 1995. 11. 16, 95누8850).

▶ 대판 1995. 11. 16, 95누8850【자동차운전면허취소처분취소】【판시사항】외형상 하나의 행정처분이라 하더라도 가분성이 있거나 그 처분대상의 일부가 특정될 수 있는 경우, 일부 취소의 가능성【판결요지】외형상 하나의 행정처분이라 하더라도 가분성이 있거나 그 처분대상의 일부가 특정될 수 있다면 그 일부만의 취소도 가능하고 그 일부의

---

[1] 방극봉, 실무행정법, 법제처, 2009, 17면.

취소는 당해 취소부분에 관하여 효력이 생긴다고 할 것인바, 이는 한 사람이 여러 종류의 자동차 운전면허를 취득한 경우 그 각 운전면허를 취소하거나 그 운전면허의 효력을 정지함에 있어서도 마찬가지이다.[1]

[허가의 취소·철회] 허가의 취소·철회는 판례는 재량행위로 보고 있다. 허가의 철회는 부담적·침익적 행정행위이므로 철회 자체에 하자가 있는 경우 행정쟁송을 통하여 다툴 수 있다. 대인적 허가는 사망, 대물적 허가는 허가대상의 멸실로 인하여 허가소멸의 효가를 가져온다.[2]

## Ⅳ. 면제(Erlassung; Dispens)

### 1. 의의

면제라 함은 법령에 의하여 일반적으로 부과되어 있는 작위의무·급부의무·수인의무를 특정한 경우에 해제하여 **자유를 회복시키는** 행정행위를 말한다. 면제는 자유를 회복시키므로 자유재량행위가 원칙이고 상대방의 출원(예: 국립대학교 학생의 수업료면제)을 요건으로 하는 쌍방적 행정행위가 원칙이다.

### 2. 성질

면제도 「의무해제행위」라는 점에서 허가와 그 성질이 같으나 다만, 허가가 부작위의무를 해제하는 행위인데 대하여, 면제는 작위·급부·수인의 의무를 해제하는 행위라는 점에서 다르다. 면제는 명령적 행위의 일종으로서 수익적 행정행위의 성질을 가진다. '작위의무나 급부의무의 이행을 연기 또는 유예하는 행정행위'의 성질에 관하여는 하명의 변경이라는 견해(하명의 변경설)과 면제의 일종으로 보는 견해(일부면제설)로 나뉘어 있다.[3]

---

1) 대판 1995. 11. 16, 95누8850【자동차운전면허취소처분취소】【판시사항】한 사람이 여러 종류의 자동차 운전면허를 취득한 경우, 이를 취소·정지함에 있어서 서로 별개의 것으로 취급하여야 하는지 여부 【판결요지】한 사람이 여러 종류의 자동차 운전면허를 취득하는 경우뿐 아니라 이를 취소 또는 정지함에 있어서도 서로 별개의 것으로 취급하는 것이 원칙이고, 한 사람이 여러 종류의 자동차 운전면허를 취득하는 경우 1개의 운전면허증을 발급하고 그 운전면허증의 면허번호는 최초로 부여한 면허번호로 하여 이를 통합관리하고 있다고 하더라도, 이는 자동차 운전면허증 및 그 면허번호 관리상의 편의를 위한 것에 불과할 뿐 그렇다고 하여 여러 종류의 면허를 서로 별개의 것으로 취급할 수 없다거나 각 면허의 개별적인 취소 또는 정지를 분리하여 집행할 수 없는 것은 아니다.
2) 양범수, 행정법총론(상), 형설, 2009, 562면.

## 3. 종류

질서면제(경찰면제), 공기업법상 면제(공기업상의 시설면제), 개발정서행정상 면제, 공용부담면제, 재정면제(조세면제), 군정면제(병역면제), 특별권력관계상의 면제(국립대학생의 수업료면제) 등이 있다.

# 제 2 목  형성적 행정행위(形成的 行政行爲)

## I. 의의

형성적 행정행위(Gestaltungsakt)는 행정주체가, (ㄱ) 직접 상대방을 위해 특정한 권리 · 능력(권리능력,1) 행위능력) · 법률상의 지위 · 포괄적 법률관계 기타의 「법률상의 힘(rechtliche Kraft)」을 발생 · 변경 · 소멸시키는 행정행위(특허)와, (ㄴ) 타자(제3자)를 위하여, 제3자가 행한 행위의 효력을 보충(동의 · 승인)하여 그 효력을 완성시키거나(인가), 제3자를 대리하여 행하는 행위(공법상 대리)를 의미한다. 직접 상대방을 위한 행위는 예컨대 광업허가에 있어서는 신청자와 산업자원부장관은 그 법률관계의 당사자이고, 산업자원부장관은 상대방인 신청자를 위하여 행위를 한다. 이에 대하여 타자를 위한 행위는 예컨대 체납처분의 절차로 행하는 행정청의 압류재산공매에 있어서는 그 법률관계의 당사자는 어디까지나 체납자인 A와 그 재산을 매입하는 B이고, 행정청은 제3자의 입장에서 A를 대리함에 불과한 점(따라서 타자를 위한 행위)에서 차이가 있다.

〈형성적 행정행위〉
▶ 직접 상대편을 위하여 : 권리 · 능력 · 포괄적 법률관계를 발생 · 변경 · 소멸시키는 행위(특허)
▶ 他者를 위하여 : <u>타자의 행위의 효력을 보충 · 완성하거나(인가)</u> 또는 <u>타자를 대신하여 행하는 행위(대리)</u>

형성적 행정행위는 사람이 본래적으로 가지고 있지 아니한 「법률상의 힘」을 대상으로 하여 그 형성(설정 · 변경 · 박탈)에 관여하는 것을 목적으로 하고 있다는 점에서, 사람이 (국법 이전부터) 본래적으로 가지고 있는 「자연적 자유」를 대상으로 하여 그것을 제한 또

---

3) 양범수, 행정법총론(상), 형설, 2009, 563면.
1) 권리능력 : 권리의 주체가 될 수 있는 지위 또는 자격을 가리켜 권리능력 또는 인격이라고 한다. 자연인은 모두 권리능력자이다. 그러나, 단체는 법인으로 인정된 경우에만 권리를 누릴수 있는 권리능력자가 될 수 있다.

는 회복(해제)시키는 '명령적 행정행위와 구별'된다. 특허나 인가(제3자의 법률행위를 보충[동의]하여 그 법률의 효력을 완성시켜주는 행정행위로서 민법상 재단법인정관변경허가, 구국토이용관리법상 토지거래허가 등) 등의 형성적 행정행위가 필요한데도 이를 받지 않고 한 행위는 원칙적으로 그 '효력'이 부인되는데 그치고, 특별한 규정이 없는 한 '처벌'의 대상은 되지 않는다.

## II. 특허 — 직접 상대방을 위한 행위

### 1. 설권행위(광의의 특허)

#### 1.1. 의의

설권행위는 특정인을 위해 새로운 '법률상의 힘'을 설정하는 행정행위, 즉 '광의의 특허'를 말한다. 설권행위에는, (ㄱ) 권리설정행위(협의의 특허 : 공기업특허·특허기업특허·토지수용설정·광업허가·공물사용권의 특허·도로통행료징수권설정·하천통행료징수권설정·어업면허), (ㄴ) 능력설정행위(공법인을 설립하는 행위), (ㄷ) 포괄적 법률관계 설정행위(국가와 공무원간의 특별권력관계[공무원임명]·국가와 일반국민과의 일반권력관계·귀화허가[국적부여행위])가 있다. 이와 같이 특허에는 공유수면매립면허, 개인택시운송사업면허, 특허기업(자동차운수사업·도시가스사업 등 공익사업)의 특허, 행정재산의 사용·수익허가, 공물사용권(도로점용허가·하천점용허가) 특허, 광업허가, 어업면허, 보세구역 설정특허, 공무원 임용, 귀화허가(국적부여행위), 공법인을 설립하는 행위 등이 있다. 특허는 상대방에게 이익을 주는 행위이므로 수익적 행정행위이며, 행정청의 자유재량행위이다. 다만 특허는 법적 지위를 나타내는 것이지 그 자체가 환가가 가능한 재산권은 아니다.[1]

▶헌재결 1992. 11. 12, 89헌마88【교육법 제157조에 관한 헌법소원】교과서에 관련된 국정 또는 검·인정제도의 법적성질은 인간의 자연적 자유의 제한에 대한 해제인 허가의 성질을 갖는다기 보다는 어떠한 책자에 대하여 교과서라는 특수한 지위를 부여하거나 인정하는 제도이기 때문에 가치창설적인 형성적 행위로서 특허의 성질을 갖는 것으로 보아야 할 것이며, 그렇게 본다면 국가가 그에 대한 재량권을 갖는 것은 당연하다고 할 것이다.

▶판례〉 관세법 제78조의 규정에 의한 보세구역의 설영특허는 보세구역의 설치경영에 관한 권리를 설정하는 이른바 공기업의 특허에 해당하는 것으로서 그 특허를 부여하고 안하고는 행정관청의 자유재량에 속하며, 특허기간이 만료된 때에 특허는 당연히 실효되

---

1) 양범수, 행정법총론(상), 형설, 2009, 564면.

는 것이어서 특허기간의 갱신은 실질적으로 권리의 설정과 같으므로 특허기간의 갱신여부도 <u>특허관청의 자유재량에 속한다</u>(대판 1989. 5. 9, 88누4188)[1]

▶판례〉 공유수면매립면허는 설권행위인 특허의 성질을 갖는 것이므로 원칙적으로 행정청의 자유재량에 속하며, 일단 실효된 공유수면매립면허의 효력을 회복시키는 행위도 특단의 사정이 없는 한 새로운 면허부여와 같이 면허관청의 자유재량에 속한다고 할 것이므로 공유수면매립법(1986.12.31. 개정)부칙 제4항의 규정에 의하여 위 법시행전에 같은 법 제25조 제1항의 규정에 의하여 효력이 상실된 매립면허의 효력을 회복시키는 처분도 특단의 사정이 없는 한 <u>면허관청의 자유재량에 속하는 행위</u>라고 봄이 타당하다(대판 1989. 9. 12, 88누9206).[2]

▶판례〉 자동차운수사업법에 의한 개인택시운송사업면허는 특정인에게 권리나 이익을 부여하는 행정행위로서 법령에 특별한 규정이 없는 한 재량행위이고, 그 면허를 위하여 필요한 기준을 정하는 것도 역시 행정청의 재량에 속하는 것이므로, 그 설정된 기준이 객관적으로 합리적이 아니라거나 타당하지 않다고 볼 만한 다른 특별한 사정이 없는 이상 행정청의 의사는 가능한 한 존중되어야 한다(대판 1996. 10. 11, 96누6172).[3]

### 1.2. 종류

#### 1.2.1. 권리설정행위 - 협의의 특허(Konzession)

aa) 의의

[의의] 협의의 특허라 함은 특정인을 위하여 특정한 '권리를 설정'하는 행위를 말한다. <u>특허는 학문상의 용어</u>이며, 실정법상(법령상) 용어로는 특허라는 말 외에, 허가(광업허가)·면허(어업면허)·인가·인허라고도 사용한다. 예로는 공기업특허, 공물사용권의 특허, 토지수용(사용)권의 설정, 통행료징수권의 특허, 광업허가, 어업면허 등이 있다. 토지수용을 위한 사업인정은 형성행위로서 특허이다.[4] 특허법상의 특허(발명특허)는 법률행위적 행정행위에

---

[1] 대판 1989. 5. 9, 88누4188【보세장치장설영특허갱신불허가처분취소】【판시사항】부세구역 선영특허의 법적 성질과 그 특허부여 및 특허기간갱신에 관한 행정청의 자유재량 여부(적극) 원심판결 이유에 의하면, 원심은 원고가 설영한 보세장치장이 피고가 요구한 특허보세구역 특허기준에 미달하고 전의 갱신시에 이를 보완하기로 한 부관조차도 원고가 이행하지 아니하였으므로 이를 이유로 이 사건 특허기간갱신을 불허한 피고의 처분은 적법하고 위 처분이 재량권의 범위를 일탈한 것으로볼 수도 없다고 판단하고 있는 바, 기록에 의하여 살펴보면 위와 같은 원심판단은 정당하고 자유재량에 관한 법리를 오해한 위법이 없다.

[2] 대판 1989. 9. 12, 88누9206【공유수면매립면허효력회복신청서반려처분취소】

[3] 대판 1996. 10. 11, 96누6172【개인택시운송사업면허배제처분취소】【판시사항】개인택시운송사업 면허가 재량행위인지 여부(적극) 및 그 면허기준의 해석·적용 방법

[4] 대판 1987. 9. 8, 87누395【토지수용재결처분취소】【판결요지】가. 토지수용법 제14조에 따른 사업인정은 그후 일정한 절차를 거칠 것을 조건으로 하여 일정한 내용의 수용권을 설정해 주는

서의 형성적 행위로서의 학문상 특허가 아니고 준법률행위적 행정행위의 하나인 확인행위(Feststellung)이다.

bb) 특허의 법적 성질

[특허의 법적 성질] 특허는 자연적인 자유를 회복시켜주는 허가와는 달리 특정인에게 새로운 독점적·배타적인 법률상의 힘을 설정하는 것이다. 따라서 설권행위라고도 한다. 이와같이 특허는 사람이 자연적으로 가지지 아니한 「법률상의 힘」, 즉 '권리'를 특정인에게 설정하는 행위이다(형성적 행위). 종래에는 출원을 특허의 '성립요건'으로 보아, 특허를 「공법상 계약」으로 이해하는 견해가 있었으나(옐리네크 : G. Jellinek), 오늘날에는 출원을 단순한 '효력요건'으로 보아 신청을 요하는 쌍방적 행정행위(협력을 요하는 행정행위[김남진])라는 것이 일반적인 견해이다. (공법상 계약으로 보는 견해) : 특허는 출원에 의하여 행하여지기 때문에, 사인의 의사표시와 행정청의 의사표시에 대등한 가치를 인정하여, 이 출원을 성립요건으로 보아 특허를 공법상 계약으로 보고, 따라서 출원의 취지와 다른 특허는 원칙적으로 유효하게 성립할 수 없다는 것이다(G. Jellinek). 특허를 공법상 계약으로 보는 견해는 행정행위의 권력성을 배제하려는 입장에서 주장된 것이다(행정행위의 계약구성론). (사견 : 쌍방적 행정행위) : 그러나 사인의 의사표시와 행정청의 의사표시에 대등한 가치를 인정하지 아니하고, 출원은 - 위에서 언급한바와 같이 - 단순한 효력요건으로 보아 신청을 요하는 쌍방적 행정행위로 보는 것이 일반적 견해이다(다수설).[1] 특허를 할 것인가의 여부는 국민에게 새로운 권리·능력 등을 설정하여 주는 행위(수익적 행정행위)라는 점에서 행정청의 자유재량에 속하는 것이 원칙이다(자유재량행위 : 다수설·판례).[2] 다만, 법령의 규정에 의하여(예컨대 법령이 일정한 요건을 갖춘 경우에는 특허를 하도록 규정하고 있는 경우 : 광업법 제19조 내지 제25조) 기속행위로 볼 수 있는 경우가 있다.

cc) 특허와 출원

[특허와 출원] 특허는 출원을 필요요건(다수설 ; 효력요건)으로 한다. 따라서 출원이 없

---

행정처분의 성격을 띠는 것으로서 그 사업인정을 받음으로써 수용할 목적물의 범위가 확정되고 수용권으로 하여금 목적물에 관한 현재 및 장래의 권리자에게 대항할 수 있는 일종의 공법상의 권리로서의 효력을 발생시킨다고 할 것이므로 위 사업인정단계에서의 하자를 다투지 아니하여 이미 쟁송기간이 도과한 수용재결단계에 있어서는 위 사업인정처분에 중대하고 명백한 하자가 있어 당연무효라고 볼만한 특단의 사정이 없다면 그 처분의 불가쟁력에 의하여 사업인정처분의 위법, 부당함을 이유로 수용재결처분의 취소를 구할 수 없다. 나. 공용수용은 공익사업을 위하여 타인의 특정한 재산권을 법률의 힘에 의하여 강제적으로 취득하는 것이므로 수용할 목적물의 범위는 원칙적으로 사업을 위하여 필요한 최소한도에 그쳐야 한다.

1) 박윤흔, 행정법강의(상), 367면.
2) [판례] 공유수면매립면허는 특허로서 재량행위이며 일단 실효된 공유수면매립면허의 효력을 회복시키는 행위도 재량행위이다(대판 1989. 9. 12, 99누9206).

이 이루어진 특허는 무효이며, 그 취지에 반하는 특허는 완전한 효력을 발생할 수 없다. 또한 신청한 내용과 다르게 하는 수정특허는 인정되지 않는다.[1] 특허는 처분의 형식(특허처분)으로 행하여진다. 법규에 의한 특허(법규특허[예: 한국도로공사법에 의하여 한국도로공사를 설립하고 국도[國道]의 설치·관리업무를 특허하는 것 등])는 성질상 출원이 있을 수 없다.[2] 이와같이 특수법인의 설립과 같이 법령에 의하여 행하여지는 경우는 엄격한 의미에서 특허가 아니다.[3] 출원과의 관계상 불특정다수인에 대한 특허는 있을 수 없고, 특정인에 대하여 행하여 진다.

[특허처분] 교육(사립학교설립후 학위수여권을 부여하는 것), 교통(자동차운송사업면허·항공운송사업면허 등), 관광(케이블카·한강유람선 운행), 사설철도(토지수용권 설정), 자원(공유수면매립면허·광업권), 하천점용허가(한강에 도선장 설치허가 등), 방송·통신(민영방송·한국통신 등), 금융(민영은행), 특별권력관계설정행위(공무원임명), 국적부여행위(귀화허가) 등이 있다.[4]

[법규특허] 법률의 규정에 의하여 설립하는 것, 즉 각종 공사·공단(연금관리 공단), 공공조합(의료보험조합), 영조물법인(각종 공사, 국책은행[한국은행·중소기업은행·한국산업은행 등]) 등을 설립하는 경우이다.[5]

dd) 특허의 형식

(특허의 형식): 원칙적으로는 구체적인 행정행위(특허처분)의 형식으로 행하여지나, 예외적으로 '법규'에 의하여 직접 행하여지는 경우도 있다(법규특허: 한국도로공사법에 의하여 도로공사를 설립하고, 국도의 설치 관계업무를 특허하는 것 등).[6] 특허가 법규에 의하여 이루어 지는 경우(법규특허)에는 그 성질상 출원이 있을 수 없다.[7] 특허는 특정인에 대하여 행하여지므로 권리설정을 명확하게 하기위하여 문서로써 하는 것이 일반적이다(행정절차법 제24조).

ee) 특허의 효과

[특허의 효과] (권리설정): 특정의 상대방에게 권리 등 법률상의 힘을 발생시킨다. 설정

---

1) 양범수, 행정법총론(상), 형설, 2009, 564면.
2) 박윤흔, 행정법강의(상), 367면; 이상규, 신행정법론(상), 369면; 양범수, 행정법총론(상), 형설, 2009, 564면.
3) https://ko.wikipedia.org/wiki/(검색어: 특허; 검색일: 2015.6.23).
4) 양범수, 행정법총론(상), 형설, 2009, 565면.
5) 양범수, 행정법총론(상), 형설, 2009, 565면.
6) 한국도로공사법 제1조(목적) 이 법은 한국도로공사를 설립하여 도로의 설치·관리와 그 밖에 이에 관련된 사업을 하게 함으로써 도로의 정비를 촉진하고 도로교통의 발달에 이바지함을 목적으로 한다. 제2조(법인격) 한국도로공사(이하 "공사"라 한다)는 법인으로 한다.
7) 양범수, 행정법총론(상), 형설, 2009, 564면.

되는 권리는 공권(특허기업이 갖는 공용부담특권, 공물사용권)인 것이 보통이나, 사권(어업면허에 의한 어업권이나 광업허가에 의한 광업권은 사법상의 물권이다)인 경우도 있다. 이와같이 특허는 어업권, 광업권 등 사법적 효과의 발생도 가능하다. 특허된 힘을 제3자가 침해하면 권리침해가 되며, 소송을 통해 권리구제를 받을 수 있고 손해배상을 청구할 수 있다. (효과의 이전성) : 대인적 특허의 효과는 일신전속적(예 : 귀화허가)인 것이어서 타인에게 이전될 수 없는데, 대물적인 특허의 효과는 특허의 전제가 되는 물건이나 권리와 함께 자유로이, 또는 일정한 제한(행정청에의 신고 또는 승인) 아래 이전될 수 있다.[1] (특허에 대한 감독) : 특허는 허가와는 달리 그가 지니는 공익사업으로서의 성격으로 인하여 국가의 적극적인 감독을 받는다. (효력요건) : 특허없이 행한 행위의 효력은 권리없는 자의 행위로서 무효이며, 양립할 수 없는 이중의 특허(이중특허)가 있는 경우에는 특별한 사유가 없는 한 후행의 특허는 무효가 된다.[2]

▶판례〉 특별한 경우가 아닌 한 같은 업무구역 안에 중복된 어업면허는 당연무효이다(대판 1978. 4. 25, 78누42).[3]

▶판례〉 광업법상 이미 광업권이 설정된 동일한 구역에 대하여 동일한 광물에 대한 광업권을 중복설정할 수 없고, 이종광물이라고 할지라도 광업권이 설정된 광물과 동일광상중에 부존하는 이종광물은 광업권설정에 있어서 동일광물로 보게 되므로 이러한 이종광물에 대하여는 기존광업권이 적법히 취소되거나 그 존속기간이 만료되지 않는 한 별도로 광업권을 설정할 수 없다(대판 1986. 2. 25, 85누712).[4]

### 1.2.2. 능력설정행위

[능력설정행위] 능력설정행위에는 권리능력 설정행위와 행위능력 설정행위가 있다. (권리능력설정행위) : 권리능력설정행위는 공법상 권리능력의 설정행위, 즉 공법인의 설립행위이

---

1) https://ko.wikipedia.org/wiki/(검색어 : 특허; 검색일 : 2015.6.23) <위키백과>
2) 양범수, 행정법총론(상), 형설, 2009, 565면.
3) 대판 1978. 4. 25, 78누42【어업면허무효확인】【판시사항】같은 업무구역안의 중복된 어업면허가 당연무효인지의 여부【판결요지】지구별 어업협동조합 및 지구별 어업협동조합 내에 설립된 어촌계의 어장을 엄격히 구획하여 종래 인접한 각 조합이나 어촌계 상호간의 어장한계에 관한 분쟁이나 경업을 규제함으로써 각 조합이나 어촌계로 하여금 각자의 소속 어장을 배타적으로 점유 관리하게 하였음에 비추어 특별한 경우가 아니면 같은 업무구역안에 중복된 어업면허는 당연무효이다.
4) 대판 1986. 2. 25, 85누712【광업권취소등처분취소】광업권이 설정된 광물의 함유량이 경제적 가치의 기준치에 훨씬 미달하여 채굴할 만한 경제적 가치가 없음이 매장량조사결과 밝혀졌다고 하여도 이러한 광업권설정의 하자는 객관적으로 명백하다고 볼 수 없어 위 광업권설정허가를 당연무효의 처분이라고 할 수는 없다.

다. (행위능력설정행위) : 행위능력설정행위는 국회의원의 선거기일과 투표시간의 告示(선거 행위능력부여)가 있다.

### 1.2.3. 포괄적 법률관계설정행위(법적 지위를 설정하는 행위)

[포괄적 법률관계설정행위(법적 지위를 설정하는 행위)] 포괄적 법률관계설정행위(법적 지위를 설정하는 행위)에는 공무원임명·귀화허가가 있다. 특허는 신청(출원)이 필수적이다.
▶판례〉 법무부장관은 법률에 정한 귀화요건을 갖춘 귀화신청인에게 귀화를 허가할 것인지 여부에 관하여 재량권을 가진다(대판 2010. 7. 15, 2009두19069).

### 2. 변경행위

변경행위는 기존의 법률상의 힘에 변경을 가하는 행위를 말한다. 설권행위와 박권행위의 결합이라는 성질을 가진다. 특허처분의 변경(예 : 급수구역확장 기타 수도사업변경의 허가 - 수도법 제13조), 공무원에 대한 징계종류의 변경, 공무원의 전보발령, 광업허가에 있어서 광구의 변경, 여객자동차운송사업면허구역의 변경 등이 있다. 奪

### 3. 권리박탈행위 - 박권(剝權)행위

권리박탈행위는 기존의 법률상의 힘을 소멸시키는 행위이다. 공기업특허의 취소, 어업면허등의 취소, 광업허가의 취소, 공무원의 파면 등이 있다.

## III. 인가(認可) - 타자(他者)를 위한 행위

타자(他者 : 다른 사람)를 위한 행정행위라 함은 국가·공공단체 등 행정주체가 직접 자기와는 관계없이 발생하는 타인들 사이의 법률관계에 있어서, 타인간(타인 당사자)에 발생하는 법률행위를 제3자의 입장에서 보충하는 (ㄱ) 인가(보충행위; 보충적 행정행위)와, (ㄴ) 대리로 나눈다.

### 1. 인가의 의의

[의의] 인가는 행정주체가 타법률관계의 당사자(제3자)의 법률적 행위를 동의·승인의 형식으로 보충하여(보충행위), 그 법률상의 효력을 완성시키는 행정주체의 행정행위이며 법률의 규정에 의한 기속재량행위이다(예 : 영리법인 설립인가, 특허기업의 운임·요금인가, 공공조합설립인가·지방채기채승인 등). 인가도 허가나 특허 처럼 학문상의 개념이다. 법령상으로는 인허(인가·허가), 승인 등의 용어가 사용되기도 한다.[1] 즉 어떤 당사자의 법률

행위가 행정주체의 인가를 받아야 하도록 법률에 특히 규정하고 있는 경우에, 그 법률행위에 동의하여 그 행위를 완전히 유효하게 만드는 행정주체의 동의행위이다. 행정법상 형성적 행정행위의 하나로서 타인을 위한 행정행위에 속한다. 예컨대, 사립학교 등 법인설립의 인가, 사업양도의 인가 등과 같다.

▶ 허가 → 사실로서의 행위가 적법하게 행하여지기 위한 「적법요건」
· 허가를 받아야 할 행위를 허가받지 않고 행할 때에는 그 행위는 「유효」
☞ 적법요건이므로 (강제집행 또는 처벌문제가 발생한다)

▶ 인가 → 법률적 행위가 효력을 발생하기 위한 「효력요건」
· 인가를 받아야 할 행위를 인가받지 않고 행할 때에는 그 행위는 「무효」
☞ 효력요건이므로 (강제집행 또는 처벌문제는 생기지 않는다).

[인가와 공공이익] 인가제도는 공공이익과 밀접한 관련이 있는 타인의 법률행위에 행정주체가 관여하여 그 행위의 효력발생을 행정주체의 의사에 종속시키는 제도로서, <u>강학상의 인가는 실정법상 허가·면허·승인 등으로 다양하게 표현되고 있다.</u>[1] 이와 같이 실정법상으로는 허가·승인·동의 등의 용어가 혼용되고 있으므로 성질상으로 판단하여 구별하여야 한다. 허가 없이 행한 행위는 처벌대상은 되지만 행위 자체는 무효가 되는 것이 아니다. 이에 대하여 <u>인가는 법률적 행위의 효력요건이기 때문에 무인가행위는 무효가 되지만, 처벌의 대상은 되지 아니하며, 허가처럼 행정상 강제집행이나 처벌의 대상이 되지는 않는 것이 통례이다.</u> 인가는 타인의 법률행위를 완성시키는 보충행위에 불과하므로, 타인의 법률행위가 불성립 또는 무효일 때에는 인가가 있어도 유효가 되지 않는다. 또한 취소할 수 있는 행위일 때에는 인가가 있어도 취소할 수 있다. 인가는 일반국민의 법률행위에 대하여 행하여질 때도 있고, 공공단체·특허기업자·보조회사 기타 국가의 특별한 감독하에 있는 자의 법률행위에 대하여 행하여질 때도 있다. 어느 경우이든 인가의 대상이 되는 행위는 법률행위에 한하고, 사실행위는 제외된다. 이 법률적 행위에는 공법적 행위도 있고 사법적 행위도 있다. <u>인가는 보충적 의사표시로서 인가되는 법률적 행위의 내용은 당사자의 신청에 의하여 결정되고, 행정청은 이를 동의하느냐의 여부만을 결정하므로 수정인가를 하려면 법률의 근거가 있어야만 가능하다.</u>

## 2. 인가의 법적 성질

[인가의 법적 성질] (형성적 행위) : 인가는 인가의 대상이 되는 기본행위의 효력을 완성시켜주는 형성적 행위이다.[2] (재량행위적 성질) : 인가의 성질에 관하여는 공익재량행위설(이

---

1) 김남진·김연태, 행정법(I), 241면; 양범수, 행정법총론(상), 형설, 2009, 567면.
1) https://ko.wikipedia.org/wiki/%EC%9D%B8%EA%B0%80(검색어 : 인가; 검색일 : 2015.6.23).
2) 양범수, 행정법총론(상), 형설, 2009, 568면.

명구)과 기속(재량)행위설(김남진)이 나뉘어 있다(재량행위설 및 기속행위설). 인가의 취소는 기속(재량)행위이다. 인가는 언제나 쌍방적 행정행위임을 요구하며, 행정청은 인가신청에 대하여 인가를 할 것인지의 여부에 관하여서만 결정할 수 있다. 따라서 (ㄱ) 신청이 없는데도 인가를 해주는 경우, (ㄴ) 출원의 내용과 다른 수정인가는 특별한 규정이 없는 한 무효이다(판례).[1] 민법상 재단법인의 정관변경에 대한 감독관청의 허가의 법적 성격은 인가이다.

▶ 대판 2002. 9. 24, 2000두5661 【정관변경허가취소처분취소】 【판시사항】 사회복지법인의 정관변경허가의 법적 성질(=재량행위) 및 부관의 허용 여부(적극) 【판결요지】 사회복지사업에 관한 기본적 사항을 규정하여 그 운영의 공정·적절을 기함으로써 사회복지의 증진에 이바지함을 목적으로 하는 구 사회복지사업법(1997. 8. 22. 법률 제5358호로 전문 개정되기 전의 것)의 입법 취지와 같은 법 제12조, 제25조 등의 규정에 사회복지법인의 설립이나 설립 후의 정관변경의 허가에 관한 <u>구체적인 기준이 정하여져 있지 아니한 점</u> 등에 비추어 보면, 사회복지법인의 정관변경을 허가할 것인지의 여부는 주무관청의 정책적 판단에 따른 재량에 맡겨져 있다고 할 것이고, 주무관청이 정관변경허가를 함에 있어서는 비례의 원칙 및 평등의 원칙에 적합하고 행정처분의 본질적 효력을 해하지 않는 한도 내에서 부관을 붙일 수 있다. ※ 구체적 기준이 없어서 행정청이 정책적으로 판단하는 경우는 재량행위이다.

▶ 판례〉 재단법인의 임원취임이 사법인인 재단법인의 정관에 근거한다 할지라도 이에 대한 행정청의 승인(인가)행위는 법인에 대한 주무관청의 감독권에 연유하는 이상 그 <u>인가행위 또는 인가거부행위는 공법상의 행정처분으로서, 그 임원취임을 인가 또는 거부할 것인지 여부는 주무관청의 권한에 속하는 사항</u>이라고 할 것이고, 재단법인의 임원취임승인 신청에 대하여 주무관청이 이에 기속되어 이를 당연히 승인(인가)하여야 하는 것은 아니다(대판 2000. 1. 28, 98두16996).[2] ※ 재단법인의 임원취임승인 신청에 대한 주무관청

---

1) 인가는 보충적 의사표시로서 인가되는 법률적 행위의 내용은 당사자의 신청에 의하여 결정되고, 행정청은 이를 동의하느냐의 여부만을 결정하므로 수정인가를 하려면 법률의 근거가 있어야만 가능하다.
2) 대판 2000. 1. 28, 98두16996 【법인임원취임승인신청거부처분취소】 【판시사항】 법원의 가처분 결정에 의하여 재단법인 이사직무대행자로 선임된 자의 법적 지위 및 권한 범위 【판결요지】 민사소송법 제714조 제2항의 임시의 지위를 정하는 가처분은 권리관계에 다툼이 있는 경우에 권리자가 당하는 위험을 제거하거나 방지하기 위한 잠정적이고 임시적인 조치로서 그 분쟁의 종국적인 판단을 받을 때까지 잠정적으로 법적 평화를 유지하기 위한 비상수단에 불과한 것으로, 가처분결정에 의하여 재단법인의 이사의 직무를 대행하는 자를 선임한 경우에 그 직무대행자는 단지 피대행자의 직무를 대행할 수 있는 임시의 지위에 놓여 있음에 불과하므로, 재단법인을 종전과 같이 그대로 유지하면서 관리하는 한도 내의 재단법인의 통상업무에 속하는 사무만을 행할 수 있다고 하여야 할 것이고, 그 가처분결정에 다른 정함이 있는 경우 외에는 재단법인의 근간인 이

의 인가행위는 재량행위에 해당한다.

▶판례〉 광업권의 행사를 보장하면서 광산개발에 따른 자연경관의 훼손, 상수원의 수질오염 등 공익침해를 방지하기 위한 목적에서 광물채굴에 앞서 채광계획인가를 받도록 한 제도의 취지와 공익을 실현하여야 하는 행정의 합목적성에 비추어 볼 때, 채광계획이 중대한 공익에 배치된다고 할 때에는 인가를 거부할 수 있다고 보아야 하고, 채광계획을 불인가하는 경우에는 정당한 사유가 제시되어야 하며 자의적으로 불인가를 하여서는 아니 될 것이므로 <u>채광계획인가는 기속재량행위에 속하는 것</u>으로 보아야 한다(대판 1993. 5. 27, 92누19477).[1]

▶판례〉 이사취임승인은 학교법인의 임원선임행위를 보충하여 법률상의 효력을 완성시키는 보충적 행정행위로서 기속행위에 속한다(대판 1992. 9. 22, 92누5461).[2]

▶판례〉 사립학교법 제17조 제4항, 동 시행령 제8조의 규정들을 종합해 보면 이사장이 궐위되거나 이사회소집을 기피하여 학교법인의 정상적인 운영을 도모하기 어렵게 되어 손해의 발생이 예상되는 등의 사정이 있을 때에는, 이사들로 하여금 이사 과반수의 찬동으로 감독청의 승인을 받아 이사회를 소집할 수 있게 함으로써 학교법인의 원만한 운영을 도모하고 아울러 감독청에게도 그 소집승인요건의 심사를 통하여 회의의 목적사항을 정한 이사회의 소집승인을 함으로써 학교법인의 정상적인 운영을 저해하는 불법적인 이사회의 난립을 방지하려는 데에 그 취지가 있다고 보여지므로, 감독청으로서는 위와 같은 요건을 갖춘 이사회소집승인신청이 있으면 이를 승인할 의무가 있다 할 것이고 다른 이유를 들어 이를 거부할 수는 없다고 할 것이며, 그 소집승인행위는 그 신청자에게 이사회의 소집권한을 부여하는 것이다(대판 1988. 4. 27, 87누1106).[3]

### 3. 인가의 대상

[인가의 대상] 인가는 효력요건(유효요건)이므로, 인가의 대상이 되는 것은 성질상「항상 법률적 행위(계약, 단독행위, 합동행위)에 한하고」사실행위(철거·통행·건축 → 허가의 대상이다)는 인가의 대상이 되지않는다(이 점이 허가와 다르다). 이 경우에 법률행위는

---

사회의 구성 자체를 변경하는 것과 같은 재단법인의 통상업무에 속하지 아니한 행위를 하는 것은 이러한 가처분의 본질에 반한다.
1) 대판 1993. 5. 27, 92누19477【채광계획인가신청불허가처분취소】【판시사항】채광계획이 자연경관을 훼손하고 수질을 오염시킬 우려가 있는 경우 불인가처분을 한 것이 재량권남용이 아니다.
2) 대판 1992. 9. 22, 92누5461【이사취임승인거부처분취소】【판시사항】학교법인이사취임승인처분이 기속행위인지 여부(<u>적극</u>) ▷ **적극(기속행위)**
3) 대판 1988. 4. 27, 87누1106【이사장취임승인신청서반려처분취소등】【판시사항】기속행위나 기속재량행위에 부관을 붙일 수 있는지 여부【판결요지】일반적으로 기속행위나 기속적 재량행위에는 부관을 붙일 수 없고 가사 부관을 붙였다 하더라도 이는 무효의 것이다.

공법상의 행위이거나 사법상의 행위이거나를 묻지 않는다. '법률적 행위' 중에는, (ㄱ) 일반 국민의 행위(예: 비영리법인의 설립인가 등)인 경우도 있고, (ㄴ) 공공단체·특허기업자 등 국가의 특별한 감독하에 있는 자의 행위인 경우도 있으며, (ㄷ) '공법행위'인 경우(예: 국회 의원징계·공물점용허가양도의 인가·지방자치단체조합의 설립인가·지방채 승인·토지구 획정리조합 설립인가·공공조합설립인가·공공조합의 정관변경 및 임원선출 등의 인가)도 있고, (ㄹ) '사법행위'인 경우(예: 비영리법인의 설립인가·투기대상지역에서의 토지거래허가·학교법인의 양도·특허기업의 사업양도인가·외국인의 토지취득인가)도 있다.

## 4. 인가의 형식

[인가의 형식] 인가는 「언제나 구체적인 처분의 형식」으로 행하여지고 일반적 처분의 형식으로 행해지는 일은 없다. 그리고 인가는 직접 법령에 의하여 행해지는 법규인가(法規認可)는 있을 수 없다. 인가는 특별한 규정이 없는 한 원칙적으로 일정한 사항을 기재한 문서로 해야 하는 요식행위이다(행정절차법 제24조).

## 5. 인가의 신청 – 출원

[인가의 신청] 인가는 항상 상대방의 신청을 요건으로 하므로(신청이 있는 경우에만 행하여지는 쌍방적 행정 행위, 협력을 요하는 행정 행위), 특정인에게 인가를 할 수 있고, 불특정다수인에게 행해지는 일반처분형식의 인가는 없다. 이 점 예외적이기는 하나 신청없이 행하여질 수 있는 허가와 다르다. 인가는 언제나 구체적인 처분의 형식으로 행해지며, 일정한 형식을 요구하는 경우가 많다.[1] 기본적 법률행위의 내용을 수정하는 「수정인가」는 법령에 특히 근거가 없는 한 인정되지 않는다.

## 6. 기본적 법률행위(기본행위)와 인가의 효력관계

### 6.1. 기본행위가 소멸되는 경우, 그에 대한(따른) 인가의 효력

기본행위가 소멸되는 경우, 그에 대한 인가의 효력은 당연히 소멸된다. 대법원은 '기술도입계약이 해지된 경우 그에 대한(따른) 인가의 효력'에 대하여, "외자도입법 제19조에 따른 기술도입계약에 대한 인가는 기본행위인 기술도입계약을 보충하여 그 법률상 효력을 완성시키는 보충적 행정행위에 지나지 아니하므로 기본행위인 기술도입계약이 해지로 인하여 소멸되었다면 위 인가처분은 무효선언이나 그 취소처분이 없어도 당연히 실효된다."고 하였다.[2]

---

1) 양범수, 행정법총론(상), 형설, 2009, 569면.
2) 대판 1983. 12. 27, 82누491【비누및지방산금속염제조기술도입인가취소처분취소】【판시사항】

## 6.2. 기본행위에 하자(瑕疵)가 있고, 인가처분에는 하자가 없는 경우

[기본적 법률행위(기본행위)와 인가와의 효력관계] 기본행위가 불성립 또는 무효로 된 경우에는 인가를 받더라도 유효하게 될 수 없으며 인가도 무효로 된다.[1] 인가의 대상인 기본행위에 취소원인이 있을 때에는 인가 후에도 이를 취소할 수 있고, 기본행위가 취소·소멸되면 인가는 실효(소멸)된다.[2] 그러나 기본행위가 취소되지 않는 한 인가의 효력에는 영향이 없다.[3] 인가의 대상이 되는 제3자의 법률적 행위(기본행위)가 불성립 또는 무효이면 인가가 있더라도 유효가 아니다(통설·판례). 인가의 대상인 기본행위에 취소원인인 하자가 있으면 인가가 있는 후에도 그 기본행위를 취소할 수 있다(통설·판례). 유효하게 성립된 인가라 할지라도 후에 기본행위가 취소 또는 실효되면 그에 대한 인가도 실효된다(통설·판례). 인가처분에는 하자가 없고 기본행위에 하자가 있는 경우, 기본행위의 하자를 이유로 행정청의 인가처분의 취소를 구할 법률상의 이익이 없다.[4]

▶ 대판 1996. 5. 16, 95누4810【법인정관변경허가처분무효확인】인가는 기본행위인 재단법인의 정관변경에 대한 법률상의 효력을 완성시키는 보충행위로서, 그 <u>기본이 되는</u>

---

소각하 판결에 대해 불복항소한 경우 청구가 이유없다고 인정되는 때의 항소심의 처리방법【판결요지】소의 이익이 있는데도 불구하고 그 이익이 없다고 한 원심판단은 잘못이라 할 것이나, 확정된 사실에 의하면 그 청구가 이유 없는 경우라고 한다면, 원고만이 불복상소한 이 사건에 있어서 원심의 소각하 판결을 파기하여 청구를 기각함은 원고에게 불이익한 결과가 되므로 원심판결을 유지하여야 할 것이다.

1) 대판 1987. 8. 18, 89누152; 대판 1980. 5. 27, 79누196【공사권리의무양수도허가무효처분취소】피고가 한 하천공사 권리의무양수도에 관한 허가는 기본행위인 위의 양수도행위를 보충하여 그 법률상의 효력을 완성시키는 보충행위라고 할 것이니 그 기본행위인 위의 권리의무양수도계약이 무효일 때에는 그 보충행위인 위의 허가처분도 별도의 취소조치를 기다릴 필요없이 당연무효라고 할 것이다.

2) 대판 1983. 12. 27, 82누491【비누및지방산금속염제조기술도입인가취소처분취소】【판시사항】가. 기술도입계약이 해지된 경우 그에 대한 인가의 효력 나. 소각하 판결에 대해 불복항소한 경우 청구가 이유없다고 인정되는 때의 항소심의 처리방법【판결요지】가. 외자도입법 제19조에 따른 <u>기술도입계약에 대한 인가는 기본행위인 기술도입계약을 보충하여 그 법률상 효력을 완성시키는 보충적 행정행위에 지나지 아니하므로 기본행위인 기술도입계약이 해지로 인하여 소멸되었다면 위 인가처분은 무효선언이나 그 취소처분이 없어도 당연히 실효된다.</u> 나. 소의 이익이 있는데도 불구하고 그 이익이 없다고 한 원심판단은 잘못이라 할 것이나, 확정된 사실에 의하면 그 청구가 이유 없는 경우라고 한다면, 원고만이 불복상소한 이 사건에 있어서 원심의 소각하 판결을 파기하여 청구를 기각함은 원고에게 불이익한 결과가 되므로 원심판결을 유지하여야 할 것이다.

3) 양범수, 행정법총론(상), 형설, 2009, 571면.

4) https://ko.wikipedia.org/wiki/%EC%9D%B8%EA%B0%80(검색어 : 인가; 검색일 : 2015.6.23).

정관변경 결의에 하자가 있을 때에는 그에 대한 인가가 있었다 하여도 기본행위인 정관변경 결의가 유효한 것으로 될 수 없으므로 기본행위인 정관변경 결의가 적법 유효하고 보충행위인 인가처분 자체에만 하자가 있다면 그 인가처분의 무효나 취소를 주장할 수 있지만, 인가처분에 하자가 없다면 기본행위에 하자가 있다 하더라도 따로 그 기본행위의 하자를 다투는 것은 별론으로 하고 기본행위의 무효를 내세워 바로 그에 대한 행정청의 인가처분의 취소 또는 무효확인을 소구할 법률상의 이익이 없다.

### 6.3. 기본행위는 적법하지만, 인가에 하자가 있는 경우

기본행위는 유효하고 인가가 무효인 때에는 무인가행위로 된다. 기본행위는 적법한데 인가만 취소사유에 해당하면, 인가행위가 취소되기 전까지는 유효한 행위이며, 따라서 그 인가의 취소소송 또는 무효확인을 구할 법률상 이익이 있다. 기본행위가 적법·유효한 것이라도 사후에 실효(Erledigung)되면, 인가도 당연히 실효된다.[1] 예컨대 기술도입계약에 대한 인가는 기본행위인 기술도입계약을 보충하여 그 법률상 효력을 완성시키는 보충적 행정행위에 지나지 아니하므로 기본행위인 기술도입계약이 해지로 인하여 소멸되었다면 위 인가처분은 무효선언이나 그 취소처분이 없어도 당연히 실효된다.[2]

▶판례〉 기본행위인 이사선임결의가 적법·유효하고 보충행위인 승인처분 자체에만 하자가 있다면 그 승인처분의 무효확인이나 그 취소를 주장할 수 있지만, 이 사건 임원취임승인처분에 대한 무효확인이나 그 취소의 소처럼 기본행위인 임시이사들에 의한 이사선임결의의 내용 및 그 절차에 하자가 있다는 이유로 이사선임결의의 효력에 관하여 다툼이 있는 경우에는 민사쟁송으로서 그 기본행위에 해당하는 위 이사선임결의의 무효확인을 구하는 등의 방법으로 분쟁을 해결할 것이지 그 이사선임결의에 대한 보충적 행위로서 그 자체만으로는 아무런 효력이 없는 승인처분만의 무효확인이나 그 취소를 구하는 것은 특단의 사정이 없는 한 분쟁해결의 유효적절한 수단이라 할 수 없으므로, 임원취임승인처분의 무효확인이나 그 취소를 구할 법률상 이익이 없다(대판 2002. 5. 24, 2000두3641).[3]

---

1) 양범수, 행정법총론(상), 형설, 2009, 572면.
2) 대판 1983. 12. 27, 82누491 【비누및지방산금속염제조기술도입인가취소처분취소】
3) 대판 2002. 5. 24, 2000두3641 【임시이사선임처분등취소】 기본행위인 임시이사들에 의한 이사선임결의의 내용 및 그 절차에 하자가 있다는 이유로 이사선임결의의 효력에 관하여 다툼이 있는 경우, 그 보충행위인 임원취임승인처분의 무효확인이나 그 취소를 구할 법률상 이익이 있는지 여부(소극)

## 7. 인가의 효과

[인가의 효과] 인가는 당사자의 법률행위가 유효하게 성립한 것을 전제로 법률행위의 효력을 완성시키는 효력요건이며, 인가에 의하여 제3자의 법률적 행위의 효과가 완성된다. 당사자의 법률행위가 무효·취소로 되는 경우에는 인가로서 당사자의 법률행위가 유효로 되지 아니한다. 또한 <u>인가를 받지 아니한 행위(무인가행위)는 효력이 발생하지 아니하며(무효)</u>, 무인가행위는 처벌의 대상이 되지 아니한다. 무인가행위에 대하여 법령에서 벌칙을 규정하고 있는 경우에는 허가와 인가의 성질을 모두 갖는다는 견해가 있다.[1] 인가는 법률적 행위만을 대상으로 하기 때문에 그 효과는 당해 법률적 행위에 한하여 발생하고 타인에게 '이전'되지 않음이 원칙이다(이전성 없음). 인가의 대상이 되는 기본행위는 인가가 있기 전에는 효력이 발생하지 않은 상태에 있다가 인가가 있으면 본래 행해진 시점에 소급하여 유효하게 된다.

▶판례〉 공유수면매립법 제20조 제1항 및 같은법시행령 제29조 제1항 등 관계법령의 규정내용과 공유수면매립의 성질 등에 비추어 볼 때, 공유수면매립의 면허로 인한 권리의무의 양도·양수에 있어서의 면허관청의 인가는 효력요건으로서, 위 각 규정은 강행규정이라고 할 것인바, 위 면허의 공동명의자 사이의 면허로 인한 권리의무양도약정은 면허관청의 인가를 받지 않은 이상 법률상 아무런 효력도 발생할 수 없다(대판 1991. 6. 25, 90누5184).[2] ※ 면허관청의 인가를 받지 않은 공유수면매립면허의 권리의무양도약정은 무효이다.

---

1) https://ko.wikipedia.org/wiki/%EC%9D%B8%EA%B0%80(검색어 : 인가; 검색일 : 2015.6.23).
2) 대판 1991. 6. 25, 90누5184【공유수면매립면허등허가처분취소】【판시사항】가. 공유수면매립면허 공동명의자의 권리의무의 귀속(=합유) 및 합유물에 관한 소송이 보존행위가 아닌 한 필요적 공동소송인지 여부(적극) 다. 공유수면매립면허의 공동명의자 갑이 다른 공동명의자 을에게 면허로 인한 권리의무를 양도하기로 약정하였으나 이에 관한 인가를 받지 않은 상태에서 효력이 상실된 후, 위 면허의 효력을 공동명의로 소급하여 회복시키는 면허관청의 처분에 대하여 을 혼자서 제기한 그 취소나 무효확인을 청구하는 소의 적부(소극)【판결요지】가. 공유수면매립법에 따라서 수인이 공동명의로 공유수면매립면허를 받은 경우에, 그들이 법 또는 법에 의하여 발하는 명령의 규정에 의하여 가지는 권리의무는 그들의 합유에 속하는 것으로서, 합유물에 관한 소송은 보존행위가 아닌 한 원칙적으로 소송의 목적이 합유자 전원에 대하여 합일적으로 확정되어야 하는 <u>필요적 공동소송</u>이다. 다. 공유수면매립면허의 공동명의자 갑이 다른 공동명의자 을에게 면허로 인한 권리의무를 양도하기로 약정하였으나 이에 관한 인가를 받지 않은 상태에서 면허의 효력이 상실된 후 면허관청이 공유수면매립면허의 효력을 공동명의로 소급하여 회복시키는 처분을 하자 을 혼자서 위 처분의 취소나 무효확인을 청구하는 소송을 제기한 경우, 위 양도약정은 법률상 효력이 없어 위 면허는 갑, 을의 합유에 속하는 것이고 그에 관한 권리에 대한 위의 제소는 보존행위라고는 볼 수 없으므로 위 소는 <u>당사자적격에 흠결</u>이 있는 부적법한 것이다.

## 8. 대법원판례

[대법원 판례] (판례-1) : 민법 제45조와 제46조에서 말하는 재단법인의 정관변경 "허가"는 법률상의 표현이 허가로 되어 있기는 하나, 그 성질에 있어 법률행위의 효력을 보충해 주는 것이지 일반적 금지를 해제하는 것이 아니므로, 그 법적 성격은 인가라고 보아야 한다. 인가는 기본행위인 재단법인의 정관변경에 대한 법률상의 효력을 완성시키는 보충행위로서, 그 기본이 되는 정관변경 결의에 하자가 있을 때에는 그에 대한 인가가 있었다 하여도 기본행위인 정관변경 결의가 유효한 것으로 될 수 없으므로 기본행위인 정관변경 결의가 적법 유효하고 보충행위인 인가처분 자체에만 하자가 있다면 그 인가처분의 무효나 취소를 주장할 수 있지만, 인가처분에 하자가 없다면 기본행위에 하자가 있다 하더라도 따로 그 기본행위의 하자를 다투는 것은 별론으로 하고 기본행위의 무효를 내세워 바로 그에 대한 행정청의 인가처분의 취소 또는 무효확인을 소구할 법률상의 이익이 없다.[1] (판례-2) : (학교법인의 임원에 대한 감독청의 취임승인처분) 행정청의 사립학교법인 임원취임승인행위는 학교법인의 임원선임행위의 법률상 효력을 완성하게 하는 보충적 법률행위로서 강학상 인가이다.[2] (판례-3) : 기본행위인 관리처분계획이 적법유효하고 보충행위인 인가처분 자체에

---

[1] 대판 1996. 5. 16, 95누4810 【법인정관변경허가처분무효확인】

[2] 대판 2007. 12. 27, 2005두9651 【임원취임승인취소처분등취소】 [2] 사립학교 설립 당시 학교법인 내지 설립자가 체결한 공사계약의 시설·설비 공사비를 교비회계에서 지출할 수 있는지 여부(소극) : 사립학교법 시행령 제13조 제2항 제2호는 '학교교육에 직접 필요한 시설·설비를 위한 경비'를 교비회계의 세출항목으로 규정하고 있는바, 사립학교법 제29조 및 그 시행령 제13조, 사학기관재무·회계규칙 제25조, 제36조 등 관련 법령의 규정을 종합하면 학교법인의 회계는 학교회계와 법인회계로 구분되고 학교회계 중 특히 교비회계에 속하는 수입은 학교가 학생으로부터 징수하는 입학금·수업료 등으로 이루어지는 결과 다른 회계에 전출하거나 대여할 수 없는 등 그 용도를 엄격히 제한하고 있고, 학교회계의 예산은 학교의 장이 당해 학교의 예산·결산자문위원회의 자문을 거쳐 편성한 다음 학교법인 이사회의 심의·의결을 받아 집행하도록 하고 있으며, 학교회계와 관련하여 체결하는 계약은 학교의 장이 그 계약담당자가 되고 그 계약에 따른 지출을 하도록 하고 있으므로, 학교교육에 필요한 시설·설비라도 사립학교 설립 당시 학교법인 내지 설립자가 공사계약을 체결한 시설·설비의 공사비는 그 시설·설비가 학교설립인가조건에 포함되어 있는 시설·설비인지 여부와 상관없이 학교법인의 법인회계에서 지출하거나 설립자가 부담하여야지 사립학교법 시행령 제13조 제2항 제2호를 들어 교비회계에서 지출할 수는 없다. [3] 행정처분의 직접 상대방이 아닌 제3자가 행정처분의 취소나 무효확인을 구할 수 있는 요건인 '법률상 보호되는 이익'의 의미 : 행정처분의 직접 상대방이 아닌 제3자라 하더라도 당해 행정처분으로 인하여 법률상 보호되는 이익을 침해당한 경우에는 그 처분의 취소나 무효확인을 구하는 행정소송을 제기하여 그 당부의 판단을 받을 자격이 있으며, 여기에서 말하는 법률상 보호되는 이익이란 당해 처분의 근거 법규 및 관련 법규에 의하여 보호되는 개별적·직접적·구체적 이익이 있는 경우를 말하고, 공익보호의 결과로 국민 일반이 공통적으로 가지는 일반적·간접적·추상적 이익이

만 하자가 있다면 그 인가처분의 무효나 취소를 주장할 수 있지만, 인가처분에 하자가 없다면 기본행위에 하자가 있다 하더라도 따로 그 기본행위의 하자를 다투는 것은 별론으로 하고 기본행위의 무효를 내세워 바로 그에 대한 행정청의 인가처분의 취소 또는 무효확인을 소구할 법률상의 이익이 있다고 할 수 없다.1) (**판례-4**) : 구국토이용관리법 제21조의3 제1항 소정의 허가가 규제지역 내의 모든 국민에게 전반적으로 토지거래의 자유를 금지하고 일정한 요건을 갖춘 경우에만 금지를 해제하여 계약체결의 자유를 회복시켜 주는 성질의 것이라고 보는 것은 위 법의 입법취지를 넘어선 지나친 해석이라고 할 것이고, 규제지역 내에서도 토지거래의 자유가 인정되나 다만 <u>위 허가를 허가 전의 유동적 무효 상태에 있는 법률행위의 효력을 완성시켜 주는 인가적 성질을 띤 것이라고 보는 것이</u> 타당하다. (**판례-5**) : 도시재개발법 제41조에 의한 행정청의 인가는 주택개량재개발조합의 관리처분계획에 대한 법률상의 효력을 완성시키는 보충행위로서 그 기본이 되는 관리처분계획에 하자가 있을 때에는 그에 대한 인가가 있었다 하여도 기본행위인 관리처분계획이 유효한 것으로 될 수 없다.2) (**판례-6**) : 사립학교법 제20조 제2항에 의한 학교법인의 임원에 대한 감독청의 취임승인은 학교법인의 임원선임행위를 보충하여 <u>그 법률상의 효력을 완성하게 하는 보충적 행정행위</u>로서 성질상 기본행위를 떠나 승인처분 그 자체만으로는 법률상 아무런 효과도 발생할 수 없다.3)

---

생기는 경우에는 **법률상 보호되는 이익이 있다고 할 수 없다.** [4] 관할청의 임원취임승인행위의 법적 성격 및 학교법인의 임원취임승인신청 반려처분에 대하여, 임원으로 선임된 사람이 이를 다툴 수 있는 원고적격이 있는지 여부(적극) : 구 사립학교법(2005. 12. 29. 법률 제7802호로 개정되기 전의 것) 제20조 제1항, 제2항은 학교법인의 이사장·이사·감사 등의 임원은 이사회의 선임을 거쳐 관할청의 승인을 받아 취임하도록 규정하고 있는바, <u>관할청의 임원취임승인행위는 학교법인의 임원선임행위의 법률상 효력을 완성케 하는 보충적 법률행위이다. 따라서 관할청이 학교법인의 임원취임승인신청에 대하여 이를 반려하거나 거부하는 경우 학교법인에 의하여 임원으로 선임된 사람은 학교법인의 임원으로 취임할 수 없게 되는 불이익</u>을 입게 되는바, 이와 같은 불이익은 간접적이거나 사실상의 불이익이 아니라 직접적이고도 구체적인 법률상의 불이익이라 할 것이므로 학교법인에 의하여 임원으로 선임된 사람에게는 관할청의 임원취임승인신청 반려처분을 다툴 수 있는 원고적격이 있다.
1) 대판 1994. 10. 14, 93누22753【주택개량사업관리처분계획인가처분취소】
2) 대판 1994. 10. 14, 93누22753【주택개량사업관리처분계획인가처분취소】
3) 대판 2001. 5. 29, 99두7432【부당해고구제재심판정취소】 ; 대판 2005. 12. 23, 2005두4823【학교법인임원취·해임승인거부처분취소】

## IV. 대리(공법상의 대리행위) - 타자(他者)를 위한 행위

### 1. 의의

[의의] 공법상 대리행위라 함은 행정주체(행정청)가 타자의 행위를 대행하는 행위이며(예: 재산압류), 그 행위의 법률적 효과가 법률관계의 당사자에게 귀속하는 것을 말한다. 그 대리권은 법률의 규정에 의한 공권력의 발동이므로 「법정대리」에 해당한다. 대리는 행정주체가 보호감독자로서 행정주체의 공권력에 의거한 행위이며 법률의 규정에 의한 행위로서 기속재량행위이다. 또한 대리행위는 행정행위(Verwaltungsakt)로서의 공법상의 대리행위를 의미하므로 행정조직내부에 있어서의 대리(직무대리·직무대행·권한대행)는 이에 포함되지 아니한다.[1]

▶ 공법상 대리(公法上 代理) <u>타인이 행할 행위를 행정청이 대리하여 행한 경우에, 그 타인이 스스로 행한 것과 동일한 효과를 발생시키는 행위</u>를 말한다. 즉 행정주체가 국민을 대리하는 것이다. 대표적인 예로는 감독청에 의한 공법인의 정관 작성, 임원 임명, 행려병자(行旅病者)·사자(死者)의 유류품 처분, 체납처분절차에서 행하는 압류재산의 공매처분 등을 들 수 있다.

### 2. 종류(유형)

[종류] (감독상 대리): 행정주체가 공익적·감독적 견지에서 공공단체·특허기업자 등 국가의 특별감독하에 있는 자를 대신하여 행하는 행위(예: 감독청에 의한 공법인의 정관작성·공법인의 임원임명·한국은행총재임명·조폐공사 임원 임명·국가가 대신하여 행하는 회사의 정관작성)이다. (협의불성립시의 대리): 당사자간(예: 사업자와 소유자간)의 협의가 불성립된 경우에 국가가 조정적 견지에서 행한다(예: 토지수용위원회의 재결처분). (사무관리): 행정주체가 타인을 보호하기 위하여 행하는 보호관리행위(예: 행려병사자의 유품관리처분·수재나 화재시 유류품관리처분) 또는 행정주체가 자신의 행정목적 달성을 위하여 행하는 강제관리행위(예: 조세체납처분으로서의 공매처분과 같은 강제관리행위)등이 있다.

### 3. 효과

법정대리권에 기하여 행한 대리자의 행위는 원래 본인 자신이 스스로 행한 것과 동일한 법적 효과를 발생하게 된다.[2]

---

1) 양범수, 행정법총론(상), 형설, 2009, 573면 각주 32).
2) 양범수, 행정법총론(상), 형설, 2009, 573면.

『보충요약설명』

## 인가 · 허가 · 특허 · 명령

인가(Genehmigung) → 인가라 함은 다른 법률관계의 당사자의 법률적 행위를 보충(동의·승인)하여, 그 법률적 효력을 완전유효하게 완성시키는 행위이다(예:법인설립인가, 사업양도인가).[1]

허가(Erlaubnis) → 행정행위의 허가라 함은 법령에 의하여 일정한 행위가 일반적으로 금지되어 있을 경우, 특정한 경우에 이의 금지를 해제하여 적법하게 행할 수 있게 하는 행정행위를 말한다(예:건축허가·풍속에 관한 영업행위의 허가). 허가는 허가를 유보한 금지 즉 상대적 금지의 경우에만 가능하고 절대적 금지(예:미성년자흡연금지)에 대하여는 허용되지 아니한다.

| 상대적 금지 : | 예방적 금지(präventives Verbot) | → | 해제 : 제한적 허가(허가 : Dürfen) |
|---|---|---|---|
| | 억제적 금지(repressives Verbot) | → | 해제 : 예외적 동의(특허 : Können) |

특허(Verleihung) → 특정인에 대하여 새로운 권리·능력·또는 포괄적 법률관계를 수립하는 행정행위(設權行爲 → 넓은 의미의 특허)이다. 특허에는 권리설정행위(좁은 의미의 특허)와

---

[1] 대판 1975. 7. 22, 75누12 【행정처분취소】 시외버스 공동정류장에서 불과 70미터 밖에 떨어져 있지 않은 인접 길목에 따라 소외 신흥여객주식회사에게 이건 직행버스 정류장의 설치를 인가하여 원고회사를 비롯한 업자들은 영업상 막대한 손실을 입게된 것은 「사실상의 이익」을 침해당하는 것만이 아니고, 「법에 의하여 마땅히 보호 되어야 할 이익」도 침해받는 것이다. 【판시사항】 무권한의 지방자치단체가 해 준 직행버스정류장의 설치인가로 말미암아 자동차정류장을 설치한 기존업자의 이익이 침해된 경우에 그 <u>설치인가의 취소를 구할 이익의 유무</u> 【판결요지】 무권한의 지방자치단체가 해준 직행버스정류장의 설치인가로 말미암아 적법한 자동차 정류장을 설치한 기존업자의 이익이 침해된 경우에는 그 설치인가의 취소를 구할 법률상의 이익이 있다. 【이유】 원심이 부산시에 있어서의 자동차정류장의 설치에 관한 권한은 1971.4.13부터는 자동차정류장법 제4조제26조제28조동법시행령 제2조 1호 단서등의 규정에 의하여 <u>교통부장관만이 가지고 있는 것인데</u> 당사자 사이에 다툼이 없는 사실과 같이 그 후인 1971.12.30 피고시가 소외 신흥여객자동차 주식회사에 대하여 부산시 부산진구 범일동 83의41 대지 150평 위에 부산 영업소라는 명칭으로 그 직행버스 정류장의 설치를 인가한 이건 행정처분은 자동차정류장 법령의 규정에 위반한 무권한 행위로서 당연 무효의 것이라고 하였음은 정당하고 자동차정류장의 설치인가를 해준 것임을 자인하면서 그 인가의 근거가 되지 못하는 <u>자동차 운수사업법 동법 시행규칙의 관계규정을 들고 정당한 권한에 기한 것이라 함은 독단에 지나지 못한다.</u> 원판결에 자동차정류장법과 자동차 운수사업법을 그릇 해석하고 적용을 잘못한 위법 있다고 볼 수 없다.

능력설정행위, 포괄적 법률관계설정행위가 있다. 권리설정행위는 설권행위의 기본적 유형인데, 실정법상으로는 면허·허가 등으로 불리우기도 한다[1] ※ **특허법상의 특허(발명특허)는 여기서 말하는 학문상의 특허가 아니고 준법률행위적 행정행위의 하나인 확인행위(Feststellung)이다.**

| 구분 | 인가 | 허가 | 특허 |
|---|---|---|---|
| 특징 | 보충행위 | 명령적 행위(통설, 판례) | 형성적 행위 |
| 효과 | 효력요건 | 자유의 회복(부작위 의무의 해제) → 적법요건 | 능력·자격·권리·법률관계의 설정 (設權行爲 = ㉠ 권리설정행위, ㉡ 능력설정행위, ㉢ 포괄적 법률관계 설정행위) |

▶ 판례〉 하천의 점용허가권은 특허에 의한 공물사용권의 일종이다(대판 1990. 2. 13, 89다카23022).[2]

▶ 판례〉 허가는 허가에 의하여 금지되어 있던 자유가 회복되는 것이므로, 새로운 권리설정행위나 능력의 부여가 아니고 부작위의무의 해제이다[3]

※ 허가를 요하는 행위를 행위를 허가없이 행하였을 때는 처벌되나 그 행위 자체는 사실로서의 행위가 적법하게 행해지기 위한 적법요건이기 때문에 유효하며, 인가를 받지않고 한 행위(무인가행위)는 처벌은 받지 않으나 인가는 법률행위의 효력요건이기 때문에 행위는 당연히 무효이다.

**명령(하명 : Befehl) → 작위(Tat)·부작위(Unterlassung)·급부(Leistung)·수인(Dulden)** 을 명하는 행정행위를 말한다. 행정행위의 명령(하명)에는 법규에 의한 직접명령(하명)인 법규명령(법규하명)과 행정행위에 의한 하명인 명령처분(하명처분)이 있는바, 일반적으로 명령(하명)이라 함은 後者의 명령(하명)처분을 의미한다. 명령(하명)의 受命者는 명령(하명)의 내용에 따른 공법상의 의무를 지며, 그 의무불이행에 대하여는 행정상 강제집행에 의하여 의무의 이행을 강제하고 의무위반에 대하여는 벌칙을 적용하여 처벌한다.

▶ 부작위(Unterlassung)를 명하는 행정행위를 특히 금지(Verbot)라고 하며, 금지에는 상대

---

1) 예 : 광업법 제17조 → 허가; 공유수면매립법 제4조 → 인가·면허.
2) 대판 1990. 2. 13, 89다카 23022 【소유권확인】【판시사항】가. 하천점용허가권의 성질 나. 법원의 검증당시 시행한 페인트칠과 번호표기를 수목의 소유권을 공시하는 명인방법으로 볼 수 없다고 한 사례【판결요지】가. 하천의 점용허가권은 특허에 의한 공물사용권의 일종으로서 하천의 관리주체에 대하여 일정한 특별사용을 청구할 수 있는 채권에 지나지 아니하고 대세적 효력이 있는 물권이라 할 수 없다. 나. 명인방법은 지상물이 독립된 물건이며 현재의 소유자가 누구라는 것이 명시되어야 하므로, 법원의 검증당시 재판장의 수령 10년 이상된 수목을 흰 페인트칠로 표시하라는 명에 따라 측량감정인이 이 사건 포푸라의 표피에 흰 페인트칠을 하고 편의상 그 위에 일련번호를 붙인 경우에는 제3자에 대하여 이 사건 포푸라에 관한 소유권이 원고들에게 있음을 공시한 명인방법으로 볼 수 없다.
3) 대판 1955. 8. 12; 대판 1963. 8. 22; 이에 대한 반대설은 홍정선, 행정법원론(상), 단락번호 884.

적 금지(허가를 유보한 금지)와 절대적 금지(어떠한 경우에도 이를 해제하지 못하는 금지)가 있다.1)

▶ 절대적 금지: 대판 1990. 7. 10, 90누2055 【토석채취허가신청서반려처분무효확인등】
하천구역 내에서의 토석 및 사력의 채취는 토지의 형질변경에 해당되고 개발제한구역 내에서 다량의 토석 및 사력의 채취가 수반되거나 개발제한구역의 지정목적에 지장이 있다고 인정되는 형질변경은 처음부터 허가의 대상이 되지 아니하는 금지된 행위에 해당한다[舊도시계획법(현행 국토의계획및이용에관한법률) 제21조 참조].

## 제 2 항   준법률행위적(準法律行爲的) 행정행위
- 확인 · 공증 · 통지 · 수리 -

## I. 의의

행정행위는 행정주체가 법아래서 구체적 사실에 관한 법집행으로써 행하는 권력적 단독행위인 공법행위이다(최협의설에 입각). 행정행위는 「그 요소인 정신작용의 내용」, 「법률효과의 발생원인」에 따라 법률행위적 행정행위와 준법률행위적 행정행위로 나누인다. 준법률행위적 행정행위(준행정행위)란 「효과의사 이외의 정신작용」(예: 판단의 표시 · 인식의 표시 · 관념의 표시 · 효과의사 이외의 의사)을 표시하고(심리표시), 그 법률적 효과는 행위자의 효과의사에 의거하지 않고 직접 「법률의 규정」에 의거하여 발생하는 행정행위를 말한다. 법률행위적 행정행위에 대응하는 개념이다. 이와 같이 준법률행위적 행정행위는 행정청의 의사표시 이외의 정신작용(판단 · 인식) 등을 구성요소로 하고 행위자의 의사와는 무관하게 법규가 정한 바에 따라 법적 효과가 발생하는 행위를 말한다. 따라서 기속행위임

---

1) 작위와 부작위의 구별 : ▶ 작위 → 사람의 행위중 적극적 거동(행하는 것)을 말한다(예: 노무종사, 금품인도, 사람을 상해 하는 행위). ▶ 부작위 → 사람의 행위중 소극적 거동(하지 않는 것)을 말한다(예: 건물을 세우지 않는 것, 경쟁 을 하지 않는것. 예컨대, 형법상 부작위범은 일정한 동작을 하지않음(부작위)에 의하여 범죄구성요건의 내용을 실현하는 범죄를 말한다. 형법상(법률상) 부작위라 함은 아무것도 하지않는 것이 아니라 법적으로 요구 · 기대된 행위를 하지 않는 것을 말한다. 「종류」: ▶ 진정부작위범(순정부작위범): 처음부터 부작위의 형식으로 구성요건이 규정되어 있는 범죄(다중불해산죄(형법 제116조), 퇴거불응죄(형법 제319조 제2항). ▶ 부진정부작위범(불순정부작위범 또는 부작위에 의한 작위범): 작위의 형식으로 규정되어 있는 범죄구성요건을 부작위에 의하여 실현하는 범죄(어머니가 어린아이에게 젖을 먹이지 않음으로써 아사(餓死: 굶어 죽음)하게 하는 행위)

이 원칙이고 부관을 붙일 수 없다. 확인, 공증, 통지, 수리행위에 해당한다.[1]

▶ 관념의 표시 : 어떤 사실이 있다는 것을 알리는 것(특허출원의 공고)
▶ 효과의사 이외의 의사 : 앞으로 어떤 행위를 하겠다(대집행의 계고·납세의 독촉)

## II. 법률행위적 행정행위와 준법률행위적 행정행위의 비교

| 구 분 | 법률행위적 행정행위 | 준법률행위적 행정행위 |
|---|---|---|
| 구성요소 | • 효과의사를 구성요소로 함 | • 효과의사 이외의 정신작용(판단, 인식, 관념 등)이 요소 |
| 법률효과의 발생근거 | • 효과의사의 내용에 따라 발생 | • 법률이 규정하는 바에 따라 발생 |
| 재량성 유무 | • 재량이 인정 | • 재량이 부인(법률이 규정하는 바에 따라 발생하므로) |
| 법률효과의 내용 | • 동일한 행위에는 항상 동일한 효과가 발생 | • 동일한 행위라도 법률이 규정하는 바에 따라 다른 효과가 발생할 수도 있다. |
| 附款의 가부 | • 붙일 수 있다 | • 붙일 수 없다 |

<김세웅, 최신행정법, 박문각, 1994, 310면 참조>

## III. 확인(Feststellung)

### 1. 의의

확인은 특정한 법률사실 또는 법률관계에 관하여 「의문이 있는 경우」에 公的으로 存否·正否를 판단하는 행정행위로서 판단의 표시에 의해 기존의 사실 또는 법률관계를 유권적으로 확정하는 행위(당선자결정·합격자결정)를 말한다. 실정법상으로 확인 이외에 특허(발명특허)·결정(당선인의 결정; 장애등급 결정; 국가유공자등록 결정; 국가시험합격자 결정; 민주화운동관련자 결정; 도로구역 또는 하천구역의 결정)·재결(행정심판의 재결; 이의신청 재결)·인정·검정(교과서의 검정)[2] 등의 용어가 사용된다. 확인행위는 기존의 사실(예

---

1) 양범수, 행정법총론(상), 형설, 2009, 575면.
2) 교과서의 검정은 통설은 확인으로 보지만, 헌법재판소는 특허로 본다. 헌재결 1992. 11. 12, 89헌마88 【교육법 제157조에 관한 헌법소원】 교과서에 관련된 국정 또는 검·인정제도의 법적성질은

: 특허법상의 발명특허1)) 또는 법률관계(예 : 무효등확인재결)의 존재여부를 판단하는 것일 뿐 새로운 법률관계를 창설하는 것은 아니다.2)

▶ 대판 2008. 11. 27, 2008두13491【친일재산국가귀속처분취소】 친일반민족행위자 재산의 국가귀속에 관한 특별법 제3조 제1항 본문, 제9조 규정들의 취지와 내용에 비추어 보면, 같은 법 제2조 제2호에 정한 친일재산은 친일반민족행위자재산조사위원회가 국가귀속결정을 하여야 비로소 국가의 소유로 되는 것이 아니라 특별법의 시행에 따라 그 취득·증여 등 원인행위시에 소급하여 당연히 국가의 소유로 되고, 위 위원회의 국가귀속결정은 당해 재산이 친일재산에 해당한다는 사실을 확인하는 이른바 <u>준법률행위적 행정행위</u>의 성격을 가진다.

## 2. 성질

### 2.1. 법선언적 행위·광의의 사법행위

확인은 기존의 사실 또는 법률관계의 존부(存否)·정부(正否)를 '의문의 여지가 없도록' 유권적으로 확정·선언하는 것일 뿐, 새로운 법률관계를 창설하는 것은 아닌 까닭에 「준사법적 행위」3)·「법선언적 행위」4)·「광의의 사법행위」의 일종이며 요식행위를 원칙으로 한다.

### 2.2. 기속행위·기속재량행위

확인은 직접 법률의 규정에 의한 판단의 표시행위이며, 판단된 이상 확인하지 않을 수 없으므로, 성질상 확인은 기속행위이며, 최소한 「기속재량행위」이다. 다만, 교과서 검인정처럼 판단여지가 인정되는 경우도 있다.5)

▶판례〉 준공검사처분은 건축허가를 받아 건축한 건물이 건축허가사항대로 건축행정목적에 적합한가의 여부를 확인하고, 준공검사필증을 교부하여 줌으로써 허가받은 자로 하여금 건축한 건물을 사용, 수익할 수 있게 하는 법률효과를 발생시키는 것이다. …

---

인간의 자연적 자유의 제한에 대한 해제인 허가의 성질을 갖는다기 보다는 어떠한 책자에 대하여 교과서라는 특수한 지위를 부여하거나 인정하는 제도이기 때문에 <u>가치창설적인 형성적 행위로서 특허의 성질을 갖는 것</u>으로 보아야 할 것이며, 그렇게 본다면 국가가 그에 대한 재량권을 갖는 것은 당연하다고 할 것이다.
1) 특허법상의 발명특허는 준법률행위적 행정행위로서의 확인행위이며, 법률행위적 행정행위인 형성적 행위로서의 특허가 아니다.
2) 홍정선, 행정법원론(상), 단락번호 985.
3) 김남진, 행정법(I), 법문사, 2005, 233면; 이상규, 신행정법론(상), 375면.
4) 박윤흔, 행정법강의(상), 375면; 석종현, 일반행정법(상), 278면.
5) 양범수, 행정법총론(상), 형설, 2009, 575면.

건축허가를 받게 되면 그 허가를 기초로 하여 일정한 사실관계와 법률관계를 형성하게 되므로 그 허가를 취소함에 있어서는 수허가자가 입게 될 불이익과 건축행정상의 공익 및 제3자의 이익과 허가조건 위반의 정도를 비교 교량하여 개인적 이익을 희생시켜도 부득이하다고 인정되는 경우가 아니면 함부로 그 허가를 취소할 수 없는 것이므로 건축주가 건축허가내용대로 완공하였으나 건축허가 자체에 하자가 있어서 위법한 건축물이라는 이유로 허가관청이 준공을 거부하려면 건축허가의 취소에 있어서와 같은 조리상의 제약이 따른다고 할 것이고, 만약 당해 건축허가를 취소할 수 없는 특별한 사정이 있는 경우라면 그 준공도 거부할 수 없다고 할 것이다(대판 1992. 4. 10, 91누5358).[1]

## 3. 종류

### 3.1. 행정분야별

조직법상 확인(예 : 당선인의 결정 · 국가시험합격자 결정), 급부행정법상 확인(예 : 도로구역의 결정 · 발명특허 · 교과서검인정[2]), 재정법상 확인(예 : 소득금액의 결정), 개발정서행정법상 확인(예 : 도시계획상의 지역 · 지구 · 구역지정), 군정법상 확인(예 : 신체검사), 행정쟁송법상 확인(예 : 이의신청 · 소원의 재결 · 무효등확인재결) 등이 있다.

- 조직법상 확인(예 : 당선인의 결정 · 국가시험합격자 결정)
- 급부행정법상 확인(예 : 도로구역의 결정 · 발명특허 · 교과서검인정)
- 재정법상 확인(예 : 소득금액의 결정)
- 개발정서행정법상 확인(예 : 도시계획상의 지역 · 지구 · 구역지정)
- 군정법상 확인(예 : 신체검사)

---

1) 대판 1992. 4. 10, 91누5358 【준공신청서반려처분취소】 허가관청이 당초 도시계획사업에 의거 택지를 수용해 주겠다고 하면서 주택의 건축을 지시하였다가 일방적으로 위 도시계획사업을 취소하였고, 그 후에도 공유자 3분의 2 이상의 사용 승낙을 받으면 준공검사를 해 주겠다고 약속한 바도 있을 뿐 아니라, 주택을 완공한 후 이미 10년 이상 사실상 거주해 왔으며 주택의 대지 353 제곱미터 중 약 5제곱미터만 소유권을 확보하지 못하고 있는 점 등 건축허가경위와 기존관계형성기관, 법규위반의 정도와 책임소재 등 제반 사정을 종합해 볼 때, 위 건축허가를 취소한다거나 건축허가에 하자가 있다는 이유로 준공검사를 거부한다면 그로 인하여 건축주가 입게 될 불이익이 건축행정상의 공익 및 대지 소유자의 불이익에 비해 월등 클 뿐만 아니라 신뢰의 원칙에도 위배되는 결과가 되므로 허용될 수 없다.
2) 헌재결 1992. 11. 12, 89헌마88 【교육법 제157조에 관한 헌법소원】 교과서에 관련된 국정 또는 검 · 인정제도의 법적성질은 인간의 자연적 자유의 제한에 대한 해제인 허가의 성질을 갖는다기보다는 어떠한 책자에 대하여 교과서라는 특수한 지위를 부여하거나 인정하는 제도이기 때문에 가치창설적인 형성적 행위로서 특허의 성질을 갖는 것으로 보아야 할 것이며, 그렇게 본다면 국가가 그에 대한 재량권을 갖는 것은 당연하다고 할 것이다.

— 행정쟁송법상 확인(예 : 이의신청 · 소원의 재결 · 무효등확인재결)

### 3.2. 쟁송절차를 거치느냐 여부에 따라

직권확인, 행정쟁송법상 확인(예 : 이의신청 · 訴願의 재결 · 행정심판의 재결)이 있다.
— 직권확인
— 행정쟁송법상 확인(예 : 이의신청 · 訴願의 재결 · 행정심판의 재결)

## 4. 형식

확인은 항상 「구체적인 처분」의 형식으로 행하여진다. 법령에 의한 일반적 확인은 없다. 일반적으로 「요식행위」이다(행정절차법 제24조(처분의 사전 통지) 제1항 : 행정청은 당사자에게 의무를 부과하거나 권익을 제한하는 처분을 하는 경우에는 미리 다음 각 호의 사항을 당사자등에게 통지하여야 한다).[1] 일정사항을 기재한 문서에 의함이 원칙이다(행정심판의 재결서).

## 5. 효과

### 5.1. 일반적 효과

확인의 '공통적 효과'는 특정한 법률사실 또는 법률관계의 존부(存否) · 정부(正否)를 공적으로 확인하는 것이며, 따라서 행정청에 의하여 유권적으로 확인된 것은 행정주체 스스로도 임의로 변경할 수 없는 「불가변력」을 발생한다.

### 5.2. 개별적 효과

확인은 개별적인 법률이 정하는 바에 따라 특수한 효과(형성적 효과)가 발생하는 경우가 많다(예 : 특허법상 발명특허에 특허권이라는 형성적 효과가 부여되는 것).[2] 그러나 이러한 형성적 효과는 법률의 규정에 의한 것이며, 행정청의 확인행위에 의하여, 예컨대 특허권이라는 형성적 효과가 발생하는 것은 아니다.[3]

---

[1] 홍정선, 행정법원론(상), 단락번호 988.
[2] 대판 1992. 4. 10, 91누5358 【준공신청서반려처분취소】 【판시사항】 준공검사처분의 법적 성질 【판결요지】 준공검사처분은 건축허가를 받아 건축한 건물이 건축허가사항대로 건축행정목적에 적합한가의 여부를 확인하고, 준공검사필증을 교부하여 줌으로써 허가받은 자로 하여금 건축한 건물을 사용, 수익할 수 있게 하는 법률효과를 발생시키는 것이다.
[3] 양범수, 행정법총론(상), 형설, 2009, 576면.

## IV. 공증(Beurkundung)

### 1. 의의

공증은 진위가 확정적인 특정한 사실 또는 법률관계의 존부(存否)를 공적으로 증명하는 행위이다(증명행위). 공증행위는 효과의사의 표시도 아니며, 확인(Feststellung)처럼 어떠한 사항에 대한 확정적인 판단의 표시도 아니다. 그것은 다만 어떠한 사실 또는 법률관계가 진실이라고 인식하여 그것을 공적 권위로서 형식적으로 증명하는 인식의 표시행위일 뿐이다. 어떠한 사실 또는 법률관계는 진실이 아닐 수도 있으며, 이와같이 진실이 아닌 경우에는 반증에 의해서 번복될 수도 있다.[1] 이와 같이 공증은 진실추정력(반증있으면 취소가능하다)만 있으며, 진실확정력(불가변력)은 없다. 공증은 '의문 또는 다툼이 없는 사항' 또는 '이미 확인된 사항'에 관하여 공적 권위로서 「형식적으로」 증명하는 행위이다.

〈확인과의 구별〉
- 확인은 특정한 법률사실이나 법률관계에 관한 의문 또는 분쟁을 전제로 하는 것이나, 공증은 의문 또는 분쟁이 없는 것을 전제로 한다.
- 확인은 「판단의 표시행위」이나, 공증은 「인식의 표시행위」이다.

### 2. 성질

특정한 사실 또는 법률관계의 존부를 증명하는 인식의 표시행위이다. 공증은 특정한 법률사실이나 법률관계가 존재하는 한 공증을 하지 않으면 안되는 기속행위[2] 내지 기속재량행위이다. 공증행위에 종기부(終期附)가 있는 것은 부관이 아니라 법정기한이다(다수설).[3] 공증은 요식행위임이 원칙이다.

### 3. 공증의 종류

[등기·등록] 각종 등기부·등록부 등에 등기·등록(예: 부동산 등기부에의 등기·외국인 등록부에의 등록·선거인 명부의 등록).

[등록] 등록의 개념을 사인의 공법행위 가운데 수리를 요하는 신고와 같은 것으로 보는 입장이 있다(홍정선). 하나의 법률에서 신고업과 등록업을 구별하여 규율하고 있는 경우, 신고업은 자족적 신고를 의미하고, 등록업은 수리를 요하는 신고를 의미한다는 것이

---

1) 홍정선, 행정법원론(상), 단락번호 990.
2) 홍정선, 행정법원론(상), 단락번호 991.
3) 공증, 특히 여권 등에 유효기간을 붙이는 것을 두고 준법률행위적 행정행위에도 부관을 붙일 수 있다고 한다(김남진).

다.[1] 그러나 위의 견해와 달리 등록을 일종의 공증으로 보는 견해가 있다. 등록이란 원래 일정한 법률사실 또는 법률관계를 행정청이 비치하는 공부에 등재함으로써 일정한 법적 효과가 발생하는 공증행위의 일종을 말한다거나(김향기), 영업개시의 규제수단으로서의 등록의 법적 성격은 일정한 사실 또는 법률관계의 인식의 표시인 공증행위라는 견해(박균성)가 바로 그것이다. 등록이 신고와 구별되는 점으로는, 영업의 등록제는 신고제와 같이 행정청에게 영업상황을 파악하게 하는 기능을 갖지만, 등록 신청된 사항이 공적 장부에 등재되어 일반 공중의 열람에 제공된다는 점이다. 즉, 등록과 신고는 공적 장부에의 등록여부에서 차이가 있다(박균성).

[일본행정법] 등록은 본래 일본행정법에서 유래한 것으로서, 일본행정법상 등록은 일종의 공증이며, 통상의 공증의 경우에는 공적 증거력만 발생할 뿐, 반증으로 번복이 가능하고, 공증에 의하여 권리가 발생되지 않는 반면, 공적 장부에 기재함으로써 영업이 가능한 경우를 특수한 공증으로서 등록으로 관념화한 것이다. 따라서 현재 개별 법률에서 규정되고 있는 공증이 수리를 요하는 신고와 같은 것인지는 별론으로 하더라도, 등록 그 자체는 본래의 개념상으로는 신고와는 무관하다. 등록의 경우에 법정의 등록요건을 갖춘 등록신청에 대하여 행정기관은 등록을 해 주어야 하는 기속행위이며, 행정기관에게는 등록을 수리할 것인가 거부할 것인가에 대하여 재량의 여지가 없다. 즉, 등록제는 재량 없는 허가제와 유사한 성격을 갖는다. 허가는 일반적 금지의 해제로서 허가받지 않은 행위는 위법이고 따라서 행정형벌에 처해지는 것이 보통이나, 등록은 등록하지 않고 하는 영업이 그 자체로 불법한 것이 아니며, 등록의무를 이행하지 않은 것에 대하여 과태료에 처해지는 것이 원칙이다. 이론상 영업규제에 있어서 공공의 안녕과 질서를 유지하기 위해 일정한 안전요건이 요구되는 경우에는 허가제로 하고, 안전요건이 크게 요구되지 않는 경우에는 규제완화차원에서 등록제로 하는 것이 타당할 것이다. 그러나 개별 법률에서 등록이라는 용어가 사용되었다고 하여 이를 항상 강학상 등록으로 볼 수는 없다. 실정법상 등록의 법적 성질에 대해서는 일률적으로 말할 수가 없고, 각 개별법에 따라 법령의 유기적 해석을 통하여 파악하여야 한다. 여행업등록, 정기간행물등록 등은 자체완결적 공법행위로서의 등록의 예로 들고 있고, 석유판매업등록이나 화물자동차운송사업등록 등과 같이 행위요건적 공법행위인 신청과 같이 수리를 요하는 것으로 볼 수 있는 경우도 있다.[2]

---

1) 그 예로 체육시설의설치이용에관한법률이 있다. 위 법률은 당구장업, 수영장업 등에 대해서는 신고체육시설업으로 규정하고 있고, 골프장업, 스키장업 등에 대해서는 등록체육시설업으로 규정하고 있다. 대법원 은 한 때 위 법률상 신고체육시설인 볼링장업의 수리거부에 처분성을 인정한 바 있으나(대판 1996. 2. 27, 94누 6062), 이 판결은 잘못된 것이라는 지적이 있었고, 그 이후 신고체육시설업의 수리거부에 처분성을 인정한 판례는 찾아보기 어렵다(정진, 생활속의 행정법 제32화, 동네 PC 방은 사라지는가? http://blog.naver.com/tigerhyojin/50030932641).

[등재] 각종 명부(名簿)·장부·원부에의 등재(예:선거인명부·토지대장·하천대장·가옥대장·임야대장·공부에의 등재 등)가 있다.

[기재] 회의록·의사록에의 기재 등이 있다.

[증명서발부] 당선증서(당선인의 결정 → 확인)·합격증서·졸업증서·등록증·공정증서 발부 등을 말한다.

[교부] 영수증교부·허가증·면허장 등의 교부가 있다.

[발급] 여권발급·인감증명 등의 발급이 있다.

[압날(押捺)] 검인·직인의 압날(押捺) 등이 있다.

## 4. 공증의 법적 효과

### 4.1. 일반적 효과

#### 4.1.1. 공적 증거력의 발생

공증의 효과는 직접적으로 공증된 법률사실 또는 법률관계에 대하여「공적 증거력」을 발생시키는데 있다. 다만, 그에 대한 반증이 있는 경우에는 행정청의 취소를 기다리지 않고 이를 번복할 수 있다(공적 증거력의 부인).1)

#### 4.1.2. 진실추정력

법령에 특별규정이 없는 한, 공증의 효과는 오직 그 증명된 바에 대한 반증이 있을 때까지는 일응 진실한 것으로 추정되는 효력(진실추정력)을 가지는데 그치며, 진실확정력(불가변력)은 없다. 반증이 있으면 공증행위는 번복될 수도 있다.2)

#### 4.1.3. 불가변력(진실확정력)의 부존재

불가변력(진실확정력)은 없다. 즉, 행정청 또는 법원은 공증을 취소할 수 있다(인식의 표시행위에 불과하므로). 바로 이러한 점에서 확인을 한 이후에는 확정적인 효과를 갖는 확인행위와 구별된다.

### 4.2. 개별적 효과

공증은 공적인 증거력을 발생시키는 외에 어떤 효과를 발생하는가는 각 법률이 정하는 바에 따라 다르다. 즉, 권리설정요건(예:광업원부에의 등록), 권리성립요건(예:부동산

---

2) http://blog.naver.com/tigerhyojin/50030932641; 정진, 생활 속의 행정법 제32화, 동네 PC 방은 사라지는가?
1) 양범수, 행정법총론(상), 형설, 2009, 577면.
2) 홍정선, 행정법원론(상), 단락번호 990.

등기부에의 등기), 권리행사요건(예 : 선거인 명부 등록) 등이 된다.

## 5. 공증의 처분성 문제 - 공부(公簿)에의 등재행위의 처분성
### 5.1. 개관

[공증의 처분성 문제] 각종 공부(公簿)에의 등재행위가 실체적 법률관계의 변동을 가져온다면, 행정행위로서의 성격을 갖는다고 보는 것이 일반적 견해이다. 그러나 판례는 원칙적으로 공증의 처분성을 부정한다. 왜냐 하면 각종 공부(公簿)에의 등재행위는 행정사무집행의 편의에 제공하거나, 단순히 사실증명의 자료로 삼기 위한 것일 뿐, 이들 행위 내지 문서 자체가 직접적·현실적으로 국민의 권리·의무에 변동을 주는 것이 아니라는 것을 이유로 하여 항고소송의 대상인 처분성을 인정하고 있지 않다.[1] 다만 국민의 권리관계에 영향을 미치는 경우(예 : 토지분할신청을 거부하는 경우)에는 처분성을 인정하는 경우도 있다(대판 1992. 12. 8, 92누7542).

▶ 판례〉 지적법 제17조 제1항, 같은법시행규칙 제20조 제1항 제1호의 규정에 의하여 1필지의 일부가 소유자가 다르게 되거나 토지소유자가 필요로 하는 때 토지의 분할을 신청할 수 있도록 되어 있음에도 지적공부 소관청이 이에 기한 **토지분할신청을 거부하는 경우**에, 분할거부로 인하여 토지소유자의 당해 토지의 소유권에는 아무런 변동을 초래하지 아니한다 하더라도, 부동산등기법 제15조, 지적법 제3조 내지 제6조 등의 관계규정에 의하여 토지의 개수는 같은 법에 의한 지적공부상의 토지의 필수를 표준으로 결정되는 것으로 1필지의 토지를 수필로 <u>분할하여 등기하려면 반드시 같은 법이 정하는 바에 따라 분할의 절차를 밟아 지적공부에 각 필지마다 등록되어야 하고, 이러한 절차를 거치지 아니하는 한 1개의 토지로서 등기의 목적이 될 수 없는 것이니 토지의 소유자는 자기소유 토지의 일부에 대한 소유권의 양도나 저당권의 설정 등 필요한 처분행위를 할 수 없게 되고</u>, 특히 1필지의 일부가 소유자가 다르게 된 때에도 그 소유권을 등기부에 표창하지 못하고 나아가 처분도 할 수 없게 되어 권리행사에 지장을 초래하게 되는 점 등을 고려한다면, 지적 소관청의 이러한 토지분할신청의 거부행위는 국민의 권리관계에 영향을 미치는 것으로서 **항고소송의 대상이 되는 처분**으로 보아야 할 것이다(대판 1992. 12. 8, 92누7542).[2]

### 5.2. 공증(公證)의 처분성을 인정한 판례

[대법원판례] 종래 대법원은 등재행위를 행정처분이 아니라고 보았으나, 지목변경신청 반려처분취소소송에서, 지목은 토지행정의 기초로서 공법상의 법률관계에 영향을 미치고,

---

1) 양범수, 행정법총론(상), 형설, 2009, 578면.
2) 대판 1992. 12. 8, 92누7542 【토지분할 거부 처분취소】

토지소유자는 지목을 토대로 토지의 사용·수익·처분에 일정한 제한을 받는다는 이유로 처분성을 인정한 바 있다.[1]

[헌법재판소판례] 헌법재판소는 지목변경신청거부사건과 관련하여 처분성을 인정하였다. "… 지적법 제38조 제2항에 의하면 토지소유자에게는 지적공부의 등록사항에 대한 정정신청의 권리가 부여되어 있고, 이에 대응하여 소관청은 소유자의 정정신청이 있으면 등록사항에 오류가 있는지를 조사한 다음 오류가 있을 경우에는 등록사항을 정정하여야 할 의무가 있는바, 피청구인의 반려행위는 지적관리업무를 담당하고 있는 행정청의 지위에서 청구인의 등록사항 정정신청을 확정적으로 거부하는 의사를 밝힌 것으로서 공권력의 행사인 거부처분이라 할 것이므로 헌법재판소법 제68조 제1항 소정의 "공권력의 행사"에 해당한다."[2]고 하였다.

### 5.3. 공증(公證)의 처분성을 부인한 판례

대법원은 등재나 등재변경행위는 행정사무집행의 편의와 사실증명의 자료로 삼기 위한 것일 뿐, 그 등재나 변경등재행위로 인하여 당해 건축물에 대한 실체상의 권리관계에 어떤 변동을 가져오는 것은 아니므로 행정처분이 아니라고 한다.

▶ 대판 1989. 12. 12, 89누5348【건축물관리대장일부정정신청거부처분취소등】"건축물대장에 일정한 사항을 등재하거나 등재된 사항을 변경하는 행위는 행정사무집행의 편의와 사실증명의 자료로 삼기 위한 것이고 그 등재나 변경등재행위로 인하여 당해 건축물에 대한 실체상의 권리관계에 어떤 변동을 가져오는 것은 아니므로 소관청이 그 등재사항에 대한 정정신청을 거부한 것을 가리켜 항고소송의 대상이 되는 행정처분이라고 할 수 없다."[3]

---

1) 대판 2004. 4. 22, 2003두9015; 공부(公簿)에의 등재행위의 처분성에 대한 판례는 홍정선, 행정법원론(상), 단락번호 2512a (6) 참조.
2) 헌재결 1999. 6. 24, 97헌마315【지목변경신청서반려처분취소】
3) 대판 1989. 12. 12, 89누5348【건축물관리대장일부정정신청거부처분취소등】【판시사항】건축물관리대장의 등재사항에 대한 정정신청을 거부한 행위가 항고소송의 대상이 되는 행정처분인지 여부(소극); 시장개설허가처분의 변경신청을 불허한 행위가 항고소송의 대상인 행정처분인지 여부 : 어떠한 신청에 대한 행정청의 거부행위가 항고소송의 대상인 행정처분이 되기 위하여는 신청인이 행정청에 대하여 그 신청에 따른 행정행위를 요구할 수 있는 법규상 또는 조리상의 권리가 있어야 하는 바, 시장점포의 소유자는 시장개설자가 한 시장개설허가 및 그 변동에 대하여 도·소매업 진흥법상 어떠한 신청을 할 수 있는 아무런 규정이 없을 뿐 아니라 시장개설허가처분의 내용이 사실과 다르다고 하여도 그것만으로 점포소유자에게 그 시장개설허가처분내용의 변경을 청구할 조리상의 권리가 있다고 할 수 없는 것이므로 시장점포소유자의 그같은 변경신청을 불허한 행위는 항고 소송의 대상인 행정처분에 해당하지 않는다.

▶대판 1993. 12. 14, 93누555【지적측량오류정정부작위위법확인】【판시사항】측량성과도 등재사항에 대한 정정신청 거부행위가 항고소송의 대상인 행정처분인지 여부 【판결요지】측량성과도는 지적법상 토지의 신규등록이나 등록전환, 분할 및 지적공부의 등록사항에 대한 정정신청을 하는 때에 그 신청서에 첨부하여야 하는 것으로서, <u>토지나 임야에 관한 사실상태의 파악을 목적으로 작성되는</u> 것에 불과하고 그 등재사항의 변경으로 인하여 당해 토지에 대한 실체상의 권리관계에 변동을 가져오는 것은 아니므로 소관청이 그 등재사항에 대한 정정신청을 거부한 것을 가리켜 항고소송의 대상이 되는 행정처분이라고 할 수 없다.

## V. 통지(通知: Mitteilung)

### 1. 의의

통지라 함은 특정인 또는 '불특정 다수인(일반인)'에 대하여 특정한 행위의 존재사실 혹은 특정한 사실을 알리는 행위로서 문서에 의함이 원칙이다. 행정행위로서의 통지행위는 직접법규에 의한 관념의 통지로서 '그 자체가 독립한 행위'이며,[1] 기속재량행위이다. 따라서 행정행

---

1) 사 건 05-11910 경북대학교총장의교수임용처분에대한시정요구이첩처분취소청구(국무총리행정심판위원회)
  청 구 인 : 김○○  대구광역시  ○○구  ○○동  ○○타운 225-1102
  피청구인 : 교육인적자원부장관
  사건개요 : 가. 청구인과 임○○ 등은 ○○대학교에서 실시하는 교수(인문대학 영어영문학과 영어의미론  분야 전임강사) 공개채용 모집에 응모하여 지원서류와 연구실적물을 제출하였다.
   나. ○○대학교총장은 2004.1.19. 임○○을 임용예정자로 결정하고, 2004.3.1. 임○○을 ○○대학교 전임교원으로 임용 발령하였다.
   다. 청구인은 2004.10.14. 임○○이 프로시딩(proceedings)을 국외전문학술지 게재논문으로 제출한 것은 허위연구실적물에 해당되므로 임○○의 교수임용을 취소하여 줄 것 등을 요구하는 진정서를 제출하자 ○○대학교총장은 2004.10.28. 청구인에게 청구인의 요구를 받아들일 수 없다는 취지로 회신하였다.
   라. 청구인은 2004.11.25. ○○대학교총장의 교수임용처분에 대한 시정 또는 변경명령을 내려줄 것을 요구하는 취지의 진정서를 피청구인에게 제출하자 피청구인은 2005. 12. 1. 청구인의 민원을 검토한 결과 ○○대학교총장의 민원 회신에 대하여 이의를 제기하는 것이므로 위 진정서를 ○○대학교총장에게 이첩하여 ○○대학교총장으로 하여금 청구인의 이의사항을 검토하여 회신하도록 하였다는 취지로 청구인에게 회신하였고, 이에 따라 ○○대학교총장은 2005. 2. 7. 청구인의 주장이 사실과 달라 청구인의 민원을 받아들일 수 없다는 취지로 청구인에게 회신하였다.
  【재결례요지】1)「행정심판법」제3조의 규정에 의하면, 행정청의 처분 또는 부작위에 대하여

위의 유효요건, 즉 공법행위의 일반으로서의 효력발생요건에 불과한 표시행위(예: 법령·조약의 공포, 재결의 고지, 요식행위인 문서의 교부·송달 등)와 구별하여야 한다.

## 2. 종류
### 2.1. 행위자의 효과의사 이외의 의사의 통지
행위자의 효과의사 이외의 의사(통지행위는 의사표시가 아니며, 어떠한 사실에 대한 관념이나 희망 또는 의견을 표명하는 것일 뿐이다)[1]를 통지하는 행위로서 '앞으로 어떤 행위를 하겠다'는 것을 알리는 것이다(예: 대집행의 계고·납세의 독촉 등의 행위).

### 2.2. 관념의 통지
행정청의 의사인 관념, 즉 단순한 '어떤 사실이 있다'는 것을 알리는 행위이다(예: 특허출원의 공고, 귀화(歸化)의 고시, 토지수용에 있어서 사업인정의 고시 등).

## 3. 상대방의 형식
통지는 '특정인'에 대하여 행하여질 때에는 직접 구술에 의하여 또는 통지서의 교부·송달의 방법에 의하여(통지행위는 요식행위임이 원칙이다; 행정절차법 제24조 제1항)[2] '불특정다수인(일반인)'에 대하여 행하여질 때에는 공고의 방법에 의하여 행하여지는 것이

---

행정심판을 제기할 수 있고, 동법 제2조제1항 제2호의 규정에 의하면, 부작위란 처분을 하지 아니하는 것을 말하므로, 결국 행정심판은 처분에 대한 것이라 할 것이며, 동법 제2조 제1항 제1호의 규정에 의하면, "처분"이라 함은 행정청이 행하는 구체적 사실에 관한 법집행으로서의 공권력의 행사 또는 그 거부와 그 밖의 이에 준하는 행정작용을 말한다고 되어 있어 행정청이 국민의 민원·진정 등을 접수하여 이를 처리하는 행위는 행정심판의 대상이 되는 처분에 해당 된다고 볼 수 없다. 2) 청구인은 경북대학교총장의 교수임용처분에 대하여 시정 또는 변경명령을 내려줄 것을 요구하는 취지의 진정서를 피청구인에게 제출하였는바, 청구인은 단순한 임용지원자로서 타인의 임용취소를 요구할 법규상 또는 조리상의 권리를 가진다고 보기 어렵고, 따라서 청구인이 경북대학교총장의 교수임용처분에 대한 시정 또는 변경명령을 요구한 것은 단순한 민원에 불과하며, 이에 따라 피청구인이 청구인의 민원을 경북대학교총장으로 하여금 처리하도록 이첩하였음을 청구인에게 통지한 이 건 민원회신은 일정한 사실을 알리는 통지행위에 불과하고 행정심판의 대상이 되는 처분에는 해당하지 아니하므로, 청구인의 이 건 경북대학교총장의교수임용처분에대한시정요구이첩청구는 행정심판제기요건을 결한 부적법한 청구이다. 그렇다면, 청구인의 청구는 심판제기요건을 결한 부적법한 청구라 할 것이므로 이를 각하하기로 하여 주문과 같이 의결한다.

1) 홍정선, 행정법원론(상), 단락번호 994.
2) 홍정선, 행정법원론(상), 단락번호 994.

원칙이다.

## 4. 효과

통지의 구체적 내용은 각 관계법령(개별법)의 규정에 따라 다르다. 대집행의 계고는 대집행에 대한 수인의무를, 조세체납자에 대한 독촉은 행정주체의 체납처분의 권리를 각각 발생하게 한다. 준법률행위적 행정행위에 해당하는 통지행위는 행정소송의 대상이 되는 행정처분이 된다.[1] 만약 통지행위에 아무런 법적 효과도 주어지지 않는다면 그러한 통지행위(예: 경기상황의 통보)는 여기서 말하는 준법률행위적 행정행위로서의 통지가 아니고 사실행위로서 사실의 통지·관념의 통지에 불과하여 처분성이 인정되지 아니한다.[2]

## 5. 통지의 처분성

### 5.1. 처분성을 긍정한 판례 – 준법률행위적 행정행위로서의 통지인 경우

대법원은 '대학교원의 임용권자가 임용기간이 만료된 조교수에 대하여 재임용을 거부하는 취지로 한 <u>임용기간만료의 통지</u>가 행정소송의 대상이 되는 처분에 해당하는지 여부에 대하여, "기간제로 임용되어 임용기간이 만료된 국·공립대학의 조교수는 교원으로서의

---

1) 홍정선, 행정법원론(상), 단락번호 994; 대판 2004. 4. 22, 2000두7735【교수재임용거부처분취소】【판시사항】대학교원의 임용권자가 임용기간이 만료된 조교수에 대하여 재임용을 거부하는 취지로 한 임용기간만료의 통지가 행정소송의 대상이 되는 처분에 해당하는지 여부(적극)【판결요지】기간제로 임용되어 임용기간이 만료된 국·공립대학의 조교수는 교원으로서의 능력과 자질에 관하여 합리적인 기준에 의한 공정한 심사를 받아 위 기준에 부합되면 특별한 사정이 없는 한 재임용되리라는 기대를 가지고 재임용 여부에 관하여 합리적인 기준에 의한 공정한 심사를 요구할 법규상 또는 조리상 신청권을 가진다고 할 것이니, 임용권자가 임용기간이 만료된 조교수에 대하여 재임용을 거부하는 취지로 한 임용기간만료의 통지는 위와 같은 대학교원의 법률관계에 영향을 주는 것으로서 행정소송의 대상이 되는 처분에 해당한다. ☞ 종전의 판례를 변경
2) 민원회신은 일정한 사실을 알리는 통지행위에 불과하며 행정처분이 아니라는 행정심판례도 있다(사건: 05-11910 경북대학교총장의교수임용처분에대한시정요구이첩처분취소청구(국무총리행정심판위원회): 청구인은 경북대학교총장의 교수임용처분에 대하여 시정 또는 변경명령을 내려줄 것을 요구하는 취지의 진정서를 피청구인에게 제출하였는바, 청구인은 단순한 임용지원자로서 타인의 임용취소를 요구할 법규상 또는 조리상의 권리를 가진다고 보기 어렵고, 따라서 청구인이 경북대학교총장의 교수임용처분에 대한 시정 또는 변경명령을 요구한 것은 단순한 민원에 불과하며, 이에 따라 피청구인이 청구인의 민원을 경북대학교총장으로 하여금 처리하도록 이첩하였음을 청구인에게 통지한 이 건 민원회신은 일정한 사실을 알리는 통지행위에 불과하고 행정심판의 대상이 되는 처분에는 해당하지 아니하므로, 청구인의 이 건 경북대학교총장의교수임용처분에대한시정요구이첩청구는 행정심판제기요건을 결한 부적법한 청구이다.

능력과 자질에 관하여 합리적인 기준에 의한 공정한 심사를 받아 위 기준에 부합되면 특별한 사정이 없는 한 재임용되리라는 기대를 가지고 재임용 여부에 관하여 합리적인 기준에 의한 공정한 심사를 요구할 법규상 또는 조리상 신청권을 가진다고 할 것이니, 임용권자가 임용기간이 만료된 조교수에 대하여 재임용을 거부하는 취지로 한 임용기간만료의 통지는 위와 같은 대학교원의 법률관계에 영향을 주는 것으로서 <u>행정소송의 대상이 되는 처분에 해당한다</u>."[1] 고 하였다.

　　▶판례〉 대집행의 계고는 다른 수단으로써 이행을 확보하기 곤란하고, 또한 그 불이행을 방치함이 심히 공익을 해하는 것으로 인정되는 경우에 행정청이 그의 우월적인 입장에서 의무자에게 대하여 상당한 이행기한을 정하고 그 기한내에 이행을 하지 않을 경우에는 대집행을 한다는 의사를 통지하는 <u>준법률적 행정행위</u>라 할 것이며, 대집행의 일련의 절차의 불가결의 일부분으로 정하여진 대집행 영장교부 및 대집행실행을 적법하게 하는 필요한 전제절차로서 그것이 실제적으로 명령에 의한 기존의 의무이상으로 새로운 의무를 부담시키는 것은 아니지만, 계고가 있으므로 인하여 대집행이 실행되어 상대방의 권리의무에 변동을 가져오는 것이라 할 것이므로, <u>상대방은 계고 절차의 단계에서 이의 취소를 소구할 법률상 이익이 있다</u>할 것이고 <u>계고는 행정소송법 소정처분에 포함된다고 보아 계고처분 자체에 위법이 있는 경우에 한하여 항고소송의 대상이 될 수 있다.</u>[2]

## 5.2. 처분성을 부인한 판례 – 단순한 사실행위로서의 통지(通知)인 경우

　　대법원은 '당연퇴직처분이 행정소송의 대상인 행정처분인지 여부'에 대하여 "국가공무원법 제69조에 의하면 공무원이 제33조 각 호의 1에 해당할 때에는 당연히 퇴직한다고 규정하고 있으므로, <u>국가공무원법상 당연퇴직은 결격사유가 있을 때 법률상 당연히 퇴직하는 것이지 공무원관계를 소멸시키기 위한 별도의 행정처분을 요하는 것이 아니며, 당연퇴직의 인사발령은 법률상 당연히 발생하는 퇴직사유를 공적으로 확인하여 알려주는 이른바 관념의 통지에 불과하고 공무원의 신분을 상실시키는 새로운 형성적 행위가 아니므로 행정소송의 대상이 되는 독립한 행정처분이라고 할 수 없다.</u>"[3]고 하였다.

　　▶판례〉 지방공무원법에 규정되어 있는 공무원 임용 결격사유는 공무원으로 임용되기 위한 절대적인 소극적 요건으로서 임용당시 공무원 임용 결격사유가 있었다면 비록 지방자치단체의 과실에 의하여 임용결격자임을 밝혀내지 못하였다 하더라도 그 임용행위는 당연무효이고, 따라서 피고가 1998.4.16. 그 신규임용 당시 지방공무원법 제31조 제4호의 공무임용결격자에 해당한다는 이유로 원고에 대하여 한 이 사건 통지는 피고가 원

---

1) 대판 2004. 4. 22, 2000두7735 【교수재임용거부처분취소】
2) 대판 1966. 10. 31, 66누25 【건물철거계고처분취소】
3) 대판 1995.11.14, 95누2036 【당연퇴직처분무효확인】

고에게 원래의 임용행위가 당초부터 당연무효이었음을 공적으로 확인하여 알려주는 사실의 통지에 불과할 뿐이므로, 그러한 의미에서 당초의 임용처분을 취소함에 있어서는 실권의 법리나 신뢰보호의 원칙이 적용될 수 없고, 나아가 원고의 공무원 신분을 상실시키는 새로운 형성적 행위가 아니므로 항고소송의 대상이 되는 독립한 행정처분이 될 수 없어 그 취소를 구하는 원고의 이 사건 소는 부적법하다(대판 2001. 4. 10, 2000두10472).
※ 공무원 임용결격자가 공무원으로 임용된 것을 사후에 발견하고 이를 통지한 행위가 행정처분인지 여부(소극)〉 ☞ 행정처분이 아니라 사실의 통지에 불과

▶판례〉 국가공무원법 제74조에 의하면 공무원이 소정의 정년에 달하면 그 사실에 대한 효과로서 공무담임권이 소멸되어 당연히 퇴직되고 따로 그에 대한 행정처분이 행하여져야 비로소 퇴직되는 것은 아니라 할 것이며 피고(영주지방철도청장)의 원고에 대한 정년퇴직 발령은 정년퇴직 사실을 알리는 이른바 관념의 통지에 불과하므로 행정소송의 대상이 되지 아니한다(대판 1983. 2. 8, 81누263).[1] ※정년퇴직발령은 단순한 관념의 통지에 불과하다.

## VI. 수리(Annahme)

### 1. 의의

수리는 타인의 행정청에 대한 행위를 '유효한 행위'로서 받아들이는 행위이다(예: 원서·신고서의 수리, 소장(訴狀)의 수리, 행정심판의 수리 등), 따라서 수리행위에는 타인의 행위가 '유효요건'을 구비하였느냐에 대한 심사가 선행되며, 법정요건(형식적 요건)을 갖춘 신고는 수리되어야 하므로 기속(재량)행위이다.

▶판례〉 건축주명의변경신고에 관한 건축법시행규칙 제3조의2의 규정은 단순히 행정관청의 사무집행의 편의를 위한 것에 지나지 않는 것이 아니라, 허가대상건축물의 양수인에게 건축주 명의변경을 신고할 수 있는 공법상의 권리를 인정함과 아울러 행정관청에게는 그 신고를 수리할 의무를 지게 한 것으로 봄이 상당하므로, 허가대상건축물의 양수인이 위 규칙에 규정되어 있는 형식적 요건을 갖추어 시장, 군수에게 적법하게 건축주 명의변경을 신고한 때에는 시장, 군수는 그 신고를 수리하여야지 실체적인 이유를 내세워 그 신고의 수리를 거부할 수는 없다(대판 1992. 3. 31, 91누4911).[2]

---

[1] 대판 1983. 2. 8, 81누263 【행정처분취소】 【판시사항】 정년퇴직 발령이 행정소송의 대상인지 여부(소극)
[2] 대판 1992. 3. 31, 91누4911 【건축주명의변경신고수리거부처분취소】 【판시사항】 【판결요지】
가. 행정소송법은 행정소송절차를 통하여 행정청의 위법한 처분 그 밖에 공권력의 행사, 불행사 등으로 인한 국민의 권리 또는 이익의 침해를 구제하는 것 등을 목적으로 하는 법으로서, 취소소송

## 2. 성질
### 2.1. 개관

수리는, (ㄱ)「수동적 행정행위」이고, (ㄴ)「인식의 표시행위」인 점에서, 단순한 사실인「도달」,[1] 또는 사실행위인「접수」와 다르다. (ㄷ) 신고서·소장(訴狀) 등의 '보정명령'은 명령적 행위인 '하명(Befehl)이 아니라' 소정기한까지 보정하지 아니하면 수리를 거부할 의사를 알리는 통지행위(Mittteilung)이다(다만, 정지조건부 수리행위설도 있다).[2] 수리가 필요한 신고에 있어서 신고가 법정요건에 미비된 경우에는 행정청은 보정명령을 하게 되며, 소정의 기한까지 보정되지 아니한 경우에는 수리를 거절할 수 있다. 상대방의 보정행위가 이루어지기 이전에는 원칙적으로 수리되었다고 볼 수 없다.[3]

▶ 행정절차법 제40조 제3항 행정청은 제2항 각 호의 요건을 갖추지 못한 신고서가 제출된 경우에는 지체 없이 상당한 기간을 정하여 신고인에게 보완을 요구하여야 한다.

▶ 행정절차법 제40조 제4항 행정청은 신고인이 제3항에 따른 기간 내에 보완을 하지 아니하였을 때에는 그 이유를 구체적으로 밝혀 해당 신고서를 되돌려 보내야 한다.

### 2.2. 자기완결적 신고(공법행위)의 경우 – 수리를 요하지 않는 신고

[자기완결적 신고] 자기완결적 신고(수리를 요하지 않는 신고; 통지가 행정청에 도달함으로써 효과가 발생하는 신고)의 경우, 신고서가 접수기관에 도달 한 때에 그 효력이 발생하기 때문에 행정청의 수리는 필요하지 않다. 이 경우의 신고의 수리 또는 신고의 접수는 행정행위로서의 수리가 아니라 사실행위로서의 수리를 의미한다.[4]

▶ 대판 1993. 7. 6. 자, 93마635【과태료처분에대한이의】【판시사항】체육시설의설치 이용에관한법률 제18조에 의한 행정청에 대한 신고에 행정청의 수리행위를 요하는지 여부【판결요지】행정청에 대한 신고는 일정한 법률사실 또는 법률관계에 관하여 관계 행정청에 일방적으로 통고를 하는 것을 뜻하는 것으로서 법에 별도의 규정이 있거나 다른 특별한 사정이 없는 한 행정청에 대한 통고로서 그치는 것이고 그에 대한 행정청의

---

은 처분 등을 대상으로 하는 것인바, 이 법에서 "처분 등"이라 함은 행정청이 행하는 구체적 사실에 관한 법집행으로서의 공권력의 행사 또는 그 거부와 그 밖에 이에 준하는 행정작용을 말하는 것이라고 정의되어 있으므로, 행정청이 구체적인 사실에 관한 법집행으로서 공권력을 행사할 의무가 있는데도 그 공권력의 행사를 거부함으로써 국민의 권리 또는 이익을 침해한 때에는 그 처분 등을 대상으로 취소소송을 제기할 수 있다.

1) 홍정선, 행정법원론(상), 단락번호 997.
2) 박윤흔, 행정법강의(상), 373면; 양범수, 행정법총론(상), 형설, 2009, 584면.
3) 홍정선, 행정법원론(상), 단락번호 1001.
4) 양범수, 행정법총론(상), 형설, 2009, 584면.

반사적 결정을 기다릴 필요가 없는 것이므로, 체육시설의설치·이용에관한법률 제18조에 의한 변경신고서는 그 신고 자체가 위법하거나 그 신고에 무효사유가 없는 한 이것이 도지사에게 제출하여 접수된 때에 신고가 있었다고 볼 것이고, 도지사의 수이행위가 있어야만 신고가 있었다고 볼 것은 아니다.

▶판례〉 소정의 시설을 갖추지 못한 체육시설업의 신고는 부적법한 것으로 그 수리가 거부될 수밖에 없고 그러한 상태에서 신고체육시설업의 영업행위를 계속하는 것은 무신고영업행위에 해당할 것이지만, 이에 반하여 적법한 요건을 갖춘 신고의 경우에는 행정청의 수리처분 등 별단의 조처를 기다릴 필요없이 그 접수시에 신고로서의 효력이 발생하는 것이므로 그 수리가 거부되었다고 하여 무신고영업이 되는 것은 아니다(대판 1998. 4. 24, 97도3121).

### 2.3. 행위요건적 신고(공법행위)의 경우 – 등록·수리를 요하는 신고

[행위요건적 신고] 행위요건적 신고는 행정청의 등록이나 수리가 있어야 법률효과를 발생한다. 수리를 요하는 신고(등록)에 있어서 수리는 행정행위(Verwaltungsakt)로서의 수리에 해당한다.[1] 따라서 행위요건적 신고에 있어서의 수리거부는 행정쟁송의 대상이 된다.

▶판례〉 주민등록은 단순히 주민의 거주관계를 파악하고 인구의 동태를 명확히 하는 것 외에도 주민등록에 따라 공법관계상의 여러 가지 법률상 효과가 나타나게 되는 것으로서, 주민등록의 신고는 행정청에 도달하기만 하면 신고로서의 효력이 발생하는 것이 아니라 행정청이 수리한 경우에 비로소 신고의 효력이 발생한다. 따라서 주민등록 신고서를 행정청에 제출하였다가 행정청이 이를 수리하기 전에 신고서의 내용을 수정하여 위와 같이 수정된 전입신고서가 수리되었다면 수정된 사항에 따라서 주민등록 신고가 이루어진 것으로 보는 것이 타당하다(대판 2009. 1. 30, 2006다17850). ※주민등록 신고는 수리를 요하는 신고로서 그 효력은 신고를 수리한 때에 발생한다.

▶판례〉 구 노인복지법에 의한 유료노인복지주택의 설치신고를 받은 행정관청은 유료노인복지주택의 시설 및 운영기준이 위 법령에 부합하는지와 아울러 그 유료노인복지주택이 적법한 입소대상자에게 분양되었는지와 설치신고 당시 부적격자들이 입소하고 있지는 않은지까지 심사하여 그 신고의 수리 여부를 결정할 수 있다(대판 2007. 1. 11, 2006두14537).

▶판례〉 식품위생법 제25조 제3항에 의한 영업양도에 따른 지위승계신고는 행위요건적 신고로서 이를 수리하는 행정청의 행위는 영업허가자의 변경이라는 법률효과를 발생시키는 행위이다(대판 1995. 2. 24, 94누9146).

---

[1] 양범수, 행정법총론(상), 형설, 2009, 584면.

## 3. 수리거절(각하 : Zurückweisung)

수리거절(각하)은 유효요건을 구비하지 못한 행위에 대하여 행하는 소극적인 법률행위적 행정행위이며, 그 자체는 독립적 행정행위이다. 따라서 행정청의 수리거절행위는 불수리(不受理)의사표시로서 이에 대하여는 행정쟁송이 가능하다.[1] 건축법 제14조 제2항에 의한 인·허가의제(擬制) 효과를 수반하는 건축신고는 행정청이 그 실체적 요건에 관한 심사를 한 후 수리하여야 하는 이른바 수리를 요하는 신고(행위요건적 신고)에 해당한다.

▶판례〉「국토의 계획 및 이용에 관한 법률」상의 개발행위허가로 의제되는 건축신고가 개발행위허가의 여건을 갖추지 못한 경우, 행정청이 수리를 거부할 수 있다(대판 2011. 1. 20, 2010두14954).

▶판례〉건축물 영수인의 건축대장상의 건축주명의변경신고는 행위요건적 신고(수리를 요하는 신고)이다. 건축주명의변경신고 수리거부행위는 원고의 권리·의무에 직접 영향을 미치는 것으로서 취소소송의 대상이 되는 처분이라고 하지 않을 수 없다(대판 1992. 3. 31, 91누4911).

## 4. 수리의 효과

각 법률의 정하는 바(개별법)에 따라서 다르다. 공법상의 법률효과(공무원의 사직원을 수리 함으로써 공무원관계가 소멸하는 것)가 발생하거나, 사법상의 법률효과를 발생할 때도 있고(예 : 혼인신고의 수리), 또한 행정청의 처리의무를 발생시키는 때도 있다(예 : 청원·행정심판의 수리에 의하여 심리·재결하여야 할 의무).[2] 특히 일정한 기간 내의 「부작위」에 대한 구제문제(의무이행심판·부작위 위법확인소송)와 관련하여 수리나 접수의 일시 등이 중요한 의미를 가진다.[3]

## 5. 수리의 처분성

### 5.1. 처분성을 긍정한 판례

대법원은 '사회단체등록신청반려처분의 취소를 구할 소의 이익유무'에 대하여, "사회단체등록신청에 형식상의 요건불비가 없는데 등록청이 이미 설립목적 및 사업내용을 같이 하는 선등록단체가 있다 하여 그 단체와 제휴하거나 또는 등록없이 자체적으로 설립목적을 달성하는 것이 바람직하다는 이유로 원고의 등록신청을 반려하였다면 그 반려처분은 사회단체등록에관한법률 제4조에 위반된 것이 명백하고, 국가기관이 공식으로 등록을 하여

---

1) 홍정선, 행정법원론(상), 단락번호 1002; 양범수, 행정법총론(상), 형설, 2009, 585면.
2) 양범수, 행정법총론(상), 형설, 2009, 585면.
3) 박윤흔, 행정법강의(상), 373면.

준 단체와 등록을 받지 못한 단체 사이에는 유형, 무형의 차이가 있음을 부인할 수 없으며 특히 선등록한 단체와 경쟁관계에 서게 되는 경우 등록을 받지 못한 단체가 열세에 놓이게 되는 것은 피할 수 없으므로 이건 등록신청의 반려는 원고의 자유로운 단체활동을 저해한다는 점에서 헌법이 보장한 결사의 자유에 역행하는 것이며 선등록한 단체의 등록은 수리하고 원고의 등록신청을 반려했다는 점에서는 헌법이 규정한 평등의 원칙에도 위반된다고 할 것이고, 행정소송에서 소의 이익이란 개념은 국가의 행정재판제도를 국민이 이용할 수 있는 한계를 구획하기 위하여 생겨난 것으로서 그 인정을 인색하게 하면 실질적으로는 재판의 거부와 같은 부작용을 낳게 될 것이므로 이 사건의 경우는 소의 이익이 있다고 보아야 할 것이다."[1]라고 하였다.

### 5.2. 처분성을 부인한 판례

대법원은 '행정청이 구 건축법 제9조 제1항에 의하여 신고함으로써 건축허가를 받은 것으로 간주되는 사항에 대한 적법한 신고를 수리한 행위가 행정처분인지 여부'에 대하여, "구 건축법(1996. 12. 30. 법률 제5230호로 개정되기 전의 것) 제9조 제1항에 의하여 신고를 함으로써 건축허가를 받은 것으로 간주되는 경우에는 건축을 하고자 하는 자가 적법한 요건을 갖춘 신고만 하면 행정청의 수리행위 등 별다른 조치를 기다릴 필요 없이 건축을 할 수 있는 것이므로, 행정청이 위 신고를 수리한 행위가 건축주는 물론이고 제3자인 인근 토지 소유자나 주민들의 구체적인 권리 의무에 직접 변동을 초래하는 행정처분이라 할 수 없다."[2]고 하였다.

---

[1] 대판 1989. 12. 26, 87누308 【사회단체등록신청반려취소등】 (보충의견) 사회단체등록에관한법률에 의한 등록신청의 법적 성질은 사인의 공법행위로서의 신고이고 등록은 당해 신고를 수리하는 것을 의미하는 준법률행위적 행정행위라 할 것이나 법 제4조 제1항의 형식요건의 불비가 없는데도 불구하고 등록의 거부처분을 당한 신고인은 우선 법 제10조 소정의 행정벌의 제재를 벗어나기 위하여 또한 법의 정당한 적용을 청구하는 의미에서도 위와 같은 거부처분에 대한 취소청구를 할 이익이 있는 것이다.

[2] 대판 1999. 10. 22, 98두18435 【증축신고수리처분취소】 【판시사항】 항고소송의 대상이 되는 행정처분의 의미 【판결요지】 항고소송의 대상이 되는 행정처분은 행정청의 공법상 행위로서 특정 사항에 대하여 법규에 의한 권리의 설정 또는 의무의 부담을 명하거나, 기타 법률상 효과를 발생하게 하는 등 국민의 권리 의무에 직접 관계가 있는 행위를 가리키는 것이고, 상대방 또는 기타 관계자들의 법률상 지위에 직접적인 법률적 변동을 일으키지 아니하는 행위는 항고소송의 대상이 되는 행정처분이 아니다.

## 제 5 절    행정행위의 부관(附款)
### - Nebenbestimmungen zum Verwaltungsakt -

## I. 서설

### 1. 의의

[의의] 행정행위의 부관(附款 : Nebenbestimmung)이라 함은 행정행위의 일반적인 효력 또는 효과를 특히 '제한'하기 위하여, 그 행위의 요소인 의사표시의 주된 내용에 부가되는 행정청의 「從된 의사표시」를 말한다.[1] 따라서 행정행위의 부관은 주된 행정행위와 불가분의 일체(주된 행정행위와 일체)를 이루는 것으로서 **행정행위의 일부일 뿐** 그 자체로서 독립하여 직접 법적 효과를 발생하는 독립된 처분은 아니다.

　　　　(ㄱ) 종래의 다수설(전통설) : 행정행위의 부관이란 '행정행위의 효과를 제한하기 위하여 그 행위의 요소인 주된 의사표시의 내용에 붙여진 종(從)된 의사표시'를 말한다. "<u>의사표시</u>"라는 용어를 사용함으로써 "<u>준법률행위적 행정행위</u>"에는 부관을 붙일 수 없다는 것을 강조하기 위한 것이다.

　　　　(ㄴ) 김남진교수의 견해 : 부관을 '행정행위의 효과를 제한 또는 보충하거나 특별한 의무를 부과하기 위하여 주된 행정행위에 부가된 종된 규율'이라고 정의한다. 행정청이 인허가등의 각종 수익적 행정행위를 함에 있어서 그 행정행위의 효과를 제한하거나 보충하기 위하여, ① 기한을 붙이거나, ② 일정한 조건이 성취 될 것을 전제로 행정행위의 효력을 발생(정지조건) 또는 소멸(해제조건)하게 하거나, ③ 일정한 사유가 발생하였을 때 철회할 수 있도록 유보하거나, ④ 철회권을 유보 하거나, ⑤ 법률효과의 일부배제, ⑥ 새로운 부담을 지우는 등의 종된 규율을 부가하는 것이 부관이다.

　　　　(ㄷ) 양설의 차이점 : ① 부관이 법률행위적 행정행위에만 허용되는 것인지의 여부, ② 부관의 기능과 관련하여 기속행위에도 부관이 가능한 것인지에 차이가 있다.

[마우레(H. Maurer)의 견해] 마우러에 의하면 "부관은 특히 무조건의 허가에 대한 법적・

---

[1] 통설・판례(대판 1992. 1. 21, 91누1264). 이러한 통설에 대하여, 「행정행위의 주된 효과를 제한 또는 보충하기 위하여 행정청에 의하여 부가된 종된 규율」로 정의하는 설이 있다(김남진, 류지태, 행정법신론, 신영사, 2007, 152면; 박윤흔, 행정법강의(상), 382면). 서원우교수는 부관의 본질적 문제는 주된 내용이라든가 종된 의사표시와 관련되는 것이 아니라, 어디까지나 법률에 의하여 정하여진 행정행위의 효과에 대하여 행정청이 그 이외의 것을 결정 내지 규율 할 수 있는가의 문제에 관한 것이라고 한다(서원우, 행정행위의 부관론(附款論)에 대한 재검토, 고시계 (1985.11), 49면; 서원우, 현대행정법론(상), 431면).

사실적 장해를 제거하는 목적을 가지고 있다. 행정청은 무조건의 허가에는 문제가 있는 경우에도 신청을 거부할 필요가 없는 것이며, 일정한 유보를 붙여 그것을 인정할 수 있다. 거부라고하는 엄격한 "아니오(Nein)" 대신에 부관부 허가라고 하는 한정적 "예(Ja), 그러나(aber)"가 등장하게 되는 것이다. 그리하여 행정은 탄력적 행정을 가능케 하며 국민의 이익에게 봉사하게 된다. 그러나 그것은 행정에 의한 규율화와 후견의 위험을 내포하고 있다."고 하였다.[1)]

[독일연방행정절차법 제36조(행정행위의 부관) : Nebenbestimmungen zum Verwaltungsakt] ① <u>청구권이 인정되는 행정행위에 있어서 부관은 법규에서 허용되어 있거나 혹은 행정행위의 법적 전제요건이 충족되는 것을 확실히 하기 위한 경우에 한하여 붙일 수 있다</u>(Ein Verwaltungsakt, auf den ein Anspruch besteht, darf mit einer Nebenbestimmung nur versehen werden, wenn sie durch Rechtsvorschrift zugelassen ist oder wenn sie sicherstellen soll, dass die gesetzlichen Voraussetzungen des Verwaltungsaktes erfüllt werden). ② 제1항의 규정에 불구하고 의무에 합당한 재량행위는(Unbeschadet des Absatzes 1 darf ein Verwaltungsakt nach pflichtgemäßem Ermessen erlassen werden mit)

1. <u>이익 혹은 부담이 특정한 시기에 개시(開始), 종료, 혹은 특정한 기간 타당하다는 내용의 규율</u>(einer Bestimmung, nach der eine Vergünstigung oder Belastung zu einem bestimmten Zeitpunkt beginnt, endet oder für einen bestimmten Zeitraum gilt) (기한 : Befristung);

2. <u>이익 혹은 부담의 발생 또는 소멸을 장래의 불확실한 발생에 관련되게 하는 규율</u>(einer Bestimmung, nach der der Eintritt oder der Wegfall einer Vergünstigung oder einer Belastung von dem ungewissen Eintritt eines zukünftigen Ereignisses abhängt) (조건 : Bedingung);

3. <u>철회권의 유보를 붙여 행하거나 혹은</u>(einem Vorbehalt des Widerrufs oder verbunden werden mit)  ☞ 철회권의 유보

4. <u>수익자에 대하여 작위, 수인(受忍) 혹은 부작위를 명하는 규율</u>(einer Bestimmung, durch die dem Begünstigten ein Tun, Dulden oder Unterlassen vorgeschrieben wird) (부담 : Auflage);

5. <u>부담의 추가, 부담의 변경 혹은 부담의 보충권을 유보할 수 있다</u>(einem Vorbehalt der nachträglichen Aufnahme, Änderung oder Ergänzung einer Auflage). ☞ 부담의 추가·변경·보충권을 유보 할 수 있다 : 수정부담

---

1) H. Maurer, Allgemeines Verwaltungsrecht, 2. Aufl., S. 242.

③ 부관은 행정행위의 목적에 반해서는 안된다(Eine Nebenbestimmung darf dem Zweck des Verwaltungsaktes nicht zuwiderlaufen).

※ 독일에서는 법률효과의 일부배제(법령이 행정행위에 대하여 일반적으로 부여하고 있는 법률효과의 일부를 배제)는 부관으로 규정(인정)하고 있지 않다.

[행정행위 부관의 기능] 오늘날의 행정행위에 부관의 기능이 중요시되고 있는 데 그 이유는 행정행위의 부관이 행정실무에 있어 불가결한 보조수단으로서 행정행위라는 행위형식에 의하여 행정목적을 달성함에 있어서 행정에 대하여 광범위한 유연성(Weitgehend Flexibilität)을 부여하여 다양한 기능을 발휘하기 때문이다.[1] 그리하여 행정행위의 부관은 행정행위의 효과를 제한하기 보다는 오히려 행정과 그 상대방에게 바람직한 결과를 가져오는 기능을 수행한다. 실무에 있어서도 행정청이 행정행위의 보조수단으로서 행정행위의 부관을 부가하는 이유는 행정처분을 함에 있어서 부관을 통하여 다양한 행정목적을 신축적으로 달성할 수 있을 뿐만 아니라, 행정처분의 상대방에 대해서도 획일적인 거부가 아닌 규범에 맞는 행위를 유도할 수 있기 때문이다. 즉 행정청은 부관을 통하여 다양한 규범내용을 제한·변경하거나 또는 보충할 수있기 때문에 부관은 매우 중요한 행정활동의 수단이 된다. 그리고 이를 통하여 행정의 효율성과 절차경제에 기여함으로써 현대 급부행정상 불가결한 수단이 되고 있다.[2] 이러한 행정행위의 부관은 종래와 같은 건축 및 영업허가 등의 질서행정분야뿐만 아니라 원자력행정·환경보호행정 등과 같은 현대행정에 있어서 필수불가결한 것이 되었으며, 보조금행정에 있어서는 부담이 보조금의 교부·철회·반환의 요건으로서 보조금계약의 중요 구성부분이 되고 있다.[3]

『행정행위의 부관(附款)』: (ㄱ) 행정행위의 주된 내용에 부가되는 종된 의사표시, (ㄴ) 주된 행정행위(Hauptverwaltungsakt)와 일체 ※ 행정행위(行政行爲)의 부관(附款) : 일반적 견해 : 행정행위의 일반적인 효력 또는 효과를 제한하기 위하여 주된 의사표시의 내용에 부가된 종된 의사표시.

(異說 : 김남진) : → 부관이란 행정행위의 효과를 제한하거나 보충하기 위하여 주된 행위에 부가된 종된 규율(이유 : 행정행위는 사법상의 법률행위와는 달리 그 효과가 행정청의 의사표시가 아닌 법에 의하여 나오는 것)

---

1) H.-J. Schenider, Verwaltungsverfahrensgesetz, 2 Aufl., 1983, § 36 Rn.. 1; 강구철, 강의행정법 (I), 학연사. 1990, 401면.
2) 강인옥, 행정행위의 부관에 대한 감사접근방법, - 부관의 위법성 판단기준을 중심으로 -, 51면 (www.bai.go.kr/cmm/fdm/FileDown.do;jsessionid...fileSn).
3) Wilhelm Henke/E. Richter R. Voigt, Das Recht der Wirtschaftssubventionen als öffentliches Vertragsrecht, 1979, S. 252; 강구철, 강의행정법(I), 학연사, 1990, 400면.

【종류】
(1) 조건 : 행정행위의 효과의 발생 또는 소멸을 불확실한 장래의 사실의 성부에 따르게 하는 부관
(2) 기한 : 행정행위의 효과의 발생 또는 소멸을 장래 도래가 확실한 사실의 발생에 따르게 하는 부관
(3) 부담 : 행정행위의 주된 내용에 부가하여 그 행위의 상대방에게 의무를 부과
(4) 수정부담(modifizierte Auflage; modifizierende Auflage) : 변경부담
(5) 법률효과의 일부배제 : 법령이 행정행위에 대하여 일반적으로 부여하고 있는 법률효과의 일부를 배제 ☞ 독일연방행정절차법 제36조 에서는 규정(인정)하고 있지 않음
(6) 철회권의 유보 : 행정행위의 주된 내용에 부가되어 이는 특정의 사유가 발생하는 경우에 행정행위를 철회할 수 있는 권한을 유보
(7) 행정행위의 사후변경의 유보(부담의 추가·변경) : 보충권의 유보

[사례 -1] 甲은 乙사립대학교를 설립하기 위하여 교육부에 설립인가를 신청하였다. 교육부는 乙학교의 설립인가 신청내용을 검토한 결과, 교육시설이 일부 미비하여 이를 설립개교 후 2년 이내에 보완할 것을 조건으로 하여 설립인가를 발령하였다. 甲은 乙학교의 재단이사장이 되어 학교 운영에 최선을 다하였으나, 재정상태가 좋지 않아 학교시설을 개교 후 2년 이내에 인가조건에 맞게 확보하지 못하였다. 교육부는 乙학교에 대해 인가조건위반을 이유로 하여 설립인가를 취소할 수 있는가?

[사례 -2] 甲은 자신소유의 대지 위에 장애인교육용 시설을 신축하기 위하여 구청장에게 건축허가를 신청하였다. 그러나 이러한 시설이 들어서는 것을 반대하는 인근주민의 민원이 제기되자, 구청장 乙은 인근주민들의 동의서를 건축허가후 3개월 이내에 제출할 것을 허가조건으로 하여 건축허가를 하였다. 그러나 건축허가후 1개월이 지나도록 인근주민들이 이러한 건물의 건축에 동의할 가색이 보이지 않고 여전히 반대하자, 甲은 구청이 건축허가를 함에 있어서 붙인 이러한 허가조건을 다투고자 한다. 甲의 청구는 인용될 것인가?

[사례 -3] 甲은 구청장으로부터 5년간의 도로점용 허가를 받고 도로가판대 영업을 하였다. 5년의 기간이 경과하기 전에 甲은 구청장에게 도로점용허가의 갱신을 신청하였으나, 구청장은 관할지역 내의 보행도로의 질서유지를 이유로 하여 허가갱신을 거부하였다. 甲은 자신의 신뢰이익을 주장할 수 있는가?

▶행정절차법 제4조(신의성실 및 신뢰보호) ① 행정청은 직무를 수행할 때 신의(信義)에 따라 성실히 하여야 한다. ② 행정청은 법령등의 해석 또는 행정청의 관행이 일반적으로 국민들에게 받아들여졌을 때에는 공익 또는 제3자의 정당한 이익을 현저히 해칠 우려가 있는 경우를 제외하고는 새로운 해석 또는 관행에 따라 소급하여 불리하게 처리하여서는 아니 된다.

## 2. 법정부관(法定附款)과의 구별
### 2.1. 개관
　행정행위의 부관은 행정행위의 효과제한에 있어서 재량을 부여하는 제도이다(효과재량). 즉 행정행위의 부관은 '행정청의 의사표시'에 의한 것이고, 이에 따라 법률효과가 발생하는 것이다. 다시말하면 행정행위의 효과의 제한은 행정행위를 통하여 행하는 방법이외에 직접 법규에서 상세히 규정해두기도 하는데 이와 같이 법규에서 직접 행정행위의 효과의 제한을 정하고 있는 경우를 행정행위의 부관과 구분하여 법정부관이라고 한다. 이와같이 법정부관은 법규의 직접규정에 의해 특정한 행정행위의 효과를 제한하는 것(예 : (ㄱ) 자동차검사증의 유효기간에 관한 구(舊)자동차관리법 제41조 제1항, (ㄴ) 인감증명의 유효기간에 관한 인감증명법시행령 제13조 제7항, (ㄷ) 광업법 제28조에 의한 광업권 설정 등)이므로 '행정청의 의사표시'를 요소로 하는 행정행위의 부관과는 구별된다. 법정부관의 예는 다음과 같다.

　　▶ 인감증명법 시행령 제13조 (인감증명의 발급) ⑦ 제1항의 규정에 의한 동의서 및 위임장의 유효기간은 그 동의 또는 위임일부터 기산하여 6월로 한다.

　　▶ 광업법 제28조(광업권설정) ① 광업출원인은 광업권설정의 허가통지서를 받으면 허가통지를 받은 날부터 60일 이내에 대통령령으로 정하는 바에 따라 등록세를 내고 산업통상자원부장관에게 등록을 신청하여야 한다. <개정 2008.2.29., 2013.3.23., 2016.1.6.>
　　② 제1항에 따른 등록을 신청하지 아니하면 허가는 효력을 상실한다.

　※ 광업법 제28조에는 광업권설정허가통지서를 받은 광업출원인이 산업통상자원부장관에게 등록을 신청하지 아니한 경우에는 광업허가가 효력을 상실한다고 규정하고 있는바, 이는 광업권허가 효력의 소멸을 직접 법률에서 규정하고 있는 것이므로 법정부관이다.

### 2.2. 법정부관의 통제·한계
　법정부관은 법령 그 자체이므로 법정부관이 위법한 경우에는 법령에 대한 구체적 규범통제의 대상이 되며, 법정부관이 그 자체로서 처분성을 갖는다면(예컨대 처분적 법률 [Maßnahmegesetz]) 항고쟁송(Anfechtungsklage : 취소소송)의 대상이 된다. 대법원은 이러한 법정부관은 본래적 의미에서의 행정행위의 부관은 아니므로 부관의 한계에 관한 일반적 원칙이 적용되지 않는다고 보고 있다.

　　▶ 대판 1995. 11. 14, 92도496 【식품위생법위반】 공익상의 이유로 허가를 할 수 없는 영업의 종류를 지정할 권한을 부여한 구 식품위생법 제23조의3 제4호에 따라 보건사회부장관이 발한 고시인 식품영업허가기준은 실질적으로 법의 규정내용을 보충하는 기능을 지니면서 그것과 결합하여 대외적으로 구속력이 있는 법규명령의 성질을 가진 것이므로, 위 고시에 정한 허가기준에 따라 보존음료수 제조업 허가에 붙여진 전량수출 또는 주한

외국인에 대한 판매에 한한다는 내용의 조건은 이른바 법정부관으로서 행정청의 의사에 기하여 붙여지는 본래의 의미에서의 행정행위의 부관은 아니다. 따라서 이와 같은 법정부관에 대하여는 행정행위에 부관을 붙일 수 있는 한계에 관한 일반적인 원칙이 적용되지는 않지만, 위 고시가 헌법상 보장된 기본권을 침해하는 것으로서 헌법에 위반될 때에는 그 효력이 없는 것으로 볼 수밖에 없다.

### 3. 부관의 부종성(附從性 : Akzessorität : 종속성)

행정행위의 부관은 주된 행정행위에 부가되는 것이어서 종속적인 지위를 가지며, 주된 행정행위에 의존하고 영향을 받게 된다는 점에서 이를 부관의 부종성(附從性)이라고 한다. 따라서 부관은 행정행위의 존재여부와 효력여부에 의존하게 되며, 주된 행정행위가 효력을 발생하지 않으면 부관도 효력을 발생하지 않는다(부관의 부종성). 이와같이 부관은 주된 행정행위와 불가분의 일체를 이루는것 으로서 주체인 행정행위가 무효인 때에는 그에 붙은 부관도 무효임은 당연하다.[1] 또한 부관은 주된 행정행위와 실질적 관련성이 있는 경우에 한하여 인정될 수 있다. '행정행위 부관의 한계로서 부당결부금지의 원칙(Koppelungsvebot)'이 논의되는 이유도 여기에 있다. 다만, 부관 중 부담(Auflage)의 경우는 그 자체로서 하나의 독립된 행정행위인 하명의 성질을 가지므로 다른 부관에 비해 독립성이 강하여, 부담만을 대상으로 한 소송이 가능하다.

## II. 부관의 종류 - 부관의 외연(外延)과 관련하여

### 1. 조건(Bedingung)

#### 1.1. 의의

[조건부행정행위(aufschiebende Bedingung)] 조건은 행정행위의 효력의 발생·소멸을 발생 불확실한 장래의 사실에 의존케 하는 행정청의 종된 의사표시이며, 조건이 붙은 행정행위를 「조건부행정행위」라 한다. 조건인 사실은 장래의 불확실한 사실, 즉 객관적으로 성취·불성취의 여부가 불명확한 것이며, 성취될 것이 확실한 사실인 경우에는 기한이지 조건은 아니다. 행정행위의 조건이 부가되면 그 조건인 사실의 성부(成否)가 미정인 동안은 행정행위의 효력은 불확정 상태에 있게 된다. 행정법관계를 오랫동안 불안정한 상태에 놓아두

---

1) 강인옥, 행정행위의 부관에 대한 감사접근방법, - 부관의 위법성 판단기준을 중심으로 -, 53면; 석호철, 행정행위의 부관, 「재판자료 제68호 행정소송에 관한 제문제(상)」, 법원행정처, 1995, 225면.

는 것은 공익상(Wohl der Allgemeinheit) 적당하지 않을 뿐만 아니라, 행정행위의 조건이 부가된 경우 행정행위의 효력이 발생·소멸 여부가 불안정한 상태에 놓이게 되므로 오늘날의 화두인 규제완화에도 적당하지 않으므로 실제로 조건부 행정행위의 예는 그리 많지 않다.1) 또한 어떤 사실의 발생이 행정행위의 상대방의 의사에 달려있는 경우의 조건을 부진정조건이라 한다.2) 실정법상의 용어로는 조건이라고 한 것도 실질적 내용은 부담(Auflage)인 경우가 많다.

### 1.2. 종류
#### 1.2.1. 정지조건 : 행정행위의 효력의 발생

[의의] 정지조건(aufschiebende Bedingung)은 행정행위의 효력의 「발생」을 발생불확실한 장래의 사실의 '成否'에 의존케 하는 것이다. 정지조건부 행정행위(Verwaltungsakt der aufschiebenden Bedingung)는 조건이 일단 '성취'되면, 그때부터 행정행위의 효력이 「발생」하고, 조건의 '불성취'로 확정되면 행정행위의 효력은 발생하지 않는다(무효). 즉 정지조건은 조건의 성취로 당연히 그 효력이 발생한다. 정지조건의 예로서는, (ㄱ) 주차시설을 완비할 것을 조건으로 한 건축허가·호텔영업허가, (ㄴ) 일정한 수의 자동차 확보를 조건으로 한 여객자동차운수사업면허, (ㄷ) 도로확장을 조건으로 한 자동차운전사업면허, (ㄹ) 건축허가신청이 이웃집과의 법정거리를 두지 아니한 경우, 이웃집과의 법정거리를 두기 위하여 필요한 토지를 취득할 것을 조건으로 하여 건축허가, (ㅁ) 시설완공을 조건으로 한 학교법인설립인가를 하는 경우를 들 수 있다.

- 재해시설완비를 조건으로 한 도로사용허가
- 일정한 수의 자동차 확보를 조건으로 한 여객자동차운수사업 면허
- 도로확장을 조건으로 한 자동차운전사업면허
- 시설완성을 조건으로 한 학교법인설립인가

[정지조건부 명령의 문제점] 정지조건부 명령에는 행정청이 스스로 노력경감을 위해 조건을 이용하고, 조건사실의 발생이 따라 다닌다는 노고와 위험을 상대방에게 부담지우는 위험도있다. 특히 행정청은 조건사실이 발생되기 이전에 사실상 모든 규제를 해버리기 때문에 정지조건부 명령은 정지된 명령의 통용성이 발생되기 이전에 불가쟁력이 발생되는 경우도 있다. 이 경우에서의 상대방은 행정청에 대하여 저항할 수 없게 된다.3)

---

1) 박윤흔, 행정법강의(상), 385면.
2) 김남진, 행정법의 기본문제, 269면. 상대방에 의하여 부가된 조건은 독일에서 부진정한 조건으로 불린다.
3) 강인옥, 행정행위의 부관에 대한 감사접근방법, - 부관의 위법성 판단기준을 중심으로 -, 61면.

## 1.2.2. 해제조건((auflösende Bedingung)) : 행정행위의 효력의 소멸 - 해제부관 (auflösende Nebenbestimmung)

[의의] 해제조건은 행정행위의 효력의 「소멸」을 발생불확실한 장래의 사실의 '성부'에 의존케 하는 것이다. '해제조건부 행정행위(Verwaltungsakt der auflösenden Bedingung)' 는 일단 행정행위와 동시에 효력은 처음부터 '발생'하고, 해제조건이 '성취'되면 그때부터 행정행위의 효력은 「소멸」한다. 즉 해제조건(auflösende Bedingung)은 조건의 성취로 당연히 그 효력을 상실된다. 반대로 해제조건이 '불성취'되는 것으로 확정되면 행정행위의 효력은 소멸하지 않는 것으로 확정된다. 즉, 「유효」한 행정행위로서 효력을 지속한다. 해제조건의 예로 보조금을 그 조성목적에 위반하여 이용해서는 안된다는 것을 조건으로하여 보조금의 지급을 승인하는 경우 등을 들 수 있다. 국민의 입장에서는 정지조건부보다 해제조건부가 유리하나, 해제조건부 부관은 조건이 성취되면 행정청으로부터의 별도의 철회의 의사표시 없이 당연히 행정행위의 효력이 소멸되므로 상대방에게 미치는 손해가 크며, 따라서 행정청(Verwaltungsbehörde)은 신중을 기할 것이 요구된다.

- 해제조건부 행정행위 → 행정행위와 동시에 (일단) 효력발생
- 해제조건의 '성취' → 그때부터 행정행위의 효력소멸

▶관광진흥법 제24조(조건부 영업허가) ① 문화체육관광부장관은 카지노업을 허가할 때 1년의 범위에서 대통령령으로 정하는 기간에 제23조제1항에 따른 시설 및 기구를 갖출 것을 조건으로 허가할 수 있다. 다만, 천재지변이나 그 밖의 부득이한 사유가 있다고 인정하는 경우에는 해당 사업자의 신청에 따라 한 차례에 한하여 6개월을 넘지 아니하는 범위에서 그 기간을 연장할 수 있다. ② 문화체육관광부장관은 제1항에 따른 허가를 받은 자가 정당한 사유 없이 제1항에 따른 기간에 허가 조건을 이행하지 아니하면 그 허가를 즉시 취소하여야 한다. ③ 제1항에 따른 허가를 받은 자는 제1항에 따른 기간 내에 허가 조건에 해당하는 필요한 시설 및 기구를 갖춘 경우 그 내용을 문화체육관광부장관에게 신고하여야 한다. ☞ 해제조건부

- 월내 공사를 착수하지 않으면 효력을 잃는다는 조건으로 행한 공기업특허
- 당국의 지시명령 및 면허조건 등을 위배할 경우에는 사업의 전부 또는 일부에 대해 사업의 정지를 명하거나 취소할 수 있다는 것을 조건으로 한 면허[1]
- 면허일로부터 일정기간 내의 공사착수를 조건으로 한 공유수면매립면허
- 특정기업에 취업을 조건으로 하는 체류허가의 발급

---

1) 대판 1983. 6. 14, 83누54 【자동차감차처분취소】 원고 회사에 1981. 1. 14 자동차운수사업을 면허할 때 피고(당시 경상북도지사)는 면허조건으로 그 제7항에 "자동차운수사업법규 및 당국의 지시명령 및 면허조건 등을 위배할 경우에는 사업의 전부 또는 일부에 대해 사업의 정지를 명하거나 취소할 수 있다"고 조건을 붙여 면허 하였는데 …

## 2. 기한(Befristung)
### 2.1. 의의

[의의] 행정행위의 효력의 발생 또는 소멸을 「도래할 것이 확실한 장래의 사실」에 의존하게 하는 행정청의 의사표시(부관)를 말한다. 장래의 사실이 도래할 것이 '확실하다'는 점에서 조건과 구별된다. 기한은 반드시 "X월 X일" 식으로 일부(日附)로 표시될 필요는 없고 "근속기간중", "종신(終身)"과 같은 것도 기한의 일종이 된다.[1] 행정행위 성질상 부당하게 짧은 기한을 정한 경우 그 기한은 행정행위의 존속기한이 아닌 갱신기한으로 본다. 그 효력이 장기계속성이 예정되어 있는 행정행위(예 : 음식점 영업허가)에 붙여진 기한은 그 행정행위의 효력의 존속기간(따라서 기한의 도래로 효력이 자연히 소멸되는)으로 보지 않고, 행정행위의 내용의 갱신기간(예 : 3년 기한인 경우, 3년마다 사회변천에 맞추어 내용을 바꾸는것)으로 보아야 할 경우가 많다.[2]

▶ 대판 1986. 8. 19, 86누202【행정처분취소】어업면허처분을 함에 있어 그 면허의 유효기간을 1년으로 정한 경우, 면허의 유효기간은 행정청이 어업면허처분의 효력을 제한하기 위한 행정행위의 부관이라 할 것이고, 이러한 행정행위의 부관은 독립하여 행정소송의 대상이 될 수 없는 것이다.

### 2.2. 종류
#### 2.2.1. 시기・종기

[시기(始期) : 시기부(始期附) 행정행위] 행정행위의 효력의 「발생」을 장래 도래하는 것이 확실한 사실의 '발생'에 의존케 하는 기한을 「시기」(예 : 2016. 1. 1.부터 허가한다)라 한다. 기한이 도래하면 그때부터 효력이 '발생'한다. 즉 시기는 기한의 도래로 당연히 그 효력이 발생하는 의사표시이다.

[종기(終期) : 종기부((終期附) 행정행위] 행정행위의 효력의 「소멸」을 장래 도래하는 것이 확실한 사실의 '발생'에 의존케 하는 기한을 「종기」(예 : 2016. 12. 31.까지 허가한다)라 한다. 기한이 도래하면 기존의 행정행위는 그때부터 효력이 '소멸'한다. 즉 종기는 기한의 도래로 당연히 효력이 상실되는 의사표시이다. 따라서 종기가 도래하면 주된 행정행위는 행정청의 특별한 의사표시 없이도 실효한다.

▶ 대판 1985. 2. 8, 83누625【임야개간허가존속확인등】기간을 정한 개간허가처분의 기간 경과후의 효력 나. 임야에 대한 개간허가처분을 하면서 그 지역내에 있는 사설분묘와 건축물을 이장 내지 철거토록 한 부관의 효력 다. 단순히 개간허가기간이 경과되었다

---

1) 김남진, 행정행위의 부관, 고시계(1986.3.), 163면.
2) 대판 1995. 11. 10, 94누11866【옥외광고물등표시허가연장거부처분취소】

는 이유만으로 동 허가기간내의 개간공사로 인한 준공검사신청을 거부한 처분의 당부
【판결요지】 기간을 정한 개간허가처분은 기간연장 등의 특별한 사정이 없는 한 기간경과 후에는 다시 개간행위를 할 수 없다는 의미에서 장래에 향하여 그 효력이 소멸한다 할 것이므로 행정청이 그 허가기간 경과 후에 동 개간 지역내의 건물철거 등 부담의 이행을 촉구하였다 하여 그것만으로 개간허가연장신청이 묵시적으로 받아들여진 것이라고 단정할 수 없다.

#### 2.2.2. 확정기한·불확정기한

[확정기한] 기한의 내용이 되는 사실이 도래하는 시기까지도 확실한 기한을(日字 등)말한다. 예를 들면 2020년 12월 31일까지 연금을 지급한다는 부관을 들 수 있다.
 [불확정기한] 사실이 도래하는 것만은 확실하나 도래하는 시기는 확실치 않은 기한을 (예 : 갑이 사망할 때까지 연금지급결정)말한다.

### 2.3. 조건과 기한의 구별

| 정지조건 | 행정행위의 효과의 | 발 생 | 을 장래의 | 불확실 | 한 사실에 의존시키는 부관 |
|---|---|---|---|---|---|
| 해제조건 | | 소 멸 | | 불확실 | |
| 시  기 | | 발 생 | | 확 실 | |
| 종  기 | | 소 멸 | | 확 실 | |

<한상우, 실무행정법 I, 법제처, 2007, 280면>

 [사례] (위법한 부관(附款)만의 취소를 구하는 취소소송이 가능한가) : A는 甲시(市)와 지하도 겸 상가시설을 건설하며 총공사비와 도로(상가부분)점용료가 같아지는 기간동안 상가시설을 무상점용하는 것을 조건으로 한 기부채납(寄附採納)계약을 맺은 후, 甲시장으로부터 지하도 겸 상가시설축조를 위한 공작물설치허가를 받았다. A는 총공사비는 10억원 가량이고 상가부분의 점용료는 연 5천만원 정도가 될 것으로 예상하였으나 예기치 못한 난공사가 되어 실제 공사비는 15억원 정도 소요되었다. 공사를 완료한 후 A는 甲시에 이를 기부채납함에 있어 총공사비와 상가점용료가 같아지는 30년의 무상점용허가를 신청하였고 甲시장은 위 시설에 대한 기부채납은 수락하였으나 도로(상가부분)점용허가 부분은 원래 예정된 공사비용을 기준으로 하여 20년간의 무상점용허가를 내주었다. A는 도로점용 허가부분 중 본인의 희망과는 달리 허가받은 20년이라는 기한에 대하여 불만이 많다. A는 이 부분만을 대상으로 하여 소송을 제기하고자 한다. 가능하다면 어떤 소송을 해야 하는가?
 [해설] 도로점용허가를 하면서 붙이는 기한(… 까지)은 부관(附款)에 해당된다. 즉, 부관이란 행정청의 행정행위의 효과를 제한 또는 보충하기 위하여 행정기관에 의하여 주된 행정행위에 부가된 종된 의사표시이다. 그리고 위 사건에서 도로점용허가에 부과한 '20년'

이라는 조건은 도로점용허가의 내용을 제한하는 부관으로서 장래에 도래할 것이 분명한 사실이므로 부관의 종류 중 기한에 해당한다. 도로지하에 지하도와 지하상가 등 시설을 만든 후 그 시설일체를 기부하고 도로점용허가를 받은 경우, 행정청이 그 기부자에 대하여 투자액과 점용료가 상계되는 연한에 이를 때까지의 기간동안 도로점용의 허가를 하여야 할 법령상의 의무를 부담하는지에 관하여 판례는 다음과 같다.

[판례] … 지방재정법시행령 제83조 제1항 등의 취지는 행정청이 공유재산의 기부자 등에게 당해 재산의 무상사용을 허용할 수 있다는 뜻이지 반드시 무상사용을 허용하여야 한다는 것은 아니며, 또한 이와 같은 규정들이 행정청이 기부자에 대하여 기부채납된 재산의 가액을 연간 임대료액으로 나눈 연수 혹은 투자액과 점용료가 상계되는 연한에 이를 때까지 그 공유재산의 사용을 허가하여야 할 의무를 부담한다는 뜻이라고 해석할 수도 없고, 도로법 제40조 제1항에 의한 도로점용허가신청이 있는 경우 행정청은 그 자신의 재량에 의하여 점용허가여부를 결정할 수 있는 것이고, 도로점용허가를 신청한 자가 도로의 지하에 지하도 및 상가 등 시설을 만들어 이를 기부한 자라는 사정만으로는 도로점용허가여부의 결정이 기속행위로 된다거나 행정청이 그 기부자에게 도로점용의 허가를 하여야 할 의무를 부담하게 된다고 할 수도 없다.」라고 하였다.[1] 그러나 위 사안에서는 A가 甲시(市)와 기간에 관하여 총공사비와 도로(상가부분)점용료가 같아지는 기간동안 상가시설을 무상점용하는 것을 조건으로 기부채납하는 명시적인 계약을 이미 체결하였으므로, 甲시가 이에 반하여 '20년'이라는 단축된 기간을 정하였다면 이러한 부관은 약정에 위배되어 위법하다. 그러나 이러한 계약을 위반한 부관의 위법성정도가 무효에 해당할 정도로 중대·명백하다고는 보여지지 않으므로 단순히 취소할 수 있는 하자로 보아야 한다. 관련판례는 다음과 같다.

[관련판례] "원고가 신축한 상가 등 시설물을 부산직할시에 기부채납함에 있어 그 무상사용을 위한 도로점용 기간은 원고의 총공사비와 시 징수조례에 의한 점용료가 같아지는 때까지로 정하여 줄 것을 전제조건으로 하고 원고의 위 조건에 대하여 시는 아무런 이의 없이 수락하고 위 상가 등 건물을 기부채납받아 그 소유권을 취득하였다면 시가 원고에 대하여 위 상가 등의 사용을 위한 도로점용허가를 함에 있어서는 그 점용기간을 수락한 조건대로 해야 할 것임에도 합리적인 근거 없이 단축한 것은 위법한 처분이라 할 것이다."라고 하여 위와 같은 처분이 위법함을 밝히고 있다.[2]

※이러한 위법한 기간부분을 다투기 위하여 행정행위의 부관에 하자가 있는 경우 부관에 대하여만 독립하여 행정소송의 대상으로 삼을 수 있는가 관련되는 판례는 다음과 같다.

---

1) 대판 2001. 2. 23, 99두7425【지하도상가무상사용기간연장신청등거부처분취소】
2) 대판 1985. 7. 9, 84누604【지하상가점용기간등처분취소】

[관련판례] "행정행위의 부관은 그 자체로서 직접 법적 효과를 발생하는 독립된 처분이 아니므로 현행 행정쟁송제도 아래서는 부관 그 자체만으로 독립된 쟁송의 대상으로 할 수 없는 것이 원칙이나, 부관 중에서도 행정행위에 부수하여 그 행정행위의 상대방에게 일정한 의무를 부과하는 행정청의 의사표시인 부담은 다른 부관과는 달리 행정행위의 불가분적인 요소가 아니고 그 존속이 본체인 행정행위의 존재를 전제로 하는 것일 뿐이므로 부담(負擔) 그 자체로서 행정쟁송의 대상이 될 수 있다."[1)]

[관련판례] "행정행위의 부관은 부담인 경우를 제외하고는 독립하여 행정소송의 대상이 될 수 없는바, 기부채납받은 행정재산에 대한 사용·수익허가에서 공유재산의 관리청이 정한 사용·수익허가의 기간은 그 허가의 효력을 제한하기 위한 행정행위의 부관으로서 이러한 사용·수익허가의 기간에 대해서는 독립하여 행정소송을 제기할 수 없다."라고 하여 부관 중 부담의 경우에만 독립적으로 이를 다툴 수 있다고 한다.[2)] 즉, 도로점용허가에 있어서 부담인 점용료 납부명령에 위법이 있을 때는 그 점용료 납부명령만의 취소가 가능하지만, 그 외의 부관(본 사안에서는 기한)인 점용허가기간 등에 위법사유가 있는 경우는 그 기간만의 취소는 불가능하고 도로점용허가 전체의 취소를 구하여야 한다는 것이다. 결국 A는 '20년'이라는 부관부분만을 따로 다투는 것은 불가능하므로, <u>부관부 행정행위 전체인 도로점용허가를 대상으로 하여 의무이행심판이나 취소소송을 제기하여야 한다</u>. 그리고 잘못된 내용의 행정행위가 있을 때 정당한 내용의 행정행위를 해 줄 것을 행정청을 상대로 소송을 구하는 형태의 의무이행소송은, 우리나라의 경우 현재는 이를 인정하지 않으므로,[3)] 위 사건에서도 '30년'을 기간으로 하는 도로점용허가를 해줄 것을 소송으로 구할 수는 없다. 다만 행정심판에서는 의무이행심판이 인정되므로 상급행정청에 행정심판으로서 의무이행심판을 구할 수는 있을 것이다(대한법률구조공단). 그 효력이 장기계속성이 예정되어 있는 행정행위(예: 음식점영업허가)에 붙여진 기한은 그 행정행위의 효력의 존속기간(따라서 기한의 도래로 효력이 자연히 소멸되는)으로 보지 않고, 행정행위의 내용의 갱신기간(예: 3년 기한인 경우, 3년마다 사회변천에 맞추어 내용을 바꾸는것)으로 보아야 할 경우가 많다.[4)]

## 2.4. 종기(終期) 도래(到來)의 효과

[개관] 일반적인 경우에 있어서는, 종기인 기한이 도래하면 주된 행정행위는 행정청의 특별한 의사표시 없이도 당연히 효력을 상실한다. 특수한 경우로서, 장기 계속성이 예정되

---

1) 대판 1992. 1. 21, 91누1264【수토대금부과처분취소】; 대판 1991. 12. 13, 90누8503【공유수면매립빈지국유화처분취소】
2) 대판 2001. 6. 15, 99두509【무상사용허가일부거부처분취소】
3) 대판 1995. 3. 10, 94누14018【부작위위법확인】
4) 대판 1995. 11. 10, 94누11866【옥외광고물등표시허가연장거부처분취소】

어 있는 행정행위에 부당하게 짧은 기한이 붙은 경우가 문제된다. 왜냐하면 장기 계속성이 예정되어 있는 행정행위에 부당하게 짧은 기한이 붙은 경우에 그 기한이 도래했다고 하여 일률적으로 행정행위의 효력을 상실시키게 되면 상대방인 국민의 권익보호관점에서 문제가 있기 때문이다. 다수설 및 판례의 태도는 행정행위의 성질상 부당하게 짧은 기한을 정한 경우 그 기한은 '행정행위의 존속기한'이 아니라 행정행위의 '조건의 존속기한,' 즉 갱신기한으로 보아야 한다는 입장이다(대판 1995. 11. 10, 94누11866; 아래 판례 참조).

[대법원 판례] 행정행위인 허가 또는 특허에 붙인 조항으로서 종료의 기한을 정한 경우 기한의 도래로 그 행정행위의 효력이 당연히 상실되는지 여부 및 종전 허가의 유효기간이 지난 후에 한 기간연장 신청의 성격에 대하여 대법원은 "… 행정행위인 허가 또는 특허에 붙인 조항으로서 종료의 기한을 정한 경우 종기인 기한에 관하여는 일률적으로 기한이 왔다고 하여 당연히 그 행정행위의 효력이 상실된다고 할 것이 아니고 그 기한이 그 허가 또는 특허된 사업의 성질상 부당하게 짧은 기한을 정한 경우에 있어서는 <u>그 기한은 그 허가 또는 특허의 조건의 존속기간을 정한 것</u>이며 그 기한이 도래함으로써 그 조건의 개정을 고려한다는 뜻으로 해석하여야 할 것이다. 종전의 허가가 기한의 도래로 실효한 이상 원고가 종전 허가의 유효기간이 지나서 신청한 이 사건 기간연장신청은 그에 대한 종전의 허가처분을 전제로 하여 단순히 그 유효기간을 연장하여 주는 행정처분을 구하는 것이라기보다는 종전의 허가처분과는 별도의 새로운 허가를 내용으로 하는 행정처분을 구하는 것이라고 보아야 할 것이어서, 이러한 경우 허가권자는 이를 새로운 허가신청으로 보아 법의 관계 규정에 의하여 허가요건의 적합 여부를 새로이 판단하여 그 허가 여부를 결정하여야 할 것이다."[1] 라고 하였다.

### 2.5. 존속기간·갱신기간

기한에는 존속기간과 갱신기간이 있는데, 존속기간은 기간의 도래로 행정행위의 효력이 소멸하게 되는 것이고, 갱신기간은 당사자가 일정한 기간 내에 갱신의 신청이 있는 경우에는 허가조건의 개정을 고려할 수는 있으나 특별한 사정이 없는 한 갱신 내지 연장하여 주어야 하며, 이때 갱신된 허가는 종전의 허가와 동일성을 유지하게 된다. 기한이 지난 뒤의 신청은 기한의 도과로 종전 허가는 실효되고 새로이 신청한 것으로 본다.[2]

---

1) 대판 1995. 11. 10, 94누11866 【옥외광고물등표시허가연장거부처분취소】
2) 박균성, 행정법론(상), 317면; 대판 2007. 10. 11, 2005두12404.

## 3. 부담(Auflage)

### 3.1. 의의

[의의] 부담(Auflage)은 행정행위의 주된 의사표시에 부가(附加)하여, 행정행위의 효과를 받는 상대방에게 '특별한 의무(작위·부작위·급부·수인의무)'를 명하는 행정청의 의사표시(하명)을 말한다. 부관은 보통 상대방에게 권리 또는 이익을 주게 되는 수익적 행정행위에 붙여진다. 부담(Auflage)은 다른 부관과 달리 그 존속이 본체인 행정행위의 존재를 전제로 하는 것일 뿐 행정행위의 불가분적인 요소는 아니어서, 주된 행정행위와 독립하여 별도의 소송제기(취소소송 : Anfechtungsklage)가 가능하며 부담에 대해서 독자적인 강제집행도 가능하다. 다만, 부담도 행정행위의 부관으로서, 부종성(종속성)을 가진다. 부담은 (ㄱ) 영업허가를 하면서 각종의 준수의무를 명하는 것, (ㄴ) 도로나 하천의 점용허가를 하면서 점용료나 사용료를 납부케 하는 것, (ㄷ) 건축허가를 하면서 각종의 부담을 명하는 것, (ㄹ) 버스사업의 면허를 하면서 행정청이 버스회사에 대하여 정유소를 정비 하도록 의무를 부가하는 것, (ㅁ) 사립대학의 설립을 인가하면서 미비된 시설의 보완의무를 부과하는 것, (ㅂ) 주택사업계획승인을 하면서 주택진입로 확장의무를 부과하는 것, (ㅅ) 주택단지의 진입도로 부지의 소유권을 확보하여 진입도로 등 간선시설을 설치하고 그 부지소유권 등을 기부채납하도록 하는 것(대판 1997. 3. 14, 96누16698).[1]) 등을 들 수 있다

- 영업허가를 하면서 각종 준수의무를 명하는 것
- 도로·하천의 점용허가를 하면서 점용료 또는 사용료의 납부를 명하는 것
- 건축허가를 하면서 각종의 부담을 명하는 것
- 공기업특허를 하면서 기업경영조건 기타에 대하여 여러 가지 의무를 명하는 것

---

1) 대판 1997. 3. 14, 96누16698【사용검사신청반려처분취소】【판결요지】[1] 주택건설촉진법 제33조에 의한 주택건설사업계획의 승인은 상대방에게 권리나 이익을 부여하는 효과를 수반하는 이른바 수익적 행정처분으로서, 법령에 행정처분의 요건에 관하여 일의적으로 규정되어 있지 아니한 이상 행정청의 재량행위에 속한다. [2] 재량행위에 있어서는 법령상의 근거가 없다고 하더라도 부관을 붙일 수 있는데, 그 부관의 내용은 적법하고 이행가능하여야 하며 비례의 원칙 및 평등의 원칙에 적합하고 행정처분의 본질적 효력을 해하지 아니하는 한도의 것이어야 한다. [3] 65세대의 공동주택을 건설하려는 사업주체(지역주택조합)에게 주택건설촉진법 제33조에 의한 주택건설사업계획의 승인처분을 함에 있어 그 주택단지의 진입도로 부지의 소유권을 확보하여 진입도로 등 간선시설을 설치하고 그 부지소유권 등을 기부채납하며 그 주택건설사업시행에 따라 폐쇄되는 인근주민들의 통행로를 대채하는 통행로를 설치하고 그 부지일부를 기부채납하도록 조건을 붙인 경우, 주택건설촉진과 같은법시행령 및 주택건설기준등에 관한 규정 등 관련 법령의 관계 규정에 의하면 그와 같은 조건을 붙였다 하여도 다른 특별한 사정이 없는 한 필요한 범위를 넘어 과중한 부담을 지우는 것으로서 형평의 원칙 등에 위배되는 위법한 부관이라 할 수 없다.

― 방사선피해(Strahlungsschaden)에 대한 방지시설의무를 지워 원자력시설이 허가된 것

[사례] 甲은 자신이 소유하고 있는 대지 위에 5층 숙박시설을 건축하기 위하여 관할 행정청 乙에게 건축허가를 신청하였고, 을로부터 건축허가를 발급받아서 숙박시설을 건축하게 되었다. 그런데 숙박시설을 건축하던 도중에 갑은 을로부터 위 대지 중 일부에 이웃 건축물 소유자의 담장이 설치되어 있다는 등의 이유로 공사중지명령을 받게 되었다. 그럼에도 갑은 이를 무시하고 공사를 계속하였으며, 이미 발급받은 건축허가와는 다른 건축물을 완공한 후에 을에게 건축변경허가를 신청하였다. 이에 乙은 건축변경허가를 발급하면서 "건축사용승인 신청시까지 단지 내 침범된 인근 건축물의 담장 부분을 철거하고 대지경계에 담장을 설치한 후 사용승인신청을 하여야 한다"는 조건을 부가하였다.[1]
(문제 1) 乙이 부가한 조건은 적법한가?
(문제 2) 乙이 부가한 조건이 위법하다고 가정한다면, 甲은 乙이 부가한 조건만을 대상으로 행정소송을 제기할 수 있는가?

### 3.2. 법적 성질
#### 3.2.1. 개관

[법적 성질] 부담은 다른 행정행위의 부관과는 달리 행정행위의 구성요소(하나의 행정행위)를 이루는 것이 아니고 주된 행정행위에 부가된 「하명」으로서의 성질을 가진다(두개의 행정행위). 따라서 그 자체가 하나의 독립된 행정행위(별개의 행정행위)이다.[2] 그리고 조건과는 달리 부담은 그 자체만 강제될 수 있고, 단독으로 **취소쟁송 및 강제집행의 대상**이 될 수 있다.[3] 위에서 설명한 바와 같이 일반적으로 수익적 행정행위(특허·허가)에 붙여지는 것이 보통이고 경제행정의 도구로서 부관 중에서 그 실례가 가장 많다. 부담에 의하여 부과된 의무의 불이행이 있는 경우에는 당해 불이행은 독립하여 강제집행의 대상이 되며, 부과된 의무의 불이행으로 인하여 부담부 행정행위가 당연히 소멸하는 것은 아니며, 철회사유가 될 뿐이다.[4] 철회는 항상 자유로운 것은 아니며, 행정행위의 철회에 대한 일반원칙에 의한 제약을 받으며,[5] 철회시에는 이익형량의 원칙이 적용된다. 과잉금지원칙(비례원칙)을 벗어나는 부담은 재량권의 일탈이나 남용에 해당된다.[6] 부담은 특히 "Ja(예), aber(그러나)"[7]

---

1) 참조조문 건축법 제8조 (건축허가); 제10조 (허가·신고사항의 변경); 제12조 (「건축허가」의 제한 등 <개정 2005.5.26>); 강현호, 행정행위의 부관의 가능성의 한계, 고시연구(2005.10) 참조.
2) 박균성, 행정법강의, 262면.
3) 대판 1992. 1. 21, 91누1264 【수도대금부과처분취소】; 대판 1991. 12. 13, 90누8503.
4) 김남진, 행정행위의 부관, 고시계(1986.3.), 165면; 대판 1989. 10. 24, 89누2431 【토지형질변경허가취소처분취소】
5) 김남진, 행정행위의 부관, 고시계(1986.3.), 166면.
6) 대판 1994. 1.25. 93누13537 【주택건설사업계획승인처분일부취소】

의 성격이 강하다고 할 수 있다.1)

### 3.2.2. 독일에서의 이론전개

[독일에서의 이론전개] (학자들의 견해) : 부담에 관하여 독일에서는 일찍부터 이에 관한 학문적인 성과가 이루어 졌다. 즉, 독일 행정법의 아버지인 오토 마이어(Otto Mayer)2)와 코르만(K. Kormann)3)4)은 부담에 대한 본격적인 연구에는 이르고 있지 않았지만 부담의 존재의의에 대해 선구적인 이론을 전개한 바 있다. 오토 마이어(O. Mayer)는 부담에 관한 존재의의와 관련하여 부담의 중요성이 특히 경찰허가에 있어서의 예방적인 역할에 있다고 강조하고 있었고, 1910년대 코르만(K. Kormann)은 행정과정에서 부담이 자주 부가되고 있는 점에 착안하여 부담의 중요성을 강조한 바가 있다. 제2차세계대전 이후 특히 1970년대 후반에 이르러서는 엘스터(T. Elster), 샤헐(J. Schachel), 슈나이더(H-J. Schneider)를 중심으로 하여 부담이론이 전개되고 있다. 엘스터(Theodor Elster)는 신청인이 청구한 수익의 거부를 회피하기 위한 수단으로서 부담의 존재의의를 강조하였고,5) 샤헐(J. Schachel)은 부담의 개별적이고도 구체적인 사안에 대한 부담의 적응성을 중시하여 그 역할을 언급하고 있다. 슈나이더(H.-J. Schneider)는 부담이 갖는 장래 바람직한 탄력적 효력을 중시하고 있다. 포르스트호프(E. Forsthoff)나 엘스터(T. Elster)도 이 점에 있어서는 코르만(K.

---

7) H. Maurer, Allgemeines Verwaltungsrecht, 4. Aufl., S. 256; 서원우, 행정행위의 부관론(附款論)에 대한 재검토, 고시계(1985.11), 48면.
1) 김남진, 행정행위의 부관, 고시계(1986.3.), 166면.
2) O. Mayer, Deutsches Verwaltungsrecht Bd. I, 1 Aufl., 1985.
3) Karl Kormann, System der rechtsgeschäftlichen Staatsakte, Berlin, 1910.
4) 코르만(K. Kormann)은 법률행위적(권리창설적) 국가행위를 논하면서, 의사표시에 대한 행정청의 동의는 인가(Genehmigung)로, 사실행위에 대한 행정청의 동의는 許可(Erlaubnis)로 표기하자는 제안을 하였다(Ders., System der rechtsgeschaftlichen Staatsakte, 1910, S. 88). 그러나 이런 제안은 독일 공법영역에선 관철되지 않았다. 가령 전혀 인가와 어울리지 않는 건축허가에 해당하는 용어가 'Baugenehmigung'이다(김중권, 민법개정시안상 법인설립 등에 대한 국가개입에 관한 소고, 법률신문; https://m.lawtimes.co.kr/Legal-Info/Research-Forum-View?serial=2021(검색일 : 2016.1.21).
5) 테오도어 엘스터(Theodor Elster)는 수익적 행정행위의 내용상 제한(inhaltliche Einschräkung)는 신청을 회피하려는 방향으로 행정행위의 내용과 효력범위를 제한하는 규정(einschräkende Bestimmung)이라고 한다. 따라서 이러한 개념정의에 입각하여 볼 때, 행정행위의 내용상 제한은 신청인의 신청이 바라는 바와는 다른 측면에서 이루어지는 반면 부담은 신청인의 신청을 보충하는 측면에서 이루어진다고 한다(T. Elster, Begünstigende Verwaltungsakte mit Bedingungen Einschräken und Auflagen, 1979, S. 8 f). 장태주, 행정행위 부관의 기능과 한계, 법조, 52권 5호(2003.5), 49면.

Kormann)과 견해를 같이 하고 있는 것으로 볼 수 있다.

### 3.3. 조건과 부담의 구별
#### 3.3.1. 개관
[개관] 부담과 조건은 혼동되기 쉽다. 부담과 조건의 법적 효과에 따른 구별이 명백한 것 같이 보이나, 문제가 된 부관이 조건인지 부담인지는 사실상 구별하기가 어렵다. 예를 들어 레스토랑을 경영하는 사람에게 얼마간의 건축상 미비한 사항을 그 개점 전에 시정해야 한다는 조건하에 영업허가를 부여한 경우에, 여기에 부가된 부관이 건물이 시정될 때까지 영업허가의 효력을 정지시키는 정지조건(aufschiebende Bedingung)인지 아니면 영업허가의 효력은 바로 발생하고 건물의 시정만을 단순히 의무지우는 부담인지는 문제가 된다. 조건과 부담의 구별이 명확하지 않을 때에는 비례의 원칙·과잉금지원칙에 따라 관계인에게 덜 불이익한 부담으로 보아야 한다는 견해(행정청의 의사가 불분명한 경우 최소침해의 원칙에 따라 상대방에게 유리한 부담으로 본다.)도 유력하나, (ㄱ) 비례의 원칙은 의사표시의 해석론적 방법으로는 원칙적으로 적합하지 않다든가, (ㄴ) 부담은 강제집행으로 그 이행을 강제할 수 있는 것이므로 항상 조건이 부담보다 불이익적인 제한이라고는 말할 수 없다는 비판도 있다. 다른 한편 조건은 행정행위의 통용력과 효력에 영향을 줄 수 있으나, 부담은 그렇지 않다는 사실에 착안하여, 부담과 조건의 구별에 관하여 - 독일행정절차법 제36조 제2항에 의해서는 부담과 수의조건의 구별을 명백히 할 수 없으므로 - 수취인의 의사에 따른 종속행동과 관련있는 부관을 부담으로 보아야 한다는 주장도 있다. 또한 부담의 특성으로서 부담은 행정행위에 부수해서 상대방에게 일정한 의무를 과할 뿐이며, 행정행위의 효과를 제한하는 요소를 가지고 있지 않다라는 견해도 있다.[1]

#### 3.3.2. 정지조건부행정행위와 다른점 - 효력발생
[정지조건부행정행위와 다른점] 부담은 법률상 또는 실무상 조건으로 불리어지기도 하나, 양자는 서로 다르다. 즉 부담이 붙여져도 행정행위의 효력은 부담의 이행없이 처음부터 즉시 효력이 발생하며(예: 진입도로조건부 주택건설사업승인),[2] 이 점에서 정지조건부 행정행위(Verwaltungsakt der aufschiebenden Bedingung)와 다르다. 정지조건부 행정행위는 조건이 성취되기 전까지는 그 효력이 정지되고(발생되지 않는다) 있다(조건부 학교설립인가). 이와같이 정지조건부행정행위는 일정한 사실(조건)의 성취가 있어야 비로소 행정행위

---

1) http://www.moleg.go.kr/knowledge/···; 박종국, 위법한 부담에 대한 항고소송, 법제처, 법제 (2002.11).
2) 김남진, 행정행위의 부관, 고시계(1986.3.), 165면.

의 효력이 발생되는데 반하여, 부담부행정행위는 행정행위의 발급당시 처음부터 그 효력을 발생한다는 점에서 차이가 있다.

### 3.3.3. 해제조건부행정행위와 다른점 - 효력소멸

[해제조건부행정행위와 다른점] 해제조건부행정행위(Verwaltungsakt der auflösenden Bedingung)는 조건이 되는 사실이 성취됨에 따라 자동적으로 행정행위의 효력이 소멸(상실)[1]되는데 반하여, 부담부행정행위는 부담(의무)을 이행치 않더라도 당연히 그 효력이 소멸되지는 않으며,[2] 행정청이 그 의무불이행을 이유로 당해 행정행위를 철회하거나, 행정상 강제집행(대집행의 실행) 또는 일정한 제재(이행강제금[집행벌])를 과할 수 있을 따름이다. 이점에서 해제조건과 다르며, 의무불이행이 있는 경우에 별개의 행정행위로 부담이 붙여진 행정행위를 철회하거나 기타 불이익을 부과함은 별개의 문제이다. 부담은 그 자체가 독립적인 행정행위의 성질을 가짐으로써 독립쟁송가능성(처분성이 인정되는 경우) 및 독립취소소송(isolierte Anfechtungsklage) 또는 행정상 강제집행의 대상이 되지만(異說 있음),[3][4] 조건은 그렇지 않다(조건부 행정행위는 행정행위 전체를 대상으로 하여 소송을 제기할 수 밖에 없다)는 점에서 또한 양자는 구별된다. 이와 같이 부담과 조건의 구별은 일견 명백한 것 같지만, 실제로는 양자의 구별이 불명확한 경우가 적지 아니하다.

### 3.3.4. 구별기준 - 주관설·객관설

[주관설·객관설] 예컨대 음식점영업허가를 하면서 사용건물의 결함이 시정되어야 한다는 부관을 붙인 경우, 그것이 건물의 결함이 시정되기 전에는 영업허가의 효력이 발생되지 아니한다는 정지조건(aufschiebende Bedingung)인지, 영업허가의 효력은 즉시 발생하되 건물의 결함을 시정할 의무를 명하는 부담인지가 명백하지 않다. 이러한 경우 그 구별에 대하여는 행정청의 의사를 기준으로 하는 주관설과 그 이외의 행정청의 의사가 불분명한 경우, 객관적 기준을 설정하는 객관설이 있는바, 명백하지 않을 때에는 비례원칙에 의하여 현실적으로 상

---

1) 김남진, 행정행위의 부관, 고시계(1986.3.), 165면.
2) http://www.moleg.go.kr/knowledge/…; 박종국, 위법한 부담에 대한 항고소송, 법제처, 월간법제(2002.11).
3) 박윤흔, 행정법강의(상), 386면; 박균성, 행정법강의, 263면 참조; 김남진, 행정행위의 부관, 고시계(1986.3.), 165면.
4) 이에 대하여는 반론도 있다. 외국인에 대한 취업금지부체류허가의 경우가 문제된바 있다. H. Maurer, Allgemeines Verwaltungsrecht, 4. Aufl., S. 261; BVerwGE 56, 254, 256. 이 문제는 부담 가운데 본체인 행정행위와 분리하여 다툴수 있는 것과 그렇지 않은 것이 있음을 시인하는 것으로 해결된다고 볼 수 있다(김남진, 행정행위의 부관, 고시계(1986.3.), 165면 각주 16) 참조).

대방에게 불이익을 많이 주는 조건보다는 불이익을 적게 주는 부담으로 보는 것도 하나의 구별방법이 될 수 있을 것이다. 양자의 구분이 명확하지 않은 때에는 조건에 비하여 부담이 상대방의 이익 및 법률생활의 안정 등의 점에서 유리하므로 부담으로 추정함이 타당하다.[1] 판례는 부관의 필요성, 행정청의 객관화된 의사, 행정관행 등을 종합적으로 고려하여 구별해야 한다고 본다. 부담은 조건과는 다른데, 정지조건의 경우 그 조건이 이행되어야 행정행위의 효력 발생하는 것에 반하여 부담은 부담의 이행과 상관없이 즉시 행정행위의 효력이 발생되는 점에서, 해제조건의 경우에는 그 조건이 성취되면 행정행위의 효력이 별도의 철회조치를 할 필요없이 당연히 소멸되지만, 부담은 그 부담이 이루어지지 않는다 하더라도 철회가 사유가 될 수는 있어도 행정행위의 효력이 당연히 소멸되는 것은 아닌 점에서 서로 다르다. 행정청의 객관화된 의사가 부관에 나타난 명령이나 금지가 행정행위의 효력의 유무와 관련된 것이라면 조건에 해당되고, 행정행위의 효력과는 관계없이 수익을 제한, 보충하기 위한 것이라면 부담에 해당하는 것으로 보는 것이 타당하다. 그리고 불분명할 경우에는 상대방에게 이익이라 할 수 있는 부담으로 보는 것이 타당하다.[2]

▶판례〉 부담은 위법한 경우에 부담만 독립하여 취소소송의 대상이 되고 취소할 수 있으나, 조건은 위법하더라도 조건만 독립하여 취소소송의 대상이 되지 않는다(대판 1999. 2. 23, 98두17845; 대판 2000. 2. 11, 98누7527).

[사례] 갑은 시에서 관광호텔을 경영하고 있는바, 이 호텔에서 외국인 전용의 카지노를 경영하기로 하여 허가신청을 하였다. 이에 대하여 문화체육관광부장관은 카지노업에 대한 지역주민의 반발을 고려하여, 시의 일정지역에 시민을 위한 문화회관을 건립하여 시에 기부채납(寄附採納)할 것을 조건(부담)으로 하여 이를 허가하였다. 그러나 갑은 이러한 조건(부담)은 위법하다고 보아 이를 다투려고 한다. 그 법적 논거 및 쟁송수단을 논하라.

[해설] 이 사례상의 조건은 카지노업의 허가라는 행정처분에 부가된 것이므로 그것은 행정행위의 부관에 해당한다. 또한 부관으로서의 이 조건은 문언상의 표현에도 불구하고, 그 내용에 있어서는 갑에 의한 문화회관 건립 및 당해 건물의 시에의 기부채납 즉, 갑에게 일정한 작위의무를 부과하고 있는 것이므로 그것은 부담의 성질을 가진다.

---

1) 박윤흔, 행정법강의(상), 386면; 김남진, 행정행위의 부관, 고시계(1986.3.), 165면.
2) 홍정선, 행정법원론(상), 428면; 박균성, 행정법론(상), 320면; 장태주, 행정행위 부관의 기능과 한계, 법조, 52권 5호(2003.5), 43-44면.

## 3.4. 부담의 독자성(Selbständigkeit)문제 - 부담은 독자성을 가지는가?
### 3.4.1. 개관

[부담의 독자성(Selbständigkeit)] 독일에서 부담과 관련하여 특히 문제가 되고 있는 것은 부담 그 자체를 종래의 통설적 견해와 같이 '독립적 행정행위'로 인정할 것인가의 문제이다. 즉 부담이 독립적 행정행위로써의 독자성(Selbständigkeit)을 갖는 것인가의 문제로서 이는 부담만을 이행강제 할 수 있는가의 문제와 부담만을 대상으로 삼아 이에 대한 행정상 쟁송을 제기할 수 있는 것인가 등의 문제가 있다. 우리나라에서도 비교적 오랫동안 부담의 정의가 종전의 통설적 개념으로 유지되거나 주장되고 있었으나 최근에 이르러 "부담이란 행정행위의 주된 내용에 부가하여 그 행정행위의 상대방에게 작위 부작위 급부 등의 의무를 부과하는 부관"으로 수정하여 정의되고 있다. 그럼에도 불구하고 대다수의 학자들은 부담은 하나의 독립된 행정행위성을 갖는다고 보고 있음에는 변함이 없다.[1]

### 3.4.2. 긍정설 - 코르만(K. Kormann)의 견해 및 이를 지지하는 견해
#### a) 코르만(K. Kormann)의 견해

1910년에 발표된 코르만(K. Kormann)의 논문에 의하면 부담은 독립적인 행정행위이라고 하면서 부담을 다른 부관과는 별도로 취급하고 있다.[2] 부담은 조건과는 달리 주된 행정행위로부터 독립되어 있으며, 외적으로만 부가된 의사표시이기 때문에 부담에 대한 독립취소소송(isolierte Anfechtungsklage)이 허용된다. 그러나 코르만(k. Kormann)은 부담이외의 다른 부관에 대해서도 독립쟁송가능성 및 독립취소가능성을 부정한 것은 아니고 종래와 같이 위법조건을 부가하지 않은 것(즉 무효 또는 부존재)으로 취급하여 그것에 대한 취소청구도 배제하지 않았다. 다만 부담 이외의 부관이 위법한 경우에 항상 무효로 취급되는 것은 일반원칙(위법한 행정행위는 취소할 수 있을 뿐 무효로 취급되지는 않는다)에 대한 예외적 경우라고 한다. 그러나 부담은 행정행위에 외적으로만 결합된 명령(Befehl)이기 때문에 위법성에 관한 일반원칙이 적용된다고 한다. 즉 코르만(K. Kormann)은 모든 부관에 대해 독립쟁송가능성(처분성이 인정되는 경우에는 독립쟁송가능성이 있다) 및 독립취소소송의 제기가능성을 인정하면서도 부담과 다른 부관과의 차이점을 밝히고 있다. 이렇듯 코르만(K. Kormann)에 의해 제창된 부담과 조건과의 구별(부담은 행정행위의 본체에 외적·독립적으로 결합된 부관이며, 조건은 행정행위의 본체에 내적·일체적 전체를 이루는 부관이다)은 그 후 독일에서의 대부분의 학설과 판례에 도입되어 부담을 독립적인 행정행

---

[1] http://www.moleg.go.kr/knowledge/…; 박종국, 위법한 부담에 대한 항고소송, 법제처, 월간법제(2002.11).

[2] Karl Kormann, System der rechtsgeschäftlichen Staatsakte, Berlin, 1910, SS. 137 f.

위로 보는 견해가 일반화 되었다. 이러한 경향은 1960년대까지 통설적 지위를 차지하고 있는 바, 특히 만골트(v. Mangoldt),[1] 테겔은(v. Tegelen), 비셀러(W. Wieseler), 바호프(Otto Bachof), 볼프/바호프(Wolff/Bachof) 등이 이러한 입장을 취하고 있다.

### b) 만골트(v. Mangoldt)의 견해

만골트(H. v. Mangoldt)는 1932년에 발표한 그의 논문에서 조건은 항상 성립된 허가의 본질적 구성부분으로 보고 있다. 행정청은 허가효과의 발생 및 소멸을 조건사실의 발생에 관계되게 할 정도의 조건을 중시하고 있다. 따라서 행정청의 의사(意思)는 무조건부로 허가하기 보다는 거부하는 것에 가깝다. 따라서 그와 같은 사정하에서는 허가는 전부로서만 취소청구될 수 있다. 이에 반해 부담은 확실한 독자성(Selbständigkeit)을 가진다. 이 경우 부담부허가의 효과는 조건과 달리 부담의 이행에 의존하지 않는다. 즉 행정청은 조건을 부가하게 된 중요성을 부담에게는 인정하지 않았다는 점이다. 따라서 행정청이 허가는 본래의 효과를 가지게 하고, 다만 공익상 특정한 의무이행만을 확보하려는 사정하에서는 이러한 부담을 분리 취소청구할 수 있다는 것에 의문은 없으며 오히려 일부취소소송의 의의에 적합하다고 한다.[2]

### c) 볼프/바호프(H. J. Wolff/O. Bachof)의 견해

부담을 독립적인 행정행위라고 주장하고 있는 통설적 견해 중에서도 특히 한스 율리우스 볼프/오토 바호프(H. J. Wolff/O. Bachof)[3]는 협의의 부관(부담과 같은)은 주요사항을 규율하는 행정행위에 부가된 구체적인 명령(Anordnung)이며, 광의(廣義)의 부관(기한, 조건과 같은)은 행정행위 자체의 구성부분인 규율(Regelung)이라고 한다. 부담은 주된 행정행위로부터의 상대적인 독립성 때문에 - 부담만을 대상으로하여 - 독립하여 취소청구될 수 있고 또한 제3자에 의하여 의무이행소송(Verpflichtungsklage)의 방법으로 강요될 수 있는데 반하여 조건, 기한, 철회권의 유보는 통설에 따라 독립적으로 취소청구될 수 없고 다만 의무이행소송의 방법을 통하여 제한이 없는 행정행위를 요구할 수 있다고 한다.[4]

---

1) 독일의 성(姓) 앞에 붙이는 v.는 독일어 폰(von)의 약자(略字)로서 귀족(貴族) 출신 집안을 의미한다. 즉 만골트 교수는 귀족 출신이라는 말이다 이에 반하여 우리나라는 성(姓) 앞에 아무런 표시가 없어 양반 출신인지 알 수는 없다.

2) H. v. Mangoldt, Nebenbestimmungen bei rechtsgewährenden Verwaltungsakten, VerwArch. 37(1932), S. 107f.; http://www.moleg.go.kr/knowledge/···; 박종국, 위법한 부담에 대한 항고소송, 법제처, 월간법제(2002.11).

3) 한스 율리우스 볼프(Hans Julius Wolff)/오토 바호프(Otto Bachof)

4) http://www.moleg.go.kr/knowledge/···; 박종국, 위법한 부담에 대한 항고소송, 법제처, 월간법

[독일연방행정법원법과 의무이행소송] 독일에서는 1960년에 연방행정법원법 (Verwaltungsgerichtsordnung; VwGO)이 제정되어 의무이행소송(Verpflichtungsklage) 이 규정되었다. 이 이후의 독일에서의 통설적인 견해는 볼프/바호프(Wolff/Bachof)의 견해와 같다고 볼 수 있다. 즉 부담부행정행위에 대해서는 부담만이 독립취소소송이, 조건부행정행위에 대해서는 조건이 부가되지 않은 행정행위를 요구하는 의무이행소송이 가능하다고 할 수 있을 것이다. 그러나 1960년대 후반에 들어오면서 이러한 통설적 견해에 기초하면서도 이를 변형한 학설이 등장하였다. 이른바 수정부담(modifizierende Auflage; modifizierte Auflage)의 이론이다. 이러한 수정부담(修正負擔) 이론은 1970년대 초반의 독일연방행정법원에서 내린 판결의 주류를 이루었지만 오늘날 독일에서는 수정부담이라는 개념을 법이론상 학설과 판례가 부정하고 있다.[1]

### 3.4.3. 부정설
#### a) 슈나이더(H.-J. Schneider)의 견해

슈나이더(H.-J. Schneider)는 1981년[2]에 발표한 그의 논문 "부관과 행정소송(Nebenbestimmungen und Verwaltungsprozeß)"에서 부담을 독립적인 행정행위라고 보고 있는 종래의 통설적 견해들을 비판하고 있다. 슈나이더에 따르면 부담을 독립적인 행정행위로 보고 있는 논거가 독일의 현행 행정절차법(Verwaltungsverfahrensgesetz : VwVfG) 시행 이전인 구법체계하에서 부득이한 일이었다라고 볼 수 없기 때문에 현행 행정절차법하에서 이를 주장하는 것은 모순이며, 부담만을 독립적으로 집행할 수 있다는 것은 법적으로 또는 독립적으로 이를 집행할 수 있다는 의무문제인 것이지 그 이외의 것을 의미하는 것은 아니며, 따라서 부담의 독자성을 인정할 수 없다고 한다. 현행 행정집행법(Verwaltungsvollstrekungsgesetz : VwVG) 제6조는 일정한 전제요건하에서 작위(Handlung), 부작위(Unterlassung), 수인(Duldung)의 의무를 부과한 행정행위를 제9조의 강제적인 방법으로 이를 달성하도록 규정하고 있으나(… Zwangsmitteln nach § 9 durchgesetzt werden …) 동 규정이 상대방에게 오로지 작위, 부작위, 수인을 명하는 행정행위에만 적용된다는 견해는 단순한 가정일 뿐이라고 주장하고 있다. 슈나이더에 의하면, "부담의 독자성을 부인하고 부담부행정행위를 - 두 개의 행정행위가 아니고 - 하나의 행정행위로 본다면, 행정청은 이 행정행위를 통하여 허가를 부여해 주고 있는 동시에 이에 상응되는 의무를 부가한 것인데, 이 경우에 행정집행법 제6조를 적용하여 부담만을 별도로

---

제(2002.11); Wolff / Bachof, Verwaltungsrecht, I, 9. Aufl., 1974, S. 410 f.

1) http://www.moleg.go.kr/knowledge/…; 박종국, 위법한 부담에 대한 항고소송, 법제처, 월간법제(2002.11).

2) H.-J. Schneider, Nebenbestimmungen und Verwaltungsprozeß, Berlin, 1981.

집행할 수 있을 것인가가 문제가 되지만, 전체의 행정행위 중 부분적으로만 작위, 부작위, 수인의 의무를 부가한 행정행위에 대하여 동법 제6조(행정강제허용성에 관한 규정)를 적용하더라도 그것은 동규정의 입법취지(ratio)에 위배된다고는 볼 수 없으며, 이때 동규정에 의하여 부담의 이행을 강제할 수 있다는 것은 부담이 독립적 행정행위이기 때문은 아니라고 보아야 한다."고 한다. 또한 행정청이 부담의 효력발생시점을 독자적으로 설정하고 있다면 문제가 없을 것이나, 행정청은 이를 대부분 정하지 않거나 또는 정할 수 없기 때문에 이때에는 행정행위 본체와 부담과의 내용적 관계, 즉 허가를 고려한 부담의 부가를 통하여 행정청이 추구하려는 목적에 의해서만 그 시기가 결정될 수 있다고 보아야 하며, 따라서 부담과 행정행위 본체와의 효력연관이란 관점에서 고찰하더라도 부담을 독립적인 행정행위로 보기는 어렵다고 주장한다.[1]

b) 바두라(P. Badura)의 견해

바두라(P. Badura)는 다른 부관과 마찬가지로 부담 역시도 행정행위의 일부라는 입장에 서서 종래 통설과는 다른 이론적인 출발을 하고 있다. 그 논거는 행정행위의 부관이란 주된 규율에 대한 보조적인 규율(우리나라에도 이 견해를 따르는 학자도 있다)로서 부가되는 것으로서 부관은 그 자체가 완전한 규율은 아니며 그 기능에 있어서 부가된 부관은 주된 규율에 의해서만 완전하게 되고 유효하게 된다고 보아야 하기 때문이라고 한다.[2]

c) 라우빙어(H.-W. Laubinger)의 견해

라우빙어(Hans-Werner Laubinger)는 부담은 독립적인 행정행위가 아니라 행정행위의 구성부분이라는 사실을 확인한 다음, 독일행정법원법(VwGO) 제113조 제1항 제1호, 제44조 제4항은 법원 또는 행정청에 의한 행정행위의 일부취소, 일부철회, 행정행위의 일부무효를 규정하고 있는 바, 이는 행정행위의 가분성을 전제로 한 규정이라고 한다. 그리고 이 가분성은 부관이 행정행위의 불가결한 구성부분 이라는 점에 의해 부정되지 않는다. 따라서 기한, 조건, 철회권의 유보가 행정행위의 불가결한 구성부분이라는 이유 때문에 독립하여 취소청구될 수도 없고 취소될 수도 없다고 주장한다면 이는 납득할 수 없다고 한다.[3]

---

1) http://www.moleg.go.kr/knowledge/…; 박종국, 위법한 부담에 대한 항고소송, 법제처, 월간법제(2002.11); H.-J. Schneider, Nebenbestimmungen und Verwaltungsprozeß, Berlin, 1981, 32 f;
2) P. Badura, Der mitwifkungsbedürftige Verwaltungsakte mit belastender Auflage, JuS 1964, S. 103.
3) H.-W. Laubinger, Die Anfechtbarkeit von Nebestimmungen, VerwArch 73(1982), SS. 358-360. ☞ VerwArch(Verwaltungsarchive)

### 3.4.4. 소결
#### a) 1960년대 까지의 통설(allgemeine Meinung)

종래의 통설은 부담이 외부적으로 수익적 행정행위와 관련되고 있으며, 다른 모든 부관과는 달리 독자적으로 규율된 고권적 조치(hoheitliche Maßnahme)이기 때문에 부담을 독립적인 행정행위로 보고 있다. 따라서 통설은 부담이 (ㄱ) 조건이나 기한과는 달리 행정행위의 통용력(Geltung)과 효력(Wirksamkeit)[1]에 직접적인 영향이 없으며, (ㄴ) 부담은 독립적으로 집행할 수 있는 명령(Gebot)을 포함하고 있기 때문에 독립적인 행정행위이며 따라서 독립하여 집행가능하고 독립취소소송(isolierte Anfechtungsklage)의 대상이 된다고 보고 있다. 이와 같은 견해는 칼 코르만(Karl Kormann)이 "부담은 행정행위의 본체에 외적 독립적으로 결합된 부관이며, 조건은 행정행위의 본체에 내적·일체적 전체를 이루는 부관"이라는 점을 주장한 이후에 대부분의 학설과 판례에 도입되어 부담을 독립적인 행정행위로 보는 견해가 일반화 되었으며, 이러한 경향은 1960년대까지 통설적 위치를 차지하고 있었다.[2]

---

[1] 겔퉁(Geltung; 통용력)은 행정행위의 내적인 효력을 의미하며, 비르크삼카이트(Wirksamkeit; 효력)는 행정행위의 외적인 효력을 뜻한다(Vgl. J. Schachel, Nebenbestimmungen zu Verwaltungsakten, Berlin, 1979, S. 23). 즉, 부관부행정행위의 통용력(Geltung)이란 부관부행정행위의 내적 효력(innere Wirksamkeit)으로 예컨대, 정지기한부행정행위(시기부행정행위[始期附行政爲])는 고지함으로써 상대방에게 受益外觀(Erwerbsaussicht)이 생기며, 발급과 동시에 이의신청, 제소기간이 개시된다. 또한 상대방은 동 행정행위로써 규율하고 있는 요구나 금지를 준수해야 하며, 이러한 의무를 이행해야만 허가사항이나 법적 지위를 주장할 수 있다. 또한 부관부행정행위의 효력(Wirksamkeit)이란 부관부행정행위의 외적 효력(äußere Wirksamkeit)을 마하며, 예컨대 해제기한부행정행위(종기부행정행위)를 발하는 경우, 통용력과 효력의 구별은 불필요하다. 왜냐하면 해제기한의 도래에 따라 그 행정행위의 효력은 소멸되며, 필연적으로 그 통용력도 상실되기 때문이다. 따라서 만일 행정청이 행정행위를 해제기한부(종기부)로 발급했을 때에는 통용력과 효력을 구별할 필요가 없다. 해제기한부행정행위는 종기의 도래에 따라 그 효력이 소멸되는 것이며, 필연적으로 통용력도 상실된다. 그러나 종기가 도래했다고 하여 행정행위의 효력이 절대적으로 소멸되는 것은 아니다. 우리 대법원도 "종기에 관해서는 일률적으로 기한이 왔다고 하여 당연히 그 행정행위의 효력이 상실된다고 할 것이 아니다"라고 판시하고 있다(대판 1962. 2. 22, 4293행상42). 또한 "행정행위인 허가 또는 특허에 붙인 조항으로서 종료의 기한을 정한 경우, 종기인 기한에 관하여는 일률적으로 기한이 왔다고 하여 당연히 그 행정행위의 효력이 상실된다고 할 것이 아니고 그 기한이 그 허가 또는 특허된 사업의 성질상 부당하게 짧은 기한을 정한 경우에 있어서는 그 기한은 그 허가 또는 특허의 조건의 존속기간을 정한 것이며 그 기한이 도래함으로써 그 조건의 개정을 고려한다는 뜻으로 해석하여야 할 것"이라고 판시하고 있다(대판 1995. 11. 10, 94누11866). http://www.moleg.go.kr/knowledge/···; 박종국, 위법한 부담에 대한 항고소송, 법제처, 월간법제(2002.11).

b) 1970년대 이후

[독일행정집행법(Verwaltungsvollstreckungsgesetz) 제6조(행정강제의 허용성 : Zulässigkeit des Verwaltungszwanges)] 1970년대 이후에 발표된 주요 논문들은 부담의 독립적 행정행위로서의 법적 성격을 부인하고 있으며, 이러한 부정설의 견해를 따른 연방행정법원의 판례도 많다. 부정설의 중요한 논거는 다음과 같다. "부담부행정행위를 - 두 개의 행정행위가 아니라 - 하나의 행정행위로 이해하는 경우, 이는 (ㄱ) 행정청이 행정행위를 통하여 허가를 부여함과 동시에, (ㄴ) 이에 '상응하는 의무(entgegenstehende Pflicht)'를 부담으로 부과하고 있는 것이므로 독일행정집행법(Verwaltungsvollstreckungsgesetz) 제6조(행정강제의 허용성 : Zulässigkeit des Verwaltungszwanges)[1])에 따라 부담을 강제집행할 수 있는가 문제된다. 행정행위에 부분적으로 작위(Handlung), 부작위(Uterlassung), 수인(Duldung)의 의무를 부과한 행정행위인 부담부행정행위에 대하여 동법 제6조를 적용하여 이를 강제하는 것이 동규정의 취지(ratio)에 위배되는 것은 아니기 때문에 동규정을 적용하여 부담만을 강제이행 하게 하는 것이 가능한데, 이는 부담이 독립적인 행정행위라는 이유 때문인 것은 아니다(우리나라의 경우에는 행정상 강제집행의 수단인 대집행, 집행벌(이행강제금), 직접강제, 강제징수 등과 연관하여 생각할 수 있다).

[독일 연방행정절차법(VwVfG) 제36조] 독일 연방행정절차법(VwVfG) 제36조 규정 본문과 행정실무상의 이유로 부담의 독자성(Zulässigkeit)을 인정하려는 견해 역시 타당하지 않다. 즉 <u>동법 제36조의 규정이 부담에 대해서는 행정행위와 결합</u>(verbunden; … einem Vorbehalt des Widerrufs oder verbunden werden mit 4. einer Bestimmung, durch die dem Begünstigten ein Tun, Dulden oder Unterlassen vorgeschrieben wird [Auflage])<u>될 수 있는 것으로 규정하고 있는 반면, 조건, 기한, 철회권의 유보는 행정행위에 부가</u>(erlassen; … Unbeschadet des Absatzes 1 darf ein Verwaltungsakt nach pflichtgemäßem Ermessen erlassen werden mit …)<u>하여 발급한다고 규정하고 있으나 이</u>

---

2) http://www.moleg.go.kr/knowledge/…; 박종국, 위법한 부담에 대한 항고소송, 법제처, 월간법제(2002.11).

1) 독일연방행정절차법 제6조 § 6 VwVG Zulässigkeit des Verwaltungszwanges (1) Der Verwaltungsakt, der auf die Herausgabe einer Sache oder auf die Vornahme einer Handlung oder auf Duldung oder Unterlassung gerichtet ist, kann mit den Zwangsmitteln nach § 9 durchgesetzt werden, wenn er unanfechtbar ist oder wenn sein sofortiger Vollzug angeordnet oder wenn dem Rechtsmittel keine aufschiebende Wirkung beigelegt ist. (2) Der Verwaltungszwang kann ohne vorausgehenden Verwaltungsakt angewendet werden, wenn der sofortige Vollzug zur Verhinderung einer rechtswidrigen Tat, die einen Straf- oder Bußgeldtatbestand verwirklicht, oder zur Abwendung einer drohenden Gefahr notwendig ist und die Behörde hierbei innerhalb ihrer gesetzlichen Befugnisse handelt.

것은 부담만이 조건, 기한, 철회권의 유보와 달리 분리해서 고찰할 수 있다는 것을 의미한다. 즉, 조건, 기한, 철회권의 유보와는 달리 부담만은 독립하여 고찰할 수 있다는 것은 연방행정절차법(VwVfG) 제36조의 수권사유에 기한 내용을 근거로 부담을 독립적으로 발급할 수 있다는 의미이지 부담을 독립적인 행정행위로 인정하고 있는 규정이라고 볼 수 없다.

[의존적·독립적 부관] 부관을 타(他)에 의존하는 의존적 부관(unselbständige Nebenbestimmung; 조건, 기한, 철회권의 유보)과 독립적으로 존재하는 독립적 부관(selbständige Nebenbestimmung; 부담, 부담의 유보)으로 구별하는 것은 개개의 부관의 법적 성격(Rachtscharakter)에 영향력을 미치는 것이므로 타당한 구별이다.[1]

[수익적 행정행위와 이에 부가된 부담의 효력] 수익적 행정행위와 이에 부가된 부담의 효력을 연계하여 고찰하더라도 부담은 그의 부관으로써의 효력이 본체인 행정행위의 효력보다는 보다 늦게 발생된다. 즉 부담의 성질결정과 관련하여 살펴볼 때 부담의 효력은 수익적 행정행위를 통해야만 비로소 - 나중에 - 발생되는 것으로 보아야 한다.[2]

[부담을 독립적인 행정행위라고 보면서도 부담의 법적 독립성을 인정하지 않는 견해] 부담을 독립적인 행정행위라고 보고 있는 견해 중에서도 "부담은 법적인 독립성을 가지고 있지 않으며 … (die rechtliche Unabhängigkeit…), 부담은 부담을 부가하는 행정행위와 함께 성립하고 소멸한다. … 따라서 부담은 '주된 행위(Hauptakt)'에 대하여 부수적(akzessorisch)"이라고 보는 견해도 있다.[3]

[부담을 독립적인 행정행위라고 보고 있는 견해 중에서도 부담을 종속적 행정행위라고 보는 견해] 부담 자체를 종속적 행정행위(abhängige Verwaltungsakt)라고 이해하고 있는 견해도 있다. 다시 말해 부담을 독립적 행정행위라고 간주하고 있는 견해 중에서도 부담은 종속적인 행정행위로써 주된 행정행위의 이용에 의해서만 정지적(停止的)으로 되거나 해제적(解除的)인 것으로 조건지어 진다고 한다. 이 견해의 요점은 부담은 수익적 행정행위의 이용이 개시됨에 따라 - 효력(Wirksamkeit)이 아닌 - 통용력(Geltung)을 가지며 그 이용이 종료됨에 따라 통용력을 상실한다는 것이다. 그러나 부담과 수익과의 효력관계를 부담의 독자성과 관련시켜 고찰하는 것은 논리적으로 타당한 것이라고는 말할 수 없다. 왜냐하면 부담이 언제 그 통용력을 얻을 것인가, 즉 언제 부담으로써 부과된 의무가 이행되어야 하는가는 수익적 행정행위의 이용이 개시(開始)되는 때라고는 일률적으로 말할 수는 없기 때문

---

1) http://www.moleg.go.kr/knowledge/…; 박종국, 위법한 부담에 대한 항고소송, 법제처, 월간법제(2002.11).
2) http://www.moleg.go.kr/knowledge/…; 박종국, 위법한 부담에 대한 항고소송, 법제처, 월간법제(2002.11).
3) http://www.moleg.go.kr/knowledge/…; 박종국, 위법한 부담에 대한 항고소송, 법제처, 월간법제(2002.11).

이다. 예컨대 행정청이 '연방임미시온(Immision)방지법(Bundesimmissionsschutzgesetz)'에 의하여 건축허가를 하면서 건축물의 굴뚝(Schornstein)에 필터장치의 설치의무를 명하는 부담을 부과하였을 경우, 신청인의 부담이행의무는 수익적 행정행위의 이용이 최초로 개시된 때인 '시설건축물의 착공시'에 그 의무(부담)의 이행이 발생되는 것이 아니라 최소한, 시설건축물의 착공이후인 '굴뚝(Schornstein)의 건축시'에 비로소 현실화될 수 있는 것으로 보아야 한다. 따라서 부담이 언제 그 통용력을 가지는가 하는 문제는 수익적 행정행위와 부담과의 내용적 관계에 의해서만, 즉 행정청이 부담을 통하여 달성하려고 하는 행정목적에 의해서만 해결될 수 있는 것이다. 결론적으로 부담을 통하여 행정청이 달성하고자하는 행정목적을 획일적으로 규율하기는 어렵기 때문에 상대방은 자기에게 부과된 의무(부담)를 언제 이행해야만 하는가라는 문제에 있어서 일반적으로 결정하기는 어렵고 그때 그때의 구체적인 상황에 따라서 개별적으로 결정해야 할 것이다.[1]

### c) 소결

[부정설의 논거] 부담의 독자성을 부인하고 있는 부정설의 논거를 요약하면 다음과 같다. (ㄱ) 부담은 그 존속성을 주된 행정행위(Hauptverwaltungsakt; 본체인 행정행위)의 효력에 의존하고 있다. (ㄴ) 부담은 행정행위의 주된 내용인 수익을 이용하지 않으면 이행할 의무가 없다. (ㄷ) 부담의 불이행은 일정한 요건하에서 수익의 철회를 가능하게 한다는 형식으로 행정행위 본체의 효력에 영향을 준다. 따라서 부담은 독립적인 행정행위가 아니라 다만 부관의 일종일 따름이다.[2]

### 3.5. 부담의 부가방법

부담은 행정청이 행정처분을 하면서 일방적으로 부가할 수도 있지만 부담을 부가하기 이전에 상대방과 협의하여 부담의 내용을 협약의 형식으로 미리 정한 다음 행정처분을 하면서 이를 부가할 수도 있다. 행정청이 수익적 행정처분을 하면서 사전에 상대방과 체결한 협약상의 의무를 부담으로 부가하였는데 부담의 전제가 된 주된 행정처분의 근거 법령이 개정되어 부관을 붙일 수 없게 된 경우라도 위 협약의 효력이 소멸하는 것은 아니다.[3]

---

1) http://www.moleg.go.kr/knowledge/…; 박종국, 위법한 부담에 대한 항고소송, 법제처, 월간법제(2002.11).
2) http://www.moleg.go.kr/knowledge/…; 박종국, 위법한 부담에 대한 항고소송, 법제처, 월간법제(2002.11).
3) 대판 2009. 2. 12, 2005다65500.

## 3.6. 부담의 불이행

행정행위의 상대방이 부담에 의해 부과된 의무를 불이행하는 경우 행정청은 어떤 조치를 할 수 있는지가 문제된다.

[행정행위의 철회] 상대방이 부담에 따라 부과된 의무를 이행하지 않을 때에는 행정청은 주된 행정행위를 철회할 수 있다. 예컨대, 도로점용허가를 하면서 매월 점용료 납부(부담)를 명한 경우, 점용료를 계속해서 납부하지 않으면 행정청은 주된 행정행위인 도로점용허가를 철회할 수 있다.

[강제집행] 부담은 독자성이 있으므로 부담을 불이행한 경우에는 주된 행정행위와는 별도로 부담만을 별도로 대상으로 하여 강제집행을 할 수 있다. 예컨대, 도로점용허가를 하면서 도로점용료 납부라는 부담을 이행하지 않는 경우 행정청은 강제징수 할 수 있다.

[단계적 조치의 불이행] 부담으로 부가된 의무를 불이행하는 경우 행정청은 그 후의 단계적인 조치를 거부하는 것도 가능하다. 예컨대, 건축허가시 붙인 부담의 불이행을 이유로 그 후의 준공검사를 하지 않거나, 임야개간허가시 붙인 부담의 불이행을 이유로 그 후의 개간준공허가를 하지 않는 것 등을 들 수 있다.

【부담의 불이행】

▶판례〉 부담부 행정처분에 있어서 처분의 상대방이 부담(의무)을 이행하지 아니한 경우에 처분행정청으로서는 이를 들어 당해 처분을 취소(철회)할 수 있다(대판 1989. 10. 24, 89누2431).

▶판례〉 개간허가시 붙인 부담을 불이행한 경우 후속조치인 준공인가를 하지 않을 수 있다(대판 1985. 2. 8, 83누625).

## 4. 수정부담(modifizierte Auflage; modifizierende Auflage) - 변경부담

### 4.1. 의의

[의의] 수정부담(修正負擔 : modifizierte Auflage; modifizierende Auflage)[1][2] 혹은 변경부담[3]이란 행정행위의 <u>상대방이 신청한 것과는 다르게</u> '행정행위의 내용(Inhalt des Verwaltungsaktes)'을 定(수정·변경)하는 부관(Nebenbestimmung)을 말한다. 이 경우에

---

1) 김남진 교수는 X가 행정청에 대해 A국으로부터 쇠고기 수입허가를 신청하였는데, 허가청이 X에 대해 B국으로부터의 쇠고기 수입을 부여하는 것과 같은 경우, 이를 수정부담이라고 한다고 한다(김남진, 행정행위의 부관, 고시계(1986.3.), 169면). 김남진 교수는 독일에서 판례로도 정착되고 있다고 한다(BVerwG, DÖV 1974, S. 380; BVerwG, NVwZ 1984, S. 366).

2) 박종국, 수정부담에 관한 고찰, 월간고시(1988.9), 45-60면.

3) 서원우 교수는 이를 변경부담이라고 한다(서원우, 행정행위의 부관론(附款論)에 대한 재검토, 고시계(1985.11), 53면).

는 행정행위의 상대방이 수정된(변경된) 내용(aliud)에 대한 동의가 있어야 그 효력을 발생한다.[1] 통상의 부담이 'Ja, aber(…신청한 대로 허가한다. 그러나…)'의 구조인데 반해 수정부담은 'Nein, aber(…신청한 대로는 허가할 수 없다. 그러나…)'의 구조를 가진다는 특색이 있다. 예를 들면, 甲의 A도로점용허가신청에 대해서 행정청이 A도로점용허가를 하고 사용료 납부명령을 부가하면 이는 통상의 부담인 반면 甲의 A도로점용허가신청에 대해 B도로점용허가를 하는 것은 수정부담의 예라고 할 것이다. 이와같이 수정부담은 신청된 내용의 행정행위를 부여하면서 그 법적 효과를 제한하는 것이 아니라 신청된 행정행위의 내용 자체를 변경하여 변경된 내용의 행정행위를 행하는 것이므로 부관과 구별되는 것으로서 수정된 행정행위 내지 수정허가로 보기도 한다.

[바이로이터(F. Weyreuther) 교수의 주장] 수정부담(변경부담)을 최초로 주창한 독일의 '바이로이터(F. Weyreuther)'는 '건축조건에 관하여(Über Baubedingungen)'라는 논문에서, "부담에는 두가지 종류가 있는데, 그 하나는 신청에 대응하여 일정한 부담을 부과 하는 것으로서, 그것은 (ㄱ) "Ja(예), aber(그러나)"의 구조를 가지는 것으로서, 이것은 본래적 의미의 부담(Auflage)이다. 이에 대하여 (ㄴ) "Nein(아니오), aber(그러나)"의 구조를 갖는 부담이 있는데 이것을 수정부담(변경부담[서원우])이라고 한다. 예컨대 3각형지붕형(型)의 주택건축허가신청에 대하여 평옥지붕형(편편한 지붕형)으로 건축하라는 부담부(負擔附)허가를 하는 경우와 같은 것"이라고 하였다.[2][3] 이 경우 그는 그것은 행정행위의 본체와는 不可分的인 관계이기 때문에 독립된 취소소송으로 이를 다툴 수 없다고 한다. 그러나 최근의 대부분의 학자와 판례는 이 경우 행정청은 건축주에게 무엇을(즉 평옥지붕으로 건축하라) 명하려는 것이 아니라 신청을 수정하여 일정한 내용을 지닌(평옥지붕주택)허가를 하려는 것으로(즉, 신청된 주된 행정행위의 내용 자체를 행정청이 질적으로 수정하는 것으로) 행정청은 허가의 내용과 한계를 규율함으로써 내용적 제한에 접근하고 있어, 건축주가 이에 따르지 않았을 경우 그는 건축허가를 위반하여 건축한 것이 되어 행정청은 3각지붕의 철거를 명하게 될 것이다.

[볼프강 크론트할러(Wolfgang Kronthaler) : 독일 프라이부르크 법과대학 2006/2007 년도 겨울학기(Wintersemester) 강의] 수정부담(변경부담)이란 행정청이 상대방이 신청(Antrag)한 것과는 다른 내용의 허가(inhaltlich abweichende Genehmigung)를 발급하는 것을 말한다(Von einer modifizierenden Auflage spricht man, wenn eine Behörde eine vom Antrag inhaltlich abweichende Genehmigung erteilt.). 예(Beispiel) : A는 3층건물을 짓고자하여

---

1) 석종현, 일반행정법(상), 305면; 김남진, 행정행위의 부관, 고시계(1986.3), 169면.
2) F. Weyreuther, Über Baubedingungen, DVBL., 1969, S. 296 f.
3) 서원우, 행정행위의 부관론(附款論)에 대한 재검토, 고시계(1985.11), 53면.

건축허가를 신청하였다(A beantragt eine Baugenehmigung für ein dreistöckiges Haus.). 그러나 행정청은 2층건물을 짓도록 하는 허가를 내주었다(Die Behörde genehmigt ein Haus mit zwei Stockwerken). 수정부담의 경우 판례에 의하면, 이러한 변경(3층건물 허가신청에 대하여 2층건물만을 짓도록 허가하는 것)은 '독립 행정행위(selbständiger Verwaltungsakt)'가 아니므로, 이것만(2층건물 건축허가)만을 대상으로 하여 소송을 제기할 수 없다고 하였다(Folge der Annahme einer modifizierenden Auflage ist nach der Rechtsprechung, dass die Änderung kein selbständiger Verwaltungsakt ist und daher auch nicht selbständig angefochten werden kann(이에 관하여는 독립취소소송 참조: siehe unter isolierte Anfechtungsklage). 여기에서 문제가 되는 것은 부담(Auflage)의 문제가 아니라 내용(상)제한(Inhaltsbestimung)이 문제된다고 본다. 즉 상대방이 3층 건물을 짓고자하는 내용의 건축허가를 신청했는데, 행정청이 2층 건물을 짓도록 하는 건축허가를 내준 것은 수정부담이 아니라 '내용(상)제한(Inhaltsbestimmung)'[1]의 문제이며, 이 경우 변경된 제한(Bestimmung)을 대상으로 하여 취소소송을 제기하는 것이 아니라, '원래 신청한대로의 건축허가(3층건물에 대한 건축허가)'를 할 것을 요구하는 의무이행소송(Verpflichtungsklage)을 제기하여야 한다(…, sondern muss Verpflichtungsklage auf Erlass der ursprünglich beanragten Baugenemigung erheben).[2][3] ☞ **수정부담이 아니라 변경허가라고 보는 견해(박균성)**

---

1) 내용(상)제한(Inhaltsbestimung)은 행정행위의 내용에 해당하는 일부분의 규율에 대하여 재차 일정한 규정을 가하는 것이다. 내용(상)제한은 행정행위의 규율 범위내에 있다는 점에서 부가적이고 부종적인 행정행위의 부관과 구별된다. 내용(상)제한과 관련하여 특히 문제 되는 것은 부관에 해당하는 진정한 부담(echte Auflage)과 내용(상)제한에 해당하는 이른바 수정부담(modifizierende Auflage)간의 구별문제이다. 바이로이터(F. Weyreuther)에 의해 부담의 일종으로 분류된 이른바 수정부담의 법적 성격에 대해서 독일연방행정법원도 처음에는 바이로이터(Weyreuther)의 견해를 받아들여 이를 부담의 일종으로 판단한 경우도 있었지만(DÖV 1974, S. 380 ff.), 그후의 판례에서는 이를 극복해 오늘날에는 수정부담을 수정된 허가(modifizierende Genehmigung) 또는 허가의 내용(상)제한(Genehmigungsinhaltsbestimmung)으로 보는데 큰 이견이 없는 것으로 보인다(BVerwG, NVwZ 1984, S. 366 ff.; NJW, S. 1346 ff.; Stellkens/Bonks/Sachs, § 36 Rn. 52 f.; Wolff/Bachof/Stober, S. 72 f.) 장태주, 행정행위 부관의 기능과 한계, 법조, 52권 5호(2003.5), 48면.
2) www.lexexakt.de/glossar/modifizierendeauflage.php; Wolfgang Kronthaler, Übungen im Öffentlichen Recht für Anfänger Ⅰ: Nebenbestimmungen zum Verwaltungsakt § 36 VwVfG; www.jura.uni-freiburg.de/institute/…/uebersichtnebenbestimmungen.pdf.
3) 우리 나라에서는 수정부담에 있어서 상대방이 수정된 내용의 행정행위를 받아들이지 않는 경우는 수정부담을 거부처분으로 보고 거부처분에 취소소송을 제기하거나 또는 신청한 내용에 대해 아무런 응답이 없는 것으로 보아 부작위위법확인소송을 제기할 수 있다는 견해도 있다.

[수정부담에 대한 오늘날의 독일에서의 견해] 수정부담이란 개념은, 오늘날 독일에서는, 학설상으로 논의되었던 부관론을 정리한 것으로 볼 수 있는 독일연방행정절차법 제36조 제2항에 명기되어 있는 통상의 부담과는 구별되는 것으로, 수정부담은 행정행위의 제한 그 자체라는 점에 견해를 모으고 있는 것 같다.[1]

[사례] 甲은 전당포영업을 하기 위하여 경찰서장 乙에게 유흥업소 구역 내에서의 전당포 영업허가를 신청하였다. 그런데 경찰서장 乙은 甲이 10년 전에 폭행혐의로 징역 2년을 선고받아 그 집행이 종료된 자로서, 유흥업소 부근에서 전당포 영업을 하게 되면 새로운 범죄행위가 발생할 우려가 있다고 생각하였다. 이에 따라 乙은 甲에게 다음과 같은 처분을 하였다. "甲의 전당포 영업허가신청을 허가한다. 그러나 전당포 영업소는 유흥업소로부터 멀리 떨어진 상가지역에서만 개설하여야 한다." 甲은 이에 불복하고자 한다. 어떠한 권리구제수단이 존재하는가?

[해설] 경찰서장 乙이 甲에게 영업을 허가하면서 부가한 전당포영업소의 지역적 범위를 제한한 것은 외형상 전당포 영업허가행위라는 주된 행정행위의 효력을 (지역적으로) 제한하는 의미를 갖는다. 그러나 사안에서 경찰서장 乙이 지역적으로 영업허가의 범위를 제한함으로써, 甲은 신청당시에 달성하려고 하였던 내용과는 다른 내용의 허가처분을 받았다. 이와 같이 당사자가 신청한 행정행위의 내용에 대하여 행정주체가 질적인 수정을 가하여 행정행위의 내용을 변경(수정)하여 발령하는 경우, 수정부담에 해당된다. (수정부담의 법적 성질 : 수정부담의 법적 성질에 대해서는 통상적인 부관의 일종으로 보는 견해와 부관으로서의 성질을 부정하고 독립적인 별개의 행정행위로 보는 견해가 있다. 그러나 수정부담은 신청한 행정행위의 내용 자체를 질적으로 변경한다는 점에 그 특색이 있으므로, 신청한 주된 행정행위의 내용을 아무런 변경 없이 허용하면서, 다만 부수적으로 그 법적 효과를 제한하는 일반적인 행정행위의 부관(예를 들면 본래적 의미의 부담[Auflage])과는 구별되어야 한다고 본다. 따라서 수정부담에 대해서는 상대방이 이에 동의하지 않는 한 행정행위의 효력이 발생하지 않으므로 이를 부관으로 보기보다는 새로운 행정행위로 보는 것이 타당하다. 따라서 이 경우는 수정부담이 아니라 변경허가라고 보기도한다(박균성, 행정법강의). 이에 대하여 원래 독일에서의 최초의 제창자인 바이로이터(F. Weyreuther)는 부담은 두가지 종류, 즉 "Ja-aber(예-그러나)"의 구조를 가지는 것과(부담), "Nein-aber(아니오-그러나)"의 구조를 갖는 것이 있는데, 후자를 수정부담(변경부담)이라고 하였음은 위에서 살펴본 바와 같다.

---

[1] http://www.moleg.go.kr/knowledge/…; 박종국, 위법한 부담에 대한 항고소송, 법제처, 월간법제(2002.11).

## 4.2. 수정부담(변경부담) 그 자체를 인정하지 않는 견해

[수정부담(변경부담) 그 자체를 인정하지 않는 견해] 수정부담(변경부담) 그 자체를 인정하지 않는 견해도 있다. 수정부담(변경부담)을 인정하지 않는 견해에 의하면, 이는 수정부담이 아니라, 철회권의 유보와 행정행위의 변경(새로운 행정행위)을 의미하는 것으로 본다.[1] 서원우교수는 "변경부담이라는 개념은 독일의 경우 판례에서는 찾아볼 수 없고, 학설에서도 변경부담은 종래의 부관론을 일단 정리한 것이라 할 수 있는 연방행정절차법 제36조 제2항[2]에서 규정되고 있는 의미에서의 부담과는 구별되며, 그것은 행정행위의 내용 그 자체라는 점에서 거의 견해의 일치를 보이고 있다.[3]"고 하면서 변경부담이라는 개념은 법이론상으로 부정되었다고 할 수 있다."고 한다.[4]

## 5. 법률효과의 일부배제(일부제한)

### 5.1. 의의

[의의] 법률효과의 일부배제(Ausschluß von gesetzlicher Rechtswirkung)는 행정행위의 주된 의사표시에 부가하여, 법령에서 일반적으로 그 행위에 부여하고 있는 법률효과의 일부를 배제(제한)하는 행정청의 의사표시(행정행위)를 말한다.[5] 행정행위 부관으로서 **법률효과의 일부배제**는 행정행위에 의한 것이므로 법률이 직접적으로 그 효과를 제한하고 있는 경우에는 여기에서 말하는 법률효과의 일부배제에 해당하지는 않는다.[6] 따라서 "한약업사는 보건복지부령이 정하는 지역에 한정하여 대통령령으로 정하는 한약업사시험에 합격한 자에게 허가한다(약사법[藥事法][7] 제45조 제3항)"와 같이 법률이 허가의 효력이 미치는 지역적인 범위를 스스로 정하여 두고 있는 경우에는 행정행위의 부관의 일종으로서 행정청의 행정행위에 의한 것이 아니므로, 여기서 말하는 '법률효과의 일부배제'의 문제는 아니다.[8]

---

1) 김철용, 행정행위의 부관의 한계, 고시계(1977.12), 81면 이하; 서원우, 행정행위의 부관, 법정(1977.8), 50면.
2) 독일연방행정절차법 제39조 제2항: Unbeschadet des Absatzes 1 darf ein Verwaltungsakt nach pflichtgemäßem Ermessen erlassen werden mit(의무에 합당한 재량에 따른 행정행위는 제1항의 규정에도 불구하고 다음 각호에 의하여 부관을 붙여 발령될 수 있다). 4. einer Bestimmung, durch die dem Begünstigten ein Tun, Dulden oder Unterlassen vorgeschrieben wird (Auflage)(수익자에게 작위, 부작위, 수인 또는 부작위를 명하는 규정(부담).
3) H.-W. Laubinger, Das System der Nebenbestimmungen, Wirtschaft und Verwaltung, 1982, Heft 3, S. 138.
4) 서원우, 행정행위의 부관론(附款論)에 대한 재검토, 고시계(1985.11), 55면.
5) 석종현, 일반행정법(상), 304면.
6) 홍정선, 행정법원론(상), 370면.
7) 藥師法이 아니고 藥事法임.

- 격일제운행을 조건으로 한 개인택시 영업허가[1]
　　- 야간에만 개시할 것을 조건으로 한 시장개설허가
　　- 야간만의 도로점용(사용)허가
　　- 버스 노선지정
　　- 공무원의 출장을 명하면서 법정여비의 일부를 지급하지 않을 뜻을 표시하는 경우
　　- 관광객운송용에 국한한 조건부면세수입차를 타용도에 사용하지 못하게 하는 것(대판 1972. 5. 31, 72누94)

　　▶ 대판 1991. 12. 13, 90누8503【공유수면매립빈지국유화처분취소】【판시사항】공유수면매립준공인가 중 매립지 일부에 대하여 한 국가귀속처분에 대하여 독립하여 행정소송의 대상으로 삼을 수 있는지 여부(소극)【판결요지】행정행위의 부관은 부담의 경우를 제외하고는 독립하여 행정소송의 대상이 될 수 없는 것인바, 행정청이 한 공유수면매립준공인가 중 매립지 일부에 대하여 한 국가귀속처분은 매립준공인가를 함에 있어서 매립의 면허를 받은자의 매립지에 대한 소유권취득을 규정한 <u>공유수면매립법 제14조의 효과일부를 배제(**법률효과의 일부배제**)</u>하는 부관을 붙인 것이므로 이러한 행정행위의 부관에 대하여는 독립하여 행정소송의 대상으로 삼을 수 없다.[2]

---

8) 대판 1989. 9. 12, 89누1452【한약업사영업소이전허가신청반려처분취소】【판시사항】가. 한약업사의 영업소이전에 관한 허가권자, 나. 한약업사 허가의 <u>지역적 범위</u>, 다. 한약업사 허가의 지역적 범위을 한정한 약사법 제37조 제2항의 위헌 여부(소극)【판결요지】가. 한약업사의 영업소이전허가에 관한 근거규정인 약사법시행규칙 제24조는 같은 법 제35조 제3항, 제37조 제2항에 바탕을 둔 것이고, 서울특별시행정권한위임조례는 지방자치에관한감시조치법 제5조의2에 근거를 둔 것으로서 같은 조례 제5조 제17호에 의하면 약사법 제35조에 관한 권한이 보건소장에게 위임되어 있으므로 결국 한약업사의 영업소이전에 관한 허가권은 보건소장에게 적법하게 위임되었다고 볼 것이다. 나. 약사법 제35조, 제37조 제2항, 같은법시행령 제29조, 제30조 제1항 제5호, 제31조 제1항, 구 약사법시행규칙(1983.12.30. 보사부령 제737호로 개정되기 전의 것) 제21조 제1항 제2호, 제23조, 제24조 제2항의 규정들을 종합하면, 한약업사의 자격은 처음부터 영업허가예정지역을 정하여 치루어진 자격시험에 합격한 자에게 주어지고, 종합병원, 병원, 의원, 한방병원, 한의원, 약국 또는 보건지소가 없는 면에 한하여 1인의 한약업사를 허가할 수 있으며, 한약업사의 영업소는 그 수급조절 기타 공익상 필요하다고 인정되는 경우에 도지사의 허가를 얻어 당초 허가된 <u>영업소의 소재지를 관할하는 도지사의 관할구역내에 있는 다른 면으로만 이전이 가능하고 그 관할구역을 벗어나 다른 도지사나 서울특별시장 등의 관할구역으로 이전하는 것은 허용되지 않는다</u>. 다. 한약업사의 영업을 전항과 같이 일정지역에 한정하여 허가하는 것은 결국 국민건강의 유지, 향상이라는 공익상의 목적달성을 위하여 불가변하고, 한약업사의 시험은 처음부터 영업허가예정지역을 정하여 치루어지고 그 응시자도 이와 같은 사정을 잘 알고 있었을 터이므로 약사법 제37조 제2항의 규정이 헌법 제11조의 평등의 원칙에 위반되는 것이라고 할 수 없다.

1) 김남진, 행정행위의 부관, 고시계(1986.3.), 167면.
2) 매립지 일부에 대해 국가에 소유권을 귀속시킨 처분은 법률효과의 일부배제라는 부관을 붙인

▶ 대판 1993. 10. 8, 93누2032【공유수면매립공사준공인가처분취소】지방국토관리청장이 일부 공유수면매립지에 대하여 한 국가 또는 직할시 귀속처분은 매립준공인가를 함에 있어서 매립의 면허를 받은자의 매립지에 대한 소유권취득을 규정한 공유수면매립법 14조의 효과 일부를 배제(법률효과의 일부배제)하는 부관을 붙인 것이다.

### 5.2. 요건
법률효과의 일부배제는 문자 그대로 법률이 부여한 효과를 배제하는 것이므로 법률의 근거가 있는 경우에 한하여,[1] - 혹은 법령에 근거가 있는 경우에 한하여[2] - 붙일 수 있다. 이와같이 법률효과의 일부배제는 법령이 부여하는 행정행위의 효과를 행정청의「재량」으로써 배제할 수는 없는 것이므로 법령에 특별한 근거가 있을 때에 한하여 인정된다.

### 5.3. 법률효과의 일부배제는 행정행위의 부관이 아니며, 다만 행정행위 효과의 내용적 제한(inhaltliche Beschränkung)이라고 보는 견해
서원우 교수는 법률효과의 일부배제는 독일연방행정절차법에 규정되어 있지도 않으며, 독일에서는 법률효과의 일부배제는 - 행정행위의 부관이 아니라 - 행정행위 효과의 내용적 제한(inhaltliche Beschränkung)으로 보는 견해[3]가 있다고 하면서, 부관의 외연을 어떻게 파악할 것인가에 다라 부관의 종류속에 포함시킬 것인가의 여부가 결정된다고 하면서 법률효과의 일부배제는 부관에서 제외시키고 있다.[4] 다수설은 법률효과의 일부배제 역시 부관의 일종으로 보고 있다.

## 6. 철회권(취소권)의 유보 - 해제부관(auflöende Nebenbestimmungen)
### 6.1. 의의
[의의] 철회권(취소권)의 유보(Widerrufsvorbehalt)는 행정행위의 주된 의사표시에 부가(附加)하여, 특정한 경우에 '행정행위를 취소(정확히는 철회)할 수 있는 권리'를 미리 유

---

것이다. 공유수면매립준공인가 중 매립지 일부에 대하여 한 국가귀속처분은 법률효과의 일부배제라는 부관을 붙인 것이므로 이러한 행정행위의 부관에 대하여는 독립하여 행정소송의 대상으로 삼을 수 없다(대판 1991. 12. 13, 90누8503).
1) 김도창, 일반행정법론(상), 392면; 김남진, 행정법(I), 276면; 김동희, 행정법(I), 244면; 홍정선, 행정법원론(상), 370면; 김남진, 행정행위의 부관, 고시계(1986.3.), 167면.
2) 김도창, 일반행정법론(상), 319면(원칙적으로 법령에 특별한 근거가 있을 때 붙일 수 있다).
3) Ferdinand O. Kopp, Verwaltungsverfahrensgesetz, 3. Aufl., §36 Rn. 33; J. Schachel, Nebenbestimmungen zu Verwaltungsakten, Berlin, 1979, S. 58.
4) 서원우, 행정행위의 부관론(附款論)에 대한 재검토, 고시계(1985.11), 50면, 54면.

보하는 행정청의 의사표시를 말한다. 실무상 취소권의 유보라고 표현되기도 한다. 철회권의 유보는 특정의 경우에 본체인 행정행위를 철회할 수 있는 권한을 유보하는 부관으로서 행정청이 행정행위를 거부하거나 조건이나 기한을 붙일 정도는 아니나, 행정행위를 장래에 계속적으로 유지하는 것이 공익에 적합하지 않을 때 인정된다. 철회권의 유보는 조리상 일정한 한계가 있다. 즉 철회를 하지 않으면 안될 공익상의 필요가 있고, 허가 등 당해 행정행위의 목적에 비추어 합리적인 이유가 있다고 인정되는 경우에만 유효하다.[1] 철회권은 별도의 처분이므로 재량권을 남용하거나 일탈하면 취소소송을 제기할 수 있다.

▶판례〉 행정청이 종교단체에 대하여 기본재산전환인가를 함에 있어 인가조건을 부가하고 그 불이행시 인가를 취소할 수 있도록 한 경우 인가조건의 의미는 철회권을 유보한 것이다(대판 2003. 5. 30, 2003다6422).

[법정(法定)철회사유가 존재하는 경우; 철회권의 유보를 법령에 규정하는 경우] 철회권의 유보는 법령에 규정할 수도 있다. 예를 들면 주세법 제13조(주류제조면허의 취소)를 근거로 사업범위를 제한하고 이 범위를 위반하였을 때에는 면허를 취소한다는 내용의 조건부 주류판매업 면허의 경우가 그것이다. 약사법 제35조 제2항의 경우도 철회권의 유보에 해당된다.

▶ 주세법 제13조(주류 제조면허의 취소) ① 관할 세무서장은 주류 제조면허를 받은 자가 다음 각 호의 어느 하나에 해당하는 경우에는 그 주류 제조장에 대한 모든 주류 제조면허(제1호에 해당하는 경우에는 해당 주류의 주류 제조면허로 한정한다)를 취소하여야 한다.

▶ 약사법(藥事法) 제35조(조건부 허가) ① 식품의약품안전처장은 제31조제1항 및 제2항에 따른 허가를 할 때 의약품 제조업 또는 총리령으로 정하는 품목에 대하여는 일정한 기간 내에 제31조제1항에 따른 시설을 갖출 것을 조건으로 허가할 수 있다. ☞ 조건부행정행위 ② 식품의약품안전처장은 제1항에 따라 허가받은 자가 정당한 사유 없이 제1항의 기간에 그 시설을 갖추지 아니하면 허가를 취소한다. ☞ 철회(취소)권의 유보

[법정철회사유 이외의 사유로 인한 철회권의 유보 가능성] 그러나 철회사유가 법령에 - 구체적으로 - 명시되어 있는 경우(법정철회사유가 존재하는 경우 : 하천법 제69조[법령위반자에대한처분등], 제70조[공익을위한처분등], 주세법 제13조[주류제조면허의취소] 등…), 법정의 철회사유 이외의 사유를 철회권의 유보사유로 정할 수 있는가 하는 점이 문제되나 이는 소극적으로 보는 것이 타당하다.[2] 판례의 경우도 동일하다(아래 판례 참조).

▶ 대판 1979. 6. 12, 79누28【영업허가취소처분취소】【판시사항】 감독청의 윤락행위 알선·조장금지 명령에 위반한 것이 숙박업 영업행위가 취소사유가 되는지 여부【판결요

---

1) 강인옥, 행정행위의 부관에 대한 감사접근방법, - 부관의 위법성 판단기준을 중심으로 -, 70면.
2) 이상규, 신행정법론(상), 311면; 김남진, 행정행위의 부관, 고시계(1986.3.), 167면.

지】 감독관청이 숙박업자에 대하여 발한 숙박업소에서 윤락행위의 알선, 또는 조장하는 일이 없도록 하라는 명령·지시는 숙박업법에 그러한 명령·지시를 할 수 있는 근거가 없으므로 숙박업법 제8조 소정의 영업허가 취소사유가 되는 숙박업법에 의한 명령 또는 처분으로 볼 수 없다.

[판례평석] 이 판례는 원심(서울고등법원 1979.1.17. 선고 77구589 판결)이 원고경영 (박순희) 여관에서 윤락행위를 알선 또는 조장한 사실을 인정하였으나, 피고(경기도 안양시장)가 원고에 대하여 내린 숙박업소에서 윤락행위의 알선 또는 조장하는 일이 없도록 하라는 명령·지시는 숙박업법에 <u>그러한 명령이나 지시를 할 수 있는 법령상 근거가 없으므로 이 명령·지시를 가리켜 곧 숙박업법 제8조 소정 영업허가의 취소사유로 삼을 수 있는 숙박업법에 의한 명령이나 처분으로는 볼 수 없다</u>고 하여 원고(박순희)의 숙박업 영업허가를 취소한 피고(경기도 안양시장)의 이 사건 처분을 위법하다고 원심(서울고등법원 1979.1.17. 선고 77구589 판결)이 판결한 것은 옳다는 것이다(대법원).

※그러나 위의 판례와 상반되는 아래와 같은 판례도 있다.

▶대판 1984. 11. 13, 84누269【주류판매업면허처분취소】 행정행위의 부관 중 취소권 (즉, 철회의 경우)의 유보로서 그 취소사유는 법령에 그 규정이 있는 경우가 아니라고 하더라도 의무위반이 있는 경우, 사정변경이 있는 경우, 좁은 의미의 취소권이 유보된 경우, 또는 중대한 공익상의 필요가 발생한 경우 등에는 당해 행정청은 그 행정처분을 취소할 수 있다.1) ☞ **이 대법원판례에 대한 반대 견해,**2) **그러나 이 판례를 지지하는 견해**3)**도 있다.**

[독립행정행위] 이와같이 철회원인(취소원인)이 발생하면 취소를 할 수 있으므로 '독립한 행정행위'로서 행정행위의 효력을 상실 시킬 수 있다. 동시에 철회로 인한 손실을 보상하지 아니하도록 하거나 무상(無償)으로 원상회복을 명할 수 있다는 뜻을 유보하는 경우도 있다.4)

### 6.2. 기능

철회권의 유보는 행정행위의 상대방에게 철회의 가능성을 미리 알려주고 공익목적의 실현과 장래의 상황변화에 사전에 대비하게 하는 기능을 한다. 철회권을 유보하는 경우, 철회사유는 상대방의 권익을 보호하고 법적 생활의 안정성과 예측가능성을 보장하는 의미에

---

1) 판례평석 : 김철용, 주류판매업 면허처분철회의 근거와 철회권유보의 한계, 행정판례연구 1집 (92.11) 69면.
2) 김남진, 행정행위의 부관, 고시계(1986.3.), 167면(법정의 철회사유 이외의 사유를 철회권의 유보 사유로 정할 수 없다); 이상규, 신행정법론(상), 311면.
3) 김철용, 주류판매업 면허처분 철회의 근거와 철회권의 한계, 판례월보 제80호, 46면; 강인옥, 행정행위의 부관에 대한 감사접근방법, - 부관의 위법성 판단기준을 중심으로 -, 71면.
4) 박윤흔, 행정법강의(상), 386면.

서 구체적이어야 한다.[1] 이와 같이 철회권이 유보된 행정행위의 상대방은 장래 당해 행정행위가 철회될 수 있음을 사전에 예견할 수 있으므로 원칙적으로 신뢰보호원칙(Vertrauensschutz)에 의한 철회의 제한을 주장하거나 철회로 인한 손실보상을 요구할 수 없다.

### 6.3. 해제조건과의 구별

[취소권(철회권)의 유보가 해제조건과 다른점] 취소권(철회권)의 유보는 행정행위의 효력이 '소멸'된다고 하는 점에서 해제조건과 비슷하다. 이리하여 철회권의 유보는 해제조건의 특별한 아종(亞種: besonderer Unterfall der auflösenden Bedingung), 이라고 보는 견해도 있다.[2] 그러나 취소권(철회권)의 유보의 경우에는 행정행위의 효력을 소멸시키기 위하여 '별도로 행정청의 의사표시'(철회)를 요하나, 해제조건의 경우에는 조건의 성취로 인하여 '당연히' 행정행위의 효력이 소멸한다는 점에서 구별된다.[3] 다시말하면 해제조건은 조건사실이 발생하면 당연히 행정행위의 효력이 소멸되지만, 철회권의 유보의 경우 유보된 사실이 발생하면 그 효력을 소멸시키기 위해 행정청의 별도의 의사표시(철회)를 필요로 한다.

▶ 철회권(취소권)의 유보: → 행정행위의 효력이 '소멸'되기 위하여 '별도로 행정청의 의사표시'(철회)가 필요

▶ 해제조건: → 조건성취로 '당연히' 효력이 소멸

### 6.4. 유보(留保)된 철회권(취소권)의 행사·한계

#### 6.4.1. 철회의 일반적 조건

[철회의 정당화 근거] 철회권은 그것이 유보되어 있다고 하더라도 행정청이 항상 무제한적으로 철회권을 행사할 수 있다거나 이를 정당화할 근거가 되는 것은 아니며, 철회의 일반적 요건이 충족되어야 철회할 수 있다.[4] 즉, 철회권을 유보하였더라도 취소(철회)를 필요로 할 만한 공익상의 필요가 있거나(대판 1964. 6. 9, 64누40 등), 행정행위의 목적에 합리적인 이유가 있어야 한다는 등 철회제한에 관한 일반원리(철회제한의 원칙)가 그대로 적용된다는 것이 학설·판례의 입장이다. 이는 철회권을 행사하는 경우, 단지 철회권의 유보

---

1) 강인옥, 행정행위의 부관에 대한 감사접근방법, - 부관의 위법성 판단기준을 중심으로 -, 70면.
2) H. Maurer, Allgemeines Verwaltungsrecht, 4. Aufl., S. 258; Mayer/Ferdinand O. Kopp, Allgemeines Verwaltungsrecht, 1985, S. 220; Wolff/Bachof, Verwaltungsrecht I, 9. Aufl., S. 410; 김남진, 행정행위의 부관, 고시계(1986.3.), 166면.
3) 석호철, 행정행위의 부관,「재판자료 제68호 행정소송에 관한 제문제(상)」, 법원행정처, 1995, 233면.
4) 김이열, 행정법新講(상), 198면.

를 두는 것만으로는 불충분 하며, 그 이유는 철회제한의 원칙을 회피하기 위한 수단으로 활용되는 편법을 방지하기 위한 것이기 때문이다.1) 철회권(취소권)이 유보된 경우, 그 취소사유는 법령에 규정이 있는 경우가 아니라고 하더라도(법령에 근거가 없더라도 철회권을 유보할 수 있다), (ㄱ) 상대방의 의무위반이 있는 경우(의무불이행), (ㄴ) 사정변경이 있는 경우(사정변경의 원칙), (ㄷ) 좁은 의미의 취소권이 유보된 경우, 또는 (ㄹ) 중대한 공익상의 필요가 발생한 경우 등에는 당해 행정청은 그 행정처분을 철회(취소)할 수 있다. 법령의 근거가 없더라도 행정청은 철회권을 유보할 수 있으나 만약 철회사유가 법령에 명시적으로 규정되어 있는 경우 법령에 규정된 명시적 사유 이외의 사유를 들어 철회권을 유보할 수 있는지가 문제된다. 판례는 주세법과 관련한 사건에서 법령에 규정된 사유 외에도 철회권을 유보할 수 있다는 취지로 판시한 바 있다. 즉 대법원은 행정행위의 부관으로 철회(취소)권을 유보한 경우, 그 철회(취소)사유는 <u>법령에 규정이 있는 것에 한하지 않는</u>다고 하였다.2)

▶ 대판 1984. 11. 13, 84누269 【주류판매업면허처분취소】 행정행위의 부관 중 취소권(즉, 철회의 경우)의 유보로서 그 취소사유는 법령에 그 규정이 있는 경우가 아니라고 하더라도 의무위반이 있는 경우, 사정변경이 있는 경우, 좁은 의미의 취소권이 유보된 경우, 또는 중대한 공익상의 필요가 발생한 경우 등에는 당해 행정청은 그 행정처분을 취소할 수 있다.3) ☞ **이 대법원판례에 대한 반대설**4)

### 6.4.2. 철회의 한계

[철회의 한계] 상기한 바와 같이 철회사유가 발생하면 무조건 철회할 수 있다고 하는 무제한적 철회권의 유보는 인정되지 아니하며, 행정행위를 철회하는 경우와 같이 철회시에 철회의 일반적 조건5)을 충족 시켜야 하며, 동시에 조리상의 한계를 지켜야 한다.6) 결국 철회를 하지 않으면 안될 공익상 필요가 있는 경우, 행정행위의 목적에 비추어 합리적인 이유가 있다고 인정되는 경우에만 철회가 허용된다(대판 1964. 6. 9, 64누40 등).

▶ 대판 1962. 2. 22, 60누42 【행정처분취소】 (행정행위인 허가 또는 특허에 종료의 기한 또는 취소권의 유보에 관한 조항이 있는 경우의 효력) : 허가 또는 특허에 종료의 기한을

---

1) 塩野 宏, 行政法(I), 1991, 152頁(面).
2) 대판 1984. 11. 13, 84누269 【주류판매업면허처분취소】 ; 대판 1997. 3. 14, 96누16698 【사용검사신청반려처분취소】
3) 판례평석 : 김철용, 주류판매업 면허처분철회의 근거와 철회권유보의 한계, 행정판례연구 1집 (92,11) 69면.
4) 김남진, 행정행위의 부관, 고시계(1986.3.), 167면(법정의 철회사유 이외의 사유를 철회권의 유보사유로 정할 수 없다); 이상규, 신행정법론(상), 311면.
5) 同旨 대판 1962. 2. 22, 1960행상42.
6) 김남진, 행정행위의 부관, 고시계(1986.3.), 166면.

정하거나 취소권을 유보한 경우 그 기한이 그 허가 또는 특허된 그 사업의 성질상 부당하게 짧게 정하여졌다면 그 기한은 허가 또는 특허의 존속기한을 정한 것이며 그 기한도래시 그 조건의 개정을 고려한다는 뜻으로 해석할 것이고 또 취소권의 유보의 경우에 있어서도 무조건으로 취소권을 행사할 수 있는 것이 아니고 취소를 필요로 할 만한 공익상의 필요가 있는 때에 한하여 취소권을 행사할 수 있는 것이다. ☞ **학문상의 철회를 취소로 표기하는 경우가 많음은 이 판례에서 보는바와 같다(김남진)**[1]

▶판례〉 철회권이 유보된 경우에 행정청으로서는 부관에서 정한 철회의 사유가 발생하더라고 자유로이 철회권을 행사할 것은 아니라 상대방의 신뢰보호, 법적 안정성 및 예측가능성을 위하여 일정한 제약을 받게 되고, 철회권의 행사에 있어 재량권의 일탈이나 남용이 있어서는 아니 되며, 철회권의 행사는 철회로 인하여 상대방이 입게 될 불이익, 위반행위의 정도등과 철회로서 달성하고자 하는 공익을 비교형량하여 철회권을 행사하여야 한다(대판 1992. 4. 14, 91누9251).

### 6.4.3. 철회권의 제한

a) 개관

[개관] 앞에서 살펴본바와 같이 철회권은 그 유보된 범위 내에서 무제한으로 행사할 수 있는 것은 아니며, 상대방의 권익보호와 법적 안정성을 위하여 철회권의 행사에는 일정한 조리상의 제한이 따른다. 철회권이 제한되는 경우로는, (ㄱ) 상대방이 이미 행정행위를 통해 권리를 취득한 경우, (ㄴ) 상대방이 행정행위의 발동을 요구할 수 있는 권리를 이미 취득하고 있는 경우, (ㄷ) 상대방이 행정행위의 존속을 믿고(Vertrauen) 허가받은 일에 이미 착수하였거나 출자 등을 행한 경우(신뢰보호의 원칙), (ㄹ) 행정청의 형성적 행위를 통해 이미 일정한 법률관계가 형성되고 변동된 경우[2] 등이다. 철회권의 행사에 의한 행정상의 제재는 행위자의 고의·과실과 같은 주관적 측면보다는 결과적 사실상태에 중점이 두어져야 할 것이다. 재량권의 범위내에서 부관을 붙이는 경우에는, 그 범위내에서 행정행위의 수권법규를 근거로 하여 철회권의 유보를 행하는 것이 가능하나, 철회권을 유보하면 자동적으로 철회를 자유롭게 할 수 있는 것이 아니라, 그 행사는 행정행위의 철회에 있어서와 같은 제한을 받는다.

▶판례〉 행정처분을 한 행정청이라도 법령에 규정이 있는 때, 행정처분에 하자가 있는 때, 행정처분의 존속이 공익에 위반되는 때, 또는 상대방의 동의가 있는 때 등의 특별한 사유가 있는 경우를 제외하고는 행정처분을 자의로 취소할 수 없다(대판 1990. 2. 23, 89누7061).

---

1) 김남진, 행정행위의 부관, 고시계(1986.3.), 167면.
2) 김남진, 행정법의 기본문제, 270면.

### b) 철회권의 유보와 신뢰보호의 원칙

[철회권의 유보와 신뢰보호의 원칙] 철회권의 유보는 해제조건의 한 특수한 경우에 해당하며, 법적 근거가 없이도 해석상 철회권을 유보할 수는 있으나, 이러한 경우 행정청은 '의무에 합당한 재량(nur ein pflichtgemäßes Ermessen), 내지는 법적으로 구속받는 재량(rechtlich gebundenes Ermessen)'에 따라 판단하여야 한다.[1] 이리하여 철회권의 유보에 따른 행정행위의 철회가 제한을 받는 점에서 그 "철회권의 유보"의 실용성에 대하여 의문이 생기기도 하지만, 이 경우에 상대방은 – 일정한 경우에는 – 신뢰보호의 원칙(Vertrauensschutz)을 주장할 수 없다는 점에서 그 실용성이 전혀 없는 것은 아니다.[2]

## 7. 행정행위의 사후변경의 유보 – 부담유보

### 7.1. 개관

[개관] 행정행위의 사후변경의 유보는 학자들에 따라, (ㄱ) 행정행위의 사후변경의 유보, (ㄴ) 부담의 사후부가, (ㄷ) 부담의 추가, (ㄹ) 부담의 사후변경, (ㅁ) 부관의 사후변경의 유보, (ㅂ) 보충권의 유보, (ㅅ) 부담유보 등과 같이 실로 다양한 명칭으로 부르고 있다.

[의의] 행정행위의 사후변경의 유보(Vorbehalt einer nachträglichen Änderung des Verwaltungsaktes)라 함은, (ㄱ) 당해 행정행위를 사후에 '변경'(철회제외) 또는 '보완'할 수 있음을 상대방에게 미리 알려두고 이를 유보하여 두는 경우, 혹은 (ㄴ) 부담 등의 '새로운 부관'을 붙일 수 있는 권리를 미리 유보하여 드는 것, (ㄷ) 최초의 행정행위 발급 당시 이미 내려진 부관을 또다시 추가하거나 변경(부관의 추가·변경)할 수 있다는 것을 최초의 '주된 행정행위(Hauptverwaltungsakt; 본체인 행정행위)'를 발급할 당시 미리 상대방이 알 수 있도록 유보해두는 내용의 부관을 말한다(여기에는 기왕의 행정처분에 이미 부담이 부가되어 있는 상태에서 그 의무의 범위 또는 내용 등을 추가적으로 변경·보완하는 것을 포함한다. 이 경우는 '부관의 사후변경의 유보'에 해당한다).

[인정이유] 행정행위를 사후에 변경할 것을 사전에 유보하는 것을 인정하는 이유는, 행정행위의 효력은 일반적으로 장기간에 걸쳐 지속되는데 그동안의 사회적·경제적 변화 및 기술적 발전이 급속도로 발전하며, 그 변화를 사전에 예측하기가 대단히 어렵기 때문에 이를 사전에 효과적으로 대비하기 위한 것이기도 하다.[3]

[독일연방행정절차법] 독일연방행정절차법 제36조 제2항 제5호는 부담의 사후부가·변경 또는 보충권의 유보(einem Vorbehalt der nachträglichen Aufnahme, Änderung oder Ergänzung einer

---

1) 홍정선, 행정법원론(상), 368면.
2) 김도창, 일반행정법론(상), 319면; 김남진, 행정행위의 부관, 고시계(1986.3.), 167면.
3) 석종현, 일반행정법(상), 305면; 김이열, 행정법신강(상), 198면.

Auflage)라는 내용으로 규정하고 있다.

### 7.2. 학설의 대립(긍정설 · 부정설)

[학설] 우리 나라에서는 이에 대하여 적극적으로 받아 들이는 긍정설(김도창,[1] 김남진,[2] 강의중[3])과 부정설로 나누인다. 부정설은 이 경우는 '철회권의 유보'내지 '행정행위의 변경'으로 본다.[4] 이는 결국 부정설의 입장도 다만 그 명칭을 다르게 부르는 것일 뿐, 행정행위의 부관의 사후변경의 유보 그 자체를 부정하는 것은 아니다. 긍정설의 입장은 그것이 단순히 당초의 행정행위의 효과의 제한에 그치지 않고 특정한 의무를 부과하는 것도 그것에 포함되는 한 그것도 특별한 행정행위의 부관의 일종이라고 본다.[5]

[사견] 오늘날 급속도로 변하는 사회환경에 비추어 볼 때 긍정설의 입장이 바람직하다. 다만 부담유보(Auflagenvorbehalt)라고도 불리우는 이러한 종류의 부관은 그 유보된 내용의 법률효과를 행정행위(허가 등)의 발급시점에 있어서 아직 예측하기 어려운 경우 등으로 한정하여야 할 것이다.[6]

[소결] 행정처분에 이미 부담이 부가되어 있는 상태에서 그 의무의 범위 또는 내용 등을 변경하는 부관의 사후변경은, 법률에 명문의 규정이 있거나 그 변경이 미리 유보되어 있는 경우(도로법 제97조[공익을 위한 처분]), 또는 상대방의 동의가 있는 경우에 한하여 허용되는 것이 원칙이지만, 사정변경으로 인하여 당초에 부담을 부가한 목적을 달성할 수 없게 된 경우에도 그 목적달성에 필요한 범위 내에서 예외적으로 허용된다.[7] 예를 들면, 건축허가시 이로 인해 소음공해가 발생할 것이 예측 불가능한 경우, 소음차단벽을 설치할 부담을 유보하는 것 등을 들 수 있다. 이와같이 행정행위의 사후변경의 유보(부담유보)를 인정하는 이유는 행정행위의 효력은 장기간에 걸쳐 지속되는 것이기 때문에 그동안의 사회적 · 경제적 변화와 기술적 발전을 예측하기 어려운 경우에 대비하여 붙이는 부관이다.[8]

[부관의 사후변경의 유보가 법률에 명문의 규정이 있는 경우] 부관의 사후변경의 유보가 법률에 명문의 규정이 있는 경우로서는 다음과 같은 것이 있다.

---

1) 김도창, 일반행정법론(상), 319면.
2) 김남진, 행정행위의 부관, 고시계(1986.3.), 168면.
3) 강의중, 행정행위의 부관, 고시연구(1978.2).
4) 윤세창; 이상규, 신행정법론(상), 311면; 서원우, 행정행위의 부관, 법정(1977.8); 김철용, 행정행위의 부관의 한계, 고시계(1977.12).
5) 서원우, 행정행위의 부관론(附款論)에 대한 재검토, 고시계(1985.11), 50면.
6) 김남진, 행정행위의 부관, 고시계(1986.3.), 168면; H. Maurer, Allgemeines Verwaltungsrecht, 4. Aufl., S. 263; Mayer/Ferdinand O. Kopp, Allgemeines Verwaltungsrecht, 1985, S. 222.
7) 대판 1997. 5. 30, 97누2627【토지굴착등허가처분중부담무효확인】
8) 박윤흔, 행정법강의(상), 387면.

▶도로법 제97조(공익을 위한 처분) ① 도로관리청은 다음 각 호의 어느 하나에 해당하는 경우 이 법에 따른 허가나 승인을 받은 자에게 제96조에 따른 처분을 하거나 조치를 명할 수 있다.
   1. 도로 상황의 변경으로 인하여 필요한 경우
   2. 도로공사나 그 밖의 도로에 관한 공사를 위하여 필요한 경우
   3. 도로의 구조나 교통의 안전에 대한 위해를 제거하거나 줄이기 위하여 필요한 경우
   4. 「공익사업을 위한 토지 등의 취득 및 보상에 관한 법률」 제4조에 따른 공익사업 등 공공의 이익이 될 사업을 위하여 특히 필요한 경우
   ② 제1항에 따른 도로관리청의 처분으로 생긴 손실의 보상에 관하여는 제99조를 준용한다.

▶대판 1997. 5. 30, 97누2627【토지굴착등허가처분중부담무효확인】(부관의 사후변경이 허용되는 범위) : 행정처분에 이미 부담이 부가되어 있는 상태에서 그 의무의 범위 또는 내용 등을 변경하는 부관의 사후변경은, 법률에 명문의 규정이 있거나 그 변경이 미리 유보되어 있는 경우 또는 상대방의 동의가 있는 경우에 한하여 허용되는 것이 원칙이지만, 사정변경으로 인하여 당초에 부담을 부가한 목적을 달성할 수 없게 된 경우에도 그 목적 달성에 필요한 범위 내에서 예외적으로 허용된다.

## III. 행정청의 부관부과(附款附加) 의무 – 행정청에 부관부가 의무가 존재하는가?

### 1. 의무에 합당한 재량 및 법적으로 구속 받는 재량 : 공익·제3자 이익의 보호를 위한 경우

개별법령에 명시적인 규정이 없어 주된 행정행위에 부관을 붙일 것인지의 여부가 행정청의 재량행위라고 인정되는 경우에도, 이 때의 재량은 의무에 합당한 재량(nur ein pflichtgemäßes Ermessen), 내지는 법적으로 구속받는 재량(rechtlich gebundenes Ermessen)이며, 행정청에게 항상 부관을 부가하지 않을 자유가 있는 것은 아니다. 왜냐하면 부관부행정행위의 발급문제는 행정행위 부관의 절차적 기능과 공익(Wohl der Allgemeinheit) 및 제3자의 이익의 보호기능과 연계하여 결정되어야 되기 때문이다.

### 2. 법률요건충족부관인 경우

기속행위에서의 법률요건충족부관, 즉 부관을 붙임으로써 행정행위의 법률상 요건이 충족될

수 있는 경우(… die gesetzlichen Voraussetzungen des Verwaltungsaktes erfüllt werden : 법률요건충족부관), 상대방에게 이익이 되는 경우에는 비록 부관을 붙일 것인가 아닌가는 - 비록 행정청의 재량행위에 해당하는 경우라고 할 지라도 - 상대방의 이익을 위해 부관부 행정행위의 발급을 해야할 경우가 발생할 수 있고(물론, 이 경우 과잉금지원칙이 준수되어야 할 것이다), 상대방은 법정요건이 충족 되었을 경우 행정청에 대하여 부관을 발급해줄 것을 신청할 수 있다. 만약 이 때 행정청이 상대방의 부관을 붙여달라는 신청에 대해 거부처분을 내리는 경우에는 재량하자(裁量瑕疵)를 가져올 수 있다. 또한 상대방에 대한 수익적 행정행위의 발급에 의해 제3자에게 불이익적 효과가 발생하는 복효적 행정행위의 경우에는 그 불이익적 효과를 방지하기 위하여 행정청에게 부관부가의무를 지우고 상대방에게는 부관부가를 구하는 청구권이 부여된다고 보는 경우도 있을 수 있다.[1]

## IV. 행정행위의 부관의 허용성(Zulässigkeit : 가능성)과 한계 - 어떠한 행정행위에 부관을 붙일 수 있는가?

### 1. 개관

어떠한 행정행위에 부관을 붙일 수 있는가 하는 문제는 행정행위 부관의 분류론과 함께 행정행위의 부관론의 고전적 과제이다. 법령이 명문으로 행정행위의 부관을 허용하고 있는 경우에는 부관을 부가할 수 있다. 그런데 우리나라는 독일 연방행정절차법(제36조)에서와 같은 일반적·통칙적 규정은 없고(우리의 행정절차법에는 부관에 관한 규정이 없다), 각 개별법에서 규정하고 있을 뿐이다. 결국 법령이 이것을 명시적으로 규정하고 있는 경우에는 부관이 허용되나, 법령에 명문규정이 없는 경우에는 당해 행정행위가 재량행위인가 아닌가에 달려있으나, 행정행위의 종류에 따라 개별적으로 부관의 허용성을 검토하여야 한다. 행정청의 부관 설정행위는 재량행위기는 하지만 일정한 한계가 있으므로 그 한계를 넘으면 재량권을 일탈 남용한 것으로서 위법한 부관이 될 수 있다.

### 2. 부관의 허용성(가능성) - 부관을 붙일 수 있는 행정행위

#### 2.1. 법률행위적 행정행위와 준법률행위적 행정행위

2.1.1. 법률행위적 행정행위에 있어서의 부관가능성

[법률행위적 행정행위] (전통설 : 종래의 견해) : 행정행위의 부관은 행정행위의 효과를 제

---

1) Vgl. Ferdinand O. Kopp, Verwaltungsverfahrensgesetz, § 36, Rn. 15.

한하는 주된 의사표시에 부가된 종된 의사표시이기 때문에 그 성질상 법률행위적 행정행위(명령적 행위·형성적 행위)에만 붙일 수 있으며, 준법률행위적 행정행위(확인·공증·통지·수리)에는 붙일 수 없고, 붙여도 무효라고 주장하는 것이 - 종래의 - 통설·판례의 입장이다.[1] 행정행위의 부관은 명령적 행정행위뿐 만아니라 형성적 행정행위에도 붙일 수 있다.[2] 판례도 "공익법인의 기본재산의 처분에 관한 공익법인의설립·운영에관한법률 제11조 제3항의 규정은 강행규정으로서 이에 위반하여 주무관청의 허가를 받지않고 기본재산을 처분하는 것은 무효라 할 것인데 위 처분허가에 부관을 붙인 경우 그 처분허가의 법률적 성질이 형성적 행정행위로서의 인가에 해당한다고 하여 조건으로서의 부관의 부과가 허용되지 아니한다고 볼 수는 없고, 다만 구체적인 경우에 그것이 조건, 기한, 부담, 철회권의 유보 중 어느 종류의 부관에 해당하는지는 당해 부관의 내용, 경위 기타제반 사정을 종합하여 판단하여야 할 것이다."[3] 라고 하여 형성적 행정행위에도 부관을 붙일 수 있다고 하고 있다.

### 2.1.2. 준법률행위적 행정행위에 있어서의 부관가능성 - 예외적으로 인정되는 경우(개별적 구별설의 입장)

[준법률행위적 행정행위] 전통적 견해에 따르면 준법률적 행정행위에는 부관을 붙일 수 없다. 종래의 통설적 견해는 행정행위의 부관의 정의를 "행정행위의 일반적 효과를 제한하기 위하여 그 행위의 요소인 의사표시의 주된 내용에 부가되는 종된 의사표시"라고 보기 때문에 "의사표시"를 요소로 하지 않는 준법률행위적 행정행위에는 부관이 붙여질 수 없다고 보는 것이다.[4] 이에 대하여 새로운 견해는 준법률적 행정행위라도 확인·공증의 경우에는 종기(終期) 등과 같은 부관은 붙일 수 있다는 견해가 있다. 즉 준법률행위적 행정행위(확인행위 및 공증행위 : 여권 및 신분증의 유효기간)에도 부관을 부과할 수 있다고 주장하는 학설이 있으며(H. J. Wolff), 한국에서도 이에 따르는 학자가 있다.[5] 이는 행정행위를 법률행위적 행정행위와 준법률행위적 행정행위로 나누고 준법률행위적 행정행위에는 부관을 붙일 수 없다는 논법을 채택하지 않고, 부관의 허용성(許容性)은 행정행위의 성질(Natur, Charakter des Verwaltungsaktes)에 의하여 개별적·구체적으로 행정행위의 성질과 개별부관 형태와의

---

1) 석종현 교수는 부관의 허용성 문제는 어떠한 행정행위에 부관을 붙일 수 있느냐의 문제이기 때문에 개개의 행정행위의 성질에 비추어 결정되어야 한다고 한다(석종현, 일반행정법(상), 306면; 석종현, 행정행위의 부관, 고시계(1986.3), 29면 이하).
2) 강인옥, 행정행위의 부관에 대한 감사접근방법, - 부관의 위법성 판단기준을 중심으로 -, 54면.
3) 대판 2005. 9. 28, 2004다50044.
4) 강인옥, 행정행위의 부관에 대한 감사접근방법, - 부관의 위법성 판단기준을 중심으로 -, 59면.
5) 김남진, 행정법(I), 262면 이하; 김남진, 행정행위의 부관, 고시계(1986.3.), 169면.

대조에 의하여 판정·결정될 문제라고 한다(개별적 구별설).1) 그리하여 준법률행위적 행정행위인 확인행위에도 부관을 붙일 수 있다고 하고(예를 들면 확인행위 및 공증행위에, 종기[終期]정도의 부관은 붙일 수 있는바, 일반여권에 대하여 10년 이내의 유효기간을 붙여 발급할 수 있게 규정한2) 여권법시행령 제6조 제1항[일반여권의 유효기간]3)), 반대로 법률행위적 행정행위인 경우에도 신분설정행위(예컨대 공무원임명행위)에는 조건이나 부담을 붙일 수 없으며, 국적부여행위(귀화허가)에도 역시 조건이나 철회권의 유보와 같은 부관을 붙일 수 없다고 한다.4) 이는 종래의 견해(전통설)가 일률적으로, (ㄱ) 법률행위적 행정행위에는 부관을 붙일 수 있으나, (ㄴ) 준법률행위적 행정행위에는 부관을 붙일 수 없다고 주장하는데 대해, 개별적인 사안에 따라 달리 판단해야 한다, 즉 법률행위적 행정행위라고 하여 언제든지 부관을 붙일 수 있는 것만은 아니고(법률행위적 행정행위에도 귀화허가와 같은 신분설정행위에는 조건이나 철회권유보 등의 부관을 붙일 수 없는 경우가 있다),5) 준법률행위적 행정행위라고 항상 부관을 붙일 수 없는 것은 아니라는 것이다. 이러한 새로운 견해는 행정행위를 사법상(私法上)의 법률행위 개념을 사용하여 법률행위적 행정행위와 준법률행위적 행정행위로 구별하는 것 자체가 문제된다고 한다.6)

### 2.1.3. 개별적 구별설의 구체적 내용

[내용] 위에서 살펴본 바와 같이 법률행위적 행정행위 중에 '신분설정행위(신분적 행정행위)'는 부관을 붙일 수 없고, 반면에 준법률행위적 행정행위 중에 확인·공증에 대해서는 시한을 붙일 수 있는바, 확인적 행정행위에는 종기(終期)만을 붙일 수 있다고 한다(김남

---

1) 김남진, 행정행위의 부관, 고시계(1986.3.), 170면; 석종현, 행정행위의 부관, 고시계(1981.12), 29면 이하; 서원우, 행정행위의 부관론(附款論)에 대한 재검토, 고시계(1985.11), 58면(법률행위적 행정행위와 준법률행위적 행정행위라는 구별자체는 분명히 부관의 허용성과 직접 관련은 없고, 준법률행위적 행정행위나 법률행위적 행정행위의 구별없이 행정행위 일반을 전제로 하여 법률의 기속정도에 따라 개별적으로 부관의 허용여부가 결정되어야 한다); 서원우, 현대행정법론(상), 435면.
2) 18세 미만의 자는 5년이내(여권법시행령 제6조 제2항 제1호).
3) 여권법시행령 제6조(일반여권의 유효기간) ① 일반여권의 유효기간은 10년으로 한다. <개정 2009.12.30.> ② 외교부장관은 제1항에도 불구하고 다음 각 호의 어느 하나에 해당하는 사람에게는 다음 각 호에 따른 기간을 유효기간으로 하는 일반여권을 발급할 수 있다. 다만, 제5호에 해당하는 사람인지 여부는 관계 행정기관과의 협의를 거쳐 결정한다. <개정 2010.9.20., 2011.9.30., 2012.6.8., 2013.3.23., 2015.1.12.>
4) 김남진; 석종현, 일반행정법(상), 306면.
5) 강인옥, 행정행위의 부관에 대한 감사접근방법, - 부관의 위법성 판단기준을 중심으로 -, 59면.
6) 박종국, 부관의 가능성에 관한 고찰, 한일법학, 1990, 49면.

진).1) 법률행위적 행정행위 중에서, 국적부여행위, 공무원임명행위 등과 같이 신분설정행위(신분적 행정행위 : Statusverwaltungsakt)는 '부관과 친숙하지 않은 행정행위(nebenbestimmungfeindliche Verwaltungsakt)'이며, 부관을 붙일 수 없다. 신분설정행위(신분적 행정행위)가 부관과 친하지 않은 이유는 신분설정행위(신분적 행정행위)에는 많은 종류의 그리고 광범위한 법률효과가 서로 결합되어 있고,2) 법적 지위의 부여(법적 신분의 기초) 혹은 확인행위를 조건 혹은 철회권의 유보라는 불확정적 상태에 두면 이들 행위의 통용성은 대단히 곤란한 정도의 불확실한 상태에 놓이게 되는 문제점이 있기 때문이다.3)

[소결] (ㄱ) 준법률행위적 행정행위 중에 확인·공증에 대해서는 여권의 유효기간, 조건부수리 등과 같이 기한은 붙일 수 있다.4) (ㄴ) 허가의 종료이유가 법률에 정하여져 있는 경우에는 해제조건·해제기한·철회권유보와 같은 행정행위의 효과의 종료에 관련된 부관은 붙일 수 없다. 그밖에도, (ㄷ) 사법형성적 행정행위나 법형성적 행정행위 등도 철회권유보·해제조건·해제기한에 친하지 않는 것이라고 하겠으나, '부담'은 그 독립성 때문에 예외적으로 붙일 수 있다고 할 수 있다.

### 2.1.4. 독일의 경우 - 부관의 허용성과 관련하여 법률행위적 행정행위와 준법률행위적 행정행위의 비(非)구별

[독일] 오늘날 독일에서는 부관의 허용성(가능성)과 관련하여 법률행위적 행정행위와 준법률행위적 행정행위의 구별 개념이 사용되지 않고 있다.5) 그것은 단순한 입법기술적 사정에 의한 것이 아니라, 행정행위의 분류에 있어서 애초부터 법률행위적 행정행위와 준법률행위적 행정행위의 개념 자체를 구별하고 있지 않기 때문이다. 독일의 경우 연방행정절차법 제36조에 부관에 대해서 규정하면서도 부관의 개념에 대한 정의는 하지 않고 있는데, 이는 워낙 다양한 종류의 부관을 단일개념으로 정리할 필요가 없기 때문이다.6) 독일에서는 행정행위의 개념을 연방행정절차법에서 규정하고 있고(연방행정절차법 제35조),7) 여

---

1) Vgl. Wolff/Bachof, Verwaltungsrecht I, 9. Aufl., S. 411 ff.
2) 서원우, 행정행위의 부관론(附款論)에 대한 재검토, 고시계(1985.11), 58면.
3) 서원우, 행정행위의 부관론(附款論)에 대한 재검토, 고시계(1985.11), 58면.
4) 김남진, 행정법(I), 281면; 김성수, 일반행정법, 245면; 류지태, 행정법신론, 144면; 박균성, 행정법론(상), 281면; 석종현, 일반행정법(상), 303면; 홍정선, 행정법원론(상), 414면
5) 서원우, 행정행위의 부관론(附款論)에 대한 재검토, 고시계(1985.11), 57면.
6) 김용섭, 행정행위의 부관의 허용성, 판례월보 제324호, 판례월보 1997년, 27-28면; 강인옥, 행정행위의 부관에 대한 감사접근방법, - 부관의 위법성 판단기준을 중심으로 -, 54면.
7) 독일연방행정절차법 제35조(행정행위의 개념) 행정행위라함은 행정청이 공법의 영역에서 개별적 사항을 규율하기 위하여 행하는 모든 처분, 결정 또는 그밖의 고권적 조치(hoheitliche Maßnahme)를 말하며, 이는 외부에 대하여 직접적 효과를 발생시키는 것이다. 일반처분

기에서는 법률행위적 행정행위와 준법률행위적 행정행위로 구별하고 있지 않다.[1] 준법률행위적 행정행위의 개념을 독일 공법학에 처음 도입한 것은 과거 독일 바이마르공화국(1919-1933) 탄생이전, 독일제국(빌헬름 황제2세)시절인 1910년에 칼 코르만(Karl Kormann)의 논문(법률행위적 국가행위의 체계:System der rechtsgeschäftlichen Staatsakte)에 의하여 최초로 정립되었다. 그는 일반적으로 준법률행위적 행정행위에는 사법에서와 마찬가지로 부관을 붙일 수 없으나, 부담(Auflage)은 그 자체로 독립성을 갖기 때문에 '주된 행정행위(Hauptverwaltungsakt; 본체인 행정행위)'에 붙일 수 있다고 하였다. 다만, 수리는 부담과 같은 명령이 붙여질 능동적(aktiv) 행동이 아니므로 붙여질 수 없고, 공증에는 붙여지는 경우가 적지 않다고 하였다.[2] 이와같이 준법률행위적 행정행위는 행정청의 의사표시를 구성요소로 하지 않기 때문에「효과를 제한」하기 위한 부관을 붙일 수 없는 것이 원칙이나,「특별한 의무를 부과하기 위한 부관(부담)과「요건을 보충」하기 위한 경우에는 부관을 붙일 수 있다.[3]

### 2.2. (자유)재량행위(그러나, 의무에 합당한 재량·법의 기속을 받는 재량) 및 기속행위

#### 2.2.1. 개관

재량행위와 기속행위의 구별은 행위 그 자체의 성질로부터 규정되는 것이 아니라 관계법규의 해석상 법이 행정권에 재량권을 수여하였는가 아니면 법적 기속을 가하고 있는가에 따라 구별되어야 한다. 오늘날의 통설과 판례[4]는 재량행위여부의 판단기준을 먼저

---

(Allgemeinverfügung)이란, 일반적인 특성에 의하여 특정되거나 특정될 수 있는 인적 범위를 대상으로 한 행정행위 및 어떤 사물의 공법상의 특성 또는 일반인에 의한 이용에 관련된 행정행위를 말한다.

1) 서원우, 행정행위의 부관론(附款論)에 대한 재검토, 고시계(1985.11), 58면.
2) Karl Kormann, System der rechtsgeschäftlichen Staatsakte, 1910, S. 149.
3) 박윤흔, 행정법강의(상), 388면.
4) 대판 2001. 2. 9, 98두17593【건축물용도변경신청거부처분취소】(기속행위 내지 기속재량행위와 재량행위 내지 자유재량행위의 구분 기준 및 그 각각에 대한 사법심사 방식) : 행정행위가 그 재량성의 유무 및 범위와 관련하여 이른바 기속행위 내지 기속재량행위와 재량행위 내지 자유재량행위로 구분된다고 할 때, 그 구분은 당해 행위의 근거가 된 법규의 체재·형식과 그 문언, 당해 행위가 속하는 행정 분야의 주된 목적과 특성, 당해 행위 자체의 개별적 성질과 유형 등을 모두 고려하여 판단하여야 하고, 이렇게 구분되는 양자에 대한 사법심사는, 전자의 경우 그 법규에 대한 원칙적인 기속성으로 인하여 법원이 사실인정과 관련 법규의 해석·적용을 통하여 일정한 결론을 도출한 후 그 결론에 비추어 행정청이 한 판단의 적법 여부를 독자의 입장에서 판정하는 방식에 의하게 되나, 후자의 경우 행정청의 재량에 기한 공익판단의 여지를 감안하여 법원은 독자

법규정의 문언으로 부터 출발하고 있다(법문언기준설[통설·판례]). 즉, 법규정의 효과부분[1])의 규정형식이 '… 하여야한다.' '… 한다' 등으로 규정된 경우에는 기속행위이고, '… 할 수 있다' 고 표현된 경우에는 재량행위라고 이해한다.

▶ 대판 1997. 12. 26, 97누15418 【주택건설사업영업정지처분취소】 【판시사항】 기속행위와 재량행위의 구별 기준 【판결요지】 어느 행정행위가 기속행위인지 재량행위인지 나아가 재량행위라고 할지라도 기속재량행위인지 또는 자유재량에 속하는 것인지의 여부는 이를 일률적으로 규정지을 수는 없는 것이고, 당해 처분의 근거가 된 규정의 형식이나 체재 또는 문언에 따라 개별적으로 판단하여야 한다.

▶ 대판 2004. 3. 25, 2003두12837 【개발제한구역내행위허가(기간연장)신청불허가처분취소】 개발제한구역 내에서는 구역지정의 목적상 건축물의 건축 및 공작물의 설치 등 개발행위가 원칙적으로 금지되고 다만 구체적인 경우에 이러한 구역지정의 목적에 위배되지 아니할 경우 예외적으로 허가에 의하여 그러한 행위를 할 수 있게 되어있음이 <u>그 규정의 체제와 문언상 분명하고</u> 이러한 예외적인 개발행위의 허가는 상대방에게 수익적인 것이 틀림이 없으므로 <u>그 법률적 성질은 재량행위 내지 자유재량행위에 속하는 것</u>이고 이러한 재량행위에 있어서는 관계법령에 명시적인 금지규정이 없는 한 행정목적을 달성하기 위하여 조건이나 기한 부담 등의 부관을 붙일 수 있고 그 부관의 내용이 이행가능하고 비례의 원칙 및 평등의 원칙에 적합하며 행정처분의 본질적 효력을 저해하지 아니하는 이상 위법하다고 할 수 없다.[2]

---

의 결론을 도출함이 없이 당해 행위에 재량권의 일탈·남용이 있는지 여부만을 심사하게 되고, 이러한 재량권의 일탈·남용 여부에 대한 심사는 사실오인, 비례·평등의 원칙 위배, 당해 행위의 목적 위반이나 동기의 부정 유무 등을 그 판단 대상으로 한다.

1) 법규정이 조건명제(…하면, … 한다 : Wenn-Dann-Schema; 사람을 죽인자는[요건], 사형에 처한다[효과])의 형식으로 되어있는 경우, 요건부분은 '… 하면'이 여기에 해당되며, 효과부분은 '… 한다'가 여기에 해당한다. 재량행위를 요건재량과 효과재량으로 구분 할 경우 '… 하면' 부분에 재량이 인정된다고 보는 것을 요건재량(요건재량설)이라 하고 '… 한다' 부분에 재량이 인정된다고 보는 것이 효과재량(효과재량설)이다.

2) 대판 2004. 3. 25, 2003두12837 【개발제한구역내행위허가(기간연장)신청불허가처분취소】 일반적으로 행정처분에 효력기간이 정하여져 있는 경우에는 그 기간의 경과로 그 행정처분의 효력은 상실되며, 다만 허가에 붙은 기한이 그 허가된 사업의 성질상 부당하게 짧은 경우에는 이를 그 허가 자체의 존속기간이 아니라 그 허가조건의 존속기간으로 보아 그 기한이 도래함으로써 그 조건의 개정을 고려한다는 뜻으로 해석할 수 있지만, 이와 같이 당초에 붙은 기한을 허가 자체의 존속기간이 아니라 허가조건의 존속기간으로 보더라도 그 후 당초의 기한이 상당 기간 연장되어 연장된 기간을 포함한 존속기간 전체를 기준으로 볼 경우 더 이상 허가된 사업의 성질상 부당하게 짧은 경우에 해당하지 않게 된 때에는 관계 법령의 규정에 따라 허가 여부의 재량권을 가진 행정청으로서는 그 때에도 허가조건의 개정만을 고려하여야 하는 것은 아니고 재량권의 행사로

그러나 재량행위라고 하더라도 이는 어디 까지나 '의무에 합당한 재량(nur ein pflichtgemäßes Ermessen),' 내지는 '법적으로 구속받는 재량(법의 기속을 받는 재량: rechtlich gebundenes Ermessen)'으로 이해하여야 한다. 따라서 재량행위에 부관을 붙일 수 있다고 하는 것은 의무에 합당한 재량에 따라 부관을 붙일 수 있다는 것이지 자의(恣意)로 부관을 붙일 수 있다는 것은 아니라고 본다.[1] 다만, 법규정이 「행정청으로부터 허가 등을 '받아야 한다'」는 형태로 된 경우에는, 그것이 재량행위인지 기속행위인지 법규정의 문언 그 자체만으로는 판단하기 힘들기 때문에, 당해 행정행위의 성질과 근거법률의 취지 및 목적, 그리고 헌법상의 기본권과의 관련성 등을 종합적·유기적으로 고려하여 합리적으로 판단하여야 한다.[2][3] 일반적으로 강학상 허가(許可)의 경우는 기속행위로 해석하고 설권행위로서의 특허(特許)의 경우에는 재량행위로 해석한다.

### 2.2.2. 재량행위(의무에 합당한 재량; 법의 기속을 받는 재량)

[개관] 행정행위의 부관은 법률행위적 행정행위 중에서도, 법규에 특별한 규정이 없는 한 재량행위에만 붙일 수 있다. 따라서 자유재량행위·기속재량행위[4]에 부관을 부가할 수 있고,

---

서 더 이상의 기간연장을 불허가할 수도 있는 것이며, 이로써 허가의 효력은 상실된다.
1) 강인옥, 행정행위의 부관에 대한 감사접근방법, - 부관의 위법성 판단기준을 중심으로 -, 62면.
2) 홍정선, 재량행위와 행정행위의 부관, 한국헌법학의 현황과 과제, 김철수교수 정년기념논문집 (1998. 10), 2002, 1173-1186면. 해당 법령에서 명시적인 기준을 찾기 어려운 경우에는 법적 평가의 대상인 행위의 성격을 전제로 그 구별의 기준을 궁극적으로는 헌법에서 찾아야 할 것이다. 이러한 관점에서 본다면, 법령에 명시적인 규정이 없는 한 행정행위의 기속성 내지 재량성의 문제는 행정행위가 그 속성으로서 갖는 공익성과 헌법상 근본규범인 기본권의 최대한 보장을 기준으로 판단되어야 한다. 여기서 행정행위의 공익성과 기본권의 최대한의 보장의 요청을 저울질하여 전자의 요청이 보다 강하다면 재량행위로 볼 것이고, 후자의 요청이 강하다면 사안에 따라 기속행위 또는 재량행위로 보아야 한다.
3) 대판 1997. 12. 26, 97누15418【주택건설사업영업정지처분취소】【판시사항】기속행위와 재량행위의 구별 기준 【판결요지】어느 행정행위가 기속행위인지 재량행위인지 나아가 재량행위라고 할지라도 기속재량행위인지 또는 자유재량에 속하는 것인지의 여부는 이를 일률적으로 규정지을 수는 없는 것이고, 당해 처분의 근거가 된 규정의 형식이나 체재 또는 문언에 따라 개별적으로 판단하여야 한다.
4) 부정하는 판례도 있다. 감독관청이 사립학교법인의 이사회소집승인을 하면서 소집일시, 장소를 지정한 것은 기속재량행위에 붙인 부관(附款)으로 무효이다(대판 1988. 4. 27, 87누1106); 대판 1993. 7. 27, 92누13998【자동차운송알선사업계획변경신고, 수리취소처분무효확인등】【판시사항】가. 자동차운송알선사업등록처분의 법적 성질 나. 기속행위에 법령상 근거 없이 부관을 붙인 경우 그 효력 다. 자동차운송알선사업자에게 한 사업장소에 관한 사업계획변경명령이 재량권남용 또는 일탈에 해당한다.【판결요지】가. 자동차운수사업법 제49조 제1항은 자동차운송중개·대리업

기속행위에는 붙일 수 없다고 한다(통설·판례).[1] 왜냐하면 재량행위는 행정청에게 행위를 거부할 수 있는 자유가 인정되어 있다고 볼 것이므로, 부관에 의하여 그 효과를 제한하는 것도 허용된다고 볼 수 있기 때문이다. 즉 행정청은 독자적 판단권을 가지고 있으므로 '의무에 적합한 재량'에 의하여 부관을 붙일 수 있다. 대법원 판례도 재량행위에는 관계법령에 명시적인 금지규정이 없는 한 행정목적을 달성하기 위하여 부관을 붙일 수 있다고 판시하고 있다.[2] 그 이유는 행정청은 상대방에게 불이익만이 아니고 제한된 수익(부관부)을 줄 수도 있다고 보기 때문이다.

> ▶판례〉 재량행위에는 법령에 명시적 근거가 없더라도 부관을 붙일 수 있다(대판 1982. 12. 28, 80다731·732).

> ▶판례〉 주택재건축사업시행인가는 재량행위로서 이에 대하여 법령상의 제한에 근거하지 않더라도 조건(부담)을 부과할 수 있다(대판 2007. 7. 12, 2007두6663).

[법률의 근거요부] 입법자가 재량에 따라 행위를 할 권한을 부여한 경우에 본체인 행정행위와 더불어 부관을 붙일 수 있는 권한을 부여하였다고 볼 수 있기 때문에 원칙적으로 법률의 근거없이 허용된다. 즉 행정청은 그 법률효과에 대한 일정한 범위 및 한도내에서의 재량권, 즉 독자적 판단권을 가지고 있으므로 그에 대한 부관은 허용된다고 볼 것이다. 이 경우 행정청은 행정과제의 수행에 기여하고 법령에 반하지 않는 한, 구체적인 사례의 사실적 내지 법적인 특수성과 관련하여 재량결정을 하면서 부관을 붙일 수 있다. 그러나 재량행위의 경우 어느 경우에나 법적 근거 없이 부관부행정행위를 발급할 수 있지는 않다. 특히 부담의 경우 더욱 그러하다. 부담은 기본적으로 침익적(침해적) 성질을 가지기 때문이다. 그러므로 법률유보의 원칙(Gesetzesvorbehalt)에 비추어 볼 때 관계자의 권리를 침해하거나 기본권과 관련되는 중요하고 본질적인 사항인 경우(본질성설)에는 예외적으로 법률적 수권을 필요로 한다. 다만 비독립적 부관의 경우에는 부관의 부가로 인하여, 추가적인 침익상황이 발생하지 않으므로 본체인 재량행위에 대한 수권 규정 속에 법적 한계를 벗어

---

또는 자동차운송주선업 등 자동차운송알선사업을 경영하고자 하는 자는 교통부장관이 행하는 등록을 받아야 한다고 규정하고 있는바, 그 등록기준과 절차 등에 관하여 규정하고 있는 같은 조 제2항, 제3항, 같은 법 제5조, 같은법 시행규칙 제31조, 제32조 등의 규정을 종합하면 행정청으로서는 등록결격사유가 없고 그 시설 등이 소정의 등록기준에 적합할 때에는 당연히 등록을 받아 주어야 할 의무가 있다 할 것이므로 이는 기속행위에 속한다. 나. 기속행위에 대하여는 <u>법령상 특별한 근거가 없는 한 부관을 붙일 수 없고 가사 부관을 붙였다 하더라도 이는 무효이다. 다. 자동차운송알선사업자에게 한 사업장소에 관한 사업계획변경명령이 재량권남용 또는 일탈에 해당한다.</u>

1) 재량행위에만 붙이고 기속행위에는 붙일 수 없다는 견해에 대한 반대설은 김남진, 행정행위의 부관, 고시계(1986.3.), 170면.
2) 대판 1998. 10. 23, 97누164; 대판 1997. 3. 14, 96누16698; 대판 1996. 4. 26, 95누17762; 대판 1992. 4. 28, 91누4300

나지 아니하는 범위안에서 부담(Auflage) 이외의 부관은 붙일 수 있다.

### 2.2.3. 기속행위와 부관

a) 전통적 견해 - 기속행위에는 법령에 근거가 없는 한 부관을 붙일 수 없다는 견해

[개관] 전통적 견해(종래의 견해)에 따르면 재량행위에는 법령에 근거가 없더라도 부관을 붙일 수 있으나 기속행위에는 법령에 근거가 없는 한 부관을 붙일 수 없다. 즉 기속행위는 행정청은 법령이 정한바에 따라서 그 행위를 하여야 할 구속을 받으므로, 자기의 의사에 의하여 그 효과를 제한하는 부관을 붙일 여지가 없다. 왜냐하면, 종래의 견해는 부관을 행정행위의 효과를 제한하는 것으로 이해하는데 기속행위 의 경우에는 행정청은 법규에 엄격하게 구속되어 기계적으로 그것을 집행하는데 그치므로 법규가 정한 법률효과를 행정청이 함부로 제한할 수 없다고 보기 때문이다. 판례는 종래의 통설과 같은 입장에서 재량행위에는 법령의 근거가 없어도 부관을 붙일 수 있으나, 기속행위에는 원칙적으로 부관을 붙일 수 없다는 입장이다. 이와 같은 입장에서 기속행위에 붙은 부관은 무효라 한다.[1] 기속행위에 부관을 붙일 수 없는 것은 행정청의 입장에서가 아니라 당해 행위의 상대방인 사인의 입장에서 이를 검토해 보면 보다 설득력이 있다. 즉 기속행위인 영업허가 등에 있어 그에 대한 사인의 신청이 관계법상의 신청요건을 충족하고 있는 경우에는 사인에게는 당해 행위의 발급을 구하는 청구권이 인정되므로 법령상 달리 규정 되어있지 않는 경우 행정청은 사인의 이러한 청구권을 제한·제약하는 부관을 붙일 수 없는 것이라고 하고 있다.[2]

▶ 대판 1997. 6. 13, 96누12269 【규사채취중단처분취소】 광업권자는광업법소정의채굴제한 등 특별한 사유가없는한 인가된 채광계획 구역에서 등록된 광물을 채굴하여 자유롭게 처분할 수 있고 또한 동일 광산중에 부존하는 다른 광물이나 골재를 부수적으로 채굴·채취할 수 있다 할 것이고 한편 주무관청이 광업권자의 채광계획을 불인가하는 경우에는 정당한 사유가 제시되어야하고 자의적으로 불인가를 하여서는 아니될 것이므로 <u>채광계획 허가는 기속재량행위에 속하는 것으로 보아야하며 일반적으로 기속재량행위에는 부관을 붙일 수 없고 가사 부관을 붙였다 하더라도 이는 무효이므로</u> 주무관청이 채광계획의 인가를 함에 있어 '규사광물 이외의 채취금지 및 규사의 목적외 사용금지'를 조건으로 붙인 것은 광업법 등에 의하여 보호되는 광업권자의 광업권을 침해하는 내용으로서 무효이나.[3]

---

1) 대판 1988. 4. 27, 87누1107; 대판 1993. 7. 27, 92누13998; 대판 1995. 6. 13, 94다56883; 대판 1997. 6. 13, 96누122699.
2) 강인옥, 행정행위의 부관에 대한 감사접근방법, - 부관의 위법성 판단기준을 중심으로 -, 63면.
3) 대판 1997. 6. 13, 96누12269 【규사채취중단처분취소】 【판시사항】 채광계획인가가 기속재량행

▶판례〉 기속행위에는 법적 근거가 없는 한 부관을 붙일 수 없다(대판 1988. 4. 27, 87누1107).

▶판례〉 건축허가를 하면서 일정 토지를 기부채납 하도록 한 허가조건은 부관을 붙일 수 없는 기속행위 내지 기속적 재량행위인 건축허가에 붙인 부담이거나 또는 법령상 아무런 근거가 없는 부관이어서 무효이다(대판 1995. 6. 13, 94다56883).

b) 오늘날의 견해 – 기속행위에도 부관을 붙일 수 있다고 하는 견해: 법률의 수권이 있는 경우 및 법률요건충족적 부관(정지조건부부관)인 경우
aa) 기속행위에도 부관을 붙일 수 있다고 하는 견해
[기속행위에도 부관을 붙일 수 있다고 하는 견해] 기속행위에도 부관을 붙일 수 있다고 하는 견해가 있다(박윤흔). 즉 행정행위의 「효과의 제한」을 위하여서 뿐만 아니라 「행정행위의 요건을 보충」하기 위하여서도 붙여진다고 보는 이 견해는 기속행위에도 행정행위의 요건을 보충하기 위한 부관은 붙일 수 있다는 것이다.[1] 예컨대, 어떤 영업허가에 관해 법령이 시설기준만을 정하고 있는 경우에 허가신청인이 법정의 시설을 완비하여 허가신청을 하는 경우 행정청은 허가를 하여야 하므로 그 영업허가는 기속행위이며, 이 경우 행정청은 장래에 있어서의 허가요건의 충족을 확보하기 위하여 철회권의 유보와 같은 부관을 붙일 수 있다고 한다.[2]

【보충설명】[법률의 수권이 있는 경우 및 법률요건충족부관] 다만 예외적으로 식품위생법 제37조 제2항(식품의약품안전처장 또는 특별자치도지사·시장·군수·구청장은 제1항에 따른 영업허가를 하는 때에는 필요한 조건을 붙일 수 있다)과 같이, (ㄱ) 법률의 수권이 있는 경우 및 기속행위에 대해서도 장래에 있어서, (ㄴ) 법률요건의 충족을 확보하는 목적(법률요건충족적 부관)에서는 부관을 붙일 수 있다고 보는 견해가 있다. 왜냐하면 행정행위의 효과를 제한하거나 요건을 보충하는 경우에도 부관이라고 보기 때문에, 당사자의 신청에 경미한 요건의 흠결이 있는 경우, 이를 갖출 것을 조건으로 행정행위를 허가하는 것이 당사자에게 오히려 유리하다는 점에서 기속행위의 경우에도 요건충족적 부관을 붙일 수 있다는 것이다. 법률요건충족부관, 즉 부관을 붙임으로써 행정행위의 법률상 요건이 충족될 수 있는 경우(··· die gesetzlichen Voraussetzungen des Verwaltungsaktes erfüllt werden : 법률요건충족부관)와 같이 재량행위의 경우에도 과잉금지원칙에 따라 상대방의

---

위인지 여부(적극) 및 '규사광물 이외의 채취금지 및 규사의 목적외 사용금지'를 내용으로 한 채광계획인가조건의 효력(무효)
1) 천병태, 행정행위 부관 개념의 재고, 고시계(1994.5), 103면.
2) 재량행위에만 붙이고 기속행위에는 붙일 수 없다는 견해에 대한 반대설(기속행위에도 부관을 붙일 수 있다는 학설): 김남진, 행정행위의 부관, 고시계(1986.3.), 170면; 석종현, 일반행정법(상), 307면.

이익을 위해 부관부행정행위의 발급을 요청할 수 있고, 이 경우의 상대방의 신청에 대한 거부는 재량하자를 가져올 수 있다. 왜냐하면 만약 당해 위법한 부관만을 취소하는 경우에는, 법원은 행정청에게 위법한 행정처분을 행할 것을 부과하는 결과가 되기 때문이다. 그러나 당해 부관이 취소되는 경우, 행정청은 법률에 의한 행정원리에 따라 원칙적으로는 본체인 행정행위를 취소 또는 변경할 수 있고, 예외적으로 신뢰보호원칙에 따라 본체인 행정행위의 존속을 유지하여야 하는 경우가 있으므로, 행정행위 부관만의 취소는 나름대로의 합리성이 있다고도 보여진다.

bb) 독일연방행정절차법 제36조

[독일연방행정절차법] 독일연방행정절차법 제36조 제1항에서는 기속행위에는 원칙적으로 부관을 붙일 수 없게 하되, 예외적으로, ① 법규에서 허용하고 있는 경우(… Rechtsvorschrift zugelassen ist)와, ② 부관을 붙임으로써 행정행위의 법률상 요건이 충족될 수 있는 경우(… die gesetzlichen Voraussetzungen des Verwaltungsaktes erfüllt werden : 법률요건충족부관)에는 부관을 붙일 수 있게 하였다. 이와같이 독일연방행정절차법 제36조제1항에서도 기속행위에는 원칙적으로 부관을 붙일 수 없게 하지만, 예외적으로 법규에서허용하고 있는 경우와 부관을 붙임으로써 행정행위의 법률상 요건이 충족 될 수 있는 경우(법률요건충족부관)에는 붙일 수 있다고 명문으로 규정하고 있는데, 이는 기속행위의 경우 부관을 붙일 수 없는 것은 행정청은 법령이 정한 바에 따라 그 행위를 행하여야 할 구속을 받으므로, 부관을 붙여 행정청의 의사에 의하여 그 효과를 제한하는 것은 허용될 수 없다는 것인바, **법률요건충족부관은 상대방을 위한 것이고 당해 행정행위의 효과를 제한하는 것이 아니므로 당연히 붙일 수 있다**고 할 것이기 때문이다. 박윤흔 교수는 "생각건대 명문(明文)이 없는 우리의 경우에도 법률요건충족부관은 기속행위에도 붙일 수 있다고 보는 것이 타당하다."1)고 한다. 기속행위의 경우 부관을 붙일 수 없는 것은 행정청이 법령이 정한 바에 의하여 발생되는 효과를 부관의 부가로 제한하는 것은 허용될 수 없다는 것인바 법률요건충족부관은 상대방을 위한 것이고 당해 행위의 효과를 제한하는 것이 아니므로 붙일 수 있다고 본다. 그러므로 종래의 통설과 판례가 기속행위에 대히여 부관을 붙일 수 없고 붙였다고 하여도 무효라고 보는것은 타당하지 않다고 본다.2)

cc) 사견

[사견] 종래의 통설적 견해는 재량행위에만 부관을 붙일 수 있고 기속행위에는 붙이지 못한다고 한다. 또한 판례도 이와 같은 입장에서 기속행위에 붙은 부관은 무효라 한다.3) 이와 같은 견해는 부관(Nebenbestimmung)의 기능이 행정행위의 효과를 제한하는 것으로

---

1) 박윤흔, 행정법강의(상), 389면.
2) 강인옥, 행정행위의 부관에 대한 감사접근방법, - 부관의 위법성 판단기준을 중심으로 -, 64면.
3) 대판 1988. 4. 27, 87누1107; 대판 1993. 7. 27, 92누13998; 대판 1995. 6. 13, 94다56883.

이해하는데서 나오는 결과이다. 그러나 행정행위의 부관의 기능을 「행정행위의 효과실현을 보충·보조하는 것」으로 이해한다면, 기속행위라 하여 반드시 부관을 붙일 수 없다고 할 수는 없을 것이다. 왜냐하면 예컨대 기속행위인 경우에도 행정청에서 경미한 요건(법률요건)이 충족되지 못하였다는 이유로 허가를 거부하는 경우, 신청인은 미비된 요건을 보완하여 재신청을 할 것이고, 이 경우에는 행정청이 거부하지 못하고 허가해 주어야 할 것이므로 법률요건을 충족하는 것을 정지조건으로 히는 부관을 붙이는 것, 즉 법률요건충족적 정지조건부부관은 행정의 신속을 도모하고 무용한 행정의 반복을 피할 수 있도록 해주므로 허용된다고 보는 것이 타당하다.[1] 뿐만 아니라 행정처분의 신청시에 법률요건이 충족되어 있지 않다면 행정청은 당해 행정행위의 발급을 거부해야 하는바, 이때 이를 거부하여 행정행위의 발급을 하지 않는 것보다는 당해 행정요건충족을 전제로 한 부관부 행정행위로서 처분하는 것이 상대방에게 유리하다. 그리고 이는 비례원칙에도 적합하다고 보여진다. 따라서 법령이 기속행위에도 부관을 붙이는 것을 허용하거나, 법률요건을 충족시키기 위한 것일때에는 기속행위에도 부관을 붙이는 것을 허용하여야 할 것이다. 결국 독일행정절차법 제36조 제1항처럼 명문규정이 없기 때문에 무조건적으로 부관을 붙일 수 있다고 하는것도 문제가 있지만 현재 부관이 행정행위에 있어서 단순히 효과를 제한하기 보다는 다른 보충기능도 인정하여야 하므로 개인의 이익보호와 공공의 이익을 위하여 탄력적인 행정을 가능하게 한다면 원칙적으로 기속행위에 부관이 인정되지 않더라도 예외적으로 부관을 붙일 수 있다고 본다. 대법원은 '자동차운송알선사업계획변경신고수리취소처분무효확인 등' 사건에서 "기속행위에 대하여는 <u>법령상 특별한 근거가 없는 한 부관을 붙일 수 없다.</u>"[2] 라고 판시하여 종래의 통설과 판례의 입장을 유지하되, - 법령상 특별한 근거가 없는 한 부관을 붙일 수 없다고 함으로써 -, 만약 법령에 의하여 부관을 붙이는 것이 허용되는 경우에는 부관을 붙일 수 있다는 취지로 판시함으로써여 <u>새로운 견해의 입장도 고려 한 것으로 보인다.</u>[3]

---

1) 박균성, 행정법론(상), 325면; 김동희, 행정행위의 부관에 대한 고찰, 법학, 36권, 1호, 1995, 77-78면; 강인옥, 행정행위의 부관에 대한 감사접근방법, - 부관의 위법성 판단기준을 중심으로 -, 64면.
2) 대판 1993. 7. 27, 92누13998【자동차운송알선사업계획변경신고,수리취소처분무효확인등】【판시사항】【판결요지】기속행위에 대하여는 법령상 특별한 근거가 없는 한, 부관을 붙일 수 없고 가사 부관을 붙였다 하더라도 이는 무효이다.
3) 강인옥, 행정행위의 부관에 대한 감사접근방법, - 부관의 위법성 판단기준을 중심으로 -, 65면.

2.2.4. 행정개입청구권이 발생하는 경우에 부관을 붙일 수 있는가?

재량권이 영(零)으로 축소(Ermessensschrumpfung auf Null)되어 상대방에게 청구권이 발생하는 경우(행정개입청구권이 발생하는 경우), 부관이 부가되면 결과적으로 행정개입청구권이 제한받게 되는 결과가 되므로 원칙적으로 부관이 허용되지 않는다. 기속행위에 있어서 상대방의 신청이 당해 행정처분의 발급요건을 충족하고 있는 것인 경우에는, 신청인은 그 수익적 행정행위의 효과획득에 있어 제한을 받지 않고, 관계법이 정하고 있는 대로 행정행위를 발급해줄 것을 청구할 수 있는 행정행위발급청구권이 인정되므로, 법령상 부관을 붙일 수 있다는 명시적인 규정이 없는 한 이러한 행정행위발급청구권의 내용을 제한하는 것을 내용으로 하는 부관은 원칙적으로 허용되지 않는다. 따라서 기속행위에 부가된 부관은 위법한 것으로서 당연히 취소될 수 있다. 이와같이 기속행위인 경우에는 행정청은 법규에 엄격히 기속되고 법규가 정한 법률효과를 임의로 제한할 수 없기 때문에 법규에 특별한 규정이 없는한 재량행위에만 부관을 붙일 수 있다는 것이 통설이다. 판례는 "기속행위에는 특별한 근거가 없는 한 원칙적으로 부관을 부가할 수 없고, 설령 부관을 붙였다 하더라도 무효이다."[1]라고 한다. 앞에서 설명한 바와 같이 재량권이 영(零)으로 수축되는 경우에 있어서도 마찬가지이다. 재량권이 영(Null)으로 수축되는 경우, 당해 재량행위는 내용적으로는 기속행위로 전환된 것과 같은 의미를 가지는 것이기 때문이다. 그러나 그 허용여부는 획일적으로 판단할 것이 아니라 개별적·구체적으로 판단할 문제라는 견해도 있다(김남진).

▶ 행정행위 → · 기속행위(부관불가)
　　　　　　 · 재량행위 → · 기속재량행위(부관가능) → 부정하는 판례 有[2]
　　　　　　　　　　　　　· 자유재량행위(부관가능)

2.2.5. 대법원판례

a) 재량행위에 부관을 붙일 수 있다는 판례

[대법원 판례] (판례-1) : "기속적 행정행위가 아닌 재량적 행정행위에 있어서는 법령상의 근거가 없더라도 행정관청은 부관을 붙일 수 있는 것으로서 공유수면매립면허는 재량적 행정행위라 할 것이므로 부관을 붙일 수 있다."[3] (판례-2) : 대법원은 "주택건설촉진법 제33

---

1) 대판 1998. 12. 22, 98다51305; 대판 1997. 6. 13, 96누12269; 대판 1995. 6. 13, 94다56883; 대판 1993. 7. 27, 92누13998; 대판 1988. 4. 27, 87누1106
2) 감독관청이 사립학교법인의 이사회소집승인을 하면서 소집일시, 장소를 지정한 것은 기속재량행위에 붙인 부관(附款)으로 무효이다(대판 1988. 4. 27, 87누1106); 대판 1993. 7. 27, 92누13998, 법공 제953호, 2428면.
3) 대판 1979. 8. 28, 79누74 【매립공사준공인가유보처분취소】

조에 의한 주택건설사업계획의 승인은 상대방에게 권리나 이익을 부여하는 효과를 수반하는 이른바 수익적 행정처분으로서, 법령에 행정처분의 요건에 관하여 일의적으로 규정되어 있지 아니한 이상 행정청의 재량행위에 속한다.[1] 재량행위에 있어서는 법령상의 근거가 없다고 하더라도 부관을 붙일 수 있는데, 그 부관의 내용은 적법하고 이행 가능하여야 하며 비례의 원칙 및 평등의 원칙에 적합하고 행정처분의 본질적 효력을 해하지 아니하는 한도의 것이어야 한다. 65세대의 공동주택을 건실하려는 사업주체(지역주택조합)에게 주택건설촉진법 제33조에 의한 주택건설사업계획의 승인처분을 함에 있어 그 주택단지의 진입도로 부지의 소유권을 확보하여 진입도로 등 간선시설을 설치하고 그 부지 소유권 등을 기부채납하도록 조건을 붙인 경우, 주택건설촉진법과 같은 법 시행령 및 주택건설기준등에 관한 특별한 사정이 없는 한 필요한 범위를 넘어 과중한 부담을 지우는 것으로서 형평성의 원칙 등에 위배되는 위법한 부관이라 할 수 없다."[2]고 하였다. (판례평석) (주택건설사업계획의 승인이 재량행위라고 보는 것): 이 사건 대법원 판례는 "주택건설촉진법 제33조에 의한 주택건설사업계획의 승인은 상대방에게 권리나 이익을 부여하는 효과를 수반하는 이른바 수익적 행정처분으로서 법령에 행정처분의 요건에 관하여 일의적으로 규정되어 있지 아니한 이상 행정청의 재량행위에 속한다 할 것"이라고 판시하고 있으나 사업계획 승인이 재량행위라고 하지만, 수익적 결정을 내용으로 하는 법규에 있어 요건을 명확하게 특정할 수 없는 경우가 많기 때문에 단순히 재량행위라고 보는 것은 문제가 있다. 왜냐하면 대법원은 "요건에 관하여 일의적으로 규정되어 있지 아니한 이상 행정청의 재량행위에 속한다."고 하여 요건에 관하여도 재량을 인정한 듯한 판시를 하고 있는 바, 이와 같은 설시는 일반적인 판례가 취하고 있는 기본적 입장과는 상이한 듯이 보인다. 이와 같은 판시태도는 자칫 수익적 행정행위의 일반을 재량행위로 보는 잘못이 있을 수 있다. 또한 이 판례는 일반적으로 요건재량설의 입장에서는 판시하고 있지 않는데 이 사건

---

[1] 김종보, 아파트건설과 환경권, http://hosting02.snu.ac.kr/~jb1260/ : 판례가 일관하여 판시하고 있는 바와 같이 사업계획의 승인은 재량행위이고 그것이 재량행위라는 결론에 이르게 된 주된 근거는 사업계획승인 속에 존재하는 광범위한 형량요소 및 의제되는 행위의 실질을 감안한 것이다. 사업계획의 승인도 실질적으로는 특별도시계획의 결정이라 할 것이므로, 행정청에게는 계획결정에 관한 광범위한 재량의 여지가 부여된다. 따라서 사업시행자가 설계해 온 사업계획을 승인할 것인지 또는 수정을 요구할 것인지 여부는 행정청이 주거수요, 환경문제 등을 고려하여 종합적으로 판단하여야 할 것이고, 이러한 판단과정에서 행정청이 갖게 되는 재량은 전형적인 계획재량의 일종이다. 이는 건축법상의 건축허가가 원칙적으로 기속행위로 해석되고 있는 것과는 매우 큰 대조를 보이는 부분이다. 따라서 승인권자는 그 승인에 있어 법령에 근거가 없는 입지심사 등의 절차를 거치게 하거나, 법령에 근거가 없는 사유를 들어서도 승인을 거부할 수 있다. 심지어는 도시계획결정이 아직 내려지지 않아 법적으로는 전혀 구속력을 발생하지 않고 있는 경우에도 행정청은 이를 고려하여 사업계획의 승인을 거부할 수 있는 것으로 보아야 한다.

[2] 대판 1997. 3. 14, 96누16698【사용검사신청반려처분취소】

의 경우 요건재량설의 입장을 취한 듯한 태도를 보이고 있기에 이에 대한 검토가 필요하다. 대법원 판결이 사업계획승인에 대해 그 법령에 요건에 관하여 일의적으로 규정되어 있지 않음을 이유로 이를 재량행위라 판단한 것은 마치 요건에 대하여 재량을 인정한 듯한 인상을 주나, 이는 당해 사업계획승인이 일종의 행정계획임을 고려하여 더욱 광범한 판단여지 내지는 형성의 자유를 인정하는 계획재량을 염두에 둔 것으로 이해할 수 있을 것이다. 행정계획에 있어서, 계획재량은 행정계획과 관련한 내용이나 상황이 복잡하여 다양한 결정 및 형성의 자유가 인정되고, 행정계획의 미래전망적 성격으로 인하여 법적 규율은 상대적으로 제한될 수밖에 없게 된다. 그리하여 행정계획과 관련된 법률은 그 체계에 있어서 일반적으로, (ㄱ) 행정계획이 추구하는 목적이 무엇인가, (ㄴ) 당해 행정계획에 의하여 촉진 또는 보호되어야 할 이익은 어떠한 것이 있는가, 그리고 (ㄷ) 이를 위한 수단은 어떻게 규정할 것인가 하는 것을 정하기 마련이다. 이리하여 행정계획 관련법률이 '목적-수단' 명제적으로 규정되는 것이 일반적 인데, 이는 일반 행정작용에 대한 법률규정이 "…하면, … 한다(Wenn-Dann-Schema)"는 '조건명제'적(요건-효과)으로 규정되어 있는 것과는 그 속성을 달리하는 것이다.[1] 이와같이 행정계획의 계획재량 영역에서는 일반적 법률규정이 '요건-효과'의 구조를 이루고 있는데 반하여, '목적-수단'의 구조를 취한다. 이는 계획규범의 경우, 일반 행정법규가 가언명제의 형식으로 되어 있는데 반하여 '목적-수단'명제형식으로 규정되어 있는 것과 같은 이치이다. 계획규범이 '목적-수단'을 바탕으로 하는 명제(Zweck-Mittel-Schema)에 의하여 규율되는 목적프로그램[2]이라는 점에서, 이는 과잉금지원칙의 구성요소와 밀접한 관련성을 지닌다. 왜냐하면 과잉금지원칙은 추구하는 행정목적과 이를 달성하기 위한 수단사이에 적절한 비례관계를 유지해야한다는 법원칙(헌법원칙)이기 때문이다. (이 대법원 판례를 비판하는 견해) : 대법원은 이 사건 기부채납행위가 형평의 원칙 등에 위배되지 않는다고 보고 있으나,[3] 기부채납을 위하여 원고 조합원 각 세대당

---

1) 김동희, 행정법(I), 175-177면.
2) https://m.lawtimes.co.kr/Legal-Info/Cases-Commentary-View?serial=261(석종현, 형탕빌리에 위배된 행정계획의 효력, 법률신문 2575호(1996.11.29); (검색어 : 행정계획과 계획재량; 검색일 : 2015.9.6)
3) 기부채납과 관련하여 이 판례와 반대되는 대법원 판례도 있다. 대판 1997. 3. 11, 96다49650【소유권이전등기말소】 "수익적 행정행위에 있어서는 법령에 특별한 근거규정이 없다고 하더라도 그 부관으로서 부담을 붙일 수 있으나, 그러한 부담은 비례의 원칙, 부당결부금지의 원칙에 위반되지 않아야만 적법하다고 할 것이다. 기록에 의하면, 원고의 이 사건 토지 중 2,791㎡는 자동차전용도로로 도시계획시설결정이 된 광1류6호선에 편입된 토지이므로, 그 위에 도로개설을 하기 위하여는 소유자인 원고에게 보상금을 지급하고 소유권을 취득하여야 할 것임에도 불구하고, 소외 인천시장은 원고에게 주택사업계획승인을 하게 됨을 기화로 그 주택사업과는 아무런 관련이 없는 토지인 위 2,791㎡를 기부채납하도록 하는 부관을 위 주택사업계획승인에 붙인 사실이 인

10,000,000원이 넘는 비용지출이 예상되고, 도로는 원칙적으로 국가 또는 지방자치단체가 마련하여야 하는 데, 법령상 도로개설의무의 주체가 지방자치단체가 아니라는 이유로 사업주체인 주택조합에게 이를 전가하였으며,1) 진입로 부분의 도로는 비록 사유지(私有地)이기는 하지만 일정 도로가 확보되어 있는데 그 소유권을 지방자치단체 등에 귀속시키는 기부채납을 하는 것은 사업주체인 주택조합에게 가장 피해가 적은 부담이 아닌 지나치게 무거운 부담을 부가한 경우로서 비례의 원칙 내지 과잉금지원칙에 반한다.2) 또한 기부채납의 대상이 되는 도로는 인근 주민도 이용하는데 주택조합 원에게만 비용부담을 지우는 것은 평등원칙에도 위반된다.3) 대법원은 "부관은 누구에게나 공평하게 붙여야 하는 것은 아니므로 그 유사한 경우의 다른 사람에 대하여 기부채납의 조건을 붙인 바가 없는 경우들이 있더라도 기부채납의 조건이 평등을 규정한 헌법 제11조를 위반한 조치라고 할 수 없다.'"라고 하여 평등원칙의 헌법적 의미를 퇴색시켰다. 이 사건 기부채납과 같은 과도한 부담의 부가행위는 행정청에 부여된 재량권을 일탈·남용한 결과가 된다고 보아야 한다. (위 대법원 판례를 수긍하는 견해) :

> 정되므로, 위 부관은 부당결부금지의 원칙에 위반되어 위법하다고 할 것이다."라고 하였다(다만 대법원은 "그러나 기록에 의하면, 이 사건에서 인천시장이 승인한 원고의 주택사업계획은 금 109,300,000,000원의 사업비를 들여 아파트 1,744세대를 건축하는 상당히 큰 규모의 사업임에 반하여, 원고가 기부채납한 위 2,791㎡의 토지가액은 그 100분의 1 상당인 금 1,241,995,000원에 불과한 데다가, 원고가 그 동안 위 부관에 대하여 아무런 이의를 제기하지 아니하다가 인천시장이 업무착오로 위 2,791㎡의 토지에 대하여 보상협조요청서를 보내자 그 때서야 비로소 위 부관의 하자를 들고 나온 사실이 인정되는바, 이러한 사정에 비추어 볼 때 위 부관이 그 하자가 중대하고 명백하여 당연무효라고는 볼 수 없다 할 것"이라고 하였다).
> 1) **반대견해(대법원판례를 지지하는 견해)** : "모든 주택건설사업의 경우에 지방자치단체가 간선시설을 설치할 수 없는 것이고 보면, 입법자로서는 지방자치단체가 간선시설을 설치할 의무를 지는 경우를 한정할 수밖에 없고, 이 경우에도 구체적인 기준은 입법자의 형성의 자유영역에 속한다. 주택건설촉진법 제35조 제1항과 제4항이 입법자의 형성의 자유영역을 벗어난 것으로 보기는 어렵다. 주택건설촉진법 제35조 제1항과 제4항은 합헌이라 전제할 때, 공동주택 65세대를 건축하고, 진입도로가 60m에 불과한 본건의 경우에 간선시설인 도로의 설치와 그 비용을 지방자치단체가 부담할 수 없는 것이므로 피고인 권한 행정청은 원고인 사업주체에게 도로설치와 비용부담(기부채납)의 의무를 부과할 수 있다(홍정선).
> 2) **반대견해(대법원판례를 지지하는 견해)** : "도로설치 후 기부채납하라는 부관은 주택건설사업에 필수적으로 수반하는 통행로확보라는 목적을 위한 것이므로, 그 부관은 주택건설사업계획에 내용상 불가피하게 관련을 가져야 하는 것으로서 상호결합되어야 할 성질의 것이고, 도로설치 후 기부채납하라는 부관은 <u>부당결부금지의 원칙</u>에 반하는 것은 아니다(홍정선)."
> 3) **반대견해(대법원판례를 지지하는 견해)** : "본건 도로부지를 이용하는 인근 주민들이 전혀 비용을 부담하지 아니한다는 것이 부당하다는 지적은 본건 민영주택건설사업계획의 승인의 문제와 결부시켜 논할 것이 아니라 <u>원고 조합과 인근주민들간의 사법상의 문제로 논해져야 할 것</u>"이다(홍정선).

홍준형 교수는 "사업주체인 원고에게 주택단지의 진입도로 등 간선시설을 설치하고 그 부지 소유권 등을 기부채납할 것을 조건으로 하여 주택건설사업계획의 승인을 하였다 하더라도 다른 특별한 사정이 없다면 이를 원고에게 필요한 범위를 넘어 과중한 부담을 지우는 것으로서 형평의 원칙 등에 위배되는 위법한 부관이라고 할 수는 없고, 또한 주택건설사업 시행에 따라 인근 주민들이 공로(公路)에 이르기 위하여 이용하여 왔던 기존의 통행로가 폐쇄되는데 따른 보완조치로서 기존의 통행로를 대체하는 통행로 부지 일부를 기부채납할 것을 조건으로 주택건설사업계획의승인을 하였다 하더라도 그 역시 형평의 원칙 등에 위배되는 위법한 부관이라고 할 수는 없다고 판단하였는 바 이는 부관의 허용성과 법적 한계에 관한 법리에 비추어 볼 때 타당하다."[1]고 한다.

▶ 기타 판례〉 자동차운수사업면허(대판 1987. 2. 10, 84누350), 하천부지점용허가(대판 1991. 10. 11, 90누8688), 광업권설정허가(대판 1993. 4. 23, 92누7726), 주택건설촉진법상의 주택건설사업계획 승인처분(대판 1997. 3. 14, 96누16698), 공원관리청의 도시공원시설 관리위탁처분(대판 1998. 10. 23, 97누164), 개발제한구역내 건축허가(대판 2004. 3. 25, 2003두12837) 등은 재량행위로서 기부채납부관[2] 등을 붙일수 있다고 하였다.

b) 기속행위, 기속재량행위에 붙인 부관이므로 무효라고 한 판례

(판례-1) : 그러나 감독청이 학교법인의 이사회소집승인을 하면서 일시, 장소의 지정을 한것과 관련하여 "일반적으로 기속행위나 기속적 재량행위에는 부관을 붙일 수 없고, 가사 부관을 붙였다 하더라도 이는 무효의 것이다."[3]라고 하였다. (판례-2) : "기속행위나 기속재량행위에는 부관(附款)을 붙일 수 없고, 붙였다 하여도 무효이다. 따라서 기속행위 내지 기속재량행위인 건축허가에는 법령상 근거 없는 부관을 붙일 수 없다. … 일반적으로 기속행위나 기속적 재량행위에는 부관을 붙일 수 없고 가사 부관을 붙였다 하더라도 무효이며,[4] 건축법 소정의 건축허가권자는 건축허가신청이 건축법, 도시계획법 등 관계법규에서 정하는 어떠한 제한에 배치되지 않는 이상 당연히 같은 법조 소정의 건축허가를 하여야 하므로,

---

1) 홍준형, 부관의 허용여부와 한계, 판례행정법, 1999, 484-497면.
2) 행정청에서 주택건설사업계획의 승인처분, 도시계획사업시행허가, 토지형질변경허가등의 수익적 행정행위를 함에 있어서 기부채납을 조건으로 하는 경우가 많이 있다. 예를 들면 시(市)가 계획도로만 지정하여 둔채, 경제적인 예산문제로 장기간 도로개설을 하지 못하던 중에 그 인근에 어떤 건설회사가 주택건설사업계획승인신청을 하였을 때 그 사업계획을 승인하면서 사용검사를 받기 이전에 계획도로를 도로로 개설하여 기부채납하도록 조건을 붙이는 경우가 있다(대판 1997. 3. 14, 96누16698; 대판 2001. 6. 15, 99두509; 대판 2005. 6. 24, 2003두9367). 이때 기부채납은 다른 사정이 없으면 행정행위의 부관 중 부담(Auflage)에 속한다.
3) 대판 1988. 4. 27, 87누1106 【이사장취임승인신청서반려처분취소등】
4) 대판 1988. 4. 27, 87누1106; 대판 1990. 10. 10, 89누4673; 대판 1993. 7. 27, 92누13998 등 참조.

법률상의 근거없이 그 신청이 관계법규에서 정한 제한에 배치되는지의 여부에 대한 심사를 거부할 수 없고, 심사결과 그 신청이 법정요건에 합치하는 경우에는 특별한 사정이 없는 한 이를 허가하여야 하며, 공익상 필요가 없음에도 불구하고 요건을 갖춘 자에 대한 허가를 관계법령에서 정하는 제한사유 이외의 사유를 들어 거부할 수는 없다1)고 하는 것이 이 법원의 확립된 견해인바, 이 사건 허가조건 제20항은 부관을 붙일 수 없는 기속행위 내지 기속적 재량행위인 건축허가에 붙인 부담이거나 또는 법령상 아무런 근거가 없는 부관이어서 무효라고 할 것이고, 따라서 원심이 그 판시이유에서 위 허가조건이 무효가 아니라고 판단한 데에는 건축허가의 성질 및 부관의 가능성에 관한 법리를 오해한 위법이 있다."2) 고 하였다.

▶ 기타 판례〉 환지처분에서 전부보류라는 조건(대판 1990. 10. 10, 89누4673), 자동차운송알선사업등록에 있어 특정 화물터미널내로 이전하여야 한다는 부관(대판1993. 7. 27, 92누13998), 건축허가에 있어서 토지를 기부채납하도록 하는 부관(대판 1995. 6. 13, 94다56883), 채광계획인가에서 '규사광물 이외의 채취금지 및 규사의 목적외 사용금지'를 내용으로 한 채광계획인가조건(대판 1997. 6. 13, 96누12269)에 대하여 기속행위, 기속재량행위에 붙인 부관이므로 무효라고 하였다.

### 2.3. 수익적 행정행위

수익적 처분에 대하여는 부관을 붙일 수 있다(윤세창). 일반적으로 행정행위의 부관은 수익적 행정행위에 부가한다. 판례는 수익적 행정행위에 있어서는 특별한 규정이 없다고 하더라도 그 부관으로서 부담을 붙일 수 있다고 판시하고 있다.3) 또한 '도시공원법 제6조 제2항에 의하여 공원관리청이 도시공원 또는 공원시설의 관리를 공원관리청이 아닌자에게 위탁하면서 그 공원시설등을 사용수익할 권한까지 허용하고 있는것은 상대방에게 권리나 이익을부여하는 효과를 수반하는 수익적 행정행위로서 관계법령에 행정처분의 요건에 관하여 일의적으로 규정되어 있지 아니한 이상 관리청의 재량행위에 속하고 이러한 재량행위에 있어서는 관계법령에 명시적인 금지규정이 없는 한 행정목적을 달성하기 위하여 부관을 붙일 수 있으며 그부관의 내용이 이행가능하고 비례의 원칙 및 평등의 원칙에 적합하며 행정처분의 본질적 효력을 저해하지 아니하는 한도내의 것인이상 거기에 부관의 한계를 벗어난 위법이 있다고 할 수 없다(대법원 1997. 3. 14. 선고96누16698 판결참조).'라고 하고 있다.4)

---

1) 대판 1989. 6. 27, 88누7767; 대판 1992. 12. 11, 92누3038 등 참조.
2) 대판 1995. 6. 13, 94다56883【소유권이전등기말소】
3) 대판 1997. 3. 11, 96다49650; 대판 1998. 10. 23, 97누164; 대판 1991. 10. 11, 90누8688【하천부지점용허가일부취소처분취소】

▶ 대판 1991. 10. 11, 90누8688 【하천부지점용허가일부취소처분취소】 하천부지 점용허가 여부는 관리청의 자유재량에 속하고, 재량행위에 있어서는 법령상의 근거가 없다고 하더라도 부관을 붙일 것인가의 여부는 당해 행정청의 재량에 속한다고 할 것이고, 또한 같은 법 제25조 단서가 하천의 오염방지에 필요한 부관을 붙이도록 규정하고 있으므로 하천부지 점용허가의 성질의 면으로 보나 법규정으로 보나 부관을 붙일 수 있음은 명백하다.

[주택건설촉진법 제33조에 의한 주택건설사업계획의 승인] 주택건설촉진법 제33조에 의한 주택건설사업계획의 승인은 상대방에게 권리나 이익을 부여하는 효과를 수반하는 이른바 수익적 행정처분으로서 법령에 행정처분의 요건에 관하여 일의적으로 규정되어 있지 아니한 이상 행정청의 재량행위에 속한다 할 것이고(당원 1996. 10. 11. 선고 95누9020 판결 참조), 재량행위에 있어서는 법령상의 근거가 없다고 하더라도 부관을 붙일 수 있는데(당원 1982. 12. 28. 선고 80다731, 732 판결, 1991. 10. 11. 선고 90누8688 판결 등 참조), 그 부관의 내용은 적법하고 이행가능하여야 하며 비례의 원칙 및 평등의 원칙에 적합하고 행정처분의 본질적 효력을 해하지 아니하는 한도의 것이어야 한다(당원 1992. 4. 28. 선고 91누4300 판결, 1996. 4. 26. 선고 95누17762 판결 등 참조).

## 2.4. 부담적(침익적) 행정행위에 부관을 붙일 수 있는가

### 2.4.1. 부정설

부관은 '수익적 처분에 한하여' 붙일 수 있고, 부담적 처분은 원칙적으로 기속처분이기 때문에 부관을 가할 수 없다는 견해이다. 부담적 처분은 원칙적으로 기속처분이기 때문에 부관을 붙일 수 없고, 만약 그러한 것이 있다면 법정부관(法定附款)이든지 아니면 본래적 의미의 행정행위의 부관이 아닐 것이라고 한다.

### 2.4.2. 긍정설

부담적 행위라 하더라도, 그것이 재량행위이고 성질상 부관을 붙일 수 없는 행정행위가 아닌 한, 기한부(期限附) 부작위하명이나 해제조건부 부작위하명의 예에서 볼수 있는 것처럼 부관을 붙일 수 있다는 견해(서원우)이다.

## 2.5. 귀화허가(국적부여행위) 등 신분설정행위

귀화허가(재량행위) 또는 공무원의 임명행위와 같은 신분설정행위는 부관을 붙일 수

---

4) 대판 1998. 10. 23, 97누164; 대판 1991. 10. 11, 90누8688; 대판 1997. 3. 14, 96누16698; 대판 1998. 10. 2, 96누5445.

없는 행정행위이다.

### 2.6. 인가

인가(보충적 행위)가 재량행위라면 부관을 붙일 수 있다. 인가는 제3자의 법률행위를 보충하여 그 법률상 효력을 완성시켜 주는 행정행위. 즉 어떤 당사자의 법률행위가 행정주체의 인가를 받아야 하도록 법률에 특히 규정하고 있는 경우에, 그 법률행위에 동의하여 그 행위를 완전히 유효하게 만드는 행정주체의 동의행위이다. 보충행위(補充行爲)라고도 하며, 행정법상 형성적 행정행위의 하나로서 타인을 위한 행정행위에 속한다. 예컨대, 사립학교 등 법인설립의 인가, 사업양도의 인가 등과 같다. 판례도 "공익법인의 기본재산처분허가는 인가로서 이러한 경우에도 부관을 붙일 수 있다(대판 2005. 9. 28, 2004다50044)고 한다.

## 3. 행정행위에 부관을 붙임에 있어서의 내용상 한계

### 3.1. 부관을 붙임에 있어서 요구되는 조건

[부관을 붙임에 있어서 요구되는 조건] 행정행위의 부관은 그 내용이 적법하고(적법성), 상대방이 이행가능 하여야 하며(이행가능성), 행정행위의 본질적 효력(본질적 효력의 침해금지)을 해하지 않아야 한다. 규범목적에 배치되는 부관을 붙일 경우에는 행정처분의 본질적 효력을 해치게 된다. 그리고 행정행위의 부관은 그 내용이 명확하여야 하며(명확성), 일정한 범위에 있어서의 내용상의 한계를 지닌다(부관의 한계). 이와같이 행정행위 부관의 내용상 한계는 행정행위에 부관을 붙일 수 있는 경우에도 어느 범위에서 붙일 수 있는지의 문제이며, 이는 각 행정행위의 성질과 내용 등에 따라 개별적·구체적으로 판단하여 결정될 문제이다. 특히 행정행위부관의 내용상 한계문제는 부관이 행정청의 '재량'에 의하여 붙여지는 것이므로, 행정행위의 「재량권의 한계」에 관한 원리에 준하여 판단되어야 할 것이다. 여기서 주의할 것은 비록 재량행위라고 할 지라도 그것은 어디 까지나 자의적(恣意的; willkürliches Ermessen) 재량이 아닌, '의무에 합당한 재량(nur ein pflichtgemäßes Ermessen)',/법적으로 구속받는 재량(rechtlich gebundenes Ermessen)'이어야 함은 물론이다. 대법원은 "재량행위에 있어서는 법령상의 근거가 없다고 하더라도 부관을 붙일 수 있지만, 그 부관의 내용은 적법하고 이행가능 하여야 하며 비례의 원칙 및 평등의 원칙에 적합하고 행정처분의 본질적 효력을 해하지 아니하는 한도의 것이어야 한다."[1]고 하였고, 더 나아가서 "부관도 행정작용의 한 유형이므로 그 내용면에서 법치행정의 원리를 위반할 수 없다. 따라서 부관의

---

1) 대판 1997. 3. 14, 96누16698 【사용검사신청반려처분취소】

내용은 법령에 위반되어서는 안되며, 적법성과 실현가능성을 유지하여야 한다. 또한 부관의 내용은 주된 행정행위(Hauptverwaltungsakt; 본체인 행정행위)'가 추구하는 목적을 넘어서는 안된다. 따라서 주된 행정행위와 부관 사이에는 실질적인 관련성이 존재해야한다. 이때에는 부당결부금지의 원칙이 주요한 의미를 갖는다. 이외에도 부관은 행정법의 일반법원칙, 즉 비례의 원칙, 평등의 원칙, 신뢰보호의 원칙 등을 위반해서는 안된다(아래 판례 참조)."1)고 하였다.

▶ 대판 1992. 8. 18, 92누6020【주류도매업취소처분취소】[가] 행정청이 종합주류도매업면허를 하면서 그 면허조건으로 "무자료판매 및 위장거래의 금액이 부가가치세 과세기간별 총주류판매금액의 100분의20 이상인 때에는 면허를 취소한다"는 부관을 붙였다면 이는 행정청이 행정행위를 한 후에 새로이 붙이는 부관인 이른바 사후부관이라고 볼 수 없고, 또 위와 같은 면허는 이른바 일방적 행정행위로서 상대방의 동의를 필요로 하지 않는 것이다. [나] 위 "[가]"항의 부관이 구 주세법(1990.12.31. 법률 제4284호로 개정되기 전의 것) 제18조나 같은 법 시행령(1990.12.31 대통령령 제13201호로 개정되기전의 것) 제23조 1항의 취지에 반하는 무효의 부관이라고 볼 수 없으며 위 부관이 제재수단으로서의 면허의 취소만을 정하고 있다고 하더라도, 주세법 제17조나 제18조의 면허취소 또는 정지의 사유와 비교하여 볼 때, 그 제재의 내용이 너무 무거워 평등의 원리, 비례의 원칙, 과잉금지의 원리 등에 비추어 부관의 내용상의 한계를 벗어난 것이라고는 볼 수 없다.

## 3.2. 적법성의 원칙에 의한 한계(행정의 법률적합성의 원칙)

[법률유보·법률우위의 원칙] 부관은 헌법·법령 기타 행정행위의 근거법규에 적합해야 하고, 이에 저촉되는 부관은 위법이다.2)3) 부관은 헌법 및 헌법원칙 그리고 법령 등에 위반하지 않아야 하는 것으로서 행정행위의 상위규범적인 한계를 벗어나서 부관을 붙이는 것은 허용되지 않는다. 이와같이 부관의 내용은 헌법을 포함한 법령의 규정에 위반해서는 아니됨은 물론 형식도 법령에 저촉되어서는 아니 되므로 헌법에 보장된 기본권을 침해하는 내용 등의 부관은 허용되지 않는다고 할 것이다. 예컨대, 보건복지부장관이 무의촌에서 개업을 할 것을 조건으로 하는 의사면허를 발급했다면 이는 헌법상 직업의 자유(헌법 제15조)를 침해하는 부관이라고 할 것이다. 법률유보원칙(Gesetzesvorbehalt) 내지는 법률유보의 정신에 입각하여 볼 때, 행정행위의 상대방에게 불이익을 부과하는 부관은 법적 근거가 있어야 하는 것은 당연하다. 또한 부관의 법적 근거가 존재한다 하더라도 법률우위의 원칙(Vorrang des Gesetzes)상, 부관은 그 근거법규의 내용에 위반하지 않아야 한다. 법률우위

---

1) 대판 1992. 8. 18, 92누6020【주류도매업취소처분취소】
2) 김남진, 행정행위의 부관, 고시계(1986.3.), 170면.
3) 대판 2000. 2. 11, 98누7527.

의 원칙은 모든 행정작용에 그 적용이 있는 바, 이는 적용명령과 회피금지를 내용으로 한다. 행정은 입법자의 의사를 실현하는 것이며, 따라서 행정이 법령의 규정을 벗어나서는 안된다.

### 3.3 목적상의 한계

[목적의 정당성 및 행정행위 부관의 한계로시의 부당결부금지의 원칙] 부관은 '주된 행정행위(Hauptverwaltungsakt; 본체인 행정행위)"의 목적에 필요한 한도 내에서만 붙일 수 있고, 목적에 불필요한 또는 행정행위의 목적과 관계없는 부관은 위법이다.[1] 이와같이 부관은 재량권을 부여한 법의 목적 및 취지에 반하지 않아야 하므로 본래의 행정행위의 목적이 부관 때문에 침해되어서는 안된다. 이는 행정행위의 부관의 한계로서 부당결부금지원칙과 관련된다. 부당결부금지원칙이란 행정기관은 행정활동을 행함에 있어서, 그것과 실체적인 관련이 없는 반대급부를 관련시켜서는 안된다는 법원칙을 말한다(여기서 '실질적 관련의 법리'가 도출된다). 대법원이 "수익적 행정행위에 있어서는 법령에 특별한 근거규정이 없다고 하더라도 그 부관으로서 부담을 붙일 수 있으나, 그러한 부담은 비례의 원칙, 부당결부금지의 원칙에 위반되지 않아야만 적법하다."[2]라고 하는 것도 이를 의미한다(아래 참조).

### 3.4. 비례의 원칙 · 평등의 원칙 · 신뢰보호의 원칙 · 부당결부금지의 원칙의 적용에 의한 한계 – 행정법의 일반법원칙(조리)에 의한 한계

#### 3.4.1. 의의

[개관] 부관은 주된 행정행위의 목적달성에 필요한 최소한도로 평등(평등원칙)하게 붙여야 하고, 필요 이상의 부관(과잉금지의 원칙) · 신뢰보호의 원칙 · 부당결부금지의 원칙(Koppelungsverbot)에 위반되거나 또는 부당하게 차별적인 부관은 위법이다. 이와 같이 부관의 조리상의 한계로서 부관은 상대방이 이행가능한 경우여야 하며, 부관이 행정법의 일반원칙 등을 준수해야 함은 당연하다.

#### 3.4.2. 비례의 원칙 · 평등원칙에 의한 한계

[비례의 원칙 · 평등 원칙에 의한 한계] 부관은 당해 행정행위의 목적을 실현하기 위하여 정당성을 가져야 하며(목적의 정당성), 그 목적을 달성하기 위한 수단이 적합하여야 하며(적합성의 원칙; 방법의 적정성), 필요한 최소한도 내에서(필요성의 원칙 · 최소침해의 원칙), 즉 행정목적 달성을 위해 최소한도의 침해수단을 통하여 목적을 달성하여야 하며, 이

---

1) 김남진, 행정행위의 부관, 고시계(1986.3.), 170면.
2) 대판 1997. 3. 11, 97다49650.

를 통하여 얻고자 하는 공익이 침해당하는 사익보다 커야하며(법익의 균형성; 상당성의 원칙; 비례성의 원칙; 좁은 의미의 비례의 원칙), 상대방에게 수인기대가능성이 기대되어야 한다. 그리고 이는 평등하게 부가되어야 한다(평등원칙). 평등원칙이라 함은 "같은 것은 같게, 다른 것은 다르게 취급하여야 한다"는 것을 의미하는 것이므로, 절대적 평등이 아닌 상대적 평등 그리고 합리적 차별은 가능하다고 보는 것이 본래적 의미의 정의의 원칙에 합당하다.

### 3.4.3. 부당결부금지의 원칙에 의한 한계 - 원인적·목적적 관련성

[실질적 관련성의 원칙에 의한 한계(부당결부금지원칙)] 부관은 주된 행정행위의 목적에 반하지 않아야 하며, 그 주된 행정행위와 실질적인 관련이 있어야 한다. 왜냐하면 부관은 관계법상의 목적을 실현하기 위한 것이므로 관계법상의 주된 행정행위와 실질적 관련성이 있어야 한다는 것이다. 부관이 적법하기 위한 요건으로서는 오늘날 전통적으로 논의되는 내용 이외에도 '주된 행정행위(Hauptverwaltungsakt; 본체인 행정행위)'와의 실질적 관련성의 존재가 요구된다. 이는 행정기관이 부관을 부가할 수 있는 권한을, 권한이 부여된 본래의 목적이 아닌 다른 행정목적의 달성을 위하여 사용하는 문제로부터 상대방을 보호하기 위한 것이다. 따라서 부관은 주된 행정행위와 실질적인 관련성이 없는 내용이 부가되어서는 안된다(부당결부금지의 원칙).[1] 부당결부금지의 원칙의 개별적 내용으로서는 부관인 A와 행정목적인 B와의 사이에는 실질적 관련성이 있어야 한다는 것으로서 이는 A와 B 사이에 있어서의, (ㄱ) 원인적 관련성과, (ㄴ) 목적적 관련성이 존재하여야 한다. 이는 행정기관이 수익적 행정행위를 발령할 수 있는 권한을 이용하여 상대방이 다른 이유에서 가지는 특정한 의무의 이행을 부관이라는 미명하에 예컨대 부담(Auflage)이라는 부관을 통하여 행정청이 상대방에게 강제함으로써, 사실상 다른 행정목적을 달성 하는 것을 방지하는 역할을 하는 것이다. 특히 급부행정영역(Leistungsverwaltung)에서의 행정작용과 같이 상세한 수권규정(授權規定)이 존재하지 않는 경우에는 급부행정에 의존하는 상대방의 열악한 지위를 이용하여 행정기관이 다른 행정목적달성을 위하여 영향력을 행사하는 문제가 발생할 수 있으며, 이 때의 원인적 관련성의 요구는 상대방의 법적 지위를 보장해주는 기능을 수행하게 된다. 따라서 설령 당사자가 자신이 다른 이유에서 부담하고 있는 특정 의무이행을 행정청의 수익적 급부제공을 기대하여 동의한다고 하더라도 이러한 동의가 당해 행정작용을 적법한 것으로 만들지는 못한다. 즉, '동의는 불법을 조각한다'는 법언(法言)은 이 경우에는 통용되지 못한다고 보아야 한다.[2] 목적적 관련성의 요청은 행정기관은 부관을 붙임

---

1) 강인옥, 행정행위의 부관에 대한 감사접근방법, - 부관의 위법성 판단기준을 중심으로 -, 67면.
2) 류지태, 부관의 하자, 공법학의 제문제, 법문사, 1994, 595면; 강인옥, 행정행위의 부관에 대한 감

에 있어서(특히 부담의 경우), 근거법률 및 당해 행정분야의 과업내용에 따라 허용되어지는 특정목적만을 수행하여야한다는 것을 의미한다. 이때에 부관부 행정행위를 발령하려는 행정기관은 수익적 행정작용의 발령권한 뿐 아니라, 특정의무를 내용으로 하는 부관의 발령을 위한 권한도 동시에 가지고 있어야 한다. 이러한 내용에 의해 목적적 관련성의 존재 여부를 판정하는데 있어서는 당해 부관을 부가할 수 있는 행정기관의 권한유무가 판단기준으로 작용하게 된다. 따라서 다른 행정기관의 권한영역에 속하는 행정목적을 부관의 부가를 통하여 수행하려는 것은 허용되지 않는다. 그러나 하나의 행정기관이 여러 유형의 행정목적의 수행을 위한 권한을 갖는 경우에는 이러한 기준만에 의해서는 불충분하게 된다. 따라서 이때에는 목적적 관련성의 판단을 위하여 수익적인 행정작용을 가능하게 하는 수권규범인 '법률규범의 해석'이 필요하게 된다.[1] 이를 통하여 당해 법률로부터 수익적 행정작용을 가능하게 하는 특정의 수권목적이 도출되면 이는 동시에 부관의 부가에 있어서의 수권의 한계로 작용하게 된다. 따라서 예컨대 특정영업을 가능하도록 하는 특허행위의 발령과 동시에 부담을 부가하는 경우에는 특정영업을 수행하는데 있어서 필요한 <u>영업질서의 유지를 위한 목적</u>을 위해서만, 이와 직접적인 목적적 관련성이 있는 부담을 부가할 수 있을 뿐, 설령 당해 행정기관에게 그 권한이 주어져 있더라도 <u>도로경찰상의 목적을 위해서는 부담을 부가할 수는 없게 되는 것이다</u>.[2] 이러한 의미에서 행정법의 일반 법원칙(행정법의 일반원리; 조리)인 부당결부금지의 원칙(Koppelungsverbot)은 행정행위의 부관의 한계로서 작용한다. 다만 판례는 행정법의 일반법원칙에 위반한 부관은 위법하나 무효는 아니라고 한다(아래 판례 참조).

▶판례〉 지방자치단체장이 사업자에게 주택사업계획 승인을 하면서 그 주택사업과는 아무런 관련이 없는 토지를 기부채납하도록 하는 부관을 주택사업계획승인에 붙인 경우, 그 부관은 <u>부당결부금지의 원칙에 위반되어 위법하지만</u>, 지방자치단체장이 승인한 사업자의 주택사업계획은 상당히 큰 규모의 사업임에 반하여, 사업자가 기부채납한 토지 가액은 그 100분의 1 상당의 금액에 불과한데다가, 사업자가 그 동안 그 부관에 대하여 아무런 이의를 제기하지 아니하다가 지방자치단체장이 업무착오로 기부채납한 토지에 대하여 보상협조요청서를 보내자 그때서야 비로소 부관의 하자를 들고 나온 사정에 비추어 볼 때 <u>부관의 하자가 중대하고 명백하여 당연 무효라고는 볼 수 없다</u>(대판 1997. 3. 11, 96다49650).

▶판례〉 인천시장이 아파트건설사업계획승인을 하면서 그 아파트와 관련이 없는 자

---

사접근방법, - 부관의 위법성 판단기준을 중심으로 -, 68면.
[1] 강인옥, 행정행위의 부관에 대한 감사접근방법, - 부관의 위법성 판단기준을 중심으로 -, 68면.
[2] 강인옥, 행정행위의 부관에 대한 감사접근방법, - 부관의 위법성 판단기준을 중심으로 -, 68-69면.

동차전용도로에 편입된 토지를 기부채납하도록 한 부관은 부당결부금지의 원칙에 위반
되어 위법하다(대판 1997. 3. 11, 96다49650).

### 3.4.4. 이행가능성·신뢰보호원칙에 의한 한계

[이행가능성·신뢰보호원칙에 의한 한계] 부관은 이행가능한 것이어야 명확해야 하고, 기타신뢰보호의 원칙 등 조리(Natur der Sache), 행정법의 일반원칙에 적합해야 한다.[1] 신뢰보호의 원칙은 행정법의 일반원칙(행정법의 일반원리; 조리)일 뿐만 아니라 헌법원칙(Verfassungsgrundsatz)이기도 하다(헌법 제13조의 "행위시의 법률에 의하여 범죄를 구성하지 아니하는 행위로 소추되지 아니하며, 동일한 범죄에 대하여 거듭처벌을 받지 아니한다는 것은 형벌불소급의 원칙·진정소급입법금지의 원칙; 일사부재리·이중처벌금지의 원칙을 선언하고 있는 것으로서 이는 신뢰보호의 원칙(Vertrauensschutz)이 행정법의 일반법원칙일 뿐만 아니라 모든 국내법을 구속하는 헌법원칙임을 증거하고 있는 것이라고 할 수 있다).

[사례] (부관의 한계 : 신뢰보호의 원칙위반) : 甲은 주유소업을 하기로 하고 장소를 물색하던 중에 XX 일대가 유망하다고 판단하고 그곳을 주유소업 장소로 선정하였다. 그러나 甲이 선정한 장소는 차도로부터 약간 떨어져 있어 차량의 진입이 어려울 수 있다고 판단되어, 甲은 주유소업을 시작하기 전에 먼저 도로점용허가를 확보하는 것이 필요함을 알게되었다. 이에 따라 구청장에게 자신이 <u>주유소업을 하는 동안 계속하여 도로점용허가를 받을 수 있는지의 여부를 문의하였다.</u> 이에 대해 구청장 乙은 甲에게 "<u>당해 도로에 대해 점용료를 성실하게 납부하는 한 주유소업을 하는 동안에 계속하여 도로점용허가를 발령할 것</u>"이라는 회신을 보내왔다. <u>이에 따라 甲은 주유업 허가를 받고 건축공사와 영업준비를 완료하였다.</u> 그러나 甲이 도로점용허가를 신청하기도 전에 인근 주유소업자들이 甲의 주유업소 규모에 위협을 느끼고 이를 반대하자 구의회도 부정적인 입장을 보였다. 구의회와의 관계를 고려하여 구청장 乙은 甲의 도로점용허가신청에 대해, 2년 동안만 허가를 한다는 단서를 부가하여 발령하였다. 甲은 이러한 단기의 도로점용허가를 통해서는 영업활동을 할 수 없다고 판단하여 이에 불복하고자 한다. 어떠한 방법이 있는가?

[해설] 신뢰보호원칙의 한계에 있어서, 일반적으로 당사자의 사익으로서의 신뢰보호의 이해관계는 이와 대립되는 이해관계인 공익, 즉 법률적합성의 원칙과 개별적으로 비교형량 되어야한다. 사안에서는 구청장이 단순히 정치적 판단, 즉 구의회와의 관계를 고려하

---

[1] 대법원은 부관의 내용이 적법하고 이행 가능하여야 하며 비례의 원칙 및 평등의 원칙에 적합하고 행정처분의 본질적 내용(효력)을 저해하지 아니하는 한도의 것이어야 한다고 판결하고 있다 (대판 1998. 10. 23, 97164; 대판 1997. 3. 14, 96누16698; 대판1996. 4. 26, 95누17762; 대판 1992. 4. 28, 91누4300)

여 자신의 확약 내용에 반하는 행위를 하고 있는 것이므로, 신뢰보호의 이익보다 우월한 내용으로서의 공익을 위한 것이라고 볼 수는 없다. 따라서 甲은 구청장에 대하여 신뢰보호원칙을 주장할 수 있다. 결론적으로 구청장이 도로점용허가에 부가한 2년의 부관은 甲의 신뢰에 반하는 행정작용으로서 신뢰보호원칙의 위반인 위법성이 인정된다. 이때의 위법성의 정도는 취소사유로 보아야 할 것이다.

[사례] (부관의 한계 : 부당결부금지의 원칙위반) : 시장이 주택사업계획승인을 하면서 그 주택사업과 관련 없는 토지를 기부채납 하도록 하는 부관을 붙였다. 이 부관에 대해 행정소송을 구하여 구제 받을 수 있는가?

[해설] 위와 같은 부관(부담)은 부당결부금지원칙에 위반한 위법한 부관이다. 이에 대해서는 부담(Auflage) 그 자체만을 대상으로 하여 행정소송을 제기하여 구제 받을 수 있다. 위의 경우 시장이 주택사업계획승인이라는 '주된 행정행위(Hauptverwaltungsakt; 본체인 행정행위)'를 하면서도 다른 토지를 기부채납할 의무를 지우는 부관을 붙인 것이다. 행정청은 허가나 특허 같은 행정행위를 발령하면서 신축성, 탄력성 있는 행정을 위하여 조건, 기한, 부담 같은 부관을 붙이기도 한다. 그러나 이런 부관은 그 내용이 헌법이나 법률, 법규명령 등의 규정에 위반해서는 안되고, 헌법원칙이나 기타 행정법의 일반원리 (일반법원칙, 조리)에 반해서도 안 된다. 위의 부관은 행정법의 일반원리인 부당결부금지원칙(Koppelunsverbot)에 반하는 위법한 부관이다. 부당결부금지원칙이란 행정청이 행정작용을 할 때 이와 실질적인 관련이 없는 상대방의 반대급부를 조건으로 해서는 안 된다는 원칙이다. 결국 위의 사례에서는 시장이 <u>주택사업계획승인과 아무런 관련이 없는 토지를 기부채납하도록 한 것</u>이어서 위법한 부관이 된다. 부관에 대해서 대법원 판례는 상대방에 대하여 작위 또는 부작위 의무를 지우는 부담의 경우에는 주된 행정행위 (Hauptverwaltungsakt; 본체인 행정행위)와 독립하여 행정소송(독립취소소송 : isolierte Anfechtungsklage)의 대상이 되나, 부담(Auflage) 이외의 부관에 대해서는 독립하여 행정소송의 대상이 될 수 없다고 한다. 위의 경우 상대방에 대해 기부채납의 의무를 지우는 부담에 해당하므로 판례의 입장에 따른다 하더라도 행정소송을 제기하여 구제받을 수 있다(인터넷 법률신문). 독일과 같이 의무이행소송(Verpflichtungsklage)이 인정되는 나라에서는 당연히 의무이행소송을 제기하여 '원래 신청한대로의 행정처분'을 해줄 것을 요구할 수 있다.

## 4. 행정행위 부관의 시간적 한계(부관을 붙일 수 있는 시간상의 한계) : 사후부관의 가능성

### 4.1. 개관

부관의 사후부가(事後附加)·사후부관의 가능성이라고도 불리우는 사후부관은, (ㄱ) '주된 행정행위(Hauptverwaltungsakt; 본체인 행정행위)'를 최초에 발급할 때에는 아무런 부관을 붙이지 아니하였다가, 나중에 새롭게 부관을 붙이는 경우(예를 들면 조건·기한·부담 등을 새로이 부과하는 경우), (ㄴ) 이미 붙여진 부관(예컨대 부담)을 사후적으로 또다시 변경하거나 보충하는 것(부관에 대한 사후부가)을 말하며, 이것이 허용되는가 하는 문제가 있다. 이는 부관의 시간적 한계문제이기도 하다. 부관의 사후부가가 가능한가의 문제로서의 사후부관은 부관을 사후에 붙일수 있는가의 문제이지, 부관의 종류로서의 사후부관은 없다. 부관의 종류로서는 조건·기한·부담·수정부담·법률효과의 일부배제·철회권의 유보 등 만이 있을 뿐이지, 사후부관이라는 명칭의 부관은 없다는 말이다. 그리고 이것은 앞에서 설명한 '행정행위의 사후변경의 유보(Vorbehalt einer nachträglichen Änderung des Verwaltungsaktes)', 즉 당해 행정행위를 사후에 '변경'(철회제외) 또는 '보완'하거나, 혹은 부담 등의 '새로운 부관'을 붙일 수 있는 권리를 '미리 유보(Vorbehalt)해두는 부관'과도 또한 다르다. 행정행위의 사후변경의 유보는 행정행위발급 당시에 나중에 부관을 붙일 수 있다는 것을 사전에 상대방에게 알리고 이를 유보(留保 : Vorbehalt)해두는 것인데 반하여, 사후부관은, (ㄱ) 처음 행정행위를 발급할 때는 아무런 부관을 붙이지 않고 있다가 나중에 가서야, 즉 본체인 행정행위가 과거에 행하여진 후에 새로운 부관, 특히 그 중에서도 부담을 추가하는 경우, (ㄴ) 혹은 이미 붙여진 부관(예컨대 부담)을 사후적으로 또다시 변경하거나 보충하는 것이므로 '행정행위의 사후부관의 유보(Vorbehalt einer nachträglichen Änderung des Verwaltungsaktes)'와는 세부적으로 구분된다. 이러한 점에서 사후부관은 부관이 아니다. 왜냐하면 사후부관은 부관을 사후에(본체의 행정행위발급이후) 부가하는 것에 불과하며, 이를 사후부관이라고 지칭하는 것에 불과한 것이기 때문이다. 이러한 사후부관을 붙일 수 있는지에 관해서는 학설이 나누인다.

### 4.2. 학설
#### 4.2.1. 사후부관을 전면적으로 부정하는 학설

행정행위의 부관은 '주된 행정행위(Hauptverwaltungsakt; 본체인 행정행위)'에 부수된 종(從)된 것이므로 그의 독자성을 인정할 수는 없고, 따라서 사후에 부관만을 따로 붙일 수 없다는 학설이다.[1] 다만 법령에 특별한 규정이 있는 경우에만 허용된다고 한다.

#### 4.2.2. 모든 부관에 일정한 요건하에서 제한적으로 인정된다는 학설(제한적 긍정설 : 통설)

[내용] 제한적 긍정설의 '제한적'이란 다음과 같은 의미를 지니고 있다. 즉, (ㄱ) 모든 행정행위에 사후부관이 인정되는데 다만, 이것을 일정한 요건하에서만 인정하는 것, 즉 제

---

1) 윤세창, 행정법(상), 226면.

한적으로 인정한다는 의미의 제한적 긍정설과, (ㄴ) 부담 및 법률효과의 일부배제에만 사후부관을 붙일 수 있다는 의미의 제한적 긍정설이 있다(이 경우에는 제한적 긍정설이라기 보다는 부담 및 법률효과의 일부배제만 인정된다는 학설이라고 보는 것이 옳을 것 같다). 이러한 의미에서 제한적 긍정설은 원칙적으로는 사후부관이 인정되지 않지만, (ㄱ) 법령의 명문규정에 의해 허용되거나(법령에 그 근거가 있는 경우), (ㄴ) 상대방의 동의가 있는 경우, (ㄷ) 부담이 미리 유보되어 있는 경우에는 가능하다고 본다. 이는 '일정한 요건 하에서' – 따라서 제한적으로 – '모든 부관(부관 전체)'에 인정된다는 것이다. 특히 행정행위 그 자체가 사후부담을 예상하고 있는 경우, 그러한 취지가 유보되어 있는 경우(부관의 사후변경 유보), 또는 상대방이 동의한 경우에 한 한다1)고 본다. 이와같이 제한적 긍절설은 사후에 부관을 붙이는 것은 종전의 행정행위를 철회하고 새로운 부관부행정행위를 한 것으로 보되, 다만 부담의 경우에는 법령에 그 근거가 있거나 부담이 유보되어 있는 때, 또는 상대방의 동의가 있을 때 사후에 부관을 붙일 수 있는 것으로 보는 견해이다. 김남진 교수는 부관의 사후부가는 언제나 행정행위의 부분적 폐지를 가져오는 것이므로, 그 행정행위의 폐지(취소・철회)에 관한 법원칙이 준용되어야 한다고 한다.2)

▶판례》 행정처분에 이미 부담이 부가되어 있는 상태에서 그 의무의 범위 또는 내용 등을 변경하는 부관의 사후변경은, 법률에 명문의 규정이 있거나 그 변경이 미리 유보되어 있는 경우 또는 상대방의 동의가 있는 경우에 한하여 허용되는 것이 원칙이지만, 사정변경으로 인하여 당초에 부담을 부가한 목적을 달성할 수 없게 된 경우에도 그 목적달성에 필요한 범위 내에서 예외적으로 허용된다(대판 1997. 5. 30, 97누2627).

[사견] 제한적 긍정설이 일반적 견해(통설)이다. 제한적 긍정설 중 '부담이 유보되어 있는 경우'에는 사후부관이 가능하다고 하나, 이는 '사후부관'이 아니라 '행정행위의 사후부관의 유보'에 해당하는 것으로 보는 것이 타당하다.

### 4.2.3. 사후부담・법률효과의 일부배제의 경우에만 사후부관이 가능하다는 학설

부관 중 조건・기한 또는 철회권의 유보를 사후에 붙이는 경우에는, 적극설은 행정행위가 행하여진 후에 부관을 붙이는 것은 종전의 행정행위를 소멸 (취소 또는 철회)시키고 부관이 붙은 새로운 행정행위를 한 것으로 보는데 대하여,3) 소극설은 부관은 본래의 행정행위에 부수된 종된 행위이므로 그의 독자적 존재를 인정할 수 없고 따라서 법령에 특별한

---

1) 김남진・이명구, 행정법연습, 76면 이하; 김남진, 행정행위의 부관, 고시계(1986.3.), 170면; 김철용, 행정행위의 부관의 한계, 고시계(1977.12),
2) 김남진, 행정행위의 부관, 고시계(1986.3.), 170면; Mayer/Ferdinand O. Kopp, Allgemeines Verwaltungsrecht, 1985, S. 224.
3) 이상규; 김철용, 행정행위의 부관, 고시계(1977.12), 85-86면.

규정이 없는 한 사후에 부관만을 따로 붙일 수 없다고 본다. 즉 조건·기한·취소권(철회권)의 유보는 사후부관을 붙일 수 없는데, 그 이유는 조건·기한·철회권의 유보를 사후에 붙인 경우에는 이미 행한 행정행위를 취소·철회하고 이러한 '부관이 붙은 새로운 행정행위'를 행한 것으로 보아야 하기 때문이라고 한다.[1] 그러나 부담(Auflage)의 경우에는 그 자체로서 하나의 독립적 행정행위를 이루는 것이므로 원래의 행정행위에 부담을 붙일 수 있는 경우(명문규정이 있는 경우, 행정행위 그 자체에 이미 유보되어 있는 경우, 본인의 동의가 있는 경우)에는 사후에도 부담을 부과하거나 변경할 수 있다고 본다(이는 부담의 독립적 행정행위로서의 성격을 근거로 하여 부담의 경우에만 사후부담을 인정하는 것이다).[2] 부담은 그의 존속이 본체인 행정행위를 전제로 하고 있을 뿐 그 자체로서 하나의 행정행위를 이루는 것이므로 사후에도 이를 붙일 수 있다고 하는 견해이다. 그리고 법률효과의 일부배제의 경우도 사후부관을 부가할 수 있다.

▶판례〉 재활용자원화시설의 민간위탁대상자로 선정할 당시 '민원이 없을 것'만을 조건으로 내세웠다가 새로이 '주민동의서를 제출할 것'을 요구한 것은 부관의 사후변경이므로 당연무효이다(대판 2007. 9. 21, 2006두7973).

▶판례〉 주택건설사업계획의 승인에 부가하여 경전철 분담금만 부과하였다가 그 뒤 광역전철 및 도로기반시설 분담금까지 포함하는 것으로 변경한 것은 부관의 사후변경이므로 당연무효이다(대판 2007. 12. 28, 2005다72300).

[온천굴착허가처분사건] 그러나 대법원은 '온천굴착허가처분에서 개발자가 이용하고 남은 온천수를 공동급수할 수 있는 시설을 설치할 수 있도록 탕원중심 및 관로주변 토지를 기부채납 하도록 하였는데, 그뒤 온천공이 예상지점과 달리 공로에서 멀리 떨어진 지점에 굴착된 것이 확인되자 그 온천공을 중심으로 공로에 이르는 토지를 기부채납하도록 부관을 변경한 것이 문제가 된 사안'에서, 사정변경으로 인하여 당초에 부담을 부가한 목적을 달성 할 수 없게 된 경우에도 그 목적달성에 필요한 범위 내에서 예외적으로 허용된다고 하였다(대판 1997. 5. 30, 97누2627). <아래 판례참조>

[대법원 판례] 대법원은 토지굴착등허가처분중부담무효확인소송(대판 1997. 5. 30, 97누2627)에서, 본체인 행정처분에 이미 부담이 부가되어 있는 상태에서 그 의무의 범위 또는 내용 등을 변경하는 부관의 사후변경은, 법률에 명문의 규정이 있거나 그 변경이 미리 유보되어 있는 경우 또는 상대방의 동의가 있는 경우에 한하여 허용되는 것이 원칙이지만, 사정변경으로 인하여 낭조에 부담을 부가한 목적을 달성할 수 없게 된 경우에도 그 목적달성에 필요한 범위 내에서 예외적으로 허용된다고 볼 것이라고 하여, 그밖에 사정변경으로 당초에 부담을 부가한 목적

---

1) 박윤흔, 행정법강의(상), 393면.
2) 이상규, 신행정법론(상), 315면; 이명구; 박윤흔, 행정법강의(상), 393면.

달성할 수 없게 된 경우에도 그 목적달성에 필요한 범위내에서 허용된다고 본 판례가 있다. 대법원은 부관의 사후변경이 허용되는 범위에 대하여, "… 행정처분에 이미 부담이 부가되어 있는 상태에서 그 의무의 범위 또는 내용 등을 변경하는 부관의 사후변경은, 법률에 명문의 규정이 있거나 그 변경이 미리 유보되어 있는 경우 또는 상대방의 동의가 있는 경우에 한하여 허용되는 것이 원칙이지만, 사정변경으로 인하여 당초에 부담을 부가한 목적을 달성할 수 없게 된 경우에도 그 목적달성에 필요한 범위 내에서 예외적으로 허용된다."[1]고 하면서, "… 부산광역시장이 행한 위 부담의 변경은, 온천공이 예상과는 달리 공로에서 멀리 떨어진 자리에 굴착되는 바람에 이 사건 굴착허가처분에 부가된 부담의 목적을 달성하기 위하여 어쩔 수 없이 필요한 범위 내에서 취하여진 적법한 조치라고 할 것이므로, 이러한 부담의 사후변경이 소론과 같이 무효이거나 존재하지 않다고 볼 수 없다. … 이 사건 토지굴착허가처분 및 동력장치설치허가처분을 하면서 온천공 및 동력장치 시설물 일체와 이 사건 토지 중 앞서 본 탕원 및 관로주변의 토지 부분을 기부채납하도록 한 부담의 내용은 그 자체가 법령에 위반되거나 그 이행이 불가능한 것이라고 볼 수 없고, …이 사건 토지가 속하는 해운대온천지구의 경우 현재 사용중인 온천의 동력장치 또는 온천공 주변 토지가 전부 부산광역시나 해운대구에 기부채납되어 있는 점과 앞서 본 기부채납의 목적에 비추어 상당한 이유가 있고, 원고로서도 이에 동의하여 허가를 받았을 뿐더러 그 허가로 인하여 상당한 이익을 얻을 것으로 보여지는 점 등을 종합하여 볼 때 이 사건 부담이 비례의 원칙 및 평등의 원칙에 반하거나 행정처분의 본질적 효력을 해하여 그 하자가 중대하고 명백하여 무효로 볼 수 없다고 판단한 것은 정당하고, 거기에 소론과 같은 비례의 원칙 및 과잉금지의 원칙 등에 대한 법리오해의 위법이 있다고 할 수 없다."[2]고 하였다. ☞ **부담은 과잉금지, 평등원칙에 위반되지 않아야**

[판례평석] 위 판례는 - 모든 부관에 적용되는 - 일반적인 '사후부관의 허용성' 문제라기 보다는, 부관 중에서 특히 부담만을 의미하는, '부담의 사후변경의 허용성'의 문제이다. 따라서 이 판례는 여기서 말하는 사후부관 문제라기 보다는 이미 내려진 부관에 대한 사후변경 문제이다(즉 이 판례는 엄밀하게는 위에서 설명한 '행정행위의 사후변경의 유보'에 해당되는 문제이다).[3] - 아무튼 - 사후부관의 허용성 문제는, (ㄱ) 조건·기한·철회권의 유

---

1) 대판 1997. 5. 30, 97누2627【토지굴착등허가처분중부담무효확인】
2) 대판 1997. 5. 30, 97누2627【토지굴착등허가처분중부담무효확인】
3) 사실상 '사후부관'과 '행정행위의 사후변경의 유보'는 - 서로 명확한 구분을 하지 않고 설명되고 있음을 의미하는 것이다. 저자(김백유)는 사후부관과 행정행위의 사후변경의 유보를 서로 구분한다. '행정행위의 사후부관의 유보'는 사후에 부관을 붙일 수 있다는 것을 최초의 행정행위의 발급시에 미리 유보(Vorbehalt)해두는 것이며, 유보해두는 것, 즉 사후변경의 유보 그 자체는 부관이지만, 사후부관은 부관이 아니다. 왜냐하면 사후부관은 부관의 종류를 의미하는 것이 아니고, 사후에 부관을 붙인다는 의미, 즉 사후부관은 최초의 행정행위 발급시에는 아무런 부관을 붙이

보와, (ㄴ) 부담의 경우로 나누어 고찰하여야 한다. 부담은 주된 행정행위에 부가한 독립한 행정행위이므로 일정한 경우에 있어서는 부담에 대한 사후적 부가(추가·변경)를 인정할 수 있으나, 조건부 행정행위·기한부행정행위·철회권의 유보 등과 같은 부관부(附款附)행정행위는 주된 행정행위(Hauptverwaltungsakt; 본체인 행정행위)의 불가결한 구성부분(종된 의사표시; 김남진 교수는 종된 규율, 서원우 교수는 부대적[附帶的] 규율[1]이라고 한다) 이기 때문에 사후부관의 허용성이 인정될 수 없음은 행정행위의 부관론에서 일반적으로 인정되는 견해이다.

### 4.2.4. 사견

위 판례에서 살펴본 바와 같이 대법원은 부산광역시 해운대구청장의 원고에 대한 부담부 토지굴착등허가처분 중 부담의 무효를 다툰 사건에서 행정처분에 이미 부담이 부가되어 있는 상태에서 그 의무의 범위 또는 내용 등을 변경하는 부관의 사후변경은 법률에 명문의 규정이 있거나 그 변경이 미리 유보되어 있는 경우 또는 상대방의 동의가 있는 경우에 한하여 허용되는 것이 원칙이지만, 사정변경으로 인하여 당초에 부담을 부가한 목적을 달성할 수 없게 된 경우에도 그 목적달성에 필요한 범위 내에서 예외적으로 허용된다는 것이다(대판 1997.5.30,97누2627). 생각건대 사후에 부관만을 붙이는 것은 본래적 의미의 부관의 성질에는 어긋나는 것이지만 법규나 행정행위자체가 이러한 사정을 미리 예상하였거나 상대방의 동의가 있을 때에는 사후부관이 가능하다고 볼 수 있을 것이다. 다만 부관 중에서 부담인 경우, 그것은 본체인 행정행위를 전제로 하는 것일 뿐 그 자체로서 하나의 **독립된 행정행위**를 이루는 것이므로 본체인 행정행위에 부관을 붙일 수 있는 경우라면 사후에도 부관을 붙일 수 있다고 보아야 할 것이다. 다만 김남진 교수[2]나 독일의 마이어/코프(Mayer/Ferdinand O. Kopp)[3]의 주장처럼 부관의 사후부가는 사실상 행정행위의 부분적 폐지를 의미하고, 부분적으로 다른 내용의 행정행위의 새로운 발령을 뜻하기 때문에 비례의 원칙을 준수해야 하고, 그 행정행위의 폐지(취소·철회)에 관한 법원칙이 준용되어야 할 것이다.

---

지 않고 있다가, 사후에 - 새롭게 - 부관을 붙이는 것에 불과한 것이기 때문이다.
1) 서원우, 행정행위의 부관론(附款論)에 대한 재검토, 고시계(1985.11), 47면.
2) 김남진, 행정행위의 부관, 고시계(1986.3.), 170면.
3) Mayer/Ferdinand O. Kopp, Allgemeines Verwaltungsrecht, 1985, S. 224.

## V. 하자(瑕疵)있는 부관(위법한 부관)이 본래의 행정행위(本行政行爲)의 효력에 미치는 영향

### 1. 개관

부관이 행정작용으로서 효력을 갖기 위해서는 다른 일반적 행정행위의 경우와 마찬가지로 그 적법성의 요건을 충족하여야 하며, 이러한 요건을 충족하지 못한 경우 위법한 부관이 된다. 부관이 위법한 경우에 그것이 무효인가 취소할 수 있는 것인가는 행정행위의 하자에 관한 일반이론, 즉 행정행위의 무효와 취소의 구별에 준하여 생각하면 된다. 즉, 부관의 하자가 중대하고 명백한 때에는 그 부관은 무효라 할 것이며, 그 하자가 중대하고 명백한 것이 아닌 때에는 단순히 취소 할 수 있는 부관이라 할 것이다. 결국 부관 그 자체에 하자가 있으면 원칙적으로 부관 자체만 무효이거나 이를 취소할 수 있다. 따라서 이 경우에는 '부관이 없는 행정행위'로서의 의미를 갖게 된다. 따라서 정지조건부 부관의 내용이 도래하는 것이 불가능한 경우에는 주된 수익적 행정행위의 효과는 발생하지 않게 되며, 해제조건의 내용이 불가능한 경우에는 수익적인 주된 행정작용의 내용을 그 밖의 다른 사유로 인하여 철회될 때까지 계속적인 효력을 갖게 된다.[1] 그러나 예외적으로 그 부관이 주된 행정행위에 있어서 없어서는 안 될 본질적인 요소를 이루는 경우, 즉 그러한 부관을 붙이지 아니하였더라면 행정청은 주된 행정행위를 처음부터 발하지 아니하였을 것이라고 인정되는 경우에는 주된 행정행위(Hauptverwaltungsakt; 본체인 행정행위)도 무효로 되거나 취소할 수 있다는 것이 다수설이다.[2]

### 2. 무효인 부관과 본래의 행정행위(本行政行爲)의 효력
#### 2.1. 개관

[무효인 부관] 무효인 부관이 그 본체인 행정행위의 효력에 어떠한 영향을 미치는지,

---

1) 강인옥, 행정행위의 부관에 대한 감사접근방법, - 부관의 위법성 판단기준을 중심으로 -, 66면.
2) 김동희, 행정법(I), 304면; 김철용, 행정법(I), 251면; 박윤흔, 행정법강의(상), 368면; 정하중, 행정법총론, 239-240면; 박균성, 행정법론(상), 328면 취소할 수 있는 부관인 경우에는 부관이 주된 행정행위와 분리가능하여야 한다고 한다; 석호철, 행정행위의 부관, 「재판자료 제68호 행정소송에 관한 제문제(상)」, 법원행정처, 1995, 250면에 의하면 부관중 부담은 행정행위의 중요한 요소가 아니어서 그것이 무효라 하더라도 언제나 주된 행정행위의 효력에는 영향을 미치지 않는다고 한다; 대법원 2001.6.15. 선고 99두509 판결에서는 부관인 허가기간은 행정행위의 본질적 요소에 해당한다고 볼 것이어서, 부관인 허가기간에 위법사유가 있다면 이로써 이 사건 허가 전부가 위법하게 될 것이라고 한다.

즉 그 부관만을 무효로 볼 것인지 행정행위 전체를 무효로 볼 것인지가 문제된다. 부관부 행정행위에 있어서 그 부관의 내용은 적법하여야 하고, 그 이행이 가능하여야 하며, 위법하거나, 그 이행이 불가능하여 그 하자가 명백하고 중대한 때에는 그 부관은 원칙적으로 처음부터 그 법률효과가 발생하지 않는 무효라고 할 것이다. 처음부터 당연무효인 부관이란 외형상으로는 부관에 해당하는 행정청의 의사표시가 있기는 하지만 부관의 흠이 중대하고 명백하여 전혀 부관으로서 효력을 당초부터, 당연히 발생할 수 없는 것을 말한다.

[예외 : 수익적 처분인 경우(대법원 판례)] 다만 수익적 처분인 경우에는 예외가 있다. 대법원도, "… 부관부 행정처분에 있어서 그 부관의 내용은 적법하여야 하고 그 이행이 가능하여야 하며 위법하거나 그 이행이 불가능하여 그 하자가 명백하고 중대한 때에는 그 부관은 무효라고 할 것이나 임야에 대한 개간허가처분과 같은 수익적 처분을 함에 있어서 원고의 노력과 비용으로 개간지역내에 있는 시설분묘와 건축물을 이해관계인과 원만히 협의하여 관계법규에 의한 절차에 따라 이를 이장 내지 철거하도록 부관을 부과한 것은 설사 위 분묘와 건축물이 적법하게 매장 내지 건축된 것이라 하더라도 그 철거내지 이장이 불가능하다거나 개인의 사유재산권을 침해하는 위법한 것이라고 볼 수 없어 위 부관이 무효라고 할 수는 없다."[1]고 하였다.

[무효인 부관이 행정행위의 효력에 미치는 영향] 무효인 부관이 행정행위의 효력에 미치는 영향에 관하여는 아래와 같이 견해가 나누인다(아래 참조).

### 2.2. 학설
#### 2.2.1. 제1설(부관없는 단순한 행정행위) : 부관무효설(부관만 무효설)

부관의 무효는 부관자체만 무효이며 본행정행위의 효력에는 아무런 영향이 없고,[2] 이 경우에는 부관없는 단순행정행위로서 효력이 발생한다는 견해이다(E. Forsthoff[포르스트호프], K. Kormann[코르만]). 무효인 부관을 붙인 행정행위는 부관 없는 단순행정행위로서 효력을 발생한다.

---

1) 대판 1985. 2. 8, 83누625 【임야개간허가존속확인등】
2) 대판 1962. 7. 19, 62누49 : 주식회사의 대표취체역은 그 회사에 대한 위법한 해산처분의 취소를 구할 소의 이익이 있다. 해산처분의 부관으로서 그 해산의 효력을 기업체 매각처분시로 소급시킨 점이 무효라 하여 해산처분자체도 무효라고 할 수 없다. 대법원 1962. 7. 19. 선고 62누49판결에서 법인의 대표이사가 법인의 해산처분에 대하여 그 취소를 구할 원고적격이 있다는 판시가 있은 외 나머지 사안에서는 예외 없이 법인에 대한 처분에 대하여 주주가 제기한 취소소송에서의 원고적격이 부정되었다.

## 2.2.2. 제2설(全행정행위 무효) : 행정행위무효설(행정행위까지 무효설)

부관이 무효인 경우에는 본래의 행정행위, 즉 행정행위의 본체도 무효가 된다는 것으로서, 전체(全행정행위)가 무효가 된다는 견해이다(W. Jellinek[발터 엘리네크).[1] 따라서 무효인 부관을 붙인 행정행위는 부관과 본체의 행정행위 전체가 모두 무효로 된다.

## 2.2.3. 제3설(통설·판례) : 절충설
### a) 주관설(의사이론[Willenstheorie]; 행정청의 의사를 존중)

[행정청의 의사를 기준] 주관설은 행정청의 의사를 기준으로 하여, 만약 그 부관이 없었더라면, 행정청이 애초부터 행정행위를 하지 않았을 것이라는 경우에 중요한 요소가 있다고 보는 입장이다. 즉 무효인 부관이 붙은 행정행위는 원칙적으로 부관없는 단순한 행정행위로서 효력을 발생하여 행정행위의 본체에는 영향이 없지만,[2] 무효인 부관이 중대하여 그것이 없었다면 그 행정행위를 하지 않았을 것이라고 명백히 인정될 때에는 본체의 행정행위도 무효가 된다는 설(Hans J. Wolff)이다. 제3설이 우리나라에서의 통설·판례[3]이다. 이러한 통설적 견해는 행정청의 의사를 존중하는 것이기 때문에 주관설이라 하며, 독일에서의 전통적 통설의 영향을 받은 것이다. 독일에서 이러한 주관설 내지는 의사이론(Willenstheorie)이 주장된 근거는, (ㄱ) 행정청이 원하지 아니한 행정행위(부관이 없는 행정행위)를 법원이 존속시키도록 하는 것은 권력분립의 원칙에 위반되며, (ㄴ) 독일 민법 제139조의 「법률행위의 일부가 무효인 경우 무효부분이 없이도 당해 법률행위를 하였으리라고 인정되는 경우를 제외하고는 법률행위 전체를 무효로 한다」는 민법규정(우리 민법 제137조도 같은 의미의 규정이다)은 법의 일반원칙으로서 공법에도 그대로 적용된다는 것이다. 이러한 견해에 입각하여 독일 연방행정절차법 제44조 제4항에서도, '행정행위의 일부(nur ein Teil des Verwaltungsaktes)'가 무효인 경우, 무효인 부분이 중대하여 행정청이 그것(무효인 부분) 없이는 행정행위를 행하지 않

---

1) '발터(Walter)' 엘리네크는 '게오르크(Georg)' 엘리네크의 아들이다. 아버지도 아들도 공법학자이므로 헌법이나 행정법을 연구할 때는 아버지인 게오르크 엘리네크인지, 그 아들인 발터 엘리네크 인지 정확하게 구분해서 사용해야 한다. 원래 독일어는 이름은 생략하고 성(姓:성씨; 김씨 이씨…)만 적어두면 누구인지를 알지만(우리나라는 성만 적어두면 누구인지 알 수 없음. 예컨대 헌법학계의 김교수라고 하면 누구인지 모른다. 그래서 반드시 이름까지 불러줘야 한다. 김백유교수; 차라리 성은 빼버려도 상관없음), - 독일 공법학계에서 자주 회자되는 - 엘리네크는 아버지 엘리네크도 있고, 아들 엘리네크도 있으므로 단순히 엘리네크라고만 말하지 말고, 게오르크 엘리네크인지, 발터 엘리네크인지 구분해서 사용하란 말이다. Georg는 우리나라 번역서에는 '게오르그' 혹은 '게오르크'라고 번역하고 있으나, 실제로 독일 사람들은 '게옥'이라고 발음한다. ☞ 게옥 엘리네크
2) 대판 1962. 7. 19, 62누49
3) 대판 1962. 7. 19, 62누49

앉을 것이라고 판단되는 경우에는 전부 무효(so ist er im ganzen nichtig, wenn der nichtige Teil so wesentlich ist, daß die Behörde den Verwaltungsakt ohne den nichtigen Teil nicht erlassen hätte)로 된다고 규정하고 있다.

[비판] 주관설을 엄격하게 적용한다면, 행정청은 일반적으로 행정행위에 부관을 부가함으로써 그 효과를 제한하려는 의사를 당초부터 가지고 있었을 경우, 부관이 붙지 않은 행정행위를 하려고 했다는 사실을 측정하기란 매우 어렵기 때문에 대부분 부관에 대한 독립취소가능성은 인정할 수 없게 된다. 이리하여, 동법 제139조는 공법에는 적용되지 아니하며, 공법에서는 당사자의 의사가 아니고 객관적인 법질서와의 적합성이 문제가 되므로 부관이 무효인 경우에도 나머지 행정행위가 적법하다면 그 행정행위는 그대로 존속해야 한다는 견해인 객관설이 유력시되고 있다. 취소할 수 있는 부관에 있어서도 부관이 취소되면 부관이 무효인 경우와 같은 효력이 생긴다. 여기에서도 개별적 구체적으로 부관의 주된 행정행위에 대한 비중을 고려하여 그 효과를 결정할 수밖에 없다.

### b) 객관설(객관적인 법질서에의 적합성)

객관설은 당사자의 의사가 아닌 객관적인 상황에 비추어 부관이 없으면 나머지 행정행위를 유지하는 것이 적절하지 않다고 인정되는 경우에, 중요한 요소가 있다고 보는 견해이다. 그리고 객관설은, 주관설이 주장의 논거로 삼고 있는 독일 민법 제139조는 공법영역인 행정법에는 적용되지 아니하며, 공법에서는 당사자의 의사가 아니고(사적 자치원칙의 배제), 객관적인 법질서에의 적합성이 문제로 되므로, 부관이 무효인 경우에도 나머지 행정행위가 적법하다면 그 행정행위는 존속된다고 본다(이러한 견해를 객관설이라 한다).[1]

### 2.3. 대법원 판례 – 절충설의 입장

대법원판례는 절충설에 따라 부관의 중요한 요소인지 여부에 따라 위법한 부관과 행정행위의 효력을 정하고 있다. 회사해산처분취소사건[2]에서 "회사해산처분의 부관으로서 그 해산의 효력을 소급시키는 점은 무효라 할지라도 그것만으로써 곧 해산처분 자체도 무효라고 볼 수 없다."고 판시하였다. 그리고 지하상가점용기간등처분취소사건[3]에서 "도로

---

1) 박윤흔, 행정법강의(상), 394면.
2) 대판 1962. 7. 19, 62누49 : 주식회사의 대표취체역은 그 회사에 대한 위법한 해산처분의 취소를 구할 소의 이익이 있다. 해산처분의 부관으로서 그 해산의 효력을 기업체 매각처분시로 소급시킨 점이 무효라 하여 해산처분자체도 무효라고 할 수 없다. 대법원 1962. 7. 19. 선고 62누49판결에서 법인의 대표이사가 법인의 해산처분에 대하여 그 취소를 구할 원고적격이 있다는 판시가 있은 외 나머지 사안에서는 예외 없이 법인에 대한 처분에 대하여 주주가 제기한 취소소송에서의 원고적격이 부정되었다.

점용허가에 있어 점용기간은 행정행위의 <u>본질적 요소에 해당하는 것</u>이어서, 부관인 점용기간을 정함에 위법사유가 있다면 이로써 도로점용허가처분 전부가 위법하게 된다."고 판시하였다.

### 3. 취소할 수 있는 부관과 본래의 행정행위(本行政行爲)의 효력

취소할 수 있는 부관이란 부관이 가지고 있는 하자가 중대하고 명백한 정도가 아니기 때문에, 권한있는 기관에 의하여 취소될 때까지는 일단 유효한 것으로 다루어지는 부관을 말한다. 따라서 부관이 위법하지만 그것이 중대하고 명백한 하자가 아니어서 취소할 수 있음에 불과한 때에는 – 취소되기 전까지는 – 일단 유효한 부관부행정행위로서 유효하며, 취소가 확정된 경우에는 행정행위의 효력에 미치는 영향은 무효인 부관과 같다.

## VI. 위법·부당한 부관에 대한 행정상 쟁송 – 부관만을 대상으로 한 행정쟁송의 가능성 여부

### 1. 개관 – 부관의 소송상의 문제점

[부관의 소송상의 문제점] 행정소송제도는 원래 침익적 행정행위(belastender Verwaltungsakt)의 효력을 소멸시킴으로써, 국민의 권리를 구제하기 위하여 고안된 제도이다. 그러므로 일반적인 행정소송에 있어서는 본체인 행정행위가 위법한가 여부가 심사되고 위법성이 인정되는 경우에는 법원의 판결에 의하여 행정행위가 취소되는 과정을 통하여 권리구제를 받게 된다. 이에 반하여 행정행위의 상대방이 본체인 행정행위에는 불만이 없고, 다만 그에 부수하여 행정행위의 상대방에게 불리하게 발급된 부관만을 다투고자 하는 경우가 존재하게 된다. 이는 일반적으로 본체인 행정행위가 그 상대방에게 이익을 주는 수익적 행정행위인 경우가 대부분이다. 행정청의 입장에서 보면 행정청이 상대방에게 수익적 처분을 하면서 – 공익과의 관계를 염두에 두어 – 당사자에게 그 이익의 전부를 부여하지 않고, 부관에 의하여 그 효과의 일부를 제한하고자 하는 경우가 발생할 수 있다. 만약 본체인 행정행위가 수익적인 성격을 갖는다면, 처분의 상대방인 국민은 본체인 행정행위는 그대로 두면서 자신에게 불이익을 주는 부관만의 효력을 다투고자 할 것이고, 행정청으로서는 부관이 없었더라면 최소한 그와 같은 행정행위를 하지 아니하였을 정도로 부관이 중요한 요소이고, 본질적 부분이라면 전체 행정행위가 모두 취소될 것을 바랄 것이다. 여기에

---

3) 대판 1985. 7. 9, 84누604.

는 다음과 같은 경우를 상정할 수 있다. (ㄱ) 행정처분의 상대방이 그에게 불리하게 작용하는 부관만을 대상으로 하여 소송을 제기할 경우 부관만을 독립하여 취소소송의 대상으로 삼고자 할 것인데, 이 경우는 취소소송의 적법요건으로서 처분성 문제가 해결되어야 한다. 행정소송법은 소송제기를 위하여 여러 가지의 소송요건(소제기요건)을 정하고 있는데, 행정소송을 제기하고자 하는 경우 처분의 상대방은 법이 정하고 있는 제요건을 충족하여야만 본안판단을 받을 수 있는 것이다. 여기에서 부관의 처분성이 인정되는가 또는 부관만을 독립하여 독립취소쟁송의 대상으로 삼을 수 있는가 하는 문제가 발생하게 되는데 이는 소제기요건으로서의 처분성 문제가 있다. 처분성 문제는 소송요건의 문제로서 소송이 적법하게 개시될 수 있는가 하는 독립쟁송가능성(처분성이 인정되느냐의 문제) 문제가 있고, 그리고 독립쟁송가능성이 인정된다면 부관만을 따로 분리하여 독립취소가능성(본안판단), 즉 소송요건이 이미 충족된 사건에서 본안판단의 문제가 있다. '독립쟁송가능성'이란 쟁송의 대상으로 할 수 있는지를 묻는 것으로서 이는 부관이 처분성을 갖느냐가 판단요소로 작용한다. 독립쟁송가능성이 인정되는 경우, 즉 쟁송의 대상이 될 수 있다고 보는 경우 부관만을 따로 분리하여 취소할 수 있는지를 묻는 것을 '독립취소가능성'이라 한다. (ㄴ) 소제기요건이 충족되어 본안심리에 들어간 경우 과연 부관만을 독립하여 취소할 수 있는가 하는 문제가 있다. 이는 처분성 문제와는 달라서 구체적으로는 우선 부관만을 독립하여 다투는 것이 가능한 경우에는 부관만에 대한 독립취소소송에서 본안판단을 하는 경우가 있고, 또는 부관만을 독립하여 취소소송의 대상으로 할 수 없는 경우에는, 본체인 행정행위와 부관을 함께 소송의 대상으로 하게된다. 특히 부관의 독립쟁송가능성(처분성/소송요건)의 문제와 독립취소가능성(본안판단) 문제가 행정소송제도의 '제도적 핵심(Typuskern)'이 된다. (문제점) : 부관이 위법하다고 생각하는 경우, 다음과 같은 독립쟁송 가능성과 독립취소가능성 문제가 대두된다. (ㄱ) **독립쟁송가능성**(소송요건의 문제) : 부관만을 따로 분리하여 쟁송의 대상으로 하여 쟁송(행정심판·행정소송)을 제기할 수 있는지(재결청·법원에 대한 독립쟁송가능성 ; 쟁송제기가능성[처분성 문제/소송요건의 문제])가 문제되는데, 이 경우 부관만을 따로 떼어서 행정소송의 대상이 되는가 하는 문제는 소송의 요건에 관한 것으로서 소송의 대상이 되지 않는다면 본안판단에 들어가지도 못하고 소제기 요건을 갖추지 못하였다고 하여 각하되어 버리고 말 것이다. (ㄴ) **독립취소가능성** : 부관 만을 따로 떼어 쟁송의 대상이 될 수 있다고 보는 경우, 본안심판·본안소송에 들어가서 부관만을 분리하여 취소할 수 있는지(재결청·법원에 의한 독립취소가능성[본안판단])가 문제된다. 그것은 행정행위의 상대방인 국민측에서 보면 대부분의 경우에 행정행위에 의하여 부여된 수익적 부분인 권익(권리·이익) 또는 지위를 그대로 유지하면서, 다만 침익적 부분인 부관만의 취소를 구하여야 할 필요성이 있기 때문이다. 위법한 부관만(위법하다고 생각하는 부관)을 분리하여 쟁송의 대상으로 하는 것이 가능하다고 할 경우, 그 소송형태로는 (ㄱ) 진정(眞正)일부취소쟁송(echte

Teilanfechtung : 부담과 같이 그 자체의 행정행위로서의 성질을 갖고 있기 때문에 주된 행정행위와 분리하여 독립적으로 취소소송을 제기할 수 있는 경우)과, (ㄴ) 부관이 붙은 행정행위전체를 대상으로 하여 부관만의 청구를 취소하는 부진정(不眞正)일부취소쟁송(unechte Teilanfechtung : 부관은 그 자체가 행정행위로서의 성격을 갖지 않고 주된 행정행위의 일부에 지나지 않기 때문에 부관만을 대상으로 취소쟁송을 제기할 수 없고, 부관이 붙은 원래의 행정행위 자체를 대상으로 취소쟁송을 제기하여 '부관(만)의 취소를 구하는 경우')을 생각할 수 있다(독일과 같이 의무이행소송[Verpflichtungsklage]이 인정되는 경우에는 부관이 위법한 경우, 부관이 없는 행정행위를 구하는 의무이행소송을 제기할 수 있다고 할 것이다).[1]

▶ 진정(眞正) 일부취소쟁송(echte Teilanfechtung) → 부담과 같이 그 자체의 행정행위로서의 성질을 갖고 있기 때문에 주된 행정행위와 분리하여 독립적으로 취소소송을 제기할 수 있는 경우

▶ 부진정(不眞正) 일부취소쟁송(unechte Teilanfechtung) → 부관이 붙은 행정행위전체를 대상으로 하여 부관만의 청구를 취소하는 경우(부관은 그 자체가 행정행위로서의 성격을 갖지 않고 주된 행정행위의 일부에 지나지 않기 때문에 부관만을 대상으로 취소쟁송을 제기할 수 없고, 부관이 붙은 원래의 행정행위 자체를 대상으로 취소쟁송을 제기하여 부관(만)의 취소를 구하는 경우)

[부관만의 취소를 구하는 것이 가능하다고 보는 이유] 부관만의 취소를 구하는 것이 가능하다고 보는 이유는 우리 나라 행정심판법 제4조 제1호, 행정소송법 제4조 제1호는 위법한 처분 등의 변경을 구하는 경우에도 취소쟁송이 허용된다고 보는바, 여기에서의 변경은 일부취소를 포함한다고 보기 때문이다.[2] 그러나 판례는 부진정일부취소쟁송은 인정하지 아니한다고 보고 있다. 대법원은 "… 행정행위의 부관은 행정행위의 일반적인 효력이나 효과를 제한하기 위하여 의사표시의 주된 내용에 부가되는 종(從)된 의사표시이지 그 자체로서 직접 법적 효과를 발생하는 독립된 처분이 아니므로, 현행 행정쟁송제도 아래서는 부관 그 자체만을 독립된 쟁송의 대상으로 할 수 없는 것이 원칙이다."[3]라고 하였다. 이와 같이 판례는 부담의 경우에는 진정일부취소소송을 인정하지만, 기타의 부관에 대해서는 진정 일부취소소송도 인정하지 않고, 부진정 일부취소소송도 인정하지 않는다. 따라서 위법한 부담 이외의 부관으로 인해 권리를 침해받은 자는 부관부행정행위 전체의 취소를 청구하든지(대판 1985. 7. 9, 84누604), 아니면 행정청에 부관이 없는 처분으로의 변경을 청구한 다음 그것이 거부된 경우에 거부처분취소소송을 제기하여야 한다는 입장이다(대판 1990. 4. 27, 89누6808).

---

1) 박윤흔, 행정법강의(상), 395면.
2) 박윤흔, 행정법강의(상), 395면; 이상원, 행정행위의 쟁송취소와 직권취소, 고시계(1992.4), 253면.
3) 대판 1992. 1. 21, 91누1264 【수토대금부과처분취소】

## 2. 부관에 대한 독립쟁송(처분성/소송요건) 및 독립취소(본안판단)의 제기가능성[1]

### 2.1. 부담(Auflage)의 경우

#### 2.1.1. 부정설

부담은 행정행위에 수반된 행정청의 종된 의사표시이므로 부담만 취소를 요구하는 행정상쟁송은 대상이 되지 아니하며, 부담부(負擔附)행정행위를 전체로 하여 행정상쟁송의 대상으로 하여야 한다고 한다. 마우러(H. Maurer)는 그 자체 독자적 행정행위성이 인정되는 부담에 있어서도 그 독립취소쟁송은 허용되지 않는다고 한다. 그 이유는 재량행위에 있어서의 부담과 본체인 행정행위는 상호 주종(主從)적인 관계에 있기 때문이라고 한다. 바이로이터(Weyreuther)는 부담을 본체인 행정행위와 불가분의 관계가 있는 수정부담과 본체인 행정행위와 불가분의 관계가 없는 비수정부담으로 나누어 수정부담의 경우에는 본체인 행정행위와 불가분의 관계가 있기 때문에 독립쟁송가능성과 독립취소가능성이 없다고 하였고 판례의 지지를 받은 바가 있다.[2]

#### 2.1.2. 긍정설(다수설·판례)

[개관] 부담은 다른 부관과는 달라서 그 자체가 독립한 하나의 '별개의 행정행위(하명)'로서 강제가능하기 때문에, 주된 행정행위와는 별개로 독립한 쟁송대상(독립쟁송가능성)이 될 수 있다고 보는 것이 다수설·판례이다.

▶판례〉 행정행위의 부관은 부담의 경우를 제외하고는 독립하여 행정소송의 대상이 될 수 없다 할 것이다(대판 2000. 2. 11, 98누7527 【건축허가부관취소】 ;대판 1991. 12. 13, 90누8503; 대판 1993. 10. 8, 93누2032 등 참조).

[독일] (전통적 견해) : 독일에서는 칼 코르만(Karl Kormann)이래로 오랫동안 부관은 본체인 행정행위의 불가분적 요소이기 때문에 부관만을 분리하여 취소하는 것은 적극적으로 부과없는 새로운 처분을 행하는 것이 되므로 분리하여 취소의 대상으로 삼을 수 없으나, 부담만은 본체인 행정행위의 불가분적 요소가 아니라 그 자체로서 하나의 독립된 행정행

---

1) 부관의 독립취소가능성의 문제는 당해 부관이 부담인가 또는 그 이외의 다른 부관인가하는 것은 중요하지 않다. 왜냐하면 문제가 되는 것은 어느 경우에 있어서나 취소소송은 일단 적법하게 내려진 행정행위라는 것을 추정한후, 쟁송의 본안판단에서의 인용·기각의 이유유무의 문제이기 때문이다. 이 문제는 기본적으로는 당해 부관(종된 규율이라는 견해도 있다)과 본체인 행정행위(주된 규율이라는 견해도 있다)와의 관련성에 따라 결정되는 것으로서, 본체인 행정행위가 기속행위인가 재량행위인가에 따라 그 내용이 달라진다.
2) http://www.moleg.go.kr/knowledge/···; 박종국, 위법한 부담에 대한 항고소송, 법제처, 월간법제(2002.11).

위이기 때문에 분리하여 쟁송의 대상으로 할 수 있고 취소도 가능하다는 것이 통설의 입장이었다. 오토 마이어(O. Mayer)도 부관(이 시대에는 조건으로 불렸다)의 독립쟁송가능성을 인정하고 있다고 보여진다.[1] (1976년 행정절차법 제정이후) : 1976년 행정절차법이 제정된 이후에는 부관의 종별에 중점을 둔 실체법적 사고가 절차법적 사고로 바뀌면서, 부관의 독립쟁송가능성은 전면적으로 인정하되, 독립취소가능성은 기속행위에 붙여진 부관에 대하여서만 인정하려는 견해가 주장되고 있다. 이러한 견해는 실체법상의 부관의 종류에 따른 독립취소가능성의 문제는 본안에서의 이유의 유무의 문제인데도 종래의 학설은 소송법상의 소송요건의 문제인 독립쟁송가능성의 문제와 혼동하고 있다고 한다. 따라서 위법한 부관의 독립쟁송가능성은 모든 부관에 대하여 인정해야 하며 독립취소가능성에 대하여는 기속행위의 경우에는 상대방의 부관없는 행정행위에 대한 청구권이 있다고 보아, 부관의 종별과는 관계없이 기속행위에 붙여진 부관에 대하여서만 인정해야 한다. 왜냐하면 재량행위의 경우에는 부관만을 취소하여 본체인 행정행위를 유지시키는 것은 결국 행정청에게 부관없는 본체인 행정행위만을 선택하도록 강제하는 것이 되므로 권력분립의 원칙에 반하는 것으로 허용될 수 없다고 한다(다만 재량행위에 붙여진 부관의 취소소송이 제기된 경우에도 각하할 것이 아니고 본안심리 후 기각하여야 한다). 그러나 독립취소가능성도 전면적으로 인정하되, 만약 부관이 취소된 후의 잔여행정행위가 위법하게 되거나 공익상 허용할 수 없는 것이 된 경우에는 행정청이 직권으로 취소하거나 철회할 수 있다는 견해도 있다.[2]

[우리나라 다수설] 행정소송법상의 취소·변경의 내용이 취소는 전부취소, 변경은 일부취소를 의미하기 때문에,[3] 부담만 취소를 요구하는 행정상쟁송(독립취소가능성)은 인정할 수 있다는 것이다. 이와 같이 부담은 주된 행정행위에 부수하여 행정행위의 상대방에게 행정행위와는 별도로 작위, 부작위, 급부, 수인의무를 부가하는 부관으로서, 주된 행정행위에 종속되기는 하나 그 자체가 다른 부관과는 달리 독립성이 강하므로 부담의 경우는 주된 행정행위로부터 분리될 수 있으며 그 자체 독자적 규율성·처분성이 인정되어 그 자체로 독립하여 쟁송이 가능하다고 본다.[4]

---

[1] http://www.moleg.go.kr/knowledge/…; 박종국, 위법한 부담에 대한 항고소송, 법제처, 월간법제(2002.11).
[2] http://www.moleg.go.kr/knowledge/…; 박종국, 위법한 부담에 대한 항고소송, 법제처, 월간법제(2002.11).
[3] 이상원, 행정행위의 쟁송취소와 직권취소, 고시계(1992.4), 253면.
[4] 김동희, 공법연구, 제20집(1992.7), 한국공법학회, 329면 이하 참조; 김진권, 위법한 부관에 대한 쟁송, 특별법연구 특별소송실무연구회편, 법문사, 4권(1994.6), 289면; 또한 부담의 일종인 도로점용료의 부과처분취소요구를 인정하고 있다. 마르텐스(Martens)는 부담의 독자성을 논급함에 있어서 소송의 신청이란 문제점과 결부하여 부담은 실질적으로 독립적인 행정행위이므로 부담

「다수설」
부담 → 그 자체가 독립한 하나의 '별개의 행정행위(하명)'로서 강제가능
(따라서) 주된 행정행위와는 별개로 독립한 쟁송대상이 될 수 있다

[대법원 판례] (판례-1) : 대법원은 "… 행정행위의 부관은 행정행위의 일반적인 효력이나 효과를 제한하기 위하여 의사표시의 주된 내용에 부가되는 從된 의사표시이지 그 자체로서 직접 법적 효과를 발생하는 독립된 처분이 아니므로, 현행 행정쟁송제도 아래서는 부관 그 자체만을 독립된 쟁송의 대상으로 할 수 없는 것이 원칙이나, 행정행위의 부관 중에서도 행정행위에 부수하여 그 행정행위의 상대방에게 일정한 의무를 부과하는 행정청의 의사표시인 부담의 경우에는 다른 부관과는 달리 행정행위의 불가분적인 요소가 아니고 그 존속인 본체인 행정행위의 존재를 전제로 하는 것일 뿐이므로 부담 그 자체로서 행정쟁송의 대상이 될 수 있다."[1]고 하였다. (판례-2) : 대법원은 "행정행위의 부관은 행정행위의 일반적인 효력이

---

만을 취소대상으로 삼을 수 있으나, 조건, 기한, 철회권의 유보는 행정행위로서의 속성을 가지고 있지 않다고 한다(Wolfgang Martens, Fehlerhafte Nebenbestimmungen in Verwaltungsprozeß, DVBl, 1965, 428). 비셀러(W. Wieseler)의 견해에 의하면 부담(負擔)은 독립적 행정행위이므로 독립하여 쟁송대상이 될 수 있지만 조건은 행정행위의 불가결한 구성부분이므로 독립적인 쟁송대상이 될 수 없다고 한다(W. Wieseler, Die vorläufige Rechtsschutz gegen Verwaltungsakte, 1967, SS. 223-225); 테겔른(v. Tegelen)의 견해에 의하면, 부담은 독립하여 취소청구될 수 있는 독립된 부과적 행정행위이나, 조건은 수익의 구성부분이라고 한다(v. Tegelen, Die Neuregelung für die Benutzung der Gewässer in Nordrhein-Westfalen, BB, S. 419).

1) 대판 1992. 1. 21, 91누1264【수토대금부과처분취소】수토대금부과처분은 행정소송의 대상이 되는 처분이라고 할 수 없다. … 수토대금부과처분은 건설부장관의 원고에 대한공유수면매립면허의 부관에 의한 것으로서 그 부과 징수에 관하여 법규상 어떠한 강제방법이나 이의신청절차규정이 없어 항고소송의 대상이 되는 행정처분이나 이에 준하는 행정작용이라고 볼 수 없고, 공권력을 수반하지 아니하는 사경제적 작용에 불과한 사법상의 행위라는 원심의 판단은 정당한 것으로 수긍할 수 있고, 피고가 원고가 수토대금을 납부하지 않을 경우에는 국세체납의 예에 의하여 징수하겠다는 의사표시를 한 바 있었다고 하여도 이는 법령상의 근거 없이 한 것으로서 이 때문에 피고의 이 사건 수토대금의 납부고지 행위가 피고가 공권력을 가진 우월한 지위에서 행하는 행정처분이나 행정작용이 된다고 할 수 없고, 피고가 세입금 납세 고지서에 의하여 이 사건 수토대금을 납부할 것을 고지하였다고 하여도 마찬가지이다. … 어떠한 행정행위의 부관인 부담에 정해진 바에 따라 당해 행정청이 아닌 다른 행정청이 그 부담상의 의무이행을 요구하는 의사표시를 하였을 경우 이러한 행위가 당연히 또는 무조건으로 행정소송법상 항고소송의 대상이 되는 처분에 해당한다고 할 수는 없을 것이고, 이 사건에서 건설부장관이 원고에게 공유수면매립면허를 함에 있어 부관으로 당해 공유수면에 이미 토사를 투기한 피고에게 그 대가를 지급토록 한 조치에 대하여 별도의 법령상의 근거나 그 징수방법, 불복절차, 강제집행 등에 관한 규정이 없다면 그 수토대금의 징수는 피고가 항만준설공사를 함에 있어 투기한 토사가 원고의 매립공사에 이용됨으로써 이득을 본다는 취지에서 준설공사비용의 범위 내에서 이를 회수하려는 조치로서 그 법

나 효과를 제한하기 위하여 의사표시의 주된 내용에 부가되는 종된 의사표시이지 그 자체로서 직접 법적 효과를 발생하는 독립된 처분이 아니므로 현행 행정쟁송제도 아래서는 부관 그 자체만을 독립된 쟁송의 대상으로 할 수 없는 것이 원칙(당원 1985. 6. 25. 선고, 84누579 판결 참조)이나 행정행위의 부관 중에서 행정행위에 부수하여 그 행정행위의 상대방에게 일정한 의무를 부과하는 행정청의 의사표시인 부담의 경우에는 다른 부관과는 달리 행정행위의 불가분적인 요소가 아니고 그 존속인 본체인 행정행위의 존재를 전제로 하는 것일 뿐이므로 부담 그 자체로서 행정쟁송의 대상이 될 수 있다."[1]고 하였다.

    [소결] 결론적으로 부관 중 부담과 다른 부관을 구별하여 부담(Auflage)에 한하여 독립하여 소송의 대상으로 인정하는 것으로서, 이에 의하면 부담은 다른 부관과는 달리 행정행위의 불가분적 요소가 아니고 주된 행정행위의 존재를 전제로 하는 것일 뿐이므로, 부담은 독립적으로 취소소송의 대상이 될 수 있으나, 다른 부관은 그 자체로서 하나의 독립된 행정행위로 볼 수 없으므로 그것만을 분리하여 소송의 대상으로 할 수는 없고, 부관부행정행위 전체를 대상으로 하여 소송을 제기하여야 한다는 것이다. 종래의 다수설이며 또한 현재의 판례의 입장이기도 하다.[2]

### 2.2. 부담 이외의 부관의 경우
#### 2.2.1. 소극설(종래의 다수설·판례)

    [학설] 부담 이외의 부관은 '행정행위의 일부'이므로 현행 행정쟁송제도 아래서는 부관 그 자체를 독립한 쟁송대상으로 할 수는 없다고 본다. 따라서 주된 행정행위를 쟁송대상으로 할 수밖에 없다. 부담이외의 부관은 부수적 규율로서 주된 행정행위에의 의존성이 강하므로 독립하여 쟁송을 제기할 수 없다는 견해이다.[3]

    [판례] (판례-1) : 대법원은 "행정처분의 취소·변경이나 무효확인을 구하는 이른바 항고소송에 있어서 행정소송의 대상이 될 수 있는 행정처분은 그 처분자체로서 직접 법적 효과를 발생하는 경우라야 한다고 하면서, 행정행위의 부관은 독립하여 행정쟁송의 대상이 될 수 없는 것"[4]이라고 하였다. (판례-2) : 부관에 대하여는 독립하여 행정쟁송의 대상이 될

---

    적 성격 등에 비추어 볼 때 이를 가리켜 행정소송법 제2조제1항 제1호 소정의 처분에 해당한다고 할 수 없을 것이다.
1) 대판 1992. 1. 21, 91누1264【수토대금부과처분취소】
2) 김도창, 일반행정법론(상), 322면; 김동희, 행정법(I), 305면; 이상규, 행정법(상), 법문사, 1997, 391면; 김향기, 행정행위의 부관과 법적 통제, 토지공법연구, 제16집 제2호, 2002, 183면; 서원우; 윤세창; 석종현, 일반행정법(상), 311면.
3) 김도창, 일반행정법론(상), 322면; 이상규, 행정법(상), 법문사, 1997, 391면; 서원우, 윤세창, 석종현, 일반행정법(상), 311면.

수 없다는 것이 일반적 경향1)이다. (판례-3) : 행정소송의 대상은 행정처분 그 자체이지 부관이 아니다.2) (판례-4) : 대법원은 "어업면허처분중 그 면허유효기간만의 취소를 구하는 소(訴)의 적부판단에 있어서 대법원은 "어업면허처분을 함에 있어 그 면허의 유효기간을 1년으로 정한 경우, 면허의 유효기간은 행정청이 어업면허처분의 효력을 제한하기 위한 행정행위의 부관이라 할 것이고 이러한 행정행위의 부관은 독립하여 행정소송의 대상이 될 수 없는 것이므로 어업면허처분중 그 면허유효기간 만의 취소를 구하는 청구는 허용될 수 없다"3)고 하였다. (판례-5) : 대법원은 "… 행정행위의 부관은 부담의 경우를 제외하고는 독립하여 행정소송의 대상이 될 수 없는 것인바, 행정청이 한 공유수면매립준공인가 중 매립지 일부에 대하여 공유수면매립법 제14조의 효과 일부를 배제하는 부관을 붙인 행정행위의 부관에 대하여는 독립하여 행정소송의 대상으로 삼을 수 없다."4)고 하였다. (판례-6) : 대법원은 "… 행정행위의 부관은 부담의 경우를 제외하고는 독립하여 행정소송의 대상이 될 수 없는 것인바, 지방국토관리청장이 일부 공유수면매립지에 대하여 한 국가 또는 직할시 귀속처분은 매립준공인가를 함에 있어서 매립의 면허를 받은자의 매립지에 대한 소유권취득을 규정한 공유수면매립법 14조의 효과 일부를 배제(법률효과의 일부배제)하는 부관을 붙인 것이고, 이러한 행정행위의 부관은 위 법리와 같이 독립하여 행정소송 대상이 될 수 없다."5)고 하였다. (판례-7) : 대법원은 원심이 「위 인정사실 의하면 위 도로점용허가의 점용기

---

4) 대판 1970. 9. 17, 70누98【자동차등록처분말소처분취소】

1) 대판 1975. 11. 11, 74누195; 대판 1985. 6. 25, 84누579(법률효과의 일부배제부관은 행정소송의 대상이 아니다); 대판 1985. 7. 9, 84누604(부관 중 기한은 행정소송의 대상이 되지 않는다); 대판 1986. 8. 9, 86누202.

2) 대판 1970. 9. 17, 70누98; 대판 1985. 6. 25 84누579; 대판 1991. 12. 13, 90누8503【공유수면매립빈지국유화처분취소】

3) 대판 1986. 8. 19, 86누202【행정처분취소】 피고 전라남도지사가 원고들의 고막양식업면허 신청에 대하여 유효기간을 1년으로 정하여 각 어업면허를 하였고, 이에 원고들이 면허의 유효기간이 위법하다는 이유로 면허의 유효기간을 취소한다는 내용의 소송을 제기하였다. 원심인 광주고등법원은 1986. 2. 6. 선고 85구75 판결로써, 원고들에게 면허기간을 1년으로 정하여 한 이 사건 어업권 면허의 부관이 위법하다는 이유로 유효기간부분을 취소함으로서 기한인 부관에 대하여 독립하여 소송의 대상이 되고, 또한 취소할 수 있다고 보았다. 그러나 대법원은 원고들에 대한 어업면허처분중 그 면허의 유효기간을 1년으로 정한 부분은 어업면허처분이 효력을 제한하기 위한 행정행위의 부관이라 할 것이고, 이러한 행정행위의 부관에 대하여는 독립하여 행정소송의 대상이 될 수 없는 것이라고 하면서 각하하였다. 결국 대법원은 부관은 독립하여 행정소송의 대상이 안 된다고 보았던 것이다.

4) 대판 1991. 12. 13, 90누8503【공유수면매립빈지국유화처분취소】 법률효과의 일부배제 부관은 행정소송의 대상이 되지 않는다.

5) 대판 1993. 10. 8, 93누2032【공유수면매립공사준공인가처분취소】 법률효과의 일부배제 부관은

간은 행정행위의 본질적 요소에 해당한다고 볼 것이어서 부관인 점용기간을 정함에 있어서 위법사유가 있다면 이로써 도로점용허가처분 전체가 위법하게 된다고 한 것인데, … 피고가 원고에 대하여 이 사건 지하상가의 사용을 위한 도로점용허가를 함에 있어서 … 합리적인 근거도 없이 그 점용기간을 20년으로 정하여 이 사건 도로점용허가를 한 것은 위법한 처분이라고 판단」(大邱高判 1984. 8. 9, 83구122 참조) 하였음을 인정하고서는 「결국 원심판결에 채증법칙위반과 심리미진 및 사실오인의 위법이 있다는 논지는 이유 없으므로 상고를 기각한다」1)라고 판시하였다. (판례-8): "행정행위의 부관은 행정행위의 일반적인 효력이나 효과를 제한하기 위하여 의사표시의 주된 내용에 부가되는 종 된 의사표시이지 그 자체로서 직접 법적 효과를 발생하는 독립된 처분이 아니므로 현행 행정쟁송제도 아래서는 부관 그 자체만을 독립된 쟁송의 대상으로 할 수 없는 것이 원칙(당원 1985. 6.25. 선고 84누579 판결 참조)이다."2) (판례-9): 법률효과의 일부배제부관은 행정소송의 대상이 아니다.3) (판례-10): 부관 중 기한은 행정소송의 대상이 되지 않는다.4) (판례-11): 부담인 기부

---

행정소송의 대상이 되지 않는다; (同旨의 판례 : 대판 1992. 1. 21, 91누1264)

1) 대판 1985. 7. 9, 84누604【지하상가점용기간등처분취소】

2) 대판 1992. 1. 21, 91누1264【수토대금부과처분취소】 건설부장관이 원고에게 공유수면매립면허와 관련하여 면허조건으로 울산지방해운항만청이 울산항 항로 밑바닥에 쌓인 토사를 준설하여 위 공유수면에 투기한 토량을 해운항만청장이 산정 결정한 납입고지서에 의하여 납부하도록 정하였고, 그 뒤 피고 울산지방해운항만청장이 원고에게 수토대로 897,282,350원의 부과처분을 하였다. 그러자 원고가 피고를 상대로 준설토수토대의 계산방식이 잘못되었다는 등의 이유로 수토대금 부분을 취소한다는 내용의 소송을 제기하였다. (원심): 원심인 부산고등법원은 1990. 12. 28. 선고 89구1209 판결로써 부관은 행정행위의 일부일 뿐 그 자체로서 직접 법적효과를 발생하는 독립된 처분은 아니라고 할 것이므로 현행 행정쟁송제도 아래서는 부관 그 자체만을 독립된 쟁송대상으로 삼을 수 없다는 이유로 각하하였다. (대법원): 그러나 대법원은 부관은 그 자체로서 직접 법적 효과를 발생하는 독립된 처분이 아니므로 현행 행정쟁송제도 아래서는 부관 그 자체만을 독립된 쟁송의 대상으로 할 수 없는 것이 원칙이나, 행정행위의 부관 중에서도 행정행위에 부수하여 그 행정행위의 상대방에게 일정한 의무를 부과하는 행정청의 의사표시인 부담인 경우에는 다른 부관과는 달리 행정행위의 불가분적인 요소가 아니고 그 존속이 주된 행정행위의 존재를 전제로 하는 것일뿐이므로 부담 그 자체로서 행정쟁송의 대상이 될 수 있다고 하였다.

3) 대판 1985. 6. 25, 84누579.

4) 대판 1985. 7. 9, 84누604; 동지의 판례 : 대판 2001. 6. 15, 99두509(부관 중 기한[사용수익허가기간]은 행정소송의 대상이 될 수 없다). 한덕개발이 서울시와 서울대공원 내 시설물을 설치하여 기부채납하고 일정기간 무상사용하기로 하되 그 기간과 조건은 투자비 회수가 가능한 범위에서 사업자의 의견을 수렴하여 서울시가 정하기로 하였고, 그에 따라 시설물을 설치하여 서울시에 기부하면서 사용기간을 40년으로 하여 무상사용승인을 신청하였는데, 피고 서울대공원관리사업소장이 무상사용을 허가하면서 사용기간을 20년으로 하자 이에 불복하여 행정소송을 제기하였다. 법원은 "행정행위의 부관은 부담인 경우를 제외하고는 독립하여 행정소송의 대상이 될 수 없

채납부관은 행정소송의 대상이 된다.[1]

[소결] 부정설은 부관은 행정행위의 효과를 제한하기 위하여 주된 의사표시에 부가된 종된 의사표시로서 이들 양자는 각각 별개의 행정행위가 아니므로 부관만을 독립적으로 취소소송의 대상으로 할 수 없고, 부관의 위법을 이유로 행정행위전체를 대상으로 하여야 한다는 견해로서, 판례의 입장이다.[2] 판례는 부담의 경우에는 다른 부관과는 달리 행정행위의 불가분적인 요소가 아니고 그 존속이 본체인 행정행위의 존재를 전제로 하는 것일 뿐이므로 부담 그 자체로서 행정쟁송의 대상이 될 수 있다고 판시하여, 부담에 한하여 독립하여 행정쟁송의 대상이 될 수 있다는 것이다. 즉, <u>대법원은 일관되게 부담만이 독립하여 항고소송의 대상이 될 수 있으며, 기타 부관의 경우에는 독립하여 항고소송의 대상이 될 수 없다는 입장</u>이다. 결론적으로 부관에 대한 독립쟁송가능성에 있어 학설이나 판례가 처음에는 부정적이다가 그뒤 부담만 가능한 것으로 변경되었고, 다시 학설은 전면긍정설을 주장하는 견해가 많이 늘었으나 판례는 여전히 부담만 가능한 것으로 보고 있다는 점이다. 이러한 대법원 판례에 대하여, (ㄱ) 위법한 부관에 대한 독립쟁송가능성의 문제는 본안전 판단사항의 문제이므로 소의 이익이나 분리가능성을 들어 논의하는 것은 타당하지 않다. (ㄴ) '처분성'을 인정할 수 없는 부관에 대하여 독립쟁송가능성을 논의하는 것은 현행 행정쟁송제도에도 맞지 않는다는 등의 이유를 들어 판례를 지지하는 견해도 있다.[3]

[문제점] 다만 이와같은 학설 및 판례를 따를 경우 부담이외의 부관의 경우 원고가 부관부(附款附)행정행위 전체를 대상으로 하여 취소소송을 제기하여 승소하더라도, 그가 원하는 수익적 행정행위 자체도 상실하게 되는 결과를 가져와 버리기 때문에, 원고는 승소(인용판결)이후에 또 다시 위법한 부관이 붙지 아니한 수익적 행정행위를 발급하여 줄 것을 또다시 신청(Antrag) 하여야 하고, 행정청이 상대방의 신청을 거부하면 또다시 거부처분에 대한 취소소송을 제기하여야 하는 등, 경제적·시간적으로 매우 복잡하고 불편한 절차를 거쳐야 한다는 문제점이 있다.[4] 따라서 아래에서 살펴보는 바와 같이 독일에서의 소송제도가 많은 참조가 될 것이다.

[독일] 독일의 경우에는 의무이행소송(Verpflichtungsklage)이 인정되므로, 만약 행정

---

는바, 기부채납받은 행정재산에 대한 사용·수익허가에서 <u>공유재산의 관리청이 정한 사용·수익허가의 기간은 그 허가의 효력을 제한하기 위한 행정행위의 부관으로서 이러한 사용·수익허가의 기간에 대해서는 독립하여 행정소송을 제기할 수 없다</u>"고 하였다.

1) 대판 1999. 2. 23, 98두17845.
2) 석호철, 행정행위의 부관,「재판자료 제68호 행정소송에 관한 제문제(상)」, 법원행정처, 1995, 252면; 대판 1986. 8. 19, 86누202.
3) 김용섭, 위법한 부관에 대한 독립쟁송가능성과 쟁송취소가능성, 고시계(1997.10), 185면 이하
4) 정하중, 행정법총론, 242면 참조.

행위의 부관이 위법한 경우에는, (ㄱ) 처음부터 위법한 부관이 붙지 아니한 행정행위를 구하는 의무이행소송을 제기하거나, (ㄴ) 주위적 청구로서 부관부행정행위의 취소소송을 제기하면서, 예비적 청구로 위법한 부관이 붙지 아니한 행정행위를 구하는 의무이행소송을 제기할 수 있기 때문에 부진정일부취소소송[1]이 인정되지 않더라도 상대방에 대한 권리구제에는 소홀함이 없다.[2]

[위법한 부관에 대한 취소소송의 형태] 위법한 부관에 대한 취소소송의 형태는, 우리 행정소송법은 부관만을 따로이 분리하여 취소소송의 대상으로 하는 진정일부취소소송은 인정하지 아니하고, 변경소송만을 허용하고 있으므로(행정소송법 제4조 제1호), 부관이 붙은 행정행위 전체를 대상으로 하여 소를 제기하여 부관만의 취소를 구하는 부진정일부취소소송 형태가 될 것이지만, 그 부관이 행정행위를 행함에 있어서 중요한 요소인 경우에는 부관의 취소는 행정행위 전체를 무효가 되게 하므로 부관만의 취소를 구하는 것은 허용되지 않는다고 한다.[3] 「부담 이외의 부관」: ▶행정행위의 일부, (따라서) 주된 행정행위를 쟁송대상으로 할 수밖에 없다.

### 2.2.2. 적극설 - 모든 부관의 취소청구가 가능하다고 보는 학설

행정소송법 제4조 제1호의 취소·변경 중 변경은 일부취소를 의미하므로 부관만의 취소를 행정행위의 일부취소로 보아 부관만의 쟁송도 가능하다고 한다. 여기에는 (ㄱ) 어느 부관이든 본래의 행정행위로부터 가분적인 것이면 독립하여 취소소송의 대상이 될 수 있다는 견해,[4] (ㄴ) 부관의 행정행위와의 불가분성은 본안판단에 있어서 쟁송을 이유있게 하는 것에

---

[1] 일반적으로 부관은 그 자체로서는 쟁송의 대상이 되지 않는 경우이나, 부담의 경우는 형식적으로 본체인 행정행위에 부가되어 있으나, 그 자체가 독자적 규율성, 처분성이 인정되어 그 자체로서 행정쟁송의 대상이 될 수 있다고 보는 것이 학설·판례의 입장이다. 이와같이 부담은 그 자체를 독자적인 취소소송의 대상으로 할 수 있으므로 이를 진정일부취소소송이라고 하고, 다른 부관에 대한 취소소송은 부진정일부취소소송이라고 한다. 부진정일부취소소송이라고 부르는 이유는 부관은 행정행위의 주된 내용에 부가된 종된 의사표시(종된 규율)라는 점에서 부관 그 자체가 독립적으로 행정쟁송의 대상이 될 수는 없고, 부관부행정행위 전체를 쟁송의 대상으로 할 수 밖에 없다. 이 경우는 형식적으로는 부관부행정행위 자체를 취소소송의 대상으로 삼는 것이지만, 실제적으로나 내용적으로는 행정행위의 일부취소로서의 부관만의 취소를 구하는 소송이다. 따라서 이를 부진정일부취소소송이라고 하는 것이다.

[2] 박윤흔, 행정법강의(상), 396면.

[3] 박윤흔, 행정법강의(상), 398면.

[4] 김철용, 위법한 부관에 대한 쟁송, 고시연구(1987.3), 65면; 대판 1995. 11. 16, 95누8850【자동차운전면허취소처분취소】 외형상 하나의 행정처분이라 하더라도 가분성이 있거나 그 처분대상의 일부가 특정될 수 있다면 그 일부만의 취소도 가능하고 그 일부의 취소는 당해 취소부분에 관하

관계되는 것이지(독립취소가능성) 쟁송의 허용성(Zulässigkeit)과 관계되는 것(독립쟁송가능성)은 아니라는 점을 들어, 결국 모든 부관은 취소소송의 대상이 될 수 있다는 견해,1) 등이 있다. 모든 부관의 취소청구가 가능하다고 보는 적극설(전면긍정설)은 위법한 부관을 독립하여 취소할 수 있는가 하는 취소가능성의 문제는 본안에서의 이유유무의 문제라 할 것이며, 따라서 소송요건인 독립쟁송 가능성의 문제와는 관계가 없다고 할 것이고, 결국 모든 위법한 부관은 일응 독립하여 독립쟁송 및 독립취소소송의 대상이 될 수 있다는 것이다. 이와같이 적극설(전면긍정설)은 소의 이익만 있으면 모든 부관에 대하여 행정소송의 대상으로 할 수 있다는 견해로서 본안판단 이전의 독립쟁송가능성, 즉 가쟁성(Zulässigkeit : 可爭性)과 본안판단에 들어가서의 독립취소가능성을 구별할 필요가 있으며, 부관이 취소된 이후의 나머지 행정행위의 독자존속가능성의 문제는 취소가능성에서 고려하여야 할 것이지, 가쟁성에서의 문제가 아니라고 보거나, 분리가능성의 문제는 본안에서의 독립취소가능성의 문제라는 것이다.2)

[박윤흔 교수의 견해] 박윤흔 교수는 결국 모든 부관에 대하여 취소소송의 제기가 가능하다고 하나, 이는 부담은 독립적 취소소송이 가능하고(진정일부취소소송), 그밖의 부관은 부관부(附款附)행정행위를 대상으로하여 부관만의 취소를 구하는 취소쟁송을 제기할수 있으므로, 결국 모든 부관에 대하여 취소쟁송의 제기가 가능하다는 의미로 사용하고 있다(부진정일부취소소송).3)

### 2.2.3. 사견

[사견] 부진정일부취소소송(unechte Teilanfechtung)이라고 부르는 이유는 부관은 행정행위의 주된 내용(주된 규율이라고 하는 견해도 있음)에 부가된 종된 의사표시(종된 규율이라고 하는 견해도 있음[김남진])라는 점에서 부관 그 자체가 독립적으로 행정쟁송의

---

여 효력이 생긴다고 할 것인바, 이는 한 사람이 여러 종류의 자동차 운전면허를 취득한 경우 그 각 운전면허를 취소하거나 그 운전면허의 효력을 정지함에 있어서도 마찬가지이다. 제1종 보통, 대형 및 특수면허를 가지고 있는 자가 레이카크레인을 음주운전한 행위는 위 특수면허의 취소사유에 해당될 뿐 위 보통 및 대형 면허의 취소사유는 아니라고 하여 3종의 면허를 모두 취소한 처분 전체를 취소한 원심판결 중 특수면허에 대한 부분은 위법하다는 이유로 파기환송한 사례.
1) 김남진, 부관의 취소소송, 고시연구(1986.4), 157면; 박윤흔, 행정법강의(상), 396면.
2) 김남진, 행정법(I), 289-290면; 박윤흔, 행정법강의(상), 370면; 정하중, 행정법총론, 244면; 박균성, 행정법론(상), 331면; 김춘환, 행정행위부관의 문제점, 동북아연구, 1990, 117면; 박규하, 행정행위의 부관과 행정소송, 외법논집, 11집, 2001, 62면; 신봉기, 부관에 대한 사법심사, 토지공법연구, 제9집, 215면(원칙적으로 전면긍정하여야 하나 분리가능성이 인정되어야 한다. 이를 복수기준설이라고 한다).
3) 박윤흔, 행정법강의(상), 396면.

대상이 될 수는 없고, 부관부행정행위 전체를 쟁송의 대상으로 할 수 밖에 없는데, 이 경우는 형식적으로는 부관부행정행위 전체를 취소소송의 대상으로 삼는 것이지만, 내용적으로는 행정행위의 일부취소로서의 부관만의 취소를 구하는 소송이다. 따라서 이를 부진정일부취소소송이라고 한다. 이 때 부진정일부취소소송이 인정된다고 보는 이유는 <u>현행 행정소송법 "제4조(항고소송) 항고소송은 다음과 같이 구분한다. 1. 취소소송 : 행정청의 위법한 처분등을 취소 또는 변경하는 소송"</u>이라고 되어 있는바, 법문언에서 말하는 '변경(변경소송)'은 '당해 처분의 일부취소'의 의미로 보는 것이 일반적 견해[1]이므로, 모든 부관이 취소소송의 대상이 된다고 보는 입장에서는 상대방이 제기하는 취소소송이 형식적으로는 당해 처분을 취소소송의 대상으로 하면서도 내용적으로는 부관만의 취소(일부취소)를 구하는 것이라고 한다. 이를 부진정일부취소소송도 허용된다고 보는 것이다. 그러나 판례에 따르면 부진정 일부취소소송을 인정하지 않으므로 결국 위법한 부관에 대해서만 취소를 구하고 싶더라도 당해 행정행위 전체를 다툴 수밖에 없다는 점에서 권리구제측면에서 미흡하다는 문제가 있다. 또한 행정소송법 제4조 제1호의 '변경'은 의무이행소송이 인정되고 있지 않는 이상 처분의 일부취소만을 의미하고, 부진정 일부취소소송을 인정하지 않아 행정청에 부관없는 처분으로의 변경 또는 부관의 내용을 변경하여 달라고 신청한 후 그것이 거부된 경우에 그 거부처분 취소소송을 제기하여야 한다면 이는 소송경제적인 측면에서 지나치게 우회적이어서 국민의 권익구제에 만전을 기하지 못하는 것이고 따라서 부진정 일부취소소송을 인정함이 타당하다.

## 3. 행정쟁송의 본안판단(本案判斷)에 있어서 부관에 대한 독립취소가능성 (부관만을 대상으로한 취소소송의 제기가 가능하다고 보는 경우)

### 3.1. 개관

부관에 대한 취소쟁송의 제기가 가능하다면(처분성 등이 인정되어 독립쟁송가능성이 인정되고, 따라서 각하되지 않는다면), 그 다음에는 본안심리의 결과 부관의 위법성이 인정되는 경우에 행정심판위원회나 법원이 부관만을 본체인 행정행위와 독립하여 취소할 수 있는지(독립취소가능성)가 문제된다. 이 경우에는 행정심판과 행정소송으로 구분하여 고찰하여야 한다. 그 이유는 행정소송은 위법한 경우에만 허용되나, 행정심판은 행정행위의 위법성외에 당·부당(재량행위의 부적절한 사용)의 문제도 다룰수 있고, 아래에서 보는 바와 같이 행정심판의 재결을 담당하는 행정심판위원회는 청구가 이유있다고 인정될 때에는 위원회 스스로 처분을 취소할 수 있을 뿐만 아니라 적극적인 변경이나 취소·변경을 명할 수 있기 때문이다.

---

[1] 이상원, 행정행위의 쟁송취소와 직권취소, 고시계(1992.4), 253면.

## 3.2. 행정심판에 있어서의 부관의 독립취소가능성(재결청/행정심판위원회)

본안심리결과 부관의 위법·부당성이 인정되는 경우에는 행정심판위원회는 직접 부관을 취소하거나 새로운 적법한 부관을 붙일 수 있고, 또한 취소·변경을 명하는 인용재결을 할 수 있다.[1]

## 3.3. 행정소송에서의 부관의 독립취소가능성(법원)

### 3.3.1. 기속행위에만 독립취소가 가능하다는 견해

[내용] '주된 행정행위(Hauptverwaltungsakte; 본체인 행정행위)'가 기속행위일 경우 그에 부가된 부관은 모두 독립적으로 취소할 수 있다. 왜냐하면 기속행위의 경우 상대방의 신청이 법률요건을 충족시키고 있는 경우에는 신청인이 관계법령이 정하는 대로 부관이 없는 수익적 행정행위의 발급청구권이 있고 행정청은 신청한대로 발급할 의무가 있는 것이기 때문에 기속적 행정행위에 위법한 부관이 붙여진 때에는 부관만을 분리하여 취소할 수 있다는 것이다. 다시말하면 기속행위의 경우에는 행정청이 부관을 부가할 수 없으므로 기속행위에 부가된 부관은 부관의 종류를 불문하고 모두 독립적으로 취소할 수 있다는 것이다. 환언하면, 기속행위와 재량행위를 구분하여, 기속행위에는 요건이 충족되면 신청에 따라 발급할 의무가 있으므로 그 효과를 제한하는 부관을 붙일 수 없는 것인데, 만약 기속행위에 부관이 부가되었다면 이때 부가된 부관은 위법하므로 당연히 부관만 취소가 가능하다는 것이다. 다만 요건충족적 부관의 경우에는 부관에 위법이 있는 경우에 부관만의 취소가 되면 주된 행정행위가 위법하므로 부관만의 취소는 인정될 수 없다고 보는 견해가 있다.[2] 그리고 부관만 취소하더라도 행정청이 법률에 의한 행정의 원리에 따라 주된 행정행위를 취소 또는 변경할 수 있고, 예외적으로 신뢰보호의 원칙에 따라 주된 행정행위가 존속하여야 하는 경우가 있는 것이므로 부관만의 취소는 나름대로 합리성이 있다고 보는 견해도 있다.[3] 그밖에 재량행위에 부가된 부관이 위법한 경우에는 부관만의 취소를 부정하는 견해,[4] 독립취소가능성의 일반이론에 따라 부담 등 부관이 주된 행정행위의 본질적 부분인지에 따라 판단하여야 한다는 제한적 긍정설이 있다.[5]

[비판] 기속행위·재량행위로 나누어서, 재량행위에는 부관은 독립취소가 인정되지 아니하고, 기속행위에만 부관의 독립취소가 가능하다고 보는 견해는, 실제에 있어서 대부분

---

1) 박윤흔, 행정법강의(상), 396면.
2) 박균성, 행정법론(상), 332면.
3) 김동희, 행정법(I), 306면.
4) 김동희, 행정법(I), 307면에서는 부관만의 취소를 인정하는 데에는 문제가 있다고 하면서도 제한적 긍정설을 따르고 있다.
5) 김동희, 행정법(I), 307면; 박균성, 행정법론(상), 334면.

의 부관이 재량행위에 붙여짐을 고려할 때, 국민의 권리구제의 폭이 현저히 제한된다는 문제점이 있다. 그리고 이 견해는 현실적으로는 희박하기는 하지만, 만약 기속행위에 부담이 붙여진 때에는 부관만을 취소할 수 있음은 당연하다. 그러나 재량행위의 경우에는 부관만을 대상으로한 독립취소를 부정하게 되면, 결과적으로 행정행위의 상대방에게 부관부행정행위 전체의 취소를 구하든지 아니면, 위법한 부관을 어쩔 수 없이 감수하게 하는 결과가 되어버리게 된다. 뿐만 아니라 행정행위가 기속행위와 재량행위로 구별하여 판단하는 것이 행정구제적 측면에서 판단기준이 된다고 보기도 어렵다. 기속행위·재량행위 구분설은 거의 대부분의 부관부 행정행우가 재량행위임에 비추어 독립취소가능성의 판단이 결국에는 중요성 등에 따를 수밖에 없어서 종국적인 해결이 되지 못하며, 결국 중요성판단기준설이 지니고 있는 문제점을 동일하게 지니게 된다. 따라서 부관이 위법한 경우, 행정청은 그러한 부관을 부가하지 않고는 그것이 너무나 중요하여 행정청이 당해 행정행위를 처음부터 발하지 않았을 것이라고 판단되는 경우에는 부관만의 취소는 인정되지 않고 전체행정행위를 대상으로 하여야 한다는 견해가 타당하다. 결국은 행정행위의 개별적인 사정에 대해 일반이론, 즉 부관이 본질적 요소인지 여부에 따라 구체적으로 결정함이 타당하다고 본다.

### 3.3.2. 모든 행정행위(기속행위·재량행위 포함)에 독립취소가 가능하다는 견해

[독일의 다수설] 오늘날 독일의 다수설은 본안심리의 결과 부관이 위법한 경우에는 기속행위는 물론 재량행위에도 부관만의 독립취소(isolierte Anfechtungsklage)를 인정하며,[1] 우리 학설도 이러한 입장을 취하는 견해가 있다.[2] 이 경우 재량행위에 있어서 부관이 위법한 경우에는 상대방은 결국 부관부행정행위 전체의 취소를 구하여 승소한 경우, 부관없는 새로운 수익적 행정행위의 발급을 신청해야 할 것이다.[3] 그리고 그에 대하여 행정청이 상대방의 신청을 거부하면 또다시 거부처분에 대한 취소소송을 제기하여야 한다.

[박종국 교수의 견해] 위법한 부관을 독립하여 취소할 수 있는가 하는 취소가능성의 문제는 본안에서의 이유유무의 문제라 할 것이며, 따라서 소송요건인 독립쟁송가능성의 문제와는 관계가 없다고 할 것이다. 그렇기 때문에 모든 위법한 부관은 일응 독립하여 취소소송의 대상이 될 수 있다고 할 것이다. 그러나 독립취소가능성에 대해서는 부담과 다른 부관을 구별할 것 없이 기속행위에 붙여진 부관의 경우(재량행위에 있어서 재량이 영으로 수축된 경우 포함)에만 인정

---

1) H.-W. Laubinger, VerwArch 73(1982), S. 362.
2) 정하중, 행정법총론, 247면(모든 부관의 독립취소가능성을 인정하는 견해이며, 따라서 재량행위에도 독립취소가능성을 인정한다는 취지); http://www.moleg.go.kr/knowledge/···; 박종국, 위법한 부담에 대한 항고소송, 법제처, 월간법제(2002.11); 서원우, 행정행위의 부관론(附款論)에 대한 재검토, 고시계(1985.11), 60면.
3) 정하중, 행정법총론, 246면.

하여야 한다. 왜냐하면 재량행위에 붙여진 부관의 경우에는 그것만을 취소하는 것은 행정청에게 부관없는 본체인 행정행위만을 하도록 강제하는 것이 되어, 위법하지 아니한 다른 부관을 붙인 행정행위를 할 권한을 침해하는 것으로 허용될 수 없다고 할 것이기 때문이다. 이와 같이 보아야만 재량행위를 행정소송사항에서 제외시키는 이유에도 합당할 것이다. 특히 위법한 부관에 대한 취소소송의 형태는 우리 행정소송법은 부관만을 분리하여 취소소송의 대상으로 하는 진정일부취소소송은 인정하지 아니하고 변경소송만을 허용하고 있으므로(동법 제4조 제1항), 부관이 붙은 행정행위 전체를 대상으로 하여 소를 제기하여 부관만의 취소를 구하는 부진정일부취소소송의 형태가 될 것이다. <u>우리 판례는 아직 확립되었다고는 볼 수 없으나 부관만을 쟁송의 대상으로 하는 것을 부인하고 있다.</u> 기속행위에 부가된 위법한 부관만을 독립시켜 취소할 수 있는 독립취소가능성은 통설인 주관설 의사이론에 따를 때에는 부관이 본체인 행정행위의 본질적(중요한) 요소가 아닌 한 법원은 부관만을 독립시켜 취소할 수 있을 것이나, 객관설에 의한다면 부관이 무효(취소)인 경우에도 본체인 행정행위가 적법한 것이라면 본체인 행정행위를 존속시켜야 할 것이다. 최근에 주장되어 유력시되고 있는 신주관설에 따른다면 원고가 어떠한 부관도 부가되지 아니한 행정행위를 청구할 수 있는 때에만 그 수익에 부가된 위법한 부관의 독립취소가 가능하다고 본다.[1]

### 3.3.3. 분리가능성의 여부로 나누는 견해 - 분리가능성설의 입장

부관이 주된 행정행위(Hauptverwaltungsakt; 본체인 행정행위)와 분리될 수 있는 경우에 한해서 부관만의 취소판결을 내릴 수 있다는 입장이다. 즉, 부관만의 취소를 다투는 경우에 부관이 주된 행정행위와 분리될 수 있는 경우에 한해서 부관의 취소판결을 내릴 수 있다는 견해이다. 본안심리의 결과 부관의 독립취소가능성이 인정되지 않는 경우에는 기각판결이 내려지게 된다.

### 3.3.4. 부관의 위법성 여부를 판단요소로 하여 그 부관만 취소할 수 있다는 견해

[내용] 원고의 청구에 대하여 법원은 심리를 통하여 위법성이 인정되면 그 부관만을 취소할 수 있다는 견해이다. 이 경우 부관에 대한 취소소송의 소송물은 주된 행정행위에 부가된 부관의 위법성이 되며, 위법성의 판단여부에 있어서는 부관의 하자의 정도, 부관으로서 달성하고자 하는 공익의 내용 및 정도, 그리고 하자있는 부관을 그대로 둠으로써 입게 되는 상대방의 불이익의 내용 및 정도를 비교형량하여 결정하면 될 것이다. 이와같이 부관이 위법하면 법원은 부관부분만을 취소할 수 있으며, 원고가 부관만에 대하여 위법성

---

[1] http://www.moleg.go.kr/knowledge/…; 박종국, 위법한 부담에 대한 항고소송, 법제처, 월간법제(2002.11).

을 주장하는 경우에 '주된 행정행위(Hauptverwaltungsakt; 본체인 행정행위)'는 원고의 청구취지에 속하지 않기 때문에 이에 대하여 판단할 필요가 없다는 견해로, 부관이 취소된 이후에 홀로 남게 된 주된 행정행위가 위법하면 행정청이 주된 행정행위를 취소, 철회하거나 새로운 부관을 붙일 수 있고, 새로운 부관을 붙이는 경우 사후부관이기는 하지만 사정변경이 있으므로 허용되고 판례에 의하더라도 사정변경이 있는 경우 사후부관이 허용되므로 문제가 없다는 주장이다.[1)

[비판] 부관의 위법성 여부를 판단요소로 하여 그 부관만의 취소가 가능하다고 보는 견해는 당사자의 의사와 무관하게 주된 행정행위가 취소·철회되거나, 법적 근거 없이 부관의 사후부가가 인정되는 문제점이 있다.

### 3.3.5. 부관의 중요성을 판단기준으로 하는 견해 – 중요성 판단기준설(중요성기준설)

[내용] 중요성판단기준설(중요성기준설)은 부관이 주된 행정행위의 중요한 요소가 되는 경우에는 부관의 하자가 곧 '주된 행정행위(Hauptverwaltungsakt; 본체인 행정행위)'에도 미치므로 행정행위 전체를 취소하여야 한다는 견해이고, 부관이 주된 행정행위에 있어서 중요한 요소가 아닌 경우에는 부관만 취소할 수 있다는 견해이다. 이와같은 중요성 판단기준설에 의하면 가분적 부관은 독립하여 쟁송의 대상이 된 경우, 취소나 무효확인이 가능하므로 부관부 행정행위 전체를 대상으로 하여 취소쟁송이나 무효확인쟁송이 제기된 경우에도 부관만의 일부취소나 일부무효확인도 가능하다고 한다.[2)

[비판] 부관에 대한 독립취소가능성에 대하여 '부관의 중요성을 판단기준으로 하자'는 중요성 판단기준설(중요성기준설)은, 부관이 주된 행정행위에 있어서 중요한 것인지 아닌지의 판단기준이 명확하지 못하고, 중요성이 판단자의 주관적 인식에 의하여 좌우될 가능성이 있다는 비판을 받는다.

### 3.3.6. 행정행위의 일부취소의 법리를 유추적용하자는 견해

[내용] 행정행위의 일부취소의 법리에 따라 행정행위의 일부분으로서 부관의 하자가 있는 경우에는 원칙적으로 부관부분이 취소될 수 있지만, 부관 없이는 행정청이 주된 행정행위

---

1) 정하중, 행정법총론, 248면.
2) 김철용, 행정법(I), 254-255면; 석종현, 일반행정법(상), 311면; 석호철, 행정행위의 부관,「재판자료 제68호 행정소송에 관한 제문제(상)」, 법원행정처, 1995, 252면; 신봉기, 부관에 대한 사법심사, 토지공법연구, 제9집, 215면에 의하면 원칙적으로 전면적으로 긍정하여야 하나 분리가능성이 인정되어야 한다고 한다(이를 복수기준설이라고 한다). 그리고 225면(복수기준으로 중요성, 가분리성을 주장하고 있다).

를 발하지 않았을 정도로 부관이 중요하고 본질적인 요소를 차지하고 있는 경우에는 부관만의 취소는 부정되고 전체의 행정행위를 대상으로 취소되어야 한다고 보는 견해이다.1) 부관이 주된 행정해위의 본질적인 요소인지에 대한 판단기준과 관련하여 주관설과 객관설이 있다. 주관설(Willenstheorie)은 행정청의 주관적 의사 즉 행정청이 그러한 부관을 붙이지 아니하였으면 행정행위를 하지 아니하였을 것으로 보여지는지 여부를 기준으로 하여야 한다는 주장이다.2) 객관설은 다시 세분화되어, (ㄱ) 구체적인 경우에 있어서 객관적이고 합리적으로 판단하는 행정청의 의사를 기준으로 하여야 한다는 견해,3) (ㄴ) 남은 행정행위가 적법하게 존속될 수 있으면 독립하여 취소가능성이 인정된다는 견해,4) (ㄷ) 일부취소의 요건으로 가분적이고, 나머지 부분이 독자적인 의미를 가질 것, 그리고 문제가 되는 부관 없이도 주된 행정행위를 발령하였을 것을 드는 견해도 있다.5) 한편 처분청의 주관적 의도를 포함하여 관계 법규의 취지 및 부관부 행정행위의 성격·내용 등 객관적인 제반 사정을 포함한 형량적 판단을 판단기준으로 하여야 한다는 주장도 있다(이는 객관설에 포함시킬 수 있을 것이다).6)

[비판] 행정행위의 일부취소의 법리를 유추적용하자는 견해는 부관 없이는 행정청이 주된 행정행위를 발하지 않았을 정도로 중요한지의 여부에 의하여 결정하자는 중요성 판단기준설과 동일한 문제점을 지니고 있다.

### 3.3.7. 사견

생각건대 기속행위의 경우에는 상대방의 신청이 법정요건을 구비하고 있는 경우에는 위법한 부관에 대한 독립취소가 가능하며, 재량행위의 경우에는 부관만을 취소하여 본체인 행정행위를 유지시키는 것은 결국 행정청에게 부관없는 행정행위를 강제하는 결과가 되므로, 행정청이 부관없이도 당해 행정행위를 발급했을 것이라고 인정되는 경우에는 부관만을 대상으로 하는 독립적 취소가 가능하나, 행정청이 당해 행정행위를 함에 있어서 부관이 중요하여, 부관없이는 본체의 행정행위 자체를 행하지 않았을 것이라고 인정되는 경우에는 부관만을 독립적으로 취소(독립취소소송 : isolierte Anfechtungsklage)할 수는 없다고 보아야

---

1) 이일세, 행정행위의 부관과 행정쟁송, 계희열교수 회갑기념논문집, 1995, 659면.
2) 석호철, 행정행위의 부관,「재판자료 제68호. 행정소송에 관한 제문제(상)」, 법원행정처, 1995, 249면.
3) 정하중, 행정법총론, 240면.
4) 박규하, 행정행위의 부관과 행정소송, 외법논집, 11집, 2001, 55-56면.
5) 김용섭, 행정행위의 부관에 관한 법리, 행정법연구, 제2권, 1998, 205면.
6) 김철용, 행정법(I), 251면; 김향기, 행정행위의 부관과 법적 통제, 토지공법연구, 제16집 제2호, 2002, 187면(신주관설 내지 주관설의 객관화를 주장한다).

할 것이다.[1] 제3자효행정행위의 경우에는 제3자도 쟁송제기가 가능하며, 행정심판인 경우에는 의무이행심판을 제기할 수 있고, 행정소송인 경우에는 부작위위법확인소송(의무이행소송이 인정되는 경우에는 의무이행소송[Verpflichtungsklage])을 제기할 수 있다.[2] 과거 대법원판례는 의무이행소송은 권력분립의 원칙을 위반하므로 인정할 수 없다고 하였으나, 오늘날의 권력분립의 원칙은 '견제와 균형의 원칙'을 의미하는 것이므로, 오히려 의무이행소송을 인정하는 것이 현대적 의미의 권력분립원칙의 본래의 목적에 합치된다고 볼 것이다.

### 3.4. 부관에 대해서 독자적으로 집행정지를 신청할 수 있는가? 집행부정지원칙 - 집행정지의 가능성

부관에 대해서 독자적으로 집행정지를 신청할 수 있는지가 문제된다. 집행정지를 신청하기 위해서는 우선 본안소송이 제기 가능해야 하며, 부관의 처분성이 인정되어야 한다. 그런데 부관 중 독자적 소송이 가능하고 처분성이 인정되는 부관은 부담(負擔)에 한하여 인정되므로 부담은 독자적으로 집행정지가 가능하지만, 부담이외의 나머지 부관은 집행정지가 불가능하다는 것이 통설의 입장이다.

## VII. 행정행위 부관론의 재구성 - 독일 라우빙어(H.-W. Laubinger)의 견해(제한체계이론)

라우빙어(H.-W. Laubinger)는[3] 행정행위의 제한을 시간적 제한·장소적 제한·내용적 제한으로 구분하면서, 이익을 부여하는 경우와 불이익을 부여하는 경우로 나누어 설명하고 있다.[4] 그는 종래의 부관론 대신에 제한의 체계(Das System der Einschränkungen)[5]이론을 도입하여 제한(Einschränkung)이라는 상위개념(Oberbegriff) 아래 장소적 제한, 시간적 제한, 내용적 제한이라는 세가지 개념으로 구분하여 설정하고 있다. 시간적 제한으

---

1) 同旨 : 박윤흔, 행정법강의(상), 398면; http://www.moleg.go.kr/knowledge/…; 박종국, 위법한 부담에 대한 항고소송, 법제처, 월간법제(2002.11).
2) 김남진, 행정행위의 부관, 고시계(1986.3.), 171면.
3) H.-W. Laubinger, Das System der Nebenbestimmungen, Wirtschaft und Verwaltung, 1982, Heft 3, S. 129 ff.; 서원우, 행정행위의 부관론(附款論)에 대한 재검토, 고시계(1985.11), 55면.
4) 서원우, 행정행위의 부관론(附款論)에 대한 재검토, 고시계(1985.11), 56면.
5) H.-W. Laubinger, Das System der Nebenbestimmungen, Wirtschaft und Verwaltung, 1982, Heft 3, S. 135.

로는 연방행정절차법 제36조 제2항에 열거되어 있는 부관을 내용적으로 분류하면, 주된 규율 그 자체에 관계되지 않지만 그것을 보충하는 것이라 할 수 있는 부담과 시간적으로 제한 하는 것이라 할 수 있는 조건·기한·철회권의 유보로 나눌 수 있다고 한다. 그리고 부담의 유보(사후부담)는 그 실질에 있어서 부담이라기 보다는 철회권의 유보에 더 가깝다고 한다. 그리고 그는 시간적 제한 이외에도 장소적 제한(무기법[Waffengesetz]에 의한 병기휴대허가증의 통용범위를 일정한 영역으로 제한하는 조항),[1] 또는 내용적으로 제한(수공업법에 의한 수공업등록부에의 예외적 등록허가에 있어서 작업의 내용을 한정하는 조항)[2] 하는 것 등이 있다고 지적하면서, 이러한 내용적 제한에는 바이로이터(Weyreuther)가 <u>변경부담의 예로서 설명한 '지붕의 형상에 대한 부담'</u>이나 법률효과의 일부배제를 포함시키고 있다.[3] 여기서 지붕의 형상에 대한 부담이란, 예컨대 <u>3각형지붕형(型)의 주택건축허가신청에 대하여 평옥지붕형(편편한 지붕형)으로 건축하라는 부담부(負擔附)허가를 하는 경우와 같은 것을 말한다.</u>

---

1) 서원우, 행정행위의 부관론(附款論)에 대한 재검토, 고시계(1985.11), 55면 각주 26) 참조.
2) 서원우, 행정행위의 부관론(附款論)에 대한 재검토, 고시계(1985.11), 56면 각주 27) 참조.
3) H.-W. Laubinger, Das System der Nebenbestimmungen, Wirtschaft und Verwaltung, 1982, Heft 3, S. 139 f.

## 제 6 절　행정법상의 확약(確約)

[사례-1] 甲 이하 300인은 주택조합아파트를 건축하기 위하여 건축가능성 여부를 해당구청에 문의하였다. 이에 대해 구청에서는 주택조합을 합법적으로 결성하면 건축허가를 내주겠다는 회신을 보내왔다. 이에 甲 등은 주택조합을 결성하고 乙건설회사를 건축시공자로 선정하여 건축허가를 신청하였다.

(문제 1) 그러나 당해 지역이 그 사이에 공원예정지로 지정되자, 구청은 당해 신청에 대해 건축허가를 거부하였다. 甲조합은 어떠한 법적 대응방법을 강구할 수 있는가?

(문제 2) 만일 이때에 甲조합이 적법하게 건축허가를 받아 시공회사가 기초공사를 하고 있던 도중, 건축허가신청서의 기재사항을 허위로 작성한 사실이 구청에 의해 지적되어 건축허가가 취소되었다면, 甲조합은 이러한 취소처분에 대해 어떠한 법적 권리구제방법을 주장할 수 있는가?

[사례-2] 甲은 주유소업을 하기로 하고 장소를 선정하였다. 그러나 甲이 선정한 장소는 차도로부터 조금 떨어져 있어 차량의 진입이 어려울 수 있다고 판단되어, 甲은 주유소업을 시작하기 전에 먼저 도로점용허가를 확보하는 것이 필요하다고 생각하였다. 이에 따라 구청장에게 자신이 주유소업을 하는 동안 계속하여 도로점용허가를 받을 수 있는지의 여부를 문의하였다. 이에 대해 구청장 乙은 甲에게 "당해 도로에 대해 도로점용료를 성실하게 납부하는 한 주유소업을 하는 동안에 계속하여 도로점용허가를 낼 것"이라는 회신을 보내왔다.

[사례-2의 해설] 사안의 경우를 검토하여 보면, 구청장이 甲의 문의에 대해 도로점용허가를 내줄 것이라고 회신하였으므로 행정법상 확약이라는 행정기관의 선행행위가 존재하고 있다.

## I. 개념

### 1. 의의

[의의] 確約(Zusicherung)이라 함은 행정청이 국민에 대하여 장래 특정한 경우에 일정한 행위를 하겠다(작위) 또는 하지 않겠다(부작위)고 약속하는 의사표시를 말한다.[1] 이러한 확약의 의사표시(Erklärung)는 당해 행정청에 대하여 자기구속적 효력을 가진다는 것이 확약의 법리이다. 행정계약이나 확약에 의한 구속에서 합의·확약의 내용과 범위는 개별적·구체적인 것이지만, 행정의 자기구속은 다수의 개별적 구속이 아니라 동종사안 모두에

---

1) 김남진·김연태교수는 확언(Zusage)의 일종으로 본다(김남진·김연태, 행정법(I), 341면).

적용되는일반적·추상적 구속이라는 점에서 양자의 차이가 있다. ☞ **행정의 자기구속의 법리**

[행정청의 확약] 행정청이 사인에 대한 관계에 있어서 자기구속을 할 의도로서 장래에 향하여 일정한 작위·부작위를 약속하는 의사표시(Erklärung)를 말한다. 확약의 예로는 각종의 인·허가에 있어서 인·허가의 발급약속(내인가, 내허가라고도 한다), 공무원 임용의 내정, 무허가 건물의 자진 철거자에게 아파트 입주권을 주겠다는 약속, 양도소득세 등을 자진신고한 자에게는 과세를 감량하게 주겠다는 약속 등을 들 수 있다. 확약은 행정청에 대하여 장래에 이행 또는 불이행을 의무지우는 효과를 발생시키는 점에서 행정행위의 성질을 가지는 것으로 보는 것이 일반적이다. 적법한 확약이 있는 경우에 행정청은 상대방에게 확약된 행위를 하여야 할 자기구속적인 의무를 갖게 되고, 상대방은 그 확약된 내용의 이행을 청구할 수 있는 권리를 갖게 된다. 따라서 확약된 내용의 의무를 행정청이 이행하지 않는 경우에, 상대방은 행정심판법상의 의무이행심판이나 행정소송법상의 부작위위법확인소송 등의 행정쟁송을 통하여 그 의무의 이행을 구할 수 있다. 우리나라는 독일과 마찬가지로 행정행위로서의 확약외에는 사실행위나 공법상 계약의 체결과 같은 것을 내용으로 하는 확언제도는 인정되지 않는다. <u>확약(Zusicherung)은 그 대상이 특정 행정행위에 한정되고 있다는 점에서 이에 한정되지 않고 행정작용 전반을 대상으로 할 수 있는 確言(Zusage)와 구별되며, 행정기관의 일방적인 의사표시(Erklärung)인 점에서 공법상의 계약과 구별되어 진다.</u> ☞ **확약과 확언의 구별**(홍정선; 김남진·김연태)

[김남진·김연태 교수의 견해] 김남진·김연태교수는 <u>일정한 행정행위의 발급 또는 불발급에 대한 확언(Zusage)만을 확약(Zusicherung)이라고 하고 행정청의 행정행위 이외의 것에 대한 약속은 확언(Zusage)</u>이라고 하여 양자를 구별하고 있다.[1]

[홍정선 교수의 견해] 홍정선 교수는 확언과 확약을 구분하여, 확언은 일체의 행정작용을 대상으로 하고, 확약은 행정행위를 대상으로 한다고 한다.[2]

【홍정선 교수 : 확언과 확약의 구별】
▶ 확언 : 일체의 행정작용 → xx년 x월 x일 까지 예컨대 도로포장을 해주겠다는 행정청의 일방적인 자기구속의 의사표시
▶ 확약 : 행정행위를 대상 → 법률이 정하는 사항을 갖추면 일정한 행정행위를 하겠다 혹은 하지않겠다고 하는 것을 내용으로 하는 행정청의 일방적인 자기구속의 의사표시

[김동희 교수의 견해] 김동희 교수는 「독일연방행정절차법 제38조 제1항은 쭈자게(Zusage)와 쭈지혀룽(Zusicherung)을 구분하여 쭈지혀룽(Zusicherung)은 쭈자게(Zusage)의 하위범주로서 "행정행위를 발하거나 하지 아니할 것을 내용으로 하는 구속력 있는 행정

---

1) 김남진·김연태, 행정법(I), 341면.
2) 홍정선, 신행정법입문, 190면 참조.

청의 약속"으로 정의하고 있고, 우리나라에서의 확약은 "광의로 행정행위를 포함하는 일정한 행정작용을 하거나 하지 아니할 것을 내용으로 하는 구속력있는 약속"으로 정의하고 있으므로, 상위개념으로서의 쭈자게(Zusage)는 확약으로, 하위범주인 쭈지혀룽(Zusicherung)은 확언으로 번역하는 것이 타당하지만, 다만 우리나라에서는 독일의 행정절차법과 같은 규정은 없으므로 이를 구태어 구별할 필요는 없고, … 확약이라는 개념만을 사용하면 충분할 것으로 보인다」고 한다.[1] ☞ **그러나 쭈자게(Zusage)는 확언으로, 쭈지혀룽(Zusicherung)은 확약으로 번역하는 것이 타당하다. 독일어의 자겐(Sagen)은 '말하다'의 의미이고, 지혀룽(Sicherung)은 '확고하게 하다'의 의미이므로**

독일연방행정절차법 제38조(확약: Zusicherung)는 종래 행정판례에 의하여 인정되어오던 "행정청의 공적(公的) 확언은 당해 행정청에 대하여 행정의 자기구속의 효력이 있다."라는 법리를 수용하여 확약(Zusicherung)이라는 행정의 활동양식으로 제도화하였다. 그리고 확언(Zusage)이란 특정한 행정조치를 하거나 하지 않겠다는 소관행정청의 구속적 약속(verbindliches Versprechen)으로 행정청의 '자기구속의 의지(Bindungswille)'가 그 개념적 징표를 나타낸다. 확약((Zusicherung)은 확언(Zusage)[2]의 법리로 논의되던 것이 독일행정절차법 제38조에서 명문으로 확약의 구속성이 제도화된 것이다. 우리 행정법상의 확약이라는 개념은 독일의 제도를 계수(繼受)한 것이다. ※ 독일연방행정절차법에서는 '행정청의 확언(Zusage)'을 법조문의 표제에서 '확약(Zusicherung)'이라고 부른다.

▶독일 학설·판례에서 확언(Zusage)의 법리로 논의 → 독일행정절차법 제38조에서 명문으로 확약의 구속성이 제도화

- 행정당국이 무허가건물을 자진철거하는 자에게 아파트 입주권을 주겠다(작위)고 하는 약속
- 특정지역에 공장설립을 규제하지 않겠다(부작위)는 약속
- 각종 인·허가에 관한 일정조건하의 내인가·내허가, 공무원임용의 내정
- 무허가건물의 양성화 약속
- 자진신고자에게 일정률 이하의 과세를 하겠다는 약속

---

1) 김동희, 행정법(I), 225면 각주1) 참조.
2) 독일의 경우 행정실무상으로는 확언이라는 용어를 사용하여 왔었는데, 연방행정절차법(Verwaltungsverfahrensgesetz)이 제정되면서 비로소 확약에 관한 법리가 명문으로 규정되었다. 즉, 동법 제38조는 확약의 형식, 확약의 효력발생요건, 확약의 무효, 확약의 취소 및 확약의 변경, 확약의 철회, 확약의 실효 등을 규정하였다. 우리의 행정법상의 확약이란 개념은 독일의 제도를 계수 한 것이다.

## 2. 독일연방행정절차법 제38조(확약)

독일연방행정절차법 § 38 Zusicherung(확약) ① Eine von der zuständigen Behörde erteilte Zusage, einen bestimmten Verwaltungsakt später zu erlassen(추후에 발동하거나) oder zu unterlassen (Zusicherung), bedarf zu ihrer Wirksamkeit der schriftlichen Form (서면의 형식). Ist vor dem Erlass des zugesicherten Verwaltungsaktes die Anhörung Beteiligter(참가인의 의견청취) oder die Mitwirkung einer anderen Behörde oder eines Ausschusses(다른 행정청 또는 위원회의 협력) auf Grund einer Rechtsvorschrift erforderlich(법규상 요구되는 경우에는), so darf die Zusicherung erst nach Anhörung der Beteiligten oder nach Mitwirkung dieser Behörde oder des Ausschusses gegeben werden(특정한 행정행위를 추후에 발동하거나 발동하지 아니할 것을 내용으로 하여 관할 행정청이 행하는 확약이, 그 실효성을 확보하기 위하여는 서면의 형식을 필요로 한다. 확약에 따른 행정행위를 행하기에 앞서 **참가인의 의견청취**와 다른 행정청 또는 위원회의 협력이 **법규상 요구되는 경우에는**, 의견청취 또는 행정청이나 위원회의 협력을 먼저 거친 후에야 확약을 발할 수 있다). ② Auf die Unwirksamkeit der Zusicherung(확약의 결효) finden, unbeschadet des Absatzes 1 Satz 1, § 44, auf die Heilung von Mängeln(하자의 치유) bei der Anhörung Beteiligter(참가인의 의견청취) und der Mitwirkung anderer Behörden oder Ausschüsse § 45 Abs. 1 Nr. 3 bis 5 sowie Abs. 2, auf die Rücknahme § 48, auf den Widerruf, unbeschadet des Absatzes 3, § 49 entsprechende Anwendung(확약의 결효에 대하여는, 제1항 제1문의 규정에도 불구하고 제44조를, **참가인의 의견청취**나 다른 행정청 또는 위원회의 협력에 관한 하자의 치유에 대하여는 제45조 제1항 제3호 내지 제5호와 동조 제2항의 규정을, 취소에 대하여는 제48조를, 철회에 대하여는 제3항의 규정에도 불구하고 제49조의 규정을 준용한다). ③ Ändert sich nach Abgabe der Zusicherung die Sach- oder Rechtslage derart, dass die Behörde bei Kenntnis der nachträglich eingetretenen Änderung die Zusicherung nicht gegeben hätte oder aus rechtlichen Gründen nicht hätte geben dürfen(법적 이유로 인하여 확약을 하여서는 아니되는 경우에 해당하는 경우), ist die Behörde an die Zusicherung nicht mehr gebunden(**확약이 부여된 후** 실체적 혹은 법률적 사항이 변화한 경우, 그 변화의 정도가 행정청이 확약이후에 발생한 사실을 사전에 알았더라면 그 확약을 하지 않았을 것이거나 법적 이유로 인하여 확약을 하여서는 아니되는 경우에 해당하는 경우, 행정청은 더 이상 확약에 구속되지 아니한다).

▶ 독일연방행정절차법 § 38 Zusicherung(확약) ① 특정한 행정행위를 추후에 발동하거나 발동하지 아니할 것을 내용으로 하여 관할 행정청이 행하는 확언(Zusage)이, 그 실효성을 확보하기 위하여는 서면의 형식을 필요로 한다. 확약에 따른 행정행위를 행하기에 앞서 참가인의 의견청취와 다른 행정청 또는 위원회의 협력이 법규상 요구되는 경우에

는, 의견청취 또는 행정청이이나 위원회의 협력을 먼저 거친 후에야 확약을 발할 수 있다). ② 확약의 결효에 대하여는, 제1항 제1문의 규정에도 불구하고 제44조를, 참가인의 의견청취나 다른 행정청 또는 위원회의 협력에 관한 하자의 치유에 대하여는 제45조 제1항 제3호 내지 제5호와 동조 제2항의 규정을, 취소에 대하여는 제48조를, 철회에 대하여는 제3항의 규정에도 불구하고 제49조의 규정을 준용한다). ③ 확약이 부여된 후 실체적 혹은 법률적 사항이 변화한 경우, 그 변화의 정도가 행정청이 확약이후에 발생한 사실을 사전에 알았더라면 그 확약을 하지 않았을 것이거나 법적 이유로 인하여 확약을 하여서는 아니되는 경우에 해당하는 경우, 행정청은 더 이상 확약에 구속되지 아니한다.

## 3. 확약의 특징

[확약과 타 개념과의 구별] 확약과 타 개념과의 구별되는 점은 다음과 같다. (교시와의 구별) : 개인적인 사실설명이나 현존하는 사실 및 법상태에 관련된 비구속적인 법률적 견해의 표명[1]과 같은 교시(敎示)와 구별된다. (공법상 계약과의 구별) : 확약은 행정청의 일방적 의사표시(Erklärung)인 점에서 쌍방 의사표시(쌍방행정행위)인 공법상 계약과 구별된다. 확약은 단독적 자기구속적 행위이다.[2] (행정강제와의 구별) : 확약은 의사행위인 점에서 실력행사로서의 행정강제와 구별된다. (사실행위와의 구별) : 확약은 법적 효력을 발생시키기 때문에 법적 효력을 발생시키지 않는 희망·권고 등과 같은 사실행위와도 구별된다. (내부결정과의 구별) : 국민에 대하여 행정청이 외부로 표시한 행위라는 점에서 단순한 내부적 결정과 구별된다. (예비결정, 부분인허와의 구별) : 예비결정, 부분인허는 행정청의 한정된 사항에서의 종국적 규율이라는 점에서 확약과 다르다. 이는 다단계 행정행위의 형식에 인정되는 행정행위다. 예컨대, 토지구획정리사업이나 도시재개발사업의 대규모 개발사업의 경우 법은 다단계로 그 사업시행권을 부여하고 있다. 도시재개발사업을 예로 들면, (ㄱ) 도시재개발조합설립의 승인, (ㄴ) 도시재개발사업시행자 승인, (ㄷ) 도시재개발사업시행신고, (ㄹ) 도시재개발사업 준공신고 등의 다단계 행위가 이루어진다. 각각의 행정행위는 모두 한정된 영역이지만 종

---

[1] 예컨대, 건축허가를 신청하려는 갑(甲)이 구청 건축과에 자기 건축행위의 현황을 설명하면서 건축허가의 가능 여부를 묻자, 건축직 공무원인 을(乙)은 '가능하다'고 하였다. 그러나 이는 확약이 아니고 교시(敎示)에 불과하다. 왜냐하면 이 경우 공무원 을의 언급은 행정청이 자기구속의 의사로서 한 것이 아니기 때문에 확약이 아니다. 나중에 갑이 건축허가를 신청하였는데, 구청 건축과의 정밀한 실사 끝에 '건축불허가' 처분을 내린 경우, 갑은 이전의 공무원 을의 언질의 약속을 이행하라고 행정청에 요구할 권리는 없다. 왜냐하면 공무원의 이전 발언은 확약이 아니고 교시에 불과하기 때문이다.

[2] 그러나 확약에 의한 급부약속과 공법상 계약에 의한 그것과는 상당부분에 있어 공통성이 있는 것이 사실이다.

국적 규율이며 후에 있을 행정행위의 단순한 약속은 아니다. (假(暫定的)행정행위와의 구별) : 가행정행위(假行政行爲) 혹은 잠정적 행정행위란 행정청의 확정적 결정이전에 잠정적으로 행하여지는 규율을 말한다. 예컨대 소득액 등이 확정되지 아니한 경우에 과세관청이 상대방의 신고액에 따라 잠정적으로 세액을 결정하는 것이 이에 해당한다. 이러한 가행정행위(假行政行爲)는 관계사실 등의 최종적인 확정이전에도 그에 의하여 관계법이 정하는 급부가 행하여질 수 있다는 점에서 급부행정의 영역에서 특히 중요한 의미를 가진다. 이 경우 상대방은 가급부결정에 의해서 확정결정시까지 당해 급부를 수급하는 것은 물론, 가급부결정과 다른 확정결정이 내려지는 경우에는 가급부결정시에 유보된 조건의 한도 내에서만 인정되기 때문에 이미 가급부결정에 따라 내려진 당해 급부에 대하여는 일정한 법적 지위가 보장되고 있다.

【확약의 타 개념과의 구별】
- 개인적인 사실설명이나 현존하는 사실 및 법상태에 관련된 비구속적인 법률적 견해의 표명과 같은 「敎示」와 구별
- 일방적 의사표시인 점에서 쌍방 의사표시인 「공법상 계약」과 구별
- 의사행위인 점에서 실력행사로서의 「행정강제」와 구별
- 법적 효력을 발생시키기 때문에 법적 효력을 발생시키지 않는 희망·권고 등과 같은 「사실행위」와도 구별
- 국민에 대한 행정청의 외부적 표시행위라는 점에서 「단순한 내부적 결정」과 구별
- 예비결정, 부분인허는 행정청의 한정된 사항에서의 종국적 규율이다.
- 가행정행위(假行政行爲)란 행정청의 확정적 결정이전에 잠정적으로 행해지는 규율

## II. 확약의 대상

독일행정절차법 제38조에서는 확약의 대상을 행정행위에 한정하고 있다(Eine von der zuständigen Behörde erteilte Zusage, einen bestimmten Verwaltungsakt … ). 그러나 예컨대, 행정계약[1])의 체결, 행정계획의 실시·존속, 사실행위에 관한 조치 등에 대한 확약도

---

1) 독일행정법학계에서는 행정법의 대상이 되는 공법상의 계약에 한정하여 행정계약 또는 행정법상의 계약(Verwaltungsvertrag bzw. verwaltungsrechtlicher Vertrag)이라고 하면서, "행정계약이란 행정법상의 법률관계를 그 대상으로 하여 그 권리·의무 관계를 성립·변경·소멸시키는 계약(H. Maurer, Allgemeines Verwaltungsrecht, 12. Aufl., 1999, § 14 Rn. 7ff.)", 또는 "행정법상 계약을 행정법상 법률관계의 발생, 변경 또는 소멸을 가져오는 다수의 법적 주체간의 체결된 합의(Vereinbarungen)"라고 정의하거나(N. Achterberg, Allgemeines Verwaltungsrehct, 2.

인정하는 것이 바람직하다.

▶ 대판 2014. 9. 26, 2011두18687【토사채취허가신청불허가처분취소등】원심은 그 채택 증거에 의하여 그 판시와 같은 사실을 인정한 다음, 원고와 피고 사이에 2009. 8. 24. 체결된 공공사업을 위한 토석채취협약(이하 '이 사건 협약'이라 한다)의 형식, 당사자, 내용 등에 비추어 이 사건 협약은 토석채취허가에 대한 확약에 해당한다고 판단하였는바, 기록에 비추어 살펴보면 원심의 위와 같은 판단은 정당하고, 거기에 이 사건 협약의 법적 성격 또는 확약에 관한 법리를 오해한 위법이 없다.

## III. 확약의 법적 성질

### 1. 행정행위성 여부

#### 1.1. 개관

[행정행위성 여부] 확약이 행정행위로서의 성질을 가지는가에 대해서는 논란이 있다. 즉 확약의 성질에 관하여는, 다음과 같이 학설이 세분화되어 있다. 행정행위 긍정설[1]이 다수설이지만, 판례는 그 행정행위성을 부정하고 있다(… 어업권면허에 선행하는 우선순위결정은 행정청이 우선권자로 결정된 자의 신청이 있으면 어업권면허처분을 하겠다는 것을 약속하는 행위로서 강학상 확약에 불과하고 행정처분은 아니므로 …).[2] 이를 독립적인 법형식으로 보

---

Aufl., 1986, § 21 Rn. 232f.); "행정법상의 계약은 헌법·국제법·교회법상의 국가계약·행정협정(Verwaltungsabkommen)을 제외한 행정청의 공법상 행정활동으로 체결한 계약이다(Wolff/Bachof/Stober, Verwaltungsrecht Bd. 2, 6. Aufl., 2000, § 54 Rn. 16 ff)."라고 한다. 이에 반하여 우리는 일반적으로 행정계약보다는 공법상 계약이라는 용어를 사용하면서, 「공법적 효과의 발생을 목적으로 하는 복수의 당사자 사이의 반대방향의 의사의 합치에 의하여 성립되는 공법행위」로 그 개념정의 하거나(김철용, 행정법(I), 222면; 박윤흔, 최신행정법강의(上), 532면; 홍정선, 행정법원론(상), 382면; 류지태, 행정법신론, 235면), 「행정주체 상호간 또는 행정주체와 사인간에 공법적 효과의 발생을 내용으로 하는 계약」(김남진, 행정법(I), 395면) 등으로 정의하고 있다. 우리는 독일연방행정절차법 제54조와 거의 유사한 개념으로 공법상 계약을 정의하는 것으로 보여진다(장태주, 공법상 계약의 적용범위 - 독일 행정절차법상의 공법상 계약을 중심으로 -, 공법연구(제29집 제2호), 2001).

1) 류지태, 행정법신론, 신영사, 2007, 148면.
2) 대판 1995. 1. 20, 94누6529【행정처분취소】어업권면허처분에 선행하는 우선순위결정의 성질 나. 수산업법 제35조 제1호 소정의 "허위 기타 부정한 방법으로 어업의 면허를 받은 경우"의 의미 다. 수익적 처분이 상대방의 허위 기타 부정한 방법으로 행하여진 경우에도 그 상대방의 신뢰

는 견해도 존재한다(김남진 · 김연태; 정하중).1)

### 1.2. 부정설

[개관] 행정청이 장래에 있어서 어떤 행정행위를 할 것이라는 확약을 한 경우 그에 대한 종국적인 규율은 약속된 행정행위를 통해서 행해지는 것이지 확약 그 자체에 의해서 행해지는 것이 아니며, 확약은 행정청 자신을 기속하는 것이지만, 행정행위는 상대방을 규율하는 것인 점에서 차이가 나므로 행정행위성을 인정할 수 없다고 본다.

[김남진 · 김연태교수의 견해] 김남진 · 김연태 교수는 「… 생각건대 행정청이 어떤 행정행위에 대한 확약을 한 경우, 그에 대한 종국적인 규율은 약속된 행정행위를 통해서 행해지는 것이지 확약 그 자체에 의하여 행해지는 것은 아니다. 법적 이유에서든 사실적 이유에서든 어떤 문제에 대해서 즉시로 규율(Regelung)할 수 없는 사정이 있을 때에 행정청이 확약을 하는 것이며, 그러한 의미에서 확약은 행정행위와 유사한 성질을 가지고 있기는 하나 '확약에 의하여 그 가능성이 보증된 본 행정행위'와는 별개의 것 이며, 따라서 확약의 독자적 행위형식성을 인정함이 좋을 것으로 생각된다. 건축허가(행정행위)를 받은자는 바로 건축을 시작할 수 있으나, 건축허가에 대한 확약을 받은자는 아직 건축을 시작할 수는 없는 것이므로 양자는 다른 것」이라고 한다.2) 아무튼 김남진교수는 행정행위설을 부정한다는 견해를 취하고 있지만(혹은, 행정행위와 유사한 성질을 가지고 있기는 하나,3) 실정법이 확약에 행정행위에 관한 일부조항을 준용시키는 경우, 확약을 행정행위에 준하는 것으로 보는 것은 무방하다고 한다.4)

---

를 보호하여야 하는지 여부 【판결요지】 어업권면허에 선행하는 우선순위결정은 행정청이 우선권자로 결정된 자의 신청이 있으면 어업권면허처분을 하겠다는 것을 약속하는 행위로서 **강학상 확약에 불과하고 행정처분은 아니므로**, 우선순위결정에 공정력이나 불가쟁력과 같은 효력은 인정되지 아니하며, 따라서 우선순위결정이 잘못되었다는 이유로 종전의 어업권면허처분이 취소되면 행정청은 종전의 우선순위결정을 무시하고 다시 우선순위를 결정한 다음 새로운 우선순위결정에 기하여 새로운 어업권면허를 할 수 있다. 나. 수산업법 제35조 제1호의 규정에서 말하는 "허위 기타 부정한 방법으로 어업의 면허를 받은 경우"라고 함은 정상적인 절차에 의하여는 어업의 면허를 받을 수 없는 경우임에도 불구하고 위계 기타 사회통념상 부정이라고 인정되는 **모든 행위**를 사용하여 면허를 받은 경우를 뜻하는 것으로서 적극적 및 소극적 행위를 사용한 경우를 모두 포함한다.

1) 정하중, 행정법에 있어서 확약, 법정고시(1997.1), 100면;
2) 김남진 · 김연태, 행정법(I), 341면.
3) 김남진 · 김연태, 행정법(I), 342면.
4) 김남진, 행정법의 기본문제, 법문사, 1994, 311면.

### 1.3. 긍정설

[개관] 확약은 확약되는 행정행위 내용에 따라 행정기관 스스로 장래의 일정한 행위의 이행 또는 불이행을 의무지우는 효과가 인정되는 이상, 행정행위의 특징인 법적 규율성이 인정된다고 볼 수 있으므로 행정행위로 보아야 한다는 것이다(다수설).[1]

### 2. 사견

[사견] 김남진·김연태교수의 주장처럼 행정청이 어떤 행정행위에 대한 확약을 한 경우 그에 관한 종국적인 규율은 -약속된- 행정행위를 통해서 행해지는 것이지 확약 그 자체에 의해서 행해지는 것이 아니며, 법적 이유에서든 사실적 이유에서든 어떤 문제에 대해서 즉시로 할 수 없는 사정이 있을때에 행정청이 확약을 하게 되는 것은 사실이다. 확약은 -약속된- 행정행위의 내용에 따라 행정기관 스스로 장래의 일정한 행위의 이행 또는 불이행을 의무지우는 효과가 인정되는 이상, 행정행위의 개념상 특징인 법적 규율성이 인정된다고 볼 수 있으므로 행정행위라고 보아야 할 것이다. 「학설」: (ㄱ) 행정행위성 긍정설, (ㄴ) 행정행위성 부정설(Ule), (ㄷ) 준법률행위적 행정행위(통지행위)로 보는 설(윤세창), (ㄹ) 행정행위 유사설[2]

## IV. 확약의 허용성

### 1. 확약의 허용근거(학설)

[학설] 확약의 허용근거로서, (ㄱ) 본 처분의 권한속에서 확약을 할 수 있는 권한의 근거를 찾는 설로서 이를 본처분 권한포함설이라한다. 확약의 허용성은 본 처분을 할 행정청의 권한에는 '당연히' 확약이라는 약속정도는 할 수 있지 않느냐라는 것이다. (ㄴ) 본 처분에 대한 예측가능성에 관한 국민의 이익은 헌법상 보호되는 것이라 하여, 헌법적 차원에서 그 근거를 찾는 설, (ㄷ) 신의성실의 원칙(Prinzip von Treu und Glaube) 내지 신뢰보호에 근거를 두는 설,[3]이 있다. 신뢰보호설은 법적 안정성에 바탕을 둔 신뢰보호의 법리는 법의 일반원리로서, 공법의 영역에도 타당하다는 입장에서 이를 근거로 하여 확약을 인정하는 견해로서 종전 독일의 판례의 입장이다.

---

1) 김도창, 행정법(상), 429면; 박윤흔, 행정법강의(상), 400면; 이상규, 신행정법론(상), 393면; 석종현; 김해룡, 단계적 행정결정, 고시연구(1994.4).
2) 홍준형, 행정법총론, 235면.
3) 독일의 종전의 판례의 입장이었다.

[사견] 법령이 행정기관에 대하여 본 행정행위를 할 수 있는 권한을 부여한 경우에는, 특히 반대의 뜻이 보이는 경우가 아니면 본행정행위에 관한 확약의 권한도 함께 주어진 것으로 보고 별도의 근거를 요하지 아니한 것으로 보는 견해이다. 이설이 타당하다.[1] 확약의 허용성은 확약의 권한이 본처분의 권한에 포함되어 있다는 데서 찾는 것이 타당하다고 본다(본처분권한포함설). 확약은 본처분과는 일응 별개의 행위라 할 것이나, 확약은 본처분의 행사에 앞서서 행하는 사전적 처리작용이라 할 것이며, 이로인하여 상대방에게는 기대이익이나 예고이익 및 대처이익을 준다. 따라서 법이 본처분의 권한을 부여한 경우에는 확약의 권한도 아울러 부여하고 있는 것으로 보는 것이 타당하다.

[대법원판례] 대법원은 구(舊)국세기본법(1984. 8. 7 법률 제3746호로 개정되기 전의 것) 제18조 제2항 소정의 '국세행정의 관행이 일반적으로 납세자에게 받아들여진 경우의 의미'와 '조세법률관계에 있어서 과세관청의 행위에 대하여 신의성실의 원칙이 적용되기 위한 요건'에 대하여, "… 구국세기본법(1984. 8. 7 법률 제3746호로 개정되기 전의 것) 제18조 제2항 소정의 세법의 해석 또는 국세행정의 관행이 일반적으로 납세자에게 받아들여진 것이라고 함은 특정납세자가 아닌 불특정한 일반납세자에게 그와 같은 해석 또는 관행이 이의 없이 받아들여지고 납세자가 그 해석 또 는 관행을 신뢰하는 것이 무리가 아니라고 인정될 정도에 이른 것을 말한다. … 일반적으로 조세법률관계에 있어서 과세관청의 행위에 대하여 신의성실의 원칙이 적용되기 위한 요건으로서는 첫째로, 과세관청이 납세자에게 신뢰의 대상이 되는 공적인 견해 표명을 하여야 하고 둘째로, 과세관청의 견해 표명이 정당하다고 신뢰한데 대하여 납세자에게 귀책사유가 없어야 하며 셋째로, 납세자가 그 견해표명을 신뢰하고 이에 따라 무엇인가 행위를 하여야 하고 넷째로, 과세관청이 위 견해표명에 반하는 처분을 함으로써 납세자의 이익이 침해되는 결과가 초래되어야 한다."[2]고 하였다.

- 본(本)처분의 권한속에서 확약을 할 수 있는 권한의 근거를 찾는 설(본처분 권한포함설 : 이설이 타당하다)
- 본(本)처분에 대한 예측가능성에 관한 국민의 이익은 헌법상 보호되는 것이라 하여, 헌법직 차원에서 그 근거를 찾는 설
- 신의성실의 원칙 내지 신뢰보호에 근거를 두는 설

## 2. 확약의 허용한계

### 2.1. 확약과 사전절차

본 처분을 행하기에 앞서 청문 등의 사전절차가 요구되고 있는 경우에는 확약도 그러

---

1) 확약은 본처분과는 별개의 행위이나, 확약은 본처분의 행사에 관한 사전처리작용이라 할 것이며, 상대방에게는 이에 대처할 대처이익을 준다(박윤흔, 행정법강의(상), 401면).
2) 대판 1985. 4. 23, 84누593 【법인세부과처분취소】

한 사전절차를 거친 후에만 할 수 있다. 불이익한 본 처분 발급에 관하여 일정한 사전절차가 요구되고 있는 경우 절차의 생략은 불가하다. 법은(특히 행정절차법) 특히 불이익한 부담적 행정행위에 관하여 청문 등의 사전절차를 거칠 것을 규정한 경우가 많다. 비위공무원에 대해 직위해제처분을 하기전에 징계위원회의 심의를 거쳐야 하는 것도 그 한 예이다. 이 경우 임용권자가 징계위원회를 개최하기도 전에 해당 공무원에게 직위해제처분의 확약을 하는 경우, 이는 징계위원회의 심의를 형식적으로 만들어 버리게 된다. 징계위원회에서 그 공무원의 변명과 자기주장을 토대로하여 징계위원회가 절충적 의견을 제시할수 있으므로 임용권자는 함부로 징계위원회 개최전에 직위해제처분을 할 것이라는 확약을 해서는 안된다.

### 2.2. 재량행위에 한정하는가의 여부 - 기속행위인 경우의 확약의 허용성

확약은 본 처분이 재량행위인 경우에만 가능하고 가속행위에 대해서는 확약에 의한 자기구속이 허용될 수 없다는 견해,1) <u>기속행위에 있어서도 확약은 가능하다는 견해2)</u>가 있다. <u>기속행위의 경우에도 확약에 의하여 당사자가 나중에 행해지는 본처분에 대하여 사전에 대비하는 등의 이해관계가 있을 수 있으므로 가능하다고 볼 것이다.</u>

### 2.3. 요건사실3)완성후의 확약가능성 여부
#### 2.3.1. 부정설
확약은 수익적 행정행위에 대하여 행하여 지는 것이므로 본 처분의 요건사실이 완성

---

1) 박윤흔, 행정법강의(상), 402면.
2) 이명구; 김남진, 행정법(I), 337면.
3) https://ko.wikipedia.org/wiki/…(검색어 : 요건사실; 검색일 : 2015.12.1); 일정한 법률효과를 발생시키는 법률요건을 확정한 뒤에 그에 해당하는 사실에 관한 주장·입증책임의 소재와 당사자가 제출하여야 하는 공격방어방법의 배열을 명확히 한다. 실무에서 말하는 **요건사실**이란 **법규(범)의 법률요건에 해당하는 구체적 사실**을 말하며, 주요사실과 같은 의미이다. 민사소송에 있어서 법원은 사실심 변론종결시를 기준으로 원고가 소송물로 주장한 일정한 권리 또는 법률관계의 존부에 관하여 판단하여야 하는데, 이러한 기준시에 관념적 존재인 권리가 존재하는지 여부를 직접 인식할 수 있는 수단이 없으므로 당해 권리의 존부에 관한 판단은 그 권리의 발생이 인정되는가, 그 후 그 권리가 소멸하였는가, 나아가 그 소멸 효과의 발생에 장애사유는 없는가 하는 등의 과정을 거쳐 결론에 이르게 된다. 권리의 발생, 장애, 소멸 등의 각 법률효과가 인정되는지 여부는 그 발생요건에 해당하는 구체적 사실의 유무에 달려 있는바, 이러한 사실을 요건사실이라 한다(요건사실론, 사법연수원, 2013). 요건사실은 그 성상에 따라 사람의 정신작용을 요소로 하는 용태와 사람의 정신작용을 요소로 하지 않는 사건으로 구분된다(요건사실론, 사법연수원, 2013).
**법률사실·법률요건의 완성**

된 후에는 확약을 할 것이 아니라 본처분을 하여야 한다는 것이다(이상규).

### 2.3.2. 긍정설

확약은 요건사실이 완성된 이후에도 개인의 이익보호의 차원에서 가능하다고 보는 것이며,[1] 다수설의 입장이다. 요건사실 완성후(법률사실·법률요건의 완성)에도 확약이 가능하다는 견해에 의하면, 확약은 상대방에게 예고이익이나 기대이익 등을 줄 수 있다는 점을 그 중요한 논거로 들고 있다. 예를 들면 과세에 관한 요건사실이 완성된 후에도 확약을 통하여 납세 의무자측에 기대이익을 부여할 수 있다. 독일 조세통칙법(Abgabenordnung)은 납세의무자의 신청에 의하여 확약을 발할 수 있음을 규정하고 있다(제204조).

## 3. 확약의 신청

독일 조세통칙법은 납세의무자의 신청에 의하여 확약을 발할 수 있음을 규정하고 있다(제204조)함은 위에서 언급한바와 같다. 신청은 문서로 하여야 하며, 전자문서도 가능하다.

▶ 행정절차법 제17조(처분의 신청) ① 행정청에 처분을 구하는 신청은 문서로 하여야 한다. 다만, 다른 법령등에 특별한 규정이 있는 경우와 행정청이 미리 다른 방법을 정하여 공시한 경우에는 그러하지 아니하다. ② 제1항에 따라 처분을 신청할 때 전자문서로 하는 경우에는 행정청의 컴퓨터 등에 입력된 때에 신청한 것으로 본다.

# V. 확약의 유효요건

## 1. 정당한 권한의 소재에 속할 것

확약은 그 대상이 된 행정행위가 당해 행정청의 정당한 권한의 범위에 속하는 적법한 것이어야 한다. 이와같이 확약이 적법하게 성립하기 위해서는, 우선 확약을 할 수 있는 주체가 정당하여야 하며, 동시에 확약의 주체인 행정청이 정당한 권한을 가져야 하며, 또한 정당한 권한의 범위내에서 행하여야 한다. 이는 무엇보다 확약의 대상이 되는 행정행위에 대하여 권한을 가지는 행정청이 확약을 하여야 함을 의미한다. 공무원임용, 조세감면조치, 외국과의 합작증권회사설립인가 등이 있다.

---

[1] 이상규, 신행정법론(상), 394면.

## 2. 법령에 적합할 것

확약에서 하기로 한(예: 조세감면), 또는 하지 않기로 한(예: 건물불철거) 대상인 행위 자체가 적법한 것이어야 하고(적법성), 이행가능하며(이행가능성), 명확하며(명확성), 공익에 위반되지 않아야 한다(공익성).

## 3. 서면으로 할 것 - 문서주의

[문서주의] 독일 행정절차법은 확약의 유효요건으로서 '서면성'을 요구하고 있다.[1] "… bedarf zu ihrer Wirksamkeit der schriftlichen Form"이라고 하여 확약의 효력발생을 위하여는 서면을 필요로 하고 있다(문서주의).

▶ 독일연방행정절차법 제38조(§38 VwVfG Zusicherung) (1) Eine von der zuständigen Behörde erteilte Zusage, einen bestimmten Verwaltungsakt später zu erlassen oder zu unterlassen (Zusicherung ), <u>bedarf zu ihrer Wirksamkeit der schriftlichen Form</u>(서면). Ist vor dem Erlass des zugesicherten Verwaltungsaktes die Anhörung Beteiligter oder die Mitwirkung einer anderen Behörde oder eines Ausschusses auf Grund einer Rechtsvorschrift erforderlich, so darf die Zusicherung erst nach Anhörung der Beteiligten oder nach Mitwirkung dieser Behörde oder des Ausschusses gegeben werden.

[문서주의 및 기타의 방법: 녹음기에 의한 녹취 및 전자문서] 우리 나라의 경우는 이에 대한 일반적인 규정이 없다. 따라서 원칙적으로 불요식행위라 할 것이나 개별법령이 특별한 절차나(관계자의 청문이나 관계기관의 협력) 형식(문서) 등을 요구하는 경우가 있을 수 있다. 그리고 구두에 의한 확약도 가능하다는 견해가 있다(이명구).[2] 생각건대 오늘날 법률행위는 문서로 하는 것이 원칙임에 비추어 볼 때, 확약은 문서로 하는 것이 바람직 하다(문서주의). 그러나 그렇다고 해서 문서에 의하지 않은 확약을 전부 무효로 볼 이유는 없다. 예를 들어 행정청의 동의하에 이루어지는 녹음기에 의한 녹취 등과 같이 증거만 확실하다면, 그에 대한 확약의 효력을 인정해도 좋을 것이다. 물론 - 독일에 있어서와 같이 - 법률에 명문의 규정이 있는 경우에는 당연히 법률에 따라야 함은 당연하다. 여기서의 문서는 서류상의 문서 뿐만 아니라 컴퓨터에 의한 전자문서(E-Mail 등)도 이에 포함된다고 본다. 전자문서란 컴퓨터 등 정보처리능력을 가진 장치에 의하여 전자적인 형태로 작성되어 송신·수신 또는 저장된 정보를 말한다(행정절차법 제2조 제8호). 다만, 정보통신망을 이용한 송달은 송달받을 자가 동의하는 경우에만 한다. 이 경우 송달받을 자는 송달받을 전자우편주소 등

---

1) 김남진·김연태, 행정법(I), 344면.
2) 박윤흔, 행정법강의(상), 403면.

을 지정하여야 한다(행정절차법 제14조 제3항).

### 4. 본행정행위(本行政行爲)가 적법할 것

그 내용인 본(本)행정행위가 적법하여야 한다.

### 5. 소정의 절차의 이행

본(本)행정행위에 관하여 일정한 절차적 요구(사전절차의 요구)가 있는 경우에는 확약에 있어서도 그 절차가 이행되어야 한다. 예컨대 확약의 내용인 본행정행위에 관하여 상대방에 대한 청문이나, 다른 행정청의 동의 또는 승인 등 일정한 절차가 요구되는 경우에는 그 절차가 이행되어야 하며, 이는 확약이 행정절차를 피하기 위한 수단으로 악용되는 것을 막기 위함이다. 따라서 확약에 앞선 절차의 생략은 상대방을 보호하고자 하는 법의 취지에 반하기 때문에 허용되지 않는다. 법이 확약의 대상이 되는 행정행위를 하기에 앞서, 이해관계자의 청문, 다른 행정기관과의 협의나 자문을 거치도록 규정하고 있는 경우에 그들 절차를 거친 다음에 확약을 행할 필요가 있을 것이다. 독일의 행정절차법에는 같은 취지의 명문 규정이 있다(독일연방행정절차법 제38조).

### 6. 상대방에게 표시 - 표시주의

상대방에게 표시되어야 한다. 따라서 확약으로서 인정되기 위해서는 상대방에 전달되어야 한다. 특정인에게는 요지(了知)할 수 있는 상태에 놓여 있어야 하겠으나, 의사표시(Erklärung)의 일반적 효력발생요건인 도달주의[1]로서 족하다고 본다(행정절차법 제15조 제1항). 전자문서, 즉 컴퓨터를 통한 전자문서(E-Mail 등)인 경우에는 상대방의 컴퓨터에

---

[1] 대판 2013. 7. 25, 2011두22334【이사취임승인거부처분취소】학교법인의 이사는 법인에 대한 일방적인 사임의 의사표시에 의하여 법률관계를 종료시킬 수 있고(대법원 1992. 7. 24. 선고 92다749 판결 참조), 그 의사표시는 수령권한 있는 기관에 도달됨으로써 바로 효력을 발생하는 것이며, 그 효력발생을 위하여 이사회의 결의나 관할 관청의 승인이 있어야 하는 것은 아니다(대법원 2003. 1. 10. 선고 2001다1171 판결 참조). 한편, 법인의 이사를 사임하는 행위는 상대방 있는 단독행위라 할 것이어서 그 의사표시가 상대방에게 도달함과 동시에 그 효력을 발생하고 그 의사표시가 효력을 발생한 후에는 마음대로 이를 철회할 수 없음이 원칙이나, 사임서 제시 당시 즉각적인 철회권유보로 사임서 제출을 미루거나, 대표자에게 사표의 처리를 일임하거나, 사임서의 작성일자를 제출일 이후로 기재한 경우 등 사임의사가 즉각적이라고 볼 수 없는 특별한 사정이 있을 경우에는 별도의 사임서 제출이나 대표자의 수리행위 등이 있어야 사임의 효력이 발생하고, 그 이전에 사임의사를 철회할 수 있다(대법원 1992. 4. 10. 선고 91다43138 판결, 대법원 2006. 6. 15. 선고 2004다10909 판결 등 참조).

입력된 경우 그 효력이 발생하는 것으로 본다(도달주의). 따라서 상대방이 실제로 이것을 요지(了知)하든 요지(了知)하지 않든 확약의 효과가 발생한다. 다만, 정보통신망을 이용한 송달은 송달받을 자가 동의하는 경우에만 한다. 이 경우 송달받을 자는 송달받을 전자우편주소 등을 지정하여야 한다(행정절차법 제14조 제3항). 불특정인을 대상으로 하는 경우 공고의 형식으로도 가능하다. 이러한 공고의 형식을 취하는 경우에는 공고한 날로부터 5일이 경과하면 효력이 발생 한다.

▶ 행정절차법 제14조(송달) ④ 다음 각 호의 어느 하나에 해당하는 경우에는 송달받을 자가 알기 쉽도록 관보, 공보, 게시판, 일간신문 중 하나 이상에 공고하고 인터넷에도 공고하여야 한다.
  1. 송달받을 자의 주소등을 통상적인 방법으로 확인할 수 없는 경우
  2. 송달이 불가능한 경우
▶ 행정절차법 제15조(송달의 효력 발생) ① 송달은 다른 법령등에 특별한 규정이 있는 경우를 제외하고는 해당 문서가 송달받을 자에게 **도달됨으로써 그 효력이 발생한다**. ② 제14조제3항에 따라 정보통신망을 이용하여 전자문서로 송달하는 경우에는 송달받을 자가 지정한 컴퓨터 등에 입력된 때에 도달된 것으로 본다. ③ 제14조제4항의 경우에는 다른 법령등에 특별한 규정이 있는 경우를 제외하고는 공고일부터 14일이 지난 때에 그 효력이 발생한다. 다만, 긴급히 시행하여야 할 특별한 사유가 있어 효력 발생 시기를 달리 정하여 공고한 경우에는 그에 따른다.

### 7. 상대방의 신뢰

그 상대방은 행정청의 확약을 신뢰할 뿐 아니라 그 신뢰에 따른 귀책사유가 없어야 한다.

## Ⅵ. 확약의 효과(구속성)

### 1. 확약의 자기구속력(Verbindlichkeit)

[자기구속력] 확약이 적법한 경우에는 행정청은 대국민관계에서 확약한 행위를 이행해야 할 자기구속적 이행의무를 지게 되고, 행정객체인 상대방 측에서는 기대권과 같은 법적 효과가 발생하기 때문에, 그리고 이에 대한 신뢰보호의 원칙에 입각하여 확약된 내용의 이행을 청구할 수 있는 권리를 가지게 된다. 따라서 행정청이 확약을 이행하지 않을 때에는, 쟁송을 통해 다툴 수 있으며, 손해배상 등을 청구할 수 있게 된다. 그러나 확약이 행해진 후에 불가항력이나 기타의 사유로 확약의 내용을 이행할 수 없을 정도로 그 기초가 되었던

사실상태나 법적상태(법률상태)가 변경된 경우(사정변경의 발생; 사정변경의 원칙)에는, 행정기관이 이러한 사정을 미리 알았더라면 그와 같은 확약을 하지 않았을 것이라고 인정되는 경우에 한하여 확약내용의 구속력으로부터 배제된다고 보아야 할 것이다. 따라서 이때에 당사자는 확약의 내용이행을 행정기관에게 강제할 수 없게 된다.

## 2. 확약의 무효사유

권한없는 행정청이 발표한 확약, 서면형식에 의하지 않은 확약(학설의 대립이 있음 : 구두에 의해서도 가능하다고 보는 경우), 확약에 중대·명백한 하자가 있는 경우, '후에 실현된 사실'과 '확약의 기초가 된 사실'이 일치하지 않는 경우, 신청인에게 불이익한 위법한 확약 등은 무효사유가 된다.

- 권한없는 행정청이 발표한 확약
- 서면형식에 의하지 않은 확약 ☞ **학설의 대립이 있음(구두에 의해서도 가능하다고 보는 경우)**
- 확약에 중대·명백한 하자가 있는 경우
- '후에 실현된 사실'과 '확약의 기초가 된 사실'이 일치하지 않는 경우
- 신청인에게 불이익한 위법한 확약

## 3. 확약의 취소·철회

[개관] 독일 행정절차법과 우리나라 행정절차법은 행정행위의 취소·철회에 관한 규정을 준용하고 있다. 확약을 행한 행정청은 상대방의 의무불이행, 기타 확약후에 발생한 새로운 사정을 이유로 확약을 철회할 수 있으나, 과잉금지의 원칙 등 행정의 일반법원칙에 따르는 제약을 받는다고 본다(독일연방행정절차법 제38조 제2항 참조).[1]

▶독일연방행정절차법 §38 VwVfG Zusicherung (2) Auf die Unwirksamkeit der Zusicherung finden, unbeschadet des Absatzes 1 Satz 1, § 44, auf die Heilung von Mängeln bei der Anhörung Beteiligter und der Mitwirkung anderer Behörden oder Ausschüsse § 45 Abs. 1 Nr. 3 bis 5 sowie Abs. 2, auf die Rücknahme § 48, auf den Widerruf, unbeschadet des Absatzes 3, § 49 entsprechende Anwendung.

[신뢰보호·신의성실원칙] 확약의 취소와 철회에는 상대방에 대한 신뢰보호의 견지에서 제한을 받게 된다. 따라서 철회권에 대한 제한은 취소권의 제한보다 - 상대방에 대한 신뢰보호의 원칙상 - 그 제한의 정도가 강하다고 보아야 한다. 취소의 경우, 즉 하자(흠) 있는 확약은 행정청의 취소에 의하여 그 효력이 상실된다. 다만 그 확약의 취소에도 행정에 대

---

1) 김남진·김연태, 행정법(I), 346면.

한 신뢰보호의 원칙(Vertrauensschutz), 신의성실의 원칙(Prinzip von Treu und Glaube) 등에 따른 제약이 따른다고 보아야 할 것이다. 철회의 경우, 확약을 행한 행정청은 상대방의 의무불이행, 기타 확약 후에 발생한 새로운 사정(사정변경의 원칙)을 이유로 확약을 철회할 수 있으나, 과잉금지원칙 등 법원칙, 조리(Natur der Sache)에 따르는 제약을 받는다고 보아야 할 것이다.

▶ 행정절차법 제4조(신의성실 및 신뢰보호) ① 행정청은 직무를 수행할 때 신의(信義)에 따라 성실히 하여야 한다. ② 행정청은 법령등의 해석 또는 행정청의 관행이 일반적으로 국민들에게 받아들여졌을 때에는 공익 또는 제3자의 정당한 이익을 현저히 해칠 우려가 있는 경우를 제외하고는 새로운 해석 또는 관행에 따라 소급하여 불리하게 처리하여서는 아니 된다.

### 4. 확약의 실효(구속력의 상실)

다음과 같은 경우에는 행정청은 그 확약에 구속되지 아니한다. (ㄱ) 행정청은 불가항력(천재지변) 기타 사유로 확약의 내용을 이행 할 수 없을 정도로 사실상태 또는 법적상태(Sach- oder Rechtslage)가 변경된 경우를 제외하고는 그 확약에 기속된다. (ㄴ) 행정청이 확약을 행한 후에 사실 또는 법적 상태가 변화하여 만약 당해 행정청이 사후에 발생한 변화를 알았더라면 확약을 하지 않았을 것이라고 판단될 경우(사정변경의 원칙),[1] (ㄷ) 법적 사유로 말미암아 확약이 허용될 수 없는 경우에는 그 확약에 구속되지 아니한다. (ㄹ) 행정청이 상대방에게 정차 어떤 처분을 하겠다고 확약 하였다고 하더라도, 상대방으로 하여금 언제까지 처분의 발령을 신청하도록 유효기간을 두었는데도 그 기간 내에 상대방의 신청 없었다거나 확약이 있은 후에 사실적, 법률적 상태가 변경되었다면, 그와 같은 확약은 행정청의 별다른 의사표시를 기다리지 않고 실효된다(아래 대법원판례 참조).

▶ 행정청은 불가항력(천재지변) 기타 사유로 확약의 내용을 이행 할 수 없을 정도로 사실상태 또는 법적상태가 변경된 경우를 제외하고는 그 확약에 기속된다.

▶ 행정청이 확약을 행한 후에 사실 또는 법적 상태가 변화하여 만약 당해 행정청이 사후에 발생한 변화를 알았더라면 확약을 하지 않았을 것이라고 판단될 경우(사정변경)

▶ 법적 사유로 말미암아 확약이 허용될 수 없는 경우

▶ 처분의 발령을 신청하도록 유효기간을 두었는데도 그 기간 내에 상대방의 신청 없는 경우

▶ 확약이 있은 후에 사실적, 법률적 상태가 변경된 경우

[독일연방행정절차법] 독일연방행정절차법 제38조 제3항이 「행정청이 사후에 발생한 사실을 사전에 알았더라면 확약을 하지 않았거나 법적 이유로 인하여 확약을 할 수 없었을

---

1) 독일연방행정절차법 제38조 제3항 참조.

정도로 사실상태 또는 법적상태(Sach- oder Rechtslage)가 변경된 경우에는 행정청은 더 이상 확약에 구속되지 아니한다」고 규정하고 있는 바, 이러한 법리는 하나의 법원칙으로서 받아들일 수 있다.[1]

▶ 독일연방행정절차법 제38조 VwVfG §38 Zusicherung (3) Ändert sich nach Abgabe der Zusicherung die Sach- oder Rechtslage derart, dass die Behörde bei Kenntnis der nachträglich eingetretenen Änderung die Zusicherung nicht gegeben hätte oder aus rechtlichen Gründen nicht hätte geben dürfen, ist die Behörde an die Zusicherung nicht mehr gebunden(행정청은 더 이상 확약에 구속되지 아니한다).

[대법원] 대법원은 "… 행정청이 상대방에게 장차 어떤 처분을 하겠다고 확약 또는 공적인 의사표명을 하였더라도, 기간 내에 상대방의 신청이 없었거나 확약이 있은후에 사실적·법률적 상태가 변경되었다면, 그 확약은 의사표시를 기다리지 않고 실효된다."[2]고 판시하여, 이러한 법리를 채택하고 있는 것으로 보인다.

### 5. 행정쟁송가부(可否)

확약이 행정상 쟁송의 대상이 될 수 있느냐의 문제는 확약의 법적 성질에 대하여 그 행정행위성을 인정하느냐의 여부 문제로 귀착된다. 확약의 행정행위성이 인정된다면 행정청이 확약된 내용을 이행하지 않는 경우, 의무이행심판이나 부작위위법확인소송, 거부처분취소소송 등을 통하여 그 이행을 구할 수 있을 것이다. 판례는 확약의 처분성을 부인한바 있다.[3] 현행법상 의무이행소송은 인정하지 않고 있지만, 이 경우 의무이행소송이 효과적인 권리구제의 방법이다. ※「행정쟁송」: (ㄱ) 의무이행심판(의무이행소송은 인정하지 않는 것이 대법원의 판례), (ㄴ) 거부처분취소소송, (ㄷ) 부작위위법확인소송

### 6. 손해전보

위법하게 확약이 철회된 경우에는 행정청의 확약의 불이행으로 인하여 손해를 입은 당사자는 국가배상법 제2조의 규정에 의하여 손해배상을 청구할 수 있을 것이다.[4] 적법한

---

1) 김남진·김연태, 행정법(I), 346면.
2) 대판 1996. 8. 20, 95누10877 【주택건설사업승인거부처분취소】
3) 대판 1995. 1. 20, 94누6529 【행정처분취소】 어업권면허에 선행하는 우선순위결정은 행정청이 우선권자로 결정된 자의 신청이 있으면 어업권면허처분을 하겠다는 것을 약속하는 행위로서 강학상 확약에 불과하고 행정처분은 아니므로, 우선순위결정에 공정력이나 불가쟁력과 같은 효력은 인정되지 아니하며, 따라서 우선순위결정이 잘못되었다는 이유로 종전의 어업권면허처분이 취소되면 행정청은 종전의 우선순위결정을 무시하고 다시 우선순위를 결정한 다음 새로운 우선순위결정에 기하여 새로운 어업권면허를 할 수 있다.

공익상 사유로 확약이 철회된 경우에는 손실보상을 청구할 수 있다.

---

4) 김남진·김연태, 행정법(I), 347면.

# 제 7 절　행정행위의 성립요건과 효력발생요건

## I. 행정행위의 성립요건

　행정행위가 적법·유효하게 성립되기 위해서는 주체·내용·절차·형식등이 법령에 적합하여야 하며 공익과 행정목적에도 적합하여야 한다. 행정행위는 법규의 내용을 현실화하는 행위이며, 다른 한편 '행정의 법률적합성의 원칙/법률에 의한 행정(Gesetzmäßigkeit der Verwaltung)'의 원리와의 관계상, 행정행위는 항상 법규에 의하여 제한되며 법규가 요구하는 성립요건 및 효력발생요건을 구비해야 한다. 행정행위의「성립요건」이라 함은 행정행위가 성립하기 위한 법사실을 말하고,「효력발생요건」이라 함은 이미 성립된 행정행위가 다시 현실적으로 당사자(행정주체·행정객체)를 구속하는 효력을 발생하기 위하여 필요한 법사실을 말한다.

▶ 행정행위의 성립요건 → 행정행위가 성립하기 위한 법사실
▶ 행정행위의 효력발생요건 → 이미 성립된 행정행위가 다시 현실적으로 당사자(행정주체·행정객체)를 구속하는 효력을 발생하기 위하여 필요한 법사실

　행정행위가 유효하게 성립하기 위하여는 그 성립요건과 효력발생요건의 양자를 구비하여야 적법·유효하게 성립되는 것이고, 이러한 요건들을 구비하지 못할 경우에는 하자(위법 또는 부당)있는 행정행위로서「행정행위의 결효 또는 부존재」의 문제가 일어나게 된다.

### 1. 내부적 성립요건
　행정행위가 유효하게 성립하려면 주체, 내용, 절차, 형식의 모든 점에서 법정요건에 적합하고(적법), 또한 공익에 적합하게(타당) 행정기관 내부에서 의사가 결정되어야 한다.

#### 1.1. 주체에 관한 요건
##### 1.1.1. 정당한 권한을 가진 자의 행위일 것
　행정행위는 정당한 권한을 가진 행정청이 그 권한 내의 사항에 관하여 정상적인 의사에 따라서 행해져야 한다. (ㄱ) 공무원이 아닌 자, (ㄴ) 대리권없는 자, (ㄷ) 적법하게 구성되지 않은 합의체기관의 행위, 다른 기관의 필요적 협의를 거치지 아니한 행위는 적법하게 성립될 수 없다.

## 1.1.2. 권한내의 행위일 것

사항적 · 지역적 · 대인적 · 시간적인 면에서 권한 내의 행위이어야 한다.

## 1.1.3. 정상적인 의사에 기한 행위일 것

의사능력없는 행위, 또는 의사능력은 있어도 의사결정에 결함이 있는 행위(사기·강박·착오 등)는 행정행위로서 완전한 효력을 가지지 못한다.

[의사능력] 의사능력(Willensfähigkeit)이란 자기 행위의 의미나 결과를 판단할 수 있는 정상적인 정신능력을 말한다. 이러한 의사능력 유무의 판단은 '보통사람이 가지는 정상적인 판단능력'을 표준으로 한다. 대체로 10세 정도가 되면 의사능력이 갖추어지는 것으로 보는 것이나, 민법상에는 명확한 규정이 없으므로 구체적인 경우에 행위의 종류에 따라 행위자의 의사능력의 유무를 판단하는 수밖에 없다. 정신이상자·백치(白痴)·어린아이·만취자(滿醉者)·실신자(失神者) 등은, 의사능력이 없는 것으로 보는 것이 학설·판례의 입장이다. 근대법은 각 개인은 원칙적으로 자기의 의사에 따라서만 권리를 취득하고 의무를 부담한다는 '사적 자치(私的 自治)의 원칙'을 취하므로, 의사능력이 없는 자의 법률행위는 무효이다. 또한 '과실책임의 원칙'상 불법행위자가 그 행위의 책임을 변식(辨識)할 지능이 없는 때에는 그 배상책임이 없고, 감독의무자가 대신 책임을 진다(민법 제753-제755조).[1]

## 1.2. 내용(목적)에 관한 요건

실현가능성, 명확성, 합헌성(合憲性), 적법성(適法性), 타당성이 있어야 한다.

## 1.3. 절차에 관한 요건

행정행위의 절차라 함은 그 일련의 내부적 성립과정을 말한다. 특히 법령이 소정의 절차를 규정하고 있을 때에는 이를 빠짐없이 이행하여야 한다. 행정행위의 절차에는, 다음과 같은 것이 있다. (ㄱ) 협력을 요하는 쌍방적 행정행위에서의 상대편의 협력(신청·동의) 등을 거치는 절차, (ㄴ) 이해의 조정·이해관계인의 권익보호 등을 목적으로 하는「사전적 행정절차」, (ㄷ) 행정의 신중·공정을 도모하기 위하여 법령에서 규정된 행정기관 내부에서의 협의·심의·자문·의결·동의 등을 거치는「법정절차」등이 있다.

> ▶ 협력을 요하는 쌍방적 행정행위에서의 상대편의 협력(신청·동의) 등을 거치는 절차
> ▶ 이해의 조정·이해관계인의 권익보호 등을 목적으로 하는「사전적 행정절차」
> ▶ 행정의 신중·공정을 도모하기 위하여 법령에서 규정된 행정기관 내부에서의 협의·심의·자문·의결·동의 등을 거치는「법정절차」

---

[1] <두산백과사전 EnCyber & EnCyber.com.>

### 1.4. 형식에 관한 요건

행정행위에는 특별한 형식을 요하지 아니하는 것(불요식행위)이 많으나, 행정행위의 성립에 문서 기타 형식을 요구하는 요식행위인 경우에는 소정의 형식을 갖추어야 한다.[1]

### 2. 외부적 성립요건

행정행위는 행정결정의 외부에 대한 표시행위이므로 위의 내부적 성립요건을 갖추는 외에, 「외부에 표시」되어야 비로소 유효하게 성립하게 된다. 따라서, 행정기관 내부에 있어서의 의사결정(예: 의결기관의 의결)만 보았다던가, 내부적으로 행정행위를 표시하는 서면(예: 영업허가서)이 작성되었다는 것만으로는 행정행위는 아직 성립되었다고 할 수 없다.

### 3. 행정행위의 내부적 성립시기

행정업무의효율적운영에관한규정 제6조(문서의 성립및효력발생) 제1항(구사무관리규정 제8조 제1항)은 문서에 의한 행정행위는 「문서는 결재권자가 해당 문서에 서명(전자이미지서명, 전자문자서명 및 행정전자서명을 포함한다. 이하 같다)의 방식으로 결재함으로써 성립한다.」고하여 「결재시기」를 성립(내부적 성립)시기로 규정하고 있다.

▶행정업무의효율적운영에관한규정 제6조(문서의 성립및효력발생) ① 문서는 결재권자가 해당 문서에 서명(전자이미지서명, 전자문자서명 및 행정전자서명을 포함한다. 이하 같다)의 방식으로 결재함으로써 성립한다. ② 문서는 수신자에게 도달(전자문서의 경우는 수신자가 관리하거나 지정한 전자적 시스템 등에 입력되는 것을 말한다)됨으로써 효력을 발생한다. ③ 제2항에도 불구하고 공고문서는 그 문서에서 효력발생 시기를 구체적으로 밝히고 있지 않으면 그 고시 또는 공고 등이 있은 날부터 5일이 경과한 때에 효력이 발생한다.

## II. 행정행위의 효력발생요건

### 1. 개관

행정행위는 앞에서 본 행정행위의 성립요건을 모두 갖추게 되면 일단 유효하게 성립되며, 그것은 법령에 특별한 규정이 있거나, 또는 행정행위의 부관(附款)에 의한 특별한 제

---

1) 독일의 경우 행정행위의 형식요건에 관하여 명문화하고 있다(행정절차법 제37조 제2항 - 제4항 : VwVfG).

한이 있는 경우를 제외하고는 효력요건을 갖춤으로써 현실적으로 효력을 발생하게 된다. 그리고 일단 '성립'된 행정행위가 현실적으로 효력을 발생하기 위하여는 다음과 같은 요건이 필요하다.

## 2. 내용

### 2.1 상대방의 수령을 요하지 않는 행정행위

상대방의 수령을 요하지 않는 행정행위(불특정다수인에 대한 행정행위; 일반처분)는 위의 성립요건을 갖춤으로써 행정행위의 「성립과 동시」에 효력을 발생한다.

### 2.2 수령을 요하는 행정행위

#### 2.2.1 통지(고지)와 그 도달(수령)

수령을 요하는 행정행위(특정한 상대방에 대한 행정행위)에 있어서는, 상대방에의 통지(고지)와 그 통지의 도달(수령)이 효력발생요건으로 된다(판례동지).

▶수령을 요하는 행정행위 → 도달주의(判例同旨)

[전자문서의 경우] 행정업무의효율적운영에관한규정 제6조(문서의 성립및효력발생)도 문서는 수신자에게 도달(전자문서는 수신자의 컴퓨터 화일에 기록되는 것을 말한다)됨으로써 그 효력을 발생한다(동규정 제6조 제2항). 다만, 공고문서의 경우에는 공고문서에 특별한 규정이 있는 경우를 제외하고는 그 고시 또는 공고가 있은 후 5일이 경과한 날부터 효력을 발생한다(동규정 제6조 제3항)라고 하여 **도달주의를 채택하고 있다.**[1]

#### 2.2.2. 통지의 방법

수령을 요하는 행정행위의 통지는, (ㄱ)「송달」(수령가능한 경우) 또는, (ㄴ)「공고」(수령불능의 경우)의 방법에 의한다. 공고의 방법에 의한 고지의 경우, 법령에 특별한 규정이 있는 경우를 제외하고는(국세기본법 제11조 제1항),[2] 공고후 5일이 경과된 때에 상대방에게 도달된 것으로 되어 효력을 발생한다(행정업무의효율적운영에관한규정 제6조 제3항/구(舊)사무관리규정 제8조 제2항 단서)·요식행위인 경우에는 서면에 의하여 할 것이며, 그

---

[1] (구)사무관리규정 제8조 관련 판례(대판 2000. 9. 8, 99두11257 도시계획시설(공공공지)결정처분취소) : 고시 또는 공고에 의하여 행정처분을 하는 경우, 행정심판 청구기간의 기산일(= 고시 또는 공고의 효력발생일) ☞ **(구)사무관리규정/(현)행정업무의효율적운영에관한규정**

[2] 서류의 송달을 받아야 할 자가 다음 각호의 1에 해당하는 경우에는 서류의 요지를 공고한 날부터 14일이 경과함으로써 제8조의 규정에 의한 서류의 송달이 있은 것으로 본다[개정 1981.12.31, 1996.12.30, 1998.12.28]

이외의 경우에는 구술에 의하여도 무방하다.

### 2.2.3. 도달의 의미

도달은 상대방이 요지(了知)할 수 있는 객관적 상태에 두는 것으로 족하고(동거하는 가족에게 교부하는 것, 우편물의 배달 등), 반드시 상대방이 현실적으로 수령하여 요지할 것을 요하지 않는다.

### 2.2.4. 격지자(隔地者)에 대한 보통우편송달과 도달추정여부

판례는 종래에는 격지자에 대한 행정행위(예: 허가서)를 보통우편으로 발송한 경우 그 도달을 추정하였으나,[1] 대법원 전원합의체 판결에서 도달추정판결을 폐기하고 "통상우편의 방법에 의하여 발송된 결정통지서가 반송되지 않았다는 사실만 가지고 발송일로부터 일정한 기간 내에 필연코 원고들에 배달되었다고 추정할 수 없다."[2]고 하여 통상우편의 송달을 추정할 수 없다고 태도를 변경하였다.[3] 그리고 통상우편의 도달규정에 관한 명문규정을 둔 예로는 국세기본법 제12조 제1항에서 "제8조에 따라 송달하는 서류는 송달을 받아야 할 자에게 도달한 때로부터 효력이 발생한다. 다만, 전자송달의 경우에는 송달받을 자가 지정한 전자우편주소에 입력된 때(국세정보통신망에 저장하는 경우에는 저장된 때)에 그 송달을 받아야 할 자에게 도달된 것으로 본다."고 규정하고 있다.

> ▶ 국세기본법 제12조(송달의 효력발생) ① 제8조에 따라 송달하는 서류는 송달받아야 할 자에게 도달한 때부터 효력이 발생한다. 다만, 전자송달의 경우에는 송달받을 자가 지정한 전자우편주소에 입력된 때(국세정보통신망에 저장하는 경우에는 저장된 때)에 그 송달을 받아야 할 자에게 도달한 것으로 본다. [전문개정 2010.1.1.]

[공시송달] 표의자가 과실 없이 상대방이 누구인지 알지 못하거나, 상대방이 있는 곳을 알지 못하는 경우에는 공시송달(公示送達)에 의할 수 있다(민법 제113조[의사표시의 공시송달] 표의자가 과실없이 상대방을 알지 못하거나 상대방의 소재를 알지 못하는 경우에는

---

1) 대판 1968. 3. 19, 67누21 【행정행위취소】
2) 대판 1977. 2. 22, 76누265 【대일민간청구권수리신고등수리거부처분취소】
3) 대판 1977. 2. 22, 76누265 【대일민간청구권수리신고등수리거부처분취소】 통상우편의 방법에 의하여 발송된 결정통지서가 반송되지 않았다는 사실만 가지고 발송일로부터 일정한 기간 내에 필연코 원고들에 배달되었다고 추정할 수 없다. 대판 1990. 10. 23, 90누3393 【상속세등부과처분취소】 [1] 국외에 거주하는 만 15세의 미성년자에게 후견인이 선임되어 있더라도 미성년자 본인에 대한 상속세납세고지서 송달이 적법하다고 본 사례 [2] 미국에 있는 납세의무자의 주소지로 보낸 납세고지서를 미국의 우체국이 전달하지 못하고 'Unclaimed'라는 사유를 붙여 반송한 경우 그 납세고지서에 대한 공시송달의 적부(적극)

의사표시는 민사소송법 공시송달의 규정에 의하여 송달할 수 있다.). 공시의 방법은 민사소송법의 공시송달의 규정에 의한다. 서류를 송달받아야 할 자가, (ㄱ) 주소 또는 영업소가 국외에 있고 송달하기 곤란한 경우, (ㄴ) 주소 또는 영업소가 분명하지 아니한 경우, (ㄷ) 제10조제4항에서 규정한 자가 송달할 장소에 없는 경우로서 등기우편으로 송달하였으나 수취인 부재로 반송되는 경우 등 대통령령으로 정하는 경우에는 서류의 주요 내용을 공고한 날부터 14일이 지나면 제8조에 따른 서류 송달이 된 것으로 본다(국세기본법 제11조 제1항).

▶국세기본법 제11조 (공시송달) ① 서류를 송달받아야 할 자가 다음 각 호의 어느 하나에 해당하는 경우에는 서류의 주요 내용을 공고한 날부터 14일이 지나면 제8조에 따른 서류 송달이 된 것으로 본다.
  1. 주소 또는 영업소가 국외에 있고 송달하기 곤란한 경우
  2. 주소 또는 영업소가 분명하지 아니한 경우
  3. 제10조제4항에서 규정한 자가 송달할 장소에 없는 경우로서 등기우편으로 송달하였으나 수취인 부재로 반송되는 경우 등 대통령령으로 정하는 경우
② 제1항에 따른 공고는 다음 각 호의 어느 하나에 게시하거나 게재하여야 한다. 이 경우 국세정보통신망을 이용하여 공시송달을 할 때에는 다른 공시송달 방법과 함께 하여야 한다. <개정 2013.1.1.>
  1. 국세정보통신망
  2. 세무서의 게시판이나 그 밖의 적절한 장소
  3. 해당 서류의 송달 장소를 관할하는 특별자치시·특별자치도·시·군·구(자치구를 말한다. 이하 같다)의 홈페이지, 게시판이나 그 밖의 적절한 장소
  4. 관보 또는 일간신문

### 2.2.5. 공고와 효력발생

만약 '상대방이 수령을 거절하거나 수령할 수 없는 경우' 또는 '상대방의 주소나 거소가 불분명한 경우'에는 송달이 불가능하므로 「공고」(관보·공보·신문지에의 게재 또는 게시판에의 게시 등)의 방법에 의한다. 통지를 공고의 방법으로 한 때에는 공고가 있은 후 5일이 경과한 날로부터 효력이 발생한다(행정업무의효율적운영에관한규정 제6조 제3항/구 사무관리규정 제8조 제2항 단서).

## 3. 부관부(附款附) 행정행위

정지조건부 행정행위(Verwaltungsakt der aufschiebenden Bedingung)는 조건이 성취된 때로부터 효력이 발생하고, 시기부(始期附) 행정행위는 기한이 도래된 때로부터 효력

이 발생한다.

### 4. 법정효력발생요건
귀화허가는 관보에 고시되어야, 광업허가는 등록되어야 효력을 발생한다.

### 5. 요건불비(要件不備) - 흠(하자)의 효과
#### 5.1. 행정행위의 무효·취소
위의 성립요건 또는 발효요건을 구비하지 못한 행정행위를 「하자있는 행정행위」라고 한다. 하자(瑕疵)있는 행정행위는 위법행위(법정요건을 결여한 행위)와 부당행위(공익위반행위)로 나눌 수 있고, 그 효과로서 당연히 무효로 되거나 또는 취소할 수 있게 된다.

「瑕疵있는 행정행위」
- 위법행위(법정요건을 결여한 행위)  ☞ **행정소송의 대상**
- 부당행위(공익위반행위)  ☞ **행정심판의 대상**

#### 5.2. 행정행위의 부존재
특히 법이 정하는 행정행위의 성립요건을 중요한 요소를 완전히 결여함으로써 외관상으로도 행정행위라고 할만한 행위가 '존재'하지 아니하는 경우에는 행정행위는 무효라기보다도 「부성립」 내지 「부존재」가 된다.

# 제 8 절  행정행위의 효력

행정행위의 효력(Wirksamkeit)이란, 성립요건 및 효력요건을 모두 갖추었을 경우에 행정행위로서 유효한 일반적 효력을 갖는 것을 의미한다.

▶ 공정력 · 불가쟁력 → 행위의 존재 자체에 기한 효력
▶ 구속력 · 불가변력 · 집행력 → 행위의 내용적 효력


## I. 구속력(기속력 : Verbindlichkeit)

### 1. 의의
행정행위가 성립요건 및 효력요건을 구비하면, 혹은 효과의사의 내용에 따라(법률행위적 행정행위의 경우), 혹은 법령이 규정하는 바에 따라(준법률행위적 행정행위의 경우), 일정한 법률적 효과를 발생하여 그 효과를 받는 자(당사자 = 행정주체 · 행정객체 · 관계인)를 구속하는 힘을 가지게 되는데, 이것은 행정행위의 「구속력」이라 한다. ※성립요건 + 효력발생요건 = 법률적 효과발생 → 구속력의 발생(행정청 · 관계인) ; ※「관계인」: 행정행위의 상대방의 승계인(예 : 공유수면사용 · 점유허가를 받은자의 상속인) · 그 이해관계인

### 2. 특징
구속력은 행정행위의 다른 효력과는 달리 모든 행정행위에 당연히 내포되는 불가결한 기본적인 효력이며, 공통효이다. 따라서 보통 행정행위의 효력이라고 할 때에는 일반적으로 행정행위의 구속력만을 의미한다. 구속력은 「실체적 효력」이며, 이는 법령 또는 부관에 의하여 그 법률효과의 발생이 불확정 상태에 있는 경우를 제외하고는 행정행위의 성립과 동시에 발생함이 보통이다.

「행정행위의 효력」
　　구속력을 의미 → 구속력은 「실체적 효력」
　　행정행위의 성립과 동시에 발생(법령 또는 부관에 의하여 그 법률효과의 발생이 불확정 상태에 있는 경우를 제외)

### 3. 효력범위
구속력은 행정주체, 행정객체, 관계인에게 미친다.

## II. 공정력(예선적 효력)

### 1. 의의

행정행위의 공정력이라 함은 행정행위가 비록 그 성립에 흠(瑕疵)이 있을지라도, 명백하고도 중대하여 당연무효의 경우를 제외하고는 일응 적법·유효하다는 추정을 받으며, 권한있는 기관(처분청·감독청·법원)이 직권 또는 쟁송절차를 거쳐 취소하기 전에는 누구라도(상대편·제3자·국가기관 막론) 이에 '구속'되고, 그 효력을 부정하지 못하는, 사법행위나 관리행위에는 인정되지 않는 특별한 우월한 힘(구속력의 통용력)을 공정력이라 한다. 행정행위의 공정력이라는 개념에는 많은 비판이 따르고 있으며,[1] 학설의 일반적 경향은 공정력과 예선적 효력을 같은 의미로 보고 있다.

「공정력」
- 행정행위가 비록 그 성립에 흠(瑕疵)이 있을지라도, 명백하고도 중대하여 당연무효의 경우를 제외하고는 일응 적법·유효하다는 추정을 받음
→ (따라서) 권한있는 기관(처분청·감독청·법원)이 직권 또는 쟁송절차를 거쳐 취소하기 전에는 누구라도(상대편·제3자·국가기관 막론) 이에 '구속'

예를 들면 조세부과처분이 일단 행해지면, 비록 그것이 위법하더라도 상대방인 국민은 그 처분의 공정력 때문에 그 구속력에 복종하지 아니할 수 없고, 따라서 소정의 쟁송절차를 거쳐 그 처분이 취소될 때까지는 일단 납세의무를 이행하여야 하며, 이행하지 아니하는 경우에는 조세체납처분을 면할 수 없게 되는 것이다. 그리고 그 취소를 구하는 행정상 쟁송을 제기한다고하여 바로 처분의 집행이 정지되지 않는다.

※조세부과처분 → 비록 그것이 위법하더라도 상대방인 국민은 그 처분의 공정력 때문에 그 구속력에 복종해야, (따라서) 소정의 쟁송절차를 거쳐 그 처분이 취소될 때까지는 일단 납세의무를 이행하여야(이행하지 아니하는 경우에는 조세체납처분)

[공정력과 구성요건적 효력] 독일에서는 행정행위가 사인(상대방 및 이해관계인)에 대하여 구속력이 있는 것으로 통용되는 힘을 「하자로부터 독립된 법적 실효성」(fehlerunabhängige Rechtswirksamkeit) 또는 「원칙적 구속성」(grundsätzliche Verbindlichkeit)이라 하고,[2] 다른 국가기관(처분청 이외의 행정청, 당해 행정행위에 대한 취소소송의 수소법원 이외의 법원)에 대하여 구속력이 있는 것으로 통용되는 힘을 구성요건적 효력(Tatbestandswirkung)이라고 한다.[3] 우리나라 통설은 전통적으로 두 가지 효력을 합쳐 공정력이라고 부른다. 우리 학자 중에도 「행정행위의 직접상대방(또는 이해관계인)에 대한 구속력과 제3의 국가기관(처분청과

---

1) 서원우, 행정행위의 공정력개념의 재검토, 월간고시(1986.9), 12면 이하.
2) H. Maurer, Allgemeines Verwaltungsrecht, 9. Aufl., 1994, S. 154.
3) F. Ossenbühl, Die Handlungsformen der Verwaltung, JuS 1979, S. 683.

재결청 이외의 행정기관 및 처분의 취소소송수소법원 이외의 법원)에 대한 구속력은 그 근거와 내용을 달리하므로 각각 분리하여 고찰함이 타당하다」하여 전자만을 공정력이라 하고 후자는 구성요건적 효력이라 하여 구분하는 견해도 있다.[1]

[공정력과 구성요건적 효력을 구분하는 견해] 공정력은 법정책적으로 법적 안정성을 위하여 실정법상 인정되는 것으로 현행법이 행정처분에 대한 취소쟁송제도 등을 규정하고 있는 것을 근거로 하는 데 대하여, 구성요건적 효력은 국가기관은 각기 권한과 관할을 달리하므로 서로 다른 기관의 권한행사를 존중해야 한다는 것에 근거하고 있다는 것을 이유로 하여, 우리 학자 중에도「행정행위의 직접상대방(또는 이해관계인)에 대한 구속력과 제3의 국가기관(처분청과 재결청 이외의 행정기관 및 처분의 취소소송수소법원 이외의 법원)에 대한 구속력은 그 근거와 내용을 달리하므로 각각 분리하여 고찰함이 타당하다」하여 전자만을 공정력이라 하고 후자는 구성요건적 효력이라 하여 구분하는 견해도 있다.[2] 그리고 학자에 따라서는 이를 새로운 견해라고 부르기도 한다.[3] 그러나 다음에서 보는바와같이 이 견해에서 드는 구성요건적 효력의 근거 및 내용은 실질적으로는 공정력의 근거 및 내용과 다르지 않다(김도창).

[구성요건적 효력의 이론적 근거] 구성요건적 효력의 이론적 근거는 공정력의 경우와 마찬가지로 행정목적의 효율적 수행·법적 안정성·신뢰보호라는 측면에서 구할 수 있으며, 또한 실정법적 근거도 이 견해에서는 국가기관은 각기 권한과 관할을 달리하므로 서로 다른 기관의 권한행사를 존중하여야 한다는 것에서 구한다. 이 경우에 국가기관의 권한과 관할은 바로 행정쟁송관계법, 즉 행정심판법과 행정소송법이 정하고 있으며, 이들 법률은 비록 행정행위가 위법하더라도 행정심판의 재결청, 취소소송의 수소법원이 아니면 그것을 취소할 수 없도록 정하고 있기 때문에 하자 있는 행정행위라도 구성요건적 효력을 갖는다고 할 것이므로 구성요건적 효력의 근거도 공정력의 근거나 마찬가지로 행정쟁송관계법이라고 할 것이다. (구성요건적 효력의 내용): 구성요건적 효력의 내용은 다른 행정기관 또는 법원이 당해 행정행위와 관련 있는 자기들의 결정을 함에 있어 그 행위의 존재와 법적 효과를 인정하고 자기들 결정의 구성요건요소로 삼아야 한다고 한다. 생각건대 이러한 견해는 비록 하자 있는 행정행위라도 일응 구속력이 있는 것으로 통용되는 힘을 갖는다는 것을 의미하며, 따라서 내용에 있어서도 공정력의 내용과 다르지 않다.

---

1) 김남진; 홍정선, 행정법원론(상), 단락번호 1067 이하.
2) 김남진·김연태, 행정법(I), 86면; 홍정선, 행정법원론(상), 단락번호 1067.
3) 예컨대 천병태·김명진, 행정법총론, 삼영사, 2007, 279면.

## 2. 공정력과 구속력의 관계

구속력과 공정력과의 관계에 대하여서는, 공정력은 구속력이 있는 것으로 통용되는 힘이라고 하여 양자를 구별하는 것이 일반적 견해이나, 공정력 중에 구속력을 포함시키는 견해도 있다. 실체법상의 효과인 구속력은 행정행위가 법정의 요건을 갖추면 논리상 당연히 생기는 것인데, 공정력은 법정의 요건을 갖추지 아니한 경우에도 인정되는 행정청의 통용력이다. 따라서 양자는 구별하여야 한다.[1] 구속력은 행정행위가 법정요건을 구비하면 논리상 당연히 발생하는 「실체법상의 효력」을 말하며, 효력범위는 당사자 사이(행정주체·행정객체·관계인)에서만 발생한다. 공정력은 법정의 요건을 갖추지 아니한 경우에도 절차법상의 요건을 구비한 경우와 같이, 구속력을 잠정적·사실적으로 통용시키는 효력을 말하며, 구속력의 통용력(구속력이 있다는 승인을 요구하는 힘)을 의미 하므로 구속력의 존재는 공정력의 전제조건이 된다. 효력범위는 당사자 사이에서는 물론 다른 모든 자(특히 다른 행정기관·법원·제3자)에 대하여도 발생한다.

▶구속력 → (ㄱ) 행정행위가 법정요건을 구비하면 논리상 당연히 발생하는 「실체법상의 효력」, (ㄴ) 효력범위 → 당사자 사이(행정주체·행정객체·관계인)에서만 발생

▶공정력 → (ㄱ) 법정의 요건을 갖추지 아니한 경우에도 절차법상의 요건을 구비한 경우와 같이, 구속력을 잠정적·사실적으로 통용시키는 효력, (ㄴ) 구속력의 통용력(구속력이 있다는 승인을 요구하는 힘)을 의미 하므로 구속력의 존재는 공정력의 전제조건이 된다. (ㄷ) 효력범위 → 당사자 사이에서는 물론 다른 모든 자(특히 다른 행정기관·법원·제3자)에 대하여도 발생

구속력과 공정력의 비교

| 구분 | 구 속 력 | 공 정 력 |
|---|---|---|
| 내용 | 법적 효과를 발생시키는 힘 | 구속력을 승인시키는 힘 |
| 요건 | 요건구비시만 발생 | 요건불비시에도 발생 |
| 성질 | 실체법적 효력 | 절차법적 효력 |
| 효력범위 | 당사자(행정주체·행정객체·관계인) | 당사자·타행정기관·법원·제3자 |
| 관계 | 공정력의 전제조건 | 구속력의 통용력 |

<김세웅, 최신행정법, 박문각, 1994, 327면>

---

1) 박윤흔, 행정법강의(상), 127면 각주 1) 참조.

## 3. 본질

### 3.1. 자기확인설

「오토 마이어」에 의하여 확립된 자기확인설(Selbstbezeugungstheorie)에 의하면 행정행위는 본질적으로 재판판결과 유사하며, 따라서 행정청이 그 일반적 권한 내에서 행정행위를 행하였으면 그 적법요건을 갖춘 것도 동시에 확인되어 적법성의 추정(Vermutung der Rechtmäßigkeit)을 받으며, 상대방과 제3자를 구속하는 힘을 가진다고 한다. 따라서 공정력의 본질은 실체법상의 「적법성의 추정력」으로 본다. 이 견해가 과거 독일·일본과 우리나라에서의 전통적인 견해였다.[1]

### 3.2. 절차법적 공정력설

제2차 세계대전 후 독일·일본과 우리나라에서 법치주의의 입장에서 위의 실체법상의 적법성추정력설에 대한 다양한 비판 위에 새로운 이론구성이 모색되었는바, 그것이 절차법적 공정력설이다. 독일에서는 행정절차법의 제정에 따른 절차법적 사고의 영향을 받았다고 볼 수 있는 것으로,[2] 이 견해는 공정력은 행정행위가 실체법상 요건을 갖춘 것으로 추정되기 때문에 갖는 효력이 아니고 절차법상 행정청의 결정에 잠정적인 통용력을 인정한 것에 지나지 않는다고 한다. 이 견해에 의하면 행정행위의 내재적 효력으로서의 공정력을 부인하고, 공정력은 행정행위에 본래 내재하여 있어 위법한 행정행위에 대하여도 법적 효과를 부여하는 힘이라 할 수 있는 「실체적」인 것이 아니고, 실정법상 마련되어 있는 행정상 쟁송제도의 반사적 효과에 지나지 아니한다고 한다. 행정행위는 비록 그것이 위법·부당하더라도 상대방은 행정심판이나 항고소송을 제기하여 그 취소를 청구할 수밖에 없으며, 이러한 행정심판이나 항고소송을 제기받은 국가기관만이 그 효력의 유무를 유권적으로 판단할 수 있다(취소제도의 배타성). 따라서 그러한 판단이 있기까지는 적법한 행정행위와 마찬가지로 통용력을 갖게 되는 것이다.[3]

## 4. 공정력의 근거

### 4.1. 개관

행정행위의 공정력은 (실정법 이전에) 그것이 초자연적·선험적(先驗的[a priori])으로

---

[1] 박윤흔, 행정법강의(상), 126면.
[2] 독일행정절차법은 「행정행위는 취소·철회 기타의 방법으로 폐기되거나 시일의 경과 기타의 방법으로 소멸되지 아니한 한 유효한 것으로 존속한다(bleibt wirksam)」고 규정하고 있다(제43조 제2항).
[3] 박윤흔, 행정법강의(상), 127면.

인정되는 것이 아니라 실정법의 근거에 의하여 인정된다. 현행법상 공정력을 직접적으로 인정하는 규정은 없으나, 이는 행정행위에 대한 취소쟁송제도의 반사적 효과에 의해 인정되는 것이므로, 취소쟁송에 관한 관계규정은 그의 실정법적 근거가 된다(예를 들면 행정심판법[제3조 제1항, 제13조]·행정소송법[제12조, 제35조, 제36조]등이 그것이다).

「행정행위의 공정력」
- ▶ 초자연적·선험적으로 인정되는 것이 아님
- ▶ 실정법적 근거에 의하여 인정
  - · 법치행정의 원리
  - · 법률유보의 원칙

### 4.2. 이론적 근거

#### 4.2.1. 개관

공정력의 이론적 근거에 관하여는 자기확인설(판결유사설), 국가권위설, 행정정책설, 예선적(先決的·사전적) 특권설(효력설), 귀속설 등이 있다.

#### 4.2.2. 학설

a) 자기확인설(판결유사설)

자기확인설(Selbstbezeugungstheorie)은 독일의 오토 마이어(Otto Mayer)에 의하여 주장된 이론이다. 행정행위는 재판의 판결과 본질적으로 유사하며, 따라서 그 자체로서 권위를 가지며, 그 적법성이 추정된다는 견해로서,[1] 행정청이 그 일반적 권한 내에서 행정행위를 행하였으면 그 적법요건을 갖춘 것도 동시에 확인한 것이며, 그 확인이 상대방과 제3자를 구속하는 힘을 가진다는 것이다. 즉, 자기확인설에 의하면 행정행위가 일단 외부에 발동될 때에는 동시에 행정행위의 「적법성의 확인」을 포함하고 있다고 전제하고, 그 적법성에 대하여 권한 있는 기관이 그 행정행위를 재심사하여 위법으로 선언하지 아니하는 이상, 행정행위는 계속하여 유효한 것으로 존재한다는 것이다. 따라서 행정행위의 유효성은 행정청에 의하여 스스로 확인되는 것이고, 확인은 상대방 등을 구속하는 힘을 가지며, 당해 행정청이 그 스스로의 확인을 유지하는 한 행정행위는 유효한 것으로 인정된다는 것이다. 행정권의 독자성·자기완결성에 그 근거를 구하는 것으로, 外見的 입헌군주정 아래서의 행정권의 특수한 지위를 유지하기 위한 정치적 이데올로기의 산물이다.

【자기확인설】
- ▶ 오토 마이어(Otto Mayer)
- ▶ 행정행위가 일단 외부에 발동될 때에는 동시에 「적법성의 확인」을 포함

---

[1] 장태주, 행정행위의 공정력과 취소판결의 소급효와의 충돌, 고시계(2004.7), 97면.

→ (따라서) 그 적법성에 대하여 권한 있는 기관이 행정행위를 재심사하여 위법으로 선언하지 아니하는 이상, 행정행위는 계속 존재

[비판] 자기확인설에 대하여는 행정행위와 판결의 목적·주체·절차 등의 차이를 과소평가하고, 양자의 유사성을 과대평가하여 그 결과 행정권에게 부당하게 강한 우월성을 인정한 것으로, 적합성의 유권적 인정이 법원의 임무로 되어 있는 오늘날의 헌법체계에 적합하지 않다는 비판이 있다.[1] 자기확인설은 행정만능사상에 입각한 자기정당성에 근거를 둔 것으로 행정의사의 자기확인이 언제나 정당하고 오류가 없다는 것을 보장할 수 없다.

### b) 국가권위설

[의의] 국가권위설은 오토 마이어의 자기확인설을 계승·발전시킨 에른스트 포르스트호프(Ernst Forsthoff)의 이론이다.[2] 행정행위는 법에 적합한 것인지 하자를 띠고 있는지에 관계없이 어떠한 경우에도 국가권위의 표현(eine Bekundung der Staatsautorität)이며, 그 자체로 존중받을 권리(Anspruch auf Beachtung)이자 통치권의 작용이므로, 심지어 위법한 경우에도 이에 복종할 것을 요구한다고 주장한다.[3]

[비판] 국가의 행위가 설령 위법한 경우에도 통용시켜야 한다고 주장하는 것은 행정제도국가적 전통의 산물 내지는 관권편중(官權偏重)의 낡은 이론이라는 비판이 가해지고 있다.

### c) 행정정책설(법적 안정설)

행정정책설은 공정력의 근거를 행정행위 그 자체에 내재하는 특수성·우월성에서가 아니고, 항고소송에 의해 행정행위의 하자를 제거하기 전까지는 행정행위의 상대방이나 제3자의 신뢰보호·행정법관계의 안정성·질서유지 또는 행정의 원활한 운영이라고 하는 정책적 이유에서 구하는 이론으로서(서원우),[4] 행정청의 결정에 잠정적 통용력을 부여하는 것이 공정력이라는 견해이다. ※「행정정책설」: 행정행위의 상대방이나 제3자의 신뢰보호·행정법관계의 안정성·질서유지 또는 행정의 원활한 운영이라고 하는 정책목표의 달성 ⇨ **타당하다**

---

1) 장태주, 행정행위의 공정력과 취소판결의 소급효와의 충돌, 고시계(2004.7), 97면.
2) E. Forsthoff, Lehrbuch des Verwaltungsrechts, 10. Aufl., 1973, S. 185.
3) E. Forsthoff, Lehrbuch des Verwaltungsrecht, 10. Aufl., 9. 1973, S. 185.
4) 김남진·김연태, 행정법(I), 274면; 장태주, 행정행위의 공정력과 취소판결의 소급효와의 충돌, 고시계(2004.7), 97면.

d) 예선적(선결적·사전적) 특권설(효력설)

예선적 특권설(효력설)은 프랑스 행정법에서 말하는 예선적 특권(privilége du préalable)개념을 도입한 것으로서,[1] 프랑스의 학자 오오류(Hauriou)의 주장이다. 그에 의하면「행정의 예선적 특권」이란, 행정결정은 (ㄱ) 사후 불복신청은 별문제로 하고라도 우선은 당장에 복종되어야 한다는 것, (ㄴ) 원칙적으로 모든 행정결정은 집행력을 가지고 있다는 것, (ㄷ) 행정권은 법률행위에 의하여 자기의 권리를 스스로 결정하고 그 권리를 (미리 법원에 청구함이 없이) 스스로 집행할 수 있는 특권을 가진다는 것, (ㄹ) 이러한 예선적 집행에 의하여 침해를 받은 관계인의 불복신청은 그 집행을 저지시키지 못한다는 것, (ㅁ) 예선적 특권이란 행정행위에 대하여 법원의 적법·위법의 판정이 있기 전에 미리 행정청에게 자신의 행정결정에 대한 정당한 통용력을 인정하는 것을 말한다.[2]

【예선적 특권설】
▶ 행정결정은 사후 불복신청은 별문제로 하고라도 우선은 당장에 복종되어야
▶ 원칙적으로 모든 행정결정은 집행력을 가지고 있다
▶ 행정권은 법률행위에 의하여 자기의 권리를 스스로 결정하고 그 권리를 스스로 집행
▶ 예선적 특권이란 행정행위에 대하여 법원의 적법·위법의 판정이 있기 전에 미리 행정청에게 자신의 행정결정에 대한 정당한 통용력을 인정하는 것

프랑스에서 독일이나 우리나라의 공정력에 해당하는 관념은 행정의「예선적 특권」(선결적 특권; privilége du préalable)이다. 상기한 바와 같이 예선적 특권이란 행정권 이 행정재판소에 의한 적합성에 대한 심사가 있기까지는 이에 선행하여 행정결정(집행적 결정)에 의하여 스스로 법률관계를 형성하고 그에 따른 의무를 집행할 수 있는 특권을 말하는 것으로서, 예선적 특권은 행정권의 권위성·우월성이 아니고,「공공역무의 계속성·안정성」의 보장이라는 정책적 고려에 기초를 두고 있다는 점에서 행정정책설의 입장에 선 것이다(한 견우).

e) 귀속설

국가행위는 법규를 통한 작용으로서, 법규에 의해 국가에 귀속되므로 법규에 위반한 행위는 무효가 되어 구속하는 힘이 없다고 한다. 따라서 국가행위가 법규와 연결없이 국가의 행위로 유효하다 함은 부당하다고 하여 공정력을 '부인'하는 켈젠(Hans Kelsen)의 이론이다.

---

[1] 장태주, 행정행위의 공정력과 취소판결의 소급효와의 충돌, 고시계(2004.7), 97면.
[2] 장태주, 행정행위의 공정력과 취소판결의 소급효와의 충돌, 고시계(2004.7), 97면.

f) 사견

생각건대 공정력을 인정할 이론적 근거는 행정행위의 본질로부터 구할 수는 없고 행정상쟁송제도가 채택되고 있는 취지에서 구하여야 할 것이다. 따라서 행정목적의 효율적 수행·법적 안정성·신뢰보호라는 기술적·정책적인 측면에서 구하여야 한다. 즉, 행정행위는 사인의 의사표시(Erklärung)와는 달리 행정권의 담당자인 행정청에 의하여 법집행작용으로 행하여지며 그 권위는 법률 그 자체에서 유래한다. 따라서 수익적 행정행위에 의하여 직접적으로 이익을 받은 상대방은 물론이고 침해적 행정행위에 의하여 간접적으로 이익을 받은 일반공중의 행정행위에 대한 신뢰는 크게 보호될 필요가 있다. 법치주의는 행정이 법에 구속되는 것만을 요청하는 것이 아니고, 행정에 대한 신뢰보호의 원칙도 또한 그 내용의 하나라 하겠다. 이런 의미에서 공정력은 법치주의의 요청 그 자체에 그 실질적 근거를 구할 수 있다.[1] 결론적으로 오늘날 자유민주주의 법치국가에서 국가권위적 사고는 인정될 수 없으며, 행정법 관계의 안정성과 행정작용의 원활한 운용을 위해 잠정적으로 통용력을 부여한 것으로 보는 법적 안정설이 타당하다. 공정력의 규정을 명문화한 독일연방행정절차법 제43조에 대해서도 그 헌법적 근거로 법치국가의 한 구성축인 법적 안정성(Rechtssicherheit)에서 오는 당연한 결과라고 본다.[2]

### 4.3. 실정법적 근거
#### 4.3.1. 우리나라의 경우

현행법상 행정행위의 공정력을 명시적으로 규정한 법률은 없고, '간접적'으로 그 존재를 추측케 하는 규정은 있다. 이러한 규정들은 행정행위가 비록 하자가 있더라도 이러한 특수절차를 통하여 취소될 때까지는 유효한 것으로 통용됨을 의미한다. 「간접적으로 행정행위의 공정력의 존재를 추측하게 하는 실정법적 근거」는 다음과 같다. (ㄱ) 행정심판법(제3조 제1항, 제13조)·행정소송법(제12조·제35조·제36조)에서 행정처분에 대하여 개괄주의적으로 행정심판·행정소송제도를 인정한 점, (ㄴ) 행정심판법과 행정소송법상의 취소심판 또는 취소소송제도(행심법 제5조, 행소법 제9조)를 두고 있는 것, (ㄷ) 위법처분에 대한 행정쟁송의 제기를 개인측에서 하게 한 것, (ㄹ) 취소쟁송이 제기되어도 행정행위의 효력이 그대로 유지하게 한 집행부정지 원칙(행심법 제30조 제1항, 행소법 제23조 제1항)을 적용하는 것,[3] (ㅁ) 기타 개별법령상의 행정감독권에 의한 직권취소제도, (ㅂ) 행정상의 자력집행제

---

[1] 同旨, 박윤흔, 행정법강의(상), 128면.
[2] Stelkens/Bonk/Sachs, Verwaltungsverfahrensgestz, § 43 Rn. 8 ff.
[3] 그러나 집행부정지에 관한 내용은 각국의 입법정책에 따라 인정여부가 결정된 것으로행정행위의 공정력과 관계가 없다는 것이 일반적인 견해이다(장태주, 행정행위의 공정력과 취소

도 등이다.

「간접적으로 행정행위의 공정력의 존재를 추측하게 하는 실정법적 근거」
  ▶ 행정심판법(제3조 제1항, 제13조)·행정소송법(제12조·제35조·제36조) → 하자있는 행정처분에 대하여 개괄주의적으로 행정심판·행정소송제도를 인정한 점
  ▶ 행정심판법과 행정소송법상의 취소심판 또는 취소소송제도(행심법 제5조, 행소법 제9조),
  ▶ 위법처분에 대한 행정쟁송의 제기를 개인측에서 하게 한 것
  ▶ 취소쟁송이 제기되어도 행정행위의 효력이 그대로 유지하게 한 집행부정지 원칙(행심법 제30조 제1항, 행소법 제23조 제1항)
  ▶ 기타 개별법령상의 행정감독권에 의한 직권취소제도
  ▶ 행정상의 자력집행제도 등

### 4.3.2. 독일의 경우

독일에서는 과거 권위주의적 국가시대의 권력적 기초에 근거하여 행정행위의 공정력이 인정된 이후, 이러한 전통에 따라 독일연방행정절차법에서는 행정행위의 공정력에 관한 명문의 규정을 두고 있다. 제2절 행정행위의 존속력 편(Abschnitt 2 Bestandskraft des Verwaltungsaktes), 제43조(행정행위의 효력[Wirksamkeit des Verwaltungsaktes]) 제2항에서 "행정행위가 직권취소(Rüknahme/zurückgenommen), 철회(Widerruf/widerrufen) 또는 다른 방법으로 폐지(anderweitige Aufhebung)되거나, 시간의 만료(Zeitablauf) 또는 다른 방법으로 실효(Erledigung)되지 않는 한 효력을 지속한다."[1])고 규정하고 있다. 동조의 해석과 관련하여 「다른 방법으로의 폐지」에는 동법 제51조(절차의 재개: Wiederaufgreifen des Verfahrens)[2])에 의한 행정절차의 재개, 행정법원법상의 전심절차와 법원의 판결이 이

---

판결의 소급효와의 충돌, 고시계(2004.7), 98면).

1) 독일연방행정절차법 제43조 제2항: Ein Verwaltungsakt bleibt wirksam, solange und soweit er nicht zurückgenommen, widerrufen, anderweitig aufgehoben oder durch Zeitablauf oder auf andere Weise erledigt ist.

2) 독일연방행정절차법 제51조(절차의 재개: Wiederaufgreifen des Verfahrens ) ① Die Behörde hat auf Antrag des Betroffenen über die Aufhebung oder Änderung eines unanfechtbaren Verwaltungsaktes zu entscheiden(행정청은 다음 각호의 1에 해당하는 경우에는 이해관계인의 신청에 따라 불가쟁력이 발생한 행정행위의 취소 또는 변경에 관하여 결정하여야 한다), 1. sich die dem Verwaltungsakt zugrunde liegende Sach- oder Rechtslage nachträglich zugunsten des Betroffenen geändert hat(행정행위의 근거가 되는 실체적 또는 법적 상황을 사후에 이해관계인에게 유리하게 변경한 경우); 2. neue Beweismittel vorliegen, die eine dem Betroffenen günstigere Entscheidung herbeigeführt haben würden(당사자에게 유리한 결정을 초래할 수 있

에 속하는 것으로 보고 있다.1) 따라서 행정행위가 단순위법의 하자(瑕疵)가 있는 경우, 일단 적법성의 추정을 받으며 이에 대하여 상대방이 이의를 제기하여 행정심판 기관이나 법원에 소송을 제기하여 행정청의 재결이나 법원의 판결을 받아야하고 이러한 결정이 있기 전까지는 일단 그 효력이 지속된다는 취지로 해석된다. 독일에서는 이와같이 실체적 공정력을 인정하고 있다. 프랑스법에서도 이와같은 적법성 추정의 법리가 예선적 특권에 의해 인정된다.2)

### 5. 공정력의 효과

#### 5.1. 개관

행정행위의 공정력은 행정행위의 유효성을 잠정적으로 추정하여 그 집행을 지속시키고(유효성 추정·집행지속), 구속력이 있는 것으로 사실상 통용시키는(구속력의 통용) 측면에서 그 효과가 나타난다.

[공정력과 구성요건적 효력] 구성요건적 효력(Tatbestandswirkung)3)은 유효한 행정행위가 존재하는 이상, '국가기관'은 그의 존재를 존중하며 스스로의 판단의 기초 내지는 구성요건으로 삼아야 하는 효력이며, 이를 공정력과 구별하여 구성요건적 효력(Tatbestandswirkung)이라고 설명하는 견해이다(다른 국가기관에 대한 구속력).4) 구성요건적 효력의 근거는 권한과 관할을 달리하는 국가기관은 서로 타기관의 권한을 존중하며, 침해해서는 안된다는데 있다. 구성요건적 효력은 '선결문제와 관련하여' 특히 중요한 의미를 갖는다고 한다.5) 그러나 다수설은 공정력과 구성요건적 효력을 구별하지 않는다.

#### 5.2. 효과

##### 5.2.1. 적극적 효과

공정력이 있는 결과 행정행위가 위법하더라도 권한이 있는 기관에 의하여 취소되지 않는 한, 유효한 것으로 추정되어 그에 따른 법률관계가 형성된다.

---

는 새로운 증거가 존재하는 경우); 3. Wiederaufnahmegründe entsprechend § 580 der Zivilprozessordnung gegeben sind(민사소송법 제580조에 준하는 재심사유가 발생한 경우).
1) Stelkens/Bonk/Sachs, Verwaltungsverfahrensgesetz, § 43 Rn. 4 ff.
2) 장태주, 행정행위의 공정력과 취소판결의 소급효와의 충돌, 고시계(2004.7), 98면.
3) 구성요건적 효력에 대한 상세한 내용은 김남진·김연태, 행정법(I), 275면 이하 참조.
4) 김남진·김연태, 행정법(I), 275면 이하; 석종현, 일반행정법(상), 314면.
5) 김남진·김연태, 행정법(I), 275면 이하.

### 5.2.2. 소극적 효과

행정행위가 위법한 경우에도 법정절차에 의하여 취소되지 않는 한, 누구도 그 효력을 부인하여 행정행위의 내용이 되는 법률관계와 상반되는 주장을 하지 못한다.

### 5.3. 집행가능성(자력집행력)

행정행위의 내용이 되고 있는 의무를 의무자가 이행하지 않을 경우에는, 비록 위법하더라도 행정상의 강제집행(강제징수·대집행 등)을 할 수 있다. 특히 강제징수의 경우 강제징수에 있어 주물을 압류한 경우 그 압류의 효력은 종물에도 미친다.

▶ 주물(主物)과 종물(從物) : 물건의 소유자가 그 물건의 상용에 供(공)하기 위하여 자기소유인 다른 물건을 이에 부속하게 한 때에는, 그 물건을 주물이라고 하고, 주물에 부속된 다른 물건은 종물이라고 한다. 예컨대, 배가 주물이라면 노는 종물이고, 자물쇠는 주물이라면 열쇠는 종물, 주택이 주물이라면 딴채로 된 광은 종물이다. 주물과 종물의 개념실익은 『주물은 종물의 처분에 따른다』(민법 제100조 제2항)는 것이다.

### 5.4. 항고쟁송의 배타성

공정력이 인정되는 결과 행정행위의 위법은 항고쟁송절차를 통해서만 다툴 수 있고, 민사절차로는 허용되지 않는다. 항고쟁송의 원고적격이 행정행위의 상대방측에만 인정되는 것도 행정행위의 공정력의 효과라고 할 수 있다.

## 6. 공정력의 한계

### 6.1. 권력적 공법행위에 한정

공정력은 '권력적 공법행위'에만 인정되고 행정청의 사실행위·비권력행위·사법행위에는 인정되지 않는다. 공정력은 행정행위의 구속력의 잠정적 통용을 의미하는 것이므로 성질상 비권력적 행정행위(단순한 공행정)에는 인정되지 않는다.

### 6.2. 무효인 행정행위와 공정력

공정력은 취소할 수 있는 (하자있는) 행정행위에만 인정되고 행정행위가 당연무효이거나 부존재의 경우에는 행정행위에는 공정력이 인정되지 않는다. 왜냐하면 행정행위의 공정력은 행정의 안정성 및 실효성의 확보[1]를 보장하기 위하여 행정행위에 대하여 불복이

---

[1] 박윤흔, 행정법강의(상), 129면 : 공정력을 인정하는 근거는 상대방 및 일반 제3자의 신뢰보호에 있으므로 통상인이 평가하여 무효인 경우 또는 부존재인 경우에는 그 신뢰를 보호함이 부적당하고 또한 필요도 없다.

있을 경우에는 이를 항고쟁송을 통하여 행할 수 있도록 하고 있기 때문이다. 따라서 **무효인 행위 또는 부존재인 경우에는 인정되지 않는다**(통설·판례). 따라서 다른 행정기관이나 법원은 물론 사인도 독자의 판단과 책임으로 무효를 인정할 수 있다. 그리하여 무효 또는 부존재인 행위에 의하여 명하여진 의무를 위반하여도 처벌되지 않는다.[1] 또한 무효 또는 부존재인 행위에 대하여는 복종을 거부하고 저항하더라도 공무집행방해죄를 구성하지 아니한다. 다만 주로 절차법적 관점에서, 행정행위의 실체법상 무효라는 문제와 그 무효를 통용시키는 절차법상 인정권의 소재라는 문제는 별개의 것으로 보고, 그 무효가 판결로 확정되기 전의 단계에서는 누구도 무효인지 취소사유에 그치는 것인지를 말할 수 없다고 하여, 무효·취소구별의 상대화 또는 무효확인소송과 취소소송의 동질화를 주장하여 공정력은 무효의 경우에도 미친다는 견해(김도창)가 주장되고 있다(행정소송법 제23조·제38조 제1항 참조).

### 6.3. 행정행위의 공정력과 입증책임

#### 6.3.1. 원고책임설

공정력은 취소소송에서의 입증책임결정에도 효력을 미치는가에 관하여는 견해가 대립되고 있다. 효력을 미친다는 입장에 서면 처분의 위법성은 원고가 부담한다고 하게 된다(원고책임설). 종래의 통설은 공정력은 당해 행정행위의 적법요건이 실체법상 존재한다는 것을 추정시키는 것으로 보아 위법임을 주장하는 원고에게 입증책임이 있다고 보았다(오늘날에도「프랑스」의 통설·판례).

#### 6.3.2. 피고책임설

공정력은 유효성까지만 추정될 뿐이라고 보는 견해로서, 행정행위의 적법성은 행정청이 담보해야 한다는 논리로 행정청이 행정행위의 적법성을 입증해야 한다는 견해이다.

#### 6.3.3. 입증책임분배설

공정력의 인정 근거를 법적 안정성을 위한 잠정적 통용력이라고 새기는 한 공정력은 적법성 또는 유효성을 추정케 하는 것은 아니므로 공정력과 입증책임은 무관하며 이는 입증책임 분배원리의 일반원칙에 따라 해결되어야 한다는 견해이다. 오늘날의 통설은 공정력은 행정행위의 사실상의 통용력에 불과하고, 그 실체법적 적합성을 추정시키는 것은 아니므로 공정력은 입증책임의 소재결정에 영향을 미치지 아니한다고 보아(무관계설, 법률요건분류설), 공정력만을 이유로 입증책임의 소재를 결정할 수는 없다고 한다.[2] 공정력의 인정

---

[1] 대판 1978. 11. 14. 78도1547 - 대통령령에 위반한 소방서장의 명령불이행.

근거를 법적안정설로 보는 한 공정력과 입증책임은 무관하다고 보는 입증책임 분배설이 타당하다.

### 6.4. 국가배상청구와 공정력

위법한 행정처분으로 인하여 손해를 받은 자가 국가배상을 청구하는 경우 위법성 판단에 있어서 공정력이 미치는가에 관하여는, (ㄱ) 행정행위를 취소하지 않고서도 그 행정행위의 위법성의 주장만으로 배상을 청구할 수 있다는 입장(행정행위의 효력을 직접 부인하지 않는 위법의 주장)과, (ㄴ) 공정력의 효력을 강조한 나머지 권한 있는 기관에 의하여 취소된 후에야(위법한 행정행위에도 공정력이 있으므로), 비로소 국가배상을 청구할 수 있게 된다는 입장이 나뉘어 있다.

### 6.5. 공정력과 위법한 행정행위에 대한 쟁송수단(선결문제)

#### 6.5.1. 개관

선결문제(先決問題: Vorfrage)라 함은 행정행위의 위법 또는 무효 여부가 다른 사건(민사소송이나 형사소송)에서 재판의 전제가 되어 (행정행위의 위법·무효여부가) 선행적으로 해결되어야만 당해 재판(민사소송이나 형사소송)의 결론을 도출할 수 있는 경우, 행정행위의 위법 또는 무효 여부를 '다른 사건의 수소법원(민사소송법원, 형사소송법원)'[1]이 심사할 수 있는지의 문제이다. 공정력이 인정되는 행정행위에 대한 통상적인 불복방법은 행정소송의 하나인 「취소소송」이므로 그 이외의 쟁송수단(예: 선결문제소송)에 의하여 그 효력을 다툴 수는 없는 것이 원칙이다. 우리 행정심판법과 행정소송법에 의하면 위법한 행정행위에 대한 쟁송수단은 취소소송이며, 행정심판이나 행정소송을 제기받은 행정청이나 법원만이 행정행위의 위법여부를 심사하여 그 효력을 부인할 수 있다. 따라서, 일반적으로 취소소송의 수소법원이 아닌 다른 법원은 취소소송 이외의 다른 소송에서 선결문제(Vorfrage)로서 행정행위의 위법성을 심사하여 그 효력을 부인할 수는 없다고 본다. 그러나 다른 소송에서 선결문제로서 심사할 수 있는지의 여부는 구체적으로는 민사소송과 형사소송에 따라 다르게 보아야 하며, 또한 민사소송에 있어서도 행정행위의 효력을 부인하는 것인지 또는 위법성만을 인정하는 것인지에 따라 다르게 볼 수 있다. 다만, **행정행위가 무효인 경우는 민사소송이나 형사소송에서 그 효력을 부인할 수 있음은 당연하다**(아래판례 참조).[2]

---

2) 박윤흔, 행정법강의(상), 129면.
1) 다른 사건의 수소법원이라 함은 취소소송의 재판관할권이 없는 법원을 말하며 통상 민사소송의 수소법원인 민사법원, 형사소송의 수소법원인 형사법원, 그 외 행정소송에서 취소소송의 수소법원 이외의 법원들 즉, 무효확인소송의 수소법원, 당사자소송의 수소법원 등이 이에 해당한다.

▶ 대판 1971. 5. 31, 71도742 【조세범처벌법위반】 행정행위가 중대하고도 명백하여 당연 무효인 경우에는 이를 전제로 형사법원은 형사사건을 판단할 수 있다. 원심은 설시 과세대상과 납세의무자 확정이 잘못되어 당연히 무효한 과세에 대하여는 체납이 문제될 여지가 없다는 취의로 설시 과세처분에 의하여 체납범의 성립을 부인한 조치는 정당하고, … 체납범은 정당한 과세에 대하여서만 성립되는 것이고, 과세가 당연히 무효한 경우에 있어서는 체납의 대상이 없어 체납범 성립의 여지가 없다고 볼 것이니, 과세대상과 납세의무자의 확정이 잘못되어 당연무효인 과세에 대하여는 체납이 문제될 여지가 없으므로 체납범이 성립하지 아니한다.

### 6.5.2. 민사소송에서의 선결문제와 공정력

a) 행정행위의 위법성을 확인하는 것(행정행위의 위법여부)이 선결문제인 경우(국가배상청구소송의 경우)

aa) 긍정설(적극설)

행정청이 위법한 행정행위를 발함으로써 사인에게 손해를 발생하는 경우, 사인이 그 행위의 위법을 이유로 손해배상을 민사법원에 청구하는 경우에 당해 수소법원은 행정행위의 위법성을 판단할 수 있는 지에 관하여 긍정설과 부정설이 대립되고 있다. 긍정설(적극설)의 논거는 행정행위의 효력 자체를 상실시키는 것이 아니라 행정행위의 위법성을 확인하는데 그치는 것은 공정력 또는 구성요건적 효력에 반하는 것이 아니라고 본다. 왜냐하면 공정력(구성요건적 효력)은 행정행위의 적법성까지 추정하는 효력은 아니므로 위법성 여부의 심사와 공정력 또는 구성요건적 효력과는 무관하며, 또한 공정력(구성요건적 효력 [Tatbestandswirkung : 공정력과 구성요건적 효력을 부인하는 견해에 의하면, 다른 국가기관에 대한 구속력])[1]은 행정행위의 적법 또는 위법을 묻지 않고, 다만 잠정적으로 행정행위를 유효하는 것으로 보는 힘(적법성을 추정하는 힘)이기 때문이다. 또한 행정소송법 제11조는 선결문제에 대한 단순한 예시조항일 뿐 그 이외의 경우에도 선결문제 심사는 가능하다 할 것이므로 결국 위법 여부의 심사도 가능하다는 견해이다. 판례도 긍정설을 따르고 있다.

[대법원 판례] (판례-1) : 계고처분, 행정처분이 위법임을 이유로 배상을 청구하는 경우

---

2) 박윤흔, 행정법강의(상), 130면; 대판 1971. 5. 31, 71도742

1) 공정력은 법정책적으로 법적 안정성을 위하여 실정법상 인정되는 것으로 현행법이 행정처분에 대한 취소쟁송제도 등을 규정하고 있는 것을 근거로 하는 데 대하여, 구성요건적 효력(Tatbestandswirkung : 공정력과 구성요건적 효력을 부인하는 견해에 의하면, 다른 국가기관에 대한 구속력)은 국가기관은 각기 권한과 관할을 달리하므로 서로 다른 기관의 권한행사를 존중해야 한다는 것에 근거하고 있다.

에는 미리 그 행정처분의 취소판결이 있어야만 그 행정처분의 위법임을 이유로 배상을 청구할 수 있는 것은 아니다.[1] (판례-2) : 세무서장 등 담당공무원들이 그 직무를 집행함에 당하여 고의 또는 과실로 부실감정에 기초한 상속재산평가액에 따라 상속세납세고지처분을 함으로써 손해를 가한 것이 되므로 정당한 감정결과를 기초로 계산되는 세금을 초과하는 차액상당의 금액을 배상하여야 한다.[2] 위법한 행정대집행이 완료되면 그 처분의 무효확인 또는 취소를 구할 소의 이익은 없다 하더라도, 미리 그 행정처분의 취소판결이 있어야만, 그 행정처분의 위법임을 이유로 한 손해배상 청구를 할 수 있는 것은 아니다.[3] (판례-3) : 구 도시계획법(2000.1.28. 법률 제6243호로 전문 개정되기 전의 것) 제78조에 정한 처분이나 조치명령을 받은 자가 이에 위반한 경우 이로 인하여 같은 법 제92조에 정한 처벌을 하기 위하여는 그 처분이나 조치명령이 적법한 것이라야 하고, 그 처분이 당연무효가 아니라 하더라도 그것이 위법한 처분으로 인정되는 한 같은 법 제92조 위반죄가 성립될 수 없다.[4]

bb) 부정설(소극설)

부정설(소극설)은 다음과 같은 논거에 입각하고 있다. (ㄱ) 공정력은 권한있는 기관에 의해 취소될 때까지는 일응 행정행위의 적법성까지 추정하는 효력이므로 민사법원이 행정행위의 위법성을 인정하는 것은 공정력에 반한다. (ㄴ) 현행 행정소송법 제11조는 처분 등의 효력 유무 또는 존재여부에 대하여만 한정적으로 선결문제 심사권을 가지는 것으로 규정한 것으로 그 이외의 경우에는 선결문제 심사권의 대상이 아니라는 이유로 위법여부의 심사를 부인한다. (ㄷ) 현행 행정소송법상 취소소송의 배타적 관할이 인정되고 취소소송에는 민사소송과는 다른 특수한 소송절차가 인정되고 있다. 그리고 행정행위의 위법성은 행정행위의 취소의 전제이고 행정행위의 위법성의 판단은 취소소송의 본질적 내용이다. 따라서 취소소송의 수소법원이 아닌 법원은 행정행위의 위법성을 인정할 수 없다고 한다(이상규).

cc) 결어

공정력은 법적 안정성을 위해 잠정적으로 유효성이 통용되는 것이고, 구성요건적 효력(Tatbestandswirkung : 공정력과 구성요건적 효력을 부인하는 견해에 의하면, 다른 국가기관에 대한 구속력)도 처분의 위법 여부를 묻지 않고 취소되기 전까지는 잠정적으로 유효한 것으로서 국가기관을 구속하는 효력이므로 적법성까지 추정되는 것은 아니어서 긍정설(적극설)이 타당하다.[5]

---

[1] 대판 1972. 4. 28, 72다337.
[2] 대판 1991. 1. 25, 87다카2569.
[3] 대판 1972. 4. 28, 72다337.
[4] 대판 2004. 5. 14, 2001도2841.
[5] 박균성, 행정법론(상), 120면.

b) 행정행위의 효력을 상실시키는 것(행정행위의 무효를 확인하는 것)이 선결문제인 경우(부당이득반환청구소송 : 예, 조세과오납환급청구) : 행정행위의 유·무효가 선결문제인 경우

　　행정행위의 효력을 상실시키는 것이 민사소송에서 선결문제가 된 경우에 민사법원은 단순위법한 행정행위의 경우(취소만이 가능한 경우) 그 효력을 상실시킬 수 없다. 예컨대 부당이득반환청구사건의 경우에는 행정행위의 존재여부 또는 무효여부가 선결문제로 되는 경우에만 민사법원은 직접 부존재 또는 무효를 전제로 본안을 판단할 수 있고, 선결문제가 단순위법에 불과한 경우(취소만이 가능한 경우)에는 행정행위의 공정력 때문에 본안심리는 불가능하다(부당이득반환청구소송에 있어서 선결문제가 단순위법에 불과한 경우에는 그 청구는 인용될 수 없다). 위법한 처분에 대한 취소소송에서 취소판결(인용판결)을 받아야 부당이득이 인정되기 때문에 취소판결(Rücknahmerechtsprechung)이후에야 비로소 민사법원에 부당이득반환청구소송을 제기할 수 있다. 부당이득은 그 원인이 된 행정처분이 부존재나 무효가 아닌 한 부당이득의 문제는 발생하지 않는다고 보아야 하기 때문이다(민법 제741조). 결국 선결문제가 취소사유에 불과하다면 이는 공정력 또는 구성요건적 효력에 영향을 받아 민사법원은 취소를 할 권한이 없어 당해 행정행위를 취소하고 소급적으로 무효화 할 수 없으므로 그 효력을 부인할 수 없게 된다. 판례도 이와 같은 취지이다.[1] 예컨대 과세처분이 무효가 아닌 한 행정행위가 존재하는 이상 하자가 있더라도 국가 등이 '법률상 원인 없이' 취득한 부당이득이 되지 않기 때문에 단순위법의 과세처분으로 인하여 납세자가 납세를 하였다하더라도 부당이득반환청구는 인용될 수 없다. 다만 선결문제가 당연무효이면 민사법원이 그에 대해 무효 판단을 할 수 있고, 이는 행정소송법 제11조에도 그와 같이 규정되어 있다.

　　[대법원 판례] 국세 등의 부과 및 징수처분 등과 같은 행정처분이 당연무효임을 전제로 하여 민사소송을 제기한 때에는 그 행정처분의 당연무효인지의 여부가 선결문제이므로, 법원은 이를 심사하여 그 행정처분이 하자가 중대하여 명백하여 당연무효라고 인정될 경우에는 이를 전제로 하여 판단할 수 있으나, 그 하자가 단순한 취소사유로 그칠 때에는 법원은 그 효력을 부인할 수 없다 할 것이다.[2]

---

1) 조세의 과오납이 부당이득이 되기 위하여는 납세 또는 조세의 징수가 실체법적으로나 절차법적으로 전혀 법률상의 근거가 없거나 과세처분의 하자가 중대하고 명백하여 당연무효이어야 하고, 과세처분의 하자가 단지 취소할 수 있는 정도에 불과할 때에는 과세관청이 이를 스스로 취소하거나 항고소송절차에 의하여 취소되지 않는 한 그로 인한 조세의 납부가 부당이득이 된다고 할 수 없다(대판 1994. 11. 11, 94다28000).
2) 대판 1973. 7. 10, 70다1439

### 6.5.3. 형사소송에서의 선결문제와 공정력
#### a) 행정행위가 단순취소사유인 경우
##### aa) 긍정설

형사사건의 심리에 있어서 행정행위의 위법성 여부가 범죄성립여부의 판단에 있어서 선결문제가 된 경우, 행정벌(행정형벌)을 과하는 법원(형사법원)은 독자적으로 행정행위의 위법·적법을 판단할 수 있는가의 문제이다. 긍정설은 형사의 경우도 민사의 경우와 마찬가지로 긍정되어야 할 것인데, 그 이유는 형사법원이 독자적으로 판단한다고 해서 행정행위의 존재 및 그 효력을 부인하는 것은 아니기 때문이라고 한다. 국민의 권리구제를 목적으로 하는 행정쟁송제도와 범죄구성요건의 판단을 목적으로 하는 형사소송제도의 취지에 비추어 행정소송과는 별도로 위법성을 심사할 수 있다고 하는 긍정설이 타당하다고 한다. 이 견해에 의하면 행정행위의 공정력은 형사관계에는 미치지 아니한다. 이와 같이 긍정설은 형사소송은 민사소송과 달리 피고인의 인권보장이 고려되어야 하므로 형사재판에서는 공정력 또는 구성요건적 효력이 미치지 않고, 따라서 형사법원이 위법한 행정행위의 효력을 부인하고 범죄의 성립을 부정할 수 있는 것으로 보는 견해이다.

##### bb) 부정설

이에 반하여 부정설의 입장은 행정행위의 공정력으로 인하여 그것이 권한 있는 기관에 의해서 취소되기 전까지는 형사사건을 심리하는 법원에도 미치므로 법원도 행정행위의 존재를 존중하여야 하며, 따라서 소정의 항고소송에 절차를 의하지 아니하면 형사소송절차에서 행정행위의 효력을 선결문제로서 심리판단 할 수 없다고 한다. 즉, 이 견해에 의하면 행정행위의 공정력은 형사관계에도 미친다고 보는 것이다. 또한 긍정설을 취할 경우 오히려 그로 인해 피고인에게 유죄가 선고되는 등 불리하게 작용할 수도 있으므로 원칙대로 공정력 또는 구성요건적 효력에 반한다고 보아 이를 부정하는 부정설이 타당하다고 한다. 공정력은 법정책적으로 법적 안정성을 위하여 실정법상 인정되는 것으로 현행법이 행정처분에 대한 취소쟁송제도 등을 규정하고 있는 것을 근거로 하는 데 대하여, 구성요건적 효력('Tatbestandswirkung : 공정력과 구성요건적 효력을 부인하는 견해에 의하면, 다른 국가기관에 대한 구속력)은 국가기관은 각기 권한과 관할을 달리하므로 서로 다른 기관의 권한행사를 존중해야 한다는 것에 근거하고 있다.

[부정설을 취한 판례] 연령미달의 결격자인 피고인이 소외인의 이름으로 운전면허시험에 응시, 합격하여 교부받은 운전면허는 당연무효가 아니고 도로교통법 제65조 제3호의 사유에 해당함에 불과하여 취소되지 않는 한 유효하므로 피고인의 운전행위는 무면허운전에 해당하지 아니한다.[1]

---

[1] 대판 1982. 6. 8, 80도2646 【도로교통법위반】

cc) 결어

생각건대 위법한 행정행위의 효력을 형사법원에서 심리·판단할 수 없다고 하는 경우에는 위법한 행정행위인데도 불구하고 그 행위로 인하여 국민이 행정형벌을 받게 되는 경우가 발생한다. 이러한 행정행위의 공정력 만능주의는 지나치게 행정편의주의에 치우친 것이고 인권보장의 정신에 위배되는 것이라 할 것이므로, 행정행위의 공정력에도 불구하고 형사법원은 행정행위의 위법성을 직접 판단할 수 있어야 할 것이다.

[긍정설을 취한 판례] 대법원은 온천법 제15조에 의거한 처분청(동래구청장)의 하명의 적법성 여부가 형사재판의 선결문제로 된 사건에서 다음과 같이 긍정설을 취한바 있다. "동래구청장의 시설개선명령은 온천수의 효율적인 수급으로 온천의 적절한 보호를 도모하기 위한 조치로서, 위 온천법 제15조가 정하는 온천의 이용증진을 위하여 특히 필요한 명령이라 할 것이나, 이를 시행하지 아니하여 이에 위반한 피고인 등의 행위는 온천법 제26조 제1호, 제15조의 구성요건을 충족하였다고 할 것이다."[1]라고 하였다.

b) 행정행위의 유·무효가 선결문제인 경우

다만 부정설의 경우에도 행정행위의 유무효가 선결문제인 경우로서 행정행위가 당연무효사유인 경우에는 민사소송의 경우와 같이 형사법원이 행정행위의 당연무효를 확인할 수 있다고 한다. 판례도 이와 마찬가지이다.

[판례] 대법원은 "… 소론 법조(조세범처벌법 제10조)에 정한 체납범은 정당한 과세에 대하여서만 성립되는 것이고, 과세가 당연히 무효한 경우에 있어서는 체납의 대상이 없어 체납범 성립의 여지가 없다고 볼 것이니, 원심이 같은 취지에서 당연무효의 설시 과세를 설시 체납의 대상에서 제외한 판단은 옳다."[2]고 하였다.

## III. 존속력(확정력)

### 1. 개관

행정행위의 존속력(Bestandskraft : 확정력)이라 함은 일정한 기간의 경과, 기타의 사유로 인하여 상대방이 행정행위의 효력을 다툴수 없게 되는 힘인 불가쟁력(형식적 확정력 : formelle Bestandskraft)과 일정한 행정행위에 있어서는 행정청 자신도 임의로 행정행위를 취소·변경·철회할 수 없는 힘인 불가변력(실질적 존속력 : materielle Bestandskraft)

---

1) 대판 1986. 1. 28, 85도2489【온천법위반】
2) 대판 1971. 5. 31, 71도742【조세범처벌법위반】

을 말한다.

「행정행위의 존속력(Bestandskraft : 확정력)」: 불가쟁력·불가변력

- 불가쟁력(형식적 확정력 : formelle Bestandskraft) : 일정한 기간의 경과, 기타의 사유로 인하여 상대방이 행정행위의 효력을 다툴수 없게 되는 힘

- 불가변력(실질적 존속력 : materielle Bestandskraft) : 일정한 행정행위에 있어서는 행정청 자신도 임의로 행정행위를 취소·변경·철회할 수 없는 힘

## 2. 종류

### 2.1. 불가쟁력(형식적 확정력; 형식적 존속력)

#### 2.1.1. 의의

[개념] 행정행위의 불가쟁력(Unanfechtbarkeit)이라 함은 행정행위의 효력을 다툴 수 없게하는 구속력을 말한다.[1] 즉 일정한 기간의 경과(예를 들면 행정심판법 제27조에서 행정심판청구기간을 규정하고 있는 것) 기타의 사유로 말미암아 행정행위의 상대방 기타 관계인은 더 이상 행정행위의 효력을 다툴 수 없게 되는 효력을 불가쟁력이라 한다. 불가쟁력은 행정법관계의 안정성을 확보하기 위하여 인정되는 것이다. 이를 형식적 확정력/존속력(Bestandfestigkeit)이라 한다.[2]

[헌법재판소] 헌법재판소는, 행정처분에 대한 제소기간이 지난 뒤 그 처분에 대한 무효확인소송이나 그 처분의 효력 유무를 선결문제로 하는 민사소송에서 당해 행정처분의 근거 법률이 위헌인지 여부가 재판의 전제가 되는지에 관하여, "행정처분의 근거 법률이 헌법에 위반된다는 사정은 헌법재판소의 위헌결정이 있기 전에는 객관적으로 명백한 것이라고 할 수 없으므로 특별한 사정이 없는 한 그러한 하자는 행정처분의 취소사유에 해당할 뿐 당연무효사유는 아니고, 제소기간이 경과한 뒤에는 행정처분의 효력 유무를 선결문제로 하는 민사소송 등을 제기하더라도 행정처분의 효력에는 영향이 없음이 원칙이다. 따라서 이미 제소기간이 경과하여 **불가쟁력이 발생한 행정처분의 근거 법률의 위헌 여부에 따라 당해 사건 재판의 주문이 달라지거나 재판의 내용과 효력에 관한 법률적 의미가 달라진다고 볼 수 없으므로 재판의 전제성이 인정되지 아니한다.**"[3]고 판단하였다

#### 2.1.2. 인정범위

불가쟁력은 심급제도가 인정되는 한 모든 행정행위에 대하여 당연히 발생한다. 무효

---

1) 석종현, 일반행정법(상), 323면.
2) 석종현, 일반행정법(상), 323면; 김남진·김연태, 행정법(I), 281면.
3) 헌재결 2014. 1. 28, 2010헌바251.

인 행정행위는 처음부터 아무런 효력을 발생하지 않기 때문에 불가쟁력이 없다.
  불가쟁력 → 모든 행정행위에 대하여 당연히 발생
  (예외) 무효인 행정행위 → 처음부터 아무런 효력을 발생하지 않기 때문에 불가쟁력이 없다.

### 2.1.3. 발생시기
쟁송수단이 인정되지 아니하는 행정행위에 있어서는 행위의 성립·발효와 동시에, 쟁송수단이 인정된 행정행위에 있어서는 불복기간을 경과한 때 또는 심급이 종료된 때부터 발생한다.

### 2.1.4. 효과
불가쟁력이 생긴다고하여 행정행위의 흠이 치유되어 위법성이 제거되는 것은 아니다. 그러므로 국가배상청구를 하거나 행정청이 직권으로 취소하는 것은 가능하다.

### 2.1.5. 위반의 효과
불가쟁력있는 행정행위에 대하여 행정쟁송이 제기되면 부적법을 이유로 「각하」된다.

### 2.1.6. 불가쟁적 행정행위의 재심사
a) 의의
불가쟁적 행정행위의 재심사란 불가쟁력이 발생하여 적법하게 다툴 수 없게 된 행정행위에 대하여 법 소정의 재심사유가 존재하는 경우에 법적으로 그 적법 여부를 심사하는 것을 말한다. 확정된 판결에 대하여는 재심의 기회가 부여되어 있음에도 불구하고(민사소송법 제451조, 형사소송법 제420조),[1] 확정된 행정행위에 대하여는 불가쟁력의 발생을 이유로 행정행위가 실제로 위법한 경우에도 획일적으로 다툴 수 없게 하는 것은 행정행위의 법적합성의 확보와 개인의 권리구제에 미흡하다는 측면에서 행정행위에 대한 재심사청구제도가 필요하게 된다.[2]

b) 재심사청구의 법적 근거
우리나라에서는 불가쟁적 행정행위에 대한 재심사청구제도를 채택하고 있지 않다. 다만 1987년에 입법예고된 행정절차법안은 제33조에서 당사자 등의 신청에 의하여 불가쟁

---

1) 김남진·김연태, 행정법(I), 281면.
2) 신보성, 불가쟁적 행정행위의 재심사, 고시연구(1986.3), 74면; 이명구, 행정행위의 존속력, 고시연구(1985.2), 19면; 김남진·김연태, 행정법(I), 281면.

이 발생한 처분의 폐지 또는 변경에 관하여 재심결정을 하도록 규정하고 있었으나 1996년 12월 31일 제정된 행정절차법에는 이러한 규정이 없다.[1]

c) 외국의 입법례 – 독일연방행정절차법 제51조(Wiederaufgreifen des Verfahrens)
독일연방행정절차법 제51조(Wiederaufgreifen des Verfahrens)는 불가쟁력적 행정행위에 대한 재심사청구제도를 인정하고 있다. 재심사(Wiederaufgreifen)의 사유로서 동법 제51조 제1항 제1호: "당해 행정행위의 근거가 된 사실 또는 법적 상태가 후에 관계인에게 유리하게 변경된 경우(sich die dem Verwaltungsakt zugrunde liegende Sach- oder Rechtslage nachträglich zugunsten des Betroffenen geändert hat)," 제2호: "관계인에게 유리한 새로운 증거가 나타난 경우(neue Beweismittel vorliegen, die eine dem Betroffenen günstigere Entscheidung herbeigeführt haben würden;)," 제3호: "민사소송법상 제580조에 규정되어 있는 재심사유가 있는 경우(Wiederaufnahmegründe entsprechend § 580 der Zivilprozessordnung gegeben sind.)"를 규정하고 있다. 그러나 동법 제2항에서는 그러한 사유가 있는 때에도 본래의 구제절차를 밟지 못한 데에 당사자의 귀책사유가 있는 때(Der Antrag ist nur zulässig, wenn der Betroffene ohne grobes Verschulden außerstande war, den Grund für das Wiederaufgreifen in dem früheren Verfahren, insbesondere durch Rechtsbehelf, geltend zu machen.), 제3항에서 "재심사유가 있음을 안 날로부터 3월이 지나면 재심사를 청구할 수 없도록 하였다(Der Antrag muss binnen drei Monaten gestellt werden. Die Frist beginnt mit dem Tage, an dem der Betroffene von dem Grund für das Wiederaufgreifen Kenntnis erhalten hat.)."

### 2.1.7. 불가쟁력이 발생한 위법한 처분에 대한 국가배상청구소송
a) 문제점

위법한 과세처분에 대해 이를 납부한 뒤 이미 불가쟁력이 발생하여 더 이상 항고소송으로는 다툴 수 없는 상태가 된 경우, 이를 국가배상청구소송을 통해 우회적으로 환급받을 수 있을지가 문제된다(이는 앞에서 언급한 선결문제와 관련하여서도 문제된다). 다만 이는 처분이 취소사유인 경우에만 문제되는바, 무효사유인 경우에는 쟁송기간의 제한이 없어 불가쟁력이 발생하지 않고 공법상 부당이득반환청구가 인정되기 때문이다.

b) 학설

[적극설] 처분의 효력을 직접 다투는 취소소송과 피해의 배상을 청구하는 국가배상청

---

[1] 석종현, 일반행정법(상), 325면; 김남진·김연태, 행정법(I), 262면.

구소송은 그 제도의 취지와 소송물을 달리하는 전혀 별개의 제도이기 때문에 이 경우에도 국가배상청구를 통해 환급받을 수 있다고 한다.

[소극설] 이 경우 이를 인정하면 취소소송에서 불가쟁력을 인정하는 취지가 상실되며 국가의 재정확보라는 과세처분의 목적이 방해를 받게 된다는 이유로 부정한다.

[절충설] 절충설에는 제1설의 경우 소극설의 논거에 따라 단순과실의 경우에는 국가배상청구소송을 할 수 없다고 보고, 다만, 고의 또는 중과실의 경우에까지 이를 인정하면 당사자에게 너무 가혹하다 할 것이므로 예외적으로 고의 또는 중과실의 경우에만 국가배상청구소송을 할 수 있다는 견해와 과세처분과 같은 금전급부의무를 부과하는 행정처분의 경우에만 위법성 심사를 할 수 없는 것으로 보는 견해(제2설)가 있다.

c) 판례

대법원은 이에 대해 적극설을 취하고 있다. "물품세 과세대상이 아닌 것을 세무공무원이 직무상 과실로 과세대상으로 오인하여 과세처분을 행함으로 인하여 손해가 발생된 경우에는, 동 과세처분이 취소되지 아니하였다 하더라도, 국가는 이로 인한 손해를 배상할 책임이 있다[1]."

d) 결어

소극설 및 절충설의 견해에 따르게 되면 과세처분에 불가쟁력이 발생했다는 이유만으로 취소소송제도를 국가배상청구소송제도보다 더 우위에 두게 되는 결과가 되므로 이는 부당하고, 위법한 행정처분으로 인해 피해를 입었을 때 그 손해를 청구하는 경우와 위법한 과세처분으로 인해 이를 납부하여 피해를 입은 경우 그 손해로서 납부한 세금을 반환 청구하는 것 사이에는 이를 달리 볼 이유가 없으므로 적극설이 타당하다.

### 2.2. 불가변력(실질적 확정력)

#### 2.2.1. 의의

행정행위의 불가변력(Unabänderlichkeit)이라 함은 행정행위의 직권취소 또는 행정행위의 철회를 허용하지 아니하는 힘을 말한다. 행정행위는 원시적인 흠이 있거나 후발적 사정변경이 있으면 처분청 자신이 직권으로 또는 상급감독청의 감독권발동에 의하여 취소·변경·철회할 수 있는 것이 원칙이나, 예외적으로 행정행위 중에는 그 성질상 직권에 의한 취소·변경·철회가 인정되지 않는 경우가 있는바, 이 취소·변경·철회할 수 없는 효력을 「불가변력」이라 한다. 불가변력 → 행정행위 중 취소·변경·철회할 수 없는 효력

---

[1] 대판 1979. 4. 10, 79다262【부당이득금반환】

## 2.2.2. 본질
### a) 부정설
행정의 공익적합성을 중시하고, 사정변경의 원칙을 전제로하여 행정권의 자유를 강조하는 결과, 행정법상의 확정력을 부인한다(독일의 그나이스트[Gneist], 초른[Zorn] 등).

### b) 긍정설
#### aa) 개관
행정행위불가변력을 긍정하는 학설은 (ㄱ) 소송법적 확정력설, (ㄴ) 불가변력설, (ㄷ) 법규범설 등으로 대립되고 있다.

#### bb) 학설
[소송법적 확정력설] 민사소송에 있어서와 같이 확정력을, (ㄱ) 소송절차와 관련시켜서 당해 행위가 행하여지는 「절차」때문에 발생하는 효력으로 보고, (ㄴ) 행정재판소의 판결에만 인정되며, (ㄷ) 법적 근거가 필요하다고 한다. (ㄹ) 공익을 배제할 수 있는 강한 불가변력을 인정한다.

[불가변력설] 행정행위의 불가변력은 법원의 판결과는 달리 법적 안정성·신뢰보호의 견지에서 국가행위의 「성질」에 따라 발생하는 효력으로 보고, 판결·결정뿐만 아니라 일반 행정행위에도 확정력을 인정하며, 실정법적 근거가 필요하지 않다고 한다. 그리고 공익상 이유가 있으면 불가변력이 제한되는 약한 불가변력만 인정된다. 불가변력설이 타당하다(통설·판례).[1]

[법규범설(메르클: Adolf J. Merkl 등)] 모든 법규범에 내재하는 시간적 한계가 확정력이라고 한다.

## 2.2.3. 불가변력을 발생하는 행위의 범위
### a) 개관
불가변력을 발생하는 범위는 준시법적(準司法的) 행정행위에 한해서 인정되며, 행정재판의 결정, 수익적 행정행위, 기속처분, 공공복리와 불가변력, 법률규정에 의한 소송법적 확정력에는 불가변력이 인정되지 아니한다.

- 행정재판의 결정(X)
- 準司法的 行政行爲(O)
- 수익적 행정행위(X)
- 기속처분(X)
- 공공복리와 불가변력 (X)

---

1) 석종현, 일반행정법(상), 326면.

― 법률규정에 의한 소송법적 확정력(X)

b) 범위
aa) 행정재판의 결정
행정재판의 결정을 '행정작용'의 일종으로 보는 입장에서는 행정법에 특수한 실질적 확정력이 발생한다고 볼 것이나, 행정재판의 결정을 사법작용으로 보는 입장에서는 소송법적 확정력이 발생한다고 본다. 행정재판의 결정이 행정행위의 불가변력을 발생하느냐는 이와 같이 학설의 대립이 있다.

bb) 준사법적 행정행위
준사법적 행정행위는 불가변력을 발생한다. 일정한 쟁송절차를 거쳐서 행하여지는 확인적 행위는 '강한 불가변력'을 발생한다(통설·판례). 예를 들면 행정심판의 재결·이의신청의 결정·징계처분에 대한 소청심사위원회의 결정 등이 그것이다. 쟁송절차와 관계없는 확인행위는 반증(反證)이 없는 한 임의로 변경할 수 없는 '상대적 불가변력'을 발생한다. 예를 들면 도로·하천구역 결정·과세표준액 결정·公的 시험의 합격자 결정·당선자 결정 등이 그것이다.

「준사법적 행정행위」
- 「일정한 쟁송절차를 거쳐서 행하여지는 확인적 행위」 → '강한 불가변력'을 발생한다(통설·판례) : 행정심판의 재결·이의신청의 결정·징계처분에 대한 소청심사위원회의 결정
- 「쟁송절차와 관계없는 확인행위」 → 반증이 없는 한 임의로 변경할 수 없는 '상대적 불가변력'을 발생 : 도로·하천구역 결정·과세표준액 결정·公的 시험의 합격자 결정·당선자 결정 등

cc) 수익적 행정행위
허가·특허·인가·면제 등에 대하여는, 신뢰보호·법적 안정성의 견지에서 불가변력을 인정하는 「불가변력설」이 있으나, 통설은 그것을 '취소권·철회권의 제한' 즉, 기속재량적 제한으로 본다(기속재량설). 수익적 행정행위는 불가변력을 가지지 아니한다. 수익적 행정행위 → '취소권·철회권의 제한사유에 해당할 뿐(불가변력 없다)

dd) 기속처분
엄격한 기속처분은 그 성질상 성립 후부터 실질적 확정력을 갖게 된다는 견해가 있다(윤세창).

ee) 공공복리와 불가변력
"행정행위를 취소함으로써 공공복리를 해치게 되는 경우(발전소댐 공사 진행중의 하자있는 토지수용행위의 취소 등)에는 당해 행정행위를 취소할 수 없는 것이 원칙이다(행정소송법 제28조 제1항 참조)"라고 설명하는 견해가 있다. 그러나 이 경우도 취소권의 제한사유로 봄이 타당할 것이다. 공공복리를 위해서 불가변력이 인정되지 아니한다. 공공복리와

불가변력 → 취소권제한 사유에 해당할 뿐(불가변력 없다)
    ff) 법률규정에 의한 소송법적 확정력
    「확정판결과 같은 효력」을 인정한 예로서, 통고처분(조세범처분절차법 제11조, 관세법 제22조)·토지수용에 관한 확정재결(舊토지수용법 제75조의2 제2항)등이 있고, 상대편의 동의를 전제로하여 「재판상 화해의 효력」을 인정한 예로서, 국가배상결정(국가배상법 제16조)·징발사정(징발법 제24조의 4)이 있다. 이들은 불가변력이 아니라는 점에 주의를 요한다. ※법률규정에 의한 소송법적 확정력 → 불가변력이 아님

### 2.3. 불가쟁력과 불가변력의 이동(異同) 및 관계
#### 2.3.1. 같은점
행정법관계의 안정성 도모, 상대방 신뢰보호를 목적, 효력지속이 동일하다.

#### 2.3.2. 다른점
불가쟁력은 모든 행정행위에 인정되는 절차법적 효력이고, 불가변력은 행정행위중 준사법적(準司法的) 행위에만 인정되는 실체법적 효력이다.
    ▶불가쟁력 → 모든 행정행위에 인정되는 절차법적 효력
    ▶불가변력 → 행정행위중 준사법적(準司法的) 행위에만 인정되는 실체법적 효력

#### 2.3.3. 양자의 관계 ⇒ 상호독립적
그러나 불가쟁력과 불가변력은 절대적인 것은 아니기 때문에 불가쟁력이 발생한 행정행위라도 불가변력이 발생하지 않는 한 권한이 있는 행정주체측에서 직권으로 취소할 수 있고, 불가변력이 있는 행정행위라도 불가쟁력이 발생하지 않는 한, 행정행위의 상대방 쪽에서 쟁송절차에 따라 다툴 수 있다. 또한 불가쟁력이 발생되어 상대방도 다툴 수 없게 되고, 불가변력이 발생되어 행정청도 취소할 수 없게 된 행정행위도 재심사유가 존재하는 경우나 설대부효인 경우에는 취소가 가능하다.

## IV. 집행력(강제력)

### 1. 제재력
집행력(강제력)은 「의무위반」자에 대한 제재력으로 나타난다. 사법관계에서는 상대편이 권리를 침해하였을 때에는 민사상의 불법행위를 구성하며 이에 대한 구제로는 민사소송에 의한 손해배상청구가 인정될 뿐인데 대하여, 행정법관계에 있어서는 행정의무를 「위

반」하였을 때에는 그에 대한「제재」로서「행정벌 또는 질서벌」을 과한다.

## 2. 자력집행력(selbständige Vollstreckbarkeit)
### 2.1. 의의
「행정행위의 내용을 실현할 수 있는 강제력」(내용실현의 강제력)을 집행력(Vollstreckbarkeit)이라 하고 이를 자력으로 실행할 수 있는 것을 자력집행력(selbständige Vollstreckbarkeit)이라 한다. 그 구체적 수단은「행정상 강제집행」이다. 사법관계에서는 의무불이행에 대하여 권리자는 자기 실력으로 그 의무를 실현시킬 수는 없고, 다만 민사소송으로써 법원에 그 강제집행을 청구해 의무불이행을 막을 수 밖에 없다. 그러나 행정법관계에서는 상대방의 의무불이행에 대하여, 권리자인 당해 행정청은 사법권의 힘을 빌리지 아니하고「自力으로」행정상의 강제집행(자력집행력)을 할 수 있다.

### 2.2. 자력집행력이 인정되는 행정행위의 범위(의무부과적 행정행위)
행정행위의 집행력은 국민에 대하여 의무를 부과하는 행정행위, 그 중에서도 특히 대체가능한 작위의무와 급부의무를 과하는 하명행위(작위・부작위・수인・급부)와 이러한 의무를 수반하는「형성적 행정행위」에 대해서만 인정되고 확인적 행정행위에는 인정되지 않는다. 행정행위에는 공정력이 인정되기 때문에 위법한 행정행위에도 집행력이 있으나, 수익적 처분에는 집행력 문제가 발생하지 않는다.

### 2.3. 집행력의 근거
#### 2.3.1. 처분설
집행력은 구속력과 함께 행정처분으로부터 직접 발생되는 행정행위의 본질상 당연히 내재하는 고유한 효력이라고 한다.

#### 2.3.2. 법규설
집행권과 명령권은 별개의 것으로서, 강제권 내지 집행권은 사법권에 고유한 권력이기 때문에 행정권에는 명령권 이외에 집행권은 있을 수 없고, 만일 행정권에 의한 강제집행력이 허용되려면, 상대방에게 부과한 의무를 강제집행 할 수 있는 행정청의 권리가 실정법(법령)에 근거를 두어야 한다는 주장이다.

#### 2.3.3. 사견
법규설이 타당하다. 우리나라의 행정대집행법 및 국세징수법은 행정행위의 집행력을

'간접적'으로 규정한 일반적인 근거법이다.

### 2.4. 집행부정지의 원칙
집행력은 행정쟁송이 제기되어도 원칙적으로 정지되지 않는다.

# 제 9 절　행정행위의 하자(瑕疵)

<연구문제>
· 행정행위의 하자의 효과를 설명함
　(類·행정행위의 하자의 효과를 설명하고 하자치
　유·무효전환을 설명하라)
· 하자있는 행정행위의 하자치유를 설명하라

## 제 1 항　개　관

### I. 행정행위의 하자의 의의

[의의] 행정행위의 하자(Fehler : 흠)라 함은 행정행위가 행정법규가 요구하는 성립요건과 효력 발생요건을 구비하지 못한 것(요건불비, 요건결여)을 말하며, 이러한 요건결여(要件缺如)의 행정행위를 「하자(흠)있는 행정행위」라고 한다. 행정행위는 법률에 적합하고 공익목적에 부합하여 유효하게 성립된 경우에는 행정행위로써 완전한 효력을 발휘하지만, 성립요건이나 효력발생요건에 하자가 있는 경우에는 그 행정행위는 효력을 발생하지 못하는 것이다.

[하자(瑕疵)있는 행정행위] 하자(瑕疵)있는 행정행위에는 위법행위(법정요건결여행위)와 부당행위(공익위반행위)[1]가 있다. 하자있는 행정행위의 효력은 완전한 것일 수 없고, 흠결이 있게 된다. 이것을 행정행위의 「결효」라고 한다.

　　〈瑕疵있는 행정행위〉
　　▶위법행위(법정요건결여행위)
　　▶부당행위(공익위반행위)

[하자있는 행정행위] 하자있는 행정행위는 그 효력에 따라 무효인 행위와 취소할 수 있는 행위로 구별되며 무효인 행정행위는 외관상으로는 행정행위로서 존재하나 처음부터 전혀 법적 효과를 발생하지 않는 행위로서, 누구나 그 독자적 판단과 책임하에서 그 무효임을 주장할 수 있다. 반면 취소할 수 있는 행위는 그 성립에 흠이 있음에도 불구하고 일단

---

1) 김남진·김연태교수는 부당행위는 넓은 의미의 하자라고 부르면서, 부당행위는 행정기관이 재량을 그르치게 행사하였으나, 법이 정한 한계를 벗어나지 않은 경우이다. 학설에 따라서는 공익위반을 부당과 같은 뜻으로 이해하나, 공익위반이 언제나 부당에 머무르는 것은 아니며, 오히려 대부분의 공익위반은 위법이 된다고 한다(김남진·김연태, 행정법(I), 287면).

유효한 행위로 통용되어 다른 국가기관 또는 국민을 기속하고, 다만 행정쟁송 또는 직권에 의하여 취소됨으로써 비로소 그 효력을 상실한다.[1]

[주체의 하자] 행정기관의 권한의 범위를 넘어서는 행위는 원칙적으로 무효이지만, 5급 이상의 국가정보원 직원에 대해 임면권자인 대통령이 아닌 국가정보원장이 행한 의원면직처분은 당연 무효가 아니다.[2]

[절차의 하자] 필요 불가결한 절차는 무효되고, 행정편의적, 참고적 절차는 취소된다. 통설은 이해관계의 조정 내지 당사자의 권익보호를 위한 절차를 결한 행위는 무효로, 행정의 원활 또는 효율성을 위한 절차를 결한 행위는 취소사유로 본다. 판례는 절차상의 하자를 주로 취소사유로 보고 있다.

[형식의 하자] 형식상의 하자는 무효 혹은 취소사유가 된다.

[내용의 하자] 내용이 실현불능인 행위는 무효이다.

---

1) https://ko.wikipedia.org/wiki(검색어 : 행정행위; 검색일 : 2015.6.23). <위키백과>
2) 대판 2007. 7. 26, 2005두15748 【면직처분무효확인】 [1] 공무원으로서의 지위는 일신전속권으로서 상속의 대상이 되지 않으므로, 의원면직처분에 대한 무효확인을 구하는 소송은 당해 공무원이 사망함으로써 중단됨이 없이 종료된다. [2] 행정청의 권한에는 사무의 성질 및 내용에 따르는 제약이 있고, 지역적·대인적으로 한계가 있으므로 이러한 권한의 범위를 넘어서는 권한유월의 행위는 무권한 행위로서 원칙적으로 무효라고 할 것이나, 행정청의 공무원에 대한 의원면직처분은 공무원의 사직의사를 수리하는 소극적 행정행위에 불과하고, 당해 공무원의 사직의사를 확인하는 확인적 행정행위의 성격이 강하며 재량의 여지가 거의 없기 때문에 의원면직처분에서의 행정청의 권한유월 행위를 다른 일반적인 행정행위에서의 그것과 반드시 같이 보아야 할 것은 아니다. [3] 5급 이상의 국가정보원직원에 대한 의원면직처분이 임면권자인 대통령이 아닌 국가정보원장에 의해 행해진 것으로 위법하고, 나아가 국가정보원직원의 명예퇴직원 내지 사직서 제출이 직위해제 후 1년여에 걸친 국가정보원장 측의 종용에 의한 것이었다는 사정을 감안한다 하더라도 그러한 하자가 중대한 것이라고 볼 수는 없으므로, 대통령의 내부결재가 있었는지에 관계없이 당연무효는 아니다.

## II. 행정행위 하자의 유형(도표)

행정행위의 하자의 유형

| 행정행위의 하자의 유형 | 내용 |
|---|---|
| 무효인 행정행위 | 무효는 행정행위가 외관상으로 존재하나 중대하고 명백한 하자(瑕疵)가 있으므로 행정행위의 효력이 처음부터 발생하지 아니한다. 따라서 무효인 행정행위는 구속력·공정력·확정력·집행력 등의 효력이 없다. |
| 취소할 수 있는 행정행위 | 취소는 유효하게 성립한 행정행위에 대하여 성립에 중대하고 명백한 하자 이외의 하자를 이유로 행정행위의 법률상의 효력을 소급해서 상실시키는 권한 있는 기관의 독립한 별개의 행정행위이다. |

## III. 행정행위의 하자(瑕疵)의 효과

하자가 특정한 행정행위의 효과에 어떠한 영향을 미치느냐, 즉 하자있는 행정행위가 어떠한 효력을 발생하느냐에 관하여는 실정행정법상 규정하는바 없는 것이 보통인 까닭에,[1] 이를 해석론상의 이론을 중심으로 해결할 수밖에 없다. 행정행위의 하자의 유형(類型)에 대한 종래 통설에 의하면, 행정행위의 하자의 효과에 관하여 민법상(私法上) 법률행위에 있어서와 같이 무효인 행정행위와 취소할 수 있는 행정행위로 나누는 것이 일반적이다. 또한 행정행위의 「하자의 효과」에 무효인 행정행위와 취소할 수 있는 행정행위 두 가지가 있다는 것은 하자(瑕疵)의 태양(樣態)에 무효원인인 하자와 취소원인인 하자가 있다는 것을 의미한다.

「행정행위의 하자의 효과」: (ㄱ) 무효인 행정행위, (ㄴ) 취소할 수 있는 행정행위

「무효인 행정행위」

---

[1] 최근에는 일반입법의 형식으로 성문화 시키는 경향이 있다(예: 독일연방행정절차법 § 44-48 VwVfG)

- 무효는 행정행위가 외관상으로 존재하나 중대하고도 명백한 瑕疵(예: 여자에게 징집영장을 발부한 경우·死者에 대한 의사면허증교부)가 있으므로 행정행위의 효력이 처음부터 발생하지 아니한다.
- 따라서 무효인 행정행위는 구속력·공정력·확정력·집행력 등의 효력이 없다.

「취소할 수 있는 행정행위」
- 취소는 유효하게 성립한 행정행위에 대하여 성립에 중대하고 명백한 하자이외의 하자를 이유로 행정행위의 법률상의 효력을 소급해서 상실시키는 권한 있는 기관 (처분청·상급감독청·재결청)의 독립한(별개의) 행정행위다.

[사례] X는 1974. 3. 17생으로 1992. 2. 26 당시 18세에 미달인 자로서 도로교통법 제70조 제1호(현행 도로교통법 제82조 제1호)에서 18세 미만의 자는 운전면허를 받을 수 없도록 규정하고 있어서 자동차운전면허 시험을 보지 못하게 되자, 다시 동년 3월 4일 면허응시원서의 성명란과 생년월일란에는 X의 형인 Y의 성명과 생년월일 1970. 11. 13을 기재하고 사진란에는 X본인의 사진을 붙여 담당공무원에게 제출한 뒤 응시하고 합격하여 동년 3월 12일 A지방경찰청장으로부터 보통 제1종 면허증(자동차운전면허증의 사진은 X의 것, 명의는 Y로 되었음)을 교부받아 운전을 하여 오던 중, 1993. 4. 20 위 사실이 발각되어 X는 무면허운전자로서 기소되었다. X는 무면허운전자로서 처벌되는가?

[논점]
(1) 행정행위의 흠의 효과
(2) 흠있는 행정행위의 효력 — 공정력(예선적 효력)관계
(3) 행정행위의 공정력(예선적 효력)이 형사사건에 미치는 영향

[행정행위의 무효·취소와 공정력(예선적 효력)] 행정행위가 행하여지면 그 행정행위가 중대·명백한 흠이 있어 무효인 경우를 제외하고는 그 실체법상의 적법·위법 또는 당·부당을 가릴 것 없이, 비록 법정요건을 갖추지 못하여 흠이 있더라도, 권한있는 기관에 의하여 취소되기까지는 상대방·제3자에 대하여 일응 구속력이 있는 것으로 통용되는 힘을 행정행위의 공정력 또는 예선적 효력(프랑스)[1]이라고 한다.

[공정력에 관련한 대법원 판례] (판례-1): 행정행위의 공정력이라 함은 행정행위에 하자가 있더라도 당연무효가 아닌 한 권한 있는 기관에 의하여 취소될 때까지는 잠정적으로 유효한 것으로 통용되는 효력에 지나지 아니하는 것이므로, 행정행위가 취소되지 아니하여 공정력이 인정된다고 하더라도 그 상대방이나 이해관계인은 언제든지 그 행정행위가 위법한 것임을 주장할 수 있는 것이다.[2] (판례-2): 행정행위는 공정력과 불가쟁력의 효력이 있어 설혹 행정행위에 하자가 있는 경우에도 그 하자가 중대하고 명백하여 당연무효로 보아야

---

1) 장태주, 행정행위의 공정력과 취소판결의 소급효와의 충돌, 고시계(2004.7), 96면.
2) 대판 1993. 11. 9, 93누14271 【건물철거대집행계고처분취소】

할 사유가 있는경우 이외에는 그 행정행위가 행정소송이나 다른 행정행위에 의하여 적법히 취소될 때까지는 단순히 취소할 수 있는 사유가 있는 것만으로는 누구나 그 효력을 부인할 수는 없고 법령에 의한 불복기간이 경과한 경우에는 당사자는 그 행정처분의 효력을 다툴 수 없다고 할 것이다.[1]

[행정행위의 공정력이 형사관계에도 미치는가?] 행정행위의 공정력이 형사사건에도 미치게 할 것인가에 대해서는 학설이 일치하고 있지 않다. 행정행위의 공정력이 형사관계에는 미치지 않는다고 주장하는 입장에서는 공정력은 행정행위가 만들어내는 **법률관계의 안정**을 기하기 위해 인정되는 것이므로 **죄형법정주의**를 배제할 수 있을 정도의 것은 되지 못한다고 한다.

[해설] 연령미달의 결격자인 피고인이 소외인의 이름으로 운전면허시험에 응시, 합격하여 교부받은 운전면허는 당연무효가 아니고 도로교통법 제65조 제3호의 사유에 해당함에 불과하여 취소되지 않는 한 유효하므로 피고인의 운전행위는 무면허운전에 해당하지 아니한다.[2]

## IV. 무효·취소구별의 인부(認否) 및 그 이론적 근거

### 1. 무효만을 인정하는 견해

이는 순수이론적 견해이며, 순수이론적 견해는 켈젠(Hans Kelsen)이나 메르클(Adolf J. Merkl) 등과 같은 오스트리아의 비인학파(Wiener Schule)가 주장하는 견해이다(순수법학). 행정행위의 하자의 효과로서 무효·취소의 양자를 인정하지 않고 원칙적으로 당연히 「무효만을 인정」한다.[3] 즉 이는 귀속설을 전제로 한 이론으로서 행정행위는 법을 통한 행위이며, 법을 통해 국가에 귀속하므로 하자있는 행정행위는 위법행위로서 당연히 무효가 된다는 견해이다. 만일에 그것을 취소원인으로 보아서 일단 유효한 행위로 인정하려면, 특히 법규에 명문의 규정이 있어야 하고, 입법자가 그러한 규정을 두지 않았음에도 불구하고 행정행위의 유효를 인정하는 것은 입법정책론으로는 가능할지 모르지만 법률해석학의 테두리를 벗어난다는 것이다.[4] 그러나 이 견해는 법의 절대완전성·무흠결성을 전제로 할 때에만 가능하다는 점에서 비판을 받는다.

---

1) 대판 1991. 4. 23, 90누8756【액화석유가스판매업신고반려처분취소】
2) 대판 1982. 6. 8, 80도2646【도로교통법위반】
3) 김도창, 행정법론(상), 청운사 1993, 456면.
4) 김도창, 행정법론(상), 청운사 1993, 456면.

「무효만을 인정하는 견해」
　　▶행정행위의 하자의 효과로서 무효·취소의 양자를 인정하지 않고 원칙적으로 당연히 무효만을 인정 → 행정행위는 법을 통한 행위이며, 법을 통해 국가에 귀속하므로 하자있는 행정행위는 위법행위로서 무효
　　(근거)
　　　▶일단 유효한 행정행위로 인정하려면, 특히 법규에 명문의 규정이 있어야
　　　▶입법자가 그러한 규정을 두지 않았음에도 불구하고 유효를 인정하는 것은 부당
　　비판 → 이 견해는 법의 절대완전성·무흠결성을 전제로 할 때에만 가능하다.

## 2. 목적론적 견해

### 2.1. 개관

　행정행위의 요건을 정하는 법규의 가치에 중요한 것과 중요하지 않은 것의 차이를 인정하고, 이에 따라 하자의 효과에 차이를 인정한다. 이에는 (ㄱ) 취소만을 인정하는 견해, (ㄴ) 무효와 취소를 동시에 인정하는 견해, (ㄷ) 하자의 효과를 위와 같이 구별하지 않고 개별적으로 정해야 한다는 개별화이론을 들 수 있다. 「목적론적 견해」: (ㄱ) 취소만을 인정하는 견해, (ㄴ) 무효와 취소를 인정하는 견해, (ㄷ)개별적으로 정해야 한다는 견해(개별화이론)

### 2.2. 내용

#### 2.2.1. 취소만을 인정하는 견해

　오토 마이어(O. Mayer)는 국가의 우월성을 인정하는 결과 하자의 효과로서 원칙적으로 취소만을 인정한다. 이는 국가의 자기확인(Selbstbezeugung : 자기확인설)을 근거로 하여,[1] 국가의사의 우월성을 인정한 결과, 행정행위의 효력은 비록 흠이 있더라도 그 일반권한 내의 행위인 때에는 일단 유효하게 성립하며, 권한 있는 기관의 취소에 의하여 비로소 그 효력을 상실한다는 견해이다. 그러나 이는 법치행정을 도외시 하고 있다는 점에서 비판을 받는다.
　　「취소만을 인정하는 견해」
　　　– 국가의 우월성을 전제 → 행정행위의 효력은 비록 흠이 있더라도 그 일반권한내의 행위인 때에는 일단 유효하게 성립하며, 권한 있는 기관의 취소에 의하여 비로소 그 효력을 상실한다
　　　　▶비판 → 법치행정을 도외시

---

[1] 김도창, 행정법론(상), 청운사 1993, 457면.

### 2.2.2. 무효와 취소를 인정하는 견해

a) 무효를 주로 하는 설(헤른리트[Herrnritt])

행정행위는 행정법규의 강제성과 행정작용의 공익성에 비추어 행정행위는 사법행위보다 강력한 법적합성을 요구하는 까닭에 위법행위는 무효를 원칙으로 한다고 한다.

b) 취소를 주로 하는 설(안더센[Andersen], 코르만[Karl Kormann])

행정행위의 성립에 하자가 있는 경우에는 상대방 또는 제3자의 신뢰보호·거래의 안전을 위해서 행정행위의 존속 여부의 선택권을 상대편에게 주는 것이 타당하고, 따라서 흠이 상대편에게도 명백히 인식될 수 있는 경우 중대하고도 명백한 하자의 경우에는 무효로 되며, 그 이외의 하자가 있는 경우에는 취소가 된다는 견해이다. 이것이 종래의 통설·판례의 입장이다.

【종래의 통설·판례의 입장】
▶ 중대하고도 명백한 하자 → 무효
▶ 그 이외의 하자 → 취소

### 2.2.3. 개별화이론

하자의 효과를 위와 같이 고정적으로 볼것이 아니라, 하자의 효과를 결정함에 있어서는 위에서 본 바와 같이 하자(瑕疵) 자체의 성질(중대·명백)을 일반적으로 기준으로 하되, 그것과 아울러 제에즈(Jèze)나 히펠(Hippel)의 견해에 따라 '그 행정행위와 관계되는 구체적인 이익상황'(부담적 행정행위에서는 주로 공익, 수익적 행정행위에서는 주로 상대방 등의 신뢰보호·법적 안정성 등)도 고려함으로써 하자의 효과를 개별적으로 결정하여야 한다는 주장이다. 이에 의하면 하자의 효과를 중대하고도 명백한 하자를 기준으로하여 무효·취소로만 인정할 것이 아니라 관계자의 신뢰보호이익·법적 안정성·공익의 실현 등의 개별적 사정에 따라 결정하여야 하므로 유효로 인정되는 경우가 있으며, 이 이론이 오늘날 유력하게 주장되는 견해이다.

「개별화이론」: 오늘날 유력하게 주장되는 견해
▶ 하자(瑕疵) 자체의 성질(중대·명백) + '그 행정행위와 관계되는 구체적인 이익상황' (부담적 행정행위에서는 주로 공익, 수익적 행정행위에서는 주로 상대방 등의 신뢰보호·법적 안정성 등)
▶ 관계자의 신뢰보호이익·법적 안정성·공익의 실현 등의 개별적 사정에 따라 결정

[개별화이론의 구체적 적용] 하자의 효과의 개별화 이론을 구체적으로 적용한 것으로는 하자있는 행정행위의 치유와 전환, 表見代理(표현대리)이론, 사정판결, 취소의 소급효제한 등이 있다.

## V. 무효원인인 하자와 취소원인인 하자의 구별표준

### 1. 학설
#### 1.1. 개념론적 견해
행정법규를, (ㄱ) 능력적 규정과 명령적 규정, (ㄴ) 강행규정과 비강행규정, (ㄷ) 중요한 법규와 중요하지 않은 법규 등으로 나누어, 전자에 위반하는 행정행위는 무효, 후자에 위반하는 행정행위는 취소할 수 있는 것으로 구별한다. 이러한 견해를 중대설이라고 부르기도 한다.

#### 1.2. 기능론적 견해(통설·판례) : 중대·명백설
##### 1.2.1. 개관
이 견해는 행정쟁송제도의 취지·목적에 비추어 행정행위의 무효와 취소를 구별하려는 이론이며, 이를 중대·명백설이라고도 한다(통설·판례). 하자있는 행정행위가 ① 통상의 행정쟁송절차에 의하여 다투어야 할 정도의 하자이면 취소할 수 있는 행정행위이고, ② 행정행위의 하자가 중대하고 명백하여 행정쟁송절차를 거칠것도 없이 무효확인소송, 또는 민사상의 선결문제에서 그 효력을 부인하거나, 사인의 독자적 판단으로도 그 효력을 부인할 수 있는 정도의 것이면 무효인 행정행위라고 한다. ☞ **행정쟁송절차와의 관련하에서 구별**.

---

〈기능론적 견해〉: 중대·명백설 → 통설·판례
- 취소할 수 있는 행정행위 → 통상의 행정쟁송절차에 의하여 다투어야 할 정도의 하자있는 행정행위
- 무효인 행정행위
  · 瑕疵가 중대하고 명백하여 행정쟁송절차를 거칠 것도 없이 무효확인소송이 가능한 경우
  · 민사상의 선결문제로서 그 효력을 부인할 수 있는 것
  · 私人의 독자적 판단으로도 그 효력을 부인할 수 있는 것

---

〈기능론적 견해〉: 중대·명백설 → 통설·판례
▶ 취소할 수 있는 행정행위 : 통상의 행정쟁송절차에 의하여 다투어야 할 정도의 하자있는 행정행위
▶ 무효인 행정행위 : (ㄱ) 瑕疵가 중대하고 명백하여 행정쟁송절차를 거칠 것도 없이 무효확인소송이 가능한 경우, (ㄴ) 민사상의 선결문제로서 그 효력을 부인할 수 있는 것, (ㄷ) 私人의 독자적 판단으로도 그 효력을 부인할 수 있는 것

[하자의 중대·명백성 여부] 이러한 기능론적 관점에서 무효원인인 하자와 취소원인인 하자의 구별표준으로 삼는 것이 「하자의 중대·명백성 여부」이다(☞ **중대·명백설 참조**). 무효와 취소의 구별기준에 관한 학설로는 아래의 개별적 내용에서 보는바와 같이 중대설, 중대·명백설, 명백성 보충요건설 등의 견해가 대립하고 있다. 판례는 일반적으로 중대·명백설의 입장[1])에 따라 판시하고 있다(다만 대법원 판례 중 반대의견에서 명백성 보충요건설을 취한바 있다[아래 판례 참조]).

### 1.2.2. 대법원판례

[판례-1] "행정처분이 당연무효라고 하기 위하여서는 그 처분에 위법사유가 있다는 것만으로는 부족하고, 그 하자가 중요한 법규에 위반한 것이고 객관적으로 명백한 것이어야 하며, 하자가 중대하고도 명백한 것인가의 여부를 판별함에 있어서는 그 법규의 목적·의미·기능 등을 목적론적으로 고찰함과 동시에 구체적 사안 자체의 특수성에 관하여도 합리적으로 고찰함을 요한다."[2])

[판례-2] (다수의견) : "하자 있는 행정처분이 당연무효가 되기 위하여는 <u>그 하자가 법규의 중요한 부분을 위반한 중대한 것으로서 객관적으로 명백한 것이어야</u> 하며 하자가 중대하고 명백한 것인지 여부를 판별함에 있어서는 그 법규의 목적, 의미, 기능 등을 목적론적으로 고찰함과 동시에 구체적 사안 자체의 특수성에 관하여도 합리적으로 고찰함을 요한다." (반대의견) : "행정행위의 무효사유를 판단하는 기준으로서의 <u>명백성은 행정처분의 법적 안정성 확보를 통하여 행정의 원활한 수행을 도모하는 한편 그 행정처분을 유효한 것으로 믿은 제3자나 공공의 신뢰를 보호하여야 할 필요가 있는 경우에 보충적으로 요구되는 것으로서</u>, 그와 같은 필요가 없거나 하자가 워낙 중대하여 그와 같은 필요에 비하여 처분상대방의 권익을 구제하고 위법한 결과를 시정할 필요가 훨씬 더 큰 경우라면 그 하자가 명백하지 않더라도 그와 같이 중대한 하자를 가진 행정처분은 당연 무효라고 보아야 한다."[3]) ☞ **반대의견은 명백성 보충요건설**

[정리] 판례는 이와 같이 중대·명백설의 기준에 입각하여 위법한 법규명령에 근거한 처분의 위법성의 정도를 판단하는 바, 이를 무효사유로 본 경우(대판 1972.1.31. 71다2516)와 취소사유로 본 경우(대판 1984.8.21. 84다카354)가 있다.

---

1) 대판 1996. 11. 12, 96누1221 【강제퇴거명령처분무효확인등】
2) 대판 1985. 9. 24, 85다326 【사기】
3) 대판 1995. 7. 11, 94누4615 【건설업영업정지처분무효확인】 동지의 판례 : 대판 1996. 11. 12, 96누1221 등 다수.

### 1.2.3. 헌법재판소 결정례

헌법재판소는 위헌법률에 근거한 행정처분의 효력과 관련하여, 원칙적으로 중대·명백설에 따라 처분의 근거법규가 위헌이었다는 하자는 중대하기는 하나 명백한 것이라고는 할 수 없다는 의미에서 그 행정처분은 당연무효가 되지 않는다고 하면서, 다만 그 행정처분을 무효로 하더라도 법적 안정성을 크게 해치지 않는 반면에 그 하자가 중대하여 그 구제가 필요한 경우에 대하여서는 그 예외를 인정하여 이를 당연무효사유로 보아야 할 것이라는 입장을 취하고 있다(헌재 1994. 6. 30, 92헌바23). 즉 법적 안정성의 요구에 비하여 권리구제의 필요성이 큰 경우에는 중대·명백설의 예외를 인정하고 있다(아래참조).

▶ 헌재결 1994. 6. 30, 92헌바23 【구 국세기본법 제42조 제1항 단서에 대한 헌법소원】
판례나 통설은 행정처분이 당연무효인가의 여부는 그 행정처분의 하자가 중대하고 명백한가의 여부에 따라 결정된다고 보고 있지 만 행정처분의 근거가 되는 법규범이 상위법 규범에 위반되어 무효인가 하는 점은 그것이 헌법재판소 또는 대법원에 의하여 유권적으로 확정되기 전에는 어느 누구에게도 명백한 것이라고 할 수 없기 때문에 원칙적으로 당연무효사유에는 해당할 수 없게 되는 것이다. 그러나 행정처분 자체의 효력이 쟁송기간 경과 후에도 존속 중인 경우, 특히 그 처분이 위헌법률에 근거하여 내려진 것이고 그 행정처분의 목적달성을 위하여서는 후행(後行) 행정처분이 필요한데 후행행정처분은 아직 이루어지지 않은 경우, 그 행정처분을 무효로 하더라도 법적 안정성을 크게 해치지 않는 반면에 그 하자가 중대하여 그 구제가 필요한 경우에 대하여서는 그 예외를 인정하여 이를 당연무효사유로 보아서 쟁송기간 경과 후에라도 무효확인을 구할 수 있는 것이라고 봐야 할 것이다. 학설상으로도 중대명백설 외에 중대한 하자가 있기만 하면 그것이 명백하지 않더라도 무효라고 하는 중대설도 주장되고 있고, 대법원의 판례로도 반드시 하자가 중대명백한 경우에만 행정처분의 무효가 인정된다고는 속단할 수 없기 때문이다. 위와 같은 예외를 인정한다면 행정처분이 근거 법규의 위헌의 정도가 심각하여 그 하자가 중대하다고 보여지는 경우, 그리고 그 때문에 국민의 기본권 구제의 필요성이 큰 반면에 법적 안정성의 요구는 비교적 적은 경우에까지 그 구제를 외면하게 되는 불합리를 제거할 수 있게 될 것이다. 위헌법률에 근거한 행정처분이라 할지라도 그것이 당연무효는 아니라고 보는 가장 기본적인 논리는 그 하자가 명백한가의 여부를 제쳐놓더라도 이 경우를 무효라고 본다면 법적 안정성을 해칠 우려가 크다는 데 있는 것이므로 그 우려가 적은 경우에까지 확장하는 것은 온당하지 못하다고 할 것이며 그 경우에는 마땅히 그 예외가 인정되어야 할 것이다.

[사견] 생각건대, 행정행위의 무효·취소의 구별기준에 관한 논의는 궁극적으로 법적 안정성, 제3자의 신뢰보호, 행정의 원활한 수행 및 권리구제의 요청을 조화시키려는 것이다. 하자가 중대하고 객관적으로 명백한 경우에만 처음부터 아무런 법적 효력을 발생하지 않는 무효인 행정행위로 보고, 그 이외의 경우에는 권한 있는 기관에 의하여 취소되어야만

비로소 처분의 효력을 상실하게 할 수 있는 취소사유로 보는 중대·명백설은 이러한 요청을 적절히 조화시키는 이론이라 할 것이다. 다만, 법적 안정성 및 제3자의 신뢰보호에 비하여 처분의 침해로부터 상대방을 보호할 필요가 강하게 요구되는 경우에는 예외적으로 하자가 중대하기만 하면 무효로 보는 것이 권리보호의 요청에 부합하고 불합리한 결과를 피하는 방법이 될 것이다.

### 1.2.4. 개별적 내용
#### a) 중대설

발터 옐리네크(W. Jellinek는 G. Jellinek의 아들)는 행정행위에 있어 위반법규가 강행규정인 때(주로 행위의 주체, 객체, 형식에 관한 요건)에는 무효이고, 그렇지 않을 때(주로 내용에 관한 요건)에는 취소의 대상이 될 뿐이고, 또한 법규위반 중에서도 중대한 것만이 무효라고 한다. 하자의 중대성이라 함은 행위의 본질에 영향을 미치는 중대한 법규위반을 의미한다. 이는 행정행위의 근거가 된 법규가 중대하다는 것이 아니라 당해 행정행위가 그 적법요건을 충족시키지 못함으로써 지니는 하자가 중대하다는 것을 의미한다. 중대설은 중대한 하자가 있으면 그것이 명백하지 않더라도 행정행위는 무효가 된다는 견해이다. 또한 법규를, (ㄱ) 능력규정과 명령규정, (ㄴ) 강행규정과 비강행규정으로 나누어, 전자에 위반하는 행위는 무효, 후자에 위반하는 행위는 취소할 수 있는 것이라고 보는 견해를 중대설이라고 부르기도 한다. 이와 같이 중대설은 행정법규는 요건의 가치에 있어 중요한 의미를 지니는 법규는 능력규정·강행규정으로 보고, 상대적으로 중요하지 않은 법규는 명령규정·비강행규정으로 보고 있다. 예컨대, "대통령의 일정한 국무행위에는 국무회의의 심의를 거쳐야 한다."고 규정한 경우 이는 능력규정이므로 무효이나, "대통령의 국방상 행위에는 국가안전보장회의의 자문을 거쳐야 한다."고 규정한 경우 이는 명령규정이므로 취소 또는 유효한 것으로 보는 것이 그 예이다. 중대설은 중대명백설의 단서를 제공한 공적이 있으나, 능력규정과 명령규정의 구분기준이 애매모호한 점, 명백성이라는 또 하나의 기준을 추가하여 종합적 고찰이 필요하다는 비판 등을 받고 있다.

#### b) 중대·명백설(외관상 일견명백설)

하자가 중대하고 명백한 경우에는 무효인 행정행위로 보며, 그 밖의 경우(그 중 어느 한 요소 또는 둘 전부를 결여한 경우)에는 취소할 수 있는 행정행위로 보는 견해이다. 여기서 하자의 중대성을 판단함에 있어서는 위반된 법규의 성질·기능뿐만 아니라, 그 위반의 정도도 고려하여야 하며, 하자의 명백성은 당사자나 법률전문가의 관점에서가 아니라 통상적인 인식능력을 가진 일반인의 관점에서 객관적으로 판단되어야 한다고 한다. 다시말하면 하자의 명백성이란 당사자의 시각이나 법률전문가의 인식능력에 의해서가 아니라 통상적인 주의력과 이해력을 갖춘 일반인의 판단에 의해서도 객관적(외형상)으로 그 하자가 있음이 분명한 것을 의미한다. 이 견해는 행정행위에 내재하는 하자의 내부적 성질과 외부적 성질에 착안하여 내부적 성질이 중대하고 외부적 성질이 명백한 것은 무효라고 본다. 행정행위가 당연 무효이기 위해서는, (ㄱ) 내용상 중대한 흠이 있고, (ㄴ) 흠의 존재가 외관상 명백한 경우[1])에만 무효라 한다. 그 중대성이나 명백성 중 어느 하나를 결여되면 단지 취소사유로 된다는 견해이다(외관상 일견명백설). 독일과 일본, 그리고 우리나라에 있어서의 판례[2]) 및 통설이다.

[일본의 경우] 일본에서는 제2차세계대전(戰前)에는 유효요건설(법률소정의 요건을 유효요건과 그렇지 않은 것으로 2분하여 유효요건을 결한 행정행위는 당연무효라는 설)을 취한 학설이나 판례도 있었지만, 전후(戰後)에는 중대명백설이 학설·판례를 지배하였다. 즉 유효요건설이 법률의 요건규정의 성격으로부터 당연무효인가 아닌가의 여부를 판단하므로, 그 판단에 개개의 제반사정에 대한 고려, 이익형량(Interessenabwägung)을 하기가 어렵지만, 중대명백설에 의할 경우 이와 같은 이익형량이 허용된다. 행정행위의 당연무효의 관념은 행정행위에 대한 원칙적 소송방법인 취소소송을 제기할 수 없는 경우에 있어서 구제 필요성의 대두에 따른 정책적 요청에서 등장한 이론이다.

▶ 대판 1995. 7. 11, 94누4615 【건설업영업정지처분무효확인】 행정처분 무효사유의 요건으로서의 명백을 요구하는 이유는 행정처분의 법적 안정성 확보를 통하여 행정의 원활한 수행을 도모하는 한편, 그 행정처분을 유효한 것으로 믿은 제3자나 공공의 신뢰를 보호하여야 할 필요가 있기 때문에 그 법익의 조화를 이루고자 함에 있는 것이다. 하자 있는 행정처분이 당연무효가 되기 위하여는 그 하자가 법규의 중요한 부분을 위반한 중대한 것으로서 객관적으로 명백한 것이어야 하며 하자가 중대하고 명백한 것인지 여부를 판별함에 있어서는 그 법규의 목적, 의미, 기능 등을 목적론적으로 고찰함과 동시에 구체적 사안 자체의 특수성에 관하여도 합리적으로 고찰함을 요한다.

c) 명백성 보충요건설

명백성 보충요건설은 행정행위의 무효를 논함에 있어 하자의 중대성은 필수적 요건으로 보고, 명백성의 요건은 행정의 법적 안정, 국민의 신뢰보호의 요청이 있는 경우에만 가중적으로 요구되는 요건이라고 보는 견해이다. 다시말하면, 명백성 보충요건설은 「… 행정행위의 무효사유를 판단하는 기준으로 명백성은 행정처분의 법적 안정성 확보를 통하여

---

1) "행정처분의 근거 법률이 헌법에 위반된다는 사정은 헌법재판소의 위헌결정이 있기 전에는 객관적으로 명백한 것이라고 할 수 없으므로 특별한 사정이 없는 한 그러한 하자는 행정처분의 취소사유에 해당할 뿐 당연무효사유는 아니고 …(헌재 2014. 1. 28. 2010헌바251)"
2) 대판 1995. 7. 11, 94누4615

행정의 원활한 수행을 도모하는 한편, 그 행정처분을 유효한 것으로 믿은 제3자나 공공의 신뢰를 보호하여야 할 필요가 있는 경우에 보충적으로 요구되는 것이다. 그러므로 그와 같은 필요가 없거나 하자가 워낙 중대하여 그와 같은 필요에 비하여 처분 상대방의 권익을 구제하고 위법한 결과를 시정할 필요가 훨씬 더 큰 경우라면 그 하자가 명백하지 않더라도 그와 같이 중대한 하자를 가진 행정처분은 당연무효라고 보아야 한다」는 것이다.[1] 우리 판례상 이러한 기준에 입각한 판례는 없다(다만 앞에서 언급한 바와 같이 대법원 판례중 소수의견으로 제시된바는 있다).[2]

## 2. 무효원인인 하자와 취소원인인 하자의 구별의 요건 및 판단기준(중대·명백설)

### 2.1. 구별요건

[개관] 행정행위에 내재하는 하자가 「중요한 법규위반인가의 여부 및 그 하자의 존재가 외관상 명백한가의 여부」라는 두 표준에 의하여, 「중대하고도 명백한 하자」가 있는 경우에만 행정행위는 무효이다.[3] 그러나 내용적으로 「중대하기는 하나 객관적으로 명백하지 않은 하자」 또는 「명백하기는 하나 중대하지 않는 하자」가 있는 행정행위는 취소할 수 있음에 그친다고 하는 것이다.

[하자의 명백성] 하자의 명백성에 관하여는 다양한 견해가 주장되고 있으나, 통설·판례는 외관상 객관적 명백설에 따르고 있다. 이에 의하면 명백의 개념은 하자의 존재가 외관상 객관적으로 명백하다는 것을 말하고, 구체적으로는 일견 간취 할 수 있는가 여부를 기준으로 판가름하며, 처분기관의 知·不知와는 관계없이, 그리고 국가기관의 판단을 기다릴 것 없이 누가 판단하더라도 객관적으로 동일한 결론에 도달할 수 있을 정도로 분명한 것이라는 말로 표현되기도 한다. 이와같이 행정처분의 하자가 명백하다는 것은 처분청이 처분요건이 존재를 오인한 것이 외형상·객관적으로 명백한 경우를 의미하는 것인 바, 행정청이 태만에 의하여 조사하여야 할 자료를 빠뜨렸다는 사유는 처분에 외형상·객관적으로 명백한 하자가 있는지의 여부의 판정에 직접 관계를 가지는 것이 아니다. 예컨대 농지가 아닌 토지를 농지로서 매수하는 것은 위법하나 그것만으로 당연무효가 되는 것은 아니고, 당연무효라고 하기 위하여는 농지로 인정한 조치에 중대·명백한 오인이 있는 경우(예를 들면, 이미 그

---

1) 대판 1995. 7. 11, 94누4615 전원합의체 판결의 반대의견에서 제시된 견해이다.
2) 김동희, 행정법(I), 329면; 대판 1995. 7. 11, 94누4615(소수의견).
3) 대판 1997. 5. 28, 95다15735; 독일연방행정절차법 제44조 제1항 : 행정행위는 그것이 특별히 중대한 하자를 가졌고 그 하자가 제반관계사정의 합리적 평가에 의하여 명백하다고 인정되는 경우에는 무효이다. 김남진, 행정행위의 하자, 고시계(1985.11), 70면 이하 참조.

지상에 견고한 건물이 세워져 있는 것과 같은 명백한 택지를 농지로 오인하여 매수한 것으로서 그 오인이 누가 보더라도 명백한 경우)라야 한다. (판례) : "…그런데 환경영향평가를 거쳐야 할 대상사업에 대하여 환경영향평가를 거치지 아니하였음에도 불구하고 승인 등 처분이 이루어진다면, 사전에 환경영향평가를 함에 있어 평가대상지역 주민들의 의견을 수렴하고 그 결과를 토대로 하여 환경부장관과의 협의내용을 사업계획에 미리 반영시키는 것 자체가 원천적으로 봉쇄되는바, 이렇게 되면 환경파괴를 미연에 방지하고 쾌적한 환경을 유지·조성하기 위하여 환경영향평가제도를 둔 입법 취지를 달성할 수 없게 되는 결과를 초래할 뿐만 아니라 환경영향평가대상지역 안의 주민들의 직접적이고 개별적인 이익을 근본적으로 침해하게 되므로, 이러한 행정처분의 하자는 법규의 중요한 부분을 위반한 중대한 것이고 객관적으로도 명백한 것이라고 하지 않을 수 없어, 이와 같은 행정처분은 당연무효이다."[1]

▶ 중대하고도 명백한 하자 → 무효
▶ 내용적으로 중대하기는 하나 객관적으로 명백하지 않은 하자 → 취소
▶ 명백하기는 하나 중대하지 않는 하자가 있는 행정행위 → 취소

### 2.2. 판단기준

하자가 중대하고 명백한 것인지 여부를 판별함에 있어서는 그 법규의 목적·의미·기능 등을 목적론적으로 고찰함과 동시에 구체적 사안(事案) 자체의 특수성에 관하여도 합리적으로 고찰함을 요한다.[2]

### 2.3. 사례

[중대·명백] 위법·무효인 시행령이나 시행규칙의 규정을 적용한 하자있는 행정처분이 당연무효로 되려면 그 규정이 행정처분의 중요한 부분에 관한 것이어서 결과적으로 그에 따른 행정처분의 중요한 부분이 하자 있는 것으로 귀착되고 또한 그 규정의 위법성이 객관적으로 명백하여 그에 따른 행정처분의 하자가 객관적으로 명백한 것으로 귀착되어야 한다.

[판례 : 중대하기는 하지만 객관적으로 명백하지 않은 경우] 대법원은 "구(舊)개발이익환수에관한법률시행령(1991.9.13. 대통령령 제13465호로 개정되기 이전의 것) 제9조 제5항 및 제8조 제1항 제2호의 규정은 구 개발이익환수에 관한 법률(1993.6.11. 법률 제4563호로 개

---

1) 대판 2006. 6. 30, 2005두14363【국방군사시설사업실시계획승인처분무효확인】
2) 대판 1997. 5. 28, 95다15735.

정되기 이전의 것, 이하 구법이라 한다) 제10조 제3항 단서 및 제9조 제3항 제2호의 규정에 위반하여 무효이고, 그 구법시행령의 규정들을 적용한 개발부담금 부과처분은 사안의 특수성을 고려하여 볼 때 그 중요한 부분에 하자가 있는 것으로 귀착되어 그 하자가 중대하지만, 개발부담금 부과처분 당시(1991.4.30)에는 아직 그 구법 시행령의 규정들이 위법·무효라고 선언한 대법원의 판결들이 선고되지 아니하였고 또한 그 구법시행령의 규정들이 그 구법의 규정들에 위반되는지의 여부가 해석상 다툼의 여지가 없을 정도로 객관적으로 명백하다고 보여지지는 아니하는 경우, 그 구법시행령의 규정들에 따른 개발부담금 부과처분의 하자가 객관적으로 명백하다고 볼 수는 없으므로 그 개발부담금 부과처분은 그 하자가 중대·명백한 것이라고 할 수 없다."[1]고 하였다.

## VI. 무효와 취소의 구별실익

[무효와 취소의 구별실익] 무효와 취소의 구별실익은 공정력 기타 효력의 유효, 쟁송절차와 관련된 구별실익 (취소소송·무효등확인소송), 하자의 주장방법, 선결문제와의 관계, 사정재결·사정판결의 可否, 하자의 승계와의 관계, 하자(瑕疵)의 치유(治癒)와 전환(轉換)과의 관계, 공무집행방해죄의 성부, 신뢰의 보호여부 등이다.

[하자의 승계와의 관계] "…선행행위와 후행행위가 서로 독립하여 각각 별개의 법률효과를 목적으로 하는 때에는 선행행위의 하자가 중대하고 명백하여 당연무효인 경우를 제외하고는 선행행위의 하자를 이유로 후행행위의 효력을 다툴 수 없고,[2] 행정처분이 당연무효라고 하기 위하여는 처분에 위법사유가 있다는 것만으로는 부족하고 그 하자가 법규의 중요한 부분을 위반한 중대한 것으로서 객관적으로 명백한 것이어야 하며, 하자가 중대하고 명백한 것인지의 여부를 판별함에 있어서는 그 법규의 목적, 의미, 기능 등을 목적론적으로 고찰함과 동시에 구체적 사안 자체의 특수성에 관하여도 합리적으로 고찰함을 요한다.[3]

— 공정력 기타 효력의 유효
— 쟁송절차와 관련된 구별실익 (취소소송·무효등확인소송)
— 하자의 주장방법

---

1) 대판 1997. 5. 28, 95다15735 【위법·무효인 舊 개발이익환수에관한법률시행령 제8조 제1항 제2호 및 제9조 제5항을 적용한 개발부담금부과처분이 당연무효인지의 여부】
2) 대판 1998. 9. 8, 97누20502; 대판 2000. 9. 5, 99두9889 등 참조.
3) 대판 2004. 6. 10, 2002두12618 【창고건물철거등행정대집행계고처분취소】; 대판 2002. 12. 10, 2001두4566; 대판 2003. 6. 13, 2003두1042 등 참조.

- 선결문제와의 관계
- 사정재결·사정판결의 可否
- 하자의 승계와의 관계
- 하자(瑕疵)의 치유(治癒)와 전환(轉換)과의 관계
- 공무집행방해죄의 성부
- 신뢰의 보호여부

| 구 분 | 무효인 행정행위 | 취소할 수 있는 행정행위 |
|---|---|---|
| 효 력 | · 처음부터 아무런 효력이 발생하지 않음<br>· 공정력이 인정되지 않음 | · 취소될 때까지는 효력이 인정됨<br>· 공정력이 인정 |
| 하자의 주장방법 | · 무효등확인쟁송<br>· 무효선언을 구하는 의미의 취소쟁송 | 취소쟁송만 가능 |
| 제소기간 행정심판전치주의 | 무효등확인소송 : 적용 안 됨<br>(다만, 무효선언을 구하는 의미의 취소소송의 경우에는 적용 - 판례) | 취소소송에는 적용 |
| 사정판결·재결 | 불가능 | 가능 |
| 하자 승계 | 언제나 승계됨 | 선행행위와 후행행위가 서로 결합하여 하나의 효과를 달성하는 경우에만 승계 |

<방극봉, 실무행정법, 법제처, 2009, 22면 참조>

## 1. 공정력 기타 효력의 유효

취소할 수 있는 행정행위에는 공정력·불가쟁력·집행력 등이 인정되나, 무효인 행정행위에는 이들 효력이 인정되지 않는다.

▶ 취소할 수 있는 행정행위 → 공정력·불가쟁력·집행력 등이 인정
▶ 무효인 행정행위 → 이들 효력이 인정되지 않음

## 2. 쟁송절차와 관련된 구별실익

무효와 취소의 구별실익은 쟁송절차와 관련하여 구하는 것이 보통이다.

## 2.1. 취소주장의 방법(취소절차)

취소할 수 있는 행정행위에 있어서는, 행정행위가 효력이 없어지려면 특별한 취소행위가 있어야 한다. 그리고 취소소송을 제기하는 경우, 행정심판전치주의, 단기제소기간, 집행부정지원칙과 같은 행정소송법상의 제한을 받게 된다.

## 2.2. 무효주장의 방법(무효절차)

[행정행위의 무효를 주장하는 방법] 무효인 행정행위에 있어서는, 통설·판례는 그것이 처음부터 당연히 효력이 없기 때문에 누구든지 또 언제든지 그 무효를 주장할 수 있다고 보고 있다. 행정행위의 무효를 주장하는 방법에는 다음과 같은 방법이 있다. (ㄱ) 민사상의 선결문제로서 무효주장(무효확인을 위한 행정쟁송절차를 취함이 없이 행정행위의 무효를 이른바 민사상의 선결문제로 하여 직접 민사상의 부당이득반환 등의 청구소송을 제기), (ㄴ) 무효확인소송(행정행위무효확인소송을 제기할 때에는 취소소송을 제기할 때와 같은 절차적 제약을 받지 않는다), (ㄷ) 무효선언항고소송(취소소송) 이 있다.

## 3. 하자의 주장방법

행정행위가 취소할 수 있는 것인 경우에는 취소소송의 방식에 의해서만 그 취소를 청구할 수 있는 데 대하여 무효인 행정행위는 취소소송의 방식외에 항고소송인 무효등확인소송에 의해서도 그 무효를 주장할 수 있다.

▶취소할 수 있는 행정행위 → 취소소송만 가능
▶무효인 행정행위 → · 취소소송
　　　　　　　　　　· 항고소송인 무효등확인소송의 제기도 가능

## 4. 민사상 선결문제(先決問題)와의 관계

[무효인 행정행위와 취소할 수 있는 행정행의의 민사상의 선결문제] 무효인 행정행위로 인하여 손해를 입은 자는 무효확인을 위한 행정쟁송절차를 취함이 없이 행정행위의 무효를 이른바 민사상의 선결문제로 하여 직접 민사상의 부당이득반환 등의 청구소송을 제기할 수 있음1)에 반하여(즉, 受訴法院[수소법원]은 스스로 선결문제인 행정행위의 무효 여부를 판단할 수 있다), 취소의 대상이 되는 행정행위인 경우에는 먼저 취소소송의 행정소송에 의

---

1) 행정소송법 제11조 제1항 : 처분 등의 효력 유무 또는 존재여부가 민사소송의 선결문제로 되어 당해 민사소송의 수소법원(受訴法院)이 이를 심리·판단하는 경우 …에 관해 규정함으로써 무효인 행정행위에 대해서는 민사상 청구의 선결문제로서 그 무효임을 판단 받을 수 있음을 인정하고 있다.

한 취소판결이 있은 후에야 비로소 민사상손해배상 등 청구소송을 제기할 수 있다.

▶ 무효인 행정행위 → '무효확인판결 없이 직접적으로' 민사상의 부당이득반환청구소송 제기가능

▶ 취소의 대상이 되는 행정행위 → 취소소송의 행정소송에 의한 '취소판결이 있은 후에야 비로소' 민사상의 손해배상 등 청구소송을 제기가능

## 5. 사정재결(事情裁決)·사정판결(事情判決)의 가부(可否)

사정재결 및 사정판결은 그 성질상 취소할 수 있는 행정행위에 대해서만 인정된다. 왜냐하면 무효인 행정행위에 있어서는 사정재결·사정판결로 유지할 수 있는 유효한 행정행위가 처음부터 존재하지 아니하기 때문이다. 바로 이러한 점에서 구별의 실익이 있다.

## 6. 하자의 승계와의 관계

### 6.1. 무효원인인 하자와 취소원인인 하자가 모두 승계되는 경우

두 행위가 결합하여 하나의 법률효과를 발생할 경우(예: 압류와 공매)에는 무효원인인 하자와 취소원인인 하자가 모두 승계된다.

### 6.2. 무효원인인 하자만이 승계되는 경우

두 행위가 독립하여 개별의 법률효과를 발생할 경우(예: 과세처분과 체납처분)에는 무효원인인 하자만이 승계된다.

## 7. 하자의 치유(治癒)와 전환(轉換)과의 관계

하자의 치유는 원칙적으로 취소할 수 있는 행정행위에만 인정되며, 하자의 전환(Umdeutung, Konversion)은 무효인 행정행위에만 인정된다.

▶ 하자의 치유 → 원칙적으로 취소할 수 있는 행정행위에만 인정

▶ 하자의 전환 → 무효인 행정행위에만 인정

## 8. 공무집행방해죄(公務執行妨害罪)의 성부(成否)

무효인 행정행위에 대한 불복종은 공무집행방해죄를 구성하지 않는다.

## 9. 신뢰의 보호여부

신뢰보호는 행정행위의 취소·철회와 관계되는 것이며, 무효원인인 하자있는 행정행위에 대한 신뢰는 「보호받을 가치가 없다」.

## VII. 행정행위의 하자의 승계(위법성의 승계)

### 1. 개관
#### 1.1. 서론

[의의] 하자의 승계라 함은 동일한 행정목적을 달성하기 위하여 두 개 이상의 행정행위가 단계적인 일련의 절차로 서로 연속하여 행하여지는 경우에 나중에 행해진 '후행(後行)행정행위' 자체에는 하자가 없다 하더라도 이미 행해진 '선행(先行)행정행위'에 하자가 있을 때, 그 선행행정행위의 하자가 후행행정행위에 승계되는가의 여부를 다루는 것이 하자의 승계라고 한다. 이를 위법성의 승계라고도 한다.

    (ㄱ) 두 개 이상의 행정행위가 서로 연속하여 행하여지는 경우에, 선행행위가 출소기간이 경과되어 불가쟁력이 발생한 후에 후행행위의 취소소송에서 그 자체는 위법하지 아니함에도 불구하고, <u>선행행위의 위법을 이유로 후행행위의 위법을 주장할 수 있는지가</u> 문제된다.

    (ㄴ) 선행행위에 불가쟁력이 생긴 뒤에는 그 행위의 효력은 다툴 수 없게 되나, 그 선행행위의 흠이 후행행위의 효력을 다툴 수 있는 실익이 있다.

[행정상 법률관계와 행정행위하자의 승계] 행정상의 법률관계는 가능하면 조속히 확정되고 안정되어야 하는 것이므로, **행정행위의 하자(위법성)는** 원칙적으로 독립적으로 검토되어야 한다. 따라서 일정한 행정목적을 실현하기 위상의 행정행위가 일련의 절차로 연속하여 행하여진 경우에도 선행행위 하자는 원칙적으로 후행행위에 승계되지 아니하는 것이 원칙이다.[1] 그리고 선행행위인 행정청의 명령에 대하여 소원이나 소송으로 그 위법임을 소구하는 절차를 거치지 아니한 경우에도 마찬가지이다. 대법원은 '법률에 의거한 행정청의 무허가 건물철거명령에 대한 소구절차를 거치지 아니하여 이미 선행행위가 적법히 확정된 경우에 후행행위인 대집행계고처분에서는 무허가건물이 아닌 적법한 건축물이라는 주장이나 그러한 사실 인정을 할 수 있는지 여부'에 대하여 "법률에 의거한 행정청의 무허가건물철거명령에 대하여 소원이나 소송제기 등 소구절차를 거치지 아니하여 이미 선행행위가 적법인 것으로 확정된 경우에는 후행행위인 대집행계고처분에서는 위 건물이 무허가건물이 아닌 적법한 건축물이라는 주장이나 그러한 사실인정을 하지 못한다."[2] 라고 하여 **선행행위인 행정청의 명령**에 대하여 소원이나 소송으로 그 위법임을 소구하는 절차를 거치지 아니하였다면 그 명령은 적법인 것으로 확정되었다 할 것이므로 **후행행위인 대집행 계고처분**에서는 그 선행명령이 위법이라는 주장이나 그러한 사실인정을 하지 못한다는 판결을 한것이다.

---

1) 김동희, 대물적 처분과 행정행위의 하자의 승계, 고시계(1998.3), 147면.
2) 대판 1975. 12. 9, 75누218 【대집행계고처분취소】

▶ 대판 1999. 4. 27, 97누6780 【건축물철거대집행계고처분취소】 적법한 건축물에 대한 철거명령은 그 하자가 중대하고 명백하여 당연무효라고 할 것이고, 그 후행행위인 건축물철거 대집행계고처분 역시 당연무효라고 할 것이다.
▶ 대판 1975. 12. 9, 75누218 【대집행계고처분취소】 법률에 의거한 행정청의 무허가 건물철거명령에 대하여 소원이나 소송제기 등 소구절차를 거치지 아니하여 이미 선행행위가 적법인 것으로 확정된 경우에는 후행행위인 대집행계고처분에서는 위 건물이 무허가건물이 아닌 적법한 건축물이라는 주장이나 그러한 사실인정을 하지 못한다.

### 1.2. 사례

[사례-1] Y시장은 甲의 건물이 건축법에 위반하였다고 하여 **철거명령**을 발하고, 이 건물 앞에 당해 건물이 위법건물로서 그에 대한 철거명령을 발하였다는 내용의 표지판을 설치하였다. 그러나 甲은 자신의 건물은 Y시장이 지적하는 것과 같은 위법사유는 없다고 주장하면서도 철거명령에 대하여는 다투지 아니한 결과 그 쟁송기간은 도과(徒過)하였다. 이 과정에서 위의 표지판도 멸실되었다. 이후 甲은 위 건물에 대한 철거명령이 있었다는 사실은 알리지 아니한채, 건물을 乙에게 양도하였다. 이후 Y시장은 당해 건물에 대한 철거명령의 불이행을 이유로 乙에 대하여 행정대집행법에 의한 **계고처분**을 발하였다. 이러한 사안에서 乙은 당해 건물의 철거명령이 위법한 것이므로, 그 집행행위로서의 계고처분도 위법하다고 보아 그 취소소송을 제기하였다. 이 訴에서 甲의 계고처분을 위법사유로서 제시할 수 있는 구체적 법적 논거 및 그 인용가능성에 대하여 논하라.[1]

    [참고조문] : 건축법, 행정대집행법, 행정소송법
    - 건축법 제69조(위법건축물에 대한 조치 등)
    - 행정대집행법 제2조(대집행과 그 비용징수), 제3조(대집행의 절차), 제7조(행정심판), 제8조(출소권리의 보장)
    - 행정소송법 제18조(행정심판과의 관계), 제20조(제소기간)
    【대물적 처분과 하자있는 행정행위의 승계(철거명령·계고처분)】

    [해설] (철거명령의 법적 성질) : 행정처분은 특정인의 행동, 인격, 경험, 지식 능력 등과 같은 개인적 사정에 착안하여 행해지는 대인적 처분과 특정한 물의 구조, 설비, 장소, 환경, 가치 기타의 물적사정에 의해 행해지는 대물적 처분으로 구별된다. 사례에서의 철거명령은 건물일부가 건축법 규정에 위반했다는 물적 사정에 기해서 이루어진 대물적 처분이라 할 수 있다. (**철거명령의 특징승계인에 대한 효력**). 철거명령 후 철거대상 건물의 소유권이 양도되어 그 소유자가 변경된 경우 그 건물의 특정승계인인 신소유자에게 바로 효력을 미치는지 여부에 관하여 다음과 같은 학설 대립이 있다. (ㄱ) **적극설** : 철거명령이

---

[1] 김동희, 대물적 처분과 행정행위의 하자의 승계, 고시계(1998.3), 143면 이하 참조.

대물적 행정행위이라는 관점에서 전소유자에 대한 철거명령은 그 성질상 특정승계인이 신소유자에게 당연히 그 효력이 미친다고 한다. 따라서 신소유자는 집행의 대상이 되는 철거의무를 부담하게 되므로 행정청으로서는 신소유자에 대하여 별도의 철거명령을 발함이 없이 바로 신소유자에 대하여 계고를 할 수 있다는 학설로서, 통설 및 일본의 판례의 입장이다. (ㄴ) 소극설: 특정승계인의 권리보호의 관점에서, 특정승계인이 철거가 명하여진 건물이라는 사실을 인식하고 승계한 것이 명백한 경우 외에는 구소유자에 대한 철거명령은 신소유자에게 효력이 없다고 한다. 따라서 철거명령이 발하여진 사실을 알지 못하는 특정승계인에 대하여는 새로운 철거명령을 발하여야 한다는 설이다. (ㄷ) 판례의 태도: 판례는 통설(적극설)과 같은 입장을 취하고 있으며, 석유사업의 양수인에 대해서 당해 사업허가는 대물적 허가이므로 양도인에 대해 발생한 허가취소의 위법사유를 이유로 양수인에게 제재조치를 취할 수 있다고 판시한 바 있다. 철거명령은 물건의 소유자의 주관적인 사정이 아니라 물건의 객관적 성질에 착안하여 발하여지는 대물적 행정행위인 점, 물건의 소유자는 철거명령이 있은 이후에도 적법하게 타인에게 소유권 양도가 가능하나, 행정법상 민사절차에서처럼 행정처분의 상대방을 고정시키기 위하여 처분금지가처분 같은 제도가 존재하지 아니하는 점, 이로 인하여 승계인에 대하여 그 때마다 별도의 철거명령을 발하여야 한다면, 행정목적의 신속·원활한 실행 및 행정처분의 실효성을 현저히 저해하는 결과를 초래하는 점등을 종합하여 보면 역시 통설·판례의 적극설이 타당하다. 따라서 사례의 갑에 대한 건축물철거명령은 대물적 처분으로 그 효력이 목적물인 양수인인 을에게도 미친다고 하겠다. 따라서 을은 계고처분이 그 전제를 상실한 처분이라는 이유로 위법성을 주장할 수는 없다. 그리고 사례의 Y시장의 철거명령과 대집행계고처분은 별개의 법적 효과를 목적으로 하는 것으로서 하자의 승계가 인정될 수 없는 것이 원칙이다. 그러나 갑은 을에게 건축물을 양도하면서 철거명령이 있었다는 사실을 숨기고 위법건축물표시판이 멸실되어 있었던 점 등에 비추어 볼 때, 철거명령에 불가쟁력이 발생했다 하더라도 후행처분인 계고처분에서 철거명령의 위법성을 주장할 수 없다면 을에게는 판례에 언급된 수인한도의 범위를 넘는 희생을 강요하는 것이 된다. 따라서 을은 철거명령의 흠을 이유로 계고처분의 위법성을 주장할 수 있다고 할 것이다. 결국 선행정행위의 후행정행위에 대한 구속력이론의 입장에 설 때 당해 Y시장의 철거명령과 을에 대한 계고처분은 대물적 한계의 범위내로 구속력이 인정되어 계고처분의 위법성을 주장할 수 없으나, 추가적 요건인 수인가능성과 예측가능성을 넘은 경우로 구속력의 한계 외이므로 위법성을 주장할 수 있다고 할 것이다.[1] (계고처분의 법적 성질): 계고처분은 준법률행위적

---

[1] 하자의 승계문제에 관하여 종래의 입장에서는 선행처분(先行處分)과 후행처분(後行處分)이 서로 독립하여 별개의 법률효과를 목적으로 하는 경우에는 선행처분에 불가쟁력이 생겨 그 효력을 다툴 수 없게 된 경우에는 그 하자를 이유로 후행처분(後行處分)의 효력을 다툴 수는 없다고 하고 있다. 그러나 그로 인하여 관계인이 입게 되는 불이익이 수인한도(受忍限度)를 넘는 것일 때

행정행위로서 통지이다. 통지란 특정인 또는 불특정다수인에게 특정사실을 알리는 행위를 말한다. 여기서 말하는 통지는 그 자체가 독립한 행정행위인 것으로 특정한 법규명령 또는 행정행위의 효력발생요건으로서의 공포·교부 또는 송달과 아무런 법적효과가 발생하지 않는 사실행위로서의 통지와는 구별된다. 통지 중에서도 대집행의 계고는 의사의 통지이다.

[위 사례의 결론] 위 사례에서는 철거명령이 발하여진 것을 알리기 위하여 설치한 표지(標識)도 멸실된 것으로 보이는데 철거명령이 발하여진 사실을 숨기고 당해 건물을 乙에게 양도한 것으로, 乙로서는 甲에 대하여 당해 철거명령이 발하여 졌다는 사실을 알 수 없었다. 그럼에도 불구하고 효과가 당연히 乙에게 미치는 것이고 계고처분을 다툴 수 있는 수단은 없다고 보는 것은 지나치게 행정목적의 실현에 주안을 두는 것에 불과하고 그것은 공익과 사익의 적정한 해결을 도모하여야 한다는 행정법의 일반적 요청(행정법의 일반법원칙; 과잉금지의 원칙)에 반하는 것이다. 乙이 선의 또는 과실 없이 관련 건물에 대한 철거명령이 있었다는 사실을 알지 못한 때에는 당해 철거 명령의 효력을 을에는 미치지 아니한다고 보거나 또는 을은 자신에 대하여 발하여진 계고처분의 위법사유로서, 그에는 불가쟁력이 발생했음에도 불구하고, 철거명령의 위법성을 주장할 수 있다고 보는 것이 타당하다. 관계인이 입게 되는 불이익이 수인한도(受忍限度)를 넘는 것일 때는 후행처분(後行處分)에 대한 취소소송에서 선행처분의 위법을 독립된 취소사유로서 주장할 수 있다(김동희).

[사례-2] 甲은 관광진흥법 소정의 관광사업등록을 마치고 관광호텔로 사용되고 있는 건물의 소유권을 이전받아 관광호텔을 경영하고 있는 자이다. 甲은 위 건물의 지층 중 일부를 관할구청장에게 공중위생관리법 소정의 목욕장업의 영업신고를 하여 그 신고가 수리되었다, 이에 따라 甲은 수억원의 비용을 들여 목욕장시설을 한 후 목욕장업의 영업을 해오고 있었다. 그러나 위 지층부분은 그 용도가 일반유흥 음식점으로 되어있어 목욕장업의 영업을 위하여는 건축법상 용도변경의 허가를 받아야 함에도 불구하고 무단으로 사용하고 있었다. 관할구청장은 이에 대하여 철거명령을 발하였으나, 甲이 이를 이행하지 않자, 관할구청장은 (舊)건축법 제83조(현행 80조)의 규정에 따라 이행강제금을 부과하였다. 甲은 구청장의 조치에 대하여 다툴 수 있는가?

[해설] (철거명령의 하자를 취소사유로 보는 경우) : 철거명령은 철거의무를 구체적으로 확정하는 것인데 대하여, 이행강제금은 이미 확정된 행정법상 의무의 불이행시 행하는 강제집행 절차라는 점에서 양자는 행정목적을 달리한다. 그리고 사안상 철거명령은 수인한도를 넘는다거나 甲이 예측할 수 없었다고 판단되지 않는다. 따라서 甲은 철거명령의 위법성을 이유로 이행강제

는 후행처분(後行處分)에 대한 취소소송에서 선행처분의 위법을 독립된 취소사유로서 주장할 수 있다.

금 부과처분을 다툴 수 없다. (철거명령의 하자를 무효사유로 보는 경우) : 철거명령이 당연무효인 경우에는 이러한 철거명령을 근거로 하여 행해진 이행강제금 부과처분은 정당한 처분사유가 없는 것이므로 이행강제금 부과처분 자체도 위법한 처분이 된다. 왜냐하면 행정행위를 발령하는데 필요한 전제조건이 구비되어 있지 않은 상태에서 이루어진 경우이기 때문이다. 그 효력에 대하여는 이행강제금 부과처분의 하자의 정도에 따라 당연무효 또는 취소할 수 있는 것으로 보는 견해도 있었으나, 처분의 근거를 상실한 경우이므로 당연무효로 보는 것이 타당하다. 판례는 이행강제금이 행정처분이 아니라는 이유로 무효·취소를 구할 수 없다고 판시하였다.[1] 대법원은 "적법한 건축물에 대한 철거명령은 그 하자가 중대하고 명백하여 당연무효라고 할 것이고, 그 후행행위인 건축물철거 대집행계고처분 역시 당연무효라고 할 것이다."[2]라고 하였다.

[판례] 대법원은 "… 건축법 제82조 제3항, 제4항, 제83조 제6항에 의하면, 법 제83조 소정의 이행강제금 부과처분에 불복하는 자는 그 처분의 고지를 받은 날로부터 30일 이내에 당해 부과권자에게 이의를 제기할 수 있고, 이의를 받은 부과권자는 지체 없이 관할법원에 그 사실을 통보하여야 하며, 그 통보를 받은 관할법원은 비송사건절차법에 의한 재판을 하도록 규정되어 있다. 위 법규정에 의하면 건축법 제83조의 규정에 의하여 부과된 이행강제금 부과처분의 당부는 최종적으로 비송사건절차법에 의한 절차에 의하여만 판단되어야 한다고 보아야 할 것이므로 위와 같은 이행강제금 부과처분은 행정소송의 대상이 되는 행정처분이라고 볼 수 없다.[3] 그러므로 원고의 주장과 같이 원고에 대한 이 사건 이행강제금 부과처분의 근거법령이 헌법재판소의 위헌결정에 의하여 무효로 되었다고 하더라도 비송사건절차법에 의한 재판절차에서 그러한 사정을 주장하는 것은 별론으로 하고 행정소송으로써 위 부과처분의 무효 또는 취소를 구할 수는 없다."[4]고 하였다.

## 2. 행정행위 하자의 승계여부

### 2.1. 전통적 견해

#### 2.1.1. 선후(先後)의 행정행위가 결합하여 '하나의 법률효과'를 완성하는 경우

a) 내용

[개관] 하자의 승계는 행정법관계의 안정성의 확보라는 측면에서 원칙적으로 인정되지 않아야 할 것이나, 선행행위(先行政行爲)와 후행행위(後行政行爲)가 서로 결합하여 하나의 법률효과를 완성하는 경우에 있어서의 선행행위의 하자는 그것이 무효원인이든 취소사유이든 불문하고, 후행행위에 승계된다.

---

1) 대판 2000. 9. 22, 2000두5722【건축법위반으로인한과태료처분무효확인】
2) 대판 1999. 4. 27, 97누6780【건축물철거대집행계고처분취소】
3) 대판 1993. 11. 23, 93누16833; 대판 1995. 7. 28, 95누2623 등 참조.
4) 대판 2000. 9. 22, 2000두5722【건축법위반으로인한과태료처분무효확인】

[사례] 甲은 중국에서 한의과 대학에 입학하여 한의학을 공부하던 중 중도에 학업을 그만 두었다. 그는 한국에 돌아와 한의사 자격시험을 응시하기 위하여 허위내용의 이력서, 학력증명서를 제출하여 대한민국 한의사 자격시험에 합격한후 한의사면허를 취득하였다. 이러한 사실을 알게된 행정청에서는 의사면허취소처분을 하였고, 甲은 의사 면허취소처분을 취소하라는 취소소송을 제기 하였다. 갑의 주장은 인용될 수 있는가?[1]

[해설] 갑이 허위내용의 이력서, 학력증명서를 한의사자격시험에 제출하였다면 한의사 시험에 응시하기 위한 그 응시자격인정의 결정을 사위(詐僞)의 방법으로 받은 것이되고, 이에 터잡아 취득한 한의사면허처분도 면허를 취득할 수 없는 사람이 취득한 것이므로 하자 있는 처분이 된다. 따라서 피고가 그와 같은 하자있는 처분임을 이유로 원고가 취득한 한의사 면허를 취소하는 처분을 하였음은 적법하다.

[유사판례(참고판례)] 대법원은 "… 원고가 6·25사변으로 남하귀순 하기전 해주 의학전문학교를 졸업한 사실이 없음에도 불구하고 이학교의 3년간 전과정을 이수하여 졸업하였다는 허위내용의 이력서 학력보증 증명서를 한지의사자격시험 응시자격 인정신청서에 첨부 제출하였다면 해주의학전문학교의 졸업시험(즉 펠셀시험)에 합격하여 북한에서 한지의사자격을 취득 근무하였다는 원고의 주장도 허위로 돌아간다고 볼 것이다. 원고의 한지의사자격시험에 응시하기 위한 그 응시자격인정의 결정을 사위의 방법으로 받은 이상 이에 터잡아 취득한 한지 의사면허처분도 면허를 취득할 수 없는 사람이 취득한 것이므로 하자 있는 처분이 된다고 할 것이므로 피고가 그와 같은 하자있는 처분임을 이유로 원고가 취득한 이사건 한지의사 면허를 취소하는 처분을 하였음은 적법하다."[2]고 하였다.

[판례] 대법원은 "… 행정기관의 권한에는 사무의 성질 및 내용에 따르는 제약이 있고, 지역적·대인적으로 한계가 있으므로 이러한 권한의 범위를 넘어서는 권한유월의 행위는 무권한 행위로서 원칙적으로 무효이고, 선행행위가 부존재하거나 무효인 경우에는 그 하자는 당연히 후행행위에 승계되어 후행행위도 무효로 된다. … 원상복구명령이 당연무효 이상 후행처분인 계고처분의 효력에 당연히 영향을 미쳐 그 계고처분 역시 무효로 된다."[3]고 하였다. 즉 동일한 행정목적을 달성하기 위하여 단계적인 일련의 절차로 연속하여 행하여지는 선행처분과 후행처분이 서로 결합하여 하나의 법률효과를 발생시키는 경우, 선행처분이 하자가 있는 위법한 처분이라면, 비록 하자가 중대하고도 명백한 것이 아니어서 선행처분을 당연무효의 처분이라고 볼 수 없고 행정쟁송으로 효력이 다투어지지도 아니하여 이미 불가쟁력이 생겼으며 후행처분 자체에는 아무런 하자가 없다고 하더라도, 선행처분을 전제

---

1) 유사 판례 : 대판 1975. 12. 9, 75누123
2) 대판 1975. 12. 9, 75누123【의사면허취소처분취소】
3) 대판 1996. 6. 28, 96누4374【유치원시설물철거대집행계고처분취소】

로 하여 행하여진 후행처분도 선행처분과 같은 하자가 있는 위법한 처분으로 보아 항고소송으로 취소를 청구 할 수 있다.1) 이 경우에는 서로 연속하는 두 개 이상의 행위에 의하여 법률이 달성하려고 하는 목적은 최종의 행정행위에 유보되어 있다고 보기 때문이다. 비록 선행행위를 독립의 행정행위로 보아 독립의 쟁송이 인정되었다고 하더라도 그것은 준비행위로 본다. 예를 들면, (ㄱ) 조세체납처분에 있어서의 독촉·압류·매각·충당의 각 행위사이, (ㄴ) 대집행에 있어 대집행영장의 통지·대집행·비용징수행위의 각 행위사이 등이 이에 해당한다. ▶ 서로 결합하여 하나의 법률효과를 완성하는 경우 → 무효·취소 모두 승계(행정쟁송가능) 〈통설·판례의 입장〉

### b) 판례

[판례에서 승계를 인정한 예] 판례에서 승계를 인정한 예로는, (ㄱ) 분묘개장명령과 후행계고처분,2) (ㄴ) 귀속재산의 임대처분과 후행매각처분, (ㄷ) 한지의사시험의 자격인정과 한지의사 면허처분, (ㄹ) 안경사국가시험합격무효처분과 안경사면허취소처분,(ㅁ) 대집행에 있어 대집행영장의 통지·대집행·비용징수행위의 각 행위사이 등 이다.

[귀속재산의 임대처분과 후행매각처분] 대법원은 소청 제기기간 경과 후의 소청을 수리하여 한 소청심의 회의의 판정에 따라 처리한 행정처분의 효력에 관하여, "… 소청은 그 명칭 여하에 불구하고 귀속재산에 관한 처분에 대한 불복신청을 말한다. 귀속재산소청심의회가 소청에 의하여 심의판정하고 처분청이 그 판정에 따라 처리한 경우에 그 소청이 제기기간을 초과한 것이었다는 이유만으로 그 처분이 위법이라고 할 수 없다."3)고 하였다.

[한지의사시험의 자격인정과 한지의사면허 처분] 사위(詐僞)의 방법으로 응시자격인정 결정을 받고 취득한 한지의사면허처분취소의 적부에 대하여 대법원은 "한지의사 자격시험에 응시하기 위한 응시자격인정의 결정을 사위의 방법으로 받은 이상 이에 터잡아 취득한 한지의사면허처분도 면허를 취득할 수 없는 사람이 취득한 하자있는 처분이 된다 할 것이므로 보건사회부장관이 그와 같은 하자있는 처분임을 이유로 원고가 취득한 한지의사 면허를 취소하는 처분을 하였음은 적법하다."4)고 하였다.

---

1) 대판 1993. 2. 9, 92누4567 【안경사면허취소처분취소】
2) 대판 1961. 2. 21, 4293행상31.
3) 대판 1963. 2. 7, 62누215 【행정처분취소】
4) 대판 1975. 12. 9, 75누123 【의사면허취소처분취소】 … 원고가 6·25사변으로 남하귀순 하기전 해주 의학전문학교를 졸업한 사실이 없음에도 불구하고 이학교의 3년간 전과정을 이수하여 졸업하였다는 허위내용의 이력서 학력보증 증명서를 한지의사자격시험 응시자격 인정신청서에 첨부 제출하였다면 해주의학전문학교의 졸업시험(즉 펠셀시험)에 합격하여 북한에서 한지의사자격을 취득 근무하였다는 원고의 주장도 허위로 돌아간다고 볼 것이다. 원고의 한지의사자격시험에 응

[안경사국가시험합격무효처분과 안경사면허취소처분] (ㄱ) 선행처분과 후행처분이 서로 결합하여 하나의 법률효과를 발생시키는 경우 선행처분이 당연무효도 아니고 또 불가쟁력이 생긴 후에도 선행처분의 하자를 이유로 후행처분의 취소를 구할 수 있는지 여부에 대하여 대법원은 "… 동일한 행정목적을 달성하기 위하여 단계적인 일련의 절차로 연속하여 행하여지는 선행처분과 후행처분이 서로 결합하여 하나의 법률효과를 발생시키는 경우, 선행처분이 하자가 있는 위법한 처분이라면, 비록 하자가 중대하고도 명백한 것이 아니어서 선행처분을 당연무효의 처분이라고 볼 수 없고 행정쟁송으로 효력이 다투어지지도 아니하여 이미 불가쟁력이 생겼으며 후행처분 자체에는 아무런 하자가 없다고 하더라도, 선행처분을 전제로 하여 행하여진 후행처분도 선행처분과 같은 하자가 있는 위법한 처분으로 보아 항고소송으로 취소를 청구할 수 있다."1)고 하였고, (ㄴ) 국립보건원장의 안경사 시험합격 무효처분과 보건사회부장관의 안경사면허 취소처분이 선행처분과 후행처분의 관계에 있는지 여부에 대하여 대법원은 "의료기사법 제6조, 제7조 제2항, 제13조의3과 같은법시행령 제4조, 제7조 등 관계법령의 규정에 의하면, 안경사가 되고자 하는 자는 보건사회부의 소속기관인 국립보건원장이 시행하는 안경사 국가시험에 합격한 후 보건사회부장관의 면허를 받아야 하고 보건사회부장관은 안경사 국가시험에 합격한 자에게 안경사면허를 주도록 규정하고 있으므로, 국립보건원장이 같은 법 제7조 제2항에 의하여 안경사 국가시험의 합격을 무효로 하는 처분을 함에 따라 보건사회부장관이 안경사면허를 취소하는 처분을 한 경우 합격무효처분과 면허취소처분은 동일한 행정목적을 달성하기 위하여 단계적인 일련의 절차로 연속하여 행하여지는 행정처분으로서, 안경사 국가시험에 합격한 자에게 주었던 안경사면허를 박탈한다는 하나의 법률효과를 발생시키기 위하여 서로 결합된 선행처분과 후행처분의 관계에 있다."2)고 하였다. 이는 선행처분인 합격무효처분이 위법하기 때문에 합격무효처분을 전제로 하여 행하여진 면허취소처분도 위법한 것이라는 주장을 할 수 있다는 것이다.3)

[대집행에 있어 대집행영장의 통지·대집행·비용징수행위의 각 행위사이] '후행처분인 대집행비용납부명령 취소청구 소송에서 선행처분인 계고처분이 위법하다는 이유로 대집행비용납부명령의 취소를 구할 수 있는지 여부'에 대하여, 대법원은 "… 대집행의 계고, 대집행영장에 의한 통지, 대집행의 실행, 대집행에 요한 비용의 납부명령 등은, 타인이 대신하여 행

---

시하기 위한 그 응시자격인정의 결정을 사위의 방법으로 받은 이상 이에 터잡아 취득한 한지의사면허처분도 면허를 취득할 수 없는 사람이 취득한 것이므로 하자 있는 처분이 된다고 할 것이므로 피고가 그와 같은 하자있는 처분임을 이유로 원고가 취득한 이사건 한지의사 면허를 취소하는 처분을 하였음은 적법하다.
1) 대판 1993. 2. 9, 92누4567【안경사면허취소처분취소】
2) 대판 1993. 2. 9, 92누4567【안경사면허취소처분취소】
3) 대판 1993. 2. 9, 92누4567【안경사면허취소처분취소】

할 수 있는 행정의무의 이행을 의무자의 비용부담하에 확보하고자 하는, 동일한 행정목적을 달성하기 위하여 단계적인 일련의 절차로 연속하여 행하여지는 것으로서, 서로 결합하여 하나의 법률효과를 발생시키는 것이므로, 선행처분인 계고처분이 하자가 있는 위법한 처분이라면, 비록 하자가 중대하고도 명백한 것이 아니어서 당연무효의 처분이라고 볼 수 없고 대집행의 실행이 이미 사실행위로서 완료되어 계고처분의 취소를 구할 법률상 이익이 없게 되었으며, 또 대집행비용납부명령 자체에는 아무런 하자가 없다 하더라도, 후행처분인 대집행비용납부명령의 취소를 청구하는 소송에서 청구원인으로 선행처분인 계고처분이 위법한 것이기 때문에 그 계고처분을 전제로 행하여진 대집행비용납부명령도 위법한 것이라는 주장을 할 수 있다."[1]고 하였다.

### 2.1.2. 선후(先後)의 행정행위가 상호독립하여 '별개의 법률효과'를 발생하는 경우

#### a) 내용

두개 이상의 행정행위가 각기 독립하여 별개의 법률효과를 발생시키는 경우에는 先行行爲의 당연무효의 경우에만, 그 하자가 후행행위(後行行爲)에 승계되고, 취소원인인 하자인 경우에는 후행행위에 승계되지 않는다(통설·판례). 예컨대, 과세처분과 체납처분의 경우, 전자는 조세채권을 구체적으로 확정하는 행위인데 반하여, 후자는 그 강제집행절차로서 각각 다른 법률효과의 발생을 목적으로 하는 것이므로 이들 행위 사이에는 위법성이 승계되지 않는다. 또한 위법한 건물의 철거명령과 그 대집행도 각각 별개의 법률효과의 발생을 목적으로 하는 행위이므로 전자의 위법성은 후자에 승계되지 않는다.[2] 따라서 前行政行爲(예: 과세처분, 철거명령)의 위법성을 이유로하여 後行政行爲(예: 체납처분, 대집행)의 취소를 주장할 수 없다.

#### b) 판례

판례에서 승계를 인정하지 아니한 예로서는, (ㄱ) 과세처분과 체납처분,[3][4] (ㄴ) 직위

---

1) 대판 1993. 11. 9, 93누14271【건물철거대집행계고처분취소】
2) 김동희, 대물적 처분과 행정행위의 하자의 승계, 고시계(1998.3), 147면.
3) 대판 1961. 10. 26, 4292행상73【행정처분취소】일정한 행정목적을 위하여 독립된 행위가 단계적으로 이루어진 경우에 선행행위인 과세처분의 하자는 당연무효사유를 제외하고는 집행행위인 체납처분에 승계되지 아니한다. 국세인 교육세부과에서 누락된 소득에 대하여는 국세인 교육세를 부과하여야 하나 지방세인 교육세를 추가부과한 처분도 당연무효는 아니고 취소사유에 불과하다. 이는 교육세의 부과에 있어 국세인 교육세를 부과할 것을 지방세인 교육세를 부과하였으나 이것이 확정되어 체납처분을 한 경우 그 선행행위인 과세처분에 대한 하자를 이유로 후행행위인 체납처분을 다툰 부당한 청구를 인용한 실례이다.

해제처분과 면직처분,[1] (ㄷ) 변상판정과 변상명령,[2] (ㄹ) 대집행계고처분취소,[3] (ㅁ) 도시계획결정과 수용재결,[4] (ㅂ) 액화 석유가스 판매사업허가처분과 사업개시신고반려처분간,[5] (ㅅ) 도시계획시설변경결정과 취소[6] 등이다.

▶ 대판 1990. 1. 23, 87누947【토지수용재결처분취소등】도시계획의 수립에 있어서 도시계획법 제16조의2 소정의 공청회를 열지 아니하고 공공용지의취득및손실보상에관한특례법 제8조 소정의 이주대책을 수립하지 아니하였더라도 이는 절차상의 위법으로서 취소사유에 불과하고, 그 하자가 도시계획결정 또는 도시계획사업시행인가를 무효라고 할 수 있을 정도로 중대하고 명백하다고는 할 수 없으므로 이러한 위법을 선행처분인 도시계획결정이나 사업시행인가 단계에서 다투지 아니였다면 그 쟁송기간이 이미 도과한 후인 수용재결 단계에 있어서는 도시계획수립행위의 위와같은 위법을 들어 재결처분의 취소를 구할 수는 없다고 할 것이다(대판 1988. 12. 27, 87누1141; 대판 1986. 8. 19, 86누256 등 참조).

▶ 대판 1991. 4. 23, 90누8756【액화석유가스판매업신고반려처분취소】허가관청이 액

---

4) 행정처분취소; 사건번호 : 4292행상73(사건일자 : 1961.10.26); 요지【전문】원고 (피상고인) 조용상 피고 (상고인) 부산시 교육위원회 : 제1심 대구고등법원; 판결이유 : 일정한 행정목적을 위하여 독립된 행위가 단계적으로 이루어진 경우에 있어서는 선행 행위에 있어서의 당연히 무효로 될 사유가 있는 경우를 제외하고는 선행행위에 대한 위법의 하자가 후행행위에 당연히 승계된다고는 할 수 없을 것이다. … 선행행위인 과세처분에 대한 하자를 이유로 후행행위인 체납처분을 다투고 있는 원고의 청구는 부당하다.

1) 대판 1971. 9. 29, 71누916.
2) 대판 1963. 7. 25, 63누65【판정취소청구】
3) 대판 1975. 12. 9, 75누218【대집행계고처분취소】; 대판 1999. 4. 27, 97누6780【건축물철거대집행계고처분취소】적법한 건축물에 대한 철거명령은 그 하자가 중대하고 명백하여 당연무효라고 할 것이고, 그 후행행위인 건축물철거 대집행계고처분 역시 당연무효라고 할 것이다.
4) 대판 1990. 1. 23, 87누947【토지수용재결처부취소등】
5) 대판 1991. 4. 23, 90누8756【액화석유가스판매업신고반려처분취소】허가관청이 액화석유가스 판매사업허가를 하면서 붙인 사업소 소재지 반경 25미터 이내 가옥주의 동의를 받아 사업개시 전에 그 동의서를 제출하도록 한 조건이 액화석유가스의안전및사업관리법 제3조 제2항, 제4항 및 같은법시행령 제3조 제1항에 위배되어 액화석유가스판매사업허가처분에 하자가 있다고 하더라도 위 하자는 그 처분 자체를 무효라고 볼 정도로 중대하고 명백한 하자라고 볼 수 없으므로 그와 같은 하자가 취소사유가 되는 위법한 것이라도 그 처분이 취소될 때까지는 누구도 그 효력을 부인할 수 없을 뿐 아니라, 이는 선행처분인 액화석유가스판매사업허가 단계에서 다투었어야 할 것이고 그 쟁송기간이 이미 경과된 후인 사업개시신고 단계에 있어서는 그 효력을 다툴수 없고, 또 선행처분인 사업허가처분에 위와 같은 하자가 있다고 하여 후행처분인 사업개시신고반려처분도 당연히 위법한 것은 아니다.
6) 대판 2000. 9. 5, 99두9889【도시계획시설변경결정등취소】

화석유가스판매사업허가를 하면서 붙인 사업소 소재지 반경25미터 이내 가옥주의 동의를 받아 사업개시 전에 그 동의서를 제출하도록 한 조건이 액화석유가스의안전및사업관리법 제3조 제2항, 제4항 및 같은법시행령 제3조 제1항에 위배되어 액화석유가스판매사업허가처분에 하자가 있다고 하더라도 위 하자는 그 처분 자체를 무효라고 볼 정도로 중대하고 명백한 하자라고 볼 수 없으므로 그와 같은 하자가 취소사유가 되는 위법한 것이라도 그 처분이 취소될 때까지는 누구도 그 효력을 부인할 수 없을 뿐 아니라, 이는 선행처분인 액화석유가스판매사업허가 단계에서 다투었어야 할 것이고 그 쟁송기간이 이미 경과된 후인 사업개시신고 단계에 있어서는 그 효력을 다툴수 없고, 또 선행처분인 사업허가처분에 위와 같은 하자가 있다고 하여 후행처분인 사업개시신고반려처분도 당연히 위법한 것은 아니다.

▶ 대판 2000. 9. 5, 99두9889 【도시계획시설변경결정등취소】 선행행위와 후행행위가 서로 독립하여 각각 별개의 법률효과를 목적으로 하는 때에는 선행행위의 하자가 중대하고 명백하여 당연무효인 경우를 제외하고는 선행행위의 하자를 이유로 후행행위의 효력을 다툴 수 없다.

### 2.1.3. 선·후행정행위가 「별개」의 효과의 발생을 목적으로 하는 경우에도 승계를 인정하는 견해

위와 같은 견해에 대하여, 우리의 통설적 견해는 단순하고 형식적이라는 비판이 제기되고 있다. 그것은 둘 이상의 행정행위가 동일한 행정목적을 달성하기 위하여 연속적으로 행하여진다면, 각 행위가 「결합」하여 하나의 효과를 발생시키는 경우는 물론이고, 각각 「독립」하여 별개의 효과를 발생시킨다 할지라도 연속적인 수개의 행위는 동일한 행정목적을 달성하기 위한 목적과 수단의 관계에 있기 때문이라고 한다.[1] 따라서 국민의 권리를 보호하여야 할 특별한 사유가 있고, 공익과 사익의 적정한 형량에 따른 적정한 해결을 도모해야 하는 행정법의 일반적 요청이 있는 경우, 상대방에게 수인기대가능성을 초과하는 경우(비례성의 원칙; 상당성의 원칙; 수인성의 원칙; 수인기대가능성)[2]에는 선행처분과 후행처분이 서로 독립하여 별개의 효과를 목적으로 하는 경우에도 선행처분의 하자를 이유로 후행처분의 효력을 다툴 수 있다.[3] 그리하여 하자의 승계여부는, 선행행위의 불가쟁력이 가져다주는 법적 안정성 및 제3자의 보호를 고려하고, 선행행위의 위법성의 승계를 인정하는 경우에 가능하여지는 국민의 권리구제를 고려하여, 양자가 조화되고 구체적 타당성이 기하여지도록 결정하여야 할 문제라고 한다. 따라서 불가쟁력이 발생한 선행행위의 흠을 후행행위의

---

1) 박윤흔, 행정법강의(상), 422면.
2) 하급심 2000. 10. 25, 99구32475.
3) 김동희, 대물적 처분과 행정행위의 하자의 승계, 고시계(1998.3), 149면 참조.

취소청구에서 주장하게 하여도 법적 안정성이나 제3자보호에 지장이 없다면 하자의 승계를 널리 인정하여야 한다고 한다.[1] 이러한 견해와 같은 맥락에서 하자의 승계여부는 다음의 여러 가지 사항을 고려하여 결정하여야 한다는 견해(박윤흔)도 있다 즉, (ㄱ) 선행행위의 위법성의 종류, (ㄴ) 선행행위에 대한 쟁송수단의 존부와 그 정도, (ㄷ) 선행행위의 취소쟁송에 대한 확정된 재결의 존부, (ㄹ) 선행행위의 취소소송에 대한 청구기각 판결의 존부, (ㅁ) 후행행위를 행한 행정청의 선행행위에 대한 심사권의 유무 등을 고려하여 개별적으로 결정하여야 한다고 한다.[2]

우리 판례도 관련 토지에 대한 개별공시지가의 결정이 위법하다는 이유로, 이에 근거하여 세무서장이 행한 양도소득세 등의 부과처분의 취소를 구하는 소송에서, 개별공시지가의 결정은 그것을 기초로 한 과세처분과는 별개의 법률적 효과의 발생을 목적으로 하는 별개의 처분임을 인정하면서도, 후행행위인 과세처분의 취소소송에서 선행행위인 개별공시지가결정의 위법을 주장할 수 있다고 하여 후자의 견해를 따랐다.

[판례] 대법원은 "두 개 이상의 행정처분이 연속적으로 행하여지는 경우 선행처분과 후행처분이 서로 결합하여 1개의 법률효과를 완성하는 때에는 선행처분에 하자가 있으면, 그 하자는 후행처분에 승계되므로 선행처분에 불가쟁력이 생겨 그 효력을 다툴 수 없게 된 경우에도 선행처분의 하자를 이유로 후행처분의 효력을 다툴 수 있는 반면, 선행처분과 후행처분이 서로 독립하여 별개의 법률효과를 목적으로 하는 때에는 선행처분에 불가쟁력이 생겨 그 효력을 다툴 수 없게 된 경우에는 선행처분의 하자가 중대하고 명백하여 당연무효인 경우를 제외하고는 선행처분의 하자를 이유로 후행처분의 효력을 다툴 수 없는 것이 원칙이나, 선행처분과 후행처분이 서로 독립하여 별개의 효과를 목적으로 하는 경우에도 선행처분의 불가쟁력이나 구속력이 그로 인하여 불이익을 입게 되는 자에게 수인한도를 넘는 가혹함을 가져오며, 그 결과가 당사자에게 예측가능한 것이 아닌 경우에는 국민의 재판받을 권리를 보장하고 있는 헌법의 이념에 비추어 선행처분의 후행처분에 대한 구속력은 인정될 수 없다."[3]고 하였다.

▶ 선행처분의 불가쟁력이나 구속력이 그로 인하여 불이익을 입게 되는 자에게 수인한도를 넘는 가혹한 경우

▶ 그 결과가 당사자에게 예측가능한 것이 아닌 경우

---

1) 박윤흔, 행정법강의(상), 422면.
2) 박윤흔, 행정법강의(상), 422면.
3) 대판 1994. 1. 25, 93누8542【양도소득세등부과처분취소】(참조) 평석 : 행정행위의 하자의 승계, 김창종, 판례연구편 서울 대구지법판례연구회, 제4집(1995.8), 567; 김남진, 선행처분의 후행처분에 대한 구속력과 예외, 판례월보 제285호(1994.6) 25면.

## 2.2. 새로운 견해

전통적 견해는, 선행(행정)행위의 위법을 후행(행정)행위의 취소소송에서 주장할 수 있는지를 하자 승계라는 관점에서 다루어 왔다. 오늘날 독일에서는 이 문제를 「불가쟁력이 발생한 선행행위의 후행행위에 대한 구속력」[1]의 문제로서 다루고 있다.[2] 이 견해는 주로 순차적으로 행하여지는 행정행위 중에서, 각각 별개의 효과를 발생시키지만, 상호간에 동일한 행정목적을 달성하기 위한 목적과 수단의 관계에 있는 선행행위와 후행행위의 관계를 다루고 있는데, 이미 절차가 완료되어 실질적 확정력(존속력 : Bestandfestigkeit)을 갖게 된 선행행위가 후행행위에 미치는 구속력, 즉 기판력이라는 관점에서 선행행위와 후행행위의 관계를 고찰하는 견해이다. 기판력은 종국판결이 확정되면, 다른 소송절차에서 그 판결의 내용과 저촉되는 주장이나 판단을 금지하는 것을 의미한다. 행정행위의 실질적 확정력은 판결의 기판력보다는 약하지만, 기판력의 개념은 바로 행정절차 및 행정법관계에도 동일하게 적용하여야 한다. 따라서 선행행위의 구속력도 실질적 확정력의 한계 내에서 존재한다고 보게 된다. 그리하여 이 견해에서는 둘 이상의 행정행위가 동일한 법적 효과를 추구하고 있는 경우에 선행행위는 후행행위에 대하여 일정한 범위 안에서 구속력을 갖는다고 하고, 그러한 구속력이 미치는 범위 안에서 후행행위에 있어서 선행행위의 효과와 다른 주장을 할 수 없게 된다고 한다.[3]

[한계] 다만 거기에는 다음과 같은 한계가 있다고 한다. (ㄱ) 사물적(객관적) 한계로서 연속되는 여러 행위들이 동일한 목적을 추구하며, 법적 효과가 궁극적으로 일치하여야 하며, (ㄴ) 대인적(주관적) 한계로서 여러 행위의 상대방이 동일하여야 하고, (ㄷ) 시간적 한계로서 선행행위의 사실 및 법상태가 동일성을 유지하는 한도 안에서 구속력이 미친다고 한다. 그러나 이 견해에서는 위와 같은 요건하에서 구속력을 인정하는 경우에 그 결과가 개인에게 지나치게 가혹하여 수인한도를 넘는 경우에는 행정의 실효성·법적 안정성보다 개인의 이익을 보호할 필요가 있고, 따라서 이 경우에는 구속력을 인정하여서는 안된다고 한다.[4]

---

1) 이러한 선행행위의 구속력은 행정행위의 기준력(Maßgeblichkeit), 기판력 또는 선례구속적 효력(präjudiziele Wirkung) 등으로 불린다(박윤흔, 행정법강의(상), 423면).
2) 우리 학자 중에서도 이러한 입장을 취하는 학설이 증가하고 있다. 정하중, 행정법총론, 293면; 김남진 행정법(I), 325면; 신보성, 선행행위의 후행행위의 구속력, 고시계(1991.5), 김성수, 행정행위의 존속력, 월간고시(1990.7·8) 등.
3) 박윤흔, 행정법강의(상), 424면.
4) 박윤흔, 행정법강의(상), 424면. 새로운 견해에 대한 문제점은 박윤흔, 행정법강의(상), 425면 참조.

## VIII. 행정행위의 하자의 치유(治癒)와 전환(轉換)

### 1. 개관

[서설] 하자의 효과를 무효 또는 취소 중 어느 것으로 볼 것인가는 종래의 통설적 견해에서와 같이 하자 자체의 성질(중대·명백)만을 표준으로 할 것은 아니고, 구체적인 사안에 따라 개별적으로 관계이익간의 조화를 고려하여 판단하여야 한다. 그렇다면 (ㄱ) 공익이나 사익에 새로운 불이익을 미치지 아니한 범위 안에서, (ㄴ) 상대방의 신뢰보호, (ㄷ) 기득권의 존중, (ㄹ) 법률생활의 안정을 도모하고 행정행위의 불필요한 반복을 피하여, (ㅁ) 행정의 효율성과 경제성을 위하여 하자의 성질에서만 보면 무효 또는 취소로 보아야 할 하자 있는 행위에 대하여 치유나 전환을 인정할 수 있게 된다. 이는 사법관계에서의 신의성실의 원칙(Prinzip von Treu und Glauben)이 공법관계에서 적용되는 예이다.[1] 대법원 판례도 이를 인정하고 있다(아래판례 참조).

[대법원 판례] 대법원은 "하자 있는 행정행위의 치유나 전환은 행정행위의 성질이나 법치주의의 관점에서 볼 때 원칙적으로 허용될 수 없는 것이지만, 행정행위의 무용한 반복을 피하고 당사자의 법적 안정성을 위해 이를 허용하는 때에도 국민의 권리와 이익을 침해하지 않는 범위에서 구체적 사정에 따라 합목적적으로 인정해야 할 것이다."[2]라고 한다.

[하자 있는 행정행위의 치유나 전환의 이론] 하자 있는 행정행위의 치유나 전환의 이론은 사법상 무효인 행위의 전환(민법 제138조)과 취소할 수 있는 행위의 추인(민법 제143조 내지 145조)을 인정한 것과 같다. 행정행위의 경우에는 독일연방행정절차법 제45조(§ 45 Heilung von Verfahrens- und Formfehlern)와 같이 일반적·통칙적 규정을 둔 예도 있으나, 우리나라와 같이 일반적·통칙적 규정이 없는 것이 보통이다. 따라서 행정행위의 치유와 전환은 민법규정을 유추하여 이론적으로 정하는 수밖에 없다. 하자 있는 행정행위의 치유와 전환은 어디까지나 예외적인 제도이기 때문에, 동일한 행위의 무용한 반복을 피하고 법률생활의 안정 등을 도모하기 위하여 필요한 경우에만 한정적으로 인정하여야 할 것이고, 그렇지 아니하면 행정의 자의와 편의주의를 허용하는 결과가 될 것이다.[3] 특히 하자치유는 주로 형식과 절차의 하자를 의미하며, 독일 행정절차법도 절차상 하자의 치유(Heilung von Verfahrensfehlern)와 형식상 하자의 치유(Heilung von Formfehlern)에 대해서만 인정한다(Verwaltungsverfahrensgesetz[VwVfG] § 45 Heilung von Verfahrens- und Formfehlern (1) Eine Verletzung von Verfahrens- oder Formvorschriften, die nicht den

---

1) 윤세창, 행정법(상), 281면; 박윤흔, 행정법강의(상), 426면.
2) 대판 1983. 7. 26, 82누420【법인세등부과처분취소】
3) 대판 1983. 7. 26, 82누420【법인세등부과처분취소】

Verwaltungsakt nach § 44 nichtig macht, ist unbeachtlich, wenn …). 이러한 규정이 없는 우리나라에서는 행정행위의 내용에 하자가 있는 경우에도 치유가 가능하도록 하는 것이 바람직하지만,[1] 내용에 관한 하자는 치유를 인정하지 않는 것이 바람직하다는 견해[2]와 판례[3]가 있다.

## 2. 취소원인인 하자의 치유(治癒)

### 2.1. 의의

[하자의 치유] (취소할 수 있는 행정행위의) 하자의 치유란 취소할 수 있는 행정행위가 그 후의 보정행위나 기간의 경과 등 일정한 행위 또는 사실에 의하여「하자없는 유효한 행정행위」로 되고, 종전의 하자를 이유로「취소할 수 없는 것」을 말한다. 이는 하자있는 행정행위라 할지라도 거래의 안전과 관계자의 신뢰이익을 보호하기 위한 경우에는 하자치유를 인정할 수 있으며, 이는 취소할 수 있는 행정행위에서 인정되는 것이 보통이다.「하자치유의 의의」: (ㄱ) 거래의 안전, (ㄴ) 관계자의 신뢰이익보호

### 2.2. 치유의 요건

치유의 요건으로서는, (ㄱ) 당해행정행위의 동기가 된 공익상의 필요가 여전히 존재할 것, (ㄴ) 사회적 이익이나 개인적 이익의 보호에 필요할 것, (ㄷ) 행위의 중복을 피하는 의미가 있을 것이 요구된다.

### 2.3. 하자 치유의 형태

[하자치유의 형태] 하자치유의 형태로는, (ㄱ) 취소원인인 하자를 사후에 보완하거나, (ㄴ) 취소할 수 있는 행정행위를 취소하지 아니하고 장기간 방치함으로 인하여(출소기간의 경과로 인하여) 법률관계를 확정하는 경우, (ㄷ) 사실상의 공무원·표현대리의 행위, (ㄹ) 취소함으로서 공공복리를 침해하므로 취소할 수 없는 경우 등이 있다.

   (ㄱ) 취소원인인 하자의 사후보완
     - 정당한 권한을 가진 행정청(예:상급관청)의 추인으로 요건이 사후에 보완된 경우
     - 허가요건·등록요건의 사후충족(예:결격자의 입후보등록 수리행위가 사후에 적격자가 된 경우)
     - 요식행위의 형식보완

---

1) 박윤흔, 행정법강의(상), 428면.
2) 홍준형, 행정행위의 하자의 치유, 고시계(2000.8), 61면.
3) 대판 1991. 5. 28, 90누1359【시외버스운송사업계획변경인가처분취소】

　　　　－ 불특정목적물의 事後特定(예 : 계고에서는 철거부분이 불특정이었으나 대집행영장에서 명기된 경우)
　　　　　　　－ 필요한 신청서의 사후제출, 또는 그 기재사항의 사후보완
　　　　　　　－ 상대방(예 : 신청·동의 등) 또는 타기관의 필요적 협력(의결·승인·동의·협의 등)이 결여된 경우의 사후추인 등
　　　　(ㄴ) 출소기간(出訴期間)의 경과(취소할 수 있는 행정행위를 취소하지 아니하고 장기간 방치함으로 인한 법률관계의 확정)
　　　　(ㄷ) 사실상의 공무원·표현대리의 행위[1]
　　　　(ㄹ) 취소함으로서 공공복리를 침해하므로 취소할 수 없는 경우(하자있는 토지수용을 전제로 행해진 발전소 댐의 건설, 사정판결[행소법 제28조 참조])

[독일 연방행정절차법] 독일 연방행정절차법 제45조 제1항은 <u>치유사유</u>로 다음의 다섯 가지를 규정하고 있다. (ㄱ) 행정행위의 하자의 치유를 위하여 필요한 신청서류를 나중에 제출하는 경우(der für den Erlass des Verwaltungsaktes erforderliche Antrag nachträglich gestellt wird), (ㄴ) 필요한 이유를 사후에 제시하는 경우(die erforderliche Begründung nachträglich gegeben wird), (ㄷ) 필요한 관계인의 청문을 사후에 보완하는 경우(die erforderliche Anhörung eines Beteiligten nachgeholt wird), (ㄹ) 행정행위의 하자를 치유하기 위하여 위원회의 결정이 필요한 경우 위원회의 의결을 사후에 제출하는 경우(der Beschluss eines Ausschusses, dessen Mitwirkung für den Erlass des Verwaltungsaktes erforderlich ist, nachträglich gefasst wird), (ㅁ) 관계행정기관(다른 행정기관)의 참여가 필요한 경위 이를 보완하였을 경우(die erforderliche Mitwirkung einer anderen Behörde nachgeholt wird) 등이다.

　　　　▶독일 행정절차법 제45조 VwVfG § 45(Heilung von Verfahrens- und Formfehlern : 절차와 형식의 하자치유) (1) Eine Verletzung von Verfahrens- oder Formvorschriften, die nicht den Verwaltungsakt nach § 44 nichtig macht, ist unbeachtlich, wenn 1. der für den Erlaß des Verwaltungsaktes erforderliche Antrag nachträglich gestellt wird(필요한 신청서를 추후에 제출하는 경우); 2. die erforderliche Begründung nachträglich gegeben wird(필요한 이유를 사후에 제시하는 경우); 3. die erforderliche Anhörung eines Beteiligten nachgeholt wird(필요한 관계인의 청문을 사후에 보완하는 경우); 4. der Beschluß eines Ausschusses, dessen Mitwirkung für den Erlaß des Verwaltungsaktes erforderlich ist, nachträglich gefaßt wird(필요한 위원회의결의를 사후에 보완하는 경우); 5. die erforderliche Mitwirkung einer anderen Behörde nachgeholt wird(관계행정기관의 참여를 보완하는 경우). ☞ **독일행정절차법은 절차와 형식의 하자에 대해서만 인정한다.**

[하자의 치유를 인정한 우리나라 대법원 판례] (경미한 절차상의 위반에 대한 대법원 판례 : 청

---

[1] 이를 전환사유로 보는 견해도 있다.

문절차위반에 대한 하자의 치유를 인정한 판례): 대법원은 "… 행정청이 식품위생법상의 청문절차를 이행함에 있어 소정의 청문서 도달기간을 지키지 아니하였다면 이는 청문의 절차적 요건을 준수하지 아니한 것이므로 이를 바탕으로 한 행정처분은 일단 위법하다고 보아야 할 것이지만, 이러한 청문제도의 취지는 처분으로 말미암아 받게 될 영업자에게 미리 변명과 유리한 자료를 제출할 기회를 부여함으로써 부당한 권리침해를 예방하려는 데에 있는 것임을 고려하여 볼 때, 가령 행정청에 청문서 도달기간을 다소 어겼다 하더라도 영업자가 이에 대하여 이의하지 아니한 채 스스로 청문일에 출석하여 그 의결을 진술하고 변명하는 등 방어의 기회를 충분히 가졌다면 청문서 도달기간을 준수하지 아니한 하자는 치유되었다고 봄이 상당하다."1)고 하였다. 이 판례에서는 경미한 절차상의 위반에 관하여는 청문의 취지가 결과적으로 충분하게 고려된 경우에는 그 요건을 다소 완화하여 그 하자가 치유될 수 있다고 보고 있는 것이다. (행정행위의 형식에 관한 하자가 치유되었다고 본 대법원 판례): (사건의 개요): A시장이 원고에게 1994. 5. 19. 이 사건 개발부담금 8천만원을 부과하고 1995. 7. 18. 정산에 의하여 개발부담금을 1억원으로 증액변경하고 1995. 10. 10. 추징금 2천만원을 부과하면서 위 당초 부과처분시 발부한 납부고지서에 개발부담금의 산출근거를 누락시켰지만, 그 이전인 1994. 5. 16. 원고에게 개발부담금 예정변경통지를 하면서 산출근거가 기재되어 있는 개발부담금산정내역서를 첨부하여 통지하였다. 이에 대하여 대법원은 "… 당초 개발부담금 부과처분시 발부한 납부고지서에 개발부담금의 산출근거를 누락시켰지만 그 이전에 개발부담금 예정변경통지를 하면서 산출근거가 기재되어 있는 개발부담금산정내역서를 첨부하여 통지하였다면, 그와 같은 납부고지서의 하자는 위 예정변경통지에 의하여 보완 또는 치유된다. … 원심은 그와 같은 납부고지서의 하자는 위 예정변경통지에 의하여 보완 또는 치유되었다고 판단하였는바, 기록과 관계 법령에 비추어 살펴보면, 이와 같은 원심의 사실인정과 판단은 정당하고, 거기에 채증법칙 위반 및 심리미진의 위법과 납부고지서의 필요적 기재사항에 관한 법리오해의 위법이 있다고 할 수 없다."2)고 하였다.

▫ **행정행위의 형식하자의 치유**

 [하자의 치유를 부인한 대법원 판례] 반면에 청문절차 위반에 대한 하자의 치유를 부인하거나 내용상 하자가 있는 경우 하자의 치유를 부인한 판결들이 있다. 구체적으로는 청문제도의 취지에 관한 판례로서 법규상 청문의 준수를 상당히 엄격하게 요구하고 있는데 이를 준수하지 아니한 경우 그 하자의 치유를 부인하고 있다. (청문절차를 제대로 준수하지 아니하

---

1) 대판 1992. 10. 23, 92누2844【영업허가취소처분취소】【판시사항】행정청이 식품위생법상의 청문절차를 이행함에 있어 청문서 도달기간을 다소 어겼지만 영업자가 이의하지 아니한 채 청문일에 출석하여 의견을 진술하고 변명하는 등 방어의 기회를 충분히 가진 경우 하자의 치유 여부(적극) 同旨; 대판 1990. 11. 9, 90누4129; 대판 1991. 7. 9, 91누971; 대판 1992. 2. 11, 91누11575.
2) 대판 1998. 11. 13, 97누2153【개발부담금부과처분취소】; 대판 1994. 3. 25, 93누19542 등 참조.

고 한 영업정지처분에 대한 판례) : 식품위생법상 청문서 도달기간 등의 청문절차를 준수하지 않고서 한 영업정지처분의 적부에 대하여, 대법원은 "… 관계행정청이 식품위생법에 의한 영업정비처분을 하려면 반드시 사전에 청문절차를 거쳐야 함은 물론 청문서 도달기간 등을 엄격하게 지켜 영업자로 하여금 의견진술과 변명의 기회를 보장하여야 할 것이고 가령 식품위생법 제58조 소정의 사유가 분명히 존재하는 경우라 하더라도 위와 같은 **청문절차를 제대로 준수하지 아니하고 한 영업정지처분은 위법임을 면치 못할 것이다.**"[1]라고 하였다. (행정행위의 내용에 관한 하자에 대한 판례) : 행정행위의 내용에 하자가 있는 경우에도 하자의 치유를 부인하고 있는바, 예컨대 피고(경북지사)는 A기점에서 B 종점까지 노선여객자동차운송사업면허를 받아 사업을 하는 甲에게 노선을 A기점에서 C종점으로 변경하는 사업계획인가를 하였는데, 이러한 사실을 뒤늦게 안 경업자(競業者) 乙은 이에 대한 취소소송을 제기하였다. 이와같이 피고(경북지사)의 시외버스운송사업면허를 받은 노선의 기점, 경유지 또는 종점을 변경함으로써 원래 면허받은 노선을 벗어나게 되는 사업계획변경인가처분의 가부에 대하여, 대법원은 "… 운송사업의 사업계획변경인가처분으로 종전 운행계통을 연장하여 종점을 새로 정하는 것이 노선면허가 없는 상태에서 운행계통을 연장, 변경한 것이어서 위법할 뿐 아니라, 처분의 대상이 되지 아니한 위 새로 정한 종점까지의 다른 구간의 노선면허를 이미 보유하고 있다 하여 위 처분의 노선흠결의 하자가 치유되지 아니한다. … 사업계획변경인가처분에 관한 하자가 행정처분의 내용에 관한 것이고 새로운 노선면허가 소제기 이후에 이루어진 사정 등에 비추어 하자의 사후적 치유를 인정할 수 없다."[2]고 하였다. ☞ **행정행위의 내용에 관한 하자**

### 3. 무효인 행정행위의 전환

#### 3.1. 의의

[의의] 무효인 행정행위의 전환(Konversion, Umdeutung)은, 어떠한 행정행위가 원래 행정청이 의도했던 행정행위(A)로서는 무효이나, '다른 행정행위(B)'로서는 유효한 성립·

---

[1] 대판 1990. 11. 9, 90누4129【대중음식점영업정지처분취소】【판시사항】식품위생법상 청문서 도달기간 등의 청문절차를 준수하지 않고서 한 영업정지처분의 적부(소극)
[2] 대판 1991. 5. 28, 90누1359【시외버스운송사업계획변경인가처분취소】(사업계획변경인가처분의 성격), "…자동차운수사업법인, 면허사무처리요령 (교통부 훈령 제823호) 제2조 제1호, 제2호 본문의 각 규정등과 자동차운송사업 및 사업계획변경인가에 관한 규정취지를 종합하면, 시외버스운송사업계획에 포함된 "운행계통"이라 함은 면허받은 노선안에서의 기점, 경유지 및 종점을 의미하는 것일 뿐이므로 그 기점, 경유지 또는 종점을 변경함으로써 원래 면허받은 노선을 벗어나게 되는 경우에는 사업계획의 변경인가로써는 할 수 없고, 그러한 사업계획의 변경인가는 실질적으로 새로운 여객자동차운송사업의 면허에 해당하는 것으로 보아야 한다."

효력요건을 갖추고 있을 경우, 행정청의 의도에 반하지 않는 한, 그 A의 행정행위를 '다른 행정행위(B)'로서 효력을 인정(전환)하는 것을 말한다. 무효인 행정행위의 전환은 거래의 안전과 관계자의 신뢰이익보호를 위하여 인정된다. 전환은 무효인 행정행위에 대해서만 인정된다는 견해[1]와 취소할 수 있는 행정행위에도 인정된다는 견해[2]가 있다.

### 3.2. 무효인 행정행위의 전환의 요건

[무효인 행정행위의 전환의 요건] 무효인 행정행위의 전환의 요건은, (ㄱ) 무효인 행정행위가 전환될 다른 행정행위로서의 성립·발효요건을 구비하고 있을 것, (ㄴ) 무효인 행정행위와 전환하려는 행정행위와의 사이에 요건·목적·효과에 있어서 실질적 공통성이 있을 것, (ㄷ) 무효인 행정행위를 한 행정청의 의도에 반하지 않을 것, (ㄹ) 당사자가 전환을 의욕하는 것으로 인정될 것, (ㅁ) 제3자의 이익을 침해하지 아니할 것, (ㅂ) 행위의 중복을 피하는 의미가 있을 것 등이다.

- 무효인 행정행위가 전환될 다른 행정행위로서의 성립·발효요건을 구비하고 있을것
- 무효인 행정행위와 전환하려는 행정행위와의 사이에 요건·목적·효과에 있어서 실질적 공통성이 있을 것
- 무효인 행정행위를 한 행정청의 의도에 반하지 않을 것
- 당사자가 전환을 의욕하는 것으로 인정될 것
- 제3자의 이익을 침해하지 아니할 것
- 행위의 중복을 피하는 의미가 있을 것

[독일연방행정절차법 제47조] 독일연방행정절차법 제47조는 전환의 요건으로, (ㄱ) 목적의 동질성, (ㄴ) 처분성·절차·형식의 동일성, (ㄷ) 전환되는 행위로서의 요건의 충족, (ㄹ) 처분청의 의도에 반하지 아니할 것, (ㅁ) 관계자에게 불이익한 효과를 가져오지 아니할 것, (ㅂ) 종래의 행위를 취소하는 데 지장이 없을 것(직권취소의 제한 등 사유가 없을 것), (ㅅ) 기속행위를 재량행위로 전환하는 것이 아닐 것(처분청의 재량권을 침해하는 것이 아닐 것) 등을 든다.[3]

▶ 독일연방행정절차법 제47조 §47 Umdeutung eines fehlerhaften Verwaltungsaktes (1) Ein fehlerhafter Verwaltungsakt kann in einen anderen Verwaltungsakt umgedeutet werden, wenn er auf das gleiche Ziel gerichtet(목적의 동일성) ist, von der erlassenden

---

1) 박윤흔, 행정법강의(상), 431면(행위의 효력이 불확정 상태에 있는 동안은 당사자가 의욕한 바가 아닌 다른 행위로 전환되어서는 안되기 때문이다).
2) 김남진, 행정법(I), 305면; 홍준형, 317면; 홍정선, 행정법원론(상), 단락번호 1120. 독일 행정절차법은 취소할 수 있는 행정행위의 전환도 인정한다.
3) 박윤흔, 행정법강의(상), 431면.

Behörde in der geschehenen Verfahrensweise und Form rechtmäßig hätte erlassen werden können(처분성·절차·형식의 동일성) und wenn die Voraussetzungen für dessen Erlass erfüllt sind. (2) Absatz 1 gilt nicht, wenn der Verwaltungsakt, in den der fehlerhafte Verwaltungsakt umzudeuten wäre, der erkennbaren Absicht der erlassenden Behörde widerspräche(처분청의 의도에 반하지 아니할 것) oder seine Rechtsfolgen für den Betroffenen ungünstiger wären als die des fehlerhaften Verwaltungsaktes(관계자에게 불이익한 효과를 가져오지 아니할 것). Eine Umdeutung ist ferner unzulässig, wenn der fehlerhafte Verwaltungsakt nicht zurückgenommen werden dürfte(직권취소등의 제한사유가 없을 것).

(3) Eine Entscheidung, die nur als gesetzlich gebundene Entscheidung ergehen kann, kann nicht in eine Ermessensentscheidung umgedeutet werden(기속행위를 재량행위로 전환하는 것이 아닐것).

(4) § 28 ist entsprechend anzuwenden.

### 3.3. 전환이 불허(不許)되는 경우

전환이 불허되는 경우로는, (ㄱ) 전환이 처분청의 의도에 명확히 반할 때, (ㄴ) 전환될 행정행위의 법적 효과가 관계인에게 원행정행위보다 불이익으로 되는 경우, (ㄷ) 하자있는 행정행위의 취소가 허용되지 않는 경우, (ㄹ) 법률에 기속된 결정의 재량결정으로의 전환도 금지된다.

- 전환이 처분청의 의도에 명확히 반할 때
- 전환될 행정행위의 법적 효과가 관계인에게 원행정행위보다 불이익으로 되는 경우
- 하자있는 행정행위의 취소가 허용되지 않는 경우
- 법률에 기속된 결정의 재량결정으로의 전환도 금지된다.

### 3.4. 전환의 형태

전환의 형태는, (ㄱ) 과오납세액을 다른 조세채무에 충당한 행위가 무효인 경우에 반환행위로 전환처리 하는 것, (ㄴ) 死者에 대한 광업허가·조세부과를 그 상속인에 대한 것으로 전환처리 하는 것, (ㄷ) 사망자에 대한 귀속재산의 불하(매각)처분,[1] (ㄹ) 2중의 도로부담금이 부과처분이 전이 부과처분에 대한 독촉으로 효려이 인정되는 것, (ㅁ) 재결신청

---

[1] 대판 1968. 1. 21, 68누190 【매매계약처분취소】 귀속재산을 불하받은 자가 사망한 후에 그 수불하자 대하여 한 그 불하처분은 사망자에 대한 행정처분이므로 무효이지만 그 취소처분을 수불하자의 상속인에게 송달할 때에는 그 송달시에 그 상속인에 대하여 다시 그 불하처분을 취소한다는 새로운 행정처분을 한 것이라고 할 것이다.

인이 사망한 경우 토지수용위원회의 재결의 효력을 상속인에 대하여 인정[1]하는 것 등이 있다.

- 과오납세액을 다른 조세채무에 충당한 행위가 무효인 경우에 반환행위로 전환처리 하는 것
- 死者에 대한 광업허가·조세부과를 그 상속인에 대한 것으로 전환처리 하는 것
- 사망자에 대한 귀속재산의 불하(매각)처분
- 2중의 도로부담금의 부과처분이 전의 부과처분에 대한 독촉으로 효력이 인정되는것
- 재결신청인이 사망한 경우 토지수용위원회의 재결의 효력을 상속인에 대하여 인정

[사례] 甲은 발명특허의 출원을 특허청장에게 한 후에 사망하였다. 그러나 그 사실을 모르는 특허청장은 死者인 甲에게 발명특허를 내주었다. 그 후 그 통지서를 甲의 아들인 乙이 수령하였다. 사망자에게 준 발명특허의 효력은?

[해설] 특허청장이 사망사실을 모르고 사망자에게 특허를 내 준 것으로서 중대하고도 명백한 하자가 있는 행정행위이기 때문에 무효이다. 그러나 무효인 행정행위도 전환하면, 유효한 행정행위로 (전환)되며, 전환요건은, (ㄱ) 두 행정행위가 처분청·요건·효과에 있어서 실질적인 공통성이 있고, (ㄴ) 전환되는 행정행위로서의 성립·효력요건을 갖추고 있을 것, (ㄷ) 하자있는 행정행위를 발급한 행정청의 원래의 의도에 반하는 것이 아닐 것, (ㄹ) 상대방에게 원처분보다 새로운 불이익을 부과하는 것이 아닐 것, (ㅁ) 상대방 역시 그 무효인 행정행위의 전환을 의욕하는 것으로 인정되고, (ㅂ) 제3자의 이익을 침해하는 것이 아니어야 한다는 요건들이 충족되어야 한다. 대법원은 "하자있는 행정행위의 치유나 전환은 행정행위의 성질이나 법치주의의 관점에서 볼 때 원칙적으로 허용될 수 없는 것이지만, 행정행위의 무용한 반복을 피하고 법적 안정성을 위해 이를 허용하는 것이 필요한 경우도 있다. 다만 이 경우에도 국민의 권리와 이익을 침해하지 않는 범위에서 구체적 사정에 따라 합목적적으로 인정해야 할 것이다."[2]라고 하였다. 따라서 <u>위의 사례는 하자있는 행정행위로써의 효력발생은 무효라고 말할수 있으나 행정행위의 무용한 반복을 피하고 당사자의 법적 안정성을 위해 이를 유효한 행위로 전환시킬 수 있으며 또한 행정행위의 전환요건에도 충족됨으로써 상속자인 을에게 발명특허의 효력은 발생한다.</u>

### 3.5. 전환의 확인·효과

[행정절차법 준용] 무효의 전환은 별도의 행위나 사실의 개입없이 그 자체로서 전환의 효과를 인정하는 것이므로 전환 여부가 객관적으로 분명하지 아니하고, 그로 인하여 관계

---

1) 서울고판 1971. 9. 14, 68구539.
2) 대판 2012. 12. 13, 2011두21218; 대판 2010. 8. 29, 2010두2579 등 참조.

자에게 예측하지 못한 뜻밖의 손해를 가져올 염려가 있다. 따라서 무효의 전환을 공적인 권위를 가지고 선언하는 의미에서의 확인을 하는 경우가 많다. 전환으로 인하여 생긴 '새로운 행정행위'[1]는 종전의 행정행위의 발령 당시로 소급하여 효력을 발생한다. 따라서 전환에 대하여는 필요한 행정절차규정이 적용되어야 하며, 전환되는 행위에 대하여 행정불복을 제기할 수 있다.

## 제 2 항  행정행위의 무효(無效)

### I. 행정행위의 무효원인

#### 1. 의의

행정행위의 무효(Nichtigkeit, Unwirksamkeit)라 함은, 행정행위가 외관상으로는 행정행위로서 「존재」하고 있음에도 불구하고, 행정행위의 성립에 중대하고 명백한 하자가 있음으로 말미암아(중대·명백설), 권한 있는 기관의 취소를 요하지 아니하고, 처음부터(당초무효), 당연히(당연무효) 그 법률적 효과를 전혀 발생하지 아니하는 행정행위(절대무효)를 말한다.[2][3] 행정행위의 하자의 효과에 대하여 실정법상의 일반적 규정이 없으나 통설은 하자가 중대한 법규의 위반이고 위반의 정도가 중대하며(중대성), 외관상으로도 그 하자를 일반인도 명백히 인식할 수 있는 정도면(명백성) 행정행위는 아무런 효력이 없는 무효가 되고 그

---

1) 다만 전환은 단순한 확인에 지나지 않는 순수한 인식행위로 보아 전환의 요건이 충족되면 새로운 내용의 행정행위가 존재한다고 보는 견해가 있으나, 전환은 행정청의 별도의 의사결정에 의하여 이루어진다고 보아야 하기 때문에 행정행위의 성격을 갖는다(박윤흔, 행정법강의(상), 431면).
2) 무효인 행정행위: 무효인 행정행위는 외견상 행정행위로서 존재함에도 불구하고 권한 있는 행정청이나 법원의 취소를 기다림이 없이, 처음부터 그 행위의 내용에 따른 법률적 효과를 전혀 발생하지 않는 행위를 말한다. 즉, 효력의 점에서는 전혀 행정행위가 없는 경우와 같이 누구도 이에 구속당함이 없이 다른 국가기관은 물론 사인도 독자적인 책임과 판단에서 그 무효를 단정할 수 있다.
3) 무효원인도 취소원인도 되지 않는 하자는, 예컨대 명백한 오기·오산 기타 이에 유사한 행정행위의 표현상의 오류로서, 이러한 하자에 대해서는 법령상 명시적 규정이 없어도 행정청은 언제나 정정할 수 있으며, 또한 그 상대방도 특별한 형식·절차에 의하지 않고 정정을 요구할 수 있는 것으로 인정되고 있다. 우리 행정절차법 제25조도 같은 취지의 규정을 두고 있다(김동희, 행정법(I), 322면).

이외의 하자가 있는 경우에는 취소[1])가 된다고 한다. 그러나 「중대·명백성」이 구체적으로 무엇을 의미하는가 하는 것은 추상적이고 불확정개념이어서 무효와 취소를 구별하는 판단기준은 되지 못한다. 오히려 개별적인 사안에 있어서는 당해 사안과 관계되는 구체적인 이익상황의 형량에 따라 타당한 결정을 하여야 할 것이기 때문에, 어떤 하자가 있는 행위는 무효이고 어떤 하자가 있는 행위는 취소할 수 있는 것이라고 일반적·유형적으로 말하는 것은 어렵다. 그리고 중대·명백성을 판단기준으로 하여 판단하는 경우에 대부분의 경우는 타당한 결과를 가져온다고 할 것이나, 제반사정을 비교형량하는 경우 중대·명백한 흠에 해당하지 아니한 경우에도(중대하지만 명백하지 않은 경우 혹은 명백하기는 하나 중대하지 않은 경우) 무효로 보아야 할 특수한 사안도 없다고는 할 수 없다.

▶ 대판 2006. 6. 30, 2005두14363【국방군사시설사업실시계획승인처분무효확인】 환경영향평가를 거쳐야 할 대상사업에 대하여 환경영향평가를 거치지 아니하였음에도 불구하고 승인 등 처분이 이루어진다면, 사전에 환경영향평가를 함에 있어 평가대상지역 주민들의 의견을 수렴하고 그 결과를 토대로 하여 환경부장관과의 협의내용을 사업계획에 미리 반영시키는 것 자체가 원천적으로 봉쇄되는바, 이렇게 되면 환경파괴를 미연에 방지하고 쾌적한 환경을 유지·조성하기 위하여 환경영향평가제도를 둔 입법 취지를 달성할 수 없게 되는 결과를 초래할 뿐만 아니라 환경영향평가대상지역 안의 주민들의 직접적이고 개별적인 이익을 근본적으로 침해하게 되므로, 이러한 행정처분의 하자는 법규의 중요한 부분을 위반한 중대한 것이고 객관적으로도 명백한 것이라고 하지 않을 수 없어, 이와 같은 행정처분은 당연무효이다.

독일행정절차법 제44조 제2항은 「중대하고 명백한 하자 있는 행정행위는 무효(nichtig)로 한다」고 규정함과 아울러 현저한 무효사유로 ① 처분행정청의 불분명, ② 형식상의 하자, ③ 행정청의 권한 외의 행위, ④ 사실상 불능인 행위, ⑤ 범죄행위, ⑥ 선량한 풍속위반행위를 들고 있다.

▶ 독일연방행정절차법 제44조 VwVfG § 44(Nichtigkeit des Verwaltungsaktes) ② Ohne Rücksicht auf das Vorliegen der Voraussetzungen des Absatzes 1 ist ein Verwaltungsakt nichtig,

1. der schriftlich oder elektronisch erlassen worden ist, die erlassende Behörde aber nicht erkennen läßt(처분행정청의 불분명);

2. der nach einer Rechtsvorschrift nur durch die Aushändigung einer Urkunde erlassen werden kann, aber dieser Form nicht genügt(형식상의 하자);

---

[1] 취소할 수 있는 행정행위 : 취소할 수 있는 행정행위는, 그 성립에 흠이 있음에도 불구하고 권한 있는 행정청이나 법원의 취소가 있기까지는 일단 유효한 행위로서 효력을 가지며 취소로 인하여 비로소 소급하여 그 효력을 상실하는 행위를 말한다. 취소가 있기까지는 상대방은 물론, 정당한 권한을 가진 행정청 또는 법원이 그 권한에 근거하여 취소하는 이외에는 행정청 기타의 국가기관도 이에 구속되어 독자적인 판단으로 그 행위를 심사하여 효력을 부정할 수 없다.

3. den eine Behörde außerhalb ihrer durch § 3 Abs. 1 Nr. 1 begründeten Zuständigkeit erlassen hat, ohne dazu ermächtigt zu sein(행정청의 권한 외의 행위);

4. den aus tatsächlichen Gründen niemand ausführen kann(사실상 불능인 행위);

5. der die Begehung einer rechtswidrigen Tat verlangt, die einen Straf- oder Bußgeldtatbestand verwirklicht(범죄행위);

6. der gegen die guten Sitten verstößt(선량한 풍속위반행위).

▶ 독일연방행정절차법 제44조(행정행위의 무효)[1] ① 행정행위가 특별히 중대한 하자가 있고, 또한 그 하자가 관련한 제반사정으로 판단하여 명백한 경우에는 무효이다.

② 다음 각호의 1에 해당하는 행정행위는 제1항의 조건의 존재여부를 불문하고 무효로한다.

1. 문서로 한 처분으로서 처분청을 알 수 없을 때(der schriftlich oder elektronisch erlassen worden ist, die erlassende Behörde aber nicht erkennen lässt)

2. 법규상 일정한 증서의 수여를 통하여만 발하여질 수 있는 행위이나, 그 형식이 충족되지 못한 때(der nach einer Rechtsvorschrift nur durch die Aushändigung einer Urkunde erlassen werden kann, aber dieser Form nicht genügt)

3. 행정청이 제3조제2항제1호의 규정에 의한 관할범위 밖에서 아무런 수권을 받지 아니하고 행한 행정행위(den eine Behörde außerhalb ihrer durch § 3 Abs. 1 Nr. 1 begründeten Zuständigkeit erlassen hat, ohne dazu ermächtigt zu sein)

4. 사실상의 이유로 인하여 누구라도 실행(완수)할 수 없는 행정행위(den aus tatsächlichen Gründen niemand ausführen kann)

5. 형벌 또는 과태료의 구성요건을 실현하는것을 요구하는 행정행위(der die Begehung einer rechtswidrigen Tat verlangt, die einen Straf- oder Bußgeldtatbestand verwirklicht)

6. 미풍양속에 어긋나는 행정행위(der gegen die guten Sitten verstößt)

③ 행정행위는 다음 각호 만의 이유로는 무효로 되지 아니한다(Ein Verwaltungsakt ist nicht schon deshalb nichtig)

1. 토지관할권에 관한 규정을 준수하지 아니한 경우, 단 제2항 제3호의 경우를 제외한다(Vorschriften über die örtliche Zuständigkeit nicht eingehalten worden sind, außer wenn ein Fall des Absatzes 2 Nr. 3 vorliegt).

2. 제20조 제1항 제1문 제2호 내지 제6호에 의히어 제척되는 자를 참여시킨 경우(eine nach § 20 Abs. 1 Satz 1 Nr. 2 bis 6 ausgeschlossene Person mitgewirkt hat)

3. 법규에 의하여 위원회의 협력이 요구되는 경우에, 위원회가 행정행위의 발동을

---

[1] 황해봉, 독일의 행정심판제도(I), 법제처, 법제(2004.1), 외국입법동향.

위하여 규정된 의결을 하지 아니하였거나 의결능력을 가지지 못한 경우(ein durch Rechtsvorschrift zur Mitwirkung berufener Ausschuss den für den Erlass des Verwaltungsaktes vorgeschriebenen Beschluss nicht gefasst hat oder nicht beschlussfähig war)

    4. 법규에 의하여 요구되는 다른 행정청의 협력이 이루어지지 아니한 경우(die nach einer Rechtsvorschrift erforderliche Mitwirkung einer anderen Behörde unterblieben ist)

    ④ 행정행위의 일부만이 무효인 경우, 무효인 부분이 없었으면 행정청이 그 행정행위를 하지 아니하였을 만큼 무효인 부분이 중요한 것인 경우에는, 행정행위의 전체를 무효로 한다(Betrifft die Nichtigkeit nur einen Teil des Verwaltungsaktes, so ist er im Ganzen nichtig, wenn der nichtige Teil so wesentlich ist, dass die Behörde den Verwaltungsakt ohne den nichtigen Teil nicht erlassen hätte).

    ⑤ 행정청은 언제든지 직권으로 무효를 선언할 수 있다. 신청인이 이에 관하여 정당한 이익을 가지는 경우에 신청이 있으면 그 무효를 선언할 수 있다(Die Behörde kann die Nichtigkeit jederzeit von Amts wegen feststellen; auf Antrag ist sie festzustellen, wenn der Antragsteller hieran ein berechtigtes Interesse hat).

## 2. 행정행위의 부존재(不存在)와의 구별
### 2.1. 행정행위의 부존재의 의의

    행정행위의 무효와 부존재는 행정행위의 효력이 발생하지 않는 점에서 동일하다. 그러나 행정행위의 무효는 행정행위가 외관상으로는 '존재'하고 있으나, 다만 법률효과를 발생하지 못한 경우인데 대하여, 행정행위의 부존재 또는 불성립은 행정행위가 그 성립요건의 어떤 중요한 요소를 전혀 결여함으로써 처음부터 성립(존재)조차 하지 못한 경우(외형상의 존재자체가 없는 경우; 비행정행위)[1]를 말한다. 이와같이 행정행위의 부존재라 함은 행정행위라고 볼 수 있는 외견이 존재하지 않는 경우를 말한다. 다수설은 행정행위의 부존재에, (ㄱ) 행정행위의 성립요건이 충족되지 않는 경우, (ㄴ) 행정행위가 취소, 철회 또는 실효 등으로 소멸한 경우, (ㄷ) 행정기관의 행위가 있었지만 당해 행위가 행정행위가 아니라 사법행위, 공법상 계약, 행정지도 등 비행정행위를 포함하고 있으며 이들 중에서 비행정행위를 제외한 경우를 광의의 행정행위의 부존재라고 본다. 행정행위의 부존재는 하자(瑕疵)있는 행정행위와는 구별된다.

---

[1] 김남진·김연태, 행정법(I), 288면.

> 무효 → 행정행위가 외관상(外觀上)으로는 존재(다만, 법률효과를 발생하지 못한 경우)
> 부존재 → 행정행위로써 처음부터 성립(존재)조차 하지 못한 경우

### 2.2. 행정행위의 무효와 부존재의 구별의 실익

행정행위의 부존재와 무효의 구별기준은 행정행위의 성립요건의 충족 여부이다. 행정행위의 성립요건이 충족되지 못한 경우 행정행위는 부존재이며, 행정행위가 성립하여 행정행위의 외관은 갖추었으나 행정행위의 위법이 중대하고 명백하여 행정행위가 애초부터 효력을 발생하지 않는 경우가 무효이다. 전통적으로 양자의 구별실익은, 행정쟁송에 있어 부존재의 경우는 그 목적물이 없는 것이므로 각하되어야 한다는 점에 있는 것으로 보았다.[1] 다시말하면 무효인 경우는 행정행위로서의 외관은 존재하고, 행정청은 이를 유효한 것으로 인정하여 집행할 우려가 있는 것이므로, 재판에 의하여 그 무효임을 확인 받을 이익이 있는 것이나, 부존재의 경우는 행정쟁송의 대상인 행위 자체가 존재하지 않는 경우이므로, 쟁송을 제기하여도 각하될 수 밖에 없다고 보았던 것이다.[2] 그리고 현행 행정소송법은 무효확인소송과 함께 부존재확인소송을 인정하고 있으므로 그 한도 내에서는 양자를 구별할 실익이 있다. 또한 무효인 행정행위는 무효선언을 구하는 취소소송의 대상이 되지만 부존재의 경우에는 그러한 소송이 인정되지 않는 점에서도 양자를 구별할 실익이 있다. 또한 무효인 행정행위는 전환이 인정되지만, 부존재인 행정행위는 전환이 인정될 수 없다.

[쟁송형식의 구별실익] 그러나 행정심판법과 행정소송법은, 「항고쟁송의 일종으로」 행정청의 '처분의 효력의 유무 또는 존재 여부를 확인하는' 행정심판(행정심판법 제5조 제2호)과 행정소송(행정소송법 제4조 제2호)을 규정함으로써 무효확인쟁송(처분의 효력의 유무)과 부존재확인쟁송(존재여부의 확인)을 모두 인정하였다. 따라서 현행법 하에서는 「행정쟁송의 목적물이 될 수 있느냐 없느냐」하는 점에서는 무효와 부존재의 구별실익이 없게 되었고(위에서 언급한 바와 같이 과거에는 이 점에서 무효와 부존재의 구별실익이 있다고 하였다),[3] 다만 위에서 언급한 바와 같이 「쟁송의 형식(부존재확인의 소, 무효확인의 소)」이 다르다는 구별실익이 있는 정도이다. 결론적으로 현행 행정소송법이 무효확인소송과 부존재확인소송을 전혀 동일하게 규율하고 있고, 실체법적 측면에서 무효인 행정행위나 부존

---

1) 김동희, 행정법(I), 324면.
2) 김동희, 행정법(I), 324면.
3) 김동희, 행정법(I), 324면; 이에 대하여 위법의 정도가 심하여 효력이 부인되는 경우와 행정행위로 부를만한 외형조차 없는 경우는 분명히 다르며, 무효확인소송과 부존재확인소송이 하나의 법조문에 규정되어있다고 하여, 양자가 동일하게 다루어지는 것은 아니라고 하면서, 양자를 구별할 필요가 있다고 한다(김남진·김연태, 행정법(I), 289면).

재인 행정행위나 모두 실체법상 법적 효력이 발생하지 않는다는 점에서 그 구별의 실익은 크지 않다.

### 2.3. 구별표준

[행정행위의 부존재 사유] 행정행위가 「성립」하기 위하여 필요한 최소한도의 요건으로서 '행정기관의 의사표시 또는 이에 준할 수 있는 심리표시의 존재'가 필요하다 할 것이므로, 다음과 같은 경우는 행정행위의 부존재 사유에 해당한다. (ㄱ) 행정기관이 아닌 것이 명백한 私人의 행위, (ㄴ) 행정기관의 행위일지라도 행정권발동으로 볼 수 없는 권유·주의·호의적 알선·희망표시, (ㄷ) 행정기관 내부의 의사결정이 있었을 뿐이고, 그것이 행정행위로서 외부에 표시되지 아니한 경우, (ㄹ) 행정행위가 해제조건의 성취, 기한의 도래, 취소, 철회 등에 의하여 실효된 경우이다. 행정행위의 부존재를 「협의의 부존재」와 「비행정행위」로 구분하는 입장에서는 위의 (ㄱ)과 (ㄴ)은 비행정행위에 해당한다고 보고, (ㄷ)과 (ㄹ)은 행정행위의 부존재로 본다.1)

▶비행정행위: (ㄱ) 행정기관이 아닌 것이 명백한 私人의 행위, (ㄴ) 행정기관의 행위일지라도 행정권발동으로 볼 수 없는 권유·주의·호의적 알선·희망표시

▶행정행위의 부존재: (ㄱ) 행정기관 내부의 의사결정이 있었을 뿐이고, 그것이 행정행위로서 외부에 표시되지 아니한 경우, (ㄴ) 행정행위가 해제조건의 성취, 기한의 도래, 취소, 철회 등에 의하여 실효된 경우

### 2.4. 부존재·취소와의 구별

행정행위의 무효는 행정행위의 성립에 중대하고도 명백한 하자가 있으므로 처음부터 행정행위의 효력이 발생하지 않는 것이지만, 취소는 행정행위의 성립에 중대하고도 명백한 하자 이외의 하자를 이유로 행정행위의 효력을 과거로 소급해서 소멸시키는 것이다. 무효는 (ㄱ) 외형은 일단 존재한다는 점에서 외형도 존재하지 아니하는 행정행위의 부존재와 구별되며, (ㄴ) 처음부터 아무런 효력이 발생하지 아니한다는 점에서(당초무효; 당연무효), 권한있는 기관[법원·행정청(처분청)·감독청]에 의하여 취소(직권취소·쟁송취소)되기까지는 행정행위의 공정력에 의하여 일단 유효한 것으로 추정(推定)을 받는 힘을 가지는 취소할 수 있는 행정행위와 구별된다.2)

---

1) 김남진·김연태, 행정법(I), 288면.
2) 박윤흔, 행정법강의(상), 432면.

## II. 무효원인인 하자의 유형(주체·내용·절차·형식)

### 1. 주체에 관한 하자

#### 1.1. 개관

행정행위는, (ㄱ) 정당한 권한을 가진 행정기관이, (ㄴ) 그의 정당한 권한 내에서, (ㄷ) 정상적인 의사에 의거하여 행한 행위라야 하며, 이러한 요건을 갖추지 못한 행정행위는 완전한 효력을 발휘하지 못하여 원칙적으로 무효이다.

#### 1.2. 내용

##### 1.2.1. 정당한 권한을 가진 행정기관이 아닌 자의 행위

a) 공무원이 아닌 자의 행위

[무효] 적법하게 선임되지 아니한 자, 즉 결격사유에 해당하여 공무원으로서의 선임행위가 무효 또는 취소된 자가 한 행정행위는 무효이다.[1]

[임용결격사유에 해당되는 공무원의 법적 지위] 대법원은 "… 임용당시 공무원임용결격사유가 있었다면 비록 국가의 과실에 의하여 임용결격자임을 밝혀내지 못하였다 하더라도 그 임용행위는 당연무효로 보아야 한다. 국가가 공무원임용 결격사유가 있는 자에 대하여 결격사유가 있는 것을 알지 못하고 공무원으로 임용하였다가 사후에 결격사유가 있는 자임을 발견하고 공무원 임용행위를 취소하는 것은 당사자에게 원래의 임용행위가 당초부터 당연무효이었음을 통지하여 확인시켜 주는 행위에 지나지 아니하는 것이므로, 그러한 의미에서 당초의 임용처분을 취소함에 있어서는 신의칙 내지 신뢰의 원칙을 적용할 수 없고 또 그러한 의미의 취소권은 시효로 소멸하는 것도 아니다. 공무원연금법이나 근로기준법에 의한 퇴직금은 적법한 공무원으로서의 신분취득 또는 근로고용관계가 성립되어 근무하다가 퇴직하는 경우에 지급되는 것이고, 당연무효인 임용결격자에 대한 임용행위에 의하여서는 공무원의 신분을 취득하거나 근로고용관계가 성립될 수 없는 것이므로 임용결격자가 공무원으로 임용되어 사실상 근무하여 왔다고 하더라도 그러한 피임용자는 위 법률소정의 퇴직금청구를 할 수 없다."[2]고 하였다.

[공무원의 신분상실후의 행위] 정년·면직·임기만료·당연퇴직사유의 발생 등으로 신분을 상실한 후에 행한 행위는 무효이나.[3] 그러나 비공무원(非公務員)이 공무원사격을 사칭하여 행정행위를 한 경우는 행정행위의 '부존재'가 된다. 그러나 공무원이 아닌 자의 행위

---

[1] 홍정선, 행정법원론(상), 단락번호 1141.
[2] 대판 1987. 4. 14, 86누459【임용행위취소처분취소】
[3] 홍정선, 행정법원론(상), 단락번호 1141.

라도 객관적으로 공무원으로서의 행위라고 믿을 만한 상당한 이유가 있는 상태 아래에서 행하여진 경우에는(사실상 공무원이론 : de facto Beamten, fonctionare de facto) 상대방의 신뢰보호와 법적 안정성을 위하여 이를 '유효'로 하지 않으면 안 될 때가 있다.[1]

[예외 : 사실상의 공무원이론] 공무원이 아닌 자의 행위라도 객관적으로 공무원으로서의 행위라고 믿을 만한 상당한 이유가 있는 상태 아래에서 행하여진 경우에는 상대방의 신뢰보호와 법적 안정성을 위하여 이를 '유효'로 하지 않으면 안 될 때가 있다(사실상 공무원이론 : de facto Beamten, fonctionare de facto). 독일 공무원법은 임명행위가 무효 또는 철회된 경우에도 그 자가 행한 관청행위(官廳行爲)는 유효함을 원칙으로 하였다.[2]

### b) 대리권없는 자 또는 권한의 위임을 받지 않은 자의 행위

명백한 무권한의 행위는 무효이다.[3][4] 여기서 권한이란 사항적 권한·지역적 권한·인적 권한을 모두 포함한다.[5] 대법원은 '유기장 영업허가 권한이 없는 동장이 허가한 영업허가를 취소한 경우에 그 취소를 소구할 이익이 있는지 여부'에 대하여, "… 유기장법 및 지

---

1) 홍정선, 행정법원론(상), 단락번호 1141.
2) 박윤흔, 행정법강의(상), 433면.
3) 同旨의 판례 : 대판 1991.10.11, 91누7835 【공사중지처분취소】 【판시사항】 주택건설촉진법 제33조 제1항에 의한 사업계획승인을 받아 건립된 일단의 단독주택 중 하나를 헐고 다세대주택을 건축하는 공사에 대하여 이웃 주민들의 집단적인 건축반대민원이 있다는 것과 같은 법의 취지에 반한다는 것을 이유로 한 공사중지명령의 적부(소극)【판결요지】 공사중지명령은 엄격한 법적 근거를 요하는 기속행위에 속한다 할 것인데, 이웃 주민들의 집단민원이 있을 경우 다세대주택 건축허가를 취소할 수 있다거나 공사중지명령을 할 수 있다는 근거법규가 없고, 주택건설촉진법이 단독주택에 대하여는 그것이 비록 같은 법 제33조 제1항에 의한 사업계획승인을 받아 건립된 일단의 단독주택 중 하나라 하더라도 공동주택 소유자의 철거 및 재건축을 제한하는 같은 법 제38조 제2항과 같은 제한을 하고 있지 아니 하므로, 위와 같은 단독주택 하나를 헐고 다세대주택을 건축하는 공사에 대하여 이웃 주민들의 집단적인 건축반대민원이 있다는 것과 같은 법의 취지에 반한다는 것을 이유로 한 공사중지명령은 법령상의 근거 없이 행하여진 위법한 처분이다.;
4) 대판 1975. 7. 22, 75누12 【행정처분취소】 부산시에 있어서의 자동차정류장의 설치에 관한 권한은 1971.4.13부터는 자동차정류장법 제4조제26조제28조동법시행령 제2조 1호 단서등의 규정에 의하여 <u>교통부장관만이 가지고 있는 것인데</u> 당사자 사이에 다툼이 없는 사실과 같이 그 후인 1971.12.30 피고시가 소외 신흥여객자동차 주식회사에 대하여 부산시 부산진구 범일동 83의41 대지 150평 위에 부산 영업소라는 명칭으로 그 직행버스 정류장의 설치를 인가한 이건 행정처분은 자동차정류장 법령의 규정에 위반한 <u>무권한 행위로서 당연 무효의 것이라고</u> 하였음은 정당하고 자동차정류장 설치인가를 해준 것임을 자인하면서 그 <u>인가의 근거가 되지 못하는 자동차 운수사업법 동법 시행규칙의 관계규정을 들고 정당한 권한에 기한 것이라 함은 독단에 지나지 못하다.</u>
5) 홍정선, 행정법원론(상), 단락번호 1142.

방자치법 제7조의 규정에 비추어 유기장영업허가는 시장이 하게 되어 있을 뿐 이 허가권을 동장에게 외부위임할 수 있는 근거가 없고 영업허가 권한이 없는 동장이 한 영업허가는 당연무효가 될 것이므로 동장으로 부터 유기장영업허가 취소를 받은 자는 행정처분 취소를 소구할 이익이 없다."[1]고 하였다. 행정기관의 대리권 없는 자가 행한 행위도 무권한대리로서 원칙적으로 무효이다.

[예외: 표현대리(表見代理) 이론] 대리권없는 자의 행위라도 그 행위의 상대방이 정당한 권한을 가졌다고 믿을 만한 상당한 사유가 있는 경우에는 상대방의 신뢰보호[2]와 관련하여 민법상 표현대리(민법 제125조·제126조)의 법리를 유추적용하여 '유효'로 인정되는 경우가 있다(수납기관이 아닌 군[郡]직원의 양곡대금수납, 세입징수관 보조원의 수납행위).[3]

▶ 민법 제125조(대리권수여의 표시에 의한 표현대리) 제삼자에 대하여 타인에게 대리권을 수여함을 표시한 자는 그 대리권의 범위내에서 행한 그 타인과 그 제삼자간의 법률행위에 대하여 책임이 있다. 그러나 제삼자가 대리권 없음을 알았거나 알 수 있었을 때에는 그러하지 아니하다.

▶ 민법 제126조(권한을 넘은 표현대리) 대리인이 그 권한외의 법률행위를 한 경우에

---

1) 대판 1976. 2. 24, 76누1【행정처분취소】원심이 확정한 사실에 의하면 원고는 1975.4.22 피고로부터 전주시 고사동 1가 202번지에 전일유기장이라는 옥호로 전자유기시설의 영업허가를 받았다는 것이다. 그런데 유기장법 제3조 제1항의 규정에 의하면 유기장의 영업허가는 시장(이 사건에서는 전주시장)이 하게 되어 있을 뿐이요 유기장법의 어디에도 이 허가권을 동장에게 외부위임 할 수 있다는 근거가 없다. 뿐만 아니라 설령 전주시의 조례 제637호의 규정에 의하여 위의 권한이 동장에게 위임하였다 할지라도 이것은 어디까지나 이른바 내부위임에 불과한 것이다. 왜냐하면 지방자치법 제7조의 규정에 의하건대 주민의 권리의무에 관한 사항을 조례로 규정할 때에는 법률의 위임이 있어야 가능하게끔 되어 있기 때문이다. 원심으로서는 마땅히 피고(전주시 고사동장 채용묵)가 위와 같은 영업허가를 할 수 있는 근거를 밝혀보고 만일 그러한 권한이 없다면 원고(정규렬)가 받은 영업허가는 당연무효가 될 것이요 따라서 이러한 원고로서는 이 사건 제소를 할 이익이 없는 것이라 할 것이다. 원심판결은 이점에서 심리미진의 허물을 면할 길 없다 할 것이므로 상고이유를 판단하지 아니하고 원심판결을 파기하여 사건을 원심인 광주고등법원으로 환송하기로 한다.
2) 홍정선, 행정법원론(상), 단락번호 1142.
3) 홍정선, 행정법원론(상), 단락번호 1142; 같은 취지 대판 1963. 12. 5, 63다519【물품대금】교육청이 세입징수관인 군수의 지시에 의하여 수납기관 아닌 군청직원에게 양곡대금을 납입하였으나 횡령된 경우의 책임과 국가의 사용자로서의 손해배상책임【판결요지】교육구청이 국가로부터 양곡을 매수한 후 세입징수관인 국가예하 군수의 지시에 의하여 수납기관이 아닌 군청직원에게 양곡대금을 납입하였으나 그 대금일부가 군청직원에 의하여 횡령된 경우에 군수의 지시 또는 군청직원의 수금행위는 객관적으로 보아 특별한 사정이 없는 한 국가의 직무집행에 관하여 행하여진 행위라고 인정할 수 있다.【참조조문】민법 제756조

제삼자가 그 권한이 있다고 믿을 만한 정당한 이유가 있는 때에는 본인은 그 행위에 대하여 책임이 있다.

c) 적법하게 구성되지 아니한 합의기관의 행위

적법한 소집이 없었던 경우, 의사(議事)·의결정족수 미달의 경우, 결격자가 참여한 경우는 무효이다. 「예외」 필요적 공개절차를 밟지 않는 경우 ⇒ 당연무효설과 취소가능설로 나누어진다.

d) 법령상 필요한 타기관의 필요적 협력(의결·승인·협의)을 결여한 행위

aa) 개관

[다단계 행정행위] 법령은 일정한 행위를 할 수 있는 권한을 특정한 기관에 부여하되, 그 행위를 함에는 다른 기관의 의결·승인·협의 등을 얻도록 한 경우가 적지 않다(다단계 행정행위).[1] 이는 국민의 권익보호, 행위의 적법타당성의 사전보장, 다른 기관의 관장사무와의 관련성유지 등을 위한 것으로, 이 경우에는 법령상 단독으로 행하는 것을 인정하지 않은 취지이다. 협력을 결(缺)한 행위는 다음과 같이 설명할 수 있다.

▶ 자문을 결여한 행위 → 행위의 신중을 기하고 그 내용의 적정·타당성을 확보하기 위하여 요구되는 자문기관의 자문의 결여는 「취소사유」[2]

▶ 의결을 결여한 행위 → 이해관계인의 권리·이익을 보호하기 위하여 요구되는 의결기관의 의결을 결여한 때에는 「무효원인」이 된다.[3]

[행정결정에 있어서 다른 행정청의 협력행위의 의의와 법적 성질] 〈다단계 행정행위(mehrstufiger Verwaltungsakt)〉 〈의의〉: 오늘날 행정의 복잡다양화 현상과 함께 고도의 전문적인 지식을 필요로 하는 사항이 행정청의 행정행위와 결부되는 경우가 많고 또한 주된 행정청이 독자적으로 행정행위를 하는것보다는 다른 관계기관의 협의 내지는 동의를 구하는 등, 각 기관의 협력하에 행정행위가 이루어지는 것이 공정한 행정을 위해 요구되고 있다. 이 때에 다른 행정청의 협력절차를 거쳐서 행정행위를 발하도록 법령에 규정하고 있는 경우가 많이 있는데, 이 경우 다른 행정청의 동의(Zustimmung), 승낙(Genehmigung), 협의(Einvernehmen) 등의 협력행위가 있고 난 후에 비로소 행정행위가 발해진다. 협력행위는 예외적으로 국민에 대해 직접적으로 법적 효력을 미칠 때에만 하나의 행정행위로 파악되

---

1) H. Maurer, Allgemeines Verwaltungsrecht, 11 Aufl, 1997, S. 189 참조.
2) 홍정선 교수는 단순한 자문을 구하는 것인 경우에는 원칙적으로 무효나 취소가 되지 아니한다고 한다. 즉 원칙적으로 효력에 영향을 미치지 아니한다고 한다(홍정선, 행정법원론(상), 단락번호 1146).
3) 홍정선 교수는 그 협력이 행정행위의 발령에 필수적인 전제가 되는 경우에는 취소사유가 된다고 한다(홍정선, 행정법원론(상), 단락번호 1146).

나, 통상의 경우에는 행정의 내부적 설명에 그칠 뿐 직접적으로 대외적 효력을 갖지 아니한다. 이와 같이 동의나 협의를 필요로 하는 행정행위를 통상적으로 다른 행정청의 협력 때문에 "다단계행정행위(mehrstufiger Verwaltungsakt)"라 한다.[1] (법적 성질): 협력행위의 법적 성질을 논하는 실익은 협력행위를 독자적인 행정행위로 보았을 경우에 독립적으로 취소할 수 있을 것인가의 문제와 결부되며, 예를 들어 수익적 행정행위의 발령시 행정절차에 있어서 그 협력행위가 행정행위라면 상대방은 협력행정청을 상대로 직접 그 거부처분을 다툴 수 있고, 협력행정청이 행정절차법의 주체가 될 수 있다.[2] 그 법적 성질은 협력의 형태 내지 법규범의 성질에 따라 달리 볼 여지도 있으나, 일반적으로 다른 행정청의 협력행위가 독자적인 행정행위가 되기보다는 주된 행정행위만이 대외적으로 발해지고 협력행위는 대외관계에서 아무런 영향을 미치지 아니하는 행정내부의 설명에 그칠 뿐이므로 행정행위가 아니라고 본다.

bb) 학설(주체하자설 · 절차하자설)

[주체하자설] 다른 행정청의 협력을 결한 행정행위의 효력은 주체의 하자인가 절차의 하자인가가 문제된다. 주체의 하자라는 견해는 다른 행정청의 필요적 협력을 결한 행정행위의 효력에 관한 다수설의 입장은 행정행위의 성립요건 중 「주체의 하자」에 관한 문제로 보면서 그 효과를 무효라고 하고 있다.[3] 다수설은 법령이 일정한 행위를 함에 있어서 타기관의 협력을 받도록 한 것은 국민 또는 주민의 권익을 보호한다거나 행정행위의 적법 · 타당성을 보장하기 위하여, 또는 하나의 행정행위가 타기관의 관장사무와 밀접하게 관련되기 때문에 그 기관의 의사를 반영할 수 있도록 하기 위한 것이라고 할 수 있기 때문에 법령이 필요적으로 요구한 타기관의 협력을 받지 아니하고 한 행정행위는 원칙적으로 무효라고 보고 있다.

[절차하자설] 위의 다수설에 대하여 「절차의 하자」라는 견해에 의하면 다른 행정청의 협의에 관한 사항은 행정내부의 절차의 문제로 보아 그에 대한 흠결은 당연히 무효라고 볼 수 없고, 절차하자의 법리에 따라 취소할 수 있는 행정행위로 보아야 한다고 한다.[4] 즉, 주체의 문제는 직무권한의 문제이고, 절차의 문제는 행정결정에 이르는 일련의 과정이며, 근본적으로 우리 행정법은 행정과제를 특정의 행정주체 내지 행정관청에 할당할 필요성의

---

1) H. Maurer, Allgemeines Verwaltungsrecht, 11 Aufl., 1997, S. 189.
2) 김용섭, 다른행정청의 협력을 결한 행정행위의 효력, 판례월보 제316호(1997.1), 24면 이하 참조.
3) 박윤흔, 행정법강의(상), 433면; 이상규, 신행정법론(상), 1993, 437면; 홍준형, 행정법총론, 1994, 299면; 다만, 홍정선, 행정법원론(상), 1998, 347면에서는 절차상 무효원인으로 보고 있다(그 협력이 행정행위의 발령에 필수적인 전제요건인 경우에 무효이고, 단순히 자문을 구하는 경우에는 취소 또는 그 효력에 하자가 없다고 한다). 그러나 대법원판례는 이와 다른 판단을 하고 있다.
4) 김용섭, 다른 행정청의 협력을 결한 행정행위의 효력, 판례월보 제316호(1997.1), 39-40면.

관점에서 대외적으로 두 개의 관청이 행정행위를 공통적으로 발령하는 경우는 극히 드물고, 그 보다는 주된 행정청이 자신의 책임하에 다른 행정청과의 협력하에 독자적 권한을 갖고 대외관계에서 단일의 행정결정을 발한다는 것이다.

### e) 공무원이 정당한 증표를 제시하지 않고 한 행위

일정한 행정강제에 있어서 법령상 의무로 규정하고 있는 경우(예컨대 대집행의 집행책임자는 증표를 휴대하여, 대집행시에 이해관계인에게 제시하여야 하며(행정대집행법 제4조), 세무공무원이 체납처분을 하기 위하여 질문·검사·수색 또는 재산압류를 할 때에는 증명서를 휴대하고 관계자의 요구가 있을 때는 제시하게 한 것 등(국세징수법 제25조), 증표를 제시하지 않고 행정강제를 행한 때에는 증표의 휴대와 제시의무가 국민의 권익보호를 위한 취지이므로 무효원인으로 본다(취소가능설을 취하는 견해도 있다).[1]

### 1.2.2. 행정기관의 권한외(무권한·권한유월)의 행위

행정기관은 법령에 의하여 수권된 범위내에서 적법한 행위를 할 수 있으며, 실질적·지역적·대인적 한계를 넘은 것으로서 자기권한에 속하지 아니한 무권한 행위 내지는 권한을 초월한 **권한유월**(Ultra Vires) 행위(예컨대, 세무서장이 면세해서는 안될 세금을 면제해주는 것, 경찰서장이 허가해서는 안될 영업을 허가해 주는 것)는 원칙적으로 무효가 된다.[2]

[교육위원회의 위임없이 한 교육감의 유치원 설립인가] "원판결이 피고 위원회의 교육감 오복근에 대한 전기 유치원의 설립 인가가 교육법의 전기 각 법조에 저촉되며 또 피고 위원회의 결의에 의한 위임이 없이 이루어진 것이었다는 사실을 확정하였음이 전술한 바와 같은 이상 그 인가처분은 권한 없는 기관에 의한 행정처분으로서 중대하고 명백한 하자가 있는 것이었다고 않을 수 없는 바인 즉, 위 판결이 그것을 당연 무효의 처분이었다고 단정한 조치를 정당하였다고 할 것인즉 교육감이 당해 교육위원회의 결의에 의한 위임없이 유치

---

1) 박윤흔, 행정법강의(상), 434면; 홍정선, 행정법원론(상), 단락번호 1149.
2) 대판 1975. 7. 22, 75누12 【행정처분취소】 부산시에 있어서의 자동차정류장의 설치에 관한 권한은 1971.4.13부터는 자동차정류장법 제4조제26조제28조동법시행령 제2조 1호 단서등의 규정에 의하여 <u>교통부장관만이 가지고 있는 것인데</u> 당사자 사이에 다툼이 없는 사실과 같이 그 후인 1971.12.30 피고시가 소외 신흥여객자동차 주식회사에 대하여 부산시 부산진구 범일동 83의41 대지 150평 위에 부산 영업소라는 명칭으로 그 직행버스 정류장의 설치를 인가한 이건 행정처분은 자동차정류장 법령의 규정에 위반한 **무권한 행위로서 당연 무효의 것이라고** 하였음은 **정당**하고 자동차정류장의 설치인가를 해준 것임을 자인하면서 그 <u>인가의 근거가 되지 못하는 자동차 운수 사업법 동법 시행규칙의 관계규정을 들고 정당한 권한에 기한 것이라 함은 독단에 지나지 못하다.</u>

원설립인가를 한 처분은 무효이다."[1]

[권한없는 행정기관이 한 당연무효의 행정처분을 취소할 수 있는 취소권자] 권한없는자가 행한 행위의 취소권자(무효선언의 의미에서의 취소권자)는 권한없는 행위를 한 행정청이다.[2][3]

[권한없는 행정기관이 한 당연무효의 행정처분을 취소할 수 있는 취소권자(판례)] 권한없는 행정기관이 한 당연무효인 행정처분의 취소권자는 누구인가에 대하여, 대법원은 "원심[4]은 … 개간준공인가 및 그 취소 또는 위 개간허가의 취소에 관한 사항은 함평군수의 권한에 속하고 피고(전라남도지사)의 권한사항이 아니므로 피고가 한 위 개간허가 및 그 준공인가와 그 각 취소처분은 모두 권한없이 한 행정처분으로서 그 하자가 중대하고 명백하여 무효라고 판단하여 그 취소처분의 취소(무효확인의 뜻)를 구하는 원고(임재택)의 청구를 받아들였다. 그러나 권한없는 행정기관이 한 당연무효의 행정처분을 취소할 수 있는 권한은 당해 행정처분을 한 처분청에게 속하는 것이고, 당해 행정처분을 할 수 있는 적법한 권한을 가지는 행정청에게 그 취소권이 귀속되는 것은 아니라 할 것이다. 그러므로 원심이 이 사건 개간허가의 권한은 그 허가당시의 농경지조성법 제2조 제5항의 규정상 함평군수에게 속해 있었고, 위 농경지조성법이 폐지된 뒤에도 농지확대개발촉진법 부칙 제2항, 제3항 및 구 농경지조성법 제18조, 제19조의 규정에 의하여 그 <u>개간준공인가 및 그 취소 또는 개간허가의 취소에 관한 사항은 여전히 함평군수의 권한에 속한다는 이유로 피고(전라남도지사)가 한 판시 개간허가 및 그 준공인가 처분을 권한없는 기관이 한 당연무효의 행정처분이라고 판단</u>하면서 그 개간허가와 준공인가처분을 취소한 처분도 마찬가지로 권한없는 기관이 한 당연무효의 행정처분이 된다고 판단하여 원고의 청구를 인용한 조치는 권한없는 기관이 한 당연무효의 행정처분의 취소권자에 관하여 법리를 오해하였거나 <u>적법한 권한을 가진 행정기관이 한 하자있는 행정처분의 취소권자와 권한없는 행정기관이 한 당연무효의 행정처분의 취소권자를 혼동</u>하여 이유모순의 판단을 한 것이다."[5]라고 하여 원심판결을 파기하고, 사건을 광주고등법원(원심판결

---

1) 대판 1969. 3. 4, 68누210 【행정처분취소】 교육감이 당해교육위원회의 결의에 의한 위임없이 유치원 설립인가를 한 처분은 당연무효다.
2) 홍정선, 행정법원론(상), 단락번호 1142.
3) 이근용, 권한없는 행정기관이 한 당연무효인 행정처분의 취소권자, 법원도서관, 대법원판례해설 4호(85.1), 179-187면.
4) 광주고등법원 1984. 5. 22. 선고 82구122 판결.
5) 대판 1984.10.10, 84누463 【농지개간허가등취소처분취소】 개간준공인가 및 그 취소 또는 위 개간허가의 취소에 관한 사항은 함평군수의 권한에 속하고 피고의 권한사항이 아니므로 피고가 한 위 개간허가 및 그 준공인가와 그 각 취소처분은 모두 권한없이 한 행정처분으로서 그 하자가 중대하고 명백하여 무효라고 판단하여 그 취소처분의 취소(무효확인의 뜻)를 구하는 원고의 청구를 받아들였다. 그러나 <u>권한없는 행정기관이 한 당연무효의 행정처분을 취소할 수 있는 권한은 당해 행정처분을 한 처분청에게 속하는 것이고, 당해 행정처분을 할 수 있는 적법한 권한을 가지</u>

법원)으로 환송하였다.

【무효인 행정처분의 취소권】
- 적법한 권한을 가진 행정기관이 한 하자있는 행정처분의 취소권 : 적법한 권한을 가지는 행정청(함평군수)에게 그 취소권이 귀속
- 권한없는 자가 한 무효인 행정처분의 취소권 : 당해 행정처분을 한(권한없는 행위를 한 행정청) 처분청(전라남도지사)에게 속하는 것이고, 당해 행정처분을 할 수 있는 적법한 권한을 가지는 행정청(함평군수)에게 그 취소권이 귀속되는 것은 아니다.

[판례평석] 대법원은 "<u>권한없는 행정기관이 한 당연무효의 행정처분을 취소할 수 있는 권한은 당해 행정처분을 한 처분청(권한없는 행위를 한 행정청)에게 속하는 것이고, 당해 행정처분을 할 수 있는 적법한 권한을 가지는 행정청에게 그 취소권이 귀속되는 것은 아니다.</u>"라고 하면서 (ㄱ) 적법한 권한을 가진 행정기관이 한 하자있는 행정처분의 취소권자와, (ㄴ) 권한없는 행정기관이 한 당연무효의 행정처분의 취소권자를 혼동하지말것을 요구한 대법원의 판례이다.

### 1.2.3. 행정기관의 의사에 결함이 있는 행위

#### a) 의사능력없는 자의 행위

의사능력 없는 공무원의 행위는 무효이다.[1] 공무원의 심신상실중의 행위, 저항할 수 없는 정도의 물리적·정신적 강제로 인한 행위는 의사능력 없는 행위로서 무효이다. 일반적으로 권리능력은 단순히 권리·의무의 주체가 될 수 있다는 일반적·추상적인 자격에 지나지 않으며, 권리능력자가 그의 행위를 통해서 구체적인 권리나 의무를 취득 또는 부담할 수 있느냐는 별개의 문제이다. 자기의 권리·의무에 변동이 일어나게 하는 행위를 스스로 하기 위하여서는, 따로 의사능력이나 행위능력을 필요로 한다. 바꾸어 말해서, 누가 권리·의무의 귀속주체이냐 하는 것과, 그 주체가 어떤 지능적 단계에 이르렀을 때에 실제로 혼

---

<u>는 행정청에게 그 취소권이 귀속되는 것은 아니라 할 것이다. 그러므로 원심이 이 사건 개간허가의 권한은 그 허가당시의 농경지조성법 제2조 제5항의 규정상 함평군수에게 속해 있었고, 위 농경지조성법이 폐지된 뒤에도 농지확대개발촉진법 부칙 제2항, 제3항 및 구 농경지조성법 제18조, 제19조의 규정에 의하여 그 개간준공인가 및 그 취소 또는 개간허가의 취소에 관한 사항은 여전히 함평군수의 권한에 속한다는 이유로 피고가 한 판시 개간허가 및 그 준공인가 처분을 권한없는 기관이 한 당연무효의 행정처분이라고 판단하면서 그 개간허가와 준공인가처분을 취소한 처분도 마찬가지로 권한없는 기관이 한 당연무효의 행정처분이 된다고 판단하여 원고의 청구를 인용한 조치는 권한없는 기관이 한 당연무효의 행정처분의 취소권자에 관하여 법리를 오해하였거나</u> 적법한 권한을 가진 행정기관이 한 하자있는 행정처분의 취소권자와 권한없는 행정기관이 한 당연무효의 행정처분의 취소권자를 혼동하여 이유모순의 판단을 한 것이다.

1) 홍정선, 행정법원론(상), 단락번호 1143.

자서 유효하게 권리를 취득 내지는 행사하거나 의무를 부담 또는 이행할수 있느냐라는 현실적 행위의 능력은 분리되어야 한다. 전자가 권리능력의 문제이고, 후자는 권리주체의 의사능력 또는 행위능력의 문제이다.

[의사능력] 의사능력은 자기의 행위의 의미나 결과를 정상적인 인식력으로써 합리적으로 판단할수 있는 정신적 능력 내지 지능을 말한다(판단능력). 그리고 이 수준에 이르지 않는 정신상태를 의사무능력이라 하여 법률행위의 능력을 결정하는 기준으로 삼고 있다. 이 의사능력을 가지고 있지 못한 자, 즉 의사무능력자의 행위에 대하여는 법률적 효과가 인정되지 않는다. 그 이유는 각자의 행위가 법률효과를 발생케 하는 것은, 원칙적으로 모든 사람은 자기의 의사에 의하여서만 권리를 얻고 의무를 진다는 것이 근대법의 기본원칙인데, 의사능력 없는 자의 행위는 그 자의 의사에 기하는 것이라고 할수 없기 때문이다. 의사무능력자는 흔히 명정자(酩酊者: 술에 취한 자), 수면중의 자, 심신이 완전히 상실되어 판단능력이 없는 자등을 예로 든다. 의사무능력자의 행위는 무효이다.

[행위능력] 행위능력을 이해하기 위해서는 권리능력과 의사능력의 이해가 필요하다. 의사능력이 없는 자가 한 행위는 법률상 아무런 효과도 발생하지 않는다. 이는 의사무능력자를 보호하고자 함이다(술에 취한 상태에서 행한 법률행위는 무효이므로 책임질 필요가 없다) 그런데, 의사능력은 외부에서는 확지(確知)하기가 어려운 내적인 심리적 정신능력일 뿐만 아니라, 표의자의 정신적 발달의 정도·행위당시의 정신상태 등에 따라서 그 유무는 상대적으로 다르다. 여기서 민법은 표의자가 당해 법률행위를 할 때에 의사능력을 가지고 있었는지의 여부를 묻지 않고, 그 자가 단독으로 행한 일정범위의 법률행위에 관하여는 일률적으로 무조건 취소할 수 있는 것으로 한다. 이러한 객관적·획일적 기준에 의하여 의사능력을 객관적으로 획일화한 제도가 바로 행위능력제도이다. 즉, 행위능력이란 단독으로 완전·유효한 법률행위를 할수 있는 지위 또는 자격을 말한다.

b) 행위능력없는 자(행위무능력자)의 행위

미성년자인 공무원의 행위는 미성년자도 공무원이 될 수 있으므로(공무원임용시험령 제16조 참조) 행정행위의 효력에 영향이 없으며, 피성년후견인(금치산자)·피한정후견인(한정치산자)는 공무원이 될 수 없는 결격사유(국가공무원법 제33조)에 해당되므로 이에 해당되는 공무원의 행위는 무효이다.[1] 행위무능력자의 행위는 대부분 유효하다. 국가공무원법 제33조(결격사유) 다음 각 호의 어느 하나에 해당하는 자는 공무원으로 임용될 수 없다. 〈개정 2010.3.22., 2013.8.6.〉 1. 피성년후견인 또는 피한정후견인

[피한정후견인(한정치산자)] 피한정후견인의 행위는 취소할수 있다. 여기서 심신박약이란, 피성년후견인(금치산자)의 기준인 '심신상실의 상태'까지는 이르지 않은, 전혀 의사능력

---

1) 홍정선, 행정법원론(상), 단락번호 1143.

이 없는 정도의 정신장애가 있는 것은 아니나, 정신적 판단력이 불완전한 것을 말한다.

[피성년후견인(금치산자)] (의의) : 금치산자라고 하는 용어는 2013년 7월 1일 민법 개정으로 성년후견제도로 바뀌었다. 피성년후견인(被成年後見人)은 법원이 성년후견개시의 심판를 한 사람을 말하며 성년후견개시의 이유는 질병, 장애, 노령, 그 밖의 정신적 제약이다. 성년후견개시의 심판은 본인·배우자·4촌 이내의 친족·[한정·특정]후견(감독)인·검사·지방자치단체의 장의 청구에 따라 가정법원이 한다. 민법상 독립하여 법률행위를 할 수 없는 행위무능력자이다. 피성년후견인의 법률행위는 성년후견인이 취소할 수 있다. 성년후견을 개시할 때는 신경정신과 의사가 그 감정인으로서 관여한다. 진행한 분열증환자 등, 인격장애가 진행되는 정신질환자가 대상이 되는데 단순한 성격장애나 기벽자(奇癖者)는 성년후견의 대상이 되지 않는다.[1] (피성년후견인의 법적 지위) : 일단 피성년후견인이 되면 후견인이 있어야 하며,[2] 혼자서는 어떠한 법률행위(선거행위; 계약; 보증 등)도 할 수 없다.[3] 이와같이 피성년후견인은 심신상실로 인해 법원에서 금치산 선고를 받은 사람을 말한다. 피한정후견인(한정치산자), 미성년자와 함께 민법상 3대 무능력자이다. 일단 후견인 없는 모든 법률행위는, 심지어 본인이 정신이 돌아와서 온전한 정신상태에서 한 법률행위도 일단 피성년후견인 선고가 철회되기 전까지는 무효 및 취소 사유에 해당한다.

▶민법 제10조(피성년후견인의 행위와 취소) ① 피성년후견인의 법률행위는 취소할 수 있다. ② 제1항에도 불구하고 가정법원은 취소할 수 없는 피성년후견인의 법률행위의 범위를 정할 수 있다. ③ 가정법원은 본인, 배우자, 4촌 이내의 친족, 성년후견인, 성년후견감독인, 검사 또는 지방자치단체의 장의 청구에 의하여 제2항의 범위를 변경할 수 있다. ④ 제1항에도 불구하고 일용품의 구입 등 일상생활에 필요하고 그 대가가 과도하지 아니한 법률행위는 성년후견인이 취소할 수 없다. [전문개정 2011.3.7.]

[피성년후견인(금치산자)] 심신상실(정신병)으로 인해 의사소통을 전혀 할 수 없는 경우에 금치산 청구를 통하여 금치산 선고를 받을 수 있는데, 심신상실의 의학적 판정이 곧 피성년후견인(금치산자)는 아니다. 피성년후견인(금치산자)는 법적 개념이기 때문에 법원의 선고에 의해 정해진다. 판단 여부는 어디까지나 법원이 결정하며, 의학적 판정은 사실로서 비중이 크기는 해도 참고사항일 뿐이다. (피성년후견(금치산)선고 청구권자) : 피성년후견(금치

---

[1] http://ko.wikipedia.org/wiki/%ED%94%BC%EC%84%B1%EB%85%84%ED%9B%84%EA%B (검색일 : 2015.4.15). <위키백과>

[2] 후견인은 피성년후견인(금치산자)를 요양, 간호하도록 관리하며 또한 피성년후견인(금치산자)가 본래 내려야 할 모든 결정을 대신 내리고 책임도 진다.

[3] 다만 일본에서는 선거권까지 박탈하는 건 좀 심하다는 이유로 아버지를 후견인으로 둔 발달장애 여성의 선거권은 인정해야 한다는 판결도 나왔다. 물론 일본 정부는 후견인에게 표를 하나 더 주는 결과로 이어질 수 있다며 반발하는 중이다.

산)선고 청구권자는 본인, 배우자, 4촌이내의 친족, 후견인 및 검사[1]이다. 선고는 제법 까다로운 편인데 정신병자로 몰아 정신병원에 가두고 재산을 빼돌리는 경우가 많아서 그렇다. 따라서 사실상 필요한 경우에도 피성년후견(금치산) 선고를 잘 내리지 않는 경우가 흔한 편이다. 조금이라도 의심이 가는 부분이 있으면 피성년후견 선고가 내려질 가능성은 전혀 없다고 봐도 되며 내려지더라도 이런 경우는 그 가족과 전혀 관계가 없는 사람을 후견인으로 지정해서 부정행위를 할 소지를 차단한다. 대부분의 피성년후견인은 중증 지적장애인 이나 심각한 정신장애를 앓고 있어 아예 판단력 자체가 전무한 사람 등이다. 단순히 판단력이 좀 미흡하다거나 지능이 좀 떨어질 뿐 이해능력을 가진 경우는 자기가 노력해서 개선할 의무가 있으며 어지간히 상태가 심각하더라도 피한정후견인(한정치산자)로 처리하는 경우가 대부분이다. 다만 치매에 걸린 것이 공식적으로 분명해진 사람이 자신의 증세가 심각해지기 전 재산을 관리할 목적으로 신청할 경우 의외로 쉽게 받아주는 경우도 있다. (후견인) : 피성년후견인(被成年後見人)이건 피한정후견인(한정치산자)이건 선고를 받으면 후견인이 선임된다. 선임은 법원의 권한인데 대개 재산 문제 등이 있거나 가족들의 인격이 미흡하다고 판단되어 피후견인을 보호하기 어렵다 판단될 경우에는 위에서 이미 언급했듯이 거의 무조건 제3자를 선정한다. 그리고 이 제3자는 피후견인이 사망할 때까지 피후견인과 그의 재산이 잘 보호되도록 관리하는 역할을 맡게 되는데 변호사, 세무사, 사회복지사 등 이런 업무를 전문적으로 담당 가능한 사람만 선정한다. (후견감독인) : 더 나아가서 후견감독인을 둬서 후견인을 주기적으로 감시하며 제대로 못 하면 교체되는 건 물론 때로는 처벌까지 받을 수도 있다. 가족을 선임는 경우도 있다. 피후견인을 보호하는 데 있어 가족이 제대로 된 역할을 할 수 있으며 재산문제 등의 별다른 이해관계가 없다면 피후견인의 보호는 피후견인을 가장 잘 아는 가족이 하는 것이 바람직하기 때문이다. 보통 이런 경우는 대부분 발달장애인의 부모나 형제 등 피후견인을 잘 알고 함께 살아왔으며 도덕성 문제가 없는 사람들이다. 외국도 이 점은 마찬가지여서 발달장애를 가진 성인의 아버지나 어머니가 후견인이 되는 경우가 많다.[2]

[피한정후견인(한정치산자)] (의의) : 한정치산자라고 하는 용어는 2013년 7월 1일 민법 개정으로 피한정후견인으로 바뀌었다. 민법(제12조 등)은 「심신이 박약한 자, 또는 재산의 낭비로 자기나 가족의 생활을 궁박하게 할 염려가 있는 자」에 대하여 법원으로부터 피한정후

---

[1] 아무 이해관계 없는 검사가 청구할 수 있는 사항이 많다. 이론적으로는 검사는 공익을 위해서 행동할 필요가 있기 때문에 이러한 청구권한을 부여하는 것이고 실제로는 경우에 따라 법정 청구권자 등이 없는 상황(혹은 그런 청구권자들도 문제가 있는 경우)에서 관계있는 제3자나 촌수가 떨어지는 친척 등의 간청으로 인해 검사가 신고를 대신 해줘야 할 경우가 존재한다.

[2] https://mirror.enha.kr/wiki/%EA%B8%88%EC%B9%98%EC%82%B0%EC%9E%90(검색일 : 2015.4.15) <엔하위키 미러>

견(한정치산)선고를 받은 자를 말한다. 행정법에 있어서 민법의 피한정후견(한정치산)제도가 적용된다고 할 것이나, 다만 피한정후견인(한정치산자)인 공무원이 한 행정행위의 효력은 특수성이 있다. 즉, 다수설은 국가공무원법(제33조) 등이 피한정후견인(한정치산자)을 공무원결격사유로 하고 있는바, 정당한 기관구성자가 될 수도 없다.[1] 공무원결격자가 한 행위는 이를 무효로 보아야 하므로, 피한정후견인(한정치산자)인 공무원이 한 행정행위는 민법과 달리 무효로 본다. 피한정후견인은 행위무능력자의 한 종류이다. (피한정후견(한정치산)개시 청구인): 본인, 배우자, 4촌 이내의 친족, 미성년후견인, 미성년후견감독인, 성년후견인, 성년후견감독인, 특정후견인, 특정후견감독인, 검사 또는 지방자치단체의 장의 청구에 의하여 한정후견개시의 심판을 한다(민법 제12조).

▶ 민법 제12조(한정후견개시의 심판) ① 가정법원은 질병, 장애, 노령, 그 밖의 사유로 인한 정신적 제약으로 사무를 처리할 능력이 부족한 사람에 대하여 본인, 배우자, 4촌 이내의 친족, 미성년후견인, 미성년후견감독인, 성년후견인, 성년후견감독인, 특정후견인, 특정후견감독인, 검사 또는 지방자치단체의 장의 청구에 의하여 한정후견개시의 심판을 한다. ② 한정후견개시의 경우에 제9조제2항을 준용한다. [전문개정 2011.3.7.]

[피한정후견인(한정치산자)] 가정법원에서 피한정후견(한정치산) 선고를 받은 사람으로 피성년후견인(금치산자)과 비슷하지만 금치산자 보다는 제한이 약하다. 재산법상 행위능력에 있어서, 피한정후견인(한정치산자)은 법정대리인의 동의가 있으면 독자적으로 법률행위를 할 수 있으나 피성년후견인(금치산자)은 법정대리인의 동의가 있어도 독자적으로 법률행위를 할 수 없다. 그러나 실제로는는 피한정후견인(한정치산자)이나 피성년후견인(금치산자)이나 판정대상의 기준에 거의 차이가 없는데다가 법률행위를 위한 최종결정은 법정대리인이 내리므로 독자적인 법률행위가 불가능한 것은 마찬가지이다. 피한정후견(한정치산) 선고는 피성년후견(금치산) 선고처럼 심신상실이나 좀 더 약한 심신미약, 재산을 탕진할 염려가 있을 때 선고가 가능하다.[2] 피한정후견인(한정치산자)은 성인이라도 민법상 법적 지위가 미성년자와 유사하다. 재산법상 행위능력은 미성년자의 그것과 같고, 가족법상의 행위능력에 있어서는 많은 부분에서 차이를 보인다. 가족법상 행위능력에 있어서 피한정후견인(한정치산자)은 미성년자보다 비교적 더 '자유로운' 행위능력을 가진다. 법률행위를 하려면 법정대리인(후견인)의 동의가 필요하며, 법정대리인의 동의 없이 한 법률행위는 법정대리인이 취소할 수 있다. 대부분은 정신장애인, 지적장애인. 그것도 중증인데 피성년

---

1) 홍정선, 행정법원론(상), 단락번호 1143.
2) 가장 많이 거론되는 경우가 종교나 특정 단체에 심취해 재산을 마구 기증하는 경우. 그외에도 극도로 심한 낭비벽, 도박중독 등으로 인한 가정 경제 파탄. 이론적으로는 아무리 '좋은 취지로 기부'를 한다고 하더라도, 그러한 기부가 너무나 지나쳐 가족의 생활이 궁박할 염려가 있게 될 경우에는 이 역시 한정치산 선고의 요건을 충족한다.

후견인(금치산자) 취급 하기에는 애매한 경우가 절대다수 이다. 임상학적 이유가 없는데도 신청된 사람도 있다. 심각한 수준의 도박중독자 내지는 마약중독자로 심각하게 재산을 탕진할 가능성이 매우 높은 사람도 정신병자로 분류되어 피한정후견인(한정치산자)이 될 수 있다.[1]

[행위무능력자] 행위무능력자를 민법은 미성년자, 피한정후견인(한정치산자), 피성년후견인(금치산자)의 3종류로 나누고 있다. 이들 제한능력자(무능력자)의 행위는 취소권자(무능력자 본인과 법정대리인)가 취소할 수 있다. 행정법에서는 행위능력제도가 전적으로 적용되지 않고, 제한되어 적용된다. 따라서 원칙적으로는 행위무능력자가 한 공법상 행위는 취소사유가 되나, 우편법 등의 특별법에서는 행위무능력자의 행위라도 유효로 하고 있는 경우가 있으며, 특히 미성년자는 공무원이 될 수 있으므로 미성년자라는 이유만으로 그 행정행위가 취소되는 것은 아니다.

[예외 : 사실상의 공무원이론] 다만 선의(善意)의 상대방의 신뢰보호와 법적 안정성의 견지에서 그 효력을 인정하여야 하는 경우도 있다. ☞ **사실상의 공무원의 행위**

[문제] 지방공무원시보 임용 당시에는「지방공무원법」제31조 제4호의 공무원 임용결격자에 해당하였으나, 정규 지방공무원 임용 당시에는 같은 호의 임용결격자에 해당하지 아니한 경우 정규 지방공무원 임용행위가 당연무효인가?

[해설] 지방공무원시보 임용 당시에는「지방공무원법」제31조 제4호의 공무원 임용결격자에 해당하였으나, 정규 지방공무원 임용 당시에는 같은 호의 임용결격자에 해당하지 아니한 경우 정규 지방공무원 임용행위가 당연무효에 해당하지 않는다.

[이유]「지방공무원법」제28조 제1항에 따르면, 5급 공무원을 신규 임용하는 경우에는 1년, 6급 이하 공무원 및 기능직 공무원을 신규 임용하는 경우에는 6월의 기간 시보로 임용하고, 그 기간중에 근무성적이 양호한 경우에는 정규 공무원으로 임용을 하는바, 정규 공무원으로 임용되기 위하여는 같은 조 제1항 단서에 해당하지 아니하는 한 반드시 일정 시보임용 기간을 거친 후에 별도로 임용권자의 정규 공무원 임용행위가 필요하다. 또한,「지방공무원법」제31조 제4호에 따르면, 금고 이상의 형을 받고 그 집행유예 기간이 만료된 날로부터 2년이 경과하지 아니한 자는 공무원이 될 수 없고, 같은 법 제61조에 따르면, 이에 해당하는 공무원은 당연퇴직한다고 규정하고 있는바, 공무원임용 결격사유는 공무원으로 임용되기 위한 절대적인 소극적 요건으로서 임용 당시 공무원임용 결격사유가 있었다면 그 임용행위는 당연무효이다. 그런데,「지방공무원법」상 정규공무원 임용행위는 시보임용행위와는 별도의 임용행위로서 그 요건과 효력은 개별적으로 판단하여야 한다(대판 2005.

---

1) https://mirror.enha.kr/wiki/%ED%95%9C%EC%A0%95%EC%B9%98%EC%82%( 검색일 : 2015.4.15) <엔하위키 미러>

7. 28, 2003두469 참조)고 할 것인바, 지방공무원시보 임용 당시에는 「지방공무원법」 제31조 제4호의 공무원 임용결격자에 해당하였으나 정규 공무원 임용 당시에는 임용결격사유가 해소된 경우, 금고 이상의 형을 받고 그 집행유예의 기간이 만료된 날로부터 2년을 경과하지 아니한 사유는 위 정규공무원 임용과의 관계에서는 같은 법 제31조 제4호에서 정하는 공무원 결격사유에 해당한다고 할 수 없다. 따라서, 지방공무원시보 임용 당시에는 「지방공무원법」 제31조 제4호의 공무원 임용결격자에 해당하므로 지방공무원시보 임용행위가 당연무효임은 의문이 없으나, 지방공무원시보 임용행위와는 별도의 임용행위라고 할 수 있는 정규 지방공무원 임용 당시에 그 결격사유가 해소되었다면, 같은 법 제28조 제1항에서 규정하고 있는 시보 임용기간을 거침이 없이 곧바로 정규 지방공무원으로 임용하였음을 이유로 정규 지방공무원 임용행위를 취소할 수 있음은 별론으로 하고, 정규 지방공무원 임용행위를 당연무효라고 볼 수 없다.[1]

c) 의사결정에 하자있는 행위
aa) 착오로 인한 행위

[착오에 의한 행정행위의 효력] 착오에 의한 행정행위의 효력에 대하여는 착오 그 자체가 독립된 무효원인 또는 취소원인이 된다고 보는 견해(의사설; 의사주의)가 있으나, 통설은 착오 그 자체만으로는 곧 무효 혹은 취소의 원인이 되는 것이 아니라 그 착오에 의한 행위 자체에 하자가 있을 경우에(위법한 내용을 갖게 되었을 때) 비로소 그 하자의 정도에 따라 무효가 되거나 취소할 수 있게 함에 그친다(표시설; 표시주의).[2]

[판례] 대법원도 착오에 기한 과세처분의 절차 및 내용에 착오의 결과로 인하여 위법사유가 있게 된 경우 그 위법의 정도에 따라 무효 또는 취소사유가 될 수 있다고 할 것이라고 하여 표시주의를 채택하고 있다(아래 판례참조)

▶ 대판 1999.5.28, 97누16329 【상속세등부과처분취소】 [착오로 인한 행정처분이라는 사유만으로 그 처분이 당연무효라고 볼 수 없다는 판례] 대법원은 **과세처분이 당연무효이기 위한 요건 및 그 판단 기준**에 대하여, "과세처분이 착오에 기인한 것이라고 하여 언제나 당연무효가 되는 것은 아니고, 다만 착오에 기한 과세처분의 절차 및 내용에 착오의 결과로 인하여 위법사유가 있게 된 경우 그 위법의 정도에 따라 무효 또는 취소사유가 될 수 있다고 할 것이나, 과세처분이 당연무효라고 하기 위하여는 그 처분에 위법사유가 있다는 것만으로는 부족하고 그 하자가 중대하고 명백한 것이어야 하며, 하자가 중대하고도 명

---

1) 관계법령 : 지방공무원법 제27조, 제28조, 제31조, 제32조, 제36조, 제37조, 제60조, 제61조; 지방공무원임용령 제5조, 제22조, 제25조. 안건번호 07-0103 회신일자 2007-04-27; 안건명 남원시「지방공무원법」제31조(시보 임용기간 중 결격사유 소멸) 관련
2) 대판 1965. 4. 27, 64누171

백한 것인가의 여부를 판별함에 있어서는 당해 과세처분의 근거가 되는 법규의 목적, 의미, 기능 등을 목적론적으로 고찰함과 동시에 구체적 사안 자체의 특수성에 관하여도 합리적으로 고찰함을 요한다."고 하였다.

▶ 대판 1965.4.27, 64누171 [착오로 인한 행정처분이라는 사유만으로 그 처분이 당연무효라고 볼 수 없다는 판례] (사건개요) : 피고는 원고 등에게 본건 국유임야를 임대 및 불하계약을 하였는바, 본건 임야가 軍에 의하여 징발되어 탄약고 기지로 사용되고 있는 사실을 전혀 모르고 한 착오를 이유로 불하계약을 취소하였다. (판결요지) : 행정처분은 그것이 해당 국가기관의 권한에 속한 이상 그 처분에 관하여 피고가 주장하는 것과 같은 착오가 있더라도 당연무효라 할 수 없는 것이고, 다만 착오로 인한 행정처분이 위법한 내용을 갖게 되었을 때에는 그 내용의 위법을 이유로 하여 처분을 취소할 수 있을 것이다. 그런데 원심은 위와 같은 착오로 인한 원고들에 대한 매매행정처분이 당연무효인 것처럼 판단하였음은 위 법리를 오해한 위법이 있다 할 것이다.

[착오에 의한 의사표시와 표시주의] 이와같이 거래안전 내지는 신뢰보호의 견지에서 착오로 인한 행위는, 법규에 특별한 규정이 없는 한(예컨대 舊광업법 제38조는 착오로 인한 광업허가를 취소사유로 규정하고 있었다<1999.2.8 삭제>), 착오가 있다는 것만으로는 무효 혹은 취소로 되는 것이 아니고 표시주의 원칙에 따라 표시된 대로 효력이 생긴다. 다만 내심적 효과의사와 표시의사의 불일치가 객관적으로 명백히 인식될 수 있는 경우에는 진의(眞意)에 따라 효력이 발생한다.[1]

[착오에 의한 의사표시에 관한 민법과 행정법의 차이] 일반적으로 착오라고 함은, 어떤 객관적 사실에 대한 인식에 잘못이 있는 것을 말한다. 착오에 의한 의사표시라 함은, 표시로부터 추단되는 의사(표시상의 효과의사)와 진의(내심적 효과의사)가 일치하지 않는 의사표시로서, 그 불일치를 표의자 자신이 알지 못하는 것을 말한다. 민법은 법률행위의 내용의 중요부분에 착오가 있는 때에는 그 의사표시를 취소할수 있다(민법 제109조 제1항)[2]고 규정한다. 행정법학에서는 특히 행정청이 착오로 인하여 행정행위를 발동한 경우의 효과가 행정법의 하자(瑕疵) 이론에서 다루어지고 있다. 이 경우에 행정청의 착오가 있었다는 사정은 열등한 지위에 있는 행정객체인 국민이 파악하기가 거의 불가능하므로 민법의 경우와는 달리 단지 착오가 있었다는 사정만으로는 행정행위를 취소할수 없다는 것이 다수설이다. 다만, 착오의 결과 그로 인한 행위의 내용이 불능 또는 위법한 것으로 된 때에는 내용의 불능 또는 위법을 이유로 무효 또는 취소를 할 수 있음에 그친다.[3] 그러나 이 경우에도 원칙적으로 상대

---

1) 박윤흔, 행정법강의(상), 436면.
2) 민법 제109조(착오로 인한 의사표시) ① 의사표시는 법률행위의 내용의 중요부분에 착오가 있는 때에는 취소할 수 있다. 그러나 그 착오가 표의자의 중대한 과실로 인한 때에는 취소하지 못한다. ② 전항의 의사표시의 취소는 선의의 제삼자에게 대항하지 못한다.
3) 同旨 대판 1965. 4. 20, 64누171.

방인 사인(Privatperson)에게 불이익하게 취소할 수는 없다.
  - 법규에 특별한 규정을 둔 경우, 착오에 의한 광업허가는 취소할 수 있다(舊광업법 제38조).
  - 의사와 표시의 불일치가 객관적으로 명백히 인식될 수 있을 때 → 당해 행정청에게는 정정권이, 상대방에게는 정정요구권이 있고, 행위는 정정된 진의에 따라 효력을 발생한다.
  - 착오사실이 객관적으로 명백하지 않는 행위 → 표시된 대로 효력을 발생(표시주의)[1]
  - 착오의 결과 불능한 행위 → 당연무효(예: 여자에 대한 징집영장의 발부).

※【사례연습】[착오에 의한 면허정지처분 후 재차 면허취소처분시 구제방법] 甲시에서 살고 있는 A는 지난 달 7일 乙시에서 있었던 친구 결혼식에 참석하여 친구들과 술을 마시고 乙시내를 운행하던 중 음주단속을 하던 乙시 경찰서 소속 경찰관 丙에게 적발되었다. 음주측정결과 혈중알콜농도가 0.15%로 나타나 乙시 경찰서로부터 운전면허가 취소될 것임을 고지 받았으나 간청하였더니 그 후 같은 달 15일자로 시기와 종기를 정하지 않고 정지기간이 100일로 된 乙시 경찰서장 명의의 자동차운전면허정지통지서를 받았다. 그런데 같은 달 18일 동일한 사건에 관하여 甲시 지방경찰청장명의의 자동차운전면허취소통지서를 받아 확인해 보니 乙시 경찰서 소속 경찰관의 착오로 A를 운전면허정지대상자로 분류하여 전산입력 하였다. 이 경우 A가 구제 받을 수 있는 방법은?

[해설] 위 사안에서 乙시 경찰서장이 A에 대하여 행한 자동차운전면허정지처분은 단순한 업무상의 착오에 기인한 경우로 볼 수 있다. 이에 관하여 판례는 "행정청이 일단 행정처분을 한 경우에는 행정처분을 한 행정청이라도 법령에 규정이 있는 때, 행정처분에 하자가 있는 때, 행정처분의 존속이 공익에 위반되는 때, 또는 상대방의 동의가 있는 때 등의 특별한 사유가 있는 경우를 제외하고는 행정처분을 자의로 취소(철회의 의미를 포함)할 수 없다고 할 것인바,[2] 비록 도로교통법시행규칙 제53조 제1항 [별표16]에서 정한 행정처분기준에 위배하여 이루어진 것이라 하더라도 그와 같은 사실만으로 곧바로 당해 처분이 위법하게 되는 것은 아닐 뿐더러 처분대상자로서는 그 면허정지처분이 효력을 발생함으로써 그 처분의 존속에 대한 신뢰가 이미 형성되었다 할 것이고, 또한 그와 같은 처분의 존속이 현저히 공익에 반한다고는 보이지 아니하므로 동일한 사유에 관하여 보다 무거운 면허취소처분을 하기 위하여 이미 행하여진 가벼운 면허정지처분을 취소하는 것은 선행처분인 면허정지처분에 대한 처분대상자의 신뢰 및 법적 안정성을 크게 저해하는 것이 되어 허용될 수 없다 할 것이다."라고 하였다.[3] 그런데 도로교통법 제101조의3에서는 행정소송과의

---

1) 민법 제107조 (眞意 아닌 의사표시) ① 의사표시는 표의자가 진의 아님을 알고한 것이라도 그 효력이 있다. 그러나 상대방이 표의자의 진의 아님을 알았거나 이를 알 수 있었을 경우에는 무효로 한다. ② 전항의 의사표시의 무효는 선의의 제삼자에게 대항하지 못한다.
2) 대판 1990. 2. 23, 89누7061【비관리청하천공사시행허가내용변경처분취소】

관계에 관하여 "이 법에 의한 처분으로서 당해 처분에 대한 행정소송은 행정심판의 재결을 거치지 아니하면 이를 제기할 수 없다."라고 규정하고 있다. 따라서 A는 甲시 지방경찰청장을 상대로 자동차운전면허취소처분취소청구의 행정심판을 제기한 후 그 재결에 A의 청구를 받아들이지 않으면 자동차운전면허취소처분취소청구의 소를 제기하여 구제 받을 수 있다. <대한법률구조공단>

bb) 사기 · 강박 · 증수뢰 등에 의한 행위

상대방의 사기 · 강박 등에 의하여 의사결정에 흠이 있는 행위 또는 · 증수뢰 · 부정신고 · 기타 부정행위1) 등에 의한 행정행위는 비록 그 결과인 행정행위가 위법한 것이 아니라고 할 지라도 취소할 수 있다. 왜냐 하면 상대방의 신뢰를 보호할 이유가 없기 때문이다. 그러나 이 경우 당연무효로 되는 것은 아니다.

▶ 민법 제110조 (사기, 강박에 의한 의사표시) ① 사기나 강박에 의한 의사표시는 취소할 수 있다. ② 상대방있는 의사표시에 관하여 제삼자가 사기나 강박을 행한 경우에는 상대방이 그 사실을 알았거나 알 수 있었을 경우에 한하여 그 의사표시를 취소할 수 있다. ③ 전2항의 의사표시의 취소는 선의의 제삼자에게 대항하지 못한다.

## 2. 내용에 관한 하자(瑕疵)

### 2.1. 개관

행정행위가 유효하게 성립되기 위해서는 그 내용이 객관적으로 명확하고 사실상 · 법률상 실현가능하여야 함은 물론, 법에 위반되지 아니하고 또한 공익에 적합하여야 한다. 따라서 행정행위의 내용이 불명확하거나 실현불능인 행정행위는 원칙적으로 무효가 된다. 그러나 단순한 위법행위 또는 공익위반행위는 취소원인이 된다.

### 2.2. 내용

#### 2.2.1. 내용이 실현불능인 행위

a) 사실상의 실현불능(tatsächliche Unmöglichkeit)

행정행위의 내용이 자연법칙 또는 사회통념에 비추어 사실상 실현될 수 없는 경우에는 무효이다.2) 예들면, (ㄱ) 그 실현에 과다한 비용이 소요되는 경우, (ㄴ) 여름철에 제설

---

3) 대판 2000. 2. 25, 99두10520【자동차운전면허취소처분취소】
1) 대판 1964. 6. 30, 63누194【한의사국가시험합격무효처분취소】한의과대학 졸업예정자가 한의사국가시험에 응시함에 있어 채점위원으로 위촉된 같은 대학 교수들에게 비밀표시한 답안지에 대한 채점상의 유리한평가를 부탁한 후 그 시험의 답안작성을 함에 있어 비밀표시를 한 행위가 의료법 제10조 제2항 소정의 "부정행위"에 해당한다. … 부정행위를 이유로 한 합격처분무효처분에 재량권 일탈내지 남용 등의 위법이 없다.

명령(除雪命令)을 발하는 경우, (ㄷ) 과거를 기한으로 출두명령을 내리는 경우(예: 오늘이 2009년 11월인데, 2008년 11월까지 출두하라는 명령을 내리는 것) 등이다.

### b) 법률상 실현불능(rechtliche Unmöglichkeit)

[인적 불능] 인적 불능으로 인하여 무효사유에 해당되는 경우로는 실재하지 않은 허무인(虛無人)을 상대방으로 하는 행위와 권리 또는 의무능력 없는 자에 대하여 권리를 부여하거나 의무를 명하는 행위가 있다. (실재하지 않은 허무인(虛無人)을 상대방으로 하는 행위): 死者에 대한 의사면허, 死者에 대한 영업허가, 존재치 아니한 법인에 대한 조세부과는 무효이다. (권리 또는 의무능력 없는 자에 대하여 권리를 부여하거나 의무를 명하는 행위): 설립등기 이전(以前)의 법인에 대한 광업허가, 금치산선고를 받은 자의 공무원임명, 이미 조세를 완납한 자에 대한 체납처분, 가옥을 소유하지 아니한 자에 대한 재산세 부과, 조합원이 아닌 자에 대한 토지개량조합의 조합비 부과처분 등이다.

[물적 불능] 물적 불능은 실존하지 않는 물건을 목적으로 하는 행위와 명백하게 행정행위의 목적이 될 수 없는 물건을 목적으로 하는 행위가 있다. (실존하지 않는 물건을 목적으로 하는 행위): 존재하지 않는 물건의 징발을 명하는 행위가 이에 해당된다. (명백하게 행정행위의 목적이 될 수 없는 물건을 목적으로 하는 행위): (ㄱ) 제3자의 소유인 것이 증명된 것에 대한 체납처분, (ㄴ) 사유수면에 대한 매립면허, (ㄷ) 법률상 압류의 목적이 될 수 없는 물건의 압류 등이 여기에 해당된다.

[실질적 불능(행위의 목적인「법률관계」에 관한 불능)] 실질적 불능(행위의 목적인「법률관계」에 관한 불능)에는 존재치 아니한 허무의 법률관계를 대상으로 하는 행위와 법률상 명백하게 금지되어 있거나 법률상 절대로 인정되지 아니한 권리・의무를 목적으로 하는 행위가 있다. (존재치 아니한 허무의 법률관계를 대상으로 하는 행위): 치외법권을 가진 자에 대한 납세의무면제, 영조물이용자가 아닌 자에 대하여 사용료납부를 명하는 것이 여기에 해당된다. (법률상 명백하게 금지되어 있거나 법률상 절대로 인정되지 아니한 권리・의무를 목적으로 하는 행위): 법률상 인정되지 아니한 독점권의 부여, 법률상 인정되지 아니한 종류의 어업권 설정, 매춘알선업에 대한 경찰허가, 형법 또는 경찰법이 금지한 행위를 명하는 것 등이 여기에 해당한다.

[반사회질서(선량한 풍속 기타 사회질서)에 위반되는 사항을 내용으로 하는 행위(공서양속위반행위)] 선량한 풍속 기타 사회질서에 위반되는 행위는 민법(제103조)[1]에서와는 달리「취소

---

2) 독일행정절차법 제44조 제2항 제4호(사실상의 이유로 아무도 그것을 실현할 수 없는 것인 때; den aus tatsächlichen Gründen niemand ausführen kann); 홍정선, 행정법원론(상), 단락번호 1153.

원인」으로 본다. 그러나 독일의 경우 연방행정절차법은 제44조 제 1항1) 및 제2항2)에서 무효사유(Nichtig)로 본다. 우리나라 대법원은 '법률행위의 성립 과정에서 불법적 방법이 사용됨에 불과한 경우, 그 법률행위가 민법 제103조 소정의 반사회질서의 법률행위로서 무효인지 여부'에 대하여, "… 민법 제103조에 의하여 무효로 되는 반사회질서 행위는 법률행위의 목적인 권리의무의 내용이 선량한 풍속 기타 사회질서에 위반되는 경우뿐 아니라, 그 내용 자체는 사회질서에 반하는 것이 아니라고 하여도 법률적으로 이를 강제하거나 그 법률행위에 사회질서에 반하는 조건 또는 금전적 대가가 결부됨으로써 반사회질서적 성격을 띠는 경우 및 표시되거나 상대방에게 알려진 법률행위의 동기가 반사회질서적인 경우를 포함하지만, 이상의 각 요건에 해당하지 아니하고 단지 법률행위의 성립 과정에서 불법적 방법이 사용된 데 불과한 때에는, 그 불법이 의사표시의 형성에 영향을 미친 경우에는 의사표시의 하자를 이유로 그 효력을 논의할 수는 있을지언정, 반사회질서의 법률행위로서 무효라고 할 수는 없다."고 하였다.3)

### 2.2.2. 내용이 불명확한 행위

행정행위의 존재와 내용이 불명확한 행위는 무효이다.4) 경계가 명확하지 않은 도로구역의 결정, 대지의 소재가 불명확한 귀속재산의 매각처분 등이 여기에 해당된다.

### 2.2.3. 내용이 단순 위법·부당한 경우

내용이 단순 위법·부당한 경우에는 취소원인이 된다.

## 3. 절차에 관한 하자

### 3.1. 개관

법규는 행정행위의 성립요건 또는 효력요건으로서 일정한 절차를 규정하는 경우가 많다. 여기서 節次(Verfahren)라 함은 행정행위의 내부적 성립과정이며, 행정행위의 완성을

---

1) 민법 제103조(반사회질서의 법률행위) 선량한 풍속 기타 사회질서에 위반한 사항을 내용으로 하는 법률행위는 무효로 한다.
1) § 44 Nichtigkeit des Verwaltungsaktes(행정행위의 무효) (1) Ein Verwaltungsakt ist nichtig, soweit er an einem besonders schwerwiegenden Fehler leidet und dies bei verständiger Würdigung aller in Betracht kommenden Umstände offensichtlich ist.
2) §44 Nichtigkeit des Verwaltungsaktes(행정행위의 무효) Ohne Rücksicht auf das Vorliegen der Voraussetzungen des Absatzes 1 ist ein Verwaltungsakt nichtig
3) 대판 1999. 7. 23, 96다21706 【주식및경영권양도계약무효확인등】
4) 홍정선, 행정법원론(상), 단락번호 1152.

목표로 하여 서로 연속하여 발전하는 2개이상의 법률요건의 전체를 말한다. 이러한 법률상 요구된 절차의 위반은 절차상의 하자가 되며, 이때의 행정행위는 '절차상 하자있는 행정행위'가 된다.

### 3.2. 내용
#### 3.2.1. 절차의 하자의 효과

절차상 하자있는 행정행위의 효과에 대한 일반적 규정은 없다. 다만, 개별법령에 따라서는 절차상 하자의 효과를 규정하기도 한다(예컨대 소청심사시 소청인 또는 대리인에게 진술의 시회를 부여하지 아니한 결정을 무효로 한다는 국가공부원법 제13조 제2항). 개별규정이 없는 한 절차상 하자 있는 행정행위의 효력문제는 학설·판례에 의하여 해결 할 수 밖에 없다.[1] 학설과 판례는 무효인 행정행위와 취소할 수 있는 행정행위의 구별기준으로서 중대명백설을 취하고 있으며, 여기서 중대하다는 것은 필요한 요건이 중대하다는 것이고, 명백하다는 것은 외관상 명백하다는 것을 의미한다.[2]

▶ 대판 1985. 7. 23, 84누419 【행정처분무효확인】 행정처분이 당연무효라고 하기 위하여는 그 처분에 위법사유가 있다는 것만으로는 부족하고 그 하자가 중요한 법규에 위반한 것이고 객관적으로 명백한 것이어야 하며 하자가 중대하고도 명백한 것인가의 여부를 판별함에 있어서는 그 법규의 목적, 의미, 기능 등을 목적론적으로 고찰함과 동시에 구체적 사안자체의 특수성에 관하여도 합리적으로 고찰함을 요한다.

▶ 대판 1991. 10. 22, 91다26690 【소유권이전등기말소】 행정처분을 당연무효라고 하기 위하여는 그 처분이 위법함은 물론이고 그 하자가 중요하고 명백하여야 하고, 여기서 명백한 하자라 함은 행정처분 자체에 하자있음이 객관적으로(외형상으로) 명백히 드러나는 것을 말하며 징발재산정리에관한특별조치법에 의한 국방부장관의 징발재산 매수결정은 행정처분으로서 그 하자가 중대하고 외관상 명백하여 당연무효라고 볼 수 없는 한 그 처분이 취소되지 아니하고는 그 효력을 다툴 수 없는 것이다.

[필요불가결한 중요한절차·행정상 편의적 절차] 절차가 대립하는 당사자의 공정한 조정을 위하여, 또는 이해관계인의 권리·이익의 보장을 위하여 「필요불가결한 중요한 절차」인 때에는 행위의 '유효요건'이고, 따라서 그것을 결여한 행위는 무효이다. 절차가 다만, 행정의 원활·능률·참고 등을 위한 행정상의 편의를 위한 절차일 때에는 그것을 결여한 행위는 취소원인이 될 뿐이다.

---

1) 홍정선, 행정행위의 직권취소와 구성요건적 효력, 고시계(1994.3), 161면.
2) 홍정선, 행정행위의 직권취소와 구성요건적 효력, 고시계(1994.3), 161면.

### 3.2.2. 무효원인인 절차상 하자

[법규상 필요한 상대방의 신청 또는 동의를 결한 행위] 협력을 요하는 행정행위에 있어서 상대방의 신청·동의 등의 협력을 결여한 행위(예: 상대방의 신청없이 행한 광업허가, 상대방의 동의 없는 공무원임명) 등은 원칙적으로 무효가 된다.

[법규상 필요한 공고·통지를 결여한 행위] 이해관계인의 권리주장·이의신청의 기회를 부여하기 위하여 법규에 규정되어 있는 공고·통지를 결여한 행위(예: 열람시키지 아니한 선거인명부에 의하여 행한 선거, 특허출원공고를 거치지 아니한 발명특허, 독촉절차를 거치지 아니하고 행하는 조세체납처분)는 원칙적으로 무효이다.

[법규에 규정되어 있는 이해관계인의 참여 또는 협의를 결여한 행위] 이해관계인의 권익보호를 위하여 법규에 규정되어 있는 참여 또는 협의를 결여한 행위는 원칙적으로 무효가 된다(예: 체납자 등의 참여없이 행한 조세체납처분으로서의 재산압류, 사전에 토지 소유자와 관계인 사이의 협의를 거침이 없이 행한 토지수용의 재결).

[이해관계인에게 필요한 청문(聽聞) 또는 변명의 기회를 주지 아니한 행위] 이해관계인의 권익보호와 행위내용의 정당성을 확보하기 위하여 규정되어 있는 청문·관계자의 변명기회의 제공과 같은 중요한 절차를 결여한 행위는 원칙적으로 무효이다. 다만, 판례는 징계처분에 있어서 진술기회를 안 준 것을 취소사유로 본다.[1]

- 필요한 신청·동의 결여(신청 없는 인가·특허)
- 필요한 공고·통지 결여(열람시키지 않고 행한 선거인 명부확정, 특허출원공고를 거치지 아니한 특허출원공고, 독촉을 결여한 체납처분, 계고를 거치지 아니한 대집행, 통지없이 한 토지수용의 재결)
- 필요한 이해관계인의 협의·참여를 결여한 행위
- 필요한 청문 또는 변명의 기회를 주지 아니한 행위

## 4. 형식에 관한 하자

### 4.1. 개관

요식행위인 행정행위에 있어서 법률상 행정행위의 유효요건인 형식을 결여한 행위는 무효가 된다. 따라서 형식이 행정행위의 내용을 명확히 하고 이해관계인이 그 내용을 용이하게 인식하여 법적 안정성을 도모하기 위한 것일 경우에는 유효요건이므로 이를 결여한 행위는 무효가 된다. 다만 행위의 내용을 한층더 명백히 하는 것에 불과한 경우에는 석법요건으로서 이를 결여한 행위는 취소원인이 된다. ☞ **유효요건의 결여 → 무효; 적법요건의 결여 → 취소**

---

[1] 대판 1977. 8. 23, 77누26.

### 4.2. 내용

#### 4.2.1. 문서에 의하지 아니한 행위

법규상 문서에 의할 것을 요건으로 하고 있는 행정행위가 문서에 의하지 아니할 경우에는 원칙적으로 무효가 된다. 다만 기재사항에 결함이 있을 뿐일 때에는 취소원인이 될 뿐이다. 예를 들면 재결서에 의하지 아니한 행정심판재결, 독촉장에 의하지 아니한 납세독촉 등이 그것이다.

#### 4.2.2. 행정청의 서명(기명)・날인(捺印)을 결여한 행위

권한있는 행정기관의 행위임을 명시하기 위하여 행정청의 서명・날인을 법규에서 요구하고 있는 경우에 그 서명・날인을 결여한 경우에는 원칙적으로 무효이다(예: 선거관리위원의 서명날인이 없는 선거록 등). 필요한 이유기재를 결여한 행위(징계처분, 행정심판재결)도 무효이다. 예를 들면, 선거관리위원의 서명・날인이 없는 선거록 등, 필요한 이유기재를 결여한 행위(징계처분, 행정심판 재결)가 그것이다. 署名(記名)은, 성명을 기재하는 것을 말하며, 원래는 자서(自署)를 뜻하나, 일반적 견해는 특별한 경우(헌법 제82조에 의한 국무총리・국무위원의 부서) 외에는 반드시 자서(自署)임을 요하지 않는다(고무인을 사용하거나 복사하는 등)고 본다. 날인(捺印)은 당해 행정청의 관인(官印)의 압날(押捺)을 뜻하는 것인바, 반드시 실인(實印)의 압날을 요하는 것은 아니며, 권한 있는 행정청임을 표시함에 충분한 인형(印影)을 인쇄하여 사용하여도 무방하다고 할 것이다. 인쇄 또는 등사(謄寫)한 경미한 문서에는 서명이나 날인(捺印)을 생략할 수도 있다. 관보나 신문 등에 실리는 문서에는 관인을 찍거나 서명하지 아니하며, 경미한 내용의 문서에는 행정자치부령으로 정하는 바에 따라 관인날인 또는 서명을 생략할 수 있다(행정업무의효율적운영에관한규정 제14조 제3항). <개정 2013.3.23., 2014.11.19.>

#### 4.2.3. 이유의 기재가 없는 행위

a) 법령이 이유 등을 필요적으로 기재하도록 한 경우

문서에 의한 행위에 법령이 이유 등을 필요적으로 기재하도록 한 경우에 이를 결한 행위는 원칙적으로 무효이다. 다만 일자의 기재가 결여된 행위는 무효가 되지 아니한다. 예를 들면, 이유를 붙이지 아니한 재결・결정・불허처분 등, 집행책임자를 표시하지 아니한 대집행영장 등이 그것이다.

b) '이유(理由)가 불비(不備)한 정도'인 경우

이유가 불비한 정도인 경우에는 취소원인에 그친다. 무효나 취소원인이 되지 않는 하자: 명백한 오기(誤記)・오산(誤算)이 있을 때에는 행정청은 언제나 이를 정정할 수 있으며, 상대방도 특별한 형식·절차에 의함이 없이 그의 정정을 요구할 수 있다.

## III. 무효의 효과와 그 주장방법

### 1. 무효의 효과

무효인 행정행위는 권한있는 기관의 취소를 요하지 아니하고 '처음부터(당초부터) 당연히' 그 법률적 효과를 전혀 발생하지 아니한다(무효). 따라서 누구도 구속을 받지 않고 이를 무시할 수 있으며, 다른 행정청이나 법원은 물론이고, 사인도 그 무효를 주장할 수 있다. 가령, 의무를 명하는 행정행위가 무효인 경우에는 그 상대편인 사인은 당해 행위에서 발생한 의무를 이행할 필요가 없으며, 만약에 의무불이행을 이유로 행정청이 강제집행을 하려고 하더라도 그에 대항할 수 있고, 공무집행방해에 관한 죄를 구성하지 않는다. 무효인 행정행위는 처음부터 아무런 효력을 발생하지 못한다는 점에서 행정행위가 적법하게 성립된 후에 실효사유의 발생으로 인하여 장래에 향하여 그 효력이 소멸되는 행정행위의 실효와 구분된다.

### 2. 행정행위의 무효를 주장하는 방법

#### 2.1. 행정행위의 무효를 민사소송 등에서 선결문제(先決問題)로 주장

[의의] 행정행위의 무효를 행정소송을 통하여 직접 주장하는 것이 아니고 민사소송을 통하여 행정행위의 무효를 간접적으로 주장하는 것이다. 즉, 무효인 행정행위로 생긴 결과의 시정을 구하는 민사소송을 제기하여 그 소송의 선결문제(Vorfrage)로서 행정행위의 무효를 확인 받는 것이다.[1] 예컨대 공법상의 당사자소송 또는 민사소송을 제기함으로써(예: 무효인 과세처분에 의하여 조세를 납부한 자가 민사상 부당이득반환소송을 제기하여 승소하는 경우, 이를 통하여 행정행위인 과세처분의 무효를 간접적으로 주장할 수 있다. 무효인 토지수용에 의하여 소유권을 침해당한 자가 토지소유권확인 및 원상회복청구소송을 제기하여 승소하는 경우, 행정행위서의 토지수용이 무효임을 간접적으로 확인 받을 수 있다), 혹은 형사소송에서(예: 공무집행방해죄로 기소된 자가 그 공무집행이 무효라는 항변을 제기하는 것),[2] 선결문제로서 그 행정행위의 무효를 주장하여 이를 확인 받는 것이다.[3]

---

1) 박윤흔, 행정법강의(상), 440면.
2) 행정소송법은 민사소송의 선결문제에 대해서만 규정하고 있으나, 학설은 무효여부가 공법상 당사자소송이나 민사소송 또는 형사소송의 선결문제로 된 경우에 수소법원이 그 무효를 확인할 수 있는 것으로 본다(홍정선, 행정법원론(상), 단락번호 1160).

[판례] 종래 판례는 행정행위의 하자가 취소사유임에 그치는 경우에는 민사법원이 직접 선결적으로 그것을 판단할 수 없으나(이른바 행정행위의 공정력 및 행정소송에 관한 재판관할의 특수성 때문), 행정행위의 무효 여부가 민사소송의 선결문제로 된 경우에는 민사법원이 직접 그 무효를 판단할 수 있다고 한다. 현행 행정소송법(제11조 제1항)은 그에 관한 입법적 해결을 하지 아니하고 종래와 같이 학설·판례에 맡기되, 민사소송의 선결문제로 된 경우(민사법원이 선결문제에 대한 심판을 하는 경우)에 대하여(서만) 규정을 두어 민사소송의 수소법원이 이를 심리·판단하는 경우에는 취소소송에 관한 일부규정을 준용하도록 하고 있다. 그러나 공법상의 당사자소송이나 형사소송의 선결문제로 된 경우에도 수소법원은 무효를 확인할 수 있다고 보아야 할 것이다.[1]

▶ 대판 1964. 6. 2, 63다941 【토지소유권이전등기】 행정행위의 무효는 민사소송 등에서 선결문제로 주장할 수 있다는 판례 【사건개요】 본건 토지는 원래 귀속농지였던 바, 농지개혁법에 의하여 원고에게 적법하게 분배된 후 그 분배가 취소됨이 없이 유효하게 존속하고 있던 중, 농림부 장관이 동토지에 대해 국방용지로 그 사용목적의 변경허가를 하였다. 그리하여 사용목적 변경허가처분이 있은 지 3년 후 원고는 소유권이전등기에 관한 민사소송을 제기하였다. 【판결요지】 당연무효의 처분에 대하여 불복의 절차를 밟지 않고 오랫동안 방치하였다 하더라도 그 권리를 포기하였다고는 볼 수 없을 것이며, 또 당연무효의 행정처분에 대하여는 행정소송으로 이를 다투지 아니하더라도 그 무효임을 전제로 한 민사소송을 제기할 수 있는 것이다.※ 행정행위의 무효는 민사소송 등에서 선결문제로 주장할 수 있다는 판례

### 2.2. 무효등확인소송

무효등확인소송은 직접 행정행위의 무효확인을 구하는 본안소송(本案訴訟)을 말한다. 행정소송법은 명문으로 항고소송의 일종으로 무효등확인소송을 인정하고 있다(행정소송법 제4조 제2호·제35조).[2] 이 경우에는 행정심판전치주의·단기제소기간같은 행정소송법상의 제한이 적용되지 않는다(행정소송법 제38조 제1항).[3] 그러나 집행부정지의 원칙은 적용된다(동법 제23조 제1항).

### 2.3. 무효선언을 구하는 의미의 항고소송

행정행위가 처음부터 무효라고 하는 주장을 취소소송의 형태로서 행하는 것이다. 이

---

3) 박윤흔, 행정법강의(상), 440면; 同旨의 판례 : 대판 1964. 6. 2, 63다941.
1) 대판 1964. 6. 2, 63다941 【토지소유권이전등기】
2) 홍정선, 행정법원론(상), 단락번호 1159.
3) 박윤흔, 행정법강의(상), 440면.

는 본래적 의미의 취소소송에서 처럼 일단 유효한 행정행위의 효력을 취소해줄 것을 청구하는 것이 아니고 '처음부터 효력이 없는 행정행위에 대하여 무효임을 선언하여 줄 것을 청구하는 것'이다. 이와 같이 무효의 주장을 항고소송인 취소소송의 형식으로 행하는 경우 행정심판전치·제소기간제한 등의 행정소송법규정의 적용을 받게 되는가에 관하여는 견해의 대립이 있다. 판례는 절차적 제한을 받는다는 입장이다.[1]

## IV. 무효인 행정행위에 대한 구제

### 1. 행정상 구제

무효인 행정행위의 상대방은 무효선언의 뜻에서 행정행위의 취소를 구하는 행정심판 또는 행정소송을 제기할 수도 있고, 또 무효확인을 청구하는 무효확인소송을 제기함으로써 구제를 받을 수도 있다. 무효인 행정행위의 집행으로 말미암아 손해를 입은 자는 그 행정행위의 무효임을 전제로 행정상의 손해배상을 청구할 수 있다.

### 2. 민사상 구제

무효인 행정행위의 집행으로 인하여 권익을 침해당한 자는 그 무효를 선결문제로 하여 민사소송을 통한 권리구제를 받을 수 있다. 무효인 과세처분에 의한 납세에 따르는 부당이득반환청구, 무효인 토지수용에 따르는 토지소유권확인 및 원상회복청구 등이 그것이다.

### 3. 형사상 구제

무효인 행정행위의 집행에 대해서는 필요한 범위 내에서의 실력에 의한 항거로써 그의 권익을 방어할 수 있다. 이 경우의 항거는 「정당방위」가 되어 '공무집행방해죄'는 성립되지 않는다. 당초부터 당연히 무효로서 법률효과가 발생하지 않는 행정행위이기 때문이다. 정당방위는 위법성조각사유에 해당된다.

---

1) 대판 1976. 2. 24, 75누128; 대판 1978. 2. 28, 78누22; 대판 1981. 1. 27, 80누211; 대판 1982. 12. 28, 81누872; 대판 1982. 6. 22, 81누424; 대판 1983. 5. 31, 83누69; 대판 1987. 9. 22, 87누482.

## 제 3 항    행정행위의 취소(取消)

<연구문제>
· 행정행위의 취소를 논함
· 瑕疵있는 행정행위의 취소
· 행정행위의 취소권의 한계

## I. 「행정행위의 취소」와 「취소할 수 있는 행정행위」

### 1. 행정행위의 취소
#### 1.1. 일반론

행정행위의 취소는 유효하게 성립한 행정행위에 대하여 성립당시에 중대하고도 명백한 하자(瑕疵)이외의 하자(瑕疵)를 이유, 예컨대 (ㄱ) 중대하기는 하나 명백하지 않은 경우, (ㄴ) 명백하기는 하나 중대하지 않은 경우, (ㄷ) 중대·명백한 하자이외의 하자가 존재하는 경우에 그 법률상의 효력을 전부 또는 일부를 소멸소급(소급효)해서 상실시키는 권한 있는 기관의 독립한 행정행위이다.[1] 즉 행정행위의 취소는 '취소할 수 있는 행정행위'의 효력을 소멸시키는 것(원처분과는 별개의 독립된 행정행위 또는 법원의 판결)을 말한다. 행정행위의 취소는 행정관청이 행정행위에 의한 규율(Regelung)이 더 이상 유효하지 않다고 선언할 때 존재한다.[2]

「행정행위의 취소」: (ㄱ) 유효(有效)하게 성립한 행정행위, (ㄴ) 중대하고도 명백한 하자 以外의 하자(瑕疵)를 이유, (ㄷ) 법률상의 효력을 소급해서 상실시키는 권한 있는 기관의 독립한 행정행위

▶ 대판 1983.12.27 83누158 【법인세등 부과처분무효확인】 【판시사항】 과세소득이 없는 자에 대한 과세처분의 효력(=취소사유) 【판결요지】 과세관청이 납세의무자에게 과세소득이 없음에도 불구하고 있는 것으로 오인하여 세금을 부과하였다 하더라도 그 하자는 중대하고도 명백한 것이라 할 수 없으므로 과세처분의 당연무효사유가 될 수 없고 단지 취소사유가 됨에 불과하다.

---

1) 이시환, 쟁송취소와 직권취소, 고시계(1983.7), 194면; 이상원, 행정행위의 쟁송취소와 직권취소, 고시계(1992.4), 251면; 김인만, 행정행위의 직권취소와 쟁송취소, 고시계(1986.4), 343면; 우병렬, 행정행위의 취소와 철회, 고시월보(1997.6), 19면.
2) 최정일, 행정행위의 취소, 고시연구(1998.5), 161면.

### 1.2. 광의의 행정행위의 취소(직권취소·쟁송취소)와 협의의 행정행위의 취소(직권취소)

행정행위의 취소는 광의로는 하자있는 행정행위의 효력을 상실시키는 것을 말하며 직권취소와 함께 쟁송취소를 포함한다. 이에 대하여 협의로는 하자(위법 또는 부당)가 있지만 유효인 행정행위의 효력을, 행정행위의 하자를 이유로 행정청이 소멸시키는 행정행위, 즉 직권취소만을 의미한다. 오늘날 행정행위편에서 취소라고 하는 경우에는 통상적으로 직권취소를 의미하며,1) 행정구제법에서 취소라고 하는 경우에는 쟁송취소(행정심판의 재결·법원의 판결)를 의미한다. 또한 광의의 취소에는 철회와 무효선언을 포함시키기도 한다.2)

[행정행위의 쟁송취소와 직권취소] 행정행위의 쟁송취소와 직권취소는 취소권자·취소사유·취소권의 제한·취소의 절차·취소의 효과 등에서 차이가 있으므로, 양자는 취소라는 한 가지 개념만으로는 통일적으로 설명할 수 없으며, 양자를 구분하여 대비·비교하여 설명함으로써 행정행위 취소의 전체적인 내용을 파악할 수 있다.3)

### 1.3. 행정행위의 정정(訂正 : Berichtigung)과의 구별

사회보장법, 세법 등 "대량행정행위(Massenverwaltungsakten)"에 있어서 중요한 행정행위의 "訂正(Berichtigung)"은 그 안에 '규율(Regelung)'이 포함되어 있지 않으므로 사실행위(Realakt)에 불과하며, 행정행위(Verwaltungsakt)가 아니다. 또한 최초의 행정행위와 비교하여 본질적으로 달라진 법적·사실적 상황에서의 "새로운 규율(Neuregelung)"은 행정행위의 취소가 아니다(예를 들면, 운전면허가 취소된 후 일정한 면허금지기간이 경과되어 운전면허를 재교부하는 경우).4)

### 2. 취소할 수 있는 행정행위

[취소할 수 있는 행정행위] 취소할 수 있는 행정행위라 함은 행정행위의 성립에 하자가 있음에도 불구하고 '공정력'의 결과로서 권한 있는 행정청 또는 법원의 「취소」가 있을 때까지는 유효한 행정행위로서 그 효력을 지속하여 私人은 물론이고 다른 행정청·법원 등 국가기관도 모두 이에 구속되고 독자적 판단으로 그 효력을 부정하지 못하는 행위를 말한다.

---

1) 우병렬, 행정행위의 취소와 철회, 고시월보(1997.6), 19면.
2) 신보성, 위법한 행정행위의 직권취소, 고시계(1984.10), 83면.
3) 신보성, 위법한 행정행위의 직권취소, 고시계(1984.10), 84면; 김인만, 행정행위의 직권취소와 쟁송취소, 고시계(1986.4), 343면.
4) 최정일, 행정행위의 취소, 고시연구(1998.5), 161면.

### 3. 행정행위의 취소와 철회의 차이

행정행위의 취소는 일단 유효하게 성립한 행정행위를 그 행위에 위법 또는 부당한 하자가 있음을 이유로 소급하여 그 효력을 소멸시키는 별도의 행정처분이고, 행정행위의 철회는 적법요건을 구비하여 완전히 효력을 발하고 있는 행정행위를 사후적으로 그 행위의 효력의 전부 또는 일부를 장래에 향해 소멸시키는 행정처분이므로, 행정행위의 취소사유는 행정행위의 성립 당시에 존재하였던 하자를 말하고, 철회사유는 행정행위가 성립된 이후에 새로이 발생한 것으로서 행정행위의 효력을 존속시킬 수 없는 사유를 말한다.[1]

## II. 취소의 종류

### 1. 행정청에 의한 취소와 법원에 의한 취소

행정행위를 취소할 수 있는 정당한 권한을 가진 국가기관으로는 법원과 행정청이 있다. 행정청에 의한 취소는 직권에 의한 경우(직권취소)와 행정행위의 상대방의 이의신청·소원 등의 행정쟁송(행정심판) 절차에 의하여 취소(쟁송취소)하는 것이 있다.[2] 즉, 쟁송취소는 행정행위의 성립상의 하자를 이유로 불복신청이나 행정소송이 인정되는 경우에 관계자의 청구에 의하여 행정심판위원회 혹은 법원이 소송절차에 의하여 행정행위를 취소(쟁송취소)하는 것이며, 직권취소는 행정청이 원시적 하자있는 행정행위를 제거함으로써 적법상태의 회복과 장래를 향한 행정목적을 실현을 도모하는 원래의 행정행위와는 별개의 독립된 행정행위이다.[3] 직권취소와 쟁송취소는 차이가 많이 나기 때문에 오늘날 단순히 "취소"라고 하는 경우, 특히 행정행위(Verwaltungsakt)편에서 취소라는 용어를 사용하는 경우에는 주로 직권취소만을 의미하는 것이 일반적이다.[4] 법원에 의한 취소는 쟁송취소이고, 행정청에 의한 취소는 직권취소와 쟁송취소(행정심판)가 있다. 따라서 법원에 의한 취소는 쟁송취소이고 행정청에 의한 취소는 직권취소라고 하는 표현은 정확한 표현이 아니다. 행정청에 의한 취소는 '직권취소와 쟁송취소가 있다'라는 표현이 정확한 표현이다.[5] 다만 위에서 설명한 바와 같이 <u>행정행위(Verwaltungsakt)편에서 의미하는 취소는 직권취소를 의미하고 행정구제법에서 의미하는 취소는 쟁송취소를 의미한다.</u>

---

1) 대판 2006. 5. 11, 2003다37969【채무부존재확인】
2) 김남진·김연태, 행정법(I), 319면; 석종현, 행정행위의 직권취소, 고시계(1981.7), 38면.
3) 임병권, 행정행위의 쟁송취소와 직권취소의 비교, 고시계(1980.9), 163면; 이상원, 행정행위의 쟁송취소와 직권취소, 고시계(1992.4), 251면.
4) 김남진·김연태, 행정법(I), 319면.
5) 우병렬, 행정행위의 취소와 철회, 고시월보(1997.6), 21면.

▶법원에 의한 취소 → 행정소송이 제기된 경우(쟁송취소)
▶행정청에 의한 취소 → (ㄱ) 직권취소, (ㄴ) 쟁송취소[1] : 상대방의 이의신청·소원 등의 행정쟁송(행정심판)

## 2. 부담적 행정행위의 취소와 수익적 행정행위의 취소

수익적 행정행위의 취소와 부담적 행정행위의 취소의 구분은 직권에 의한 취소에 있어서의 취소권의 제한과의 관계에서 중요한 의미를 가진다. (부담적 행정행위의 취소) : 권리침해를 전제로 하여 '쟁송에 의한 취소'의 대상이 됨이 원칙이지만, 침익적 행정행위에 대한 행정청의 직권취소는 자유롭게(취소자유의 원칙) 행해진다. 침익적 행정행위(belastender Verwaltungsakt)의 직권취소는 상대방에게 수익적일 뿐만 아니라 법치행정의 원리에도 적합하기 때문이다.[2] (수익적 행정행위의 취소) : 권리침해를 전제로 하는 것이 아니므로 직권에 의한 취소의 대상이 됨이 원칙이다. 수익적 행정행위에 대한 취소는 개인의 기득권의 침해가 되므로 취소가 자유롭지 못하며(취소제한의 원칙), 관련이익을 서로 비교형량하여 취소여부를 결정하여야 한다.[3]

부담적 행정행위의 취소와 수익적 행정행위의 취소 구분

| 부담적 행정행위의 취소 | • 권리침해를 전제로 하여 쟁송취소의 대상이 됨이 원칙 – 직권취소는 자유롭다 |
|---|---|
| 수익적 행정행위의 취소 | • 권리침해를 전제로 하는 것이 아니므로 직권취소의 대상이 됨이 원칙 – 비교형량 |

- 부담적 행정행위의 취소 : 권리침해를 전제로하여 쟁송취소의 대상
- 수익적 행정행위의 취소 : 권리침해를 전제로 하는 것이 아니므로 직권취소의 대상

## 3. 형식적 의미의 취소와 실질적 의미의 취소

형식적 의미의 취소는 직접으로 행정행위의 효력을 소멸시키기 위하여 하는 일반적 취소를 말하며, 실질적 의미의 취소는 하자(瑕疵)있는 '기존의 행정행위(선행행위)'와 양립될 수 없는 상충되는 행정행위를 발급함으로써 실질적으로 기존의 행정행위의 효력을 소멸시키는 것을 말한다. 쟁송취소가 언제나 형식적 의미의 취소인 것에 반하여 직권취소에

---

1) 석종현, 행정행위의 직권취소, 고시계(1981.7), 38면.
2) 김유돈, 행정행위의 직권취소, 고시연구(2006.4), 404면.
3) 김유돈, 행정행위의 직권취소, 고시연구(2006.4), 404면.

는 형식적 의미의 취소와 실질적 의미의 취소가 모두 인정된다.

형식적 의미의 취소와 실질적 의미의 취소 구분

| 형식적 의미의 취소 | • 직접적으로 행정행위의 효력을 소멸시키기 위하여 하는 일반적인 취소 |
|---|---|
| 실질적 의미의 취소 | • 하자 있는 '기존의 행정행위(선행행위)'와 양립될 수 없는 상충되는 행정행위를 함으로써 기존의 행정행위의 효력을 소멸시키는 것 |

## 4. 쟁송취소와 직권취소의 구별(도표)

| 구 분 | 쟁송취소 | 직권취소 |
|---|---|---|
| 동 기 | • 이해관계인의 쟁송제기(행정심판·행정소송) | • 행정청의 직권에 의한 취소권 발동 |
| 기본적 차이[1] | • 법치행정의 실현수단<br>• 과거회고적(적법상태회복 목적)<br>• 행정구제적 성격이 강하다. | • 행정목적의 실현수단<br>• 미래지향적(행정목적의 적정실현):<br>  철회와 유사성이 많다.[2]<br>• 행정감독적·행정통제적 성격이 강하다. |
| 이해관계(이익형량) | • 「법치행정의 원리·행정의 법률적합성원칙」에 입각한 법적 고려 | • 「법적 고려」<br>• 「행정목적」과 「구체적인 이해관계」에 대한 고려가 있다. |
| 취소대상 | • 주로 부담적 행정행위[3] | • 주로 수익적 행정행위[4] |
| 취소사유 | • 추상적 위법성[5]<br>• 위법 + 부당(행정심판)<br>• 위법(법원에 의한 취소) | • 구체적 행정목적 위반(구체적 위법성):<br>  공익적 요구[6]<br>• 위법 + 부당(행정심판), 위법(행정소송) |
| 취소권자[7]<br>(취소주체) | • 처분청[8]·상급감독청·<br>  행정심판위원회<br>  (행정심판)·법원(행정소송) | • 처분청·상급감독청(학설대립, 소극설 →<br>  취소명령권) |
| 취소권의<br>제한[9] | • 원칙 : 제한없음·위법만 있으면<br>  충분(이익형량없음)[10]<br>• 예외 : ㉠ 불가쟁력[11] ㉡ 사정판결 | • 부담적 행정행위 : 원칙적 자유<br>• 수익적 행정행위 : 이익형량적 제한 가능,<br>  신뢰보호원칙상의 제한 |
| 취소절차 | • 행정쟁송절차에 따른다(일반법인<br>  행정심판법·행정소송법에 따른다). | • 행정절차법상의 처분절차 |
| 취소기간[12] | • 쟁송제기 기간(단기제소)이 있다. | • 원칙적으로 기간제한이 없다(단,<br>  실권이론)[13] |
| 행위형식[14] | • 재결(행정심판)·판결(행정소송) | • 하나의 독립된 행정행위 |
| 효과 및 | • 소급효 有(원칙적으로 소급) | • 취소효과의 소급 여부는 개별적으로 |

| 소급효유무15) | ・불가변력(확정력)발생16) | 결정(소급되는 경우 : 귀책사유가 있는 경우)도 있고, 소급안되는 경우도 존재 : 귀책사유가 없는 경우)<br>・원칙적으로 불가변력이 발생하지 않음17) |
|---|---|---|
| 적극적 변경18)<br>: 취소범위 | ・행정심판 : 적극적 변경재결 가능19)<br>・행정소송 : 적극적 변경판결 불가20) | ・적극적 변경이 물론 가능하다.21) |
| 취소효과결정22) | ・법에 의하여 획일적으로 결정 | ・취소의 범위・발효시기 등 행정청의 재량사항 |
| 취소의 취소23) | ・상급행정쟁송절차에 의함 | ・직권취소의 쟁송취소 : 가능하다.<br>・직권취소의 직권취소 : 소극설과 적극설이 있다. 후설이 타당<br><김세웅, 최신행정법, 박문각> |

---

1) 쟁송취소는 당사자의 신청이 동기가 되고 행정심판의 경우에는 행정청이, 행정소송의 경우에는 법원이 주체가 되어 **추상적 위법성**을 이유로 하여, **회고적으로 적법한 상태를 회복하기 위한 제도**로서(이시환, 쟁송취소와 직권취소, 고시계(1983.7), 194면), 국민의 권리구제의 성격을 가지고 있다(김인만, 행정행위의 직권취소와 쟁송취소, 고시계(1986.4), 343면). 따라서 그의 대상은 주로 부담적 행정행위가 된다. 이에 대하여 직권취소는 행정기관의 직권이 동기가 되고 행정청이 주체가 되어 회고적으로 적법성을 회복시킴과 동시에 **장래에 향하여 적극적으로 행정목적을 실현하기 위한 수단**(이시환, 쟁송취소와 직권취소, 고시계(1983.7), 194면; 김인만, 행정행위의 직권취소와 쟁송취소, 고시계(1986.4), 343면)이라는 점에서 직권취소의 대상은 주로 수익적 행정행위이다.
2) <u>직권취소는 회고적(回顧的)으로 적법성 회복</u> 시키고, 취소행위가 하나의 행정행위로서 장래에 향하여 행정목적의 실현을 위한 수단으로서 행해진다. 이러한 점에서 직권취소는 철회와 공통점을 많이 지닌다(임병권, 행정행위의 쟁송취소와 직권취소의 비교, 고시계(1980.9), 163면; 김인만, 행정행위의 직권취소와 쟁송취소, 고시계(1986.4), 343면; 이상원, 행정행위의 쟁송취소와 직권취소, 고시계(1992.4), 254면).
3) 쟁송취소는 권리구제의 성격을 지니며 취소의 대상은 부담적 행정행위이다(임병권, 행정행위의 쟁송취소와 직권취소의 비교, 고시계(1980.9), 163면); 우병렬, 행정행위의 취소와 철회, 고시월보(1997.6), 23면.
4) '직권취소'에 있어서는 부담적 행정행위가 대상으로 되는 경우도 있으나, 주로 수익적 행정행위가 대상이 된다(임병권, 행정행위의 쟁송취소와 직권취소의 비교, 고시계(1980.9), 163면). <u>부담적 행정행위의 직권취소는 원칙적으로 자유로우나, 과세처분과 같이 행정청의 의무로 된 행정행위는 법률의 근거가 필요하다</u>(임병권, 행정행위의 쟁송취소와 직권취소의 비교, 고시계(1980.9), 164면; 석종현, 행정행위의 직권취소, 고시계(1981.7), 37면; 이상원, 행정행위의 쟁송취소와 직권취소, 고시계(1992.4), 252면); 우병렬, 행정행위의 취소와 철회, 고시월보(1997.6), 23면.
5) 쟁송취소는 추상적 위법성을 이유로 회고적으로 적법상태의 회복을 목적으로 하여 취소된다(임병권, 행정행위의 쟁송취소와 직권취소의 비교, 고시계(1980.9), 163면; 우병렬, 행정행위의 취소

와 철회, 고시월보(1997.6), 23면; 석종현, 행정행위의 직권취소, 고시계(1981.7), 32면).
6) 직권취소는 위법의 내용인 구체적 위법사유에 기하면서 적법상태의 회복과 행정목적 실현이라는 공익적 요구에 의해서 행위가 취소된다(임병권, 행정행위의 쟁송취소와 직권취소의 비교, 고시계(1980.9), 164면; 김인만, 행정행위의 직권취소와 쟁송취소, 고시계(1986.4), 343면). 직권취소는 단순한 추상적 위법성을 이유로 회고적 적법성회복을 기도하는 것이 아니고, 오히려 취소행위도 새로운 하나의 행정행위로서 장래를 향한 행정목적 실현을 위한 수단으로 행하여 진다는 점에 그 특색이 있다(석종현, 행정행위의 직권취소, 고시계(1981.7), 32면)
7) 법률에서 제3기관(예컨대 공무원 소청심사위원회, 국세심판소)을 규정하는 경우에는 제3기관도 취소권자가 된다(이시환, 쟁송취소와 직권취소, 고시계(1983.7), 194면; 김인만, 행정행위의 직권취소와 쟁송취소, 고시계(1986.4), 343면).
8) 대판 1986. 2. 25, 85누664 【숙박영업허가취소처분취소】 행정행위를 한 처분청은 그 행위에 하자가 있는 경우에 별도의 법적근거가 없더라도 스스로 이를 취소할 수 있다.
9) 행정행위에 하자가 있는 경우에 그것을 취소하기 위해서는 별도의 법적 근거를 필요로 하는지에 관해 학설의 대립이 있다. (ㄱ) 행정행위의 취소는 행정행위의 성립요건이나 효력발생요건을 갖추지 않은 하자가 있음을 이유로 행정행위의 효력을 소멸시키는 것이므로 별도의 법적 근거를 요하지 않는다는 견해, (ㄴ) 직권취소는 주로 수익적 행정행위를 대상으로 하기 때문에 그의 취소는 상대방의 권익을 침해하게 되므로 법적 근거가 필요하다고 하는 견해가 있다. 생각건대 하자 있는 행정행위는 법치행정의 원칙에 어긋나는 것이기 때문에, 그러한 하자 있는 행정행위를 취소하는 것은 법치행정의 원리를 구현하는 것이므로 법적 근거 없이 행할 수 있다(대판 1986. 2. 25, 85누664 【숙박영업허가취소처분취소】 행정행위를 한 처분청은 그 행위에 하자가 있는 경우에 별도의 법적근거가 없더라도 스스로 이를 취소할 수 있다).
10) 쟁송취소는 위법성이 있는 한 이익형량(Interessenabwägung) 없이 취소됨이 원칙이다(임병권, 행정행위의 쟁송취소와 직권취소의 비교, 고시계(1980.9), 164면). 실정법에 의하여 예외적인 공익재량(사정판결)이 행하여 지기도 하지만, 이는 원칙적으로 법치행정에 따른 법적 고려가 작용한다(석종현, 행정행위의 직권취소, 고시계(1981.7), 33면).
11) 쟁송취소는 법원 또는 법령상의 심사청이 법정절차에 따라 행하므로, 불가쟁력이나 실질적 확정력 등의 특수한 효력이 인정되지만, 직권취소는 행정상의 제재로서 행하는 수익적 행정행위의 취소에 상대방의 청문 등의 절차가 요구된다 하더라도, 청문 등의 절차는 쟁송절차와는 성질, 내용이 다르므로 불가쟁력 등의 특수한 효력은 인정되지 아니한다(임병권, 행정행위의 쟁송취소와 직권취소의 비교, 고시계(1980.9), 164면).
12) 쟁송취소는 행정쟁송법(행정심판·행정소송) 등에 의해서 법정쟁송절차를 따라야 하며, 행정행위의 불가쟁력으로 인하여 출소기간의 제한이 있으나, 직권취소는 청문 등 법에 규정이 있는 경우를 제외하고는 특별한 절차를 필요로 하지 않으며 별단의 제한기간이 없다(임병권, 행정행위의 쟁송취소와 직권취소의 비교, 고시계(1980.9), 164면; (석종현, 행정행위의 직권취소, 고시계(1981.7), 33면).
13) 불가쟁력이 발생한 경우에는 직권취소의 대상이 된다(우병렬, 행정행위의 취소와 철회, 고시월보(1997.6), 23면).
14) 직권취소는 행정행위로서의 성질을 가지므로 일반적인 행정행위 발령의 절차에 따르며 특별

## III. 취소권자 – 취소주체

### 1. 개관

취소할 수 있는 권한을 가진 자는 원칙적으로 당해 행정행위를 한 행정청, 즉 처분청이다.1) 이에 대하여 상급감독청이 직접 행정행위를 취소할 수 있는 권한을 가지는가에 대하여는 소극설과 적극설의 대립이 있는데, 소극설의 입장은 "감독청은 특별한 법률적 규정

---

한 규정이 없는 한 일정한 형식을 요하지 않는다. 그러나 쟁송취소는 행정심판법 또는 행정소송법 규정에 따르며 재결이나 판결의 형식으로 행해지므로 일정한 사항을 기재한 서면으로 해야 한다.
15) 쟁송취소는 제도의 목적상 원칙적으로 소급효가 인정되는데 반하여, 직권취소의 경우에는 상대방에게 귀책사유가 있는 경우를 제외하고는 수익적 행정행위의 취소는 당연히 소급효를 수반하는 것은 아니며, 개별적·구체적 이익형량(Interessenabwägung) 이후에 결정한다(임병권, 행정행위의 쟁송취소와 직권취소의 비교, 고시계(1980.9), 164면); 우병렬, 행정행위의 취소와 철회, 고시월보(1997.6), 23면.
16) 우병렬, 행정행위의 취소와 철회, 고시월보(1997.6), 23면.
17) 우병렬, 행정행위의 취소와 철회, 고시월보(1997.6), 23면.
18) 직권취소는 처분청 또는 상급감독청이 하는 것이므로 행정행위의 하자를 제거하고 구체적인 행정목적을 실현하기 위해 필요할 때는 적극적인 변경을 그의 내용으로 할 수도 있는 데 대하여(예: 면직처분을 정직처분으로 변경). 쟁송취소 가운데 행정소송에 의하는 경우는 권력분립원칙과의 관계 때문에 일부취소의 의미에서의 소극적 변경을 할 수 있음에 그친다(즉, 적극적 변경이 부정된다[이상원, 행정행위의 쟁송취소와 직권취소, 고시계(1992.4), 253면]) 다만, 행정심판에 의한 취소의 경우에는 적극적 변경이 가능하다
19) 우병렬, 행정행위의 취소와 철회, 고시월보(1997.6), 23면.
20) 쟁송취소에 의한 행정행위의 변경은 허용되지 아니하며, (구)행정소송법 제1조(현행 행정소송법 제4조)의 변경은 일부취소를 의미한다(임병권, 행정행위의 쟁송취소와 직권취소의 비교, 고시계(1980.9), 164면); 우병렬, 행정행위의 취소와 철회, 고시월보(1997.6), 23면.
21) 직권취소는 영업정지·개수명령(改修命令)과 같은 행정적 개입수단과 공통성이 있으므로 당연히 행정행위의 적극적 변경을 할 수 있다(임병권, 행정행위의 쟁송취소와 직권취소의 비교, 고시계(1980.9), 164면).
22) 쟁송취소의 효과는 원칙적으로 법률에 의하여 획일적으로 정해지나, 직권취소는 취소의 효과, 즉 전부취소인가 일부취소인가의 취소의 범위나 효력발생시점 등에 관해서 행정청이 재량으로 결정 할 수 있다(임병권, 행정행위의 쟁송취소와 직권취소의 비교, 고시계(1980.9), 164면).
23) 쟁송취소에 관하여는 취소행위 자체를 취소할 수 없다고 봄이 일반적인 견해이지만, 쟁송취소에 관하여 불가쟁력 등의 효과가 생긴다 하여도, 취소도 하나의 행정행위인 이상, 행정행위의 하자의 일반이론에 따라 취소에 대한 취소도 가능하며, 직권취소도 마찬가지이다(임병권, 행정행위의 쟁송취소와 직권취소의 비교, 고시계(1980.9), 164면).
1) 안미령, 행정행위의 직권취소, 고시계(2003.10), 189면.

이 없는 한 직접 취소권을 행사할 수 없다"고 하는 반면, 적극설의 입장은 "취소권은 감독의 목적달성을 위한 불가결의 수단이라는 이유로 감독청도 취소권을 갖는다"고 한다.[1] 즉, 적극설(긍정설)에 의하면, 행정감독의 목적달성을 위해서는 상급감독청도 당연히 취소권을 갖는다는 것이고, 소극설(부정설)은 직권취소가 행정행위의 성질을 갖는 이상 이는 발령권한을 갖는 기관에 한정하여 인정되어야 하며, 감독권이라는 포괄적인 권한 내용을 포함할 수는 없다는 것이다. 쟁송취소는 행정심판의 경우에 행정기관인 처분청(행정심판위원회), 제3의 기관(공무원 소청심사위원회 등)과 행정소송의 경우에 법원이 주체가 된다. 특히 행정심판은 처분청의 행정심판위원회가 스스로도 행할 수 있다. 구체적으로는 아래와 같다.

## 2. 직권취소의 경우 - 취소권자

### 2.1. 적극설(처분청·상급감독청은 명문의 규정을 불구하고 취소권을 가진다는 견해)

직권취소의 취소권자는 처분청과 상급감독청이다.[2] 처분청[3]·상급감독청은 명문의 규정을 불구하고 취소권을 가진다(적극설).[4] 상급감독청은 법에 취소권이 인정되어 있는 경우에는 그에 따른다(정부조직법 제11조, 정부조직법 제18조, 지방자치법 제169조).[5] 적극설에서는 취소권을 하급행정청의 위법·부당한 행위를 사후에 시정하는 자율적 행정통제수단 및 사후적 교정수단으로 보기 때문에 감독의 목적을 달성하기 위한 불가결한 수단이므로 감독권에는 취소권이 포함되어 있다는 것이다.[6][7]

---

1) 안미령, 행정행위의 직권취소, 고시계(2003.10), 189면.
2) 이시환, 쟁송취소와 직권취소, 고시계(1983.7), 194면.
3) [판례] 처분청은 별도의 법적 근거가 없더라도 처분을 직권으로 취소할 수 있다(대판 1995. 9. 15, 95누6311); [판례] 권한 없는 행정기관이 한 당연무효인 행정처분의 취소권자는 당해 처분을 한 처분청이다(대판 1984. 10. 10, 84누463).
4) 김도창, 행정법(상), 491면; 이상규, 신행정법론(상), 451면; 김동희, 우리나라의 행정법상의 부당 개념의 고찰, 고시연구(1987.3); 임병권, 행정행위의 쟁송취소와 직권취소의 비교, 고시계(1980.9), 163면.
5) 김남진·김연태, 행정법(I), 322면.
6) 이상규, 신행정법론(상), 310면; 윤세창, 행정법, 208면; 김인만, 행정행위의 직권취소와 쟁송취소, 고시계(1986.4), 343면.
7) 그러나 철회의 경우에는 상급감독청이나 법원에 대하여 철회할 권한을 인정하고 있지 않고 있는데, 그것은 취소가 행정행위를 전제로 하여 그것을 사후적으로 교정하는 자율적 행정통제수단인데 대하여 철회는 행정행위가 행해진 뒤의 새로운 사정하에서 그 행위를 존속시킬 것인가의 여부를 판단하는 것으로서 그 성질상 새로운 행정행위를 하는 것과 같은 것이기 때문에 그 판단권은 원처분청이 가져야 하는 것이라고 한다(석종현, 행정행위의 직권취소, 고시계(1981.7), 35

## 2.2. 소극설(원처분청에 한정하여 인정되어야 한다는 견해)

소극설에 의하면, 직권취소가 행정행위의 성질을 갖는 이상 이는 발령권한을 가진 기관(원처분청)에 한정하여 인정되어야 하며, 따라서 상급감독청은 실정법에 의하여 명문으로 인정되는 경우에만 직권취소가 가능할 뿐이고(예 : 정부조직법 제11조, 정부조직법 제18조, 지방자치법 제169조), 다만 취소명령권을 가질 뿐이라는 견해이다(소극설).[1] 왜냐하면 하급행정청이 한 행위를 감독청이 취소한다는 것은 하급행정청의 권한을 감독청이 대행하는 대집행적 성질을 가지는 것이라 볼 수 있기 때문이라는 것이다.[2] ☞ **상세한 내용은 아래 참조**

▶ 정부조직법 제11조(대통령의 행정감독권) ① 대통령은 정부의 수반으로서 법령에 따라 모든 중앙행정기관의 장을 지휘·감독한다. ② 대통령은 국무총리와 중앙행정기관의 장의 명령이나 처분이 위법 또는 부당하다고 인정하면 이를 중지 또는 취소할 수 있다.

▶ 정부조직법 제18조(국무총리의 행정감독권) ① 국무총리는 대통령의 명을 받아 각 중앙행정기관의 장을 지휘·감독한다. ② 국무총리는 중앙행정기관의 장의 명령이나 처분이 위법 또는 부당하다고 인정될 경우에는 대통령의 승인을 받아 이를 중지 또는 취소할 수 있다. ☞ **이 경우 대통령의 승인(사후승인)을 받는 것이 아니라, 동의(사전동의)를 받는 것이다(법률용어를 잘못사용).** … **대통령의 동의를 받아** …

▶ 지방자치법 제169조(위법·부당한 명령·처분의 시정) ① 지방자치단체의 사무에 관한 그 장의 명령이나 처분이 법령에 위반되거나 현저히 부당하여 공익을 해친다고 인정되면 시·도에 대하여는 주무부장관이, 시·군 및 자치구에 대하여는 시·도지사가 기간을 정하여 서면으로 시정할 것을 명하고, 그 기간에 이행하지 아니하면 이를 취소하거나 정지할 수 있다. 이 경우 자치사무에 관한 명령이나 처분에 대하여는 법령을 위반하는 것에 한한다. ② 지방자치단체의 장은 제1항에 따른 자치사무에 관한 명령이나 처분의 취소 또는 정지에 대하여 이의가 있으면 그 취소처분 또는 정지처분을 통보받은 날부터 15일 이내에 대법원에 소(訴)를 제기할 수 있다.

## 3. 쟁송취소의 경우

쟁송취소의 취소권자는, (ㄱ) 행정청(처분청 및 감독청)과, (ㄴ) 법원(행정법원·고등법원·대법원)[3]이나, (ㄷ) 예외적으로 법률이 제3기관(예컨대, 공무원소청심사위원회·국

---

면).
1) 김이열, 최신행정법학(상), 진명문화사, 1981, 224면; 박윤흔, 행정법강의(상), 445면; 김남진·김연태, 행정법(I), 322면; 류지태, 행정법신론, 신영사, 2007, 215면.
2) 김이열, 최신행정법학(상), 진명문화사, 1981, 224면; 김남진, 행정법(I), 176면.
3) 법원은 행정소송이 제기된 경우에 한하여 판결에 의하여 행정행위를 취소할 수 있다.

세심판소)을 재결(결정)청으로 규정할 때에는 제3기관이 취소권을 가진다.[1]

## IV. 취소권과 법적 근거

### 1. 취소권자가 처분청인 경우

[취소자유의 원칙과 예외] 처분청의 행정처분권 속에는 취소권도 포함되어 있다고 할 것이므로, 침익적 행정행위(부담적 행정행위)를 취소하는 경우에는 행정처분에 관한 수권규정 외에 별도로 취소에 관한 법적 근거는 필요하지 않다(판례 同旨).[2] 그 이유는 하자있는 행정행위는 취소하는 것이 법치행정의 원리를 구현하는 것이기 때문이다.[3] 다만 법률상 행정청의 의무로 되어있는 행위에 관해서는 자유로운 취소가 인정되지 아니하며, 법률의 근거가 필요하다(예 : 과세처분).[4] (수익적 행정행위[당사자가 입을 기득권과 신뢰보호 및 법률생활 안정의 침해 등 불이익을 비교교량]) : 다만 그 행위가 국민에게 권리나 이익을 부여하는 이른바 수익적 행정행위인 때에는 그 행위를 취소하여야 할 공익상 필요와 그 취소로 인하여 당사자가 입을 기득권과 신뢰보호 및 법률생활 안정의 침해등 불이익을 비교교량한 후 공익상 필요가 당사자의 기득권 침해등 불이익을 정당화할 수 있을 만큼 강한 경우에 한하여 취소할 수 있다(아래 판례참조).

▶ 대판 1986. 2. 25, 85누664【숙박영업허가취소처분취소】행정행위를 한 처분청은 그 행위에 하자가 있는 경우에 별도의 법적 근거가 없더라도 스스로 이를 취소할 수 있는 것이며, 다만 그 행위가 국민에게 권리나 이익을 부여하는 이른바 수익적 행정행위인 때에는 그 행위를 취소하여야 할 공익상 필요와 그 취소로 인하여 당사자가 입을 기득권과 신뢰보호 및 법률생활 안정의 침해등 불이익을 비교교량한 후 공익상 필요가 당사자의 기득권침해등 불이익을 정당화할 수 있을 만큼 강한 경우에 한하여 취소할 수 있다.【참조조문】행정소송법

---

1) 박윤흔, 행정법강의(상), 445면.
2) 대판 1986. 2. 25, 85누664【숙박영업허가취소처분취소】【판시사항】수익적 행정행위를 취소할 수 있는 경우 【판결요지】행정행위를 한 처분청은 그 행위에 하자가 있는 경우에 별도의 법적 근거가 없더라도 스스로 이를 취소할 수 있는 것이며, 다만 그 행위가 국민에게 권리나 이익을 부여하는 이른바 수익적 행정해위인 때에는 그 행위를 취소하여야 할 공익상 필요와 그 취소로 인하여 당사자가 입을 기득권과 신뢰보호 및 법률생활 안정의 침해 등 불이익을 비교교량한 후 공익상 필요가 당사자의 기득권침해등 불이익을 정당화할 수 있을 만큼 강한 경우에 한하여 취소할 수 있다.
3) 우병렬, 행정행위의 취소와 철회, 고시월보(1997.6), 20면.
4) 석종현, 행정행위의 직권취소, 고시계(1981.7), 37면.

제19조. ☞ 수익적 행정행위를 취소할 수 있는 경우

[수익적 행정행위의 취소에 법적 근거가 필요하다는 견해] 수익적 행정행위의 취소는 사인의 권리·이익을 침해하기 때문에 이 경우에는 법적 근거가 필요하다. 즉 형식적 법률의 근거로서 취소권한을 규정하는 외에 행정행위의 요건을 규정하는 것도 포함하여야 한다.[1] 이 경우에도 추상적 위법성을 이유로 수익적 행정행위가 당연히 취소되는 것이라기 보다는 해당 법규 전체의 취지와 목적은 물론 재산권의 보장에 관한 규정 등 헌법상의 제원리를 고려하여 직권취소의 가부를 결정하여야 한다.[2]

## 2. 취소권자가 감독청인 경우 - 감독청이 법적 근거없이 직접 취소권을 행사할 수 있는가?

### 2.1. 소극설(부정설)

소극설은 (ㄱ) 감독청의 직권취소는 권한대행을 의미하므로 반드시 명문의 규정이 있어야 하며,[3] (ㄴ) 감독청에 의한 취소는 감독청이 처분청의 권한을 침해하는 결과를 가져올 수 있으며, (ㄷ) 취소는 훈령등과 달리 대외적 효력을 가지므로 명문의 규정이 없이 취소를 할 수 없으므로 감독청의 취소권은 부인되어야 한다는 견해이다.[4] 즉 감독청은 감독권에 관한 근거규정 외에 개별적으로 취소의 권한을 부여하는 명문의 규정(예:정부조직법 제11조 제2항, 제18조 제2항, 지방자치법 제169조·제170조·제171조·제171조의2)이 없는 한, 취소권을 가지지 않는다는 것이다. 감독청의 감독권에는 하급관청의 처분권한을 직접 행사할 수 있는 권한까지 포함하는 것은 아니므로 상급감독청은 취소권을 갖는 것은 아니고 다만「취소명령권」을 가질 뿐이라 한다.[5]

▶ 정부조직법 제11조(대통령의 행정감독권) ① 대통령은 정부의 수반으로서 법령에 따라 모든 중앙행정기관의 장을 지휘·감독한다. ② 대통령은 국무총리와 중앙행정기관의 장의 명령이나 처분이 위법 또는 부당하다고 인정하면 이를 중지 또는 취소할 수 있다.

▶ 정부조직법 제18조(국무총리의 행정감독권) ① 국무총리는 대통령의 명을 받아 각

---

1) 김이열, 최신행정법학(상), 진명문화사, 1981, 224면; 김남진, 행정법(I), 177면; 서원우, 현대행정법(상), 487면; 김도창, 일반행정법론(상), 370면.
2) 석종현, 행정행위의 직권취소, 고시계(1981.7), 36면.
3) 안미령, 행정행위의 직권취소, 고시계(2003.10), 189면.
4) 김유돈, 행정행위의 직권취소, 고시연구(2006.4), 404면; 안미령, 행정행위의 직권취소, 고시계(2003.10), 189면.
5) 윤세창; 김남진·김연태, 행정법(I), 322면; 김이열; 김철용, 행정행위의 취소, 고시계(1987.5); 류지태, 행정법신론, 신영사, 2007, 215면.

중앙행정기관의 장을 지휘·감독한다. ② 국무총리는 중앙행정기관의 장의 명령이나 처분이 위법 또는 부당하다고 인정될 경우에는 대통령의 승인을 받아 이를 중지 또는 취소할 수 있다.

▶ 지방자치법 제169조(위법·부당한 명령·처분의 시정) ① 지방자치단체의 사무에 관한 그 장의 명령이나 처분이 법령에 위반되거나 현저히 부당하여 공익을 해친다고 인정되면 시·도에 대하여는 주무부장관이, 시·군 및 자치구에 대하여는 시·도지사가 기간을 정하여 서면으로 시정할 것을 명하고, 그 기간에 이행하지 아니하면 이를 취소하거나 정지할 수 있다. 이 경우 자치사무에 관한 명령이나 처분에 대하여는 법령을 위반하는 것에 한한다. ② 지방자치단체의 장은 제1항에 따른 자치사무에 관한 명령이나 처분의 취소 또는 정지에 대하여 이의가 있으면 그 취소처분 또는 정지처분을 통보받은 날부터 15일 이내에 대법원에 소(訴)를 제기할 수 있다.

▶ 지방자치법 제170조(지방자치단체의 장에 대한 직무이행명령) ① 지방자치단체의 장이 법령의 규정에 따라 그 의무에 속하는 국가위임사무나 시·도위임사무의 관리와 집행을 명백히 게을리하고 있다고 인정되면 시·도에 대하여는 주무부장관이, 시·군 및 자치구에 대하여는 시·도지사가 기간을 정하여 서면으로 이행할 사항을 명령할 수 있다. ② 주무부장관이나 시·도지사는 해당 지방자치단체의 장이 제1항의 기간에 이행명령을 이행하지 아니하면 그 지방자치단체의 비용부담으로 대집행하거나 행정상·재정상 필요한 조치를 할 수 있다. 이 경우 행정대집행에 관하여는 「행정대집행법」을 준용한다. ③ 지방자치단체의 장은 제1항의 이행명령에 이의가 있으면 이행명령서를 접수한 날부터 15일 이내에 대법원에 소를 제기할 수 있다. 이 경우 지방자치단체의 장은 이행명령의 집행을 정지하게 하는 집행정지결정을 신청할 수 있다.

▶ 지방자치법 제171조(지방자치단체의 자치사무에 대한 감사) ① 행정자치부장관이나 시·도지사는 지방자치단체의 자치사무에 관하여 보고를 받거나 서류·장부 또는 회계를 감사할 수 있다. 이 경우 감사는 법령위반사항에 대하여만 실시한다. ② 행정자치부장관 또는 시·도지사는 제1항에 따라 감사를 실시하기 전에 해당 사무의 처리가 법령에 위반되는지 여부 등을 확인하여야 한다.

▶ 지방자치법 제171조의2(지방자치단체에 대한 감사 절차 등) ① 주무부장관, 행정자치부장관 또는 시·도지사는 이미 감사원 감사 등이 실시된 사안에 대하여는 새로운 사실이 발견되거나 중요한 사항이 누락된 경우 등 대통령령으로 정하는 경우를 제외하고는 감사대상에서 제외하고 종전의 감사결과를 활용하여야 한다. ② 주무부장관과 행정자치부장관은 다음 각 호의 어느 하나에 해당하는 감사를 실시하고자 하는 때에는 지방자치단체의 수감부담을 줄이고 감사의 효율성을 높이기 위하여 같은 기간 동안 함께 감사를 실시할 수 있다. 1. 제167조에 따른 주무부장관의 위임사무 감사 2. 제171조에 따른 행정자치부장관의 자치사무 감사 ③ 제167조, 제171조 및 제2항에 따른 감사에 대한 절차·방법 등 필요한 사항은 대통령령으로 정한다.

## 2.2. 적극설(긍정설)

적극설은 감독의 목적 달성을 위하여 감독권 속에는 취소권이 당연히 포함된다고 보아야 하는 것이며, 따라서 상급감독청은 직권으로 취소할 수 있고, 취소에 관한 별개의 법적 근거는 필요하지 않다고 한다.[1] 즉 적극설의 입장은 <u>직권취소는 행정청의 자율적 시정절차로서 내부적 통제에 해당하므로 감독권의 범위에 당연히 포함되는 것</u>이고, 목적의 효과적 달성을 위해서는 상급감독청의 직권취소는 당연히 인정된다는 것이다.[2]

## 2.3. 사견

재결청에 대한 취소심판을 인정하고 있는 취지에 비추어 상급행정청(감독청)에도 취소권이 있다고 보아야 하며,[3] 또한 행정목적의 효율적이고 통일적인 수행을 위하여 감독청에도 취소권을 인정하는 것이 타당하기 때문이다. 다만 처분청의 권한 및 자주적인 업무수행을 추구한다는 의미에서 상급행정청(상급감독청)이 먼저 처분청에 대해 취소명령을 발하고(취소명령권의 행사), 그럼에도 불구하고 처분청이 이를 이행하지 않을 경우에 상급행정청(감독청)이 직권취소를 하도록 하는 것이 바람직하다 할 것이다.[4]

## V. 행정행위의 취소원인 - 취소사유

### 1. 개관

「일반적인 취소원인」은 「하자일반」-「무효원인인 하자」(중대·명백한 위법) =「단순위법(경미한 법규위반 및 조리법 위반) + 부당(공익위반)」으로 설명할 수 있다. 학설 및 판례상으로 인정된 취소원인을 살펴보면 다음과 같다.

[학설상 취소사유로 예시되는 것] (ㄱ) 권한초과 행위, (ㄴ) 행위능력 결여, (ㄷ) 착오의 결과 내용이 단순위법·부당하게 된 경우, (ㄹ) 사기·강박 등의 의사결정에 흠이 있는 행위,[5] (ㅁ) 증수뢰(증뢰[贈賂]·수뢰[受賂])·부정신고 등의 부정행위 등은 취소원인이 되며,

---

1) 이명구; 이상규, 신행정법론(상), 451면; 김동희, 우리나라의 행정법상의 부당개념의 고찰, 고시연구(1987.3).
2) 김유돈, 행정행위의 직권취소, 고시연구(2006.4), 404면; 안미령, 행정행위의 직권취소, 고시계(2003.10), 189면.
3) 김동희, 행정법(I), 324면; 안미령, 행정행위의 직권취소, 고시계(2003.10), 190면; 임병권, 행정행위의 쟁송취소와 직권취소의 비교, 고시계(1980.9), 163면; 이시환, 쟁송취소와 직권취소, 고시계(1983.7), 194면.
4) 김유돈, 행정행위의 직권취소, 고시연구(2006.4), 404면.

(ㅂ) 자문기관의 필요적 자문을 결여한 행위로서(필요적 자문의 결여), 자문을 요구하는 이유가 행위의 신중을 기하고 내용의 적정·타당성을 확보하기 위한 경우에는 취소사유가 된다. (ㅅ) 공서양속(선량한 풍속 기타 사회질서)에 위반되는 경우, (ㅇ) 착오의 결과 행해진 내용이 단순위법·부당하게 된 경우, (ㅈ) 기타 행위의 내용이 단순히 경미한 법규위반, 조리법 등 불문법 위반인 경우, (ㅊ) 공익위반인 경우, (ㅋ) 경미한 절차나 형식을 결여한 경우, (ㅌ) 절차상의 하자로서 참고적·세부적·행정편의적 절차에 위빈한 경우, (ㅍ) 경미한 형식을 결여한 경우 등이 있다.[1]

[판례상 취소원인으로 인정된 것] 판례상으로는, (ㄱ) 과세 표준이 잘못된 경우(대판 1977.6.7), (ㄴ) 과세대상을 오인한 경우(대판 1972.10.10), (ㄷ) 상대방의 사위(詐僞)에 의하여 행해진 한지의사(限地醫師)면허처분(대판 1975.12.9), (ㄹ) 소속장의 의견을 듣지 않고 행한 징계처분, 사전에 진술기회를 주지 않은 파면처분(대판 1977.6.28), (ㅁ) 사실을 잘못 인정하고서 행한 직위해제처분 등이 하자있는 행위로서 취소대상이 된다고 하였다.[2]

## 2. 개별적 고찰 - 포괄적 취소사유

### 2.1. 법률에 명문의 규정이 있는 경우

법률에 명문으로 취소원인을 규정한 경우에는 그 규정에 의하므로 문제가 없다. 이는 기속행위이기 때문이다.

▶ 대판 1984. 9. 11, 83누658 【건설업면허처분취소】 (구)건설업법 제38조 제1항 단서의 건설업면허 취소사유가 발생하면 면허관청은 그 취소 여부를 선택할 수 있는 재량의 여지가 없으므로 그 건설업 면허를 취소하여야 한다.[3]

### 2.2. 법률에 명문의 규정이 없는 경우

#### 2.2.1. 주체에 관한 취소원인인 하자(瑕疵)

[취소사유] 주체에 관한 취소원인인 하자는, (ㄱ) 권한초과 행위, (ㄴ) 착오의 결과 내용이 단순위법·부당하게 된 경우, (ㄷ) 사기·강박 등의 의사결정에 흠이 있는 행위,[4] (ㄹ)

---

5) 행위능력의 결여를 취소사유로 드는 견해가 있다. 그러나 사법에서와는 달리 행정행위에 있어서는 행위무능력은 퇴직·정직사유(停職事由)가 될 뿐 신뢰보호의 이유에서 행정행위의 효력에는 영향을 미치지 않는다고 할 것이다.
1) 김도창, 일반행정법론(상), 370면; 우병렬, 행정행위의 취소와 철회, 고시월보(1997.6), 20면; 신보성, 위법한 행정행위의 직권취소, 고시계(1984.10), 85면.
2) 김도창, 일반행정법론(상), 370면; 신보성, 위법한 행정행위의 직권취소, 고시계(1984.10), 85면.
3) (구)건설업법 제38조 제1항 단서 = 현행 제52조 제1항 단서 : 다만 제1호1 제3호 · 및 제5호에 해당하는 때에는 건설업의 면허를 취소하여야 한다)

증수뢰(증뢰[贈賂]·수뢰[受賂])·부정신고 등의 부정행위 등은 취소원인이 된다. (ㅁ) 자문기관의 필요적 자문을 결여한 행위로서, 자문을 요구하는 이유가 행위의 신중을 기하고 내용의 적정·타당성을 확보하기 위한 경우에는 취소사유가 된다(아래 판례참조).[1][2]

▶ 대판 1989. 11. 14, 89누5676 【양도소득세부과처분취소】 【판시사항】 과세관청이 양도소득세 공정과세위원회의 자문을 거치지 아니하고 투기거래로 인정함의 적부 【판결요지】 "… 피고(해운대서무서장)는 원고(배익권)가 이 사건 부동산을 취득하여 양도한 것이 소득세법시행령 제170조 제4항 제2호에 의하여 국세청장이 지정하는 거래(이하 투기거래라고 한다)를 규정한 재산제세조사사무처리규정(국세청 훈령 제980호) 제72조 제3항(국세청 고시 제87-7과 같은 것이다) 제8호 소정의 투기거래에 해당한다는 이유로 실지거래가액에 따라 이 사건 과세처분을 하였으나 피고는 투기억제에 관련한 세무조사를 실시하여 이 사건 토지를 취득, 양도한 실지거래가액을 밝혀 냈을 뿐 위 처리규정에 규정되어 있는 같은법 시행령 제170조 제9항 및 같은법 시행규칙 제82조의2 제1항에 의거 설치된 양도소득세 공정과세위원회의 자문을 거친 바는 없다는 것인 바, 위 처리규정은 그 형식은 행정규칙으로 되어 있으나 이는 위 소득세법시행령의 규정을 보충하는 기능을 가지면서 그와 결합하여 법규명령과 같은 효력(대외적인 구속력)을 가지는 것이므로[3] 과세관청이 위 제8호 소정의 투기거래로 인정함에 있어서는 위 처리규정에 정하는 바에 따라 공정과세위원회의 자문을 거쳐야 할 것이고 이와 같은 절차를 거치지 아니하고 위 제8호 소정의 투기거래로 인정하여 양도소득세를 과세하는 것은 위법이라고 보아야 할 것이다.

---

4) 행위능력의 결여를 취소사유로 드는 견해가 있다. 그러나 사법에서와는 달리 행정행위에 있어서는 행위무능력은 퇴직·정직사유(停職事由)가 될 뿐 신뢰보호의 이유에서 행정행위의 효력에는 영향을 미치지 않는다고 할 것이다.
1) 대판 1989. 11. 14, 87누5676 【양도소득세부과처분취소】
2) [자문을 요구하는 이유가 이해관계인의 권익을 보호하기 위한 경우] 자문을 요구하는 이유가 이해관계인의 권익을 보호하기 위한데 있는 경우에 그 결여는 무효원인이 된다. 투기억제에 관련한 세무조사를 실시하여 이 사건 토지를 취득, 양도한 실거래약을 밝혀냈을 뿐 위 처리규정에 규정되어 있는 같은 법 시행령 제170조 제9항 및 같은 법 시행규칙 제82조의2 제1항에 의거 설치된 양도소득세 공정과세위원회의 자문을 거친 바는 없다는 것인 바, 위 처리규정은 그 형식은 행정규칙으로 되어있으나 이는 위 소득세법시행령의 규정을 보충하는 기능을 가지면서 그와 결합하여 법규명령과 같은 효력(대외적인 구속력)을 가지는 것이므로(당원 1988. 3. 22. 선고 87누654, 같은해 5. 10. 선고 87누1028 각 판결 참조) 과세관청이 위 제8호 소정의 투기거래로 인정함에 있어서는 위 처리규정에 정하는 바에 따라 공정과세위원회의 자문을 거쳐야 할 것이고 이와 같은 절차를 거치지 아니하고 위 제8호 소정의 투기거래로 인정하여 양도소득세를 과세하는 것은 위법이라고 보아야 할 것이다(대판1989. 11, 14, 87누654).
3) 당원 1988. 3. 22. 선고 87누654, 1988. 5. 10. 선고 87누1028 각 판결 참조.

## 2.2.2. 내용에 관한 취소원인인 하자(瑕疵)

[취소사유] 내용에 관한 취소원인인 하자는, (ㄱ) 내용이 「단순위법」의 경우, (ㄴ) 공익(광업허가·어업면허)에 위반한 경우, (ㄷ) 선량한 풍속 기타 사회질서(공서양속: 公序良俗[1]))에 위반하는 사항을 내용으로 한 행위(단, 무효설이 있음; 독일연방행정절차법 제44조 제2항도 무효로 본다) 등은 취소사유가 된다.

▶ 독일연방행정절차법 제44조 VwVfG § 44(Nichtigkeit des Verwaltungsaktes : 행정행위의 무효)

(2) Ohne Rücksicht auf das Vorliegen der Voraussetzungen des Absatzes 1 ist ein Verwaltungsakt nichtig,

1. der schriftlich oder elektronisch erlassen worden ist, die erlassende Behörde aber nicht erkennen läßt(처분행정청의 불분명);

2. der nach einer Rechtsvorschrift nur durch die Aushändigung einer Urkunde erlassen werden kann, aber dieser Form nicht genügt(형식상의 하자);

3. den eine Behörde außerhalb ihrer durch § 3 Abs. 1 Nr. 1 begründeten Zuständigkeit erlassen hat, ohne dazu ermächtigt zu sein(행정청의 권한 외의 행위);

4. den aus tatsächlichen Gründen niemand ausführen kann(사실상 불능인 행위);

5. der die Begehung einer rechtswidrigen Tat verlangt, die einen Straf- oder Bußgeldtatbestand verwirklicht(범죄행위);

6. der gegen die guten Sitten verstößt(선량한 풍속위반행위).

▶ 독일연방행정절차법 제44조(행정행위의 무효)[2]) ① 행정행위가 특별히 중대한 하자가 있고, 또한 그 하자가 관련한 제반사정으로 판단하여 명백한 경우에는 무효이다.

② 다음 각호의 1에 해당하는 행정행위는 제1항의 조건의 존재여부를 불문하고 무효로 한다.

1. 문서로 한 처분으로서 처분청을 알 수 없을 때(der schriftlich oder elektronisch erlassen worden ist, die erlassende Behörde aber nicht erkennen lässt)

2. 법규상 일정한 증서의 수여를 통하여만 발하여질 수 있는 행위이나, 그 형식이 충족되지 못한 때(der nach einer Rechtsvorschrift nur durch die Aushändigung einer Urkunde erlassen werden kann, aber dieser Form nicht genügt)

3. 행정청이 제3조제2항제1호의 규정에 의한 관할범위 밖에서 아무런 수권을 받지

---

1) 공서양속(公序良俗)은 일본식 용어이기 때문에 사용 하지말자는 의견도 있으나, 오늘날 우리가 사용하는 거의 모든 법분야의 법률용어는 일본인들이 독일어를 한자어로 번역한 것들 인데(예컨대 헌법·행정법이라는 용어들도 모두 일본인들이 번역한 것), 유독 공서양속만 사용안할 이유가 없다.

2) 황해봉, 독일의 행정심판제도(Ⅰ), 법제(2004.1), 법제처, 외국입법동향.

아니하고 행한 행정행위(den eine Behörde außerhalb ihrer durch § 3 Abs. 1 Nr. 1 begründeten Zuständigkeit erlassen hat, ohne dazu ermächtigt zu sein)

    4. 사실상의 이유로 인하여 누구라도 실행(완수)할 수 없는 행정행위(den aus tatsächlichen Gründen niemand ausführen kann)

    5. 형벌 또는 과태료의 구성요건을 실현하는것을 요구하는 행정행위(der die Begehung einer rechtswidrigen Tat verlangt, die einen Straf- oder Bußgeldtatbestand verwirklicht)

    6. 미풍양속에 어긋나는 행정행위(der gegen die guten Sitten verstößt)

    ③ 행정행위는 다음 각호 만의 이유로는 무효로 되지 아니한다(Ein Verwaltungsakt ist nicht schon deshalb nichtig)

    1. 토지관할권에 관한 규정을 준수하지 아니한 경우, 단 제2항 제3호의 경우를 제외한다(Vorschriften über die örtliche Zuständigkeit nicht eingehalten worden sind, außer wenn ein Fall des Absatzes 2 Nr. 3 vorliegt).

    2. 제20조 제1항 제1문 제2호 내지 제6호에 의하여 제척되는 자를 참여시킨 경우(eine nach § 20 Abs. 1 Satz 1 Nr. 2 bis 6 ausgeschlossene Person mitgewirkt hat)

    3. 법규에 의하여 위원회의 협력이 요구되는 경우에, 위원회가 행정행위의 발동을 위하여 규정된 의결을 하지 아니하였거나 의결능력을 가지지 못한 경우(ein durch Rechtsvorschrift zur Mitwirkung berufener Ausschuss den für den Erlass des Verwaltungsaktes vorgeschriebenen Beschluss nicht gefasst hat oder nicht beschlussfähig war)

    4. 법규에 의하여 요구되는 다른 행정청의 협력이 이루어지지 아니한 경우(die nach einer Rechtsvorschrift erforderliche Mitwirkung einer anderen Behörde unterblieben ist)

    ④ 행정행위의 일부만이 무효인 경우, 무효인 부분이 없었으면 행정청이 그 행정행위를 하지 아니하였을 정도로 무효인 부분이 중요한 것인 경우에는, 행정행위의 전체를 무효로 한다(Betrifft die Nichtigkeit nur einen Teil des Verwaltungsaktes, so ist er im Ganzen nichtig, wenn der nichtige Teil so wesentlich ist, dass die Behörde den Verwaltungsakt ohne den nichtigen Teil nicht erlassen hätte).

    ⑤ 행정청은 언제든지 직권으로 무효를 선언할 수 있다. 신청인이 이에 관하여 정당한 이익을 가지는 경우에 신청이 있으면 그 무효를 선언할 수 있다(Die Behörde kann die Nichtigkeit jederzeit von Amts wegen feststellen; auf Antrag ist sie festzustellen, wenn der Antragsteller hieran ein berechtigtes Interesse hat).

### 2.2.3. 절차에 관한 취소원인인 하자(절차상 하자) - 절차상 하자있는 행정행위의 효력

[취소사유] 절차에 관한 취소사유로서는, (ㄱ) 행정의 능률·원활·참고 등을 위한「편의적 절차」를 위반한 때(필요불가결한 중요한 절차를 위반한 때는 무효사유가 된다), (ㄴ) 자문기관의 자문을 결여한 경우는 취소사유가 된다. 판례는 적법한 공매통지없이 시행한 체납처분, 진술기회를 부여하지 않은 징계처분을 취소사유로 본다(절차적 방어권침해에 관한 법리). 또한 필요한 청문[1](공청회 포함)을 결한 행위도 취소사유가 된다.[2] 이에 관한 판례로는 대법원 1990.1.23. 선고 87누947 판결【토지수용재결처분취소등】이 있다. 이는 공청회와 이주대책이 없는 도시계획수립행위의 위법과 수용재결처분의 취소에 관한 판례로 도시계획의 수립에 있어서 도시계획법 제16조의2 소정의 공청회를 열지 아니하고 공공용지의취득및손실보상에관한특례법 제8조 소정의 이주대책을 수립하지 아니하였더라도 이는 절차상의 위법으로서 취소사유에 불과하다고 판시하였다(아래 판례참조).

▶ 대판 1990. 1. 23, 87누947【토지수용재결처분취소등】【판시사항】가. 공청회와 이주대책이 없는 도시계획수립행위의 위법과 수용재결처분의 취소

나. 소유자의 입회와 서명날인 없이 작성된 토지조서 등에 기하여 행한 중앙토지수용위원회의 이의 재결의 적부(적극)【판결요지】가. 도시계획의 수립에 있어서 도시계획법 제16조의2 소정의 공청회를 열지 아니하고 공공용지의취득및손실보상에관한특례법 제8조 소정의 이주대책을 수립하지 아니하였더라도 이는 절차상의 위법으로서 취소사유에 불과하고 그 하자가 도시계획결정 또는 도시계획사업시행인가를 무효라고 할 수 있을 정도로 중대하고 명백하다고는 할 수 없으므로 이러한 위법을 선행처분인 도시계획결정이나 사업시행인가 단계에서 다투지 아니하였다면 그 쟁소기간이 이미 도과한 후인 수용재결단계에 있어서는 도시계획수립 행위의 위와 같은 위법을 들어 재결처분의 취소를 구할 수는 없다고 할 것이다.

나. 기업자가 토지조서나 물건조서를 작성함에 있어 소유자들의 입회와 서명날인이 있었는지의 여부는 그 기재의 증명력에 관한 문제이어서 입회나 서명날인이 없었다는 사유만으로는 중앙토지수용위원회의 이의재결이 위법하다 하여 그 취소의 사유로 삼을 수는 없다.

▶ 대판 2015.6.11, 2013두1676【시정명령등취소】원고(주식회사 청십자약품) 역시 피고(공정거래위원회)의 전원회의가 개최되기 전에 <u>피고에게 제출한 의견서</u>를 통하여 이

---

[1] 청문이라는 용어보다는 청문과 공청회 및 의견제출을 포함하는 의미의 "의견청취"라는 용어가 적당하다는 견해가 있다(김남진, [김유돈, 행정행위의 직권취소, 고시연구(2006.4), 답안평], 408면.
[2] 서정범, 핵심판례 100선, TOPmedia, 2007, 102면

사건 입찰에서 사전에 낙찰예정자 및 낙찰가격에 관한 합의를 한 바 없고, 이 사건 합의에 기한 도매 거래는 이 사건 입찰의 특수한 사정상 불가피한 것으로 정상적인 거래일 뿐이라는 등의 의견을 충분히 개진하였을 뿐 아니라, 피고 전원회의에서도 같은 내용의 진술을 한 점 등의 사정을 들어, 원고가 이 사건 처분 이전에 위 제9호가 적용된 이 사건 합의의 구체적 내용에 관하여 자신의 의견을 충분히 개진한 것으로 볼 수 있으므로 이 사건 처분에 원고의 방어권을 침해한 절차적 위법이 있다고 볼 수 없다. 원심(서울고법 2012. 12. 7. 선고 2012누11234 판결)의 이러한 판단은 정당하고, 거기에 공정거래법상 의견진술기회 부여 및 절차적 방어권 침해에 관한 법리 등을 오해한 잘못이 없다.

### 2.3. 형식에 관한 취소원인인 하자

행위의 확실성에 본질적인 영향이 없고, 단지 행위내용을 일층 명백히 하는데 불과한 형식의 결여는 취소원인이 된다고 할 것이다(경미한 형식을 결여한 경우). 그리고 소송에 의한 취소의 경우에는 위법만이, 행정청에 의한 취소의 경우에는 위법뿐 아니라 부당한 취소사유가 된다. 문서에 의하지 아니한 행위, 이유제시를 결한 행위로 형식에 관한 취소원인인 하자가 되는데 이는 판례 대법원 1984.5.9. 선고 84누116 판결【물품세부과처분취소】가 있다.[1)]

▶ 대판 1984. 5. 9. 84누116【물품세부과처분취소】【판시사항】세액산출 근거가 누락된 납세고지서에 의한 부과처분의 효력(=취소사유)【판결요지】국세징수법 제9조 제1항은 단순히 세무행정상의 편의를 위한 훈시규정이 아니라 조세행정에 있어 자의를 배제하고 신중하고 합리적인 처분을 행하게 함으로써 공정을 기함과 동시에 납세의무자에게 부과처분의 내용을 상세히 알려 불복여부의 결정과 불복신청에 편의를 제공하려는 데서 나온 강행규정이므로 세액의 산출근거가 기재되지 아니한 물품세 납세고지서에 의한 부과처분은 위법한 것으로서 취소의 대상이 된다.

### 2.4. 위법성

#### 2.4.1. 위법성의 판단 기준

폐지대상이 되는 행정행위의 위법성 혹은 적법성 여부를 판별하는 데 있어서 어떠한 시점을 기준으로 삼을 것인가가 문제된다. 판단의 기준시는 특히 이른바 계속효 있는 행위(Verwaltungsakte mit Dauerwirkung)에서 문제된다. 이에 관하여 우리 획설은 행정행위의 성립 당시의 하자를 이유로 하여 효력을 상실시키는 행위로서 아무런 하자 없이 적법하게 성립된 행정행위의 효력을 소멸시키는 행위인 철회와 구별된다는 점에서 의견의 일치를

---

1) 서정범, 핵심판례 100선, TOPmedia, 2007, 103면.

보고 있으며 그러한 점에서 위법성 판단의 기준시점을 행정행위 성립시로 보고 있다.[1]

### 2.4.2. 무효사유인 위법

지배적 견해에 따르면 일반적으로 무효원인에 이르지 않는 행정행위의 하자가 있으면 직권취소가 가능하다고 본다.[2] 즉 직권취소는 그 개념상 유효한 행정행위를 대상으로 하는 것이므로 단순 위법 또는 부당이 직권 취소사유가 되며, 무효인 행정행위는 당초부터 당연히 그 법률효과를 발생하는 것이 아니므로 직권취소 하는 것은 논리적으로 타당하지 않다는 것이다. 일부 학설은 무효사유인 하자가 있는 행위에 대해서는 무효선언이 가능하다고 보며 이를 넓은 의미의 취소를 이해하기도 하는데 우리의 판례(84누463) 역시 용어상으로 무효선언과 직권취소를 엄밀히 구별하지 않고 있다.[3]

▶ 대판 1984. 10. 10, 84누463 【판시사항】 권한없는 행정기관이 한 당연무효인 행정처분의 취소권자 【판결요지】 권한 없는 행정기관이 한 당연무효인 행정처분을 취소할 수 있는 권한은 당해 행정처분을 한 처분청에 속하고 당해 행정처분을 할 수 있는 적법한 권한을 가지는 행정청에게 그 취소권이 귀속되는 것은 아니다.

### 2.4.3. 형식상·절차상 위법

우리의 학설상 형식·절차상 하자가 독자적인 직권취소 사유인가 여부에 관하여서는 논란이 있다. 한편으로는 형식·절차상 하자가 경미하여 행정행위의 실체적 내용에 영향이 없는 경우에는 직권취소권이 제한된다고 보는 견해[4]가 있으나 다른 한편으로는 형식·절차상 위법을 직권취소사유로 드는 견해도 있다.[5]

## VI. 취소의 절차 - 취소권의 행사방법

### 1. 개관

행정행위의 직권취소는 독립적인 행정행위의 성격을 가지고 있기 때문에 행정절차법상의 처분절차에 따라 행하여져야 한다(행정절차법 제2절 의견제출 및 청문). 특히 수익적

---

1) 김동희, 행정법(I), 334면; 김철용, 행정법(I), 278면; 홍정선, 행정법원론(상), 단락번호 1191.
2) 김동희, 행정법(I), 335면; 김철용, 행정법(I), 276면; 정하중, 행정법총론, 301.
3) 김동희, 행정법(I), 331면; 김철용, 행정법(I), 272면; 홍정선, 행정법원론(상), 단락번호 1191, 1198.
4) 김동희, 행정법(I), 337면.
5) 정하중, 행정법총론, 301면; 김남진·김연태, 행정법(I), 296면.

행정행위의 직권취소의 경우는 상대방에게 부담적(침익적) 효과를 발생시키기 때문에 상대방의 이익을 보호하고 취소의 공정성·신중성을 기하기 위하여 사전통지, 의견청취, 자문기관에의 자문을 거쳐야 하고,[1] 아울러 이유제시(이유부기)를 하여야 하며, 특히 영업허가 등의 취소에 대해서는 개별법상으로 거의 청문절차를 거치도록 하고 있다. 행정절차법의 제정·시행과 함께 제정된 (구)행정절차법등의시행에따른공인회계사법등의정비에관한법률은 청문절차를 일괄적으로 도입한바 있었다.[2] 현재는 수익적 행정행위의 직권취소는 청문절차가 원칙적인 절차로 되어있다.[3]

## 2. 쟁송취소의 경우

행정처분에 대하여 상대방이 불복하는 경우, 이의신청, 소원 및 행정소송을 제기함으로써 이루어 지는 행정상쟁송에 의한 취소로서 법률(행정심판법·행정소송법)에 규정된 엄격한 행정상 쟁송절차에 의하게 된다.[4] 행정처분의 상대방 및 관계인은 법령의 요건을 갖춘 경우 그 법정기간내(단기제소기간)에 그 취소를 청구할 권리를 가지고 있으며(직권취소는 기간제한을 받지 아니한다[5]), 이 청구를 받은 각 기관은 이를 심사하고 취소원인이 있을 때에는 취소권을 행사하여야 한다. 법원은 모든 행정사건에 대하여 심사·심판권을 가지므로 소송의 제기가 있는 경우, 하자있는 행정행위를 취소 할 수 있다.[6] 쟁송취소는 원칙적으로

---

1) 석종현, 행정행위의 직권취소, 고시계(1981.7), 39면.
2) (구)행정절차법등의시행에따른공인회계사법등의정비에관한법률 제1조 (송유관사업법의 개정) 송유관사업법중 다음과 같이 개정한다. 제31조를 다음과 같이 한다. 제31조 (청문) 통상산업부장관은 제12조제1항의 규정에 의하여 허가를 취소하고자 하는 경우에는 청문을 실시하여야 한다. 제2조 (국가기술자격법의 개정) 국가기술자격법중 다음과 같이 개정한다. 제12조의2를 다음과 같이 신설한다. 제12조의2 (청문) 주무부장관은 제12조제1항또는 제2항의 규정에 의하여 기술자격을 취소하고자 하는 경우에는 청문을 실시하여야 한다. 제3조 (농산물검사법의 개정) 농산물검사법중 다음과 같이 개정한다. 제17조의2를 다음과 같이 신설한다. 제17조의2 (청문) 검사소장은 제17조의 규정에 의하여 검사합격을 취소하고자 하는 경우에는 청문을 실시하여야 한다. 제4조 (관세사법의 개정) 관세사법중 다음과 같이 개정한다. 제24조를 다음과 같이 한다. 제24조 (청문) 관세청장은 다음 각호의 1에 해당하는 처분을 하고자 하는 경우에는 청문을 실시하여야 한다. 제5조 (농약관리법의 개정) 농약관리법중 다음과 같이 개정한다. 제29조를 다음과 같이 한다. 제29조 (청문) 농촌진흥청장, 시·도지사 또는 국립식물검역기관의 장은 다음 각호의 1에 해당하는 처분을 하고자 하는 경우에는 청문을 실시하여야 한다.
3) 안미령, 행정행위의 직권취소, 고시계(2003.10), 191면.
4) 이상원, 행정행위의 쟁송취소와 직권취소, 고시계(1992.4), 253면; 우병렬, 행정행위의 취소와 철회, 고시월보(1997.6), 22면.
5) 우병렬, 행정행위의 취소와 철회, 고시월보(1997.6), 23면.
6) 이시환, 쟁송취소와 직권취소, 고시계(1983.7), 196면.

행정행위의 적극적 변경은 불가하며, 특히 법원이 하는 쟁송에 의한 취소의 경우에는 권력분립의 원칙상 적극적 변경은 할 수 없고 일부취소의 뜻에서 소극적 변경을 할 수 있음에 그친다고 보는 것이 우리나라의 통설과 판례[1]의 태도이다. 따라서 (구)행정소송법 제1조 (현행 행정소송법 제4조)의 변경은 일부취소를 뜻한다고 보는 것이 타당하다.[2]

### 3. 직권취소의 경우

직권취소는 상대방의 신청을 기다리지 않고, 처분청·상급감독청이 직권으로 취소 할 수 있는 것으로서 절차에 관한 통칙적인 규정은 없다. 처분에 대한 취소소송이 진행 중이라도 부과권자는 처분을 직권취소할 수 있다.[3] 직권취소는 특별한 규정이 없는 한 특별한 절차를 필요로 하지 않는다. 다만, 수익적 행정행위의 취소의 경우 상대방보호를 위하여 개별법령에서 청문절차, 자문기관의 자문, 관계자의 의견청취 등의 절차를 요구하고 있을 때가 있다.[4] 이 경우 행정절차법에 일반적인 행정절차제도를 두고 있다.[5]

## VII. 취소권 행사의 제한

### 1. 취소자유의 원칙으로부터 취소제한의 원칙(이익형량의 원칙)으로

#### 1.1. 법률적합성의 원칙과 취소제한의 원칙(이익형량의 원칙)

[취소자유의 원칙과 취소제한의 원칙(이익형량의 원칙)] 행정청의 행정행위에 흠(하자)이 있는 경우는 행정의 법률적합성의 원칙에 따라서 취소하는 것이 원칙이다. 그러나 행정행위에 흠(하자)이 있다고 하여 행정청이 언제나 자유롭게 취소 할 수 있다고 한다면 당사자

---

1) "외형상 하나의 행정처분이라 하더라도 가분성이 있거나 그 처분대상의 일부가 특정될 수 있다면 일부만의 취소도 가능하고 그 일부의 취소는 당해 취소부분에 관하여만 효력이 생기는 것인 바, 공정거래위원회가 사업자에 대하여 행한 법위반사실공표명령은 비록 하나의 조항으로 이루어진 것이라고 하여도 그 대상이 된 사업자의 광고행위와 표시행위로 인한 각 위반 사실은 별개로 특정될 수 있어 위 각 법위반사실에 대한 독립적인 공표명령이 경합된 것으로 보아야 할 것이므로 이 중 표시행위에 대한 법위반사실이 인정되지 아니하는 경우에 그 부분에 대한 공표명령의 효력만은 취소할 수 있을 뿐, 공표명령 전부를 취소할 수 있는 것은 아니다."라고 하였다(서정범·박상희, 행정법총론, 세창출판사, 224-225면).
2) 이상원, 행정행위의 쟁송취소와 직권취소, 고시계(1992.4), 253면.
3) 대판 2006. 2. 10, 2003두5686.
4) 이시환, 쟁송취소와 직권취소, 고시계(1983.7), 196면.
5) 김유돈, 행정행위의 직권취소, 고시연구(2006.4), 405면.

의 신뢰와(신뢰보호원칙) 법적 안정성(법치국가원리)이 침해될 수도 있다. 따라서 취소함으로써 얻게 되는 법적 가치(법치주의 확보, 행정의 적정성 실현, 국민의 권리보호)와 잃게 되는 법적 가치(개인의 기득권 침해, 제3자의 신뢰와 법적 안정성의 파괴)[1]를 서로 비교형량하여 취소를 결정하여야 한다는 사상이 등장하게 되었고 판례도 또한 같다.[2]

▶ 대판 1986. 2. 25, 85누664 【숙박영업허가취소처분취소】 "행정행위를 한 처분청은 그 행위에 하자가 있는 경우에 별도의 법적 근거가 없더라도 스스로 이를 취소할 수 있는 것이며, 다만 그 행위가 국민에게 권리나 이익을 부여하는 이른바 수익적 행정행위인 때에는 그 행위를 취소하여야 할 공익상 필요와 그 취소로 인하여 <u>당사자가 입을 기득권과 신뢰보호 및 법률생활 안정의 침해등 불이익을 비교교량한 후 공익상 필요가 당사자의 기득권침해등 불이익을 정당화할 수 있을 만큼 강한 경우에 한하여 취소할 수 있다.</u>"

▶ 대판 1977. 7. 12, 76누30 【졸업인정취소처분취소】 행정행위에 하자가 있는 경우 즉 위법 또는 부당한 경우에는 원칙적으로 이를 취소할 수 있다 할 것이지만 이러한 취소원인이 있는 경우에도 언제든지 취소할 수 있는 것은 아니고 기성의 법률질서를 보호하는 견지에서 취소권에 대한 일정한 조리상의 제한이 가하여지는 것으로서 행정처분의 내용이 국민에게 일정한 의무나 부담을 과하거나 권리, 자유를 제한, 정지 또는 박탈하는 경우에는 그 취소는 오로지 국민에게 이익을 주게 되므로 행정청은 이를 자유로이 취소할 수 있음에 반하여 그 행정처분으로 인하여 국민의 의무를 면제하고 자유를 회복케 하거나 국민에게 권리를 설정부여하는등 이익을 주는 행정처분을 취소하는 경우에 있어서는 그 <u>취소로 말미암아 국민의 기득의 권리, 이익을 박탈하게 되고 또는 기득의 자유를 제한하는 결과가 되므로 그 행정처분을 취소함에 있어서는 반드시 이러한 국민의 권리, 자유의 침해를 정당화할만한 중대한 공익상의 필요 또는 제3자 이익보호의 필요가 있는 경우에만 취소할 수 있고</u> 따라서 이런 제한을 일탈한 취소는 그 취소자체가 위법임을 면치못한다고 해석할 것이다( 대법원 61.3.13. 선고 4292행상92 판결 및 73.6.26. 선고 72누232 판결등 참조).

[**취소자유의 원칙에서 취소제한의 원칙으로**] 이와같이 종래에는 취소자유의 원칙(freie Rücknahmebarkeit)이 지배하였으나, 오늘날에는 취소권의 행사에도 일정한 제한이 따른다고 한다. 구체적으로는, 직권취소의 경우는 취소에 의하여 달성하려고 하는 공익상의 필요와 상대방의 기득권존중, 신뢰보호 및 법률생활의 안정성 등의 요청을 서로 비교교량하여, 행정행위를 취소함으로써 얻는 가치가 취소하지 않음으로써 얻는 가치보다 큰 경우에 한하여 취소할 수 있다는 것이다(이익형량의 원칙).[3] 이와 같이 종래에는 부담적 행정행위에

---

1) 이상규, 신행정법론(상), 313면; 박윤흔, 최신행정법강의(상), 249면; 서원우, 현대행정법론(상), 489면; 신보성, 위법한 행정행위의 직권취소, 고시계(1984.10), 87면.
2) 김유돈, 행정행위의 직권취소, 고시연구(2006.4), 404면.

대한 취소는 원칙적으로 자유이고, 수익적 행정행위의 경우도 행정의 법률적합성을 중시하여 취소가 자유로운 것으로 이해되었으나, 현재의 일반적인 견해는 – 최소한 수익적 행정행위의 취소는 – 행정의 법률적합성원칙이 신뢰보호원칙(법적 안정성), 비례원칙 등에 의하여 후퇴할 수 있다고 보는 것이다. 이는 종래의 위법한 행정행위의 직권취소자유의 원칙(freie Rücknahmebarkeit)이 신뢰보호의 원칙으로 전환되면서 취소권의 제한을 인정한 것을 의미한다. 즉, 행정행위의 직권취소의 가부를 결정함에 있어서는 한편으로 구체적 위법사유 및 취소로써 달성하고자 하는 공익상 목적과, 다른 한편으로 상대방이 기득한 권익의 보호, 행정행위의 효력의 유지를 요구하는 제3자의 신뢰의 보호 및 법률생활의 안정 등의 요청을 구체적으로 비교형량해서 결정하여야 한다는 것이다. 이 경우 비교형량의 결과 공익상의 필요가 당사자가 입을 불이익을 정당화할 만큼 강한 경우에 한하여 취소할 수 있다. 예컨대 진급심사전의 음주운전 사실을 은폐하여 진급 선발되었다는 이유로 진급취소처분이 행해진 경우 음주운전을 했다는 사정만으로 언제나 진급대상에 제외된다고 할 수 없고, 진급선발을 취소해야 할 공익상의 필요가 원고가 입게 될 기득권과 신뢰 및 법률생활 안정의 침해 등 불이익을 정당화할 만큼 강한 경우에 해당한다고 보기 어렵기 때문에 결국 진급취소 처분은 위법하게 된다.1) 소원(訴願)이나 이의신청에 대한 재결·결정 등 쟁송판단행위는 상급심 및 법원에 의한 쟁송취소만 가능하며, 직권취소는 허용되지 않는다. 확인행위의 경우에도 같다.2)

---

3) 【취소자유의 원칙으로부터 취소제한의 원칙으로】 과거에는 직권취소의 경우에도 행정행위에 취소의 사유가 있는 경우에는 행정청이 자유롭게 취소할 수 있다는 <u>취소자유의 원칙(freie Rücknahmebarkeit)</u>이 지배하였다. 독일의 에른스트 포르스트호프(Ernst Forsthoff)는 하자있는 행정행위의 취소는 법치국가의 실현을 위한 행정청의 법적 의무(Rechtspflicht)임을 강조하기도 하였다(김남진·김연태, 행정법(I), 323면; 신보성, 위법한 행정행위의 직권취소, 고시계(1984.10), 85면). 그 이유는 행정의 법률적합성의 원칙(Gesetzmäßigkeit der Verwaltung)이 행정에 있어서의 최고의 법원칙이기 때문이며, 이 원칙을 관철함으로 인하여 발생하는 관계자의 불이익은 배상의 방법으로 전보(塡補)해주면 된다고 하였다(E. Forsthoff, Lehrbuch des Verwaltungsrechts, Bd. I, 10. Aufl., 1973, S. 261 f.). 그러나 오늘날에는 (특히 수익적 행정행위의 경우에는) 취소권의 행사에도 일정한 제한이 따른다고 하는 <u>취소제한의 원칙</u>이 지배한다. 즉, 직권취소의 경우에는 취소에 의하여 달성하려고 하는 공익상의 필요와 상대방의 기득권 존중, 신뢰보호 및 법률생활의 안정성 등의 요청을 서로 비교형량하여, 행정행위를 취소함으로써 얻는 가치가 취소하지 않음으로써 얻는 가치보다 더 큰 경우, 그리고 침해당하는 사익보다, 침해를 통하여 얻고자 하는 공익이 훨씬 큰 경우(상당성의 원칙; 좁은 의미의 비례원칙)에 한하여 취소할 수 있다. 법률생활의 안정성, 국민의 기득권의 보장 등을 위한 신뢰보호의 원칙 및 이익형량을 통해서 문제를 해결해야 한다(Wolff/Bachof, Verwaltungsrecht I, S. 450 f; Erichsen/Martens, S. 249; 김남진, 행정법(I), 225면; 신보성, 위법한 행정행위의 직권취소, 고시계(1984.10), 86면)

1) 석종현·송동수, 일반행정법(상), 삼영사, 339-340면.
2) 석종현, 행정행위의 직권취소, 고시계(1981.7), 38면.

### 1.2. 사회적 법치국가와 신뢰보호의 원칙

[사회적 법치국가와 신뢰보호] 현대 사회적 법치국가에서는 구체적인 경우에 있어서의 취소여부의 결정은 적법상태의 실현에 대한 공익과 개인의 기득권[1]에 대한 신뢰보호와의 비교형량에 의하여 결정되어야 하는 것으로 보는 것이 일반적이다. 이익형량(Interessenabwägung)의 기준에 관하여는 부담적 행정행위의 직권취소는 특별한 사정이 없는 한 원칙적으로 행정청의 재량인데 대하여, 수익적 행정행위의 직권취소는 이를 통하여 얻고자 하는 공익과 침해 당하는 사익을 비교형량하여 취소여부를 결정하여야 한다는 것이 학설과 판례의 태도이다.

▶ 대판 1986. 2. 25, 85누664 【숙박영업허가취소처분취소】 "행정행위를 한 처분청은 그 행위에 하자가 있는 경우에 별도의 법적 근거가 없더라도 스스로 이를 취소할 수 있는 것이며, 다만 그 행위가 국민에게 권리나 이익을 부여하는 이른바 수익적 행정행위인 때에는 그 행위를 취소하여야 할 공익상 필요와 그 취소로 인하여 당사자가 입을 기득권과 신뢰보호 및 법률생활 안정의 침해등 불이익을 비교교량한 후 공익상 필요가 당사자의 기득권침해등 불이익을 정당화할 수 있을 만큼 강한 경우에 한하여 취소할 수 있다." 고 하였다.

[수인기대가능성·상당성의 원칙] 이 경우에 있어서는 과잉금지원칙의 구성원칙인 상대방의 수인기대가능성(Zumutbarkeit)과 함께, 상당성의 원칙(좁은 의미의 비례의 원칙)이 중요한 역할을 담당한다.

### 2. 쟁송취소의 경우

쟁송취소는 위법상태를 시정하고 적법상태를 회복하여 법치행정의 원리를 실현하기 위한 제도로서,[2] 주로 부담적 행정행위가 그 대상이 되는 것이므로 - 법률에 특별한 규정이 없는 한 - 취소사유가 있으면 원칙적으로 취소해야 하고,[3] 조리상의 취소권제한은 인정되지 아니한다. 그러나 다음의 경우에는 취소사유가 있어도 취소하지 않을 수 있다. (ㄱ)

---

1) 대판 1977. 7. 12, 76누30 【졸업인정취소처분취소】 피고의 원고에 대한 위 졸업인정처분에 원판시와 같은 법규위반의 하자가 있다 하더라도 그 처분을 취소함으로 말미암아 원고에 대하여 기득권을 박탈하는 결과가 됨이 명백한 이상 위 졸업인정처분을 취소함에 있어서는 앞서 살펴본바와 같은 조리상의 제한이 있다할 것임에도 이를 간과한채 원고의 기득권의 침해를 정당화할만한 중대한 공익상의 필요가 있는지 여부에 관하여 아무런 설시를 함이 없이 그 취소처분이 적법한 행정처분이었다고 단정한 원판결에는 필경 행정처분의 취소권제한에 관한 법리를 오해한 허물이 있고 이는 판결에 영향을 미쳤다할 것인즉 원판결은 파기를 면할 수 없다.
2) 김인만, 행정행위의 직권취소와 쟁송취소, 고시계(1986.4), 343면.
3) 이시환, 쟁송취소와 직권취소, 고시계(1983.7), 194면.

공공복리를 이유로 취소가 제한될 수 있는데(사정재결 → 행정심판법 제44조·사정판결 → 행정소송법 제28조), 공공복리는 쟁송취소의 일반적 제한사유가 된다.[1] 이 경우에는 변론종결시를 기준으로 하여 사익과 공공복리 사이에 비례원칙을 적용하여 후자의 이익이 큰 경우에만 전자를 희생시켜 사정판결을 하여야 한다.[2] (ㄴ) 불가쟁력이 있는 행위는 취소권의 행사가 제한된다.[3]

▶ 행정심판법 제44조(사정재결) ① 위원회[4]는 심판청구가 이유가 있다고 인정하는 경우에도 이를 인용(認容)하는 것이 공공복리에 크게 위배된다고 인정하면 그 심판청구를 기각하는 재결을 할 수 있다. 이 경우 위원회는 재결의 주문(主文)에서 그 처분 또는 부작위가 위법하거나 부당하다는 것을 구체적으로 밝혀야 한다. ② 위원회는 제1항에 따른 재결을 할 때에는 청구인에 대하여 상당한 구제방법을 취하거나 상당한 구제방법을 취할 것을 피청구인에게 명할 수 있다. ③ 제1항과 제2항은 무효등확인심판에는 적용하지 아니한다.

▶ 행정소송법 제28조(사정판결) ① 원고의 청구가 이유있다고 인정하는 경우에도 처분등을 취소하는 것이 현저히 공공복리에 적합하지 아니하다고 인정하는 때에는 법원은 원고의 청구를 기각할 수 있다. 이 경우 법원은 그 판결의 주문에서 그 처분등이 위법함을 명시하여야 한다. ② 법원이 제1항의 규정에 의한 판결을 함에 있어서는 미리 원고가 그로 인하여 입게 될 손해의 정도와 배상방법 그 밖의 사정을 조사하여야 한다. ③ 원고는 피고인 행정청이 속하는 국가 또는 공공단체를 상대로 손해배상, 제해시설의 설치 그 밖에 적당한 구제방법의 청구를 당해 취소소송등이 계속된 법원에 병합하여 제기할 수 있다

## 3. 직권취소의 경우

### 3.1. 개관

[직권취소가 제한되는 경우] 직권취소는 취소를 요하는 구체적 위법사유 또는 취소에 의하여 달성하려는 공익상 목적과 행정행위 효력의 유지를 바라는 상대방의 기득권보호, 신뢰보호 및 법적 안정성 등을 함께 고려하여야 할 것이 요구된다.[5] 직권취소가 제한되는 경우로서는, (ㄱ) 행정행위의 위법성을 모르고 이를 신뢰한 채 구체적인 처분행위를 하여 이

---

1) 이시환, 쟁송취소와 직권취소, 고시계(1983.7), 195면; 김인만, 행정행위의 직권취소와 쟁송취소, 고시계(1986.4), 344면.
2) 이시환, 쟁송취소와 직권취소, 고시계(1983.7), 195면.
3) 안미령, 행정행위의 직권취소, 고시계(2003.10), 190면.
4) 구행정심판법상 으로는 재결청이었다.
5) 이시환, 쟁송취소와 직권취소, 고시계(1983.7), 195면.

미 소모하였거나(신뢰보호의 원칙) 원상회복이 불가능하게 된 경우, (ㄴ) 현저한 손해를 보지 않고서는 원상회복이 불가능한 경우, (ㄷ) 행정기관이 주어진 취소권을 장기간 행사하지 않기 때문에 취소권을 행사하지 않을 것이라는 신뢰하에 당사자가 구체적 처분행위를 한 경우, (ㄹ) 행정행위에 불가변력(不可變力)이 생긴 경우,[1] (ㅁ) 행정행위의 하자의 치유나 전환이 인정되는 경우가 해당된다.

[직권취소가 허용되는 경우] 직권취소가 허용되는 경우로는, (ㄱ) 행정행위의 하자(瑕疵)가 수익자의 주관적 책임에 기인할 때(수익자의 사기·강박·증수뢰[2] 등 부정한 방법에 기해서 수익적 행정행위가 발급된 경우)[3]에는 취소를 통하여 얻고자 하는 공익이 우선하므로 취소가 허용되며, (ㄴ) 행정행위의 하자를 수익자의 객관적 책임에 귀속시킬 수 있는 경우(수익자가 제시한 잘못 된 혹은 불완전한 신고에 의해 행정행위가 행해진 경우)에도 취소를 통하여 얻는 공익이 침해당하는 사익보호보다 우선하므로 취소가 허용된다. (ㄷ) 중대한 공익상의 필요,[4] 특히 위험의 방지(Gefahrenabwehr)나 장애제거(Beseitigung der Störung)는 언제나 우선적 지위를 차지한다. 따라서 공공의 안녕질서에 대한 위험을 방지하기 위하여 필요한 경우에는 상대방의 신뢰에도 불구하고 하자 있는 행정행위는 취소되어야 한다. (ㄹ) 행정행위의 직권취소사유는 법규위반(위법)의 경우와 공익위반(부당)의 경우, (ㅁ) 권한초과행위, (ㅂ) 행위능력결여, (ㅅ) 공서양속에 위반되는 행위, (ㅇ) 경미한 법규위반, (ㅈ) 불문법 또는 공익위반, (ㅊ) 경미한 절차나 형식의 결여 등의 경우는 일반적으

---

1) 대판 2000. 2. 25, 99두10520【자동차운전면허취소처분취소】운전면허취소사유에 해당하는 음주운전을 적발한 경찰관의 소속 경찰서장이 사무착오로 위반자에게 운전면허정지처분을 한 상태에서 위반자의 주소지 관할지방경찰청장이 위반자에게 운전면허취소처분을 한 것은 선행처분에 대한 당사자의 신뢰 및 법적 안정성을 저해하는 것으로 허용될 수 없다.
2) 대판 2003. 7. 22, 2002두11066【의병전역취소및재복무통지처분취소】행정처분의 성립과정에서 그 처분을 받아내기 위한 뇌물이 수수되었다면 특별한 사정이 없는 한 그 행정처분에는 직권취소사유가 있는 것으로 보아야 할 것이고, 이러한 이유로 직권취소하는 경우에는 처분 상대방측에 귀책사유가 있기 때문에 신뢰보호의 원칙도 적용될 여지가 없다
3) 대판 1991. 4. 12, 90누9520【석유판매업허가취소처분취소】처분의 하자가 당사자의 사실은폐나 기타 사위(詐僞)의 방법에 의한 신청행위에 기인한 것이라면 당사자는 그 처분에 의한 이익이 위법하게 취득되었음을 알아 그 취소가능성도 예상하고 있었다고 할 것이므로 그 자신이 위 처분에 관한 신뢰의 이익을 원용할 수 없음은 물론 행정청이 이를 고려하지 아니하였다고 하여도 재량권의 남용이 되지 않는다.
4) 대판 2005. 9. 30, 2003두12738【건축허가처분취소등】건축허가의 취소와 같은 수익적 행정행위의 취소에 있어서는, 그 취소로 인하여 개인의 기득의 권리 또는 이익을 침해하게 되므로 그 처분을 취소하여야 할 공익상의 필요와 그 취소로 인하여 당사자가 입게 될 기득권과 신뢰 및 법률생활안정의 침해 등의 불이익을 비교·교량한 후 공익상의 필요가 당사자가 입을 불이익을 정당화할 만큼 강한 경우에는 취소할 수 있다. 대법원 1991. 8. 23. 선고 90누7760 판결 등 참조.

로 행정행위의 취소사유가 된다.

### 3.2. 수익적 행정행위의 취소제한 - 일반적 고찰

[수익적 행정행위의 취소제한] 취소권의 제한은 주로 직권취소의 경우, 특히 수익적 행정행위의 취소제한이 문제된다. 이 경우에는 취소함으로 인하여 얻는 공익목적의 달성(법치주의의 확보, 행정의 적법성 실현 등)과 취소함으로 인하여 받는 상대방의 손실(개인의 기득권 침해, 신뢰보호 및 법적 안정성의 파괴 등)을 비교형량하여 상대방의 침해를 정당화 하는 데 충분할 정도의 공익이 존재하지 않는 한 당해 행정행위를 취소할 수 없는 제한을 받는다.[1] 행정행위는 일단 성립하면, 비록 하자가 있더라도 공정력(예선적 효력[프랑스법에서는 예선적 효력 혹은 예선적 특권(privilége du préalable)이라고 한다.[2])이 있어서 그 행위를 기초로 하여 많은 행정상 법률관계가 형성되어 가는 것이기 때문에 이를 함부로 직권취소할 때에는 기성의 법률질서를 침해하며 법률생활의 안정(법적 안정성)을 해치게 된다. 따라서, 하자있는 수익적 행정행위에 있어서는 - 비록 그 하자로 인하여 취소사유가 존재한다 하더라도 - 법률생활의 안정,[3] 기득권보호, 그리고 신뢰보호의 원칙 등에 의하여 직권취소는 제한되는 것이 국민생활의 안정을 기하는 것이 된다(법적 안정성을 통한 법치국가원리의 구현).[4] 수익적 행정행위(begünstigender Verwaltungsakt)의 취소는 기속재량에 속하는 것이며, 취소원인의 존재 이외에 국민의 기득권의 침해를 정당화 할 만큼 중대한 공익상의 필요 또는 제3자보호이익의 필요가 있어야 한다. 위법사유가 있더라도 상대방에게 고통을 덜 주는 방법, 예컨대 조업정지명령 보다는 시설개선명령 등을 발동하는 것도 과잉금지원칙에 합당하다.[5]

### 3.3. 신뢰보호의 원칙에 의한 취소권의 제한

[신뢰보호의 원칙] 독일에서는 종전의 위법한 수익적 행정행위의 직권취소 자유의 원칙이 1950년대 후반부터 학설·판례를 통하여 신뢰보호의 원칙으로 인하여 제한을 받게 되었

---

1) 우병렬, 행정행위의 취소와 철회, 고시월보(1997.6), 21면.
2) 장태주, 행정행위의 공정력과 취소판결의 소급효와의 충돌, 고시계(2004.7), 96면.
3) 대판 1986. 2. 25, 85누664【숙박영업허가취소처분취소】 행정행위를 한 처분청은 그 행위가 국민에게 권리나 이익을 부여하는 이른바 수익적 행정행위인 때에는 그 행위를 취소하여야 할 공익상 필요와 그 취소로 인하여 당사자가 입을 기득과 신뢰보호 및 법률생활 안정의 침해 등 불이익을 비교교량한 후 공익상 필요가 당사자의 기득권침해 등 불이익을 정당화할 수 있을 만큼 강한 경우에 한하여 취소할 수 있다.
4) 김남진; 신보성, 위법한 행정행위의 직권취소, 고시계(1984.10), 83-92면.
5) 이시환, 쟁송취소와 직권취소, 고시계(1983.7), 195면.

다(직권취소 자유의 원칙으로부터 직권취소 제한의 원칙으로). 즉 취소에 의하여 달성하려는 공익상의 목적과 상대방의 신뢰보호와의 이익형량(Interessenabwägung)을 통해서 직권취소의 문제를 다루게 되었다 즉, 학설·판례의 일반적 경향은 행정의 법률적합성의 원리와 함께 법적 안정성의 원리 내지는 그로부터 나오는 신뢰보호의 원칙을 헌법상의 법치국가(주의) 원리의 동위적·동가치적인 요소로 승화시킴으로써, 위법한 수익적 행정행위의 직권취소는 공익 달성을 위한 행정의 법률적합성의 원칙(법치행정의 원리)이 상대방의 보호가치 있는 신뢰보다 더 중요한 경우에만 제한적으로 허용되는 것으로 보았다(구체적인 경우의 이익형량). 이러한 신뢰보호의 원칙은 1976년의 독일연방행정절차법(제48조, 제50조 내지 제52조)에서 제도화 되었다.[1]

### 3.4. 독일연방행정절차법 제48조 – 위법한 행정행위의 취소

▶ 독일연방행정절차법 제48조(위법한 행정행위의 취소 : Rücknahme eines rechtswidrigen Verwaltungsaktes) ① 위법한 행정행위는 불가쟁력이 발생한 후에도 장래를 향한 또는 소급적인 효력으로 그 전부 또는 일부를 취소할 수 있다. 권리 또는 중대한 법률상의 이익을 설정하거나 확인한 행정행위는 (수익적 행정행위 : begünstigender Verwaltungsakt), 제2항 내지 제4항의 제한 아래에서만 취소할 수 있다.[2] ② 위법한 행정행위로서, 1회 또는 계속적인 금전급여 또는 분할가능한 물적 급여의 제공을 보장하거나 또는 그를 위한 전제가 되는 행정행위는, 수익자가 행정행위의 존속을 신뢰하고 있고(der Begünstigte auf den Bestand des Verwaltungsaktes vertraut hat) 그의 신뢰와 취소에 따르는 공공의 이익을 비교형량 할 때 그의 신뢰가 보호할 가치가 있다고 인정되는 때에는(sein Vertrauen unter Abwägung mit dem öffentlichen Interesse an einer Rücknahme schutzwürdig ist), 이를 취소할 수 없다.[3] 신뢰는, 수익자가 지급받은 급여를 사용하였거나(wenn der Begünstigte gewährte Leistungen verbraucht), 재산의 처분을 하였고, 그 처분이 돌이킬 수 없거나 또는 도저

---

1) 박윤흔, 행정법강의(상), 448면.
2) 독일연방행정절차법 제48조 제1항 : Ein rechtswidriger Verwaltungsakt kann, auch nachdem er unanfechtbar geworden ist, ganz oder teilweise mit Wirkung für die Zukunft oder für die Vergangenheit zurückgenommen werden. Ein Verwaltungsakt, der ein Recht oder einen rechtlich erheblichen Vorteil begründet oder bestätigt hat (begünstigender Verwaltungsakt), darf nur unter den Einschränkungen der Absätze 2 bis 4 zurückgenommen werden.
3) [반대설] 에른스트 포르스트호프(Ernst Forsthoff) 교수 등 법치주의적 입장에서의 반대설이 있다. 포르스트호프 교수는 "상대방의 신뢰보호가 행정의 법률적합성 및 합법성보다 우선한다는 것은 결국 법치국가를 스스로 포기하는 것과 같다"고 주장한다(E. Forsthoff, Lehrbuch des Verwaltungsrechts, S. 262); 석종현, 행정행위의 직권취소, 고시계(1981.7), 39면.

히 감당할 수 없는 불이익을 감내하여야만 취소할 수 있는 경우에 해당하는 때에는, 원칙적으로 보호할 가치가 있다. 수익자는 다음 각호의 1에 해당하는 경우에는 신뢰를 주장할 수 없다.[1]

    1. 간계(arglistige)[2]에 의한 사기(Täuschung) 또는 강박(Drohung)이나 뇌물(Bestechung)에 의하여 행정행위를 하도록 한 때;[3]

    2. 중요한 관계에 관하여 부정(unrichtig) 또는 부실(unvollständig)한 기재를 함으로써 행정행위를 하도록 한 때;[4]

    3. 행정행위의 위법성(Rechtswidrigkeit)을 인식하였거나 또는 중대한 과실(grober Fahrlässigkeit)로 인하여 그 위법성을 인식할 수 없었던 경우.[5]

    제3문의 각호에 해당하는 행정행위는 원칙적으로 과거에 소급하여(für die Vergangenheit) 취소된다.[6]

③ 제2항에 해당하지 아니하는 위법한 행정행위를 취소한 경우에, 당해 행정청은 신청에 따라, 당사자가 행정행위의 존속을 신뢰하였고(dass er auf den Bestand des Verwaltungsaktes vertraut hat), 그 신뢰가 공익과 비교하여 보호할 만한 가치가 있는 경우에는(soweit sein Vertrauen unter Abwägung mit dem öffentlichen Interesse schutzwürdig ist), 그 재산상의 손실을 보상하여야 한다(den Vermögensnachteil

---

1) 독일연방행정절차법 제48조 제2항：Ein rechtswidriger Verwaltungsakt, der eine einmalige oder laufende Geldleistung oder teilbare Sachleistung gewährt oder hierfür Voraussetzung ist, darf nicht zurückgenommen werden, soweit der Begünstigte auf den Bestand des Verwaltungsaktes vertraut hat und sein Vertrauen unter Abwägung mit dem öffentlichen Interesse an einer Rücknahme schutzwürdig ist. Das Vertrauen ist in der Regel schutzwürdig, wenn der Begünstigte gewährte Leistungen verbraucht oder eine Vermögensdisposition getroffen hat, die er nicht mehr oder nur unter unzumutbaren Nachteilen rückgängig machen kann. Auf Vertrauen kann sich der Begünstigte nicht berufen, wenn er

2) 독일어의 arglistige는 일상적 용어사용례에 따라 번역하면 '악의적인'의 의미이지만, 법률용어로서의 악의는 어떠한 사실을 알고(인지)있는 것을 의미하므로, 혼동을 피하기 위하여 간계(奸計)로 번역하였음.

3) den Verwaltungsakt durch arglistige Täuschung(사기), Drohung(강박) oder Bestechung(뇌물) erwirkt hat;

4) den Verwaltungsakt durch Angaben erwirkt hat, die in wesentlicher Beziehung unrichtig oder unvollständig waren;

5) die Rechtswidrigkeit des Verwaltungsaktes kannte oder infolge grober Fahrlässigkeit nicht kannte.

6) In den Fällen des Satzes 3 wird der Verwaltungsakt in der Regel mit Wirkung für die Vergangenheit zurückgenommen.

auszugleichen). 제2항 제3문은 적용되어야 한다. 재산상의 손실은 당사자가 행정행위의 존속으로 인하여 받게 되는 이익에 상당하는 금액을 초과하여 보상할 수 없다(Der Vermögensnachteil ist jedoch nicht über den Betrag des Interesses hinaus zu ersetzen, das der Betroffene an dem Bestand des Verwaltungsaktes hat). 보상될 재산의 불이익은 행정청이 결정한다. 청구는 1년이내에만 할 수 있다(Der Anspruch kann nur innerhalb eines Jahres geltend gemacht werden). 기간은 행정청이 당사자에게 이에 관하여 고지한 때로부터 진행한다(die Frist beginnt, sobald die Behörde den Betroffenen auf sie hingewiesen hat).[1]

④ 행정청이 위법한 행정행위의 취소를 정당화하는 사실의 존재를 알게 된 경우에는, 이를 안날로부터 1년 이내에 한하여 그 취소가 허용된다(die Rücknahme nur innerhalb eines Jahres seit dem Zeitpunkt der Kenntnisnahme zulässig). 이것은 제2항 제3문 제1호에 해당하는 경우에는 적용되지 아니한다.[2]

⑤ 행정행위의 불가쟁력(Unanfechtbarkeit des Verwaltungsaktes)이 발생한 이후의 취소에 관하여는 제3조의 규정에 의한 관할행정청이 이를 결정한다; 취소하여야 할 행정행위(zurückzunehmende Verwaltungsakt)가 다른 행정청에 의하여 발동된 경우에도 또한 같다.[3]

---

1) 독일연방행정절차법 제48조 제3항 : Wird ein rechtswidriger Verwaltungsakt, der nicht unter Absatz 2 fällt, zurückgenommen, so hat die Behörde dem Betroffenen auf Antrag den Vermögensnachteil auszugleichen, den dieser dadurch erleidet, dass er auf den Bestand des Verwaltungsaktes vertraut hat, soweit sein Vertrauen unter Abwägung mit dem öffentlichen Interesse schutzwürdig ist. Absatz 2 Satz 3 ist anzuwenden. Der Vermögensnachteil ist jedoch nicht über den Betrag des Interesses hinaus zu ersetzen, das der Betroffene an dem Bestand des Verwaltungsaktes hat. Der auszugleichende Vermögensnachteil wird durch die Behörde festgesetzt. Der Anspruch kann nur innerhalb eines Jahres geltend gemacht werden; die Frist beginnt, sobald die Behörde den Betroffenen auf sie hingewiesen hat.
2) 독일연방행정절차법 제48조 제4항 : Erhält die Behörde von Tatsachen Kenntnis, welche die Rücknahme eines rechtswidrigen Verwaltungsaktes rechtfertigen, so ist die Rücknahme nur innerhalb eines Jahres seit dem Zeitpunkt der Kenntnisnahme zulässig. Dies gilt nicht im Falle des Absatzes 2 Satz 3 Nr. 1.
3) 독일연방행정절차법 제48조 제5항 : Über die Rücknahme entscheidet nach Unanfechtbarkeit des Verwaltungsaktes die nach § 3 zuständige Behörde; dies gilt auch dann, wenn der zurückzunehmende Verwaltungsakt von einer anderen Behörde erlassen worden ist.

### 3.5. 수익적 행정행위의 직권취소가 제한되는 경우 – 개별적 고찰
#### 3.5.1. 취소할 수 있는 행정행위의 하자가 치유·전환된 경우

취소할 수 있는 행정행위의 하자가 치유된 경우에는 당연히 그 직권취소가 제한된다.[1] 하자의 치유를 인정한 우리나라 대법원 판례는 다음과 같다. (경미한 절차상의 위반에 대한 대법원 판례 : 청문절차위반에 대한 하자의 치유를 인정한 판례) : 대법원은 "… 행정청이 식품위생법상의 청문절차를 이행함에 있어 소정의 청문서 도달기간을 지키지 아니하였다면 이는 청문의 절차적 요건을 준수하지 아니한 것이므로 이를 바탕으로 한 행정처분은 일단 위법하다고 보아야 할 것이지만, 이러한 청문제도의 취지는 처분으로 말미암아 받게 될 영업자에게 미리 변명과 유리한 자료를 제출할 기회를 부여함으로써 부당한 권리침해를 예방하려는 데에 있는 것임을 고려하여 볼 때, 가령 행정청에 청문서 도달기간을 다소 어겼다 하더라도 영업자가 이에 대하여 이의하지 아니한 채 스스로 청문일에 출석하여 그 의결을 진술하고 변명하는 등 방어의 기회를 충분히 가졌다면 청문서 도달기간을 준수하지 아니한 하자는 치유되었다고 봄이 상당하다."[2]고 하였다. 이 판례에서는 경미한 절차상의 위반에 관하여는 청문의 취지가 결과적으로 충분하게 고려된 경우에는 그 요건을 다소 완화하여 그 하자가 치유될 수 있다고 보고 있는 것이다. (행정행위의 형식에 관한 하자가 치유되었다고 본 대법원 판례) : (사건의 개요) : A시장이 원고에게 1994. 5. 19. 이 사건 개발부담금 8천만원을 부과하고 1995. 7. 18. 정산에 의하여 개발부담금을 1억원으로 증액변경하고 1995. 10. 10. 추징금 2천만원을 부과하면서 위 당초 부과처분시 발부한 납부고지서에 개발부담금의 산출근거를 누락시켰지만, 그 이전인 1994. 5. 16. 원고에게 개발부담금 예정변경통지를 하면서 산출근거가 기재되어 있는 개발부담금산정내역서를 첨부하여 통지하였다. 이에 대하여 대법원은 "… 당초 개발부담금 부과처분시 발부한 납부고지서에 개발부담금의 산출근거를 누락시켰지만 그 이전에 개발부담금 예정변경통지를 하면서 산출근거가 기재되어 있는 개발부담금산정내역서를 첨부하여 통지하였다면, 그와 같은 납부고지서의 하자는 위 예정변경통지에 의하여 보완 또는 치유된다. … 원심은 그와 같은 납부고지서의 하자는 위 예정변경통지에 의하여 보완 또는 치유되었다고 판단하였는바, 기록과 관계 법령에 비추어 살펴보면, 이와 같은 원심의 사실인정과 판단은 정당하고, 거기에 채증법칙 위반 및 심리미진의 위법과 납부고지서의 필요적 기재사항에 관한 법리오해의 위법이 있다고 할 수 없

---

1) 신보성, 위법한 행정행위의 직권취소, 고시계(1984.10), 85면; 이상원, 행정행위의 쟁송취소와 직권취소, 고시계(1992.4), 253면; 우병렬, 행정행위의 취소와 철회, 고시월보(1997.6), 22면.
2) 대판 1992. 10. 23, 92누2844 【영업허가취소처분취소】 【판시사항】 행정청이 식품위생법상의 청문절차를 이행함에 있어 청문서 도달기간을 다소 어겼지만 영업자가 이의하지 아니한 채 청문일에 출석하여 의견을 진술하고 변명하는 등 방어의 기회를 충분히 가진 경우 하자의 치유 여부 (적극) 同旨; 대판 1990. 11. 9, 90누4129; 대판 1991. 7. 9, 91누971; 대판 1992. 2. 11, 91누11575.

다."[1]고 하였다. ☞ **행정행위의 형식하자의 치유**

### 3.5.2. 행정행위를 이용하고 있는 경우 - 행정행위를 신뢰하고 금전 등을 이미 소모·처분해버린 경우

직권취소가 제한되는 경우로 상대방이 행정행위를 객관적으로 신뢰하였을 뿐만 아니라, 이미 행정행위를 이용하고 있는 경우, 예를 들면 행정행위를 신뢰하고 수령한 금전(金錢)이나 물건을 이미 소모 또는 처분하였거나 건축허가를 받고, 이미 건축에 착수한 경우 등이 이에 해당한다.[2] 이와같이 상대방이 이미 행정행위를 이용하고 있는 경우는 처분의 취소가 상대방 및 공익에 미치는 경제적 비용도 함께 고려하여 취소권이 제한된다.[3]

▶ 대판 2002. 11. 8, 2001두1512【건축선위반건축물시정지시취소】건축주가 건축허가 내용대로 공사를 상당한 정도로 진행하였는데, 나중에 건축법이나 도시계획법에 위반되는 하자가 발견되었다는 이유로 그 일부분의 철거를 명할 수 있기 위하여는 그 건축허가를 기초로 하여 형성된 사실관계 및 법률관계를 고려하여 건축주가 입게 될 불이익과 건축행정이나 도시계획행정상의 공익, 제3자의 이익, 건축법이나 도시계획법 위반의 정도를 비교·교량하여 건축주의 이익을 희생시켜도 부득이하다고 인정되는 경우라야 한다.

[보상보호] 그럼에도 불구하고 - 건축허가의 경우 - 공익상의 필요에 의하여 부득이 그 건축허가를 취소해야 할 경우에는 정당한 보상을 통하여 상대방을 보호해야 할 것이다.[4] 독일연방행정절차법 제48조 제2항, 제3항에서는 금전급부나 가분적 현물급부를 내용으로 하거나 그러한 급부의 전제가 되는 행정행위의 경우 수익자가 그 행위의 존재를 신뢰하였고 당해 행위의 취소로 얻어지는 공익과 비교형량하여 그 신뢰를 보호할 가치가 있다고 인정할 때에는 취소할 수 없게 하여 존속보호를 하고 있다.

▶ 독일연방행정절차법 제48조 : ② 위법한 행정행위로서, 1회 또는 계속적인 금전급여 또는 분할가능한 물적 급여의 제공을 보장하거나 또는 그를 위한 전제가 되는 행정행위는, 수익자가 행정행위의 존속을 신뢰하고 있고(der Begünstigte auf den Bestand des Verwaltungsaktes vertraut hat) 그의 신뢰와 취소에 따르는 공공의 이익을 비교형량 할 때 그의 신뢰가 보호할 가치가 있다고 인정되는 때에는(sein Vertrauen unter Abwägung mit dem öffentlichen Interesse an einer Rücknahme schutzwürdig ist), 이를 취소할 수 없다.[5] 신뢰는, 수익자가 지급받은 급여를 사용하였거나(wenn der Begünstigte gewährte

---

1) 대판 1998. 11. 13, 97누2153【개발부담금부과처분취소】; 대판 1994. 3. 25, 93누19542 등 참조.
2) 물론 이 경우 공익상의 필요에서 그 건축허가를 취소해야만 하는 경우에는 보상을 해주어야 한다(신보성, 위법한 행정행위의 직권취소, 고시계(1984.10), 90면).
3) 이시환, 쟁송취소와 직권취소, 고시계(1983.7), 195면.
4) 김남진·김연태, 행정법(I), 325면.

Leistungen verbraucht), 재산의 처분을 하였고, 그 처분이 돌이킬 수 없거나 또는 도저히 감당할 수 없는 불이익을 감내하여야만 취소할 수 있는 경우에 해당하는 때에는, 원칙적으로 보호할 가치가 있다. ③ 제2항에 해당하지 아니하는 위법한 행정행위를 취소한 경우에, 당해 행정청은 신청에 따라, 당사자가 행정행위의 존속을 신뢰하였고(dass er auf den Bestand des Verwaltungsaktes vertraut hat), 그 신뢰가 공익과 비교하여 보호할 만한 가치가 있는 경우에는(soweit sein Vertrauen unter Abwägung mit dem öffentlichen Interesse schutzwürdig ist), 그 재산상의 손실을 보상하여야 한다(den Vermögensnachteil auszugleichen).

수익자가 급부를 소모하였거나 급부로 받은 재산을 원상회복이 불가능하거나 곤란한 상태로 처분한 경우에는 신뢰를 일반적으로 보호할 가치가 있는 것으로 본다. 허가 및 여타의 행정행위에 대하여는 사실상 변경이 불가능한 생활관계를 형성시킨 경우를 제외하고는 일반적으로 보상보호를 하여준다.

### 3.5.3. 신뢰가치 있는 신뢰보호 및 금전급부·가분적 현물급부를 내용으로 하는 수익적 행정행위

[신뢰가치 있는 신뢰보호] 생활보호 기타의 사회보장적 급부의 결정,[1] 각종 보조금 기타의 자금지원의 결정 등의 경우 수익자가 그 위법한 행위의 존속을 신뢰하였고, 그 신뢰가 보호할 만한 가치가 있는 때에는 취소할 수 없다. 수익자가 하자 있는 행정행위의 적법성과 그 존속을 신뢰하였을 뿐 아니라, 수령한 급부를 이미 사용하였을 때에는 수익자의 신뢰가 취소에 대한 공익보다 앞선다. 즉 수령한 금액을 이미 소비하였거나 흠이 있는 건축허가를 믿고 건축에 착수한 경우에 그러하다. 그럼에도 불구하고 공익상의 필요에서 그 건축허가를 취소하여야 하는 경우에는 보상을 통하여 신뢰를 보호하여야 한다. (행정청의 착오로 인하여 법령해석을 그르친 경우): 행정청의 착오로 법령해석의 사실인정을 그르친 결과 행정행위가 객관적으로 위법이 되는 경우에 상대방에 대한 신뢰보호의 원칙상 원칙적으로 취소할 수 없다.[2] (독일연방행정절차법 제48조 제2항) : 독일연방행정절차법은 금전급부, 가분

---

5) [반대설] 에른스트 포르스트호프(Ernst Forsthoff) 교수 등 법치주의적 입장에서의 반대설이 있다. 포르스트호프 교수는 "상대방의 신뢰보호가 행정의 법률적합성 및 합법성보다 우선한다는 것은 결국 법치국가를 스스로 포기하는 것과 같다"고 주장한다(E. Forsthoff, Lehrbuch des Verwaltungsrechts, S. 262). 특히 Forsthoff는 행정의 법률적합성 원칙을 무조건적으로 지켜야 하며 "법에 反하는 신뢰보호(Vertrauenschatz contra legem)"는 거부되어야 한다고 주장한다(정준현, 행정행위의 존속력, 취소 및 철회 - 서독 행정절차법을 중심으로 -, 법제처, 법제(1987.6). http://www.moleg.go.kr/knowledge/monthlyPublication?mpbLegPstSeq=127402

1) 다만 일정사유가 존재하는 경우에 금전급부가 부여된다는 내용을 가진 행정행위에 있어서는 급부요건 위반만으로도 취소사유가 된다(석종현, 행정행위의 직권취소, 고시계(1981.7), 37면).

성 있는 현물급부를 내용으로 하거나 그러한 급부의 전제가 되는 행정행위의 경우, 수익자가 그 행위의 존재를 신뢰하였고, 당해 행위의 취소로 얻어지는 공익과 비교형량하여 그 신뢰를 보호할 가치가 있다고 인정 할 때에는 취소할 수 없게 하고(존속보호), 이 경우 수익자가 급부를 소모하였거나 급부로 받은 재산을 원상회복이 불가능하거나 곤란한 상태로 처분한 경우에는 신뢰를 일반적으로 보호할 가치가 있는 것으로 보게 하였다. 이와같이 독일연방행정절차법 제48조 제2항, 제3항에서는 금전급부나 가분적 물건급부에 대하여는 존속보호를, 허가 및 여타의 행정행위에 대하여는 사실상 변경이 불가능한 생활관계를 형성시킨 경우를 제외하고는 일반적으로 보상보호를 하여준다. 생각건대 금전급부나 물건의 급부의 경우, 수익자가 그 행위의 존속을 신뢰하였고, 그 신뢰가 취소에 따르는 공익과의 형량에서 보호의 필요가 큰 경우에는 역시 취소가 제한된다. 이는 국가의 재정적 이익보다 개인의 구체적이고도 중요한 생활이익이 우선한다는 사상적 배경을 그 토대로 하고 있다.[1]

### 3.5.4. 경제적·재정적 효과의 형량 - 취소에 의하여 관계인이 막대한 경제적 손실을 입게 되거나 공익을 해치게 되는 경우

취소에 의하여 관계인이 막대한 경제적 손실을 입게 되는 경우, 예컨대, 위법한 개간허가이기는 하지만 많은 사람들의 생계가 달려 있는 경우, 국가재정 등이 막대한 경제적 손실을 입게 되는 경우, 위법한 수용절차로 취득한 토지에 이미 그에 의거한 댐 건설공사가 진행중인 경우에는 취소가 제한된다.[2] 예컨대 댐공사가 진행중인데, 토지수용에 하자가 있다고 하여 하자있는 토지수용행위를 취소하는 것은 공익을 해치는 것이기 때문에 당해 행정행위를 취소 할 수 없다.[3]

### 3.5.5. 실권(취소권의 소멸) - 취소를 정당화 하는 사실을 안 날로부터 1년 이내에 취소권을 행사하여야(독일연방행정절차법 제48조 제4항)/기간의 경과

행정행위의 취소사유가 있음에도 불구하고 행정청이 장기간 취소권을 해아리지 않아서 상대방에게 행정청이 취소권을 행사하지 않을 것이라는 신뢰가 생기게 된 경우에는 실권의 법리에 의하여 행정청의 취소권이 제한(소멸)된다.[4] 이는 위법한 행정행위가 발해진

---

2) 서종현, 행정행위의 직권취소, 고시계(1981.7), 37면.
1) 김충묵, 행정행위의 직권취소권의 한계, 지역발전연구 제7권 제1호, 한국지역발전학회(2007.8), 115면.
2) 김충묵, 행정행위의 직권취소권의 한계, 지역발전연구 제7권 제1호, 한국지역발전학회(2007.8), 115면; 신보성, 위법한 행정행위의 직권취소, 고시계(1984.10), 90면.
3) 우병렬, 행정행위의 취소와 철회, 고시월보(1997.6), 22면.
4) 우병렬, 행정행위의 취소와 철회, 고시월보(1997.6), 22면.

때 또는 위법한 행정행위가 고지된 때로부터의 기간의 경과도 취소여부와 관련하여 중요한 의미를 가짐을 의미한다. 행정청이 장기간 취소권을 행사하지 않기 때문에, 상대방이 그 권한을 행사하지 않을 것이라는 신뢰를 갖게 되고 이를 기초로 재산적 지출 등 행위를 한 경우, 행정청이 나중에야 이를 취소하는 것은 상대방에게 현저한 불이익을 주게 된다. 이 경우에는 실권의 법리1)에 의하여 원래 가진 취소권을 잃게 된다고 해석 할 것이다.2) 실권 또는 실효의 법리는 민법영역 뿐만 아니라 행정법 영역에서도 적용된다. <u>이 원칙을 인정하기 위한 법적 근거를 학자들은 우리 민법 제2조에서 그 근거를 찾고 있다. 즉 우리 민법 제2조에서 규정하고 있는 신의성실의 원칙은 그 한 내용으로서 자기모순행위금지의 원칙을 규정하고 있으며, 이 자기모순행위금지의 원칙으로부터 실효의 원칙을 도출해 낼 수 있다는 것이다.</u> 쟁송취소는 그의 제소기간에 일정한 제한이 있는 반면(단기제소기간), 직권취소는 그러한 기간의 제한을 받지 않는다. 그러나 수익적 행정행위의 직권취소의 경우에도 관계자의 신뢰보호를 위하여 일정기간 내에만 가능한 것으로 보아야 한다는 견해가 있고(실권의 법리), 독일연방행정절차법 제48조 제4항은 취소가 가능함을 안 날로부터 1년 이내에 취소권을 행사하도록 규정하고 있다.3)

▶ 대판 1988. 4. 27, 87누915【행정서사허가취소처분취소】【판시사항】실권 또는 실효의 법리의 의미4)【판결요지】무자격자에게 행정서사업무허가를 행한 뒤 20년이 다

---

1) 대판 1988. 4. 27, 87누915【행정서사허가취소처분취소】실권 또는 실효의 법리는 법의 일반원리인 신의성실의 원칙에 바탕을 둔 파생원칙인 것이므로, 공법관계 가운데 관리관계는 물론이고 권력관계에도 적용된다.
2) 김충묵, 행정행위의 직권취소권의 한계, 지역발전연구 제7권 제1호, 한국지역발전학회(2007.8), 116면; 이시환, 쟁송취소와 직권취소, 고시계(1983.7), 195면; 이상원, 행정행위의 쟁송취소와 직권취소, 고시계(1992.4), 253면.
3) 신보성, 위법한 행정행위의 직권취소, 고시계(1984.10), 90면.
4) 대판 1988. 4. 27, 87누915【행정서사허가취소처분취소】【판시사항】가. 왜정시대에 군청에서 2년이상 근무한 자가 구 행정서사법(1963.3.5. 법률 제1288호) 제2조 제1항 제2호 소정 '행정기관에서 2년이상 근무한 자'에 해당하는지 여부, 나. 행정서사법 부칙 제2항의 취지,【판결요지】가. 왜정시대에 군청에서 2년 이상 근무한 사람이라도 1950.2.10 대통령령 제276호 지방공무원령 제76조나 1949.8.12 법률 제44호 국가공무원법 제55조가 정하는 고시 또는 전형에 합격한 사람이 아닌 한 1961.9.23 법률 제727호로 제정공포되고 1963.3.5 법률 제1288호로 개정공포된 구 행정서사법 제2조 제1항 제2호가 행정서사업 허가자격의 하나로 정하는 "행정기관에서 2년이상 근무한 자"로 되지 못한다. 나. 1975.12.31 법률 제2805호로 전면 개정공포된 현 행정서사법 부칙 제2항은 신·구법상 행정서사로 될 수 있는 자격요건이 다르지만 이미 구법에 의하여 적법하게 그 허가를 받은 자는 신법하에서도 그대로 그 자격을 인정하여 준다는 취지에 불과한 것이지 구법상의 무자격자에게 허가를 내준 법률상 하자가 있더라도 신법에 의한 허가를 받은 것으로 본다는 취지는 아니다.

되어 허가를 취소한 것은 실권 또는 실효의 법리에 반한다는 원고의 주장에 대하여「소론 실권 또는 실효의 법리는[1] 법의 일반원리인 신의성실의 원칙에 바탕을 둔 파생원칙인 것이므로, 공법관계 가운데 관리관계는 물론이고 권력관계에도 적용되어야 함을 배제할 수는 없다 하겠으나, 그것은 본래 권리행사의 기회가 있음에도 불구하고 권리자가 장기간에 걸쳐 그 권리를 행사하지 아니하였기 때문에 의무자인 상대방은 이미 그 권리를 행사하지 아니할 것으로 믿을 만한 정당한 사유가 있게 되거나 행사하지 아니할 것으로 추인(追認)케 할 경우에 새삼스럽게 그 권리를 행사하는 것이 신의성실의 원칙에 반하는 결과가 될 때 그 권리행사를 허용하지 않는 것을 의미하는 것이므로 이 사건에 관하여 보면 원고가 허가 받은 때로부터 20년이 다 되어 피고가 그 허가를 취소한 것이기는 하나 <u>피고가 취소사유를 알고서도 그렇게 장기간 취소권을 행사하지 않은 것이 아니고</u> 1985.9 중순에 비로소 위에서 본 취소사유를 알고 그에 관한 법적 처리방안에 관하여 다각도로 연구검토가 행하여졌고, 그러한 사정은 원고도 알고 있었음이 기록상 명백하여 이로써 본다면 상대방인 원고에게 취소권을 행사하지 않을 것이란 신뢰를 심어 준 것으로 여겨지지 않으니 피고의 처분이 실권의 법리에 저촉된 것이라고 볼 수 있는 것도 아니다.[2]

[독일연방행정절차법] 독일연방행정절차법은 행정청이 위법한 행정행위의 취소를 정당화하는 사실을 안 때부터 1년 이내로 취소권행사를 제한하고 있다. 독일연방행정절차법 제48조 제4항은 "행정청이 위법한 행정행위의 취소를 정당화하는 사실의 존재를 알게 된 경우에는, 이를 안날로부터 1년 이내에만 취소가 허용된다(die Rücknahme nur innerhalb eines Jahres seit dem Zeitpunkt der Kenntnisnahme zulässig). 이것은 제2항 제3문 제1호에 해당하는 경우에는 적용되지 아니한다."[3]고 하고 있다.

[우리나라] 1987년에 입법예고 되었던 행정절차법안(제31조 제2항)은 행정청이 위법한 수익처분을 안날로부터 1년, 처분이 있는 날로부터 2년내에 취소 할 수 있는 것으로 규정하면서도[4] 사기, 강박, 증·수뢰 기타 당사자등에 책임이 있는 경우에는 그에 대한 예외를 인정하는 규정을 두었다.[5]

---

1) 대법원은 실권과 실효를 같은 의미로 사용하나, 이는 엄격히 말하면 서로 구분된다. 실효는 권리 그 자체의 소멸(Erledigung)을 의미하지만, 실권(Verwirkung)은 권리행사(Ausübung des Rechts)의 저지(沮止)를 의미하기 때문이다.
2) http://casenote.kr/%EB%8C%80%EB%B2%95%EC%9B%90/87%EB%88%84915; 판례월보, 1988. 7월호.
3) 독일연방행정절차법 제48조 제4항 : Erhält die Behörde von Tatsachen Kenntnis, welche die Rücknahme eines rechtswidrigen Verwaltungsaktes rechtfertigen, so ist die Rücknahme nur innerhalb eines Jahres seit dem Zeitpunkt der Kenntnisnahme zulässig. Dies gilt nicht im Falle des Absatzes 2 Satz 3 Nr. 1.
4) 현행 행정절차법에는 이러한 규정이 없다.

[실권·실효] (우리의 대법원 판례) : 실효의 원칙은 소멸시효나 제척기간 등의 기간이 법에 의해 엄격하게 정해져 있기 때문에 탄력적인 법의 운영에 필요한 보충적인 견지에서 독일의 학설과 판례에 의해 확립된 것이다.[1] 우리 대법원에서는 80년대 중반에 이르기까지 이 원칙을 전혀 적용하지 않았으나, 80년대 말에 실효의 원칙이 나타나기 시작하다가,[2] 90년대 이후부터 두드러 지게 나타나고 있다. 실효의 원칙이라 함은 "권리자가 장기간에 걸쳐 그 권리를 행사하지 않음에 따라 그 의무자인 상대방이 더 이상 그 권리를 행사하시 아니할 것으로 신뢰할 만한 정당한 기대를 가지게 되는 경우에 새삼스럽게 권리자가 그 권리를 행사하는 것은 법질서 전체를 지배하는 신의성실의 원칙에 위반되어 허용되지 않는다는 것을 의미"한다.[3] 실효의 원칙은 신의칙에 반하는 권리행사는 금지된다는 권리남용금지의 원칙의 한 내용으로서 그 신의칙위반이 권리행사의 부성실한 지체(illoyale Verspätung)에 있다는 점에 그 특색이 있다. 이는 제척기간이나 소멸시효와 같은 경직된 제정법상의 기간이라는 엄정법이 유연한 형평법에 의하여 보충되는 현상이다.[4] 이러한 실효의 원칙은 위에서 언급한 바와 같이 독일의 학설과 판례에 의해서 발전되었다. 실효의 원칙이 구체화되기 이전에 제정된 독일민법전에는 이 원칙에 대한 직접적인 규정을 두고 있지 않았다. 우리 민법 역시 마찬가지이다. <u>이 원칙을 인정하기 위한 법적 근거를 학자들은 우리 민법 제2조에서 그 근거를 찾고 있다. 즉 우리 민법 제2조에서 규정하고 있는 신의성실의 원칙은 그 한 내용으로서 자기모순행위금지의 원칙을 규정하고 있으며, 이 자기모순행위금지의 원칙으로부터 실효의 원칙을 도출해 낼 수 있다는 것이다.</u>[5] 따라서 우리 민법상 실효의 원칙을 인정하기 위해 별도의 입법조치는 필요하지 않다는 것이다.[6] 원래 실효의 원칙은 위에서 언급한 바와 같이 소멸시효나 제척기간 등의 기간이 제정법에 의해 엄격하게 정해져 있어 탄력적인 법의 운영을 위하여 독일의 학설과 판례에 의해 확립된 것이다.

[실권·실효의 법리가 필요한 이유] 시효제도는 (ㄱ) 비교적 장기간일 뿐만 아니라 기간이 고정되어 있어 융통성이 없다. (ㄴ) 형성권이나 항변권에 대해서는 시효기간이나 제

---

5) 김충묵, 행정행위의 직권취소권의 한계, 지역발전연구 제7권 제1호, 한국지역발전학회(2007.8), 117면.
1) Wolfgang Siebert. Verwirkung und Unzulässigkeit der Rechtsausübung : ein rechtsvergleichender Beitrag zur Lehre von den Schranken der privaten Rechte und zur exceptio doli(226, 242, 826 BGB.), unter besonderer Berücksichtigung des gewerblichen Rechtsschutzes(1 UWG.), 1934; 김학동, 독일에서의 실효의 원칙 - 그 형성과정을 중심으로 하여, 서울시립대 논문집 제16집(1982), 143면 이하 참조.
2) 대판 1988. 4. 27, 87누915, 공보 1988-923면.
3) 대판 1995.8.25, 94다27069, 공보 1995-3259면. 같은 취지의 판결로서는 대판 1994.6.28. 93다26212, 공보 1994-2081면; 1995.2. 10, 94다31624, 공보 1995-1306면 참조.
4) 김증한·김학동, 민법총칙(박영사, 1995), 73면.
5) 이영준, 민법총칙, 박영사, 1995, 737면; 양창수, 제2조, 민법주해(I), 박영사, 1990, 143면.
6) 이영준, 민법총칙, 박영사, 1995, 737면; 고상룡, 민법총칙, 법문사, 1990, 721면.

척기간이 설정되어 있지 않다. (ㄷ) 민법상 시효 및 제척기간의 규정과 이론을 가지고 특히 상표법, 부정경쟁방지법, 특허법의 분야를 규율하는데 불합리한 점이 많다는 점 때문에 이점을 보완하기 위한 차원에서 실효제도가 필요한 것이다.[1] .

### 3.5.6. 포괄적 신분관계설정행위 - 국적부여행위(國籍附與行爲)/귀화허가(歸化許可), 공무원임명행위

#### a) 국적부여행위/귀화허가

[포괄적 법률관계설정행위(법적 지위를 설정하는 행위)] 포괄적 법률관계설정행위(법적 지위를 설정하는 행위)에는 공무원임명·귀화허가가 있다. 국적부여행위(귀화허가)는 협력(신청)을 요하는 행정행위(쌍방적 행정행위)로서의 성격을 지니고 있는 것으로서, 포괄적인 법률관계의 설정행위이며, 형성적 행위인바, 자연적 자유의 제한 또는 그 제한의 해제를 내용으로 하는 명령적 행정행위와 구별된다. 허가(Erlaubnis)라는 표현을 하고 있지만 귀하허가는 명령적 행위로서의 허가가 아니고 강학상 넓은 의미의 특허에 해당된다. 그리고 귀화의 허가는 포괄적 법률관계의 설정행위이기 때문에, 일단 귀화허가가 이루어 지면 그 취소가 제한되며, 귀화허가는 행정청의 재량행위이다.[2] 여기서 재량행위는 법의 기속을 받는 재량, 의무에 합당한 재량임은 말할 나위없다. 법률행위적 행정행위에 부관을 붙이는 경우에도 신분설정행위(예컨대 공무원임명행위)에는 조건이나 부담을 붙일 수 없으며, 국적부여행위(귀화허가)에도 역시 조건이나 철회권의 유보와 같은 부관을 붙일 수 없다.[3] (사안 1) : A는 중국 국적의 조선족이었는데, 1996년에 가족 내부의 사정상 언니 A' 이름으로 된 여권으로 한국에 입국후 5년 이상 거주한 다음 2002년 12월 법무부에서 A'의 이름으로 귀화허가를 받았다. 법무부에서는 그 허가를 한지 10년이 지난 2013년 2월 A'가 원래는 다른 사람이었던 정황이 드러나자 '허위 신분관련 서류'로 귀화허가를 받았다는 이유로 A'에 대한 귀화허가를 취소하였다 (사안 2) : B는 방글라데시 국적자로서 1992년에 자신의 출생년도를 5년 앞당긴 여권으로 한국에 입국하여 거주하다가 한국인 여성과 혼인한 후 자녀 2명을 낳고 2009년 6월에 법무부에서 귀화허가를 받았다. 약 2년 후인 2011년 5월 가족관계등록부상의 나이를 자신의 실제 나이로 정정하는 과정에서 입국당시 나이를 속인 사실이 드러나자 법무부는 B가 '허위의 인적사항'으로 귀화허가를 받았다는 이유로 그 허가를 취소하였다

[귀화허가를 취소하는 것의 의미] 귀화허가도 행정행위의 일종인 만큼 중대한 하자가 있

---

1) http://www.jisikworld.co.kr/report/view.html?dno=266090; 이영준, 민법총칙, 박영사, 1995, 735면.
2) 홍정선, 행정행위의 직권취소와 구성요건적 효력, 고시계(1994.3), 158면.
3) 김남진; 석종현, 일반행정법(상), 306면.

다면 취소를 할 수 있다고 할 것이나, 다만 귀화허가는 국민으로서의 기본권을 포괄적으로 창설하는 수익적 행정행위인 점에서, 대법원 판례와 같이 적법상태의 실현을 위한 공익과 개인의 기득권에 대한 신뢰보호를 비교형량 하여 그 취소여부를 결정해야 할 것이다. 그런데 거기서 더 나아가 일반적 행정행위의 취소보다 특히 신중을 기해야 할 특이한 사정이 있다.

[귀화허가 취소의 근거조항] 국적법 제21조 제1항은 거짓이나 그 밖의 부정한 방법으로 귀화허가를 받은 자에 대하여 그 허가를 취소할 수 있다고 되어 있고, 제2항은 취소의 기준·절차와 그 밖에 필요한 사항을 대통령령으로 위임하고 있다. 이에 따라 국적법시행령 제27조는 귀화허가 취소 사유로, ① 신분관계 증명서류를 위·변조하거나 이를 제출하여 유죄 판결이 확정된 사람, ② 국적취득의 원인이 된 신고 등의 행위로 유죄 판결이 확정된 사람, ③ 국적 취득의 원인이 된 법률관계에 대하여 무효나 취소의 판결이 확정된 사람, ④ 그 밖에 중대한 하자가 있는 사람 등을 규정하고 있다.

[관련 국적법 조항의 위헌적 요소] (명확성 원칙의 위배 여부) : 귀화허가의 취소는 귀화자에 대해 국민으로서의 포괄적 지위를 일거에 박탈하고 사정에 따라서는 국외추방도 가능한 처분인 점에서 당사자에게 웬만한 형사처벌 이상의 부담적 성격을 가진다. 따라서 그 취소 근거 조항의 명확성에 관한 기준도 형사처벌조항 이상으로 높게 요구함이 마땅하다. 그런 관점에서 볼 때 국적법 시행령 제27조가 귀화취소 사유로 몇가지를 예시하고 있지만, 그 사유가 언제까지 발생한 것으로 제한되는지, 또한 귀화허가 취소는 언제까지 가능한지 관해 전혀 규정하지 않은 점은 문제가 된다. 참고로 독일 국적법 제35조 또는 대만 국적법 제19조는 귀화를 허가한 때로부터 5년 내에만 취소가 가능하도록 규정하고 있다. 그와 비교할 때 우리 국적법 조항은 귀화자 또는 그 가족 입장에서는 허가취소사유의 시간적 범위나 취소권 행사기간을 전혀 예측할 수 없다는 점에서 명확성의 원칙에 위배된다고 볼 소지가 많다.

[과잉금지의 원칙 위배 여부] 국민의 기본권을 제한하는 입법이 과잉금지가 되지 않으려면, 그 입법의 목적이 정당해야 하고(목적의 정당성), 그 목적의 달성을 위한 방법이 효과적이고 적절하여야 하며(방법의 적정성), 입법권자가 선택한 기본권제한의 조치가 입법목적상 적절하다 할지라도 가급적 완화된 방법을 모색함으로써 기본권의 제한은 필요 최소한에 그쳐야 하며(피해의 최소성), 그 입법에 의하여 보호하려는 공익과 침해되는 사익을 비교형량할 때 공익이 더 커야할 것이다(법익의 균형성).[1] 외국인의 부실귀화를 막고, 허위나 불법적인 방법으로 국적을 취득한 자까지 보호할 필요는 없다는 점 등을 생각할 때 귀화허가 취소조항은 그 목적의 정당성 측면에서는 별 문제가 없어 보인다. 그러나 <u>방법의 적정성 측면에</u>

---

1) 헌재결 1992. 12. 24, 92헌가8.

서는 귀화자에 대하여 사후에 하자가 발견되었다 해서 무조건 귀화를 취소하는 것은 적정해 보이지 않는다. 귀화허가를 취소함으로써 당사자가 무국적 상태가 된다면 그로 인해 간단치 않은 여러가지 문제가 야기될 수 있기 때문이다. 그리고 하자가 발견된 경우라도 만연히 귀화허가를 취소하여 무국적자로 전락시키기보다 아직 전 국적을 보유하고 있는 경우 및 전 국적의 회복이 가능한 경우에 한해 귀화허가를 취소한다거나 또는 귀화의 효과를 부분적으로 중지시키고 전 국적을 회복한 때에 귀화허가를 취소한다거나 하여 수단의 적합성도 고려해야 할 것이다. 또한 그 하자의 정도에 따라서는 벌금이나 과태료 등 상대적으로 가벼운 제재를 고려할 여지가 있음에도 불구하고 일률적으로 귀화취소라는 방법만을 동원하는 것은 침해의 최소성 원칙에도 반한다는 지적이 가능하다.

[결론] 현행 귀화허가 취소근거 조항은 명확성이나 과잉금지의 측면에서 위헌적 요소가 많고, 또한 하자가 발견되기만 하면 법무부에서 일률적으로 귀화허가를 취소하는 것은 재량권의 일탈 남용이 될 소지가 크다고 본다. 법원은 그간에 귀화허가 취소의 적법성을 다투는 소송에서 매번 법무부의 손을 들어 주었지만 이는 귀화취소로 인해 야기되는 문제점과 당사자가 겪는 불이익에 대한 이해 부족도 한 원인이라고 생각된다. 독일, 대만 국적법과 마찬가지로 우리도 귀화허가를 받은 지 10년도 더 지난 귀화자(사안 1) 또는 내국인과 진정한 혼인관계를 유지하고 있거나 귀화한 후에 자녀까지 출산한 귀화자(사안 2), 그리고 문제가 된 하자가 범죄행위에 해당하는 성질이라도 이미 공소시효가 지난 귀화자 등에 대해서는 기준을 세워 허가취소가 아닌 다른 방식의 제재를 하는 등의 방법으로 귀화허가를 취소하는 문제는 최대한 신중을 기하여야 할 것이다.[1]

b) 공무원임명행위

공무원임용행위 등은 포괄적인 신분관계를 설정하는 행위로서 취소가 제한된다.[2] 즉 공무원의 임명의 경우 법적 안정성의 견지에서 당연무효가 아닌 한 직권취소는 제한된다. 그러나 공무원임용결격자에 대한 당연무효의 처분의 경우에는 직권취소가 가능하다.[3] 공무원 임명행위의 경우에는 파면 등 별개의 행위형식을 취하는 것이 일반적이다.[4]

---

[1] https://www.lawtimes.co.kr/Legal-Info/Research-Forum-View.aspx?serial=2203(검색일 : 2015.3.22); 석동현, 귀화허가의 취소 신중해야 하는 이유(법률신문).
[2] 김도창, 일반행정법론(상), 496면; 김동희, 행정법(I), 342면; 우병렬, 행정행위의 취소와 철회, 고시월보(1997.6), 22면.
[3] 이 경우 판례는 처분이 아니라 단순한 통지에 불과하다고 한다(안미령, 행정행위의 직권취소, 고시계(2003.10), 190면).
[4] 이상원, 행정행위의 쟁송취소와 직권취소, 고시계(1992.4), 253면.

### 3.5.7. 사권형성적 행정행위(privatrechtsgestaltender Verwaltungsakt)의 직권취소 제한 - 사인의 법률적 행위의 효력을 완성시켜 주는 행정행위(인가·광업허가)

#### a) 개관

사인의 법률적 행위의 효력을 완성시켜 주는 행정행위(인가·광업허가)의 경우, 이미 그 사인의 법률행위의 효력이 완성된 이후에는 그 취소가 제한된다.[1] 이를 사권형성적 행정행위의 직권취소의 제한이라 한다. 여기서 사권형성적 행정행위/사법형성적 행정행위(privatrechtsgestaltender Verwaltungsakt; Der privatrechtsgestaltende Verwaltungsakt)는, "직접적으로 사법적 권리행사 가능성을 발행·폐지(사권의 형성)하거나 또는 직접적으로 사적 법률행위나 사법적 권리의무 체계를 목표(사적 법률행위의 추인)로 하는 공법적·고권적 행정행위"[2]를 말한다. 여기서 사권형성적이란 그 법률효과가 사권(Privatrecht)에 절대적 혹은 독점적으로 내포되어 있는 것을 말한다(Privatrechtsgestaltend sind solche Verwaltungsakte, die ihre Rechtswirkungen uberwiegend oder ausschließlich im Privatrecht entfalten).[3] 사권형성적 행정행위는 일반적으로 '사권형성적 고권행위(privatrechtsgestaltende Hoheitsakt)' 혹은 '사권형성적 국가행위(privatrechtsgestaltende Staatsakt)'로 불리었다.[4] 사권형성적 행정행위는 사인의 법률행위를 완성시켜주는 행위로서 인가·발명특허 등이 여기에 해당한다. 사인 상호간의 사법상의 법률관계를 형성하여 주는 행정행위는 원칙적으로 직권에 의한 취소가 제한되며, 따라서 상대방이 부정한 수단으로 인가를 받았거나 기타 이를 방치함이 인가제를 둔 당해 법규에 현저히 배치되는 경우에 한하여 취소될 수 있다.[5] 인가(제3자의 법률행위를 보충하여 그 법률의 효력을 완성시

---

1) 우병렬, 행정행위의 취소와 철회, 고시월보(1997.6), 22면.
2) Gerrit Manssen, Privatrechtsgestaltung durch Hoheitsakt : verfassungsrechtliche und verwaltungsrechtliche Grundfragen, Jus Oublicum 9. Mohr Siebeck 1994, S. 196.
3) Axel Tschentscher, Der privatrechtsgestaltende Verwaltungsakt als koordinationsinstrument zwischen öffentlichen Recht und Privatrecht, DVBL. 2003, S. 1424 f. (1425). Vgl H-U Erichsen, in: ders. (Hrsg.), Allgemeines Verwaltungsrecht, 11. Aufl 1998, § 12 Rdnr. 21; J. Ipsen, Allgemeines Verwaltungsrecht, 2. Aufl., 2001, Rdnr. 332, 390; F.-J. Peine, Allgemeines Verwaltungsrecht, 6. Aufl., 2002, Rdnr. 141; P. Stelkens/U Stelkens, in: P. Stelkens / H. J. Bonk/M. Sachs, Verwaltungsverfahrensgesetz, 6. Auf!. 2001, § 35 Rdnr. 140.
4) So wird häufig allgemeine vom privatrechtsgestaltenden "Hoheitsakt" oder "Staatsakt" gesprochen. Der "privatrechtsgestaltende Staatsakt" begrifflich erstmalig bei E. Jacobi, Grundlehren, S. 27 (Arbeitsvertrag), S. 97(Allgemeinverbindlicherklärung von Tarifverträgen), vgl. auch S. 137(Festsetzung von Mindestentgelten), S. 415 f. (Zwangs-Arbeitsvertrage, Zwangs-Betriebsvereinbarungen); später allgemeine Terminologie etwa bei G. Jellinek, Verwaltungsrecht, 1928, S. 239.

켜주는 행정행위로서 민법상 재단법인정관변경허가, 구국토이용관리법상 토지거래허가 등)·광업허가 등 사법상 법률행위의 유효요건인 행정행위는 이를 취소한다면 사적 거래의 안전과 법률생활의 안정을 현저히 해치게 되므로 취소가 제한된다.[1] 왜냐하면 인가 등 사법상 법률행위의 효력발생요건인 행위는 그것에 의하여, 그때까지 효력이 없던 법률행위가 이를 받음으로써 완전히 유효하게 되어, 이를 기초로 여러 가지 거래가 사법의 분야에서 전개되게 되기 때문에 법적 안정성이 파괴될 염려가 있기 때문이다.[2] 독일에서는 인가는 '비독립적 행정행위(unselbständiger Verwaltungsakt),' 허가는 '독립적 행정행위(selbständiger Verwaltungsakt)'로 불렀다. 사권형성적 행정행위는 소극적인 사권형성적 행정행위와, 적극적인 사권형성적 행정행위로 나눌 수 있다.

b) 소극적인 사권형성적 행정행위

[소극적인 사권형성적 행정행위] 소극적인 사권형성적 행정행위에 대해서는 직권취소나 철회가 허용되지 아니한다. 예를 들면 행정청의 허가를 요하는 토지거래계약에 있어서 행정청의 허가가 있기까지 그 계약은 유동적 무효이고, 허가거부처분에 불가쟁력이 발생하면 그 거래계약은 확정적으로 무효가 된다. 여기서 거부처분에 대한 직권취소나 철회는 허용되지 아니한다. 왜냐하면 이 경우의 직권취소나 철회는 아무런 법적 효과가 있는 것이 아니기 때문이다. 만약 그렇지 않다면, 확정적으로 무효인 계약이 다시 유효한 계약이 되거나 또는 유동적 무효가 될 것이기 때문이다.[3]

c) 적극적인 사권형성적 행정행위

[적극적인 사권형성적 행정행위] 적극적인 사권형성적 행정행위도 제한을 받는다. 예를 들면 토지거래계약의 허가처분을 직권취소하는 것이 불가한 것은 아니지만, 허가의 직권취소가 제3자의 권리(예: 토지의 매도인)를 침해할 수 있다는 점에서 특수성을 갖는다. 이 경우에는 신뢰보호의 문제가 발생하고, 이익형량(Interessenabwägung)의 문제가 요구된다.[4]

---

5) 이시환, 쟁송취소와 직권취소, 고시계(1983.7), 195면.
1) 김충묵, 행정행위의 직권취소권의 한계, 지역발전연구 제7권 제1호, 한국지역발전학회(2007.8), 116면; 이상원, 행정행위의 쟁송취소와 직권취소, 고시계(1992.4), 253면; 신보성, 위법한 행정행위의 직권취소, 고시계(1984.10), 91면.
2) 신보성, 위법한 행정행위의 직권취소, 고시계(1984.10), 91면.
3) 김충묵, 행정행위의 직권취소권의 한계, 지역발전연구 제7권 제1호, 한국지역발전학회(2007.8), 115면 각주 35); 김중권, 사권형성적 행정행위, 한국비교공법학회, 공법학연구, 제10권 제3호.
4) 김충묵, 행정행위의 직권취소권의 한계, 지역발전연구 제7권 제1호, 한국지역발전학회(2007.8), 115면 각주 35); 김중권, 사권형성적 행정행위, 한국비교공법학회, 공법학연구, 제10권 제3호.

### 3.5.8. 비례원칙상의 제한 - 과잉금지원칙

위법사유가 있더라도 개수명령·영업정지 등 불이익이 적은 방법으로도 그 시정이 가능하다면 그러한 방법을 사용하는 것이 비례원칙상 타당하다.

### 3.5.9. 준사법적(準司法的) 행정행위 - 행정행위가 사법적 절차에 의하여 행해진 경우: 불가변력이 발생하는 행위(이의신청이나 행정심판의 재결)

준사법적 행정행위란 행정행위가 사법적 절차에 의하여 행해진 경우(예: 행정심판의 재결)를 말한다.[1] 사법적 절차에 의한 행정행위 및 합의제행정청에 의한 행정행위도 취소의 제한을 받는다. 이와같이 분쟁심판적(streitentscheidend) 내지 확인적(feststellend) 행정행위는 취소가 제한된다(예컨대, 이의신청이나 행정심판의 재결, 토지수용위원회의 재결).[2] 왜냐하면 행정심판의 재결 등은 이른바 불가변력을 갖기 때문이다.[3] 어떤 행정행위가 사법적 절차 혹은 합의제 행정청에 의하여 행하여진다는 것은 그만큼 당해 행정행위의 적법성과 존속성을 보장한다는 의미를 가지는 것이기 때문에 그러한 행정행위의 취소가 제한된다.[4] 판례 또한 같다(심계원의 판정이 행정처분임은 물론이나 당해 회계관계 직원과 관계 행정청을 구속하는 준사법적 성격을 띤 확정력을 가진다).[5] 또한 국가시험의 합격자 결정 등과 같은 확인행위에 대하여도 불가변력이 인정된다.[6] 쟁송취소만이 가능하고 직권취소는 할 수 없다. 생각건대 이의신청이나 행정심판이나 소원(訴願)에 대한 재결 등은, 쟁송제기를 전제로 하여 행하여지는 것이므로, 그것이 위법하더라도 상대방이 법정의 쟁송

---

[1] 우병렬, 행정행위의 취소와 철회, 고시월보(1997.6), 22면.
[2] 신보성, 위법한 행정행위의 직권취소, 고시계(1984.10), 90면.
[3] 이상원, 행정행위의 쟁송취소와 직권취소, 고시계(1992.4), 253면.
[4] Wolff/Bachof, Verwaltungsrecht I, S. 469; 신보성, 위법한 행정행위의 직권취소, 고시계(1984.10), 90면.
[5] 대판 1963. 7. 25, 63누65 【판정취소청구】 【판시사항】 심계원의 변상책임 판정에 위법이 있다는 이유로 변상명령에 대하여 그 취소변경을 소구할 수 있는가 여부 【판결요지】 변상제정이 위법이라는 이유로 변상명령의 취소를 구할 수는 없다. 심계원의 변상책임판정이 있을 때에는 변상책임이 있다고 판정된 자의 소속장관 또는 감독기관은 심계원이 정한 기한내에 반드시 이를 변상하게 하여 그 판정의 집행을 하여야 하는바 심계원의 판정이 행정처분임은 물론이나 당해 회계관계 직원과 관계 행정청을 구속하는 준사법적 성격을 띤 확정력을 가지는 것으로써 판정은 판정을 한 기관조차 일반행정처분과는 달리 위의 제32조 소정 재심에 의한 경우를 제외하고는 취소 변경할 수 없다.
[6] 김남진·김연태, 행정법(I), 299면; 정하중, 행정법총론, 304면; 김충묵, 행정행위의 직권취소권의 한계, 지역발전연구 제7권 제1호, 한국지역발전학회(2007.8), 115-116면; 이상원, 행정행위의 쟁송취소와 직권취소, 고시계(1992.4), 253면.

등으로 다투는 것은 별문제이지만, 행정청이 직권으로 취소할 수는 없다. 왜냐하면 이의신청이나 소원에 대한 재결 등과 같은 준사법적 행정행위는 불가변력을 갖기 때문에 흠이 있더라도 소정의 행정소송에 의하는 경우를 제외하고는 행정청이 직권취소 할 수 없는 것이다.[1]

### 3.5.10. 복효적 행정행위(제3자효 행정행위[VA mit Drittwirkung])의 직권취소

행정행위의 상대방에 대하여는 수익적 행정행위 이면서 제3자에 대해서는 권리이익의 침해가 되거나, 이것과는 반대로 상대방에 있어서는 불이익이면서, 제3자에 있어서는 이익이 되는 복효적 행정행위(VA mit Doppelwirkung)의 경우에는 더욱 상대방의 권리이익과 제3자의 그것과의 비교형량이 필요하게 된다. 복효적 행정행위[2](제3자효행정행위)에 취소원인인 하자가 있어서 직권취소 하는 경우에는 원칙적으로 수익적 행정행위를 직권취소 하는 경우와 같다. 이 경우 취소함으로써 얻게 되는 공익과 행정행위의 효력을 유지함으로써 얻게되는 수익자의 신뢰이익과의 비교형량 뿐만 아니라 제3자가 받는 이익 또는 불이익적 효과도 함께 비교형량하여 고려하여야 한다.[3] 그리고 <u>행정청이 직권취소를 할 수 있다는 사정만으로 이해관계인인 제3자에게 행정청에 대한 직권취소청구권이 부여된 것으로 볼 수는 없다.</u>[4]

▶ 대판 1991. 4. 12, 90누9520 【석유판매업허가취소처분취소】 행정처분에 하자가 있음을 이유로 처분청이 이를 취소하는 경우에도 그 처분이 국민에게 권리나 이익을 부여하는 이른바 수익적 행정행위인 때에는 그 처분을 취소하여야 할 공익상 필요와 그 취소로 인하여 당사자가 입게 될 기득권과 신뢰보호 및 법률생활안정의 침해 등 불이익을 비교 교량한 후 공익상 필요가 당사자가 입을 불이익을 정당화 할 만큼 강한 경우에 한하여 취소할 수 있다.

---

1) 이시환, 쟁송취소와 직권취소, 고시계(1983.7), 195면.
2) 복효적 행정행위는 이중효과적 행정행위라고도 하며, 복수의 효과가 동일인에게 발생하는 경우를 혼합효행정행위(VA mit Mischwirkung)라고 하고, 1인에게는 이익을 타인에게는 불이익을 가져오는 경우를 제3자효행정행위(VA mit Drittwirkung)라고 한다(김남진·김연태, 행정법(I), 222면). ※ **VA는 Verwaltungsakt(행정행위)의 줄임말**
3) 김충묵, 행정행위의 직권취소권의 한계, 지역발전연구 제7권 제1호, 한국지역발전학회(2007.8), 117면; 안미령, 행정행위의 직권취소, 고시계(2003.10), 190면.
4) 대판 2006. 6. 30, 2004두701

### 3.6. 행정행위의 일부취소(一部取消)
#### 3.6.1. 의의

행정행위의 일부취소라 함은 행정행위의 일부가 분리가능하고 나머지 잔존부분이 독립적인 규율로서 남아 있을 경우에 일부분에 대하여 취소할 수 있는 경우를 말한다. 행정행위의 일부 철회의 경우도 마찬가지 이다. 일부취소판결은 취소소송에서 취소하려는 부분이 위법한 경우에 가능하며, 일부취소판결은 소송의 대상이 기본적으로 가분적인 것을 전제로 한다. 예를 들어, 복수운전면허에 대한 대법원 판결에서는 "외형상 하나의 행정처분이라고 할지라도 가분성이 있거나 그 처분대상의 일부가 특정될 수 있다면 그 일부분만의 취소(철회)가 가능하고 그 일부의 취소는 당해 취소부분에 관하여 효력이 미친다"고 보고 있다. 이러한 행정행위의 일부취소 중에는 일부철회를 포함하여 다루어지기도 한다. 독일의 경우에 있어서도 행정법상 일부취소의 문제가 다루어진다. 예컨대 금전급부가 어느 특정한 부분을 넘어서거나, 건축허가가 일정한 위법적 부분을 내포하거나 경찰처분이 부분적으로 가능하고 부분적으로 불가능한 것을 요구할 때 위법성과 무효는 행정행위의 일부분에만 해당될 수 있다고 본다.[1]

[민법상 의사표시의 일부취소와의 구별] 민법상의 일부취소란 의사표시 도는 법률행위의 일부에만 취소사유가 있는 경우, 그 일부 만에 한하여 그 효력을 소급적으로 상실하게 되고, 나머지 부분의 효력은 그대로 유지하고 하는 의사표시라고 할 수 있다. 민법학에 있어서 일부취소는, 의사표시 또는 법률행위의 취소사유가 있는 일부분의 효력만을 소급적으로 상실시키고 잔여부분의 효력은 존속시키겠다는 의사가 표현된 개념으로 사용되기도 하고 잔여부분의 효력 여하에 관계없이 그 일부분의 취소만을 의미하는 개념으로 사용하기도 한다. 후자의 경우에 일부취소의 의사표시는 단지 그 일부의 소급적 무효라는 효과를 가져오는데 그치고 잔여부분의 효력 존속 여부는 일부무효의 법리에 맡기는 것이 타당하다는 견해가 대법원 판례의 견해이기도 하다.[2]

---

1) 김용섭, 행정법상 일부취소, 행정법이론실무학회, 행정법연구 제23호(2009.4), 6면
2) 대판 1994. 9. 9, 93다31191 【근저당권설정등기말소】 갑이 지능이 박약한 을을 꾀어 돈을 빌려주어 유흥비로 쓰게 하고 실제준 돈의 두 배 가량을 채권최고액으로 하여 자기 처인 병 앞으로 근저당권을 설정한 사안에서, 근저당권설정계약은 독자적으로 존재하는 것이 아니라 금전소비대차계약과 결합하여 그 전체가 경제적, 사실적으로 일체로서 행하여진 것이고 더욱이 근저당권설정계약의 체결원인이 되었던 갑의 기망행위는 금전소비대차계약에도 미쳤으므로 갑의 기망을 이유로 한 을의 근저당권설정계약취소의 의사표시는 법률행위의 일부무효이론과 궤를 같이 하는 법률행위의 일부취소의 법리에 따라 소비대차계약을 포함한 전체에 대하여 취소의 효력이 있다.; 김용섭, 행정법상 일부취소, 행정법이론실무학회, 행정법연구 제23호(2009.4), 7면; 소재선, 법률행위의 일부취소, Jurist 409호, 1998.

### 3.6.2. 행정행위의 일부취소에 관한 대법원판례

이와같이 '행정행위의 일부취소'는 행정행위의 일부에 대해서만 취소가 가능한지 여부가 문제되는 바, 판례는 긍정적이다. (판례-1) : "외형상 하나의 행정처분이라 하더라도 가분성이 있거나 그 처분대상의 일부가 특정될 수 있다면 일부만의 취소도 가능하고 그 일부의 취소는 당해 취소부분에 관하여만 효력이 생기는 것인바, 공정거래위원회가 사업자에 대하여 행한 법위반사실공표명령은 비록 하나의 조항으로 이루어진 것이라고 하여도 그 대상이 된 사업자의 광고행위와 표시행위로 인한 각 위반 사실은 별개로 특정될 수 있어 위 각 법위반사실에 대한 독립적인 공표명령이 경합된 것으로 보아야 할 것이므로 이 중 표시행위에 대한 법위반사실이 인정되지 아니하는 경우에 그 부분에 대한 공표명령의 효력만은 취소할 수 있을 뿐, 공표명령 전부를 취소할 수 있는 것은 아니다."[1]라고 하였다. (판례-2) : 또한 대법원은 "외형상 하나의 행정처분이라고 하더라도 가분성이 있거나 그 처분대상의 일부가 특정될 수 있다면 그 일부만의 취소가 가능하다."[2]고 하였고, (판례-3) : 대법원은 자동차운전면허취소처분취소사건에서 "외형상 하나의 행정처분이라 하더라도 가분성이 있거나 그 처분대상의 일부가 특정될 수 있다면 그 일부만의 취소도 가능하고 그 일부의 취소는 당해 취소부분에 관하여 효력이 생긴다고 할 것인바, 이는 한 사람이 여러 종류의 자동차 운전면허를 취득한 경우 그 각 운전면허를 취소하거나 그 운전면허의 효력을 정지함에 있어서도 마찬가지"[3] 라고 하였다. (판례-4) : 비공개대상정보에 해당하는 부분과 공개가 가능한 부분이 구별되고 이를 분리할 수 있는 경우, 법원의 판결주문기재 방법에 대하여, 대법원은 "법(공공기관의정보공개에관한법률) 제12조는 공개청구한 정보가 법 제7조 제1항 각 호 소정의 비공개대상정보에 해당하는 부분과 공개가 가능한 부분이 혼합되어 있는 경우에는 공개청구의 취지에 어긋나지 아니하는 범위 안에서 두 부분을 분리할 수 있는 때에는 비공개대상정보에 해당하는 부분을 제외하고 공개하여야 한다고 규정하고 있는바, 법원이 행정청의 정보공개거부처분의 위법 여부를 심리한 결과 공개를 거부한 정보에 비공개대상정보에 해당하는 부분과 공개가 가능한 부분이 혼합되어 있고 공개

---

1) 서정범·박상희, 행정법총론, 세창출판사, 224-225면.
2) 대판 2000. 2. 11, 99두7210 【민영주택건설사업계획승인처분취소】
3) 대판 1995. 11. 16, 95누8850 【자동차운전면허취소처분취소】 제1종 보통, 대형 및 특수 면허를 가지고 있는 자가 레이카크레인을 음주운전한 행위는 제1종 특수면허의 취소사유에 해당될 뿐 제1종 보통 및 대형 면허의 취소사유는 아니므로, 3종의 면허를 모두 취소한 처분 중 제1종 보통 및 대형 면허에 대한 부분은 이를 이유로 취소하면 될 것이나, 제1종 특수면허에 대한 부분은 원고가 재량권의 일탈·남용하여 위법하다는 주장을 하고 있음에도, 원심이 그 점에 대하여 심리·판단하지 아니한 채 처분 전체를 취소한 조치는 위법하다고 하여 원심판결 중 제1종 특수면허에 대한 부분을 파기환송한 사례.

청구의 취지에 어긋나지 아니하는 범위 안에서 두 부분을 분리할 수 있음을 인정할 수 있을 때에는 위 정보 중 공개가 가능한 부분을 특정하고 판결의 주문에 행정청의 위 거부처분 중 공개가 가능한 정보에 관한 부분만을 취소한다고 표시하여야 한다."[1]고 판시하였다.

### 3.7. 수익적 행정행위의 직권취소가 제한되지 않는 경우 - 허용되는 경우
#### 3.7.1. 개관

인·허가를 받은 상대방의 위법행위가 있는 경우, 취소로 달성하려는 공익상의 필요와 취소로 인하여 상대방이 입게 될 불이익을 비교하여 취소처분을 해야 하나, 일반적으로 (ㄱ) 사실은폐나 그 밖에 허위의 신청에 의하여 인·허가 처분이 이루어진 경우, (ㄴ) 법규정 위반의 방치로 인한 공익(공익상의 피해)이 취소로 인하여 상대방이 받는 불이익보다 큰 경우, (ㄷ) 상대방의 상습적인 법규위반이 있는 경우, (ㄹ) 상대방의 반사회적 행위(공서양속)로 인한 영업정지 기간 중에 영업을 한 경우 등에는, 신뢰보호의 필요가 없고, 또한 이러한 경우는 상대방의 불이익보다 공익보호의 필요성이 훨씬 큰 경우로서 원칙적으로 취소가 허용된다. 이러한 관점에서 수익적 행정행위의 경우에도 상대방이 (ㄱ) 사기·강박·증뢰(贈賂) 등 부정행위에 의해 행정행위를 발하게 했을 경우, (ㄴ) 부당 또는 불완전한 신고에 기해 행정행위가 행해졌을 경우, (ㄷ) 수익적 행정행위가 위법인 것을 수익자가 알고 있을 경우이거나, 또는 알지 못한 데 대하여 중대한 과실(grobe Fahrlässigkeit)이 있었을 경우에는 수익자의 신뢰는 보호할 만한 가치가 없는 것으로 추정되어 직권취소가 가능하다.[2] 수익적 행정행위가 이와같은 사유가 있는 경우에는 소급해서 취소되며, 또한 그 한도내에서 수익자는 이미 급부 받은 것을 상환하여야 한다.[3] 이와 같이 취소는 수익자의 주관적 책임 및 수익자의 객관적 책임이 존재하는 경우와 중대한 공익상의 필요가 있는 경우(예: 위해방지/위험방지(Gefahrenabwehr), 장애제거(장해제거: Beseitigung der Störung)에 허용된다. 특히 위험방지의 경우에는 항상 우선적 지위를 차지할 것이다.[4]

---

1) 대판 2003. 3. 11, 2001두6425【행정정보비공개결정처분취소】
2) 同旨의 판례 : 대판 1996. 10. 25, 95누14190; 김남진·김연태, 행정법(I), 322면; 신보성, 위법한 행정행위의 직권취소, 고시계(1984.10), 91면.
3) 신보성, 위법한 행정행위의 직권취소, 고시계(1984.10), 91면.
4) 여기서 위해방지(위험방지)는 경찰권발동 요건으로서의 공공의 안녕·질서유지에 대한 위험방지를 의미한다(신보성, 위법한 행정행위의 직권취소, 고시계(1984.10), 89면 각주 15) 참조.

### 3.7.2. 수익자의 주관적·객관적 책임 및 중대한 공익상의 이유가 있는 경우
#### a) 수익자의 주관적 책임

[수익자의 주관적 책임] 수익적 행정행위의 상대방이 사기(Täuschung), 강박(Drohung), 증뢰(Bestechung) 등 부정행위에 의해 행정행위를 행하게 했을 경우(상대방의 부정한 행위), 부당 또는 불완전한 신고(Angabe)에 기해 행정행위가 행해졌을 경우(den Verwaltungsakt durch Angaben erwirkt hat, die in wesentlicher Beziehung unrichtig oder unvollständig waren),[1] 행정행위가 위법인 것을 수익자가 알고 있을 경우(die Rechtswidrigkeit des Verwaltungsaktes kannte), 또는 알지 못한 데 대하여 중대한 과실이 있었을 경우(oder infolge grober Fahrlässigkeit nicht kannte.)에는 수익자의 신뢰는 보호할 만한 가치가 없는 것으로 추정되어 직권취소가 가능하다(독일연방행정절차법 제48조 제2항 제1호내지 제3호). (수익자의 주관적 책임에 의한 취소권의 행사에 대하여 재량권의 남용이 되지 아니한다는 대법원 판례) : 대법원은 "행정처분에 하자가 있음을 이유로 처분청이 이를 취소하는 경우에도 그 처분이 <u>국민에게 권리나 이익을 부여하는 수익적 처분인 때에는 그 처분을 취소하여야 할 공익상의 필요와 그 취소로 인하여 당사자가 입게 될 불이익을 비교 교량한 후 공익상의 필요가 당사자가 입을 불이익을 정당화할 만큼 강한 경우에 한하여 취소할 수 있는 것이지만, 그 처분의 하자가 당사자의 사실은폐나 기타 사위(詐僞)의 방법에 의한 신청행위에 기인한 것이라면 당사자는 그 처분에 의한 이익이 위법하게 취득되었음을 알아 그 취소가능성도 예상하고 있었다고 할 것이므로</u>, 그 자신이 위 처분에 관한 신뢰이익을 원용할 수 없음은 물론 행정청이 이를 고려하지 아니하였다고 하여도 재량권의 남용이 되지 아니한다."[2]라고 하였다. 직권취소는 객관적 위법성의 시정을 위한 권한이지 당사자에 대한 시혜적 처분이 아니기 때문이다.[3]

#### b) 수익자의 객관적 책임(objektive Verantwortungsbereich des Begünstigten)

[수익자의 객관적 책임] 행정행위의 위법성이 수익자의 객관적인 책임에 귀속시킬 수 있는 경우에도 취소에 관한 공익이 우선한다. 여기에서 수익자의 객관적 책임에 귀속시킬 수 있는 경우란, 수익자가 제시한 잘못된 또는 불완전한 자료에 의해 행정행위가 행해진 경우를 말한다.[4] 수익자의 고용인·대리인 등의 부정행위 혹은 부실신고(Angabe)로 인하여 당

---

1) 신보성, 위법한 행정행위의 직권취소, 고시계(1984.10), 89면; 우병렬, 행정행위의 취소와 철회, 고시월보(1997.6), 22면.
2) 대판 1996. 10. 25, 95누14190【옥외광고물설치허가취소처분등취소】; 대판 1991. 4. 12, 90누9520【석유판매업허가취소처분취소】
3) 안미령, 행정행위의 직권취소, 고시계(2003.10), 190면.
4) 우병렬, 행정행위의 취소와 철회, 고시월보(1997.6), 22면.

해 행정행위가 행해진 경우에도 위와 같다(김도창).[1]

c) 중대한 공익상의 필요가 있는 경우
[중대한 공익상 필요가 있는 경우] 예를 들면, 위험방지(Gefahrenabwehr) 장애제거 (Beseitigung der Störung) 등이다. 공공의 안녕과 질서에 대한 중대한 위해가 있거나 장애제거를 위한 경우, 혹은 공공의 안녕과 질서에 대한 중대한 위해(위험)를 방지하기 위하여 필요한 경우에는 상대방의 신뢰에도 불구하고 흠 있는 수익적 행정행위는 취소되어야 할 것이다.[2] 위험방지는 항상 우선적 지위를 차지한다.[3]

### 3.7.3. 취소사유
a) 사실은폐 그 밖에 사위(詐僞)의 신청에 의하여 허가처분이 이루어진 경우
행정처분에 하자가 있음을 이유로 처분청이 이를 취소하는 경우에도 그 처분이 국민에게 권리나 이익을 부여하는 수익적 처분인 때에는 그 처분을 취소해야 하는 공익상의 필요와 그 취소로 인하여 당사자가 입게 될 불이익을 비교·교량한 후 공익상의 필요가 당사자가 입을 불이익을 정당화할 만큼 강한 경우에만 취소할 수 있는 것이지만, 그 처분의 하자가 당사자의 사실은폐나 그 밖에 허위의 방법에 의한 신청 행위로 인한 것인 경우 행정청은 당사자의 이익을 고려할 필요 없이 원래의 처분을 취소할 수 있다.[4]

[수익적 행정처분의 하자가 당사자의 사실은폐나 그 밖에 사위(詐僞)의 신청 행위로 인한 경우 그 처분의 취소시 이익형량은 필요 없다고 한 대법원 판례] (판례) : "원 처분의 하자가 당사자의 사실은폐나 기타 사위의 방법[5]에 의한 신청행위에 기인한 것이라면 당사자는 그 처분에 의한 이익이 위법하게 취득되었음을 알아 그 취소가능성도 예상하고 있었다고 할 것이므로

---

1) 신보성, 위법한 행정행위의 직권취소, 고시계(1984.10), 89면; Wolff/Bachof, Verwaltungsrecht I, S. 462.
2) 우병렬, 행정행위의 취소와 철회, 고시월보(1997.6), 22면.
3) 신보성, 위법한 행정행위의 직권취소, 고시계(1984.10), 89면; 우병렬, 행정행위의 취소와 철회, 고시월보(1997.6), 22면.
4) 이하 한상우, 실무행정법, 지방자치단체 법률교육(법제처 : 2008.3), 97면 이하 참조.
5) 헌재결 1998. 2. 5, 96헌바96 【관세법제180조제1항등위헌소원】 "사위 기타 부정한 방법"은 탈세를 가능하게 하는 모든 행위로서 사회통념상 사위(거짓), 부정으로 인정되는 모든 행위를 가리키며 적극적 행위(작위) 뿐만 아니라 소극적 행위(부작위)도 포함되는 것이다(대법원 1987.11.24. 선고, 87도1571 판결, 법원공보 제816호 199면). 어떤 행위가 "사위 기타 부정한 방법"에 해당되는 지의 여부는 구체적인 경우에 위 법 조항의 입법취지와 관세포탈의 가능성이 있는 모든 행위를 전체적으로 보아 그 행위가 관세포탈의 범의(犯意)를 실현하는 것으로 사회통념상 용인될 수 있는 행위인지 여부에 따라 결정되는 것이다.

그 자신이 위 처분에 관한 신뢰이익을 원용할 수 없음은 물론 행정청이 이를 고려하지 아니하였다고 하여도 재량권의 남용이 되지 아니한다. 따라서 집합건물인 사실을 은폐하고 구분소유자의 승낙서류를 첨부하지 아니한 채 옥외광고물표시 허가를 받았다가, 뒤에 행정청으로부터 그 승낙서류의 보완을 지시 받고도 제대로 보완하지 아니하여 허가를 취소 당하였다면, 수익적 처분의 취소에 관한 재량권 남용이 있다고 할 수 없다."1)

[당사자의 사실은폐나 그 밖의 사위(詐僞)의 신청 행위로 인하여 허가를 받은 사실이 사후에 발각된 경우, 그 처분의 취소시 이익형량이 필요 없다고 한 대법원 판례] (판례) : 대법원은 "액화석유가스판매사업의 허가 당시 원고가 피고 시(市)의 고시로 정해진 신청인의 자격을 외관상 갖추었으나 사실은 실제 사업자가 아니면서 허가신청자격이 없는 사람이 위 사업을 할 수 있도록 하기 위하여 명의만을 빌려주었고, 또 인근 주민의 동의서를 모두 갖추지 못하여 그 허가기준에 맞지 않았음에도 불구하고 마치 원고가 실제 사업자이고 주민의 동의서를 모두 갖춘 양 허가신청을 하여 그 허가를 받았음이 사후에 발각되었다면, 그 처분의 하자가 원고의 사실은폐에 기인한 것이 명백하고 당사자는 그 처분에 의한 이익이 위법하게 취득되었음을 알아 그 취소가능성도 예상하고 있었다고 할 것이므로 그 자신이 위 처분에 대한 신뢰의 이익을 원용할 수 없음은 물론 행정청이 이를 고려하지 아니하였다고 하여도 재량권의 남용이 되지 않는다."2)고 하였다.

▶판례〉 (공장을 공장의 용도뿐만 아니라 공장 외의 용도로도 활용할 내심의 의사가 있었다고 하더라도 그와 같은 사유만으로는 이 사건 공장등록이 하자 있는 행정행위로서 취소사유가 있다고 할 수 없어 공장등록취소처분은 위법하다고 하면서 다만 일반론으로) 수익적 행정처분의 하자가 당사자의 사실은폐나 기타 사위의 방법에 의한 신청행위에 기인한 경우, 당사자의 신뢰이익을 고려하지 않고 취소하였다고 하더라도 재량권의 남용이 되지 않는다(대판 2006. 5. 25, 2003두4669).

b) 법규정 위반의 방치로 인한 공익이 상대방의 불이익보다 큰 경우

인ㆍ허가치분 이후에 법규정 위반행위가 이루어지는 경우에는 원칙적으로 취소의 대상이 된다. 다만, 취소로 인하여 확보되는 공익이 상대방이 입게 되는 불이익보다 큰 지의 여부에 대한 비교형량은 있어야 한다.

[허가 없이 영업소를 이전하거나 무단으로 건축물의 용도를 변경한 영업을 방지해야 하는 공익이 그 영업을 양수한 양수인의 신뢰이익보다 크다고 한 대법원 판례] (판례) : 허가 없이 영업소를 이전하여 영업하는 행위나 무단으로 건축물의 용도를 변경하여 영업하는 행위를 방지하여야 할 공익상의 필요가 양도인의 일반 유흥업 영업허가를 적법한 것으로 믿고 이를 양수하

---

1) 대판 1996. 10. 25, 95누14190 【옥외광고물설치허가취소처분등취소】
2) 대판 1991. 4. 12, 90누9520 【석유판매업허가취소처분취소】

여 영업자 지위승계신고를 마친 양수인의 신뢰이익이나 취소처분으로 인하여 양수인이 입게 될 불이익보다 훨씬 큰 경우에 해당하므로 행정청의 영업허가취소처분에 재량권 일탈의 위법이 있다고 할 수 없다.[1]

[자연훼손을 방지할 공익상 필요를 이유로 승인을 취소할 수 있다고 한 대법원판례] (판례) : 휴양콘도미니엄의 사업승인과 허가를 받은 후 사업을 추진해 온 수허가자로서는 위 승인과 허가가 취소되면 상당한 손해를 입게 되겠지만 그 지역이 자연보전권역에 속하므로 자연훼손을 방지하여야 할 공익상의 필요가 위 승인과 허가를 받음으로 인한 신뢰의 이익이나 그 취소로 인하여 입게 될 불이익 또는 형평의 원칙 등을 정당화할 만큼 강한 경우에 해당한다.[2]

[건폐율에 관한 법규정에 위반하여 건축허가가 이루어진 경우 행정청은 그 허가를 취소할 수 있다고 한 대법원 판례] (판례) : 건축관계법령상 건폐율에 관한 규정을 둔 것은 당해 토지와 인근토지의 이용관계를 조절하고, 토지의 규모나 도로사정 등을 고려하여 토지의 적정한 이용을 확보하기 위한 데 있다고 할 것인 바, 이러한 건폐율에 관한 규정에 위반하여 건축허가가 이루어졌다면, 행정청으로서는 언제든지 이를 취소할 수 있다. 다만, 그 취소로 인하여 확보되는 공익보다 상대방의 불이익이 더 큰 경우에는 취소가 허용되지 아니한다.[3]

c) 법규정 등을 상습적으로 위반하는 경우

법규정 등을 상습적으로 위반하는 경우에는 일반적으로 가중 처벌이 허용되고 있음에 비추어 상습적인 법규정 위반의 경우에는 취소권 제한의 법리도 완화되어 적용될 수 있다.

[미성년자 출입으로 2회나 영업정지에 갈음한 과징금을 부과받은지 1개월만에 다시 미성년자를 출입시킨 경우 영업허가 취소가 가능하다고 한 판례] 미성년자를 출입시켰다는 이유로 2회나 영업정지에 갈음한 과징금을 부과받은지 1개월만에 다시 만 17세도 되지 아니한 고등학교 1학년 재학생까지 포함한 미성년자들을 연령을 확인하지 않고 출입시킨 행위에 대한 영업허가 취소처분은 재량권을 일탈한 위법한 처분으로 보기 어렵다.[4]

[6년 이상이 지나도록 16회 가량의 배출시설 이전촉구를 받고서도 배출시설을 이전하지 아니한 경우에 배출시설 설치허가의 취소가 가능하다고 한 판례] 배출시설을 이전하기 위하여 다른 곳에다가 공장부지를 매수하고 공장신축에 착수하여 거의 완공된 상태이고 배출시설설치허가가 취소되면 공장을 가동하지 못하게 되어 회사가 도산하게 되며 종업원들이 실직하게 되는 등 사정이 있다 하더라도 이전기한으로부터 6년 이상이 지나도록 더구나 16회 가량의

---

1) 대판 1994. 10. 11, 93누22678 【일반유흥업허가취소처분취소】
2) 대판 1992. 7. 24, 92누3311 【휴양콘도미니엄사업계획승인취소처분취소등】
3) 대판 1995. 2. 28, 94누12180 【건축허가취소처분취소】
4) 대판 1993. 10. 26, 93누5185 【영업허가취소처분취소】

이전촉구를 받고서도 배출시설을 이전하지 아니한 점과 한편으로는 모든 국민이 건강하고 쾌적한 환경에서 생활할 수 있게 함으로 목적으로 제정된 환경보전법의 취지와 공익상의 요청 등에 비추어 볼 때 위 이전명령에 위반하였다는 이유로 취소처분에 이른 것은 정당하고 달리 위 처분이 재량권을 남용하였거나 재량권의 범위를 일탈한 것이라고 할 수 없다.[1]

### d) 반사회적 행위로 인한 영업정지기간 중에 영업을 한 경우

반사회적 행위로 인하여 영업정지를 받은 자가 영업정지 기간 중에 다시 영업을 하는 것은 반사회적 단속행위를 무력화시키는 것이며 영업자도 중한 행정제재를 예상하였을 수 있으므로 허가취소가 가능하다.

[윤락행위의 알선 또는 장소제공 등 반사회적 행위를 사유로 영업정지 처분을 받은 자가 그 기간 중 영업행위를 한 경우 영업 허가를 취소할 수 있다고 한 판례] 여관의 경영자인 원고가 윤락행위의 알선 또는 장소제공 등 반사회적 행위를 사유로 1개월간의 영업정지처분을 받고도 영업정지기간 중에 영업행위를 한 데 대하여 원고가 그 영업정지기간 중에 이를 어기고 다시 영업행위를 하면서 수익을 얻어온 것은 위 단속행위를 무력화시키는 것이며, 원고도 그 위반행위에 대하여 보다 중한 행정제재를 예상하였을 터이어서 숙박업허가를 취소한 처분이 원고의 위법행위의 내용이나 정도에서 볼 때 재량권을 일탈한 것으로 볼 수 없다.[2]

### e) 형사재판과 허가취소

[형사재판과 허가취소] 법령의 위반행위로 인하여 허가취소의 사유에 해당하게 된 경우에는 그 위반행위에 관하여 형사재판의 확정 여부에 관계없이 허가를 취소할 수 있다(건설업자가 건설업면허를 대여한 행위가 건설업법에 위반된다고 인정되는 이상, 그 건설업의 면허를 취소할 수 있는 것이고, 그 위반행위에 관한 재판의 확정여부는 상관이 없다(관련 대법원 판례, 1989. 10. 24. 선고 89누2813 판결).[3]

[근거법률이 위헌결정을 받은 경우] 행정처분이 행하여진 이후에 그 근거법률이 헌법재판소에 의하여 위헌결정을 받은 경우에는 특별한 사정이 없는 한 취소사유에 해낭한나. 행정청이 법률에 근거하여 행정처분을 한 후에 헌법재판소가 그 법률을 위헌으로 결정하였다면 그 행정처분은 결과적으로 법률의 근거가 없이 행하여진 것과 마찬가지가 되어 하자가 있다고 할 것이나, 하자 있는 행정처분이 당연무효가 되기 위하여는 그 하자가 중대할 뿐만 아니라 명백한 것이어야 하는데, 일반석으로 법률이 헌법에 위반된나는 사정은 헌법재판소의 위헌결정이 있기 전에는 객관적으로 명백한 것이라고 할 수 없으므로 특별한 사

---

1) 대판 1992. 4. 14, 91누9251【배출시설설치허가취소처분취소】
2) 대판 1991. 3. 8, 90누6545【숙박영업허가취소처분취소】
3) 한상우, 실무행정법, 지방자치단체 법률교육(법제처 : 2008. 3), 100면.

정이 없는 한 이러한 하자는 위 행정처분의 취소사유에 해당할 뿐 당연무효사유는 아니라고 보아야 한다(대판 2000.6.9, 2000다16329).

## VIII. 취소의 효과

### 1. 개관

#### 1.1. 부담적 행정행위의 직권취소

부담적 행정행위의 직권취소는 소급효가 원칙이다. 왜냐하면 부담적 행정행위의 취소는 상대방에게 이익을 부여하는 수익적 행정행위로 전환되기 때문이다. 쟁송취소의 경우에도 과거회귀적으로 적법성을 확보하려는 것이기 때문에, 그 취소의 효과는 소급적으로 발생한다.[1] 일반적으로는 상대방에게 특히 귀책사유가 있거나, 또한 이미 완결된 법률관계를 제거해야만 취소의 목적을 달성할 수 있는 경우에는 소급효가 적용되지만, 그렇지 않은 경우에는 일반적으로 장래에 향하여 효력이 발생한다고 본다.[2]

#### 1.2. 수익적 행정행위의 직권취소

수익적 행정행위의 직권취소는 <u>신뢰보호의 원칙상 상대방의 귀책사유가 있는 경우를 제외하고는 원칙적으로 소급하지 않는다</u>. 위법한 행정행위를 취소한 경우에 행정청은 당사자등이 행정행위의 존속을 신뢰함으로써 받은 재산상의 불이익을 보상하여야 한다. 이 경우 수용유사침해이론(enteignungsgleicher Eingriff)에 의하여 보상이 이루어져야 한다는 견해[3]가 있다.

#### 1.3. 쟁송취소와 직권취소

쟁송취소에서는 취소에 의하여 - 재결이나 판결의 형식으로 이루어 지므로 - 불가변력·형성력 및 구속력·확정력(존속력)과 같은 효력이 생기지만,[4] 직권취소의 경우에는 확정력이나 기속력이 인정되지 아니한다.[5] 다만 직권취소는 행정행위의 일종이기 때문에 행

---

1) 이상원, 행정행위의 쟁송취소와 직권취소, 고시계(1992.4), 253면.
2) 김동희, 행정법(I), 328면; 안미령, 행정행위의 직권취소, 고시계(2003.10), 191면; 석종현, 행정행위의 직권취소, 고시계(1981.7), 40면.
3) 신보성, 위법한 행정행위의 직권취소, 고시계(1984.10), 92면.
4) 이상원, 행정행위의 쟁송취소와 직권취소, 고시계(1992.4), 253면.
5) 석종현, 행정행위의 직권취소, 고시계(1981.7), 40면.

정행위 일반의 경우와 마찬가지로 불가쟁력·불가변력을 가진다는 견해,[1]와 직권취소는 절차상의 제한이 없고, 비록 행정상의 제재의로서 행하는 수익적 행정행위의 취소에서와 같이 상대방의 청문 등의 절차가 요구된다고 하여도, 불가쟁력이나 실질적 확정력 등의 특수한 효력은 인정되지 않는다는 견해가 있다.[2] 법원에 의한 쟁송취소는 특별한 규정이 없는 한 행정행위를 적극적으로 변경 할 수 없고,[3] 일부취소를 의미한다는 뜻의 소극적 변경을 할 수 있음에 그친다는 것이 통설·판례의 견해이다.[4] 따라서 행정소송법 제4조 제1호의 취소소송에서 "행정청의 위법한 처분등을 취소 또는 변경하는 소송"에서의 변경의 의미는 적극적 변경이 아닌 소극적 변경, 즉 일부취소를 의미한다고 본다.

## 2. 쟁송취소의 불가변력·형성력

[불가변력·형성력] 행정심판에 의한 취소(취소재결)는 준사법적(準司法的) 절차를 거친 행정행위이므로 불가변력이 발생하며, 행정소송에 의한 취소가 확정되면 「형성력」이 발생되어,[5] 특별한 사후절차를 요하지 않고, 당연히 원행정행위의 효력이 '소멸'된다. "행정소송법 제29조(취소판결등의 효력) ① 처분등을 취소하는 확정판결은 제3자에 대하여도 효력이 있다. ② 제1항의 규정은 제23조의 규정에 의한 집행정지의 결정 또는 제24조의 규정에 의한 그 집행정지결정의 취소결정에 준용한다."고 규정하여, 취소판결의 제3자효규정만을 두고 있다. 취소판결에 형성력을 인정한 것은 하자있는 처분에 대하여 판결이 확정되었음에도 불구하고 국민의 권익이 침해된 상태로 있는 것은 법치주의 원리에 위반되기 때문이다.[6] 문제가 되는 점은 상기한 바와 같이 행정소송에 의한 취소가 확정되면 「형성력」이 발생되어 특별한 사후절차를 요하지 않고, 당연히 원행정행위의 효력이 '소멸'되는데, 여기서 형성력의 내용으로서의 소급효가 무엇을 의미하는 것인가 하는 점이다.

[형성력의 내용으로서의 소급효] 계쟁처분은 판결이 확정됨과 동시에 소급하여 그 효력을 상실한다고 보는 것이 일반적이다. 그러나 이때의 소급효가 "위법상태의 제거"를 의미하는 것인지 아니면 "위법상태의 확인"을 의미하는 것인지에 대해서는 견해가 대립될 수 있다. 판례는 「과세처분을 취소하는 판결이 확정되면 그 과세처분은 처분시에 소급하여 소멸하므로 그 뒤에 과세관청에서 그 과세처분을 경정(更正)하는 경정처분을 하였다면 이는

---

1) 이상원, 행정행위의 쟁송취소와 직권취소, 고시계(1992.4), 254면.
2) 김인만, 행정행위의 직권취소와 쟁송취소, 고시계(1986.4), 344면.
3) 이시환, 쟁송취소와 직권취소, 고시계(1983.7), 196면; 이상원, 행정행위의 쟁송취소와 직권취소, 고시계(1992.4), 253면; 김인만, 행정행위의 직권취소와 쟁송취소, 고시계(1986.4), 344면.
4) 김인만, 행정행위의 직권취소와 쟁송취소, 고시계(1986.4), 344면.
5) 이상원, 행정행위의 쟁송취소와 직권취소, 고시계(1992.4), 253면.
6) 장태주, 행정행위의 공정력과 취소판결의 소급효와의 충돌, 고시계(2004.7), 99면.

존재하지 않는 과세처분을 경정한 것으로서 그 하자가 중대하고 명백한 당연무효의 처분이다」라고 판시하고 있다.[1]

## 3. 취소효과의 소급가능성 여부 — 취소의 소급효

### 3.1. 원칙 → 소급효가 인정(ex tunc)

적법요건의 하자로 인해 행정행위의 효력을 부인하는 것이 행정행위의 취소인 점을 고려한다면 소급효가 있는 것이 원칙일 것이므로,[2] 취소의 효과는 원칙적으로 행정행위의 성립시까지 소급하여 처음부터 효과가 발생하지 아니했던 것과 같은 상태로 된다(ex tunc).[3] 즉, 취소할 수 있는 행정행위를 취소한 경우의 효과는 원칙적으로 무효인 행정행위의 경우와 같다. 특히 쟁송취소의 경우에는 당사자의 권리구체가 목적이므로 권리보호를 위하여 소급효가 인정된다.[4] 다만 직권취소의 경우 수익적 행정행위가 대상인 경우에는 취소권 행사의 원인에 당사자의 귀책사유가 없고 소급하는 것이 당사자에게 불리한 경우에는 소급효가 부정되고 장래에 향해서만 효력이 인정된다. 또한 수익적 행정행위가 대상인 경우에 당사자의 귀책사유가 없는 때에는, 취소권 행사로 발생한 당사자의 재산적 손실(신뢰이익)을 보상하거나 원상회복 등의 조치를 하여야 한다. 보상을 하는 경우 수용유사침해이론(enteignungsgleicher Eingriff)에 의하여 보상이 이루어져야 한다는 견해[5]가 있다. 그리고 취소권 행사의 원인에 당사자의 귀책사유가 있는 경우에는 소급효가 당연히 인정된다. 또한 부담적 행정행위가 대상인 경우에는 당사자의 권리보호를 위하여 소급효가 인정된다.

▶ 대판 1997. 1. 21, 96누3401【법인임원취임승인신청거부처분취소등】【판시사항】행정청이 의료법인의 이사에 대한 이사취임승인취소처분을 직권으로 취소한 경우, 법원에 의하여 선임된 임시이사는 법원의 해임결정이 없더라도 당연히 그 지위가 소멸되는지 여부(적극)【판결요지】행정처분이 취소되면 그 소급효에 의하여 처음부터 그 처분이 없었던 것과 같은 효과를 발생하게 되는바, 행정청이 의료법인의 이사에 대한 이사취임승인취소처분(제1처분)을 직권으로 취소(제2처분)한 경우에는 그로 인하여 이사가 소급하여 이사로서의 지위를 회복하게 되고, 그 결과 위 제1처분과 제2처분 사이에 법원에 의하여 선임결정된 임시이사들의 지위는 법원의 해임결정 없더라도 당연히 소멸된다.

---

1) 대판 1989. 5. 9. 88다카16096【부당이득금반환】
2) 김유돈, 행정행위의 직권취소, 고시연구(2006.4), 405면.
3) 안미령, 행정행위의 직권취소, 고시계(2003.10), 189면.
4) 김인만, 행정행위의 직권취소와 쟁송취소, 고시계(1986.4), 344면.
5) 신보성, 위법한 행정행위의 직권취소, 고시계(1984.10), 92면.

## 3.2. 예외 → 효과결정의 개별화 필요성(ex tunc; ex nunc)
### 3.2.1. 이익교량설(이익형량설)

이익교량설(이익형량설)은 취소효과의 소급 여부는 구체적 가치판단에 따라 개별적·합리적으로 결정해야 한다는 견해이다. 왜냐 하면 취소의 소급적 효과는 그 결과로 기성(旣成)의 법질서를 파괴하고 거래의 안전과 선의(善意)의 관계자의 신뢰(Vertrauen)를 저버리는 결과가 되므로, 경우에 따라서는 소급효의 제한이 인정되어 취소의 경우라 할 지라도 장래에 향하여 효력을 상실시키는 경우가 있다는 것이다(철회하는 의미의 취소; 광의의 취소 = 협의의 취소 + 철회로 보는 견해도 있다[1]). 따라서 이익교량설에 의하면 직권취소의 경우 당사자에게 유책사유(有責事由)가 있는 경우에만 소급효가 인정되고 당사자에게 유책사유가 없는 경우에는 소급효가 제한된다고 본다. 다만 쟁송취소의 경우에는 소급함이 원칙이다.[2] 무릇 적법요건의 하자로 인하여 행정행위의 효력을 부인하는 것이 행정행위의 취소인 점을 고려하면 소급효가 있는 것이 원칙일 것이다. 그러나 행정행위가 취소되기 전까지는 유효한 행정행위였던 점을 고려하면 소급효로 인하여 법치국가원리의 구성요소인 법적 안정성을 해칠 수 있다. 따라서 구체적 사안에 따라 취소의 효과가 소급할 수도 있고 장래적일 수도 있다고 보아야 한다. 결론적으로 행정처분 취소의 효과는 행정처분이 있었던 때에 소급하는 것이 원칙이나 취소에 의하여 기성의 법률관계나 이에 대한 당사자의 신뢰를 침해하는 결과가 될 수 있기 때문에 신뢰보호의 원칙상 구체적인 이익형량(Interessenabwägung)에 따라 결정해야 한다(이익교량설). 대체적으로 침익적 행정행위(belastender Verwaltungsakt)의 취소효과는 소급적이고, 수익적 행정행위의 취소효과는 소급되지 아니한다고 본다(ex nunc).[3] 다만 수익적 행정행위의 직권취소도 상대방에게 귀책사유가 있는 경우이거나, 과거에 완결한 법률관계를 제거하지 않으면 취소의 목적을 달성 할 수 없는 경우에는 소급효가 인정된다.[4] 이와같이 직권취소는 취소권 행사를 함에 있어서 수익적 행정행위가 대상인 경우에 합목적성을 보장하기 위하여 공익과 사익의 이익형량의 필요성이 존재하게 된다. 쟁송취소는 행정행위의 위법성이 인정되는 한 당연히 취소해야 하는 것이어서, 이익형량(Interessenabwägung)은 원칙적으로 불필요하나, 예외적으로 사정판결 또는 사정재결을 하는 경우에는 추구하고자 하는 공익과 침해당하는 사

---

1) 최정일, 행정행위의 취소, 고시연구(1998.5), 161면.
2) 김남진·김연태, 행정법(I), 327면.
3) 우병렬, 행정행위의 취소와 철회, 고시월보(1997.6), 23면.
4) 대판 1962. 3. 8, 4294민상1263 : 행정처분 취소의 효과는 행정처분이 있었던 때에 소급하는 것이나 취소되기까지의 기득권을 침해할 수 없는 것이 원칙이다. 박지순, 고용보험 법령체계 개선방안, 고용노동부(2012.9), 117면 각주 168); 석종현, 행정행위의 직권취소, 고시계(1981.7), 34면; 우병렬, 행정행위의 취소와 철회, 고시월보(1997.6), 23면.

익과의 비교형량이 필요하게 된다. 이 과정에서 과잉금지원칙의 구성원칙인 상당성의 원칙과 상대방의 수인기대가능성(Zumutbarkeit)에 관한 판단이 중요한 판단기준이 될 것이다. 그리고 허가의 취소는 허가의 효력이 별도의 행정행위를 요하지 아니하고 일정한 사유가 발생하는 경우에 자연적으로 소멸하는 허가의 실효(Erledigung)와는 구분되며, 허가의 취소는 수익적 행정행위의 철회에 해당하므로 그로 인한 공익사업과 사업자의 신뢰의 이익(신뢰보호의 원칙 : Vertrauensschutz)등 관련이익을 비교형량하여 비례의 원칙에 합당하게 행사되어야 한다(이익교량설). 왜냐 하면 수익적 행위의 철회는 침익적인 결과(수익적 행정행위에서 침익적 행정행위로 전환)를 가져오기 때문이다.

[이익교량설(이익형량설)] 이익교량설(이익형량설)은 법률적합성 및 법적 안정성이 서로 동일한 가치를 지닌다는 동위설적 입장, 즉 **행정의 법률적합성 = 법적 안정성**이라고 보는 것을 전제로 하되, 구체적으로는 신뢰보호를 어느 범위까지 인정하느냐 하는데 있어서 신뢰이익과 취소이익의 교량의 결과에 의존한다는 것이다.[1] 이 설에 의하면 행정주체와 행정객체의 이익을 구체적인 경우에 비교형량(比較衡量)하여, 경우에 따라서는 법의 지배의 원칙(행정의 법률적합성의 원칙), 법치행정의 원리를 후퇴시키고 현재의 법적 안정성을 보호하여 행정객체의 이익을 보호하여야 한다는 견해이다. 이는 행정의 법률적합성의 원칙(법치행정의 원리)이 언제나 절대적인 가치를 지니는 것은 아니며, 양원칙의 이익(공익·사익)을 구체적으로 비교형량하여 어느 원칙이 보다 우위에 있는가를 판단하여야 하는 것으로서, 이는 개별적 구체적으로 적법상태를 실현하여야 하는 공익(公益)과 개인이 행정청의 언동을 신뢰한 경우에 이를 보호하는 사익(私益)을 비교형량하여 결정해야 한다는 견해이다. **독일의 통설·판례이며**[2] **우리나라의 판례의 태도이다.**[3][4][5]

---

1) 김철용, 행정법(I), 65면.
2) 박윤흔, 행정법강의(상), 82면 참조.
3) 대판 1996. 7. 12, 95누11665【공장설립신고수리거부처분취소】지방자치단체로서는 주민들이 쾌적한 환경에서 살 수 있도록 하여야 할 책무가 있으며, 이 사건에 있어서와 같이 그 관할 구역에 공장을 설치하려는 자가 있는 경우에 이와 같이 쾌적한 환경에서 생활할 권리를 가지는 주민들에게 위해를 가할 우려가 있다고 판단되면 당연히 공업배치및공장설립에관한법률 제9조의 규정에 따라 공장입지의 변경의 권고를 할 수 있고, 이에 불응하는 자에게 공장입지의 변경 또는 공장설립계획의 조정을 명할 수 있으며, 한편 레미콘공장 설립을 하면 환경에 현저한 위해를 가할 우려가 있고 그러한 사정이 있음에도 불구하고 공장설립을 허가하는 것이 같은 법 제8조와 이 규정에 따른 통상산업부 고시에 위반된다면, 설사 관할 지방자치단체가 토지거래허가시에 이러한 사정을 간과하고 토지거래허가를 하였다고 하더라도 쾌적한 환경에서 생활할 주민들의 권리라는 한 차원 높은 가치를 보호하기 위한 조정명령을 신뢰보호의 원칙을 들어 위법하다고 할 수도 없다.
4) 대판 1998. 5. 8, 98두4061【폐기물처리업허가신청에대한불허가처분취소】폐기물처리업에 대하여 사전에 관할 관청으로부터 적정통보를 받고 막대한 비용을 들여 허가요건을 갖춘 다음 허가

[이익교량설(이익형량설)에 입각한 대법원 판례] "舊도로교통법(1980. 12. 31 개정 법률 제3346호) 제65조에 의하면 관할관청은 운전면허를 받은 자가 동조 제2호 내지 제6호에 해당하는 위반행위를 하였을 때에는 그 운전면허를 취소하거나 그 효력을 정지(1년 이내)하는 행정처분을 할 수 있도록 규정하고 있는바, 위와 같은 행정처분은 그 성질상 행정청의 재량행위에 속하는 것이므로 행정청이 운전면허를 취소하는 행정처분을 함에 있어서는 그 위반행위의 정도를 감안하여 운전면허를 취소하고자 하는 공익목적과 그 취소처분에 의하여 상대방이 입게 될 불이익을 비교형량하여야 한다."[1]고 하였다.

### 3.2.2. 철회하는 의미의 취소

[철회하는 의미의 취소] 행정행위의 취소(소급효 또는 장래효)나 행정행위의 철회(장래효)는 경우에 따라서 서로 혼용되는 경우가 있다. 철회는 학문상으로 불리우며 취소는 실정법상으로 불리운다. 환경법상의 배출시설이나 방지시설을 정상운영하지 아니할 때 허가를 취소하는 것은 일반적으로 장래에 향하여 그 효력을 발생시키는 것이기 때문에「철회하는 의미의 취소」이다. (철회하는 의미의 취소에 관련한 판례): "유기장영업허가는 舊유기장법(1981. 4. 13, 법률 제3441호) 제3조, 동법시행령 제3조, 제4조의 규정에 비추어 물건의 내용·상태 등 객관적 요소를 대상으로 하는 대물허가로서 그 영업장의 소재지 및 시설규모 등은 영업허가 등의 대상을 이루는 요소라고 할 것이므로 당초 허가된 장소에 설치되었던 영업시설을 허가없이 새로운 영업장소로 이전하였다면 새로운 장소에서 영업허가 없이 영업을 하고, 당초 허가된 장소에서의 영업은 유기장영업법 소정의 유기시설을 갖추지 아니하여 준수사항과 허가조건을 위반하였다 할 것이므로, 당초의 영업허가는 그 목적을 달성할 수 없게 되어 당연히 효력을 잃고, 따라서 허가청은 이를 철회하는 의미에서 그 허가를 취소할 수 있다 할 것이다."[2]

---

신청을 하였음에도 다수 청소업자의 난립으로 안정적이고 효율적인 청소업무의 수행에 지장이 있다는 이유로 한 불허가처분이 신뢰보호의 원칙 및 비례의 원칙에 반하는 것으로서 재량권을 남용한 위법한 처분이다.
5) 대판 1987. 9. 8, 87누373【자동차운전면허취소처분취소】
1) 대판 1987. 9. 8, 87누373【자동차운전면허취소처분취소】
2) 대판 1985. 2. 8, 84누369【전자유기장업허가취소처분취소】유기장영업허가는 유기장영업권을 설정하는 설권행위가 아니고 일반적 금지를 해제하는 영업자유의 회복이라 할 것이므로 그 영업상의 이익은 반사적 이익에 불과하고 행정행위의 본질상 금지의 해제나 그 해제를 다시 철회하는 것은 공익성과 합목적성에 따른 당해 행정청의 재량행위라 할 것이다

## 4. 행정행위의 공정력(구성요건적 효력)과 취소판결의 소급효와의 충돌시의 문제점[1]

### 4.1. 대법원판결

#### 4.1.1. 대판 1993. 6. 25, 93도277 【식품위생법위반】

대법원은 (구)식품위생법상 영업허가 취소처분이 있고서도 계속 영업을 하던중 위 영업허가취소처분이 이후 청문절차상의 흠결을 이유로 행정심판에서 취소되었다면 피고인을 무허가영업으로 볼 수 있을 것인지가 문제된 사안에서 "이 사건 공소사실은 피고인이 영업허가 취소처분이 있음에도 불구하고 이에 위반하여 무허가영업을 하였다는 것인데, 그 영업의 금지를 명한 영업허가 취소처분 자체가 나중에 행정쟁송절차에 의하여 이미 취소되었다면, 그 영업허가 취소처분은 그 처분시에 소급하여 효력을 잃게 되고, 피고인은 위 영업허가 취소처분에 복종할 의무가 원래부터 없었음이 후에 확정되었다고 봄이 타당할 것이고, 그 영업허가 취소처분이 단지 장래에 향하여서만 효력을 잃게 된다고 볼 근거가 없다. 따라서 피고인의 영업행위는 죄로 되지 아니한다고 할 것이다."라고 하였다.

#### 4.1.2. 대판 1999. 2. 5, 98도4239 【도로교통법위반】

대법원은 '운전면허취소처분을 받은 후 자동차를 운전하였으나 위 취소처분이 행정쟁송절차에 의하여 취소된 경우, 무면허운전의 성립 여부'에 대하여, "피고인이 행정청으로부터 자동차 운전면허취소처분을 받았으나 나중에 그 행정처분 자체가 행정쟁송절차에 의하여 취소되었다면, 위 운전면허취소처분은 그 처분시에 소급하여 효력을 잃게 되고, 피고인은 위 운전면허취소처분에 복종할 의무가 원래부터 없었음이 후에 확정되었다고 봄이 타당할 것이고, 행정행위에 공정력의 효력이 인정된다고 하여 행정소송에 의하여 적법하게 취소된 운전면허취소처분이 단지 장래에 향하여서만 효력을 잃게 된다고 볼 수는 없다."고 하였다.

### 4.2. 학설

#### 4.2.1. 위 대법원 판례를 긍정적으로 보는 견해 - 취소소송의 본질을 확인소송으로 보는 입장

위 대법원 판례를 긍정하는 입장에서는 우리 행정절차법은 독일연방행정절차법 제43조 제2항[2]과 같은 공정력에 관한 명문의 규정을 두고 있지 않고, 취소판결

---

[1] 장태주, 행정행위의 공정력과 취소판결의 소급효와의 충돌, 고시계(2004.7), 99면 이하 참조.
[2] 독일연방행정절차법 제43조 ② Ein Verwaltungsakt bleibt wirksam(행정행위는 그 효력을 지속한다), solange und soweit er nicht zurückgenommen(취소), widerrufen(철회), anderweitig

(Rücknahmerechtsprechung)에 있어서, 취소의 의미는 「독일에서와 같은 엄격한 의미의 폐지(Aufhebung)가 아니라 당해 행정행위가 위법하기 때문에 법원이 행정행위의 위법성을 확인하여 처음부터 무효이었음을 선언하는 확인판결로서의 성격」을 갖기 때문에 이 사안에서 피고인은 처음부터 「처분에 복종할 의무가 원래부터 없었음이 확정되었다」고 보아 형사법원은 유죄를 선고할 수 없게 되는 것이라고 설명한다. 따라서 우리 현행법상으로는 독일에서와 같은 실체적 공정력을 인정하기 어려우며, 우리 행정소송법상 취소소송은 형성소송이 아닌 확인소송의 성질을 갖는다고 한다.[1]

### 4.2.2. 위 대법원 판례를 비판적으로 보는 견해 - 취소소송의 본질을 형성소송으로 보는 입장

위 대법원 판례의 태도에 대하여 비판적 견해를 취하는 입장은, 판례의 이러한 태도는 취소소송의 본질을 형성소송으로부터 일탈 하게 하는데, 행정행위가 위법하기는 하지만 그것이 폐지(Aufhebung)되기 전까지는 공정력을 인정하여 이에 복종한 자와, 처분당시부터 이를 무시하고 전혀 따르지 않은 자에 대한 차별문제가 발생하고, 국가행위에 대한 시민의 무조건적 부정이 초래 될 염려가 있으며, 취소판결을 형성판결로 보지 않고 확인판결로 보는 경우에는, 결과적으로 취소소송과 무효확인소송의 구별이 무익하게 될 우려가 있으므로 쟁송취소에 대한 소급효에 대해 실체법적 근거규정을 두어 해결하는 것이 바람직하다고 한다.[2]

## 5. 신뢰보호 및 위법한(혹은 적법한) 수익적 행정행위를 취소한 경우 손실보상의 여부

위법한 행정행위를 취소한 경우에 있어서 행정청은 당사자 등이 행정행위의 존속을 신뢰함으로써 받은 재산상의 불이익 또는 수익적 행정행위가 상대방의 귀책사유에 기인하지 않는 하자로 인하여 취소되는 경우에는 그로 인한 상대방의 손실(손해; 불이익)를 보상하여야 할 것이다.[3] 이 경우 수용유사침해이론(enteignungsgleicher Eingriff)에 의하여 보

---

aufgehoben(다른 방법으로 폐지) oder durch Zeitablauf(기간만료) oder auf andere Weise erledigt(실효) ist(행정행위는 취소되거나, 철회되거나, 다른 방법으로 폐지되거나, 또는 기간만료나 기타 방법으로 실효되지 않는 한 그 효력을 지속한다).

1) 박정훈, 지방자치단체의 자치권을 보장하기 위한 행정소송, 지방자치법 연구 제1권 제2호, 2001, 23면 이하.
2) 김중권, 행정의 작용형식의 체계에 관한 소고, 공법연구 제30집 제4호, 310면.
3) 안미령, 행정행위의 직권취소, 고시계(2003.10), 190면; 우병렬, 행정행위의 취소와 철회, 고시월보(1997.6), 23면.

상이 이루어져야 한다는 견해[1]가 있다. 독일의 경우(독일 행정절차법 제48조 제3항) 이를 명문으로 규정하고 있고, 1987년의 우리나라 행정절차법안도 제31조 제3항·제4항에서 "행정처분을 취소한 경우에 당해 행정청은 청구가 있으면 당사자 등이 받은 재산상의 손실에 대하여 원상회복, 손실보상 기타 필요한 조치를 하여야 한다."라고 규정하고 있었으나, 현행 행정절차법에는 이에 관한 규정이 없다.[2]

▶ 독일연방행정절차법 제48조 제3항 : 제2항에 해당하지 아니하는 위법한 행정행위를 취소한 경우에, 당해 행정청은 신청에 따라, 당사자가 행정행위의 존속을 신뢰하였고(dass er auf den Bestand des Verwaltungsaktes vertraut hat), 그 신뢰가 공익과 비교하여 보호할 만한 가치가 있는 경우에는(soweit sein Vertrauen unter Abwägung mit dem öffentlichen Interesse schutzwürdig ist), 그 재산상의 손실을 보상하여야 한다(den Vermögensnachteil auszugleichen). 제2항 제3문은 적용되어야 한다. 재산상의 손실은 당사자가 행정행위의 존속으로 인하여 받게 되는 이익에 상당하는 금액을 초과하여 보상할 수는 없다(Der Vermögensnachteil ist jedoch nicht über den Betrag des Interesses hinaus zu ersetzen, das der Betroffene an dem Bestand des Verwaltungsaktes hat). 배상될 재산의 불이익은 행정청이 결정한다. 청구는 1년 이내에만 할 수 있다(Der Anspruch kann nur innerhalb eines Jahres geltend gemacht werden). 기간은 행정청이 당사자에게 이에 관하여 고지한 때로부터 진행한다(die Frist beginnt, sobald die Behörde den Betroffenen auf sie hingewiesen hat).[3]

▶ 독일연방행정절차법 제48조 제3항 : 제2항에 해당하지 아니하는 위법한 행정행위를 취소한 경우에, 당해 행정청은 신청에 따라, 당사자가 행정행위의 존속을 신뢰하였고, 그 신뢰가 공익과 비교하여 보호할 만한 가치가 있는 경우에는, 그 재산상의 손실(손해; 불이익)를 보상하여야 한다. 제2항 제3문은 적용되어야 한다. 재산상의 손실은 당사자가

---

1) 신보성, 위법한 행정행위의 직권취소, 고시계(1984.10), 92면.
2) 김충묵, 행정행위의 직권취소권의 한계, 지역발전연구 제7권 제1호, 한국지역발전학회(2007.8), 111면.
3) 독일연방행정절차법 제48조 제3항 : Wird ein rechtswidriger Verwaltungsakt, der nicht unter Absatz 2 fällt, zurückgenommen, so hat die Behörde dem Betroffenen auf Antrag den Vermögensnachteil auszugleichen, den dieser dadurch erleidet, dass er auf den Bestand des Verwaltungsaktes vertraut hat, soweit sein Vertrauen unter Abwägung mit dem öffentlichen Interesse schutzwürdig ist. Absatz 2 Satz 3 ist anzuwenden. Der Vermögensnachteil ist jedoch nicht über den Betrag des Interesses hinaus zu ersetzen, das der Betroffene an dem Bestand des Verwaltungsaktes hat. Der auszugleichende Vermögensnachteil wird durch die Behörde festgesetzt. Der Anspruch kann nur innerhalb eines Jahres geltend gemacht werden; die Frist beginnt, sobald die Behörde den Betroffenen auf sie hingewiesen hat.

행정행위의 존속으로 인하여 받게 되는 이익에 상당하는 금액을 초과하여 보상할 수 없다. 보상될 재산의 불이익은 행정청이 결정한다. 청구는 1년이내에만 할 수 있다. 기간은 행정청이 당사자에게 이에 관하여 고지한 때로부터 진행한다.[1]

## 6. 하자있는 행정행위의 취소와 금전(金錢), 이자부과 등 기타 반환청구권 (Rückerstattungsanspruch)

하자있는 행정행위를 취소하면 그리고 그 효과가 소급적 이라면, 처분청은 수익적 행위와 관련하여 지급한 금전·문서 기타 물건의 반환을 청구할 수 있을 것이다. 왜냐하면 취소로써 금전·문서 기타 물건을 취득할 법적 근거는 상실되는 것이고, 이로써 그것은 부당이득을 구성하기 때문이다(구행정절차법안 제31조 제3항에는 이러한 규정이 있었다). 이러한 반환의무는 상속의 대상이 된다. 경우에 따라 상대방도 반환청구권 (Rückerstattungsanspruch)을 가질 것이다. 독일의 경우(독일 행정절차법 제49조)와 달리 우리는 반환청구권에 관한 일반적인 규정을 갖고 있지 않으며,[2] 이 경우 민법상 부다이득 반환청구권이론이 적용될 것이다(민법 제741조).[3][4] 독일 행정절차법도 제49a조에서 변상 및 이자의 부과에 관하여 규정하고 있다.

▶ 독일연방행정절차법 제49a조(반환, 이자의 부과[Erstattung, Verzinsung])

① 행정행위가 과거를 향하여 소급적으로 취소되거나 철회되거나 해제의 효력을 가지는 조건의 성취로 효력을 잃는 경우(auflösenden Bedingung unwirksam geworden ist), 이미 제공된 급부는 반환되어야 한다. 반환되어야 할 급부는 서면상의 행정행위로

---

1) 독일연방행정절차법 제48조 제3항 : Wird ein rechtswidriger Verwaltungsakt, der nicht unter Absatz 2 fällt, zurückgenommen, so hat die Behörde dem Betroffenen auf Antrag den Vermögensnachteil auszugleichen, den dieser dadurch erleidet, dass er auf den Bestand des Verwaltungsaktes vertraut hat, soweit sein Vertrauen unter Abwägung mit dem öffentlichen Interesse schutzwürdig ist. Absatz 2 Satz 3 ist anzuwenden. Der Vermögensnachteil ist jedoch nicht über den Betrag des Interesses hinaus zu ersetzen, das der Betroffene an dem Bestand des Verwaltungsaktes hat. Der auszugleichende Vermögensnachteil wird durch die Behörde festgesetzt. Der Anspruch kann nur innerhalb eines Jahres geltend gemacht werden; die Frist beginnt, sobald die Behörde den Betroffenen auf sie hingewiesen hat.
2) 김충묵, 행정행위의 직권취소권의 한계, 지역발전연구 제7권 제1호, 한국지역발전학회(2007.8), 111-112면.
3) 민법 제741조(부당이득의 내용) 법률상 원인없이 타인의 재산 또는 노무로 인하여 이익을 얻고 이로 인하여 타인에게 손해를 가한 자는 그 이익을 반환하여야 한다.
4) 최정일, 행정행위의 취소, 고시연구(1998.5), 165면.

이루어져야 한다.[1] ② 이자의 부과를 제외한 반환의 범위에 대하여는(Für den Umfang der Erstattung mit Ausnahme der Verzinsung) 부당이득의 반환(Herausgabe einer ungerechtfertigten Bereicherung)에 관한 민법전의 규정이 동일하게 적용된다. 수익을 받은 자(der Begünstigte)는 그가 취소(Rücknahme), 철회(Widerruf) 또는 행정행위의 실효(Unwirksamkeit des Verwaltungsaktes)를 가져오는 상황을 알았거나 중대한 과실로 인하여(infolge grober Fahrlässigkeit) 알 수 없었을 경우에는, 부당이득의 부존재를 주장할 수 없다.[2] ③ 반환(상환)되어야 할 금액은 행정행위의 효력상실이 발생한 시점부터(Eintritt der Unwirksamkeit des Verwaltungsaktes) 독일연방은행의 각 연도의 책정이자율에 맞추어 연리 100분의 5의 이자를 부과하여야 한다. 이자의 청구는 특히 수익을 받은 자가 행정행위의 취소(Rücknahme), 철회(Widerruf) 또는 실효(Unwirksamkeit)를 가져오는데 대한 책임이 없고, 상환하여야 할 금액(zu erstattenden Betrag)을 행정청이 정한 기간내(von der Behörde festgesetzten Frist)에 이미 납부한 경우에는 이자를 청구하지 않을 수 있다(abgesehen werden).[3] ④ 급부가 지불된 즉시(alsbald nach der Auszahlung) 지정된 목적에 사용되지 아니한 경우에는(nicht … für den bestimmten Zweck verwendet), 목적에 적합한 사용의 시점(für die Zeit bis zur zweckentsprechenden)까지의 기간에 대하여 제3항 제1문에 따른 이자를 청구 할 수 있다. 다른 재원을 부분적으로 혹은 우선적으로 이용할 수 있음에도 급부가 요구되는 한 동일하게 적용된다(Entsprechendes gilt, soweit eine Leistung in Anspruch genommen wird, obwohl andere Mittel anteilig oder vorrangig einzusetzen sind). 제49조 제3항 제1

---

1) 독일연방행정절차법 제49a조 제1항 : Soweit ein Verwaltungsakt mit Wirkung für die Vergangenheit zurückgenommen oder widerrufen worden oder infolge Eintritts einer auflösenden Bedingung unwirksam geworden ist, sind bereits erbrachte Leistungen zu erstatten. Die zu erstattende Leistung ist durch schriftlichen Verwaltungsakt festzusetzen.
2) 독일연방행정절차법 제49a조 제2항 : Für den Umfang der Erstattung mit Ausnahme der Verzinsung gelten die Vorschriften des Bürgerlichen Gesetzbuchs über die Herausgabe einer ungerechtfertigten Bereicherung entsprechend. Auf den Wegfall der Bereicherung kann sich der Begünstigte nicht berufen, soweit er die Umstände kannte oder infolge grober Fahrlässigkeit nicht kannte, die zur Rücknahme, zum Widerruf oder zur Unwirksamkeit des Verwaltungsaktes geführt haben.
3) 독일연방행정절차법 제49a조 제3항 : Der zu erstattende Betrag ist vom Eintritt der Unwirksamkeit des Verwaltungsaktes an mit fünf Prozentpunkten über dem Basiszinssatz jährlich zu verzinsen. Von der Geltendmachung des Zinsanspruchs kann insbesondere dann abgesehen werden, wenn der Begünstigte die Umstände, die zur Rücknahme, zum Widerruf oder zur Unwirksamkeit des Verwaltungsaktes geführt haben, nicht zu vertreten hat und den zu erstattenden Betrag innerhalb der von der Behörde festgesetzten Frist leistet.

문 제1호는 이것에 영향을 받지 아니한다.[1]

## IX. 행정행위 취소의 취소 - 취소에 하자(瑕疵)가 있을 때, 이를 다시 취소하는 경우

### 1. 문제의 제기

직권취소는 행정행위로서의 성질을 가지므로 이 취소처분에 하자가 있는 경우에는 그 법적 효과에 대하여 논의가 있다. 행정행위의 취소처분에 취소사유가 있을 때에는 그 취소의 일반원칙에 따라 다시 취소할 수 있다. 취소처분 역시 그 성질상 행정행위의 일종이므로 그에 취소의 하자가 있는 경우에는 행정행위의 취소에 대한 일반원칙에 따라 취소할 수 있다(통설·판례).[2] 그리고 그 하자가 중대하고 명백한 경우에는 당해 취소행위는 무효가 되며, 원행정행위는 아무런 영향을 받지 않고 그대로 존속한다. 다만, 이 경우에도 신뢰보호의 원칙에 의한 행정행위의 취소권의 제한이 인정됨은 물론이다. 문제가 되는 것은 행정행위(예 : 영업허가)를 취소(예 : 영업허가의 취소)하면 그 효력이 상실되기 때문에(영업허가가 없는 상태로 된다), 그 취소처분(제1취소) 자체의 위법을 이유로 그 제1취소처분을 취소(제2취소)함으로써 원행정행위(예 : 영업허가)를 되살릴 수 있느냐(종전의 영업허가가 새로운 허가처분없이 되살아 날 수 있는가)하는 것이 특히 취소의 취소문제에서 논의 된다. ※ 원행정행위(영업허가) ← 허가의 취소(영업허가취소) ← 취소의 취소(영업허가취소의 취소) ⇒ 원행정행위(영업허가) 소생

### 2. 쟁송취소의 경우

쟁송취소의 경우에는 쟁송절차를 거친 결과 기판력(취소판결의 경우) 또는 불가변력(취소재결의 경우)/확정력이 발생하기 때문에 임의로 취소·변경할 수 없다.[3] 즉 행정행위의 취소의 취소는 쟁송취소의 경우가 아닌 직권취소의 경우에 발생하는 문제이다.

---

1) 독일연방행정절차법 제49a조 제4항 : Wird eine Leistung nicht alsbald nach der Auszahlung für den bestimmten Zweck verwendet, so können für die Zeit bis zur zweckentsprechenden Verwendung Zinsen nach Absatz 3 Satz 1 verlangt werden. Entsprechendes gilt, soweit eine Leistung in Anspruch genommen wird, obwohl andere Mittel anteilig oder vorrangig einzusetzen sind. § 49 Abs. 3 Satz 1 Nr. 1 bleibt unberührt.
2) 우병렬, 행정행위의 취소와 철회, 고시월보(1997.6), 23면.
3) 이상원, 행정행위의 쟁송취소와 직권취소, 고시계(1992.4), 254면.

## 3. 직권취소의 경우
### 3.1. 무효인 취소처분의 경우
위에서 언급한 바와 같이 취소처분의 위법이 중대하고 명백한 하자가 있는 경우에는 그 취소처분이 무효가 되고, 이 경우에는 쟁송에 의하여 또는 직권으로 무효선언으로서 취소 또는 무효확인이 가능하다. 이 경우에는 원행정행위가 그대로 존속하게 된다.

### 3.2. 취소처분에 취소사유인 하자가 있는 경우
#### 3.2.1. 직권취소의 쟁송취소
직권취소처분에 취소사유인 하자가 있는 경우에 쟁송에 의한 취소가 가능하다. 다만, 이 경우에도 신뢰보호의 원칙에 의한 행정행위의 취소권의 제한이 인정됨은 물론이다.

#### 3.2.2. 하자있는 취소처분의 취소와 원행정처분 효력의 소생여부
a) 개관

직권취소처분에 취소할 수 있는 하자(흠)가 있을 때에 이를 다시 직권으로 취소(취소처분의 취소)함으로써 원처분을 소생시킬 수 있는가 하는 점이 문제된다. 이는 행정행위를 직권취소한 후에 그 직권취소에 하자가 있음을 이유로 하여 이미 내린 직권취소를 다시 직권취소하여 원래의 행정행위의 효력을 살릴 수 있는가에 대한 문제이다.

b) 직권취소에 무효원인이 있는 하자가 존재하는 경우

직권취소에 중대하고 명백한 흠이 있는 경우 직권취소는 처음부터 효력을 발생하지 않는 당연무효이므로 원래의 행정행위(원행정행위)는 아무런 영향을 받지않고 그대로 존속한다. 따라서 이 경우에는 무효선언적 의미의 취소가 가능하다.[1]

c) 직권취소에 취소원인이 있는 하자가 존재하는 경우

aa) 소극설(부인하는 견해) 및 판례

종래의 통설로서 취소처분은 상실되는 것이므로, 취소처분의 재취소(취소의 취소)에 의하여 이미 효력을 상실한 (원)행정행위를 소생시킬 수는 없으며, - 이미 소멸한 행정행위를 취소행위로 회복하는 것은 불가능하므로 - 취소로 인하여 효력이 상실된 (원)행정행위를 소생시키기 위하여는 원행정행위와 동일한 내용의 새로운 행정행위를 발할 수밖에 없다고 한다.[2]

---

1) 안미령, 행정행위의 직권취소, 고시계(2003.10), 191면.
2) 안미령, 행정행위의 직권취소, 고시계(2003.10), 191면.

▶ 대판 1995. 3. 10, 94누7027【상속세부과처분취소등】국세기본법」제26조 제1호는 부과의 취소를 국세납부의무 소멸사유의 하나로 들고 있으나, 그 부과의 취소에 하자가 있는 경우의 부과의 취소의 취소에 대하여는 법률이 명문으로 그 취소요건이나 그에 대한 불복절차에 대하여 따로 규정을 둔 바도 없으므로, 설사 부과의 취소에 위법사유가 있다고 하더라도 당연무효가 아닌 한 일단 유효하게 성립하여 부과처분을 확정적으로 상실시키는 것이므로, 과세관청은 부과의 취소를 다시 취소함으로써 원부과처분을 소생시킬 수는 없고 납세의무자에게 종전의 과세대상에 대한 납부의무를 지우려면 다시 법률에서 정한 부과절차에 좇아 동일한 내용의 새로운 처분을 하는 수밖에 없다.

▶ 대판 1979. 5. 8, 77누61【물품세과세부활처분취소】【판시사항】행정행위의 취소처분의 취소가 가능한지 여부【판결요지】행정행위(과세처분)의 취소처분의 위법이 중대하고 명백하여 당연무효이거나, 그 취소처분에 대하여 소원 또는 행정소송으로 다툴 수 있는 명문규정이 있는 경우는 별론, <u>행정행위의 취소처분의 취소에 의하여 이미 효력을 상실한 행정행위를 소생시킬 수 없고, 그러기 위하여는 원 행정행위와 동일내용의 행정행위를 다시 행할 수밖에 없다.</u>

▶ 대판 1995. 3. 10, 94누 7027【상속세부과처분취소등】【판시사항】과세관청이 부과의 취소를 다시 취소함으로써 원부과처분을 소생시킬 수 있는지 여부【판결요지】국세기본법 제26조 제1호는 부과의 취소를 국세납부의무 소멸사유의 하나로 들고 있으나 그 부과의 취소에 하자가 있는 경우의 부과의 취소의 취소에 대하여는 법률이 명문으로 그 취소요건이나 그에 대한 불복절차에 대하여 따로 규정을 둔 바도 없으므로, 설사 <u>부과의 취소에 위법사유가 있다고 하더라도 당연무효가 아닌 한 일단 유효하게 성립하여 부과처분을 확정적으로 상실시키는 것이므로</u>, 과세관청은 부과의 취소를 다시 취소함으로써 원부과처분을 소생시킬 수는 없고 납세의무자에게 종전의 과세대상에 대한 납세의무를 지우려면 다시 법률에서 정한 부과절차에 좇아 동일한 내용의 새로운 처분을 하는 수밖에 없다.

bb) 적극설(긍정하는 견해)

오늘날의 일반적 견해로서 취소처분(직권취소)도 행정행위의 일종이므로 하자가 있으면 행정행위의 하자의 효과에 관한 일반원칙에 따라 재취소(취소의 취소)할 수 있다고 하는 견해이다(판례·다수설).[1] 취소처분(제1취소)에 대한 취소(제2취소)가 행해지면 제1취소의 대상이 되었던 (원)행정행위의 효력은 소멸되지 않은 것으로 된다. 따라서 새로운 행정행위를 행할 필요가 없다.[2]

---

1) 안미령, 행정행위의 직권취소, 고시계(2003.10), 191면.
2) 행정처분이 취소되면 그 소급효에 의하여 처음부터 그 처분이 없었던 것과 같은 효과를 발생하게 되는 바, 행정청이 의료법인의 이사에 대한 이사취임승인취소처분(제1처분)을 직권으로 취소

cc) 사견

(사견) : 적극설이 타당하다.[1] 왜냐하면 취소처분에 단순 위법의 하자가 있다면 그 취소처분도 확정적인 효력을 갖는다고 보기는 어렵고, 위법한 취소처분의 시정을 위해서 동일한 새로운 처분을 하여야 한다는 것은 행정절차의 효율성에 반한다는 점을 고려하면 적극설이 타당하다. 법치행정의 이념을 존중하여야 한다는 측면에서 행정청은 하자 있는 행정행위에 대하여 스스로 시정하여야 하며, 특히 침익적 행정행위의 직권취소의 경우 쟁송취소에 비해 절차가 간편하고 행정행위의 위법 뿐만 아니라 부당성에 대한 심사까지 가능하여 취소의 범위가 넓으므로 행정청은 상대방의 이익을 위한 경우에는 직권취소가 자유롭다고 본다. 다만, 이 경우에도 신뢰보호의 원칙에 의한 행정행위의 취소권의 제한이 인정됨은 물론이다. 결론적으로 적극설이 타당하나, 침익적 행정행위의 경우 제소기간 기타 행정행위, 상대방의 이익을 고려하는 것이 바람직하다고 본다.[2] 판례도 수익적 행정행위의 직권취소의 취소에 대해서는 처음의 취소처분을 한 후 다시 직권취소하여 수익적 행정행위의 효력을 회복시킬 수 있다고 판시한 바 있다(대판 1967. 10. 23, 67누126).

▶ 대판 1967. 10. 23, 67누126【광업권취소처분및광업권출원불허가처분취소】피고가 본건 광업권자가 1년내에 사업에 착수하지 못한 이유가 광구소재지 출입허가를 얻지못한 때문이라는 점, 또는 위 정리요강에 의한 사전서면 통고를 하지 아니하였다는 점을 참작하여 피고가 광업권취소처분을 하지 아니하였다던가, 또는 일단취소처분을 한 후에 새로운 이해관계인이 생기기 전에 취소처분을 취소하여 그 광업권의 회복을 시켰다면 모르되 피고(상공부장관)가 본건취소처분을 한 후에 원고(임부택)가 1966.1.19에 본건 광구에 대하여 선출원을 적법히 함으로써 이해관계인이 생긴 이 사건에 있어서, 피고가 1966.8.24 자로 1965.12.30자의 취소처분을 취소하여, 소외인 명의의 광업권을 복구시키는 조처는, 원고의 선출원 권리를 침해하는 위법한 처분이라고 하지 않을 수 없을 것이므로, 원판결은 정당하고, 논지 이유없다.

---

(제2처분) 한 경우에는 그로 인하여 이사가 소급하여 이사로서의 지위를 회복하게 되고, 그 결과 위 제1처분과 제2처분 사이에 법원에 의하여 선임결정된 임시이사들의 지위는 법원의 해임결정이 없더라도 당연히 소멸된다(서정범·박상희, 행정법총론, 227면).

1) 대판 1969. 2. 3, 69다 1217 : 권한 있는 행정청에 의하여 행정행위취소가 다시 취소되었다면, 그것이 당연무효가 아닌 이상, 민사소송절차에서 법원은 그 효력을 부인할 수 없는 것이다.
2) 안미령, 행정행위의 직권취소, 고시계(2003.10), 191면.

# 제 10 절    행정행위의 철회(撤回)

## I. 의의

　　행정행위의 철회(Widerruf)라 함은 행정행위가 아무런 瑕疵(흠)없이 완전·유효하게 성립하였으나, 사후에 이르러 (공익상) 그 효력을 더 이상 존속시킬 수 없는 새로운 사정(중대한 사정, 예 : 공익침해 → 미성년자에게 술을 팔 경우)이 발생하였기 때문에 처분청이 장래에 향하여(장래효),[1] 직권(職權)으로 그 효력의 전부 또는 일부를 소멸시키는 원래의 행정행위와는 별개의 독립된 행정행위를 말한다.[2]

　　　　「행정행위의 철회」
　　　　- 아무런 瑕疵(흠)없이 완전·유효하게 성립
　　　　- 사후에 이르러 (공익상) 그 효력을 더 이상 존속시킬 수 없는 새로운 사정이 발생
　　　　- 처분청이 장래에 향하여
　　　　- 직권으로 그 효력의 전부 또는 일부를 소멸시키는
　　　　- 원래의 행정행위와는 별개의 독립된 행정행위

　　행정행위의 철회의 개념은 행정법학상의 개념이며, 실정법상으로는 <u>국유재산법 제36조에서 취소와 철회를 명시적으로 구분하고 있는 경우를 제외하고는 실정법상</u>(舊도로법 제74조[3]·제75조의2,[4] 구(舊)하천법 제72조,[5] 舊고물영업법 제24조(폐지 1993. 12. 27 법

---

[1] 다만 부담의 불이행을 이유로 철회하는 경우에는 소급하여 효력이 발생한다(소급효).
[2] 정하중, 행정법총론, 310면; 유상현, 수익적 행정행위의 철회의 제한, 고시계(1998.4), 92면.
[3] 구(舊)도로법 제74조 (법령위반자등에 대한 처분) ① 관리청은 다음 각호의 1에 해당하는 자에 대하여 이 법 또는 이 법에 의하여 발하는 명령의 규정에 의한 허가 또는 승인의 취소, 그 효력의 정지, 조건의 변경, 공사의 중지, 공작물의 개축, 물건의 이전 기타 필요한 처분을 하거나 조치를 명할 수 있다.<개정 1966.8.3>
　1. 이 법 또는 이 법에 의하여 발하는 명령 또는 이에 의한 처분에 위반한 자
　2. 부정한 수단으로 이 법 또는 이 법에 의하여 발하는 명령에 의한 허가 또는 승인을 받은 자.
　② 삭제 <1995.12.6>
[4] 구(舊)도로법 제75조의2 (청문) 관리청이 제34조의 규정에 의한 비관리청의 공사시행허가를 제74조 또는 제75조의 규정에 의하여 취소하고자 하는 경우에는 청문을 실시 하여야 한다.
[5] 구(舊)하천법 제72조 (하천의 사용금지 등) ① 관리청은 하천공사, 하천의 보전 기타 부득이한 사유가 있다고 인정되는 때에는 대통령령이 정하는 바에 의하여 구간을 정하여 하천의 사용을 금지하거나 제한할 수 있다. ② 관리청이 제1항의 규정에 의하여 하천의 사용을 금지하거나 제한하고자 하는 때에는 그 대상·구간·기간 및 이유를 명시한 표지를 설치하고 이를 공고하여야 한다.

률 제4605호),[1] 구(舊)전당포영업법 제27조(전당포영업법은 폐지),[7] 식품위생법 제75조 등)으로는 취소로 표현되는 경우가 대부분이다.[8]

▶ **국유재산법 제36조(사용허가의 취소와 철회)** ① 중앙관서의 장은 행정재산의 사용허가를 받은 자가 다음 각 호의 어느 하나에 해당하면 그 허가를 취소하거나 철회할 수 있다.

▶ **식품위생법 제75조(허가취소 등)** ① 식품의약품안전처장 또는 특별자치도지사·시장·군수·구청장은 영업자가 다음 각 호의 어느 하나에 해당하는 경우에는 대통령령으로 정하는 바에 따라 영업허가 또는 등록을 취소하거나 6개월 이내의 기간을 정하여 그 영업의 전부 또는 일부를 정지하거나 영업소 폐쇄(제37조제4항에 따라 신고한 영업만 해당한다. 이하 이 조에서 같다)를 명할 수 있다.

[기타] 그밖에 도로법 제96조(법령위반자등에 대한 처분)[9]·제101조(청문)[10], 하천법 제47조(하천의 사용금지)[11] 등에서도 취소로 표현하는 경우가 대부분이다.

[취소·실효와의 구별] 취소는 하자(瑕疵)를 이유로 하고, 소급하여 효력이 소멸되는 점에서 하자없는 행정행위의 효력을 장래에 향하여 소멸시키는 철회와 다르다. 실효(종료)는 일정한 사유가 발생하면 '당연히 효력이 소멸'한다. 이점에서 철회사유가 발생하면 철회함으로써 효력이 소멸하는 철회와는 다르다.

---

이를 변경 또는 취소하고자 하는 때에도 또한 같다.

1) 구(舊)고물영업법 제24조 (행정처분) ① 경찰서장은 다음 각호의 1에 해당하는 경우에 필요하다고 인정할 때에는 각령의 정하는 바에 의하여 고물상 또는 시장주의 허가를 취소하거나 기간을 정하여 고물상 또는 시장주의 영업의 정지를 명할 수 있다. **고물영업법 [폐지 1993.12.27 법률 제4605호]** 고물영업법은 이를 폐지한다. 부칙〈제4605호, 1993.12.27〉이 법은 공포한 날부터 시행한다.
7) 전당포영업법 제27조(행정처분) ① 경찰서장은 다음 각호의 1에 해당하는 경우에는 전당포주의 허가를 취소하거나 1년이내의 기간을 정하여 전당포영업의 정지를 명할 수 있다.
8) 김남진·김연태, 행정법(I), 330면.
9) 도로법 제96조(법령 위반자 등에 대한 처분) 도로관리청은 다음 각 호의 어느 하나에 해당하는 자에게 이 법에 따른 허가나 승인의 취소, 그 효력의 정지, 조건의 변경, 공사의 중지, 공작물의 개축, 물건의 이전, 통행의 금지·제한 등 필요한 처분을 하거나 조치를 명할 수 있다.
10) 도로법 제101조(청문) 도로관리청은 다음 각 호의 어느 하나에 해당하는 처분을 하려면 청문을 하여야 한다. 1. 제36조에 따라 도로관리청이 아닌 자에게 한 공사시행 허가에 대한 제96조 또는 제97조에 따른 취소  2. 제63조제1항(제4호는 제외한다)에 따른 도로점용허가의 취소
11) 하천법 제47조(하천의 사용금지 등) ① 하천관리청은 하천공사, 하천의 보전 및 하천환경 등을 고려하여 필요하다고 인정되는 때에는 대통령령으로 정하는 바에 따라 구간을 정하여 하천의 사용을 금지하거나 제한할 수 있다. ② 하천관리청이 제1항에 따라 하천의 사용을 금지하거나 제한하려는 때에는 그 대상·구간·기간 및 이유를 명시한 표지를 설치하고 이를 공고하여야 한다. 이를 변경 또는 취소하려는 때에도 또한 같다.

[취소·실효와의 구별]
▶ 취소 → 瑕疵를 이유로 하고, 소급하여 효력이 소멸되는 점에서 하자없는 행정행위의 효력을 장래에 향하여 소멸시키는 철회와 다르다.
▶ 실효(종료) → 일정한 사유가 발생하면 '당연히 효력이 소멸'
· 이점에서 철회사유가 발생하면 철회함으로써 효력이 소멸하는 철회와는 다르다.

[취소·철회의 동일점] 취소와 철회의 동일한 점으로는, (ㄱ) 행정행위의 효력을 상실시키는 행위라는 점, (ㄴ) 권한 있는 기관의 독립한 행정행위이며, (ㄷ) 취소권·철회권의 조리상 제한이 인정된다는 점, (ㄹ) 실정법의 용어상으로 혼용하여 사용되는 행위라는 점에서 동일하다. ☞ **협의의 취소 + 철회 = 광의의 행정행위의 취소라는 견해**[1]

[취소·철회의 동일점]
· 행정행위의 효력을 상실 시키는 행위
· 권한 있는 기관의 독립한 행정행위
· 취소권·철회권의 조리상 제한이 인정
· 실정법의 용어상으로 혼용하여 사용되는 행위

| 구분 | 무효 | 취소 | 철회 |
|---|---|---|---|
| 원인 | 행정행위의 성립당시의 중대·명백한 하자 있음 | 행정행위의 성립 당시의 중대·명백하지 않은 하자 | 행정행위의 성립 후 새로운 사정의 발생 |
| 효력발생 | 처음부터 아무런 효력이 발생하지 않음 | 일단 유효하게 성립하여 취소될 때까지 효력 있음 (공정력) | 완전 유효하게 성립 |
| 소급효 | - | 취소되면 소급하여 행정행위의 효력이 소멸하는 것이 원칙 | 철회되면 장래에 향해서만 행정행위의 효력 소멸 |

<방극봉, 실무행정법, 법제처, 2009, 25면 참조>

## II. 유사개념과의 구별

### 1. 행정행위의 무효

행정행위의 무효(行政行爲의 無效, nichitiger Verwaltungsakt)란 일정한 행정행위가 무효 원인에 의해 행정행위로서의 효력을 처음부터 전혀 발생하지 않은 상태에 있는 것을 말한다. 외관상으로는 행정행위로서 존재함에도 불구하고, 그 성립에 중대한 하자가 있어

---

1) 최정일, 행정행위의 취소, 고시연구(1998.5), 161면.

서 권한 있는 기관의 취소를 기다리지 않고 처음부터 당해 행정행위의 내용에 적합한 법률 효과를 발생시키지 않는 것이다. 이것은 행정행위에 하자가 있기 때문에 행정행위로서의 법률효과가 발생하지 않은 것이므로 누구도 이에 구속되지 않고, 행정행위의 상대방이나 다른 행정청도 이것을 무시할 수 있다. 이에 비해 취소할 수 있는 행정행위는 권한있는 취소권자에 의한 취소가 이루어질 때까지는 유효한 효력을 가진다(공정력). 행정행위의 무효원인은, (ㄱ) 주체에 관한 하자(행정기관이 아닌 자가 행정기관으로서 행한 행위나 행정기관의 권한 밖의 행위), (ㄴ)내용에 관한 하자(내용이 불가능한 행위나 불명확한 행위), (ㄷ) 형식에 관한 하자(서면으로 행하지 않는 행위나 행정청의 서명 날인이 없는 행위), (ㄹ) 절차에 관한 하자(상대방의 신청 또는 동의를 결한 행위, 공고 또는 통지를 결한 행위) 등으로 나누어 볼 수 있다.[1] 소송을 제기하는 경우에도 행정심판전치주의(행정소송법 제18조)[2][3]의 제한을 받지 않으며, 무효확인의 의미를 가진다.[4]

## 2. 행정행위의 취소

### 2.1. 의의

행정행위의 취소란 일단 유효하게 성립한 행정행위를 그 성립에 하자(무효원인이 아닌 하자)가 있음을 이유로, 권한 있는 기관(처분청, 감독청 및 법원)이 그 효력을 소급적으로 상실시키기 위하여 행하는 독립된 행정행위를 말한다. 행정행위의 취소권은 정당한 권한을 가진 행정청과 법원에 있다. 행정청 즉 처분청과 상급감독청은 상대방의 신청 또는 직권으로 위법하거나 부당한 행정행위를 취소할 수 있고, 법원은 소의 제기가 있는 경우에 한하여 위법한 행정행위만을 취소할 수 있다. 그 밖에 하자 없는 행정행위의 효력을 장래에 향하여 상실시키는 철회와, 처음부터 무효인 행정행위의 무효선언을 행정법상 취소라고 부르는 경우도 있다.

---

1) 이종수, 행정학사전, 대영문화사, 2009.
2) 행정소송법 제18조(행정심판과의 관계) ① 취소소송은 법령의 규정에 의하여 당해 처분에 대한 행정심판을 제기할 수 있는 경우에도 이를 거치지 아니하고 제기할 수 있다. 다만, 다른 법률에 당해 처분에 대한 행정심판의 재결을 거치지 아니하면 취소소송을 제기할 수 없다는 규정이 있는 때에는 그러하지 아니하다. ② 제1항 단서의 경우에도 다음 각호의 1에 해당하는 사유가 있는 때에는 행정심판의 재결을 거치지 아니하고 취소소송을 제기할 수 있다.
3) http://terms.naver.com/entry.nhn?docId=1202018&cid=40942&categoryId=31693(검색어 : 행정심판전치주의; 검색일 : 2014.6.7)행정처분에 대하여 다른 법령에 의하여 행정심판·심사의 청구·이의신청 기타 행정기관에 대한 불복신청을 할 수 있는 경우에는 이에 대한 재결을 거친 후가 아니면 소를 제기할 수 없도록 하는 제도. 네이버 두산백과
4) 이병태(2011), 법률용어사전, 법문북스 '무효인 행정행위'

## 2.2. 취소할 수 있는 행정행위

취소로써 소급적으로 무효가 된다는 점에서 철회사유가 발생한 행정행위와는 다르다. 또한 취소가 있을 때까지는 유효한 행위로서 그 효력이 계속되며, 장래에 권한 있는 기관에 의하여 취소될지도 모르는 불확정적 효력을 갖고 있는 점에서 완전히 유효한 행정행위와 다르고, 그 효력 상실이 특정한 행위(취소)로써 비로소 발생하며 그 때까지는 그 효력을 부인하지 못하는 점에서 무효인 행정행위와 다르다.[1]

## 3. 무효인 행정행위와 취소할 수 있는 행정행위의 구별실익[2]

### 3.1. 행정쟁송의 형식

무효인 행정행위에는 무효확인심판이나 무효확인소송을 제기하고, 취소할 수 있는 행정행위에는 취소심판이나 취소소송을 제기한다. 무효인 행정행위는 특성상 행정심판전치주의와 제소기간 등의 제한을 받지 않는다. 한편 무효인 행정행위에 대하여도 취소심판이나 취소소송을 제기할 수 있다.

### 3.2. 공정력, 구성요건적 효력 및 불가쟁력

행정행위의 공정력과 구성요건적 효력은 취소할 수 있는 행정행위에만 인정된다. 무효인 행정행위는 언제나 그 무효를 주장할 수 있으나, 취소할 수 있는 행정행위는 일정한 기간 안에 쟁송을 제기하지 아니하면 더 이상 취소를 다툴 수 없는 불가쟁력이 발생한다.

### 3.3. 선결문제(先決問題)

무효인 행정행위는 처음부터 당연히 효력을 발생하지 않는다. 그러므로 민사사건, 형사사건에 있어서 행정행위의 유효 여부가 선결문제가 되는 경우 법원은 독자적인 판단으로 그 무효를 인정할 수 있다. 그러나 취소할 수 있는 행정행위는 권한 있는 기관에 의하여 취소될 때까지 유효한 행위로 통용된다. 그러므로 선결문제로서 행정행위의 효력을 직접 부인하는 것이 필요한 경우에는 행정소송에서 취소판결을 통하여 그 효력이 부인되어야 한다.

### 3.4. 사정재결 · 사정판결

행정심판법과 행정소송법은 공익보호의 견지에서 사정재결 및 사정판결제도를 규정

---

1) 이병태, 취소할 수 있는 행정행위, 법률용어사전, 법문북스, 2011.
2) http://blog.naver.com/penelope8?Redirect=Log&logNo=10154684414(검색어 : 무효인 행정행위와 취소할 수 있는 행정행위, 검색일 : 2014.6.7.

하고 있는데, 사정재결 및 사정판결은 성질상 취소할 수 있는 행정행위에 대해서만 인정하고 무효인 행정행위에 대해서는 인정하지 않는다.

### 3.5. 하자의 승계

2 이상의 행정행위가 연속되는 경우 선행행위에 무효사유인 하자가 있는 경우에는 선행행위의 하자가 후행행위에 승계되지만, 취소사유가 있는 경우에는 원칙적으로 후행행위에 승계되지 않는다.

### 3.6. 하자의 치유와 전환

하자의 치유는 취소할 수 있는 행정행위에 예외적으로 인정되나, 하자의 전환은 무효인 행정행위에 예외적으로 인정된다.

## 4. 무효인 행정행위와 취소할 수 있는 행정행위의 구별기준

### 4.1. 학설

행정행위의 하자가 (ㄱ) 중대하고도 명백한 경우에 한하여 행정행위가 무효이며 그러하지 않은 경우에는 취소사유라는 중대명백설, (ㄴ) 중대한 하자를 가진 처분은 무효이지만 제3자나 공공의 신뢰보호의 필요가 있는 경우에는 명백성을 추가적으로 요구하는 명백성보충요건설, (ㄷ) 구체적 사안마다 권리구제의 요청과 행정의 법적안정성을 이익형량(Interssenabwägung)하여 무효와 취소를 구별하여야 한다는 구체적 가치형량설 등이 대립한다.

### 4.2. 판례

#### 4.2.1. 개관

대법원은 하자있는 행정처분이 당연무효이기 위해서는 그 하자가 적법요건에 중대한 하자가 있어야 하고 일반인의 관점에서도 외관상 명백한 것이어야 한다는 중대명백설을 취한다. 대법원의 소수견해는 명백성보충요건설을 취한 바도 있다. 헌법재판소는 원칙적으로 중대명백설의 입장이나, 행정처분을 무효로 하더라도 법적 안정성을 크게 해치지 않는 반면에 그 하자가 중대하여 구제가 필요한 경우에는 중대한 하자만으로 무효가 된다는 예외적인 판례도 있다.

#### 4.2.2. 중대명백설에 따른 판례[1]

대법원은 '신고납부방식의 조세인 취득세 납세의무자의 신고행위의 하자가 중대하지만 명백하지는 않은 때 예외적으로 당연무효라고 할 수 있는 경우'에 대하여, "… 취득세 신고행위는 납세의무자와 과세관청 사이에 이루어지는 것으로서 취득세 신고행위의 존재를 신뢰하는 제3자의 보호가 특별히 문제되지 않아 그 신고행위를 당연무효로 보더라도 법적 안정성이 크게 저해되지 않는 반면, 과세요건 등에 관한 중대한 하자가 있고 그 법적 구제수단이 국세에 비하여 상대적으로 미비함에도 위법한 결과를 시정하지 않고 납세의무자에게 그 신고행위로 인한 불이익을 감수시키는 것이 과세행정의 안정과 그 원활한 운영의 요청을 참작하더라도 납세의무자의 권익구제 등의 측면에서 현저하게 부당하다고 볼 만한 특별한 사정이 있는 때에는 예외적으로 이와 같은 하자 있는 신고행위가 당연무효라고 함이 타당하다."1)고 하였다.

### 4.2.3. 명백성 보충요건설에 따른 판례

대법원은 '신고납부방식의 조세인 취득세 납세의무자의 신고행위의 하자가 중대하지만 명백하지는 않은 때 예외적으로 당연무효라고 할 수 있는 경우'에 대하여 "… 취득세 신고행위는 납세의무자와 과세관청 사이에 이루어지는 것으로서 취득세 신고행위의 존재를 신뢰하는 제3자의 보호가 특별히 문제되지 않아 그 신고행위를 당연무효로 보더라도 법적 안정성이 크게 저해되지 않는 반면, 과세요건 등에 관한 중대한 하자가 있고 그 법적 구제수단이 국세에 비하여 상대적으로 미비함에도 위법한 결과를 시정하지 않고 납세의무자에게 그 신고행위로 인한 불이익을 감수시키는 것이 과세행정의 안정과 그 원활한 운영의 요청을 참작하더라도 <u>납세의무자의 권익구제 등의 측면에서 현저하게 부당하다고 볼 만한 특별한 사정이 있는 때에는 예외적으로 이와 같은 하자 있는 신고행위가 당연무효라고 함이 타당하다</u>."고 하였다.2)

---

1) 양시복, 지방세법상 과세처분의 무효사유로서의 중대명백설의 검토, 인권과 정의 406호, 대한변호사협회(2010.6), 124면 이하.
1) 대판 2009. 2. 12, 2008두11716【취득세부과처분무효확인】
2) 대판 2009. 2. 12, 2008두11716【취득세부과처분무효확인】

## 5. 무효인 행정행위와 취소할 수 있는 행정행위의 구별기준(학설도표)

| | |
|---|---|
| 중대설 | 하자의 중대성을 기준으로 하는 견해로서, 능력규정이나 강행규정을 위반하면 하자가 중대하여 무효이고, 명령규정이나 비강행규정 위반의 경우에는 취소사유라는 견해 |
| 중대명백설 | 행정행위의 하자가 내용상 중대하고 외견상 명백(중대·명백)한 경우에만 무효사유에 해당한다는 견해 |
| 조사의무설 | 기본적으로 중대명백설의 입장에 있지만, 하자의 명백성을 완화하여 관계 공무원이 조사해 보았더라면 명백한 경우도 명백한 것으로 보아 무효사유를 넓히려는 견해 |
| 명백성보충요건설 | 행정행위의 무효의 기준으로 중대성요건만을 요구하여 중대한 하자를 가진 처분을 무효로 보지만, 제3자나 공공의 신뢰보호의 필요가 있는 경우에는 명백성을 추가적으로 요구하는 견해 |
| 구체적 가치형량설 | 구체적인 사안마다 권리구제의 요청과 행정의 법적 안정성의 요청 및 제3자의 이익 등을 구체적·개별적으로 서로 비교형량(이익형량)하여 판단하는 견해 |
| 판례 | 대법원은 중대명백설을 취하고 있다(대법원의 소수견해는 명백성보충요건설을 취한 바도 있다). 헌법재판소는 원칙적으로 중대명백설을 취하나, 예외적으로 법적 안정성을 해치지 않는 반면에 권리구제의 필요성이 큰 경우에 무효를 인정한다. |

<이병태, 행정행위의 무효와 취소의 구별, 법률용어사전, 법문북스, 2011>

## III. 철회권자

### 1. 처분청
행정행위의 철회는 처분청만이 할 수 있다.[1]

### 2. 수임행정청
수임행정청은 철회권을 갖지 못한다.

### 3. 상급감독청
　상급감독청은 법률에 특별한 규정이 있는 경우를 제외하고는 철회권을 가지지 못한다. 왜냐 하면 행정행위의 철회는 그 성질상 행정행위와 동일한 새로운 행정행위를 하는 것이고, 감독권은 행정행위의 적법·타당성을 확보하기 위한 것이므로 적법한 행정행위에 대해서 까지 감독권을 행사 할 수 없으며,[2] 감독권의 내용에는 피감독청의 권한에 대한 대집행의 권한이 없다는 점 때문이다.

## IV. 철회사유(원인)

### 1. 개관
　[개관] 행정행위의 철회가 취소와 다른 가장 중요한 점은, 그 원인사유가 철회의 경우에는 취소의 경우와는 달리 행정행위의 성립에 하자가 있기 때문(취소원인의 원시성)이 아니고, 행위 자체는 하자(瑕疵)없이 완전·적법하게 성립하였으나, 단지 '사후에 새로운 사정이 발생하였다는 것'이 원인(철회원인의 후발성)이 된다는 점이다.[3] 철회원인으로서의 사후에 「새로운 사정」이 발생한 경우는 다음과 같은 경우를 들 수 있다.

### 2. 법률에 명문규정이 있는 경우
　[법률에 명문규정이 있는 경우] 현행 법령에서 처분의 수익자가 법령에 의하여 직접 또는 행정청의 하명에 의하여 부과된 의무를 위반한 경우에 제재적 처분으로서 철회를 할 수

---

[1] 우병렬, 행정행위의 취소와 철회, 고시월보(1997.6), 24면.
[2] 우병렬, 행정행위의 취소와 철회, 고시월보(1997.6), 24면.
[3] 우병렬, 행정행위의 취소와 철회, 고시월보(1997.6), 25면.

있다는 규정이 있는 경우(예: 건축법 제79조, 하천법 제64조 제1항, 도로법 제74조 제1항)가 이에 해당한다.[1] 대법원은 원고의 행위(건설업면허대여)가 위 법조(건설업법 제52조 제1항 제5호)에 위반된다고 인정되는 이상 그 건설업의 면허를 취소(철회)할 수 있는 것이라고 하였다.[2]

### 3. 부관(附款)으로서 철회권이 유보(留保)되어 있는 경우

[부관(附款)으로 철회권이 유보되어 있는 경우] 행정행위를 하면서 일정한 사유가 발생하는 경우에는 당해 행정행위를 철회하겠다는 뜻의 부관을 붙인 경우, 유보된 사실이 발생하면 행정청은 철회권을 행사할 수 있다.[3] 그러나 이 경우에도 행정행위의 부관에 철회사유가 구체적이고 명시적으로 규정되어 있지 않고, 단순히 '철회할 수 있다'는 의미의 단순 철회권만이 유보되어 있는 경우에는 철회를 정당화하는 합리적인 사유가 있는 때에만 철회가 가능하다. 이와 같이 철회권의 유보도 적법하고 철회권의 행사가 합리적인 사유가 있어야 하며,[4] 이 경우에도 철회권의 행사에 있어서는 공익과 사익간에 비교형량이 이루어 져야 한다.[5] 대법원은 "행정처분을 함에 있어 취소권이 유보되어 있는 경우에 행정청은 그 유보된 권리를 행사할 수 있으나 그 취소는 무제한으로 허용될 것이 아니라, 공익상 기타 정당한 사유가 없을 때에는 그 취소가 적법한 것이라고 볼 수 없다."[6]고 하였다. 그리고 이 경우에 있어서 철회권 자체는 명시적으로 유보되어 있는 결과 상대방은 당해 행위의 철회를 예측할 수 있으므로, 손실보상의 문제는 제기되지 않는다.

▶ 대판 2003. 5. 30, 2003다6422 【소유권이전등기말소등】 【판시사항】 행정청이 종교단체에 대하여 기본재산전환인가를 함에 있어 인가조건을 부가하고 그 불이행시 인가를 취소할 수 있도록 한 경우, 인가조건의 의미는 철회권을 유보한 것이라고 본 사례.

---

1) 정하중, 행정법총론, 313면.
2) 대판 1989. 10. 24, 89누2813 【건설업면허취소처분취소】 【원고, 상고인】 유정종합건설주식회사 소송대리인 변호사 신진근 【피고, 피상고인】 건설부장관 【원심판결】 서울고등법원 1989.4.3. 선고 88구2474 판결 【주문】 상고를 기각한다. 상고비용은 원고의 부담으로 한다. 【이유】 원고가 건설업면허를 대여하고, 대여료를 받았다는 사실 등에 관한 재판이 아직도 계류중에 있어서 원고가 건설업법 제52조 제1항 제5호에 위반하였다는 사유는 확정되지 아니하였으므로 원심이 원고의 행위를 같은 법조에 위반한 것이라고 판단하였음은 잘못이라고 하나 원고의 행위가 위 법조에 위반된다고 인정되는 이상 그 건설업의 면허를 취소할 수 있는 것이고, 그 위반행위에 관한 재판의 확정여부는 상관이 없다.
3) 우병렬, 행정행위의 취소와 철회, 고시월보(1997.6), 25면.
4) 정하중, 행정법총론, 313면; 대판 1964. 6. 9, 63누407.
5) 우병렬, 행정행위의 취소와 철회, 고시월보(1997.6), 25면.
6) 대판 1964. 6. 9, 63누40 【행정처분취소】 행정청에 유보된 취소권의 행사가 정당한 사유없는 것이라는 주장과 입증책임은 그 취소의 위법을 주장하는 자에게 있다.

【판결요지】 행정행위의 취소사유는 행정행위의 성립 당시에 존재하였던 하자를 말하고, 철회사유는 행정행위가 성립된 이후에 새로이 발생한 것으로서 행정행위의 효력을 존속시킬 수 없는 사유를 말한다고 할 것이다. 이 사건 기본재산전환인가의 인가조건으로 되어 있는 사유들은 모두 위 인가처분의 효력이 발생하여 기본재산 처분행위가 유효하게 이루어진 이후에 비로소 이행할 수 있는 것들이고, 인가처분 당시에 그 처분에 그와 같은 흠이 존재하였던 것은 아니므로, 위 법리에 의하면, 위 사유들은 모두 인가처분의 철회사유에 해당한다고 보아야 하고, 인가처분을 함에 있어 위와 같은 철회사유를 인가조건으로 부가하면서 비록 <u>철회권 유보라고 명시하지 아니한 채 조건불이행시 인가를 취소할 수 있다는 기재를 하였다 하더라도 위 인가조건의 전체적 의미는 인가처분에 대한 철회권을 유보한 것</u>이라고 봄이 상당하다.

### 4. 사정변경 : 사실관계의 변경 — 근거법령의 개폐

[사정변경] 사정변경이란 행정행위의 성립에 기초가 된 사정이 그 후 사실관계나 근거법령이 변경되어 당사자가 예견할 수 없는 중대한 사유가 발생하게 됨에 따라 변경된 사실관계와 법령 아래에서 당해 행정행위가 그대로 유지되면 위법이 되어버리는 경우(예 : 도로나 공원에 공사가 필요하여 그 점용허가를 더 이상 유지할 수 없게 된 경우)를 말하며, 이러한 경우에는 철회가 인정된다.[1] 다만, 사정변경을 이유로 수익적 행정행위를 철회하는 것은 그 상대방의 귀책사유에 기인한 것이 아니므로 손실보상의 문제가 발생한다. 판례도 사정변경을 철회의 근거로 인정한다.[2] (사실관계의 변경/사정변경) : (ㄱ) 행정행위를 한 처분청은 비록 그 처분 당시에 별다른 하자가 없었고, 또 그 처분 후에 이를 철회할 별도의 법적 근거가 없다 하더라도 원래의 처분을 존속시킬 필요가 없게 된 사정변경이 생겼거나 또는 중대한 공익상의 필요가 발생한 경우에는 그 효력을 상실케 하는 별개의 행정행위로 이를 철회할 수 있다.[3] (ㄴ) 음식점영업허가를 한 후에 그 인근에 주택가 또는 학교가 세워진 경우 또는 새로운 교육정책 기타 행정계획과의 관련에서 기본의 허가·인가(제3자의 법률행위를 보충하여 그 법률의 효력을 완성시켜주는 행정행위로서 민법상 재단법인정관변경허가, 구 국토이용관리법상 토지거래허가 등) 등이 그에 부합하지 않게 된 경우는 사실관계가 변경된 것이며, 철회가 가능하다(**사정변경/철회가능**). (ㄷ) 또한 생활보호법상의 수혜자가 생활여건의 개선으로 피보호사유를 충족하지 못하게 되는 경우도 사실관계가 변경된 것이며, 따라서 철회가 가능하다(**사정변경/철회가능**). 다만 전자에 있어서는 그 철회가 상대방의 귀책사유에 기인한 것이 아니므로 보상을 요하나, 후자의 경우는 보상을 요하지 아니한다. 그리고

---

1) 우병렬, 행정행위의 취소와 철회, 고시월보(1997.6), 25면.
2) 방극봉, 실무행정법, 법제처, 2009, 26면.
3) 대판 2004. 11. 26, 2003두10251·10268.

공무원의 임명·귀화허가 등의 행위에 대해서는 그 성질상 사정변경에 의한 철회가 허용되지 않는다. (근거법령의 개폐): 변경된 법령에 더 이상 적합하지 않아 철회를 하지 않으면 공익이 침해되는 경우[1]이다.

[행정행위에 수반된 의무위반(미성년자 출입금지) 또는 의무·부담의 불이행] 부담부 행정처분에 있어서 처분의 상대방이 부담(의무)을 이행하지 아니한 경우에 처분행정청으로서는 이를 들어 당해 처분을 취소(철회)할 수 있는 것이다.[2]

[일정시기까지 권리행사 또는 사업착수가 없는 경우(X월 X시부터 영업하라 했는데 그 이후에도 사업을 착수하지 않는 경우]

[사업성공·목적달성의 불가능이 판명된 경우]

[당사자의 동의 또는 신청이 있는 경우]

[보다 우월한 공익상 필요가 있는 경우(공익상 장해가 있는 경우)] 행정행위를 한 처분청은 비록 그 처분 당시에 별다른 하자가 없었고, 또 그 처분 후에 이를 취소할 별도의 법적 근거가 없다 하더라도 원래의 처분을 존속시킬 필요가 없게 된 사정변경이 생겼거나 또는 중대한 공익상의 필요가 발생한 경우에는 그 효력을 상실케 하는 별개의 행정행위로 이를 취소할 수 있다.[3]

### 5. 의무불이행

대법원은 부담부행정처분에 있어서 처분의 상대방이 부담(의무)를 이행하지 아니한 경우에 처분행정청은 당해 처분을 취소(철회)할 수 있는 것이므로, 긴급한 위난이 예상되거나 긴급한 사정이 없는 한, 이를 철회할 수 있다고 하였는바, "… 이 사건허가취소처분은 원고의 의무불이행을 이유로 한 것이어서 적법할 뿐만 아니라, 나아가 원고의 의무불이행을 방치하는데 생기는 공익상의 불이익과 이 사건 허가처분을 취소함으로써 원고가 입게되는 손실을 비교교량하고, 또 피고가 이 사건 허가처분을 취소하게 된 일련의 과정을 종합하여 참작하면 이 사건 허가취소처분은 피고의 정당한 재량권 행사로서 타당하다고 판단한 것은 옳고, 여기에 소론과 같은 법리오해, 심리미진, 채증법칙 위배로 인한 사실오인 등의 위법이 있다 할 수 없다. 그리고 이 사건 허가에 붙은 공사기간의 정함이 일종의 '부담'에 해당한다는 소론주장 자체는 수긍할 수 있지만, 부담부 행정처분에 있어서 처분의 상대방이 부담(의무)를 이행하지 아니한 경우에 처분행정청으로서는 이를 들어 당해 처분을 취소(철

---

1) 정하중, 행정법총론, 313면.
2) 대판 1989. 10. 24, 89누2431 【토지형질변경허가취소처분취소】 【판시사항】 부담부 행정처분의 상대방이 그 부담을 이행하지 않음을 이유로 한 처분의 취소가부(적극)
3) 대판 1995. 6. 9, 95누1194.

회)할 수 있는 것이므로 이 사건에서 원고가 소정기간내에 공사를 완료하지 못했다 하더라도 이로 말미암아 긴급한 위난이 예상되거나 긴급한 사정이 없는 한 허가받은 자의 이익을 번복하는 처분은 할 수 없다는 소론은 받아들일 수 없다."[1]고 하였다.

- 법률에 명문규정이 있는 경우
- 부관(附款)으로 철회권이 유보되어 있는 경우
- 사정변경 ┬ ㉠ 사실관계의 변경
          └ ㉡ 근거법령의 개폐
- 행정행위에 수반된 의무위반(미성년자 출입금지) 또는 의무·부담의 불이행[2]
- 일정시기까지 권리행사 또는 사업착수가 없는 경우(X월 X시부터 영업하라 했는데 그 이후에도 사업을 착수하지 않는 경우)
- 사업성공·목적달성의 불가능이 판명된 경우
- 당사자의 동의 또는 신청이 있는 경우
- 보다 우월한 공익상 필요가 있는 경우(공익상 장해가 있는 경우)

## 6. 공익목적 - 우월한 공익상의 필요

대법원은 "… 대지사용허가를 취소하여 그 취소로 건축주가 건축허가를 받은 대지 위에 건축을 할 권한이 없게 되었고, 더욱이 건축으로 말미암아 대지의 공공적 이용에 중대한 지장이 있음이 명백한 때에는 건축허가를 취소(철회)할 수 있다."[3]고 하였다.

---

1) 대판 1989. 10. 24, 89누2431 【토지형질변경허가취소처분취소】 도시계획법이나 기타 법령에 의하더라도 이 사건 허가처분을 취소함에 있어 소론과 같은 절차를 요구하고 있는 규정은 없으므로 피고가 이 사건 취소처분을 함에 있어 그와 같은 절차를 밟지 않았다 하여 잘못이라 할 수도 없다.
2) 다만 부담의 불이행을 이유로 철회하는 경우에는 소급하여 효력이 발생한다.
3) 대판 1964. 2. 10, 64누33.

## 7. 행정행위의 철회사유(도표) - 판례

| 내용 | 판례 |
|---|---|
| 법규상 허용 | 원고의 행위(건설업면허대여)가 위 법조(건설업법 제52조 제1항 제5호)에 위반된다고 인정되는 이상 그 건설업의 면허를 취소(철회)할 수 있는 것이다(대판 1989. 10. 24, 89누2813【건설업면허취소처분취소】 1)). |
| 철회권유보 | 시설사용승인을 얻지 못할 경우에는 허가사항을 취소할 것이라는 부관이 고지되지 않았을 경우, 허가후 장기간 그 영업시설을 하지 못하였다고 하여, 舊축산가공처리법 제10조 소정의 허가취소사유인 공익을 해한 것에 해당된다고 단정할 수 없다(대판 1971. 6. 30, 70누142【축산물작업장경영허가취소처분취소】 2)). |
| 의무불이행 | 부담부행정처분에 있어서 처분의 상대방이 부담(의무)를 이행하지 아니한 경우에 처분행정청은 당해 처분을 취소(철회)할 수 있는 것이므로, 긴급한 위난이 예상되거나 긴급한 사정이 없는 한, 이를 철회할 수 있다(대판 1989. 10. 24, 89 누2431【토지형질변경허가취소처분취소】) |
| 사정변경 | 하자(瑕疵)없는 건축허가도 사정의 변경으로 건축허가의 존속이 공익에 적합하지 않게 되었을 때는 철회할 수 있다(대판 1964. 11. 10, 64누33); 대판 2009. 3. 26, 2007두12026【석유판매업등록불가처분취소】【석유판매업등록불가처분취소】 3) |
| 공익목적 | … 대지사용허가를 취소하여 그 취소로 건축주가 건축허가를 받은 대지 위에 건축을 할 권한이 없게 되었고, 더욱이 건축으로 말미암아 대지의 공공적 이용에 중대한 지장이 있음이 명백한 때에는 건축허가를 취소(철회)할 수 있다(대판 1964. 2. 10, 64누33); 대판 1969. 1. 21, 68다1684【소유권이전등기】 4) |

---

1) 대판 1989. 10. 24, 89누2813【건설업면허취소처분취소】【원고, 상고인】 유정종합건설주식회사 소송대리인 변호사 신진근【피고, 피상고인】 건설부장관【원심판결】 서울고등법원 1989.4.3. 선고 88구2474 판결【주문】 상고를 기각한다. 상고비용은 원고의 부담으로 한다.【이유】 원고가 건설업면허를 대여하고, 대여료를 받았다는 사실 등에 관한 재판이 아직도 계류중에 있어서 원고가 건설업법 제52조 제1항 제5호에 위반하였다는 사유는 확정되지 아니하였으므로 원심이 원고의 행위를 같은 법조에 위반한 것이라고 판단하였음은 잘못이라고 하나 원고의 행위가 위 법조에 위반된다고 인정되는 이상 그 건설업의 면허를 취소할 수 있는 것이고, 그 위반행위에 관한 재판의 확정여부는 상관이 없다.
2) 대판 1971. 6. 30, 70누142【축산물작업장경영허가취소처분취소】 특정한 상대방에게 대한 행정처분은 그 상대방에게 고지되어야 효력이 발생한다 할 것인바 을 제4호증의1 기재에 의하면 피고가 1968.12.18. 원고에게 대하여 본건 허가 갱신을 함에 있어 1969.6.30.까지 소론 시설사용승인을 얻지 못할 경우에는 허가사항을 취소할 것이라는 부관을 붙이기로 내부결재가 된 사실이 인정될 수 있으나 을 제4호증의 2 기재에 의하면 위 부관이 원고에게 고지되었다고 인정되기 어려워 위 부관있음을 전제로 한 논지는 채택될 수 없다. 장기간 그 영업시설을 하지 못하였다고 하여 이를 들어 축산물가공처리법 제10조 소정 허가취소 사유인 공익을 해한 것에 해당된다고 단

## V. 철회권의 제한

### 1. 개관

　행정행위의 철회는 새로운 사정에 있어서 공익상 필요할 경우에는 철회할 수 있음이 원칙이다. 그러나 철회원인이 있는 것만으로 무제한하게 철회할 수 있는 것이 아니라 거래의 안전·관계자의 이익보호를 위하여 조리상의 제한을 받는다.

　[사례] X는 S시장으로부터 도시개발구역내에서의 건축허가를 받아(도시개발법 제3조 및 건축법 제8조에 의거) 건축에 착수하고 있던 중 S시장으로부터 건축허가의 철회를 통고받았다. 시장은 철회의 사유로서 도시계획의 변경예정으로 인해 X의 건축물이 도시계획에 저촉되게 될 우려가 생기게 되었다는 점을 들고 있다. S시장의 X에 대한 건축허가 철회는 적법한가? <도시개발법(개정 2005.8.4) >

　[해설] (건축허가의 철회와 법률유보) 행정에 대한 법률유보원칙의 적용범위에 관해서는 학설이 대립하고 있으나 어느 입장에서든 상대방의 권익침해에 법률유보원칙이 적용되는 것에 관해서는 異論이 없다. 다만 행정행위의 철회에 법률에 의한 수권을 필요로 하느냐에 대해서는 학설이 일치하지 않으나, 법치주의와 국민의 기본권보장에 충실하기 위해서는 수권을 요한다는 학설(적극설)의 입장이 타당하다고 본다. 적극설에 의할 때 S시장의 철회처분은 법적 근거를 결여하는 위법처분이라 판단된다.

　[철회가 제한되는 경우] 개인택시운송사업자인 원고가 2차례에 걸쳐 대리운전으로 운행정지처분을 받았고 다시 대리운전을 하게 된 사실이 적발되었다고 하더라도, 원고의 개인택시운송사업은 가족의 유일한 생계수단으로서 원고가 그의 신병때문에 부득이 대리운전

---

　　정할 수 없고 기록상 본건 허가취소 처분은 취소함이 현저히 공공의 복리에 적합하지 아니하다고 인정할 자료없는 바이므로 소론 행정소송법 제12조를 적용하지 아니한 원판결에 위법이 있을 여지없다.
3) 대판 1964. 11. 10, 64누33【석유판매업등록불가처분취소】안산시의 개발제한구역을 대상으로 하는 이 사건 배치계획에 따라 이 사건 도로변에 2개의 주유소가 설치되었으나 그 후 이 사건 도로의 인접지역 중 상당 부분이 개발제한구역에서 해제되어 <u>종래의 배치계획과는 동일성이 인정되지 않는 정도의 사정변경이 발생함으로써</u> 적어도 이 사건 배치계획 중 이 사건 도로에 관한 주유소 배치계획 부분은 그 효력이 소멸되었다고 봄이 상당하다.
4) 대판 1969. 1. 21, 68다1684【소유권이전등기】【판시사항】가. 재판상 자백의 일종인 소위 선행자백과 그 철회 나. 국공유 재산처리 임시특례법 제5조의 규정을 그 법 시행전에 국공유 잡종재산을 대부 받았거나 점유한자에게 우선 매수권을 인정한 취지로 해석 할 수는 없다.【판결요지】가. 자기에게 불리한 사실을 자인한 자도 그 후 상대방의 원용이 있기 전에는 그 자인사실을 철회하고 이와 모순되는 사실진술을 할 수 있다. 나. 본조의 규정은 그 법시행전에 국공유잡종재산을 대부받았거나 점유한 자에게 우선매수권을 인정한 취지로 해석할 수는 없다.

을 하게 하였고, 두 번째 운행정지처분의 대상인 대리운전 이후에는 대리운전을 하게 한 사실이 없는데 그 이전의 대리운전을 대상으로 하여 원고의 개인택시 운송사업면허를 취소한 것이라면, 사건 면허취소처분은 공익상의 필요보다 그 취소로 인하여 원고가 입게 될 불이익이 너무 커서 재량권의 한계를 일탈하였다고 한 원심의 판단은 정당하다.[1]

## 2. 법률상의 제한
### 2.1. 개관
행정청은 철회사유가 존재하기만 하면 자유롭게 철회권을 행사할 수 있는 것인가(이를 철회자유의 원칙 혹은 법률적 근거불요설이라 한다), 아니면 별도의 철회에 관한 법적 근거나 수권이 있어야만 철회할 수 있는가(이를 철회제한의 원칙 혹은 법률적 근거 필요설이라 한다)하는 것이 문제된다. 부담적 행정행위의 철회는 상대방에게 수익적 효과를 발생하기 때문에 별도의 법적 근거없이도 자유롭게 행할 수 있지만,[2] 수익적 행정행위의 철회는 결과적으로 상대방에게 침익적 결과를 가져오기 때문에 이에 대한 논의가 있는 것이다. 이에 관하여는 (ㄱ) 철회자유설, (ㄴ) 철회제한설, (ㄷ) 이분설(二分說) 등과 같은 학설의 대립이 있다.

### 2.2 학설
#### 2.2.1. 철회자유설(철회자유의 원칙) : 법적 근거 불요설(不要說)
행정청은 그의 독자적인 공익판단에 의하여 행정행위의 철회사유가 존재한다고 인정하는 경우에는 원칙적으로 철회가 자유롭다고 한다(법적 근거 불필요; 근거불요설). 행정은 공익에 적합하고 사회변천에 적응하여야 하며, 철회원인이 발생하였을 경우 본래의 행정행위를 행하였다면, 그것은 하자있는 행정행위가 되었을 것이고, 철회에 대하여 행정쟁송이 가능하기 때문에 철회는 자유롭게 허용되는 것이 바람직하다는 것이다. 철회권의 유보·상대방의 귀책사유·사정변경 등을 이유로 한 철회는 상대방의 신뢰보호의 가치가 없으며 더 큰 공익을 위한 경우는 신뢰보호의 문제가 있지만 손실보상으로 보전된다는 점 등을 이유로, 철회사유에 해당하면 법률상 철회권을 인정하는 명문의 규정이 없더라도 철회는 가능하다는 것이다. 한편 철회자유설의 논거로서는, (ㄱ) 원행정행위의 수권규정은 철회의 근거 규정으로 볼 수 있으며, (ㄴ) 행정은 항상 공익을 실현하고 정세변화에 능동적이고 효율적으로 적응하여야 할 필요가 있으며, 이를 보장하기 위하여는 처분청에게 철회권을 인정할 필요가 있으며, 상대방의 권익보호는 철회제한의 법리를 통하여 보호하면 될 것이다. (ㄷ)

---
1) 대판 1990. 11. 23, 90누5146 【개인택시운송사업면허취소처분취소】
2) 우병렬, 행정행위의 취소와 철회, 고시월보(1997.6), 24면.

철회에 대하여도 쟁송이 가능하다는 점 등을 들고 있다.[1] 법적 근거 불요설이 판례의 태도이다.[2] 다만 수익적 행정행위에 있어서는 기성(旣成)의 법률질서유지와 상대방의 권익보호라는 견지에서 준사법적 행정행위에서는 행정행위의 불가변력을 이유로 행정청이 가지는 철회권이 조리상 제한된다고 한다(서원우, 윤세창).

### 2.2.2. 철회제한설(철회제한의 원칙): 법적 근거 필요설

철회사유가 존재하는 것만으로는 철회할 수 없고, 철회권을 발동하기 위하여는 (ㄱ) '실정법상의 규정,' 또는 (ㄴ) 상대방의 동의 내지 신청이나, (ㄷ) 부관으로서의 철회권의 유보가 있어야 한다고 한다.[3] 특히 사회적 법치국가에서는 수익적 행정행위의 경우 상대방의 신뢰는 고도로 보장되어야 하며, 법치행정의 원리 및 헌법상 기본권 보장을 위해서도 철회자유는 인정될 수 없다는 것이다. 철회는 그 자체가 공익목적을 실현하기 위하여 행하여지는 하나의 새로운 행정행위이므로 법률유보의 원칙상 법률에 근거(실정법상의 규정)를 두거나, 상대방의 동의 내지 신청이나 철회권의 유보가 있어야 한다고 본다. 법치국가원리를 국가의 구조적 원리도 두고 있는 나라에서는 단순히 공익을 위한다는 목적으로 행정권이 자유롭게 행사 될 수는 없다고 본다. 철회는 공익상 필요 등 처음부터 행정행위에 내재되어 있지 않았던 다른 사유로 효력을 소멸시키는 것인 만큼 법적 안정성과 법률 유보원칙의 견지에서 법률상 명문의 근거가 필요하다는 것이 철회제한설의 입장이다.

### 2.2.3. 이분설(二分說)

이분설은 부담적 행정행위의 철회에는 국민의 권리나 이익을 회복시켜주는 행위이기 때문에 법적 근거를 필요로 하지 않지만,[4] 수익적 행정행위의 철회에는 국민의 권리와 이익을 침해하는 침익적 결과를 초래하기 때문에 법적 근거를 필요로 한다고 하는 견해이다.[5] 수익적 행정행위의 철회도 또다시 철회자유설(법률의 근거를 요하지 않는다는 설; 소극설)과 철회제한설(법적 근거필요설; 적극설)로 나누며 적극설이 타당하다고 한다.[6]

---

1) 우병렬, 행정행위의 취소와 철회, 고시월보(1997.6), 25면.
2) 대판 1995. 5. 26, 96누8266; 대판 1984. 11. 13, 84누269; 대판 2002. 11. 26. 2001두2874
3) 이상규, 신행정법론(상), 459면; 김남진, 행정법(I), 326면; 김철용, 행정행위의 철회, 법정(1965.9); 우병렬, 행정행위의 취소와 철회, 고시월보(1997.6), 25면.
4) 정하중, 행정법총론, 310면.
5) 정하중, 행정법총론, 311면; 유상현, 수익적 행정행위의 철회의 제한, 고시계(1998.4), 93면.
6) 정하중, 행정법총론, 311면; 유상현, 수익적 행정행위의 철회의 제한, 고시계(1998.4), 93면; 최정일, 행정행위의 철회, 고시연구(1998.6), 133면.

### 2.3. 판례

#### 2.3.1. 법적 근거 불요설(不要說)에 입각한 것으로 보이는 판례

a) 행정법의 일반원칙에 의하여 그 허가를 철회가 허용되는 경우

[행정법의 일반원칙에 의하여 그 허가를 철회가 허용되는 경우] (판례-1) : 대법원은 "유기장법에 의하여 당구장영업허가를 받아 그 영업을 함에 있어 동 영업행위가 강행법규인 사행행위단속법에 위반하는 것이어서 법질서유지상 그에 대한 허가를 존속시킬 수 없게된 이상 허가관청은 행정법의 일반원칙에 의하여 그 허가를 철회할 수 있다고 할 것이다."[1]라고 하였다. (판례-2) : 대법원은 "착오에 의한 행정행위가 착오자체를 이유로 하여 함부로 취소할 수는 없는 것이라 하여도 원고의 본건 영업행위가 강행법규인 사행행위단속법 제2조 제4항의 유사사행행위에 해당하는 것이라면 피고는 법질서의 유지상 그에 대한 허가를 취소할 수 있다고 함이 당원의 견해라 할 것인바,[2] 기록에 의하여 보아도 원고의 영업행위가 유사사행행위인지의 여부에 대하여 사실을 확정하여 판단한 바 없는 본건에 있어서는 원심은 원고의 본건 영업행위가 유사사행행위에 해당되는지의 여부의 사실을 확정한 다음 만약 그가 사행행위에 해당된다면 원판시와 같은 판단을 할 수 없을 것인데도 불구하고, 위와 같이 판단한 원판결은 심리미진 또는 행정행위의 취소에 관한 법리를 오해하여 판결에 영향을 미친 위법이 있다할 것이고, 이점에 대한 논지는 이유있어 다른 논지에 대하여 판단할 필요없이 원판결은 파기를 면치 못할 것이다."라고 하였다. (판례-3) : 대법원은 행정행위의 부관으로 취소권을 유보한 경우, 그 취소사유는 법령에 규정이 있는 것에 한하는지 여부에 대하여, "행정행위의 부관으로 취소권이 유보되어 있는 경우, 당해 행정행위를 한 행정청은 그 취소사유가 법령에 규정되어 있는 경우뿐만 아니라 의무위반이 있는 경우, 사정변경이 있는 경우, 좁은 의미의 취소권이 유보된 경우, 또는 중대한 공익상의 필요가 발생한 경우 등에도 그 행정처분을 취소할 수 있는 것이다."라고 하였다.[3] (판례-4) : 대법원은 '행정처분 당시에 별다른 하자가 없었고 또 그 처분 후에 이를 취소할 별도의 법적 근거가 없다 하더라도 별개의 행정행위로 이를 철회하거나 변경할 수 있는지 여부'에 대하여, (대법원은) "행정행위를 한 처분청은 그 처분 당시에 그 행정처분에 별다른 하자가 없었고 또 그 처분 후에 이를 취소할 별도의 법적 근거가 없다 하더라도 원래의 처분을 그대로 존속시킬 필요가 없게 된 사정변경이 생겼거나 또는 중대한 공익상의 필요가 발생한 경우에는 별개의 행정행위로 이를 철회하거나 변경할 수 있다고 보아야 할 것인바,[4] 기록에 의하

---

[1] 대판 1964. 5. 5, 63누96.
[2] 대판 1964. 5. 5, 63누96.
[3] 대판 1984. 11. 13, 84누269 【주류판매업면허처분취소】
[4] 당원 1986. 11. 25. 선고 84누147 판결; 1987. 5. 26. 선고 86누250 판결; 1988. 12. 7. 선고 87누

면 이 사건 처분으로 인한 사업구역 축소로 원고가 입게 될 불이익을 감안하더라도 일부 지역 주민들의 장의자동차 이용불편, 업체 간의 과당경쟁, 부당요금징수 등으로 인한 운송질서 문란을 방지하기 위하여 사업구역을 시, 군별로 축소할 공익상의 필요가 있다고 보이므로 원심이 이 사건 처분에 재량권남용 등의 위법이 없다고 본 것은 정당하다."[1]고 하였다.

b) 사정변경에 의하여 철회가 허용되는 경우

[사정변경에 의하여 철회가 허용되는 경우] (판례-1) : 대법원은 "건축허가에 허가 당시는 아무 하자가 없었고 또 건축법 제6조에 의하여 취소권(철회권)의 유보가 되어있는 경우가 아니라 하더라도 사정변경에 의하여 건축허가를 존속하는 것이 공익에 적합하지 아니하게 되었을 때에는 이를 취소(철회)할 수 있다 할 것이며 본건에 있어서와 같이 대지 사용허가의 취소로 말미암아 건축주가 건축허가를 받은 대지위에 건축을 할 권한이 없게 되었고 더욱이 건축으로 말미암아 대지의 공공적 지용에 중대한 지장이 있음이 명백히 된 때에는 건축허가를 취소(철회)할 수 있다."[2]고 하였다. (판례-2) : 대법원은 "피고가 원고에 대한 주류판매 허가를 함에 있어서 조건부 면허를 한 것은 행정행위의 부관 중 취소권(철회권)의 유보로서, 그 취소사유는, 법령에 그 규정이 있는 경우가 아니라고 하더라도, 의무위반이 있는 경우, 사정변경이 있는 경우, 좁은 의미의 취소권이 유보된 경우, 또는 중대한 공익상의 필요가 발생한 경우 등에는 당해 행정행위를 한 행정청은 그 행정청은 그 행정처분을 취소할 수 있다."[3]고 하였다. (판례-3) : 대법원은 "행정행위를 한 처분청은 그 처분 당시에 그 행정처분에 별 다른 하자가 없었고 또 그 처분 후에 이를 취소할 별도의 법적 근거가 없다 하더라도 원래의 처분을 그대로 존속시킬 필요가 없게 된 사정변경이 생겼거나 또는 중대한 공익상의 필요가 발생한 경우에는 별개의 행정행위로 이를 철회하거나 변경할 수 있다."[4]고 하였다.

c) 취소권(철회권)의 유보(留保)

[취소권(철회권)의 유보] 행정행위의 부관으로 취소권을 유보한 경우, 그 취소사유는 법령에 규정이 있는 것에 한하는지 여부나, 국세청 훈령 제766호 주세사무처리규정이 그 상위법인 주세법 제18조에 위반되는지 여부에 대하여, 대법원은 "피고가 원고에 대한 주류판

---

1068 판결; 1989. 4. 11. 선고 88누4782 판결 각 참조
1) 대판 1992. 1. 17. 91누3130【운송사업구역축소변경처분취소】
2) 대판 1964. 11. 10. 64누33
3) 대판 1984. 11. 13. 84누 269 【주류 판매업 면호 처분 취소】
4) 대판 1992. 1. 17. 91누3130【운송사업구역축소변경처분취소】

매허가를 함에 있어서 조건부 면허를 한 것은 행정행위의 부관 중 취소권(철회권)의 유보로 서, 그 취소사유는, 법령에 그 규정이 있는 경우가 아니라고 하더라도, 의무위반이 있는 경우, 사정변경이 있는 경우, 좁은 의미의 취소권이 유보된 경우, 또는 중대한 공익상의 필요가 발생한 경우 등에는 당해 행정행위를 한 행정청은 그 행정처분을 취소할 수 있다."[1]고 하였다.

d) 사정변경이 생겼거나 또는 중대한 공익상의 필요가 발생한 경우

[사정변경이 생겼거나 또는 중대한 공익상의 필요가 발생한 경우] 대법원은 '행정처분 당시에 별다른 하자가 없었고 또 그 처분 후에 이를 취소할 별도의 법적 근거가 없다 하더라도 별개의 행정행위로 이를 철회하거나 변경할 수 있는지 여부'에 대하여, "행정행위를 한 처분청은 그 처분 당시에 그 행정처분에 별다른 하자가 없었고 또 그 처분 후에 이를 취소할 별도의 법적 근거가 없다 하더라도 원래의 처분을 그대로 존속시킬 필요가 없게 된 사정변경이 생겼거나 또는 중대한 공익상의 필요가 발생한 경우에는 별개의 행정행위로 이를 철회하거나 변경할 수 있다."[2]고 하였다. 또한 대법원 2004. 7. 22. 선고 2003두7606판결은 "행정행위를 한 처분청은 비록 그 처분 당시에 별다른 하자가 없었고, 또 그 처분 후에 이를 철회할 별도의 법적근거가 없다 하더라도 원래의 처분을 존속시킬 필요가 없게 된 사정변경이 생겼거나 또는 중대한 공익상의 필요가 발생한 경우에는 그 효력을 상실케 하는 별개의 행정행위로 이를 철회할 수 있다(대법원 1995. 6. 9. 선고 95누1194판결 참조)"고 판시하고 있다.[3]

---

1) 대판 1984. 11. 13, 84누269【주류판매업면허처분취소】
2) 대판 1992. 1. 17, 91누3130【운송사업구역축소변경처분취소】사업구역을 충청남도 일원으로 한 당초의 장의자동차운송사업 면허처분 후 그 사업구역을 청양군 일원으로 축소 변경하는 처분을 한 것이 그 처분으로 원고가 입게 될 불이익을 감안하더라도 일부 지역 주민들의 장의자동차 이용불편, 업체 간의 과당경쟁, 부당 요금징수 등으로 인한 운송질서 문란을 방지하기 위하여 사업구역을 시, 군별로 축소할 공익상의 필요가 있어 재량권 남용 등의 위법이 없다고 본 사례이다.
3) https://www.lawtimes.co.kr/Legal-Opinion/Legal-Opinion-View?Serial=16039(검색일 : 2015.11.23); 법률신문 [2004년 분야별 중요판례분석] 김학세 변호사(법무법인 케이씨엘 대표); 이 판결은 괄호에서 인용한 대법원 1995. 6. 9.선고 95누1194판결과 같은 내용의 판결로서 그 판결을 재확인한 것인데, 다만 위 인용판결이나 같은 내용의 판결이 취소와 철회·변경을 구별하지 않고 이들 모두에 같이 적용되는 듯이 판시한데 비하여(대법원 2000. 2. 25. 선고 99두10520판결, 1992. 1. 17. 선고 91누3130판결, 1989. 4. 11. 선고 88누4782판결 등) 이번 판결은 철회에만 해당하는 법리를 판시한 듯이 보이는 점이 다르다. 한편, 대법원은 1996. 2. 23. 선고 89누7061판결에서 행정청이 일단 행정처분을 한 경우에는 행정처분을 한 행정청이라도 법령에 규정이 있는 때, 행정처분에 하자가 있는 때, 행정처분의 존속이 공익에 위반되는 때, 또는 상대방의 동의가 있는 때 등의 특별한 사유가 있는 경우를 제외하고는 행정처분을 자의로 취소(철회의 의미를 포함한다) 할

### 2.3.2. 법적 근거 필요설에 입각한 것으로 보이는 판례

대법원은 '미성년자와 혼숙행위를 숙박영업허가의 취소사유로 삼은 영업허가 취소처분의 적법여부'에 대하여 "피고가 이 사건 취소처분의 존재로 내세운 보사부 훈령 제211호에 의하면 숙박업자가 미성년자 혼숙행위의 방조, 묵인 또는 조장 등 행위를 하였을 때 영업허가취소를 행정처분의 기준으로 정하는 규정이 있으나 위 훈령을 숙박업법에 의한 명령 또는 처분이라고 볼 수 없으며 … 그밖에 그와 같은 명령, 처분이 있었거나 미성년자 혼숙행위를 금지하는 허가조건이 있었다고 인정할 만한 아무런 자료가 없다는 취지의 판단에서 이 사건 행정처분은 근거없이 한 것으로서 위법하다."[1]고 하였다.

### 2.3.3. 사견

생각건대 행정청이 행정행위를 철회하고자 할 경우에는 철회에 의해 달성하고자 하는 공익과 상대방이 가지고 있는 권익의 보호·제3자의 신뢰보호 및 법적 안정성 등의 요청을 고려하여 구체적 사안에 따라 개별적으로 결정해야 한다.[2]

## 3. 조리상의 제한
### 3.1. 부담적 행정행위의 철회자유 및 그 예외

부담적 행정행위의 철회는 국민의 불이익을 제거하는 결과가 되기 때문에 자유롭게 철회할 수 있고, 특히 법적 근거가 필요없다는 점에 관하여는 논쟁이 없다. 불가쟁력이 발생한 후에도 부담적 행정행위(Verwaltungsakt)의 철회는 가능하다. 그러나 부담적 행정행위도 본래의 행정행위가 행정청의 의무로 되어 있는 경우(재량행위가 아니고 기속행위인 경우), 동일한 내용의 행정행위를 새로이 발급하게 되는 경우(독일행정절차법 제49조 제1항 참조)에는 제한을 받는다.[3]

▶독일연방행정절차법 제49조 적법한 행정행위의 철회(VwVfG § 49 Widerruf eines rechtmäßigen Verwaltungsaktes) ① Ein rechtmäßiger nicht begünstigender Verwaltungsakt kann, auch nachdem er unanfechtbar geworden ist, ganz oder teilweise mit Wirkung für die Zukunft widerrufen werden, außer wenn ein Verwaltungsakt gleichen Inhalts erneut erlassen werden müsste oder aus anderen Gründen ein Widerruf unzulässig ist.

---

수 없다고 판시하였고, 이 판결도 재확인되고 있는바 앞의 판결과 표현상 모순 되는 바는 없는지도 검토할 때가 되지 않았나 생각된다(김학세).
1) 대판 1978. 6. 27, 78누49 【영업허가취소처분취소】
2) 同旨 박윤흔, 행정법강의(상), 459면.
3) 김남진·김연태, 행정법(I), 336면.

▶ 독일연방행정절차법 제49조(적법한 행정행위의 철회) ① 적법한 비수익적 행정행위(rechtmäßiger nicht begünstigender Verwaltungsakt)는, 불가쟁력이 발생한 후에도(unanfechtbar geworden ist), 그 전부(ganz) 또는 일부(teilweise)를 장래에 향하여(für die Zukunft) 철회할 수 있다. 다만 동일한 내용의 행정행위를 다시 발하여야 하거나 또는 다른 사유로 철회가 허용되지 아니하는 경우는 예외로 한다.[1]

### 3.2. 수익적 행정행위의 철회제한과 그 예외
#### 3.2.1. 개관

[개관] 수익적 행정행위의 철회는 상대방 또는 제3자의 기득권과 법적 안정성을 해치게 되므로 수익적 행정행위의 철회권의 행사는 자유롭지 않으며 수익적 행정행위의 직권취소에 있어서와 같이, 수익적 행정행위의 철회가 적법하려면, 그 수권근거가 있어야 하며,[2] 신뢰보호원칙에 의하여 제한을 받는다(직권취소와 철회의 유사성). 철회권의 유보, 부담의 불이행, 법에서 정한 의무위반 등에 있어서는 상대방은 사전에 철회가능성을 예견하고 있기 때문에 신뢰보호의 원칙이 적용되지 않으나, 새로운 사정의 발생, 법령의 개정, 기타 중대한 공익의 필요성 등의 사유가 발생했을 경우에는 신뢰보호의 원칙상 보상이 주어져야 한다.[3] 어느 한도까지 제한을 받는가는 관계이익(공익과 사익)간의 형량에 의하여 결정될 문제이다. 철회로서 국민의 권리나 이익을 침해하는 경우에는 수익적 행정행위를 철회할 수는 없지만 공익이나 제3자의 이익이 보호되는 경우에 한해 철회를 할 수 있음이 타당하다고 본다.

▶ 대판 1992. 4. 14, 91누9251【배출시설설치허가취소처분취소】【판시사항】가. 수익적 행정처분을 취소(철회)할 수 있는 경우, 나. 배출시설이전명령불이행을 이유로 배출시설설치허가를 취소한 것이 구환경보전법의 취지와 공익상의 요청 등에 비추어 볼 때 정당하여 위 처분이 재량권을 남용하였거나 재량권의 범위를 일탈한 것이라고 할 수 없다고 한 사례【판결요지】가. 행정청의 허가, 면허, 인가, 특허 등과 같이 상대방에게 어떤 이익이 생기게 하는 소위 수익적 행정처분을 취소(철회)하거나 중지시키는 경우에는 이미 부여된 기득권을 침해하는 것이 되므로 비록 취소(철회) 등의 사유가 있다고 하더라

---

1) 독일연방행정절차법 제49조 : § 49 Widerruf eines rechtmäßigen Verwaltungsaktes(적법한 행정행위의 철회) ① Ein rechtmäßiger nicht begünstigender Verwaltungsakt kann, auch nachdem er unanfechtbar geworden ist(불가쟁력이 발생한 후에도), ganz oder teilweise mit Wirkung für die Zukunft(장래에 향하여) widerrufen werden, außer wenn ein Verwaltungsakt gleichen Inhalts erneut erlassen werden müsste oder aus anderen Gründen ein Widerruf unzulässig ist.
2) 최정일, 행정행위의 철회, 고시연구(1998.6), 133면.
3) 정하중, 행정법총론, 314면.

도 그 취소권(철회권) 등의 행사는 기득권의 침해를 정당화할 만한 중대한 공익상의 필요 또는 제3자의 이익보호의 필요가 있는 때에 한하여 상대방이 받는 불이익과 비교 교량하여 결정하여야 할 것이다.[1] 나. 배출시설을 이전하기 위하여 다른 곳에다가 공장부지를 매수하고 공장신축에 착수하여 거의 완공된 상태이고 배출시설설치허가가 취소되면 공장을 가동하지 못하게 되어 회사가 도산하게 되며 종업원들이 실직하게 되는 등 사정이 있다 하더라도 이전기한으로부터 6년 이상이 지나도록 더구나 16회 가량의 이전촉구를 받고서도 배출시설을 이전하지 아니한 점과 한편으로는 모든 국민이 건강하고 쾌적한 환경에서 생활할 수 있게 함을 목적으로 제정된 구환경보전법[2]의 취지와 공익상의 요청 등에 비추어 볼 때 위 이전명령에 위반하였다는 이유로 위 취소처분에 이른 것은 정당하고 달리 위 처분이 재량권을 남용하였거나 재량권의 범위를 일탈한 것이라고 할 수 없다.

행정행위를 한 처분청은 비록 그 처분 당시에 별다른 하자가 없었고, 또 그 처분 후에 이를 철회할 별도의 법적 근거가 없다 하더라도 원래의 처분을 존속시킬 필요가 없게 된 사정변경이 생겼거나 또는 중대한 공익상의 필요가 발생한 경우에는 그 효력을 상실케 하는 별개의 행정행위로 이를 철회할 수 있다고 할 것이나, 수익적 행정처분을 취소 또는 철회하는 경우에는 이미 부여된 그 국민의 기득권을 침해하는 것이 되므로, 비록 취소 등의 사유가 있다고 하더라도 그 취소권 등의 행사는 기득권의 침해를 정당화할 만한 중대한 공익상의 필요 또는 제3자의 이익보호의 필요가 있는 때에 한하여 상대방이 받는 불이익과 비교·교량하여 결정하여야 하고, 그 처분으로 인하여 공익상의 필요보다 상대방이 받게 되는 불이익 등이 막대한 경우에는 재량권의 한계를 일탈한 것으로서 그 자체가 위법하다.[3]

### 3.2.2. 기득권 존중에 의한 제한 - 기득권존중의 원칙

[기득권 존중에 의한 제한] 일단 공사가 완성되어 건축이 준공된 연후에는 건축허가를

---

1) 同旨의 판례 : 대판 1995. 8. 25, 95누269 【유아원폐지처분취소】 행정청의 허가, 면허, 인가, 특허 등과 같이 상대방에게 어떤 이익이 생기게 하는 수익적 행정처분을 취소하거나 중지시키는 경우에는 이미 부여된 그 국민의 기득권을 침해하는 것이 되므로, 그 취소사유가 있을 경우 적법한 절차를 거쳐 그 처분을 취소하거나 중지시켜야 하며, 비록 취소 등의 사유가 있다고 하더라도 그 취소권 등의 행사는 기득권의 침해를 정당화할 만한 중대한 공익상의 필요 또는 제3자의 이익보호의 필요가 있는 때에 한하여 상대방이 받는 불이익과 비교 교량하여 결정하여야 하고, 그 처분으로 인하여 공익상의 필요보다 상대방이 받게 되는 불이익 등이 막대한 경우에는 재량권의 한계를 일탈한 것으로서 그 자체가 위법임을 면치 못한다.
2) 1990.8.1. 법률 제4257호 환경정책기본법에 의하여 폐지
3) 대판 2004. 11. 26, 2003두10251,10268 【노선배분취소처분취소·국제선정기항공운송사업노선면허거부처분취소】

취소(철회)할 수 없다(판례).

### 3.2.3. 기속재량에 의한 제한

[기속재량에 의한 제한] 수익적 행정행위의 철회는 기속재량적 제한을 받는다. 즉 철회로서 국민의 권리·이익을 침해하는 경우에는 기속재량으로서 조리상의 제한을 받으며, 공익이나 제3자의 이익이 보호되는 경우에 한하여 철회를 할 수 있고, 그 이외는 철회를 할 수 없다. (기속재량) : 기속재량은 법규정의 내용이 일의적이 아니라서 법의 의미와 해석의 재량권이 인정되더라도 행정청의 자유로운 판단에 맡기는 것이 아니라 법의 준칙과 경험법칙에 의해 판단될 것이 예정돼있는 재량행위이다.[1] 행정행위는 법규 하에서 법의 구체화 또는 집행으로 행하여지는 행위이지만 근대행정의 광범성과 복잡다기성 때문에 엄격한 법의 기속이 요청되는 행정분야에 있어서나, 구체적인 사정에 적극적으로 공익목적 달성을 위한 사명을 가진 행정 분야에 있어서나, 행정청의 재량을 어느 정도껏 인정함은 불가피하다. 요컨대 행정행위에는 비교적 법의 기속을 받는 경우와 비교적 광범한 행정청의 재량이 인정되는 경우가 있다. 법의 구체화 또는 집행으로 행해지는 행위를 기속행위라 하고 어느 정도 행정청의 재량이 인정되고 이 재량에 의해 행하여지는 행위를 재량행위라 한다.

[판례] 대법원은 "광업권의 행사를 보장하면서 광산개발에 따른 자연경관의 훼손, 상수원의 수질오염 등 공익침해를 방지하기 위한 목적에서 광물채굴에 앞서 채광계획인가를 받도록 한 제도의 취지와 공익을 실현하여야 하는 행정의 합목적성에 비추어 볼 때, 채광계획이 중대한 공익에 배치된다고 할 때에는 인가를 거부할 수 있다고 보아야 하고, 채광계획을 불인가하는 경우에는 정당한 사유가 제시되어야 하며 자의적으로 불인가를 하여서는 아니 될 것이므로 채광계획인가는 기속재량행위에 속하는 것으로 보아야 한다. 채광계획이 자연경관을 훼손하고 수질을 오염시킬 우려가 있는 경우 불인가처분을 한 것이 재량권남용이 아니다."[2]라고 하였다.

### 3.2.4. 확정력에 의한 제한 - 불가변력이 있는 행정행위

[확정력/불가변력에 의한 제한] 일정한 쟁송절차를 거친 행위·확인적 행위·국민에게 권리·이익을 주는 행위 등은 불가변력을 발생하므로 철회할 수 없다. 준사법적 절차에 따라 합의제 행정기관에서 발하여지는 행정행위는 철회가 불가능하다. 그러나 철회는 행정행위가 발하여진 이후의 사정변경에 의하므로 철회를 허용하지 않는 것은 부당하다는 비판이 있다. 대법원은 "행정청이 일단 행정처분을 한 경우에는 행정처분을 한 행정청이라도 법령

---

[1] http://blog.naver.com/dbthfzmdk?Redirect=Log&logNo=110142648228(기속행위와 재량행위).
[2] 대판 1993. 5. 27, 92누19477【채광계획인가신청불허가처분취소】

에 규정이 있는 때, 행정처분에 하자가 있는 때, 행정처분의 존속이 공익에 위반되는 때, 또는 상대방의 동의가 있는 때 등의 특별한 사유가 있는 경우를 제외하고는 행정처분을 자의로 취소(철회의 의미를 포함한다)할 수 없다. 운전면허 취소사유에 해당하는 음주운전을 적발한 경찰관의 소속 경찰서장이 사무착오로 위반자에게 운전면허정지처분을 한 상태에서 위반자의 주소지 관할 지방경찰청장이 위반자에게 운전면허취소처분을 한 것은 선행처분에 대한 당사자의 신뢰 및 법적 안정성을 저해하는 것으로서 허용될 수 없다."[1]고 하였다.

### 3.2.5. 실권(失權 : Verwirkung)에 의한 제한 - 실효(Erledigung)와는 다름

[실권(失權)에 의한 제한] 독일 행정철자법은 행정청이 철회사유를 안 때로부터 1년 내에 철회하도록 규정하고 있다.[2] 대법원은 "구 도로교통법[3] 제65조에 의하면 관할관청은 운전면허를 받은 자가 동조 제2호 내지 제6호에 해당하는 위반행위를 하였을 때에는 그 운전면허를 취소하거나 그 효력을 정지(1년 이내)하는 행정처분을 할 수 있도록 규정하고 있는바, 위와 같은 행정처분은 그 성질상 행정청의 재량행위에 속하는 것이므로 행정청이 운전면허를 취소하는 행정처분을 함에 있어서는 그 위반행위의 정도를 감안하여 운전면허를 취소하고자 하는 공익목적과 그 취소처분에 의하여 상대방이 입게 될 불이익을 비교형량하여야 한다. 택시운전사가 1983.4.5 운전면허정지기간중의 운전행위를 하다가 적발되어 형사처벌을 받았으나 행정청으로부터 아무런 행정조치가 없어 안심하고 계속 운전업무에 종사하고 있던중 행정청이 위 위반행위가 있은 이후에 장기간에 걸쳐 아무런 행정조치를 취하지 않은채 방치하고 있다가 3년여가 지난 1986.7.7에 와서 이를 이유로 행정제재를 하면서 가장 무거운 운전면허를 취소하는 행정처분을 하였다면 이는 행정청이 그간 별다른 행정조치가 없을 것이라고 믿은 신뢰의 이익과 그 법적 안정성을 빼앗는 것이 되어 매우 가혹할 뿐만 아니라 비록 그 위반행위가 운전면허취소사유에 해당한다 할지라도 그와 같은 공익상의 목적만으로는 위 운전사가 입게 될 불이익에 견줄바 못된다"고 하였다.

### 3.2.6. 비례의 원칙·평등의 원칙에 의한 제한

[비례의 원칙·평등의 원칙에 의한 제한] 비례의 원칙[4]·평등의 원칙에 의하여 철회가 제한된다. 대법원은 "행정청이 전직 대통령의 생애와 업적을 기념하기 위한 각종 사업 수행

---

1) 대판 2000. 2. 25, 99두10520 【자동차운전면허취소처분취소】
2) 김남진·김연태, 행정법(I), 337면.
3) 1980.12.31. 개정 법률 제3346호
4) 김남진·김연태, 행정법(I), 337면.

을 목적으로 설립된 단체에 보조금을 교부하기로 결정하였다가 이를 취소한 사안에서, 보조금 교부결정 취소처분이 비례의 원칙을 위반하여 재량권을 일탈·남용한 것으로서 위법하다."[1]고 하였다. 과잉금지의 원칙(過剩禁止의 原則) 또는 비례의 원칙은 국민의 기본권을 제한함에 있어서 국가 작용의 한계를 명시한 것으로 크게 목적의 정당성, 수단의 적합성, 침해의 최소성, 법익의 균형성 등을 들 수 있다. 대한민국 헌법 제37조 제2항은 과잉금지의 원칙을 '필요한 경우에 한하여' 법률로써 기본권을 제한할 수 있다고 표현하고 있다. 헌법 제37조 제2항에 따르면 국민의 자유와 권리는 국가안전보장, 질서유지 또는 공공복리를 위하여 필요한 경우에 한하여 법률로써 제한할 수 있으며, 그 경우에도 자유와 권리의 본질적인 내용을 침해할 수 없다고 규정하여 국가가 국민의 기본권을 제한하는 내용의 입법을 함에 있어서 준수하여야 할 기본원칙을 천명하고 있다. 그리고 일반적인 판례와 학설에 따라 이를 위배할 경우는 위헌이다. 특히 수익적 행정행위의 철회는 재량권의 한계로서의 비례의 원칙이 강하게 적용되며, 비례의 원칙은 헌법 제37조 제2항에 입각하여 볼 때 헌법원칙이다.[2]

### 3.2.7. 포괄적 신분관계설정행위

[포괄적 신분관계설정행위] 귀화허가나 공무원임명 등 포괄적 신분관계설정행위도 철회가 제한된다.[3] ☞ 상세한 내용은 행정행위의 취소 참조

### 3.2.8. 이익형량의 필요

[이익형량의 필요] 행정행위를 한 처분청은 비록 그 처분 당시에 별다른 하자가 없었고 또 그 처분 후에 이를 철회할 별도의 법적 근거가 없다 하더라도 원래의 처분을 존속시킬 필요가 없게 된 사정변경이 생겼거나 또는 중대한 공익상의 필요가 발생한 경우에는 그 효력을 상실케 하는 별개의 행정행위로 이를 철회할 수 있다.[4] 수익적 행정행위를 철회할 때는 철회를 요하는 공익상의 필요와 철회로 인해 당사자가 입을 불이익 등을 비교형량하여 철회여부를 결정해야 한다. 어느 한도까지 제한을 받는가는 관계이익(공익과 사익)간의 형량에 의하여 결정될 문제이다. (판례-1) : 대법원은 "행정처분을 한 처분청은 그 처분에 하자가 있는 경우에는 별도의 법적 근거가 없더라도 스스로 이를 취소할 수 있고, 다만 수익적 행정처분을 취소할 때에는 이를 취소하여야 할 공익상의 필요와 그 취소로 인하여 당사자

---

1) 대판 2009. 4. 23, 2008두2507 【처분취소】
2) 유상현, 수익적 행정행위의 철회의 제한, 고시계(1998.4), 96면.
3) 우병렬, 행정행위의 취소와 철회, 고시월보(1997.6), 26면.
4) 대판 2004. 7. 22, 2003두7606.

가 입게 될 기득권과 신뢰보호 및 법률생활 안정의 침해 등 불이익을 비교교량한 후 공익상의 필요가 당사자가 입을 불이익을 정당화할 만큼 강한 경우에 한하여 취소할 수 있다."[1]고 하였다. (판례-2) : 대법원은 "행정청의 허가, 면허, 인가, 특허 등과 같이 상대방에게 어떤 이익이 생기게 하는 소위 수익적 행정처분을 취소(철회)하거나 중지시키는 경우에는 이미 부여된 기득권을 침해하는 것이 되므로 비록 취소(철회) 등의 사유가 있다고 하더라도 그 취소권(철회권) 등의 행사는 기득권의 침해를 정당화할 만한 중대한 공익상의 필요 또는 제3자의 이익보호의 필요가 있는 때에 한하여 상대방이 받는 불이익과 비교교량하여 결정하여야 할 것이다."[2]라고 하였다. (판례-3) : 대법원은 "수익적 행정처분을 취소 또는 철회하거나 중지시키는 경우에는 이미 부여된 그 국민의 기득권을 침해하는 것이 되므로 비록 취소 등의 사유가 있다고 하더라도 그 취소권 등의 행사는 기득권의 침해를 정당화할 만한 중대한 공익상의 필요 또는 제3자의 이익보호의 필요가 있는 때에 한하여 상대방이 받는 불이익과 비교·교량하여 결정하여야 하고 그 처분으로 인하여 공익상의 필요보다 상대방이 받게 되는 불이익 등이 막대한 경우에는 재량권의 한계를 일탈한 것으로서 그 자체가 위법이다."[3]라고 하였다.

### 3.3. 복효적 행정행위의 경우 - 제3자효를 수반하는 행정행위

복효적 행정행위의 철회에 관하여는 위에서 본 수익적 행정행위의 철회에 관한 법리가 존중되어야 할 것이다. 철회의 요건이 법률상 일의적으로 규정되어 있지 않는 한, 행정청은 재량판단에 즈음하여 양 법익을 함께 고려해 넣지 않으면 안될 것이다. 여기에는, (ㄱ) 수익자의 신뢰이익, (ㄴ) 제3자의 법적 이익, (ㄷ) 공익이라는 3자간의 이익형량(Interessenabwägung)에 의하여 복효적 행정행위의 철회여부를 결정하여야 할 것이다.

▶ 대판 1995. 6. 13, 94누15592 【어업면허취소처분에대한취소재결처분취소】 【판시사항】 가. 제3자효를 수반하는 행정행위에 대한 행정심판청구의 인용재결에 대하여 제3자가 재결취소를 구할 소의 이익이 있는지 여부, 나. 어업면허취소처분에 대한 면허권자의 행정심판청구를 인용한 재결에 대하여 제3자가 재결취소를 구할 소의 이익이 없다고 본 사례 【판결요지】 가. 이른바 복효적 행정행위, 특히 제3자효를 수반하는 행정행위에 대한 행정심판청구에 있어서 그 청구를 인용하는 내용의 재결로 인하여 비로소 권리이익을 침해받게 되는 자(예컨대, 제3자가 행정심판청구인인 경우의 행정처분 상대방 또는 행정처분 상대방이 행정심판청구인인 경우의 제3자)는 재결의 당사자가 아니라고 하더라도 그 인용재결의 취소를 구하는 소를 제기할 수 있으나, 그 인용재결로 인하여 새로이 어떠

---

1) 대판 1991. 8. 23, 90누7760 【건축허가취소처분취소】
2) 대판 1992. 4. 14, 91누9251 【배출시설설치허가취소처분취소】
3) 대판 2004. 7. 22, 2003두7606 【형질변경허가반려처분취소】

한 권리이익도 침해받지 아니하는 자인 경우에는 그 재결의 취소를 구할 소의 이익이 없다. 나. 처분상대방이 아닌 제3자가 당초의 양식어업면허처분에 대하여는 아무런 불복조치를 취하지 않고 있다가 도지사가 그 어업면허를 취소하여 처분상대방인 면허권자가 그 어업면허취소처분의 취소를 구하는 행정심판을 제기하고 이에 재결기관인 수산청장이 그 심판청구를 인용하는 재결을 하자 비로소 그 제3자가 행정소송으로 그 인용재결을 다투고 있는 경우, 수산청장의 그 인용재결은 도지사의 어업면허취소로 인하여 상실된 면허권자의 어업면허권을 회복하여 주는 것에 불과할 뿐 인용재결로 인하여 제3자의 권리이익이 새로이 침해받는 것은 없고, 가사 그 인용재결로 인하여 그 면허권자의 어업면허가 회복됨으로써 그 제3자에 대하여 사실상 당초의 어업면허에 따른 효과와 같은 결과를 초래한다고 하더라도 이는 간접적이거나 사실적·경제적인 이해관계에 불과하므로, 그 제3자는 인용재결의 취소를 구할 소의 이익이 없다.

## Ⅵ. 철회의 절차

철회는 행정청의 직권에 의하여 행하여지는데 일반적·통칙적 규정은 없다. 따라서 행정청이 적당하다고 생각되는 절차에 따라 철회할 수 있다. 다만, 상대방의 권리·이익보호와 철회의 공정성 확보를 위하여 사전통지(행정절차법 제21조)·공청·관계자의 변명의 기회부여·특정한 기관의 자문·의견청취(동법 제22조)·이유제시(동법 제23조)등의 행정절차를 요건으로 하는 행정절차법을 준수해야 한다.[1]

## Ⅶ. 철회의 효과

### 1. 장래적 효과
행정행위의 철회의 효과는 행정행위의 취소의 경우와는 달리 원칙적으로 장래에 향하여서만 발생한다. 따라서 철회는 행정행위의 효과가 계속중인 경우에만 할 수 있다. 다만 부담의 불이행을 이유로 철회하는 경우에는 소급하여 효력이 발생한다.

### 2. 부수적 효과
철회의 부수적 효과로서 원상회복·시설개선명령이 수반 될 수 있으나, 이에는 법적

---
[1] 정하중, 행정법총론, 315면.

근거를 요한다.

## 3. 손실보상
### 3.1. 개관

[개관] 손실보상은[1] 행정작용의 적법성을 전제로 하므로, 그 위법성을 전제로 하는 손해배상과 다르고, 공권력의 행사에 대한 것이므로 비권력적 작용에 대한 대가와 다르며, 특별한 희생에 대한 전보이므로 일반적 희생인 조세 등과 다르다. 손실보상은 행정주체가 행정목적을 위하여 개인에게 가한 특별한 희생을 정의의 원칙과 공평의 원칙[2]에 입각하여 보상한다는 데에 이론적 근거를 두고 있다. 그 특별한 희생은 재산권에 내재하는 사회적 제약을 넘은 손실을 말하나, 구체적 기준에 대하여는 침해행위의 강도와 본질의 실질적 기준을 주로 하면서 더불어 침해를 받는 자가 일반적인가 특정적인가 하는 형식적 기준도 참작하여 판단하여야 한다. 손실보상에 대한 일반법은 없고 공익사업을 위한 토지 등의 취득 및 보상에 관한 법률을 비롯한 각 단행법에서 개별적으로 규정하고 있을 뿐이다. 손실보상은 완전보상을 원칙으로 하지만 개발이익은 배제된다. 손실보상은 원칙적으로 현금보상으로 하며, 선불·개별불·일시불로 한다. 손실보상의 절차 및 불복에 대하여는 각 단행법에서 개별적으로 규정하고 있다. 상대방의 귀책사유에 원인된 경우를 제외하고는 수익적 행정행위의 철회로 인한 손실은 상대방의 신뢰이익을 보호하는 차원(신뢰보호의 원칙)[3]에서 이를 보상(손실보상)해 주는 것이 헌법가치의 실현 및 헌법정신에 합당하다고 본다.

---

1) http://terms.naver.com/entry.nhn?docId=1114445&cid=40942&categoryId=31721;(검색어 : 손실보상; 검색일 : 2014.6.7)
2) 평등의 원칙으로부터 파생된 원칙인 공적 부담 앞의 평등의 원칙을 근거로 들고 있다. 즉 헌법 제23조에 의해 보장되는 재산권은 일차적으로 재산권자가 재산권을 보유하고 향유하는 것을 보장하는 존속보장의 대상이 되는 것이지만 공공필요에 의해 재산권에 대한 공권적 침해가 있는 경우에는 재산권의 가치를 보장하는 차원에서 손실 보장하여야 한다.
3) 신뢰보호의 원칙(信賴保護의 原則)이란 행정청이 국민에 대하여 행한 언동의 정당성 또는 계속성에 대한 보호가치 있는 개인의 신뢰를 보호하는 법원칙을 말한다. 대한민국의 행정절차법(제4조), 국세기본법(제18조 제3항) 등에서 명문으로 인정되며 판례상으로도 인정되고 있다. 신뢰보호의 원칙은 대륙법계의 관념이나 영미법계의 보통법상 금반언의 법리와 같은 이념을 가지고 있다. 다만 신뢰형성의 결정적 요인인 사실이 사후에 변경되고 관계자가 이를 인식하거나 인식 할 수 있었던 경우에는 관계자는 신뢰의 이익을 원용할 수 없다. 신뢰보호가 인정되기 위한 요건으로서는 (ㄱ) 행정청의 선행조치가 있어야 하고, (ㄴ) 행정청의 선행조치의 존속이나 정당성에 대한 행정객체의 신뢰가 보호가치있는 것이어야 하며, (ㄷ) 행정객체가 행정청의 선행조치를 믿고 투자 등 어떠한 행동을 구체적으로 행하여야 하며, (ㄷ) 행정청의 선행조치에 반하는 행정청의 처분이나, 선행조치에 의하여 형성된 신뢰를 침해하는 행위를 하지 않아야 한다.

### 3.2. 독일의 경우에 있어의 손실보상 - 독일연방행정절차법 제49조 제5항

독일의 경우에는 수익적 행정행위가 상대방의 귀책이 없이 철회되어 그로 인하여 손실이 발생하였을 경우에 그 보상문제에 관하여 독일은 명문의 규정을 두어 해결하고 있다. 즉 사실상태 또는 법률·명령의 변경과 긴급한 공익을 이유로 하는 철회의 경우에는 신뢰보호의 원칙이 적용되며, 독일연방행정절차법도 제49조 제5항에서「행정청은 신청에 따라 관계인에게 그가 행정행위의 존속을 신뢰함으로서 입은 재산상 불이익을, 그 신뢰가 보호할 가치가 있는 한 보상하여야 한다」라고 규정하여 손실보상을 긍정하고 있다. 이 경우 위법한 행정행위의 취소에 따른 손실보상에 관한 동법 제48조 규정의 일부가 준용되지만 보상소송에 관해서만은 연방대법원(BGH : 연방통상법원; 민사·형사사건)의 관할에 속하게 하였다. 이는 철회에 따른 재산상의 보상은 위법처분의 취소의 경우와는 달리 이른바 희생보상(Aufopferungsentschädigung)으로서의 성격을 가지기 때문인 것으로 풀이된다.

### 3.3. 우리 나라의 경우

#### 3.3.1. 개관

[개관] 헌법은 공공필요에 의한 재산권의 수용·사용·제한에 대한 정당한 보상을 규정하고 있다.[1] 우리나라의 경우에는 수익적 행정행위의 철회로 인한 손실보상에 관하여 통칙적 규정은 없고, 다만 각 개별법에 이에 관한 규정이 있다. 그러나 공익상의 이유로 행정행위가 철회되고 그로 인해 손실이 가해졌음에도 불구하고, 법률에는 보상규정이 없는 경우, 이를 어떻게 해결해야 할 것인지가 문제된다. 이 문제에 대하여 보상청구권이 헌법규정에서 바로 발생한다고 보아 법률의 규정이 없더라도 공용수용에 준하여 또는 수용유사침해이론(enteignungsgleich)[2] 내지 수용적(enteignend)침해에 대한 보상이론을 통하여서

---

1) 헌법 제23조 ① 모든 국민의 재산권은 보장된다. 그 내용과 한계는 법률로 정한다. ② 재산권의 행사는 공공복리에 적합하도록 하여야 한다. ③ 공공필요에 의한 재산권의 수용·사용 또는 제한 및 그에 대한 보상은 법률로써 하되, 정당한 보상을 지급하여야 한다.

2) [수용유사침해] (의의) : 수용유사침해보상이라 함은 공공필요에 의하여 재산권을 침해하여 특별한 희생을 가하였으나 보상규정의 결여로 보상할 수 없게 된 공용침해로 인해 특별한 희생을 입은 자에 대한 보상을 의미한다. (논의배경) : 국가의 전보책임에 관하여 손해배상과 손실보상의 양 제도만을 인정하고 있는 현행법체계상으로는 위법·무책의 침해에 대하여는 국민은 보상받을 길이 없는 경우, 이러한 실정법상의 문제점을 해결하기 이론이다. 수용유사침해보상은 관습법적으로 발전되어 온 희생보상제도를 근거로 하여 독일 연방최고법원(BGH)의 판례를 통하여 형성되었다. (구별개념) : (ㄱ) 손실보상과 구별 : 수용유사침해보상은 위법한 침해에 대한 보상이며, 손실보상은 적법한 침해이다. (ㄴ) 수용적 침해보상과 구별 : 수용유사침해보상은 위법한·의도된 침해에 대한 보상이며, 수용적 침해보상은 적법한·비의도적 침해이다. (ㄷ) 손해배상과의 구별 : ① 수용유사침해보상에서 말하는 위법·무책에서의 위법은 헌법의 재산권보장 규정을 위반한 헌법

해결하고자 하는 견해가 있다.

　　　　▶ 대판 2006. 9. 28, 2004두13639【토지수용이의재결처분취소등】【판시사항】도로의 공용개시행위로 인하여 공물로 성립한 사인 소유의 도로부지 등에 대하여 도로법 제5조에 따라 사권의 행사가 제한됨으로써 그 소유자가 손실을 받은 경우, 도로부지 등의 소유자가 도로법 제79조에 의한 손실보상청구를 할 수 있는지 여부(소극)【판결요지】도로의 공용개시행위로 인하여 공물로 성립한 사인 소유의 도로부지 등에 대하여 도로법 제5조에 따라 사권의 행사가 제한됨으로써 그 소유자가 손실을 받았다고 하더라도 이와 같은 사권의 제한은 건설교통부장관 또는 기타의 행정청이 행한 것이 아니라 도로법이 도로의 공물로서의 특성을 유지하기 위하여 필요한 범위 내에서 제한을 가하는 것이므로, 이러한 경우 도로부지 등의 소유자는 국가나 지방자치단체를 상대로 하여 부당이득반환청구나 손해배상청구를 할 수 있음은 별론으로 하고 도로법 제79조에 의한 손실보상청구를 할 수는 없다.

### 3.3.2. 사견

[사견] 생각건대 어느 학설을 취하건 간에(예컨대 위헌무효설의 입장에서는 손해배상청구) 법률에서 철회권의 행사에 관해서만 규정하고 그로 인해 발생한 상대방의 불이익에 대한 보상규정이 없다고 하여 그 보상청구권 행사를 부정한다면 헌법 제23조 제3항의 재산권제한에 대한 보상정신 및 정의와 공평의 원리에 합치하지 않는 결과를 초래할 것이다. 따라서 원칙적으로 상대방의 귀책없는 수익적 행정행위의 철회에 있어서는 정당한 보상이 지급되어야 할 것이다.[1]

---

　　위반을 의미한다는 점에서 손해배상에서 의미하는 위법개념과는 다르다. ② 수용유사침해보상은 공공필요에 의한 재산권 침해에 대한 보상이나, 손해배상은 위법한 직무행위로 타인에 가한 손해의 배상이다. ③ 수용유사침해보상은 공익 및 관계자의 이익을 형량한 조절보상이나, 손해배상은 상당인과관계에 있는 모든 손해에 대한 배상이다.

1) 공공사업의 시행을 위하여 영업의 기초가 되는 인허가·특허·등록·신고·수리 등의 행정행위를 철회하게 되는 경우, 이로 인한 손실보상에 관하여는 공익사업을위한토지등의취득및보상에관한법률 제6장에 일반적 규정을 두고 있다. 그런데 철회로 인한 손실의 보상을 요하는 경우가 그 대부분이 공공사업의 시행을 위하여 행정행위를 철회하는 경우임을 감안한다면 위 규정을 철회로 인한 손실보상에 관한 일반법으로 볼 수 있다. 따라서 각 개별법에 보상규정이 없는 경우 위의 규정에 의거하여 수익적 행정행위의 보상에 관한 문제를 해결할 수 있을 것이다.

## VIII. 철회의 취소

### 1. 무효인 철회처분인 경우

철회처분에 중대하고 명백한 하자, 즉 철회처분의 위법(예: 구청장이 영업허가를 철회할 것을 세무서장이 한 경우)이 중대·명백한 하자가 있는 경우에는 그 철회처분이 무효가 되고, 이 경우에는 무효선언으로서의 취소가 가능하다.

▶ 대판 1971. 2. 25, 70누125 【행정처분취소】 【판결요지】 가. 행정소송의 무효확인청구와 취소청구는 그 소송의 요건을 달리하는 것이므로 동일한 행정처분의 동일한 하자를 청구의 원인으로 하여 두 청구를 병합해서 소구할 수 있다. 나. <u>무효선언을 구하는 의미에서 취소청구를 하는 것은 그 성질이 무효확인청구를 하는 것과는 판이하다.</u> 다. 윤활유정제업은 석유정제업에 속하는 것으로서 이와 반대되는 영업세법 시행규칙의 규정은 법령에 아무 근거없는 무효의 규정이다. 라. 법원은 종결된 변론의 재개를 함에 있어서 반드시 결정서를 작성하여야 하는 것은 아니다.

### 2. 단순 위법인 철회처분인 경우

행정행위의 철회(Widerruf)도 하나의 독립된 행정행위이며, 철회처분이 단순 위법한 하자가 있는 경우에는 취소의 경우와 마찬가지로 철회의 취소를 인정함이 타당하다(판례·통설).[1]

▶ 대판 1969. 3. 31, 68누179 【하천공작물설치허가취소처분취소】 【판결요지】 가. 하천법 제57조 제1항 제1호에 의한 허가의 취소라 함은 소위 **취소**가 아니고 **철회**라고 해석하여야 한다 나. 하천법 제57조 제2항의 규정은 강행규정이라 할 것이므로 부득이한 사정이 없는데도 불구하고 동 규정에 의한 사전 절차를 밟음이 없이 바로 동조 제1항에 의하여 기존 허가를 취소한 처분은 위법한 행정처분이라 할 것이다.

---

1) 우병렬, 행정행위의 취소와 철회, 고시월보(1997.6), 26면.

# 제 11 절  행정행위의 효력의 소멸(消滅)

## I. 서설

### 1. 행정행위의 효력소멸의 의의

행정행위의 효력의 소멸이란 성립요건과 효력발생요건을 구비하여 완전 유효하게 성립된 행정행위가 일정한 사유의 발생으로 말미암아 그 효력이 상실되는 것을 총칭한다.

### 2. 행정행위의 효력의 소멸사유

행정행위의 효력의 소멸사유에는, 일단 유효하였던 행정행위의 효력을 소멸시키는 '별개의 행정행위'인 「폐지」(취소·철회)와 행정행위의 효력이 별개의 행정행위를 요하지 않고 '객관적 사실(종기의 도래 : 2016년 12월 31일 까지 영업을 허가한다)'에 의하여 소멸하는 「실효」(Erledigung)가 있다.

「행정행위의 효력의 소멸사유」
폐지 → 일단 유효하였던 행정행위의 효력을 소멸시키는 별개의 행정행위(취소·철회)
실효 → 행정행위의 효력이 별개의 행정행위를 요하지 않고 객관적 사실에 의하여 소멸

### 3. 결효(缺效)와의 관계

행정행위가 효력이 없는 상태를 행정행위의 결효라 한다. 결효에는, (ㄱ) 유효하던 행정행위의 효력이 상실되는 「소멸」외에, (ㄴ) 행정행위 자체가 존재하지 아니하는 「부존재」 및 (ㄷ) 존재는 하더라도 '처음부터' 효력이 없는 「무효」가 포함된다.

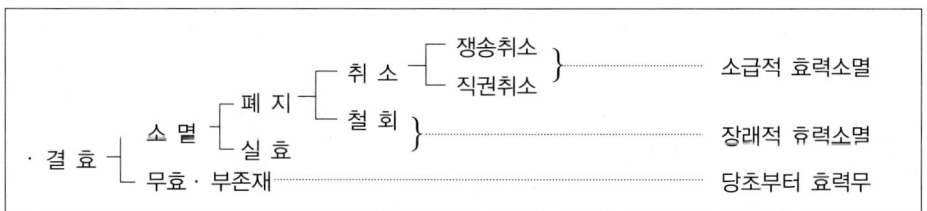

<김세웅, 최신행정법, 박문각, 1994, 356면>

「결효」
- 유효하던 행정행위의 효력이 상실되는 소멸

- 행정행위 자체가 존재하지 아니하는 부존재
- 존재는 하더라도 '처음부터' 효력이 없는 무효가 포함된다.

## II. 하자로 인한 효력의 소멸(消滅)

### 1. 행정행위의 무효(넓은 의미의 효력의 소멸)

[개관] 행정행위의 무효라 함은 행정행위에 중대하고 명백한 하자가 있기 때문에 '처음부터' 행정행위로서의 효력이 발생하지 아니하는 것을 말한다. 원시적 하자를 원인으로 하는 점에서, 후발적 사정을 원인으로 하는 '철회' 및 객관적 사정을 원인으로 하는 '실효'와 구별된다. 그리고 처음부터 행정행위로서의 효력이 발생하지 않는 다는 점에서 장래적으로 효력이 소멸하는 철회 및 실효와 구별된다. 행정행위의 무효는 행정행위가 외형상으로는 존재하고 있으나, 다만 법률효과를 발생하지 못하는 경우인데 대하여, 행정행위의「부존재」또는「불성립」이라 함은 행정행위가 그 성립요건의 중요한 요소를 전혀 결여함으로써 '성립'(존재) 조차 하지 못한 경우를 말하며,「하자있는 행정행위」와는 구별된다. 행정행위가 무효(또는 부존재)인 경우에는 별도의 의사표시를 기다릴 것 없이 처음부터 당연히 행정행위로서, 발생되지 않는다. 이러한 점에서 엄격히 말하면 일단 발생된 행정행위의 효력이「소멸」되는 경우에는 해당되지 않으나, 넓은 의미에서의 효력의 소멸로 볼 수도 있다.

[명백한 하자(瑕疵)가 있기 때문에] 원시적 하자를 원인으로 하는 점에서, 후발적 사정을 원인으로 하는 '철회' 및 객관적 사정을 원인으로 하는 '실효'와 구별된다.

[처음부터] 이 점에서 장래적으로 효력이 소멸하는 철회(Widerruf) 및 실효와 구별된다.

[행정행위로서의 효력이 발생하지 아니하는 것] 행정행위의 무효는 행정행위가 외형상으로는 존재하고 있으나, 다만 법률효과를 발생하지 못하는 경우인데 대하여, 행정행위의「부존재」또는「불성립」이라 함은 행정행위가 그 성립요건의 중요한 요소를 전혀 결여함으로써 '성립'(존재) 조차 되지 못한 경우를 말하며,「하자있는 행정행위」와는 구별된다.

[행정행위가 무효(또는 부존재)인 경우에는 별도의 의사표시를 기다릴 것 없이 처음부터 당연히 행정행위로서, 발생되지 않는다.] 이러한 점에서 엄격히 말하면 일단 발생된 행정행위의 효력이「소멸」되는 경우에는 해당되지 않으나, 넓은 의미에서의 효력의 소멸로 볼 수도 있다.

### 2. 행정행위의 취소

행정행위의 취소는 원시적 하자가 원인이 되어, 소급적으로 효력이 소멸되는 경우이

다. ☞ 상세한 내용은 행정행위의 취소 참조


### III. 행정행위의 철회(Widerruf)

행정행위의 철회는 후발적 사정이 원인이 되어, 장래적으로 효력이 소멸된다. ☞ 상세한 내용은 행정행위의 철회 참조


### IV. 행정행위의 실효(종료)

#### 1. 행정행위의 실효(종료)의 의의
행정행위의 실효 혹은 종료(Erledigung)라 함은 일정한 '객관적 사실'의 발생으로 인하여 당연히 행정행위의 효력이 (행정청의 의사와 관계없이) 상실되는 것을 말한다.

[행정행위의 실효(종료)와 무효의 구별] 실효(종료)와 무효는 효력을 발생하지 않는 점에서는 같으나, (ㄱ) 행정행위의 실효는 일단 적법하게 발생된 효력이 실효사유에 의하여 그때부터 소멸되는 것이나, 행정행위의 무효는 중대하고 명백한 하자로 인하여 처음부터 행정행위로서의 효력이 발생되지 않는 것이다. (ㄴ) 실효는 적법요건에 관한 하자와는 아무런 관계가 없으나, 무효는 그 성립상의 하자를 이유로 한다. (ㄷ) 효력소멸의 시기에 있어서 실효는 실효사유가 발생된 때로부터 장래에 향하여 효력이 소멸되는 것이나, 무효는 처음부터 행정행위로서의 효력이 발생되지 않는다.

[행정행위의 실효와 행정행위의 철회와의 구별] 행정행위의 실효(종료)는 행정청의 의사에 기한 행위가 아니다.

#### 2. 행정행위의 실효사유
##### 2.1. 부관으로 인한 효력의 소멸
부관으로 인한 효력의 소멸에는, (ㄱ) 해제조건의 성취, (ㄴ) 종기(終期)의 도래, (ㄷ) 법정부관에 의한 실효 등이 있다.

##### 2.2. 목적의 달성
목적의 달성으로 인한 행정행위의 실효는, (ㄱ) 하명처분에 의한 의무의 이행(예 : 조세납부), (ㄴ) 행정행위의 대상인 사업의 완료 등이 있다.

## 2.3. 목적물(대상)의 소멸

목적물(대상)의 소멸로 인한 행정행위의 실효는, (ㄱ) 자동차의 멸실로 인한 차량검사의 실효, (ㄴ) 영업의 자진폐업으로 인한 영업허가의 실효 등이 있다.

▶ 대판 1981. 7. 14, 80누593【청량음료제조업허가취소처분취소】식품위생법에 의한 청량음료 제조업허가는 신청에 의한 처분임이 분명한 바, 신청에 의한 허가처분은 그 영업을 폐업한 경우는 그 허가도 당연 실효되고 이런 경우 허가행정청의 허가취소처분은 허가의 실효됨을 확인하는 뜻에 불과한 것이다.

▶ 대판 1990. 7. 13, 90누2284【전자오락실영업허가취소처분취소】유기장의 영업허가는 대물적 허가로서 영업장소의 소재지와 유기시설 등이 영업허가의 요소를 이루는 것이므로, 영업장소에 설치되어 있던 유기시설이 모두 철거되어 허가를 받은 영업상의 기능을 더 이상 수행할 수 없게 된 경우에는, 이미 당초의 영업허가는 허가의 대상이 멸실된 경우와 마찬가지로 그 효력이 당연히 소멸되는 것이고, 또 유기장의 영업허가는 신청에 의하여 행하여지는 처분으로서 허가를 받은 자가 영업을 폐업할 경우에는 그 효력이 당연히 소멸되는 것이다.[1]

## 2.4. 당사자의 사망 기타 신분관계의 변화

대인적 행정행위는 그 특정인의 사망으로 인하여 행정행위는 소멸한다(예: 운전면허·의사면허 등의 경우의 본인의 사망). 공무원의 신분상실(공무원임명행위의 효력 상실), 국적상실(귀화면허의 효력은 소멸) 등이 있다. 그러나 설비·위치 등과 같은 이른바 물적 요건만을 심사하여 행하는 행정행위는 당사자의 사망으로 소멸하지 아니하고 상속 또는 이전이 인정된다(예: 대물적 허가·하명).

## 2.5. 새로운 법령의 제정·개정 또는 폐지

행정행위의 근거가 되는 법령이 폐지되거나 또는 행정행위의 효력의 소멸을 내용으로 하는 법령이 제정 또는 개정되면 행정행위는 장래에 향하여 실효되게 된다.

## 3. 실효의 효과

행정행위의 실효사유가 발생하면 행정청의 별개의 행정행위없이 당연히 그 효력이 장래에 향하여 소멸한다.

---

[1] 동지의 판례: 대판 1986. 11. 25, 84누147【유기장영업허가취소처분취소】; 대판 1984. 11. 13, 84누389【유기장영업허가취소처분취소】

## V. 행정행위의 효력의 정지

이미 발생한 행정행위의 효력을 정지시키는 것을 말한다. 정지사유가 해제되면 다시 행정행위의 효력이 '계속'한다는 점에서 효력의 소멸과 구별된다. 예컨대, 행정심판의 재결청이나 법원이 직권 또는 신청에 의하여 행정처분의 집행정지결정을 하면 계쟁처분의 효력은 정지된다(행심법 제30조 제2항, 행소법 제23조 제2항).

## VI. 행정행위의 결효의 시정(是正)

취소할 수 있는 행정행위의 하자가 치유되거나 무효인 행정행위가 전환되면, 본래의 행정행위로서(치유의 경우) 또는 다른 행정행위로서(전환의 경우) 효력이 지속된다. 따라서 하자의 치유와 전환제도는 행정행위의 결효를 시정하는 제도라 할 수 있다.

※ 【연습문제】

(문제 1) S시에 살고 있는 시민 X는 이웃사람이 자기집 바로 옆에 놓여 있는 약 500평 크기의 빈터에 S시장으로 부터 LPG 자동차충전소설치허가(2006년 9월 30일)을 받아 이를 시행코자 하는 사실을 다음해인 2007년 10월 30일에야 인지하게 되었다. S시장의 Y에 대한 허가처분은 위법하다고 판단한 X는 곧바로 행정소송을 제기하였다. 그러나 허가처분이 있는 날로부터 1년이 도과(徒過)하였다는 이유로 각하 당했다. 공사는 이미 시작되어 기초공사를 시작하는 단계에 있었다.

(문 1) 이 경우 S시장이 내린 행정행위는 행정행위의 당사자에게는 이익을 주고 있으나(수익적 행정행위), 제3자에게는 피해를 주고 있다. S시장이 내린 행정행위의 내용을 설명하라.

(문 2) 행정법원의 각하처분은 정당한 것인가? 정당하다면 정당한 이유를 부당하다면 부당한 이유 설명하라.

(문 3) S시장은 그의 허가처분이 '착오'에 의하여 이루어진 위법한 처분이었다는 사실을 뒤늦게 認知하였다. 이 때 S시장이 취할 수 있는 행정처분을 설명하라.

(문 4) 이 경우 Y가 취할 수 있는 대책은? 어떤 이론을 토대로하여 S시장의 행정처분에 대하여 대항할 수 있는가?

「힌트」 기득의 권리보호·법적 안정성·거래의 안전을 보호, 독일의 과부연금사건 (Witwen-Urteil)

(문 5) S시장이 자동차충전소설치허가 처분을 내리면서 2006년 12월 31일 까지만 영업을 허가한다고 하였다. 2006년 12월 31일 까지만 영업을 허가한다는 데 불만을 가진 Y는 2006년 12월 31일 까지만 영업을 허가한다는 것만을 대상으로 하여 행정소송을 제기하고자 한다. 가능한가? ① 가능하다면 그 이유를, ② 불가능하다면 불가능한 이유를 간단히 약술하라.

(문제 2) 甲은 고시원을 운영하기 위하여 서울시로부터 건축허가를 받아 건축공사를 하고 있던중 15일이 지난 어느날 갑자기 고시생들을 상대로 한 유흥업소가 들어설 가능성이 있다는 이유로 건축허가취소처분을 받았다. 이에 대하여 갑은 어떠한 구제대책을 강구할 수 있는가?

(문 1) 갑은 행정행위의 취소권의 제한을 주장 할 수 있다. 그 이유를 3줄 이내로 기술하라.

(문 2) 행정행위의 취소권제한의 내용을 기술하라.

「힌트」 쟁송취소의 경우에는 주로 부담적 행정행위가 대상이 되기 때문에 법률에 특별한 제한이 없는 한 취소사유가 있으면 취소하여야 하지만, 직권취소의 경우 주로 수익적 행정행위가 그 대상이 되므로 함부로 행정행위에 흠이 있다고하여 직권취소를 할 경우 기성(旣成)의 법률질서를 침해함은 물론 법률생활의 안정을 해치게 되므로 이에 대한 제한이 필요하게 된다. 즉 하자(瑕疵)있는 행정행위에 있어서는 취소사유가 존재한다고 하더라도 법률생활의 안정, 기득권의 보호 및 이러한 것의 결정으로 볼 수 있는 신뢰보호의 원칙에 의하여 직권취소는 제한된다.

(문제 3) 준법률행위적 행정행위와 기속행위에 대해서도 부관을 붙일 수 있는가?
「힌트」 행정행위의 부관의 한계(부관의 가능성과 자유성)

(문제 4) 갑은 관악구청장으로부터 철근콘크리트 슬라브 목욕탕겸 주택 1동의 건축허가를 받아 약 10억원의 공사비를 투입하여 약 70%의 공사를 진행중, 위 구청장이 허가한 높이제한을 30센티미터 가량 높게하였다는 이유로 위 건축허가 처분을 취소(철회) 당하였다.

(문 1) 관악구청장이 내린 처분의 내용은?
(문 2) 행정행위의 취소와 철회의 구별을 설명하라

(문제 5) 甲은 음식점 영업을 하기 위하여 관할시장에게 음식점 영업허가를 신청한 후 바로 사망하였으나, 시장은 갑의 사망사실을 모르고 갑에게 영업허가를 하였으며, 그 통지서는 갑의 아들인 乙이 수령하였다.

(문 1) 이 경우 갑에 대한 음식점 영업허가의 효력은? 유효한가?
(문 2) 이 경우 갑에 내린 영업허가가 ① 유효하게 되기 위한 조건을 설명하고 ② 이와 관련된 행정법상의 이론을 설명하라.

「힌트」 하자있는 행정행위는 무효이거나 취소되어야 하는 것이 법치주의에 부합하는 것이나, 법률생활의 안정이나 상대방의 신뢰보호 또는 관계인의 기득의 권익에 중대한 영향을 미치는 경우에는 이해관계인의 제이익(諸利益)을 비교형량하여 유효한 행정행위로 하는 것이 이익이 될 경우에는 이를 다른 행정행위로서의 효력을 인정하는 것이 타당하다. 이와 같이 전환은 본래의 행위가 아니고 다른 행위로서의 효력이 발생한다는 점에 특색이 있다.

(문제 6) 보건소장 甲이 乙에게 음식점 영업허가를 함에 있어서 식품위생법 제23조에 의거하여 공익상 필요할 때에는 영업허가를 언제든지 취소할 수 있다는 부관을 붙였다.

(문 1) 附款의 일반적 한계를 논하라.
(문 2) 설문에서 의미하는 행정행위의 부관은? 이를 간략히 설명하라.

# 제 5 장 　비권력적 행정작용(비권력행위 : 관리행위) : 기타의 행정작용

　　고전적 행정법이론은 행정주체가 개인에 대하여 우월한 위치에서 일방적으로 명령·강제하는 권력행정에 치중하고 행정주체가 사경제의 주체로서 행하는 국고작용은 제외하였다. 그러나, 현대복지국가에 있어서의 행정기능의 확대와 행정작용의 다양화는 권력행정과 국고행정의 중간적 성질을 가지고 있는 비권력적 행정(관리행정)의 비중을 크게 하였고, 그에 따라 행정법학의 측면에서의 관심도 커지게 되었다. 비권력적 행정이란 내용적으로는 일반개인 상호간의 행위와 다를 것이 없으나, 그 작용의 목적과 효과가 직접 공공성을 지닌다는 점에서 특별한 법적 규율을 받는 행정작용을 말한다.

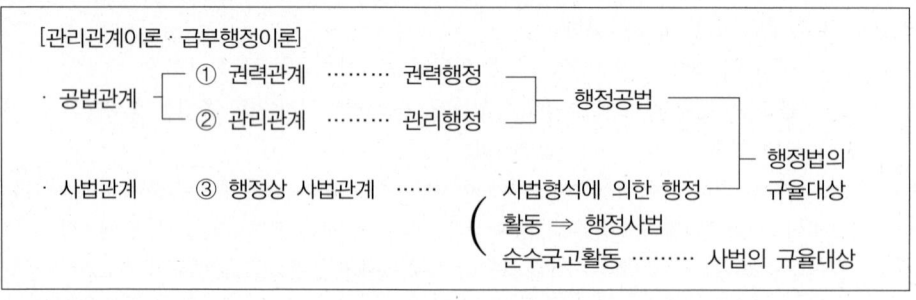

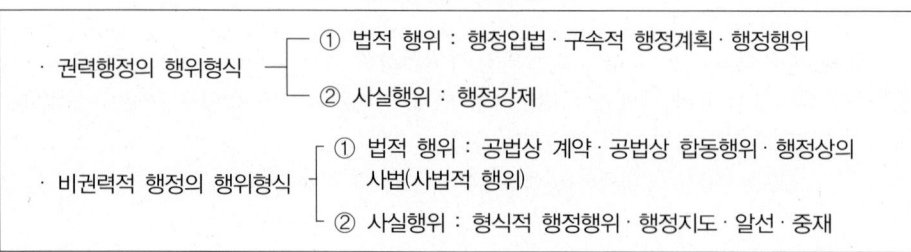

# 제 1 절  공법상 계약(公法上 契約) : Öffentlich-rechtlicher Vertrag
## - 행정법상의 계약(Der verwaltungsrechtliche Vertrag) : 행정계약 (Verwaltungsvertrag) -

## I. 서설

### 1. 개관
#### 1.1. 의의

[개념] 공법상 계약(öffentlich-rechtlicher Vertrag; Der ör Vertrag), 행정계약(Verwaltungsvertrag) 혹은 행정법상의 계약(Der verwaltungsrechtliche Vertrag)[1]이란 공법적 효과의 발생을 목적으로 하는 행정주체 상호간 혹은 행정주체와 사인간과 같은 복수당사자 사이의 계약당사자간의 대등한 입장[2]에서의 반대방향의 의사표시의 합치(Willenseinigung)에 의하여 성립하는 공법행위(계약의 공법적 성질 : Öfentlichrechtliche Natur des Vertrags)를 말한다.[3] "행정주체"에는 공권력 주체로서의 국가·공공단체 및 공무수탁사인(Beliehne)이 포함된다.[4] 공무수탁사인은 스

---

1) https://de.wikipedia.org/wiki/%C3%96ffentlich-rechtlicher_Vertrag; 공법상 계약이라는 용어는 독일연방행정절차법 제54조 내지 제62조에서 규정되어 있는 실정법상의 용어이다(실정법에 규정되어있는 용어). 다만 연방행정절차법 제54조-제62조의 규정들은 단지 행정영역에 있어서의 행정법상의 계약에 대하여만 규정하고 있고, <u>헌법상 혹은 국제법상의 계약은 포함하고 있지 않기 때문에</u>, 이를 행정법상의 계약(verwaltungsrechtlicher Vertrag) 혹은 간략하게 표현하여 <u>행정계약(Verwaltungsvertrag)</u>이라고도 부른다. 독일 프라이부르크 법과대학 2006/2007 겨울학기 강의 : 볼프강 크론트할러의 강의록에도 <u>행정법상의 계약(Der verwaltungsrechtliche Vertrag)</u>이라고 표현하고 있다. Wolfgang Kronthaler, Übungen im Öffentlichen Recht für Anfänger I (Verwaltungsrecht I), Wintersemester 2006/2007. - <u>Der verwaltungsrechtliche Vertrag</u> - <독일 프라이부르크 법과대학 2006/2007 겨울학기 강의 : 볼프강 크론트할러>
2) 김해룡, 공법상 계약의 성립에 관한 법적 문제, 고시계(2001.8), 92면.
3) 김남진, 공법상의 계약, 고시계(1984.1), 86면; 오양호, 공법상 계약, 고시계(1984.2), 235면; 김인만, 공법상의 계약, 고시계(1986.9), 290면; 심희정, 공법상 계약, 고시계(1996.3), 316면; 정하중, 행정법총론, 338면; 정하중, 법치행정의 원리와 공법상계약 - 독일행정절차법의 내용을 중심으로 -, 서강법학(제11권 제1호), 2009, 174면(공법상 계약이란 행정법상의 권리와 의무의 형성·변경·폐지를 내용으로 하는 행정법관계를 대상으로 하는 계약을 의미한다); 조태제, 공법상계약에서의 분쟁과 그 해결, 관대(關大)논문집, 369면. ☞ **관동대**(關東大)
4) 김남진, 공법상의 계약, 고시계(1984.1), 87면; 박시준(朴絁濬), 공법상 계약과 사법상 계약의 구

스로의 이름으로 공권력(행정권)을 행사할 수 있는 사인이며, 국가·공공단체와 함께 행정주체가 된다.[1] 공법상 계약은 적어도 행정주체를 한쪽 당사자로 하는 계약을 말하며, 법적 효과로서는 공법적 효과(공법상 권리나 의무의 발생, 변경, 소멸)를 발생시킨다. 공법상 계약은 공법적 효과의 발생을 내용으로 하는 계약이다.

[용어 문제점] (김병기 교수) : 김병기 교수는 「독일에서의 행정계약(Verwaltungsvertrag; verwaltungsrechtlicher Vertrag은 "행정법관계를 그 규율영역으로 하여 행정법적 권리·의무를 근거지우고(Begründung), 변경시키고(Änderung), 폐지하는(Aufhebung) 계약"이라고 정의함으로써 공법상 계약과 동일한 개념으로 사용하고 있다. 독일에서의 행정계약은 우리나라의 공법상 계약과 같은 개념이다. 그러나 독일에서의 행정계약의 의미와 우리나라에서 사용하는 행정계약과는 서로 다른 개념이다. 우리나라에서의 "행정계약이란 행정주체와 국민 사이 또는 행정주체 상호간에 직접 혹은 간접적으로 행정목적을 수행하기 위하여 체결하는 계약을 말하며 여기에는 행정주체가 일방당사자로 되는 모든 의미의 계약을 뜻하므로 공법상 계약 뿐만 아니라 행정청이 체결하는 사법상 형식의 계약까지 포함하는 광의의 개념을 쓰고 있다.」"는 점에서 서로 다르다고 한다.[2] 즉, 독일에서의 행정계약은 공법상 계약을 의미하는데 반하여 우리나라에서의 행정계약은 공법상 계약·사법상 계약 모두를 포함하는 광의의 개념으로 사용하고 있기 때문이라는 것이다.[3] (문제점) : 김병기 교수는 독일에서는 우리나라와 달리 행정계약(공법상 계약)을 행정절차법에 명문의 규정을 두었음에도 불구하고 행정계약에서의 법률우위원칙(Vorrang des Gesetzes)과 법률유보원칙(Gesetzesvorbahalt)의 적용여부, 행정계약의 무효사유, 단순 위법한 행정계약의 법적 효력에 있어서 견해의 대립이 있으며, 행정계약의 무효사유도 복잡다기하여 일의적 조망이 어렵다는 점, 그리고 이러한 현상은 행정계약이 사법상 계약의 성질을 보유함에서 오는 사법상의 기본원칙과 행정작용의 한 형식으로서 행정법상의 기본원칙의 양자를 공유 하는데서 오는 불가피한 논리적 모순이라고도 볼 수 있다.[4]고 한다. (사견) : 생각건대 독일에서는, 공법상 계약(Öffentlich-rechtlicher Vertrag)이라는 표현은 그것이 단지 행정법상의 영역 뿐만 아니라, 헌법 및 국제법상의 영역을 포함하는 광범위한 계약을 포함하는 것(견해

---

별, 고시연구(2002.4), 225면.
1) 김남진, 공법상의 계약, 고시계(1984.1), 87면.
2) 김병기, 독일행정절차법상 위법한 행정계약과 그 법적 효력, 행정법이론실무학회, 행정법연구(1998.10), 139면.
3) 김병기, 독일행정절차법상 위법한 행정계약과 그 법적 효력, 행정법이론실무학회, 행정법연구(1998.10), 138면.
4) 김병기, 독일행정절차법상 위법한 행정계약과 그 법적 효력, 행정법이론실무학회, 행정법연구(1998.10), 157면.

에 따라, 형법도 공법영역에 포함될 수 있다)으로 오해할 염려가 있어서(공법에는 헌법, 국제법, 심지어는 형법의 영역 모두 포함되므로) 이를 공법상 계약이라 하지 않고, 행정법상의 계약(이를 줄여서 행정계약이라고 칭함)이라고 칭하고 있다. 다시말하면 독일연방행정절차법상의 공법상 계약(제54조-제62조)의 규정들도 단지 행정영역에 있어서의 계약에 대하여만 규정하고 있으며, 헌법 혹은 국제법상의 계약은 포함하고 있지는 않다. 따라서 이를 공법상 계약이라고 부르지 않고 행정법상의 계약(verwaltungsrechtlicher Vertrag) 혹은 - 편의상 - 이를 줄여서 행정계약(Verwaltungsvertrag)이라고 부르고 있는 것에 지나지 않는다.[1] 그리고 독일어는 "Öffentlich-rechtlicher Vertrag"이라고 하고 있으므로, 이를 공법상 계약이라고 번역하는 것이 정확한 표현일 것이다. 왜냐하면 '공법영역(정확하게는 행정법영역)에 있어서의 법률관계는 다만, 그것이 법률에 위반되지 않는 한(법률이 그것을 금지하고 있지 않는 한) 계약에 의하여 성립(형성·변경·폐지)될 수 있다.'는 것을 의미하며,[2] 이는 금지유보부(禁止留保附) 허가(generelle Erlaubnis mit Verbotsvorbehalt)를 의미하는 것이기 때문이다.[3][4]

[학문상 개념] 오늘날 협의에 의한 행정이 강조되고 확대됨으로써, 공법상 계약이 행정의 중요한 행위형식이 되고 있으나, 위에서 언급한바와 같이 공법상 계약은 학문상의 개념

---

1) 【https://de.wikipedia.org/wiki/%C3%96ffentlich-rechtlicher_Vertrag】 Bei einem öffentlich-rechtlichen Vertrag (örV) schließt eine Behörde mit einer Privatperson(행정청이 사인과 공법상 계약을 체결하거나), oder auch einem anderen Verwaltungsträger, einen Vertrag über einen öffentlich-rechtlichen Gegenstand ab(혹은 다른 행정주체와 공법상 계약을 체결하는 것). Grundlegend geregelt ist diese Form des Verwaltungshandelns in § 54 bis § 62 VwVfG. Da von diesen Regelungen nur Verträge der Verwaltung, und nicht etwa verfassungs- oder völkerrechtliche Verträge erfasst sind(연방행정절차법 제54조 내지 62조의 규정은 행정영역에서의 계약만을 의미하고, 헌법상 혹은 국제법상 계약을 포함하고 있지는 않으며), spricht man hier genauer von einem verwaltungsrechtlichen Vertrag oder kurz Verwaltungsvertrag(정확하게 표현하여 행정법상 계약, 이를 줄여서 행정계약이라고 부른다).
2) 연방행정절차법 제54조 【Zulässigkeit des öffentlich-rechtlichen Vertrags】 Ein Rechtsverhältnis auf dem Gebiet des öffentlichen Rechts kann durch Vertrag begründet, geändert oder aufgehoben werden (öffentlich-rechtlicher Vertrag), soweit Rechtsvorschriften nicht entgegenstehen.
3) 김병기, 독일행정절차법상 위법한 행정계약과 그 법적 효력, 행정법이론실무학회, 행정법연구 (1998.10), 138면.
4) 공법계약이라고 번역하는 경우도 있으나, 독일어는 "öffentlich-rechtlicher Vertrag"이므로 "공법상 계약"이라고 번역하는 것이 정확하다. 그러나 공법계약도 공법상 계약을 의미하는 것으로 사용한다면 별 문제가 없을 것이다. 문맥에 따라서는 '공법상 계약'이라는 표현보다는 '공법계약'이라는 표현이 적절한 경우도 있다. 독일에서도 행정법상의 계약을 편의상 행정계약이라고 하듯이 ….

이며 실정법적 개념은 아니다. 공법상 계약은 실정법상으로 인정된 개념이 아니고 학문상으로 인정된 개념[1]이므로 공법상 계약에 관한 통칙적인 규정도 없다.[2] 판례상으로도 드물게 나타나는 용어이다. 우리나라에서의 용어사용은 행정계약, 공법상 계약 혹은 공법계약이라고 칭하기도 한다.

### 1.2. 공법적 효과의 의미

[공법적 효과의 의미] 여기서 '공법적 효과'는 구체적으로 무엇을 의미하는가? 이에 대하여는, '공익과 밀접한 관련이 있는 것',[3] '공공성이 있는 것',[4] '공법상 권리나 의무의 발생·변경·소멸'[5] 등을 의미한다고 한다. 생각건대 공법상 계약과 사법상 계약의 주된 구별기준은 '계약의 대상(Gegenstand des Vertrages)'이 무엇인가 하는 것이 문제되는데, 그 이유는 이것이 '공법적 효과 발생'과 같은 의미이기 때문이다. 계약의 대상(Gegenstand des Vertrages)[6]이 공법적 규율의 대상이 되어야하는 것이라면 이는 공법상 계약으로 보아야 할 것이다.[7] 즉 계약으로 인하여 부여된 의무나 계약의 규율대상이 되는 활동이 공법적 규율의 대상이 되는 경우에는 공법상 계약이다.[8] 결론적으로 '공법적 효과'란 행정청이 행정행위를 통하여 달성하여야 할 원래의 행정목적을, 행정행위(Verwaltungsakt)발급 대신에 공법상 계약이라는 계약(Vertrag)을 통하여 원래 이루고자 하였던 소기의 행정목적을 달성함으로써 나타나는 법률효과(공법상의 법률효과)를 '공법적 효과'라고 할 수 있을 것이다.

### 1.3. 공법상 계약과 사법상 계약과의 구별

공법상 계약은 계약 당사자의 일방 또는 쌍방이 행정주체이다. 따라서 순수한 사인간의 계약은 공법상 계약이 아니다. 이는 독일에서 공법과 사법의 구분에 관한 학설[9] 중 신

---

1) 오양호, 공법상 계약, 고시계(1984.2), 235면.
2) 홍정선, 행정법원론(상), 단락번호 1347.
3) 김도창, 신고행정법론(상), 383면.
4) 이상규, 신행정법론(상), 355면.
5) 김남진, 공법상의 계약, 고시계(1984.1), 87면.
6) 김남진, 공법상의 계약, 고시계(1984.1), 87면.
7) 다음과 같은 예가 있다(H. Maurer). (ㄱ) 공법상의 규범의 집행에 봉사하는 계약(토지수용법의 집행을 위한 수용계약 등), (ㄴ) 행정행위(건축허가 등) 기타 행정상의 직무행위를 발하는 것에 대한 계약, (ㄷ) 시민의 공법상의 권리 또는 의무(도로의 청소의무 등)에 관한 계약(김남진, 공법상의 계약, 고시계(1984.1), 87면).
8) 김남진, 공법상의 계약, 고시계(1984.1), 87면; 박시준, 공법상 계약과 사법상 계약의 구별, 고시연구(2002.4), 228면.
9) 김남진, 공법과 사법의 구별 - 실제문제의 해결을 중심으로 - 고시연구(1983.9).

주체설(Hans J. Wolff)의 입장을 따르는 것이다.[1] 이와같이 공법상 계약에 있어서 주체를 강조하는 견해에 의하면 공법상 계약 당사자의 일방 또는 쌍방이 행정주체이어야 한다고 강조한다.[2] 아무튼 공법상 계약이 되기 위해서는 계약의 일방 당사자가 행정주체이어야 하지만, 행정주체가 체결하는 계약이라고 하여 모두 공법상 계약은 아니다. 행정주체가 사경제 작용의 주체로서 체결하는 계약은 사법상 계약이다. 공법상 계약은 **공법적 효과를 발생시키지만 사법상 계약은 사법적 효과를 발생시킨다.**[3] 공법상 계약은 그 법적 효과에 있어서 **공법적 효과의 발생**을 그 목적으로 하는 것으로서 공법상 권리나 의무의 발생, 변경, 소멸을 내용으로 하므로, **공공성을 가지며, 쌍방의 의사가 완전한 대등가치를 가지지 않는다**는 점에서 사법상의 효과를 발생하는 사법상 계약과 구별된다.[4] 예를 들면, 공법상 계약의 경우는 계약이 공법적 규율의 집행을 목적으로 하거나, 계약이 행정행위나 기타 고권적 직무행위(Amtshandlung)를 할 의무를 발생시킬때 성립되지만, 국가가 순수한 사경제적 행위로서 사인(Privatperson)과 행하는 국유재산 매매계약, 임대계약, 도로공사도급계약, 물품구매계약 등, 사법적 효과를 발생할 경우는 사법상 계약에 해당한다(유상현·설계경). 이와같이 정부계약(행정주체와의 물품계약·공공시설건축도급계약 등)·국공유재산에 관한 계약(이들의 매각·양여·임대·교환계약[Austauschvertrag: 쌍무계약])은 「사법상 계약」이다. 그러나 사법상 계약이라고 할 지라도 행정재산의 경우(예컨대 농산물도매시장내의 점포)에는 이들 사이에 있어서 취소가 이루어질 경우에는 행정처분이 된다. 농산물도매시장은 지방자치단체의 공유재산이다. 농산물도매시장관리사업소장은 시장으로부터 관리를 위임받은 관리청에 불과하다. 따라서 시장 내의 점포에 대한 사용·수익허가나 사용·수익허가의 취소는 사법상의 계약관계가 아니라 관리청이 공권력을 가진 우월적 지위에서 행한 항고소송의 대상이 되는 행정처분이다. 따라서 그에 대한 취소소송이 가능하다(아래 사례참조).

[사례] (행정재산의 사용·수익허가취소[농수산물도매시장내의 점포사용허가취소]): 시장으로부터 관리권한을 위임받은 농수산물도매시장 관리사업소장 甲이 사용료 납부를 지체하였다고 시장내의 乙의 점포에 대하여 사용허가를 취소하였다. 이 경우 乙은 항고소송을 제기할 수 있는가?

[해설] 이 사안의 경우 관리사업소와 점포주인간의 민법·상법상의 계약 해지문제가 아니라 관리청이 행정청의 지위로서 공권력을 행사한 경우이기에 행정법관계의 문제이다. 따라서 사용허가취소에 대해 취소소송을 제기할 수 있다. (행정소송의 종류): 행정소송은

---

1) K. Lange, Die Abgrenzung des öffentlichen Vertrages vom privatrechtlichen Vertrag, NVwZ 1983, S. 313 ff.; 김남진, 공법상의 계약, 고시계(1984.1), 87면.
2) 박시준, 공법상 계약과 사법상 계약의 구별, 고시연구(2002.4), 226면.
3) 심희정, 공법상 계약, 고시계(1996.3), 316면; 김인만, 공법상의 계약, 고시계(1986.9), 290면.
4) 김인만, 공법상의 계약, 고시계(1986.9), 290면.

항고소송, 당사자소송, 민중소송, 기관소송 등으로 나눌 수 있다. 이중 항고소송이란 행정청의 처분이나 부작위에 대하여 제기하는 소송으로 다시 취소소송, 무효등확인소송, 부작위위법확인소송 등으로 나눌 수 있다(행정소송법 제4조). 항고소송은 행정주체가 공권력의 주체로서 국민에 대한 우월적 지위에서 하는 처분, 부작위에 대해 제기하는 소송으로 그 중에서도 위법한 처분 등의 처분, 변경 등을 구하는 취소소송이 주요한 구제수단이 된다. 국가나 지방자치단체(Gemeinde) 등의 행정주체와 국민 사이에 발생하는 모든 문제가 항상 항고소송의 대상이 되는 것은 아니다. 단지 관공서에서 필요한 물품을 구입하는 것처럼 민법상 매매나 도급계약관계가 형성되는데 불과한 경우 이는 사법관계(국민간의 재산이나 신분에 관한 법률관계로 서로 평등한 지위)이다. 따라서 행정소송(항고소송)을 제기할 수 없고 일반 민사소송을 제기해야 한다. (항고소송의 대상) : 항고소송의 대상이 되기 위해서는 공법관계이어야 한다. 공법관계란 국가나 공공단체가 당사자의 일방 또는 쌍방인 법률관계로서 행정주체가 상대방과 대등한 입장에서는 것이 아니라 우월적인 지위에서 공권력을 행사하는 법률관계를 의미한다.

[위 사례의 결론] 농산물도매시장은 지방자치단체의 공유재산이다. 농산물도매시장 관리사업소장은 시장으로부터 관리를 위임받은 관리청에 불과하다. 따라서 시장 내의 점포에 대한 사용·수익허가나 사용·수익허가의 취소는 사법상의 계약관계가 아니라 관리청이 공권력을 가진 우월적 지위에서 행한 항고소송의 대상이 되는 행정처분이다. 따라서 그에 대한 취소소송이 가능하다.[1]

### 1.4. 공법상 계약과 행정행위의 이동(異同) - 공법상 계약과 행정행위

#### 1.4.1. 개관

공법상 계약과 행정행위는 일반적으로 행정법상의 개별적·구체적 규율(individuell-konkrete Regelung)인 점에서 공통되나,[2] 행위의 성립방식과 양식에 있어 차이가 있다. 공법상 계약은 국가와 국민 간의 합의에 의하여 성립되며, 행정행위는 행정주체의 일방적인 의사표시에 의하여 성립된다. 즉 행정행위는 행정주체가 사인에 대해 우월한 지위에 서서 일방적으로 하는 공권력의 행사이지만, 공법상 계약은 그 계약의 당사자가 대등한 지위(완전한 대등가치는 아니다)에서 하는 공법행위이다.[3] 공법상 계약은 양당사자(국가·

---

1) 또한 대법원 판례는 위와 비슷한 사안에서 단지 사용료 납부를 지체하였다는 이유로 허가를 취소하는 것은 위반행위의 내용정도에 비추어 상대방에게 중대한 불이익을 주는 처분으로서 비례원칙에 위반하는 위법한 처분이라고 한다. 따라서 이에 따르면 점포주인은 구제될 수 있다. <인터넷 법률신문>
2) 이점에서 일반적·추상적 규율(allgemein-abstrakte Regelung)인 행정입법(명령)과 구분된다(김남진, 공법상의 계약, 고시계(1984.1), 88면).
3) 김남진, 공법상의 계약, 고시계(1984.1), 89면; 김인만, 공법상의 계약, 고시계(1986.9), 290면.

국민)의 반대방향의 의사의 합치(합의)에 의하여 성립되는 쌍방행위인데 반하여 행정행위 (Verwaltungsakt)는 행정청의 일방적인 의사표시에 의하여 성립하는 단독행위이며, 이에 따라 법률효과도 발생한다(법률행위적 행정행위). 이러한 차이점은 구체적으로 그의 법률요건(성립요건)과 법률효과(효력)·변경·집행등에서 나타난다.[1]

### 1.4.2. 쌍방적 행정행위와의 구별 – 상대방의 협력을 요하는 행정행위와의 구별 (김남진)

행정행위 중에서 동의(협력)를 요하는 행정행위(공무원 임명이나 영업허가 등)는 상대방의 의사표시를 행위의 요소로 행정법관계의 성립단계에서부터 사인(Privatperson)의 적극적인 관여를 통하여 이루어진다는 점에서 마치 쌍방행위인 공법상 계약과 공통점이 있으나[2] 이는 쌍방적 행위에 불과한 것으로서 엄밀하게는 서로 구분되는 개념이다. 다시 말하면 양자는 상대방의 의사표시를 행위의 요소로 하고 있는 점에서 공통점이 있으나, 서로 반대되는 – 반대방향의(반대방향으로부터의) – '의사표시의 합치(Willenseinigung)'를 구성요소로 하는 쌍방행위인 공법상 계약은 상대방의 의사표시를 성립요건(존재요건: Existenzvoraussetzung)으로 하는데 비하여, 동의 혹은 신청을 요하는 행정행위에서는 상대방의 행위는 단독행위이며, 따라서 이는 쌍방행위가 아닌 쌍방적 행위에 해당하는 것으로서 단순한 '적법요건(법적합성: Rechtsmäßigkeitsvoraussetzung)'[3] 내지 '유효요건(효력요건: Rechtswirkungsvoraussetzung)'[4]에 지나지 않는다는 점에서 양자는 구별된다.[5] 상대방의 협력을 요하는 행정행위, 즉 동의·'신청에 의한 행정행위'[6]는 각종의 상대적 금지의 해제인 허가, 권리설정행위인 특허, 인가(제3자의 법률행위를 보충하여 그 법률의 효력을 완성시켜주는 행정행위로서 민법상 재단법인정관변경허가, 구국토이용관리법상 토지거래허가 등)등, 그 행위의 유형은 매우 다양한 형태로 나타난다.

[김남진 교수] 김남진 교수는 "협력을 요하는 행정행위도 행정행위인 이상 행정청의 일

---

1) 김남진, 공법상의 계약, 고시계(1984.1), 89면.
2) 김남진, 공법상의 계약, 고시계(1984.1), 89면.
3) 적법요건에 위반되는 경우, 권한 있는 기관에 의하여 직권취소 혹은 쟁송취소 되기 전까지는 일단 유효한 것으로 추정을 받는 공정력을 가진다.
4) 유효요건에 위반되면 법률효과가 당초부터 당연히 발생하지 않는다(무효).
5) 김남진, 공법상의 계약, 고시계(1984.1), 89면; Wilfried Braun, Der öffentlich-rechtliche Vertrag im Spannungsfeld zwischen der Verwaltungsakt und verwaltungsprivatrechtlichen Rechtsgeschäft, JZ 1983, S. 842 ff.; Ule/Laubinger, Verwaltungsverfahrensrecht, 4. Aufl., 1995, § 68 Rn. 2.
6) 협력을 요하는 행정행위를 신청을 요하는 행정행위라고 부르는 학자도 있다(김이열, 최신행정법학(상), 1981, 189면.

방적 규율(einseitige Regelung)로서의 의의를 지닌다. 따라서 쌍방적 행정행위라는 용어를 피함이 좋다.1) 협력을 요하는 행정행위를 신청을 요하는 행정행위로 부르는 예"2)도 있다고 한다.3)

### 1.4.3. 부관이 붙은 행정행위와의 구별

공법상 계약이 행정행위의 발급을 상대방의 반대급부(Gegenleistung)에 의존시키는 것을 내용으로 할 때, 그것은 부담(Auflage)·정지조건(aufschiebende Bedingung) 등 부관이 붙은 행정행위(부관부 행정행위)와 유사하여 양자는 다 같이 상대방의 반대급부를 확보하는 목적을 가지는 점에 공통점이 있으나, 계약과 행정행위간의 근본적인 차이점에는 변함이 없다.4)

### 1.4.4. 법적 규율 및 규율대상의 차이

공법상 계약과 행정행위는 다음과 같은 법적 규율(Regelung)의 차이가 있다. (ㄱ) 공법상 계약은 법률에 근거가 없어도 가능하지만 행정행위는 원칙적으로 법률(durch Gesetz)에 의하거나 법률에 근거(auf Grund eines Gesetzes)가 있어야 한다. (ㄴ) 양자는 위법한 하자의 효과 및 권리구제를 위한 쟁송형식에 차이가 있다. (ㄷ) 법적 또는 사실적 상황이 변경된 경우, 취소·철회가능성과 관련하여 차이가 있다. (ㄹ) 행정행위는 사실상의 효과를 가져오는 '행정상 사실행위(Verwaltungsrealakt)'는 행정행위(Verwaltungsakt)가 아니지만, 공법상 계약은 사실행위의 이행을 내용으로 하는 것도 가능하며, 부작위나 수인의무의 부담을 합의하는 것도 가능하다(규율대상에 있어서의 제한은 없다).5)

### 1.4.5. 발령형식에 의한 차이

행정행위는 발령형식에 있어서 일반적인 제한이 없고 구두(口頭)로도 가능하며 형식

---

1) 우리나라에는 아직도 쌍방적 행정행위라는 용어를 쓰는 학자가 많다. 김도창, 신고행정법론(상), 283면; 박윤흔, 최신행정법론(상), 188면, 이상규, 신행정법론(상), 224면. 석종현 교수는 협력을 요하는 행정행위를 ① 신청을 요하는 행정행위와, ② 동의를 요하는 행정행위로 구분한 다음 그 협력을 결(缺)하는 경우의 효력에 차이를 두고 있다.
2) 김이열, 최신행정법학(상), 1981, 189면.
3) 김남진, 공법상의 계약, 고시계(1984.1), 89면.
4) 김남진, 행정법(I), 398면; 김남진, 공법상의 계약, 고시계(1984.1), 90면; 장태주, 공법상 계약의 적용범위, - 독일 행정절차법상의 공법상 계약을 중심으로 -, 공법연구(제29집 제2호), 2001, 307면.
5) 김병기, 독일행정절차법상 위법한 행정계약과 그 법적 효력, 행정법이론실무학회, 행정법연구(1998.10), 140면.

상 절차상의 하자가 있더라도 사실상 다른 결정이 불가능 했을 경우에는 그 법적 효과는 유효하다(연방행정절차법 제46조). 독일연방행정절차법 재46조는 절차나 형식상의 하자가 실체적 결정에 전혀 영향을 주지 않는 것이 명백한 경우에는 그러한 절차나 형식상의 하자를 이유로 하여 취소소송의 본안에서 행정행위를 취소할 수 없다고 규정하고 있다.[1] 공법상 계약은 원칙적으로 서면의 형식으로만 가능하며(연방행정절차법 제57조), 이러한 형식상의 하자는 원칙적으로 공법상 계약의 무효사유가 된다(동법 제59조 제1항 및 독일민법 제125조 이하).

### 1.4.6. 법률효과 – 행정행위 하자의 치유와 공법상 계약의 부존재

법률행위적 행정행위의 경우, 법률효과는 행정청의 일방적인 의사표시의 여하(如何)에 의하여 결정되므로 법령상 요구되는 사인의 신청을 결(缺)한 경우에도 연방행정절차법 제45조[2] 제1항 제1호에 의해 하자가 치유되는 경우에는 행정행위의 법률효과의 발생에는

---

[1] 독일연방행정절차법 제46조 【Folgen von Verfahrens- und Formfehlern : 절차 및 형식상 하자의 효과】 다른 어떠한 결정도 사실상 행해질 수 없었던 경우에는, 제44조의 규정에 따라 무효가 아닌 행정행위의 취소를 절차, 형식 또는 지역적 권한에 관한 규정의 위반만을 이유로하여 요구할 수는 없다(Die Aufhebung eines Verwaltungsaktes, der nicht nach § 44 nichtig ist, kann nicht allein deshalb beansprucht werden, weil er unter Verletzung von Vorschriften über das Verfahren, die Form oder die örtliche Zuständigkeit zustande gekommen ist, wenn offensichtlich ist, dass die Verletzung die Entscheidung in der Sache nicht beeinflusst hat).

[2] 독일연방행정절차법 제45조 【Heilung von Verfahrens- und Formfehlern : 하자의 치유】 ① 절차 또는 형식법규의 위반은, 그 위반사항이 제44조의 규정에 따라 행정행위를 무효로 하는 경우를 제외하고는, 다음 각호에 해당되는 경우에는 이를 문제삼지 아니한다. 1. 행정행위의 발동에 필요한 신청을 사후에 제출한 경우, 2. 요구되는 근거제시가 사후에 이루어진 경우, 3. 요구되는 참가인의 의견청취가 사후에 보완된 경우, 4. 행정행위의 발동을 위하여 참여하여야 할 위원회의 의결을 사후에 행한 경우, 5. 필요로 하는 다른 행정청의 협력이 사후에 보완 된 경우, ② 제1항에 따른 행위는 행정소송절차의 종결시점까지 추후에 보완될 수 있다. ③ 행정행위에 요구되는 이유의 제시가 이루어지지 아니하였거나 행정행위의 발급 전에 요구되는 참가인의 의견청취가 이루어 지지 아니하였고, 이로 인하여 행정행위의 취소청구를 제시간내에 할 수 없었던 경우에는 법적 구조기간 지체의 책임이 없다. 제32조 제2항에 따른 절차의 제기기간에 표준이 되는 사항은 흠결된 절차적 행위가 보완된 시점에 발생한다. 독일연방행정절차법 제45조【Heilung von Verfahrens- und Formfehlern : 하자의 치유】 ① Eine Verletzung von Verfahrens- oder Formvorschriften, die nicht den Verwaltungsakt nach § 44 nichtig macht, ist unbeachtlich, wenn 1. der für den Erlass des Verwaltungsaktes erforderliche Antrag nachträglich gestellt wird; 2. die erforderliche Begründung nachträglich gegeben wird; 3. die erforderliche Anhörung eines Beteiligten nachgeholt wird; 4. der Beschluss eines Ausschusses, dessen

아무런 지장이 없다. 그러나 공법상 계약에 있어서는 계약의 본질상 법률효과는 당사자의 반대방향의 - 반대방향으로부터의 - 의사합치에서 나오는 것이므로, 만약 이를 결(缺)하였을 때에는 아무런 법률효과를 가져오지 않는다(공법상 계약의 부존재).[1]

### 1.4.7. 취소·철회·무효

적법한 행정행위의 철회(Widerruf)는 일정한 요건이 갖추어 있을 경우에는 장래에 향하여(장래효: ex nunc- Wirkung) 철회될 수 있으나(연방행정절차법 제49조) 적법한 공법상 계약은 관련사실이나 법률관계가 본질적인 측면에서 변경되었거나 더 이상 존재하지 않는 경우에만 당사자 일방이 제기하는 이행소송에서 변경되거나 취소될 수 있다(연방행정절차법 제60조), 위법한 행정행위의 취소는 그것이 상대방에게 이익을 주고 있는 경우, 즉 위법한 수익적행정행위의 취소는 신뢰보호원칙에 위배되지 않는 한 행정청이 일반적으로 직권취소할 수 있으나, 위법한 공법상 계약은 당해 위법성으로 인하여 본질적인 사실관계나 법률관계가 부존재할 경우 당사자 일방의 의무이행소송의 형태로나(즉 행정행위에서처럼 보통의 취소소송의 방법으로는 불가능하다) 민법의 규정에 의해 일방적인 취소의 방법이 예정되어 있는 경우(연방행정절차법 제62조 및 독일 민법 제119조 이하, 제142조, 제325조 이하, 제346조 이하 등)에만 취소 내지 무효주장이 가능하다. 무효인 공법상 계약도 행정행위에서처럼 효력이 당초부터 당연히 효력이 발생하지 않는 것이지만 공법상 계약의 무효사유는 행정행위보다 광범위하다. 민법상 무효사유에 해당할 경우 동법은 이를 공법상 계약의 일반적 무효사유로 규정하며(연방행정절차법 제59조 제1항), 특히 종속계약의 경우에는 추가적으로 무효사유를 규정하고 있다(연방행정절차법 제59조 제2항).[2]

---

Mitwirkung für den Erlass des Verwaltungsaktes erforderlich ist, nachträglich gefasst wird;
5. die erforderliche Mitwirkung einer anderen Behörde nachgeholt wird. ② Handlungen nach Absatz 1 können bis zum Abschluss der letzten Tatsacheninstanz eines verwaltungsgerichtlichen Verfahrens nachgeholt werden. ③ Fehlt einem Verwaltungsakt die erforderliche Begründung oder ist die erforderliche Anhörung eines Beteiligten vor Erlass des Verwaltungsaktes unterblieben und ist dadurch die rechtzeitige Anfechtung des Verwaltungsaktes versäumt worden, so gilt die Versäumung der Rechtsbehelfsfrist als nicht verschuldet. Das für die Wiedereinsetzungsfrist nach § 32 Abs. 2 maßgebende Ereignis tritt im Zeitpunkt der Nachholung der unterlassenen Verfahrenshandlung ein.

1) 김병기, 독일행정절차법상 위법한 행정계약과 그 법적 효력, 행정법이론실무학회, 행정법연구 (1998.10), 140면.
2) 김병기, 독일행정절차법상 위법한 행정계약과 그 법적 효력, 행정법이론실무학회, 행정법연구 (1998.10), 141면.

### 1.5. 공법상 합동행위와의 구별

공법상 계약은 당사자간의 반대방향의 의사표시의 합치에 의하여 성립하는 공법행위인 점에서, 같은(동일한) 방향의 의사표시의 합치에 의하여 이루어지는 합동행위(시·군 조합의 설립 등)와 다르다.

### 1.6. 공법상 계약과 행정계약[1)]

#### 1.6.1. 우리 나라에서의 공법상 계약과 행정계약

a) 개관

우리나라에서는 행정계약의 개념을 공법상 계약의 개념에 초점을 맞추어 이론을 정립하려는 견해와 행정계약의 개념에 초점을 맞추어 이론을 정립하려는 견해들이 있다.[2)] 행정계약이란 '행정주체 상호간에 또는 행정주체와 국민 사이에 행정목적을 수행하기 위하여 체결되는 계약'이라 정의되고 있다.[3)] 이는 행정주체가 당사자의 일방이 되어 체결하는 모든 계약의 경우 성립된다는 의미를 지니는 것으로서 **행정계약이 공법상 계약과 행정 주체가 체결하는 사법상 계약을 모두 포괄한다는 개념이다**. 따라서 이 경우에는 행정계약은 공법상 계약과 사법상 계약을 포괄하는 상위개념(Oberbegriff)이다.[4)] 이에 대하여 행정계약을 공법상 계약과 동의어로 보고, 공법상 계약과 사법상 계약을 포괄하는 개념으로 '행정상 계약'이라 지칭하는 견해도 있다(박균성: 행정상 계약 = 공법상 계약[행정계약] + 사법상 계약).[5)] 김병기교수도 독일에서의 행정계약(Verwaltungsvertrag; verwaltungsrechtlicher Vertrag은 "행정법관계를 그 규율영역으로 하여 행정법적 권리·의무를 근거지우고(Begründung), 변경시키고(Änderung), 폐지하는(Aufhebung) 계약"이라고 정의함으로써 공법상 계약과 동일개념으로 사용하고 있다. 독일에서의 행정계약은 우리나라의 공법상 계약과 같은 개념이다.[6)]

[행정계약과 공법상 계약을 동의어로 보는 이유] 행정계약과 공법상 계약을 동의어로 보는

---

1) 안주용, 지역문화재단 계약사무의 법적 성질 및 개선점 연구 – 공법상 계약 이론을 중심으로, 한국예술경영학회, 예술경영연구(2014.8), 60면.
2) 김대인, 행정계약법체계의 기초 – 용어, 개념, 유형을 중심으로, 공법연구 제34집 제4호 제2권, 한국공법학회(2006.6).
3) 김대인, 행정계약법의 기초 – 용어, 개념, 유형을 중심으로, 공법연구 제34집 제4호 제2권, 한국공법학회(2006.6).
4) 박시준, 공법상 계약과 사법상 계약의 구별, 고시연구(2002.4), 225면.
5) 이 경우에는 행정상 계약이 공법상 계약(행정계약)과 사법상 계약의 상위개념(Oberbegriff)이 된다.
6) 김병기, 독일행정절차법상 위법한 행정계약과 그 법적 효력, 행정법이론실무학회, 행정법연구(1998.10), 139면.

이유는 다음과 같다고 한다. (ㄱ) 행정계약과 마찬가지로, 공법상 계약 역시 그 성립 요건으로 행정 주체가 당사자 일방이 된다는 점, (ㄴ) 행정계약이든, 공법상 계약이든 행정 주체가 당사자 일방이 됨으로써, 공법적 효과가 발생된다는 공통점이 있다. (ㄷ) 두 경우 모두, '당사자의 의사합치'와 '법적 구속력'이라는 두 가지 요소를 필요로 한다는 점이다. 따라서 둘을 구분하는 것은 의미가 없다고 본다. 반면 공법상 계약이라는 용어를 사용하는 견해들은 '행정계약'과 '행정상 계약'의 개념과 관계없이, 공법상 계약과 사법상 계약을 명확히 구분 짓고 있다. 다만, 이러한 견해를 가진 학자들도 공법상 계약 개념에만 행정법 연구를 한정하지 않고, 사법계약으로서의 행정계약이 가진 특수성에 대해 관심 가질 필요가 있다는 데는 이견이 없는 것으로 보인다.[1]

[용어사용의 문제점] 우리나라에서 공법상 계약이라는 용어를 피하고 행정계약이라는 용어를 사용하는 견해가 있다. 이는 공법상 계약과 사법상 계약을 구분하지 않는다는 의미에서 사용하는 것이다. 문제점은 행정계약을 공법상 계약과 사법상 계약으로 나누는 것이 의미가 있는가? 혹은 공법상 계약이라는 용어를 사용해서는 안되고, **행정계약이라는 용어만**을 사용해야 하며, 그것만이 타당한가 하는 점이다. 이하 학자들의 견해를 소개 하면 아래와 같다.

### b) 학설

[서원우교수의 견해] 서원우교수는 "… 현행법제도 하에서 이르나 공법상의 당사자소송과 보통의 민사소송의 사이에는 그 절차나 성질에 있어서 크게 다를바 없고, 또 일부 학자들간에 논의되고 있는 것처럼 공법과 사법을 구분할 기준도 명확하지 않고, 또한 사법상의 계약과 구별되는 공법상의 계약의 영역을 확정짓기 어렵고, 공법상의 것만에 확정하여 독립된 계약의 개념을 구성할 의미 내지는 근거도 그다지 크다고 할 수 없다."[2]라고 하여 공법계약(공법상 계약)과 사법계약(사법상 계약)의 구별을 무용한 것으로 본다.[3]

[이상규교수의 견해] 이상규 교수는 "… 우리의 실정법 제도가 공법과 사법이라는 二元

---

1) 김대인, 행정계약법의 기초 - 용어, 개념, 유형을 중심으로, 공법연구 제34집 제4호 제2권, 한국공법학회(2006.6).; 안주용, 지역문화재단 계약사무의 법적 성질 및 개선점 연구 - 공법상 계약이론을 중심으로, 한국예술경영학회, 예술경영연구(2014.8), 60면.
2) 서원우, 현대행정법론(상), 528면.
3) 이에 반하여 우리의 실정법은 공법과 사법을 구별하는 이원론(二元論)에 입각하고 있으며, 따라서 공법계약과 사법계약은 ① 적용법규 및 법원리의 발견, ② 국가보상(손해배상·손실보상), ③ 쟁송제도 등과 관련하여 중요한 의의를 갖는다고 한다(김남진, 공법상의 계약, 고시계(1984.1), 88면; 同人, 행정법의 기본문제, 332면; 신보성, 공법상의 계약 - 행정법계약의 중요문제를 중심으로 -, 고시계(1985.12), 133면.

적인 체계에 입각하고 있으며, 행정청이 일정한 행정작용을 계약의 형식에 의하여 하는 경우에도 사경제주체로서의 입장에서 계약을 체결하는 경우와 일정한 공법적 효과를 의도하고 계약을 체결하는 경우와는 이론상 엄격히 구별되어야 하는 것임에 비추어 포괄적인 행정계약의 관념을 취하는데 많은 문제가 따른다."고 하여 공법상 계약과 사법상 계약은 구분하여 설명하여야 한다고 한다.

　　[신보성교수의 견해] 신보성(愼保晟) 교수는 "서원우 교수의 논문 가운데서 공법계약에는 비행정법적 공법계약이 포함되므로 용어사용이 부당히 확장된다고 하는 점은 적절한 지적 이라고 하면서, 오늘날 독일의 행정법학자 들이 공법계약이라는 용어를 피하여 행정법상의 계약(verwaltungsrechtlicher Vertrag)1) 또는 같은 의미로서의 행정계약(Verwaltungsvertrag)2)이라는 용어를 사용하고 있는 것도 같은 취지이다.3) 그러나 이들은 어디까지나 공법계약으로서의 그것만을 행정법계약이라고 부르고 있는 점에서 서원우 교수가 말하는 행정계약과 구분된다."라고 한다.4)

　c) 사견
　　[사견] 생각건대 공법・사법의 구분을 인정하는 이원제도(二元制度)에 입각하고 있는 한 공법상 계약・사법상 계약을 구분하는 것이 바람직 하다. 왜냐하면 실정법상으로도 공법과 사법을 구별하고 있고, 공법상 당사자소송이나 행정상 강제집행, 행정벌 등의 제도적 의의 및 존재를 고려할 때 공법상 계약과 사법상 계약을 구별하는 것이 바람직 하다.5) 그리고 행정청이 일정한 공법적 효과의 발생만을 목적으로 하는 계약도 있을 수 있기 때문이

---

1) Erichsen/Martens, Allgemeines Verwaltungsrecht, 6. Aufl., 1983, S. 268 ff.
2) H. Maurer, Allgemeines Verwaltungsrecht, 3. Aufl., 1983, 272 f.
3) 【Öffentlich-rechtlicher Vertrag : 공법상 계약】 공법상 계약은 행정청이 사인과 계약을 체결하거나, 혹은 다른 행정주체와 공법상의 목적물을 대상으로 하여 계약을 체결하는 것을 말한다. 이와 관련한 사항은 연방행정절차법 제54조 내지 제62조에서 규정되어 있다. 이 규정들은 단지 행정영역에 있어서의 계약에 대하여만 규정하고 있고, 헌법상 혹은 국제법상의 계약은 포함하고 있지 않기 때문에 행정법상의 계약(verwaltungsrechtlicher Vertrag) 혹은 이를 줄여서 행정계약(Verwaltungsvertrag)이라고도 부른다(Bei einem öffentlich-rechtlichen Vertrag (örV) schließt eine Behörde mit einer Privatperson, oder auch einem anderen Verwaltungsträger, einen Vertrag über einen öffentlich-rechtlichen Gegenstand ab. Grundlegend geregelt ist diese Form des Verwaltungshandelns in § 54 bis § 62 VwVfG. Da von diesen Regelungen nur Verträge der Verwaltung, und nicht etwa verfassungs- oder völkerrechtliche Verträge erfasst sind, spricht man hier genauer von einem verwaltungsrechtlichen Vertrag oder kurz Verwaltungsvertrag.; https://de.wikipedia.org/wiki/%C3%96ffentlich-rechtlicher_Vertrag
4) 신보성, 공법상의 계약 - 행정법계약의 중요문제를 중심으로 -, 고시계(1985.12), 134면.
5) 심희정, 공법상 계약, 고시계(1996.3), 316면.

다.[1] 그리고 행정계약은 공법상 계약과 사법상 계약을 포괄하는 상위개념으로 보면서, 공법상 계약인지 사법상 계약인지를 구분하지 않고 행정계약이라는 용어만을 사용하면 과연 그 행정계약이 구체적으로 공법상 계약을 의미하는 것인지 사법상 계약을 의미하는 것인지 명확하지 않기 때문이다. 따라서 공법상 계약을 행정계약과 동일한 의미로 사용하는 것은 문제가 있다. 왜냐하면 공법상 계약을 체결하였다라고 할 것을 행정계약을 체결하였다라고 한다면, 그것이 공법상 계약인지 사법상 계약인지 알 수 없기 때문이다. 다만 공법상 계약과 사법상 계약을 포괄한 상위개념(Oberbegriff) 혹은 포괄개념[2]으로서 행정계약이라는 용어를 사용할 수는 있을 것이다.

### 1.6.2. 독일에서의 공법상 계약과 행정계약

공법상 계약이라는 용어는 독일연방행정절차법 제54조 내지 제62조에서 규정되어 있는 실정법상의 용어이다(학문상의 용어일 뿐만 아니라 실정법상의 용어). 다만 연방행정절차법 제54조-제62조의 규정들은 단지 행정의 계약에 대하여만 규정하고 있고, 헌법상 혹은 국제법상의 계약은 포함하고 있지 않기 때문에 행정법상의 계약(verwaltungsrechtlicher Vertrag)[3] 혹은 간략하게 줄여서(kurz)[4] (편의상) 행정계약(Verwaltungsvertrag)이라고도 부른다. 독일 프라이부르크 법과대학 2006/2007 겨울학기 강의인, 볼프강 크론트할러의 강의록에도 행정법상의 계약(Der verwaltungsrechtliche Vertrag)이라고 표현하고 있다. 결국 독일에서는 공법상 계약이나 행정계약은 동일한 개념으로 이해한다.[5]

---

1) 同旨 김남진, 공법계약과 사법계약의 구별, 고시계(1984.7), 51면.
2) 同旨 김도창, 신고행정법론(상), 383면 이하.
3) 행정법상의 계약은 헌법·국제법·교회법상의 국가계약·행정협정(Verwaltungsabkommen)을 제외한 행정청의 공법상 행정활동으로서 체결하는 계약을 말한다(Wolff/Bachof/Stober, Verwaltungsrecht Bd. 2, 6. Aufl., 2000, § 54 Rn. 16 ff).
4) https://de.wikipedia.org/wiki/%C3%96ffentlich-rechtlicher_Vertrag(… Da von diesen Regelungen nur Verträge der Verwaltung, und nicht etwa verfassungs- oder völkerrechtliche Verträge erfasst sind, spricht man hier genauer von einem verwaltungsrechtlichen Vertrag oder kurz Verwaltungsvertrag.)
5) 김병기, 독일행정절차법상 위법한 행정계약과 그 법적 효력, 행정법이론실무학회, 행정법연구(1998.10), 138-139면.

## 1.7. 공법상 계약과 행정사법과의 관계
### 1.7.1. 개관

[의의] 행정사법(Verwaltungsprivatrecht)은 행정이 사법형식에 의하여 이루어지는 행정작용이다. 사법형식을 통한 전기·수도·가스 등의 공급이나 우편·전신전화·하수처리 등이 이에 해당한다. 이는 행정청에 일정한 법률관계에 대하여 그것을 공법형식으로 규율할 것인지 사법형식으로 규율할 것인지에 대한 형식선택의 자유가 있는 경우에 후자를 선택하는 경우의 행정작용 형식이다. 따라서 법질서가 명백하게 특정한 형식을 정해두고 있지 않는 한 행정주체는 행정을 수행함에 있어 행정행위를 발(發)할 것인가 공법상 계약을 취할 것인가 하는 형식선택의 자유를 가지며, 이 경우에는 공법상 계약과 사법상 계약은 서로 일정한 범위내에서의 선택관계 내지 경쟁관계에 있게 된다. 사법형식을 취하는 경우 이는 곧 행정사법형식을 통한 계약문제에 해당한다.[1] 행정사법은 우선 현대국가의 산업화에 따른 사회에 있어서의 경제적 조건의 변화에서 그 원인을 찾을 수 있다. 이는 행정에 대한 요구가 다양해지고 사회국가·급부국가에 따른 행정활동의 범위가 현저히 확대되어 감에 따라 행정이 종래의 전통적인 행정의 행위형식인 행정행위만으로는 그 임무를 달성하는데 충분하지 않다는 현상에서 비롯된 것이다. 그러므로 행정사법을 단순히 행정청이 법률의 법치국가적 구속을 회피하기 위하여 고안해 낸 것으로만 보는 것은 타당하지 않다. 다시 말하면 행정사법에 대하여, 일반적으로 흔히 인용되는 「사법으로의 도피(F. Fleiner)」를 통하여 행정이 법의 구속으로부터 자유로와 지기 위한 것이 아니라,[2] 오히려 행정이 사법영역이라는 명칭하에 법치주의원리, 법률유보의 원칙, 법률우위의 원칙(Vorrang des Gesetzes), 행정의 법률적합성의 원칙으로부터 합법적으로 도피하려고 하는 것을 막고, 이를 공법적 규제하에 두기위하여 - 행정사법(Verwaltungsprivatrecht)이라는 명칭을 붙여서 - 이를 공법규제의 테두리안에 가두어 두려는 취지하에 독일의 볼프(Hans J. Wolff)교수에 의하여 최초로 등장한 이론이다. 특히 행정이 사법계약을 취하게 된 가장 중요한 원인은 근래에 이르기까지 행정에 공법상 계약의 형식이 흠결된 데에 있다고도 볼 수 있다.[3] 물론 공법에도 개별법에 따라서는 사법(私法)의 제도나 규정을 준용한다는 규정이 없는 것은 아니지만, 공법에는 공법상의 일반적인 채권채무관계를 규율할 수 있는 사법전과 같은 일반

---

1) 장태주, 공법상 계약의 적용범위, - 독일 행정절차법상의 공법상 계약을 중심으로 -, 공법연구 (제29집 제2호), 2001, 313면.
2) K. Stern, Staatsrecht II, 1980, S. 741; Christian Pestalozza, Formenmißbrauch des Staates: zu Figur und Folgen des „Rechtsmissbrauchs" und ihrer Anwendung auf staatliches Verhalten, 1973, S. 163.
3) Wilhelm Henke, Das Recht der Wirtschaftssubventionen als öffentliches Vertragsrecht, 1979, S. 13.

규정은 존재하지 않는다. 예를 들면 공적인 매매계약 이나 도급계약 임대계약 및 그 밖의 급부계약 등의 특수한 채권채무관계를 규율할 규정이 없는 형편이다. 이와 같은 공법제도의 흠결로 인하여 행정은 – 사법으로의 도피(Flucht)가 아니라 – 사법형식을 선택하게 된 것이고, 특히 예컨대 주식회사(Aktiengesellschaft)나 유한책임회사(Gesellschaft mit beschränkter Haftung[GmbH])와 같은 사법상의 법인을 창설하는 등의 사법형식을 취하게 된 것이다. 이렇게 함으로써 행정은 공법상 흠결된 제도나 형식을 극복하고 행정과 국가간에 규율(Regelung)을 필요로 하는 급부관계를 법률행위적으로 형성할 수 있는 전형적인 민법상의 계약형식을 이용할 수 있게 된 것이다.1) 막스 임보든(Max Imboden)은 이에 대한 이론적인 방향을 설정하고 행정에서의 계약의 중요성을 고려하여 행정의 법률행위적 작용사항이 사법형식으로 하기에 적합(sachgerecht)한지에 따라 사법상의 계약형식의 차용여부에 대한 기준을 삼아야 한다는 이른바 「사법적합성」의 기준을 제시한바 있다.2)3)4)

### 1.7.2. 행정사법의 법적 성격

행정사법(Verwaltungsprivatrecht) 그 자체는 사법이며 '사법의 형식'을 빌어 행정이 이루어진다. 행정사법은 사법적 형식으로 '직접 행정목적(급부목적[급부행정], 유도목적[유도행정])을 수행하는 활동'이며, '일정한 공법적 규율(수정·통제)'을 받는다. 그리고 그 한도 안에서는 행정사법도 공법이라고 볼 수 있는 것이다. 행정사법은 주로 복리행정분야에서 문제되는 행정영역으로서, 공법과 사법이 혼재하는 법영역이라고 할 수 있다(상세한 내용은 본서 행정사법[Verwaltungsprivatrecht] 참조).

### 1.7.3. 행정사법과 공법상 계약5)

계약형식으로 이루어진 행정이 사법상 계약인지 공법상 계약인지의 판단기준은 행정목적이 어떠한가에 따라 결정된다. 그러나, 행정과 사인간의 법률행위에 대하여 독일의 경우, 실무에서는 행정사법이 아닌 공법상 계약으로 분류하고 있다. 우리나라에 있어서도 다

---

1) 장태주, 공법상 계약의 적용범위, – 독일 행정절차법상의 공법상 계약을 중심으로 –, 공법연구 (제29집 제2호), 2001, 313면.
2) Max Imboden, Der verwaltungsrechtliche Vertrag, 1958, S. 62 f.
3) Friedrich von Zeschwitz, Rechtsstaatliche und prozessuale Probleme des Verwaltungsprivatrechts, NJW 1983, S. 1874 f.
4) 장태주, 공법상 계약의 적용범위, – 독일 행정절차법상의 공법상 계약을 중심으로 –, 공법연구 (제29집 제2호), 2001, 314면.
5) 장태주, 공법상 계약의 적용범위, – 독일 행정절차법상의 공법상 계약을 중심으로 –, 공법연구 (제29집 제2호), 2001, 316-318면.

음과 같은 것들은 이것을 공법상 계약으로 볼 것인지 행정사법으로 볼 것인지가 문제된다.[1] (가입강제와 사용강제를 통하여 성립한 모든 계약행위) : 가입강제나 사용강제 등과 같은 계약관계에서 나타나는 주된 특징은 국가나 공공단체의 일방적인 행정결정에 의하여 계약이 확정되기 때문에 사적 자치원칙은 적용되지 않는다. (보조금지원조치) : 보조금지급조치는 2단계를 거쳐 성립된다고 본다. 제1단계의 보조금지원단계에서 보조금 신청에 대한 승인은 행정행위(Verwaltungsakt)이지만, 보조금을 어떠한 방식으로 지원할 것인가 하는 제2단계에 있어서는 사법상 계약이나 공법상 계약으로 이루어 질 수도 있다는 것이다. 제2단계는 독일의 판례에 의하면 사법상 계약에 의하고 따라서 법적 분쟁이 발생한 경우에는 민사소송의 대상이 된다고 한다.[2] 그러나 보조금 지원의 승인과 그 이행은 공법상의 계약관계로 보는 것이 타당해 보인다. 왜냐하면 보조금 지원의 승인(제1단계)과 이행(제2단계)의 각 관계에 있어서는 사적 자치의 원칙이 적용될 여지가 없기 때문이다.[3][4] 문제가 되는 것은 보조금지급의 승인결정과 그에 부수하여 부관으로서 부가된 조건(Bedingung)과 부담(Auflage)이다. 보조금지원행위에 있어서의 과정이나 절차는 행정지침을 구속적 성격을 가지는 계약내용으로 전환시키는 것이 보통이고 또한 일방적으로 작성된 보조금지원의 규율내용은 법적 분쟁발생시의 재판관할·쟁송법원을 어디로 할 것인가를 정하는 것이 일반적이다. 반환의무의 담보를 위하여 보증계약이나 저당권 설정 및 사법으로부터 차용한 이와 유사한 담보행위를 이용하는 한, 이는 공법상 계약에 의하여 규율된 법률관계의 이행행위에 대한 문제에 해당한다.[5]

[우리나라] 우리나라의 경우는 보조금 교부관계를 종래에는 공법상 계약으로 보는 것이 통설이나, 「보조금관리에관한법률」이 예산집행의 적정화의 견지에서 교부의 결정(동법 제17조[보조금의 교부 결정] ① 중앙관서의 장은 제16조에 따른 보조금의 교부신청서가 제출된 경우에는 다음 각 호의 사항을 조사하여 지체 없이 보조금의 교부 여부를 결정하여야 한다.), 보조그지급통지와 보조금액의 사후확정 등의 절차에 관하여 엄격한 기속규정(동법

---

1) Friedrich von Zeschwitz, Rechtsstaatliche und prozessuale Probleme des Verwaltungsprivatrechts, NJW 1983, S. 1877
2) Wolfgang Bosse, Der subordinationsrechtliche Verwaltungsvertrag als Handlungsform öffentlicher Verwaltung,: unter besonderer Berücksichtigung der Subventionsverhältnisse, Duncker&Humblot 1974, S. 95 f.; BVerwGE 35, 170 f; BVerwGE 45, 13.
3) Christian Schimpf, Der verwaltungsrechtliche Vertrag unter besonderer Berucksichtigungseiner Rechtwidrigkeit, 1982, S. 107 f.
4) 장태주, 공법상 계약의 적용범위, - 독일 행정절차법상의 공법상 계약을 중심으로 -, 공법연구 (제29집 제2호), 2001, 317면.
5) 장태주, 공법상 계약의 적용범위, - 독일 행정절차법상의 공법상 계약을 중심으로 -, 공법연구 (제29집 제2호), 2001, 317면.

제19조[보조금 교부 결정의 통지] ① 중앙관서의 장은 보조금의 교부를 결정하였을 때에는 그 교부 결정의 내용(그에 조건을 붙인 경우에는 그 조건을 포함한다. 이하 같다)을 지체없이 보조금의 교부를 신청한 자에게 통지하여야 한다.)을 두고 있는 것을 보면 위 행위들은 쌍방적 행정행위(협력을 요하는 행정행위)로 볼 수도 있는 것이다.[1] 보조금지급조치를 행정행위로 이해하는 경우에는 이에 대하여 수권규범이 존재해야 하고 소송유형도 항고소송이 제기될 것이나, 그러나 이를 공법상 계약으로 이해한다면 소송유형은 공법상 당사자소송이 제기될 것이다. 그리고 지방자치단체와 기업자간의 보상계약, 건설업자가 자기의 부담으로 지하도를 건설하고 그 대신 일정기간 동안 지하도 내에 설치하는 상점의 도로점용료를 면제하는 내용의 계약이 체결된 경우에는 공법상 계약의 성질을 갖는 것으로 본다.[2] 그 밖에도 조성 내지 유도목표를 가지고 있는 일체의 조달조치도 공법상 계약으로 볼 수 있다.[3] 예컨대 박물관구매행사 또는 주택건설법에 의한 지방자치단체의 토지구매정책도 여기에 포함된다. 이러한 경우들은 국가나 지방자치단체의 재정조달이익이나 재산상의 이익문제로 보기보다는, 행정정책상의 조성(유도·지도)조치에 관한 문제로 보는 것이 타당하다.[4] (공공시설[영조물]의 이용관계) : 공공시설의 이용관계는 원칙적으로 공법상 계약에 의하여 규율되어야 한다고 본다. 여기에는 국공립병원·시립양로원 및 공영교통사업 등이 포함된다. 이용자의 권리와 의무는 시설이용에 관한 규정에 따라 정해지며, 공공시설(영조물)이용관계는 행정법적 요소가 주된 작용을 하므로, 행정사법상의 계약과 계약약관에 따른 이용관계의 사적 자치원칙은 여기서는 별다른 의미를 갖지 못한다.[5]

　　[우리나라] 우리나라의 경우에 있어서도 위에서 언급한 여러 사항을 독일에서와 같이 공법상 계약으로 이해하나, 행정사법과 공법상 계약의 문제들을 독일과 같이 취급하기는 어렵다. 우선 독일의 경우는, (ㄱ) 법규정이 공법상 계약에 관하여 보충적으로 적용되는 것으로 규정하고 있고, (ㄴ) 위법한 공법상 계약의 효력에 대해서 연방행정절차법 제59조에서 일정한 계약의 하자에 한해서만 무효로 규정하고 나머지의 경우에는 위법하지만 무효가 아닌, 유효한 계약으로 보고 있으며,[6] (ㄷ) 쟁송절차에 관하여 학설과 판례의 지배적인

---

1) 김동희, 행정법(II), 486면.
2) 김남진, 국가의 경제에의 참여와 개입, 공법연구, 제16집(1988), 110면.
3) M. Zuleeg, Die Anwendungsbereiche des öffentlichen Recht und Privatrecht, VerwArch. 73, 1982, S. 402.
4) 장태주, 공법상 계약의 적용범위, - 독일 행정절차법상의 공법상 계약을 중심으로 -, 공법연구(제29집 제2호), 2001, 318면.
5) 장태주, 공법상 계약의 적용범위, - 독일 행정절차법상의 공법상 계약을 중심으로 -, 공법연구(제29집 제2호), 2001, 318면.
6) H. Maurer, Verwaltungsrecht I, S. 806 f.

견해에 의하면 공법상 계약에 따른 의무이행소송은 당해 의무의 내용이 행정행위인지의 여부를 떠나 일반적 급부이행소송에 의해야 한다고 보고 있고,[1] (ㄹ) 종속계약에 관련하여 당사자간에 합의가 있는 경우, 재판을 거치지 않고 계약내용을 즉시집행(sofortige Vollstreckung) 할 수 있다(동법 제61조 제1항 : Jeder Vertragschließende kann sich der sofortigen Vollstreckung aus einem öffentlich-rechtlichen Vertrag im Sinne des § 54 Satz 2 unterwerfen)고 규정하고 있기 때문이다.[2]

## II. 공법상 계약의 연혁 및 실례

### 1. 독일에서의 공법상 계약의 연혁 및 실례
#### 1.1. 공법상계약이론의 연혁 및 이론전개과정

공법상 계약의 관념은 공법과 사법의 이원적 구분과 절차법상 행정재판제도를 가진 대륙법계 국가, 특히 독일에서 형성·발전된 것이다. 독일의 고전적 행정법학에 있어서는 공법상 계약의 가능성은 일반적으로 부인되었다. 독일에서는 19세기 후반에 이르러 공법상 계약은 공무원의 임용행위 등 독일의 문헌에 의하여 행정작용의 형식으로 인정되었다. 그러나 그 근거는 행정객체의 권리실현이나 행정작용의 다양성이 아니고 주로 행정주체가 행정작용을 수행함에 있어서 수단 선택의 자유권이 보장된 결과 하나의 법적 수단으로 존재할 뿐이었다. 또한 이러한 행정주체의 우위성과 종속적 법률관계를 바탕으로 하는 행정법관계에서 계약의 성립가능성을 부정하는 견해까지 등장하였다(Otto Mayer).[3] 즉 독일 행정법의 아버지인 오토 마이어(O. Mayer)는 계약이란 평등한 권리를 가지는 대등한 당사자를 전제로하여 성립되는 것인데, 공법질서는 국가의사(國家意思)의 일방적 구속력 있는 결정에 의하여 지배되는 것이므로 공법영역, 특히 행정주체와 개인과의 종속관계로 특징되고 있는 행정법관계에서는 당사자간에 대등한 관계를 전제로 하는 계약이 성립한다는 것은 불가능하다고 보았다.[4] 그러나 20세기 초에 들어와 스위스의 프리츠 플라이너(F. Fleiner),[5] 발터 옐리네크(W. Jellinek)[6] 등은 비록 예외적 이기는 하나 공법상 계약을 행

---

1) BVerwGE 59, 60, 62 f.; Stelkens/Bonk/Sachs, § 54, Rdnr. 71 ff.
2) 장태주, 공법상 계약의 적용범위, - 독일 행정절차법상의 공법상 계약을 중심으로 -, 공법연구 (제29집 제2호), 2001, 318면.
3) 박시준, 공법상 계약의 법적 근거와 한계, 고시연구(2002.6), 439면.
4) Otto Mayer, Zur Lehre vom offentlich-rechtlichen Verträge, AöR Bd. 3(1888), S. 3 ff.(42).
5) Fritz Fleiner, Institutionen des Deutschen Verwaltungsrechts, 1. Aufl. S. 175 ff. : 프리츠 플라

정의 행위형식으로 인정하였으며, 이에 대하여 법률의 수권을 요구하였다. 이후 빌리발트 아펠트(W. Apelt),[1] 막스 임보든(M. Imboden),[2] 클라우스 슈턴(K. Stern),[3] 그리고 유건 (위르겐[4]) 잘쯔베델(J. Salzwedel)[5] 등이 공법상 계약의 필요성을 주장하였고,[6] 이러한 입장은 독일연방행법법원의 판례에 의하여 뒷받침되었다. 이는 19세기적인 자유주의적 법치국가시대의 행정은 주로 행정행위를 통하여 국민에게 일정한 의무를 명하거나 특정행위를 금지 시키는 방법을 통하여 행정목적을 달성하였으나, 20세기적인 사회적 법치국가 (sozialer Rechtsstaat)의 행정은 국민을 강제하는 업무 보다는 행정목적의 달성을 위하여 개인을 일정한 방향으로 유도 하거나 그들의 생존배려(Daseinsvorsorge)를 위한 급부행정이 주종을 이루고 있기 때문에 많은 경우에 있어서 행정주체(국가·공공단체)는 개인의 자발적인 협력이나 동의를 구하게 되었고, 그들과의 합의에 의하여 구체적인 권리·의무관계를 형성해 나갈 필요성이 등장하게 된데서 연유한다.[7] 이와같이 독일에서는 공법상 계약에 대하여 100여년간의 논의를 거쳐 1977년 시행된 연방행정절차법(1976년 5월25일 제정 : Bundesverwaltungsverfahrensgesetz vom 25. Mai 1976)을 통하여 공법상 계약의 가능성·유형·효력·한계 및 권리실현 등에 관한 기본적인 문제들을 입법적(연방행정절차법 제54조-제62조)으로 해결하였다.[8] 이리하여 독일에서는 행정목적을 달성하기 위한 수단으로서, (ㄱ) 행정행위를 발하거나, (ㄴ) 공법상 계약을 통하여 행정작용의 탄력성과 안정성을 조화시키며 행정의 효율성과 함께 현대 헌법국가의 기본원리(Grundprinzipien)인 법치국가원리 (Rechtsstaatsprinzip)와 그 이념을 구체화 시키고 있다.[9]

---

이너(1867-1937)는 본래 스위스 태생으로 스위스 바젤(Basel)법과대학, 취리히(Zürich)법과대학, 독일 튀빙겐(Tübingen), 하이델베르크(Heidelberg) 대학교수였다.

6) Walter Jellinek, Verwaltungsrecht. 3. Aufl., 1931. S. 253 ff.
1) Willibalt Apelt, Der Verwaltungsrechtliche Vertrag, 1920.
2) Max Imboden, Der verwaltungsrechtliche Vertrag, Verlag: Helbing & Lichtenhahn, Basel 1958.
3) Klaus Stern, Zur Grundlegung einer Lehre des öffentlich-rechtlichen Vertrages, VerwArch 49(1958), S. 106 ff.
4) '위르겐'이라고 번역하고 있는 서적도 있으나, 독일 사람들은 '유건' 혹은 '유근'이라고 발음한다.
5) Jürgen Salzwedel, Die Grenzen der Zulässigkeit des offentlich-rechtlichen Vertrages, Handbuch Ius publicum Europaeum: Verwaltungsrecht in Europa, 1958.
6) 김성수, 공법상 계약과 행정의 법률적합성의 원칙, 고시계(1992.2), 178면; 정하중, 법치행정의 원리와 공법상계약 - 독일행정절차법의 내용을 중심으로 -, 서강법학(제11권 제1호), 2009, 176면.
7) 김성수, 공법상 계약과 행정의 법률적합성의 원칙, 고시계(1992.2), 177면.
8) 김남진, 공법상의 계약, 고시계(1984.1), 85면; 신보성, 공법상의 계약 - 행정법계약의 중요문제를 중심으로 -, 고시계(1985.12), 130면.

## 1.2. 독일연방행정절차법(제54조-62조)
### 1.2.1. 개관

[독일연방행정절차법] (김남진 교수) : 1976년 제정·공포된 행정절차법은 그 문제들을 입법정책적으로 해결했다. 동법 제54조는 공법계약의 허용성이라는 제명하에 공법계약의 근거를 마련하고 있는 동시에, 심지어는 행정행위를 발(發)하는 것에 갈음하여 공법계약을 규정하고 있다.1) (정하중 교수) : 연방행정절차법 제54조에 따르면 공법상 계약은 실정법에 반대되는 규정이 없는 한 일반적으로 허용된다고 규정함으로써, 공법상 계약의 광범위한 적용영역을 열어놓았다. 동법 제55조와 제56조는 계약유형으로서 화해계약(Vergleichsvertrag)과 교환계약(Austauschvertrag : 쌍무계약)을 규정하고, 이들의 남용방지를 위하여 그 성립을 추가적인 요건에 의존시키고 있다. 동법 제57조는 법적 명확성과 증거확보의 이유에서 모든 계약에 대하여 원칙적으로 문서(Schrift)의 형식을 요구하고 있다. 또한 동법 제58조는 <u>제3자의 권리를 침해하는 계약이나 다른 행정청의 동의나 승인을 요하는 계약에 있어서는 문서에 의한 동의가 있는 경우에 한하여 그 유효성을 인정하고 있다.</u> 동법 제59조는 위법한 공법상 계약의 효과에 대하여, 제60조는 사정변경시에 공법상 계약의 해제 및 해지가능성에 대하여 각각 규율하고 있다. 동법 제61조는 양당사자는 합의에 의하여 계약상의 의무위반이 있는 경우에 즉시집행에 예속될 수 있도록 규정하고 있고, 제62조는 공법상 규율에 관하여 행정절차법에 규정이 존재하지 않는 경우에는 <u>민법규정을 준용</u>하도록 하고 있다. 이러한 행정절차법의 규정들은 대체적으로 학계에 긍정적인 평가를 받았으나 공법상 계약의 하자의 효과에 관한 규율은 행정의 법률적합성의 원칙 및 계약당사자의 권리구제의 관점에서 그 비판을 받고 있다.2) (장태주 교수)3) : 독일의 연방행정절차법 제54조에서는 공법상 계약(öffentlich-rechtlicher Vertrag)이라는 표제(제목)하에 제1문에서 "공법영역에 있어서의 법률관계는 법규(Rechtsvorschriften)에 위반되지 아니하는 한, 계약에 의하여 발생·변경

---

9) 장태주, 공법상 계약의 적용범위, - 독일 행정절차법상의 공법상 계약을 중심으로 -, 공법연구(제29집 제2호), 2001, 301면; H. Bauer, Anpassungsflexibilität im öffentlich-rechtlichen Vertrag, in : W. Hoffmann- Riem/E. Schmidt-Assmann(Hrsg.), Innovation und Flexibilität des Verwaltungshandelns, 1994, S. 251 ff.; H. Maurer, Der Verwaltungsvertrag - Probleme und Möglichkeiten, DVBL 1989, S. 806; 정하중, 법치행정의 원리와 공법상계약 - 독일행정절차법이 내용을 중심으로 -, 서강법학(제11권 제1호), 2009, 174면.

1) 김남진, 공법상의 계약, 고시계(1984.1), 85면.

2) 정하중, 법치행정의 원리와 공법상계약 - 독일행정절차법의 내용을 중심으로 -, 서강법학(제11권 제1호), 2009, 177면.

3) 장태주, 공법상 계약의 적용범위 - 독일 행정절차법상의 공법상 계약을 중심으로 -, 공법연구(제29집 제2호), 2001, 302면 이하.

또는 소멸될 수 있다(Ein Rechtsverhältnis auf dem Gebiet des öffentlichen Rechts kann durch Vertrag begründet, geändert oder aufgehoben werden (öffentlich-rechtlicher Vertrag), soweit Rechtsvorschriften nicht entgegenstehen.)"라고 규정하여, 공법상 계약을 「공법상 법률관계의 발생, 변경 및 소멸을 가져오는 계약」이라고 개념을 정의하고 있다 (행정절차법 제54조 전문).1) 그러나 독일행정법학계에서는 이러한 행정절차법상의 규정에도 불구하고 행정법의 대상이 되는 공법상의 계약에 한정하여 '행정계약 또는 행정법상의 계약(Verwaltungsvertrag bzw. verwaltungsrechtlicher Vertrag)'이라 칭하면서,2) 「행정계약이란 행정법상의 법률관계를 그 대상으로 하여 그 권리·의무관계를 성립·변경·소멸시키는 계약」,3) 또는 「행정법상 계약을 행정법상 법률관계의 발생, 변경 또는 소멸을 가져오는 다수의 법적 주체간의 체결된 합의(Vereinbarungen)」라고 이를 개념정의하기도 한다.4)5)

### 1.2.2. 구체적인 내용(독일연방행정절차법 제54조-제62조)

▶ **독일연방행정절차법 제54조 【**Zulässigkeit des öffentlich-rechtlichen Vertrags : 공법상 계약의 허용성**】 공법영역**에 있어서의 법률관계는 <u>법규(Rechtsvorschriften)에 위반되지 아니하는 한</u>(법규에 반하지 않는 범위내에서), 계약에 의하여 발생·변경 또는 소멸될 수 있다(공법상 계약).6) 특히 **행정청**은 <u>행정행위를 발급하고자 하는</u> 상대방에 대하여, **행정행위를 발급**

---

1) 독일연방행정절차법 제54조 【Zulässigkeit des öffentlich-rechtlichen Vertrags : 공법상 계약의 허용성】 공법영역에 있어서의 법률관계는 법규(Rechtsvorschriften)에 위반되지 아니하는 한, 계약에 의하여 발생·변경 또는 소멸될 수 있다(Ein Rechtsverhältnis auf dem Gebiet des öffentlichen Rechts kann durch Vertrag begründet, geändert oder aufgehoben werden (öffentlich-rechtlicher Vertrag), soweit Rechtsvorschriften nicht entgegenstehen). 특히 행정청은 행정행위를 발급하고자 하는 상대방에 대하여, 행정행위를 발급하는것에 갈음하여 공법상 계약을 체결할 수 있다(Insbesondere kann die Behörde, anstatt einen Verwaltungsakt zu erlassen, einen öffentlich-rechtlichen Vertrag mit demjenigen schließen, an den sie sonst den Verwaltungsakt richten würde).
2) 신보성교수도 행정법계약이라는 표현을 한다(신보성, 공법상의 계약 - 행정법계약의 중요문제를 중심으로 -, 고시계(1985.12), 130면).
3) H. Maurer, Allgemeines Verwaltungsrecht, 12. Aufl., 1999, § 14 Rn. 7 ff.
4) N. Achterberg, Allgemeines Verwaltungsrehct, 2. Aufl., 1986, § 21 Rn. 232 f.
5) 행정법상의 계약은 헌법·국제법·교회법상의 국가계약·행정협정(Verwaltungsabkommen)을 제외한 행정청의 공법상 행정활동으로서 체결하는 계약을 말한다(Wolff/Bachof/Stober, Verwaltungsrecht Bd. 2, 6. Aufl., 2000, § 54 Rn. 16 ff).
6) 독일연방행정절차법 제54조 제1문 : Ein Rechtsverhältnis auf dem Gebiet des öffentlichen Rechts kann durch Vertrag begründet, geändert oder aufgehoben werden

하는것에 갈음하여(행정행위 대신에) 공법상 계약1)을 체결할 수 있다.2)
- 공법영역에 있어서의 법률관계는 계약(Vertrag)에 의해서도 발생 · 변경 · 소멸될 수 있다. ☞ **공법영역**?
- 행정청은 그의 상대방에게 행정행위를 발급하는 대신 계약(공법상 계약)을 체결할 수 있다.
- 그러나 이 계약(공법상 계약)은 법규에 위반되지 않아야 한다. ☞ **법규**?
- 행정청은 그의 상대방에 대하여 행정행위를 발급하는 것 대신, 법규에 위반되지 않는 범위 내에서 상대방과 공법상 계약을 체결할 수 있다.

▶ 독일연방행정절차법 제55조 【Vergleichsvertrag : 화해계약】 **실체관계**나 **법률관계**를 적절히 평가함에 있어서 **현존하는 불확실성**을 상호간에 양보하여 제거하고자 하는 (**화해**), 제54조 제2문이 의미하는 공법상 계약은, 행정청이 화해의 체결이 **불확실성의 제거**를 위하여 합목적적이라고 그 의무에 적합한(합당한) 재량에 따라 판단할 경우에 체결할 수 있다.3)4)

---

(öffentlich-rechtlicher Vertrag), soweit Rechtsvorschriften nicht entgegenstehen.
1) 계약(契約) : 행정청과 사인과의 계약에 대하여 학자들은 일반적으로 사법이 아닌 공법에의 우선적 귀속을 추정하는 데 있다(M. Zuleeg, Die Anwendungsbereiche des öffentlichen Recht und Privatrecht, VerwArch. 73, 1982, S. 397 ff.; Christian Pestalozza, Formenmißbrauch des Staates : zu Figur und Folgen des „Rechtsmissbrauchs" und ihrer Anwendung auf staatliches Verhalten (= Münchener Universitätsschriften. Reihe der Juristischen Fakultät. Bd. 28). Beck, München 1973(Habilitationsschrift, Universität München, 1973), S. 163). 이러한 입장은 행정청은 공법상의 행위형식을 취할 것인지 사법상의 계약형식을 취할 것인지 행정의 행위형식의 선택자유를 가지고 있다고 보는 것이다. 행정의 선택자유는 행정청이 그의 과제를 수행하는 데 있어, 일방적인 행정행위의 형식을 취할 수도 있고 개인과의 합의를 통하여 할 수도 있는 경우에 한하여 허용된다(행정절차법 제54조). 다시 말하면 행정청에 두가지 형식의 행정이 모두 허용된 경우에 행정청은, (ㄱ) 행정처분을 하거나, (ㄴ) 사인과의 계약형식을 통해서 행정목적을 수행할 수 있다. 다만 행정청의 일방적인 처분은 언제나 공법에 속하지만, 행정과 사인과의 계약의 경우는 합의의 유효성 여부와 그 효력이 사법에 따라 판단하는지 혹은 행정법에 의하여 판단하는가 하는 것은 아직 미해결인 문제라는 점이다. 따라서 행정청과 사인과의 계약에 대한 공법에의 추정은 이와 같이 미해결인 경우 우선적으로 공법에 귀속된 것으로 추정하는 데 지나지 않는다(장태주, 공법상 계약의 적용범위 - 독일 행정절차법상의 공법상 계약을 중심으로 -, 공법연구(제29집 제2호), 2001, 314-315면.
2) 독일연방행정절차법 제54조 제2문 : Insbesondere kann die Behörde, anstatt einen Verwaltungsakt zu erlassen, einen öffentlich-rechtlichen Vertrag mit demjenigen schließen, an den sie sonst den Verwaltungsakt richten würde.
3) 독일연방행정절차법 제55조 【Vergleichsvertrag : 화해계약】 Ein öffentlich-rechtlicher Vertrag im Sinne des § 54 Satz 2, durch den eine bei verständiger Würdigung des Sachverhalts oder der Rechtslage bestehende Ungewissheit durch gegenseitiges Nachgeben beseitigt wird (Vergleich), kann geschlossen werden, wenn die Behörde den Abschluss des Vergleichs zur Beseitigung der Ungewissheit nach pflichtgemäßem Ermessen für zweckmäßig hält.

[제54조 제2문에서 의미하는 공법상 계약에는 화해계약이 있다. 화해계약은 다음과 같 은 경우 및 조건하에서 체결된다]
- 실체관계나 법률관계가 현재 불확실 한 상태에 있는 경우 ☞ **불확실성(중요)**
- 양 당사자간의 양보를 통하여(양 당사자가 서로 양보하여) ☞ **양보**
- 서로 화해(Vergleich)할 수 있다. ☞ **화해**
- 의무에 적합(합당)한 재량 ☞ 오늘날 행정청의 재량은 의무에 합당한, 법의 기속을 받는 재량임. 법을 집행하는 공무원(Beamte)의 재량은, 의무에 합당한 재량·법의 기속을 받는 재량…[무하자재량행사청구권·행정개입청구권[재량권의 영으로의 수축]·자의금지의 원칙·신뢰보호원칙·과잉금지의 원칙]

▶ 독일연방행정절차법 제56조【Austauschvertrag : 교환계약】①[1] 계약의 상대방이 행정청에 대하여 **반대급부**를 제공할 의무를 지는, 제54조 제2문이 의미하는 공법상 계약은 상대방의 반대급부가 계약상의 특정한 목적과 일치하고 행정청의 공적 임무를 수행하도록 하는 경우에 체결될 수 있다.[2] 반대급부는 **전체적 상황에 적합한 것**이어야 하고, 또한 행정청의 **계약상의 급부와 실체적 관련성**이 있어야 한다.[3] ② 행정청의 급부를 요구할 수 있는 청구권이 있는 경우에는 행정행위를 발동 함에 있어서 제36조[4]에 의한 부관의 내용이 될 수 있

---

4) 오준근, 독일연방행정절차법의 변혁, 한국법제연구원(1997.10), 16면.
1) 독일에서의 법조문 표기 중 항은 "(1)"로 표기하고, 우리나라에서는 "①"로 표기한다. 본서에서는 시각적인 편의상 우리나라 표기법 "①"을 따랐다.
2) 독일연방행정절차법 제56조【Austauschvertrag : 교환계약】【제1항 前文】Ein öffentlich-rechtlicher Vertrag im Sinne des § 54 Satz 2, in dem sich der Vertragspartner der Behörde zu einer Gegenleistung verpflichtet, kann geschlossen werden, wenn die Gegenleistung für einen bestimmten Zweck im Vertrag vereinbart wird und der Behörde zur Erfüllung ihrer öffentlichen Aufgaben dient.
3) 독일연방행정절차법 제56조【Austauschvertrag : 교환계약】【제1항 후문】Die Gegenleistung muss den gesamten Umständen nach angemessen sein und im sachlichen Zusammenhang mit der vertraglichen Leistung der Behörde stehen.
4) 독일연방행정절차법 제36조【Nebenbestimmungen zum Verwaltungsakt : 행정행위의 부관】① Ein Verwaltungsakt, auf den ein Anspruch besteht, darf mit einer Nebenbestimmung nur versehen werden, wenn sie durch Rechtsvorschrift zugelassen ist oder wenn sie sicherstellen soll, dass die gesetzlichen Voraussetzungen des Verwaltungsaktes erfüllt werden(행정행위는 국민이 이를 청구 할 수 있는 성질의 것인 경우(auf den ein Anspruch besteht), **법규에 부관이 허용되어 있거나 행정행위의 법률상 요건**이 충족됨이 부관으로 확보되어야 할 경우에만, 부관을 붙일 수 있다). ② Unbeschadet des Absatzes 1 darf ein Verwaltungsakt nach pflichtgemäßem Ermessen erlassen werden mit(의무에 합당한 재량에 따른 행정행위[Verwaltungsakt nach pflichtgemäßem Ermessen]는 제1항의 규정에도 불구하고 다음 각호에 의하여 부관을 붙여 발급 할 수 있다. 1. einer Bestimmung, nach der eine Vergünstigung oder Belastung zu einem

는 경우1)에 한하여, 위와같은 반대급부를 합의할 수 있다.2)

[제54조 제2문에서 의미하는 공법상 계약에는 교환계약이 있다. 교환계약은 다음과 같은 경우 및 조건하에서 성립된다]
- 상대방은 행정청에 대하여 반대급부의무가 존재하여야
- 상대방이 행정청에 대하여 지는 반대급부(Gegenleistung)는 계약목적과 일치하고, 공적 임무를 수행하도록 하는 경우
- 상대방의 반대급부는 계약상의 급부와 실체적 관련성이 있어야 ☞ **위반시에는 부당결부금지의 원칙**

▶ 독일연방행정절차법 제57조 【Schriftform : 서면형식】 공법상 계약은 법규에 다른 형식이 규정되어 있지 않는 한 서면으로 하여야 한다.3)

▶ 독일연방행정절차법 제58조 【Zustimmung von Dritten und Behörden : 제3자 및 행정청의 동의】 ① 제3자의 권리를 침해하는 공법상 계약은, 제3자가 서면으로 이에 동의한 경우에(wenn der Dritte schriftlich zustimmt) 한하여 비로소 그 효력을 발생한다.4) ② 행정행위를 발함에 있어서 법규에 따라 **다른 행정청의 허가, 동의 또는 합의가 요구되는 행정행위** 대신

---

bestimmten Zeitpunkt beginnt, endet oder für einen bestimmten Zeitraum gilt [Befristung](이익의 제공 또는 부담의 부과가 **특정한 시점에 시작되고**, 종료하거나 일정한 기간동안만 유효하다는 규정[기한 Befristung]), 2. einer Bestimmung, nach der der Eintritt oder der Wegfall einer Vergünstigung oder einer Belastung von dem ungewissen Eintritt eines zukünftigen Ereignisses abhängt [Bedingung] (이익의 제공 또는 부담의 부과가 장래 불확실한 사실의 발생에 따라 성립하거나 소멸한다는 규정(조건 Bedingung), 3. einem Vorbehalt des Widerrufs oder verbunden werden mit(철회권의 유보), 4. einer Bestimmung, durch die dem Begünstigten ein Tun, Dulden oder Unterlassen vorgeschrieben wird [Auflage](수익자에게 작위, 수인 또는 **부작위를 명하는 규정**[부담 Auflage]), 5. einem Vorbehalt der nachträglichen Aufnahme, Änderung oder Ergänzung einer Auflage(사후에 부담을 추가하거나, 변경하거나 보충함에 대한 유보, ③ Eine Nebenbestimmung darf dem Zweck des Verwaltungsaktes nicht zuwiderlaufen (부관은 **행정행위의 목적**에 위반되어서는 안된다).

1) 행정행위의 부관의 내용이 될 수 있는 경우에 한하여
2) 독일연방행정절차법 제56조 【Austauschvertrag : 교환계약】 ② Besteht auf die Leistung der Behörde ein Anspruch, so kann nur eine solche Gegenleistung vereinbart werden, die bei Erlass eines Verwaltungsaktes Inhalt einer Nebenbestimmung nach § 36 sein könnte.
3) 독일연방행정절차법 제57조 【Schriftform : 서면형식】 Ein öffentlich-rechtlicher Vertrag ist schriftlich zu schließen, soweit nicht durch Rechtsvorschrift eine andere Form vorgeschrieben ist.
4) 독일연방행정절차법 제58조 【Zustimmung von Dritten und Behörden : 제3자 및 행정청의 동의】 ① Ein öffentlich-rechtlicher Vertrag, der in Rechte eines Dritten eingreift, wird erst wirksam, wenn der Dritte schriftlich zustimmt.

에 공법상의 계약이 체결되는 경우에는, 다른 행정청이 법규에 규정된 형식대로 협력한 이후에야 비로소 그 효력이 발생한다.[1]

▶ 독일연방행정절차법 제59조【Nichtigkeit des öffentlich-rechtlichen Vertrags : 공법상 계약의 무효】① 공법상 계약은 민법규정을 적용 할 때 무효가 되는 경우에는 무효이다.[2] ② 제54조 제2문에서 말하는 계약은 다음의 경우에도 무효이다,[3] 만약(wenn)

    1. **동일한 내용**을 가진 행정행위가 무효인 경우;[4] ☞ 동일한 = 상응한, 상응하는

    2. 동일한 내용을 가진 행정행위가 제46조의 절차 및 형식상의 하자만을 이유로 하여 위법하게 된 것이 아니고, 그 사실이 **계약당사자**에게 알려져 있는 경우;[5]

    3. 화해계약의 체결을 위한 요건이 존재하지 아니하며, 동시에 동일한 내용을 가진 행정행위가 제46조의 **절차 및 형식상의 하자만을 이유로 한** 위법이 아닌 경우;[6]

    4. 행정청에게 제56조에 의하여 **허용되지 않는 반대급부**를 약속하도록 한 경우[7]

③ 계약의 일부만이 무효인 경우, **당해계약의 무효인 부분이 없었다면 계약이 체결되지 아니하였을 것이라고 인정되는 경우**에는 그 계약은 전부를 무효로 한다.[8]

▶ 독일연방행정절차법 제60조【Anpassung und Kündigung in besonderen Fällen : 특수한 경우의 계약의 조정과 해지】① 계약내용의 결정에 기준이 된 관계가 계약체결 이후 **지나치게 본질적**

---

1) 독일연방행정절차법 제58조【Zustimmung von Dritten und Behörden : 제3자 및 행정청의 동의】② Wird anstatt eines Verwaltungsaktes, bei dessen Erlass nach einer Rechtsvorschrift die Genehmigung, die Zustimmung oder das Einvernehmen einer anderen Behörde erforderlich ist, ein Vertrag geschlossen, so wird dieser erst wirksam, nachdem die andere Behörde in der vorgeschriebenen Form mitgewirkt hat.

2) 독일연방행정절차법 제59조【Nichtigkeit des öffentlich-rechtlichen Vertrags : 공법상 계약의 무효】① Ein öffentlich-rechtlicher Vertrag ist nichtig, wenn sich die Nichtigkeit aus der entsprechenden Anwendung von Vorschriften des Bürgerlichen Gesetzbuchs ergibt.)

3) 독일연방행정절차법 제59조【Nichtigkeit des öffentlich-rechtlichen Vertrags : 공법상 계약의 무효】② Ein Vertrag im Sinne des § 54 Satz 2 ist ferner nichtig

4) 제1호 : ein Verwaltungsakt mit entsprechendem Inhalt nichtig wäre

5) 제2호 : ein Verwaltungsakt mit entsprechendem Inhalt nicht nur wegen eines Verfahrens- oder Formfehlers im Sinne des § 46 rechtswidrig wäre und dies den Vertragschließenden bekannt war

6) 제3호 : die Voraussetzungen zum Abschluss eines Vergleichsvertrags nicht vorlagen und ein Verwaltungsakt mit entsprechendem Inhalt nicht nur wegen eines Verfahrens- oder Formfehlers im Sinne des § 46 rechtswidrig wäre

7) 제4호 : sich die Behörde eine nach § 56 unzulässige Gegenleistung versprechen lässt

8) 독일연방행정절차법 제59조【Nichtigkeit des öffentlich-rechtlichen Vertrags : 공법상 계약의 무효】③ Betrifft die Nichtigkeit nur einen Teil des Vertrags, so ist er im Ganzen nichtig, wenn nicht anzunehmen ist, dass er auch ohne den nichtigen Teil geschlossen worden wäre

으로 변경(wesentlich geändert)되어, 일방 **계약당사자**에 대하여 원래의 계약상의 규정을 이행하여 줄 것을 요구할 수 없게 된 경우, 이 **계약의 당사자**는 **변경된 관계**(geänderten Verhältnisse)에 맞추어 계약내용을 조정하여 줄 것을 요구하거나, 조정이 불가능 한 때 또는 다른 계약당사자에게 그 조정을 요구 할 수 없는 때에는 계약을 해지할 수 있다. 행정청은 **공공복리에 대한 중대한 불이익을 방지하거나**(schwere Nachteile für das Gemeinwohl zu verhüten), 이를 제거하기 위하여도 계약을 해지 할 수 있다.[1] ② 해지는 법규에 다른 형식이 규정되어 있지 않는 한 서면으로 하여야 한다. 해지에는 그 사유가 명시되어야 한다.[2]

▶독일연방행정절차법 제61조【Unterwerfung unter die sofortige Vollstreckung : 즉시집행의 복종】① 모든 계약체결자는 제54조 제2문에 있어서의 공법상 계약을 즉시집행(sofortigen Vollstreckung)할 수 있다. 이 경우에 행정청은 **행정청의 책임자**(Behördenleiter), 그의 **일반적 대표자**(allgemeinen Vertreter) 또는 **법관의 자격을 가진 공무원**(die Befähigung zum Richteramt hat) 또는 **독일법관법**(Deutschen Richtergesetzes) 제110조 제1문의 요건을 충족하는 공무원에 의하여 대행된다. 즉시집행의 복종은 계약체결행정청의 관할감독행정청으로부터 허가를 받은 경우에만 그 효력을 발생한다.[3] ② 제1항 제1문이 의미하는 공법상 계약에 대하여는, 계약체결자가 제1조 제1항 제1호가 의미하는 행정청일 경우에는, 연

---

1) 독일연방행정절차법 제60조【Anpassung und Kündigung in besonderen Fällen : 특수한 경우의 계약의 조정과 해지】① Haben die Verhältnisse, die für die Festsetzung des Vertragsinhalts maßgebend gewesen sind, sich seit Abschluss des Vertrags so wesentlich geändert(지나치게 본질적으로 변경되어), dass einer Vertragspartei(계약당사자) das Festhalten an der ursprünglichen vertraglichen Regelung nicht zuzumuten ist, so kann diese Vertragspartei eine Anpassung des Vertragsinhalts an die geänderten Verhältnisse(변경된 관계) verlangen oder, sofern eine Anpassung nicht möglich oder einer Vertragspartei nicht zuzumuten ist, den Vertrag kündigen. Die Behörde kann den Vertrag auch kündigen, um schwere Nachteile für das Gemeinwohl zu verhüten(공공복리에 대한 중대한 불이익을 방지하거나) oder zu beseitigen.
2) 독일연방행정절차법 제60조【Anpassung und Kündigung in besonderen Fällen : 특수한 경우의 계약의 조정과 해지】② Die Kündigung bedarf der Schriftform(서면으로 하여야 한다), soweit nicht durch Rechtsvorschrift eine andere Form vorgeschrieben ist. Sie soll begründet werden..
3) 독일연방행정절차법 제61조【Unterwerfung unter die sofortige Vollstreckung : 즉시집행이 복종】① Jeder Vertragschließende kann sich der sofortigen Vollstreckung(즉시집행) aus einem öffentlich-rechtlichen Vertrag im Sinne des § 54 Satz 2 unterwerfen. Die Behörde muss hierbei von dem Behördenleiter(행정청의 책임자), seinem allgemeinen Vertreter(일반적 대표자) oder einem Angehörigen des öffentlichen Dienstes, der die Befähigung zum Richteramt hat(법관의 자격을 가진 공무원) oder die Voraussetzungen des § 110 Satz 1 des Deutschen Richtergesetzes(독일법관법) erfüllt, vertreten werden.

방행정집행법(Verwaltungsvollstreckungsgesetz des Bundes)이 적용된다. **자연인이나 사법상의 법인**(natürliche oder juristische Person des Privatrechts) 또는 **권리능력 없는 사단**(nichtrechtsfähige Vereinigung)이 금전채권을 이유로 집행하려고 할 경우에는 행정법원법 제170조 제1항 내지 제3항의 규정이 적용된다. 강제집행이 제1조 제1항이 의미하는 행정청에 대하여 **작위**(Handlung), **수인**(Duldung) 또는 **부작위**(Unterlassung)를 강제하는 것을 목적으로 경우에는 행정법원법 제172조의 규정이 적용된다.[1]

▶ 독일연방행정절차법 제62조【Ergänzende Anwendung von Vorschriften : 법규의 보충적 적용】 제54조 내지 제61조의 규정과 모순되지 아니하는 한, 이 법의 기타 규정이 적용된다. **민법의 규정**은 보충적으로 적용된다.[2] ※ 오준근, 독일연방행정절차법의 변혁, 한국법제연구원(1997.10).[3][4]

### 1.2.3. 독일에서의 공법상 계약의 논점

#### a) 법치행정의 원리

[법치행정의 원리] 독일의 연방행정절차법은 행정청은 법규에 반하지 않는 한, 행정행위를 발하는 대신에 행정행위의 상대방이 될 자와 공법상 계약을 체결할 수 있도록 하고 있다(연방행정절차법 제54조 제1문). 이리하여 문제가 되는 점은 행정행위와 공법상 계약은 상호 호환성이 있는 것이지, 호환성이 인정된다면 법치행정의 원칙(행정의 법률적합성의 원칙 : 법률우위의 원칙·법률유보)과의 관계에서 이것을 어떻게 이해해야 하는 지가 문제된다.

---

1) 독일연방행정절차법 제61조【Unterwerfung unter die sofortige Vollstreckung : 즉시집행의 복종】② Auf öffentlich-rechtliche Verträge im Sinne des Absatzes 1 Satz 1 ist das Verwaltungs-Vollstreckungsgesetz des Bundes(연방행정집행법) entsprechend anzuwenden, wenn Vertragschließender eine Behörde im Sinne des § 1 Abs. 1 Nr. 1 ist. Will eine natürliche oder juristische Person des Privatrechts oder eine nichtrechtsfähige Vereinigung(권리능력 없는 사단) die Vollstreckung wegen einer Geldforderung betreiben, so ist § 170 Abs. 1 bis 3 der Verwaltungsgerichtsordnung entsprechend anzuwenden. Richtet sich die Vollstreckung wegen der Erzwingung einer Handlung(작위), Duldung(수인) oder Unterlassung(부작위) gegen eine Behörde im Sinne des § 1 Abs. 1 Nr. 2, so ist § 172 der Verwaltungsgerichtsordnung entsprechend anzuwenden.

2) 독일연방행정절차법 제62조【Ergänzende Anwendung von Vorschriften : 법규의 보충적 적용】 Soweit sich aus den §§ 54 bis 61 nichts Abweichendes ergibt, gelten die übrigen Vorschriften dieses Gesetzes. Ergänzend gelten die Vorschriften des Bürgerlichen Gesetzbuchs entsprechend.

3) http://academic.naver.com/… (검색어 : 독일연방행정절차법 제54조; 검색일 : 2015.12.28) <Naver>

4) http://dlps.nanet.go.kr/DlibViewer.do?cn=MONO1199710984&sysid=nhn

b) 행정사법과의 관계

[행정사법(Verwaltungsprivatrecht)과의 관계] 연방행정절차법 제62조 제2문에서 공법상 계약에 관하여 민법이 보충적으로 적용된다고 규정하고 있는데, 따라서 이는 사법형식에 의한 행정사법(Verwaltungsprivatrecht)영역과 서로 중복되는 것은 아닌지 하는 것이 문제가 있다. 동법 제62조 제2문에 따라 공법상 계약에 대하여는 민법의 계약법상의 계약형식은 물론이고 민법총칙이나 물권법에 관한 규정도 보충적으로 적용되게 된다. 이러한 입법태도는 민법제도의 포괄적인 차용을 공법영역에 허용한 것으로, 이는 결국 공법영역에 있어서의 형식흠결에 대한 논의로 이어지게 된다.[1]

c) 조세행정과 공법상 계약의 허용성

[조세행정과 공법상 계약의 허용성] 전형적인 침해행정인 조세행정영역에 공법상 계약이 과연 허용될 수 있는가 하는 문제가 있고, 1977년에 시행된 독일 조세기본법(Abgabenordnung)은 연방행정절차법의 시행과 밀접하게 관련되어 있음에도 불구하고 사회보장법과는 달리 행정절차법상의 공법상 계약에 관한 규정을 수용하지 않고, 조세기본법에서 독자적·직접적으로 공법상 계약이라는 개념을 도입하여 사용함으로써 조세행정영역에서의 공법상계약의 적용문제가 연방행정절차법상의 공법상 계약과 관련하여 어떠한 '법적 성격(Rechtscharakter)' 및 '법률효과(Rechtswirkung)'를 가지는가? 그 '적용범위(Anwendungsbereich)'는 어디까지 허용하는가? 하는 문제가 독일 공법학계의 논쟁의 초점으로 등장한바 있었다. 우리나라(한국)의 경우는 실정법상 공법상 계약이라는 용어가 명문으로 규정되어 있지 않은, 즉 실정법(geltendes Recht/bestehendes Recht)상의 용어도 아니고, 판례상으로도 널리 인정되고 있지는 않는 현실이기 때문에,[2] 이에 관한 법적 성격이나 법률효과 및 그 적용범위를 구체적으로 논의할 실익이 큰 것은 아니지만, 우리 나라에서도 국가 등의 행정주체와 사인과의 계약이 행정영역에 있어서 실제로 이루어지고 있고, 앞으로는 비권력적 행정작용의 영역이 더욱 확대될 것이므로 어느 범위에서 공법상 계약을 허용할 것이며 그 적용의 한계를 독일의 경우와 비교하여 연구하는 것이 필요함은 아무리 강조해도 지나치지 않을 것이다.[3]

---

[1] 장태주, 공법상 계약의 적용범위, - 독일 행정절차법상의 공법상 계약을 중심으로 -, 공법연구 (제29집 제2호), 2001, 314면.
[2] 우리 나라에서는 실정법상 공법상 계약이라는 용어가 명문으로 규정되어 있지도 아니하고, 판례에서도 공법상 계약은 적다. 따라서 우리의 경우는 공법상 계약은 거의 이론상의 관념이라 할 수 있다(박윤흔).
[3] 장태주, 공법상 계약의 적용범위, - 독일 행정절차법상의 공법상 계약을 중심으로 -, 공법연구 (제29집 제2호), 2001, 301면.

### 1.2.4. 독일에서의 공법상 계약의 실례
### a) 실례

[독일에서의 실례] (영조물법인과 지방자치단체의 계약) : 독일에서는 영조물법인으로서의 연방철도와 지방자치단체(Gemeinde)간에 있어서, 연방철도는 역(驛)의 이름을 바꿀 의무를 지고, 지방자치단체는 그에 필요한 비용을 부담하는 내용의 의무를 지는 계약을 공법상 계약이라고 판시하였다.[1] (혼합계약인 경우) : <u>동일한 계약에서 대립하는 권리·의무가 행정법적 성질과 사법적 성질을 띠는 경우, 즉 혼합계약</u>(Mischvertrag : 예를 들면 상대방의 금전급부나 부동산양도의무의 이행[사법적 성질]을 조건으로 건축허가발급의무[행정법적 성질]가 부여된 경우)의 경우가 문제된다. 즉 혼합계약은 행정법상의 의무와 사법상의 의무<u>가 쌍무적인 결합으로 성립할 수 있고</u> 전통적 해석의 범위 내에서나 그 밖에 사법을 보충적으로 적용하는 관계에서도 나타날 수 있다.[2] 독일에서는 혼합계약을 공법상 계약으로 보고 있고,[3] 계약상의 의무가 공행정주체에게만 귀속되는 것이 아니어서 공법상 계약이라고 볼 수 없는 경우에도 당해의무가 공법상의 의무나 사인의 공법상 의무이행의 전제가 되는 계약이외에 행정청의 급부와 밀접한 연관이 있는 경우(파행적 교환계약[hinkende Austauschvertrag])에도 공법상 계약으로 본다.[4] 생각건대 혼합계약에서 혼합된 법률관계를 어떻게 해석할 것인지에 대하여는 계약의 대상과 계약의 전체적 특성, 그리고 계약의 목적 등의 해석을 통하여 계약의 효과가 사법상의 법률효과를 지향하는지, 혹은 공법상의 법률효과를 지향하는지의 여부에 따라 결정하여야 할 것이다.[5] 즉, 행정청과 사인과의 계약은 사법에 귀속시킬 것인지 공법에 귀속시킬 것인지에 대한 협의(Absprache)가 포함될 수 있고, 이때의 귀속은 포괄적인 법규정에 근거해야 한다는 것이다. 그러나 예외적으로 사법에 의하여야 한다는 명문규정을 두는 경우도 있다.[6] 그리고 사법에 대하여 공법의 우위

---

1) BGH, NJW 1975, S. 2015; 김남진, 공법계약과 사법계약의 구별, 고시계(1984.7), 54면.
2) Hans Peter Ipsen, Öffentliche Subventionierung Privater, 1956, S. 66 f.
3) BVerwG vom 11.2.1993(1993년 2월11일/1993년 11월2일이 아님[독일 : 일-월-년; 미국 : 월-일-년]); 김병기, 독일행정절차법상 위법한 행정계약과 그 법적 효력, 행정법이론실무학회, 행정법연구(1998.10), 140면 각주 9) 참조.
4) 김병기, 독일행정절차법상 위법한 행정계약과 그 법적 효력, 행정법이론실무학회, 행정법연구 (1998.10), 140면.
5) 장태주, 공법상 계약의 적용범위 – 독일 행정절차법상의 공법상 계약을 중심으로 –, 공법연구 (제29집 제2호), 2001, 315면; Bonk, in: Paul Stelkens/Heinz Joachim Bonk/Michael Sachs/Dieter Kallerhoff/Werner Neumann/Heribert Schmitz/Ulrich Stelkens, Verwaltutngsverfahrensgesetz Kommentar, 8. Aufl., C.H. Beck München 2014, § 54 Rn. 2 ff. (이하 : Stellkens/Bonk/Sachs/et al.,로 표기) ☞ **et al은 eventual의 약자 '… 등';**
6) 공적인 주택건설촉진의 경우의 대출계약은 명문으로 사법에 의해야 한다는 규정이나(WoBauG

를 주장하고 공법에 배제효(verdrängende Wirkung)를 인정하는 것은, 공법과 사법이 서로 충돌하는 경우 원칙적으로 공법이 우위의 지위를 차지한다는 것이 아니라, 이는 공법상의 의무와 권리를 사법상 합의의 대상으로 해서는 안 된다는 입장에 근거한 것이다.[1]

b) 독일연방건설법

[독일연방건설법] 독일연방건설법(Bundesbaugesetz)은 지역개발은 지방자치단체(Gemeinde)의 의무(Aufgabe)라고 규정하면서(연방건설법 제123조 제1항),[2] 동법 제124조 제1항에서는 "지방자치단체는 지역개발을 제3자에게 위탁할 수 있다(Die Gemeinde kann die Erschließung durch Vertrag auf einen Dritten übertragen.)"고 규정하고 있다.[3] 이와 관련하여 지방자치단체가 제3자에게 <u>지역개발을 위탁하면서 조례를 통하여 인정되어있는 개발부담금징수권을 소멸시키는 내용의 계약을 체결</u>할 때, 법원은 그러한 계약을 공법상 계약이라고 판시하였다. 그 이유는 계약의 대상(Gegenstand des Vertrages)이 공법과 관련되어 있기 때문이라고 하였다.[4]

c) 공법상 법률관계의 변경

[공법상 법률관계의 변경] 공법상 법률관계의 변동은 공법상의 권리·의무의 소멸을 수반하는 경우가 많으며, 공법관계의 소멸의 요소를 내포하는 공법상 계약이 많이 있다.[5] 김남진 교수는 "독일에서 공법계약의 종류로서 활발히 논해지고 있는 지구상세계획의 책정

---

제 102조 제2항), 연방건설법에서의 수용계약은 공법에 의한다는 규정 등을 들 수 있다(BBauG 제110조 제3항).; 장태주, 공법상 계약의 적용범위 - 독일 행정절차법상의 공법상 계약을 중심으로 -, 공법연구(제29집 제2호), 2001, 315면.

1) Christian Pestalozza, Formenmißbrauch des Staates : zu Figur und Folgen des „Rechtsmissbrauchs" und ihrer Anwendung auf staatliches Verhalten, 1973, S. 52.
2) 연방건설법 제123조【Erschließungslast : 개발부담】① Die Erschließung ist Aufgabe der Gemeinde, soweit sie nicht nach anderen gesetzlichen Vorschriften oder öffentlich-rechtlichen Verpflichtungen einem anderen obliegt. ② Die Erschließungsanlagen sollen entsprechend den Erfordernissen der Bebauung und des Verkehrs kostengünstig hergestellt werden und spätestens bis zur Fertigstellung der anzuschließenden baulichen Anlagen benutzbar sein. ③ Ein Rechtsanspruch auf Erschließung besteht nicht. ④ Die Unterhaltung der Erschließungsanlagen richtet sich nach landesrechtlichen Vorschriften.
3) 연방건설법 제124조【Erschließungsvertrag : 개발계약】① Die Gemeinde kann die Erschließung durch Vertrag auf einen Dritten übertragen.
4) BGHZ 58, 386 = NJW 1972, S. 1364.
5) 김남진, 공법계약과 사법계약의 구별, 고시계(1984.7), 55면; Wolff/Bachof, Verwaltungsrecht I, S. 345.

계약(Bauplanungsvertrag), 지구시설정비계약(Erschliessungsvertrag), 개발비용부담계약(Folgekostenvertrag), 주차장설치의무이행계약(Stellplatzablösungsvertrag), 건축면제계약(Baudispensvertrag) 등이 대개 신도시개발과 관련된 공법계약으로 볼 수 있다."[1]고 한다.

## 2. 우리나라에서의 공법상 계약 이론의 전개 및 실례
### 2.1. 이론전개

우리나라는 행정계약 혹은 공법상 계약이라는 용어를 사용하면서도, 일반적으로 '행정계약'[2]이라는 용어보다는 '공법상 계약'[3]이라는 주로 사용하면서, 학설은 「공법적 효과의 발생을 목적으로 하는 복수의 당사자 사이의 반대방향의 의사의 합치에 의하여 성립되는 공법행위」로 그 개념정의 하거나,[4] 「행정주체 상호간 또는 행정주체와 사인간에 공법적 효과의 발생을 내용으로 하는 계약」,[5] 「복수의 당사자가 계약(복수당사자의 반대방향으로부터의 의사합성)을 통해 행정주체에게 공법상의 권리나 의무를 귀속시킬 때에 공법계약으로 볼 수 있다. 예컨대 행정주체와 사인간의 계약을 통해, 행정주체(행정청)가 일정한 직무행위를 할 의무를 질 때, 그 계약은 공법계약으로서의 성질을 가진다」,[6] 「공법적 효과의 발생을 목적으로 행정주체 상호간 또는 행정주체와 사인간의 반대방향의 의사표시의 합치에 의하여 성립되는 공법행위」,[7] 「공법상의 계약은 공법상의 법률효과를 발생시키

---

[1] 김남진, [박시준, '공법상 계약과 사법상 계약의 구별'에 대한 답안강평], 고시연구(2002.4), 229면.
[2] 김영훈, 행정계약의 자유성, 월간고시(1983.6); 서원우, 행정계약의 관념, 고시연구(1985.2); 천병태, 행정계약, 고시계(1985.11); 김동희, 프랑스 행정법상의 행정계약, 고시계(1991.12). 김해룡, 공법상 계약의 성립에 관한 법적 문제, 고시계(2001.8), 91면 이하; 이광윤 교수도 행정계약이라는 용어를 사용한다.
[3] 강의중, 공법상 계약, 고시연구(1980.2); 김남진, 공법상의 계약, 법정(1977.12); 김남진, 공법상의 계약, 고시계(1984.1); 김남진, 공법계약과 사법계약의 구별, 고시계(1984.7); 김남진, 기업입주계약의 행정법상의 문제, 고시연구(1985.9); 이명구, 공법상 계약의 법적 문제, 고시연구(1986.9); 김성수, 공법상 계약과 행정의 법률적합성의 원칙, 고시계(1992.2); 박규하, 행정계약이론과 공법상 계약이론, 고시연구(1993.4); 박윤흔, 공법상 계약, 고시행정(1989.5); 석종현, 공법상의 계약, 월간고시(1990.6); 신보성, 공법상의 계약 - 행정법계약의 주요문제를 중심으로 -, 고시계(1985.12); 김대인, 행정계약법의 기초, 공법연구 제34집 제4호 제2권, 한국공법학회(2006.6).
[4] 김철용, 행정법(I), 2000, 222면; 박윤흔, 최신행정법강의(상), 2000, 532면; 홍정선, 행정법원론(상), 2000, 382면; 류지태, 행정법신론, 2000, 235면; 김인만, 공법상의 계약, 고시계(1986.9), 290면.
[5] 김남진, 행정법(I), 2000, 395면
[6] 김남진, 공법계약과 사법계약의 구별, 고시계(1984.7), 53면.
[7] 조태제, 공법상계약에서의 분쟁과 그 해결, 관대(關大)논문집, 369면.

려는 목적으로 체결되는 공공성이 있는 것이라는 점에서 사인간의 이해조절을 위한 사법적 효과의 발생을 목적으로 체결되는 사법상 계약과 다르다,[1] 등으로 정의하고 있다. 우리 나라는 독일연방행정절차법 제54조와 거의 유사한 개념으로 공법상 계약을 정의하는 것으로 보여진다.[2] 우리 나라에서 공법상 계약은 공공복리의 실현을 목적으로 하는 것으로서 종래 공법상 합동행위와 함께 관리행위·비권력행위의 전형적인 형태에 속하는 것으로 보았고, 공법상 계약은 비권력적 관리행위인 쌍방행위(쌍방적 행정행위를 의미하는 것이 아님)이며, 실정법상으로 인정된 개념이 아니고 학문상으로 인정된 개념이며(독일에서는 학문상·실정법상 인정된 개념이다), 따라서 공법상 계약에 관한 통칙적인 규정도 없다.[3] 그리고 공법상 계약의 분쟁에 관한 판례는 적지만, 현실적으로는 국가 등의 행정주체와 사인과의 계약(아시안게임 공연 전문인력 계약직 채용, 별정우체국장, 시립합창단원 등)이 실제로 이루어지고 있으므로 어느 범위에서 공법상 계약을 허용할 것인지 검토할 필요성은 존재한다.

▶ 대판 2014. 12. 11, 2012두28704 【2단계BK21사업처분취소】 과학기술기본법령상 사업 협약의 해지 통보는 단순히 대등 당사자의 지위에서 형성된 **공법상 계약**을 계약당사자의 지위에서 종료시키는 의사표시에 불과한 것이 아니라 행정청이 우월적 지위에서 연구개발비의 회수 및 관련자에 대한 국가연구개발사업 참여제한 등의 법률상 효과를 발생시키는 행정처분에 해당하므로(대법원 2011. 6. 30. 선고 2010두23859 판결 참조), 이로 인하여 자신의 법률상 지위에 영향을 받는 연구자 등은 적어도 그 이해관계를 대변하는 연구팀장을 통해서 협약 해지 통보의 효력을 다툴 개별적·직접적·구체적 이해관계가 있다.

### 2.2. 우리나라에서의 공법상 계약의 예

공법상 계약의 예는 다음과 같다. (ㄱ) 지방공공단체 상호간의 합의에 의한 도로의 관리청 및 관리의 방법이나 경계지의 도로(舊도로법 제23조·제58조)의 비용에 있어서 부담히어야 할 금액 및 분담방법, (ㄴ) 지방장관의 하천의 관리비용분담에 관한 협의(舊하천법 제12조), (ㄷ) 구역 외의 공공시설의 설치에 관한 협의, (ㄹ) 공공단체 상호간의 사무위탁(예: 교육법에 의한 지방자치단체 사이의 교육사무위탁, 농지개량조합이나 상공회의소가 조합비 또는 회비의 부과징수를 구·시·군 등에 위탁하는 경우 등), (ㅁ) 법률의 규정에 의한 동일과세물에 대한 과세협정, (ㅂ) 공무수행에 관한 협정(예: 유수시용에 관한 상호제

---

[1] 이상규, 신행정법론(상), 353면.
[2] 장태주, 공법상 계약의 적용범위, - 독일 행정절차법상의 공법상 계약을 중심으로 -, 공법연구 (제29집 제2호), 2001.
[3] 홍정선, 행정법원론(상), 단락번호 1347.

한의 약정, 국민학교 합동설치를 위한 지방자치단체(Gemeinde) 사이의 협의, 수도의 공동시설협정 등), (ㅅ) 전문직 공무원의 채용계약,[1] (ㅇ) 폐기물의 발생억제 및 처리를 위한 협약체결(폐기물관리법 제16조), (ㅈ) 토지수용절차에 있어서 사업시행자와 토지소유자 및 관계인 사이의 협의(공익사업을위한토지등의취득및보상에관한법률 제26조), (ㅊ) 공공단체 상호간의 사무위탁에 관한 협정(지방자치법 제151조), (ㅋ) 행정권한의 민간위탁을 위한 계약(행정권한의 위임 및 위탁에 관한 규정 제12조의2) 등이 있다.

【공법상 계약의 예】

(ㄱ) 지방공공단체 상호간의 합의에 의한 도로의 관리청 및 관리의 방법이나 경계지의 도로(舊도로법 제23조·제58조)의 비용에 있어서 부담하여야 할 금액 및 분담방법

(ㄴ) 지방장관의 하천의 관리비용분담에 관한 협의(舊하천법 제12조)

(ㄷ) 구역 외의 공공시설의 설치에 관한 협의

(ㄹ) 공공단체 상호간의 사무위탁(예 : 교육법에 의한 지방자치단체 사이의 교육사무위탁, 농지개량조합이나 상공회의소가 조합비 또는 회비의 부과징수를 구·시·군 등에 위탁하는 경우 등)

(ㅁ) 법률의 규정에 의한 동일과세물에 대한 과세협정

(ㅂ) 기타 공무수행에 관한 협정(예 : 유수사용에 관한 상호제한의 약정, 국민학교 합동설치를 위한 지방자치단체 사이의 협의, 수도의 공동시설협정 등)

(ㅅ) 전문직 공무원의 채용계약[2]

(ㅇ) 폐기물의 발생억제 및 처리를 위한 협약체결(폐기물관리법 제16조)

(ㅈ) 토지수용절차에 있어서 사업시행자와 토지소유자 및 관계인 사이의 협의(공익사업을위한토지등의취득및보상에관한법률 제26조)

(ㅊ) 공공단체상호간의 사무위탁에 관한 협정(지방자치법 제151조),

---

1) 계약직 공무원규정(대통령령 제20715호) 및 지방전문직공무원규정(대통령령 제20924호).

2) ▶ 대판 1995. 12. 22, 95누4636 【해촉처분취소등】 지방자치법 제9조 제2항 제5호 (라)목 및 (마)목 등의 규정에 의하면, 서울특별시립무용단원의 공연 등 활동은 지방문화 및 예술을 진흥시키고자 하는 서울특별시의 공공적 업무수행의 일환으로 이루어진다고 해석될 뿐 아니라, 단원으로 위촉되기 위하여는 일정한 능력요건과 자격요건을 요하고, 계속적인 재위촉이 사실상 보장되며, 공무원연금법에 따른 연금을 지급받고, 단원의 복무규율이 정해져 있으며, 정년제가 인정되고, 일정한 해촉사유가 있는 경우에만 해촉되는 등 서울특별시립무용단원이 가지는 지위가 공무원과 유사한 것이라면, 서울특별시립무용단 단원의 위촉은 공법상의 계약이라고 할 것이고, 따라서 그 단원의 해촉에 대하여는 공법상의 당사자소송으로 그 무효확인을 청구할 수 있다." ▶ 서울고판 1996. 8. 27, 95나35953 【확정 - 해임처분무효확인】 [1] 국립중앙극장 전속단체 출연단원 채용계약은 국립중앙극장의 설립근거 및 설립목적, 단원계약의 절차, 단원의 업무의 성질, 단원의 지위, 전문직공무원의 채용절차 등에 비추어, 전문직공무원으로서의 채용에 해당하거나 공법상의 근무관계의 설정을 목적으로 체결된 공법상의 계약에 해당한다.

(ㅋ) 행정권한의 민간위탁을 위한 계약(행정권한의 위임 및 위탁에 관한 규정 제12조의2)

▶ 중앙행정심판위원회 2011. 7. 5, 2011-07314【위약금 납부통지 취소청구】이 사건 사업의 목적, 이 사건 계약 체결경위, 계약의 내용 등을 고려해 볼 때, 이 사건 계약은 영세 사업장의 재해예방활동을 지원한다는 목적을 달성하기 위해 이 사건 사업 추진계획을 수립하고, 구체적인 사업수행을 맡은 피청구인이 기술지원을 요하는 사업장에 대한 지원방편으로 위 사업에 참여하여 수익을 얻고자 하는 안전기술 대행기관인 청구인과 상호 의사합치에 따라 대등한 의무를 부담하는 내용으로 체결한 계약으로서, 이는 <u>공법상 법률효과의 발생을 목적으로 하는 대등한 당사자 사이의 의사표시의 합치에 의해 성립하는 법률행위로서 '공법상 계약'에 해당한다</u>고 보아야 할 것이다. 다만, 이 사건 계약 내용 중에는 피청구인이 계약이행상황의 감독할 수 있고, 계약의 목적상 필요하다고 인정할 경우 과업내용을 변경할 수 있도록 하며, 용역을 완성하였을 때 피청구인의 검사를 받도록 하고, 계약상대자에게 일정한 사유가 있는 경우 입찰참가자격을 제한할 수 있도록 하며(용역계약 일반조건, 제12조, 제16조, 제20조, 제34조), 계약상대자에게 부정행위가 있는 경우 계약을 해제 또는 해지할 수 있도록 하고, 용역계약 체결 후 사업계획서를 제출하도록 하는 등(용역계약 특수조건 제9조, 제14조) 피청구인에게 어느 정도 청구인에 대한 지휘·감독적인 역할을 인정하고 있다 하더라도, 이 사건 사업이 영세사업장의 산업재해 예방에 기여한다는 공익을 목적으로 하고 있는 점, 공법상 계약이 공법적 효과를 발생시키고 공익의 실현수단인 점 등에 비추어 볼 때, 이는 공법상 계약의 특성에 기한 불가피한 규율이어서 이러한 사정만을 두고 <u>이 사건 계약이 피청구인이 고권적인 지위에서 공권력을 행하는 공법상의 행위로서 '처분'에 해당한다고 보기는 어렵다.</u>

## III. 공법상 계약의 개념요소

### 1. 공법상 계약의 목적
공법상 계약은 공법적 효과의 발생을 목적으로 한다. 이 점에서 사법적 효과발생을 목적으로 하는 「사법상 계약과 구별」된다.

### 2. 복수당사자의 의사(표시의)합치로 성립하는 공법행위 – 쌍방적 행정행위와 구별
행정행위를 광의적으로 보아 법집행행위인 공법행위로 보는 견해에 의하면 공법상 계약을 쌍방적 행정행위로 본다. 그러나 행정행위를 행정주체의 우월한 단독의사에 의하여 행하여지는 권력적 단독행위로 보는 통설에 따르면 공법상 계약은 대등한 당사자 사이간의 의사표시의 합치에 의하여 이루어진다는 점에서 일방적인 공권력의 발동인 행정행위와 구별된다.[1] 공법상 계약은 쌍방행위이며, 쌍방적 행정행위와 구별된다. 쌍방적 행정행위란 상대방의 협력을 요건으로 하는 행정행위를 말한다. 그 협력의 내용에 따라 '동의를 요하는 행정행위'와 '신청을 요하는 행정행위'(예 : 인가·특허·귀화허가 등)로 나눌 수 있다. 쌍방적 행정행위는 상대방의 협력(동의·신청)을 필요로 한다는 점에서 그것을 필요로 하지 않는 독립적 행정행위와 구별된다. 상대방의 협력을 필요로 하나 그 상대방의 협력은 행정행위의 효과발생의 한 요건에 불과하고 그 행정행위의 내용은 행정주체의 일방적 의사(우월한 단독의사)에 의하여 결정되는 권력적 단독행위인 점에서 쌍방의 대등한 반대방향의(반대방향으로 부터의)의사표시의 합치(Willenseinigung)에 의하여 효과를 발생하는 쌍방행위인 공법상의 계약과 구별된다.[2]

### 3. 반대방향의 의사(표시의)합치로 성립하는 법적 행위 - 공법상 합동행위와 구별

공법상계약과 공법상 합동행위는 복수당사자의 의사 합치로 성립한다는 점에서는 서로 같다. 그러나 양 개념은 다음과 같은 차이가 있다. 공법상 계약은 서로 반대방향의(반대방향으로부터의)[3] 의사합치(Willenseinigung)로 성립하는 법적 행위이다. 즉, 양 당사자에게는 서로 상반되는 법률효과(일방이 권리를 가지면 상대방은 의무를 지는 것)가 발생된다. 이러한 점에서 동일한 (같은) 방향의 의사의 합치이며, 그 법률효과는 당사자 쌍방에 대하여 같은 의미를 갖는 공법상 합동행위(市·郡 조합의 설립)와 구별된다.[4] 공법상 합동행위의 법률효과도 당사자 쌍방에 대하여 동일한 의미를 지니게 된다(홍준형).

---

1) 심희정, 공법상 계약, 고시계(1996.3), 316면.
2) 현암사 (http://www.hyeonamsa.com/); http://www.law.go.kr/
3) 반대방향의(반대방향으로부터의) 의사표시의 합치 : 물건을 사겠다 ⇔ 팔겠다
4) 석종현, 일반행정법(상), 387면; 김인만, 공법상의 계약, 고시계(1986.9), 290면; 심희정, 공법상 계약, 고시계(1996.3), 316면.

## IV. 공법상 계약의 법적 기능 - 유용성(장점) 및 위험성(단점)

### 1. 개관

[개관] 전통적인 행정법학의 체계에서는 행정행위가 그 중심을 이루었고, 공법상 계약은 가련한 의붓자식(Stiefkind) 정도로 취급되어 왔으나, 행정법체계에서 비권력관계가 중요성을 띠게 된 오늘날에 있어서는 그 유용성이 크게 인식되게 되었다.[1] 특히 공법상 계약은 현대국가에서의 행정기능의 확대와 더불어 행정행위가 갖지 못하는 여러 가지 종류의 장점을 가지고 있다는 점에서 그 유용성이 크다고 할 수 있다. 현대 '행정법치국가(행정국가+법치국가)'[2]에 있어서 서로 대립하는 다양한 이해관계를 합리적으로 절충하고 수렴해야 하는 급부행정영역이나,[3] 새로운 상황에 역동적·기술적으로 대처해야 하는 기술행정 분야(정보·통신·환경 등)에 대해서는 이제 더 이상 일방적이고 강제적인 고권적 행정작용(hoheitliche Verwaltung)만으로는 그 유용성을 기대할 수 없게 되었기 때문이다.[4] 전통적인 행정법학의 체계에 있어서는 그 관심은 오직 권력적인 행정작용인 행정행위에 주안점이 있었고, 비권력적인 공법상 계약은 '가련한 의붓자식'[5] 정도로 인식하여 공법학에 있어서의 중요한 연구대상에 포함하지 아니하였다. 그러나, 행정법관계에서 비권력관계가 중요성을 띠게 된 오늘날에 있어서는, 공법상 계약은, 다음과 같은 유용성(장점)을 가지고 있어서 긍정적으로 받아들여 지고 있다. 그러나 공행정의 상업화 혹은 계약의 평등원칙의 침해 우려 등 위험성(단점)도 갖고 있다.[6]

### 2. 유용성(장점)

#### 2.1. 개관

국민과의 합의에 의하는 것이 행정의 원활한 수행을 위하여 바람직하며, 개별적·구체

---

1) 김인만, 공법상의 계약, 고시계(1986.9), 291면.
2) 행정법치국가라는 용어는 저자가 우리나라에서 최초로 사용하는 용어이다. 법치행정국가와는 그 범위를 달리한다. 법치행정은 행정의 법률적합성의 원칙과 법치주의 원리를 그 사상적 기반으로 하는 행정법적 원리가 그 기초를 이루는데 반하여, 행정법치국가는 국가의 구조적 원리(Strukturprinzip)를 의미하는 것으로서 헌법원리가 사상적 기반으로 작용한다.
3) 급부행정영역에서는 사법상의 계약과 행정행위의 중간영역인 공법상 계약이 편리한 수단이다 (김인만, 공법상의 계약, 고시계(1986.9), 291면).
4) 장태주, 공법상 계약의 적용범위, - 독일 행정절차법상의 공법상 계약을 중심으로 -, 공법연구 (제29집 제2호), 2001.
5) 김인만, 공법상의 계약, 고시계(1986.9), 290면.
6) 심희정, 공법상 계약, 고시계(1996.3), 317면.

적 사정에 즉응하여 탄력적으로 행정목적을 달성, 상대방의 반대급부가 확보된 때에는 오히려 신속하게 행정목적을 달성, 사실관계 혹은 법률관계가 불명확한 경우에 해결을 용이(행정경제에 이바지)하게 하여 쟁송을 최소한으로 줄일 수 있으며, 법의 흠결을 보완해주며, 공법상 계약은 법률생활의 안정을 가져온다.[1] 그리고 법률지식이 없는 자에게도 교섭을 통하여 계약의 내용을 이해시킬 수 있다.[2] 근로조건개선·환경오염방지시설 기타 사회정책을 추진하는 수단으로 삼을 수 있다.

### 2.2. 헌법합치적 기능(verfassungskonforme Funktion) - 국가와 국민의 가치적 Konsens 형성 및 동화적 통합기능

국가기관이나 국민은 헌법에의 충성의무(Verfassungstreue)를 가지고 있다. 이는 헌법에 대한 믿음(Verfassungsglaube)을 의미하는 것이기도 하다(헌법신앙이라는 표현을 하는 교수도 있다[갈봉근, 유신헌법론]). 헌법은 법치국가원리와 함께 국민의 동화적 통합기능을 수행한다. 과거 고전적 관료주의 국가와 같이 국가가 행정주체이고 국민은 단순한 행정객체로서 국가권력의 지배대상 내지는 신민(Untertan)에 불과한 사상적 체계하에서는 국가와 국민간의 대등한 지위에서의 합의 내지 계약(Vertrag)란 고려의 여지가 없었다. 그러나 현대 헌법국가에서의 실질적 법치국가원리와 국민주권주의 및 민주주의원리의 토대 아래서 이제 국민은 수동적인 지배대상이 아니라 국가의사결정의 능동적인 주체이며, 행정영역에서는 행정권의 대등한 파트너이자 행정법 관계에 있어서의 주관적인 법적 주체로서 그 지위가 점진적으로 향상되게 되었다(행정법관계에 있어서의 사인의 지위강화 현상).[3] 이러한 변화는 행정법관계에서 사인의 주관적 의사를 강조하고 이를 보장하는 것으로서 헌법이 추구하는 헌법목적 및 헌법상의 제반이념과 기본원리의 실현을 도모한다. 특히 공법상 계약과 같은 국가와 국민간의 법률관계가 합의에 의하여 이루어지는 행위형식은 법치국가적 지배질서를 보충하여 국가와 사회의 가치 공동체적 합의(Konsens)를 형성하며, 이는 동시에 국가와 국민의 동화적 통합을 촉진하는 기본적인 토대로서 작용한다.[4][5]

---

1) 김남진, 행정법(I); 김남진, 공법상의 계약, 고시계(1984.1), 83면; 이명구, 공법상 계약의 법적 문제, 고시연구(1986.9), 62면; 조태제, 공법상계약에서의 분쟁과 그 해결, 관대(關大)논문집, 369면.
2) 김남진, 공법상의 계약, 고시계(1984.1), 84면.
3) H. Maurer, Allgemeines Verwaltungsrecht, 12. Aufl., 1999, § 14 Rn. 24
4) 이는 국가와 사회가 서로 out-put과 in-put작용을 상호 균형적으로 교환하며 함께 발전한다는 기능적 교차관계 2원론적 Modell에 근거하고 있는 것이다. 허영, 헌법이론과 헌법, 1999, 174면 이하.
5) 장태주, 공법상 계약의 적용범위, - 독일 행정절차법상의 공법상 계약을 중심으로 -, 공법연구(제29집 제2호), 2001.

## 2.3. 실체법적 기능(materiellrechtliche Funktion) - 행정행위의 대체기능 및 행정행위의 흠결 보완

공법상 계약을 통한 행정작용의 실체법적 기능으로는 계약이 가지는 행정행위의 흠결의 보완·보충적 기능은 물론, 무엇보다고 공법상 계약을 통한 행정행위의 대체기능을 들 수 있다.[1] 행정청에서 행하는 고착적이고 정형적인 성격을 가지는 행정행위를 통하는 것 보다 공법상 계약은 오늘날 고전적 행정작용으로는 적합하지 않은 비정형적인 행정영역에 있어서도 탄력적·효율적으로 작용할 수 있다.[2] 이는 곧 개별적이고 구체적인 사안에 있어서 '사항의 합당성(Sachgerechtigkeit)'을 확보하게 하며, 법적 평화를 유지하게 하고, 아울러 법적인 규율내용을 국민이 자발적으로 이행하고 따를 수 있도록 함으로써 보다 능동적이고 효율적인 행정처리도 가능하게 하는 기능을 수행한다.[3] 오늘날 우리나라에 있어서 행정의 규제완화, 행정의 민간화(Privatisierung) 등이 행정의 중요한 과제로 되어 가고 있는 가운데, 공법상 계약이 행정의 행위형식으로 부각되어야 할 필요성이 크다고 볼 수 있다. 김남진 교수는 「과거 건설교통부장관이 "… 아산 신도시에 대학을 옮기면 부지를 무료로 제공할 용의가 있다"라고 하는 발표를 한 일이 있는데, 정부가 그와 같은 구상을 실천에 옮기고자 하는 경우, 공법상 계약이 유용한 수단이 된다. 독일에서 공법상 계약의 종류로서 활발히 논해지고 있는 지구(地區)상세계획의 책정계약(Bauplanungsvertrag), 지구시설정비계약(Erschliessungsvertrag), 개발비용부담계약(Folgekostenvertrag), 주차장설치의무이행계약(Stellplatzablösungsvertrag), 건축면제계약(Baudispensvertrag) 등이 신도시개발과 관련된 공법상 계약으로 볼 수 있기 때문이다.」[4]라고 한다.

## 2.4. 절차법적 기능(verfahrensrechtliche Funktion) - 행정절차의 대체적 기능 (행정절차의 참여권 보장 및 절차적 정당성의 확보)

공법상 계약은 국민을 지배의 대상이 아닌 행정의 파트너로 받아 들여 행정절차에 국민의 권익과 의견이 최대한 반영될 수 있는 새로운 기회를 제공히여 준다. 이리힌 헹정젙차의 참여권(Teilhaberecht) 보장은 - 국민주권주의에 입각한 - 현대 행정작용의 중요한 이념인 민주적 정당성, 즉 「행정작용의 절차적 정당성」을 확보하게 함으로써 행정의 민주화

---

1) Walter Krebs, Verträge und Absprachen zwischen der Verwaltung und Privaten, VVDStRL Bd. 52, 1993, S. 254 ff.
2) 김인만, 공법상의 계약, 고시계(1986.9), 291면; 심희정, 공법상 계약, 고시계(1996.3), 317면.
3) Bonk, in: Stelkens/Bonk/Sachs/et al, Verwaltutngsverfahrensgesetz Kommentar, 8. Aufl., § 54 Rn. 9 ff.
4) 김남진, [박시준, '공법상 계약과 사법상 계약의 구별'에 대한 답안강평], 고시연구(2002.4), 229면.

와 법치화의 헌법적 기능을 보장·촉진하게 된다. 따라서 공법상 계약은 행정절차의 대체적 기능을 수행한다. 이러한 기능은 궁극적으로 행정절차를 간소하게 하고 신속한 행정서비스를 가능하게 하는 장점을 가진다. 더 나아가서 적법절차의 원리에 따른 행정절차과정에 있어서 당사자의 참여가 현실적으로 곤란하거나, 행정절차법상의 일련의 절차가 의무화되지 않았거나 적합하지 않은 사안에 대해서도 협력과 합의의 토론과정을 통하여 행정절차의 목적과 기능을 성실히 수행하는 유연성을 발휘한다.[1)2)]

### 2.5. 쟁송법적 기능(prozeßrechtliche Funktion) - 행정분쟁의 조정기능

공법상 계약을 통한 행정작용 중에서 오늘날 특히 중요한 기능으로 작용하는 것이 바로 합의를 통한 분쟁해결 또는 계약이 갖는 분쟁조정 기능이라고 할 수 있다.[3)] 현대사회가 점차 복잡다변화 됨에 따라 행정분쟁의 발생시에는 대립되는 양 당사자의 이해관계를 어떻게 공익적 견지에서 이를 합리적으로 조율할 것인가가 문제된다. 이러한 의미에서 독일 행정절차법에서는 공익에 반하지 않는 한 화해계약(독일연방행정절차법 55조 [Vergleichsvertrag])[4)]제도를 둠으로써 공법상 계약의 분쟁조정적 기능을 강조하고 있다.[5)] 특히 독일연방행정법원은 분쟁의 갈등을 해소하기 위한 화해계약(和解契約: Vergleichsvertrag)의 내용은 비록 그 내용이 법률규정에 일부 반하는 내용이라 하더라도 그 내용이 당사자의 자유로운 의사표시로서 체결된 것이라면, 그러한 화해계약 (Vergleichsvertrag)의 내용을 인정하고 있으며, 이러한 기능은 판례에서도 비교적 넓게 인

---

1) Walter Krebs, Verträge und Absprachen zwischen der Verwaltung und Privaten, VVDStRL Bd. 52, 1993, S. 264 ff.
2) 장태주, 공법상 계약의 적용범위, - 독일 행정절차법상의 공법상 계약을 중심으로 -, 공법연구 (제29집 제2호), 2001.
3) Wolff/Bachof/Stober, Verwaltungsrecht Bd. 2, 6. Aufl., 2000, S. 201 ff.; Bonk, in: Stelkens/Bonk/Sachs/et al., Verwaltutngsverfahrensgesetz Kommentar, § 54 Rn. 10 f.; Hoffmann-Riem/E. Schmidt-Aßmann(Hrsg.), Konfliktbewältigung durch Verhandlungen, 1990, S. 173 ff.
4) 독일연방행정절차법 제55조 【Vergleichsvertrag : 화해계약】 Ein öffentlich-rechtlicher Vertrag im Sinne des § 54 Satz 2, durch den eine bei verständiger Würdigung des Sachverhalts oder der Rechtslage bestehende Ungewissheit durch gegenseitiges Nachgeben beseitigt wird (Vergleich), kann geschlossen werden, wenn die Behörde den Abschluss des Vergleichs zur Beseitigung der Ungewissheit nach pflichtgemäßem Ermessen für zweckmäßig hält.
5) 독일연방행정절차법 제55조상의 화해계약(Vergleichsvertrag)은 독일행정법원법 제106(재판상 화해; Gerichtlicher Vergleich)의 규정보다 더 넓은 화해계약의 여지를 인정하고 있다고 한다 (H.-P. Bull, Allgemeines Verwaltungsrecht, 6. Aufl., 2000, § 13 Rn. 696 ff.)

정되고 있다.1) 이와같이 협의를 통한 행정분쟁의 조정기능은 분쟁의 평화적 해결 및 분쟁절차의 시간적·경제적 소모를 줄일 수 있고, 해결하기 어려운 사건에 있어서도 당사자의 요구에 충실한 분쟁해결을 도모할 수 있다는 장점을 지닌다.2) 공법상의 당사자소송이 제도화되어 권리구제면에서의 장애가 제거되어 사법상 계약으로 이론구성을 할 필요가 없다는 장점이 있다.3)

## 3. 위험성(단점)

### 3.1. 개관

현대 행정에 있어서 공법상 계약이 갖는 여러 가지 유용성(장점)에도 불구하고, 공법상 계약을 '정식적(正式的) 행정작용'으로 이해하는 데는 적지 않은 우려의 여지가 있을 수 있다. 이미 공법상 계약을 연방행정절차법에서 입법화하기 이전부터 법률에 저촉되지 않는 한 공법상 계약의 형식을 허용하였던 독일의 경우에도,4) 끊임없이 공법상 계약의 법적인 문제점과 그 위험성을 우려하는 지적이 계속되었다는 점은 이를 반영한다.5)

### 3.2. 위험성(단점)의 구체적 내용

공법상 계약의 단점으로는 다음과 같은 것이 있다. (ㄱ) (행정의 공익성·공공복리성 붕괴): 행정행위는 공익목적을 위하여 이루어 지는 것이 원칙인데, 공법상 계약은 경우에 따라 행정의 공익성·공공복리성을 침해하고, 이로 인하여 국가행정의 상업화를 야기할 염려가 있다. 즉, 국가의 영리목적을 위하여 행정은 스스로의 국가고권(hoheitliche Gewalt)을 담보로 하여 국민과 흥정하고 거래를 하는 경우, 이는 결국 국가가 국민을 위해 존재하고 봉사하기 위하여 존재하는 것이 아니라, 국가 스스로를 위해 영리를 추구하는 영리단체로 전락할 염려가 있다. 특히 지방자치단체의 경우 이러한 폐단이 두드러지게 나타날 수 있는 바, 재정적 조달을 중요목적으로 하는 지방자치단체는 주민들에게 지방자치단체의 자치고권을 판매하는 장사꾼(Händler)으로 전락할 우려가 있다는 점이다(공행정의 상업화).6)

---

1) BVerwGE 49, 359(364)
2) 장태주, 공법상 계약의 적용범위, - 독일 행정절차법상의 공법상 계약을 중심으로 -, 공법연구 (제29집 제2호), 2001.
3) 김인만, 공법상의 계약, 고시계(1986.9), 291면.
4) H.-P. Bull, Allgemeines Verwaltungsrecht, 6. Aufl., 2000, § 13 Rn. 673 f.
5) Herbert Grziwotz, Einführung in die Vertragsgestaltung im öffentlichen Recht, JuS 1998, S. 808 f.
6) '국가고권의 판매금지', H.-P. Bull, Allgemeines Verwaltungsrecht, 6. Aufl., 2000, § 13 Rn. 693 f.; 장태주, 공법상 계약의 적용범위, - 독일 행정절차법상의 공법상 계약을 중심으로 -, 공법연구

(ㄴ) **(행정권의 약체화)** : 공법상 계약은 공권력 행사인 행정행위를 갈음하여 이루어 지는 것이기 때문에 결과적으로 행정권의 약체를 가져오기 쉽다. (ㄷ) **(기본권 침해의 소지)** : 행정청이 행정주체의 상대방인 국민에게 오히려 가혹한 계약체결을 강요할 염려가 있는데, 웃고 있는 얼굴(국가) 뒤에는 회초리가 숨겨져 있다는 사실을 이미 알고 있는 국민의 입장에서는 이를 수용할 수 밖에 없는 경우도 있으며, 이리하여 기본권 침해의 소지가 있다. 이 경우 공법상 계약은 사실상 허울좋은 구실에 불과하고 실제로는 행정행위에 있어서 보다 더 강하게 국민을 구속하고 강제할 위험성을 내포하고 있다. 공법상 계약과 기본권이 논해지는 이유가 여기에 있다. (ㄹ) **(법치국가적 지배질서의 퇴보)** : 국가의 행정작용에 있어서 법치국가적 지배질서에 대한 위협이 될 수 있다. 법치행정 내지는 행정의 법률적합성을 회피하려는 행정주체의 내재적 속성은 특히 계약이라는 당사자의 자유가 보장되는 경우 극대화 될 수 있다. 즉, 행정권은 그 발동과 행사에 있어서 '형식적 법률이나(durch Gesetz),' '형식적 법률 혹은 행정입법에 의한 법률의 근거(auf Grund eines Gesetzes)',에 따라 행해져야 한다는 법치행정의 원칙 및 법률에 위반되어서는 안된다는 행정의 법률적합성의 원칙을 벗어나 당사자간의 합의라는 명목(합의는 법률에 우선한다)하에 행정청의 자의(恣意)에 따라 - 법적 기속으로부터 탈피하여 - 국가행정을 전단적(專斷的)으로 운영 할 수 있다는 위험성을 내포하고 있는 것이다.1) 그 이행에 있어서도 행정청은 국민과의 계약체결 후에 있어서도 국민의 행정청의 반대급부를 강제적으로 담보할 법적 구속력(Bindungswirkung)이 없기 때문에, 행정청이 계약체결에 따른 의무로부터 벗어나 버린다면 결국 국민의 기본권을 침해하는 결과를 가져오기 때문이다.2) (ㄷ) **(평등원칙위반)** : 공법상 계약은 평등원칙위반을 가져올 우려가 있다는 점이다. 계약은 계약의 체결과 이행에 있어서 당사자의 대등한 지위를 전제로 함에도 불구하고 행정은 종속적 계약이라는 계약의 본래의 관념과 모순되는 형식을 통하여 국민의 동의를 강요함으로써「합의는 법에 이긴다」혹은「합의는 불법을 구성하지 않는다」(volenti non fit injuria)3)는 법언아래서 실제로 국민은 행정의 의사에 구속될 수밖에 없게 되고, 이로 인하여 국민의 사적 자치의 원칙에 따른 계약자유의 원칙을 침해 당할 염려가 있다.4)5)

---

(제29집 제2호), 2001; 심희정, 공법상 계약, 고시계(1996.3), 317면.
1) Martin Bullinger, Vertrag und Verwaltungsakt, Kohlhammer 1962, S. 19 ff.
2) J. Ipsen, Allgemeinses Verwaltungsrecht, 2000, § 12 Rn. 790 ff.; 장태주, 공법상 계약의 적용범위, - 독일 행정절차법상의 공법상 계약을 중심으로 -, 공법연구(제29집 제2호), 2001.
3)「합의는 불법을 구성하지 않는다」는 법언에 의하면 당사자의 합의라는 미명하에 법으로부터 자유로운 행정, 즉 당사자의 합의만 있으면 국민의 기본권을 얼마든지 침해해도 불법을 구성하지 않는다는 위험성을 항상 내포하고 있다(Theodor Schilling, Der unfreiwillge Vertrag mit der öffentlichen Hand, VerwArch 87(1996), S. 197 f.).

## V. 공법상 계약의 성립가능성과 자유성

### 1. 공법상 계약의 성립 가능성

공법관계에 있어서 계약이 존재할 수 있는가 하는데 있어서 과거와 같은 오토 마이어 (Otto Mayer)의 부정설적인 입장은 오늘날 찾아보기 어렵다.[1] 공법상 계약은 당사자간의 반대방향의 의사합치(Willenseinigung)를 성립요소로 하므로 대등관계에서 성립하는 것이 원칙이다. 그러나 공법상 계약을 '행정주체와 국민간의 불대등관계에서도 공법상 계약이 성립될 수 있을 것인가'에 관하여는 견해의 대립이 있다.

#### 1.1. 불대등관계에서의 공법상 계약의 성립을 부정하는 학설

국가의사의 우월성을 전제로 한 불대등관계는, (ㄱ) 법규의 결여, (ㄴ) 계약평등의 원칙에 위배되며, 따라서 행정주체와 국민간의 불대등관계에서는 공법상 계약은 있을 수 없다고 주장한다. 그러나 공공복리의 실현을 목적으로 한 비권력적인 관리관계는 사법관계 (私法關係)와는 구별되므로 공법상 계약의 성립을 부인하는 것은 타당하지 않다.

#### 1.2. 불대등관계에서의 공법상 계약의 성립을 긍정하는 학설

공공복리의 실현을 위하여 관리관계에 있어서의 불대등성이 인정되며 실정법규의 근거와 현실적인 필요성에 의해 불대등관계에서도 공법상의 계약을 인정하고자 하는 것이다 (현재의 통설). 행정청에게 재량이 인정되는 범위내에서는 침해적 내용의 공법상 계약도 가능하다.[2] 오늘날 공법상 계약의 가능성을 부정하는 견해는 없으며, 공법상 계약의 문제점은 가능성으로부터 자유성으로 이행하고 있다.[3]

---

4) G. Püttner, Wider den öffentlich-rechtlichen Vertrag zwischen Staat und Bürger, DVBl., 1982, S. 122 f.; Theodor Schilling, Der unfreiwillge Vertrag mit der öffentlichen Hand, VerwArch 87(1996), S. 191 ff.; 특히, 부어마이스터(Burmeister)는 행정과 사인간의 대등한 법적 지위가 보장되지 않는 종속계약은 '행정행위의 발급에 갈음해서 체결된 강제합의 (Zwangsvereinbarung)'로서 진정한 의미의 계약으로 볼 수 없다고 한다(Joachim Burmeister, Verträge und Absprachen in der zwischen Verwaltung und Privaten, VVDStRL Bd. 52(1993), S. 190 ff.

5) 장태주, 공법상 계약의 적용범위, - 독일 행정절차법상의 공법상 계약을 중심으로 -, 공법연구 (제29집 제2호), 2001; 심희정, 공법상 계약, 고시계(1996.3), 317면.

1) 김남진, 공법상의 계약, 고시계(1984.1), 84면.
2) 김남진, 공법상의 계약, 고시계(1984.1), 85면.
3) 오양호, 공법상 계약, 고시계(1984.2), 235면.

## 2. 공법상 계약의 성립 자유성

### 2.1. 공법상 계약과 행정의 법률적합성의 원칙(법률우위·법률유보)

오늘날의 법치국가원리와 법치행정의 원칙상 행정행위와 더불어 또다른 행정작용의 법적 형식인 공법상 계약도 법률에 적합하도록 행해져야 한다. 행정의 법률적합성의 원칙(Gesetzmäßigkeit der Verwaltung)의 구성요소로서 행정에 대한 법률의 우위(Vorrang des Gesetzes)와 법률유보의 원칙(Gesetzesvorbehalt)이다. 법률우위의 원칙은 특정한 행정작용의 법적 형식이 행정행위, 공법상 계약 기타의 법적 형식을 불문하고 절대적으로 적용되는 것이기 때문에 공법상 계약의 내용이 성문법규범이나 행정법의 일반원칙(조리)에 위배되는 경우에는 당연히 위법하며 따라서 그러한 공법상 계약은 허용될 수 없다는 점에는 학설이 일치한다.[1] 그러나 학설상 일치하고 있지 않는 것은 법률유보의 원칙도 적용되는가의 문제이다.

### 2.2. 법률의 근거 없는 공법상 계약의 성립 가능성 - 법률유보원칙의 적용여부

공법상 계약에 있어서도 행정에 대한 법률의 우위(Vorrang des Gesetzes)의 원칙이 적용된다는 데는 이론(異論)이 없다. 학설상 일치하고 있지 않는 것은 법률유보의 원칙도 적용되는가의 문제이다. 공법상 계약이 법규(Rechtsvorschrift)[2]에 명시적으로 허용하고 있는 경우에는 공법상 계약의 성립이 가능함은 당연한 것이다. 여기서 문제되는 것은 공법상 계약의 성립가능성이 긍정된다고 전제되는 경우, 공법상 계약은「법률의 근거」가 없더라도 자유롭게 체결될 수 있느냐 하는 것에는 견해의 대립이 있다. 법률의 근거(auf Grund eines Gesetzes) 문제이므로 단지 형식법률(형식적 의미의 법률: durch Gesetz) 뿐만 아니라 행정입법(실질적 의미의 법률; 실질적 법률)에 의한 공법상 계약체결이 가능한가의 문제이다. 이와같이 공법상 계약이 법률우위의 원칙(Vorrang des Gesetzes)을 위반해서는 안된다는 점에는 견해가 일치하지만, 법률유보의 원칙이 준수되어야 하느냐는 학설의 대립이 있는 이유는 법률유보의 원칙의 내용이 침해유보설·전부유보설·사회유보설·본질(중요)사항유보설·신침해유보설 등으로 대립되는데서 나오는 당연한 결과이다.[3]

---

[1] 김성수, 공법상 계약과 행정의 법률적합성의 원칙, 고시계(1992.2), 178면.
[2] Rechtsvorschrift를 법규범으로 번역하는 견해도 있다(김성수, 공법상 계약과 행정의 법률적합성의 원칙, 고시계(1992.2), 179면). 생각건대 법규와 법규범을 구분하는 입장에 의하면, 여기서의 법규(Rechtsvorschrift)는 법률(형식)만을 의미하는 것이 아니고 널리 법(사회정의)을 의미하는 것이므로 법규범이라는 표현도 타당하다.
[3] 김남진, 공법상의 계약, 고시계(1984.1), 84면.

### 2.3. 학설

#### 2.3.1. 계약부자유설(부정설) - 과거의 통설

[과거의 통설] 부정설은 법률유보의 원칙상 전부유보설의 관점에서 법률이 명시적으로 인정한 경우에 한하여 공법상 계약을 체결 할 수 있다고 보는 견해이다. 즉 부정설은 공법상 계약을 인정하는 경우라도 법규가 명문으로 규정하고 있는 경우에 한하여 성립할 수 있다는 것이다(모든 공법상 계약을 체결함에는 반드시 법적 근거가 필요하다는 견해). 이 설은 공법상 계약을 「행정행위」의 일종으로 보아, 거기에도 「법률에 의한 행정의 원리」를 적용하려는 것이며, 이는 공법상 계약이 사적 이해의 조정을 위한 것이 아니라, 행정목적의 달성을 위한 수단이라는 점에서 행정의 법적합성(행정의 법률적합성의 원칙[1]))을 추구하는 것임을 강조하는 것을 그 특징으로 한다(과거의 통설). 생각건대 공법상 계약의 법적 근거에 관하여 제시되는 견해 중 부정설은 계약의 성립을 사실상 불가능하게 하는 것이므로 받아들이기가 어렵다.[2])

#### 2.3.2. 계약자유설(긍정설) - 현재의 다수설

[현재의 통설] 공법상 계약은 당사자간의 의사합치(Willenseinigung)에 의하여 성립되며, 행정행위와는 유형을 달리하는 비권력관계에서의 행위(비권력적 행정작용)이며,[3]) 비권력관계에서는 「법률에 의한 행정의 원리」가 적용되지 않고, 당사자의 의사합치에 의하여 이루어 지는 것이므로, 「합의는 법을 만든다」,[4]) 「합의는 법을 이긴다」 혹은 「합의는 불법을 구성하지 않는다」(volenti non fit injuria)는 사법의 일반원리가 타당하므로 「개별적·명시적인 법적 근거가 없어도」 계약에 의한 법률관계의 형성이 인정된다고 한다. (현재의 다수설).[5]) 따라서 <u>공법상 계약은 계약내용이 법규에 저촉되지 않는 범위내에서 사법상 계약과 마찬가지로 비권력행정분야에서 자유로이 성립될 수 있으며, 법률의 개별적 수권을 요하지 않는다</u>(행정행위를 발령할 수 있는 근거법규가 있다면 동시에 이것이 공법상 계약 성립의 법적 근거로 되어 자유롭게 공법상 계약을 체결할 수 있다는 의미). 전통적인 행위형식인 행정행위 역시 그의 발급을 위하여 반드시 법률의 수권을 요하지는 않으며, 만약 행정행위의 발급이나 공법상 계약의 체결에 개별적인 법률의 수권을 요한다면, 행정청은 특정한 행정작용을 할 의무가 있음에도 불구하고 이에 대한 수권이 없기 때문에 전혀 활동할 수도 없게 된다는 결

---

1) '행정의 법률적합성의 원칙'은 '법률우위원칙'과 '법률유보원칙'을 포괄하는 개념이다(김남진, [박시준, 공법상 계약의 법적 근거와 한계, 고시연구(2002.6)에 대한 답안논평], 443면.
2) 박시준, 공법상 계약의 법적 근거와 한계, 고시연구(2002.6), 441면.
3) 심희정, 공법상 계약, 고시계(1996.3), 317면.
4) 김인만, 공법상의 계약, 고시계(1986.9), 291면.
5) 석종현, 일반행정법(상), 390면 참조.

론에 도달하게 된다. 더욱이 공법상 계약은 당사자의 합의에 의하여 체결되며, 계약체결에
대한 상대방의 동의는 법률의 수권을 불필요하게 만든다.1)
　　　　　▶공법상 계약 : (ㄱ) 당사자간의 의사합치에 의하여 성립, (ㄴ) 행정행위와는 유형을 달
리하는 비권력관계에서의 행위 : → 비권력관계에서는「법률에 의한 행정의 원리」가 적용되지
않고,「합의는 법에 이긴다」는 사법의 일반원리가 타당
　　　　　　　　(따라서) →「개별적·명시적인 법적 근거가 없어도」계약에 의한 법률관계의 형성이
인정된다(현재의 통설). → (따라서) 공법상 계약은 계약내용이 법규에 저촉되지 않는 범위내
에서 비권력행정분야에서 자유로이 성립될 수 있다.
　　[김남진교수] 다만 상대방의 동의 합의를 빙자한 특별권력관계(특수신분관계)에서의
기본권 제한은 경계해야 한다.2)

### 2.3.3. 개별적 결정설

공법상 계약의 법적 근거 요부(要否)문제는 일률적·획일적으로 결정할 것이 아니고,
그 존재이유·현실적 기능, 그것이 행해지는 행정영역의 성질 등을 고려해서 개별적이고
구체적인 사안에 따라 다르게 결정할 문제라고 한다(서원우).

### 2.3.4. 소결

a) 행정행위(공법상 계약)를 발령할 수 있는 법적 근거의 필요성(최소한 조직법
적 근거)

공법상 계약에 의하여 행정목적을 수행하는 경우에도 법률에 위반되지 않아야 하는
것은 당연하며, 최소한 조직법적 근거는 필요하다.3) 따라서 긍정설(다수설)에서 말하는 자
유로운 계약의 체결은 전혀 아무런 법적 근거가 필요하지 않다는 것을 의미하지는 않는다. 왜냐하
면 행정법상 권리의무관계, 특히 행정객체인 사인에 대하여 의무를 부과하거나 발생하는
경우, 이를 규율하는 행정작용이 행해짐에 있어서 아무런 법적 근거도 필요치 않다는 것은
법치국가원리의 핵심적 구성요소인 법률유보의 원칙에 정면으로 반하기 때문이다(여기서
는 기본권 제한적 법률유보). 따라서 여기에서 말하는 공법상 계약체결에 있어서의 "자유
성"이란 행정행위를 발령할 수 있는 근거법규가 있다면 동시에 이것이 공법상 계약 성립의 법적 근
거로 되어 자유롭게 공법상 계약을 체결할 수 있다는 의미로 해석하여야 할 것이다.4)

---

1) 정하중, 법치행정의 원리와 공법상계약 - 독일행정절차법의 내용을 중심으로 -, 서강법학(제11
권 제1호), 2009, 178면.
2) 김남진, 공법상의 계약, 고시계(1984.1), 85면.
3) 심희정, 공법상 계약, 고시계(1996.3), 317면.
4) 박시준, 공법상 계약의 법적 근거와 한계, 고시연구(2002.6), 441면.

b) 계약에 친숙하지 못한 침익적 행정행위와 공법상 계약 - 국민개세주의(國民皆稅主義) 및 조세평등주의 문제

aa) 논의의 배경

[논의의 배경] 조세행정은 전형적인 침해행정영역에 속하는 것이며, 조세확정 및 조세실현은 행정행위에 의하여 수행되는 전형적인 권력적 행정작용이다. 따라서 조세행정영역에서 과세주체와 납세자간의 합의는 존재할 수 없다는 것이 종래의 입장이다. 그러나 독일의 조세기본법(조세통칙법 : Abgabenordnung/AO)[1]에서는 공법상 계약에 관한 규정을 두고 있고 일정한 조세에 대해서는 공법상 계약을 허용하는 규정을 두고 있다. 논쟁의 대상이 되는 이유는 조세기본법이 행정절차법의 규정을 수용하거나 준용한다고 규정하고 있지 않고 독립적으로 규정하고 있기 때문에, 과연 조세기본법상의 두 개 조항(제78조 제3호, 제224a조)에 나타나고 있는 공법상 계약개념을 근거로하여 조세영역에 공법상 계약을 일반적으로 허용할 것인지 하는 것이 문제된다.[2]

bb) 조세행정영역에서는 공법상 계약이 허용되지 않는다는 견해

특히 행정행위의 근거법규만 존재한다면 공법상 계약도 얼마든지 자유롭게 체결할 수 있는가하는 것이 문제된다. 여기에는 법규상의 한계 및 조리상의 한계가 존재하며 행정작용의 법적 성격에 따르는 차별적인 고찰이 필요하다고 본다(이러한 점에서 서원우교수[개별적 결정설]의 주장을 경청할 필요가 있다). 예컨데 특정인에 대하여 조세를 부과 할 수 있는 세법이 존재하는 경우에 조세의 부과라는 행정행위에 갈음하여 조세의 부과여부, 과세표준과 세율, 조세의 감면 등을 공법상 계약의 대상으로 할 수 있는가? 그러나 이러한 공법상 계약이 허용되지 않음은 명백하다. 조세법은 조세를 부과할 수 있는 근거규범인 동시에 과세요건이 충족되면 반드시 과세를 하여야 하는 의무적 성격의 강행규범이며 행정청의 기속행위이다. 이는 과세요건이 충족되는 한 예외없는 과세를 통하여 조세법의 대원칙인 조세개세주의(國民皆稅主義) 및 조세평등원칙을 실현하기 위한 것으로서 당연하다.[3] 이것이 합의(계약)의 대상이 된다면 세정(稅政)이 문란하게 될 염려가 있으며, 따라서 조세의 공평부담의 원칙이 실현되어야 하는 침해적(침익적) 행정작용의 영역에서는 공법상 계약은 친숙한 법형식이 아니며 반드시 행정행위(Verwaltungsakt)에 의하여야 한다. 독일의 통설 및 판례는 조세합의나 조세계약은 허용될 수 없으며, 무효라고 보고 있다.[4]

---

1) 조세통칙법이라고 번역하는 학자도 있다.
2) 장태주, 공법상 계약의 적용범위, - 독일 행정절차법상의 공법상 계약을 중심으로 -, 공법연구 (제29집 제2호), 2001, 319면.
3) 김성수, 공법상 계약과 행정의 법률적합성의 원칙, 고시계(1992.2), 181면.
4) BVerwGE 8, 329(BVerwG, 5.6.1959 - VII C 83.57), BVerwGE 48, 166(BVerwG, 18.04.1975 - VII C 15.73); Hans-Jürgen Papier, Die finanzrechtlichen Gesetzesvorbehalte und das

cc) 조세행정영역에도 공법상 계약이 가능한 것으로 해석하는 입장
aaa) 행정절차법의 해석

연방행정절차법의 공법상 계약에 관한 규정(제54조 내지 제62조)이 조세기본법에도 적용될 수 있는가? 이에 대하여는 행정절차법의 적용범위를 규정하고 있는 동법 제1조 [Anwendungsbereich : 적용범위] 제1항 제2호[1]와, 동법 제2조[Ausnahmen von Anwendungsbereich : 적용범위의 예외] 제2항 1호[2]의 규정의 해석을 중심으로 그 적용 여부를 논의해야 한다.

[행정절차법에 규정되어 있는 공법상 계약에 관한 규정은 조세법영역에 대한 적용이 배제된다고 보는 견해] 연방행정절차법 제2조 제2항 1호에 따르면 행정절차법에 규정되어 있는 공법상 계약에 관한 규정은 조세법영역에 대한 적용이 배제된다고 본다. 동 조항은 「조세기본법(Abgabenordnung)에 의한 연방 또는 주의 재무관청의 절차」에 대해서는 행정절차법이 적용되지 아니한다고 규정하고 있기 때문이다.

[연방행정절차법 제1조 제1항 2호에 따르면 행정절차법 제54조 이하의 공법상 계약에 관한 규정은 조세행정영역에도 적용이 가능하고 보는 입장] 연방행정절차법 제1조 제1항 2호에 따르면 행정절차법 제54조 이하의 공법상 계약에 관한 규정은 조세행정영역에도 적용이 가능한 것으로 해석하는 입장도 있다. 연방행정절차법 제1조 제1항 제2호는 「주(Länder)·지방자치단체(Gemeinde)·지방자치단체조합(Gemeindeverbände) 기타 주의 감독을 받고 있는 공법인으로서 연방의 위임으로 연방법을 집행하는 행정청 …」의 공법상의 행정활동에 적용된다고 규정하고 있으므로, 최소한 지방자치단체의 세무행정에는 행정절차법상의 공법상의 규정이 적용된다는 것이다. 지방자치단체가 징수하는 物稅(Realsteuer: 영업세와 토지세)는 연방의 경합적 입법대상에 속하기 때문이라는 것이다(기본법 제105조 제2항). 문제가 되는 점은 만일 조세의 일부, 즉 지방자치단체의 세무부서에 의하여 관리되는 물세(物

---

grundgesetzliche Demokratieprinzip: Zugleich ein Beitrag zur Lehre von den Rechtsformen der Grundrechtseingriffe, S. 151 ff.; Hartmut Mohr, Austauschverträge mit Steuerbehörden, NJW 1978, S. 790 ff.; Dieter Birk, Steuerrecht I, § 13 Rn. 1; § 14 Rn. 55

1) 연방행정절차법 제1조 【Anwendungsbereich : 적용범위】 제1항 제2호 : der Länder, der Gemeinden und Gemeindeverbände, der sonstigen der Aufsicht des Landes unterstehenden juristischen Personen des öffentlichen Rechts, wenn sie Bundesrecht im Auftrag des Bundes ausführen(州, 지방자치단체, 지방자치단체조합 기타 주의 감독을 받고 있는 공법인으로서 연방의 위임으로 연방법을 집행하는 행정청, 다만 연방법이 특별한 규정을 할 때에는 그러하지 아니하다).
2) 연방행정절차법 제2조 【Ausnahmen von Anwendungsbereich : 적용범위의 예외】 ② Dieses Gesetz gilt ferner nicht für(이 법은 다음 각호에 대하여도 적용하지 아니한다). 1. Verfahren der Bundes- oder Landesfinanzbehörden nach der Abgabenordnung(조세기본법에 의한 연방 도는 주의 세무행정청의 절차),

稅)[1]에 대해서만 공법상 계약에 관한 조세기본법 제78조 제3호와 연방행정절차법 제54조 이하의 규정이 적용된다면, 여기에는 이론(異論)이 제기될 수 있다. 왜냐하면 연방과 주의 재무관청에 의하여 관리되는 다른 조세에 대하여는 그와 같은 절차를 허용하지 않는다는 점에서 법적용의 형평성에 문제가 있기 때문이다. 따라서 행정절차법상의 공법상 계약에 관한 규정은 단지 계약에 대한 일반원칙을 정하는 것에 지나지 않는 것이므로, 행정절차법 제54조 이하에 포함된 규정은 연방과 주 재무관청의 세무행정에도 적용된다고 해석하여야 한다는 것이다.[2]

bbb) 조세기본법/조세통칙법의 해석[3]

[조세기본법 제78조 제3호] 1976년 3월 16일 제정되고, 1977년 1월 1일부터 시행되는 조세기본법(조세통칙법 : Abgabenordnung)에는 공법상 계약이 규정되어 있다. 즉 동법 제78조 【Beteiligte : 관계인】 제3호에 조세일반절차의 관계인으로「재무관청과 공법상 계약을 체결하고자 하거나 또는 이미 체결한 공법상 계약의 상대방」[4]을 규정하고 있다. 이 규정의 해석에 대하여는 다음과 같은 두 가지 견해가 있다. (ㄱ) 조세법에서 공법상 계약을 허용하는 규정으로 해석하는 견해, (ㄴ) 입법상의 과오로 보는 견해가 그것이다. 그러나 조세기본법의 다른 규정이나 연방재정법원의 판례에 의하면 입법상 과오로 보기는 어렵다. 조세기본법 제224a조에서는 공법상 계약에 관한 규정을 두고 있을 뿐만 아니라, 연방재정법원은 이른바「사실상의 합의」(tatsächliche Verständigung), 즉 세무관청과 납세자간의 조세법상의 과세물건의 현저한 재산감소에 대한 합의나 공법상 청산계약을 통한 상계를 인정하고 있고,[5] 조세결정의 전 단계나 그 후의 단계에서의 계약상의 협의까지 계약이 제한되는 것은 아니라고 보기 때문이다. 따라서 조세기본법 제78조 제3호는 조세법상의 공법상 계약을 전제로 한 규정으로 볼 수 있다는 것이다. 조세기본법의 이 새로운 조항으로 그 동안 논란이 되어왔던 종속법적 관계에 있어서의 조세관청과의 공법상 계약의 허용 여부에 관한 문제는 일단락이 되었다고 보는 입장도 있다.[6] 다시 말하면 조세행정청과 사인간의 공법상

---

1) 物稅(Realsteuer: 영업세와 토지세)
2) Hans Joachim Knack, VwVfG Kommentar, § 2; Hans J. Knack/Hans-Günter Henneke, Verwaltungsverfahrensgesetz - Kommentar § 2; Fredinad O. Kopp, VwVfG Kommentar, 1976, § 2 Anm. 2b. 등 참조. 독일 지방자치단체(게마인데 : Gemeinde)의 물세에 관하여는; H. Scholler, 김해룡 역, 독일지방자치법연구, 1994, 242면 참조.  ▭ 물세(物稅 : Realsteuer: 영업세와 토지세)
3) 이하 장태주, 공법상 계약의 적용범위, - 독일 행정절차법상의 공법상 계약을 중심으로 -, 공법연구(제29집 제2호), 2001, 320면 이하 참조.
4) 조세기본법 제78조 【Beteiligte : 관계인】 3. diejenigen, mit denen die Finanzbehörde einen öffentlich-rechtlichen Vertrag schließen will oder geschlossen hat.
5) BFHE BStBL 42, 549; BFHE BStBL 73, 66; BFHE BStBL 78, 606; BFHE BStBL 85, 278; BFHE BStBL 87, 8.

계약이 이 규정을 통하여 허용된다고 본다.1)

[조세기본법/조세통칙법 제224a조] 조세기본법/조세통칙법(Abgabenordnung)은 제78조 제3호의 규정 이외에도 동법 제224a조에서 공법상 계약에 관한 규정을 두고 있다. 동법 제224a조 제1항은 「조세의무자가 **상속세 또는 재산세 납부의무가 있는 경우에 공법상 계약을 통하여 납세 대신으로** 미술품 · 미술관 · 학문자료수집품 및 **도서관**, 조각과 문고에 대한 재산권을 인도할 수 있다. 다만 이 경우는 이로 인한 취득이 예술 · 역사 및 학문을 위하여 의의 있는 공공의 이익이 존재하는 경우에 한한다. 제1문에 의한 재산권의 인도는 상속세법 제13조 제1항 제2호 제2문에서 말하는 양도의 효력은 없다」2)고 규정하고, 동조 제2항은 제1항에 의한 계약은 **문서형식**을 갖추어야 한다는 것과 계약은 **문화업무에 권한이 있는 주(州) 최고행정청의 동의**를 얻어야 효력을 갖는다3)고 규정하고 있다.

[소결] 그럼에도 불구하고 동 조세법에는 공법상 계약의 내용형성(Gestaltung)에 관한 규정이 없기 때문에 구체적인 경우에 있어서 공법상 계약의 법적 근거나 효력 등이 문제된다. 또한 조세기본법 제224a조의 규정도 하나의 구속적 계약에 관한 것으로, 조세법에 있어서 공법상 계약이 일반적으로 널리 인정되는가는 여전히 문제로 남는다.4)

---

6) Klaus Tipke, SteuerR. 4. Aufl.(1977). S. 28
1) 장태주, 공법상 계약의 적용범위, - 독일 행정절차법상의 공법상 계약을 중심으로 -, 공법연구 (제29집 제2호), 2001, 320면.
2) Abgabenordnung(조세기본법/조세통칙법) 제224a조 【Hingabe von Kunstgegenständen an Zahlungs statt】 ① Schuldet ein Steuerpflichtiger Erbschaft- oder Vermögensteuer, kann durch öffentlich-rechtlichen Vertrag zugelassen werden, dass an Zahlungs statt das Eigentum an Kunstgegenständen, Kunstsammlungen, wissenschaftlichen Sammlungen, Bibliotheken, Handschriften und Archiven dem Land, dem das Steueraufkommen zusteht, übertragen wird, wenn an deren Erwerb wegen ihrer Bedeutung für Kunst, Geschichte oder Wissenschaft ein öffentliches Interesse besteht. Die Übertragung des Eigentums nach Satz 1 gilt nicht als Veräußerung im Sinne des § 13 Abs. 1 Nr. 2 Satz 2 des Erbschaftsteuergesetzes.
3) Abgabenordnung(조세기본법/조세통칙법) 제224a조 【Hingabe von Kunstgegenständen an Zahlungs statt】 ② Der Vertrag nach Absatz 1 bedarf der Schriftform; die elektronische Form ist ausgeschlossen. Der Steuerpflichtige hat das Vertragsangebot an die örtlich zuständige Finanzbehörde zu richten. Zuständig für den Vertragsabschluss ist die oberste Finanzbehörde des Landes, dem das Steueraufkommen zusteht. Der Vertrag wird erst mit der Zustimmung der für kulturelle Angelegenheiten zuständigen obersten Landesbehörde wirksam; diese Zustimmung wird von der obersten Finanzbehörde eingeholt.
4) 장태주, 공법상 계약의 적용범위, - 독일 행정절차법상의 공법상 계약을 중심으로 -, 공법연구 (제29집 제2호), 2001, 321면.

ccc) 공법상 계약의 대상과 효력요건[1]

[공법상 계약의 대상과 효력요건] 조세행정에 있어서의 공법상 계약의 대상(Gegenstand)은 각 급부의 상호교환이다. 따라서 조세행정에 있어서의 공법상 계약은 계약 당사자가 행정청에게 반대급부(Gegenleistung)의 의무부담을 내용으로 하는 종속계약인 교환계약(Austauschvertrag)의 형식을 취하게 된다. 교환계약은 반대급부가 계약에 있어서의 일정한 목적에 합치되고 행정청의 공법상의 임무수행에 기여하는 경우에 체결할 수 있는 것이며, 반대급부는 전체적 상황에서 보아 적절한 것이어야 하고 또한 행정청의 계약상의 급부와 실질적 관련(실질적 관련의 원칙)이 있어야 한다(행정절차법 제56조). 실질적 관련이 없는 경우에는 부당결부금지의 원칙에 위반되어 위법하다. (조세관청의 급부) : 조세행정에 있어 시민에 대한 조세관청의 급부는 조세면제나 조세감경을 통한 조세혜택의 부여를 의미한다. 또한 조세채무관계로 발생한 그 밖의 청구권에 관해서도 나타난다. 조세기본법에 규정된 이러한 청구권으로는 책임청구권(제69조[Haftung der Vertreter] 이하), 지연가산금이나 연체가산금 등의 조세부대급부청구권(제3조[Steuern, steuerliche Nebenleistungen]제3항)[2]을 들 수 있고, 그밖에도 정보제공의무(제93조[Auskunftspflicht der Beteiligten und anderer Personen]),[3] 문서제출의무(제97조[Vorlage von Urkunden])에 대한 면제 등이 있다. (시민의 반대급부) : 이에 대하여 교환계약의 경우에 있어서 시민의 반대급부는 조세외적 및 재정외적 급부를 하는데 있다.[4] 예컨대 행정청의 조세혜택의 부여(급부)에 대하여 과세당국이 알고 있는 납세자의 거래관계와 관련한 자료 또는 정보의 제공(반대급부)이 이에 해당한다. 그러나 조세행정에 설령 공법상의 계약이 허용된다 하더라도 그것은 매우 엄격한 요건 하에 매우 제한적으로만 허용된다. 조세기본법/조세통칙법(Abgabenordnung) 제85조가 「세무행정청은 조세를 법률이 정한 기준에 따라 **공평하게 확정하고** 징수해야 한다. 특히 재무관청은 조세를 위법하게 **경감**하여 징수하는 것 또는 **조세환급** 및 **조세상환**을 불법하게 허용 또는 거부하지 않도록 하여야 한다」[5]고 규정하여 조세행정청에 대하여 적법성

---

1) 이하 장태주, 공법상 계약의 적용범위, - 독일 행정절차법상의 공법상 계약을 중심으로 -, 공법연구(제29집 제2호), 2001, 321면 이하 참조.
2) 조세기본법 제3조 【Steuern, steuerliche Nebenleistungen】 ③ Einfuhr- und Ausfuhrabgaben nach Artikel 4 Nr. 10 und 11 des Zollkodexes sind Steuern im Sinne dieses Gesetzes.
3) 조세기본법 제93조 【Auskunftspflicht der Beteiligten und anderer Personen】
4) Walter Schick, Vergleiche und sonstige Vereinbarungen zwischen Staat und Bürger im SteuerR, 1987, S. 43
5) Abgabenordnung(조세기본법/조세통칙법) 제85조 【Besteuerungsgrundsätze】 Die Finanzbehörden haben die Steuern nach Maßgabe der Gesetze gleichmäßig festzusetzen und zu erheben. Insbesondere haben sie sicherzustellen, dass Steuern nicht verkürzt, zu Unrecht erhoben oder Steuererstattungen und Steuervergütungen nicht zu Unrecht gewährt oder versagt werden.

의 원칙(Legalitätsprinzip)을 준수하도록 하고 있기 때문이다. 그러므로 조세채무관계에서 발생한 청구권이나 그 밖의 조세의무에 대한 조세행정청의 임의적 처분(Disposition)은 원칙적으로 허용되지 않는다. 따라서 조세행정청이 행정의 법률적합성원칙 내지 조세의 법률적합성의 원칙에 반하지 않고 조세감면·조세환급 및 조세상환에 대한 유효한 합의를 하고자 하는 경우에는 원칙적으로 이에 대한 법률의 수권을 필요로 한다.[1] 이러한 처분권(Dispositionsermächtigung)은 반드시 명문으로 규정되어 있을 필요도 없고 적법성의 원칙(Legalitätsprinzip)을 벗어난 합의에 대한 실체법상의 규정(예컨대 재량규범을 통하여)으로 족하다고 본다.[2]

[다수설·판례] 다수의 학설과 판례는 이러한 처분수권의 규정에 근거하더라도 조세청구권과 관련하여 행하여진 전형적인 공법상 계약의 하나인 교환계약(Austauschverträge über Steueransprüche)에 대하여는 제227조(Erlass : 면제) 제1문[3]에 의하여 그 유효성 여부를 심사하여야 한다고 한다.[4] 그런데 제227조는 「세무행정청은 조세채무관계에 의하여 발생한 청구권의 징수가 형평에 반한 경우에는 그 전부 또는 일부를 면제할 수 있다. 동일한 요건 하에 이미 납부한 세액은 환부 또는 충당할 수 있다」고 규정하여, 유효성 여부의 심사기준으로 「형평성」을 들고 있다. 그러나 이러한 규정에 의하여 유효성이 인정되는 행정청의처분여지는 넓지 않다. 지배적인 학설과 판례는 예컨대 조세감면을 통하여(행정행위나 공법상 계약) 국민경제적으로나 시장정책으로 원하는 목적을 추구하는 것은 가능하지 않다고 보기 때문이다.[5] 시크(Schick)는 기간유예에 관한 조세기본법 제222조[Stundung : 유예]도 처분권에 관한 규정으로 본다. 그는 조세채무자가 다른 영역에서 공공복리를 위하여 희생하고 있다면 세무관청은 이러한 특별한 사정을 고려하여 계약을 통하여 조세채무

---

1) Knack, VwVfG Kommentar, § 56 Rn. 2.
2) Walter Schick, Vergleiche und sonstige Vereinbarungen zwischen Staat und Bürger im SteuerR, 1987, S. 23
3) Abgabenordnung(조세기본법/조세통칙법) 제227조 【Erlass : 면제】 Die Finanzbehörden können Ansprüche aus dem Steuerschuldverhältnis ganz oder zum Teil erlassen, wenn deren Einziehung nach Lage des einzelnen Falls unbillig wäre; unter den gleichen Voraussetzungen können bereits entrichtete Beträge erstattet oder angerechnet werden(세무행정청은 **조세채무관계**에 의하여 발생한 청구권의 징수가 **형평에 반한 경우**에는 그 전부 또는 일부를 면제할 수 있다. 동일한 요건 하에 **이미 납부한 세액**은 환부 또는 충당할 수 있다).
4) J. Isensee, Das Billigkeitskorrektiv des Steuergesetzes, in: FS für W. Flume, Bd. II, 1978, S. 129 f.
5) Walter Schick, Vergleiche und sonstige Vereinbarungen zwischen Staat und Bürger im SteuerR, 1987, S. 103; BFH BStBL 1979, 274, 276; BFH BStBL 1985, 354, 357 f.; BFH BStBL 1991, 45, 46

관계로 발생한 청구권에 대하여 기간을 유예(Stundung)할 수 있다고 한다.[1]

c) 수익적 행정작용의 영역에서의 공법상 계약의 활용가능성

침익적 행정작용과는 달리 수익적 행정작용의 영역에서는 널리 행정행위의 근거규범이 공법상 계약체결의 법적 근거로서 등장할 수 있다. 예를들어 보조금(Subvention)의 교부결정을 행정행위로 하고 여기에 다양한 내용의 부관이 부가되는 경우에, 행정작용을 반드시 행정행위와 부관을 통해서만 해결 할 수 있는지 하는 것이 문제가 된다. 다시 말해서 수익적 행정행위의 경우에는 행정객체(사인)와의 협상과 합의를 통하여 권리를 부여하고 계약의 조건을 삽입하여 의무를 부과하는 것도 가능하다. 그러므로 법령에 위반하지 않는 한 이러한 경우에 있어서의 합의의 적법성을 인정할 필요가 있고, 이것을 통하여 공법상 계약의 활용가능성이 증대된다고 볼 수 있다.[2]

### 2.3.5. 독일연방행정절차법 제54조 - 허용이론과 법치국가원리

[독일연방행정절차법] 독일연방행정절차법 제54조는 허용이론(Zulassungstheorie)[3]에 따라 광범위한 계약체결상의 자유를 인정하는 것처럼 보이지만, 학설은 행정이 법률적합성의 원칙(Gesetzmäßigkeit der Verwaltung)을 일탈하는 것을 막기 위하여 일정한 범위내에서 제한을 가하고 있다. 즉, 독일연방행정법원은 행정의 법률(Lex)과 법(Jus)에의 기속을 선언한 연방헌법(독일기본법) 제20조 제3항(법치국가원리[Rechtsstaatsprinzip]의 취지에 따라,[4]

---

1) 조세기본법 제222조 【Stundung : 유예】 Die Finanzbehörden können Ansprüche aus dem Steuerschuldverhältnis ganz oder teilweise stunden, wenn die Einziehung bei Fälligkeit eine erhebliche Härte für den Schuldner bedeuten würde und der Anspruch durch die Stundung nicht gefährdet erscheint. Die Stundung soll in der Regel nur auf Antrag und gegen Sicherheitsleistung gewährt werden(세무관청은 납부기한에 징수하는 것이 **채무자에게 현저하게 가혹한 경우**, 유예로 청구권이 위태롭지 않다고 인정된 경우에는 **조세채무관계**로 발생한 청구권의 전부 또는 일부에 대하여 유예할 수 있다. 유예는 원칙적으로 **신청**에 의해서 그리고 **담보의 제공**을 받은 경우에 한하여 허용되어야 한다). Walter Schick, Vergleiche und sonstige Vereinbarungen zwischen Staat und Bürger im SteuerR, 1987, S. 26.
2) 박시준, 공법상 계약의 법적 근거와 한계, 고시연구(2002.6), 142면.
3) H. Maurer, Der Verwaltungsvertrag - Probleme und Möglichkeit, DVBl., 1989, S. 802 f.
4) 독일연방행정절차법 제54조 제1문상의 "… 법규에 반하지 않는 한(soweit Rechtsvorschriften nicht entgegenstehen) 행정행위에 갈음하여 공법상 계약을 체결할 할 수 있다"는 규정에서의 법규(Rechtsvorshrften)는 형식적 법률만을 의미한다고 한다(BT-Drucks[Bundestagsdrucksache] 7/910, 79: 연방행정절차법 제54조 【Zulässigkeit des öffentlich-rechtlichen Vertrags : 공법상 계약의 허용】 Ein Rechtsverhältnis auf dem Gebiet des öffentlichen Rechts kann durch Vertrag

헌법과 법률·명령·조례 등의 모든 법규범과 또한 일반적인 헌법과 행정법상의 기본원리(일반법원칙: allgemeine Rechtsgrundsätze)에 따라 행정상 계약체결의 자유는 제한되어야 한다고 보고 있다.[1] 법치국가원리에 입각하여, (ㄱ) 법률유보 및 법률의 우위(Vorbehalt und Vorrang des Gesetzes),[2] (ㄴ) 법률의 우위(Vorrang des Gesetzes),[3] (ㄷ) 비례의 원칙(Verhältnismäßigkeitsprinzip), 과잉금지의 원칙(Übermaßverbot),[4] 평등의 원칙(Gleiheitsgebot), 자의 금지의 원칙(Willkürverbot)[5] 등과 같은 행정법의 일반원칙을 위반하면 안된다.[6] 그러나 관습법(Gewohnheitsrecht)의 경우에는 공법상 계약(ör Vertrag/örV)에 있어서 '상응하는 법규(entgegenstehende Rechtsvorschrift)'에 해당하지 아니한다.[7]

---

begründet, geändert oder aufgehoben werden (öffentlich-rechtlicher Vertrag), soweit Rechtsvorschriften nicht entgegenstehen. Insbesondere kann die Behörde, anstatt einen Verwaltungsakt zu erlassen, einen öffentlich-rechtlichen Vertrag mit demjenigen schließen, an den sie sonst den Verwaltungsakt richten würde. 장태주, 공법상 계약의 적용범위, - 독일 행정절차법상의 공법상 계약을 중심으로 -, 공법연구(제29집 제2호), 2001.

1) Bonk, in: Stellkens/Bonk/Sachs/et al., Verwaltutngsverfahrensgesetz Kommentar, § 54 Rn. 47 f.; H. Maurer, Allgemeines Verwaltungsrecht, 7. Aufl., 1990, S. 322 f.; Ferdinand O. Kopp, Kommentar zum VwVfG, § 54 Rn. 26; Ule/Laubinger, Verwaltungsverfahrensrecht, 4. Aufl., S. 517 ff.; Knack, § 54 Rn. 6. 1

2) 법률의 우위 및 법률유보를 주장하는 견해: H. Maurer, Der Verwaltungsvertrag - Probleme und Möglichkeiten, DVBL. 1989, 798, 805; Klaus Obermayer, Leistungsstörungen beim öffentlich-rechtlichen Vertrag, BayVBL. 1977, 546/549

3) 법률의 우위 만을 주장하는 견해: Ule/Laubinger, Verwaltungsverfahrensrecht, 4. Aufl., S. 519; Ferdinand O. Kopp, Kommentar zum VwVfG, § 54 Rn. 24; vgl. BVerfGE 40, 237)

4) Bonk, in: Stellkens/Bonk/Sachs/et al., Verwaltutngsverfahrensgesetz Kommentar, § 56 Rn. 27 ff; BVerfGE 6, 439; BVerfGE 16, 201; BVerfGE 17, 117, 314; BVerfGE 35, 400.

5) VGH Mannheim NJW 1989, 603; Ferdinand O. Kopp, Kommentar zum VwVfG, § 54 Rn. 29; Wolff/Bachof, Verwaltungsrecht I, § 44 II d; vgl. BVerfGE 1, 52; BVerfGE 23, 60; BVerfGE 36, 187.

6) 김성수, 공법상 계약과 행정의 법률적합성의 원칙, 고시계(1992.2), 178면.

7) Ferdinand O. Kopp, Kommentar zum VwVfG, § 54 Rn. 26; Knack, § 54 Rn. 6. 1.

## VI. 공법상 계약의 각국에서의 행위유형

### 1. 개관(독일 · 프랑스 · 영미)

[개관] (독일) : 독일에서는 「공법상 계약(öffentlich - rechtlicher Vertrag)」, 프랑스의 경우에는 「행정계약(contratadministratif)」, 영미에서는 「정부계약」이라는 형식으로 행해지고 있다. (프랑스) : 프랑스의 행정계약은 실정법 및 국참사원의 판례를 통하여 행정계약의 관념이 발전하였으며, 그 내용은 매우 다양하고 넓어서 독일에서 행정행위로 보는 공기업특허 · 공물사용특허 같은 것과, 사법상 계약으로 보는 공공토목공사도급계약과 물품납부계약도 행정계약으로 본다.[1] 프랑스의 행정계약은 독일의 행정행위와 가까운데, 그 이유는 행정기관이 행정계약을 일방적으로 변경 · 해지 할 수 있고, 상대방으로 하여금 계약상의 의무를 강제로 이행시키기 위한 여러 가지 실효적 수단(금전적 제재 · 자력집행 등)을 가지고 있기 때문이다.[2] (영 · 미) : 영미의 정부계약은 공법 · 사법의 이원적 체계를 부정하여온 결과 공법상 계약에 관한 관념이 인정되지 않았으나, 행정기능의 확대 · 강화현상에 따라 행정목적을 달성하기 위한 수단으로서 특수한 형태의 정부계약이 사용되었으며, 이런 계약에 표준조항(standard terms and conditions)[3]을 포함시켜 실질적으로는 프랑스적 행정계약을 의미하는 것으로 사용한다.[4] 우리나라에서는 행정계약[5]이란 「행정주체의 공법상 계약 + 행정주체의 사법상 계약」을 의미하는 것으로서, 계약의 목적이 공법적 효과의 발생에 있는 것인지의 여부에 관계없이 행정주체가 당사자로 되어 있는 모든 계약을 포함하는 것으로 이해한다.[6] 이 점에서 공법적 효과의 발생만을 목적으로 하는 공법상 계약과 구별된다.[7] 독일의 행정절차법이 공법상 계약의 허용여부와 관련된 그동안의 쟁점을 입법적으로

---

1) 김남진, 공법상의 계약, 고시계(1984.1), 85면; 김인만, 공법상의 계약, 고시계(1986.9), 291면.
2) 김남진, 공법상의 계약, 고시계(1984.1), 85면.
3) 표준조항이란 프랑스의 조건명세서(chier des charges)와 비슷한 것으로서 정부의 감독권, 계약 내용에 대한 정부의 변경권, 손실보상을 수반하는 해지권 등에 관하여 정하는 것이다. 이와 같은 내용의 표준조항이 정부와 사인간에 계약문서에 명시 될 때 법으로서의 효력을 발생한다(김남진, 공법상의 계약, 고시계(1984.1), 86면; 山田幸男, 行政法の展開と市民法), 1961, 194頁).
4) 김인만, 공법상의 계약, 고시계(1986.9), 291면.
5) 독일은 공법상 계약을 행정법관계 뿐만 아니라 국가와 국가간의 계약을 포함하는 넓은 의미로 사용하고 행정법관계를 대상으로 하는 계약을 행정계약(Verwaltungsvertrag)으로 표현하고 있다(정하중, 법치행정의 원리와 공법상계약 - 독일행정절차법의 내용을 중심으로 -, 서강법학(제11권 제1호), 2009, 174면).
6) 우리 문헌에서는 행정계약을 행정주체의 공법상 계약과 사법상의 계약을 포함하는 넓은 의미로 사용하고 있는 견해가 있다(박규하, 행정계약이론과 공법상 계약이론, 고시연구(1993.4), 62면 이하); 석종현, 일반행정법(상), 387면 참조.

해결하여 그것을 행정활동의 하나로 승인했다는 점은 높이 평가되고 있으나, 독일연방행정절차법은 단지 공법상 계약에 대한 기본적인 사항을 규정하고 있을 뿐이고, 이들 규정도 많은 문제가 전혀 규정되어 있지 않거나 충분하게 규정되어 있지 않다고 지적되고 있다.[1] 위헌성문제가 논의 되고 있기도 하다.

독일에서는 행정계약이라는 용어를 사용하기도 하나 이는, (ㄱ) 행정법상 계약(verwaltungsrechtlicher Vertrag), (ㄴ) 행정계약(Verwaltungsvertrag), (ㄷ) 공법상 계약(öffentlich-rechtlicher Vertrag) 모두 동일한 내용이며, 다만 그 표현을 달리할 따름이다.

【참고】 독일에서의 행정계약(Verwaltungsvertrag)은 공법상 계약을 의미하는데 반하여, 우리나라에서는 행정계약을 이러한 의미로 사용하지 않기 때문에 독일어의 '페어발퉁스-페어트락(Verwaltungsvertrag)'을 행정계약이라고 번역하면 잘못이라는 견해[2]가 있으나, 독일어의 '페어발퉁스-페어트락(Verwaltungsvertrag)'을 행정계약이라고 번역하는 것은 정확한 번역이며, 다만 그 용어의 적용범위 및 내용 그리고 사용례가 한국과 독일이 서로 다를 뿐이다('법률용어'와 '일상적 용어사용례'가 서로 다른 경우가 있듯이 [善意・惡意]). 공법상 계약의 공법은 단지 행정법만을 의미하는 것이 아니라 헌법, 국제법상의 국가간의 계약이나 조약, 행정협정(Verwaltungsabkommen), 소송법상의 계약, 심지어는 형법도 공법영역에 들어가는 것이므로 독일의 다수 문헌에서는 '공법상' 이라는 용어는 적당하지 않고 '행정법상' 이라는 용어를 사용하여, '행정법상의 계약'이라고 부르고, 편의상 이를 줄여서 '행정계약'이라고 부르는 것이 불과하다. 따라서 독일에서는 연방행정절차법을 개정하여 현재의 öffentlich-rechtlicher Vertrag 대신 verwaltungsrechtlicher Vertrag이라고 개정하면 될 것이다.

## 2. 독일에서의 공법상 계약의 유형
### 2.1. 대등계약(對等契約)과 종속계약(從屬契約)
#### 2.1.1. 대등계약(koordinationsrechtlicher Vertrag)

[대등계약의 의의] (대등한 행정주체사이의 계약): 대등계약은 계약당사자자 사이에 명령・복종 관계가 아니라 복수의 공행정주체 사이에서처럼 서로 대등한 입장이나 지위하에서 체결되는 계약을 대등계약이라고 한다. 이때의 법률관계는 행정행위로 대체되어 발령될 수

---

7) 석종현, 일반행정법(상), 387면.
1) 폭넓은 적용범위의 예외를 규정하고 있는 연방행정절차법 제2조와 행정행위와 공법상 계약의 한계를 애매하게 규정하고 있는 동법 제54조 제2문에 따른 문제가 그러하다. H. Maurer, Allgemeines Verwaltungsrecht, 12. Aufl., 1999, § 14 Rn. 3a f.
2) 김병기, 독일행정절차법상 위법한 행정계약과 그 법적 효력, 행정법이론실무학회, 행정법연구 (1998.10), 138면.

없다. 예컨대, (ㄱ) 두 개의 지역단체가 공동으로 이용하는 공립도서관의 예산에 대한 출연금 배당계약을 체결하는 경우, (ㄴ) 지역단체가 관할구역내의 학생들의 인근지역의 공립학교의 통학을 위하여 연방철도청과 통학열차 운송계약을 체결하는 경우 등이 있다. (사인간의 계약): 사인간에도 법령에 의해 명문으로 계약체결 권한이 부여되는 경우에는 대등계약의 체결이 가능하다.[1] (행정청과 사인과의 계약): 행정청과 사인간에 체결되는 공법상 계약에 있어서, 급부의 내용이 행정행위가 아니라 그것이 사실행위(예: 도로건설)인 경우, 혹은 공법상 계약에 의해 형성되는 법률관계가 행정행위의 발급으로 대체될 수 없는 경우, 이를 대등계약(koordinationsrechtlicher Verwaltungsvertrag/koordinationsrechtlicher verwaltungsrechtlicher Vertrag)이라고 한다.[2] 이와같이 대등계약은 동등한 지위에 있는 행정주체 상호간에 체결하는 공법상 계약으로 행정행위로는 규율할 수 없는 법률관계에 적용된다.[3][4]

---

1) Heiko Faber, Verwaltungsrecht 4., Aufl., 1995, S. 284.
2) BayVGH, BayVBL 1991, S. 47 f.
3) 건설산업기본법 제22조(건설공사에 관한 도급계약의 원칙) ① 건설공사에 관한 도급계약(하도급계약을 포함한다. 이하 같다)의 당사자는 대등한 입장에서 합의에 따라 공정하게 계약을 체결하고 신의를 지켜 성실하게 계약을 이행하여야 한다. ② 건설공사에 관한 도급계약의 당사자는 계약을 체결할 때 도급금액, 공사기간, 그 밖에 대통령령으로 정하는 사항을 계약서에 분명하게 적어야 하고, 서명 또는 기명날인한 계약서를 서로 주고받아 보관하여야 한다. ③ 국토교통부장관은 계약당사자가 대등한 입장에서 공정하게 계약을 체결하도록 하기 위하여 건설공사의 도급 및 건설사업관리위탁에 관한 표준계약서(하도급의 경우는 「하도급거래 공정화에 관한 법률」에 따라 공정거래위원회가 권장하는 건설공사표준하도급계약서를 포함한다. 이하 "표준계약서"라 한다)의 작성 및 사용을 권장하여야 한다. ☞ **건설공사에 관한 도급계약의 당사자는 대등한 입장**에서 합의에 따라 공정하게 계약을 체결하고 신의를 지켜 성실하게 계약을 이행하여야 하지만(건설산업기본법 제22조제1항), 현실에서는 어느 일방 당사자의 권리를 지나치게 제한하는 불공정한 계약이 있다.
4) [행정심판재결례] 과다지급공사비환수요구는 상호 대등한 당사자간 계약에 관한 사항으로 이는 행정심판의 대상이 아니다(2001.09.10 서행심 2001-473) (1) 청구인과 피청구인이 제출한 서류를 종합하여 보면, 청구인은 피청구인과 1999. 3. 13 고가차도 보수공사계약을 체결하고, 1999. 9. 14 공사설계변경하여 1999. 12. 7 상기 공사를 준공한 후 피청구인은 공사비가 과다 지급되었다고 2001. 5. 24 청구인에게 44,287천원의 과다지급공사비환수요구 한 사실 등을 인정할 수 있다. (2) 살피건대, 행정심판법 제3조제1항에 의하면, "행정청의 처분 또는 부작위에 대하여 다른 법률에 특별한 규정이 있는 경우를 제외하고는 이 법에 의하여 행정심판을 제기할 수 있다."라고 규정하고 있는데 여기서 행정심판의 대상이 되는 행정처분이라 함은 행정청의 공법상 행위로서 특정 사항에 대하여 법규에 의한 권리의 설정 또는 의무의 부과를 명하여 기타 법률상의 효과를 발생하게 하는 등 국민의 권리·의무에 직접적인 변동을 초래하는 행위를 말하는 것인 바, 이 사건 2001. 5. 24 피청구인이 청구인에게 한 과다지급공사비환수요구는 상호 대등한 당사자간에 합의에 의하여 체결하는 계약에 관한 사항으로 이를 행정처분이라 볼 수 없고 피청구인이 청구인에

또한 사인 상호간의 공법상 계약도 공법상 계약의 형식으로 이루어 질 수 있다. 사인 상호간의 공법상 계약이다. 이에 해당하는 것으로는 현행법상 특허기업자 등, 사인인 사업시행자와 토지소유주 사이의 「공익사업을 위한 토지 등의 취득 및 보상에 관한 법률」상의 협의만이 인정된다. 이러한 협의는 관할 토지수용위원회의 확인을 받으면 토지수용위원회에 의한 재결로 보게 되고, 이에는 일정한 공법적 효과가 발생하게 된다. 이때의 사업시행자인 사인은 공무수탁사인(Beliehne)으로서의 지위를 갖게 된다(류지태·박종수).[1]

### 2.1.2. 종속계약(subordinationsrechtlicher Vertrag)

[의의] 종속계약이란 계약당사자가 명령·복종의 관계에 있고 계약에 의한 규율내용이 행정행위의 발급을 대체할 수 있는 경우를 종속계약(subordinationsrechtlicher Verwaltungsvertrag/koordinationsrechtlicher verwaltungsrechtlicher Vertrag)이라고 한다(동법 제54조 제2문). 그 예로는 조세·사용료·부담금에 관한 계약, 토지수용계약, 공기업 특허계약(異說 있음) 등을 들 수 있다. 종속계약은 계약 자체에 의해 행정행위의 발급이 대체는 경우와(형성계약: Verfügungsvertrag) 계약에 의해 건축허가 등 행정행위의 발급이 의무지워지는 경우(의무이행계약: Verpflichtungsvertrag)로 나눌 수 있다. 종속계약은 행정주체와 사인간에 성립하는 공법상 계약이다. 예컨대 행정행위의 발급의무를 정하는 경우, 행정행위를 대체하는 경우, 그리고 행정행위와 아무런 직접적 관계를 갖지 않는 경우 등이 있다(홍준형). 이는 행정청이 그의 재량으로 계약의 체결이 어떠한 사안의 사실적·법적 불확실성을 제거하기 위하여 필요하다고 판단할 경우 체결하는 공법상 계약이다. 이와같이 '행정청과 개인간의 종속적 법률관계하에서'[2] 이루어 질 수 있는 종속계약은 독일연방행정절차법에 의하면, (ㄱ) 독일연방행정절차법 제55조에서 규정하고 있는 '당사자 쌍방의 양보를 통해서 성립하는 화해계약(Vergleichsvertrag)'[3]과, (ㄴ) 독일연방행정절차법 제56조에서

---

게 한 과다지급공사비환수요구는 공권력의 주체가 아닌 사경제 주체로서 하는 사법상의 법률행위에 불과하다 할 것으로 이 사건 청구는 행정심판법 제3조제1항의 규정에 의한 심판제기요건을 결한 부적법한 청구라 할 것이다. 【관계법령】 행정심판법 제2조, 제3조 국가를당사자로하는계약에관한법률 제5조

1) 안주용, 지역문화재단 계약사무의 법적 성질 및 개선점 연구 - 공법상 계약 이론을 중심으로, 한국예술경영학회, 예술경영연구(2014.8), 59면.
2) 김해룡, 공법상 계약의 성립에 관한 법적 문제, 고시계(2001.8), 94면.
3) 갑은 乙市의 외곽에 약 500제곱미터의 임야를 소지하고 있었다. 을시는 병에게 갑의 임야에 인접한 토지에 제재소 건축허가를 내주었다. 갑은 이 건축허가가 그의 임야에 위해를 가져올 것이라고 생각하여 위법한 건축허가라고 주장하고, 행정법원에 건축허가취소소송을 제기하였다(제3자취소쟁송). 소송이 진행되던 중에 갑과 을시는 "갑은 병에게 내어준 건축허가에 대하여 어떠한 이의도 제기하지 않고, 갑은 소를 취하하는 대신, 을시는 그에 대한 대가로 갑에게 그의 소유임

규정하고 있는, '당사자간 상호간에 있어서 공무제공의무'를 지게 되는 교환계약 (Austauschvertrag : 쌍무계약)[1]으로 나누어진다.

---

야에 주택건축허가를 내준다."는 계약을 체결하였다. 이는 외견상으로는 화해계약의 전형에 속한다. 그러나 연방행정법원은 이 계약을 무효(unwirksam)라고 하였다. 그 이유는 병에 대한 을시의 제재소건축허가가 적법한가는 행정법원에서 소송이 진행중이었다는 점에서 화해계약의 유효한 전제조건으로서의 요건인 불명확성(Ungewissheit) 이라는 요건은 충족하였으나, 갑에 대한 건축허가는 법적 요건을 충족하고 법적요건을 거쳐서 이루어져야 할 독자적 행위라는 점에서 공법상 계약에서 요청되는 대가성있는 의사표시의 합치라고 볼 수 없다고 하여 연방행정법원은 갑을 사이의 계약의 효력을 부인하고 갑이 주장하는 공법상 계약의 이행, 즉 건축허가요구를 부인하였다(BVerwGE 49, 359-360; 김해룡, 공법상 계약의 성립에 관한 법적 문제, 고시계(2001.8), 96면). Rechtsprechung BVerwG, 14.11.1975 - IV C 84.73 【Wohnhaus im Wald】 Art. 20 Abs. 3 GG, öffentlich-rechtlicher Vertrag, mit dem sich eine Behörde zum Erlaß eines gesetzwidrigen Verwaltungsakts verpflichtet, ist grds. unwirksam (vgl. jetzt § 59 VwVfG); Urteil des BVerwG vom 14. 11. 1975 Leitsatz : Ein öffentlich-rechtlicher Vertrag, in dem von der Behörde eine Leistung versprochen wird, die sie in Übereinstimmung mit der Gesetzeslage nicht zu erbringen vermag, ist - ebenso wie eine entsprechende Zusage - grundsätzlich unwirksam. Vergleichsverträge können zwar auch dann wirksam sein, wenn in ihnen gesetzwidrige Leistungen vorgesehen sind (im Anschluß an das Urteil vom 28. März 1962 - BVerwG V C 100.61 - BVerwGE 14, 103). Diese Unempfindlichkeit gegenüber gewissen Gesetzesverletzungen erstreckt sich aber nicht auf Leistungsversprechen, deren Gesetzwidrigkeit mit der durch den Vergleich beizulegenden Ungewißheit nichts zu tun hat.

1) [사례] 甲은 5층의 주상복합건물을 짓고자 하여 乙市에 건축허가 신청을 하였는데, 건축법에는 건축주에게 요구되는 주차장의 조성의무를 일정한 요건하에 면제할 수 있도록 규정하고 있었다. 즉 건축주의 주차장 조성의무가 면제될 수 있는 경우로는 법에서 요구하는 것과 동일한 주차면수의 주차공간을 임차하거나 혹은 주차면수 당 일정한 금액을 주차장 조성비로 시에 납부할 경우였다. 이에 갑과 을시는 이웃지역의 주차장을 임차하거나 그것이 불가능한 경우에는 일정액수의 주차장조성비를 납부할 것을 내용으로 하는 계약을 체결하고 을시는 갑에게 건축허가를 내주었다. 乙시는 수년이 경과한 후 갑이 이웃지역의 주차장을 지속적으로 임차하여 사용하지 않고 있는 것을 확인하고 갑에 대하여 주차장조성비를 요구하였다. 독일연방행정법원은 건축주가 스스로 주차장을 조성하기 곤란한 사정이 있어서 주차장을 조성해야한다는 법적 의무를 실현하는데 있어서, 주차장을 직접 건설하는 대신 대가를 지급하고 이웃지역의 주차장을 임차하여 사용할 수 있는 것이 법규범에 위반되지 않는 경우, 행정청은 개인에게 유리한 방향으로 행정재량을 행사할 수 있고, 이러한 행정계약은 유효하다고 하였다(BVerwG, NJW 1980, S. 1294면). 이때의 계약이 교환계약이다. <u>건축주는 법규범에 의해 지워진 주차장 조성의무를 다른 주차장을 임차하여 사용하거나 주차장 조성비의 납부라는 방법으로 면제받고자 행정청과 합의하였고, 행정청의 입장에서는 건축행정상 주차장확보라는 입법목적을 충족 할 수 있는 것이다</u>(김해룡, 공법상 계약의 성립에 관한 법적 문제, 고시계(2001.8), 94면)

### 2.1.3. 대등계약과 종속계약의 구별실익

대등계약과 종속계약의 구별실익은 연방행정절차법 제55조(Vergleichsvertrag), 제56조(Austauschvertrag), 제59조 제2항(Nichtigkeit des öffentlich-rechtlichen Vertrags)에서 공법상 계약의 허용성(Zulässigkeit) 및 공법상 계약의 무효와 관련된 규정이 종속계약에만 적용된다는데 있다. 즉 동규정 들은 명령·복종 관계에 있는 계약 당사자간의 계약체결의 허용성과 무효인 공법상 계약에 대해 엄격한 법적 효과를 부여함으로써, 특히 행정청이 일방적인 행정행위의 발령 대신에 사인과의 합의라는 공법상 계약의 형식을 취하지만 사실은 행정주체가 우월한 지위에서 계약내용을 부당하게 결정하는 것을 방지하고자 함이다.[1]

▶ 대등계약 : 동등한 지위에 있는 행정주체 상호간에 체결된 공법상 계약
▶ 종속계약 : 행정주체와 사인간에 성립하는 공법상 계약, (ㄱ) 당사자 쌍방의 양보를 통해서 성립하는 화해계약(Vergleichsvertrag), (ㄴ) 상호공무의 제공의무를 지는 교환계약(Austauschvertrag : 쌍무계약; 유상계약)

## 2.2. 화해계약(和解契約)과 교환계약(交換契約)

### 2.2.1. 화해계약(Vergleichsvertrag)

[의의] 화해계약은 객관적 사실관계나 법률관계에 비추어 존재하는 주관적 불확실성(Ungewissheit)을 쌍방의 양보를 통해 제거하는 것을 내용으로 하는 계약이다.[2] 다시말하면 화해계약은 불확실성으로 인해 야기된 당사자간의 갈등관계의 해소를 위해 체결하는 계약이다. 독일민법(BGB)이 다수의 계약의 형태(예컨대, 매매, 교환, 증여, 임대차, 고용계약 등)를 규정하고 있는데 비하여, 독일연방행정절차법은 제55조와 제56조에서 화해계약(Vergleichsvertrag)과 교환계약(Austauschvertrag)의 두 가지 유형만을 규정하고 있으나, 제55조 및 56조의 규정이 공법상 계약의 유형에 관하여 열거적·한정적으로만 규정하고 있음을 의미하는 것은 아니다. 왜냐하면 연방행정절차법 제55조 및 제56조에도 나타나듯이 화해계약과 교환계약은 종속계약에만 적용되기 때문이다. 화해계약은 주로 사회보장급부 영역에서 많이 체결되며, 이러한 화해계약은 객관적 사실관계에 꼭 부합해야 하는 것은 아니다. 따라서 법률의 규정에 반하는(contra legem) 급부의 제공을 내용으로 하는 것도 가능

---

1) Giemulla/Jaworsky/Müller-Uri, Verwaltungsrecht, 6. Aufl., S. 332.
2) 화해계약의 개념은 독일민법 제779조의 민법상 화해계약의 개념과 유사하며 공법상 계약으로서의 화해계약은 예컨대 행정청이 사인에게 100유로의 수수료 납부의무를 행정처분의 형식으로 부과했지만 사인은 동의무의 존재 자체를 부인하고 수수료부과처분취소소송을 제기한 바, 제1심과 항소심에서 각각 다른 판결이 내려진 경우 행정청과 사인이 50유로의 수수료 납부에 합의하는 경우를 들 수 있다(김병기, 독일행정절차법상 위법한 행정계약과 그 법적 효력, 행정법이론실무학회, 행정법연구(1998.10), 143면).

하며,1) 불확실성의 일부를 제거하기 위한 계약의 체결도 가능하다.2) 화해계약은 쌍무계약이고 유상계약에 속한다.3)

　　[화해계약의 종류]: 화해계약은 (ㄱ) 재판외 화해와, (ㄴ) 재판상 화해가 있다. (재판외 화해): 재판외 화해는 제3자의 개입없이 당사자가 상호 양보하여 법적 권리와 의무 및 경제적·사회적·심리적 이익의 맞교환과 타협을 수단으로 하여 당사자에게 바람직스러운 법적 관계를 설정하기 위하여 기존에 일어난 다툼을 그만둘 것을 약속하는 과정이다. 예를 들면 A·B간에 택지의 경계선을 놓고 A는 울타리의 선이라고 주장하고, B는 도랑의 선이라고 주장하여 다툼이 벌어졌을 경우, 등기부상으로도 명확하지 아니하고 기타의 증거도 확실하지 아니하다고 하는 경우에, A·B가 서로 양보하여 울타리와 도랑의 중간선을 경계로 정하고 다툼을 그만 두자는 약속을 하는 것 등이 화해이다.4) 화해는 가장 오래되고 널리 사용되는 분쟁해결 방법이라 할 수 있다(화해계약에 대해서 한국민법 731조 내지 제733조에서도 규정하고 있다).5) 화해계약은 계약 자유의 원칙상 내용 및 방식에 있어 제약은 없다. 화해가 되면 화해전의 법률관계는 소멸되고 화해의 내용에 따라 새로운 법률관계를 발생시키는 창설적 효력을 가진다. 당사자는 화해에 의하여 정하여진 의무를 이행하고 권리를 승인하여 종전의 주장은 할 수 없게 된다. 예컨대 뒷날 화해의 내용이 진실에 반한다는 증거가 나타나더라도 화해의 효력에는 영향이 없다(한국민법 제732조).6) 화해는 제3자(조정인)가 개입하는

---

1) 연방행정법원의 판결에 의하면 행정청의 급부제공의무가 법률요건에 완전히 일치하는 것은 아니어도 일정한 요건하에서 당해 급부제공을 내용으로하는 화해계약을 체결할 수 있다고 한다 (BVerwG, Urteil vom 14. 11. 1975, E 49 S. 359 ff., 364). 한편 연방행정법원은 화해계약의 이러한 내용적 특성을 "법률위반에 대한 고양된 무감각에서 오는 특권(Privileg gesteigerter Unempfindlichkeit gegenüber Gesetzverletzung)"이라 표현하고 있다(김병기, 독일행정절차법상 위법한 행정계약과 그 법적 효력, 행정법이론실무학회, 행정법연구(1998.10), 143면).
2) 김병기, 독일행정절차법상 위법한 행정계약과 그 법적 효력, 행정법이론실무학회, 행정법연구(1998.10), 143면.
3) http://www.happycampus.com/doc/11449479/(검색어 : 화해계약; 검색일 : 2015.12.20).
4) https://ko.wikipedia.org/wiki/%ED%99%94%ED%95%B4
5) 한국 민법 제731조(화해의 의의) 화해는 당사자가 상호양보하여 당사자간의 분쟁을 종지할 것을 약정함으로써 그 효력이 생긴다. 민법 제732조(화해의 창설적 효력) 화해계약은 당사자 일방이 양보한 권리가 소멸되고 상대방이 화해로 인하여 그 권리를 취득하는 효력이 있다. 민법 제733조 (화해의 효력과 착오) 화해계약은 착오를 이유로 하여 취소하지 못한다. 그러나 화해당사자의 자격 또는 화해의 목적인 분쟁 이외의 사항에 착오가 있는 때에는 그러하지 아니하다.
6) 【한국민법상】 화해가 성립되면 뒷날 화해의 내용이 진실에 맞지 아니한 증거가 나타나더라도 화해의 효력은 유지하게 되나(한국민법 제732조), 착오에 의해서 화해한 경우에도 그러하냐가 문제가 된다. 이에 대해서는 다툼의 대상이 되어 화해에 의해서 결정된 내용 자체에 대해서는 비록 착오가 있다 하더라도 민법 제109조를 적용하지 아니하고 화해의 효력을 유지하게 되나, 당사자

조정과 달리 중립적인 제3자의 개입이 없으며, 당사자는 분쟁내용, 대화방법, 협상기술 등 모든 문제를 스스로 결정하여야 한다. (재판상 화해) : 재판상 화해는 소송이 계속 중인 당사자 쌍방이 합의하여 이를 조서화하면 소송이 종결되는 것을 말하며, 이때 조서에 기재한 당사자 간의 합의는 확정판결과 동일한 효력이 생긴다.[1]

[화해계약의 유효요건] : 화해계약이 유효하게 성립되기 위하여는 화해의 내용이 된 사안이, (ㄱ) 당해계약에서 화해의 대상이 된 사안이 사실관계 및 법률관계에 있어서 **불명확한 것**(불명확성 : Ungewissheit)이어야 함과 동시에, (ㄴ) 계약당사자간의 양보가 불명확한 사실적·법적 관계와 관련된 내용에 대하여 동일한 시점에 이루어져야 한다.[2]

### 2.2.2. 교환계약(Austauschvertrag)

[의의] 교환계약은 내용적으로 의무이행계약의 일종으로 행정청과 사인이 각각 상대방에 대해 일정한 급부의 이행을 약정하는 계약을 말한다. 교환계약의 예로는 기업유치 협정, 수용계약, 각종 인·허가에 관련된 계약 등을 들 수 있다. 부작위(Unterlassung)도 여기에서의 급부에 해당하며,[3] 교환되는 반대급부가 반드시 직접적인 경제적 가치를 가져야 하는 것도 아니다. 연방행정절차법 제56조는 화해계약에서와 마찬가지로 **종속적 교환계약**만을 규정하고 있으므로 동법 제59조 제2항의 공법상 계약의 무효사유는 **대등적 교환계약**에는 적용되지 않는다. 한편, 발급할 행정행위가 기속행위인 경우에 있어서, 기속행위에 의하여 법률상 인정된 사인의 청구권에 대하여 행정청이 당해 행정행위의 발급을 약속하면서 상대방에게 반대급부를 요구하는 소위 **파행적 교환계약**(hinkender Austauschvertrag)에 있어서는 사인이 제공하는 반대급부는 공적인 행정목적수행에 적합하여야 하며, 또한 행정청의 계약상 의무이행과 사실적·실질적 연관성이 있어야 한다(실질적 관련의 법리). 이와같은 실질적 관련의 법리에 위반하는 경우에는 결부금지의 원칙(Koppelungsverbot : 부당결부금지의

---

　　의 자격이나 또는 화해의 목적인 분쟁 이외의 사항에 착오가 있는 경우에는 민법 제109조의 적용이 있고 화해계약은 취소할 수 있게 된다(한국민법 제733조 단서). 화해계약이 사기로 인하여 이루어진 경우에는 화해의 목적인 분쟁에 관한 사항에 착오가 있더라도 민법 제110조에 따라 이를 취소할 수 있다(대법원 2008.9.11. 선고 2008다15278 판결).

1) 【한국판례】 판례에 따르면 재판상의 화해를 조서에 기재한 때에는 그 조서는 확정판결과 동일한 효력이 있고 당사자간에 기판력이 생기는 것이므로 재심의 소에 의하여 취소 또는 변경이 없는 한, 당사자는 그 화해의 취지에 반하는 주장을 할 수 없다(4294민상914전합)
2) 김해룡, 공법상 계약의 성립에 관한 법적 문제, 고시계(2001.8), 96면.
3) 행정청의 건축허가를 조건으로 사인이 더 이상의 건축허가 신청을 하지 않을 것을 합의하는 것도 계약의 적법성 여부는 별론으로 하고라도 교환계약이라 할 수 있다(OVG Lüneberg, Urteil vom 3. 11. 1977, NJW 1978, S. 2260 f.); Ferdinand O. Kopp, Kommentar zum VwVfG, § 56 Rn. 3.

원칙)에 위반되며,[1] 결부금지의 원칙은 행정행위의 부관의 한계로서 만 작용하는 것이 아니고, 공법상 계약의 한계로서도 작용한다. 이와같이 교환(交換)계약은 당사자가 서로 금전 이외의 재산권을 이전하기로 약정함으로써 성립하는 계약(한국 민법 : 제596조)이다. 매매에서는 재산권의 양도에 대한 반대급부가 대금인 데 반하여, 교환에서는 반대급부도 역시 재산권의 양도이다. 그러므로 교환계약에 기초해서 두 개의 양도행위가 행하여지며 양자는 서로 상환성·대가성을 갖는다. 양당사자가 서로 금전 이외의 재산권을 이전시키는 점이 매매와 다른 점이다(매매에서는 당사자의 일방은 금전을 지급한다). 금전의 보충지급을 약정한 때 매매대금에 관한 규정이 준용되게 된다(한국민법 : 제567조). 교환계약은 유상계약, 쌍무계약, 일시적 계약이다.[2]

## VII. 공법상 계약의 종류

### 1. 행정주체(국가·공공단체) 상호간의 공법상 계약

[개관] 행정주체 상호간의 공법상 계약은 행정주체 상호간(공공단체 상호간, 지방자치단체 상호간)[3]의 사무위탁 등과 같이, 행정사무의 집행과 관련하여 체결된다. 법에 의하여 금지되지 않는 한, 행정주체 상호간에 공법상 계약이 자유롭게 체결될 수 있다. 행정주체 상호간의 계약은 국가와 공공단체 사이, 공공단체 상호간·또는 행정기관 상호간에서 체결되는 행정상의 사무에 관한 공법상 계약이다.[4] 이와 같은 공법상 계약을 특히 공법상 협정(Vereinbarung)이라고도 한다.[5] 예컨대 지방자치단체 사이의 교육사무위탁, 조합비징수위탁, 지방자치단체간의 도로 또는 하천의 경비부담에 관한 협의, 도로관리에 관한 협의 등이 해당한다.[6]

---

1) 김병기, 독일행정절차법상 위법한 행정계약과 그 법적 효력, 행정법이론실무학회, 행정법연구(1998.10), 143면; C. H. Ule/H.-W. Laubinger, Verwaltungsverfahrensrecht, 4. Aufl., S. 762; H. Maurer, Allgemeines Verwaltungsrecht, 10. Aufl., S. 351; Ferdinand O. Kopp, Kommentar zum VwVfG, § 56 Rn. 7.
2) https://ko.wikipedia.org(검색어 : 교환계약; 검색일 : 2015.12.20).
3) 심희정, 공법상 계약, 고시계(1996.3), 317면.
4) 석종현, 일반행정법(상), 392면; 홍정선, 행정법원론(상), 단락번호 1369.
5) 정하중, 행정법총론, 345면.
6) 이와같은 공법상 계약은 공법상의 협정(Vereinbarung)이라고 부르는 경향이 있다(김남진, 공법상의 계약, 고시계(1984.1), 90면); 김인만, 공법상의 계약, 고시계(1986.9), 292면.

## 2. 행정주체(국가·공공단체)와 사인간의 공법상 계약

국가 또는 공공단체 등 행정주체와 사인간에도 특정한 행정법관계의 설정을 위하여 계약의 방법을 사용하는 경우가 있다.[1] 이는 가장 일반적인 공법상 계약의 형태이다.

### 2.1. 임의적 공용부담(기부채납)

임의적 공용부담(기부채납)으로는 예컨대 개인이 사유지를 도로나 공원의 부지로 제공하는 계약이 있다. 구체적으로는 (ㄱ) 문화재·학교용 대지·도로용지의 기증, (ㄴ) 청원산림보호직원의 배치, (ㄷ) 청원경찰에 관한 비용부담,[2] (ㄹ) 국립묘지에의 금품·시설물 기증, (ㅁ) 사유지를 도로나 공원의 부지로 제공하는 것[3] 등이 있다.

### 2.2. 보조금의 교부(지원)계약 – 공법상 보조계약이나 보조관계의 설정

보조금(Subvention) 교부(지원)결정은 행정행위인 동시에 보조금의 교부계약으로서의 '복합적 성질'을 가진다. 보조금의 교부계약은 여러 가지 법적 규제가 마련되고 있다. 따라서 공법상 계약이다. 예컨대 지역문화재단은 문화예술 관련 기관이나 예술단체, 예술인, 그리고 일반인(시민 생활 예술 활성화 등의 사업들을 지원하는 경우)에게 보조금을 지원하고 있다. 지역문화재단은 먼저 행정청에서 보조금을 교부 받아 기타 사인들에게 재교부(간접보조금)하는 형태를 띤다. "간접보조금"이라 함은 보조사업자가 교부받은 보조금의 일부를 그 보조금의 교부목적에 따라 다시 민간단체에 교부하는 보조금을 말한다

▶ 문화예술진흥법 제39조(국고보조) 국가와 지방자치단체는 예산의 범위에서 문화예술 진흥을 목적으로 하는 사업 또는 활동이나 시설에 드는 경비의 일부를 보조할 수 있다.

### 2.3. 행정사무의 위임(委任)·위탁(委託)계약

#### 2.3.1. 행정사무의 위임

[의의] 행정권한의 위임이란 행정기관이 자기 권한의 일부를 다른 행정기관(공공단체·그 기관·사인도 포함)에게 이전하여 그 수임기관으로 하여금 그 권한으로서 이를 행사할 수 있도록 하는 것이다.[4] 본래 강학상 권한위임이란 법령에 근거하여 자기의 의사로써 권한의 일부를 하급행정청 또는 보조기관에 이전하고, 수임기관이 그 위임받은 권한을 자기의 이름과 책

---

[1] 석종현, 일반행정법(상), 392면.
[2] 김인만, 공법상의 계약, 고시계(1986.9), 292면.
[3] 김인만, 공법상의 계약, 고시계(1986.9), 292면.
[4] 김철용, 행정법, 669면; 이상철, 위임·위탁·대리·대행, 법제(2000.8).

임으로 행사할 수 있게 하는 것이지만 다른 행정청이나 사인에 대해서도 권한의 위임이 행해지고, 행정청의 의사에 의해서가 아니라 직접 법령에 의거하여 권한의 위임이 행해지고 있다.[1] 이러한 경우 **행정권한을 위임한 자를 위임기관(또는 위임청), 위임받은 기관을 수임기관(또는 수임청)**이라 한다. 또한 법적으로는 위임한 권한은 원칙적으로 위임기관의 권한으로 유보된 상태이므로 행정권한이 한 행정기관에서 다른 행정기관으로 이전되는 권한이양(權限移讓)과는 구분된다. 실정법상으로 위임에 관한 정의는 '행정권한의 위임 및 위탁에 관한 규정(이하, 임탁규정)'제2조 제1호에서 "위임이란 법률에 규정된 행정기관의 장의 권한 중 일부를 그 보조기관 또는 하급행정기관의 장이나 지방자치단체의 장에게 맡겨 그의 권한과 책임 아래 행사하도록 하는 것을 말한다."고 정의하고 있다.

▶ 여객자동차운수사업법 제75조(권한의 위임) ① 국토교통부장관은 이 법에 따른 권한의 일부를 대통령령으로 정하는 바에 따라 시·도지사에게 위임할 수 있다. ② 시·도지사는 제1항에 따라 국토교통부장관으로부터 위임받은 권한의 일부를 국토교통부장관의 승인을 받아 시장·군수 또는 구청장에게 다시 위임할 수 있다.

[위임의 종류] 행정사무의 위임은 (ㄱ) 별정우체국설치법에 의거한 별정우체국 설치의 신청에 대한 지정(사인에 별정우체국 지정),[2] (ㄴ) 교육행정사무위임을 위한 협의, (ㄷ) 자치단체·학교·주택관리인·관광숙박업자·시장개설자 등에 대한 체신창구업무위탁 등이 있다.

[유사개념과의 구별] (대리와의 구별): 행정권한의 위임의 경우 그 권한이 수임시관으로 사실상 이전되지만, 대리의 경우에는 행정기관의 권한 자체는 피대리기관에 귀속되어 있고, 권한행사에 있어서도 대리행위임을 표현하는 표시행위가 수반되어야 한다. 따라서 대리의 경우 권한의 귀속상 변화가 없기 때문에 반드시 법령상 근거를 요하지 않는 임의대리도 원칙적으로 가능하다. 또한 위임의 경우 수임기관이 주로 하급행정기관이지만 대리의 경우 피대리기관의 보조기관이 되는 것이 일반적이고, 행정쟁송의 경우 처분청은 피대리기관이 된다. (내부위임과의 구별): 위임의 경우 위임된 권한은 원칙적으로 수임기관이 자신의 명의와 책임 하에 행사되지만, 내부위임은 행정기관의 내부적인 사무처리상 편의를 위해 보조기관 또는 하급행정기관으로 하여금 그의 권한을 사실상 행사하도록 하는데 그치는 것이다. 따라서 내부위임의 경우 자신의 이름으로 그 권한을 행사할 수 없다. (위임전결과의 구별): 행정권한의 위임은 수임기관에 권한을 이전하는 것이지만, 위임전결은 당해 행정기관의 보조기관 등이 당해 행정기관의 이름으로 그 권한을 사실상 대리행사하는 것인 점에서 구별된다.

---

1) 김남진·김연태, 행정법(Ⅱ), 박영사(2012), 24면.
2) 김인만, 공법상의 계약, 고시계(1986.9), 292면.

[위임의 근거 및 한계] 행정권한의 위임은 법령에 따라 설정된 행정기관의 권한분배를 실질적으로 변경하는 것이므로 법적 근거를 요한다.[1] 이에 대하여 정부조직법 제6조 제1항 및 임탁규정에서 행정권한의 위임에 관한 기본적인 사항을 규정하고 있는 바, 이러한 정부조직법 규정을 위임의 일반적 근거조항으로 볼 수 있는지에 대하여 학설은 긍정설과 부정설이 대립하고 있다. 이에 대하여 대법원은 정부조직법 제6조 제1항을 위임에 관한 일반적 법적근거조항으로 보고 있다.[2]

### 2.3.2. 행정사무의 위탁(委託)

[의의] 행정권한의 위탁이란 넓은 의미에서 행정기관의 권한을 다른 행정기관이나 법인·단체 또는 그 기관이나 개인에게 맡겨 그의 명의와 책임 하에 행사하도록 하는 것을 말한다.[3] 행정사무 위탁의 경우는 예컨대 사인의 신청에 의한 별정우체국 지정이 있다.[4] 실정법상으로는 임탁규정 제2조 제2호에서 "위탁이란 법률에 규정된 행정기관의 장의 권한 중 일부를 다른 행정기관의 장에게 맡겨 그의 권한과 책임 아래 행사하도록 하는 것을 말한다."고 규정하고 있다. 이러한 정의에서 보면, 행정권한의 위탁과 위임의 구분이 모호해지는 문제점이 생긴다. 실정법상 문언상으로는 위임의 경우 수임기관이 '보조기관' 또는 '하급행정기관의 장', '지방자치단체의 장'이고, 위탁의 경우 '다른 행정기관의 장'으로 구분되어 있지만 실질적으로 '다른 행정기관의 장'의 범주에 하급행정기관과 지방자치단체의 장이 포함될 수 있다는 측면에서 보면 명확한 구별이 어렵다. 또한 임탁규정 제2조 제3호에서 "민간위탁이란 법률에 규정된 행정기관의 사무 중 일부를 지방자치단체가 아닌 법인·단체 또는 그 기관이나 개인에게 맡겨 그의 명의로 그의 책임 아래 행사하도록 하는 것을 말한다."고 규정하여 위탁 중 민간위탁을 별개로 구분하고 있다. 따라서 이러한 실정법상 정의규정에서 보면 실질적으로 위임과 위탁의 개념이 상호중첩 되며, 명확히 구분되기 어렵다고 할 것이다. 다만, 위탁의 경우 위임과는 다르게 '동등한 행정기관(다른 행정기관)', '법인·단체'에 대하여 행정권한의 일부를 맡겨 자신의 명의와 책임으로 수행하게 한다는 점에서는 구별된다 할 것이다.

[민간위탁] 행정권한의위임및위탁에관한규정(대통령령/이하 임탁규정) 제2조 제3호에서 민간위탁의 개념을 정의하고 있고, 제10조에서는 민간위탁사무에 관하여 다른 법령에 특별한 규정이 없는 한 이 영에서 정한 바에 따른다고 하여 민간위탁에 관한 일반적 사항

---

1) 대판 1970. 6. 30, 70누60.
2) 대판 1990. 6. 26, 88누12158; 대판 1990. 2. 27, 89누5287; 대판 1989. 9. 26, 89누12127; 최봉석, 행정권한의 위임과 기관위임의 법리, 공법연구 제29집 제1호(한국공법학회, 2000), 360면.
3) 김철용, 행정법, 669면; 이상철, 위임·위탁·대리·대행, 법제(2000.8), 25면.
4) 김인만, 공법상의 계약, 고시계(1986.9), 292면.

을 규율(Regelng)하고 있다.

[행정권한의위임및위탁에관한규정 제11조] 임탁규정 제11조는 민간위탁의 기준이란 제목 하에 "행정기관은 법령으로 정하는 바에 따라 그 소관 사무 중 조사·검사·검정·관리 사무 등 국민의 권리·의무와 직접 관계되지 아니하는 각 호의 사무를 민간위탁할 수 있다."고 규정하고 각 호에서 "단순 사실행위인 행정작용", "공익성보다 능률성이 현저히 요청되는 사무", "특수한 전문지식 및 기술이 필요한 사무", "그 밖에 국민 생활과 직결된 단순 행정사무"를 열거하고 있다.

[행정권한의위임및위탁에관한규정 제12조] 임탁규정 제12조는 민간위탁대상기관의 선정기준에 대하여 "행정기관은 민간위탁할 대상관을 선정할 때에는 인력과 기구, 재정 부담 능력, 시설과 장비, 기술 보유의 정도, 책임능력과 공신력, 지역 간 균형 분포 등을 종합적으로 검토하여 적정한 기관을 수탁기관으로 선정하여야 한다."고 규정하고 있다. 또한 동령 동조 제3항에서 "행정기관은 행정사무를 민간위탁하는 경우에는 사무 처리의 지연, 불필요한 서류의 요구, 처리기준의 불공정, 수수료의 부당징수 등 문제점을 종합적으로 검토하여 이를 방지할 보완조치를 마련하여야 한다."고 규정하고 있다.

▶여객자동차운수사업법 제76조(권한의 위탁 등) ① 국토교통부장관 또는 시·도지사는 이 법에 따른 권한의 일부를 대통령령으로 정하는 바에 따라 조합, 연합회, 공제조합, 「교통안전공단법」에 따른 교통안전공단 또는 대통령령으로 정하는 전문 검사기관에 위탁할 수 있다. ② 제1항에 따라 위탁받은 업무에 종사하는 조합, 연합회, 공제조합, 「교통안전공단법」에 따른 교통안전공단 또는 전문 검사기관의 임원 및 직원은 「형법」 제129조부터 제132조까지의 규정에 따른 벌칙을 적용하는 경우 공무원으로 본다.

▶문화예술진흥법 제41조(권한의 위임·위탁) 문화체육관광부장관은 이 법에 따른 권한의 일부를 대통령령으로 정하는 바에 따라 시·도지사에게 위임하거나 위원회, 그 밖의 문화예술 단체에 위탁할 수 있다.

▶문화예술진흥법 제7조(전문예술법인·단체의 지정·육성) ① 국가와 지방자치단체(시·도에 한정한다. 이하 이 조에서 같다)는 문화예술 진흥을 위하여 전문예술법인 또는 전문예술단체(이하 "전문예술법인·단체"라 한다)를 지정하여 지원·육성할 수 있다. ③ 제1항에 따라 전문예술법인·단체로 지정을 받으려는 자는 지정신청서를 작성하여 문화체육관광부장관 또는 시·도지사에게 제출하여야 한다. 지정 내용을 변경하려는 경우에도 또한 같다.

▶문화예술진흥법 시행령 제4조(전문예술법인·단체의 지정) ① 법 제7조제3항에 따라 전문예술법인 또는 전문예술단체(이하 "전문예술법인·단체"라 한다)의 지정을 신청하려는 자는 별지 제1호서식의 전문예술법인·단체 지정(변경)신청서에 다음 각 호의 서류를 첨부하여 문화체육관광부장관이나 특별시장·광역시장·도지사 또는 특별자치도지사(이하 "시·도지사"라 한다)에게 제출하여야 한다.

▶**문화예술진흥법 제20조(한국문화예술위원회)** ① 문화예술 진흥을 위한 사업과 활동을 지원하기 위하여 한국문화예술위원회(이하 "위원회"라 한다)를 둔다. ② 위원회는 법인으로 하되, 이 법에 규정한 것 외에는 「민법」 중 재단법인에 관한 규정을 준용한다.

▶**중앙행정심판위원회 2011. 7. 5, 2011-07314 【위약금 납부통지 취소청구】** 한국산업안전보건공단법 제6조에 의하면, 공단은 다음 각호의 사업을 한다고 하면서, 제3호에서 "사업장의 산업재해예방을 위한 안전·보건 진단 또는 관리 등과 이를 위한 기술지원"을, 제9호에서 "산업안전보건에 관하여 고용노동부장관이나 그 밖에 중앙행정기관의 장이 위탁하는 사업"을 규정하고 있다. … 고용노동부는 안전관리자 선임의무가 면제된 50인 미만 소규모 사업장의 재해예방활동을 지원하기 위해 안전관리 대행기관으로 하여금 사업장에 대한 기술지원을 대행하도록 함으로써 산업안전을 도모하고자 하는 목적의 '안전관리 기술지원 위탁사업'을 추진하면서 위 사업을 한국산업안전보건공단법에 의해 설립되어 **고용노동부장관이 위탁하는 사업** 등을 수행하는 공단에 위탁하고, 공단은 사업장에 대한 안전관리 기술지원을 실시할 안전관리 대행기관을 선정하고 선정된 업체와 업체의 용역(기술지원) 제공과 이에 대한 공단의 대가 지급을 골자로 하는 용역계약을 체결하여 위 대행기관으로 하여금 지원대상 사업장에 대한 지원이 이루어지도록 하고 있는바, 결국 이 사건 사업 실시에 따라 국가의 지원을 받는 대상은 소규모 사업장을 운영하는 사업주이고, 청구인과 같이 사업장 안전관리를 전문적으로 수행하는 기관은 영업활동의 일환으로 위 사업에 자율적으로 참여신청을 하여 사업수행기관으로 선정되면 사업실시 주체인 피청구인과 계약을 맺은 후에 그 계약에 따라 용역(사업장에 대한 안전관리)을 제공하고 그에 대한 대가를 사업주를 대신하여 국가로부터 지급받는 관계에 있게 된다.[1]

---

[1] 중앙행정심판위원회 2011. 7. 5, 2011-07314 【위약금 납부통지 취소청구】 위에서 본 바와 같은 이 사건 사업의 목적, 이 사건 계약 체결경위, 계약의 내용 등을 고려해 볼 때, 이 사건 계약은 영세사업장의 재해예방활동을 지원한다는 목적을 달성하기 위해 이 사건 사업 추진계획을 수립하고, 구체적인 사업수행을 맡은 피청구인이 기술지원을 요하는 사업장에 대한 지원방편으로 위 사업에 참여하여 수익을 얻고자 하는 안전기술 대행기관인 청구인과 상호 의사합치에 따라 대등한 의무를 부담하는 내용으로 체결한 계약으로서, 이는 **공법상 법률효과의 발생을 목적으로 하는 대등한 당사자 사이의 의사표시의 합치에 의해 성립하는 법률행위로서 '공법상 계약'에 해당**한다고 보아야 할 것이다. 다만, 이 사건 계약 내용 중에는 피청구인이 계약이행상황의 감독할 수 있고, 계약의 목적상 필요하다고 인정할 경우 과업내용을 변경할 수 있도록 하며, 용역을 완성하였을 때 피청구인의 검사를 받도록 하고, 계약상대자에게 일정한 사유가 있는 경우 입찰참가자격을 제한할 수 있도록 하며(용역계약 일반조건, 제12조, 제16조, 제20조, 제34조), 계약상대자에게 부정행위가 있는 경우 계약을 해제 또는 해지할 수 있도록 하고, 용역계약 체결 후 사업계획서를 제출하도록 하는 등(용역계약 특수조건 제9조, 제14조) 피청구인에게 어느 정도 청구인에 대한 지휘·감독적인 역할을 인정하고 있다 하더라도, 이 사건 사업이 영세사업장의 산업재해 예방에 기여한다는 공익을 목적으로 하고 있는 점, 공법상 계약이 공법적 효과를 발생시키고 공익의 실현수단인 점

### 2.3.3. 위임 및 위탁의 효과

[위임 및 위탁의 효과] 권한의 위임은 권한의 이전 효과를 발생한다. 따라서 위임기관의 권한은 수임기관의 권한으로 되고 수임기관이 자신의 명의와 책임으로 위임 받은 권한을 행사한다. 따라서 위임받은 권한을 행사한 수임기관의 행정처분에 대하여 분쟁이 발생할 경우 쟁송의 상대방은 수임기관이 된다. 또한 위임기관은 위임사항을 처리할 수 있는 권한을 상실하게 된다. 위임기관은 수임기관의 위임된 권한행사에 대하여 지휘·감독권을 가지는가에 대하여 보면, 수임기관이 위임기관의 지휘·감독 하에 있는 보조기관이나 하급 행정기관인 경우에는 지휘·감독권을 갖지만,1)2) 대등기관이나 지휘감독계층을 달리하는 하급 행정기관

---

등에 비추어 볼 때, 이는 공법상 계약의 특성에 기한 불가피한 규율이어서 이러한 사정만을 두고 이 사건 계약이 피청구인이 고권적인 지위에서 공권력을 행하는 공법상의 행위로서 '처분'에 해당한다고 보기는 어렵다. … 위약금 조항에 근거하여 계약금액의 10%에 해당하는 금액을 위약금으로 정하여 청구인에게 납부하도록 한 이 사건 통지는 계약상대자에게 이 사건 계약에서 예정한 손해배상액을 지급청구 하는 것에 불과하다. 따라서 청구인이 피청구인의 위약금 지급청구에 대해 공법상 당사자 소송 또는 민사소송을 제기하여 손해배상채무가 존재하지 않음을 다툴 수 있음은 별론으로 하고, 이 사건 통지를 행정청이 고권적인 지위에서 행한 공법상 행위로서의 '처분'으로 볼 수 없는 이상, 이 사건 심판청구는 행정심판의 대상이 되지 아니하는 사항에 대해 제기된 부적법한 청구라 할 것이다. 청구인의 청구는 심판제기요건을 결한 부적법한 청구라 할 것이므로 이를 각하한다.

1) 구문화예술진흥법 제4조는 특별시장·광역시장·도지사 또는 특별자치도지사는 지방문화예술진흥에 관한 중요 시책 및 사업을 심의하고 지원하기 위하여 그 지방자치단체의 조례로 정하는 바에 따라 지방문화예술위원회나 재단법인을 설립할 수 있었다. (문제점) : 서울문화재단이나 경기문화재단은 이사장을 서울시장이나 경기도지사가 하지 않고, 민간 신분의 인물이 이사장을 역임하고 있다. 그러나 아직 대다수의 재단들은 행정청장이 이사장을 겸하고 있어서, 수탁 받아 이행하는 사업들이 악용될 가능성이 있다. 다음 대법원판례는 위탁하는 기관의 수장과 위탁받는 기관의 수장이 달라야 함을 계약상 명시하고 법적으로 분리해야할 필요가 있다는 것을 의미한다(안주용, 지역문화재단 계약사무의 법적 성질 및 개선점 연구 - 공법상 계약 이론을 중심으로, 한국예술경영학회, 예술경영연구(2014.8), 71면). 대판 2011. 7. 14, 2011도3862【공직선거법 위반】현직 구청장으로 차기 구청장 선거에 출마할 가능성이 있는 피고인이 선거운동기간 전에 구청 공무원 등과 공모하여 선거구민들에게 자신의 업적을 홍보하는 내용의 문자메시지 및 생일축하 전보, 쾌유기원 전보를 발송하고, 골프대회, 경로당 시사대잔치, 뮤지컬 공연 등 사적인 행사에서 인사말을 하였다고 하여 구 공직선거법(2010. 1. 25. 법률 제9974호로 개정되기 전의 것, 이하 같다) 위반으로 기소된 사안에서, 위 행위가 구 공직선거법상 사전선거운동에 해당함과 아울러 공무원이 선거구민에게 후보자가 되고자 하는 자의 업적을 홍보하는 행위를 금지하는 구 공직선거법 제86조 제1항 제1호에 위배된다.
2) 설립된 법인에 대한 행정감사의 권한이 주무관청에 있음을 민법이 명시하고 있기는 하지만 이는 비리를 감사하는 것이지 자율성을 간섭해도 된다는 의도는 아닌 것이다. 그런데 이를 필요이

인 경우에는 지휘·감독권을 갖지 않는다는 것이 통설이다.[1]

※ 행정권한의위임및위탁에 관한 규정 제6조는 위임기관 및 위탁기관은 지휘·감독권 및 위법·부당한 사무처리의 취소·정지권을 갖는다.[2][3]고 규정하고 있다.

▶ 행정권한의위임및위탁에 관한 규정 제6조 위임기관 및 위탁기관은 수임기관 및 수탁기관의 사무처리에 관하여 지휘·감독하고 그 처리가 위법·부당하다고 인정되는 때에는 이를 취소하거나 정지시킬 수 있다.

▶ 대판 1996. 12. 23, 96추114 【읍·면위임조례중개정조례안의결무효확인】

【판시사항】 [1] 동일한 지방자치단체 내에서 상급 행정관청이 하급 행정관청에 사무를 위임한 경우, 위임관청으로서의 수임관청에 대한 지휘·감독권의 범위 ☞ **판결요지 [1] 참조** [2] 군수가 읍·면장에게 위임한 사무에 관하여 읍·면장의 위법 처분에 대하여만 군수의 취소·중지권을 부여하고 부당 처분에 대하여는 이를 배제한 조례안의 효력(무효) ☞ **판결요지 [2] 참조**

【판결요지】 [1] 지방자치법은 행정의 통일적 수행을 기하기 위하여 군수에게 읍·면장에 대한 일반적 지휘·감독권을 부여함으로써 군수와 읍·면장은 상급 행정관청과 하급 행정관청의 관계에 있어 상명하복의 기관계층체를 구성하는 것이고, 지방자치법이 상급 지방자치단체의 장에게 하급 지방자치단체의 장의 위임사무 처리에 대한 지휘·감독권을 규정하면서 하급 지방자치단체의 장의 자치사무 이외의 사무처리에 관한 위법하거

---

상의 의무를 수탁자에게 강요하는 조항이 계약서에 기재될 수 있다. 예를 들면, 사업 계획을 이사장(행정청장)도 아닌 주무 관리 부서에 미리 보고하고 검토 받는 식의 조항이 그 예일 것이다. 실제로 단순 행정감사의 역할을 넘어 공무원들의 간섭하는 정도가 심해지는 경우도 심심치 않게 발생한다(안주용, 지역문화재단 계약사무의 법적 성질 및 개선점 연구 - 공법상 계약 이론을 중심으로, 한국예술경영학회, 예술경영연구(2014.8), 72면). 팔길이 원칙(arm's length principle)에 따라 지원은 하되 간섭하지 아니한다는 정신이 필요하다. <u>우리나라에서도 팔길이 원칙을 모든 문화예술의 정책에서 가장 기본적인 방향 중 하나로 제시하고 있다.</u> 공공분야 예술지원이나 문화예술기관 운영을 언급할 때 빼놓지 않고 인용하는 원칙도 팔길이 원칙이다. 그러나 우리 사회의 문화예술 지원정책은 관료 위주의 통제적 방식에 머물러 있는 것이 엄연한 현실이다. 제2차 세계대전 이후 영국, 캐나다, 미국 등 선진국들은 공공영역에서 '정부가 지원하되 관여해서는 안 된다'는 '팔길이 원칙'을 내세웠다. 이 원칙은 문화예술뿐만 아니라 공적 서비스를 제공하는 모든 부문에서 공공정책 수립과 집행이 이뤄질 때 보편적으로 적용됐다. 지난 1950년대 캐나다의 독립예술기구 창립을 주도했던 당시 루이스 로댕 총리는 "정부는 국가의 문화예술 발전을 지원해야 한다. 그러나 그것을 통제하거나 어떤 형태로든 자율성을 제한해서는 안 될 것"이라고 주장했다(이인권 : http://www.gukjenews.com/news/articleView.html?idxno=344363 : 검색어 : 팔길이 원칙, 검색일 : 2015.12.16).

1) 김철용, 행정법(Ⅱ), 675면.
2) 김철용, 행정법(Ⅱ), 675면; 김남진·김연태, 행정법(Ⅱ), 31면.
3) 판례도 이를 긍정하고 있다. 대판 1996. 12. 23. 96추114.

나 현저히 부당한 명령·처분에 대하여 취소·정지권을 부여하고 있는 점에 비추어 볼 때, 동일한 지방자치단체 내에서 상급 행정관청이 하급 행정관청에 사무를 위임한 경우에도 위임관청으로서의 수임관청에 대한 지휘·감독권의 범위는 그 사무처리에 관한 처분의 합법성뿐만 아니라 합목적성의 확보에까지 미친다. [2] 하급 행정관청으로서 군수의 일반적 지휘·감독을 받는 읍·면장의 위임사무 처리에 관한 위법한 처분에 대하여만 군수에게 취소·정지권을 부여하고 부당한 처분에 대하여는 이를 배제한 조례안은, **지방자치법에 위배되어 허용되지 않으므로 그 효력이 없다.**

### 2.4. 환경보전(환경오염방지)협정

지방자치단체와 사기업 사이에 체결되는 공장·사업장에서 발생하는 환경오염을 방지하고 환경을 보전하기 위한 협정, 예컨대 배출기준의 준수·환경오염방지시설의 설치의무 등은 공법상의 권리와 의무를 내용으로 하고 있다는 점에서 공법상 계약으로서의 법적 효력을 인정할 수 있다.[1]

### 2.5. 특별권력관계 설정합의 – 특별행정법관계 설정에 관한 계약행위

특별권력관계 설정합의는 지원(志願)에 의한 군입대(지원입대),[2] 공익사업을위한토지등의취득및보상에관한법률상의 협의,[3] 전문직[4]·직능직공무원의 채용계약, 영조물이용관계의 설정(예 : 국민학교 이외의 국공립학교의 입학허가)[5] 등이 있다.[6] 전문계약직 공무원의 채용은 행정주체와 사인 간에 체결되는 공법상 계약으로, 특별행정법관계 설정에 관한 계약 행위이다(류지태·박종수). 이는 전문계약직 공무원뿐만 아니라 그 지위가 유사하다고 판별되는 인원들의 경우에도 해당한다.

▶ 대판 1995. 12. 22, 95누4636【해촉처분취소등】지방자치법 제9조 제2항 제5호 (라)목 및 (마)목 등의 규정에 의하면, 서울특별시립무용단원의 공연 등 활동은 지방문화

---

1) 정하중, 행정법총론, 346면.
2) 홍정선, 행정법원론(상), 단락번호 1369; 김인만, 공법상의 계약, 고시계(1986.9), 292면.
3) 홍정선, 행정법원론(상), 단락번호 1369; 김인만, 공법상의 계약, 고시계(1986.9), 292면.
4) 전문직 공무원이라 함은 동 국가·지방공무원법 제2조에서 구분하는 '특수경력직 공무원'을 가리키다, 그 종류는 '정무직 공무원, 별정직 공무원' 등으로 나뉜다 종전의 계약직공무원(국가악의 채용 계약에 따라 전문지식·기술이 요구되거나 임용에 신축성 등이 요구되는 업무에 일정 기간 종사하는 공무원)제도는 삭제되었음
5) 심희정, 공법상 계약, 고시계(1996.3), 317면.
6) 공유수면매립면허는 공권력적 요소를 내용으로 하지 아니한 복리증진 작용이라는 의미에서 공법상 계약으로 보는 견해(김도창)가 있으나, 공물사용권의 특허 일반의 성질과 같이 「행정행위」로 봄이 타당하다. 판례도 이를 행정행위로 본다.

및 예술을 진흥시키고자 하는 서울특별시의 공공적 업무수행의 일환으로 이루어진다고 해석될 뿐 아니라, 단원으로 위촉되기 위하여는 일정한 능력요건과 자격요건을 요하고, 계속적인 재위촉이 사실상 보장되며, 공무원연금법에 따른 연금을 지급받고, 단원의 복무규율이 정해져 있으며, 정년제가 인정되고, 일정한 해촉사유가 있는 경우에만 해촉되는 등 서울특별시립무용단원이 가지는 지위가 공무원과 유사한 것이라면, 서울특별시립무용단 단원의 위촉은 공법상의 계약이라고 할 것이고, 따라서 그 단원의 해촉에 대하여는 공법상의 당사자소송으로 그 무효확인을 청구할 수 있다."

▶ 서울고판 1996. 8. 27, 95나35953【확정 – 해임처분무효확인】[1] 국립중앙극장 전속단체 출연단원 채용계약은 국립중앙극장의 설립근거 및 설립목적, 단원계약의 절차, 단원의 업무의 성질, 단원의 지위, 전문직공무원의 채용절차 등에 비추어, 전문직공무원으로서의 채용에 해당하거나 공법상의 근무관계의 설정을 목적으로 체결된 공법상의 계약에 해당한다. [2] 국립중앙극장 전속단체 출연단원을 채용함에 있어, 국립중앙극장은 종전의 위촉제도하에서는 1년 단위로 재위촉을 하여 왔으나 운영규정상 '위촉기간이 만료된 단원에 대하여는 특별한 사유가 없는 한 다시 위촉하여야 한다.'고 규정되어 있는 데다 실제로도 별도의 전형 없이 재위촉을 하는 식으로 운영하여 온 만큼 그 정한 기간이 형식에 불과하게 되었다고 할 것이나, 1985년부터는 종전의 의무적인 재위촉제도의 부작용을 방지하고 예술적 기량이 뛰어난 출연단원을 선발하여 국립중앙극장으로서의 설립취지와 위상에 걸맞는 공연활동을 하기 위하여 계약제도로 변경하여 계약기간 만료자는 반드시 신규단원 응시자와 동일하게 공개경쟁전형을 치러 일정한 점수 이상을 얻은 자 중에서 단체의 특성 및 정원을 감안하여 고득점자 순으로 결정하는 방법에 의하여 합격되어야만 재계약이 가능하도록 규정하였고, 실제로도 그와 같은 방법에 의한 전형과정을 거쳐 재계약을 체결하면서 매년 최저기준점수 이상의 점수를 얻고서도 재계약을 위한 전형에 합격하지 못하여 재계약을 체결하지 못한 사람이 계속 있어 온 사실 및 국립중앙극장의 전속단체가 갖는 업무의 성격이나 그 위상 등에 비추어 보면 그와 같은 재계약제도는 합리성도 있다고 인정되므로, 국립중앙극장전속단체 출연단원에 대한 계약기간을 단지 형식에 불과하다고는 볼 수 없고, 이는 출연단원이 위와 같이 실질적인 의미를 가진 재계약을 위한 전형에서 계속하여 합격한 결과 장기간에 걸쳐 재계약이 반복되어 왔다 하더라도 마찬가지이다. [3] 공법상의 당사자 소송을 민사소송으로 보고[1] 본안판단을 한

---

1) 공법상 당사자소송은 행정법원 관할이라는 판례: 서울고법 2014.12.18, 선고, 2014나2024684, 판결 : 이송【전투수당등】【판시사항】베트남전에 파견되어 전투임무를 수행한 甲 등이 국가를 상대로 미지급 전투근무수당과 추가 해외파견 근무수당의 지급을 구하는 소를 제기한 사안에서, 위 소는 공법상의 법률관계에 관한 소송에 해당하여 행정소송법 제3조 제2호에 규정된 당사자소송의 절차에 따라야 하므로 관할 행정법원으로 이송되어야 한다고 한 사례【판결요지】베트남전에 파견되어 전투임무를 수행한 甲 등이 국가를 상대로 미지급 전투근무수당과 추가 해외파견

제1심판결에 대하여, 항소심인 고등법원에서 제1심판결을 취소하고 행정소송의 제1심으로 판결한 사례."

[결어] 위 두 판례 모두 서울특별시립무용단원과 국립중앙극장 전속단체 출연단원의 지위를 공무원 내지 전문직공무원으로 보고 있다. 이에 따라 이들의 위촉, 채용 계약을 공법상 계약으로 명시하고 있다. 한편, 공무원과 전문계약직공무원의 근로 조건 및 임금 등은 공무원법과 대통령령인 공무원 보수규정에 따라 결정된다. 이 점이 근로기준법에 따라 근로 조건 및 임금이 결정되는 재단 직원과의 가장 큰 차이점이다.[1]

## 2.6. 일반직 공무원임명 · 귀화허가 · 공물사용권특허 · 공기업특허 – 쌍방적 행정행위(행정행위이며, 공법상 계약이 아님)

이들 행위를 공법상 계약(쌍방행위)으로 보는 견해도 있으나, 행위의 내용은 행정청이 일방적으로 결정하고, 사인은 이를 포괄적으로 수락함에 그친다고 할 것이므로, 신청 또는 동의를 요건으로 하는 「쌍방적 행정행위」로 보는 것이 타당하다(행정행위).[2] 일반직공무원[3]의 경우, 공무원 임명 행위는 공법상 계약에 해당하는지, 혹은 행정행위에 속하는지에

---

근무수당의 지급을 구하는 소를 제기한 사안에서, 국가와 소속 경력직공무원인 군인의 관계, 즉 군인의 근무관계는 사법상의 근로계약관계가 아닌 공법상의 근무관계에 해당하고, 근무관계의 주요한 내용 중 하나인 군인의 보수에 관한 법률관계는 공법상의 법률관계라고 보아야 하는 점, 구 군인사법(2011. 5. 24. 법률 제10703호로 개정되기 전의 것) 제52조 및 구 군인보수법(1974. 12. 26. 법률 제2729호로 개정되기 전의 것, 이하 같다) 제2조 제2항이 군인의 보수에 관하여 법정주의를 채택하고 있고, 이에 따라 甲 등의 전투근무수당 및 해외파견 근무수당 지급청구권은 구 군인보수법, 구 군인보수법 시행령(1974. 12. 19. 대통령령 제7417호로 개정되기 전의 것), 구 해외파견근무수당 지급규정(1979. 4. 16. 국방부령 제312호로 폐지) 등의 법령의 규정에 의하여 직접 그 존부나 범위가 정하여지며, 특히 위 규정들에 의하면 甲 등에 대한 해외파견 근무수당은 예산의 범위 안에서 지급하도록 규정되어 있어 단순한 사인 간의 금전지급채권관계와는 달리 특수한 공법적 고려요소가 가미되어 있는 점 등을 종합하면, 위 소는 공법상의 법률관계에 관한 소송에 해당하여 행정소송법 제3조 제2호에 규정된 당사자소송의 절차에 따라야 하므로, 행정소송법 제7조, 민사소송법 제34조 제1항에 따라 관할 행정법원으로 이송되어야 한다.

1) 안주용, 지역문화재단 계약사무의 법적 성질 및 개선점 연구 – 공법상 계약 이론을 중심으로, 한국예술경영학회, 예술경영연구(2014.8), 69면.
2) 김인만, 공법상의 계약, 고시계(1986.9), 292면; 홍정선, 행정행위의 직권취소와 구성요건적 효력, 고시계(1994.3), 158면.
3) 일반직공무원이라 함은 국가 및 지방공무원법 각 제2조에서 구분하는 '경력직 공무원'을 지칭한다. 그 종류로 '일반직 공무원, 특정직 공무원, 등이 있다. 종전의 '기능직 공무원' 제도는 삭제됨. "경력직공무원"이란 실적과 자격에 따라 임용되고 그 신분이 보장되며 평생 동안(근무기간을 정하여 임용하는 공무원의 경우에는 그 기간 동안을 말한다) 공무원으로 근무할 것이 예정되는 공

대한 이견이 있다. 공법상의 계약은 그 법률효과가 복수당사자 간 의사 결합에 의하여 성립하므로 일반 공무원 임명 행위는 상대방의 신청에 의한 의사 합치라는 점에서 공법상 계약처럼 보이지만, 이는 상대방의 신청에 대하여 행정청의 일방적 의사에 의한 결정의 성질이 더 강하기 때문에 행정행위로 보는 것이 타당하다(유상현·설계경). 일반직 공무원의 해임행위는 행정처분이며, 항고쟁송의 대상이 된다.

### 3. 사인상호간의 공법상 계약
#### 3.1. 사인과 공무수탁사인(Beliehene)과의 공법상 계약
##### 3.1.1. 개관

[사인과 공무수탁사인의 공법상 계약] 사인과 공무수탁사인(Beliehene), 즉 자기의 명의로 공권력을 행사할 수 있는 사인(공무수탁사인)과 사인 상호간의 공법상 계약은 가능하며(공무수탁사인도 공권력의 담당자로서 행정주체로서의 지위를 가지므로 : 異論없음), 명문의 규정이 있는 경우에 가능하며 현행법상 토지수용에 있어서 起業者(사업시행자)와 토지소유자 사이에서 행해지는 협의가 그 대표적 예이다. 이 때에는 사인인 사업시행자와 토지소유주 사이의 「공익사업을 위한 토지 등의 취득 및 보상에 관한 법률」상의 협의만이 인정된다. 여기서 사업시행자(기업자 : 起業者)는 공무수탁사인을 의미하므로 행정주체에 해당한다.[1] ☞ 한자주의 : 기업자(企業者)가 아님. 요즈음은 기업자 보다는 사업시행자라는 용어를 사용

##### 3.1.2. 사법상 계약설(국가수용권설의 입장)

[사법상 계약으로 보는 근거] 사법상 계약설에 의하면, 기업자(사업시행자)가 토지소유자와 행하는 '협의'는 기업자(사업시행자)가 토지소유자 및 관계인과 법적으로 대등한 지위에서 행하는 임의적인 합의이고 수용권의 행사는 아니므로, 사법상의 매매계약과 성질상 차이가 없으며, 따라서 이는 사법계약으로 보아야 한다는 것이다.[2] 이 경우 양 당사자의 채권·채무가 서로 대가적 관계, 즉 일방의 채권은 타방의 채무를 내용으로 하고, 타방의 채권은 또 일방의 채무를 내용으로 하는 것으로서 쌍무계약에 해당한다.

[사법상 계약으로 본 판례] 잡종재산인 국유림을 대부하는 행위는 국가가 사경제주체로

---

무원을 말한다(동법 제2조 제2항). 제2조 제2항 제1호. 일반직공무원 : 기술·연구 또는 행정 일반에 대한 업무를 담당하는 공무원. 제2호. 특정직공무원 : 법관, 검사, 외무공무원, 경찰공무원, 소방공무원, 교육공무원, 군인, 군무원, 헌법재판소 헌법연구관, 국가정보원의 직원과 특수 분야의 업무를 담당하는 공무원으로서 다른 법률에서 특정직공무원으로 지정하는 공무원

1) 석종현, 일반행정법(상), 393면.
2) 박시준, 공법상 계약과 사법상 계약의 구별, 고시연구(2002.4), 228면.

서 상대방과 대등한 위치에서 행하는 사법상의 법률행위라 할 것이고(대판 1993. 12. 21, 93 누13735), 공유수면 매립면허를 받은 금능 군수가 그 매립 공사의 시행을 위하여 원고에게 골재를 채취케 하고 그 대가를 받음에 있어 허가의 형식을 취하였다 하더라도 이는 어디까지나 사법상의 매매 유사한 유상계약이라 할 것(대판 1984. 1. 24, 83누212)이며, 국유재산의 매매계약은 순전히 사법상의 계약에 불과(대판 1969. 12. 25, 69누134)하다고 하였다.[1]

### 3.1.3. 공법상 계약설(기업자수용권설의 입장)

사업시행자와 토지소유권자사이의 협의는 기업자(사업시행자)가 국가적 공권의 주체로서 토지소유자 및 관계인에 대하여 기존의 수용권을 실행하는 방법에 불과하고,[2] 협의가 성립되지 않으면 재결에 의하게 된다는 점에서 공법상 계약이라고 한다. 사업시행자와 토지소유자 사이에 보상액에 관한 협의가 이루어지면, 토지수용위원회에 의한 수용·사용의 재결과 동일한 효력이 발생하고, 사업시행자의 권리는 원시취득이 됨과 동시에 사업시행자의 위험부담책임(공익사업을위한토지등의취득및보상에관한법률 제46조)[3] 및 토지소유자 및 관계인에게 환매권(동법 제91조)이 발생하는 등 민법규정이 배제되는 점에서 공법상 계약으로 볼 수 있다.[4] 이 설이 타당하다.

[공법상 계약으로 본 판례] 공법상 계약으로 본 판례는, (ㄱ) 공중보건의사 채용계약 해지의 쟁송방법은 공법상 당사자소송에 의하여야 할 것이며(대판 1996. 5. 31, 95누10617), (ㄴ) 서울특별 시립무용단 단원의 위촉은 공법상의 계약이며(대판 1995.12.22, 95누4636), (ㄷ) 지방전문직공무원 채용 계약 해지의 의사표시에 대하여는 대등한 당사자간의 소송형식인 공법상 당사자 소송으로 그 의사표시의 무효확인 청구할 수 있다고 하여(대판 1993. 9. 14, 92누4611), 공법상 계약으로 보았다.[5]

### 3.1.4. 소결

우리나라의 실정법체계가 공법·사법의 이원적 구조를 취하고 있고, 공법상 계약에 관한 쟁송제도로서 행정소송법상의 당사자소송을 인정하여 민사소송과 구별하고 있고, 공

---

1) 박시준, 공법상 계약과 사법상 계약의 구별, 고시연구(2002.4), 228면.
2) 박시준, 공법상 계약과 사법상 계약의 구별, 고시연구(2002.4), 228면.
3) 공익사업을위한토지등의취득및보상에관한법률 제46조 (위험부담) 토지수용위원회의 재결이 있은 후 수용 또는 사용할 토지나 물건이 토지소유자 또는 관계인의 고의나 과실없이 멸실 또는 훼손된 경우 그로 인한 손실은 사업시행자의 부담으로 한다.
4) 박윤흔, 행정법강의(상), 561면; 홍정선, 행정법원론(상), 단락번호 1369; 석종현, 일반행정법(상), 293면.
5) 박시준, 공법상 계약과 사법상 계약의 구별, 고시연구(2002.4), 228면.

법상 계약과 사법상 계약은 실정법상 또는 기본적인 법리의 차이가 있다. 따라서 공법상 계약과 사법상 계약은 구별되어야 하며, 양자를 행정계약의 개념으로 같이 취급하는 것은 문제가 있다. 그리고 사법상 계약과 구별되는 공법상 계약이 되기 위해서는 계약의 일방 당사자는 행정주체이어야 하고, 공법적 효과의 발생을 내용으로 하는 계약이어야 하며, 계약의 대상이 공법적 규율의 대상이 되어야 한다.[1]

### 3.2. 공무수탁사인이 아닌 순수한 사인(私人) 사이의 공법상 계약

[개관] 사인과 사인 사이의 공법상 계약의 체결도 가능하나, 여기에는 법률유보의 원칙이 적용되어 법적 근거를 요한다.[2] 왜냐하면 사인은 행정주체에만 귀속시킬 수 있다는 의미의 공법상의 권리나 의무를 처분할 수 있는(Dispositionsbefugnis über öffentlicher Rechtsbeziehungen)을 가지고 있지 않기 때문이다.[3]

[김남진교수] 김남진 교수는 "사인과 사인간에는 그 내용이 아무리 공공성을 띤다고 하더라도 그것을 공법계약이라고 부를 수 없다"[4]고 하면서도 이론상, 제도상으로는 공법상 계약의 체결이 가능하나, 법적 근거를 요한다고 한다.[5] "사인과 사인사이에는 공법계약을 체결할 수 없는바, 예컨대 갑과 을 간에 甲의 국가에 대한 납세의무(공법상의 의무)를 乙에게 이전하는 계약을 체결하는 경우에도 그것은 어디까지나 사법상의 계약이지 공법상의 계약이 될 수 없다는 논거에서이다[6][7] 그러나 이론상, 제도상 순수한 사인간에도 공법상의 계약을 체결할 수 있다고 보되 어디 까지나 법적 근거를 요한다"고 한다.[8]

[독일사례(김남진 교수)] 독일에서 사인간의 공법계약으로 예시되는 것으로는, (ㄱ) 하천관리법에 의하여 개인이 부담하고 있는 하천관리의무(Pflicht zur Geswässerunterhaltung)를 하천관리청의 동의하에 타인에게 이전시키는 계약, (ㄴ) 연방건설법 제110조[9]에 입각한

---

1) 박시준, 공법상 계약과 사법상 계약의 구별, 고시연구(2002.4), 229면.
2) 김남진, 공법계약과 사법계약의 구별, 고시계(1984.7), 56면.
3) 김남진, 공법계약과 사법계약의 구별, 고시계(1984.7), 56면; K. Lange, Die Abgrenzung des öffentlich-rechtlichenen Vertrages vom privatrechtlichen Vertrag, NVwZ 1983, S. 313 ff(317); Erichsen/Martens, Allgemeines Verwaltungsrecht, S. 275.
4) 김남진, 공법상의 계약, 고시계(1984.1), 91면.
5) 김남진, 공법계약과 사법계약의 구별, 고시계(1984.7), 56면.
6) Alfons Gern, Zur Möglichkeit, öffentlicher Verträge zwischen Privaten, NJW 1979, S, 694 f.; Bull, Allgemeines Verwaltungsrecht, 1982, S. 272.; 김남진, 행정법의 기본문제, 제2정판, 334면.
7) 서원우 교수도 이를 부정한다. 서원우, 행정계약의 관념, 고시연구(1985.2), 26면.
8) 김남진, 공법계약과 사법계약의 구별, 고시계(1984.7), 56면.
9) 독일연방건설법 제110조 【Einigung】 ① Die Enteignungsbehörde hat auf eine Einigung zwischen den Beteiligten hinzuwirken. ② Einigen sich die Beteiligten, so hat die Enteignungsbehörde eine Niederschrift über die Einigung aufzunehmen. Die Niederschrift

사인간의 공용수용계약(Enteigungsvertrag)이 있다. 이것이 공법상 계약의 성질을 가지는 이유는 사인간에 수용계약이 성립하면 그에 의하여 공용징수청(Enteignungsbehörde)은 조서(調書: Niederschrift)의 작성 등 일정한 직무행위를 행할 의무를 지기 때문이다(독일연방건설법 제11조 제2항: Einigen sich die Beteiligten, so hat die Enteignungsbehörde eine Niederschrift über die Einigung aufzunehmen.) 이 경우 기업자(사업시행자)로서의 사인은 어디까지나 사인이지 공무수탁사인(Beliehene)은 아니라는 점이다. 이는 마치 사인이 적법하게 소송을 제기 할 때 법원이 그것을 수리하고 심리할 의무를 진다고 해서 소송제기인이 되지 않는 것과 마찬가지이다.[1]

## VIII. 공법상 계약의 공법적 특질(공법상 계약의 특수성)

공법상 계약은 쌍방의 효과가 완전한 대등성을 가지는 것은 아니며, 또한 공법적 효과 발생을 목적으로 하고 공익과 밀접한 관계를 가진 것이므로 사법상 계약과 다른 특질이 인정되고 있다. 또한 공법상 계약은 비권력 행위이며 관리행위이므로 공권력의 발동으로서의 행정행위에 인정되는 공정력(예선적 효력[프랑스법에서는 예선적 효력 혹은 예선적 특권이라고 한다.][2]); 예선적 유효성)·확정력·집행력 등의 특질이 인정되지 아니한다.

### 1. 실체법적 특질(특수성)

#### 1.1. 법적합성

공법상 계약은 법규(Rechtsvorschrift)에 위반되지 않는 범위내에서 체결 될 수 있다. 여기서의 법규는 공법상 계약을 금지하는 명시적·묵시적 모든 법을 의미한다. 따라서 법규에 위반되지 않는다 함은 법에 위반되지 않는 것으로 해석하여야 한다. 예컨대 과세처분, 공무원임명 등을 기속행위로서 규정하고 있는 경우에는 원칙적으로 공법상 계약에 의한 대치는 금지된다.[3] 공법상 계약은 여타의 행정작용과 마찬가지로 조리 즉 행정법의 일반

---

muss den Erfordernissen des § 113 Abs. 2 entsprechen. Sie ist von den Beteiligten zu unterschreiben. Ein Bevollmächtigter des Eigentümers bedarf einer öffentlich beglaubigten Vollmacht. ③ Die beurkundete Einigung steht einem nicht mehr anfechtbaren Enteignungsbeschluss gleich. § 113 Abs. 5 ist entsprechend anzuwenden.

1) K. Lange, Die Abgrenzung des öffentlich-rechtlichenen Vertrages vom privatrechtlichen Vertrag, NVwZ 1983, S. 321; 김남진, 공법계약과 사법계약의 구별, 고시계(1984.7), 56면.
2) 장태주, 행정행위의 공정력과 취소판결의 소급효와의 충돌, 고시계(2004.7), 96면.

법원칙이나 행정법의 일반원리에 위반되어서는 안된다. 공법상 계약의 내용이 비례의 원칙, 평등의 원칙, 신뢰보호의 원칙에 반하는 경우에도 위법하며 그 효력은 발생하지 않는다. 더 나아가 계약의 내용이 불명하거나, 법률상·사실상 불능한 행위를 요구하는 경우, 선량한 풍속에 위배되는 경우에도 역시 무효이다.[1] 공법상 계약에 하자가 있는 경우에는 유효 아니면 무효이다. 행정행위와 같은 취소할 수 있는 행정행위, 예컨대 행정행위에서는 선량한 풍속 기타 사회질서에 위반되는 경우 취소 될 수도 있지만(상세한 내용은 본서, 공법상 계약의 허용한계 참조 할 것), 공법상 계약은 무효이다. 이는 공법상 계약에는 공정력(예선적 효력[프랑스법에서는 예선적 효력 혹은 예선적 특권이라고 한다][2])·구성요건적 효력)이 없는데서 오는 당연한 결과이다.[3]

### 1.2. 비권력성

공법상 계약은 공법행위 중에서도 비권력행위 내지 관리행위에 속하므로 행정행위에서와 같은 국가의사의 우월성에서 오는 공정성·실효성·확정성 등의 특질은 인정되지 않는다.

### 1.3. 계약자유의 제한

공법상 계약은 계약체결의 범위가 비권력적 행정분야에 한정(사법상 계약에서 인정되는 계약자유의 원칙이 제한된다)되어 있다. 계약의 체결이 강제되는 경우도 있다. 계약내용의 결정에 있어서 보다 넓은 법적 규제를 받는다. 화해계약(부합계약[김해룡 교수])성이 많다. 특히 공법상 계약은 공익의 실현수단이라는 점에서, 계약의 내용은 영조물규칙, 공급규정 등의 형식으로 사전에 정형화되어 있어서 부합계약(附合契約: Contracts of Adhesion)의 형식을 취하는 경우가 많다.[4] 부합계약이란 계약 당사자의 한쪽이 계약 내용을 미리 결정하여 다른 한쪽은 계약 내용을 결정할 자유가 없는 계약을 말한다.[5] 예를 들면 전기·가

---

3) 김남진, 공법상의 계약, 고시계(1984.1), 92면.
1) 박시준, 공법상 계약의 법적 근거와 한계, 고시연구(2002.6), 442면.
2) 장태주, 행정행위의 공정력과 취소판결의 소급효와의 충돌, 고시계(2004.7), 96면.
3) 김남진, 공법상의 계약, 고시계(1984.1), 93면.
4) 심희정, 공법상 계약, 고시계(1996.3), 318면.
5) https://www.ksure.or.kr/ …(검색어 : 부합계약; 검색일 : 2015.12.31); 매매계약은 「민법」상 매도인과 매수인이 대등한 입장에서 체결하는 것을 원칙으로 하고 있으나, 대량생산을 하는 기업자가 동업자들 사이의 협정에 의거하여 독립적인 가격을 결정하는 현상이 나타나게 되면 매수인인 소비자는 그 가격에 따르지 않을 수 없게 되며, 이러한 경우에 경제적으로 우위에서는 계약당사자가 미리 일방적으로 계약조항을 작성하여 대중인 상대방에 대하여 계약조건의 토론을 허용함

스·수도의 공급 계약, 운송 계약, 보험 계약 따위가 있다. 부종계약(附從契約)이라고도 한다.[1]

### 1.4. 계약의 형식·절차

공법상 계약은, 그 형식에 있어서도 그의 공공성에 비추어 「문서」의 형식으로 함이 원칙이고, 그 성립에는 감독청 또는 관계행정청의 「인가」(제3자의 법률행위를 보충하여 그 법률의 효력을 완성시켜주는 행정행위로서 민법상 재단법인정관변경허가, 구국토이용관리법상 토지거래허가 등) 또는 「확인」을 받게 하는 경우가 있다.[2]

### 1.5. 계약체결의 강제

계약강제가 정해진 경우 신청이 있으면 계약이 성립한 것으로 볼 수 있는가 하는 문제가 있으나, 과거에는 행정청의 승낙이 있어야 계약이 성립한다고 보았으나, 행정청이 정당한 사유 없이 승낙을 거부하는 경우에는 신청일에 계약이 성립하는 것으로 보는 것이 타당하다.[3]

### 1.6. 계약의 해제(해지)권·변경권의 제한

공법상 계약은 그의 공공성에 비추어 볼 때, 민법상의 해제규정이 그대로 적용될 수 없다고 본다. 따라서 불대등관계에 있어서의 공법상 계약에 있어서 행정주체는 중대한 공공의 불이익을 방지·제거하기 위하여 필요한 때에는 상대방의 귀책사유가 없는 경우에도 계약을 해제(해지)할 수 있으나,[4] 상대방은 해제를 신청할 수 있을 뿐, 일방적으로 해제할 수 없다. 또한 私人측의 일방적인 계약해제(해지)는 그의 효과가 공익상 지장이 없는 경우

---

이 없이 계약을 맺느냐 안 맺느냐의 택일적 자유만을 주고 부합 체결하도록 하는 경우가 발생한다. 부합계약을 규제하지 않으면 경제적 강자와 약자사이의 대립의 격화를 가져오고, 한편으로는 기업과 자본의 집중과 독점이라는 폐해를 발생시킬 위험이 있기 때문에 국가는 이러한 여러 가지 폐해를 제거하기 위하여 법률적으로 규제를 하고 있는 바, 물가안정 및 공정거래에 관한 법률, 각종 「공공기업법」, 「양곡관리법」 등이 바로 이러한 목적을 가진 법률이다. 보험계약에서 보험약관의 해석에 있어서 다툼이 발생하는 경우 보험회사에게 불이익을 주는 작성자불이익의 원칙을 적용하는 것도 바로 그러한 이유이다. 보험약관은 보험회사에서 일방적으로 만들고 소비자는 일률적으로 계약할 수 밖에 없기 때문이다.

1) http://krdic.naver.com/small_detail.nhn?docid=17757200(검색어 : 부합계약; 검색일 : 2015.12.31).
2) 김인만, 공법상의 계약, 고시계(1986.9), 292면.
3) 심희정, 공법상 계약, 고시계(1996.3), 318면.
4) 김인만, 공법상의 계약, 고시계(1986.9), 292면; 심희정, 공법상 계약, 고시계(1996.3), 318면.

- 직접 공익에 영향을 미치지 않는 경우 - 를 제외하고는 허용되지 않는다.[1]

[해제·해지] (ㄱ) 해제라 함은 민법상 계약당사자의 일방적인 의사표시에 의하여 유효하게 성립된 계약의 효력을 소급적으로 소멸시켜 계약이 처음부터 없었던 것과 같은 법률효과를 발생시키는 것이며, 해제의 효과는 계약에서의 해방과 함께 상대방 간에 원상회복의무, 손해배상청구(계약의 해제로 인하여 손해를 입었을 경우)등이 있게 된다. 계약의 해제는 당사자의 합의 또는 법정(法定) 해제사유가 발생해야만 가능하나 해약금의 교부가 있으면 다른 약정이 없는 한 교부자 또는 수령자는 당사자 일방이 이행에 착수하기 전에는 언제든지 계약을 해제할 수 있다.[2] **해제** ☞ **소급효**

(ㄴ) 해지는 계약 당사자 한쪽의 의사 표시에 의하여 계약에 기초한 법률관계를 소멸하는 것으로서, 계속적인 법률관계에 있어서 당사자 일방의 의사표시에 의하여 장래에 향하여 그 계약관계를 소멸하게 하는 것을 말한다. 당사자의 일방적인 의사표시에 의한다는 점과 그 발생원인에 있어서 해지는 해제와 유사하지만 장래에 향하여만 효력이 발생한다는 점, 즉 소급효가 없다는 점에서 해제와 구별된다. **해지** ☞ **장래효**

[신의칙 위반여부] 계약의 해제권은 일종의 형성권으로서 당사자의 일방에 의한 계약해제의 의사표시가 있으면 그 효과로서 새로운 법률관계가 발생하고 각 당사자는 그에 구속되는 것이므로, 일방 당사자의 계약위반을 이유로 한 상대방의 계약해제 의사표시에 의하여 계약이 해제되었음에도 상대방이 계약이 존속함을 전제로 계약상 의무의 이행을 구하는 경우 계약을 위반한 당사자도 당해 계약이 상대방의 해제로 소멸되었음을 들어 그 이행을 거절할 수 있는 것이고, 다른 특별한 사정이 없는 한 그러한 주장이 신의칙이나 금반언의 원칙에 위배된다고 할 수 없다.[3]

### 1.7. 행정상 강제집행

계약상대방이 계약상의 의무를 이행하지 아니할 경우 강제집행이 가능한가 하는 점이 문제되나, 행정상 강제집행은 권력적 행위라는 점에서 명문의 규정이 있을 경우에 허용된다(상세는 본서 아래 '공법상 계약의 분쟁 및 쟁송법적 해결' 참조).[4]

---

1) 김인만, 공법상의 계약, 고시계(1986.9), 292면; 심희정, 공법상 계약, 고시계(1996.3), 318면.
2) 민법은 "매매의 당사자 일방이 계약당시에 금전 기타 물건을 계약금·보증금(保證金) 등의 명목으로 상대방에게 교부한 때에는 당사자간에 다른 약정이 없는 한 당사자 일방이 이행에 착수할 때까지 교부자는 이를 포기하고, 수령자는 그 배액을 상환하여 매매계약을 해제할 수 있다(민법 제565조 제1항)"고 규정하여 계약금은 원칙적으로 해약금의 성질을 갖는 것으로 정하고 있다.
3) http://ko.wikipedia.org/wiki/%ED%95%B4%EC%A0%9C(검색일 : 2015.4.15)
4) 심희정, 공법상 계약, 고시계(1996.3), 318면.

## 2. 절차법적 특질

### 2.1. 쟁송형태

공법상 계약에 관한 쟁송은 공법상 당사자소송에 의하며, 행정소송법의 적용을 받는다. 다만 당사자소송은 민사소송에 비하여 별다른 특수성이 없고, 실무상으로도 잘 활용되지 않고 있다. 독일에서 연방행정절차법에 공법상 계약이 규정됨에 따라, - 1960년 1월 21일 공포된 - 연방행정법원법(Verwaltungsgerichtsordnung; 21. Januar 1960[BGBl. I S. 17])은 행정소송을 제기하는 경우 행정행위의 존부와 관계없이 <u>모든 공법상의 분쟁</u>(… in allen öfentlich-rechtlichen Streitigkeiten)에 대한 쟁송으로 규정하고 있으며(연방행정법원법 제40조 제1항),[1] 연방행정법원법(VwGO) 제42조 제1항에 따른 <u>취소소송(Anfechtungsklage)과 의무이행소송(Verpflichtungsklage)</u>이 중요한 소송수단이 된다.[2]

### 2.2. 계약의 이행강제

계약의 이행은 '계약은 지켜져야 한다(pacta sunt servanda; Verträger sind zu halten; Verträge müssen erfüllt werden; Agreement must be obserbed)'는 계약준수의 원칙에 따라 공법상 계약에 의한 의무를 불이행하는 경우에는 공법상 당사자소송으로 그 이행을 청구할 수 있다. 급부행정상의 재화 또는 역무의 제공에 있어서는 공법상 계약의 체결이 강제되어 행정청은 정당한 이유없이 청약을 거절 할 수 없는 경우가 있다. 다만, 행정주체(Verwaltungsträger) 상호간에 체결되는 계약의 경우에는「사법적 강제」가 적합하지 않을 것이다.

---

[1] 독일연방행정법원법 제40조【행정소송이 허용성·Zulässigkeit des Verwaltungsrechtsweges】① Der Verwaltungsrechtsweg ist in allen öffentlich-rechtlichen Streitigkeiten(모든 공법상의 분쟁) nichtverfassungsrechtlicher Art gegeben, …

[2] 독일연방행정법원법 제42조【취소소송 및 의무이행소송 : Anfechtungs- und Verpflichtungsklage】① Durch Klage kann die Aufhebung eines Verwaltungsakts (Anfechtungsklage : 취소소송) sowie die Verurteilung zum Erlaß eines abgelehnten oder unterlassenen Verwaltungsakts (Verpflichtungsklage : 의무이행소송) begehrt werden.

## IX. 공법상 계약의 적용범위

### 1. 개관

[적용범위] 공법상 계약이 적용되는 범위는, (ㄱ) 행정청이 행정행위를 발급하는 것이 적당하지 않은 경우, (ㄴ) 구체적 사안과 그에 대한 해결이 지나치게 복잡해서 하나의 행정행위로는 규율할 수 없는 경우, (ㄷ) 공법상 계약의 상대방인 사인의 특별한 급부가 요구됨으로써 그의 동의를 필요로 하는 경우, (ㄹ) 법이 규정한 해결을 위하여 대등한 가치의 선택을 필요로 하는 경우 등이 있다.[1] 오늘날 공법상 계약으로 볼 수 있는 행위형식들이 종래에는, (ㄱ) 상대방의 동의를 요하는 행정행위, (ㄴ) 사법상 계약, (ㄷ) 비공식적 행정작용 등으로 행하여졌다는 점이다. 공법상 계약이론이 확립되자 이들 행정작용의 행위형식과 공법상 계약과의 관계가 다시 검토의 대상이 되었다. 상대방의 동의를 효력발생요건으로 보는 '동의를 요하는 행정행위'와 행정사법상의 계약이 여전히 존재할 가치가 있는 것인지가 여기에 해당한다. 이러한 관점에서 행정사법(Verwaltungsprivatrecht)과 공법상 계약(ör Vertrag)은 이미 많은 범위에서 재편성이 이루어지고 있다.[2]

### 2. 급부의무의 이행이나 실행에 있어서의 특정한 방식에 있어서의 계약

[급부의무의 이행이나 실행에 있어서의 특정한 방식에 있어서의 계약] 실체적인 급부의무 자체가 아니라, 급부의무의 이행이나 실행에 있어서 단지 특정한 방식 예컨대 기한의 연기나 분할급부 등에 대해서는 계약상으로 합의가 가능하다 할 것이다. 행정행위를 통한 이행의무가 규정된 경우에 계약으로도 가능한지가 문제된다. 예컨대 경찰상의 위법상태를 제거할 의무가 있는 사인에 대하여 경찰행정청이 제거를 위한 일정기간을 허용하는 내용의 계약이 이에 해당한다.[3]

### 3. 계약의 대상(Gegenstand des Vertrages)이 공법적 규율의 대상이 되는 경우

[계약의 대상(Gegenstand des Vertrages)이 공법적 규율의 대상이 되는 경우] 계약의 대상이 공법적 규율의 대상이 되는 경우에는 공법상 계약이다. 다시 말하면, 계약으로 인하여 부

---

1) 장태주, 공법상 계약의 적용범위, - 독일 행정절차법상의 공법상 계약을 중심으로 -, 공법연구 (제29집 제2호), 2001, 311면.
2) H. Maurer, Der Verwaltungsvertrag - Probleme und Möglichkeit, DVBl., 1989, S. 806 f.
3) 장태주, 공법상 계약의 적용범위, - 독일 행정절차법상의 공법상 계약을 중심으로 -, 공법연구 (제29집 제2호), 2001, 312면.

여된 의무나 계약의 규율대상이 되는 활동이 공법적 규율의 대상이 되는 것인 경우에는 공법상 계약이다. 그리고 계약에 의하여 국민에게 일정한 급부의무가 발생하는 경우가 있는데, 그 급부의무의 목적이 행정주체의 공법상의 의무와 불가분의 관계를 지니는 경우에는 공법상 계약이다. 왜냐하면 행정주체의 의무를 정하는 계약이 공법상 계약이기 때문이다. 또한 행정주체에게 공법상 행위형식과 사법상 행위형식의 선택권이 부여된 경우, 이때에는 계약의 특별조항을 통하여 표현되는 행정청의 의사가 어떠한지에 따라 공법상 계약인지 아닌지가 결정되는데, 계약의 조항 중에 사법상의 법규정과 성질을 달리하는 공법적 규율이 적용되는 예외조항이 있을 경우에는 공법상 계약이 된다(박균성).

[독일] 독일에서는 지방자치단체의 토지를 임차하고 있는 회사가 회사의 경영을 전적으로 당해 지방자치단체의 세수(稅收)를 위해 도움이 되는 방향으로 하겠다는 내용의 계약을 지방자치단체와 체결한 사건에 있어서, 법원은 그 계약을 사법계약으로 판시 한바 있다.[1] 그 이유는 그와 같은 권리·의무는 사법계약으로서 형성할 수 있는 것이며, 공권력의 주체에게 유보되어 있는 것이 아니라는 이유였다.[2]

## 4. 독일연방행정절차법 제54조 - 공법상 계약의 허용성(Zulässigkeit des öffentlich-rechtlichen Vertrags)

### 4.1. 개관

[독일연방행정절차법 제54조 : Zulässigkeit des öffentlich-rechtlichen Vertrags] 독일연방행정절차법 제54조는 행정청은 행정행위를 발급하는 것에 갈음하여(anstatt einen Verwaltungsakt) - 법규에 위반하지 않는 한(… soweit Rechtsvorschriften nicht entgegenstehen) - 행정행위의 상대방이 될 자와 공법상 계약을 체결할 수 있다고 규정하고 있다. 즉 **공법영역**에 있어서의 법률관계는 법규(Rechtsvorschriften)에 위반되지 아니하는 한(법규에 반하지 않는 범위내에서), 계약에 의하여 발생·변경 또는 소멸될 수 있다(공법상 계약).[3] 특히 **행정청**은 행정행위를 발급하고자 하는 상대방에 대하여, **행정행위를 발급하는 것에 갈음하여**(행정행위 대신에) 공법상 계약을 체결할 수 있다.[4] 이는 독일연방행

---

1) BGHZ 66, 169; NJW 1976, S. 1500.
2) 김남진, 공법계약과 사법계약의 구별, 고시계(1984.7), 54면.
3) 연방행정절차법 제54조 제1문 : Ein Rechtsverhältnis auf dem Gebiet des öffentlichen Rechts kann durch Vertrag begründet, geändert oder aufgehoben werden (öffentlich-rechtlicher Vertrag), soweit Rechtsvorschriften nicht entgegenstehen.
4) 연방행정절차법 제54조 제2문 : Insbesondere kann die Behörde, anstatt einen Verwaltungsakt zu erlassen, einen öffentlich-rechtlichen Vertrag mit demjenigen schließen, an den sie sonst den Verwaltungsakt richten würde.

정절차법이 행정행위와 공법상 계약 모두를 외부적 효과를 가진 '절차 완결적 규율(verfahrensabschließende Regelung)'로 보고 또 그와 같이 규정하고 있음을 의미한다. 다시 말하면 양자 모두 공법적 영역에서 구체적·개별적 사안에 대하여 외부적 **법률효과**를 가져오는 **행정작용**이라는 점에서 동일하다. 행정행위는 개별적인 경우에 있어서 그의 법적 상태(Rechtslage)에 있어서, 비록 성립에 하자가 있다 하더라도 권한있는 기관에 의하여 취소되기 전 까지는 일단 유효한 것으로 추정을 받는 공정력과 기간의 효력을 갖는다. 연방행정절차법이 규정하고 있는 내용상의 법개념에 따르면 공법상 계약도 절차완결적 성질을 가지고 하나의 법률관계의 기초를 형성하고 있다.[1] 따라서 일정한 범위안에서는 행정행위의 (행위)형식을 취하건 공법상 계약의 (행위)형식을 취하건 모두가 가능한 경우가 생길 수 있다. 그러나 공법상 계약이 행정행위와 동일한 정도로 이론과 실무에서 그 유용성을 인정받고 있는 지는 단언할 수 없다. 물론 독일에서 연방행정절차법에 공법상 계약이 규정됨에 따라, 1960년 1월 21일 공포된 연방행정법원법(Verwaltungsgerichtsordnung; 21. Januar 1960[BGBl. I S. 17])은 행정소송을 제기하는 경우 행정행위의 존부와 관계없이 일체의 공법상의 분쟁(… in allen öffentlich-rechtlichen Streitigkeiten)에 대한 쟁송으로 규정하였는데(연방행정법원법 제40조 제1항),[2] 이는 행정쟁송이 주로 행정행위에 대한 취소소송이 그 주류를 이루고 있었던 종래의 태도에 대한 변화를 의미하는 것이기도 하였다. 행정행위에 대한 권리구제는 연방행정법원법(VwGO) 제42조 제1항에 따른 취소소송(Anfechtungsklage)과 의무이행소송(Verpflichtungsklage)이 중요한 소송수단이 되며,[3] 공

---

1) 다만 비공식적 행정작용에서는 공법상 계약이 절차완결적 성질을 가지는가 하는 문제가 있다. 왜냐하면 공법상 계약의 당사자는 구속적 효력을 의욕하기는 하지만 아직은 전 단계에 머물러 있는, 일종의 예약에 지나지 않기 때문이다(장태주, 공법상 계약의 적용범위, - 독일 행정절차법상의 공법상 계약을 중심으로 -, 공법연구(제29집 제2호), 2001). 공법상 계약의 체결가능성은 아직 계약의 내용적 형성에 대한 자유를 의미하는 것은 아니기 때문이다(정하중, 법치행정의 원리와 공법상계약 - 독일행정절차법의 내용을 중심으로 -, 서강법학(제11권 제1호), 2009, 178면).

2) <u>연방행정법원법 제40조</u> 【Zulässigkeit des Verwaltungsrechtsweges : <u>행정소송의 허용성</u>】 ① Der Verwaltungsrechtsweg ist in allen öfentlich-rechtlichen Streitigkeiten(모든 공법상의 분쟁) nichtverfassungsrechtlicher Art gegeben, soweit die Streitigkeiten nicht durch Bundesgesetz einem anderen Gericht ausdrüklich zugewiesen sind. Öffentlich-rechtliche Streitigkeiten auf dem Gebiet des Landesrechts könen einem anderen Gericht auch durch Landesgesetz zugewiesen werden.

3) <u>연방행정법원법 제42조</u> 【Anfechtungs- und Verpflichtungsklage : <u>취소소송 및 의무이행소송</u>】 ① Durch Klage kann die Aufhebung eines Verwaltungsakts (Anfechtungsklage) sowie die Verurteilung zum Erlaß eines abgelehnten oder unterlassenen Verwaltungsakts (Verpflichtungsklage) begehrt werden.

법상 계약으로 인한 분쟁이 발생했을 경우, 이에 대한 소송은 동법 제40조에 의해 이행청구 및 손해배상청구의 대상이 된다.[1]

### 4.2. 공법상 계약의 허용성과 법률적합성원칙 – 법치행정의 원리
#### 4.2.1. 공법상 계약의 허용성(Zulässigkeit) – 자유성

[공법상 계약의 허용성] 연방행정절차법상의 계약규정은 해석상·법정책상의 문제가 있다. 우선 공법상 계약의 허용성에 관한 것이다. 이는 법치행정의 원리와 관련한 문제가 발생하게 된다. 행정은 근대입헌국가가 성립한 이래로 법치국가의 원리에 따라 헌법과 법률에 따라 행해져야 하는바, 행정작용은 '형식적 의미의 법률에 의하거나(형식법률 : durch Gesetz = 의회유보[Parlamentsvorbehalt]),' '형식적·실질적 의미의 법률의 근거(auf Grund eines Gesetzes)'를 요구한다. 이에 따라 공법상 계약도 국가의 행정작용인 만큼 마땅히 그 행사와 근거에 있어서 법령에 구속을 받는다. 그러나 당사자의 합의를 통하여 이루어지는 공법상 계약에 있어서도 – 법률행위적 행정행위와 같이 – 당사자가 일방적으로 명령·강제하는 **행정행위와 같은 정도의 법률의 기속**을 받아야 하는가 하는데 있어서는 의문의 여지가 있다. 왜냐하면 법치행정에서 의미하는 행정작용(Verwaltungshandeln)의 법률적합성의 원칙은 우월한 국가고권의 일탈·남용을 방지하려는데 그 목적이 있으며, 당사자의 대등한 지위와 자유로운 의사교섭을 전제로 한 공법상 계약도 행정행위와 같은 엄격한 법률에의 기속이 이루어 지도록 하는 것은, 계약의 본래적 성질에 반할 뿐만 아니라 국가행정작용의 탄력적 운영을 저해하고 나아가 계약을 통한 국가의 행정수행을 오히려 위축·약화시킬 수도 있기 때문이다.[2] 또한 「합의(동의)는 불법을 구성하지 않는다」(volenti non fit injuria)[3]는 로마법의 법언에 따라 계약에 담겨진 합의(동의)에 의하여 국가행정작용에 위

---

1) 장태주, 공법상 계약의 적용범위, – 독일 행정절차법상의 공법상 계약을 중심으로 –, 공법연구 (제29집 제2호), 2001, 308면 각주 25).

2) **사법상 계약**은 사적 자치의 원칙에 의해 계약내용에 대한 당사자의 광범위한 형성의 자유가 인정되는데 반하여 **행정계약(공법상 계약 : 인용자 註)**의 경우에는 행정법을 지배하는 행정의 법률적합성원칙에의 기속을 받음으로써 사적 자치에 바탕을 두는 계약의 본질에 어긋나지 않느냐 하는 점이다(김병기, 독일행정절차법상 위법한 행정계약과 그 법적 효력, 행정법이론실무학회, 행정법연구(1998.10), 144면).

3) "동의는 위법성을 조각한다(volenti non fit injuria)"라는 로마법의 법언에 의하여 공법상 계약에 있어서 법률유보의 문제가 해결될 수 있다는 견해(Albert Bleckmann, Die Klagebefugnis der Verbände im Anfechtungsprozeß, VerwArch 63(1972), S. 431)도 있다. 그러나 이러한 로마법상의 법언은 다만 침해에 동의하는 자에게는 어떠한 불법도 행하여지지 않는다고만 이야기 하고 있을 뿐이며, 그것은 제3자의 권리를 침해하는 경우 또는 객관적인 법원칙에 반하는 경우, 궁극적으로 이미 발생된 침해의 경우에는 불법이 존재한다는 사실을 배제시킬 수 없는 것이다. 그렇

법성은 조각되거나 불법은 구성하지 않게 된다고 볼 수도 있기 때문이다. 이와 같은 점에서 공법상 계약에는 법치행정의 원리를 배제하거나, 공익적 견지에서 필요 최소한에 그쳐야 한다는 주장이 있다. 그러나 이 경우 당사자의「합의(동의)는 불법을 구성하지 않는다」는 법언을 내세워 당사자의 합의(동의) 및 계약체결의 자유라는 미명하에 법으로부터 자유로운 행정이 이루어지는 경우, 결과적으로 당사자의 합의만 있으면 실제로는 국민의 기본권을 침해하는 경우에도 **불법을 구성하지 않는다**는 위험한 관치행정으로 전환될 수 있다.[1] 이와같은 관점에서 독일연방행정절차법 제54조에서 규정하고 있는, '행정행위에 갈음하여 공법상 계약을 체결할 수 있다(Insbesondere kann die Behörde, anstatt einen Verwaltungsakt zu erlassen, einen öffentlich-rechtlichen Vertrag mit demjenigen schließen, an den sie sonst den Verwaltungsakt richten würde)'는 규정을 어떻게 해석할 것인지가 문제된다. 공법상 계약은 법률유보(Gesetzesvorbehalt)·법률의 유보(법규유보; Vorbehalt des Gesetzes)에서 자유로운 것인지,[2] 법률유보 혹은 법률의 유보(법규유보)원칙에 의하여 공법상 계약을 제한한다면 그 제한의 한계를 어디에 둘 것인가 하는 점 등이 문제되며, 다만 법이 명문으로 계약을 금지하는 경우에는 공법상 계약의 체결은 허용되지 않음은 당연하다. 이밖에도 공법상 계약에 있어서 법률유보는 상대방이 부담하는 의무가 비록 기본권침해의 정도에 까지 이르지는 않는다고 하더라도 법률유보가 요구되는 경우가 있다. 왜냐하면 법률유보의 원칙은 기본권보호 측면에서 뿐만 아니라 법치국가원리 및 민주국가원리의 구성요소이기 때문이다. 이와같이 법률유보의 원칙은 입법과 행정의 권한배분의 기능을 수행하고 있고,[3] 이는 권력분립주의 및 법치국가원리를 구현하는 구성요소가 된다.

---

다면 공법상 계약에 있어서 법률유보의 문제는 로마법의 법언에 의하여 해결될 수 없다(정하중, 법치행정의 원리와 공법상계약 - 독일행정절차법의 내용을 중심으로 -, 서강법학(제11권 제1호), 2009, 181면).

1) Theodor Schilling, Der unfreiwillge Vertrag mit der öffentlichen Hand, VerwArch 87(1996), S. 197 f.
2) 법률유보의 원칙은 기본권보호와 불가분의 관계에 있다. 공법상 계약에 있어서는 기본권포기이론을 근거로 법률유보가 적용되지 않는다는 견해가 있지만, 유력설은 이른바 기본권포기는 허용되지 않으며, 이에 따라 공법상 계약의 내용형성에는 법률유보가 요구된다(Wolfgang Bosse, Der subordinationsrechtliche Verwaltungsvertrag als Handlungsform offentlicher Verwaltung, 1974, S.45 ff.; Hans-Uwe Erichsen, in: Erichsen, Allg. VerwR, S. 408.)
3) 정하중, 법치행정의 원리와 공법상계약 - 독일행정절차법의 내용을 중심으로 -, 서강법학(제11권 제1호), 2009, 182면.

4.2.2. 허용이론(Zulassungstheorie)의 제한 및 연방행정절차법상의 법규개념의 확대의 필요성 - 법규(Rechtsvorshrift)란 법규범 및 법원칙을 의미하는 것으로 해석

[허용이론(Zulassungstheorie)의 제한 및 연방행정절차법상의 법규개념의 확대의 필요성] 독일연방행정절차법은 제54조의 소위 허용이론(Zulassungstheorie)[1])에 따라 계약체결의 자유를 광범위하게 인정하는 것처럼 보이지만, 학설은 행정이 법률적합성의 원칙으로부터 일탈하는 것을 막기 위하여 공법상 계약체결의 일정한 범위내에서 제한을 가하고 있다. 특히 독일연방행정법원(Verwaltungsgericht)은 "입법은 (합헌적) 헌법질서에, 행정 및 사법은 법률과 법(Recht : 정의)에 기속을 받는다"고 규정하고 있는 독일연방헌법(기본법) 제20조 제3항( Die Gesetzgebung ist an die verfassungsmäßige Ordnung, die vollziehende Gewalt und die Rechtsprechung sind an Gesetz und Recht gebunden..)의 취지에 따라, 연방행정절차법 제54조에서 규정하고 있는 법규(Rechtsvorshrift)의 개념을 넓게 해석하여(법규에 위반하지 않는한 : … soweit Rechtsvorschriften nicht entgegenstehen.),[2]) 여기서의 법규란 단순법규(형식법률; 형식적 의미의 법률)만을 의미하는 것이 아니고, (ㄱ) 헌법과 법률·명령·조례 등을 포함한 모든 **법규범**과, (ㄴ) 헌법원칙과 행정법상의 기본원리(행정법의 일반원리; 조리 : 과잉금지원칙; 신뢰보호원칙; 평등원칙)등과 같은 **법원칙**을 위반하지 않는 범위내에서 공법상 계약체결의 자유는 인정되어야 하며, 따라서 일정한 범위내에서 그 제한이 가해져야 된다고 보고 있다.[3]) ☞ **법규란 법규범과 법원칙을 포함하는 것으로 해석해야**

## 5. 공법상 계약과 계약내용 형성의 자유(Gestaltungsfreiheit)
### 5.1. 계약내용에 있어서의 형성의 자유의 한계

[계약 내용에 있어서의 형성의 자유] 공법상 계약이 사법상 계약과 마찬가지로 계약 내용에 있어서의 형성의 자유가 인정되는가 하는 것이 문제된다. 이는 다음과 같은 측면에서 논의될 수 있다. (ㄱ)「공법상」의 계약이므로, 내용형성의 자유가 제한된다고 보거나,「계약」의 본질상 사적 자치의 원칙 및 계약자유의 원칙상 내용형성의 자유가 인정된다고 보는 것이 그것이다. 행정청 및 사인이라는 서로 다른 성격을 지닌 권리주체가 사법상의 규율에 따라 계약을 체결하게 되면, 계약자유의 원칙에 따라 그들은 급부와 반대급부에 대하여 자유로이 합의할 수 있을 것이다. 계약자유의 원칙은 근대 사법의 기본원리인 사적 자치의 원칙에 그 뿌

---

1) H. Maurer, Der Verwaltungsvertrag - Probleme und Möglichkeit, DVBl., 1989, S. 802 f.
2) 독일연방행정절차법 제54조 제1문상의 "… 법규에 반하지 않는 한 행정행위에 갈음하여 공법상 계약에 체결할 할 수 있다"는 규정에서의 '법규'(Rechtsvorshrften)는 오로지 "형식적 법률(formelles Recht)"만을 의미한다고 보고 있다. BT-Drucks 7/910, 79.
3) Stelkens/Bonk/Sachs/et al., Verwaltutngsverfahrensgesetz Kommentar, § 54 Rn. 47 f.

리를 두고 있는 것으로서,[1] 이의 보장은 헌법상 기본권 보장의 구체적 실현이 되는 것이기도 한다.[2] 계약의 자유는 법률상의 한계와 반윤리적·반사회적 행위의 금지(한국민법은 제103조: 공서양속)를 침해하지 않는 범위내에서는 '자유로운 내용형성의 자유(freie Gestaltungsfreiheit)'가 인정되지만, 국가행정영역에서는 자유로운 내용형성의 자유가 인정되지 않고 제한을 받게 된다. 왜냐 하면 국가행정은 공익과 밀접한 관련을 가지기 때문이다. 공법상 계약은 법령에 위반될 수 없으며, 여기서의 법령은 사법상 계약에서 의미하는 강행법규와는 그 성질을 달리하는 것으로써 공법적 규율을 의미한다. 일반 강행법규외에 절차·형식에 있어서의 요식성이라든지 소관 행정청의 활동범위내 이어야 하며, 행정법의 일반원칙과 기본권보장, 평등원칙 등을 준수해야 한다는 점에서 사법상 계약과 차이가 있다.[3] 공법상의 계약에 대하여 민법상의 규정을 보충적으로 준용할 수 있다 하더라도 계약당사자에게 사법상의 계약에 적용되는 계약자유의 원칙이 공법상 계약에 그대로 적용되는 것은 아니다. 연방행정절차법 제62조 제1문은 「제54조 내지 제61조에서 다르게 규정되지 아니하는 한, 본법의 그 밖의 규정이 준용된다」고 규정하고 있기 때문이다. 그러므로 공행정작용의 계약당사자로서의 사인에 대한 법치국가적 제한은 연방행정절차법 제54조의 의미에서의 공법상 계약이 사법계약의 경우보다 넓다. 연방행정절차법 제62조 제2문에 따른 민법규정의 적용의 의의도 사법이 갖는 기준화기능과 보호기능을 보충적으로 차용하는데 지나지 않는다고 보아야 할 것이다. 특히 민법상 허용되는 일정한 사항에 대해서(예, 공익에 직접 영향을 미치는 사항)는 당사자의 합의로 법률의 규정이 정하는 것과 다른 효과를 원하더라도 공법상 계약에서는 허용될 수 없다고 보아야 한다.[4]

### 5.2. 법률우위와 법률유보의 원칙에 의한 재량규범의 한계

[법률우위와 법률유보의 원칙] 행정은 사적 자치의 원칙이나 계약자유의 원칙을 기본적인 토대로 하여 작용하는 것이 아니라, 오히려 법에 의하여 형성되고 실정법(현행법: geltendes Recht)으로부터 그 권한을 부여받는다. 이리하여 행정은 모든 규율에 있어 일방적인 법적 행위를 발급 할 경우 법률유보와 법률우위의 원칙의 적용을 받는다. 이는 공법상 계약의 체결에 있어서도 **법률우위**(Vorrang des Gesetzes)와 **법률유보**(Gesetzesvorbehalt)의 원

---

1) 정하중, 법치행정의 원리와 공법상계약 - 독일행정절차법의 내용을 중심으로 -, 서강법학(제11권 제1호), 2009, 178면.
2) 정하중, 법치행정의 원리와 공법상계약 - 독일행정절차법의 내용을 중심으로 -, 서강법학(제11권 제1호), 2009, 179면.
3) 오양호, 공법상 계약, 고시계(1984.2), 236면.
4) 장태주, 공법상 계약의 적용범위, - 독일 행정절차법상의 공법상 계약을 중심으로 -, 공법연구(제29집 제2호), 2001, 316면.

칙이 적용되며,[1][2] 실정법(현행법 : geltendes Recht/bestehendes Recht)의 기속을 받는다. 따라서 **법률에 위반되는 공법상 계약은 무효이다.**[3] 이는 법률의 공법상 계약에 대한 우위, 즉 법률우위의 원칙(Vorrang des Gesetzes)을 의미하는 것이다. 그러므로 법적 기속으로부터 자유로운 공법상 계약의 자유는 법률규정이 임의적인 규율형식으로 존재하거나 행정의 재량과 내용형성의 자유가 인정될 경우에 한하여 인정된다.[4] 그런데 법률우위의 원칙은 엄격한 기속법규(강행규정)에서보다도 재량규범(임의규정)의 집행과정에 있어서 더욱 문제가 된다. 재량행위의 부당·일탈·남용 문제가 그것이다. 행정청에게 재량권이 부여되어 있다고 할 지라도, 이 때의 재량규범은 행정주체에 대하여 무제한적인 결정의 자유 내지는 자유재량행위를 부여하는 것을 의미하지는 않으며, 이는 '의무에 합당한 재량(ein pflichtgemäßes Ermessen)' 내지는 '법의 기속을 받는 재량(rechtlich gebundenes Ermessen)'임에 불과하다. 따라서 예컨대 행정청이 환경법이나 하천법 등과 같은 법률에 있어서 위법한 상태를 잠정적으로 수인하도록 하는 의무가 발생하는 사실이나 법률관계를 공법상 계약의 형식으로 체결하는 경우에는, 이러한 의무가 재량규범 내에서 추구하고 있는 목적 설정의 범위 내에 있는 것인지를 항상 검토하여야 하며, 사안에 고유한 그리고 기본권보호의무의 실현을 위하여 설정된 이들 법률의 입법목적은 법적 기준을 이탈하는 것은 아주 특별한 경우에만 그리고 예외적이고 제한적으로 허용하고 있을 뿐이다.[5]

### 5.3. 공법상 계약에 있어서 행정의 법적 기속과 사인의 계약자유의 존중 및 조화 – 절차적 정당성

행정청과 사인이 공법상 계약을 체결함에 있어서 행정청의 의사표시를 주된 기준으로 삼고 그에 대한 사인의 동의는 단순히 부가적·부수적인 종된 행위라고 보아서는 안된다.

---

1) 정하중, 법치행정의 원리와 공법상계약 – 독일행정절차법의 내용을 중심으로 –, 서강법학(제11권 제1호), 2009, 179면.
2) 김남진 교수는 공법계약의 자유성은 법률적합성원칙 문제가 아니라 법률유보원칙문제로 보아야 한다고 한다. 법률적합성원칙은 법률우위원칙과 법률유보원칙을 포괄하고 있는 것이라고 한다(김남진, [박시준, 공법상 계약의 법적 근거와 한계, 고시연구(2002.6)], 답안강평, 444면).
3) 연방행정절차법 제54조 前文 : § 54 【Zulässigkeit des öffentlich-rechtlichen Vertrags : 공법상 계약의 허용성】 Ein Rechtsverhältnis auf dem Gebiet des öffentlichen Rechts kann durch Vertrag begründet, geändert oder aufgehoben werden (öffentlich-rechtlicher Vertrag), soweit Rechtsvorschriften nicht entgegenstehen(법률에 위반되지 않는 한). ☞ **법률에 위반하지 않는 한은 행정에 대한 법률의 우위(Vorrang des Gesetzes)를 의미한다.**
4) 정하중, 법치행정의 원리와 공법상계약 – 독일행정절차법의 내용을 중심으로 –, 서강법학(제11권 제1호), 2009, 178면.
5) Arno Scherzberg, Grundfragen des verwaltungsrechtlichen Vertrages, JuS 1992, S. 210.

사인을 - 원칙적으로 - 행정주체와의 대등한 지위를 가지는 계약당사자로 간주하고, 또한 절차적 측면에서도 계약체결에 있어서의 의사결정의 주체로서 파악하여야만 정당한 계약의 자유를 논의할 수 있기 때문이다. 이리하여 사인의 계약의 자유는 사법상의 영역 뿐만 아니라 공법영역에까지도 확대되게 된다. 따라서 공법상 계약에 있어서 '행정의 법적 기속'과 '사인의 계약자유'는 모두 존중되어야 하고, 또한 상호간에 있어서 조화를 이루도록 하는 것이 무엇보다 중요하다.[1] 공법상 계약에 있어서의 사인은 공법상 계약을 통하여 얻을 수 있는 이점이 항상 많다고는 할 수 없는데, 그 이유는 사인은 계약에 서명함으로써 계약에 관련된 내용을 충분히 숙지했다고 볼 수 밖에 없게 되고 이는 결국 계약의 사후수정·변경을 어렵게 만드는 요인이 되어 사인에게 오히려 불리하게 작용할 수도 있기 때문이다. 따라서 공법상 계약에 있어서 실제로 유리한 쪽은 행정청(Verwaltungsbehörde)이라고 할 수 있다. 왜냐하면 행정청은 여러 개의 개별적인 사안들을 각각 별개로는 시행할 수 없는 것들을 계약이라는 형식을 통하여 한꺼번에 처리해 버릴 수 있고 집행조건도 - 여러 가지 제약이 다르는 행정행위에 비하여 - 그다지 어렵지 않게 행정청이 의도한 대로 관철시킬 수 있기 때문이다. 또한 행정청에서 의도한 내용이 공법상 계약 체결을 통하여 이루어 지지 않거나 곤란하게 된 경우에는, 행정청은 그 입장을 바꾸어 - 공법상 계약을 포기하고 - 행정행위의 형식을 취하여 원래 의도했던 행정목적을 달성 해버릴 수도 있기 때문이다(양자택일가능성). 생각건대 행정행위에 있어서는 그의 성립요건, 법률효과(Rechtswirkung) 등 기본적인 사항과 기타 상세한 부분까지 학설과 판례를 통하여 법이론이 정치하게 정립되어 있을 뿐만 아니라, 행정청이 행정행위를 발급하게 되면, 그것은 헌법원칙인 '적법절차의 원리'에 입각하여 일정한 절차규칙(Verfahrensregel)에 따라 안정적으로 행정작용을 수행하게 된다. 이리하여 절차적 정당성을 확보하게 된다. 이에 반하여 공법상 계약은 수많은 어려운 법적 문제가 가로놓여 있는 것이 사실이고, 특히 공법상 계약의 무효요건을 최소한 - 축소적으로 - 규정하고 있는 독일연방행정절차법 제59조[2]는 많은 문제점(위헌논쟁)을 지니고 있음을 부정할 수 없다.

---

1) H. Maurer, Der Verwaltungsvertrag - Probleme und Möglichkeit, DVBl., 1989, S. 802 f.; 정하중, 법치행정의 원리와 공법상계약 - 독일행정절차법의 내용을 중심으로 -, 서강법학(제11권 제1호), 2009, 179면.

2) 연방행정절차법 제59조【Nichtigkeit des öffentlich-rechtlichen Vertrags: 공법상 계약의 무효】① Ein öffentlich-rechtlicher Vertrag ist nichtig, wenn sich die Nichtigkeit aus der entsprechenden Anwendung von Vorschriften des Bürgerlichen Gesetzbuchs ergibt. …

## 6. 공법상 계약의 허용한계
### 6.1. 공법상 계약의 허용한계
#### 6.1.1. 개관

[개관] 공법상 계약에 대하여 독일연방행정절차법과 같은 명문(明文)의 규정(제54조)을 두고 있지 않은 우리나라에서는 행정행위에 갈음하여 공법상 계약을 허용할 것인가는 학설과 판례에 맡겨 있다. 국내 학설의 동향은 전통적으로, 공법상 계약은 비권력적 행정영역에서만 법률의 수권 없이 계약체결이 가능하며, 따라서 권력적 행정영역에서는 특별한 규정이 없는 한 계약체결은 불가능하다고 보아 왔다.[1] 이에 반하여, 당해 법률이 반드시 행정행위에 의할 것을 명시하고 있지 않는 한, 행정청은 일정한 범위내에서의 행위선택에 있어서는 – 반드시 법의 기속을 받는 것은 아니고 – 재량을 가질 수 있으므로, 오히려 계약에 의하는 것이 행정청 및 그 상대방에게 만족할 만한 결과를 가져 올 때에는 행정청은 가능한 한 상대방의 의사에 따른 공법상 계약을 통하여 행정목적을 달성해야 한다는 견해도 있다.[2] 판례에는 공법상 계약이라는 용어가 등장하기는 하지만 널리 이 관념을 채택하고 있는 것 같지는 않다.[3] 이와 같은 학설과 판례 및 입법현실을 고려하면 우리나라의 경우는 행정행위에 갈음한 공법상 계약의 문제는 신중하게 취급할 필요성도 존재한다.[4] 문제가 되는 점은 행정주체와 사인사

---

1) 김도창, 일반행정법(상), 1988, 472면.
2) 김남진, 행정법(I), 393면; 박규하, 행정계약이론과 공법상 계약이론, 고시연구(1993.4), 65면 이하 참조.
3) 대판 1994. 4. 15, 93누18594 【토지수용재결처분무효확인】 수용재결은 보상에 관한 협의가 성립되지 아니한 경우에 행하여지는 것이므로, 보상에 관하여 성립한 협의의 성질이 공법상계약이라는 점 때문에 보상협의를 거치지 아니한 수용재결이 당연무효로 된다고는 말할 수 없다; 대판 1991. 1. 29, 90다카25017 【소유권이전등기말소】 이 사건 토지에 관한 위 매매는 토지수용법에 의한 협의가 아닌 사법상 매매계약에 불과하다고 할 것이다. 그리고 이 사건 매매계약의 성립당시 위와 같이 사업인정의 효력이 발생할 수 없었다면 그 이후에 이 사건 토지에 관하여 수용대상 토지로서의 고시가 있었다고 하더라도 이러한 사유는 위 매매계약의 성질에는 아무런 영향을 미칠수 없다 할 것이므로 위 매매계약이 체결된 이후 건설부고시 제719호에 의하여 이 사건 토지가 수용대상 토지로서 추가로 고시되었다고 인정한 원심의 조치에 소론과 같은 잘못이 있었다고 할지라도 이는 판결의 결과에는 아무런 영향을 미칠 수 없다. 따라서 이 사건 매매계약이 토지수용법상의 협의로서 공법상 계약임을 전제로 하는 원고의 주장을 배척한 원심의 조치는 정당하고 이 점을 비난하는 논지는 이유없다.; 대판 2014. 12. 11, 2012두28704 【2단계BK21사업처분취소】 과학기술기본법령상 사업 협약의 해지 통보는 단순히 대등 당사자의 지위에서 형성된 공법상 계약을 계약당사자의 지위에서 종료시키는 의사표시에 불과한 것이 아니라 행정청이 우월적 지위에서 연구개발비의 회수 및 관련자에 대한 국가연구개발사업 참여제한 등의 법률상 효과를 발생시키는 행정처분에 해당한다(대법원 2011. 6. 30. 선고 2010두23859); 하급심판례에서는 공법상 계약의 관념을 인정하는 내용의 판시를 하고 있다(서울고법 1995. 8. 29선고, 94구16603).

이에 계약이 체결된 경우, 그것이 공법상 계약인지 협력을 요하는 행정행위 또는 사법계약인지를 개별적·구체적으로 검토할 필요가 있다는 점이다.[1] 공법상 계약의 사례로는 행정사무의 위탁·보조금지급에 관한 계약·보상에 관한 계약·환경보전협정·특별권력관계(특수신분관계) 설정에 관한 계약 및 공물·영조물 이용관계의 설정계약 등을 들 수 있다. 행정행위를 갈음한 공법상 계약의 허용한계로서 일반적으로 다음과 같은 기준을 제시할 수 있다.[2]

### 6.1.2. 허용한계(Begrenzung der Zulässigkeit)

#### a) 법률적 한계 - 법률유보원칙에 의한 한계

법률적 한계로서, 공법상 계약은 국가 행정작용의 일환으로 행정의 법률적합성의 원칙(Gesetzmäßigkeit der Verwaltung)에 위반되지 않아야 하며(법률적합성의 원칙에는 법률의 우위[Vorrang des Gsetzes]와 법률유보의 원칙[Gesetzesvorbehalt]이 포함된다), 법률유보의 원칙에 따라 일정한 법적 근거를 요한다.[3] 법률에 위반되는 공법상 계약은 위법하다. 이는 법률우위의 원칙을 의미한다. 그리고 법률유보원칙의 경우에는, 법률유보 이론중에서 중요사항유보설(본질유보설; 본질성유보설)에 따라 가장 기본적이고 본질적인 부분에 한해서는 공법상 계약이라 하더라도 일정한 법령의 근거를 요하며,[4] 당해 관련 법률은 행정청에게 일정한 범위 안에서 일정한 행정활동의 처분여지(Dispositionsspielraum)를 두어야 함을 의미한다.[5] 중요사항유보설(본질유보설; 본질성유보설)은 독일연방헌법재판소에 의하여 정립된 견해로서 국민의 기본적 인권에 관련되는 중요한 행정작용을 행함에 있어서 그 본질적 사항은 반드시 법률로써 정해져야 한다는 이론이다. 여기서 그 본질적 사항이 무엇인가 하는 점이 문제이나, 국가공동체와 그 구성원에게 기본적이고 중요한 영역, 특히 기본권 실현에 관련된 영역은 국민대표기관인 입법자(국회)가 그 본질적 사항을 결정할 것이 요구된다(의회유보의 원칙)는 이론이다.

---

4) 장태주, 공법상 계약의 적용범위, - 독일 행정절차법상의 공법상 계약을 중심으로 -, 공법연구 (제29집 제2호), 2001, 311면.
1) 김남진, 행정법(I), 399면.
2) 장태주, 공법상 계약의 적용범위, - 독일 행정절차법상의 공법상 계약을 중심으로 -, 공법연구 (제29집 제2호), 2001, 312면.
3) 정하중, 법치행정의 원리와 공법상계약 - 독일행정절차법의 내용을 중심으로 -, 서강법학(제11권 제1호), 2009, 179면.
4) H.-P. Bull, Allgemeines Verwaltungsrecht, 6. Aufl., 2000, S. 289 f.
5) 행정행위를 할 수 있은 법적 근거조차 마련되어 있지 않은 상태에서 체결된 계약이거나 성문법 규정에 위반되는 계약을 위법하며 무효이다(박시준, 공법상 계약의 법적 근거와 한계, 고시연구(2002.6), 442면).

b) 계약 내재적 한계

　공법상 계약은 계약 자체가 지니는 '계약 내재적 한계(immanente Schranken)가 있다. 문제가 되는 사안을 획일적·일의적으로 규율할 필요가 있고, 사인의 의사반영이 오히려 공공질서 내지는 공익에 불필요하다고 인정되는 경우에는, 공법상 계약이 허용되어서는 안 될 것이며(예컨대 군복무를 할 것인지 아닌지의 여부나 군복무기간을 결정하는 것), 절대적 평등이 요구되는 대량적이고 지속적인 사안에 대해서는 가능한 한 행정행위에 의할 필요가 있다.[1]

c) 법목적적 한계 - 강한 공공질서나 공공목적이 요구되는 경우

　공법상 계약의 법목적적 한계로서, 특히 강한 공공질서나 공공목적이 요구되는 경우가 여기에 해당한다. 예컨대 위험물방지시설에 대한 의무부과를 합의의 대상으로 한다든지, 영업정지처분 또는 폐쇄처분을 결정함에 행정청이 일정한 반대급부를 요구하며 계약의 형식으로 이를 처리하고자 하는 경우가 이에 해당한다. 이는 '실질적 관련의 법리'에 의한 부당결부금지의 원칙(Koppelungsverbot)에도 위반하는 것이다. 이러한 법률의 집행을 목적으로 하는 행정작용에 있어서는 오히려 당해 법규에 공법상 계약에 대한 명시적인 근거규정이 없는 한 원칙적으로 행정행위에 의해야만 한다. 이는 관련되는 법목적이 계약을 통한 공익의 임의적 처분을 금지하고 있기 때문이다.[2]

d) 행정법의 일반법원칙에 의한 한계 - 조리(條理)에 의한 한계

　공법상 계약은 여타의 행정작용과 마찬가지로 조리 즉 행정법의 일반법원칙이나 행정법의 일반원리에 의한 한계가 있다. 공법상 계약의 내용이 비례의 원칙, 평등의 원칙, 신뢰보호의 원칙에 반하는 경우에도 위법하며 그 효력은 발생하지 않는다. 더 나아가 계약의 내용이 불명하거나, 법률상·사실상 불능한 행위를 요구하는 경우, 선량한 풍속에 위배되는 경우에도 역시 무효이다.[3] 공법상 계약에 하자가 있는 경우에는 유효 아니면 무효이다. 행정행위와 같은 취소할 수 있는 행정행위, 예컨대 행정행위에서는 선량한 풍속 기타 사회질서에 위반되는 경우 취소 될 수도 있지만, 공법상 계약은 무효이다. 이는 공법상 계약에는 공정력(예선적 효력[프랑스법에서는 예선적 효력 혹은 예선적 특권이라고 한다][4])·구

---

[1] 김성수, 행정법(I), 2000, 388면; 장태주, 공법상 계약의 적용범위, - 독일 행정절차법상의 공법상 계약을 중심으로 -, 공법연구(제29집 제2호), 2001.
[2] 장태주, 공법상 계약의 적용범위, - 독일 행정절차법상의 공법상 계약을 중심으로 -, 공법연구(제29집 제2호), 2001, 312면.
[3] 박시준, 공법상 계약의 법적 근거와 한계, 고시연구(2002.6), 442면.
[4] 장태주, 행정행위의 공정력과 취소판결의 소급효와의 충돌, 고시계(2004.7), 96면.

성요건적 효력)이 없는데서 오는 당연한 결과이다.1) 선량한 풍속 기타 사회질서에 위반되는 경우 취소 될 수도 있다.

## X. 공법상 계약의 하자(瑕疵)와 효력

### 1. 위법한 공법상 계약의 법적 효과

[위법한 공법상 계약의 법적 효과] 연방행정절차법 제59조는 위법한 공법상 계약의 효과에 대하여 규정하고 있는데, 행정의 법률적합성의 원칙과 계약준수의 원칙(pacta sunt servanda)의 타협적인 의미에서 중도의 해결방안을 제시하고 있다. 즉 제59조 제1항, 제2항은 공법상 계약의 무효원인을 열거적(제한적·한정적)으로 규정하면서, 이를 대등계약과 종속계약을 구분하고 있다.

[연방행정절차법 제59조의 특징 : 무효사유(Nichtigkeit des öffentlich-rechtlichen Vertrags)의 축소] 이와같이 동법 제59조는 종속계약과 대등계약의 구별을 전제로 하여 제1항에서는 모든 공법상 계약에 대하여 민법상의 무효사유를 준용시키고 있으며, 제2항에서는 종속계약에만 적용되는 특별한 무효사유로서 4가지를 열거하고 있다. 제2항 제1호는 상응된 내용의 행정행위가 무효인 경우에, 제2호는 상응된 내용의 행정행위가 절차상 또는 형식상으로 하자가 있고 이러한 하자가 계약당사자에게 알려진 경우, 제3호는 화해계약(Vergleichsvertrag)2)의 체결의 요건이 충족되지 않은 경우, 제4호는 교환계약(Austauschvertrag)에 있어서 개인의 반대급부(Gegenleistung)가 부당결부금지의 원칙(Koppelungsverbot)에 반하는 경우에 각각 공법상 계약을 무효사유로 보고 있다(sich die Behörde eine nach § 56 unzulässige Gegenleistung versprechen lässt.). 그러나 연방행정절차법 제59조의 규정은 무효사유를 현저하게 축소시켰다는 이유로 많은 비판을 받았다. 아무튼 동법 제59조에서 규정된 무효사유 이외에는 위법한 공법상 계약은 유효하며 이에 따라 공법상 계약의 확정력/존속력(Bestandfestigkeit)을 인정받게 되었다. 이와같이 제59조는 계약이 비록 위법하다고 하더라도 행정청과 상대방 사이에 합의된 사항은 그 법적 효력을 유지하며, 다만 그것이 공공복리(Wohl der Allgemeinheit)에 위반되어 수인(受忍)할 수 없는 정도인 경우, 그 손실을 사전적으로 예방하거나 사후적으로 제거하기 위한 경우에만 – 행정절차법 제60조 제1항 후단에 따라 – 행정청은 계약 해지권을 가진다.3) 그러나 이 경우에도 과잉금지원칙의 최

---

1) 김남진, 공법상의 계약, 고시계(1984.1), 93면; 오양호, 237면.
2) 김해룡 교수는 부합계약(Vergleichsvertrag)이라고 부른다(김해룡, 공법상 계약의 성립에 관한 법적 문제, 고시계(2001.8), 94면).

종심사단계인 수인기대가능성(Zumutbarkeit), 즉 상당성의 원칙(법익의 균형성)을 충족시켜서 침해당하는 사익보다 침해당하는 사익을 통해서 얻고자하는 공익이 훨씬 큰 경우에만 궁극적으로 과잉금지원칙에 위반되지 아니하며, 과잉금지원칙을 침해하지 않는 범위내에서 장래에 향하여 그 효력을 가지는 계약해지권을 가진다는 것이다. 이하 연방행정절차법 제59조(공법상 계약의 무효)를 구체적으로 설명하면 다음과 같다.

## 2. 독일연방행정절차법 제59조 – 공법상 계약의 무효사유

### 2.1. 개관

1976년 5월25일 독일연방행정절차법 제정(1977년 시행)되기 이전의 일반적 견해(herrschende Meinung)는 모든 위법한 공법상 계약은 무효라고 보았고, 판례의 경우도 독일연방행정법원은 연방행정절차법 제정 이전에는 위법한 공법상 계약은 그 하자의 중대성에 불문하고 무효라는 입장을 취하여 왔었다.[1] 그러나 연방행정절차법 제59조의 제정과 함께 적법요건을 결한 공법상 계약은 <u>모든 경우에 있어서 무효가 되는 것은 아니고 법이 특별히 규정한 경우에만 무효</u>이며, 그 외의 경우에는 유효한 계약이라고 보고 있다. 따라서 공법상 계약의 영역에서는 행정행위와는 달리, (ㄱ) 완전한 효력을 발하는 공법상 계약과, (ㄴ) 무효인 공법상 계약의 두 가지만 존재하며, 무효와 유효사이에 중간영역, 즉 위법함을 이유로 하는 행정계약의 <u>소급효를 가지는 취소 내지 장래효를 가지는 해지 등의 개념은 원칙적으로 연방행정절차법 제59조상으로는 존재하지 않는다</u>. 물론 연방행정절차법 제60조[2]

---

3) 정하중, 법치행정의 원리와 공법상계약 – 독일행정절차법의 내용을 중심으로 –, 서강법학(제11권 제1호), 2009, 184면.

1) BVerwG 4, 111 ; BVerwG 8, 239 ; BVerwG, DVBL 1976, S. 217.; 정하중, 법치행정의 원리와 공법상계약 – 독일행정절차법의 내용을 중심으로 –, 서강법학(제11권 제1호), 2009, 183면.

2) 연방행정절차법 제60조【Anpassung und Kündigung in besonderen Fällen】① Haben die Verhältnisse, die für die Festsetzung des Vertragsinhalts maßgebend gewesen sind, sich seit Abschluss des Vertrags so wesentlich geändert, dass einer Vertragspartei das Festhalten an der ursprünglichen vertraglichen Regelung nicht zuzumuten ist, so kann diese Vertragspartei eine Anpassung des Vertragsinhalts an die geänderten Verhältnisse verlangen oder, sofern eine Anpassung nicht möglich oder einer Vertragspartei nicht zuzumuten ist, den Vertrag kündigen. Die Behörde kann den Vertrag auch kündigen, um schwere Nachteile für das Gemeinwohl zu verhüten oder zu beseitigen. ② Die Kündigung bedarf der Schriftform, soweit nicht durch Rechtsvorschrift eine andere Form vorgeschrieben ist. Sie soll begründet werden. ▶【번역】독일연방행정절차법 제60조【Anpassung und Kündigung in besonderen Fällen : 특수한 경우의 계약의 조정과 해지】① 계약내용의 결정에 기준이 된 관계가 계약체결 이후 **지나치게 본질적으로 변경**되어, 일방 **계약당사자**에 대하여 원래의 계약상의 규정을 이행하여 줄 것을 요

에는 공법상 계약에 있어서의 해지에 관한 규정은 존재하나, 이는 해지의 전제조건이 위법한 공법상 계약의 해지가 아니라 본질적 사실관계의 변경 등 사정변경에 의해 계약관계를 존속할 수 없는 경우 등에 있어서의 계약의 변경·해지를 의미하는 것이므로 위법성(Rechtswidrigkeit)을 원인으로 하는 해지와는 근본적으로 그 성격을 달리한다. 공법상 계약의 무효사유에서의 '무효'는 일반적으로 행정법 이론상 논의되는 '무효'의 개념과 다르지 않다. 즉, 계약내용의 이행이 계약 체결 당시부터 아무런 법적 효력을 발하지 못하여 당초부터 당연히 무효이며, 이러한 무효사유는 추후에 치유될 수 없고(전환은 가능할 것이다), 당해 계약의 무효는 계약 당사자뿐만 아니라 누구도 주장할 수 있으며, 또한 이를 행정쟁송절차를 통해서 확인 받을 필요도 없다.[1] 그리고 여기서의 무효(Nichtigkeit)는 형식적·실질적 확정력/존속력(Bestandfestigkeit)이 결여된 상태를 말하는 것이며, 특히 공법상 계약에서의 확정력은 무효아닌 위법한 공법상 계약이 어떠한 행정쟁송수단으로 효력이 부인될 수 있는가의 문제가 발생하며, 구속력/기속력[2]은 공법상 계약의 당사자가 일정한 요건 하에서 형식적 쟁송수단이외의 방법으로 계약내용의 이행으로부터 자유로울 수 있는가의 문제이다.[3][4] 이와같이 1977년 시행된 독일연방행정절차법 제59조는 공법상 계약의 무효(Nichtigkeit des öffentlich-rechtlichen Vertrags)에 관하여 규정하고 있다. 독일연방행정절차법 제59조의 중요한 내용은 공법상 계약은 하자가 있더라도, 그 하자의 효과로서는 무효(Nichtigkeit)만이 존재한다고 규정하고 있는데, 이 경우, 무효사유는 일반적인 일체의 법 위반 사유가 아니고, 연방행정절차법 제59조가 규정하고 있는 무효원인이 주어질 때에만

---

구할 수 없게 된 경우, 이 **계약의 당사자**는 **변경된 관계**에 맞추어 계약내용을 조정하여 줄 것을 요구하거나, 조정이 불가능 한 때 또는 다른 계약당사자에게 그 조정을 요구 할 수 없는 때에는 **계약을 해지**할 수 있다. 행정청은 공공복리에 대한 중대한 불이익을 방지하거나, 이를 제거하기 위하여도 계약을 해지 할 수 있다. ② 해지는 법규에 다른 형식이 규정되어 있지 않는 한 **서면**으로 하여야 한다. 해지에는 그 사유가 명시되어야 한다.

1) Vgl. O. Bachof, Die Prüfung- und Bewertungskompetenz der Verwaltung gegenüber dem verfassungswidrigen und dem bundesrechtswidrigen Gesetz, AöR 87, 1962, S. 1(insb. Fn. 37).
2) 구속력은 행정행위의 다른 효력과는 달리 모든 행정행위에 당연히 내포되는 불가결한 기본적인 효력이며, 공통효이다. 따라서 보통 행정행위의 효력이라고 할 때에는 일반적으로 행정행위의 구속력만을 의미한다. 구속력은「실체적 효력」이며, 이는 법령 또는 부관에 의하여 그 법률효과의 발생이 불확정 상태에 있는 경우를 제외하고는 행정행위의 성립과 동시에 발생함이 보통이다.
3) C. Schirnpf, Der Verwaltungsrechtliche Vertrag unter besonderer Berücksichtigung seiner Rechtswidrigkeit, S. 258.
4) 김병기, 독일행정절차법상 위법한 행정계약과 그 법적 효력, 행정법이론실무학회, 행정법연구(1998.10), 148면.

발생한다.1) 이는 공법상 계약은 법률에 한정적으로 열거된 무효원인이 존재하는 경우에만 그 계약이 무효가 되는 것을 의미하며, 그 밖의 경우에는 비록 위법하다고 할 지라도 그 계약은 유효하며 취소할 수 없다는 것을 의미한다(이는 적법성과 유효성은 구별되어야 한다는 다수 학자들의 견해를 따른 것이다2)). 따라서 위법한 공법상 계약의 유형에는, (ㄱ) 무효인 계약, (ㄴ) 위법하기는 하나 무효는 아니기 때문에 유효한 계약의 두가지의 유형이 있다.3) 이는 위법한 공법상 계약의 허용성과 그의 한계 문제와 연결되며, 법치행정의 원리, 행정의 법률적합성의 원칙과 신뢰보호의 원칙의 충돌문제가 발생한다. 이들은 다같이 법치국가원리의 구성요소가 된다는 점에서 문제해결의 심각성이 있으나, 이는 개별적이고 구체적인 사안에 따라 서로 비교형량하여 해결할 수 밖에 없다(**이익교량설**). 행정의 **법률적합성의 원칙**과 **법적 안정성**은 원칙적으로 동일한 서열을 가진다고 보아야 할 것이기 때문이다.4)

　　[이익교량설(이익형량설)] 이익교량설(이익형량설)은 법률적합성 및 법적 안정성이 서로 동일한 가치를 지닌다는 동위설적 입장, 즉 **행정의 법률적합성 = 법적 안정성**이라고 보는 것을 전제로 하되, 구체적으로는 신뢰보호를 어느 범위까지 인정하느냐 하는데 있어서 신뢰이익과 취소이익의 교량의 결과에 의존한다는 것이다.5) 이 설에 의하면 행정주체와 행정객체의 이익을 구체적인 경우에 비교형량(比較衡量)하여, 경우에 따라서는 법의 지배의 원칙(행정의 법률적합성의 원칙), 법치행정의 원리를 후퇴시키고 현재의 법적 안정성을 보호하여 행정객체의 이익을 보호하여야 한다는 견해이다. 이는 행정의 법률적합성의 원칙(법치행정의 원리)이 언제나 절대적인 가치를 지니는 것은 아니며, 양원칙의 이익(공익·사익)을 구체적으로 비교형량하여 어느 원칙이 보다 우위에 있는가를 판단하여야 하는 것으로서, 이는 개별적 구체적으로 적법상태를 실현하여야 하는 공익(公益)과 개인이 행정청의 언동을 신뢰한 경우에 이를 보호하는 사익(私益)을 비교형량하여 결정해야 한다는 견해이다. 독일의 통설·판례이며6) 우리나라의 판례의 태도이다.7) 행정의 법률적합성의 원칙을 강조하면 모든 실체법 및 절차법에 위반되는 공법상 계약은 무효로 되어야 하며, 이에 따라 계약당사자의 급

---

1) 조태제, 공법상계약에서의 분쟁과 그 해결, 관대(關大)논문집, 371면.
2) 김병기, 독일행정절차법상 위법한 행정계약과 그 법적 효력, 행정법이론실무학회, 행정법연구 (1998.10), 148면.
3) 조태제, 공법상계약에서의 분쟁과 그 해결, 관대(關大)논문집, 371면.
4) 정하중, 법치행정의 원리와 공법상계약 - 독일행정절차법의 내용을 중심으로 -, 서강법학(제11권 제1호), 2009, 183면.
5) 김철용, 행정법(I), 65면.
6) 박윤흔, 행정법강의(상), 82면 참조.
7) 대판 1996. 7. 12, 95누11665【공장설립신고수리거부처분취소】; 대판 1998. 5. 8, 98두4061【폐기물처리업허가신청에대한불허가처분취소】; 대판 1987. 9. 8, 87누373【자동차운전면허취소처분취소】

부에 대한 어떤 법적 근거가 되어서는 안된다.[1] 이에 반하여 신뢰보호의 원칙이나 "계약/약속은 지켜져야 한다"는 '계약준수의 원칙(pacta sunt servanda)'[2]에 우월성을 부여한다면, 공법상 계약은 그의 위법성에도 불구하고 원칙적으로 유효하게 된다. 독일연방행정절차법 제정이전의 연방행정법원은 위법한 공법상 계약은 그 하자의 중대성에 불문하고 무효라는 입장을 취하여 왔었다.[3] 그러나 연방행정절차법은 연방행정법원의 판례를 따르지 않고 다음과 같이 규정하고 있다.

▶ 독일연방행정절차법 제59조【Nichtigkeit des öffentlich-rechtlichen Vertrags : 공법상 계약의 무효】① Ein öffentlich-rechtlicher Vertrag ist nichtig, wenn sich die Nichtigkeit aus der entsprechenden Anwendung von Vorschriften des Bürgerlichen Gesetzbuchs ergibt(공법상 계약은 민법규정의 준용에 의하여 무효로 되는 경우에는 무효이다/공법상 계약은 민법규정을 적용 할 때 무효가 되는 경우에는 무효이다. ② Ein Vertrag im Sinne des § 54 Satz 2 ist ferner nichtig(제54조 제2문에서 말하는 계약은 **다음의 경우에도 무효이다**). 만약(wenn)

　　1. ein Verwaltungsakt mit entsprechendem Inhalt nichtig wäre(**동일한 내용**을 가진 행정행위가 무효인 경우;　▭ **동일한 = 상응한, 상응하는**

---

1) 정하중, 법치행정의 원리와 공법상계약 - 독일행정절차법의 내용을 중심으로 -, 서강법학(제11권 제1호), 2009, 183면.
2) **계약준수의 원칙(pacta sunt servanda)** : 특별한 사정이 없는 한 원칙적으로 계약은 지켜져야 하지만, 어느 일방에게만 현저하게 불공정한 계약은 무효로 될 수 있다. 사적 자치와 계약자유의 원칙에 따라 강행법규에 위반되거나 선량한 풍속이나 사회질서에 반하는 내용의 계약이 아닌 이상 계약은 유효하다(민법 제103조 참조). 또 당사자의 궁박, 경솔 또는 무경험으로 인하여 현저하게 공정을 잃은 법률행위도 무효로 된다(민법 제104조). 민법 제104조에 규정된 불공정한 법률행위는 객관적으로 급부와 반대급부 사이에 현저한 불균형이 존재하고, 주관적으로 위와 같이 균형을 잃은 거래가 피해당사자의 궁박, 경솔, 또는 무경험을 이용하여 이루어진 경우에 한하여 성립하는 것으로서 약자적 지위에 있는 자의 궁박, 경솔 또는 무경험을 이용한 폭리행위를 규제하려는 데에 그 목적이 있다(대법원 1994. 11. 08. 선고 94다31969 판결). 민법 제104조의 불공정한 법률행위는 급부와 반대급부 사이에 현저한 불균형이 존재하고, 그와 같이 균형을 잃은 거래가 피해 당사자의 궁박, 경솔 또는 무경험을 이용하여 이루어진 경우에 성립하는 것이고, 피해 당사자가 궁박한 상태에 있었다고 하더라도 그 상대방 당사자에게 그와 같은 피해 당사자 측의 사정을 알면서 이를 이용하려는 의사, 즉 폭리행위의 악의가 없었다거나 또는 급부와 반대급부 사이에 현저한 불균형이 존재하지 아니한다면 민법 제104조의 불공정한 법률행위라고 할 수 없다. 그리고 어떠한 법률행위가 불공정한 법률행위에 해당하는지는 법률행위 당시를 기준으로 판단하여야 한다(대법원 2015. 01. 15. 선고 2014다216072 판결).
3) BVerwG 4, 111 ; 8, 239 ; BVerwG, DVBL 1976, S. 217.; 정하중, 법치행정의 원리와 공법상계약 - 독일행정절차법의 내용을 중심으로 -, 서강법학(제11권 제1호), 2009, 183면.

2. ein Verwaltungsakt mit entsprechendem Inhalt nicht nur wegen eines Verfahrens- oder Formfehlers im Sinne des § 46 rechtswidrig wäre und dies den Vertragschließenden bekannt war(동일한 내용을 가진 행정행위가 제46조의 **절차 및 형식상의 하자만을 이유로 하여 위법하게 된 것이 아니고**, 동시에 그 사실이 계약 당사자에게 알려져 있는 경우);

3. die Voraussetzungen zum Abschluss eines Vergleichsvertrags nicht vorlagen und ein Verwaltungsakt mit entsprechendem Inhalt nicht nur wegen eines Verfahrens- oder Formfehlers im Sinne des § 46 rechtswidrig wäre(화해계약의 체결을 위한 요건이 존재하지 아니하며, 동시에 **동일한 내용을 가진 행정행위가 제46조의 절차 및 형식상의 하자만을 이유로 한 위법만이 아닌 경우**);

4. sich die Behörde eine nach § 56 unzulässige Gegenleistung versprechen lässt (행정청에게 제56조에 의하여 **허용되지 않는 반대급부를 약속하도록 한 경우**);

③ Betrifft die Nichtigkeit nur einen Teil des Vertrags, so ist er im Ganzen nichtig, wenn nicht anzunehmen ist, dass er auch ohne den nichtigen Teil geschlossen worden wäre(계약의 일부만이 무효인 경우, 당해계약의 **무효인 부분이 없었다면 계약이 체결되지 아니하였을 것이라고 인정되는 경우에는 그 계약 전부를 무효로한다.**

## 2.2. 연방행정절차법 제59조 제1항의 무효사유 – 일반적 무효사유
### 2.2.1. 개관

[연방행정절차법 제59조 제1항] 연방행정절차법 제59조 제1항은 모든 종류의 공법상 계약에 적용되며 민법상 무효인 경우에는 공법상 계약에서도 무효이다.[1] 민법상 무효인 공법상 계약은 행정법적으로도 무효이다. 즉, 공법상 계약(대등적 – 혹은 종속적 공법상 계약)이 만약 사법상 계약의 형식으로 체결되고 계약내용이 관계 민법규정상의 무효사유에 해당하는 경우에는 당해 공법상 계약은 무효이다.[2] 이는 모든 공법상 계약에 공통적으로 적용되는 일반적인 무효원인이다.[3] 연방행정절차법 제59조 제1항의 무효사유는, (ㄱ) 계약당사자의 人的인 하자(瑕疵), (ㄴ) 의사표시의 하자, (ㄷ) 형식상의 하자, (ㄹ) 내용상의 하자로 구분된다.[4]

---

1) … wenn sich die Nichtigkeit aus der entsprechenden Anwendung von Vorschriften des Bürgerlichen Gesetzbuchs ergibt.
2) 김병기, 독일행정절차법상 위법한 행정계약과 그 법적 효력, 행정법이론실무학회, 행정법연구 (1998.10), 152면.
3) 조태제, 공법상계약에서의 분쟁과 그 해결, 관대(關大)논문집, 373면.
4) Klaus Obermayer, Der nichtige öffentlich-rechtliche Vertrag nach § 59 VwVfG, FS zum hundertjährigen Bestehen des Bayerischen Verwaltungsgerichtshofes, 1979, S. 275 ff.

## 2.2.2. 계약당사자의 인적 하자로 인한 무효

공법상 계약에 준용되는 무효원인으로서의 계약당사자의 人的인 하자(瑕疵)에 해당되어 무효가 되는 독일 민법규정은, (ㄱ) 제105조(Nichtigkeit der Willenserklärung : 행위무능력자의 의사표시, 심신상실자의 의사표시),[1] (ㄴ) 제108조 제1항(Vertragsschluss ohne Einwilligung : 동의없는 미성년자의 법률행위), ③ 제177조 제1항(무권대리인의 법률행위) 등이 있다.

## 2.2.3. 의사표시의 하자로 인한 무효

a) 심리유보는 상대방이 이를 알고 있을 때에 한하여 무효이다 : 단독의 허위표시 - 독일민법 제116조 제2항

의사표시의 하자로 인하여 무효가 되는 경우로는, 독일민법 제116조 제2항(심리유보 : Geheimer Vorbehalt)[2]의 심리유보의 경우는 무효이다. 심리유보는 표의자가 의사표시를 하였지만, 사실은 표시된 내용을 원하지는 않으며, 표의자가 이를 숨기고 있는 경우를 말한다. 독일민법 제116조는 심리유보에 관하여 규정하고 있는바, "<u>의사표시는 표의자가 표시한 것을 원하지 않는 것을 내심에 유보하여도 무효가 되는 것은 아니다. 상대방에 대한 의사표시는 상대방이 이러한 유보를 알았을 경우에는 무효로 한다.</u>"고 규정하고 있다.

b) 통정허위 의사표시(통정허위표시)는 무효이다 - 독일민법 제117조 제1항

독일민법 제117조 제1항에서는 가장(假裝)행위, 즉 통정허위의사표시는 무효로 하고 있다.[3] 통정(通情)허위의사표시는 무효이다(독일민법 제117조 제1항). 통정허위의사표시는

---

1) 독일민법 제105조【Nichtigkeit der Willenserklärung : 의사표시의 무효】① Die Willenserklärung eines Geschäftsunfähigen ist nichtig(행위무능력자의 의사표시는 무효이다). ② Nichtig ist auch eine Willenserklärung, die im Zustand der Bewusstlosigkeit oder vorübergehender Störung der Geistestätigkeit abgegeben wird(심신상실의 상태 또는 정신상태의 일시적 장애에 의한 의사표시 역시 무효이다).

2) 독일민법 제116조【Geheimer Vorbehalt : 심리유보】Eine Willenserklärung ist nicht deshalb nichtig, weil sich der Erklärende insgeheim vorbehält, das Erklärte nicht zu wollen. Die Erklärung ist nichtig, wenn sie einem anderen gegenüber abzugeben ist und dieser den Vorbehalt kennt(의사표시는 표의자가 표시한 것을 원하지 않는 것을 내심에 유보하여도 무효가 되는 것은 아니다. 상대방에 대한 의사표시는 상대방이 이러한 유보를 알았을 경우에는 무효로 한다)

3) 독일민법 제117조【Scheingeschäft : 가장(假裝)행위】① Wird eine Willenserklärung, die einem anderen gegenüber abzugeben ist, mit dessen Einverständnis nur zum Schein abgegeben, so ist sie nichtig(상대방에 대하여 할 의사표시는 상대방의 동의에 의하여 단순히 가장(假裝)을 위

다른 진정으로 의도하는 행위를 은폐하고 있는 것이다(독일민법 제117조 제2항). 예컨대, (ㄱ) 공증인, 법원, 세무당국을 속임으로써 공증수수료나 법정수수료 혹은 취득세를 절약하려는 목적으로 실제 매매대금은 3억원이었으나, 매매계약은 2억원에 매매한 것으로 하는 것(소위 다운계약서), (ㄴ) 채무자가 자기 소유의 부동산에 대한 채권자의 집행을 면(免)하기 위하여 타인과 상의해서 그에게 매도(賣渡)한 것으로하고 등기를 이전하는 경우, (ㄷ) 은행이 진실로는 甲의 예금임에도 불구하고 乙명으로 해두는 것(차명계좌) 등이다.[1] 통정허위표시와 비진의의사표시와 다른 점은 통정허위표시는 상대방과 통정(通情)하고 있어야 한다. 따라서 통모(通謀)허위표시라고도 한다.

c) 비진의(非眞意) 의사표시 : 단독의 허위표시 – 독일민법 제118조

무효가 되는 사유로는 비진의 의사표시, 즉 독일민법 제118조(非眞意 의사표시; 진의[眞意]아닌 의사표시)[2] 등이 있다. 비진의(非眞意) 의사표시는 표의자가 그의 상대방이 비진의성을 오해하지 않기를 기대하고 진지하게 의욕되지 않은 의사표시를 하는 경우이다. 표시는 독일민법 제116조(심리유보)와 마찬가지로 진지하게 의욕된 것이 아니어야 한다. 모든 비진의(非眞意) 의사표시는 무효이다. 허위의사표시는 신탁행위, 꼭두각시(허수아비 : Strohmann)행위(고가 미술품의 진정한 매입자는 A이지만, A는 배후에 숨고, 꼭두각시(허

---

하여만 행한 경우에는 무효로 한다). ② Wird durch ein Scheingeschäft ein anderes Rechtsgeschäft verdeckt, so finden die für das verdeckte Rechtsgeschäft geltenden Vorschriften Anwendung(가장행위가 다른 법률행위를 은익[의도]한 경우에는 은익[의도]행위에 관한 규정을 적용한다).

1) Hans Brox, Allgemeiner Teil des BGB, 29 Aufl., Carl Heymanns Verlag; http://blog.daum.net/ichwaringo1977/7106946[검색어 : 독일민법전; 검색일 : 2015.8.10]).

2) 독일민법 제118조【Mangel der Ernstlichkeit : 비진의 의사표시】Eine nicht ernstlich gemeinte Willenserklärung, die in der Erwartung abgegeben wird, der Mangel der Ernstlichkeit werde nicht verkannt werden, ist nichtig(상대방이 진의 아닌 사실을 알 것을 예상하고 행한 비진의 의사표시는 무효이다).【해설】비진의(非眞意) 의사표시로서 무효인 경우에는 의사표시의 상대방은 그 의사표시가 유효함을 신뢰하여 입은 손해의 배상을 청구할 권리를 갖는다. 이 경우 표의자의 비진의 의사표시가 상대방의 신뢰손해와의 사이에 인과관계가 있을 것이 요구된다. 만약 상대방이 표의자의 비진의성을 알았다면 손해배상청구권은 배제된다(독일민법 제122조 제2항). 이 경우에는 계약의 유효함을 신뢰하지 않았기 때문이다. 또한 독일민법 제122조 제2항은 상대방이 (경)과실에 의하여 비진의성을 알지 못한 경우에도 손해배상청구권을 부정한다. 상대방은 그가 조금만 주의를 기울였다면 표의자의 비진의성을 알 수 있었을 것이기 때문이다(술을 마시는 자리, 허풍, 눈짓 등). 표의자가 상대방도 비진의성을 알 것으로 기대하였던 경우라도 손해배상청구권은 부정된다(Hans Brox, Allgemeiner Teil des BGB, 29 Aufl., Carl Heymanns Verlag; http://blog.daum.net/ichwaringo1977/7106946[검색어 : 독일민법전; 검색일 : 2015.8.10]).

수아비) B를 내세워 B의 이름으로 미술품을 매수하게 하는 것), 우회행위 등과 구분된다. 이러한 행위들에 있어서는 관련자들의 의사에 따라 의사표시의 법률효과가 발생하기 때문이다.1)

d) 허위표시의 무효와 선의의 제3자와의 관계
제3자에 대한 관계에 있어서는 허위표시의 무효는 선의(善意)의 제3자에게 대항하지 못한다. 허위행위(가장행위)의 외형(外形)을 신뢰한 제3자를 보호하기 위한 것이다. 여기서 선의(善意)의 제3자란 '착한 사마리아인(guter Samariter)'을 의미하는 것이 아니고, '그러한 사실을 모르는 제3자'를 말한다. 일반적으로 제3자라 함은 당사자와 그의 포괄승계인 이외의 자를 모두 포함한다. 그러나 허위표시의 제3자는 허위표시행위를 기초로하여 새로운 이해관계를 맺은 자를 한정해서 가르키는 것이다. 허위표시와 같은 외형을 신뢰하여 새로운 이해관계를 가지게 된자가 아니면 보호할 필요가 없기 때문이다. 예를 들면, (ㄱ) 가장매매의 매수인(買受人)으로부터 그 목적부동산을 다시 매수한 자, (ㄴ) 가장매매의 매수인으로부터 저당권을 인정받은 자, (ㄷ) 가장매매에 기(基)한 대금(代金)채권의 양수인(讓受人), (ㄹ) 가장소비대차(假裝消費貸借)에 기(基)한 채권의 양수인, (ㅁ) 통정에 의한 타인명의의 예금통장의 명의인으로부터 예금채권을 양수한 자, (ㅂ) 가장매매의 매수인에 대한 압류채권자 등이 그 예이다. 그러나 가장매매(假裝賣買)에 기한 손해배상청구권의 양수인, 채권의 가장양도(假裝讓渡)에 있어서의 채권자 등은 제3자에 속하지 아니한다(곽윤직, 민법총칙).

2.2.4. 형식상의 하자로 인한 무효
형식상의 하자로 인하여 무효로 되는 경우로는, 독일민법 제125조(형식상의 하자로 인한 무효),2)가 있다. 따라서 예컨대 연방행정절차법 제57조는 공법상 계약에 있어서 서면형식을 요구하는데, 이것을 위반하는 경우에는 요식행위의 위반으로서 무효가 된다.3) 그리고 다른 법률에서 요구하고 있는 - 보다 엄격한 형식에 위반되는 경우에는 - 독일민법 제

---

1) Hans Brox, Allgemeiner Teil des BGB, 29 Aufl., Carl Heymanns Verlag; http://blog.daum.net/ichwaringo1977/7106946(검색어 : 독일민법전; 검색일 : 2015.8.10)
2) 독일민법 제125조【Nichtigkeit wegen Formmangels : 형식상의 하자로 인한 무효】Ein Rechtsgeschäft, welches der durch Gesetz vorgeschriebenen Form ermangelt, ist nichtig. Der Mangel der durch Rechtsgeschäft bestimmten Form hat im Zweifel gleichfalls Nichtigkeit zur Folge(법률이 정하는 방식을 결[缺]한 법률행위는 이를 무효로 한다. 법률행위로써 정한 방식을 결한 경우, 의심스러운 경우 역시 이를 무효로 한다).
3) 조태제, 공법상계약에서의 분쟁과 그 해결, 관대(關大)논문집, 373면.

125조 제1항의 준용에 의하여 공법상 계약은 형식하자로 무효가 된다. 형식상의 하자의 치유는 민법 제313조 제1항 및 제2항을 준용하여 그 치유가 가능하다.

### 2.2.5. 내용상의 하자로 인한 무효

내용상의 하자로 인하여 무효로 되는 경우로는, (ㄱ) 제138조(공서양속위반; 선량한 풍속 위반),[1] (ㄴ) 제306조(객관적 원시불능) 등이 있다.[2] 무효인 공법상 계약은 계약당사

---

[1] 독일민법 제138조【Sittenwidriges Rechtsgeschäft; Wucher : 공서양속위반의 행위】① Ein Rechtsgeschäft, das gegen die guten Sitten verstößt, ist nichtig(선량한 풍속에 위반되는 법률행위는 무효로 한다). ② Nichtig ist insbesondere ein Rechtsgeschäft, durch das jemand unter Ausbeutung der Zwangslage, der Unerfahrenheit, des Mangels an Urteilsvermögen oder der erheblichen Willensschwäche eines anderen sich oder einem Dritten für eine Leistung Vermögensvorteile versprechen oder gewähren lässt, die in einem auffälligen Missverhältnis zu der Leistung stehen(타인의 궁박 경솔 또는 무경험을 이용하여 어느 급부에 대하여 자기 또는 제3자에 재산적 이익을 약속 또는 공여하게 하는 법률행위는 그로인하여 받는 재산상 이익이 당해사정으로 보아 현저하게 급부와 균형을 잃을 정도로 급부의 가격을 초과 할 때에는 이를 무효로 한다). ※독일민법 제138조(공서양속위반의 행위) ① 선량한 풍속에 위반되는 법률행위는 무효로 한다. ② 타인의 궁박 경솔 또는 무경험을 이용하여 어느 급부에 대하여 자기 또는 제3자에 재산적 이익을 약속 또는 공여하게 하는 법률행위는, 그로인하여 받는 재산상 이익이 당해사정으로 보아 현저하게 급부와 균형을 잃을 정도로 급부의 가격을 초과 할 때에는 이를 무효로 한다. 【해설】이는 불공정한 법률행위를 무효로 하는 우리 민법 제104조의 규정과 같다. "당사자의 궁박, 경솔 또는 무경험으로 인하여 현저하게 공정을 잃은" 경우에 한하여 법률행위를 무효로 하고 있다. 따라서 불공정한 계약이라고 하더라도 이 요건을 충족하는 경우에 한하여 계약이 무효로 된다. 불공정한 법률행위는 사회정의에 반하는 것으로 보아, 계약자유의 원칙을 수정하면서 사회적·경제적 약자를 보호하고자 하는 법정책적 표현이라고 한다(고상룡, 민법총칙, 제3판, 법문사, 2003, 348면). '궁박'이라 함은 '급박한 곤궁'을 의미하는 것으로서 경제적 원인에 기인할 수도 있고 정신적 또는 심리적 원인에 기인할 수도 있다(대판 1974. 2. 26, 73다673; 대판 1981. 12. 22, 80다2012; 대판 1998. 3. 13, 97다51506; 대판 1999. 5. 28, 98다58825; 대판 2008. 3. 14, 2007다11996; 박철, 불공정한 법률행위의 요건 및 판단기준, 대법원판례해설 제32호, 1999, 11면 이하). 일반인이 불법구금된 상태에서 구속을 면하고자 하는 상황에 처해 있는 경우에 궁박을 인정한 사례가 있다(대판 1996. 6. 14, 94다46374.). 고소를 당하여 경찰로부터 소환을 받게 된 상태를 정신적 궁박으로 본 사례도 있다(대판 1992. 4. 14, 91다23660). '경솔'은 신중하지 못한 것을 말한다. 다수설은 경솔의 개념을 넓게 파악하는데, 의사를 결정할 때 그 행위의 결과나 장래에 관하여 보통인이 베푸는 고려를 하지 않는 심리상태라고 한다. 미국 등 영미법계에서 활발하게 논의되고 있는 비양심성(Unconscionability)의 법리가(통일상법전(UCC) 제2-302조 제1항은 계약이나 그 내용이 그 체결 당시에 비양심적인(unconscionable) 경우에 법원은 그 계약의 강제를 거절하거나 또는 비양심적 조항을 제외한 계약의 나머지 부분을 강제하거나, 비양심적인 결과를 방지하기 위하여 비양심적인 조항의 적용을 제한할 수 있다고 규정하고 있다)우리 민법의 불공정

자에게 어떠한 구속력을 발생시키지 않는다. 무효인 공법상 계약은 이미 이행된 급부의 반환 및 손해배상청구권의 문제를 발생시킨다. 계약당사자는 공법상 계약의 무효를 확인소송(Feststellungsklage)이나 이행소송(Leistungsklage)을 통하여 주장할 수 있다.[1] 확인소송의 종류로는, (ㄱ) 일반적 확인소송, (ㄴ) 특별확인소송, (ㄷ) 간이(簡易)확인소송, (ㄹ) 지속(持續)확인소송이 있고, 이행소송의 종류로는, (ㄱ) 의무이행소송(① 거부소송, ② 부작위소송[집행소송·지령소송], (ㄴ) 일반적 이행소송(① 급부집행소송, ② 부작위칭구소송[예방적 금지소송])이 있다.[2]

### 2.3. 연방행정절차법 제59조 제2항의 무효사유 – 종속계약의 무효사유

#### 2.3.1. 개관

행정절차법 제59조 제2항은 행정행위 대신에 체결되는 공법상 계약, 즉 종속계약을 그 대상으로 하여 네 가지 무효사유를 규정하고 있다. 독일연방행정절차법 제59조 제2항은 "제54조 제2문에서 말하는 계약은 다음 각호(제1호 내지 제4호)의 경우에도 무효이다(Ein Vertrag im Sinne des § 54 Satz 2 ist ferner nichtig)."라고 규정하고 있다.

#### 2.3.2. 연방행정절차법 제59조 제2항 제1호의 무효사유 – 동일한 내용의 행정행위가 무효인 경우

제59조 제2항 제1호는 "**동일한 내용**을 가진 행정행위가 무효인 경우(ein Verwaltungsakt mit entsprechendem Inhalt nichtig wäre),"에는 종속계약도 무효라고 규정하여 무효사유로 두고 있다. 즉 행정행위의 무효요건은 공법상 계약에서도 무효요건에 해당한다는 것이다. 여기서 동일한 내용을 가진 행정행위란 행정청이 그 발급 또는 불발급에 대하여 공법상 계약으로 의무지워지는 행정행위를 의미한다. 행정행위의 발급의무가 부과되는 경우에도 행정청이 유효하게 발할 수 없는 경우에는(예: 관할위반의 이유) 공법상 계약은 무효가 된다.[3] 이는 결국 행정행위의 무효요건에 대하여 규정하고 있는 연방행정절차법 제44조 제1항, 제2항에서 정하고 있는 무효사유를 준용하게 된다.

▶ **독일연방행정절차법 제44조** 【Nichtigkeit des Verwaltungsaktes : 행정행위의 무효】 ① 행정

---

법률행위와 밀접한 관련이 있다(김재형, 계약의 공정성 – 불공정한 법률행위를 중심으로 –)
2) H. Maurer, Allgemeines Verwaltungsrecht, 1990, S. 332.
1) 정하중, 법치행정의 원리와 공법상계약 – 독일행정절차법의 내용을 중심으로 –, 서강법학(제11권 제1호), 2009, 184면.
2) 김백유, 행정구제법, 398면.
3) 정하중, 법치행정의 원리와 공법상계약 – 독일행정절차법의 내용을 중심으로 –, 서강법학(제11권 제1호), 2009, 187면.

행위의 하자가 특별히 중대하고 누구에게나 이것이 명백하게 인지될 수 있는 경우(중대하고 명백한 경우)에는 무효로 한다(Ein Verwaltungsakt ist nichtig, soweit er an einem besonders schwerwiegenden Fehler leidet und dies bei verständiger Würdigung aller in Betracht kommenden Umstände offensichtlich ist.[1]). 동조 제2항에는 다음과 같이 규정되어 있다. ② "다음 각호의 1에 해당하는 행정행위는 제1항의 조건의 존재여부를 불문하고 무효로 한다(Ohne Rücksicht auf das Vorliegen der Voraussetzungen des Absatzes 1 ist ein Verwaltungsakt nichtig.)."고 규정하고 있다. 무효원인으로서 다음과 같은(제1호 내지 제6호) 사유를 들고 있다. (제1호) : – 하자의 중대명백성과는 상관없이 –, 어느 행정청이 처분을 하였는지 문서상으로 혹은 전자문서상으로도 명백하지 않은 경우(der schriftlich oder elektronisch erlassen worden ist, die erlassende Behörde aber nicht erkennen lässt),[2] (제2호) : 법규상 증서의 교부(수여)를 통해서만 발하여 질 수 있는 행위인데, 그 형식이 충족되지 못한 때[3](der nach einer Rechtsvorschrift nur durch die Aushändigung einer Urkunde erlassen werden kann, aber dieser Form nicht genügt), (제3호) : 연방행정절차법 제3조 제1항 제1호[4]에 근거하여 성립하는 (토지)관할범위 밖에서 행정청이 수권없이 행정행위를 했을 경우(den eine Behörde außerhalb ihrer durch § 3 Abs. 1 Nr. 1 begründeten Zuständigkeit erlassen hat, ohne dazu ermächtigt zu sein), (제4호) : 사실상 어느 누구도 이행할 수 없는 경우(사실상 실현불능인 경우 : den aus tatsächlichen Gründen niemand ausführen kann), (제5호) : 형벌이나 벌금이 부과되는 행위를 하도록 하는 경우(der die Begehung einer rechtswidrigen Tat verlangt, die einen Straf- oder Bußgeldtatbestand verwirklicht), (제6호) : 선량한 풍속을 침해하는 경우(der gegen die guten Sitten verstößt.) 등이다.

▶ 독일연방행정절차법 제44조【행정행위의 무효】
 – 제44조 제1항 : 행정행위의 하자가 중대하고 누구에게나 이것이 명백하게 인지될 수 있는 경우(중대하고 명백한 경우)

---

1) 연방행정절차법 제44조 제1항 : Ein Verwaltungsakt ist nichtig, soweit er an einem besonders schwerwiegenden Fehler leidet und dies bei verständiger Würdigung aller in Betracht kommenden Umstände offensichtlich ist(행정행위가 **특별히 중대한 하자가 있고, 또한 그 하자가 관련한 제반사정을 판단하여 명백한 경우에는 무효이다**).
2) 문서 혹은 전자문서로 한 처분으로서 처분청을 알 수 없는 경우, 행정행위는 무효로 한다.
3) '문서교부가 이루어지지 않았거나 충분하게 이루어지지 않은 경우'를 의미한다.
4) 독일연방행정절차법 제3조【Örtliche Zuständigkeit : 토지관할】① Örtlich zuständig ist(토지관할 권은 다음 각호에서 정하는 바에 의한다) 1. in Angelegenheiten, die sich auf unbewegliches Vermögen oder ein ortsgebundenes Recht oder Rechtsverhältnis beziehen, die Behörde, in deren Bezirk das Vermögen oder der Ort liegt(부동산이나 장소에 관련된 사항에 있어서는 **당해 재산이나 장소의 소재지를 관할하는** 행정청);

- 제44조 제2항 : 다음 각호의 1에 해당되는 경우에는 제1항의 조건의 존재여부를 불문하고 무효로 한다.
- 제1호 : (하자의 중대명백성과는 상관없이), 어느 행정청이 처분을 하였는지 문서상으로 혹은 전자문서상으로도 명백하지 않은 경우
- 제2호 : 법규상 증서의 교부(수여)를 요건으로 하고 있음에도 불구하고, 문서교부가 이루어지지 않았거나 충분하게 이루어지지 않은 경우
- 제3호 : 연방행정절차법 제3조 제1항 제1호에 의하여 성립하는 (토지)관할의 범위밖에서 행정청이 수권없이 행한 행정행위는 무효이다. ☞ 관할위반
- 제4호 : 사실상 어느 누구도 이행할 수 없는 경우(사실상 실현불능인 경우),
- 제5호 : 형벌이나 벌금이 부과되는 행위를 하도록 하는 경우
- 제6호 : 선량한 풍속을 침해하는 경우

[소결] 행정절차법 제44조는 행정행위의 무효사유를 규정하고 있는 조문이다. 공법상 계약도 이러한 행정행위의 무효사유에 해당되는 경우에는 무효라는 것이다. 따라서, (ㄱ) 공법상 계약의 하자가 중대하고 누구에게나 이것이 명백하게 인지될 수 있는 경우(중대하고 명백한 경우), (ㄴ) (하자의 중대명백성과는 상관없이), 어느 행정청이 하였는지 문서상으로 혹은 전자문서상으로도 명백하지 않은 경우의 공법상 계약, (ㄷ) (토지)관할의 범위 밖에서 행정청이 수권없이 행한 공법상 계약, (ㄹ) 사실상 어느 누구도 이행할 수 없는 공법상 계약인 경우(사실상 실현불능인 경우), (ㅁ) 형벌이나 벌금이 부과되는 공법상 계약, (ㅂ) 선량한 풍속을 침해하는 공법상 계약은 무효이다. 이상에서 살펴본바와 같이 행정행위의 무효사유에 해당되는 사안과 동일한 내용의 공법상 계약도 무효라는 것이다. 독일에서는 공서양속에 위반되는 행정행위나 공법상 계약은 무효로 보고 있으나, 우리나라는 공서양속에 위반되는 행정행위는 취소사유로 보고 있다는 점이 우리나라와는 다르다.[1]

### 2.3.3. 연방행정절차법 제59조 제2항 제2호의 무효사유 - 동일한 내용의 행정행위가 위법하며 이를 당사자가 계약체결당시 알고(통정 : 通情) 있는 경우(통정의사표시[通情意思表示])

연방행정절차법 제59조 제2항 제2호는 "동일한 내용을 가진 행정행위가 다만 제46조의 절차 및 형식상의 하자를 이유로하여서만 위법한 것이 아니고, 이것이 계약체결자에게 알려져 있는(통정[通情]) 경우(ein Verwaltungsakt mit entsprechendem Inhalt nicht nur wegen eines Verfahrens- oder Formfehlers im Sinne des § 46 rechtswidrig wäre und dies den Vertragschließenden bekannt war),"[2]는 무효사유로 두고 있다. 이와같이 연방행

---

[1] 우리 민법 제103조는 공서양속위반행위는 무효사유에 해당되나 행정법영역에서는 취소사유로 보고 있다. 그 이유는 행정법영역은 공익과 밀접한 관계를 이루고 있기 때문이다.

정절차법 제59조 제2항 제2호는 계약 당사자가 서로 통정의사표시[1]에 의하여 공법상 계약의 위법 무효에 해당하는 경우에는 무효로 한다. 우선 공법상 계약과 '동일한 내용을 가진 행정행위(entsprechender Verwaltungsakt)'가 위법하여야 한다. 이 때의 위법성은 중대할 필요는 없으나, 다만 행정절차법 제46조[2]가 규정한 의미에서의 절차 내지 형식상의 하자만으로는 불충분하다. 그리고 계약당사자가 그 위법성을 적극적으로 인식하고 있을 경우(의도적 혹은 의식적인 협력)에 계약은 무효가 된다.[3] 따라서 행정청의 재량권 남용을 계약상대방인 사인이 이를 몰랐을 경우에는 사위(詐僞)의 방법에 의한 것이 아닌 한[4] 당해계약은 유효하게 된

---

2) 원문에는 "… mit entsprechendem Inhalt nicht nur … und dies …"라고 되어 있으나, 여기에서의 und는 sondern auch라는 의미이다. "nicht nur, sondern auch … 뿐만 아니라 … 도."

1) 이는 '통정의사표시'로서 '통정허위표시'와는 엄밀하게는 구분되나, 무효로 보는 목적과 이념은 동일하다. http://terms.naver.com/entry.nhn?docId=459096&cid=42131&categoryId=42131(검색어: 통정허위표시; 검색일: 1015.12.30); 통정허위표시(Scheingeschäft): 표의자가 상대방과 통정하여 행한 진의 아닌 허위의 의사표시이다. 이러한 허위표시를 요소로 하는 법률행위를 통정허위표시 또는 가장행위라고 한다. 예를 들면 채권자의 압류를 면하기 위하여 타인과 통정하여 부동산의 소유명의를 타인에게 이전한 경우 그 매매는 허위표시에 속한다. 표의자 스스로가 의사와 표시의 불일치를 자각하고 있다는 점에서 비진의 표시와 같지만 상대방과의 통정에 대한 합의가 있다는 점에서 다르다. 허위표시는 원칙적으로 무효이다(민법 제108조 1항). 그러나 사정을 알지 못하는 선의의 제3자를 보호하기 위하여 민법은 선의의 제3자에 대해서는 허위표시의 무효를 주장할 수 없게 하고 있다(민법 제108조 2항). 여기서 말하는 제3자란 당사자 및 포괄승계인(상속인) 이외의 자로서 허위표시가 있은 후에 그 목적물에 대하여 이해관계를 가지게 된 자를 말한다. [네이버 지식백과] 통정허위표시 [通情虛僞表示] (법률용어사전, 2011. 1. 15., 법문북스).

2) 독일연방행정절차법 제46조는 절차나 형식상의 하자가 실체적 결정에 전혀 영향을 주지 않는 것이 명백한 경우에는 그러한 절차나 형식상의 하자를 이유로 하여 취소소송의 본안에서 행정행위를 폐지(취소)할 수 없다고 규정하고 있다. 독일연방행정절차법 제46조【Folgen von Verfahrens- und Formfehlern: 절차 및 형식상 하자의 효과】제44조의 규정에 의하여 무효로 되지 아니하는 행정행위는 그 위법사실이 결정에 실체적으로 영향을 미치지 아니하였음이 명백한 경우 절차나, 형식 또는 토지관할권에 관한 규정을 위반하여 성립하였다는 이유만으로 그 폐지를 요구할 수 없다(Die Aufhebung eines Verwaltungsaktes, der nicht nach § 44 nichtig ist, kann nicht allein deshalb beansprucht werden, weil er unter Verletzung von Vorschriften über das Verfahren, die Form oder die örtliche Zuständigkeit zustande gekommen ist, wenn offensichtlich ist, dass die Verletzung die Entscheidung in der Sache nicht beeinflusst hat) ☞ 밑줄 친 부분은 종래 '사안에 따라 다른 결정을 내릴 수 없었던 경우에는'이라고 규정되어 있었던 것이 1996년 9월 12일 "허가절차촉진에관한법률"에 따라 개정된 것이다(오준근, 독일연방행정절차법의 변혁, 한국법제연구원(1997.10), 80면)

3) 조태제, 공법상계약에서의 분쟁과 그 해결, 관대(關大)논문집, 374면.

4) 이 경우에는 연방행정절차법 제59조 제1항 및 독일 민법 제123조, 제142조에 의해 무효인 공법상 계약이 된다.

다.[1] 이와같이 연방행정절차법 제59조 제2항 제2호는 동일한 내용의 행정행위가 행정절차법 제46조에 해당하지 않는 절차나 형식상의 하자로 위법하고, 동시에 이것이 계약상대방에게 알려진 경우에는 당해계약을 무효로 본다고 규정하고 있는 것이다. 이 규정은 계약당사자의 담합(통정)을 통하여, 위법하게 된 행정행위(제1호와 행정절차법 44조에 따라 무효가 아닌)가 그 확정력/존속력(Bestandfestigkeit)을 갖는 것을 방지하고자하는 목적규정으로서, 동 규정은 계약체결의 당사자들이 서로 의도적 혹은 의식적인 협력속에서 - 공법상 계약의 방법을 통하여 - 위법한 법률효과를 발생시키는 경우에는 무효로 본다. 이 때 계약당사자의 인식의 유무는 법률효과의 위법성여부를 판단하는 요소가 된다. 계약당사자간의 위법한 담합행위가 존재하는 경우에는 계약의 존속은 처음부터 그의 위법성으로 인하여 정당성을 가질 수 없다. 여기서 무효는 다음의 요건하에서 발생된다.[2] (ㄱ) 공법상 계약에 근거하여 발급된 행정행위가 절차상·형식상 하자가 있어야 한다. 여기서 하자는 계약체결시(계약체결시점)에 나타나는 하자를 의미하며, 행정행위의 발급시(행정행위 발급시점)에 비로소 나타나는 하자를 의미하지 않는다. 또한 하자는 행정절차법 제46조에 의하여 행정행위의 취소를 정당화시키지 않는 그러한 절차나 형식상의 하자에 근거하여서는 안 된다. (ㄴ) 위법성의 구성요건으로는 계약체결의 당사자가 합의된 행정행위가 위법하다는 것을 인식하였거나 인식할 수 있는 상태에 있었을 것을 요구한다. 다만 이 경우에 있어서 위법성의 인식 유무는 합의된 행정행위가 법질서(Rechtsordnung)에 위반될 가능성이 있고 당사자가 이를 수인함으로써 충분하며, 합의가 구체적으로 법규정을 위반하고 있음을 인지하고 있을 것 까지는 요구하지 않는다.[3]

### 2.3.4. 연방행정절차법 제59조 제2항 제3호의 무효사유 - 화해계약의 무효사유
a) 개관

[개관] 연방행정절차법 제59조 제2항 제3호는 "화해계약의 체결을 위한 요건이 존재하지 아니하며, 동시에 동일한 내용을 가진 행정행위(entsprechender Inhalt)가 연방행정절차법 제46조[4]가 의미하는 절차상 또는 형식상의 하자만을 이유로하여서만 위법한 것으로 된

---

1) 김병기, 독일행정절차법상 위법한 행정계약과 그 법적 효력, 행정법이론실무학회, 행정법연구 (1998.10), 150면.
2) 정하중, 법치행정의 원리와 공법상계약 - 독일행정절차법의 내용을 중심으로 -, 서강법학(제11권 제1호), 2009, 188면.
3) 정하중, 법치행정의 원리와 공법상계약 - 독일행정절차법의 내용을 중심으로 -, 서강법학(제11권 제1호), 2009, 188면.
4) 연방행정절차법 제46조 【Folgen von Verfahrens- und Formfehlern : 절차 및 형식상의 하자】 Die Aufhebung eines Verwaltungsaktes, der nicht nach § 44 nichtig ist, kann nicht allein deshalb

것이 아닌 경우(die Voraussetzungen zum Abschluss eines Vergleichsvertrags nicht vorlagen und ein Verwaltungsakt mit entsprechendem Inhalt nicht nur wegen eines Verfahrens- oder Formfehlers im Sinne des § 46 rechtswidrig wäre),"무효사유로 본다. 제3호는 "화해계약의 체결을 위한 '불확실한(Ungewissheit)' 상황이 없음에도 불구하고, 그리고 동일한 내용의 행정행위가 위법한 경우(동법 제46조의 절차상·형식상의 하자로 인하여 위법하게 된 경우가 아닌, 다른 위법사유)에는 당사자간 화해계약(Vergleichsvertrag)은 무효로 한다."는 것이다.

▶ 연방행정절차법 제59조 제2항 제3호의 무효사유
– 화해계약의 체결을 위한 요건이 존재하지 않고, 동시에 동일한 내용을 가진 행정행위가 제46조의 절차 및 형식상의 하자를 이유로 한 위법이 아닌 다른 위법사유(불확실한 상황이 없음에도 불구하고 당사자가 화해계약(Vergleichsvertrag)을 이용한 경우는 무효)

b) 화해계약에 있어서 특별한 무효사유

[종속적 화해계약에 있어서 특별한 무효사유] 연방행정절차법 제59조 제2항 제3호는 종속적 화해계약에 있어서 특별한 무효사유를 규정하고 있다. 동 규정은 화해계약을 체결하기 위한 전제조건이 존재하지 않고(예컨대 화해계약이 성립되기 위한 요건으로서의 불확실성[Ungewissheit]), 서로 '동일한 내용을 가진 행정행위(entsprechender Verwaltungsakt)'가 위법하다면(이 때의 위법은 연방행정절차법 제46조에서 규정하고 있는 절차나 형식상의 하자를 이유한 위법이 아닌 – 다른 종류의 – 위법), 공법상 계약이 무효가 된다는 것이다. 이 규정은 화해계약의 체결시에 존재하는 법률위반의 위험을 최소한도로 제한시키는 것을 목적으로 하고 있는 것이다. 계약상으로 합의된 행정행위가 제3호의 무효사유에 해당하는 경우의 화해계약은 무효가 된다. 정하중 교수는 "제3호의 무효사유에 해당되는 경우는 다음과 같다. (ㄱ) 행정절차법 제55조의 의미의 화해계약, 즉 상호간의 양보를 통하여 법적인 또는 사실상의 불확실성(Ungewissheit)을 제거하는 것을 목적으로 하는 종속계약이 존재하여야 한다. (ㄴ) 화해계약의 체결요건이 충족되지 않아야 한다. 이러한 경우는 법적·사실적 불확실성의 제거를 위하여 화해계약의 체결이 합목적적으로 판단되지 않은 경우에 존재한다."[1]고 한다.

---

beansprucht werden, weil er unter Verletzung von Vorschriften über das Verfahren, die Form oder die örtliche Zuständigkeit zustande gekommen ist, wenn offensichtlich ist, dass die Verletzung die Entscheidung in der Sache nicht beeinflusst hat.

1) 정하중, 법치행정의 원리와 공법상계약 – 독일행정절차법의 내용을 중심으로 –, 서강법학(제11권 제1호), 2009, 189면.

c) 화해계약의 체결을 위한 전제요건이 충족되지 않은 경우의 구체적인 예(例)

[화해계약의 체결을 위한 전제요건이 충족되지 않은 경우의 예] '화해계약의 체결을 위한 전제요건이 충족되지 않은' 경우는 동법 제55조와 연관하여 볼 때 대체적으로 다음과 같은 사유를 의미한다고 본다.[1] (ㄱ) 사실관계나 법률관계를 객관적으로 평가해 볼 때, 결코 불확실성(Ungewissheit)이 존재하지 않을 때, (ㄴ) 계약내용상 불확실성의 제거를 위한 계약당사자 상호간의 양보(Nachgeben)가 존재하지 않는 경우, 이 경우 상호 대등한 내용의 양보가 꼭 필요한 것은 아니다.[2] (ㄷ) 화해계약의 체결이 행정청에게 부여된 재량의 적정한 행사가 아니어서 행정목적 달성, 특히 사실관계·법률관계상의 불확실성 제거에 적합하지 않은 경우이다. 예컨대, 사실관계 전반을 고려할 때 법률요건의 해당 여부가 명확하나 사인이 자신의 명백한 오류로 인해 이를 행정 절차상 다투기 때문에 이러한 주관적 불확실성의 제거와 법적 평화의 달성을 위해 화해계약을 체결하는 경우가 이에 해당할 것이다. (ㄹ) 화해계약의 내용이 사실관계나 법률관계상 존재하는 불확실성과 내용적인 연관성이 없는 경우이다. 이는 구체적으로 계약당사자의 계약내용상의 상호 양보가 불확실성의 제거 목적과 상당관계가 있어야함을 의미한다.[3]

### 2.3.5. 연방행정절차법 제59조 제2항 제4호의 무효사유 - 교환계약의 무효사유

연방행정절차법 제59조 제2항 제4호는 "행정청이 제56조에 의하여 허용되지 않는 반대급부를 약속하게 한 경우(sich die Behörde eine nach § 56 unzulässige Gegenleistung versprechen lässt)."는 무효가 된다고 규정하고 있다. 즉 제4호에 의하면, "행정절차법 제56조[4]에 의하여 허용되지 않는 반대급부(Gegenleistung)가 약속된 경우에, 그 계약은 무

---

1) H.-U. Erichsen(Hrsg.), Allgemeines Verwaltungsrecht 10. Aufl., S. 377 ff.; C. H. Ule/H.-W. Laubinger, Verwaltungsverfahrensrecht, 4. Aufl., S. 759 ff.; Christian Schimpf, Der verwaltungsrechtliche Vertrag unter besonderer Berücksichtigung seiner Rechtswidrigkeit, 1982, S. 273 ff.; Giemulla/Jaworsky/Müller-Uri, Verwaltungsrecht 6. Aufl., S. 340 ff.; Stelkens/Bonk/Sachs/et al., Verwaltutngsverfahrensgesetz Kommentar, § 55 Rn. 15 ff.; Ferdinand O. Kopp, Kommentar zum VwVfG, § 55 Rn. 9 ff.

2) Giemulla/Jaworsky/Müller-Uri, Verwaltungsrecht 6. Aufl., S.. 341; VGH München, NVwZ 1989, S. 167 ff.

3) 김병기, 독일행정절차법상 위법한 행정계약과 그 법적 효력, 행정법이론실무학회, 행정법연구 (1998.10), 150-151면.

4) 독일연방행정절차법 제56조 【Austauschvertrag : 교환계약】 ① 계약의 상대방이 **행정청에 대하여 반대급부를 제공할 의무를 지는** 제54조 제2문이 의미하는 공법상 계약은 상대방의 반대급부가 계약상의 특정한 목적과 일치하고 행정청에게 그의 공적 임무를 수행하게 하는 경우에 체결될 수 있다(Ein öffentlich-rechtlicher Vertrag im Sinne des § 54 Satz 2, in dem sich der

효"라고 한다. 예를 들면 과잉금지의 원칙, 부당결부금지의 원칙, 부관의 한계 등과 같은 위반이 있는 경우가 여기에 해당된다.[1] 독일민법 제320조 이하의 쌍무계약규정을 유추(類推)하여 논의되는 교환계약은 당사자 일방이 상대방의 공법상 급부이행을 대가로 자신의 반대급부를 약속하는 계약이다. 이러한 교환계약은 이행되는 급부의 내용이 동법 제56조에 의하여 허용되지 않는 경우에는 무효가 된다. 교환계약의 경우 행정청은 사실상 우월한 지위에 서는 경우가 많으므로 이로 인해 사인의 부당한 권익침해를 막고자 하는 것이 동규정의 취지이다.[2] (정하중 교수) : 연방행정절차법 제59조 제2항 제4호는 행정청의 계약상대방으로 하여금 부당결부금지의 원칙(Koppelungsverbot)에 반하는 행정청의 위법·부당한 급부요구로부터 보호하고, 이른바 "고권적 행위의 매각"[3]을 피하려는 의도를 가지고 있다. 연방행정절차법 제56조에 의하여 허용되지 않는 행정청의 계약상대방의 반대급부는 모두 공법상 계약에 있어서 무효사유가 되므로 이는 법적 안정성 보다는 실질적 정의의 원칙에 우월적 지위를 부여하고 있음을 반영하는 것이다. 실무적으로는 대부분의 종속계약이 교환계약(Austauschvertrag)에 해당됨을 고려할 때, 위법한 공법상 계약의 유효성에 대하여 제기되는 문제제기는 그만큼 설득력이 떨어진다.[4] 제4호의 무효사유가 존재하기 위하여는 제56조 제1항의 교환계약(Austauschvertrag)이 존재하여야 하며, 반대급부가 상당성을 결여하거나 또는 행정청의 반대급부와 실질적 관련성이 없어야 한다.[5] (김병기 교수)[6] : 연방행정절차

---

Vertragspartner der Behörde zu einer Gegenleistung verpflichtet, kann geschlossen werden, wenn die Gegenleistung für einen bestimmten Zweck im Vertrag vereinbart wird und der Behörde zur Erfüllung ihrer öffentlichen Aufgaben dient). 반대급부는 **전체적 상황에 적합한 것**이어야 하고, 또한 행정청의 계약상의 급부와 **사항적 관련성**이 있어야 한다(Die Gegenleistung muss den gesamten Umständen nach angemessen sein und im sachlichen Zusammenhang mit der vertraglichen Leistung der Behörde stehen). ②행정청의 급부를 요구할 수 있는 청구권이 존재하는 경우에는 행정행위를 발동함에 있어서 제36조에 의한 부관의 내용이 될 수 있는 경우에 한하여 **그러한 반대급부를 합의할 수 있다**(Besteht auf die Leistung der Behörde ein Anspruch, so kann nur eine solche Gegenleistung vereinbart werden, die bei Erlass eines Verwaltungsaktes Inhalt einer Nebenbestimmung nach § 36 sein könnte).

1) 조태제, 공법상계약에서의 분쟁과 그 해결, 관대(關大)논문집, 374면.
2) 김병기, 독일행정절차법상 위법한 행정계약과 그 법적 효력, 행정법이론실무학회, 행정법연구 (1998.10), 151면.
3) Martin Bullinger, Vertrag und Verwaltungsakt, 1962, S. 140.
4) Klaus Obermayer, Der nichtige öffentlich-rechtliche Vertrag nach § 59 VwVfG, FS zum hundertjährigen Bestehen des Bayerischen Verwaltungsgerichtshofes, 1979, S. 288.
5) 정하중, 법치행정의 원리와 공법상계약 - 독일행정절차법의 내용을 중심으로 -, 서강법학(제11권 제1호), 2009, 189면.
6) 김병기, 독일행정절차법상 위법한 행정계약과 그 법적 효력, 행정법이론실무학회, 행정법연구

법 제56조에 비추어 볼 때 다음의 경우에는 무효인 교환계약이라고 본다.[1] (ㄱ) 사인이 이행하는 급부의 내용이나 급부를 통해 달성하려는 행정목표가 공법상 계약에 구체적으로 나타나지 않는 경우, (ㄴ) 계약상의 급부를 통해 달성하려는 행정목표가 당해 행정청의 사물관할 밖의 내용이거나, 오로지 예산상의 재원(財源)충족만을 위한 급부인 경우, (ㄷ) 사인의 급부가 행정청이 계약상 이행해야 하는 반대급부와 실질적인 관련이 없는 경우(실질적 관련의 법리; 부당결부금지의 원칙에 위반되는 경우); 예컨대, 행정청이 건축허가를 발령해주는 대가로 당해 행정청의 다른 처분을 대상으로 하여 상대방이 제기한 취소소송(Anfechtungsklage)을 취하(取下)하기로 약속하는 경우,[2] (ㄹ) 비례원칙에 비추어 사인의 급부가 행정청의 반대급부에 비해 상당성(Angemessenheit)을 결한 경우, 예컨대 사인의 반대급부를 조건으로 재량행위인 수익적 행정행위를 발령해주기로 행정청이 약속하는 경우에는 사인의 반대급부 없이는 행정청이 재량하자 없이 당해 처분을 할 수 없다고 인정되는 경우에만 당해 계약은 유효하다.[3] (ㅁ) 행정청의 급부가 기속행위일 경우, 이에 대한 사인의 반대급부가 연방행정절차법 제36조(행정행위의 부관: Nebenbestimmungen zum Verwaltungsakt)에서 규정하고 있는 행정행위의 부관의 내용이 될 수 없는 경우, 예컨대 (ㄱ) 행정청의 기속행위인 건축허가에 대하여 상대방이 문화기금을 납부하기로 약속하는 경우, (ㄴ) 차후 건축허가신청의 포기를 반대급부로 하여 교환계약을 체결하는 경우, (ㄷ) 일반적으로 기속행위에는 원칙적으로 부관을 붙일 수 없으나 기속행위에서 부관을 붙이는 경우는 **법률요건충족적 부관만이** 가능하므로,[4] 만약 계약의 형태로 사인이 금전을 납부해야

---

(1998.10), 151면.

1) H.-U. Erichsen(Hrsg.), Allgemeines Verwaltungsrecht 10. Aufl., S. 377 ff.; C. H. Ule/H.-W. Laubinger, Verwaltungsverfahrensrecht, 4. Aufl., S. 764 ff.; Christian Schimpf, Der verwaltungsrechtliche Vertrag unter besonderer Berücksichtigung seiner Rechtswidrigkeit, 1982, S. 277 f.; Giemulla/Jaworsky/Müller-Uri, Verwaltungsrecht 6. Aufl., S. 344 ff.; Stelkens/Bonk/Sachs/et al., Verwaltutngsverfahrensgesetz Kommentar, § 56 Rn. 20 ff.; Ferdinand O. Kopp, Kommentar zum VwVfG, § 56 Rn. 9 ff

2) BVerwGE 67, 177 ff.; OVG Koblenz, NVwZ 1992, 796 ff.

3) VGH München, NVwZ 1992, S. 796 ff.

4) 독일연방행정절차법 제36조 제1항은 기속행위에는 원칙적으로 부관을 붙일 수 없게 하되, 예외적으로, (ㄱ) 법규에서 허용하고 있는 경우(… Rechtsvorschrift zugelassen ist)와, (ㄴ) 부관을 붙임으로써 행정행위의 법률상 요건이 충족될 수 있는 경우(… die gesetzlichen Voraussetzungen des Verwaltungsaktes erfüllt werden : 법률요건충족부관)에는 붙일 수 있게 하였다. 이는 기속행위의 경우 부관을 붙일 수 없는 것은 행정청은 법령이 정한 바에 따라 그 행위를 행하여야 할 구속을 받으므로, 부관을 붙여 행정청의 의사에 의하여 그 효과를 제한하는 것은 허용될 수 없다는 것인바, 법률요건충족부관은 상대방을 위한 것이고 당해 행정행위의 효과를 제한하는 것이 아니므로 당연히 붙일 수 있다고 할 것이기 때문이다. 박윤흔 교수는 "생각건대 명문(明文)이 없는 우리의

하거나 신청포기의사를 하여야 한다면 이는 행정행위의 상대방(행정청은 법의 엄격한 통제를 받음)일 때보다 계약의 당사자(행정청은 엄격한 법의 통제로부터 자유로움)일 때 행정청의 사실상의 우월한 지위에 의해 – 상대방이 행정청의 건축허가를 얻기 위해서는 – 부득이 교환계약을 체결할 수밖에 없는 불리한 취급을 받게 되는 결과가 되므로 당해 교환계약은 무효로 보아야 한다.1)

### 2.4. 연방행정절차법 제59조 제3항의 무효사유

독일연방행정절차법 제59조 제3항은 "계약의 일부만이 무효인 경우, 당해계약의 무효인 부분이 없었다면 계약이 체결되지 아니하였을 것이라고 인정되는 경우에는 그 계약은 전부를 무효로 한다(Betrifft die Nichtigkeit nur einen Teil des Vertrags, so ist er im Ganzen nichtig, wenn nicht anzunehmen ist, dass er auch ohne den nichtigen Teil geschlossen worden wäre.)."라고 규정하여 의심스러운 경우 – 무효인 부분이 없었더라면 계약이 체결되지 않았을 것이라고 인정되는 경우 – 일부무효는 전부무효로 보고 있다. 이러한 점에서 "행정행위의 일부만이 무효인 경우, <u>무효부분이 없었다면 그 행정행위를 발급하지 아니하였을 정도로 당해 무효부분이 **중요한 것인 때**</u>에는 행정행위는 **전부무효이다** (Betrifft die Nichtigkeit nur einen Teil des Verwaltungsaktes, so ist er im Ganzen nichtig, wenn der <u>nichtige Teil so wesentlich ist, dass die Behörde den Verrwaltungsakt ohne den nichtigen Teil nicht erlassen hätte</u>.)."라고 하고 있는 연방행정절차법 제44조 제4항과는 차이가 있다.2) 왜냐하면 당사자가 계약체결 당시 일부무효의 정(情)을 알고 있고 당해부분을 공법상 계약의 본질적인 요소(Wesensgehalt)가 아니거나 – 그 부분이 아니었더라면 계약을 체결하지 않았을 것이라고 여기지 않는 경우를 제외하고는 – 당해계약의 일부무효가 전체계약의 무효사유로는 되지 않을 것이기 때문이다.3)

### 3. 공법상 계약의 무효의 효과

#### 3.1. 개관

공법상 계약이 무효인 경우 그것은 당초부터 당연히 법률효과를 발생하지 않는 것이

---

　　경우에도 법률요건충족부관은 기속행위에도 붙일 수 있다고 보는 것이 타당하다(박윤흔, 행정법강의(상), 389면)."고 한다.
1) OVG Lüneburg, NJW 1978, S. 2260 ff.
2) 조태제, 공법상계약에서의 분쟁과 그 해결, 관대(關大)논문집, 375면.
3) 김병기, 독일행정절차법상 위법한 행정계약과 그 법적 효력, 행정법이론실무학회, 행정법연구(1998.10), 154면.

므로 계약당사자의 급부의무나 이행청구권은 발생하지 아니한다. 구체적으로 무효인 공법상 계약은 아무런 법적 효력을 갖지 못하므로, 당초부터 당연히 법률효과를 발생하지 못한다(당초부터 당연히 무효[Nichtigkeit]). 그 계약이 의무이행계약(Verpflichtungsvertrag)인 경우에는 일방당사자는 이행의무를 발생시키지 않으며, 상대방의 급부이행을 요구할 수도 없으며, 처분계약(형성계약: Verfügungsvertrag)인 경우에는 권리변동(형성·변경)을 가져오지 못한다.[1)2)] 무효인 공법상 계약에 근거하여 이행된 급부는 원칙적으로 반환되어야하며(원상회복), 급부를 이미 이행한 당사자는 원상회복의무를 근거로 하여 공법상 부당이득반환청구권을 가진다. 반대급부가 더 이상 반환될 수 없는 경우에는 반환요구가 인정되지 않는 다.[3)] 누구든지 공법상 계약의 무효를 주장할 수 있으며, 다만 이는 예외적으로 신의성실의 원칙(Treu und Glaube)에 의하여 제한될 수 있을 뿐이다. 공법상 계약의 무효 여부에 대하여 다툼이 있는 경우에는 무효확인소송을 제기하거나 또는 일반적 이행소송 범위 내에서 부수적으로 심사될 수 있다.[4)] 한편, 계약의 일부만이 무효일 때에는 무효 부분 없이는 당해 계약이 체결되지 않았을 것이라고 인정되는 경우 공법상 계약 전체가 무효로 된다(연방행정절차법 제59조 제3항). 예컨대, 당사자가 계약체결 당시 일부무효의 정(情)을 알고 있고 당해 부분을 공법상 계약의 본질적인 요소(Wesensgehalt)가 아니거나 – 그 부분이 아니었더라면 계약을 체결하지 않았을 것이라고 여기지 않는 경우를 제외하고는 – 당해계약의 일부무효가 전체 계약의 무효사유로는 되지 않을 것이다.[5)]

### 3.2. 무효인 공법상 계약에 의하여 발급된 행정행위인 경우

#### 3.2.1. 연방행정절차법제44조 : 행정행위의 무효(Nichtigkeit des Verwaltungsaktes)

무효인 공법상 계약을 근거로 이미 행정행위가 발하여졌다면, 이 때의 행정행위는 자동적으로 무효로 되지는 않는다.[6)] 그러한 행정행위가 무효인지, 취소될 수 있는지, 또는 적법한지는 연방행정절차법 제44조(행정행위의 무효)를 따른다.[7)] 따라서 <u>무효인 공법상 계약에 의하여 행정행위가 발하여진 경우에는 행정청의 직권취소 혹은 행정심판·행정소송</u>

---

1) H. Maurer, Allgemeines Verwaltungsrecht, 1990, S. 336.
2) 김병기, 독일행정절차법상 위법한 행정계약과 그 법적 효력, 행정법이론실무학회, 행정법연구 (1998.10), 153면.
3) BVerwGE 55, 337.
4) Bonk, in: Stelkens/Bonk/Sachs/et al., VwVfG Kommentar § 59 Rn. 12.
5) 김병기. 독일행정절차법상 위법한 행정계약과 그 법적 효력, 행정법이론실무학회, 행정법연구 (1998.10), 154면.
6) 정하중, 법치행정의 원리와 공법상계약 – 독일행정절차법의 내용을 중심으로 -, 서강법학(제11권 제1호), 2009, 209-300면.
7) Bonk, in: Stelkens/Bonk/Sachs/et al., VwVfG Kommentar § 59 Rn. 12.

에 의한 쟁송취소에 의한 취소가 가능하다. (수익적 행정행위인 경우) : 문제가 되는 점은, 수익적 행정행위의 경우, 즉 무효인 공법상 계약에 의한 행정행위가 수익적 행정행위인 경우에는 상대방에 대한 신뢰보호문제가 발생하며, 이 경우 상대방의 신뢰가 보호할 가치가 있다고 판단되는 경우에는 신뢰보호의 원칙상 취소가 금지되거나 손실보상을 전제로 하여서만 취소가 가능하다. 이 경우 사정재결 혹은 사정판결은 가능하다고 본다.

### 3.2.2. 연방행정절차법 제48조 : 직권취소(위법한 행정행위의 취소 : Rücknahme eines rechtswidrigen Verwaltungsaktes)

일반적으로 계약의 무효는 행정행위를 위법하게 만들며, 그에 대하여는 연방행정절차법 제48조(직권취소)가 적용이 가능하다.[1] 행정청이 무효인 계약을 근거로 행정행위를 발하였고, 그 무효사실을 사후에 알게 되었다면 행정청은 원칙적으로 취소의무가 있다. 이 경우에는 일반적으로 상대방에 대한 신뢰보호의 원칙이 적용되지 않는다. 법질서가 공법상 계약을 부인하고, 그의 존속에 대한 신뢰도 보호되지 않는 경우라면 여기에는 이행의무도 없게되고, 신뢰보호의 원칙에 따른 보상청구권은 인정되지 않는다. 그러나 위법하기는 하지만 무효가 아닌 공법상 계약의 경우에는 그것은 유효하고 존속력이 있으며, 이행의무 혹은 행정행위 발급의 근거가 된다. 또한 이러한 경우에는 계약당사자의 해제·해지권이나 철회(Widerruf) 및 취소권은 원칙적으로 행사할 수 없다. 위법한 공법상 계약의 원칙적인 유효성은 급부에 대한 권리와 의무의 성립근거 및 그의 집행을 목적으로 하는 이행행위의 기준이 되어야 하며, 만약 그렇지 않은 경우에는 그 의미를 상실하게 될 것이다. 공법상 계약은 그를 이행하는 행위(이행행위)에 대한 법적 근거가 되며, 그것이 상위법에 위반된다고 하더라도 계약에 적합한 행위는 적법성을 갖는다.[2] 이에 따라 행정청은 위법한 계약에 근거하여 발하여진 행정행위를 연방행정절차법 제48조(위법한 행정행위의 취소[Rücknahme eines rechtswidrigen Verwaltungsaktes])에 따라 취소할 수가 없다. 왜냐하면 공법상 계약의 유효성(허용성 : Zulässigkeit)은 행정행위의 적법성(Gesetzmäßigkeit)을 가져오기 때문이다.[3]

---

1) 정하중, 법치행정의 원리와 공법상계약 - 독일행정절차법의 내용을 중심으로 -, 서강법학(제11권 제1호), 2009, 209-300면.
2) Jürgen Fluck, Die Erfüllung des öffentlichen-rechtlichen Verpflichtungsvertrages durch Verwaltungsakt, 1985, S. 196.
3) Klaus Obermayer, Der nichtige öffentlich-rechtliche Vertrag nach § 59 VwVfG, FS zum hundertjährigen Bestehen des Bayerischen Verwaltungsgerichtshofes, 1979, S. 278.

### 3.3. 행정행위의 발급을 요하는 공법상 계약인 경우

연방행정절차법 제59조에 의하면, 행정행위의 발급을 요하는 공법상 계약은, 그것이 제59조의 법정무효요건에 해당하지 않는 한 - 그 공법상 계약은 비록 위법하더라도 - 유효하므로, 이 계약에 따른 행정행위의 발급이 있게 된다. 그러나 이 경우 행정행위 그 자체만을 볼 때에는 그 내용이 위법할 가능성이 있다. (다수설) : 다수설(h.M. : herrschende Meinung)은, 행정행위 그 자체가 위법이어도 그것의 기초인 공법상 계약이 유효하다면, 유효한 공법상 계약에 따른 행정행위는 - 비록 행정행위 그 자체는 위법하다고 할 지라도 - 적법·유효하며, 따라서 행정행위를 취소 할 수 없다고 한다.[1] (반대설 : 소수설) : 이에 반하여 공법상 계약의 무효이론의 확장을 통하여 공법상 계약의 효력을 부정하고, 이에 따라 행정행위의 취소가 인정된다고 보는 견해도 있다(마우러[H. Maurer]).[2]

## XI. 독일연방행정절차법 제59조(공법상 계약의 무효)의 위헌논쟁

### 1. 위헌설을 주장하는 입장

#### 1.1. 일반적 고찰

행정절차법 제59조(공법상 계약의 무효 : Nichtigkeit des öffentlich-rechtlichen Vertrags)는 공법상 계약의 무효를 일정한 위법사유에 해당되는 경우에 한정하여 무효로 규정하고 있고, 여타의 위법사유에 대하여는 그 유효성을 인정 하고 있다. 이와 같은 연방행정절차법 제59조의 규정은 당연하게도 법치행정의 원리와 독일연방헌법(기본법) 제19조 제4항에서 요구하고 있는 흠결없는 권리구제와 관련하여 위헌논쟁이 야기되었다. 독일연방행정절차법 제59조가 이러한 규정을 두게 된 이유는, 「행정행위의 무효원인과 비교하여 공법상 계약의 무효원인을 확장한 것은 계약의 절대적 구속성의 원칙(계약준수의 원칙 : pacta sunt Servanda)과 행정활동의 합법성의 원칙을 서로 비교형량한 결과이다. 행정청이 행정행위를 발령하였는데, 그것을 취소할 수 있다고 하는 경우, 계약 당사자가 항상 계약취소를 청구할 수 있다고 한다면, 그것은 계약의 본질과 모순되며, 계약의 존속은 위태롭게 되어 버린다. 한편 사인과 행정이 - 경우에 따라서는 의식적으로 협력하여 - 공법상 계약을 이용하여 법률의 규정에 반하는 상태나 행위를 가져오는 것은 건전한 사회질서를 위태롭게

---

1) Jürgen Fluck, Die Erfüllung des öffentlichen-rechtlichen Verpflichtungsvertrages durch Verwaltungsakt, 1985, S. 65 f.; Hans Meyer/Hermann Borgs, Kommentar zum Verwaltungsverfahrensgesetz, S. 553.

2) 반대설(소수설) : H. Maurer, Der Verwaltungsvertrag, DVBl., 1989, S. 803.

하는 것이다. 이러한 두 가지 관점을 고려하여 몇 가지의 한정된 범위안에서 무효요건을 규정하고 있는 것이고, 이 경우에 한하여 무효가 된다」.[1] 아무튼 입법자는 가능한 한 계약의 존속에 대한 계약 당사자의 신뢰를 보호하지만, 계약당사자의 신뢰를 보호할 만한 가치가 없다고 판단되는 경우에는 무효원인으로 열거하였다. (위헌설을 주장하는 입장) : 이러한 연방행정절차법 제59조의 규정에 대하여는, 법치국가원리에 반하고, 포괄적 권리구제를 규정한 독일연방헌법(독일 기본법) 제19조 제4항에 위반되며,[2] 행정에 대한 법률우위의 원칙(Primat des Rechts)에 위반된다는 것으로서 위법한 공법상 계약은 그것이 어떠한 내용의 것이든 일정한 제재가 과해져야 한다는 것은 법치행정의 원리의 당연한 결과이며, 이 경우에 있어서의 제재는 입법자의 입법재량에 속하는 것이기는 하나, 공법상 계약이 강행법규위반인 경우에는 입법자의 입법재량의 범위를 벗어나는 것이다. 오늘날 <u>공법상 계약이 행정행위와 동가치적인 행위형식으로 인정받고 있는 오늘날에 있어서 행정청은 행정행위 대신에 공법상 계약으로 도피할 염려가 있으며</u>(이는 행정사법이론과 동일하다) 의회제정법률(형식법률)도 행정청과 개인의 합의에 의하기만 한다면 이를 훼손할 수도 있다는 문제가 발생한다. 이에 따라 위법한 공법상 계약의 유효성은 법치행정의 원리와 개인의 권리보호의 관점에서 인정할 수 없다는 것이다.[3] 위헌설에 의하면 연방행정절차법 제59조의 규율은 행정행위의 하자에 관한 효과에 관한 규율, 즉 행정절차법 제43조 및 제44조와 비교하여 볼 때 타당성이 결여되고 있다고 한다. 위법한 행정행위는 일단 공정력으로 인하여 그 유효성을 인정받으나, 행정청은 이를 직권으로 취소하거나(직권취소), 상대방인 개인은 행정쟁송(행정심판·행정소송)을 통하여 취소시킬 수가 있다(쟁송취소). 이에 대하여 위법하고 유효한 공법상 계약에 대하여 행정청은 연방행정절차법 제61조 제2항을 제외하고는 해제권(소급효를 가짐) 및 해지권(장래효를 가짐)을 행사할 수 없으며, 계약상대방인 개인 역시 행정쟁송을 통하여 다툴 수 없다는 문제점이 있다. 이는 곧 위헌이다.

---

1) EVwVerfG Begr. S. 200; Amt. Begr. S. 81; 조태제, 공법상계약에서의 분쟁과 그 해결, 관대(關大)논문집, 371면.
2) 독일연방헌법(기본법) 제19조 제4항은 행위형식에 불문하고 그 권리를 보호하며( Wolf-Rüdiger Schenke, Der rechtswidrige Verwaltungsvertrag nach dem Verwaltungsverfahrensgesetz, JuS 1977, S. 281; Christian Schimpf, Der verwaltungsrechtliche Vertrag unter besonderer Berucksichtigungseiner Rechtwidrigkeit, 1982, S. 332.), 이에 따라 위법한 공법상 계약을 사법통제로부터 벗어나게 하는 것은 허용되지 않는다.
3) 정하중, 법치행정의 원리와 공법상계약 - 독일행정절차법의 내용을 중심으로 -, 서강법학(제11권 제1호), 2009, 192면.

## 1.2. 공법상 결과제거청구권의 적용(기본권보장) - 결과제거청구권의 관점에서 제기되는 연방행정절차법 제59조의 위헌성

위법한 공법상 계약의 유효성의 인정에 대하여는 헌법상 보장된 결과제거청구권의 관점에서 이의가 제기되고 있다. 결과제거청구권은 이미 실무상 행정행위에 의하여 야기된 위법한 결과의 제거로부터 사실행위(Realakt)에 의하여 야기된 결과의 제거로 확대되었다. 이에 따라 결과제거청구권은 개인의 자유권을 침해하는 위법한 공법상 계약의 의무부담에도 당연히 적용되어야 한다. 왜냐하면 공법상 계약에 의한 의무부과는 다른 고권적 행위와 마찬가지로 공권력의 행사로 보아야 하기 때문이다.[1] 행정주체를 위한 새로운 행위형식의 개발은 개인의 권리보호의 축소와 결부되어서는 안 된다. 오늘날에 있어서 자유권의 보호는 공권력에 의한 침해형태가 아니라, 그의 침해의 효과에 초점을 두어야 한다는 것이 지배적인 견해이다. 즉 자유권적 기본권의 보호는 고전적인 명령과 강제수단에 의한 침해에 대한 소극적 방어에 한정되는 것이 아니라, 이른바 간접적 또는 사실상의 자유권의 침해에도 보장된다. 이와같은 기본권관에 입각하여 볼 때 결과제거청구권은 개인의 자유권을 침해하는 위법한 계약상의 의무부과에도 당연히 적용되어야 할 것이다. 이에 따라 결과제거청구권은 위법한 공법상 계약에 있어서 개인에게 공법상 계약의 무효나 취소를 주장할 수 있다. 결과제거청구권의 관점에서 제기되는 연방행정절차법 제59조의 위헌성은 동 규정이 개인의 법적 영역을 합헌적으로 제한하는 경우에만 피할 수 있다. 위법한 계약상의 의무부담이 유효성을 인정받기 위하여는 자유권 침해가 그 내용, 목적 및 범위에 있어서 법률에 의하여 충분하게 구체화·명확화되어야 하지만, 연방행정절차법 제59조의 규율은 이러한 구체성과 명확성이 결여되고 있다.[2]

## 1.3. 행정의 법률적합성의 원칙에 위반되어 위헌이라는 견해

### 1.3.1. 법률우위의 원칙에 위반되므로 위헌이라는 견해

법률우위의 원칙(Vorrang des Gesetzes)은 행정청과 개인 간에 합의에 의하여 성립된 계약이 법률에 위반하는 것을 금지하고 있다. 물론 이것은 법률 그 자체가 공법상 계약에 규범이탈적인 효력을 부여하고 있는 경우에는 여기에 해당되지 않는다. 이 경우에는 계약에 의하여 야기된 법률효과는 법률에 근거하기 때문에 행정의 법률적합성의 원칙과 충돌 문제가 발생하지 않는다. 그러나 이는 법치행정의 원리이나 행정의 법률적합성의 원칙의

---

[1] Wolf-Rüdiger Schenke, Der rechtswidrige Verwaltungsvertrag nach dem Verwaltungsverfahrensgesetz, JuS 1977, S. 284.
[2] 정하중, 법치행정의 원리와 공법상계약 - 독일행정절차법의 내용을 중심으로 -, 서강법학(제11권 제1호), 2009, 193면.

헌법적 효력때문에 법률에서 명확하게 표현되어야 한다. 뿐만 아니라 공법상 계약에 의한 법률의 무제한적 후퇴는 결코 허용되지 않는다. 이에 따라 특정한 경우를 제외하고 개괄적으로 위법한 공법상 계약에 대하여 그 유효성을 전제하고 있는 연방행정절차법 제59조(공법상 계약의 무효)는 법률우위의 원칙에 위반되어 위헌이다.[1]

### 1.3.2. 법률유보의 원칙에 위반되므로 위헌이라는 견해

법률유보의 원칙(Gesetzesvorbehalt)은 입법자도 이를 위반해서는 안되며, 이는 입법형성권의 한계로서 작용한다. 공법상 계약에 의하여 법률규정을 무제한하게 변경할 수 있도록 백지수권을 부여하는 것은 법률유보의 원칙에 의하여 구현되고 있는 의회주의의 포기를 의미한다. 비록 법률유보의 원칙이 공법상 계약에 있어서는 제한적으로 적용될 수밖에 없다고 할지라도 개인의 자유영역을 침해하는 공법상 계약에 있어서는 그 내용이 법률규정에서 이탈되는 경우에는 충분히 형식상 구체화된 법적 수권을 필요로 하고 있다. 급부행정영역에 있어서는 물론 이러한 수권의 구체화가 보다 관대할 수가 있다. 그러나 급부행정의 영역에 있어서도 위법한 공법상 계약에 대하여 무제한적으로 그 유효성을 인정할 수는 없는 것이다. 의회주의 원칙(Parlamentarismusprinzip)에 따라 법률유보의 원칙은 모든 급부영역에도 확대되어야 한다. 연방행정절차법 제59(공법상 계약의 무효[Nichtigkeit des öffentlich-rechtlichen Vertrags])조는 이러한 관점에서 위헌의 소지가 있다.[2]

### 1.3.3. 합의에 의한 위법한 공법상 계약의 유효성을 인정하는 견해를 비판하면서 위헌성을 주장하는 견해

공법상 계약이 비록 위법한 것이라도 그것이 당사자의 합의에 의하여 이루어진 것이므로 유효한 것으로 인정해야 된다는 견해, 다시말하면 위법한 공법상 계약의 유효성은 계약에 대한 계약당사자인 개인의 합의에 의하여 정당화 될 수 있다고 하지만, 합의는 위법성을 조각한다(volenti non fit injuria)는 원칙은 계약은 - 그의 유효성에도 불구하고 - 여전히 위법하게 존재하기 때문에 설득력이 없다. 더욱이 기본권은 개인의 자유로운 의사에 의하여 포기될 수 있다는 견해가 있는데, 이러한 견해는 오늘날의 헌법국가(Verfassungsstaat)에서는 인정되지 않는다. 기본권포기를 인정하는 입장은 과거 특별권력관계 이론이나, 극단적으로 개인주의적인 기본권관(基本權觀)에 입각하고 있는 바, 이러한

---

[1] 정하중, 법치행정의 원리와 공법상계약 - 독일행정절차법의 내용을 중심으로 -, 서강법학(제11권 제1호), 2009, 194면.
[2] 정하중, 법치행정의 원리와 공법상계약 - 독일행정절차법의 내용을 중심으로 -, 서강법학(제11권 제1호), 2009, 194면.

견해나 사상은 "기본권은 양도·상속하거나 포기할 수 없다"는 오늘날의 지배적인 기본권관에 위반된다.[1][2] 설령 기본권은 포기할 수 있다는 전제하에 기본권의 포기가능성을 인정한다고 하더라도, 여기서는 '포기의 자발성'이 문제가 되는 바, 이러한 자발성은 현대 헌법국가(Verfassungsstaat)에서는 인정될 수 없다. 오늘날 모든 국가의 기본권에 관련된 행위는 입법자에 의한 정당화 작용을 필요로 하며, 그것은 기본권 향유의 주체가 동의하였다고 하더라도 마찬가지로 적용된다. 비록 기본권에 의하여 보장된 자유에는 자신의 결정을 근거로 하여, 자기자신을 스스로 구속할 수 있는 가능성이 포함된다고 하더라도, 국가와 관계에 있어서는 그러한 형태의 자유의 축소의 허용성과 범위는 반드시 법률로 규정되어야 한다. 이것은 특히 행정주체는 우월적 지위와 우월한 의사를 갖는 것이므로, 이에 대한 통제가 결여되는 경우에는 행정청에 의하여 - 열악한 지위에 있는 - 개인이 기망(欺罔)되거나, 행정목적 실현을 위한 도구로 전락할 위험성이 큰 공법상 계약에 있어서 더욱 강하게 그에 제한 및 통제가 요청된다.[3]

### 1.3.4. 위법한 공법상 계약도 신뢰보호의 원칙을 이유로 하여 그 유효성을 인정해야 한다는 견해에 대한 비판

위법한 공법상 계약이라고 하더라도 신뢰보호의 원칙에 의하여 유효한 것으로 인정하여야 견해가 있다.[4] 그러나 개인에 대한 국가의 위법한 급부의무는 신뢰보호의 원칙의 관점에서 행정의 법률적합성의 원칙을 사정에 따라 어느 정도의 범위내에서는 완화시킬 수

---

1) Gerd Sturm, Probleme eines Verzichts auf Grundrechte, in: Leipholz(Hrsg.): FS für Willi Geiger, Tübingen 1974, S. 173 ff.; Erichsen, in: Allg. VerwR, S. 408.
2) 따라서 '자살 할 권리'도 '기본권 포기 이론'으로 허용될 수 없다. 생명권은 그 주체가 비록 그 소유의 주체가 본인이라고 할지라도 이를 자유롭게 처분할 수 있는 권리는 아니다. 따라서 자신의 생명에 관한 처분권을 타인에게 위탁하는 것은 원칙적으로 허용되지 아니하며(생명을 좌우하는 위험한 의료수술에 동의하는 경우와는 별개의 문제이다[권영성, 헌법학원론, 414면]), 이 경우 상대방은 형법상 촉탁·승낙에 의한 살인과 자살방조의 처벌을 면할 수 없다. 또한 생명의 포기를 의미하는 자살할 권리도 원칙적으로 인정되지 아니하나, 자살행위에 대해서는 동반자살의 경우를 제외하고는 도덕적 비난은 가해질 수 있지만, 이에 대한 법적 제재는 가해지지 아니한다(권영성, 헌법학원론, 414면; 이준일, 헌법학강의, 단락번호 [4.4.28].). 자살미수의 경우도 또한 같다(이준일, 헌법학강의, 단락번호 [4.4.28]). ☞ 상세한 내용은 김백유, 헌법기본권론 참조
3) 정하중, 법치행정의 원리와 공법상계약 - 독일행정절차법의 내용을 중심으로 -, 서강법학(제11권 제1호), 2009, 195면.
4) Götz Frank, Nichtigkeit des substituierenden Verwaltungsvertrages nach dem Verwaltungsverfahrensgesetz, DVBL 1977, S. 684; Bonk, in: Stelkens/Bonk/Sachs/et al., VwVfG, Kommentar § 59 Rn. 1 ff.

는 있지만, 신뢰보호의 원칙을 이유로 하여 행정의 법률적합성의 원칙을 무조건적으로 그리고 일괄적으로 후퇴시키거나 무시할 수는 없는 것이다. 행정의 법률적합성의 원칙의 후퇴를 정당화하기 위하여는 특별한 신뢰보호의 요건이 입증되어야 하지만, 이러한 경우는 극히 드물다. 왜냐하면 공법상 계약은 개인의 급부의무를 내용으로 하는 경우가 대부분이며, 이것은 국가의 급부의무와는 달리 신뢰보호문제를 발생시키지 않기 때문이다. 즉 신뢰보호의무는 국가가 개인에 대하여 지는 의무이지, 개인이 국가에 대하여 지는 의무가 아니기 때문이다. 신뢰보호의 원칙도 국가에 대하여 약자(弱者)인 개인의 권리를 보호하기 위하여 - 법적 안정성을 행정의 법률적합성보다 우선 시키기 위하여 - 등장한 이론이지, 개인이 국가의 신뢰보호를 위하여 등장한 이론이 아니다. 국가는 개인에 대하여 신뢰보호를 요청하거나 주장할 수 없다. 따라서 위법한 공법상 계약을 신뢰보호의 원칙에 의하여 유효성을 인정하고자 하는 견해는 타당하지 않다.[1]

### 1.3.5. 행정행위의 하자효과 이론을 공법상 계약에 유추적용하여 공법상 계약의 유효성을 인정하자는 견해에 대한 비판 - 법적 안정성의 논리에 대한 비판

위법한 행정행위도 법치국가원리의 구성요소인 법적 안정성의 원리에 의하여 이를 유효한 것으로 보는 경우가 있다. 이와같이 법적 안정성의 논리에 의하여, 비록 위법한 행정행위라고 할 지라도 그의 유효성을 인정하는 경우가 있드시, 위법한 공법상 계약의 경우에도 - 법적 안정성을 이유로 하여 - 유효한 것으로 인정하자는 견해가 있다. 그러나 이는 타당하지 않다. 왜냐하면 행정행위의 유효성문제는 판결과 유사한 인식행위로서 행정행위의 고유하고도 특수한 성격으로부터 기인하고 있기 때문에 그 유효성을 인정하는 것이다.[2] 또한 위법한 행정행위의 유효성은 행정행위의 공정력에 의하여 일단 유효한 것으로 추정을 받는 것에 불과하므로 이는 어디까지나 잠정적 효력을 가지는 것이며, 행정청의 직권취소나 쟁송취소에 의하여 위법한 행정행위에 대한 시정이 이루어진다. 다만 이 경우 취소권을 가진 행정청은 개인의 보호가치있는 신뢰(신뢰보호원칙)가 형성되지 않는 경우에 한하여 - 신뢰보호를 인정할 요건을 갖추지 않은 경우에 - 위법한 행정행위를 취소할 수 있다. 그러나 위법하고 유효한 공법상 계약에 대하여는 행정절차법 제62조를 제외하고 행정청에게 어떠한 시정기회가 주어지지 않는다는 점에서 그 타당성의 한계가 있다.[3]

---

[1] 정하중, 법치행정의 원리와 공법상계약 - 독일행정절차법의 내용을 중심으로 -, 서강법학(제11권 제1호), 2009, 195면.
[2] Ludwig Renck, Bestandskraft verwaltungsrechtlicher Verträge, NJW 1970, S. 737 ff.
[3] 정하중, 법치행정의 원리와 공법상계약 - 독일행정절차법의 내용을 중심으로 -, 서강법학(제11권 제1호), 2009, 196면.

## 1.3.6. 계약준수의 원칙(pacta sunt servanda)[1]을 이유로 하여 위법한 공법상 계약을 유효한 것으로 인정하는 견해에 대한 비판

위법한 공법상 계약의 유효성을 계약준수의 원칙(pacta sunt servanda)에 의하여 인정하는 견해[2] 역시 타당성이 없다. 우선 계약준수의 원칙이 일반법원칙의 수준을 넘어 헌법원칙(Verfassungsgrundsatz)에 해당되는 지는 의문이며, 또한 계약준수의 원칙을 이유로하여 행정의 법률적합성의 원칙을 제한하거나 후퇴 시킬 수 있는지 의문이다. 그리고 계약준수의 원칙을 법치국가에 근거를 두고 있는 실질적 정의의 원칙의 구성원칙으로 보는 견해도 있지만, 계약준수의 원칙은 계약 그 자체의 유효성문제를 다루는 이론이 아니고, 이미 하자없는 성립요건을 갖추었을 뿐만 아니라, 그 계약이 유효하고 적법하게 성립하고 있는 계약의 법률효과로서 "계약은 준수되어야 한다(pacta sunt servanda)"는 것이다. 사법에 있어서 계약자유의 원칙도 법률(강행법규)에 의하여 제한을 받고 있으며, 사적 자치의 원칙에 토대를 두고 있는 계약자유의 원칙은, 사법영역과는 달리 널리 공익(salus publica)을 염두에 두고 있는 공법영역에서는 그 타당성의 한계가 있는 것은 당연하다.[3]

▶ 대판 2007. 3. 29, 2004다31302【매매대금】이른바 사정변경으로 인한 계약해제는, 계약성립 당시 당사자가 예견할 수 없었던 현저한 사정의 변경이 발생하였고, 그러한 사정의 변경이 해제권을 취득하는 당사자에게 책임없는 사유로 생긴것으로서, 계약내용대로의 구속력을 인정한다면 신의칙에 현저히 반하는 결과가 생기는 경우에 계약준수 예외로서 인정되는 것이다.

---

1) http://blog.daum.net/truetears/43(검색일 : 2015.12.9); 팍타 순트 세르반다(pacta sunt servanda)는 약속은 지켜져야만 뜻의 라틴어 법격언 이다. 오늘날 전세계 민법(=국내민법)과 국제법(=국제민법)의 대원칙이다(조약법협약 제26조 약속은 준수하여야 한다. 유효한 모든 조약은 그 당사국을 구속하며 또한 당사국에 의하여 성실하게 이행되어야 한다). 로마법의 신의칙(bona fide)에서 유래했다. 보나 피데(bona fide)를 신의성실의 원칙이라고 부르며, pacta sunt servanda를 계약충실의 원칙이라 부른다. 계약충실의 원칙은 강행법규(ius cogens)와 사정변경의 원칙(Clausula rebus sic stantibus)에 의해 제한된다. 대한민국 대법원은 계약준수원칙이라고 표현한다. 민법 제390조(채무불이행과 손해배상) 채무자가 채무의 내용에 좇은 이행을 하지 않은 때에는 채권자는 손해배상을 청구할 수 있다. 그러나 채무자의 고의나 과실없이 이행할 수 없게된 때에는 그러하지 아니하다.
2) Götz Frank, Nichtigkeit des substituierenden Verwaltungsvertrages nach dem Verwaltungsverfahrensgesetz, DVBL 1977, S. 684; Bonk, in : Stelkens/Bonk/Sachs/et al., VwVfG, Kommentar § 59 Rn. 1 ff.
3) 정하중, 법치행정의 원리와 공법상계약 - 독일행정절차법의 내용을 중심으로 -, 서강법학(제11권 제1호), 2009, 196면.

## 2. 합헌설(일반적 견해)을 주장하는 입장

### 2.1. 개관

일반적 견해는 대체적으로 합헌으로 보고 있다.[1] 왜냐하면 계약상의 구속을 받는 사인의 동의 내지 관여는 행정행위의 취소를 구하는 권리의 포기와 동일하고, 연방행정절차법 제59조는 공법상 계약의 무효원인을 행정행위의 무효원인보다 광범위하게 규정하고 있으며, 일반적으로 위법한 행정활동의 효력을 어떻게 정할 것인가는 출소기간의 규정과 마찬가지로 입법권자의 입법재량에 속한다는 것이다.[2] 합헌설은 입법권자가 공법상 계약의 무효요건을 예시적으로 규정하지 않고, 열거적(한정적)으로 규정한 입법취지를 존중하여, 될 수 있는 한 공법상 계약을 유효한 것으로 보는 견해이고, 위헌설은 위법한 공법상 계약의 효력을 부인함으로써, 무효규정을 탄력적이고 유연하게 해석하고 계약의 해제요건도 완화시키려는 입장이다.[3][4]

---

1) Ferdinand O. Kopp, Kommentar zum VwVfG, § 59 Rn. 3; Meyer/Borgs, Verwaltungsverfahrensgesetz, § 59 Rn. 3-8; Götz Frank, Nichtigkeit des substituierenden Verwaltungsvertrages nach dem Verwaltungsverfahrensgesetz, DVBL. 1977, S. 687; Klaus Obermeyer, Der nichtige öffentlich-rechtliche Vertrag nach § 59 VwVfG, FS zum hundertjährigen Bestehen des Bayerischen Verwaltungsgerichtshofes, 1979, S. 278; Jürgen Fluck, Grundprobleme des öffentlich-rechtlichen Vertragsrechts. Dargestellt anhand beamtenrechtlicher Entscheidungen, Die Verwaltung, Bd. 22(1989), S. 198.

2) Eberhard Schmidt-Aßmann/Walter Krebs, Rechtsfragen städtebaulicher Verträge : Vertragstypen und Vertragsrechtslehren, 1988, S. 129.

3) 조태제, 공법상계약에서의 분쟁과 그 해결, 관대(關大)논문집, 372면.

4) 독일 16개 연방주중 최북단에 있고, 1946년 8월23일 설립된 슐레스비히-홀슈타인(Schleswig-Holstein : 州의 수도(Hauptstadt : Kiel[州都]) 州행정법 제126조(§ 126 Nichtigkeit des öffentlich-rechtlichen Vertrages[공법상 계약의 무효])는 제1항, 제2항에서는 독일연방행정절차법 제59조와 동일한 내용의 무효원인을 규정하고 있다(① Ein öffentlich-rechtlicher Vertrag ist nichtig, wenn sich die Nichtigkeit aus der entsprechenden Anwendung von Vorschriften des Bürgerlichen Gesetzbuches ergibt. ② Ein Vertrag im Sinne des § 121 Satz 2 ist ferner nichtig, wenn 1. ein Verwaltungsakt mit entsprechendem Inhalt nichtig wäre, 2. ein Verwaltungsakt mit entsprechendem Inhalt nicht nur wegen eines Verfahrens- oder Formfehlers im Sinne des § 115 rechtswidrig wäre und dies den Vertragschließenden bekannt war, 3. die Voraussetzungen zum Abschluß eines Vergleichsvertrages nicht vorlagen und ein Verwaltungsakt mit entsprechendem Inhalt nicht nur wegen eines Verfahrens- oder Formfehlers im Sinne des § 115 rechtswidrig wäre oder 4. sich die Behörde eine nach § 123 unzulässige Gegenleistung versprechen läßt.). 동법 제3항에서는 계약당사자는 다만 1개월 이내(nur binnen eines Monats)에 계약무효(Die Geltendmachung der Unwirksamkeit; 무효의 효력 발생; 상대적 무효)를 주장할 수 있는 권리를 인정하고 있는바, 만약 계약당사자가 1월의 기간내

## 2.2. 연방행정절차법 제59조가 행정의 법률적합성의 원칙 및 법률유보의 원칙에 위반되는지 여부

연방행정절차법은 제55조(화해계약 : Vergleichsvertrag)[1])에서 볼 수 있는 바와 같이 공법상 계약의 내용이 규범을 이탈할 수 있는 것으로 규정하였기 때문에 행정의 법률적합성의 원칙 및 법률유보의 원칙 문제는 발생하지 아니한다. 왜냐하면 연방행정절차법 제59조는 단순히 위법한 공법상 계약의 하자의 효과에 대하여만 규정하였을 뿐 위법한 계약을 체결할 수 있는 수권규정은 아니기 때문이다. 위헌설을 주장하는 견해에 의하면 행정절차법 제59조에서 한정적으로 규정된 경우를 제외하고는 위법한 공법상 계약은 무효나 취소가능성을 가져오지 않기 때문에 동조항은 법치국가적인 관점에서 인정할 수 없다고 주장하지만, 중대하고 명백한 하자가 아닌 경우, 공법상 계약의 유효성을 인정하는 것은 법치국가원리에 위반되지 않는다. 따라서 위법한 공법상계약은 법적 안정성과 계약준수의 원칙(pacta sunt servanda)에 따라 유효한 것으로 보아야 한다.[2] 특히 종속계약은 기능상 행정행위를 대체하는 계약이기 때문에, 이를 행정행위와 동일하게 취급하는 것은 법치국가원리에 위반되지 않는다. 경미한 법률위반의 경우에는 반드시 취소해야할 필요성이 존재하지 않으며, 행정청은 행정행위에 비하여, 공법상 계약을 통 함으로써 상대방의 쟁송제기의 위험성으로부터 회피될 수 있다는 장점이 있다.[3]

---

<u>에 이유를 부기하여 **서면으로**(schriftlich) 그 계약의 무효를 신청하면, 계약은 소급하여 효력이 상실된다</u>(Die Unwirksamkeit kann nur von der Vertragspartnerin oder dem Vertragspartner und nur binnen eines Monats nach Vertragsschluß geltend gemacht werden. Die Geltendmachung der Unwirksamkeit ist schriftlich zu erklären und soll begründet werden.). 이 경우 행정법원에 무효확인소송을 제기할 수 있으며, 법원은 실효사유가 있는지의 여부만을 심사할 수 있을 뿐, 효력의 소멸은 어디까지나 州행정법규정으로부터 생기므로 행정행위의 취소와는 다르다(Hermann Hill, Das fehlhafte Verfahren und seine Folgen im Verwaltungsrecht, 1986, S. 145).

1) 연방행정절차법 제55조【Vergleichsvertrag(화해계약)】 Ein öffentlich-rechtlicher Vertrag im Sinne des § 54 Satz 2, durch den eine bei verständiger Würdigung des Sachverhalts oder der Rechtslage bestehende Ungewissheit durch gegenseitiges Nachgeben beseitigt wird (Vergleich), kann geschlossen werden, wenn die Behörde den Abschluss des Vergleichs zur Beseitigung der Ungewissheit nach pflichtgemäßem Ermessen für zweckmäßig hält.
2) Götz Frank, Nichtigkeit des substituierenden Verwaltungsvertrages nach dem Verwaltungsverfahrensgesetz, DVBL. 1977, S. 685.
3) 정하중, 법치행정의 원리와 공법상계약 - 독일행정절차법의 내용을 중심으로 -, 서강법학(제11권 제1호), 2009, 197, 198면.

### 2.3. 연방행정절차법 제59조가 연방헌법(기본법) 제19조 제4항에 위반되는지 여부

기본법(독일연방헌법) 제19조 제4항은 국가가 개인에게 행하는 일방적이고 고권적인 국가작용에 대한 방어권으로서의 권한을 부여한 것이다. 따라서 행정작용이 일방적이고 고권적 규율에 의하여 행하여지는 것이 아니라 개인의 협력을 요하는 방식에 의하여 이루어지는 경우에는 사후적 권리구제의 필요성이 존재하지 않는다. 공법상 계약의 체결에 있어서 당사자(행정청·상대방)는 대등한 지위에서 교섭을 하고 계약을 체결하는 쌍방행위이며(대등계약), 계약 당사자는 자신의 권리가 침해받을 우려가 있는 경우에는 계약체결을 얼마든지 거절할 수 있다. 그러나 그가 이의 없이 계약을 체결하였다면 위법한 공법상 계약에 대한 기속력은 행정청의 일방적인 의사에 근거하는 것이 아니라, 양 계약당사자의 합의에서 나오는 것이며, 따라서 공법상 계약의 체결에 있어서는 기본법 제19조 제4항(권리가 공권력에 의하여 침해될 때에는 소송을 제기할 수 있다. 다른 관할권이 인정되지 않는 한, 일반법원에 소송을 제기할 수 있다. 제10조 제2항 제2문에는 영향을 주지 않는다.)의 전제조건인 고권적 행위인 공권력이 존재하지 않으며 따라서 기본법 제19조 제4항에서 정하는 권리구제의 요건으로서 공권력의 행사에 대한 대항이 아니므로 기본법 제19조 제4항의 전제조건이 충족되지 않는다.[1] 이와같이 기본법 제19조 제4항은 공법상 계약에 적용되지 않으며 적용되다라도 그 범위는 극히 제한적이다. 기본법 제19조 제4항은 입법자의 입법형성권에 의하여 제한될 수 있으며, 그 근거로는 행정행위의 확정력/존속력(Bestandfestigkeit)에 관한 규정에서 찾아볼 수 있다. 행정소송법 제70조, 제74조에 따라 행정심판과 행정소송은 제소기간이 경과된 경우에는 더 이상 제기할 수 없으며, 만약 이 경우에는 제소하더라도 각하된다. 이러한 제한은 권리보호의 포기가 아니라, 법치국가원리로부터 도출되는 법적 안정성에 그 근거를 두고 있다. 법적 안정성의 원칙에 따라 권리보호의 제한을 가하는 것은 기본법 제19조 제4항에 반하지 않는 것이며, 마찬가지로 자신에 대한 부담적 법률효과의 발생이 완전히 자신의 의사에 의한 경우에도 권리보호의 제한이 인정된다.[2] 행정행위(법률행위적 행정행위)는 일반적으로 개인에게 명령·강제되는 것이

---

1) Jürgen Fluck, Die Erfüllung des öffentlichen-rechtlichen Verpflichtungsvertrages durch Verwaltungsakt, 1985, S. 65 f.; ders., Grundprobleme des öffentlich-rechtlichen Vertragsrechts. Dargestellt anhand beamtenrechtlicher Entscheidungen, Die Verwaltung, Bd. 22(1989), S. 198; Klaus Obermayer, Der nichtige öffentlich-rechtliche Vertrag nach § 59 VwVfG, FS zum hundertjährigen Bestehen des Bayerischen Verwaltungsgerichtshofes, 1979, S. 278; Hans Meyer/Hermann Borgs, Kommentar zum Verwaltungsverfahrensgesetz, S. 553.
2) Joachim Martens, Einführung in die Praxis des Verwaltungsvertrags, Teil 6, JuS 1978, S. 607 ff; Götz Frank, Nichtigkeit des substituierenden Verwaltungsvertrages nach dem

며, 그것이 위법·부당한 경우에는 개인은 그에 대한 행정심판 혹은 취소소송(Anfechtungsklage)의 제기를 통하여 방어하고 권리구제를 받을 수 있다. 그에 반하여 계약의 체결은 관련된 개인의 자유로운 의사결정에 근거하고 있다. 개인은 사전에 계약체결 시점에서 계약에 대한 이의를 제기할 수 있으며, 본인에게 불리하다고 판단하면 계약을 스스로 거절·회피하거나 포기할 수가 있는 것이다. 개인이 계약대상이나 그것의 법률효과에 대하여 부분적인 착오에 빠졌다면(착오에 의한 의사표시), 그는 행정절차법 제62조 및 민법 제119조에 따라 취소권을 행사할 수가 있다. 그러나 개인이 위법성을 완전히 인식하면서 계약을 체결하였다면 이에 대하여는 신뢰이익도 존재하지 않으며, 더 이상 보호할 가치가 없다.[1]

### 2.4. 헌법합치적 해석을 통하여 연방행정절차법 제59조의 합헌성을 인정하고자 하는 견해

#### 2.4.1. 개관

[법률의 합헌성 추정] 연방행정절차법 제59조를 둘러싼 위헌논쟁에서 다수설은 동조문의 헌법합치적 법률해석방법을 통하여 그 합헌성을 도모하였다.[2] 헌법합치적 법률해석(verfassungskonforme Auslegung von Gesetzen) 내지 법률의 합헌적 해석(합헌적 법률해석)이라 함은 어떠한 법이 외견상 일응 위헌처럼 보이는 경우라고 할지라도, 그것이 헌법의 정신에 맞도록 해석될 여지가 존재하는 경우에는 이를 위헌이라고 판단하지 않고 가능한 한 합헌으로 해석하여 당해 법률이 존속 될 수 있도록 하는 법률해석기법이다.[3] 헌법합치적 법률해석은 법적 안정성의 요구와 법률의 합헌성 추정의 원칙으로부터 도출된다. 법률의 헌법합치적 해석을 가능하게 하는 근거는 **법률의 합헌성 추정**이다. 법률이 합헌성을 추정받는 데 있어서 출발점이 되는 것은 어디까지나 입법권자가 갖는 민주적 정당성에 있다

---

Verwaltungsverfahrensgesetz, DVBL 1977, S. 682.
1) 정하중, 법치행정의 원리와 공법상계약 - 독일행정절차법의 내용을 중심으로 -, 서강법학(제11권 제1호), 2009, 200면.
2) Bonk, in: Stelkens/Bonk/Sachs/ et al., VwVfG, § 59 Rn. 1 ff.; Ferdinand O. Kopp/Raumsauer, VwVfG, § 59 S. 1 ff.; Arno Scherzberg, Grundfragen des verwaltungsrechtlichen Vertrages, JuS 1992, S. 205 ff.; Alber Bleckmann, Verfassungsrechtliche Probleme des Verwaltungsvertrages, NVwZ 1990, S. 362.
3) 합헌적 법률해석에 관해서는 Karl August Bettermann, Die verfassungskonferme Auslegung, Grenzen und Gefahren, 1986; 이강국, 헌법합치적 법률해석, 고려대학교 법학박사학위논문, 1980; 김주원, 헌법합치적 법률해석에 관한 연구, 서울대학교 석사학위논문, 1987; 이승우, 합헌적 법률해석, 사법행정(1992.8), 4면 이하; 허영, 한국헌법론, 75면.

고 본다. 즉 입법권자는 헌법이 정하고 있는 절차와 방법에 따라 구성되고 있다. 다시 말해 주권자인 국민으로부터 선거에 의하여 구성됨으로써 민주적 정당성이 확보되고, 아울러 헌법이 정하고 있는 권능과 그 한계 내에서 입법활동을 하는 것으로 전제되어 있기 때문에 그가 제정한 법률에 합헌성이 추정된다고 본다. 또한 법률의 합헌성이 추정되는 것은 법적 안정성을 위해서 불가피하게 요구된다고 본다. 즉 법률의 합헌성 추정은 법적 안정성을 유지하려는 **규범유지적 원칙(규범저장의 원칙)**에서 나온다고 할 수 있다.[1]

[합헌적·헌법합치적 법률해석과 헌법재판소의 역할] 합헌적 법률해석(헌법합치적 법률해석)의 본질적 문제점은 법관이 어느정도까지 입법자에 의해 선언되어지고 의도되어진 법률의 내용의 범위를 넘어서 자신의 독자적인 법해석을 법률의 내용을 확정하고 실현할 수 있는가 하는 것이다. 이것은 법관에 의한 법률의 수정(contra legem)의 인정여부에 대한 논의와 직결된다. 이러한 법관에 의한 법률의 교정권한은 헌법의 기능적 한계에서 찾을 것이 아니라 헌법재판소의 역할에서 찾아야 한다. 특히 기본권보장을 강화하기 위한 사회국가원리의 구현에 있어서 헌법재판소는 입법자가 입법의무를 이행하지 않는 경우에는 소수자보호(Minderheitenschutz)를 관철하기 위하여 합헌적·헌법합치적 법률해석을 통하여 대체입법자로서의 기능을 담당할 수도 있는 것이다.[2]

[다수설] 다수설은 연방행정절차법 제59조가 행정의 법률적합성의 원칙과 법적 안정성의 원칙에 위반되지 않는 것으로 보고, 아울러 법치행정의 원리에서 도출되는 위헌문제를 민법 제134조의 유추적용과 연방행정절차법 제59조 제2항의 확대해석을 통하여 위헌문제를 해결하고자 하였다. 이러한 입장은 판례를 통하여도 확립되었고 더욱 공고히 되었다.[3]

### 2.4.2. 법치행정(행정의 법률적합성)원리와 법적 안정성의 비교형량을 통하여 위헌문제를 해결하고자 하는 견해

연방행정절차법을 제정함에 있어서 입법권자는 공법상 계약의 하자의 효과와 관련하여 종래의 지배적 학설이었던 위법한 계약의 무효 혹은 행정행위의 하자이론에 따라 무효(중대·명백한 하자), 혹은 취소(단순위법·부당)를 구분하지 않고, 다만 특정한 경우에 한하여 공법상 계약을 무효로 하고, 기타의 위법한 공법상 계약은 계속하여 그 효력을 유지하게 하는 기속력을 인정하였다. 이리하여 연방행정절차법 제59조가, (ㄱ) 헌법원칙인 법치행정의 원리(행정의 법률적합성의 원칙)와, (ㄴ) 연방헌법(기본법) 제19조 제4항에 위반되

---

1) 허영, 한국헌법론, 77면.
2) 박진완, Die verfassungskonforme Auslegung als richterliche Verfassungskonkretisierung, Humbolt-Universität zu Berlin, 2000.
3) BVerwG DVBL 1990, 438; BVerwGE 89, 7; BVerwG NVwZ 2000, 1285.

지 않는가 하는 위헌논쟁이 발생하게 된 것이다. 그러나 법치행정의 원리(행정의 법률적합성의 원칙)는 법률의 행정에 대한 우위(Vorrang des Gesetzes) 및 행정의 법률기속성(Gesetzmäßigkeit der Verwaltung) 행정의 헌법기속성(Verfassungsmäßigkeit der Verwaltung)을 의미하는 것일 뿐, 위법한 행정작용의 법적 효과에 대하여 어떠한 구체적인 기준을 마련하고 있는 것은 아니다. 헌법에 의하여 보장되는 사법적 권리보장의 기능은 실제로는 그 법적 효과에 있어서 실체법상의 유효·무효를 전제로 하고 있다. 그러나 입법형성권자는 공법상 계약에 존재하는 모든 위법사유에 대하여 반드시 계약의 무효 혹은 취소를 법률로서 규정해야 한다거나, 법치행정(행정의 법률적합성)의 원리가 법적 안정성 보다 항상 우월적 지위를 향유하도록 입법해야하는 입법형성의무를 지지도 않는다. 일정한 경우에 있어서는 위법한 행정행위라고 할 지라도 국민권익을 위해서는 그것이 취소되지 않고 오히려 그 효력이 유지되거나 취소권이 제한되어야 하는 것 같이(수익적 행정행위의 취소[철회]의 제한), 행정의 법률적합성의 원칙과 신뢰보호의 원칙 및 계약준수의 원칙을 서로 비교형량함에 있어서 행정의 법률적합성의 원칙이 항상 법적 안정성(신뢰보호·계약준수의 원칙)보다 항상 우월적 지위를 갖지는 않는다. 결국 행정의 법률적합성의 원칙과 법적 안정성은 개별적이고 구체적인 사안에 따라서 서로 비교형량 하여야 하며(이익교량설/이익형량설), 이는 법률적합성 및 법적 안정성이 서로 동일한 가치를 지닌다는 동위설적 입장에서 출발한다. 즉 행정의 법률적합성 = 법적 안정성이라고 보는 것을 전제로 하되, 구체적으로는 신뢰보호를 어느 범위까지 인정하느냐 하는데 있어서 신뢰이익과 취소이익의 교량의 결과에 의존하도록 해야 한다는 것이다.[1] 결국 행정주체와 행정객체의 이익을 구체적인 경우에 서로 비교형량(比較衡量)하여, 경우에 따라서는 법의 지배의 원칙(행정의 법률적합성의 원칙)이나, 법치행정의 원리를 후퇴시키고 현재의 법적 안정성을 보호하여 행정객체의 이익을 보호하여야 할 필요가 있을 수 있다는 것이다. 다시말하면 이는 행정의 법률적합성의 원칙(법치행정의 원리)이 언제나 절대적인 가치를 지니는 것은 아니며, 양원칙의 이익(공익·사익)을 구체적으로 비교형량하여 어느 원칙이 보다 우위에 있는가를 판단하여야 하는 것으로서, 이는 개별적 구체적으로 적법상태를 실현하여야 하는 공익(公益)과 개인이 행정청의 언동을 신뢰한 경우에 이를 보호하는 사익(私益)을 비교형량하여 결정해야 한다. 독일의 통설·판례이다.[2]

[결론] 연방행정절차법 제59조는 비록 위법하기는 하지만 그것이 무효가 아닌 공법상

---

[1] 김철용, 행정법(I), 65면.
[2] 박윤흔, 행정법강의(상), 82면 참조. 이는 우리나라의 판례의 태도이기도 하다. 대판 1996. 7. 12, 95누11665【공장설립신고수리거부처분취소】; 대판 1998. 5. 8, 98두4061【폐기물처리업허가신청에대한불허가처분취소】; 대판 1987. 9. 8, 87누373【자동차운전면허취소처분취소】

계약은 유효하며, 이에 따라 계약당사자와 행정청은 급부의무를 진다. 따라서 연방행정절차법 제59조는 위법하기는 하나 무효가 아닌 공법상 계약은 유효하다는 것의 법적 근거가 된다. 결론적으로 연방행정절차법 제59조는 계약준수의 원칙(pacta sunt servanda)과 행정작용의 적법성, 법치행정의 원리 내지는 행정의 법률적합성의 원칙은 개별적이고 구체적인 사안이나 사항에 따라 서로 비교형량하여 결정하여야 하며, 연방행정절차법 제59조는 합헌이라는 것이다. 합헌설이 다수설의 입장이다.[1]

### 2.4.3. 독일 민법 제134조를 준용하여 위헌문제를 해결하려는 견해 - 합헌설
#### a) 개관

[소수설] 소수설은(위헌설의 입장)[2] 연방행정절차법 제59조 제1항[3]의 범위 내에서 독일민법 제134조를 준용하는 것을 부인한다. 공법상 계약의 무효는 행정절차법 제59조 제1항과 제59조 제2항에서 일반법과 특별법의 관계에 따라 엄격하게 규율되고 있으며, 독일민법 제134조(법률상 금지된 행위),[4][5] 즉 "강행법규 내지 법률에 위반되는 법률행위는 무효"[6]라는 것이 준용된다면, 금지법률에 위반되는 모든 공법상 계약은 무효가 되며, 그렇다

---

1) 정하중, 법치행정의 원리와 공법상계약 - 독일행정절차법의 내용을 중심으로 -, 서강법학(제11권 제1호), 2009, 202면.
2) Volkmar Götz, Der rechtswidrige verwaltungsrechtliche Vertrag, DÖV 1973, S. 299; Hartmut Maurer, Das Verwaltungsverfahrensgesetz des Bundes, JuS 1976, S. 494.
3) 연방행정절차법 제59조 제1항은 모든 종류의 공법상 계약에 적용되며 민법규정에 의하여 무효로 되는 경우에는 공법상 계약에서도 이를 무효원인으로 보고 있다( … wenn sich die Nichtigkeit aus der entsprechenden Anwendung von Vorschriften des Bürgerlichen Gesetzbuchs ergibt).
4) 독일민법 제134조【법률상 금지】 법률의 금지에 위반하는 법률행위는, 그 법률로부터 달리 해석되지 아니하는 한, 무효이다(이병준)/"법률상 금지규정에 위반한 사법상의 법률행위는 법률에 다른 규정이 없는 한 무효이다(§ 134[Gesetzliches Verbot] Ein Rechtsgeschäft, das gegen ein gesetzliches Verbot verstößt, ist nichtig, wenn sich nicht aus dem Gesetz ein anderes ergibt.)". 즉 법률행위가 법률에서 금지하고 있는 내용의 것일 경우에는 이를 무효로 한다. 그러나 (금지)법률의 해석을 통하여 다른 결과가 발생하는 경우에는 이를 유효로 한다. 따라서 공법상 계약이 독일민법 제134조에 규정된 금지규정을 위반한 경우라도 당해 금지를 규정한 법률이 동(同)위반에 대해 무효 이외의 다른 법적 효과를 규정하는 경우에는 무효 이외의 다른 법적 효과가 우선하여 적용된다(김병기, 독일행정절차법상 위법한 행정계약과 그 법적 효력, 행정법이론실무학회, 행정법연구(1998.10), 153면).
5) 이는 스위스 채무법 제20조와 같다. 스위스 채무법 제20조(무효) ① 위법 또는 불가능한 내용을 가지거나 선량한 풍속에 위반하는 계약은 무효이다. ② 흠이 단지 계약의 개개부분에만 관한 것인 경우에는 무효부분이 없었으면 계약이 체결되지 않았으리라고 인정 할 수 없는 경우에만 무효이다.

면 종속계약의 무효사유에 대하여 열거적·한정적으로 규정하고 있는 행정절차법 제59조 제2항은 사실상 그 존재의의가 없어져 버리는 것이라고 위헌론자들은 말한다.

　　[다수설] 이에 반하여 다수설(합헌설의 입장)은1) 연방행정절차법 제59조가 헌법상의 법치행정의 원리와 기본법 제19조 제4항에 위반되는 것을 피하기 위하여 민법 제134조(법률상 금지)를 준용할 것을 주장하였다. 이는 이미 연방행정절차법의 제정이전에도 민법 제134조가 준용되어 왔으며, 특히 대등계약의 무효는 오로지 연방행정절차법 제59조 제1항에서 정하고 있는 사유에 해당되는 경우에만 무효가 되는데, 만약 민법 제134조(법률상 금지)의 준용이 부인된다면 행정청은 제한없이 대등계약을 통하여 법률위반행위를 할 수 있으며, 이는 행정의 법률적합성의 원칙에 위반될 뿐만 아니라 오히려 입법자가 본래 의도하지 않았던 결과가 되어버리고 마는 것이다. 대등계약에 있어서 민법 제134조(법률상 금지)를 준용하는 것이 불가피하다면, 이는 연방행정절차법 제59조 제1항에서 함께 규율되고 있는 종속계약에도 마찬가지로 적용되어야 할 것이며, 또한 연방행정절차법 제59조 제2항으로부터 민법 제134조의 제한이 도출될 수가 없다. 연방행정절차법 제59조 제2항은 연방행정절차법 제54조 제2문(Insbesondere kann die Behörde, anstatt einen Verwaltungsakt zu erlassen, einen öffentlich-rechtlichen Vertrag mit demjenigen schließen, an den sie sonst den Verwaltungsakt richten würde.)에서 의미하는 계약이 제59조 제2항 제1호 내지 제4호에 해당하는 경우에는 공법상 계약은 "그리고 또한" 무효라고 규정하고 있다. 이것은 제59조 제1항에서 정하고 있는 무효의 범위(민법규정에 의하여 무효로 되는 경우에는 공법상 계약에서도 무효[… wenn sich die Nichtigkeit aus der entsprechenden Anwendung von Vorschriften des Bürgerlichen Gesetzbuchs ergibt])를 확대하여 규정한 것이다. 위헌설은 제59조 제2항을 민법 제134조의 특별규정으로 보거나 혹은 민법 제134조(법률상 금지)의 금지법률의 제한규정으로 보면서, 만약 민법 제134조(법률상 금지/gesetzliches Verbot)가 적용되는 경우에는 연방행정절차법 제59조 제2항에서 특별한 무효사유를 열거하는 것은

---

6) http://www.hanyang.ac.kr/home_news/H5EAFA/0002/101/2010/27-1-1.pdf(검색어: 독일민법 제134조; 검색일: 2015.12.12); 이병준, 민법개정: 법률행위와 계약성립에 관한 기초작업, 법학논총(제27집 제1호), 3면.

1) Wolf-Rüdiger Schenke, Der rechtswidrige Verwaltungsvertrag nach dem Verwaltungsverfahrensgesetz, JuS 1977, S. 281; Albert Bleckmann, Verfassungsrechtliche Probleme des Verwaltungsvertrages, NVwZ 1990, S. 362; Arno Scherzberg, Grundfragen des verwaltungsrechtlichen Vertrages, JuS 1992, S. 205; Götz Frank, Nichtigkeit des substituierenden Verwaltungsvertrages nach dem Verwaltungsverfahrensgesetz, DVBL 1977, S. 682; Christoph Gusy, Öffentlich-rechtliche Verträge zwischen Staat und Bürgern, DVBL 1983, S. 1222; BVerwGE 89, 7; BVerwGE 92, 56; BVerwGE 98, 58.

의미가 없다고 한다. 그러나 이러한 위헌설의 주장은 모든 위법한 공법상 계약이 금지법률(혹은 강행법규)의 위반에 해당하는 경우에 비로소 설득력을 갖는 것이다. 민법에 있어서 모든 위법한 계약이 동시에 민법 제134조(법률상 금지)의 금지법률의 위반을 의미하지 않는 것과 같이, 모든 위법한 공법상 계약이 민법 제134조(법률상 금지)의 금지법률을 위반하는 것이 아니다. 연방행정절차법 제59조 제2항은 양당사자에 의하여 의도적으로 체결되었으나 동시에 금지법률의 위반에 해당하지 않는 그러한 계약에 있어서 의미가 있는 것이다.[1] 연방행정절차법 제54조에 따라 공법상 계약과 행정행위는 상당한 범위에서 서로 대체될 수 있기 때문에 위법한 공법상 계약에 대하여 민법 제134조(법률상 금지)를 적용하지 않을 경우에는 행정청에게는 엄격한 통제가 따르는 행정행위를 취하는 대신 - 통제 및 책임이 따르는 행정행위를 회피하고 - 공법상 계약을 선택함으로써 상당한 정도로 위법한 행정행위에 대한 제재를 고의적으로 회피하거나 그 가능성을 가지게 된다. 이러한 문제점은 민법과 비교하면 명확하여진다. 사적 자치가 지배하는 민법에서도 강행법규의 위반은 대부분 계약이 무효가 되는데 반하여, 공법영역에서는 그것이 위법한 경우에도 그것이 공익과 밀접한 관계를 가지고 있는 한 유효하게 취급되며(무효가 아니라 취소만 되는 경우), 이에 따라 공법상 계약에서는 그 유효성의 범위가 민법상 계약보다 훨씬 더 넓게 인정될 수밖에 없는 것이다.[2] 이러한 현상은 예컨대 민법상으로는 공서양속에 위반되는 법률행위는 당연무효이나, 행정법영역에서는 취소사유로 보는 것도 바로 이를 반영한다.

b) 독일 민법 제134조가 공법상 계약에 적용되는 범위

[독일 민법 제134조가 공법상 계약에 적용되는 범위] 민법 제134조(금지법률/법률상 금지 : Gesetzliches Verbot)를 연방행정절차법 제59조 제1항(민법에 의하여 무효로 되는 경우에는 공법상 계약에서도 무효)에 준용하는 경우, 금지법률이 적용되는 범위가 문제되는데, 이는 공법상 계약에서 위법성을 근거지우는 법규범의 의미와 목적이 무엇인가 하는 것을 발견하는 것이 문제해결의 핵심적 요소가 된다.[3] 모든 강행법규가 민법 제134조에서 금지하고 있는 법률상 금지규정에 해당되지는 않는다. 만약 독일민법 제134조(법률상 금지)의 준용에 따라 공법상의 모든 강행법규의 위반을 무효로 간주하는 경우에는, 연방행정절차법 제59조 제2항에서 열거적·한정적으로 규정하고 있는 무효요건(무효사유)은 그 의미가 상실되어 버린다.[4] 따라서, 통설은 여기서의 금지규정이란 모든 법령상의 금지를 말하는 것이 아니

---

1) 정하중, 법치행정의 원리와 공법상계약 - 독일행정절차법의 내용을 중심으로 -, 서강법학(제11권 제1호), 2009, 204면.
2) 정하중, 법치행정의 원리와 공법상계약 - 독일행정절차법의 내용을 중심으로 -, 서강법학(제11권 제1호), 2009, 204면.
3) BVerwG DVBL 1990, 438; BVerwGE 89, 7.

라 개별적 사안에 따라 법률행위(여기서는 공법상 계약)에 의해 의도된 법적 결과에 대해 당해 결과를 도출한 행위형식에 상관없이 - 입법자가 법질서에 비추어 그 효력을 인정할 수 없다고 판단하여 규정한 강행규정만을 의미한다고 본다.1) 다시말하면 문제된 법적 결과가 행정행위 이외의 행위형식에 의해 초래되는 것만을 금지하므로 행위형식에 대한 적법성 여부는 별론으로 하더라도, 다른 행위형식(여기서는 공법상 계약)을 통한 동일한 결과는 용인하는 것인지 아니면 어떠한 행위형식에 의해서라도 절대적으로 당해 법적 결과를 법전체의 취지에서 볼 때 허용 할 수 없다고 해석되어지는지에 따라 당해 공법상 계약의 무효여부가 결정된다는 것이다.2) 따라서 여기서는, (ㄱ) 계약당사자의 신뢰이익의 고려(신뢰보호원칙), (ㄴ) 강행법규의 목적이 강행법규에 위반하는 공법상 계약을 무효로 보는지의 여부, 더 나아가서 (ㄷ) 당해규범이 공법상 계약에서 의도된 법률효과의 발생 그 자체를 부인하는 것인지, 아니면 법률효과의 발생은 인정하나 그 법률효과가 어떠한 형식으로 나타나는가하는 그 형식만을 부인하는 것인지를 살펴야 한다.3) 금지규정이 문제된 법률관계의 형성과정과 법적 결과를 통틀어 일부의 법률요건이나 법적 결과만을 금지하는 경우(예컨대 형식·절차·관할에 관한 규정이 여기에 해당할 것이다)에는 여기서 말하는 금지규정에 위반하는 무효인 공법상 계약이라고는 볼 수 없을 것이다. 그러나, 형식·절차상의 하자라고 할 지라도 연방행정절차법 제57조(문서주의), 동법 제58조(제3자나 다른 행정청의 동의 등)와 동법 제59조 제1항에 의해 독일민법 제125조4)에 해당하는 경우에는 무효인

---

4) 김병기, 독일행정절차법상 위법한 행정계약과 그 법적 효력, 행정법이론실무학회, 행정법연구 (1998.10), 152면.
1) 김병기, 독일행정절차법상 위법한 행정계약과 그 법적 효력, 행정법이론실무학회, 행정법연구 (1998.10), 152면 각주 59); 이러한 견해는 법규정 형식에 비추어서도 일응 타당성을 인정할 수 있다. 연방행정절차법 제57조 내지 제59조는 행정의 법률적합성원칙을 반영해서 개별적인 경우 공법상 계약의 무효사유에 대하여 규정하고 있으므로(물론 동법 제57조, 제58조의 경우 직접적으로는 동법 제59조에 의해 무효로 되지만), 연방행정절차법 제59조 제1항에 독일민법 제134조를 원용하는 경우에는 계약의 존속에 대한 신뢰를 보호해야 한다는 입장이 반영되었다고 한다 (Arno Scherzberg, Grundfragen des verwaltungsrechtlichen Vertrages, JuS 1992, S. 212).
2) 김병기, 독일행정절차법상 위법한 행정계약과 그 법적 효력, 행정법이론실무학회, 행정법연구 (1998.10), 152면 각주 60); 당해 규정이 '어떠한 행위형식에 의해서라도 절대적으로 당해 법적 결과를 법전체의 취지에서 볼 때 허용할 수 없다'고 해석되어 지는 한 당사자가 이러한 금지규정의 존재여부를 인식하고 있었느냐 여부는 문제되지 않는다고 한다(Arno Scherzberg, Grundfragen des verwaltungsrechtlichen Vertrages, JuS 1992, S. 213; C. H. Ule/H.-W. Laubinger, Verwaltungsverfahrensrecht, 4. Aufl., S. 791.)
3) Arno Scherzberg, Grundfragen des verwaltungsrechtlichen Vertrages, JuS 1992, S. 212.
4) 독일민법(BGB) 제125조 【Nichtigkeit wegen Formmangels : 형식상의 하자로 인한 무효】 Ein Rechtsgeschäft, welches der durch Gesetz vorgeschriebenen Form ermangelt, ist nichtig. Der

공법상 계약이라고 본다.[1] 공법상 계약이 독일민법 제134조에 규정된 금지규정을 위반한 경우라도 당해 금지를 규정한 법률이 동(同)위반에 대해 **무효 이외의 다른 법적 효과(법률효과)를 규정하는 경우**에는 - 무효이외의 - 다른 법적 효과가 적용된다(독일민법 제134조 단서 : Ein Rechtsgeschäft, das gegen ein gesetzliches Verbot verstößt, ist nichtig, wenn sich nicht aus dem Gesetz ein anderes ergibt.).

c) 독일민법 제134조의 금지법률의 범위에는 개별법 이외에 헌법도 포함되는지 여부

[독일민법 제134조의 금지법률의 범위 : 개별법 이외에 헌법도 포함되는가?] : 독일민법 제134조의 금지법률의 범위에는 개별법 뿐만 아니라 헌법도 당연히 포함되며, 특히 자유권은 국가권력의 침해에 대하여 소극적으로 개인의 자유영역을 방어하기 위한 방어권으로서의 성격을 지니는 것이기 때문에 자유권적 기본권의 구체적 내용은 헌법상의 금지법률에 해당한다.[2] 왜냐하면 공법상 계약은 연방행정절차법 제54조 제2항(Insbesondere kann die Behörde, anstatt einen Verwaltungsakt zu erlassen, einen öffentlich-rechtlichen Vertrag mit demjenigen schließen, an den sie sonst den Verwaltungsakt richten würde.)에 따라 기능적으로 행정행위를 대체하기 때문에 헌법상의 자유권 보장규정은 민법 제134조의 의미의 금지법률에 해당된다고 보아야 한다. 만일 그렇지 않다면 행정행위에서 허용되지 않는 기본권침해를 공법상 계약의 형식으로 - 우회적으로 - 행할 수 있을 것이기 때문이다.[3] 자유권은 국가의 국가작용(staatliches Handeln) 및 모든 활동영역에 대하여 형식적·실질적 한계를 설정한다. 국가는 개인의 기본권보호영역을 침해하여서는 안 되며, 기본권침해의 경우에는 반드시 법률(형식법률/durch Gesetz = 의회유보법률[Parlamentsvorbehalt]), 혹은 법률의 근거(형식법률 혹은 행정입법/auf Grund eines Gesetzes)를 필요로 한다. 국가가 행정행위에 따른 부담(행정행위는 법률유보의 원칙이 적용될 뿐만 아니라, 행정행위의 상대방은 권리구제를 위하여 취소 혹은 무효를 주장하여 이에 대항할 수 있다)을 덜어내기 위

---

Mangel der durch Rechtsgeschäft bestimmten Form hat im Zweifel gleichfalls Nichtigkeit zur Folge(법률이 정하는 방식을 결[缺]한 **법률행위**는 이를 무효로 한다. 법률행위로써 정한 방식을 결한 경우, **의심스러운 경우** 역시 이를 무효로 한다).

1) 김병기, 독일행정절차법상 위법한 행정계약과 그 법적 효력, 행정법이론실무학회, 행정법연구(1998.10), 153면.
2) Christoph Gusy, Öffentlich-rechtliche Verträge zwischen Staat und Bürgern, DVBL 1983, S. 1227.; Wolf-Rüdiger Schenke, Der rechtswidrige Verwaltungsvertrag nach dem Verwaltungsverfahrensgesetz, JuS 1977, S. 288.
3) 정하중, 법치행정의 원리와 공법상계약 - 독일행정절차법의 내용을 중심으로 -, 서강법학(제11권 제1호), 2009, 205면.

하여 - 고의적이든 아니든 - 공법상 계약의 형식을 통하여 법률에서 허용된 범위를 넘어서서 개인의 자유를 침해해서는 안된다. 행정청은 개인이 공법상 계약에 동의하였고 그러한 한도에서 개인은 그의 기본권을 포기하였다고 보는 것은 안되며, 공법상 계약에 있어서 개인의 동의라는 요소가 기본권보호영역에 대한 국가의 침해를 정당화 시킬 수 있는 근거가 되지 못하는 것은 당연하다. 비록 개인은 자신에게 부여된 자유를 임의적으로 행사하거나 개인이 그의 기본권을 행사하지 않는다고 할지라도, 국가는 개인에 대하여 법률적으로 허용된 범위 이상의 침해에 대한 권한을 갖는 것은 결코 아니다. 설령, 개인이 자신의 권리를 포기한다고 하더라도 이로 인하여 국가의 행위영역이 확대된다는 것을 의미하는 것은 아니다. 특히 사적 자치가 지배하는 민법과는 달리 공법상 계약에 있어서는 개인의 자유로운 의사결정이 사실상 결여되는 경우가 많기 때문에,1) 이에 대한 보호필요가 더욱 절실하다. 왜냐 하면 웃고있는 국가의 얼굴의 등 뒤에는 가시나무 회초리가 숨겨져 있고, 이러한 사실을 개인이 이미 알고 있기 때문이다. 이리하여 개인은 국가에 대하여 약자의 지위에 놓여있을 수 밖에 없고, 이러한 약자(弱子)적 열세는 필연적으로 공법상 계약에서 불공정한 계약의 형태로 나타나기 마련이다. 계약서 작성시 행정청에 유리한 입장만을 명시하여 자칫 양자간에 불평등 관계를 조성할 위험도 있는 것이다. 공법상 계약이 기본권 침해문제, 법률적합성의 원칙(법률우위·법률유보)과 연계되어 논의되는 이유도 여기에 있다.

### 2.4.4. 연방행정절차법 제59조 제2항의 확대해석 및 유추해석 - 법치행정의 원리

a) 개인에게 위법한 부담을 부과하는 공법상 계약의 경우 - 연방행정절차법 제59조 제2항의 확대 및 유추해석을 통하여 계약무효를 도출

다수설은 연방행정절차법 제59조 제2항에 의하여 포섭되지 않는 위법한 공법상 계약을 동 조항의 확대해석 및 유추해석을 통하여 무효화함으로써 법치행정의 원리에 부합하도록 하였다고 한다. 개인에게 위법한 의무부과를 내용으로 하는 위법한 공법상 계약 중의 일부는 연방행정절차법 제59조 제2항의 확대 및 유추해석을 통하여 무효를 도출할 수 있다. (사례 1) : (ㄱ) 행정청이 - 자신의 판단에 의하여 - 도로상에 위법하게 설치된 가판대가 있는 경우, 행정청은 1년 동안 철거명령을 발하지 않을 부작위의무를 부담하고, 가판대의 소유자는 1년 이내에 그것을 철거할 의무를 부담하는 교환계약(Austauschvertrag)을 행정청과 가판대 소유자가 공법상 계약을 체결하였다. 그러나 사후에 - 행정청의 원래의 판단과는 달리 - 도로상의 가판대설치가 적법한 것이었다는 것이 밝혀진다면, 연방행정절차법 제59조 제2항 제4호의 확대해석을 통하여 가판대 소유자는 철거의무의 무효를 주장할 수 있다.

---

1) 정하중, 법치행정의 원리와 공법상계약 - 독일행정절차법의 내용을 중심으로 -, 서강법학(제11권 제1호), 2009, 205면.

이와 같은 경우, 개인에게는 철거의무가 없기 때문에 연방행정절차법 제56조 제1항 단서에 따라 이러한 반대급부를 계약내용으로 하여서는 안된다. (ㄴ) 그러나 위 사례에서 계약체결당시 행정청에게 - 조건 없이 - 철거명령을 발하지 않겠다는 부작위의무를 부과하지 않고, 행정청이 철거명령을 발하지 않겠다는 의무(부작위의무)를 개인이 가판대설치를 1년이내에 하겠다는 의무부담을 이행한다는 조건으로 하여 행정청이 철거명령을 발하지 않겠다고(부작위)하는 조건부 공법상 계약을 체결하였다고 가정할 경우, 1년이 지난 후에 소유주가 가판대를 철거하지 않고, 오히려 가판대설치의 적법성을 주장한다면, 이 때에는 국가의 계약상의 의무가 존재하지 않기 때문에 연방행정절차법 제56조(교환계약: Austauschvertrag)가 적용될 여지가 없고, 또한 연방행정절차법 제59조 제2항 제4호(행정청이 제56조[Austauschvertrag : 교환계약]에 의하여 위법한 반대급부를 약속한 경우 이를 무효로 한다[… sich die Behörde eine nach § 56 unzulässige Gegenleistung versprechen lässt.])도 적용되지 않는다. 그러나 이 경우에 개인의 행정청에 대한 열악한 지위 때문에 - 개인보호를 위하여 - 연방행정절차법 제59조 제2항 제4호를 확대해석하거나 이를 유추해석해서 계약을 무효로 하여야 한다. 만약 확대해석이나 유추해석을 하지 않을 경우에는 행정청에게 제59조 제2항 제4호(공법상 교환계약의 무효)가 적용되지 않게 되므로, 행정청은 제54조의 교환계약(Austauschvertrag)이 아니므로 제59조 제2항 제4호의 무효사유에도 해당되지 않는다고 하면, 결과적으로 개인은 피해를 입게 되기 때문이다. 이러한 공법상 계약에 있어서는 행정청의 상응하는 반대급부가 존재하지 않기 때문에 계약존속에 대한 신뢰보호의 원칙이 적용되지 않는다.[1] (사례 2) : 화해계약의 범위 내에서 화해대상과 어떠한 실질적 관련성이 없는 위법한 급부에 대하여 개인이 계약상으로 의무지워지는 경우에 해당 계약의 유효성 여부가 문제가 된다. 여기서는 당해 계약이 교환계약(Austauschvertrag)에 해당하지 않기 때문에 연방행정절차법 제59조 제2항 제4호가 직접 적용 되지는 않는다. 그러나 여기서 개인의 반대급부는 국가의 급부와 어떠한 실질적인 연관관계가 있지 않기 때문에 행정절차법 제56조 제1항 단서(반대급부는 **전체적 상황에 적합한 것**이어야 하고, 또한 행정청의 계약상의 급부와 **사항적 관련성**이 있어야 한다[Die Gegenleistung muss den gesamten Umständen nach angemessen sein und im sachlichen Zusammenhang mit der vertraglichen Leistung der Behörde stehen.]) 및 제59조 제2항 제4호(행정청이 제56조의 규정상 허가되지 않는 반대급부를 약속한 경우에는 무효로 한다[… ferner nichtig, wenn sich die Behörde eine nach § 56 unzulässige Gegenleistung versprechen lässt.])의 유추적용을 통하여 위 계약의 무효를 인정할 수 있을 것이다.[2] (ㄷ) 비록 행정절차법 제56

---

[1] Wolf-Rüdiger Schenke, Der rechtswidrige Verwaltungsvertrag nach dem Verwaltungsverfahrensgesetz, JuS 1977, S. 287 ff.

조(교환계약)의 요건이 충족된다고 할 지라도 개인의 계약상의 의무의 위법성이 다른 이유에서 나온다면 공법상 계약의 무효는 연방행정절차법 제59조 제2항 제4호에 근거지울 수 없다. 무효여부의 판단은 단지 제59조 제1항에 따라 민법 제134조의 준용을 통하여만 가능할 것이다. 여기서 개인이 공법상 계약의 위법성을 알고 있는 경우에는 계약존속에 대한 신뢰보호의 원칙이 적용되지 않는다.1)

b) 개인의 위법한 수익을 내용으로 하는 계약(국가의 위법한 계약상의 급부의무) - 연방행정절차법 제61조 제1항 제2문의 적용

위법하기는 하지만 개인이 수익을 얻는 경우로는 예컨대 위법한 건축허가(Baugenehmigung)의 발급, 조세의 위법한 면제, 평등의 원칙에 반하는 보조금(Subvention)의 지급 등을 내용으로 하는 공법상 계약을 생각할 수 있다. 이들 경우에는 연방행정절차법 제59조 제2항 제1호에 따라, 이와 동일한 행정행위(entsprechender Verwaltungsakt)의 내용이 중대하고 명백한 경우에만 무효가 된다. 그러나 어느 경우에 그러한 무효사유가 존재하는지 명확하지 않으며, 따라서 이와 같은 경우에는 일반적으로 계약은 유효하고 존속력을 갖게 된다. 결국 개인의 위법한 수익을 내용으로 하는 공법상 계약의 경우라고 할 지라도, 이에 대한 개인의 신뢰는 그것이 보호가치가 있는 한('보호가치 있는 신뢰') 신뢰보호의 원칙에 따라 이를 유효한 것으로 보아야 할 것이다. 그러나 개인의 신뢰보호를 위하여 연방행정절차법 제59조 제2항에서 위법한 수익적 공법상 계약을 일괄적으로 유효한 것으로 할 수는 없다. 연방행정절차법 제59조 제2항은 위법한 수익에 대한 개인의 특별한 신뢰가 있는 경우뿐만 아니라, 개인이 그 위법성을 알고 있거나 또는 수익을 전혀 신뢰하여서는 안 되는 경우에도 위법한 계약의 유효성을 인정하고 있다. 이는 행정이 개인의 '보호가치없는 신뢰'에 대하여도 유효한 것으로 인정한다면, 법치행정의 원리와 법률적합성의 원칙을 침해하게 된다. 따라서 국가의 위법한 계약상의 급부의무에 대한 개인의 신뢰가 보호가치가 없는 경우에는 - 보호가치없는 신뢰에 대하여 - 국가로 하여금 이러한 급부의무로부터 벗어나도록 한다면 여기서 발생되는 문제점은 제거 될 것이다. 이러한 문제점의 해결방안으로서 연방행정절차법 제60조 제1항 제2문을 원용할 수 있다. 동 조항은 행정청에게 공공의 복리를 위하여 중대한 손해를 방지하거나 제거하기 위하여 계약의 해제 및 해지권을 부여하고 있다. 일부학설에 의하면 동 조항은 계약체결 이후에 발생된 사실관계에 대하여만 적

---

2) 정하중, 법치행정의 원리와 공법상계약 - 독일행정절차법의 내용을 중심으로 -, 서강법학(제11권 제1호), 2009, 207면.

1) 정하중, 법치행정의 원리와 공법상계약 - 독일행정절차법의 내용을 중심으로 -, 서강법학(제11권 제1호), 2009, 207면.

용된다는 견해가 있는 데,[1] 이러한 견해는 타당하지 않다. 왜냐하면 계약체결 이후에 비로소 공공복리에 중대한 손해의 발생 또는 위험이 발생한 경우에만 해제권·해지권이 발생한다고 보는 경우, 이 때의 계약해제 및 해지권은 동 조항의 제2문이 아니라 연방행정절차법 제60조 제1항 제1문으로부터 나오게 되기 때문이다. 이와같이 연방행정절차법 제60조 제1항 제2문을 계약체결 이후에 발생된 사유에 한정시킨다면 제60조 제1항 제1문은 의미가 없거나 불필요한 문언(文言)이 되어 버린다. 따라서 동 규정은 공공복리에 대한 중대한 손해가 이미 – 계약체결 이후가 아니라 – 계약체결 당시에 존재하는 것을 포함하는 것으로 해석하여야 한다. 행정청의 해제·해지권행사는 개인의 신뢰가 보호가치가 있는 경우에는 연방행정절차법 제48조 제3항(행정행위의 취소)을 유추적용하여 보상청구권을 발생시킬 것이다. 이에 따라 계약체결시에 이미 연방행정절차법 제60조 제1항 제2호의 요건이 충족되는 경우에는, 위법하고 유효한 공법상 계약의 해제 및 해지가 허용된다고 보아야 할 것이다. 그러나 이것도 실제로는 행정의 법률적합성의 원칙(Gesetzmäßigkeit der Verwaltung)을 충족 시킬 수는 없다. 왜냐하면 개인의 위법한 수익을 내용으로 하는 공법상 계약이 공공복리에 심각한 손해나 위험을 야기할 염려는 현실적으로는 거의 존재하지 않기 때문이다. 결국 이러한 방식으로 개인의 위법한 계약상의 수익의 유효성의 문제점을 충분하게 해결 할 수 없다면, 개인의 신뢰가 보호가치가 있는 위법한 공법상 계약의 유효성을 인정하고 기타의 경우에는 독일민법 제134조(법률상 금지)를 준용하여 무효로 하는 것이 타당한 해결방안이 될 것이다.[2]

## XII. 공법상 계약의 분쟁 및 쟁송법적 해결

### 1. 이행청구소송 및 급부반환청구소송

#### 1.1. 이행청구소송 – 의무이행소송 및 일반적 급부소송

##### 1.1.1. 개관

[개관] 공법상 계약의 당사자가 계약을 통하여 약속한 급부를 제공하지 않는 경우에는 행정소송의 방법을 취하게 된다. 만약 <u>행정청이 행정행위 발급에 대신하여 공법상 계약을 체결한 경우에는, 행정주체의 우월적 지위를 상실하고 행정청도 사인과 대등한 지위에 놓이게 되</u>

---

[1] Ule/Becker, Verwaltungsverfahren im Rechtsstaat, Bemerkungen zum Musterentwurf eines Verwaltungsverfahrensgesetzes, 1964, S. 65 ff.
[2] 정하중, 법치행정의 원리와 공법상계약 – 독일행정절차법의 내용을 중심으로 -, 서강법학(제11권 제1호), 2009, 209면.

어 행정청 스스로 행정상 강제집행의 방법을 취할 수는 없고, 사인과 마찬가지로 법원의 소송을 통하여 이행강제를 할 수 밖에 없다. 이 경우 사인과 행정청 사이에는 무기평등의 원칙(Waffengleiheitsprinzip)이 적용됨은 물론이다. 이와같이 공법상 계약은 행정청도 소송에 의해서만 계약의 이행을 강제할 수 있다.

### 1.1.2. 행정청이 계약상 약속한 급부를 제공하지 않는 경우

[행정청이 공법상 계약으로 약속한 급부를 제공하지 않는 경우] 행정청이 공법상계약으로 약속한 급부를 제공하지 않는 경우 사인은 예컨대 행정청이 계약으로 약속한 행정행위(예컨대 건축허가)를 발급하지 않는 경우에는 의무이행소송(Verpflichtungsklage)을 제기할 수 있고, 행정행위 이외의 행위(예컨대, 금전이나 사실행위 등)를 제공하지 않는 경우에는 일반적 급부소송을 제기할 수 있다.[1] 다시말하면 행정청은 사인과 공법상 계약을 체결하여 사인과 대등한 지위에 서기로 서로 약속한 것이기 때문에 급부내용이 행정행위인가 아닌가의 여부를 가릴 필요 없이 널리 일반적 급부소송을 제기할 수 있는 것이다. 그 이유는 의무이행소송을 제기할 경우에는 여기에 요구되는 사전절차적 요청을 충족시켜야 하며, 출소기한의 제한이라는 제약이 있기 때문이다. 연방행정법원도 이러한 입장을 취하고 있다.[2] (의무이행소송과 행정청의 재량): 행정청에 대하여 행정행위발급신청을 하였으나 행정청의 응답이 없어 의무이행소송이 제기된 경우, 법원은 행정청에 행정재량이 존재하지 않는 경우에는 특정한 행정행위의 발급을 명하는 것이 가능하나(재량권의 영으로의 수축이론[Ermessensschrumpfung auf Null]과 행정개입청구권의 법리), 행정재량이 존재하는 경우에는 특정한 행정행위를 발급할 것을 명할 수는 없고 다만 행정행위의 발급을 명할 수 있을 뿐이다.[3]

### 1.1.3. 사인이 계약상 약속한 급부를 제공하지 않는 경우

[사인이 공법상 계약으로 약속한 급부를 제공하지 않는 경우] 사인이 공법상 계약으로 약속한 급부를 제공하지 않는 경우에는 행정청이 사인에 대하여 일반적 급부소송을 제기할 수 있다. 행정청이 행정행위를 갈음하여 공법상 계약을 체결함으로써 사인과 대등한 지위에 서게 된 이상, 이후로는 행정청은 행정행위를 발급할 수 없다.[4]

---

1) 조태제, 공법상계약에서의 분쟁과 그 해결, 관대(關大)논문집, 376면. ☞ **관동대학교 논문집**
2) 조태제, 공법상계약에서의 분쟁과 그 해결, 관대(關大)논문집, 376면.
3) Walter Schmitt-Glaeser, Verwaltungsprozeßrecht, S. 170
4) BVerwGE 50, 174 f; 조태제, 공법상계약에서의 분쟁과 그 해결, 관대(關大)논문집, 377면.

## 1.2. 이미 이행된 급부에 대한 급부반환청구소송
### 1.2.1. 급부반환청구권

[급부반환청구권] 공법상 계약을 체결한후 그것에 따라 급부를 이행하였으나, 계약이라는 원인행위 자체가 효력을 갖지 못하는 경우에는 이미 이행한 급부의 반환을 청구할 수 있다. 즉 무효인 계약에 근거해 당사자 일방이 이미 계약상 급부를 이행한 경우, 상대방은 수령(受領)한 급부를 반환하여야 한다. 다만, 이러한 급부반환청구권의 법적 근거가 연방행정절차법 제62조(Ergänzende Anwendung von Vorschriften) 제2문(Ergänzend gelten die Vorschriften des Bürgerlichen Gesetzbuchs entsprechend.)에 의하여 민법상 부당이득반환청구권(독일 민법 제812조)을 청구할 수 있다는 견해,[1] 일반적인 공법상 급부반환청구권을 청구 할 수 있다는 견해[2] 등이 있으나 다수설은 후자의 입장인 듯 하다.[3] 공법상 급부반환청구권의 성립요건은 일반적으로 (ㄱ) 타인의 희생(비용부담)에 의해 일방이 재산적 이익을 취득하고, (ㄴ) 이러한 재산적 가치의 이전(移轉)이 행정상 법률관계에 기인하여야 하며, (ㄷ) 그러한 결과는 법률상 원인없이 발생하여야 한다. 급부반환청구권의 내용 및 범위는 연방행정절차법 제62조 제2문에 의해 민법상의 해당규정이 준용(ergänzend)된다.[4]

[행정청이 사인으로부터 급부를 받은 경우] 행정청이 사인으로부터 급부를 받은 경우, 행정청은 사인으로부터 받은 급부를 반환하여야 하며, 이 경우 행정청은 신뢰보호를 주장할 수 없다.[5]

[사인이 행정청으로부터 급부를 받은 경우] 이 경우에는 사인에게 신뢰보호의 원칙이 적용된다. 학설은 부당이득에 관한 민법 제818조 제3항을 준용하여 고의인 경우에만 사인은 반환의무를 부담한다고 하고,[6] 판례는 수익적 행정행위의 취소에 관한 행정절차법 제48조 제2항 제3호를 준용하여 고의 이외에 중과실이 있는 경우에도 반환의무를 진다고 한다.[7]

---

1) Ferdinand O. Kopp/Raumsauer, VwVfG, § 59 Rn. 29.
2) H. Maurer, Allgemeines Verwaltungsrecht, 10. Aufl., S. 376; C. H. Ule/H.-W. Laubinger, Verwaltungsverfahrensrecht, 4. Aufl., S. 800.
3) 김병기, 독일행정절차법상 위법한 행정계약과 그 법적 효력, 행정법이론실무학회, 행정법연구 (1998.10), 154면.
4) 독일민법(BGB) 제818조 제1항, 제2항(Anspruch auf Herausgabe von Nutzungen und Surrogaten sowie auf Wertersatz), 제818조 제3항(Der Einwand des Wegfalls der Bereicherung, 제814조(Der Einwand der Kenntnis der Nichtschuld), 제822조 (Herausgabepflicht Dritter) 등이 이에 해당 한다고 한다(C. H. Ule/ H.-W. Laubinger, Verwaltungsverfahrensrecht, 4. Aufl., S. 801 ff.)
5) H. Maurer, Allgemeines Verwaltungsrecht, 1990, S. 660 f.
6) H. Maurer, Allgemeines Verwaltungsrecht, 1990, S. 662.
7) BVerwGE 71, 85(90)

행정청은 어디까지나 일반적 급부소송을 통하여 반환을 청구할 수 있으나, 행정행위에 의한 반환청구(Rückerstattungsanspruch)는 인정되지 아니한다.[1]

### 1.2.2. 연방행정절차법 제56조상의 교환계약에 근거하여 행정행위가 발령되었으나, 행정청이 당해 계약이 무효이며 이에 근거해 발령된 행정행위가 동법 제48조에 해당함을 이유로 사후에 당해 행정행위를 취소한 경우

연방행정절차법 제56조상의 교환계약에 근거하여 행정행위가 발령되었으나, 행정청이 당해 계약이 무효이며 이에 근거해 발령된 행정행위가 동법 제48조에 해당함을 이유로 사후에 당해 행정행위를 취소한 경우, 계약상대방인 사인은 행정행위 발령을 대가로 자신이 이미 제공한 반대급부의 반환을 청구할 수 있다. 그러나, 위 사안에서 발령된 행정행위가 동법 제48조에 의한 취소사유에 해당하지 않아서 계약이 무효임에도 불구하고 행정행위는 취소되지 않는 경우에도 상대방은 이미 이행된 급부의 반환을 청구할 수 있는지가 문제되는데, 판례[2]는 발령된 행정행위가 기속행위인 경우에만(Hat der Vertragspartner der Behörde unabhängig von dem nichtigen örV einen Rechtsanspruch auf den Verwaltungsakt), 민법상 신의성실원칙을 유추적용해서 당해 행정행위의 취소 여부에 상관없이 상대방이 제공한 급부는 반환되어야 한다고 한다.[3]

## 2. 채무불이행에 따른 손해배상 청구

공법상 계약의 일반적인 논의는 계약무효·이행청구권·급부반환청구권을 중심으로 논하여져 왔고, 채무불이행에 다른 손해배상청구영역 까지는 활발하게 논의 되지 않았다. 독일연방행정절차법 역시 채무불이행에 관한 특별한 규정을 두고 있지는 않으며, 민법규정의 보충적 준용을 규정하고 있는 행정절차법 제62조에 의하여 이행지체, 이행불능, 적극적 채권침해 계약체결상의 과실 등 민법상의 이행장애(Leistungsstörung)에 관한 관련원칙이나 규정이 공법상 계약에 준용될 수 있다.[4] 공법상 계약이 무효일 경우 당사자 일방은 민

---

1) 조태제, 공법상계약에서의 분쟁과 그 해결, 관대(關大)논문집, 377면.
2) VGH Baden-Württemberg, Urteil vom 18. 10. 1990, VBlBW (Verwaltungsblätter für Baden-Württemberg) 1991, S. 263 ff.; OVG Nordrhein-Westfalen, Urteil vom 6. 10. 1977, DVBl 1977, S. 305 f .
3) 김병기, 독일행정절차법상 위법한 행정계약과 그 법적 효력, 행정법이론실무학회, 행정법연구 (1998.10), 155면.
4) Martin Bullinger, Leistungsstörung beim öffentlich-rechtlichen Vertrag, DÖV 1977, S. 812 f.; Fritz Ossenbühl, Staatshaftungsrecht, 1983, S. 230; 조태제, 공법상계약에서의 분쟁과 그 해결, 관대(關大)논문집, 378면.

법규정을 원용하여 손해배상을 청구할 수도 있을 것이다. 비진의 의사표시에 의해 무효(§ 118 BGB)이거나 착오·통지(송달)의 오류로 인한 취소(§§ 119, 120 BGB)의 경우에 인정되는 손해배상책임(§ 122 BGB), 당사자 일방이 고의적으로 객관적으로 실현불가능한 급부의 이행을 약속한 경우의 손해배상책임(§ 307 BGB)과 계약체결상의 과실에 있어서의 손해배상책임 등을 들 수 있다.[1]

### 3. 공법상 계약의 실현을 위한 강제집행

#### 3.1. 개관

사인은 자력집행이 금지되어 법원의 소송을 통하여 권리구제(채무명의의 획득 등)를 받을 수 밖에 없다. 그러나 행정청은 명령적 행정행위를 자력으로 집행할 권한을 가진다 (자력집행력). 자력집행력의 행사방법의 하나인 행정상 강제집행은 원칙적으로 그 전제로서 행정행위의 존재를 그 전제로 삼고 있다. 그러나 예외적으로는, (ㄱ) 행정행위를 개입시킬 시간적인 여유가 없는 경우의 즉시집행, (ㄴ) 공법상 계약에 의하여 합의된 의무를 즉시집행(sofortige Vollstreckung) 하는 경우이다.[2]

#### 3.2. 독일연방행정절차법 제61조의 즉시집행[3]

[독일연방행정절차법 제61조(§ 61 Unterwerfung unter die sofortige Vollstreckung)] 독일연방행정절차법 제61조는 종속계약을 한 경우에, 계약당사자는 처음부터 즉시집행에 합의하여 스스로 강제집행을 할 수 있도록 규정하고 있다. (제1항): 제1항은 "각계약체결자(Jeder Vertragschließende)는 제54조 제2문[4]에서 말하는 공법상 계약에 의한 즉시집행에 복종할

---

1) C. H. Ule/H. -W. Laubinger, Verwaltungsverfahrensrecht, 4. Aufl., S. 806.; 김병기, 독일행정절차법상 위법한 행정계약과 그 법적 효력, 행정법이론실무학회, 행정법연구(1998.10), 155면.
2) 채무불이행에 따른 손해배상청구에 관한 상세한 내용은 조태제, 공법상계약에서의 분쟁과 그 해결, 관대(關大)논문집, 379면 이하 참조.
3) 독일의 즉시집행(sofortige Vollzug, sofortige Vollstreckung)은 행정강제법의 영역에서, (ㄱ) "행위책임자"에 대한 조치가 실질적으로 불가능하거나, (ㄴ) 행위책임자에 대한 조치가 적시(適時)에 행해질 수 없는 경우, (ㄷ) 행위책입자에 대한 조치가 실제로 아무런 효과도 가져오지 못할 것으로 예견되는 경우, 위험방지를 위하여 필요한 경우에 "선행행위를 전제함이 없이" 행정강제가 이루어지는 것을 말한다.
4) 행정행위의 대상이 되는 자에 대하여 행정청은 행정행위를 발급하는 것 대신에 공법상 계약을 체결할 수 있다(Insbesondere kann die Behörde, anstatt einen Verwaltungsakt zu erlassen, einen öffentlich-rechtlichen Vertrag mit demjenigen schließen, an den sie sonst den Verwaltungsakt richten würde).

수 있다(Jeder Vertragschließende kann sich der sofortigen Vollstreckung aus einem öffentlich-rechtlichen Vertrag im Sinne des § 54 Satz 2 unterwerfen.). 이 경우 행정청의 장(Behördenleiter)이나 그의 포괄적 대리인 또는 법관의 자격을 가지고 있거나 독일법관법(法官法) 제110조 제1문의 요건을 충족하고 있는 공무종사자(Angehörigen des öffentlichen Dienstes)는 행정청을 대위(代位)하여야 한다(Die Behörde muss hierbei von dem Behördenleiter, seinem allgemeinen Vertreter oder einem Angehörigen des öffentlichen Dienstes, der die Befähigung zum Richteramt hat oder die Voraussetzungen des § 110 Satz 1 des Deutschen Richtergesetzes erfüllt, vertreten werden.)."고 규정하고 있다. 여기에서의 즉시집행은 가집행이 아니고 소송에 의하여 집행명의를 얻을 필요없이 공법상 계약 그 자체를 집행명의로 하여 계약에 근거한 청구권을 강제집행할 수 있는 것이다. 여기서 즉시집행의 대상이 되는 것은 공법상 계약의 이행청구권 뿐만 아니라 공법상 계약의 채무불이행으로부터 나오는 손해배상청구권도 포함된다.[1] (제2항) : 제2항은 제1항에 의한 즉시집행에의 복종합의가 유효한 경우에 있어서의 집행절차를 규정하고 있다. "계약체결자가 제1조 제1항 제1호에서 말하는 행정청(die öffentlich-rechtliche Verwaltungstätigkeit der Behörden des Bundes, der bundesunmittelbaren Körperschaften, Anstalten und Stiftungen des öffentlichen Rechts,)인 경우에는 본조 제1항 제1문에서 말하는 공법상 계약에 연방행정집행법(Verwaltungsvollstreckungsgesetz des Bundes)[2]이 준용된다(Auf öffentlich-rechtliche Verträge im Sinne des Absatzes 1 Satz 1 ist das Verwaltungsvollstreckungsgesetz des Bundes entsprechend anzuwenden, wenn Vertragschließender eine Behörde im Sinne des § 1 Abs. 1 Nr. 1 ist.)." "사법상의 자연인이나 법인(juristische Person) 및 권리능력 없는 단체가 금액청구를 이유로 집행을 하려고 하는 경우에는, 행정법원법(Verwaltungsgerichtsordnung) 제170조 제1항 내지 제3항이 준용된다(Will eine natürliche oder juristische Person des Privatrechts oder eine nichtrechtsfähige Vereinigung die Vollstreckung wegen einer Geldforderung betreiben, so ist § 170 Abs. 1 bis 3 der Verwaltungsgerichtsordnung entsprechend anzuwenden.)." "작위·수인(Duldung) 및 부작위(Unterlassung)의 강제를 이유로 하여 (연방행정절차법) 제1조 제1항 제2호[3]에서 말하는 행정청에 대하여 집행(Vollstreckung)이 행하여지는 경우에는 행정법원법(Verwaltungsgerichtsordnung) 제172조가 준용된다(Richtet sich die

---

[1] 조태제, 공법상계약에서의 분쟁과 그 해결, 관대(關大)논문집, 379면.
[2] VwVG : Verwaltungsvollstreckungsgesetz; Gesetz vom 27. 04. 1953[BGBl. I S. 157]
[3] der Länder, der Gemeinden und Gemeindeverbände, der sonstigen der Aufsicht des Landes unterstehenden juristischen Personen des öffentlichen Rechts, …

Vollstreckung wegen der Erzwingung einer Handlung, Duldung oder Unterlassung gegen eine Behörde im Sinne des § 1 Abs. 1 Nr. 2, so ist § 172 der Verwaltungsgerichtsordnung entsprechend anzuwenden.).″

### 3.3. 공법상 계약의 강제집행 – 행정법원으로부터 강제집행판결

[공법상 계약의 강제집행] 행정청은 공법상 계약의 이행을 행정행위의 강제집행에 관한 규정에 따라 스스로 자력집행할 수 있지만, 이에 반하여 사인은 계약의 이행을 행정청에 대하여 직접적으로 강제할 수 없고, 먼저 **행정법원으로부터 강제집행판결**을 받아야 하고, 행정법원의 강제집행절차에 따라 비로소 그 이행을 실현할 수 밖에 없다. 다만 이 경우 사인은 이행청구를 내용으로 하는 행정소송을 먼저 제기함이 없이 행정법원에 강제집행을 곧바로 신청할 수 있다. 이는 즉시집행(sofortige Vollstreckung)이 가능하고 이에 쌍방이 전적으로 복종한다는 것을 내용으로한 공법상 계약은 행정행위 또는 행정법원의 판결처럼 강제집행될수 있다는 것을 의미한다.[1]

[사인의 행정청의 즉시집행에 대한 대항] 행정청이 즉시집행을 하는 경우, 사인이 이에 대항하고자 하는 경우에는 즉시집행의 근거가 되는 **공법상 계약 그 자체를 대상으로 하지 않고, 즉시집행 그 자체를 대상으로하여** 이의신청 할 수 있다.[2]

---

1) 조태제, 공법상계약에서의 분쟁과 그 해결, 관대(關大)논문집, 380면.
2) Hartmut Maurer, Allgemeines Verwaltungsrecht, 1990, S. 342; 조태제 공법상계약에서의 분쟁과 그 해결, 관대(關大)논문집, 380면.

## 제 2 절   공법상 합동행위(공법상 협정)

### I. 의의

  공법상 합동행위 또는 공법상 협정(協定)이라 함은 공법적 효과의 발생을 목적으로 하는, 복수당사자의, 동일방향의 의사표시의 합치에 의하여 성립하는, 공법행위를 말한다. 예를 들면, 지방자치단체간의 협의로 지방자치단체조합을 설립하는 행위, 공공조합의 협의로 공공조합연합회를 설립하는 행위 등이 있다.

### II. 공법상 계약과의 구별

  공법상 합동행위는 각 당사자의 의사표시의 방향이 동일하고 효과도 각 당사자에게 동일한 의미를 가지는 점에서 복수당사자 사이에서의 반대방향의 의사표시의 합치에 의하여 이루어 지는 공법상 계약과 구별된다.[1]

### III. 특색

  일단 공법상 합동행위가 성립되면 개개 당사자의 무능력·착오 기타 의사의 흠결을 이유로하여 그 효력을 다툴 수 없고, 또 그것이 유효하게 성립하면 직접 설립행위에 관여한 자뿐만 아니라 그 이후에 관여한 자도 구속당하며, 정당한 절차에 따라 개정된 경우에는 모든 관계자가 구속된다. 따라서 공법상 합동행위는 제3자가 알 수 있도록 공고함이 원칙이다.

---

1) 김인만, 공법상의 계약, 고시계(1986.9), 290면.

## 제 3 절  행정지도(行政指導)

## I. 서설

### 1. 행정지도의 개념
#### 1.1. 개관
[의의] 행정지도(Administrative Guidance; Leitungsverwaltung)는 행정주체가 스스로 의도하는 바를 실현하기 위하여 상대방의 임의적 협력을 기대하여 행하는 '비권력적 사실행위'[1]이다. 행정지도는 상대방에 대한 구속력(Bindungswirkung) 또는 강제력이 없는 비권력작용이며, 직접으로 아무런 법적 효과를 수반하지 않는 사실작용이다. 이러한 의미에서 행정지도는 법적 근거없이 자유로이 행할 수 있는 것이며, 행정지도에 관한 근거규정이 법령에 있는 경우에도 이는 행정편의상의 훈시적 규정에 불과하다. 행정지도는 현대복지국가에 있어서 행정기능이 확대되므로 행정주체의 명령적 권력활동 이외에 비권력적 활동이 중요한 지위를 가짐으로서 인정되게 된 것이다.

[행정지도의 연혁] 행정지도는 과거 우리나라의 조선시대부터 널리 인정되어온 제도이다. (牧民心書 제7권 제6조 勸農) : 조선시대 실학자인 다산 정약용은 그가 쓴 「목민심서」의 '권농'편이 그것이다. 특히 그는 종래의 권농정책을 답습하는데 그치지 않고, 기술을 개발하여 농업생산력을 향상시키고 합리적인 농정을 폄으로써 농민들의 생활을 풍족하게 하는데 목표를 두었다.[2] 그래서 그는 "권농은 현명한 수령의 으뜸가는 책무요, 또한 권농은 농사만 권장하는 것이 아니라 원예와 목축, 양잠, 길쌈도 함께 권장해야 하며, 농구와 직기를 만들어 백성들의 용구를 능률적이게 하고, 농사는 소로 짓는 것이니 관에서 소를 제공하기도 하고 백성들에게 소를 서로 빌려주도록 권장하기도 해야 한다"고 하고 있다.

[새로운 접근] 현대국가에서 행성기능의 확대경향으로 인하여 행정수난도 많은 변화를

---

1) 박윤흔, 행정법강의(상), 565면; 그러나 예외적으로 법률이 권력적 규제를 행하기에 앞서 일정한 행정지도를 하도록 규정한 경우에는, ① 행정절차법상의 효과 ② 간접적인 법적 효과를 발생한다. ① 행정절차법상의 효과가 나타나는 경우 : 중소기업사업조정법(제6조)에 의거 상공부장관이 중소기업자가 과당경쟁을 방지하기 위한 사업조정을 행하기 전에 조합설립을 권고하거나 당해 사업활동을 공동으로 하도록 권고하는 경우 ② 간접적 법적 효과가 나타나는 경우 : 노동쟁의조정법(제21조)은 노동쟁의에 대하여 관계당사자간에 알선이 성립한 때에는 그 알선서(斡旋書)의 내용은 단체협약과 동일한 효력을 가지도록 한 경우이다.
2) 다산연구회, 1993, 175면 각주 1) 참조.

가져왔으며 그 종류도 매우 다양해졌다. 여기에는 종래의 전통적 행정유형 이외에도 비권력적 사실행위인 행정지도가 대표적인 예에 속한다고 볼 수 있다. 우리나라는 1960년대부터 정부에 의해 추진된 농촌근대화 과정에서 행정지도가 실시되었으나, 그 당시 행정지도를 법률문제로 인식하지는 않았었다.[1] 그러나 점진적으로 행정지도가 **법률효과를 발생하지 않는 사실행위임에도** 불구하고 행정운영상 중요한 기능을 띤다는 점도 여론의 주목을 받게 되었다. 이리하여 행정지도는 행정법학에서 새로운 측면에서 법적 접근을 시도하게 되었다.[2]

[학설] 행정지도에 관한 여러 학자들의 견해는, 행정지도란 "행정주체가 일정한 행정목적을 실현하기 위하여 행정객체를 상대로 임의적·비강제적 수단을 사용하여 상대방의 자발적 협력 내지 동의 하에 행정상 바람직하다고 생각되는 일정한 질서의 형성을 유도하는 비권력적 행정활동(김남진; 김도창)," "행정주체가 스스로 의도하는 바를 실현하기 위하여 상대방의 임의적 협력을 기대하여 행하는 비권력적 사실행위(김동희)," "행정주체가 일정한 법적질서를 형성하기 위하여 일정한 방향으로 행정객체를 유도할 의도아래 행하는 비권력적 사실행위"[3] 등으로 설명하고 있다.

[우리 행정절차법에서의 행정지도의 정의] 행정지도의 개념은 행정절차법이 이에 대한 정의를 내리고 있으나, 원래 행정지도라는 개념은 법령상·학문상의 용어가 아니었고 매스컴 또는 행정실무적인 용어로 발전되어 왔다. 일반적으로 지도·권고·변동·조언 등을 행정지도라 부르고 있는데, 행정지도에 해당하는 활동은 행정의 모든 영역에서 볼 수 있고, 그 기능도 다양하여 그것을 하나의 개념으로 정의하는 것은 어렵다. 우리 행정절차법은 행정지도의 개념을 "<u>행정기관이 그 소관사무의 범위 안에서 일정한 행정목적을 실현하기 위하여 특정인에게 일정한 행위를 하거나 하지 아니하도록 지도·권고·조언 등을 행하는 행정작용</u>"으로 정의하고 있다(행정절차법 제2조 제3호). 이 규정에 따르면 행정지도는 (ㄱ) 행정기관이 그 소관사무의 범위 안에서, (ㄴ) 일정한 행정목적 실현을 위하여, (ㄷ) 특정인에게 일정한 행위를 하거나 하지 아니하도록 지도·권고·조언 등을 하는 행정작용이라는 세 가지 개념요소로 파악되는데, 이는 강학상의 행정지도의 개념과 대체로 일치하는 개념이라고 할 수 있다.[4]

▶ **행정절차법 제48조(행정지도의 원칙)** ① 행정지도는 그 목적 달성에 필요한 최소한도에 그쳐야 하며, 행정지도의 상대방의 의사에 반하여 부당하게 강요하여서는 아니 된다. ② 행정기관은 행정지도의 상대방이 행정지도에 따르지 아니하였다는 것을 이유로 불

---

1) 김형배, 행정지도론 - 이론과 실제, 계명사, 1992, 20면.
2) 천병태, 행정지도, 고시연구(1992.7), 83면.
3) 홍정선, 행정법특강, 박영사, 2004, 313면.
4) 홍준형, 행정법총론, 463-464면.

이익한 조치를 하여서는 아니 된다.
▶ 행정절차법 제49조(행정지도의 방식) ① 행정지도를 하는 자는 그 상대방에게 그 행정지도의 취지 및 내용과 신분을 밝혀야 한다. ② 행정지도가 말로 이루어지는 경우에 상대방이 제1항의 사항을 적은 서면의 교부를 요구하면 그 행정지도를 하는 자는 직무수행에 특별한 지장이 없으면 이를 교부하여야 한다.
▶ 행정절차법 제50조(의견제출) 행정지도의 상대방은 해당 행정지도의 방식·내용 등에 관하여 행정기관에 의견제출을 할 수 있다.
▶ 행정절차법 제51조(다수인을 대상으로 하는 행정지도) 행정기관이 같은 행정목적을 실현하기 위하여 많은 상대방에게 행정지도를 하려는 경우에는 특별한 사정이 없으면 행정지도에 공통적인 내용이 되는 사항을 공표하여야 한다.

[정리] 행정지도에 관한 정의는 위에서 살펴본바와 같이 다양한 양태(樣態)를 지니고 있으나 대체적으로 공통점은 다음과 같다. (ㄱ) 비권력적·비강제적인 행위, (ㄴ) 사실행위(비권력적 사실행위), (ㄷ) 일정한 행정목적 또는 행정질서를 실현시킬 목적하에 이루어지는 것, (ㄹ) 행정주체가 행정객체 즉 국민을 대상으로 한다는 것 등이다.

[일본행정절차법(행정수속법: 行政手續法)] 세계 최초로 행정지도를 법제화한 일본의 행정절차법(행정수속법)[1]의 제2조 제6항에서는 행정지도를「행정기관이 그 임무 또는 소장사무의 범위내에 있어서 일정한 행정목적을 실현하기 위해 특정한 자에 대해서 작위 또는 부작위를 구하는 지도, 권고, 조언 기타의 행위로써 처분[2]에는 해당하지 않는 것(行政指導:行政機關がその任務又は所掌事務の範圍內において一定の行政目的を實現するため特定の者に一定の作爲又は不作爲を求める指導、勸告、助言その他の行爲であって處分に該當しないものをいう)」으로 규정하고 있다.

[일본의 행정절차법에 있어서 행정지도의 개념] 일본의 행정절차법(행정수속법[行政手續法])에 있어서 행정지도의 개념은, (ㄱ) 목적실현을 위한 수단, (ㄴ) 법적 강제력이 없

---

1) 일본의 행정절차법(행정수속법)은 1993년 11월에 법안으로 성립되어 1994년 11월부터 시행되었다. 이법은 처분, 행정지도에 관한 절차에 관련하여 공통하는 사항을 정하는 것에 의해 행정운영에 있어서 공정성의 확보와 투명성을 향상시켜, 국민의 권리이익을 보호하는 것을 목적으로 하고 있다. 전체가 6장 38조로 구성되어 제1장은 총칙(제1-제4조), 제2장은 신청에 대한 처분(제5조-제11조), 제3장은 불이익처분(제12조-31조), 제4장은 행정지도(제32조-36조), 제5장은 신고(제37조), 제6장은 보칙(제38조)으로 되어있는데 이법은 300개이상의 관련법의 개정을 수반하였다.
2) 일본에서는 처분에 대하여 행정절차법(일본에서는 법명을 행정수속법[行政手續法]이라고 부르고 있다) 제2조 제2항에서 "처분: 행정청의 처분 등 공권력의 행사에 해당하는 행위를 말한다(処分:行政庁の処分その他公權力の行使に当たる行爲をいう)."고 규정하고 있으나, 우리나라의 행정절차법 제2조 제2호에서 "처분이란 행정청이 행하는 구체적 사실에 관한 법 집행으로서의 공권력의 행사 또는 그 거부와 그 밖에 이에 준하는 행정작용을 말한다."고 정의하고 있다.

는 사실행위, (ㄷ) 상대방의 자발적인 협조에 의한 실현 등을 그 내용으로 하고 있다. 그러나 일본의 행정지도는 민간에 대한 단순한 '자발적 협력의 요청(appeal for voluntary cooperation)'이라기 보다는 경제·산업정책의 수단으로서 보다 강력한 의미를 가진다.[1]

### 1.2. 행정지도의 내용

행정지도의 개념속에는 장려·권고·요청·조언·지도·주의·경고·알선 등의 내용이 포함되어 있다.

[추천(또는 권고)] 추천(또는 권고)은 사회적으로 또는 신체적으로 유해하지 않는 여러 종류의 물품 또는 행동 중에서 행정기관이 그 중의 어느 것을 추천 또는 권고하는 것을 말한다. 그 예로서, 독일의 '푸른천사(Blauer Engel)' 또는 환경친화적(umweltfreundlich)이라는 환경마크가 붙은 환경 친화적 제품을 구입하도록 하는 것[2] 등을 들 수 있다. 행정청이 국민에 대하여 경고 또는 추천을 할 수 있는 경우는 국가행정의 거의 모든 영역에 있어서 이를 행할 수 있고, 이들은 현대 민주국가에서 행정작용형식 중의 하나로서의 점점 중요성을 더해 가고 있다. 그 이유는 민주국가의 행정이 과거와 같은 고권적(高權的; hoheitlich) 강제조치(행정행위)보다는 개별 국민의 자발적인 의사 및 동기에 영향을 미쳐 간접적·우회적인 방법으로 초구하는 행정목적을 달성하는 방향으로 전환해 나가는 경향이 있기 때문이다(행정지도).[3]

[행정청의 사실행위로서의 경고와 추천] 행정청의 사실행위 또는 행정상 사실행위(Verwaltungsrealakt, tatsächliches Verwaltungshandeln)란 "행정기관의 행위 가운데 직접적으로는 사실상의 효과(tatsachlicher Erfolg)만을 발생하는 일체의 행위형식"을 의미한다. 사실행위는 사실상의 효과발생만을 목적으로 하는 행위인 점에서 특정한 법적 효과의 발생을 목적으로 하는 행정행위(법률행위; 법률행위적 행정행위·준법률행위적 행정행위), 공법상 계약 등의 법적 행위(Rechtsakt)와 구별된다.[4][5] 경고와 추천은 상대방에게 직접 의무를 부과하는 것과 같은 법적 효과를 발생하는 것은 아니며, 특히 경고의 대상이 된 물품을 생산하는 자가 어떠한 불이익을 입더라도 그것은 경고의 상대방의 행위를 통해서 간접적으

---

[1] 채원호, 일본의 행정지도와 정부기업관계 - 산업정책을 중심으로 -, 한성대학교 사회과학연구원, 사회과학논집(제19집 제1호 : 2005.8), 140면.

[2] Fritz Ossenbühl, Jahrbuch UTR 1987, S. 27 (32); F. Ossenbühl(ders.), Umweltpflege durch behördliche Warnungen und Empfehlungen, 1986, S. 5 ff.

[3] H. Bauer, VerwArch. 78 (1987), S. 241 ff.

[4] https://ko.wikipedia.org/wiki/(검색어 : 행정지도, 검색일 : 2015.9.14).

[5] https://books.google.co.kr/books?id(검색어 : 조정적 행정지도; 검색일 : 2015.9.27); 윤양수, 행정법개론(상), NML(넷스코[netsco] 미디어 랩), 2013.

로 발생한다는 점에서 경고는 사실행위로서의 성질을 가진다고 할 수 있다. 행정청의 사실행위로서의 경고와 추천은 행정청이 법률상 주어진 임무를 수행하는 행위 중의 하나에 해당하기 때문에, 공법상의 행위에 속한다.[1] 행정청은 경고와 추천과 같은 사실행위를 행하기 위해서도 이를 위하여 법률이 요구하는 제반요건을 만족시켜야 한다. 경고와 추천이 국민의 자유와 권리를 침해하는 결과를 가져오는 경우, 헌법이 공권력에 대하여 부과하는 기본적 인권제한의 각종 요건을 충족시켜야 하며 그 한계를 일탈하여서는 안 될 것이다.[2]

[행정청의 단순한 촉구·지시의 행정처분성] 유흥음식점영업허가를 받은 자가 영업허가에 붙여진 영업시간제한을 지키지 않아 행정청이 영업시간을 준수하라는 지시·경고[3]를 한 경우, 이에 대한 행정소송이 가능한가하는 점이 문제된다. 이런 지시·경고는 행정청이 어떤 법적 효과 발생을 목표로 하지 않는 단순한 사실행위에 불과하고 국민의 권리의무 변동에 직접 영향을 미치지는 못하기에 행정소송의 대상이 될 수 없다. 취소소송과 같은 항고소송의 대상은 행정처분이어야 한다(행정소송법 제2조). 행정처분이란 행정청의 공법상의 행위로서 특정 사항에 대하여 법규에 의한 권리의 설정 또는 의무의 부담을 명하며, 기타 법률상의 효과를 발생케 하는 등 국민의 권리의무에 직접적으로 법률적 영향을 미치는 행위를 말한다. 그러나 위 사안에서의 영업시간준수의 지시·경고는 이미 영업허가할 때 붙여진 영업시간제한의무를 위반한 음식점주인에 대한 단순한 경고의 의미를 가질 뿐, 새로운 의무를 부과하는 것이 아니다. 따라서 국민의 권리의무에 직접적으로 법률적 영향을 미치는 행위가 아니어서 행정처분이 될 수 없고, 행정소송의 대상도 될 수 없다.

[경고] 경고는 보통 위험방지의 수단(Mittel der Gefahrenabwehr)으로서 활용된다. 독일 판례는 특정 생산자의 특정 면류제품을 구입하지 못하도록 한 경우,[4] 특정 종파(Sekte; Jugendsekte[청소년종파])에 가입하지 못하도록 한 경우,[5] 화장실용 방향제(芳香劑:

---

1) 오준근, 행정청의 경고와 권고에 관한 공법적 일고찰, 실보김영수교수 화갑기념, 학문사 (2000.11), 56면.
2) 오준근, 행정청의 경과와 권고, 성균관대학교 법학, 제3집, 1990; 오준근, 행정청의 경고와 권고에 관한 공법적 일고찰, 실보김영수교수 화갑기념, 학문사(2000.11), 56-57면.
3) 법령위반행위에 대하여 법령상으로는 권력적 조치를 할 수 있는 경우라도 바로 그것을 발동하지 않고 먼저 경고나 권고를 행하고 그 후에도 시정되지 않을 때에 명령, 인허가의 취소 고발 등을 단행하는 경우가 많다. 또한 인허가의 신청에 있어서도 최종적이 결론을 내리기에 앞서 상대방을 불러 사전조사로써의 행정지도를 행하는 경우가 적지 않다(오준근, 행정청의 경과와 권고, 성균관대학교 법학, 제3집, 1990, 51면).
4) OLG Stuttgart, NJW 1990, S. 2690; LG Stuttgart, NJW 1989, 2257.
5) BVerwGE 82, S. 76 ff; BVerfGE, NJW 1989, S. 3269 ff. (Kammerentscheidung); OVG Hamburg, NVwZ 1995, 498; OVG Münster NJW 1996, 2114; K. -U. Meyn, Warnung der Bundesregeirung vor Jugendsekten, JuS 1990, S. 630 ff.

Toilettensteine)를 이용하지 못하도록[1] 한 판례가 있다. 특정 공산품이나 농산품과 관련하여 행정청이 환경보호 등의 행정목적을 달성하기 위하여 환경보전에 유해하다고 인정하는 물품의 구입 등을 자제시킬 의도로 사인에게 발하는 설명·성명·공고·고시 등을 말한다.

### 1.3. 비공식적 행정작용과의 구별

[비공식적 행정작용] '비공식적 행정작용 또는 비정형적 행정작용(informales oder informelles Verwaltungshandeln)'[2]은 독일 행정법상 사실행위(Realakt)의 한 유형으로서 논의되고 있는 것으로서, "그의 요건·효과·절차 등이 일반적으로 법에 의해 정해지지 않고, 법적 구속력을 발생하지 않는, 전통적인 행위형식으로 정서될 수 없는 일단의 행정의 행위유형"을 말한다.[3]

[비공식적 행정작용과 행정지도의 차이] 비공식적 행정작용은 비구속적·단순고권적 행정작용으로서 국민의 계몽·홍보, 상담 및 설득 등과 같은 목표를 지니는 비권력적 사실행위[4]의 형식을 취한다는 점에서 행정지도와 공통점을 갖는다. 그러나, (ㄱ) 비공식적 행정작용 중 행

---

[1] F. Ossenbühl, Jahrbuch UTR 1987, S. 27 (31); K. -U. Meyn, JuS 1990, S. 1.
[2] BVerfGE 104, S. 249 (266)은 이러한 동의어(同義語) 관계를 긍정하고 있다. M. Kloepfer, Umweltrecht, 2. Aufl. München 1998, § III 3 a (Rn. 206); F. Ossenbühl, Informelles Hoheitshandeln im Gesundheits- und Umweltschutz, in: Jahrbuch des Umwelts- und Technikrechts (UTR), 1987, S. 27 (28); v. Schlette, Die Verwaltung als Vertragspartner: Empirie und Dogmatik verwaltungsrechtlicher Vereinbarungen zwischen Behörde und Bürger, Tübingen 2000, S. 217 Fn. 290; R. Schmidt, Öffentliches Wirtschaftsrecht, Allgemeiner Teil, 1990, S. 494; M. Schulte, Schlichtes Verwaltungshandeln: verfassungs- und verwaltungsdogmatische Strukturuberlegungen am Beispiel des Umweltrechts, Tübingen 1995, S. 25. 그러나 v. Neumann, Der informelle Sozialstaat, in: VSSR 1993, S. 119 f. ; H. Schulze-Fielitz, Der informale Verfassungsstaat; aktuelle Beobachtungen des Verfassungslebens der Bundesrepublik Deutschland im Lichte der Verfassungstheorie, Berlin 1984, S. 16은 동의어 관계에 대하여 반대하고 있다. 우리나라의 학자들 중에서는 김남진·김연태교수는 비공식 행정작용으로(김남진·김연태, 행정법(I), 375면), 서원우 교수는 비정식적 행정작용으로, 박수혁 교수는 비정형적 행정작용이라고 하며, 홍정선 교수는 비정식적(비공식적) 행정작용이라고 한다(홍정선, 행정법원론(상), 단락번호 1390).
[3] 김남진·김연태, 행정법(I), 375면; F. Ossenbühl, Die Handlungsformen der Verwaltung, JuS 1979, S. 681 (685); M. Schulte, Schlichtes Verwaltungshandeln, S. 20 f; R. Stober, Handbuch des Wirtschaftsverwaltungs- und Umweltrechts, Stuttgart u. a. 1989, § 2 I, S. 814-817; H. -U. Erischen, in: ders., /D. Ehlers (Hrsg.), Allgemeines Verwaltungsrecht, 12. Aufl. Berlin u. a. 2002, Rn. 1; H. Maurer, Allgemeines Verwaltungsrecht, § 5 Rn. 1 f.
[4] 홍정선, 행정법원론(상), 박영사, 2004, 313면.

정청과 사인 사이의 협력에 의하여 행하여지는 행정작용은 대체로 행정지도에 의해서도 행하여지고 있으나, 행정청에 의한 일방적인 비공식적 행정작용은 행정지도에 의하여 행하여지지 않으며, (ㄴ) 행정지도는 그 성질상 지도(행정지도)하는 자가 우월적 지위 내지는 우위의 입장에서 상대방에 대하여 그 상대방이 본래 당연히 할 수 있는 행위를 하도록 추진하는 것이며, (ㄷ) 행정지도는 일반적으로, ① 법령의 직접적 근거에 의한 행정지도(예컨대, 농촌진흥법에 의한 농촌지도사업,[1] 국민기초생활보장법에 의한 피보호자에 대한 지도[기술·경영지도 : 제15조 제1항 제6호]등), ② 법령의 간접적 근거에 의한 행정지도, ③ 법령의 근거 없는 행정지도로 구분되고 있는데, 비공식적 행정작용은 법령의 직접적 근거에 의하지 않는 행위유형이라고 할 수 있다는 점,[2][3] (ㄹ) 행정지도는 일반적으로 행정청이 직접적으로 그 상대방인 개인 또는 단체에 대하여 행하는 것인데 반하여, 행정청의 일방적인 비공식적 행정작용(예컨대, 경고, 권고)의 경우에는 직접적으로 제3자(소비자)에게 행해지고, 이를 매개로 하여 간접적으로 관계자(생산자)에게 그 효력이 미친다는 점,[4] (ㅁ) 행정지도는 행정주체간의 지시를 포함하지만, 비공식적 행정작용은 행정청과 개인 간의 관계에 한정되고 있다는 점[5]에서 양자의 범위가 반드시 일치하는 것은 아니다. 따라서 행정지도와 이들 비공식적 행위형식의 이론적 구별에 관해서는 불확실성이 존재하지만, 개념논리상으로는 후자를 상위개념으로 보아야 할 것이므로, 일단 행정지도는 비공식적 행위형식의 대표적인 유형에 해당한다고 할 수 있을 것이다.[6]

---

1) 농촌진흥법 제2조 제3호 : "농촌지도사업"이란 연구개발 성과의 보급과 농업경영체의 경영혁신을 통하여 농업의 경쟁력을 높이고 농촌자원을 효율적으로 활용하는 사업으로서 다음 각 목의 업무를 수행하는 사업을 말한다.
2) 김창규, 행정지도와 비정형적 행정작용, 법제연구 제9호, 한국법제연구원, 1995, 216면.
3) 오늘날에는 비공식적 법치국가(informaler Rechtsstaat)라는 말이 거론 될 정도로 비공식적 행정작용이 증가하고 있다(장태주, 행정행위 부관의 기능과 한계, 법조, 52권 5호, 2003, 33면); Bohne, Der informale Rechtsstaat, 1981, S. 42 ff.; H. P. Bull, Allgemeines Verwaltungsrecht, 6. Aufl. 2000, S. 118 ff.
4) 김창규, 행정지도와 비정형적 행정작용, 법제연구 제9호, 한국법제연구원, 1995, 216-217면.
5) 김창규, 행정지도와 비정형적 행정작용, 법제연구 제9호, 한국법제연구원, 1995, 217면.
6) 비공식적 행정작용 안에 행정지도가 포함되는 것으로 보고 있는 것으로는 김남진, 행정법(I), 411면; 홍준형, 환경법, 박영사, 2001, 331면; 김성수, 독일연방헌법재판소의 판례에 나타난 환경법상의 협력의 원칙, 행정판례연구 VI, 한국행정판례연구회편, 서울대학교출판부, 2001, 385면 이하 등이 있다. 이에 반하여 일본에서 발전하여 우리에게 영향을 주어 행정절차법에 명문화되기에 이른 행정지도와 독일 행정법학의 이론적 산물인 비공식적 행정작용은 역사적 발전과정이 서로 다르고 행정지도가 행정절차법에 명문화되었기 때문에 비공식적 행정작용을 상위개념으로 이해하는 것은 적절하지 않다고 하는 견해도 있다(김용섭, 행정상 사실행위, 행정작용법, 김동희교수정년기념논문집, 박영사, 2005, 728면 참조).

### 1.4. 행정지도 사례

[사례] 甲은 하천관리청으로부터 하천유수인용허가를 받아 유수를 사용하고 있는 자로서, 유수사용허가기간의 만료일이 가까워지자 기간 만료일 1개월 전에 전과 동일한 조건으로 계속해서 유수를 사용할 수 있도록 허가기간 연장신청을 하였다. 그런데 하천관리청은 갑의 유수사용으로 인하여 수량이 부족하게 되어 인근주민들이 민원을 제기한 사실이 있었으므로 갑에게 유수사용에 대한 주민들의 협조를 미리서 구할 것을 권고하였다. 그러나 갑은 기득하천허용자[1]에 해당하지 않기 때문에 주민들의 동의가 허가요건에 해당하지 않고, 또한 그동안 어떠한 사정변경도 없었으므로 연장신청을 거부할 사유가 없다고 생각하여 하천관리청 을의 권고에 따르지 않았다.

(문제 1) 이러한 경우에 하천관리청은 갑(甲)의 하천유수인용허가기간 연장신청을 불허할 수 있는가?

(하천유수인용허가의 법적 성질[특허사용인지 여부]) : 하천법상의 하천은 행정주체에 의하여 직접 공적 목적에 제공된 개개의 유체물로서 공물에 해당하고, 하천유수인용허가는 공물관리권에 의하여 일반인에게 허용되지 아니하는 특별한 공물사용권을 갑에게 설정하여 주는 것이므로 공물사용권의 특허로 보아야 한다(특허사용). 하천을 비록 독점적·배타적으로 사용하는 것이 아니고 하천의 일반사용과 병존이 가능하더라도 특별사용에 해당한다. 따라서 갑의 하천유수의 사용은 특허사용에 해당한다.

[문제 1의 해설] 하천유수인용허가기간 연장 행위는 재량행위이므로 재량권의 일탈, 남용에 해당하지 않는 한 하천관리청은 갑의 신청을 불허할 수 있다. 그러나 주민들의 협조를 구하라는 권고를 따르지 않았음을 이유로 신청을 불허한다면 이는 행정절차법 제48조 제2항에 위배되어 재량권의 일탈에 해당하므로 허용될 수 없다. 또한 인근주민들은 하천법 제34조의 기득하천사용자에 포함되지 않으므로 주민의 동의를 허가요건으로 하여 신청을 불허할 수 없고, 주민의 동의를 부관으로 부가하지 않았으므로 주민의 동의가 없음을 이유로 갑의 신청을 불허할 수는 없다. 다만 인근주민의 수량부족으로 인한 공익상의 필요를

---

[1] [기득하천사용자에 대한 판례] 대판 1991. 10. 11, 90누8688 【하천부지점용허가일부취소처분취소】 하천 점용허가를 함에 있어 동의를 얻어야 할 하천법 제28조 소정의 '기득하천사용자 등 이해관계인'의 범위에 대하여, 대법원은 "… 여기서 말하는 이해관계인이란 하천법 제25조 제1항 제1 내지 제10 각 호가 하천점용의 허가를 받아야 하는 전형적인 행위를 열거한 것으로 해석되는 점(당원 1974.2.12. 선고 73도3068 판결 참조) 등으로 미루어 볼 때 같은 법 제28조 소정의 '기득하천사용자 등 이해관계인'에는 같은 법 제25조의 허가로 인하여 발생한 권리를 가진 자인 기득하천사용자는 물론 그 밖의 법률상 이해관계를 가진 자도 포함된다 할 것이나(당원 1990.12.21. 선고 90누1250 판결 참조) 하천부지점용허가를 받은 자로부터 이를 임차하여 사실상 점용하고 있었던 자임에 불과한 자는 포함될 수 없다고 해석하는 것이 상당하다 할 것이다."라고 판시하였다.

이유로 한 경우에는 하천관리청은 갑의 하천유수인용허가기간의 연장신청을 불허할 수 있다.

(문제 2) 종전의 하천유수인용허가기간이 만료하고 허가기간의 연장을 받지 못했음에도 불구하고 甲이 계속해서 유수를 사용하고 있는 경우, 하천관리청이 갑의 유수인용행위를 중단시키기 위하여 취할 수 있는 방법은?

[문제 2의 해설] 이 경우, 甲이 부담하는 의무는 부작위의무이므로 행정상 강제집행에 있어서 대체적 작위의무의 경우에 인정되는 대집행은 인정될 수 없다(대체적 작위의무는 있어도 대체적 부작위의무는 없다). 또한 이행강제금과 직접강제 역시 법률 및 법적 근거가 없기 때문에 인정될 수 없다. 행정상 즉시강제는 갑의 의무위반으로 인한 인근주민의 수량부족이 급박한 위해(Gefahr)에 해당하지 않고, 또한 성질상 유수인용중단의무를 미리 명하여서는 목적을 달성할 수 없는 경우도 아니므로 허용될 수 없다. 공급거부나 관허사업의 제한 역시 부당결부금지의 원칙에 위반하여 인정될 수 없다. 명단의 공표도 법령의 근거가 없으므로 인정될 수 없다. 결국 갑의 의무이행을 위해 하천관리청이 취할 수 있는 직접적인 방법은 없으며, 하천관리청이 갑의 부작위 의무위반을 고발함으로써 갑으로 하여금 자신이 하천법 제93조 내지 96조에 따른 행정형벌(행정벌)을 받도록 하여 부작위의무를 이행하게 하도록 하는 효과를 기대할 수밖에 없다. 행정벌은 죄형법정주의의 원칙상 반드시 법률에 의하거나(durch Gesetz), 법률에 그 근거(auf Grund eines Gesetzes)가 있어야 한다. 법률이 처벌의 대상인 행위의 기준, 행정벌의 최고한도 등을 구체적으로 정하여 위임한 경우에는 행정입법(Rechtserzeugung der Verwaltung)으로써도 그 근거를 규정할 수 있으며(법률의 근거), 지방자치단체도 조례로써 천만원 이하의 과태료를 부과 할 수 있으나 벌금은 부과할 수 없다(죄형법정주의).

▶하천법 제94조(벌칙) 다음 각 호의 어느 하나에 해당하는 자는 5년 이하의 징역 또는 5천만원 이하의 벌금에 처한다. <개정 2009.4.1., 2013.3.23., 2015.1.6.>

▶하천법 제95조(벌칙) 다음 각 호의 어느 하나에 해당하는 자는 2년 이하의 징역 또는 2천만원 이하의 벌금에 처한다. <개정 2015.1.6.>

▶하천법 제96조(벌칙) 다음 각 호의 어느 하나에 해당하는 자는 1년 이하의 징역 또는 1천만원 이하의 벌금에 처한다. <개정 2009.4.1., 2013.3.23., 2015.1.6.>

[이행강제금의 근거] 이행강제금은 행정상 강제집행의 수단이므로 당연히 법적 근거가 있어야 한다. 이행강제금에 대한 일반법은 없고, 단지 건축법 제80조, 舊농지법 제65조, 부동산실권리자명의등기에관한법률 제6조 제2항의 개별법에서 인정되고 있다. 이행강제금제도가 우리나라에서도 이미 정착화 되었으므로(건축법 제80조[이행강제금], 노인복지법 제62조[이행강제금], 근로기준법 제33조[이행강제금], 농지법 제62조[이행강제금], 부동산실권리자명의등기에관한법률 제6조[이행강제금] 등)[1] 형법상의 형벌(Strafe)이나 행정벌로 오해될수

있는 집행벌이라는 용어 대신에 이행강제금이라는 용어를 사용하는 것이 바람직하다.[1] 판례 역시 이행강제금이라는 용어를 사용한다. "이행강제금은 행정법상의 부작위의무 또는 비대체적 작위의무를 이행하지 않은 경우에 '일정한 기한까지 의무를 이행하지 않을 때에는 일정한 금전적 부담을 과할 뜻'을 미리 '계고'함으로써 의무자에게 심리적 압박을 주어 장래를 향하여 의무의 이행을 확보하려는 간접적인 행정상 강제집행 수단이다."[2] 사안의 경우 갑은 하천유수인용허가기간 연장 없이는 유수인용행위를 하지 말아야 할 부작위의무를 위반한 것으로 이행강제금을 부과할 수 있겠으나, 하천법 어디에도 이행강제금을 부과할 수 있는 법적 근거를 발견할 수 없어 이는 인정될 수 없다.

▶ 건축법 제80조(이행강제금) ① 허가권자는 제79조제1항에 따라 시정명령을 받은 후 시정기간 내에 시정명령을 이행하지 아니한 건축주등에 대하여는 그 시정명령의 이행에 필요한 상당한 이행기한을 정하여 그 기한까지 시정명령을 이행하지 아니하면 다음 각 호의 이행강제금을 부과한다.

▶ 부동산실권리자명의등기에관한법률 제6조(이행강제금) ② 제1항을 위반한 자에 대하여는 과징금 부과일(제1항 단서 후단의 경우에는 등기할 수 없는 사유가 소멸한 때를 말한다)부터 1년이 지난 때에 부동산평가액의 100분의 10에 해당하는 금액을, 다시 1년이 지난 때에 부동산평가액의 100분의 20에 해당하는 금액을 각각 이행강제금으로 부과한다.

---

1) 현행 법률 중에서 이행강제금제도를 규정하고 있는 법률은 「건축법」, 「주차장법」, 「교통약자의 이동편의 증진법」, 「국토의 계획 및 이용에 관한 법률」, 「근로기준법」, 「금융산업의 구조개선에 관한 법률」, 「금융지주회사법」, 「노인복지법」, 「다중이용업소의 안전관리에 관한 특별법」, 「독점규제 및 공정거래에 관한 법률」, 「부동산 실권리자명의 등기에 관한 법률」, 「산업집적활성화 및 공장설립에 관한 법률」, 「은행법」, 「장사 등에 관한 법률」, 「전기통신사업법」, 「주차장법」, 「한국증권선물거래소법」, 「농지법」, 「대덕연구개발특구 등의 육성에 관한 특별법」, 「옥외광고물 등 관리법」, 「장애인·노인·임산부 등의 편의증진보장에 관한 법률」 등 총 20개가 있다. 이 가운데 이행강제금 부과처분에 불복하는 경우 「비송사건절차법」에 따른 과태료재판이 준용되는 것으로는 「농지법」, 「대덕연구개발특구 등의 육성에 관한 특별법」, 「옥외광고물 등 관리법」, 「장애인·노인·임산부 등의 편의증진보장에 관한 법률」이 있으며, 나머지 16개의 법률은 이행강제금 부과처분에 대한 불복방법으로 특별한 절차를 규정하고 있지 않으므로 이 경우에는 통상의 행정쟁송에 따르게 된다(방극봉, 실무행정법, 법제처, 2009, 34면).
1) 김남진·김연태, 행정법(I), 494면; 김남진, 이행강제금과 권리구제, 고시연구(2001.1), 95면 이하; 정준현, 이행강제금, 법제 제346호(1991.7), 22면 이하; 박윤흔 교수와 정하중교수도 마찬가지이다(박윤흔, 행정법강의(상), 609면). 정하중, 행정법총론, 441면; 정하중, 한국의 행정상 강제집행제도의 개선방향, 김영훈박사화갑기념논문집, 1995, 392면 이하).
2) 대판 2015. 6. 24, 2011두2170 【이행강제금부과처분취소】

## 2. 행정지도의 필요성 및 효과적 기능

### 2.1. 행정기능의 확대와 책임의 증대(사회국가원리의 구현)

[행정지도와 행정기능의 확대] 현대국가에서는 행정기능이 확대되고 그에 따라 행정청의 책임이 증대됨으로써 종래의 명령적 강제작용만으로는 행정기능의 확대에 따른 행정적 수요에 능동적·적극적으로 대처할 수 없을 뿐만 아니라 행정기능의 확대는 필연적으로 법의 흠결을 결과하는 수가 많기 때문에 행정책임상 법적 강제에 대신하는 보충적 수단이 필요하고, 이를 보충하기 위하여 행정지도의 필요성이 등장하게 된 것이다. 예컨대 환경오염에 대한 대책이나 규제는 사전적·예방적(사전배려의 원칙 : 사전예방의 원칙)으로 행하여지는 것이 훨씬 바람직하기 때문에, 행정지도는 환경보전행정의 목적을 보다 더 효율적으로 달성하기 위한 구체적인 방법이라고 할 수 있다. 이와같이 현대행정은 오로지 법령이 정하는 바를 단순하게 집행하는 것만은 아니며 국민에 대한 '생존배려(Daseinsvorsorge)'적인 활동을 하는 다양한 적극적 기능을 수행하게 되었으며, 이를 실현하기 위해서는 행정지도에 의존하게 되었다. 이는 다른 한편으로는 사회국가원리를 실현하기 위한 행정부의 행위형식의 일부가 되게되었다.

### 2.2. 임의적 수단에 의한 행정의 편의성 확보

[행정지도와 편의성] 행정지도의 존재이유는 그 편의성에서도 찾아볼 수 있다. 즉 어떤 사항을 규제하는 법률이 존재하는 경우에 그 법률에 의거한 하명이나 취소 기타 강제조치에 의하는 것보다 상대방의 협력을 얻는 임의적인 조치에 의하는 것이 마찰이나 저항이 적어 행정목적의 달성이 용이하다(행정의 편의성 확보). 행정주체의 상대방인 국민의 입장에서도 명령·강제조치에 의하여 강제되는 것보다 행정지도를 받아 그것에 자발적으로 협력하는 것이 오히려 명예나 신용 기타의 점에서 유리할 것이다. 이와같이 행정지도는 법령에 의거한 행정행위 또는 행정강제에 의하여 당해 행정목적의 달성을 도모하는 것보다는 상대방의 협력을 바탕으로 한 비권력적 임의적 수단에 의하는 것이 마찰·저항을 회피하고 국민의 자발적 협력을 얻을 수 있다는데 그 의의가 있다.

### 2.3. 산업정보의 제공 및 전문적 과학지식의 보급

[행정지도와 산업정보 및 과학지식] 행정지도 중에는 과학기술의 보급·지도, 산업정보의 제공, 우량품종의 권장, 직업지도 등과 같이 국민에 대하여 일정한 지식이나 기술을 제공하면서 촉진적으로 일정한 방향으로 유도하는 것도 포함된다. 이러한 의미에서 행정지도는, 과학기술이 끊임없이 발전하고 사회경제의 실태가 급진적으로 다변하며 또한 법령의 규제사항이 복잡난해하게 된 오늘날의 공행정에 있어서, 불가결한 활동으로 인식될 수 밖에 없

을 것이다. 오늘날에는 행정지도를 통하여 행정주체가 개인에 대하여 새로운 지식·기술· 경험·정보 등을 제공하여 줌으로써 행정기관이 의도하는 방향으로 유도하는 것이 바람직 하다. 왜냐하면 오늘날과 같이 경제정세의 변화가 심하고 나날이 과학기술의 발달이 새로 워지는 시대에는 개인이 자기에게 필요한 지식·기술 등의 정보를 입수하여 대처하기란 쉽 지 않으며, 따라서 행정기관이 공적 서비스 제공자로서 이를 도와주지 않을 수 없기 때문 이다.[1] 예를 들면 농업진흥청의 우량 묘종(苗種)의 보급 등도 이러한 예에 속한다.

### 2.4. 분쟁의 사전적 회피수단

행정기관과 상대방간의 몰이해에 의해서 생길 수 있는 분쟁의 사전회피수단이 될 수 있다. 법률의 규정에 의하여 행정행위·행정강제가 행해지는 경우에 행정기관과 상대방의 이해결여에 의하여 불필요한 마찰이 생기고 소송에 이르는 예가 많으나,[2] 행정지도는 이 를 사전적으로 회피할 수 있다.

### 2.5. 행정의 탄력성 확보

행정지도는 정세변동에 따라 그때 그때의 탄력성 있는 행정을 수행할 수 있다.

### 2.6. 법령보완적 기능

행정지도는 법령(법률 또는 법률에 근거한 명령[고시 포함])에 의한 법률(Gesetz)과 법률현실(Wirklichkeit) 사이에 있어서 생긴 괴리(乖離)를 시정하거나 법령에 의한 획일적 인 규제를 탄력화하는 등의 역할을 하는 법령 보완적 기능을 한다. 원래 법치행정의 원리 상 국가의 모든 행정활동은 법에 근거를 두고 법의 규제를 받아야 하는 것이지만, 법률이 모든 행정분야에 관하여 빠짐없이 규정한다는 것은 입법기술상 불가능한 것일 뿐만 아니 라, 설령 이를 규정한다고 하더라고 행정의 대상이 되는 행정현실이나 사회현실은 끊임없 이 변화하고 새로운 상황을 발생시키고 있으므로 기존의 규정을 그대로 적용하는 것이 오 히려 부적당한 경우도 생기게 마련이다. 즉, 법률에 규정되어 있는 조치만으로는 새롭게 발 생하는 행정수요에 대응할 수 없기 때문에 법률에 의한 규제와 현실적인 행정수요와의 사 이에 괴리가 생기는 경우가 자주 발생한다.[3] 이러한 경우에도 행정주체(행정기관)는 공익 상 필요한 적절한 조치를 취해야 할 책임이 있는 것이며, 따라서 이러한 법과 현실사이에 발생하거나 존재하는 괴리(Lücke)를 해결하기 위하여 행정주체는 행정지도의 방법에 의하

---

1) 김철용, 행정법(I), 329면.
2) 김철용, 행정법(I), 330면.
3) 서원호, 행정지도의 법적 문제, 고시계(1975.1), 106면.

여 이러한 문제를 해결할 수 있다는 것이다. 또한 행정지도의 기능은 법적 규제를 통하여 해결하기 곤란하거나 법적 규제에 적응하기 어려운 경우, 행정청의 권력적 행정조치가 지닌 권력성을 완화시키는 방법,[1] 즉 법적 규제 보다는 행정지도를 통한 행정목적의 달성과, 임시적이고 응급적인 조치나 대책을 필요로 하는 사항의 발생에 대한 대처, 그리고 긴급상황에 대하여 이를 효율적으로 해결할 수 있는 기능을 가지고 있다는 점이다.

## II. 행정지도의 종류

### 1. 법적 근거의 유무(有無)에 의한 분류
#### 1.1. 법령의 직접적인 근거에 의한 행정지도

행정지도는 행위규범으로서의 법령의 근거를 꼭 필요로 하는 것은 아니지만, 실정법(geltendes Recht) 가운데에는 행정주체로 하여금 일정한 사항에 관하여 조언·권고·제시·조정·지시 등의 수단으로 행정지도를 할 수 있거나 해야 할 것을 직접 명문으로 규정하고 있는 예가 있다.[2] 행정지도는 **행정조직법적 근거가 필요하다는데** 대하여는 견해가 일치되어 있으나, 행정작용법적 근거는 불필요하다는 것이 지배적인 견해이다. 그 이유는 행정지도에 일일이 행정작용법적 근거가 필요하다고 하면 행정지도의 기능은 발휘될 수 없기 때문이다.[3] 그러나 행정지도 중에서도 규제적 행정지도에는 행정작용법적 근거가 필요하다고 보는 견해가 있다.[4] 그리고 행정처분에 행정작용법적 근거가 있으면 행정지도에도 당연히 행정작용법적 근거가 있는 것으로 보아야 한다는 견해도 있다.[5] 행정지도에 법령상 근거규정이 있을 경우에는 법령상 근거규정이 없는 경우에 비하여 다음과 같은 장점이 있다. (ㄱ) 행정주체의 입장에서는 행정지도에 법적 권위를 부여하여 행정지도의 효율성을 높일 수 있고, 행정객체로부터의 불필요한 저항과 마찰을 최대한도로 줄일 수 있으며, 이미 법령에 규정되어 있음으로 인하여 행정지도의 근거가 될 규범의 기본사항을 사전에 입법부의 동의를 얻은 결과가 되고 따라서 행정지도를 소신 있게 추진할 수 있다는 장점이 있다. (ㄴ) 행정객체인 국민의 입장에서는 공공생활의 안정과 예측가능성을 가질 수 있다.[6]

---

1) 서원호, 행정처분개념소고, 월간고시(1991.1), 15면.
2) 한견우, 현대행정법(I), 인터벡, 1999, 522면.
3) 김철용, 행정법(I), 331면.
4) 류지태, 행정법신론 275면; 천병태, 행정법총론, 378면; 김원주, 행정지도와 법적 구제, 고시연구 (1977.10), 47면; 양승두, 행정지도 II, 고시계(1985.12), 127면.
5) 박균성, 행정법론(상), 450면 참조
6) 김원주, 행정지도와 법적근거에 관한 사례연구, 경북대학교 법대논집, 1975, 74면.

※행정지도는 행정조직법적 근거가 필요하고, 행정작용법의 근거는 반드시 필요로 하지 않지만, 실제로는 실정법상 행정지도의 근거가 규정되어있는 경우도 적지 않다(아래 참조).

[실정법상의 예] 농촌진흥법 제1조(… 농촌지도), 어업지도 및 경영의 합리화(舊수산진흥법 제3조), 기술·경영지도(국민생활기초생활보장법 제16조 제1항 제4호), 아동복지법 제13조(아동복지전담공무원) 제3항,[1] 중소기업기본법 제6조,[2] 성매매방지및피해자보호등에관한법률 제24조 제2항 제1호: 성매매피해자등의 보건 상담 및 지도), 구직자(求職者)에 대한 직업지도(직업안정법 제3조 제1항 제3호) 등이 있다.

- 농촌진흥법 제1조
- 어업지도 및 경영의 합리화(舊수산진흥법 제3조)
- 기술·경영지도(국민생활기초생활보장법 제16조 제1항 제4호)
- 아동복지법 제13조
- 중소기업기본법 제6조(경영의 합리화와 기술향상)
- 성매매방지및피해자보호등에관한법률 제24조 제2항 제1호
- 구직자(求職者)에 대한 직업지도(직업안정법 제3조 제1항 제3호)

### 1.2. 법령의 간접적인 근거에 의한 행정지도

법령에서 일정한 행정지도에 관하여 직접규정하고 있지는 않으나, 당해 사항에 관하여 일정한 행정행위(하명, 허가, 인가 등)를 할 수 있는 근거가 있는 경우에, 그러한 행정행위를 할 수 있는 조직법상의 권한을 배경으로 하여 행정지도를 행하는 것이다.[3] 이는 당해 사항을 규율하는 법률이 있고, 그 법률에 의하여 당해 사항에 관하여 명령·허가 및 이들의 취소·정지 등의 처분을 할 권한이 부여되어 있는 경우에 이러한 권한을 배경으로 하여 당해 행정행위의 사전·사후 혹은 그것에 대체하여 권고 등의 행정지도가 행해지는 경우이다. 이를 「법령의 간접적인 근거에 의한 행정지도」라고 하기도 한다. 예컨대, (ㄱ) 건축법에 의한 건물의 개수·철거명령 대신 경고를 발하거나 개수를 권고하는 경우와 같이 건축법

---

1) 아동복지법 제13조(아동복지전담공무원) ③ 전담공무원은 아동에 대한 상담 및 보호조치, 가정환경에 대한 조사, 아동복지시설에 대한 지도·감독, 아동범죄 예방을 위한 현장확인 및 지도·감독 등 지역 단위에서 아동의 복지증진을 위한 업무를 수행한다.
2) 중소기업기본법 제6조(경영의 합리화와 기술향상) ① 정부는 중소기업 경영 관리의 합리화와 기술 및 품질의 향상을 위하여 경영 및 기술의 지도·연수, 기술 개발의 촉진 및 표준화 등 필요한 시책을 실시하여야 한다. ② 정부는 중소기업의 생산성을 향상시키기 위하여 생산 시설의 현대화와 정보화의 촉진 등 필요한 시책을 실시하여야 한다.
3) https://books.google.co.kr/books?id<검색어: 조정적 행정지도; 검색일: 2015.9.27); 윤양수, 행정법개론(상), NML(넷스코[netsco] 미디어 랩), 2013>

제79조에 건축물의 철거·개축·증축·수선·용도변경·사용금지·사용제한 등의 처분을 발할 수 있는 법적 근거를 규정하고 있는 경우, 그 처분에 갈음하여 행정지도를 하거나,[1] (ㄴ) 세무관서에서 조세징수의 질적 향상을 위하여 국민에게 납기 내에는 공제의 혜택이 있음을 선전·지도하는 경우, 그 처분에 갈음하여 행정지도를 할 수 있다.[2]

### 1.3. 법령의 근거가 없는 행정지도

법령에 직접적 또는 간접적인 근거가 전혀 없음에도 불구하고 행정주체가 설치법 예컨대 행정조직법(정부조직법, 각종 행정기관설치법, 지방자치법)상의 일반적인 권능, 즉 행정주체의 일반적인 권한내의 사항에 관하여 행하는 행정지도가 있다. 이는 행정지도에 관한 행정작용법령상의 직접적 혹은 간접적인 근거없이, 행정기관이 그 권한내의 사항에 관하여 행하는 행정지도이며, 이러한 행정지도는 행정기관이 행정조직법상의 권한에 의거하여 행하는 것이다.[3] 예컨데 태양열주택의 보급을 위한 조성적 지도로서 시범단지의 조성, 건설비의 일부보조, 기술지도 등이 있고, 물가·금리상승억제 권장, 통일벼의 재배권장, 자동차의 짝·홀수 운행 등이 있다. 법령의 근거하지 않은 행정지도는 앞으로 많이 나타날 것이다.[4]

### 2. 목적에 의한 분류

[기업합리화지도(사업의 합리적 운영을 위한 지도)] 중소기업의 경영합리화 지도, 성능을 인정받는 자재의 사용권고 등이 있다.

[생활보호지도(사회적·경제적 약자의 보호·생활향상을 위한 지도)] 생활개선지도, 보건, 육아, 요양지도 등이 있다.

[위해방지(危害防止)지도] 방화, 위생, 교통 등에 관한 지도 등이 있다.

[시정지도(위법·부당한 행위의 시정을 위한 지도)] 위법건축에 대하여 자발적인 개수를 촉구하는 경고, 독점·불공정거래의 시정권고 등이 있다.

[계획·정책지도(계획·정책의 실현촉진을 위한 지도)] 지정목적에 따른 토지이용의 권고, 지방공업개발장려지구 안으로의 공업시설 이전의 지도, 건축물에 대한 미술장식의 권장, 기업의 합병·생산조정·투자억제의 권고 등이 있다.

[법규의 해석·주지를 위한 지도] 납세상담, 법규의 해석·적용에 관한 질의에 대한 회신

---

1) https://books.google.co.kr/books?id(검색어 : 조정적 행정지도; 검색일 : 2015.9.27); 윤양수, 행정법개론(상), NML(넷스코[netsco] 미디어 랩), 2013>
2) 김남진·김연태, 행정법(I), 법문사, 2004, 362면.
3) https://books.google.co.kr/books?id(검색어 : 조정적 행정지도; 검색일 : 2015.9.27); 윤양수, 행정법개론(상), NML(넷스코[netsco] 미디어 랩), 2013.
4) 김동희, 행정법(I), 박영사, 2004, 194면.

등이 있다.

## 3. 기능에 의한 분류
### 3.1. 개관
　행정지도를 그 기능이나 차이에 따라 절대적으로 분류한다는 것은 쉬운 일이 아니다. 왜냐하면 어떤 하나의 행정지도가 한 가지 만의 기능·역할을 위하여 작용하는 경우는 거의 드물며 두 가지 이상의 복합적 기능을 발휘하게 하는 것이 일반적이기 때문이다. 따라서 본서에서의 기능에 의한 분류는 행정지도의 여러 가지 복수적 기능중에서도 가장「주된 기능」에 의한 분류를 의미한다. 행정지도를 그 기능과의 관계에서 볼 때, (ㄱ) 규제적 행정지도, (ㄴ) 조성적(촉진적) 행정지도, (ㄷ) 조정적 행정지도로 구분된다고 보는 것이 일반적인 견해이다.

### 3.2. 종류
#### 3.2.1. 규제적·억제적 행정지도
　[의의] 규제적(規制的) 행정지도란 일정한 행정목적의 달성이나 공익에 장애가 될 행위를 규제·억제하고 해(害)를 예방하기 위하여 사인 등에게 어떠한 행위를 하거나 하지아니할것을 요망 또는 권고하는 사전계몽적(事前啓蒙的) 행정지도이다.[1] 공공복리 또는 질서유지에 반하는 것으로 판단되는 행위·사태 등을 제거하기 위해 특정인·단체 또는 기업 등에 대해 일정한 작위·부작위를 요망 또는 권고하는 것이다.

　[종류] 규제적·억제적 행정지도의 종류는 (ㄱ) 자연보호운동의 권장(오물투기제한·환경오염방지를 위한 규제조치 등), (ㄴ) 물가억제를 위한 권고 등과 같은 질서유지를 위한 각종 물가행정지도(독점규제및공정거래에관한법률 제5조; 독점·불공정거래의 시정권고), (ㄷ) 공해방지를 위한 규제, (ㄹ) 위법한 건축의 방지나 억제를 위한 권고, (ㅁ) 거리질서 확립을 위한 교통안전에 대한 권고 등을 그 예로 들 수 있다.

　[헌법재판소 판례] 교육인적자원부장관의 국·공립대학총장들에 대한 학칙시정요구는 행정지도의 일종이지만, 그에 따르지 않을 경우 일정한 불이익조치를 예정하고 있어 단순한 행정지도로서의 한계를 넘어 규제적, 구속적 성격을 상당히 강하게 갖는 것으로서 헌법소원의 대상이 되는 공권력의 행사라고 볼 수 있다(아래 판례참조).[2]

　▶ 헌재결 2003. 6. 26, 2002헌마337 【학칙시정요구 등 위헌확인】 교육인적자원부장

---

1) https://books.google.co.kr/books?id(검색어 : 규제적 행정지도; 검색일 : 2015.9.27); 윤양수, 행정법개론(상), NML(넷스코[netsco] 미디어 랩), 2013.
2) 헌재결 2003. 6. 26, 2002헌마337【학칙시정요구 등 위헌확인】

관의 대학총장들에 대한 이 사건 학칙시정요구는 고등교육법 제6조 제2항, 동법시행령 제4조 제3항에 따른 것으로서 그 법적 성격은 대학총장의 임의적인 협력을 통하여 사실상의 효과를 발생시키는 행정지도의 일종이지만, 그에 따르지 않을 경우 일정한 불이익 조치를 예정하고 있어 사실상 상대방에게 그에 따를 의무를 부과하는 것과 다를 바 없으므로 단순한 행정지도로서의 한계를 넘어 규제적·구속적 성격을 상당히 강하게 갖는 것으로서 헌법소원의 대상이 되는 공권력의 행사라고 볼 수 있다.

### 3.2.2. 조정적 행정지도

[의의] 조정적(調整的) 행정지도란 관계업계·관계단체 등의 경제적 이해대립이나 과당경쟁 등을 시정하고 바람직한 일정한 질서의 형성 또는 행정목적 달성에 문제가 있을 경우에 이해대립을 조정하기 위하여 행해지는 행정지도이다. 이는 단체상호간 또는 단체와 개인간의 이해대립 또는 과열경쟁으로 인하여 건전한 경제질서의 조성 등 일정한 행정목적의 달성에 지장을 가져올 우려가 있는 경우에 그 대립이나 경쟁·분쟁의 조정을 위한 것이다.

[종류] 조정적 행정지도는 (ㄱ) 사회질서의 안정을 위한 대립적 이익의 조정지도, 예컨대 노사간(勞使間)의 쟁의조정(노동조합및노동관계조정법 제38조[노동조합의 지도와 책임])와, (ㄴ) 균형적인 경제발전을 위한 각종 조정지도(중소기업기본법 제6조[경영합리화와 기술향상], 농수산물유통및가격안정에관한법률 제8조[가격예시]), (ㄷ) 수출·수입량의 조정, (ㄹ) 납세상담, (ㅁ) 법규의 해석·주지를 위한 지도, (ㅂ) 농수산물의 수급조절을 위한 생산단지의 지정과 계약생산의 체결알선, (ㅅ) 철강업자의 지정, (ㅇ) 기계공업시설의 계열화 지시, (ㅈ) 기업간 협력의 촉진, (ㅊ) 대기업과 중소기업간의 기술협력 촉진 등이 있다.[1]

### 3.2.3. 조성적·촉진적 행정지도

[의의] 조성적(助成的)·촉진적 행정지도란, (ㄱ) 생활지도·직업지도 또는 기업지도 등과 같이 일정한 질서의 형성을 촉진하기 위하여 관계자에게 기술·지식을 제공하거나 조언을 하는 것, (ㄴ) 사회적 경제적 약자의 지위에 있는 국민 또는 기업(중소기업의 경영합리화지도)을 보호하거나 지위향상을 위하여 행하는 행정서비스적 성질을 가지는 행정지도를 말한다. 즉 행정기관의 일정한 계획이나 목표의 실현에 국민의 임의적, 자발적인 협력을 유도하기 위한 조언적·급부적·촉진적 행정지도이다. 그러니 정보제공에 있어서 조성적 행정지도로서의 정보제공과 '단순행정서비스'로서의 정보제공은 구별되어야 한다. 왜냐하

---

1) https://books.google.co.kr/books?id(검색어 : 조정적 행정지도; 검색일 : 2015.9.27); 윤양수, 행정법개론(상), NML(넷스코[netsco] 미디어 랩), 2013.

면 조성적 행정지도로서의 정보제공은 정책목적 실현의 수단이지만, '단순행정서비스'로서의 정보제공은 직접적으로 사인의 활동에 편의를 주기 위한 것이기 때문이다.[1]

[종류] 조성적·촉진적 행정지도는, (ㄱ) 일반적인 계획과 정책의 실현·촉진을 위한 지도(생활개선지도), (ㄴ) 산업의 경영합리화를 위한 지도(중소기업의 경영합리화지도), (ㄷ) 아동·학생의 건강상담, (ㄹ) 기술지도 및 지식의 공여 또는 조언, (ㅁ) 지정목적에 따른 토지이용의 권고, (ㅂ) 영농지도, (ㅅ) 직업지도 등을 그 예로 들 수 있다.[2]

### 4. 상대방에 따른 분류

행정지도의 상대방에 따른 분류는 행정지도의 객체를 기준으로 한 것이다. 이는 (ㄱ) 상대방의 공사(公私)에 따라, ① 행정기관에 대한 행정지도와, ② 일반사인에 대한 행정지도, (ㄴ) 상대방의 특정여부에 따라, ① 특정인에 대한 행정지도와, ② 불특정 다수인에 대한 행정지도로 분류하기도 한다. 특정의 상대방을 대상으로 하는 경우는 상대방의 이익증진을 목적으로 하는 조성적 행정지도와 특정인간의 이해의 대립이나 분쟁을 조정하는 조정적 행정지도에서 흔히 보여지고, 불특정다수인을 대상으로 하는 경우는 일정한 질서의 형성을 촉진하고 일반적인 공익증진을 도모하고자 하는 규제적 행정지도에서 주로 보여진다.[3] 불특정다수인에 대한 행정지도는 일반적으로 어떤 법률의 규정에 대한 행정기관의 통일적 해석을 지침·요령·요강 등의 명칭을 가진 예규·고시의 형식으로 공표하는 방법으로 행해지며, 일반성·추상성을 바탕으로 하여 법률적 뉘앙스를 갖는 경우도 있기 때문에 "법률에 의한 행정"이 아닌 "행정지도에 의한 행정"이 행하여질 위험성이 있다. 행정기관의 입장에서는 "법률에 의한 행정"보다는 "지도에 의한 행정"의 유혹을 받기 쉽다.

## III. 행정지도와 구별되는 행정작용

[개관] 행정지도는 행정객체를 유도하는 행정주체의 행위로서, 상대방의 협력이나 동의 아래 행해지는 강제성이 배제된 비권력적 사실행위이다. 그러므로 행정지도는 종래의 행정행위, 행정강제, 공법상 계약 등과 같은 행정작용과는 주체, 목적, 수단, 효과의 측면에서 구별된다.

---

1) 김동희, 행정법(I), 박영사, 2004, 193면.
2) https://books.google.co.kr/books?id(검색어 : 조성적 행정지도; 검색일 : 2015.9.27); 윤양수, 행정법개론(상), NML(넷스코[netsco] 미디어 랩), 2013.
3) 김형배, 행정지도론 이론과 실제, 행정실무총서(I), 계명사, 1992, 52면.

[주체에 의한 구별] 행정지도는 행정주체인 국가·공공단체 등이 특정한 개인·법인·단체 등의 행정객체에 대하여 행하는 행위로서, 행정조직 내부에서 상급행정기관이 하급행정기관에 대하여 지휘감독권의 발동으로 행하여지는 조언·권고·지도 등의 행정작용과는 구별된다.[1] 그러나 주무관청이 공사·특허기업과 같은 특수법인에 대하여 행하는 지도는 행정지도에 해당한다고 본다.[2]

[목적에 의한 구별] 행정지도는 설정된 행정목적을 국민의 자발적인 협력 또는 동의를 통하여 실현되도록 국민을 지도하는데 그 목적이 있다. 그러므로 행정지도는 상대방의 협력없이 행정기관 스스로의 활동에 의해서 완결할 수 있는 활동, 통계의 작성, 도로공사의 시행 등의 행정작용과 구별되며,[3] 행정목적 달성을 위한 목표설정행위인 행정계획, 공익기업의 운영, 국민에 의한 행정작용 등과도 구별되는 개념이다.

[수단에 의한 구별] 행정지도는 행정객체의 협력 또는 동의하에 공권력발동을 요하지 않는 지도·권고·조언·기술제공 등을 수단으로 하는 비권력적 사실행위이다. 행정지도는 행정객체, 예컨대 국민의 입장에서는 전통적 행위양식인 권력적 규제행정으로 판단하여 강제성을 띤 것처럼 볼 수 있으나, 비권력적인 행정지도는 본질적으로 상대방이 그것을 따르지 않더라도 행정벌이나 행정강제의 대상이 되지 않기 때문에 국민의 자유의사에 의하도록 하는 것이 원칙이다. 이러한 의미에서 행정지도는 권력적 단독행위인 행정처분 및 행정강제 등과 구별된다.[4] 현대에는 행정기관이 국민생활의 모든 분야에 있어서 전문지식이나 광범위한 정보를 가지고 있으므로, 일반적으로 국민은 행정기관에 대한 높은 의존도와 신뢰도를 가지고 행정지도를 따르게 된다. 그러나 행정기관의 지도나 장려에 따르지 않는 경우에 입게되는 불이익은 행정객체를 심리적으로 압박하고, 결국 행정지도가 사실상의 강제성을 가진다고 볼 수 있고 또한 문제점으로 지적되고 있다. ☞ **행정지도의 사실상의 강제성**

[효과에 의한 구별] 행정지도는 상대방에 대한 구속력·강제력을 가지지 않고, 직접적으로 아무런 법적 효과를 발생시키지 않는 비권력적인 사실행위[5]로서, 그 자체만으로 권리나 의무의 변동 또는 자유의 제한이라는 법적 효과를 발생시키지는 않는다. 이 점에서 법률행위인 행정행위(Verwaltungsakt)나 공법상 계약(öffentlich-rechtliche Vertrag)과도 구별된다. 그러나 예외적으로 법률이 권력적 규제를 행하기에 앞서 일정한 행정지도를 하도록 규정한 경우에는 행정절차법상의 효과를 발생시킨다(기업자간의 과당경쟁을 방지하기 위하여 사업조정을 하기 전에 조합 설립을 권고하거나 당해 사업활동을 공동으로 하도록

---

1) 변재옥, 행정지도, 고시계(1979.6), 46면; 박윤흔, 행정법강의(상), 박영사, 2004, 569면.
2) 변재옥, 행정법강의(I), 박영사, 1994, 416면.
3) 박윤흔, 행정법강의(상), 박영사, 2004, 569면.
4) 김남진, 행정법(I), 법문사, 2000, 418면.
5) 홍정선, 행정법원론(상), 박영사, 2004, 313면.

권고하는 경우에는 행정지도가 법률상의 사전권고의 의미를 지니기 때문에 권력적 규제를 하기 위한 사전적 절차로 볼 수 있다).[1] 또한 법률이 행정지도의 수락에 대하여 일정한 법적 효과를 인정하는 경우에는 간접적인 효과가 발생하기도 한다. 예를 들어 노동조합및노동관계조정법은 노동쟁의에 관하여 노동관계당사자간에 사적 조정 또는 중재가 이루어진 경우에 그 내용은 단체협약과 동일한 효력을 가지는 것으로 규정하고 있다(노동조합및노동관계조정법 제52조 제4항).

## IV. 행정지도의 법적 근거의 요부(要否)와 법적 한계

### 1. 행정지도의 법적 근거요부(要否) : 有無

#### 1.1. 행정지도의 근거와 법치주의

법이 먼저 마련되고 그 법에 의거하여서만 행정활동이 가능하다는 것(법치행정의 원리; 행정의 법률적합성의 원칙)은 근대 시민적 법치주의의 성립 이래 현대 복지국가에 이르기까지 행정에서의 변함없는 법칙이다. 그러나 행정지도는 이와는 반대로 행정작용이 먼저 실현되고난 후, 그 이후에 이론과 법이 뒤따르고 있는 현실이므로, 행정지도의 법적 근거가 중요성을 띠게 된다. 또한 법치국가원리의 구성요소로서 행정영역에서의 '법률에 의한 행정의 원리(법치행정의 원리)'를 어떻게 행정지도와 관련시킬 것인가 논의되고 있으며,[2] 또한 행정지도의 법적 근거의 요부(要否: 유무)가 핵심이 되고 있다. 일반적으로 법치행정의 원리의 구체적 내용에는, (ㄱ) 법률우위의 원칙과(Primat des Rechts; Vorrang des Gesetzes)와, (ㄴ) 법률유보의 원칙(Gesetzesvorbehalt[법률유보]; Vorbehalt des Gesetzes[법률의 유보; 법규유보])를 포함시킨다. 법률우위의 원칙은 행정은 법률에 기속되므로 행정기관이 행하는 일체의 행위는 법률을 위반해서는 안된다는 소극적 법치국가원리를 의미하고, 법률유보의 원칙은 일반적으로 행정권의 발동근거, 즉 행정권의 발동을 법률의 수권에 의하여야 한다는 적극적 법치국가원리를 의미한다고 볼 수 있다. 따라서 현대의 복지행정이 소극적 법치국가에서 적극적 행정국가 - 헌법국가 - 로 전환하고 있음을 고려할 때,[3] 행

---

1) 석종현, 일반행정법(상), 삼영사, 2003, 388면.
2) 박윤흔, 행정법강의(상), 박영사, 2004, 576면.
3) 법치주의의 실질적 내용은 분배의 원칙을 내용으로 하는 사회적 정의실현을 위해 국가가 적극적인 활동을 할 의무가 있다고 하는데, 이러한 사실로부터 국가의 기능이 질서유지의 소극적 기능에서 복지증진이라는 적극적 기능으로 변천하였음을 알 수 있다. 이런 의미에서 실질적 법치주의를 사회적 법치주의라는 말로도 대신할 수 있다(한견우).

정지도에 있어서 법적 근거의 논의는 법률유보의 원칙이고, 법률우위의 원칙은 행정지도의 법적 한계로서의 기능을 한다.

### 1.2. 법률유보의 원칙

행정지도는 상대방의 임의적 협력을 전제로 하며, 그 자체로서는 아무런 직접적인 법적 효과가 발생치 않는 사실행위(Verwaltungsrealakt)[1]라는 점에서, 침해유보설, 전부유보설, 사회유보설, 중요사항유보설에 의하건 행정지도에는 법률의 근거가 필요하지 아니하다고 본다(아래 참조).

[침해유보설] 침해유보설은 침해유보사상을 그 근저로 하고 있으며, 군주와 시민 사이에 대립이 존재하던 입헌군주제에서 발전된 것이다. 개인의 자유와 사유재산의 보장으로 구성된 근대사회에서 개인의 기본권영역을 군주의 집행권으로부터 보호하기 위해, 침해는 국민대표(국회)의 동의에 의할 것, 반드시 국민대표기관인 국회에서 만든 법률의 형식(형식적 의미의 법률 및 위임입법금지의 원칙)에 의할 것이 요구되었다. 침해유보설의 입장에 의하면 행정은 기본적으로 - 전부유보설의 입장과는 달리 - 법의 기계적인 집행이 아니고 독자적으로 공익목적을 추구할 수 있는 자율적 작용임으로 보고, 법률은 시민의 자유와 재산을 규율하는 법규범이라고 본다. [비판] 침해유보설에 대한 비판으로는 그것이 (ㄱ) 시민계급과 구세력적 행정권과의 타협의 산물인 입헌군주제의 유물이라는 점, (ㄴ) 국민의 자유와 재산권을 침해하는 규범을 법규로 이해하였던 역사적 법규개념을 바탕으로 하고 있는 점, (ㄷ) 의회민주주의의 발전에 따라 모든 국가작용의 영역에 헌법효력(헌법규범・헌법가치・헌법원칙・헌법질서)이 미치며, 또한 통합행정의 비중이 점차 증대되어 가는 현대와 같은 민주적・법치적 헌법구조 하에서는 **법률유보의 범위가 점차 확대되어야 한다는 점에서 침해유보설은 구세대의 낡은 이론으로 평가되고 있다**. 왜냐하면 현대 헌법국가(Verfassungsstaat)에서 사회국가(복지국가) 이념을 수행하기 위하여는 행정작용의 중점이 종래와 같이 명령・강제하는 권력행정에 있는 것이 아니라 '주는 행정(서비스 행정)'으로 지칭되는 비권력적 급부행정을 중심으로하여 활발하게 전개되고 있기 때문에 침해유보설은 현대행정에서 법률유보의 범위를 제대로 설명하기 어렵게 되었다. 왜냐하면 기본권침해의 경우에만 법률이 필요한 것(침해유보설)이 아니라 기본권보장의 경우에도 법률이 필요하기 때문에 침해하는 경우에(만) 법률이 필요하다고 보는 침

---

[1] 행정행위(Verwaltungsakt)에는 법률적 효과를 발생시키는 법률행위(Rechtsakt)와 법률적 효과를 발생하지 않는 사실행위(Realakt)가 있는데, 행정지도는 행정기관의 작용이 어떠한 법률적 효과나 상대방에 대한 구속력을 생기게 하지 않으므로 행정상 사실행위(Verwaltungsrealakt)이다. 그러나, 행정지도는 법률적 효과를 발생하지 않는 것을 원칙으로 하고, 예외적으로 법률의 규정에 의해 일정한 법률적 효과가 생기는 것도 있다.

해유보설을 - 현대행정을 설명할 수 없다는 점에서 - 그 타당성의 한계를 지니고 있다고 볼 수 밖에 없다는 것이다. 이리하여 침해유보설은 현대행정에는 낡은 이론으로 평가된다. 그러나 침해적 행정작용에는 언제나 형식적 법률(형식적 의미의 법률)의 근거를 요하는 것으로 보는 학설의 의의는 여전히 설득력을 지니고 있다고 보아야 한다. 행정규제및민원사무기본법에서 행정규제는 법률에 근거하여야 하고, 그 내용은 구체적이고 명확해야 한다고 규정한 것은 침해유보설에 입각한 입법례라고 할 수 있다.

[신침해유보설] 신침해유보설은 원칙적으로 침해유보설의 입장을 취하여 특별행정법관계에 법률유보의 적용을 긍정하고 있으나, 급부행정의 영역에 있어서는 법률유보가 필수적인 것은 아니라고 본다. 이는 신침해유보설은 기본적으로 침해유보설의 입장을 기본으로 하고 있고, 다만 여기에 새로운 시각을 첨가한 것으로서, **침해유보설에서의 법률은 의회에서 제정한 형식적 법률(형식적 의미의 법률)을 의미하지만, 신침해유보설에서의 법률은 법률의 범위를 형식적 법률에 한정하지 않고 조직법이나 예산 등을 포함시키고 있다.** 따라서 급부행정영역에서 급부가 반대급부와 결부되어 있거나 부관이 붙여지는 등 그 상대방에 어떠한 부담이나 권리제한을 부과하는 것이 아닌 한 반드시 법률(durch Gesetz) 혹은 법률의 근거(auf Grund eines Gesetzes)를 요하는 것으로 보지는 않는다. 다만, 금전적 급부의 경우 예산에 근거가 없을 때에는 법률에 의한 수권을 요하는 것으로 본다. 신침해유보설은 법률유보에서 그 법률의 범위를 완화시켜 논리를 전개하고 있는 점에서 다른 학설과 구별되지만, 다른 학설이 모두 형식적 법률을 전제로 하여 법률유보원칙의 적용범위를 설명하고 있음에 비추어 볼 때 신침해유보설은 단순한 기교적인 이론에 불과하다는 문제점을 지니고 있다. 따라서 신침해유보설은 법률유보의 통용범위를 설명하는 학설로서는 그 설득력이 약하다는 비판을 면하기 어렵다.[1]

[전부유보설] 전부유보설은 **행정의 모든 활동영역에 있어서 반드시 법률의 수권을 필요로 한다는 견해이다.** 따라서 전부유보설에 의하면 행정이 권력행위·비권력행위, 부담적 행정행정행위·수익적 행정행위를 막론하고 모두 법적 근거를 필요로 한다. 이 견해는 현대의 민주적 헌법구조를 배경으로 하여, 이른바 '법으로부터 자유로운 행정영역'의 관념을 원칙적으로 부정하여 모든 공행정은 행정권의 자율에 맡길 것이 아니라 의회의 민주적 통제의 대상이 되어야 한다는 것을 그 사상적 배경으로 한다. 이러한 점에서 전부유보설은 법치국가 이념의 구체적 실현이라는 관점에서 보면 가장 이상적인 견해라고 할 수 있다. 그런데 현대국가는 헌법국가이자 행정국가이며 복지 및 서비스 국가로서의 역할을 수행하는 것이며, 특히 헌법국가원리의 구성요소인 사회국가(복지국가) 실현이 중대한 국가목표(Staatsziel)로 작용하고 있을 뿐만 아니라, 복잡다양하고 유동적인 형태로 나타나는 현대 행정목적의 실현에 탄력적이고 효율적으로 대처하여야 할 필요성이 있다

---

1) 문건호, 행정지도에 관한 연구, 한국외국어대학교대학원, 1995, 27면.

(행정의 탄력성). 그런데 모든 행정작용에 대하여 전적으로 그리고 모든 사항에 대하여 반드시 법률의 수권을 요구하게 되면 행정은 오늘날과 같이 심히 가변적·유동적이며 다양한 형태로 나타나는 행정현실에 탄력적·효율적으로 대응하지 못하게 되어 행정목적 실현에 지장을 초래하여 행정능률 및 행정작용의 효율성을 저하시키는 문제점을 지니고 있다. 이리하여 전부유보설은 오늘날의 행정현실을 도외시하는 견해라는 비판도 있다. 이 밖에도 행정권은 행정권 고유영역에 있어서의 행정자율권이나 행정규율권이 있을 수 있으며 또한 민주적 정당성을 지닌 행정 활동영역(법으로부터 자유로운 영역)이 있을 수도 있다는 점이 강조되고 있다.

[사회유보설] 사회유보설은 침해행정 뿐만 아니라 급부행정, 특히 사회보장행정에 대하여 사회국가이념에 따라 공정한 급부활동이 요청된다는 의미에서의 법률유보이론을 전개하는 견해이다. 사회유보설은 현대국가에서 국민생활은 전적으로 정부의 급부행정에 의존할 수 밖에 없기 때문에 급부의 거부는 사실상 자유와 재산의 침해와 본질적으로 동일한 것으로 볼 수 밖에 없는 것이며, 따라서 사회국가이념의 실현을 위하여 공정한 급부활동을 보장하기 위해서는 법적 규율이 필요하다는 것을 논거로 한다. 즉, 급부행정영역에 법률의 수권을 통하여 국가의 급부활동의 실현을 실제적·구체적으로 보장할 수가 있으며, 급부의 내용, 절차, 기준에 관한 입법적 규율을 통하여 국민의 급부 받을 권리가 제도적으로 보장되는 것이며, 이는 사회적 기본권의 구체적 보장 및 실현을 구현하는 것이라고 한다. 사회유보설은 급부행정에 법률의 수권을 요구하기 때문에 법률의 수권없이 예산·조직법규·행정법규 등에 의거하여 행하여지고 있는 급부행정은 그에 관한 법률을 제정할 때까지 그 중단이 불가피하게 되어 오히려 역효과를 초래할 수 있고, 급부행정영역에 까지 입법을 요구하게 되면 입법권을 더욱 비대하게 하여 권력균형의 원칙(Gewaltenbalancierung)이 파괴된다는 단점이 있다. 그리고 급부행정은 예산 기타 법률우위의 원칙(Primat des Rechts), 기본권규정 등에 의하여 통제가 가해지고 있음에도 불구하고 법률에 의한 수권을 요하는 것으로 보는 것은 문제가 있다는 점 등에서 비판되고 있다.[1]

[중요사항유보설] 중요사항유보설은 독일에서 특별권력관계에 있어서 법률유보의 문제와 관련하여 연방헌법재판소의 판례를 통하여 형성된 이론으로써, 특별권력관계의 규율에 있어서 기본권과 관련된 사항에 있어서 적어도 '본질적 내용(Wesensgehalt)'이나 본질적 결정(Wesensentscheidung)만은 반드시 형식적 법률로 직접 규율하여야 한다는 견해이다. 중요사항유보설은 법률유보의 적용영역을 행위규범에 한정하지 않고 조직규범 및 절차규범에 대해서까지 확대하고 있다는 점이 그 특색이다. 따라서 권력적 행정작용의 경우에는 그것이 부담적 행정행위이거나 수익적 행정행위(begünstigender

---

[1] 문건호, 행정지도에 관한 연구, 한국외국어대학교대학원, 1995, 29면.

Verwaltungsakt)를 막론하고 모두 조직법 및 작용법적 영역에서 엄격한 법률유보의 원칙을 적용한다. 그러나 비권력적 행정작용의 경우에는 행정작용의 내용상의 차이에 따라 법률수권의 요건·과정에 관하여는 개별적·단계적으로 정하여야 한다고 본다. 급부행정 영역에서 법률의 수권없이 자금교부를 한 경우, 이것이 위법한 행정작용임을 인정하면서도 침해유보설의 경우처럼 엄격하게 해석하지는 않는다. 왜냐하면 의회가 스스로 규율임무를 수행하지 않은 결과로 인하여, 행정청이 급부활동을 행한 경우라면 그에게 위법성을 인정하기 어렵기 때문이다. 따라서 이 경우 중요사항유보설에서는 그 위법한 급부활동에 대해서 잠정적으로 관습법으로서 그 효력을 인정하거나 예산만에 의거한 급부활동을 유효한 것으로 보고 있다. 그러나 중요사항유보설은 법률유보의 대상이 중요사항인지의 여부를 기준으로 법률유보의 적용범위를 정하고 있으나, 그 기준 및 내용설정은 어떻게 해야 하는지가 모호하다는 비판을 받는다.

[**권력적 사실행위**] 행정지도중에도 규제적 행정지도[1] 혹은 규제적·조정적 행정지도[2] 에는 권력적 사실행위로서 권력행위 부분은 처분에 해당되며,[3] 법적 근거가 필요하다는 견해가 있다. 그러나 이러한 견해들에 대하여는 행정지도가 상대방의 의사에 반하여 사실상 강제된다면 행정절차법 제48조 제1항의 「임의성의 원칙」[4]에 반하는 것이므로 위법이기 때문에 굳이 행정작용법적 근거를 추가로 요구할 필요가 없다고 보기도 한다.[5]

---

1) 김원주, 행정지도와 법적 구제, 고시연구(1977.10), 47면; 양승두, 행정지도 II, 고시계(1985.12), 127면; 변재옥, 행정법강의(I), 박영사, 1991, 421면 이하; 김남진·김연태, 행정법(I), 390면 이하 (규제적·억제적 행정지도에 대해서는 법률유보의 원칙이 적용되어야 한다는 주장에 찬의를 표할만 하지만, 비공식 행정작용의 이점(利點)과 효과를 생각하면, 법률유보의 원칙에 안이하게 찬성하기에는 어려운 점이 있고, 행정절차법에 의하는 것이 현실적이다); 천병태, 행정법총론, 삼영사, 1998, 378면 이하.
2) 류지태, 행정법신론, 신영사, 2007, 275면.
3) 이광윤, 신행정법론, 법문사, 2007, 124면.
4) 행정지도는 '지도'이므로 상대방이 이에 따를 것인지의 여부는 전적으로 그의 자유의사에 맡긴다. 이러한 행정지도에 대한 **복종의 임의성**은 행정지도의 두드러진 특징이며, 행정지도에 대한 복종이 임의적이라는 점에서 행정지도를 **비권력적 사실행위**라고 할 수 있다. 그러나 행정지도는 상대방에 대한 권고, 설득 등의 방법에 의하여 임의적인 협력을 요청하는 것이나, 그에 따르지 않는 경우에 사실상 억제적·규제적 조치가 취하여지는 등 **사실상의 강제성**이 작용하고 있고, 상대방에 대하여 수인(受忍)을 강요한다는 점에서 행정지도의 한계가 문제된다. 사회통념(통상의 합리적인 평균인이 생각하는 것)상 타당하다고 인정되는 범위 안에서 허용된다 할 것이다. 일본 판례는 행정지도의 내용이 상대방의 의사와 일치되지 않는다고 하여 바로 임의성이 없다고는 말할 수 없다고 한다(東京地裁, 1979. 10. 8, 판례시보 제952호, 18頁[面]).
5) 이원우, 통신시장에 대한 규제법리의 특정과 행정지도에 의한 통신사업자간 요금관련 합의의 경쟁법 적용제외, 행정법연구(행정법이론실무연구학회), 제13호, 163면 이하.

▶ 행정절차법 제48조[행정지도의 원칙] ① 행정지도는 그 목적달성에 필요한 최소한 도에 그쳐야 하며, 행정지도의 상대방의 의사에 반하여 부당하게 강요하여서는 아니 된다. ② 행정기관의 행정지도의 상대방이 행정지도에 따르지 아니하였다는 것을 이유로 불이익한 조치를 하여서는 아니된다.

[행정지도의 근거규정의 필요성] 행정지도에 원칙적으로 법률의 근거를 요하지 않는다고 해서 행정지도에 관한 근거 규정의 제정이 불필요하다는 것은 아니다(김원주). 즉, **행정지도의 근거규정의 필요성은 행정주체와 행정객체의 양자에게 모두 인정되는 것이다.**

### 1.3. 행정주체에 대한 근거법규의 역할

행정지도에 근거법규 규정이 있는 경우에는 행정지도에 법적 권위를 부여하여 행정지도의 효율성을 높일 수 있고 상대방인 행정객체(예를 들면 국민)로 부터의 불필요한 마찰이나 저항을 줄일 수 있으며, 또한 정치영역과 행정영역의 불명확성으로 인하여 입법부와 행정부간의 불투명성이 존재하고 있는 현대 행정국가에 있어서, 행정지도의 근거가 될 규범의 기본사항을 사전에 입법부의 동의를 얻음으로써 양자간의 불투명성을 제거하고, 소신 있는 행정지도를 추진시킬 수 있으므로 법적 근거의 존재는 효율적인 행정목적의 달성을 위해서도 필요하다고 본다.[1]

### 1.4. 행정객체에 대한 근거법규의 역할

행정지도에 근거규범을 부여하게 되면 행정객체인 상대방(예를 들면 국민)의 입장에서는 먼저 법에 없는 행정지도의 실질적 강제성의 문제, 한계의 불명확성의 문제, 한계일탈의 문제 및 그로 인한 개개인의 권익의 침해문제 등을 해결할 수 있고, 동시에 근거규범에 위반되는 행정지도에 대해서는 국민에 대한 권리구제가 용이하게 된다. 뿐만 아니라 행정지도가 그 목적 및 범위·내용에 있어서 널리 확대되어 가는 현실에 비추어 볼 때 미리 법적 규범을 설정하여 두면 국민의 공적 생활에 있어서의 안정성과 예측가능성을 형성할 수 있다는 장점이 있다.

### 1.5. 행정지도의 법적 근거

#### 1.5.1 행정지도의 실제

실제에 있어서 행정지도는 (ㄱ) 법령의 직접적 근거에 의한 행정지도, (ㄴ) 법령의 간접적 근거에 의한 행정지도, (ㄷ) 법령에 근거가 없는 행정지도로 나눌수 있다. 행정지도는 법령상의 간접적인 근거에 의하거나 조직법상의 근거만으로도 발하여진다.[2] **행정지도의 법**

---

1) 한견우, 현대행정법(I), 인터벡, 524면.

적 근거에 관하여는 일반적으로 행정조직법적 근거와 행정작용법적인 근거로 나누게 되며, 그에 따라 각각 결론을 달리 한다.

### 1.5.2. 행정조직법적 근거

[법치행정과 지도행정] 행정지도는 그 성질상 침해적(침익적)·권력적 행정작용이 아니기 때문에 반드시 법적 근거를 요하는 것은 아니다. 이점에서 행정주체는 조직법상 그의 권한에 속하는 사항에 관하여 개별적인 법적 근거 없이도 자유로이 행정지도를 할 수 있다. 그러나, 소관사무에 관한 조직법상의 규정은 행정지도의 가능성에 관한 것이지 행정지도의 근거에 관한 것은 아니라는 지적이 가해지기도 하지만, 행정지도가 사실상의 행위(비권력적 사실행위)임을 고려한다면 광의의 조직법상 근거만으로도 충분하다고 본다. 다만 입법론적 관점에서 본다면 행정지도가 국민의 입장에서 본다면 그것을 거부할 수 없다는 점에서 사실상의 강제력을 갖는 경우도 있고, **법률에 의한 행정(법치행정)이 지도에 의한 행정(지도행정)**으로 가면(假面)을 쓰거나 탈바꿈하여 나타날 가능성이 있어서 이는 법치주의의 공동화[1]를 가져올 염려가 있다는 점에서 이에 대한 법제의 마련은 바람직하다고 본다.

### 1.5.3. 행정작용법적 근거

[작용법적 근거를 두는 경우] 행정지도 역시 행정목적을 달성하기 위한 행정형식의 하나

---

2) 김도승, 행정지도에 관한 고찰, 가천(嘉泉)법학, 제5권 제1호(2012.4.30), 259면.
1) 행정지도는 구체적이고 직접적인 법률의 수권 없이도 행할 수 있기 때문에 법치주의 또는 법률에 의한 행정의 원리(법치행정의 원리)를 침해하게 된다. 특히 (ㄱ) 응급적 행정지도에서 관련 법률의 제정을 늦추면서 행정지도를 계속하는 경우, (ㄴ) 행정기관에서 법규범의 형식을 갖춘 지도요강을 만들고 이에 의한 행정지도를 실시하는 경우, (ㄷ) 행정지도가 적정 범위를 벗어나서 행해질 경우 이는 법치주의 원리를 무의미하게 만든다(김영수, 주민에 대한 행정지도의 제도적 보완방안, 지방행정연구(1992.5), 제7권 제2호, 95면). 행정지도는 상대방인 행정객체(국민)의 동의와 협력에 의하여 행정목적을 실현하는 것이므로 수권규범이 없이 행정지도가 행해진다고 해서 법치주의에 어긋나는 것은 아니라고 보는 견해가 일반적이다. 그러나 여기서의 동의·협력은 형식적인 것 일뿐 실제에 있어서는 담당 공무원이 갖는 각종 권력 때문에 - 웃고 있는 얼굴의 등[背] 뒤의 손에는 회초리가 들려 있다 - 복종하는 것으로 결국 법치주의 일반원리를 공동화시킨다(강의중, 행정법강의(상), 교학연구사, 1999, 263면). 행정지도에 직접적 법규정 및 조직법상 관련규정의 범위 내에서 행정지도가 행해지면 이는 법치주의 원리에 어긋나지 않는다는 견해도 있지만, 행정지도의 관할범위 불명확성 및 업무의 모호성이 존재하는 경우에는 행정지도의 명확한 기준을 정립하지는 못하는 것이며, 결국 비록 직무 범위내의 행정지도라고 할 지라도 입법영역에 대한 침해를 야기하여 법치주의 원리 및 법률에 의한 행정의 원리(법치행정의 원리)를 훼손하는 것은 당연하다.

이기 때문에 법률유보의 원칙의 적용을 받는 것이 원칙이다. 그러나 행정지도는 그의 성질상 침해적(침익적)·권력적 행정작용이 아니고 상대방이 임의로 결정할 수 있는 비권력적·비강제적인 작용이므로 작용법적 근거를 요하지 않는다고 본다. 법률유보의 원칙이 행정의 모든 종류의 활동에 적용될 것인가에 대하여는 상기한바와 같이 침해유보설, 전부유보설, 중요사항유보설, 사회유보설 등이 대립되고 있다. 행정지도에 대하여 전부유보설의 입장에서 법치주의의 공동화를 막고 행정의 민주화를 위하여 모든 행정지도에 법률의 근거가 필요하다는 견해와, 침해유보설의 입장에서 규제적 행정지도는 상대방의 권리 자유를 제한하는 것이므로 법률의 근거를 요한다는 견해도 있으나,[1] 행정주체의 행정지도에 대한 국민은 임의로 결정할 수 있으므로 작용법적 근거를 요하지 않는다는 것이 통설이다.

[행정지도와 작용법적 근거] 그러나 최근의 입법에서는 작용법적 근거를 두는 경우가 점차 증대되고 있다. 농촌진흥법 제1조(농촌지도), 제5조, 어업지도 및 경영의 합리화(舊수산진흥법 제3조), 경영지도(국민생활기초생활보장법 제16조), 아동복지법 제13조(아동복지전담공무원) 제3항,[2] 중소기업기본법 제16조(경영의 합리화와 기술향상 : "정부는 소기업에 대하여 그 경영의 개선과 발전을 위하여 필요한 시책을 실시하여야 한다."), 성매매방지및피해자보호등에관한법률 제24조 제2항 제1호 : 성매매피해자등의 보건 상담 및 지도), 구직자(求職者)에 대한 직업지도(직업안정법 제3조 제1항 제3호) 등이 있고, 그밖에 독점규제 및 공정거래에 관한 법률 제51조에 따른 "위반행위의 시정권고", 건설기술관리법 제17조에 따른 "건설기술의 연구·개발 등의 권고", 건설산업기본법 제48조에 따른 "건설사업자간의 상생협력 등의 지도" 등을 들 수 있다. 그러나 행정지도는 법령상의 간접적인 근거에 의하거나 조직법상의 근거만으로도 발하여진다.[3]

### 1.6. 소결

[행정지도와 법률유보] 행정지도에 법률의 근거를 요하는가와 관련하여 법률유보에 관한 여러 가지 학설을 살펴보았지만 그 어느 학설도 명백한 기준을 제시하지 못하고 있다. 따라서 이 학설 중 어느 하나를 취하여 일률적으로 행정작용에 관한 법률유보의 범위와 강도(强度)를 정하기보다는 각 행정분야의 내용이나, 기능, 국민의 법적지위와 이익과의 관계 등을 종합적으로 고려하여 단계적·개별적으로 판단하여야 할 것이다. 특히 행정작용에는

---

1) 김동희, 행정법(I), 박영사, 2004, 197면.
2) 아동복지법 제13조(아동복지전담공무원) ③ 전담공무원은 아동에 대한 상담 및 보호조치, 가정환경에 대한 조사, 아동복지시설에 대한 지도·감독, 아동범죄 예방을 위한 현장확인 및 지도·감독 등 지역 단위에서 아동의 복지증진을 위한 업무를 수행한다.
3) 김도승, 행정지도에 관한 고찰, 가천(嘉泉)법학, 제5권 제1호(2012.4.30), 259면.

여러 가지 종류가 있으므로 하나의 기준에 의하여 통일적인 결론을 내리는 것은 바람직하지 못하다는 점이다. 이러한 경우 침해행정의 영역에서는 행정작용의 실질적 기반의 차이에 따라 법률수권의 요부 과정에 관하여 개별적 · 단계적으로 정하는 것이 바람직하다고 본다. 결국 행정지도는 상대방인 행정객체의 임의적 · 자발적인 협력을 전제로 하며 그 자체로서는 아무런 직접적인 법적효과를 발생하지 아니하는 사실행위라는 점에서, 또는 현대행정이 적극적으로 사회질서나 국민생활을 형성하여야 할 임무를 담당한 활동체이므로 그 사명을 달성하기 위해서는 어느 정도 자유재량의 영역을 인정하지 아니할 수 없다는 점에서 행정지도에는 개별적 · 구체적인 법률의 근거를 필요로 하지 않는다고 본다.

## 2. 행정지도의 법적 한계

[행정지도와 적법절차의 원칙] 행정지도는 비권력적 사실행위이므로 법률의 근거를 요하지 않는다고 하겠으나, 행정지도도 행정작용의 일부라고 할 수 있으므로 헌법이나 법령의 명문규정 및 행정법상의 법의 일반원칙(평등원칙 · 비례원칙 등), 법규상 · 조리상의 한계를 벗어날 수 없다.[1] 특히 법치국가적 요소로서의 **법률우위의 원칙**(Vorrang des Gesetzes; Primat des Rechts) 및 행정의 **법률적합성의 원칙** 내지 법치행정의 원리라는 대원칙은 공행정의 모든 활동에 적용되므로 행정지도도 당연히 이 원칙의 적용을 받으며, 우리의 행정절차법도 행정지도에 관한 절차를 규정하고 있는 것도 행정지도는 적법절차의 원칙을 준수하여야 함을 나타낸 것이다.

[행정지도와 행정법의 일반원칙(조리)] 행정지도는 성문법 규정에 반하여 행해질 수 없으며 비례의 원칙, 평등의 원칙, 신뢰보호의 원칙 등 행정법의 일반(법)원칙에 위반하지 않아야 한다. 행정청의 조성적 행정지도의 내용이 잘못되어 이를 신뢰하고 따른 자에 대해 행정지도에 반하는 불이익을 과하는 것은 신뢰보호원칙에 비추어 허용되지 않는다. 예컨대, 세무상담에서 세무공무원의 잘못된 행정지도를 믿고 납세하지 않은 자에 대해 과세하거나 가산세 등의 불이익을 과하는 것은 신뢰보호원칙에 반하는 것으로 허용되지 않는다. 다만, 장래에 향하여 적정한 과세처분을 할 수는 있을 것이다. 특히, 행정절차법은 행정지도와 관련하여 과잉금지의 원칙, 임의성의 원칙 및 불이익변경금지의 원칙 등을 규정하고 있다.

### 2.1. 법률상의 한계
#### 2.1.1. 행정지도와 법치국가원리

[행정지도와 법치국가원리] 행정지도는 비권력적 사실행위라는 점에서 그에 대한 개별적인 법규의 근거를 요하는 것은 아니지만 "법률에 의한 행정(법치행정의 원리 및 행정의

---

1) 김철용, 행정법(I), 332면.

법률적합성의 원칙)" 또는 "법의 지배(Rule of Law)"의 원칙의 소극적 가치인 이른바 행정에 대한 "법률우위(Primat des Rechts; Vorrang des Gesetzes)"의 원칙은 행정지도에도 다른 행정작용일반의 경우와 마찬가지로 적용되어야 한다는 것을 의미한다. 이와같이 행정지도는 법령에 위반되어 행하여져서는 안되므로, 행정청은 그의 소관사무 내지 권한의 범위 내에서 작용하여야 한다.[1]

### 2.1.2. 조직규범상의 한계

[조직규범상 명시된 범위] 행정지도는 당해 행정기관의 임무, 소관사무, 권한의 범위를 넘어서 행하여서는 안된다. 모든 행정기관은 설치 목적 - 임무, 소관사무, 권한 등 - 행정청의 작용 또는 행위의 범위가 설치법령에 명시되어 있으므로 **조직규범상 명시된 범위를 벗어난 행정지도는 위법·부당의 문제가 발생**하게 된다.[2] 또한 소관사무의 범위내에서도 원래의 목적과는 다른 목적의 행정지도는 인정되지 아니한다.[3] 그러나 행정지도의 한계를 조직규범으로 인정할 경우 종합행정을 행하는 지방자치단체는 중앙정부로부터 직접적인 통제를 받는 특별행정기관의 사항을 제외하고는 모든 영역의 행위에 대하여 행정지도를 할 수 있다는 문제가 발생하게 되므로 이에 대한 고려가 있어야 한다.

▶ 대판 2002. 2. 5, 2001두7138【취임승인취소처분등취소】【판시사항】학교법인이 사립학교법상 부동산 매각과 관련된 관할청의 시정요구사항을 이행하지 아니하여 관할청이 임원취임승인을 취소함과 동시에 임시이사를 선임하고 당초의 시정요구사항을 변경하는 통보를 한 경우, 당초의 시정요구의 효력(=실효) 및 그 시정요구 변경통보의 법적 성격(= 관할청의 일반적인 지도·감독권에 기한 행정지도)【판결요지】관할청이 학교법인에 대하여 부동산 매각과 관련된 당초의 시정요구사항을 이행하지 아니할 경우 사립학교법 제20조의2의 규정에 따라 임원취임승인을 취소하겠다고 계고한 바에 따라서 임원취임승인을 취소함과 동시에 임시이사를 선임하고 당초의 시정요구사항을 변경하는 통보를 한 경우, 관할청이 한 당초의 사립학교법상의 시정요구는 임원취임승인취소처분이 행하여짐으로써 같은 법 제20조의2 제2항 소정의 목적을 달성하여 실효되었다고 할 것이고, 한편 그 상태에서 발하여진 관할청의 시정요구 변경통보는 관할청이 가지는 같은 법 제4조 소정의 일반적인 지도·감독권에 기한 것으로서 임시이사들로 임원진이 개편된 학교법인에 대한 행정지도의 성격을 지니는 새로운 조치라고 할 것인바, 그렇다면 당초의 시정요구는 관할청의 시정요구 변경통보에 의하여 소급하여 취소되었다고 볼 수 없으므로 위 임원취임승인취소처분에 같은 법 제20조의2 제2항 소정의 시정요구를 결여한 하자

---

1) 서원자, 경제생활과 행정규제, 한국경제학회 제16회 경제세미나 주요발표논문, 2003, 15-19면.
2) 김동희, 행정법(I), 박영사, 2004, 198면.
3) 류지태, 행정법신론, 신영사, 2007, 275면.

가 있다고 할 수 없고, 또한 위 시정요구 변경통보를 같은 법 제20조의2 제2항에 근거를 둔 시정요구로 볼 수 없으므로 시정요구 변경통보에 시정기간을 두지 아니하였다고 하여 임원취임승인취소처분에 시정기간을 두지 아니한 하자가 있다고 할 수도 없다.

### 2.1.3. 법령상의 한계

[개관] 법률이 행정지도의 기준·절차·형식 등을 정하고 있을 때에는 법률규정상의 절차를 따라야 한다(예 : 농촌진흥법 제4조[다른 법률과의 관계] 농촌진흥사업에 관하여 다른 법률에 특별한 규정이 있는 경우를 제외하고는 이 법에서 정하는 바에 따른다.). 또한 관련 권한규정에 근거한 행정지도는 당해 법률의 범위를 초과할 수 없으며, 기타 다른 현행의 모든 법령에 위반되어서는 안된다. 행정지도가 제정법의 취지·목적에 반하여 이루어져서는 안되며, 법령의 직접적 근거에 의한 행정지도와 같이 법률에서 행정지도의 기준·절차·형식 등을 명문으로 규정하고 있는 경우에도 헌법상 보장된 국민의 기본권을 부당하게 침해하거나, 법령에 규정된 목적 내용에 위반되는 행정지도는 위법한 행정지도가 된다.

[대법원판례] (판례-1) : 대법원은 '행정관청의 행정지도에 따라 매매가격을 허위신고한 것이 구 국토이용관리법 제33조 제4호에 해당하는지 여부'에 대하여, "토지의 매매대금을 허위로 신고하고 계약을 체결하였다면 이는 계약예정금액에 대하여 허위의 신고를 하고 토지 등의 거래계약을 체결한 것으로서 구 국토이용관리법(1993.8.5. 법률 제4572호로 개정되기 전의 것) 제33조 제4호에 해당한다고 할 것이고, 행정관청이 국토이용관리법 소정의 토지거래 계약 신고에 관하여 공시된 기준지가를 기준으로 하여 매매가격을 신고하도록 행정지도를 하고, 피고인이 그에 따라 허위신고를 한 것이라고 하더라도 이와 같은 행정지도는 법에 어긋나는 것으로서 피고인이 이와 같은 행정지도나 관행에 따라 허위신고 행위에 이르렀다고 하여도 이것만 가지고서는 그 범법행위가 정당화 될 수 없다."[1]고 하였다. (판례-2) : 또한 대법원은 '정부의 주식매각 종용행위가 강박행위에 해당한다고 하여 행정지도로서 위법성이 조각된다는 주장을 배척한 사례'로서, "적법한 행정지도로 인정되기 위하여 우선 그 목적이 적법한 것으로 인정될 수 있어야 할 것이다. 그런데 이 사건의 경우에는 피고 주장에 의하더라도 정부가 원고들에게 주식의 매각을 종용한 것은 … 원고들에 대한 제재를 목적으로 하는 것임이 명백하고 … 결국 이러한 주식 매각의 종용은 정당한 법률적 근거없이 자의적으로 원고들에게 제재를 가하는 것이어서 이 점에서 벌써 행정지도의 영역을 벗어난 것이라고 보아야 할 것이다. 만일 이러한 행위도 행정지도에 해당된다고 한다면 이는 행정지도라는 미명하에 **법치주의 원칙을 파괴하는 것**이라고 하지 않을 수 없다. 더구나 원고들이 주식매각의 종용을 거부한다는 의사를 명백하게 표시하였음에도 불구하고, 앞에서 본 바와 같이 집요하게 위

---

1) 대판 1994. 6. 14, 93도3247【조세범처벌법위반, 국토이용관리법위반】

협적인 언동을 함으로서 그 매각을 강요하였다면 이는 위법한 강박행위에 해당된다고 하지 않을 수 없으니 위 매각종용 행위가 행정지도에 해당되어 위법성이 조각된다는 논지는 어느 모로 보나 이유 없음이 명백하다."[1]고하여 헌법에 의하여 보장되는 국민의 기본권을 부당하게 침해하거나 현행법령의 규정을 위반할 수 없도록 하고 있다. ☞ **이와같은 대법원판결이 있었음에도 불구하고 국제그룹은 해체되어버렸다.**

### 2.2. 조리상의 한계(행정법의 일반원칙)

#### 2.2.1. 개관

[행정지도와 행정법의 일반원칙] 행정지도는 비권력적 성질을 가지는 임의적인 사실행위이기는 하지만 공행정 활동의 일환으로서 공행정작용에 대한 조리상의 제약이 적용되는 것이 보통이다. 이리하여 행정지도는 비권력적인 사실행위이지만 행정주체의 행정작용이므로 비례의 원칙(과잉금지원칙)·평등의 원칙·신의성실의 원칙·부당결부금지의 원칙 등 행정법의 일반법원리(행정법의 일반원칙; 조리[Natur der Sache])에 의한 구속을 받게 된다. 조리의 내용은 시대와 사회에 따라 변동이 있으나 일반적으로 조리는 신의성실의 원칙(신의성실의 원칙, 비례의 원칙, 평등의 원칙) 등이 있다. 이와같이 행정지도는 비권력적 사실행위이지만, 광의의 의미의 공행정작용에 포함되는 것이므로 조리(Natur der Sache; 행정법의 일반원칙)의 구속을 받으므로 행정목적의 달성에 필요한 최소한도내에서 행해야 하는 비례의 원칙(과잉금지의 원칙), 합리적 이유없이 특정한 상대방에게 불이익을 주지 않아야 하는 평등의 원칙, 상대방의 신뢰를 보호하여야 하는 **신뢰보호원칙** 등 기타 **신의성실의 원칙**에 위반하여서는 아니된다.

▶행정절차법 제4조(신의성실 및 신뢰보호) ① 행정청은 직무를 수행할 때 신의(信義)에 따라 성실히 하여야 한다. ② 행정청은 법령등의 해석 또는 행정청의 관행이 일반적으로 국민들에게 받아들여졌을 때에는 공익 또는 제3자의 정당한 이익을 현저히 해칠 우려가 있는 경우를 제외하고는 새로운 해석 또는 관행에 따라 소급하여 불리하게 처리하여서는 아니 된다.

#### 2.2.2. 내용

a) 신의성실의 원칙

[행정지도와 신의성실의 원칙] 민법 제2조 제1항에 규정된 신의성실의 원칙은 민법뿐만이 아닌 모든 법에 적용되는 법의 일반원리적 규정임에 비추어 볼 때 이는 당연히 공법관계에도 적용되며 또한 행정지도에도 원칙적으로 적용된다. 예를 들면, 동일한 내용과 성격

---

1) 대판 1994. 12. 12, 93다49482【주식인도】

의 행정지도를 표현형식상 서면 혹은 구두의 어느 한 방법이 상용됨으로써 선례화되고 있는 경우에는 그 방법에 따라야 할 것이고 만일 행정기관이 임의로 이것을 변경하게 되면 원칙적으로 신의성실의 원칙에 반한다.

[행정지도를 신뢰하고 행동한 행정객체(개인)의 보호 : 신뢰보호의 원칙] 신의성실의 원칙과 관련하여 행정기관의 잘못된 행정지도를 신뢰하고 행동한 행정객체는 보호되어야 할 것인가가 문제된다. 이는 선의의 신뢰는 보호되어야 한다는 금반언의 원칙 및 신뢰보호의 원칙 적용에 관한 문제이다. 일반적으로 신뢰보호의 원칙 내지는 금반언의 법리를 행정지도에 적용하는 것이 일반적 경향이다. 생각건대 행정의 존재형식이나 법령이 고도로 복잡·전문화된 오늘날에는 행정청의 행정지도 등을 신뢰한 상대방을 보호할 필요성이 있다. 따라서 행정지도와 관련된 사항의 성질, 상대방의 선의여부, 행정지도의 형식, 이익 상황 등의 제반사정을 고려하여 결정하는 것이 바람직하다. 다만, 이 원칙을 지나치게 인정하는 경우는 법률적합성의 원칙·법치행정의 원리를 저해할 염려도 있다.

### b) 비례의 원칙(과잉금지의 원칙)

[행정지도와 과잉금지원칙] 비례의 원칙이란 행정지도는 행정목적 달성에 필요한 최소한도에 그쳐야 하며, 일정한 행정목적을 실현하기 위하여 이루어져야 한다. 행정목적은 행정지도가 법령의 근거하에서 이루어지는 경우, 해당법령이 추구하는 목적에 부합하여야 한다. 행정지도가 직접법령에 근거하지 아니하는 경우에는, 당행 행정기관이 설정한 소관사무가 성취하고자 하는 목적에 부합하여야 할 것이다. 이 경우 행정목적은 반드시 적법한 것이어야 한다. 행정목적 실현과 무관한 행정지도는 이루어져서는 안된다.[1]

[비례원칙의 내용] 비례의 원칙은 독일에서 질서(경찰)행정분야에서 발전된 개념으로서 공익상의 필요와 권리·자유의 침해와의 사이에 적당한 비례가 유지되어야 한다는 것(비례의 원칙; 상당성의 원칙; 협의의 비례원칙)으로서, 권리·자유의 침해가 공익상의 필요에 따른 것이어야 할 뿐만 아니라 그 침해의 정도도 공익상 필요의 정도와 상당한 비례·균형을 유지해야 한다(과잉금지의 원칙; 가능한 최소한 간섭의 원칙)는 것을 말한다. 이러한 비례의 원칙은 일반적으로 권력적 행정작용분야에서 엿볼 수 있는 조리상의 원칙이다(행정법상의 일반원리; 행정법의 일반법원칙). 이와같이 비례의 원칙은 행정지도의 취지에 비추어「목적달성에 필요한 최소한도」에 그쳐야 할 것이 요구되는바 행정지도 역시 행정목적을 달성하기 위하여 필요한 최소한도에 그쳐야 함을 의미한다. 또한 행정지도는 행정목적 달성에 필수불가결 해야 한다. 특히 규제적 행정지도의 경우 행정목적 달성을 위하여 필수적인 것이어야 하며, 행정지도가 행정목적 달성에 필수적이라 하더라도 목적달성에 필요한

---

[1] 류지태, 행정법신론, 신영사, 2004, 251면.

최소한도의 범위 안에서 행정지도가 사용되어야 한다. 이런 경우에도 행정지도가 상대방을 강제하거나 부당한 불이익을 주어서는 안된다. 이와 관련하여 헌법재판소와 대법원은 행정지도의 "법치국가적 한계"로서의 비례의 원칙에 대하여 명확한 견해를 제시하고 있다(아래 판례참조).

▶ 헌재결 1993. 7. 29, 89헌마31【공권력 행사로 인한 재산권침해에 관한 헌법소원】 "재무부장관이 제일은행장에 대하여 한 국제그룹의 해체준비 착수지시와 언론발표 지시는 상급관청의 하급관청에 대한 지시가 아님은 물론 동 은행에 대한 임의적 협력을 기대하여 행하는 비권력적 권고 조언 등의 단순한 행정지도로서의 한계를 넘어선 것이고, 이와 같은 공권력의 개입은 주거래 은행으로 하여금 공권력에 순응하여 제3자 인수식의 국제그룹 해체라는 결과를 사실상 실현시키는 행위라고 할 것으로, 이와 같은 유형의 행위는 형식적으로 사법인인 주거래 은행의 행위였다는 점에서 행정행위는 될 수 없더라도 그 실질이 공권력의 힘으로 재벌기업 해체라는 사태변동을 일으키는 경우인 점에서 일종의 권력적 사실행위로서 헌법소원의 대상이 되는 공권력의 행사에 해당한다. 피청구인이 대통령에게 건의·보고하여 그 지시를 받아 청구인 경영의 국제그룹을 해체키로 하고 그 인수업체를 정한 후 이의 실행을 위하여 제일은행장 등에게 지시하여 국제그룹 계열사에 대한 은행자금 관리에 착수하게 하는 한편 동 은행으로 하여금 계열사의 처분권을 위임받는 등 해체준비를 하도록, 피청구인이 만든 보도자료에 의거 제일은행의 이름으로 언론에 발표하도록 하는 등의 일련의 국제그룹 해체를 위한 공권력의 행사는 헌법상 법치국가의 원리, 헌법 제119조 제1항의 시장경제의 원리, 헌법 제126조의 경영권 불간섭의 원칙, 헌법 제11조의 평등권의 각 규정을 직접적으로 침해한 것으로서 헌법에 위반된다."[1]

▶ 대판 1994. 12. 13, 93다49482【주식인도】 "행정지도라 함은 행정주체가 일정한 행정목적을 실현하기 위하여 권고 등과 같은 비강제적인 수단을 사용하여 상대방의 자발적 협력 내지 동의를 얻어내어 행정상 바람직한 결과를 이끌어내는 행정활동으로 이해되고, 따라서 적법한 행정지도로 인정되기 위하여 우선 그 목적이 적법한 것으로 인정될 수 있어야 할 것이다. 주식매각의 종용이 정당한 법률적 근거없이 자의적으로 주주에게 제재를 가하는 것이라면 이 점에서 벌써 행정지도에 해당된다고 한다면 이는 행정지도라는 미명하에 법치주의의 원칙을 파괴하는 것이라고 하지 않을 수 없다. 더구나 그 주주가 주식매각의 종용을 거부한다는 의사를 명백하게 표시하였음에도 불구하고, 집요하게 위협적인 언동을 함으로써 그 매각을 강요하였다면 이는 위법한 강박행위에 해당한다고 하지 않을 수 없다."[2]고 판시하였다. 이는 행정지도가 **상대방의 협력적 행위를 강제하거나** 행정

---

1) 헌재결 1993.7.29, 89헌마31【공권력 행사로 인한 재산권침해에 관한 헌법소원】
2) 대판 1994. 12. 13, 93다49482【주식인도】

지도 불복시의 불이익을 주겠다는 의사표시를 하는 것은 위법하다는 것이다.

c) 평등의 원칙

[행정지도와 평등원칙] 평등의 원칙은 직접 헌법에 명시된(헌법 제11조 참조) 헌법원칙이다. 평등의 원칙은 법의 불평등한 적용금지 및 불평등한 처우를 내용으로 하는 법의 정립도 금지하는 것으로서 모든 국가작용을 기속한다. 따라서 이러한 평등의 원칙은 당연히 행정지도에도 적용되며, 행정지도는 합리적인 이유가 존재하지 않는 한 상대방을 불평등하게 취급하여서는 안 된다(합리적 차별은 가능). 따라서 행정지도에 따른 자에 대하여는 불이익을 과하는 것과 같은 방법에 의한 행정지도는 원칙적으로 허용되지 아니한다. 그러므로 행정지도에 따른 자에 대하여서만 그 일정한 이익을 공여하고 반면에 그에 따르지 아니하는 자에 대하여는 불이익 처분을 하는 행정지도[1]는 원칙적으로 허용되지 아니한다.

d) 신뢰보호의 원칙

[잘못된 행정지도와 신뢰보호] 잘못된 행정지도를 신뢰한 상대방에 대한 보호 문제가 제기되는 바, 이는 "선의의 신뢰(rely)는 보호되어야 한다"는 영미법상의 금반언(Estoppel)의 원칙 및 독일법상의 신뢰보호의 원칙(Vertrauensschutz)이 문제된다. 「금반언」이란 「자기의 과거의 언동에 반하는 주장을 함으로써 그 과거의 언동을 신뢰(rely)한 상대방의 이익을 해치는 것은 허용되지 않는다」는 법리이다. 즉 행정관청은 자신의 과거의 행위와 언동에 모순되는 행위나 언동을 하는 것이 금지된다는 원칙이다. 이러한 영미법상의 금반언의 법리도 독일의 신뢰보호의 원칙과 대체로 같은 이념을 가진 것이라 할 수 있다. 자기모순행위를 금지시키는 금반언의 원칙(Venire contra faktum proprium)은 권리자의 법적 지위를 상실시키는 일반적인 법원리로서, 일정한 권리를 가지고 있는 자가 더 이상 자기의 권리를 행사하지 않을 것 같은 외관을 외부에 명시적 또는 묵시적으로 표시한 경우에는 그 권리자는 차후 자신의 선행행위와 모순된 주장을 해서는 안된다는 법원칙이다.

[신뢰보호원칙과 법치행정의 원리] 사법관계의 기본원리가 사적 자치(Privatautonomie)의 원칙을 그 기본으로 하고 있음에 반하여 행정법 관계에서는 당사자의 자유로운 처분이 허용되지 않는 것이 많고, 위법하거나 잘못된 행정지도에 대하여 금반언의 원칙이나 신뢰보호의 원칙을 전면적으로 인정하는 경우에는 행정의 법률적합성의 원칙 내지는 법치행정의 원리가 훼손될 염려가 있고, 그렇다고 하여 이를 부정하면 법적 안정성이라는 법치국가원리가 또한 훼손될 염려가 있다. 결국 법률이나 행정의 존재형식이 고도로 전문화되어서 이해하기 어려운 오늘날의 현실에 비추어 볼 때 행정지도를 신뢰한 상대방 보호의 필요성

---

[1] 김정웅, 행정상 사실행위에 관한 연구 - 권리구제를 중심으로, 전북대학교대학원, 1993, 62면.

도 강하게 대두되므로 신뢰보호 문제는 행정지도의 개별적인 사항의 성질, 행정지도의 상대방의 선의의 여부, 행정지도의 내용이나 형식, 행정지도의 주체, 상대방의 불이익의 정도 등 제반사정을 종합적으로 고려하여 이를 개별적인 사안에 따라 규범조화적으로 판단하여야 한다.

▶ 대판 1998. 11. 13, 98두7343【토석채취불허가처분취소】"행정상의 법률관계에 있어서 행정청의 행위에 대하여 신뢰보호의 원칙이 적용되기 위하여, 첫째, 행정청이 사인에 대하여 신뢰의 대상이 되는 공적인 견해표명을 하여야 하고, 둘째, 행정청의 견해표명이 정당하다고 신뢰한 데 대하여 그 개인에게 귀책사유가 없어야 하며, 셋째, 그 개인이 그 견해표명을 신뢰하고 이에 어떠한 행이를 하였어야 하고, 넷째, 행정청이 위 견해표명에 반하는 처분을 함으로써 그 견해표명을 신뢰한 개인의 이익이 침해되는 결과가 초래되어야 하고, 어떠한 행정처분이 이러한 요건을 충족할 때에는, 공익 또는 제3자의 정당한 이익을 해할 우려가 있는 경우가 아닌 한, 신뢰보호의 원칙에 반하는 행위로서 위법하고 된다고 할 것이므로, 행정처분이 이러한 요건을 충족하는 경우라고 하더라도 행정청이 앞서 표명한 공적인 견해에 반하는 행정처분을 함으로써 달성하려는 공익이 행정청의 공적 견해표명을 신뢰한 개인이 그 행정처분으로 인하여 입게 되는 이익의 침해를 정당화할 수 있을 정도로 강한 경우에는 신뢰보호의 원칙을 들어 그 행정처분이 위법하다고 할 수 없다."

[행정지도・신뢰보호] 행정지도는 그 특성상 책임이나 내용의 명확성이 결여된 것이 많으며 이런 이유로 선행의 행정지도가 변경되거나 부인되면 그 결과 행정주체의 상대방(국민)에게 불이익이 발생하는 경우가 많다. 이와 같이 행정기관의 원칙변경에 따라 발생한 개인의 손실문제는 행정상 손해배상(배상청구권)이나 손실보상(보상청구권)과는 그 성격이 또한 다르며, 따라서 손해배상 혹은 손실보상의 법리를 그대로 적용하는데도 그 한계가 있기 마련이다. 다만 이에 대하여는 신뢰보호원칙(Vertrauensschtuz)이나 "금반언(Estoppel)"의 문제가 발생하게 될 뿐이다. 예컨대 (ㄱ) 행정지도에 따른 결과 법규를 위반하게 된 경우, 다시말하면 (위법한) 행정지도에 따른 결과 위법문제가 발생하였다고 하더라도 그 위법성이 조각되지 않아 개인은 그 책임을 면할 수 없다는 것이 판례의 태도인바, 상대방(국민)은 결국 위법책임을 지게 된다. 또한 (ㄴ) 행정지도 실시 이후 불이익한 조치를 소급하여 행할 수 있는가의 문제에 대하여서는 상대방의 신뢰보호를 위하여 위법한 상태를 계속하여 유지시킬 것인지, 아니면 공공의 이익을 중시하며 불이익 조치를 취할 수 있는가하는 문제가 발생한다.

[대법원 판례] (판례-1) : 대법원은 '공업개발 장려지구 지정 이전에 공장을 이전한 경우 조세감면 혜택 여부'에 대하여 공업개발장려지구로 지정되기 이전에 정부 또는 지방행정당국의 시책에 호응하여 동 지구로 공장을 이전한 경우에도 조세감면혜택을 받을 수 있다고 하였다. 즉 "… 공업개발장려지구의 지정 이후에 동 지구안으로 공장을 이전하여야 조세감

면규제법(구) 제4조의4 및 (신)제4조의8에 의한 조세감면혜택을 받을 수 있고 동 지구의 지정이전에 동 지구안으로 공장을 이전한 경우는 위 조세감면혜택을 받을 수 없다면, 이는 정부 또는 지방 행정당국의 시책에 빨리 호응 협력한 자에게는 혜택을 주지 않고 도리어 천천히 호응한 자에게만 혜택을 준다는 모순된 논리라 할 것이며 법의 형평의 이념에도 어긋난다할 것이다. 따라서 본건 공업단지가 정식으로 건설부장관에 의하여 개발장려지구로 지정되기 이전에 이미 대전시 딩국의 선전과 광고에 호응하여 동 지구 안으로 공장을 이전하여 사업개시한 회사도 조세감면규제법상의 조세감면 혜택을 받을 수 있다."[1]고 하였다.

(판례-2) : 또한 대법원은 "원고가 그 소유건물의 옥상 헬리포트부분에 이중 슬래브 방법을 선택하여 방수공사를 하던 차에 마침 비상시 헬기 이착륙 등의 안전비행을 위하여 헬리포트와 건물외곽층이 수평을 이루도록 하라는 서울특별시 항공대의 권고가 있자, 기존 슬래브 바닥에서 60센티미터 가량의 공간을 두고 다시 두께 60센티미터 정도의 슬래브를 침으로써 결국 기존바닥 높이보다 120센티미터가 높아져 곁의 부분과 수평을 이루게 되었고, 그 공사로 말미암아 생긴 공간은 다른 용도로는 사용할 수 없으며, 그 증축부분을 대집행으로 철거할 경우 많은 비용이 들고 건물의 외관을 손상시킬 뿐 아니라 오히려 헬기의 안전 이착륙에 지장이 있게 된다면, 원고가 허가없이 증축하여 그 위반결과가 현존하고 그 철거의무를 이행하지 않고 있더라도 위와 같은 증축경위나 사후 정황 등에 비추어 이를 그대로 방치한다고 하여도 심히 공익을 해하는 것이라고는 볼 수 없으므로 관할관청인 피고의 이 사건 계고처분이 위법하다고 본 원심의 판단은 정당하다."[2]고 판시하여 법적안정성을 위한 신뢰보호원칙을 적용 하였다. 이는 건물옥상 헬리포트부분의 방수공사를 하면서 헬기 이착륙 등의 안전을 위하여 건물외곽과 수평을 이루도록 허가없이 증축한 경우 증축부분에 대한 철거대행계고처분이 위법하다고 본 사례이다.

e) 부당결부금지의 원칙(결부금지의 원칙)

[의의] 부당결부금지 원칙(결부금지의 원칙 : Koppelungsverbot)이란 공권력을 행사함에 있어서 실질적 관련성이 없는 상대방의 반대급부와 결부시켜서는 안된다는 원칙을 말한다. 우리 대법원도 "부당결부금지의 원칙이란 행정주체가 행정작용을 함에 있어서 상대방에게 이와 실질적인 관련이 없는 의무를 부과하거나 그 이행을 강제하여서는 아니 된다는 원칙을 말한다."[3]고 판시하고 있다. 독일의 경우 부당결부금지의 원칙은 연방행정절차법(Verwaltungsverfahrensgesetz[VwVfG]) 제56조에 규정하고 있고, 학설·판례중 부당결

---

1) 대판 1978. 4. 25, 78누51 【법인세부과처분취소】
2) 대판 1990. 12. 7, 90누5405 【건물철거대집행계고처분취소】
3) 대판 2009. 2. 12, 2005다65500 【약정금】

부금지의 원칙에 위반된다고 본 사례로서는, (ㄱ) 경찰상의 의무위반자에 대하여 식권(食券)의 교부를 거부하는 것, (ㄴ) 사법상 전기·가스 공급계약을 체결할 것인지 혹은 계속할 것인지의 여부를 이용자의 주택관련법규의 준수여부와 결부시키는 것, (ㄷ) 행정청에 대한 어떠한 의무이행을 위하여 여권 등 증명서의 교부를 거부하는 것 등은 위법하다고 하였다. 그러나 부당결부금지의 원칙에 위반되지 않는다고 본 사례로는, (ㄱ) 시(市)의 노동국(勞動局 : Arbeitsamt)이 시민에게 직업을 소개하면서, 시민(Bürger)에게 거주증명서의 제출을 요구하는 것, (ㄴ) 자동차 강제보험의 체결을 조건(Bedingung)으로한 자동차운전면허의 교부는 부당결부금지의 원칙에 위반되지 않는 적법한 것이라고 하였다.

## 3. 행정지도의 절차(행정지도와 행정절차법)

### 3.1. 개관

[행정지도와 행정절차법] 일반적으로 법령에 아무런 규정을 두고 있지 않으면 행정청은 필요에 따라 그「재량으로」행정지도를 수 있다. 그러나 행정지도의 적정성을 확보하기 위하여는 그 요건·내용을 법제화하는 동시에 그 절차적 보장을 확립할 것이 필요하다. 행정지도의 상대방[1]은 당해 행정지도의 방식·내용 등에 대하여 행정기관에 의견을 제출할 수 있고(행정절차법 제50조 참조), 처분·신고·행정상 입법예고·행정예고 및 행정지도의 절차에 관하여 다른 법률에 특별한 규정이 있는 경우를 제외하고는 행정절차법이 정하는 바에 따른다(행정절차법 제3조 제1항).

---

1) 행정지도의 상대방은 국민일반 이나 동일 행정청내 하급기관이나 공무원은 포함되지 않는다고 보기도한다(新藤宗幸, 行政指導 : 官廳と業界のあいた, 東京 : 岩波書店, 1992, 44-47; 채원호, 일본의 행정지도와 정부기업관계 - 산업정책을 중심으로 -, 한성대학교 사회과학연구원, 사회과학논집(제19집 제1호 : 2005.8), 141면). 그러나 (위의 본문에서 설명한 바와 같이) 경고는 보통 위험방지의 수단(Mittel der Gefahrenabwehr)으로서 활용되고, - 국민일반에게 - 특정 생산자의 특정 면류제품을 구입하지 못하도록 하거나(OLG Stuttgart, NJW 1990, S. 2690; LG Stuttgart, NJW 1989, 2257.), 특정 종파(Sekte; Jugendsekte[청소년종파])에 가입하지 못하도록 하거나 (BVerwGE 82, S. 76 ff; BVerfGE, NJW 1989, S. 3269 ff. (Kammerentscheidung); OVG Hamburg, NVwZ 1995, 498; OVG Münster NJW 1996, 2114; K.-U. Meyn, Warnung der Bundesregeirung vor Jugendsekten, JuS 1990, S. 630 ff.), 화장실용 방향제(Toilettensteine)를 이용하지 못하도록 하는 것(F. Ossenbühl, Jahrbuch UTR 1987, S. 27 (31); K.-U. Meyn, JuS 1990, S. 1) 등 특정 공산품이나 농산품과 관련하여 행정청이 환경보호 등의 행정목적을 달성하기 위하여 환경보전에 유해하다고 인정하는 물품의 구입 등을 자제시킬 의도로 일반사인(국민일반)에게 발하는 설명·성명·공고·고시 등을 말하는 것이므로 국민일반에게 행정지도가 행해지는 경우도 있다.

## 3.2. 행정지도의 방식 및 절차
### 3.2.1. 행정지도의 투명성·자유성

행정지도의 방식과 관련하여 행정절차법 제49조 제1항에서 "행정지도를 행하는 자는 그 상대방에게 당해 행정지도의 취지·내용 및 신분을 밝혀야 한다."고 규정하여 보다 명확하고 투명한 행정지도가 이루어지도록 하고 있다. 행정기관은 행정지도의 목적과 이유를 상대방이 충분히 이해할 수 있도록 하여야하고, 상대방인 국민은 그 이해에 근거하여 행정기관에 자발적으로 협조할 수 있도록 설명해야 함을 의미한다.[1] 또한 행정지도의 내용에 있어서는 행정지도의 효과 및 행정지도에 상대방이 따르지 않더라도 이로인하여 어떠한 불이익을 당하지 아니함을 명시하여야 하며, 행정지도를 하는 행정기관은 자신의 소속관청 및 소속부서를 상대방에게 알려야 한다.

### 3.2.2. 상대방의 행정지도자에 대한 신분제시요구권

행정지도를 함에 있어서 행정책임의 소재를 명확하게 하기 위하여 - 행정지도를 행하는 자는 - 상대방에게 그의 신분을 명확히 밝혀야 한다. 그리고 행정지도가 말(구술)로 이루어지는 경우에는 상대방은 행정지도를 행하는 자의 신분을 기재한 서면을 요구할 수 있으며, 그 경우에는 직무수행에 특별한 지장이 없는 한 이를 교부하여야 한다. 행정지도는 거의 행정작용법적 근거없이 행정조직법적 근거만으로 이루어지는데 행정조직법은 일반적으로 행정기관의 임무를 포괄적·일반적으로 정하고 있기 때문에 상급행정기관과 하급행정기관, 행정기관이나 보조기관 사이에 이해부족과 의사소통의 부재 등으로 인하여 하급행정기관이나 보조기관이 행한 행정지도를 상급행정기관이나 소속 행정기관이 서로 부인하는 경우도 있으며, 또한 어느 행정기관이 행정지도를 행하였는지 불분명한 경우도 발생하게 된다. 이러한 경우에는 행정지도를 신뢰하고 이에 따라 행동한 상대방은 불측(不測)의 손해를 입게 될 염려가 있다. 이러한 사태를 사전에 방지하고 행정기관의 책임을 명확히 하여 둠으로써 상대방인 국민의 피해를 막고자하여 행정지도를 행하는 자의 신분을 밝히고 그 책임의 소재를 명백히 하도록 한 것이다.

### 3.2.3. 상대방의 행정지도자에 대한 행정지도사항의 내용에 관한 서면교부요구권

[행정지도가 말(구술)로 이루어진 경우] 행정절차법 제49조 제2항에서는 "행정지도가 말로 이루어지는 경우에 상대방이 제1항의 사항을 적은 서면의 교부를 요구하면 그 행정지도를 행하는 자는 직무수행에 특별한 지장이 없으면 이를 교부하여야 한다."고 규정하여 상대방의 서면교부요구권을 인정하고 있다. 행정지도는 비권력적 사실행위이며, 그것이 상대

---

[1] 김원주, 우리나라 행정절차법상 행정지도의 쟁점, 고시계(1997.7), 80면.

방의 임의적 동의하에 이루어진다는 특징을 가지므로 특정한 형식에 구애되지 않으며 말(Sprache : 구술; 구두)로도 행정지도가 이루어질 수 있다. 왜냐하면 행정지도를 통한 행정의 능률성과 탄력성을 확보하기 위하여는 행정지도가 말(구술[口述]; 구두[口頭])로 신속히 이루어져야 할 필요성도 존재하기 때문이다. 행정지도는 상대방인 국민이 행정지도에 따름으로써 일정한 이익을 얻는 경우가 많은데, 이 경우 행정지도가 말(Sprache)로 이루어진 경우, 구술(口述)을 통하여 이루어진 약속은 국민의 입장에서는 불안한 요소로 작용할 수 있다.[1] 따라서 행정지도의 상대방인 국민이 행정기관에게 서면의 교부를 요구하는 경우에는 행정기관은 이를 교부하여야 한다(신분을 기재한 서면을 요구하는 경우에도 또한 같다). 이와같이 행정절차법 제49조 제2항은 행정지도가 말(Sprache : 구술)로 이루어지는 경우에 행정지도의 상대방에게는 서면교부요구권이 있고, 행정지도를 행하는 자에게는 직무수행에 특별한 지장이 없는 한 서면교부의무가 있음을 명문으로 규정하고 있는 것이다.

[예외 : 직무수행상 현저히 지장을 초래하는 경우] 행정기관 상대방의 서면교부요구에 대하여 당해 행정기관은 직무수행에 특별한 지장이 있는 경우 거부할 수 있다. 이는 행정지도의 취지·내용 및 신분을 서면으로 표시하여 교부하는 것이 직무수행상 현저히 지장을 초래하는 경우를 의미하는 것으로서 행정지도의 운영과정에서 이 요건은 엄격하게 해석되어야 하며, 서면교부요구권이 형식적으로 흐르지 않도록 하여야 할 것이다.[2] 이와같이 상대방의 서면교부요구권이 인정되므로 행정기관은 행정지도에 있어서 신중을 가해야 할 것이며, 특히 일정한 약속(확약)을 포함하는 행정지도는 특히 신중을 가해야 한다. 그것은 행정지도 서면에 기재된 내용은 확약이므로, 행정기관은 행정지도에 관한 내용을 서면으로 교부하는 경우 신중을 기할 것이 요구된다.

### 3.3. 행정지도 상대방의 의견제출권

[행정지도 상대방의 권리] 행정절차법 제50조에 의하면 "행정지도의 상대방은 해당 행정지도의 방식·내용 등에 관하여 행정기관에 의견제출을 할 수 있다."고 규정하고 있다. 이는 행정지도 과정에서 요구되는 행정객체인 상대방[3]의 권리를 명문화한 것으로서 행정지

---

[1] 행정지도가 주로 비공식적인 구두(구술)로 행해지므로 시간의 경과와 함께, (ㄱ) 행정지도가 있었는가? (ㄴ) 행정지도의 내용이 무엇이었는가? 등이 모호하게 되어 행정지도의 책임소재가 불분명해진다. 또한 (ㄷ) 행정지도는 공무원이면 누구나 할 수 있기 때문에 행정지도가 담당공무원의 독자적인 행동인지 행정기관의 공식적인 의사결정을 통하여 얻어진 결과 인지 불분명한 경우가 있고, (ㄹ) 행정지도를 한 사람이 구체적으로 누구인지? 불분명하며, 따라서 책임의 소재가 불분명한 경우를 막을 필요가 있다(강의중, 행정법강의(상), 교학연구사, 1999, 264면 참조).

[2] 김동희, 행정법(I), 박영사, 2004, 197면.

[3] 채원호, 일본의 행정지도와 정부기업관계 – 산업정책을 중심으로 –, 한성대학교 사회과학연구

도로 인해 상대방이 불이익을 받지 않도록 배려하고 있으며, 행정지도 상대방은 행정지도의 과정에 능동적이고 주체적으로 참여하여 당해 행정지도의 방식과 내용 등 행정지도 형식에 관하여 서면·구술 등을 통한 자신의 의견을 제출할 수 있도록 한 것이다. 의견제출이 있는 경우 행정기관은 제출된 의견을 검토한 후 그 의견을 행정지도에 반영하여야 할 것이다. 의견제출을 받은 행정청은 행정지도의 정당성을 위하여 의견제출자에 대하여 문서로 회신하는 것이 바람직하며, 이 경우에는 책임행정의 구현을 위해서는 행정지도서의 부본에 그 이유를 기재하고 의견진술자의 기명날인을 하도록 하는 것이 필요하다고 본다.[1]

## V. 행정지도의 특성 및 문제점

### 1. 행정지도의 사실상의 강제성

[행정지도의 강제성·부당강요금지의 원칙] 행정지도는 상대방의 동의 또는 임의적인 협력을 기대하여 행하여지는 것이나(행정지도의 임의성), 행정주체가 공권력의 주체적 지위(행정주체의 우위성)에 있는 점과 흔히 상대방에 대한 경제적 이익의 부여를 흥정의 수단으로 사용함으로써 자칫하면 사실상 강제가 되기쉽다. 따라서 "행정지도는 그 목적달성에 필요한 최소한도에 그쳐야 하며, 행정지도의 상대방의 의사에 반하여 부당하게 강요하여서는 아니 된다(행정절차법 제48조 제1항)"는 부당강요금지의 원칙이 적용된다. ☞ **부당강요금지의 원칙**

[행정지도에 대한 법률적 규제의 필요성] 행정지도는 그것에 복종하느냐의 여부가 상대방의 임의에 맡겨져 있으므로 법률상 정하는 규정은 별로 없다(규정이 존재하는 경우에도 행정지도는 거의 작용법적 근거없이 조직법적 근거만으로 행하여지고 있다). 그러나 행정지도는 사실상 강제적 요소를 띠는 경우가 많으며(웃고 있는 얼굴 등[背] 뒤의 손에는 회초리가 들려있다.[2]; 행정처분으로서의 명령에 앞서 권고가 행해지는 경우), 그 내용의 적정을 기하고 폐해를 막기 위하여는 일정한 **법률적 규제**가 필요하다고 본다.[3] 이러한 관점에서 행정

---

원, 사회과학논집(제19집 제1호 : 2005.8), 141면.
1) 강구철, 강의행정법(I), 형설출판사, 1999, 827면.
2) 행정지도는 비권력적 행위이나 이를 거부하는 경우에는 여러 가지 억제적 조치가 행해짐으로서 불이익을 받게 된다. 따라서 사실상의 효과에 있어서 권력적 행위가 행해지는 것과 같은 효과가 발생함에도 불구하고, 권력적 행위에서와는 달리 법령의 근거가 강하게 요구되고 있지 않다는 문제가 있다. 행정기관의 입장에서는 여러 가지 어려운 조건·절차·책임 등이 따르는 '법치행정(행정행위)'보다는 – 상대방이 행정기관에 자발적으로 동의·협력하였으므로 행정기관은 책임이 없다는 – '지도행정(행정지도)'의 유혹을 받기 쉽다는 점이다.

절차법의 행정지도절차는 이해관계인의 이익을 보장하고 내용의 적정을 기하며, 상대방의 협력을 유도하기 위한 방안으로서 행정지도에 대한 법적 규제를 행한 것이라고 볼 수 있다.

## 2. 행정지도 한계의 불명확성

[통상의 행정지도의 방법과는 다른 행정지도와 법치주의·시장경제의 원리] 행정지도는 반드시 법령의 근거에 의하여 행하여지는 것은 아니기 때문에 그 기준이 명확하지 아니하며, 행정지도의 필요성의 한계를 일탈하기가 쉽다. 대법원은 '행정지도가 통상의 방법에 의하지 아니하고 사실상 지시하는 방법으로 행하여 진 경우, 그 행정지도는 위헌인지 여부'에 대하여, "재무부장관이 대통령의 지시에 따라 정해진 정부의 방침을 행정지라는 방법으로 금융기관에 전달함에 있어 실제에 있어서는 통상의 행정지도의 방법과는 달리 사실상 지시하는 방법으로 행한 경우에 그것이 헌법상의 법치주의원리, 시장경제의 원리에 반하게 되는 것일 뿐이다."[1]라고 하였다(아래 판례참조).

▶ 대판 1999. 7. 23, 96다21706 【주식및경영권양도계약무효확인등】 국가의 공권력이 헌법과 법률에 근거하지 아니하고 통상의 행정지도의 한계를 넘어 부실기업의 정리라는 명목하에 사기업의 매각을 지시하거나 그 해체에 개입하는 것은 허용되지 아니하나, 원래 재무부장관은 금융기관의 불건전채권 정리에 관한 행정지도를 할 권한과 책임이 있고, 이를 위하여 중요한 사항은 대통령에게 보고하고 지시를 받을 수도 있으므로, 기업의 도산과 같이 국민경제에 심대한 영향을 미치는 중요한 사안에 대하여 재무부장관이 부실채권의 정리에 관하여 금융기관에 대하여 행정지도를 함에 있어 사전에 대통령에게 보고하여 지시를 받는다고 하여 위법하다고 할 수는 없으며, 다만 재무부장관이 대통령의 지시에 따라 정해진 정부의 방침을 행정지도라는 방법으로 금융기관에 전달함에 있어 실제에 있어서는 통상의 행정지도의 방법과는 달리 사실상 지시하는 방법으로 행한 경우에 그것이 헌법상의 법치주의 원리, 시장경제의 원리에 반하게 되는 것일 뿐이다.

## 3. 행정구제수단의 불완전성

[행정지도와 비권력적 사실행위] 저자가 이미 앞부분에서 설명하였듯이 행정지도는 상대

---

3) 행정지도는 비권력적 사실행위이므로 그 자체로서는 직접적인 법적 효과를 발생시키지 못한다. 그러나 행정기관과 그 상대방간의 행정상 법률관계에 있어서 강약의 차이는 있을지라도 실제로는 영향을 미치는 것이 사실이며, 실제로도 법적 행위와 동일한 결과를 가져오는 경우가 적지 않고, 상대방의 권익을 침해하는 경우도 있어 이에 대한 법적 규제의 방법과 내용을 명확하게 해둘 필요가 있다.

1) 대판 1999. 7. 23, 96다21706 【주식및경영권양도계약무효확인등】

방의 동의 또는 임의적인 협력을 전제로 하는 비권력적 사실행위이기 때문에 행정쟁송의 대상이 되기 어렵고 행정상 손해해상, 손실보상도 인정하기 어렵다는 문제점이 있다. 따라서 행정지도로 말미암아 사인의 권익(권리·이익)이 침해된 경우에 만족할 만한 행정구제를 기대하기 어렵다는 점이 상존한다.

### 4. 행정지도의 자유성과 그에 따른 문제점

[행정지도의 법치행정 침해가능성] 행정주체는 조직법상 그의 권한에 속하는 사항에 관하여는 개별적인 법적 근거없이도 자유로이 행정지도를 할 수 있다고 해석(異說 없음)되는 반면 현대행정에 있어서의 행정지도의 중요성과 그 실제상의 구속적 효과에 비추어 볼 때, 법치행정의 원리 즉, 「법률에 의한 행정」이 「(행정)지도에 의한 행정」으로 대치되어 법치국가 원리를 침해할 염려가 있다. ☞ **법치행정이 아닌 지도행정의 유혹에 빠질 염려**

## VI. 행정지도와 행정구제(권리·권익구제)

### 1. 행정쟁송에 의한 구제

#### 1.1. 행정지도에 대한 행정쟁송의 가능성

[비권력적 사실행위로서의 행정지도의 문제점] 행정지도가 법적 한계를 일탈함으로써 상대방의 권익의 침해가 있더라도 행정쟁송의 대상이 될 수 없는 것이 원칙이다. 행정지도는 법적 효과를 갖지 아니하는 비권력적 사실행위에 불과하기 때문이다. 이와같이 행정지도는 '비권력 행위라는 점에서' 행정지도는 공권력행사를 개념요소로 하는 행정소송법상 처분개념에 해당하지 아니하고, '사실행위'라는 점에서 법적 행위를 대상으로 하는 항고소송의 대상이 되지 아니한다. 다수설과 판례도 같은 입장이다. 한편, 일설(一說)에 의하면 규제적·조정적 행정지도의 경우, 행정지도는 강제성과 계속성을 띠고 있는 행정작용으로서 취소·변경할 실익이 있으므로 행정쟁송의 대상이 된다고 한다. 그러나 규제적·조정적 행정지도의 경우에 나타나는 강제성과 계속성도 사실적인 것이지 법적인 것은 아니고, 사실적인 것은 취소·변경이 불가하므로 규제적·조정적 행정지도 역시 행정쟁송의 대상이 되지 아니한다는 반대설도 있다. 행정지도는 비권력적 사실행위이며, 상대방의 동의 또는 임의적 협력을 바탕으로 행하는 것이어서 행정쟁송의 제기요건인 '법률상 이익'이나 '처분성'을 인정할 수 없다는 것이다. 전통적 행정법이론에서 법적 구제의 대상은 권력작용만으로 보아, **비권력적 행정작용에 의한 권익침해에 대한 구제는 거의 소외를 받아 왔던 것이 사실이다.** 그러나 개인의 기본적 인권을 보장하고 사유재산제를 바탕으로 하는 현대 헌법국가에서는 개인의 권익침해에 대한 구제수단이 철저히 마련되어야 한다는 것은 당연한 요청이며 실질적 법치국가

주의를 뒷받침하는 전제가 된다.

　　[처분성·법률상 이익] 행정지도에 대하여 항고소송을 인정할 것인가 하는 문제는, (ㄱ) 행정지도에 처분성을 인정할 것인가? (ㄴ) 그리고 법률상 이익이 있는지 여하에 따라 결정된다. 모든 행정지도를 행정처분에 해당하지는 않는다고 보아 국민의 권리구제를 외면하는 것은 사회국가원리에 합당하지 않으며, 또한 모든 행정지도를 행정처분에 해당한다고 하는 것도 행정지도의 다양성으로 인하여 바람직하지 못하다할 것이다.

　　[행정지도와 비권력적 사실행위; 처분성의 결여문제] 행정쟁송의 대상은 일정한 법적 효과를 발생하는 권력행위를 원칙으로 하기 때문에, 비권력적 사실행위로서 아무런 구속력이나 법적 효과를 발생하지 아니하는 행정지도는 행정쟁송의 대상인 처분성을 결여한 것으로 행정쟁송대상이 될 수 없다는 것이 종래의 전통적 견해이다. 판례도 "특별한 사정이 없는 한, 행정권 내부에 있어서의 행위라든가, 권고·사실상의 통지 등과 같이 상대방 또는 기타 관계자들의 법률상 지위에 직접적으로 법률적 변동을 일으키지 않는 행위 등은 항고소송의 대상이 될 수 없다고 해석하여야 할 것이다."[1]라고 하여 행정쟁송의 대상이 될 수 없다는 입장을 취하고 있다(아래 판례참조).

　　▶ 대판 1981. 10. 13, 80누158 【농지원상복구명령취소】 (선행된 원상복구명령 등에 의한 의무이행을 촉구 내지 권고하는 행위가 항소소송의 대상이 되는 독립된 행정처분인지의 여

---

1) 대판 1981. 10. 13, 80누158 【농지원상복구명령취소】 상대농지전용허가를 받음이 없이 상대농지를 육우 및 양계를 위한 시설의 용지로 전용하였다는 이유로 피고 군수가 원고에게 1978.12.19자로 원상복구 명령과 계고처분을 하고 1979.6.19 자로 앞서의 계고처분에 의한 원상복구의무의 이행기한을 동년 7.31로 유예한 후 1979.7.10 원고에게 통지한 "원상복구 촉구"의 공문은 선행된 원상복구명령 및 계고처분에 의하여 부담하고 있는 원상복구의무의 이행을 촉구 내지 권고하는 취지로서 그 자체로서는 원고에 대하여 어떤 법률적 의무를 부담시키는 법정 효과가 발생하는 것이 아니므로 이를 독립된 행정처분이라고 할 수 없고, 따라서 이의 취소를 구하는 항고소송은 부적법하다.; 대판 1983. 7. 29, 83누1 【건물철거계고처분취소】 원심판결(광주고등법원 1982.11.30 선고 82구39 판결)이 적법히 확정된 사실에 의하면 피고(광주시동구청장)는 1981.12.9 건축 455-21200호로 원고(정홍식)에게 그 소유의 원심판시 건물이 불법건축물이라는 이유로 같은달 20까지 이를 철거하라는 명령과 함께 위 지정된 기일내에 철거하지 아니할 경우에는 행정대집행법에 의하여 행정대집행하겠다는 내용의 계고처분을 하고, 원고가 그 계고서를 같은달 11 수령하고도 이에 응하지 아니하자 피고는 1982.3.11 건축 455-2790호로 위 그 계고기일을 같은달 31까지 연기한다는 뜻을 통보하였으며, 원고는 1982.3.15 이에 불복하여 그 취소를 구하는 소원을 광주시장에게 제기하였다는 것이다. 사실관계가 그와 같다면 피고가 1982.3.11 건축 455-2790호로 원고에게 통지한 내용은 단지 그보다 앞서 발한 1981.12.9자 건물철거명령 및 이에 불응할 경우의 대집행에 착수할 시기를 1982.3.31까지 유예하여 준 내용에 불과한 것으로서 이는 항고소송의 대상이 되는 새로운 계고처분이라고 볼 수 없다 할 것이므로 같은 취지의 원심판결은 정당하다.; 대판 1987. 11. 24, 87누761 【대의원회소집권자지명처분취소】

부)에 대하여 대법원은 "피고(포천군수)가 1979.7.10에 원고(고의영)에게 통지한 "원상복구촉구"의 공문(갑 제7호증)의 내용은 원고에게 선행된 원상복구명령 및 계고처분에 의하여 부담하고 있는 원상복구의무의 이행을 촉구 내지 권고하는 취지로서 그 자체로서는 원고에 대하여 어떤 법률적 의무를 부담시키는 법적 효과가 발생하는 것이 아니므로 이를 항고소송의 대상이 되는 독립된 행정처분이라고 할 수 없다고 판단하여 본건 소를 각하한 원심[1]의 조치는 정당하다."고 하였다.

▶ 대판 1983. 7. 29, 83누1【건물철거계고처분취소】(계고기일연기통보가 별도의 항고소송의 대상인 새로운 계고처분인지 여부)에 대하여 대법원은 "구청장이 불법건축물의 소유자에게 지정기일까지 철거하지 아니할 경우에는 행정대집행하겠다는 계고처분을 한 후 그 소유자가 계고서를 수령하고서도 이에 응하지 않자 계고기일의 연기의 통보를 하였다면, 이 통보는 앞의 철거명령에 불응할 경우의 대집행착수시기를 유예하여 준 것에 불과한 것으로서 항고소송의 대상이 되는 새로운 계고처분이라 할 수 없다."고 하였다.

▶ 대판 1987. 11. 24, 87누761【대의원회소집권자지명처분취소】(노동부장관의 임시대의원회소집권자 지명처분이 항고소송의 대상인 행정처분인지의 여부)에 대하여 대법원은 "행정소송의 대상이 되는 행정처분은 행정청의 공법상의 행위로서 특정사항에 대하여 법률에 의하여 권리를 설정하고, 의무를 명하며, 기타 법률상 효과를 발생케 하는 등 국민의 권리, 의무에 직접관계가 있는 행위를 말한다 할 것인즉 노동부장관의 임시대의원회소집권자지명처분은 임시대의원회를 개최하기 위한 일련의 절차 중의 하나를 이루는 것에 불과하고 그 자체로서 어떠한 권리, 의무를 설정하거나 법률상의 이익에 직접적인 변동을 초래케 하는 행정처분이라고 할 수 없으므로 이는 행정소송의 대상이 되는 행정처분이라 할 수 없다."고 하였다.

[정리] 위에서 살펴본바와 같이, 행정지도에 따르지 않을 경우에 벌칙규정이 있는 경우와 같은 행정지도는 행정처분에 포함되는 것으로 보아야 하지만, 그 밖의 경우에는 일반적으로 행정소송의 대상이 될 수 없다고 보는 것이 학설·판례의 입장이다.

### 1.2. 행정쟁송의 대상적격으로서의 행정지도의 처분성 인정문제

#### 1.2.1. 개관

[행정쟁송의 대상적격으로서의 행정지도의 처분성 인정의 필요성] 그러나 행정기관의 행위가 행정지도라는 형식에 의해 행해지는 경우라도 행정지도라는 행위형식 역시 **공행정 활동**의 하나로서, 행정기관이 행정목적을 달성하기 위하여 국민을 일방적으로 강제하는 권력행정에 못지않은 영향을 미치는 경우도 있다 할 것이고, 또한 행정지도 역시 행정기관이 행정목적의 실현을 위하여 행하는 행정기관의 행정작용(비권력적 행정작용)인 만큼, 위법행

---

1) 서울고등법원 1980.3.11. 선고 79구466 판결

위의 시정과 국민의 권익의 구제를 목적으로 하는 행정소송제도의 적극적 기능을 고려할 때, 행정지도를 단순히 사실행위라 하여 법적 구제로부터 외면한다면, 행정의 합목적적인 관점에서 문제가 있다할 것이다. 따라서 행정지도에도 그 처분성을 인정하여 행정쟁송의 대상으로 취급할 수 있는 방안을 강구할 것이 요구된다.[1] 이에 대한 해결방안으로서, (ㄱ) 사실행위에 대한 항고소송의 인정을 통한 행정지도의 처분성을 인정하거나, (ㄴ) 현행 행정소송법상의 처분의 개념에 포함되는 "그 밖에 이에 준하는 행정작용"에 행정지도를 포함시키는 방안이 있다.

### 1.2.2. 행정지도의 처분성 인정여부에 대한 검토

[처분성] 행정지도와 항고소송의 문제는 행정지도가 항고소송의 대상이 되느냐 하는 문제이다. 행정심판법과 행정소송법은 그 쟁송사항으로 행정심판 및 행정소송의 대상을「행정청의 처분 등이나 부작위」를 요건으로 하기 때문에 행정지도의 쟁송여부는 우선 처분성의 유무에 의하여 결정되며, 처분성이 인정되어야 한다. 그러나 처분성의 인정은 행정행위의 개념에 대한 정의가 어떠한가에 따라 다르게 나타난다. 행정소송법 제2조 제1항 제1호에 따르면, "처분등이라 함은 행정청이 행하는 구체적 사실에 관한 법집행으로서의 공권력의 행사 또는 그 거부와 그 밖에 이에 준하는 행정작용(이하 "처분"이라 한다) 및 행정심판에 대한 재결을 말한다."고 규정하고 있다.

### 1.2.3. 학설

#### a) 실체법적 개념설

[개관] 실체법적 개념설에 의하면 행정행위의 성질을 기준으로하여 실체법적으로 행정행위의 개념을 정립하고, 취소소송은 공정력을 가진 행정행위를 매개로 하여 생긴 위법상태를 제거하여 상대방의 권익을 구제함을 목적으로 하는 소송형태로 보아, 공정력이 인정되는 행정행위에 대하여서만 처분성을 인정한다. 이 견해는 행정처분을 실체법적 개념의 입장에서 판단하는 입장이며, 항고소송의 본질을 공정력의 배제에 있다고 본다. 그러나 이 견해는 국민의 권익구제를 어렵게한다.[2] 행정지도가 행정쟁송의 대상으로서 처분성을 가지는가에 대하여 전통적 견해에 의하면 행정처분은 "공권력의 주체인 국가 또는 공공단체가 행한 행위 중에서 그 행위에 의하여 직접 국민의 권리·의무를 형성하거나 또는 권리의무의 범위를 확정하는 것이 법률상 인정되고 있는 것"이라 정의하고 있고, 따라서 행정지도에 대해서는 다수설은 행정지도가 법적 구속력을 갖지 않는 것으로서 국민의 권리·의무

---

1) 서원우, 급부행정과 행정소송, 고시연구(1988.7), 148면.
2) 박규하, 항고소송의 대상으로서의 행정처분의 범위, 고시연구(1987.8), 110면.

에 법률상 하등의 영향을 미치지 않는다고 보아 행정처분에 해당하지 않고 취소소송의 대상이 되지 않는다고 한다. 그러나 한편으로는 행정청의 처분(행정처분의 개념)을 「국민개인의 법익에 대해서 사실상의 지배력을 갖는 행위」로 이해하는 경우에는 행정지도에도 처분성을 인정하는 것이 가능하다고 하여 행정지도에 대하여 처분성을 인정하려는 견해가 있다. 즉 (ㄱ) 행정지도 중 규제적·구속적 성격을 강하게 갖는 경우, (ㄴ) 행정지도에 복종하지 않음을 이유로해서 다른 처분이 행해진 경우, (ㄷ) 행정지도를 전제로하여 후행처분이 행하여진 경우에는 행정지도의 하자를 이유로 후행처분의 효력을 다툴수 있다.[1]

[판례] 우리 판례는 행정지도가 법률효과와 직접적으로 결부되어 있지 않은 이상 그 처분성을 인정하지 않고 있다. 즉, 처분성을 갖기 위해서는, (ㄱ) **공권력의 행사**에 해당하는 행위일 것, (ㄴ) 처분은 국민에 대하여 **형식적으로 법적 효과**를 발생하는 것이어야 하며, 실질적으로는 국민의 이해에 중대한 영향을 미치는 행위일지라도 형식적으로 법적 효과를 가지지 않는 것에 대하여는 처분성을 부인한다. 행정처분의 개념에 대한 우리 나라의 판례는 "행정처분이라 함은 행정청의 공법상의 법률행위로서 특정된 사건에 대하여 법규에 의하여 권익을 설정하고 의무를 명하며 기타 **법률상 효과를** 발생하게 하는 단독행위를 말한다."[2]

---

1) 김도창, 일반행정법론(상), 청운사, 1993, 528면; 최송화, 법치행정과 공익, 박영사, 2002, 316면; 김철용, 행정법(I), 333면.

2) 대판 1993. 12. 10, 93누12619【부당이득금환수처분취소】행정청의 어떤 행위를 행정처분으로 볼 것이냐의 문제는 추상적 일반적으로 결정할 수 없고, 구체적인 경우 행정처분은 행정청이 공권력의 주체로서 행하는 구체적 사실에 관한 법집행으로서 국민의 권리의무에 직접 영향을 미치는 행위라는 점을 고려하고 행정처분이 그 주체, 내용, 절차, 형식에 있어서 어느 정도 성립 내지 효력요건을 충족하느냐에 따라 개별적으로 결정하여야 하며, 행정청의 어떤 행위가 법적 근거도 없이 객관적으로 국민에게 불이익을 주는 행정처분과 같은 외형을 갖추고 있고, 그 행위의 상대방이 이를 행정처분으로 인식할 정도라면 그로 인하여 파생되는 국민의 불이익 내지 불안감을 제거시켜 주기 위한 구제수단이 필요한 점에 비추어 볼 때 행정청의 행위로 인하여 그 상대방이 입는 불이익 내지 불안이 있는지 여부도 그 당시에 있어서의 법치행정의 정도와 국민의 권리의식 수준 등은 물론 행위에 관련한 당해 행정청의 태도 등도 고려하여 판단하여야 한다. 의료보험연합회의 요양기관 지정취소에 갈음하는 금전대체부담금 납부안내 라는 공문은 비록 행정청의 행위라 해도 그것이 아무런 법적 근거가 없어 국민의 권리의무에 직접 어떤 영향을 미치는 행정처분으로서의 효력을 발생할 수 없고, 그 내용도 상대방에게 공법상 어떤 의무를 부과하는 것으로 보이지 아니하며, 그것을 행정처분으로 볼 수 있느냐 하는 문제에 대한 불안도 존재하지 아니한다고 볼 것이므로 이를 행정소송의 대상이 되는 처분이라고 볼 수 없다.; 대판 1992. 2. 11, 91누4126【보존문서정정등】행정소송의 대상이 되는 행정청의 처분이라 함은 행정청의 공법상의 행위로서 특정사항에 대하여 법규에 의한 권리의 설정 또는 의무의 부담을 명하거나 기타 법률상 효과를 발생하게 하는 등 국민의 권리의무에 직접 관계가 있는 행위를 말한다.; 대판 1961. 5. 1, 59행상55.

판시하고 있다(아래 판례참조).

▶ 대판 1995. 11. 21, 95누9099【전기공급불가처분취소】항고소송의 대상이 되는 행정처분이라 함은 행정청의 공법상의 행위로서 특정사항에 대하여 법규에 의한 권리의 설정 또는 의무의 부담을 명하거나 기타 법률상 효과를 발생하게 하는 등 국민의 구체적인 권리의무에 직접적 변동을 초래하는 행위를 말하는 것이고, 행정권 내부에서의 행위나 알선, 권유, 사실상의 통지 등과 같이 상대방 또는 기타 관계자들의 법률상 지위에 직접적인 법률적 변동을 일으키지 아니하는 행위 등은 항고소송의 대상이 될 수 없다 할 것인바(당원 1993. 10. 26. 선고 93누6331 판결, 1995. 7. 28. 선고 94누10832 판결 등 참조), 건축법 제69조 제2항, 제3항의 규정 취지에 비추어 보면, 이 사건 회신은 한전에 대하여 원고에 대한 전기공급을 하지 말아 줄 것을 요청하는 권고적 성격의 행위에 불과한 것으로서 한전이나 특정인의 법률상 지위에 직접적인 법률적 변동을 가져오는 것은 아니므로 이를 가리켜 항고소송의 대상이 되는 행정처분이라고 볼 수는 없다 고 할 것이다. 그럼에도 불구하고 원심은 이 사건 회신을 항고소송의 대상이 되는 행정처분으로 보아 본안에 들어가 판단하였으니 원심판결에는 항고소송의 대상이 되는 행정처분에 관한 법리를 오해한 위법이 있다고 할 것이다.

### b) 쟁송법적 개념설

[의의] 쟁송법적 개념설은 실체법상으로는 공권력 행사의 실체를 갖지는 않으나 실질적으로는 개인의 법익에 계속적인 사실상의 지배력을 미치는 행정작용도 구체적인 경우에는 형식상의 행정작용으로 보아 처분성을 인정하려는 견해이다. 이 견해의 타당성의 근거로는 행정지도도 다양하게 이루어지고 있는 행정과정중의 한 부분이므로 이러한 과정중에 발생한 권익의 구제를 도모하는 것이 행정의 합목적성과 합법성의 확보를 이상으로 하는 현대 행정의 이념에도 부합된다는 것이다. 이와같이 쟁송법적 개념설은 취소소송의 기능이 국민의 권익구제에 있음을 중시하여 행정처분의 개념을 실체법적 행정행위의 개념과는 별도로 정립하고자 하여, 행정에의 의존이 대폭 확대된 현대행정국가에서는 행정활동의 형식이 다양하게 이루어지고 있으므로 국민의 권익구제의 견지에서 강학상의 행정행위가 아닌 국가작용도 항고소송의 대상으로 삼아야 한다는 것이다. 결론적으로 공권력행사로서의 실체를 가지지 않아서 공정력이 인정되지 않지만 민사소송 기타 다른 수단이 없는 경우, 형식상 행정행위로 보아 처분성을 인정하자는 것이다.[1]

[대법원 판례] 대법원판례도 취소소송의 대상인 처분에 해당하는지의 여부는 취소소송이 가지는 행정구제의 기능의 중요성에 비추어 판단해야 한다는 견해를 보이고 있다.[2]

---

1) 우리나라와 일본의 유력한 학설이다. 김도창, 일반행정법론(상), 청운사, 1992, 752면.
2) 대판 1984. 2. 14, 82누70.

c) 소결

[처분성의 인정이 가능하다고 판단되는 경우] 위법행위의 시정과 국민의 권익의 구제를 목적으로 하는 항고소송제도의 기능을 고려할 때 행정처분의 경우 쟁송의 대상이 되지만, 행정처분과 동일한 목적과 기능을 가지는 행정지도는 쟁송의 대상이 되지 않는다고 하는 것은 불합리한 일이다. 따라서 행정지도를 개별적·구체적으로 유형화하여, 그중에서 처분성의 인정이 가능하다고 판단되는 경우에는 행정쟁송의 대상이 되도록 하여야 한다. 예컨대 행정지도 가운데 처분성을 인정할 수 있는 경우로는 다음과 같은 것을 들 수 있을 것이다. (ㄱ) 행정지도에 따르거나 따르지 않을 때에 일정한 법적 효과가 발생한다는 것이 법령에 규정되어 있는 경우(독점규제및공정거래에관한법률 제51조[위반행위의 시정권고]),1) 상대방이 행정지도에 따르지 않음으로 인하여 침익적 행정행위(belastender Verwaltungsakt)가 발생하게 되는 경우에는 그 행정행위에 대하여 행정소송을 제기함으로써 간접적으로 본래의 행정지도에 대하여 다툴 수 있다. 이러한 행정지도는 준법률행위적 행정행위에 준한다고 볼 수 있으므로 처분성을 인정할 수 있을 것이다. (ㄴ) 행정지도는 비구속적 행정작용이기 때문에 공권력 작용이 아니며, 따라서 원칙적으로는 헌법소원의 대상이 될 수 없지만, 경우에 따라 헌법소원의 대상이 될 수 있다. 헌법재판소는 당해 행정지도가 그 한계를 넘어 위법한 경우, 즉 계속성·강제성을 띠는 규제적·조정적 행정지도로서 권력적 사실행위의 성격을 갖게 된다면 헌법소원의 대상이 될 수 있다고 하였다.2) 권력적 사실행위의 경우에는 처분성을 인정하여야 한다.3) (ㄷ) 법령에서 금지하고 있는 행정지도인 경우, (ㄹ) 법령에서 정하고 있

---

1) 독점규제및공정거래에관한법률 제51조(위반행위의 시정권고) ① 공정거래위원회는 이 법의 규정에 위반하는 행위가 있는 경우에 당해 사업자 또는 사업자단체에 대하여 시정방안을 정하여 이에 따를 것을 권고할 수 있다. ② 제1항의 규정에 의하여 권고를 받은 자는 시정권고를 통지받은 날부터 10일 이내에 당해 권고를 수락하는지의 여부에 관하여 공정거래위원회에 통지하여야 한다. ③ 제1항의 규정에 의하여 시정권고를 받은 자가 당해 권고를 수락한 때에는 이 법의 규정에 의한 시정조치가 명하여진 것으로 본다.

2) 헌재결 1993. 7. 29, 89헌마31 【공권력 행사로 인한 재산권침해에 관한 헌법소원】 재무부장관이 제일은행장에 대하여 한 국제그룹의 해체준비착수지시와 언론발표 지시는 상급관청의 하급관청에 대한 지시가 아님은 물론 동 은행에 대한 임의적 협력을 기대하여 행하는 비권력적 권고·조언 등의 단순한 행정지도로서의 한계를 넘어선 것이고, 이와 같은 공권력의 개입은 주거래 은행으로 하여금 공권력에 순응하여 제3자 인수식의 국제그룹 해체라는 결과를 사실상 실현시키는 행위라고 할 것으로, 이와 같은 유형의 행위는 형식적으로는 사법인인 주거래 은행의 행위였다는 점에서 행정행위는 될 수 없더라도 그 실질이 공권력의 힘으로 재벌기업의 해체라는 사태변동을 일으키는 경우인 점에서 일종의 권력적 사실행위로서 헌법소원의 대상이 되는 공권력의 행사에 해당한다.

3) 그러나 위에서 언급한바와 같이 규제적·조정적 행정지도의 경우에 나타나는 강제성과 계속성도

는 대상 및 요건 등을 달리하여 행사되는 행정지도에 관한 경우, (ㅁ) 행정지도가 법률상 혹은 사실상 행정처분의 선행행위로서 행해지고 행정처분과 동일한 내용을 가지고 있는 행정지도(하도급거래공정화에관한법률 제25조[시정조치]; 대・중소기업상생협력촉진에관한법률 제28조[분쟁조정])[1])에 관하여도 행정쟁송법상 행정처분과 동일하게 취급하여야 할 것이다.[2] (ㅂ) 법률상 행정지도의 불이행에 대하여 불이익조치와 공표와 같은 제재적 조치

사실적인 것이지 법적인 것은 아니고, 사실적인 것은 취소・변경이 불가하므로 규제적・조정적 행정지도 역시 행정쟁송의 대상이 되지 아니한다는 반대설도 있다. 판례는 단순 사실행위에 관하여는 법적 효과가 없다고 하여 처분성을 인정하지 않고 있다. 대판 1984. 9. 25, 83누570 【애국지사유족확인신청반송취소】 (경유기관이 한 신청서의 거부 또는 반송조치가 항고소송의 대상이 되는 행정처분에 속하는지 여부) 애국지사의 유족임을 확인하는 법률상의 유일한 기관은 원호위원회인데 동 위원회가 편의상 원호처장 또는 그 예하기관을 통하여 위 신청서를 접수하고 있다 하더라도 원호처장 등은 위 신청서의 경유기관에 불과하기 때문에 비록 위 원호처장이나 그 예하기관이 동 신청서의 실질적인 요건의 구비여부를 심사판단하여 그 접수를 거부하거나 그 신청서를 반송하였다 하더라도 위와 같은 조치는 법률에 위반된 단순한 사실행위일 뿐 항고소송의 대상이 되는 행정처분에 속하지 아니한다 할 것이므로 위 거부 또는 반송조치의 취소를 구하는 소를 제기할 수는 없다.

1) (ㄱ) 하도급거래공정화에 관한 법률 제25조 제25조(시정조치) ① 공정거래위원회는 제3조제1항부터 제4항까지 및 제9항, 제3조의4, 제4조부터 제12조까지, 제12조의2, 제12조의3, 제13조, 제13조의2, 제14조부터 제16조까지, 제16조의2제7항 및 제17조부터 제20조까지의 규정을 위반한 발주자와 원사업자에 대하여 하도급대금 등의 지급, 법 위반행위의 중지, 특약의 삭제나 수정, 향후 재발방지, 그 밖에 시정에 필요한 조치를 권고하거나 명할 수 있다. ② 제24조의4제1항에 따라 협의회의 조정이 이루어진 경우에는 특별한 사유가 없으면 협의회가 조정한 대로 공정거래위원회가 제1항에 따라 시정에 필요한 조치를 한 것으로 본다. ③ 공정거래위원회는 제1항에 따라 시정명령(제2항에 따라 시정명령을 한 것으로 보는 경우는 제외한다. 이하 이 항에서 같다)을 한 경우에는 시정명령을 받은 원사업자에 대하여 시정명령을 받았다는 사실을 공표할 것을 명할 수 있다. (ㄴ) 대・중소기업상생협력촉진에관한법률 제28조(분쟁의 조정) ① 다음 각 호의 사항에 관하여 위탁기업과 수탁기업 또는 중소기업협동조합 간에 분쟁이 생겼을 때에는 위탁기업・수탁기업 또는 중소기업협동조합은 대통령령으로 정하는 바에 따라 중소기업청장에게 분쟁 조정을 요청할 수 있다. … ② 중소기업청장은 제1항에 따른 조정을 요청받으면 지체 없이 그 내용을 검토하여 제1항 각 호의 사항에 관하여 시정을 할 필요가 있다고 인정될 때에는 해당 위탁기업・수탁기업 또는 중소기업협동조합에 그 시정을 권고하거나 시정명령을 할 수 있다. ③ 중소기업청장은 제2항에 따른 시정명령을 받은 위탁기업・수탁기업 또는 중소기업협동조합이 명령에 따르지 아니할 때에는 그 명칭 및 요지를 공표하여야 한다. 다만, 위탁기업의 행위가 제26조에 해당하는 경우에는 공정거래위원회에 필요한 조치를 하여 줄 것을 요구하여야 한다. ④ 제2항에 따른 검토 및 시정권고나 시정명령에 필요한 사항은 대통령령으로 정한다.
2) 이는 행정지도를 따르지 않는 것이 법률상 후행처분의 요건으로 되는 것을 의미한다. 이 경우에는, (ㄱ) 먼저 행해지는 행정지도가 후행처분의 요건이라 하더라도 그것은 처분을 행하기 위한

와 결부되어 있는 행정지도의 경우(사립학교법 제43조[지원:… 관할청의 권고에 따르지 아니한 때에는 그 후의 지원은 이를 중단할 수 있다]; 하도급거래공정화에관한법률 제25조 [시정조치]; 대·중소기업상생협력촉진에관한법률 제28조[분쟁조정]), 이러한 행정지도는 불이익 조치 등을 행정지도에 반드시 따르게 하는 강제수단으로 사용한 것으로 보아 처분성을 인정하여야 할 것이다1). 이에 대하여 사실상의 제재적 조치나 불이익 조치 등과 결부되어 있는 행정지도에 관하여는 후행조치를 대상으로 다툴 수 있으므로 사건의 성숙성을 부정하여 행정쟁송의 제기가 불가하다는 견해도 있으나, 선행의 행정지도를 다투지 않고 후행조치를 대상으로 다투는 경우에는 권리구제를 위한 적절한 시기를 상실하고, 또한 이미 회복할 수 없는 손해(손실)가 발생하는 등 충분한 구제가 되지 못하기 때문에 이 견해에는 찬성할 수 없다.

### 1.3. 행정지도와 법률상 이익

행정소송법은 제12조에서 "취소소송은 처분 등의 취소를 구할 **법률상** 이익이 있는 자가 제기할 수 있다. 처분 등의 효과가 기간의 경과 처분 등의 집행, 그 밖의 사유로 인하여 소멸된 뒤에도 그 처분 등의 취소로 인하여 회복되는 법률상 이익이 있는 자의 경우에도 또한 같다."라고 규정하고 있다. 따라서 행정지도에 **처분성**을 인정하여 행정쟁송의 대상인 행정처분에 해당한다고 하더라도, 이것만으로는 불충분하고 더 나아가서 상대방 또는 제3자가 취소소송을 제기하려면 **법률상** 이익이 있어야 한다. 사실상 강제력을 가지는 행정지도에 대하여 처분성을 인정하고 항고소송의 대상이 된다고 하더라도 이러한 행정작용에 대하여 항고소송을 제기하기 위하여 항고소송의 원고가 법률상 이익을 가져야 한다. 여기서는 법률상 이익의 의미에 대한 고찰이 필요하다.2)

---

절차의 일부라고 해석할 수 있고, 현실적으로 상대방에 대하여 하등의 규제적 효과도 발생시키지 않는다고 보아, 먼저 행해지는 행정지도에 대한 위법성을 다투는 것이 가능하다고 보는 견해가 있고, 또한 행정지도에 따르지 아니함을 이유로 행해진 일정한 행정처분에 대해서 행정소송을 제기할 수 있으므로, 아울러 행정지도의 위법·부당성을 간접적으로 다툴 수 있다고 하는 견해가 있다(권호웅, 행정지도와 법치주의: 그 법적 근거 요부(要否)와 행정구제를 중심으로, 서울대학교 대학원(학위논문), 1990, 56면).

1) 김원주, 행정지도와 법적근거에 관한 사례연구, 경북대학교 법대논집, 제13집(1975), 75면; 서원자, 급부행정과 행정쟁송, 고시연구(1988.7), 147면.
2) 법률상 이익은 (ㄱ) 권리구제설, (ㄴ) 법이 보호하는 보호이익설(법률상 보호이익설), (ㄷ) 보호할 가치있는 이익구제설(보호가치이익설) (ㄹ) 행정의 적법성보장설 등의 견해가 대립되고 있다. 김남진·김연태교수는 '권리'와 '법률상 보호이익' 혹은 '법에 의해 보호되는 이익'은 권리의 다른 표현에 지나지 않는다고 하여 이를 구분하지 않고 동일한 개념으로 본다(김남진·김연태, 행정법 (I), 101면 참조). "법률상 이익이란 직접적이고 구체적인 이익이 있는 경우를 말하고 다만 간접

[비권력적 사실행위와 행정소송] 권력적 사실행위의 경우와는 달리 비권력적 사실행위인 행정지도에 대해 행정소송을 제기함에 있어서 요구되는 법률상 이익의 내용과 범위는 어떻게 이해해야 하는가? 즉, 행정지도로 인하여 불이익을 입은 자가 있다고 하더라도, 이러한 불이익은 행정객체인 사인의 행위를 통하여 간접적으로 야기된 것에 불과한데, 과연 그와 같은 간접적 불이익을 법률상 이익으로 볼 수 있느냐 하는 것이다. 과거 독일에서는 국가권력이 개인의 기본권을, (ㄱ) 법적 행위의 형식으로, (ㄴ) 직접적으로 침해하는 경우에만 기본권침해에 해당하여 법적 권리구제의 대상이 된다고 보았었다.1) 이와 같은 고전적 침해이론에 의하면 행정지도에 의하여 불이익을 입게 된 행정객체는 소송을 통하여 권리구제를 받기는 어렵게 된다. 그러나 오늘날의 일반적 견해는 침해의 상대성과 직접성이라는 요건을 배제하고 침해의 중대성, 침해에 대한 수인(受忍)기대가능성, 침해의 계속성 등의 요건이 충족되면 법률상 이익의 요건을 충족시킨다고 본다. 그러나 어느 정도의 침해가 있을 때, 법률상 이익의 요건이 충족된다고 볼 것인가를 구체적으로 논증하기는 현실적으로 어렵지만,2) 간접적·사실적 침해로부터 기본권이 보호받을 수 있다고 하여 행정지도와 같은 사실행위를 통하여서도 기본권 내지 법률상 이익이 침해될 수 있다는 것이 인정된다면 그러한 행정지도에 의하여 기본권 침해가 이루어진 경우에는 권리구제가 인정된다고 본다.3)

### 1.4. 행정지도와 행정쟁송법상의 "그 밖에 이에 준하는 행정작용"
#### 1.4.1. 우리나라에서의 판례·학설
[판례] 행정지도를 행정쟁송법(행정심판법·행정소송법)상의 처분개념인 "그 밖에 이에 준하는 행정작용"에 포함시킬 수 있을 것인가? 우리의 행정쟁송법이 행정처분의 개념속에 "그 밖에 이에 준하는 행정작용"을 포함시키고 있는데, 이는 국민에 대한 권익구제의 폭

---

적이거나 사실적, 경제적 이해관계를 가지는 데에 불과한 경우는 여기에 해당하지 아니한다(대법원 1998. 12. 23. 선고 98두14884 판결 등 참조)." 공권과 법률상 보호이익은 다같이 공권성립의 요건을 갖추고 있다는 점에서, 구별하지 아니하고 서로 동일한 것으로 보는 것이 타당하다고 생각하며, 더 나아가서 공권과 법률상 이익과도 동일한 것으로 보는 것이 타당하다. 다만 공권개념이 확대되어 온 역혁적인 측면에서 본다면 전통적 의미의 권리를 좁은 의미의 권리로, 전통적 의미의 권리와 법률상 보호이익을 합한 것을 넓은 의미의 권리로 보는 것도, 의미가 있을 것이다. ☞ 공권 = 법률상 보호이익 = 법률상 이익
1) 이흥식, 행정지도에 관한 연구: 법적 구제를 중심으로, 한양대학교 대학원(학위논문), 1993, 41면.
2) 서원자, 현대의 행정소송과 소의 이익, 고시연구(1990.9), 76면.
3) 김남진, 행정상의 사실행위와 행정소송, 고시연구(1994.10), 53-54면.

을 넓히기 위하여 처분의 개념을 확대적용한 것이다.[1] 다만 여기서 어떠한 행정작용이 "그 밖에 이에 준하는 행정작용"에 해당하는가 하는 문제는 구체적으로는 판례를 통하여 해결하여야 할 문제이지만,[2] 이에 대하여 참고할 만한 판례는 발견하기 어렵다.[3]

[우리나라의 학설] 우리나라의 학설의 경우에는, (ㄱ) 행정쟁송법상의 처분개념을 확대하여 '그밖에 이에 준하는 행정작용'에 포섭시키려는 견해로서 전자(前者)는 강학상의 행정행위가 아닌 행정작용일지라도, 공권력행사로서의 실체를 가지지 않고 따라서 공정력 등이 인정되지 않지만, 실질적으로 국민에게 계속적인 사실상의 지배력을 미치는 행정작용도 민사소송 기타 다른 구제수단이 없는 경우에는 역시 형식상으로 행정행위로 보아 처분성을 인정하자는 견해이다(형식적 행정처분이론).[4] 이 견해에 의하면 행정지도, 비구속적 행정계획, 비권력적 행정조사 등도 처분으로 볼 수 있다고 본다(행정지도에 대한 행정소송제기 가능). (ㄴ) 행정쟁송법상의 행정처분개념을 학문적 의미의 행정행위와 일치시켜서 '그밖에 이에 준하는 행정작용'의 의미를 밝히려는 견해이다. 이 견해는 "그 밖의 이에 준하는 행정작용"으로서 개별적·구체적 규율로서의 전통적인 의미의 행정행위 이외에 개별적·추상

---

[1] 석인선, 환경권론, 이화여자대학교출판부, 2007, 321면.
[2] 권호웅, 행정지도와 법치주의: 그 법적 근거 요부(要否)와 행정구제를 중심으로, 서울대학교 대학원(학위논문), 1990, 69면.
[3] "그밖에 이에 준하는 행정작용"에 대한 구체적 정의를 내리고 이에 입각한 판결을 내리는 것이 아니라 대체적으로 다음과 같은 정도의 판결을 내리고 있다. 대전고법 2001.7.27, 선고, 2000누2493【교원신규채용업무중단처분취소】판결항고소송의 대상이 되는 행정처분은 행정청이 행하는 구체적 사실에 관한 법집행으로서의 공권력의 행사 또는 그 거부와 그 밖에 이에 준하는 행정작용(행정소송법 제2조 제1항 제1호), 즉, 행정청의 공법상의 행위로서 특정사항에 대하여 법규에 의한 권리의 설정 또는 의무의 부담을 명하거나 기타 법률상 효과를 발생하게 하는 등 국민의 구체적인 권리의무에 직접적 변동을 초래하는 행위를 말하는 것이고, 특별한 경우를 제외하고는 행정권 내부의 행위 등과 같이 행정청에 의하여 결정된 내부적인 의사가 명시적 또는 묵시적인 방법으로 외부로 표시되지 아니하여 상대방 또는 기타 관계자들의 법률상 지위에 직접적인 법률적 변동을 일으키지 아니하는 행위 등은 항고소송의 대상이 될 수 없다(대법원 1999. 8. 20. 선고 97누6889 판결, 1999. 6. 25. 선고 98두15863 판결, 대법원 1991. 10. 8. 선고 91누2168 판결 등 참조).
[4] 형식적 행정처분개념에 관하여도 "형식적 행정처분론은 법익구제면에 있어서, 취소소송이 민사소송에 의하는 것보다 우위성을 지닌다는 것을 전제로 하고 있지만, 비권력적 행정활동을 형식적 행정처분으로 보아 처분성을 인정할 경우, 당해 행위가 취소소송의 배타적 관할에 속하는 것이 되어 공정력과 불가쟁력을 수반하게 되는데, 이것은 결과적으로 볼 때 비권력적 법률관계에 공정력이나 불가쟁력 등의 권력적 요소를 도입하는 결과를 초래하게 되며, 따라서 이는 상대방의 권리구제의 측면에 있어서는 오히려 제한적 의미를 지니게 된다는 비판적 견해가 있다(室井 力, 形式的行政處分について田中二郎先生古稀記念, 公法の原理(下) I (東京: 有斐閣, 1977), 1742頁(面).

적 법률, 물적 행정행위,[1] 국민에 대한 구속적 계획, 일반적·구체적 규율에 해당하는 일반처분(일반적 하명 : 예방접종공시·야간통행금지)[2] 등과 같이 일정한 법적 효과를 발생하는 행정작용은 포함시킬 수 있으나, 법적 효과가 발생하지 않는 행정작용, 즉 행정지도와 같은 사실행위는 포함시킬 수 없다고 본다(행정지도에 대한 행정소송제기불가).

### 1.4.2. 일본에서의 학설

[일본에서의 학설] (형식적 행정처분이론) : 형식적 행정처분이론은 행정작용에 대한 국민의 권익구제의 폭을 높이기 위하여, 행정쟁송법상의 '처분개념'을 별도로 정립·확장하려는 취지에서 일본에서 등장한 이론이 '형식적 행정처분'의 이론이다.[3]

---

1) http://m.cafe.daum.net/lawclass/CvPR/47?q=D_7.boa4JOgIw0&(검색어 : 물적 행정행위와 대물적 행정행위; 검색일 : 2015.9.20) **물적 행정행위** : (ㄱ) 공물의 공용지정 : 도로의 공용개시·공용지정, 문화재지정행위, (ㄴ) 도로명칭의 변경행위, (ㄷ) 교통표지판[일방통행표지판, 횡단보도설치, 주차금지표지판, 속도제한표지판]설치결정, (ㄹ) 공시지가(개별, 표준지)결정, (ㅁ) 도시계획상 용도지역(주거·상업·공업·녹지지역) 지정. **대물적 행정행위** : (ㄱ) 건축법상의 건축·개축·대수선·용도변경허가(대판 2002. 4. 26, 2000다16350), (ㄴ) 석유판매업(주유소)허가(대판 1992. 2. 25, 91누13106 ; 대판 1999. 4. 23, 97누14378)(다수설은 혼합적 허가로 분류), (ㄷ) 식품위생법상 일반(대중)음식점영업허가(대판 1993. 5. 27, 93누2216 ; 대판 2000. 3. 24, 97누12532)·단란주점영업허가(대판 2001. 1. 30, 99두3577)·유흥접객업허가(대판 1993. 2. 12, 92누4390), (ㄹ) 채석허가(대판 2003. 7. 11, 2001두6289)·수입허가, 자동차(차량)검사합격처분 등이 있다. 다수설은 물적 행정행위와 대물적 행정행위를 구별하지만, 판례는 물적 행정행위를 인정하지 않는다. 물적 행정행위에 해당하는 횡단보도설치결정에 관한 판례에서 판례는 물적 행정행위를 인정하지 않고, 권리의무에 직접적 관련을 논거(대인적 측면)로 처분성을 인정한 바 있다.

2) 일반처분은 행정행위의 상대방이 불특정 다수인인 행정행위이다. 예컨대, 도로의 통행금지, 토지거래규제구역의 지정, 교통신호, 도로노선의 확정 또는 폐지, 공시지가의 공시, 도시계획결정, 용도지역의 지정 용도지역변경행위·기준지가고시, 주차금지·좌회전금지 등 교통표지, 컴퓨터 등 자동기기에 의한 행정결정, 통행금지, 통행금지해제, 공용개시 의사표시, 민방위 경보, 국토건설종합계획법에 의한 특정지역지정 대통령공고, 차량의 일방통행구역 지정고시 및 예방접종을 받지 않는 독감환자에 대하여 진료비에 대한 본인부담비율을 20% 증가시키겠다는 발표행위는 부담증가의 대상이 발표당시에는 특정되어 있지 않아 개별적인 규율이 아니나, 독감에 걸려 병원에 진료를 받으러 갈 경우 그 인적 범위가 특정되므로 '일반적인 특징에 의하여 확정되어지거나 확정되어질 수 있는 인적 범위를 대상으로 하는' 일반처분에 해당한다. 일반처분은 보통 하명의 형식으로 이루어지지만, 구속적 행정계획·공용개시·공용폐지에 속하는 것도 있다. 일반처분도 행정행위인 점에서는 개별적 처분과 다름이 없고 따라서 **행정소송의 대상**이 된다.

3) 형식적 행정처분이론은 原田尙彦 교수와 兼子 仁 교수에 의하여 그 내용이 구체적으로 전개된 이론이다. 山田幸男, 給付行政法, 岩波講座 現代法 4卷(東京 : 岩波書店, 1966) 51頁(面)참조. 이는 일본의 다수설로 되어가고 있으며, 또한 판례도 이를 지지하는 경향이 나타나고 있다.

(ㄱ) 행위 자체는 공권력의 행사라는 실체를 가지고 있지 않은 비권력적 행정작용의 경우, 따라서 이른바 공정력이나 불가쟁력 등의 효력도 없으며, 또한 항고쟁송의 배타적 관할에 속하지 않는다 할 지라도, 실질적으로 국민생활을 "일방적으로 규율하는 행위", 또는 개인 법익에 대하여 계속적으로 "사실상의 지배력을 미치는 경우"에는, 항고쟁송의 대상이 되는 처분성을 인정하여야 한다는 것이다.

(ㄴ) 형식적 행정처분이론은 종래의 공권력이 없는 사실행위, 국민에 대한 구체적인 법적 효과가 발생하지 아니하는 행정지도, 행정내부행위에 불과하다는 행정규칙, 종국적인 권리·의무의 발생단계가 아니라서 사건의 성숙성이 없다는 행정상입법·일반처분 등이 「처분성」이 모두 부인되어 행정소송의 대상이 되지 않는데 대한 항의적인 개념으로서 등장한 이론이다.

[상대적 행정처분이론·소송법적 행정처분이론] 일본에서의 학설상 처분성의 확대를 주장하는 견해로는 이밖에도 상대적 행정처분이론과 소송법적 행정처분이론 등이 있다. (상대적 행정처분이론): 상대적 행정처분이론을 주장하는 일본의 阿部泰隆 교수의 견해에 의하면, 항고소송의 대상이 되는 처분성을 행위의 성질에 의해서 획일적으로 결정하는 방법을 지양하고, 다투는 사람의 종류, 다투는 이유 등을 면밀히 파악하여 그들이 가지는 분쟁의 상황여하에 따라서 처분성의 여부를 합리적으로 판단하여야 한다는 것이다.[1] (소송법적 행정처분이론): 소송법적 행정처분 이론은 항고소송의 목적이 행정처분의 위법성의 판단을 통하여 국민의 권리·이익을 확보하는 것이라고 전제하면서, 항고소송은 행정처분에 의해서 상대방의 권리가 침해되었는가의 여부를 판단할 필요없이 다만, 당해 행정처분이 법규에 적합한가의 여부를 판단하도록 하되, 만약 법규에 위반되는 위법한 행정처분이라고 인정되는 경우, 그러한 위법한 행정처분의 시정을 통해서 분쟁을 해결하고자 한다.[2]

### 1.4.3. 소결

[소결] 과거에는 행정쟁송의 대상으로써의 대상적격이 되는 처분의 개념을 공정력있는 실체적 행정처분으로서, 국민개인의 권익에 직접적으로 법률효과를 미치는 것으로 한정하였기 때문에 행정지도를 행정처분으로서 행정소송의 대상으로 삼기는 어려웠다. 그러나 현행 행정소송법은 처분개념을 "행정청이 행하는 구체적 사실에 관한 법집행으로서의 공권

---

1) 阿部泰隆, 取消訴訟の對象, 現代行政法大系 4券(東京 : 有斐閣, 1983), 234頁(面).
2) 특히 일본의 山村恒年의 견해에 의하면, 항고소송의 대상이 되는 행정처분은 행정권 행사로서의 공권적 행위이며, 그것의 적법·위법의 판단이 가능한 행위이면 충분하며, 법적 효과의 발생 혹은 상대방의 권리를 제한 하거나 침해하여 의무를 부과하는 결과를 발생시키는 것은 행정처분의 요건이 되지 않는다고 한다. 山村恒年, 行政處分槪念の再檢討, 判例タイムス205號(1967), 39-40頁(面).

력의 행사 또는 그 거부 이외에 그 밖에 이에 준하는 행정작용(행정소송법 제2조 제1항 제1호)"이라고 하여 처분개념을 탄력적으로 규정하고 있기 때문에,[1] 행정지도에 대해서도 충분히 그 처분성을 인정할 수 있을 것이다. 행정지도에 있어서 법률상 이익이 존재하는지의 여부에 대하여도 독일과 같이 간접적·사실적 침해에 관하여도 법률상 이익이 있다고 보아 원고적격을 인정하는 것이 현대 행정국가에서의 - 급부행정영역에서의 - 권리구제제도에 적합하다고 본다. 따라서 행정지도가, (ㄱ) 강제력을 가지거나, (ㄴ) 사실상 강제력을 가지는 것이라고 판단되는 경우, 법률상 이익이 있다면 사실행위인 행정지도에 대해서도 항고소송의 대상으로 포함시키는 것이 타당하다. 그리고 행정지도에 따르지 않는 것을 이유로 허가나 특허에 대한 취소처분이 있는 경우에는 그 취소처분을 대상으로하여 위법성을 다툴 수 있다고 본다(취소의 취소).

### 1.5. 위법·부당한 행정지도·잘못된 행정지도

[위법·부당한 행정지도] 위법·부당한 행정지도로 말미암아 개인의 권익에 침해가 있을 경우의 사법적 구제에 관한 문제는 행정소송·행정상 손해배상·손실보상의 측면에서 고찰된다. 그러나 그 어느 방법에 의한 구제도 행정지도의 상대방을 위해서 완전한 구제방법이 되지 못한다는 점에서 문제가 있다.

[잘못된 행정지도로 인한 손해배상청구] (사례) : 농민인 갑은 새해가 시작되자 면사무소와 농촌지도소 등에서 올해는 수익성이 높은 고추를 경작하라고 권유하였고, 농협으로부터 대출을 받아 대규모로 고추를 경작하였다. 그러나 고추농사가 지나치게 풍년이 되어 가격하락으로 인하여 갑은 커다란 경제적 손해를 보았다. 이 경우 면사무소나 농촌지도소 혹은 국가기관을 상대로 손해배상청구 등 법적인 구제를 청구할 수 있는가?

[해설] 행정관청 등에서 행정목적을 위하여 국민들의 동의나 임의적 협력을 전제로 행하는 일정한 행정작용을 행정지도라고 한다. 행정지도는 행정관청이 공권력의 발동 없이 국민의 협력을 전제로 어떠한 행위를 알선·권유하는 것을 말하는 것으로서 비권력적 사실행위에 해당한다. 이러한 행정지도는 오늘날 행정기능이 확대되고 강제력 없이 동의를 전제로 하는 편리성 때문에 행정관청에서 많이 활용하고 있으나, 한편으로는 국민의 동의를 사실상 강제하거나 엄격한 법령의 규제를 회피하는 수단으로 행해지기도 하는 등의 부작용이 있기도 하다. 이러한 장·단점이 있는 행정지도에 의하여 국민이 어떤 행위를 한 결과 그 국민의 권익이 침해되었을 때 구제방법이 문제된다. 일반적으로 행정행위에 의한 권익의 침해를 구제 받는 방법으로는 행정심판이나 행정소송 등의 행정쟁송에 의하거나 국가기관 등을 상대로 손해배상청구를 하는 방법이 있다. 그런데 원칙적으로 **행정지도를 대상으**

---

[1] 김남진, 행정상 사실행위와 행정쟁송, 고시연구(1994.10), 49면.

로 하는 행정쟁송은 인정되지 않는다고 하는 것이 일반적인 견해이다. 행정쟁송의 대상은 일정한 법적 효과를 발생시키는 권력행위인바, 행정지도는 상대방의 동의 등을 전제로 하는 비권력적 사실행위이기 때문이다. 다만, 그 행정지도를 전제로 하여 연이어 다음의 위법한 행정처분이 내려진 경우에는 소송 등을 통하여 그것을 다툴 수 있다. 결국 일반적인 견해에 따른다면 위 사안의 경우와 같이 다른 행정처분이 내려짐이 없이 면사무소 등이 고추경작을 권유한 행위만으로는 행정쟁송의 대상이 될 수 없다. 국가기관 등을 상대로 하는 손해배상청구 가능여부에 관하여 판례는 "국가배상법이 정한 배상청구의 요건인 '공무원의 직무'에는 권력적 작용만이 아니라 행정지도와 같은 비권력적 작용도 포함되며 단지 행정주체가 사경제주체로서 하는 활동만 제외되는 것이고, 甲시 및 그 산하의 乙구청은 도시계획사업의 주무관청으로서 그 사업을 적극적으로 대행·지원하여 왔고 토지수용보상금의 공탁[1]도 행정지도의 일환인 직무수행으로서 행하였다고 할 것이므로, 비권력적 작용인 공탁으로 인한 甲시의 손해배상책임은 성립할 수 없다는 주장은 이유 없다."라고 하여 이를 인정한 사례[2]가 있다. 그러나 위 사례는 甲시 등이 도시계획사업을 적극적으로 대행·지원하였고, 추진위의 보상금공탁을 대행하면서 부적법한 공탁을 하여 토지수용이 무효가 되게 한 사안으로 특별한 행정지도의 형태에 적용된 경우로 보이고 일반화하기는 어렵다. 결국 행정지도는 원칙적으로 국민의 동의를 전제로 행하여지기 때문에 행정지도에 약간의 하자가 있더라도 국가나 지방자치단체의 배상책임이 인정된다고 할 수는 없을 것으로 보인다. 그렇다면 위 사안에 있어서도 단순히 고추경작을 잘못 권장한 것만으로 국가배상청구가 가능하다고 할 수는 없다. 다만, 국가기관이 행정지도에 따른 국민의 행위로 인하여 발생한 손해에 대하여 임의로 보상조치 등을 한 예는 있는바, 농촌진흥청의 통일벼 재배장려에 따라 손해를 본 농가(1972년11월) 및 노풍벼 재배장려에 따른 결과로 흉작에 의하여 일정비율 이상의 손해를 본 농가(1978년 9월)에 대한 관련부처의 각 보상조치 등이다. 행정절차법 제48조 및 제50조에 의하면 행정

---

[1] 공탁 : 공탁이라 함은 금전 또는 유가증권 기타의 물건을 공탁소에 임치하는 것, 바꿔 말하면 공탁자와 법률이 정하는 공탁기관과의 사이에 맺어지는 임치계약을 말한다. 법적 기능은, 변제를 위하여 채권자의 수령을 요하는 경우에, 변제자가 제공하였음에도 불구하고 채권자가 수령을 거절하거나 또는 수령할 수 없는 때에는, 채무 자체는 소멸하지 않게 된다. 이와 같이 채권자의 불수령으로 채무자가 언제까지나 채무에 의하여 구속당한다는 것은 공평하지가 않다. 그 대책으로서 마련된 제도가 바로 공탁제도이며, 변제자는 목적물을 공탁함으로써 그 채무를 면할수 있다(민법 제487조).

[2] 대판 1998. 7. 10, 96다38971【손해배상(기)】(불법행위로 인한 재산상 손해의 의의 및 그 구분) "불법행위로 인한 재산상 손해는 위법한 가해행위로 인하여 발생한 재산상 불이익, 즉 그 위법행위가 없었더라면 존재하였을 재산 상태와 그 위법행위가 가해진 현재의 재산 상태의 차이를 말하는 것이고, 그것은 기존의 이익이 상실되는 적극적 손해의 형태와 장차 얻을 수 있을 이익을 얻지 못하는 소극적 손해의 형태로 구분된다."

지도는 그 목적달성에 필요한 최소한도에 그쳐야 하며 행정지도의 상대방의 의사에 반하여 부당하게 강요하여서는 아니 되고, 행정기관은 행정지도의 상대방이 행정지도에 따르지 아니하였다는 것을 이유로 불이익한 조치를 하여서는 아니 되며, 행정지도의 상대방은 당해 행정지도의 방식내용 등에 관하여 행정기관에 의견을 제출할 수 있다고 규정하고 있다.[1]

## 2. 행정지도와 당사자소송(當事者訴訟)

### 2.1. 서설

당사자소송은 행정청의 공권력행사 또는 불행사로 인하여 생긴 법률관계를 포함하여, 그 밖의 공법상의 법률관계에 관하여 대등한 당사자 간의 법적쟁송을 해결하기 위한 소송이다. 그것은 기본적으로 대등한 당사자 간의 소송이라는 점에서 처분 등을 통해 표현된 행정청의 공권력 행사자로서의 우월적 지위가 전제되어 있는 항고소송과 구별된다. 그러나 우리 행정소송법은 소송형태가 다양하지도 않고, 당사자소송도 적극적으로 활용되고 있지도 않다. 그리하여 행정상의 법률 쟁송은 사실상 항고소송과 민사소송으로 처리되고 있다.

### 2.2. 행정지도와 포괄소송으로서의 당사자소송

당사자소송은 일반적으로 그것이 대등한 당사자간의 소송이라는 점에서 처분 등을 통해 표현된 행정청의 우월적 지위(행정주체의 우월성)를 전제로 하는 항고소송과는 구별된다. 물론 항고소송 역시 당사자적인 법률관계로 환원될 수 없는 것은 아니지만,[2] 행정소송법은 행정청의 처분 등 또는 부작위에 대해서는 항고소송을 그 밖의 공법상 법률관계에 대해서는 당사자소송을 인정하고 있다. 그 결과 항고소송이 처분 등이나 부작위를 대상으로 하는데 비하여 당사자소송은 공법상의 법률관계를 대상으로 한다. 한편, 당사자소송은 '행정처분 등 부작위' 이외에 공법상 법률관계 일반을 그 대상으로 하고 있다는 점에서 포괄소송으로서의 특성을 가지고 있고, 오늘날과 같이 행정작용의 비중이 침해행정으로부터 조성행정으로 변화하고 있는 상황하에서 행정행위의 형식이 다양해지면 질수록 더욱더 당사자소송의 비중도 증대하게 될 것이다.

▶ 항고소송 → 처분 등이나 부작위를 대상
▶ 당사자소송 → 공법상의 법률관계를 대상

[실질적 당사자소송] 특히 징형적 법률관계에 대해서는 징형적 소송유형에 의힐 것이므로 당사자소송은 그러한 소송유형에 의하여 처리될 수 없는 경우에 한하여 보충적으로 적

---

1) http://www.klac.or.kr/content/view.do?code(검색어 : 행정지도; 검색일 : 2015.9.28) <대한법률구조공단>
2) 박윤흔, 공법상의 당사자소송, 월간고시(1992.3), 26면.

용된다.¹)고 하는 견해는 처분성을 결여한 행정작용, 이른바 '비처분적 행정결정'에 대한 권리보호의 형식으로서 당사자소송이 갖는 기능을 정확히 인식하고 있다는 점에서 타당하다. 그런데 "당사자소송은 공법상 법률관계를 확정시키기 위한 관한 소송인데, 행정기관이 행정지도에 따르도록 회유하기 위하여 현실적인 반대급부를 약속한 경우에는 행정계약의 법리 또는 확약의 법리가 적용되어 실질적 당사자소송의 대상이 될 여지가 있지만,²) 행정지도는 임의적 성격을 갖기 때문에 이 역시 엄격한 의미에서 행정지도에 해당한다고 하기는 어렵다."는 견해도 있다.³)

### 2.3. 소결

단순한 상담 및 조언 형식의 행정지도나 기술적 조언 등의 행정지도에는 처분성을 인정할 수 없기때문에 당사자소송을 이용하여 권리구제를 받을 수 있겠으나, 사실상 행정처분과 동등한 구속력을 가지는 행정행위의 선행행위로서의 행정지도나 사회적 제재조치나 불이익한 효과가 부여되는 행정지도에 대해서는 당사자소송보다 처분의 범위를 넓게 해석하여 취소소송의 대상에 포함시키는 것이 타당하다고 본다.

## 3. 행정상 손해전보에 의한 구제

### 3.1. 행정지도에 대한 손해배상

#### 3.1.1. 개관

a) 행정지도의 직무성(職務性) 유무(직무를 집행함에 있어서의 손해배상 책임)

[개관] 국가작용(행정작용)에는 권력작용, 비권력적 관리작용, 사경제작용 등이 있는데, 이들 작용 중에서 어느 범위까지를 국가배상법 제2조의 직무행위(Amtshandlung)에 포함되는가 하는 점이 문제된다. 국가배상법 제2조의 '직무'에는 권력작용 및 비권력적 공행정작용(관리작용)도 포함된다고 본다. 즉, 직무범위에는 널리 행하여지는 행정작용 중 국가배상법 제5조에 규정된 영조물(공공시설물)의 설치·관리, 그리고 순수한 사경제작용을 제외한 모든 공행정작용이 포함된다고 한다(광의설).⁴) 위법한 행정지도로 인한 손해배상책임과의 관계에서, 협의설(권력작용)에 의하면 행정지도는 공권력의 행사가 아니므로 그로 인한 손해에 대하여 배상청구를 할 수 없으나, 광의설(권력작용 + 관리작용)이나 최광의설(권력작용 + 관리작용 + 사경제작용)⁵)에 의한 경우에는 그 배상청구가 가능하게 된다. 우

---

1) 박윤흔, 공법상의 당사자소송, 월간고시(1992.3), 26면.
2) 이광윤, 신행정법론, 법문사, 2007, 125면.
3) 김도승, 행정지도에 관한 고찰, 가천(嘉泉)법학, 제5권 제1호(2012.4.30), 255면.
4) 박윤흔, 공무원의 위법한 직무집행행위로 인한 손해배상책임의 요건, 월간고시(1989.10), 44면.

리나라의 경우는 광의설이 다수설이고, 판례도 직무의 범위에 관하여는 최광의설[1])에 입각한 것도 있으나 대부분은 광의설[2])의 입장을 취하고 있다.

[국가배상법의 내용] 국가배상법 제2조(배상책임) ① 국가나 지방자치단체는 공무원 또는 공무를 위탁받은 사인(이하 "공무원"이라 한다)이 **직무를 집행하면서** 고의 또는 과실로 법령을 위반하여 타인에게 손해를 입히거나, **자동차손해배상 보장법**에 따라 손해배상의 책임이 있을 때에는 이 법에 따라 그 손해를 배상하여야 한다. 다만, 군인·군무원·경찰공무원 또는 향토예비군대원이 전투·훈련 등 직무 집행과 관련하여 전사(戰死)·순직(殉職)하거나 공상(公傷)을 입은 경우에 본인이나 그 유족이 다른 법령에 따라 재해보상금·유족연금·상이연금 등의 보상을 지급받을 수 있을 때에는 이 법 및 민법에 따른 손해배상을 청구할 수 없다. ② 제1항 본문의 경우에 공무원에게 고의 또는 중대한 과실이 있으면 국가나 지방자치단체는 그 공무원에게 구상(求償)할 수 있다.

[공무원의 직무와 행정지도] 행정지도도 국가배상법 제2조의 요건을 충족하고 있으면 피해자는 국가 또는 지방자치단체에 손해배상을 청구할 수 있다.[3]) 국가배상법 제2조가 규정하고 있는 "공무원이 직무를 집행하면서 …"에 있어서, 공무원의 직무의 범위에 대하여는 협의설, 광의설, 최광의설이 있다. 권력작용과 비권력작용 가운데 사인의 사경제적 행위와 구별할 필요가 없는 사경제적 작용을 제외한 공행정 작용만을 직무범위에 포함시키는 광의설이 타당하다. 학설 및 판례도 이 견해를 지지하고 있다. 따라서 행정지도도 이에 포함된다고 본다. 또한, 비록 직무의 범위에 관리작용이 포함되지 않는다고 하더라도 행정지도가 가지는

---

5) 최광의설의 입장에 의하면, 공행정작용인 권력작용과 관리작용 뿐만 아니라, 사경제작용도 국가배상법 제2조의 직무행위에 포함된다고 한다. 왜냐하면 헌법 제29조 제1항에서 규정하는 국가배상청구권은 행정작용을 구별하지 않고 국가의 배상책임을 일반적·포괄적으로 규정하고 있으며, 또한 국가배상법에는 민법과 같은 면책규정(제756조[사용자의 배상책임] ① 타인을 사용하여 어느 사무에 종사하게 한 자는 피용자가 그 사무집행에 관하여 제삼자에게 가한 손해를 배상할 책임이 있다. 그러나 사용자가 피용자의 선임 및 그 사무감독에 상당한 주의를 한 때 또는 상당한 주의를 하여도 손해가 있을 경우에는 그러하지 아니하다)이 없고, 손해배상시 **민법 혹은 상법에 의한 손해배상보다는 국가배상법에 의한 손해배상이 피해자에게 유리하며, 국가배상법도 사법이라는** 것을 그 논거로 제시하고 있다.

1) 대판 1974. 11. 12, 74다007【손해배상】
2) 대판 1980. 9. 24, 80다1051【손해배상】【판시사항】서울특별시 산하 구청청소차량 운전수가 공무원인지 여부【판결요지】1. 서울시 산하 구청소속의 청소차량 운전원이 지방잡급직원규정에 의하여 단순노무제공만을 행하는 기능직 잡급직원이라면 이는 지방공무원법 제2조 제2항 제7호 소정의 단순한 노무에 종사하는 별정직 공무원이다. 2. 서울시가 그 산하 구청관내의 청소를 목적으로 그 소속차량을 운행하는 것은 공권력의 행사이다.
3) 김철용, 행정법(I), 333면.

사실상의 권력적 요소를 인정하여 이러한 사실상의 권력적 요소를 가지는 일정한 행정지도는 직무의 범위에 포함된다고 보아야 할 것이다. (대법원판례) : 대법원 역시 "국가배상청구의 요건인 '공무원의 직무'에는 권력적 작용만이 아니라 비권력적 작용도 포함되며 단지 행정주체가 사경제주체로서 하는 활동만 제외된다."라고 하고 있다(아래 판례참조).[1]

▶ 대판 2001. 1. 5, 98다39060 【구상금】 ▷ 교통할아버지 사건
【판시사항】
[1] 국가배상법 제2조의 '공무원'의 의미 ▷ 판결요지 [1]
[2] 국가배상청구의 요건인 '공무원의 직무'의 범위 ▷ **권력적 작용·비권력적 작용**
[3] 국가배상법 제2조 제1항의 '직무를 집행함에 당하여'의 의미 ▷ 판결요지 [3]
【판결요지】
[1] 국가배상법 제2조의 '공무원'이라 함은 국가공무원법이나 지방공무원법에 의하여 공무원으로서의 신분을 가진 자에 국한하지 않고, 널리 공무를 위탁받아 실질적으로 공무에 종사하고 있는 일체의 자를 가리키는 것으로서, 공무의 위탁이 일시적이고 한정적인 사항에 관한 활동을 위한 것이어도 달리 볼 것은 아니다.

[2] 국가배상청구의 요건인 '공무원의 직무'에는 **권력적 작용**만이 아니라 비권력적 작용도 포함되며 단지 행정주체가 사경제주체로서 하는 활동만 제외된다.

[3] 국가배상법 제2조 제1항의 '직무를 집행함에 당하여'라 함은 직접 공무원의 직무집행행위이거나 그와 밀접한 관계에 있는 행위를 포함하고, 이를 판단함에 있어서는 행위 자체의 외관을 객관적으로 관찰하여 공무원의 직무행위로 보여질 때에는 비록 그것이 실질적으로 직무행위에 속하지 않는다 하더라도 그 행위는 공무원이 '직무를 집행함에 당하여' 한 것으로 보아야 한다.

[4] 지방자치단체가 '교통할아버지 봉사활동 계획'을 수립한 후 관할 동장으로 하여금 '교통할아버지'를 선정하게 하여 어린이 보호, 교통안내, 거리질서 확립 등의 공무를 위탁하여 집행하게 하던 중 '교통할아버지'로 선정된 노인이 위탁받은 업무 범위를 넘어 교차로 중앙에서 교통정리를 하다가 교통사고를 발생시킨 경우, 지방자치단체가 국가배상법 제2조 소정의 배상책임을 부담한다.

[행정지도로 인한 행정주체의 국가배상책임 성립의 가능성] 행정지도로 인한 행정주체의 국가배상책임 성립의 가능성에 관하여 대법원은 다음과 같은 판결을 하였다(아래 판례참조).

▶ 대판 1998. 7. 10, 96다38971 【손해배상(기)】 국가배상법이 정한 배상청구의 요건인 '공무원의 직무'에는 권력적 작용만이 아니라 행정지도와 같은 비권력적 작용도 포함되며 단지 행정주체가 사경제주체로서 하는 활동만 제외되는 것이고(대법원 1994. 9. 30. 선고 94다11767 판결 등 참조), 기록에 의하여 살펴보면, 피고 및 그 산하의 강남구청은

---

1) 대판 2001. 1. 5, 98다39060 【구상금】

이 사건 도시계획사업의 주무관청으로서 그 사업을 적극적으로 대행·지원하여 왔고 이 사건 공탁도 행정지도의 일환으로 직무수행으로서 행하였다고 할 것이므로, 비권력적 작용인 공탁으로 인한 피고의 손해배상책임은 성립할 수 없다는 상고이유의 주장은 이유가 없다.

b) 행정지도에 있어서 고의·과실책임

행정지도에 대하여 손해배상청구를 인정하는데 있어서 (ㄱ) 직무행위(Amtshandlung)임이 인정된다고 하더라도, (ㄴ) 해당 공무원의 고의·과실을 그 요건으로 한다. 즉, 공무원의 직무행위가 위법하다는 것을 입증하려면 공무원의 위법한 직무행위가 고의·과실에 의한 것임을 입증해야 한다. 민사법상의 표현증명(Anscheinbeweis)인 일응추정의 법리(Prima-Facie-Theorie)[1][2]를 원용하여 피해자인 원고가 가해자인 피고 측의 불법행위에 관하여 이미 입증된 사실 또는 현저한 사실이 사물의 성질상 고의·과실을 추정(推定)하게 하는 개연성이 있는 경우에는 피고 측이 반증(反證) 혹은 간접반증(indirekter Gegenbeweis) 등과 같은 '특단의 사정'을 통하여 추정을 전복하지 못하는 한, 그 입증된 사실로부터 일단 고의·과실이 추정된다고 하여 고의·과실의 인정범위를 확대하고 있다. 그

---

[1] 일응 추정(Prima-facie Beweis, Anscheinbeweis, Beweis des ersten Anscheins) 혹은 「일응 충분한 증명」이란 피해자의 입증부담의 완화를 목적으로 하는 것으로서, 이는 고도의 개연성이 있는 경험법칙을 이용하여 "어느 사실로부터 다른 사실을 추정하는 경우"를 말한다. 이 경우 증명에 가까운 상태를 표현(表見)증명(Anscheinbeweis)이라고 한다. 사실상 추정의 하나로서, 고도의 개연성이 있는 경험칙을 이용해 주요사실을 추정하는 것이다. 거의 증명된 것이나 마찬가지라는 뜻에서 표현증명(Anscheinbeweis)이라 한다. 주로 불법행위에 있어서 인과관계와 과실의 인정의 경우에 적용되고, 예를 들면, 자동차가 인도에 뛰어들어 인명사고를 낸 경우, 그 자체만으로 운전자의 과실이 있는 것으로 추정하는 것이다. 이것은 십중팔구는 틀림없는 정도로 고도의 개연성(Wahrscheinlichkeit)을 가진 경험법칙에 의한 사실상의 추정을 의미하며, 통상의 사실상의 추정의 경우처럼 사안의 사실관계(Sachverhältnis)를 상세히, 구체적으로 주장·입증할 필요가 없다는 점에서 입증책임을 경감하는 효과를 갖는, 독일 판례법에 의해 생성·발전된 법리로서 학설의 지지를 받고 있다. 영미법상의 res ipsa loquitur(The thing speaks itself) rule과도 같은 맥락을 가진 법리이다. 이시윤, 민사소송법, 577면; 김백유, 환경법 참조.
[2] 우리나라의 판례로는 탄광이 붕괴사고로 사망한 경우 시설물이 흠에 기인하는 것으로 추정(대판 1969. 12. 30, 69다1604), 버스 뒷바퀴로 16세 소녀의 허벅다리를 치었다면, 특단의 사정이 없는 한 현장에서 즉사하였거나 중상해를 입었을 것이라고 추정(대판 1970. 11. 24, 70다2130), 의사의 척추수술 직후에 하반신 완전마비 증세가 나타난 경우 특단의 사정이 없는 한 의사의 수술상 과실로 인하여 초래된 것으로 추정(대판 1993. 7. 27, 92다15031)한 것 등이 있다. https://namu.wiki/w/%EC%A6%9D%EB%AA%85%EC%B1%85%EC%9E%84(검색어: 일응 추정의 법리; 검색일: 2015.9.21)

리고 고의·과실의 인정범위를 확대하는 과실의 객관화이론,[1][2] 법령위반도 반드시 엄격한 의미의 것이 아니라 정의의 원칙·권리남용금지·신의성실위반·사회질서위반 등 행정법상의 일반원칙의 위반도 포함되는 것으로 해석하고 있다.

### c) 행정지도와 위법성

행정지도는 일반적으로 상대방의 임의적·자발적 협력에 근거하고 있으므로 이러한 임의성으로 인하여 행정지도가 위법성을 조각하는지의 여부가 손해배상청구권의 인정여부에 대한 핵심적 요소가 된다.[3] 국가배상법 제2조에 의한 손해배상책임은 공무원의 위법행위를 그 전제로 한다. 행정지도가 위법성을 띠게 되는 것은, (ㄱ) 상대방에게 위법행위를 권고하는 행정지도를 하거나, (ㄴ) 행정청이 개인의 허가신청을 거부하면 위법이 되는 경우에, 행정청이 사전에 개인에게 신청을 취하하는 내용의 행정지도를 하는 경우이다. 가해행위가 위법한가의 여부는 개인의 침해받는 이익의 종류 및 성질과 침해행위의 양태(樣態)의 상관관계에서 판단하며, 침해받는 이익이 견고하지 않은 경우에는 침해행위의 위법성이 크지 않으므로 가해에 위법성이 없다고 보는 것이 타당하다. 다만, 행정지도에 따를 것인가에 대하여 상대방이 선택의 자유를 가지는 경우에도 일단 정해진 행정지도를 행정청이 임의로 변경할 경우에는 영미법상의 금반언의 법리(Estoppel-Prinzip) 및 독일법상의 신뢰보호의 원칙(Vertrauensschutz) 등에 의해 국가가 손해배상 책임을 부담할 수도 있다. 영미법상 「금반언」이란 「자기의 과거의 언동에 반하는 주장을 함으로써 그 과거의 언동을 신뢰

---

1) https://cms.donga.ac.kr/.../kr.co.k2web.jwizard.common.DownLoad?...(검색일 : 2015.9.21);  (ㄱ) 과실을 객관적인 주의의무위반으로 파악(대판 1987. 9. 22, 87다카1164), (ㄴ) 위법성과 과실의 일원화(양자 중 어느 하나만 인정되면 다른 요건도 당연히 인정 : 위법하면 과실있고, 과실있으면 위법하다), (ㄷ) 조직과실(가해공무원의 특정 불필요 : "이 사건 사고는 피고 소속 성명불상 전투경찰대원이 시위진압 과정에서 최루탄을 사용하면서 그 사용에 대한 안전수칙을 지키지 아니한 잘못으로 인하여 발생하였다고 할 것 이므로 피고는 피고 소속 공무원인 위 전투경찰대원의 직무집행상의 과실로 인한 이 사건 사고로 원고가 입은 모든 손해를 배상할 책임이 있다(서울지법 1988. 9. 21, 88가합2327)"
2) [과실의 객관화] 과실의 객관화란 과실을 민법상의 과실과는 달리 객관적 개념으로 파악하여, 국가의 흠, 즉 국가작용은 각 범주에 따라 그 정도는 다르나, 어느 경우에도 일정한 수준의 것임을 요하는 바, 만약 일정한 국가작용이 이러한 수준에 미달하는 경우, 그것에는 하자, 즉 과실이 있다고 할 수 있다는 것이다(석종현, 일반행정법(상), 삼영사, 2003, 393면). 따라서 이러한 과실개념의 객관화를 통하여 위법·무과실, 위법·무책임이라는 상태를 배제하여 국가에 대한 손해배상의 청구가 가능하게 하는 것이다. 또한 과실의 객관화는 위법성과 과실을 일원화하여, 손해배상책임을 지는데 필요요건인 공무원의 고의·과실 및 위법성을 인정하는데 있어서 과실있으면 위법하고 위법하면 과실있다고는 보는 것이다(과실의 일원화; 과실·위법성의 일원화).
3) 서원자, 국가배상법상의 위법개념, 월간고시(1991.5), 65면.

(rely)한 상대방의 이익을 해치는 것은 허용되지 않는다」는 법리이다. 즉 행정관청은 자신의 과거의 행위와 언동에 모순되는 행위나 언동을 하는 것이 금지된다는 원칙이다. 신뢰보호의 원칙도 마찬가지 논리이다. 위법성 판단기준으로 법령은 성문법 이외에 불문법과 일반원칙이 포함된다고 보지만(다수설, 판례) 행정규칙 위반이 법령위반에 포함되는지는 해당한다는 견해(다수설)와 부인(판례)하는 견해가 대립한다.

d) 상당인과관계의 존부(存否)

[상당인과관계] (ㄱ) 행정지도에 따른 상대방이 그 때문에 손해를 입은 경우 국가 또는 지방공공단체에 대하여 배상책임을 묻기 위해서는 행정지도와 손해와의 사이에 **상당인과관계가 존재하여야한다**. 행정지도에 따를 것인가의 여부는 상대방에게 행정지도에 따를지 아니할지의 행동선택의 임의성이 보장되며, 그의 자유로운 판단에 따라 손해의 발생가능성을 인식하면서도 위법한 행정지도에 따랐기 때문에 원칙적으로 손해발생과 행정지도사이의 상당인과관계는 차단되는 것[1]으로 보거나 행정지도가 상대방의 동의하에 이루어지는 것을 의미하므로 "동의는 불법행위의 성립을 조각한다"는 법원칙에 의하여 상당인과관계가 인정되기가 현실적으로 어렵다는 문제점이 있다.[2] (ㄴ) 행정지도는 그 임의성과 비권력성 때문에 행정주체의 행정지도에 대한 결과책임은, 행정지도에 따를 것인지 따르지 않을 것인지를 스스로 결정한 상대방(사인; 본인)이 스스로 그 책임을 져야 한다. 이리하여 위법한 행정지도로 인한 손해배상을 부인하는 학설은 행정지도가 "상대방에 대한 강제력이나 법적 구속력이 없다."는 것과 그로 인하여 발생한 손해라는 것도 "스스로의 자유로운 판단에 의한 것"으로 이는 "자기자신의 자기책임"이며, "스스로의 선택에 대한 법적 구제는 불필요"하다고 한다. 또한 행정지도에 대한 손해배상청구를 인정하는 학설에서도 "상대방이 당해 행정지도에 의하여 발생한 손해를 인식하면서도 스스로의 자유로운 판단 아래 행정지도에 따랐을 경우"에는 배상청구를 인정하지 않고 있다.[3][4] 따라서 어느 학설에 따르더라

---

1) 이순자, 행정지도와 사후권리구제 방안에 관한 연구, 토지공법연구 제43집 제2호, 한국토지공법연구, 2009, 695-696면.
2) 이광윤, 신행정법론, 법문사, 2007, 125면.
3) 손병기, 행정지도에 관한 소고, 목원대학 논문집, 제18호, 1990, 138면.
4) 행정지도에 의한 권고·경고·주의·요망 등의 수단은 법적 강제력을 갖고 있지 못하므로 행정지도에 따를 것인가의 최종적인 결정은 결국 형식적이나마 행정주체의 상대방인 국민에게 있다. 따라서 위법한 행정지도에 따른 국민의 결정은 자발적·선택적 수용이므로 행정구제(권리구제)의 자격을 상실하게 된다. 행정지도는 행정쟁송(행정심판·행정소송)에 있어서 "처분성"이 인정되지 않으므로(처분성의 결여), 사인이 받아들인 행정지도에 대한 구제제도는 존재하지 않는다고 보는 것이 일반적이다. 또한 국가배상과의 관계에 있어서도 행정지도는 행정기관의 상대방인 국민의 임의적이고 자발적인 협력을 통하여 행하여지는 비권력적 사실행위라는 이유 때문에 손

도 행정지도에의 복종에 있어서 상대방에게 선택의 자유가 있고 그에 따름으로 인하여 생길지도 모르는 손해를 피할 수 있는 자유가 있다면, 행정지도와 손해의 사이에는 상당인과관계가 차단되어 배상책임은 부정된다. (ㄷ) 그러나, 만약 상대방에게 '사실상' 선택의 자유 혹은 거절의 자유가 없음에도 불구하고 행정지도를 손해배상책임에서 배제하는 것은 타당하지 않다. 또한 상대방이 행정지도에 따르는지 아닌지의 임의성에 대한 판단의 문제는 구체적인 경우에 있어서 행정지도의 형식·내용·행사의 실태 등을 종합적으로 고려하여 판단하여야 한다(아래에서 보는바와 같이, 행정지도의 유형에 따라 종합적으로 판단하여야 한다). (행정지도의 유형) : 행정지도의 유형을 살펴보면, 우선 법률의 근거가 있는 행정지도 중, (ㄱ) 행정처분의 선행행위로서 인정되고 있는 행정지도[1]는 제도상의 규제적인 처분권한을 배경으로 하여 실질적으로는 하명처분과 같은 구속력을 상대방에 대하여 가지며, (ㄴ) 행정처분과는 요건 및 대상들을 구별하여 행정지도가 인정되는 것[2]이 있는데, 이는 행정지도로는 그 행정목적의 달성이 어려울 경우, 그에 뒤이어 곧 행정처분이 뒤따르게 되므로 결국에는 행정지도의 상대방을 구속하게 된다. (ㄷ) 행정지도에 따르지 않는 자에 대하여는 공표 등의 불이익조치를 취하고 따르는 자에 대하여는 여러 가지의 경제적 이익조치를 부여하는 행정지도의 경우, 그 상대방들은 이러한 장려적·억제적 조치들을 통해서 행정지도에 대한 복종이 사실상 강요되고 있는 경우도 있다. (ㄹ) 법령의 간접적 근거에 의한 행정지

---

해배상이나 손실보상의 기회가 제한되거나 부정되는 등 행정구제가 어렵다. 이러한 이유 때문에 행정기관은 여러 가지 법적 규제방식을 취하는 것 보다는 행정지도를 더욱 선호하는 요인이 되기도 한다.

1) 하도급거래공정화에관한법률 제25조(시정조치) ① 공정거래위원회는 제3조제1항부터 제4항까지 및 제9항, 제3조의4, 제4조부터 제12조까지, 제12조의2, 제12조의3, 제13조, 제13조의2, 제14조부터 제16조까지, 제16조의2제7항 및 제17조부터 제20조까지의 규정을 위반한 발주자와 원사업자에 대하여 하도급대금 등의 지급, 법 위반행위의 중지, 특약의 삭제나 수정, 향후 재발방지, 그 밖에 시정에 필요한 조치를 권고하거나 명할 수 있다. ② 제24조의4제1항에 따라 협의회의 조정이 이루어진 경우에는 특별한 사유가 없으면 협의회가 조정한 대로 공정거래위원회가 제1항에 따라 시정에 필요한 조치를 한 것으로 본다. ③ 공정거래위원회는 제1항에 따라 시정명령(제2항에 따라 시정명령을 한 것으로 보는 경우는 제외한다. 이하 이 항에서 같다)을 한 경우에는 시정명령을 받은 원사업자에 대하여 시정명령을 받았다는 사실을 공표할 것을 명할 수 있다.; 학원의 설립·운영및과외교습에관한법률 제16조(지도감독등) ① 교육감은 학원의 건전한 발전과 교습소 및 개인과외교습자가 하는 과외교습의 건전성을 확보하기 위하여 적절한 지도·감독을 하여야 한다. 학원의 설립·운영및과외교습에관한법률 제17조(행정처분) ① 교육감은 학원이 다음 각 호의 어느 하나에 해당하면 그 등록을 말소하거나 1년 이내의 기간을 정하여 교습과정의 전부 또는 일부에 대한 교습의 정지를 명할 수 있다. 다만, 제1호에 해당하는 경우에는 그 등록을 말소하여야 한다. <개정 2011.7.25., 2015.2.3.>
2) 공중위생관리법 제10조(위생지도 및 개선명령); 의료법 제6조.

도의 경우, 이러한 행정지도는 상대방이 이에대하여 불복종하는 경우, 결국에는 행정기관의 권한행사에 의한 행정처분이 이루어지므로 이 경우의 행정지도는 사실상 행정처분과 동일한 구속력(Bindungswirkung)을 가지게 되며, (ㅁ) 법령의 근거없이 행하여지는 행정지도의 경우에는 행정기관이 행정지도의 상대방에게 부여하는 권익·불이익 등과 상대방에 대한 인·허가권 등에 의하여 상대방의 복종의 임의성은 약화되어 버린다. 결국 단순한 상담, 조언형식의 행정지도 또는 서비스적인 기술적 조언을 제외하면 일반적으로 행정지도에는 완전한 복종의 임의성은 존재하지 않는다고 볼 수 있으며, 따라서 이러한 행정지도로 인한 손해의 발생의 경우에는 그 양자간의 상당인과관계는 인정되어야 한다. 서울민사지방법원은 "행정청이 법령의 근거도 없이 책의 판매금지를 종용하였다면 이는 불법행위를 구성할 뿐만 아니라 그 시판불능으로 입은 손해와는 상당인과관계가 있다(서울민사지법 1989. 9. 26, 88가합4039)."고 하였고, 동 판결에 대한 상고심인 서울고등법원판결에서는, '문화공보부 및 경찰 등 관계기관 소속 공무원들이 특정 서적에 관하여 출판업자나 시중서점에 대하여 한 판매금지종용행위의 위법성' 여부에 대하여, "문화공보부 및 경찰 등 관계기관 소속 공무원들이 법령상의 근거도 없이 특정 서적에 허위의 사실이 수록되어 있어 유포될 경우 국가나 사회의 안녕질서를 해칠 우려가 있다는 등의 이유로 출판업자나 시중서점에 위 서적을 판매하지 말 것을 종용한 행위는 법적인 구속력을 갖는 것은 아니지만 이는 출판업자 또는 시중서점에 대하여 단순히 협조를 구하는 데 불과한 행위라고는 볼 수 없고 사실상의 강제력이 있어 출판업자의 권리행사에 영향을 미친 위법한 행위라고 보아야 한다.1)"고 하였다.

[작위·부작위] 물론 현행 국가배상법이 공무원의 고의 또는 과실을 요건으로 하고 있고, 국가책임의 본질이 자기책임(자기책임설의 입장)에 있음에도 불구하고 이를 주관적 요소로 파악하는 경우에는 현실적으로 이를 입증하기가 곤란하다는 문제가 있다. 뿐만 아니라 국가배상법상 배상책임이 인정되는 위법한 행위에는 작위뿐만 아니라 부작위2)의 경우도 포함되지만, 행정지도는 행정기관의 재량에 의한 행위이고, 또한 상대방의 임의성을 바탕으로 하기 때문에 작위의무를 발생시킨다고 보기 어렵다.3) 따라서 행정지도의 부작위에

---

1) 서울고법 1990. 4. 6, 선고, 89나43571, 제10민사부판결 : 상고 【손해배상(기)】 피고(대한민국)는 그 산하공무원이 그 직무를 집행함에 당하여 앞서 본 바와 같이 법령의 근거 없이 한 판매금지종용의 행위 및 압수책자에 대한 보관상의 잘못 등으로 인하여 위와 같이 '김형욱 최후의 그 얼굴' 책자를 발행하여 판매하지 못하고 또 '제1, 제3공화국의 언론과 정치' 책자 2,000부가 그 상품가치를 상실함으로써 원고들이 입은 손해를 배상할 책임이 있다 할 것이다.
2) 무장공비색출체포를 위한 대간첩 작전수행과 관련하여 군경공무원들의 직무유기행위와 국민의 사망 사이(대판1971. 4. 6, 71다124)
3) 행정지도의 부작위에 대한 국가배상과 관련하여서는 일본에서 비교적 활발한 논의가 있었다. 김상태, 행정지도와 국가배상 - 일본에서의 논의를 중심으로 -, 행정법연구 제22호, 한국행정법

대한 국가배상 역시 현실적으로 어려워 보인다.1)

　　　　[인과관계·상당인과관계] 손해의 범위는 이른바 인과관계의 이론에 의하여 정해진다. 바꾸어 말하면 배상하여야 할 손해의 범위는 채무불이행과 원인·결과의 관계 즉 인과관계에 놓여있는 손해이다. 인과관계를 어떻게 이해하느냐에 관하여는 조건설(Bedingungstheorie)과 상당인과관계설(Adäquanztheorie)이 있다. 조건설은 선행사실과 후행사실과의 사이에, 전자가 없었더라면 후자도 없었으리라는 관계가 있는 경우에 성립하는 것이 인과관계라고 한다. 그러나 조건설에 의하면 이러한 자연법칙상의 인과관계는 무한히 확장될 수 있으므로 손해의 범위가 무제한적으로 한없이 넓어지게 된다. 상당인과관계설은 이를 수정하여, 원인·결과의 관계에 서는 무한한 사실 가운데에서, 객관적으로 보아 어떤 선행사실로부터 보통 일반적으로 초래되는 후행사실이 있는 때에, 양자는 상당인과관계에 놓이게 되며, 이것이 바로 인과관계라고 한다. 즉 원인인 조건이 일반적 경우에 있어서 보통 그 결과를 발생케 하는 것이 요구되며, 이로써 채무불이행으로 발생하는 손해의 범위는 명확하게 한정된다. 이 설에 따른다면, 우연한 사정내지 당해 채무불이행에 따르는 '특수한 사정'은 행위의 결과에서 제외하는 것이 된다. **상당인과관계설이 통설과 판례이다.**

　　　　[상당인과관계의 존재] 아무튼 행정지도에 따른 상대방이 그에 대한 손해를 입은 경우 국가나 지방자치단체에 배상책임을 묻기 위하여는 행정지도와 손해간에 상당인과관계를 입증해야 하는 바, 양자간에 상당인과관계가 존재한다고 보기 위해서는 **행정지도에 따른 복종이 사실상 강제되어 임의성이 없다고 판단되는 경우 인과관계가 존재한다고 할 수 있을 것이다.**

　　　　[행정지도와 국가배상] 행정지도를 따름으로 인해 피해를 입은 자는 국가배상법 제2조 제1항 제1문이 정하는 바에 따라 손해배상을 청구할 수 있다. 손해배상청구권의 성립요건과 관련하여 문제되는 것은 행정지도와 손해발생 사이에 **상당인과관계가 존재하는가**의 여부이다. 일반적으로는 임의적인 의사에 따라 행정지도를 따른 것이므로 상당인과관계가 존재한다고 보기는 어렵다. 그러나 사실상 강제에 의한 경우이거나 강제가 강요되는 경우, 즉 제반사정을 고려할 때 국민이 행정지도를 따를 수밖에 없는 불가피한 경우에는 상당인과관계가 존재한다고 보아 국가배상책임을 인정하는 것이 타당하다. 그러나 강제성을 띠지 않은 비권력적 작용으로서 행정지도의 한계를 일탈하지 아니하였다면 손해배상책임이 없다(아래 판례참조).2)

---

　　연구소, 2008, 93-97면.
1) 김도승, 행정지도에 관한 고찰, 가천(嘉泉)법학, 제5권 제1호(2012.4.30), 256면.
2) 대판 2008. 9. 25, 2006다18228【손해배상(기)】뿐만 아니라 이 판례에서는 채무자의 소멸시효 완성 주장이 신의칙에 반하여 허용되지 않는 경우로서, "채무자의 소멸시효에 기한 항변권의 행사도 우리 민법의 대원칙인 신의성실의 원칙과 권리남용금지의 원칙의 지배를 받는 것이어서, 채무자

▶ 대판 2008. 9. 25, 2006다18228 【손해배상(기)】
【판시사항】
　　[1] 한계를 일탈하지 않은 행정지도로 인하여 상대방에게 손해가 발생한 경우, 행정기관이 손해배상책임을 지는지 여부(소극) ☞ **판결요지 [1] 참조**
　　[2] 행정기관의 위법한 행정지도로 일정기간 어업권을 행사하지 못하는 손해를 입은 자가 그 어업권을 타인에게 매도하여 매매대금 상당의 이득을 얻은 경우, 손해배상액의 산정에서 그 이득을 손익상계할 수 있는지 여부(소극) ☞ **판결요지 [2] 참조**
【판결요지】
　　[1] 행정지도가 강제성을 띠지 않은 비권력적 작용으로서 행정지도의 한계를 일탈하지 아니하였다면, 그로 인하여 상대방에게 어떤 손해가 발생하였다 하더라도 행정기관은 그에 대한 손해배상책임이 없다.
　　[2] 행정기관의 위법한 행정지도로 일정기간 어업권을 행사하지 못하는 손해를 입은 자가 그 어업권을 타인에게 매도하여 매매대금 상당의 이득을 얻었더라도 그 이득은 손해배상책임의 원인이 되는 행위인 위법한 행정지도와 상당인과관계에 있다고 볼 수 없고, 행정기관이 배상하여야 할 손해는 위법한 행정지도로 피해자가 일정기간 어업권을 행사하지 못한 데 대한 것임에 반해 피해자가 얻은 이득은 어업권 자체의 매각대금이므로 위 이득이 위 손해의 범위에 대응하는 것이라고 볼 수도 없어, 피해자가 얻은 매매대금 상당의 이득을 행정기관이 배상하여야 할 손해액에서 공제할 수 없다.
　　[3] 위법한 행정지도로 상대방에게 일정기간 어업권을 행사하지 못하는 손해를 입힌 행정기관이 "어업권 및 시설에 대한 보상 문제는 관련 부서와의 협의 및 상급기관의 질의, 전문기관의 자료에 의하여 처리해야 하므로 처리기간이 지연됨을 양지하여 달라"는 취지의 공문을 보낸 사유만으로 자신의 채무를 승인한 것으로 볼 수 없다.

---

가 시효완성 전에 채권자의 권리행사나 시효중단을 불가능 또는 현저히 곤란하게 하였거나 그러한 조치가 불필요하다고 믿게 하는 행동을 하였거나, 객관적으로 채권자가 권리를 행사할 수 없는 장애사유가 있었거나, 일단 시효완성 후에 채무자가 시효를 원용하지 아니할 것 같은 태도를 보여 권리자로 하여금 그와 같이 신뢰하게 하였거나, 채권자보호의 필요성이 크고 같은 조건의 다른 채권자가 채무의 변제를 수령하는 등의 사정이 있어 채무이행의 거절을 인정함이 현저히 부당하거나 불공평하게 되는 등의 특별한 사정이 있는 경우에는 채무자가 소멸시효의 완성을 주장하는 것이 신의성실의 원칙에 반하여 권리남용으로서 허용될 수 없다."고 하였다. 동시에 대법원은 "위법한 행정지도로 상대방에게 일정기간 어업권을 행사하지 못하는 손해를 입힌 행정기관이 '어업권 및 시설에 대한 보상 문제는 관련 부서와의 협의 및 상급기관의 질의, 전문기관의 자료에 의하여 처리해야 하므로 처리기간이 지연됨을 양지하여 달라'는 취지의 공문을 보낸 사유만으로 자신의 채무를 승인한 것으로 볼 수 없다."고 하였다.

### 3.1.2. 내용
#### a) 상대방이 동의한 경우

[행정지도가 구속력을 가지는 경우] 행정지도에 따를지 여부에 대해 상대방에게 완전한 자유가 보장되어 있는 경우에는, 행정지도와 손해발생 사이에 인과관계(상당인과관계)가 부정되거나 위법성이 조각될 것이다. 이에 반하여 행정기관이 정보를 사실상 독점하고 있고, 조정적·규제적 행정지도는 실질적으로 권력적 규제작용과 서로 다르지 않다는 점을 근거로, 모든 사정에 비추어 보아 상대방이 행정지도에 따를 수 밖에 없는 것으로 판단되는 경우에는 행정지도와 손해 사이에 상당인과관계가 인정되어 국가 등의 배상책임이 성립한다는 견해도 있다.[1] 행정지도가 사실상 임의성이 강제되어 구속력을 가지는 경우는 다음과 같다. (ㄱ) 행정지도에 따르지 않는 경우에는 명단과 그 사실의 공표라는 사회적 제재조치나 지정의 취소 등 불이익한 효과가 부여되고, 행정지도에 따른 자에 대해서 필요한 자금의 알선·인허가 등의 권한을 전제로 하는 행정지도, (ㄴ) 제도상 혹은 사실상 행정처분의 선행행위로서 행해지는 행정지도가 있다.

#### b) 상대방이 동의하지 않은 경우

[원칙] 상대방이 행정지도에 따르지 않겠다는 의사를 명시적으로 표시했음에도 불구하고 행정지도를 계속한 결과 손해가 발생한 경우에는 국가 등이 손해배상책임을 지게 될 것이다. 판례는 재무부 이재국장 등이 국제그룹 정리방안에 따라 신한투자 금융주식회사의 주식을 주식회사 제일은행에게 매각하도록 종용한 행위가 행정지도에 해당되어 위법성이 조각된다는 주장을 배척한바 있는바, 대법원은 "주주가 주식매각의 종용을 거부한다는 의사를 명백하게 표시하였음에도 불구하고, 집요하게 위협적인 언동을 함으로써 그 매각을 강요하였다면 이는 위법한 강박행위에 해당한다고 하지 않을 수 없다 하여, 정부의 재무부 이재국장 등이 국제그룹 정리방안에 따라 신한투자금융주식회사의 주식을 주식회사 제일은행에게 매각하도록 종용한 행위가 행정지도에 해당되어 위법성이 조각된다는 주장을 받아들일 수 없다."[2]고 하였다(아래 판례참조).

▶ 대판 1994. 12. 13, 93다49482 【주식인도】 행정지도라 함은 행정주체가 일정한 행정목적을 실현하기 위하여 권고 등과 같은 비강제적인 수단을 사용하여 상대방의 자발적 협력 내지 동의를 얻어내어 행정상 바람직한 결과를 이끌어내는 행정활동으로 이해되고, 따라서 적법한 행정지도로 인정되기 위하여는 우선 그 목적이 적법한 것으로 인정될 수 있

---

1) 행정청이 법령의 근거도 없이 책의 판매금지를 종용하였다면 이는 불법행위를 구성할 뿐 만 아니라 그 시판불능으로 입은 손해와는 상당인과관계가 있다(서울민사지법 1989. 9. 26, 88가합 4039); 김철용, 행정법(I), 333면.
2) 대판 1994. 12. 13, 93다49482 【주식인도】

어야 할 것이므로, 주식매각의 종용이 정당한 법률적 근거 없이 자의적으로 주주에게 제재를 가하는 것이라면 이 점에서 벌써 행정지도의 영역을 벗어난 것이라고 보아야 할 것이고 만일 이러한 행위도 행정지도에 해당된다고 한다면 이는 행정지도라는 미명하에 법치주의의 원칙을 파괴하는 것이라고 하지 않을 수 없으며, 더구나 그 주주가 주식매각의 종용을 거부한다는 의사를 명백하게 표시하였음에도 불구하고, 집요하게 위협적인 언동을 함으로써 그 매각을 강요하였다면 이는 위법한 강박행위에 해당한다고 하지 않을 수 없다.

[판례평석] 이는 정부의 재무부 이재국장 등이 국제그룹 정리방안에 따라 신한투자금융주식회사의 주식을 주식회사 제일은행에게 매각하도록 종용한 행위가 행정지도에 해당되어 위법성이 조각된다는 주장을 배척한 사례이다(정부의 주식매각 종용행위가 강박행위에 해당한다고 하여 행정지도로서 위법성이 조각된다는 주장을 배척한 사례이다). 이 사건은 경제규제에 대한 **행정지도의 위험성**을 보여주는 사례로서 위법한 행정지도에 의해 주식이 양도되었던 것은 강박에 의한 것이므로 양도되었던 주식을 반환하라는 판결이었지만, 실제로 국제그룹은 위법한 행정지도에 의해 해체되는 결과를 가져오게 되었다.[1] ☞ **행정지도의 현실적 문제점(행정지도의 위험성)**

### 3.1.3. 결어

행정지도의 직무행위성에 대하여서는 다수설인 광의설에 따라 일반적으로 인정되고, 또한 단순한 상담·조언 등의 지도와 서비스적인 기술적 조언을 제외하고는 행정지도의 임의성 및 상대방의 자발성이 사실상 부정되므로 행정지도와 발생된 손해간의 상당인과관계가 인정되어, 위법한 행정지도로 인한 손해에 대하여 국가배상법의 손해배상청구는 가능하다고 하여야 한다. 그러나 국가배상법상의 고의·과실의 입증과 상당인과관계의 판정의 곤란성 등으로 인하여 그의 구제수단으로서의 효용에 대해서는 사실상 회의적이며, 판례도 동일하다.

### 3.2. 행정지도에 대한 손실보상

### 3.2.1. 일반론

[개관: 행정지도에 대한 손실보상] 행정지도에 대한 손실보상이라 함은 공공필요에 의한 적법한 행정상의 공권력행사에 의하여 사인에게 가하여진 특별하고도 우연한 희생에 대하여 정의의 원칙 및 전체적인 평등부담의 원칙에서 행정주체가 행하는 조절적인 전보(塡補)를 말한다. 이는 토지수용·징발·농지매수 등과 같이 법률이 처음부터 상대방에 대하여

---

[1] 김도승, 행정지도에 관한 고찰, 가천(嘉泉)법학, 제5권 제1호(2012.4.30), 261면.

손실을 발생시킬 수 있는 권한을 부여한 경우에, 그 권한의 적법한 행사로 인하여 생긴 손실이다. 이 점에서 위법한 행위로 인하여 발생된 손해의 배상인 행정상 손해배상과 구별된다. 헌법은 제23조 제3항에서 "공공필요에 의한 재산권의 수용·사용 또는 제한 및 그에 대한 보상은 법률로 하되 정당한 보상을 지급하여야 한다."고 규정하고 있다. 또한 손실보상제도는 사인에게 가하여진 '특별하고도 우연한 희생(오토 마이어 : Otto Mayer)'을 부담의 사회화를 통하여 조질함으로써, 평등부담의 원칙을 실현하고 공익과 사익의 합리적 조절을 통하여 정의의 원칙과 법률생활의 안정을 기하려는 데에 이 제도가 존재하는 이유가 있다. 행정지도와 손실보상 문제는 손해배상과는 달리 행정지도가 적법하게 행하여 졌음에도 불구하고 국민이 특별하고도 우연한 희생을 입었을 경우, 이에 대하여 국민은 행정지도의 상대방, 즉 행정주체에 대하여 이러한 손실의 보상을 청구할 수 있는가하는 것을 해결하는 것이 현실적인 문제로 등장한다.

[위법하게 행하여진 행정지도] 위법하게 행하여진 행정지도에 의하여 재산상의 특별한 희생을 입은 경우, 통설적 견해에서는 행정상 손실보상은 "적법한 공권력행사"로 인한 손실의 보상으로 보며, 따라서 위법한 비권력적인 행정지도로 입은 손실에 대하여는 보상을 청구할 수 없는 것으로 본다.[1] 이는 손해배상의 대상이 된다고 본다.

[적법한 행정지도에 대한 손실보상] 행정상 손해배상(국가배상법을 의미)의 경우와는 달리 적법한 행정지도에 관한 행정상 손실보상에 있어서는 손해배상에 있어서와 같이 일반법으로서의 국가배상법은 아직 제정되지 않았으며 공익사업을위한토지등의취득및보상에관한법률이나, 각 단행법률에 의하고 있다. (ㄱ) 피해자의 손실보상청구권은 법률의 명시적 규정이 있을 때에만 비로소 현실적으로 발생하는가, 아니면 헌법규정만으로도 발생할 수 있는가의 문제에 대하여, 손실보상에 관하여 법률의 명시적 규정이 있는 경우에만 행정권의 손실보상의무가 성립한다는 방침규정설(입법방침규정설; 프로그램적 규정설), 법률의 명시적 규정 없이도 직접헌법의 규정에 의하여 피해자에게 손실보상청구권이 성립한다는 직접효력설(국민에 대한 직접효력설), 헌법의 손실보상규정은 입법권을 기속하는 것으로 보상규정이 없는 법률은 위헌무효라는 위헌무효설(입법자구속설; 입법자에 대한 직접효력설), 및 유추적용설(간접효력설; 수용유사침해설; 수용유사적 침해)이 있다. 유추적용설은 공용침해에 따르는 보상규정이 없는 경우에는, 헌법 제23조 제1항(재산권보장조항) 및 제11조(평등원칙)에 근거하며, 헌법 제23조 제3항 및 관계규정의 유추적용을 통하여 보상청구를 할 수 있다는 견해이다. 이는 독일의 수용유사침해(자갈채취사건) 및 수용적 침해의 법리를 통하여 보상을 청구할 수 있다는 입장이다.[2]

---

1) 박윤흔, 공법상의 당사자소송, 월간고시(1992.3), 113면; 김철용, 행정법(I), 333면.
2) 김남진·김연태, 행정법(I), 628면; 강구철, 강의 행정법 I, 형설출판사, 1999, 653면; 홍정선, 행정

[행정지도와 손실보상] 행정지도와 손실보상의 문제에 대하여, 일부에서는 행정지도가 행정상 손실보상에 필요한 조건을 모두 구비하더라도, 행정상 손실보상이란 법률의 규정이 있는 경우에만 청구할 수 있으므로 '행정지도에 대한 손실보상의 법률적 규정이 대개의 경우에 미비함을 이유로 들어서 행정지도에 대한 정상적 방법에 의한 보상은 곤란하다'고 한다. 이에 대한 내용을 위에서 언급한 학설들을 토대로 하여 살펴보면, 입법방침규정설은 사유재산제도 및 그 보장을 목적으로 하는 자유민주주의 법 이론상 타당하지 않고, 국민에 대한 직접효력설은 현행 헌법 제23조 제3항의 문리적 해석에 비추어 보아 문제가 있다는 주장도 있다. 통설적 견해인 위헌무효설에 의하여 보면, 피해자는 보상규정이 없는 침해행위에 대하여 당해 행위의 위헌·무효를 이유로 손해배상을 청구할 수 있다고 본다. 그러나 손해배상청구의 요건 중의 하나인 과실에 대하여 이를 주관적 요건으로 보는 통설적 견해에 의할 경우, 손해배상은 인정될 수 없고, 따라서 피해자는 국가배상법에 의하여서도, 손실보상에 의하여서도 구제받을 수 없게 된다. 이의 해결방안으로 제시되는 것으로서 수용유사침해이론·수용적 침해이론 과실의 객관화(위법·과실의 일원화)[1] 이론이 있다.

### 3.2.2. 수용유사침해이론

a) 의의

[수용유사침해] 수용유사침해란 법률에 기한 처분 등에 의하여 개인의 재산권에 사회적 제약을 넘는 특별한 희생이 가해졌으나 당해 법률에 보상규정이 없는 경우에 그 손실을 보상해 주기위한 근거법리로서 독일의 연방대법원(BGH)의 판례에 의해 정립된 것이다. 즉, 처분 등에 의한 재산권의 침해행위가 손실보상의 요건을 모두 충족하는 것이나, 법률에 보상규정이 없는 경우에 그 손실을 보상해 주기위해 정립된 이론이고, 수용적 침해란 적법한 행정작용의 비의욕적인 부수적 결과로 타인의 재산권에 수용적 영향을 가하여진 것(장기간 계속되는 지하철 공사의 결과 피해를 받는 인근상인의 손실)으로 상대방에게 수인의 의무가 있다. 그러나 예외적으로 그 손해의 내용이나 범위가 매우 심각한 경우에는, 타인에게는 부과되지 않은, 수인한도를 넘는 특별한 손실로서 보상을 요하는 것으로 인정될 수도 있는 것이다. 이는 독일의 연방대법원(BGH)의 판례에 의하여 성립된 것으로, 적법한 침해에 대하여 손실보상이 이루어진다면, 위법한 침해에 대하여서도 보상이 있어야 한다는 것이다.

---

법원론(상), 박영사, 2006, 631면.
1) 김동희, 국가배상법에 있어서의 과실개념에 관한 일고, 고시연구(1988.4), 58면.

b) 수용유사침해이론의 연혁 및 근거 - 연방대법원

[수용유사침해이론의 연혁] 수용유사침해이론은 무과실위법행위에 의하여 손실이 발생한 경우에 독일판례법상의 구제수단으로 제안된 이론이다. 즉 재산권에 대한 침해행위가 행정상 손실보상의 모든 요건을 갖추었지만 법률에 보상규정이 없어서 보상을 청구할 수 없는 경우에(독일기본법 제14조 제3항은 보상은 법률로써 정하도록 규정되어 있다), 특별한 희생에 대하여 보상을 규정하지 아니한 법률은 위헌법률이 되고, 따라서 이 법률에 기한 침해행위도 당연히 헌법위반이 되어 위법행위가 되지만, 손실보상을 규정하지 아니한 법률제정 및 그 법률에 기한 침해행위에 과실이 없을 때에는 손해배상도 청구할 수 없으므로, 이러한 문제를 해결하기 위하여 독일 연방대법원(BGH : 민·형사사건을 관할하는 독일 최고전문법원(BGH : das oberste Gericht der Bundesrepublik Deutschland, für Straf- u. Zivilprozesse)이 고안하였다.[1]

[수용유사침해이론의 근거] 수용유사침해이론은 독일에서 1952년 6월 10일 연방법원(이를 연방대법원 혹은 연방통상법원 혹은 연방민사법원[2] 이라고 부르는 학자도 있다[BGH])[3]의 판례에 의해 비롯되었다.[4][5] 어떤 법률이 재산권침해의 근거규정은 두면서 보상규정을 두지 않은 경우에는 헌법 제23조 제1항의 재산권보장규정과 제11조의 평등원칙에 근거하여, 헌법 제23조 제3항 및 관계규정의 유추적용을 통하여 보상을 청구할 수 있다는 설이다.[6][7] 이

---

1) 김철용, 행정법(I), 540면.
2) 박윤흔, 행정법강의(상), 794면; 정하중, 행정법총론, 587면.
3) BGH(Bundesgerichtshof) : 이 법원은 민·형사사건을 관할하는 독일 최고전문법원이다(BGH : das oberste Gericht der Bundesrepublik Deutschland, für Straf- u. Zivilprozesse). 다만 기본법 제14조 제3항 및 제34조의 규정에 의해 공법사건(공법관계)이지만 국가배상사건과 손실보상사건은 행정법원이 아닌 통상법원(ordentliche-Gerichte)이 관장한다(BGH를 우리나라에서는 학자들마다 연방법원, 연방대법원, 연방통상법원 등의 명칭으로 제각각 호칭하고 있다). 독일의 경우 연방헌법재판소와 최고법원(여기서는 연방법원 = 형사 및 민사법원·연방행정법원·연방노동법원·연방사회법원·연방재정법원)사이의 지위는 대등하지 않고 연방헌법재판소가 다른 법원 보다 우월적 지위를 차지한다(허영, 헌법의 보호, 고시연구(1981.2), 44면). 이는 헌법의 우위라는 기본원칙과 헌법의 성문법(Gesetzesrecht)에의 우위성에 따른 결과이다. 그러므로 연방헌법재판소는 그의 판결(Urteile des Bundesverfassungsgerichts)을 통하여 연방법원(Bundesgerichtshof) 혹은 연방행정법원(Bundesverwaltungsgericht)의 판결을 파기할 수 있다. 이로 인하여 연방헌법재판소와 최고전문법원 사이에 긴장관계가 존속하지만, 연방헌법재판소가 다른 법원보다 우월적 지위에 놓여 있다는데 대하여는 역시 변함이 없다. 따라서 연방헌법재판소의 결정을 제4의 국가작용이라는 표현을 사용하기도 한다.
4) BGHZ 6, S. 270.
5) 제2차 세계대전 직후의 주택난 해결을 위하여 공권력적으로 행해진 타인에의 주택할당에 의하여 주택소유자들에게 발생한 가임결손의 보상과 관련하여 다루어진 사건이다.

러한 입장에서 주장되는 이론이 수용유사침해이론이다. 수용유사침해이론은 계획제한을 허용하는 법률이 그로 인해 발생한 특별희생에 대하여 보상규정을 두어야 함이 헌법에 타당하나 아무런 보상규정을 두고 있지 않을 때 국가배상법에 의한 배상청구가 가능하다고 보는 견해(위헌무효설, 손해배상청구가능)에 대하여 - 수용유사침해이론의 도입을 주장하는 견해에 의하면 - 수용유사침해와 불법행위는 그의 원인 및 효과에 있어 차이가 있으므로 국가배상법에 의한 손해배상청구와는 구별되어야 한다는 것이다. 즉, <u>수용유사침해는 공공필요를 위해 생긴 희생에 대한 보상이므로 청구권의 성립요건이 다르고 보상의 범위에도 차이가 있을 뿐만 아니라 청구의 절차도 다르다는 이유를 내세우고 있다.</u>

c) 독일연방헌법재판소의 견해 - 자갈채취사건결정(Naßauskiesungsbeschluß)

[독일연방헌법재판소의 견해] 그러나 독일연방헌법재판소는 - 연방대법원의 태도와는 달리 - 1955년 7월 21일의 이른바 부대조항결정(Junktim-Klauselbeschluß)[1] 및 1981년 7월 15일의 연방헌법재판소 제1재판부는 자갈채취사건결정(Naßauskiesungsbeschluß)에서 수용유사침해이론에 따른 보상청구를 부정(제한)하는 결정을 하였다.[2] 연방헌법재판소는 「… 공용침해의 근거법률이 보상규정을 두지 아니한 경우는 위헌이므로, 그로인한 침해에 대한 구제는 근거법률의 무효화와 그에 의한 침해행위의 취소의 방법에 의할 일이지, 그에 갈음하여 보상을 허용함으로써 보상규정의 흠결을 치유할 수는 없다」고 하였다(아래 판례 참조).[3]

[독일연방헌법재판소결정(BVerfGE 58, 300): 자갈채취사건] 이 사건의 원고는 1936년 이래 뮌스터란트(Münsterland)에서 자갈채취업(Kiesbaggerei)[4]을 운영하여 왔다. 지하수영역에

---

6) 김남진, 행정법(I), 529면; 석종현, 일반행정법(상), 655면; 신보성, 행정법과 유추적용, 고시연구 (1989.9), 19면.
7) 류지태, 수용유사침해이론의 수용가능성 검토, 판례연구, 고려대학교 법학연구소, 제8집(1996.9), 68면.
1) BVerfGE 4, 219.
2) 김철용, 행정법(I), 541면; H. Weber, JuS 1982, S. 853, 855; Scholz, NVwZ 1982, S. 347; Detlef Merten/Hans-Jürgen Papier, Handbuch der Grundrechte in Deutschland und Europa, in: Merten/Papier (Hg.), C.F. Müller, Heidelberg 2013, Rn. 33.
3) BVerfGE 58, S. 300.
4) 표명환, 독일연방헌법재판소의 자갈채취판결의 의미, 한국토지공법학회, 토지공법연구 제35집 (2007년 2월), 337면 이하 참조. ☞ [인용자 註] 표명환교수는 논문제목을 Bedeutung des Naßauskiesungsbeschlusses des BVerfG라고 적으면서, 이를 자갈채취'판결'이라고 번역하나 자갈채취'결정'으로 번역해야 할 것이다. 독일연방헌법재판소는 Urteil(판결)을 하기도 하고, 결정(Beschluß)을 하기도 한다. 판결과 결정을 합하여 연방헌법재판소의 결정(Entscheidung)이라고

서 행해지는 자갈채취는 1913년의 "프로이센(Preußen)-수(水)법(Wassergesetz)"1)에 의하여 허가되었다. 1965년 2월 원고(Kläger)는 자갈채취사업의 계속(zur Fortsetzung des Kiesabbaus)을 위해 허가를 신청하였으나, 1973년 10월 행정청(Behörde)은 사후에 제정된 수자원관리법(Wasserhaushaltsgesetz[WGH])2)에 의하여 그 채취장소가 수력발전소 시설(Wasserwerk)의 '물이 솟아오르는 곳(Brunnenanlage)'으로부터 경우에 따라서는 120m 밖에 안되는 가까운 거리에 있어 공적인 수원공급이 위태롭게 될 수 있다는 이유로 허가가 거부되었고, 이에 따라 제기한 원고의 이의신청(Widerspruch)도 역시 기각되었다.3) 이에 불복하여 원고는 소송을 제기하게 되었는데, 의무이행소송(Verpflichtungsklage), 즉 허가처분발급이행의 소를 제기하는 대신에(Eine Verpflichtungsklage auf Erteilung der beantragten Erlaubnis erhob er nicht), (ㄱ) 자갈채취에 대한 허가거부는 자신이 설치해서 운영하는 영업과, (ㄴ) 토지소유권에 대한 수용침해라고 하여(enteignenden Eingriff in seinen eingerichteten und ausgeübten Gewerbebetrieb sowie in das Grundeigentum) 노르트라인-베스트팔렌주(Nordrhein-Westfalen)를 상대로 손실보상을 청구하였다. 즉 원고는 행정청의 허가거부는 이미 자신이 기존에 행사하고 있던 영업행위에 대한 수용적 효과를 가져오는 침해행위(enteignenden Eingriff)이며, 토지소유권에 대한 수용침해라는 것이었다. 그러나 이 역시 주(州)로부터 거부당하였다. 이에 원고는 민사법원(Zvilgericht)에 소송을 제기하게 되었던바 1심인 주법원(Landgericht)은 원고의 청구를 인용하였다. 주(州)는 이에 불복하여 제2심법원에 항소하였으나, 제2심법원은 주(州)의 항소를 기각하였고, 주(州)는 다시 연방대법원(Bundesgerichtshof[BGH])에 상고 하였다. 그러나 연방대법원은 재

---

한다. BVerfGE는 "Die Entscheidung des Bundesverfassungsgerichts"의 약자(略字)이다. 자갈채취사건은 1981년 7월 15일 연방헌법재판소 제1재판부의 결정(Beschluß des Ersten Senats vom 15. Juli 1981)으로 내려진 사건이다. 연방헌법재판소가 판결(Urteil)을 한 경우는 약국판결, 독일공산당판결(KPD-Uteil) 등이 있다(예 : 약국판결[Apotheken-Urteil]). Das Apotheken-Urteil ist eine Entscheidung des Bundesverfassungsgerichts(BVerfG) vom 11. Juni 1958(약국판결은 1958년 6월 11일 연방헌법재판소의 Entscheidung[결정]이다).

1) 프로이센 支邦(오늘날의 의미로는 주(州)의 수(水)법이라는 의미이다). 프로이센 지방(주)은 과거 독일의 하나의 국가(오늘날에는 주(州))를 의미였다(가장 강력하고 영토도 넓은 …). 비스마르크(Bismarck)가 프로이센의 수상이었고(비스마르크가 나중에 통일 독일제국의 수상이 됨), 프로이센의 왕(König : 빌헬름)이 나중에 통일독일(1871년 통일)의 황제(Kaiser)가 된다. **독일헌정사를 공부할 것(김백유, 헌법학(I), 도서출판 한성 참조).**
2) 이 사건에서 문제된 수자원관리법은 연방이 기본법 제75조 제4호의 수권에 의하여 1957년 7월 27일 공포하였으며 1960년 3월1일 발효하고 몇 차례의 개정을 거친후에 1976년 10월 16일 최종 개정된 법률이다.
3) https://de.wikipedia.org/wiki/Nassauskiesungsbeschluss(검색일 : 2015.10.7);

판을 중지하고, 본안판결을 위하여는 문제의 근거법률인 수자원관리법의 일부규정(1976년 10월 16일 공포[Bekanntmachung]된 수자원관리법 제1조a 제3항,[1] 제2조 제1항[2])과 제6조[3])의 규정)들이 기본법 제14조 제1항 제2문과 일치하는지에 관한 검토가 필요하다는 판단하에, 심리절차를 중단하고 연방헌법재판소에 기본법 제100조 제1항에 의거하여 위헌여부에 대한 판단을 신청하게 되었다.[4] 위 사안에 대한 연방헌법재판소의 결정의 요지는 다음과 같다.

[연방헌법재판소의 결정내용] 기본법에 의거하여 문제된 수자원관리법 규정을 심판함에 있어서 출발점이 되는 것은 입법자가 기본법 제14조의 범위 안에서 세 가지 방식으로 재산권 관련 규정들을 제정할 수 있다. (ㄱ) 첫째, 재산권은 일정한 법익을 일정한 권리주체에게 귀속시키는 것으로서 그것이 법적 생활에서 실현가능성을 가지기 위해서는 반드시 구체적 법적 형성을 필요로 한다. 기본법 제14조 제1항 제2문은 재산권의 내용과 한계를 규정할 과제를 입법자에게 위임하고 있다. 입법자는 이러한 헌법적 위임을 통하여 일반적·추상적으로 재산권자의 권리와 의무 즉 재산권의 내용을 규정한다. 따라서 입법자는 객관적인 법의 차원에서 재산권자의 법적 지위를 창설하고 구체화하는 법규범들을 제정한다. 이 때의 법규범은 사법적 성격 혹은 공법적 성격을 지닐 수도 있다. (ㄴ) 둘째, 입법자는 기본법 제14조 제3항 제2문에 따라 법률을 통하여 일정한 또는 특정가능한 인적 집단으로부터 기본법 제14조 제1항 제2문에 따라 형성된 일반적 효력을 갖는 법률에 근거하여 적법하게 취득한 구체적 재산권을 박탈할 수 있다(입법수용). (ㄷ) 셋째, 입법자는 - 마찬가지로 기본법 제14조 제3항 제2문에 따라 - 개인의 구체적 재산권을 박탈하도록 행정부에 위임할 수도 있다. 법률에 근거한 수용(행정수용)은 - 입법수용과 달리 - 법적 수단을 통해 다툴 수 있는 행정청의 집행행위를 필요로 한다. ⋯ 입법수용과 행정수용은 상호배타적이다. 이미 입법자에 의해 박탈된 법적 지위가 다시 행정행위를 통해 폐지될 수는 없다. 하나의 동일한 규정이 입법수용을 초래하는 동시에 행정부에 수용조치를 위임할 수는 없다.[5] 어

---

1) 제1조a 제3항 : 토지소유권에는 다음의 권리들이 포함되지 않는다. 1. 이 법률 또는 각주(州)의 수자원법에 의하여 허가나 인가를 필요로 하는 지하수 이용 2. 지상하천의 굴착
2) 제2조(허가와인가의필요성) 제1항 : 이 법률 또는 이 법률의 범위 안에서 제정된 각 주의 법률에 다른 규정이 없는 한, 지하수 이용은 행정청의 허가(제7조)나 인가(제8조)를 필요로 한다.
3) 제6조(거부) : 이용계획으로부터 공공복리의 침해, 특히 공용음용수 공급에 대한 위험이 예상되고, 그것이 공법상의 단체가 부과하는 의무나 처분을 통해서(제4조 제2항 제3호) 예방하거나 조정되지 않는 한 허가와 인가를 거부할 수 있다
4) 김광수, 독일 공법상의 재산권보장과 국가책임확장이론, 서울대학교 박사학위논문, 1994, 83면 이하; 최갑선, 헌법재판자료집 제1집, 헌법재판소(2005.12.31), 297면 이하; 표명환, 독일연방헌법재판소의 자갈채취판결의 의미, 한국토지공법학회, 토지공법연구 제35집(2007년 2월), 337면; 홍정선, 행정법원론(상), 단락번호 2137.

떤 법적 사건이 수용에 해당하는지 여부를 판단하기 위해서는 우선 그 제한의 시점에 당사자가 수용가능한 법적 지위를 갖고 있는지 여부를 확인해 보아야 한다. (ㄱ) 이에 대하여 제청법원은 다음과 같은 관점에서 출발하고 있다. 토지소유권은 지하수를 포함한다. 왜냐하면 지하수는 민법 제905조 제1항에 의해 토지소유자의 권리가 미치는 토지의 일부에 해당하는 것이기 때문이다(Zwar gehöre nach § 905 Abs. 1 BGB zum Grundstückseigentum auch die Befugnis, über das auf dem Grundstück vorgefundene Grundwasser zu verfügen). 지하수가 물(物)에 해당하는지 여부는 문제될 수 있지만 아무튼 그 토지에 있는 지하수를 이용할 권리가 토지소유권에 속한다는 것은 문제되지 않는다. 따라서 수자원관리법의 공법적 이용규정은 '토지소유권에 내재하는 자유로운 지하수이용권'을 제한하는 것이다. 이러한 제청법원의 견해는 따를 수 없다. (ㄴ) 더 나아가 제청법원은 토지소유권은 원칙적으로 가능할 뿐만 아니라 경제적으로 합리적인 모든 이용을 포함하여 그 내용이 민법 특히 민법 제903조에 의해 형성된 권리로 간주된다는 법적 견해에 입각하고 있다. 이는 특히 제청법원이 '기본법 제14조 제1항 제2문과 민법 제903조에서 의미하는' 재산권이라고 표현하는 데에서 기인하고 있다(Die Benutzungsregelung sei damit eine Bestimmung von Inhalt und Schranken des Eigentums "im Sinne von Art. 14 Abs. 1 Satz 2 GG und § 903 BGB", welche die Grundwasserbenutzungen grundsätzlich vom Inhalt des Grundeigentums ausschließe. ). 이 같은 출발점에서 볼 때 소유권자의 사법적 물건지배의 행사를 제한하는 수자원관리법의 공법적 규정들은 소유권자가 갖는 '그 자체로서' 포괄적이며 헌법적으로 보장된 재산권을 제한하는 것이다. 수자원관리법은 -제청결정이 의미하듯 - 사법의 영역에 대한 제한으로서 잠재적으로 수용에 이르고 있다. 그리고 수용적 성격에 대한 판단은 제한의 강도 즉 제한의 성격과 중대성에 의해 좌우된다. 이러한 수용법적 전제들에 대해서도 역시 찬성할 수 없다.[1]

민법 제903조를 통해 규정된 개별 토지소유권자의 법적 지위가 수자원관리법의 일반적 규정들을 통해서 수용의 방식으로 제한된다는 법적 견해는(Die Rechtsansicht, die durch § 903 BGB umschriebene Rechtsstellung des einzelnen Grundstückseigentümers werde durch die generellen Vorschriften des Wasserhaushaltsgesetzes in enteignender Weise beschränkt,…), 민법 제903조에 따라 자신의 물건을 임의로 처분할 수있는 소유자의 권리가 제3자의 이익을 침해하는 경우에는 "수용으로 인정될 수 있다는 바이마르공화국 헌법당

---

[5] 표명환, 독일연방헌법재판소의 자갈채취판결의 의미, 한국토지공법학회, 토지공법연구 제35집 (2007년 2월), 340면.

[1] 표명환, 독일연방헌법재판소의 자갈채취판결의 의미, 한국토지공법학회, 토지공법연구 제35집 (2007년 2월), 341면.

시에 주장된 견해와 밀접한 관련이 있는 것이다(knüpft an die zur Weimarer Reichsverfassung vertretene Auffassung an, eine Enteignung sei schon dann anzuerkennen, "wenn das Recht des Eigentümers, mit seiner Sache gemäß § 903 BGB nach Belieben zu verfahren, zugunsten eines Dritten beeinträchtigt" werde).[1] 재산권에 관한 민법상의 재산권 규정이 공법상의 재산권규정보다 우월적 지위를 가진다는 이와같은 법적 견해는 기본법과 부합하지 않는다(Diese am Vorrang der bürgerlich-rechtlichen Eigentumsordnung gegenüber öffentlich-rechtlichen Vorschriften orientierte Rechtsansicht entspricht nicht dem Grundgesetz.).[2] … 헌법상 보장된 재산권의 개념은 헌법자체로부터 파악되어야 한다. 헌법보다 하위에 있는 일반법규범들로부터 헌법적 의미에서의 재산권개념이 도출될 수 없고, 또한 사법상의 법적 지위로부터 구체적인 재산권 보장의 범위가 결정될 수도 없다(Der Begriff des von der Verfassung gewährleisteten Eigentums muß aus der Verfassung selbst gewonnen werden. Aus Normen des einfachen Rechts, die im Range unter der Verfassung stehen, kann weder der Begriff des Eigentums im verfassungsrechtlichen Sinn abgeleitet noch kann aus der privatrechtlichen Rechtsstellung der Umfang der Gewährleistung des konkreten Eigentums bestimmt werden).

기본법은 입법자에게 개인의 이익과 공공의 이익을 모두 고려하여 재산권 질서를 형성하도록 할 과제를 부여하였다(Das Grundgesetz hat dem Gesetzgeber den Auftrag zugewiesen, eine Eigentumsordnung zu schaffen, die sowohl den privaten Interessen des Einzelnen als auch denen der Allgemeinheit gerecht wird.).[3] 이때 입법자에게는 이중적 과제가 부과된다(Ihm obliegt hierbei eine doppelte Aufgabe) : 한편으로, 입법자는 사법에 있어서[4] 시민상호간의 법적 거래와 법적 관계의 기준이 되는 규정들을 제정해야한다 (Einerseits muß er im Privatrecht die für den Rechtsverkehr und die Rechtsbeziehungen der Bürger untereinander maßgeblichen Vorschriften schaffen)(예컨대 소유권의 양도 또는 제한과 관련된 상린관계법 및 제3자에 의한 재산권침해에 관한 손해배상법[zum Beispiel für die Übertragung oder Belastung von Eigentum, das Nachbarrecht sowie das Ersatzrecht bei Beeinträchtigung des Eigentums durch Dritte]). 다른 한편 입법자는 일반

---

1) RGZ 116, 268 [272]; BGHZ 6, 270 [276] - Vorlagebeschluß S. 14.
2) BVerfGE 58, 300(334); BVerfGE 58, 300(335); 표명환, 독일연방헌법재판소의 자갈채취판결의 의미, 한국토지공법학회, 토지공법연구 제35집(2007년 2월), 341면.
3) Vgl. BVerfGE 21, 73(83); BVerfGE 25, 112(117 f.); BVerfGE 37, 132(140 f.); BVerfGE 50, 290(340); BVerfGE 52, 1(29).
4) BVerfGE 42, 20(30 ff.)

의 이익을 – 특히 모든 토지소유자의 이익에 구속되어 – (대체로 공법규정들에서 고려하여야 한다(andererseits hat er den Belangen der Allgemeinheit – in die vor allem jeder Grundstückseigentümer eingebunden ist – in den (meist) öffentlich-rechtlichen Regelungen Rechnung zu tragen.).[1] … 원심에서 확인한 바에 의하면 원고는 1936년부터 아무런 방해도 받지 않고 자갈을 채취해왔다(Nach den Feststellungen im Ausgangsverfahren hat der Kläger seit dem Jahre 1936 unbehindert Kies abgebaut.). 이에 따르면, 법적 분쟁의 해결은 수자원관리법에 의해서 이 법률이 시행되기 이전에 원고에게 인정된 헌법적으로 보호되는 법적 지위가 직접 박탈된 것인지 여부에 따라서도 달라질 수 있다(Danach kann die Entscheidung des Rechtsstreits auch davon abhängen, ob das Wasserhaushaltsgesetz unmittelbar eine verfassungsrechtlich geschützte Rechtsposition entzogen hat, die dem Kläger vor dem Inkrafttreten des Wasserhaushaltsgesetzes zustand.). 그러한 한 구법(舊法) 뿐만 아니라 수자원관리법 제17조의 경과규정을 모두 심판대상으로 삼아야한다(Insoweit ist sowohl das frühere Recht als auch die Überleitungsregelung des § 17 WHG in die Prüfung einzubeziehen.). … 따라서 헌법적 심사는 프로이센수자원법 시행당시 소유자의 자갈채취가 당시의 법규정에 의하여 금지되지 않았으며, 그리고 구법에 의해 이것이 토지소유자에게 인정되었고 또 한 그에 의하여 행사된 이용권이 재산권보장의 보호를 받고 있었다는 점에서 출발하여야한다(Die verfassungsrechtliche Prüfung muß daher davon ausgehen, daß der Eigentümer unter der Geltung des Preußischen Wassergesetzes nicht durch rechtliche Vorschriften gehindert war, den Kiesabbau zu betreiben und daß die dem Grundstückseigentümer nach altem Recht eingeräumte und von ihm ausgeübte Nutzungsbefugnis unter dem Schutz der Eigentumsgewährleistung stand).

막대한 투자가요구되는 토지이용의 계속을 경과규정도 없이 불시에 금지할 수 있는 권한을 국가에게 인정한다면 그것은 기본권의 내용과 합치되지 않을 것이다(Es wäre mit dem Gehalt des Grundrechts nicht vereinbar, wenn dem Staat die Befugnis zugebilligt würde, die Fortsetzung von Grundstücksnutzungen, zu deren Aufnahme umfangreiche Investitionen erforderlich waren, abrupt und ohne Überleitung zu unterbinden.). 그러한 규정은 이미 수행된 작업과 자본의 투입을 하루아침에 무가치한 것으로 만들 것이며(Eine solche Regelung würde die geleistete Arbeit und den Einsatz von Kapital von heute auf morgen entwerten.), 이것은 재산법 영역에서 자주적 생활형성을 가능하게 하는 법질서의

---

[1] 표명환, 독일연방헌법재판소의 자갈채취판결의 의미, 한국토지공법학회, 토지공법연구 제35집 (2007년 2월), 341면.

안정성에 대한 신뢰를 뒤흔들고 말것이다(Sie würde das Vertrauen in die Beständigkeit der Rechtsordnung, ohne das eine eigenverantwortliche Lebensgestaltung im vermögensrechtlichen Bereich nicht möglich ist, erschüttern).[1][2]

　　연방대법원의 권한은 피수용자에게 법률규정에 따른 보상이 주어지고 있는가의 여부에 대한 것만을 판단할 수 있으며(Das Gericht hat darüber zu befinden, ob dem Enteigneten eine den gesetzlichen Vorschriften entsprechende Entschädigung gewährt worden ist.), 여기에 법원권한의 한계가 있다(Hierauf ist die Zuständigkeit der ordentlichen Gerichte beschränkt.). 입법자가 청구권의 근거가 되는 법규범을 만들어두지 않은 경우에는 연방대법원은 공용수용보상 판결을 내릴 수 없다(Sie können keine Enteignungsentschädigung zusprechen, für die es an einer vom Gesetzgeber geschaffenen Anspruchsgrundlage fehlt.). 따라서 규범제도의 관점에서 볼때 기본법 제14조 제3항 제2문의 규정에 따른 공용수용법률이 그 기초로 되어 있는가의 여부가 문제된다(Aus der Sicht der Normenkontrolle kommt es somit darauf an, ob dem Rechtsstreit ein den Erfordernissen des Art. 14 Abs. 3 Satz 2 GG entsprechendes Enteignungsgesetz zugrunde liegt.). 이 법규징(기본법 제14조)은 공용수용은 보상의 방법 및 범위를 정한 법률에 근거해서만 가능하도록 하고 있기 때문에 이러한 요건을 충족하고 있지 아니한 법률은 위헌이다(Diese Vorschrift läßt eine Enteignung nur auf gesetzlicher Grundlage zu, die zugleich Art und Ausmaß der Entschädigung regelt; ein Gesetz, das diesen Anforderungen nicht genügt, ist verfassungswidrig).[3][4] … 시민이 자기에 대하여 공용침해가 발생한 경우에는 그는 그것에 대하여 법률상의 청구권의 기초가 존재할 때에만 보상을 청구할 수 있다(Sieht der Bürger in der gegen ihn gerichteten Maßnahme eine Enteignung, so kann er eine Entschädigung nur einklagen, wenn hierfür eine gesetzliche Anspruchsgrundlage vorhanden ist.). 그것을 결여하고 있을때에는 행정법원에서 공용침해행위의 취소를 해야하며(Fehlt sie, so muß er sich bei den Verwaltungsgerichten um die Aufhebung des Eingriffsaktes bemühen.), 그렇지 않고 법률에 의해 인정되지 아니하는 보상을 인정할 수는 없으며, 법률상의 근거를 결하고 있기 때문에 법원도 또한 보상을 명할 수 없는 것이다(Er kann aber nicht unter Verzicht auf die Anfechtung eine ihm vom Gesetz nicht zugebilligte Entschädigung beanspruchen; mangels gesetzlicher Grundlage

---

1) BVerfGE 58, 300(349); BVerfGE 58, 300(350); 표명환, 독일연방헌법재판소의 자갈채취판결의 의미, 한국토지공법학회, 토지공법연구 제35집(2007년 2월), 345면.
2) BVerfGE 31, 229(239); BVerfGE 50, 290(339); BVerfGE 51, 193(217 f.).
3) BVerfGE 24, 367(418); 46, 268(287). 연방헌법재판소 결정문 단락번호 108 참조.
4) BVerfGE 58, 300(318); BVerfGE 58, 300(319).

können die Gerichte auch keine Entschädigung zusprechen.).[1][2] 따라서 처분의 상대방은 법률상의 보상규정의 결여를 이유로 위헌·위법한 재산권침해를 취소시키든가 아니면 이를 수인하고 그 대신 손실보상을 청구하든가에 대한 선택권이 부여되어 있지 않다(Der Betroffene hat hiernach kein Wahlrecht, ob er sich gegen eine wegen Fehlens der gesetzlichen Entschädigungsregelung rechtswidrige "Enteignung" zur Wehr setzen oder unmittelbar eine Entschädigung verlangen will.).[3]

d) 정리

[권영성 교수의 견해] 권영성 교수는 「아무튼 국가보상에 관한 현행법체계는 적법한 침해에 대한 손실보상제도와 위법·유책의 침해에 대한 손해배상제도만을 인정하고 있을 뿐, 「위법·무책」의 침해에 대한 보상제도는 규정하고 있지 아니하다. 이러한 실정법상의 흠결을 보완하기 위하여 독일연방최고법원(BGH)의 판례를 통하여 형성된 이론이 준수용적·수용유사적 침해의 법리와 수용적 침해의 법리이다.[4] 요컨대 수용유사침해의 보상이론은 독일에서 발전한 이론이지만 우리의 국가보상법체계가 독일의 그것과 유사하므로, 이 이론을 수용하여 수용유사적 침해나 수용적 침해가 있는 경우에는 공용수용의 법리에 준하여 직접 헌법에 근거한 손실보상을 인정하는 것이 타당하다고 본다」고 주장한다.[5]

[홍정선교수] (ㄱ) 권한을 가진 행정재판소는 수용적인 처분의 적법성에 관한 분쟁에서, 그 분쟁의 적법성에 관하여 완전한 범위 내에서 심사를 하여야 한다. 여기에는 침해를 근거지우는 법률이 보상의 종류와 범위에 관한 규율을 포함하고 있는지의 여부에 대한 확정도 포함된다. (ㄴ) 보상금의 액수로 인한 분쟁에서 관계자에게 법률상의 규정에 상응하는 보상이 주어지는지의 여부에 대한 심사도 연방대법원(연방통상법원)에 놓인다. (ㄷ) 관계자에게 처분으로 수용이 있게 되는 경우에 그 관계자는 법상으로 청구권의 근거가 주어지는 경우에만 보상소송을 청구할 수 있다. 만약 그것이 없다면 그는 권한 있는 재판소에

---

1) 따라서 취소소송만이 가능하다.
2) BVerfGE 58, 300 (323)BVerfGE 58, 300 (324); 연방헌법재판소 결정문 단락번호 120 참조.
3) 취소소송과 손실보상청구권의 선택 불인정.
4) 수용유사적 침해의 이론은 국가 기타 공권력의 주체가 위법하게 공권력을 행사하여 국민의 재산권을 침해하고 그 효과가 실제에 있어서 收用과 다름이 없을 때에는 적법한 수용이 있는 것과 마찬가지로 국민이 그로 인한 손실의 보상을 청구할 수 있다는 것인데, 1980년 6월말 경의 비상계엄당시 국군보안사령부 정보처장이 언론통폐합조치의 일환으로 사인소유의 방송사 주식을 강압적으로 국가에 증여하게 한 것은 수용유사적 침해에 해당한다고 볼 수 없다(대판 1993 10. 26, 93다6409)
5) 권영성, 헌법학원론, 법문사, 2009, 627면.

서 침해행위의 폐지를 구하여야 한다. (ㄹ) 토지소유권자의 법적 지위를 정할 때에는 기본법 제14조 제1항 제2문에 따라서 민법과 공법이 동등하게 적용된다. (ㅁ) 수자원관리법(Wasserhaushaltsgesetz)이 기능에 적합한 수관리(용수공급 등)의 안전을 위하여 지하수를 토지소유권으로부터 분리된 공법상의 이용질서에 두는 것은 기본법과 합치된다.[1]

[표명환교수] 자갈채취사건에서 중심된 문제는 재산권을 침해당한 경우에 그 당사자가 관계법률에 직접 보상규정을 두고 있지 않은 경우에 있어서 국가를 상대로 손실보상을 청구할 수 있는지의 여부에 관한 것이었다. 이에 대하여 종래 연방대법원은 기본법 제14조 제3항의 공용수용조항을 유추적용하여 이른바 수용유사적 침해(enteignungsgleicher Eingriff)를 통하여 당사자의 손실보상청구권을 인정하여왔다. 그러나 이 사건에서 연방헌법재판소는 연방대법원과 달리 기본법 제4조 제항의 공용수용 관념을 보상의 종류와 범위를 정하고 있는 법률에 기한 재산권의 일부 또는 전부를 박탈하는 행위로 보아 수용관념을 좁은 의미로 파악하고 있다. 이러한 수용관념은 연방대법원이 사회적 구속의 범위를 넘는 재산권의 침해를 수용으로 보는 입장과 기본적인 차이를 보이고 있는 것이며, 아울러 연방대법원의 입장과 달리 수용적 침해 및 수용유사침해를 기본법상의 공용수용으로 인정하지 않는 입장을 취하고 있는 것이다. 이러한 점은 불가분조항에 대한 입장 차이를 가져오는 것이기도 하다. 즉 수용의 근거가 되는 법률에 보상규정이 없는 경우에 연방헌법재판소는 연방대법원과 달리 당해 법률은 위헌으로서 이에 근거한 수용처분은 위법한 처분 이라는 입장을 취하고 있다.[2]

[사견] 연방헌법재판소의 결정에 의하면 기본법 제14조 제3항 제2문은 공용침해의 근거법률이 반드시 보상의 종류와 범위를 동시에 규정하도록(불가분조항 : Junktim-Klausel)하고 있기 때문에 이런 보상규정이 없는 근거법률은 위헌이고 이 위헌법률에 근거한 재산권침해행위 또한 위헌이기 때문에 이에 대한 구제방법은 오로지 그 근거 법률의 무효화와 더불어 이에 근거한 침해행위의 취소뿐이라고 하며, 기본법 제14조 제3항을 근거로 직접 보상을 청구할 수 없다는 것이 된다.[3] 이와같이 연방대법원과 연방헌법재판소가 서로 상이한 판결(연방대법원) 및 결정(연방헌법재판소)을 내리자, 그 이후 수용유사침해제도에 관한 논의가 활발히 전개되었고,[4] 연방대법원(BGH)은 1984년 1월 26일의 판결에서 기본

---

1) 홍정선, 행정법원론(상), 단락번호 2138 참조.
2) 표명환, 독일연방헌법재판소의 자갈채취판결의 의미, 한국토지공법학회, 토지공법연구 제35집 (2007년 2월), 346면
3) 정연주, 재산권보장과 수용유사침해 - 독일의 관련판례과 학설을 중심으로 -, 고시연구(1991.5), 106면.
4) 이러한 헌법재판소의 결정후 수용유사침해제도의 존속여부에 대한 활발한 논쟁이 있었다. 논쟁의 핵심은 (국가)책임제도가 연방헌법재판소의 결정으로 인하여 근본적인 변화를 가져왔는가,

적으로는 보상청구권을 인정하되,[1] 그 적용범위를 제한하는 방향으로 입장을 정리하였다.[2][3] 특히 연방대법원은 연방헌법재판소의 결정은 다만 기본법 제14조 제3항에서 말하는 의미의 협의의 수용개념(사용·제한은 제외)에 근거하여 판시하였다는 것으로 이해하였다.[4][5] 즉 연방대법원은 수용의 경우에는 수용의 근거법률에서 보상규정을 두지 아니한 경우에는 법원이 재산권침해행위에 대하여 보상을 허용함으로써 보상규정의 흠결을 치유할 수는 없으나, 수용이 아닌 사용·제한에 의한 재산권침해에 대하여는 수용유사침해이론에

─────────────

아니면 연방헌법재판소의 결정은 다만 어느 정도 의미있는 수정만을 가했는가의 대립이었다. 아무튼 연방대법원은 그 이후의 판결에서 수용유사침해제도에 대하여 약간의 변경을 가하여 판결하였으나 기본적으로는 수용유사침해이론을 유지하였고, 학설의 입장도 마찬가지였다. 즉 연방대법원의 입장은 연방헌법재판소의 결정이 '민사법원은 수용의 법률적합성의 원칙상, 명시적인 법률상의 근거가 있는 경우에만 보상판결할 수 있음'을 의미하는 것이라고 전제하고, 연방헌법재판소의 결정은 다만 기본법 제14조 제3항에서 말하는 의미의 형식화된 수용개념에 의거하여 판시하였다는 것이고, 따라서 수용의 법률적합성의 원칙에 대한 연방헌법재판소의 판시는 위법한 수용유사의 침해에는 적용되지 않는다고 연방대법원은 보았다.

1) 서원우, 손실보상개념의 확장논의 – 수용유사침해이론의 문제점을 중심으로 –, 고시연구(1989.4), 67면.
2) BGHZ 90, 17 = NJW 1984, S. 1169「…전기 연방헌법재판소의 결정(BVerfGE 58, 300)은 협의에 있어서의 '공용수용'에만 관련되는 것이며 수용유사의 침해행위의 법제도를 취소하는 것은 아니다. 연방헌법재판소의 결정에 의하여, 기본법 제14조 제3항으로부터 직접적으로 재산권에 대한 위법한 침해행위를 원인으로 하는 손실보상청구권은 도출될 수 없다. 그러나 희생사상(Aufopferungsgedanke)은 기본법 제14조 제3항의 의미에 있어서의 공용수용이 문제되어 있지 않은 경우에는 충분한 청구권의 근거를 제시하고 있다. 다만, 위법한 침해행위에 상대방은 그것에 대하여 법적 수단을 가지고 방치할 것인가, 그렇지 않으면 그 대신 손실보상을 청구할 것인가의 선택권을 가지지 아니한다. 여기에는 민법 제254조(공동책임규정)가 준용되어야 할 것이다.」
3) 이후 연방대법원은 1984년 1월 26일 BGHZ 90, 17(31); 92, 34(36)와 1984년 3월 29일 BGHZ 91, 34(36) 결정에서 수용유사적 침해와 수용적 침해의 법리를 재차 확인하지만 연방헌법재판소의 결정을 고려하여 그에 대한 근거를 기본법 제14조 제3항에서 구하지 아니하고 프로이센일반란트법 서장 제74조와 제75조에서 그에 대한 근거를 마련하여, 법관법적으로 발전되어지고 관습법적으로 유효한 제도로 간주하였다(표명환, 독일공법상의 수용과 보상, 토지공법연구(제17집), 한국토지공법학회(2003.2), 131면 이하.
4) 홍정선, 행정법원론(상), 단락번호 2139.
5) 독일연방헌법재판소는 기본법 제14조 제3항에 따른 수용은 보상의 종류와 범위를 정하고 있는 법률상의 근거가 있는 경우만 허용된다고 보아, 종래 연방통상법원(연방민사법원; 연방사법재판소)이 재산권의 사회적 구속의 한계를 넘는 재산권의 침해는 이를 수용으로 보아 온 것과 다른 입장을 취했다. 수용관계법에 보상규정이 없는 법률은 위헌이고 그에 기한 수용처분은 위법한 처분이며, 이 경우 관계인은 보상을 청구할 수는 없고, 단지 처분의 취소만 구할 수 있을 뿐이라고 판시했다(취소소송과 손실보상청구권의 선택 불인정). 박윤흔, 행정법강의(상), 794면.

의한 보상청구권을 유지시켰다.[1] 또한 1984년 3월 29일의 판결에서는 연방법원은 한 지방자치단체가 설치, 운영하고 있는 환경정화기로부터의 소음공해로 인하여 재산권자의 일정한 재산권의 행사가 침해 또는 제한된 경우에 행정쟁송을 대신한 반침해자에 대해 만일 재산권자에게 행정쟁송의 제기가 기대가능하지 않다면 손실보상청구권을 인정하고 있다. 이상과 같은 판결에서 보여지듯이 연방법원은 연방헌법재판소의 자갈채취사건결정(Naßauskiesungbeschluß) 이후에는 수용유사침해의 손실보상청구의 근거를 기본법 제14조 제3항에 의해서가 아니라 프로이센 일반국법 제74조 및 제75조에 근거한, 그러나 이제는 자신의 독자적인 판례법의 형식으로 새롭게 형성된 희생보상청구권(Aufopferungsanspruch)의 법리에서 찾고 있다.[2] 또한 연방대법원은 수용유사침해의 경우 재산권자에게 거의 제한없이 허용되어온 행정쟁송을 통한 구제방법과 보상청구를 통한 구제방법사이의 선택권을 민법 제254조의 유추·적용하에 현저히 제한한다. 그러나 그렇다고 해서 수용유사침해에 의한 손실보상 청구를 일반적으로 부정한 것은 아니며, 수용유사침해에 의한 손실보상이 배제되는 것은 오로지 재산권침해행위에 대한 행정쟁송의 제기가 가능하고 수인 가능하다고 인정되는 경우에 한다는 입장을 계속 유지해 왔다. 그리하여 기본법 제14조[3]의 좁은 의미의 수용에 해당함에도 보상규정을 두지 아니하여 위헌으로 되는 경우는 연방헌법재판소의 결정 때문에 침해를 감수하고 보상을 청구할 수 없으나, 그 이외의 경우에는 보상청구권을 인정하되 그 적용범위를 제한하는 방향으로 판례를 형성해 나아갔다.

### 3.2.3. 적법한 행정지도인 경우

[적법한 행정지도에 의하여 상대방이 특별한 손실을 입은 경우] 적법한 행정지도에 의하여 상대방이 특별한 손실을 입은 경우에도, 그 손실보상에 관한 특별한 규정이 없는 한, 손실

---

1) 박윤흔, 행정법강의(상), 795면.
2) 류지태, 수용유사침해이론의 수용가능성 검토, 판례연구, 고려대학교 법학연구소 제8집(1996.9), 79면; 정하중, 수용유사적 그리고 수용적 침해제도, 고시연구(1994.3), 109면; 홍준형, 수용유사침해보상의 법리와 그 수용가능성, 고시연구(1997.1), 127면; 홍정선, 행정법원론(상), 단락번호 2140.
3) 독일기본법 제14조는 "재산권과 상속권은 보장된다. 그 내용 및 한계는 법률이 정하는 바에 의한다."(제1항), "재산권은 의무를 수반한다. 그 행사는 동시에 공공복리에 이바지할 것을 요한다."(제2항). "공용수용은 공공복리를 위해서만 허용된다. 그것은 손실보상의 종류와 범위를 정하는 법률에 의해 또는 법률에 근거하여서만 행할 수 있다. 손실보상은 공공의 이익과 관계자 이익의 정당한 형량(gerechte Abwägung der Interessant der Allgemeinheit und der Beteiligten)에 의해 정해지지 않으면 안된다. 보상금에 대한 다툼이 있는 때에는 연방법원(BGH)의 출소가 허용된다"(제3항)고 규정하고 있다.

보상의 대상이 되지 아니한다. 왜냐하면 행정지도에 따름으로 인한 특별한 손실은 피해자 자신의 '임의적인 동의 내지 협력의 결과'이기 때문이다. 이와같이 행정지도는 비권력적 행위에 해당하기 때문에 공권력의 행사와 관련성이 없고, 또한 손실을 입은 국민은 구속력이 없는 행정기관의 행정지도에 대하여 자유의사에 따라 승낙한 것이기 때문에 현실적으로 손실보상의 가능성은 없다고 하겠다.[1] 다만, 국가가 '스스로' 이에 대한 적정한 보상을 하는 것이 행정지도에 대한 국민의 신뢰를 보호하는 길이 될 것이다(예컨대, 1972년 통일벼 재배장려에 따른 보상,[2] 1978년도 노풍벼 재배장려에 따른 보상[3]).[4] 그러나 실제로는 행정지도에 의한 보상이 이루어지는 예는 극히 드물며, 소송에 의하더라도 패소(敗訴)하는 경우가 많다. 결론은 기업의 담합행위에 행정기관의 행정지도가 개입되었다고 하더라도 행정지도와는 별도로 사업자들간의 합의가 있는 경우 공정거래법상 위법이라는 것이 공정위 및 법원의 일관된 입장이다. 「행정지도가 개입된 부당한 공동행위에 대한 심사지침」(행정기관이 기업에게

---

1) 김도승, 행정지도에 관한 고찰, 가천(嘉泉)법학, 제5권 제1호(2012.4.30), 256면.
2) 1972년 정부의 통일벼 재배권장에 따라 통일벼를 재배한 농가에서 수확이 크게 감소되어 큰 손실을 입게 되었다. 이에 정부에서는 농가들의 손실을 보상해 주었다(동아일보, 1972. 11. 7).
3) 1978년 정부에서 장려한 노풍(魯豊)벼를 재배한 농가에서는 1978년 한반도를 강타한 변종 도열병으로 인하여 노풍벼를 쭉정이로 만들어버렸다. 정부의 권유를 믿고 노풍을 심었던 농민들은 회복할 수 없는 타격을 입었다. 흉작으로 인하여 큰 손실이 발생하자 정부에서는 노풍벼 재배 농가에 대하여 임의적인 보상을 실시한 바 있었다.
4) 통일벼·노풍벼 사례는 행정지도로 인한 손실에 대하여 정부에서 **임의적인 보상**을 실시한 사례이다. 그러나 일반적으로 행정지도는 **비권력적인 사실행위**이고 **국민의 동의**에 의하여 이루어지기 때문에 손해배상(손실보상)이 이루어지지 않는다. (ㄱ) 1998년 1월 정부는 신용카드의 사용확대를 통한 경제활성화, 그리고 신용사회의 정착을 위하여 비씨, 국민카드 등 7개 대형신용카드 회사들에 대하여 신용카드 가맹점을 확대하고 수수료율을 인하하도록 행정지도를 하였다. 이에 신용카드회사들은 신용카드 수수료율 인하를 공동으로 발표하였다. 공정거래위원회는 "행정지도를 통하여 회합을 갖고 카드사용 수수료율 인하를 공동결정한 행위는 경쟁의 원칙에 어긋난다." 고 하여 이들 7개 신용카드사에 대하여 과징금부과와 함께 시정명령을 발하였다(서울경제신문, 2000. 1. 5, 신용카드 수수료율 인하 "행정지도 – 담합" 논란). (ㄴ) 1998년 2월 국세청의 행정지도에 따라 가격을 똑같이 올렸던 맥주 제조 3사가 공정거래위원회로부터 부당 공동행위 판정을 받아 11억원의 과징금을 물게 됐다. 행정지도에 따른 공동행위에 과징금이 부과된 것은 이번이 처음이다. 공정거래위원회는 두산(옛 OB맥주), 하이트맥주, 진로쿠어스맥주 등 3사가 지난 98년 2월 병맥주와 캔맥주, 생맥주 등의 가격을 규격별로 똑같이 올린 데 대해 시정명령과 함께 11억4천만원의 과징금을 부과했다고 26일 밝혔다. 과징금은 두산 2억3천8백만원, 하이트맥주 6억7천8백만원, 진로쿠어스맥주 2억3천만원 등이다. 공정위는 업체들이 종류별·규격별 인상률까지 똑같이 결정한 것은 각 회사의 원가 등을 무시한 것으로 위법성이 인정된다고 밝혔다(김광기 기자, 중앙일보, 1999. 5. 27, "행정지도 받고 값 올린 맥주 3사 과징금 11억 추징."). http://article.joins.com/news/article/article.asp?total_id=3783413&ctg=10(검색일 : 2015.9.18)

행정지도를 한 경우) : ① 이에 따라 기업들이 개별적으로 행위를 하면 '적법' ② 행정지도를 빌미로 기업들이 별도의 합의를 하면 '위법'한 것으로 본다(아래 사례참조).

[주요 판례들] (ㄱ) 이동통신요금 사건(2006.11.2.) : 정통부는 정치권의 요구에 따라 1999년 말부터 2000년 3월까지 PCS 3사와 3차례의 회의를 통하여 총 5-6% 수준의 요금인하 요구하였다. PCS 3사는 인하폭을 최소화하기 위하여 2000.2.29. 3사 임원회의, 2000.3.24. 3사 합의안교환 등을 통해 별도의 회합을 갖고 정통부의 권고안보다 낮은 수준으로 요금인하(안)을 서로 교환하고 합의하였다. 공정위는 위법성을 인정하였으나, 피심인들은 소송을 제기하지 않았다. (ㄴ) 초고속인터넷요금 사건(2005.12.12.) : 통신위는 약관과 다른 요금면제행위를 하지 말 것을 권고하였으나, 피심인들은 통신위 요구사항을 넘어서서 약관 반영 사항이 아닌 유통망 수수료 상한선 설정 등에 대하여 별도로 추가 합의하였다. 이에 공정거래위원회는 위법성을 인정하였으나, 피심인들은 소송을 제기하지 않았다. (ㄷ) 시외전화 사건(2005.12.16.) : 정통부는 케이티(Kt)가 시외전화 맞춤형 정액요금제를 출시하게 되면 후발사업자들의 접속료 부담문제가 발생할 수 있으니 케이티가 접속료 감면 등으로 그 부담을 해소해주어야 한다고 권고하였다. 정통부의 이러한 행정지도를 기화로 사업자들은 별도의 합의를 통하여 정통부의 행정지도의 범위를 벗어나는 내용의 '시외전화 맞춤형 정액요금제 상품'을 출시하였는데, 공정위는 위의 별도 합의에 대하여 위법성을 인정하였고, 관련된 소송에서도 고등법원(2006누1960), 대법원(2007두19584)[1] 모두 공정위가 승소하였다. (ㄹ) 10개 손해보험사건(2007.9.12.) : 금감원은 2002.2.22. "일반손해보험 가격자유화에 따른 감독정책"에서 급격한 요율조정은 바람직하지 않다는 입장을 밝혔다. 사업자들은 금감원의 입장과는 별개로 2000년부터 2006년까지 매년 2-3월 경 관련 부서장 회의를 통하여 보험요율의 수준을 정하는 순율, 부가율, 할인할증율 결정 방식에 대하여 합의하고 실행하였다. 공정위는 위의 별도 합의에 대하여 위법성을 인정하였고, 관련된 소송(서울고등법원 2008.10.22. 선고 2007누26515)에서도 공정위가 승소하였다. (ㅁ) 단체상해보험사건(2008.10.27.) : 금감원은 2004. 2. 보험회사, 생명보험협회 등에 대하여 단체상해보험 상품의 정비방안을 마련하라고 지시하였다("보험료 할인 · 환급 등의 요소 적용시 합리적이고 객관적인 기준을 제시할 것", "단체상해보험의 문제점 및 개선방안에 대해 검토할 것", "단체상해보험 제도개선과 관련한 업계의 의견을 취합하여 제출할 것" 등). 사업자들은 금감원의 지시 이전인 2004.1.19. 생명보험사, 손해

---

1) 대판 2008. 12. 24, 2007두19584 【시정명령등취소】 (시외전화요금 사건) : "원고는 정보통신부 담당공무원으로부터 접속료 부담문제에 관한 행정지도를 받게 되자 이를 이용하여 행정지도의 범위를 벗어나는 별도의 내용으로 합의를 한 점 등을 볼 때, 이 사건 합의가 공정거래법 제58조의 정당한 행위에 해당한다고 볼 수 없다." ☞ **통신사업자들 사이에 시외전화 맞춤형 정액요금제 상품을 출시하기로 한 합의**가 독점규제 및 공정거래에 관한 법률 제58조에 정한 '법률 또는 그 법률에 의한 명령에 따른 정당한 행위'에 해당하지 않는다고 한 사례이다.

보험사 업계 실무협의를 통하여 논의하는 등 먼저 의견합치를 한 후 관련 T/F팀에서 정비방안을 금감원에 수용하도록 건의하였다. 공정위는 위의 별도 합의에 대하여 위법성을 인정하였고, 관련된 소송(서울고등법원 2009.11.18. 선고 2008누34452)[1])에서도 공정위가 승소하였다.[2])

### 3.2.4 적법한 행정지도와 희생보상청구권

[적법한 행정지도와 손실보상문제] 또한 적법한 행정지도 였으나 의도하지 않은 결과로 인하여 상대방에게 특별희생을 야기한 경우에는「희생보상청구권이론」에 의해 손실보상을 인정하려는 견해가 있다(적법한 행정지도와 희생보상청구권).

[적법한 행정지도와 희생보상청구권] [사례] 보건복지부장관은 환절기에 독감환자가 많이 발생하여 그로 인한 의료재정 지출이 증가하자 월 말까지 12세 이하 어린이와 65세 이상의 노인은 필히 예방접종을 할 것을 권고하면서 접종을 받지 않은 독감 환자에 대하여는 진료비에 대한 본인부담비율을 30% 증가시키겠다는 사실을 발표하였다.

(설문-1) 이에 5세인 어린이 甲은 공무원인 관할 보건소 간호사에게 독감예방 백신을 맞았다. 독감예방접종은 통상적으로 가벼운 열과 근육통 등을 동반하는데, 갑은 예방주사를 접종한 이후 일반적으로 요구되는 건강상의 주의의무를 다했음에도 불구하고 장기간동안 중대한 건강상의 장애를 겪었다. 이러한 경우에 갑의 부모가 취할 수 있는 소송상 구제수단은?

[해설 : 손해배상청구권의 인정여부] (일반적 손해배상책임이론에 의하는 경우) : 사안의 경우 관할보건소에서 예방접종을 하는 관할보건소 간호사는 독감예방을 위한 백신이 어떠한 건강상의 장애를 초래하리라고는 일반적으로 예견할 수 없으므로, 정상의 주의의무를 해태(懈怠)하여 특별히 지나치게 많은 양의 백신을 투입한 경우 등과 같은 과실 기타 특별한 사정이 없는 한 간호사에게 과실책임을 묻기는 어렵다. 따라서 간호사의 예방접종행위를 원인으로 하여 국가에 대한 손해배상청구권도 성립하지 않는다. 가해공무원의 외부적 책임을 인정하는 입장에 의하더라도 간호사에게 일반불법행위로 인한 손해배상책임을 인정하는 것도 어려워 보인다. 그리고 보건복지부장관의 권고행위로 인하여 갑이 예방접종을 하게 되었음을 이유로 손해배상청구를 할 수 있는지의 여부는, 독감백신의 이상여부가 객관적으로 판

---

1) 서울고등법원 2009. 11. 18. 선고 2008누34452(단체상해보험 사건) "현실적인 애로가 있다는 이 유만으로 안일하게 경쟁요소 자체를 축소하는 보험사들의 합의를 조장하고 이를 실행에 옮기도록 한 것으로 보이는 바, 사정이 이와 같다면, 이 사건 공동행위는 구 공정거래법 제58조에서 정한 '다른 법률 또는 그 법률에 의한 명령에 따라 행하는 정당한 행위'에 해당하지 아니한다."
2) http://www.ftc.go.kr/policy/compet/collusionUnfair.jsp(검색일 : 2015. 9. 18) <행정지도와 부당공동행위> ▨ <공정거래위원회(ftc: Fair Trade Commission)>

명되지 않은 상태였으므로 보건복지부장관으로서는 독감예방백신이 어떠한 건강상의 장애를 초래하리라고는 사전에 예견할 수 없었다는 점에서 그의 과실을 인정하기도 어렵다. 따라서 보건복지부장관의 권고행위로 인하여 국가에 대한 배상청구권이 성립하지 않을 뿐만 아니라 보건복지부장관에게 일반불법행위로 인한 손해배상 책임을 인정할 수도 없다.

[해설 : 손실보상청구권의 인정여부] (희생보상청구권 이론에 의한 경우) : 사안의 경우 **비재산적 법익에 대한 침해를 이유로 희생보상청구권**을 주장할 수 있는 바, 우리나라에서도 이러한 권리를 인정하는 것이 다수설의 입장이다. 설문에서의 보건복지부장관의 권고는 직접적인 강제성은 없으나, 이 권고에 따르지 않았다가 독감에 걸리면 경제적 부담이 20% 가중된다고 하였으므로 간접적인 강제력이 있고, 따라서 고권적 침해에 해당된다.[1] 사안의 경우 희생보상청구권의 성립요건을 충족한다고 본다. 또한 보상규정이 없는 경우 유추적용설을 따르면 헌법 제10조, 제11조, 제37조를 근거로(인정근거는 각기 다른 학설이 존재함), 관련규정을 유추하여 보상받을 수 있다[2]. 따라서 갑의 부모는 갑이 입은 건강상 중대한 장애를 들어 대한민국에 대하여 갑에게 소요될 병원치료비용과 요양비용 등 재산적 손실을 청구할 수 있다. 다만, 위자료는 여기에서 배제된다고 본다. 이러한 청구절차는 공법상 당사자소송으로 실현된다.

[**희생보상청구권(희생침해에 대한 보상)**] 희생침해에 대한 보상이란 생명, 건강, 명예, 자유 등과 같은 비재산적 법익의 침해에 대해서 보상해 주는 것을 말한다. 이러한 희생보상은 수용이나 수용유사침해 또는 수용적 침해로 인한 보상청구가 오직 재산적 가치있는 권리나 법적 지위에 대한 침해시에 문제되는 점과 차이가 있다. 희생보상청구권이라 함은 행정청의 공권력행사에 의하여 개인의 비재산적법익(예컨데, 생명·신체·자유·명예)에 가해진 손실에 대한 보상청구권을 말한다. 이는 비재산적법익침해에 대한 보상청구권으로 독일에서 성립·발전된 이론으로서 독일에서 희생보상청구를 인정한 경우로는, (ㄱ) 성병환자의 강제진료로 인한 경우, (ㄴ) 미실험된 의약품을 부상군인에게 사용하여 장해가 발생한 경우, (ㄷ) 정신병질환자인 수형자에 의하여 살인행위가 저질러진 경우, (ㄹ) 범인추적을 하던 경찰관이 보행인을 상해한 경우(이 경우에는 위험책임이론이 적용될 수 있다), (ㅁ) 강제적인 불임시술을 행한 경우, (ㅂ) 위법한 구속영장을 발부한 경우 등이 있다.[3] 이러한 희생보상청구권은 독일기본법(독일연방헌법)상의 기본권 및 프로이센(Preußen) 일반란트(Land)법 제74조, 제75조에 근거를 두고 판례를 통하여 발전된 관습법으로 이해되고 있다.

---

1) 김남진·김연태, 행정법(I), 박영사, 2011, 635면.
2) 김남진·김연태, 행정법(I), 박영사, 2011, 636면.
3) F. Ossenbühl, Staatshaftungsrecht. 3. Aufl., München 1983, S. 80; 석종현, 희생보상청구와 위험책임, 월간고시(1988.5), 140면.

[희생보상청구권이 성립되기 위한 요건] 희생보상청구권이 성립하기 위해서는 대체로 (ㄱ) 행정주체(Träger der Verwaltung)의 공권력 행사, (ㄴ) 비재산권에 대한 침해, (ㄷ) 관련 법적 지위의 보호가치성, (ㄹ) 행위의 적법성과 그 결과로서의 손해, (ㅁ) 침해의 공공공리 관련성 등의 요건이 요구된다. 이러한 요건들은 판례상 발전된 최소한의 일반원칙이므로 명문의 규정이 있으면 그 명문규정이 이러한 일반원칙보다 우선적으로 적용된다. 희생보상청구권의 인정여부에 관해 우리나라에서는 헌법 제23조 제3항은 재산권 침해에 대한 보상만을 규정하고 있으므로 이 조항을 비재산적 법익에까지 적용하는 것은 유추적용의 한계를 넘는 것으로 보아, 보상규정이 없는 경우에는 헌법상의 기본권 보장규정 및 평등조항을 직접근거로 하여 그 보상을 인정하여야 한다는 견해가 있는가 하면, 재산권 침해에 대한 보상을 정한 헌법 제23조 제3항은 생명·신체·건강이라는 비재산권의 침해인 예방접종의 피해에 대해서는 직접 적용할 수는 없으나, 그것도 무과실 행위로 인한 침해이고 국민전체의 공익을 위한 침해라는 점에서, 그러한 피해를 특정개인의 부담으로 돌리는 것은 인간의 존엄·평등권·인간다운 생활을 할 권리에 관한 헌법규정에 반한다 할 것이므로, 헌법 제23조 제3항을 유추적용하여 보상을 청구할 수 있다고 보는 견해도 있다. 생명권이나 신체의 자유등과 같은 비재산적 가치를 재산적인 것보다 덜 보호한다면, 그것은 기본권 보장·법치국가원리·사회국가원리 등과 같은 헌법국가원리 및 국가목적에 부합하지 않기 때문에 동청구권을 인정하는 것이 타당하다(유추적용설).

    [박균성 교수의 견해] 박균성 교수는 희생보상청구권을 행정기관의 적법한 공권력 행사에 의해 비재산적 법익이 침해되어 발생한 손실에 대한 보상제도라고 하면서 독일의 관습법인 희생보상청구권에 근거를 두고 있으며, 이러한 청구권을 우리나라에 직접 도입하는 것은 타당하지 않다고 한다.[1]

    (설문-2) 외국의 정부는 현재 독감예방접종으로 사용되는 이 백신이 신경계통의 질환을 일으킨다고 판단하여 이미 당해 백신접종을 중단시켰다. 한편 <u>인터넷을 통하여 이러한 사실을 미리 알게 된</u> 丙의 부모는 4세인 병에게 독감예방접종을 하지 않고 있었으나, 결국 독감에 걸렸다. 따라서 병원을 찾은 병의 부모는 본인부담비를 20% 더 추가로 내어야 되는 상황에 이르렀다. 이 경우 병의 부모가 취할 수 있는 소송상 구제수단은?

    [해설] 이 경우는 아직 치료비를 지급하기 이전이므로 손해배상청구나 공법상 부당이득반환청구는 불가능하다. 또한 비권력적 사실행위인 권고에 대해서는 현행 행정소송법상의 처분에 해당될 수 없다고 판단되므로, 취소소송이나 무효확인소송은 인정되지 아니한다. 따라서 丙의 부모는 권고철회가처분 및 권고철회를 구하는 공법상 당사자소송을 제기하여 권익구제를 받을 수 있다. 그리고 진료비부담증가 발표행위는 처분성이 인정되므로

---

  1) 박균성, 행정법론(상), 846면.

(행정처분) 이를 대상으로 하여 취소소송 내지 무효확인소송을 제기하고, 이에 대한 가구제 수단으로서 집행정지를 신청할 수 있다.

### 3.3. 행정지도에 대한 헌법소원

[계속성·강제성을 띠는 규제적·조정적 행정지도와 헌법소원] 공권력의 행사 또는 불행사에 의해 기본권이 침해된 국민은 헌법소원의 "보충성의 원칙"[1])에 따라 최후의 단계로써 헌법소원을 제기할 수 있는데, 행정지도의 경우에는 비구속적 작용이기 때문에 공권력의 작용에 해당하지 않아 원칙적으로 헌법소원의 대상이 될 수 없다. 그러나 당해 행정지도가 그 한계를 넘어 위법한 경우, 즉 계속성·강제성을 띠는 규제적·조정적 행정지도는 권력적 사실행위의 성격을 갖게 된다면 헌법소원의 대상이 될 수 있다. (헌법재판소 판례 1): 헌법재판소는 "재무부장관이 제일은행장에 대하여 한 국제그룹의 해체준비착수지시와 언론발표 지시는 상급관청의 하급관청에 대한 지시가 아님은 물론 동 은행에 대한 임의적 협력을 기대하여 행하는 비권력적 권고·조언 등의 단순한 행정지도로서의 한계를 넘어선 것이고, 이와 같은 공권력의 개입은 주거래 은행으로 하여금 공권력에 순응하여 제3자 인수식의 국제그룹 해체라는 결과를 사실상 실현시키는 행위라고 할 것으로, 이와 같은 유형의 행위는 형식적으로는 사법인인 주거래 은행의 행위였다는 점에서 행정행위는 될 수 없더라도 그 실질이 공권력의 힘으로 재벌기업의 해체라는 사태변동을 일으키는 경우인 점에서 일종의 권력적 사실행위로서 헌법소원의 대상이 되는 공권력의 행사에 해당한다."라고 결정하였다.[2]) (헌법재판소 판례 2): 더 나아가서 헌법재판소는 "교육인적자원부장관의 대학총장들에 대한 이 사건 학칙시정요구는 고등교육법 제6조 제2항, 동법시행령 제4조 제3항에 따른 것으로서 그 법적 성격은 대학총장의 임의적인 협력을 통하여 사실상의 효과를 발생시키는 행정지도의 일종이지만, 그에 따르지 않을 경우 일정한 불이익조치를 예정하고 있어 사실상 상대

---

1) 헌법재판소법 제68조 제1항은 "공권력의 행사 또는 불행사로 인하여 헌법상 보장된 기본권을 침해받은 자는 법원의 재판을 제외하고는 헌법재판소에 헌법소원심판을 청구할 수 있다. 다만, 다른 법률에 구제절차가 있는 경우에는 그 절차를 모두 거친 후가 아니면 청구할 수없다."라고 규정하고 있다.

2) 헌재결 1993. 7. 29, 89헌마31 【공권력 행사로 인한 재산권침해에 관한 헌법소원】 피청구인이 대통령에게 건의 부기하여 그 지시를 받아 청구인 경영의 국제그룹을 해체키로 하고 그 인수업체를 정한 후 이의 실행을 위하여 제일은행장 등에게 지시하여 국제그룹 계열사에 대한 은행자금 관리에 착수하게 하는 한편 동 은행으로 하여금 계열사의 처분권을 위임받는 등 해체준비를 하도록 하고 피청구인이 만든 보도자료에 의거 제일은행의 이름으로 언론에 발표하도록 하는 등의 일련의 국제그룹 해체를 위한 공권력의 행사는 헌법상 법치국가의 원리, 헌법 제119조 제1항의 시장경제의 원리, 헌법 제126조의 경영권 불간섭의 원칙, 헌법 제11조의 평등권의 각 규정을 직접적으로 침해한 것으로서 헌법에 위반된다.

방에게 그에 따를 의무를 부과하는 것과 다를바 없으므로 단순한 행정지도로서의 한계를 넘어 규제적·구속적 성격을 상당히 강하게 갖는 것으로서 헌법소원의 대상이 되는 공권력의 행사라고 볼 수 있다."[1]라고 하여, 같은 취지의 결정을 내린 바 있다.[2]


## VII. 결론

[행정지도의 등장 배경] 현대 행정국가에 있어서 행정기능의 중점이 과거와 같은 소극적인 질서유지기능에서 적극적인 사회형성적 급부행정으로 이전되는 사회국가현상에 따라 행정기능은 점차 확대되어지고 행정수단 및 종류도 많은 변화와 다양성을 지니게 되었다. 이에 따라 종래의 행정행위·행정처분이라는 공권력행사 대신 국민의 자발적 동의와 협력을 바탕으로 하는 행정지도의 개념이 새롭게 등장하였으며(일본), 이는 행정영역에서 점진적으로 중요한 지위를 차지하게 되었다. 본래 행정지도는 일본에서 시작되었으나 많은 국가에서 이를 이용하고 있으며, 우리나라에서도 1960년대부터 개발행정의 이름으로 등장하여 오늘날까지 발전하여 왔다.

[행정지도의 개념] 행정지도는 여러종류의 다양한 행정영역에서 적용되므로 결국 행정지도의 개념도 다양하게 정의되고 있다. 행정지도에 대한 종래의 여러가지의 견해들을 종합해보면, "행정지도란 행정청이 일정한 행정목적의 실현을 위하여 상대방의 임의적 협력 또는 동의하에 일정한 행정질서의 형성을 지도하는 비권력적 사실행위"라고 정의할 수 있

---

1) 헌재결 2003. 6. 26, 2002헌마337【학칙시정요구 등 위헌확인】이 사건 학칙시정요구는 각 해당 대학의 총장들을 상대로 한 공권력의 행사이므로 원칙적으로 그 위헌확인을 구할 자기관련성을 가지는 자는 시정요구를 받은 대학의 총장들이라 할 것이고, 대학의 교수회나 그 소속 교수인 청구인들에게 자기관련성이 인정되려면 위 시정요구가 청구인들의 기본권을 직접적이고 법적으로 침해하고 있음이 인정되어야 한다. 그런데 청구인들이 이 사건 학칙시정요구와 관련을 갖는 것은 시정요구의 내용이 학칙 중 교수회의 지위를 의결기구로 정한 것을 심의기구나 자문기구로 개정하라는 것이어서, 이에 따라 학칙이 개정된다면 교수회와 그 구성원인 교수들의 학칙제정 등 학교운영에 대한 참여권이 제한되는 영향을 받는다는 점인바, 청구인들이 시정요구에 의하여 받는 영향이 적지 않다 하더라도 그 영향은 시정요구의 대상이 교수회의 지위 내지 성격에 관한 것이라는 점에 의하여 간접적·반사적 관계로 미치는 것일 뿐, 시정요구가 청구인들에 대하여 어떠한 권리·의무를 부담시키는 등으로 법적 지위의 변동을 직접 초래하는 것은 아니므로 청구인들에게는 위 학칙시정요구에 대하여 헌법소원을 청구할 자기관련성이 인정되지 않는다.; 2003헌마7·8(병합)
2) 김도승, 행정지도에 관한 고찰, 가천(嘉泉)법학, 제5권 제1호(2012.4.30), 257면.

고, 우리나라 행정절차법에서도 이러한 토대하에서 "행정지도란 행정기관이 그 소관사무의 범위 안에서 일정한 행정목적을 실현하기 위하여 일정한 행위를 하거나, 하지 아니하도록 지도, 권고, 조언 등을 하는 행정작용을 말한다(행정절차법 제2조 제3호)."고 정의하고 있다.

[행정지도와 법률유보] 행정지도는 급변하는 현대행정의 수요에 적절하게 대응할 수 있는 장점이 있지만, 행정기관의 행위로써 그것이 비권력적 행정작용이라는 특성이 내재되어 있기 때문에 법률유보의 원칙, 즉 '법률(durch Gesetz)' 혹은 '법률의 근거(auf Grund eines Gesetzes)'를 빠짐없이 마련한다는 것은 현실적으로는 매우 어렵다는 점이 있다. 여기서 법률이라 함은 '형식적 의미의 법률'을 의미하며, 법률의 근거라 함은 '형식적 의미의 법률 혹은 실질적 의미의 법률(행정입법·자치법규)'을 의미한다. 행정지도는 비록 법률에 근거하는 것, 즉 법률의 직접적 근거에 의하거나, 법률 간접적 근거에 의하는 것이든 행정지도의 성질상 그 뜻이 애매하거나 비현실적인 경우가 있으며, 심지어는 법률에 의존하거나 지나치게 법률에 따르는 조치만으로는, 달성하고자 하는 소기의 행정목적을 효과적으로 달성할 수 없는 경우가 발생할 수 있다. 특히 오늘날은 천재지변 기타 자연재해 등과 같은 불가항력적 사항을 내포하는 우연한 사고의 발생, 물가의 불안정 및 독과점현상의 등장, 부실기업의 탄생 및 실업자의 증가, 외국과의 통상마찰,[1] 사회적 계층간의 갈등 등과 같은 모든 사회문제의 해결을 행정국가, 경제국가, 서비스국가라는 이유 때문에 모두 행정에 의존하고 그 책임을 행정에 돌리려고 하는 것이 현실이기 때문에 이런 경우 행정목적의 적절한 수행을 위하여 행정지도에 의존하는 것이 점차 늘어나고 있는 것이 현실이다. 이리하여 행정지도가 그 본래적 목적과 의미를 초과하여 상대방에게 강제성을 부과하고, 행정지도의 본래적 의미인 자유성과 임의성을 상실하여 행정지도의 가치를 상실하며, 엄격한 법의 집행을 통하여 행정목적을 달성해야 함에도 불구하고 행정지도라는 형식적인 수단을 통하여 미봉

---

1) 날로 세계화 및 국제화되는 오늘날의 세계에 있어서는 우리나라 역시 많은 국가 및 국제기구와 조약·협정 등을 체결하는데, 이들 중에는 우리나라 정부에 대하여 자율적 규제를 행하도록 하는 경우도 있다. 이러한 자율적 규제요청에 대하여는 이를 관련 법규에 반영하여 해결하는 것이 법치국가원리에 합당한 방식임에도 불구하고 우리나라는 이를 행정지도로서 처리하는 경우가 자주 있다. 이 경우 외국과 우리나라의 정신적·문화적 차이에 의한 갈등의 발생 및 이로 인한 국제투명성지수에서의 낮은 평가지수 및 이로인한 국제간의 신용하락이나 국가간의 통상마찰의 원인이 될 수도 있다. 민간부문의 자율에 맡겨도 무방할 영역에 '규제적 행정지도'를 하는 경우가 발생하기도 하고 민사사법에 맡겨야 할 영역에 '조정적 행정지도'로써 간여하는 경우, 그리고 행정지도가 오히려 건전한 경제활동을 저해하기도 한다. 특히 행정지도는 경제활동영역에서 많이 이루어지기 때문에, 행정지도의 유형이나 행태 및 방식은 외국인들로서는 이해할 수 없는 것들이 많고, 이는 결국 우리나라를 국제투명성 지수에서 하위에 놓이게 하는 원인이 된다는 것이다.

적이고 안이한 대응을 취함으로 말미암아 제3자에게 피해를 가져오기도 한다. 행정청에는 법률상 하명, 금지, 인·허가 및 그 취소, 행정행위의 부관, 행정통제 등의 조치를 취할 권한이 있음에도 이런 권력적 수단에 의하지 않고 비권력적 행정지도에 의하는 경우가 많은데, 이로인하여 법령의 엄격한 적용을 회피하고 온정적이고 타협적인 방법으로 사태를 적당히 처리하게 되는 경우가 발생하기 때문에, 오히려 법률에서 정하고 있는 목적이 제대로 실현되지 못하는 부작용을 야기하기도 한다. 이결과 행정과 업계의 유착(정경유착)이라는 비난과 더불어 권력적 행정행위대신 비권력적 행위를 사용한 결과 법률 본래의 목적이 달성되지 않는 폐해가 발생하며, 이는 결국 법치국가 원리(법치행정의 원리)를 침해하는 것으로 나타나는 것이다. 이는 결국 현실적으로도 상대방에 대한 행정구제(권리구제)에 있어서도 어려움이 생기게 하는 원인이 되기도 한다. 행정지도가 법률의 근거를 요하는지의 여부는 '법률유보의 범위(Bereich des Gesetzesvorbehalts)' 여하에 따라 결정된다. 학설의 일반적 견해에 의하면, 행정지도는 행정조직법적 근거가 있어야 한다고 보며, 행정작용법적 근거에 있어서는 침해유보설을 비롯하여 신침해유보설, 전부유보설, 사회유보설, 중요사항유보설 등이 논의되고 있지만, 행정지도는 임의성이 있고 이에 따르는 것은 상대방의 자유의사에 의해 결정되므로 작용법적 근거는 요하지 않는 다고 보는 것이 또한 일반적인 견해이다. 그리고 만약 모든 행정지도에 있어서 반드시 법률에 의하거나 법률의 근거를 요하도록 한다면 비권력적 사실행위로서 성격을 지니는 행정지도가 오늘날 급속하게 변하는 행정의 변화에 신속하고 능동적이며 유기적으로 적응할 수 없다는 문제가 발생할 것이다. 행정지도의 현실적인 측면에 있어 가장 문제가 되는 것은 행정지도로 인하여 본의 아니게 피해를 입은 상대방(국민)에 대한 행정구제(권리구제) 문제이다. 행정지도의 영향력에도 불구하고 각 단행법률(개별법)은 행정지도의 절차적 측면에서 아무런 규정을 두고 있지 않기 때문에, 우리나라의 행정절차법(Verwaltungsverfahrensgesetz)에서 조차도 행정지도의 공정성과 실효성의 확보를 위하여 행정지도의 기본적 요건이나 내용에 관한 내용을 규제하고 있는 정도이다.

[위법·부당한 행정지도에 대한 권리구제수단] 위법·부당한 행정지도에 대한 권리구제수단으로서는 당사자소송·항고소송(Anfectungsklage)·손실보상제도·손해배상제도를 들 수 있다. 항고소송에 있어서는 그 대상(대상적격)이 행정처분 이나 부작위를 그 대상으로 하므로, 행정지도는 그 자체로서는 국민의 권리의무에 영향을 미치지 않고 아무런 법적 효과도 발생하지 않기 때문에 '처분성이 결여'되어 행정소송의 대상(대상적격)으로 인정되는데 어려움이 있고, 또한 상대방(사인; 국민)의 입장에서도 행정지도에 따르는 것이 불리하면 이에 따르지 않아도 되므로 행정쟁송으로 다툴 가능성은 축소된다고 볼 수 있다. 우리나라의 판례의 입장도 기본적으로 이러한 태도를 기본으로 하거나 견지하는 판결을 하고 있다. 그러나 행정지도에 따르지 아니하는 것이 법률상 행정처분의 요건으로 되어있는 경

우이거나, 그 행정지도가 위법한 경우에는, 행정지도의 위법성을 이유로 하여 행정처분의 취소를 구하는 취소소송을 제기할 수 있다고 보는 것이 타당하다고 할 것이다. 행정지도를 받은 상대방이 행정지도로 인하여 예기치 않게 손해를 입은 경우(행정지도가 불법행위로 된 경우)에는 국가배상법상의 배상청구요건인 공무원의 직무(직무를 집행함에 있어서 …)상의 행위에 행정지도의 비권력적 작용이 포함되는 것으로 보아 국가배상법에 의한 손해배상을 청구할 수 있는 요건을 갖추었다고 볼 수 있다. 결론적으로 행정지도로 인하여 발생한 손해에 대하여 국가배상법이나 민법상 불법행위로써 배상청구를 통하여 행정지도로 인한 손해를 법원이 심사할 수 있으며, 특히 국가배상법상의 배상요건인 직무범위의 확대 및 처분성의 완화를 통하여 행정지도로 인한 손해를 법적으로 구제받을 수 있는 길을 넓혀야 한다. 그러나 행정지도의 위법성이 인정되면 손해배상이 인정된다고 보지만, 위법성이 인정되더라도 구체적인 손해배상을 청구하기 위해서는 행정지도와 손해간의 인과관계(상당인과관계)가 존재하여야 하는데, 상당인과관계(Adäquanz)의 존재여부를 판단하는 것은 또한 현실적으로 어려운 문제로 남는다. 또한 적법하게 이루어진 행정지도에 의하여 특별하고도 우연한 희생을 입은 경우에는 손실보상의 청구를 인정하지 않는다는 주장도 있으나, 행정지도를 따름으로서 전혀 예상할 수 없었던 피해를 입은 경우에는 이에 대한 정당한 손실보상청구를 인정하는 것이 행정에 대한 신뢰성의 보장을 위해서도 타당하다고 본다. 행정기관의 자의(恣意)적 의사에 의한 행정지도(자의금지의 원칙에 위반된 행정지도)로부터 국민의 이익을 보호하고, 또한 피해구제에 있어서도, 행정구제라는 사후적 권리구제도 보다는 사전적 권리구제제도로서의 행정통제제도의 확립, 행정절차제도의 적절한 활용, 주민참여제도와 옴부즈만제도(Obudsman)를 널리 활용하는 것이 또한 바람직 할 것이다. 더 나아가서 적절한 행정지도가 되기 위해서는 행정기관은 이에 대한 남용을 자제하고, 국민 역시 지나친 행정에의 의존성향으로부터 벗어나야 할 것이다. 생각건대 장래에 있어서의 행정지도의 긍정적인 발전방향은 행정지도의 본질적 특성인 비권력적 사실행위성을 침해하지 않고, 법적 근거를 마련하는 것이 중요한 요체가 되는 것이며, 행정지도가 비록 국민의 임의적인 동의 내지 협력을 바탕으로 하여 이루어지는 것이라고는 하지만 행정주체(Träger der Verwaltung)의 우월적 지위 및 정보, 기술 등 과학적 지식을 배경으로 하여 이루어지는 것에 비추어 볼 때, 국민이 행정지도에 따름으로 인하여 불측의 손실을 입은 경우에는 행정기관 스스로 이에 대한 적절한 보상을 자발적으로 하는 것이 행정지도에 대한 국민의 신뢰성을 보호하는 길이 될 수 있을 것이다.

## 제 4 절  행정사법(行政私法)
- 사법적 공행정의 유형(Arten privatrechtlicher öffentlicher Verwaltung)과
행정사법(Verwaltungsprivatrecht) -

## I. 개관

### 1. 의의

[의의] 오늘날 행정의 기능이 나날이 확대되고 그에 따라 행정의 행위형식이 다양화되고 있으며, 종래 공권력의 행사에 의하여 명령·강제하던 권력적 행정으로부터 급부행정 등 비권력적 행정으로 행정활동의 중심분야가 변천되었다. 오늘날 행정주체(Träger der Verwaltung)는 주로 급부행정의 분야에서 사법적 형식의 행정활동을 통하여 행정목적을 수행하게 되었다.[1] 행정사법(行政私法[Verwaltungsprivatrecht])이라 함은 종래의 '광의의 국고행정 (fiskalische Verwaltung im weiteren Sinne[iwS])'[2] 중, 주로 복리행정 분야에서, 사법적 형식으로 행정목적(급부목적·향도목적)이나 행정과제를 직접적으로 수행하는 행정활동으로서 일정한 공법적 규제(수정)를 받는 것을 말한다. 그러나 행정사법은 사법 보조적 행정활동인 '좁은 의미의 국고행정(fiskalische Verwaltung im engeren Sinne[ieS])'과 구별되고, 또한 영리경제적 활동(영리활동)과도 구별되는 개념이다. ☞ **협의의 국고행정**

[사법형식의 행정활동] 행정이 사법의 형식으로 이루어지는 것을 "사법적 형식의 행정활동," "행정의 사법적 활동," "사법적 공행정(볼프[Hans J. Wolff]),"[3] "공행정이 사법형식을 취하는 경우"[4]라는 다양한 용어로 표현하고 있고, 이를 '광의의 국고작용'이라고도 한다. 행정사법의 개념은 전통적인 행정의 구분에 있어서 국고행정, 광의의 국고행정(작용) 분야에서 그 개념을 수립하였으나,[5] 이는 행정이 수익을 목표로하는 '영리적 경제활동'이 아니며, 그렇다고 조달행정에 있어서의 물품구입 등과 같은 '사법상의 보조작용'도 아닌 독특한 영역에 해당되는 것이다.

[현대 행정국과와 급부행정·유도행정] 무릇 오늘날의 행정국가에서는 급속한 산업화의 진전 및 도시화의 경향에 따라 에너지·연료에 있어서도 전기·가스·기업의 확충까지도

---

1) 추일환, 행정사법, 월간고시(1990.5), 290면.
2) Wolff·Bachof·Stober, Verwaltungsrecht I, § 23 Rn. 17.
3) Wolff·Bachof·Stober, Verwaltungsrecht I, § 23 Rn. 18.
4) 고시월보편집부, 행정사법, 고시월보(1993.5), 39면.
5) 박원영, 행정사법, 고시계(1984.8), 32면.

정부로부터의 투자·보조 등에 의존도가 높아지고 있다.[1] 이와같은 것은 급부행정, 유도행정의 대표적인 사례이며, 급부행정과 유도행정과 같은 행정과제를 수행함에 있어서 행정권이 이를 사법의 형식으로 행할 때, 그러한 행정활동을 "사법형식의 행정과제의 직접적 수행"이라고도 한다.[2] 그리고 사법형식의 행정과제의 직접적 수행을 행정사법이라고 부른다.[3]

## 2. 행정사법이론의 등장배경 및 연혁

### 2.1. 독일·일본 및 우리나라 행정법에 있어서의 전통적 견해

오토 마이어(Otto Mayer) 이래의 전통적 행정법체계에서는 경찰국가(Polizeistaat)시대의 고전적 국고설(國庫說 : Fiskustheorie)의 영향아래, 행정주체(Träger der Verwaltung)가 사법주체로서 사법상의 법형식을 사용하여, 재산의 사용·수익·처분을 하고, 철도·전매(轉賣)·우편(郵便) 기타의 수익사업의 경영을 위한 경우의 법률관계는 행정주체의 국고활동으로 취급하여,[4] 이것은 순수한 사법관계(Privatrechtsverhältnisse) 이므로, 권력관계를 중심으로한 "행정에 관한 특수한 고유의 법"[5]인 공법만을 연구대상으로 하는 행정법학의 영역에 속하는 것으로는 보지 않았다.[6] 일본이나 우리나라의 행정법학도 대체로 독일과 동일한 견지에서, 국가나 공공단체가 재산관리권의 주체(관리관계), 혹은 재산권의 주체(사법관계)로서의 작용 내지 사경제활동은 이에 대한 별도의 다른 규정이 없는 경우에는 완전히 사법의 적용을 받는 순수한 사법관계(Privatrechtsverhältnisse)라고 보는 것이 일반적 견해였다.[7] 그러므로 이러한 행정활동 등은 '넓은 의미의 국고행정'에 포함시

---

1) 신보성, 행정사법, 월간고시(1989.10), 64-65면.
2) 시민의 일상생활에 필요한 물질(물·가스·전기 등) 또는 서비스의 공급과 같은 행정 본래의 영역에 속하는 활동을 사법의 형식으로 행할 때 그것을 사법형식에 의한 행정과제의 직접적 수행 또는 사법형식의 행정과제수행이라고 한다. 국가·지방자치단체 등의 생활배려적 활동이 직접 행정조직을 통해 행해지는 경우는 그의 조직 및 활동의 공법적 성격을 가짐이 보통이다. 우리나라의 경우 수도의 공급같은 것이 그러한 주식회사를 통해서 하게 되면 사법형식의 행정과제수행이 되는 것이다. 지방자치단체로서의 대도시가 주식회사를 설립하여 시내버스를 운영하게 되면 이러한 사법형식의 행정과제수행에 해당된다(이명구, 행정사법, 고시연구(1992.5), 70-71면); 신보성, 행정사법, 월간고시(1989.10), 64-65면.
3) 신보성, 행정사법, 월간고시(1989.10), 64-65면.
4) 서원우, 행정사법·행정법상의 확약, 고시계(1982.6), 175면.
5) 서원우, 행정사법·행정법상의 확약, 고시계(1982.6), 175면.
6) 박원영, 행정사법, 고시계(1984.8), 29-32면; 서원우, 행정사법·행정법상의 확약, 고시계(1982.6), 175면.
7) 박원영, 행정사법, 고시계(1984.8), 29-32면; 서원우, 행정사법·행정법상의 확약, 고시계(1982.6), 175면.

켜 설명하여 행정법학의 연구대상에서 제외하여 버렸었고, 행정사법이라는 개념도 탄생할 여지가 없었다.

### 2.2. 제2차 세계대전 이후의 경향

제2차세계대전 이후의 이론적 동향은 종래의 전통적인 국고행정의 분야에서 행정사법의 개념을 도출하여, 새로운 이론이 전개되고 있는데,[1] 이는 제2차 세계대전 이후 독일 행정법학계의 영향을 받은 것이다. 독일에서는 볼프(Hans Jurius Wolff)[2] 교수가 행정사법이론을 최초로 전개한 이래 하-스(Haas),[3] 바두라(P. Badura),[4] 오쎈뷜(F. Ossenbühl)[5], 뤼프너(Rüfner),[6] 슈미트-림플러(Schmidt-Rimpler)들에 의하여 행정사법이론이 1960년대부터 70년대에 걸쳐 발표되었고,[7] 이에 영향을 받은 우리나라에서도 이에 대한 연구가 활발하게 진행되었다.[8]

---

1) 박원영, 행정사법, 고시계(1984.8), 29-32면.
2) 볼프는 원래 단독으로 세 권으로 된 행정법교재(Verwaltungsrecht I, II, III)를 출간하였다. 제1권은 1956년에 제1판이 나왔으며, 1971년 제8판부터 오토 바호프(Otto Bachof)와 공저로 출간하였고, 제9판은 1974년에 출간되었다(이명구). 1994년 제10판부터 드레스덴(Dresden)공과대학고 법과대학의 롤프 스토버(Rolf Stober)교수가 여기에 추가로 참가하였고, 서문(序文)도 스토버 교수가 직접 쓰고 있다(Dresden, 1. 8. 1994[1981년 8월 1일, 드레스덴]) ☞ 1월 8일이 아니고, 8월 1일 임을 주의 할것(독일은 미국과 날짜의 표기순서가 다름: 독일(일-월-년), 미국(월-일-년), 한국(년-월-일) : 미국에서는 '가장 약한 것(日)'을 가운데 두고, '강한 것(月, 年)들이 약한 것을 보호'하고 있다고 …
3) Diet(h)er Haas, Das Verwaltungsprivatrecht im System der Verwaltungshandlugen und der fiskalische Bereich, DVBL., 1960, S. 303 ff.
4) P. Badura, Zulassung zu öffentlichen Einrichtungen der Gemeinde und Verwaltungsprivatrecht, JuS 1966, S. 17 ff.
5) F. Ossenbühl, Daseinsvorsorge und Verwaltungsprivatrecht, DÖV 1971, 514 Anm. 1.
6) Wolfgang Rüfner, Formen öffentlicher Verwaltung im Bereich der Wirtschaft, 1967.
7) http://www.sejongjournal.co.kr/lawteach/02/2/3.htm
8) 김도창, 일반행정법론(상), 400-403면; 이명구, 행정법원론, 250-252면; 석종현, 행정사법(Verwaltungsprivatrecht), 월간고시(1981.6); 김남진, 사법적 행정활동과 행정사법, 월간고시(1981.11); 이명구, 행정법상의 행정활동의 유형 - 행위형식의 체계적 분류를 중심으로 - 법학논총 창간호(1984.2), 한양대학교법학연구소.; 이명구, 사법행정작용과 행정사법, 고시연구(1992.5); 장철익, 행정사법, 고시연구(1995.2), 298면 이하; 손동환, 행정사법관계, 고시연구(1997.6), 244면 이하; 고시월보편집부, 행정사법, 고시월보(1993.5), 39면 이하; 오현규, 행정사법, 고시월보(1994.12), 162면 이하; 서원우, 행정사법·행정법상의 확약, 고시계(1982.6), 175면 이하; 김윤조, 행정의 자동화작용, 행정사법, 고시월보(2001.2), 45면 이하; 박원영, 행정사법, 고시계(1984.7), 29면 이하;

## 2.3. 학자들의 주장(독일·한국)

[볼프교수의 주창] (의의) : 볼프(Wolff)는 그의 행정법교재(Verwaltungsrecht) 제1권에서 다음과 같이 설명하고 있다. "공행정의 주체(ein Träger öffentlicher Verwaltung)가 '공법상 임무규정(öffentlich-rechtliche Aufgabenbestimmung)'에 의해서 부과된 공행정목적(급부목적[Leistungszwecke]·향도[유도]목적[Lenkungszwecke])을 추구하기 위하여 사법상의 법률관계(Privatrechtsverhältnisse)가 성립된 경우에는 형식적(formell)으로는 국고활동(fiskalische Tätigkeit)이지만, 내용적으로는(inhaltlich) 이미 '국고활동(fiskalische Tätigkeit)'은 아니며, 여기에는 특별한 행정사법(ein besonderes Verwaltungsprivatrecht)이 적용된다.[1][2] 그 특색은 행정주체가 법률행위(Rechtsgeschäft)상의 자치를 완전하게 향유하는 것은 아니고, 약간의 공법상의 제약(etliche öffentlich-rechtliche Bindungen)을 받게 되는 것"[3]이라 하였다.[4] 이와같이 볼프에 의하면, 행정사법(Verwaltungsprivatrecht)이란 '공행정(öffentliche Verwaltung)이 사법형식을 취하는 경우에 있어서, 공법적 수정(修正)을 받게 되는 특별법'을 의미한다고 보면서,[5] 종래의 국고작용 가운데서 행정목적을 수행하면서 일정한 공법적 규율을 받는 작용을 떼어 내어 정립한 개념"[6]이라고 정의 하고 있다.

[마우러(H. Maurer)의 견해] "행정사법이란 행정이 행정임무(행정과제)를 수행하는 경우에, 적용하는 공법적으로 중첩(重疊)되고 기속을 받게 되는 사법이다."[7]

[김도창 교수의 견해] 행정사법이란, "광의의 국고행정중에서 주로 복리행정(급부행정·개발정서행정)의 분야에서, 사법적 형식으로 행정목적을 수행하는 행정활동으로서 일정한 공법적 규율을 받는 것을 협의의 국고행정(fiskalische Verwaltung im engeren Sinne)과 구별하여 정립된 개념이다. 간단히 말하면 그것은 공법적 규율을 받는 사법적 행정활동을 의미한다."[8]

---

1) Wolff·Bachof·Stober, Verwaltungsrecht I, § 23 Rn. 29 : (Anwendungsbereich) : Geht ein Träger öffentlicher Verwaltung Privatverhältnisse ein, um ihm durch öffentlich-rechtliche Aufgabenbestimmung zugewissene öffentliche Verwaltungs- (Leistungs- und Lenkungs-) Zwecke zu verfolgen, so ist das zwar formell, nicht aber mehr inhaltlich "fiskalische" Tätigkeit. Es gilt dann ein besonderes Verwaltungsprivatrecht.
2) 서원우, 행정사법·행정법상의 확약, 고시계(1982.6), 175면.
3) Wolff·Bachof·Stober, Verwaltungsrecht I, § 23 Rn. 29 : Seine Besonderheits besteht u.a. darin, daß die Träger der Verwaltung dann nicht im Vollgenuß der rechtsgeschäftlichen Autonomie sind, sondern etlichen öffentlich-rechtlichen Bindungen Unterliegen.
4) http://www.sejongjournal.co.kr/lawteach/02/2/3.htm; 이명구, 사법행정작용과 행정사법, 고시연구(1992.5), 71면; 박원영, 행정사법, 고시계(1984.8), 32-33면 참조.
5) 고시월보편집부, 행정사법, 고시연구사, 고시월보(1993.5), 40면.
6) 이명구, 신고행정법론, 327면.
7) H. Maurer, Allgemeines Verwaltungsrecht, 1980, S. 25.

[김남진·석종현 교수의 견해] 행정사법이란, "행정이 사법형식에 의해 행해지는 경우 공법의 구속을 받음으로써 공법으로서의 특수법으로 변하게 되는 경우의 사법이다."[1)]

[박원영 교수의 견해] 우리 나라 학자들의 견해는 모두 볼프(Hans Jurius Wolff)의 행정사법에 대한 설명과 동일하다. 결국 행정사법은 행정이 사법형식을 사용하여 직접으로 행정목적을 수행하는데 있어서 약간의 공법상의 제약이 가해지는 법률관계의 총체를 의미한다.[2)]

## 2.4. 행정사법이론의 등장배경

[사회국가·복지국가원리] 이와같이 종래의 전통적인 독일의 국고설은 사법상의 권리·의무의 주체 또는 재산권의 주체, 즉 사경제주체로서의 국가를 국고(國庫: Fiskus)라고 불렀으나, 당시의 국고개념은 주로 국가의 재정작용을 위한 국가의 사경제작용을 염두에 두고 개념이 구성된 것이었다. 따라서 현대국가에서의 생활배려(Daseinsvorsorge)를 위한 사법적 작용까지를 종래와 같은 국고작용이라고 보기에는 무리가 따르지 않을 수 없었다.[3)]

[행정활동의 행위형식의 다양화] 오늘날 행정사법의 문제가 학문상으로 관심의 대상이 되는 이유는 특히 사회국가·복지국가를 의미하는 현대행정국가에 있어서 행정활동의 행위형식의 다양화에 따른 결과라고 할 수 있다.[4)] 즉 현대국가는 사회질서의 유지자로서 국민에게 명령·강제함은 물론 급부주체로서는 국민에게 생활필수품·생활역무·물품 등을 제공하기도 하며, 국가는 모든 국민에게 생활의 기본적 수요를 충족시켜 주는 사회정의의 실현과 국민경제의 발전을 위하여 국민의 경제활동을 규제·조정하기도 하며, 국가는 쾌적한 생활공간의 확보 및 국토의 균형적 개발과 이용을 위하여 계획적 활동을 통하여 규제하기도 하고 형성하기도 한다. 따라서 종래 공권력의 행사에 의하여 명령·강제하는 권력적 행정으로부터 급부행정(Leistungsverwaltung) 등과 같은 '주는 행정(서비스행정)'으로 특징 지워지는 비권력적 행정으로 현대국가의 활동영역의 중심분야가 변천되었다.

[사법으로의 도피에 대한 공법적 통제의 필요성] 그러므로 행정주체(Träger der Verwaltung)는 주로 급부행정 분야에서 사법적 형식의 행정활동을 통하여 행정목적을 수행하게 되었으며, 이 경우에 있어서 행정주체가 행정목적을 수행하는 경우에는 본래 공행정의 형식을 취해야 할 것이나, 헌법상 기본권규정에 의한 행정기속 등 공법적 기속을 피

---

8) 김도창, 일반행정법론(상), 제3全訂版, 204면.
1) 김남진, 사법적 행정활동과 행정사법, 월간고시(1981.11), 86면; 석종현, 행정사법(Verwaltungsprivatrecht), 월간고시(1981.6), 35면; 고시월보편집부, 행정사법, 고시연구사, 고시월보(1993.5), 40면. ☞ **고시연구사라는 출판사에서 고시월보라는 월간 법률잡지를 발행**
2) 박원영, 행정사법, 고시계(1984.8), 33면
3) 박원영, 행정사법, 고시계(1984.8), 30면.
4) 서원우, 행정사법·행정법상의 확약, 고시계(1982.6), 175면.

하기 위하여 학생이나 군인이 사복으로 갈아입고 외출하여 통제를 피하고 싶어하는 것과 같이, 프리츠 플라이너(F. Fleiner)가 말한 바와 같은 "행정의「사법으로의 도피」현상"이 발생하게 되는바, 이를 억제·수정하고, 적절한 공법적 통제 하에 두기 위하여 안출한 이론이 행정사법 이론이다. 왜냐하면 종래의 이론에 의하면 행정법적 통제의 대상은 공법관계에만 적용되고 사법관계는 그 대상에서 벗어나며, 사법관계는 민법학의 연구대상이지 행정법학의 연구대상에서는 적용된다고 보았기 때문이다.

[사법 형식의 행정활동·사법적 공행정의 문제점] "사법 형식의 행정활동" 혹은 "사법적 공행정 (privatrechtliche öffentliche Verwaltung)"[1]은 다음과 같은 문제가 있다. 사법의 세계에서는 사적자치(Privatautonomie)의 원칙이 지배하는데, 만약 행정이 사법의 형식을 취할 수도 있다고 한다면, 행정이 공법의 형식을 취하는 경우에 받게 되는 여러 가지의 제약, 예를 들면 헌법상의 기본권보장규정에 의한 제한 법률유보의 원칙(Gesetzesvorbehalt)·법규유보의 원칙(Vorbehalt des Gesetzes) 및 적법절차의 원칙(Prozedur-Legitimität) 등의 준수 등과 같은 여러 가지의 공법상 제약을 받게 되는데, 이러한 복잡한 절차를 벗어나기 위하여, 위에서 언급한 바와 같은 "행정의 사법으로의 도피" 현상이 나타날 염려가 있다는 점이다.[2] 이러한 "행정의 사법으로의 도피현상"을 규제하고, 적절한 공법적 통제하에 둘 필요에서 주장된 것,[3] 즉 행정이 사법의 형식을 취할 수 있음을 일단 인정하면서도 이에 따른 폐단을 막아보자는 의도에서 나온 이론이 바로 행정사법의 이론이다(사법이지만, 이것은 행정사법이므로, 최소한 이 행정사법 부분은 행정법적 규제를 받아야 한다는 것이다.).[4]

## 3. 행정사법의 개념을 부정하거나 소극적으로 평가하는 견해

[행정사법 부정설·소극설] 행정사법의 개념을 부정하거나 소극적으로 평가하는 견해들도 있는바, 그 이유는 다음과 같은 것들을 들고 있다. (ㄱ) 실정법상의 공법·사법의 이원적 구별을 부정하는 입장에서는 당연히 행정사법의 개념의 성립도 부정한다.[5] (ㄴ) 공법·사법의 구별을 부인하는 견해 중에서, 행정사법 분야의 법률관계를 공법·사법의 구별을 초월한 공통법으로서 파악하여, 각각의 분야의 특수성을 고려하여 '특수계약'으로 이론 구성을

---

1) Wolff·Bachof·Stober, Verwaltungsrecht I, § 23 Rn. 16.
2) 추일함, 행정사법, 월간고시(1990.5), 290면.
3) 박원영, 행정사법, 고시계(1984.8), 37-38면.
4) 김남진, 사법적 행정활동과 행정사법, 월간고시(1981.11), 81면; 석종현, 행정사법 (Verwaltungsprivatrecht), 월간고시(1981.6), 31면; 이명구, 행정법상의 행정활동의 유형 - 행위형식의 체계적 분류를 중심으로 - 법학논총 창간호(1984.2), 한양대학교법학연구소, 16면.
5) 室井力, 現代行政法の展開; 공·사법 구별론에 대해서는 서원우, 현대행정법과 공·사법구별론, 고시연구(1981.4) 참조.

시도하는 입장도 있다.[1] (ㄷ) 부정론의 입장은 "행정활동이 사법적 수단에 의하여 이루어지는 경우에도 그것은 어디까지나 행정목적을 위한 것이기 때문에 행정사법 긍정론자들은 이를 행정법의 영역에 끌어들여 사인 상호간의 경우와는 달리 특수한 규율을 할 필요가 있다고 하나, 사법관계적인 것이 특수한 규율을 받게 되면 그 관계는 일반적으로 관리관계의 영역에서 볼 수 있는 것처럼 이미 순수한 사법관계의 영역에서 벗어난 것이며, 이는 현대 행정기능의 확대에 따르는 이른바 '사법의 공법화 경향'을 나타내는 것이다. 이와 같은 점에서 행정에 관한 사법을 행정법의 영역에 포용하려는 행정사법긍정론자들의 태도는 타당하지 않다. 예컨대 상행위(商行爲)에 관한 모든 법을 상법의 대상으로 하지 아니하고, 법률행위로서의 일반적 문제는 민법에 의하고, 상행위에 특수한 부분만을 상법의 대상으로 하는 것처럼, 사법적 성질의 행정작용이 오직 사법상의 작용이라는 이유 아래 행정주체의 사법적 관계도 행정사법관계로 파악하여 행정법의 영역에 포용하려는 주장은 극복해야할 많은 문제가 있다."[2]고 하여 부정하거나 소극적으로 평가하는 견해 들이 있다.

### 4. 정리 및 사견
#### 4.1. 행정사법 개념의 수용 필요성

[공·사법혼합관계의 해결을 위하여] 현대국가에 있어서는 공법과 사법의 구별의 상대화 경향이 현저한 것은 사실이며, 공법과 사법의 중간영역에 머무르는 경우도 있다. 그리고 하나의 법률관계에 있어서 공법적 성질을 가지는 부분과 사법적 성질을 가지는 부분이 혼재하는 경우가 있다. 예컨대, (ㄱ) 전화이용관계에 있어서, 전화요금징수관계는 전기통신사업법상 행정상 강제징수가 인정되는 공법관계인데 대하여 전화가입자와 전화사업자와의 일반적인 법률관계는 사법관계이고, (ㄴ) 수도이용관계에 있어서 물의 공급계약관계는 사법상의 법률관계인데 대하여, 수도요금의 강제징수관계는 공법관계(수도법 제68조)인 것이다. 공물·공기업에 관한 법률관계도 이 경우에 해당한다(공·**사법혼합관계**). 공·사법혼합관계는 행정사법이론을 필요로 한다.

[재판관할문제 해결을 위하여] 그리고 재판관할(Gerichtsbarkeit)에 있어서도 행정사건을 민사사건과 같이 일반사법재판소인 법원의 관할에 속하게 하는 사법제도국가에 있어서는 공·사법의 구별의 의의는 더욱 희박하여 가고 있다. 특히 공·사법의 융화현상은 공법과 사법의 중간법적 성격을 가지는「사회법」의 출현에서도 나타나고 있다. 그럼에도 불구하고, 우리나라의 실정법 구조가 공법·사법의 이원적 구별을 완전히 폐기하고 있는 것은 아니며, 영미법에 있어서도 보통법(common law)과 같은 일원적 법체계가 성립되어 있는 상

---

1) 兼子仁, 特殊行政法の概念と行政法, 公法學研究上(杉村章三郎先生古稀記念), 235-271頁(面).
2) 이상규, 신행정법론(상), 104면.

황도 아니므로, 행정사법의 개념을 수용하는 것이 바람직하다고 본다.1) ☞ **행정사법의 법적 성질 및 소송유형은 후술**

### 4.2. 행정사법의 개념을 인정할 수 밖에 없는 현실적인 이유

[법적·사실적 수단의 다양화] 우리나라에서는 도시화·공업화·기술화 등에 따른 사회경제적 조건의 급격한 변화, 국민의 행정에 대한 요구가 날로 높아가고 있고, 사회국가·급부국가 이념의 정착에 따라 국가, 지방공공전체, 특수법인 등의 행정활동의 범위가 현저하게 확대되어, 행정이 그 임무를 수행하기 위하여 사용하는 법적·사실적 수단도 이와함께 현저하게 다양화 하였다.2) 특히 국민에게 서비스를 제공하는 급부행정의 분야라든가, 경제질서에 개입하여 경제활동과 기업을 지도촉진하는 경제조장행정의 분야에는 그 임무를 달성하기 위하여 **사법상의 계약** 기타의 수단을 사용하는 경우가 많다.3) 예컨대 지방공공단체에 의한 공영주택의 임대·분양, 대한주택공사에 의한 주택의 분양 및 임대, 지방공공단체 등에 의한 수도용수의 공급, 지방공영기업에 의한 가스공급, 사업조합·공단·특수은행·지방공공단체 등에 의한 각종의 융자(融資), 국가 또는 지방공공단체 등에 의한 채무보증·이자보급·생활필수물자의 가격안정을 위한 일정물가의 매입·방출·폐기물처리의 위탁 등은 모두 **사법상의 계약**에 의한 행정활동이다.

[공공적 임무·행정과제의 직접적 수행] 그러나 위에서 언급한 사법상의 계약은, 행정주체(Träger der Verwaltung)가 통상의 사인과 동일한 재산권의 주체(협의의 국고작용)의 입장에서 상대방과 사법상 계약을 체결하는 것이 아니고, 행정주체에게 부과된 본래의 공공적 임무(Aufgabe)/행정과제를 수행하고자 하여, 혹은 행정목적(Zwecke der Verwaltung[급부목적·유도목적])을 실현하기 위하여 상대방과 사법상 계약이라는 형식을 통하여 체결하는 것이다.4) 따라서 종래부터 순수한 사법관계에 속하기 때문에 행정법학의 영역 밖에 놓여 있었던 순수한 사경제작용(협의의 국고작용)이나 사경제활동(국고활동)과는 법적으로 현저하게 다른 특징을 가지고 있으므로,5) 행정사법의 개념을 인정함으로써 순수한 사경제작용(국고작용)/사경제 활동(국고활동)과는 다르게 취급할 수 밖에 없다.

---

1) 박원영, 행정사법, 고시계(1984.8), 32면; 서원우, 행정사법 행정법상의 확약, 고시계(1982.6), 177면.
2) 박원영, 행정사법, 고시계(1984.8), 33-36면 참조.
3) 박원영, 행정사법, 고시계(1984.8), 33-36면 참조; 서원우, 행정사법·행정법상의 확약, 고시계(1982.6), 176면.
4) 서원우, 행정사법·행정법상의 확약, 고시계(1982.6), 176면.
5) 서원우, 행정사법·행정법상의 확약, 고시계(1982.6), 176면.

### 4.3. 소결

위에서 살펴본 바와 같이 행정사법이란 개념이 구성된 것은 행정주체(Träger der Verwaltung)의 사법형식에 의한 활동에 있어서 종래의 국고이론(Fiskustheorie)을 버리고 새로운 국고이론을 독일의 볼프교수가 제창함으로써 성립하였는바, 종래의 국고이론을 세분화하여, 광의의 국고작용이라는 개념을 정립한 후, 이를 3분류 하여 (ㄱ) 사법상의 보조작용, (ㄴ) 영리경세적 활동, (ㄷ) 사법형식에 의한 행정과제의 직접적 수행으로 나누고, '사법형식에 의한 행정과제의 직접적 수행'을 행정사법이라는 명칭을 부여하여, 최소한 이것만큼은 행정법학의 대상영역에 포함시킴으로써, '행정주체의 사법형식에 의한 활동(행정의 사법에로의 도피방지·군인이나 학생이 정복을 벗어버리고 사복으로 갈아입고 자유롭게 행동하는것에 대한 통제)'에 대하여 법치국가원리에 입각한 일반적 제약, 즉 사법 형식의 행정활동을 헌법상 기본권규정[1] 및 적절한 공법적 통제하에두고, 더 나아가서 <u>공공목적에 유래하는 공법적 제약의 범위 및 한계를 명백히 함으로써 일반 사법상 계약등과의 차이를 효율적으로 검토·정리하기 위한 것이었다.</u>[2] 뿐만 아니라 현대행정의 확대가 비권력적인 활동형식의 증가추세에 기하여, 사법형식 뿐만 아니라, 비권력적 사실행위로서 과거에는 행정법의 대상영역에서 벗어나 있던 행정지도·행정계획 등의 활동형식이 오늘날 중요한 행정수단으로 등장하고 있고, 또한 이들에 대한 행정법적 측면에서의 연구가 활발하게 진행되고 있음에 비추어 볼 때, 행정사법도 행정지도·행정계획과 함께 행정법의 연구대상 및 영역에 포함시켜 이에 대한 심도있는 연구가 필요하다고 본다.[3]

---

[1] 헌법상 기본권규정의 적용을 받는 예로서 예컨대 평등원칙을 들 수 있다. 국가가 사법(私法)행위라 하여 사적 자치의 원칙, 계약자유의 원칙을 내세워 특정한 회사의 제품만을 구입한다면, 결과적으로 경쟁회사의 입장에서는 국가로부터 불평등한 대우를 받게 되는 것이고, 헌법상 기본권의 제3자적 이론(Drittwirkung)에 의하여 경쟁회사는 국가에 대하여 평등권을 주장할 수 있는 것이다. 따라서 국가의 입장에서는 <u>헌법상의 기본권 규정에 의하여 행동의 자유의 제약을 받게 되는 것이다.</u>

[2] 박원영, 행정사법, 고시계(1984.8), 33-36면 참조; 서원우, 행정사법·행정법상의 확약, 고시계(1982.6), 176면.

[3] 서원우, 행정사법·행정법상의 확약, 고시계(1982.6), 176면.

## II. 사법적 공행정의 유형(類型) : 볼프(Hans J. Wolff)의 견해

### 1. 개관

[사법적 공행정] 공행정(öffentliche Verwaltung)활동이 사법형식(私法形式)으로 (Verwaltungstätigkeit in privatrechtlichen Formen)[1]으로 이루어지는(사법에 의한 행정작용/사법적 행정활동[2]/사법적 공행정작용), 사법적 공행정의 유형(Arten privatrechtlicher öffentlicher Verwaltung)[3]을 '광의의 국고작용' 또는 국고행정이라고 할 때, 그것들은 활동의 내용 또는 과제에 따라, 다음의 (ㄱ) 행정의 사법상 보조작용(privatrechtliche Hilfsgeschäfte der Verwaltung)/협의의 국고작용, (ㄴ) 행정의 영리경제적 활동(erwerbswirtschaftliche Betätigung der Verwaltung)/협의의 국고작용, (ㄷ) 사법형식에 의한 행정과제의 직접적 수행(unmittelbare Erfüllung von Verwaltungsaufgaben in der Form des Privatrechts)/행정사법(Verwaltungsprivatrecht)의 세 가지 유형으로 분류된다.[4] ☞ **공행정이 사법형식(사법에 의한 행정작용)을 취하는 경우로는 아래 3가지 유형이 있다**(아래 참조).

### 2. 사법적 공행정(광의의 국고작용)의 유형(類型) : '영역의 구별'을 기준으로 하는 견해

#### 2.1. 행정의 사법적 보조작용(협의의 국고작용 : 조달행정영역)

[의의] <u>행정의 사법적(사법상) 보조작용(privatrechtliche Hilfsgeschäfte der Verwaltung)</u>은 영역의 구별을 기준으로 하는 견해[5]로서, 주로 <u>행정기관이 필요로 하는 물자(물품)를 사법의 형식(매매계약)으로 조달하는 행정작용</u>을 말한다(조달행정영역).[6] 다시말하면 행정이 필요로 하는 물품 등을 사법에 의거하여 조달하는 활동을 행정의 사법적 보조작용 또는 협의(狹義)의 국고작용(國庫作用)이라 한다.[7][8] 이는 행정기관이 필요로 하는 물자를 사법형식에 의해 조달하는

---

1) Wolff · Bachof · Stober, Verwaltungsrecht I, § 23 Rn. 18.
2) 손동환, 행정사법관계, 고시연구(1997.6), 245면.
3) Wolff · Bachof · Stober, Verwaltungsrecht I, § 23 Rn. 18.
4) 추일환, 행정사법, 월간고시(1990.5), 290-292면.
5) 오현규, 행정사법, 고시월보(1994.12), 162면.
6) 장철익, 행정사법, 고시연구(1995.2), 298면; 손동환, 행정사법관계, 고시연구(1997.6), 245면.
7) H. Maurer, Allgemeines Verwaltungsrecht, 7. Aufl., 1990, S. 25 f.; Hans-Uwe Erichsen/Martens, Allgemeines Verwaltungsrecht, 9. Aufl., 1992, S. 407 f.; 이명구, 사법행정작용과 행정사법, 고시연구(1992.5), 69면.
8) 볼프는 협의의 국고작용(사법상 보조작용)은 행정사법이 적용되지 않는다고 보았다(이명구, 사법행정작용과 행정사법, 고시연구(1992.5), 74면); Wolff · Bachof · Stober, Verwaltungsrecht I, § 23

행정작용이 그 중심을 이루는바, 그 명칭은 어떻든지 간에 행정기관이 예컨대 자동차를 구입한다거나 사무용품 등을 구입할 때에는 관계기업·상인과 물품구매계약을 체결하는 경우의 계약은 사법상 계약으로 보며 이를 "행정의 사법상 보조작용(privatrechtliche Hilfsgeschäfte der Verwaltung)"이라 한다.[1] 이와같은 물품구매의 경우만이 아니라 그 밖에 공사계약, 노무자와의 고용계약 등도 사법계약의 성질을 가지며 따라서 행정의 사법상 보조작용에 해당한다.[2] 이와같이 사법에 의한 행정작용을 광의의 국고행정이라고 할때, 그 행정조달작용을 협의의 국고작용이라고 부르기도 한다.[3] 볼프 및 그의 이론을 따라는 학자들은 사법상 보조작용(협의의 국고작용)은 행정사법의 범위에서 제외시키고 있다. 조달행정(물품구입·사무용품구입) 및 공사계약·고용계약의 경우에도 이에 대한 제한이 따르는바, (ㄱ) 헌법상 기본권에의 구속,[4] (ㄴ) 공법적 제한이 그것이다.

[독일연방법원 판례] 독일연방법원(연방대법원/연방통상법원)은 행정업무를 직접적으로 수행하는 것인가, 간접적으로 수행하는 것인가라는 기준을 통하여 행정의 사법적 보조활동(협의의 국고행정)을 행정사법의 적용대상에서 제외한 바 있다.[5]

[행정의 사법상 보조작용(협의의 국고작용)이 공법에 의한 기속을 받는 경우] 행정의 사법상 보조작용(협의의 국고작용[國庫作用])도 공법에 의한 기속을 받기도 한다. 예를 들면 국가를당사자로하는계약에관한법률이 그것이다.

▶ 국가를당사자로하는계약에관한법률 제7조(계약의 방법) ① 각 중앙관서의 장 또는 계약담당공무원은 계약을 체결하려면 일반경쟁에 부쳐야 한다. 다만, 계약의 목적, 성질, 규모 등을 고려하여 필요하다고 인정되면 대통령령으로 정하는 바에 따라 참가자의 자격을 제한하거나 참가자를 지명(指名)하여 경쟁에 부치거나 수의계약(隨意契約)을 할 수 있다. ② 제1항 본문에 따라 경쟁입찰에 부치는 경우 계약이행의 난이도, 이행실적, 기술능력, 재무상태, 사회적 신인도 및 계약이행의 성실도 등 계약수행능력평가에 필요한 사전심사기준, 사전심사절차, 그 밖에 대통령령으로 정하는 바에 따라 입찰 참가자격을 사

---

Rn. 18.
1) 이명구, 사법행정작용과 행정사법, 고시연구사, 고시연구(1992.5), 69면.
2) 그러나 예컨대 무단으로 도로에 주차하는 차를 일정한 장소에 끌어가는 작업을 개인회사에 위탁하는 경우, 그 수탁이 사법작용인지 공법작용인지 견해가 나누어지고 있다(이명구, 사법행정작용과 행정사법, 고시연구사, 고시연구(1992.5), 69면).
3) 신보성, 행정사법, 월간고시(1989.10), 61-62면.
4) 예컨대 조달행정에 있어서 국가가 협의의 국고행정이라 하여 '계약자유·사적 자치원칙(Privatautonomie)'을 내세우면서, 경쟁회사들이 존재함에도 불구하고 특정 회사의 제품만을 구입한다면 이는 기본권의 대사인적 효력이론(Drittwirkungslehre)에 의한 평등원칙의 위반이다.
5) BGHZ 29, 76 ff.; 박원영, 행정사법, 고시계(1984.8), 33면; 장철익, 행정사법, 고시연구(1995.2), 298면.

전심사하고 적격자만을 입찰에 참가하게 할 수 있다.

[행정의 사법상 보조작용(협의의 국고작용)이 공법에 의한 기속을 받는 경우의 법적 분쟁] 행정의 사법상 보조작용이 공법에 의한 기속을 받는다고 해서 그것이 곧바로 공법작용으로 변하는 것은 아니다.[1] 즉 행정주체(Träger der Verwaltung)가 사법상의 계약을 통해 물자를 구입하는 경우에, 경쟁입찰이라고 하는 공법이 정한 방식을 취한다고 해서 그 사법상의 매매계약이 공법계약으로 변하는 것은 아니다.[2] 따라서 예컨대 매매대금의 지불 등에 관하여 분쟁이 있는 경우에는 그것은 민사소송을 통해서 재판을 한다. 그러나 협의의 국고작용과 관련하여, 행정주체가 **국가를당사자로하는계약에관한법률**이 정한바에 따라 계약체결에 참가하는 자의 자격을 제한하는 행위 자체에 어떤 분쟁이 발생하게 되면, 그 문제는 공법관계의 성질을 가지는 것으로서, 행정소송의 방법으로서 해결해야 하며, "참가자의 자격제한"과 같은 행정작용은 그 자체는 "공법에 의한 행정작용"이지 여기에서 말하는 "사법에 의한 행정작용"이 아니다.[3]

### 2.2. 행정의 영리경제적 활동(행정의 영리목적의 활동/행정의 영리활동)

[의의] 담배의 전매(專賣)와 같은 행정의 영리경제적 활동(erwerbswirtschaftliche Betätigung der Verwaltung)은 행정주체가 스스로의 기관을 통하여 또는 공사·주식회사 등의 형태를 취하여 기업적 활동을 전개하는 경우이다(행정의 영리활동).[4] 국가가 광산이나 은행을 경영하는 경우, 주식투자를 하는 경우, 지방자치단체가 영리목적으로 기업을 경영하는 경우 등이 이에 해당한다.[5] 행정이 사법에 따라 활동하면서 수익을 목적으로 활동할 때 그와 같은 행정활동을 "행정의 영리경제적 활동"이라고 부를 수 있다. 과거 우리 정부에 의한 담배의 전매 내지는 독점적 판매도 그러한 대표적 예이며, 담배인삼공사 등을 설립하여 경영하더라도 정부가 이에 투자하고 있다면 영리경제적 활동에 해당한다.[6] 그러한 활동을 정부가 직접적으로 행하는가, 또는 공기업의 형태로 하는가는 중요한 의미를 가지지 않는다. ➡ **협의의 국고행정**

[정부투자기관·지방자치단체의 영리활동] 현재 우리나라에는 여러 가지 형태의 정부투자기관이 존재한다. 그중에는 은행, 대한석탄공사, 한국전력공사, 한국석유개발공사, 한국가스공사, 한국담배인삼공사 등의 활동 및 정부투자기관(한국산업은행·한국전력공사·대한

---

1) 김남신, 행정법(I), 405면.
2) 신보성, 행정사법, 월간고시(1989.10), 61-62면.
3) 신보성, 행정사법, 월간고시(1989.10), 61-62면.
4) 이명구, 사법행정작용과 행정사법, 고시연구(1992.5), 74면.
5) H. Maurer, Allgemeines Verwaltungsrecht, 7. Aufl., 1990, S. 26.; 이명구, 사법행정작용과 행정사법, 고시연구(1992.5), 69면.
6) 신보성, 행정사법, 월간고시(1989.10), 61-62면.

주택공사・한국도로공사・국정교과서주식회사・한국토지개발공사 등)의 활동도 "행정의 영리경제적 활동"에 해당한다.[1] 지방자치단체가 특산물을 재배하여 판매한다든가 모래나 자갈을 채취하여 판매하는 것도 영리경제적 활동으로 볼 수 있는데, 지방자치실시이후 각 지방자치단체는 재정자립도를 높이기 위해 여러 가지 수익활동을 전개하는 경향이 있다.[2]

[국가・지방자치단체의 영리활동의 범위 및 한계] 국가나 지방자치단체가 수익적 활동을 함에 있어서 국가나 지방자치단체는 어느 정도의 범위에서 영리경제적 활동을 할 수 있는 것인가에 대한 검토가 필요하다. (경쟁관계에 있는 사인에 대한 보호) : 독일의 경우 지방자치단체(Gemeinde)는 일반사인이 충분히 잘할 수 있는 영리활동 또는 현재 사인이 훌륭히 경영하고 있는 수익사업에 대하여 - 지방자치단체는 - 사인과 경쟁적으로 할 수 없다는 취지의 규정을 두어 사인의 영업활동을 보장한다(보충성의 원칙[Subsidiaritätsprinzip]의 적용).[3] 우리나라 역시 기본적으로 자유시장 경제원칙을 채택하고 있고, 국민생활보호(국민행복)가 국가목적(Staatszweck)인 국가・지방자치단체 등 행정주체(Träger der Verwaltung)가 사인과 경쟁하는 영리활동행위를 하는 것은 일정한 한계 및 제한이 있다고 보아야 할 것이다.[4] 개인이 경제생활영역에서 국가와 대등한 지위에서 자유경쟁을 하기는 너무나 힘겹고 벅찬 일이기 때문이며, 이 경우 국가(지방자치단체)측에 일정한 제한을 가하여, 먼저 개인에게 양보하고, 개인이 경제활동을 하기 어려운 분야에 대하여 국가가 제2차적으로(보충성의 원리[Subsidiaritätsprinzip]), 영리활동에 참가하도록 하는 것이 오히려 '정의의 원칙'에 합당하다고 할 수 있을 것이기 때문이다.

[영리경제적 행정활동은 행정사법에서 제외] 영리경제적 행정작용(행정의 영리활동)도 행정사법의 영역에서 제외되어야 한다. 그 이유는 영리경제적 행정활동에 대한 헌법적 측면에서 기본권적 구속을 행하는 것은 일단 헌법상의 자유경제의 원리에 모순되며, "공적인 손(öffentliche Hand/공공의 손[5])으로 하여금, 자본주의 경제질서하에서의 자유경쟁에 뛰어들게 하면서, 다른 한편으로 경쟁의 틀 밖에 서게 함은 모순"이기 때문이라는 것이다.[6] 다시말하면 행정(공적인 손/öffentliche Hand[공공의 손])에게, 행정주체의 우월적 지위를 포기하고, 일반 사기업과 대등한 지위에서 영리경제적 활동을 하도록 하는 자유경쟁시장에 뛰어들게 해놓고서, - 행정사법이라는 이름하에 - 행정주체에 대해서만 공법적(헌법・행정법) 규제를 하게 되면 이는 오히려 행정에 대한 차별을 의미하는 것이기 때문에 타당하지

---

1) 신보성, 행정사법, 월간고시(1989.10), 61-62면.
2) 이명구, 사법행정작용과 행정사법, 고시연구(1992.5), 70면.
3) 이명구, 사법행정작용과 행정사법, 고시연구(1992.5), 70면.
4) 이명구, 사법행정작용과 행정사법, 고시연구(1992.5), 70면.
5) 장철익, 행정사법, 고시연구(1995.2), 298면.
6) 김남진, 사법적 행정활동과 행정사법, 월간고시(1981.11), 87면.

않다는 것이다.

## 2.3. 사법형식에 의한 행정과제의 직접적 수행(행정사법 : Verwaltungsprivatrecht)

[의의] 이는 시민의 일상생활에 필요한 물질(물·가스·전기 등) 또는 서비스(교통·통신 등)의 공급과 같은 행정 본래의 영역에 속하는 활동(생활배려를 위한 급부행정 및 유도행정)을 사법의 형식으로 행할 때, 이를 사법형식에 의한 행정과제(행정임무)의 직접적 수행(unmittelbare Erfüllung von Verwaltungsaufgaben in der Form des Privatrechts) 또는 사법형식의 행정과제 수행(Wahrnehmung von Verwaltungsaufgaben in der Form des Privatrechts)라고 한다.[1] 볼프는 사법형식에 의한 행정과제의 '직접적(unmittelbar)' 수행만을 행정사법이라고 하였다. ☞ 직접수행과 간접수행은 다른 개념

[다수설] 다수설의 입장은 사법적 행정활동 전부가 아닌(협의의 국고작용은 제외) 사법형식에 의한 행정과제의 직접적 수행에 해당하는 것만 특별히 행정사법으로 부른다.[2][3]

[생활배려적 활동(daseinsvorsorgende Tätigkeit)과 행정사법] 급부행정에 관하여 많은 공법규정이 정비되어 있으나, 이러한 공법규정이 존재하지 않을 때, 행정은 사법의 형식을 빌어 그의 행정과제(Verwaltungsaufgabe)를 수행할 수 있다. 국가·지방자치단체 등의 생활배려적 활동(daseinsvorsorgende Tätigkeit)이 직접 행정조직을 통해 행해지는 경우에는 그의 조직 및 활동이 공법적 성격을 가지는 것이 보통이다. 예컨대 지방자치단체가 주민에게 수도·가스나 전기의 공급을 맡아하면서 그것을 주식회사를 통해서 하게 되면 사법형식의 행정과제 수행이 되는 것이다(수도공급관계, 가스·전기공급관계). 지방자치단체가 주식회사를 설립하여 시영버스를 운영하는 것도 마찬가지 이다.[4] 그밖에 기업에 대한 자금지원·채무보증·공기업 이용관계 등이 있다. 행정의 사법적 활동을 넓게 보든 좁게 보든, 행정의 사법작용이라고 하여 행정활동이 처음부터 끝까지 사법형식에 의하여 활동하는 것을 의미하는 것은 아니다. 예컨대 기업체 등에 대하여 자금지원을 지원하는 경우, 자금지원(支援)의 여부와 내용·범위 등의 문제는 행정청(Verwaltungsbehörde)이 행정행위(Verwaltungsakt)라는 공법작용으로서 스스로 결정한 다음, 실질적인 자금지원은 사법의

---

1) H. Maurer, Allgemeines Verwaltungsrecht, 7. Aufl., 1990, S. 26 f.; Hans-Uwe Erichsen/Martens, Allgemeines Verwaltungsrecht, 9. Aufl., 1992, S. 408 f.; 이명구, 신고행정법원론, 56면; 이명구, 사법행정작용과 행정사법, 고시연구(1992.5), 71면.
2) 손동환, 행정사법관계, 고시연구(1997.6), 245면; 오현규, 행정사법, 고시월보(1994.12), 162면.
3) 행정사법을 다시, (ㄱ) 유도행정 분야에서의 사법작용, (ㄴ) 급부행정 분야에서의 사법작용 등으로 나누는 입장으로 분류하기도 한다(신보성).
4) 이명구, 사법행정작용과 행정사법, 고시연구사, 고시연구(1992.5), 71면.

형식으로 할 수도 있는 것이다. 이와같이 행정사법작용은 공법행위와 사법행위로 나뉘어 행해질 수 있으며, 이를 2단계설이라고 부르기도 한다.[1]

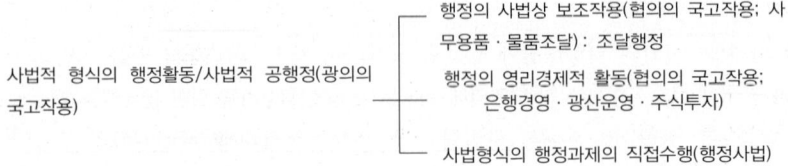

【행정법관계의 종류】
▶ 공법관계
 - 공법상 권력관계(협의의 고권행정관계) : 행정주체가 공권력의 주체로서 개인보다 우월한 지위에서 개인에 대하여 일방적으로 명령·강제·형성하는 관계
 - 공법상 비권력관계(단순고권관계) : 권력행정의 규율수단에 의하지 않음
▶ 사법관계
 - 협의의 국고관계 : 재산권의 주체로서 사인과 맺는 법률관계
   · 조달행정 : 공적 임무수행의 전제가 되는 것을 확보하기 위함(사무용품·물품구입)
   · 영리행정 : 공행정목적의 직접적 수행과 관계없이 수익확보를 위한 영리활동
 - 행정사법관계 : 행정주체가 사법형식에 의해 행정과제·행정목적을 직접수행

## 3. '특별한 국가적 힘의 작용'을 기준으로하는 견해(실질적 기준설[개별적 기준설])

[특별한 국가적 힘의 작용여부] 전통적 다수설에 반하여, 행정사법이 급부행정이나 유도(향도)행정 이외의 영역에서도 성립할 수 있다고 보는 견해가 있다. 이 견해에 따르면 행정사법의 적용여부는 앞에서 본 영역의 구별이라는 기준에 의해서가 아니라, "특별한 국가적 힘이 작용"하고 있는 경우인가 아닌가라는 실질적 기준을 적용하여 개별적으로 결정해야 한다고 한다. 이 견해에 의하면 행정의 영역이라는 기준보다는 국가(행정)의 힘이 강하게 작용하는 곳, 즉 특별한 국가적 힘이 작용하는 곳이라는 질(質)의 기준을 통해서 행정사법의 적용범위를 정하여야 한다는 것이다.

[실질적 기준설의 주장논거] 특별한 국가적 힘의 작용(실질적 기준설)을 주장하는 논거는, 행정이 수행하는 과제에 따른 3분류방법에 따라 그 어느것을 행정법의 적용에서 전적으로 배제하는 논법은 위험이 따른다는 것이다. 예컨대 조달행정과 같은 협의의 국고행정

---

1) 신보성, 행정사법, 월간고시(1989.10), 64-65면.

에 있어서 평등원칙과 같은 헌법원칙이 적용되지 않는다면, 예컨대 국가가 협의의 국고행정이라 하여 '사적 자치의 원칙(Privatautonomie)'을 내세우면서, 경쟁회사들이 존재함에도 불구하고 특정 회사의 제품만을 구입한다면 이는 기본권의 대사인적효력이론(Drittwirkungslehre)에 의한 평등원칙의 위반이며, 정치적으로 야당(野黨)을 지지하는 자는 계약에 참가하지 못하게 할 수도 있다는 결론에 봉착하며, 영리적 경제활동(영리활동)의 경우에도 예컨대 행정주체(Träger[1] der Verwaltung)는 기업의 결손을 납세자의 세금으로 메꿀 수 있는 등 일반 사기업(私企業)에 비하여 유리한 입장에 있음을 비추어 볼 때, 행정주체와 사기업을 동일한 위치에 놓을 수 없는 것이고, 이점에서 행정의 적용영역을 기준으로한 종래의 3분류 방법(협의의 국고작용, 영리경제적 활동, 행정과제의 직접적 수행)은 문제가 있다는 것이다.[2]

　　[학자들의 견해] (김남진 교수의 견해) : 김남진 교수는 행정사법의 적용여부는 영역의 구별이 아니라 "특별한 국가적 힘이 작용(spezipisch staatliche Macht ins Spiel bringt)"하고 있는 경우인가 아닌가라는 실질적 기준을 적용하여 개별적으로 그것을 결정해야 한다."[3]고 한다. (홍정선 교수의 견해) : 홍정선 교수는, "그러나 오늘날 공적 임무의 직접적 수행이 아닌 행성작용의 경우에도 역시 명문의 규정이 없어도 그러한 작용는 기본적으로 공법에의 구속, 기본권(특히 평등권)에의 구속하에 놓인다고 하는 견해가 증가하는 것으로 보인다."고 한다.

## III. 행정사법의 특징 및 법적 성질

### 1. 일반적 특징

　　행정사법의 특징은 일반적으로 다음과 같다. (ㄱ) 행정사법 그 자체는 사법이다. (ㄴ) '사법의 형식'을 빌어 행정이 이루어진다(행정외 사법적 활동). (ㄷ) 사법적 형식으로 직접 행정목적(급부목적, 유도목적)을 수행하는 활동이다(사법형식의 행정과제의 직접적 수행). (ㄹ) '일정한 공법적 규율(통제)'을 받는다. 그리고 공법적 규율을 받는 범위 안에서 행정법학의 대상이 된다(협의의 국고작용은 행정법의 고찰대상밖에 있다. ☞ **그러나 협의의 국고작용도**

---

1) 김남진 교수는 트레거(Träger)를 담하자(擔荷者)라고 번역한다(김남진, 공법계약과 사법계약의 구별, 고시계(1984.7), 53면.
2) 오현규, 행정사법, 고시월보(1994.12), 163면.
3) 김남진, 행정법(I), 404면; 이명구, 신고 행정법원론, 329면; 강구철, 강의 행정법(I), 512면; 변재옥, 행정법강의(I), 114면; 석종현, 일반행정법(상), 515면.

실질적 기준설에 의하면 공법적 통제를 받을 수 있다.) 그리고 그 한도 안에서는 행정사법도 공법이라고 볼 수 있는 것이다. (ㅁ) 주로 복리행정분야에서 문제되는 행정영역이다. (ㅂ) 공법과 사법이 혼재하는 법영역이다. 위에서 설명한바와 같이 전화요금징수관계는 전기통신사업법상 행정상 강제징수가 인정되는 공법관계인데 대하여 전화가입자와 전화사업자와의 일반적인 법률관계는 사법관계이고, 수도이용관계에 있어서 물의 공급계약관계는 사법상의 법률관계인데 대하여, 수도요금의 강제징수관계는 공법관계(수도법 제68조)인 것이다. 공물·공기업에 관한 법률관계도 이 경우에 해당한다(공·사법혼합관계).

- 행정사법 그 자체는 사법이다.
- '사법의 형식'을 빌어 행정이 이루어짐
- 사법적 형식으로 '직접 행정목적(급부목적, 유도목적)을 수행하는 활동'
- '일정한 공법적 규율(통제)'을 받는다. 그리고 공법적 규율을 받는 범위 안에서 행정법학의 대상이 된다(협의의 국고작용은 행정법의 고찰대상밖에 있다.) 그리고 그 한도 안에서는 행정사법도 공법
- 주로 복리행정분야에서 문제되는 행정영역
- 공법과 사법이 혼재하는 법영역

## 2. 공법상 계약과 행정사법과의 관계

### 2.1. 행정사법의 의의

[행정사법의 형식 : 사법형식] 행정사법은 행정이 사법형식에 의하여 이루어지는 행정작용이다(사법형식의 행정작용[Verwaltungstätigkeit in privatrechtlichen Formen]). 예를 들면 사법형식 (privatrechtliche Formen)을 통하여 교통(Verkehr)·전기(Strom)·수도(Wasser)·가스(Gas) 등의 공급·우편(Post)·전신전화·하수처리(Abwasserversorgung)·쓰레기처리(Abfallversorgung) 등의 문제를 해결하는 것이 이에 해당한다. 이는 행정청에 일정한 법률관계에 대하여 그것을 공법형식으로 규율할 것인지 사법형식으로 규율할 것인지에 대한 형식선택의 자유가 있는 경우에 후자를 선택하는 경우에 이루어지는 행정작용의 형식이다. 따라서 법질서가 명백하게 특정 형식을 정해두고 있지 않는 한 행정주체는 행정을 수행함에 있어서 일정한 범위내에서는 공법형식을 취할 것인지 아니면 사법형식을 취할 것인지의 형식선택 (Auswahl dr Formen)의 자유가 인정되게 되고, 이 경우 공법상 계약과 사법상 계약은 그 관계에 있어서 서로 선택관계 내지 경쟁관계에 놓이게 된다. 사법형식을 취하는 경우에는 행정사법 형식을 통한 계약문제에 해당한다.[1]

---

1) 장태주, 공법상 계약의 적용범위, - 독일 행정절차법상의 공법상 계약을 중심으로 -, 공법연구

[행정의 다양화와 행정사법] 행정사법은 우선 현대국가의 산업화에 따른 사회에 있어서의 경제적 조건의 변화에서 그 원인을 찾을 수 있다. 이는 행정에 대한 요구가 다양해지고 사회국가·급부국가에 따른 행정활동의 범위가 현저히 확대되어 감에 따라 행정이 종래의 전통적인 행정의 행위형식인 행정행위만으로는 그 행정임무(Verwaltungsaufgabe)를 달성하는데 충분하지 않다는 새로운 현상에서 비롯된 것이다. 그러므로 행정사법을 행정청이 법률의 법치국가적 통제와 구속을 회피하기 위하여 고안해 낸 것으로 보는 일부의 견해는 타당하지 않다. 다시 말하면 행정사법에 대하여, 일반적으로 흔히 인용되는 「사법으로의 도피(프리츠 플라이너: F. Fleiner)」를 통하여 행정이 법의 구속으로부터 회피하거나 자유로와 지기 위한 것이 아니라,[1] 오히려 행정이 사법영역이라는 명칭하에 법치주의, 법률유보, 법률우위의 원칙(Vorrang des Gesetzes)와 같은 행정의 법률적합성의 원칙으로부터 도피하려고 하는 것을 막고, 이를 공법적(헌법·행정법) 규제하에 두기위하여 행정사법(Verwaltungsprivatrecht)이라는 명칭을 붙여서 독일의 볼프(Hans J. Wolff)교수에 의하여 최초로 등장한 이론이다.[2]

### 2.2. 공법상 계약의 흠결과 이에 대한 해결방안으로서의 행정사법

[공법상 계약의 흠결과 행정사법] 행정이 사법계약을 취하게 된 가장 중요한 원인은 근래에 이르기까지 행정영역에 있어서 공법상 계약의 형식흠결성에서 그 원인을 찾을 수 있다.[3] 물론 공법에도 개별법에 따라서는 사법(私法)제도나 사법적 규정을 준용하는 규정은 존재하지만, 공법에는 예컨대 공법상의 일반적인 채권채무관계를 총체적으로 규율하는 사법전(私法典)과 같은 일반규정이 없다. 예를 들면 공적인 매매계약, 도급계약, 임대차계약 및 그 밖의 급부계약 등의 특수한 채권채무관계를 규율할 수 있는 공법상의 규정은 존재하지 않는다. 이와 같은 행정의 제도적 흠결 때문에 행정은 사법형식을 선택하게 된 것이고, 위에서 언급한 바와 같이 예컨대 주식회사(Aktiengesellschaft)나 유한책임회사와 같은 사법상(私法上)의 법인을 창설하는 등의 형식을 취하게 된 것이다. 이렇게 함으로써 행정은 공법영역에 있어서의 형식흠결을 극복하고 행정과 국가간에 일정한 규율을 필요로 하는 급부관계를 법률행위적으로 형성할 수 있는 전형적인 민법전(民法典)의 계약형식을 차용

---

(제29집 제2호), 2001.
1) K. Stern, StaatsR. II, 1980, S. 741; Christian Pestalozza, Formenmißbrauch des Staates: zu Figur und Folgen des „Rechtsmissbrauchs" und ihrer Anwendung auf staatliches Verhalten, 1973, S. 163.
2) 서원우, 행정사법·행정법상의 확약, 고시계(1982.6), 175면.
3) Wilhelm Henke, Das Recht der Wirtschaftssubventionen als öffentliches Vertragsrecht, 1979, S. 13.

할 수 있게 된 것이다.1) 이에 대한 대표적인 학자로서 막스 임보든(Max Imboden)은 이에 대한 이론적인 방향을 설정하고 행정에서의 계약의 중요성을 고려하여 행정의 법률행위적 작용사항이 사법형식으로 하기에 적합(sachgerecht)한지에 따라 사법상의 계약형식의 차용여부에 대한 기준을 삼아야 한다는 이른바 「사법적합성」의 기준을 제시한바 있다.2)3)4)

## 3. 행정사법·행정사법관계의 법적 성질

### 3.1. 공법설

[공법설을 주장하는 견해] (석종현 교수) : 행정사법의 법적 성질에 관하여 석종현 교수는 "행정사법은 공법적 기속을 받기 때문에 그러한 공법적 규율을 받는 한도 내에서 공법관계로 볼 수 있다. 따라서 공법원칙이 적용되는 한도내에서 행정사법은 사행정이 아니라 공행정에 관한 특수한 법률인 공법으로 파악하여야 하며, 기속위반(羈束違反)의 효과도 행정법상의 하자이론(瑕疵理論)에 준하여 판단하여야 한다."5)고 한다. (김도창 교수) : 김도창교수는 "행정사법도 공법원칙이 적용되는 한도 안에서 '사행정(私行政)'이 아니고 '공행정(公行政)'에 관한 특수한 규율, 즉 '공법'으로 보아야 한다."고 한다(김도창).

### 3.2. 사법설

[사법설을 주장하는 견해] (김남진교수) : 김남진 교수는 "사법형식의 행정작용은 그 자체가 사법작용이므로 그에 관한 법적 분쟁은 특별한 규정이 없는 한 민사소송을 통해 구제를 도모하여야 한다. 이른바 행정사법작용도 마찬가지이다. 사법작용이 공법규정에 의한 기속을 받는다고 해서 공법작용으로 변질되는 것은 아니다. 그러한 의미에서 '기속위반의 효과도 행정법상의 하자이론에 준하여 판단하여야 할 것이다'라는 견해에 대해서는 의문을 표하고 싶다."6)고 한다. (홍정선 교수) : 홍정선 교수는 "독일의 지배적인 견해에 따르면 공법적인 제약에도 불구하고 전체로서 법관계는 사법적인 성질을 갖는다고 한다. 이것은 결국 공법상의 제약이 사법적인 수단으로 실현되어야 함을 뜻한다(기본권의 제3자적 효력). 그리

---

1) 장태주, 공법상 계약의 적용범위, - 독일 행정절차법상의 공법상 계약을 중심으로 -, 공법연구 (제29집 제2호), 2001.
2) Max Imboden, Der verwaltungsrechtliche Vertrag, 1958, S. 62 f.
3) Friedrich von Zeschwitz, Rechtsstaatliche und prozessuale Probleme des Verwaltungsprivatrechts, NJW 1983, S. 1874 f.
4) 장태주, 공법상 계약의 적용범위, - 독일 행정절차법상의 공법상 계약을 중심으로 -, 공법연구 (제29집 제2호), 2001, 317면.
5) 석종현, 일반행정법(상), 517면.
6) 김남진, 행정법(I), 405면.

고 이 작용에 대한 분쟁은 민사법원의 관할사항이라 하겠다."고 한다.[1] (이명구 교수) : 이명구 교수는 "행정사법도 명칭 그대로 사법의 일종으로 보아야 하며 그에 관한 법률관계도 일반적으로 사법관계의 성질을 갖는다고 보아야 할 것이다."라고 한다.

## IV. 행정사법의 종류

### 1. 행정사법의 적용영역
#### 1.1. 급부행정분야의 행정사법
[사법적 형식에 의하여 행정책무의 직접적 수행] 급부행정이란 행정주체가 사인에게 주는 수단을 통해 개인 또는 단체를 돌보며 이들의 이익을 촉진시켜 주는 행정을 말한다. **사법적 형식에 의하여 행정책무의 직접적 수행을 행하는 활동으로는 다음과 같다.** (ㄱ) 교통 및 운수사업(철도, 시영버스 등)·공급사업(전기·수도·가스)·처리사업(하수도·폐수·오물·쓰레기 등 폐기물처리사업)과 같은 공기업·공물에 대한 급부행정(Leistungsverwaltung)·배려행정(配慮行政), (ㄴ) 자금지원(Subvention : 투융자·보조금·지불보증 등)에 의한 경제지도(經濟指導)로서 행정처분에 의하지 아니한 융자·보조금·지불보증 등이 있다.

- 교통 및 운수사업(철도, 시영버스 등)·공급사업(전기·수도·가스)·처리사업(하수도·폐수·오물·쓰레기 등 폐기물처리사업)과 같은 공기업·공물에 대한 급부행정·배려행정(配慮行政)

- 자금지원(Subvention : 융자[Darlehen]·보조금·지불보증 등)에 의한 경제지도(經濟指導)로서 행정처분에 의하지 아니한 융자·보조금·지불보증

#### 1.2. 유도행정(誘導行政)분야의 행정사법
유도행정이란 국가가 개인에게 일정한 경제적·심리적 인세티브를 제공함으로써 행정활동에 대한 자발적인 협조와 참여를 구하는 내용의 행정을 말한다. 이와같은 유도행정(誘導行政[Lenkungsverwaltung]) 분야에서 행정사법은 주로 규제행정분야, 또는 사회형성행정분야에서 성립되고 있다. 예컨대 토지대책·경기대책·고용대책·수출진흥 등의 목적을 위하여, '공공(公共)의 손'이 직접(예 : 개입적 매수) 또는 간접(예 : 보상보험)으로 사법적 형식의 활동으로 개입하는 경우가 있다.[2]

---

1) 홍정선, 행정법원론(상), 401면.
2) 석종현, 행정사법, 월간고시(1981.6), 33면; 손동환, 행정사법관계, 고시연구(1997.6), 245면.

### 1.3. 급부행정·유도행정이외의 영역에서 적용가능성?

행정사법은 법적 형식에 대한 선택가능성이 있는 급부행정, 유도행정의 분야에서 주로 성립된다. 법적 형식에 대한 선택가능성이란 행정주체가 어떤 행정작용을 함에 있어서 공법형식을 취하든 사법형식을 취하든 선택이 가능한 것을 말하며, 경찰행정, 조세행정 등 법형식에 대한 선택가능성이 부인되는 경우에는 적용되지 않는다. 경찰행정·조세행정은 공익성이 강하고 국가의 고권적 작용이므로 그 형식을 엄격하게 해둘 필요가 있고, 따라서 법적 형식에 있어서의 선택가능성이 없는 것은 당연하다.

## 2. 행정사법의 적용범위

### 2.1. 다수설(3분류설에 입각한 사법형식에 의한 행정과제의 수행)

[개관] 종래의 다수설(herrschende Meinung : 지배적 학설; 다수설[1])에 의하면 행정사법은 위에서 본 세 종류의 사법적 행정활동(행정의 사법적 활동/사법적 공행정)중 세 번째의 "사법형식에 의한 행정과제의 직접적 수행"에만 적용된다고 한다. 독일의 볼프 및 우리나라의 지배적인 견해이다.[2] 즉 급부행정(給付行政) 및 유도행정의 분야에서 공법규정이 결여되어 있는 경우 행정이 사법의 형식을 빌어 그의 과제를 수행할 수 있음이 일단 긍정되더라도, 이는 어디 까지나 순수한 사법작용이 아니라 행정과제(Verwaltungsaufgabe)의 직접적인 수행의 일환으로 행해지는 것이며, 행정은 법률유보 및 법률우위의 원칙, 법치행정의 원리·행정의 법률적합성의 원칙 등과 같이 엄격한 규제가 따르는 것을 피하고 싶은 유혹을 - 마치 군인(軍人)이나 학생이 정복을 벗어버리고 사복으로 갈아 입고 외출하고 싶은 유혹을 가지듯이 - '사법형식으로의 도피(Flucht in das Privatrecht)'를 느끼기 쉬우므로 이를 일정한 행정법적 통제하에 둘 필요성이 있는데,[3] 이 경우 행정은 사인(Privatperson)이 사법영역에서 누리는 바와 같은 '사적 자치(Privatautonomie)'의 원칙이나 '계약자유의 원칙'을 누릴 수는 없는 것이며, 헌법상의 기본권규정에 의한 구속 및 기타의 공법상의 제한을 받아야

---

1) 이명구교수는 '헤르션더 마이눙(herrschende Meinung[h.M.])'을 통설이라고 번역한다(이명구, 사법행정작용과 행정사법, 고시연구(1992.5), 72면). (저자 註) : 생각건대 독일어의 헤르션드(herrschend)는 '지배적인', '우세한'의 의미이다. 헤르션더 마이눙(herrschende Meinung[h.M.])을 번역하면 '지배적인 견해' 혹은 '다수설'이라고 번역이 되고, 통설(通說)은 독일에서 알게마이네 마이눙(allgemeine Meinung[allgM.])이라고 한다. 알게마인(allgemein)은 '총체적인'의 의미이다. 그리고 a.M.은 '다른 견해(andere[r] Meinung)'를 의미한다(또한 다른 견해는 andere(r) Ansicht 라고도 한다.), 실제로는 "다수설이나 통설은 '같은(비슷하거나 동일한)' 개념"으로 사용해도 좋다.

2) 추일환, 행정사법, 월간고시(1990.5), 290-292면.

3) 김윤조, 행정의 자동화작용, 행정사법, 고시월보(2001.2), 48면.

한다는 것으로서, 이는 독일의 볼프(Hans J. Wolff)교수의 주장에 의하여 행정사법(Verwaltungsprivatrecht)의 이론으로 설명되고 있는 것이다.

[볼프(Hans J. Wolff)의 견해] 독일에서 행정사법이론을 최초로 주창한 볼프교수는 '**사법형식의 행정작용**' 가운데, (ㄱ) 상·하수도공급작용, 교통·가스·전기 등 에너지 공급작용과 같은 급부행정(Leistungsverwaltung), (ㄴ) 자금조성(Subvention) 등을 통한 유도행정(誘導行政：Lenkungsverwaltung)의 영역에서 이들이 비록 행정의 사법적 활동영역에 속하는 것이라 할지라도, 이는 어디까지나 행정과제의 수행을 위한 것이므로, 이때의 사법적 활동은 사적자치(Privatautonomie)가 인정되는 자유로운 것이 아니라 자유권, 평등원칙, 과잉금지원칙(Übermaßverbot)과 같은 헌법상의 기본권규정 및 행정법에 의한 기속을 받게 되는 의미의 행정사법이 적용되는 것으로 보았다. 그러므로 그 밖의 사법형식의 행정작용, 즉 협의의 국고작용(사법상 보조작용)이나 행정의 영리경제활동에는 행정사법이 적용되지 않는 것으로 보고, 이러한 영역에서는 행정도 일반적으로 기본권규정 등에 의한 기속을 받음이 없이 사적 자치를 향유하는 것으로 보았다.[1] 다만 여기서 주의할 점은 볼프교수가 **행정의 사법적 행정활동의 범위(유형·분류)**를, (ㄱ) 조달행정(물품구매·도급계약)과 같은 행정의 사법상 보조작용(협의의 국고작용[Fiskus ieS]), (ㄴ) 행정의 영리경제석 활동(은행이나 광산의 경영),[2] (ㄷ) 사법형식에 의한 행정과제의 직접적 수행(사법형식의 행정과제 수행)으로 나누고 사법형식에 의한 행정과제의 직접적 수행만이 법적 통제를 받고, 행정의 사법상 보조작용(협의의 국고작용) 및 행정의 영리적 경제활동은 행정법적 통제로부터 자유롭다는 의미에서의 행정에 대해서 자유를 부여해주기 위한 '행정자유이론'이 아니고, 종래에, (ㄱ) 행정의 사법상 보조작용(협의의 국고작용), (ㄴ) 행정의 영리경제적 활동, (ㄷ) 사법형식에 의한 행정과제의 직접적 수행(사법형식의 행정과제 수행) 모두가 행정법의 통제대상에서 제외되었던 것을 최소한 사법형식에 의한 행정과제의 직접적 수행(사법형식의 행정과제 수행) 만큼은, 그 자체가 순수한 좁은 의미의 국고활동이 아니며 **행정과제의 수행을 위한 것**이므로 법치국가적 지배질서하에서 행정법적 통제를 받아야 한다는 의미에서 그 이론을 전개한 최소한의 '행정통제이론'[3]이다.

[김도창교수의 견해] 김도창교수도 "행정사법의 개념요소는, ① 주로 복리행정의 분야에서 문제되는 영역이며, ② 사법적 형식으로 행정이 이루어 지고, ③ 직접 행정목적(급부목적·개발정서[開發整序]목적)을 수행하는 활동이며, ④ 일정한 공법적 규율을 받는데 있

---

1) Wolff·Bachof·Stober, Verwaltungsrecht I, § 23 Rn. 16, 29 ff; 이명구, 사법행정작용과 행정사법, 고시연구(1992.5), 72면.
2) 김윤조, 행정의 자동화작용, 행정사법, 고시월보(2001.2), 48면.
3) 서원우, 행정사법·행정법상의 확약, 고시계(1982.6), 178면.

다"라고 한다.1)

### 2.2. 실질적 기준설(개별적 기준설)

[특별한 국가적 힘의 작용여부] 위와 같은 전통적 다수설에 반하여, 행정사법이 급부행정이나 유도(향도)행정 이외의 영역에서도 성립할 수 있다고 보는 견해가 있다. 이 견해에 따르면 행정사법의 적용여부는 앞에서 본 영역의 구별이라는 기준에 의해서가 아니라, "특별한 국가적 힘이 작용"하고 있는 경우인가 아닌가라는 실질적 기준을 적용하여 개별적으로 결정해야 한다고 한다. 이 견해에 의하면 행정의 영역이라는 기준보다는 국가(행정)의 힘이 강하게 작용하는 곳, 즉 특별한 국가적 힘이 작용하는 곳이라는 질(質)의 기준을 통해서 행정사법의 적용범위를 정하여야 한다는 것이다.

[학자들의 견해] (김남진 교수의 견해) : 김남진 교수는 행정사법의 적용여부는 영역의 구별이 아니라 "특별한 국가적 힘이 작용(spezipisch staatliche Macht ins Spiel bringt)"하고 있는 경우인가 아닌가라는 실질적 기준을 적용하여 개별적으로 그것을 결정해야 한다."2)고 한다. (홍정선 교수의 견해) : 홍정선 교수는, "그러나 오늘날 공적 임무의 직접적 수행이 아닌 행정작용의 경우에도 역시 명문의 규정이 없어도 그러한 작용는 기본적으로 공법에의 구속, 기본권(특히 평등권)에의 구속하에 놓인다고 하는 견해가 증가하는 것으로 보인다."고 한다.

## V. 행정사법의 공법적 기속(羈束)

### 1. 개관

[행정사법이론의 등장 배경(행정통제의 필요성)] 행정사법이론은 프리츠 플라이너(Fritz Fleiner)에 의하면 본래는 공행정의 형식으로 해야 할 것을 사법이란 형식의 두루마기를 걸치는 것과 같은 '행정의 사법으로의 도피(Flucht in das Privatrecht)'3)에 대하여 - 행정이 공법에서 사법으로 도피해버리면, 행정법적 규제로부터 자유로운 영역을 확보하게 되므로, 행정은 이에 대한 유혹을 느낄 것이므로 - '종래의 사법(Privatrecht)이라는 명칭하에 행정법적 통제로부터 벗어났던 국고행정영역을 세분화(볼프교수는 3분류하였다)하여, 이것들

---

1) 김도창, 행정법론(상), 제3全訂版, 204면.
2) 김남진, 행정법(I), 404면; 이명구, 신고 행정법원론, 329면; 강구철, 강의 행정법(I), 512면; 변재옥, 행정법강의(I), 114면; 석종현, 일반행정법(상), 515면.
3) 장철익, 행정사법, 고시연구(1995.2), 298면;

중 최소한 하나의 것(사법형식을 통한 행정과제의 직접적 수행은 순수한 국고활동이 아니며, 공법상의 임무규정에 의하여 할당된 공행정목적[급부목적·향도목적])을 달성하기위한 것에 불과하다), 다시 행정사법(Verwaltungsprivatrecht)'이라는 명칭하에 – 국고행정영역으로 부터 이를 제외시키고 – 이를 공법영역에 끌어들여 일정한 공법적 규율을 받도록 하려는 취지에서 탄생된 것이다.[1] 발터 옐리네크(Walter Jellinek; **게오르크[Georg] 옐리네크의 아들**)가 '군인이 자기활동의 자유를 더 얻기 위하여 군복 아닌 사복으로 갈아입고 외출'하고 싶어 하는 것[2]과 마찬가지로, 공무원도 사법이라는 이름하에 행정법적 통제를 벗어나고 싶어 할 것이기 때문에 – 사법은 민법의 영역이어서 공법인 행정법의 통제 대상에서 제외되므로 – 일반사법(Privatrecht)을 행정사법(Verwaltungsprivatrecht)이라고 부르면서, 이를 다시 행정법적 영역으로 끌어들여, 행정법적 통제영역에 두고자 하여 성립된 이론[3]임은 앞에서 살펴본바와 같다.

[행정통제의 구체적 내용] (행정권의 담당자와 사적 자치의 원칙) : 행정주체가 급부행정(給付行政)의 목적을 달성하는 경우에 공법상의 법적 수단이 정하여져 있지 아니한 때에는 사법적 수단을 선택하는 경우도 적지 아니하며, 행정이 행정목적을 달성하기 위하여 사법적 수단을 사용해서 행동하는 경우에 행정주체는 통상의 일반 국민과 같은 사인으로서 행위를 행하는 것이 아니고, 행정권의 담당자로서 행동하는 것이며, 따라서 이 경우 일반사인에게 적용되는 '사적 자치(Privatautonomie)'의 원칙은 적용되지 아니한다.[4] 그리고 행정사법은 헌법상의 기본권 보장의무(Grundrechtsbindung),[5] 자유권, 평등권 등과 같은 헌법 및 헌법원칙 등과 같은 헌법적 차원의 제약과, 그밖에 기타 공법적 규제를 받는다.[6] 다만 구체적으로는 어느 범위의 사

---

1) 장철익, 행정사법, 고시연구(1995.2), 299면; 서원우, 행정사법·행정법상의 확약, 고시계(1982.6), 178면.
2) W. Jellinek, Verwaltungsrecht, 3. Aufl., 1931, Neudruck 1966, S. 25.
3) 서원우, 행정사법·행정법상의 확약, 고시계(1982.6), 178면.
4) 오늘날은 기본권규정의 제3자적 효력(Drittwirkung) 등의 이름으로 헌법상의 기본권규정이 사인간에도 널리 적용될 것이 강조되는 경향이 있음을 상기할 필요가 있다. 국가가 비록 사법형식으로 활동하더라도 국가 그자체가 큰 힘의 소유자임에는 변함이 없다. 국가(정부)가 의사자치의 원칙(계약자유의 원칙)을 내세워 특정회사의 제품만 사들이고 다른 회사의 제품을 사들이지 않는다면 평등권침해 문제가 있다. 따라서 조달행정에 있어서 **물품구매** 등 보조적 행정활동이나 **영리경제적 활동**의 영역에서 국가·지방자치단체 등 행정주체가 사인과 동등한 정도의 사적 자기를 누릴 수 없다고 보아야 할것이다(이명구, 사법행정작용과 행정사법, 고시연구(1992.5), 75면). 다만 헌법규정은 법률의 개별적 규정 내지 일반조항을 통하여 간접적으로 적용되며, 기본권의 제3자적 효력문제는 그와같은 법률규정이 없는 경우에 보충적으로 간접적용설(기본권의 대사인적 효력의 간접적용설)의 입장에 의하여 적용된다(오현규, 행정사법, 고시월보(1994.12), 163면)
5) Wolff·Bachof·Stober, Verwaltungsrecht I, § 23 Rn. 20.
6) Wolff·Bachof·Stober, Verwaltungsrecht I, § 23 Rn. 20, 21; 박원영, 행정사법, 고시계(1984.8),

법적 행정활동이 어느 정도의 공법적 수정(修正) 내지는 제약을 받는가에 관해서는 논란이 있다.1)

## 2. 헌법 및 헌법원칙에 의한 기속

[행정사법이 헌법원칙에 의한 기속을 받는 경우] 독일에서 행정사법이론을 전개한 볼프(Hans. J. Wolff)에 의하면 행정사법이 헌법원칙에 의한 기속을 받는 경우를 다음과 같이 설명하고 있다. 독일 기본법(독일연방헌법) 제1조 제3항은 "다음에 열거하는 기본권은 직접 적용되는 법으로서 입법권·행정권·사법권을 구속한다(Die nachfolgenden Grundrechte binden Gesetzgebung, vollziehende Gewalt und Rechtsprechung als unmittelbar geltendes Recht.)"라고 규정하고 있는데, 이 기본권 보장규정에 의하여 직접적으로 기속되는 '행정권' 속에는 행정사법도 포함되는 것으로 해석되며, 그 결과 재산권보장·신뢰보호원칙·평등원칙·비례원칙(과잉금지원칙)과 같은 헌법원칙은 행정사법을 기속한다.2) 행정주체가 행정목적을 수행하기 위하여 사법적 수단을 통하여 행하는 경우에는, 행정주체가 통상의 사인으로서 행위하는 것은 아니고 행정권의 담당자로서 행동하는 것이므로, 헌법상의 기본적 인권의 보장, 특히 자유권·평등권의 보장에 따르는 헌법상의 제약을 받게 된다. 예컨대, 국가나 지방공공단체 또는 공단 등이 융자·채무보증 등의 활동을 행하는 경우에는, 계약의 상대방, 계약의 수락(受諾)·거부, 계약조건 등에 관하여 부당한 차별을 해서는 안 된다.3) 국고행정(fiskalische Verwaltung)은 고권적 임무수행주체(Träger hoheitlicher Aufgabe)로서의 권한을 행사하는 것은 아니므로 독일기본법 제1조 제3항의 행정권(집행권 : vollziehende Gewalt)에 속하는 권한은 아니다.4)

[공법분야에서의 의사표시] 공법분야에서는 의사표시에 관한 사법적 규율 내지 사법상의 일반원칙 등이 제한되거나 내지 수정된다(예 : 행위능력이 없는 자에 의하거나 또는 착오에 의해서도 계약이 성립하는 등). 사법상(私法上)의 계약의 형식으로 행한 행정의 급부활동에 있

---

36-37면.; Ehlers, Verwaltung in Privatrechtsform, 1984, S. 86 f.; Hans-Uwe Erichsen, Gemeinde und private im wirtschaftlichen Wettbewerb 1987, S. 25 f.

1) Wolff·Bachof·Stober, Verwaltungsrecht I, § 23 Rn. 20.
2) Wolff·Bachof·Stober, Verwaltungsrecht I, § 23 Rn. 20; 서원우, 행정사법·행정법상의 확약, 고시계(1982.6), 177면; 박원영, 행정사법, 고시계(1984.8), 36-37면.; Ehlers, Verwaltung in Privatrechtsform, 1984, S. 86 f.; Hans-Uwe Erichsen, Gemeinde und private im wirtschaftlichen Wettbewerb 1987, S. 25 f.
3) 서원우, 행정사법·행정법상의 확약, 고시계(1982.6), 177면; 박원영, 행정사법, 고시계(1984.8), 36-37면.
4) Wolff·Bachof·Stober, Verwaltungsrecht I, § 23 Rn. 21.

어서는 사인 상호간에 있어서의 계약과는 달리, 엄격한 의미에서의 계약체결 행위를 필요로 하지는 않으며, 정형화된 급부신청과 급부결정행위에 기초하여 법률·규약 등에 의해서 규범화된 급부관계가 사실상 성립하는 것이다(예컨대 수도공급계약).1) 이와같이 사법상의 계약관계에 있어서는 민법총칙의 행위능력, 의사표시 등에 관한 규정이 적용되지 아니하는 경우도 있으며, 변용(變容)된 경우도 있다.2) 그리고 행정주체에 대하여는 계약강제·해약제한·계속적 경영의무가 인정되거나(예컨대 협의의 국고관계나 관리관계에 있어서, 주민의 복지를 위하여 도시관리공단이 운영하는 스포츠센터가 손해를 본다고 하여 스포츠센터의 운영을 폐지하는 것은 인정 안된다) 계약내용이 법정(法定)되는 등의 공법적 기속을 받는다.3)

▶ 재산권보장·신뢰보호원칙·평등원칙·비례원칙과 같은 헌법원칙 → 행정사법 기속
▶ 공기업분야 → 의사표시에 관한 사법적 규율이 제한 내지 수정
▶ 계약강제·해약제한·계속적 경영의무·계약내용이 법정 → 공법적 기속

### 3. 법률적 규제(법률우위의 원칙)

법치국가원리의 구성요소인 법률우위의 원칙(Vorrang des Gesetzes)은 행정사법의 경우에도 적용된다. 법률유보의 원칙의 경우, 이것이 행정사법에도 적용될 것인가 하는 것은 법률유보의 범위에 관하여 어느 학설을 취하느냐에 따라서 결론이 달라진다(침해유보설, 중요사항 유보설 등). 국가 또는 지방자치단체의 예산을 절약하고 행정의 공정을 기하기 위하여 행정사법에 대하여 법률(예:국가재정법·지방재정법·국유재산법 등)이 특별한 제약규정을 둘 때가 있다. 이러한 '제약규정'을, (ㄱ) 종래의 통설은 일종의 '특별사법'으로 보는데 반하여, (ㄴ) 행정사법 이론에 의하면 행정사법도 공법원칙이 적용되는 한도 안에서 '사행정(私行政)'이 아니고 '공행정(公行政)'에 관한 특수한 규율, 즉 '공법'으로 보아야 한다는 견해도 있다(김도창).

### 4. 공법적 기속위반의 효과

#### 4.1. 개관

행정사법은 위에서 설명한 공법적 기속을 받기 때문에 그러한 공법적 규율을 받는 한도 내에서 공법관계(비권력행정)로 볼 수 있고, 따라서 행정주체(Träger der Verwaltung)

---

1) 서원우, 행정사법·행정법상의 확약, 고시계(1982.6), 178면.
2) 서원우, 행정사법·행정법상의 확약, 고시계(1982.6), 178면; 박원영, 행정사법, 고시계(1984.8), 36-37면.
3) 한견우, 행정법(1), 홍문사, 1997, 509-511면; 오현규, 행정사법, 고시월보(1994.12), 164면.

가 사법적 형식의 활동을 함에 있어서 그에 대한 특별법적 규제를 위반한 경우에는 당해
법률이 정한 효과를 발생할 것이고, 그러한 특별규정이 없는 경우에도 그것이 공법원칙을
위반한 경우에는 무효 또는 일부무효의 문제가 생기게 될 것이다.

### 4.2. 사법적 규율의 제한·수정

행정사법에 의한 공기업분야에서는 의사표시에 관한 사법적 규율이 제한 내지 수정
적으로 적용된다. 즉 공기업분야에서의 계약관계는 개별적 계약 체결이 없거나, 행위능력
이 없는 자에 의하거나 또는 착오에 의한 경우에도 성립 될 수 있다. 그리고 행정사법관계
에 있어서는 계약강제·해약강제·계속적 경영의무·계약내용법정 등 일정한 공법적 기속
을 받는다.[1]

### 4.3. 공법적 손해전보(損害塡補)의 적용

공법적 손해전보는 행정상 손해배상·행정상 손실보상을 의미한다. 행정사법분야에서
의 배상책임 및 배상청구권에 관해서는 전적으로 공법원리가 적용된다. 그 이유는 행정주
체의 활동이 직접적으로 공익목적수행을 위한 것이라는 점을 중요시한 것이다. 행정이 그
임무를 수행하기 위하여 사법적 계약의 수단을 사용하는 경우에 공공필요적 관점에서, 당
해 계약을 해제하여야 할 경우에는 헌법 제23조 제3항에 의한 손실보상을 필요로 하는가를
문제 삼기도 한다. 예컨대, 국유재산의 대부계약의 공익상 이유에 의한 해제, 관리상·공익
상 이유로 인한 공영주택의 명도청구 등이다.[2] 또한 공공용지의 임의매수에 관해서도 손
실보상기준이 적용되는 등을 예로 들고 있다.[3]

### 4.4. 공법적 구제수단의 적용

행정사법의 공법적 규제의 하나로서 구체적으로 공법적 통제방법 및 구제수단 등에
관해서 행정사법이 공법적 규율을 받는다는 것은 구제수단 역시 공법적 수단으로 해결하
는 것이 논리적이고 타당하다. 따라서 특별한 규정이 없는 한 민사소송을 통해서 구제되는
것이 원칙이라는 견해가 있으나, 당사자소송에 의하여야 할 것이다.[4] 판례는, 당사자소송
으로서, (ㄱ) 공법상의 권리존재확인소송, (ㄴ) 무효확인소송, (ㄷ) 부존재확인소송을 인정

---

[1] 한견우, 행정법(1), 홍문사, 1997, 509-511면.
[2] 서원우, 행정사법·행정법상의 확약, 고시계(1982.6), 178면.
[3] 서원우, 행정사법·행정법상의 확약, 고시계(1982.6), 178면; 한견우, 행정법(1), 홍문사, 1997, 509-511면.
[4] 한견우, 행정법(1), 홍문사, 1997, 509-511면.

하는데 그치고, 그 밖에는 모두 민사소송으로 다루고 있다. 결국 행정소송법 제3조 제2호의 당사자소송은 법원의 운영과정을 통하여 거의 유명무실한 것으로 되어 버렸다.[1] 판례는 공영주택(公營住宅)의 사용관계는 공법관계가 아니고 사법상의 임대차계약에 의한 사법관계이며, 수도이용관계는 기본적으로는 사법상의 당사자관계라고 하는 태도는 공영주택의 임대차계약과 수도 공급계약을 공법상의 계약으로 보는 것이 아니고, 사법상의 계약으로 취급하고 있는 것인데, 이는 사법상의 당사자관계로 취급하는 것이다.[2]

## VI. 결론

행정주체(Träger der Verwaltung)가 실질적으로는 행정목적의 달성을 직접 목적으로 하면서도 그 법형식은 사법적 형식을 취할 때, 본래는 공행정의 형식으로 해야 할 것을 "법으로부터의 기속"을 고의적으로 회피하기 위하여 사법이란 형식의 두루마기를 걸치는 것과 같은 "사법으로의 도피", 그리고 발터 옐리네크(W. Jellinek)가 말한바와 같이 "군인이 자기 생활의 자유를 얻기 위하여 군복이 아닌 사복으로 갈아입고 외출하는 것"과 같은 것을 규제하고,[3] 적절한 공법적 통제하에 둘 필요에서 주장된 것이 행정사법 이론이다. 그러나 이는 '사적 자치(Privatautonomie)' 내지 계약자유의 원칙과 충돌을 가져오며 사법의 독자성을 잃게 할 가능성도 있다. 그러므로 행정사법에 의한 규제는 사회적 법치국가의 이념과 단체주의적 협동정신에 입각한 공법상의 규제와 자유주의 경영체제를 기본으로 하는 우리 헌법규정과의 밀접한 관계아래 시행되어야 하며, 행정사법에 대한 규제의 구체적 내용은 앞으로의 중요한 행정법학의 과제라 할 것이다.

---

1) 김도창, 행정법론(상), 523-525면.
2) 박원영, 행정사법, 고시계(1984.8), 36면.
3) 서원우, 행정사법·행정법상의 확약, 고시계(1982.6), 178면.

# 제 6 장 행정정보공개제도(行政情報公開制度)

## 제 1 절 총설

### I. 서설

원래 행정정보공개제도는 행정절차의 상대방이나 이해관계인이 행정절차에 참가하는 경우에 예비지식을 얻기 위하여 필요한 것이며, 따라서 정보공개제도는 「사전절차제도의 일환」을 이루는 것이며, 행정법적 차원의 문제인 것이다. 실제로 미국 등에서도 처음에는 일환으로 입법화되었다. 다른 한편으로는 정보공개제도는 '헌법상' 기본권인 국민의 「알권리」를 실현하기 의해서도 그 필요성이 요청된다.

### II. 필요성

이론적으로는 행정의 민주화·공정화를 이룩한다. 실제적 측면에서는 '유리(glass)건물화한 공개정부(open government)'가, 국민이나 주민에게 생활편익·생활보호를 위한 서비스를 제공할 수 있으며, 개개인에게 자기정보통제권·정정권을 행사케 함으로써 시민방어적 기능을 제공하게 된다.

## 제 2 절  국민의「알 권리」와 행정정보공개(行政情報公開)

### I.「알 권리」의 성질

「알 권리」는 국민의 행복추구권, 인간다운 생활을 할 권리, 언론·출판의 자유 등에 그 근거를 둔 것이고, 그 '중심적 내용'은 국민주권에 따른 참정권의 전제로서 주권자인 국민이 국정정보를 알 권리를 가진다는 것이다. 이러한 입장에서 보면 공문서 내지 정보는 행정내부의「公用」에 그치는 것이 아니라 모든 국민이 활용할 수 있는「公共用」으로서의 성질을 가지는 것으로 이해된다. 여기에서 행정기관이 보유하는 문서의 개시를 청구할 수 있는 국민의 권리를 제도와 하기 위하여 정보공개입법이 헌법적으로 요청되고, 이에 근거한 정보공개입법에 의하여,「알 권리」는 공문서개시청구권이라는 적극적인 권리로 제도화 됨과 동시에 공문서에 관한 공개원칙과 비공개의 예외성이 법제화 되게 된다.

### II. 정보공개입법례

#### 1. 미국의 정보자유법
미국의 정보자유법(Freedom of Information Act, 1966)은 정부가 보유하는 모든 정보를 '국민의 것'으로 보고, 국민은 그러한 정보를 '알 권리'가 있다고 하는「정보의 자유」를 확립하고 있다. 그리고 정보의 자유의 이념을「프라이버시」법(Privacy Act, 1974), 政府日照法(Government in the Sunshine Act, 1976), 정부윤리법(Ethics in Government Act, 1978)의 제정·시행을 통해 확대·발전시키고 있다.

#### 2. 프랑스의「행정과 공중의 관계개선에 관한 법률」
프랑스에서는 1978년 제정된「행정과 공중의 관계개선에 관한 법률」(약칭 情報公開法)에 의하여 정보의 자유가 실현 되었다.「행정문서의 엑세스에 관한 위원회」가 설치되어, 동위원회가 정보공개원칙의 준수 여부를 감시한다.

#### 3. 영국
각 단행법에 근거하여 또는 자발적 차원에서 문서공개에 임하고 있다.

### 4. 스웨덴
전폭적인 공개제도를 채택하고 있다.

## III. 비공개문서의 범위

정보공개입법들은 국민에게 정보공개청구권을 인정하는 반면, 국민의 개시청구를 허용하지 않는 비공개문서의 범위도 아울러 규정하고 있다. 문제는 비공개의 범위이다. '추상적'으로 말한다면 공개제의 사항의 범위를 좁히고 공개문서의 범위를 확대하려 노력하는 것이 일반적인 경향이라 할 수 있다. 구체적으로는 국방·외교상의 비밀이나 개인의 프라이버시 보호와의 조정이 가장 어려운 문제이다.

## 제 3 절  행정절차에 있어서의 정보공개(情報公開)

### I. 행정의 절차적 공정성 보장과 정보개시

#### 1. 입법례
　행정결정에 있어 사전에 이해관계있는 국민을 참가시킴으로써 행정의 공정을 담보하려는 행정절차에 관한 법제는 국민의「알 권리」에 근거한 정보공개와는 다른 의미에서 정보공개를 촉진시켰다. 미국의 행정절차법(Administrative Procedure Act, 1946)은「정당하고 직접적인 관계가 있는 자에게 정보공개를 인정한다」고 규정하였고(동법 제3조), 영국의 심판소 및 심문소법과 독일의 행정절차법(1976) 역시 관계국민의 행정서류열람권 규정을 두어 행정정보의 사전개시제를 규정하고 있다.

#### 2. 행정절차에 있어서의 정보공개의 한정성
　행정절차의 일환으로 행해지는 정보공개는 구체적인 당해 사안에 대한 정보를 당해 사안의 이해관계인에게만 개시하는 한정성을 가지는 것이나,「알 권리」에 근거한 정보공개는 그러한 제한이 없는 일반적·비한정적인 것이다.

#### 3. 정보공개청구 불응에 대한 구제
　행정객체가 행정청에 대하여 자기에게 이해 관계있는 정보의 열람이나 등사 등 개시를 신청하였음에도 불구하고 당해 행정청이 정당한 이유없이 이에 불응한 때에는 그 부작위의 위법을 이유로 의무이행심판이나 부작위위법확인소송에 의하여 구제를 받을 수 있을 것이고, 헌법소원심판청구에 의하여 구제를 받을 수도 있을 것이다.
　　▶헌재결 1989. 9. 4, 88헌마22【공권력에 의한 재산권침해에 대한 헌법소원】
　　　부작위위법확인 -「피청구인이 청구인으로부터 1988. 3. 22.부터 동년 12. 10. 경까지 수차에 걸쳐 문서 또는 구두로 경기도 이천군 마장면 표교리 산 18 내지 산 21, 산 23, 326의 1 및 129의 2 소재 임야와 田에 대한 임야조사서 또는 토지조사부의 열람·복사 신청이 있었음에도 이에 불응한 부작위는 청구인의 "알 권리"를 침해한 것이므로 위헌임을 확인한다.」
　　▶대판 1992. 6. 23, 92추17【행정정보공개조례(안) 재의결 취소의 訴】
　　　지방자치단체는 그 내용이 주민의 권리의 제한 또는 의무의 부과에 관한 사항이거나 벌칙에 관한 사항이 아닌 한 법률의 위임이 없더라도 조례를 제정할 수 있다 할 것인대 청주시의회에서 의결한 청주시행정정보공개조례안은 행정에 대한 주민의 알 권리의 실현을 그 근본내용으로 하면서도 이로 인한 개인의 권익침해 가능성을 배제하고 있으므로 이를 들어 주민의 권리를 제한하거나 의무를 부과하는 조례라고는 단정할 수 없고 따라서 그 제정에 있어서 반드시 법률의 개별적 위임이 따로 필요한 것은 아니다.

다. 행정정보공개조례안이 국가위임사무가 아닌 자치사무 등에 관한 정보만을 공개대상으로 하고 있다고 풀이되는 이상 반드시 전국적으로 통일된 기준에 따르게 할 것이 아니라 지방자치단체가 각 지역의 특성을 고려하여 자기고유사무와 관련된 행정정보의 공개사무에 관하여 독자적으로 규율할 수 있다.

라. 위 "나"항의 행정정보공개조례안이 그 행정정보의 정의규정인 제2조 제1호의 '집행기관이 직무상 작성 또는 취득한 문서 등'이라 함이 집행기관(여기서는 같은 조 제2호에 의하여 청주시장 및 청주시 산하 청.소의 장을 말한다)이 지방행정기관으로서의 지위가 아니라 지방자치단체의 집행기관으로서의 지위에서 같은 법 제9조에 규정된 자치사무 및 단체위임사무에 관하여 작성 또는 취득한 문서 등만을 가리키는 것으로 풀이되고 국가사무에 관하여 작성 또는 취득한 문서까지 포함되는 것으로는 보여지지 아니하므로 조례제정권의 범위를 일탈하지 아니하였다.

## II. 정보공개입법과 행정절차법의 상호보완성

정보공개법에서는 행정절차에 참가하는 관계국민에게 가장 절실하게 요청되는 '행정절차과정상의 정보'가 대개 공개제의사항으로 취급되는바, 행정절차법에서는 이를 개시하도록 보장함으로써 정보공개법을 보완하여야 할 것이다.

## III. 행정정보의 사전공개를 담보하는 행정절차법상의 제도

### 1. 행정처분기준(재량기준)의 설정의무 및 그 공개제

오늘날의 행정재량기준을 행정입법이나 고시·훈령 등 행정규칙으로 정하는 경우가 많다. 이와 같이 행정재량기준이 문서화되어 있는 경우에는 정보공개입법은 이를 공시대상으로 규정하고 있다(예: 프랑스 정보공개법)

### 2. 행정결정 근거자료의 사전개시제

미국 행정절차법은 정식청문을 거쳐서 행하는 처분은 상대방에게 충분히 반박의 기회를 준 증거기록에 의하여서만 결정하도록 하고 있고, 독일행정절차법은 이해관계인의 문서열람권을 일반적으로 인정하고 있다.

### 3. 행정처분의 이유부기(이유제시)의무의 일반화

이유부기(이유제시)의무는 행정처분을 신중·적정하게 하도록 보장함과 동시에, 이유부기(理由附記)라는 형태로 상대방에게 행정정보를 개시하는 의미를 가진다.

# 제 4 절  개인정보의 보호(保護)

## I. 서론

오늘날은 컴퓨터의 발달과 행정의 전산화 현상에 따라 행정주체가 국민 개개인의 주민등록 기타 신상에 관한 사항이나 부동산소유 기타 재산에 관한 모든 정보를 전산처리 하여 확보·관리·사용함으로써 정부나 지방자치단체에 의한 국민통제가 보다 용이하고 철저해지는 반면, 국민 개개인의 사생활을 쉽게 침범할 수 있게 되어, 행정주체로부터의 개인정보의 보호문제가 중요한 문제로 제기된다. 여기서 행정주체에 대하여 개인정보의 적법·타당한 수집·처리, 그 보유목적의 명시, 목적 의외 사용금지, 목적을 초과한 정보의 수집·보유금지, 도난·파괴로부터의 안전 확보 등의 의무를 지우고, 아울러 개인에게는 행정주체가 확보·관리하는 자기에 관한 정보의 열람청구권과 잘못된 정보의 정정 및 말소청구권을 인정할 필요가 있다.

## II. 입법례 및 판례

### 1. 입법례
미국의 프라이버시법(Privacy Act, 1974), 영국의 개인정보보호법(Data Protection Act, 1974)이 있다.

### 2. 판례
독일의 연방헌법재판소의 결정(1983.12.15)은 '인격의 자유로운 발현'에는 정보자기 결정권(Recht auf Informationelle Selbstbestimmung)이 포함됨을 선언하고 있다.

### 3. 우리나라의 경우
우리 헌법 제16조는 "모든 국민은 사생활의 비밀과 자유를 침해받지 아니한다"고 명시하고 있다. 이 규정은 자기에 관한 정보를 타인에 의하여 임의로 수집·처리당하지 않는 자유와 함께 자기에 관한 정보의 개시 및 정정요구권을 포함하는 것이라 해석된다.

# 제3편 행정상의 의무이행확보수단

제 1 장 서설
제 2 장 행정강제제도
제 3 장 행정벌
제 4 장 행정상의 의무이행확보를 위한 신종수단

# 제 1 장  서설

　　행정목적의 실현을 위하여, 행정주체는, 행정객체에 대하여, 행정법규 또는 그에 근거한 행정행위에 의하여 각종의 행정법상의 의무를 부과하게 되는바, 행정객체가 이러한 의무를 이행하지 아니하거나 위반할 경우에 대비하여 그 이행을 확보하기 위한 수단이 강구될 필요가 있음은 행정목적의 달성을 위하여 불가결한 일이다. 그러므로「행정상의 의무이행확보수단」은「행정상의 의무강제제도」,「행정법규의 실효성을 확보하기 위한 제도」,「행정목적의 실현을 담보하기 위한 제도」라는 측면에서 의미를 가지는 것이기도 하다. 행정상의 의무를 강제하기 위한 방법으로, 대륙법계 국가에서는 행정권 스스로의 힘에 강제집행하는 '행정강제'를 원칙으로하고, 영·미법계 국가에서는 법원에 의해 강제집행하는 '사법강제'를 원칙으로 하는바, 우리나라는 행정강제제도를 채택하고 있다.

　　행정작용의 확대·다양화와 행정법이론의 발전에 따라 행정의 실효성을 도모하기 위한 행정상의 제재수단도 다양화되고 있는데, 종래의 행정벌 이외에 경제적부담, 공급거부, 관허사업의 제한, 명단의 공표, 수익적 행정행위의 철회·정지, 국외여행의 제한, 질서벌의 확충 등과 같은 새로운 제재수단이 등장하여 행정상 의무이행을 확보하고 있다. 행정상 즉시강제(행정조사 포함)가 행정상 의무이행확보수단으로서의 성격을 가지는가 하는 것은 문제이다. 이를「행정상의 의무이행확보수단」의 편에서 설명하는 입장도 있고(서원우, 이명구), 개별영역으로 설명하는 입장도 있다(김남진). 그러나, '구체적 의무'의 존재를 전제로 하지 않는 행정상 즉시강제는 엄밀한 의미에서는 의무이행확보수단이라고 볼 수 없는 것이다. 다만, 행정상 즉시강제는 의무이행확보의 '직접적 수단'인 행정상 강제집행과 더불어「행정강제제도」에 속하고 있으므로 '편의상' 이 부분에서 같이 설명하고자 한다.

　　　　※「행정강제제도」
　　　　－ 행정상 강제집행 － 직접적 수단
　　　　－ 행정상 즉시강제
　　　　－ 행정조사
　　　　－ 행정벌 － 직접적 수단
　　　　※「행정상 의무이행확보의 신종수단」
　　　　－ 금전적 제재
　　　　－ 공표제도
　　　　－ 공급거부(가스공급 · 수도차단)
　　　　－ 관허사업의 제한

# 제 2 장  행정강제제도(行政强制制度)

## 제 1 절  행정강제

### I. 의의

행정강제라 함은 행정목적의 실현을 확보하기 위하여, 개인의 신체 또는 재산에 실력을 가하며, 행정상 필요한 상태를 실현시키는 행정작용을 말한다.[1] 행정강제는 「권력적 작용」이다(비권력작용과 구별). 행정강제는 「실력행사로서의 사실행위」이다(법적 행위와의 구별). 행정강제는 「장래에 의무내용을 실현」시키기 위한 강제수단이다(행정벌과 구별). 행정강제는 「행정권의 자력에 의한 강제」이다(자력집행)(사법강제와의 구별). 행정강제는 「행정목적의 실현을 확보」함을 목적으로 한다. 행정강제는 상대방의 저항을 배제한다(수인의무).

- 「권력적 작용」(비권력작용과 구별).
- 「실력행사로서의 사실행위」(법적 행위와의 구별). ☞ **권력적 사실행위**
- 「장래에 의무내용을 실현」시키기 위한 강제수단(행정벌과 구별).
- 「행정권의 자력에 의한 강제」(자력집행)(사법강제와의 구별).
- 「행정목적의 실현을 확보」함을 목적
- 상대방의 저항을 배제(수인의무).

### II. 행정강제의 종류

행정강제는 「의무의 존재를 전제로 하느냐의 여부」에 따라, (ㄱ) 행정상 강제집행과, (ㄴ) 행정상 즉시강제로 나누어진다. 법적 안정상과 예측가능성을 이념으로 하는 법치국가에서는 행정강제는 기성의무를 전제로 하는 행정상 강제집행을 원칙으로 하고, 그것을 전제로 하지 아니하는 행정상 즉시강제는 예외적으로만 인정한다(강제집행의 원칙성·즉시강제의 예외성).[2]

---

[1] 김세웅, 최신행정법, 박문각, 1994, 500면.

## III. 행정강제의 근거

행정상 강제집행과 행정상 즉시강제는 모두 국민의 신체 또는 재산에 대하여 강제를 가함으로써 그 권리·자유를 침해하는 것이므로 특히 엄격하게 법률에 의하거나(durch Gesetz) 법률의 근거(auf Grund eines Gesetzes)를 요한다.

## IV. 우리나라 행정강제수단의 문제점

### 1. 현황

우리나라의 행정상 강제집행제도는 대집행의 경우에는 행정대집행법이, 행정상 강제징수에 관하여는 국세징수법이 일반법으로 규율하고 있으며, 직접강제에 관한 일반법은 없고 몇몇 개별법에서 이를 규율하고 있다. 집행벌(이행강제금)은 건축법 등의 개별법에서 이행강제금제도라는 명칭으로 규율하고 있으나, 우리나라의 이러한 모든 행정강제수단이 통일적이고 체계적인 규율하에서 작용하도록 하는 일반법(예컨대 행정집행법)을 두고 있지는 않다. 따라서 여기저기 산재해 있는 몇몇 개별법에 의하고 있는데, 이러한 규율방식은 개별적인 행정상 강제집행제도 사이에 체계적 연관성이 미비하여 강제집행제도에 관한 통일적이고 일관성있는 법집행을 가져올 수 없다는 문제가 있다. 예컨대 강제집행의 수단선택에 있어서 대집행의 대상이 되는 행정의무 불이행에 대하여는 대집행을 해야 할 것이나, 대집행이 아닌 직접강제 수단을 사용하는 경우가 발생할 수 있다. 심지어는 개별법상 강제집행수단을 효과적으로 규율하지 못하는 입법적 불비·흠결문제로 인하여 집행을 할 수 없는 결과를 가져올 수도 있다.

### 2. 새로운 행정상 의무이행확보수단과 행정집행법의 제정 필요성

이러한 입법적 불비·흠결은 결국 오늘날 복잡하고 여러 가지의 다양한 형태로 나타나는 행정현상에 능동적이고 효율적인 대처를 할 수 없다는 문제점을 지니고 있다. 특히 오늘날에는 공급거부, 공표, 과징금의 부과 등과 같은 새로운 행정상 의무이행확보수단이 등장하고 있으나, 이러한 새로운 의무이행확보수단에 대하여 전통적인 행정상 강제집행제도로서는 적극적으로 대처할 수 없다. 따라서 행정상 강제집행에 대한 통일적 규율과 합리적 체계를 갖춘 일반법으로서의 행정집행법(Verwaltungsvollstreckungsgesetz)의 제정이

---

2) 김세웅, 최신행정법, 박문각, 1994, 500면.

필요하다.

# 제 2 절  행정상 강제집행(强制執行)

## I. 행정상 강제집행의 의의

[개관] 행정상 강제집행이란 「법령」 또는 「이에 의거한 행정처분」에 의하여 과하여진 「행정법상의 의무」를, 의무자 스스로 이행하지 아니한 경우에 행정청이 의무자의 신체 또는 재산에 실력을 가하여, 그 의무를 이행시키거나 또는 이행된 것과 동일한 상태를 실현하는 작용을 말한다. 과거에는 일반적으로 행정목적의 권력적 수행을 중시한 결과 집행벌·직접강제와 같은 강력한 행정강제수단이 인정되었으나, 개인의 기본권 보장과 확대가 현대 헌법국가의 중요한 과제로 떠오르는 오늘날에 있어서는 행정상 강제집행의 일반적인 수단으로 대집행만이 인정되고, 국세체납처분제도가 금전상 강제에 관하여 일반적인 수단으로 되어 있을 뿐, 집행벌과 직접강제는 극히 일부의 개별법에 예외적으로 남아있을 뿐 일반적으로 폐지되었다. 그 결과 행정법상의 의무 중에는 구체적인 경우에 행정상 강제집행의 방법에 의하여 강제하지 못하는 경우가 발생하였는데, 예컨대 비대체적 작위의무와 부작위의무를 강제하기 위한 일반적인 방법은 없어졌고, 따라서 현재는 행정벌로서 이에 대처함으로써 간접적으로 의무이행을 실행하고 있는 형편이다.

[대집행과 행정상 강제징수] 오늘날 집행벌과 직접강제가 예외적인 행정상의 강제집행수단으로 전락하고 있고, 대집행과 행정상 강제징수가 행정상 강제집행의 일반적인 수단으로 인정되고 있기 때문에 행정법상 의무의 일반적인 강제이행수단으로서의 대집행제도는 날로 그 중요성을 더하여 가고 있다.

## II. 성질

### 1. 행정상 즉시강제와의 구별

행정상 강제집행은 '의무의 존재'와 그 '불이행'을 전제로 하는데 대하여 행정상 즉시강제(sotoriger Zwang)는 의무를 과하지 아니하고 '즉시' 실력으로 강제하는 점에 차이가 있다. 행정상 즉시강제(soforiger Zwang)라 함은 '행정상 의무의 존재를 전제함이 없이 목전의 급박한 위험을 제거하기 위하여 또는 그 성질상의 의무를 명해서는 행정목적을 달성하기 어려운 경우 직접 사인(Privatperson)의 신체 또는 재산에 실력을 가하여 행정상 필요한 상태를 실현하는 작용'이다. 현존하는 위험상황을 고려할 때 행정행위의 발급과 이에 따른 집행절차를 기다릴 여유가 없고 즉각적인 조치를 취하지 않으면 안 되는 경우가 자주 발생한다. 예컨대 경찰관이 순찰 중 절도범이 주택에 침입하려는 것을 포착하거나 또는 유조차가 전복되어 기름이 유출함으로써 토양이나 지하수를 오염시킬 염려가 있는 경우 그 행위책임자나 상태책임자에게 이의 제거를 명하는 경우, 경찰관이 즉시 또는 직접적으로 절도범의 주거침입을 배제(직접강제의 경우)하는 등의 필요한 조치를 취할 수 있다. 이와 같이 선행행정행위를 전제로 하지 않은 긴급처분을 행정상 즉시강제라고 한다.

▶ 행정상 강제집행 : 의무의 존재·의무불이행
▶ 행정상 즉시강제 : 의무를 과하지 아니하고 '즉시' 실력으로 강제

## 2. 행정벌과의 구별

행정상 강제집행이 장래에 향하여 의무의 이행을 강제하기 위한 수단인데 대하여, 행정벌은 과거의 의무위반에 대하여 과하는 제재라는 점에서 직접적 목적(행정강제는 행정목적의 실현, 행정벌은 非行에 대한 제재)과 수단(행정강제는 실력행사, 행정벌은 형벌 또는 질서벌)에 차이가 있다.

| 구분 | 행정상 강제집행 | 행정벌 |
| --- | --- | --- |
| 이유 | 장래의 의무이행 | 과거의 의무위반 |
| 목적 | 행정목적의 실현 | 非行에 대한 제재 |
| 수단 | 실력행사 | 형벌 또는 질서벌 |

## 3. 민사상 강제집행과의 구별

민사상·사법상의 법률관계에 있어서는 권리자는 의무자의 의무불이행이 있는 경우, 일단 민사소송을 제기하여 권리의 확인을 받은 후에 비로소 국가의 집행기관(집달관; 현재는 집행관)에 의한 집행을 청구할 수 있는데 대하여, 행정상 강제집행은 권리관계의 존부(存否)에 대한 사법적 확인을 거치지 않고(따라서 법원의 판결과 집행절차를 거치지 않고), 행정청이 자력으로 집행력을 가지는(행정청의 자력집행력), 「행정권의 자력집행」(자력구제)인 점에 그 특색이 있다. 행정상 강제집행은 국가나 공공단체(지방자치단체, 공공조합[공법상 사단법인],영조물법인, 공공재단[공법상 재단법인] 등)에 대하여 지는 공법상 의무를 대상으로 하고, 민사상 강제집행은 사법상 의무를 대상으로 한다.

| 구분 | 행정상 강제집행 | 민사상 강제집행 |
|---|---|---|
| 특징 | 행정권의 자력집행 : 자력구제 | 국가의 집행기관(집달관; 현재는 집행관)에 의한 집행 |
| 대상 | 공법상 의무 | 사법상 의무 |

## III. 행정상 강제집행의 근거

### 1. 개관

행정이 그 상대방인 국민에게 발하는 명령권에는 그에 따르는 당연한 속성으로써 명령의 내용을 구체적으로 실행하기 위한 강제집행권이 포함된다는 원칙은 독일에서 전통적으로 승인되어 행정상 강제집행의 이론적 기초가 되어 왔다. 일본과 우리나라의 학설도 독일의 이론에 영향을 받아왔다. 독일에서의 이러한 전통적인 이론이 오늘날에도 행정상 강제집행이론의 기초가 될 수 있는지의 여부는 행정행위의 집행력을 행정행위의 본질에 고유한 것인가, 아니면 행정행위의 내용이 강제집행에 의하여 실현되는 것이, (ㄱ) 법률상 원인에 의하여, (ㄴ) 법률상 특별한 근거가 있는 경우에, (ㄷ) 법률에 의하여 인정되는 범위 내에서만, (ㄹ) 행정행위에 부수하는 효력으로 인정될 수 있는가 하는 행정행위의 효력론과 관련하여 중요한 의미를 가진다. 일반적으로 행정행위의 집행 내지 집행력은 일의적(一義的)인 개념이 아니다. 좁은 의미(협의)의 행정행위의 집행력은 행정행위의 내용이 강제집행에 의하여 실현되는 것을 말하며, 행정상 강제집행 및 행정행위의 효력에 관한 논의에서 행정행위의 집행 내지 집행력은 일반적으로 이러한 좁은 의미(협의)의 집행력, 즉 행정행위의 내용이 강제집행에 의하여 구체적으로 실현되는 것을 의미한다. 이는 판결에 있어서 협의의 집행력이 급부판결에 대해서만 인정되고 확인판결과 형성판결에 있어서는 그 자체가 권리관계의 확정 내지 법률관계의 형성으로 완결하여 강제집행이나, 집행력이 인정되지 않는 바와 같이 적극적인 의무를 과하는 행정행위(하명이나 금지)에 대해서만 집행력이 인정되고, 확인적·형성적 행정행위에 대해서는 인정되지 않는다.[1]

### 2. 법적 근거의 요부(要否)

#### 2.1. 불요설(不要說)

행정권은 원칙적으로 사법권에 의거함이 없이 그 명령을 스스로 강제적으로 실현할

---

[1] H. Maurer, Allgemeines Verwaltungsrecht, S. 452

수 있고(Bruner의 일반적 행정강제의 원칙), 또한 행정행위에는 당연히 강제집행권(집행력)을 내포하고 있으므로, 행정상 강제집행에는 특별한 법규의 근거를 요하지 않는다는 견해이다(종래 대륙법계 국가의 이론).

### 2.2. 필요설(必要說)

법치국가에 있어서는 '강제절차의 법률적합성의 원칙'으로 말미암아 법률에 의하지 않은 강제행위는 허용될 수 없으므로 행정상 강제집행에도 행정행위의 근거법과는 별도의 법적 근거가 필요하다는 견해이다(통설).

## 3. 근거 실정법

우리나라에 있어서 행정상 강제집행에 관한 근거법으로 대집행에 관한 일반법으로 「행정대집행법」이, 행정상 강제징수에 대한 실질적 일반법으로 「국세징수법」이 있고, 그 외에 각 단행법률이 있다.

## IV. 행정상 강제집행의 수단(방법·종류)

행정상 강제집행의 수단은 집행대상인 의무의 종류에 따라 구분된다.

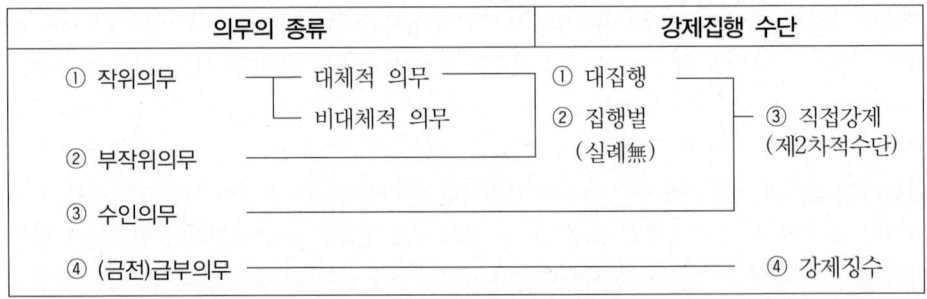

<김세웅, 최신행정법, 박문각, 1994, 502면>

### 1. 대집행(代執行)

#### 1.1. 의의

[개관] 행정대집행(Ersatzvornahme)이라 함은 「대체적 작위의무」(예: 무허가건물의 철거의무·노무제공의무 등)의 불이행에 대한 제1차적 수단으로서, 당해 행정청(당초에 의무를 명하는 행정행위를 한 행정청을 말한다)이 의무자가 행할 작위를 스스로 행하거나(자기

집행) 또는 제3자로 하여금 이를 행하게 하고(타자집행), 그 비용을 의무자로부터 징수함을 말한다.[1] 대체적 작위의무란 의무자 아닌 타인(他人)이 대신 행하더라도(대집행 하더라도) 의무자가 스스로 행한 것과 마찬가지로 행정상 필요한 상태를 실현할 수 있는 성질의 의무를 말한다. 이러한 대집행(Ersatzvornahme)은 의무자가 대체적 작위의무를 자발적으로 이행하지 않는 경우에 행정청이 그 의무를 스스로 행하는 자주집행(Selbstvornahme)과 제3자로 하여금 이를 행하게하는 타자집행(Fremdvornahme)이 있다. 이를 통하여 상대방의 의무의 이행이 있은 것과 동일한 상태를 실현시킨 후 그에 관한 비용을 본래의 의무자로부터 징수하는 행정상의 강제집행을 말한다. 대체적 작위의무는 선행행정행위 이외에 법률자체에 의하여 직접 부과된 의무도 포함한다(행정대집행법 제2조).

▶ 행정대집행법 제2조(대집행과 그 비용징수) 법률(법률의 위임에 의한 명령, 지방자치단체의 조례를 포함한다. 이하 같다)에 의하여 직접명령되었거나 또는 법률에 의거한 행정청의 명령에 의한 행위로서 타인이 대신하여 행할 수 있는 행위를 의무자가 이행하지 아니하는 경우 다른 수단으로써 그 이행을 확보하기 곤란하고 또한 그 불이행을 방치함이 심히 공익을 해할 것으로 인정될 때에는 당해 행정청은 스스로 의무자가 하여야 할 행위를 하거나 또는 제삼자로 하여금 이를 하게 하여 그 비용을 의무자로부터 징수할 수 있다.

[일반법으로서의 행정대집행법] 대집행은 상대방 스스로 이행하도록 부과된 의무에 대하여 제3자에 의한 이행의 실현을 상대방은 이를 수인하고, 이행과 관련한 비용을 본인이 부담하는 것으로서 예컨대 위법건축물, 위법광고물의 철거나 폐기물을 법령에 위반하여 처리한 경우에 환경부장관 등이 발급한 조치명령을 불이행하는 때의 대집행이 이에 해당한다. 이러한 대집행은 금전급부의무 이외의 의무에 대한 일반적인 강제집행의 방법이다. 행정대집행법 제1조는 "행정의무이행의 확보에 관하여는 따로 법률로써 정하는 것을 제외하고는 본법이 정하는 바에 의한다."고 규정하여 행정대집행법이 행정강제에 대한 일반법임을 명시하고 있다.

【경찰책임의 승계(Rechtsnachfolge)】

(사례 1) A는 건축허가를 받지 않고 그외 소유지에 불법으로 건물을 지었다. 관할행정청은 A에게 철거처분을 명하였다. A는 이를 이행하지 않았고 그 사이에 철거처분은 불가쟁력이 발생하였다. 관할행정청은 A에 대하여 대집행의 계고를 하였다. 며칠 후 A는 교통사고에 의하여 사망하였고 재산은 그의 아들 S에게 상속되었다. 관할행정청은 새로운 철거처분이 없이 S에 대하여 대집행을 할수가 있는가?

(사례 2) 사례 1에 있어서 철거처분이 불가쟁력이 발생한 이후에 A가 자신의 부동산을 B에게 매각한 경우에는 관할행정청은 B에 대하여 새로이 철거처분을 발함이 없이 대집행을 할 수 있는가?

---

1) 정하중, 행정법총론, 434면.

[해설] 독일의 판례에 따르면 최소한 부분적인 영역에서 공법상 의무의 승계가 발생될 수 있다는데 대하여는 견해가 일치한다(독일연방행정법원; 뮌스터 고등행정법원; 바이에른 행정법원).[1] 이에 대한 판례는 1969년의 자란트(Saarland) 고등행정법원의 판결과[2] 뒤이은 1971년의 독일연방행정법원의 판결이 있다.[3] 독일연방행정법원은 처분에 의하여 구체화된 경찰의무의 승계가능성을 행정행위의 물적 성격(Dinglichkeit)에서 찾았는데, 이와같이 독일연방행정법원에 의하여 강조된 행정행위의 물적 성격(Dinglichkeit)은 물적 행정행위(Dinglicher VA[Verwaltungsakt])와 동일한 개념은 아니다. 왜냐하면 물적 성격을 가진 철거처분은 일정한 물건의 상태와 관련하여 특정한 개인에게 일정한 행위를 의무지우는 처분인 반면, 물적 행정행위(Dringlicher Verwaltungsakt)는 처분청과 개인과의 법률관계를 직접적으로 규율하는 것이 아니고 사물에 관련된 행정행위로서 수범자와 특정한 물건과의 관계를 규율하는(물권법상의 귀속관계에 공법상의 의무와 권리를 결합시키는) 일련의 행위를 지칭하는 것이기 때문이다(예: 고용개시행위).

우리나라에서는 물적 성격을 가진 행정행위를 「대물적 행정행위(처분)」이라고 부르고 있다. 처분에 의하여 특정한 부동산에 대한 상태책임이 확정되었다면 경찰처분은 전적으로 부동산에 관련되고 있으며 그로부터 물적 성격(Dinglichkeit)을 획득하게 된다. 이러한 처분의 물적 성격은 소유자의 변경에도 불구하고 계속하여 존속되기 때문에 모든 새로운 소유자에게도 그 효력을 미친다고 연방행정법원은 보았다. 또한 관할연방행정법원은 의무의 승계의 필요성을 절차적 효율성의 측면에서 보았다. 왜냐하면 만약에 새로운 소유자에게 동일한 내용의 처분을 또다시 행하여야 한다면, 이에 대하여 새로운 행정쟁송이 제기될 수 있으며 이를 통하여 강제집행은 지연이 될 것이기 때문이다. 또한 소유자에게는 제 삼자와의 공모하에 자신의 경찰상의 의무이행을 의도적으로 해태(懈怠)할 가능성이 있다는 점이다. 따라서 경찰의무의 승계가능성이 부인된다면 효과적인 위해방지(Gefahrenabwehr)임무는 현저하게 감소되거나 침해될 것이다. 오늘날 다수설과 판례에 따르면 경찰의무의 승계가능성에 있어서 의무의 내용이 무엇인가 하는 점이 승계가능성에 있어서의 결정적인 역할을 한다. 만약 일신전속적인 성격을 가지고 있어 양도·상속이 금지되고 특정한 개인에 의하여만 이행될 수 있는 것이라면 의무의 승계가능성은 부인되지만 의무의 내용이 대체가능성이 있는 경우에는 의무의 승계는 가능하다고 본다.[4]

---

1) BVerwG, NJW 1971, 1624; OVG Münster, DVBL 1973, S. 226; BayVGH, BayVBL 1983, S. 21
2) Saarl. OVG BRS 22 Nr. 215.
3) BVerwG, NJW 1971, S. 1624.
4) Drews/Wacke/Vogel/Martens, Gefahrenabwehr, 9 Aufl., 1987, S. 299; Oldiges, JA 1978, S. 541; 반면 파이네(Peine)는 "일신전속성(Höchstpersönlichkeit)"이라는 표현 대신 개인으로부터 의무의 분리가능성(Abtrennbarkeit)이라는 표현을 사용하고 있다(Peine, DVBL 1980, S. 941).

## 1.2. 근거법규(실정법적 근거)

일반적인 행정대집행법(일반법), 금전징수에 관한 일반법으로서 국세징수법이 있는 이외에 많은 단행법들(예: 공익사업을위한토지등의취득및보상에관한법률 제44조)이 있다.

▶ 공익사업을위한토지등의취득및보상에관한법률 제44조(인도 또는 이전의 대행) ① 특별자치도지사, 시장·군수 또는 구청장은 다음 각 호의 어느 하나에 해당하는 때에는 사업시행자의 청구에 의하여 토지나 물건의 인도 또는 이전을 대행하여야 한다. 1. 토지나 물건을 인도하거나 이전하여야 할 자가 고의나 과실 없이 그 의무를 이행할 수 없을 때, 2. 사업시행자가 과실 없이 토지나 물건을 인도하거나 이전하여야 할 의무가 있는 자를 알 수 없을 때 ② 제1항에 따라 특별자치도지사, 시장·군수 또는 구청장이 토지나 물건의 인도 또는 이전을 대행하는 경우 그로 인한 비용은 그 의무자가 부담한다. [전문개정 2011.8.4.]

## 1.3. 대집행의 주체

대집행을 할 수 있는 자(대집행주체, 대집행권자)는 의무를 부과한 당해 행정청(처분청)이다(행정대집행법 제2조). 여기서 당해 행정청이라 함은 대집행의 대상이 되는 작위의무를 명한 행정청(처분청·관할행정청[국가의 행정관청·지방자치단체의 長 등])을 말하며, 당해 행정청의 위임이 있으면 다른 행정청도 대집행의 주체가 될 수 있다(위임·위탁의 법리). 즉 대집행을 현실로 수행하는 자(집행대행자)는 반드시 당해 행정청이어야 하는 것은 아니며, 행정청은 의무자가 하여야 할 행위를 스스로 행하거나(자주집행), 또는 제3자로 하여금 이를 대행하게 하여(타자집행), 그 비용을 본래의 의무자인 상대방으로부터 징수할 수 있다(행정대집행법 제2조). 대집행의 상대방은 대집행의 대상이 되는 본래의 의무를 부담하는 자이다. 그러나 행정청의 위임을 받아 대집행을 실행하는 제3자는 대집행의 주체는 아니다.[1]

[문제점] 행정대집행법은 대집행을 상기한바와 같이 자주집행(Selbstvornahme)과 타자집행(Fremdvornahme)으로 구분하고 있지만 자주집행의 요건과 타자집행의 요건에 대해서는 행정대집행법에서 언급이 없다. 또한 타자집행의 경우 집행대행자의 요건, 변경 등에 대해서도 행정대집행법상 아무런 규정을 두고 있지 않다.

## 1.4. 대집행의 대상이 되는 의무

대집행의 대상이 되는 것은 법률·법규명령·조례에 의하여 직접 명령되었거나 또는 이들 법령에 의거한 행정청의 하명에 의한 '공법상 의무'이다(행정대집행법 제2조). 대집행의 대상이 되는 의무는 「대체적 작위의무」(예: 건축물의 제거, 교통장애물의 제거 등)에 한하여 인정된다. 따라서, 일신전속적(Höchstpersönlichkeit) 성질이 강하거나 고도의 개인적

---

[1] 김남진·김연태, 행정법(I), 484면.

지능을 요하는 비대체적 작위의무(예 : 증인출석의무, 의사의 진단의무 등), 부작위의무(예 : 영업을 하지 아니할 의무), 수인의무(예 : 예방접종, 건강진단을 받을 의무)·사법상 의무는 대집행의 대상이 되지 않는다.

▶ 대집행이 가능한 경우 : 대체적 작위의무 : (ㄱ) 건축물의 제거, (ㄴ) 교통장애물의 제거
▶ 대집행의 인정되지 않는 경우 : (ㄱ) 일신전속적 성질이 강한 경우, (ㄴ) 고도의 개인적 지능을 요하는 비대체적 작위의무(증인출석의무, 의사의 진단의무), (ㄷ) 부작위의무(영업을 하지 아니할 의무), (ㄹ) 수인의무(예방접종, 건강진단을 받을 의무), (ㅁ) 사법상 의무

### 1.5. 대집행의 요건(행정대집행법 제2조 참조)

#### 1.5.1. 개관

[기속행위인가 재량행위인가의 문제(할 수 있다는 가능규정의 해석상의 문제점)] 대집행요건이 구비된 경우 의무부과청이 대집행을 할 것인가의 여부는 기속행위로 보는 견해[1]와 재량행위로 보는 견해[2]가 있다. 그 이유는 행정대집행법 제2조가 의무의 불이행을 방치함이 '심히 공익을 해할 것으로 인정될 때' 대집행을 하도록 규정하고 있는데, '심히 공익을 해하는 것으로 인정하는 이상', 행정청은 대집행을 해야할 의무를 지며 따라서 기속행위로서의 성격을 지닌다고 한다.[3] 이에 반하여 재량행위설은 행정대집행법 제2조의 규정이 가능규정(재량규정; … 할 수 있다)의 형태를 취하고 있다는 점에서 판례[4]와 다수설은 재량행위로 보고 있다.[5][6]

행정대집행법 제2조는 "… 타인이 대신하여 행할 수 있는 행위를 의무자가 이행하지

---

1) 김남진·김연태, 행정법(I), 489면.
2) 박윤흔, 행정법강의(상), 600면; 김동희, 행정법(I), 431면.
3) 김남진·김연태, 행정법(I), 489면.
4) 대법원은 대집행요건의 충족 여부의 판단을 자유재량행위로 보고 있으며, 또 이러한 요건의 주장책임과 입증책임은 처분행정청에 있다고 한다.
5) 정하중, 행정법총론, 436면; 김동희, 행정법(I), 431면. 다만 김동희교수는 재량수축의 경우에는 대집행을 실행해야 한다고 한다.
6) 행정대집행법의 문언이 '할 수 있다'는 가능규정(Kann-Vorschrift)의 형태를 취하고 있으나 요건을 포함한 이 규정의 전체적인 취지는 요건이 충족된 경우에는 대집행을 하여야 한다는 것이지(기속행위), 요건이 충족되었음에도 불구하고 그 실행여부는 행정청의 자유재량에 맡긴다는 취지는 아니다. 즉, 행정대집행법상 대집행의 요건으로서, (ㄱ) 다른 수단으로써 그 이행을 확보하기 곤란하고, 또한 (ㄴ) 그 불이행을 방치함이 심히 공익을 해할 것으로 인정될 때라는 매우 제한적인 요건을 두고 있는 것은 이러한 요건이 충족된 경우에는 반드시 대집행하여야 한다는 취지로 해석하여야 하며, 따라서 '할 수 있다'는 의미는 '하여야 한다'의 의미로 해석해야 한다는 견해도 있다.

아니한 경우 다른 수단으로써 그 이행을 확보하기 곤란하고 또한 그 불이행을 방치함이 심히 공익을 해할 것으로 인정될 때에는 …"이라고 규정하고 있는 바, 이 규정은 대체적 작위의무의 불이행이라는 사실이 있는 것만으로 곧 대집행을 할 수 있는 것이 아니라 그 외에, (ㄱ) 다른 수단으로써 그 이행을 확보하기 곤란하고, (ㄴ) 불이행을 방치함이 심히 공익을 해할 것으로 인정될 때라는 요건이 구비되었을 때 비로소 대집행을 행할 수 있다. 그리하여 다음과 같은 문제들이 발생한다.

[문제점] (문제점 1): 다른 수단의 구체적인 의미: 여기서 '다른 수단'이란 구체적으로 무엇인가가 문제된다. 일반적으로 행정강제의 수단은 비례의 원칙(과잉금지원칙)상 관계인에게 최소한의 침해를 주는 수단을 사용하여야 하므로 여기에서 '다른 수단'이란 대집행이라는 수단보다 경미한 수단을 의미하는 것으로 볼 수 있다. 따라서 위에서 언급한바와 같이 직접강제나 집행벌은 여기에서 제외되며, 간접적 강제수단도 대집행보다 가혹한 수단이라고 판단되는 경우에는 대집행에서 제외된다. 결국 여기에서의 '다른 수단'이란 강제집행수단보다는 오히려 의무자의 자발적인 의무이행을 가능하게 하는 수단인 행정청의 권유, 행정지도 등 '비공식적 행정작용'이 여기에 해당된다. 따라서 현행 행정대집행법 제2조의 "다른 수단으로써 …"라는 표현은 "대집행보다 경미한 수단 …"이라고 해석하여야 한다. 대집행보다 경미한 수단으로서는 그 이행을 확보하기 곤란하고 또한 그 불이행을 방치함이 심히 공익을 해할 것으로 인정될 때 · · ·를 의미한다고 보아야 한다. (문제점 2): 요건충족 문제: 문언상 문제되는 점은 (ㄱ) 그 이행을 확보하기 곤란하고, 또한 (ㄴ) 그 불이행을 방치함이 심히 공익을 해할 것으로 인정될 때라고 규정하고 있으므로 (ㄱ) + (ㄴ)일 경우, 즉 (ㄱ)과 (ㄴ) 두 가지 요건 모두 충족될 경우에만 대집행을 할 수 있다는 의미인지, 아니면 (ㄱ) 혹은(or) (ㄴ)이면, 즉 두 가지요건 중 한가지 요건만 충족시키면 대집행이 가능하다는 의미인지 문제될 수 있으나, 생각건대 두가지 중 한가지 요건만 갖추면, 즉 (ㄱ) 혹은 (ㄴ)인 경우에는 대집행을 실행할 수 없고, (ㄱ) 요건과 동시에(또한: and) (ㄴ) 요건을 모두 충족해야 하는 것으로 극히 제한적으로 해석해야 할 것이다. (문제점 3) 불확정 개념문제: 행정대집행법 제2조의 문언(文言)에는 "그 불이행을 방치함이 심히 공익을 해할 것으로 인정될 때"라고 규정하여 "심히 공익을 해할 것으로 인정될 때"라는 불확정개념이 문제되고 있다. 생각건대 행정상의 의무를 부과하는 것과 그것을 행정대집행에 의하여 강제적으로 실현하는 것과는 별개이며, 행정대집행을 가능한 한 제한하기 위하여는 '행정의무 부과시 얻는 공익'과 '대집행 실행시 얻는 공익'을 서로 비교형량하여 대집행 실행시 얻는 공익이 행정의무 부과시 얻는 공익보다 훨씬 커야 할 것이다. 더 나아가서 대집행의 요건으로서 "그 불이행을 방치함이 심히 공익을 해할 것으로 인정될 때"라는 규정을 해석함에 있어서는, 침해당하는 의무자의 사익과 사익침해를 통하여 얻고자하는 공익사이의 '이익을 서로 비교형량'하여 침해당하는 사익보다 공익이 월등히 큰 경우에 한하여(비례원칙의 법익의 균형성), 대집행을 할 수 있

다는 취지로 해석해야 할 것이다.

- 다른 수단으로써 그 이행을 확보하기 곤란할 것
- 그 이행을 방치함이 심히 공익을 해할 것으로 인정될 것

[김동희 교수의 견해] … 대집행을 할것인지의 여부는 재량적 판단에 해당하며, 따라서 대집행을 하지 않는 경우 그로인하여 권리·이익이 침해되어도 관계자는 원칙적으로 그 부작위위법을 이유로 의무이행쟁송을 제기하거나 손해배상을 청구할 수 없을 것이다. 그러나 의무의 이행을 방치하는 것이 생명·신체에 대한 중대한 위험을 야기하는 것과 같은 예외적인 경우에는 대집행 여부에 대한 **재량권은 수축되어 대집행을 하여야할 의무로 되는 경우**도 있을 것이다.[1]

▶ 행정대집행법 제2조(대집행과 그 비용징수) : 법률(법률의 위임에 의한 명령, 지방자치단체의 조례를 포함한다. 이하 같다)에 의하여 직접명령되었거나 또는 법률에 의거한 행정청의 명령에 의한 행위로서 타인이 대신하여 할 수 있는 행위를 의무자가 이행하지 아니하는 경우 다른 수단으로써 그 이행을 확보하기 곤란하고 또한 그 불이행을 방치함이 심히 공익을 해할 것으로 인정될 때에는 당해 행정청은 스스로 의무자가 하여야 할 행위를 하거나 또는 제삼자로 하여금 이를 하게 하여 그 비용을 의무자로부터 징수할 수 있다.

### 1.5.2. 행정대집행법 제2조
#### a) 대체적 작위의무의 불이행

법령에 의해 또는 법령에 근거한 행정처분에 의해 부과된 대체적 작위의무를 불이행한 경우에 한한다. 대체적 작위의무, 즉 작위의무 중 성질상 타인이 대신할 수 있는 것(예 : 농지 경작의무, 산림 식재의무, 위법건축물 철거의무, 청소의무 등)에 한하므로 부작위 의무·수인의무 및 타인이 대신할 수 없는 작위의무(예 : 토지·건물의 인도의무, 도시공원시설인 매점의 점유이전의무)에 대해서는 대집행을 할 수 없다.

[문제점] 대체적 작위의무의 불이행이 있는 경우에 당해 행정청이 의무자를 대신하여 그 의무가 이행된 것과 같은 상태를 실현하는 경우의 문제점

약사법 제71조 제3항은 "식품의약품안전처장, 시·도지사, 시장·군수·구청장은 제1항 또는 제2항에 따른 명령을 받은 자가 그 명령을 이행하지 아니한 때, 또는 공중위생을 위하여 긴급한 때에는 관계 공무원에게 해당 물품을 회수·폐기하게 하거나 그 밖에 필요한 처분을 하게 할 수 있다."[2]고 규정하여, 불량약품 등에 대하여 행정청이 폐기 등의 명령을 발하고 명령에 따르지 않는 경우 관계 공무원이 직접 폐기 등의 조치를 할 수 있다고 규정하면서 대집행법이 정하는 절차에 의한다거나 비용의 징수에 대해서는 아무런 규

---

1) 김동희, 행정법(I), 431면.
2) 개정 2013. 3. 23.

정을 두고 있지 않다.

b) 다른 수단으로 그 이행을 확보하기 곤란할 것(보충성의 원칙)

대체적 작위의무의 이행을 확보할 수 있는 다른 수단이 있는 경우에는 대집행이 금지된다(보충성). 그러나 성격상 대상 의무의 종류를 달리하는 집행벌·직접강제 등은 여기서 말하는 다른 수단에 해당하지 않는다. 직접강제나 집행벌(이행강제금)은 개별법률에 명시적으로 규정된 경우에만 인정되는 수단이므로 이러한 해석론이 아니더라도 당연히 행사될 수 없는 것이다.

c) 불이행의 방치가 심히 공익을 해할 것으로 인정될 것(비례의 원칙)

이것은 비례원칙(과잉금지의 원칙)을 말한 것으로서 경미한 공익을 위해서는 함부로 대집행을 할 수 없다는 의미이다.

▶ 대판 1991. 3. 12, 90누10070【건물철거계고처분취소】건축허가면적보다 0.02㎡ 정도 초과하여 이웃의 대지를 침범한 경우에, 이 정도의 위반만으로는 주위의 미관을 해칠 우려가 없을 뿐 아니라 이를 대집행으로 철거할 경우 많은 비용이 드는 반면, 공익에는 별 도움이 되지 아니하고, 도로교통·방화·보안·위생·도시미관·공해예방 등의 공익을 크게 해친다고 볼 수도 없기 때문에, 철거를 위한 계고처분은 그 요건을 갖추지 못한 것으로서 위법하며 취소를 면할 수 없다.

### 1.6. 행정벌과의 관계

양자는 그 직접 목적 및 성질을 달리하는 것이기 때문에 '양립할 수 있다.' 이 경우 이중처벌금지의 원칙에 위반되지 아니한다.

### 1.7. 대집행의 절차(계고 → 통지 → 실행 → 비용징수)

#### 1.7.1. 대집행의 계고

대집행을 행함에 있어서는 「상당한 이행기간을 정하여 그 기한까지 이행되지 아니할 때에는 대집행을 한다는 뜻을 미리 문서로써 계고하여야 한다」(행정대집행법 제3조 제1항). 계고는 대집행절차의 중요한 부분이기 때문에 원칙적으로 결할 수 없다. 다만, 법령에 특별한 규정이 있거나(건축법 제85조, 하천법 제73조), 비상시 또는 위험이 급박하여 계고를 할 여유가 없을 때에는 계고를 '생략'할 수 있다(행정대집행법 제3조 제3항 : 비상시 또는 위험이 절박한 경우에 있어서 당해 행위의 급속한 실시를 요하여 전2항에 규정한 수속을 취할 여유가 없을 때에는 그 수속을 거치지 아니하고 대집행을 할 수 있다).

▶ 건축법 제85조(행정대집행법 적용의 특례) ① 허가권자는 제11조, 제14조, 제41조와

제79조제1항에 따라 필요한 조치를 할 때 다음 각 호의 어느 하나에 해당하는 경우로서 「행정대집행법」 제3조제1항과 제2항에 따른 절차에 의하면 그 목적을 달성하기 곤란한 때에는 해당 절차를 거치지 아니하고 대집행할 수 있다.
   1. 재해가 발생할 위험이 절박한 경우
   2. 건축물의 구조 안전상 심각한 문제가 있어 붕괴 등 손괴의 위험이 예상되는 경우
   3. 허가권자의 공사중지명령을 받고도 불응하여 공사를 강행하는 경우
   4. 도로통행에 현저하게 지장을 주는 불법건축물인 경우
   5. 그 밖에 공공의 안전 및 공익에 심히 저해되어 신속하게 실시할 필요가 있다고 인정되는 경우로서 대통령령으로 정하는 경우
  ② 제1항에 따른 대집행은 건축물의 관리를 위하여 필요한 최소한도에 그쳐야 한다.
[전문개정 2009.4.1.]

▶ 하천법 제73조(행정대집행의 적용 특례) ① 하천관리청은 수해방지 등을 위하여 긴급한 실시가 필요한 경우로서「행정대집행법」제3조제1항 및 제2항에 따른 절차에 따르면 그 목적을 달성하기가 곤란한 경우에는 해당 절차를 거치지 아니하고 점용물등의 제거, 그 밖에 필요한 조치를 할 수 있다. ② 제1항에 따른 점용물 등의 제거, 그 밖의 필요한 조치는 하천관리를 위하여 필요한 최소한도에 그쳐야 한다. ☞ **최소침해의 원칙** ③ 제1항 및 제2항에 따른 대집행으로 제거된 점용물 등의 보관 및 처리에 필요한 사항은 대통령령으로 정한다.

[계고] 계고의 '성질'은 준법률행위적 행정행위이며,[1] 항고소송의 대상이 될 수 있다.[2] 문서에 의하지 않는 계고는 무효이다. 대집행의 요건은 계고를 할 때에 이미 충족되어 있어야 하며, 의무부과행위와 계고는 결합하여 일거에 행할 수는 없다.[3] 다만 의무를 과하는 행위를 할 때, 대집행요건이 충족될 것이 명백하고 급속한 실시를 요하는 긴급한 사유가 있는 경우에는 의무부과행위와 계고의 결합은 예외적으로 허용된다.[4] 계고를 함에 있어서는 이행하여야 할 행위와 그 의무불이행시 대집행할 행위의 내용과 범위가 구체적으로 특정되어야 한다.[5]

▶ 대판 1990. 1. 25, 89누4543【건축물자진철거처분취소】【판시사항】불법건축물철거불이행으로 인한 대집행의 계고에 있어서 대집행할 행위의 내용과 범위의 특정방법 【판결요지】행정청이 건축법 제42조 제1항과 행정대집행법 제2조 및 제3조 제1항에 따

---

1) 준법률행위적 행정행위(통지행위)로 보지만, 그 효과(내용)를 기준으로 하면 작위의무를 부과하는 하명으로 볼수도 있다는 견해도 있다(김남진·김연태, 행정법(I), 490면).
2) 박윤흔, 행정법강의(상), 606면.
3) 박윤흔, 행정법강의(상), 606면; 이상규, 신행정법론(상), 536면.
4) 박윤흔, 행정법강의(상), 606면.
5) 김남진·김연태, 행정법(I), 489면

라 건축법위반 건축물의 철거를 명하고 그 의무불이행시 행할 대집행의 계고를 함에 있어서는, 의무자가 이행하여야 할 행위와 그 의무불이행시 대집행할 행위의 내용 및 범위가 구체적으로 특정되어야 할 것이지만, 반드시 철거명령서나 대집행 계고서에 의하여서만 특정되어야 하는 것은 아니고, 그 처분 전후에 송달된 문서나 기타 사정을 종합하여 이를 특정할 수 있으면 족하다.

### 1.7.2. 대집행영장에 의한 통지

의무자가 계고를 받고도 지정기한까지 그 의무를 이행하지 아니할 때에는 당해 행정청은 대집행영장으로서 대집행을 할 시기, 집행책임자의 성명과 대집행에 요하는 비용을 의무자에게 통지하여야 한다. 다만, 법률에 다른 규정이 있거나(건축법 제85조, 하천법 제73조), 비상시 또는 위험이 절박한 때에 통지를 할 만한 이유가 없을 때에는 통지를 '생략'할 수 있음(행정대집행법 제3조 제3항)은 계고의 경우와 같다. 대집행영장에 의한 통지는 계고와 함께 대집행할 뜻을 통지하는 「준법률행위적 행정행위」이다. 대집행영장에 의한 통지에 의하여 '대집행 실행을 수인할 의무가 확정'된다.

### 1.7.3. 대집행의 실행

대집행은 대집행영장에 기재된 시기에 대집행책임자에 의하여 실행된다. 대집행을 하기 위하여 현장에 파견되는 집행책임자는 그가 집행책임자라는 것을 표시한 증표를 휴대하고 대집행시에 이해관계인에게 제시하여야 한다(행정대집행법 제4조).

[사례] 관할 행정청인 서초구청은 1988.5.4.부터 1986.6.22까지 3차에 걸쳐 상당한 이행기간을 정하여 대집행계고를 한 후 영장을 발부하였고, 그후 1989.3.30. 이 사건 무허가 천막집 17세대에 대하여 다시 대집행영장을 발부였으나, 위 영장에 대집행일과 집행비용의 기재가 누락되고 대집행책임자가 이 사건 사고 당일 증표를 휴대하여 제시하지 아니하였다. 이에 대항한 주민의 공무집행방해죄의 구성여부? <아래판례 참조>

▶서울고법 1990. 1. 18, 89노3161 【특수공무집행방해치상】 【판시사항】 상당한 이행기간을 정하여 대집행계고를 한 후 발부된 대집행영장에 집행일과 집행비용의 기재가 누락되고 집행책임자가 증표를 휴대하여 제시하지 아니한 경우와 형법의 보호대상인 공무집행 【판결요지】 행정청이 대집행실시 이전에 3차에 걸쳐 상당한 이행기간을 정하여 대집행계고를 한 후 대집행령장을 발부하였다면 비록 위 영장에 집행일과 집행비용의 기재가 누락되고 집행책임자가 증표를 휴대하여 이해관계인에게 제시하지 아니하였다고 하더라도 그 구체적인 행위가 공무집행이라고 인정되는 한 위와 같은 사소한 절차위배만으로 그 대집행이 위법한 공무집행으로서 형법의 보호대상에서 제외되는 것이라고 할 수 없다. ☞ **공무집행방해죄를 구성한다.**

다만, 대집행영장에 의하여 통지된 시기까지 의무를 이행하면 대집행을 실행하지 못한다. 실행은 「사실행위」이며, 의무자가 할 행위를 행정청 스스로 행하거나, 제3자로 하여금 그 행위를 하게된다. 의무자는 대집행의 실행을 '수인할 의무'가 있으므로 실행행위에 항거할 수 없으며, 만일 항거하는 경우에는 공무집행방해죄를 구성하는 것이 원칙이다. 그리고 실행에 저항하는 경우 그 저항을 배제하는 것은 대집행의 일부로서 인정되는가가 문제되나, 허용되는 것이 대집행에 수반되는 기능으로서 인정되어야 한다.[1]

[사례] (공무집행방해죄): 구청공무원인 A가 무허가건물인 저의 집을 철거하겠다며 찾아와 무허가 건물주인을 강제로 연행하려고 하자 이를 뿌리치고 저항하는 과정에서 A가 넘어져 전치 4주의 상처를 입었다. 이 경우 저의 행위는 공무집행방해죄가 되는가?

[해설] 공무집행방해죄가 되지 않는다. 공무집행방해죄는 적법하게 자신의 직무를 집행하는 공무원에 대해 폭행·협박함으로써 성립하는 범죄이다. 따라서 이 죄가 성립하기 위해서는 공무원이 자신의 지위·권한에 따라 자신이 처리하도록 위임된 사무를 행하고 있어야 하며, 또한 그 공무원의 직무행위가 적법하여야 한다. 본 사안의 경우에는 무허가 건물을 단속하는 구청공무원의 경우에는 그 무허가건물 주인을 연행할 형사상의 권한을 가지고 있지 않으며, 따라서 이 공무원의 행위는 적법한 공무집행으로 볼 수 없다.

### 1.7.4. 비용징수

대집행에 요한 일체의 비용은 의무자로부터 이를 징수한다. 의무자가 납부명령서를 받고도 임의로 납부하지 아니할 때에는 국세체납처분의 예에 의하여 강제징수한다(동법 제6조 제1항). 징수된 비용은 사무비의 소속에 따라 국고 또는 지방자치단체의 수입으로한다(동법 제6조 제3항) ☞ **비용징수에 관한 보충설명 참조**

## 1.8. 대집행에 대한 불복
### 1.8.1. 행정쟁송
a) 행정심판

대집행에 관하여 불복이 있는 자는 당해 행정청 또는 그 직접 상급행정청에 행정심판을 제기할 수 있다. 행정대집행법 제7조(행정심판)는 "대집행에 대하여는 행정심판을 제기할 수 있다."고 규정하고 있다. 당해 행정청에 대한 행정심판은 실질적으로는 이의신청이다.

---

1) 독일행정집행법(Verwaltungsvollstreckungsgesetz) 제15조(Anwendung der Zwangsmittel) 제2항: Leistet der Pflichtige bei der Ersatzvornahme oder bei unmittelbarem Zwang Widerstand, so kann dieser mit Gewalt gebrochen werden. Die Polizei hat auf Verlangen der Vollzugsbehöorde Amtshilfe zu leisten.; 박윤흔, 행정법강의(상), 607면.

b) 행정소송

　대집행에 대한 행정심판의 인정은 「법원」에 대한 출소의 권리를 방해하지 아니한다(행정대집행법 제8조). 이 규정의 해석에 관하여는, (ㄱ) 행정심판전치주의의 「예외」를 인정한 것으로서, 행정심판을 거치지 않고 직접 행정소송을 제기할 수 있다고 해석하는 견해와(김도창, 서원우, 김남진), (ㄴ) 사실행위에 대하여 소송을 제기할 수 있음을 강조한 규정일 뿐이고 행정심판 전치주의의 예외를 인정한 것은 아니라는 견해가 나누어져 있었다. 판례는 행정심판전치주의의 예외를 둔 것이 아니라고 본다.

　▶**행정대집행법 제8조(출소권리의 보장)** 전조의 규정은 법원에 대한 출소의 권리를 방해하지 아니한다.

　[행정심판 임의적 전치주의] 오늘날에는 행정심판에 있어서 임의적 전치주의를 취하므로 동 규정은 단지 법원에 대한 출소를 강조한 규정이며, 별다른 의미는 없다.[1]

　▶**대판 1993. 6. 8, 93누6164 【건물철거대집행계고처분취소】** 행정소송법 제18조 제1항에 의하면 행정청의 위법한 처분 등에 대한 취소소송은 법령의 규정에 의하여 당해 처분에 대한 행정심판을 제기할 수 있는 경우에는 이에 대한 재결을 거치지 아니하면 이를 제기할 수 없도록 규정되어 있는바, 행정대집행법 제7조는 대집행에 관하여도 행정심판을 제기할 수 있도록 규정하고 있으므로, 이 사건 대집행계고처분의 취소소송에 관하여도 행정심판전치의 원칙이 그대로 적용되는 것으로서, 행정대집행법 제8조는 대집행에 대한 행정심판의 제기가 법원에 민사소송이나 행정소송을 제기할 권리를 방해하지 아니한다는 것을 규정한 취지일 뿐, 행정심판을 제기하지 아니하고 취소소송을 제기할 수 있음을 규정한 것은 아니라고 해석되고(당원 1985. 5. 14.선고 84누753 판결; 1985. 10. 22.선고 84누477 판결; 1990. 10. 26.선고 90누5528판결 등 참조), 대집행계고처분 취소소송의 변론이 종결되기 전에 대집행영장에 의한 통지절차를 거쳐 사실행위로서 대집행의 실행이 완료된 경우에는, 그 행위가 위법한 것이라는 이유로 손해의 배상이나 원상의 회복 등을 청구하는 것은 별론으로 하고, 그 처분의 취소를 구할 법률상의 이익은 없어졌다고 보아야 할 것이다(당원 1967. 10. 23. 선고 67누115판결; 1979. 11. 13.선고 79누242판결 등 참조).

　▶**대판 1990. 10. 26, 90누5528 【건물철거대집행계고처분취소】 【판시사항】** 가. 대집행계고처분취소소송에도 행정심판 전치의 원칙이 적용되는지 여부(적극) 나. 감사원법 제43조 제1항에 의한 심사청구가 행정소송의 전심절차에 해당하는지 여부(소극) 다. 계고처분의 집행으로 생길 중대한 손해를 예방하여야 할 긴급한 필요가 있는 경우 행정심판을 제기하지 않고 바로 취소소송을 제기할 수 있는지 여부(소극) **【판결요지】** 대집행계고처분취소의 행정소송에 있어서도 행정심판전치의 원칙이 적용되며, 행정대집행법 제8조의 규정이 위와 같은 법리에 어떤 영향을 미치는 것은 아니다. 감사원법 제43조 제1항 의

---

[1] 박윤흔, 행정법강의(상), 608면.

규정에 의한 심사청구는 감사원의 감사를 받을 자의 행정행위에 이해관계가 있는 자로 하여금 감사원에 대하여 위 행정행위의 적법여부 또는 그 타당성 여부에 대한 심사를 하도록 하여 감사원의 직무수행에 도움을 주고 행정운영의 개선을 기하고자 하는 취지에 불과한 것이므로 위 심사청구에 관한 절차는 행정소송의 전심절차에 해당한다고 볼 수 없다. 계고처분의 집행으로 생길 중대한 손해를 예방하여야 할 긴급한 필요[1]가 있었더라도 이는 행정소송법 제18조 제2항 에 따라 재결을 거치지 아니하고 바로 취소소송을 제기할 수 있다는 뜻일 뿐 행정심판 자체를 제기하지 않고도 취소소송을 제기할 수 있다는 취지는 아니다.

### 1.8.2. 대집행의 단계와 불복

#### a) 계고

계고(Androhung)에 대하여는 그 자체가 직접 권리·의무를 변동시키는 것은 아니라는 점을 이유로 부정설도 있으나, 계고는 단순한 통지행위가 아니고 대집행영장교부의 기초가 되는 법적 행위 인점에서 독자적 의미가 있으므로 행정쟁송의 대상이 될 수 있다고 하는 것이 통설이며, 판례의 태도이다.[2]

[계고처분에 대한 항고소송과 행정대집행의 요건] 대집행의 계고행위는 본법 소정의 처분에 포함되므로 계고처분 자체에 위법 있는 경우에도 항고소송의 대상이 된다(아래판례 참조).

▶ 대판 1966. 10. 31, 66누25【건물철거계고처분취소】[계고처분에 대한 항고소송과 행정대집행의 요건]【판결요지】대집행의 계고행위는 본법 소정의 처분에 포함되므로 계고처분 자체에 위법 있는 경우에도 항고소송의 대상이 된다.

#### b) 대집행영장에 의한 통지

대집행의 통지에 의하여 대집행의 내용과 그에 대한 수인의무가 구체적으로 확정되므로 '수인하명'으로도 볼 수 있고 상대방은 이에 따라 대집행수인의무를 지기 때문에 항고소송의 대상이 될 수 있다고 본다. 계고(Androhung)의 하자는 대집행영장에 의한 통지에 '승계'된다.

#### c) 대집행 실행행위

대집행의 실행은 사실작용이며 실제로도 대집행이 완료된 경우에는 행정심판이나 행정소송을 제기할 실익이 없다는 이유로 행정대집행법이 인정하는 행정심판이나 행정소송

---

1) 과세처분에 의하여 입은 손해는 배상청구가 가능하므로 그 처분을 정지함에 회복할 수 없는 손해를 피하기 위하여 긴급한 사유가 있는 경우에 해당하지 아니한다(대결 1971. 1. 28, 70두7)
2) 박윤흔, 행정법강의(상), 608면.

은 대집행 실행을 위한 선행절차(계고, 대집행영장에 의한 통지)에 불과하다고 보는 견해
도 있으나(이상규), 현행 행정소송법상의 처분에는 권력적 사실행위도 포함되므로 긍정하
는 것이 타당하다.[1] 실행행위가 장기간에 걸쳐 계속되는 예외적인 경우는 모르지만, 실행
의 단계에 비로소 쟁송을 제기하는 것은「쟁송의 이익(訴益)」과의 관계상, 실제로 충분한
구제를 얻지 못할 것이다. 대집행의 실행이 완료되면 그 사실행위의 취소청구는 권리보호
의 이익이 없다.[2] 이러한 점에서 가구제제도가 필요하며, 취소소송에서는 민사소송법상의 가
처분이 인정되지 않으므로 쟁송제기와 함께 집행정지신청(행심법 제30조, 행소법 제23조)을
하여 대집행실행을 저지할 수 밖에 없다.[3]

d) 대집행종료와 소익(訴益)

대집행이 '완료된 후'에는 취소소송이나 무효확인소송을 제기할 쟁송이익(訴益)이 없
고('회복할 법률상 이익'), 다만 대집행의 위법을 이유로 하는 손해배상 또는 원상회복청구
는 가능하다 할 것이다. 그리고 대집행 비용산정의 위법을 이유로 하는 취소·변경의 청구
가 있을 수 있으며, 대집행 종료후에도 위법상태가 계속되는 경우에는 결과제거청구권의
행사가 가능하다.[4]

### 1.8.3. 대집행정지신청

대집행이 위법하고 그 실행행위가 비교적 장기에 걸치는 것인 때에는「집행의 정지」
를 신청하고 행정쟁송을 제기하여 구제를 받을 수 있고(행정소송법 제23조), 당연무효인
행정처분에 기하여 대집행이 행해지는 경우에는 행정처분의 무효를 전제로 하는 민사본안
소송의 준비절차로서「가처분」을 신청할 수 있을 것이다.

### 1.8.4. 손해배상청구

대집행 실행종료 후의 구제(사후구제)로서 대집행의 위법이나 과실집행을 이유로 한
손해배상·원상회복의 청구나, 대집행비용산정의 위법을 이유로 한 비용납부명령의 취소·
변경청구가 가능하다.

　　　※ 대집행종료전에 구제 : 쟁송의 이익이 있으면(→ 계속성) 대집행 실행행위의 취소
　　·변경·무효확인을 구하는 행정심판·행정소송의 제기가능
　　　※ 대집행종료후의 구제 : (ㄱ) 대집행 실행행위의 취소·변경·무효확인쟁송불가(소

---

1) 박윤흔, 행정법강의(상), 608면.
2) 대판 1965. 5. 31, 65누25.
3) 박윤흔, 행정법강의(상), 608면.
4) 박윤흔, 행정법강의(상), 608면.

의 이익 무), (ㄴ) 손해배상・원상회복 청구가능, (ㄷ) 비용납부명령의 취소・변경청구는 가능

[보충] 안건번호 법제처-15-0203; 요청기관 행정자치부; 회신일자 2015. 6. 29.
　　법령: 행정대집행법 제2조 관련; 안건명 행정자치부 - 행정대집행법 제2조 관련
　　질의요지: 행정청이 행정대집행법에 따라 대집행 계고 및 대집행영장 통지를 거쳐 대집행을 실행한 경우, 같은 법 제2조에 따라 그 비용을 의무자로부터 반드시 징수하여야 하는지?
　　질의배경: 대집행을 실행한 경우 그 비용징수가 기속행위인지 재량행위인지에 대하여 행정자치부가 내부에서 의견이 나뉘자 법제처에 법령해석을 요청함.
　　회답: 행정청이 행정대집행법에 따라 대집행 계고 및 대집행영장 통지를 거쳐 대집행을 실행한 경우, 특별한 사정이 없는 한 같은 법 제2조에 따라 그 비용을 의무자로부터 징수하여야 한다.
　　이유: 행정대집행법 제2조에서는 법률(법률의 위임에 의한 명령, 지방자치단체의 조례를 포함한다. 이하 같다)에 의하여 직접명령되었거나 또는 법률에 의거한 행정청의 명령에 의한 행위로서 타인이 대신하여 행할 수 있는 행위를 의무자가 이행하지 아니하는 경우 다른 수단으로써 그 이행을 확보하기 곤란하고 또한 그 불이행을 방치함이 심히 공익을 해할 것으로 인정될 때에는 당해 행정청은 스스로 의무자가 하여야 할 행위를 하거나 또는 제삼자로 하여금 이를 하게 하여 그 비용을 의무자로부터 징수할 수 있다고 규정하고 있다. 한편, 대집행 절차에 관하여, 행정대집행법 제3조제1항에서는 대집행을 하려함에 있어서는 상당한 이행기한을 정하여 그 기한까지 이행되지 아니할 때에는 대집행을 한다는 뜻을 미리 문서로써 계고하여야 한다고 규정하고 있고, 같은 조 제2항에서는 의무자가 대집행 계고를 받고 지정기한까지 그 의무를 이행하지 아니할 때에는 당해 행정청은 대집행영장을 통지하여야 한다고 규정하고 있으며, 대집행 실행은 같은 법 제4조에 따른 방법에 따라 하도록 규정하고 있고, 같은 법 제5조에서는 대집행에 요한 비용의 징수에 있어서는 실제에 요한 비용액과 그 납기일을 정하여 의무자에게 문서로써 그 납부를 명하여야 한다고 규정하고 있는바, 이 사안은 대집행 계고 및 대집행영장 통지를 거쳐 대집행이 이미 실행된 경우, 행정청이 반드시 대집행 비용을 징수하여야 하는지에 관한 것이다. 먼저, 행정행위가 그 재량성의 유무 및 범위와 관련하여 이른바 기속행위 또는 재량행위로 구분된다고 할 때, 그 구분은 해당 행위의 근거가 된 법규의 체제・형식과 그 문언, 해당 행위가 속하는 행정 분야의 주된 목적과 특성, 해당 행위 자체의 개별적 성질과 유형 등을 모두 고려하여 판단하여야 할 것인바(대법원 2001. 2. 9. 선고, 98두17593 판결례 참조), 이 사안에서 행정대집행법 제2조 중 "그 비용을 징수할 수 있다"는 규정을 대집행을 한 경우에 비용징수의 근거를 규정한 수권규정으로만 볼 것인지, 아니면 행정청에게 대집행비용징수 여부를 결정할 수 있는 재량권까지 부여한 규정으로 볼 것인지를 판단할 때에도, 해당 법문의 표현방식뿐만 아니라 대집행 제도의 개념 및 절차와 행정대

집행법의 체제 등을 전반적으로 살펴볼 필요가 있다. 그런데, 대집행은 행정의무의 이행 확보를 위한 행정상 강제집행 수단의 하나로서, 그 요건을 모두 갖춘 경우에도 반드시 대집행을 하여야 하는 것은 아니므로 대집행 자체는 재량행위에 해당한다고 할 수 있고, 대집행에 따른 비용징수는 대집행에 따라 부수적으로 행해지는 행위인 점에 비추어 볼 때, 행정대집행법 제2조에서 "당해 행정청은 스스로 의무자가 하여야 할 행위를 하거나 또는 제삼자로 하여금 이를 하게 하여 그 비용을 의무자로부터 징수할 수 있다" 중 "~할 수 있다"라는 표현은 대집행비용징수 여부에 재량을 인정하는 규정이라기보다는, 대집행이 재량행위임을 표현하는 것으로 보아야 한다. 또한, 대집행은 의무자가 대체적 작위의무를 불이행할 경우, 해당 행정청이 불이행된 의무를 스스로 행하거나 제3자로 하여금 이행하게 하고, 그 비용을 의무자로부터 징수하는 제도로서, 행정대집행법상 대집행은 대집행의 계고(제3조제1항), 대집행영장의 통지(제3조제2항), 대집행의 실행(제4조), 대집행 비용의 납부명령(제5조) 등의 단계적 절차에 따라 행해진다. 이처럼 대집행은 타인이 대신하여 행할 수 있는 행정의무의 이행을 의무자의 비용부담 하에 확보하기 위하여 단계적인 일련의 절차로 연속하여 행하여지는 것이므로(대법원 1993. 11. 9. 선고 93누14271 판결례, 대법원 1996. 2. 9. 선고 95누12507 판결례 참조), 비용부담은 대집행의 필수적인 부분이라 보는 것이 대집행 제도의 취지에 부합한다고 할 것이다. 나아가, 행정대집행법 제3조제1항 및 같은 법 시행령 별지 제1호서식에서는 행정대집행 계고서에 대집행 비용징수에 관한 내용을 기재하도록 규정하고 있고, 행정대집행법 제3조제2항 및 같은 법 시행령 별지 제2호서식에서는 대집행을 할 때 의무자에게 통지하는 대집행 영장에 "대집행에 요하는 비용의 개산에 의한 견적액"을 기재하도록 규정하고 있으며, 대집행을 한 후에는 그 비용을 징수할 때에 행정대집행법 제5조에 따라 의무자에게 문서로써 그 납부를 명하여야 하는 것으로 규정하고 있는데, 이러한 규정들은 대집행이 의무자의 비용부담을 전제로 하고 있어서 대집행이 실행되는 경우에는 의무자에 대한 비용징수가 필연적으로 따르게 되므로 그 절차의 처음부터 끝까지 의무자가 비용을 부담한다는 사실을 명확하게 하고, 마지막 비용징수 단계에서는 행정청으로 하여금 문서로 그 납부명령을 하도록 규정하여 대집행제도가 충실하게 집행될 수 있도록 하려는 취지라고 할 것이다. 다만, 대집행은 그 발생 원인이나 경과가 다양한 점을 고려할 때, 어떤 경우에라도 반드시 비용을 징수해야만 할 것은 아니라고 할 것이다. 예컨대, 대집행비용을 징수하는 비용이 대집행비용을 초과하는 경우나 상대방이 자력(資力)이 없는 것이 명백한 경우와 같이 비용을 징수하는 것이 구제석인 타당성에 현저히 어긋나는 특별한 사정이 있는 경우에는 예외적으로 행정청이 그 비용을 징수하지 않을 수 있는 여지는 있다고 할 것이다.

　이상과 같은 점을 종합해 볼 때, 행정대집행법에 따라 행정청이 대집행 계고 및 대집행영장 통지를 거쳐 대집행을 실행한 경우, 특별한 사정이 없는 한 같은 법 제2조에 따라 그 비용을 의무자로부터 징수하여야 할 것이다.

## 2. 집행벌(이행강제금)

### 2.1. 개관

[의의] 집행벌(Zwangsstrafe; Executivstrafe)이란 비대체적 작위의무(예 : 예방접종을 받을 의무나 의료업자의 진료의무와 같은 <u>타인이 대신하여 행할 수 없는</u>[1] 작위의무, 특정 서화를 제출할 의무와 같이 타인이 대신하여 행할 수 없는 급부의무) 또는 부작위의무(예 : 허가없이 영업·건축 등을 하여서는 아니되는 의무)를 장래에 불이행하는 경우에, 그 의무를 강제적으로 이행시키기 위하여, <u>일정한 기간 안에 의무이행이 없을 때에는 일정한 「과태료」</u>에 처할 것을 계고(Androhung)하고 그 기한 안에 이행이 없는 경우에는 <u>과태료에 처하는 「금전벌」</u>을 말한다. 예컨대 건축주가 법정건폐율 또는 용적률을 초과하여 건축물을 건축하여 이에 대한 시정명령을 받은후(위반건축물에 대한 조치 등 : 건축법 제79조 제1항) 이행하지 않은 경우 이행강제금(과태료)을 부과하여(건축법 제80조) 의무이행을 강제하는 것 등이다. 과거에는 적용대상이, (ㄱ) 비대체적 작위의무 (ㄴ) 부작위의무의 불이행이었으나, 현행법상으로는, (ㄷ) 대체적 작위의무와, (ㄹ) 수인의무의 불이행도 적용되므로 그 기능이 확대되었다.[2] 이러한 이행강제금은 의무자 자신에 의하지 않으면 이행하기 어려운 의무를 금전적 제재를 통하여 심리적으로 압박함으로써 자발적으로 이행하게 하기 위한 것이다. 이행강제금은 1991년 건축법 제83조에서 처음 도입했고, 현재에는 옥외광고물 등 관리법과 주차장법등에서 이행강제금을 도입하고 있다.[3]

▶ 집행벌 : 과태료 · 금전벌
▶ 비대체적 작위의무 : 예방접종을 받을 의무 · 의료업자의 진료의무
▶ 비대체적 급부의무 : 특정 서화를 제출할 의무
▶ 부작위의무 : 허가없이 영업·건축 등을 하여서는 아니되는 의무

[집행벌의 특징] 대집행과 직접강제가 물리적 작용에 의하여 사물의 외형적 상태나 사람의 외면적 상태를 변경하여 의무에 적합한 상태를 가져오고, 이를 의무자에게 수인시키는 것에 대하여, 집행벌(이행강제금)은 일정한 기한까지 의무를 이행하지 않을 때에는 일

---

1) 대결 2006. 12. 8, 자, 2006마470【건축법위반이의】구 건축법(2005. 11. 8. 법률 제7696호로 개정되기 전의 것)상의 이행강제금은 구 건축법의 위반행위에 대하여 시정명령을 받은 후 시정기간 내에 당해 시정명령을 이행하지 아니한 건축주 등에 대하여 부과되는 간접강제의 일종으로서 그 이행강제금 납부의무는 상속인 기타의 사람에게 승계될 수 없는 일신전속적인 성질의 것이므로 이미 사망한 사람에게 이행강제금을 부과하는 내용의 처분이나 결정은 당연무효이고, 이행강제금을 부과받은 사람의 이의에 의하여 비송사건절차법에 의한 재판절차가 개시된 후에 그 이의한 사람이 사망한 때에는 사건 자체가 목적을 잃고 절차가 종료한다.
2) 김남진, 이행강제금과 권리구제, 고시연구(2001.1); 박윤흔, 행정법강의(상), 609면.
3) http://edu.klaw.go.kr/…(검색어: 직접강제; 검색일: 2016.2.21).

정한 금전적 부담을 과할 뜻을 미리 계고(Androhung)함으로써 의무자에게 심리적 압박을 주어 장래에 그 의무를 이행하게 하려는 간접적인 강제집행수단의 하나이다.

[집행벌과 이행강제금] 집행벌(Executivstrafe)이라는 명칭 및 제도는 독일에서 유래한 것이다. 독일에서는 집행벌이라는 용어 대신에 이행강제금(Zwangsgeld)이라는 명칭으로 바뀐지 오래되었으며, '대체적 작위의무'의 간접적 강제수단으로도 활용되고 있고, 그러한 내용의 이행강제금제도가 우리나라에서도 이미 정착화 되었으므로(건축법 제80조[이행강제금],[1] 노인복지법 제62조[이행강제금], 근로기준법 제33조[이행강제금], 농지법 제62조[이행강제금], 부동산실권리자명의등기에관한법률 제6조[이행강제금] 등)[2] 형법상의 형벌(Strafe)이나 행정벌로 오해될수 있는 집행벌이라는 용어 대신에 이행강제금이라는 용어를 사용하는 것이 바람직하다.[3] 판례 역시 이행강제금이라는 용어를 사용한다. "이행강제금은 행정법상의 부작위의무 또는 비대체적 작위의무를 이행하지 않은 경우에 '일정한 기한까지 의무를 이행하지 않을 때에는 일정한 금전적 부담을 과할 뜻'을 미리 '계고'함으로써 의무자에게 심리적 압박을 주어 장래를 향하여 의무의 이행을 확보하려는 간접적인 행정상 강제집행 수단이다."[4]

▶ 서울행법 2007.10.4, 2007구합6243【이행강제금부과처분취소】【판시사항】건축물의 주요구조부인 칸막이벽을 해체함이 없이 이를 연장하는 등의 방법에 의해 다가구주택의 가구수를 증가시키는 수선행위가 구 건축법령에 정한 '대수선행위'에 해당한다고 볼 수 없어, 이에 대하여 허가가 없었음을 이유로 시정명령을 하고 나아가 이행강제금을 부

---

1) 1991년 건축법 제83조에서 이행강제금이 최초로 도입되었다.
2) 참고로 현행 법률 중에서 이행강제금제도를 규정하고 있는 법률은「건축법」,「주차장법」,「교통약자의 이동편의 증진법」,「국토의 계획 및 이용에 관한 법률」,「근로기준법」,「금융산업의 구조개선에 관한 법률」,「금융지주회사법」,「노인복지법」,「다중이용업소의 안전관리에 관한 특별법」,「독점규제 및 공정거래에 관한 법률」,「부동산 실권리자명의 등기에 관한 법률」,「산업집적활성화 및 공장설립에 관한 법률」,「은행법」,「장사 등에 관한 법률」,「전기통신사업법」,「주차장법」,「한국증권선물거래소법」,「농지법」,「대덕연구개발특구 등의 육성에 관한 특별법」,「옥외광고물 등 관리법」,「장애인·노인·임산부 등의 편의증진보장에 관한 법률」등 총 20개가 있다. 이 가운데 이행강제금 부과처분에 불복하는 경우「비송사건절차법」에 따른 과태료재판이 준용되는 것으로는「농지법」,「대덕연구개발특구 등의 육성에 관한 특별법」,「옥외광고물 등 관리법」,「장애인·노인·임산부 등의 편의증진보장에 관한 법률」이 있으며, 나머지 16개의 법률은 이행강제금 부과처분에 대한 불복방법으로 특별한 절차를 규정하고 있지 않으므로 이 경우에는 통상의 행정쟁송에 따르게 된다(방극봉, 실무행정법, 법제처, 2009, 34면).
3) 김남진·김연태, 행정법(I), 494면; 김남진, 이행강제금과 권리구제, 고시연구(2001.1), 95면 이하; 정준현, 이행강제금, 법제 제346호(1991.7), 22면 이하; 박윤흔 교수와 정하중교수도 마찬가지이다(박윤흔, 행정법강의(상), 609면. 정하중, 행정법총론, 441면; 정하중, 한국의 행정상 강제집행제도의 개선방향, 김영훈박사화갑기념논문집, 1995, 392면 이하).
4) 대판 2015. 6. 24, 2011두2170【이행강제금부과처분취소】

과하는 처분을 한 것은 위법하다. 【판결요지】 건축물의 주요구조부인 칸막이벽을 해체함이 없이 이를 연장하는 등의 방법에 의해 다가구주택의 가구수를 증가시키는 수선행위가 구 건축법(2005.11.8. 법률 제7696호로 개정되기 전의 것) 제2조 제1항 제10호, 같은 법 시행령(2006.5.8. 대통령령 제19466호로 개정되기 전의 것) 제3조의2 제8호에 정한 '대수선행위'에 해당한다고 볼 수 없어, 위 수선행위에 관하여 같은 법 제8조 제1항에 따른 대수선 허가가 없었음을 이유로 위 건물을 위법건축물로 보아 그에 대해 시정명령을 하고 나아가 이행강제금을 부과하는 처분을 한 것은 위법하다.

[개별법] 현행법하에서는 집행벌에 관한 일반법은 물론 특별법도 없으나, 다만 각 개별법에서 의무위반에 대한 벌칙(행정벌)으로 과하여 진다. 국세징수법상의 가산금제(제21조), 관세법상의 가산세(제42조 제2항), 대기환경보전법상의 개선명령 불이행시 부과하는 배출부과금은 집행벌적 성격을 가진 것으로 볼 수 있다.

▶ 국세징수법 제21조(가산금) ① 국세를 납부기한까지 완납하지 아니하였을 때에는 그 납부기한이 지난 날부터 체납된 국세의 100분의 3에 상당하는 가산금을 징수한다. ② 체납된 국세를 납부하지 아니하였을 때에는 납부기한이 지난 날부터 매 1개월이 지날 때마다 체납된 국세의 1천분의 12에 상당하는 가산금을 제1항에 따른 가산금에 가산하여 징수한다. 다만, 체납된 국세의 납세고지서별·세목별 세액이 100만원 미만인 경우는 제외한다.

▶ 관세법 제42조(가산세) ② 제1항에도 불구하고 납세자가 부당한 방법(납세자가 관세의 과세표준 또는 세액계산의 기초가 되는 사실의 전부 또는 일부를 은폐하거나 가장하는 것에 기초하여 관세의 과세표준 또는 세액의 신고의무를 위반하는 것으로서 대통령령으로 정하는 방법을 말한다)으로 과소신고한 경우에는 세관장은 해당 부족세액의 100분의 40에 상당하는 금액과 제1항제2호의 금액을 합한 금액을 가산세로 징수한다. [전문개정 2010.12.30.]

## 2.2. 행정벌과의 구별

집행벌과 행정벌은 다음과 같은 차이가 있다. (ㄱ) 행정벌은 과거의 의무위반에 대한 제재로서의 벌칙이나, 집행벌(이행강제금)은 장래에 향하여 그 의무를 이행시키고자 하는 간접적인 강제집행의 일종이다. 다시말하면 집행벌은 이미 행해진 위법행위에 대한 제재나 속죄의 의미에서 부과되는 것이 아니라, 장래의 행위를 강제하는 수단이다.[1] (ㄴ) 행정벌은 과거의 의무위반에 대한 제재이기 때문에 하나의 위반행위에 대해서는 일사부재리의 원칙에 따라 반복해서 부과할 수 없지만,[2][3] 집행벌(이행강제금)은 금전납부의무의 부과에

---

1) 김남진·김연태, 행정법(I), 495면.
2) 행정형벌의 경우는 일사부재리(一事不再理)의 원칙이 적용되어 동일한 위반행위에 대하여 행정

의해 의무이행을 확보하려는 것이므로 그 의무의 이행이 있기까지는 반복적으로 부과할 수 있다(일사부재리·이중처벌금지의 원칙이 적용되지 않는다)는 점에서 차이가 있다.1) (ㄷ) 집행벌(이행강제금)은 진정한 의미에 있어서의 벌(罰)2)은 아니며, 순수한 '강제집행수단'이다. (ㄹ) 집행벌은 행정벌과는 병과'할 수 있다. 즉 집행벌(이행강제금)은 행정형벌과는 법적 성질을 달리 하기 때문에(과벌이 아니다) 동일한 의무위반에 대하여 **행정형벌과 병행하여 부과될 수 있으며, 따라서 일사부재리·이중처벌의 금지의 원칙에 반하지 않는다**(일사부재리의 원칙[이중처벌금지의 원칙]은 동일한 범죄에 대하여 거듭처벌을 받지 아니한다는 의미이다. 이행강제는 처벌이 아니어서 형의 병과[並科 : 이행강제금 + 행정형벌]는 가능하다).3) 집행벌은 권력적 사실작용이 아니라는 점에서 행정상 즉시강제나 직접강제와 구별된다.4) (ㅁ) 행정형벌은 과거의 의무위반에 대한 제재로서 가하는 것이므로 그 의무위반이 현재에 있어서는 비록 소멸한 경우라고 할 지라도 행정형벌을 부과할 수 있지만, 집행벌(이행강제

---

벌이 반복하여 부과될 수 없으나 이행강제금의 경우에는 형벌이 아니므로 일사부재리의 원칙이 적용되지 않으며, 따라서 동일한 의무위반에 대하여 의무이행이 있을 때까지 계속하여 반복·증액하여 부과할 수 있다.

3) 예컨대 건축법상의 이행강제금은 1년에 2회의 범위안에서, 농지법상의 이행강제금은 1년에 1회의 범위안에서 반복하여 부과할 수 있다.

1) 방극봉, 실무행정법, 법제처, 2009, 33면.

2) 넓은 의미에 있어서 벌(罰)은 국민의 불복종에 대하여 국가권력이 가하는 일체의 고통을 의미한다. 이행강제금은 진정한 벌(eine wirkliche Strafe), 즉 고통의 계고(Androhung)를 통한 심리적 이행강제수단이며, 이러한 심리적인 압박을 통한 이행강제라는 목적요소는 행정벌이나 이행강제금에도 공통된다. 따라서 단순히 벌(罰)의 유무로써 행정벌과 이행강제금을 구별하는 것은 타당하지 않다.

3) 형벌 + 과태료, 과징금, 이행강제금(과벌[科罰]에 해당하지 않는다). 이중처벌금지의 원칙은 (ㄱ) '동일한 행위'가 아니어서 이중처벌금지의 원칙에 위반되지 않는 경우(① 무단용도변경행위에 대하여 형사처벌 + 그 무단변경에 대하 시정명령의 불이행에 대하여 과태료 부과, ② 개발제한구역에서의 건물의 무단용도변경에 대하여 형사처벌 + 이행강제금부과, ③ 군무이탈죄의 공소시효가 완성된 자에게 복귀명령위반을 이유로 복귀명령위반죄로 처벌), (ㄴ) '처벌'이 아니어서 이중처벌금지의 원칙에 위배되지 않는다(① 형벌 + 과태료, 과징금, 이행강제금, ② 부동산실명위반자에 대해 형벌과 함께 과징금부과, ③ 공정거래법상 부당내부거래자에 대해 형벌과 함께 과징금부과, ④ 청소년성매수자에 대해 형벌과 함께 신상공개, ⑤ 퇴직후 공무원의 범죄에 대해 형벌과 함께 공무원연금환수, ⑥ 일정금액 이상의 추징금 미납자에 대한 출국금지, ⑦ 직위해제 + 감봉처분, ⑧ 누범과 상습범의 가중, ⑨ 형벌 + 보안처분, 보호감호, ⑩ 검사가 불기소처분했다가 다시 기소 )는 헌법재판소 결정례가 있다. 형벌과 과징금은 이중처벌금지의 원칙의 문제라기 보다는 그러한 중복적 제재가 과잉에 해당하는지 여부의 문제이다(과잉금지원칙에 위반되는지). http://desert.tistory.com/2293(검색어 : 이중처벌금지의 원칙, 검색일 : 2015. 8.28)

4) 박윤흔, 행정법강의(상), 700면.

금)은 현재 존속하고 있는 의무위반만을 대상으로 하며, 의무이행이 있는 때에는 설령 의무이행의 시기가 의무이행을 위하여 설정한 기한을 경과하였다하더라도 의무이행이 실현되었을 때에는 이에 따른 이행강제금은 부과될 수 없다. (ㅂ) 집행벌(이행강제금)은 행정형벌과는 달리 고의여부에 관계없이 부과되며, 요구된 작위 또는 부작위의 의무자의 의사에 좌우되고 그에게 법적으로나 사실적으로 불가능한 것이 아니라는 것을 전제로 한다.

### 2.3. 이행강제금의 부과·징수절차

[독일행정집행법] 이행강제금은 법률이 정하는 일정한 절차에 따라 부과된다. 독일의 행정집행법(Verwaltungsvollstreckungsgesetz; VwVG) 제13조는 이행강제금의 계고(Androhung der Zwangsmittel)에 대하여 규정하고 있다. 동조 제1항은 "계고는 상당한 이행기간을 정하여 서면으로 하여야 하며(Die Zwangsmittel müssen, wenn sie nicht sofort angewendet werden können (§ 6 Abs. 2), schriftlich angedroht werden.)," 제2항은 "계고는 행정행위와 연계하여 부과할 수 있으며(Die Androhung kann mit dem Verwaltungsakt verbunden werden …)," 제3항은 "계고는 특정 이행강제금과 관련되어야 하며(Die Androhung muß sich auf ein bestimmtes Zwangsmittel beziehen.)," 제5항은 이행강제금의 액수는 일정한 한도로 계고될 수 있으며(Der Betrag des Zwangsgeldes ist in bestimmter Höe anzudrohen.)," 제6항은 "이행강제금은 형벌 혹은 벌금과 함께 부과될수 있으며 의무가 이행될 때까지 반복될 수 있을 뿐만 아니라 그때마다 증액될 수 있다(Die Zwangsmittel können auch neben einer Strafe oder Geldbuße angedroht und so oft wiederholt und hierbei jeweils erhöt oder gewechselt werden, bis die Verpflichtung erfüllt ist)"고 규정하고 있으며, 강제금의 징수는 공법상 금전채권의 강제징수에 관한 규정에 따라 징수하도록 규정하고 있다.

[우리나라의 경우] 우리나라는 독일과 같이 행정강제에 대한 일반법이 없기 때문에 이행강제금의 부과징수절차는 과태료나 과징금의 부과·징수절차를 준용하도록 하고, 이행강제금의 특질로부터 발생하는 특례에 대하여 개별조문을 따로 두어 독일의 행정집행법(VwVG : Verwaltungsvollstreckungsgesetz; Gesetz vom 27. 04. 1953[BGBl. I S. 157])이 정하는 부과절차와 유사한 절차를 두고 있다.

[계고(이행강제금 부과 예고)] 이행강제금을 부과하기 위하여는 먼저 계고하여야 한다. 대법원은 "이행강제금은 행정법상의 부작위의무 또는 비대체적 작위의무를 이행하지 않은 경우에 '일정한 기한까지 의무를 이행하지 않을 때에는 일정한 금전적 부담을 과할 뜻'을 미리 '계고'함으로써 의무자에게 심리적 압박을 주어 장래를 향하여 의무의 이행을 확보하려는 간접적인 행정상 강제집행 수단이고, 노동위원회가 근로기준법 제33조에 따라 이행강제금을 부과하는 경우 그 30일 전까지 하여야 하는 이행강제금 부과 예고는 이러한 '계고'에 해

당한다."[1]고 하였다.

## 3. 직접강제(直接强制)

### 3.1. 의의

직접강제(Unmittelbare Zwang)란 행정법상의 의무의 불이행이 있는 경우에 직접적으로 의무자의 신체나 재산 또는 양자에 실력을 가하여 의무의 내용 그대로 이행된 것과 동일한 상태를 실현하는 작용을 말한다. 직접강제는 대체적 작위의무뿐만 아니라 비대체적 작위의무·부작위의무·수인의무 등 「모든 의무의 불이행」에 대한 2차적 수단으로서의 제재가 가능하다. 행정상 강제집행 중 직접강제와 행정상 즉시강제는 양자가 모두 행정청 내지 관계공무원의 실력행사를 수반한다는 점에서 유사한 점이 있다. 직접강제와 즉시강제는 매우 강력한 효력을 가지기 때문에 최근 여러 법률에서 이 제도를 도입하고 있다. 그러나 직접강제와 즉시강제는 그 효력이 강력한 만큼 국민의 기본권을 침해할 가능성도 많기 때문에 도입에 신중을 기해야 하며, 도입하는 경우에도 집행상 남용소지를 없애기 위한 충분한 장치를 강구해야 한다.[2]

### 3.2. 직접강제의 법적 근거

[일반법은 없고 개별법만 존재] 직접강제에 관한 일반법은 없고,[3] 방어해면법(防禦海面法)[4] 제7조(퇴거의 강제 등)·군사기지 및 군사시설보호법 제9조(보호구역에서의 금지 및 제한)·출입국관리법 제29조(외국인 출국의 정지)·출입국관리법 제46조(강제퇴거)·출입국관리법 제51조(보호)·식품위생법 제79조 등 개별법에서 예외적으로 인정되고 있을 뿐이다. 현행법상 직접강제의 수단 내지 태양(態樣)에 대한 일반규정을 두고 있는 것은 없지만, 직접강제의 수단으로 인정되고 있는 것으로서 봉쇄·폐쇄·장애물의 제거·봉인·출국정지·강제퇴거·보호조치·압류·폐기·수거·소각몰수·영치·무기사용·강제수용 등을 들 수 있다.

> ▶ 방어해면법 제2조(지정과 고시등) ① 대통령은 군사상 방어가 필요한 해면에 대하여 전시·사변이나 그 밖에 군사상 특히 필요할 때에는 국무회의의 심의를 거쳐 영해의 전부 또는 일부를 방어해면구역(防禦海面區域)으로 지정하거나 그 지정을 변경할 수 있

---

1) 대판 2015. 6.24, 2011두2170 【판결이행강제금부과처분취소】
2) http://edu.klaw.go.kr/…(검색어: 직접강제; 검색일: 2016.2.21).
3) 김남진·김연태, 행정법(I), 495면.
4) 방어해면법은 군사상 방어를 요하는 해면(방어해면)의 구역을 지정하고 그 구역안에서의 항행(航行)·어로(漁撈) 그밖의 행위를 통제하여 해상작전의 원활한 수행을 목적으로 하여 제정되었다(1963. 3.23. 법률 제1311호).

다. ② 대통령은 방어해면구역이 군사상 필요가 없게 되었을 때에는 국무회의의 심의를 거쳐 그 지정을 해제한다. ③ 대통령이 제1항 및 제2항에 따라 방어해면구역을 지정·변경 또는 해제하였을 때에는 국방부장관은 지체 없이 이를 고시하여야 한다.

▶출입국관리법 제29조(외국인 출국의 정지) ① 법무부장관은 제4조제1항 또는 제2항 각 호의 어느 하나에 해당하는 외국인에 대하여는 출국을 정지할 수 있다.

▶출입국관리법 제46조(강제퇴거의 대상자) ① 지방출입국·외국인관서의 장은 이 장에 규정된 절차에 따라 다음 각 호의 어느 하나에 해당하는 외국인을 대한민국 밖으로 강제퇴거시킬 수 있다.

▶출입국관리법 제51조(보호) ① 출입국관리공무원은 외국인이 제46조제1항 각 호의 어느 하나에 해당된다고 의심할 만한 상당한 이유가 있고 도주하거나 도주할 염려가 있으면 지방출입국·외국인관서의 장으로부터 보호명령서를 발급받아 그 외국인을 보호할 수 있다. <개정 2014.3.18.>

▶식품위생법 제79조(폐쇄조치 등) ① 식품의약품안전처장, 시·도지사 또는 시장·군수·구청장은 제37조제1항, 제4항 또는 제5항을 위반하여 허가받지 아니하거나 신고 또는 등록하지 아니하고 영업을 하는 경우 또는 제75조 제1항 또는 제2항에 따라 허가 또는 등록이 취소되거나 영업소 폐쇄명령을 받은 후에도 계속하여 영업을 하는 경우에는 해당 영업소를 폐쇄하기 위하여 관계 공무원에게 다음 각 호의 조치를 하게 할 수 있다. <개정 2011.6.7., 2013.3.23.>

　　1. 해당 영업소의 간판 등 영업 표지물의 제거나 삭제
　　2. 해당 영업소가 적법한 영업소가 아님을 알리는 게시문 등의 부착
　　3. 해당 영업소의 시설물과 영업에 사용하는 기구 등을 사용할 수 없게 하는 봉인(封印)

▶먹는물관리법 제46조(폐쇄조치 등) ① 시·도지사는 제21조제1항부터 제5항까지의 규정을 위반하여 허가를 받지 아니하거나, 등록 또는 신고를 하지 아니하고 영업을 하거나, 제48조제1항부터 제3항까지의 규정에 따라 허가 또는 등록이 취소되거나 영업정지처분을 받은 후에도 계속해서 영업을 하면, 그 사업장을 폐쇄하기 위하여 관계 공무원에게 다음 각 호의 조치를 하게 할 수 있다. <개정 2010.3.22.>

　　1. 그 사업장의 간판이나 그 밖의 영업표지물의 제거 또는 삭제
　　2. 그 사업장이 적법한 사업장이 아님을 알리는 게시문의 부착
　　3. 그 사업장의 시설물이나 그 밖의 영업에 사용하는 기구 등을 사용할 수 없게 하는 봉인(封印)

[엄격한 법적 통제 및 과잉금지의 원칙] 영업장에 대한 폐쇄조치 등은 행정상 강제집행 수단 중에서 국민의 기본권을 가장 크게 침해하는 것이므로 이에 대한 엄격한 법적 통제가 필요하다. 따라서 실정법상의 실체적·절차적 요건에 맞아야 하고, 비례원칙 등에 위반되지

않아야 하며, 다른 강제집행수단으로 의무이행을 강제할 수 없을 때에 비로소 행사하는 최후의 수단으로 행해져야 한다. 영업장에 대한 폐쇄조치가 위와 같은 한계를 위반한 경우, 상대방은 항고소송이나 국가배상청구 등을 통해 권리를 구제받을 수 있을 것이다. 따라서 예컨대「식품위생법」제79조의 폐쇄조치 등은 권력적 사실행위이므로 항고소송의 대상이 되고, 위법한 폐쇄조치가 계속되고 있는 한 상대방은 이를 다툴 소(訴)의 이익도 있게 된다.[1]

### 3.3. 직접강제와 대집행의 문제점

[개관] 직접강제에 대한 일반적 정의에 의할 경우, 직접강제, 행정대집행 및 즉시강제 간의 개념 구별이 불명확해진다. (직접강제와 대집행 구별의 문제점 1) : 직접강제와 대집행의 경우, 예컨대 부작위의무의 위반이 있는 경우에 그 위반의 결과를 제거하기 위하여 행정청이 그 부작위의무 위반자에게 부작위의무의 위반으로 발생한 결과를 제거할 것을 명하는 경우(부작위의무에 대한 대집행은 인정되지 아니하나, 부작위의무가 작위의무로 전환되는 경우에는 대집행이 인정된다; 부작위의무의 작위의무에로의 전환), 그런데 이때 의무위반자가 누구인지 구체적으로 알 수 없는 경우에 작위의무를 명함이 없이 당해 행정청이 직접 실력을 사용하여 그 결과를 제거할 경우(하천법 제20조 제4항, 도로법 제81조[토지의 출입과사용등], 군사기지및군사시설보호법 제11조[장애물에 대한 조치 등])에 부작위의무의 작위의무에로의 전환이 없었기 때문에 이를 부작위의무의 위반에 대한 직접강제라고 할 수 있는가하는 것이 문제된다.

▶ 하천법 제20조(수문조사환경의 최적화) ④ 수문조사를 실시하는 중앙행정기관 또는 지방자치단체의 장은 수문조사시설의 주위환경을 악화시키는 장애물을 발견한 경우에는 그 소유자 또는 점유자의 승낙을 받아 이를 제거 또는 변경할 수 있다. 다만, 그 **소유자 또는 점유자를 알 수 없거나** 그 밖의 부득이한 사유가 있는 경우에는 그 승낙 없이 제거 또는 변경할 수 있다.

▶ 군사기지및군사시설보호법 제11조(장애물 등에 대한 조치 등) ① 관할부대장등(제9조 제1항제1호의 경우에는 수눈지무대상을 포함한다. 이하 이 소 및 제21소에서 같다)은 제9조·제10조를 위반한 자 또는 그 위반으로 인한 장애물의 소유자와 그 밖의 권리를 가진 자(이하 "소유자등"이라 한다)에게 퇴거를 강제하거나 장애물의 제거, 그 밖에 필요한 조치를 명할 수 있다. ② 관할부대장등은 제1항에 따른 장애물의 제거, 그 밖에 필요한 조치명령을 받은 자가 이를 이행하지 아니하는 경우에는「행정대집행법」에 따라 직접 또는 제3자로 하여금 이를 제거 또는 이전하게 할 수 있다. ③ 관할부대장등은 제1항에 따른 **소유자등을 알 수 없거나** 급박한 위험이 존재하는 등 긴급을 요하는 경우에는 제1항

---

[1] 한상우, 실무행정법 Ⅱ, 법제처, 2008, 101면.

에 따른 명령 없이 직접 이를 제거 또는 이전할 수 있다. 이 경우 그 소유자등에게 이에 사용된 비용을 징수할 수 있다.

▶ 도로법 제81조(토지의 출입과 사용 등) ① 도로관리청 또는 도로관리청으로부터 명령이나 위임을 받은 자는 도로공사, 도로에 대한 조사·측량 또는 도로의 유지·관리를 위하여 필요하면 타인의 토지에 출입하거나 타인의 토지를 재료적치장, 통로 또는 임시도로로 일시 사용할 수 있고, 특히 필요하면 입목·죽이나 그 밖의 장애물을 변경 또는 제거할 수 있다. ② 제1항에 따라 타인의 토지에 출입하려는 자는 출입하려는 날의 3일 전까지 그 토지의 소유자와 점유자에게 그 사실을 알려야 하며, 타인의 토지를 일시 사용하거나 장애물을 변경·제거하려는 자는 토지를 사용하려는 날이나 장애물을 변경·제거하려는 날의 3일 전까지 그 소유자와 점유자에게 그 사실을 알리고 의견을 들어야 한다. 다만, **소유자와 점유자의 주소 또는 거소가 불분명하여 토지 출입 또는 장애물의 변경·제거 사실을 알릴 수 없거나**, 그 밖에 부득이한 사유가 있으면 그러하지 아니하다.

(직접강제와 대집행구별의 문제점 2) : 직접강제와 대집행의 구별은 우리나라의 경우 행정청이 스스로 행하는 자주집행도 대집행으로 규정함으로써 양 개념의 구별을 더욱 모호하게 하고 있다. 왜냐하면 행정집행의 실행의 면에서 의무불이행자의 신체나 재산에 직접적으로 실력을 가한다는 점에서 직접강제와 대집행이 서로 동일할 뿐만 아니라 실행의 주체 역시 의무를 부과한 행정청이 직접 시행하는 것이기 때문이다.

### 3.4. 직접강제의 수단

직접강제의 수단으로서는 실력에 의한 예방접종실시, 무허가영업소의 강제폐쇄, 촬영금지구역에서 촬영한 필름의 강제압수, 데모군중의 강제해산, 정선명령 불응시 외국 함정(함선)에 대한 발포, 외국인의 강제퇴거 조치 등이 있다.

### 3.5. 직접강제의 절차적 문제점 - 적법절차의 원칙

직접강제는 행정주체가 직접적으로 행정주체의 상대방인 의무자의 신체나 재산 또는 양자(신체 및 재산)에 실력을 가하여 의무의 이행이 있었던 것과 동일한 상태를 실현하는 행정작용으로써 현행 강제집행수단 중에서 가장 강력한 수단이며, 이로 인하여 국민의 기본권을 침해할 가능성이 매우 높다. 따라서 그 직접강제의 절차를 정비하여 국민에 대한 권리침해가 없도록 충분하고도 합리적인 사전절차를 마련해두는 것이 절차적 정당성의 확보(헌법상 적법절차의 원리)를 위해서도 필요하다. 그러나 직접강제에 대한 '일반적 절차규정'은 없으며, 특히 직접강제에 대한 일반법 자체가 존재하지 않기 때문에 통칙적으로 직접강제의 일반절차를 규율하고 있는 규정은 없고, 다만 개별법 가운데 그 절차에 대한 규정을 개별적·산발적으로 두고 있을 뿐이다. 현재에도 '절차규정'을 전혀 두고 있지 않은 법률이 상당수 있다(소비자기본법; 방어해면법; 식물방역법 제27조[1]) 등). 또한 직접강제 절차규정을 두고 있더라도 그 절차는 각 개별법들이 서로 일관성있게 통일되어 있지 않아서 '체계정당성의 원칙'이 지켜지지 않고 있는 실정이다. 직접강제가 국민의 기본권을 침해하는 것이라면 기본권침해의 최소화(최소침해의 원칙; 필요성의 원칙)를 위하여 보다 철저하고 자세한 집행절차와 수단을 규정하여야 함에도 불구하고, 다만 서면에 의한 사전통지만을 규정하거나, 권한을 나타내는 증표의 휴대와 제시만을 규정하는 경우(관광진흥법 제36조[폐쇄조치][2]))정도가 그것이다. 현행 법률상 직접강제에 있어서의 절차규정은 대체로 다음과 같은 내용을 두고 있다.

- 서면에 의한 통지와 증표의 제시를 규정하고 있는 경우
- 의견진술기회를 규정하고 있는 경우
- 서면에 의한 통지만을 규정하고 있는 경우
- 증표의 제시만을 규정하고 있는 경우

[적법절차의 원리에 합당한 집행절차규정] 행정상 직접강제에 있어서의 헌법원칙인 적법절차의 원리에 합당한 집행절차규정은 국민의 권리보호를 위한 행정절차로서도 중요할 뿐만 아니라 행정의 능률화에도 기여한다. 예컨대 상대방에 대한 계고(Androhung)절차를 거쳐 의무자의 의무이행에 필요한 상당한 이행기간을 줌으로써 가능한 한 의무불이행자가 직접 의무를 이행하도록 촉구함으로써 행정력의 무모한 낭비를 막을 수 있을 뿐만 아니라 집행절차에서 의무불이행자에게 청문 등 의견진술의 기회를 부여함으로써 의무불이행자가 스스로 자신의 의무불이행이 위법임을 인식함으로써 직접강제의 집행과정에서 물리적 충돌의 발생 가능성을 방지할 수 있을 것이다.

## 4. 행정상 강제징수(强制徵收)

### 4.1. 의의

행정상 강제징수(Zwangsbeitreibung)라 함은 국민이 국가 또는 공공단체(지방자치단체 등)에 대하여 부담하고 있는 「공법상의 금전급부의무」를 이행하지 아니하는 경우에, 행정청이 강제적으로 의무자의 재산에 실력을 가하여 의무가 이행된 것과 동일한 상태를 실

---

1) 식물방역법 제27조(소독·폐기 등 처분명령) ① 식물검역관은 다음 각 호의 어느 하나에 해당하는 경우에는 농림축산식품부령으로 정하는 바에 따라 그 소유자나 대리인에게 경유물품을 소독·폐기·반송·반출, 그 밖에 필요한 조치를 할 것을 명할 수 있다. <개정 2011.7.14., 2013.3.23.>

2) 관광진흥법 제36조 ⑥ 제1항 및 제2항에 따라 영업소를 폐쇄하거나 관광표지를 제거·삭제하는 관계 공무원은 그 권한을 표시하는 증표를 지니고 이를 관계인에게 내보여야 한다. <개정 2014.3.11.>

현하는 작용을 말한다. 작위·부작위 또는 수인의무를 강제하기 위한 수단인 대집행, 직접강제, 이행강제금과는 달리 강제징수는 금전급부의 불이행에 대한 강제수단이다.[1] 행정강제의 내용 중 행정상 강제집행에 해당하는 대집행과 행정상 강제징수에 관해서는 일반법으로 행정대집행법과 국세징수법상 체납처분 규정이 마련되어 있으나, 다수의 법률에서 별도의 규정을 두는 경향이 있다. 금전적 불이익을 통한 간접적 강제수단인 집행벌을 도입하는 사례도 점차 늘어나고 있다.[2]

### 4.2. 근거

[행정청의 자력집행력과 법적 근거] 사법관계(私法關係)에서는 채권자에게 원칙적으로 자력구제가 인정되지 아니하므로 법원에 민사소송을 제기하고, 법원의 판결을 토대로하여 국가의 집행기관에 의한 권리보전을 받을 수 있을 뿐이다.[3] 그러나 공법상 금전채권의 경우 행정청은 상대방에 대하여 자력구제 내지는 자력집행(자력집행력)을 스스로 행사할 수 있어서 권리관계의 존재에 대한 재판상의 판결이나 확정을 요하지 않으며, 그 집행도 행정청 스스로 채무자의 재산을 압류·공매하여 채무에 충당할 수 있다.[4] 따라서 이를 행정상 강제징수제도라고 한다. 행정상 강제징수는 공권력행사작용이기 때문에 법률의 근거, 즉 실정법상의 근거가 있어야 하며, 이에 대한 일반법으로 국세징수법(지방세는 지방세법)이 있다.[5] 그 외의 경우에는 개별법률에 「국세(지방세)체납처분의 예에 의하여」 또는 「국세(지방세)징수의 예에 의하여」 징수한다는 특별규정(수권규정)이 있는 경우에는 행정상 강제징수의 방법에 의하여 강제징수 할 수 있다. 공법상의 금전급부의무라 하더라도 법률에 '특별규정(수권규정)'이 없으면 행정상 강제징수의 수단에 의할 수 없고, 민사소송법의 강제집행절차에 따라 집행해야 한다.

---

1) 김남진·김연태, 행정법(I), 497면.
2) http://edu.klaw.go.kr/…(검색어: 직접강제; 검색일: 2016.2.21).
3) 사법관계에 있어서는 채권자에게 자력구제가 금지되어 있으므로 채무자의 채무불이행이 있는 경우에는 채권자는 민사소송을 제기하여 집행되어야 할 권리의 존재확인을 구하고, 판결 등의 채무명의 내지 집행명의를 얻어 국가의 집행기관에 대하여 강제집행을 구하여야 한다. 이와같이 민사상의 집행에 있어서는 명의(名義)를 요한다.
4) 박윤흔, 행정법강의(상), 614면.
5) 국세징수법은 국세의 강제징수에 관하여 규정한 법률이지만, 지방세법·공익사업을위한토지등의취득및보상에관한법률 등 기타의 많은 법률에서 국세징수법의 체납처분의 예에 따르도록 하고 있어서, 국세징수법은 행정상 강제징수에 관한 일반법적 지위를 가지게 되었다(박윤흔, 행정법강의(상), 614면).

### 4.3. 절차

행정상 강제징수절차는 독촉 및 체납처분(압류 → 매각 → 청산)으로 나누어지며, 체납처분은 다시 압류 → 매각 → 청산의 3단계로 나누어진다. 이러한 절차들은 서로 결합하여 하나의 법률효과를 발생하기 때문에 <u>선행행위의 하자는 후행행위에 승계된다.</u>[1]

#### 4.3.1. 독촉

##### a) 독촉장

**국세징수법 제23조(독촉과 최고)** ① 국세를 그 납부기한까지 완납하지 아니하였을 때에는 세무서장은 납부기한이 지난 후 10일 내에 독촉장을 발급하여야 한다. 다만, 제14조에 따라 국세를 징수하거나 체납액이 대통령령으로 정하는 금액 미만이면 독촉장을 발급하지 아니한다. ② 세무서장은 제2차 납세의무자가 체납액을 그 납부기한까지 완납하지 아니하였을 때에는 10일 내에 납부최고서(納付催告書)를 발급하여야 한다. 다만, 제2차 납세의무자가 납부할 체납액이 대통령령으로 정하는 금액 미만이면 납부최고서를 발급하지 아니한다. ③ 독촉장 또는 납부최고서를 발급할 때에는 납부기한을 발급일부터 20일 내로 한다.

##### b) 성질

[의의] 독촉은 일정한 기한까지 의무의 이행을 최고하고, 그 의무가 이행되지 아니할 경우에는 강제징수(체납처분)를 할 것을 예고하는 준법률행위적 행정행위인 강학상의 「통지행위」이며,[2] '계고(Androhung)'의 성질과 같다. 그러나 그의 효과(내용)를 기준으로 할 때 대집행의 계고(Androhung)와 마찬가지로 금전급부의무를 부과하는 하명(급부하명)으로 보는 견해도 있다.[3]

> ▶**국세징수법 제23조(독촉과 최고)** ① 국세를 그 납부기한까지 완납하지 아니하였을 때에는 세무서장은 납부기한이 지난 후 10일 내에 독촉장을 발급하여야 한다. 다만, 제14조에 따라 국세를 징수하거나 체납액이 대통령령으로 정하는 금액 미만이면 독촉장을 발급하지 아니한다.

[판례] <u>판례는 동일한 내용의 독촉이 반복 된 경우 대집행의 계고와 마찬가지로 최초의 독촉만이 항고소송의 대상이 되는 처분이라고 보고 있다.</u>

> ▶대판 1999. 7. 13, 97누119 【부당이득금납부독촉고지처분취소】 구 의료보험법(1994. 1. 7. 법률 제4728호로 전문 개정되기 전의 것) 제45조, 제66조, 제66조의2의 각 규정에 의하면, 보험자 또는 보험자단체가 사기 기타 부정한 방법으로 보험급여비용을 받은 의료

---

1) [독촉 → 체납처분(압류 → 매각 → 청산)]
2) 양범수, 행정법총론(하), 형설, 2009, 34면.
3) 김남진·김연태, 행정법(I), 498면.

기관에게 그 급여비용에 상당하는 금액을 부당이득으로 징수할 수 있고, 그 의료기관이 납부고지에서 지정된 납부기한까지 징수금을 납부하지 아니한 경우 국세체납절차에 의하여 강제징수할 수 있는바, 보험자 또는 보험자단체가 부당이득금 또는 가산금의 납부를 독촉한 후 다시 동일한 내용의 독촉을 하는 경우 최초의 독촉만이 징수처분으로서 항고소송의 대상이 되는 행정처분이 되고 그 후에 한 동일한 내용의 독촉은 체납처분의 전제요건인 징수처분으로서 소멸시효 중단사유가 되는 독촉이 아니라 민법상의 단순한 최고에 불과하여 국민의 권리의무나 법률상의 지위에 직접적으로 영향을 미치는 것이 아니므로 항고소송의 대상이 되는 행정처분이라 할 수 없다.

c) 효과

독촉장 또는 납부최고서가 송달되면, '시효중단'의 효과와 '압류의 전제요건총족'의 효과가 생긴다. 독촉절차를 거치지 않고, 행한 체납처분은 특별규정이 있는 경우를 제외하고는 무효이다(다수설).[1] 다만, 판례의 경우는 독촉없이 행한 압류의 효력은 무효라고 본 판례도 있고,[2] 중대하고 명백한 하자가 아니라고 본 판례도 있다. 즉 대법원은 "납세의무자가 세금을 납부기한까지 납부하지 아니하자 과세청이 그 징수를 위하여 압류처분에 이른 것이라면 비록 독촉절차없이 압류처분을 하였다 하더라도 이러한 사유만으로는 압류처분을 무효로 되게 하는 중대하고도 명백한 하자로는 되지 않는다."[3]고 하였다.

### 4.3.2. 체납처분(압류 → 매각 → 청산의 3단계)

a) 재산압류

aa) 의의

의무자가 독촉절차에서 지정한 기한까지 납부의무를 이행하지 않으면 권한있는 행정청은 의무자 재산을 압류한다. 재산의 압류란 국세납부의무자의 재산의 사실상 및 법률상의 처분(예:매매·교환·증여)을 금지하고, 그것을 확보하는 강제보전행위이다.[4]

---

1) 양범수, 행정법총론(하), 형설, 2009, 35면.
2) 대판 1982. 8. 24, 81누162【부동산압류처분취소】이 사건 상속 재산에 대한 압류는 그 압류 이전에 피상속인이나 그 상속인인 원고에 대하여 부과될 이 사건 양도소득세에 관하여 적법한 납세고지나 독촉이 없었으므로 무효이다.
3) 대판 1987. 9. 22, 87누383【부동산압류처분무효확인】조세의 부과처분과 압류 등의 체납처분은 별개의 행정처분으로서 독립성을 가지므로 부과처분에 하자가 있더라도 그 부과처분이 취소되지 아니하는 한 그 부과처분에 의한 체납처분은 위법이라고 할 수는 없지만, 체납처분은 부과처분의 집행을 위한 절차에 불과하므로 그 부과처분에 중대하고도 명백한 하자가 있어 무효인 경우에는 그 부과처분의 집행을 위한 체납처분도 무효라 할 것이다.
4) 김남진·김연태, 행정법(I), 499면.

bb) 압류요건

납세자가 독촉장 또는 납부최고서를 받고도 지정된 기한까지 국세와 가산금을 완납하지 아니한 때에는 세무공무원은 납세의무자의 재산을 압류한다(제24조 제1항 제1호). 다만, 납기전징수(동법 제14조 제1항 참조[국세의 체납으로 체납처분을 받은 때])를 하는 경우와 <u>국세확정전 보전압류를 하는 경우에는 독촉없이 압류할 수 있다.</u>

▶ 국세징수법 제24조(압류) ① 세무서장(체납기간 및 체납금액을 고려하여 대통령령으로 정하는 체납자의 경우에는 지방국세청장을 포함한다. 이하 같다)은 다음 각 호의 어느 하나에 해당하는 경우에는 납세자의 재산을 압류한다. <개정 2011.12.31.>
  1. 납세자가 독촉장(납부최고서를 포함한다)을 받고 지정된 기한까지 국세와 가산금을 완납하지 아니한 경우
  2. 제14조 제1항에 따라 납세자가 납기 전에 납부 고지를 받고 지정된 기한까지 완납하지 아니한 경우

cc) 압류제한

압류대상인 재산은 의무자의 재산이면 족하고, 동산·부동산·무체재산권[1]을 가리지 않으며, 그 선택은 세무공무원의 자유이나, 일정한 재산은 압류가 제한 또는 금지된다(국세징수법 제31조, 제32조, 제33조).

▶ 국세징수법 제31조(압류금지 재산) 다음 각 호의 재산은 압류할 수 없다.
  1. 체납자와 그 동거가족의 생활에 없어서는 아니 될 의복, 침구, 가구와 주방기구
  2. 체납자와 그 동거가족에게 필요한 3개월간의 식료와 연료
  3. 인감도장이나 그 밖에 직업에 필요한 인장(印章)
  4. 제사·예배에 필요한 물건, 비석 및 묘지
  5. 체납자 또는 그 동거가족의 상사(喪事)·장례에 필요한 물건
  6. 족보나 그 밖에 체납자의 가정에 필요한 장부·서류
  7. 직무상 필요한 제복·법의(法衣)
  8. 훈장이나 그 밖의 명예의 증표
  9. 체납자와 그 동거가족의 학업에 필요한 서적과 기구
  10. 발명 또는 저작에 관한 것으로서 공표되지 아니한 것
  11. 법령에 따라 급여하는 사망급여금과 상이급여금(傷痍給與金)
  12. 의료·조산(助産)의 업(業) 또는 동물진료업에 필요한 기구·약품과 그 밖의 재

---

1) 국세징수법 제51조(무체재산권등의 압류) ① 세무서장은 무체재산권등을 압류하였을 때에는 그 사실을 해당 권리자에게 통지하여야 한다. ② 세무서장은 무체재산권등을 압류할 때 그 무체재산권등의 이전에 관하여 등기 또는 등록이 필요한 것에 대하여는 압류의 등기 또는 등록을 관계 관서에 촉탁하여야 한다. 그 변경의 등기 또는 등록에 관하여도 또한 같다. ③ 세무서장은 제2항에 따라 압류를 하였을 때에는 그 사실을 체납자에게 통지하여야 한다.

료
　　　13. 체납자의 생계유지에 필요한 소액금융재산으로서 대통령령으로 정하는 것

b) 압류재산의 매각
　　매각은 체납자의 압류재산을 금전으로 환가하는 것을 말하며, 압류재산은 통화를 제외하고는 매각하여 금전으로 환기하여야 한다. 매각은 원칙적으로「공매(입찰 또는 경매)」에 의하고 공매에 의할 필요가 없거나 부적당한 경우에는 예외적으로「수의계약(隨意契約)」에 의하는 경우가 있다.
　　　▶ 국세징수법 제62조(수의계약) ① 압류재산이 다음 각 호의 어느 하나에 해당하는 경우에는 수의계약으로 매각할 수 있다.
　　　　1. 수의계약으로 매각하지 아니하면 매각대금이 체납처분비에 충당하고 남을 여지가 없는 경우
　　　　2. 부패·변질 또는 감량되기 쉬운 재산으로서 속히 매각하지 아니하면 그 재산가액이 줄어들 우려가 있는 경우
　　　　3. 압류한 재산의 추산(推算) 가격이 1천만원 미만인 경우
　　　　4. 법령으로 소지 또는 매매가 규제된 재산인 경우
　　　　5. 제1회 공매 후 1년간 5회 이상 공매하여도 매각되지 아니한 경우
　　　　6. 공매하는 것이 공익을 위하여 적절하지 아니한 경우
　　　② 세무서장은 필요한 경우 제1항의 수의계약을 대통령령으로 정하는 바에 따라 한국자산관리공사로 하여금 대행하게 할 수 있다. 이 경우 수의계약은 세무서장이 한 것으로 보며, 수의계약에 관하여는 제61조제6항 부터 제9항까지의 규정을 준용한다. [전문개정 2011.4.4.]

　　　[참고] 종전(2006년 4. 28일자)의 규정 중 제2항의 내지를 부터로(2007. 12. 31일자) 개정

aa) 공매
　　공매는 '입찰' 또는 '경매'의 방법에 의한다. 매각은 세무서장이 하지만 한국자산관리공사(성업공사)에게 대행시킬 수 있다(국세징수법 제61조 제5항). 판례는 한국자산관리공사와 세무서장과의 관계는 위임의 성질을 가진 것으로 보고 있다. 공매의 법적 성질은, 체납자에 대한 관계에서는 '공법상의 대리'이며, 공매 그 자체는 행정처분(공매의 법적 성질에 대하여 학설 및 판례는 처분으로 보고있다)[1]이며, 이에 기하여 낙찰자 또는 경락자가 체납자의 소유재산을 취득하는 관계에 있어서는 '사법상의 매매계약'이라 할 것이다.
　　　▶ 국세징수법 제61조(공매) ① 세무서장은 압류한 동산, 유가증권, 부동산, 무체재산

---

1) 김남진·김연태, 행정법(I), 500면.

권등과 제41조제2항에 따라 체납자를 대위하여 받은 물건[통화(通貨)는 제외한다]을 대통령령으로 정하는 바에 따라 공매한다.

▶ 대판 1984. 9. 25, 84누201【공매처분취소처분취소】과세관청이 체납처분으로서 행하는 공매는 우월한 공권력의 행사로서 행정소송의 대상이 되는 **공법상의 행정처분**이며 공매에 의하여 재산을 매수한 자는 그 공매처분이 취소된 경우에 그 취소처분의 위법을 주장하여 행정소송을 제기할 법률상 이익이 있다.

▶ 대판 1997. 2. 28, 96누1757【공매처분취소】【판시사항】[1] 성업공사가 한 공매처분에 대한 취소소송의 피고적격(성업공사) [2] 행정소송에서 피고 지정이 잘못된 경우에 법원이 취할 조치【판결요지】[1] 성업공사가 체납압류된 재산을 공매하는 것은 세무서장의 공매권한 위임에 의한 것으로 보아야 할 것이므로, 성업공사가 한 그 공매처분에 대한 취소 등의 항고소송을 제기함에 있어서는 수임청으로서 실제로 공매를 행한 성업공사를 피고로 하여야 하고, 위임청인 세무서장은 피고적격이 없다. [2] 세무서장의 위임에 의하여 성업공사가 한 공매처분에 대하여 피고 지정을 잘못하여 피고적격이 없는 세무서장을 상대로 그 공매처분의 취소를 구하는 소송이 제기된 경우, 법원으로서는 석명권을 행사하여 피고를 성업공사로 경정하게 하여 소송을 진행하여야 한다.

bb) 수의계약

수의(隨意)계약은 '사법상의 매매계약'이다.1)

c) 청산(배분·충당)

aa) 의의

청산이란 체납처분의 집행으로 수령한 금전을 체납국세, 교부청구를 한 국세·지방세·공과금, 전세권·질권·저당권에 의하여 담보된 채권자 등에게 배분하거나 충당하고 남은 금액이 있으면 체납자에게 지급하여야하며(국세징수법 제81조 제3항), 반대로 부족하면 민법이나 그밖의 법령에 따라 배분할 순위와 금액을 정하여 배분하여야 하는 것을 말한다(동법 제81조 제4항 참조). 이 경우 국세관계채권(국세·가산금과 체납처분비)은 다른 공과금 기타 채권에 우선한다(국세기본법 제35조).

▶ **국세기본법 제35조**(국세의 우선) ① 국세·가산금 또는 체납처분비는 다른 공과금이나 그 밖의 채권에 우선하여 징수한다. 다만, 다음 각 호의 어느 하나에 해당하는 공과금이나 그 밖의 채권에 대해서는 그러하지 아니하다. <개정 2010.12.27., 2014.1.1., 2014.12.23.>

1. 지방세나 공과금의 체납처분을 할 때 그 체납처분금액 중에서 국세·가산금 또는 체납처분비를 징수하는 경우의 그 지방세나 공과금의 체납처분비

---

1) 박윤흔, 행정법강의(상), 617면.

2. 강제집행·경매 또는 파산 절차에 따라 재산을 매각할 때 그 매각금액 중에서 국세·가산금 또는 체납처분비를 징수하는 경우의 그 강제집행, 경매 또는 파산 절차에 든 비용

3. 다음 각 목의 어느 하나에 해당하는 기일(이하 "법정기일 …

bb) 충당의 순서(징수의 순위)

충당의 순서는 체납처분비 → 가산금 → 국세의 순이다(국세기본법 제4조).

▶국세징수법 제4조 (징수의 순위) 체납액의 징수 순위는 다음 각 호의 순서에 따른다.
　1. 체납처분비
　2. 가산금
　3. 국세

d) 체납처분의 중지

체납처분의 목적물인 총재산의 추산가격이 '체납처분비에 충당하고' 잔여가 생길 여지가 없는 때에는 국세체납정리위원회의 심의를 거쳐 대통령령이 정하는 바에 의하여 1개월간 공고를 한 후 체납처분을 중지하여야 한다(국세징수법 제85조 제1항, 제3항 참조).

▶국세징수법 제85조(체납처분의 중지와 그 공고) ① 체납처분의 목적물인 총재산의 추산가액이 체납처분비에 충당하고 남을 여지가 없을 때에는 체납처분을 중지하여야 한다. ② 체납처분의 목적물인 재산이「국세기본법」제35조 제1항 제3호에 따른 채권의 담보가 된 재산인 경우에 그 추산가액이 체납처분비와 해당 채권금액에 충당하고 남을 여지가 없을 때에도 체납처분을 중지하여야 한다. 다만, 체납처분의 목적물인 재산에 대하여 제56조에 따른 교부청구 또는 제57조에 따른 참가압류가 있는 경우 세무서장은 체납처분을 중지하지 아니할 수 있다. ③ 세무서장은 제1항 또는 제2항에 따라 체납처분의 집행을 중지하려는 경우에는 제87조에 따른 국세체납정리위원회의 심의를 거쳐 대통령령으로 정하는 바에 따라 1개월간 공고하여야 한다. ④ 제1항 또는 제2항의 체납처분 중지 사유에 해당하는 경우에는 체납자(체납자와 체납처분의 목적물인 재산의 소유자가 다른 때에는 그 소유자를 포함한다)도 체납처분의 중지를 세무서장에게 요청할 수 있다. [전문개정 2011.4.4.]

### 4.4. 행정상 강제징수에 대한 구제(救濟)

[행정쟁송에 의한 구제절차] 행정상의 강제징수절차에 하자가 있을 때에는 행정심판법·행정소송법에 의하여 행정쟁송을 제기함으로써 그 효력을 다툴 수 있으나,「국세」에 관하여는 국세기본법에서 체납처분에 대한 행정쟁송에 관한 '특칙'을 두고 있으므로 그에 따라야 하고 행정심판법의 적용은 배제된다(이의신청 → 심사청구 → 심판청구 → 행정소송). 무효

인 부과처분을 전제로 강제징수가 현실적으로 종료된 때에는 민사소송에 의하여 부당이득 반환청구(과오납환급청구)를 하거나 행정소송으로 무효확인청구를 하면서 그에 부당이득반환청구를 병합할 수 있을 것이다. 조세부과처분의 하자는 체납처분에 승계되지 않으나(통설·판례), 체납처분절차인 압류의 하자는 매각이나 배분에 승계된다는 것이 지배적 견해이다.

[금전급부의무의 대상의 확정] 국민의 행정에 대한 금전급부의무의 불이행에 대하여 이를 민사집행에 의하는 경우와 행정상 강제징수에 의하는 경우는 국민의 입장에서는 상당한 차이가 있다. 즉, 민사상의 집행에 있어서는 名義(채무명의; 집행명의)를 요하지만 행정청의 행정행위는 자력집행력을 가지고 있으며, 행정행위의 자력집행력은 즉시 그 효력을 발생한다. 뿐만 아니라 국민이 이에 대하여 불복하여 심사청구나 행정소송을 제기한 경우에도 원칙적으로 당해 처분의 집행에는 아무런 효력을 미치지 아니하기 때문에(집행부정지의 원칙), 집행정지결정이 없는 한 집행되게 된다. 이와 같은 즉시집행의 원칙이나 집행부정지원칙은 행정청의 입장에서는 행정운영의 지체를 방지하고, 행정업무를 신속하게 수행함으로써 공익을 신속하게 실현할 수 있는 장점이 있지만, 이와는 반대로 직접 당사자인 국민에게는 장래에 행정쟁송을 제기하여 승소하더라도 이미 공매된 자신의 영업자산이나 재산 등을 원상회복하는 것이 곤란하여 권리구제를 불완전하게 한다. 그리고 국민의 입장에서는 금전급부의무의 이행의 지연에 따른 연체금도 민사상의 법정이율보다 높은 편이어서 민사집행에 의한 경우보다 행정상 강제징수에 의하는 것이 국민의 입장에서는 대단히 불리하다고 하지 않을 수 없다. 이와 같이 행정상 강제징수는 행정주체에게는 신속하게 금전채권을 확보할 수 있는 유리한 제도라고 할 수 있겠지만, 반면에 국민의 입장에 있어서는 민사집행에 비하여 상당히 불리한 제도이므로 행정상 강제징수의 경우, 금전급부의무의 대상을 확정하는 것이 대단히 중요한 의미를 지닌다.

# 제 3 절  행정상 즉시강제(卽時强制)

## I. 개관

### 1. 개념

[의의] 행정상 즉시강제(sofortiger Zwang)라 함은 목전의 급박한 행정상 장해(Verwaltungswidrigkeit)를 제거하여야 할 필요가 있는 경우에, (ㄱ) 미리 의무를 명할 시간적 여유가 없거나(예를 들면 광견[狂犬: 미친개]의 배회; 은닉물건의 압수), (ㄴ) 그 성질상 의무를 명하여서는 그 목적을 달성하기 곤란할 때(선행의무의 不在; 예를 들면 전염병환자에게 입원명령을 내리는 경우)에, 직접 국민의 신체 또는 재산에 실력을 가하여 행정상 필요한 상태를 실현하는 행정작용을 말한다.[1] (즉시강제의 대상) : 행정상 즉시강제의 대상은 사람, 물건 혹은 동물에 대해서도 가능하다. 예컨대 경찰관이 순찰 중 절도범이 주택에 침입하려는 것을 알았거나, 유조차(油槽車)가 전복되어 기름이 지면에 유출됨으로써 토양이나 지하수를 오염시키고 있는 경우, 경찰관은 즉시 또는 직접적으로 절도범의 주거침입을 배제하거나(직접강제), 유류오염의 제거작업을 위하여 기름을 제거하는데 필요한 조치를 취할 수 있다.[2] 또한 동물의 경우, 상술한바와 같이 예컨대 광견(狂犬[미친개])이 도로를 배회하면서 사람을 해칠 염려가 있는 경우도 즉시강제의 실행이 가능하다. 즉시강제는 직접강제의 일종으로서 기본처분, 계고, 수단 확정 등의 절차가 생략되어 압축된 형태의 행정행위라고 보는 것이 타당하다. 이처럼 선행행위의무(先行行爲義務)를 전제로 하지 않는 긴급처분을 행정상 즉시강제라고 할 수 있다(김남진).[3] 이러한 입장에 따라 즉시강제의 개념을 정리하면 '현존하는 또는 급박한 위험을 제거 또는 방지하기 위하여 행정청이 행하는 법집행으로서 의무 부과, 계고 및 수단 확정(Festsetzung) 등의 절차를 준수할 수 없는 경우에 이를 생략하고 신체적 힘, 보조수단 또는 무기를 동원하여 사람이나 물건에 대해서 직접 실력행사를 함으로써 행정목적을 실현하는 권력적 사실행위'라고 할 수 있다.[4]

---

1) 석종현, 일반행정법(상), 486면; 홍정선, 행정법원론(상), 단락번호 1788; 정하중, 행정법총론, 법문사, 2005, 450면; 유상현/조인성, 행정법총론, 형설출판사, 2007, 491면; 南博方, 行政法, 有斐閣, 2000, 170頁(面).
2) 김재종, 행정상 즉시강제에 관한 연구, 조선대학교대학원 법학과 석사학위논문, 2001, 4면.
3) 이에 대하여 즉시강제는 목전의 급박한 위험 또는 장해를 제거하는 경우에는 타당하나, 급박하지는 않으나 미리 의무를 명하기 어려운 경우(예 : 은닉물건의 압수 등)는 즉시강제라는 용어와 일치하지 않는 점이 있으므로 이를 '직접시행' 혹은 '넓은 의미의 즉시강제'라고 부르자는 견해도 있다. 김남진·김연태, 행정법(I), 503면.

## 2. 행정상 즉시강제와 행정상 강제집행과의 차이

행정상 즉시강제는 「권력적 사실작용」이라는 점에서 행정상 강제집행과 같으나, 선행적인 "의무의 존재[1]와 그 불이행"을 전제로 하지 않는다는 점에서 양자는 구별된다(김남진 교수는 즉시강제와 강제집행의 구별을 "행정법상의 의무의 존부 및 그의 불이행"에서 찾을 것이 아니라, "의무를 부과하는 선행의 행정행위의 존재"에서 찾는 것이 타당하다고 한다). 이러한 점에서 행정상 즉시강제가 이행의무를 부과하고, 그에 대한 의무의 불이행에 대한 제재를 목적으로하는 행정상 강제집행보다 한층 - 법치국가 원리의 구성요소인 - 예측가능성과 법적 안정성을 침해하는 작용이라고 할 수 있다. 그리고 행정상 강제집행의 일종인 「직접강제」는 의무자의 신체나 재산에 직접적인 실력을 행사하는 강제적 집행작용이라는 점에서 즉시강제와 공통점을 가지지만, 이 역시 의무의 존재 및 그 불이행을 전제로 하는 것인지의 여부에 차이가 있다.

[김남진교수의 견해] 김남진 교수는 즉시강제와 강제집행의 구별을 "행정법상의 의무의 존부 및 그의 불이행"에서 찾을 것이 아니라, "의무를 부과하는 선행의 행정행위의 존재"에서 찾는 것이 타당하다고 한다.[2]

▶ 헌재결 2002. 10. 31. 2000헌가12【음반비디오물및게임물에관한법률 제24조 제3항 제4호 중 게임물에 관한 규정부분 위헌제청】행정상 즉시강제란 행정강제의 일종으로서 목전의 급박한 행정상 장해를 제거할 필요가 있는 경우에, 미리 의무를 명할 시간적 여유가 없을 때 또는 그 성질상 의무를 명하여 가지고는 목적달성이 곤란할 때에, 직접 국민의 신체 또는 재산에 실력을 가하여 행정상 필요한 상태를 실현하는 작용이며, 법령 또는 행정처분에 의한 선행의 구체적 의무의 존재와 그 불이행을 전제로 하는 행정상 강제집행과 구별된다.

## 3. 행정상 즉시강제와 간접강제의 구별

간접강제는 의무의 불이행을 전제로 하는 점에서 의무의 불이행을 전제로 하지 않는 행정상 즉시강제와 구별된다.[3]

---

4) 정혜욱, 행정상 즉시강제에 관한 연구, 경북대학교 법학연구원, 법학논고 제40집(2012.10), 279면.
1) 행정상 강제집행에 있어서 선행의무를 법령에 의한 일반적 의무와 법령에 기한 행정행위에 의한 개별적 의무를 말하며, 이러한 강제집행을 전제로 과하여 지는 의무는 어느정도 구체성을 가지고 있다(석종현, 일반행정법(상), 487면).
2) 석종현; 김남진, 행정법의 기본문제, 법문사, 1994, 394면.
3) 서원우, 현대행정법론 (상), 박영사, 1980 ; 이상규, 신행정법론(상); 서원우교수는 행정강제법리의 제문제, 고시계(1984.8)라는 논문에서 양자의 구별은 매우 유동적이라고 한다.

## 4. 행정상 즉시강제와 행정조사와의 구별

행정상 즉시강제는 행정목적을 직접적·종국적으로 실현시키기 위한 수단(급박한 경우에 있어서의 실력행사)이라는 점에서, 일정한 행정목적을 실현시키기 위한 준비적·보조적 수단으로서의 성질을 가지는 행정조사(행정상 필요한 정보·자료를 수집하기 위한 비권력적 행정작용)와 구별된다. 즉시강제는 그 밖에도 긴급성, 구체적·완결적 결과의 직접실현이라는 측면에서 행정조사와 차이점을 지니고 있다.[1] 그러나 행정조사도 즉시강제의 수단을 통해서 이루어지는 경우도 있으므로(권력적 행정조사) 양자의 차이는 상대적이다.[2]

**【행정상 즉시강제와 행정조사와 비교】**

| 구분 | 행정조사 | 즉시강제 |
|---|---|---|
| 행정목적 실현방법 | 준비적·보조적·단계적 | 결과실현 |
| 실력행사 | X (행정벌 등으로 수인) | O (직접적 실력행사) |
| 급박성 | X | O |
| 권력성 | 권력적+비권력적 | 권력적 |
| 발전 | 영·미 법학적 개념 | 독일 법학 |
| 일반법 | 행정조사기본법 | 경찰관직무집행법 |

<김용철, 남부행정고시학원, 행정법 3. 행정상의 즉시강제>

## 5. 사인(私人)에 대한 행정상 즉시강제 권한의 허용성문제

행정상 즉시강제는 행정기관이 국민에 대하여 사전에 의무를 부과하는 것을 그 전제로 하지 않고, 의무를 명해서는 목전에 급박한 장애를 제거하기 곤란하거나, 의무를 명해서는 행정목적을 달성하기 곤란한 경우에, 즉각 국민의 신체·재산에 대하여 직접적으로 실력을 가함으로써 행정상 필요한 상태를 실현하는 작용으로서, 이때 상대방의 저항이 있더라도(이 때의 저항은 공무집행방해죄를 구성 할 수도 있다), 강제적으로 행정목적을 달성할 수 있는 것이 행정상 즉시강제이다. 이러한 권한은 국가공권력이외에 사인에 의하여 이루어지는 경우도 있다. 예컨대 항공보안법 제22조(구항공기운항안전법 제5조)에 의한 기장의 항공기운항중 항공기의 안전에 대한 저해행위를 하는 자에 대한 저지권한, 즉 즉시강제 권한과 같은 강제권한이나 경찰사무를 사인(私人)에게 주는 경우이다. 이는 공무수탁사인(公務受託私人)이론으로 해결하면 될 것이다.

---

1) 김재종, 행정상 즉시강제에 관한 연구, 조선대학교대학원 법학과 석사학위논문, 2001, 4면.
2) 김남진·김연태, 행정법(Ⅰ), 503면.

▶항공보안법 제22조(기장 등의 권한) ① 기장이나 기장으로부터 권한을 위임받은 승무원(이하 "기장등"이라 한다) 또는 승객의 항공기 탑승 관련 업무를 지원하는 항공운송사업자 소속 직원 중 기장의 지원요청을 받은 사람은 다음 각 호의 어느 하나에 해당하는 행위를 하려는 사람에 대하여 그 행위를 저지하기 위한 필요한 조치를 할 수 있다.
  1. 항공기의 보안을 해치는 행위
  2. 인명이나 재산에 위해를 주는 행위
  3. 항공기 내의 질서를 어지럽히거나 규율을 위반하는 행위
② 항공기 내에 있는 사람은 제1항에 따른 조치에 관하여 기장등의 요청이 있으면 협조하여야 한다. ③ 기장등은 제1항 각 호의 행위를 한 사람을 체포한 경우에 항공기가 착륙하였을 때에는 체포된 사람이 그 상태로 계속 탑승하는 것에 동의하거나 체포된 사람을 항공기에서 내리게 할 수 없는 사유가 있는 경우를 제외하고는 체포한 상태로 이륙하여서는 아니 된다. ④ 기장으로부터 권한을 위임받은 승무원 또는 승객의 항공기 탑승 관련 업무를 지원하는 항공운송사업자 소속 직원 중 기장의 지원요청을 받은 사람이 제1항에 따른 조치를 할 때에는 기장의 지휘를 받아야 한다.

[철도사업법] 철도사업법 제5조에 의하면 사설철도의 경영이 가능한데 그럴 경우 사설철도의 직원에게도 철도안전법 제50조의 즉시강제권한이 있다고 본다. 선원(해원)이 경찰사무를 행하는 경우도 마찬가지이다. 다같이 공무수탁사인 이론이 적용된다.

▶철도사업법 제5조(면허 등) ① 철도사업을 경영하려는 자는 국토교통부장관의 면허를 받아야 한다. 이 경우 국토교통부장관은 철도사업의 질서를 확립하기 위하여 필요한 부담을 붙일 수 있다. ② 제1항에 따른 면허를 받으려는 자는 국토교통부령으로 정하는 바에 따라 사업계획서를 첨부한 면허신청서를 국토교통부장관에게 제출하여야 한다. ③ 철도사업의 면허를 받을 수 있는 자는 법인으로 한다.

▶철도안전법 제50조(사람 또는 물건에 대한 퇴거 조치 등) 철도종사자는 다음 각 호의 어느 하나에 해당하는 사람 또는 물건을 열차 밖이나 대통령령으로 정하는 지역 밖으로 퇴거시키거나 철거할 수 있다. <개정 2013.3.23., 2014.5.21.>
  1. 제42조를 위반하여 여객열차에서 위해물품을 휴대한 사람 및 그 위해물품
  2. 제43조를 위반하여 운송 금지 위험물을 탁송하거나 운송하는 자 및 그 위험물
  3. 제45조제2항 또는 제3항에 따른 행위 금지·제한 또는 조치 명령에 따르지 아니하는 사람 및 그 물건
  4. 제47조를 위반하여 금지행위를 한 사람 및 그 물건
  5. 제48조를 위반하여 금지행위를 한 사람 및 그 물건
  6. 제48조의2에 따른 보안검색에 따르지 아니한 사람
  7. 제49조를 위반하여 철도종사자의 직무상 지시를 따르지 아니하거나 직무집행을 방해하는 사람

▶ 사법경찰관리의직무를수행할자와직무범위에관한법률제7조(선장과 해원등) ① 해선(연해항로이상의 항로를 항로정한으로 하는 총톤수 20톤이상 또는 적석수 2백석이상의 것)내에서 발생하는 범죄에 관하여는 선장은 사법경찰관의 직무를, 사무장 또는 갑판부, 기관부, 사무부의 해원중 선장의 지명을 받은 자는 사법경찰리의 직무를 행한다. ② 항공기내에서 발생하는 범죄에 관하여는 기장과 승무원이 제1항의 규정에 준하여 사법경찰관 및 사법경찰리의 직무를 행한다. ☜ (**약칭 : 사법경찰직무법**)

[민간위탁의 증대] 과거에는 사인에게 행정업무를 위탁하는 일은 조세징수, 경찰·호적·우편 등 국가의 기본적인 임무수행을 위하여 국가가 스스로 당해 업무를 행할 수 없는 불가피한 사정이 있는 경우 예외적으로 행하여졌으나, 오늘날에는 사무처리의 능률성을 높이고, 정부의 비용을 절감하며, 민간의 독창성·전문지식·경제력을 활용하고, 국민생활과 직결되는 행정업무를 신속하게 처리하게 하기 위하여 이른바, 민간위탁이 점차 증대되고 있다.[1] 이 경우 행정상 즉시강제 문제가 발생할 수 있다.

## II. 행정상 즉시강제의 근거

### 1. 이론적 근거
#### 1.1. 독일에서의 행정상 즉시강제이론의 전개
##### 1.1.1. 개관

1794년 프로이센(Preußen) 일반국법 제2부 제17장 제10조에서 '공공의 평온·안전 및 질서를 유지하고, 공중 또는 개인의 절박한 위험을 방지하기 위하여 필요한 조치를 하는 것은 경찰의 책무이다'고 규정한 조항에서 즉시강제의 일반적 근거로 보았다. 그 후 1850년 프로이센 인신보호에관한법률은 검색, 주거의 침입 등에 대하여 법률의 근거를 필요로 한다고 하였다. 그 당시 관행은 이와 같은 규정이 아닌 제한 규정으로 이해하고 일반국법의 경찰개괄조항(General-Klausel)에 의거하여 경찰의 임무수행에 필요한 범위 내에서 자유와 재산에 침해를 가하는 즉시강제를 인정하였다. 1880년 프로이센(Preußen)의 일반국행정조직에관한법률이 제정되고, 1883년 일반국행정법이 제정되어 이 법률에 직접강제에 관한 규정이 명문화되었다. 이 직접강제의 규정하에 프로이센 고등행정재판소는 "합성적 행정처분이론"[2]을 구성하여, 즉시강제는 명령과 그것을 실현하기 위한 강제수단의 계고(Androhung), 결정 및 집행이 합해진 합성물로 이해하고 독립의 명령을 선행하는 강제집행과 동계열의 행위

---

1) 박윤흔, 행정법강의(상), 121면.
2) 김재종, 행정상 즉시강제에 관한 연구, 조선대학교대학원 법학과 석사학위논문, 2001, 8-9면.

로서 강제집행의 유형으로 파악하였다.1) ☞ **명령 + 계고, 결정 및 집행의 합성물**

### 1.1.2. 프로이센 고등행정재판소의 합성적 행정처분이론

프로이센(Preußen) 고등행정재판소는 1892년 3월 9일 직접강제를 "행정청이 필요한 상태의 실현을 의무자의 작위에 기대하지 아니하고 또한 그 의사에 일반국행정법 제132조 제1호, 제2호의 수단(비용의 요구, 벌)에 의하지 아니하고 스스로 그 상태를 실현하려고 할 때, 일반국행정법 제132조 제3호의 의미에 있어서 직접강제가 존재한다. 행정청이 의무자에 대하여 미리 명령에 의한 작위의무를 부과함이 없이 필요한 상태를 직접 실현하는 것은 단지 강제수단의 적용뿐만 아니라 동시에 그 상태를 실현하지 않으면 안 되는 것과 같은 즉 작위에 의하여 표현된 명령을 포함하는 것이다. 그리고 의무자에 있어서는 일반국행정법 제127조 이하에 의한 소송이 인정된다. 그리고 강제집행의 수단 그 자체의 하자에 대해서는 제133조 제2항에 의한 감독방법에 의한 소청만 인정된다."2)고 하였다. 따라서 직접강제란 선행하는 명령, 계고(Androhung)를 전제로 그것을 실현하기 위하여 행정청이 의무자의 신체 또는 재산에 침해를 가하는 것과 미리 상대방에 대하여 명령하고 그 명령을 실현하기 위하여 강제수단을 사전에 계고(Androhung)하는 선행(先行)절차없이 즉시 행정상 필요한 상태를 야기하는 점에서 직접성의 의미를 갖는 것으로 파악한 것이다. 즉, 직접강제를 엄격하게 해석하지 아니하고 사실행위(Realakt) 속에, 행위를 통하여 표현된 명령이 있는 것으로 파악하여 즉시강제를 법률의 직접강제, 표현된 명령으로서 규율된 것으로 보고 즉시강제 속에 포함되어진 명령을 다투는 의미에서 즉시강제에 대한 취소소송(Anfechtungsklage)을 인정하였다. 이것이 합성적 행정처분이론이며, 행정상 즉시강제에 대하여 취소소송을 인정하기 위한 목적론적인 견지에서 구성된 것이다.3)

### 1.1.3. 경찰긴급권이론・국가긴급방어권・행정상 일반긴급권

과거 독일의 경찰긴급권이론에 의하면 법률의 근거가 없는 경우에도 경찰상 긴급사태가 발생하는 경우, 경찰강제만이 유일한 수단인 경우에는 즉시강제수단을 사용할 수 있다는 것을 그 내용으로 하였다. 이러한 경찰긴급권이론은 1927년의 국사재판소의 판례4)를

---

1) 전광수, 즉시강제에 관한 일고찰, 전남대학교대학원 법학석사학위논문, 1982, 11-12면.
2) Entsch, d.pr. OVG, Bd 22, S. 421 ff.
3) 김재종, 행정상 즉시강제에 관한 연구, 조선대학교대학원 법학과 석사학위논문, 2001, 8-9면.
4) RGZ 117, 138 vom 24.5. 1927; 1927년 5월 24일 : 국가(Reich : 일본학자들은 독일어의 라이히 [Reich]를 제국[帝國]이라고 번역하고, 일본도 대일본제국(大日本帝國)이라고 표기하고, 1919년의 'Weimarer Reichsverfassung'을 '바이마르제국헌법'이라고 번역하지만, 바이마르는 제국이 아니라, 종전의 비스마르크헌법(독일제국헌법)을 폐지하고, 헌법제정권력(주권)의 주체가 국민인,

계기로하여, 1931년의 프로이센 경찰행정법[1][2]에서는 경찰조치의 직접시행을 규정하였고, 이는 국가긴급방어권(Staatsnotwehrrecht)이론으로 확대되었고「행정상 일반긴급권」으로 더욱 발전되었다.[3] 공공의 안녕질서(공공안녕 혹은 공공질서)에 대한 급박한 위해(Gefahr)가 존재하는 경우에는 경찰관직무집행법상의 경찰개괄조항(General-Klausel))이 경찰상 즉시강제의 법적 근거가 된다는 것이었다.[4] 이는 한편으로는 행정상 즉시강제가 실정법상 근거와 관계없이 자연법적 근거에 있다는 것으로서 국가는 공공의 안녕질서를 유지해야 할 자연법적 의무

독일 최초의 민주공화국임을 알아야 한다[1919년 바이마르공화국 헌법]. Reich는 제국이 아니라 국가로 번역하는 것이 옳다). 동 재판소(국사재판소; 일본식 : 제국재판소)는 '인쇄사업의 정지는 국가의 존폐에 달린 현재의 위법한 침해를 회피하기 위하여 필요한 방위조치를 할 수 있는 가능성을 배제하지 않는다. 그 내부의 침해자에 대하여 자기를 방위하고 자기의 지반을 공고히 하여 현재 국가 형태의 존속을 보장하려고 하는 국가는 그 자체로서는 정당방위에 의하여 행동하려는 것이 아니고, 자기에 속하는 최고권력을 사용함에 지나지 않는 것이다. 공공의 평온, 안전 및 질서의 유지를 위하여 활동하는 경찰은 국가에 대한 침해가 예상되는 경우에 정당방위뿐만 아니라 그 법률상의 임무수행에 의하여서도 행동하며 원칙적으로 수단의 선택에 있어서 구속받지 않는다. 경찰은 공공의 질서를 유지하기위하여 필요한 조치를 취할 수 있다.'고 판시하였다. 전광수, 즉시강제에 관한 일고찰, 전남대학교대학원 법학석사학위논문, 1982, 21-23면.

1) 1931년 프로이센 경찰행정법은 제55조 제1항에서 경찰처분의 수단으로서 대집행 및 강제금(집행벌)에 직접강제를 인정하였으며, 법 44조 제1항에서는 '경찰조치의 직접시행은 경찰처분을 행하는 것과 마찬가지이다'라고 규정하고, 동법 제55조 제2항에서는 '강제수단의 적용은 경찰조치의 직접시행 외에 미리 계고되지 않으면 안 된다'고 규정하였다. 경찰처분을 전제로 하는 강제집행의 수단으로서는 선행하는 계고(Androhung)가 필요하다. 그러나 경찰처분의 직접시행은 본래 경찰처분을 전제로 하는 강제집행 대신에 긴급한 경우에 경찰처분을 전제로 하지 않는 즉시강제가 그 수단으로서 사용되었다. 이러한 경찰조치의 직접시행 규정은 프로이센 고등행정재판소의 합성적 행정처분의 이론을 승계한 것이다. 김재종, 행정상 즉시강제에 관한 연구, 조선대학교대학원 법학과 석사학위논문, 2001, 11면.

2) 1931년 프로이센 경찰행정법 제21조에 규정된 즉시강제제도는 오늘날 독일에 있어서 모든 주(州)의 강제집행법에 규정되었다. 그러나 그 구체적인 내용은 주(Land)에 따라 두 가지로 구분된다. 연방(Bund)을 비롯한 상당수의 주(Land)에서는 즉시집행(Sofortiger Vollzug)이라는 명칭하에 기본처분, 계고(Androhung), 확정 등의 절차에서는 기본처분은 존재하되 단지 계고와 확정절차만이 생략된 강제집행으로 규정하고 있다(§ 21 VwVG Bad-Württ; Art. 35 VwZVG; § 27 VwVG Hamb; § 72 VwVG Hess.). 비록 양 제도는 그 개념상 엄격하게 구별할 수 도 있으나 실무에 있어서는 큰 차이가 없는 것으로 보고 있으며, 일부의 학설에서는 동일한 경우로 보고 있다(Wolff/Bachof, VerwR III, § 160 III). 후자의 경우에 필요한 기본처분은 묵시적으로 발급될 수도 있으며, 기본처분의 발급에 뒤이어 즉시 실행이 시작될 수 있기 때문이다.

3) E. Forsthoff, Lehrbuch des Verwaltungsrecht, Bd. 1, Allgemeiner Teil, 7. Aufl., 1958, S. 270; 이상규, 행정상 즉시강제, 법정(法政), 통권 제169호(1964.7), 39-40면.

4) 석종현, 일반행정법(상), 487면.

를 가지고 있으며 자기보전의 원리에 의하여 긴급권이 국가에 인정된다는 것이었다.

### 1.1.4. 오토 마이어(Otto Mayer)의 즉시강제이론(경찰강제·직접강제·경찰상 강제집행)

[오토 마이어의 행정강제이론] 독일 행정법의 아버지로 불리우는 오토 마이어[1]의 행정강제이론은 그의 독일행정법 제1권 중 경찰법의 "경찰권력" 중 "경찰강제·경찰강제집행"에서 언급하고 있다.[2] 특히 우리가 사용하는 "즉시강제"[3]에 해당하는 것을 오토 마이어는 직접강제(Unmittelbarer Zwang), 직접강제에 해당하는 것은 권력적용(Gewaltanwendung)으로 표현하였다.[4] 오토 마이어가 현재와 같은 즉시강제개념을 직접강제라고 표현한 이유는 '즉시'라는 용어를 사용하면 즉각적으로 실력행사를 하는 경우만을 의미하는 것이 되어버리고, 시간을 두고 숙려한 끝에 나중에 행해지는 경우, 다시말하면 즉시가 아닌 상태에서 행해지는 경우에는 이러한 용어를 사용할 수 없다고 보았기 때문이다.[5]

[오토 마이어 이론의 구체적 내용 및 비판] 오토 마이어(Otto Mayer)의 경찰상 즉시강제에 관한 이론은 위법성조각사유에 해당되는 형법의 정당방위(Notwehr)이론 및 민법의 긴급상태의 법리(자력구제)를 공법영역에 도입한 것이다. 오토 마이어에 의하면 즉시강제가 특별한 법률의 근거없이 허용되는 경우로는, (ㄱ) 경찰자기방어(Polizeiliche Selbstverteidigung)의 목적이 있는 경우이다. 경찰자기방어에 있어서 보호되어야 할 법익은 공행정(öffentliche Verwaltung) 그 자체이며, 경찰상 자기방어를 야기하는 위법한 침해란 행정활동의 현상에 대한 모든 정당하지 않은 외적(外的) 영향이라고 한다. (ㄴ) 형사처벌이 가능한 가벌적(可罰的)

---

1) 우리나라에서 일반적으로 설명되는 즉시강제이론은 독일 행정법의 아버지인 오토 마이어(Otto Mayer)의 이론이라는 것에 대해서는 김남진, 행정법의 기본문제, 법문사, 1994, 394면, 각주 14) 참조. 일본에서의 오토 마이어의 직접강제·즉시강제이론에 관하여는 広岡隆, オットー・マイヤーの警察上の即時強制の理論-行政上の即時強制の基礎理論の研究の一環として-, 京都大学法学会法学論叢72巻1号, 1962. 10, 70-102頁. 広岡隆은 71頁에서 "즉시강제에 관해서도 오토 마이어의 이론이 독일적 사고의 원형이라고 생각된다."라고 한다. 이기춘, 행정상 즉시강제에 관한 연구 - 즉시강제이론의 재구성 재론 -, 공법연구 제39집 제4호, 한국공법학회(2011.6), 291면.
2) O. Mayer, Deutsches Verwaltungsrecht, Bd. 1, 3. Aufl., Duncker & Humblot, Berlin 1924, S. 271 ff.
3) '즉시강제'라는 용어를 최초로 사용한 학자는 토마(R. Thoma)이며 플라이너(F. Fleiner) 등의 학자가 이를 추종하였다. 김남진, 행정법의 기본문제, 법문사, 1994, 376면.
4) O. Mayer, Deutsches Verwaltungsrecht, Bd. 1, 3. Aufl., Duncker & Humblot, Berlin 1924, S. 287 ff.; 김남진, 행정법의 기본문제, 법문사, 1994, 394면.
5) Mayer, Otto, Deutsches Verwaltungsrecht, Bd. 1, 3. Aufl., Duncker & Humblot, Berlin 1924, S. 288.

행위에 대한 강제력에 의한 제지(Gewaltsame Verhinderung Strafbarer Handlungen)가 필요한 경우이다. 형사처벌이 가능한 가벌적 행위는 존재해서는 안될 경찰위반이며 법률에 의하여 처음부터 어느 누구에 대해서도 명료하게 알려져 있는 명백한 경찰위반을 의미한다. 따라서 그 구성요건(Tatbestand)이 충족되면 경찰권은 바로 개입하게 된다. 문제가 되는 것은 경찰이 실력행사에 의하여 보호하려는 것은 피해자나 그의 법익이 아니라 이와 함께 침해되는 것으로 생각되는 공공의 질서이다. (비판) : 이에 대하여 바레(Bahre)는 "경찰에 의해 보호되어야 할 법익 가운데 왜 형벌법규의 보호아래 있는 법익만을 유독 즉시강제에 의해 보호해야 한다는 것인가"1)하고 비판을 한 바 있다. (ㄷ) 오토 마이어는 <u>경찰긴급권 (Polizeiliche Notstandsrecht)발동이 필요한 경우</u>2)에 즉시강제가 인정된다고 하였다. 이는 국가긴급권(Staatsnotstand)의 법리에 의하여 긴급상태를 특징짓는 불균형은 경찰위반에 따른 위험이 절박한 경우, 경찰의 실력행사가 인정된다는 것이다. (비판) : 그러나 이에 대하여 바레(Bahre)는 "민법에 있어서는 개인과 개인의 이익을 상호비교하기 때문에 긴급권(자력구제)의 개념성립이 가능하지만 공법의 영역에서는 이러한 가능성이 존재하지 않으며, 그 이유는 개인의 이익과 국가라는 전체의 이익과는 서로 비교할 수 없기 때문"3)이라고 비판 한다. 특히 오토 마이어의 견해 중 많은 비판을 받아온 것은 경찰권 발동이 있어서 일반조항 또는 개괄적 수권조항에 근거한 경찰권발동으로서 즉시강제(마이어는 '직접강제(unmittelbarer Zwang)'라고 표현)가 허용되며 경우에 따라 특별한 법률상 근거 없이도 즉시강제가 가능하다는 국가의 일반긴급권의 법리 즉 민법과 형법상 법리를 원용한 경찰자위권, 가벌적(可罰的) 행위의 실력에 의한 제지권 및 경찰긴급피난권에 관한 법리였다.4) 이러한 오토 마이어의 주장은 우리나라의 행정법 및 경찰법에도 많은 영향을 미쳤다. 그러나 오히려 오토 마이어의 경찰강제이론 중에서 이러한 긴급권 법리의 기초를 이룬 "신민(臣民 : Untertan)의 선행(善行)의무(Untertanenwohlverhaltenspflicht])"는 일반적·선험적·자연법적인 국민의 의무로 보고있다.5) 이러한 오토 마이어의 이론은 훗날 국민의 '일반적

---

1) O. F. Bahre, Der unmittelbare Zwang in Preußischen Verwaltungsrecht, 1932, S. 12.
2) O. Mayer, Deutsches Verwaltungsrecht, Bd. 1, 3, Aufl., Duncker & Humblot, Berlin 1924, SS. 291-293.
3) O. F. Bahre, Der unmittelbare Zwang in Preußischen Verwaltungsrecht, 1932, SS. 12, 13.
4) O. Mayer, Deutsches Verwaltungsrecht, Bd. 1, 3. Aufl., Duncker & Humblot, Berlin 1924, S. 291 ff.; 이기춘, 행정상 즉시강제에 관한 연구 - 즉시강제이론의 재구성 재론 -, 공법연구 제39집 제4호, 한국공법학회(2011.6), 293면.
5) 그는 "공권력은 일반적 사고 즉「전제되어 있는 일반적인 臣民의 의무」로부터 직접적으로 결정된다(O. Mayer, Deutsches Verwaltungsrecht, Bd. 1, 3. Aufl., Duncker & Humblot, Berlin 1924, S. 212)."고 하고, "경찰책임은 도덕적 존재로서의 인간이 아니라 사회적 구성체와 관련되기 때문에 경찰책임의 부여는 객관적으로 이루어져야 한다. 경찰책임을 지는 이유는 장해가 자신의 생

평화교란금지의무(allgemeine Nichtstöungspflicht)'라는 개념을 탄생하게 하였고 이것이 실질적 경찰책임론의 핵심적인 내용[1]이 되기에 이르렀다.[2] 국민의 선험적(a priori) 경찰책임 혹은 경찰의무로부터, 더 나아가서 특별한 법률근거 없이도 개괄적 수권조항(General-Klausel)으로 충분히 경찰상 즉시강제가 허용된다는 오토 마이어의 이론에 대하여는 독일에서도 법치국가원리에 위반된다는 비판이 있었고, 독일법의 영향을 받은 일본에서도 이러한 비판이 1960년대 문헌에서도 나타나고 있다.[3]

[우리나라와 일본문헌의 즉시강제에 대한 개념정의] 우리나라와 일본의 문헌들은 즉시강제에 관한 개념정의에서 성격이 다른 두 가지를 모두 행정상 즉시강제라는 명칭 하나로 사용하는데, (ㄱ) '목전의 급박한 행정상의 장해'를 제거하기 위한 경우, (ㄴ) '의무를 부과해서는 행정목적을 달성할 수 없는' 경우를 행정상 즉시강제라고 명명하고 있다. 전자의 경우(목전의 급박한)에는 '즉시'강제라고 할 수 있지만 후자의 경우(의무를 부과할 수 없는 경우)에 이루어지는 공권력행사는, 지금 당장 - 시급하게 - 행해지는 것이 아니므로 즉시강제로 보기는 어렵고, 따라서 이들을 포괄하여 직접적 실력행사측면의 공통점을 살리는 의미에서 직접강제라는 표현을 하기도 한다.[4][5] ☞ **행정상 직접강제**

---

활영역에서 발생하였기 때문이며, 그러한 자에게 자신의 행위가 귀속되고, 그의 시설의 위험상태 즉 그의 가옥, 영업시설의 운영, 자신이 행하는 타인의 사무로부터 야기되는 정상적 질서에 대한 불이익도 귀속된다. 인간은 사회의 핵심이기 때문에, 그는 사회적 책임을 부담하며, 그로부터 경찰권발동의 대상이 되는 것이다. 개인은 장해의 발생을 회피하여야 하고, 장해를 야기하는 일정한 행위를 하지 말아야 하고, 장해를 제거하여야 한다(O. Mayer, Deutsches Verwaltungsrecht, Bd. 1, 3. Aufl., Duncker & Humblot, Berlin 1924, S. 221)고 하였다. 이러한 오토 마이어의 경찰책임 이론은 독일·일본·우리나라의 경찰책임이론에 많은 영향을 주었다. 이기춘, 행정상 즉시강제에 관한 연구 - 즉시강제이론의 재구성 재론 -, 공법연구 제39집 제4호, 한국공법학회(2011.6), 293면 참조.

1) Drews, Bill/Wacke, Gerhard/Vogel, Klaus/Martens, Wolfgang, Gefahrenabwehr, 9. Aufl., Carl Heymanns Verlag, 1986, S. 293.
2) 이기춘, 행정상 즉시강제에 관한 연구 - 즉시강제이론의 재구성 재론 -, 공법연구 제39집 제4호, 한국공법학회(2011.6), 293-294면.
3) 広岡隆, オットー・マイヤーの警察上の即時強制の理論 - 行政上の即時強制の基礎理論の研究の一環として-, 京都大学法学会法学論叢72卷1号(1962.10), 94頁; 이기춘, 행정상 즉시강제에 관한 연구 - 즉시강제이론의 재구성 재론 -, 공법연구 제39집 제4호, 한국공법학회(2011.6), 294면에서 재인용.
4) 이기춘, 행정상 즉시강제에 관한 연구 - 즉시강제이론의 재구성 재론 -, 공법연구 제39집 제4호, 한국공법학회(2011.6), 292면.
5) 오토 마이어는 목전의 긴급한 장애제거를 위한 공권력행사와 시간적 의미의 즉시성은 서로 상관 없는 것으로 보았다. 행정목적의 달성을 위하여 부득이하게 사전에 의무부과를 할 수 없는 경

### 1.1.5. 바이마르공화국시절 특히 1930년 이후 독일에서의 즉시강제이론의 전개

[바이마르 공화국 1930년대 이후의 이론전개] 오토 마이어의 경찰행정분야에 있어서의 즉시강제 이론은 그러한 강제작용이 다른 일반행정분야에서도 필요하게 되었으므로 바이마르공화국 1930년대 이후 행정의 일반긴급권이론으로 확대되었다. 그러나 행정상 즉시강제의 근거를 행정의 일반긴급권이론을 그 논증도구로 삼더라도, 이는 실정법의 구체적인 근거 없이 즉시강제가 행하여 질 수 있게 되므로, 포르스트호프(E. Forsthoff)는 "… 행정권에 대하여 개인의 자유 및 재산의 침해에 대한 불문의 권한을 승인하는 것은 법치국가 원리를 부정하는 것"[1] 이라고 비판하였다. 베트람(Bertram)은 "행정권의 발동에 대해서 실정법의 구속을 면하게 하는 것은 법치주의의 원칙에 反하게 되어 부당하며, 국가의 비상사태에 대처하는 긴급권은 바이마르헌법 제48조(대통령비상대권에 의한 국가긴급권발동)에 의한 실정법적 규율에 따라서만 발동할 수 있다."[2]고 하였다.

[제2차세계대전 이후] 제2차세계대전 이후 1953년의 독일연방행정집행법(독일연방행정강제집행법 : Bundesverwaltungsvollstreckungsgesetz)[3] 상의 즉시집행(즉시강제) 규정 등은 즉시

---

찰위반상태에 대한 공권력행사와 시간적 의미의 즉시성(목전의 긴급한 장애제거를 위한 공권력행사)은 구별된다고 본 것이다. 이러한 오토 마이어의 주장에 대하여 시간적 경과에 구애되어 이해하지 않고 하명처분이라는 의무부과조치가 없는 것으로서 수명자에게 개별적 의무를 부과하여 그 이행을 기다리지 않고 곧바로 실력적 조치를 취한다는 의미가 즉시강제라고 본다면 즉시강제라는 용어를 포기할 필요가 없다는 비판에 따라 배척되었다(広岡隆, オットー・マイヤーの警察上の即時強制の理論 － 行政上の即時強制の基礎理論の硏究の一環として －, 京都大学法学会法学論叢72巻1号, 1962. 10, 73頁). 그러나 후자의 경우는 시간적 즉시성이 인정될 수 없으며, 이러한 사례를 별도로 취급할 것인지 아닌지에 관한 생각없이 하나로 결합시키는 것이 과연 타당한 것인지 헌법적, 행정법적, 경찰법적 연구가 필요해 보인다는 견해도 있다(이기춘, 행정상 즉시강제에 관한 연구 － 즉시강제이론의 재구성 재론 －, 공법연구 제39집 제4호, 한국공법학회(2011.6), 292-293면).

1) E. Forsthoff, Lehrbuch des Verwaltungsrechts, Bd. I. 8. Aufl., SS. 270, 271.
2) A. Bertram, VArch, Bd. 33, S. 428 ff, insbesondere(특히), SS. 434-437.
3) 1953년 4월27일(1953년 5월 1일부터 효력발생)의 독일연방행정강제집행법 제6조(행정강제의 허용성 : Zulässigkeit des Verwaltungszwanges.) 제2항에서는 행정행위의 집행에 대하여 '행정강제는 형벌이나 벌금부과구성요건을 충족하는 **위법한 가벌적 행위의 저지** 또는 **절박한 위험의 회피**를 위하여 **즉시집행**이 필요할 때 행정청이 그 법률상의 권한 내에서 행동할 때 <u>선행하는 행정행위 없이</u> 적용할 수 있다(Der Verwaltungszwang kann ohne vorausgehenden Verwaltungsakt angewendet werden, wenn der sofortige Vollzug zur Verhinderung einer rechtswidrigen Tat, die einen Straf- oder Bußgeldtatbestand verwirklicht, oder zur Abwendung einer drohenden Gefahr notwendig ist und die Behörde hierbei innerhalb ihrer gesetzlichen Befugnisse handelt.)'고 규정하고 있으며, 이 경우 행정행위에 대하여 일반적인 행정쟁송이 인정된다(연방행정강제집행법 제18조 제2항 : Wird ein Zwangsmittel ohne vorausgehenden

강제의 실정법적 근거를 둔 것이다. 오늘날 독일에서는 행정상 즉시강제가 국가긴급권이론에서 유래된 것이라고 하더라도 법치행정의 원리 및 행정의 법률적합성(Gesetzmäßigkeit der Verwaltung)이라는 법치국가원리에 비추어 구체적인 법률의 수권이 있어야 예외적으로 허용된다고 본다.[1] 이와같이 독일에서는 제2차세계대전 전에 개별법에 산발적으로 존재하였던 행정상 강제집행제도가 일반법의 모습을 갖추게 된것은 독일 연방헌법인 Bonn(본) 기본법 제정 이후의 일이다. 즉 1953년 4월 27일에 제정된 독일연방행정(강제)집행법(Bundesverwaltungsvollstreckungsgesetz)에는 행정상 강제집행 및 행정상 즉시강제의 법적 근거를 마련해 두고 있다.[2] 이에 따라 각각의 주(Land)에서도 행정(강제)집행법(Verwaltungsvollstreckungsgesetz)을 제정하기에 이르렀다.[3] 이와같이 독일에서의 행정(강제)집행법이 절차법으로서 일반법의 면모를 가지게 된 것은 종래의 전통적인 행정의 강제집행권한은 행정에 내재하는 권리로서 특별한 법적 수권없이 행사될 수 있다는 "일반적 행정강제의 원칙(Prinzip des allgemeinen Verwaltungszwang)"의 극복을 의미하는 것이기도 하였다. 종래의 강제집행이론에 의하면 행정청은 법률의 수권에 근거하여 발급한 행정행위를 필요한 경우에는 강제집행할 수 있으며, 이에는 별도의 법적 수권이 필요하지 않다. 강제집행은 단지 법률에 근거하여 적법하게 명하여진 것을 단순히 그대로 실현하는 것에 지나지 않기 때문에 이를 통하여 개인의 어떠한 추가적인 자유와 재산의 침해가 있을 수 없다. 행정행위의 발급에 대한 법적 수권은 동시에 강제집행의 권한을 포함하고 있다. 강제집행 조치는 독자적인 행정행위가 아니라 선행된 행정행위의 발급과 함께 시작된 행정절차의 완결에 지나지 않기 때문에 이들에 대한 어떠한 사법심사도 있을 수 없으며, 이는 독일 행정법 영역에 있어서 관습법적으로 인정된 법원칙이다.[4] 행정강제의 권한은 행정부에

---

Verwaltungsakt angewendet(§ 6 Abs.2), so sind hiergegen die Rechtsmittel zulässig, die gegen Verwaltungsakte allgemein gegeben sind.). 이는 즉시강제에 대하여 행정쟁송을 인정한 것은 프로이센 고등행정법원의 합성적 행정처분의 이론이라고 할 것이다. 김재종, 행정상 즉시강제에 관한 연구, 조선대학교대학원 법학과 석사학위논문, 2001, 11면.

1) 정하중, 한국의 행정상 강제집행제도의 개선방향, 한국공법학회, 공법연구 제24집 제3호(1996), 101면.
2) 강구철, 행정강제제도에 관한 연구, 관동대학교 산업기술개발연구소, 산업기술논문집, 1986, 511면.
3) 베를린(Berlin : 1953년 5월 30일), 바이언(Bayern : 1961년 5월 30일), 브레멘(Bremen : 1960년 4월 1일), 함부르크(Hamburg : 1961년 3월 31일), 헤쎈(Hessen : 1966년 7월 4일), 노르트라인-베스트팔렌(Nordrhein-Westfalen : 1957년 7월 23일), 라인란트-팔츠(Rheinland-Pfalz : 1957년 7월 8일), 슐레스비히-홀슈타인(Schleswig-Holstein : 1967년 4월 18일), 자르란트(Saarland : 1974년 3월 27일); 정하중, 한국의 행정상 강제집행제도의 개선방향, 한국공법학회, 공법연구 제24집 제3호(1996), 89면.

유보된 영역에 속한다는 전통적인 입헌군주시대의 국가관에서 유래된 이와같은 일반적 행정강제의 원칙은 제2차세계대전 이후 Bonn 기본법(현재 독일연방헌법)의 제정이후에도 한 동안 지배적인 학설상의 지위를 차지하였다.[1]

[독일에서의 행정상 즉시강제로서의 즉시집행] (의의) : 독일의 즉시집행(sofortige Vollzug, sofortige Vollstreckung)은 행정(강제)집행법의 영역에서, (ㄱ) "행위책임자"에 대한 조치가 실질적으로 불가능하거나, (ㄴ) 행위책임자에 대한 조치가 직시(適時)에 행해질 수 없는 경우, (ㄷ) 행위책임자에 대한 조치가 실제로 아무런 효과도 가져오지 못할 것으로 예견되는 경우, 위험방지를 위하여 필요한 경우에 "선행행위를 전제함이 없이" 행정강제가 이루어지는 것을 말한다. 즉시집행은 행정행위 발급의 절차생략을 주된 내용으로 하는 것이므로, 기본처분의 발급이나 집행절차와 같은 법치주의적인 안전장치가 결여되고 있고, 따라서 즉시집행의 발동을 위한 법적 요건과 한계는 엄격하게 준수되어야 한다.[2] (즉시집행의 발동요건) : (ㄱ) 범죄예방 및 기타 급박한 위험을 방지하기 위하여 행사되어야 한다. (ㄴ) 행정청이 실체법에 근거하여 상대방에게 작위 혹은 부작위(Unterlassung)를 요구할 수 있는 권한이 있는 지를 검토하여야 하며, 아울러 작위명령과 부작위명령은 스스로의 적법성의 요건을 충족시켜야 한다. (ㄷ) 올바른 강제수단이 적법한 방식으로 사용되어야 한다. 즉시집행에서는 일반적으로 기본처분, 계고(Androhung) 및 수단의 확정(Festsetzung)이 생략되기 때문에 다만 실행만이 문제된다. 즉시집행에서는 강제수단으로서 이행강제금은 고려가 될 수 없기 때문에 대집행과 직접강제의 형식으로 행사할 수 있으며 이들은 스스로의 요건을 충족시켜야 한다.[3] (즉시집행에 대한 법적구제수단) : 즉시집행의 법적 성격은, 종래의 통설에 의하면 즉시집행에는 집행될 기본처분, 계고, 실행이 하나의 행위에 합쳐진다고 보아, 즉시집행은 '합성적 행정행위(Zusammengesetzer Verwaltungsakt)'의 성격을 지니고 이에 대하여는 취소소송(Anfechtungsklage)을 제기할 수 있다고 하였다.[4]

[오늘날의 다수설] 그러나 오늘날의 다수설은 즉시집행에 있어서 행정행위의 성격을 인

---

4) 정하중, 한국의 행정상 강제집행제도의 개선방향, 한국공법학회, 공법연구 제24집 제3호(1996), 89면.
1) G. Anschütz, Das Recht des Verwaltungszwang in Preußen VerArch, Bd. I, 1893, S. 389; Haueisen, NJW 1955, S. 212; Nebinger, Allg.VewR 1949, S. 241; F. Giese, Allg. VerR, 3. Aufl., 1952, S. 97; 정하중, 한국의 행정상 강제집행제도의 개선방향, 한국공법학회, 공법연구 제24집 제3호(1996), 90면.
2) § 6 II BVwVG, § 55 II VwVG NW.
3) 정하중, 한국의 행정상 강제집행제도의 개선방향, 한국공법학회, 공법연구 제24집 제3호(1996), 102면.
4) Drews/Wacke/Vogel/Martens, Gefahrenabwehr, 9 Aufl., S. 438; H. J. Wolff/O. Bachof, VerwR III, § 160 Rdn. 6; Rasch, Allgemeines Polizei- und Ordnungsrecht, 1982, S. 69.

정 또는 의제하는데 있어서 즉시집행의 상대방이 알려져 있어야 한다고 한다.[1] 행정행위는 독일연방행정절차법 제43조(행정행위는 행정행위의 상대방 또는 행정행위로 인하여 영향을 받을 자에게 고지된 때부터 효력이 발생한다. 행정행위는 고지된 내용에 따라 그 효력을 발생한다)[2]에 따라 <u>상대방에게 고지된 시점부터 효력을 발생</u>하기 때문에 즉시집행은 수범자에 대한 중립적인 행위이고, 행정쟁송을 위한 소제기(訴提起)요건이 더 이상 행정행위인지 아닌지의 여부만에 의존하지는 않기 때문에 행정행위의 의제(擬制)를 통하여 사법적 통제(권리구제)를 실현하고자 하였던 과거의 노력은 오늘날에는 무의미하게 되었다.[3] 따라서 즉시집행은 단순한 사실행위로 보아야 하며, 상대방은 이에 대하여 이행소송(Verpflichtungsklage)을 통하여 결과제거를 요구할 수 있고, 이것이 가능하지 않은 경우에는 행정소송법 제43조 제1항에 따라 확인소송을 제기할 수 있으며, 또한 손해가 발생한 경우에는 국가배상을 청구할 수 있다는 것이다.[4]

[독일에서의 즉시강제로서의 직접시행] (의의) : 직접시행(unmittelbare Ausführung)은 경찰책임(Plizeihaftung)[5][6][7] 영역에서, "행위책임자 또는 상태책임자"에 대한 조치에 의해

---

[1] 정하중, 한국의 행정상 강제집행제도의 개선방향, 공법연구, 한국공법학회, 제24집 제3호(1996), 102-103면.

[2] 독일연방행정절차법 제43조(행정행위의 효력 : Wirksamkeit des Verwaltungsaktes) ① Ein Verwaltungsakt wird gegenüber demjenigen, für den er bestimmt ist oder der von ihm betroffen wird, in dem Zeitpunkt wirksam, in dem er ihm bekannt gegeben wird. Der Verwaltungsakt wird mit dem Inhalt wirksam, mit dem er bekannt gegeben wird.

[3] 정하중, 한국의 행정상 강제집행제도의 개선방향, 한국공법학회, 공법연구 제24집 제3호(1996), 103면.

[4] 정하중, 한국의 행정상 강제집행제도의 개선방향, 한국공법학회, 공법연구 제24집 제3호(1996), 103면.

[5] 경찰책임의 원칙이라 함은 경찰권은 원칙적으로 경찰위반의 행위 또는 상태(사회적 장해)의 발생 또는 발생위험(공공안녕이나 공공질서)에 대하여 직접책임을 질 지위에 있는 자, 즉 경찰책임자에 대해서만 경찰권이 발동되어져야 하며 제3자에게 발동함은 위법이라는 원칙을 말한다. 즉 경찰책임의 원칙이란 경찰권은 경찰상 위험의 발생 또는 위험의 제거에 책임이 있는자에게 발동되어야 한다는 원칙을 말한다(홍정선, 경찰행정법, 289면). 따라서 경찰권발동은 경찰상의 위해방지(Gefahrenabwehr)나 장애제거(Beseitigung der Störung)의 의무가 주어지는 당사자(경찰책임자)에게 행해지게 된다(류지태·박종수, 행정법신론, 1002면).

[6] **경찰책임**(Polizeihaftung; Verantwortlichkeit)은 경찰상의 목적(사회공공의 안녕질서에 대한 위해의 발생의 방지 내지 장애제거의 목적)달성을 위해 법률(법률유보)이나 법률에 근거한(법률유보 혹은 법규유보; 법률의 구체적인 위임이 있으면 법규명령도 그 근거가 될수도 있다. 비상계엄이나 긴급명령이 발동되는 경우에는 그러한 명령도 법적 근거가 된다[홍정선, 경찰행정법, 233면]) 경찰상의 명령 및 행정행위에 의하여 개인에게 부과되는 의무를 말한다. 이는 경찰의무라고도 하며 구체적으로는 공공안녕과 공공질서에 위해(危害)를 야기하지 않도록 하는 것과, 장애가 생긴

서는, (ㄱ) 경찰목적이 달성될 수 없거나, (ㄴ) 적시(適時)에 달성될 수 없는 경우에, (ㄷ) 스스로 혹은 위임을 통하여 그 조치를 직접 시행할 수 있다는데 근거한 책임법적 관점을 내포하고 있는 개념이다.1) 사회공공의 안녕질서(객관적 가치질서)의 유지는 사회생활을 하는 데 있어서 각 개인이 지켜야할 자연법적인 의무라고 할 수 있는 것이므로, 모든 국민은 각자의 능력에 따라 공공의 안녕질서의 평온한 유지를 위한 의무를 지게 된다. 그 결과, 특정한 질서위반의 상태가 야기된 경우, 그것을 제거 또는 방지함에 적당한 입장(위치)에 있거나 그러한 장애(장해)를 야기한 상태책임을 지는 자는 그러한 장애(Störung)를 제거해야할 경찰책임을 지게 되는 것이다.2) 그러나, 개인의 기본권보장은 최대한으로 보장(기본권최대보장의 원칙; 최소침해의 원칙)하는 근대 헌법국가의 지도원리(Leitprinzip)에 비추어 볼 때, 경찰책임은 원칙적으로 질서위반의 상태가 그의 개인적 생활범위 또는 질서를 유지할 수 있는 영역의 범위안에서 발생한 경우에 한하여 인정되는 것이며 천재지변 기타 불가항력의 사유에 의하여 야기된 경우에는, 이에 대한 경찰책임(Polizeihaftung)은 줄어들거나 면책될 수 있다.3)

### 1.2. 영·미의 약식집행(略式執行)·즉결절차

[영미법상의 약식절차 또는 즉결절차] 즉시강제에 해당하는 영미법상의 제도로서는 약식집행(약식절차) 또는 즉결절차(summaryaction)를 들 수 있다. 미국의 경우, 이 절차에는 청문을 거치지 않고 행하여지는 절차를 포함한다. 예컨대 연방항공국이 항행(航行)의 안전을 위하여 항공기조종사의 징계절차를 진행중 조종사의 자격을 긴급정지시키는 것도 이

---

경우에는 이를 제거해야 할 의무를 의미한다(류지태·박종수, 행정법신론, 1002면). 경찰책임의 원칙이라 함은 경찰상 위해의 발생에 대한 책임을 의미하는 것으로서, 발생된 위해를 제거하기 위한 경찰권의 행사는 원칙상 경찰책임이 있는 자에게 행해져야 한다는 원칙을 말한다(박균성·김재광, 경찰행정법, 178면]).

7) 경찰권(Polizeigewalt)은 원칙적으로 사회공공의 안녕질서를 문란하게 한 책임이 있는 자, 즉 경찰책임이 있는 자에 대하여 발동되는 것인바, 이는 민사상의 강제집행이나 형사상의 형벌이 민사상의 책임자나 형사상의 책임자에 대하여 부과하는 것과 같다. 이와 같이, 경찰권은 원칙적으로 경찰책임자에 대해서만 발동될 수 있다는 조리상의 원칙을 가리켜 경찰책임의 원칙이라고 한다. 이러한 경찰책임은 경찰상의 구체적인 위해를 직접적으로 야기하거나 혹은 실현한 자뿐 아니라, 경우에 따라서는 당해 위해발생과 무관한 제3자에게도 인정될 수 있다(류지태·박종수, 행정법신론, 1002면.).

1) Pieroth/Schlink/Kniesel, Polizei- und Ordnungsrecht, 5. Aufl., C. H. Beck, München 2008, 6. Teil(Folgen), § 24(Vollsteckung) Rn. 36, S. 422.
2) 손재영, 경찰법, 268면.
3) 김백유, 경찰법, 동방문화사, 110면.

절차의 하나로 본다.1) 그 근거를 보통법(Common Law)상의 국가나 개인에게 인정되는 불법방해(nuisance)에 대한 자력제거(abatement)의 법리에서 구하고 있다.2) 이는 사적 불법방해로 인하여 권익을 침해당한 자에 대하여 그 침해가 급박한 경우, 보통법상의 구제방법으로서 자력제거가 공공의 안녕질서에 대한 급박한 장해를 보통법상의 불법방해로 간주하고 그것을 제거하기 위하여 자력제거로서의 즉시강제가 행해질 수 있다는 것이다. 즉 사적 불법방해로 인하여 권익을 침해당한 자에 대하여는 그 침해가 급박한 경우에 보통법(Common Law)상의 구제방법으로서 자력제거(자력구제)가 인정되는 것과 같이 공적 불법방해가 존재하는 때에 공공의 안녕질서에 대한 급박한 장애를 제거하기 위하여 필요한 경우에는 행정청에 대하여도 자력제거(자력구제)로서의 약식집행을 인정하여야 한다는 것이다. 오늘날에는 이러한 법리를 법규화하기 위하여 즉시 강제의 원인인 불법방해행위를 법률로서 명문화하고 있다. 그리하여 (ㄱ) 보건위생상 특히 위해(Gefahr : 危害)한 행위, (ㄴ) 공공질서에 대하여 중대한 장애(Störung : 障碍; 혹은 장해[障害])가 되는 행위 등을 실정법상 불법방해행위로 규정함으로써 그에 대한 자력제거로서 행정청의 약식집행을 인정하고 있다. 이러한 영미법상의 약식절차와 즉결절차는 행정결정의 정확성보다 신속성의 요구가 한층 더 큰 경우, 예컨대 청문을 거치지 아니하고 행하여지는 절차를 말하며, 이는 즉시강제에 가까운 개념이지만 직접강제에 해당하는 경우도 있기 때문에 직접강제와 즉시강제가 이론상 명확하게 구분되지는 않고 있다.3)

### 1.3. 일본

#### 1.3.1. 일본에서의 행정상 즉시강제와 행정상 강제집행의 구별

일본의 행정상 즉시강제 이론은 독일의 영향을 받았지만, 행정상 '즉시강제'와 행정상 '강제집행'과의 구별에 있어서는 독일과는 약간 다르다. 즉, 독일에서는 상대방에게 의무를 부과하는 선행행정행위의 존재여부에 따라 행정상 강제집행과 즉시강제를 구별하는 데 반하여 일본에서는 행정주체(행정기관; 행정청)의 상대방에게 선행의무(先行義務)가 있는지의 여부를 토대로 하여 강제집행과 즉시강제를 구별한다. 일본에서의 이러한 학설은 독일에서와 같이 행정상 강제집행의 대상이 되는 의무로서, '행정행위에 의하여 부과된 의무'로 한정하지 않고 '법령 또는 그에 기한 행정행위에 의해 과하여진 의무'로 보는 데에서 기인한다. 그런데 "행정상 즉시강제에 있어서 선행하는 의무가 완전히 부정되어야 할 것인가"

---

1) 박윤흔, 행정법강의(상), 619면.
2) Forkosch, Administrative Law, pp. 189-194; 이상규, 행정상 즉시강제, 법정(1964.7), 39-40면; 박윤흔, 행정법강의(상), 625-626면.
3) 조정찬, 행정강제에 관한 입법실무적 검토 - 직접강제와 즉시강제를 중심으로 -, 법제(1998.12), 법제처, 53면.

하는 의문을 제기하고, "… 즉시강제의 많은 경우는 선행하는 의무를 전혀 전제하지 않는다. 그러나 법령에 의한 일반적 추상적인 의무를 전제로 하는 즉시강제도 생각해 볼 수 있을 것"[1] 이라는 견해도 있다. 행정행위에 의해서 의무가 발생한 것은 물론이고 법령에 의한 의무라 하더라도 강제집행의 전제가 되는 것이라면 구체적인 것 이어야하며 일반적·추상적인 선행의무인 경우에는 즉시강제의 하나로서 관념되어져야 한다는 것이다.[2]

### 1.3.2. 연혁 및 이론전개과정

일본의 메이지(明治)시대에는 경찰강제, 즉시강제라는 개념이나 호칭이 사용되지 않고 행정집행법에 의해 규정된 8개의 용어들(인신검속, 물건가영치, 가택침입, 건강진단, 토지·물건의 사용처분 또는 사용권의 제한, 대집행, 강제벌, 직접강제)만을 사용하였다.[3] 쇼와(昭和)시대에 들어와서도, 행정강제, 즉시강제라는 용어는 일반적으로 사용되지 않았다. 1928년 와타나베 소타로(渡辺宗太郎)의 논문「行政强制序說」에서 행정강제라는 용어가 사용된 바 있지만, 1931년에 출판된 그의 행정법 총론교과서에서는 행정강제, 혹은 즉시강제의 개념이 모두 나타나지 않는다. 그의 논문「行政强制序說」은 행정강제의 경우에 있어서, (ㄱ) 사전에 의무를 부과하는 절차를 선행시키는 행정상의 강제집행과, (ㄴ) 사전에 의무를 부과하지 않고 현실화하는 즉시강제를 전제하면서도, 행정강제의 의의를 행정상의 강제집행에 한정해서 논했다.[4] 일본에서는 즉시강제의 개념도 행정법총론에서 다루어지지 않았고 독일과 같이 경찰법에서 다루어졌다.[5] 미노베 다츠키치(美濃部達吉)가 경찰강제라는 개념하에 경찰상 강제집행과 즉시강제를 언급하였지만 지배적 입장은 아니었고 '경찰강제'로 설명하였다.[6] 경찰법에서 설명하던 경찰강제론 특히 즉시강제개념을 행정법총론에서

---

1) 廣岡隆, 行政强制と假の救濟, 有斐閣, 1997, 144-145頁(面).
2) 서원우, 행정상 즉시강제의 개념과 근거, 법정(1978.11), 43-44 면; 김남진, 행정강제론의 신·구 경향, 고시연구(1980.8), 36면. 김남진 교수는 "추상적 의무와 강제집행의 전제로서의 의무불이행과는 성질을 달리한다고 보아야 할 것 같다."고 한다.
3) 이기춘, 행정상 즉시강제에 관한 연구 - 즉시강제이론의 재구성 재론 -, 공법연구 제39집 제4호, 한국공법학회(2011.6), 296면.
4) 須藤陽子, 卽時强制の系譜, 立命館法学 2007年4号, 立命館大学法学会, 2007, 986頁; 이기춘, 행정상 즉시강제에 관한 연구 - 즉시강제이론의 재구성 재론 -, 공법연구 제39집 제4호, 한국공법학회(2011.6), 296면에서 재인용.
5) 이기춘, 행정상 즉시강제에 관한 연구 - 즉시강제이론의 재구성 재론 -, 공법연구 제39집 제4호, 한국공법학회(2011.6), 296면.
6) 須藤陽子, 卽時强制の系譜, 立命館法学 2007年4号, 立命館大学法学会, 2007, 986, 988頁; 이기춘, 행정상 즉시강제에 관한 연구 - 즉시강제이론의 재구성 재론 -, 공법연구 제39집 제4호, 한국공법학회(2011.6), 296면에서 재인용.

설명하고 행정강제론을 체계화한 사람은 타나카 지로(田中二郎)이다.[1]

타나카 지로(田中二郎)은 "행정상 즉시강제(sofortiger Zwang)란, 행정상의 의무의 이행을 강제하기 위한 것이 아니고, 행정위반(Verwaltungswidrigkeiten)에 대처하여, 목전급박의 장해를 제거할 필요상, 의무를 명할 여유가 없는 경우에 또는 그의 성질상, 의무를 명함에 의하여서는 그의 목적을 달성하기 어려운 경우에, 직접으로, 인민의 신체 또는 재산에 실력을 가하고, 그것으로써 행정상 필요한 상태를 실현하는 작용을 말한다."[2]라고 정의하고 있다. ☞ 이 학설을 우리나라에서 그대로 적용

### 1.4. 행정상 즉시강제와 이른바 즉시집행(sofortige Vollstreckung)·직접시행(unmittelbare Ausführung)이론

#### 1.4.1. 개관

우리나라 문헌에서 즉시강제를 시간적 급박성이 인정되는 경우, 즉 의무를 명할 시간적 여유가 없는 경우(혹은, 경우의 즉시강제)를 즉시집행(sofortige Vollzug, sofortige Vollstreckung; 혹은 협의의 즉시강제)으로, 성질상 의무를 명해서는 행정목적을 달성할 수 없는 경우(혹은, 경우의 즉시강제)는 직접시행(unmittelbare Ausführung; 혹은 광의의 즉시강제)으로 구분하는 학자(김남진)도 있다.[3] 즉시집행은 상기한바와 같고, 직접시행이란 경찰조치의 목적이 질서교란자(소위 경찰책임자)에 대한 경찰권 발동을 통해서는 불가능하거나 적시(適時)에 달성되기 어려운 경우에 - 비경찰책임자라는 제3자에 대한 경찰조치를 취하기 이전에 고려되어야 하는 - 경찰이 필요한 조치를 스스로 또는 수임인을 통하여 시행하는 것을 말한다.[4] 우리나라 및 독일에서는 즉시집행(sofortige Vollzug; sofortige Vollstreckung)과 직접시행을 구분하지 않고 법적으로 동일한 것으로 보거나,[5] 상대방의

---

1) 김남진, 행정법의 기본문제, 법문사, 1994, 392-393면.
2) 田中二郎, 行政法總論, 1957, 397頁; 김남진, 행정법의 기본문제, 법문사, 1994, 393면 가주 5)에서 재인용.
3) 김남진, 행정법의 기본문제, 법문사, 1994, 394-395면.
4) 바덴-뷔르템베르크(Baden-Württemberg), 함부르크(Hamburg), 작센(Sachsen) 州는 즉시집행을 규정하지 않고 직접시행만을 두고 있다(Pieroth/Schlink/Kniesel, Polizei- und Ordnungsrecht, 5. Aufl., C. H. Beck, München 2008, G. Teil(Folgen), § 24(Vollstreckung) Rn. 41, S. 424).
5) 홍준형, 행정법, 박영사, 2011, 528면; H. Maurer, Allgemeines Verwaltungsrecht, 17. Aufl., C. H. Beck, München 2009, Rn. 25ff. 특히 굇츠(Götz)는 직접시행은 책임과 관련된 고유한 유형의 강제조치로 규율되는 것이고, 즉시집행은 강제집행의 특수유형이라고 하면서 체계적으로 구분되는 것이지만, 양 제도는 동일한 기능을 수행하고 또한 본질적으로 동일한 요건 하에서 인정되고 있다고 한다(Volkmar Götz, Allgemeines Polizei- und Ordnungsrecht, 14. Aufl., C. H. Beck,

저항의지의 차단필요성의 존부에 따라 즉시집행은 저항의사가 있는 경우로서 즉시강제이
고 직접시행은 그것이 결여되어 강제요소가 없는 것이라고 보는 견해도 있다.[1] 그리고 독
일에서는 즉시집행만을 인정하는 주(州)들이 있는가하면, 직접시행만을 두고 있는 주(州)
들도 있고, 양 제도를 모두 운영하는 주(州) 등 각 주들의 입법례와 그 양태는 다양하게 나
타나고 있다.[2] 양 개념을 모두 인정하는 주(州)에서는 대부분 직접시행은 경찰책임과 관련
하여 인정하고 있다.

### 1.4.2. 학설

[김남진교수의 견해] 김남진 교수는 상기(上記)한 바와 같이 즉시강제라는 용어를 협의
의 즉시강제 또는 즉시집행[3]으로, 강제집행을 직접시행이라고 하면서 즉시강제이론을 재
구성하여야 한다고 한다.[4] 또한 강제집행과 즉시강제의 구별징표를 의무를 부과하는 선행
행정행위의 존부 즉 하명처분의 존재여부에서 발견하는 것이 타당하고 행정법상 의무의
존재와 그 불이행은 구분기준이 되기 어려우며, 경찰기관에 의한 즉시강제일반법이라고도
할 수 있는 경찰관직무집행법의 제(諸)표준조치들에는 일률적으로 즉시강제라고 보기 힘
든 유형들이 있음을 주장하고 있다.[5] 더 나아가서 "근년에 발간된 일본의 문헌이 즉시강제

---

München 2008, § 12 Ⅲ., Rn. 14-15, S. 109).
1) 정하중, 행정법개론, 법문사, 2009, 437면.
2) Rachor Frederik, Das Polizeihandeln, v. Polizeilicher Zwang, in : Handbuch des Polizeirechts, 4. Aufl., C. H. Beck, München 2007, Rn. 883, S. 684-685; 바덴-뷔르템베르크 (Baden-Württemberg), 함부르크(Hamburg), 작센(Sachsen) 주들은 직접시행만을 규정하고 있고, 브레멘(Bremen), 니더작센(Niedersachsen), 노르트라인-베스트팔렌(Nordrhein-Westfalen), 슐레스비히-홀슈타인(Schleswig-Holstein) 주의 경찰법은 즉시집행만을 규정하고 있다(이기춘, 행정상 즉시강제에 관한 연구 - 즉시강제이론의 재구성 재론 -, 공법연구 제39집 제4호, 한국공법학회(2011.6), 295면).
3) 즉시집행의 개념정의를 '미리 의무를 명할 시간적 여유가 없을 때' 등을 대신하여 '의무가 명하여 졌음에도 불구하고 긴급한 사유'가 있어서 계고, 수단의 확정(Festsetzung)과 같은 절차를 생략하여 즉시로 행정권을 발동하는 작용으로 사용하는 것이 타당하다는 것이다(김남진, 행정법의 기본문제, 법문사, 1994, 365, 373면). 우리나라 행정대집행법 제3조 제3항에 의한 행정권의 발동도 즉시강제에 해당한다고 하면서 대집행의 개념을 대집행과 직접강제로 분리하는 등의 행정대집행법의 정비를 주장하고, 경찰관직무집행법상의 경찰관의 전형적인 직무행위는 즉시강제가 아니라 일반적인 행정행위로 보아야 하며, 직접강제와 즉시강제의 구별의 징표를 행정법상의 의무의 존부 및 그의 불이행에서 찾을 것이 아니라 의무부과하는 선행의 행정행위의 존부에서 찾아야 할 것이라고 한다.
4) 김남진, 즉시강제이론의 재구성, 고시계(1988. 4), 36면 이하; 김남진, 행정법의 기본문제, 법문사, 1994, 392면 이하; 김남진·김연태, 행정법(I), 법문사, 2010, 491면 참조.

라는 용어대신 즉시집행이라는 용어를 사용하여 독일의 이론을 부분적으로 수용하고 있음은 주목할 만한 일이다."1)라고 한다. 이와같이 김남진교수는 시간적 급박성을 이유로 한 즉시강제는 독일의 즉시집행과 같은 것이고 성질상 의무를 명하여서는 행정목적을 달성할 수 없는 경우의 즉시강제는 직접시행이라고 주장한다.2)

[정하중교수의 견해] 정하중 교수는 우리의 즉시강제 개념을 독일의 즉시집행으로 파악하고, 행정(강제)집행법(Verwaltungsvollstreckungsgesetz)은 즉시강제와 직접시행을 구분하지 않고 양자의 실질적 차이가 없음을 이유로 동일개념으로 간주하는 학자들도 많으며, 양자는 상대방의 반대되는 의사의 존재여부에 따라 구분되는 개념이고 상대방의 저항의사가 있는 경우를 즉시강제로 보고 그것이 없는 경우를 직접시행이라고 한다.3) 그리고 정하중 교수는 "한국의 일부학설(김남진)에서는 전자를 즉시집행(Sofortigr Vollzug), 후자를 직접시행(Unmittelbare Ausführung)으로 구별시키고 있으나, 독일에서는 일반적으로 즉시집행과 직접시행을 기본처분의 존부여부에 따라 구별하는 것이 아니라, 상대방의 저항적 의사의 여부에 따라 구별시키고 있다. 즉 직접시행은 상대방의 어떠한 저항적인 의사를 전제로하지 않기 때문에 강제적인 성격이 없으며, 반면 즉시집행은 상대방의 저항적인 의사를 전제로 하고 있으며, 따라서 강제수단의 성격을 갖는다."4)고 한다.5) 더 나아가 정하중 교수는 현행법상 즉시강제의 사례로 인용되고 있는 조치들(전염병예방법[감염병예방법 : 인용자 註]상 전염병환자의 격리수용, 소방법[소방기본법 : 인용자 註]상 원조강제, 식품위생법 무허가·무신고 제조·가공·조리한 식품 등의 압류·폐기 등)의 근거법률은 즉시강

---

5) 김남진, 행정법의 기본문제, 법문사, 1994, 376면, 394면 이하. 김남진 교수는 "서원우교수가 과거에 즉시강제에 포함시켜 다루어졌던 질문, 검사 등 행정작용이 행정조사의 이름밑에 분가하였다(서원우, 현대행정법론(상), 588면 이하)."고 하면서, 김남진교수도 질문, 검사 등 행정조사에는 즉시강제에 있어서와 같은 강제적 요소가 없음을 이유로 이유로 일단 즉시강제와 행정조사를 분리해놓고 있다고 한다(김남진, 행정법의 기본문제, 394면 각주 12 참조). 그리고 '의무'와 관련하여 「일반·추상적인 의무를 전제로 하는 즉시강제」도 생각할 수 있기 때문에 의무의 존부를 개념상 징표로 삼아서는 안 된다는 지적을 하고 있다(이기춘, 행정상 즉시강제에 관한 연구 - 즉시강제이론의 재구성 재론 -, 공법연구 제39집 제4호(한국공법학회, 2011.6), 299면 참조; 정하중, 한국의 행정상 강제집행제도의 개선방향, 공법연구 제24집 제3호(한국공법학회, 1996), 101면.
1) 廣岡隆, 卽時執行, 現代行政法體系 2, 1984, 293頁 이하.
2) 김남진·김연태, 행정법(I), 법문사, 2010, 491면.
3) 정하중, 행정법개론, 법문사, 2009, 436면; 정하중, 한국의 행정상 강제집행제도의 개선방향, 공법연구 제24집 제3호(한국공법학회, 1996), 100-101면.
4) Friauf, in: Ingo v. Münch, 8. Aufl., S. 277; 즉시집행과 직접시행을 동일하게 파악하는 견해로는 H. Maurer, Allgemeines Verwaltungsrecht, 8. Aufl., S. 454; Oldiges, JuS 1989, S. 616.
5) 정하중, 한국의 행정상 강제집행제도의 개선방향, 공법연구 제24집 제3호(한국공법학회, 1996), 102면.

제의 근거법률이 아니라 오히려 직접강제의 법률이든지 아니면 즉시강제를 위한 근거가 결여되어 있음을 지적하고 법적 근거의 취약점을 행정강제집행법의 일원적 체계화를 통하여 해결할 것을 주장하고 있다.[1]

[홍준형교수의 견해] 홍준형 교수는 협의의 즉시강제·광의의 즉시강제 개념의 재구성이론의 실익에 대하여 의문을 제기하고 있다. 즉시집행과 직접시행은 본질적 차이가 없는 것이라는 독일의 마우러(Maurer)와 괴츠(Götz)의 견해를 소개하면서, 직접시행은 선행 경찰처분 없이 발동된 강제조치에 대하여 권리보호를 위해 경찰처분개념을 확대하여 쟁송수단이용의 길을 열어 주고자한 개념일 뿐이라고 한다. 따라서 행정조사를 즉시강제에서 분리시키는 것은 요청되지만, 독일식의 즉시집행과 직접시행을 구분하여 즉시집행만을 협의의 즉시강제개념으로 다루어야 할 실익이 있는지 의문이라고 한다.[2]

[이기춘교수의 견해] 이기춘 교수는 "즉시강제를 절차법적으로 이해하여야 하고 행정강제법상 책임론에 따라 의무가 전제되어야 한다는 생각에 따르면 강제수단(Zwangsmittel)에 착안하여 열거되는 직접강제, 대집행과 구분되는 것이 아니라 결합될 수 있는 개념이 된다. … 의무자가 이행하여야 할 의무의 실질이 대집행기관의 그것과 동일하고 긴급하게 정상절차를 생략하여야 하는 즉시강제를 '즉시대집행'이라 하고, 그 의무의 실질이 동일하지 않고 다른 것이면서 긴급하게 강제가 이루어져야 하는 경우를 '즉시직접강제'라 할 수 있다. 이미 행정대집행법은 긴급한 경우 계고처분 등 절차를 생략할 수 있음을 제3조 제3항에서 규정해놓고 있다. 그러면 위와 같은 이론으로 법령의 흠결을 충전시켜야 할 부분은 '즉시직접강제'만이 남는다. 이렇게 직접강제와의 관계를 정립하는 것이 타당하다."[3]고 한다.

### 1.5. 결어

행정상 즉시강제는 공공안녕과 공공질서의 유지라는 소극적인 행정목적을 달성하기 위한 필요불가결한 수단이라고 하더라도 국민의 신체·재산에 중대한 침해를 수반하고, 법치국가원리의 구성요소인 예측가능성과 법적 안정성을 부정하는 침해행정의 유형이므로 현대 법치국가 하에서는 기본적 인권에 대한 중대한 침해를 가져오는 행정상 즉시강제에 대하여 자연법적 요구만으로 근거할 수 없고, 실정법상 법률의 수권이 있어야 비로소 인정

---

1) 정하중, 한국의 행정상 강제집행제도의 개선방향, 공법연구 제24집 제3호(한국공법학회, 1996), 108-110면.
2) 홍준형, 행정법, 법문사, 2011, 528면.
3) 이기춘, 행정상 즉시강제에 관한 연구 - 즉시강제이론의 재구성 재론 -, 공법연구 제39집 제4호(한국공법학회, 2011.6), 309-310면.

될 수 있다고 할 것이다(헌법 제37조 제2항).1) 즉시강제에 있어서는 사전의 예고 내지는 사전절차가 생략되고, 또한 행정심판이나 행정소송에 의한 권리구제도 즉시강제의 대상인 사실행위 중 계속적 성질의 것에 한하여 가능하다(이미 종료 해버린 것은 법률상 이익이 없다)고 보기 때문에, 사후구제의 범위도 지극히 좁다는 것을 고려하면 실정법에서 행정청(행정기관)의 권한을 명확하고 상세하게 규정하는 것만이 국민의 권익을 보장하는 최선의 방법일 것이다.2)

## 2. 실정법적 근거
### 2.1. 실정법

행정상 즉시강제는 법치주의의 요소인 예측가능성과 법적 안정성을 부정하는 침해행정의 전형이기 때문에 엄격한 실정법상 근거가 필요하다.3) 왜냐하면 즉시강제는 비록 공공질서의 유지 및 사회복지의 실현 등의 행정목적을 달성하기 위한 필요한 수단이라고 하더라도 그 결과로서 국민의 신체 또는 재산에 대하여 중대한 제한을 가하는 침익적·부담적 행위이기 때문이다. 독일의 에른스트 포르스트호프(E. Forsthoff)는 '…국가적 정당방위권의 승인은 더 이상 허용될 것으로 간주될 수 없다. 그러한 승인은 행정권을 법률과 법에 결부시키고 있는 기본법 제20조 제3항에 반할 것이다. 국가의 존립에 관계되는 실제적 긴급 또는 위험상태의 경우에 있어서는 행정권이 아니라 헌법영역의 책임 있는 요소만이 그 극복에 필요한 조치를 취할 수 있다. 행정권에 침해에의 불문의 권한을 승인하는 것은 법치국가의 구조를 근본적으로 뒤바꿔 놓은 것이다'4)라고 하고 있다.

### 2.2. 형식적 의미의 법률에 의하거나(durch Gesetz), 법률에 근거한(auf Grund eines Gesetzes) 행정입법(실질적 의미의 법률)

행정상 즉시강제는 법치국가에서는 예외적인 행정수단이며, 그것은 국민의 기본권에 대한 중대한 침해를 가져올 수 있는 것이므로 행정상 즉시강제권의 발동은 법률상 근거가 있다는 것만으로도 언제나 자유로운 것은 아니다. 즉시강제권의 발동을 부여하는 법률은 국회에 의하여 정립되는 법률이 원칙이며(형식적 의미의 법률; 법률에 의하여[durch Gesetz]), 예외적으로 법률의 구체적인 범위를 정하여 위임을 한 경우에 행정입법(Rechtserzeugung der Verwaltung)으로 형식으로 즉시강제권의 근거를 두어야한다(형식

---

1) 김재종, 행정상 즉시강제에 관한 연구, 조선대학교대학원 법학과 석사학위논문, 2001, 12면.
2) 박윤흔, 최신행정법강의(상), 박영사, 2001, 626면.
3) 박균성, 행정법론(상), 494면.
4) E. Forsthoff, Lehrbuch des Verwaltungsrechts, Bd. 1, 9. Aufl., S. 285.

적 의미의 법률·실질적 의미의 법률 = 법률에 근거하여[auf Grund eines Gesetzes]).
       - 법률에 의하거나(durch Gesetz) : 형식적 의미의 법률(형식법률, 의회법률, 의회유보)
       - 법률에 근거한(auf Grund eines Gesetzes) : 형식적 의미의 법률·실질적 의미의 법률
       ※ 기본권 제한은 '법률에 의하여야' 한다 : 형식적 의미의 법률만을 지칭
       ※ 기본권 제한은 '법률에 근거하여야' 한다 : 형식적 의미의 법률 혹은 실질적 의미의 법률(시행령[대통령령]·시행규칙[총리령·부령])[1]

특히 즉시강제권 발동의 근거가 되는 법률은 구체적으로 발동의 정도, 수단, 조건에 관하여 명시 되지 않는 경우가 대부분인데, 그 이유는 행정법규가 온갖 위해(危害)를 예견하여 그에 필요한 조치를 빠짐없이 규율한다는 것은 불가능하다는 입법기술상의 한계로 인한 것이다. 따라서 즉시강제와 관련하여 경찰관직무집행법[2] 및 소방기본법, 감염병예방법(舊전염병예방법) 등은 위해 개념의 '일반조항(General-Klausel)'·불확정 개념의 이론에 의하여 즉시강제권을 발동할 수 있도록 하는 경우가 많다. 즉 행정상 즉시강제에 관련되는 법률들은 일반적으로 '필요하다고 인정될 때, 필요한 조치를 할 수 있다'는 추상적 수권규정만을 두고 있을 뿐 발동의 대상, 조건, 태양(態樣) 등에 대하여는 구체적인 제한규정을 두고 있지 않기 때문에 실제로는 광범위한 재량권의 행사가 가능하며, 국민의 신체의 자유와 재산권을 침해할 가능성이 많다.[3] 따라서 즉시강제권자의 재량권일탈·남용을 방지하

---

1) 독일기본법 제2조 제2항 : "누구든지 생명권과 신체적 훼손을 받지 않을 권리를 가진다. 신체의 자유는 침해되면 아니 된다. 이 권리는 오직 법률에 근거하여 침해될 수 있다(Jeder hat das Recht auf Leben und körperliche Unversehrtheit. Die Freiheit der Person ist unverletzlich. In diese Rechte darf nur auf Grund eines Gesetzes eingegriffen werden.); 독일기본법 제8조 제2항 : ② 이 권리는 옥외 집회의 경우 법률에 의하여 또는 법률에 근거하여 제한될 수 있다(Für Versammlungen unter freiem Himmel kann dieses Recht durch Gesetz oder auf Grund eines Gesetzes beschränkt werden).

2) 정혜욱, 행정상 즉시강제에 관한 연구, 경북대학교 법학연구원, 법학논고 제40집(2012.10), 275면 : 경찰관직무집행법의 경우 판례의 입장처럼 ① 범죄가 저질러지고 있거나 곧 저질러질 것으로 예상되는 경우이고, ② 그 행위를 저지하지 않으면 생명·신체·자유 또는 재산에 대한 현저한 위험이 예상되는 경우이어야 할 것이다. 권한과 사유가 인정되더라도 즉시강제는 적법절차를 준수하여야 하는데 이와 관련하여서는 입법적 보완이 필요하다. 또한 즉시강제는 ① 다른 행정수단을 통해서는 행정목적 달성이 불가능하고, ② 즉시강제를 통해 침해되는 이익이 그것을 통해서 달성하는 공익과 상당한 비례관계에 있으며, ③ 행정객체에 대한 침해를 최소화하는 내용으로 이루어져야 할 것이다.

3) 법률에 의한 즉시 강제의 권한을 인정하는 경우에도 목적 달성의 필요최소한도 내에서 인정해야 하며, 법률에 의해 그 내용과 한계를 명시해야 한다. 따라서 행정상 즉시 강제는 강제적 실력 행사의 권한을 일반적·개괄조항적 규정으로 정하는 것은 문제가 있다. 그 요건에 대해서는 법제화하는 것이 타당하다(배준상, 행정상의 즉시강제, 고시계 1980, 10면).

고 국민의 기본권을 보장하기 위해서는 즉시강제권의 발동이 법률에 의하거나(durch Gesetz), 법률상 근거(법률에 근거하여 : auf Grund eines Gesetzes)가 있어도 거기에는 실체법적 한계와 절차법적 한계가 있다고 할 것이므로 실체법적, 절차법적 한계를 벗어나지 않아야 한다. 이러한 한계를 넘으면 위법이 되며 행정쟁송으로 권리구제를 받을 수 있다.

### 2.3. 행정상 즉시강제의 근거법

행정상 즉시강제의 근거법으로는, (ㄱ) 마약류관리에관한법률(제41조 : 舊마약법(제54조)·감염병예방법([구전염병예방법] 제42조)·검역법·식품위생법(제72조)·소방기본법(제25조)·舊재난관리법(제39조)[1]·방조제관리법(제10조)[2]·자연재해대책법(제41조)등과 같은 각 단행법률(개별법률)과, (ㄴ) 경찰상 즉시강제에 관한 일반법인 「경찰관직무집행법」이 있다.[3] ☞ **개별법과 일반법**

▶ **마약류관리에관한법률 제41조(출입·검사와 수거)** ① 식품의약품안전청장, 시·도지사 또는 시장·군수·구청장은 마약류 및 원료물질의 취급을 감시하고 단속할 필요가 있다고 인정하는 때에는 관계 공무원으로 하여금 마약류취급자 및 원료물질취급자의 업무소·공장·창고·대마초 재배지·약국·조제장소 그 밖에 마약류 및 원료물질에 관계가 있는 장소에 출입하여 그 구조·설비·업무현황·기록서류·의약품 그 밖의 물건을 검사하게 하거나 관계인에 대한 질문을 하게 하거나 시험용으로 필요한 최소분량에 한하여 마약류·원료물질 및 이와 관계가 있다고 인정되는 약품 및 물건을 보건복지부령이 정하는 바에 의하여 수거하게 할 수 있다. ② 제1항의 규정에 의하여 출입·검사 또는 수거하는 공무원은 그 권한을 표시하는 증표를 관계인에게 내보여야 한다.

▶ **감염병의예방및관리에관한법률 제42조(감염병에 관한 강제처분)** ① 보건복지부장관, 시·도지사 또는 시장·군수·구청장은 해당 공무원으로 하여금 다음 각 호의 어느 하나에 해당하는 감염병환자등이 있다고 인정되는 주거시설, 선박·항공기·열차 등 운송수

---

1) 재난관리법은 폐지됨[폐지 2004.3.11 법률 7188호].
2) [방조제] 해안의 조수를 막아 간석지를 이용하거나 하구·만 부근의 경지에 용수를 공급하기 위해 인공으로 만든 제방이다. 한국의 서해안 일대는 조차가 크고 경사가 완만해 방조제 축조에 적합한 지형으로 옛날부터 소규모 방조제를 만들어 경지 및 염전으로 이용했다. 방조제관리법 제1조(목적) 이 법은 농업을 목적으로 하는 간척지(干拓地)를 보존하고 농수산물의 재해를 방지하기 위하여 특히 필요한 방조제(防潮堤)를 국가나 지방자치단체가 관리하게 함으로써 농업생산력의 증진과 국민경제의 발전을 도모하고 국토를 보존함을 목적으로 한다. [방파제] 항만의 외곽 구조물로서 외해의 파랑으로부터 내항을 보호하기 위해 설치하는 구조물이다. 방파제의 역사는 길며 지중해에서 처음으로 이용되었는데, 현재 로마시대의 하드리아누스제 때의 것이 남아 있다. 지중해 주변에는 무게 5t 정도의 석재가 많아 이 석재를 이용한 <사석방파제>가 많이 이용되었다.
3) 석종현, 일반행정법(상), 487면; 홍정선, 행정법원론(상), 단락번호 1796.

단 또는 그 밖의 장소에 들어가 필요한 조사나 진찰을 하게 할 수 있으며, 그 진찰 결과 감염병환자등으로 인정될 때에는 동행하여 치료받게 하거나 입원시킬 수 있다. ② 제1항에 따라 조사·진찰을 하는 공무원은 그 권한을 증명하는 증표를 지니고 이를 관계인에게 보여주어야 한다.

▶ **식품위생법 제72조(폐기처분 등)** ① 식품의약품안전처장, 시·도지사 또는 시장·군수·구청장은 영업을 하는 자가 제4조부터 제6조까지, 제7조제4항, 제8조, 제9조제4항, 제10조제2항, 제12조의2제2항 또는 제13조를 위반한 경우에는 관계 공무원에게 그 식품등을 압류 또는 폐기하게 하거나 용도·처리방법 등을 정하여 영업자에게 위해를 없애는 조치를 하도록 명하여야 한다. ② 식품의약품안전처장, 시·도지사 또는 시장·군수·구청장은 제37조제1항, 제4항 또는 제5항을 위반하여 허가받지 아니하거나 신고 또는 등록하지 아니하고 제조·가공·조리한 식품 또는 식품첨가물이나 여기에 사용한 기구 또는 용기·포장 등을 관계 공무원에게 압류하거나 폐기하게 할 수 있다.

▶ **소방기본법 제25조(강제처분 등)** ① 소방본부장·소방서장 또는 소방대장은 사람을 구출하거나 불이 번지는 것을 막기 위하여 필요한 때에는 화재가 발생하거나 불이 번질 우려가 있는 소방대상물 및 토지를 일시적으로 사용하거나 그 사용의 제한 또는 소방활동에 필요한 처분을 할 수 있다. ② 소방본부장·소방서장 또는 소방대장은 사람을 구출하거나 불이 번지는 것을 막기 위하여 긴급하다고 인정하는 때에는 제1항의 규정에 따른 소방대상물 또는 토지외의 소방대상물과 토지에 대하여 제1항의 규정에 따른 처분을 할 수 있다. ③ 소방본부장·소방서장 또는 소방대장은 소방활동을 위하여 긴급하게 출동하는 때에는 소방자동차의 통행과 소방활동에 방해가 되는 주차 또는 정차된 차량 및 물건 등을 제거 또는 이동시킬 수 있다. ④ 시·도지사는 제2항 또는 제3항의 규정에 따른 처분으로 인하여 손실을 받은 자가 있는 경우에는 그 손실을 보상하여야 한다. 다만, 제3항의 규정에 해당하는 경우로서 법령을 위반하여 소방자동차의 통행과 소방활동에 방해가 된 경우에는 그러하지 아니하다. ☞ **이와같이 침해규정(제1항~제3항)을 두었으면 보상규정(제4항)도 함께 두어야 한다(그래야, 합헌!)**

▶ **방조제관리법 제10조 (긴박사태시의 응급조치)** 농림축산식품부장관 또는 지방자치단체장은 천재지변이나 그 밖의 긴급한 사태로 인한 관리방조제의 위험을 방지하거나 재해를 복구하는 데에 필요할 때에는 다음 각 호의 행위를 할 수 있다.

   1. 인근 주민에게 노무(勞務)의 제공을 요청하는 행위
   2. 토지, 가옥, 그 밖에 필요한 물건을 일시 사용하는 행위
   3. 인공구조물이나 그 밖의 장해물을 제거하거나 변경하는 행위
   4. 흙, 돌, 나무, 그 밖의 물건을 사용하는 행위

## III. 행정상 즉시강제의 법적 성질

### 1. 합성행위설(사실행위와 법적 행위의 결합설)

행정상 즉시강제는 행정상 의무의 이행확보를 위한 수단이 아니라고 이해되고 있으나 만일 상대방에게 아무런 의무도 존재하지 않는다면 아무런 의무도 없는데 어떠한 이유로 실력행사를 가할 수 있는가가 문제된다. 따라서 즉시강제의 경우에도 추상적 의무가 존재[1]한다고 보아야 하며, 이에 반하여 행정상 강제집행은 구체적인 선행의무가 존재한다는 점에서 즉시강제와 강제집행은 서로 다르다.[2] 우리나라 행정대집행법 제2조에서 "법률(법률의 위임에 의한 명령, 지방자치단체의 조례를 포함한다. 이하같다)에 의하여 직접명령되었거나 또는 법률에 의거한 행정청의 명령에 의한 행위로서 타인이 대신하여 행할 수 있는 행위를 의무자가 이행하지 아니하는 경우 다른 수단으로써 그 이행을 확보하기 곤란하고 또한 그 불이행을 방치함이 심히 공익을 해할 것으로 인정될 때에는 당해 행정청은 스스로 의무자가 하여야 할 행위를 하거나 또는 제3자로 하여금 이를 하게 하여 그 비용을 의무자로부터 징수할 수 있다."고 규정하여 법령에 의한 의무도 행정상 강제집행의 대상이 된다고 규정하고 있으나 실제로는 법령 그자체가 직접적으로 의무를 부과하는 경우는 비교적 적다. 대개의 경우 행정청의 개입으로 인하여 비로소 구체적이고 특정한 행위를 할 의무가 부과되기 때문에 그것도 어느 정도 구체화된 의무인 것이 원칙이다. 따라서 행정상 즉시강제는 이미 존재하는 추상적 의무의 내용을 구체적으로 확정하는 행정행위와 그 의무의 내용을 실적으로 실현시키는 사실행위가 결합된 것이라고 할 수 있다.[3] 즉, 행정상 즉시강제는 구체적인 의무부과행위이자 사실행위로서의 실력행사인 동시에 그 실력행사에 대해 수인(受忍)의무를 발생시키는 것으로서 사실행위와 법적행위가 결합된 행위(합성행위)이다.[4] 이와같이 행정상 즉시강제가 합성행위라고 보는 합성행위설은 즉시강제가 단순한 사실행위에 그치는 것이 아니라 기본처분 등(계고 등 포함)과 사실행위가 결합된 합성행위로서 소(訴)의 이익이 인정되는 경우에는 취소소송과 같은 행정소송도 가능하다고 본다.[5] 이와같이 행정상 즉시강

---

1) 주차금지장소에 주차되어 있는 자동차를 관계공무원이 이동시키는 경우, 운전자 기타 관리책임자가 있으면 관계공무원은 이들에게 자동차의 이동을 명하겠지만 그들이 현장에 부재하기 때문에 관계공무원이 자동차를 직접 이동시킨 경우에도 즉시이동에 해당되며, 주차금지장소에서는 주차해서는 안 된다는 추상적 의무가 전제될 수 있다(김재종, 행정상 즉시강제에 관한 연구, 조선대학교대학원 법학과 석사학위논문, 2001, 14면).
2) 서원우, 행정상 즉시강제의 개념과 근거, 법정 제7권 제11호(1977.11), 43-44면.
3) 이경철, 행정상 즉시강제와 인권보장에 관한 연구, 중앙대학교대학원 법학석사학위논문(1990.8), 8-9면.
4) 김재종, 행정상 즉시강제에 관한 연구, 조선대학교대학원 법학과 석사학위논문, 2001, 14면.

제의 성격을 (수인)하명행위와 그 집행행위인 사실행위의 합성행위라고 하는 견해의 실익은 권리구제의 측면에서 즉시강제를 취소소송의 대상으로 삼을 수 있다는 점에 있다. 그러나 사실행위도 계속적 성질의 것인 한 취소소송의 대상이 된다는 최근의 견해에 의하면 굳이 합성행위로 볼 필요도 없다는 견해도 있다.1)

## 2. 단순한 사실행위설(사실행위설)

행정행위는 상대방에게 고지, 도달되어야 효력이 발생하는데(도달주의), 즉시강제에 행정행위의 성격을 인정하는 경우, 즉시강제의 상대방이 알려져 있지 않을 경우에는 문제가 되며, 즉시강제에 행정행위의 성격을 인정하지 않고 단순한 사실행위로 보더라도 다른 소송수단(손해배상청구소송, 확인소송, 독일의 경우는 이행소송[Verpflichtungsklage])에 의하여 사법적 구제를 받을 수 있다는 견해이다.2)

## 3. 권력적 사실행위설

행정상 즉시강제는 묵시적으로 수인하명이 부수된다는 견해가 있지만 수인의무는 행정상 즉시강제를 인정하는 법의 해석상 당연히 인정되는 것이며, 별도의 수인하명조치에 의해 인정되는 것이라고 볼 것은 아니므로 행정상 즉시강제의 법적 성질은 권력적 사실행위라는 견해이다.3) 따라서 즉시강제의 법적 성격을 권력적 사실행위로 보는 경우, 처분개념에 관한 어느 입장에 의하든지 행정쟁송의 대상인 행정처분으로서의 처분성이 인정된다.4) 생각건대 행정상 즉시강제는 당사자의 신체나 재산에 대한 실력행사인 점에서 단순한 비권력적 사실행위가 아니라 **권력적 사실행위**라고 보아야 한다.5)

---

5) H. Maurer, Allgemeines Verwaltungsrecht, 1985, S. 395.
1) 정하중, 행정법총론, 법문사, 2005, 450면; 유상현·조인성, 행정법총론, 형설출판사, 2007, 491면.
2) 정하중, 한국의 행정상 강제집행제도의 개선방향, 공법연구 제24집 제3호(한국공법학회, 1996), 101면.
3) 박균성, 행정법총론, 박영사, 2001, 366면; 김춘환, 행정법강의 I, 조선대학교출판부, 2000, 553면; 류지태, 행정법신론, 신영사, 1998, 289면.
4) 김재종, 행정상 즉시강제에 관한 연구, 조선대학교대학원 법학과 석사학위논문, 2001, 15면.
5) 동지(同旨: 같은 견해) 김재종, 행정상 즉시강제에 관한 연구, 조선대학교대학원 법학과 석사학위논문, 2001, 15면.

## IV. 행정상 즉시강제의 한계

### 1. 법규상의 한계
#### 1.1. 개관
　행정상 즉시강제는 상대방에게 사전에 의무를 명하는 일이 없이 즉시 실력을 발동하여 국민의 권리·자유를 침해한다는 의미에서 법치국가에서는 극히 예외적인 작용이며, 따라서 즉시강제권의 발동은 엄격한 법적 근거가 있어야 하고 그 한계가 있다(실체법적 한계, 절차법적 한계). 행정객체의 입장에서는 사전통지나 의견청취 등의 과정을 거치지도 않고 곧바로 강제력이 작동되고 그것을 수인하여야 하는 상황이다. 침해되는 기본권의 내용도 생명, 신체, 자유, 재산, 주거 등 강력한 보호의 대상들이다. 따라서 즉시강제의 요건은 엄격하게 제한되어야만 한다.[1] 이와같이 행정상 즉시강제는 원칙적으로 법치국가적 요청에 따라 구체적으로 법적 근거가 있는 경우에 한하여 인정된다.[2] 그러나 이에 대하여 학설은 법적 근거필요설(합성적 행정처분이론), 법적 근거불필요설(O. Mayer), 중간설(中間說) 등으로 나누인다.

#### 1.2. 학설
##### 1.2.1. 법적근거 불요설(不要說)
　[오토 마이어의 견해] 경찰상 즉시강제에 관하여 과거 독일에서는 자연법적인 국가 긴급방위권의 이론에 입각하여 특히 오토 마이어의 이론에 의하면 "경찰행정분야에 있어서는 법률상 근거 없이도 당연히 행정상 즉시 강제가 허용된다고 하였다"[3] 이러한 경찰상의 즉시 강제의 허용성의 기초는 자연법적 사상에 입각한 국가의 자기보전의 원리라는 배경으로 하고 있다. 그리고 경찰상의 즉시강제는 경찰권의 일반적 수권규정에 있는 것이지만 법치국가에 있어서는 경찰하명에 접속하는 강제집행이라는 형식이 즉시강제에 우선하기 때문에 일반적 수권규정으로부터 곧바로 즉시강제로 비약하기 위해서는 그것을 성낭화하는 특별한 근거가 있어야 한다. 그 근거로 민법 또는 형법상 정당방위 및 긴급피난의 법리와 같이 공공의 안녕 질서에 대한 급박한 위해가 존재하는 경우에는 구체적인 법률의 수권

---

1) 정하중, 한국의 행정상 강제집행제도의 개선방향, 공법연구 제24집 제3호(한국공법학회, 1996), 102면; 정혜욱, 행정상 즉시강제에 관한 연구, 경북대학교 법학연구원, 법학논고 제40집(2012.10), 284면.
2) 김도창, 행정법론(상), 청운사, 1983, 430면; 이상규, 신행정법론(상), 법문사, 1980, 382면.
3) O. Mayer, Deutsches Verwaltungsrecht, Bd. 1, 3, Aufl., Duncker & Humblot, Berlin 1924, S. 347

이 없이도 경찰상 즉시 강제를 인정할 수 있다고 하는 것이다.[1] 이러한 견해는 구체적인수권 규정에 결부시키지 않고, 경찰의 일반적 임무 내지 경찰 개괄조항으로부터 추론하려는 생각이 강해진 것은 경찰권의 법적 근거에 관한 법치주의가 완전히 적용되지 않았기 때문이고, 자연법에 의해 국가의 사명이나 목적 한도 내에서는 명령이나 강제를 할 수 있다고 믿었으며, 경찰에 관해서는 법령이 엄격한 규정을 두지 않고 포괄적 수권을 하는 것만으로도 법치주의가 요구하는 법률적 근거가 된다고 본 것이다. 또한 이러한 경우에는 입법의 불비를 보충하는 해석에 있어선 상당한 가치가 있으나 인권보장을 경시하게 된다. 비록 즉시강제가 공안의 유지라는 소극적 행정목적을 위한 필요불가결한 수단이라 하더라도 근대 법치국가 아래서는 인권에 대한 침해는 자연법적인 요구만을 근거로 할 수 없으며 오늘날 행정권의 강화에 따라 행정의 성질상 강제집행보다는, 예를 들어 불심검문·강제수용과 같은 즉시강제가 더욱 필요한 경우가 많기 때문에 실정법상 반드시 긴급권에 즉시강제의 근거를 둘 수 없는 것이다.[2]

### 1.2.2. 법적근거 필요설

법적근거 필요설은 행정상 즉시강제는 자연법적인 근거만 가지고는 용납될 수 없고, 행정상 강제집행의 경우와 같이 헌법 아래서 엄격한 법률의 근거를 필요로 한다. 법치국가 원리 및 법치행정, 행정의 법률적합성의 원칙을 근거로한 이론이다. 행정상 즉시강제는 형법의 긴급피난과 비슷한 것처럼 보이는 경우에 있어서도 실정법규에 의해 명확한 내용과 한계가 그어진 것이어야 하며, 법치국가적 실정화에 의해 비로소 그것이 허용되는 것이라고 보아야 한다.

### 1.2.3. 중간설

중간설은, 행정상 즉시강제를 임의적인 것과 강제적인 것으로 분류하면서, 강제적 수단이 아닌 임의적인 사실행위를 행함에 있어서는 따로 그 수단에 관한 특별한 법의 규정은 필요없다는 것이다.[3] 이 중간설에 대해서는, 임의적 수단과 강제적 수단이라는 것을 구별하는 것이 이론상으로는 가능하지만 실제로는 임의적 수단이라는 미명하에 준강제적(準强制的) 수단이 발동될 우려가 있다는 비판이 있다.[4]

---

1) 석종현, 일반행정법(상), 삼영사 2002, 481-482면
2) 윤세창, 행정법(상), 박영사, 1993, 253면
3) 서원우, 현대행정법론(상), 박영사, 1980, 594-595면.
4) 戶基男, 警察上の卽時强制と任意行爲, 公法硏究 第2 號, 1965, 216頁.

### 1.2.4. 소결

복잡하고 다양하게 변화하고 있는 현대 사회에서는 행정상 실효성을 확보하는 수단도 다양하다. 이러한 수단을 법적 근거에 의해서 집행한다면 목전에 급박한 경우에 실현하지 못하는 경우도 발생하게 된다. 특히 경찰업무를 공공안녕과 질서유지의 측면에서 비추어 볼 때 경찰상 행정목적을 달성하기란 더욱 어렵고 많은 문제가 발생하게 될 것이다. 따라서 즉시강제에 대한 이론적 근거로서는 개별적인 수단과 당시 상황에 있어서의 특별한 사정에 가치를 두어야 한다는 중간설이 합리적이다. 왜냐하면 (ㄱ) 행정상의 실효성을 확보하기 위한 즉시강제, 조치들을 하나도 빠짐없이 모두 법제화하기는 현실적으로는 어렵다. (ㄴ) 즉시강제를 행하는 데 있어서 지나친 재량권 행사는 남용될 가능성이 많고 일일이 법적 근거를 요한다는 것은 현실적인 행정목적의 달성에 있어서도 사실상 불가능하다. 따라서 즉시강제에 대해서 법적 근거가 필요 없고 임의적 수단으로 파악한다면 실무상 재량권이 남용될 우려가 있다. 또한 행정상 즉시 강제를 취함에 있어서 이론적, 자연법적 근거로는 부족하고 실정법상의 근거가 요구된다.

▶ 대판 2008. 11. 13, 2007도9794[1] 【폭력행위등처벌에관한법률위반(집단·흉기등상해)(인정된죄명 : 상해)·특수공무집행방해치상(인정된죄명 : 공무집행방해·상해)·공용물건손상】 충북 제천시 보양읍 주민들이 주민자치센터에서 서울시청 앞 광장에서 개최되려던 금지통보가 있었던 집회·시위에 참가하려고 그 예정시간보다 5시간 30분 전에 예정 장소로부터 약 150km 떨어진 곳에서 버스를 타고 이동하려 하였으나 경찰기관이 경찰관직무집행법(이하 '경직법'이라 한다) 제6조 제1항에 근거하여 원천봉쇄조치를 취하여 이에 대응하기 위해 주민들이 폭력을 행사하고 공공기물을 손괴하여 형사상 문제된 사안에서, 이러한 원천봉쇄조치는 경직법 제6조 제1항에 근거한 즉시강제이며 즉시강제는 엄격한 요건과 한계 안에서 예외적으로 허용되는 것이므로 이 조치는 공무원의 적법한 공무집행이라고 볼 수 없다고 하여 특수공무집행방해치상부분에 관하여 원심에 파기환송한 바 있다.[2] ☞ **이 판례는 2009년도 판례를 통해서도 재확인되고 있다.**[3]

---

1) 이 판례에 관한 평석으로 박이규, 집회·시위원천봉쇄와 공무집행방해죄 (2008. 11. 13. 선고, 2007도9794 판결; 공2008하, 1713), 대법원판례해설 제78호(2008년 하반기), 법원도서관, 2009. 7, 679면 이하 참조.

2) 대판 2008. 11. 13, 2007도9794【폭력행위등처벌에관한법률위반(집단·흉기등상해)(인정된죄명 : 상해)·특수공무집행방해치상(인정된죄명 : 공무집행방해·상해)·공용물건손상】 "경찰관직무집행법 제6조 제1항 중 경찰관의 제지에 관한 부분은 범죄의 예방을 위한 경찰 행정상 즉시강제에 관한 근거 조항이다. 행정상 즉시강제는 그 본질상 행정목적 달성을 위하여 불가피한 한도 내에서 예외적으로 허용되는 것이므로, 위 조항에 의한 경찰관의 제지 조치 역시 그러한 조치가 불가피한 최소한도 내에서만 행사되도록 그 발동·행사요건을 신중하고 엄격하게 해석하여야 한다. 그러한 해석·적용의 범위 내에서만 우리 헌법상 신체의 자유 등 기본권 보장 조항과 그 정

[판례평석] 이 판결은 경찰관직무집행법 제6조 제1항에 따른 범죄의 제지행위를 즉시강제로 이해하고 조치의 발동 및 행사요건을 밝혔고, 즉시강제에 대하여서도 시간적·장소적 근접성을 기준으로 즉시강제를 엄격하게 이해하여 기본권에 대한 과도한 침해가능성을 예방하려는 의지를 밝힌 점에서 의의를 갖는다.

▶ 대판 2012. 12. 13, 2012도11162 【공용물건 손상·도로교통법 위반(무면허운전)·공무집행 방해·상해·도로교통법 위반(음주측정 거부)】

【판시사항】 음주측정을 위하여 운전자를 강제로 연행할 때 준수하여야 하는 절차를 위반한 경우 위법한 체포에 해당하는지 여부(적극) 및 위법한 체포 상태에서 이루어진 음주측정요구에 불응한 행위를 음주측정거부에 관한 도로교통법 위반죄로 처벌할 수 있는지 여부(소극). 화물차 운전자인 피고인이 경찰의 음주단속에 불응하고 도주하였다가 다른 차량에 막혀 더 이상 진행하지 못하게 되자 운전석에서 내려 다시 도주하려다 경찰관에게 검거되어 지구대로 보호조치된 후 음주측정요구를 거부하였다고 하여 도로교통법 위반(음주측정거부)으로 기소된 사안에서, 제반 사정을 종합할 때 피고인을 지구대로 데려간 행위를 적법한 보호조치라고 할 수 없고, 그와 같이 위법한 체포 상태에서 이루어진 음주측정요구에 불응하였다고 하여 음주측정거부에 관한 도로교통법 위반죄로 처벌할 수는 없는데도, 이와 달리 보아 유죄를 선고한 원심판결에 법리오해 등 위법이 있다고 한 사례

【판결요지】 [1] 경찰관직무집행법 제4조 제1항 제1호(이하 '이 사건 조항'이라 한다)에서 규정하는 술에 취한 상태로 인하여 자기 또는 타인의 생명·신체와 재산에 위해를 미칠 우려가 있는 피구호자에 대한 보호조치는 **경찰 행정상 즉시강제**에 해당하므로, 그 조치가 불가피한 최소한도 내에서만 행사되도록 발동·행사 요건을 신중하고 엄격하게 해석하여야 한다. 따라서 이 사건 조항의 '술에 취한 상태'란 피구호자가 술에 만취하여 정상적인 판단능력이나 의사능력을 상실할 정도에 이른 것을 말하고, 이 사건 조항에 따른 보호조치를 필요로 하는 피구호자에 해당하는지는 구체적인 상황을 고려하여 경찰관 평균인을 기준으로 판단하되, 그 판단은 보호조치의 취지와 목적에 비추어 현저하게 불합리하여서는 아니 되며, 피구호자의 가족 등에게 피구호자를 인계할 수 있다면 특별한

---

신 및 해석 원칙에 합치될 수 있다. 구 집회 및 시위에 관한 법률(2007. 5. 11. 법률 제8424호로 개정되기 전의 것)에 의하여 금지되어 그 주최 또는 참가행위가 형사처벌의 대상이 되는 위법한 집회·시위가 장차 특정지역에서 개최될 것이 예상된다고 하더라도, 이와 시간적·장소적으로 근접하지 않은 다른 지역에서 그 집회·시위에 참가하기 위하여 출발 또는 이동하는 행위를 함부로 제지하는 것은 경찰관직무집행법 제6조 제1항의 행정상 즉시강제인 경찰관의 제지의 범위를 명백히 넘어 허용될 수 없다. 따라서 이러한 제지 행위는 공무집행방해죄의 보호대상이 되는 공무원의 적법한 직무집행이 아니다."

3) 대판 2009. 6. 11, 2009도2114.

사정이 없는 한 경찰관서에서 피구호자를 보호하는 것은 허용되지 않는다.

　　　[2] 경찰관직무집행법 제4조 제1항 제1호(이하 '이 사건 조항'이라 한다)의 보호조치 요건이 갖추어지지 않았음에도, 경찰관이 실제로는 범죄수사를 목적으로 피의자에 해당하는 사람을 이 사건 조항의 피구호자로 삼아 그의 의사에 반하여 경찰관서에 데려간 행위는, 달리 현행범체포나 임의동행 등의 적법 요건을 갖추었다고 볼 사정이 없다면, 위법한 체포에 해당한다고 보아야 한다.

　　　[3] 교통안전과 위험방지를 위한 필요가 없음에도 주취운전을 하였다고 인정할 만한 상당한 이유가 있다는 이유만으로 이루어지는 음주측정은 이미 행하여진 주취운전이라는 범죄행위에 대한 증거 수집을 위한 수사절차로서 의미를 가지는데, 도로교통법상 규정들이 음주측정을 위한 강제처분의 근거가 될 수 없으므로 위와 같은 음주측정을 위하여 운전자를 강제로 연행하기 위해서는 수사상 강제처분에 관한 형사소송법상 절차에 따라야 하고, 이러한 절차를 무시한 채 이루어진 강제연행은 위법한 체포에 해당한다.

## 2. 조리상의 한계
### 2.1. 장해(혹은 장애)의 현재성에 따른 한계

　[현재성에 따른 한계] 행정상 즉시강제는 막연한 미래에(언젠가는, 우연히) 발생될지 모르는 장애(혹은 장해)를 예견하여 발동될 수 없다. 장래에 있어서 언젠가는 위험이 발생할 것이라는 예측에 의한 즉시강제는 인정되지 아니한다. 특히 '잠재적 장애상황(latente Störung)'의 경우, 예를 들면 돼지양돈업이나 기타의 환경오염을 배출하는 시설이 현재는 그 주위에 아무런 거주전용건물이 없어서 손해를 야기할 가능성은 없으나, 다만 장래에 있어서 그 주위가 주거지역으로 변경되는 경우에는 주거지역의 주민들에 대한 건강 등의 법익의 감소를 야기하게 될 것이라는 상황은 경찰권개입을 정당화하는 요소가 될 수 없다. 이 경우에는 어떠한 위해(危害)도 장애(Störung)도 존재하지 않는 것이다.[1] 이는 미국법에서의 경찰권의 발동에 관한 이른바 '명백하고 현존하는 위험의 원칙(Clear and Present Danger Rule)'을 의미하는 것이다. 따라서 위험이 존재하지 않는 경우에는 구체적 위험의 발생이전에 부담적 조치를 허용하는 특별한 규정이 존재하지 않는 한 법적 근거의 결여로 인해 즉시강제를 할 수 없고 시민에게도 수인의무를 부과할 수 없다.[2] 행정상 즉시강제에서의 장해란 위험이 존재할 때에만 허용되는 것이 아니라 위험이 실현되었을 경우에도 허용된다. 현존하는 법익이 감소하는 경우, 또는 공공의 질서의 개념에 포함되는 사회규범에 대한 침해가 발생하여 계속되고 있는 경우, 따라서 장해가 존재하는 경우에는 당연히 허용

---

1) 류지태·박종수, 행정법신론, 981면.
2) Wolf-Rüdiger Schenke, 독일경찰법론, 서정범 역, 세창출판사, 1998, 55면.

되기 때문이다.1)

▶ 헌재결 2002. 10. 31, 2000헌가12【음반비디오물및게임물에관한법률 제24조 제3항 제4호 중 게임물에 관한 규정부분 위헌제청】행정상 즉시강제란 행정강제의 일종으로서 목전의 급박한 행정상 장해를 제거할 필요가 있는 경우에, 미리 의무를 명할 시간적 여유가 없을 때 또는 그 성질상 의무를 명하여 가지고는 목적달성이 곤란할 때에, 직접 국민의 신체 또는 재산에 실력을 가하여 행정상 필요한 상태를 실현하는 작용이며, 법령 또는 행정처분에 의한 선행의 구체적 의무의 존재와 그 불이행을 전제로 하는 행정상 강제집행과 구별된다. 행정강제는 행정상 강제집행을 원칙으로 하며, 법치국가적 요청인 예측가능성과 법적 안정성에 반하고, 기본권 침해의 소지가 큰 권력작용인 행정상 즉시강제는 어디까지나 예외적인 강제수단이라고 할 것이다. 이러한 <u>행정상 즉시강제는 엄격한 실정법상의 근거를 필요로 할 뿐만 아니라</u>, 그 발동에 있어서는 법규의 범위 안에서도 다시 행정상의 장해가 목전에 급박하고, 다른 수단으로는 행정목적을 달성할 수 없는 경우이어야 하며, 이러한 경우에도 <u>그 행사는 필요 최소한도에 그쳐야 함을 내용으로 하는 조리상의 한계에 기속된다</u>.

## 2.2. 필요성(소극목적에 의한 한계) - 최소침해의 원칙

[소극목적에 의한 한계] 보안 또는 행정보호의 목적달성을 위하여 꼭 필요할 것(소극목적에 의한 한계)이 요구된다. 행정상 즉시강제는 공공의 안녕질서를 유지하기 위하여 급박한 위험의 제거 내지 예방이라는 소극목적을 위해 발동되는 것이지 적극적인 행정목적을 위하여 행사 될 수 없다.2) 즉, 행정상 즉시강제는 경찰목적을 위한 것이라고 할 수 있다.3) 여기서 필요하다는 의미는 단순히 필요하다는 의미가 아니라, 필요한 것으로서 가장피해가 적은 것을 의미한다(최소침해의 원칙).4) 그러므로 여러 가지의 적합한 수단들 중에서 가장 피해가 적은 수단을 택해야 한다는 의미이다(필요성의 원칙). 행정상 즉시강제는 공공의 안녕질서를 유지하기 위하여 급박한 위험의 제거 내지 예방이라는 소극목적을 위해 발동되는 것이지 적극적인 행정목적을 위하여 행사 될 수 없다.5) ☞ **소극목적의 원칙**

[독일] 독일의 경우에는 직접강제법(<u>Gesetz über den unmittelbaren Zwang bei Ausübung öffentlicher Gewalt durch Vollzugsbeamte des Bundes(UZwG)</u>) 제4조 제1항(직접강제를 시행하는 집행공무원은 여러 가지 가능하고 적합한 수단 가운데 행정객체와

---

1) Wolf-Rüdiger Schenke, 독일경찰법론, 서정범 역, 세창출판사, 1998, 56면.
2) 석종현, 일반행정법(상), 489면.
3) 김재종, 행정상 즉시강제에 관한 연구, 조선대학교대학원 법학과 석사학위논문, 2001, 25면.
4) 헌재결 2002. 10. 31, 2000헌가12.
5) 석종현, 일반행정법(상), 489면). 즉, 행정상 즉시강제는 경찰목적을 위한 것이라고 할 수 있다.

공공의 이익에 최소한의 침해를 야기하는 것을 선택하여야 한다)[1]에서 이와 같은 원칙을 정하고 있다.

### 2.3. 급박성

[목전에 급박한 행정상의 장애] 행정상 즉시강제는 목전에 급박한 장해를 예방하기 위하여 발동될 수 있는 것이지 장래에 있어서(미래에) 언젠가 발생할지 모를 장해를 예견하여 발동될 수는 없다. 목전(目前)에 급박한 장해란 단순한 위험발생의 개연성 혹은 가능성이 존재하는 것으로서 족한 것이 아니라 합리적이고 객관적인 사실을 토대로 하여 건전한 사회통념상에 비추어 위험이 구체적으로 발생할 것이라고 거의 확실시 되는 경우를 의미한다. 이와같이 행정상 즉시강제의 발동요건은 행정적 장해가 목전에 급박하였을 것(목전에 급박한 행정상의 장애)이 요구된다.

### 2.4. 보충성(보충성의 원칙에 따른 한계)

[보충성의 원칙에 따른 한계] 다른 수단으로는 목적달성이 불가능할 것(보충성의 원칙에 따른 한계)이 요구된다.[2] 목전에 급박한 장해의 제거 내지 예방을 위한 수단 중 행정상 즉시강제수단보다 개인에 대하여 보다 경미한 침해를 가져오는 수단이 있다면 그 수단이 채택되어야 한다. 즉, 행정상 즉시강제는 구체적 사태를 종합적으로 판단해서, (ㄱ) 다른 위해방지조치를 내릴 시간적 여유가 없거나, (ㄴ) 다른 수단으로서는 행정목적을 달성할 수 없는 경우만 보충적으로 사용될 수 있다(보충성의 원리).[3] 먼저 다른 수단을 강구해보고, 그래도 안될 때, 즉시강제를 하라는 의미이다.

[경찰관직무집행법] 경찰관직무집행법 등 즉시강제에 관한 수권규정들은 다른 행정수단을 통해서는 행정목적을 달성하는 것이 불가능한 경우에만 이를 허용한다는 제한조건을 두고 있지 않다. 이러한 제한조건은 판례에서 찾아볼 수 있다. 대법원은 「경찰관직무집행

---

1) Gesetz über den unmittelbaren Zwang bei Ausübung öffentlicher Gewalt durch Vollzugsbeamte des Bundes(UZwG) § 4 Grundsatz der Verhätnismätßigkeit (1) Die Vollzugsbeamten haben bei der Anwendung unmittelbaren Zwanges unter mehreren möglichen und geeigneten Maßnahmen diejenigen zu treffen, die den einzelnen und die Allgemeinheit am wenigsten beeinträhtigen.
2) 목전에 급박한 장해의 제거 내지 예방을 위한 수단 중 행정상 즉시강제수단보다 개인에 대하여 보다 경미한 침해를 가져오는 수단이 있다면 그 수단이 채택되어야 한다. 즉, 행정상 즉시강제는 구체적 사태를 종합적으로 판단해서, (ㄱ) 다른 위해방지조치를 내릴 시간적 여유가 없거나, (ㄴ) 다른 수단으로서는 행정목적을 달성할 수 없는 경우만 보충적으로 사용될 수 있다(보충성의 원리).
3) 김철용, 행정상의 즉시강제, 고시계(1975.3), 49면.

법 제6조 제1항은 "경찰관은 범죄행위가 목전에 행하여지려고 하고 있다고 인정될 때에는 이를 예방하기 위하여 관계인에게 필요한 경고를 발하고, 그 행위로 인하여 인명·신체에 위해를 미치거나 재산에 중대한 손해를 끼칠 우려가 있어 긴급을 요하는 경우에는 그 행위를 제지할 수 있다."고 규정하고 있는데, 위 조항 중 경찰관의 제지에 관한 부분은 범죄의 예방을 위한 경찰 행정상 즉시강제 즉, 눈앞의 급박한 경찰상 장해를 제거하여야 할 필요가 있고 의무를 명할 시간적 여유가 없거나 의무를 명하는 방법으로는 그 목적을 달성하기 어려운 상황에서 의무불이행을 전제로 하지 아니하고 경찰이 직접 실력을 행사하여 경찰상 필요한 상태를 실현하는 권력적 사실행위에 관한 근거조항이다. 행정상 즉시강제는 그 본질상 행정 목적 달성을 위하여 불가피한 한도 내에서 예외적으로 허용되는 것이므로, 위 조항에 의한 경찰관의 제지 조치 역시 그러한 조치가 불가피한 최소한도 내에서만 행사되도록 그 발동·행사 요건을 신중하고 엄격하게 해석하여야 하고, 그러한 해석·적용의 범위 내에서만 우리 헌법상 신체의 자유 등 기본권 보장 조항과 그 정신 및 해석 원칙에 합치될 수 있다. 따라서 경찰관은 형사처벌의 대상이 되는 행위가 눈앞에서 막 이루어지려고 하는 것이 객관적으로 인정될 수 있는 상황이고, 그 행위를 당장 제지하지 않으면 곧 인명·신체에 위해를 미치거나 재산에 중대한 손해를 끼칠 우려가 있는 상황이어서, 직접 제지하는 방법 외에는 위와 같은 결과를 막을 수 없는 절박한 사태일 때에만 경찰관직무집행법 제6조 제1항에 의하여 적법하게 그 행위를 제지할 수 있고, 그 범위 내에서만 경찰관의 제지 조치가 적법한 직무집행으로 평가될 수 있는 것이다."[1]라고 한다.

---

1) 대판 2008. 11. 13, 2007도9794【폭력행위등처벌에관한법률위반(집단·흉기등상해)(인정된죄명: 상해)·특수공무집행방해치상(인정된죄명:공무집행방해·상해)·공용물건손상】헌법재판소도 같은 취지의 판단을 하고 있다: 헌재결 2002. 10. 31, 2000헌가12【음반비디오물및게임물에관한법률 제24조 제3항 제4호 중 게임물에 관한 규정부분 위헌제청】행정상 즉시강제란 행정강제의 일종으로서 목전의 급박한 행정상 장해를 제거할 필요가 있는 경우에, 미리 의무를 명할 시간적 여유가 없을 때 또는 그 성질상 의무를 명하여 가지고는 목적달성이 곤란할 때에, 직접 국민의 신체 또는 재산에 실력을 가하여 행정상 필요한 상태를 실현하는 작용이며, 법령 또는 행정처분에 의한 선행의 구체적 의무의 존재와 그 불이행을 전제로 하는 행정상 강제집행과 구별된다. 행정강제는 행정상 강제집행을 원칙으로 하며, 법치국가적 요청인 예측가능성과 법적 안정성에 반하고, 기본권 침해의 소지가 큰 권력작용인 행정상 즉시강제는 어디까지나 예외적인 강제수단이라고 할 것이다. 이러한 행정상 즉시강제는 엄격한 실정법상의 근거를 필요로 할 뿐만 아니라, 그 발동에 있어서는 법규의 범위 안에서도 다시 행정상의 장해가 목전에 급박하고, 다른 수단으로는 행정목적을 달성할 수 없는 경우이어야 하며, 이러한 경우에도 그 행사는 필요 최소한도에 그쳐야 함을 내용으로 하는 조리상의 한계에 기속된다.

## 2.5. 비례성(비례의 원칙[과잉금지의 원칙]에 의한 한계)

행정목적달성에 필요한 최소한도에 그칠 것이 요구된다. 불필요한 또는 필요 이상의 강제권발동은 위법이다(비례의 원칙[과잉금지의 원칙]에 의한 한계).[1] ☞ **과잉금지의 원칙(참새를 잡는데, 대포를 쏘지말라)**

즉시강제를 통해 침해되는 이익은 그것을 통해서 달성하고자 하는 공익과 상당한 비례관계에 있어야 한다는 것은 행정상 강제집행의 수단을 선택하는 기본원칙이다.[2] 우리나라의 경우에는 행정상 강제집행 또는 직접강제에 관한 일반법이 없어서 이러한 원칙에 대한 명문규정이 없지만, 독일의 경우에는 직접강제법(Gesetz üer den unmittelbaren Zwang bei Ausüung öfentlicher Gewalt durchVollzugsbeamte des Bundes : UZwG) 제4조 제2항(직접강제의 수단을 통해서 이루어질 것으로 예상되는 침해는 그것을 통해서 목적하는 결과와의 관계에서 명백하게 비례성을 벗어나서는 안된다 : Ein durch eine Maßnahme des unmittelbaren Zwanges zu erwartender Schaden darf nicht erkennbar außer Verhätnis zu dem beabsichtigten Erfolg stehen)에서 이를 규정하고 있다.

[과잉금지원칙(비례원칙)] 불가피하게 행정상 즉시강제수단이 활용되어야 하는 경우라 할지라도 그 수단은 비례원칙(과잉금지원칙)의 적용을 받아야 한다. 즉, 위해방지수단은 행정목적에 적합하고 유용한 수단을 선택하여야 하며(수단의 적합성), 또한 여러 적합한 수단 중에서도 최소한의 침해를 가져오는 수단을 선택하여야 하고(피해의 최소성), 침해의 정도와 상당한 비례가 유지되어야 한다(법익의 균형성). 따라서 즉시강제권을 발동하였다고 하더라도 행정위반상태가 멈추면 즉시 중지하여야 한다. 즉시강제로서 강제입원시킨 경우, 강제입원의 대가로서 적절한 치료가 행하여져야 한다. 범죄인이 아닌 정신질환자를 장기간 강제수용하여 자유를 박탈하면서 그에 적절한 치료를 보장하지 않는 것은 정실질환자를 정신병교도소에 넣는 것과 동일하므로 이는 비례원칙에 반한다.[3] 한편, 실정법은 이

---

1) 불가피하게 행정상 즉시강제수단이 활용되어야 하는 경우라 할지라도 그 수단은 비례의 원칙을 따라야 한다. 즉, 위해방지수단은 행정목적에 적합하고 유용한 수단을 선택하여야 하며(적합성의 원칙), 또한 여러 적합한 수단 중에서도 최소한의 침해를 가져오는 수단을 선택하여야 하고(필요성의 원칙), 침해의 정도와 상당한 비례가 유지되어야 한다(상당성의 원칙). 석종현, 일반행정법(상), 489면; 따라서 즉시강제권을 발동하였다고 하더라도 행정 위반상태가 멈추면 즉시 중지하여야 한다. 또한 강제입원의 대가로서 적절한 치료가 행하여 져야 한다. 법죄인이 아닌 정신질환자를 장기간 강제수용하여 자유를 박탈하면서 그에 적절한 치료를 보장하지 않는 것은 정신질환자를 정신병교도소에 감금하는 것과 동일하므로 이는 비례원칙에 반한다(박균성, 행정법론(상), 497면). 미국연방대법원은 '위험하지 않는 자를 적절한 치료 없이 단지 구금목적으로 강제입원시켜 두는 것은 위헌'이라고 판시하였다(O'connor v. Donaldson, 422 U.S. 563, 1975).
2) 설계경, 경찰권 발동의 근거와 한계, 외법논집, 제11집(2001), 23면.
3) 박균성, 행정법총론, 박영사, 2001, 370면.

를 명문화하기도 하는데, 경찰관직무집행법 제1조 제2항은 "이 법에 규정된 경찰관의 직권은 그 직무수행에 필요한 최소한도 내에서 행사되어야 하며 남용되어서는 아니된다."고 규정하고 있다.1)

▶ 현재성 : 막연한 미래에(언젠가는, 우연히) 발생될지 모르는 장애(장해)를 예견하여 발동될 수 없다.

▶ 필요성 : 보안 또는 행정보호의 목적달성을 위하여 꼭 필요할 것(소극 목적성에 의한 한계) ☞ **소극목적의 원칙**

▶ 급박성 : 행정적 장해가 목전에 급박하였을 것 ☞ **목전에 급박한 행정상의 장애**

▶ 보충성 : 다른 수단으로는 목적달성이 불가능할 것(보충성의 원칙에 따른 한계)

▶ 비례성 : 그 목적달성에 필요한 최소한도에 그칠 것. 불필요한 또는 필요 이상의 강제권발동은 위법이다(비례의 원칙[과잉금지의 원칙]에 의한 한계). ☞ **과잉금지의 원칙(참새를 잡는데, 대포를 쏘지말라)**

▶ 헌재결 2002. 10. 31. 2000헌가12 【음반비디오물및게임물에관한법률 제24조 제3항 제4호 중 게임물에 관한 규정부분 위헌제청】 행정강제는 행정상 강제집행을 원칙으로 하며, 법치국가적 요청인 예측가능성과 법적 안정성에 반하고, 기본권 침해의 소지가 큰 권력작용인 행정상 즉시강제는 어디까지나 예외적인 강제수단이라고 할 것이다. 이러한 행정상 즉시강제는 엄격한 실정법상의 근거를 필요로 할 뿐만 아니라, 그 발동에 있어서는 법규의 범위 안에서도 다시 행정상의 장해가 목전에 급박하고, 다른 수단으로는 행정목적을 달성할 수 없는 경우이어야 하며, 이러한 경우에도 그 행사는 필요 최소한도에 그쳐야 함을 내용으로 하는 조리상의 한계에 기속된다. … 수거된 불법게임물이 형사소송 등의 소송절차에서 증거물이 되는 경우 등에는 소송종결 전까지는 폐기되지 아니하며, 소송종결 이후에 검사의 지휘를 받는 등의 절차에 따라 폐기되고 있다. 따라서 이 사건 법률조항이 폐기의 근거를 마련하고 있다고 하여 그것만으로 이를 과도한 입법이라고 보기는 어렵다. … 이 사건 법률조항이 긴급성의 요건을 명시하지 아니하고 있고, 관계당사자에 대한 수거·폐기의 명령을 선택적으로 규정하고 있지도 아니하며, 수거뿐만 아니라 폐기까지 가능하도록 규정하고 있다 하여도, 피해의 최소성의 요건을 위반한 것으로는 볼 수 없다. … 이 사건 법률조항이 불법게임물의 수거 · 폐기에 관한 <u>행정상 즉시강제를 허용함으로써 게임제공업주 등이 입게 되는 불이익보다는 이를 허용함으로써 보호되는 공익이 더 크다고 볼 수 있으므로, 법익의 균형성의 원칙에 위배되는 것도 아니라 할 것이다.</u> … 이 사건 법률조항에 의한 행정상 즉시강제의 허용은 과잉금지의 원칙의 위배 여부를 판단함에 있어 고려되어야 할 목적의 정당성, 방법의 적정성, 피해의 최소성 및 법익의 균형성 등 모든 요건을 충족하였다고 보여지므로, 이 사건 법률조항이 과잉금지의 원칙에 위배하여 청구인의 재산권을 침해하였다고 볼 수 없다.2)

---

1) 김재종, 행정상 즉시강제에 관한 연구, 조선대학교대학원 법학과 석사학위논문, 2001, 25-26면.

[판례평석] 헌법재판소 결정은 통설적 즉시강제개념과 이론을 그대로 적용하고 있다. 헌재결정의 결과도 음반·비디오물및게임물에관한법률('음반법'이라 한다) 제24조 제3항 제4호 중 게임물의 수거·폐기조치를 즉시강제로 보고 그 근거법률인 음반법은 재산권, 재판청구권, 영장주의·적법절차원칙에 대한 위반이 없다고 한다. 다만 이러한 다수의견과 달리 수거에서 더 나아가 폐기까지 가능하게 한 것은, 피해의 최소성에 위반되므로 과잉금지원칙에 위반되는 과도한 입법이어서 헌법위반이라고 하는 권성, 주선회 재판관의 소수반대의견도 있다. 과잉금지의 원칙은 모든 국가작용을 기속하는 헌법원칙이므로, (ㄱ) 입법부는 입법 및 입법과정에 있어서 과잉입법금지의 원칙을 준수해야 하며, (ㄴ) 행정부는 행정처분을 함에 있어서 과잉처분금지의 원칙을 위반해서는 안되며, (ㄷ) 사법부인 법원의 법적용 및 판단 작용에 있어서의 과잉판결금지의 원칙(법관판결권의 한계)이 준수되어야 한다. 독일에서 판결은 독일국민의 이름(in dem Namen des Deutschen Volkes)으로 판결한다(법원의 정문앞에 흔히 새겨져 있음). 이와같이 판결은 '국민의 이름으로(in dem Namens des Volkes)'하는 것이므로 국민의 눈높이에 맞아야 할 것이다. 법관에게 부여한 판결권은 국민이 부여한 것이며, 따라서 법관의 판결권은 국민의 눈높이에 맞는 한도내에서 정의롭게 판결권을 행사해야 하는 것은 당연하다. '돌출판결'이나 '인기판결' 혹은 '자의(恣意)판결'이 용납되지 않는 이유가 여기에 있다.

## 3. 행정상 즉시강제의 절차법적 한계(행정상 즉시강제와 영장제도)

### 3.1. 개관

[우리나라] 헌법상 신체의 구속 등의 영장필요(헌법 제12조), 주거의 수색 등의 경우 영장필요(헌법 제16조) 함을 규정하고 있는 바, 행정작용의 경우에는 명문으로 규정하지 않은 까닭에[1] 개인의 신체나 재산에 실력을 가하는 즉시강제권을 행사할 경우 그 행정절차상 영장이 반드시 필요한가의 문제이다. 우리나라 헌법은 행정상 인신구속에 대한 영장

---

2) 판례집 14-2, 345, 353-358 - 반대의견(재판관 권 성, 주선회) : 행정상 즉시강제에 관한 실정법상의 근거를 둠에 있어서는 가능하면 그 허용범위를 최소한도로 하여 규정하여야 하므로, 행정상 즉시강제 중 대물적 강제의 근거조항을 설정함에 있어서 그 범위를 수거만이 아니라 폐기까지 확장하는 것이 정당화되려면 그 대상물을 즉시 폐기해야 할 필요성, 즉 폐기 자체의 독자적인 긴급성이 인정되어야만 한다. 이 사건이 경우 행정상 즉시강제의 발동을 요구하는 행정목적의 실현은 불법게임물의 수거만으로도 충분히 가능함에도 불구하고, 행정상 즉시강제의 근거조항에서 폐기까지 가능하도록 규정하고 있는 부분은 피해의 최소성의 요건에 위배되는 과도한 입법으로서 헌법에 위반된다(판례집 14-2, 345, 360). ☞ **과잉입법금지의 원칙 위반**
1) 독일기본법 제13조 제3항, 이탈리아헌법 제13조, 제14조, 프랑스헌법 제66조 등에서는 명문으로 행정절차에 의한 자유의 제한에 대한 예외규정을 두고 있다(김재종, 행정상 즉시강제에 관한 연구, 조선대학교대학원 법학과 석사학위논문, 2001, 26면).

제도를 규정하고 있지는 않으나 이에 관하여 학설이 대립하고 있다. 헌법 제12조 제3항은 '체포·구속·압수 또는 수색을 할 때에는 적법한 절차에 따라 검사의 신청에 의하여 법관이 발부한 영장을 제시하여야 한다. 다만, 현행범인의 경우와 장기 3년 이상의 형에 해당하는 죄를 범하고 도피 또는 증거인멸의 염려가 있을 때에는 법률이 정하는 바에 의하여 사후에 영장을 청구할 수 있다'고 규정하고 있다. 이는 원칙적으로 형사소송절차상의 인신의 구속 등에 적용되는 것이다.[1] 문제가 되는 점은 헌법상의 적법절차의 원칙이 형사절차 이외에 행정절차에도 적용되는가이다. 적법절차의 원칙은 헌법원칙이며, 따라서 모든 국가작용(staatliches Handeln)을 구속한다. 이는 입법작용·행정작용·사법작용 모든 국가작용영역에서 적용된다는 것을 의미한다. 따라서 행정상 즉시강제도 헌법원칙인 적법절차의 원칙을 준수하고, 이에 따라 행하여져야 한다. 그리고 행정법영역에서의 행정상 즉시강제절차는 경찰관직무집행법과 개별법에서 정하여지고 있는데, 행정상 즉시강제가 인신의 구속을 내용으로 하는 경우에는 보다 엄격한 절차가 정해져야 하는 것은 당연하다.[2]

[행정상 즉시강제에 관한 근거규정이 절차법적 성격을 가지고 있는가?] (행정상 즉시강제에 관한 근거규정의 절차법적 성격 유무) : 헌법재판소는 "재판청구권은 권리보호절차의 개설과 개설된 절차에의 접근의 효율성에 관한 절차법적 요청으로서, 권리구제절차 내지 소송절차를 규정하는 절차법에 의하여 구체적으로 형성·실현되며, 또한 이에 의하여 제한되는 것인바, 등급분류를 받지 아니하거나 등급분류를 받은 게임물과 다른 내용의 게임물을 발견한 경우 관계공무원으로 하여금 이를 수거·폐기하게 할 수 있도록 한 구 음반·비디오물및게임물에관한법률 제24조 제3항 4호 중 게임물에 관한 규정 부분은 <u>행정상 즉시강제에 관한 근거규정으로서 권리구제절차 내지 소송절차를 규정하는 절차법적 성격을 전혀 갖고 있지 아니하기 때문에, 위 법률조항에 의하여는 재판청구권이 침해될 여지가 없다.</u>"[3]고 하였다.

---

1) 김재종, 행정상 즉시강제에 관한 연구, 조선대학교대학원 법학과 석사학위논문, 2001, 28면.
2) 박균성, 행정법총론, 박영사, 2001, 370면.
3) 헌재결 2002. 10. 31. 2000헌마12 【음반비디오물및게임물에관한법률 제24조 제3항 제4호 중 게임물에 관한 규정부분 위헌제청】 불법게임물은 불법현장에서 이를 즉시 수거하지 않으면 증거인멸의 가능성이 있고, 그 사행성으로 인한 폐해를 막기 어려우며, 대량으로 복제되어 유통될 가능성이 있어, 불법게임물에 대하여 <u>관계당사자에게 수거·폐기를 명하고 그 불이행을 기다려 직접강제 등 행정상의 강제집행으로 나아가는 원칙적인 방법으로는 목적달성이 곤란하다고 할 수 있으므로, 이 사건 법률조항의 설정은 위와 같은 급박한 상황에 대처하기 위한 것으로서 그 불가피성과 정당성이 인정된다.</u> 또한 이 사건 법률조항은 수거에 그치지 아니하고 폐기까지 가능하도록 규정하고 있으나, 이는 수거한 불법게임물의 사후처리와 관련하여 폐기의 필요성이 인정되는 경우에 대비하여 근거규정을 둔 것으로서 실제로 폐기에 나아감에 있어서는 비례의 원칙에 의한 엄격한 제한을 받는다고 할 것이므로, 이를 두고 과도한 입법이라고 보기는 어렵다. 따라서 이 사건 법률조항은 피해의 최소성의 요건을 위반한 것으로는 볼 수 없고, 또한 이 사건 법률조

### 3.2. 외국의 예

[독일] (독일연방헌법) : 독일은 제2차 세계대전 후의 독일기본법(연방헌법)에서 종래의 행정기관에 의한 인신의 자유의 박탈 및 주거의 수색을 금지하고 인신의 자유의 박탈 및 주거의 수색의 경우에 재판관의 사전관여가 필요함을 명문으로 규정하고 있다. 독일기본법 제2조 제2항에서는 "누구든지 생명권과 신체적 훼손을 받지 않을 권리를 가진다. 신체의 자유는 침해되면 아니 된다. 이 권리는 오직 법률에 근거하여 침해될 수 있다(Jeder hat das Recht auf Leben und körperliche Unversehrtheit. Die Freiheit der Person ist unverletzlich. In diese Rechte darf nur auf Grund eines Gesetzes eingegriffen werden.). 여기서 법률에 근거하여의 의미는 형식적 의미의 법률에 의하거나, 실질적 의미의 법률(행정입법)을 의미한다. (연방헌법상 즉시강제의 근거조항) : 독일기본법 제13조에서는 일반적인 영장제도를 채택하고 있으나, 주거의 수색은 법관만이 명할 수 있고 긴급 시에는 법률에 정한 기관만이 법률에 정한 절차에 따라 행할 수 있다고 규정하고 있다(제13조 제2항 : Durchsuchungen dürfen nur durch den Richter, bei Gefahr im Verzuge auch durch die in den Gesetzen vorgesehenen anderen Organe angeordnet und nur in der dort vorgeschriebenen Form durchgeführt werden.). 한편 Bonn(본)기본법(독일연방헌법)[1] 제13조 제6항에서는 일정한 위험을 제거하기 위한 경우 즉 공공의 위험이나 국민의 신체·생명의 위험을 제거하기 위한 경우 또한 법률의 근거에 의하여 공공안녕과 질서에 대한 목전의 급박한 위해를 방지하고 주택난을 제거하고 전염병의 위험을 방지(퇴치)하거나 위험에 처한 청소년을 보호하는 경우에는 주거의 침입을 인정하는 예외규정을 두고 있다(Eingriffe

---

항이 불법게임물의 수거·폐기에 관한 행정상 즉시강제를 허용함으로써 게임제공업주 등이 입게 되는 불이익보다는 이를 허용함으로써 보호되는 공익이 더 크다고 볼 수 있으므로, 법익의 균형성의 원칙에 위배되는 것도 아니다. 결국 이 사건 법률조항에 의한 행정상 즉시강제의 허용은 과잉금지의 원칙의 위배 여부를 판단함에 있어 고려되어야 할 목적의 정당성, 방법의 적정성, 피해의 최소성 및 법익의 균형성 등 모든 요건을 충족하였다고 보여지므로, 위 법률조항이 과잉금지의 원칙에 위배하여 청구인의 재산권을 침해하였다고 볼 수 없다.

1) 제2차세계대전에서 패한 독일이 서독과 동독으로 양분되자, 서독 헌법의 아버지들은 분단된 독일이 다시 (재)통일(Wiedervereinigung)되기 이전에는 헌법(Verfassung)이라는 용어를 사용하지 말고 기본법(Grundgesetz)이라고 부르자고 약속을 하였다. 이리하여 독일기본법 혹은 당시 독일의 수도인 본(Bonn)의 명칭을 붙여서 본(Bonn) 기본법(Bonner Grundgesetz)이라고 불렀다. 지금은 독일이 통일 되었으니 주헌법(州憲法)과 구별하여, 독일연방헌법(독일은 연방국가)이라고 부르는 것이 독자들이 이해하기 쉬울 것이다. 그러나 법률용어의 관습적인 사용례에 따라 아직도 독일 기본법 혹은 본(Bonn)기본법이라고 부른다. Exekutive(집행) = Gubernative(통치)+Administative(행정)의 의미이므로 집행부라고 불러야 할 것을 행정부라고 부르는 것과 마찬가지이다. 독일 헌정사(憲政史)는 김백유, 헌법총론, 도서출판 한성, 참조할 것.

und Beschränkungen dürfen im übrigen nur zur Abwehr einer gemeinen Gefahr oder einer Lebensgefahr für einzelne Personen, auf Grund eines Gesetzes auch zur Verhütung dringender Gefahren für die öffentliche Sicherheit und Ordnung, insbesondere zur Behebung der Raumnot, zur Bekämpfung von Seuchengefahr oder zum Schutze gefährdeter Jugendlicher vorgenommen werden.). 그리고 독일기본법 제104조 제2항은 '자유박탈의 허용 및 계속에 대하여는 법관만이 결정하여야 한다. 법관의 명령에 근거하지 않는 자유박탈에 있어서는 지체 없이 법관의 결정을 구하여야 한다. 경찰은 자기의 권능에 근거하여 누구라도 체포의 익일을 초과하여 자기의 구금하에 둘 수 없다. 구체적 내용은 법률로 정한다(Über die Zulässigkeit und Fortdauer einer Freiheitsentziehung hat nur der Richter zu entscheiden. Bei jeder nicht auf richterlicher Anordnung beruhenden Freiheitsentziehung ist unverzüglich eine richterliche Entscheidung herbeizuführen. Die Polizei darf aus eigener Machtvollkommenheit niemanden länger als bis zum Ende des Tages nach dem Ergreifen in eigenem Gewahrsam halten. Das Nähere ist gesetzlich zu regeln.)'라고 규정하고 있다. 이 규정은 인신의 자유에의 구속이 형사법상의 것(사법작용)이 경우뿐만 아니라 행정상의 것(행정작용)인 경우에도 적용된다. 물론 인신구속의 신청은 행정기관에 의해 행하여진다. 독일기본법(연방헌법)이 이러한 규정을 둔 것은 나치 하에서 공익이라는 이름 아래 인신의 자유가 유린된 경험에서부터 연유된다. 긴급시의 일시적인 구속에는 행정기관이 결정할 수 있도록 하는 예외를 인정하고 있지만, 지체 없이 법관의 결정을 받아야 하고, 법관의 인신구속의 명령을 받지 못한 경우에는 인신의 구속을 해제하여야 한다.

[영국] 영국에서는 인신보호영장제가 보통법상 인정되고 있는데, 이는 구금자에 대하여 구금의 이유를 붙여 피구금자의 인신을 법원에 출두시키는 것을 명하는 국왕의 영장이다. 이에 의하여 법원은 구금의 가부를 심하고 이유 없다고 판정할 때에는 즉시 구금을 해제하여야 한다.[1]

[미국] 미국에서는 미국수정헌법 제4조는 상당한 이유 없이 사람의 신체, 주거, 서류 등은 압수, 수색될 수 없다. 체포영장은 범죄사실에 대한 상당한 근거가 있을 때만 발부된다는 취지로 규정하고 있다. 또한 미국수정헌법 제14조 제1항은 "<u>적법절차에 의하지 아니하고는 누구도 생명, 자유, 재산을 박탈당하지 않는다.</u>"고 규정하고 있는데, 이에 대하여 행정권에 부과된 법집행의 필요성을 강조하여 영장의 필요여부는 구체적이고 개별적인 사안에 따라 합리적으로 조절되어야 한다는 견해와 사생활의 자유 및 불가침의 가치와 경찰국가의 위험성을 강조하고 영장 없는 수색은 극히 제한된 특별한 사정이 있는 경우를 제외하

---

[1] 김재종, 행정상 즉시강제에 관한 연구, 조선대학교대학원 법학과 석사학위논문, 2001, 26-27면.

고는 허용될 수 없다는 견해가 대립하고 있다.1) 적법절차원칙의 의미 및 내용은 형사문제에서 절차법과 실체법의 양면에서 적정성을 요구할 뿐만 아니라 형사문제 이외의 영역까지 폭넓게 확대 적용되고 있는 것이 미국판례의 입장이다.2)

### 3.3. 학설
#### 3.3.1. 영장불요설(소극설)

영장불요설은 헌법의 영장주의에 관한 규정은 연혁적으로 볼때, 형사사법권의 남용으로부터 국민의 자유권을 보장함을 목적으로 발전하였으므로 행정목적수행을 위한 행정상 즉시강제에는 영장주의의 적용이 필요없다고 보는 견해이다. 여기에는, (ㄱ) 즉시강제는 계고·하명 등이 선행될 수 없는 목전에 급박한 장해의 제거를 목적으로 발동되는 것이므로 영장을 필요하게 하는 것은 즉시강제의 개념을 사실상 부인하는 결과가 되고 영장주의 본래의 취지를 상실하게 할 염려가 있다(박윤흔)고 보는 견해, 혹은 (ㄴ) 헌법의 영장주의에 관한 규정은 연혁적으로 볼 때 국가의 형사사법권의 남용으로부터 국민의 자유권을 보장함을 목적으로 발전하였으므로 행정목적 수행을 위한 행정상 즉시강제에는 적용이 없다(문홍주)고 보는 견해 등이 있다. 이와같이 이 견해는 목전의 급박한 행정상의 장애나 위해를 제거할 목적으로 하는 행정강제조치에 일일이 법관의 영장을 요한다는 것은 헌법이 예상한 바도 아니고 행정이나 사법의 목적에도 반하는 것이 된다고 한다. 즉시강제는 위에서 언급한바와 같이 하명·계고(Androhung) 등이 선행될 수 없는 급박한 상태에서 발동되는 것이므로 영장을 요하게 하는 것은 즉시강제의 개념을 사실상 부인하는 것이고, 즉시강제가 남용될 가능성이 크다하여 이론적으로 무리하게 사전영장주의를 요구하는 것보다는 오히려 행정상 즉시강제의 영역을 제한하는 것이 중요하다고 한다. 헌법상 사후영장에 의할 수 있는 예외가 즉시강제에서는 거의 적용될 여지가 없다는 점, 행정경찰은 물론이요, 보안경찰의 경우에도 미리 사실상 업무상 특별감독관계가 성립되어 있는 점, 모든 즉시강제에 영장주의를 관철하는 것은 결국 즉시강제를 부정하게 된다는 점, 현행의 즉시강제 수단 중에는 그것이 권리나 이익을 침해하는 강제수단이기보다는 국민개개인의 보호수단으로 볼 수 있는 것이 있다는 점에서 볼 때 행정상 즉시강제에서는 영장이 불필요하다.3) 그러나 이러한 견

---

1) 이경철, 행정상 즉시강제와 인권보장에 관한 연구, 중앙대학교대학원 법학석사학위논문, 1990.8, 51-52면.
2) 이경철, 행정상 즉시강제와 인권보장에 관한 연구, 중앙대학교대학원 법학석사학위논문, 1990.8, 52-60면.
3) 헌재결 2002. 10. 31, 2000헌가12 【음반·비디오물 및 게임물에 관한 법률 제24조 제3항 제4호 중계임물에 관한 규정 부분 위헌 제청】 이 사건 법률조항은 앞에서 본바와 같이 급박한 상황에 대처하기 위한 것으로서 그 불가피성과 정당성이 충분히 인정되는 경우이므로, 이 사건 법률조

해는 우선, 국민의 권리보호라는 관점 및 영장주의를 규정한 헌법 제12조, 제16조는 형사사법권의 발동에만 적용되어야 한다는 규정도 없다는 점에 의문이 있다.

### 3.3.2. 영장필요설(적극설)

　　형사사법작용과 행정상 즉시강제는 그 성질에 있어서나 추구하는 직접목적은 다르나 신체·재산에 대한 실력의 행사인 점에서는 같고, 실제로 양자는 결부되어 행사되는 경우가 많으므로, 영장이 형사사법권의 행사에만 필요하다고 한다면, - 실제적인 형사사법의 목적을 숨기고 -, 행정상 즉시강제라는 명목으로 영장없이 형사사법상의 목적을 달성할 수 있으므로, 이는 행정상 즉시강제를 오용하는 것이며, 이는 결국 헌법상의 영장주의(헌법 제12조, 헌법 제16조)를 침해하는 결과를 가져오게 될 것이므로, 행정상 즉시강제에도 반드시 영장을 필요로 한다고 한다. 이 견해는, 행정작용과 사법작용인 형사작용은 성질상 서로 다르지만 결과적으로 볼 때 국민의 기본권을 강제적 수단에 의거하여 침해한다는 점에서는 일치하므로 근대헌법의 취지로 보다 그 보호되어야 할 법익은 이 양자에 동일하게 존재한다고 이해를 하여 행정상 즉시강제에 있어서도 당연히 헌법상에 규정된 영장주의가 적용되어야 한다고 한다는 것이다. 결론적으로 영장필요설의 입장에 의하면, 헌법은 형사의 경우와 행정의 경우를 구분하지 않고 영장주의를 규정하고 있으므로 영장제도는 형사작용인가 행정작용인가를 불문하고 적용된다는 입장이다. 특히 영장필요설의 입장은 「헌법상의 명문규정이 없으므로 영장이 불필요하다는 견해는 헌법규정의 뜻을 부당하게 축소해석하여 헌법의 기본권보장의 취지를 몰각하게 되며, 따라서 영장주의는 형사사법절차에만 적용되는 것이 아니고 행정절차에도 적용되는 것으로 보아야 한다. 왜냐하면 형사사법작용과 즉시강제는 직접의 목적은 다르나 신체·재산에 대한 실력의 행사인 점에서 같고, 실제로 양자는 결부되어 행사되어지는 경우가 많으므로 영장이 형사사법권의 행사에만 필요하다면 형사사법의 목적은 영장 없는 즉시강제의 명목으로 달성될 수 있게 되고 결국 영장에 관한 헌법규정은 실효를 거두지 못하게 될 것이기 때문이다. 따라서 이 견해는 **행정목적을 위한 것이라도 주거의 출입, 신체나 주거의 수색을 위해서는 영장이 필요하며**, 형사와 행정이 목적에서 차이를 가져도 기본권보장의 취지는 같다.」는 점을 그 이유로 한다. 이와같이 행정상 즉시강제에 있어서 만일 법관이 발하는 영장을 요하지 않는다고 한다면 - 위에서 언급한 바와 같이 - 즉시강

---

항이 영장없는 수거를 인정한다고 하더라도 이를 두고 헌법상 영장주의에 위배되는 것으로는 볼 수 없고, 위 구 음반·비디오물 및 게임물에 관한 법률 제24조 제4항에서 관계공무원이 당해 게임물 등을 수거한 때에는 그 소유자 또는 점유자에게 수거증을 교부하도록 하고 있고, 동조 제6항에서 수거 등 처분을 하는 관계공무원이나 협회 또는 단체의 임·직원은 그 권한을 표시하는 증표를 지니고 관계인에게 이를 제시하도록 하는 등의 절차적 요건을 규정하고 있으므로, 이 사건 법률조항이 적법절차의 원칙에 위배되는 것으로 보기도 어렵다.

제를 빙자하여 형사상의 범죄수사가 사법적 절차적인 아무런 통제도 받지 않고서 행해질 우려가 있다고 한다.[1] 그러나 이 견해는 영장불필요설에 대한 비판의 대상이 되었던 내용은 해결하였지만, 행정상 즉시강제의 본래적 의미를 충분히 살리지 못한 단점이 있다.

### 3.3.3. 절충설
a) 절충 제1설(영장필요를 원칙으로 하나 예외적으로 영장주의 배제)

영장주의는 형사사법권의 행사 뿐만 아니라 행정상 즉시강제권의 발동에도 동일하게 적용되어야 하며, 따라서 원칙적으로 적극설(영장필요설)이 타당하나, 다만 행정강제의 특질을 무시할 수 없으므로, (ㄱ) 「행정목적달성에 불가피하다고 인정할만한 합리적인 이유가 있는 특수한 경우에 한하여,[2] 또는 행정상 즉시강제의 원인이, (ㄴ) 「목전의 긴급한 장애의 제거를 위하여 미리 의무를 명할 여유가 없는 때」인 경우에는,[3] 영장주의의 적용을 받지 아니하는 강제조치를 인정할 수밖에 없다고 한다. 이 설이 타당하다.

[김남진·김연태교수의 견해] 급박한 장애를 제거하기 위한 경우로서 성질상 법관의 영장을 사전에 구할 수 없는 경우, 범죄수사와 관계가 없는 즉시강제에는 반드시 법관의 영장을 요하는 것으로 볼 수 없고 신분증 등 증표의 제시로 족하며(약사법 제69조 제2항 등 참조), 그러나 성질상 미리 의무를 명하는 것으로는 행정목적을 달성할 수 없는 경우에 행하는 광의의 즉시강제에 대해서는 원칙적으로 사전영장이 요구된다는 것이 다수설(절충설)이며 타당하다.[4]

b) 절충 제2설(영장불필요를 원칙으로하나, 예외적으로 영장주의 채택)

이 견해는 행정상 즉시강제는 원칙적으로 소극설(영장불필요설)이 타당하나 다만, 그것이, (ㄱ) 형사절차의 일환으로서 행하여지는 경우에는 예외적으로 적용된다'[5]고 보는 견해, (ㄴ) 하나의 조치가 행정상 즉시강제와 형사책임추급의 '양목적으로 행사되는 경우'에는 형사책임추급(조세범처벌법상의 임검·수색 등) 쪽에서는 형사사법권의 발동이므로 영장을 요한다고 보는 견해가 있다.

---

1) 김기범, 헌법강의, 142-143면.
2) 김도창, 행정법론(상), 537면; 서원우(상), 597-598면; 김동희, 행정법(I), 457면; 박윤흔, 행정법강의(상), 624면; 석종현, 일반행정법(상), 491면.
3) 김기범, 한국헌법, 165면; 이상규, 신행정법론(상), 553면; 김남진·김연태, 행정법(I), 507면.
4) 김남진·김연태, 행정법(I), 507면.
5) 윤세창, 행정법(상), 1978, 254면.

c) 소결

　　헌법상(제12조[신체의자유] · 제16조[주거에 대한 압수수색])의 영장주의는 국민의 기본권을 보장하려는 것이기 때문에 행정상 즉시강제에도 적용되어져야 함이 당연하나 예외적으로 행정목적(목전에 급박한 행정상의 장애를 제거하기 위하여 의무를 명할 시간적인 여유가 없거나, 의무를 명해서는 본래의 행정목적을 달성할 수 없을 때)의 달성을 위하여 불가피하게 인정할 만한 합리적 자유가 있는 경우에 한하여 영장주의의 적용을 받지 않는다는 절충설(절충 제1설)이 타당하다.[1] 다만 절충설 가운데서도 절충 제2설인 '행정상 즉시강제의 성질상' 원칙적으로는 영장주의가 적용될 수 없겠으나 즉시강제가 형사절차의 일환으로서 행하여지는 경우에 예외적으로 적용된다는 견해는 국민의 권리보호라는 측면에서는 미비한 견해이기 설득력이 없다(타당하지 않다). 왜냐하면 그 동안 행정상 즉시강제에 의한 인신구속 등에 있어서 행정권의 남용에 의해 국민의 기본권이 침해된 사례(즉시강제라는 명목으로행하는 불심검문의 남용 및 신체의 자유 침해)가 많았던 점[2]에서 더욱 그러하다. 더 나아가 적어도 즉시강제가 형사책임의 추궁과 관련을 갖는 것으로서 침해가 계속되거나 개인의 신체 · 재산 · 가택에 중대한 침해를 가할 수도 있는 경우에는 반드시 사후영장을 필요로 한다.[3] 결론적으로 긴급한 필요[4]가 있는 경우에는 행정기관에 의한 즉시강제를 가능한 것으로 하되 법원에 의한 사후적 통제제도를 확립하여야 할 것이다.[5]

　　[허영교수의 견해] 허영교수는, 영장주의는 국민의 생활공간에 대한 국가의 부당한 침해를 방지함으로서 국민의 사생활을 보호하기 위한 것이므로 형사상의 목적에 의한 것은 물론이고 행정상의 목적 또는 사법상의 목적에 의한 주거침해의 경우에도 마땅히 존중되어야 한다. 그러나 주거침해가 언제나 주거에 대한 압수나 수색을 뜻하는 것이 아니기 때문에 이른바 가택수색에 해당되지 않는 단순한 주거제한의 경우에는 영장주의가 필요 없고 법치국가적 요청을 충족시키면 된다. 따라서 국내 헌법학자들 간에 영장필요설, 영장불필요설, 절충설 등은 이점에 대한 문제의 본질을 바르게 이해하는 경우에는 무의미한 논쟁이라고 보고 있다.[6]

---

1) 행정상 즉시강제 수단 중 경찰관직무집행법상 보호조치(제4조) · 위험발생방지 등(제5조)은 영장 없이 이루어지는 강제처분이다(김춘환, 행정법강의 I, 조선대학교출판부, 2000, 556면).
2) 불심검문으로 인한 기본권 침해에 대한 구체적 사례는 형사정책연구원, 불심검문의 실태와 개선방안(1999.10), 131-199면.
3) 김춘환, 행정법강의 I, 조선대학교출판부, 2000, 556면; 홍정선, 행정법원론(상), 박영사, 2001, 510면.
4) 과세처분에 의하여 입은 손해는 배상청구가 가능하므로 그 처분을 정지함에 회복할 수 없는 손해를 피하기 위하여 긴급한 사유가 있는 경우에 해당하지 아니한다(대결 1971. 1. 28, 70두7).
5) 박균성, 행정법총론, 박영사, 2001, 372면.
6) 허영, 한국헌법론, 박영사, 1998, 359면.

### 3.4. 판례(절충설)

대법원은 "사전영장주의는 인신보호를 위한 헌법상의 기속원리이기 때문에 인신의 자유를 제한하는 모든 국가작용의 영역에서 존중되어야 하지만, 헌법 제12조 제3항 단서도 사전영장주의의 예외를 인정하고 있는 것처럼 사전영장주의를 고수하다가는 도저히 행정목적을 달성할 수 없는 지극히 예외적인 경우에는 형사절차에서와 같은 예외가 인정되므로, 구 사회안전법 제11조 소정의 동행보호 규정은 재범의 위험성이 현저한 자를 상대로 긴급히 보호할 필요가 있는 경우에 한하여 단기간의 동행보호를 허용한 것으로서 그 요건을 엄격히 해석하는 한, 동 규정 자체가 사전영장주의를 규정한 헌법규정에 반한다고 볼 수는 없다."고 판시하여 절충설에 입각하고 있다.[1]

[사례] '甲은 乙이 경영하는 식당에서 손님과 동석하여 술을 마시고 팁만을 받는 종업원으로 근무하여 왔다. 경찰관 丙은 관내 숙박업소에 대한 임검을 실시하던 중 이를 발견하고, 갑에 대한 수용보호를 의뢰하여 서울시립여자기술원에서 갑의 신병을 인수하여 강제로 경찰서 보호실에 유치하였으나 경찰서의 보호실은 철창으로 된 방으로 되어있어 그 장소에 유치되는 사람은 자유롭게 외부로 나갈 수 없도록 통제되고 있었다. 이 경우 갑은 손해배상을 청구할 수 있는가?

[해설] 경찰관직무집행법 제4조 제1항, 제4항의 규정에 의하면 경찰서 보호실에의 유치는 정신착란자, 주취자, 자살기도자 등 응급의 구호를 요하는 자를 24시간을 초과하지 아니하는 범위 내에서 경찰관서에서 보호조치하기 위한 경우에만 제한적으로 허용될 뿐이라고 할 것이어서 … 그들을 경찰서 보호실에 유치하는 것은 영장주의에 위배되는 위법한 구금이라고 할 것이므로 위 경장 丙이 위 원고 갑을 경찰서 보호실에 유치한 것은 불법구금행위로서 위법하다. 따라서 구 윤락행위등방지법 및 같은 법시행령 등 관계 규정에 의하더라도 위 법 소정의 요보호여자에 대한 수용보호 처분은 오로지 보호지도소 측에서 할 수 있도록 되어 있고, 보호지도소에서 위 법 소정의 요보호여자를 수용할 때까지 경찰관서에서 요보호여자를 경찰서 보호실에 강제로 유치할 수 있는 아무런 근거 규정이 없을 뿐 아니라 원고 갑은 구 윤락행위등방지법 소정의 요보호여자에 해당하지도 아니하므로 위 경장 이우근이 요보호여자에 해당하지도 않는 위 원고를 서울시립여자기술원측에서 신병을 인수하여 갈 때까지 경찰서 보호실에 강제로 유치한 것이 영장주의의 적용이 배제되는 행정상의 즉시강제에 해당하며 그 강제집행은 위법하다'.[2]

▶ 헌재결 2002. 10. 31. 2000헌가12 【음반·비디오물 및 게임물에 관한 법률 제24조 제3항 제4호 중게임물에 관한 규정 부분 위헌 제청】 영장주의가 행정상 즉시강제에도 적용되는지에 관하여는 논란이 있으나, 행정상 즉시강제는 상대방의 임의이행을 기다릴 시간적

---

1) 대판 1997. 6. 13, 96다56115 【손해배상(기)】
2) 대판 1998. 2. 13, 96다28578 【손해배상(기)】

여유가 없을 때 하명 없이 바로 실력을 행사하는 것으로서, 그 본질상 급박성을 요건으로 하고 있어 법관의 영장을 기다려서는 그 목적을 달성할 수 없다고 할 것이므로, 원칙적으로 영장주의가 적용되지 않는다고 보아야 할 것이다. 만일 어떤 법률조항이 영장주의를 배제할 만한 합리적인 이유가 없을 정도로 급박성이 인정되지 아니함에도 행정상 즉시강제를 인정하고 있다면, 이러한 법률조항은 이미 그 자체로 과잉금지의 원칙에 위반되는 것으로서 위헌이라고 할 것이다. 이 사건 법률조항은 앞에서 본바와 같이 급박한 상황에 대처하기 위한 것으로서 그 불가피성과 정당성이 충분히 인정되는 경우이므로, 이 사건 법률조항이 영장 없는 수거를 인정한다고 하더라도 이를 두고 헌법상 영장주의에 위배되는 것으로는 볼 수 없다.

▶ 대판 1997. 6. 13, 96다56115【손해배상(기)】 사전영장주의는 인신보호를 위한 헌법상의 기속원리이기 때문에 인신의 자유를 제한하는 모든 국가작용의 영역에서 존중되어야 하지만, 헌법 제12조 제3항 단서도 사전영장주의의 예외를 인정하고 있는 것처럼 사전영장주의를 고수하다가는 도저히 행정목적을 달성할 수 없는 지극히 예외적인 경우에는 형사절차에서와 같은 예외가 인정되므로, 구 사회안전법(1989. 6. 16. 법률 제4132호에 의해 '보안관찰법'이란 명칭으로 전문 개정되기 전의 것) 제11조 소정의 동행보호규정은 재범의 위험성이 현저한 자를 상대로 긴급히 보호할 필요가 있는 경우에 한하여 단기간의 동행보호를 허용한 것으로서 그 요건을 엄격히 해석하는 한, 동 규정 자체가 사전영장주의를 규정한 헌법규정에 반한다고 볼 수는 없다.[1]

## V. 행정상 즉시강제의 수단

### 1. 대인적(對人的) 강제

#### 1.1. 개관

대인적 강제는 사인의 신체에 실력을 가하여 행정상 필요한 상태를 실현시키는 행정작용이다. 이는 개인의 신체에 실력을 가하여 행정상 필요한 상태를 실현시키는 행정상 즉

---

[1] 대판 1997. 6. 13, 96다56115【손해배상(기)】 우리 헌법이 채택하고 있는 의회민주주의하에서 국회는 다원적 의견이나 각가지 이익을 반영시킨 토론과정을 거쳐 다수결의 원리에 따라 통일적인 국가의사를 형성하는 역할을 담당하는 국가기관으로서 그 과정에 참여한 국회의원은 입법에 관하여 원칙적으로 국민 전체에 대한 관계에서 정치적 책임을 질 뿐 국민 개개인의 권리에 대응하여 법적 의무를 지는 것은 아니므로, 국회의원의 입법행위는 그 입법 내용이 헌법의 문언에 명백히 위반됨에도 불구하고 국회가 굳이 당해 입법을 한 것과 같은 특수한 경우가 아닌 한 국가배상법 제2조 제1항 소정의 위법행위에 해당된다고 볼 수 없다.

시강제를 말하는 것으로 이는 다시 경찰법규상 대인적 강제수단, 각 단행법상 대인적 강제수단으로 구분된다.

### 1.2. 종류
#### 1.2.1. 경찰관직무집행법상의 대인적 강제

불심검문(질문 및 동행요구; 제3조), 구호를 요하는 자의 보호조치(제4조), 위험발생방지조치(경고·압류 또는 피난조치; 제5조), 범죄의 예방 및 제지(제6조), 가택·선차에의 출입(제7조), 장구사용(제10조의2) 및 무기사용(제11조)이 있다.

#### 1.2.2. 경찰관직무집행법 이외의 각 단행법상의 대인적 강제

감염병의예방및관리에관한법률상의 강제격리, 교통차단, 강제 건강진단 및 강제수용 방해자제거, 원조강제(소방기본법 제24조), 무기사용, 질문·신문·검문, 동행명령, 수용·강제퇴거 등이 있다. 각 단행법상 대인적 강제수단으로는 마약류관리에관한법률 제40조에 의한 마약류 중독자의 치료보호, 구(舊)전염병예방법 제29조에 의한 제1군전염병환자의 강제격리(제3군 전염병환자중 보건복지부령으로 정하는 자 및 제4군 전염병환자중 보건복지부장관이 정하는 전염병환자 및 생물테러전염병환자 등) 및 동법 제39조에 의한 제1군 전염병 예방조치로써 시가, 촌락의 전부 또는 일부의 교통차단, 그리고 동법 제9조에 의한 전염병에 감염되었다고 의심되는 자, 전염병에 감염되기 쉬운 환경에 있는 자에 대한 강제건강진단 등이 있다. ☞ (現) **감염병의예방및관리에관한법률**

【강제건강진단】
▶(舊)전염병예방법 제9조(건강진단 등의 명령) 시장·군수·구청장은 전염병에 감염되었으리라고 의심되는 충분한 이유있는 자 또는 전염병에 감염되기 쉬운 환경에 있는 자에 대하여 보건복지가족부령이 정하는 바에 의하여 건강진단을 받거나 전염병예방에 필요한 예방접종을 받을 것을 명할 수 있다.

▶(現) 감염병의예방및관리에관한법률 제19조(건강진단) 성매개감염병의 예방을 위하여 종사자의 건강진단이 필요한 직업으로 보건복지부령으로 정하는 직업에 종사하는 자와 성매개감염병에 감염되어 그 전염을 매개할 상당한 우려가 있다고 시장·군수·구청장이 인정한 자는 보건복지부령으로 정하는 바에 따라 성매개감염병에 관한 건강진단을 받아야 한다.

▶(現) 감염병의예방및관리에관한법률 제46조(건강진단 및 예방접종 등의 조치) 특별자치도지사 또는 시장·군수·구청장은 보건복지부령으로 정하는 바에 따라 다음 각 호의 어느 하나에 해당하는 사람에게 건강진단을 받거나 감염병 예방에 필요한 예방접종을 받게 하는 등의 조치를 할 수 있다. <개정 2010.1.18.>

1. 감염병환자등의 가족 또는 그 동거인
2. 감염병 발생지역에 거주하는 사람 또는 그 지역에 출입하는 사람으로서 감염병에 감염되었을 것으로 의심되는 사람
3. 감염병환자등과 접촉하여 감염병에 감염되었을 것으로 의심되는 사람

▶ 소방기본법 제24조(소방활동 종사 명령) ① 소방본부장, 소방서장 또는 소방대장은 화재, 재난·재해, 그 밖의 위급한 상황이 발생한 현장에서 소방활동을 위하여 필요할 때에는 그 관할구역에 사는 사람 또는 그 현장에 있는 사람으로 하여금 사람을 구출하는 일 또는 불을 끄거나 불이 번지지 아니하도록 하는 일을 하게 할 수 있다. 이 경우 소방본부장, 소방서장 또는 소방대장은 소방활동에 필요한 보호장구를 지급하는 등 안전을 위한 조치를 하여야 한다. ※소방행정상 대인적 강제 : 원조강제로서의 소방활동종사명령

## 2. 대물적(對物的) 강제

### 2.1. 개관

대물적 강제는 물건에 대한 소유권 기타의 권리를 실력으로 침해함으로써 행정상 필요한 상태를 실현시키는 행정상 즉시강제를 말한다. 이는 경찰법규상 대물적 강제수단 및 각 단행법상 대물적 강제수단으로 구분되며, 경찰법규상 대물적 강제 수단으로는 경찰관직무집행법 제4조 제3항에 의한 피구호자가 휴대하고 있는 무기·흉기 등 물건의 임시영치 등이 있다(경찰관은 제1항의 조치를 하는 경우에 구호대상자가 휴대하고 있는 무기·흉기 등 위험을 일으킬 수 있는 것으로 인정되는 물건을 경찰관서에 임시로 영치(領置)하여 놓을 수 있다.).

### 2.2. 대물적 강제수단의 근거법으로서의 개별법

각 단행법상 대물적 강제수단으로는 민방위기본법 제32조 제1항 제2호에 의한 "민방위상 지장이 있는 시설·물건이나 사업의 관리자·소유자 또는 사업주에 대한 시설 등의 개선·이전·분산·소개(疏開) 또는 전환 명령," 식품위생법 제22조·약사법 제71조 제2항·검역법 제15조 제1항·형의집행및수용자의처우에관한법률(약칭 : 형집행법) 제25조, 제26조 제3항에 의한 물건의 영치 또는 폐기, 옥외광고물등관리법 제10조 제2항에 의한 광고물 등의 제거, 도로교통법 제71조 및 제72조에 의한 교통장애물의 제거 등이 있다. 소방행정상 대물적 강제는 소방기본법 제25조가 있다. 특히 대물적 강제는 물건의 소유자·점유자 등의 의사에 반하여, 물건에 대하여 실력을 행사함으로써 재산권을 사실상 침해하는 즉시강제이다

▶ 민방위기본법 제32조(응급조치와 보상) ① 국민안전처장관, 시·도지사 또는 시장·군수·구청장은 민방위사태가 발생하거나 발생할 것이 확실하여 민방위를 위하여 응급조치를 취하여야 할 급박한 사정이 있으면 대통령령으로 정하는 바에 따라 민방위에 필

요한 범위에서 다음 각 호의 조치를 할 수 있다. 다만, 응급조치를 명령할 시간적 여유가 없으면 필요한 조치를 직접 할 수 있으며, 응급조치 명령에 따르지 아니하면 「행정대집행법」 제3조제3항에 따라 대집행(代執行)할 수 있다. <개정 2014.11.19.>

2. 민방위상 지장이 있는 시설·물건이나 사업의 관리자·소유자 또는 사업주에 대한 시설 등의 개선·이전·분산·소개(疏開) 또는 전환 명령

▶식품위생법 제22조(출입·검사·수거 등) ① 식품의약품안전처장(대통령령으로 정하는 그 소속 기관의 장을 포함한다. 이하 이 조에서 같다), 시·도지사 또는 시장·군수·구청장은 식품등의 위해방지·위생관리와 영업질서의 유지를 위하여 필요하면 다음 각 호의 구분에 따른 조치를 할 수 있다. <개정 2009.5.21., 2011.6.7., 2013.3.23.>

1. 영업자나 그 밖의 관계인에게 필요한 서류나 그 밖의 자료의 제출 요구
2. 관계 공무원으로 하여금 다음 각 목에 해당하는 출입·검사·수거 등의 조치

가. 영업소(사무소, 창고, 제조소, 저장소, 판매소, 그 밖에 이와 유사한 장소를 포함한다)에 출입하여 판매를 목적으로 하거나 영업에 사용하는 식품등 또는 영업시설 등에 대하여 하는 검사

나. 가목에 따른 검사에 필요한 최소량의 식품등의 무상 수거

다. 영업에 관계되는 장부 또는 서류의 열람

▶약사법 제71조(폐기명령 등) ② 식품의약품안전처장, 시·도지사 또는 시장·군수·구청장은 의약품등으로 인하여 공중위생상 위해가 발생하였거나 발생할 우려가 있다고 인정하면 의약품의 품목허가를 받은 자·의약외품 제조업자·의약품등의 수입자·판매업자, 약국 개설자, 의료기관 개설자, 그 밖에 이 법 또는 다른 법률에 따라 의약품을 판매하거나 취급할 수 있는 자 중 총리령으로 정하는 자에 대하여 **유통 중인 의약품등을 회수·폐기하게 하거나 그 밖의 필요한 조치를 하도록 명할 수 있다.** <개정 2007.10.17., 2008.2.29., 2010.1.18., 2013.3.23.>

▶검역법 제15조(검역조치) ① 검역소장은 검역감염병에 감염되었거나 감염된 것으로 의심되는 사람, 검역감염병 병원체에 오염되었거나 오염된 것으로 의심되거나 감염병 매개체가 서식하는 것으로 의심되는 운송수단이나 화물에 대하여 다음 각 호의 전부 또는 일부의 조치를 할 수 있다.

3. 검역감염병 병원체에 오염되었거나 오염된 것으로 의심되는 화물을 소독 또는 폐기하거나 옮기지 못하게 하는 것
4. 검역감염병 병원체에 오염되었거나 오염된 것으로 의심되는 곳을 소독하거나 사용을 금지 또는 제한하는 것

▶형의집행및수용자의처우에관한법률 제25조(휴대금품의 영치 등) ① 소장은 수용자의 휴대금품을 교정시설에 영치한다. 다만, 휴대품이 다음 각 호의 어느 하나에 해당하는 것이면 수용자로 하여금 자신이 지정하는 사람에게 보내게 하거나 그 밖에 적당한 방법으로 처분하게 할 수 있다.

1. 부패하거나 없어질 우려가 있는 것
2. 물품의 종류·크기 등을 고려할 때 보관하기에 적당하지 아니한 것
3. 사람의 생명 또는 신체에 위험을 초래할 우려가 있는 것
4. 시설의 안전 또는 질서를 해칠 우려가 있는 것
5. 그 밖에 영치할 가치가 없는 것

② 소장은 수용자가 제1항 단서에 따라 처분하여야 할 휴대품을 상당한 기간 내에 처분하지 아니하면 폐기할 수 있다.

▶ 형의집행및수용자의처우에관한법률 제26조(수용자의 물품소지 등) ③ 소장은 수용자가 제2항에 따라 처분하여야 할 물품을 상당한 기간 내에 처분하지 아니하면 폐기할 수 있다.

▶ 옥외광고물등관리법 제10조(위반조치등) ② 시장등은 제1항에 따른 명령을 받은 자가 그 명령을 이행하지 아니하면「행정대집행법」에 따라 해당 광고물등을 제거하거나 필요한 조치를 하고 그 비용을 청구할 수 있다.

▶ 도로교통법 제71조(도로의 위법 인공구조물에 대한 조치) ① 경찰서장은 다음 각 호의 어느 하나에 해당하는 사람에 대하여 위반행위를 시정하도록 하거나 그 위반행위로 인하여 생긴 교통장해를 제거할 것을 명할 수 있다. <개정 2014.1.14.>

1. 제68조제1항을 위반하여 교통안전시설이나 그 밖에 이와 비슷한 인공구조물을 함부로 설치한 사람
2. 제68조제2항을 위반하여 물건을 도로에 내버려 둔 사람
3.「도로법」제61조를 위반하여 교통에 방해가 될 만한 인공구조물 등을 설치하거나 그 공사 등을 한 사람

② 경찰서장은 제1항 각 호의 어느 하나에 해당하는 사람의 성명·주소를 알지 못하여 제1항에 따른 조치를 명할 수 없을 때에는 스스로 그 인공구조물 등을 제거하는 등 조치를 한 후 보관하여야 한다. 이 경우 닳아 없어지거나 파괴될 우려가 있거나 보관하는 것이 매우 곤란한 인공구조물 등은 매각하여 그 대금을 보관할 수 있다. ③ 제2항에 따른 인공구조물 등의 보관 및 매각 등에 필요한 사항은 대통령령으로 정한다.

▶ 도로교통법 제72조(도로의 지상 인공구조물 등에 대한 위험방지 조치) ① 경찰서장은 도로의 지상(地上) 인공구조물이나 그 밖의 시설 또는 물건이 교통에 위험을 일으키게 하거나 교통에 뚜렷이 방해될 우려가 있으면 그 인공구조물 등의 소유자·점유자 또는 관리자에게 그것을 제거하도록 하거나 그 밖에 교통안전에 필요한 조치를 명할 수 있다. ② 경찰서장은 인공구조물 등의 소유자·점유자 또는 관리자의 성명·주소를 알지 못하여 제1항에 따른 조치를 명할 수 없을 때에는 스스로 그 인공구조물 등을 제거하는 등 조치를 한 후 보관하여야 한다. 이 경우 닳아 없어지거나 파괴될 우려가 있거나 보관하는 것이 매우 곤란한 인공구조물 등은 매각하여 그 대금을 보관할 수 있다. ③ 제2항에 따른 인공구조물 등의 보관 및 매각 등에 필요한 사항은 대통령령으로 정한다.

【소방행정상 대물적 강제】
▶소방기본법 제25조(강제처분 등) ① 소방본부장, 소방서장 또는 소방대장은 사람을 구출하거나 불이 번지는 것을 막기 위하여 필요할 때에는 화재가 발생하거나 불이 번질 우려가 있는 소방대상물 및 토지를 일시적으로 사용하거나 그 사용의 제한 또는 소방활동에 필요한 처분을 할 수 있다. ② 소방본부장, 소방서장 또는 소방대장은 사람을 구출하거나 불이 번지는 것을 막기 위하여 긴급하다고 인정할 때에는 제1항에 따른 소방대상물 또는 토지 외의 소방대상물과 토지에 대하여 제1항에 따른 처분을 할 수 있다. ③ 소방본부장, 소방서장 또는 소방대장은 소방활동을 위하여 긴급하게 출동할 때에는 소방자동차의 통행과 소방활동에 방해가 되는 주차 또는 정차된 차량 및 물건 등을 제거하거나 이동시킬 수 있다.

### 2.3. 종류
#### 2.3.1. 경찰관직무집행법상의 대물적 강제
경찰관직무집행법상의 대물적 강제는, 다음과 같은 것이 있다.

[무기 등 물건의 임시영치] 무기 등 물건의 임시영치, 즉 물건의 소유자·점유자 등의 의사에 반하여 물건에 대하여 실력을 행사함으로써 재산권을 사실상 침해하는 것이 있다(경찰관직무집행법 제4조 제3항). 경찰관직무집행법 제4조(보호조치 등) ③ 경찰관은 제1항의 조치를 하는 경우에 구호대상자가 휴대하고 있는 무기·흉기 등 위험을 일으킬 수 있는 것으로 인정되는 물건을 경찰관서에 임시로 영치(領置)하여 놓을 수 있다.

[위험발생방지조치] 위험발생방지조치가 있다. 위험발생방지조치는 대인적 강제에서와 같이 인명 또는 신체에 대하여 위해를 끼치거나 기타 위험한 사태가 발생하였을 때「위험방지상 필요하다고 인정되는 조치를 스스로 취하는 것」을 말한다(경찰관직무집행법 제5조).

▶경찰관직무집행법 제5조(위험 발생의 방지 등) ① 경찰관은 사람의 생명 또는 신체에 위해를 끼치거나 재산에 중대한 손해를 끼칠 우려가 있는 천재(天災), 사변(事變), 인공구조물의 파손이나 붕괴, 교통사고, 위험물의 폭발, 위험한 동물 등의 출현, 극도의 혼잡, 그 밖의 위험한 사태가 있을 때에는 다음 각 호의 조치를 할 수 있다.

#### 2.3.2. 경찰관직무집행법 이외의 각 단행법상의 대물적 강제
각 단행법상의 대물적 강제는, (ㄱ) 물건의 폐기, (ㄴ) 교통장애물의 제거, (ㄷ) 물품장부의 검사·압수, (ㄹ) 검사를 위한 무상수거, (ㅁ) 토지·물건의 사용·처분·사용제한, (ㅂ) 토지 지하사용, (ㅅ) 영치·임시영치·몰취, (ㅇ) 압류, (ㅈ) 유해물의 제거·파괴 등이 있다.

[물건의 폐기] 물건의 폐기처분 등은 개인의 재산에 대한 중대한 침해를 가하는 침해행정의 전형이다. 따라서 그의 발동을 위해서는 반드시 법적 근거가 있을 것을 필요하며, 그 내용은 법규의 내용에 적합해야 한다. 이러한 재량권 행사를 통제하기 위해 일정한 조리상의 한계 안에서 행해져야 하는 바, 그 내용으로는 다음과 같은 것들이 있다. 즉 (ㄱ) 행정상의 장해가 목전에 급박할 것(급박성), (ㄴ) 다른 수단으로는 행정목적을 달성할 수 없을 것(보충성), (ㄷ) 행정목적의 달성에 필요한 최소한도에 그칠 것(비례성), (ㄹ) 소극적으로 사회공공의 안녕질서의 유지를 위하여 필요한 한도 내에 그칠 것(소극성) 등이 그것이다.[1]

▶ 헌재결 2002. 10. 31. 2000헌가12【음반비디오물및게임물에관한법률 제24조 제3항 제4호 중 게임물에 관한 규정부분 위헌제청】이 사건 법률조항은 문화관광부장관, 시·도지사, 시장·군수·구청장이 법 제18조 제5항의 규정에 의한 등급분류를 받지 아니하거나 등급분류를 받은 게임물과 다른 내용의 게임물을 발견한 때에는 관계공무원으로 하여금 이를 수거하여 폐기하게 할 수 있도록 규정하고 있는바, 이는 어떤 하명도 거치지 않고 행정청이 직접 대상물에 실력을 가하는 경우로서, 위 조항은 행정상 즉시강제 그 중에서도 대물적 강제를 규정하고 있다고 할 것이다.

### 3. 대가택(對家宅) 강제

#### 3.1. 의의

행정조사개념을 인정하는 입장에 의하면 종래에 대가택강제로 인식되었던 것은 오히려 대부분 행정조사의 범주에 속하는 것이며, 즉시강제에 해당하는 것은 오히려 예외적인 것이 된다. 대가택 강제는 소유자, 점유자, 관리자의 의사에 반하여 가택·영업소·사무소·창고 등의 건물에 출입하거나 검사·수색하는 것을 말한다. 경찰법규상의 대가택 강제수단으로는 경찰관직무집행법 제7조에 의한 위험방지를 위한 출입이 있으며, 소방행정상 대가택 강제에는 舊소방법 제5조에 의한 소방대상물의 검사 등이 있다. 종래에 대가택 강제로 인식되었던 것의 대부분에 대하여 최근에는 행정조사의 범주에 속하는 것으로 보는 경향이 유력해지고 있다.[2] 즉 현재는 이들 작용을 행정조사라는 독자적 작용으로 고찰하므로 행정상 즉시강제에 속하는 대가택강제의 예는 매우 드물다.[3]

▶ 경찰관직무집행법 제7조(위험 방지를 위한 출입) ① 경찰관은 제5조 제1항·제2항 및 제6조에 따른 위험한 사태가 발생하여 사람의 생명·신체 또는 재산에 대한 위해가 임박한 때에 그 위해를 방지하거나 피해자를 구조하기 위하여 부득이하다고 인정하면 합리적으로 판단하여 필요한 한도에서 다른 사람의 토지·건물·배 또는 차에 출입할 수

---

1) 한상우, 실무행정법 Ⅱ, 법제처, 2008, 104면.
2) 석종현, 일반행정법(상), 483면.
3) 홍정선, 행정법원론(상), 단락번호 1820.

있다.② 흥행장(興行場), 여관, 음식점, 역, 그 밖에 많은 사람이 출입하는 장소의 관리자나 그에 준하는 관계인은 경찰관이 범죄나 사람의 생명·신체·재산에 대한 위해를 예방하기 위하여 해당 장소의 영업시간이나 해당 장소가 일반인에게 공개된 시간에 그 장소에 출입하겠다고 요구하면 정당한 이유 없이 그 요구를 거절할 수 없다. ③ 경찰관은 대간첩 작전 수행에 필요할 때에는 작전지역에서 제2항에 따른 장소를 검색할 수 있다. ④ 경찰관은 제1항부터 제3항까지의 규정에 따라 필요한 장소에 출입할 때에는 그 신분을 표시하는 증표를 제시하여야 하며, 함부로 관계인이 하는 정당한 업무를 방해해서는 아니 된다. [전문개정 2014.5.20.]

### 3.2. 수단

#### 3.2.1. 토지·가택출입

[권력적·비권력적 행정조사] 경찰관직무집행법에 의한 타인의 토지·건물·선차에의 출입과 개별법상의 검역을 위한 선박·항공기 출입, 임검, 수색, 식품위생법상 제17조의 음식물 검사를 위한 출입 등이 있다. 출입·검사·질문 등의 법적 근거에 대하여는 **권력적 행정조사**, 특히 개인정보의 수집을 목적으로 하는 조사의 경우에는 법률의 수권이 필요하다는 데는 이설(異說)이 없다. 그러나 **비권력적 행정조사**의 경우에 법률(durch Gesetz; 형식적 의미의 법률) 혹은 법률의 근거(auf Grund eines Gesetzes; 형식적 의미의 법률 혹은 실질적 의미의 법률[행정입법])를 요하는가에 관하여는 견해가 갈리는데, 궁극적으로 법률유보원칙의 적용범위에 관한 학설에 따라 결정되어야 할 것이다.[1]

[실력행사에 의한 행정조사] 적법한 행정조사를 위한 출입·검사·질문 등에 대해 상대방이 이를 거부하는 경우, 행정청이 실력행사에 의해 필요한 행정조사를 할 수 있는지가 문제된다. 예외적으로 행정조사의 필요성이 급박하고, 공공의 생명·신체에 위험을 초래할 가능성이 많고, 다른 조사수단이 없는 경우에는 실력행사가 가능하고, 이로써 조사목적을 실현한 경우에는 벌칙규정은 적용되지 않는다는 견해가 있으나, 현행법상 출입거부나 검사거부에 대해서는 조사의 실효성 확보를 위해 대체로 벌칙이나 불이익처분을 규정하고 있으므로 이 규정에 의한 제재만이 가능하고, 실력으로 상대방의 저항을 배제하고 필요한 조사를 할 수는 없다는 것이 다수설이다.[2]

#### 3.2.2. 가택수색

음식물저장품검사, 고물상의 영업소나 고물의 보관장소 등의 조사, 총포·도검·화약

---

1) 한상우, 실무행정법 II, 법제처, 2008, 102면.
2) 한상우, 실무행정법 II, 법제처, 2008, 102면.

류단속을 위한 제조소·판매소·저장소 등의 임검(臨檢) 등이 있다.

## VI. 행정상 즉시강제와 강제력의 행사

### 1. 신체에 대한 강제력행사

[강제적 실력행사 허용여부] 즉시강제의 실시에 대하여 상대방의 저항을 받은 경우 상대방의 의사에 반하여, 강제적인 실력행사가 허용될 수 있는가가 문제된다. 행정상 즉시강제는 행정목적의 실현을 도모하기 위하여 구체적 사정에 따라 필요최소한의 강제력을 사용할 수 있다. 예를 들면 전염병환자가 강제입원조치에 저항하여 도주하려고 할 경우, 그 도주자의 저항을 배제하여 신체를 강제로 구속(구인)하는 것이 허용된다. 그러나 경찰관직무집행법상 상대방에 대한 질문 등은 상대방이 이에 응하여 주지 않는 한 신체에 대하여 강제력의 행사를 하지 못할 뿐만 아니라 응답을 강요하는 것도 타당하지 않다.

[모욕죄 현행범] 차량을 운전하던 중 불심검문을 받게 된 피고인은 운전면허증을 교부한 후 경찰관에게 큰 소리로 욕설을 하였다. 이에 경찰관이 모욕죄의 현행범으로 체포하겠다고 고지하고 피고인의 어깨를 잡자 반항하는 과정에서 경찰관에게 상해를 입혔다. 이 사건에서 대법원은 피고인이 도주하거나 증거를 인멸할 염려가 없어 체포의 필요성이 인정되지 않는다고 하였다.[1] 비록 범죄행위를 저지르고 있는 현행범인이라고 하더라도 그 행위 내용이나 양상이 타인의 생명·신체 및 재산 등에 대한 위험을 야기하는 것이 아니라면 즉시강제의 대상이 되지 않는다는 취지로 이해된다. 즉시강제 자체가 생명·신체·자유·재산 등에 대한 침해를 수반하는 것이기 때문에 그러한 법익에 대한 침해의 위험이 존재하는 것을 전제로 즉시강제를 허용하는 판례의 태도는 타당하다.[2] 이와 같이 즉시강제는 판례의 태도대로, (ㄱ) 범죄가 저질러지고 있거나 곧 저질러질 것으로 예상되는 경우, (ㄴ) 그 행위를 저지하지 않으면 생명·신체·자유 또는 재산에 대한 현저한 위험이 예상되는 경우에 인정되는 것으로 보는 것이 타당하다.[3]

---

1) 대판 2011. 5. 26, 2011도3682.
2) 정혜욱, 행정상 즉시강제에 관한 연구, 경북대학교 법학연구원, 법학논고 제40집(2012.10), 288면.
3) 정혜욱, 행정상 즉시강제에 관한 연구, 경북대학교 법학연구원, 법학논고 제40집(2012.10), 289면.

## 2. 가택 등의 출입시 강제력 행사

가택 등의 출입에 대하여도 상대방이 저항하는 경우, 신체를 실력으로 구속하거나 방해물을 파괴하는 등의 방법을 통하여 출입을 강행하여도 되는 지가 문제된다. 가택은 개인의 사생활 보호 및 주거의 자유를 보장하기 위한 성곽(Castle)에 비유할 만큼 중대한 법익임을 고려할 때에 출입을 위한 실력행사는 부득이 그에 의하지 않고서는 도저히 행정목적을 달성할 수 없는 예외적이고 특별한 사정이 있는 경우를 제외하고는 인정되지 않는다고 보아야 할 것이다. 이 경우 출입을 강행할 것이 아니고 당해 법규에 정하여진 조사거부에 대한 벌칙, 조사방해에 대한 형법상의 공무집행방해죄 등의 적용을 통하여 기타 불이익 처분을 부과하는 방법도 고려할 수 있다. 오늘날 행정상 즉시강제가 실력행사를 요소로 하는 데 대하여, 질문이나 출입검사는 원칙적으로 유형력(有形力)의 행사를 수반하지 않는 것으로 보아 이를 즉시강제와 따로 구분하여 행정조사의 법리를 적용하는 것이 바람직하다.[1]

## VII. 행정상 즉시강제에 대한 구제수단

### 1. 개관

행정상 즉시강제에 대한 구제수단이 필요한 이유는 행정상 즉시강제가 법치국가원리의 구성요소인 예측가능성과 법적 안정성을 침해하는 권력적 사실행위[2]이므로, 이것이 남용될 여지가 많아 국민의 권익을 침해할 가능성이 다른 행정작용보다 크기 때문이다. 따라서 행정상 즉시강제가 비록 적법하게 행사된 경우라고 할 지라도, 그로 말미암아 귀책사유 없이 수인한도를 넘는 특별한 손실을 받는 국민에 대하여는 행정상 손실보상청구권을 인정하여 정당한 보상을 해주어야 하고,[3] 행정상 즉시강제권한의 발동이 법률 혹은 법률에 근거가 없거나 법률에 근거가 있더라도 법규상·조리상의 한계를 일탈·남용함으로써 국민의 자유와 재산을 위법하게 침해한 경우에는 행정쟁송 및 이를 통한 행정상 손해배상 등의 정당한 권리구제책이 마련되어야 한다. 오늘날 정보통신기술의 발달 및 사회구조의 다변화 등으로 인하여 현대행정이 더욱 복잡다변화해지고 있고, 사회국가 내지는 복지행정국가이념으로 인해 국가의 행정권의 국민생활에 대한 개입이 더욱 빈번하고 확대되어 짐에

---

1) 김재종, 행정상 즉시강제에 관한 연구, 조선대학교대학원 법학과 석사학위논문, 2001, 22면.
2) 즉시강제가 전형적인 권력작용으로 보는 견해도 있다(이경철, 행정상 즉시강제와 인권보장에 관한 연구, 중앙대학교대학원 법학석사학위논문(1990.8), 74면.
3) 김도창, 행정법론(상), 청운사, 1983; 이상규, 신행정법론(상), 법문사, 1980, 386면; 서원우, 현대행정법론(상), 박영사, 1980, 598면.

따라 종래의 실체적 권리구제보장수단만으로는 권리구제에 충실하지 못하고, 절차적 권리구제보장수단을 더욱더 확대·강화 시킬 것이 특히 요청된다. 특히 환경위생, 공공의 안전, 기타 행정목적을 위한 임검(臨檢),[1] 수색 및 가택출입 등과 같은 행정강제의 발동은 행정의 민주화와 국민의 권리보장측면에서 적절한 사전절차를 거치도록 명시할 필요가 있는바, 헌법원칙인 적법절차의 원리를 반드시 준수하도록 해야 할 것이다.

## 2. 적법한 행정상 즉시강제에 대한 구제

행정상 즉시강제가 아무런 하자없이 적법하게 행하여졌더라도, 그로 인하여 귀책사유 없이 수인의 한도(수인한도)를 넘어 특별한 손실을 입은 자에 대하여는 행정상 손실보상청구권이 인정된다.[2] 일반적으로 행정상 장해의 발생에 책임이 있는 자는 즉시강제로 손실을 입어도 손실보상을 청구할 수 없다. 정신질환자의 강제입원과 같이 상대방의 권익을 보호하는 즉시강제에 있어서도 손실보상을 인정할 필요가 없다. 그런데 행정상 장해의 발생에 책임이 있는 자 이외의 제3자에 대하여 즉시강제가 행하여짐으로써 특별한 희생이 발생한 경우에는 평등의 원칙 특히 공평부담의 원칙상 당연히 손실보상을 해주어야 한다.

[개별법상 손실보상에 관한 규정을 둔 법률] 이와같이 적법한 즉시강제로 인해 개인이 손실을 입게 되는 경우 손실보상을 해주어야한다. 소방기본법 제25조 제4항, 자연재해대책법 제68조, 방조제관리법 제11조와 같이 개별법에서 수난구호를 위한 징용과 수용, 용수, 구조작업을 위한 동원 등과 같이 소방기본법상의 강제처분 등 특별한 희생에 해당되면 손실보상을 청구할 수 있다고 이를 명문규정을 두기도 한다. 행정상 즉시강제의 대표적인 근거법률인 경찰관직무집행법에 과거에는 손실보상규정이 없었으나,[3] 2013년 4월 5일 이후 제11조의2에 손실보상규정을 두었다.

▶ 소방기본법 제25조(강제처분 등) ① 소방본부장, 소방서장 또는 소방대장은 사람을 구출하거나 불이 번지는 것을 막기 위하여 필요할 때에는 화재가 발생하거나 불이 번질 우려가 있는 소방대상물 및 토지를 일시적으로 사용하거나 그 사용의 제한 또는 소방활동에 필요한 처분을 할 수 있다. ② 소방본부장, 소방서장 또는 소방대장은 사람을 구출하거나 불이 번지는 것을 막기 위하여 긴급하다고 인정할 때에는 제1항에 따른 소방대상물 또는 토지 외의 소방대상물과 토지에 대하여 제1항에 따른 처분을 할 수 있다. ③ 소

---

1) 임검이라는 용어는 1970년대까지 우리나라에서 일본식 용어를 사용하였으나, 1980년 이후에는 출입검사 또는 보고·검사 등의 용어를 사용하고 있다(윤장근, 출입검사 및 질문규정의 입법례에 관한 연구, 법제 통권444호(1994.12), 법제처, 73-74면.
2) 김도창, 행정법론(상), 청운사, 1983; 이상규, 신행정법론(상), 법문사, 1980, 386면; 서원우, 현대행정법론(상), 박영사, 1980, 598면.
3) 김남진·김연태, 행정법(I), 508면.

방본부장, 소방서장 또는 소방대장은 소방활동을 위하여 긴급하게 출동할 때에는 소방자동차의 통행과 소방활동에 방해가 되는 주차 또는 정차된 차량 및 물건 등을 제거하거나 이동시킬 수 있다. ④ 시·도지사는 제2항 또는 제3항에 따른 처분으로 인하여 손실을 입은 자가 있는 경우에는 그 손실을 보상하여야 한다. 다만, 제3항에 해당하는 경우로서 법령을 위반하여 소방자동차의 통행과 소방활동에 방해가 된 경우에는 그러하지 아니하다.

☞ **침해규정(제1항–제3항)에 대한 보상규정(제4항)도 반드시 함께 두어야 합헌!**

[소방행정상 즉시강제] 소방행정상 즉시강제는 의무를 전제로 하지 않고 실력을 가하여 소방행정상 필요한 상태를 실현하는 것이므로 실정법적 근거가 필요하다. 소방행정상의 강제처분은 … 공익목적과 급박성 때문에 일방적으로 건물 등 소방대상물과 그 토지 등에 실력을 가하여 소방행정상의 목적인 공공의 안녕질서의 유지와 복리증진에 이바지하기 위한 즉시강제에 해당한다. 소방기본법 제22조에 의한 소방대의 긴급통행, 동법 제24조에 의한 소방활동 종사명령, 동법 제26조에 의한 피난명령 등의 규정도 소방활동과 관련한 즉시강제의 일종이라 할 수 있다.

[방조제관리법상의 침해규정과 보상규정] 방조제관리법 제10조는 침해규정이며, 제11조는 이에 대한 보상규정이다. 이와같이 손실보상은 침해규정을 둔 경우(제10조), 그 법률에서 보상규정(제11조)도 함께 두어야 한다.

▶ 방조제관리법 제10조(긴급사태 시의 응급조치) 농림축산식품부장관 또는 지방자치단체장은 천재지변이나 그 밖의 긴급한 사태로 인한 관리방조제의 위험을 방지하거나 재해를 복구하는 데에 필요할 때에는 다음 각 호의 행위를 할 수 있다. <개정 2013.3.23.>
   1. 인근 주민에게 노무(勞務)의 제공을 요청하는 행위
   2. 토지, 가옥, 그 밖에 필요한 물건을 일시 사용하는 행위
   3. 인공구조물이나 그 밖의 장해물을 제거하거나 변경하는 행위
   4. 흙, 돌, 나무, 그 밖의 물건을 사용하는 행위

▶ 방조제관리법 제11조(손실보상) ① 농림축산식품부장관 또는 지방자치단체장은 제10조에 따른 행위로 인하여 손실을 입은 자에게 정당한 보상을 하여야 한다. <개정 2013.3.23.> ② 제1항에 따른 보상에 필요한 사항은 대통령령으로 정한다. [전문개정 2011.3.9.]

[자연재해대책법상의 침해규정과 보상규정] 자연재해대책법에서도 침해규정(제11조)과 보상규정(제68조)을 두고 있다.

▶ 자연재해대책법 제11조(토지 출입 등) ① 중앙대책본부장, 지역대책본부장 또는 중앙대책본부장, 지역대책본부장으로부터 명령이나 위임·위탁을 받은 자는 시설물 등의 점검, 재해 원인 분석·조사, 재해 흔적 조사 및 피해 조사 등을 위하여 필요하면 타인의 토지에 출입하거나 타인의 토지를 일시 사용할 수 있으며, 특히 필요한 경우에는 나무, 흙, 돌, 그 밖의 장애물을 변경하거나 제거할 수 있다. <개정 2013.8.6., 2014.11.19.>

▶**자연재해대책법 제68조(손실보상)** ① 국가나 지방자치단체는 제11조제1항에 따른 조치로 인하여 손실이 발생하였을 때에는 보상하여야 한다. ② 제1항에 따른 손실보상에 관하여는 손실을 입은 자와 그 조치를 한 중앙행정기관의 장, 시·도지사 또는 시장·군수·구청장이 협의하여야 한다. ③ 제2항에 따른 협의가 성립되지 아니하였을 때에는 대통령령으로 정하는 바에 따라 「공익사업을 위한 토지 등의 취득 및 보상에 관한 법률」제51조에 따른 관할 토지수용위원회에 재결을 신청할 수 있다. ④ 제3항에 따른 재결에 관하여는 「공익사업을 위한 토지 등의 취득 및 보상에 관한 법률」제83조부터 제86조까지의 규정을 준용한다.

[경찰관직무집행법] 그러나 행정상 즉시강제의 대표적인 근거법률인 경찰관직무집행법에 과거에는 손실보상규정이 없었으나,[1] 2013년 4월 5일 이후 제11조의2에 손실보상규정을 두었다.

▶**경찰관직무집행법 제11조의2(손실보상)** ① 국가는 경찰관의 적법한 직무집행으로 인하여 다음 각 호의 어느 하나에 해당하는 손실을 입은 자에 대하여 정당한 보상을 하여야 한다.
    1. 손실발생의 원인에 대하여 책임이 없는 자가 재산상의 손실을 입은 경우(손실발생의 원인에 대하여 책임이 없는 자가 경찰관의 직무집행에 자발적으로 협조하거나 물건을 제공하여 재산상의 손실을 입은 경우를 포함한다)
    2. 손실발생의 원인에 대하여 책임이 있는 자가 자신의 책임에 상응하는 정도를 초과하는 재산상의 손실을 입은 경우
② 제1항에 따른 보상을 청구할 수 있는 권리는 손실이 있음을 안 날부터 3년, 손실이 발생한 날부터 5년간 행사하지 아니하면 시효의 완성으로 소멸한다. ③ 제1항에 따른 손실보상신청 사건을 심의하기 위하여 손실보상심의위원회를 둔다. ④ 제1항에 따른 손실보상의 기준, 보상금액, 지급절차 및 방법, 손실보상심의위원회의 구성 및 운영, 그 밖에 필요한 사항은 대통령령으로 정한다. [본조신설 2013.4.5.]

[침해규정을 두면서 보상규정을 두지 않은 경우] 이상과 같이 침해규정을 두면서 동시에 동일한 법률에서 보상규정을 두는 경우는 문제가 없으나, 보상규정을 두지 않는 경우에는 침해행위는 불법행위가 되어 손해배상청구권행사의 대상이 된다고 본다(독일연방헌법재판소). 그밖에 다음과 같은 해결책이 있다.

[수용유사침해론·수용적 침해] 공용수용 등에 있어서는 대개의 경우 보상규정이 있으나 행정상 즉시강제의 경우 보상규정이 없는 경우가 많다. 이와 같이 손실보상에 관한 실정법상의 근거가 없는 경우에도 손실보상에 관하여 규정을 두고 있지 않거나 손실보상을 하여야 한다는 규정만을 두고 보상의 기준과 방법을 정하고 있지 않은 경우에 손실보상의 가부

---

1) 김남진·김연태, 행정법(I), 508면.

및 기타 구제방법에 관하여 견해가 대립되고 있다. 이 경우에도 행정상 즉시강제에 의하여 귀책 사유없이 수인의 한도를 넘은 손실을 받았을 경우에는 「수용유사침해」 또는 「수용적 침해」의 법리에 의하여 경우에 따라서는 특별보상의 법리에 기하여 보상을 있을 것이다.[1][2] ☞ **수용유사침해·수용적 침해에 대한 상세한 내용은 저자(김백유)의 행정구제법 참조**

[수용적 침해에 대한 보상] (의의 및 침해에 대한 보상) : 수용적 침해란 적법한 행정작용의 부수적 결과 내지 효과로서 행정객체의 재산권에 수용적 영향을 가하게 되는 침해를 말한다. 여기서 침해의 정도가 사회적 구속의 범위를 훨씬 넘어선 경우는 손실보상의 원인이 된다고 보고, 수용유사침해법리에 준하여 손실보상을 인정하자는 것이 수용적 침해보상의 이론이다. 예컨대 지하철 공사가 장기간 계속됨으로 인하여 오랫동안 영업을 하지 못하게 된 경우, 쓰레기 적치장 등 공공시설의 경영으로 인근주민이 손실을 받는 경우 등이다. 이 수용적 침해법리는 수용보상이나 수용유사침해에 의한 보상이 이루어질 수 없는 경우 보상의 공백을 메우고자 독일의 연방대법원(BGH)에 의해 창안된 개념이다. 다만 수용적 침해로 인한 보상 청구권도 수용유사침해의 경우와 같이 연방헌법재판소의 판례에 따라 오늘날에는 더 이상 기본법 제14조 제3항의 유추적용에서 그 근거를 찾지 않는다. 일부 견해는 관습법에서 그 근거를 찾기도 하지만 대체로 독일 기본법 제14조 제1항의 재산권 보장, 기본법 제3조 제1항의 평등원칙, 기본법 제20조 및 제28조 제1항의 법치국가원리 및 사회국가원리 등에서 그 근거를 찾거나, 독일에서 관습법화한 일반적 희생보상원칙에서 그 근거를 찾는다. (우리나라에의 도입가능성) : 헌법 제23조 제3항의 규정을 엄격하게 해석할 때는 동규정은 직접적인 침해 즉, 의도된 적법한 공유침해만을 보상의 대상으로 하며, 간접적인 침해 즉, 의도되지 않은 적법한 침해는 보상의 대상으로 하고 있지 않다고 보게 된다. 아무튼 이러한 흠결의 보충으로써 수용적 침해의 보상과 관련하여 견해가 갈리는 바, (ㄱ) 보상 규정이 없는 한 보상은 불가능 하다는 견해(보상규정이 없는 경우 위헌무효이며 따라서 손해배상청구), (ㄴ) 헌법 제23조 제3항이 직접적 효력규정이라는 전제하에 헌법 제23조 제3항을 확대적용(유추적용)함이 가능하다는 견해, (ㄷ) 헌법 제23조 제3항을 간접적 효력규정으로 보는 입장에서 독일의 수용적 침해보상의 법리를 적용하는 것이 가능하다는 견해가 있다(상세한 내용은 행정상 손해배상; 국가배상청구권 참조).

---

1) 이에 관하여 방침규정설, 입법자에 대한 직접효력설, 국민에 대한 직접효력설, 유추적용설이 대립하고 있다.
2) 김남진·김연태, 행정법(I), 508면.

## 3. 위법한 행정상 즉시강제에 대한 구제
### 3.1. 개관

정상적인 강제집행 절차는 기본처분, 계고, 수단 확정 그리고 실행 등의 단계를 거쳐서 차례대로 진행되기 때문에 각 절차별로 위법성을 대상으로하여 취소소송을 할 수 있다. 그러나 즉시강제는 이 모든 절차가 생략되고 곧바로 직접강제가 이루어지는 경우이기 때문에 많은 경우에 있어서 취소소송이 실효성을 가질 수 없다. 이처럼 항고소송이 다른 행정처분과는 달리 한계를 많이 가지고 있으므로, 법치행정을 구현한다는 측면에서 이를 보완하여 어떠한 형태로든 부당한 즉시강제에 대해서 권리구제 방안이 충실하게 마련되어야 할 것이다.[1] 위법한 즉시강제 즉, 행정상 즉시강제권의 발동이 법률에 근거가 없거나 법률에 근거가 있다고 하더라도 법률상 또는 조리상의 한계를 일탈하고 강제권을 남용함으로써 국민의 권리·자유를 위법하게 침해한 경우의 구제수단으로는 직권에 의한 취소·정지, 행정상 쟁송, 정당방위, 행정상 손해배상 등이 있으며 그 밖에, 간접적 구제수단을 드는 견해[2] 도 있다.

### 3.2. 직권에 의한 취소·정지

당해 처분청이나 공무원 또는 그 감독청이 직권으로 강제행위를 취소·정지할 수 있다. 행정의 실제상 이러한 직권에 의한 취소, 정지가 가장 효과적인 수단의 하나가 될 수 있다.[3] 경찰관직무집행법을 근거로 하는 범죄 예방·저지 목적 즉시강제의 경우에는 권리구제 절차가 조금 다르다. 만약 현행범으로 체포되었으나 구속사유가 인정되지 않는다고 하는 경우에는 형사소송법 제214조의2에 따라 구속적부심사를 청구하여야 할 것이다.[4]

### 3.3. 행정쟁송의 제기

[소의 이익] 소의 이익이 있는 한, 피해자는 행정심판·행정소송을 제기하여 즉시 강제행위의 취소 또는 변경을 청구할 수 있다. 다만, 실제로는 즉시강제행위의 성질상 단시간에

---

1) 정혜욱, 행정상 즉시강제에 관한 연구, 경북대학교 법학연구원, 법학논고 제40집(2012.10), 295면.
2) 김도창, 행정법론(상), 청운사, 1983, 435면.
3) 홍정선, 행정법원론(상), 박영사, 2001, 511-512면; 박윤흔교수는 감독청에 의한 취소, 정지, 공무원의 징계, 공무원의 형사책임, 정당방위, 소원, 청원 간접적 내지 우회적인 구제수단에 그친다고 보고 있다(박윤흔, 최신 행정법강의(상), 박영사, 2001, 631-632면).
4) 정혜욱, 행정상 즉시강제에 관한 연구, 경북대학교 법학연구원, 법학논고 제40집(2012.10), 296면.

행위의 효과가 완성되어 이미 회복할 수 없는 손해가 발생하는 경우가 많고, 이 경우에는 당해 강제행위 자체의 취소 또는 변경을 청구할 법률상 이익이 없을 때가 많다.[1] 대법원은 "즉시강제의 실행이 종료된 이후에는 그 취소를 구할 권리보호의 이익이 없다."[2]고 한다. 특히 즉시강제가 법적 근거를 결여하거나 성문법규의 내용에 저촉되는 경우 또는 비례의 원칙 등 행정법의 일반원칙에 어긋나 위법한 경우에 이에 대한 행정심판, 행정소송을 제기할 수 있는가가 문제된다. 이 문제는 즉시강제의 법적 성질에 따라 결정되어져야 할 것이다. 행정상 즉시강제는 대부분 수단이 권력적 사실행위에 해당하므로 처분성이 결여되는 것이 일반적이나, 일응 행정심판과 항고소송의 대상이 된다. 즉, 행정심판, 행정소송의 대상이 되는 '처분등을 행정청이 행하는 구체적 사실에 관한 법집행으로서 공권력의 행사 또는 그 거부, 그 밖에 이에 준하는 작용'이라고 하여 광의로 정의하고 있는 점을 비추어 볼 때 행정상 즉시강제도 구체적 사실에 관한 법집행작용으로서 권력적 작용이라는 점에서 처분성이 인정함에는 무리가 없다고 할 것이다.[3] 그러나 위에서 언급한 바와 같이 행정상 즉시강제는 그 성질상 신체, 재산, 가택에 대한 단기간의 침해로 행위가 종료되는 경우가 보통인 바, 즉시강제가 이미 행하여진 뒤에는 그것이 비록 위법 또는 부당한 것이라고 하더라도 원상회복이나 손해배상을 청구하는 외에는 행정심판이나 취소소송으로 즉시강제의 취소를 청구할 법률상 이익이 없게 된다.[4] 그러나 행정소송법 제12조에 의하여 행정상 즉시강제 이후라도 취소로 회복될 법률상 이익이 있는 경우에는 취소소송을 통한 구제가 가능하다.[5] 결국 즉시강제에 대한 행정쟁송은 실질적으로는 '즉시강제의 결과로서의 상태(강제수용, 물건의 영치 등)에 대한 쟁송'으로서의 성격을 지닌다.[6] 즉시강제가 비교적 장기에 걸

---

1) 석종현, 일반행정법(상), 492면.
2) 대판 1965. 5. 31, 65누25.
3) 한편 행정쟁송의 대상이 되는 처분의 개념을 행정행위로 보는 과거의 행정법이론에서는 사실행위인 즉시강제를 행정대송의 대상으로 보는데 이론상 어려움이 있었으나, 오늘날은 처분 개념은 행정행위 개념보다 넓게 보아 즉시강제와 같은 공권력행사인 사실행위는 처분에 포함시키며 우리 행정심판법 제2조 제1호, 행정소송법 제2조 제1항 제1호에서 이를 명문화하였다.
4) 우리 대법원도 행정상 즉시강제와 같은 사실행위는 그 실행이 완료된 이후에 있어서는 그 행위의 위법을 이유로 하는 손해배상 또는 원상회복의 청구를 하는 것은 몰라도 그 사실행위의 취소를 구하는 것은 권리보호의 이익이 없다고 판시한 바 있다. 따라서 즉시강제에 대하여 행정쟁송을 제기할 수 있다고 하더라도 실제로 이를 제기할 수 있는 경우는 극히 제한된다고 할 것이다. 다만, 행정상 즉시강제가 강제격리, 물건 영치 등으로 이루어져 비교적 장기간에 걸치는 계속적인 성질의 경우는 행정쟁송으로 취소를 청구할 수 있다. 또한 행정상 즉시강제가 이미 종료된 경우에도 그 취소로 회복되는 법률상 이익이 있는 경우에는 즉시강제의 취소를 구하는 행정쟁송의 제기가 가능하다고 할 것이다(행정심판법 제9조 제1항, 행정소송법 제12조 참조).
5) 석종현, 일반행정법(상), 492면.

치는 계속적 성질의 것 (강제격리 등) 일 때에는 행정소송이 가능하다.

### 3.4. 정당방위(正當防衛)

형법상의 정당방위(위법성 조각사유)의 법리에 의하여 대항이 가능하고, 따라서 공무집행방해의 죄가 성립하지 않는다. 우리나라 형법 제21조 제1항은 '자기 또는 타인의 법익에 대한 현재의 부당한 침해를 방위하기 위한 행위는 상당한 이유가 있는 때에는 벌하지 아니한다'고 규정하여 정당방위의 위법성 조각사유를 규정하고 있다. 따라서 행정상 즉시강제의 권한이 없는 공무원이 강제를 가하거나 또는 법률이 행정상 즉시강제의 요건으로 정하고 있는 신분을 표시한 증표를 제시하지 못한 경우, 또는 재량권을 일탈·남용한 경우 등 위법한 행정상 즉시강제에 대해서는 형법상의 정당방위의 법리에 의한 대항이 가능하며, 이 경우 형법상의 공무집행방해죄가 성립되지 아니한다.1)

▶ 대판 1992. 2. 11, 91도2797 【공무집행방해】
【판시사항】
가. 공무집행방해죄에 있어서 공무집행의 의미
나. 면허증 제시를 요구하는 교통단속 경찰관을 폭행한 사안에 대하여 경찰관의 직무집행행위의 적법성 여부에 대한 심리가 미진하다는 이유로 이를 유죄로 인정한 원심판결을 파기한 사례
【판결요지】
가. 공무집행방해죄는 공무원의 직무집행이 적법한 경우에 한하여 성립하는 것으로서 적법한 공무집행이라고 함은 그 행위가 공무원의 추상적 권한에 속할 뿐 아니라 구체적 직무집행에 관한 법률상 요건과 방식을 갖춘 것을 말하는 것이므로, 이러한 적법성이 결여된 직무행위를 하는 공무원에게 항거하였다고 하여도 그 항거행위가 폭력을 수반한 경우에 폭행죄 등의 죄책을 묻는 것은 별론으로 하고 공무집행방해죄로 다스릴 수는 없다.
나. 피고인이 교통단속 경찰관의 면허증 제시 요구에 응하지 않고 교통경찰관을 폭행한 사안에 대하여 경찰관의 면허증 제시 요구에 순순히 응하지 않은 것은 잘못이라고 하겠으나, 피고인이 위 경찰관에게 먼저 폭행 또는 협박을 가한 것이 아니라면 경찰관의 오만한 단속 태도에 항의한다고 하여 피고인을 그 의사에 반하여 교통초소로 연행해 갈 권한은 경찰관에게 없는 것이므로, 이러한 **강제연행에 항거하는 와중에서 경찰관의 멱살을 잡는 등 폭행을 가하였다고 하여도 공무집행방해죄가 성립되지 않는다고 할 것인바**, 위 경찰관의 직무집행행위의 적법성에 대한 검토를 다하지 아니한 원심판결에는 법리오해 및 심리미진의 위법이 있다.

---

6) 김남진·김연태, 행정법(I), 508면.
1) 석종현, 일반행정법(상), 493면.

▶ 서울형사지법 1993. 3. 9. 선고 92노3607 제4부판결 : 상고【폭력행위등처벌에관한법률위반】

【판시사항】구속영장 없이 경찰서 보안실에 유치당한 피의자가 보안실로부터 나오려고 할 때 이를 제지하는 경찰관을 폭행한 경우 공무집행방해죄의 성부

【판결요지】경찰관직무집행법상의 보안조치나 형사소송법상의 긴급구속에 해당하지 않는 경우 구속영장의 발부를 받음이 없이 피의자를 보안실에 유치함은 영장주의에 위배되는 위법한 구금이라 할 것이어서 이를 가리켜 **적법한 공무집행이라고 할 수 없고**, 이처럼 적법한 공무집행이라고 볼 수 없는 보안실유치조치에 항의하면서 보안실로부터 나오려고 하는 경우 이를 제지하는 경찰관에 대하여 폭행을 가하였다 하더라도 **공무집행방해죄에 해당하지 않는다**.

[합법적 공무집행과 수인의무] 그러나 이러한 행정상 즉시상제는 상대방이 수인할 의무가 있는 경우 즉 합법적인 공무집행 행위에는 정당방위를 인정할 수 없다. (학설) : (ㄱ) 즉시강제 집행행위가 처음부터 그 효력을 발생하지 못하는 당연무효가 아니고 단순한 위법에 그치는 경우는 행정행위의 공정력이 인정되며, 행정행위의 공정력은 민사재판뿐만 아니라 형사재판에도 그 효과가 미치므로 무효가 아니고 취소할 수 있음에 그치는 경우에는 그 행정상 즉시강제는 일응 유효한 행정행위로 인정되므로 당연무효가 아닌 취소할 수 있는 행정상 즉시강제인 경우에는 이에 대한 저항은 그 행정행위가 취소될 때까지는 정당방위로서 인정 될 수 없다는 견해,[1] (ㄴ) 행정상 즉시강제를 사실행위로 보는 경우 사실행위의 공정력을 부인하는 입장에서 행정상 즉시강제는 유효성 추정은 인정될지언정 적법성 추정은 인정되지 않으므로 형사법원은 처분의 효력과 관계없이 독자적으로 그 적법성 여부를 심사할 수 있다는 견해가 있다.[2]

### 3.5. 행정상 손해배상의 청구

#### 3.5.1. 개관

피해자는 행정상 손해배상정구권이 있다. 즉시강제에 대한 행정생송의 가능성이 사실

---

1) 행정상 즉시강제는 사실행위이며 행정행위가 아니기 때문에 반드시 명백하고 중대한 하자(瑕疵)가 있어야만 형법상의 정당방위가 인정되는 것은 아니라고 보며, 단순한 위법에 그치는 경우라도 정당방위는 허용된다고 할 수 있다는 견해(서원우, 현대행정법론(상), 박영사, 1980, 599면)가 있다. 왜냐하면 행정행위가 아닌 사실행위에까지 공정력(公定力)이 있다고 보이지는 않으므로, 단순한 위법에 그치는 경우에도 정당방위는 허용된다는 것이다. 이에 반하여 중대하고 명백한 하자(瑕疵)가 있는 즉시강제(무효인 즉시강제)에 대해서만 정당방위가 허용될 수 있다는 견해도 있다(이상규, 신행정법론 (상), 법문사, 1980, 387-388면).
2) 今村成和, 現代の行政と行政法の理論, 有斐閣, 1972, 242頁.

상 부인되거나 극히 제한되기 때문에 위법한 즉시강제에 대한 유일한 구제수단은 위법행위를 한 공무원의 고의·과실을 입증하여 국가 등을 상대로 손해배상을 청구하는 것이다(국가배상법 제2조 참조). 또한 원상회복이 불가능한 조치가 이루어진 경우에는 그 손해가 발생한 상태 그대로 유지될 것이다. 이러한 경우에는 손해배상을 청구하는 수밖에 없을 것이다.

▶판례〉 경찰관이 구 윤락행위등방지법 소정의 '요보호여자'에 해당하지 않는 여자를 '요보호여자'에 해당한다고 보아 지도소측에서 신병을 인수해 갈 때까지 영장 없이 경찰서 보호실에 강제로 유치한 행위에 대하여, 영장주의의 적용이 배제되는 행정상의 즉시강제에 해당한다는 국가의 주장을 배척하고, 영장주의에 위배되는 위법한 구금에 해당할 뿐 아니라 '요보호여자'에 해당한다고 보아 수용보호를 의뢰한 데에도 과실이 있다(대판 1998. 2. 13, 96다28578).[1]

### 3.5.2. 헌법·국가배상법

우리나라 헌법 제29조 제1항은 "공무원의 직무상 불법행위로 손해를 받은 국민은 법률이 정하는 바에 의하여 국가 또는 공공단체에 정당한 배상을 청구할 수 있다. 그러나 공무원 자신의 책임은 면제되지 아니한다."라고 규정하여 국가 또는 공공단체의 불법행위책임을 일반적으로 인정하였다. 즉, 위법한 행정작용으로 인한 국민에의 권리침해에 대하여 구제를 받을 수 있는 경우의 하나로서 손해배상청구권을 명시하여 이것을 청구권적 기본권으로 보장하고 있는 것이다. 국가 또는 공공단체의 배상책임을 규정한 헌법 제29조 제1항의 규정에 따라 국가배상의 요건·내용·절차 등에 관하여 규정한 법률로서 국가 배상법이 있다.

▶국가배상법 제2조 ① 국가나 지방자치단체는 공무원 또는 공무를 위탁받은 사인(이하 "공무원"이라 한다)이 직무를 집행하면서 고의 또는 과실로 법령을 위반하여 타인에게 손해를 입히거나, 자동차손해배상 보장법에 따라 손해배상의 책임이 있을 때에는 이 법에 따라 그 손해를 배상하여야 한다. 다만, 군인·군무원·경찰공무원 또는 향토예비군대원이 전투·훈련 등 직무 집행과 관련하여 전사(戰死)·순직(殉職)하거나 공상(公傷)을 입은 경우에 본인이나 그 유족이 다른 법령에 따라 재해보상금·유족연금·상이연금 등의 보상을 지급받을 수 있을 때에는 이 법 및 민법에 따른 손해배상을 청구할 수 없다. ② 제1항 본문의 경우에 공무원에게 고의 또는 중대한 과실이 있으면 국가나 지방자치단체는 그 공무원에게 구상(求償)할 수 있다.

---

[1] 대판 1998. 2. 13, 96다28578 【손해배상(기)】

### 3.5.3. 즉시강제 권한(혹은 의무)행사의 해태 혹은 부작위에 의하여 발생한 손해에 대한 국가배상책임

행정기관(행정청)의 즉시강제 권한행사의 해태 혹은 부작위로 인한 손해배상책임은 다음과 같이 나누어 볼 수 있다.[1] (ㄱ) 행정청의 행위의무가 개별법령에 명문으로 규정되어 있거나 법령의 해석에 의하여 강행법규성으로 인정되거나 일의적(一義的)으로 해석되는 경우는 행정청의 행위의무가 명문으로 규정되어 있는 경우이므로, 부작위 책임에 따른 손해배상책임을 지게된다. (ㄴ) 행위권한이 법령에 명문으로 규정되어 있지 않은 경우이다. 이 경우에는 행정청의 권한행사가 재량에 맡겨져 있는 경우와 구별할 실익이 없다. (ㄷ) 법령에 의하여 행정청에게 권한이 부여되고 있고, 그 행사가 재량에 맡겨져 있는 경우인데, 이 경우에는 - 행정청에 비록 재량이 인정된다고 할 지라도 - 재량권의 零에로의 수축이론(행정개입청구권; Ermessensschrumpfung auf Null)에 의한다면, 예컨대 경찰관직무집행법 제4조의 보호조치, 제5조의 위험발생의 방지는 동법이 일단은 경찰공무원에 대하여 경찰권 발동시 결정재량을 인정하고 있는 것으로 해석되어 반드시 그러한 조치를 취해야 할 의무는 경찰관에게 없다고 하더라도 만약 경찰관이 위험발생의 방지(경찰관직무집행법 제5조 )를 하지 않게 되면 어떤 개인의 신체·재산 등에 중대한 위해(危害 : Gefahr)가 닥칠것이 명백하다면 경찰공무원이 가진 재량권은 영(零)으로 수축되어, 개인의 생명이나 재산을 보호해야할 특정의무가 발생하므로, 이 경우 반드시 경찰권을 발동해서 결과발생을 방지해야 할 의무를 지게된다. 만약 이를 고의·과실 등 그 의무를 해태하거나 경찰관의 부작위로 방치하는 경우 이는 위법한 것이 될 것이다.[2][3]

[세월호사건] 이와같은 관점에서 2014년 4월 16일 발생한 세월호사건에서 보듯이 난파한 배에 승선하고 있는 사람들의 생명이나 재산을 보호하기 위하여 해양경찰공무원이 즉시강제(즉시구호)의무를 해태하거나 고의·과실 등의 부작위로 방치하였다고 판단되는 경우 국가배상책임을 면할 수 없다(재량권의 영으로의 수축; 행정개입청구권).

### 3.5.4. 불법한 즉시강제가 집단적으로 행해진 경우, 불법행위공무원(혹은 공무수탁사인)이 반드시 특정되어야 하는가?

국가배상법 제2조는 "공무원 또는 공무수탁사인이 그 직무를 집행하면서 … 손해배

---

1) 古時慶長, 公務員の不作爲と國家賠償責任, 法と權利4(民商法雜誌 第78卷 臨時增刊4), 有斐閣, 1978, 208頁; 서원우·이강혁(공저), 공법학연습, 법지사, 1985, 614면.
2) 김남진, 경찰관의 재량과 판단여지, 경찰고시(1982.4), 34면; 정하중, 행정상 즉시강제, 고시연구(2000.12).
3) 장창업, 행정상 즉시강제, 건국대학교 대학원 법학과 석사학위 논문.

상책임이 있을 때에는 그 손해를 배상하여야 한다."고 규정하고 있다. 여기에는 (ㄱ) 직무를 집행하는 공무원(혹은 공무수탁사인)의 행위인 것이 입증되면 당해(當該) 불법행위공무원(불법공무수탁사인)이 누구인가 구체적으로 특정할 필요가 없는 것인가, (ㄴ) 가해공무원(혹은 공무수탁사인)을 특정하여 그 공무원(혹은 공무수탁사인)의 행위가 불법행위라는 것을 입증하여야 하는가 하는 문제가 있다. 특히 불법행위가 집단적으로 행해진 경우(집단행위)에는, 구체적인 가해행위공무원(공무수탁사인)의 특정이 매우 곤란하게 되는데,[1] 만약 가해공무원(공무수탁사인)의 특정이 반드시 필요하다고 한다면 공권력의 행사에 의한 행위에 의하여 위법한 손해를 입었다는 사실이 입증되는 경우에도 반드시 불법공무원(공무수탁사인)이 특정되어야만 손해배상이 가능하다면 결국 피해자는 손해를 감수(甘受)할 수 밖에 없다. 가해공무원의 특정의 문제는 국가배상책임의 법적 성질을 어떻게 보느냐하는 것과 깊은 관련이 있다.

[자기책임설] 국가배상책임의 본질을 자기책임설의 입장에서 이해하는 견해에 의하면, 가해공무원의 특정에 있어서 최소한 그 공권력을 행사한 공무원이 행정조직상 어느 지위에 있는지, 즉 어느 부서에 소속되어 있는 자인가가 밝혀지면 국가배상법상의 기타 요건을 만족하는 한, 국가 또는 공공단체에 배상책임을 물을 수 있다고 한다.[2] 예컨대 동일한 부서의 같은 지위에 있는 공무원이 여러명이고 그 중에서 가해자가 구체적으로 누구인가는 확인되지 않더라도 그 중의 1인의 행위에 의하여 손해를 입었다는 것이 확인될 수 있다면, 구체적인 가해자가 누구인가를 특정하지 않아도 국가 또는 공공단체의 배상책임을 물을 수 있다는 것이다.

[대위책임설] 대위(代位)책임설에 의하면, 가해공무원(공무수탁사인)이 특정되어 그의 불법행위가 입증되어야만 국가 또는 공공단체에 배상책임을 물을 수 있다. 그러나 오늘날 대위책임설과 자기책임설의 접근경향에 따라 대위책임설을 주장하는 견해에서도, 구체적으로 불법가해자가 누구인가 반드시 특정할 필요는 없고 손해가 공무원의 지위에 있는 어떤 자에 의해서(누군가에 의해서) 발생한 것이 인정된다면 족하다는 하는 주장도 있다(조직과실[Organisationsverschulden]).

[가해공무원의 특정의 포기] 오늘날 국가배상책임론에 있어서 특정한 가해공무원이 존재할 것도 요구되지 아니한다. 독일의 경우 과실의 객관화 이론의 하나로 조직책임(조직과실 : Organisationsverschulden)이론이 있다. 이는 행정청 내부에서의 잘못은 책임자(장)의 잘못으로 귀속한다는 것으로, 예컨대 당해 공무원이 휴가로 인한 부작위로 인하여 배상책

---

1) 室井 力, 兼子 仁(編), 行政法 判例集, 學陽書房, 昭和 52, 118-140頁.
2) 室井 力, 兼子 仁(編), 行政法 判例集, 學陽書房, 昭和 52, 118頁의 判例要旨; 警察權の行使と國家賠償, 立花書房, 1982, 95-99頁.

임사유가 발생하였더라도, 행정청의 책임자가 이에 대한 배려의 결여(예컨대 대리인의 선임)로 인한 책임을 진다는 이론이다. 프랑스의 경우 공역무과실(faute de service public)에 접근한 것이다.[1] 가해공무원의 특정화의 포기는 결과적으로 과실의 개념을 "공무원의 위법행위로 인한 국가작용의 흠"[2] 이라는 표현과 같이 조직과실책임을 묻게된다.[3] 우리의 경우에도 집회해산과정에서 발생된 손해와 관련하여 가해공무원의 특정화를 포기하고 있다.[4] 국가배상법은 국가 또는 공공단체의 공권력의 행사에 관한 분야에 있어서 피해자를 보호하기 위한 것이 그 입법취지이다. 그러므로 국가 또는 공공단체의 공권력의 행사에 임한 공무원의 위법한 직무행위(Amtshandlung)로 인하여 손해가 발생한 것이 명확한 한, 단지 가해공무원이 구체적으로 누구인지 불명확하다는 것만을 이유로 하여 국가 또는 공공단체의 손해배상책임을 면할 수는 없을 것이다.

▶ 대판 1995. 11. 10, 95다23897 【손해배상(기)】 피고 소속의 <u>전투경찰들은</u> 시위진압을 함에 있어서 합리적이고 상당하다고 인정되는 정도로 가능한 한 최루탄의 사용을 억제하고 또한 최대한 안전하고 평화로운 방법으로 시위진압을 하여 그 시위진압 과정에서 타인의 생명과 신체에 위해를 가하는 사태가 발생하지 아니하도록 하여야 하는 데도 이를 게을리 한 채 합리적이고 상당하다고 인정되는 정도를 넘어 지나치게 과도한 방법으로 시위진압을 한 잘못으로 소외 망 김귀정으로 하여금 사망에 이르게 하였다 할 것이므로 <u>피고는 그 소속 공무원인 전투경찰들의 직무집행상의 과실로 발생한 이 사건 사고로 인하여 소외 망 김귀정 및 그 가족들인 원고들이 입은 손해를 배상할 책임이 있다.</u>

### 3.6. 공무원의 형사책임

즉시강제가 위법인 때는 당해 공무원은 형법상 공무원의 직무에 관한 죄 또는 특별법상 경찰관직무집행법 등이 규정하는 형사책임을 지게 된다. 직권을 남용하여 위법하게 즉시강제수단을 도입한 공무원은 형법상 공무원의 직무에 관한 죄(형법 제123조), 또는 경찰관직무집행법상의 직권남용죄로 처벌 될 수 있다.

### 3.7. 공무원의 징계책임

당해 공무원의 파면 기타 징계도 피해자에 대한 간접적인 구제가 될 수 있다.

---

1) Th. Maurer, Allgemeines Verwaltungsrecht, § 25 Rn. 24; 박윤흔, 행정법강의(상), 707면 참조; 석종현, 일반행정법(상), 617면; 정하중, 행정법총론, 525면 참조.
2) 김도창, 일반행정법론(상), 청운사, 1993, 628면.
3) 정하중, 행정법총론, 525면.
4) 정하중, 행정법총론, 525면.

### 3.8. 기타

청원·고소·고발·진정·헌법소원을 할 수 있다. 특히 청원이 집단적으로 이루어진다면 이는 매우 효과적인 구제수단이 될 것이다.[1]

▶ 헌재결 2002. 10. 31. 2000헌가12 【음반비디오물 및 게임물에 관한 법률 제24조 제3항 제4호 중 게임물에 관한 규정 부분 위헌 제청】

【판시사항】

1. 관계행정청이 등급분류를 받지 아니하거나 등급분류를 받은 게임물과 다른 내용의 게임물을 발견한 경우 관계공무원으로 하여금 이를 수거·폐기하게 할 수 있도록 한 구 음반·비디오물및게임물에관한법률(2001. 5. 24. 법률 제6473호로 개정되기 전의 것) 제24조 제3항 제4호 중 게임물에 관한 규정 부분(이하 "이 사건 법률조항"이라 한다)이 재산권을 침해하는지 여부(소극)

2. 이 사건 법률조항이 재판청구권을 침해하는지 여부(소극)

3. 이 사건 법률조항이 영장주의와 적법절차의 원칙에 위배되는지 여부(소극)

【결정요지】

이 사건 법률조항의 입법목적은 등급분류를 받지 아니하거나 등급분류를 받은 게임물과 다른 내용의 게임물(이하 "불법게임물"이라 한다)의 유통을 방지함으로써 게임물의 등급분류제를 정착시키고, 나아가 불법게임물로 인한 사행성의 조장을 억제하여 건전한 사회기풍을 조성하기 위한 것으로서 그 입법목적의 정당성이 인정되고, 이 사건 법률조항에서 불법게임물을 즉시 수거·폐기할 수 있도록 하는 행정상 즉시강제의 근거를 규정한 것은 위와 같은 입법목적을 달성하기 위한 적절한 수단의 하나가 될 수 있다. 불법게임물은 불법현장에서 이를 즉시 수거하지 않으면 증거인멸의 가능성이 있고, 그 사행성으로 인한 폐해를 막기 어려우며, 대량으로 복제되어 유통될 가능성이 있어, 불법게임물에 대하여 관계당사자에게 수거·폐기를 명하고 그 불이행을 기다려 직접강제 등 행정상의 강제집행으로 나아가는 원칙적인 방법으로는 목적달성이 곤란하다고 할 수 있으므로, 이 사건 법률조항의 설정은 위와 같은 급박한 상황에 대처하기 위한 것으로서 그 불가피성과 정당성이 인정된다. 또한 이 사건 법률조항은 수거에 그치지 아니하고 폐기까지 가능하도록 규정하고 있으나, 이는 수거한 불법게임물의 사후처리와 관련하여 폐기의 필요성이 인정되는 경우에 대비하여 근거규정을 둔 것으로서 실제로 폐기에 나아감에 있어서는 비례의 원칙에 의한 엄격한 제한을 받는다고 할 것이므로, 이를 두고 과도한 입법이라고 보기는 어렵다. 따라서 이 사건 법률조항은 피해의 최소성의 요건을 위반한 것으로는 볼 수 없고, 또한 이 사건 법률조항이 불법게임물의 수거·폐기에 관한 행정상 즉시강제를 허용함으로써 게임제공업주 등이 입게 되는 불이익보다는 이를 허용함으로써 보

---

[1] 김재종, 행정상 즉시강제에 관한 연구, 조선대학교대학원 법학과 석사학위논문, 2001, 41면.

호되는 공익이 더 크다고 볼 수 있으므로, 법익의 균형성의 원칙에 위배되는 것도 아니다. … 결국 이 사건 법률조항에 의한 행정상 즉시강제의 허용은 과잉금지의 원칙의 위배 여부를 판단함에 있어 고려되어야 할 목적의 정당성, 방법의 적정성, 피해의 최소성 및 법익의 균형성 등 모든 요건을 충족하였다고 보여지므로, 위 법률조항이 과잉금지의 원칙에 위배하여 청구인의 재산권을 침해하였다고 볼 수 없다.

# 제 4 절  행정조사(行政調査)

[사례] 식중독증세의 원인이 된 음식점을 조사하기 위해 보건가족복지부 공무원이 음식점에 들어가 검사를 하고자 한다. 그에 대한 영장이 필요한가?

[해설] 행정기관이 자료나 정보를 수집하기 위해 조사를 사실행위를 행하는 경우에도 원칙적으로 영장을 제시해야 하나, 위의 경우처럼 식중독을 방지한다는 긴급한 필요성[1]이 인정되는 경우엔 예외적으로 영장을 제시할 필요가 없다. 그러나 그 권한을 표시한 증표는 제시해야 한다. 이처럼 행정기관이 적정한 행정작용을 실행하기 위해 필요한 자료·정보를 수집하기 위해 하는 조사활동을 행정조사라고 한다. 이런 행정조사에 대해 상대방은 이에 따라야 할 의무(수인의무)가 발생하기 때문에 헌법 제12조 제3항에 따라 법관이 발부한 영장을 필요로 하는 지가 문제된다. 이에 대해 (ㄱ) 영장이 필요하다는 견해와, (ㄴ) 영장이 필요없다는 견해가 있으나, 대체적으론 원칙적으론 영장을 필요로 하나 예외적으로 긴급한 시행을 요하는 때엔 필요가 없다고 한다. 그러나 그 경우에도 정당한 권한이 있다는 증표를 제시할 의무는 있다(식품위생법 17조). 따라서 위의 경우에 있어서 공무원은 출입, 검사에 관한 권한을 표시한 증표를 소지하고 이를 상대방에게 제시한다면, 위 행정조사는 식중독 확산이라는 긴급한 상황에서 이를 방지하기 위한 것이기에 예외적으로 영장없이 행정조사가 가능하다 할 수 있다. <인터넷 법률신문>

## I. 서설

### 1. 행정조사의 개념

[의의] 행정조사(administrative investigation)라 함은 행정상 즉시강제로부터 「분가된 관념」으로서 「행정청(행정기관)이 행정작용을 위하여 필요한 자료·정보를 수집하기 위하여 행하는 사실행위로서의 조사작용」이다. 오늘날의 행정기관은 행정목적을 효과적으로 수행하기 위하여 각종 자료의 수집을 위한 조사를 행한다. 이러한 자료의 수집은 여러 가지 형태로 이루어지는데, 상대방의 동의와 협조에 의한 방법이 있는가 하면, 반대로 행정청의 현장검증·질문·검사 등 강제적 조사방법에 의하여 행하여지기도 한다. 행정청은 행정작용을 적정하고 효과적으로 수행하기 위하여 여러 가지의 자료나 정보를 신속·정확하게

---

1) 과세처분에 의하여 입은 손해는 배상청구가 가능하므로 그 처분을 정지함에 회복할 수 없는 손해를 피하기 위하여 긴급한 사유가 있는 경우에 해당하지 아니한다(대결 1971. 1. 28, 70두7)

모집할 필요가 있는데[1] 이러한 정보의 수집은 상대방의 임의적 협력(임의조사)에 의하여 이루어지는 경우도 있으나, 상대방이 이에 응하지 않는 경우에는 강제적 방법(강제조사 : 직접강제로서의 실력행사, 간접강제로서의 행정벌)에 의하는 경우도 있는데,[2] 좁은 의미에서의 행정조사는 강제조사 만을 의미한다.[3]

[학설] 행정조사는 (ㄱ) 권력적 조사작용이라는 설[4][5]과, (ㄴ) 비권력적 사실행위라는 설,[6] (ㄷ) 권력적 조사작용과 비권력적 조사작용이 모두 포함된다는 설[7]이 나누어져 있다. 행정조사라는 개념을 정립하여 그 독자적인 법리를 세우려는 견해에 대하여 '행정조사를 권력작용・실력행사로 보는 한 그것은 즉시강제론에 흡수되는 것으로 보고, 그것을 행정행위로 보는 한 행정행위론에 흡수' 된다는 견해[8]도 있다.

[사견] 생각건대 행정조사의 성질은 복합적이다. 행정조사는 반드시 권력적 조사작용만을 의미하는 것은 아니고, 비권력적 조사도 행정조사에 포함된다고 본다. 물론 권력적 조사의 경우에는 보다 많은 법적 문제가 놓이게 된다. 이에 대하여는 행정조사의 개념 중에 권력적 조사작용 뿐만 아니라 비권력적 조사작용도 포함시킨다면 그 범위가 너무 광범위하고 그 성격이 다양하여지므로 통일적 법리의 구성에 어려움이 따른다는 비판적인 견해가 있기도 하다. 그런데 행정조사에 대한 자료를 가장 풍부하게 제공하고 있는 분야는 아무래도 조세법의 영역일 것이기 때문에 행정법의 모든 영역에 걸쳐 일반적으로 그것을 요건화할 만큼 행정조사 이론이 성숙되어 있다고는 생각하기 어려울 것 같다.[9]

---

1) 질문・검사・조사목적을 위한 영업소 등에의 출입 등은 행정조사로 파악한다. 박윤흔, 행정법강의(상), 629면.
2) 김동희, 행정법(I), 460면; 박윤흔, 행정법강의(상), 629면.
3) 박윤흔, 행정법강의(상), 629면.
4) 이상규, 신행정법론(상), 558면; 김동희, 행정법(I), 박영사, 2008, 464면(김동희 교수의 구견해이다).
5) 구체적으로는 '행정청이 행정작용을 위하여 필요한 자료를 얻기 위하여 하는 권력적 조사작용'을 행정조사로 보는 견해(이상규)와 '행정기관이 행정결정에 필요한 자료를 얻기 위하여 행하는 권력적인 조사작용'을 행정조사로 보는 견해(변재옥, 고시연구(1981.11), 61면) 등이 있다. 위의 두가지 견해는 행정조사를 권력적 조사작용이라고 설명하는 점에서는 서로 일치하고 있지만 행정조사의 주체를 전자의 견해는 '행정청'으로, 후자의 견해는 '행정기관'으로 설명하는 점에서는 차이를 보이고 있다. 행정조사가 종래에 행정상 즉시강제로 분류되어 왔으며 즉시강제의 주체는 행정기관이라는 것과 행정조사가 주로 집행기관에 의하여 행해지는 것을 염두에 둔다면 이 경우에는 행정조사의 주체는 행정기관이라고 할 것이다.
6) 김남진・김연태, 행정법(I), 439-440면.
7) 서원우; 김도창; 박윤흔, 행정법강의(상), 629면; 김동희, 행정법(I), 461면(김동희 교수의 새로운 견해이다).
8) 김도창, 행정법론(상), 청운사, 1983, 435-436면.

[김동희 교수의 견해] 김동희 교수는 2008년도 저서에서는 「행정조사는 행정기관의 권력적 조사활동이다」라고 하여 권력적 조사작용설을 주장하였으나 2009년도 저서에서는 「행정조사는 행정기관에 의한 자료·정보 등의 취득을 위한 조사활동이다. 행정기관이 그 정책 수립이나 적정한 업무수행에 필요한 자료·정보의 수집방법에는 임의적 협력에 의한 것과 강제적 수단에 의한 것이 있다. … 행정조사는 권력적인 것과 임의적 협력에 기한 것을 포함하는 것」으로 하여 권력적 조사작용과 임의적 조사작용(비권력적 조사작용)이 모두 포함되는 것으로 변경하였다.

## 2. 행정조사와 행정상 즉시강제의 구별

[전통적 행정법이론] 전통적인 행정법이론에서는 행정조사는 권력적 작용임을 그 요소로 할 뿐만 아니라 사전에 구체적 의무를 부여하여 그 불이행을 기다리지 아니하고 직접적으로 수행되는 강제적 작용이라는 점에서 행정상 즉시강제와 동일한 개념으로 제시되어 왔다. 그러나, 행정조사와 행정상 즉시강제와는 엄밀히 볼 때, 그 목적, 내용 및 성질을 달리하는 별개의 것이다.

행정상 즉시강제는 직접 개인의 신체나 재산에 실력을 행사하여 행정상 필요한 구체적인 결과를 직접적·종국적으로 실현시키는 것을 「목적」으로 하는데 대하여, 행정조사는 그 자체가 목적이 아니라 행정작용(조세부과 등)을 위한 자료 및 정보를 수집하는 준비적·보조적 수단의 성질을 가진다(목적과 수단의 관계). 즉 행정조사는 그 자체가 목적이 되지 아니하고 궁극적인 행정목적을 실현하기 위한 보조적인 수단에 불과하다. 이점에 있어서 행정강제 제도와 구별된다. 행정상 즉시강제는 직접적인 실력행사를 통하여 스스로 일정한 상태를 실현시키는 것인데 대하여, 행정조사는 현행법상 법률에서 예외적으로 정한 영장에 의하는 경우를 제외하고는 일반적으로 직접적인 실력행사가 아니라 상대방이 거부하는 경우에 간접적으로 강제하는 방법, 예컨대 행정벌, 행정질서벌 또는 허가취소 등의 불이익처분에 의한 간접적인 방법에 의하여 행정조사를 상대방에게 수인(受忍)시키는 것이고, 행정상 즉시강제는 권력적인 집행작용인데 대하여, 행정조사는 비권력적인 조사작용이라는 점에서 서로 구별된다. 따라서, 행정조사는 행정상 즉시강제와 밀접하게 결부되어 행하여지는 경우가 있다고 하더라도, 그것은 어디까지나 즉시강제의 전제적·부수적 수단으로 작용하는 데에 불과하다. 다시 말하면, 행정상 즉시강제는 행정조사와 동일한 시점에서 행하여지는 경우에도, 마치 접수와 수리가 서로 시점상으로 보아 중첩되더라도 서로 별개의 독립된 행위로 보는 것과 같으며, 행정상 즉시강제는 행정조사의 결과 확인된 사실에 입각하여 즉시강제가 행하여지는 데 불과하다.[1] .

---

9) 村井正, 行政法의 爭點, 有斐閣, 1980, 114頁.

출입·검사는 행정활동의 기초가 되는 자료의 수집을 목적으로 하며, 따라서 행정조사에 해당되지만, 그것이 구체적인 행정목적을 실현하기 위한 것인 경우에는 행정상 즉시강제에 해당한다. 예컨대 경찰관직무집행법에 의한 '위험방지를 위한 출입'이 여기에 해당한다(경찰관직무집행법 제7조).1) 행정상 즉시강제가 독일행정법학적 개념이라면, 행정조사는 영·미법적 개념이다.

### 3. 행정조사와 형사소송법상 수사와의 구별

권력적 강제작용인 점에서 같으나, 수사는 형사소송법상 절차에 따라 행하여지고 그 자체가 목적인데 반하여, 행정조사는 각 개별법에 정한 절차에 따라 행정목적의 수단으로 행하여지는 점에서 양자는 구별된다.

## II. 행정조사의 (법적) 근거

### 1. 법적 근거가 필요한 경우

행정조사 중, 벌칙에 의하여 담보되어 있거나 실력행사가 인정되는 「강제조사」의 경우에는 구체적인 법적 근거가 필요하다. 즉 행정조사중에서 권력적 조사는 국민의 자유·재산에 대하여 제한적·침익적으로 작용하므로, 그에는 반드시 법적 근거가 필요하다.2) 우리나라에서는 행정조사에 관한 일반법으로서 행정조사기본법이 2007년 5월 17일에 제정되어 같은해 8월18일부터 시행되고 있으며, 다수의 개별법에서도 이에 관한 규정을 두고 있는바, 경찰관직무집행법(제3조[불심검문]), 풍속영업의규제에관한법률(제9조), 국세징수법(제26조, 제27조[질문권·검사권]), 공익사업을위한토지등의취득및보상에관한법률(법 제9조-제13조), 식품위생법(제70조)등이 있다.3)

▶ **풍속영업의규제에관한법률 제9조(출입)** ① 경찰서장은 특별히 필요한 경우 국가경찰공무원에게 풍속영업소에 출입하여 풍속영업자와 대통령령으로 정하는 종사자가 제3조의 준수 사항을 지키고 있는지를 검사하게 할 수 있다. ② 제1항에 따라 풍속영업소에

---

1) 총포화학류로 인한 위험을 방지하기 위한 가영치 등 즉시강제가 관계공무원의 임검 등의 행정조사를 전제로 하여 행하여지며(총포·도검·화학류등단속법). 사격장 및 사격으로 인한 위해를 방지하기 위하여 행하여지는 사격중지 등 즉시강제가 관계공무원의 사격장에 대한 조사에 따라 행하여지는 것 등이다.
1) 박윤흔, 행정법강의(상), 629면; 김남진·김연태, 행정법(I), 440면; 김동희, 행정법(I), 462면.
2) 김동희, 행정법(I), 461면.
3) 김동희, 행정법(I), 461면.

출입하여 검사하는 국가경찰공무원은 그 권한을 표시하는 증표를 지니고 이를 관계인에게 내보여야 한다. [전문개정 2010.7.23.]

▶국세징수법 제26조(수색의 권한과 방법) ① 세무공무원은 재산을 압류하기 위하여 필요할 때에는 체납자의 가옥·선박·창고 또는 그 밖의 장소를 수색하거나 폐쇄된 문·금고 또는 기구를 열게 하거나 직접 열 수 있다. 체납자의 재산을 점유하는 제3자가 재산의 인도(引渡)를 거부할 때에도 또한 같다. ② 세무공무원은 제3자의 가옥·선박·창고 또는 그 밖의 장소에 체납자의 재산을 은닉한 혐의가 있다고 인정하는 때에는 제3자의 가옥·선박·창고 또는 그 밖의 장소를 수색하거나 폐쇄된 문·금고 또는 기구를 열게 하거나 직접 열 수 있다. ③ 제1항 또는 제2항에 따른 수색은 해뜰 때부터 해질 때까지만 할 수 있다. 다만, 해가 지기 전에 시작한 수색은 해가 진 후에도 계속할 수 있다. ④ 주로 야간에 대통령령으로 정하는 영업을 하는 장소에 대하여는 제3항에도 불구하고 해가 진 후에도 영업 중에는 수색을 시작할 수 있다. ⑤ 세무공무원은 제1항 또는 제2항에 따라 수색을 하였으나 압류할 재산이 없을 때에는 수색조서를 작성하여 체납자 또는 제28조에 따른 참여자와 함께 서명날인하여야 하며, 참여자가 서명날인을 거부할 경우 그 사실을 수색조서에 함께 적어야 한다. <개정 2011.12.31.> ⑥ 세무공무원은 제5항에 따라 수색조서를 작성하였을 때에는 그 등본을 수색을 받은 체납자 또는 참여자에게 내주어야 한다. [전문개정 2011.4.4.]

## 2. 법적 근거가 불필요한 경우

상대방이 조사를 수인할 의무가 없는 「임의조사」의 경우에는 법률의 수권없이도 행할 수 있다고 할 것이다. 행정조사중 강제조사는 조직법적 근거 뿐만 아니라 작용법적 근거도 있어야 하며, 임의조사는 작용법적 근거는 요하지 아니하나 조직법적 근거는 있어야 한다는 견해도 있다.[1]

# III. 행정조사의 종류(유형)

## 1. 조사수단에 의한 구분

이것은 행정조사의 성질에 따른 구분으로서 강제조사와 임의적 조사라고도 한다.

[권력적·강제적 행정조사] 법칙·실력행사를 수반하는 경우이다(강제조사). 권력적 행정조사는 행정기관의 일방적인 명령·강제를 수단으로 하는 행정조사(불심검문, 물건의 수

---

[1] 박윤흔, 행정법강의(상), 631면.

거, 가택수색 등)를 말한다. 권력적 행정조사는 기본권보장과 관련하여 그 법적 근거와 한계가 문제된다.

[비권력적·임의적 행정조사] 상대방의 임의적 협력에 의한 경우이다(임의조사). 비권력적 행정조사는 명령이나 강제를 수반하지 않는 행정조사(정책수립목적의 통계조사, 임의적인 공청회 등)을 말한다.

## 2. 조사방법에 의한 구분

[직접조사] 직접적으로 사람의 신체·재산·가택 등에 직접 실력을 가하여 행정상 필요한 자료나 정보를 수집하는 행정조사이다. 답변이 강요된 질문, 가택·신체에 대한 수색 등이다.

[간접조사] 간접조사란 사람의 신체·재산·가택에 직접 실력을 가함이 없이 일정한 사항에 대한 보고 또는 자료를 제출하게 하거나 검사를 함으로써 하는 행정조사이다(여론조사 등). 조사의 효과에 있어서는 직접조사가 보다 적합하나, 기본권침해가능성의 배제라는 점에서는 간접조사가 더 적합하다.

## 3. 조사대상에 의한 구분

[대인적 조사] 사람의 신체에 실력을 가함으로써 하는 행정조사이다(불심검문·질문·신체수색).[1]

[대물적 조사] 개인의 부책(簿册) 기타의 물건에 실력을 가함으로써 하는 행정조사이다(장부의 검사·서류의 열람·물건의 검사·수거 등).[2]

[대가택 조사] 개인의 주거나 영업소 등에 출입하여 강제적으로 일정한 상태 등을 조사하는 것을 말한다(가택출입·임검·가택수색 등).[3]

## 4. 기타 분류

[경찰상 조사·경제행정상 조사·교육행정상 조사 등] 이것은 행정조사가 이루어지는 행정영역에 따른 구분이다. 경찰목적의 조사의 예로 불심검문, 경제행정상 조사의 예로 국적조사, 교육행정상의 조사의 예로 취학예정아동의 조사 등을 들 수 있다. 그밖에 행정심판위원회, 해난심판위원회 등 독립된 심리·의결기관의 심판관, 조사관이나 심사관 등이 행하는 조사(행정심판법; 국세기본법; 해양사고의조사및심판에관한법률[舊해난심판법])와 관계 공

---

1) 이상규, 신행정법론(상); 김동희, 행정법(I), 462면.
2) 김동희, 행정법(I), 462면.
3) 김동희, 행정법(I), 462면.

무원에 의하여 일반적으로 영업자 등에 대하여 행하여지는 조사사람에 의한 조사와 기계에 의한 조사, 개별적 조사·집단적 조사가 있다.


## IV. 행정조사의 한계

### 1. 실체법상 한계(실체적 한계)

강제조사의 경우에는 근거법의 테두리 안에서 행하여져야 한다(합법률성의 원칙).[1] 권력적 행정조사는 국민의 신체나 재산에 제한과 침해를 가져오는 것이기 때문에, 반드시 법률의 근거를 요한다(침해유보). 현재 이에 관한 일반법은 없고, 단지 개별법에서 규정되고 있을 뿐이다(경찰관직무집행법 제3조[불심검문]). 그리고 법규의 범위안에서도 다시 일정한 조리상의 한계를 지켜야 한다. 즉 강제조사·임의조사를 막론하고 당해 행정조사를 필요로 하는 조사목적 이외의 목적을 위하여 행하여져서는 아니되며(목적적합성의 원칙), 정당한 조사목적을 위하여 합리적으로 필요한 최소한도에 그쳐야 한다(비례원칙).

▶ **마약류관리에관한법률 제41조(출입·검사와 수거)** ① 식품의약품안전처장, 시·도지사 또는 시장·군수·구청장은 마약류 및 원료물질의 취급을 감시하고 단속할 필요가 있다고 인정하면 관계 공무원으로 하여금 마약류취급자, 마약류취급승인자 및 원료물질취급자에 대하여 해당 업소나 공장·창고, 대마초 재배지, 약국, 조제 장소, 그 밖에 마약류 및 원료물질에 관계 있는 장소에 출입하여 다음 각 호의 업무를 하게 할 수 있다. <개정 2013.3.23., 2013.7.30.>

    1. 해당 업소 등의 구조·설비·업무현황, 기록한 서류와 의약품, 그 밖의 물건에 대한 검사

    2. 관계인에 대한 질문

    3. 마약류·원료물질 및 이와 관계가 있다고 인정되는 약품과 물건을 총리령으로 정하는 바에 따른 수거. 이 경우 시험용으로 **필요한 최소 분량으로 한정한다**

[**직접조사와 보충성의 원칙**] 특히 직접조사는 당해 행정조사를 통하여 확보하고자 하는 자료 내지 정보를 임의적 방법에 의하여서는 효과적으로 수집하기 어렵다고 인정되는 경우에 한하여 보충적으로만 인정된다(보충성의 원칙).[2]

---

1) 행정조사중 강제조사는 조직법적 근거 뿐만 아니라 작용법적 근거도 있어야 하며, 임의조사는 작용법적 근거는 요하지 아니하나 조직법적 근거는 있어야 한다(박윤흔, 행정법강의(상), 631면).
2) 김동희, 행정법(I), 463면.

## 2. 절차법상 한계(절차적 한계)
### 2.1. 영장주의와의 관계

헌법 제12조 제3항, 제16조의 영장주의가 행정조사(강제적인 행정조사; 질문, 검사, 가택출입 등의 경우)에 적용될 것인가하는 점이 문제된다. 강제적인 행정조사는 국민의 자유와 권리를 제한하는 것이며, 또 형사소추로 발전될 위험이 많은 점 등을 고려하면 영장주의가 행정조사에 적용되는 것이 원칙이나, 부득이 하다고 인정되는 경우에는 영장에 의하지 아니한 행정조사도 인정할 것이다(절충설).[1] 다시말하면 행정조사가 상대방의 신체나 재산에 직접 실력을 가하는 것인 한 그리고 행정조사의 결과가 형사책임의 추궁과 관련성을 갖는 한 사전영장주의는 원칙적으로 적용되어야 할 것이다. 다만, 긴급을 요하는 불가피한 경우와 비권력적 조사의 경우에는 예외 이다(절충설; 판례) 이와같이 행정조사가 형사소추절차로 이행되는 경우(예컨대 국세범칙사건의 조사)에는 당연히 영장이 필요하다고 보며, 기타 권력적 행정조사에 있어서도 원칙적으로 영장을 필요로 한다.[2] 이러한 영장에 의하지 아니한 행정조사에 의하여 수집된 자료는 형사사법절차에 있어서 증거능력이 배제되어야 할 것이다. 영장주의의 적용이 배제되는 경우도 있는데, 이 경우 사인에 대한 침해가 경미한 경우로서, 경찰관직무집행법상 불심검문(제3조)과 같이 입법적으로 영장주의를 배제한 것 이 그것이다.

### 2.2. 증표의 제시

권력적 행정조사의 경우에 국민은 관계법령에 의거하여 작위의무, 수인의무를 부담하고 또한 사생활이 침해되는 등 불이익을 받게 되므로, 조사절차상 행정조사를 행하는 공무원이 조사의 권한 및 이에 따른 책임을 지고 있음을 명백히 할 필요가 있다. 따라서 행정조사, 특히 강제조사에 관하여 규정한 법률은 행정조사에 임하는 공무원에게 그 권한을 표시하는 증표를 휴대하게 하고 관계자에게 제시할 의무를 부과하고 있는 경우가 많다. 예컨대 국세징수법 제76조 제3항은 "조세심판관이나 그 밖의 조세심판원 소속 공무원이 제1항 제1호 및 제3호의 행위를 할 때에는 그 신분을 표시하는 증표를 지니고 관계자에게 보여야 한다."고 규정하고 있다(기타 : 아래 개별법 참조).

▶ 남녀고용평등과 일·가정 양립 지원에 관한 법률 (약칭: 남녀고용평등법) 제31조(보고 및 검사 등) ① 고용노동부장관은 이 법 시행을 위하여 필요한 경우에는 사업주에게 보고와 관계 서류의 제출을 명령하거나 관계 공무원이 사업장에 출입하여 관계인에게 질문하

---

1) 박윤흔, 행정법강의(상), 633면.
2) 김동희, 행정법(I), 464면. 형사책임추급(刑事責任追及)을 위한 자료의 수집절차에서는 헌법 제12조의 진술거부권도 인정된다. 박윤흔, 행정법강의(상), 633면.

거나 관계 서류를 검사하도록 할 수 있다. ② 제1항의 경우에 관계 공무원은 그 권한을 표시하는 증표를 지니고 이를 관계인에게 내보여야 한다.

▶국세징수법 제25조(신분증의 제시) 세무공무원이 체납처분을 하기 위하여 질문·검사 또는 수색을 하거나 재산을 압류할 때에는 그 신분을 표시하는 증표를 지니고 이를 관계자에게 보여 주어야 한다.

▶산업안전보건법 제51조(감독상의 조치) ⑤ 제1항과 제3항에 따라 사업장 또는 지도사의 사무소를 출입할 경우 출입자는 그 신분을 나타내는 증표를 지니고 이를 관계인에게 내보여야 한다.

▶사회복지사업법 제51조(지도·감독 등) ① 보건복지부장관, 시·도지사 또는 시장·군수·구청장은 사회복지사업을 운영하는 자의 소관 업무에 관하여 지도·감독을 하며, 필요한 경우 그 업무에 관하여 보고 또는 관계 서류의 제출을 명하거나, 소속 공무원으로 하여금 사회복지법인의 사무소 또는 시설에 출입하여 검사 또는 질문을 하게 할 수 있다. ④ 제1항에 따라 검사 또는 질문을 하는 관계 공무원은 그 권한을 표시하는 증표를 지니고 이를 관계인에게 보여주어야 한다.

▶해양사고의 조사 및 심판에 관한 법률(약칭: 해양사고심판법) 제37조(조사관의 권한) ① 조사관은 그 직무를 수행하기 위하여 필요할 때에는 다음 각 호의 처분을 할 수 있다. ③ 조사관이 제1항제2호의 처분을 할 때에는 그 권한을 표시하는 증표를 지니고 이를 관계인에게 내보여야 한다.

▶항공법 제153조(항공안전 활동) ⑥ 제2항부터 제4항까지의 규정에 따라 검사 또는 질문을 하는 공무원은 그 권한을 표시하는 증표를 지니고 이를 관계인에게 보여주어야 한다.

▶자동차손해배상보장법 제43조(검사·질문 등) ③ 제1항에 따라 검사 또는 질문을 하는 공무원은 그 권한을 표시하는 증표를 지니고 이를 관계인에게 내보여야 한다.

▶장애인고용촉진 및 직업재활법(약칭: 장애인고용법) 제76조(보고와 검사 등) ① 고용노동부장관은 장애인 실태 조사, 장애인 고용 의무 이행 점검, 고용장려금 및 사업주에 대한 각종 지원, 부담금 징수 등의 업무 수행을 위하여 필요하다고 인정하면 관계 공무원으로 하여금 사업장에 출입하여 관계자에게 질문 또는 서류 검사를 하게 하거나 필요한 보고를 하게 할 수 있다. <개정 2010.6.4.> ② 제1항에 따라 사업장에 출입하는 공무원은 그 권한을 표시하는 증표를 지니고 이를 관계인에게 내보여야 한다. 이 경우 증표는 공무원증으로 대신할 수 있다.

▶소방기본법 제30조(출입·조사 등) ① 국민안전처장관, 소방본부장 또는 소방서장은 화재조사를 하기 위하여 필요하면 관계인에게 보고 또는 자료 제출을 명하거나 관계 공무원으로 하여금 관계 장소에 출입하여 화재의 원인과 피해의 상황을 조사하거나 관계인에게 질문하게 할 수 있다. <개정 2014.11.19.> ② 제1항에 따라 화재조사를 하는 관계

공무원은 그 권한을 표시하는 증표를 지니고 이를 관계인에게 보여 주어야 한다. ③ 제1항에 따라 화재조사를 하는 관계 공무원은 관계인의 정당한 업무를 방해하거나 화재조사를 수행하면서 알게 된 비밀을 다른 사람에게 누설하여서는 아니 된다.

▶ 초지법 제5조의2(초지조성의 적지조사) ① 제5조제1항에 따라 초지조성허가 신청을 받은 시장·군수·구청장은 농림축산식품부령으로 정하는 바에 따라 조성대상지의 입지조건이 초지조성 및 이용에 적합한지를 조사하여야 한다. ② 제1항에 따른 조사를 위하여 필요한 경우에는 해당 토지 또는 인접한 타인의 토지에 출입하거나 그 지상의 입목(立木)·토석(土石) 또는 그 밖의 장애물을 변경하거나 제거할 수 있다. ③ 제2항에 따라 조사자가 장애물을 변경 또는 제거하려면 소유자·점유자 또는 관리인에게 미리 그 뜻을 알려야 한다. ④ 제1항에 따라 조사를 하는 사람은 그 권한을 표시하는 증표를 지니고 이를 관계인에게 보여주어야 한다. ⑤ 시장·군수·구청장은 제2항에 따른 출입 또는 장애물의 변경·제거로 인하여 손실을 입은 자가 있을 때에는 대통령령으로 정하는 바에 따라 그 손실을 보상하여야 한다.

[문제점 및 사견] 그러나 비권력적 행정조사의 경우에 출입, 검사를 규정하고 있는 법률의 경우 특별한 입법적 기준이 없이 규정되어 있다. 개별법에서는 권력적 행정조사 혹은 비권력적 행정조사를 크게 구별을 하지 아니하고 증표제시규정을 두고 있으며 행정조사에 관한 규정을 둔 법률의 경우는 특별한 사유가 없는 한 증표제시에 관한 규정을 두는 것이 바람직하다. 개별법규가 증표의 제시로 피조사자는 작위의무와 수인의무를 지게 된다. 증표제시절차는 국민의 신뢰 및 국민의 임의적인 협력을 용이하게 확보한다는 점에서 비권력적 행정조사의 경우에도 도입하는 것이 바람직하다.

## 2.3 행정절차법에 따른 사전통지와 이유제시

행정조사는 그로 인하여 상대방의 일상생활과 영업활동에 영향을 미치게 되므로, 사전에 당해 조사의 일시, 장소, 대상 등에 대하여 통지를 행할 필요가 있고, 상대방의 수인이나 협조에 의한 조사를 행하기 위하여 조사이유를 제시할 필요가 있다. 물론 경우에 따라서는 시간적 여유가 없거나, 사전통지를 통해서는 행정조사의 목적달성이 불가능하게 될 상황에서는 예외를 인정해야 할 것이다.[1]

---

1) 박윤흔교수는 행정조사는 다소간에 사인의 생활, 활동의 평온을 저해하고, 일상성을 해치게 되기 때문에 그것을 줄이기 위하여 사전통지가 필요하며, 행정조사를 받는 자가 그 이유를 몰라 행정조사를 거부하거나 허위의 답변을 함으로써 처벌을 받는 일이 없도록 하기 위하여서도 이유개시가 필요하다고 한다. 다만 사전통지를 하는 것이 조사의 실효를 거두기 어려운 경우나 긴급할 경우, 이 두가지 요청을 합리적으로 조화시키는 범위안에서 사전절차를 조사의 효력요건으로 하도록 입법상 고려하여야 한다고 한다. 박윤흔, 행정법강의(상).

### 2.4. 시간의 배려

행정조사는 상대방의 입장을 고려하여 통상적인 영업시간대나 일상생활시간대에 행해지는 것이 바람직하다. 물론 예외적으로는 그 목적을 달성할 필요성으로 인하여 영업시간 외에 행하여지는 경우도 가능할 것이나 이때에는 법적인 근거가 있어야 할 것으로 보인다.

▶ 국세징수법 제26조(수색의 권한과 방법) ① 세무공무원은 재산을 압류하기 위하여 필요할 때에는 체납자의 가옥·선박·창고 또는 그 밖의 장소를 수색하거나 폐쇄된 문·금고 또는 기구를 열게 하거나 직접 열 수 있다. 체납자의 재산을 점유하는 제3자가 재산의 인도(引渡)를 거부할 때에도 또한 같다. ② 세무공무원은 제3자의 가옥·선박·창고 또는 그 밖의 장소에 체납자의 재산을 은닉한 혐의가 있다고 인정하는 때에는 제3자의 가옥·선박·창고 또는 그 밖의 장소를 수색하거나 폐쇄된 문·금고 또는 기구를 열게 하거나 직접 열 수 있다. ③ 제1항 또는 제2항에 따른 수색은 해뜰 때부터 해질 때까지만 할 수 있다. 다만, 해가 지기 전에 시작한 수색은 해가 진 후에도 계속할 수 있다.

### 2.5. 진술거부권 행사여부

행정조사에 있어서 상대방은 원칙적으로 헌법 제12조에 따른 진술거부권을 갖지 않는다. 진술거부권은 형사사법절차상 인정되는 권리이기 때문이다. 그러나 행정조사가 형사상 소추의 목적도 동시에 내포하고 있는 경우에는 진술거부권이 인정된다고 본다. 각 법률에서 진술거부에 대하여 행정형벌이나 과태료 등에 과할 수 있도록 규정하고 있는 경우가 있다.


## V. 위법한 행정조사와 행정행위

행정조사가 행정행위에 선행되는 경우, 행정조사에 위법이 있게 되면 그것이 후행하는 행정행위의 위법을 구성하는지의 여부가 문제된다. 행정조사는 법령에서 특히 행정행위의 전제요건으로 규정하고 있는 경우를 제외하고는 일반적으로 개별의 제도로 볼 수 있으므로 선행하는 행정조사의 위법이 바로 후행하는 행정행위를 위법하게 만들지는 않는다고 할 것이다.[1]

---

1) 박윤흔, 행정법강의(상), 634면.

## VI. 행정조사에 대한 구제

### 1. 개관

행정조사의 결과는 부담적 행정행위 또는 행정벌 절차의 바탕이 되는 일이 많다. 따라서, 행정조사에 대하여는 적절한 구제절차가 필요하다. 행정조사에 대한 구제는 대체로 행정상의 즉시강제에 대한 경우와 같은 관점에서 논할 수 있다. 그리고 청원, 직권에 의한 취소·정지, 공무원의 형사책임·징계책임제도 등은 간접적으로 위법한 행정조사에 대한 권리구제 제도로서의 의미를 갖는다. 행정조사로 인하여 직접적으로 위법·부당한 신체적·금전적인 피해를 입었을 경우, 이에 대하여 권리구제를 요청할 수 있다. 그러나 이 경우 권리구제를 위한 일반법은 없고, 개별법만이 존재하기 때문에 국가에 비하여 불리한 위치에 놓여있는 행정조사의 대상자에게 불이익을 줄 수 있기 때문에 위법·부당한 조사를 받았을 경우, 이에 대하여 권구제를 받을 수 있는 수단에 대해서도 일반법의 제정 등을 고려할 필요가 있다.

### 2. 권리구제의 방법

#### 2.1. 적법한 행정조사에 대한 구제

적법한 행정조사로 인하여 특정인이 '사회적 제약을 넘은 특별한 희생'을 입은 경우에는 법률이 정하는 바에 따라 손실보상을 청구할 수 있을 것이다(헌법 제23조 제3항). 토지수용을 위한 출입조사에 대한 보상이 그 예이다.

▶공익사업을 위한 토지 등의 취득 및 보상에 관한 법률(약칭: 토지보상법) 제9조(사업 준비를 위한 출입의 허가 등) ① 사업시행자는 공익사업을 준비하기 위하여 타인이 점유하는 토지에 출입하여 측량하거나 조사할 수 있다. ④ 사업시행자는 제1항에 따라 타인이 점유하는 토지에 출입하여 측량·조사함으로써 발생하는 손실을 보상하여야 한다.

▶골재채취법 제47조(다른 사람의 토지에의 출입 등) ① 이 법에 따라 골재자원조사를 하는 자는 조사·측량을 위하여 필요할 때에는 다른 사람의 토지에 출입하거나 다른 사람의 토지를 재료 적치장 또는 임시도로로 일시적으로 사용할 수 있으며, 특히 필요한 경우에는 나무, 흙, 돌, 그 밖의 장애물을 변경하거나 제거할 수 있다. ⑥ 제1항에 따른 행위로 인하여 손실을 입은 자가 있으면 그 행위자는 그 손실을 보상하여야 한다.

▶초지법 제5조의2(초지조성의 적지조사) ② 제1항에 따른 조사를 위하여 필요한 경우에는 해당 토지 또는 인접한 타인의 토지에 출입하거나 그 지상의 입목(立木)·토석(土石) 또는 그 밖의 장애물을 변경하거나 제거할 수 있다. ⑤ 시장·군수·구청장은 제2항에 따른 출입 또는 장애물의 변경·제거로 인하여 손실을 입은 자가 있을 때에는 대통령령으로 정하는 바에 따라 그 손실을 보상하여야 한다.

[최소침해의 원칙과 보상문제] 그러나 검사를 위한 식품등의 수거와 같이 최소침해의 원칙을 준수하고, 그 손실이 경미하여 특별한 희생으로 볼 수 없는 경우에는 보상하지 아니한다(식품위생법 제22조 참조).

▶ **식품위생법 제22조(출입·검사·수거 등)** ① 식품의약품안전처장(대통령령으로 정하는 그 소속 기관의 장을 포함한다. 이하 이 조에서 같다), 시·도지사 또는 시장·군수·구청장은 식품등의 위해방지·위생관리와 영업질서의 유지를 위하여 필요하면 다음 각 호의 구분에 따른 조치를 할 수 있다. <개정 2009.5.21., 2011.6.7., 2013.3.23.>
  1. 영업자나 그 밖의 관계인에게 필요한 서류나 그 밖의 자료의 제출 요구
  2. 관계 공무원으로 하여금 다음 각 목에 해당하는 출입·검사·수거 등의 조치
  가. 영업소(사무소, 창고, 제조소, 저장소, 판매소, 그 밖에 이와 유사한 장소를 포함한다)에 출입하여 판매를 목적으로 하거나 영업에 사용하는 식품등 또는 영업시설 등에 대하여 하는 검사
  나. 가목에 따른 검사에 필요한 최소량의 식품등의 무상 수거

## 2.2. 위법한 행정조사에 대한 구제
### 2.2.1. 행정쟁송

조사처분의 취소·변경을 구할 법률상 이익과 위법 또는 부당한 행정조사로 권익을 침해당한 경우에는 행정쟁송절차(행정심판·행정소송)에 의하여 불복할 수 있다. 취소·변경을 구한다는 것은 사실행위와 법적 행위의 합성적인 행위일 경우 조사행위의 취소·변경을 구함으로써 조사행위에 따르는 수인의무를 제거한다는 의미이다. 다만 즉시강제의 경우와 마찬가지로 행정조사는 단기간에 이루어지는 것이 대부분이므로, 이 경우에는 원상회복이나 손해배상을 청구하는 방법이외에는 행정심판·행정소송을 통하여 행정조사의 취소를 청구할 법률상 이익이 없게 된다. 따라서 행정조사가 장기간 행해지는 경우에만 사실상 행정쟁송을 통한 권리구제가 이루어 질 수 있다. 또한 행정조사가 이미 종료된 경우에도 그 취소로 회복되는 법률상 이익이 있는 경우에는 행정조사의 취소를 구하는 행정쟁송의 제기가 가능하다(행심법 제13조 제1항, 행소법 제12조).[1] 위법한 행정조사로 손해를 입은 자는 국가나 공공단체(지방자체단체)에 대해 국가배상법이 정한 바에 따라 손해배상을 청구할 수 있다. 위법한 행정조사의 경우에 행정상 손해배상은 중요한 의미를 갖는다.

---

1) 박윤흔, 행정법강의(상), 636면.

## 2.3. 실체적 구제(손해배상)

과잉조사 기타의 위법한 행정조사로 인하여 손해를 입은 자는 국가 또는 공공단체(지방자치단체)에 대하여 손해배상을 청구할 수 있다(국가배상법 제2조). 예컨대 사생활비밀침해, 기업비밀침해, 영업방해, 신용상실 등으로 인하여 손해를 받은 경우가 이에 해당한다.[1]

## 2.4. 형사상 구제(정당방위의 인정문제)

무효인 행정조사에 대하여는 정당방위가 가능하다. 그러나 단순위법한 정도의 행정조사에 대하여서도 정당방위가 인정될 것인가는 문제된다. 행정행위의 공정력을 근거로 하여 정당방위의 성립을 부인하는 견해도 있지만, 행정행위의 공정력은 행정행위의 효력의 문제이지 행위의 위법성의 문제는 아니기 때문에 정당방위의 성립여하는 형사법의 원리에 따라 판단하는 것이 타당하다. 형법상 정당방위의 요건에 부합하는 경우에는 정당방위의 성립이 가능할 수도 있을 것이며, 공무집행방해죄 등이 성립되지 아니한다고 본다.

# VII. 행정조사의 문제점과 대응책

## 1. 행정조사의 문제점

현대행정상의 수요에 따르는 행정조사의 확대 내지 효율화가 요청되는바, 행정조사 및 정보처리능력의 발달에 따르는 문제들에 대한 효과적인 대응책이 요구된다.

## 2. 대응책
### 2.1. 개방적 정보공개의 활용과 알권리

[정보주체로서의 행정기관] 행정조사 등을 통한 정보자료를 공개하도록 함으로써 행정부가 보유하는 방대한 정부자료로 인한 개인의 불안 및 행정권의 남용을 방지하여야 할 것이다. 오늘날에 있어서 정보는 그 양이 점차 증대하면서 이를 처리하는 기술을 가진 주체(대표적으로는 행정기관)에게 집중되는 현상을 야기하고 있다. 따라서 개인이 갖는 정보는 기술적인 한계와 시간적인 한계, 전문성의 한계 등으로 인하여 낳은 제약이 따르게되며, 이 때문에 많은 영역에서 다른 주체에 의한 정보제공에 의존할 수 밖에 없다. 이때에 나타나는 주체로서는 대표적으로 행정기관을 들 수 있다. 행정기관에는 정보를 축적하는 기술이

---

[1] 박윤흔, 행정법강의(상), 636면.

나 이를 뒷받침하는 공권력 등으로 인해 엄청난 양의 정보가 수집, 축적되고 있으며 이로 인해 국민에 대한 영향력이 크게 나타나고 있다.

　　[정보공개의 필요성과 알권리] 행정기관이 가지고 있는 정보, 특히 행정조사를 통하여 행정기관이 얻은 행정정보는 원칙적으로는 공개되어야 한다. 이는 헌법상의 권리인 국민의 알 권리의 실현을 위해 필요한 것이며, 정보의 유통과정에서 국민을 그 주권적 지위에서 보장하는 것을 의미하는 것이다. 또한 개별적인 경우에 있어서 행정절차과정에서 자신의 권익을 보호하기 위하여 개인정보가 공개될 필요가 있고, 행정소송에서 자신의 권익을 적절하게 방어하기 위하여서도 공개될 필요성도 존재한다.

　　[국가기관에 대한 감시자로서의 역할] 그 밖에도 차원에서는 국가기관의 행위에 대한 최후의 감시자로서의 국민의 기능과 역할을 위해서도 행정정보는 공개되어야 한다. 즉 시민이 잘못된 행정작용이 행해지지 않도록 감시와 통제를 행하기 위해서, 그리고 이를 통해 행정작용의 공정성을 확보하기 위해서도 행정정보는 원칙적으로 공개되어야 한다. 이를 위하여 공공기관의정보공개에관한법률이 있다.[1]

## 2.2. 사생활비밀의 보호 및 프라이버시 존중

　　행정청이 행정조사 등을 통하여 확보한 정보자료 처리·관리·사용하거나 공개하는 과정에서 개인의 사생활의 비밀이 침해되지 아니하도록 노력하여야 할 것이다(헌법 제17조 참조).

## 2.3. 행정조사의 목적외의 사용제한 및 신뢰성 확보

　　행정조사의 결과 당해 조사목적인 행정작용 이외의 목적을 위한 사용을 제한하여야 한다. 행정행위가 발급되기 전에 이루어지는 행정조사로서 정보에 대한 신뢰성을 주고, 또

---

[1] 행정정보공개에 관한 법적 규율로서 지방자치단체의 조례와 행정규칙인 훈령이 있었다(지방자치단체의 조례로서는 1992년 6월 23일의 대법원 판결을 통하여 그 효력이 확정된 청주시 정보공개조례를 비롯한 일부 지방자치단체의 조례가 이에 해당한다.). 그러나 중앙정부의 차원에서 법률이 마련되어 있지 못하고, 정보공개기반구축과 운영기준에 관한 국무총리훈령이 1994년 3월 2일에 제정되고 시행된 바 있다. 이에 따라 1994년 7월 1일부터는 각종 행정정보 및 자료에 관한 일반공개제도가 전국적으로 시행되었다. 또한 1996년 12월 31일 제정되어 1998년 1월 1일부터 공공기관의 정보공개에 관한 법률이 시행되었다. 이는 공공기관이 보유·관리하는 정보의 공개 의무 및 국민의 정보공개청구에 관하여 필요한 사항을 정함으로써 헌법에 규정되어 있는 국민의 알권리를 보장함과 아울러 국정에 대한 국민의 참여와 국정운영의 투명성을 확보하기 위함을 그 취지로 하고 있다.

한 조사 대상자로 하여금 부당한 취급을 받게 하는 일 등이 없도록 하기 위해서 행정조사가 행해지는 단계별로 행정조사에 관한 일반법 제정 혹은 보다 구체적으로 규정된 개별법을 적용시켜 행정조사의 주체와 객체 모두 행정조사과정이 원활히 이루어질 수 있도록 해야 할 것이며, 그 권리를 침해당한 경우 권리구제를 받을 수 있는 수단에 대해서도 이에 대한 법 제정을 통하여 행정조사 주체와 객체 간 힘의 불균형 상태를 극복하고 합리적으로 조정할 수 있도록 해야 할 것이다.

# 제 3 장  행정벌(行政罰)

## I. 개설

### 1. 의의

행정벌(Verwaltungsstrafe)이라 함은 행정법상의 의무위반(행정목적 상의 명령, 금지위반)에 대하여 일반 통치권에 의거하여 일반사인에게 과하는 제재(制裁)로서의 처벌을 말하며, 행정벌이 과하여질 비행을 형사범과 구별하여「행정범(Verwaltungsdelikt)」이라 하고,[1] 행정범에 대하여 행정벌에 과하는 국가작용을「행정처벌」이라 한다.

### 2. 위치

행정법상의 의무강제제도라는 점에서 행정상 강제집행과 동일한 범주에 속한다. 행정벌은 행정객체의 과거의 의무위반에 대한 제재이기 때문에 장래의 의무이행을 직접적으로 확보하는 수단인 행정강제와는 구별된다.[2]

### 3. 양면성

행정벌은, (ㄱ) 행정법상의 의무위반에 대한「제재적(制裁的) 의의」와, (ㄴ) 심리적 압박을 통한「의무이행의 촉진적 의의」라는 양면성을 갖는다.

## II. 성질

### 1. 행정벌과 징계벌의 구별

행정벌은 행정법규의 실효성을 확보하기 위하여 일반통치권에 의거하여 행정의무위반자에게 과하는 제재인데 대하여, 징계벌은 공법상의 특별권력관계에서 그 내부질서를 유지하기 위하여 특별권력(관리권)에 의하여 특별권력관계 질서문란자에게 과하는 제재라는 점에서 서로 다르다(목적·대상·권력적 기초).[3] 물론 특별권력관계의 질서를 문란하게 하는 행위가 동시에 반사회성을 띠어, 징계벌 및 행정벌의 대상이 되는 경우(예: 공무원이 직

---

[1] 김남진·김연태, 행정법(I), 510면.
[2] 석종현, 일반행정법(상), 503면.
[3] 석종현, 일반행정법(상), 504면; 김남진·김연태, 행정법(I), 510면.

무상 비밀을 누설하는 행위)도 있다. 그러나 이 경우에도 양자는 서로 목적·대상·처벌을 과하는 권력적 기초가 다르기 때문에 일사부재리의 원칙(헌법 제13조 : 이중처벌금지의 원칙)이 적용되지 않고, '병과'가 가능하며, 형사소추우선의 원칙이 채택되지 않고 있다(국가공무원법 제83조 참조).[1]

## 2. 행정벌과 행정상 강제집행 특히 집행벌과의 구별

행정벌은 행정목적의 실현을 위하여 과거의 행정법상의 의무위반·비행(주관적 요건 필요)에 대하여 과하는 제재인대 대하여, 집행벌은 행정법상의 의무의 불이행이 있는 경우에(주관적 요건 不要) 장래에 있어서 그 이행을 강제하기 위한「행정법상 강제집행수단」의 일종이다. 따라서 행정상 강제집행의 수단인 집행벌이 행정벌로 오해되는 것을 피하기 위하여 최근에는 강제금(이행강제금)으로 지칭하는 경향이 있다.[2] 집행벌은 의무이행이 있을 때까지 반복하여 과할 수 있으나 행정벌은 반복하여 과할 수 없고, 행정벌은 의무위반 행위가 있으면 반드시 과하여야 하나, 집행벌은 그 부과 여부가 행정청의 '재량'에 달려 있으며, 행정벌에는 주관적 요건(고의·과실)을 요하나, 집행벌의 경우에는 객관적 요건(의무 불이행)만 있으면 과할 수 있다.

## 3. 행정형벌(行政刑罰)과 형사벌(刑事罰)의 구별

### 3.1. 이론적 구별

#### 3.1.1. 구별부정설

행정범과 형사범의 차이를 부정하는 견해도 많지만, 대표적인 학자는 트로프스(F. Trops)이다. 그는 형사범이나 행정범이나 형식적으로는 모두 제재로서의 형벌이 과하여지는 범죄(형벌을 과할 수 있는 가벌행위로서 구성요건에 해당되는 위법·유책행위인 점에서 같다)라는 점에서 차이가 없다고 한다. 그러나 실질적으로는 양자간에는 차이가 있고, 이것이 실정법상 및 법해석상의 차이를 가져오게 한다. 특히 행정범과 형사범의 차이는 범죄의 형식적 징표가 아니고 범죄의 실질적 성질이라는 비판이 행해졌다.[3]

#### 3.1.2. 구별긍정설

a) 피침해이익표준설(피침해이익의 성질에 의한 구별)

---

1) 박윤흔, 행정법강의(상), 638면.
2) 석종현, 일반행정법(상), 504면.
3) Helmut Meeske, Die Ordnungsstrafe in der Wirtschaft, Berlin, Haude & Spener, 1937, S. 63; 박윤흔, 행정법강의(상), 639면.

골트슈미트(Goldschmidt)는 형사범은 법익침해로서의 '위법행위'이고, 행정범은 공공복리를 목적으로 하는 행정에 대한 지원을 게을리한 '반행정적 행위'라고 한다. 그러나 반행정적인 행위도 행정법규위반이며 행정목적, 즉 국가적 이익의 침해라는 점에서 위법행위와 차이가 없음을 간과하고 있다는 비판을 받는다.[1]

b) 피침해규범표준설(피침해규범의 성질에 의한 구별)
aa) 절대적 구별설
형사범은 '문화규범'에 위반하는 행위인데 대하여 행정범은 직접 문화와 관계없는 '단순한 국가의 입법'에 위반하는 행위라고 하는 설(규범설 - 마이어[M. E. Mayer])[2]과, 형사범은 반도덕성·반사회성·범죄성이 국가의 명령·금지를 기다릴 나위없이 명백한 '자연범'인데 대하여, 행정범은 행정목적을 위한 국가의 명령·금지에 위반함으로써 비로소 범죄가 되어 형벌의 제재를 받는 '법정범'이라고 하는 설(윤리설 - 가로팔로[Garofalo])이 있다.

bb) 상대적 구별설(K. Siegert)
지거트(Siegert)는 행정범도 실질상으로 윤리적 비난을 포함하고 있는 것으로, 양자의 차이는 본질적인 것이 아니고 다만 상대적·유동적인 것에 지나지 않는다고 한다. 우리 학자들의 일치된 견해이다.[3] 즉 형사범은 국가의 제정법 이전의 문화규범, 도의규범을 위반한 자연범(mala in se)인데 반하여(살인행위와 같이 국가의 제정법을 기다릴 필요도 없이 그가 지니는 반윤리성·반사회성을 갖는 경우), 행정범은 국가의 제정법을 침해한 법정범(mala prohibita)이다. 행정범은 예컨대 좌측통행금지 등과 같이 교통질서확립을 위한 특정한 행정목적의 달성을 위한 국가의 제정법(도로교통법)위반에 대한 책임을 묻는 것이다.[4]

【형사벌과 행정벌의 차이에 관한 판례】
▶ 대판 1971. 3. 23, 71도158【관세법위반】관세법 제198조 1항의 추징은 관세법위반에 대한 하나의 징벌이라 할 것이므로 다수당사자간의 채권관계에 있어서의 민법상의 분할의 원칙을 적용할 수는 없다 할 것이고, 이 점에 있어서 관세법상의 추징(追徵)과 이득의 박탈을 목적으로 하는 형법상의 추징(追徵)과는 구별된다.

## 3.2. 실정법적 구별
양자 사이에 성질상의 차이를 전제로 하여 실정법상에서도 입법정책상 또는 법해석상

---

1) 석종현, 일반행정법(상), 505면.
2) M. E. Mayer, Rechtsnormen und Kulturnormen, 1903, S. 127; ders., Allgemeine Teil des Deutschen Strafrechts, 1923, S. 37.
3) 석종현, 일반행정법(상), 505면.
4) 박윤흔, 행정법강의(상), 642면.

행정형벌에 대한 형법총칙규정의 적용을 배제하게 된다(예컨대, 행정형벌의 특수성).

## III. 행정벌의 근거

### 1. 법률

행정벌은 행정질서벌과 행정형벌로 구분되며, 행정형벌은 행정법규상의 의무위반에 대한 제재로서 형법상의 형(刑)을 과하는 벌(Strafe)이기 때문에 행정형벌도 처벌이라는 점에서 형벌과 다름이 없다. 따라서 반드시 법률에 의하거나 법률의 근거가 있어야 한다. 헌법 제12조 제1항의 죄형법정주의는 형사벌뿐만 아니라 행정벌에도 적용된다.[1]

### 2. 법규명령

법률은 보충적 벌칙제정권을 개별적으로 법규명령에 위임할 수 있으나, 처벌대상이 되는 행위(범죄구성요건) 및 종류와 특히 명령으로 정할 수 있는 형량의 최고한도를 구체적으로 정하여 하지 않으면 안된다.[2] 백지위임은 금지된다(포괄위임금지의 원칙). 왜냐하면 법규명령은 법률에 근거를 두어야 하기 때문이다.

### 3. 조례

1991년 舊지방자치법은 상한을 한정하여 상당히 광범위한 벌칙제정을 조례에 위임하고 있었다(지방자치법 제20조). 구체적으로, "① 시·도는 당해지방자치단체의 조례로서 3월 이하의 징역이나 금고, 10만원 이하의 벌금, 구류, 과료 또는 50만원 이하의 과태료의 벌칙을 규정할 수 있다."고 규정하고 있었다. ☞ **죄형법정주의에 위반**

「연구문제」
조례위반자에 대해서 징역이나 금고 또는 10만원 이하의 벌금형에 과힐 수 있는가?
서울·부산등 전국 15개 시·도의회 소속 의원 700여명은 2일 오후 서울 올림픽공원내 올림픽파크호텔에서 「지방자치발전을 위한 전국광역의원대회」를 열고 조례위반자에 대한 처벌조항을 부활하는 내용을 골자로 한 지방자치법개정을 국회와 중앙정부에 요구하는 결의문을 채택했다 의원들은 『90년 개정된 지방자치법(제20주)에서는 조례위반자에 대해 3개월 이하의 징역·금고 또는 10만원이하의 벌금·구류에 처할 수 있도록 돼 있었으나, 이 조항이 **「죄형법정주의」** 에 위반된다는 이유로 94년 법개정 때 「1천만원이하

---

1) 석종현, 일반행정법(상), 506면.
2) 석종현, 일반행정법(상), 506면.

의 과태료만 물릴 수 있도록」 완화됐다』며 조례위반자에 대한 처벌권의 부활을 요구했다. 의원들은 또 『공무원이나 일반인이 정당한 사유 없이 시·도의회의 출석 및 자료제출 요구에 응하지 않거나 僞證할 때는 「3개월이하의 징역 또는 10만원 이하의 벌금」에 처할 수 있도록 법을 개정해 달라』고 요구했다.1) 이들 주장의 정당성여부를 판단하라.2)

## IV. 행정벌의 종류

### 1. 처벌내용에 의한 분류
#### 1.1. 행정형벌
행정법상의 의무위반에 대한 제재로 사형·징역·금고·자격상실·자격정지·벌금·구류·과료 및 몰수와 같이 '형법상의 형'을 과하는 행정벌, 즉 형법에 刑名이 있는 벌(형법 제41조)을 과하는 행정벌을 말한다. 원칙적으로 형법총칙을 적용하고, 처벌절차는 형사소송법에 의하지만, 예외(즉결심판절차·통고처분절차)가 있다.3)

#### 1.2. 행정질서벌(과태료)
##### 1.2.1. 의의
행정법상의 의무위반에 대한 제재로서 형법에 없는 과태료를 과하는 행정벌을 말한다. 형법총칙의 적용이 없고, 과벌절차도 형사소송법에 의하지 않으며,4) 특별한 규정이 없는한 비송사건절차법에 의하도록 하였었으나, 행정질서벌의 대상이 되는 행위의 성립과 과태료 처분에 대한 법률규정의 불명확성으로 인하여 실무상 그 어려움이 많았었고, 과태료가 의무이행확보수단으로서의 기능을 효과적으로 수행하도록 하는 한편 국민의 권익을 보호하려는 목적으로 질서행위위반규제법이 제정되어 2008년 6월 22일부터 시행되었다.5)

▶ 질서위반행위규제법[시행 2008. 6.22] [법률 제8725호, 2007.12.21, 제정]
제1조 (목적) 이 법은 법률상 의무의 효율적인 이행을 확보하고 국민의 권리와 이익을 보호하기 위하여 질서위반행위의 성립요건과 과태료의 부과·징수 및 재판 등에 관한 사항을 규정하는 것을 목적으로 한다.

[행정질서벌의 목적] 행정질서벌은 법률상 의무의 효율적인 이행을 확보하고 국민의 권

---

1) 중앙일보, 1996년 7월 3일자 제1면 참조.
2) 박윤흔, 법령과 조례와의 관계, 고시계(1992.11), 37면 이하.
3) 박윤흔, 행정법강의(상), 645면; 김남진·김연태, 행정법(I), 512면.
4) 석종현, 일반행정법(상), 507면.
5) 김남진·김연태, 행정법(I), 512면.

리와 이익을 보호하기 위하여 질서위반행위의 성립요건과 과태료의 부과·징수 및 재판 등에 관한 사항을 규정하는 것을 목적으로 한다.

[사례] (효력을 상실한 행정처분에 대한 헌법소원심판청구 가능성) : 甲은 아파트 건물 부분에 대하여 부동산등기특별조치법 제2조 소정의 60일 이내에 소유권이전등기신청을 해태(懈怠)하였다는 이유로 부동산등기특별조치법 제2조 및 제11조에 근거하여 관할구청장의 과태료부과처분을 받고 이의제기를 하였으나 비송사건절차법에 의한 과태료재판에서 과태료결정을 받았고 이후 항고·재항고도 모두 기각되었다. 이 경우 위 과태료부과처분에 대하여 헌법소원심판을 청구할 수 있는가?

[해설] 위 사안에서 甲은 부동산등기특별조치법 제2조 및 제11조에 의한 구청장의 과태료부과처분이 헌법을 위반하여 갑의 권리를 침해한 것이라고 주장하는 것 같다. 그런데 위 사안과 유사한 경우에 관하여 헌법재판소판례를 보면, "행정기관의 과태료부과처분에 대하여 그 상대방이 이의를 제기함으로써 비송사건절차법에 의한 과태료의 재판을 하게 되는 경우, 법원은 당초 행정기관의 과태료부과처분을 심판의 대상으로 하여 그 당부를 심사한 후 이의가 이유 있다고 인정하여 그 처분을 취소하거나 이유 없다는 이유로 이의를 기각하는 재판을 하는 것이 아니라(과태료에 관한 재판은 비송사건절차법에 따라 법원이 직권으로 개시하는 것으로서 행정관청의 과태료부과처분에 대한 당부를 심판하는 행정소송절차가 아님, 대법원 1997. 4. 28, 96마1597 결정), 직권으로 과태료부과요건이 있는지를 심사하여 그 요건이 있다고 인정하면 새로이 위반자에 대하여 과태료를 부과하는 것이므로(이의사실의 통지는 법원의 직권발동을 촉구함에 불과함), 행정기관의 과태료부과처분에 대하여 상대방이 이의를 하여 그 사실이 비송사건절차법에 의한 과태료의 재판을 하여야 할 법원에 통지되면 당초의 행정기관의 부과처분은 그 효력을 상실한다 할 것이다. 따라서 이미 효력을 상실한 피청구인의 과태료부과처분의 취소를 구하는 이 사건 심판청구는 권리보호의 이익이 없다."라고 하였다(헌재결 1998. 9. 30, 98헌마18). 따라서 甲이 다투고자 하는 관할구청장의 과태료부과처분은 甲의 이의제기로 인하여 이미 그 효력을 상실한 것으로서 더 이상 헌법소원심판으로 다툴 필요가 없는 것이기 때문에 헌법소원심판청구의 이익이 없다고 할 것이다. <대한법률구조공단>

### 1.2.2. 행정형벌과의 구별

행정질서벌도 행정법규위반이기는 하나 직접적으로 행정목적이나 사회법익을 침해하는 것이 아니라, 간접적으로 행정상의 질서에 침해를 줄 위험성이 있는 정도의 단순한 의무(각종 신고·통지·등록·등기의무·장부비치의무위반)태만에 불과하다는 점에서 「행정형벌과 구별」된다. 우리나라에서는 과거에 행정형벌을 부과하던 것을 행정질서벌로 대체해가는 경향이다.[1] 왜냐하면 경미한 법위반행위까지 형사벌인 벌금 등으로 다스리는 것은 법이론상으로도 불합리할 뿐만 아니라, 실제적으로 많은 국민을 전과자로 만들 우려가 있으므로, 벌금 등의 행정형벌이 과태료를 과하는 행정질서벌로 대체되는 것이 바람직하기 때문이다.

▶ 헌재결 1994. 4. 28, 91헌바14【집회및시위에관한법률 제2조 등에 대한 헌법소원】어떤 행정법규 위반행위에 대하여 이를 단지 간접적으로 행정상의 질서에 장해를 줄 위험성이 있음에 불과한 경우로 보아 행정질시벌인 과태료를 과할 것인가 아니면 직접적으로 행정목적과 공익을 침해한 행위로 보아 행정형벌을 과할 것인가, 그리고 행정형벌을 과할 경우 그 법정형의 형종과 형량을 어떻게 정할 것인가는 당해 위반행위가 위의 어느 경우에 해당하는가에 대한 법적 판단을 그르친 것이 아닌한 그 처벌내용은 기본적으로 입법권자가 제반사정을 고려하여 결정할 입법재량에 속하는 문제라고 할 수 있다.

### 1.3. 조례에 의한 과태료

지방자치법의 규정에 의거하여 조례로써 정하는 과태료이다. 행정질서벌의 성질을 가진 것과 행정형벌의 성질을 가진 것이 포함되며, 그 과벌절차는 '지방세증수의 예'에 의한다.

## 2. 처벌대상에 의한 분류

경찰벌, 재정벌, 군정벌, 규제벌, 공기업벌로 나눌 수 있다.

# V. 행정벌의 특수성

## 1. 행정형벌의 특수성

### 1.1. 행정형벌의 실체법적 특수성

행정형벌에 관하여 '명문상' 또는 '해석상' 형법총칙의 적용이 배제되는 구체적 특수성은 다음과 같다.

#### 1.1.1. 고의·과실

형사범의 성립에는 원칙적으로 고의가 있음을 요건으로 하고 과실있는 행위의 법률에 특별한 규정이 있을 경우에만 처벌하는 것이 원칙이다(형법 제13조, 제14조). 이는 책임주의원칙상 당연한 것이고, 이 원칙은 행정형벌에도 또한 타당하다. 다만, 행정목적의 달성이라는 견지에서 명문의 규정이 없는 경우에도 과실행위만 있으면 처벌할 수 있다는 주장이

---

1) 김남진·김연태, 행정법(I), 512면.

있으나(강문용), 이는 죄형법정주의에 반하는 것이다. 따라서 행정범의 과실행위는 명문의 규정이 없거나 당해 법규의 해석상 과실행위를 처벌할 뜻이 인정되지 않는 경우에는 처벌할 수 없다고 하겠다.1)

### 1.1.2. 법인의 범죄능력
「형사범」에 있어서는 법인은 본래 범죄능력이 없는 것으로 이해되고 있다. 이에 반하여 「형사범」에 있어서는 범죄능력을 자연인에 한정해야 할 필연성은 없고 법인에게도 인정될 수 있다고 본다. 다만, 법인의 처벌은 재산형에 한한다.

### 1.1.3. 타인의 비행에 대한 책임(사업주책임)
「형사범」에 있어서는 그 성질상 현실의 행위자가 그 책임을 지며, 행위자 이외의 자에게 책임을 지우는 일은 없지만, 「행정범」에 있어서는 행정법상의 의무위반에 대하여 그 책임을 묻는 것을 주된 목적으로 하기 때문에 행정법상의 의무주체에게 타인의 행위에 의하여 야기된 의무위반에 대하여 책임을 묻는 것이 가능하고 필요하다. 행정형벌법규에서는 사업주 기타가 '자기의 지배범위내'에 있는 종업자 등의 비행에 대하여, 사업주 등만을 처벌하는 규정을 두거나, 비행자와 사업주 등을 처벌하는 양벌규정을 두는 경우가 많다. 이와 같이 법규상의 책임자(의무자)가 타인의 비행에 대하여 지는 책임은 자기책임·과실책임이다.

### 1.1.4. 책임능력
형사범에서는 심신장애자의 행위는 형을 경감하거나 벌하지 않으며 농아자의 행위는 형을 감경하고 14세 되지 아니한 자의 행위는 벌하지 않으나, 행정범에 대하여는 이들 규정의 적용을 배제 또는 제한하는 규정을 둔 경우가 있다.

### 1.1.5. 공범
행정형벌법규에서 명문으로 공범규정의 적용배제를 규정하거나 종범감경의 규정의 적용을 배제하거나, 교사·방조 또는 선동을 독립된 범죄유형으로 하는 등 특례규정을 두는 경우가 많다.

---

1) 이상규, 신행정법론(상); 서원우, 박윤흔, 석종현, 일반행정법(상), 510면.

## 1.2. 행정형벌의 절차법적 특수성(과형절차)

### 1.2.1. 일반과벌절차
행정형벌도 형사소송법이 정하는 절차에 의하여 일반법원에서 과함이 원칙이다.

### 1.2.2. 특별과벌절차
a) 통고처분

통고처분은 정식형사재판(경범죄의 경우는 즉결심판)의 전단계로서 범칙자에게 금품납부통지를 하는 것으로, 현행법상 조세범(조세범처벌절차법)·관세범(관세법)·출입국사범(출입국관리법)·교통사범(도로교통법)·경범죄 등에 대하여 세무서장·지방국세청장·국세청장, 세관장·관세청장·출입국관리소장·경찰서장이 행한다.

통고처분을 받은 범칙자가 그 통고의 내용을 이행한 때에는 확정판결과 같은 효력이 발생하고, 일사부재리의 원칙(이중처벌금지의 원칙)을 적용하여 동일사건에 대하여 다시 소추받지 않으며 처벌절차는 종료한다. 통고처분을 받은 범칙자가 15일 이내에(교통사범 경범죄의 경우는 7일 이내, 출입국사범의 경우 5일 이내), 통고의 내용을 이행하지 않을 때에는 통고처분은 당연히 효력을 상실하며, 세무서장 등의 고발절차에 의하여 통상의 형사소송절차에 이행된다(경범죄의 경우는 경찰서장이 즉결심판을 청구한다).

통고처분은 상대방의 임의의 승복을 그 전제로 하기 때문에 그 자체만으로는 통고이행을 강제하거나 상대방에게 아무런 권리·의무를 형성하지 않으므로 처분성을 갖지 않으며,[1] 그에 따른 이행을 하지 않으면 형사소송절차에 이행되어 통고처분의 당부가 다투어지게 되므로,[2] 통고처분에 대하여 불복이 있더라도 행정심판이나 행정소송 등에 의하여 다툴 수는 없다.

▶ 대판 1995. 6. 29, 95누4674【범칙금부과처분취소】【판시사항】도로교통법상 통고처분의 취소를 구하는 행정소송이 가능한지 여부【판결요지】도로교통법 제118조에서 규정하는 경찰서장의 통고처분은 행정소송의 대상이되는 행정처분이 아니므로 그 처분의 취소를 구하는 소송은 부적법하고, 도로교통법상의 통고처분을 받은 자가 그 처분에 대하여 이의가 있는 경우에는 통고처분에 따른 범칙금의 납부를 이행하지 아니함으로써 경찰서장의 즉결심판청구에 의하여 법원의 심판을 받을 수 있게 될 뿐이다.

▶ 대판 1980. 10. 14, 80누380【부가가치세벌과금통고처분취소】【판시사항】범칙자에 대한 세무관서의 통고처분이 행정소송의 대상이 될 수 있는지 여부【판결요지】조세범처벌절차법에 의하여 범칙자에 대한 세무관서의 통고처분은 행정소송의 대상이 아니

---

1) 헌재결 1998. 5. 28, 96헌바4【관세법 제38조 제3항 제2호 위헌소원】
2) 범칙자가 법정기간내에 통고된 내용을 이행하지 않으면, 통고처분은 효력을 상실하고 관계기관장의 고발에 의하여 형사소송절차로 이행하게 된다(정하중, 행정법총론, 477면).

다.

b) 즉결심판절차

20만원 이하의 벌금·구류 또는 과료의 행정형벌은 즉결심판에 관한 절차법이 정하는 바에 따라 즉결심판에 의하여 과하여지며, 그 형은 경찰서장에 의하여 집행된다. 즉결심판에 불복이 있는 피고인은 고지를 받은 날로부터 7일 이내에 정식재판을 청구할 수 있다(법원조직법 제35조). 즉결재판은 정식재판의 청구에 의한 판결이 있을 때에는 그 효력을 상실하고, 정식재판의 청구기간의 경과 또는 그 청구의 취하에 의하여 확정판결과 동일한 효력을 갖는 것이다.

▶ 법원조직법 제35조(즉결심판에 대한 정식재판의 청구) 제34조의 즉결심판에 대하여 피고인은 고지를 받은 날부터 7일 이내에 정식재판을 청구할 수 있다. [전문개정 2014.12.30.]

c) 보호처분

행정형벌의 특별과벌절차로 즉결심판 및 통고처분 외에 보호처분을 드는 견해가 있으나(김도창), 보호처분은 소년법이나 사회보호법에 의하여 소년이나 보호처분대상자에 대하여 내리는 처분으로서 「보안처분의 일종」이고 형벌이 아니기 때문에 행정형벌의 특별과벌절차라고 볼 수는 없다.

## 2. 행정질서벌의 특수성

### 2.1. 실체법적 특수성(형법총칙적용배제)

과태료는 형벌이 아니기 때문에 형법총칙의 적용을 받지 않는다.[1] 행정질서범은 반윤리성이 희박하기 때문에 원칙적으로 객관적 법규위반이 있으면 과할 수 있고 행위자의 주관적 요건, 즉 고의·과실은 문제되지 않는다.[2] 행정질서벌인 과태료와 행정형벌은 과벌절차는 다르지만, 다같이 행정벌이므로, 동일한 행정범에 대하여 양자는 병과할 수 없는 것이 원칙이다. 왜냐하면 행정질서벌로서의 과태료는 형벌(특히 행정형벌)과 목적·기능이 중복되는 면이 없지 않으므로, 동일행위를 대상으로 형벌을 부과하면서 아울러 행정질서벌로서의 과태료까지 부과한다면 이중처벌금지의 원칙에 배치될 염려가 있기 때문이다.

---

1) 이상규, 신행정법론(상), 법문사, 1990, 462면.
2) 특히 행정질서벌의 대상이 되는 행위는 단순한 의무해태(義務懈怠)로서 반사회성이 희박하므로 행위자의 고의·과실과 같은 주관적 요건은 문제삼지 않는다. 따라서 행정질서벌은 객관적인 법규위반만 있으면 부과할 수 있다.

[헌법재판소] 그러나 헌법재판소는 사실관계로서의 행위·보호법익·목적을 달리할 경우 형벌부과가 있음에도 과태료를 또 부과함은 이중처벌이 아니라고하여, 형벌(특히 행정형벌)과 징계벌(과태료)의 병과[1]할 수 있으며, 이는 이중처벌금지의 원칙에 해당되지 않는다고 판시한바 있다.

▶헌재결 1994. 6. 30. 92헌바38 【구 건축법 제56조의2 제1항 위헌소원】
【판시사항】
가. 이중처벌금지원칙을 정한 헌법 제13조 제1항 소정의 "처벌"의 의미
나. 무허가건축행위로 구 건축법 제54조 제1항에 의하여 형벌을 받은 자가 그 위법건축물에 대한 시정명령(是正命令)에 위반한 경우 그에 대하여 과태료를 부과할 수 있도록 한 동법 제56조의2 제1항의 규정이 이중처벌금지원칙에 위배되는지 여부
【결정요지】
가. 헌법 제13조 제1항이 정한"이중처벌금지의 원칙"은 동일한 범죄행위에 대하여 국가가 형벌권을 거듭 행사할 수 없도록 함으로써 국민의 기본권 특히 신체의 자유를 보장하기 위한 것이므로, 그 "처벌"은 원칙으로 범죄에 대한 국가의 형벌권 실행으로서의 과벌을 의미하는 것이고, 국가가 행하는 일체의 제재나 불이익처분은 모두 그에 포함된다고 할 수는 없다.
나. 구 건축법 제54조 제1항에 의한 형사처벌의 대상이 되는 범죄의 구성요건은 당국의 허가 없이 건축행위 또는 건축물의 용도변경행위를 한 것이고, 동법 제56조의2 제1항에 의한 과태료는 건축법령에 위반되는 위법건축물에 대한 시정명령을 받고도 건축주 등이 이를 시정하지 아니할 때 과하는 것이므로, 양자는 처벌 내지 제재대상이 되는 기본적 사실관계로서의 행위를 달리하는 것이다. 그리고, 전자가 무허가건축행위를 한 건축주 등의 행위 자체를 위법한 것으로 보아 처벌하는 것인 데 대하여, 후자는 위법건축물의 방치를 막고자 행정청이 시정조치를 명하였음에도 건축주 등이 이를 이행하지 아니한 경우에 행정명령의 실효성을 확보하기 위하여 제재를 과하는 것이므로 양자는 그 보호법익과 목적에서도 차이가 있고, 또한 무허가건축행위에 대한 형사처벌시에 위법건축물에 대한 시정명령의 위반행위까지 평가된다고 할 수 없으므로 시정명령위반행위가 무허가건축행위의 불가벌적 사후행위라고 할 수도 없다. 이러한 점에 비추어 구 건축법 제54조 제1항에 의한 무허가건축행위에 대한 형사처벌과 동법 제56조2 제1항에 의한 과태료의 부과는 헌법 제13조 제1항이 금지하는 이중처벌에 해당한다고 할 수 없다.

---

[1] 헌재결 1994. 6. 30, 92헌바38; 정재황, 판례헌법, 길안사, 1996, 274면 이하 참조.

## 2.2. 절차적 특수성(과벌절차)
### 2.2.1. 일반행정질서벌의 과벌절차

행정질서벌은 행정형벌 내지는 형벌과는 달리 행정상의 질서유지를 위한 것이기 때문에 그 과벌절차에는 형법 내지는 형사소송법이 적용되지 않고, 그에 대한 별도 형법상의 형명이 있는 것이 아닌 과태료의 부과로하며,[1] 법령 또는 조례에 특별한 규정이 없는 한, 민사질서벌에 준하여 「비송사건절차법(非訟事件節次法)」에 의하여 비행자의 주소지를 관할하는 지방법원이 재량으로 결정형식으로 과한다. 불복하는 자는 즉시항고(법원의 판결에 대하여는 항소·상고를, 법원의 결정에 대하여는 항고·재항고를 할 수 있다)를 할 수 있다. 소정기한까지 과태료를 납부하지 않은 경우에는 검사의 명령으로 민사소송법상의 강제집행절차에 따라 강제징수한다. 그러나, 최근의 행정법규는 거의 예외없이 과태료부과절차에 대한 특례규정을 두고 있다. 예를 들면 舊공중위생법(현행: 공중위생관리법) 제44조, 식품위생법 제78조, 舊공업발전법(현행: 산업발전법) 제31조 등이 그것이다. 이들 법률이 정하는 과태료는 관계행정청이 직접 부과·징수하되, 관계 행정청으로부터 과태료의 부과처분을 받는 자는 그 처분이 있은 것을 안 날로부터 30일 이내에 당해 처분을 한 행정청에 이의신청을 할 수 있고, 그러한 이의신청이 있으면 당해 행정청은 지체없이 관할법원에 그 사실을 통보함으로써 비송사건절차법에 의한 과태료재판정차에 이행하며, 만일 소정의 기한 내에 이의신청이 없이 과태료를 납부하지 아니하면 국세체납처분의 예에 따라 강제징수하도록 한 것이다. 이는 과태료부과에 있어서의 행정편의주의의 추구라는 비판을 피하지 못할 것이다.

### 2.2.2. 조례에 의한 과태료의 과벌절차

과태료는 지방자치단체의 장 또는 그 위임을 받은 자가 납입고지에 의하여 징수하며, 납기 내에 납부하지 않는 경우에는 지방세 징수의 예에 따라 강제징수한다. 과태료의 부과·징수에 대하여 이의가 있는 자는 그 처분의 통지를 받은 날로부터 60일 이내에 그 지방자치단체의 장에게 이의신청을 할 수 있다(과태료와 범칙금[2]의 차이).

[사건개요] 청구인이 2004. 11. 19. 고속도로 및 자동차 전용차로에서 주·정차금지위반을 하였다는 이유로 피청구인이 청구인에 대하여 2005. 2. 3. 4만원의 범칙금을 부과하고, 출석기간 또는 범칙금 납부기간 만료일부터 60일이 경과될 때까지 즉결심판을 받지 아니하였다는 이유로 2005. 4. 20. 벌점 40점을 부과하였다.

---

1) 이상규, 신행정법론(상), 법문사, 1990, 462면.
2) 사 건 : 05-14329 범칙금부과처분등무효확인청구(국무총리행정심판위원회)
　　청 구 인 : 박 ○ ○　서울특별시 ○○구 ○○동 26-36 5/4 ○○빌라 103호
　　　　(송달주소 : 서울특별시 △△구 △△동 41-7 △△빌딩 501호)
　　피청구인 : 서울북부경찰서장

[재결례요지] 1.「도로교통법」제118조에의 규정에 의하여 경찰서장이 하는 범칙금납부의 통고는 상대방의 임의의 승복을 그 발효요건으로 하며, 청구인이 범칙금납부의 통고를 받고서 그에 대하여 불복의 의사가 있는 경우에는 범칙금의 납부를 이행하지 아니함으로써 경찰서장의 즉결심판청구에 의하여 법원의 심판을 받게 되는 불복절차가 마련되어 있으므로, 이 건 청구는 행정심판의 대상이 아니어서「행정심판법」제2조 및 제3조의 규정을 위반한 부적법한 청구라 할 것이다. 2. 다음으로, 벌점부과처분무효확인청구에 대하여 살피건대, 운전면허행정처분기준상의 벌점의 배점은 그 자체만으로는 행정내부의 사실상 행위에 불과하여 아직 국민에 대하여 구체적으로 어떤 권리를 제한하거나 의무를 명하는 등 법적규제 효과를 대외적으로 발생시키는 요건을 갖춘 것이 아니어서 행정심판의 대상이 되는 행정처분이라 할 수 없으므로, 이 건 범칙금미납으로 받은 벌점의 무효를 구하는 청구인의 심판청구는 행정심판대상이 아닌 사항을 그 대상으로 한 것으로서「행정심판법」제2조의 규정을 위반한 부적법한 청구이다. 그렇다면, 청구인의 청구는 심판제기요건을 결한 부적법한 청구라 할 것이므로 이를 각하하기로 하여 주문과 같이 의결한다.

# 제 4 장  행정상 의무이행확보를 위한 신종수단

## I. 총설

　　행정법상의 의무를 이행하지 않는 경우에 그 의무의 이행을 확보하기 위한 수단으로는 전통적으로 행정강제와 행정상 제재가 인정되어 왔다. 그러나 행정기능의 확대·강화에 따라 전통적 수단만으로는 오늘날의 다양한 행정수요에 충분히 대응할 수 없게 됨으로써 새로운 수단이 등장하였다. 이러한 신종의 수단은 「직접으로는」 행정상 제재수단의 일종이라 할 수 있지만 아울러 「간접적으로는」 의무이행확보수단으로 기능한다. 행정상 강제집행제도의 미비와 행정형벌의 단점들, 그 중에서 특히 실효성이 약하다는 단점을 보완하기 위해 새로운 의무이행확보수단들이 도입되고 있다. 과징금, 공급거부, 위반사실의 공표, 관허사업(官許事業)의 제한 등이 그 대표적 예이다. 이들은 모두 심리적 압박을 통해 의무이행을 확보하는 간접적 수단으로서, 그 제재 내용과 방법이 현대의 경제적·사회적 생활에 비추어 실효성 있고 다양한 것이라는 점이 특징이다. 이러한 새로운 수단들은 행정의 실효성 확보를 행정법의 중요한 요소로 고려하고 있다는 점에서 제3단계 행정법의 맥락에서 설명될 수 있다. 그러나 동시에 이러한 수단들은 국민의 자유·권리를 심각하게 침해하는 행정작용이기 때문에, 행정소송을 통한 적법성 통제가 절대적으로 필요하다. 따라서 근거법령에 의거하여 그 수단 사용의 요건·효과가 엄격하게 검토되어야 할 뿐만 아니라, 비례원칙, 부당결부금지원칙, 평등원칙 등 행정법상 조리 내지 행정법의 일반원칙들을 판단척도로 하여 실질적으로 위법성이 심사되어야 할 것이다.

## II. 종류

### 1. 금전적 제재

　　행정법규위반자에게 금전납부라는 불이익을 과함으로써 간접적으로 행정상의 의무를 이행하게 하는 방법으로서, 다음과 같은 것이 있다.

## 1.1. 과징금

### 1.1.1. 의의

행정청이 일정한 행정법상 의무위반에 대한 제재로서 부과하는 금전적 부담을 말하며, 벌금·과태료와 본질적으로 같으나, 형식상 행정벌에 속하지 않으며,[1] 다분히 이득환수적인 점에서 구별된다. 과징금은 의무불이행으로 인해 취득한 경제적 이익을 박탈하기 위해 부과되는 것(독점규제및공정거래에관한법률 제6조)과 조업정지·사업정지 등 행정적 제재처분에 갈음하여 부과되는 것(대기환경보전법 제37조, 여객자동차운수사업법 제79조)이 있다.

▶ 독점규제및공정거래에관한법률 제6조(과징금) 공정거래위원회는 시장지배적사업자가 남용행위를 한 경우에는 당해 사업자에 대하여 대통령령이 정하는 매출액(대통령령이 정하는 사업자의 경우에는 영업수익을 말한다. 이하 같다)에 100분의 3을 곱한 금액을 초과하지 아니하는 범위안에서 과징금을 부과할 수 있다. 다만, 매출액이 없거나 매출액의 산정이 곤란한 경우로서 대통령령이 정하는 경우(이하 "매출액이 없는 경우등"이라 한다)에는 10억원을 초과하지 아니하는 범위안에서 과징금을 부과할 수 있다. [전문개정 1996. 12. 30]

▶ 여객자동차운수사업법 제88조(과징금처분) ① 국토교통부장관 또는 시·도지사는 여객자동차 운수사업자가 제49조의6제1항 또는 제85조제1항 각 호의 어느 하나에 해당하여 사업정지 처분을 하여야 하는 경우에 그 사업정지 처분이 그 여객자동차 운수사업을 이용하는 사람들에게 심한 불편을 주거나 공익을 해칠 우려가 있는 때에는 그 사업정지 처분을 갈음하여 5천만원 이하의 과징금을 부과·징수할 수 있다. <개정 2012.2.1., 2013.3.23.>

▶ 대기환경보전법 제37조 (과징금 처분) ① 시·도지사는 다음 각 호의 어느 하나에 해당하는 배출시설을 설치·운영하는 사업자에 대하여 제36조에 따라 조업정지를 명하여야 하는 경우로서 그 조업정지가 주민의 생활, 대외적인 신용·고용·물가 등 국민경제, 그 밖에 공익에 현저한 지장을 줄 우려가 있다고 인정되는 경우 등 그 밖에 대통령령으로 정하는 경우에는 조업정지처분을 갈음하여 2억원 이하의 과징금을 부과할 수 있다.

### 1.1.2. 근거 -일반법은 없고, 개별법이 정하는 바에 따라 부과

a) 대기환경보전법·수질및수생태계보전에관한법률상의 배출부과금

시·도지사는 대기오염물질로 인한 대기환경상의 피해를 방지하거나 줄이기 위하여 오염물질 등을 배출하는 사업자에 대하여 배출부과금을 부과·징수하고(대기환경보전법

---

[1] 따라서 행정법규위반에 대하여 벌금이나 범칙금 외에 과징금을 부과하는 것은 이중처벌금지의 원칙에 반하지 않는다(방극봉, 실무행정법, 법제처, 2009, 35면).

제35조 제1항), 이를 납부기한내에 납부하지 아니할 때에는 가산금을 부과하고(대기환경보전법 제35조 제5항), 지방세납부처분의 예에 따라 징수한다(대기환경보전법 제35조 제6항).

환경부장관은 수질오염물질로 인한 수질오염 및 수생태계 훼손을 방지하거나 감소시키기 위하여 수질오염물질을 배출하는 사업자(폐수종말처리시설, 공공하수처리시설 중 환경부령으로 정하는 시설을 운영하는 자를 포함한다) 또는 제33조제1항부터 제3항까지의 규정에 따른 허가·변경허가를 받지 아니하거나 신고·변경신고를 하지 아니하고 배출시설을 설치하거나 변경한 자에게 배출부과금을 부과·징수한다(수질및수생태계보전에관한법률 제41조 제1항). 환경부장관은 제1항에 따라 배출부과금을 내야 할 자가 정하여진 기한까지 내지 아니하면 가산금을 징수한다(동법 제4항). 제4항에 따른 가산금에 대해서는 「국세징수법」 제21조를 준용하고(동법 제5항), 환경부장관 또는 제7항에 따른 시·도지사는 배출부과금이나 가산금을 내야 할 자가 정하여진 기한까지 내지 아니하면 국세 또는 지방세 체납처분의 예에 따라 징수한다(동법 제8항).

▶ 대기환경보전법 제35조(배출부과금의 부과·징수) ① 시·도지사는 대기오염물질로 인한 대기환경상의 피해를 방지하거나 줄이기 위하여 다음 각 호의 어느 하나에 해당하는 자에 대하여 배출부과금을 부과·징수한다. <개정 2012.2.1., 2012.5.24.> ⑤ 시·도지사는 제1항에 따른 배출부과금을 내야 할 자가 납부기한까지 내지 아니하면 가산금을 징수한다. <개정 2012.5.23.> ⑥ 제5항에 따른 가산금에 관하여는 「지방세기본법」 제59조 및 제60조를 준용한다. <개정 2012.5.23.>

▶ 수질및수생태계보전에관한법률 제41조(배출부과금) ① 환경부장관은 수질오염물질로 인한 수질오염 및 수생태계 훼손을 방지하거나 감소시키기 위하여 수질오염물질을 배출하는 사업자(폐수종말처리시설, 공공하수처리시설 중 환경부령으로 정하는 시설을 운영하는 자를 포함한다) 또는 제33조제1항부터 제3항까지의 규정에 따른 허가·변경허가를 받지 아니하거나 신고·변경신고를 하지 아니하고 배출시설을 설치하거나 변경한 자에게 배출부과금을 부과·징수한다. ④ 환경부장관은 제1항에 따라 배출부과금을 내야 할 자가 정하여진 기한까지 내지 아니하면 가산금을 징수한다. ⑤ 제4항에 따른 가산금에 대해서는 「국세징수법」 제21조를 준용한다. ⑧ 환경부장관 또는 제7항에 따른 시·도지사는 배출부과금이나 가산금을 내야 할 자가 정하여진 기한까지 내지 아니하면 국세 또는 지방세 체납처분의 예에 따라 징수한다. [전문개정 2013.7.30.]

b) 여객자동차운수사업법상의 과징금

자동차운수사업자가 동법 또는 동법에 의거한 명령이나 처분 등에 위반하여 사업정지처분을 할 사유가 발생한 경우에 사업정지처분에 갈음하여 과징금을 부과할 수 있다. 운수사업면허의 취소·정지처분에 갈음한 의무이행확보수단으로 고안된 것이 과징금제도이며, 이는 사업은 계속시키되, 일정기간 당해 사업으로부터 생기는 수익을 박탈하자는 것이다.

▶ 여객자동차운수사업법 제88조(과징금 처분) ① 국토교통부장관 또는 시·도지사는 여객자동차 운수사업자가 제49조의6제1항 또는 제85조제1항 각 호의 어느 하나에 해당하여 사업정지 처분을 하여야 하는 경우에 그 사업정지 처분이 그 여객자동차 운수사업을 이용하는 사람들에게 심한 불편을 주거나 공익을 해칠 우려가 있는 때에는 그 사업정지 처분을 갈음하여 5천만원 이하의 과징금을 부과·징수할 수 있다. <개정 2012.2.1., 2013.3.23.>

### 1.1.3. 부과·징수와 구제

행정청의 납입고지로써 부과·징수되며, 의무자가 납부의무를 불이행하는 경우에는 국세체납처분에 따라 체납처분·강제징수 한다. 따라서 과징금의 부과는 국민의 권익을 침해하는 전형적인 권력적·침해적(침익적) 행정행위이므로 법률(durch Gesetz) 혹은 법률의 근거(auf Grund eines Gesetzes)를 요한다. 이에 불복하는 경우 행정쟁송이 가능하다.

## 1.2. 가산세
### 1.2.1. 의의

일정한 행정법상의 지급의무를 진자가 그 의무에 위반한 경우 그 제재로서 과하는 금전적 부담을 말한다.

### 1.2.2. 성질

가산금의 부과는 하명적 성질의 행정행위이다. 금전적 부담인 점에서 과징금과 같으나, 지급의무위반에 대한 것이라는 점에서 다르다.

### 1.2.3. 부과·징수

소득세법상 법정신고기간내에 신고하여 납부하여야 할 의무가 있는 경우에 신고하지 아니하였거나, 과소신고를 하였을 경우에는 일정비율의 납부불성실 가산세 또는 신고불성실 가산세등이 과하여 지며, 국세를 납부기한까지 완납하지 않는 납세의무자에 대하여는 체납국세에 대한 가산금과 중가산금(가산금에 가산하여…)을 징수한다(국세징수법 제21조).

▶ 국세징수법 제21조(가산금) ① 국세를 납부기한까지 완납하지 아니하였을 때에는 그 납부기한이 지난 날부터 체납된 국세의 100분의 3에 상당하는 가산금을 징수한다. ② 체납된 국세를 납부하지 아니하였을 때에는 납부기한이 지난 날부터 매 1개월이 지날 때마다 체납된 국세의 1천분의 12에 상당하는 가산금을 제1항에 따른 가산금에 가산하여 징수한다. 다만, 체납된 국세의 납세고지서별·세목별 세액이 100만원 미만인 경우는 제

외한다. ③ 제2항에 따른 가산금을 가산하여 징수하는 기간은 60개월을 초과하지 못한다.

### 1.3. 부당이득세
부당이득세법에 의해 과해지는 것으로서, 정부에서 지정한 이상의 가격 또는 요금 등을 받은 자에 대하여 그 부당이득을 환수하는 방법이다. 부당이득세는 정부가 정한 통제가격을 초과하여 거래를 하지 아니할 의무를 강제하는 가장 실효성 있는 수단이 된다.

## 2. 공표제도(公表制度)
### 2.1. 의의
공표제도라 함은, 행정주체가 행정객체의 행정법상의 위법·부당한 특정사실을 불특정다수인이 주지할 수 있게 함으로써, 그 위법·부당한 상태의 국정과 일반국민의 제반생활상의 보호를 도모하려는 작용을 말한다. 예컨대, 세금의 고액체납자의 공표, 불량상품제조업체의 공표, 환경오염물질 배출업체의 공표, 공정거래위반행위의 공표 등을 사례로 들 수 있다. 「위반사실의 공표」는 의무위반사실을 일반에게 공표함으로써 그에 따르는 사회적 비난을 가하는 것인데, 현행 법률상 자원의절약과재활용촉진에관한법률(제13조 제2항)에 단 하나의 예가 있다.

▶ 자원의절약과재활용촉진에관한법률 제13조(재활용가능자원의 분리 수거) ② 특별시장·광역시장·특별자치시장·도지사는 관할 지방자치단체의 분리수거가 효율적으로 이루어질 수 있도록 지원하고, 특별시장·광역시장·특별자치시장·도지사·특별자치도지사는 환경부장관이 정하는 지침에 따라 매년 재활용가능자원의 발생량과 분리수거량 등을 조사하여 공표(公表)하여야 한다. <개정 2014.1.21.>

### 2.2. 실효성
명예벌적 성격의 것으로서 그 실효성은 위반자의 체면도에 비례한다.

### 2.3. 공표의 법적 근거와 한계
#### 2.3.1. 공표와 법적 근거
공표가 상대방에게 심대한 경제적 손실을 줄 뿐 아니라, 경우에 따라서는 상대방의 프라이버시(privacy)를 침해한다는 점에서 공표에도 법률유보의 원칙이 적용된다고 보는 것이 타당할 것이다. 공표에 법적 근거가 있는 경우에는 공무원의 비밀엄수 의무와 공무상비밀누설죄는 해제된다.

### 2.3.2. 공표의 한계
개인의 프라이버시(privacy) 보호에 의한 사적 이익과 국민의 「알 권리」를 형량하여 결정할 문제이다.

### 2.4. 위법공표와 법적 구제
#### 2.4.1. 취소소송의 가부
행정상 공표에 대하여 취소소송이 가능한가에 관하여는 부인설과 긍정설이 있다.

#### 2.4.2. 정정광고
행정상 공표에 의하여 실추된 명예를 회복하는 방법으로는 동일한 매스컴을 통한 정정광고가 가능할 것이다.

#### 2.4.3. 국가배상
행정상 공표에 대한 손해배상청구도 가능할 것이다.

## 3. 관허사업의 제한
### 3.1. 일반적인 관허사업의 제한(조세납부자의 경우)
국세나 지방세의 체납자에 대하여 각종의 허가·인가·면허·등록 등을 거부·정지·취소하도록 규정하는 경우가 있다(국세징수법 제7조). 「관허사업의 제한」은 의무위반자에 대해 각종 인·허가를 하지 않음으로써 그것이 필요한 사업을 하지 못하도록 하는 것으로서, 현행 법률상 국세체납자에 대한 것이 그 예이다(국세징수법 제7조 제1항, 제2항).

▶국세징수법 제7조(관허사업의 제한) ① 세무서장은 납세자가 대통령령으로 정하는 사유 없이 국세를 체납하였을 때에는 허가·인가·면허 및 등록과 그 갱신(이하 "허가등"이라 한다)이 필요한 사업의 주무관서에 그 납세자에 대하여 그 허가등을 하지 아니할 것을 요구할 수 있다. ② 세무서장은 허가등을 받아 사업을 경영하는 자가 국세를 3회 이상 체납한 경우로서 그 체납액이 500만원 이상일 때에는 대통령령으로 정하는 경우를 제외하고 그 주무관서에 사업의 정지 또는 허가등의 취소를 요구할 수 있다. ③ 세무서장은 제1항 또는 제2항의 요구를 한 후 해당 국세를 징수하였을 때에는 지체 없이 그 요구를 철회하여야 한다. ④ 제1항 또는 제2항에 따른 세무서장의 요구가 있을 때에는 해당 주무관서는 정당한 사유가 없으면 요구에 따라야 하며, 그 조치결과를 즉시 해당 세무서장에게 알려야 한다. <개정 2011.12.31.> [전문개정 2011.4.4.]

[문제] 국세징수법」제7조제2항 및 제4항에 의하면, 허가·인가·면허 및 등록 등을 요하는 사업을 경영하는 자가 국세를 3회 이상 체납한 경우에 세무서장은 주무관서에 허가 등의 취소를 요구할 수 있도록 하고, 당해 주무관서는 정당한 사유가 없는 한 이에 응하여야 한다고 규정

하고 있는 바, 그 허가 등을 규정한 개별 법률(소방법등)에서는 국세체납을 당해 허가 등의 취소사유로 규정하지 아니함에도 불구하고 국세징수법의 규정을 적용하여 허가 등을 취소할 수 있는지 여부

[해설] 허가 등을 요하는 사업을 경영하는 자가 국세를 3회 이상 체납한 경우에는 당해 허가 등을 규정한 개별 법률에서 국세체납을 허가 등의 취소사유로 규정하지 아니한 경우에도 국세징수법 제7조 제2항 및 제4항을 적용하여 당해 사업의 허가 등을 취소할 수 있다. 다만, 소방법 제16조에 의한 위험물 제조소등의 설치허가를 받은 자가 국세를 3회 이상 체납한 경우에는 국세징수법제7조 제2항 및 제4항의 규정에 근거하여 그 설치허가를 취소할 수는 없다.

[이유] 가. (관허사업 제한규정의 적용대상 사업) : 국세징수법 제7조 제1항에 의하면, 세무서장은 납세자가 국세를 체납한 때에는 허가·인가·면허 및 등록과 그 갱신을 요하는 사업(이하 "관허사업"이라 한다)의 주무관서에 당해 납세자에 대하여 그 허가 등을 아니할 것을 요구할 수 있다고 규정하고, 동조 제2항에서는 제1항의 관허사업의 허가 등을 받아 사업을 경영하는 자가 국세를 3회 이상 체납한 때에는 그 주무관서에 사업의 정지 또는 허가 등의 취소를 요구할 수 있다고 규정하고 있으며, 동조 제4항에서는 제1항 또는 제2항의 규정에 의한 세무서장의 요구가 있는 경우에는 주무관서는 정당한 사유가 없는 한 이에 응하여야 한다고 규정하고 있다. 위와 같이 국세징수법 제7조에서 국세체납자에 대하여 관허사업의 신규허가를 거부할 수 있도록 하고, 경영중에 있는 관허사업을 취소 또는 정지하도록 규정한 것은 국가운영의 재정적 기반이 되는 국세를 체납한 사실이 있는 체납자에 대하여는 관허사업의 신규 또는 계속적인 수행을 제한하는 불이익을 가하여 납세의무의 이행을 간접적으로 강제함으로써 국세수입의 확보를 달성하기 위한 것이다. 따라서 국세징수법 제7조 제2항 및 제4항의 입법목적을 달성하기 위해서는 당해 관허사업의 허가 등의 근거가 되는 개별 법률에서 관허사업의 허가 등의 취소사유로 국세체납을 규정하고 있지 아니하더라도 동 규정을 직접 적용하여 국세체납자의 관허사업의 허가 등을 취소할 수 있도록 하는 것이 필요하다. 또한 관허사업의 제한에 관하여 규정하고 있는 현행 국세징수법 제7조 제2항과 동일한 내용을 규정한 구국세징수법」(1961. 12. 8, 법률 제819호) 제23조의 해석과 관련된 대법원의 판결(1976. 4. 27. 선고 74누284 판결)에서도 "건설업 면허취소사유에 구국세징수법 제23조를 열거하지 아니하였다 하여 국세를 체납한 경우에 그 제재방법으로서 사업의 정지 또는 허가의 취소를 할 수 있는 경우를 규정한 위 구국세징수법 제23조 소정의 관허사업에 건설사업이 포함되지 아니한다고 할 수 없을 뿐 아니라, 구국세징수법 제23조 소정의 관허사업은 널리 허가, 인가, 면허 등을 얻어 경영하는 사업 모두가 포함된다고 해석함이 타당하다"고 밝히고 있다. 따라서 국세징수법 제7조의 입법취지와 대법원의 판결내용 등 제반 사정을 고려할 때, 당해 관허사업의 허가 등을 규정한 개별법률에서 국세체납의 사유를 관허사업의 허가 등의 취소사유로

규정하고 있지 아니한 경우에도 국세징수법 제7조제2항 및 제4항의 규정을 적용하여 체납자에 대하여 당해 관허사업의 허가 등을 취소할 수 있다. 나. (위험물제조소등 설치허가의 취소가능 여부) : 국세징수법제7조제2항의 규정에 의한 관허사업 취소 등에 관한 규정은 주무관서의 허가·인가·면허 및 등록 등의 행정처분을 요하는 사업을 수행하는 자가 국세를 체납한 경우에 당해 관허사업의 허가 등을 취소하여 사업경영 자체를 못하게 함으로써 국세납세의무를 스스로 이행하도록 하려는 것이므로 그 취소의 대상은 관허사업을 대상으로 하고 있다고 할 것이다. 위와 같이 국세징수법의 규정에 의하여 취소대상이 되는 관허사업의 허가는 위험물 제조소등의 설치허가와는 그 성질을 달리하는 것이므로 국가가 체납된 국세징수의 효율성만을 중시하여 세무서장 및 주무관서로 하여금 국세체납자의 위험물 제조소등에 대하여도 국세징수법 제7조 제2항 및 제4항의 규정을 적용하여 그 설치허가를 취소할 수 있도록 한다면 이는 당해 법규정의 의미내용에 대한 정확한 해석으로 볼 수 없는 행정편의적인 확대해석이라고 할 것이고, 이러한 국민의 권리를 제한하는 확대해석은 국민의 기본권보호의 차원에서도 문제가 있다고 할 것이다. 왜냐하면 국민의 권리를 제한하거나 국민에게 새로운 의무를 부과하는 법령규정의 경우 당해 법령의 의미내용을 확대해석하거나 유추해석하는 것은 바람직하지 아니하기 때문이다. 따라서 국세체납자에 대한 관허사업의 허가 등의 취소를 규정한 국세징수법 제7조 제2항 및 제4항의 규정은 관허사업의 허가 등과는 그 성질을 달리하는 위험물 제조소등의 설치허가를 받은 자가 국세를 체납한 경우에 그 위험물 제조소등의 설치허가 취소에는 적용할 수 없다. <법제처>

### 3.2. 관련된 특정관허사업의 제한

특정의 행정법령에 의한 의무에 위반한 경우에 당해 법령에 의한 「기존」의 인·허가를 취소 또는 정지하도록 규정하는 경우가 있다(도시가스사업법 제9조[허가의 취소 등]).

## 4. 공급거부
### 4.1. 의의

공급거부란 행정법상의 의무를 위반하거나 불이행한 자에 대하여 일정한 행정상의 서비스(전기·수도 등)나 재화의 공급을 정지 또는 거부함으로써 의무이행을 확보하는 행정조치를 말한다. 이와 같이 공급거부는 일상적 경제적 생활에 필수적인 공적 급부를 거부하는 것으로서, 구(舊)건축법(제42조 제3항)에 규정되어 있었다.

[舊건축법 제42조 제3항] 舊건축법 제42조 제3항에 의하면 동법 또는 동법에 의하여 발하는 명령이나 처분에 위반하여 건축 또는 대수선을 하였을 때에는 해당 건축물에 대하여 전화·전기·수도를 설치하거나 공급할 수 없다고 규정하고 있었다. 이것은 공급거부의 한 예에 해당하나 부당결부금지의 원칙에 위반된다는 문제가 있었고 현행법(건축법 제79조

제1항)에서는 폐지되었다.

▶ 건축법 제79조 (위반건축물등에 대한 조치등) ① 허가권자는 대지 또는 건축물이 이 법 또는 이 법의 규정에 의한 명령이나 처분에 위반한 경우에는 이 법의 규정에 의한 허가 또는 승인을 취소하거나 그 건축물의 건축주·공사시공자·현장관리인·소유자·관리자 또는 점유자(이하 "건축주등"이라 한다)에 대하여 그 공사의 중지를 명하거나 상당한 기간을 정하여 그 건축물의 철거·개축·증축·수선·용도변경·사용금지·사용제한 기타 필요한 조치를 명할 수 있다. ☞ 종전의 전화·전기·수도를 설치하거나 공급할 수 없다는 문구는 삭제됨(부당결부금지의 원칙에 위반)

### 4.2. 문제점

공급거부는 행정권한의 부당결부금지의 원칙(Koppelungsverbot : 부당결부금지원칙)과 관련하여 그 위법성이 문제되고 있다.

## 5. 차량 등의 사용금지

행정법규의 위반에 사용된 차량이나 그 밖의 운반수단의 사용을 정지 또는 금지시킴으로써(번호판 제거 등) 간접적으로 의무이행을 강제하는 방법이다.

## 6. 수익적 행정행위의 취소·철회

수익적 행정행위의 철회 내지 취소는 가장 무거운 제재수단의 일종이며, 그러한 의미에서 행정의 실효성 확보수단의 하나로 새로이 인식되게 되었다.

## 7. 국외여행의 제한(고액의 조세체납자·병역미필자[25세이상의 병역의무자])

고액의 조세체납자에 대한 해외여행(국외여행)의 제한이 그 예이다. 병역미필자의 경우도 해외여행의 자유에 제한이 따른다. 2007.1.1부터 24세 이하 자에 대한 국외여행허가제가 폐지되어 24세 이하 자는 별도의 국외여행허가 없이 24세가 되는 해 12월 말까지는 국외여행이 가능하다. 그러나 대한민국 국적을 보유한 25세 이상의 병역의무자로서 군복무를 마치지 않은 사람이 국외여행(국외체류)을 하고자 할 때에는 병무청장의 국외여행(기간연장) 허가를 받아야 한다. 대학 휴학자는 어학연수에만 한하며 대학(24세), 대학원(26세)은 제한연령까지 국외 대학 등 어학 연수 기관의 교육과정 계획서 및 연수허가서가 있는 경우로 휴학기간 중 1년의 범위내에서 허가된다. 이 경우에도 귀국 보증서를 작성하되, 귀국보증인을 선정하여야 한다. 호주, 부 또는 모와 귀국을 보증할 만한 사람중 1인(호주, 부 또는 모가 없거나 있어도 보증능력이 없는 경우에는 2인)이상이 인감도장을 날인하여야 한다.

귀국보증인 자격으로서는 재산세와 종합토지세 부과액(도시계획세, 소방세, 교육세 등은 제외함)을 합산하여 30,000원이상인 사람이라야 하며, 보증인들의 연간재산세 및 종합토지세의 총 세액 합계액은 150,000원 이상이어야 한다. 만약 호주 또는 부모의 순수재산세 및 종합 토지세 연간 합산액이 3만원 미만인 경우에는 추가로 1인 선정 (이 경우 호주 또는 부모는 인감증명서만 첨부) 귀국 보증서 작성하여야 한다.[1]

### 8. 취업제한

병역법에서 국가기관, 지방자치단체의 장 또는 모든 고용주는 병역의무 불이행자를 공무원으로 임용하거나, 임직원으로 채용할 수 없도록 하는 경우를 들 수 있다. 아동·청소년대상 또는 성인대상 성범죄자는 형이 종료되거나 집행이 유예·면제된 날로부터 10년동안 "아동·청소년관련기관 등"의 운영 또는 취업을 제한한다. 취업제한 대상기관은 유치원, 학교, 학원 및 교습소, 청소년상담복지센터, 청소년 보호·재활센터, 청소년활동시설, 청소년 쉼터, 어린이집, 아동복지시설, 청소년지원시설 및 성매매피해상담소, 공동주택의 관리사무소(경비원), 체육시설, 의료기관(의료인), 가정방문 교육서비스 제공자, 경비업법인(경비원), 인터넷 컴퓨터게임시설제공업(일반 PC방), 복합유통게임제공업(멀티방), 청소년활동기획업소, 대중문화예술기획업소, 청소년게임제공업(일반오락실), 청소년실을 갖춘 노래방 등이며, 취업제한 대상 성범죄는 아동·청소년대상 성범죄 또는 성인대상 성범죄이며, 단, 성인대상 성범죄는 2010.4.15이후 최초로 성범죄를 범하여 형이 확정된 자부터 적용한다.[2]

### 9. 세무조사

근래 세무조사가 행정목적달성(집값 안정·과소비 억제 등)을 위해 활용되는 경향이다. 세무 조사는 기왕의 탈루세액을 추징해 국가의 과세권을 회복하려는 목적과 함께 탈세를 미리 예방하기 위한 양면적인 목적에서 존재한다. 그러나 모든 납세자들을 상대로 탈세 여부를 조사하기란 시간과 조사 인력 등의 한계로 불가능하다. 그 결과 많은 납세자들 중에서 누구를 상대로 탈세 여부에 대한 확인 작업을 할 것인지를 결정해야 한다. 이런 조사대상자들을 선정하는 작업은 필수적으로 세무 조사에 선행되어야 한다. 조사 사무처리 규정에서 선정 기준을 공개하는 것을 원칙으로 규정하고 있지만, 당사자들의 항의, 모방범죄, 중점적인 피조사 항목 등을 공개함으로 인해 세무서의 실무상 조사 실적을 올리기가 어렵

---

[1] http://www.gachon.ac.kr/affairs/military/10.jsp(검색어 : 병역미필자해외여행; 검색일 : 2015.11.28)
[2] http://www.mogef.go.kr/hotissue/hotissue.html(검색어 : 성범죄자취업제한; 검색일 : 2015.11.28)

다는 점 등을 이유로 현재는 이를 어떤 경우에도 공개하지 않고 있다. 그러다 보니 여론의 비난 대상이 되고 있다. 이는 언젠가는 공개해야 할 부분이라고 생각한다.[1]

## 10. 행정권한의 부당결부금지의 원칙

행정상의 의무이행확보를 위한 신종수단과 관련하여 행정권한의 부당결부(경합·융합·관련)금지의 문제가 제기된다. 행정권한의 부당결부금지의 원칙이란「행정기관은 그의 고권적 조치를 그것과 실체적 관련이 없는 반대급부에 의존시켜서는 안된다」는 것이다.[2] 이러한 관점에서 보면 건축법규 위반자에 대한 수도·전기 등의 공급거부(구건축법 제42조 제3항은 폐지됨)나 조세체납자의 명단공표 등은 그 위헌성이 문제된다.[3]

#### 【행정상의 공표에 대한 국가배상청구】

[사례] 국세청장 甲은 지방국세청 소속 공무원들의 보고만 믿고, 乙을 '위장증여자로서 국토이용관리법을 위반했다'는 허위사실의 보도자료를 유포하여 상대방의 명예를 훼손하였다. 이 경우 乙은 국가배상을 청구할 수 있는가?

[해설] 타인의 명예를 훼손하더라도 국가기관이 진실이라고 믿은 데 객관적이고 타당한 확증과 근거가 있으면 위법성이 조각되나, 단지 부하직원의 보고를 믿은 것만으로는 그런 사유가 될 수 없으므로 청구가 가능하다. 일반적으로 타인의 명예를 훼손하면, 형사상으로는 명예훼손죄(형법 제307조)로 처벌되고(인터넷상의 명예훼손행위는 정보통신망이용촉진및정보보호등에관한법률이 적용), 민사상으로는 불법행위책임(민법 제750조)을 지게 된다. 국가기관이 행정상의 의무를 위반한 사람의 명단을 공표하여 타인의 명예를 훼손한 경우에도 명예훼손죄와 국가배상책임이 문제된다. 그러나 그 행위가 진실한 사실이고 공공의 이해에 관계되는 사항으로 오로지 공공의 이익을 목적으로 한 것인 때엔 위법성이 조각되어 처벌받지 않는다(형법 제310조 참조). 또한 진실한 사실이 아니라도 진실이라고 믿을 만한 '상당한 이유'가 있으면 위법성이 조각된다. 국가기관의 명단의 공표로 타인의 명예를 훼손한 때도 위와 같지만, 국민의 강한 신뢰, 공무원의 비밀엄수의무와 법령준수 의무 등에 비추어 일반 사인의 행위에 의한 경우보다 훨씬 더 엄격한 기준이 요구된다. 따라서 그 사실이 의심의 여지없이 확실히 진실이라고 믿을 만한 객관적이고 타당한 확증과 근거가 있는 경우여야 '상당한 이유'를 인정할 수 있게 된다. 그러나 위와 같이 통상적인 조사를 다하여 의심스러운 점을 밝혀 보지 아니한 채 막연한 의구심에 근거하여 조사결과를 보고한 것이라면, 국세청장이 이에 근거한 보도자료의 내용이 진실하다고 믿은

---

[1] http://www.thenanbiz.com/mart/bbs.php?table=biztip&query=view&uid=65&p=(검색어 : 세무조사; 검색일 : 2015.11.28)
[2] 정하중, 행정법총론, 68면.
[3] 정하중, 행정법총론, 68면.

데에는 상당한 이유가 없으므로 국가배상책임을 지게 된다. <인터넷 법률신문>

[위법행위와 불법행위] 위법행위(widerrechtliche Handlung)이나 불법행위(unerlaubte Handlung) 모두 그 행위가 사회적 상당성의 범위를 일탈하는 법침해성을 갖추고 실질적으로 법질서에 반하고, 어떤 불이익한 법적 효과를 가져오는 것을 말한다. (ㄱ) (민법상 위법) : 금지규정이나 단속규정 등 구체적 법규에 위반하는 경우뿐만 아니라, 공서양속 등 법의 이념에 위반하는 경우도 포함하여「넓은 개념」으로 사용된다. (민법상 불법) : 민법상 불법은 합법의 반대개념으로서 위법과 거의 동일한 의미로 사용되나, 불법행위라고 하는 경우처럼 위법보다「좁은 개념」으로 파악하는 경우가 많다. (ㄴ) (형법상 위법) : 불법중 범죄로서 유형화되고 실정법상으로도 법질서에 반하는 것을 가리키는 취지로 구별되어 사용되기도 한다. 아무튼 현실적으로 위법과 불법을 구별하는 실익은 적으나, 법리적 측면에서 볼 때 불법행위와 위법행위는 법리 해석상 다른 뜻을 의미한다. 불법행위는 고의, 또는 과실로 인한 위법한 행위로 타인에게 손해를 가하는 행위로 이는 가해자가 손해를 배상하여야 되며, 특수 관계에 있는 경우 제3자가 대신 책임을 진다(책임 무능력자를 감독하는 자, 사용자책임, 공작물 점유자, 관리 감독자. 공동 불법행위 등). 성립요건은 가해자에게 고의·과실이 있어야 하며, 행위자에게 책임능력이 존재해야 하고, 위법성이 있어야 하며, 또한 손해가 발생하여야 하며 가해 행위와 손해 사이에 인과 관계가 있어야 한다. 효과는 불법행위에 의하여 손해를 입은 자는 손해배상청구권을 취득하게 된다. 현금배상을 원칙으로 하나, 물적 배상도 가능하다. 위법행위는 개별적인 법령 조항을 위반한 것을 말하며, 대부분 위반을 하면 어떤 처벌 받는다고 규정이 있다. 징역, 금고 벌금 과료 또는 행정벌인 과태료 등이 얼마 등 하는 것들이 그것이다. 결론은 불법은 위법행위로 타인에게 손해를 준 행위이며, 불법행위는 배상액 정해져 있지 않다는 것이다. 위법행위는 정해진 법을 위반하는 것이다(대부분 관련 법 조항에 징역, 금고 벌금 과료 또는 행정벌인 과태료가 정해져 있다).

# 찾아보기

## ㄱ

가(임시)행정행위  972
가구제  447, 1681, 1743
가명령제도  447
가산금  614, 1759, 1762, 1865, 1866
가시나무 회초리  1582
가처분  964, 1290, 1680, 1743
가행정행위(임시행정행위: vorläufiger Verwaltungsakt)  972
간접강제  444, 453, 461, 1835
간접효력규정설(유추적용설)  935
감사원규칙  105, 106, 708
감사원규칙의 법적 성질(법규명령성 인정여부)  708
강제력  121, 281, 291, 292, 293, 331, 334, 375, 659, 833, 1267, 1268, 1593, 1595, 1647, 1679
강행법규(zwingender Rechtssatz)  439
강행법규성  363, 439
개괄적 구별설  294
개괄적 구별설  294
개괄조항(Generalklausel)  559
개괄주의  360, 577
개발이익환수  791, 1284
개별사건법률(Einzelfallgesetz)  770
개별적 검토설  899
개별적 구별설  259, 294, 295
개별적 기준설  1700
개별처분  971
계획수범자(Planadressat; Planempfänger)  936

개인적 개인적 공권과 반사적 이익의 구별실익  393
개인적 공권  271, 335, 350, 355, 362, 363, 370, 371, 372, 375, 377, 378, 384, 385, 389, 392, 423, 427, 432, 436, 1018
개인적 공권과 반사적 이익의 구별실익  393
개인적 공권과 반사적 이익의 차이  392
개인적 공권의 특수성  375
개인적 공의무  386
개인적 법률(Einzelpersonengesetz)  770
개인정보보호법(Data Protection Act, 1974)  1720
객관설  1136, 1195
객관적 원시불능  1551
객관적 재량(objektive discretion)  984
갱신제도의 의의  1075
갱신허가  1075
거부행위  903, 940, 944, 946, 947, 966
건설법(Baurecht)  938
건설산업기본법 1505
건축법상 신고의 효력  668
건축사법  793, 794
격지자(隔地者)에 대한 보통우편송달과 도달추정여부  1239
견해이다(베르나찌크[Bernatzik])  987
결과제거청구권 640, 1743
결부금지의 원칙  1628
결정재량  917, 981
경과조치청구권 947
경업자소송  1032
경원자소송(Konkurrentenklage) 413

경찰개입청구권 441, 456
경찰관직무집행법상의 대물적 강제 1815
경찰권(Polizeigewalt)　1778
경찰상의 위해방지(Gefahrenabwehr) 1777
경찰책임의 원칙　1777
경찰책임자　1781
경찰허가에 있어서의 인인소송·경업자소송의 인정 1031
계약은 준수되어야 한다 1570
계약의 이행강제　1529
계약자유설(긍정설) 1493
계약준수의 원칙(pacta sunt servanda) 1546
계약준수의 원칙　1570
계획고권(Palnungshoheit) 914
계획법률 913
계획변경청구권 245
계획보장 242
계획보장청구권　238, 242, 243, 935, 936, 938, 939
계획보장청구권과 신뢰보호의 원칙 936
계획수범자(Planadressaten)　939
계획재량 883, 885, 891, 901, 908, 910, 913, 914, 919, 924, 926, 928, 930, 948
계획재량(계획상의 형성의 자유)　912
계획재량(계획재량처분)　913
계획재량의 하자(瑕疵)　928
계획재량이 인정되는 범위　915
계획존속청구권　243, 937, 944, 945
계획존속청구권과 부진정소급효 문제 945
계획준수청구권　946
계획집행청구권　243, 947
계획확정절차 929
계획확정절차의 하자(瑕疵)의 효과 929

고시 715, 807, 942, 1016, 1037, 1052, 1111, 1133, 1238, 1241
골트슈미트(Goldschmidt) 1852
공개정부(open government)　1714
공고　715
공공기관의정보공개에관한법률 469,　470, 856
공공단체 79, 80, 278, 288, 338, 339, 343, 344, 348, 349, 354, 373, 383, 1087, 1091, 1097, 1481, 1482, 1511, 1512
공공부조(öffentliche Fürsorge) 431
공공부조(公共扶助)에 의하여 받는 이익 431
공공시설법인 344
공공신탁 464
공공역무(le service public)　281
공공역무(public service) 280
공공용물 621
공공용물(公共用物)의 자유사용(공물의 일반사용) 394
공공조합 338, 339, 343, 386
공공조합(공법상 사단법인)　341
공공필요 638, 1661
공권 32, 43, 335, 350, 359, 360, 377, 379, 392, 394, 425, 430, 433, 434, 994
공권(公權) 350
공권·공의무의 특수성　335
공권·법률상 이익·법률상 보호이익(법적 보호이익)과의 관계 358
공권과 그 유사개념과의 구별 356
공권과 반사적 이익(Rechtsreflex)과의 구별 356
공권과 보호할 가치 있는 이익과의 구별 361
공권과 사권의 구별실익 381

공권력(öffentliche Gewalt)　281
공권력주체(Träger hoheitlicher Gewalt)　279
공권보호의 특수성　378
공권성립의 3요소　359
공권의 관념　350
공권의 성립요소　499
공급거부　1870
공매　1760
공무수탁사인　337, 338, 345, 346, 347, 965, 1522
공무원　7, 256, 264, 337, 377, 460, 553, 571, 631, 656, 966, 1010, 1011, 1217, 1302, 1303, 1327, 1381, 1824
공물의 시효취득　620, 622, 624
공물의 시효취득(Ersitzung)　618
공물의 일반사용　430, 432, 435, 439, 442, 446, 450, 455, 459, 463, 467, 475, 478, 481, 484, 485, 486, 487, 490
공백규정　975, 987, 989, 993, 1006
공법·사법일원론　275
공법관계　119, 198, 203, 254, 272, 273, 275, 282, 283, 284, 285, 288, 292, 295, 296, 297, 299, 335, 350, 423, 552, 566, 651, 1448, 1454, 1623, 1664, 1692, 1702, 1711
공법상 계약　132, 178, 257, 279, 350, 564, 651, 652, 655, 656, 657, 659, 957, 958, 960, 968, 1084, 1194, 1197, 1198, 1207, 1214, 1216, 1220, 1221, 1456, 1463, 1464, 1491, 1493, 1503, 1505, 1508, 1519, 1521, 1522, 1528, 1529, 1530, 1532, 1535, 1536, 1540, 1542, 1548, 1549, 1550, 1551, 1559, 1565, 1566, 1567, 1570, 1572
공법상 계약과 사법상 계약과의 구별　1452
공법상 계약과 행정계약　1459
공법상 계약과 행정사법과의 관계　1463, 1702
공법상 계약과 행정행위의 이동(異同)　1454
공법상 계약의 대상과 효력요건　1499
공법상 계약의 무효사유　1543
공법상 계약의 예　1481
공법상 계약의 적용범위　1530
공법상 계약의 허용성　1531
공법상 계약의 허용한계　1539
공법상 금전채권의 단기소멸시효　381
공법상 금전채권의 소멸시효　615
공법상 대리　1081, 1097
공법상 보조계약　1512
공법상 부당이득반환청구권　647
공법상 재단　344
공법상 특별권력관계의 특질　334
공법상 합동행위　656, 1592
공법상 협정　1592
공법상의 근무관계　567
공법상의 법률요건과 법률사실　609
공법상의 부당이득　645
공법상의 사무관리　611
공법상의 재단(Stiftung des öffentlichen Rechts)　344
공법상의권리관계에관한소송　378
공법적(公法的) 사실행위　632
공법행위　61, 257, 611, 645, 651, 653, 656, 657, 659, 660, 663, 665, 666, 667, 669, 671, 684, 952, 954, 957, 958, 959, 960, 968, 1022, 1056, 1091, 1100, 1111, 1253, 1449, 1526
공설화장장설치계획결정　949
공역무과실(faute de service public)　1830
공용수용　13, 185, 346, 1438, 1671, 1675,

1822
공용침해 143, 242, 638, 1673
공용폐지 620
공의무 385
공의무부담사인(Inpflichtnahme Privater) 345
공익(salus) 1570
공익재량 301, 441, 652, 982, 997, 1017, 1088
공익재량불심리원칙 975
공익재량불심리원칙의 배제 975
공익재량행위 975
공재단(공법상의 재단법인) 344
공정거래위원회 10
공정거래위원회규칙 704
공정력 88, 291, 292, 293, 299, 300, 302, 305, 308, 310, 312, 322, 326, 334, 375, 651, 659, 1242, 1243, 1245, 1256, 1258, 1260, 1273, 1284, 1338
공정력(Sellbstbezeugungskraft) 300
공정력(구성요건적 효력)과 민사소송 314
공정력(구성요건적 효력)과 형사소송 316
공정력(구성요건적 효력)과 형사소송 316
공정력(예선적 효력) 1243
공정력과 구성요건적 효력을 구분하는 견해 304, 314
공정력과 구속력과의 관계(차이) 302
공정력과 구속력의 관계 1245
공정력과 법적 안정성(법치국가원리) 308
공정력에 관련한 대법원 판례 1273
공정력의 한계 1253
공제설 16
공중목욕장사건 409
공중목욕장업허가 409
공증(Beurkundung) 1105
공증(公證)의 처분성을 부인한 판례 1109
공증(公證)의 처분성을 인정한 판례 1108
공청회 929, 1297
공표의 법적 근거와 한계 1867
공표제도 1867
과부연금사건(Witwen-Urtei) 202
과소보호금지 원칙 837
과실의 객관화 1654, 1830
과실책임의 원칙 661, 1236
과잉금지원칙(비례원칙) 1799
과잉금지의 원칙 174
과잉금지의 원칙과 목적의 정당성 143
과잉금지의 원칙의 구성요소 138
과잉급부금지의 원칙 144
과잉급부금지의 원칙(급부행정상의 비례원칙) 171
과잉제한금지의 원칙 144
과징금 1040, 1863, 1864, 1865, 1866
과태료 332
관념의 통지 1110
관리관계 203, 254, 272, 276, 277, 285, 291, 292, 293, 295, 297, 298, 299, 335, 552, 568, 1448, 1491
관리관계(단순고권적 관계) 292
관습법 94, 95, 99, 111, 114, 116, 120, 124, 362, 452, 1679, 1680
교육규칙 881
교육행정(학칙개정) 263
교통행정(운전면허철회) 263
교환계약(Austauschvertrag) 513, 1473, 1508, 1510, 1583

구성요건적 효력 303, 319, 1243, 1252, 1256
구속력 50, 93, 100, 102, 115, 121, 122,

128, 129, 130, 300, 303, 310, 334, 685, 700, 705, 783, 833, 853, 1242, 1245, 1273, 1593, 1657
구속력(기속력;Verbindlichkeit) 1242
구속력과 공정력의 차이  303
구속적 가치평가  999
구속적 계획(indikative Pläne;외부적 계획·규제계획) 907
구체적 규범통제  745, 769, 832
구체적 규범통제제도 745
구체화된 헌법으로서의 행정법  96
국가권위설  307, 1248
국가목적(Staatszweck) 28
국가배상법  81, 289, 315, 335, 376, 380, 387, 455, 635, 932, 956, 963, 1233, 1626, 1627, 1630, 1640, 1642, 1643, 1645, 1647, 1649, 1650, 1651, 1653, 1654, 1655, 1658
국가배상책임  460, 932, 935, 1019, 1873, 1874
국가승인설  115, 116
국가의무(Staatsaufgabe) 28
국가적 공의무  385
국가측의 금전채권  615
국고관계  272, 276, 280, 284, 285, 288, 293, 297, 299
국내법우위설  102
국민에 대한 직접효력설  637
국무총리행정심판위원회  469, 639, 752, 830, 1110, 1112, 1861
국민건강보험공단  343
국민기초생활보장법(舊생활보호법)  431
국민에 대한 직접효력설  637
국민의 행정입법요구권  678
국민측의 금전채권  615
국세청장의 훈령형식 816

국세행정의 관행(비과세관행)  213
국유잡종재산  624
국제법·국내법동위설  102, 706
국제법규(일반적으로 승인된 국제법규)  101
국제법우위설  102
국제조약(헌법에 의해 체결·공포된 조약)  100, 101
국회에 의한 통제제도  744
국회전속입법주의  26
국회전속적 법률사항의 위임금지  726
국회중심입법의 원칙(국회중심 입법주의)  710
권력관계  272, 277, 284, 290, 292
권력관계와 관리관계의 구별  292
권력설  277, 279
권력적 단독행위  960
권력적 사실행위  628, 629, 634, 641, 1616
권력적 사실행위설  1790
권력행위  652
권력행정유보설 26
권리설정  1085
권리설정행위  1083
권리행사의 저지(Ausübung des Rechts)  254
권리회복설  356, 359
권한부존재확인소송  446
권한유월(Ultra Vires)  1320
귀속설  278, 279, 1247, 1249, 1274
귀화허가(국적부여행위)  1179
규범구체화 행정규칙  814, 820
규범구체화규칙  820
규제적 행정지도  641, 1608
근거법률이 위헌결정을 받은 경우  1393

근대적 법치국가　172
근무규칙(행위통제규칙)　819
금반언(estoppel)　197
금반언의 원칙(Venire contra faktum proprium) 193, 197, 366, 367, 419, 440, 445, 1593, 1601, 1609, 1611, 1626
금융감독위원회규칙　704
금융실명거래및비밀보장에관한긴급재정경제명령위헌사건　78
금융통화위원회규칙　704
금전채권의 소멸시효의 특수성　379
금지명령소송(예방적 부작위소송)　372
금지법률　1579, 1581
금지소송　445
급부반환청구권 1587
급부유보설(사회유보설)　26
급부청구권　373
급부행정　8, 171, 293, 1690
기간 309, 614, 665
기간(term; Frist)　612
기간의 만료점(滿了點)　613
기관소송　1454
기관위임사무　859
기본관계(Grundverhältnis)　561
기본권설　209
기본적 법률행위(기본행위)와 인가의 효력관계　1091
기속력　97, 265, 266, 300, 442
기속재량　441, 982
기속재량과 자유재량의 구별 여부　986
기속재량행위(羈束裁量行爲)　975, 978, 982
기속재량행위와 사법심사 1017
기속행위 966, 976
기속행위와 부관　1169
기속행위와 재량행위의 이론적 구별의 상대성　981
기판력　1300
기한(Befristung)　320, 667, 981, 1127
기한부(期限附) 부작위하명　1179
긴급명령　100, 711
긴급재정경제명령　712, 717, 745, 777

■ ㄴ ■

남용 1010
내부관계(Inneres Verhältnis)　557
내부적 성립요건　1237
내부적 행위　578
내재적 한계설(권력분립설·사법한계설) 66, 67
내재적 한계이론　933
능동적 공권　374
능력규정　1280
능력설정행위　1086

■ ㄷ ■

다단계행정절차　972
다단계행정행위　972
단독행위　628, 653, 655, 656, 953
단순고권(schlicht hoheitlich)　295
단순고권적(schlichthoheitlich) 관계 293
단체소송　463
단체위임사무　859
당사자소송　629, 639, 640, 642
당사자쟁송　293
당사자적격　463
당연무효설　259
대가택 조사　1839
대가택강제　1816
대기환경보전법　698, 1748

대등계약 1508
대리 1097
대물적(對物的) 강제 1812
대물적 조사 1839
대물적 행정행위 971, 1290
대법원에 의한 명령·규칙의 위헌·위법심사제도 745
대순진리회 토지형질 변경 불허사건 214
대인적 조사 1839
대인적 행정행위 971
대인적(對人的) 강제 1810
대집행 169, 1101, 1753
대집행의 계고 1113
대집행의 주체 1733
대체가능성설 1004
대체적 작위의무 444, 1601, 1731
대통령령 18, 46, 289, 688, 698
대통령탄핵권 768
도시계획 900, 941
도시계획결정 900
독립 행정행위 1148
독립명령 695
독립쟁송가능성 1138
독립쟁송가능성(소송요건의 문제) 1197
독립적 사실행위 628
독립취소가능성 1138, 1197
독일에서의 의무이행소송 463
독일연방건설법(Bundesbaugesetz) 1479
독일연방행정절차법상의 철회 허용사유 241
독임제 10
독자성설 210
동의 659
동의권의 유보(Zustimmungsvorbehalt) 744

동의는 권리침해의 성립을 조각한다(volenti non fit iniuria) 566
동의를 요하는 행정행위 969
동의유보제도 741
동질성의 원칙(Homogenitätsprinzip) 860
등록 1105
띠톱판결(Bandsäge-Urteil) 456

▎ㄹ▎

라반트(P. Laband) 557
뢰벤슈타인(Karl Löwenstein) 34

▎ㅁ▎

면제 291, 355, 965
면제(Erlassung) 1080
명령권 569
명령적 행정행위 1020, 1043, 1066, 1082
명백성 보충요건설에 따른 판례 1415
명백성보충요건설 1281
명확성의 헌법 제37조 제2항과의 관계 722
명확성조항(Bestimmtheitsklausel) 754
모법(母法)없는 사법시험령 697
모법(母法)에 근거가 없는 집행명령 696
목저설 17
무장공비출현사태시(김신조사건) 1019
무하자재량행사청구권 32, 431, 492, 1018
무하자재량행사청구권에 의한 취소소송과 실체적 권리의 침해를 이유로 한 취소소송과의 차이 442
무효등확인소송 1338
무효인 행정행위 1272
무효인 공법상 계약 1562
무효인 부관과 본래의 행정행위(本行政行爲)

의 효력　1192
무효인 행정처분의 취소권1322
무효인 행정행위　323
무효인 행정행위와 공정력1253
무효인 행정행위의 전환　1305
무효인　행정행위의　전환(Konversion, Umdeutung)　1305
문서열람권　1719
물리적 사실행위　628, 633
물적 불능 1332
미국 독립선언　16
미망인연금(Witwenrente) 202
민간위탁 1514
민법상의 일부취소　1386
민사소송 입증책임분배설 313
민주주의명령(Demokratiegebot)787
민중적 관습법　119

# ㅂ

바호프(Bachof) 506
바호프(O. Bachof)　996
박권행위　1087
반사적 이익　356, 364, 389, 391, 392
반사적 이익의 공권화　426
반사적 이익의 법적 이익화(공권화) 427
반사적 이익의 보호이익화 이론　458
방법의 적정성에 대한 판단　163
방조제관리법　1821
범칙금(犯則金) 332, 333, 1861
법규명령　751, 853, 962
법규명령 및 행정규칙의 소급적 변경의 금지 246
법규명령 및 행정규칙의 소급적 변경의 금지(행정입법의 변경금지)　246

법규명령 자체에 대한 사법적 통제　745
법규명령 형식의 행정규칙　　846
법규명령(Rechtsverordnung)　104, 684
법규명령(행정입법)에 대한 통제　737
법규명령과 행정규칙의 구별기준　846
법규명령과 행정규칙의 차이　841, 853
법규명령에 대한 위헌위법심사 744
법규명령에 대한 헌법소원(憲法訴願)770
법규명령의 근거(根據)　711
법규명령의 한계　717
법규명령의 형식을 취하는 행정규칙의 법적 성질 798
법규명령형식의 행정규칙 850
법규범설(메르켈:Merkel)　327
법규설　93, 279
법규유보(Vorbehalt des Gesetzes)　18
법규재량설　987
법규적 내용을 가지는 행정규칙(행정규칙형식의 법규명령) 803
법단계설　274
법령보충규칙 813
법령보충적 행정규칙803, 854
법령의 범위안에서의 법해석학적 의미 864
법률대위규칙(법률대체규칙)　820
법률대위명령　688, 700, 707
법률로부터 자유로운 행정　483, 508
법률사실 609, 611, 1056
법률상 보호이익　360, 397, 1643
법률상 보호이익설　359
법률상 실현불능(rechtliche Unmöglichkeit) 1332
법률상 이익　1642
법률상 이익구제설　427
법률요건(Verwaltungsrechtserhebliche

Tatsache) 609
법률요건충족부관 1160, 1170
법률요건충족적 부관 1560
법률우위의 원칙(Vorrang des Gesetzes) 605
법률우위의 원칙 110
법률유보(Gesetzesvorbahalt) 18, 300, 555, 842
법률유보의 원칙 110
법률의 근거 없는 공법상 계약의 성립 가능성 1492
법률의 유보 24, 573
법률의 합헌성 추정 1574
법률종속명령 687, 695, 776
법률종속명령(法律從屬命令) 690
법률행위(Rechtsakt) 1613
법률행위적 행정행위 952, 953, 958, 959, 966, 1043
법률효과의 일부배제 1121, 1122, 1150, 1152
법문언기준설 995
법실증주의적 헌법관 351
법에 구속된 재량[rechtlich gebundenes Ermessen] 524
법으로부터 자유로운 행정영역 555
법의 비파기성(比破棄性) 206
법의 예측가능성 206
법의 일반원칙 125
법원(source of law; Rechtsquelle) 92
밥적 구속력(legal binding force) 121
법적 보호이익 358, 397
법적 안정성설 206, 208
법적 재량(judicial discretion) 984
법적 확신설 115, 116
법적으로 구속받는 재량 549

법적으로 보호할 가치가 있는 이익 362
법적합성(法適合性) 962
법전개의 불변성 206
법정부관 1123, 1179, 1443
법정부관의 통제·한계 1123
법정책론적(사실적) 입장 72
법존속력(Rechtsbeständigkeit) 326
(법)집행적 사실행위 628
법치국가원칙 및 법적 안정성설 205
법치행정 1624
법치행정의 원리와 공법상계약 1494
법해석론적(이론적) 입장 72
베르너(Fritz Werner) 96
변경유보(Änderungsvorbehalt) 759
변경유보(變更留保), 744
별정우체국장 346
보고서 715
보세구역의 설영특허 1082
보조기관 10
보조기관인 담당공무원의 공적인 견해표명 215
보존재산 625
보충성의 원리 225
보통법 47, 48, 98, 126
보호가치 있는 이익 구제설에 대한 비판적 견해 362
보호가치 있는 이익구제설 360
보호가치(schutzwürdig) 218
보호가치가 없는 경우 219
보호규범(Schutznorm) 460
복위임금지(複委任禁止)의 법리 676
복효적 행정행위 431, 971
복효적 행정행위(이중효과적 행정행위, 복합적 행정행위) 1027
복효적 행정행위에 있어서의 강제집행

1039
복효적 행정행위와 제3자의 행정규제요구 670
복효적 행정행위의 직권취소　1041
복효적 행정행위의 철회　1039
복효적 행정행위의 철회에 있어서의 이익형량(Interessenabwägung)　1035
복효적 행정행위의 취소판결　1036
복효적 행정행위의 특색　1033
복효적(復效的) 행정행위　1027
본안판결　1018
본질성유보설　1540
봉급청구권　377
부과금　1748
부관　　　1122, 1130, 1202
부담(Auflage)　1132, 1202
부담의 독자성(Selbständigkeit) 1138
부담의 불이행　1146
부담적 행정행위　　971, 1020
부담적 행정행위의 철회자유 및 그 예외 1429
부담적 행정행위의 특색　1020
부담적(침익적) 행정행위　1044
부당결부금지의 원칙 혹은 실질적 관련의 법리　487
부당결부금지의 원칙125, 177, 182, 1628
부당결부금지의 원칙(Koppelungsverbot) 173, 176
부당결부금지의 원칙(Koppelungsverbot; 혹은 실질적 관련의 법리)　177
부당이득세　　1867
부령 688, 701, 705
부령형식으로 정해진 제재적 처분기준 850
부작위　　890, 1020, 1100

부작위위법확인소송　443, 519
부종계약(附從契約)　1527
부진정대통령제(unechtes Präsidialsystem) 744
부진정(不眞正)일부취소쟁송　　1198
부진정소급효　247, 249, 250, 253
부진정소급효의 입법　　247
부진정일부취소쟁송　　1198
부합계약　1526
불가변력　325, 326, 1021, 1242
불가변력(不可變力)　326
불가변력(실질적 확정력)　1264
불가변력(실질적 확정력; 실질적 존속력) 325
불가변력과 공정력과의 관계　330
불가변력설(헤른리트: Herrnitt) 327
불가분조항: Junktim-Klausel　1673
불가쟁력　321, 322, 1041, 1262, 1267
불가쟁력(Unanfechtbarkeit)　322
불가쟁력(형식적 확정력)　320
불가쟁력과 불가변력의 이동(異同) 및 관계 1267
불가쟁력이 발생한 위법한 처분에 대한 국가배상청구소송　1263
불대등관계에서의 공법상 계약의 성립을 부정하는 학설　1491
불법(不法)에 있어서의 평등대우　257
불법에 있어서의 평등　128
불요식행위　970
불이익변경금지의 원칙　1620
불특정행위명령판결(Bescheidungsklage) 524
불확정 법개념 996
불확정개념　996
불확정기한　1128

빌(Whyl) 원자력 판결　814
빌러(Bühler)　363
빌러(O. Bühler)394
비공식적 행정작용　1532, 1598, 1599
비권력적 사실행위　628, 630
비권력행위　652
비대체적 결정　998
비례원칙위반과 관련한 대법원 판례 514
비례의 원칙　25, 132, 1624
비례의 원칙(Verhältniskeitsprinzip)　934
비례의 원칙은 헌법상의 원칙(헌법원칙) 166
비법규명령　696
비상명령　688
비양심성(Unconscionability)의 법리 1551
비진의(非眞意) 의사표시　1549
비채변제 649

# ㅅ

사권형성적 행정행위　　1382
사기·강박·증수뢰 증수뢰 등에 의한 행위 1331
사도(私道)폐지허가처분　1030
사무관리 645
사무관리규정　700
사법(부)자제설 63
사법관계　277
사법관계형성적 효력을 가지는 행정행위 1033
사법국가주의　336
사법부자제설　65
사법부자제설과 권력분립설의 구별　63
사법상 계약　1453
사법상 계약설(국가수용권설의 입장) 1522

사법자제설　　44, 63
사법적 공행정 1695
사법적 사실행위　632
사법형성적 행정행위　1382
사실상 공무원이론　1316
사실상 이해관계설　439
사실상의 실현불능　1331
사실통지 628
사실행위 172, 446, 627
사실행위(Realakt)　1613
사실행위에 대한 당사자소송　642
사실행위에 대한 당사자소송의 형태 643
사실행위와 국가보상　635
사실행위와 법률행위와의 구별　627
사실행위와 행정쟁송　639
사익보호(Individualinteresse)　537
사익보호성　364, 441
사익보호성(법률상 이익의 존재)　480
사인의 공법행위　653
사인의 공법행위의 대리　663
사인의 공법행위의 효력발생 시기　664
사인의 준법률행위　628
사전적 규범통제제도773
사정변경 78, 169, 1422
사정재결 328, 1287
사정판결 170, 1344
사정판결·사정재결에 있어서의 비례원칙 170
사회국가(복지국가)　172
사회국가원리설 208
사회국가원리설　208
사회유보설　1615
사회적 법치국가(sozialer Rechtsstaat)　7
사회적 법치국가와 신뢰보호의 원칙 1365
사후부관 1181, 1187, 1189

사후적 부담(負擔)의 가중제한(加重制限) 242
사후적 부담의 가중제한 242
상당성의 원칙 133, 143
상당성의 원칙에 위반되어 위법하다고 본 사례 156
상당인과관계(Adäquanz) 1685
상당인과관계설(Adäquanztheorie) 222
상당한 기간 1871
상대적 기본권 574
상대적 본질내용론 934
상대적 이원론 276
상대적 통치행위 74
상위법령 807
생활관계설 280
생활보상 933
선거관리위원회 31
선결문제 78, 315, 1258, 1413
선결문제(Vorfrage) 1255
선결문제로서의 구체적 규범통제 746
선결적 특권 308
선례구속성의 원리 121
선택재량 917, 981
선행조치의 존재(공적 견해표명) 214
선행행위에 반하는 후행조치 224
선행행위의무(先行行爲義務) 1764
설권행위 1087
성문법원 96, 120
소극적 공권 372
소급입법 금지의 원칙 249
소급입법의 금지의 원칙 249
소득세원천징수의무자 346
소멸(Erledigung) 254
소멸시효 615, 626
소멸시효 완성의 항변 617

소방행정상 즉시강제 1821
소송법적 확정력설(O. Mayer) 327
소송요건 462
소청심사위원회 10
손실보상(損失補償) 635
손실보상청구권 378, 636
송달 1111
수권법(Ermächtigungsgestz) 727
수권법률(授權法律)에 대한 사법적 통제 737
수권사인 338
수리(Annahme) 1114
수리거절(각하:Zurückweisung) 1117
수리를 요하는 신고에 관한 판례 1061
수리를 요하지 않는 신고에 관한 판례 1059
수리행위 668
수용유사침해 1823
수용유사침해설(유추적용설) 638
수용유사침해이론 933, 1664
수용적 침해에 대한 보상 1823
수용적 침해이론 1678
수익권 373
수익적 행정행위 235, 971, 1022, 1178, 1723, 1867, 1871, 1872, 1873, 1874
수익적 행정행위의 철회 169
수익적 행정행위의 취소제한 1368
수익적(收益的) 행정행위 1022
수인기대가능성(최적화 명령) 153
수임행정기관 816
수자원관리법 1668
수자원관리법(Wasserhaushaltsgesetz) 1666
수정부담 1149
수정부담에 대한 오늘날의 독일에서의 견해

1149
수정인가 670, 1091
순수법학(reine Rechtslehre)  274
승낙 659
시기부행정행위  1127
시민소송(citizen suit)  463
시민소송(市民訴訟 :citizen suit)  463
시원적·고유의 행정주체  339
시효완성의 효력  617
시효이익의 원용  617
시효제도 625
신고 614, 1855
신고유보부금지(申告留保附禁止)  1057
신고유보부금지의 해제(허가)와 隣人보호 1059
신뢰보호(信賴保護)의 원칙  187,  188, 634, 1008, 1620
신뢰보호원칙 적용의 일반적 요건  211
신뢰보호원칙의 적용영역 230
신뢰보호의 원칙과 입증책임  265
신뢰보호의 원칙이 적용되기 위한 요건 211
신뢰보호의 한계(신뢰보호의 기속력 배제) 265
신법우선의 원칙  103, 707
신의성실의 원칙  197, 202, 224, 1224, 1623
신의칙설 128
신주체설(modifizierte Subjektsthorie) 279
신청 659
신청을 요하는 행정행위 969
신침해유보설  25, 1614
실권(Verwirkung)  204, 253
실권(취소권의 저지)의 법리  253

실질설  16
실질적 기준설 1700
실질적 법치주의  563, 652
실질적 불능  1332
실질적 의미의 법규명령  815
실질적 의미의 법률 99
실질적 의미의 사법(행정심판)  30
실질적 의미의 입법(법규명령의 제정) 30
실질적 의미의 입법; 실질설  710
실질적 의미의 행정 16, 17
실질적 의미의 행정  31
실질적인 관련(sachliche Zusammenhang) 177
실체법상 개념설  955
심리적(審理的) 재량개념  996
쌍무계약 1522
쌍방적 행정행위(협력을 요하는 행정행위) 567, 653, 655, 656968
쌍방적 행정행위와 쌍방행위(공법상 계약)와 의 구별  656
쌍방적 행정행위의 요건 659
쌍방행위(공법상 계약)  628, 968, 969

▌ㅇ▌

아바티스타 사건  989
압날(押捺)1107
압류가 금지되는 경우  377
압류가 제한되는 경우  377
야시집행(略式執行)·즉결절차  1778
약정(arrangement)  100
양도소득세부과처분취소  849
양태설  17
업무수행관계(Betriebsverhältnis)  561
엘리네크(W. Jellinek)  1280

여객자동차운수사업법　1040, 1864, 1865
연방규제위원회의 행정법령안 제출제도 766
연방의회(Bundestag)　760
연방의회의 협력권(Mitwirkungsrecht) 757
연방참사원(Bundesart)　760
연방참사원의 명령안 제출제도 760
연방통상법원　1664
열기주의　648
영(零)으로의 재량권수축이론　458
영미법상 금반언의 법리　193
영조물규칙　820, 826
영조물법인(정부투자법인·지방공사 및 지방공단)　338. 342, 344
예규　116, 705, 807, 854
예방적 금지(präventives Verbot)　1049
예방적 부작위소송(예방적 금지소송) 372, 445, 446
예선적 특권(privilége du préalable) 308, 1368
예선적 특권설 1249
예선적 효력　300, 1243, 1273
예선적 효력설　306
예외적 허가(Ausnahmebewilligung) 1052
예정공물　621
예측결정　999
옐리네크(G. Jellinek)　351, 372
옐리네크(W. Jellinek)　394
옐리네크(W. Jellinek)의 위험한계론 549
오토 마이어(Otto Mayer) 82, 305
옴부즈만제도　12
완전시효취득설 622
요건재량　916

요건재량설　980, 987, 989, 993, 997, 1006
요건재량설에 입각한 판례　989
요식행위　970, 1102, 1104, 1111, 1302
우편신고　614
울레(Ule)의 대체가능성설(타당성이론) 1004
울레(C. H. Ule)의 특별권력관계수정설 586
위법한 부관(附款)만의 취소를 구하는 취소소송 1128
위법한 수익적 행정행위의 존속성　206
위법한 수익적 행정행위의 취소제한 231
위법한 행정행위의 취소　1369
위임 및 위탁의 효과1517
위임명령(보충명령)　105, 690, 692, 695, 711
위임명령의 형식으로 규정할 수 있는 사항 718
위임명령의 근거　711
위임명령의 한계　718
위임명령의 한계 및 기준 725
위임명령의 허용성　721
위임의 종류　1513
위임입법권의 재위임(협의의 재위임)728
위임입법의 내용에 있어서의 헌법적 한계 719
위임입법의 내용적 한계　727
위임입법의 필요성　730
위임입법의 한계와 법치주의　735
위해(Gefahr)　458
위해방지(Gefahrenabwehr)　1777
위헌무효설　636
위헌무효설(입법자에 대한 직접효력설) 638
유도행정(Lenkungsverwaltung)293, 1705
유추적용설　638, 1662

의무에 합당한 재량 1160
의무에 합당한 재량 440, 455, 1019, 1160
의무에 합당한 재량행사 524
의무이행소송 463, 522, 543, 1130
의무이행심판(義務履行審判) 442, 521, 541
의사능력(Willensfähigkeit) 661, 663, 1236, 1323
의사의 흠결·흠(하자)있는 의사표시의 효과 665
의사이론(Willenstheorie) 1194
의사통지 628
의원내각제 정부에서의 행정입법통제 753
의회감사원(the Accountability Office: GAO) 766
의회거부권제도(legislative veto) 763
의회명령(Legislativeverordnung) 769
의회심사법 741
의회심사제(the Congressional Review) 765
의회에 의한 통제 738
의회유보(Parlamentsvorbehalt) 26, 594, 869
의회유보의 원칙 26, 1540
이웃소송(인인소송 : Nachbarklage) 365
이원석 법권본 789
이익교량설 227, 1398, 1576
이익교량설(이익형량설) 1397, 1545
이익설(목적설) 280
이익형량(Intcrcsscnabwägung) 919, 921, 922, 923, 925
이익형량의 불비례 923
이익형량의 원칙(Abwägungsdogmatik) 485, 921
이익형량의 흠결(Abwägungsdifizit) 922

이중기준의 원칙 63
이행강제금 1291, 1748, 1750
이행소송(Leistungsklage) 464
이행소송의 종류 1552
인·허가 의제(擬制) 903
인가(Genehmigung) 1087, 1098
인식근거 92
인신보호영장제 1804
인인(隣人)보호(Nachbarschutz) 365
인인소송(隣人訴訟: Nachbarklage) 414
인적 불능 1332
일반권력관계 552
일반권력관계의 특질 300
일반적 법률유보에 의한 기본권제한의 규범적 한계와 명확성의 원칙 720
일반처분 961, 971, 1645
일반행정질서벌 1860
일본국 영주권 취득자 사건 216
일본행정절차법(행정수속법) 1595
일신전속권 376
일원화·통합화현상(Verfassungsmonismus) 33
일일명령 715, 822
일탈 1010
입법권자에 대한 한계와 법규명령 제정자에 대한 한계 719
입법지침설(입법방침규정설) 636
입센(Ipsen) 198
입증책임분배설 1254

【 ㅈ 】
자갈채취사건결정(Naßauskiesungbeschluß) 1665, 1675
자기책임설 1830
자기확인설 305, 1246, 1247

자력집행권　375
자력집행력(Vollstreckbarkeit)　333, 1268
자문기관　10
자살방조　1568
자연적 정의(natural justice)　465
자유(공익)재량 불관여(불심리)의 원칙　1017
자유(공익)재량행위와 사법심사　1017
자유권　372
자유재량　441
자유재량행위(freies Ermessen)　983
자유재량행위(freies Ermessen: 공익재량행위)　983
(자유)재량행위설　69
자유주의(Liberalismus)　16
자의금지(恣意禁止: Willkürverbot)　487
자의적 심사기준(arbitary and capricious standard)　763
자치법규　18, 108
자치입법　858
자치입법권　807
자치입법의 종류　858
자치행정　79, 340
작량감경기준　1025
잠재적 장애상황(latente Störung)　1795
잡종재산　621, 624
장애제거(Beseitigung der Störung)　1777
재결청　442, 1197
재량과 판단여지를 구별하는 입장　1002
재량권의 남용(Ermessensmißbrauch)　1011
재량권의 남용(濫用:Ermessensmißbrauch)　487
재량권의 불행사 또는 해태(懈怠)　1015
재량권의 불행사(Ermessensnichtgebrauch)　1015
재량권의 수축이론　1019
재량권의 영(Null)으로의 수축이론　1019
재량권의 유월(踰越)·일탈(逸脫)　511
재량권의 일탈　901, 1018
재량권의 일탈·남용에 관한 판례　517
재량권의 한계　127, 168, 1013, 1180
재량권의 해태(Ermessensunterschreitung)　1015
재량권이 零으로 수축되는 경우　435
재량수권규범　437
재량의 남용(Ermessensmißbrauch)　512
재량의 일탈·남용 여부에 대한 판단의 기준시점(판례)　1016
재량의 일탈·유월(재량의 외재적 하자)　1010
재량준칙　129
재량통제　1016
재량하자　1006
재량하자(裁量瑕疵)　510
재량하자이론이 미친 영향　1008
재량하자(위법재량)의 유형　1010
재량하자의 입증책임　1010
재량한계의 유형　1008
재량행위　432, 440, 967, 977, 983
재량행위(裁量行爲)　478, 967
재량행위설　55, 69, 1088
재량행위에 대한 국민의 권리　168
재량행위에 대한 사법심사의 가능성　1002
재량행위에 부관을 붙일 수 있다는 판례　1173
재심사설　259, 261
재심사의 소극적 요건　260, 324
재심사청구제도　260, 261, 324, 325
재위임　808

재처분의무　444
재처분의무와 간접강제　443
쟁송법적 개념설　1639
쟁송취소　1344, 1345
쟁송취소의 취소권자　1349
적극적 공권　373
적법성의 추정　305, 1246
적법한 非授益的 행정행위　241
적법한 수익적 행정행위(ein rechtsmäßiger begünstigender Verwaltungsakt)　241
적법한 수익적 행정행위의 철회　198, 238
적법한 수익적 행정행위의 철회제한　239
적용우위(Anwendungsvorrang)　99
적정절차(due process)　465
적합성의 원칙　142
전부유보설　25, 26, 1613
전자신고　614
전통적인 특별권력관계 긍정설의 입장　594
전환규범(umschaltnorm)　131
절대적 금지　1100
절대적 기본권　574
절대적 본질내용론　934
절대적 이원론(초실정법적 절대적 구별로 보는 견해)　275
절대적 통치행위　72
절차권(Verfahrensrecht)　434
절차법적 공정력설　306, 1246
절차상의 하자　467
절차하자설　1319
정당방위(正當防衛)　1826
정보공개청구권(문서열람청구권)　427, 468

정보공개청구불응에 대한 구제　469
정보자유법(Freedom of Information Act, 1966)　1715
정부투자기관　343
정상참작위반　1014
정신적 사실행위　628, 633
제3자고려명령(Rücksichtnahmegebot)　366, 367
제3자보호(Drittschutz : 제3자보호규범)　365
제3자에 대한 법적 규제로부터 얻는 이익　396
제3자취소쟁송　925
제3자취소쟁송의 구조　1029
제3자효를 수반하는 행정행위에 대한 행정심판 청구의 인용재결에 대한 재결취소의 소익(訴益): 재결취소소송의 인정여부　1035
제에즈(Jèze)　1276
제재력(행정벌)　331
제재적 재량처분　801
제재적 행정처분　1015
제재처분 효과의 승계　388
제재처분의 효과의 승계　388
제척기간　625, 626
제척기간(limitation; Ausschlußfrist)　625
조건과 기한의 구별　1128
조건과 부담의 구별　1135
조건부행정행위　1124
조선설과 상당인과판계설의 차이　223
조례무효확인　748
조례에 의한 과태료　1856
조례에 의한 과태료의 과벌절차　1861
조례와 규칙 사이의 효력의 우열(優劣)문제　880

조례제정권의 근거　　861
조례제정권의 법적 성격　　861
조례제정권의 한계　110, 871
조례제정권의 한계(자치입법권의 한계) 871
조리(Natur der Sache)　124, 1008, 1541, 1623
조리에 의한 공권성립 가능성여부　418
조성적 계획(influenzierende Planung) 938
조성적 행정지도　1620
조세개세주의(國民皆稅主義)　1495
조세기본법(Abgabenordnung)　1496
조세법규 위임의 한계　730
조세법규의 위임범위 731
조세법률주의　678
조세법률주의와 위임입법의 한계　730
조세행정과 공법상 계약의 허용성　1477
조약 및 국제법규의 행정법의 법원성 101
조정적 행정지도　　641, 1609
조직과실　　1830, 1831
조직규칙(organisatorische Vorschriften) 818
존속기간·갱신기간　1131
존속력(Bestandskraft:확정력)　257, 320, 1260, 1261
종교회관건축허가　188
종기(終期) 도래(到來)의 효과　1130
종기부행정행위 1127
종속계약　　1508, 1552
종속적 화해계약　1557
죄형법정주의와 위임명령의 한계　732
주관적 공권　351
주관적 공권의 체계(System der subjektiven öffentlichen Rechte)　425
주관적 재량(subjektive discretion)　984
주관적인 규범인식　221
주민참가　468
주소　644
주체설(Subjektstheorie)　278
주체하자설　1319
준법규설　784, 785, 786, 789
준법률행위적 행정행위　952, 953, 959, 1100
준법률행위적 행정행위에 있어서의 부관가능성 1162
준법률행위적(準法律行爲的) 행정행위 1100
준사법적 행정행위　1266
준행정행위　1100
중간설　1792
중대명백설　1280, 1281
중대한 공익상의 필요가 있는 경우　1390
중대한 과실(grober Fahrlässigkeit)　219
중대한 과실(grobes Verschulden)　260, 324
중앙노동위원회규칙　704
중앙선거관리위원회규칙　703
중앙토지수용위원회　10
중요사항유보설　1615
중요사항유보설(Wesentlichkeitstheorie) 574
중요사항유보설(본질유보설)　26, 1540
중요성 판단기준설(중요성기준설)　1212
즉결절차(summaryaction) 1778
즉시집행　1776, 1781
증표　1841
지도원리(Leitprinzip)　1778
지령소송(Bescheidngsklage: 적법재량행사소

송) 449
지령소송(Bescheidungsklage)·집행소송(Vornahmeklage) 449
지방공단 342
지방공사 342
지방자치단체 규칙 877
지방자치단체 340
지방자치단체의長 선거불공정위헌사건 78
지방자치단체조합 341
지방적·민중적 관습법 119
지시(Anweisung) 557
지위이론(Zustand-Statuslehre) 351
직권취소 328, 652, 1344, 1345, 1366
직권취소에 무효원인이 있는 하자가 존재하는 경우 1406
직권취소에 취소원인이 있는 하자가 존재하는 경우 1406
직권취소의 취소권자 1348
직무행위 455, 636, 1831
직접강제(Unmittelbare Zwang) 1751
직접강제의 법적 근거 1751
직접강제의 절차적 문제점 1754
직접시행 1764, 1777, 1781
직접적 효력설 828
직접효력설 638, 1823
진술거부권 1844
진정(眞正)일부취소쟁송 1197
진정소급효 247, 249
진정소급효의 입법 249
진정일부취소쟁송 1198
질서(경찰)비례원칙 170
집행기관 10
집행력(강제력) 956, 1242, 1267, 1268
집행명령(Ausführungsverordnung) 693, 711
집행명령(직권명령) 693
집행명령의 근거 711, 843
집행명령의 한계 736
집행벌(이행강제금) 1730, 1746, 1747, 1748
집행벌로서의 과태료 332
집행부 1803
집행부정시(執行不停止)의 원칙 309
집행소송(Vornahmeklage: 특정행위명령소송) 449
징계벌 1850
징계벌로서의 과태료 332

## ┃ㅊ┃

차다(Chadha) 판결 764
착오에 의한 의사표시와 표시주의 1329
착한 사마리아인 1550
참정권(능동적 공권) 374, 1715
채시라 모델료사건 215
책임능력 1857
처벌규정의 위임문제 733
처분적 규칙 774
처분적 법률(Maßnahmegesetz) 769
처분적 조례 870
처분적 조례에 대한 행정소송 876
처분청 1010, 1824
철회가 제한되는 경우 1423
철회권(취소권)의 유보(Widerrufsvorbehalt) 1152
철회권의 유보 241, 1122
철회권의 한계 169
철회의 한계 1156
철회자유설 1424
철회제한설(철회제한의 원칙) 1425
청구권능부여성 370

청문 423, 714
체납처분 1296, 1332
초일불산입의 원칙 613
촉구·지시의 행정처분성 1597
촉탁·승낙에 의한 살인 1568
총리령 우위설 702
총리령·부령 701
총리령과 부령의 우열관계 702
최대화 명령 145
최소침해의 원칙 149
취득시효 615
취소·철회의 부자유성 1022
취소권 1411, 1427, 1428
취소권의 한계 169
취소소송 169, 442, 1286
취소의 소급효 1396
취소처분 168, 1761
취소할 수 있는 행정행위 1272, 1341
침익적 행정행위 641, 1022
침해유보설 25, 1026, 1613

■ ㅋ ■
콘라트 헷세(K. Hesse)의 특수신분관계론 587
크로이쯔베르크 판결 148

■ ㅌ ■
타자(他者)를 위한 행위 1097
타자(他者)에 대한 행정청의 행위로 인한 제3자의 이익 430
토마(R. Thoma) 557
토지형질변경 188
통고처분 329, 1858
통모(通謀)허위표시 1549
통정허위 의사표시 1548

통제적 허가(Kontrollerlaubnis) 1048, 1052
통지 1238
통지(通知) 1110
통지의 처분성 1112
통치행위 42
통치행위 인정근거에 관한 제학설 63
통치행위의 적법성통제 77
통치행위의 한계 75
특별권력관계 552, 553, 554, 581
특별권력관계부정설 563
특별권력관계수정설 560
특별권력관계수정설(내부·외부관계수정설) 560
특별권력관계에 있어서의 기본권 보장 605
특별권력관계와 법치주의 572
특별권력관계와 사법심사(행정소송; 사법적 구제) 576
특별명령(Sonderverordnung: 특별권력관계상의 행정규칙) 559, 786, 821
특별명령(법규)설 786
특별명령설 821
특별법우선의 원칙 98, 707
특별희생설 821
특수법인 343
특수신분관계론 587
특정행위명령판결(Vornahmeurteil) 524
특허(Verleihung) 291, 374, 1082, 1098

■ ㅍ ■
판단여지 481, 996, 998, 1003
판단여지설(Beurteilungsspielraumtheorie) 996
판단여지와 재량행위 996
판례법(case law) 94, 120, 121

판례법의 (행정법)법원성  122
판례의 추정적 구속력  122
판단여지가 인정되는 경우  998
판유리사건  925
평등원칙설  128, 210
평등원칙위반  1013
평등원칙위반을 인정한 판례  1013
평등의 원칙  143, 210, 1013, 1626
폐지유보(廢止留保)  744
포괄위임금지의 원칙  842, 843
포괄위임금지의 원칙의 예외(포괄위임의 허용성)  861
포괄적 법률관계설정행위(법적 지위를 설정하는 행위)  1087
포괄적 신분관계설정행위  1379
포괄적 위임금지  723
포괄적 위임조례의 허용  869
포기성의 제한  377
포르스트호프(E. Forsthoff)  171, 820
포섭(subsumption)  919, 974, 988
표현대리(表見代理)  1317
프로이센(Preußen) 고등행정법원  148
플라이너(F. Fleiner)  394, 425, 557, 1691
푸른천사(Blauer Engel)  1596
피고책임설  1254
피성년후견인(금치산자)  1324
피성년후견인의 법률행위  1324
피침해규범표준설  1852
피한성후견인(한성지산자) 1325
피해의 최소성 및 법익의 균형성  164
필요성(소극목적에 의한 한계) 1796
필요성의 원칙  142, 150, 187, 446
필요성의 원칙을 입법화한 사례  150

**ㅎ**

하명(Befehl)  291, 609, 1044
하명권  354
하자 있는 법규명령에 따른 행정행위의 효과  717
하자로부터 독립된 법적 실효성」  303
하자의 승세  1284, 1285, 1288, 1290
하자의 치유  1302, 1303, 1304, 1372
하자있는 의사표시  666
명확성의 원칙  718
한계영역(Gränzfall)  1004
한국방송공사  343
한시적 법률(Zeitgesetz)  770
합동행위  628, 657
합성적 행정처분이론  1769
합성행위  628
합성행위설  1789
합의(동의)는 불법을 구성하지 않는다  1533
합의제  10
항고소송(Anfechtungsklage)  290, 576
해제조건  1126
해제조건부 부작위하명  1179
해제조건부행정행위(Verwaltungsakt der auflösenden Bedingung)  1136
행위능력(Gescheftsfähigkeit)  662
행위재량설  992
행위지도규칙  819
행정강제제도(行政强制制度)  1724
행정강제집행법  1784
행정개입청구권  364, 379, 424, 451
행정개입청구권(Anspruch auf behördliches Einschreiten)  453
행정개입청구권(行政介入請求權)  419

행정개입청구권(제3자)　424
행정개입청구권의 적용영역　460
행정권의 법규범　673
행정권한의위임및위탁에관한규정　1515
행정계약　1450
행정계획　630, 651, 882, 887, 889
행정계획과 법치행정의 원리　908
행정계획에 대한 권리구제 931
행정계획에 의한 손실　933
행정계획의 종류　905
행정계획의 처분성 인정문제　948
행정계획의 기능　891
행정계획의 집중효　903
행정계획해제청구권　939
행정과정(절차)참여권　465
행정과정참여권(행정절차참여권)　465
행정관습법　111
행정구제　11, 80
행정구제법　8, 11
행정권의 법제정행위　673
행정규정　108
행정규제기본법　705
행정규칙　780
행정규칙(Verwaltungsvorschrift)　108, 557, 853
행정규칙과 하명의 동위성　784
행정규칙설　800
행정규칙에 대한 통제　830
행정규칙위반의 효과 784
행정규칙의 발효요건 825
행정규칙의 법규명령성 인정여부　705
행정규칙의 법규성 시비(是非)　783
행정규칙의 법규성을 부인한 대법원판례 789
행정규칙의 법규성을 인정한 대법원 판례 793
행정규칙의 종류　818
행정규칙의 한계　823
행정기관　8
행정기관의 권한외(무권한·권한유월)의 행위　1320
행정기관의 선행조치의 존재(공적인 견해표명)　211
행정기관의 종류　9
행정내규　108
행정대집행(Ersatzvornahme)　1730
행정명령(Verwaltungsverordnung)　108
행정벌　332, 375, 1046, 1850, 1853
행정벌의 근거　1853
행정법 법원의 종류 96
행정법관계에서의 사인의 지위 423
행정법관계의 종류 1700
행정법관계의 당사자　337
행정법관계의 당사자(當事者)　337
행정법관계의 특질(특수성)　299
행정법규불소급의 원칙　248
행정법규의 규정형식의 특수성 84
행정법령진실법률(the Truth in Regulating Act) 767
행정법상 확약 256
행정법은 헌법의 구체화(Verwaltungsrecht als konkretisiertes Verfassungsrecht) 83
행정사무의 위탁(委託)　1514
행정사법(Verwaltungsprivatrecht)　1686
행정사법(行政私法) 1686
행정사법의 공법적 기속(羈束) 1708
행정사실행위(Verwaltungsrealakt)　627
행정상 강제징수에 대한 구제(救濟) 1762

행정상 강제집행(强制執行)　1727
행정상 강제징수　1755
행정상 법률관계　271
행정상 법률관계의 원인　609
행정상 법률관계의 종류　287
행정상 즉시강제(sofortiger Zwang)　169, 641, 1764
행정싱 즉시강제와 영장제도　1801
행정상 즉시강제와 행정상 강제집행과의 차이　1765
행정상 즉시강제의 근거법 1787
행정상의 사실행위　627
행정선례법　116
행정소송 입증책임분배설　313
행정소송의 허용성　1532
행정심판에 의한 통제　752
행정심판위원회　10
행정심판전치주의　443, 1037
행정업무의효율적운영에관한규정　1037
행정요건적 공법행위　658
행정위원회　10
행정의 법률적합성　226
행정의 법률적합성의 원칙(Gesetzmäßigkeit der Verwaltung)　439
행정의 영리경제적 활동　1697
494
행정의 자기구속　128
행정의 자기구속의 법리　129, 789, 1020
행정의 자기구속의 원리　1020
행정의 헌법기속성(Verfassungsmäßigkeit der Verwaltung)　1576
행정의사(행정행위)의 공정력(예선적 효력 [Die präjudizielle Wirkung])　300
행정의사(행정행위)의 확정력(존속력)　320

행정입법(실질적 의미의 법률)　105,　106, 673, 1785
행정입법부작위에 대한 부작위위법확인소송　777
행정입법에 국회 통제 실효성　740
행정입법의 남용　681
행정입법의 절차적 통제　751
행징작용법　8, 11
행정작용법관계 272
행정재량　975
행정재량영역(Ermessensspielraum)　786
행정재산　625
행정절차법(Verwaltungsverfahrensgesetz)　466
행정정보공개제도(行政情報公開制度)　1714
행정정책설　307, 1248
행정정책설　307
행정조사　1766
행정조사(administrative investigation)　1834
행정조사(行政調査)　1834
행정조사기본법 1837
행정조사와 행정상 즉시강제의 구별　1836
행정조직법　8
행정주체　337
행정주체(Träger der Verwaltung)　1713
행정주체간의 권리·의무의 승계　386
행정주체의 공법행위　651
행정주체의 부당이득　649
행정주체의 종류　338
행정지도　641, 1448, 1593
행정지도에 대한 손실보상　1661
행정지도와 국가배상　1658

행정지도와 당사자소송   1649
행정지도와 법률유보   1683
행정지도와 손실보상   1663
행정지도와 평등원칙   1626
행정지도와 행정법의 일반원칙   1623
행정지도의 근거와 법치주의   1612
행정지도의 법적 한계   1620
행정지도의 처분성 인정여부   1637
행정질서벌의 특수성   1859
행정처분발급청구권   460
행정청   9, 10, 461
행정청의 처분의무(행위의무)의 존재 439
행정편의주의(Oppotunitätsprinzip)   458
행정행위   12, 169, 952
행정행위 부관의 시간적 한계   1186
행정행위발급청구권   450, 453
행정행위와 재량권의 범위   1011
행정행위의 결효의 시정(是正) 1445
행정행위의 공정력의 입증책임   312
행정행위의 무효   1273, 1286, 1309
행정행위의 부관   1119, 1154, 1156, 1202, 1428
행정행위의 부관의 한계   1161
행정행위의 일부만이 무효인 경우   1312
행정행위의 종류   965
행정행위의 철회   169, 1039, 1399, 1409
행정행위의 취소   231, 990, 1041, 1340, 1343
행정행위의 취소원인 1353
행정행위의 특질   962
행정행위의 하자   301, 1270
행정행위의 하자(Fehler:흠)   1270
행정행위의 하자의 승계(위법성의 승계) 1288
행정행위의 하자의 치유(治癒)와 전환(轉換) 1301
행정행위의 하자의 치유와 전환   1301
행정행위의 확정력(존속력)   320
행정행위의 효력(Wirksamkeit) 1242
행정행위의 효력발생요건 1237
행정행위의 효력의 소멸   1441
행정형벌(行政刑罰)   1851, 1856, 1858
허가   291, 355, 656
허가(Erlaubnis)   1048, 1098
허가(許可)   1051
허가를 상대적 금지의 해제로 보는 경우 1068
허가를 자유권의 회복으로 보는 경우 1069
허가와 인가의 구별 1068
허가와 특허의 구별 1066
허가의 승계(承繼) 1071
허가의 갱신(更新)   1075
허가의 거부·취소   1075
허가의 소멸(消滅)   1079
허용이론(Zulassungstheorie)   1501, 1535
허위표시의 무효와 선의의 제3자와의 관계 1550
헌법구체화법   83
헌법국가(Verfassungsstaat)   7
헌법대위명령(비상명령)   688
헌법명령(Verfassungsbefehl)   638
헌법상의 기본원칙(Grundsatz) 138
헌법은 변하여도, 행정법은 존속한다」 97
헌법재판소에 의한 통제   749
헌법재판소의 명령·규칙에 대한 심판권 인정문제   749
현대적 특별권력관계이론   578
협력행위(동의를 향한 신청의 의사표시)

656
협약(convention)　100
협의의 비례의 원칙　138, 142, 143, 153
협의의 소익　641
협의의 행정규칙(행정조직내부상의 행정규칙)　821
협정(agreement)　100
형량명령　919, 920, 922, 923, 924, 925
형량명령(Abwägungsgebot)의 제 원칙들　921
형량명령이론에 대한 독일의 학설　924
형량요구(Anforderungen an die Abwägung)　485
형량의 원칙(Abwägungsdogmatik)　485
형사벌(刑事罰)　1851
형사소송에서의 선결문제와 공정력　1259
형성권　355
형성력　1395
형성여지(Gestaltunngsspielraum)　921
형성적 결정　1000
형성적 행정행위　407, 1043, 1066, 1081
형성적 행정행위(Gestaltungsakt)　1081
형식적 의미의 법률　99
형식적 의미의 행정　17, 30, 79
형식적 확정력　321, 1261
혼힙직 행징헹위　971
혼합행위설　896
혼합효과적 행정행위　1031
화해계약(Vergleichsvertrag)　1506, 1508, 1542
화해계약에 있어서 특별한 무효사유　1557
확약　256, 1216, 1217, 1218, 1221, 1231, 1237, 1238, 1246, 1259, 1264, 1266, 1270
확약의 자기구속력(Verbindlichkeit)　1230
확약의 특징　1220

확약의 허용성　1224
확언(Zusage)　1218
확인　355, 1101, 1337
확정기한　1128
확정력　320
환지확정되기 이전의 종전토지에 대한 건축허가　217
회보　715
효과의 이전성　1086
효과재량　916
효과재량설　980, 989, 992, 993

## 저자 약력

❖ 法學博士 김백유(金白庾)
- 성균관대학교 법과대학 • 연세대학교 행정대학원 • 스위스 바젤(Basel) 법과대학
- 독일 프라이부르크(Freiburg) 법과대학(법학박사) • 한성대학교 교수(헌법·행정법)
- 국가고시 출제위원 • 한국헌법학회 부회장 • 한국공법학회 부회장 • 성균공법학회 회장
- 한국토지공법학회 이사 • 한국 스포츠법학회 이사 • 법제처 법제자문관
- 성균관대학교 법과대학 · 사회과학대학, 동국대 법대, 단국대 교육대학원 강사

❖ 저서
- 헌법학(헌법총론), 한성대출판부, 2010 • 행정법치론(I), 한성대출판부, 2009
- 행정법총론, 동방문화사, 2012 • 행정구제법, 동방문화사, 2012
- 헌법학(기본권론), 한성대출판부, 2009 • 헌법학(국가조직론), 한성대출판부, 2009
- 헌정 및 행정법치연구, 한성대출판부, 2006
- 헌법, 도서출판 에덴 2004 <공저 : 정회철 편저> • 헌법, 한국서원, 2003 <공저>
- 헌법, 도서출판 에덴 2004 <공저 : 금동흠 편저>

❖ 논문
- 행정재량의 한계와 사법심사 • 행정개입청구권과 사법적 권리구제
- 환경권과 권리보호제도 • 통치행위와 사법심사 한계
- 무하자 재량행사 청구권 • 통치행위론 • 한국의 환경권에 대한 해석과 현실문제
- 공법상 환경권 이론 • 건설계획과 환경보호 • 사회적 기본권의 소송법적 실현
- 공법상의 소위 특별권력 관계이론 • 독일의 건설적 불신임제도
- 직업의 자유의 제한 및 제한의 한계 • 독일의 수상선거제도 • 정부위기론
- 일반적 법률유보(헌법 제37조 제2항)에 의한 기본권제한의 규범적 한계
- 일반권력관계에 있어서의 기본권 제한

## 행정법총론[전정판]

지은이 / 김 백 유  발 행 / 2016. 3. 12.
펴낸이 / 김 용 미
펴낸곳 / 도서출판 한성

서울시 성북구 북악산로 813 104동 806호
전화 : 02) 941-5111; 010-4747-5111
메일 : baikyu@hansung.ac.kr    등록 : 서울
표지디자인 / 예림피앤디 02) 2263-0483

破本은 바꿔 드립니다.    本書의 無斷複製行爲를 禁합니다.    | 저자와의 합의에 의해 인지 생략 |
정 가 : 57,000원    ISBN 979-11-957570-0-8